江戸近世暦

―和暦・西暦・七曜・干支・十二直・納音・二十八(七)宿・二十四節気・雑節

日外アソシエーツ

本書の内容

1. 天正10年(1582)から明治5年(1872)まで291年間、106,253日の暦表を収録しています。天正10年(1582)は西欧でユリウス暦に代わって、現在のグレゴリオ暦が採用された年です。また明治5年(1872)は日本で太陰太陽暦が使われた最後の年です。本書ではこの期間の和暦とグレゴリオ暦が1日ずつ対照できます。

2. 記載項目

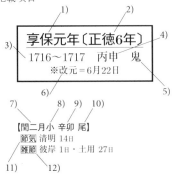

1) 和暦年
2) 改元前の和暦年
3) 西暦（グレゴリオ暦）年
4) 年干支
5) 年宿（貞享2年(1685)以降に二十八宿を記載）
6) 改元日
7) 和暦月
8) 月の大小
9) 月干支
10) 月宿（貞享元年(1684)までは二十七宿、貞享2年以降は二十八宿）
11) 二十四節気（名称と日付）
12) 雑節（名称と日付）

13) 和暦日（節気・雑節は太字、斜体は改元日）
14) 西暦月日（年の区切りは太字）
15) 七曜
16) 日干支
17) 十二直
18) 納音
19) 日宿（貞享元年(1684)までは二十七宿、貞享2年以降は二十八宿）
20) △は没日、▽は滅日（貞享元年(1684)まで記載）
21) ◎は頒暦において日食が予報された日、☆は頒暦において月食が予報された日を示す（元和6年(1620)以降記載）

3. 使用上の注意

　近世＝江戸時代の暦は、元和6年(1620)以降の頒暦が連続して現存しています。元和6年(1620)以降の暦日については、原則として公開されている頒暦の記載内容に従いました。一部計算が合わないところは巻末解説に記載しました。頒暦のない年代、あるいは頒暦に記載されていない項目については、参考資料の記述内容や編集部による計算値を記載しました。詳細は巻末の解説を御覧下さい。

装丁：小林彩子(flavour)

目　　次

天正 10 年
　（1582 ～ 1583）･･････････ 2
文禄元年〔天正 20 年〕
　（1592 ～ 1593）･･････････ 22
慶長元年〔文禄 5 年〕
　（1596 ～ 1597）･･････････ 30
元和元年〔慶長 20 年〕
　（1615 ～ 1616）･･････････ 68
寛永元年〔元和 10 年〕
　（1624 ～ 1625）･･････････ 86
正保元年〔寛永 21 年〕
　（1644 ～ 1645）･･････････ 126
慶安元年〔正保 5 年〕
　（1648 ～ 1649）･･････････ 134
承応元年〔慶安 5 年〕
　（1652 ～ 1653）･･････････ 142
明暦元年〔承応 4 年〕
　（1655 ～ 1656）･･････････ 148
万治元年〔明暦 4 年〕
　（1658 ～ 1659）･･････････ 154
寛文元年〔万治 4 年〕
　（1661 ～ 1662）･･････････ 160
延宝元年〔寛文 13 年〕
　（1673 ～ 1674）･･････････ 184
天和元年〔延宝 9 年〕
　（1681 ～ 1682）･･････････ 200
貞享元年〔天和 4 年〕
　（1684 ～ 1685）･･････････ 206
元禄元年〔貞享 5 年〕
　（1688 ～ 1689）･･････････ 214
宝永元年〔元禄 17 年〕
　（1704 ～ 1705）･･････････ 246
正徳元年〔宝永 8 年〕
　（1711 ～ 1712）･･････････ 260
享保元年〔正徳 6 年〕
　（1716 ～ 1717）･･････････ 270
元文元年〔享保 21 年〕
　（1736 ～ 1737）･･････････ 310
寛保元年〔元文 6 年〕
　（1741 ～ 1742）･･････････ 320

延享元年〔寛保 4 年〕
　（1744 ～ 1745）･･････････ 326
寛延元年〔延享 5 年〕
　（1748 ～ 1749）･･････････ 334
宝暦元年〔寛延 4 年〕
　（1751 ～ 1752）･･････････ 340
明和元年〔宝暦 14 年〕
　（1764 ～ 1765）･･････････ 366
安永元年〔明和 9 年〕
　（1772 ～ 1773）･･････････ 382
天明元年〔安永 10 年〕
　（1781 ～ 1782）･･････････ 400
寛政元年〔天明 9 年〕
　（1789 ～ 1790）･･････････ 416
享和元年〔寛政 13 年〕
　（1801 ～ 1802）･･････････ 440
文化元年〔享和 4 年〕
　（1804 ～ 1805）･･････････ 446
文政元年〔文化 15 年〕
　（1818 ～ 1819）･･････････ 474
天保元年〔文政 13 年〕
　（1830 ～ 1831）･･････････ 498
弘化元年〔天保 15 年〕
　（1844 ～ 1845）･･････････ 526
嘉永元年〔弘化 5 年〕
　（1848 ～ 1849）･･････････ 534
安政元年〔嘉永 7 年〕
　（1854 ～ 1855）･･････････ 546
万延元年〔安政 7 年〕
　（1860 ～ 1861）･･････････ 558
文久元年〔万延 2 年〕
　（1861 ～ 1862）･･････････ 560
元治元年〔文久 4 年〕
　（1864 ～ 1865）･･････････ 566
慶応元年〔元治 2 年〕
　（1865 ～ 1866）･･････････ 568
明治元年〔慶応 4 年〕
　（1868 ～ 1869）･･････････ 574
明治 5 年
　（1872）　･･････････････ 582

天正10年
1582～1583　壬午

【正月大　壬寅　室】
節気 立春 5日・雨水 20日
雑節 節分 4日

日	新暦	曜	干支	直	納音	宿
1日	02/03	水	庚申	危	柘榴木	室
2日	02/04	木	辛酉	成	柘榴木	奎
3日	02/05	金	壬戌	納	大海水	婁
4日	02/06	土	癸亥	開	大海水	胃
5日	02/07	日	甲子	閉	海中金	昴
6日	02/08	月	乙丑	建	海中金	畢
7日	02/09	火	丙寅	建	爐中火	觜
8日	02/10	水	丁卯	除	爐中火	參
9日	02/11	木	戊辰	満	大林木	井
10日	02/12	金	己巳	平	大林木	鬼
11日	02/13	土	庚午	定	路傍土	柳
12日	02/14	日	辛未	執	路傍土	星
13日	02/15	月	壬申	破	釼鋒金	張
14日	02/16	火	癸酉	危	釼鋒金	翼
15日	02/17	水	甲戌	成	山頭火	軫
16日	02/18	木	乙亥	納	山頭火	角
17日	02/19	金	丙子	開	澗下水	亢
18日	02/20	土	丁丑	閉	澗下水	氐
19日	02/21	日	戊寅	建	城頭土	房
20日	02/22	月	己卯	除	城頭土	心
21日	02/23	火	庚辰	満	白鑞金	尾
22日▽	02/24	水	辛巳	平	白鑞金	箕
23日	02/25	木	壬午	定	楊柳木	斗
24日	02/26	金	癸未	執	楊柳木	牛
25日	02/27	土	甲申	破	井泉水	女
26日	02/28	日	乙酉	危	井泉水	虚
27日	03/01	月	丙戌	成	屋上土	危
28日	03/02	火	丁亥	納	屋上土	室
29日	03/03	水	戊子	開	霹靂火	壁
30日	03/04	木	己丑	閉	霹靂火	奎

【二月小　癸卯　奎】
節気 啓蟄 5日・春分 21日
雑節 社日 19日・彼岸 23日

日	新暦	曜	干支	直	納音	宿
1日	03/05	金	庚寅	建	松柏木	奎
2日	03/06	土	辛卯	除	松柏木	婁
3日	03/07	日	壬辰	満	長流水	胃
4日	03/08	月	癸巳	平	長流水	昴
5日	03/09	火	甲午	定	沙中金	畢
6日	03/10	水	乙未	執	沙中金	觜
7日	03/11	木	丙申	破	山下火	參
8日	03/12	金	丁酉	危	山下火	井
9日	03/13	土	戊戌	成	平地木	鬼
10日	03/14	日	己亥	納	平地木	柳
11日	03/15	月	庚子	開	壁上土	星
12日	03/16	火	辛丑	閉	壁上土	張
13日	03/17	水	壬寅	建	金箔金	翼
14日	03/18	木	癸卯	除	金箔金	軫
15日	03/19	金	甲辰	満	覆燈火	角
16日	03/20	土	乙巳	平	覆燈火	亢
17日	03/21	日	丙午	平	天河水	氐
18日	03/22	月	丁未	定	天河水	房
19日	03/23	火	戊申	執	大驛土	心
20日△	03/24	水	己酉	破	大驛土	尾
21日	03/25	木	庚戌	危	釼釧金	箕
22日	03/26	金	辛亥	成	釼釧金	斗
23日	03/27	土	壬子	納	桑柘木	牛
24日	03/28	日	癸丑	開	桑柘木	女
25日	03/29	月	甲寅	閉	大溪水	虚
26日	03/30	火	乙卯	建	大溪水	室
27日	03/31	水	丙辰	除	沙中土	壁
28日	04/01	木	丁巳	満	沙中土	奎
29日	04/02	金	戊午	平	天上火	婁

【三月大　甲辰　胃】
節気 清明 7日・穀雨 22日
雑節 土用 19日

日	新暦	曜	干支	直	納音	宿
1日	04/03	土	己未	定	天上火	胃
2日	04/04	日	庚申	執	柘榴木	昴
3日	04/05	月	辛酉	破	柘榴木	畢
4日	04/06	火	壬戌	危	大海水	觜
5日	04/07	水	癸亥	成	大海水	參
6日	04/08	木	甲子	納	海中金	井
7日	04/09	金	乙丑	納	海中金	鬼
8日	04/10	土	丙寅	開	爐中火	柳
9日	04/11	日	丁卯	閉	爐中火	星
10日	04/12	月	戊辰	建	大林木	張
11日	04/13	火	己巳	除	大林木	翼
12日	04/14	水	庚午	満	路傍土	軫
13日	04/15	木	辛未	平	路傍土	角
14日	04/16	金	壬申	定	釼鋒金	亢
15日	04/17	土	癸酉	執	釼鋒金	氐
16日	04/18	日	甲戌	破	山頭火	房
17日	04/19	月	乙亥	危	山頭火	心
18日	04/20	火	丙子	成	澗下水	尾
19日	04/21	水	丁丑	納	澗下水	箕
20日	04/22	木	戊寅	開	城頭土	斗
21日	04/23	金	己卯	閉	城頭土	女
22日	04/24	土	庚辰	建	白鑞金	虚
23日	04/25	日	辛巳	除	白鑞金	危
24日	04/26	月	壬午	満	楊柳木	室
25日	04/27	火	癸未	平	楊柳木	壁
26日▽	04/28	木	乙酉	執	井泉水	奎
27日	04/29	木	乙酉	執	井泉水	婁
28日	04/30	金	丙戌	破	屋上土	胃
29日	05/01	土	丁亥	危	屋上土	昴
30日	05/02	日	戊子	成	霹靂火	畢

【四月小　乙巳　畢】
節気 立夏 7日・小満 22日
雑節 八十八夜 3日

日	新暦	曜	干支	直	納音	宿
1日	05/03	月	己丑	納	霹靂火	畢
2日	05/04	火	庚寅	開	松柏木	觜
3日	05/05	水	辛卯	開	松柏木	參
4日	05/06	木	壬辰	建	長流水	井
5日	05/07	金	癸巳	除	長流水	鬼
6日	05/08	土	甲午	満	沙中金	柳
7日	05/09	日	乙未	平	沙中金	星
8日	05/10	月	丙申	定	山下火	張
9日	05/11	火	丁酉	執	山下火	翼
10日	05/12	水	戊戌	破	平地木	軫
11日	05/13	木	己亥	危	平地木	角
12日	05/14	金	庚子	成	壁上土	亢
13日	05/15	土	辛丑	納	壁上土	氐
14日	05/16	日	壬寅	開	金箔金	房
15日	05/17	月	癸卯	閉	金箔金	心
16日	05/18	火	甲辰	建	覆燈火	尾
17日	05/19	水	乙巳	除	覆燈火	箕
18日	05/20	木	丙午	満	天河水	斗
19日	05/21	金	丁未	平	天河水	女
20日	05/22	土	戊申	定	大驛土	虚
21日	05/23	日	己酉	定	大驛土	危
22日	05/24	月	庚戌	執	釼釧金	室
23日	05/25	火	辛亥	破	釼釧金	壁
24日	05/26	水	壬子	危	桑柘木	奎
25日	05/27	木	癸丑	成	桑柘木	婁
26日▽	05/28	金	甲寅	納	大溪水	胃
27日	05/29	土	乙卯	開	大溪水	昴
28日	05/30	日	丙辰	閉	沙中土	畢
29日	05/31	月	丁巳	建	沙中土	觜

【五月小　丙午　參】
節気 芒種 9日・夏至 24日
雑節 入梅 15日

日	新暦	曜	干支	直	納音	宿
1日	06/01	火	戊午	除	天上火	參
2日△	06/02	水	己未	平	天上火	井
3日	06/03	木	庚申	平	柘榴木	鬼
4日	06/04	金	辛酉	定	柘榴木	柳
5日	06/05	土	壬戌	執	大海水	星
6日	06/06	日	癸亥	破	大海水	張
7日	06/07	月	甲子	危	海中金	翼
8日	06/08	火	乙丑	成	海中金	軫
9日	06/09	水	丙寅	納	爐中火	角
10日	06/10	木	丁卯	開	爐中火	亢
11日	06/11	金	戊辰	閉	大林木	氐
12日	06/12	土	己巳	建	大林木	房
13日	06/13	日	庚午	除	路傍土	心
14日	06/14	月	辛未	満	路傍土	尾
15日	06/15	火	壬申	満	釼鋒金	箕
16日	06/16	水	癸酉	定	釼鋒金	斗
17日	06/17	木	甲戌	執	山頭火	牛
18日	06/18	金	乙亥	破	山頭火	虚
19日	06/19	土	丙子	危	澗下水	危
20日	06/20	日	丁丑	成	澗下水	室
21日	06/21	月	戊寅	納	城頭土	壁
22日	06/22	火	己卯	開	城頭土	奎
23日	06/23	水	庚辰	閉	白鑞金	婁
24日▽	06/24	木	辛巳	建	白鑞金	胃
25日	06/25	金	壬午	除	楊柳木	昴
26日	06/26	土	癸未	満	楊柳木	畢
27日	06/27	日	甲申	平	井泉水	觜
28日	06/28	月	乙酉	定	井泉水	參
29日	06/29	火	丙戌	定	屋上土	井

【六月大　丁未　鬼】
節気 小暑 10日・大暑 25日
雑節 半夏生 5日・土用 22日

日	新暦	曜	干支	直	納音	宿
1日▽	06/30	水	丁亥	満	屋上土	鬼
2日	07/01	木	戊子	破	霹靂火	柳
3日	07/02	金	己丑	危	霹靂火	星
4日	07/03	土	庚寅	成	松柏木	張
5日	07/04	日	辛卯	納	松柏木	翼
6日	07/05	月	壬辰	開	長流水	軫
7日	07/06	火	癸巳	閉	長流水	角
8日	07/07	水	甲午	建	沙中金	亢
9日	07/08	木	乙未	除	沙中金	氐
10日	07/09	金	丙申	除	山下火	房
11日	07/10	土	丁酉	満	山下火	心
12日	07/11	日	戊戌	平	平地木	尾
13日	07/12	月	己亥	定	平地木	箕
14日	07/13	火	庚子	執	壁上土	斗
15日	07/14	水	辛丑	破	壁上土	牛
16日	07/15	木	壬寅	危	金箔金	女
17日	07/16	金	癸卯	成	金箔金	虚
18日	07/17	土	甲辰	納	覆燈火	危
19日	07/18	日	乙巳	開	覆燈火	室
20日	07/19	月	丙午	閉	天河水	壁
21日	07/20	火	丁未	建	天河水	奎
22日	07/21	水	戊申	除	大驛土	婁
23日	07/22	木	己酉	満	大驛土	胃
24日	07/23	金	庚戌	平	釼釧金	昴
25日	07/24	土	辛亥	定	釼釧金	畢
26日	07/25	日	壬子	執	桑柘木	觜
27日	07/26	月	癸丑	破	桑柘木	參
28日	07/27	火	甲寅	危	大溪水	鬼
29日	07/28	水	乙卯	成	大溪水	柳

天正10年

日	西暦	曜	干支	直	納音	宿
30日	07/29	木	丙辰	納	沙中土	星

七月小 戊申 張

節気 立秋 10日・処暑 26日

日	西暦	曜	干支	直	納音	宿
1日	07/30	金	丁巳	開	沙中土	張
2日	07/31	土	戊午	閉	天上火	翼
3日	08/01	日	己未	建	天上火	軫
4日	08/02	月	庚申	除	柘榴木	角
5日	08/03	火	辛酉	満	柘榴木	亢
6日	08/04	水	壬戌	平	大海水	氐
7日	08/05	木	癸亥	定	大海水	房
8日	08/06	金	甲子	執	海中金	心
9日	08/07	土	乙丑	破	海中金	尾
10日	08/08	日	丙寅	破	爐中火	箕
11日	08/09	月	丁卯	危	爐中火	斗
12日	08/10	火	戊辰	成	大林木	牛
13日△	08/11	水	己巳	納	大林木	女
14日	08/12	木	庚午	開	路傍土	虚
15日	08/13	金	辛未	閉	路傍土	危
16日	08/14	土	壬申	建	釼鋒金	室
17日	08/15	日	癸酉	除	釼鋒金	壁
18日	08/16	月	甲戌	満	山頭火	奎
19日	08/17	火	乙亥	平	山頭火	婁
20日	08/18	水	丙子	定	潤下水	胃
21日	08/19	木	丁丑	執	潤下水	昴
22日	08/20	金	戊寅	破	城頭土	畢
23日	08/21	土	己卯	危	城頭土	觜
24日	08/22	日	庚辰	成	白鑞金	参
25日	08/23	月	辛巳	納	白鑞金	井
26日	08/24	火	壬午	開	楊柳木	鬼
27日	08/25	水	癸未	閉	楊柳木	柳
28日	08/26	木	甲申	建	井泉水	星
29日	08/27	金	乙酉	除	井泉水	張

八月大 己酉 角

節気 白露 12日・秋分 27日
雑節 二百十日 8日・社日 23日・彼岸 29日

日	西暦	曜	干支	直	納音	宿
1日	08/28	土	丙戌	満	屋上土	翼
2日	08/29	日	丁亥	平	屋上土	軫
3日	08/30	月	戊子	定	霹靂火	角
4日	08/31	火	己丑	執	霹靂火	亢
5日▽	09/01	水	庚寅	破	松柏木	氐
6日	09/02	木	辛卯	危	松柏木	房
7日	09/03	金	壬辰	成	長流水	心
8日	09/04	土	癸巳	納	長流水	尾
9日	09/05	日	甲午	開	沙中金	箕
10日	09/06	月	乙未	閉	沙中金	斗
11日	09/07	火	丙申	建	山下火	牛
12日	09/08	水	丁酉	建	山下火	女
13日	09/09	木	戊戌	除	平地木	虚
14日	09/10	金	己亥	満	平地木	危
15日	09/11	土	庚子	平	壁上土	室
16日	09/12	日	辛丑	定	壁上土	壁
17日	09/13	月	壬寅	執	金箔金	奎
18日	09/14	火	癸卯	破	金箔金	婁
19日	09/15	水	甲辰	危	覆燈火	胃
20日	09/16	木	乙巳	成	覆燈火	昴
21日	09/17	金	丙午	納	天河水	畢
22日	09/18	土	丁未	開	天河水	觜
23日	09/19	日	戊申	閉	大駅土	参
24日	09/20	月	己酉	建	大駅土	井
25日	09/21	火	庚戌	除	釵釧金	鬼
26日	09/22	水	辛亥	満	釵釧金	柳
27日	09/23	木	壬子	平	桑柘木	星
28日	09/24	金	癸丑	定	桑柘木	張
29日	09/25	土	甲寅	執	大溪水	翼
30日	09/26	日	乙卯	破	大溪水	軫

九月大 庚戌 氐

節気 寒露 12日・霜降 28日
雑節 土用 25日

日	西暦	曜	干支	直	納音	宿
1日	09/27	月	丙辰	危	沙中土	角
2日	09/28	火	丁巳	成	沙中土	亢
3日	09/29	水	戊午	納	天上火	氐
4日	09/30	木	己未	開	天上火	房
5日	10/01	金	庚申	閉	柘榴木	心
6日	10/02	土	辛酉	建	柘榴木	尾
7日	10/03	日	壬戌	除	大海水	箕
8日	10/04	月	癸亥	満	大海水	斗
9日	10/05	火	甲子	平	海中金	牛
10日	10/06	水	乙丑	定	海中金	女
11日	10/07	木	丙寅	執	爐中火	虚
12日	10/08	金	丁卯	執	爐中火	危
13日	10/09	土	戊辰	破	大林木	室
14日	10/10	日	己巳	危	大林木	壁
15日	10/11	月	庚午	成	路傍土	奎
16日	10/12	火	辛未	納	路傍土	婁
17日	10/13	水	壬申	開	釼鋒金	胃
18日	10/14	木	癸酉	閉	釼鋒金	昴

*西欧でグレゴリオ暦採用

日	西暦	曜	干支	直	納音	宿
19日	10/15	金	甲戌	建	山頭火	畢
20日	10/16	土	乙亥	除	山頭火	觜
21日	10/17	日	丙子	満	潤下水	参
22日	10/18	月	丁丑	平	潤下水	井
23日△	10/19	火	戊寅	定	城頭土	鬼
24日	10/20	水	己卯	執	城頭土	柳
25日	10/21	木	庚辰	破	白鑞金	星
26日	10/22	金	辛巳	危	白鑞金	張
27日	10/23	土	壬午	成	楊柳木	翼
28日	10/24	日	癸未	納	楊柳木	軫
29日	10/25	月	甲申	開	井泉水	角
30日	10/26	火	乙酉	閉	井泉水	亢

十月大 辛亥 心

節気 立冬 13日・小雪 28日

日	西暦	曜	干支	直	納音	宿
1日	10/27	水	丙戌	建	屋上土	氐
2日	10/28	木	丁亥	除	屋上土	房
3日	10/29	金	戊子	満	霹靂火	心
4日	10/30	土	己丑	平	霹靂火	尾
5日	10/31	日	庚寅	定	松柏木	箕
6日	11/01	月	辛卯	執	松柏木	斗
7日	11/02	火	壬辰	破	長流水	牛
8日▽	11/03	水	癸巳	危	長流水	女
9日	11/04	木	甲午	成	沙中金	虚
10日	11/05	金	乙未	納	沙中金	危
11日	11/06	土	丙申	開	山下火	室
12日	11/07	日	丁酉	閉	山下火	壁
13日	11/08	月	戊戌	閉	平地木	奎
14日	11/09	火	己亥	建	平地木	婁
15日	11/10	水	庚子	除	壁上土	胃
16日	11/11	木	辛丑	満	壁上土	昴
17日	11/12	金	壬寅	平	金箔金	畢
18日	11/13	土	癸卯	定	金箔金	觜
19日	11/14	日	甲辰	執	覆燈火	参
20日	11/15	月	乙巳	破	覆燈火	井
21日	11/16	火	丙午	危	天河水	鬼
22日	11/17	水	丁未	成	天河水	柳
23日	11/18	木	戊申	納	大駅土	星
24日	11/19	金	己酉	開	大駅土	張
25日	11/20	土	庚戌	閉	釵釧金	翼
26日	11/21	日	辛亥	建	釵釧金	軫
27日	11/22	月	壬子	除	桑柘木	角
28日	11/23	火	癸丑	満	桑柘木	亢
29日	11/24	水	甲寅	平	大溪水	氐
30日	11/25	木	乙卯	定	大溪水	房

十一月小 壬子 斗

節気 大雪 13日・冬至 28日

日	西暦	曜	干支	直	納音	宿
1日	11/26	金	丙辰	執	沙中土	心
2日	11/27	土	丁巳	破	沙中土	尾
3日	11/28	日	戊午	危	天上火	箕
4日	11/29	月	己未	成	天上火	斗
5日	11/30	火	庚申	納	柘榴木	牛
6日	12/01	水	辛酉	開	柘榴木	女
7日	12/02	木	壬戌	閉	大海水	虚
8日	12/03	金	癸亥	建	大海水	危
9日	12/04	土	甲子	除	海中金	室
10日	12/05	日	乙丑	満	海中金	壁
11日	12/06	月	丙寅	平	爐中火	奎
12日	12/07	火	丁卯	定	爐中火	婁
13日	12/08	水	戊辰	定	大林木	胃
14日	12/09	木	己巳	執	大林木	昴
15日	12/10	金	庚午	破	路傍土	畢
16日	12/11	土	辛未	危	路傍土	觜
17日	12/12	日	壬申	成	釼鋒金	参
18日	12/13	月	癸酉	納	釼鋒金	井
19日	12/14	火	甲戌	開	山頭火	鬼
20日	12/15	水	乙亥	閉	山頭火	柳
21日	12/16	木	丙子	建	潤下水	星
22日	12/17	金	丁丑	除	潤下水	張
23日	12/18	土	戊寅	満	城頭土	翼
24日	12/19	日	己卯	平	城頭土	軫
25日	12/20	月	庚辰	定	白鑞金	角
26日	12/21	火	辛巳	執	白鑞金	亢
27日	12/22	水	壬午	破	楊柳木	氐
28日	12/23	木	癸未	危	楊柳木	房
29日	12/24	金	甲申	成	井泉水	心

十二月大 癸丑 虚

節気 小寒 15日・大寒 30日
雑節 土用 27日

日	西暦	曜	干支	直	納音	宿
1日	12/25	土	乙酉	納	井泉水	尾
2日	12/26	日	丙戌	開	屋上土	箕
3日	12/27	月	丁亥	閉	屋上土	斗
4日△	12/28	火	戊子	建	霹靂火	牛
5日	12/29	水	己丑	除	霹靂火	女
6日	12/30	木	庚寅	満	松柏木	虚
7日	12/31	金	辛卯	平	松柏木	危

1583年

日	西暦	曜	干支	直	納音	宿
8日	01/01	土	壬辰	定	長流水	室
9日	01/02	日	癸巳	執	長流水	壁
10日	01/03	月	甲午	破	沙中金	奎
11日	01/04	火	乙未	危	沙中金	婁
12日▽	01/05	水	丙申	成	山下火	胃
13日	01/06	木	丁酉	納	山下火	昴
14日	01/07	金	戊戌	開	平地木	畢
15日	01/08	土	己亥	開	平地木	觜
16日	01/09	日	庚子	閉	壁上土	参
17日	01/10	月	辛丑	建	壁上土	井
18日	01/11	火	壬寅	除	金箔金	鬼
19日	01/12	水	癸卯	満	金箔金	柳
20日	01/13	木	甲辰	平	覆燈火	星
21日	01/14	金	乙巳	定	覆燈火	張
22日	01/15	土	丙午	執	天河水	翼
23日	01/16	日	丁未	破	天河水	軫
24日	01/17	月	戊申	危	大駅土	角
25日	01/18	火	己酉	成	大駅土	亢
26日	01/19	水	庚戌	納	釵釧金	氐
27日	01/20	木	辛亥	開	釵釧金	房
28日	01/21	金	壬子	閉	桑柘木	心
29日	01/22	土	癸丑	建	桑柘木	尾
30日	01/23	日	甲寅	除	大溪水	箕

天正11年

1583〜1584　癸未

【正月大　甲寅　室】

節気 立春 15日・雨水 30日
雑節 節分 14日

日	日付	曜	干支	段	納音	宿
1日	01/24	月	乙卯	満	大渓水	室
2日	01/25	火	丙辰	平	沙中土	壁
3日	01/26	水	丁巳	定	沙中土	奎
4日	01/27	木	戊午	執	天上火	婁
5日	01/28	金	己未	破	天上火	胃
6日	01/29	土	庚申	危	柘榴木	昴
7日	01/30	日	辛酉	成	柘榴木	畢
8日	01/31	月	壬戌	納	大海水	觜
9日	02/01	火	癸亥	開	大海水	参
10日	02/02	水	甲子	閉	海中金	井
11日	02/03	木	乙丑	建	海中金	鬼
12日	02/04	金	丙寅	除	炉中火	柳
13日	02/05	土	丁卯	満	炉中火	星
14日	02/06	日	戊辰	平	大林木	張
15日	02/07	月	己巳	平	大林木	翼
16日	02/08	火	庚午	定	路傍土	軫
17日	02/09	水	辛未	執	路傍土	角
18日	02/10	木	壬申	破	釼鋒金	亢
19日	02/11	金	癸酉	危	釼鋒金	氐
20日	02/12	土	甲戌	成	山頭火	房
21日	02/13	日	乙亥	納	山頭火	心
22日	02/14	月	丙子	開	澗下水	尾
23日	02/15	火	丁丑	閉	澗下水	箕
24日	02/16	水	戊寅	建	城頭土	斗
25日	02/17	木	己卯	除	城頭土	牛
26日	02/18	金	庚辰	満	白鑞金	女
27日	02/19	土	辛巳	平	白鑞金	虚
28日	02/20	日	壬午	定	楊柳木	危
29日	02/21	月	癸未	執	楊柳木	室
30日	02/22	火	甲申	破	泉中水	壁

【閏正月小　甲寅　室】

節気 啓蟄 16日

日	日付	曜	干支	段	納音	宿
1日	02/23	水	乙酉	危	井泉水	奎
2日	02/24	木	丙戌	成	屋上土	婁
3日	02/25	金	丁亥	納	屋上土	胃
4日	02/26	土	戊子	開	霹靂火	昴
5日	02/27	日	己丑	閉	霹靂火	畢
6日	02/28	月	庚寅	建	松柏木	觜
7日	03/01	火	辛卯	除	松柏木	参
8日	03/02	水	壬辰	満	長流水	井
9日	03/03	木	癸巳	平	長流水	鬼
10日	03/04	金	甲午	定	沙中金	柳
11日	03/05	土	乙未	執	沙中金	星
12日	03/06	日	丙申	破	山下火	張
13日	03/07	月	丁酉	危	山下火	翼
14日△	03/08	火	戊戌	成	平地木	軫
15日▽	03/09	水	己亥	納	平地木	角
16日	03/10	木	庚子	納	壁上土	亢
17日	03/11	金	辛丑	開	壁上土	氐
18日	03/12	土	壬寅	閉	金箔金	房
19日	03/13	日	癸卯	建	金箔金	心
20日	03/14	月	甲辰	除	覆燈火	尾
21日	03/15	火	乙巳	満	覆燈火	箕
22日	03/16	水	丙午	平	天河水	斗
23日	03/17	木	丁未	定	天河水	牛
24日	03/18	金	戊申	執	大駅土	女
25日	03/19	土	己酉	破	大駅土	虚
26日	03/20	日	庚戌	危	釵釧金	危
27日	03/21	月	辛亥	成	釵釧金	室
28日	03/22	火	壬子	納	桑柘木	壁
29日	03/23	水	癸丑	開	桑柘木	奎

【二月小　乙卯　奎】

節気 春分 2日・清明 17日
雑節 彼岸 4日・社日 5日・土用 29日

日	日付	曜	干支	段	納音	宿
1日	03/24	木	甲寅	閉	大渓水	婁
2日	03/25	金	乙卯	建	大渓水	胃
3日	03/26	土	丙辰	除	沙中土	昴
4日	03/27	日	丁巳	満	沙中土	畢
5日	03/28	月	戊午	平	天上火	觜
6日	03/29	火	己未	定	天上火	参
7日	03/30	水	庚申	執	柘榴木	井
8日	03/31	木	辛酉	破	柘榴木	鬼
9日	04/01	金	壬戌	危	大海水	柳
10日	04/02	土	癸亥	成	大海水	星
11日	04/03	日	甲子	納	海中金	張
12日	04/04	月	乙丑	開	海中金	翼
13日	04/05	火	丙寅	閉	炉中火	軫
14日	04/06	水	丁卯	建	炉中火	角
15日	04/07	木	戊辰	除	大林木	亢
16日	04/08	金	己巳	満	大林木	氐
17日	04/09	土	庚午	満	路傍土	房
18日	04/10	日	辛未	平	路傍土	心
19日	04/11	月	壬申	定	釼鋒金	尾
20日	04/12	火	癸酉	執	釼鋒金	箕
21日	04/13	水	甲戌	破	山頭火	斗
22日	04/14	木	乙亥	危	山頭火	牛
23日	04/15	金	丙子	成	澗下水	女
24日	04/16	土	丁丑	納	澗下水	虚
25日	04/17	日	戊寅	開	城頭土	危
26日	04/18	月	己卯	閉	城頭土	室
27日	04/19	火	庚辰	建	白鑞金	壁
28日	04/20	水	辛巳	除	白鑞金	奎
29日	04/21	木	壬午	満	楊柳木	婁

【三月大　丙辰　胃】

節気 穀雨 3日・立夏 18日
雑節 八十八夜 14日

日	日付	曜	干支	段	納音	宿
1日	04/22	金	癸未	平	楊柳木	胃
2日	04/23	土	甲申	定	井泉水	昴
3日	04/24	日	乙酉	執	井泉水	畢
4日	04/25	月	丙戌	破	屋上土	觜
5日	04/26	火	丁亥	危	屋上土	参
6日	04/27	水	戊子	成	霹靂火	井
7日	04/28	木	己丑	納	霹靂火	鬼
8日	04/29	金	庚寅	開	松柏木	柳
9日	04/30	土	辛卯	閉	松柏木	星
10日	05/01	日	壬辰	建	長流水	張
11日	05/02	月	癸巳	除	長流水	翼
12日	05/03	火	甲午	満	沙中金	軫
13日	05/04	水	乙未	平	沙中金	角
14日	05/05	木	丙申	定	山下火	亢
15日	05/06	金	丁酉	執	山下火	氐
16日	05/07	土	戊戌	破	平地木	房
17日	05/08	日	己亥	危	平地木	心
18日	05/09	月	庚子	危	壁上土	尾
19日▽	05/10	火	辛丑	成	壁上土	箕
20日	05/11	水	壬寅	納	金箔金	斗
21日	05/12	木	癸卯	開	金箔金	牛
22日	05/13	金	甲辰	閉	覆燈火	女
23日	05/14	土	乙巳	建	覆燈火	虚
24日	05/15	日	丙午	除	天河水	危
25日	05/16	月	丁未	満	天河水	室
26日	05/17	火	戊申	平	大駅土	壁
27日	05/18	水	己酉	定	大駅土	奎
28日	05/19	木	庚戌	執	釵釧金	婁
29日	05/20	金	辛亥	破	釵釧金	胃
30日	05/21	土	壬子	危	桑柘木	昴

【四月小　丁巳　畢】

節気 小満 4日・芒種 19日
雑節 入梅 20日

日	日付	曜	干支	段	納音	宿
1日	05/22	日	癸丑	成	桑柘木	畢
2日	05/23	月	甲寅	納	大渓水	觜
3日	05/24	火	乙卯	開	大渓水	参
4日	05/25	水	丙辰	閉	沙中土	井
5日	05/26	木	丁巳	建	沙中土	鬼
6日	05/27	金	戊午	除	天上火	柳
7日	05/28	土	己未	満	天上火	星
8日	05/29	日	庚申	平	柘榴木	張
9日	05/30	月	辛酉	定	柘榴木	翼
10日	05/31	火	壬戌	執	大海水	軫
11日	06/01	水	癸亥	破	大海水	角
12日	06/02	木	甲子	危	海中金	亢
13日	06/03	金	乙丑	成	海中金	氐
14日	06/04	土	丙寅	納	炉中火	房
15日	06/05	日	丁卯	開	炉中火	心
16日	06/06	月	戊辰	閉	大林木	尾
17日	06/07	火	己巳	建	大林木	箕
18日	06/08	水	庚午	除	路傍土	斗
19日	06/09	木	辛未	除	路傍土	牛
20日	06/10	金	壬申	満	釼鋒金	女
21日	06/11	土	癸酉	平	釼鋒金	虚
22日	06/12	日	甲戌	定	山頭火	危
23日	06/13	月	乙亥	執	山頭火	室
24日	06/14	火	丙子	破	澗下水	壁
25日	06/15	水	丁丑	危	澗下水	奎
26日	06/16	木	戊寅	成	城頭土	婁
27日	06/17	金	己卯	納	城頭土	胃
28日	06/18	土	庚辰	開	白鑞金	昴
29日	06/19	日	辛巳	閉	白鑞金	畢

【五月小　戊午　参】

節気 夏至 5日・小暑 20日
雑節 半夏生 15日

日	日付	曜	干支	段	納音	宿
1日	06/20	月	壬午	建	楊柳木	觜
2日	06/21	火	癸未	除	楊柳木	参
3日	06/22	水	甲申	満	井泉水	井
4日	06/23	木	乙酉	平	井泉水	鬼
5日	06/24	金	丙戌	定	屋上土	柳
6日	06/25	土	丁亥	執	屋上土	星
7日	06/26	日	戊子	破	霹靂火	張
8日	06/27	月	己丑	危	霹靂火	翼
9日	06/28	火	庚寅	成	松柏木	軫
10日	06/29	水	辛卯	納	松柏木	角
11日	06/30	木	壬辰	開	長流水	亢
12日	07/01	金	癸巳	閉	長流水	氐
13日	07/02	土	甲午	建	沙中金	房
14日	07/03	日	乙未	除	沙中金	心
15日	07/04	月	丙申	満	山下火	尾
16日	07/05	火	丁酉	平	山下火	箕
17日	07/06	水	戊戌	定	平地木	斗
18日	07/07	木	己亥	執	平地木	牛
19日	07/08	金	庚子	破	壁上土	女
20日▽	07/09	土	辛丑	破	壁上土	虚
21日	07/10	日	壬寅	危	金箔金	危
22日	07/11	月	癸卯	成	金箔金	室
23日	07/12	火	甲辰	納	覆燈火	壁
24日	07/13	水	乙巳	開	覆燈火	奎
25日	07/14	木	丙午	閉	天河水	婁
26日	07/15	金	丁未	建	天河水	胃
27日	07/16	土	戊申	除	大駅土	昴
28日	07/17	日	己酉	満	大駅土	畢
29日	07/18	月	庚戌	平	釵釧金	觜

【六月大　己未　鬼】

節気 大暑 6日・立秋 22日
雑節 土用 3日

日	日付	曜	干支	段	納音	宿
1日	07/19	火	辛亥	定	釵釧金	参
2日	07/20	水	壬子	執	桑柘木	井
3日	07/21	木	癸丑	破	桑柘木	鬼
4日	07/22	金	甲寅	危	大渓水	柳
5日	07/23	土	乙卯	成	大渓水	星
6日	07/24	日	丙辰	納	沙中土	張
7日△	07/25	月	丁巳	開	沙中土	翼
8日	07/26	火	戊午	閉	天上火	軫
9日	07/27	水	己未	建	天上火	角
10日	07/28	木	庚申	除	柘榴木	亢
11日	07/29	金	辛酉	満	柘榴木	氐
12日	07/30	土	壬戌	平	大海水	房
13日	07/31	日	癸亥	定	大海水	心
14日	08/01	月	甲子	執	海中金	尾
15日	08/02	火	乙丑	破	海中金	箕
16日	08/03	水	丙寅	危	炉中火	斗

西暦　曜　干支　直　納音　宿　　　　　　天正11年

日	西暦	曜	干支	直	納音	宿
17日	08/04	木	丁卯	成	爐中火	危
18日	08/05	金	戊辰	納	大林木	室
19日	08/06	土	己巳	開	大林木	壁
20日	08/07	日	庚午	閉	路傍土	奎
21日	08/08	月	辛未	建	路傍土	婁
22日	08/09	火	壬申	建	釼鋒金	胃
23日	08/10	水	癸酉	除	釼鋒金	昴
24日	08/11	木	甲戌	満	山頭火	畢
25日	08/12	金	乙亥	平	山頭火	觜
26日	08/13	土	丙子	定	澗下水	参
27日	08/14	日	丁丑	執	澗下水	井
28日	08/15	月	戊寅	破	城頭土	鬼
29日	08/16	火	己卯	危	城頭土	柳
30日	08/17	水	庚辰	成	白鑞金	星

【七月小 庚申 張】
節気 処暑 7日・白露 22日
雑節 二百十日 18日

日	西暦	曜	干支	直	納音	宿
1日	08/18	木	辛巳	納	白鑞金	張
2日	08/19	金	壬午	開	楊柳木	翼
3日	08/20	土	癸未	閉	楊柳木	軫
4日	08/21	日	甲申	建	井泉水	角
5日	08/22	月	乙酉	除	井泉水	亢
6日	08/23	火	丙戌	満	屋上土	氐
7日	08/24	水	丁亥	平	屋上土	房
8日	08/25	木	戊子	定	霹靂火	心
9日	08/26	金	己丑	執	霹靂火	尾
10日	08/27	土	庚寅	破	松柏木	箕
11日	08/28	日	辛卯	危	松柏木	斗
12日	08/29	月	壬辰	成	長流水	女
13日	08/30	火	癸巳	納	長流水	虚
14日	08/31	水	甲午	開	沙中金	危
15日	09/01	木	乙未	閉	沙中金	室
16日	09/02	金	丙申	建	山下火	壁
17日	09/03	土	丁酉	除	山下火	奎
18日	09/04	日	戊戌	満	平地木	婁
19日	09/05	月	己亥	定	平地木	胃
20日	09/06	火	庚子	執	壁上土	昴
21日	09/07	水	辛丑	破	壁上土	畢
22日	09/08	木	壬寅	危	金箔金	觜
23日	09/09	金	癸卯	破	金箔金	参
24日	09/10	土	甲辰	危	覆燈火	井
25日	09/11	日	乙巳	成	覆燈火	鬼
26日	09/12	月	丙午	納	天河水	柳
27日▽	09/13	火	丁未	開	天河水	星
28日	09/14	水	戊申	閉	大駅土	張
29日	09/15	木	己酉	建	大駅土	翼

【八月大 辛酉 角】
節気 秋分 8日・寒露 24日
雑節 社日 9日・彼岸 10日

日	西暦	曜	干支	直	納音	宿
1日	09/16	金	庚戌	除	釼釧金	角
2日	09/17	土	辛亥	満	釼釧金	亢
3日	09/18	日	壬子	平	桑柘木	氐
4日	09/19	月	癸丑	執	桑柘木	房
5日	09/20	火	甲寅	破	大渓水	心
6日	09/21	水	乙卯	破	大渓水	尾
7日	09/22	木	丙辰	成	沙中土	箕
8日	09/23	金	丁巳	成	沙中土	斗
9日	09/24	土	戊午	納	天上火	女
10日	09/25	日	己未	開	天上火	虚
11日	09/26	月	庚申	閉	柘榴木	危
12日	09/27	火	辛酉	建	柘榴木	室
13日	09/28	水	壬戌	満	大海水	壁
14日	09/29	木	癸亥	満	大海水	奎
15日	09/30	金	甲子	平	海中金	婁
16日	10/01	土	乙丑	定	海中金	胃
17日	10/02	日	丙寅	執	爐中火	昴
18日△	10/03	月	丁卯	破	爐中火	畢
19日	10/04	火	戊辰	危	大林木	觜
20日	10/05	水	己巳	成	大林木	参
21日	10/06	木	庚午	納	路傍土	井
22日	10/07	金	辛未	開	路傍土	鬼
23日	10/08	土	壬申	納	釼鋒金	柳
24日	10/09	日	癸酉	納	釼鋒金	星
25日	10/10	月	甲戌	建	山頭火	張
26日	10/11	火	乙亥	除	山頭火	翼
27日	10/12	水	丙子	満	澗下水	軫
28日	10/13	木	丁丑	平	澗下水	角
29日	10/14	金	戊寅	定	城頭土	亢
30日	10/15	土	己卯	執	城頭土	氐

【九月大 壬戌 氐】
節気 霜降 9日・立冬 24日
雑節 土用 6日

日	西暦	曜	干支	直	納音	宿
1日	10/16	日	庚辰	破	白鑞金	氐
2日	10/17	月	辛巳	危	白鑞金	房
3日	10/18	火	壬午	成	楊柳木	心
4日	10/19	水	癸未	納	楊柳木	尾
5日	10/20	木	甲申	開	井泉水	箕
6日	10/21	金	乙酉	閉	井泉水	斗
7日	10/22	土	丙戌	建	屋上土	女
8日	10/23	日	丁亥	除	屋上土	虚
9日	10/24	月	戊子	満	霹靂火	危
10日	10/25	火	己丑	平	霹靂火	室
11日	10/26	水	庚寅	定	松柏木	壁
12日	10/27	木	辛卯	執	松柏木	奎
13日	10/28	金	壬辰	破	長流水	婁
14日	10/29	土	癸巳	危	長流水	胃
15日	10/30	日	甲午	成	沙中金	昴
16日	10/31	月	乙未	納	沙中金	畢
17日	11/01	火	丙申	閉	山下火	觜
18日	11/02	水	丁酉	閉	山下火	参
19日	11/03	木	戊戌	除	平地木	井
20日	11/04	金	己亥	除	平地木	鬼
21日	11/05	土	庚子	満	壁上土	柳
22日	11/06	日	辛丑	平	壁上土	星
23日	11/07	月	壬寅	定	金箔金	張
24日	11/08	火	癸卯	定	金箔金	翼
25日	11/09	水	甲辰	執	覆燈火	軫
26日	11/10	木	乙巳	危	覆燈火	角
27日	11/11	金	丙午	危	天河水	亢
28日	11/12	土	丁未	成	天河水	氐
29日	11/13	日	戊申	納	大駅土	房
30日	11/14	月	己酉	開	大駅土	心

【十月小 癸亥 心】
節気 小雪 9日・大雪 24日

日	西暦	曜	干支	直	納音	宿
1日▽	11/15	火	庚戌	閉	釼釧金	心
2日	11/16	水	辛亥	建	釼釧金	尾
3日	11/17	木	壬子	除	桑柘木	箕
4日	11/18	金	癸丑	満	桑柘木	斗
5日	11/19	土	甲寅	平	大渓水	女
6日	11/20	日	乙卯	定	大渓水	虚
7日	11/21	月	丙辰	執	沙中土	危
8日	11/22	火	丁巳	破	沙中土	室
9日	11/23	水	戊午	危	天上火	壁
10日	11/24	木	己未	納	天上火	奎
11日	11/25	金	庚申	開	柘榴木	婁
12日	11/26	土	辛酉	閉	柘榴木	胃
13日	11/27	日	壬戌	建	大海水	昴
14日	11/28	月	癸亥	建	大海水	畢
15日	11/29	火	甲子	除	海中金	觜
16日	11/30	水	乙丑	満	海中金	参
17日	12/01	木	丙寅	平	爐中火	井
18日	12/02	金	丁卯	定	爐中火	鬼
19日	12/03	土	戊辰	破	大林木	柳
20日	12/04	日	己巳	破	大林木	星
21日	12/05	月	庚午	危	路傍土	張
22日	12/06	火	辛未	成	路傍土	翼
23日	12/07	水	壬申	納	釼鋒金	軫
24日	12/08	木	癸酉	納	釼鋒金	角
25日	12/09	金	甲戌	開	山頭火	亢
26日	12/10	土	乙亥	閉	山頭火	氐
27日△	12/11	日	丙子	建	澗下水	房
28日	12/12	月	丁丑	除	澗下水	心
29日	12/13	火	戊寅	満	城頭土	尾

【十一月大 甲子 斗】
節気 冬至 11日・小寒 26日

日	西暦	曜	干支	直	納音	宿
1日	12/14	水	己卯	平	城頭土	斗
2日	12/15	木	庚辰	定	白鑞金	女
3日	12/16	金	辛巳	執	白鑞金	虚
4日	12/17	土	壬午	破	楊柳木	危
5日	12/18	日	癸未	危	楊柳木	室
6日	12/19	月	甲申	成	井泉水	壁
7日	12/20	火	乙酉	納	井泉水	奎
8日	12/21	水	丙戌	開	屋上土	婁
9日	12/22	木	丁亥	閉	屋上土	胃
10日	12/23	金	戊子	建	霹靂火	昴
11日	12/24	土	己丑	除	霹靂火	畢
12日	12/25	日	庚寅	満	松柏木	觜
13日	12/26	月	辛卯	平	松柏木	参
14日	12/27	火	壬辰	定	長流水	井
15日	12/28	水	癸巳	執	長流水	鬼
16日	12/29	木	甲午	破	沙中金	柳
17日	12/30	金	乙未	危	沙中金	星
18日	12/31	土	丙申	成	山下火	張
	1584年					
19日	01/01	日	丁酉	納	山下火	翼
20日	01/02	月	戊戌	開	平地木	軫
21日	01/03	火	己亥	閉	平地木	角
22日	01/04	水	庚子	建	壁上土	亢
23日	01/05	木	辛丑	除	壁上土	氐
24日	01/06	金	壬寅	満	金箔金	房
25日	01/07	土	癸卯	平	金箔金	心
26日	01/08	日	甲辰	平	覆燈火	尾
27日	01/09	月	乙巳	定	覆燈火	箕
28日	01/10	火	丙午	執	天河水	斗
29日	01/11	水	丁未	破	天河水	女
30日	01/12	木	戊申	危	大駅土	虚

【十二月大 乙丑 虚】
節気 大寒 11日・立春 26日
雑節 土用 8日・節分 25日

日	西暦	曜	干支	直	納音	宿
1日	01/13	金	己酉	成	大駅土	虚
2日	01/14	土	庚戌	納	釼釧金	危
3日	01/15	日	辛亥	閉	釼釧金	室
4日	01/16	月	壬子	閉	桑柘木	壁
5日▽	01/17	火	癸丑	建	桑柘木	奎
6日	01/18	水	甲寅	満	大渓水	婁
7日	01/19	木	乙卯	満	大渓水	胃
8日	01/20	金	丙辰	平	沙中土	昴
9日	01/21	土	丁巳	定	沙中土	畢
10日	01/22	日	戊午	執	天上火	觜
11日	01/23	月	己未	破	天上火	参
12日	01/24	火	庚申	危	柘榴木	井
13日	01/25	水	辛酉	成	柘榴木	鬼
14日	01/26	木	壬戌	納	大海水	柳
15日	01/27	金	癸亥	開	大海水	星
16日	01/28	土	甲子	閉	海中金	張
17日	01/29	日	乙丑	建	海中金	翼
18日	01/30	月	丙寅	除	爐中火	軫
19日	01/31	火	丁卯	満	爐中火	角
20日	02/01	水	戊辰	平	大林木	亢
21日	02/02	木	己巳	定	大林木	氐
22日	02/03	金	庚午	執	路傍土	房
23日	02/04	土	辛未	破	路傍土	心
24日	02/05	日	壬申	危	釼鋒金	尾
25日	02/06	月	癸酉	成	釼鋒金	箕
26日	02/07	火	甲戌	成	山頭火	斗
27日	02/08	水	乙亥	納	山頭火	女
28日	02/09	木	丙子	開	澗下水	虚
29日	02/10	金	丁丑	閉	澗下水	危
30日	02/11	土	戊寅	建	城頭土	室

天正12年

1584～1585　甲申

【正月小 丙寅 室】

節気　雨水 12日・啓蟄 27日

日	月日	曜	干支	直	納音	宿
1日	02/12	日	己卯	除	城頭土	室
2日	02/13	月	庚辰	満	白鑞金	壁
3日	02/14	火	辛巳	平	白鑞金	奎
4日	02/15	水	壬午	定	楊柳木	婁
5日	02/16	木	癸未	執	楊柳木	胃
6日	02/17	金	甲申	破	井泉水	昴
7日	02/18	土	乙酉	危	井泉水	畢
8日△	02/19	日	丙戌	成	屋上土	觜
9日	02/20	月	丁亥	納	屋上土	参
10日	02/21	火	戊子	開	霹靂火	井
11日	02/22	水	己丑	閉	霹靂火	鬼
12日	02/23	木	庚寅	建	松柏木	柳
13日	02/24	金	辛卯	除	松柏木	星
14日	02/25	土	壬辰	満	長流水	張
15日	02/26	日	癸巳	平	長流水	翼
16日	02/27	月	甲午	定	沙中金	軫
17日	02/28	火	乙未	執	沙中金	角
18日	02/29	水	丙申	破	山下火	亢
19日	03/01	木	丁酉	危	山下火	氐
20日	03/02	金	戊戌	成	平地木	房
21日	03/03	土	己亥	納	平地木	心
22日	03/04	日	庚子	開	壁上土	尾
23日	03/05	月	辛丑	閉	壁上土	箕
24日	03/06	火	壬寅	建	金箔金	斗
25日	03/07	水	癸卯	除	金箔金	牛
26日	03/08	木	甲辰	満	覆燈火	女
27日	03/09	金	乙巳	平	覆燈火	虚
28日	03/10	土	丙午	定	天河水	危
29日	03/11	日	丁未	定	天河水	室

【二月大 丁卯 奎】

節気　春分 13日・清明 28日

雑節　社日 11日・彼岸 15日

日	月日	曜	干支	直	納音	宿
1日	03/12	月	戊申	執	大駅土	奎
2日	03/13	火	己酉	破	大駅土	婁
3日	03/14	水	庚戌	危	釵釧金	胃
4日	03/15	木	辛亥	成	釵釧金	昴
5日	03/16	金	壬子	納	桑柘木	畢
6日	03/17	土	癸丑	開	桑柘木	觜
7日	03/18	日	甲寅	閉	大渓水	参
8日	03/19	月	乙卯	建	大渓水	井
9日▽	03/20	火	丙辰	除	沙中土	鬼
10日	03/21	水	丁巳	満	沙中土	柳
11日	03/22	木	戊午	平	天上火	星
12日	03/23	金	己未	定	天上火	張
13日	03/24	土	庚申	執	柘榴木	翼
14日	03/25	日	辛酉	破	柘榴木	軫
15日	03/26	月	壬戌	危	大海水	角
16日	03/27	火	癸亥	成	大海水	亢
17日	03/28	水	甲子	納	海中金	氐
18日	03/29	木	乙丑	開	海中金	房
19日	03/30	金	丙寅	閉	爐中火	心
20日	03/31	土	丁卯	建	爐中火	尾
21日	04/01	日	戊辰	除	大林木	箕
22日	04/02	月	己巳	満	大林木	斗
23日	04/03	火	庚午	平	路傍土	女
24日	04/04	水	辛未	定	路傍土	虚
25日	04/05	木	壬申	執	釵鋒金	危
26日	04/06	金	癸酉	破	釵鋒金	室
27日	04/07	土	甲戌	危	山頭火	壁
28日	04/08	日	乙亥	成	山頭火	奎
29日	04/09	月	丙子	成	潤下水	婁
30日	04/10	火	丁丑	納	潤下水	胃

【三月小 戊辰 胃】

節気　穀雨 13日・立夏 29日

雑節　土用 10日・八十八夜 24日

日	月日	曜	干支	直	納音	宿
1日	04/11	水	戊寅	開	城頭土	胃
2日	04/12	木	己卯	閉	城頭土	昴
3日	04/13	金	庚辰	建	白鑞金	畢
4日	04/14	土	辛巳	除	白鑞金	觜
5日	04/15	日	壬午	満	楊柳木	参
6日	04/16	月	癸未	平	楊柳木	井
7日	04/17	火	甲申	定	井泉水	鬼
8日	04/18	水	乙酉	執	井泉水	柳
9日	04/19	木	丙戌	破	屋上土	星
10日	04/20	金	丁亥	危	屋上土	張
11日	04/21	土	戊子	成	霹靂火	翼
12日	04/22	日	己丑	納	霹靂火	軫
13日	04/23	月	庚寅	開	松柏木	角
14日	04/24	火	辛卯	閉	松柏木	亢
15日	04/25	水	壬辰	建	長流水	氐
16日	04/26	木	癸巳	除	長流水	房
17日	04/27	金	甲午	満	沙中金	心
18日	04/28	土	乙未	平	沙中金	尾
19日△	04/29	日	丙申	定	山下火	箕
20日	04/30	月	丁酉	執	山下火	斗
21日	05/01	火	戊戌	破	平地木	女
22日	05/02	水	己亥	危	平地木	虚
23日	05/03	木	庚子	成	壁上土	危
24日	05/04	金	辛丑	納	壁上土	室
25日	05/05	土	壬寅	開	金箔金	壁
26日	05/06	日	癸卯	閉	金箔金	奎
27日	05/07	月	甲辰	建	覆燈火	婁
28日	05/08	火	乙巳	除	覆燈火	胃
29日	05/09	水	丙午	除	天河水	昴

【四月大 己巳 畢】

節気　小満 15日・芒種 30日

日	月日	曜	干支	直	納音	宿
1日	05/10	木	丁未	満	天河水	畢
2日	05/11	金	戊申	平	大駅土	觜
3日	05/12	土	己酉	定	大駅土	参
4日	05/13	日	庚戌	執	釵釧金	井
5日	05/14	月	辛亥	破	釵釧金	鬼
6日	05/15	火	壬子	危	桑柘木	柳
7日	05/16	水	癸丑	成	桑柘木	星
8日	05/17	木	甲寅	納	大渓水	張
9日	05/18	金	乙卯	開	大渓水	翼
10日	05/19	土	丙辰	閉	沙中土	軫
11日	05/20	日	丁巳	建	沙中土	角
12日	05/21	月	戊午	除	天上火	亢
13日▽	05/22	火	己未	満	天上火	氐
14日	05/23	水	庚申	平	柘榴木	房
15日	05/24	木	辛酉	定	柘榴木	心
16日	05/25	金	壬戌	執	大海水	尾
17日	05/26	土	癸亥	破	大海水	箕
18日	05/27	日	甲子	危	海中金	斗
19日	05/28	月	乙丑	成	海中金	女
20日	05/29	火	丙寅	納	爐中火	虚
21日	05/30	水	丁卯	開	爐中火	危
22日	05/31	木	戊辰	閉	大林木	室
23日	06/01	金	己巳	建	大林木	壁
24日	06/02	土	庚午	除	路傍土	奎
25日	06/03	日	辛未	満	路傍土	婁
26日	06/04	月	壬申	平	釵鋒金	胃
27日	06/05	火	癸酉	定	釵鋒金	昴
28日	06/06	水	甲戌	執	山頭火	畢
29日	06/07	木	乙亥	破	山頭火	觜
30日	06/08	金	丙子	破	潤下水	参

【五月小 庚午 参】

節気　夏至 15日

雑節　入梅 6日・半夏生 25日

日	月日	曜	干支	直	納音	宿
1日	06/09	土	丁丑	危	潤下水	参
2日	06/10	日	戊寅	成	城頭土	井
3日	06/11	月	己卯	納	城頭土	鬼
4日	06/12	火	庚辰	開	白鑞金	柳
5日	06/13	水	辛巳	閉	白鑞金	星
6日	06/14	木	壬午	建	楊柳木	張
7日	06/15	金	癸未	除	楊柳木	翼
8日	06/16	土	甲申	満	井泉水	軫
9日	06/17	日	乙酉	平	井泉水	角
10日	06/18	月	丙戌	定	屋上土	亢
11日	06/19	火	丁亥	執	屋上土	氐
12日	06/20	水	戊子	破	霹靂火	房
13日	06/21	木	己丑	危	霹靂火	心
14日	06/22	金	庚寅	成	松柏木	尾
15日	06/23	土	辛卯	納	松柏木	箕
16日	06/24	日	壬辰	開	長流水	斗
17日	06/25	月	癸巳	閉	長流水	女
18日	06/26	火	甲午	建	沙中金	虚
19日	06/27	水	乙未	除	沙中金	危
20日	06/28	木	丙申	満	山下火	室
21日	06/29	金	丁酉	平	山下火	壁
22日	06/30	土	戊戌	定	平地木	奎
23日	07/01	日	己亥	執	平地木	婁
24日	07/02	月	庚子	破	壁上土	胃
25日	07/03	火	辛丑	危	壁上土	昴
26日	07/04	水	壬寅	成	金箔金	畢
27日	07/05	木	癸卯	納	金箔金	觜
28日	07/06	金	甲辰	開	覆燈火	参
29日△	07/07	土	乙巳	閉	覆燈火	井

【六月小 辛未 鬼】

節気　小暑 2日・大暑 17日

雑節　土用 14日

日	月日	曜	干支	直	納音	宿
1日	07/08	日	丙午	建	天河水	鬼
2日	07/09	月	丁未	建	天河水	柳
3日	07/10	火	戊申	除	大駅土	星
4日	07/11	水	己酉	満	大駅土	張
5日	07/12	木	庚戌	平	釵釧金	翼
6日	07/13	金	辛亥	定	釵釧金	軫
7日	07/14	土	壬子	執	桑柘木	角
8日	07/15	日	癸丑	破	桑柘木	亢
9日	07/16	月	甲寅	危	大渓水	氐
10日	07/17	火	乙卯	成	大渓水	房
11日	07/18	水	丙辰	納	沙中土	心
12日	07/19	木	丁巳	開	沙中土	尾
13日	07/20	金	戊午	閉	天上火	箕
14日	07/21	土	己未	建	天上火	斗
15日	07/22	日	庚申	除	柘榴木	女
16日	07/23	月	辛酉	満	柘榴木	虚
17日▽	07/24	火	壬戌	平	大海水	危
18日	07/25	水	癸亥	定	大海水	室
19日	07/26	木	甲子	執	海中金	壁
20日	07/27	金	乙丑	破	海中金	奎
21日	07/28	土	丙寅	危	爐中火	婁
22日	07/29	日	丁卯	成	爐中火	胃
23日	07/30	月	戊辰	納	大林木	昴
24日	07/31	火	己巳	開	大林木	畢
25日	08/01	水	庚午	閉	路傍土	觜
26日	08/02	木	辛未	建	路傍土	参
27日	08/03	金	壬申	除	釵鋒金	井
28日	08/04	土	癸酉	満	釵鋒金	鬼
29日	08/05	日	甲戌	平	山頭火	柳

【七月大 壬申 張】

節気　立秋 3日・処暑 18日

雑節　二百十日 29日

日	月日	曜	干支	直	納音	宿
1日	08/06	月	乙亥	定	山頭火	張
2日	08/07	火	丙子	執	潤下水	翼
3日	08/08	水	丁丑	執	潤下水	軫
4日	08/09	木	戊寅	破	城頭土	角

西暦 曜 干支 直 納音 宿 **天正12年**

日	西暦	曜	干支	直	納音	宿
5日	08/10	金	己卯	危	城頭土	斗
6日	08/11	土	庚辰	成	白鑞金	氐
7日	08/12	日	辛巳	納	白鑞金	房
8日	08/13	月	壬午	開	楊柳木	心
9日	08/14	火	癸未	閉	楊柳木	尾
10日	08/15	水	甲申	建	井泉水	箕
11日	08/16	木	乙酉	除	井泉水	斗
12日	08/17	金	丙戌	満	屋上土	女
13日	08/18	土	丁亥	定	屋上土	尾
14日	08/19	日	戊子	定	霹靂火	危
15日	08/20	月	己丑	執	霹靂火	室
16日	08/21	火	庚寅	破	松柏木	奎
17日	08/22	水	辛卯	危	松柏木	奎
18日	08/23	木	壬辰	成	長流水	婁
19日	08/24	金	癸巳	納	長流水	胃
20日	08/25	土	甲午	開	沙中金	昴
21日	08/26	日	乙未	閉	沙中金	畢
22日	08/27	月	丙申	建	山下火	觜
23日	08/28	火	丁酉	除	山下火	参
24日	08/29	水	戊戌	満	平地木	井
25日	08/30	木	己亥	平	平地木	鬼
26日	08/31	金	庚子	定	壁上土	柳
27日	09/01	土	辛丑	執	壁上土	星
28日	09/02	日	壬寅	破	金箔金	張
29日	09/03	月	癸卯	危	金箔金	翼
30日	09/04	火	甲辰	成	覆燈火	軫

【八月小 癸酉 角】
節気 白露 3日・秋分 19日
雑節 社日 14日・彼岸 21日

日	西暦	曜	干支	直	納音	宿
1日	09/05	水	乙巳	納	覆燈火	角
2日	09/06	木	丙午	開	天河水	亢
3日	09/07	金	丁未	閉	天河水	氐
4日	09/08	土	戊申	閉	大駅土	房
5日	09/09	日	己酉	建	大駅土	心
6日	09/10	月	庚戌	除	釵釧金	尾
7日	09/11	火	辛亥	満	釵釧金	箕
8日	09/12	水	壬子	平	桑柘木	斗
9日	09/13	木	癸丑	定	桑柘木	女
10日	09/14	金	甲寅	執	大溪水	虚
11日△	09/15	土	乙卯	破	大溪水	危
12日	09/16	日	丙辰	危	沙中土	室
13日	09/17	月	丁巳	成	沙中土	壁
14日	09/18	火	戊午	納	天上火	奎
15日	09/19	水	己未	開	天上火	婁
16日	09/20	木	庚申	閉	柘榴木	胃
17日	09/21	金	辛酉	建	柘榴木	昴
18日	09/22	土	壬戌	除	大海水	畢
19日	09/23	日	癸亥	満	大海水	觜
20日	09/24	月	甲子	平	海中金	参
21日▽	09/25	火	乙丑	定	海中金	井
22日	09/26	水	丙寅	執	爐中火	鬼
23日	09/27	木	丁卯	破	爐中火	柳
24日	09/28	金	戊辰	危	大林木	星
25日	09/29	土	己巳	成	大林木	張
26日	09/30	日	庚午	納	路傍土	翼
27日	10/01	月	辛未	開	路傍土	軫
28日	10/02	火	壬申	閉	剣鋒金	角
29日	10/03	水	癸酉	建	剣鋒金	亢

【九月大 甲戌 氐】
節気 寒露 5日・霜降 20日
雑節 土用 17日

日	西暦	曜	干支	直	納音	宿
1日	10/04	木	甲戌	除	山頭火	氐
2日	10/05	金	乙亥	満	山頭火	房
3日	10/06	土	丙子	平	潤下水	心
4日	10/07	日	丁丑	定	潤下水	尾
5日	10/08	月	戊寅	執	城頭土	箕
6日	10/09	火	己卯	執	城頭土	斗
7日	10/10	水	庚辰	成	白鑞金	女
8日	10/11	木	辛巳	危	白鑞金	虚
9日	10/12	金	壬午	成	楊柳木	危
10日	10/13	土	癸未	納	楊柳木	室
11日	10/14	日	甲申	建	井泉水	壁
12日	10/15	月	乙酉	閉	井泉水	奎
13日	10/16	火	丙戌	建	屋上土	婁
14日	10/17	水	丁亥	除	屋上土	胃
15日	10/18	木	戊子	満	霹靂火	昴
16日	10/19	金	己丑	平	霹靂火	畢
17日	10/20	土	庚寅	定	松柏木	觜
18日	10/21	日	辛卯	執	松柏木	参
19日	10/22	月	壬辰	破	長流水	井
20日	10/23	火	癸巳	危	長流水	鬼
21日	10/24	水	甲午	成	沙中金	柳
22日	10/25	木	乙未	納	沙中金	星
23日	10/26	金	丙申	開	山下火	張
24日	10/27	土	丁酉	閉	山下火	軫
25日	10/28	日	戊戌	建	平地木	角
26日	10/29	月	己亥	除	平地木	亢
27日	10/30	火	庚子	満	壁上土	氐
28日	10/31	水	辛丑	平	壁上土	房
29日	11/01	木	壬寅	定	金箔金	心
30日	11/02	金	癸卯	執	金箔金	尾

【十月小 乙亥 心】
節気 立冬 5日・小雪 20日

日	西暦	曜	干支	直	納音	宿
1日	11/03	土	甲辰	破	覆燈火	箕
2日	11/04	日	乙巳	危	覆燈火	尾
3日	11/05	月	丙午	成	天河水	箕
4日	11/06	火	丁未	納	天河水	斗
5日	11/07	水	戊申	開	大駅土	虚
6日	11/08	木	己酉	閉	大駅土	虚
7日	11/09	金	庚戌	閉	釵釧金	危
8日	11/10	土	辛亥	建	釵釧金	室
9日	11/11	日	壬子	満	桑柘木	奎
10日	11/12	月	癸丑	満	桑柘木	奎
11日	11/13	火	甲寅	平	大溪水	婁
12日	11/14	水	乙卯	執	大溪水	胃
13日	11/15	木	丙辰	執	沙中土	昴
14日	11/16	金	丁巳	破	沙中土	畢
15日	11/17	土	戊午	危	天上火	觜
16日	11/18	日	己未	成	天上火	参
17日	11/19	月	庚申	納	柘榴木	井
18日	11/20	火	辛酉	開	柘榴木	鬼
19日	11/21	水	壬戌	閉	大海水	柳
20日	11/22	木	癸亥	建	大海水	星
21日△	11/23	金	甲子	除	海中金	張
22日	11/24	土	乙丑	満	海中金	翼
23日	11/25	日	丙寅	平	爐中火	軫
24日	11/26	月	丁卯	定	爐中火	角
25日▽	11/27	火	戊辰	執	大林木	亢
26日	11/28	水	己巳	破	大林木	氐
27日	11/29	木	庚午	危	路傍土	房
28日	11/30	金	辛未	成	路傍土	心
29日	12/01	土	壬申	納	剣鋒金	尾

【十一月大 丙子 斗】
節気 大雪 7日・冬至 22日

日	西暦	曜	干支	直	納音	宿
1日	12/02	日	癸酉	開	剣鋒金	箕
2日	12/03	月	甲戌	閉	山頭火	女
3日	12/04	火	乙亥	建	山頭火	虚
4日	12/05	水	丙子	除	潤下水	危
5日	12/06	木	丁丑	満	潤下水	室
6日	12/07	金	戊寅	平	城頭土	壁
7日	12/08	土	己卯	平	城頭土	奎
8日	12/09	日	庚辰	定	白鑞金	婁
9日	12/10	月	辛巳	執	白鑞金	斗
10日	12/11	火	壬午	破	楊柳木	昴
11日	12/12	水	癸未	危	楊柳木	畢
12日	12/13	木	甲申	成	井泉水	觜
13日	12/14	金	乙酉	納	井泉水	参
14日	12/15	土	丙戌	開	屋上土	井
15日	12/16	日	丁亥	閉	屋上土	鬼
16日	12/17	月	戊子	建	霹靂火	柳
17日	12/18	火	己丑	除	霹靂火	星
18日	12/19	水	庚寅	満	松柏木	張
19日	12/20	木	辛卯	平	松柏木	翼
20日	12/21	金	壬辰	定	長流水	軫
21日	12/22	土	癸巳	執	長流水	角
22日	12/23	日	甲午	破	沙中金	亢
23日	12/24	月	乙未	危	沙中金	氐
24日	12/25	火	丙申	成	山下火	房
25日	12/26	水	丁酉	納	山下火	心
26日	12/27	木	戊戌	開	平地木	尾
27日	12/28	金	己亥	閉	平地木	箕
28日	12/29	土	庚子	建	壁上土	斗
29日	12/30	日	辛丑	除	壁上土	女
30日	12/31	月	壬寅	満	金箔金	虚

【十二月大 丁丑 虚】
節気 小寒 7日・大寒 22日
雑節 土用 19日
1585年

日	西暦	曜	干支	直	納音	宿
1日	01/01	火	癸卯	平	金箔金	虚
2日	01/02	水	甲辰	定	覆燈火	危
3日	01/03	木	乙巳	執	覆燈火	室
4日	01/04	金	丙午	破	天河水	壁
5日	01/05	土	丁未	危	天河水	奎
6日	01/06	日	戊申	成	大駅土	婁
7日	01/07	月	己酉	納	大駅土	胃
8日	01/08	火	庚戌	開	釵釧金	昴
9日	01/09	水	辛亥	閉	釵釧金	畢
10日	01/10	木	壬子	閉	桑柘木	觜
11日	01/11	金	癸丑	建	桑柘木	参
12日	01/12	土	甲寅	除	大溪水	井
13日	01/13	日	乙卯	満	大溪水	鬼
14日	01/14	月	丙辰	平	沙中土	柳
15日	01/15	火	丁巳	定	沙中土	星
16日	01/16	水	戊午	執	天上火	張
17日	01/17	木	己未	破	天上火	翼
18日	01/18	金	庚申	危	柘榴木	軫
19日	01/19	土	辛酉	納	柘榴木	角
20日	01/20	日	壬戌	納	大海水	亢
21日	01/21	月	癸亥	開	大海水	氐
22日	01/22	火	甲子	閉	海中金	房
23日	01/23	水	乙丑	建	海中金	心
24日	01/24	木	丙寅	除	爐中火	尾
25日	01/25	金	丁卯	満	爐中火	箕
26日	01/26	土	戊辰	定	大林木	斗
27日	01/27	日	己巳	定	大林木	女
28日	01/28	月	庚午	執	路傍土	虚
29日▽	01/29	火	辛未	破	路傍土	危
30日	01/30	水	壬申	危	剣鋒金	室

天正13年

1585～1586　乙酉

【正月大　戊寅　室】
節気　立春 8日・雨水 23日
雑節　節分 7日

日	日付	曜	干支	中段	納音	宿
1日	01/31	木	癸酉	成	釼鋒金	室
2日△	02/01	金	甲戌	納	山頭火	壁
3日	02/02	土	乙亥	開	山頭火	奎
4日	02/03	日	丙子	閉	澗下水	婁
5日	02/04	月	丁丑	建	澗下水	胃
6日	02/05	火	戊寅	除	城頭土	昴
7日	02/06	水	己卯	満	城頭土	畢
8日	02/07	木	庚辰	満	白鑞金	觜
9日	02/08	金	辛巳	平	白鑞金	参
10日	02/09	土	壬午	定	楊柳木	井
11日	02/10	日	癸未	執	楊柳木	鬼
12日	02/11	月	甲申	破	井泉水	柳
13日	02/12	火	乙酉	危	井泉水	星
14日	02/13	水	丙戌	成	屋上土	張
15日	02/14	木	丁亥	納	屋上土	翼
16日	02/15	金	戊子	開	霹靂火	軫
17日	02/16	土	己丑	閉	霹靂火	角
18日	02/17	日	庚寅	建	松柏木	亢
19日	02/18	月	辛卯	除	松柏木	氐
20日	02/19	火	壬辰	満	長流水	房
21日	02/20	水	癸巳	平	長流水	心
22日	02/21	木	甲午	定	沙中金	尾
23日	02/22	金	乙未	執	沙中金	箕
24日	02/23	土	丙申	破	山下火	斗
25日	02/24	日	丁酉	危	山下火	女
26日	02/25	月	戊戌	成	平地木	虚
27日	02/26	火	己亥	納	平地木	危
28日	02/27	水	庚子	開	壁上土	室
29日	02/28	木	辛丑	閉	壁上土	壁
30日	03/01	金	壬寅	建	金箔金	奎

【二月小　己卯　奎】
節気　啓蟄 8日・春分 23日
雑節　彼岸 25日・社日 26日

日	日付	曜	干支	中段	納音	宿
1日	03/02	土	癸卯	除	金箔金	婁
2日	03/03	日	甲辰	満	覆燈火	胃
3日	03/04	月	乙巳	平	覆燈火	昴
4日	03/05	火	丙午	定	天河水	畢
5日	03/06	水	丁未	執	天河水	觜
6日	03/07	木	戊申	破	大驛土	参
7日	03/08	金	己酉	危	大驛土	井
8日	03/09	土	庚戌	危	釼釧金	鬼
9日	03/10	日	辛亥	成	釼釧金	柳
10日	03/11	月	壬子	納	桑柘木	星
11日	03/12	火	癸丑	開	桑柘木	張
12日	03/13	水	甲寅	閉	大溪水	翼
13日	03/14	木	乙卯	建	大溪水	軫
14日	03/15	金	丙辰	除	沙中土	角
15日	03/16	土	丁巳	満	沙中土	亢
16日	03/17	日	戊午	平	天上火	氐
17日	03/18	月	己未	定	天上火	房
18日	03/19	火	庚申	執	柘榴木	心
19日	03/20	水	辛酉	破	柘榴木	尾
20日	03/21	木	壬戌	危	大海水	箕
21日	03/22	金	癸亥	成	大海水	斗
22日	03/23	土	甲子	納	海中金	女
23日	03/24	日	乙丑	開	海中金	虚
24日	03/25	月	丙寅	閉	爐中火	危
25日	03/26	火	丁卯	建	爐中火	室
26日	03/27	水	戊辰	除	大林木	壁
27日	03/28	木	己巳	満	大林木	奎
28日	03/29	金	庚午	平	路傍土	婁
29日	03/30	土	辛未	定	路傍土	胃

【三月大　庚辰　胃】
節気　清明 9日・穀雨 25日
雑節　土用 22日

日	日付	曜	干支	中段	納音	宿
1日	03/31	日	壬申	執	釼鋒金	昴
2日	04/01	月	癸酉	破	釼鋒金	畢
3日▽	04/02	火	甲戌	危	山頭火	觜
4日	04/03	水	乙亥	成	山頭火	参
5日	04/04	木	丙子	納	澗下水	井
6日	04/05	金	丁丑	開	澗下水	鬼
7日	04/06	土	戊寅	閉	城頭土	柳
8日	04/07	日	己卯	建	城頭土	星
9日	04/08	月	庚辰	建	白鑞金	張
10日	04/09	火	辛巳	除	白鑞金	翼
11日	04/10	水	壬午	満	楊柳木	軫
12日	04/11	木	癸未	平	楊柳木	角
13日△	04/12	金	甲申	定	井泉水	亢
14日	04/13	土	乙酉	執	井泉水	氐
15日	04/14	日	丙戌	破	屋上土	房
16日	04/15	月	丁亥	危	屋上土	心
17日	04/16	火	戊子	成	霹靂火	尾
18日	04/17	水	己丑	納	霹靂火	箕
19日	04/18	木	庚寅	開	松柏木	斗
20日	04/19	金	辛卯	閉	松柏木	女
21日	04/20	土	壬辰	建	長流水	虚
22日	04/21	日	癸巳	除	長流水	危
23日	04/22	月	甲午	満	沙中金	室
24日	04/23	火	乙未	平	沙中金	壁
25日	04/24	水	丙申	定	山下火	奎
26日	04/25	木	丁酉	執	山下火	婁
27日	04/26	金	戊戌	破	平地木	胃
28日	04/27	土	己亥	危	平地木	昴
29日	04/28	日	庚子	成	壁上土	畢
30日	04/29	月	辛丑	納	壁上土	觜

【四月小　辛巳　畢】
節気　立夏 10日・小満 25日
雑節　八十八夜 6日

日	日付	曜	干支	中段	納音	宿
1日	04/30	火	壬寅	開	金箔金	参
2日	05/01	水	癸卯	閉	金箔金	井
3日	05/02	木	甲辰	建	覆燈火	鬼
4日	05/03	金	乙巳	除	覆燈火	柳
5日	05/04	土	丙午	満	天河水	星
6日	05/05	日	丁未	平	天河水	張
7日	05/06	月	戊申	定	大驛土	翼
8日	05/07	火	己酉	執	大驛土	軫
9日	05/08	水	庚戌	破	釼釧金	角
10日	05/09	木	辛亥	破	釼釧金	亢
11日	05/10	金	壬子	危	桑柘木	氐
12日	05/11	土	癸丑	成	桑柘木	房
13日	05/12	日	甲寅	納	大溪水	心
14日	05/13	月	乙卯	開	大溪水	尾
15日	05/14	火	丙辰	閉	沙中土	箕
16日	05/15	水	丁巳	建	沙中土	斗
17日	05/16	木	戊午	除	天上火	女
18日	05/17	金	己未	満	天上火	虚
19日	05/18	土	庚申	平	柘榴木	危
20日	05/19	日	辛酉	定	柘榴木	室
21日	05/20	月	壬戌	執	大海水	壁
22日	05/21	火	癸亥	破	大海水	奎
23日	05/22	水	甲子	危	海中金	婁
24日	05/23	木	乙丑	成	海中金	胃
25日	05/24	金	丙寅	納	爐中火	昴
26日	05/25	土	丁卯	開	爐中火	畢
27日	05/26	日	戊辰	閉	大林木	觜
28日	05/27	月	己巳	建	大林木	参
29日	05/28	火	庚午	除	路傍土	井

【五月大　壬午　参】
節気　芒種 11日・夏至 27日
雑節　入梅 12日

日	日付	曜	干支	中段	納音	宿
1日	05/29	水	辛未	満	路傍土	鬼
2日	05/30	木	壬申	平	釼鋒金	柳
3日	05/31	金	癸酉	定	釼鋒金	星
4日	06/01	土	甲戌	執	山頭火	張
5日	06/02	日	乙亥	破	山頭火	翼
6日▽	06/03	月	丙子	危	澗下水	軫
7日	06/04	火	丁丑	成	澗下水	角
8日	06/05	水	戊寅	納	城頭土	亢
9日	06/06	木	己卯	開	城頭土	氐
10日	06/07	金	庚辰	閉	白鑞金	房
11日	06/08	土	辛巳	閉	白鑞金	心
12日	06/09	日	壬午	建	楊柳木	尾
13日	06/10	月	癸未	除	楊柳木	箕
14日	06/11	火	甲申	満	井泉水	斗
15日	06/12	水	乙酉	平	井泉水	女
16日	06/13	木	丙戌	定	屋上土	虚
17日	06/14	金	丁亥	執	屋上土	危
18日	06/15	土	戊子	破	霹靂火	室
19日	06/16	日	己丑	危	霹靂火	壁
20日	06/17	月	庚寅	成	松柏木	奎
21日	06/18	火	辛卯	納	松柏木	婁
22日	06/19	水	壬辰	開	長流水	胃
23日△	06/20	木	癸巳	閉	長流水	昴
24日	06/21	金	甲午	建	沙中金	畢
25日	06/22	土	乙未	除	沙中金	觜
26日	06/23	日	丙申	満	山下火	参
27日	06/24	月	丁酉	平	山下火	井
28日	06/25	火	戊戌	定	平地木	鬼
29日	06/26	水	己亥	執	平地木	柳
30日	06/27	木	庚子	破	壁上土	星

【六月小　癸未　鬼】
節気　小暑 12日・大暑 27日
雑節　半夏生 7日・土用 24日

日	日付	曜	干支	中段	納音	宿
1日	06/28	金	辛丑	危	壁上土	張
2日	06/29	土	壬寅	成	金箔金	翼
3日	06/30	日	癸卯	納	金箔金	軫
4日	07/01	月	甲辰	開	覆燈火	角
5日	07/02	火	乙巳	閉	覆燈火	亢
6日	07/03	水	丙午	建	天河水	氐
7日	07/04	木	丁未	除	天河水	房
8日	07/05	金	戊申	満	大驛土	心
9日	07/06	土	己酉	平	大驛土	尾
10日	07/07	日	庚戌	定	釼釧金	箕
11日	07/08	月	辛亥	執	釼釧金	斗
12日	07/09	火	壬子	執	桑柘木	女
13日	07/10	水	癸丑	破	桑柘木	虚
14日	07/11	木	甲寅	危	大溪水	危
15日	07/12	金	乙卯	成	大溪水	室
16日	07/13	土	丙辰	納	沙中土	壁
17日	07/14	日	丁巳	開	沙中土	奎
18日	07/15	月	戊午	閉	天上火	婁
19日	07/16	火	己未	建	天上火	胃
20日	07/17	水	庚申	除	柘榴木	昴
21日	07/18	木	辛酉	満	柘榴木	畢
22日	07/19	金	壬戌	平	大海水	觜
23日	07/20	土	癸亥	定	大海水	参
24日	07/21	日	甲子	執	海中金	井
25日	07/22	月	乙丑	破	海中金	鬼
26日	07/23	火	丙寅	危	爐中火	柳
27日	07/24	水	丁卯	成	爐中火	星
28日	07/25	木	戊辰	納	大林木	張
29日	07/26	金	己巳	開	大林木	翼

【七月小　甲申　張】
節気　立秋 13日・処暑 28日

日	日付	曜	干支	中段	納音	宿
1日	07/27	土	庚午	閉	路傍土	軫
2日	07/28	日	辛未	建	路傍土	角
3日	07/29	月	壬申	除	釼鋒金	亢
4日	07/30	火	癸酉	満	釼鋒金	氐
5日	07/31	水	甲戌	平	山頭火	房
6日	08/01	木	乙亥	定	山頭火	心
7日	08/02	金	丙子	執	澗下水	尾
8日	08/03	土	丁丑	破	澗下水	箕
9日	08/04	日	戊寅	危	城頭土	斗
10日	08/05	月	己卯	成	城頭土	女
11日	08/06	火	庚辰	納	白鑞金	虚
12日	08/07	水	辛巳	開	白鑞金	危
13日	08/08	木	壬午	開	楊柳木	室
14日	08/09	金	癸未	閉	楊柳木	壁
15日	08/10	土	甲申	建	井泉水	奎

西暦 曜 干支 直 納音 宿　　　　　　　天正13年

日	西暦	曜	干支	直	納音	宿
16日	08/11	日	乙酉	除	井泉水	奎
17日	08/12	月	丙戌	満	屋上土	婁
18日	08/13	火	丁亥	平	屋上土	胃
19日	08/14	水	戊子	定	霹靂火	昴
20日	08/15	木	己丑	執	霹靂火	畢
21日	08/16	金	庚寅	破	松柏木	觜
22日	08/17	土	辛卯	危	松柏木	参
23日	08/18	日	壬辰	成	長流水	井
24日	08/19	月	癸巳	納	長流水	鬼
25日	08/20	火	甲午	開	沙中金	柳
26日	08/21	水	乙未	閉	沙中金	星
27日	08/22	木	丙申	建	山下火	張
28日	08/23	金	丁酉	除	山下火	翼

【八月大 乙酉 角】
節気 白露 15日・秋分 30日
雑節 二百十日 11日・社日 30日

日	西暦	曜	干支	直	納音	宿
1日	08/25	日	己亥	平	平地木	角
2日	08/26	月	庚子	定	壁上土	亢
3日	08/27	火	辛丑	執	壁上土	氐
4日	08/28	水	壬寅	破	金箔金	房
5日△	08/29	木	癸卯	危	金箔金	心
6日	08/30	金	甲辰	成	覆燈火	尾
7日	08/31	土	乙巳	納	覆燈火	箕
8日	09/01	日	丙午	開	天河水	斗
9日	09/02	月	丁未	閉	天河水	牛
10日	09/03	火	戊申	建	大駅土	女
11日	09/04	水	己酉	除	大駅土	虚
12日	09/05	木	庚戌	満	釵釧金	危
13日	09/06	金	辛亥	平	釵釧金	室
14日	09/07	土	壬子	定	桑柘木	壁
15日	09/08	日	癸丑	定	桑柘木	奎
16日	09/09	月	甲寅	執	大渓水	婁
17日	09/10	火	乙卯	破	大渓水	胃
18日	09/11	水	丙辰	危	沙中土	昴
19日	09/12	木	丁巳	成	沙中土	畢
20日	09/13	金	戊午	納	天上火	觜
21日	09/14	土	己未	開	天上火	参
22日	09/15	日	庚申	閉	柘榴木	井
23日	09/16	月	辛酉	建	柘榴木	鬼
24日	09/17	火	壬戌	除	大海水	柳
25日	09/18	水	癸亥	満	大海水	星
26日	09/19	木	甲子	平	海中金	張
27日	09/20	金	乙丑	定	海中金	翼
28日	09/21	土	丙寅	執	炉中火	軫
29日	09/22	日	丁卯	破	炉中火	角
30日	09/23	月	戊辰	危	大林木	亢

【閏八月小 乙酉 角】
節気 寒露 15日
雑節 彼岸 2日・土用 27日

日	西暦	曜	干支	直	納音	宿
1日	09/24	火	己巳	成	大林木	角
2日	09/25	水	庚午	納	路傍土	亢
3日	09/26	木	辛未	開	路傍土	氐
4日	09/27	金	壬申	閉	剣鋒金	房
5日	09/28	土	癸酉	建	剣鋒金	心
6日	09/29	日	甲戌	除	山頭火	尾
7日	09/30	月	乙亥	満	山頭火	箕
8日	10/01	火	丙子	平	澗下水	斗
9日	10/02	水	丁丑	定	澗下水	牛
10日	10/03	木	戊寅	執	城頭土	女
11日	10/04	金	己卯	破	城頭土	虚
12日	10/05	土	庚辰	危	白鑞金	危
13日	10/06	日	辛巳	成	白鑞金	室
14日▽	10/07	月	壬午	納	楊柳木	壁
15日	10/08	火	癸未	納	楊柳木	奎
16日	10/09	水	甲申	開	井泉水	婁
17日	10/10	木	乙酉	閉	井泉水	胃
18日	10/11	金	丙戌	建	屋上土	昴
19日	10/12	土	丁亥	除	屋上土	畢
20日	10/13	日	戊子	満	霹靂火	觜
21日	10/14	月	己丑	平	霹靂火	参
22日	10/15	火	庚寅	定	松柏木	井
23日	10/16	水	辛卯	執	松柏木	鬼
24日	10/17	木	壬辰	破	長流水	柳
25日	10/18	金	癸巳	危	長流水	星
26日	10/19	土	甲午	成	沙中金	張
27日	10/20	日	乙未	納	沙中金	翼
28日	10/21	月	丙申	開	山下火	軫
29日	10/22	火	丁酉	閉	山下火	角

【九月大 丙戌 氐】
節気 霜降 1日・立冬 17日

日	西暦	曜	干支	直	納音	宿
1日	10/23	水	戊戌	建	平地木	氐
2日	10/24	木	己亥	除	平地木	房
3日	10/25	金	庚子	満	壁上土	心
4日	10/26	土	辛丑	平	壁上土	尾
5日	10/27	日	壬寅	定	金箔金	箕
6日	10/28	月	癸卯	執	金箔金	斗
7日	10/29	火	甲辰	破	覆燈火	牛
8日	10/30	水	乙巳	危	覆燈火	女
9日	10/31	木	丙午	成	天河水	虚
10日	11/01	金	丁未	納	天河水	危
11日	11/02	土	戊申	開	大駅土	室
12日	11/03	日	己酉	閉	大駅土	壁
13日	11/04	月	庚戌	建	釵釧金	奎
14日	11/05	火	辛亥	除	釵釧金	婁
15日	11/06	水	壬子	満	桑柘木	胃
16日△	11/07	木	癸丑	平	桑柘木	昴
17日	11/08	金	甲寅	平	大渓水	畢
18日	11/09	土	乙卯	定	大渓水	觜
19日	11/10	日	丙辰	執	沙中土	参
20日	11/11	月	丁巳	破	沙中土	井
21日	11/12	火	戊午	危	天上火	鬼
22日	11/13	水	己未	成	天上火	柳
23日	11/14	木	庚申	納	柘榴木	星
24日	11/15	金	辛酉	開	柘榴木	張
25日	11/16	土	壬戌	閉	大海水	翼
26日	11/17	日	癸亥	建	大海水	軫
27日	11/18	月	甲子	除	海中金	角
28日	11/19	火	乙丑	満	海中金	亢
29日	11/20	水	丙寅	平	炉中火	氐
30日	11/21	木	丁卯	定	炉中火	房

【十月小 丁亥 心】
節気 小雪 2日・大雪 17日

日	西暦	曜	干支	直	納音	宿
1日	11/22	金	戊辰	執	大林木	心
2日	11/23	土	己巳	破	大林木	尾
3日	11/24	日	庚午	危	路傍土	箕
4日	11/25	月	辛未	成	路傍土	斗
5日	11/26	火	壬申	納	剣鋒金	牛
6日	11/27	水	癸酉	開	剣鋒金	女
7日	11/28	木	甲戌	閉	山頭火	虚
8日	11/29	金	乙亥	建	山頭火	危
9日	11/30	土	丙子	除	澗下水	室
10日	12/01	日	丁丑	満	澗下水	壁
11日	12/02	月	戊寅	平	城頭土	奎
12日	12/03	火	己卯	定	城頭土	婁
13日	12/04	水	庚辰	執	白鑞金	胃
14日	12/05	木	辛巳	破	白鑞金	昴
15日	12/06	金	壬午	危	楊柳木	畢
16日	12/07	土	癸未	成	楊柳木	觜
17日	12/08	日	甲申	成	井泉水	参
18日▽	12/09	月	乙酉	納	井泉水	井
19日	12/10	火	丙戌	開	屋上土	鬼
20日	12/11	水	丁亥	閉	屋上土	柳
21日	12/12	木	戊子	建	霹靂火	星
22日	12/13	金	己丑	除	霹靂火	張
23日	12/14	土	庚寅	満	松柏木	翼
24日	12/15	日	辛卯	平	松柏木	軫
25日	12/16	月	壬辰	定	長流水	角
26日	12/17	火	癸巳	執	長流水	亢
27日	12/18	水	甲午	破	沙中金	氐
28日	12/19	木	乙未	危	沙中金	房
29日	12/20	金	丙申	成	山下火	心

【十一月大 戊子 斗】
節気 冬至 3日・小寒 18日

日	西暦	曜	干支	直	納音	宿
1日	12/21	土	丁酉	納	山下火	斗
2日	12/22	日	戊戌	開	平地木	牛
3日	12/23	月	己亥	閉	平地木	女
4日	12/24	火	庚子	建	壁上土	虚
5日	12/25	水	辛丑	除	壁上土	危
6日	12/26	木	壬寅	満	金箔金	室
7日	12/27	金	癸卯	平	金箔金	壁
8日	12/28	土	甲辰	定	覆燈火	奎
9日	12/29	日	乙巳	執	覆燈火	婁
10日	12/30	月	丙午	破	天河水	胃
11日	12/31	火	丁未	危	天河水	昴

1586年

日	西暦	曜	干支	直	納音	宿
12日	01/01	水	戊申	成	大駅土	畢
13日	01/02	木	己酉	納	大駅土	觜
14日	01/03	金	庚戌	開	釵釧金	参
15日	01/04	土	辛亥	閉	釵釧金	井
16日	01/05	日	壬子	建	桑柘木	鬼
17日	01/06	月	癸丑	除	桑柘木	柳
18日	01/07	火	甲寅	満	大渓水	星
19日	01/08	水	乙卯	満	大渓水	張
20日	01/09	木	丙辰	平	沙中土	翼
21日	01/10	金	丁巳	定	沙中土	軫
22日	01/11	土	戊午	執	天上火	角
23日	01/12	日	己未	破	天上火	亢
24日	01/13	月	庚申	危	柘榴木	氐
25日	01/14	火	辛酉	成	柘榴木	房
26日△	01/15	水	壬戌	納	大海水	心
27日	01/16	木	癸亥	開	大海水	尾
28日	01/17	金	甲子	閉	海中金	箕
29日	01/18	土	乙丑	建	海中金	斗
30日	01/19	日	丙寅	除	炉中火	牛

【十二月大 己丑 虚】
節気 大寒 4日・立春 19日
雑節 土用 1日・節分 18日

日	西暦	曜	干支	直	納音	宿
1日	01/20	月	丁卯	満	炉中火	虚
2日	01/21	火	戊辰	平	大林木	危
3日	01/22	水	己巳	定	大林木	室
4日	01/23	木	庚午	執	路傍土	壁
5日	01/24	金	辛未	破	路傍土	奎
6日	01/25	土	壬申	危	剣鋒金	婁
7日	01/26	日	癸酉	成	剣鋒金	胃
8日	01/27	月	甲戌	納	山頭火	昴
9日	01/28	火	乙亥	開	山頭火	畢
10日	01/29	水	丙子	閉	澗下水	觜
11日	01/30	木	丁丑	建	澗下水	参
12日	01/31	金	戊寅	除	城頭土	井
13日	02/01	土	己卯	満	城頭土	鬼
14日	02/02	日	庚辰	平	白鑞金	柳
15日	02/03	月	辛巳	定	白鑞金	星
16日	02/04	火	壬午	執	楊柳木	張
17日	02/05	水	癸未	破	楊柳木	翼
18日	02/06	木	甲申	危	井泉水	軫
19日	02/07	金	乙酉	危	井泉水	角
20日	02/08	土	丙戌	成	屋上土	亢
21日	02/09	日	丁亥	納	屋上土	氐
22日▽	02/10	月	戊子	開	霹靂火	房
23日	02/11	火	己丑	閉	霹靂火	心
24日	02/12	水	庚寅	建	松柏木	尾
25日	02/13	木	辛卯	除	松柏木	箕
26日	02/14	金	壬辰	満	長流水	斗
27日	02/15	土	癸巳	平	長流水	牛
28日	02/16	日	甲午	定	沙中金	女
29日	02/17	月	乙未	執	沙中金	虚
30日	02/18	火	丙申	破	山下火	危

天正14年

1586～1587 丙戌

【正月小 庚寅 室】

節気 雨水 4日・啓蟄 19日

日	新暦	曜	干支	直	納音	宿
1日	02/19	水	丁酉	危	山下火	室
2日	02/20	木	戊戌	成	平地木	奎
3日	02/21	金	己亥	納	平地木	奎
4日	02/22	土	庚子	開	壁上土	婁
5日	02/23	日	辛丑	閉	壁上土	胃
6日	02/24	月	壬寅	建	金箔金	昴
7日	02/25	火	癸卯	除	金箔金	畢
8日	02/26	水	甲辰	満	覆燈火	觜
9日	02/27	木	乙巳	平	覆燈火	参
10日	02/28	金	丙午	定	天河水	井
11日	03/01	土	丁未	執	天河水	鬼
12日	03/02	日	戊申	破	大駅土	星
13日	03/03	月	己酉	危	大駅土	星
14日	03/04	火	庚戌	成	釵釧金	張
15日	03/05	水	辛亥	納	釵釧金	翼
16日	03/06	木	壬子	開	桑柘木	軫
17日	03/07	金	癸丑	閉	桑柘木	角
18日	03/08	土	甲寅	建	大渓水	亢
19日	03/09	日	乙卯	除	大渓水	氐
20日	03/10	月	丙辰	満	沙中土	房
21日	03/11	火	丁巳	満	沙中土	心
22日	03/12	水	戊午	平	天上火	尾
23日	03/13	木	己未	定	天上火	箕
24日	03/14	金	庚申	執	柘榴木	斗
25日	03/15	土	辛酉	破	柘榴木	女
26日	03/16	日	壬戌	危	大海水	虚
27日	03/17	月	癸亥	成	大海水	危
28日	03/18	火	甲子	納	海中金	室
29日	03/19	水	乙丑	開	海中金	壁

【二月大 辛卯 奎】

節気 春分 5日・清明 21日
雑節 社日 3日・彼岸 8日

日	新暦	曜	干支	直	納音	宿
1日	03/20	木	丙寅	閉	爐中火	奎
2日	03/21	金	丁卯	建	爐中火	婁
3日	03/22	土	戊辰	除	大林木	胃
4日	03/23	日	己巳	満	大林木	昴
5日	03/24	月	庚午	平	路傍土	畢
6日	03/25	火	辛未	定	路傍土	觜
7日△	03/26	水	壬申	執	釵鋒金	参
8日	03/27	木	癸酉	破	釵鋒金	井
9日	03/28	金	甲戌	危	山頭火	鬼
10日	03/29	土	乙亥	成	山頭火	星
11日	03/30	日	丙子	納	澗下水	星
12日	03/31	月	丁丑	開	澗下水	張
13日	04/01	火	戊寅	閉	城頭土	翼
14日	04/02	水	己卯	建	城頭土	軫
15日	04/03	木	庚辰	除	白鑞金	角
16日	04/04	金	辛巳	満	白鑞金	亢
17日	04/05	土	壬午	平	楊柳木	氐
18日	04/06	日	癸未	定	楊柳木	房
19日	04/07	月	甲申	執	井泉水	心
20日	04/08	火	乙酉	破	井泉水	尾
21日	04/09	水	丙戌	危	屋上土	箕
22日	04/10	木	丁亥	危	屋上土	斗
23日	04/11	金	戊子	成	霹靂火	女
24日	04/12	土	己丑	納	霹靂火	虚
25日	04/13	日	庚寅	開	松柏木	危
26日▽	04/14	月	辛卯	閉	松柏木	室
27日	04/15	火	壬辰	建	長流水	壁
28日	04/16	水	癸巳	除	長流水	奎
29日	04/17	木	甲午	満	沙中金	婁
30日	04/18	金	乙未	平	沙中金	胃

【三月大 壬辰 胃】

節気 穀雨 6日・立夏 21日
雑節 土用 3日・八十八夜 17日

日	新暦	曜	干支	直	納音	宿
1日	04/19	土	丙申	定	山下火	胃
2日	04/20	日	丁酉	執	山下火	昴
3日	04/21	月	戊戌	破	平地木	畢
4日	04/22	火	己亥	危	平地木	觜
5日	04/23	水	庚子	成	壁上土	参
6日	04/24	木	辛丑	納	壁上土	井
7日	04/25	金	壬寅	開	金箔金	鬼
8日	04/26	土	癸卯	閉	金箔金	柳
9日	04/27	日	甲辰	建	覆燈火	星
10日	04/28	月	乙巳	除	覆燈火	張
11日	04/29	火	丙午	満	天河水	翼
12日	04/30	水	丁未	平	天河水	軫
13日	05/01	木	戊申	定	大駅土	角
14日	05/02	金	己酉	執	大駅土	亢
15日	05/03	土	庚戌	破	釵釧金	氐
16日	05/04	日	辛亥	危	釵釧金	房
17日	05/05	月	壬子	成	桑柘木	心
18日	05/06	火	癸丑	納	桑柘木	尾
19日	05/07	水	甲寅	開	大渓水	箕
20日	05/08	木	乙卯	閉	大渓水	斗
21日	05/09	金	丙辰	建	沙中土	女
22日	05/10	土	丁巳	除	沙中土	虚
23日	05/11	日	戊午	満	天上火	危
24日	05/12	月	己未	平	天上火	室
25日	05/13	火	庚申	定	柘榴木	壁
26日	05/14	水	辛酉	執	柘榴木	奎
27日	05/15	木	壬戌	破	大海水	婁
28日	05/16	金	癸亥	危	大海水	胃
29日	05/17	土	甲子	危	海中金	昴
30日	05/18	日	乙丑	成	海中金	畢

【四月小 癸巳 畢】

節気 小満 6日・芒種 22日
雑節 入梅 27日

日	新暦	曜	干支	直	納音	宿
1日	05/19	月	丙寅	納	爐中火	畢
2日	05/20	火	丁卯	開	爐中火	觜
3日	05/21	水	戊辰	閉	大林木	参
4日	05/22	木	己巳	建	大林木	井
5日	05/23	金	庚午	除	路傍土	鬼
6日	05/24	土	辛未	満	路傍土	柳
7日	05/25	日	壬申	定	釵鋒金	星
8日	05/26	月	癸酉	執	釵鋒金	張
9日	05/27	火	甲戌	破	山頭火	翼
10日	05/28	水	乙亥	危	山頭火	軫
11日	05/29	木	丙子	成	澗下水	角
12日	05/30	金	丁丑	納	澗下水	亢
13日	05/31	土	戊寅	納	城頭土	氐
14日	06/01	日	己卯	閉	城頭土	房
15日	06/02	月	庚辰	建	白鑞金	心
16日	06/03	火	辛巳	除	白鑞金	尾
17日△	06/04	水	壬午	満	楊柳木	箕
18日	06/05	木	癸未	満	楊柳木	斗
19日	06/06	金	甲申	平	井泉水	女
20日	06/07	土	乙酉	定	井泉水	虚
21日	06/08	日	丙戌	執	屋上土	危
22日	06/09	月	丁亥	執	屋上土	室
23日	06/10	火	戊子	破	霹靂火	壁
24日	06/11	水	己丑	危	霹靂火	奎
25日	06/12	木	庚寅	成	松柏木	胃
26日	06/13	金	辛卯	納	松柏木	胃
27日	06/14	土	壬辰	開	長流水	昴
28日	06/15	日	癸巳	閉	長流水	畢

【五月大 甲午 参】

節気 夏至 8日・小暑 23日
雑節 半夏生 18日

日	新暦	曜	干支	直	納音	宿
29日▽	06/16	月	甲午	建	沙中金	觜
1日	06/17	火	乙未	除	沙中金	参
2日	06/18	水	丙申	満	山下火	井
3日	06/19	木	丁酉	平	山下火	鬼
4日	06/20	金	戊戌	定	平地木	柳
5日	06/21	土	己亥	執	平地木	星
6日	06/22	日	庚子	破	壁上土	張
7日	06/23	月	辛丑	危	壁上土	翼
8日	06/24	火	壬寅	成	金箔金	軫
9日	06/25	水	癸卯	納	金箔金	角
10日	06/26	木	甲辰	開	覆燈火	亢
11日	06/27	金	乙巳	閉	覆燈火	氐
12日	06/28	土	丙午	建	天河水	房
13日	06/29	日	丁未	除	天河水	心
14日	06/30	月	戊申	満	大駅土	尾
15日	07/01	火	己酉	平	大駅土	箕
16日	07/02	水	庚戌	定	釵釧金	斗
17日	07/03	木	辛亥	執	釵釧金	女
18日	07/04	金	壬子	破	桑柘木	虚
19日	07/05	土	癸丑	危	桑柘木	危
20日	07/06	日	甲寅	成	大渓水	室
21日	07/07	月	乙卯	納	大渓水	壁
22日	07/08	火	丙辰	開	沙中土	奎
23日	07/09	水	丁巳	閉	沙中土	婁
24日	07/10	木	戊午	建	天上火	胃
25日	07/11	金	己未	除	天上火	昴
26日	07/12	土	庚申	満	柘榴木	畢
27日	07/13	日	辛酉	平	柘榴木	觜
28日	07/14	月	壬戌	定	大海水	参
29日	07/15	火	癸亥	定	大海水	井
30日	07/16	水	甲子	執	海中金	鬼

【六月小 乙未 鬼】

節気 大暑 8日・立秋 23日
雑節 土用 5日

日	新暦	曜	干支	直	納音	宿
1日	07/17	木	乙丑	破	海中金	鬼
2日	07/18	金	丙寅	危	爐中火	柳
3日	07/19	土	丁卯	成	爐中火	星
4日	07/20	日	戊辰	納	大林木	張
5日	07/21	月	己巳	開	大林木	翼
6日	07/22	火	庚午	閉	路傍土	軫
7日	07/23	水	辛未	除	路傍土	角
8日	07/24	木	壬申	満	釵鋒金	亢
9日	07/25	金	癸酉	満	釵鋒金	氐
10日	07/26	土	甲戌	平	山頭火	房
11日	07/27	日	乙亥	定	山頭火	心
12日	07/28	月	丙子	執	澗下水	尾
13日	07/29	火	丁丑	破	澗下水	箕
14日	07/30	水	戊寅	危	城頭土	斗
15日	07/31	木	己卯	成	城頭土	女
16日	08/01	金	庚辰	納	白鑞金	虚
17日	08/02	土	辛巳	開	白鑞金	危
18日	08/03	日	壬午	閉	楊柳木	室
19日	08/04	月	癸未	建	楊柳木	壁
20日	08/05	火	甲申	除	井泉水	奎
21日	08/06	水	乙酉	満	井泉水	婁
22日	08/07	木	丙戌	平	屋上土	胃
23日	08/08	金	丁亥	平	屋上土	昴
24日	08/09	土	戊子	定	霹靂火	畢
25日	08/10	日	己丑	執	霹靂火	觜
26日	08/11	月	庚寅	破	松柏木	参
27日△	08/12	火	辛卯	危	松柏木	井
28日	08/13	水	壬辰	成	長流水	鬼
29日	08/14	木	癸巳	納	長流水	柳

西暦 曜 干支 直 納音 宿　　　　　　　　　　　　　　天正14年

【七月小 丙申 張】
節気 処暑 10日・白露 25日
雑節 二百十日 21日

日	西暦	曜	干支	直	納音	宿
1日	08/15	金	甲午	開	沙中金	張
2日	08/16	土	乙未	閉	沙中金	翼
3日	08/17	日	丙申	建	山下火	軫
4日▽	08/18	月	丁酉	除	山下火	角
5日	08/19	火	戊戌	満	平地木	亢
6日	08/20	水	己亥	定	平地木	氐
7日	08/21	木	庚子	執	壁上土	房
8日	08/22	金	辛丑	破	壁上土	心
9日	08/23	土	壬寅	危	金箔金	尾
10日	08/24	日	癸卯	成	金箔金	箕
11日	08/25	月	甲辰	納	覆燈火	斗
12日	08/26	火	乙巳	開	覆燈火	女
13日	08/27	水	丙午	閉	天河水	虚
14日	08/28	木	丁未	建	天河水	危
15日	08/29	金	戊申	除	大駅土	室
16日	08/30	土	己酉	満	大駅土	壁
17日	08/31	日	庚戌	平	釵釧金	奎
18日	09/01	月	辛亥	定	釵釧金	婁
19日	09/02	火	壬子	執	桑柘木	胃
20日	09/03	水	癸丑	破	桑柘木	昴
21日	09/04	木	甲寅	危	大渓水	畢
22日	09/05	金	乙卯	成	大渓水	觜
23日	09/06	土	丙辰	納	沙中土	参
24日	09/07	日	丁巳	納	沙中土	井
25日	09/08	月	戊午	納	天上火	鬼
26日	09/09	火	己未	開	天上火	柳
27日	09/10	水	庚申	閉	柘榴木	星
28日	09/11	木	辛酉	建	柘榴木	張
29日	09/12	金	壬戌	除	大海水	翼

【八月大 丁酉 角】
節気 秋分 11日・寒露 26日
雑節 社日 6日・彼岸 13日

日	西暦	曜	干支	直	納音	宿
1日	09/13	土	癸亥	満	大海水	角
2日	09/14	日	甲子	平	海中金	亢
3日	09/15	月	乙丑	定	海中金	氐
4日	09/16	火	丙寅	執	爐中火	房
5日	09/17	水	丁卯	破	爐中火	心
6日	09/18	木	戊辰	危	大林木	尾
7日	09/19	金	己巳	成	大林木	箕
8日	09/20	土	庚午	納	路傍土	斗
9日	09/21	日	辛未	開	路傍土	女
10日	09/22	月	壬申	閉	釵鋒金	虚
11日	09/23	火	癸酉	建	釵鋒金	危
12日	09/24	水	甲戌	除	山頭火	室
13日	09/25	木	乙亥	満	山頭火	壁
14日	09/26	金	丙子	定	潤下水	奎
15日	09/27	土	丁丑	執	潤下水	婁
16日	09/28	日	戊寅	破	城頭土	胃
17日	09/29	月	己卯	危	城頭土	昴
18日	09/30	火	庚辰	成	白鑞金	畢
19日	10/01	水	辛巳	納	白鑞金	觜
20日	10/02	木	壬午	開	楊柳木	参
21日	10/03	金	癸未	閉	楊柳木	井
22日	10/04	土	甲申	閉	井泉水	鬼
23日	10/05	日	乙酉	建	井泉水	柳
24日	10/06	月	丙戌	除	屋上土	星
25日	10/07	火	丁亥	満	屋上土	張
26日	10/08	水	戊子	満	霹靂火	翼
27日	10/09	木	己丑	定	霹靂火	軫
28日	10/10	金	庚寅	定	松柏木	角
29日	10/11	土	辛卯	執	松柏木	亢
30日	10/12	日	壬辰	破	長流水	氐

【九月小 戊戌 氐】
節気 霜降 12日・立冬 27日
雑節 土用 8日

日	西暦	曜	干支	直	納音	宿
1日	10/13	月	癸巳	危	長流水	氐
2日	10/14	火	甲午	成	沙中金	房
3日	10/15	水	乙未	納	沙中金	心
4日	10/16	木	丙申	開	山下火	尾
5日	10/17	金	丁酉	閉	山下火	箕
6日	10/18	土	戊戌	建	平地木	斗
7日	10/19	日	己亥	除	平地木	女
8日▽	10/20	月	庚子	満	壁上土	虚
9日△	10/21	火	辛丑	平	壁上土	危
10日	10/22	水	壬寅	定	金箔金	室
11日	10/23	木	癸卯	執	金箔金	壁
12日	10/24	金	甲辰	破	覆燈火	奎
13日	10/25	土	乙巳	危	覆燈火	婁
14日	10/26	日	丙午	成	天河水	胃
15日	10/27	月	丁未	納	天河水	昴
16日	10/28	火	戊申	開	大駅土	畢
17日	10/29	水	己酉	閉	大駅土	觜
18日	10/30	木	庚戌	建	釵釧金	参
19日	10/31	金	辛亥	除	釵釧金	井
20日	11/01	土	壬子	満	桑柘木	鬼
21日	11/02	日	癸丑	平	桑柘木	柳
22日	11/03	月	甲寅	定	大渓水	星
23日	11/04	火	乙卯	執	大渓水	張
24日	11/05	水	丙辰	破	沙中土	翼
25日	11/06	木	丁巳	危	沙中土	軫
26日	11/07	金	戊午	成	天上火	角
27日	11/08	土	己未	成	天上火	亢
28日	11/09	日	庚申	納	柘榴木	氐
29日	11/10	月	辛酉	開	柘榴木	房

【十月大 己亥 心】
節気 小雪 13日・大雪 28日

日	西暦	曜	干支	直	納音	宿
1日	11/11	火	壬戌	閉	大海水	心
2日	11/12	水	癸亥	建	大海水	尾
3日	11/13	木	甲子	除	海中金	箕
4日	11/14	金	乙丑	満	海中金	斗
5日	11/15	土	丙寅	平	爐中火	女
6日	11/16	日	丁卯	定	爐中火	虚
7日	11/17	月	戊辰	執	大林木	危
8日	11/18	火	己巳	破	大林木	室
9日	11/19	水	庚午	危	路傍土	壁
10日	11/20	木	辛未	成	路傍土	奎
11日	11/21	金	壬申	納	釵鋒金	婁
12日	11/22	土	癸酉	開	釵鋒金	胃
13日	11/23	日	甲戌	閉	山頭火	昴
14日	11/24	月	乙亥	建	山頭火	畢
15日	11/25	火	丙子	除	潤下水	觜
16日	11/26	水	丁丑	満	潤下水	参
17日	11/27	木	戊寅	平	城頭土	井
18日	11/28	金	己卯	定	城頭土	鬼
19日	11/29	土	庚辰	執	白鑞金	柳
20日	11/30	日	辛巳	破	白鑞金	星
21日	12/01	月	壬午	危	楊柳木	張
22日	12/02	火	癸未	成	楊柳木	翼
23日	12/03	水	甲申	納	井泉水	軫
24日	12/04	木	乙酉	開	井泉水	角
25日	12/05	金	丙戌	閉	屋上土	亢
26日	12/06	土	丁亥	建	屋上土	氐
27日	12/07	日	戊子	除	霹靂火	房
28日	12/08	月	己丑	満	霹靂火	心
29日	12/09	火	庚寅	平	松柏木	尾
30日	12/10	水	辛卯	定	松柏木	箕

【十一月小 庚子 斗】
節気 冬至 13日・小寒 29日

日	西暦	曜	干支	直	納音	宿
1日	12/11	木	壬辰	定	長流水	斗
2日	12/12	金	癸巳	執	長流水	女
3日	12/13	土	甲午	破	沙中金	虚
4日	12/14	日	乙未	危	沙中金	危
5日	12/15	月	丙申	成	山下火	室
6日	12/16	火	丁酉	納	山下火	壁
7日	12/17	水	戊戌	開	平地木	奎
8日	12/18	木	己亥	閉	平地木	婁
9日	12/19	金	庚子	建	壁上土	胃
10日	12/20	土	辛丑	除	壁上土	昴
11日	12/21	日	壬寅	満	金箔金	觜
12日▽	12/22	月	癸卯	平	金箔金	觜
13日	12/23	火	甲辰	定	覆燈火	参
14日	12/24	水	乙巳	執	覆燈火	井
15日	12/25	木	丙午	危	天河水	柳
16日	12/26	金	丁未	危	天河水	柳
17日	12/27	土	戊申	成	大駅土	星
18日	12/28	日	己酉	納	大駅土	張
19日	12/29	月	庚戌	開	釵釧金	翼
20日△	12/30	火	辛亥	閉	釵釧金	軫
21日	12/31	水	壬子	建	桑柘木	角

1587年

日	西暦	曜	干支	直	納音	宿
22日	01/01	木	癸丑	除	桑柘木	亢
23日	01/02	金	甲寅	満	大渓水	氐
24日	01/03	土	乙卯	平	大渓水	房
25日	01/04	日	丙辰	定	沙中土	心
26日	01/05	月	丁巳	執	沙中土	尾
27日	01/06	火	戊午	破	天上火	箕
28日	01/07	水	己未	危	天上火	斗
29日	01/08	木	庚申	成	柘榴木	女

【十二月大 辛丑 虚】
節気 大寒 15日・立春 30日
雑節 土用 12日・節分 29日

日	西暦	曜	干支	直	納音	宿
1日	01/09	金	辛酉	成	柘榴木	虚
2日	01/10	土	壬戌	納	大海水	危
3日	01/11	日	癸亥	開	大海水	室
4日	01/12	月	甲子	閉	海中金	壁
5日	01/13	火	乙丑	建	海中金	奎
6日	01/14	水	丙寅	除	爐中火	婁
7日	01/15	木	丁卯	満	爐中火	胃
8日	01/16	金	戊辰	平	大林木	昴
9日	01/17	土	己巳	定	大林木	畢
10日	01/18	日	庚午	執	路傍土	觜
11日	01/19	月	辛未	破	路傍土	参
12日	01/20	火	壬申	危	釵鋒金	井
13日	01/21	水	癸酉	成	釵鋒金	鬼
14日	01/22	木	甲戌	納	山頭火	柳
15日	01/23	金	乙亥	開	山頭火	星
16日	01/24	土	丙子	閉	潤下水	張
17日	01/25	日	丁丑	除	潤下水	軫
18日	01/26	月	戊寅	除	城頭土	角
19日	01/27	火	己卯	満	城頭土	亢
20日	01/28	水	庚辰	平	白鑞金	氐
21日	01/29	木	辛巳	定	白鑞金	房
22日	01/30	金	壬午	執	楊柳木	心
23日	01/31	土	癸未	破	楊柳木	尾
24日	02/01	日	甲申	危	井泉水	箕
25日	02/02	月	乙酉	成	井泉水	斗
26日	02/03	火	丙戌	納	屋上土	女
27日	02/04	水	丁亥	開	屋上土	虚
28日	02/05	木	戊子	閉	霹靂火	危
29日	02/06	金	己丑	建	霹靂火	室
30日	02/07	土	庚寅	除	松柏木	室

天正15年

1587～1588　丁亥

【正月小 壬寅 室】
節気 雨水 15日

1日 02/08 日 辛卯 除 松柏木 室
2日 02/09 月 壬辰 満 長流水 壁
3日 02/10 火 癸巳 平 長流水 奎
4日 02/11 水 甲午 定 沙中金 婁
5日 02/12 木 乙未 執 沙中金 胃
6日 02/13 金 丙申 破 山下火 畢
7日 02/14 土 丁酉 危 山下火 觜
8日 02/15 日 戊戌 成 平地木 参
9日 02/16 月 己亥 納 平地木 井
10日 02/17 火 庚子 開 壁上土 鬼
11日 02/18 水 辛丑 閉 壁上土 柳
12日 02/19 木 壬寅 建 金箔金 星
13日 02/20 金 癸卯 除 金箔金 張
14日 02/21 土 甲辰 満 覆燈火 翼
15日 02/22 日 乙巳 平 覆燈火 翼
16日▽ 02/23 月 丙午 定 天河水 軫
17日 02/24 火 丁未 執 天河水 角
18日 02/25 水 戊申 破 大駅土 亢
19日 02/26 木 己酉 危 釵釧金 氐
20日 02/27 金 庚戌 成 釵釧金 房
21日 02/28 土 辛亥 納 釵釧金 心
22日 03/01 日 壬子 開 桑柘木 尾
23日 03/02 月 癸丑 閉 桑柘木 箕
24日 03/03 火 甲寅 建 大溪水 斗
25日 03/04 水 乙卯 除 大溪水 女
26日 03/05 木 丙辰 満 沙中土 虚
27日 03/06 金 丁巳 平 沙中土 危
28日 03/07 土 戊午 定 天上火 室
29日 03/08 日 己未 執 天上火 壁

【二月大 癸卯 奎】
節気 啓蟄 2日・春分 17日
雑節 彼岸 19日・社日 19日

1日△ 03/09 月 庚申 破 柏榴木 奎
2日 03/10 火 辛酉 破 柏榴木 婁
3日 03/11 水 壬戌 危 大海水 胃
4日 03/12 木 癸亥 成 大海水 昴
5日 03/13 金 甲子 納 海中金 畢
6日 03/14 土 乙丑 開 海中金 觜
7日 03/15 日 丙寅 閉 爐中火 参
8日 03/16 月 丁卯 建 爐中火 井
9日 03/17 火 戊辰 除 大林木 鬼
10日 03/18 水 己巳 満 大林木 柳
11日 03/19 木 庚午 平 路傍土 星
12日 03/20 金 辛未 定 路傍土 張
13日 03/21 土 壬申 執 釵鋒金 翼
14日 03/22 日 癸酉 破 釵鋒金 軫
15日 03/23 月 甲戌 危 山頭火 角
16日 03/24 火 乙亥 成 山頭火 亢
17日 03/25 水 丙子 納 澗下水 氐
18日 03/26 木 丁丑 開 澗下水 房
19日 03/27 金 戊寅 閉 城頭土 心
20日 03/28 土 己卯 建 城頭土 尾
21日 03/29 日 庚辰 除 白鑞金 箕
22日 03/30 月 辛巳 満 白鑞金 斗
23日 03/31 火 壬午 平 楊柳木 女
24日 04/01 水 癸未 定 楊柳木 虚
25日 04/02 木 甲申 執 井泉水 危
26日 04/03 金 乙酉 破 井泉水 室
27日 04/04 土 丙戌 危 屋上土 壁
28日 04/05 日 丁亥 成 屋上土 奎
29日 04/06 月 戊子 納 霹靂火 婁
30日 04/07 火 己丑 開 霹靂火 胃

【三月大 甲辰 胃】
節気 清明 2日・穀雨 17日
雑節 土用 14日・八十八夜 28日

1日 04/08 水 庚寅 閉 松柏木 胃
2日 04/09 木 辛卯 閉 松柏木 昴
3日 04/10 金 壬辰 除 長流水 畢
4日 04/11 土 癸巳 満 長流水 觜
5日 04/12 日 甲午 平 沙中金 参
6日 04/13 月 乙未 定 沙中金 井
7日 04/14 火 丙申 執 山下火 鬼
8日 04/15 水 丁酉 破 山下火 柳
9日 04/16 木 戊戌 危 平地木 星
10日 04/17 金 己亥 成 平地木 張
11日 04/18 土 庚子 納 壁上土 翼
12日 04/19 日 辛丑 開 壁上土 軫
13日 04/20 月 壬寅 閉 金箔金 角
14日 04/21 火 癸卯 建 金箔金 亢
15日 04/22 水 甲辰 建 覆燈火 氐
16日 04/23 木 乙巳 除 覆燈火 房
17日 04/24 金 丙午 満 天河水 心
18日 04/25 土 丁未 平 天河水 尾
19日▽ 04/26 日 戊申 定 大駅土 箕
20日 04/27 月 己酉 執 釵釧金 斗
21日 04/28 火 庚戌 破 釵釧金 女
22日 04/29 水 辛亥 危 釵釧金 虚
23日 04/30 木 壬子 成 桑柘木 危
24日 05/01 金 癸丑 納 桑柘木 室
25日 05/02 土 甲寅 開 大溪水 壁
26日 05/03 日 乙卯 閉 大溪水 奎
27日 05/04 月 丙辰 建 沙中土 婁
28日 05/05 火 丁巳 除 沙中土 胃
29日 05/06 水 戊午 満 天上火 昴
30日 05/07 木 己未 平 天上火 畢

【四月小 乙巳 畢】
節気 立夏 2日・小満 18日

1日 05/08 金 庚申 定 柘榴木 畢
2日 05/09 土 辛酉 執 柘榴木 觜
3日 05/10 日 壬戌 執 大海水 参
4日 05/11 月 癸亥 破 大海水 井
5日 05/12 火 甲子 危 海中金 鬼
6日 05/13 水 乙丑 成 海中金 柳
7日 05/14 木 丙寅 納 爐中火 星
8日 05/15 金 丁卯 開 爐中火 張
9日 05/16 土 戊辰 閉 大林木 翼
10日 05/17 日 己巳 建 大林木 軫
11日△ 05/18 月 庚午 除 路傍土 角
12日 05/19 火 辛未 満 路傍土 亢
13日 05/20 水 壬申 平 釵鋒金 氐
14日 05/21 木 癸酉 定 釵鋒金 房
15日 05/22 金 甲戌 執 山頭火 心
16日 05/23 土 乙亥 破 山頭火 尾
17日 05/24 日 丙子 危 澗下水 箕
18日 05/25 月 丁丑 成 澗下水 斗
19日 05/26 火 戊寅 納 城頭土 女
20日 05/27 水 己卯 開 城頭土 虚
21日 05/28 木 庚辰 閉 白鑞金 危
22日 05/29 金 辛巳 建 白鑞金 室
23日 05/30 土 壬午 除 楊柳木 壁
24日 05/31 日 癸未 満 楊柳木 奎
25日 06/01 月 甲申 平 井泉水 婁
26日 06/02 火 乙酉 定 井泉水 胃
27日 06/03 水 丙戌 執 屋上土 昴
28日 06/04 木 丁亥 破 屋上土 畢
29日 06/05 金 戊子 危 霹靂火 觜

【五月大 丙午 参】
節気 芒種 4日・夏至 19日
雑節 入梅 14日・半夏生 29日

1日 06/06 土 己丑 成 霹靂火 参
2日 06/07 日 庚寅 納 松柏木 井
3日 06/08 月 辛卯 開 松柏木 鬼
4日 06/09 火 壬辰 開 長流水 柳
5日 06/10 水 癸巳 建 長流水 星
6日 06/11 木 甲午 建 沙中金 張
7日 06/12 金 乙未 除 沙中金 翼
8日 06/13 土 丙申 満 山下火 軫
9日 06/14 日 丁酉 平 山下火 角
10日 06/15 月 戊戌 定 平地木 亢
11日 06/16 火 己亥 執 平地木 氐
12日 06/17 水 庚子 破 壁上土 房
13日 06/18 木 辛丑 危 壁上土 心
14日 06/19 金 壬寅 成 金箔金 尾
15日 06/20 土 癸卯 納 金箔金 箕
16日 06/21 日 甲辰 開 覆燈火 斗
17日 06/22 月 乙巳 閉 覆燈火 女
18日 06/23 火 丙午 建 天河水 虚
19日 06/24 水 丁未 除 天河水 危
20日 06/25 木 戊申 満 大駅土 室
21日 06/26 金 己酉 平 大駅土 壁
22日 06/27 土 庚戌 定 釵釧金 奎
23日△ 06/28 日 辛亥 執 釵釧金 婁
24日 06/29 月 壬子 破 桑柘木 胃
25日 06/30 火 癸丑 危 桑柘木 昴
26日 07/01 水 甲寅 成 大溪水 畢
27日 07/02 木 乙卯 納 大溪水 觜
28日 07/03 金 丙辰 開 沙中土 参
29日 07/04 土 丁巳 閉 沙中土 井
30日 07/05 日 戊午 建 天上火 鬼

【六月小 丁未 鬼】
節気 小暑 4日・大暑 19日
雑節 土用 16日

1日 07/06 月 己未 除 天上火 鬼
2日 07/07 火 庚申 満 柘榴木 柳
3日 07/08 水 辛酉 平 柘榴木 星
4日 07/09 木 壬戌 定 大海水 張
5日 07/10 金 癸亥 執 大海水 翼
6日 07/11 土 甲子 破 海中金 軫
7日 07/12 日 乙丑 危 海中金 角
8日 07/13 月 丙寅 成 爐中火 亢
9日 07/14 火 丁卯 納 爐中火 氐
10日 07/15 水 戊辰 開 大林木 房
11日 07/16 木 己巳 閉 大林木 心
12日 07/17 金 庚午 建 路傍土 尾
13日 07/18 土 辛未 除 路傍土 箕
14日 07/19 日 壬申 満 釵鋒金 斗
15日 07/20 月 癸酉 平 釵鋒金 女
16日 07/21 火 甲戌 定 山頭火 虚
17日 07/22 水 乙亥 執 山頭火 危
18日 07/23 木 丙子 破 澗下水 室
19日 07/24 金 丁丑 危 澗下水 壁
20日 07/25 土 戊寅 成 城頭土 奎
21日△ 07/26 日 己卯 納 城頭土 婁
22日 07/27 月 庚辰 開 白鑞金 胃
23日 07/28 火 辛巳 閉 白鑞金 昴
24日 07/29 水 壬午 建 楊柳木 畢
25日 07/30 木 癸未 除 楊柳木 觜
26日 07/31 金 甲申 満 井泉水 参
27日 08/01 土 乙酉 平 井泉水 井
28日 08/02 日 丙戌 定 屋上土 鬼
29日 08/03 月 丁亥 執 屋上土 柳

【七月大 戊申 張】
節気 立秋 6日・処暑 21日

1日 08/04 火 戊子 破 霹靂火 張
2日 08/05 水 己丑 破 霹靂火 翼
3日 08/06 木 庚寅 危 松柏木 軫
4日 08/07 金 辛卯 成 松柏木 角

天正15年

西暦 曜 干支 直 納音 宿

日	西暦	曜	干支	直	納音	宿
5日	08/08	土	壬辰	納	長流水	亢
6日	08/09	日	癸巳	納	長流水	氐
7日	08/10	月	甲午	開	沙中金	房
8日	08/11	火	乙未	閉	沙中金	心
9日	08/12	水	丙申	建	山下火	尾
10日	08/13	木	丁酉	除	山下火	箕
11日	08/14	金	戊戌	満	平地木	斗
12日	08/15	土	己亥	定	平地木	女
13日	08/16	日	庚子	執	壁上土	虚
14日	08/17	月	辛丑	破	壁上土	危
15日	08/18	火	壬寅	破	金箔金	室
16日	08/19	水	癸卯	危	金箔金	壁
17日	08/20	木	甲辰	成	覆燈火	奎
18日	08/21	金	乙巳	納	覆燈火	婁
19日	08/22	土	丙午	開	天河水	胃
20日	08/23	日	丁未	閉	天河水	昴
21日	08/24	月	戊申	建	大駅土	畢
22日	08/25	火	己酉	除	大駅土	觜
23日	08/26	水	庚戌	満	釵釧金	参
24日	08/27	木	辛亥	平	釵釧金	井
25日	08/28	金	壬子	定	桑柘木	鬼
26日	08/29	土	癸丑	執	桑柘木	柳
27日▽	08/30	日	甲寅	破	大渓水	星
28日	08/31	月	乙卯	危	大渓水	張
29日	09/01	火	丙辰	成	沙中土	翼
30日	09/02	水	丁巳	納	沙中土	軫

【八月小 己酉 角】
節気 白露 6日・秋分 21日
雑節 二百十日 2日・社日 21日・彼岸 23日

日	西暦	曜	干支	直	納音	宿
1日	09/03	木	戊午	開	天上火	角
2日	09/04	金	己未	閉	天上火	亢
3日	09/05	土	庚申	建	柘榴木	氐
4日	09/06	日	辛酉	除	柘榴木	房
6日	09/07	月	壬戌	満	大海水	心
6日	09/08	火	癸亥	定	大海水	尾
7日	09/09	水	甲子	平	海中金	箕
8日	09/10	木	乙丑	定	海中金	斗
9日	09/11	金	丙寅	執	爐中火	女
10日	09/12	土	丁卯	破	爐中火	虚
11日	09/13	日	戊辰	危	大林木	危
12日	09/14	月	己巳	成	大林木	室
13日	09/15	火	庚午	納	路傍土	壁
14日	09/16	水	辛未	開	路傍土	奎
15日	09/17	木	壬申	閉	釵鋒金	婁
16日	09/18	金	癸酉	建	釵鋒金	昴
17日	09/19	土	甲戌	除	山頭火	畢
18日	09/20	日	乙亥	満	山頭火	觜
19日	09/21	月	丙子	平	澗下水	参
20日	09/22	火	丁丑	定	澗下水	井
21日	09/23	水	戊寅	執	城頭土	鬼
22日	09/24	木	己卯	破	城頭土	柳
23日	09/25	金	庚辰	危	白鑞金	星
24日	09/26	土	辛巳	成	白鑞金	張
25日	09/27	日	壬午	納	楊柳木	翼
26日	09/28	月	癸未	開	楊柳木	軫
27日	09/29	火	甲申	閉	井泉水	角
28日	09/30	水	乙酉	建	井泉水	亢
29日	10/01	木	丙戌	除	屋上土	氐

【九月大 庚戌 氐】
節気 寒露 8日・霜降 23日
雑節 土用 20日

日	西暦	曜	干支	直	納音	宿
1日	10/02	金	丁亥	満	屋上土	氐
2日	10/03	土	戊子	平	霹靂火	房
3日△	10/04	日	己丑	定	霹靂火	心
4日	10/05	月	庚寅	執	松柏木	尾
5日	10/06	火	辛卯	破	松柏木	箕
6日	10/07	水	壬辰	危	長流水	斗
7日	10/08	木	癸巳	成	長流水	女
8日	10/09	金	甲午	成	沙中金	虚
9日	10/10	土	乙未	納	沙中金	危
10日	10/11	日	丙申	閉	山下火	室
11日	10/12	月	丁酉	閉	山下火	壁
12日	10/13	火	戊戌	建	平地木	奎
13日	10/14	水	己亥	除	平地木	婁
14日	10/15	木	庚子	満	壁上土	胃
15日	10/16	金	辛丑	平	壁上土	昴
16日	10/17	土	壬寅	定	金箔金	畢
17日	10/18	日	癸卯	執	金箔金	觜
18日	10/19	月	甲辰	破	覆燈火	参
19日	10/20	火	乙巳	危	覆燈火	井
20日	10/21	水	丙午	成	天河水	柳
21日	10/22	木	丁未	納	天河水	星
22日	10/23	金	戊申	開	大駅土	張
23日	10/24	土	己酉	閉	大駅土	翼
24日	10/25	日	庚戌	建	釵釧金	軫
25日	10/26	月	辛亥	除	釵釧金	角
26日	10/27	火	壬子	満	桑柘木	亢
27日	10/28	水	癸丑	平	桑柘木	氐
28日	10/29	木	甲寅	定	大渓水	房
29日	10/30	金	乙卯	執	大渓水	心
30日	10/31	土	丙辰	破	沙中土	尾

【十月小 辛亥 心】
節気 立冬 8日・小雪 23日

日	西暦	曜	干支	直	納音	宿
1日▽	11/01	日	丁巳	危	沙中土	心
2日	11/02	月	戊午	成	天上火	尾
3日	11/03	火	己未	納	天上火	箕
4日	11/04	水	庚申	開	柘榴木	斗
5日	11/05	木	辛酉	閉	柘榴木	女
6日	11/06	金	壬戌	建	大海水	虚
7日	11/07	土	癸亥	除	大海水	危
8日	11/08	日	甲子	満	海中金	室
9日	11/09	月	乙丑	満	海中金	壁
10日	11/10	火	丙寅	平	爐中火	奎
11日	11/11	水	丁卯	定	爐中火	婁
12日	11/12	木	戊辰	執	大林木	胃
13日	11/13	金	己巳	破	大林木	昴
14日	11/14	土	庚午	危	路傍土	畢
15日	11/15	日	辛未	成	路傍土	觜
16日	11/16	月	壬申	納	釵鋒金	参
17日	11/17	火	癸酉	開	釵鋒金	井
18日	11/18	水	甲戌	閉	山頭火	鬼
19日	11/19	木	乙亥	建	山頭火	柳
20日	11/20	金	丙子	除	澗下水	星
21日	11/21	土	丁丑	満	澗下水	張
22日	11/22	日	戊寅	平	城頭土	翼
23日	11/23	月	己卯	定	城頭土	軫
24日	11/24	火	庚辰	執	白鑞金	角
25日	11/25	水	辛巳	破	白鑞金	亢
26日	11/26	木	壬午	危	楊柳木	氐
27日	11/27	金	癸未	成	楊柳木	房
28日	11/28	土	甲申	納	井泉水	心
29日	11/29	日	乙酉	開	井泉水	尾

【十一月大 壬子 斗】
節気 大雪 9日・冬至 25日

日	西暦	曜	干支	直	納音	宿
1日	11/30	月	丙戌	閉	屋上土	斗
2日	12/01	火	丁亥	建	屋上土	女
3日	12/02	水	戊子	除	霹靂火	虚
4日	12/03	木	己丑	満	霹靂火	危
5日	12/04	金	庚寅	平	松柏木	室
6日	12/05	土	辛卯	定	松柏木	壁
7日	12/06	日	壬辰	執	長流水	奎
8日	12/07	月	癸巳	破	長流水	婁
9日	12/08	火	甲午	危	沙中金	胃
10日	12/09	水	乙未	危	沙中金	昴
11日	12/10	木	丙申	成	山下火	畢
12日	12/11	金	丁酉	納	山下火	觜
13日	12/12	土	戊戌	開	平地木	参
14日△	12/13	日	己亥	閉	平地木	井
15日	12/14	月	庚子	建	壁上土	鬼
16日	12/15	火	辛丑	除	壁上土	柳
17日	12/16	水	壬寅	満	金箔金	星
18日	12/17	木	癸卯	平	金箔金	張
19日	12/18	金	甲辰	定	覆燈火	翼
20日	12/19	土	乙巳	執	覆燈火	軫
21日	12/20	日	丙午	破	天河水	角
22日	12/21	月	丁未	危	天河水	亢
23日	12/22	火	戊申	成	大駅土	氐
24日	12/23	水	己酉	納	大駅土	房
25日	12/24	木	庚戌	開	釵釧金	心
26日	12/25	金	辛亥	閉	釵釧金	尾
27日	12/26	土	壬子	建	桑柘木	箕
28日	12/27	日	癸丑	除	桑柘木	斗
29日	12/28	月	甲寅	満	大渓水	女
30日	12/29	火	乙卯	平	大渓水	虚

【十二月小 癸丑 虚】
節気 小寒 10日・大寒 25日
雑節 土用 22日

日	西暦	曜	干支	直	納音	宿
1日	12/30	水	丙辰	定	沙中土	虚
2日	12/31	木	丁巳	執	沙中土	危

1588年

日	西暦	曜	干支	直	納音	宿
3日	01/01	金	戊午	破	天上火	室
4日	01/02	土	己未	危	天上火	壁
5日▽	01/03	日	庚申	成	柘榴木	奎
6日	01/04	月	辛酉	納	柘榴木	婁
7日	01/05	火	壬戌	開	大海水	胃
8日	01/06	水	癸亥	閉	大海水	昴
9日	01/07	木	甲子	建	海中金	畢
10日	01/08	金	乙丑	除	海中金	觜
11日	01/09	土	丙寅	満	爐中火	参
12日	01/10	日	丁卯	満	爐中火	井
13日	01/11	月	戊辰	平	大林木	鬼
14日	01/12	火	己巳	定	大林木	柳
15日	01/13	水	庚午	執	路傍土	星
16日	01/14	木	辛未	破	路傍土	張
17日	01/15	金	壬申	危	釵鋒金	翼
18日	01/16	土	癸酉	成	釵鋒金	軫
19日	01/17	日	甲戌	納	山頭火	角
20日	01/18	月	乙亥	開	山頭火	亢
21日	01/19	火	丙子	閉	澗下水	氐
22日	01/20	水	丁丑	建	澗下水	房
23日	01/21	木	戊寅	除	城頭土	心
24日	01/22	金	己卯	満	城頭土	尾
25日	01/23	土	庚辰	平	白鑞金	箕
26日	01/24	日	辛巳	定	白鑞金	斗
27日	01/25	月	壬午	執	楊柳木	女
28日	01/26	火	癸未	破	楊柳木	虚
29日	01/27	水	甲申	危	井泉水	危

天正16年
1588～1589 戊子

【正月大 甲寅 室】
節気 立春 11日・雨水 27日
雑節 節分 10日

日	新暦	曜	干支	直	納音	宿
1日	01/28	木	乙酉	成	井泉水	室
2日	01/29	金	丙戌	納	屋上土	壁
3日	01/30	土	丁亥	開	屋上土	奎
4日	01/31	日	戊子	閉	霹靂火	婁
5日	02/01	月	己丑	建	霹靂火	胃昴
6日	02/02	火	庚寅	除	松柏木	昴
7日	02/03	水	辛卯	満	松柏木	畢觜
8日	02/04	金	壬辰	平	長流水	参
9日	02/05	金	癸巳	定	長流水	参
10日	02/06	土	甲午	執	沙中金	井鬼
11日	02/07	日	乙未	執	沙中金	鬼
12日	02/08	月	丙申	破	山下火	柳星
13日	02/09	火	丁酉	危	山下火	星
14日	02/10	水	戊戌	成	平地木	張
15日	02/11	金	己亥	納	平地木	翼軫
16日	02/12	金	庚子	開	壁上土	軫
17日	02/13	土	辛丑	閉	壁上土	角
18日	02/14	日	壬寅	建	金箔金	亢氐
19日	02/15	月	癸卯	除	金箔金	房
20日	02/16	火	甲辰	満	覆燈火	心尾
21日	02/17	水	乙巳	定	覆燈火	尾
22日	02/18	木	丙午	執	天河水	箕
23日	02/19	金	丁未	執	天河水	斗
24日△	02/20	土	戊申	破	大駅土	女虚
25日	02/21	日	己酉	危	大駅土	虚
26日	02/22	月	庚戌	成	釵釧金	危室
27日	02/23	火	辛亥	納	釵釧金	室
28日	02/24	水	壬子	開	桑柘木	壁
29日	02/25	木	癸丑	閉	桑柘木	奎
30日	02/26	金	甲寅	建	大溪水	奎

【二月小 乙卯 奎】
節気 啓蟄 12日・春分 27日
雑節 社日 24日・彼岸 29日

日	新暦	曜	干支	直	納音	宿
1日	02/27	土	乙卯	除	大溪水	妻
2日	02/28	日	丙辰	満	沙中土	胃昴
3日	02/29	月	丁巳	平	沙中土	畢
4日	03/01	火	戊午	定	天上火	觜参
5日	03/02	水	己未	執	天上火	井
6日	03/03	木	庚申	破	柘榴木	鬼
7日	03/04	金	辛酉	危	柘榴木	柳
8日	03/05	土	壬戌	成	大海水	星
9日▽	03/06	日	癸亥	納	大海水	張
10日	03/07	月	甲子	開	海中金	翼
11日	03/08	火	乙丑	閉	海中金	軫
12日	03/09	水	丙寅	建	爐中火	角
13日	03/10	木	丁卯	除	爐中火	亢
14日	03/11	金	戊辰	満	大林木	氐房
15日	03/12	土	己巳	平	大林木	心
16日	03/13	日	庚午	定	路傍土	尾
17日	03/14	月	辛未	執	路傍土	箕
18日	03/15	火	壬申	破	釵釧金	斗
19日	03/16	水	癸酉	危	釵釧金	女
20日	03/17	木	甲戌	成	山頭火	虚
21日	03/18	金	乙亥	納	山頭火	危
22日	03/19	土	丙子	開	澗下水	室
23日	03/20	日	丁丑	閉	澗下水	壁
24日	03/21	月	戊寅	建	城頭土	奎
25日	03/22	火	己卯	除	城頭土	婁
26日	03/23	水	庚辰	満	白鑞金	胃
27日	03/24	木	辛巳	平	白鑞金	昴
28日	03/25	金	壬午	定	楊柳木	畢
29日	03/26	土	癸未	執	楊柳木	觜

【三月大 丙辰 胃】
節気 清明 13日・穀雨 28日
雑節 土用 25日

日	新暦	曜	干支	直	納音	宿
1日	03/27	日	甲申	満	井泉水	胃
2日	03/28	月	乙酉	平	井泉水	昴
3日	03/29	火	丙戌	危	屋上土	畢
4日	03/30	水	丁亥	成	屋上土	觜
5日	03/31	木	戊子	開	霹靂火	参
6日	04/01	金	己丑	閉	霹靂火	井
7日	04/02	土	庚寅	建	松柏木	鬼
8日	04/03	日	辛卯	除	松柏木	柳
9日	04/04	月	壬辰	満	長流水	星
10日	04/05	火	癸巳	定	長流水	張
11日	04/06	水	甲午	執	沙中金	翼
12日	04/07	木	乙未	破	沙中金	軫
13日	04/08	金	丙申	危	山下火	角
14日	04/09	土	丁酉	成	山下火	亢氐
15日	04/10	日	戊戌	納	平地木	房
16日	04/11	月	己亥	開	平地木	心尾
17日	04/12	火	庚子	閉	壁上土	尾
18日	04/13	水	辛丑	建	壁上土	箕
19日	04/14	木	壬寅	除	金箔金	斗
20日	04/15	金	癸卯	満	金箔金	女
21日	04/16	土	甲辰	平	覆燈火	虚
22日	04/17	日	乙巳	定	覆燈火	危室
23日	04/18	月	丙午	執	天河水	室
24日	04/19	火	丁未	破	天河水	壁
25日	04/20	水	戊申	危	大駅土	奎
26日	04/21	木	己酉	成	大駅土	婁
27日	04/22	金	庚戌	納	釵釧金	胃
28日	04/23	土	辛亥	開	釵釧金	昴
29日	04/24	日	壬子	閉	桑柘木	畢
30日	04/25	月	癸丑	納	桑柘木	觜

【四月小 丁巳 畢】
節気 立夏 14日・小満 29日
雑節 八十八夜 9日

日	新暦	曜	干支	直	納音	宿
1日	04/26	火	甲寅	建	大溪水	参
2日	04/27	水	乙卯	除	大溪水	井
3日	04/28	木	丙辰	満	沙中土	鬼
4日	04/29	金	丁巳	平	沙中土	柳
5日△	04/30	土	戊午	定	天上火	星
6日	05/01	日	己未	執	天上火	張
7日	05/02	月	庚申	破	柘榴木	翼
8日	05/03	火	辛酉	危	柘榴木	軫
9日	05/04	水	壬戌	破	大海水	角
10日	05/05	金	癸亥	成	大海水	亢
11日	05/06	金	甲子	納	海中金	氐房
12日	05/07	土	乙丑	開	海中金	房
13日▽	05/08	日	丙寅	閉	爐中火	心
14日	05/09	月	丁卯	建	爐中火	尾
15日	05/10	火	戊辰	閉	大林木	箕
16日	05/11	水	己巳	除	大林木	斗
17日	05/12	木	庚午	満	路傍土	女
18日	05/13	金	辛未	平	路傍土	虚
19日	05/14	土	壬申	定	釵釧金	危
20日	05/15	日	癸酉	執	釵釧金	室
21日	05/16	月	甲戌	破	山頭火	壁
22日	05/17	火	乙亥	危	山頭火	奎
23日	05/18	水	丙子	成	澗下水	婁
24日	05/19	木	丁丑	納	澗下水	胃
25日	05/20	金	戊寅	開	城頭土	昴
26日	05/21	土	己卯	閉	城頭土	畢
27日	05/22	日	庚辰	建	白鑞金	觜参
28日	05/23	月	辛巳	除	白鑞金	井
29日	05/24	火	壬午	満	楊柳木	鬼

【五月大 戊午 参】
節気 芒種 15日・夏至 30日
雑節 入梅 20日

日	新暦	曜	干支	直	納音	宿
1日	05/25	水	癸未	満	楊柳木	参
2日	05/26	木	甲申	平	井泉水	井
3日	05/27	金	乙酉	定	井泉水	鬼
4日	05/28	土	丙戌	執	屋上土	柳
5日	05/29	日	丁亥	破	屋上土	星
6日	05/30	月	戊子	危	霹靂火	張
7日	05/31	火	己丑	成	霹靂火	翼
8日	06/01	水	庚寅	納	松柏木	軫角
9日	06/02	木	辛卯	開	松柏木	角
10日	06/03	金	壬辰	閉	長流水	亢氐
11日	06/04	土	癸巳	建	長流水	房
12日	06/05	日	甲午	除	沙中金	心
13日	06/06	月	乙未	満	沙中金	尾
14日	06/07	火	丙申	平	山下火	箕
15日	06/08	水	丁酉	定	山下火	斗
16日	06/09	木	戊戌	執	平地木	女
17日	06/10	金	己亥	破	平地木	虚
18日	06/11	土	庚子	危	壁上土	危
19日	06/12	日	辛丑	成	壁上土	室
20日	06/13	月	壬寅	納	金箔金	壁
21日	06/14	火	癸卯	開	金箔金	奎
22日	06/15	水	甲辰	閉	覆燈火	婁
23日	06/16	木	乙巳	建	覆燈火	胃昴
24日	06/17	金	丙午	除	天河水	昴
25日	06/18	土	丁未	満	天河水	畢觜
26日	06/19	日	戊申	平	大駅土	参
27日	06/20	月	己酉	定	大駅土	井
28日	06/21	火	庚戌	執	釵釧金	鬼
29日	06/22	水	辛亥	破	釵釧金	柳
30日	06/23	木	壬子	成	桑柘木	星

【閏五月大 戊午 参】
節気 小暑 15日
雑節 半夏生 10日・土用 28日

日	新暦	曜	干支	直	納音	宿
1日	06/24	金	癸丑	納	桑柘木	張
2日	06/25	土	甲寅	開	大溪水	翼
3日	06/26	日	乙卯	閉	大溪水	軫
4日	06/27	月	丙辰	建	沙中土	角
5日	06/28	火	丁巳	除	沙中土	亢氐
6日	06/29	水	戊午	満	天上火	房
7日	06/30	木	己未	平	天上火	心
8日	07/01	金	庚申	定	柘榴木	尾
9日	07/02	土	辛酉	執	柘榴木	箕
10日	07/03	日	壬戌	破	大海水	斗
11日	07/04	月	癸亥	危	大海水	女
12日	07/05	火	甲子	成	海中金	虚
13日	07/06	水	乙丑	納	海中金	危
14日	07/07	木	丙寅	開	爐中火	室
15日	07/08	金	丁卯	閉	爐中火	壁
16日△	07/09	土	戊辰	建	大林木	奎
17日▽	07/10	日	己巳	除	大林木	婁
18日	07/11	月	庚午	満	路傍土	胃
19日	07/12	火	辛未	平	路傍土	昴
20日	07/13	水	壬申	定	釵釧金	畢
21日	07/14	木	癸酉	執	釵釧金	觜参
22日	07/15	金	甲戌	破	山頭火	井
23日	07/16	土	乙亥	危	山頭火	鬼
24日	07/17	日	丙子	成	澗下水	柳
25日	07/18	月	丁丑	納	澗下水	星
26日	07/19	火	戊寅	開	城頭土	張
27日	07/20	水	己卯	閉	城頭土	翼
28日	07/21	木	庚辰	建	白鑞金	軫
29日	07/22	金	辛巳	除	白鑞金	角
30日	07/23	土	壬午	閉	楊柳木	亢

【六月小 己未 鬼】
節気 大暑 1日・立秋 16日

日	新暦	曜	干支	直	納音	宿
1日	07/24	日	癸未	満	楊柳木	氐房
2日	07/25	月	甲申	除	井泉水	心
3日	07/26	火	乙酉	満	井泉水	尾
4日	07/27	水	丙戌	平	屋上土	箕
5日	07/28	木	丁亥	定	屋上土	斗
6日	07/29	金	戊子	執	霹靂火	女
7日	07/30	土	己丑	破	霹靂火	虚
8日	07/31	日	庚寅	危	松柏木	危
9日	08/01	月	辛卯	成	松柏木	室
10日	08/02	火	壬辰	納	長流水	壁
11日	08/03	水	癸巳	開	長流水	奎
12日	08/04	木	甲午	閉	沙中金	婁
13日	08/05	金	乙未	建	沙中金	胃
14日	08/06	土	丙申	除	山下火	斗

— 14 —

西暦	曜	干支	直	納音	宿

天正16年

15日	08/07	日	丁酉	満	山下火	女
16日	08/08	月	戊戌	平	山下火	虚
17日	08/09	火	己亥	平	平地木	危
18日	08/10	水	庚子	定	壁上土	室
19日	08/11	木	辛丑	執	壁上土	壁
20日	08/12	金	壬寅	破	金箔金	奎
21日	08/13	土	癸卯	危	金箔金	婁
22日	08/14	日	甲辰	成	覆燈火	胃
23日	08/15	月	乙巳	納	覆燈火	昴
24日	08/16	火	丙午	開	天河水	畢
25日	08/17	水	丁未	閉	天河水	觜
26日	08/18	木	戊申	建	大駅土	参
27日	08/19	金	己酉	除	大駅土	井
28日	08/20	土	庚戌	満	釵釧金	鬼
29日	08/21	日	辛亥	平	釵釧金	柳

【七月大 庚申 張】
節気 処暑 2日・白露 17日
雑節 二百十日 13日

1日	08/22	月	壬子	定	桑柘木	張
2日	08/23	火	癸丑	執	桑柘木	翼
3日	08/24	水	甲寅	破	大渓水	軫
4日	08/25	木	乙卯	危	大渓水	亢
5日	08/26	金	丙辰	成	沙中土	氐
6日	08/27	土	丁巳	納	沙中土	房
7日	08/28	日	戊午	開	天上火	心
8日	08/29	月	己未	閉	天上火	尾
9日	08/30	火	庚申	建	柘榴木	箕
10日	08/31	水	辛酉	除	柘榴木	斗
11日	09/01	木	壬戌	満	大海水	女
12日	09/02	金	癸亥	平	大海水	虚
13日	09/03	土	甲子	定	海中金	危
14日	09/04	日	乙丑	執	海中金	室
15日	09/05	月	丙寅	破	爐中火	壁
16日	09/06	火	丁卯	危	爐中火	奎
17日	09/07	水	戊辰	成	大林木	婁
18日	09/08	木	己巳	納	大林木	胃
19日	09/09	金	庚午	開	路傍土	昴
20日	09/10	土	辛未	閉	路傍土	畢
21日▽	09/11	日	壬申	建	釵釧金	觜
22日	09/12	月	癸酉	除	釵釧金	参
23日	09/13	火	甲戌	満	山頭火	井
24日	09/14	水	乙亥	満	山頭火	鬼
25日	09/15	木	丙子	定	澗下水	柳
26日△	09/16	金	丁丑	定	澗下水	星
27日	09/17	土	戊寅	執	城頭土	張
28日	09/18	日	己卯	破	城頭土	翼
29日	09/19	月	庚辰	危	白鑞金	軫
30日	09/20	火	辛巳	成	白鑞金	角

【八月小 辛酉 角】
節気 秋分 3日・寒露 18日
雑節 彼岸 5日・社日 7日

1日	09/21	水	壬午	納	楊柳木	角
2日	09/22	木	癸未	開	楊柳木	亢
3日	09/23	金	甲申	閉	井泉水	房
4日	09/24	土	乙酉	建	井泉水	心
5日	09/25	日	丙戌	除	屋上土	尾
6日	09/26	月	丁亥	満	屋上土	箕
7日	09/27	火	戊子	平	霹靂火	斗
8日	09/28	水	己丑	定	霹靂火	女
9日	09/29	木	庚寅	執	松柏木	虚
10日	09/30	金	辛卯	破	松柏木	危
11日	10/01	土	壬辰	危	長流水	室
12日	10/02	日	癸巳	成	長流水	壁
13日	10/03	月	甲午	納	沙中金	奎
14日	10/04	火	乙未	開	沙中金	婁
15日	10/05	水	丙申	閉	山下火	胃
16日	10/06	木	丁酉	建	山下火	昴
17日	10/07	金	戊戌	除	平地木	畢
18日	10/08	土	己亥	満	平地木	觜
19日	10/09	日	庚子	平	壁上土	参
20日	10/10	月	辛丑	定	壁上土	井

21日	10/11	火	壬寅	定	金箔金	鬼
22日	10/12	水	癸卯	執	金箔金	柳
23日	10/13	木	甲辰	破	覆燈火	星
24日	10/14	金	乙巳	危	覆燈火	張
25日	10/15	土	丙午	成	天河水	翼
26日	10/16	日	丁未	納	天河水	軫
27日	10/17	月	戊申	開	大駅土	角
28日	10/18	火	己酉	閉	大駅土	亢
29日	10/19	水	庚戌	建	釵釧金	氐

【九月大 壬戌 氐】
節気 霜降 4日・立冬 19日
雑節 土用 1日

1日	10/20	木	辛亥	除	釵釧金	氐
2日	10/21	金	壬子	満	桑柘木	房
3日	10/22	土	癸丑	平	桑柘木	心
4日	10/23	日	甲寅	定	大渓水	尾
5日	10/24	月	乙卯	執	大渓水	箕
6日	10/25	火	丙辰	破	沙中土	斗
7日	10/26	水	丁巳	危	沙中土	女
8日	10/27	木	戊午	成	天上火	虚
9日	10/28	金	己未	納	天上火	危
10日	10/29	土	庚申	開	柘榴木	室
11日	10/30	日	辛酉	閉	柘榴木	壁
12日	10/31	月	壬戌	建	大海水	奎
13日	11/01	火	癸亥	除	大海水	婁
14日	11/02	水	甲子	満	海中金	胃
15日	11/03	木	乙丑	平	海中金	昴
16日	11/04	金	丙寅	定	爐中火	畢
17日	11/05	土	丁卯	執	爐中火	觜
18日	11/06	日	戊辰	破	大林木	参
19日	11/07	月	己巳	危	大林木	井
20日	11/08	火	庚午	成	路傍土	鬼
21日	11/09	水	辛未	納	路傍土	柳
22日	11/10	木	壬申	開	釵釧金	星
23日	11/11	金	癸酉	閉	釵釧金	張
24日	11/12	土	甲戌	建	山頭火	翼
25日▽	11/13	日	乙亥	除	山頭火	軫
26日	11/14	月	丙子	満	澗下水	角
27日	11/15	火	丁丑	満	澗下水	亢
28日	11/16	水	戊寅	定	城頭土	氐
29日	11/17	木	己卯	定	城頭土	房
30日	11/18	金	庚辰	執	白鑞金	心

【十月小 癸亥 心】
節気 小雪 4日・大雪 20日

1日	11/19	土	辛巳	破	白鑞金	心
2日	11/20	日	壬午	危	楊柳木	尾
3日	11/21	月	癸未	成	楊柳木	箕
4日	11/22	火	甲申	納	井泉水	斗
5日	11/23	水	乙酉	開	井泉水	女
6日	11/24	木	丙戌	閉	屋上土	虚
7日△	11/25	金	丁亥	除	屋上土	危
8日	11/26	土	戊子	除	霹靂火	室
9日	11/27	日	己丑	満	霹靂火	壁
10日	11/28	月	庚寅	平	松柏木	奎
11日	11/29	火	辛卯	定	松柏木	婁
12日	11/30	水	壬辰	執	長流水	胃
13日	12/01	木	癸巳	破	長流水	昴
14日	12/02	金	甲午	危	沙中金	畢
15日	12/03	土	乙未	成	沙中金	觜
16日	12/04	日	丙申	納	山下火	参
17日	12/05	月	丁酉	開	山下火	井
18日	12/06	火	戊戌	閉	平地木	鬼
19日	12/07	水	己亥	建	平地木	柳
20日	12/08	木	庚子	建	壁上土	星
21日	12/09	金	辛丑	除	壁上土	張
22日	12/10	土	壬寅	満	金箔金	翼
23日	12/11	日	癸卯	平	金箔金	軫
24日	12/12	月	甲辰	定	覆燈火	角
25日	12/13	火	乙巳	執	覆燈火	亢
26日	12/14	水	丙午	破	天河水	氐
27日	12/15	木	丁未	危	天河水	房

| 28日 | 12/16 | 金 | 戊申 | 成 | 大駅土 | 心 |
| 29日 | 12/17 | 土 | 己酉 | 納 | 大駅土 | 尾 |

【十一月大 甲子 斗】
節気 冬至 6日・小寒 21日

1日	12/18	日	庚戌	開	釵釧金	斗
2日	12/19	月	辛亥	閉	釵釧金	女
3日	12/20	火	壬子	建	桑柘木	虚
4日	12/21	水	癸丑	除	桑柘木	危
5日	12/22	木	甲寅	満	大渓水	室
6日	12/23	金	乙卯	平	大渓水	壁
7日	12/24	土	丙辰	定	沙中土	奎
8日	12/25	日	丁巳	執	沙中土	婁
9日	12/26	月	戊午	破	天上火	胃
10日	12/27	火	己未	危	天上火	昴
11日	12/28	水	庚申	成	柘榴木	畢
12日	12/29	木	辛酉	納	柘榴木	觜
13日	12/30	金	壬戌	開	大海水	参
14日	12/31	土	癸亥	閉	大海水	井

1589年

15日	01/01	日	甲子	建	海中金	鬼
16日	01/02	月	乙丑	除	海中金	柳
17日	01/03	火	丙寅	満	爐中火	星
18日	01/04	水	丁卯	平	爐中火	張
19日	01/05	木	戊辰	定	大林木	翼
20日	01/06	金	己巳	執	大林木	軫
21日	01/07	土	庚午	破	路傍土	角
22日	01/08	日	辛未	危	路傍土	亢
23日	01/09	月	壬申	成	釵釧金	氐
24日	01/10	火	癸酉	納	釵釧金	房
25日	01/11	水	甲戌	開	山頭火	心
26日	01/12	木	乙亥	閉	山頭火	尾
27日	01/13	金	丙子	建	澗下水	箕
28日	01/14	土	丁丑	除	澗下水	斗
29日▽	01/15	日	戊寅	除	城頭土	女
30日	01/16	月	己卯	満	城頭土	虚

【十二月小 乙丑 虚】
節気 大寒 6日・立春 22日
雑節 土用 6日・節分 21日

1日	01/17	火	庚辰	平	白鑞金	虚
2日	01/18	水	辛巳	定	白鑞金	危
3日	01/19	木	壬午	破	楊柳木	室
4日	01/20	金	癸未	危	楊柳木	壁
5日	01/21	土	甲申	成	井泉水	奎
6日	01/22	日	乙酉	納	井泉水	婁
7日	01/23	月	丙戌	開	屋上土	胃
8日	01/24	火	丁亥	閉	屋上土	昴
9日	01/25	水	戊子	建	霹靂火	畢
10日	01/26	木	己丑	除	霹靂火	觜
11日	01/27	金	庚寅	満	松柏木	参
12日	01/28	土	辛卯	平	松柏木	井
13日	01/29	日	壬辰	定	長流水	鬼
14日	01/30	月	癸巳	執	長流水	柳
15日	01/31	火	甲午	執	沙中金	星
16日	02/01	水	乙未	破	沙中金	張
17日	02/02	木	丙申	危	山下火	翼
18日△	02/03	金	丁酉	成	山下火	軫
19日	02/04	土	戊戌	納	平地木	角
20日	02/05	日	己亥	開	平地木	亢
21日	02/06	月	庚子	閉	壁上土	氐
22日	02/07	火	辛丑	建	壁上土	房
23日	02/08	水	壬寅	建	金箔金	心
24日	02/09	木	癸卯	除	金箔金	尾
25日	02/10	金	甲辰	満	覆燈火	箕
26日	02/11	土	乙巳	平	覆燈火	斗
27日	02/12	日	丙午	定	天河水	女
28日	02/13	月	丁未	執	天河水	虚
29日	02/14	火	戊申	破	大駅土	危

天正17年
1589～1590 己丑

【正月大 丙寅 室】
節気 雨水 8日・啓蟄 23日

日	月日	曜	干支	直	納音	宿
1日	02/15	水	己酉	危	大駅土	室
2日	02/16	木	庚戌	成	釵釧金	壁
3日	02/17	金	辛亥	開	桑柘木	奎
4日	02/18	土	壬子	閉	桑柘木	婁
5日	02/19	日	癸丑	閉	大渓水	胃
6日	02/20	月	甲寅	建	大渓水	畢
7日	02/21	火	乙卯	除	沙中土	觜
8日	02/22	水	丙辰	満	沙中土	参
9日	02/23	木	丁巳	平	沙中土	参
10日	02/24	金	戊午	定	天上火	鬼
11日	02/25	土	己未	執	天上火	鬼
12日	02/26	日	庚申	破	柘榴木	柳
13日	02/27	月	辛酉	危	柘榴木	星
14日	02/28	火	壬戌	成	大海水	張
15日	03/01	水	癸亥	納	大海水	翼
16日	03/02	木	甲子	開	海中金	軫
17日	03/03	金	乙丑	閉	海中金	元
18日	03/04	土	丙寅	建	爐中火	氐
19日	03/05	日	丁卯	除	爐中火	房
20日	03/06	月	戊辰	満	大林木	心
21日	03/07	火	己巳	平	大林木	尾
22日	03/08	水	庚午	定	路傍土	箕
23日	03/09	木	辛未	定	路傍土	斗
24日	03/10	金	壬申	執	釵鋒金	女
25日	03/11	土	癸酉	破	釵鋒金	虚
26日	03/12	日	甲戌	危	山頭火	虚
27日	03/13	月	乙亥	成	山頭火	室
28日	03/14	火	丙子	開	澗下水	壁
29日	03/15	水	丁丑	閉	澗下水	奎
30日	03/16	木	戊寅	閉	城頭土	奎

【二月小 丁卯 奎】
節気 春分 8日・清明 23日
雑節 彼岸 10日・社日 10日

日	月日	曜	干支	直	納音	宿
1日	03/17	金	己卯	建	城頭土	奎
2日▽	03/18	土	庚辰	除	白鑞金	婁
3日	03/19	日	辛巳	満	白鑞金	胃
4日	03/20	月	壬午	平	楊柳木	昴
5日	03/21	火	癸未	定	楊柳木	畢
6日	03/22	水	甲申	執	井泉水	觜
7日	03/23	木	乙酉	破	井泉水	参
8日	03/24	金	丙戌	危	屋土土	井
9日	03/25	土	丁亥	成	屋土土	鬼
10日	03/26	日	戊子	納	霹靂火	柳
11日	03/27	月	己丑	開	霹靂火	星
12日	03/28	火	庚寅	閉	松柏木	張
13日	03/29	水	辛卯	建	松柏木	翼
14日	03/30	木	壬辰	除	長流水	軫
15日	03/31	金	癸巳	満	長流水	角
16日	04/01	土	甲午	平	沙中金	元
17日	04/02	日	乙未	定	沙中金	氐
18日	04/03	月	丙申	執	山下火	房
19日	04/04	火	丁酉	破	山下火	心
20日	04/05	水	戊戌	危	平地木	尾
21日	04/06	木	己亥	納	平地木	箕
22日	04/07	金	庚子	納	壁上土	斗
23日	04/08	土	辛丑	納	壁上土	女
24日	04/09	日	壬寅	開	金箔金	虚
25日	04/10	月	癸卯	閉	金箔金	危
26日	04/11	火	甲辰	建	覆燈火	室
27日	04/12	水	乙巳	除	覆燈火	壁
28日△	04/13	木	丙午	満	天河水	奎
29日	04/14	金	丁未	平	天河水	婁

【三月大 戊辰 胃】
節気 穀雨 10日・立夏 25日
雑節 土用 7日・八十八夜 21日

日	月日	曜	干支	直	納音	宿
1日	04/15	土	戊申	定	大駅土	胃
2日	04/16	日	己酉	執	大駅土	昴
3日	04/17	月	庚戌	破	釵釧金	畢
4日	04/18	火	辛亥	危	釵釧金	觜
5日	04/19	水	壬子	成	桑柘木	参
6日	04/20	木	癸丑	納	桑柘木	井
7日	04/21	金	甲寅	開	大渓水	鬼
8日	04/22	土	乙卯	閉	大渓水	柳
9日	04/23	日	丙辰	建	沙中土	星
10日	04/24	月	丁巳	除	沙中土	張
11日	04/25	火	戊午	満	天上火	翼
12日	04/26	水	己未	平	天上火	軫
13日	04/27	木	庚申	定	柘榴木	元
14日	04/28	金	辛酉	執	柘榴木	氐
15日	04/29	土	壬戌	破	大海水	房
16日	04/30	日	癸亥	破	大海水	房
17日	05/01	月	甲子	危	海中金	尾
18日	05/02	火	乙丑	成	海中金	箕
19日	05/03	水	丙寅	納	爐中火	斗
20日	05/04	木	丁卯	開	爐中火	牛
21日	05/05	金	戊辰	閉	大林木	女
22日	05/06	土	己巳	除	大林木	虚
23日	05/07	日	庚午	満	路傍土	危
24日	05/08	月	辛未	平	路傍土	室
25日	05/09	火	壬申	平	釵鋒金	壁
26日	05/10	水	癸酉	定	釵鋒金	奎
27日	05/11	木	甲戌	執	山頭火	婁
28日	05/12	金	乙亥	破	山頭火	胃
29日	05/13	土	丙子	危	澗下水	昴
30日	05/14	日	丁丑	成	澗下水	畢

【四月小 己巳 畢】
節気 小満 10日・芒種 25日

日	月日	曜	干支	直	納音	宿
1日	05/15	月	戊寅	納	城頭土	畢
2日	05/16	火	己卯	開	城頭土	觜
3日	05/17	水	庚辰	閉	白鑞金	参
4日	05/18	木	辛巳	建	楊柳木	井
5日	05/19	金	壬午	除	楊柳木	鬼
6日▽	05/20	土	癸未	満	楊柳木	柳
7日	05/21	日	甲申	平	井泉水	星
8日	05/22	月	乙酉	定	井泉水	張
9日	05/23	火	丙戌	執	屋土土	翼
10日	05/24	水	丁亥	破	屋土土	軫
11日	05/25	木	戊子	危	霹靂火	角
12日	05/26	金	己丑	成	霹靂火	元
13日	05/27	土	庚寅	納	松柏木	氐
14日	05/28	日	辛卯	開	松柏木	房
15日	05/29	月	壬辰	閉	長流水	心
16日	05/30	火	癸巳	建	長流水	尾
17日	05/31	水	甲午	除	沙中金	箕
18日	06/01	木	乙未	満	沙中金	斗
19日	06/02	金	丙申	平	山下火	牛
20日	06/03	土	丁酉	定	山下火	女
21日	06/04	日	戊戌	執	平地木	虚
22日	06/05	月	己亥	破	平地木	危
23日	06/06	火	庚子	危	壁上土	室
24日	06/07	水	辛丑	成	壁上土	壁
25日	06/08	木	壬寅	成	金箔金	奎
26日	06/09	金	癸卯	納	金箔金	婁
27日	06/10	土	甲辰	開	覆燈火	胃
28日	06/11	日	乙巳	閉	覆燈火	昴
29日	06/12	月	丙午	建	天河水	觜

【五月大 庚午 参】
節気 夏至 12日・小暑 27日
雑節 入梅 6日・半夏生 22日

日	月日	曜	干支	直	納音	宿
1日	06/13	火	丁未	除	天河水	参
2日	06/14	水	戊申	満	大駅土	井
3日	06/15	木	己酉	平	大駅土	鬼
4日	06/16	金	庚戌	定	釵釧金	柳
5日	06/17	土	辛亥	執	釵釧金	星
6日	06/18	日	壬子	破	桑柘木	張
7日	06/19	月	癸丑	危	桑柘木	翼
8日	06/20	火	甲寅	成	大渓水	軫
9日	06/21	水	乙卯	納	大渓水	角
10日△	06/22	木	丙辰	開	沙中土	元
11日	06/23	金	丁巳	閉	沙中土	房
12日	06/24	土	戊午	建	天上火	心
13日	06/25	日	己未	除	天上火	尾
14日	06/26	月	庚申	満	柘榴木	箕
15日	06/27	火	辛酉	平	柘榴木	斗
16日	06/28	水	壬戌	定	大海水	斗
17日	06/29	木	癸亥	執	大海水	虚
18日	06/30	金	甲子	破	海中金	危
19日	07/01	土	乙丑	危	海中金	危
20日	07/02	日	丙寅	成	爐中火	室
21日	07/03	月	丁卯	納	爐中火	壁
22日	07/04	火	戊辰	開	大林木	奎
23日	07/05	水	己巳	閉	大林木	婁
24日	07/06	木	庚午	建	路傍土	胃
25日	07/07	金	辛未	除	路傍土	昴
26日	07/08	土	壬申	満	釵鋒金	畢
27日	07/09	日	癸酉	平	釵鋒金	觜
28日	07/10	月	甲戌	定	山頭火	参
29日	07/11	火	乙亥	執	山頭火	井
30日	07/12	水	丙子	執	澗下水	鬼

【六月小 辛未 鬼】
節気 大暑 12日・立秋 27日
雑節 土用 9日

日	月日	曜	干支	直	納音	宿
1日	07/13	木	丁丑	破	澗下水	鬼
2日	07/14	金	戊寅	危	城頭土	柳
3日	07/15	土	己卯	成	城頭土	星
4日	07/16	日	庚辰	納	白鑞金	張
5日	07/17	月	辛巳	開	白鑞金	翼
6日	07/18	火	壬午	閉	楊柳木	軫
7日	07/19	水	癸未	建	楊柳木	角
8日	07/20	木	甲申	除	井泉水	元
9日	07/21	金	乙酉	満	井泉水	氐
10日▽	07/22	土	丙戌	平	屋土土	房
11日	07/23	日	丁亥	定	屋土土	心
12日	07/24	月	戊子	執	霹靂火	尾
13日	07/25	火	己丑	破	霹靂火	箕
14日	07/26	水	庚寅	危	松柏木	斗
15日	07/27	木	辛卯	成	松柏木	牛
16日	07/28	金	壬辰	納	長流水	女
17日	07/29	土	癸巳	開	長流水	虚
18日	07/30	日	甲午	閉	沙中金	危
19日	07/31	月	乙未	建	沙中金	室
20日	08/01	火	丙申	除	山下火	壁
21日	08/02	水	丁酉	満	山下火	奎
22日	08/03	木	戊戌	平	平地木	婁
23日	08/04	金	己亥	定	平地木	胃
24日	08/05	土	庚子	執	壁上土	昴
25日	08/06	日	辛丑	破	壁上土	畢
26日	08/07	月	壬寅	危	金箔金	觜
27日	08/08	火	癸卯	成	金箔金	参
28日	08/09	水	甲辰	納	覆燈火	井
29日	08/10	木	乙巳	納	覆燈火	鬼

【七月大 壬申 張】
節気 処暑 13日・白露 29日
雑節 二百十日 25日

日	月日	曜	干支	直	納音	宿
1日	08/11	金	丙午	開	天河水	張
2日	08/12	土	丁未	閉	天河水	翼
3日	08/13	日	戊申	建	大駅土	軫

— 16 —

西暦 曜 干支 直 納音 宿　　　　　　　天正17年

日	西暦	曜	干支	直	納音	宿
4日	08/14	月	己酉	除	大駅土	角
5日	08/15	火	庚戌	満	釵釧金	亢
6日	08/16	水	辛亥	平	釵釧金	氐
7日	08/17	木	壬子	定	桑柘木	房
8日	08/18	金	癸丑	執	桑柘木	心
9日	08/19	土	甲寅	破	大溪水	尾
10日	08/20	日	乙卯	危	大溪水	箕
11日	08/21	月	丙辰	成	沙中土	斗
12日	08/22	火	丁巳	納	沙中土	牛
13日	08/23	水	戊午	開	天上火	虚
14日	08/24	木	己未	閉	天上火	危
15日	08/25	金	庚申	建	柘榴木	室
16日	08/26	土	辛酉	除	柘榴木	壁
17日	08/27	日	壬戌	満	大海水	奎
18日	08/28	月	癸亥	平	大海水	婁
19日	08/29	火	甲子	定	海中金	胃
20日△	08/30	水	乙丑	執	海中金	昴
21日	08/31	木	丙寅	破	爐中火	畢
22日	09/01	金	丁卯	危	爐中火	觜
23日	09/02	土	戊辰	成	大林木	参
24日	09/03	日	己巳	納	大林木	井
25日	09/04	月	庚午	開	路傍土	鬼
26日	09/05	火	辛未	建	路傍土	柳
27日	09/06	水	壬申	除	釵鋒金	星
28日	09/07	木	癸酉	除	釵鋒金	張
29日	09/08	金	甲戌	満	山頭火	翼
30日	09/09	土	乙亥	平	山頭火	軫

【八月大 癸酉 角】
節気 秋分 14日・寒露 29日
雑節 社日 13日・彼岸 16日

日	西暦	曜	干支	直	納音	宿
1日	09/10	日	丙子	平	澗下水	角
2日	09/11	月	丁丑	定	澗下水	亢
3日	09/12	火	戊寅	執	城頭土	氐
4日	09/13	水	己卯	破	城頭土	房
5日	09/14	木	庚辰	危	白鑞金	心
6日	09/15	金	辛巳	成	白鑞金	尾
7日	09/16	土	壬午	納	楊柳木	箕
8日	09/17	日	癸未	開	楊柳木	斗
9日	09/18	月	甲申	閉	井泉水	牛
10日	09/19	火	乙酉	建	井泉水	女
11日	09/20	水	丙戌	除	屋上土	虚
12日	09/21	木	丁亥	満	屋上土	危
13日	09/22	金	戊子	平	霹靂火	室
14日▽	09/23	土	己丑	定	霹靂火	壁
15日	09/24	日	庚寅	執	松柏木	奎
16日	09/25	月	辛卯	破	松柏木	胃
17日	09/26	火	壬辰	危	長流水	昴
18日	09/27	水	癸巳	成	長流水	畢
19日	09/28	木	甲午	納	沙中金	觜
20日	09/29	金	乙未	開	沙中金	参
21日	09/30	土	丙申	閉	山下火	井
22日	10/01	日	丁酉	建	山下火	鬼
23日	10/02	月	戊戌	除	平地木	柳
24日	10/03	火	己亥	満	平地木	星
25日	10/04	水	庚子	平	壁上土	張
26日	10/05	木	辛丑	定	壁上土	翼
27日	10/06	金	壬寅	執	金箔金	軫
28日	10/07	土	癸卯	破	金箔金	角
29日	10/08	日	甲辰	危	覆燈火	亢
30日	10/09	月	乙巳	成	覆燈火	氐

【九月小 甲戌 氐】
節気 霜降 14日・立冬 29日
雑節 土用 11日

日	西暦	曜	干支	直	納音	宿
1日	10/10	火	丙午	納	天河水	氐
2日	10/11	水	丁未	開	天河水	房
3日	10/12	木	戊申	閉	大駅土	心
4日	10/13	金	己酉	閉	大駅土	尾
5日	10/14	土	庚戌	建	釵釧金	箕
6日	10/15	日	辛亥	除	釵釧金	斗
7日	10/16	月	壬子	満	桑柘木	女
8日	10/17	火	癸丑	平	桑柘木	虚
9日	10/18	水	甲寅	定	大溪水	室
10日	10/19	木	乙卯	執	大溪水	壁
11日	10/20	金	丙辰	破	沙中土	奎
12日	10/21	土	丁巳	危	沙中土	婁
13日	10/22	日	戊午	成	天上火	胃
14日	10/23	月	己未	納	天上火	昴
15日	10/24	火	庚申	開	柘榴木	畢
16日	10/25	水	辛酉	閉	柘榴木	觜
17日	10/26	木	壬戌	建	大海水	参
18日	10/27	金	癸亥	除	大海水	井
19日	10/28	土	甲子	満	海中金	鬼
20日	10/29	日	乙丑	平	海中金	柳
21日	10/30	月	丙寅	定	爐中火	星
22日	10/31	火	丁卯	執	爐中火	張
23日	11/01	水	戊辰	破	大林木	翼
24日	11/02	木	己巳	危	大林木	軫
25日	11/03	金	庚午	成	路傍土	角
26日	11/04	土	辛未	納	路傍土	亢
27日	11/05	日	壬申	開	釵鋒金	氐
28日	11/06	月	癸酉	閉	釵鋒金	房
29日	11/07	火	甲戌	閉	山頭火	心

【十月大 乙亥 心】
節気 小雪 16日

日	西暦	曜	干支	直	納音	宿
1日△	11/08	水	乙亥	建	山頭火	心
2日	11/09	木	丙子	除	澗下水	尾
3日	11/10	金	丁丑	満	澗下水	箕
4日	11/11	土	戊寅	平	城頭土	斗
5日	11/12	日	己卯	定	城頭土	牛
6日	11/13	月	庚辰	執	白鑞金	女
7日	11/14	火	辛巳	破	白鑞金	虚
8日	11/15	水	壬午	危	楊柳木	危
9日	11/16	木	癸未	成	楊柳木	室
10日	11/17	金	甲申	納	井泉水	壁
11日	11/18	土	乙酉	開	井泉水	奎
12日	11/19	日	丙戌	閉	屋上土	婁
13日	11/20	月	丁亥	建	屋上土	胃
14日	11/21	火	戊子	除	霹靂火	昴
15日	11/22	水	己丑	満	霹靂火	畢
16日	11/23	木	庚寅	定	松柏木	觜
17日	11/24	金	辛卯	定	松柏木	参
18日▽	11/25	土	壬辰	執	長流水	井
19日	11/26	日	癸巳	破	沙中金	鬼
20日	11/27	月	甲午	危	沙中金	星
21日	11/28	火	乙未	成	沙中金	張
22日	11/29	水	丙申	納	山下火	翼
23日	11/30	木	丁酉	開	平地木	軫
24日	12/01	金	戊戌	閉	平地木	角
25日	12/02	土	己亥	建	平地木	亢
26日	12/03	日	庚子	除	壁上土	氐
27日	12/04	月	辛丑	満	壁上土	房
28日	12/05	火	壬寅	平	金箔金	心
29日	12/06	水	癸卯	定	金箔金	尾
30日	12/07	木	甲辰	執	覆燈火	箕

【十一月小 丙子 斗】
節気 大雪 1日・冬至 16日

日	西暦	曜	干支	直	納音	宿
1日	12/08	金	乙巳	執	覆燈火	斗
2日	12/09	土	丙午	破	天河水	女
3日	12/10	日	丁未	危	天河水	虚
4日	12/11	月	戊申	成	大駅土	危
5日	12/12	火	己酉	納	大駅土	室
6日	12/13	水	庚戌	開	釵釧金	壁
7日	12/14	木	辛亥	閉	釵釧金	奎
8日	12/15	金	壬子	建	桑柘木	婁
9日	12/16	土	癸丑	除	桑柘木	胃
10日	12/17	日	甲寅	満	大溪水	昴
11日	12/18	月	乙卯	平	大溪水	畢
12日	12/19	火	丙辰	定	沙中土	觜
13日	12/20	水	丁巳	執	沙中土	参
14日	12/21	木	戊午	破	天上火	井
15日	12/22	金	己未	危	天上火	鬼
16日	12/23	土	庚申	成	柘榴木	柳
17日	12/24	日	辛酉	納	柘榴木	星
18日	12/25	月	壬戌	開	大海水	張
19日	12/26	火	癸亥	閉	大海水	翼
20日	12/27	水	甲子	建	海中金	軫
21日	12/28	木	乙丑	除	海中金	角
22日	12/29	金	丙寅	満	爐中火	亢
23日	12/30	土	丁卯	定	爐中火	氐
24日	12/31	日	戊辰	定	大林木	房

1590年

日	西暦	曜	干支	直	納音	宿
25日	01/01	月	己巳	執	大林木	心
26日	01/02	火	庚午	破	路傍土	尾
27日	01/03	水	辛未	危	路傍土	箕
28日	01/04	木	壬申	成	釵鋒金	斗
29日	01/05	金	癸酉	納	釵鋒金	女

【十二月大 丁丑 虚】
節気 小寒 2日・大寒 18日
雑節 土用 15日

日	西暦	曜	干支	直	納音	宿
1日	01/06	土	甲戌	開	山頭火	虚
2日	01/07	日	乙亥	閉	山頭火	危
3日	01/08	月	丙子	閉	澗下水	室
4日	01/09	火	丁丑	建	澗下水	壁
5日	01/10	水	戊寅	除	城頭土	奎
6日	01/11	木	己卯	満	城頭土	婁
7日	01/12	金	庚辰	定	白鑞金	胃
8日	01/13	土	辛巳	執	白鑞金	昴
9日	01/14	日	壬午	破	楊柳木	畢
10日	01/15	月	癸未	危	楊柳木	觜
11日	01/16	火	甲申	成	井泉水	参
12日△	01/17	水	乙酉	納	井泉水	井
13日	01/18	木	丙戌	閉	屋上土	鬼
14日	01/19	金	丁亥	開	屋上土	柳
15日	01/20	土	戊子	建	霹靂火	星
16日	01/21	日	己丑	満	霹靂火	張
17日	01/22	月	庚寅	満	松柏木	翼
18日	01/23	火	辛卯	平	松柏木	軫
19日	01/24	水	壬辰	定	長流水	角
20日	01/25	木	癸巳	執	長流水	亢
21日	01/26	金	甲午	破	沙中金	氐
22日▽	01/27	土	乙未	危	沙中金	房
23日	01/28	日	丙申	成	山下火	心
24日	01/29	月	丁酉	納	山下火	尾
25日	01/30	火	戊戌	開	平地木	箕
26日	01/31	水	己亥	閉	平地木	斗
27日	02/01	木	庚子	建	壁上土	女
28日	02/02	金	辛丑	除	壁上土	虚
29日	02/03	土	壬寅	満	金箔金	危
30日	02/04	日	癸卯	定	金箔金	室

天正18年
1590～1591 庚寅

【正月小 戊寅 室】
節気 立春 3日・雨水 18日
雑節 節分 2日

日	新暦	曜	干支	直	納音	宿
1日	02/05	月	甲辰	平	覆燈火	室
2日	02/06	火	乙巳	定	覆燈火	壁
3日	02/07	水	丙午	定	天河水	奎
4日	02/08	木	丁未	執	天河水	婁
5日	02/09	金	戊申	破	大駅土	胃
6日	02/10	土	己酉	危	大駅土	昴
7日	02/11	日	庚戌	成	釵釧金	畢
8日	02/12	月	辛亥	納	釵釧金	觜
9日	02/13	火	壬子	開	桑柘木	參
10日	02/14	水	癸丑	閉	桑柘木	井
11日	02/15	木	甲寅	建	大溪水	鬼
12日	02/16	金	乙卯	除	大溪水	柳
13日	02/17	土	丙辰	満	沙中土	星
14日	02/18	日	丁巳	平	沙中土	張
15日	02/19	月	戊午	定	天上火	翼
16日	02/20	火	己未	執	天上火	軫
17日	02/21	水	庚申	破	柘榴木	角
18日	02/22	木	辛酉	危	柘榴木	亢
19日	02/23	金	壬戌	成	大海水	氐
20日	02/24	土	癸亥	納	大海水	房
21日	02/25	日	甲子	開	海中金	心
22日	02/26	月	乙丑	閉	海中金	尾
23日	02/27	火	丙寅	建	爐中火	箕
24日	02/28	水	丁卯	除	爐中火	斗
25日	03/01	木	戊辰	満	大林木	女
26日	03/02	金	己巳	平	大林木	虚
27日	03/03	土	庚午	定	路傍土	危
28日	03/04	日	辛未	執	路傍土	室
29日	03/05	月	壬申	破	釵鋒金	壁

【二月大 己卯 奎】
節気 啓蟄 4日・春分 19日
雑節 社日 16日・彼岸 21日

日	新暦	曜	干支	直	納音	宿
1日	03/06	火	癸酉	危	釵鋒金	奎
2日	03/07	水	甲戌	成	山頭火	婁
3日	03/08	木	乙亥	納	山頭火	胃
4日	03/09	金	丙子	納	潤下水	昴
5日	03/10	土	丁丑	開	潤下水	畢
6日	03/11	日	戊寅	閉	城頭土	觜
7日	03/12	月	己卯	建	城頭土	參
8日	03/13	火	庚辰	除	白鑞金	井
9日	03/14	水	辛巳	満	白鑞金	鬼
10日	03/15	木	壬午	平	楊柳木	柳
11日	03/16	金	癸未	定	楊柳木	星
12日	03/17	土	甲申	執	井泉水	張
13日	03/18	日	乙酉	破	井泉水	翼
14日	03/19	月	丙戌	危	屋上土	軫
15日	03/20	火	丁亥	成	屋上土	角
16日	03/21	水	戊子	納	霹靂火	亢
17日	03/22	木	己丑	開	霹靂火	氐
18日	03/23	金	庚寅	閉	松柏木	房
19日	03/24	土	辛卯	建	松柏木	心
20日	03/25	日	壬辰	除	長流水	尾
21日	03/26	月	癸巳	満	長流水	箕
22日△	03/27	火	甲午	平	沙中金	斗
23日	03/28	水	乙未	定	沙中金	女
24日	03/29	木	丙申	執	山下火	虚
25日	03/30	金	丁酉	破	山下火	危
26日▽	03/31	土	戊戌	危	平地木	室
27日	04/01	日	己亥	成	平地木	壁
28日	04/02	月	庚子	納	壁上土	奎
29日	04/03	火	辛丑	開	壁上土	婁
30日	04/04	水	壬寅	閉	金箔金	胃

【三月小 庚辰 胃】
節気 清明 5日・穀雨 20日
雑節 土用 17日

日	新暦	曜	干支	直	納音	宿
1日	04/05	木	癸卯	建	金箔金	胃
2日	04/06	金	甲辰	除	覆燈火	昴
3日	04/07	土	乙巳	満	覆燈火	畢
4日	04/08	日	丙午	平	天河水	觜
5日	04/09	月	丁未	平	天河水	參
6日	04/10	火	戊申	定	大駅土	井
7日	04/11	水	己酉	執	大駅土	鬼
8日	04/12	木	庚戌	破	釵釧金	柳
9日	04/13	金	辛亥	危	釵釧金	星
10日	04/14	土	壬子	成	桑柘木	張
11日	04/15	日	癸丑	納	桑柘木	翼
12日	04/16	月	甲寅	開	大溪水	軫
13日	04/17	火	乙卯	閉	大溪水	角
14日	04/18	水	丙辰	建	沙中土	亢
15日	04/19	木	丁巳	除	沙中土	氐
16日	04/20	金	戊午	満	天上火	房
17日	04/21	土	己未	平	天上火	心
18日	04/22	日	庚申	定	柘榴木	尾
19日	04/23	月	辛酉	執	柘榴木	箕
20日	04/24	火	壬戌	破	大海水	斗
21日	04/25	水	癸亥	危	大海水	女
22日	04/26	木	甲子	成	海中金	虚
23日	04/27	金	乙丑	納	海中金	危
24日	04/28	土	丙寅	開	爐中火	室
25日	04/29	日	丁卯	閉	爐中火	壁
26日	04/30	月	戊辰	建	大林木	奎
27日	05/01	火	己巳	除	大林木	婁
28日	05/02	水	庚午	満	路傍土	胃
29日	05/03	木	辛未	平	路傍土	昴

【四月小 辛巳 畢】
節気 立夏 6日・小満 21日
雑節 八十八夜 2日

日	新暦	曜	干支	直	納音	宿
1日	05/04	金	壬申	定	釵鋒金	畢
2日	05/05	土	癸酉	執	釵鋒金	觜
3日	05/06	日	甲戌	破	山頭火	參
4日	05/07	月	乙亥	危	山頭火	井
5日	05/08	火	丙子	成	潤下水	鬼
6日	05/09	水	丁丑	成	潤下水	柳
7日	05/10	木	戊寅	納	城頭土	星
8日	05/11	金	己卯	開	城頭土	張
9日	05/12	土	庚辰	閉	白鑞金	翼
10日	05/13	日	辛巳	建	白鑞金	軫
11日	05/14	月	壬午	除	楊柳木	角
12日	05/15	火	癸未	満	楊柳木	亢
13日	05/16	水	甲申	平	井泉水	氐
14日	05/17	木	乙酉	定	井泉水	房
15日	05/18	金	丙戌	執	屋上土	心
16日	05/19	土	丁亥	破	屋上土	尾
17日	05/20	日	戊子	危	霹靂火	箕
18日	05/21	月	己丑	成	霹靂火	斗
19日	05/22	火	庚寅	納	松柏木	女
20日	05/23	水	辛卯	開	松柏木	虚
21日	05/24	木	壬辰	閉	長流水	危
22日	05/25	金	癸巳	建	長流水	室
23日	05/26	土	甲午	除	沙中金	壁
24日	05/27	日	乙未	満	沙中金	奎
25日	05/28	月	丙申	平	山下火	婁
26日	05/29	火	丁酉	定	山下火	胃
27日	05/30	水	戊戌	執	平地木	昴
28日	05/31	木	己亥	破	平地木	畢
29日	06/01	金	庚子	危	壁上土	觜

【五月大 壬午 參】
節気 芒種 8日・夏至 23日
雑節 入梅 12日

日	新暦	曜	干支	直	納音	宿
1日▽	06/02	土	辛丑	成	壁上土	參
2日	06/03	日	壬寅	納	金箔金	井
3日	06/04	月	癸卯	開	金箔金	鬼
4日△	06/05	火	甲辰	閉	覆燈火	柳
5日	06/06	水	乙巳	建	覆燈火	星
6日	06/07	木	丙午	除	天河水	張
7日	06/08	金	丁未	満	天河水	翼
8日	06/09	土	戊申	満	大駅土	軫
9日	06/10	日	己酉	平	大駅土	角
10日	06/11	月	庚戌	定	釵釧金	亢
11日	06/12	火	辛亥	執	釵釧金	氐
12日	06/13	水	壬子	破	桑柘木	房
13日	06/14	木	癸丑	危	桑柘木	心
14日	06/15	金	甲寅	成	大溪水	尾
15日	06/16	土	乙卯	納	大溪水	箕
16日	06/17	日	丙辰	開	沙中土	斗
17日	06/18	月	丁巳	閉	沙中土	女
18日	06/19	火	戊午	建	天上火	虚
19日	06/20	水	己未	除	天上火	危
20日	06/21	木	庚申	満	柘榴木	室
21日	06/22	金	辛酉	平	柘榴木	壁
22日	06/23	土	壬戌	定	大海水	奎
23日	06/24	日	癸亥	執	大海水	婁
24日	06/25	月	甲子	破	海中金	胃
25日	06/26	火	乙丑	危	海中金	昴
26日	06/27	水	丙寅	成	爐中火	畢
27日	06/28	木	丁卯	納	爐中火	觜
28日	06/29	金	戊辰	開	大林木	參
29日	06/30	土	己巳	閉	大林木	井
30日	07/01	日	庚午	建	路傍土	鬼

【六月小 癸未 鬼】
節気 小暑 8日・大暑 23日
雑節 半夏生 3日・土用 20日

日	新暦	曜	干支	直	納音	宿
1日	07/02	月	辛未	除	路傍土	柳
2日	07/03	火	壬申	満	釵鋒金	星
3日	07/04	水	癸酉	平	釵鋒金	張
4日	07/05	木	甲戌	定	山頭火	翼
5日	07/06	金	乙亥	執	山頭火	軫
6日	07/07	土	丙子	破	潤下水	角
7日	07/08	日	丁丑	危	潤下水	亢
8日	07/09	月	戊寅	危	城頭土	氐
9日	07/10	火	己卯	成	城頭土	房
10日	07/11	水	庚辰	納	白鑞金	心
11日	07/12	木	辛巳	開	白鑞金	尾
12日	07/13	金	壬午	閉	楊柳木	箕
13日	07/14	土	癸未	建	楊柳木	斗
14日	07/15	日	甲申	除	井泉水	女
15日	07/16	月	乙酉	満	井泉水	虚
16日	07/17	火	丙戌	平	屋上土	危
17日	07/18	水	丁亥	定	屋上土	室
18日	07/19	木	戊子	執	霹靂火	壁
19日	07/20	金	己丑	破	霹靂火	奎
20日	07/21	土	庚寅	危	松柏木	婁
21日	07/22	日	辛卯	成	松柏木	胃
22日	07/23	月	壬辰	納	長流水	昴
23日	07/24	火	癸巳	開	長流水	畢
24日	07/25	水	甲午	閉	沙中金	觜
25日	07/26	木	乙未	建	沙中金	參
26日	07/27	金	丙申	除	山下火	井
27日	07/28	土	丁酉	満	山下火	鬼
28日	07/29	日	戊戌	平	平地木	柳
29日	07/30	月	己亥	定	平地木	星

天正18年

西暦　曜　干支　直　納音　宿

【七月大 甲申 張】
節気 立秋 9日・処暑 25日

日	西暦	曜	干支	直	納音	宿
1日	07/31	火	庚子	執	壁上土	張
2日	08/01	水	辛丑	破	壁上土	翼
3日	08/02	木	壬寅	危	金箔金	軫
4日	08/03	金	癸卯	成	金箔金	角
5日▽	08/04	土	甲辰	納	覆燈火	亢
6日	08/05	日	乙巳	開	覆燈火	氐
7日	08/06	月	丙午	閉	天河水	房
8日	08/07	火	丁未	建	天河水	心
9日	08/08	水	戊申	除	大駅土	尾
10日	08/09	木	己酉	満	大駅土	箕
11日	08/10	金	庚戌	満	釵釧金	斗
12日	08/11	土	辛亥	平	釵釧金	女
13日	08/12	日	壬子	定	桑柘木	虚
14日	08/13	月	癸丑	執	桑柘木	危
15日△	08/14	火	甲寅	破	大渓水	室
16日	08/15	水	乙卯	危	大渓水	壁
17日	08/16	木	丙辰	成	沙中土	奎
18日	08/17	金	丁巳	納	沙中土	婁
19日	08/18	土	戊午	開	天上火	胃
20日	08/19	日	己未	閉	天上火	昴
21日	08/20	月	庚申	建	柘榴木	畢
22日	08/21	火	辛酉	除	柘榴木	觜
23日	08/22	水	壬戌	満	大海水	参
24日	08/23	木	癸亥	平	大海水	井
25日	08/24	金	甲子	定	海中金	鬼
26日	08/25	土	乙丑	執	海中金	柳
27日	08/26	日	丙寅	破	爐中火	星
28日	08/27	月	丁卯	危	爐中火	張
29日	08/28	火	戊辰	成	大林木	翼
30日	08/29	水	己巳	納	大林木	軫

【八月大 乙酉 角】
節気 白露 10日・秋分 25日
雑節 二百十日 6日・彼岸 27日・社日 29日

日	西暦	曜	干支	直	納音	宿
1日	08/30	木	庚午	開	路傍土	角
2日	08/31	金	辛未	閉	路傍土	亢
3日	09/01	土	壬申	建	釵鋒金	氐
4日	09/02	日	癸酉	除	釵鋒金	房
5日	09/03	月	甲戌	満	山頭火	心
6日	09/04	火	乙亥	平	山頭火	尾
7日	09/05	水	丙子	定	澗下水	箕
8日	09/06	木	丁丑	執	澗下水	斗
9日	09/07	金	戊寅	破	城頭土	女
10日	09/08	土	己卯	破	城頭土	虚
11日	09/09	日	庚辰	危	白鑞金	危
12日	09/10	月	辛巳	成	白鑞金	室
13日	09/11	火	壬午	納	楊柳木	壁
14日	09/12	水	癸未	開	楊柳木	奎
15日	09/13	木	甲申	閉	井泉水	婁
16日	09/14	金	乙酉	建	井泉水	胃
17日	09/15	土	丙戌	除	屋上土	昴
18日	09/16	日	丁亥	満	屋上土	畢
19日	09/17	月	戊子	平	霹靂火	觜
20日	09/18	火	己丑	定	霹靂火	参
21日	09/19	水	庚寅	執	松柏木	井
22日	09/20	木	辛卯	破	松柏木	鬼
23日	09/21	金	壬辰	危	長流水	柳
24日	09/22	土	癸巳	成	長流水	星
25日	09/23	日	甲午	納	沙中金	張
26日	09/24	月	乙未	開	沙中金	翼
27日	09/25	火	丙申	閉	山下火	軫
28日	09/26	水	丁酉	建	山下火	角
29日	09/27	木	戊戌	除	平地木	亢
30日	09/28	金	己亥	満	平地木	氐

【九月大 丙戌 氐】
節気 寒露 10日・霜降 26日
雑節 土用 22日

日	西暦	曜	干支	直	納音	宿
1日	09/29	土	庚子	平	壁上土	氐
2日	09/30	日	辛丑	定	壁上土	房
3日	10/01	月	壬寅	執	金箔金	心
4日	10/02	火	癸卯	破	金箔金	尾
5日	10/03	水	甲辰	危	覆燈火	箕
6日	10/04	木	乙巳	成	覆燈火	斗
7日	10/05	金	丙午	納	天河水	女
8日▽	10/06	土	丁未	開	大駅土	虚
9日	10/07	日	戊申	閉	大駅土	危
10日	10/08	月	己酉	閉	大駅土	室
11日	10/09	火	庚戌	建	釵釧金	壁
12日	10/10	水	辛亥	除	釵釧金	奎
13日	10/11	木	壬子	満	桑柘木	婁
14日	10/12	金	癸丑	平	桑柘木	胃
15日	10/13	土	甲寅	定	大渓水	昴
16日	10/14	日	乙卯	執	大渓水	畢
17日	10/15	月	丙辰	破	沙中土	觜
18日	10/16	火	丁巳	危	沙中土	参
19日	10/17	水	戊午	成	天上火	井
20日	10/18	木	己未	納	天上火	鬼
21日	10/19	金	庚申	開	柘榴木	柳
22日	10/20	土	辛酉	閉	柘榴木	星
23日	10/21	日	壬戌	建	大海水	張
24日△	10/22	月	癸亥	除	大海水	翼
25日	10/23	火	甲子	満	海中金	軫
26日	10/24	水	乙丑	平	海中金	角
27日	10/25	木	丙寅	定	爐中火	亢
28日	10/26	金	丁卯	執	爐中火	氐
29日	10/27	土	戊辰	破	大林木	房
30日	10/28	日	己巳	危	大林木	心

【十月小 丁亥 心】
節気 立冬 11日・小雪 26日

日	西暦	曜	干支	直	納音	宿
1日	10/29	月	庚午	成	路傍土	心
2日	10/30	火	辛未	納	路傍土	尾
3日	10/31	水	壬申	開	釵鋒金	箕
4日	11/01	木	癸酉	閉	釵鋒金	斗
5日	11/02	金	甲戌	建	山頭火	女
6日	11/03	土	乙亥	除	山頭火	虚
7日	11/04	日	丙子	満	澗下水	危
8日	11/05	月	丁丑	平	澗下水	室
9日	11/06	火	戊寅	定	城頭土	壁
10日	11/07	水	己卯	執	城頭土	奎
11日	11/08	木	庚辰	執	白鑞金	婁
12日	11/09	金	辛巳	破	白鑞金	胃
13日	11/10	土	壬午	危	楊柳木	昴
14日	11/11	日	癸未	成	楊柳木	畢
15日	11/12	月	甲申	納	井泉水	觜
16日	11/13	火	乙酉	開	井泉水	参
17日	11/14	水	丙戌	閉	屋上土	井
18日	11/15	木	丁亥	建	屋上土	鬼
19日	11/16	金	戊子	除	霹靂火	柳
20日	11/17	土	己丑	満	霹靂火	星
21日	11/18	日	庚寅	平	松柏木	張
22日	11/19	月	辛卯	定	松柏木	翼
23日	11/20	火	壬辰	執	長流水	軫
24日	11/21	水	癸巳	破	長流水	角
25日	11/22	木	甲午	危	沙中金	亢
26日	11/23	金	乙未	成	沙中金	氐
27日	11/24	土	丙申	納	山下火	房
28日	11/25	日	丁酉	開	山下火	心
29日	11/26	月	戊戌	閉	平地木	尾

【十一月大 戊子 斗】
節気 大雪 12日・冬至 27日

日	西暦	曜	干支	直	納音	宿
1日	11/27	火	己亥	建	平地木	斗
2日	11/28	水	庚子	除	壁上土	女
3日	11/29	木	辛丑	満	壁上土	虚
4日	11/30	金	壬寅	平	金箔金	危
5日	12/01	土	癸卯	定	金箔金	室
6日	12/02	日	甲辰	執	覆燈火	壁
7日	12/03	月	乙巳	破	覆燈火	奎
8日	12/04	火	丙午	危	天河水	婁
9日	12/05	水	丁未	成	天河水	胃
10日	12/06	木	戊申	納	大駅土	昴
11日	12/07	金	己酉	開	大駅土	畢
12日▽	12/08	土	庚戌	開	釵釧金	觜
13日	12/09	日	辛亥	閉	釵釧金	参
14日	12/10	月	壬子	除	桑柘木	井
15日	12/11	火	癸丑	満	桑柘木	鬼
16日	12/12	水	甲寅	平	大渓水	柳
17日	12/13	木	乙卯	定	大渓水	星
18日	12/14	金	丙辰	執	沙中土	張
19日	12/15	土	丁巳	破	沙中土	翼
20日	12/16	日	戊午	危	天上火	軫
21日	12/17	月	己未	成	天上火	角
22日	12/18	火	庚申	納	柘榴木	亢
23日	12/19	水	辛酉	開	柘榴木	氐
24日	12/20	木	壬戌	閉	大海水	房
25日	12/21	金	癸亥	建	大海水	心
26日	12/22	土	甲子	除	海中金	尾
27日	12/23	日	乙丑	満	海中金	箕
28日	12/24	月	丙寅	平	爐中火	斗
29日	12/25	火	丁卯	定	爐中火	女
30日	12/26	水	戊辰	執	大林木	虚

【十二月小 己丑 虚】
節気 小寒 13日・大寒 28日
雑節 土用 25日

日	西暦	曜	干支	直	納音	宿
1日	12/27	木	己巳	執	大林木	虚
2日	12/28	金	庚午	危	路傍土	危
3日	12/29	土	辛未	危	路傍土	室
4日	12/30	日	壬申	成	釵鋒金	壁
5日△	12/31	月	癸酉	納	釵鋒金	奎
	1591年					
6日	01/01	火	甲戌	開	山頭火	婁
7日	01/02	水	乙亥	閉	山頭火	胃
8日	01/03	木	丙子	建	澗下水	昴
9日	01/04	金	丁丑	満	澗下水	畢
10日	01/05	土	戊寅	満	城頭土	觜
11日	01/06	日	己卯	平	城頭土	参
12日	01/07	月	庚辰	定	白鑞金	井
13日	01/08	火	辛巳	執	白鑞金	鬼
14日	01/09	水	壬午	執	楊柳木	柳
15日	01/10	木	癸未	破	楊柳木	星
16日	01/11	金	甲申	危	井泉水	張
17日	01/12	土	乙酉	成	井泉水	翼
18日	01/13	日	丙戌	納	屋上土	軫
19日	01/14	月	丁亥	開	屋上土	角
20日	01/15	火	戊子	閉	霹靂火	亢
21日	01/16	水	己丑	建	霹靂火	氐
22日	01/17	木	庚寅	除	松柏木	房
23日	01/18	金	辛卯	満	松柏木	心
24日	01/19	土	壬辰	平	長流水	尾
25日	01/20	日	癸巳	定	長流水	箕
26日	01/21	月	甲午	執	沙中金	斗
27日	01/22	火	乙未	破	沙中金	女
28日	01/23	水	丙申	危	山下火	虚
29日	01/24	木	丁酉	成	山下火	危

天正19年

1591～1592　辛卯

【正月大 庚寅 室】

節気 立春 14日・雨水 29日
雑節 節分 13日

日	日付	曜	干支	直	納音	宿
1日	01/25	金	戊戌	納	平地木	室
2日	01/26	土	己亥	開	平地木	壁
3日	01/27	日	庚子	閉	壁上土	奎
4日	01/28	月	辛丑	建	壁上土	婁
5日	01/29	火	壬寅	除	金箔金	胃
6日	01/30	水	癸卯	満	金箔金	昴
7日	01/31	木	甲辰	定	覆燈火	畢
8日	02/01	金	乙巳	執	覆燈火	觜
9日	02/02	土	丙午	破	天河水	参
10日	02/03	日	丁未	危	天河水	井
11日	02/04	月	戊申	成	大駅土	鬼
12日	02/05	火	己酉	納	大駅土	柳
13日	02/06	水	庚戌	納	釵釧金	星
14日	02/07	木	辛亥	開	釵釧金	張
15日▽	02/08	金	壬子	閉	桑柘木	翼
16日	02/09	土	癸丑	建	桑柘木	軫
17日	02/10	日	甲寅	建	大溪水	角
18日	02/11	月	乙卯	除	大溪水	亢
19日	02/12	火	丙辰	平	沙中土	氐
20日	02/13	水	丁巳	定	沙中土	房
21日	02/14	木	戊午	執	天上火	心
22日	02/15	金	己未	破	天上火	尾
23日	02/16	土	庚申	危	柘榴木	箕
24日	02/17	日	辛酉	成	柘榴木	斗
25日	02/18	月	壬戌	納	大海水	女
26日	02/19	火	癸亥	開	大海水	虚
27日	02/20	水	甲子	閉	海中金	危
28日	02/21	木	乙丑	建	海中金	室
29日	02/22	金	丙寅	除	爐中火	壁
30日	02/23	土	丁卯	除	爐中火	奎

【閏正月小 庚寅 室】

節気 啓蟄 14日

日	日付	曜	干支	直	納音	宿
1日	02/24	日	戊辰	満	大林木	室
2日	02/25	月	己巳	平	大林木	壁
3日	02/26	火	庚午	定	路傍土	奎
4日	02/27	水	辛未	執	路傍土	婁
5日	02/28	木	壬申	破	釵鋒金	胃
6日	03/01	金	癸酉	成	釵鋒金	昴
7日	03/02	土	甲戌	納	山頭火	畢
8日	03/03	日	乙亥	納	山頭火	觜
9日	03/04	月	丙子	開	潤下水	参
10日	03/05	火	丁丑	閉	潤下水	井
11日	03/06	水	戊寅	建	城頭土	鬼
12日	03/07	木	己卯	除	城頭土	柳
13日	03/08	金	庚辰	満	白鑞金	星
14日	03/09	土	辛巳	満	白鑞金	張
15日	03/10	日	壬午	平	楊柳木	翼
16日△	03/11	月	癸未	定	楊柳木	軫
17日	03/12	火	甲申	執	井泉水	角
18日	03/13	水	乙酉	破	井泉水	亢
19日	03/14	木	丙戌	危	屋上土	氐
20日	03/15	金	丁亥	成	屋上土	房
21日	03/16	土	戊子	納	霹靂火	心
22日	03/17	日	己丑	開	霹靂火	尾
23日	03/18	月	庚寅	閉	松柏木	箕
24日	03/19	火	辛卯	建	松柏木	斗
25日	03/20	水	壬辰	除	長流水	女
26日	03/21	木	癸巳	満	長流水	虚
27日	03/22	金	甲午	平	沙中金	危
28日	03/23	土	乙未	定	沙中金	室
29日	03/24	日	丙申	執	山下火	壁

【二月大 辛卯 奎】

節気 春分 1日・清明 16日
雑節 社日 2日・彼岸 3日・土用 28日

日	日付	曜	干支	直	納音	宿
1日	03/25	月	丁酉	破	山下火	奎
2日	03/26	火	戊戌	危	平地木	婁
3日	03/27	水	己亥	成	平地木	胃
4日	03/28	木	庚子	納	壁上土	昴
5日	03/29	金	辛丑	開	壁上土	畢
6日	03/30	土	壬寅	閉	金箔金	觜
7日	03/31	日	癸卯	建	金箔金	参
8日	04/01	月	甲辰	除	覆燈火	井
9日	04/02	火	乙巳	満	覆燈火	鬼
10日	04/03	水	丙午	平	天河水	柳
11日	04/04	木	丁未	定	天河水	星
12日	04/05	金	戊申	執	大駅土	張
13日	04/06	土	己酉	破	大駅土	翼
14日	04/07	日	庚戌	危	釵釧金	軫
15日	04/08	月	辛亥	成	釵釧金	角
16日	04/09	火	壬子	納	桑柘木	亢
17日	04/10	水	癸丑	開	桑柘木	氐
18日	04/11	木	甲寅	閉	大溪水	房
19日▽	04/12	金	乙卯	建	大溪水	心
20日	04/13	土	丙辰	除	沙中土	尾
21日	04/14	日	丁巳	満	沙中土	箕
22日	04/15	月	戊午	平	天上火	斗
23日	04/16	火	己未	定	天上火	女
24日	04/17	水	庚申	執	柘榴木	虚
25日	04/18	木	辛酉	破	柘榴木	危
26日	04/19	金	壬戌	危	大海水	室
27日	04/20	土	癸亥	成	大海水	壁
28日	04/21	日	甲子	納	海中金	奎
29日	04/22	月	乙丑	開	海中金	婁
30日	04/23	火	丙寅	閉	爐中火	胃

【三月小 壬辰 胃】

節気 穀雨 1日・立夏 16日
雑節 八十八夜 12日

日	日付	曜	干支	直	納音	宿
1日	04/24	水	丁卯	建	爐中火	昴
2日	04/25	木	戊辰	除	大林木	畢
3日	04/26	金	己巳	除	大林木	觜
4日	04/27	土	庚午	満	路傍土	参
5日	04/28	日	辛未	平	路傍土	井
6日	04/29	月	壬申	定	釵鋒金	鬼
7日	04/30	火	癸酉	執	釵鋒金	柳
8日	05/01	水	甲戌	破	山頭火	星
9日	05/02	木	乙亥	危	山頭火	張
10日	05/03	金	丙子	成	潤下水	翼
11日	05/04	土	丁丑	納	潤下水	軫
12日	05/05	日	戊寅	開	城頭土	角
13日	05/06	月	己卯	閉	城頭土	亢
14日	05/07	火	庚辰	建	白鑞金	氐
15日	05/08	水	辛巳	除	白鑞金	房
16日	05/09	木	壬午	満	楊柳木	心
17日	05/10	金	癸未	平	楊柳木	尾
18日	05/11	土	甲申	定	井泉水	箕
19日	05/12	日	乙酉	執	井泉水	斗
20日	05/13	月	丙戌	破	屋上土	女
21日	05/14	火	丁亥	危	屋上土	虚
22日	05/15	水	戊子	成	霹靂火	危
23日	05/16	木	己丑	納	霹靂火	室
24日	05/17	金	庚寅	開	松柏木	壁
25日	05/18	土	辛卯	閉	松柏木	奎
26日△	05/19	日	壬辰	建	長流水	婁
27日	05/20	月	癸巳	除	長流水	胃
28日	05/21	火	甲午	満	沙中金	昴
29日	05/22	水	乙未	平	沙中金	畢

【四月小 癸巳 畢】

節気 小満 3日・芒種 18日
雑節 入梅 27日

日	日付	曜	干支	直	納音	宿
1日	05/23	木	丙申	定	山下火	觜
2日	05/24	金	丁酉	執	山下火	参
3日	05/25	土	戊戌	破	平地木	井
4日	05/26	日	己亥	危	平地木	鬼
5日	05/27	月	庚子	成	壁上土	柳
6日	05/28	火	辛丑	納	壁上土	星
7日	05/29	水	壬寅	開	金箔金	張
8日	05/30	木	癸卯	閉	金箔金	翼
9日	05/31	金	甲辰	建	覆燈火	軫
10日	06/01	土	乙巳	除	覆燈火	角
11日	06/02	日	丙午	満	天河水	亢
12日	06/03	月	丁未	平	天河水	氐
13日	06/04	火	戊申	定	大駅土	房
14日	06/05	水	己酉	執	大駅土	心
15日	06/06	木	庚戌	破	釵釧金	尾
16日	06/07	金	辛亥	危	釵釧金	箕
17日	06/08	土	壬子	成	桑柘木	斗
18日	06/09	日	癸丑	納	桑柘木	女
19日	06/10	月	甲寅	開	大溪水	虚
20日	06/11	火	乙卯	閉	大溪水	危
21日	06/12	水	丙辰	建	沙中土	室
22日	06/13	木	丁巳	除	沙中土	壁
23日▽	06/14	金	戊午	満	天上火	奎
24日	06/15	土	己未	平	天上火	婁
25日	06/16	日	庚申	定	柘榴木	胃
26日	06/17	月	辛酉	執	柘榴木	昴
27日	06/18	火	壬戌	破	大海水	畢
28日	06/19	水	癸亥	危	大海水	觜
29日	06/20	木	甲子	成	海中金	参

【五月大 甲午 参】

節気 夏至 4日・小暑 19日
雑節 半夏生 14日

日	日付	曜	干支	直	納音	宿
1日	06/21	金	乙丑	危	海中金	井
2日	06/22	土	丙寅	納	爐中火	鬼
3日	06/23	日	丁卯	納	爐中火	柳
4日	06/24	月	戊辰	開	大林木	星
5日	06/25	火	己巳	閉	大林木	張
6日	06/26	水	庚午	建	路傍土	翼
7日	06/27	木	辛未	除	路傍土	軫
8日	06/28	金	壬申	満	釵鋒金	角
9日	06/29	土	癸酉	平	釵鋒金	亢
10日	06/30	日	甲戌	定	山頭火	氐
11日	07/01	月	乙亥	執	山頭火	房
12日	07/02	火	丙子	破	潤下水	心
13日	07/03	水	丁丑	危	潤下水	尾
14日	07/04	木	戊寅	成	城頭土	箕
15日	07/05	金	己卯	納	城頭土	斗
16日	07/06	土	庚辰	開	白鑞金	女
17日	07/07	日	辛巳	閉	白鑞金	虚
18日	07/08	月	壬午	建	楊柳木	危
19日	07/09	火	癸未	建	楊柳木	室
20日	07/10	水	甲申	除	井泉水	壁
21日	07/11	木	乙酉	満	井泉水	奎
22日	07/12	金	丙戌	平	屋上土	婁
23日	07/13	土	丁亥	定	屋上土	胃
24日	07/14	日	戊子	執	霹靂火	昴
25日	07/15	月	己丑	破	霹靂火	畢
26日	07/16	火	庚寅	危	松柏木	觜
27日	07/17	水	辛卯	成	松柏木	参
28日	07/18	木	壬辰	納	長流水	井
29日	07/19	金	癸巳	開	長流水	鬼
30日	07/20	土	甲午	閉	沙中金	柳

【六月小 乙未 鬼】

節気 大暑 4日・立秋 20日
雑節 土用 1日

日	日付	曜	干支	直	納音	宿
1日	07/21	日	乙未	建	沙中金	鬼
2日	07/22	月	丙申	除	山下火	柳
3日	07/23	火	丁酉	満	山下火	星
4日	07/24	水	戊戌	平	平地木	張
5日	07/25	木	己亥	定	平地木	翼
6日	07/26	金	庚子	執	壁上土	軫
7日	07/27	土	辛丑	破	壁上土	角
8日△	07/28	日	壬寅	危	金箔金	亢
9日	07/29	月	癸卯	成	金箔金	氐
10日	07/30	火	甲辰	納	覆燈火	房
11日	07/31	水	乙巳	開	覆燈火	心
12日	08/01	木	丙午	閉	天河水	尾
13日	08/02	金	丁未	建	天河水	箕
14日	08/03	土	戊申	除	大駅土	斗
15日	08/04	日	己酉	満	大駅土	女

天正19年

西暦	曜	干支	直	納音	宿
16日 08/05	月	庚戌	平	釵釧金	虚
17日 08/06	火	辛亥	定	釵釧金	危
18日 08/07	水	壬子	執	桑柘木	室
19日 08/08	木	癸丑	破	桑柘木	壁
20日 08/09	金	甲寅	破	大溪水	奎
21日 08/10	土	乙卯	危	大溪水	婁
22日 08/11	日	丙辰	納	沙中土	胃
23日 08/12	月	丁巳	納	沙中土	昴
24日 08/13	火	戊午	開	天上火	畢
25日 08/14	水	己未	閉	天上火	觜
26日 08/15	木	庚申	建	柘榴木	参
27日▽ 08/16	金	辛酉	除	柘榴木	鬼
28日 08/17	土	壬戌	満	大海水	鬼
29日 08/18	日	癸亥	平	大海水	柳

【七月大 丙申 張】
節気 処暑 6日・白露 21日
雑節 二百十日 17日

西暦	曜	干支	直	納音	宿
1日 08/19	月	甲子	定	海中金	張
2日 08/20	火	乙丑	執	海中金	翼
3日 08/21	水	丙寅	破	爐中火	軫
4日 08/22	木	丁卯	危	爐中火	角
5日 08/23	金	戊辰	成	大林木	亢
6日 08/24	土	己巳	納	大林木	氐
7日 08/25	日	庚午	開	路傍土	房
8日 08/26	月	辛未	閉	路傍土	心
9日 08/27	火	壬申	建	釵釧金	尾
10日 08/28	水	癸酉	除	釵釧金	箕
11日 08/29	金	甲戌	満	山頭火	斗
12日 08/30	金	乙亥	平	山頭火	斗
13日 08/31	土	丙子	定	澗下水	女
14日 09/01	日	丁丑	執	澗下水	虚
15日 09/02	月	戊寅	破	城頭土	室
16日 09/03	火	己卯	危	城頭土	壁
17日 09/04	水	庚辰	成	白鑞金	奎
18日 09/05	木	辛巳	納	白鑞金	婁
19日 09/06	金	壬午	開	楊柳木	胃
20日 09/07	土	癸未	閉	楊柳木	昴
21日 09/08	日	甲申	建	井泉水	畢
22日 09/09	月	乙酉	除	井泉水	觜
23日 09/10	火	丙戌	満	屋上土	参
24日 09/11	水	丁亥	満	屋上土	井
25日 09/12	木	戊子	平	霹靂火	鬼
26日 09/13	金	己丑	定	霹靂火	柳
27日 09/14	土	庚寅	執	松柏木	星
28日 09/15	日	辛卯	破	松柏木	張
29日 09/16	月	壬辰	危	長流水	翼
30日 09/17	火	癸巳	成	長流水	軫

【八月大 丁酉 角】
節気 秋分 6日・寒露 22日
雑節 社日 5日・彼岸 8日

西暦	曜	干支	直	納音	宿
1日 09/18	水	甲午	納	沙中金	角
2日 09/19	木	乙未	開	沙中金	亢
3日 09/20	金	丙申	閉	山下火	氐
4日 09/21	土	丁酉	建	山下火	房
5日 09/22	日	戊戌	除	平地木	心
6日 09/23	月	己亥	満	平地木	尾
7日 09/24	火	庚子	平	壁上土	箕
8日 09/25	水	辛丑	定	壁上土	斗
9日 09/26	木	壬寅	執	金箔金	女
10日 09/27	金	癸卯	破	金箔金	虚
11日 09/28	土	甲辰	危	覆燈火	危
12日 09/29	日	乙巳	成	覆燈火	室
13日 09/30	月	丙午	納	天河水	壁
14日 10/01	火	丁未	開	天河水	奎
15日 10/02	水	戊申	閉	大駅土	婁
16日 10/03	木	己酉	建	大駅土	胃
17日 10/04	金	庚戌	除	釵釧金	昴
18日 10/05	土	辛亥	満	釵釧金	畢
19日△ 10/06	日	壬子	平	桑柘木	觜
20日 10/07	月	癸丑	定	桑柘木	参
21日 10/08	火	甲寅	執	大溪水	井

西暦	曜	干支	直	納音	宿
22日 10/09	水	乙卯	破	大溪水	鬼
23日 10/10	木	丙辰	危	沙中土	柳
24日 10/11	金	丁巳	成	沙中土	星
25日 10/12	土	戊午	納	天上火	張
26日 10/13	日	己未	開	天上火	翼
27日 10/14	月	庚申	閉	柘榴木	軫
28日 10/15	火	辛酉	建	柘榴木	角
29日 10/16	水	壬戌	除	大海水	亢
30日 10/17	木	癸亥	除	大海水	氐

【九月小 戊戌 氐】
節気 霜降 7日・立冬 22日
雑節 土用 4日

西暦	曜	干支	直	納音	宿
1日▽ 10/18	金	甲子	満	海中金	氐
2日 10/19	土	乙丑	平	海中金	房
3日 10/20	日	丙寅	定	爐中火	心
4日 10/21	月	丁卯	執	爐中火	尾
5日 10/22	火	戊辰	破	大林木	箕
6日 10/23	水	己巳	危	大林木	斗
7日 10/24	木	庚午	納	路傍土	女
8日 10/25	金	辛未	納	路傍土	虚
9日 10/26	土	壬申	破	釵釧金	危
10日 10/27	日	癸酉	建	釵釧金	室
11日 10/28	月	甲戌	建	山頭火	壁
12日 10/29	火	乙亥	除	山頭火	奎
13日 10/30	水	丙子	満	澗下水	婁
14日 10/31	木	丁丑	平	澗下水	胃
15日 11/01	金	戊寅	定	城頭土	昴
16日 11/02	土	己卯	執	城頭土	畢
17日 11/03	日	庚辰	破	白鑞金	觜
18日 11/04	月	辛巳	危	白鑞金	参
19日 11/05	火	壬午	成	楊柳木	井
20日 11/06	水	癸未	納	楊柳木	鬼
21日 11/07	木	甲申	開	井泉水	柳
22日 11/08	金	乙酉	閉	井泉水	星
23日 11/09	土	丙戌	閉	屋上土	張
24日 11/10	日	丁亥	除	屋上土	翼
25日 11/11	月	戊子	除	霹靂火	軫
26日 11/12	火	己丑	満	霹靂火	角
27日 11/13	水	庚寅	平	松柏木	亢
28日 11/14	木	辛卯	定	松柏木	氐
29日 11/15	金	壬辰	執	長流水	房

【十月大 己亥 心】
節気 小雪 8日・大雪 23日

西暦	曜	干支	直	納音	宿
1日 11/16	土	癸巳	破	長流水	心
2日 11/17	日	甲午	危	沙中金	尾
3日 11/18	月	乙未	成	沙中金	箕
4日 11/19	火	丙申	納	山下火	斗
5日 11/20	水	丁酉	開	山下火	女
6日 11/21	木	戊戌	閉	平地木	虚
7日 11/22	金	己亥	建	平地木	危
8日 11/23	土	庚子	満	壁上土	室
9日 11/24	日	辛丑	満	壁上土	壁
10日 11/25	月	壬寅	平	金箔金	奎
11日 11/26	火	癸卯	定	金箔金	婁
12日 11/27	水	甲辰	執	覆燈火	胃
13日 11/28	木	乙巳	破	覆燈火	昴
14日 11/29	金	丙午	危	天河水	畢
15日 11/30	土	丁未	成	天河水	觜
16日 12/01	日	戊申	納	大駅土	参
17日 12/02	月	己酉	開	大駅土	井
18日 12/03	火	庚戌	閉	釵釧金	鬼
19日 12/04	水	辛亥	建	釵釧金	柳
20日 12/05	木	壬子	除	桑柘木	星
21日 12/06	金	癸丑	満	桑柘木	張
22日 12/07	土	甲寅	平	大溪水	翼
23日 12/08	日	乙卯	定	大溪水	軫
24日 12/09	月	丙辰	執	沙中土	角
25日 12/10	火	丁巳	破	沙中土	亢
26日 12/11	水	戊午	危	天上火	氐
27日 12/12	木	己未	成	天上火	房
28日 12/13	金	庚申	成	柘榴木	心

西暦	曜	干支	直	納音	宿
29日△ 12/14	土	辛酉	納	柘榴木	尾
30日 12/15	日	壬戌	開	大海水	箕

【十一月大 庚子 斗】
節気 冬至 9日・小寒 24日

西暦	曜	干支	直	納音	宿
1日 12/16	月	癸亥	閉	大海水	斗
2日 12/17	火	甲子	建	海中金	女
3日 12/18	水	乙丑	除	海中金	虚
4日 12/19	木	丙寅	満	爐中火	危
5日▽ 12/20	金	丁卯	平	爐中火	室
6日 12/21	土	戊辰	定	大林木	壁
7日 12/22	日	己巳	執	大林木	奎
8日 12/23	月	庚午	破	路傍土	婁
9日 12/24	火	辛未	危	路傍土	胃
10日 12/25	水	壬申	成	釵釧金	昴
11日 12/26	木	癸酉	納	釵釧金	畢
12日 12/27	金	甲戌	開	山頭火	觜
13日 12/28	土	乙亥	閉	山頭火	参
14日 12/29	日	丙子	建	澗下水	井
15日 12/30	月	丁丑	除	澗下水	鬼
16日 12/31	火	戊寅	満	城頭土	柳

1592年

西暦	曜	干支	直	納音	宿
17日 01/01	水	己卯	平	城頭土	星
18日 01/02	木	庚辰	定	白鑞金	張
19日 01/03	金	辛巳	執	白鑞金	翼
20日 01/04	土	壬午	破	楊柳木	軫
21日 01/05	日	癸未	危	楊柳木	角
22日 01/06	月	甲申	成	井泉水	亢
23日 01/07	火	乙酉	納	井泉水	氐
24日 01/08	水	丙戌	納	屋上土	房
25日 01/09	木	丁亥	開	屋上土	心
26日 01/10	金	戊子	閉	霹靂火	尾
27日 01/11	土	己丑	建	霹靂火	箕
28日 01/12	日	庚寅	除	松柏木	斗
29日 01/13	月	辛卯	満	松柏木	女
30日 01/14	火	壬辰	平	長流水	虚

【十二月小 辛丑 虚】
節気 大寒 9日・立春 24日
雑節 土用 6日・節分 23日

西暦	曜	干支	直	納音	宿
1日 01/15	水	癸巳	定	長流水	虚
2日 01/16	木	甲午	執	沙中金	室
3日 01/17	金	乙未	破	沙中金	壁
4日 01/18	土	丙申	危	山下火	壁
5日 01/19	日	丁酉	成	山下火	奎
6日 01/20	月	戊戌	納	平地木	婁
7日 01/21	火	己亥	開	平地木	胃
8日 01/22	水	庚子	閉	壁上土	昴
9日 01/23	木	辛丑	建	壁上土	畢
10日 01/24	金	壬寅	除	金箔金	觜
11日 01/25	土	癸卯	満	金箔金	参
12日 01/26	日	甲辰	平	覆燈火	井
13日 01/27	月	乙巳	定	覆燈火	鬼
14日 01/28	火	丙午	破	天河水	柳
15日 01/29	水	丁未	破	天河水	星
16日 01/30	木	戊申	危	大駅土	張
17日 01/31	金	己酉	成	大駅土	翼
18日 02/01	土	庚戌	納	釵釧金	軫
19日 02/02	日	辛亥	開	釵釧金	角
20日 02/03	月	壬子	閉	桑柘木	亢
21日 02/04	火	癸丑	建	桑柘木	氐
22日 02/05	水	甲寅	除	大溪水	房
23日 02/06	木	乙卯	満	大溪水	心
24日 02/07	金	丙辰	満	沙中土	尾
25日 02/08	土	丁巳	平	沙中土	箕
26日 02/09	日	戊午	定	天上火	女
27日 02/10	月	己未	執	天上火	虚
28日 02/11	火	庚申	破	柘榴木	危
29日 02/12	水	辛酉	危	柘榴木	危

文禄元年〔天正20年〕

1592～1593　壬辰
※改元＝12月8日

【正月大 壬寅 室】
節気 雨水 11日・啓蟄 26日

日	新暦	曜	干支	直	納音	宿
1日	02/13	木	壬戌	成	大海水	室
2日	02/14	金	癸亥	納	大海水	壁
3日	02/15	土	甲子	開	海中金	奎
4日	02/16	日	乙丑	閉	海中金	婁
5日	02/17	月	丙寅	建	爐中火	昴
6日	02/18	火	丁卯	除	爐中火	畢
7日	02/19	水	戊辰	満	大林木	觜
8日	02/20	木	己巳	平	路傍土	参
9日▽	02/21	金	庚午	定	路傍土	井
10日△	02/22	土	辛未	執	路傍土	鬼
11日	02/23	日	壬申	破	釼鋒金	柳
12日	02/24	月	癸酉	危	釼鋒金	星
13日	02/25	火	甲戌	成	山頭火	張
14日	02/26	水	乙亥	納	山頭火	翼
15日	02/27	木	丙子	開	澗下水	軫
16日	02/28	金	丁丑	閉	澗下水	角
17日	02/29	土	戊寅	建	城頭土	亢
18日	03/01	日	己卯	除	城頭土	氐
19日	03/02	月	庚辰	満	白鑞金	房
20日	03/03	火	辛巳	平	白鑞金	心
21日	03/04	水	壬午	定	楊柳木	尾
22日	03/05	木	癸未	執	楊柳木	箕
23日	03/06	金	甲申	破	井泉水	斗
24日	03/07	土	乙酉	危	井泉水	女
25日	03/08	日	丙戌	成	屋上土	虚
26日	03/09	月	丁亥	成	屋上土	危
27日	03/10	火	戊子	納	霹靂火	室
28日	03/11	水	己丑	開	霹靂火	壁
29日	03/12	木	庚寅	閉	松柏木	奎
30日	03/13	金	辛卯	建	松柏木	婁

【二月小 癸卯 奎】
節気 春分 11日・清明 26日
雑節 社日 7日・彼岸 13日

日	新暦	曜	干支	直	納音	宿
1日	03/14	土	壬辰	除	長流水	奎
2日	03/15	日	癸巳	満	長流水	婁
3日	03/16	月	甲午	平	沙中金	胃
4日	03/17	火	乙未	定	沙中金	昴
5日	03/18	水	丙申	執	山下火	畢
6日	03/19	木	丁酉	破	山下火	觜
7日	03/20	金	戊戌	危	平地木	参
8日	03/21	土	己亥	成	平地木	井
9日	03/22	日	庚子	納	壁上土	鬼
10日	03/23	月	辛丑	開	壁上土	柳
11日	03/24	火	壬寅	閉	金箔金	星
12日	03/25	水	癸卯	建	金箔金	張
13日	03/26	木	甲辰	除	覆燈火	翼
14日	03/27	金	乙巳	満	覆燈火	軫
15日	03/28	土	丙午	平	天河水	角
16日	03/29	日	丁未	定	天河水	亢
17日	03/30	月	戊申	執	大駅土	氐
18日	03/31	火	己酉	破	大駅土	房
19日	04/01	水	庚戌	危	釼釧金	心
20日	04/02	木	辛亥	成	釼釧金	尾
21日	04/03	金	壬子	納	桑柘木	箕
22日	04/04	土	癸丑	開	桑柘木	斗
23日	04/05	日	甲寅	閉	大溪水	女
24日	04/06	月	乙卯	建	大溪水	虚
25日	04/07	火	丙辰	除	沙中土	危
26日	04/08	水	丁巳	除	沙中土	室
27日	04/09	木	戊午	満	天上火	壁
28日	04/10	金	己未	平	天上火	奎
29日	04/11	土	庚申	定	柘榴木	婁

【三月大 甲辰 胃】
節気 穀雨 12日・立夏 28日
雑節 土用 9日・八十八夜 23日

日	新暦	曜	干支	直	納音	宿
1日	04/12	日	辛酉	執	柘榴木	胃
2日	04/13	月	壬戌	破	大海水	昴
3日	04/14	火	癸亥	危	大海水	畢
4日	04/15	水	甲子	成	海中金	觜
5日	04/16	木	乙丑	納	海中金	参
6日	04/17	金	丙寅	開	爐中火	井
7日	04/18	土	丁卯	閉	爐中火	鬼
8日	04/19	日	戊辰	建	大林木	柳
9日	04/20	月	己巳	除	大林木	星
10日	04/21	火	庚午	満	路傍土	張
11日	04/22	水	辛未	平	路傍土	翼
12日	04/23	木	壬申	定	釼鋒金	軫
13日▽	04/24	金	癸酉	執	釼鋒金	角
14日	04/25	土	甲戌	破	山頭火	亢
15日	04/26	日	乙亥	危	山頭火	氐
16日	04/27	月	丙子	成	澗下水	房
17日	04/28	火	丁丑	納	澗下水	心
18日	04/29	水	戊寅	開	城頭土	尾
19日	04/30	木	己卯	閉	城頭土	箕
20日△	05/01	金	庚辰	建	白鑞金	斗
21日	05/02	土	辛巳	除	白鑞金	女
22日	05/03	日	壬午	満	楊柳木	虚
23日	05/04	月	癸未	平	楊柳木	危
24日	05/05	火	甲申	定	井泉水	室
25日	05/06	水	乙酉	執	井泉水	壁
26日	05/07	木	丙戌	破	屋上土	奎
27日	05/08	金	丁亥	危	屋上土	婁
28日	05/09	土	戊子	危	霹靂火	胃
29日	05/10	日	己丑	成	霹靂火	昴
30日	05/11	月	庚寅	納	松柏木	畢

【四月小 乙巳 畢】
節気 小満 13日・芒種 28日

日	新暦	曜	干支	直	納音	宿
1日	05/12	火	辛卯	執	松柏木	畢
2日	05/13	水	壬辰	閉	長流水	觜
3日	05/14	木	癸巳	建	長流水	参
4日	05/15	金	甲午	除	沙中金	井
5日	05/16	土	乙未	満	沙中金	鬼
6日	05/17	日	丙申	定	山下火	柳
7日	05/18	月	丁酉	定	山下火	星
8日	05/19	火	戊戌	執	平地木	張
9日	05/20	水	己亥	破	平地木	翼
10日	05/21	木	庚子	危	壁上土	軫
11日	05/22	金	辛丑	成	壁上土	角
12日	05/23	土	壬寅	納	金箔金	亢
13日	05/24	日	癸卯	開	金箔金	氐
14日	05/25	月	甲辰	閉	覆燈火	房
15日	05/26	火	乙巳	建	覆燈火	心
16日	05/27	水	丙午	除	天河水	尾
17日	05/28	木	丁未	満	天河水	箕
18日	05/29	金	戊申	平	大駅土	斗
19日	05/30	土	己酉	定	大駅土	女
20日	05/31	日	庚戌	執	釼釧金	虚
21日	06/01	月	辛亥	破	釼釧金	危
22日	06/02	火	壬子	危	桑柘木	室
23日	06/03	水	癸丑	成	桑柘木	壁
24日	06/04	木	甲寅	納	大溪水	奎
25日	06/05	金	乙卯	開	大溪水	婁
26日	06/06	土	丙辰	閉	沙中土	胃
27日	06/07	日	丁巳	建	沙中土	昴
28日	06/08	月	戊午	建	天上火	畢
29日	06/09	火	己未	除	天上火	觜

【五月小 丙午 参】
節気 夏至 14日・小暑 29日
雑節 入梅 3日・半夏生 24日

日	新暦	曜	干支	直	納音	宿
1日	06/10	水	庚申	満	柘榴木	参
2日	06/11	木	辛酉	平	柘榴木	井
3日	06/12	金	壬戌	定	大海水	鬼
4日	06/13	土	癸亥	執	大海水	柳
5日	06/14	日	甲子	破	海中金	星
6日	06/15	月	乙丑	危	海中金	張
7日	06/16	火	丙寅	成	爐中火	翼
8日	06/17	水	丁卯	納	爐中火	軫
9日	06/18	木	戊辰	開	大林木	角
10日	06/19	金	己巳	閉	大林木	亢
11日	06/20	土	庚午	建	路傍土	氐
12日	06/21	日	辛未	除	路傍土	房
13日	06/22	月	壬申	満	釼鋒金	心
14日	06/23	火	癸酉	平	釼鋒金	尾
15日	06/24	水	甲戌	定	山頭火	箕
16日	06/25	木	乙亥	執	山頭火	斗
17日▽	06/26	金	丙子	破	澗下水	女
18日	06/27	土	丁丑	危	澗下水	虚
19日	06/28	日	戊寅	成	城頭土	危
20日	06/29	月	己卯	納	城頭土	室
21日	06/30	火	庚辰	開	白鑞金	壁
22日	07/01	水	辛巳	閉	白鑞金	奎
23日	07/02	木	壬午	建	楊柳木	婁
24日	07/03	金	癸未	満	楊柳木	胃
25日	07/04	土	甲申	満	井泉水	昴
26日	07/05	日	乙酉	平	井泉水	畢
27日	07/06	月	丙戌	定	屋上土	觜
28日	07/07	火	丁亥	執	屋上土	参
29日	07/08	水	戊子	執	霹靂火	井

【六月大 丁未 鬼】
節気 大暑 16日
雑節 土用 13日

日	新暦	曜	干支	直	納音	宿
1日	07/09	木	己丑	破	霹靂火	鬼
2日△	07/10	金	庚寅	危	松柏木	柳
3日	07/11	土	辛卯	成	松柏木	星
4日	07/12	日	壬辰	納	長流水	張
5日	07/13	月	癸巳	開	長流水	翼
6日	07/14	火	甲午	閉	沙中金	軫
7日	07/15	水	乙未	建	沙中金	角
8日	07/16	木	丙申	除	山下火	亢
9日	07/17	金	丁酉	満	山下火	氐
10日	07/18	土	戊戌	平	平地木	房
11日	07/19	日	己亥	定	平地木	心
12日	07/20	月	庚子	執	壁上土	尾
13日	07/21	火	辛丑	破	壁上土	箕
14日	07/22	水	壬寅	危	金箔金	斗
15日	07/23	木	癸卯	成	金箔金	女
16日	07/24	金	甲辰	納	覆燈火	虚
17日	07/25	土	乙巳	開	覆燈火	危
18日	07/26	日	丙午	閉	天河水	室
19日	07/27	月	丁未	建	天河水	壁
20日	07/28	火	戊申	除	大駅土	奎
21日	07/29	水	己酉	満	大駅土	婁
22日	07/30	木	庚戌	平	釼釧金	胃
23日	07/31	金	辛亥	定	釼釧金	昴
24日	08/01	土	壬子	執	桑柘木	畢
25日	08/02	日	癸丑	破	桑柘木	觜
26日	08/03	月	甲寅	危	大溪水	参
27日	08/04	火	乙卯	成	大溪水	井
28日	08/05	水	丙辰	納	沙中土	鬼
29日	08/06	木	丁巳	開	沙中土	柳
30日	08/07	金	戊午	閉	天上火	星

西暦　曜　干支　直　納音　宿　　　　　文禄元年〔天正20年〕

【七月小 戊申 張】

節気 立秋 1日・処暑 16日
雑節 二百十日 27日

日	西暦	曜	干支	直	納音	宿
1日	08/08	土	己未	閉	天上火	張
2日	08/09	日	庚申	建	天上火	軫
3日	08/10	月	辛酉	除	柘榴木	軫
4日	08/11	火	壬戌	満	大海水	角
5日	08/12	水	癸亥	平	大海水	亢
6日	08/13	木	甲子	定	海中金	氐
7日	08/14	金	乙丑	執	海中金	房
8日	08/15	土	丙寅	破	爐中火	心
9日	08/16	日	丁卯	危	爐中火	尾
10日	08/17	月	戊辰	成	大林木	箕
11日	08/18	火	己巳	納	大林木	斗
12日	08/19	水	庚午	閉	路傍土	女
13日	08/20	木	辛未	閉	路傍土	虚
14日	08/21	金	壬申	建	釼鋒金	危
15日	08/22	土	癸酉	除	釼鋒金	室
16日	08/23	日	甲戌	満	山頭火	壁
17日	08/24	月	乙亥	平	山頭火	奎
18日	08/25	火	丙子	定	澗下水	婁
19日	08/26	水	丁丑	執	澗下水	胃
20日	08/27	木	戊寅	破	城頭土	昴
21日▽	08/28	金	己卯	危	城頭土	畢
22日	08/29	土	庚辰	成	白鑞金	觜
23日	08/30	日	辛巳	納	白鑞金	參
24日	08/31	月	壬午	開	楊柳木	井
25日	09/01	火	癸未	閉	楊柳木	鬼
26日	09/02	水	甲申	建	井泉水	柳
27日	09/03	木	乙酉	除	井泉水	星
28日	09/04	金	丙戌	満	屋上土	張
29日	09/05	土	丁亥	平	屋上土	翼

【八月大 己酉 角】

節気 白露 2日・秋分 18日
雑節 彼岸 20日・社日 21日

日	西暦	曜	干支	直	納音	宿
1日	09/06	日	戊子	定	霹靂火	角
2日	09/07	月	己丑	執	霹靂火	亢
3日	09/08	火	庚寅	破	松柏木	氐
4日	09/09	水	辛卯	危	松柏木	房
5日	09/10	木	壬辰	成	長流水	心
6日	09/11	金	癸巳	納	長流水	尾
7日	09/12	土	甲午	開	沙中金	箕
8日	09/13	日	乙未	閉	沙中金	斗
9日	09/14	月	丙申	建	山下火	女
10日	09/15	火	丁酉	除	山下火	虚
11日	09/16	水	戊戌	除	平地木	危
12日	09/17	木	己亥	満	平地木	室
13日△	09/18	金	庚子	平	壁上土	壁
14日	09/19	土	辛丑	定	壁上土	奎
15日	09/20	日	壬寅	執	金箔金	婁
16日	09/21	月	癸卯	破	金箔金	胃
17日	09/22	火	甲辰	危	覆燈火	昴
18日	09/23	水	乙巳	成	覆燈火	觜
19日	09/24	木	丙午	納	天河水	參
20日	09/25	金	丁未	開	天河水	井
21日	09/26	土	戊申	閉	大駅土	鬼
22日	09/27	日	己酉	建	大駅土	柳
23日	09/28	月	庚戌	除	釼釧金	星
24日	09/29	火	辛亥	満	釼釧金	張
25日	09/30	水	壬子	平	桑柘木	翼
26日	10/01	木	癸丑	定	桑柘木	軫
27日	10/02	金	甲寅	執	大溪水	角
28日	10/03	土	乙卯	破	大溪水	亢
29日	10/04	日	丙辰	危	沙中土	氐
30日	10/05	月	丁巳	成	沙中土	房

【九月小 庚戌 氐】

節気 寒露 3日・霜降 18日
雑節 土用 15日

日	西暦	曜	干支	直	納音	宿
1日	10/06	火	戊午	納	天上火	氐
2日	10/07	水	己未	開	天上火	房
3日	10/08	木	庚申	閉	柘榴木	心
4日	10/09	金	辛酉	建	柘榴木	尾
5日	10/10	土	壬戌	除	大海水	箕
6日	10/11	日	癸亥	満	大海水	斗
7日	10/12	月	甲子	平	海中金	女
8日	10/13	火	乙丑	定	海中金	虚
9日	10/14	水	丙寅	執	爐中火	危
10日	10/15	木	丁卯	執	爐中火	室
11日	10/16	金	戊辰	破	大林木	壁
12日	10/17	土	己巳	危	大林木	奎
13日	10/18	日	庚午	成	路傍土	婁
14日	10/19	月	辛未	納	路傍土	胃
15日	10/20	火	壬申	開	釼鋒金	昴
16日	10/21	水	癸酉	閉	釼鋒金	畢
17日	10/22	木	甲戌	建	山頭火	觜
18日	10/23	金	乙亥	除	山頭火	參
19日	10/24	土	丙子	満	澗下水	井
20日	10/25	日	丁丑	平	澗下水	鬼
21日	10/26	月	戊寅	定	城頭土	柳
22日	10/27	火	己卯	執	城頭土	星
23日	10/28	水	庚辰	破	白鑞金	張
24日	10/29	木	辛巳	危	白鑞金	翼
25日▽	10/30	金	壬午	成	楊柳木	軫
26日	10/31	土	癸未	納	楊柳木	角
27日	11/01	日	甲申	開	井泉水	亢
28日	11/02	月	乙酉	閉	井泉水	氐
29日	11/03	火	丙戌	建	屋上土	房

【十月大 辛亥 心】

節気 立冬 4日・小雪 19日

日	西暦	曜	干支	直	納音	宿
1日	11/04	水	丁亥	除	屋上土	心
2日	11/05	木	戊子	満	霹靂火	尾
3日	11/06	金	己丑	平	霹靂火	箕
4日	11/07	土	庚寅	平	松柏木	斗
5日	11/08	日	辛卯	定	松柏木	女
6日	11/09	月	壬辰	執	長流水	虚
7日	11/10	火	癸巳	破	長流水	危
8日	11/11	水	甲午	危	沙中金	室
9日	11/12	木	乙未	成	沙中金	壁
10日	11/13	金	丙申	納	山下火	奎
11日	11/14	土	丁酉	開	山下火	婁
12日	11/15	日	戊戌	閉	平地木	胃
13日	11/16	月	己亥	建	平地木	昴
14日	11/17	火	庚子	除	壁上土	畢
15日	11/18	水	辛丑	満	壁上土	觜
16日	11/19	木	壬寅	平	金箔金	參
17日	11/20	金	癸卯	定	金箔金	井
18日	11/21	土	甲辰	執	覆燈火	鬼
19日	11/22	日	乙巳	破	覆燈火	柳
20日	11/23	月	丙午	危	天河水	星
21日	11/24	火	丁未	成	天河水	張
22日	11/25	水	戊申	納	大駅土	翼
23日△	11/26	木	己酉	開	大駅土	軫
24日	11/27	金	庚戌	閉	釼釧金	角
25日	11/28	土	辛亥	建	釼釧金	亢
26日	11/29	日	壬子	除	桑柘木	氐
27日	11/30	月	癸丑	満	桑柘木	房
28日	12/01	火	甲寅	平	大溪水	心
29日	12/02	水	乙卯	定	大溪水	尾
30日	12/03	木	丙辰	執	沙中土	箕

【十一月大 壬子 斗】

節気 大雪 5日・冬至 20日

日	西暦	曜	干支	直	納音	宿
1日	12/04	金	丁巳	破	沙中土	斗
2日	12/05	土	戊午	危	天上火	女
3日	12/06	日	己未	成	天上火	虚
4日	12/07	月	庚申	納	柘榴木	危
5日	12/08	火	辛酉	納	柘榴木	室
6日	12/09	水	壬戌	開	大海水	壁
7日	12/10	木	癸亥	閉	大海水	奎
8日	12/11	金	甲子	建	海中金	婁
9日	12/12	土	乙丑	除	海中金	胃
10日	12/13	日	丙寅	満	爐中火	昴
11日	12/14	月	丁卯	平	爐中火	畢
12日	12/15	火	戊辰	定	大林木	觜
13日	12/16	水	己巳	執	大林木	參
14日	12/17	木	庚午	破	路傍土	井
15日	12/18	金	辛未	危	路傍土	鬼
16日	12/19	土	壬申	成	釼鋒金	柳
17日	12/20	日	癸酉	納	釼鋒金	星
18日	12/21	月	甲戌	開	山頭火	張
19日	12/22	火	乙亥	閉	山頭火	翼
20日	12/23	水	丙子	建	澗下水	軫
21日	12/24	木	丁丑	除	澗下水	角
22日	12/25	金	戊寅	満	城頭土	亢
23日	12/26	土	己卯	平	城頭土	氐
24日	12/27	日	庚辰	定	白鑞金	房
25日	12/28	月	辛巳	執	白鑞金	心
26日	12/29	火	壬午	破	楊柳木	尾
27日	12/30	水	癸未	危	楊柳木	箕
28日	12/31	木	甲申	成	井泉水	斗

1593年

日	西暦	曜	干支	直	納音	宿
29日	01/01	金	乙酉	納	井泉水	女
30日	01/02	土	丙戌	開	屋上土	虚

【十二月大 癸丑 虚】

節気 小寒 5日・大寒 20日
雑節 土用 17日

日	西暦	曜	干支	直	納音	宿
1日	01/03	日	丁亥	閉	屋上土	虚
2日	01/04	月	戊子	建	霹靂火	危
3日	01/05	火	己丑	除	霹靂火	室
4日	01/06	水	庚寅	満	松柏木	壁
5日	01/07	木	辛卯	平	松柏木	奎
6日	01/08	金	壬辰	平	長流水	婁
7日	01/09	土	癸巳	執	長流水	胃
8日	01/10	日	甲午	納	沙中金	昴

＊改元（天正20年→文禄元年）

日	西暦	曜	干支	直	納音	宿
9日	01/11	月	乙未	破	沙中金	畢
10日	01/12	火	丙申	危	山下火	觜
11日	01/13	水	丁酉	成	山下火	參
12日	01/14	木	戊戌	納	平地木	井
13日	01/15	金	己亥	開	平地木	鬼
14日	01/16	土	庚子	閉	壁上土	柳
15日	01/17	日	辛丑	建	壁上土	星
16日	01/18	月	壬寅	除	金箔金	張
17日	01/19	火	癸卯	満	金箔金	翼
18日	01/20	水	甲辰	平	覆燈火	軫
19日	01/21	木	乙巳	定	覆燈火	角
20日	01/22	金	丙午	執	天河水	亢
21日	01/23	土	丁未	破	天河水	氐
22日	01/24	日	戊申	危	大駅土	房
23日	01/25	月	己酉	成	大駅土	心
24日	01/26	火	庚戌	納	釼釧金	尾
25日	01/27	水	辛亥	開	釼釧金	箕
26日	01/28	木	壬子	閉	桑柘木	斗
27日	01/29	金	癸丑	建	桑柘木	女
28日	01/30	土	甲寅	除	大溪水	虚
29日	01/31	日	乙卯	満	大溪水	危
30日	02/01	月	丙辰	平	沙中土	室

文禄2年
1593～1594　癸巳

【正月小 甲寅 室】
節気　立春 6日・雨水 21日
雑節　節分 5日

日	月日	曜	干支	直	納音	宿
1日	02/02	火	丁巳	定	沙中土	室
2日	02/03	水	戊午	執	天上火	壁
3日△	02/04	木	己未	破	柘榴木	奎
4日	02/05	金	庚申	危	柘榴木	婁
5日	02/06	土	辛酉	成	柘榴木	胃
6日	02/07	日	壬戌	納	大海水	昴
7日	02/08	月	癸亥	納	大海水	畢
8日	02/09	火	甲子	開	海中金	觜
9日	02/10	水	乙丑	閉	海中金	参
10日	02/11	木	丙寅	建	爐中火	井
11日	02/12	金	丁卯	除	爐中火	鬼
12日	02/13	土	戊辰	満	大林木	柳
13日	02/14	日	己巳	平	大林木	星
14日	02/15	月	庚午	定	路傍土	張
15日	02/16	火	辛未	執	路傍土	翼
16日	02/17	水	壬申	破	劒鋒金	軫
17日	02/18	木	癸酉	危	劒鋒金	角
18日	02/19	金	甲戌	成	山頭火	亢
19日	02/20	土	乙亥	納	山頭火	氐
20日	02/21	日	丙子	開	澗下水	房
21日	02/22	月	丁丑	閉	澗下水	心
22日	02/23	火	戊寅	建	城頭土	尾
23日	02/24	水	己卯	除	城頭土	箕
24日	02/25	木	庚辰	満	白鑞金	斗
25日	02/26	金	辛巳	平	白鑞金	女
26日	02/27	土	壬午	定	楊柳木	虚
27日	02/28	日	癸未	執	楊柳木	危
28日	03/01	月	甲申	破	井泉水	室
29日	03/02	火	乙酉	危	井泉水	壁

【二月大 乙卯 奎】
節気　啓蟄 7日・春分 22日
雑節　社日 23日・彼岸 24日

日	月日	曜	干支	直	納音	宿
1日	03/03	水	丙戌	成	屋上土	奎
2日▽	03/04	木	丁亥	納	屋上土	婁
3日	03/05	金	戊子	開	霹靂火	胃
4日	03/06	土	己丑	閉	霹靂火	昴
5日	03/07	日	庚寅	建	松柏木	畢
6日	03/08	月	辛卯	除	松柏木	觜
7日	03/09	火	壬辰	満	長流水	参
8日	03/10	水	癸巳	平	長流水	井
9日	03/11	木	甲午	定	沙中金	鬼
10日	03/12	金	乙未	執	沙中金	柳
11日	03/13	土	丙申	破	山下火	星
12日	03/14	日	丁酉	危	山下火	張
13日	03/15	月	戊戌	成	平地木	翼
14日	03/16	火	己亥	納	平地木	軫
15日	03/17	水	庚子	納	壁上土	角
16日	03/18	木	辛丑	開	壁上土	亢
17日	03/19	金	壬寅	閉	金箔金	氐
18日	03/20	土	癸卯	建	金箔金	房
19日	03/21	日	甲辰	除	覆燈火	心
20日	03/22	月	乙巳	満	覆燈火	尾
21日	03/23	火	丙午	平	天河水	箕
22日	03/24	水	丁未	定	天河水	斗
23日	03/25	木	戊申	執	大駅土	女
24日	03/26	金	己酉	破	大駅土	虚
25日	03/27	土	庚戌	危	釵釧金	危
26日	03/28	日	辛亥	成	釵釧金	室
27日	03/29	月	壬子	納	桑柘木	壁
28日	03/30	火	癸丑	開	桑柘木	奎
29日	03/31	水	甲寅	閉	大溪水	婁
30日	04/01	木	乙卯	建	大溪水	胃

【三月小 丙辰 胃】
節気　清明 7日・穀雨 23日
雑節　土用 20日

日	月日	曜	干支	直	納音	宿
1日	04/02	金	丙辰	除	沙中土	胃
2日	04/03	土	丁巳	満	沙中土	昴
3日	04/04	日	戊午	定	天上火	畢
4日	04/05	月	己未	執	天上火	觜
5日	04/06	火	庚申	破	柘榴木	参
6日	04/07	水	辛酉	危	柘榴木	井
7日	04/08	木	壬戌	成	大海水	鬼
8日	04/09	金	癸亥	納	大海水	柳
9日	04/10	土	甲子	開	海中金	星
10日	04/11	日	乙丑	閉	海中金	張
11日	04/12	月	丙寅	建	爐中火	翼
12日	04/13	火	丁卯	除	爐中火	軫
13日	04/14	水	戊辰	満	大林木	角
14日△	04/15	木	己巳	平	大林木	亢
15日	04/16	金	庚午	定	路傍土	氐
16日	04/17	土	辛未	執	路傍土	房
17日	04/18	日	壬申	破	劒鋒金	心
18日	04/19	月	癸酉	危	劒鋒金	尾
19日	04/20	火	甲戌	成	山頭火	箕
20日	04/21	水	乙亥	納	山頭火	斗
21日	04/22	木	丙子	開	澗下水	女
22日	04/23	金	丁丑	閉	澗下水	虚
23日	04/24	土	戊寅	建	城頭土	危
24日	04/25	日	己卯	閉	城頭土	室
25日	04/26	月	庚辰	建	白鑞金	壁
26日	04/27	火	辛巳	除	白鑞金	奎
27日	04/28	水	壬午	満	楊柳木	婁
28日	04/29	木	癸未	平	楊柳木	胃
29日	04/30	金	甲申	定	井泉水	昴

【四月大 丁巳 畢】
節気　立夏 9日・小満 24日
雑節　八十八夜 5日

日	月日	曜	干支	直	納音	宿
1日	05/01	土	乙酉	執	井泉水	畢
2日	05/02	日	丙戌	破	屋上土	觜
3日	05/03	月	丁亥	危	屋上土	参
4日	05/04	火	戊子	成	霹靂火	井
5日	05/05	水	己丑	納	霹靂火	鬼
6日▽	05/06	木	庚寅	開	松柏木	柳
7日	05/07	金	辛卯	閉	松柏木	星
8日	05/08	土	壬辰	建	長流水	張
9日	05/09	日	癸巳	建	長流水	翼
10日	05/10	月	甲午	除	沙中金	軫
11日	05/11	火	乙未	満	沙中金	角
12日	05/12	水	丙申	平	山下火	亢
13日	05/13	木	丁酉	定	山下火	氐
14日	05/14	金	戊戌	執	平地木	房
15日	05/15	土	己亥	破	平地木	心
16日	05/16	日	庚子	危	壁上土	尾
17日	05/17	月	辛丑	成	壁上土	箕
18日	05/18	火	壬寅	納	金箔金	斗
19日	05/19	水	癸卯	開	金箔金	女
20日	05/20	木	甲辰	閉	覆燈火	虚
21日	05/21	金	乙巳	建	覆燈火	危
22日	05/22	土	丙午	除	天河水	室
23日	05/23	日	丁未	満	天河水	壁
24日	05/24	月	戊申	平	大駅土	奎
25日	05/25	火	己酉	定	大駅土	婁
26日	05/26	水	庚戌	執	釵釧金	胃
27日	05/27	木	辛亥	破	釵釧金	昴
28日	05/28	金	壬子	危	桑柘木	畢
29日	05/29	土	癸丑	成	桑柘木	觜
30日	05/30	日	甲寅	納	大溪水	参

【五月小 戊午 参】
節気　芒種 9日・夏至 25日
雑節　入梅 18日

日	月日	曜	干支	直	納音	宿
1日	05/31	月	乙卯	開	大溪水	井
2日	06/01	火	丙辰	閉	沙中土	鬼
3日	06/02	水	丁巳	建	沙中土	柳
4日	06/03	木	戊午	除	天上火	星
5日	06/04	金	己未	満	天上火	張
6日	06/05	土	庚申	平	柘榴木	翼
7日	06/06	日	辛酉	定	柘榴木	軫
8日	06/07	月	壬戌	執	大海水	角
9日	06/08	火	癸亥	破	大海水	亢
10日	06/09	水	甲子	危	海中金	氐
11日	06/10	木	乙丑	成	海中金	房
12日	06/11	金	丙寅	納	爐中火	心
13日	06/12	土	丁卯	開	爐中火	尾
14日	06/13	日	戊辰	閉	大林木	箕
15日	06/14	月	己巳	建	大林木	斗
16日	06/15	火	庚午	除	路傍土	女
17日	06/16	水	辛未	満	路傍土	虚
18日	06/17	木	壬申	平	劒鋒金	危
19日	06/18	金	癸酉	定	劒鋒金	室
20日	06/19	土	甲戌	執	山頭火	壁
21日	06/20	日	乙亥	破	山頭火	奎
22日	06/21	月	丙子	危	澗下水	婁
23日△	06/22	火	丁丑	成	澗下水	胃
24日	06/23	水	戊寅	納	城頭土	昴
25日	06/24	木	己卯	開	城頭土	畢
26日	06/25	金	庚辰	閉	白鑞金	觜
27日	06/26	土	辛巳	建	白鑞金	参
28日	06/27	日	壬午	除	楊柳木	井
29日	06/28	月	癸未	満	楊柳木	鬼

【六月小 己未 鬼】
節気　小暑 11日・大暑 26日
雑節　半夏生 6日・土用 23日

日	月日	曜	干支	直	納音	宿
1日	06/29	火	甲申	満	井泉水	鬼
2日	06/30	水	乙酉	平	井泉水	柳
3日	07/01	木	丙戌	定	屋上土	星
4日	07/02	金	丁亥	執	屋上土	張
5日	07/03	土	戊子	破	霹靂火	翼
6日	07/04	日	己丑	危	霹靂火	軫
7日	07/05	月	庚寅	成	松柏木	角
8日	07/06	火	辛卯	納	松柏木	亢
9日	07/07	水	壬辰	開	長流水	氐
10日▽	07/08	木	癸巳	閉	長流水	房
11日	07/09	金	甲午	建	沙中金	心
12日	07/10	土	乙未	除	沙中金	尾
13日	07/11	日	丙申	満	山下火	箕
14日	07/12	月	丁酉	平	山下火	斗
15日	07/13	火	戊戌	定	平地木	女
16日	07/14	水	己亥	執	平地木	虚
17日	07/15	木	庚子	破	壁上土	危
18日	07/16	金	辛丑	危	壁上土	室
19日	07/17	土	壬寅	成	金箔金	壁
20日	07/18	日	癸卯	納	金箔金	奎
21日	07/19	月	甲辰	開	覆燈火	婁
22日	07/20	火	乙巳	閉	覆燈火	胃
23日	07/21	水	丙午	建	天河水	昴
24日	07/22	木	丁未	除	天河水	畢
25日	07/23	金	戊申	満	大駅土	觜
26日	07/24	土	己酉	平	大駅土	参
27日	07/25	日	庚戌	定	釵釧金	井
28日	07/26	月	辛亥	執	釵釧金	鬼
29日	07/27	火	壬子	破	桑柘木	柳

【七月大 庚申 張】
節気　立秋 12日・処暑 27日

日	月日	曜	干支	直	納音	宿
1日	07/28	水	癸丑	危	桑柘木	張
2日	07/29	木	甲寅	成	大溪水	翼
3日	07/30	金	乙卯	納	大溪水	軫
4日	07/31	土	丙辰	開	沙中土	角
5日	08/01	日	丁巳	閉	沙中土	亢
6日	08/02	月	戊午	建	天上火	氐
7日	08/03	火	己未	除	天上火	房
8日	08/04	水	庚申	満	柘榴木	心
9日	08/05	木	辛酉	平	柘榴木	尾
10日	08/06	金	壬戌	定	大海水	箕
11日	08/07	土	癸亥	執	大海水	斗
12日	08/08	日	甲子	破	海中金	女
13日	08/09	月	乙丑	危	海中金	虚
14日	08/10	火	丙寅	成	爐中火	危
15日	08/11	水	丁卯	納	爐中火	室
16日	08/12	木	戊辰	開	大林木	壁

西暦	曜	干支	直	納音	宿

文禄2年

日	西暦	曜	干支	直	納音	宿
17日	08/13	金	己巳	納	大林木	至
18日	08/14	土	庚午	開	路傍土	妻
19日	08/15	日	辛未	閉	路傍土	胃
20日	08/16	月	壬申	建	釼鋒金	昴
21日	08/17	火	癸酉	除	釼鋒金	畢
22日	08/18	水	甲戌	満	山頭火	觜
23日	08/19	木	乙亥	平	山頭火	参
24日	08/20	金	丙子	定	澗下水	井
25日	08/21	土	丁丑	執	澗下水	鬼
26日	08/22	日	戊寅	破	城頭土	柳
27日	08/23	月	己卯	危	城頭土	星
28日	08/24	火	庚辰	成	白鑞金	張
29日	08/25	水	辛巳	納	白鑞金	翼
30日	08/26	木	壬午	開	楊柳木	軫

【八月小 辛酉 角】

節気 白露 13日・秋分 28日
雑節 二百十日 9日・社日 26日

日	西暦	曜	干支	直	納音	宿
1日	08/27	金	癸未	閉	楊柳木	角
2日	08/28	土	甲申	建	井泉水	亢
3日	08/29	日	乙酉	除	井泉水	氐
4日	08/30	月	丙戌	満	屋上土	房
5日	08/31	火	丁亥	平	屋上土	心
6日△	09/01	水	戊子	定	霹靂火	尾
7日	09/02	木	己丑	執	霹靂火	箕
8日	09/03	金	庚寅	破	松柏木	斗
9日	09/04	土	辛卯	危	松柏木	女
10日	09/05	日	壬辰	成	長流水	虚
11日	09/06	月	癸巳	納	長流水	危
12日	09/07	火	甲午	開	沙中金	室
13日	09/08	水	乙未	閉	沙中金	壁
14日▽	09/09	木	丙申	建	山下火	奎
15日	09/10	金	丁酉	除	山下火	妻
16日	09/11	土	戊戌	満	平地木	胃
17日	09/12	日	己亥	平	平地木	昴
18日	09/13	月	庚子	定	壁上土	畢
19日	09/14	火	辛丑	執	壁上土	觜
20日	09/15	水	壬寅	破	金箔金	参
21日	09/16	木	癸卯	危	金箔金	井
22日	09/17	金	甲辰	成	覆燈火	鬼
23日	09/18	土	乙巳	納	覆燈火	柳
24日	09/19	日	丙午	開	天河水	星
25日	09/20	月	丁未	閉	天河水	張
26日	09/21	火	戊申	建	大駅土	翼
27日	09/22	水	己酉	除	大駅土	軫
28日	09/23	木	庚戌	満	釼釧金	角
29日	09/24	金	辛亥	平	釼釧金	亢

【九月小 壬戌 氐】

節気 寒露 14日・霜降 29日
雑節 彼岸 1日・土用 26日

日	西暦	曜	干支	直	納音	宿
1日	09/25	土	壬子	平	桑柘木	氐
2日	09/26	日	癸丑	定	桑柘木	房
3日	09/27	月	甲寅	執	大溪水	心
4日	09/28	火	乙卯	破	大溪水	尾
5日	09/29	水	丙辰	危	沙中土	箕
6日	09/30	木	丁巳	成	沙中土	斗
7日	10/01	金	戊午	納	天上火	女
8日	10/02	土	己未	開	天上火	虚
9日	10/03	日	庚申	閉	柘榴木	危
10日	10/04	月	辛酉	閉	柘榴木	室
11日	10/05	火	壬戌	除	大海水	壁
12日	10/06	水	癸亥	満	大海水	奎
13日	10/07	木	甲子	平	海中金	妻
14日	10/08	金	乙丑	定	海中金	胃
15日	10/09	土	丙寅	執	爐中火	昴
16日	10/10	日	丁卯	破	爐中火	畢
17日	10/11	月	戊辰	危	大林木	觜
18日	10/12	火	己巳	成	大林木	参
19日	10/13	水	庚午	納	路傍土	井
20日	10/14	木	辛未	開	路傍土	鬼
21日	10/15	金	壬申	閉	釼鋒金	柳
22日	10/16	土	癸酉	開	釼鋒金	星
23日	10/17	日	甲戌	建	山頭火	張
24日	10/18	月	乙亥	除	山頭火	翼
25日	10/19	火	丙子	満	澗下水	軫
26日	10/20	水	丁丑	平	澗下水	角
27日	10/21	木	戊寅	定	城頭土	亢
28日	10/22	金	己卯	執	城頭土	氐
29日	10/23	土	庚辰	破	白鑞金	房

【閏九月大 辛巳 氐】

節気 立冬 15日

日	西暦	曜	干支	直	納音	宿
1日	10/24	日	辛巳	危	白鑞金	氐
2日	10/25	月	壬午	成	楊柳木	房
3日	10/26	火	癸未	納	楊柳木	心
4日	10/27	水	甲申	開	井泉水	尾
5日	10/28	木	乙酉	閉	井泉水	箕
6日	10/29	金	丙戌	建	屋上土	斗
7日	10/30	土	丁亥	除	屋上土	女
8日	10/31	日	戊子	満	霹靂火	虚
9日	11/01	月	己丑	平	霹靂火	危
10日	11/02	火	庚寅	定	松柏木	室
11日	11/03	水	辛卯	執	松柏木	壁
12日	11/04	木	壬辰	破	長流水	奎
13日	11/05	金	癸巳	危	長流水	妻
14日	11/06	土	甲午	成	沙中金	胃
15日	11/07	日	乙未	納	沙中金	昴
16日	11/08	月	丙申	開	山下火	畢
17日	11/09	火	丁酉	閉	山下火	觜
18日△	11/10	水	戊戌	建	平地木	参
19日▽	11/11	木	己亥	除	平地木	井
20日	11/12	金	庚子	満	壁上土	鬼
21日	11/13	土	辛丑	平	壁上土	柳
22日	11/14	日	壬寅	定	金箔金	星
23日	11/15	月	癸卯	執	金箔金	張
24日	11/16	火	甲辰	破	覆燈火	翼
25日	11/17	水	乙巳	危	覆燈火	軫
26日	11/18	木	丙午	成	天河水	角
27日	11/19	金	丁未	納	天河水	亢
28日	11/20	土	戊申	開	大駅土	氐
29日	11/21	日	己酉	閉	大駅土	房

【十月大 癸亥 心】

節気 小雪 1日・大雪 16日

日	西暦	曜	干支	直	納音	宿
1日	11/23	火	辛亥	開	釼釧金	心
2日	11/24	水	壬子	除	桑柘木	尾
3日	11/25	木	癸丑	満	桑柘木	箕
4日	11/26	金	甲寅	平	大溪水	斗
5日	11/27	土	乙卯	定	大溪水	女
6日	11/28	日	丙辰	執	沙中土	虚
7日	11/29	月	丁巳	破	沙中土	危
8日	11/30	火	戊午	危	天上火	室
9日	12/01	水	己未	成	天上火	壁
10日	12/02	木	庚申	納	柘榴木	奎
11日	12/03	金	辛酉	開	柘榴木	妻
12日	12/04	土	壬戌	閉	大海水	胃
13日	12/05	日	癸亥	建	大海水	昴
14日	12/06	月	甲子	除	海中金	畢
15日	12/07	火	乙丑	満	海中金	觜
16日	12/08	水	丙寅	平	爐中火	参
17日	12/09	木	丁卯	定	爐中火	井
18日	12/10	金	戊辰	執	大林木	鬼
19日	12/11	土	己巳	破	大林木	柳
20日	12/12	日	庚午	危	路傍土	星
21日	12/13	月	辛未	成	路傍土	張
22日	12/14	火	壬申	納	釼鋒金	翼
23日	12/15	水	癸酉	開	釼鋒金	軫
24日	12/16	木	甲戌	閉	山頭火	角
25日	12/17	金	乙亥	建	山頭火	亢
26日	12/18	土	丙子	除	澗下水	氐
27日	12/19	日	丁丑	満	澗下水	房
28日	12/20	月	戊寅	平	城頭土	心
29日	12/21	火	己卯	定	城頭土	尾
30日	12/22	水	庚辰	執	白鑞金	箕

【十一月大 甲子 斗】

節気 冬至 1日・小寒 16日
雑節 土用 29日

日	西暦	曜	干支	直	納音	宿
1日	12/23	木	辛巳	執	白鑞金	斗
2日	12/24	金	壬午	破	楊柳木	女
3日	12/25	土	癸未	危	楊柳木	虚
4日	12/26	日	甲申	成	井泉水	危
5日	12/27	月	乙酉	納	井泉水	室
6日	12/28	火	丙戌	開	屋上土	壁
7日	12/29	水	丁亥	閉	屋上土	奎
8日	12/30	木	戊子	建	霹靂火	妻
9日	12/31	金	己丑	除	霹靂火	胃

1594年

日	西暦	曜	干支	直	納音	宿
10日	01/01	土	庚寅	満	松柏木	昴
11日	01/02	日	辛卯	平	松柏木	畢
12日	01/03	月	壬辰	定	長流水	觜
13日	01/04	火	癸巳	執	長流水	参
14日	01/05	水	甲午	破	沙中金	井
15日	01/06	木	乙未	危	沙中金	鬼
16日	01/07	金	丙申	成	山下火	柳
17日	01/08	土	丁酉	納	山下火	星
18日	01/09	日	戊戌	開	平地木	張
19日	01/10	月	己亥	閉	平地木	翼
20日	01/11	火	庚子	建	壁上土	軫
21日	01/12	水	辛丑	除	壁上土	角
22日▽	01/13	木	壬寅	除	金箔金	亢
23日	01/14	金	癸卯	満	金箔金	氐
24日	01/15	土	甲辰	平	覆燈火	房
25日	01/16	日	乙巳	定	覆燈火	心
26日	01/17	月	丙午	執	天河水	尾
27日△	01/18	火	丁未	破	天河水	箕
28日	01/19	水	戊申	危	大駅土	斗
29日	01/20	木	己酉	成	大駅土	女
30日	01/21	金	庚戌	納	釼釧金	虚

【十二月小 乙丑 虚】

節気 大寒 2日・立春 17日
雑節 節分 16日

日	西暦	曜	干支	直	納音	宿
1日	01/22	土	辛亥	開	釼釧金	虚
2日	01/23	日	壬子	閉	桑柘木	危
3日	01/24	月	癸丑	建	桑柘木	室
4日	01/25	火	甲寅	除	大溪水	壁
5日	01/26	水	乙卯	満	大溪水	奎
6日	01/27	木	丙辰	平	沙中土	妻
7日	01/28	金	丁巳	定	沙中土	胃
8日	01/29	土	戊午	執	天上火	昴
9日	01/30	日	己未	破	天上火	畢
10日	01/31	月	庚申	危	柘榴木	觜
11日	02/01	火	辛酉	成	柘榴木	参
12日	02/02	水	壬戌	納	大海水	井
13日	02/03	木	癸亥	開	大海水	鬼
14日	02/04	金	甲子	閉	海中金	柳
15日	02/05	土	乙丑	建	海中金	星
16日	02/06	日	丙寅	除	爐中火	張
17日	02/07	月	丁卯	除	爐中火	翼
18日	02/08	火	戊辰	満	大林木	軫
19日	02/09	水	己巳	平	大林木	角
20日	02/10	木	庚午	定	路傍土	亢
21日	02/11	金	辛未	執	路傍土	氐
22日	02/12	土	壬申	破	釼鋒金	房
23日	02/13	日	癸酉	危	釼鋒金	心
24日	02/14	月	甲戌	成	山頭火	尾
25日	02/15	火	乙亥	納	山頭火	箕
26日	02/16	水	丙子	開	澗下水	斗
27日	02/17	木	丁丑	閉	澗下水	女
28日	02/18	金	戊寅	建	城頭土	虚
29日	02/19	土	己卯	除	城頭土	危

文禄3年
1594〜1595 甲午

【正月大 丙寅 室】
節気 雨水 3日・啓蟄 18日
雑節 社日 29日

日	新暦	曜	干支	直	納音	宿
1日	02/20	日	庚辰	満	白鑞金	室
2日	02/21	月	辛巳	平	白鑞金	壁
3日	02/22	火	壬午	定	楊柳木	奎
4日	02/23	水	癸未	執	楊柳木	婁
5日	02/24	木	甲申	破	井泉水	胃
6日	02/25	金	乙酉	危	井泉水	昴
7日	02/26	土	丙戌	成	屋上土	畢
8日	02/27	日	丁亥	納	屋上土	觜
9日	02/28	月	戊子	開	霹靂火	参
10日	03/01	火	己丑	閉	霹靂火	井
11日	03/02	水	庚寅	建	松柏木	鬼
12日	03/03	木	辛卯	除	松柏木	柳
13日	03/04	金	壬辰	満	長流水	星
14日	03/05	土	癸巳	平	長流水	張
15日	03/06	日	甲午	定	沙中金	翼
16日	03/07	月	乙未	執	沙中金	軫
17日	03/08	火	丙申	破	山下火	角
18日	03/09	水	丁酉	危	山下火	亢
19日	03/10	木	戊戌	危	平地木	氐
20日	03/11	金	己亥	成	平地木	房
21日	03/12	土	庚子	納	壁上土	心
22日	03/13	日	辛丑	開	壁上土	尾
23日	03/14	月	壬寅	閉	金箔金	箕
24日	03/15	火	癸卯	建	金箔金	斗
25日	03/16	水	甲辰	除	覆燈火	女
26日▽	03/17	木	乙巳	満	覆燈火	虚
27日	03/18	金	丙午	平	天河水	危
28日	03/19	土	丁未	定	天河水	室
29日	03/20	日	戊申	執	大駅土	壁
30日	03/21	月	己酉	破	大駅土	奎

【二月大 丁卯 奎】
節気 春分 3日・清明 19日
雑節 彼岸 5日

日	新暦	曜	干支	直	納音	宿
1日	03/22	火	庚戌	危	釵釧金	奎
2日	03/23	水	辛亥	成	釵釧金	婁
3日	03/24	木	壬子	納	桑柘木	胃
4日	03/25	金	癸丑	開	桑柘木	昴
5日	03/26	土	甲寅	閉	大溪水	婁
6日	03/27	日	乙卯	建	大溪水	觜
7日	03/28	月	丙辰	除	沙中土	参
8日△	03/29	火	丁巳	満	沙中土	井
9日	03/30	水	戊午	平	天上火	鬼
10日	03/31	木	己未	定	天上火	柳
11日	04/01	金	庚申	執	石榴木	星
12日	04/02	土	辛酉	破	石榴木	張
13日	04/03	日	壬戌	危	大海水	翼
14日	04/04	月	癸亥	成	大海水	軫
15日	04/05	火	甲子	納	海中金	角
16日	04/06	水	乙丑	開	海中金	亢
17日	04/07	木	丙寅	閉	爐中火	氐
18日	04/08	金	丁卯	建	爐中火	房
19日	04/09	土	戊辰	除	大林木	尾
20日	04/10	日	己巳	満	路傍土	箕
21日	04/11	月	庚午	満	路傍土	箕
22日	04/12	火	辛未	定	釵釧金	女
23日	04/13	水	壬申	定	釵釧金	女
24日	04/14	木	癸酉	執	山頭火	虚
25日	04/15	金	甲戌	破	山頭火	危
26日	04/16	土	乙亥	危	山頭火	室
27日	04/17	日	丙子	成	澗下水	壁
28日	04/18	月	丁丑	納	澗下水	奎
29日	04/19	火	戊寅	開	城頭土	婁
30日	04/20	水	己卯	閉	城頭土	胃

【三月小 戊辰 胃】
節気 穀雨 4日・立夏 19日
雑節 土用 1日・八十八夜 15日

日	新暦	曜	干支	直	納音	宿
1日	04/21	木	庚辰	建	白鑞金	胃
2日	04/22	金	辛巳	除	白鑞金	昴
3日	04/23	土	壬午	満	楊柳木	觜
4日	04/24	日	癸未	平	楊柳木	觜
5日	04/25	月	甲申	定	井泉水	参
6日	04/26	火	乙酉	執	井泉水	井
7日	04/27	水	丙戌	破	屋上土	柳
8日	04/28	木	丁亥	危	屋上土	柳
9日	04/29	金	戊子	成	霹靂火	星
10日	04/30	土	己丑	納	霹靂火	張
11日	05/01	日	庚寅	開	松柏木	翼
12日	05/02	月	辛卯	閉	松柏木	軫
13日	05/03	火	壬辰	建	長流水	角
14日	05/04	水	癸巳	除	長流水	亢
15日	05/05	木	甲午	満	沙中金	氐
16日	05/06	金	乙未	平	沙中金	房
17日	05/07	土	丙申	定	山下火	心
18日	05/08	日	丁酉	執	山下火	尾
19日	05/09	月	戊戌	執	平地木	箕
20日	05/10	火	己亥	破	平地木	斗
21日	05/11	水	庚子	危	壁上土	女
22日	05/12	木	辛丑	成	壁上土	虚
23日	05/13	金	壬寅	納	金箔金	危
24日	05/14	土	癸卯	開	金箔金	室
25日	05/15	日	甲辰	閉	覆燈火	壁
26日	05/16	月	乙巳	建	覆燈火	奎
27日	05/17	火	丙午	除	天河水	婁
28日	05/18	水	丁未	満	天河水	胃
29日▽	05/19	木	戊申	平	大駅土	昴

【四月大 己巳 畢】
節気 小満 5日・芒種 21日
雑節 入梅 24日

日	新暦	曜	干支	直	納音	宿
1日	05/20	金	己酉	定	大駅土	畢
2日	05/21	土	庚戌	執	釵釧金	觜
3日	05/22	日	辛亥	破	釵釧金	参
4日	05/23	月	壬子	危	桑柘木	井
5日	05/24	火	癸丑	成	桑柘木	鬼
6日	05/25	水	甲寅	納	大溪水	柳
7日	05/26	木	乙卯	開	大溪水	星
8日	05/27	金	丙辰	閉	沙中土	張
9日	05/28	土	丁巳	建	沙中土	翼
10日	05/29	日	戊午	除	天上火	軫
11日	05/30	月	己未	満	天上火	角
12日	05/31	火	庚申	平	柘榴木	亢
13日	06/01	水	辛酉	定	柘榴木	氐
14日	06/02	木	壬戌	執	大海水	房
15日	06/03	金	癸亥	破	大海水	心
16日	06/04	土	甲子	危	海中金	尾
17日	06/05	日	乙丑	成	海中金	箕
18日	06/06	月	丙寅	納	爐中火	斗
19日△	06/07	火	丁卯	開	爐中火	女
20日	06/08	水	戊辰	閉	大林木	虚
21日	06/09	木	己巳	閉	大林木	危
22日	06/10	金	庚午	建	路傍土	室
23日	06/11	土	辛未	除	路傍土	壁
24日	06/12	日	壬申	満	釵鋒金	奎
25日	06/13	月	癸酉	平	釵鋒金	婁
26日	06/14	火	甲戌	定	山頭火	胃
27日	06/15	水	乙亥	執	山頭火	昴

【五月小 庚午 参】
節気 夏至 6日・小暑 21日
雑節 半夏生 16日

日	新暦	曜	干支	直	納音	宿
1日	06/19	日	己卯	納	城頭土	参
2日	06/20	月	庚辰	開	白鑞金	井
3日	06/21	火	辛巳	閉	白鑞金	鬼
4日	06/22	水	壬午	建	楊柳木	柳
5日	06/23	木	癸未	除	楊柳木	星
6日	06/24	金	甲申	満	井泉水	張
7日	06/25	土	乙酉	平	井泉水	翼
8日	06/26	日	丙戌	定	屋上土	軫
9日	06/27	月	丁亥	執	屋上土	角
10日	06/28	火	戊子	破	霹靂火	亢
11日	06/29	水	己丑	危	霹靂火	氐
12日	06/30	木	庚寅	成	松柏木	房
13日	07/01	金	辛卯	納	松柏木	心
14日	07/02	土	壬辰	開	長流水	尾
15日	07/03	日	癸巳	閉	長流水	箕
16日	07/04	月	甲午	建	沙中金	斗
17日	07/05	火	乙未	除	沙中金	女
18日	07/06	水	丙申	満	山下火	虚
19日	07/07	木	丁酉	平	山下火	危
20日	07/08	金	戊戌	定	平地木	室
21日	07/09	土	己亥	定	平地木	壁
22日	07/10	日	庚子	執	壁上土	奎
23日	07/11	月	辛丑	破	壁上土	婁
24日	07/12	火	壬寅	危	金箔金	胃
25日	07/13	水	癸卯	成	金箔金	昴
26日	07/14	木	甲辰	納	覆燈火	觜
27日	07/15	金	乙巳	開	覆燈火	参
28日	07/16	土	丙午	閉	天河水	参
29日	07/17	日	丁未	建	天河水	井

【六月小 辛未 鬼】
節気 大暑 7日・立秋 22日
雑節 土用 4日

日	新暦	曜	干支	直	納音	宿
1日	07/18	月	戊申	除	大駅土	鬼
2日	07/19	火	己酉	満	大駅土	柳
3日	07/20	水	庚戌	平	釵釧金	星
4日▽	07/21	木	辛亥	定	釵釧金	張
5日	07/22	金	壬子	執	桑柘木	翼
6日	07/23	土	癸丑	破	桑柘木	軫
7日	07/24	日	甲寅	危	大溪水	角
8日	07/25	月	乙卯	成	大溪水	亢
9日	07/26	火	丙辰	納	沙中土	氐
10日	07/27	水	丁巳	開	沙中土	房
11日	07/28	木	戊午	閉	天上火	心
12日	07/29	金	己未	建	天上火	尾
13日	07/30	土	庚申	除	柘榴木	箕
14日	07/31	日	辛酉	満	柘榴木	斗
15日	08/01	月	壬戌	平	大海水	女
16日	08/02	火	癸亥	定	大海水	虚
17日	08/03	水	甲子	執	海中金	危
18日	08/04	木	乙丑	破	海中金	室
19日	08/05	金	丙寅	危	爐中火	壁
20日	08/06	土	丁卯	成	爐中火	奎
21日	08/07	日	戊辰	納	大林木	婁
22日	08/08	月	己巳	開	大林木	胃
23日	08/09	火	庚午	閉	路傍土	昴
24日	08/10	水	辛未	建	路傍土	觜
25日	08/11	木	壬申	除	釵鋒金	参
26日	08/12	金	癸酉	満	釵鋒金	井
27日	08/13	土	甲戌	平	山頭火	鬼
28日	08/14	日	乙亥	危	山頭火	鬼

西暦　曜　干支　直　納音　宿　　　　　　　　　　　　　　　　　　文禄3年

日	西暦	曜	干支	直	納音	宿
29日	△08/15	月	丙子	定	澗下水	張

【七月大 壬申 張】
節気 処暑 9日・白露 24日
雑節 二百十日 20日

日	西暦	曜	干支	直	納音	宿
1日	08/16	火	丁丑	執	澗下水	翼
2日	08/17	水	戊寅	破	城頭土	軫
3日	08/18	木	己卯	危	城頭土	角
4日	08/19	金	庚辰	成	白鑞金	亢
5日	08/20	土	辛巳	納	白鑞金	氐
6日	08/21	日	壬午	開	楊柳木	房
7日	08/22	月	癸未	閉	楊柳木	心
8日	08/23	火	甲申	建	井泉水	尾
9日	08/24	水	乙酉	除	井泉水	箕
10日	08/25	木	丙戌	満	屋上土	斗
11日	08/26	金	丁亥	平	屋上土	牛
12日	08/27	土	戊子	定	霹靂火	女
13日	08/28	日	己丑	執	霹靂火	虚
14日	08/29	月	庚寅	破	松柏木	危
15日	08/30	火	辛卯	危	松柏木	室
16日	08/31	水	壬辰	成	長流水	壁
17日	09/01	木	癸巳	納	長流水	奎
18日	09/02	金	甲午	開	沙中金	婁
19日	09/03	土	乙未	閉	沙中金	胃
20日	09/04	日	丙申	建	山下火	昴
21日	09/05	月	丁酉	除	山下火	畢
22日	09/06	火	戊戌	満	平地木	觜
23日	09/07	水	己亥	平	平地木	参
24日	09/08	木	庚子	平	壁上土	井
25日	09/09	金	辛丑	定	壁上土	鬼
26日	09/10	土	壬寅	執	金箔金	柳
27日	09/11	日	癸卯	破	金箔金	星
28日	09/12	月	甲辰	危	覆燈火	張
29日	09/13	火	乙巳	成	覆燈火	翼
30日	09/14	水	丙午	納	天河水	軫

【八月小 癸酉 角】
節気 秋分 9日・寒露 24日
雑節 彼岸 11日・社日 12日

日	西暦	曜	干支	直	納音	宿
1日	09/15	木	丁未	開	天河水	角
2日	09/16	金	戊申	閉	大駅土	亢
3日	09/17	土	己酉	建	大駅土	氐
4日	09/18	日	庚戌	除	釵釧金	房
5日	09/19	月	辛亥	満	釵釧金	心
6日	09/20	火	壬子	平	桑柘木	尾
7日	09/21	水	癸丑	定	桑柘木	箕
8日	▽09/22	木	甲寅	執	大渓水	斗
9日	09/23	金	乙卯	破	大渓水	牛
10日	09/24	土	丙辰	危	沙中土	女
11日	09/25	日	丁巳	成	沙中土	虚
12日	09/26	月	戊午	納	天上火	危
13日	09/27	火	己未	開	天上火	室
14日	09/28	水	庚申	閉	柘榴木	壁
15日	09/29	木	辛酉	建	柘榴木	奎
16日	09/30	金	壬戌	除	大海水	婁
17日	10/01	土	癸亥	満	大海水	胃
18日	10/02	日	甲子	平	海中金	昴
19日	10/03	月	乙丑	定	海中金	畢
20日	10/04	火	丙寅	執	炉中火	觜
21日	10/05	水	丁卯	破	炉中火	参
22日	10/06	木	戊辰	危	大林木	井
23日	10/07	金	己巳	成	大林木	鬼
24日	10/08	土	庚午	成	路傍土	柳
25日	10/09	日	辛未	納	路傍土	星
26日	10/10	月	壬申	開	剣鋒金	張
27日	10/11	火	癸酉	閉	剣鋒金	翼
28日	10/12	水	甲戌	建	山頭火	軫
29日	10/13	木	乙亥	除	山頭火	角

【九月小 甲戌 氐】
節気 霜降 10日・立冬 26日
雑節 土用 7日

日	西暦	曜	干支	直	納音	宿
1日	10/14	金	丙子	満	澗下水	亢
2日	10/15	土	丁丑	平	澗下水	氐
3日	10/16	日	戊寅	定	城頭土	房
4日	10/17	月	己卯	執	城頭土	心
5日	10/18	火	庚辰	破	白鑞金	尾
6日	10/19	水	辛巳	危	白鑞金	箕
7日	10/20	木	壬午	成	楊柳木	斗
8日	10/21	金	癸未	納	楊柳木	牛
9日	10/22	土	甲申	開	井泉水	女
10日	10/23	日	乙酉	閉	井泉水	虚
11日	△10/24	月	丙戌	建	屋上土	危
12日	10/25	火	丁亥	除	屋上土	室
13日	10/26	水	戊子	満	霹靂火	壁
14日	10/27	木	己丑	平	霹靂火	奎
15日	10/28	金	庚寅	定	松柏木	婁
16日	10/29	土	辛卯	執	松柏木	胃
17日	10/30	日	壬辰	破	長流水	昴
18日	10/31	月	癸巳	危	長流水	畢
19日	11/01	火	甲午	成	沙中金	觜
20日	11/02	水	乙未	納	沙中金	参
21日	11/03	木	丙申	開	山下火	井
22日	11/04	金	丁酉	閉	山下火	鬼
23日	11/05	土	戊戌	建	平地木	柳
24日	11/06	日	己亥	除	平地木	星
25日	11/07	月	庚子	満	壁上土	張
26日	11/08	火	辛丑	満	壁上土	翼
27日	11/09	水	壬寅	平	金箔金	軫
28日	11/10	木	癸卯	定	金箔金	角
29日	11/11	金	甲辰	執	覆燈火	亢

【十月大 乙亥 心】
節気 小雪 12日・大雪 27日

日	西暦	曜	干支	直	納音	宿
1日	11/12	土	乙巳	破	覆燈火	氐
2日	11/13	日	丙午	危	天河水	房
3日	11/14	月	丁未	成	天河水	心
4日	11/15	火	戊申	納	大駅土	尾
5日	11/16	水	己酉	開	大駅土	箕
6日	11/17	木	庚戌	閉	釵釧金	斗
7日	11/18	金	辛亥	建	釵釧金	牛
8日	11/19	土	壬子	除	桑柘木	女
9日	11/20	日	癸丑	満	桑柘木	虚
10日	11/21	月	甲寅	平	大渓水	危
11日	11/22	火	乙卯	定	大渓水	室
12日	11/23	水	丙辰	執	沙中土	壁
13日	▽11/24	木	丁巳	破	沙中土	奎
14日	11/25	金	戊午	危	天上火	婁
15日	11/26	土	己未	成	天上火	胃
16日	11/27	日	庚申	納	柘榴木	昴
17日	11/28	月	辛酉	開	柘榴木	畢
18日	11/29	火	壬戌	閉	大海水	觜
19日	11/30	水	癸亥	建	大海水	参
20日	12/01	木	甲子	除	海中金	井
21日	12/02	金	乙丑	満	海中金	鬼
22日	12/03	土	丙寅	平	炉中火	柳
23日	12/04	日	丁卯	定	炉中火	星
24日	12/05	月	戊辰	執	大林木	張
25日	12/06	火	己巳	破	大林木	翼
26日	12/07	水	庚午	危	路傍土	軫
27日	12/08	木	辛未	危	路傍土	角
28日	12/09	金	壬申	成	剣鋒金	亢
29日	12/10	土	癸酉	納	剣鋒金	氐
30日	12/11	日	甲戌	開	山頭火	房

【十一月大 丙子 斗】
節気 冬至 12日・小寒 28日

日	西暦	曜	干支	直	納音	宿
1日	12/12	月	乙亥	閉	山頭火	心
2日	12/13	火	丙子	建	澗下水	尾
3日	12/14	水	丁丑	除	澗下水	箕
4日	12/15	木	戊寅	満	城頭土	斗
5日	12/16	金	己卯	平	城頭土	牛
6日	12/17	土	庚辰	定	白鑞金	女
7日	12/18	日	辛巳	執	白鑞金	虚
8日	12/19	月	壬午	破	楊柳木	危
9日	12/20	火	癸未	危	楊柳木	室
10日	12/21	水	甲申	成	井泉水	壁
11日	12/22	木	乙酉	納	井泉水	奎
12日	12/23	金	丙戌	開	屋上土	婁
13日	12/24	土	丁亥	閉	屋上土	胃
14日	12/25	日	戊子	建	霹靂火	昴
15日	12/26	月	己丑	除	霹靂火	畢
16日	12/27	火	庚寅	満	松柏木	觜
17日	12/28	水	辛卯	平	松柏木	参
18日	12/29	木	壬辰	定	長流水	井
19日	12/30	金	癸巳	執	長流水	鬼
20日	12/31	土	甲午	破	沙中金	柳

1595年

日	西暦	曜	干支	直	納音	宿
21日	△01/01	日	乙未	危	沙中金	星
22日	01/02	月	丙申	成	山下火	張
23日	01/03	火	丁酉	納	山下火	翼
24日	01/04	水	戊戌	開	平地木	軫
25日	01/05	木	己亥	閉	平地木	角
26日	01/06	金	庚子	建	壁上土	亢
27日	01/07	土	辛丑	除	壁上土	氐
28日	01/08	日	壬寅	除	金箔金	房
29日	01/09	月	癸卯	満	金箔金	心
30日	01/10	火	甲辰	平	覆燈火	尾

【十二月小 丁丑 虚】
節気 大寒 13日・立春 28日
雑節 土用 10日・節分 27日

日	西暦	曜	干支	直	納音	宿
1日	01/11	水	乙巳	定	覆燈火	箕
2日	01/12	木	丙午	執	天河水	斗
3日	01/13	金	丁未	破	天河水	牛
4日	01/14	土	戊申	危	大駅土	女
5日	01/15	日	己酉	成	大駅土	虚
6日	01/16	月	庚戌	納	釵釧金	危
7日	01/17	火	辛亥	開	釵釧金	室
8日	01/18	水	壬子	閉	桑柘木	壁
9日	01/19	木	癸丑	建	桑柘木	奎
10日	01/20	金	甲寅	除	大渓水	婁
11日	01/21	土	乙卯	満	大渓水	胃
12日	01/22	日	丙辰	平	沙中土	昴
13日	01/23	月	丁巳	定	沙中土	畢
14日	01/24	火	戊午	執	天上火	觜
15日	▽01/25	水	己未	破	天上火	参
16日	01/26	木	庚申	危	柘榴木	井
17日	01/27	金	辛酉	成	柘榴木	鬼
18日	01/28	土	壬戌	納	大海水	柳
19日	01/29	日	癸亥	開	大海水	星
20日	01/30	月	甲子	閉	海中金	張
21日	01/31	火	乙丑	建	海中金	翼
22日	02/01	水	丙寅	除	炉中火	軫
23日	02/02	木	丁卯	満	炉中火	角
24日	02/03	金	戊辰	平	大林木	亢
25日	02/04	土	己巳	定	大林木	氐
26日	02/05	日	庚午	執	路傍土	房
27日	02/06	月	辛未	破	路傍土	心
28日	02/07	火	壬申	破	剣鋒金	尾
29日	02/08	水	癸酉	危	剣鋒金	箕

文禄4年

1595～1596　乙未

【正月大 戊寅 室】

節気 雨水 14日・啓蟄 29日

日	日付	曜	干支	直	納音	宿
1日	02/09	木	甲戌	成	山頭火	室
2日	02/10	金	乙亥	納	山頭火	壁
3日	02/11	土	丙子	開	澗下水	奎
4日	02/12	日	丁丑	閉	澗下水	婁
5日	02/13	月	戊寅	建	城頭土	胃
6日	02/14	火	己卯	除	城頭土	昴
7日	02/15	水	庚辰	満	白鑞金	畢
8日	02/16	木	辛巳	平	白鑞金	觜
9日	02/17	金	壬午	定	楊柳木	参
10日	02/18	土	癸未	執	楊柳木	井
11日	02/19	日	甲申	破	井泉水	鬼
12日	02/20	月	乙酉	危	井泉水	柳
13日	02/21	火	丙戌	成	屋上土	星
14日	02/22	水	丁亥	納	屋上土	張
15日	02/23	木	戊子	開	霹靂火	翼
16日	02/24	金	己丑	閉	霹靂火	軫
17日	02/25	土	庚寅	建	松柏木	角
18日	02/26	日	辛卯	除	松柏木	亢
19日	02/27	月	壬辰	満	長流水	氐
20日	02/28	火	癸巳	平	長流水	房
21日	03/01	水	甲午	定	沙中金	心
22日	03/02	木	乙未	執	沙中金	尾
23日	03/03	金	丙申	破	山下火	箕
24日	03/04	土	丁酉	危	山下火	斗
25日	03/05	日	戊戌	成	平地木	女
26日	03/06	月	己亥	納	平地木	虚
27日	03/07	火	庚子	開	壁上土	危
28日	03/08	水	辛丑	閉	壁上土	室
29日	03/09	木	壬寅	閉	金箔金	壁
30日	03/10	金	癸卯	建	金箔金	奎

【二月大 己卯 奎】

節気 春分 15日・清明 30日
雑節 社日 15日・彼岸 17日

日	日付	曜	干支	直	納音	宿
1日	03/11	土	甲辰	除	覆燈火	奎
2日△	03/12	日	乙巳	満	覆燈火	婁
3日	03/13	月	丙午	平	天河水	胃
4日	03/14	火	丁未	定	天河水	昴
5日	03/15	水	戊申	執	大駅土	畢
6日	03/16	木	己酉	破	大駅土	觜
7日	03/17	金	庚戌	危	釵釧金	参
8日	03/18	土	辛亥	成	釵釧金	井
9日	03/19	日	壬子	納	桑柘木	鬼
10日	03/20	月	癸丑	開	桑柘木	柳
11日	03/21	火	甲寅	閉	大溪水	星
12日	03/22	水	乙卯	建	大溪水	張
13日	03/23	木	丙辰	除	沙中土	翼
14日	03/24	金	丁巳	満	沙中土	軫
15日	03/25	土	戊午	平	天上火	角
16日	03/26	日	己未	定	天上火	亢
17日	03/27	月	庚申	執	柘榴木	氐
18日	03/28	火	辛酉	破	柘榴木	房
19日▽	03/29	水	壬戌	危	大海水	心
20日	03/30	木	癸亥	成	大海水	尾
21日	03/31	金	甲子	納	海中金	箕
22日	04/01	土	乙丑	開	海中金	斗
23日	04/02	日	丙寅	閉	爐中火	女
24日	04/03	月	丁卯	建	爐中火	虚
25日	04/04	火	戊辰	除	大林木	危
26日	04/05	水	己巳	満	大林木	室
27日	04/06	木	庚午	平	路傍土	壁
28日	04/07	金	辛未	定	路傍土	奎
29日	04/08	土	壬申	執	釵鋒金	婁
30日	04/09	日	癸酉	執	釵鋒金	胃

【三月大 庚辰 胃】

節気 穀雨 15日・立夏 30日
雑節 土用 12日・八十八夜 26日

日	日付	曜	干支	直	納音	宿
1日	04/10	月	甲戌	破	山頭火	胃
2日	04/11	火	乙亥	危	山頭火	昴
3日	04/12	水	丙子	成	澗下水	畢
4日	04/13	木	丁丑	納	澗下水	觜
5日	04/14	金	戊寅	開	城頭土	参
6日	04/15	土	己卯	閉	城頭土	井
7日	04/16	日	庚辰	建	白鑞金	鬼
8日	04/17	月	辛巳	除	白鑞金	柳
9日	04/18	火	壬午	満	楊柳木	星
10日	04/19	水	癸未	平	楊柳木	張
11日	04/20	木	甲申	定	井泉水	翼
12日	04/21	金	乙酉	執	井泉水	軫
13日	04/22	土	丙戌	破	屋上土	角
14日	04/23	日	丁亥	危	屋上土	亢
15日	04/24	月	戊子	成	霹靂火	氐
16日	04/25	火	己丑	納	霹靂火	房
17日	04/26	水	庚寅	開	松柏木	心
18日	04/27	木	辛卯	閉	松柏木	尾
19日	04/28	金	壬辰	建	長流水	箕
20日	04/29	土	癸巳	除	長流水	斗
21日	04/30	日	甲午	満	沙中金	女
22日	05/01	月	乙未	平	沙中金	虚
23日	05/02	火	丙申	定	山下火	危
24日	05/03	水	丁酉	執	山下火	室
25日	05/04	木	戊戌	破	平地木	壁
26日	05/05	金	己亥	危	平地木	奎
27日	05/06	土	庚子	成	壁上土	婁
28日	05/07	日	辛丑	納	壁上土	胃
29日	05/08	月	壬寅	開	金箔金	昴
30日	05/09	火	癸卯	閉	金箔金	畢

【四月小 辛巳 畢】

節気 小満 16日

日	日付	曜	干支	直	納音	宿
1日	05/10	水	甲辰	建	覆燈火	畢
2日	05/11	木	乙巳	建	覆燈火	觜
3日	05/12	金	丙午	除	天河水	参
4日	05/13	土	丁未	満	天河水	井
5日	05/14	日	戊申	平	大駅土	鬼
6日	05/15	月	己酉	定	大駅土	柳
7日	05/16	火	庚戌	執	釵釧金	星
8日	05/17	水	辛亥	破	釵釧金	張
9日	05/18	木	壬子	危	桑柘木	翼
10日	05/19	金	癸丑	成	桑柘木	軫
11日	05/20	土	甲寅	納	大溪水	角
12日△	05/21	日	乙卯	開	大溪水	亢
13日	05/22	月	丙辰	閉	沙中土	氐
14日	05/23	火	丁巳	建	沙中土	房
15日	05/24	水	戊午	除	天上火	心
16日	05/25	木	己未	満	天上火	尾
17日	05/26	金	庚申	平	柘榴木	箕
18日	05/27	土	辛酉	定	柘榴木	斗
19日	05/28	日	壬戌	執	大海水	女
20日	05/29	月	癸亥	破	大海水	虚
21日	05/30	火	甲子	危	海中金	危
22日▽	05/31	水	乙丑	成	海中金	室
23日	06/01	木	丙寅	納	爐中火	壁
24日	06/02	金	丁卯	開	爐中火	奎
25日	06/03	土	戊辰	閉	大林木	婁
26日	06/04	日	己巳	建	大林木	胃
27日	06/05	月	庚午	除	路傍土	昴
28日	06/06	火	辛未	満	路傍土	畢
29日	06/07	水	壬申	平	釵鋒金	觜

【五月小 壬午 参】

節気 芒種 2日・夏至 17日
雑節 入梅 10日・半夏生 27日

日	日付	曜	干支	直	納音	宿
1日	06/08	木	癸酉	定	釵鋒金	参
2日	06/09	金	甲戌	定	山頭火	井
3日	06/10	土	乙亥	破	山頭火	鬼
4日	06/11	日	丙子	破	澗下水	柳
5日	06/12	月	丁丑	危	澗下水	星
6日	06/13	火	戊寅	成	城頭土	張
7日	06/14	水	己卯	納	城頭土	翼
8日	06/15	木	庚辰	開	白鑞金	軫
9日	06/16	金	辛巳	閉	白鑞金	角
10日	06/17	土	壬午	建	楊柳木	亢
11日	06/18	日	癸未	除	楊柳木	氐
12日	06/19	月	甲申	満	井泉水	房
13日	06/20	火	乙酉	平	井泉水	心
14日	06/21	水	丙戌	定	屋上土	尾
15日	06/22	木	丁亥	執	屋上土	箕
16日	06/23	金	戊子	破	霹靂火	斗
17日	06/24	土	己丑	危	霹靂火	女
18日	06/25	日	庚寅	成	松柏木	虚
19日	06/26	月	辛卯	納	松柏木	危
20日	06/27	火	壬辰	開	長流水	室
21日	06/28	水	癸巳	閉	長流水	壁
22日	06/29	木	甲午	建	沙中金	奎
23日	06/30	金	乙未	除	沙中金	婁
24日	07/01	土	丙申	満	山下火	胃
25日	07/02	日	丁酉	平	山下火	昴
26日	07/03	月	戊戌	定	平地木	畢
27日	07/04	火	己亥	執	平地木	觜
28日	07/05	水	庚子	破	壁上土	参
29日	07/06	木	辛丑	危	壁上土	井

【六月大 癸未 鬼】

節気 小暑 3日・大暑 18日
雑節 土用 15日

日	日付	曜	干支	直	納音	宿
1日	07/07	金	壬寅	成	金箔金	鬼
2日	07/08	土	癸卯	納	金箔金	柳
3日	07/09	日	甲辰	開	覆燈火	星
4日	07/10	月	乙巳	閉	覆燈火	張
5日	07/11	火	丙午	建	天河水	翼
6日	07/12	水	丁未	除	天河水	軫
7日	07/13	木	戊申	満	大駅土	角
8日	07/14	金	己酉	平	大駅土	亢
9日	07/15	土	庚戌	定	釵釧金	氐
10日	07/16	日	辛亥	執	釵釧金	房
11日	07/17	月	壬子	破	桑柘木	心
12日	07/18	火	癸丑	危	桑柘木	尾
13日	07/19	水	甲寅	成	大溪水	箕
14日	07/20	木	乙卯	納	大溪水	斗
15日	07/21	金	丙辰	開	沙中土	女
16日	07/22	土	丁巳	閉	沙中土	虚
17日	07/23	日	戊午	建	天上火	危
18日	07/24	月	己未	除	天上火	室
19日	07/25	火	庚申	満	柘榴木	壁
20日	07/26	水	辛酉	平	柘榴木	奎
21日	07/27	木	壬戌	定	大海水	婁
22日	07/28	金	癸亥	執	大海水	胃
23日△	07/29	土	甲子	破	海中金	昴
24日	07/30	日	乙丑	危	海中金	畢
25日	07/31	月	丙寅	成	爐中火	觜
26日	08/01	火	丁卯	納	爐中火	参
27日▽	08/02	水	戊辰	開	大林木	井
28日	08/03	木	己巳	閉	大林木	鬼
29日	08/04	金	庚午	建	路傍土	柳
30日	08/05	土	辛未	建	路傍土	星

文禄4年

西暦　曜　干支　直　納音　宿

【七月小 甲申 張】
節気 立秋 4日・処暑 19日

日	西暦	曜	干支	直	納音	宿
1日	08/06	日	壬申	除	釼鋒金	張
2日	08/07	月	癸酉	満	釼鋒金	翼
3日	08/08	火	甲戌	平	山頭火	軫
4日	08/09	水	乙亥	平	山頭火	角
5日	08/10	木	丙子	定	澗下水	亢
6日	08/11	金	丁丑	執	澗下水	氐
7日	08/12	土	戊寅	破	城頭土	房
8日	08/13	日	己卯	危	城頭土	心
9日	08/14	月	庚辰	成	白鑞金	尾
10日	08/15	火	辛巳	納	白鑞金	箕
11日	08/16	水	壬午	開	楊柳木	斗
12日	08/17	木	癸未	閉	楊柳木	女
13日	08/18	金	甲申	建	井泉水	虚
14日	08/19	土	乙酉	除	井泉水	危
15日	08/20	日	丙戌	満	屋上土	室
16日	08/21	月	丁亥	平	屋上土	壁
17日	08/22	火	戊子	定	霹靂火	奎
18日	08/23	水	己丑	執	霹靂火	婁
19日	08/24	木	庚寅	破	松柏木	胃
20日	08/25	金	辛卯	危	松柏木	昴
21日	08/26	土	壬辰	成	長流水	畢
22日	08/27	日	癸巳	納	長流水	觜
23日	08/28	月	甲午	開	沙中金	参
24日	08/29	火	乙未	閉	沙中金	井
25日	08/30	水	丙申	建	山下火	鬼
26日	08/31	木	丁酉	除	山下火	柳
27日	09/01	金	戊戌	満	平地木	星
28日	09/02	土	己亥	平	平地木	張
29日	09/03	日	庚子	定	壁上土	翼

【八月大 乙酉 角】
節気 白露 5日・秋分 20日
雑節 二百十日 1日・社日 18日・彼岸 22日

日	西暦	曜	干支	直	納音	宿
1日	09/04	月	辛丑	執	壁上土	角
2日	09/05	火	壬寅	破	金箔金	亢
3日	09/06	水	癸卯	危	金箔金	氐
4日	09/07	木	甲辰	成	覆燈火	房
5日	09/08	金	乙巳	成	覆燈火	心
6日	09/09	土	丙午	納	天河水	尾
7日	09/10	日	丁未	開	天河水	箕
8日	09/11	月	戊申	閉	大駅土	斗
9日	09/12	火	己酉	建	大駅土	女
10日	09/13	水	庚戌	除	釵釧金	虚
11日	09/14	木	辛亥	満	釵釧金	危
12日	09/15	金	壬子	平	桑柘木	室
13日	09/16	土	癸丑	定	桑柘木	壁
14日	09/17	日	甲寅	執	大溪水	奎
15日	09/18	月	乙卯	破	大溪水	婁
16日	09/19	火	丙辰	危	沙中土	胃
17日	09/20	水	丁巳	成	沙中土	昴
18日	09/21	木	戊午	納	天上火	畢
19日	09/22	金	己未	開	天上火	觜
20日	09/23	土	庚申	閉	柘榴木	参
21日	09/24	日	辛酉	建	柘榴木	井
22日	09/25	月	壬戌	除	大海水	鬼
23日	09/26	火	癸亥	満	大海水	柳
24日	09/27	水	甲子	平	海中金	星
25日	09/28	木	乙丑	定	海中金	張
26日	09/29	金	丙寅	執	爐中火	翼
27日	09/30	土	丁卯	破	爐中火	軫
28日	10/01	日	戊辰	危	大林木	角
29日	10/02	月	己巳	成	大林木	亢
30日	10/03	火	庚午	納	路傍土	氐

【九月小 丙戌 房】
節気 寒露 6日・霜降 21日
雑節 土用 18日

日	西暦	曜	干支	直	納音	宿
1日▽	10/04	水	辛未	開	路傍土	房
2日	10/05	木	壬申	閉	釼鋒金	心
3日	10/06	金	癸酉	建	釼鋒金	尾
4日△	10/07	土	甲戌	除	山頭火	箕
5日	10/08	日	乙亥	満	山頭火	斗
6日	10/09	月	丙子	満	澗下水	女
7日	10/10	火	丁丑	平	澗下水	虚
8日	10/11	水	戊寅	定	城頭土	危
9日	10/12	木	己卯	執	城頭土	室
10日	10/13	金	庚辰	破	白鑞金	壁
11日	10/14	土	辛巳	危	白鑞金	奎
12日	10/15	日	壬午	成	楊柳木	婁
13日	10/16	月	癸未	納	楊柳木	胃
14日	10/17	火	甲申	開	井泉水	昴
15日	10/18	水	乙酉	閉	井泉水	畢
16日	10/19	木	丙戌	建	屋上土	觜
17日	10/20	金	丁亥	除	屋上土	参
18日	10/21	土	戊子	満	霹靂火	井
19日	10/22	日	己丑	平	霹靂火	鬼
20日	10/23	月	庚寅	定	松柏木	柳
21日	10/24	火	辛卯	執	松柏木	星
22日	10/25	水	壬辰	破	長流水	張
23日	10/26	木	癸巳	危	長流水	翼
24日	10/27	金	甲午	成	沙中金	軫
25日	10/28	土	乙未	納	沙中金	角
26日	10/29	日	丙申	開	山下火	亢
27日	10/30	月	丁酉	閉	山下火	氐
28日	10/31	火	戊戌	建	平地木	房
29日	11/01	水	己亥	除	平地木	心

【十月小 丁亥 尾】
節気 立冬 7日・小雪 22日

日	西暦	曜	干支	直	納音	宿
1日	11/02	木	庚子	満	壁上土	尾
2日	11/03	金	辛丑	平	壁上土	箕
3日	11/04	土	壬寅	定	金箔金	斗
4日	11/05	日	癸卯	執	金箔金	女
5日	11/06	月	甲辰	破	覆燈火	虚
6日	11/07	火	乙巳	危	覆燈火	危
7日	11/08	水	丙午	危	天河水	室
8日	11/09	木	丁未	成	天河水	壁
9日	11/10	金	戊申	納	大駅土	奎
10日	11/11	土	己酉	開	大駅土	婁
11日	11/12	日	庚戌	閉	釵釧金	胃
12日	11/13	月	辛亥	建	釵釧金	昴
13日	11/14	火	壬子	除	桑柘木	畢
14日	11/15	水	癸丑	満	桑柘木	觜
15日	11/16	木	甲寅	平	大溪水	参
16日	11/17	金	乙卯	定	大溪水	井
17日	11/18	土	丙辰	執	沙中土	鬼
18日	11/19	日	丁巳	破	沙中土	柳
19日	11/20	月	戊午	危	天上火	星
20日	11/21	火	己未	成	天上火	張
21日	11/22	水	庚申	納	柘榴木	翼
22日	11/23	木	辛酉	開	柘榴木	軫
23日	11/24	金	壬戌	閉	大海水	角
24日	11/25	土	癸亥	建	大海水	亢
25日	11/26	日	甲子	除	海中金	氐
26日	11/27	月	乙丑	満	海中金	房
27日	11/28	火	丙寅	平	爐中火	心
28日	11/29	水	丁卯	定	爐中火	尾
29日	11/30	木	戊辰	執	大林木	箕

【十一月大 戊子 斗】
節気 大雪 8日・冬至 24日

日	西暦	曜	干支	直	納音	宿
1日	12/01	金	己巳	破	大林木	斗
2日	12/02	土	庚午	危	路傍土	女
3日	12/03	日	辛未	成	路傍土	虚
4日	12/04	月	壬申	納	釼鋒金	危
5日	12/05	火	癸酉	開	釼鋒金	室
6日▽	12/06	水	甲戌	閉	山頭火	壁
7日	12/07	木	乙亥	建	山頭火	奎
8日	12/08	金	丙子	建	澗下水	婁
9日	12/09	土	丁丑	除	澗下水	胃
10日	12/10	日	戊寅	満	城頭土	昴
11日	12/11	月	己卯	平	城頭土	畢
12日	12/12	火	庚辰	定	白鑞金	觜
13日	12/13	水	辛巳	執	白鑞金	参
14日	12/14	木	壬午	破	楊柳木	井
15日	12/15	金	癸未	危	楊柳木	鬼
16日△	12/16	土	甲申	成	井泉水	柳
17日	12/17	日	乙酉	納	井泉水	星
18日	12/18	月	丙戌	開	屋上土	張
19日	12/19	火	丁亥	閉	屋上土	翼
20日	12/20	水	戊子	建	霹靂火	軫
21日	12/21	木	己丑	除	霹靂火	角
22日	12/22	金	庚寅	満	松柏木	亢
23日	12/23	土	辛卯	平	松柏木	氐
24日	12/24	日	壬辰	定	長流水	房
25日	12/25	月	癸巳	執	長流水	心
26日	12/26	火	甲午	破	沙中金	尾
27日	12/27	水	乙未	危	沙中金	箕
28日	12/28	木	丙申	成	山下火	斗
29日	12/29	金	丁酉	納	山下火	女
30日	12/30	土	戊戌	開	平地木	虚

【十二月大 己丑 虚】
節気 小寒 9日・大寒 24日
雑節 土用 21日

日	西暦	曜	干支	直	納音	宿
1日	12/31	日	己亥	閉	平地木	虚
2日	01/01	月	庚子	建	壁上土	危
3日	01/02	火	辛丑	除	壁上土	室
4日	01/03	水	壬寅	満	金箔金	壁
5日	01/04	木	癸卯	平	金箔金	奎
6日	01/05	金	甲辰	定	覆燈火	婁
7日	01/06	土	乙巳	執	覆燈火	胃
8日	01/07	日	丙午	破	天河水	昴
9日	01/08	月	丁未	破	天河水	畢
10日	01/09	火	戊申	危	大駅土	觜
11日	01/10	水	己酉	成	大駅土	参
12日	01/11	木	庚戌	納	釵釧金	井
13日	01/12	金	辛亥	開	釵釧金	鬼
14日	01/13	土	壬子	閉	桑柘木	柳
15日	01/14	日	癸丑	建	桑柘木	星
16日	01/15	月	甲寅	除	大溪水	張
17日	01/16	火	乙卯	満	大溪水	翼
18日	01/17	水	丙辰	平	沙中土	軫
19日	01/18	木	丁巳	定	沙中土	角
20日	01/19	金	戊午	執	天上火	亢
21日	01/20	土	己未	破	天上火	氐
22日	01/21	日	庚申	危	柘榴木	房
23日	01/22	月	辛酉	成	柘榴木	心
24日	01/23	火	壬戌	納	大海水	尾
25日	01/24	水	癸亥	開	大海水	箕
26日	01/25	木	甲子	閉	海中金	斗
27日	01/26	金	乙丑	建	海中金	女
28日	01/27	土	丙寅	除	爐中火	虚
29日	01/28	日	丁卯	満	爐中火	危
30日	01/29	月	戊辰	平	大林木	室

※ 2日（01/01）より 1596年

慶長元年〔文禄5年〕

1596～1597　丙申
※改元＝10月27日

【正月小 庚寅 室】

節気　立春 9日・雨水 24日
雑節　節分 8日

日	日付	曜	干支	十二直	納音	宿
1日	01/30	火	己巳	定	大林木	室
2日	01/31	水	庚午	執	路傍土	壁
3日	02/01	木	辛未	破	路傍土	奎
4日	02/02	金	壬申	危	釼鋒金	婁
5日	02/03	土	癸酉	成	釼鋒金	胃
6日	02/04	日	甲戌	納	山頭火	昴
7日	02/05	月	乙亥	開	山頭火	畢
8日	02/06	火	丙子	閉	澗下水	觜
9日▽	02/07	水	丁丑	閉	澗下水	参
10日	02/08	木	戊寅	建	城頭土	井
11日	02/09	金	己卯	除	城頭土	鬼
12日	02/10	土	庚辰	満	白鑞金	柳
13日	02/11	日	辛巳	平	白鑞金	星
14日	02/12	月	壬午	定	楊柳木	張
15日	02/13	火	癸未	執	楊柳木	翼
16日	02/14	水	甲申	破	井泉水	軫
17日	02/15	木	乙酉	危	井泉水	角
18日	02/16	金	丙戌	成	屋上土	亢
19日	02/17	土	丁亥	納	屋上土	氐
20日	02/18	日	戊子	開	霹靂火	房
21日	02/19	月	己丑	閉	霹靂火	心
22日	02/20	火	庚寅	建	松柏木	尾
23日	02/21	水	辛卯	除	松柏木	箕
24日	02/22	木	壬辰	満	長流水	斗
25日△	02/23	金	癸巳	平	長流水	女
26日	02/24	土	甲午	定	沙中金	虚
27日	02/25	日	乙未	執	沙中金	危
28日	02/26	月	丙申	破	山下火	室
29日	02/27	火	丁酉	危	山下火	壁

【二月大 辛卯 奎】

節気　啓蟄 11日・春分 26日
雑節　社日 21日・彼岸 28日

日	日付	曜	干支	十二直	納音	宿
1日	02/28	水	戊戌	成	平地木	奎
2日	02/29	木	己亥	納	平地木	婁
3日	03/01	金	庚子	開	壁上土	胃
4日	03/02	土	辛丑	閉	壁上土	昴
5日	03/03	日	壬寅	建	金箔金	畢
6日	03/04	月	癸卯	除	金箔金	觜
7日	03/05	火	甲辰	満	覆燈火	参
8日	03/06	水	乙巳	平	覆燈火	井
9日	03/07	木	丙午	定	天河水	鬼
10日	03/08	金	丁未	執	天河水	柳
11日	03/09	土	戊申	執	大駅土	星
12日	03/10	日	己酉	破	大駅土	張
13日	03/11	月	庚戌	危	釵釧金	翼
14日	03/12	火	辛亥	成	釵釧金	軫
15日	03/13	水	壬子	納	桑柘木	角
16日	03/14	木	癸丑	開	桑柘木	亢
17日	03/15	金	甲寅	閉	大溪水	氐
18日	03/16	土	乙卯	建	大溪水	房
19日	03/17	日	丙辰	除	沙中土	心
20日	03/18	月	丁巳	満	沙中土	尾
21日	03/19	火	戊午	平	天上火	箕
22日	03/20	水	己未	定	天上火	斗
23日	03/21	木	庚申	執	柘榴木	女
24日	03/22	金	辛酉	破	柘榴木	虚
25日	03/23	土	壬戌	危	大海水	危
26日	03/24	日	癸亥	成	大海水	室
27日	03/25	月	甲子	納	海中金	壁
28日	03/26	火	乙丑	開	海中金	奎
29日	03/27	水	丙寅	閉	爐中火	婁
30日	03/28	木	丁卯	建	爐中火	胃

【三月大 壬辰 昴】

節気　清明 11日・穀雨 26日
雑節　土用 23日

日	日付	曜	干支	十二直	納音	宿
1日	03/29	金	戊辰	除	大林木	昴
2日	03/30	土	己巳	満	大林木	畢
3日	03/31	日	庚午	平	路傍土	觜
4日	04/01	月	辛未	定	路傍土	参
5日	04/02	火	壬申	執	釼鋒金	井
6日	04/03	水	癸酉	破	釼鋒金	鬼
7日	04/04	木	甲戌	危	山頭火	柳
8日	04/05	金	乙亥	成	山頭火	星
9日	04/06	土	丙子	納	澗下水	張
10日	04/07	日	丁丑	開	澗下水	翼
11日	04/08	月	戊寅	開	城頭土	軫
12日	04/09	火	己卯	閉	城頭土	角
13日▽	04/10	水	庚辰	建	白鑞金	亢
14日	04/11	木	辛巳	除	白鑞金	氐
15日	04/12	金	壬午	満	楊柳木	房
16日	04/13	土	癸未	平	楊柳木	心
17日	04/14	日	甲申	定	井泉水	尾
18日	04/15	月	乙酉	執	井泉水	箕
19日	04/16	火	丙戌	破	屋上土	斗
20日	04/17	水	丁亥	危	屋上土	女
21日	04/18	木	戊子	成	霹靂火	虚
22日	04/19	金	己丑	納	霹靂火	危
23日	04/20	土	庚寅	開	松柏木	室
24日	04/21	日	辛卯	閉	松柏木	壁
25日	04/22	月	壬辰	建	長流水	奎
26日	04/23	火	癸巳	除	長流水	婁
27日	04/24	水	甲午	満	沙中金	胃
28日	04/25	木	乙未	平	沙中金	昴
29日	04/26	金	丙申	定	山下火	畢
30日	04/27	土	丁酉	執	山下火	觜

【四月小 癸巳 参】

節気　立夏 12日・小満 27日
雑節　八十八夜 7日

日	日付	曜	干支	十二直	納音	宿
1日	04/28	日	戊戌	破	平地木	参
2日	04/29	月	己亥	危	平地木	井
3日	04/30	火	庚子	成	壁上土	鬼
4日	05/01	水	辛丑	納	壁上土	柳
5日	05/02	木	壬寅	開	金箔金	星
6日△	05/03	金	癸卯	閉	金箔金	張
7日	05/04	土	甲辰	建	覆燈火	翼
8日	05/05	日	乙巳	除	覆燈火	軫
9日	05/06	月	丙午	満	天河水	角
10日	05/07	火	丁未	平	天河水	亢
11日	05/08	水	戊申	定	大駅土	氐
12日	05/09	木	己酉	定	大駅土	房
13日	05/10	金	庚戌	執	釵釧金	心
14日	05/11	土	辛亥	破	釵釧金	尾
15日	05/12	日	壬子	危	桑柘木	箕
16日	05/13	月	癸丑	成	桑柘木	斗
17日	05/14	火	甲寅	納	大溪水	女
18日	05/15	水	乙卯	開	大溪水	虚
19日	05/16	木	丙辰	閉	沙中土	危
20日	05/17	金	丁巳	建	沙中土	室
21日	05/18	土	戊午	除	天上火	壁
22日	05/19	日	己未	満	天上火	奎
23日	05/20	月	庚申	平	柘榴木	婁
24日	05/21	火	辛酉	定	柘榴木	胃
25日	05/22	水	壬戌	執	大海水	昴
26日	05/23	木	癸亥	破	大海水	畢
27日	05/24	金	甲子	危	海中金	觜
28日	05/25	土	乙丑	成	海中金	参
29日	05/26	日	丙寅	納	爐中火	井

【五月大 甲午 鬼】

節気　芒種 13日・夏至 28日
雑節　入梅 16日

日	日付	曜	干支	十二直	納音	宿
1日	05/27	月	丁卯	開	爐中火	鬼
2日	05/28	火	戊辰	閉	大林木	柳
3日	05/29	水	己巳	建	大林木	星
4日	05/30	木	庚午	除	路傍土	張
5日	05/31	金	辛未	満	路傍土	翼
6日	06/01	土	壬申	平	釼鋒金	軫
7日	06/02	日	癸酉	定	釼鋒金	角
8日	06/03	月	甲戌	執	山頭火	亢
9日	06/04	火	乙亥	破	山頭火	氐
10日	06/05	水	丙子	危	澗下水	房
11日	06/06	木	丁丑	成	澗下水	心
12日	06/07	金	戊寅	納	城頭土	尾
13日	06/08	土	己卯	納	城頭土	箕
14日	06/09	日	庚辰	開	白鑞金	斗
15日	06/10	月	辛巳	閉	白鑞金	女
16日	06/11	火	壬午	建	楊柳木	虚
17日	06/12	水	癸未	除	楊柳木	危
18日	06/13	木	甲申	満	井泉水	室
19日	06/14	金	乙酉	平	井泉水	壁
20日	06/15	土	丙戌	定	屋上土	奎
21日	06/16	日	丁亥	執	屋上土	婁
22日	06/17	月	戊子	破	霹靂火	胃
23日	06/18	火	己丑	危	霹靂火	昴
24日	06/19	水	庚寅	成	松柏木	畢
25日	06/20	木	辛卯	納	松柏木	觜
26日	06/21	金	壬辰	開	長流水	参
27日	06/22	土	癸巳	閉	長流水	井
28日	06/23	日	甲午	建	沙中金	鬼
29日	06/24	月	乙未	除	沙中金	柳
30日	06/25	火	丙申	満	山下火	星

【六月小 乙未 張】

節気　小暑 13日・大暑 29日
雑節　半夏生 8日・土用 26日

日	日付	曜	干支	十二直	納音	宿
1日	06/26	水	丁酉	平	山下火	張
2日	06/27	木	戊戌	定	平地木	翼
3日	06/28	金	己亥	執	平地木	軫
4日	06/29	土	庚子	破	壁上土	角
5日	06/30	日	辛丑	危	壁上土	亢
6日	07/01	月	壬寅	成	金箔金	氐
7日	07/02	火	癸卯	納	金箔金	房
8日	07/03	水	甲辰	開	覆燈火	心
9日	07/04	木	乙巳	閉	覆燈火	尾
10日	07/05	金	丙午	建	天河水	箕
11日	07/06	土	丁未	除	天河水	斗
12日	07/07	日	戊申	満	大駅土	女
13日	07/08	月	己酉	満	大駅土	虚
14日	07/09	火	庚戌	平	釵釧金	危
15日	07/10	水	辛亥	定	釵釧金	室
16日	07/11	木	壬子	執	桑柘木	壁
17日▽	07/12	金	癸丑	破	桑柘木	奎
18日	07/13	土	甲寅	危	大溪水	婁
19日	07/14	日	乙卯	成	大溪水	胃
20日	07/15	月	丙辰	納	沙中土	昴
21日	07/16	火	丁巳	開	沙中土	畢
22日	07/17	水	戊午	閉	天上火	觜
23日	07/18	木	己未	建	天上火	参
24日	07/19	金	庚申	除	柘榴木	井
25日	07/20	土	辛酉	満	柘榴木	鬼
26日	07/21	日	壬戌	平	大海水	柳
27日	07/22	月	癸亥	定	大海水	星
28日	07/23	火	甲子	執	海中金	張
29日	07/24	水	乙丑	破	海中金	翼

【七月大 丙申 軫】

節気　立秋 15日・処暑 30日

日	日付	曜	干支	十二直	納音	宿
1日	07/25	木	丙寅	危	爐中火	軫
2日	07/26	金	丁卯	成	爐中火	角
3日	07/27	土	戊辰	納	大林木	亢
4日	07/28	日	己巳	開	大林木	氐
5日	07/29	月	庚午	閉	路傍土	房
6日	07/30	火	辛未	建	路傍土	心
7日	07/31	水	壬申	除	釼鋒金	尾
8日	08/01	木	癸酉	満	釼鋒金	箕
9日	08/02	金	甲戌	平	山頭火	斗
10日	08/03	土	乙亥	定	山頭火	女
11日	08/04	日	丙子	執	澗下水	虚
12日	08/05	月	丁丑	破	澗下水	危
13日	08/06	火	戊寅	危	城頭土	室
14日	08/07	水	己卯	成	城頭土	壁

西暦 曜 干支 直 納音 宿　　　　　　　　　慶長元年〔文禄5年〕

	西暦	曜	干支	直	納音	宿
15日	08/08	木	庚辰	成	白鑞金	室
16日	08/09	金	辛巳	納	白鑞金	壁
17日	08/10	土	壬午	開	楊柳木	奎
18日	08/11	日	癸未	閉	楊柳木	婁
19日	08/12	月	甲申	建	井泉水	胃
20日	08/13	火	乙酉	除	井泉水	昴
21日▽	08/14	水	丙戌	平	屋上土	畢
22日	08/15	木	丁亥	定	屋上土	觜
23日	08/16	金	戊子	定	霹靂火	参
24日	08/17	土	己丑	執	霹靂火	井
25日	08/18	日	庚寅	破	松柏木	鬼
26日	08/19	月	辛卯	危	松柏木	柳
27日	08/20	火	壬辰	納	長流水	星
28日	08/21	水	癸巳	納	長流水	張
29日	08/22	木	甲午	開	沙中金	翼
30日	08/23	金	乙未	閉	沙中金	軫

【閏七月小 丙申 張】
節気 白露 15日
雑節 二百十日 11日

1日	08/24	土	丙申	建	山下火	張
2日	08/25	日	丁酉	除	山下火	翼
3日	08/26	月	戊戌	満	平地木	軫
4日	08/27	火	己亥	平	平地木	角
5日	08/28	水	庚子	執	壁上土	亢
6日	08/29	木	辛丑	執	壁上土	氐
7日	08/30	金	壬寅	破	金箔金	房
8日	08/31	土	癸卯	成	金箔金	心
9日	09/01	日	甲辰	納	覆燈火	尾
10日	09/02	月	乙巳	納	覆燈火	箕
11日	09/03	火	丙午	開	天河水	斗
12日	09/04	水	丁未	閉	天河水	女
13日	09/05	木	戊申	建	大駅土	虚
14日	09/06	金	己酉	除	大駅土	危
15日	09/07	土	庚戌	満	釵釧金	室
16日	09/08	日	辛亥	満	釵釧金	壁
17日	09/09	月	壬子	平	桑柘木	奎
18日	09/10	火	癸丑	定	桑柘木	婁
19日	09/11	水	甲寅	執	大渓水	胃
20日	09/12	木	乙卯	破	大渓水	昴
21日	09/13	金	丙辰	危	沙中土	畢
22日	09/14	土	丁巳	成	沙中土	觜
23日	09/15	日	戊午	納	天上火	参
24日	09/16	月	己未	開	天上火	井
25日	09/17	火	庚申	閉	柘榴木	鬼
26日	09/18	水	辛酉	建	柘榴木	柳
27日△	09/19	木	壬戌	除	大海水	星
28日	09/20	金	癸亥	満	大海水	張
29日	09/21	土	甲子	平	海中金	翼

【八月大 丁酉 角】
節気 秋分 2日・寒露 17日
雑節 彼岸 4日・社日 4日・土用 29日

1日	09/22	日	乙丑	定	海中金	角
2日	09/23	月	丙寅	執	炉中火	亢
3日	09/24	火	丁卯	破	炉中火	氐
4日	09/25	水	戊辰	危	大林木	房
5日	09/26	木	己巳	成	大林木	心
6日	09/27	金	庚午	納	路傍土	尾
7日	09/28	土	辛未	開	路傍土	箕
8日	09/29	日	壬申	閉	剣鋒金	斗
9日	09/30	月	癸酉	建	剣鋒金	女
10日	10/01	火	甲戌	除	山頭火	虚
11日	10/02	水	乙亥	満	山頭火	危
12日	10/03	木	丙子	平	澗下水	室
13日	10/04	金	丁丑	定	澗下水	壁
14日	10/05	土	戊寅	執	城頭土	奎
15日	10/06	日	己卯	破	城頭土	婁
16日	10/07	月	庚辰	危	白鑞金	胃
17日	10/08	火	辛巳	成	白鑞金	昴
18日	10/09	水	壬午	納	楊柳木	畢
19日	10/10	木	癸未	納	楊柳木	觜
20日	10/11	金	甲申	開	井泉水	参

21日	10/12	土	乙酉	閉	井泉水	井
22日	10/13	日	丙戌	建	屋上土	鬼
23日	10/14	月	丁亥	除	屋上土	柳
24日	10/15	火	戊子	満	霹靂火	星
25日▽	10/16	水	己丑	定	霹靂火	張
26日	10/17	木	庚寅	定	松柏木	翼
27日	10/18	金	辛卯	執	松柏木	軫
28日	10/19	土	壬辰	破	長流水	角
29日	10/20	日	癸巳	危	長流水	亢
30日	10/21	月	甲午	成	沙中金	氐

【九月小 戊戌 氐】
節気 霜降 2日・立冬 17日

1日	10/22	火	乙未	納	沙中金	氐
2日	10/23	水	丙申	開	山下火	房
3日	10/24	木	丁酉	閉	山下火	心
4日	10/25	金	戊戌	建	平地木	尾
5日	10/26	土	己亥	除	平地木	箕
6日	10/27	日	庚子	満	壁上土	斗
7日	10/28	月	辛丑	平	壁上土	女
8日	10/29	火	壬寅	定	金箔金	虚
9日	10/30	水	癸卯	執	金箔金	危
10日	10/31	木	甲辰	破	覆燈火	室
11日	11/01	金	乙巳	危	覆燈火	壁
12日	11/02	土	丙午	成	天河水	奎
13日	11/03	日	丁未	納	天河水	婁
14日	11/04	月	戊申	開	大駅土	胃
15日	11/05	火	己酉	閉	大駅土	昴
16日	11/06	水	庚戌	建	釵釧金	畢
17日	11/07	木	辛亥	建	釵釧金	觜
18日	11/08	金	壬子	満	桑柘木	参
19日	11/09	土	癸丑	平	桑柘木	井
20日	11/10	日	甲寅	定	大渓水	鬼
21日	11/11	月	乙卯	執	大渓水	柳
22日	11/12	火	丙辰	破	沙中土	星
23日	11/13	水	丁巳	危	沙中土	張
24日	11/14	木	戊午	成	天上火	翼
25日	11/15	金	己未	納	天上火	軫
26日	11/16	土	庚申	開	柘榴木	角
27日	11/17	日	辛酉	閉	柘榴木	亢
28日	11/18	月	壬戌	建	大海水	氐
29日	11/19	火	癸亥	建	大海水	房

【十月大 己亥 心】
節気 小雪 3日・大雪 19日

1日	11/20	水	甲子	満	海中金	心
2日	11/21	木	乙丑	平	海中金	尾
3日	11/22	金	丙寅	平	炉中火	箕
4日	11/23	土	丁卯	執	炉中火	斗
5日	11/24	日	戊辰	執	大林木	女
6日	11/25	月	己巳	破	大林木	虚
7日	11/26	火	庚午	危	路傍土	危
8日	11/27	水	辛未	成	路傍土	室
9日△	11/28	木	壬申	納	剣鋒金	壁
10日	11/29	金	癸酉	開	剣鋒金	奎
11日	11/30	土	甲戌	閉	山頭火	婁
12日	12/01	日	乙亥	建	山頭火	胃
13日	12/02	月	丙子	除	澗下水	昴
14日	12/03	火	丁丑	満	澗下水	畢
15日	12/04	水	戊寅	平	城頭土	觜
16日	12/05	木	己卯	定	城頭土	参
17日	12/06	金	庚辰	執	白鑞金	井
18日	12/07	土	辛巳	破	白鑞金	鬼
19日	12/08	日	壬午	危	楊柳木	柳
20日	12/09	月	癸未	成	楊柳木	星
21日	12/10	火	甲申	納	井泉水	張
22日	12/11	水	乙酉	開	井泉水	翼
23日	12/12	木	丙戌	閉	屋上土	軫
24日	12/13	金	丁亥	建	屋上土	角
25日	12/14	土	戊子	除	霹靂火	亢
26日	12/15	日	己丑	満	霹靂火	氐
27日	12/16	月	庚寅	満	松柏木	房

*改元(文禄5年→慶長元年)

28日▽	12/17	火	辛卯	平	松柏木	心
29日	12/18	水	壬辰	定	長流水	尾
30日	12/19	木	癸巳	執	長流水	箕

【十一月小 庚子 斗】
節気 冬至 4日・小寒 19日

1日	12/20	金	甲午	破	沙中金	斗
2日	12/21	土	乙未	危	沙中金	女
3日	12/22	日	丙申	成	山下火	虚
4日	12/23	月	丁酉	納	山下火	危
5日	12/24	火	戊戌	開	平地木	室
6日	12/25	水	己亥	閉	平地木	壁
7日	12/26	木	庚子	建	壁上土	奎
8日	12/27	金	辛丑	除	壁上土	婁
9日	12/28	土	壬寅	満	金箔金	胃
10日	12/29	日	癸卯	平	金箔金	昴
11日	12/30	月	甲辰	定	覆燈火	畢
12日	12/31	火	乙巳	執	覆燈火	觜

1597年

13日	01/01	水	丙午	破	天河水	参
14日	01/02	木	丁未	危	天河水	井
15日	01/03	金	戊申	成	大駅土	鬼
16日	01/04	土	己酉	納	大駅土	柳
17日	01/05	日	庚戌	開	釵釧金	星
18日	01/06	月	辛亥	閉	釵釧金	張
19日	01/07	火	壬子	建	桑柘木	翼
20日	01/08	水	癸丑	除	桑柘木	軫
21日	01/09	木	甲寅	除	大渓水	角
22日	01/10	金	乙卯	満	大渓水	亢
23日	01/11	土	丙辰	平	沙中土	氐
24日	01/12	日	丁巳	定	沙中土	房
25日	01/13	月	戊午	執	天上火	心
26日	01/14	火	己未	破	天上火	尾
27日	01/15	水	庚申	危	柘榴木	箕
28日	01/16	木	辛酉	成	柘榴木	斗
29日	01/17	金	壬戌	納	大海水	女

【十二月大 辛丑 虚】
節気 大寒 5日・立春 21日
雑節 土用 2日・節分 20日

1日	01/18	土	癸亥	開	大海水	虚
2日	01/19	日	甲子	閉	海中金	危
3日	01/20	月	乙丑	建	海中金	室
4日	01/21	火	丙寅	除	炉中火	壁
5日	01/22	水	丁卯	満	炉中火	奎
6日	01/23	木	戊辰	平	大林木	婁
7日	01/24	金	己巳	定	大林木	胃
8日	01/25	土	庚午	執	路傍土	昴
9日	01/26	日	辛未	破	路傍土	畢
10日	01/27	月	壬申	危	剣鋒金	觜
11日	01/28	火	癸酉	成	剣鋒金	参
12日	01/29	水	甲戌	納	山頭火	井
13日	01/30	木	乙亥	開	山頭火	鬼
14日	01/31	金	丙子	閉	澗下水	柳
15日	02/01	土	丁丑	建	澗下水	星
16日	02/02	日	戊寅	除	城頭土	張
17日	02/03	月	己卯	満	城頭土	翼
18日	02/04	火	庚辰	平	白鑞金	軫
19日	02/05	水	辛巳	定	白鑞金	角
20日△	02/06	木	壬午	執	楊柳木	亢
21日	02/07	金	癸未	破	楊柳木	氐
22日	02/08	土	甲申	破	井泉水	房
23日	02/09	日	乙酉	危	井泉水	心
24日	02/10	月	丙戌	成	屋上土	尾
25日	02/11	火	丁亥	納	屋上土	箕
26日	02/12	水	戊子	開	霹靂火	斗
27日	02/13	木	己丑	閉	霹靂火	女
28日	02/14	金	庚寅	建	松柏木	虚
29日	02/15	土	辛卯	除	松柏木	危
30日	02/16	日	壬辰	満	長流水	室

慶長2年
1597～1598 丁酉

【正月小 壬寅 室】
節気 雨水 6日・啓蟄 21日

日	新暦	曜	干支		納音	宿
1日	02/17	月	癸巳	平	長流水	室
2日▽	02/18	火	甲午	定	沙中金	壁
3日	02/19	水	乙未	執	沙中金	奎
4日	02/20	木	丙申	破	山下火	婁
5日	02/21	金	丁酉	危	山下火	胃
6日	02/22	土	戊戌	成	平地木	昴
7日	02/23	日	己亥	納	平地木	畢
8日	02/24	月	庚子	開	壁上土	觜
9日	02/25	火	辛丑	建	金箔金	参
10日	02/26	水	壬寅	除	金箔金	井
11日	02/27	木	癸卯	満	覆燈火	鬼
12日	02/28	金	甲辰	平	覆燈火	柳
13日	03/01	土	乙巳	定	天河水	星
14日	03/02	日	丙午	執	天河水	張
15日	03/03	月	丁未	執	天河水	翼
16日	03/04	火	戊申	危	大駅土	軫
17日	03/05	水	己酉	危	大駅土	角
18日	03/06	木	庚戌	成	釵釧金	亢
19日	03/07	金	辛亥	納	桑柘木	氐
20日	03/08	土	壬子	開	桑柘木	房
21日	03/09	日	癸丑	開	桑柘木	心
22日	03/10	月	甲寅	閉	大溪水	尾
23日	03/11	火	乙卯	建	大溪水	箕
24日	03/12	水	丙辰	除	沙中土	斗
25日	03/13	木	丁巳	満	沙中土	女
26日	03/14	金	戊午	平	天上火	虚
27日	03/15	土	己未	定	天上火	危
28日	03/16	日	庚申	執	柘榴木	室
29日	03/17	月	辛酉	破	柘榴木	壁

【二月大 癸卯 奎】
節気 春分 7日・清明 22日
雑節 社日 18日・彼岸 9日

日	新暦	曜	干支		納音	宿
1日	03/18	火	壬戌	危	大海水	奎
2日	03/19	水	癸亥	成	大海水	婁
3日	03/20	木	甲子	納	海中金	胃
4日	03/21	金	乙丑	開	海中金	昴
5日	03/22	土	丙寅	閉	炉中火	畢
6日	03/23	日	丁卯	建	炉中火	觜
7日	03/24	月	戊辰	除	大林木	参
8日	03/25	火	己巳	満	大林木	井
9日	03/26	水	庚午	平	路傍土	鬼
10日	03/27	木	辛未	定	路傍土	柳
11日	03/28	金	壬申	執	釵鋒金	星
12日	03/29	土	癸酉	破	釵鋒金	張
13日	03/30	日	甲戌	危	山頭火	翼
14日	03/31	月	乙亥	成	山頭火	軫
15日	04/01	火	丙子	納	潤下水	角
16日	04/02	水	丁丑	開	潤下水	亢
17日	04/03	木	戊寅	建	城頭土	氐
18日	04/04	金	己卯	除	城頭土	房
19日	04/05	土	庚辰	満	白鑞金	心
20日	04/06	日	辛巳	平	白鑞金	尾
21日	04/07	月	壬午	定	楊柳木	箕
22日	04/08	火	癸未	平	楊柳木	斗
23日	04/09	水	甲申	定	井泉水	女
24日	04/10	木	乙酉	執	井泉水	虚
25日	04/11	金	丙戌	破	屋上土	危
26日	04/12	土	丁亥	危	屋上土	室
27日	04/13	日	戊子	成	霹靂火	壁
28日	04/14	月	己丑	納	霹靂火	奎
29日	04/15	火	庚寅	開	松柏木	婁
30日△	04/16	水	辛卯	閉	松柏木	胃

【三月小 甲辰 胃】
節気 穀雨 8日・立夏 23日
雑節 土用 5日・八十八夜 19日

日	新暦	曜	干支		納音	宿
1日	04/17	木	壬辰	建	長流水	胃
2日	04/18	金	癸巳	除	長流水	昴
3日	04/19	土	甲午	満	沙中金	畢
4日	04/20	日	乙未	平	沙中金	觜
5日	04/21	月	丙申	定	山下火	参
6日▽	04/22	火	丁酉	執	山下火	井
7日	04/23	水	戊戌	破	平地木	鬼
8日	04/24	木	己亥	危	平地木	柳
9日	04/25	金	庚子	納	壁上土	星
10日	04/26	土	辛丑	納	壁上土	張
11日	04/27	日	壬寅	開	金箔金	翼
12日	04/28	月	癸卯	閉	金箔金	軫
13日	04/29	火	甲辰	建	覆燈火	角
14日	04/30	水	乙巳	除	覆燈火	亢
15日	05/01	木	丙午	満	天河水	氐
16日	05/02	金	丁未	定	天河水	房
17日	05/03	土	戊申	執	大駅土	心
18日	05/04	日	己酉	執	大駅土	尾
19日	05/05	月	庚戌	危	釵釧金	箕
20日	05/06	火	辛亥	成	釵釧金	斗
21日	05/07	水	壬子	成	桑柘木	女
22日	05/08	木	癸丑	納	桑柘木	虚
23日	05/09	金	甲寅	開	大溪水	危
24日	05/10	土	乙卯	開	大溪水	室
25日	05/11	日	丙辰	閉	沙中土	壁
26日	05/12	月	丁巳	建	沙中土	奎
27日	05/13	火	戊午	除	天上火	婁
28日	05/14	水	己未	満	天上火	胃
29日	05/15	木	庚申	平	柘榴木	昴

【四月大 乙巳 畢】
節気 小満 9日・芒種 24日

日	新暦	曜	干支		納音	宿
1日	05/16	金	辛酉	定	柘榴木	畢
2日	05/17	土	壬戌	執	大海水	觜
3日	05/18	日	癸亥	破	大海水	参
4日	05/19	月	甲子	危	海中金	井
5日	05/20	火	乙丑	成	海中金	鬼
6日	05/21	水	丙寅	納	炉中火	柳
7日	05/22	木	丁卯	開	炉中火	星
8日	05/23	金	戊辰	閉	大林木	張
9日	05/24	土	己巳	建	大林木	翼
10日	05/25	日	庚午	除	路傍土	軫
11日	05/26	月	辛未	満	路傍土	角
12日	05/27	火	壬申	平	釵鋒金	亢
13日	05/28	水	癸酉	定	釵鋒金	氐
14日	05/29	木	甲戌	執	山頭火	房
15日	05/30	金	乙亥	破	山頭火	心
16日	05/31	土	丙子	危	潤下水	尾
17日	06/01	日	丁丑	成	潤下水	箕
18日	06/02	月	戊寅	納	城頭土	斗
19日	06/03	火	己卯	開	城頭土	女
20日	06/04	水	庚辰	閉	白鑞金	虚
21日	06/05	木	辛巳	建	白鑞金	危
22日	06/06	金	壬午	除	楊柳木	室
23日	06/07	土	癸未	満	楊柳木	壁
24日	06/08	日	甲申	平	井泉水	奎
25日	06/09	月	乙酉	平	井泉水	婁
26日	06/10	火	丙戌	定	屋上土	胃
27日	06/11	水	丁亥	執	屋上土	昴
28日	06/12	木	戊子	破	霹靂火	畢
29日	06/13	金	己丑	危	霹靂火	觜
30日	06/14	土	庚寅	成	松柏木	参

【五月大 丙午 参】
節気 夏至 9日・小暑 25日
雑節 入梅 2日・半夏生 20日

日	新暦	曜	干支		納音	宿
1日	06/15	日	辛卯	納	松柏木	参
2日	06/16	月	壬辰	開	長流水	井
3日	06/17	火	癸巳	閉	長流水	鬼
4日	06/18	水	甲午	建	沙中金	柳
5日	06/19	木	乙未	除	沙中金	星
6日	06/20	金	丙申	満	山下火	張
7日	06/21	土	丁酉	平	山下火	翼
8日	06/22	日	戊戌	定	平地木	軫
9日	06/23	月	己亥	執	平地木	角
10日▽	06/24	火	庚子	破	壁上土	亢
11日△	06/25	水	辛丑	成	壁上土	氐
12日	06/26	木	壬寅	成	金箔金	房
13日	06/27	金	癸卯	納	金箔金	心
14日	06/28	土	甲辰	開	覆燈火	尾
15日	06/29	日	乙巳	閉	覆燈火	箕
16日	06/30	月	丙午	建	天河水	斗
17日	07/01	火	丁未	除	天河水	女
18日	07/02	水	戊申	満	大駅土	虚
19日	07/03	木	己酉	平	大駅土	危
20日	07/04	金	庚戌	定	釵釧金	室
21日	07/05	土	辛亥	執	釵釧金	壁
22日	07/06	日	壬子	破	桑柘木	奎
23日	07/07	月	癸丑	危	桑柘木	婁
24日	07/08	火	甲寅	成	大溪水	胃
25日	07/09	水	乙卯	納	大溪水	昴
26日	07/10	木	丙辰	納	沙中土	畢
27日	07/11	金	丁巳	開	沙中土	觜
28日	07/12	土	戊午	閉	天上火	参
29日	07/13	日	己未	建	天上火	井
30日	07/14	月	庚申	除	柘榴木	鬼

【六月小 丁未 鬼】
節気 大暑 10日・立秋 25日
雑節 土用 7日

日	新暦	曜	干支		納音	宿
1日	07/15	火	辛酉	満	柘榴木	鬼
2日	07/16	水	壬戌	平	大海水	柳
3日	07/17	木	癸亥	定	大海水	星
4日	07/18	金	甲子	執	海中金	張
5日	07/19	土	乙丑	破	海中金	翼
6日	07/20	日	丙寅	危	炉中火	軫
7日	07/21	月	丁卯	成	炉中火	角
8日	07/22	火	戊辰	納	大林木	亢
9日	07/23	水	己巳	開	大林木	氐
10日	07/24	木	庚午	閉	路傍土	房
11日	07/25	金	辛未	建	路傍土	心
12日	07/26	土	壬申	除	釵鋒金	尾
13日	07/27	日	癸酉	満	釵鋒金	箕
14日	07/28	月	甲戌	平	山頭火	斗
15日	07/29	火	乙亥	定	山頭火	女
16日	07/30	水	丙子	執	潤下水	虚
17日	07/31	木	丁丑	破	潤下水	危
18日	08/01	金	戊寅	危	城頭土	室
19日	08/02	土	己卯	成	城頭土	壁
20日	08/03	日	庚辰	納	白鑞金	奎
21日	08/04	月	辛巳	開	白鑞金	婁
22日	08/05	火	壬午	閉	楊柳木	胃
23日	08/06	水	癸未	建	楊柳木	昴
24日	08/07	木	甲申	除	井泉水	畢
25日	08/08	金	乙酉	除	井泉水	觜
26日	08/09	土	丙戌	満	屋上土	参
27日	08/10	日	丁亥	平	屋上土	井
28日	08/11	月	戊子	定	霹靂火	鬼
29日	08/12	火	己丑	執	霹靂火	柳

【七月大 戊申 張】
節気 処暑 11日・白露 27日
雑節 二百十日 23日

日	新暦	曜	干支		納音	宿
1日	08/13	水	庚寅	破	松柏木	張
2日	08/14	木	辛卯	危	松柏木	翼
3日	08/15	金	壬辰	成	長流水	軫

西暦 曜 干支 直 納音 宿 　　　　　　　　　　慶長2年

日	西暦	曜	干支	直	納音	宿
4日	08/16	土	癸巳	納	長流水	角
5日	08/17	日	甲午	開	沙中金	亢
6日	08/18	月	乙未	閉	沙中金	氐
7日	08/19	火	丙申	建	山下火	房
8日	08/20	水	丁酉	除	山下火	心
9日	08/21	木	戊戌	満	平地木	尾
10日	08/22	金	己亥	平	平地木	箕
11日	08/23	土	庚子	平	壁上土	斗
12日	08/24	日	辛丑	執	壁上土	牛
13日	08/25	月	壬寅	破	金箔金	女
14日▽	08/26	火	癸卯	危	金箔金	危
15日	08/27	水	甲辰	納	覆燈火	危
16日	08/28	木	乙巳	納	覆燈火	室
17日	08/29	金	丙午	開	天河水	奎
18日	08/30	土	丁未	閉	天河水	婁
19日	08/31	日	戊申	建	大駅土	胃
20日	09/01	月	己酉	除	大駅土	昴
21日△	09/02	火	庚戌	満	釵釧金	畢
22日	09/03	水	辛亥	平	釵釧金	觜
23日	09/04	木	壬子	定	桑柘木	参
24日	09/05	金	癸丑	執	桑柘木	井
25日	09/06	土	甲寅	破	大渓水	鬼
26日	09/07	日	乙卯	危	大渓水	柳
27日	09/08	月	丙辰	危	沙中土	星
28日	09/09	火	丁巳	成	沙中土	張
29日	09/10	水	戊午	納	天上火	翼
30日	09/11	木	己未	開	天上火	軫

【八月小 己酉 角】
節気 秋分 12日・寒露 27日
雑節 社日 9日・彼岸 14日

日	西暦	曜	干支	直	納音	宿
1日	09/12	金	庚申	閉	柘榴木	角
2日	09/13	土	辛酉	建	大海水	亢
3日	09/14	日	壬戌	除	大海水	氐
4日	09/15	月	癸亥	満	大海水	房
5日	09/16	火	甲子	平	海中金	心
6日	09/17	水	乙丑	定	海中金	尾
7日	09/18	木	丙寅	執	炉中火	箕
8日	09/19	金	丁卯	破	炉中火	斗
9日	09/20	土	戊辰	危	大林木	牛
10日	09/21	日	己巳	成	大林木	女
11日	09/22	月	庚午	納	路傍土	虚
12日	09/23	火	辛未	開	路傍土	危
13日	09/24	水	壬申	閉	釵鋒金	室
14日	09/25	木	癸酉	建	釵鋒金	壁
15日	09/26	金	甲戌	除	山頭火	奎
16日	09/27	土	乙亥	満	山頭火	婁
17日	09/28	日	丙子	定	澗下水	胃
18日	09/29	月	丁丑	執	澗下水	昴
19日	09/30	火	戊寅	破	城頭土	觜
20日	10/01	水	己卯	危	城頭土	参
21日	10/02	木	庚辰	成	白鑞金	井
22日	10/03	金	辛巳	納	白鑞金	鬼
23日	10/04	土	壬午	納	楊柳木	柳
24日	10/05	日	癸未	開	楊柳木	星
25日	10/06	月	甲申	閉	井泉水	張
26日	10/07	火	乙酉	建	井泉水	翼
27日	10/08	水	丙戌	除	屋上土	軫
28日	10/09	木	丁亥	除	屋上土	角
29日	10/10	金	戊子	満	霹靂火	亢

【九月大 庚戌 氐】
節気 霜降 13日・立冬 28日
雑節 土用 10日

日	西暦	曜	干支	直	納音	宿
1日	10/11	土	己丑	平	霹靂火	氐
2日	10/12	日	庚寅	定	松柏木	房
3日	10/13	月	辛卯	執	松柏木	心
4日	10/14	火	壬辰	破	長流水	尾
5日	10/15	水	癸巳	危	長流水	箕
6日	10/16	木	甲午	納	沙中金	斗
7日	10/17	金	乙未	納	沙中金	女
8日	10/18	土	丙申	開	山下火	虚
9日	10/19	日	丁酉	閉	山下火	危
10日	10/20	月	戊戌	建	平地木	室
11日	10/21	火	己亥	除	平地木	壁
12日	10/22	水	庚子	満	壁上土	奎
13日	10/23	木	辛丑	平	壁上土	婁
14日	10/24	金	壬寅	定	金箔金	胃
15日	10/25	土	癸卯	執	金箔金	昴
16日	10/26	日	甲辰	破	覆燈火	畢
17日	10/27	月	乙巳	危	覆燈火	觜
18日▽	10/28	火	丙午	成	天河水	参
19日	10/29	水	丁未	納	天河水	井
20日	10/30	木	戊申	開	大駅土	鬼
21日	10/31	金	己酉	閉	大駅土	柳
22日	11/01	土	庚戌	建	釵釧金	星
23日	11/02	日	辛亥	除	釵釧金	張
24日	11/03	月	壬子	平	桑柘木	翼
25日	11/04	火	癸丑	平	桑柘木	軫
26日	11/05	水	甲寅	定	大渓水	角
27日	11/06	木	乙卯	執	大渓水	亢
28日	11/07	金	丙辰	執	沙中土	氐
29日	11/08	土	丁巳	破	沙中土	房
30日	11/09	日	戊午	危	天上火	心

【十月小 辛亥 心】
節気 小雪 14日・大雪 29日

日	西暦	曜	干支	直	納音	宿
1日	11/10	月	己未	成	天上火	心
2日△	11/11	火	庚申	納	柘榴木	尾
3日	11/12	水	辛酉	開	柘榴木	箕
4日	11/13	木	壬戌	建	大海水	斗
5日	11/14	金	癸亥	建	大海水	女
6日	11/15	土	甲子	除	海中金	虚
7日	11/16	日	乙丑	満	海中金	危
8日	11/17	月	丙寅	定	炉中火	室
9日	11/18	火	丁卯	定	炉中火	壁
10日	11/19	水	戊辰	執	大林木	奎
11日	11/20	木	己巳	破	大林木	婁
12日	11/21	金	庚午	危	路傍土	胃
13日	11/22	土	辛未	成	路傍土	昴
14日	11/23	日	壬申	納	釵鋒金	畢
15日	11/24	月	癸酉	開	釵鋒金	觜
16日	11/25	火	甲戌	閉	山頭火	参
17日	11/26	水	乙亥	建	山頭火	井
18日	11/27	木	丙子	除	澗下水	鬼
19日	11/28	金	丁丑	満	澗下水	柳
20日	11/29	土	戊寅	平	城頭土	星
21日	11/30	日	己卯	定	城頭土	張
22日	12/01	月	庚辰	執	白鑞金	翼
23日	12/02	火	辛巳	破	白鑞金	軫
24日	12/03	水	壬午	危	楊柳木	角
25日	12/04	木	癸未	成	楊柳木	亢
26日	12/05	金	甲申	納	井泉水	氐
27日	12/06	土	乙酉	開	井泉水	房
28日	12/07	日	丙戌	閉	屋上土	心
29日	12/08	月	丁亥	閉	屋上土	尾

【十一月大 壬子 斗】
節気 冬至 15日・小寒 30日

日	西暦	曜	干支	直	納音	宿
1日	12/09	火	戊子	建	霹靂火	斗
2日	12/10	水	己丑	除	霹靂火	女
3日	12/11	木	庚寅	満	松柏木	虚
4日	12/12	金	辛卯	平	松柏木	危
5日	12/13	土	壬辰	定	長流水	室
6日	12/14	日	癸巳	執	長流水	壁
7日	12/15	月	甲午	破	沙中金	奎
8日	12/16	火	乙未	危	沙中金	婁
9日	12/17	水	丙申	成	山下火	胃
10日	12/18	木	丁酉	納	山下火	昴
11日	12/19	金	戊戌	開	平地木	畢
12日	12/20	土	己亥	閉	平地木	觜
13日	12/21	日	庚子	建	壁上土	参
14日	12/22	月	辛丑	除	壁上土	井
15日	12/23	火	壬寅	満	金箔金	鬼
16日	12/24	水	癸卯	定	金箔金	星
17日	12/25	木	甲辰	定	覆燈火	星
18日	12/26	金	乙巳	執	覆燈火	張
19日	12/27	土	丙午	破	天河水	翼
20日	12/28	日	丁未	危	天河水	軫
21日	12/29	月	戊申	成	大駅土	角
22日▽	12/30	火	己酉	納	大駅土	亢
23日	12/31	水	庚戌	開	釵釧金	氐

1598年

日	西暦	曜	干支	直	納音	宿
24日	01/01	木	辛亥	閉	釵釧金	房
25日	01/02	金	壬子	建	桑柘木	心
26日	01/03	土	癸丑	除	桑柘木	尾
27日	01/04	日	甲寅	平	大渓水	斗
28日	01/05	月	乙卯	平	大渓水	女
29日	01/06	火	丙辰	定	沙中土	虚
30日	01/07	水	丁巳	定	沙中土	虚

【十二月小 癸丑 虚】
節気 大寒 16日
雑節 土用 12日

日	西暦	曜	干支	直	納音	宿
1日	01/08	木	戊午	執	天上火	虚
2日	01/09	金	己未	破	天上火	危
3日	01/10	土	庚申	成	柘榴木	室
4日	01/11	日	辛酉	成	柘榴木	壁
5日	01/12	月	壬戌	納	大海水	奎
6日	01/13	火	癸亥	開	大海水	婁
7日	01/14	水	甲子	開	海中金	胃
8日	01/15	木	乙丑	建	海中金	昴
9日	01/16	金	丙寅	除	炉中火	畢
10日	01/17	土	丁卯	満	炉中火	觜
11日	01/18	日	戊辰	平	大林木	参
12日	01/19	月	己巳	定	大林木	井
13日△	01/20	火	庚午	執	路傍土	鬼
14日	01/21	水	辛未	破	路傍土	柳
15日	01/22	木	壬申	危	釵鋒金	星
16日	01/23	金	癸酉	成	釵鋒金	張
17日	01/24	土	甲戌	納	山頭火	翼
18日	01/25	日	乙亥	開	山頭火	軫
19日	01/26	月	丙子	閉	澗下水	角
20日	01/27	火	丁丑	建	澗下水	亢
21日	01/28	水	戊寅	除	城頭土	氐
22日	01/29	木	己卯	満	城頭土	房
23日	01/30	金	庚辰	平	白鑞金	心
24日	01/31	土	辛巳	定	白鑞金	尾
25日	02/01	日	壬午	執	楊柳木	箕
26日	02/02	月	癸未	破	楊柳木	斗
27日	02/03	火	甲申	危	井泉水	女
28日	02/04	水	乙酉	成	井泉水	虚
29日	02/05	木	丙戌	納	屋上土	危

慶長3年
1598～1599 戊戌

【正月大 甲寅 室】
節気 立春 2日・雨水 17日
雑節 節分 1日

日	新暦	曜	干支	直	納音	宿
1日	02/06	金	丁亥	開	屋上土	室
2日	02/07	土	戊子	閉	霹靂火	奎
3日	02/08	日	己丑	閉	霹靂火	婁
4日	02/09	月	庚寅	建	松柏木	妻
5日	02/10	火	辛卯	除	松柏木	胃
6日	02/11	水	壬辰	満	長流水	昴
7日	02/12	金	癸巳	平	長流水	畢
8日	02/13	金	甲午	定	沙中金	觜
9日	02/14	土	乙未	執	沙中金	参
10日	02/15	日	丙申	破	山下火	井
11日	02/16	月	丁酉	危	山下火	鬼
12日	02/17	火	戊戌	成	平地木	柳
13日	02/18	水	己亥	納	平地木	星
14日	02/19	木	庚子	開	壁上土	張
15日	02/20	金	辛丑	閉	壁上土	翼
16日	02/21	土	壬寅	建	金箔金	軫
17日	02/22	日	癸卯	除	金箔金	角
18日	02/23	月	甲辰	満	覆燈火	亢
19日	02/24	火	乙巳	平	覆燈火	氐
20日	02/25	水	丙午	定	天河水	房
21日	02/26	木	丁未	執	天河水	心
22日	02/27	金	戊申	破	大駅土	尾
23日	02/28	土	己酉	危	大駅土	箕
24日	03/01	日	庚戌	成	釵釧金	斗
25日	03/02	月	辛亥	納	釵釧金	女
26日▽	03/03	火	壬子	開	桑柘木	虚
27日	03/04	水	癸丑	閉	桑柘木	危
28日	03/05	木	甲寅	建	大渓水	室
29日	03/06	金	乙卯	除	大渓水	壁
30日	03/07	土	丙辰	満	沙中土	奎

【二月小 乙卯 奎】
節気 啓蟄 2日・春分 17日
雑節 社日 12日・彼岸 19日

日	新暦	曜	干支	直	納音	宿
1日	03/08	日	丁巳	平	沙中土	奎
2日	03/09	月	戊午	定	天上火	婁
3日	03/10	火	己未	執	天上火	胃
4日	03/11	水	庚申	破	柘榴木	昴
5日	03/12	木	辛酉	危	柘榴木	畢
6日	03/13	金	壬戌	成	大海水	觜
7日	03/14	土	癸亥	納	大海水	参
8日	03/15	日	甲子	納	海中金	井
9日	03/16	月	乙丑	開	海中金	柳
10日	03/17	火	丙寅	閉	爐中火	星
11日	03/18	水	丁卯	建	爐中火	張
12日	03/19	木	戊辰	除	大林木	翼
13日	03/20	金	己巳	満	大林木	軫
14日	03/21	土	庚午	平	路傍土	角
15日	03/22	日	辛未	定	路傍土	亢
16日	03/23	月	壬申	執	釵鋒金	氐
17日	03/24	火	癸酉	破	釵鋒金	房
18日	03/25	水	甲戌	危	山頭火	心
19日	03/26	木	乙亥	成	山頭火	尾
20日	03/27	金	丙子	納	澗下水	箕
21日	03/28	土	丁丑	開	澗下水	斗
22日	03/29	日	戊寅	閉	城頭土	女
23日△	03/30	月	己卯	建	城頭土	虚
24日	03/31	火	庚辰	除	白鑞金	危
25日	04/01	水	辛巳	満	白鑞金	室
26日	04/02	木	壬午	平	楊柳木	室
27日	04/03	金	癸未	定	楊柳木	壁
28日	04/04	土	甲申	執	井泉水	奎
29日	04/05	日	乙酉	破	井泉水	妻

【三月大 丙辰 胃】
節気 清明 4日・穀雨 19日
雑節 土用 16日・八十八夜 30日

日	新暦	曜	干支	直	納音	宿
1日	04/06	月	丙戌	危	屋上土	胃
2日	04/07	火	丁亥	成	屋上土	昴
3日	04/08	水	戊子	納	霹靂火	畢
4日	04/09	木	己丑	開	霹靂火	觜
5日	04/10	金	庚寅	閉	松柏木	参
6日	04/11	土	辛卯	建	松柏木	井
7日	04/12	日	壬辰	除	長流水	鬼
8日	04/13	月	癸巳	満	長流水	柳
9日	04/14	火	甲午	平	沙中金	星
10日	04/15	水	乙未	定	沙中金	張
11日	04/16	木	丙申	執	山下火	翼
12日	04/17	金	丁酉	破	山下火	軫
13日	04/18	土	戊戌	危	平地木	角
14日	04/19	日	己亥	成	平地木	亢
15日	04/20	月	庚子	納	壁上土	氐
16日	04/21	火	辛丑	開	壁上土	房
17日	04/22	水	壬寅	開	金箔金	心
18日	04/23	木	癸卯	閉	金箔金	尾
19日	04/24	金	甲辰	建	覆燈火	箕
20日	04/25	土	乙巳	除	覆燈火	斗
21日	04/26	日	丙午	満	天河水	女
22日	04/27	月	丁未	平	天河水	虚
23日	04/28	火	戊申	定	大駅土	危
24日	04/29	水	己酉	執	大駅土	室
25日	04/30	木	庚戌	破	釵釧金	壁
26日	05/01	金	辛亥	危	釵釧金	奎
27日	05/02	土	壬子	成	桑柘木	妻
28日	05/03	日	癸丑	納	桑柘木	胃
29日	05/04	月	甲寅	開	大渓水	昴
30日▽	05/05	火	乙卯	閉	大渓水	畢

【四月小 丁巳 畢】
節気 立夏 4日・小満 19日

日	新暦	曜	干支	直	納音	宿
1日	05/06	水	丙辰	建	沙中土	畢
2日	05/07	木	丁巳	除	沙中土	觜
3日	05/08	金	戊午	満	天上火	参
4日	05/09	土	己未	満	天上火	井
5日	05/10	日	庚申	平	柘榴木	鬼
6日	05/11	月	辛酉	定	柘榴木	柳
7日	05/12	火	壬戌	執	大海水	星
8日	05/13	水	癸亥	破	大海水	張
9日	05/14	木	甲子	危	海中金	翼
10日	05/15	金	乙丑	成	海中金	軫
11日	05/16	土	丙寅	納	爐中火	角
12日	05/17	日	丁卯	開	爐中火	亢
13日	05/18	月	戊辰	閉	大林木	氐
14日	05/19	火	己巳	建	大林木	房
15日	05/20	水	庚午	除	路傍土	心
16日	05/21	木	辛未	満	路傍土	尾
17日	05/22	金	壬申	定	釵鋒金	箕
18日	05/23	土	癸酉	執	釵鋒金	斗
19日	05/24	日	甲戌	執	山頭火	女
20日	05/25	月	乙亥	破	山頭火	虚
21日	05/26	火	丙子	危	澗下水	危
22日	05/27	水	丁丑	成	澗下水	室
23日	05/28	木	戊寅	納	城頭土	壁
24日	05/29	金	己卯	開	城頭土	奎
25日	05/30	土	庚辰	閉	白鑞金	妻
26日	05/31	日	辛巳	建	白鑞金	胃
27日	06/01	月	壬午	除	楊柳木	昴
28日	06/02	火	癸未	満	楊柳木	畢
29日	06/03	水	甲申	平	井泉水	觜

【五月大 戊午 参】
節気 芒種 6日・夏至 21日
雑節 入梅 8日

日	新暦	曜	干支	直	納音	宿
1日	06/04	木	乙酉	定	井泉水	参
2日	06/05	金	丙戌	執	屋上土	井
3日	06/06	土	丁亥	破	屋上土	鬼
4日	06/07	日	戊子	危	霹靂火	柳
5日△	06/08	月	己丑	成	霹靂火	星
6日	06/09	火	庚寅	成	松柏木	張
7日	06/10	水	辛卯	納	松柏木	翼
8日	06/11	木	壬辰	開	長流水	軫
9日	06/12	金	癸巳	閉	長流水	角
10日	06/13	土	甲午	建	沙中金	氐
11日	06/14	日	乙未	除	沙中金	房
12日	06/15	月	丙申	満	山下火	心
13日	06/16	火	丁酉	平	山下火	尾
14日	06/17	水	戊戌	定	平地木	箕
15日	06/18	木	己亥	執	平地木	斗
16日	06/19	金	庚子	破	壁上土	女
17日	06/20	土	辛丑	危	金箔金	虚
18日	06/21	日	壬寅	成	金箔金	危
19日	06/22	月	癸卯	納	金箔金	室
20日	06/23	火	甲辰	開	覆燈火	壁
21日	06/24	水	乙巳	建	覆燈火	奎
22日	06/25	木	丙午	建	天河水	妻
23日	06/26	金	丁未	除	天河水	胃
24日	06/27	土	戊申	満	大駅土	昴
25日	06/28	日	己酉	平	大駅土	畢
26日	06/29	月	庚戌	定	釵釧金	觜
27日	06/30	火	辛亥	執	釵釧金	参
28日	07/01	水	壬子	破	桑柘木	井
29日	07/02	木	癸丑	危	桑柘木	鬼
30日	07/03	金	甲寅	成	大渓水	柳

【六月小 己未 鬼】
節気 小暑 6日・大暑 21日
雑節 半夏生 1日・土用 18日

日	新暦	曜	干支	直	納音	宿
1日	07/04	土	乙卯	開	大渓水	鬼
2日	07/05	日	丙辰	開	沙中土	柳
3日	07/06	月	丁巳	閉	沙中土	星
4日▽	07/07	火	戊午	除	天上火	張
5日	07/08	水	己未	除	天上火	翼
6日	07/09	木	庚申	満	柘榴木	軫
7日	07/10	金	辛酉	満	柘榴木	角
8日	07/11	土	壬戌	定	大海水	氐
9日	07/12	日	癸亥	執	大海水	房
10日	07/13	月	甲子	執	海中金	心
11日	07/14	火	乙丑	破	海中金	尾
12日	07/15	水	丙寅	危	爐中火	箕
13日	07/16	木	丁卯	成	爐中火	斗
14日	07/17	金	戊辰	納	大林木	女
15日	07/18	土	己巳	開	大林木	虚
16日	07/19	日	庚午	閉	路傍土	危
17日	07/20	月	辛未	建	路傍土	室
18日	07/21	火	壬申	除	釵鋒金	壁
19日	07/22	水	癸酉	満	釵鋒金	奎
20日	07/23	木	甲戌	平	山頭火	妻
21日	07/24	金	乙亥	定	山頭火	胃
22日	07/25	土	丙子	執	澗下水	昴
23日	07/26	日	丁丑	破	澗下水	畢
24日	07/27	月	戊寅	危	城頭土	觜
25日	07/28	火	己卯	成	城頭土	参
26日	07/29	水	庚辰	納	白鑞金	井
27日	07/30	木	辛巳	開	白鑞金	鬼
28日	07/31	金	壬午	閉	楊柳木	柳
29日	08/01	土	癸未	建	楊柳木	星

西暦 曜 干支 直 納音 宿 　　　　　　　　　　　　　　　慶長3年

【七月大 庚申 張】

節気 立秋 7日・処暑 23日

日	西暦	曜	干支	直	納音	宿
1日	08/02	日	甲申	除	井泉水	張
2日	08/03	月	乙酉	満	井泉水	翼
3日	08/04	火	丙戌	平	屋上土	軫
4日	08/05	水	丁亥	定	屋上土	角
5日	08/06	木	戊子	執	霹靂火	亢
6日	08/07	金	己丑	破	霹靂火	氐
7日	08/08	土	庚寅	危	松柏木	房
8日	08/09	日	辛卯	成	松柏木	心
9日	08/10	月	壬辰	納	長流水	尾
10日	08/11	火	癸巳	開	長流水	箕
11日	08/12	水	甲午	閉	沙中金	斗
12日	08/13	木	乙未	閉	沙中金	女
13日	08/14	金	丙申	除	山下火	虚
14日	08/15	土	丁酉	満	山下火	危
15日	08/16	日	戊戌	平	平地木	室
16日△	08/17	月	己亥	平	平地木	壁
17日	08/18	火	庚子	定	壁上土	奎
18日	08/19	水	辛丑	執	壁上土	婁
19日	08/20	木	壬寅	破	金箔金	胃
20日	08/21	金	癸卯	危	金箔金	昴
21日	08/22	土	甲辰	成	覆燈火	畢
22日	08/23	日	乙巳	納	覆燈火	觜
23日	08/24	月	丙午	開	天河水	参
24日	08/25	火	丁未	建	天河水	井
25日	08/26	水	戊申	建	大駅土	鬼
26日	08/27	木	己酉	除	大駅土	柳
27日	08/28	金	庚戌	満	釵釧金	星
28日	08/29	土	辛亥	平	釵釧金	張
29日	08/30	日	壬子	定	桑柘木	翼
30日	08/31	月	癸丑	執	桑柘木	軫

【八月大 辛酉 角】

節気 白露 8日・秋分 23日

雑節 二百十日 4日・彼岸 25日・社日 25日

日	西暦	曜	干支	直	納音	宿
1日	09/01	火	甲寅	破	大渓水	角
2日	09/02	水	乙卯	危	大渓水	亢
3日	09/03	木	丙辰	成	沙中土	氐
4日	09/04	金	丁巳	納	沙中土	房
5日	09/05	土	戊午	開	天上火	心
6日	09/06	日	己未	閉	天上火	尾
7日	09/07	月	庚申	閉	柘榴木	箕
8日△	09/08	火	辛酉	建	柘榴木	斗
9日	09/09	水	壬戌	除	大海水	女
10日	09/10	木	癸亥	満	大海水	虚
11日	09/11	金	甲子	平	海中金	危
12日	09/12	土	乙丑	定	海中金	室
13日	09/13	日	丙寅	執	炉中火	壁
14日	09/14	月	丁卯	破	炉中火	奎
15日	09/15	火	戊辰	危	大林木	婁
16日	09/16	水	己巳	成	大林木	胃
17日	09/17	木	庚午	納	路傍土	昴
18日	09/18	金	辛未	開	路傍土	畢
19日	09/19	土	壬申	閉	釵鋒金	觜
20日	09/20	日	癸酉	建	釵鋒金	参
21日	09/21	月	甲戌	満	山頭火	井
22日	09/22	火	乙亥	満	山頭火	鬼
23日	09/23	水	丙子	平	潤下水	柳
24日	09/24	木	丁丑	定	潤下水	星
25日	09/25	金	戊寅	執	城頭土	張
26日	09/26	土	己卯	破	城頭土	翼
27日	09/27	日	庚辰	危	白鑞金	軫
28日	09/28	月	辛巳	成	白鑞金	角
29日	09/29	火	壬午	納	楊柳木	亢
30日	09/30	水	癸未	開	楊柳木	氐

【九月小 壬戌 氏】

節気 寒露 8日・霜降 23日

雑節 土用 20日

日	西暦	曜	干支	直	納音	宿
1日	10/01	木	甲申	閉	井泉水	氐
2日	10/02	金	乙酉	建	井泉水	房
3日	10/03	土	丙戌	除	屋上土	心
4日	10/04	日	丁亥	満	屋上土	尾
5日	10/05	月	戊子	平	霹靂火	箕
6日	10/06	火	己丑	定	霹靂火	斗
7日	10/07	水	庚寅	執	松柏木	女
8日	10/08	木	辛卯	執	松柏木	虚
9日	10/09	金	壬辰	破	長流水	危
10日	10/10	土	癸巳	危	長流水	室
11日	10/11	日	甲午	成	沙中金	壁
12日	10/12	月	乙未	納	沙中金	奎
13日	10/13	火	丙申	開	山下火	婁
14日	10/14	水	丁酉	閉	山下火	胃
15日	10/15	木	戊戌	建	平地木	昴
16日	10/16	金	己亥	除	平地木	畢
17日	10/17	土	庚子	満	壁上土	觜
18日	10/18	日	辛丑	平	壁上土	参
19日	10/19	月	壬寅	定	金箔金	井
20日	10/20	火	癸卯	執	金箔金	鬼
21日	10/21	水	甲辰	破	覆燈火	柳
22日	10/22	木	乙巳	危	覆燈火	星
23日	10/23	金	丙午	成	天河水	張
24日	10/24	土	丁未	納	天河水	翼
25日△	10/25	日	戊申	開	大駅土	軫
26日	10/26	月	己酉	閉	大駅土	角
27日	10/27	火	庚戌	建	釵釧金	亢
28日	10/28	水	辛亥	除	釵釧金	氐
29日	10/29	木	壬子	満	桑柘木	房

【十月大 癸亥 心】

節気 立冬 10日・小雪 25日

日	西暦	曜	干支	直	納音	宿
1日	10/30	金	癸丑	定	桑柘木	心
2日	10/31	土	甲寅	平	大渓水	尾
3日	11/01	日	乙卯	執	大渓水	箕
4日	11/02	月	丙辰	破	沙中土	斗
5日	11/03	火	丁巳	危	沙中土	女
6日	11/04	水	戊午	成	天上火	虚
7日	11/05	木	己未	納	天上火	危
8日	11/06	金	庚申	開	柘榴木	室
9日	11/07	土	辛酉	閉	柘榴木	壁
10日	11/08	日	壬戌	閉	大海水	奎
11日▽	11/09	月	癸亥	建	大海水	婁
12日	11/10	火	甲子	除	海中金	胃
13日	11/11	水	乙丑	満	海中金	昴
14日	11/12	木	丙寅	平	炉中火	畢
15日	11/13	金	丁卯	定	炉中火	觜
16日	11/14	土	戊辰	執	大林木	参
17日	11/15	日	己巳	破	大林木	井
18日	11/16	月	庚午	危	路傍土	鬼
19日	11/17	火	辛未	成	路傍土	柳
20日	11/18	水	壬申	納	釵鋒金	星
21日	11/19	木	癸酉	開	釵鋒金	張
22日	11/20	金	甲戌	建	山頭火	翼
23日	11/21	土	乙亥	建	山頭火	軫
24日	11/22	日	丙子	除	潤下水	角
25日	11/23	月	丁丑	満	潤下水	亢
26日	11/24	火	戊寅	平	城頭土	氐
27日	11/25	水	己卯	定	城頭土	房
28日	11/26	木	庚辰	執	白鑞金	心
29日	11/27	金	辛巳	破	白鑞金	尾
30日	11/28	土	壬午	危	楊柳木	箕

【十一月小 甲子 斗】

節気 大雪 10日・冬至 25日

日	西暦	曜	干支	直	納音	宿
1日	11/29	日	癸未	成	楊柳木	斗
2日	11/30	月	甲申	納	井泉水	女
3日	12/01	火	乙酉	開	井泉水	虚
4日	12/02	水	丙戌	閉	屋上土	危
5日	12/03	木	丁亥	建	屋上土	室
6日	12/04	金	戊子	除	霹靂火	壁
7日	12/05	土	己丑	満	霹靂火	奎
8日	12/06	日	庚寅	平	松柏木	婁
9日	12/07	月	辛卯	定	松柏木	胃
10日	12/08	火	壬辰	定	長流水	昴
11日	12/09	水	癸巳	執	長流水	畢
12日	12/10	木	甲午	破	沙中金	觜
13日	12/11	金	乙未	危	沙中金	参
14日	12/12	土	丙申	成	山下火	井
15日	12/13	日	丁酉	納	山下火	鬼
16日	12/14	月	戊戌	開	平地木	柳
17日	12/15	火	己亥	閉	平地木	星
18日	12/16	水	庚子	建	壁上土	張
19日	12/17	木	辛丑	除	壁上土	翼
20日	12/18	金	壬寅	満	金箔金	軫
21日	12/19	土	癸卯	平	金箔金	角
22日	12/20	日	甲辰	定	覆燈火	亢
23日	12/21	月	乙巳	執	覆燈火	氐
24日	12/22	火	丙午	破	天河水	房
25日	12/23	水	丁未	危	天河水	心
26日	12/24	木	戊申	成	大駅土	尾
27日	12/25	金	己酉	納	大駅土	箕
28日	12/26	土	庚戌	開	釵釧金	斗
29日	12/27	日	辛亥	閉	釵釧金	女

【十二月大 乙丑 虚】

節気 小寒 12日・大寒 27日

雑節 土用 24日

日	西暦	曜	干支	直	納音	宿
1日	12/28	月	壬子	建	桑柘木	虚
2日	12/29	火	癸丑	除	桑柘木	危
3日	12/30	水	甲寅	満	大渓水	室
4日	12/31	木	乙卯	平	大渓水	壁

1599年

日	西暦	曜	干支	直	納音	宿
5日	01/01	金	丙辰	定	沙中土	奎
6日	01/02	土	丁巳	執	沙中土	婁
7日△	01/03	日	戊午	危	天上火	胃
8日	01/04	月	己未	危	天上火	昴
9日	01/05	火	庚申	成	柘榴木	畢
10日	01/06	水	辛酉	納	柘榴木	觜
11日	01/07	木	壬戌	開	大海水	参
12日	01/08	金	癸亥	閉	大海水	井
13日	01/09	土	甲子	建	海中金	鬼
14日	01/10	日	乙丑	除	海中金	柳
15日▽	01/11	月	丙寅	除	炉中火	星
16日	01/12	火	丁卯	満	炉中火	張
17日	01/13	水	戊辰	平	大林木	翼
18日	01/14	木	己巳	定	大林木	軫
19日	01/15	金	庚午	執	路傍土	角
20日	01/16	土	辛未	破	路傍土	亢
21日	01/17	日	壬申	危	釵鋒金	氐
22日	01/18	月	癸酉	成	釵鋒金	房
23日	01/19	火	甲戌	納	山頭火	心
24日	01/20	水	乙亥	開	山頭火	尾
25日	01/21	木	丙子	閉	潤下水	箕
26日	01/22	金	丁丑	建	潤下水	斗
27日	01/23	土	戊寅	除	城頭土	女
28日	01/24	日	己卯	平	城頭土	虚
29日	01/25	月	庚辰	定	白鑞金	危
30日	01/26	火	辛巳	執	白鑞金	室

慶長4年
1599～1600　己亥

【正月小 丙寅 室】
節気 立春 12日・雨水 27日
雑節 節分 11日

日	新暦	曜	干支	直	納音	宿
1日	01/27	水	壬午	執	楊柳木	室
2日	01/28	木	癸未	破	楊柳木	壁
3日	01/29	金	甲申	危	井泉水	奎
4日	01/30	土	乙酉	成	井泉水	婁
5日	01/31	日	丙戌	納	屋上土	胃
6日	02/01	月	丁亥	開	屋上土	昴
7日	02/02	火	戊子	閉	霹靂火	畢
8日	02/03	水	己丑	建	霹靂火	觜
9日	02/04	木	庚寅	除	松柏木	参
10日	02/05	金	辛卯	満	松柏木	井
11日	02/06	土	壬辰	平	長流水	鬼
12日	02/07	日	癸巳	定	長流水	柳
13日	02/08	月	甲午	執	沙中金	星
14日	02/09	火	乙未	破	沙中金	張
15日	02/10	水	丙申	危	山下火	翼
16日	02/11	木	丁酉	成	山下火	軫
17日	02/12	金	戊戌	納	平地木	角
18日	02/13	土	己亥	納	平地木	亢
19日	02/14	日	庚子	開	壁上土	氐
20日	02/15	月	辛丑	閉	壁上土	房
21日	02/16	火	壬寅	建	金箔金	心
22日	02/17	水	癸卯	除	金箔金	尾
23日	02/18	木	甲辰	満	覆燈火	箕
24日	02/19	金	乙巳	平	覆燈火	斗
25日	02/20	土	丙午	定	天河水	女
26日	02/21	日	丁未	執	天河水	虚
27日	02/22	月	戊申	破	大駅土	危
28日	02/23	火	己酉	危	大駅土	室
29日	02/24	水	庚戌	成	釵釧金	壁

【二月大 丁卯 奎】
節気 啓蟄 13日・春分 29日
雑節 社日 28日

日	新暦	曜	干支	直	納音	宿
1日	02/25	木	辛亥	納	釵釧金	奎
2日	02/26	金	壬子	開	桑柘木	婁
3日	02/27	土	癸丑	閉	桑柘木	胃
4日	02/28	日	甲寅	建	大渓水	昴
5日	03/01	月	乙卯	除	大渓水	畢
6日	03/02	火	丙辰	満	沙中土	觜
7日	03/03	水	丁巳	平	沙中土	参
8日	03/04	木	戊午	定	天上火	井
9日	03/05	金	己未	執	天上火	鬼
10日	03/06	土	庚申	破	柘榴木	柳
11日	03/07	日	辛酉	危	柘榴木	星
12日	03/08	月	壬戌	成	大海水	張
13日	03/09	火	癸亥	納	大海水	翼
14日	03/10	水	甲子	開	海中金	軫
15日	03/11	木	乙丑	閉	海中金	角
16日	03/12	金	丙寅	建	爐中火	亢
17日	03/13	土	丁卯	除	爐中火	氐
18日△	03/14	日	戊辰	満	大林木	房
19日▽	03/15	月	己巳	平	大林木	心
20日	03/16	火	庚午	定	路傍土	尾
21日	03/17	水	辛未	執	路傍土	箕
22日	03/18	木	壬申	破	釵鋒金	斗
23日	03/19	金	癸酉	危	釵鋒金	女
24日	03/20	土	甲戌	成	山頭火	虚
25日	03/21	日	乙亥	納	山頭火	危
26日	03/22	月	丙子	開	澗下水	室
27日	03/23	火	丁丑	閉	澗下水	壁
28日	03/24	水	戊寅	建	城頭土	奎
29日	03/25	木	己卯	除	城頭土	婁
30日	03/26	金	庚辰	満	白鑞金	胃

【三月小 戊辰 胃】
節気 清明 14日・穀雨 29日
雑節 彼岸 1日・土用 26日

日	新暦	曜	干支	直	納音	宿
1日	03/27	土	辛巳	満	白鑞金	胃
2日	03/28	日	壬午	平	楊柳木	昴
3日	03/29	月	癸未	定	楊柳木	畢
4日	03/30	火	甲申	執	井泉水	觜
5日	03/31	水	乙酉	破	井泉水	参
6日	04/01	木	丙戌	危	屋上土	井
7日	04/02	金	丁亥	成	屋上土	鬼
8日	04/03	土	戊子	納	霹靂火	柳
9日	04/04	日	己丑	開	霹靂火	星
10日	04/05	月	庚寅	閉	松柏木	張
11日	04/06	火	辛卯	建	松柏木	翼
12日	04/07	水	壬辰	除	長流水	軫
13日	04/08	木	癸巳	満	長流水	角
14日	04/09	金	甲午	平	沙中金	亢
15日	04/10	土	乙未	定	沙中金	氐
16日	04/11	日	丙申	執	山下火	房
17日	04/12	月	丁酉	破	山下火	心
18日	04/13	火	戊戌	危	平地木	尾
19日	04/14	水	己亥	成	平地木	箕
20日	04/15	木	庚子	納	壁上土	斗
21日	04/16	金	辛丑	開	壁上土	女
22日	04/17	土	壬寅	閉	金箔金	虚
23日	04/18	日	癸卯	建	金箔金	室
24日	04/19	月	甲辰	除	覆燈火	壁
25日	04/20	火	乙巳	満	覆燈火	奎
26日	04/21	水	丙午	平	天河水	婁
27日	04/22	木	丁未	定	天河水	胃
28日	04/23	金	戊申	執	大駅土	昴

【閏三月小 戊辰 胃】
節気 立夏 15日
雑節 八十八夜 11日

日	新暦	曜	干支	直	納音	宿
1日	04/25	日	庚戌	破	釵釧金	胃
2日	04/26	月	辛亥	危	釵釧金	畢
3日	04/27	火	壬子	成	桑柘木	觜
4日	04/28	水	癸丑	納	桑柘木	参
5日	04/29	木	甲寅	開	大渓水	井
6日	04/30	金	乙卯	閉	大渓水	鬼
7日	05/01	土	丙辰	建	沙中土	柳
8日	05/02	日	丁巳	除	沙中土	星
9日	05/03	月	戊午	満	天上火	張
10日	05/04	火	己未	平	天上火	翼
11日	05/05	水	庚申	執	柘榴木	軫
12日	05/06	木	辛酉	執	柘榴木	角
13日	05/07	金	壬戌	破	大海水	亢
14日	05/08	土	癸亥	危	大海水	氐
15日	05/09	日	甲子	成	海中金	房
16日	05/10	月	乙丑	納	海中金	心
17日	05/11	火	丙寅	開	爐中火	尾
18日	05/12	水	丁卯	閉	爐中火	箕
19日	05/13	木	戊辰	建	大林木	斗
20日	05/14	金	己巳	除	大林木	女
21日	05/15	土	庚午	満	路傍土	虚
22日	05/16	日	辛未	平	路傍土	危
23日▽	05/17	月	壬申	定	釵鋒金	室
24日	05/18	火	癸酉	執	釵鋒金	壁
25日	05/19	水	甲戌	破	山頭火	奎
26日	05/20	木	乙亥	危	山頭火	婁
27日	05/21	金	丙子	成	澗下水	胃
28日△	05/22	土	丁丑	納	澗下水	昴
29日	05/23	日	戊寅	開	城頭土	畢

【四月大 己巳 畢】
節気 小満 2日・芒種 17日
雑節 入梅 24日

日	新暦	曜	干支	直	納音	宿
1日	05/24	月	己卯	閉	城頭土	畢
2日	05/25	火	庚辰	建	白鑞金	觜
3日	05/26	水	辛巳	除	白鑞金	参
4日	05/27	木	壬午	満	楊柳木	井
5日	05/28	金	癸未	平	楊柳木	鬼
6日	05/29	土	甲申	定	井泉水	柳
7日	05/30	日	乙酉	執	井泉水	星
8日	05/31	月	丙戌	破	屋上土	張
9日	06/01	火	丁亥	危	屋上土	翼
10日	06/02	水	戊子	成	霹靂火	軫
11日	06/03	木	己丑	納	霹靂火	角
12日	06/04	金	庚寅	開	松柏木	亢
13日	06/05	土	辛卯	閉	松柏木	氐
14日	06/06	日	壬辰	建	長流水	房
15日	06/07	月	癸巳	除	長流水	心
16日	06/08	火	甲午	満	沙中金	尾
17日	06/09	水	乙未	平	沙中金	箕
18日	06/10	木	丙申	定	山下火	斗
19日	06/11	金	丁酉	執	山下火	女
20日	06/12	土	戊戌	破	平地木	虚
21日	06/13	日	己亥	危	平地木	室
22日	06/14	月	庚子	成	壁上土	壁
23日	06/15	火	辛丑	納	壁上土	奎
24日	06/16	水	壬寅	開	金箔金	婁
25日	06/17	木	癸卯	閉	金箔金	胃
26日	06/18	金	甲辰	建	覆燈火	昴
27日	06/19	土	乙巳	除	覆燈火	畢
28日	06/20	日	丙午	満	天河水	觜
29日	06/21	月	丁未	平	天河水	参
30日	06/22	火	戊申	定	大駅土	井

【五月小 庚午 参】
節気 夏至 2日・小暑 17日
雑節 半夏生 12日・土用 29日

日	新暦	曜	干支	直	納音	宿
1日	06/23	水	己酉	執	大駅土	鬼
2日	06/24	木	庚戌	破	釵釧金	柳
3日	06/25	金	辛亥	危	釵釧金	星
4日	06/26	土	壬子	成	桑柘木	張
5日	06/27	日	癸丑	納	桑柘木	翼
6日	06/28	月	甲寅	開	大渓水	軫
7日	06/29	火	乙卯	閉	大渓水	角
8日	06/30	水	丙辰	建	沙中土	亢
9日	07/01	木	丁巳	除	沙中土	氐
10日	07/02	金	戊午	満	天上火	房
11日	07/03	土	己未	平	天上火	心
12日	07/04	日	庚申	定	柘榴木	尾
13日	07/05	月	辛酉	執	柘榴木	箕
14日	07/06	火	壬戌	破	大海水	斗
15日	07/07	水	癸亥	危	大海水	女
16日	07/08	木	甲子	成	海中金	虚
17日	07/09	金	乙丑	納	海中金	危
18日	07/10	土	丙寅	開	爐中火	室
19日	07/11	日	丁卯	閉	爐中火	壁
20日	07/12	月	戊辰	建	大林木	奎
21日	07/13	火	己巳	除	大林木	婁
22日	07/14	水	庚午	満	路傍土	胃
23日	07/15	木	辛未	平	路傍土	昴
24日	07/16	金	壬申	定	釵鋒金	畢
25日	07/17	土	癸酉	執	釵鋒金	觜
26日	07/18	日	甲戌	破	山頭火	参
27日	07/19	月	乙亥	危	山頭火	井
28日▽	07/20	火	丙子	成	澗下水	鬼
29日	07/21	水	丁丑	破	澗下水	柳

【六月大 辛未 鬼】
節気 大暑 3日・立秋 19日

日	新暦	曜	干支	直	納音	宿
1日	07/22	木	戊寅	危	城頭土	鬼
2日	07/23	金	己卯	成	城頭土	柳
3日	07/24	土	庚辰	納	白鑞金	星
4日	07/25	日	辛巳	開	白鑞金	張
5日	07/26	月	壬午	閉	楊柳木	翼
6日	07/27	火	癸未	建	楊柳木	軫
7日	07/28	水	甲申	除	井泉水	角
8日	07/29	木	乙酉	満	井泉水	亢
9日	07/30	金	丙戌	平	屋上土	氐
10日△	07/31	土	丁亥	定	屋上土	房
11日	08/01	日	戊子	執	霹靂火	心
12日	08/02	月	己丑	破	霹靂火	尾
13日	08/03	火	庚寅	危	松柏木	箕
14日	08/04	水	辛卯	成	松柏木	斗
15日	08/05	木	壬辰	納	長流水	女
16日	08/06	金	癸巳	開	長流水	虚

慶長4年

日	西暦	曜	干支	直	納音	宿
17日	08/07	土	甲午	閉	沙中金	危
18日	08/08	日	乙未	建	沙中金	室
19日	08/09	月	丙申	建	山下火	壁
20日	08/10	火	丁酉	除	山下火	奎
21日	08/11	水	戊戌	満	平地木	婁
22日	08/12	木	己亥	平	平地木	胃
23日	08/13	金	庚子	定	壁上土	昴
24日	08/14	土	辛丑	執	壁上土	畢
25日	08/15	日	壬寅	破	金箔金	觜
26日	08/16	月	癸卯	危	金箔金	参
27日	08/17	火	甲辰	成	覆燈火	井
28日	08/18	水	乙巳	納	覆燈火	鬼
29日	08/19	木	丙午	開	天河水	柳
30日	08/20	金	丁未	閉	天河水	星

【七月大 壬申 張】
節気 処暑 4日・白露 19日
雑節 二百十日 15日

日	西暦	曜	干支	直	納音	宿
1日	08/21	土	戊申	建	大駅土	張
2日	08/22	日	己酉	除	大駅土	翼
3日	08/23	月	庚戌	満	釵釧金	軫
4日	08/24	火	辛亥	平	釵釧金	角
5日	08/25	水	壬子	定	桑柘木	亢
6日	08/26	木	癸丑	執	桑柘木	氐
7日	08/27	金	甲寅	破	大渓水	房
8日	08/28	土	乙卯	危	大渓水	心
9日	08/29	日	丙辰	成	沙中土	尾
10日	08/30	月	丁巳	納	沙中土	箕
11日	08/31	火	戊午	開	天上火	斗
12日	09/01	水	己未	閉	天上火	女
13日	09/02	木	庚申	建	柘榴木	虚
14日	09/03	金	辛酉	除	柘榴木	危
15日	09/04	土	壬戌	満	大海水	室
16日	09/05	日	癸亥	平	大海水	壁
17日	09/06	月	甲子	定	海中金	奎
18日	09/07	火	乙丑	執	海中金	婁
19日	09/08	水	丙寅	執	爐中火	胃
20日	09/09	木	丁卯	破	爐中火	昴
21日	09/10	金	戊辰	危	大林木	畢
22日	09/11	土	己巳	成	大林木	觜
23日	09/12	日	庚午	納	路傍土	参
24日	09/13	月	辛未	開	路傍土	井
25日	09/14	火	壬申	閉	釵鋒金	鬼
26日	09/15	水	癸酉	建	釵鋒金	柳
27日	09/16	木	甲戌	除	山頭火	星
28日	09/17	金	乙亥	満	山頭火	張
29日	09/18	土	丙子	平	澗下水	翼
30日	09/19	日	丁丑	定	澗下水	軫

【八月小 癸酉 角】
節気 秋分 4日・寒露 20日
雑節 社日 1日・彼岸 6日

日	西暦	曜	干支	直	納音	宿
1日	09/20	月	戊寅	執	城頭土	角
2日	09/21	火	己卯	破	城頭土	亢
3日	09/22	水	庚辰	危	白鑞金	氐
4日	09/23	木	辛巳	成	白鑞金	房
5日	09/24	金	壬午	納	楊柳木	心
6日	09/25	土	癸未	開	楊柳木	尾
7日	09/26	日	甲申	閉	井泉水	箕
8日	09/27	月	乙酉	建	井泉水	斗
9日	09/28	火	丙戌	除	屋上土	女
10日	09/29	水	丁亥	満	屋上土	虚
11日	09/30	木	戊子	平	霹靂火	危
12日	10/01	金	己丑	定	霹靂火	室
13日	10/02	土	庚寅	執	松柏木	壁
14日	10/03	日	辛卯	破	松柏木	奎
15日	10/04	月	壬辰	危	長流水	婁
16日	10/05	火	癸巳	成	長流水	胃
17日	10/06	水	甲午	納	沙中金	昴
18日	10/07	木	乙未	開	沙中金	畢
19日▽	10/08	金	丙申	閉	山下火	觜
20日	10/09	土	丁酉	閉	山下火	参
21日	10/10	日	戊戌	建	平地木	井
22日	10/11	月	己亥	除	平地木	鬼
23日	10/12	火	庚子	満	壁上土	柳
24日	10/13	水	辛丑	平	壁上土	星
25日	10/14	木	壬寅	定	金箔金	張
26日	10/15	金	癸卯	執	金箔金	翼
27日	10/16	土	甲辰	破	覆燈火	軫
28日	10/17	日	乙巳	危	覆燈火	角
29日	10/18	月	丙午	成	天河水	亢

【九月大 甲戌 氐】
節気 霜降 6日・立冬 21日
雑節 土用 3日

日	西暦	曜	干支	直	納音	宿
1日	10/19	火	丁未	納	天河水	氐
2日	10/20	水	戊申	開	大駅土	房
3日	10/21	木	己酉	閉	大駅土	心
4日	10/22	金	庚戌	建	釵釧金	尾
5日	10/23	土	辛亥	除	釵釧金	箕
6日	10/24	日	壬子	満	桑柘木	斗
7日	10/25	月	癸丑	平	桑柘木	女
8日	10/26	火	甲寅	定	大渓水	虚
9日	10/27	水	乙卯	執	大渓水	危
10日	10/28	木	丙辰	破	沙中土	室
11日	10/29	金	丁巳	危	沙中土	壁
12日	10/30	土	戊午	成	天上火	奎
13日	10/31	日	己未	納	天上火	婁
14日	11/01	月	庚申	開	柘榴木	胃
15日	11/02	火	辛酉	閉	柘榴木	昴
16日	11/03	水	壬戌	建	大海水	畢
17日	11/04	木	癸亥	除	大海水	觜
18日	11/05	金	甲子	満	海中金	参
19日	11/06	土	乙丑	平	海中金	井
20日	11/07	日	丙寅	定	爐中火	鬼
21日	11/08	月	丁卯	執	爐中火	柳
22日	11/09	火	戊辰	破	大林木	星
23日	11/10	水	己巳	危	大林木	張
24日	11/11	木	庚午	成	路傍土	翼
25日	11/12	金	辛未	納	路傍土	軫
26日	11/13	土	壬申	開	釵鋒金	角
27日	11/14	日	癸酉	閉	釵鋒金	亢
28日	11/15	月	甲戌	建	山頭火	氐
29日	11/16	火	乙亥	除	山頭火	房
30日	11/17	水	丙子	満	澗下水	心

【十月大 乙亥 心】
節気 小雪 6日・大雪 21日

日	西暦	曜	干支	直	納音	宿
1日	11/18	木	丁丑	満	澗下水	心
2日	11/19	金	戊寅	定	城頭土	尾
3日	11/20	土	己卯	執	城頭土	箕
4日	11/21	日	庚辰	破	白鑞金	斗
5日▽	11/22	月	辛巳	危	白鑞金	女
6日	11/23	火	壬午	成	楊柳木	虚
7日	11/24	水	癸未	成	楊柳木	危
8日	11/25	木	甲申	納	井泉水	室
9日	11/26	金	乙酉	開	井泉水	壁
10日	11/27	土	丙戌	閉	屋上土	奎
11日	11/28	日	丁亥	建	屋上土	婁
12日	11/29	月	戊子	除	霹靂火	胃
13日	11/30	火	己丑	満	霹靂火	昴
14日	12/01	水	庚寅	平	松柏木	畢
15日	12/02	木	辛卯	定	松柏木	觜
16日	12/03	金	壬辰	執	長流水	参
17日	12/04	土	癸巳	破	長流水	井
18日	12/05	日	甲午	危	沙中金	鬼
19日	12/06	月	乙未	成	沙中金	柳
20日	12/07	火	丙申	納	山下火	星
21日	12/08	水	丁酉	開	山下火	張
22日	12/09	木	戊戌	閉	平地木	翼
23日	12/10	金	己亥	建	平地木	軫
24日	12/11	土	庚子	除	壁上土	角
25日	12/12	日	辛丑	満	壁上土	亢
26日	12/13	月	壬寅	平	金箔金	氐
27日	12/14	火	癸卯	定	金箔金	房
28日	12/15	水	甲辰	執	覆燈火	心
29日	12/16	木	乙巳	執	覆燈火	尾
30日△	12/17	金	丙午	破	天河水	箕

【十一月小 丙子 斗】
節気 冬至 7日・小寒 22日

日	西暦	曜	干支	直	納音	宿
1日	12/18	土	丁未	危	天河水	斗
2日	12/19	日	戊申	成	大駅土	女
3日	12/20	月	己酉	納	大駅土	虚
4日	12/21	火	庚戌	開	釵釧金	危
5日	12/22	水	辛亥	閉	釵釧金	室
6日	12/23	木	壬子	建	桑柘木	壁
7日	12/24	金	癸丑	除	桑柘木	奎
8日	12/25	土	甲寅	満	大渓水	婁
9日	12/26	日	乙卯	平	大渓水	胃
10日	12/27	月	丙辰	定	沙中土	昴
11日	12/28	火	丁巳	執	沙中土	畢
12日	12/29	水	戊午	破	天上火	觜
13日	12/30	木	己未	危	天上火	参
14日	12/31	金	庚申	成	柘榴木	井

1600年

日	西暦	曜	干支	直	納音	宿
15日	01/01	土	辛酉	納	柘榴木	鬼
16日	01/02	日	壬戌	開	大海水	柳
17日	01/03	月	癸亥	閉	大海水	星
18日	01/04	火	甲子	建	海中金	張
19日	01/05	水	乙丑	除	海中金	翼
20日	01/06	木	丙寅	満	爐中火	軫
21日	01/07	金	丁卯	平	爐中火	角
22日	01/08	土	戊辰	定	大林木	亢
23日	01/09	日	己巳	執	大林木	氐
24日	01/10	月	庚午	破	路傍土	房
25日	01/11	火	辛未	危	路傍土	心
26日	01/12	水	壬申	危	釵鋒金	尾
27日	01/13	木	癸酉	成	釵鋒金	箕
28日	01/14	金	甲戌	納	山頭火	斗
29日	01/15	土	乙亥	開	山頭火	女

【十二月大 丁丑 虚】
節気 大寒 8日・立春 23日
雑節 土用 5日・節分 22日

日	西暦	曜	干支	直	納音	宿
1日	01/16	日	丙子	閉	澗下水	虚
2日	01/17	月	丁丑	建	澗下水	危
3日	01/18	火	戊寅	除	城頭土	室
4日	01/19	水	己卯	満	城頭土	壁
5日	01/20	木	庚辰	平	白鑞金	奎
6日	01/21	金	辛巳	定	白鑞金	婁
7日	01/22	土	壬午	執	楊柳木	胃
8日	01/23	日	癸未	破	楊柳木	昴
9日▽	01/24	月	甲申	危	井泉水	畢
10日	01/25	火	乙酉	成	井泉水	觜
11日	01/26	水	丙戌	納	屋上土	参
12日	01/27	木	丁亥	開	屋上土	井
13日	01/28	金	戊子	閉	霹靂火	柳
14日	01/29	土	己丑	建	霹靂火	星
15日	01/30	日	庚寅	除	松柏木	張
16日	01/31	月	辛卯	満	松柏木	翼
17日	02/01	火	壬辰	平	長流水	軫
18日	02/02	水	癸巳	定	長流水	角
19日	02/03	木	甲午	執	沙中金	亢
20日	02/04	金	乙未	破	沙中金	氐
21日	02/05	土	丙申	危	山下火	房
22日	02/06	日	丁酉	成	山下火	心
23日	02/07	月	戊戌	納	平地木	尾
24日	02/08	火	己亥	開	平地木	箕
25日	02/09	水	庚子	閉	壁上土	斗
26日	02/10	木	辛丑	建	壁上土	女
27日	02/11	金	壬寅	除	金箔金	虚
28日	02/12	土	癸卯	満	金箔金	危
29日	02/13	日	甲辰	平	覆燈火	室
30日	02/14	月	乙巳	平	覆燈火	室

慶長5年
1600～1601　庚子

【正月小　戊寅　室】
節気　雨水 8日・啓蟄 24日

日	日付	曜	干支	直	納音	宿
1日	02/15	火	丙午	定	天河水	室
2日	02/16	水	丁未	執	天河水	壁
3日	02/17	木	戊申	破	大駅土	奎
4日	02/18	金	己酉	危	大駅土	婁
5日	02/19	土	庚戌	成	釵釧金	胃
6日	02/20	日	辛亥	納	釵釧金	昴
7日	02/21	月	壬子	開	桑柘木	畢
8日	02/22	火	癸丑	閉	桑柘木	觜
9日	02/23	水	甲寅	建	大溪水	参
10日	02/24	木	乙卯	除	大溪水	井
11日△	02/25	金	丙辰	満	沙中土	鬼
12日	02/26	土	丁巳	平	沙中土	柳
13日	02/27	日	戊午	定	天上火	星
14日	02/28	月	己未	執	天上火	張
15日	02/29	火	庚申	破	柘榴木	翼
16日	03/01	水	辛酉	危	柘榴木	軫
17日	03/02	木	壬戌	成	大海水	角
18日	03/03	金	癸亥	納	大海水	亢
19日	03/04	土	甲子	開	海中金	氐
20日	03/05	日	乙丑	閉	海中金	房
21日	03/06	月	丙寅	建	爐中火	心
22日	03/07	火	丁卯	除	爐中火	尾
23日	03/08	水	戊辰	満	大林木	箕
24日	03/09	木	己巳	満	大林木	斗
25日	03/10	金	庚午	平	路傍土	女
26日	03/11	土	辛未	定	路傍土	虚
27日	03/12	日	壬申	執	釵鋒金	危
28日	03/13	月	癸酉	破	釵鋒金	室
29日	03/14	火	甲戌	危	山頭火	壁

【二月大　己卯　奎】
節気　春分 10日・清明 25日
雑節　彼岸 9日・社日 14日

日	日付	曜	干支	直	納音	宿
1日	03/15	水	乙亥	成	山頭火	奎
2日	03/16	木	丙子	納	澗下水	婁
3日	03/17	金	丁丑	開	澗下水	胃
4日	03/18	土	戊寅	閉	城頭土	畢
5日	03/19	日	己卯	建	城頭土	觜
6日	03/20	月	庚辰	除	白鑞金	参
7日	03/21	火	辛巳	満	白鑞金	井
8日	03/22	水	壬午	平	楊柳木	鬼
9日	03/23	木	癸未	定	楊柳木	柳
10日	03/24	金	甲申	執	井泉水	星
11日	03/25	土	乙酉	破	井泉水	張
12日	03/26	日	丙戌	危	屋上土	翼
13日▽	03/27	月	丁亥	成	屋上土	軫
14日	03/28	火	戊子	納	霹靂火	角
15日	03/29	水	己丑	開	霹靂火	亢
16日	03/30	木	庚寅	閉	松柏木	氐
17日	03/31	金	辛卯	建	松柏木	房
18日	04/01	土	壬辰	除	長流水	心
19日	04/02	日	癸巳	満	長流水	尾
20日	04/03	月	甲午	平	沙中金	箕
21日	04/04	火	乙未	定	沙中金	斗
22日	04/05	水	丙申	執	山下火	女
23日	04/06	木	丁酉	破	山下火	虚
24日	04/07	金	戊戌	危	平地木	危
25日	04/08	土	己亥	危	平地木	室
26日	04/09	日	庚子	成	壁上土	壁
27日	04/10	月	辛丑	納	壁上土	奎
28日	04/11	火	壬寅	開	金箔金	奎
29日	04/12	水	癸卯	閉	金箔金	婁
30日	04/13	木	甲辰	建	覆燈火	胃

【三月小　庚辰　胃】
節気　穀雨 10日・立夏 26日
雑節　土用 7日・八十八夜 21日

日	日付	曜	干支	直	納音	宿
1日	04/14	金	乙巳	除	覆燈火	胃
2日	04/15	土	丙午	満	天河水	畢
3日	04/16	日	丁未	平	天河水	觜
4日	04/17	月	戊申	定	大駅土	参
5日	04/18	火	己酉	執	大駅土	井
6日	04/19	水	庚戌	破	釵釧金	鬼
7日	04/20	木	辛亥	危	釵釧金	柳
8日	04/21	金	壬子	成	桑柘木	星
9日	04/22	土	癸丑	納	桑柘木	張
10日	04/23	日	甲寅	開	大溪水	翼
11日	04/24	月	乙卯	閉	大溪水	軫
12日	04/25	火	丙辰	建	沙中土	角
13日	04/26	水	丁巳	除	沙中土	亢
14日	04/27	木	戊午	満	天上火	氐
15日	04/28	金	己未	平	天上火	房
16日	04/29	土	庚申	定	柘榴木	心
17日	04/30	日	辛酉	執	柘榴木	尾
18日	05/01	月	壬戌	破	大海水	箕
19日	05/02	火	癸亥	危	大海水	斗
20日	05/03	水	甲子	成	海中金	女
21日△	05/04	木	乙丑	納	海中金	虚
22日	05/05	金	丙寅	開	爐中火	危
23日	05/06	土	丁卯	閉	爐中火	室
24日	05/07	日	戊辰	建	大林木	壁
25日	05/08	月	己巳	除	大林木	奎
26日	05/09	火	庚午	除	路傍土	婁
27日	05/10	水	辛未	満	路傍土	胃
28日	05/11	木	壬申	平	釵鋒金	昴
29日	05/12	金	癸酉	定	釵鋒金	畢

【四月小　辛巳　畢】
節気　小満 12日・芒種 27日
雑節　入梅 29日

日	日付	曜	干支	直	納音	宿
1日	05/13	土	甲戌	執	山頭火	畢
2日	05/14	日	乙亥	破	山頭火	觜
3日	05/15	月	丙子	危	澗下水	参
4日	05/16	火	丁丑	成	澗下水	井
5日	05/17	水	戊寅	納	城頭土	鬼
6日	05/18	木	己卯	開	城頭土	柳
7日	05/19	金	庚辰	閉	白鑞金	星
8日	05/20	土	辛巳	建	白鑞金	張
9日	05/21	日	壬午	除	楊柳木	翼
10日	05/22	月	癸未	満	楊柳木	軫
11日	05/23	火	甲申	平	井泉水	角
12日	05/24	水	乙酉	定	井泉水	亢
13日	05/25	木	丙戌	執	屋上土	氐
14日	05/26	金	丁亥	破	屋上土	房
15日	05/27	土	戊子	危	霹靂火	心
16日	05/28	日	己丑	成	霹靂火	尾
17日▽	05/29	月	庚寅	納	松柏木	箕
18日	05/30	火	辛卯	開	松柏木	斗
19日	05/31	水	壬辰	閉	長流水	女
20日	06/01	木	癸巳	建	長流水	虚
21日	06/02	金	甲午	除	沙中金	危
22日	06/03	土	乙未	満	沙中金	室
23日	06/04	日	丙申	平	山下火	壁
24日	06/05	月	丁酉	定	山下火	奎
25日	06/06	火	戊戌	執	平地木	婁
26日	06/07	水	己亥	破	平地木	胃
27日	06/08	木	庚子	破	壁上土	昴
28日	06/09	金	辛丑	危	壁上土	畢
29日	06/10	土	壬寅	成	金箔金	觜

【五月大　壬午　参】
節気　夏至 13日・小暑 28日
雑節　半夏生 23日

日	日付	曜	干支	直	納音	宿
1日	06/11	日	癸卯	納	金箔金	参
2日	06/12	月	甲辰	開	覆燈火	井
3日	06/13	火	乙巳	閉	覆燈火	鬼
4日	06/14	水	丙午	建	天河水	柳
5日	06/15	木	丁未	除	天河水	星
6日	06/16	金	戊申	満	大駅土	張
7日	06/17	土	己酉	平	大駅土	翼
8日	06/18	日	庚戌	定	釵釧金	軫
9日	06/19	月	辛亥	執	釵釧金	角
10日	06/20	火	壬子	破	桑柘木	亢
11日	06/21	水	癸丑	危	桑柘木	氐
12日	06/22	木	甲寅	成	大溪水	房
13日	06/23	金	乙卯	納	大溪水	心
14日	06/24	土	丙辰	開	沙中土	尾
15日	06/25	日	丁巳	閉	沙中土	箕
16日	06/26	月	戊午	建	天上火	斗
17日	06/27	火	己未	除	天上火	女
18日	06/28	水	庚申	満	柘榴木	虚
19日	06/29	木	辛酉	平	柘榴木	危
20日	06/30	金	壬戌	定	大海水	室
21日	07/01	土	癸亥	執	大海水	壁
22日	07/02	日	甲子	破	海中金	奎
23日	07/03	月	乙丑	危	海中金	婁
24日	07/04	火	丙寅	成	爐中火	胃
25日	07/05	水	丁卯	納	爐中火	昴
26日	07/06	木	戊辰	開	大林木	畢
27日	07/07	金	己巳	閉	大林木	觜
28日	07/08	土	庚午	閉	路傍土	参
29日	07/09	日	辛未	建	路傍土	井
30日	07/10	月	壬申	除	釵鋒金	鬼

【六月小　癸未　鬼】
節気　大暑 14日・立秋 29日
雑節　土用 11日

日	日付	曜	干支	直	納音	宿
1日	07/11	火	癸酉	満	釵鋒金	鬼
2日	07/12	水	甲戌	平	山頭火	柳
3日△	07/13	木	乙亥	定	山頭火	星
4日	07/14	金	丙子	執	澗下水	張
5日	07/15	土	丁丑	破	澗下水	翼
6日	07/16	日	戊寅	危	城頭土	軫
7日	07/17	月	己卯	成	城頭土	角
8日	07/18	火	庚辰	納	白鑞金	亢
9日	07/19	水	辛巳	開	白鑞金	氐
10日	07/20	木	壬午	閉	楊柳木	房
11日	07/21	金	癸未	建	楊柳木	心
12日	07/22	土	甲申	除	井泉水	尾
13日	07/23	日	乙酉	満	井泉水	箕
14日	07/24	月	丙戌	平	屋上土	斗
15日	07/25	火	丁亥	定	屋上土	女
16日	07/26	水	戊子	執	霹靂火	虚
17日	07/27	木	己丑	破	霹靂火	危
18日	07/28	金	庚寅	危	松柏木	室
19日	07/29	土	辛卯	成	松柏木	壁
20日	07/30	日	壬辰	納	長流水	奎
21日▽	07/31	月	癸巳	開	長流水	婁
22日	08/01	火	甲午	閉	沙中金	胃
23日	08/02	水	乙未	建	沙中金	昴
24日	08/03	木	丙申	除	山下火	畢
25日	08/04	金	丁酉	満	山下火	觜
26日	08/05	土	戊戌	平	平地木	参
27日	08/06	日	己亥	定	平地木	井
28日	08/07	月	庚子	執	壁上土	鬼
29日	08/08	火	辛丑	執	壁上土	柳

【七月大　甲申　張】
節気　処暑 15日・白露 30日
雑節　二百十日 26日

日	日付	曜	干支	直	納音	宿
1日	08/09	水	壬寅	破	金箔金	張
2日	08/10	木	癸卯	危	金箔金	翼
3日	08/11	金	甲辰	成	覆燈火	軫

西暦 曜 干支 直 納音 宿　　　　　　　　　　　　慶長5年

日	西暦	曜	干支	直	納音	宿
4日	08/12	土	乙巳	納	覆燈火	角
5日	08/13	日	丙午	開	天河水	亢
6日	08/14	月	丁未	閉	天河水	氐
7日	08/15	火	戊申	建	大駅土	房
8日	08/16	水	己酉	除	大駅土	心
9日	08/17	木	庚戌	満	釵釧金	尾
10日	08/18	金	辛亥	平	釵釧金	箕
11日	08/19	土	壬子	定	桑柘木	斗
12日	08/20	日	癸丑	執	桑柘木	女
13日	08/21	月	甲寅	破	大渓水	虚
14日	08/22	火	乙卯	危	大渓水	危
15日	08/23	水	丙辰	成	沙中土	室
16日	08/24	木	丁巳	納	沙中土	壁
17日	08/25	金	戊午	開	天上火	奎
18日	08/26	土	己未	閉	天上火	婁
19日	08/27	日	庚申	建	柘榴木	胃
20日	08/28	月	辛酉	除	柘榴木	昴
21日	08/29	火	壬戌	満	大海水	畢
22日	08/30	水	癸亥	平	大海水	觜
23日	08/31	木	甲子	執	海中金	参
24日	09/01	金	乙丑	破	海中金	井
25日	09/02	土	丙寅	危	爐中火	鬼
26日	09/03	日	丁卯	成	爐中火	柳
27日	09/04	月	戊辰	納	大林木	星
28日	09/05	火	己巳	開	大林木	張
29日	09/06	水	庚午	閉	路傍土	翼
30日	09/07	木	辛未	建	路傍土	軫

【八月小 乙酉 角】
節気 秋分 16日
雑節 社日 17日・彼岸 18日

日	西暦	曜	干支	直	納音	宿
1日	09/08	金	壬申	閉	釵鋒金	角
2日	09/09	土	癸酉	建	釵鋒金	亢
3日	09/10	日	甲戌	除	山頭火	氐
4日	09/11	月	乙亥	満	山頭火	房
5日	09/12	火	丙子	平	澗下水	心
6日	09/13	水	丁丑	定	澗下水	尾
7日	09/14	木	戊寅	執	城頭土	箕
8日	09/15	金	己卯	破	城頭土	斗
9日	09/16	土	庚辰	危	白鑞金	女
10日	09/17	日	辛巳	成	白鑞金	虚
11日	09/18	月	壬午	納	楊柳木	危
12日	09/19	火	癸未	開	楊柳木	室
13日	09/20	水	甲申	閉	井泉水	壁
14日△	09/21	木	乙酉	建	井泉水	奎
15日	09/22	金	丙戌	除	屋上土	婁
16日	09/23	土	丁亥	満	屋上土	胃
17日	09/24	日	戊子	平	霹靂火	昴
18日	09/25	月	己丑	定	霹靂火	畢
19日	09/26	火	庚寅	執	松柏木	觜
20日	09/27	水	辛卯	破	松柏木	参
21日	09/28	木	壬辰	危	長流水	井
22日	09/29	金	癸巳	成	長流水	鬼
23日	09/30	土	甲午	納	沙中金	柳
24日▽	10/01	日	乙未	開	沙中金	星
25日	10/02	月	丙申	閉	山下火	張
26日	10/03	火	丁酉	建	山下火	翼
27日	10/04	水	戊戌	除	平地木	軫
28日	10/05	木	己亥	満	平地木	角
29日	10/06	金	庚子	平	壁上土	亢

【九月大 丙戌 氐】
節気 寒露 2日・霜降 17日
雑節 土用 14日

日	西暦	曜	干支	直	納音	宿
1日	10/07	土	辛丑	定	壁上土	氐
2日	10/08	日	壬寅	定	金箔金	房
3日	10/09	月	癸卯	執	金箔金	心
4日	10/10	火	甲辰	破	覆燈火	尾
5日	10/11	水	乙巳	危	覆燈火	箕
6日	10/12	木	丙午	成	天河水	斗
7日	10/13	金	丁未	納	天河水	女
8日	10/14	土	戊申	開	大駅土	虚
9日	10/15	日	己酉	閉	大駅土	危
10日	10/16	月	庚戌	建	釵釧金	室
11日	10/17	火	辛亥	除	釵釧金	壁
12日	10/18	水	壬子	満	桑柘木	奎
13日	10/19	木	癸丑	平	桑柘木	婁
14日	10/20	金	甲寅	定	大渓水	胃
15日	10/21	土	乙卯	執	大渓水	昴
16日	10/22	日	丙辰	破	沙中土	畢
17日	10/23	月	丁巳	危	沙中土	觜
18日	10/24	火	戊午	成	天上火	参
19日	10/25	水	己未	納	天上火	井
20日	10/26	木	庚申	開	柘榴木	鬼
21日	10/27	金	辛酉	閉	柘榴木	柳
22日	10/28	土	壬戌	建	大海水	星
23日	10/29	日	癸亥	除	大海水	張
24日	10/30	月	甲子	満	海中金	翼
25日	10/31	火	乙丑	平	海中金	軫
26日	11/01	水	丙寅	定	爐中火	角
27日	11/02	木	丁卯	執	爐中火	亢
28日	11/03	金	戊辰	破	大林木	氐
29日	11/04	土	己巳	危	大林木	房
30日	11/05	日	庚午	成	路傍土	心

【十月大 丁亥 心】
節気 立冬 2日・小雪 17日

日	西暦	曜	干支	直	納音	宿
1日	11/06	月	辛未	納	路傍土	心
2日	11/07	火	壬申	納	釵鋒金	尾
3日	11/08	水	癸酉	開	釵鋒金	箕
4日	11/09	木	甲戌	建	山頭火	斗
5日	11/10	金	乙亥	除	山頭火	女
6日	11/11	土	丙子	満	澗下水	虚
7日	11/12	日	丁丑	平	澗下水	危
8日	11/13	月	戊寅	定	城頭土	室
9日	11/14	火	己卯	執	城頭土	壁
10日	11/15	水	庚辰	破	白鑞金	奎
11日	11/16	木	辛巳	危	白鑞金	婁
12日	11/17	金	壬午	成	楊柳木	胃
13日	11/18	土	癸未	納	楊柳木	昴
14日	11/19	日	甲申	納	井泉水	畢
15日	11/20	月	乙酉	開	井泉水	觜
16日	11/21	火	丙戌	閉	屋上土	参
17日	11/22	水	丁亥	建	屋上土	井
18日	11/23	木	戊子	除	霹靂火	鬼
19日	11/24	金	己丑	平	霹靂火	柳
20日	11/25	土	庚寅	平	松柏木	星
21日	11/26	日	辛卯	定	松柏木	張
22日	11/27	月	壬辰	執	長流水	翼
23日	11/28	火	癸巳	破	長流水	軫
24日△	11/29	水	甲午	危	沙中金	角
25日	11/30	木	乙未	成	沙中金	亢
26日	12/01	金	丙申	納	山下火	氐
27日	12/02	土	丁酉	開	山下火	房
28日▽	12/03	日	戊戌	閉	平地木	心
29日	12/04	月	己亥	建	平地木	尾
30日	12/05	火	庚子	除	壁上土	箕

【十一月大 戊子 斗】
節気 大雪 3日・冬至 18日

日	西暦	曜	干支	直	納音	宿
1日	12/06	水	辛丑	満	壁上土	斗
2日	12/07	木	壬寅	平	金箔金	女
3日	12/08	金	癸卯	定	金箔金	虚
4日	12/09	土	甲辰	定	覆燈火	危
5日	12/10	日	乙巳	執	覆燈火	室
6日	12/11	月	丙午	破	天河水	壁
7日	12/12	火	丁未	危	天河水	奎
8日	12/13	水	戊申	成	大駅土	婁
9日	12/14	木	己酉	納	大駅土	胃
10日	12/15	金	庚戌	開	釵釧金	昴
11日	12/16	土	辛亥	閉	釵釧金	觜
12日	12/17	日	壬子	建	桑柘木	参
13日	12/18	月	癸丑	除	桑柘木	井
14日	12/19	火	甲寅	満	大渓水	鬼
15日	12/20	水	乙卯	平	大渓水	柳
16日	12/21	木	丙辰	定	沙中土	星
17日	12/22	金	丁巳	執	沙中土	張
18日	12/23	土	戊午	破	天上火	翼
19日	12/24	日	己未	危	天上火	軫
20日	12/25	月	庚申	成	柘榴木	角
21日	12/26	火	辛酉	納	柘榴木	亢
22日	12/27	水	壬戌	開	大海水	氐
23日	12/28	木	癸亥	閉	大海水	房
24日	12/29	金	甲子	建	海中金	心
25日	12/30	土	乙丑	除	海中金	尾
26日	12/31	日	丙寅	満	爐中火	箕

1601年

日	西暦	曜	干支	直	納音	宿
27日	01/01	月	丁卯	平	爐中火	斗
28日	01/02	火	戊辰	定	大林木	斗
29日	01/03	水	己巳	執	大林木	女
30日	01/04	木	庚午	破	路傍土	虚

【十二月小 己丑 虚】
節気 小寒 3日・大寒 18日
雑節 土用 15日

日	西暦	曜	干支	直	納音	宿
1日	01/05	金	辛未	危	路傍土	虚
2日	01/06	土	壬申	成	釵鋒金	室
3日	01/07	日	癸酉	成	釵鋒金	壁
4日	01/08	月	甲戌	納	山頭火	奎
5日	01/09	火	乙亥	開	山頭火	婁
6日	01/10	水	丙子	閉	澗下水	胃
7日	01/11	木	丁丑	建	澗下水	昴
8日	01/12	金	戊寅	除	城頭土	觜
9日	01/13	土	己卯	満	城頭土	参
10日	01/14	日	庚辰	平	白鑞金	井
11日	01/15	月	辛巳	定	白鑞金	鬼
12日	01/16	火	壬午	執	楊柳木	柳
13日	01/17	水	癸未	破	楊柳木	星
14日	01/18	木	甲申	危	井泉水	張
15日	01/19	金	乙酉	成	井泉水	翼
16日	01/20	土	丙戌	納	屋上土	軫
17日	01/21	日	丁亥	開	屋上土	角
18日	01/22	月	戊子	閉	霹靂火	亢
19日	01/23	火	己丑	建	霹靂火	氐
20日	01/24	水	庚寅	除	松柏木	房
21日	01/25	木	辛卯	満	松柏木	心
22日	01/26	金	壬辰	平	長流水	尾
23日	01/27	土	癸巳	定	長流水	箕
24日	01/28	日	甲午	執	沙中金	斗
25日	01/29	月	乙未	破	沙中金	女
26日	01/30	火	丙申	危	山下火	虚
27日	01/31	水	丁酉	成	山下火	危
28日	02/01	木	戊戌	納	平地木	室
29日	02/02	金	己亥	開	平地木	危

慶長6年
1601～1602 辛丑

【正月大 庚寅 室】
節気 立春 4日・雨水 20日
雑節 節分 3日

日	月日	曜	干支	直	納音	宿
1日	02/03	土	庚子	閉	壁上土	室
2日▽	02/04	日	辛丑	建	壁上土	壁
3日	02/05	月	壬寅	除	金箔金	奎
4日	02/06	火	癸卯	満	金箔金	婁
5日△	02/07	水	甲辰	満	覆燈火	胃
6日	02/08	木	乙巳	平	覆燈火	昴
7日	02/09	金	丙午	定	天河水	畢
8日	02/10	土	丁未	執	天河水	觜
9日	02/11	日	戊申	破	大駅土	参
10日	02/12	月	己酉	危	大駅土	井
11日	02/13	火	庚戌	成	釵釧金	鬼
12日	02/14	水	辛亥	納	釵釧金	柳
13日	02/15	木	壬子	開	桑柘木	星
14日	02/16	金	癸丑	閉	桑柘木	張
15日	02/17	土	甲寅	閉	大溪水	翼
16日	02/18	日	乙卯	除	大溪水	軫
17日	02/19	月	丙辰	満	沙中土	角
18日	02/20	火	丁巳	定	天上火	亢
19日	02/21	水	戊午	定	天上火	氐
20日	02/22	木	己未	執	天上火	房
21日	02/23	金	庚申	破	柘榴木	心
22日	02/24	土	辛酉	危	柘榴木	尾
23日	02/25	日	壬戌	成	大海水	箕
24日	02/26	月	癸亥	納	大海水	斗
25日	02/27	火	甲子	開	海中金	女
26日	02/28	水	乙丑	閉	海中金	虚
27日	03/01	木	丙寅	建	炉中火	危
28日	03/02	金	丁卯	除	炉中火	室
29日	03/03	土	戊辰	満	大林木	壁
30日	03/04	日	己巳	平	大林木	奎

【二月小 辛卯 奎】
節気 啓蟄 5日・春分 20日
雑節 社日 19日・彼岸 22日

日	月日	曜	干支	直	納音	宿
1日	03/05	月	庚午	定	路傍土	婁
2日	03/06	火	辛未	執	路傍土	胃
3日	03/07	水	壬申	破	釵鋒金	昴
4日	03/08	木	癸酉	危	釵鋒金	畢
5日	03/09	金	甲戌	成	山頭火	觜
6日	03/10	土	乙亥	納	山頭火	参
7日	03/11	日	丙子	納	潤下水	井
8日	03/12	月	丁丑	開	潤下水	鬼
9日	03/13	火	戊寅	閉	城頭土	柳
10日	03/14	水	己卯	建	城頭土	星
11日	03/15	木	庚辰	除	白鑞金	張
12日	03/16	金	辛巳	満	白鑞金	翼
13日	03/17	土	壬午	定	楊柳木	軫
14日	03/18	日	癸未	定	楊柳木	角
15日	03/19	月	甲申	執	井泉水	亢
16日	03/20	火	乙酉	破	井泉水	氐
17日	03/21	水	丙戌	危	屋上土	房
18日	03/22	木	丁亥	成	屋上土	心
19日	03/23	金	戊子	納	霹靂火	尾
20日	03/24	土	己丑	開	霹靂火	箕
21日	03/25	日	庚寅	閉	松柏木	斗
22日	03/26	月	辛卯	建	松柏木	女
23日	03/27	火	壬辰	除	長流水	虚
24日	03/28	水	癸巳	満	長流水	危
25日	03/29	木	甲午	平	沙中金	室
26日	03/30	金	乙未	定	沙中金	壁
27日	03/31	土	丙申	執	山下火	奎
28日	04/01	日	丁酉	破	山下火	婁
29日	04/02	月	戊戌	危	平地木	胃

【三月大 壬辰 胃】
節気 清明 6日・穀雨 22日
雑節 土用 19日

日	月日	曜	干支	直	納音	宿
1日	04/03	火	己亥	納	平地木	昴
2日	04/04	水	庚子	納	壁上土	畢
3日	04/05	木	辛丑	開	壁上土	觜
4日	04/06	金	壬寅	閉	金箔金	参
5日	04/07	土	癸卯	建	金箔金	井
6日▽	04/08	日	甲辰	建	覆燈火	鬼
7日	04/09	月	乙巳	除	覆燈火	柳
8日	04/10	火	丙午	満	天河水	星
9日	04/11	水	丁未	平	天河水	張
10日	04/12	木	戊申	定	大駅土	翼
11日	04/13	金	己酉	執	大駅土	軫
12日	04/14	土	庚戌	破	釵釧金	角
13日	04/15	日	辛亥	危	釵釧金	亢
14日	04/16	月	壬子	成	桑柘木	氐
15日	04/17	火	癸丑	納	桑柘木	房
16日△	04/18	水	甲寅	開	大溪水	心
17日	04/19	木	乙卯	閉	大溪水	尾
18日	04/20	金	丙辰	建	沙中土	箕
19日	04/21	土	丁巳	除	沙中土	斗
20日	04/22	日	戊午	満	天上火	女
21日	04/23	月	己未	平	天上火	虚
22日	04/24	火	庚申	定	柘榴木	危
23日	04/25	水	辛酉	執	柘榴木	室
24日	04/26	木	壬戌	破	大海水	壁
25日	04/27	金	癸亥	危	大海水	奎
26日	04/28	土	甲子	成	海中金	婁
27日	04/29	日	乙丑	納	海中金	胃
28日	04/30	月	丙寅	開	炉中火	昴
29日	05/01	火	丁卯	閉	炉中火	畢
30日	05/02	水	戊辰	建	大林木	觜

【四月小 癸巳 畢】
節気 立夏 7日・小満 22日
雑節 八十八夜 2日

日	月日	曜	干支	直	納音	宿
1日	05/03	木	己巳	除	大林木	参
2日	05/04	金	庚午	満	路傍土	井
3日	05/05	土	辛未	平	路傍土	鬼
4日	05/06	日	壬申	定	釵鋒金	柳
5日	05/07	月	癸酉	執	釵鋒金	星
6日	05/08	火	甲戌	破	山頭火	張
7日	05/09	水	乙亥	危	山頭火	翼
8日	05/10	木	丙子	成	潤下水	軫
9日	05/11	金	丁丑	納	潤下水	角
10日	05/12	土	戊寅	開	城頭土	亢
11日	05/13	日	己卯	閉	城頭土	氐
12日	05/14	月	庚辰	建	白鑞金	房
13日	05/15	火	辛巳	除	白鑞金	心
14日	05/16	水	壬午	満	楊柳木	尾
15日	05/17	木	癸未	定	楊柳木	箕
16日	05/18	金	甲申	定	井泉水	斗
17日	05/19	土	乙酉	執	井泉水	女
18日	05/20	日	丙戌	破	屋上土	虚
19日	05/21	月	丁亥	危	屋上土	危
20日	05/22	火	戊子	成	霹靂火	室
21日	05/23	水	己丑	納	霹靂火	壁
22日	05/24	木	庚寅	開	松柏木	奎
23日	05/25	金	辛卯	閉	松柏木	婁
24日	05/26	土	壬辰	建	長流水	胃
25日	05/27	日	癸巳	除	長流水	昴
26日	05/28	月	甲午	満	沙中金	畢
27日	05/29	火	乙未	満	沙中金	觜
28日	05/30	水	丙申	平	山下火	参
29日	05/31	木	丁酉	定	山下火	井

【五月小 甲午 参】
節気 芒種 8日・夏至 23日
雑節 入梅 15日

日	月日	曜	干支	直	納音	宿
1日	06/01	金	戊戌	破	平地木	参
2日	06/02	土	己亥	破	平地木	井
3日	06/03	日	庚子	危	壁上土	鬼
4日	06/04	月	辛丑	成	壁上土	柳
5日	06/05	火	壬寅	納	金箔金	星
6日	06/06	水	癸卯	開	金箔金	張
7日	06/07	木	甲辰	閉	覆燈火	翼
8日	06/08	金	乙巳	建	覆燈火	軫
9日	06/09	土	丙午	除	天河水	角
10日▽	06/10	日	丁未	除	天河水	亢
11日	06/11	月	戊申	満	大駅土	氐
12日	06/12	火	己酉	平	大駅土	房
13日	06/13	水	庚戌	定	釵釧金	心
14日	06/14	木	辛亥	執	釵釧金	尾
15日	06/15	金	壬子	破	桑柘木	箕
16日	06/16	土	癸丑	危	桑柘木	斗
17日	06/17	日	甲寅	成	大溪水	女
18日	06/18	月	乙卯	納	大溪水	虚
19日	06/19	火	丙辰	開	沙中土	危
20日	06/20	水	丁巳	閉	沙中土	室
21日	06/21	木	戊午	建	天上火	壁
22日	06/22	金	己未	除	天上火	奎
23日	06/23	土	庚申	満	柘榴木	婁
24日	06/24	日	辛酉	平	柘榴木	胃
25日	06/25	月	壬戌	定	大海水	昴
26日△	06/26	火	癸亥	執	大海水	畢
27日	06/27	水	甲子	破	海中金	觜
28日	06/28	木	乙丑	危	海中金	参
29日	06/29	金	丙寅	成	炉中火	井

【六月大 乙未 鬼】
節気 小暑 10日・大暑 25日
雑節 半夏生 5日・土用 22日

日	月日	曜	干支	直	納音	宿
1日	06/30	土	丁卯	納	炉中火	鬼
2日	07/01	日	戊辰	開	大林木	柳
3日	07/02	月	己巳	閉	大林木	星
4日	07/03	火	庚午	建	路傍土	張
5日	07/04	水	辛未	除	路傍土	翼
6日	07/05	木	壬申	満	釵鋒金	軫
7日	07/06	金	癸酉	平	釵鋒金	角
8日	07/07	土	甲戌	定	山頭火	亢
9日	07/08	日	乙亥	執	山頭火	氐
10日	07/09	月	丙子	破	潤下水	房
11日	07/10	火	丁丑	危	潤下水	心
12日	07/11	水	戊寅	成	城頭土	尾
13日	07/12	木	己卯	納	城頭土	箕
14日	07/13	金	庚辰	開	白鑞金	斗
15日	07/14	土	辛巳	閉	白鑞金	女
16日	07/15	日	壬午	建	楊柳木	虚
17日	07/16	月	癸未	除	楊柳木	危
18日	07/17	火	甲申	除	井泉水	室
19日	07/18	水	乙酉	満	井泉水	壁
20日	07/19	木	丙戌	平	屋上土	奎
21日	07/20	金	丁亥	定	屋上土	婁
22日	07/21	土	戊子	執	霹靂火	胃
23日	07/22	日	己丑	破	霹靂火	昴
24日	07/23	月	庚寅	危	松柏木	畢
25日	07/24	火	辛卯	成	松柏木	觜
26日	07/25	水	壬辰	納	長流水	参
27日	07/26	木	癸巳	開	長流水	井
28日	07/27	金	甲午	閉	沙中金	鬼
29日	07/28	土	乙未	建	沙中金	柳
30日	07/29	日	丙申	除	山下火	星

【七月小 丙申 張】
節気 立秋 10日・処暑 25日

日	月日	曜	干支	直	納音	宿
1日	07/30	月	丁酉	満	山下火	張
2日	07/31	火	戊戌	平	平地木	翼
3日	08/01	水	己亥	定	平地木	軫
4日	08/02	木	庚子	執	壁上土	角
5日	08/03	金	辛丑	破	壁上土	亢
6日	08/04	土	壬寅	危	金箔金	氐
7日	08/05	日	癸卯	成	金箔金	房
8日	08/06	月	甲辰	納	覆燈火	心
9日	08/07	火	乙巳	開	覆燈火	尾
10日	08/08	水	丙午	閉	天河水	箕
11日	08/09	木	丁未	建	天河水	斗
12日	08/10	金	戊申	除	大駅土	女
13日	08/11	土	己酉	満	大駅土	虚
14日▽	08/12	日	庚戌	満	釵釧金	危
15日	08/13	月	辛亥	平	釵釧金	室

慶長6年

日	西暦	曜	干支	直	納音	宿
16日	08/14	火	壬子	定	桑柘木	奎
17日	08/15	水	癸丑	執	桑柘木	婁
18日	08/16	木	甲寅	破	大溪水	胃
19日	08/17	金	乙卯	危	大溪水	昴
20日	08/18	土	丙辰	成	沙中土	畢
21日	08/19	日	丁巳	納	沙中土	觜
22日	08/20	月	戊午	開	天上火	參
23日	08/21	火	己未	閉	天上火	井
24日	08/22	水	庚申	建	柘榴木	鬼
25日	08/23	木	辛酉	除	柘榴木	柳
26日	08/24	金	壬戌	満	大海水	星
27日	08/25	土	癸亥	平	大海水	張
28日	08/26	日	甲子	定	海中金	翼
29日	08/27	月	乙丑	執	海中金	軫

【八月小 丁酉 角】

節気 白露 12日・秋分 27日
雑節 二百十日 7日・社日 23日・彼岸 29日

日	西暦	曜	干支	直	納音	宿
1日	08/28	火	丙寅	破	爐中火	角
2日	08/29	水	丁卯	危	爐中火	亢
3日	08/30	木	戊辰	成	大林木	氐
4日	08/31	金	己巳	納	大林木	房
5日	09/01	土	庚午	開	路傍土	心
6日	09/02	日	辛未	閉	路傍土	尾
7日	09/03	月	壬申	建	釼鋒金	箕
8日△	09/04	火	癸酉	除	釼鋒金	斗
9日	09/05	水	甲戌	満	山頭火	女
10日	09/06	木	乙亥	平	山頭火	虛
11日	09/07	金	丙子	定	潤下水	危
12日	09/08	土	丁丑	定	潤下水	室
13日	09/09	日	戊寅	執	城頭土	壁
14日	09/10	月	己卯	破	城頭土	奎
15日	09/11	火	庚辰	危	白鑞金	婁
16日	09/12	水	辛巳	成	白鑞金	胃
17日	09/13	木	壬午	納	楊柳木	昴
18日	09/14	金	癸未	開	楊柳木	畢
19日	09/15	土	甲申	閉	井泉水	觜
20日	09/16	日	乙酉	建	井泉水	參
21日	09/17	月	丙戌	除	屋上土	井
22日	09/18	火	丁亥	満	屋上土	鬼
23日	09/19	水	戊子	平	霹靂火	柳
24日	09/20	木	己丑	定	霹靂火	星
25日	09/21	金	庚寅	執	松柏木	張
26日	09/22	土	辛卯	破	松柏木	翼
27日	09/23	日	壬辰	危	長流水	軫
28日	09/24	月	癸巳	成	長流水	角
29日	09/25	火	甲午	納	沙中金	亢

【九月大 戊戌 氐】

節気 寒露 13日・霜降 28日
雑節 土用 25日

日	西暦	曜	干支	直	納音	宿
1日	09/26	水	乙未	開	沙中金	氐
2日	09/27	木	丙申	閉	山下火	房
3日	09/28	金	丁酉	建	山下火	心
4日	09/29	土	戊戌	除	平地木	尾
5日	09/30	日	己亥	満	平地木	箕
6日	10/01	月	庚子	平	壁上土	斗
7日	10/02	火	辛丑	定	壁上土	女
8日	10/03	水	壬寅	執	金箔金	虛
9日	10/04	木	癸卯	破	金箔金	危
10日	10/05	金	甲辰	危	覆燈火	室
11日	10/06	土	乙巳	成	覆燈火	壁
12日	10/07	日	丙午	納	天河水	奎
13日	10/08	月	丁未	納	天河水	婁
14日	10/09	火	戊申	開	大驛土	胃
15日	10/10	水	己酉	閉	大驛土	昴
16日	10/11	木	庚戌	建	釼釧金	畢
17日	10/12	金	辛亥	除	釼釧金	觜
18日	10/13	土	壬子	満	桑柘木	參
19日▽	10/14	日	癸丑	平	桑柘木	井
20日	10/15	月	甲寅	定	大溪水	鬼
21日	10/16	火	乙卯	執	大溪水	柳
22日	10/17	水	丙辰	破	沙中土	星
23日	10/18	木	丁巳	危	沙中土	張
24日	10/19	金	戊午	成	天上火	翼
25日	10/20	土	己未	納	天上火	軫
26日	10/21	日	庚申	開	柘榴木	角
27日	10/22	月	辛酉	閉	柘榴木	亢
28日	10/23	火	壬戌	建	大海水	氐
29日	10/24	水	癸亥	除	大海水	房
30日	10/25	木	甲子	満	海中金	心

【十月大 己亥 心】

節気 立冬 13日・小雪 29日

日	西暦	曜	干支	直	納音	宿
1日	10/26	金	乙丑	定	海中金	尾
2日	10/27	土	丙寅	執	爐中火	箕
3日	10/28	日	丁卯	破	爐中火	斗
4日	10/29	月	戊辰	危	大林木	女
5日	10/30	火	己巳	成	大林木	虛
6日	10/31	水	庚午	納	路傍土	危
7日	11/01	木	辛未	開	路傍土	室
8日	11/02	金	壬申	閉	釼鋒金	壁
9日	11/03	土	癸酉	建	釼鋒金	奎
10日	11/04	日	甲戌	除	山頭火	婁
11日	11/05	月	乙亥	満	山頭火	胃
12日	11/06	火	丙子	平	潤下水	昴
13日	11/07	水	丁丑	平	潤下水	畢
14日	11/08	木	戊寅	定	城頭土	觜
15日	11/09	金	己卯	執	城頭土	參
16日	11/10	土	庚辰	破	白鑞金	井
17日	11/11	日	辛巳	危	白鑞金	鬼
18日	11/12	月	壬午	成	楊柳木	柳
19日△	11/13	火	癸未	納	楊柳木	星
20日	11/14	水	甲申	開	井泉水	張
21日	11/15	木	乙酉	閉	井泉水	翼
22日	11/16	金	丙戌	建	屋上土	軫
23日	11/17	土	丁亥	除	屋上土	角
24日	11/18	日	戊子	満	霹靂火	亢
25日	11/19	月	己丑	平	霹靂火	氐
26日	11/20	火	庚寅	定	松柏木	房
27日	11/21	水	辛卯	執	松柏木	心
28日	11/22	木	壬辰	破	長流水	尾
29日	11/23	金	癸巳	危	長流水	箕
30日	11/24	土	甲午	成	沙中金	斗

【十一月大 庚子 斗】

節気 大雪 14日・冬至 29日

日	西暦	曜	干支	直	納音	宿
1日	11/25	日	乙未	成	沙中金	斗
2日	11/26	月	丙申	納	山下火	女
3日	11/27	火	丁酉	開	山下火	虛
4日	11/28	水	戊戌	閉	平地木	危
5日	11/29	木	己亥	建	平地木	室
6日	11/30	金	庚子	除	壁上土	壁
7日	12/01	土	辛丑	満	壁上土	奎
8日	12/02	日	壬寅	平	金箔金	婁
9日	12/03	月	癸卯	定	金箔金	胃
10日	12/04	火	甲辰	執	覆燈火	昴
11日	12/05	水	乙巳	破	覆燈火	畢
12日	12/06	木	丙午	危	天河水	觜
13日	12/07	金	丁未	成	天河水	參
14日	12/08	土	戊申	成	大驛土	井
15日	12/09	日	己酉	納	大驛土	鬼
16日	12/10	月	庚戌	開	釼釧金	柳
17日	12/11	火	辛亥	閉	釼釧金	星
18日	12/12	水	壬子	建	桑柘木	張
19日	12/13	木	癸丑	除	桑柘木	翼
20日	12/14	金	甲寅	満	大溪水	軫
21日	12/15	土	乙卯	平	大溪水	角
22日▽	12/16	日	丙辰	定	沙中土	亢
23日	12/17	月	丁巳	執	沙中土	氐
24日	12/18	火	戊午	破	天上火	房
25日	12/19	水	己未	危	天上火	心
26日	12/20	木	庚申	成	柘榴木	尾
27日	12/21	金	辛酉	納	柘榴木	箕
28日	12/22	土	壬戌	開	大海水	斗
29日	12/23	日	癸亥	閉	大海水	女
30日	12/24	月	甲子	建	海中金	虛

【閏十一月小 庚子 斗】

節気 小寒 14日
雑節 土用 26日

日	西暦	曜	干支	直	納音	宿
1日	12/25	火	乙丑	除	海中金	斗
2日	12/26	水	丙寅	満	爐中火	女
3日	12/27	木	丁卯	平	爐中火	虛
4日	12/28	金	戊辰	定	大林木	危
5日	12/29	土	己巳	執	大林木	室
6日	12/30	日	庚午	破	路傍土	壁
7日	12/31	月	辛未	危	路傍土	奎

1602年

日	西暦	曜	干支	直	納音	宿
8日	01/01	火	壬申	成	釼鋒金	婁
9日	01/02	水	癸酉	納	釼鋒金	胃
10日	01/03	木	甲戌	開	山頭火	昴
11日	01/04	金	乙亥	閉	山頭火	畢
12日	01/05	土	丙子	建	潤下水	觜
13日	01/06	日	丁丑	除	潤下水	參
14日	01/07	月	戊寅	除	城頭土	井
15日	01/08	火	己卯	満	城頭土	鬼
16日	01/09	水	庚辰	平	白鑞金	柳
17日	01/10	木	辛巳	定	白鑞金	星
18日	01/11	金	壬午	執	楊柳木	張
19日	01/12	土	癸未	破	楊柳木	翼
20日	01/13	日	甲申	危	井泉水	軫
21日	01/14	月	乙酉	成	井泉水	角
22日	01/15	火	丙戌	納	屋上土	亢
23日	01/16	水	丁亥	開	屋上土	氐
24日	01/17	木	戊子	閉	霹靂火	房
25日	01/18	金	己丑	建	霹靂火	心
26日	01/19	土	庚寅	除	松柏木	尾
27日	01/20	日	辛卯	満	松柏木	箕
28日△	01/21	月	壬辰	平	長流水	斗
29日	01/22	火	癸巳	定	長流水	女

【十二月大 辛丑 虛】

節気 大寒 1日・立春 16日
雑節 節分 15日

日	西暦	曜	干支	直	納音	宿
1日	01/23	水	甲午	執	沙中金	虛
2日	01/24	木	乙未	破	沙中金	危
3日	01/25	金	丙申	危	山下火	室
4日	01/26	土	丁酉	成	山下火	壁
5日	01/27	日	戊戌	納	平地木	奎
6日	01/28	月	己亥	開	平地木	婁
7日	01/29	火	庚子	閉	壁上土	胃
8日	01/30	水	辛丑	建	壁上土	昴
9日	01/31	木	壬寅	除	金箔金	畢
10日	02/01	金	癸卯	満	金箔金	觜
11日	02/02	土	甲辰	平	覆燈火	參
12日	02/03	日	乙巳	定	覆燈火	井
13日	02/04	月	丙午	執	天河水	鬼
14日	02/05	火	丁未	破	天河水	柳
15日	02/06	水	戊申	危	大驛土	星
16日	02/07	木	己酉	危	大驛土	張
17日	02/08	金	庚戌	成	釼釧金	翼
18日	02/09	土	辛亥	納	釼釧金	軫
19日	02/10	日	壬子	開	桑柘木	角
20日	02/11	月	癸丑	閉	桑柘木	亢
21日	02/12	火	甲寅	建	大溪水	氐
22日	02/13	水	乙卯	除	大溪水	房
23日	02/14	木	丙辰	満	沙中土	心
24日	02/15	金	丁巳	平	沙中土	尾
25日	02/16	土	戊午	定	天上火	箕
26日▽	02/17	日	己未	執	天上火	斗
27日	02/18	月	庚申	破	柘榴木	女
28日	02/19	火	辛酉	危	柘榴木	虛
29日	02/20	水	壬戌	成	大海水	危
30日	02/21	木	癸亥	納	大海水	室

慶長7年

1602～1603　壬寅

【正月大 壬寅 室】

節気 雨水 1日・啓蟄 16日

日	新暦	曜	干支	直	納音	宿
1日	02/22	金	甲子	開	海中金	室
2日	02/23	土	乙丑	閉	海中金	壁
3日	02/24	日	丙寅	建	爐中火	奎
4日	02/25	月	丁卯	除	爐中火	婁
5日	02/26	火	戊辰	満	大林木	胃
6日	02/27	水	己巳	平	大林木	昴
7日	02/28	木	庚午	定	路傍土	畢
8日	03/01	金	辛未	執	路傍土	觜
9日	03/02	土	壬申	破	釼鋒金	参
10日	03/03	日	癸酉	危	釼鋒金	井
11日	03/04	月	甲戌	成	山頭火	鬼
12日	03/05	火	乙亥	納	山頭火	柳
13日	03/06	水	丙子	開	澗下水	星
14日	03/07	木	丁丑	閉	澗下水	張
15日	03/08	金	戊寅	建	城頭土	翼
16日	03/09	土	己卯	除	城頭土	軫
17日	03/10	日	庚辰	満	白鑞金	角
18日	03/11	月	辛巳	満	白鑞金	亢
19日	03/12	火	壬午	平	楊柳木	氐
20日	03/13	水	癸未	定	楊柳木	房
21日	03/14	木	甲申	執	井泉水	心
22日	03/15	金	乙酉	破	井泉水	尾
23日	03/16	土	丙戌	危	屋上土	箕
24日	03/17	日	丁亥	成	屋上土	斗
25日	03/18	月	戊子	納	霹靂火	女
26日	03/19	火	己丑	開	霹靂火	虚
27日	03/20	水	庚寅	閉	松柏木	危
28日	03/21	木	辛卯	建	松柏木	室
29日	03/22	金	壬辰	除	長流水	壁
30日	03/23	土	癸巳	満	長流水	奎

【二月小 癸卯 奎】

節気 春分 1日・清明 17日
雑節 彼岸 3日・社日 5日・土用 29日

日	新暦	曜	干支	直	納音	宿
1日	03/24	日	甲午	平	沙中金	奎
2日	03/25	月	乙未	定	沙中金	婁
3日	03/26	火	丙申	執	山下火	昴
4日	03/27	水	丁酉	破	山下火	昴
5日	03/28	木	戊戌	危	平地木	畢
6日	03/29	金	己亥	成	平地木	觜
7日	03/30	土	庚子	納	壁上土	参
8日	03/31	日	辛丑	開	壁上土	井
9日△	04/01	月	壬寅	閉	金箔金	鬼
10日	04/02	火	癸卯	建	金箔金	星
11日	04/03	水	甲辰	除	覆燈火	星
12日	04/04	木	乙巳	満	覆燈火	張
13日	04/05	金	丙午	平	天河水	翼
14日	04/06	土	丁未	定	天河水	軫
15日	04/07	日	戊申	執	大駅土	角
16日	04/08	月	己酉	破	大駅土	亢
17日	04/09	火	庚戌	危	釼釧金	氐
18日	04/10	水	辛亥	危	釼釧金	房
19日	04/11	木	壬子	成	桑柘木	心
20日	04/12	金	癸丑	納	桑柘木	尾
21日	04/13	土	甲寅	開	大溪水	箕
22日	04/14	日	乙卯	閉	大溪水	斗
23日	04/15	月	丙辰	建	沙中土	女
24日	04/16	火	丁巳	除	沙中土	虚
25日	04/17	水	戊午	満	天上火	危
26日	04/18	木	己未	平	天上火	室
27日	04/19	金	庚申	定	柘榴木	壁
28日	04/20	土	辛酉	執	柘榴木	奎
29日△	04/21	日	壬戌	破	大海水	婁

【三月大 甲辰 胃】

節気 穀雨 3日・立夏 18日
雑節 八十八夜 14日

日	新暦	曜	干支	直	納音	宿
1日	04/22	月	癸亥	危	大海水	胃
2日	04/23	火	甲子	成	海中金	昴
3日	04/24	水	乙丑	納	海中金	畢
4日	04/25	木	丙寅	開	爐中火	觜
5日	04/26	金	丁卯	閉	爐中火	参
6日	04/27	土	戊辰	除	大林木	井
7日	04/28	日	己巳	除	大林木	鬼
8日	04/29	月	庚午	満	路傍土	柳
9日	04/30	火	辛未	平	路傍土	星
10日	05/01	水	壬申	定	釼鋒金	張
11日	05/02	木	癸酉	執	釼鋒金	翼
12日	05/03	金	甲戌	破	山頭火	軫
13日	05/04	土	乙亥	危	山頭火	角
14日	05/05	日	丙子	成	澗下水	亢
15日	05/06	月	丁丑	納	澗下水	氐
16日	05/07	火	戊寅	開	城頭土	房
17日	05/08	水	己卯	閉	城頭土	心
18日	05/09	木	庚辰	閉	白鑞金	尾
19日	05/10	金	辛巳	建	白鑞金	箕
20日	05/11	土	壬午	除	楊柳木	斗
21日	05/12	日	癸未	満	楊柳木	女
22日	05/13	月	甲申	平	井泉水	虚
23日	05/14	火	乙酉	定	井泉水	危
24日	05/15	水	丙戌	執	屋上土	室
25日	05/16	木	丁亥	破	屋上土	壁
26日	05/17	金	戊子	危	霹靂火	奎
27日	05/18	土	己丑	成	霹靂火	婁
28日	05/19	日	庚寅	納	松柏木	胃
29日	05/20	月	辛卯	開	松柏木	昴
30日	05/21	火	壬辰	閉	長流水	畢

【四月小 乙巳 畢】

節気 小満 3日・芒種 18日
雑節 入梅 20日

日	新暦	曜	干支	直	納音	宿
1日	05/22	水	癸巳	建	長流水	畢
2日	05/23	木	甲午	除	沙中金	觜
3日	05/24	金	乙未	満	沙中金	参
4日	05/25	土	丙申	平	山下火	井
5日	05/26	日	丁酉	定	山下火	鬼
6日	05/27	月	戊戌	執	平地木	柳
7日	05/28	火	己亥	破	平地木	星
8日	05/29	水	庚子	危	壁上土	張
9日	05/30	木	辛丑	成	壁上土	翼
10日	05/31	金	壬寅	納	金箔金	軫
11日	06/01	土	癸卯	開	金箔金	角
12日	06/02	日	甲辰	閉	覆燈火	亢
13日	06/03	月	乙巳	建	覆燈火	氐
14日	06/04	火	丙午	除	天河水	房
15日	06/05	水	丁未	満	天河水	心
16日	06/06	木	戊申	平	大駅土	尾
17日	06/07	金	己酉	定	大駅土	箕
18日	06/08	土	庚戌	執	釼釧金	斗
19日△	06/09	日	辛亥	執	釼釧金	女
20日	06/10	月	壬子	破	桑柘木	虚
21日	06/11	火	癸丑	危	桑柘木	危
22日	06/12	水	甲寅	成	大溪水	室
23日	06/13	木	乙卯	納	大溪水	壁
24日	06/14	金	丙辰	開	沙中土	奎
25日	06/15	土	丁巳	閉	沙中土	婁
26日	06/16	日	戊午	建	天上火	胃
27日	06/17	月	己未	除	天上火	昴
28日	06/18	火	庚申	満	柏榴木	畢
29日	06/19	水	辛酉	平	柏榴木	觜

【五月小 丙午 参】

節気 夏至 5日・小暑 20日
雑節 半夏生 15日

日	新暦	曜	干支	直	納音	宿
1日	06/20	木	壬戌	定	大海水	参
2日	06/21	金	癸亥	執	大海水	井
3日	06/22	土	甲子	破	海中金	柳
4日▽	06/23	日	乙丑	危	海中金	柳
5日	06/24	月	丙寅	成	爐中火	星
6日	06/25	火	丁卯	納	爐中火	張
7日	06/26	水	戊辰	開	大林木	翼
8日	06/27	木	己巳	閉	大林木	軫
9日	06/28	金	庚午	建	路傍土	角
10日	06/29	土	辛未	除	路傍土	亢
11日	06/30	日	壬申	満	釼鋒金	氐
12日	07/01	月	癸酉	平	釼鋒金	房
13日	07/02	火	甲戌	執	山頭火	心
14日	07/03	水	乙亥	執	山頭火	尾
15日	07/04	木	丙子	破	澗下水	箕
16日	07/05	金	丁丑	危	澗下水	斗
17日	07/06	土	戊寅	成	城頭土	女
18日	07/07	日	己卯	納	城頭土	虚
19日	07/08	月	庚辰	開	白鑞金	危
20日	07/09	火	辛巳	閉	白鑞金	室
21日	07/10	水	壬午	閉	楊柳木	壁
22日	07/11	木	癸未	建	楊柳木	奎
23日	07/12	金	甲申	除	井泉水	婁
24日	07/13	土	乙酉	満	井泉水	胃
25日	07/14	日	丙戌	平	屋上土	昴
26日	07/15	月	丁亥	定	屋上土	畢
27日	07/16	火	戊子	執	霹靂火	觜
28日	07/17	水	己丑	破	霹靂火	参
29日	07/18	木	庚寅	危	松柏木	井

【六月小 丁未 鬼】

節気 大暑 6日・立秋 21日
雑節 土用 3日

日	新暦	曜	干支	直	納音	宿
1日	07/19	金	辛卯	成	松柏木	鬼
2日	07/20	土	壬辰	納	長流水	柳
3日	07/21	日	癸巳	閉	沙中金	星
4日	07/22	月	甲午	閉	沙中金	張
5日	07/23	火	乙未	建	山下火	翼
6日	07/24	水	丙申	除	山下火	軫
7日	07/25	木	丁酉	満	平地木	角
8日	07/26	金	戊戌	平	平地木	亢
9日	07/27	土	己亥	定	平地木	氐
10日	07/28	日	庚子	執	壁上土	房
11日	07/29	月	辛丑	破	壁上土	心
12日	07/30	火	壬寅	危	金箔金	尾
13日	07/31	水	癸卯	成	金箔金	箕
14日	08/01	木	甲辰	納	覆燈火	斗
15日	08/02	金	乙巳	開	覆燈火	女
16日	08/03	土	丙午	閉	天河水	虚
17日	08/04	日	丁未	建	天河水	危
18日	08/05	月	戊申	除	大駅土	室
19日	08/06	火	己酉	満	大駅土	壁
20日	08/07	水	庚戌	平	釼釧金	奎
21日	08/08	木	辛亥	平	釼釧金	婁
22日	08/09	金	壬子	定	桑柘木	胃
23日	08/10	土	癸丑	執	桑柘木	昴
24日	08/11	日	甲寅	破	大溪水	畢
25日	08/12	月	乙卯	危	大溪水	觜
26日	08/13	火	丙辰	成	沙中土	参
27日	08/14	水	丁巳	納	沙中土	井
28日	08/15	木	戊午	開	天上火	鬼
29日	08/16	金	己未	閉	天上火	柳

【七月大 戊申 張】

節気 処暑 8日・白露 23日

西暦　曜　干支　直　納音　宿　　　　　慶長7年

雑節 二百十日 19日

日	西暦	曜	干支	直	納音	宿
1日	08/17	土	庚申	建	柘榴木	張
2日△	08/18	日	辛酉	除	柘榴木	翼
3日	08/19	月	壬戌	満	大海水	軫
4日	08/20	火	癸亥	平	大海水	角
5日	08/21	水	甲子	定	海中金	亢
6日	08/22	木	乙丑	執	海中金	氐
7日	08/23	金	丙寅	破	爐中火	房
8日▽	08/24	土	丁卯	危	爐中火	心
9日	08/25	日	戊辰	成	大林木	尾
10日	08/26	月	己巳	納	大林木	箕
11日	08/27	火	庚午	開	路傍土	斗
12日	08/28	水	辛未	閉	路傍土	女
13日	08/29	木	壬申	建	釵釧金	虚
14日	08/30	金	癸酉	除	釵釧金	危
15日	08/31	土	甲戌	平	山頭火	室
16日	09/01	日	乙亥	定	山頭火	壁
17日	09/02	月	丙子	執	澗下水	奎
18日	09/03	火	丁丑	破	澗下水	婁
19日	09/04	水	戊寅	危	城頭土	胃
20日	09/05	木	己卯	成	城頭土	昴
21日	09/06	金	庚辰	納	白鑞金	畢
22日	09/07	土	辛巳	開	白鑞金	觜
23日	09/08	日	壬午	閉	楊柳木	参
24日	09/09	月	癸未	建	楊柳木	井
25日	09/10	火	甲申	除	井泉水	鬼
26日	09/11	水	乙酉	満	井泉水	柳
27日	09/12	木	丙戌	平	屋上土	星
28日	09/13	金	丁亥	定	屋上土	張
29日	09/14	土	戊子	執	霹靂火	翼
30日	09/15	日	己丑	破	霹靂火	軫

【八月小 己酉 角】
節気 秋分 8日・寒露 23日
雑節 社日 9日・彼岸 10日

日	西暦	曜	干支	直	納音	宿
1日	09/16	月	庚寅	執	松柏木	角
2日	09/17	火	辛卯	危	松柏木	亢
3日	09/18	水	壬辰	成	長流水	氐
4日	09/19	木	癸巳	成	長流水	房
5日	09/20	金	甲午	納	沙中金	心
6日	09/21	土	乙未	開	沙中金	尾
7日	09/22	日	丙申	閉	山下火	箕
8日	09/23	月	丁酉	建	山下火	斗
9日	09/24	火	戊戌	除	平地木	女
10日	09/25	水	己亥	満	平地木	虚
11日	09/26	木	庚子	平	壁上土	危
12日	09/27	金	辛丑	定	壁上土	室
13日	09/28	土	壬寅	執	金箔金	壁
14日	09/29	日	癸卯	破	金箔金	奎
15日	09/30	月	甲辰	危	覆燈火	婁
16日	10/01	火	乙巳	成	覆燈火	胃
17日	10/02	水	丙午	納	天河水	昴
18日	10/03	木	丁未	開	天河水	畢
19日	10/04	金	戊申	閉	大駅土	觜
20日	10/05	土	己酉	建	大駅土	参
21日	10/06	日	庚戌	除	釵釧金	井
22日	10/07	月	辛亥	満	釵釧金	鬼
23日	10/08	火	壬子	平	桑柘木	柳
24日	10/09	水	癸丑	平	桑柘木	星
25日	10/10	木	甲寅	定	大溪水	張
26日	10/11	金	乙卯	執	大溪水	翼
27日	10/12	土	丙辰	破	沙中土	軫
28日	10/13	日	丁巳	危	沙中土	角
29日	10/14	月	戊午	成	天上火	亢

【九月大 庚戌 氐】
節気 霜降 9日・立冬 25日
雑節 土用 6日

日	西暦	曜	干支	直	納音	宿
1日	10/15	火	己未	納	天上火	氐
2日	10/16	水	庚申	開	柘榴木	房
3日	10/17	木	辛酉	閉	柘榴木	心
4日	10/18	金	壬戌	建	大海水	尾
5日	10/19	土	癸亥	除	大海水	箕
6日	10/20	日	甲子	満	海中金	斗
7日	10/21	月	乙丑	平	海中金	女
8日	10/22	火	丙寅	定	爐中火	虚
9日	10/23	水	丁卯	執	爐中火	危
10日	10/24	木	戊辰	破	大林木	室
11日	10/25	金	己巳	危	大林木	壁
12日▽	10/26	土	庚午	成	路傍土	奎
13日△	10/27	日	辛未	納	路傍土	婁
14日	10/28	月	壬申	開	釵釧金	胃
15日	10/29	火	癸酉	閉	釵釧金	昴
16日	10/30	水	甲戌	建	山頭火	畢
17日	10/31	木	乙亥	除	山頭火	觜
18日	11/01	金	丙子	満	澗下水	参
19日	11/02	土	丁丑	平	澗下水	井
20日	11/03	日	戊寅	定	城頭土	鬼
21日	11/04	月	己卯	執	城頭土	柳
22日	11/05	火	庚辰	破	白鑞金	星
23日	11/06	水	辛巳	危	白鑞金	張
24日	11/07	木	壬午	成	楊柳木	翼
25日	11/08	金	癸未	納	楊柳木	軫
26日	11/09	土	甲申	納	井泉水	角
27日	11/10	日	乙酉	開	井泉水	亢
28日	11/11	月	丙戌	閉	屋上土	氐
29日	11/12	火	丁亥	建	屋上土	房
30日	11/13	水	戊子	除	霹靂火	心

【十月大 辛亥 心】
節気 小雪 10日・大雪 25日

日	西暦	曜	干支	直	納音	宿
1日	11/14	木	己丑	満	霹靂火	心
2日	11/15	金	庚寅	平	松柏木	尾
3日	11/16	土	辛卯	定	松柏木	箕
4日	11/17	日	壬辰	執	長流水	斗
5日	11/18	月	癸巳	破	長流水	女
6日	11/19	火	甲午	危	沙中金	虚
7日	11/20	水	乙未	成	沙中金	危
8日	11/21	木	丙申	納	山下火	室
9日	11/22	金	丁酉	開	山下火	壁
10日	11/23	土	戊戌	閉	平地木	奎
11日	11/24	日	己亥	建	平地木	婁
12日	11/25	月	庚子	除	壁上土	胃
13日	11/26	火	辛丑	満	壁上土	昴
14日	11/27	水	壬寅	平	金箔金	畢
15日	11/28	木	癸卯	定	金箔金	觜
16日	11/29	金	甲辰	執	覆燈火	参
17日	11/30	土	乙巳	破	覆燈火	井
18日	12/01	日	丙午	危	天河水	柳
19日	12/02	月	丁未	成	天河水	星
20日	12/03	火	戊申	納	大駅土	張
21日	12/04	水	己酉	開	大駅土	翼
22日	12/05	木	庚戌	閉	釵釧金	軫
23日	12/06	金	辛亥	建	釵釧金	角
24日	12/07	土	壬子	除	桑柘木	亢
25日	12/08	日	癸丑	満	桑柘木	氐
26日	12/09	月	甲寅	平	大溪水	房
27日	12/10	火	乙卯	平	大溪水	心
28日	12/11	水	丙辰	定	沙中土	尾
29日	12/12	木	丁巳	執	沙中土	箕
30日	12/13	金	戊午	破	天上火	斗

【十一月小 壬子 斗】
節気 冬至 10日・小寒 26日

日	西暦	曜	干支	直	納音	宿
1日	12/14	土	己未	危	天上火	斗
2日	12/15	日	庚申	成	柘榴木	女
3日	12/16	月	辛酉	納	柘榴木	虚
4日	12/17	火	壬戌	開	大海水	室
5日	12/18	水	癸亥	閉	大海水	壁
6日	12/19	木	甲子	建	海中金	奎
7日	12/20	金	乙丑	除	海中金	婁
8日	12/21	土	丙寅	満	爐中火	胃
9日	12/22	日	丁卯	平	爐中火	昴
10日	12/23	月	戊辰	定	大林木	畢
11日	12/24	火	己巳	執	大林木	觜
12日	12/25	水	庚午	破	路傍土	参
13日	12/26	木	辛未	危	路傍土	井
14日	12/27	金	壬申	成	釵釧金	鬼
15日▽	12/28	土	癸酉	納	釵釧金	柳
16日	12/29	日	甲戌	開	山頭火	星
17日	12/30	月	乙亥	閉	山頭火	張
18日	12/31	火	丙子	建	澗下水	翼

1603年

日	西暦	曜	干支	直	納音	宿
19日	01/01	水	丁丑	除	澗下水	軫
20日	01/02	木	戊寅	満	城頭土	角
21日	01/03	金	己卯	平	城頭土	亢
22日△	01/04	土	庚辰	定	白鑞金	氐
23日	01/05	日	辛巳	執	白鑞金	房
24日	01/06	月	壬午	破	楊柳木	心
25日	01/07	火	癸未	危	楊柳木	尾
26日	01/08	水	甲申	成	井泉水	箕
27日	01/09	木	乙酉	納	井泉水	斗
28日	01/10	金	丙戌	納	屋上土	女
29日	01/11	土	丁亥	開	屋上土	虚

【十二月大 癸丑 虚】
節気 大寒 12日・立春 27日
雑節 土用 9日・節分 26日

日	西暦	曜	干支	直	納音	宿
1日	01/12	日	戊子	閉	霹靂火	虚
2日	01/13	月	己丑	閉	霹靂火	危
3日	01/14	火	庚寅	建	松柏木	室
4日	01/15	水	辛卯	満	松柏木	壁
5日	01/16	木	壬辰	平	長流水	奎
6日	01/17	金	癸巳	定	長流水	婁
7日	01/18	土	甲午	執	沙中金	胃
8日	01/19	日	乙未	破	沙中金	昴
9日	01/20	月	丙申	危	山下火	畢
10日	01/21	火	丁酉	成	山下火	觜
11日	01/22	水	戊戌	納	平地木	参
12日	01/23	木	己亥	開	平地木	井
13日	01/24	金	庚子	閉	壁上土	鬼
14日	01/25	土	辛丑	建	壁上土	柳
15日	01/26	日	壬寅	除	金箔金	星
16日	01/27	月	癸卯	満	金箔金	張
17日	01/28	火	甲辰	平	覆燈火	翼
18日	01/29	水	乙巳	定	覆燈火	軫
19日	01/30	木	丙午	執	天河水	角
20日	01/31	金	丁未	破	天河水	亢
21日	02/01	土	戊申	危	大駅土	氐
22日	02/02	日	己酉	成	大駅土	房
23日	02/03	月	庚戌	納	釵釧金	心
24日	02/04	火	辛亥	開	釵釧金	尾
25日	02/05	水	壬子	閉	桑柘木	箕
26日	02/06	木	癸丑	建	桑柘木	斗
27日	02/07	金	甲寅	除	大溪水	女
28日	02/08	土	乙卯	満	大溪水	虚
29日	02/09	日	丙辰	平	沙中土	危
30日	02/10	月	丁巳	平	沙中土	室

慶長8年

1603～1604　癸卯

【正月大 甲寅 室】
節気 雨水 12日・啓蟄 27日

日	日付	曜	干支	直	納音	宿
1日	02/11	火	戊午	定	天上火	室
2日	02/12	水	己未	執	天上火	壁
3日	02/13	木	庚申	破	柘榴木	奎
4日	02/14	金	辛酉	危	柘榴木	婁
5日	02/15	土	壬戌	成	大海水	胃
6日	02/16	日	癸亥	納	大海水	昴
7日	02/17	月	甲子	開	海中金	畢
8日	02/18	火	乙丑	閉	海中金	觜
9日	02/19	水	丙寅	建	爐中火	参
10日	02/20	木	丁卯	除	爐中火	井
11日	02/21	金	戊辰	満	大林木	鬼
12日	02/22	土	己巳	定	路傍土	柳
13日	02/23	日	庚午	執	路傍土	星
14日	02/24	月	辛未	破	路傍土	張
15日	02/25	火	壬申	破	劔鋒金	翼
16日	02/26	水	癸酉	危	劔鋒金	軫
17日	02/27	木	甲戌	成	山頭火	角
18日	02/28	金	乙亥	納	山頭火	亢
19日▽	03/01	土	丙子	開	澗下水	氐
20日	03/02	日	丁丑	閉	澗下水	房
21日	03/03	月	戊寅	建	城頭土	心
22日	03/04	火	己卯	除	城頭土	尾
23日	03/05	水	庚辰	満	白鑞金	箕
24日	03/06	木	辛巳	平	白鑞金	斗
25日	03/07	金	壬午	定	楊柳木	女
26日	03/08	土	癸未	執	楊柳木	虚
27日	03/09	日	甲申	破	井泉水	危
28日	03/10	月	乙酉	破	井泉水	室
29日	03/11	火	丙戌	危	屋上土	壁

【二月大 乙卯 奎】
節気 春分 13日・清明 28日
雑節 社日 11日・彼岸 15日

日	日付	曜	干支	直	納音	宿
1日	03/13	木	戊子	納	霹靂火	奎
2日	03/14	金	己丑	開	霹靂火	婁
3日△	03/15	土	庚寅	閉	松柏木	胃
4日	03/16	日	辛卯	建	松柏木	昴
5日	03/17	月	壬辰	除	長流水	畢
6日	03/18	火	癸巳	満	長流水	觜
7日	03/19	水	甲午	平	沙中金	参
8日	03/20	木	乙未	定	沙中金	井
9日	03/21	金	丙申	執	山下火	鬼
10日	03/22	土	丁酉	破	山下火	柳
11日	03/23	日	戊戌	危	平地木	星
12日	03/24	月	己亥	成	平地木	張
13日	03/25	火	庚子	納	壁上土	翼
14日	03/26	水	辛丑	開	壁上土	軫
15日	03/27	木	壬寅	閉	金箔金	角
16日	03/28	金	癸卯	建	金箔金	亢
17日	03/29	土	甲辰	除	覆燈火	氐
18日	03/30	日	乙巳	満	覆燈火	房
19日	03/31	月	丙午	平	天河水	心
20日	04/01	火	丁未	定	天河水	尾
21日	04/02	水	戊申	執	大駅土	箕
22日	04/03	木	己酉	破	大駅土	斗
23日	04/04	金	庚戌	危	釵釧金	女
24日	04/05	土	辛亥	成	釵釧金	虚
25日	04/06	日	壬子	納	桑柘木	危
26日	04/07	月	癸丑	開	桑柘木	室
27日	04/08	火	甲寅	閉	大渓水	壁
28日	04/09	水	乙卯	閉	大渓水	奎
29日	04/10	木	丙辰	建	沙中土	婁
30日	04/11	金	丁巳	除	沙中土	胃

【三月小 丙辰 胃】
節気 穀雨 13日・立夏 28日
雑節 土用 10日・八十八夜 24日

日	日付	曜	干支	直	納音	宿
1日	04/12	土	戊午	満	天上火	胃
2日	04/13	日	己未	平	天上火	昴
3日	04/14	月	庚申	定	柘榴木	畢
4日	04/15	火	辛酉	執	柘榴木	觜
5日	04/16	水	壬戌	破	大海水	参
6日	04/17	木	癸亥	危	大海水	井
7日	04/18	金	甲子	成	海中金	鬼
8日	04/19	土	乙丑	納	海中金	柳
9日	04/20	日	丙寅	開	爐中火	星
10日	04/21	月	丁卯	閉	爐中火	張
11日	04/22	火	戊辰	建	大林木	翼
12日	04/23	水	己巳	除	大林木	軫
13日	04/24	木	庚午	満	路傍土	角
14日	04/25	金	辛未	平	路傍土	亢
15日	04/26	土	壬申	定	劔鋒金	氐
16日	04/27	日	癸酉	執	劔鋒金	房
17日	04/28	月	甲戌	破	山頭火	心
18日	04/29	火	乙亥	危	山頭火	尾
19日	04/30	水	丙子	成	澗下水	箕
20日	05/01	木	丁丑	納	澗下水	斗
21日	05/02	金	戊寅	開	城頭土	女
22日▽	05/03	土	己卯	閉	城頭土	虚
23日	05/04	日	庚辰	建	白鑞金	室
24日	05/05	月	辛巳	除	白鑞金	壁
25日	05/06	火	壬午	満	楊柳木	奎
26日	05/07	水	癸未	平	楊柳木	婁
27日	05/08	木	甲申	定	井泉水	胃
28日	05/09	金	乙酉	定	井泉水	昴
29日	05/10	土	丙戌	執	屋上土	畢

【四月大 丁巳 畢】
節気 小満 15日・芒種 30日

日	日付	曜	干支	直	納音	宿
1日	05/11	日	丁亥	破	屋上土	觜
2日	05/12	月	戊子	危	霹靂火	参
3日	05/13	火	己丑	成	霹靂火	井
4日	05/14	水	庚寅	納	松柏木	鬼
5日	05/15	木	辛卯	開	松柏木	柳
6日	05/16	金	壬辰	閉	長流水	星
7日	05/17	土	癸巳	建	長流水	張
8日	05/18	日	甲午	満	沙中金	翼
9日	05/19	月	乙未	満	沙中金	軫
10日	05/20	火	丙申	平	山下火	角
11日	05/21	水	丁酉	定	山下火	亢
12日	05/22	木	戊戌	執	平地木	氐
13日	05/23	金	己亥	破	平地木	房
14日△	05/24	土	庚子	危	壁上土	心
15日	05/25	日	辛丑	成	壁上土	尾
16日	05/26	月	壬寅	納	金箔金	箕
17日	05/27	火	癸卯	開	金箔金	斗
18日	05/28	水	甲辰	閉	覆燈火	女
19日	05/29	木	乙巳	建	覆燈火	虚
20日	05/30	金	丙午	除	天河水	危
21日	05/31	土	丁未	満	天河水	室
22日	06/01	日	戊申	平	大駅土	壁
23日	06/02	月	己酉	定	大駅土	奎
24日	06/03	火	庚戌	執	釵釧金	婁
25日	06/04	水	辛亥	破	桑柘木	胃
26日	06/05	木	壬子	危	桑柘木	昴
27日	06/06	金	癸丑	成	桑柘木	畢
28日	06/07	土	甲寅	納	大渓水	觜
29日	06/08	日	乙卯	開	大渓水	参
30日	06/09	月	丙辰	閉	沙中土	参

【五月小 戊午 参】
雑節 入梅 6日・半夏生 25日

日	日付	曜	干支	直	納音	宿
1日	06/10	火	丁巳	閉	沙中土	参
2日	06/11	水	戊午	建	天上火	井
3日	06/12	木	己未	満	柘榴木	柳
4日	06/13	金	庚申	満	柘榴木	星
5日	06/14	土	辛酉	平	柘榴木	張
6日	06/15	日	壬戌	定	大海水	翼
7日	06/16	月	癸亥	執	大海水	軫
8日	06/17	火	甲子	破	海中金	角
9日	06/18	水	乙丑	危	海中金	亢
10日	06/19	木	丙寅	成	爐中火	氐
11日	06/20	金	丁卯	納	爐中火	房
12日	06/21	土	戊辰	開	大林木	心
13日	06/22	日	己巳	閉	大林木	尾
14日	06/23	月	庚午	建	路傍土	箕
15日	06/24	火	辛未	除	路傍土	箕
16日	06/25	水	壬申	満	劔鋒金	斗
17日	06/26	木	癸酉	平	劔鋒金	女
18日	06/27	金	甲戌	定	山頭火	虚
19日	06/28	土	乙亥	執	山頭火	危
20日	06/29	日	丙子	破	澗下水	室
21日	06/30	月	丁丑	危	澗下水	壁
22日	07/01	火	戊寅	成	城頭土	奎
23日	07/02	水	己卯	納	城頭土	婁
24日	07/03	木	庚辰	開	白鑞金	胃
25日	07/04	金	辛巳	閉	白鑞金	昴
26日▽	07/05	土	壬午	建	楊柳木	觜
27日	07/06	日	癸未	除	楊柳木	参
28日	07/07	月	甲申	満	井泉水	井
29日	07/08	火	乙酉	平	井泉水	井

【六月小 己未 鬼】
節気 小暑 1日・大暑 16日
雑節 土用 13日

日	日付	曜	干支	直	納音	宿
1日	07/09	水	丙戌	平	屋上土	鬼
2日	07/10	木	丁亥	定	屋上土	柳
3日	07/11	金	戊子	破	霹靂火	星
4日	07/12	土	己丑	破	霹靂火	張
5日	07/13	日	庚寅	危	松柏木	翼
6日	07/14	月	辛卯	成	松柏木	軫
7日	07/15	火	壬辰	納	長流水	角
8日	07/16	水	癸巳	開	長流水	亢
9日	07/17	木	甲午	閉	沙中金	氐
10日	07/18	金	乙未	建	沙中金	房
11日	07/19	土	丙申	除	山下火	心
12日	07/20	日	丁酉	満	山下火	尾
13日	07/21	月	戊戌	定	平地木	箕
14日	07/22	火	己亥	定	平地木	斗
15日	07/23	水	庚子	執	壁上土	女
16日	07/24	木	辛丑	破	壁上土	虚
17日	07/25	金	壬寅	危	金箔金	危
18日	07/26	土	癸卯	成	金箔金	室
19日	07/27	日	甲辰	納	覆燈火	壁
20日	07/28	月	乙巳	開	覆燈火	奎
21日	07/29	火	丙午	閉	天河水	婁
22日	07/30	水	丁未	建	天河水	胃
23日	07/31	木	戊申	除	大駅土	昴
24日△	08/01	金	己酉	満	大駅土	畢
25日	08/02	土	庚戌	平	釵釧金	觜
26日	08/03	日	辛亥	定	釵釧金	参
27日	08/04	月	壬子	執	桑柘木	井
28日	08/05	火	癸丑	破	桑柘木	鬼
29日	08/06	水	甲寅	危	大渓水	柳

【七月大 庚申 張】
節気 立秋 3日・処暑 18日

西暦 曜 干支 直 納音 宿　　　　慶長8年

雑節 二百十日 29日

日	西暦	曜	干支	直	納音	宿
1日	08/07	木	乙卯	成	大溪水	張
2日	08/08	金	丙辰	納	沙中土	翼
3日	08/09	土	丁巳	納	沙中土	軫
4日	08/10	日	戊午	開	天上火	亢
5日	08/11	月	己未	閉	天上火	亢
6日	08/12	火	庚申	建	柘榴木	氐
7日	08/13	水	辛酉	除	柘榴木	房
8日	08/14	木	壬戌	満	大海水	心
9日	08/15	金	癸亥	平	大海水	尾
10日	08/16	土	甲子	定	海中金	箕
11日	08/17	日	乙丑	執	海中金	斗
12日	08/18	月	丙寅	破	爐中火	女
13日	08/19	火	丁卯	危	爐中火	虚
14日	08/20	水	戊辰	成	大林木	危
15日	08/21	木	己巳	納	大林木	室
16日	08/22	金	庚午	開	路傍土	壁
17日	08/23	土	辛未	閉	路傍土	奎
18日	08/24	日	壬申	建	釼鋒金	婁
19日	08/25	月	癸酉	除	釼鋒金	胃
20日	08/26	火	甲戌	満	山頭火	昴
21日	08/27	水	乙亥	平	山頭火	畢
22日	08/28	木	丙子	定	澗下水	觜
23日	08/29	金	丁丑	執	澗下水	參
24日	08/30	土	戊寅	破	城頭土	井
25日	08/31	日	己卯	危	城頭土	鬼
26日	09/01	月	庚辰	成	白鑞金	柳
27日	09/02	火	辛巳	納	白鑞金	星
28日	09/03	水	壬午	開	楊柳木	張
29日	09/04	木	癸未	閉	楊柳木	翼
30日	09/05	金	甲申	建	井泉水	軫

【八月小 辛酉 角】
節気 白露 3日・秋分 18日
雑節 社日 14日・彼岸 20日

日	西暦	曜	干支	直	納音	宿
1日▽	09/06	土	乙酉	除	井泉水	角
2日	09/07	日	丙戌	満	屋上土	亢
3日	09/08	月	丁亥	満	屋上土	氐
4日	09/09	火	戊子	平	霹靂火	房
5日	09/10	水	己丑	定	霹靂火	心
6日	09/11	木	庚寅	執	松柏木	尾
7日	09/12	金	辛卯	破	松柏木	箕
8日	09/13	土	壬辰	危	長流水	斗
9日	09/14	日	癸巳	成	長流水	女
10日	09/15	月	甲午	納	沙中金	虚
11日	09/16	火	乙未	開	沙中金	危
12日	09/17	水	丙申	閉	山下火	室
13日	09/18	木	丁酉	建	山下火	壁
14日	09/19	金	戊戌	除	平地木	奎
15日	09/20	土	己亥	満	平地木	婁
16日	09/21	日	庚子	平	壁上土	胃
17日	09/22	月	辛丑	定	壁上土	昴
18日	09/23	火	壬寅	執	金箔金	畢
19日	09/24	水	癸卯	破	金箔金	觜
20日	09/25	木	甲辰	危	覆燈火	參
21日	09/26	金	乙巳	成	覆燈火	井
22日	09/27	土	丙午	納	天河水	鬼
23日	09/28	日	丁未	開	天河水	柳
24日	09/29	月	戊申	閉	大驛土	星
25日	09/30	火	己酉	建	大驛土	張
26日	10/01	水	庚戌	除	釵釧金	翼
27日	10/02	木	辛亥	満	釵釧金	軫
28日	10/03	金	壬子	平	桑柘木	角
29日	10/04	土	癸丑	定	桑柘木	亢

【九月小 壬戌 氐】
節気 寒露 4日・霜降 20日
雑節 土用 17日

日	西暦	曜	干支	直	納音	宿
1日	10/05	日	甲寅	執	大溪水	氐
2日	10/06	月	乙卯	破	大溪水	房
3日	10/07	火	丙辰	危	沙中土	心
4日	10/08	水	丁巳	危	沙中土	尾
5日	10/09	木	戊午	成	天上火	箕
6日△	10/10	金	己未	納	天上火	斗
7日	10/11	土	庚申	開	柘榴木	女
8日	10/12	日	辛酉	閉	柘榴木	虚
9日	10/13	月	壬戌	建	大海水	危
10日	10/14	火	癸亥	除	大海水	室
11日	10/15	水	甲子	満	海中金	壁
12日	10/16	木	乙丑	定	海中金	奎
13日	10/17	金	丙寅	定	爐中火	婁
14日	10/18	土	丁卯	執	爐中火	胃
15日	10/19	日	戊辰	破	大林木	昴
16日	10/20	月	己巳	危	大林木	畢
17日	10/21	火	庚午	成	路傍土	觜
18日	10/22	水	辛未	納	路傍土	參
19日	10/23	木	壬申	開	釼鋒金	井
20日	10/24	金	癸酉	閉	釼鋒金	鬼
21日	10/25	土	甲戌	建	山頭火	柳
22日	10/26	日	乙亥	除	山頭火	星
23日	10/27	月	丙子	平	澗下水	張
24日	10/28	火	丁丑	平	澗下水	翼
25日	10/29	水	戊寅	定	城頭土	軫
26日	10/30	木	己卯	執	城頭土	角
27日	10/31	金	庚辰	破	白鑞金	亢
28日	11/01	土	辛巳	危	白鑞金	氐
29日	11/02	日	壬午	成	楊柳木	房

【十月大 癸亥 心】
節気 立冬 6日・小雪 21日

日	西暦	曜	干支	直	納音	宿
1日	11/03	月	癸未	納	楊柳木	心
2日	11/04	火	甲申	開	井泉水	尾
3日	11/05	水	乙酉	閉	井泉水	箕
4日	11/06	木	丙戌	除	屋上土	斗
5日	11/07	金	丁亥	除	屋上土	女
6日▽	11/08	土	戊子	除	霹靂火	虚
7日	11/09	日	己丑	満	霹靂火	危
8日	11/10	月	庚寅	平	松柏木	室
9日	11/11	火	辛卯	定	松柏木	壁
10日	11/12	水	壬辰	執	長流水	奎
11日	11/13	木	癸巳	破	長流水	婁
12日	11/14	金	甲午	危	沙中金	胃
13日	11/15	土	乙未	成	沙中金	昴
14日	11/16	日	丙申	納	山下火	畢
15日	11/17	月	丁酉	開	山下火	觜
16日	11/18	火	戊戌	閉	平地木	參
17日	11/19	水	己亥	建	平地木	井
18日	11/20	木	庚子	除	壁上土	鬼
19日	11/21	金	辛丑	満	壁上土	柳
20日	11/22	土	壬寅	平	金箔金	星
21日	11/23	日	癸卯	定	金箔金	張
22日	11/24	月	甲辰	執	覆燈火	翼
23日	11/25	火	乙巳	破	覆燈火	軫
24日	11/26	水	丙午	危	天河水	角
25日	11/27	木	丁未	成	天河水	亢
26日	11/28	金	戊申	納	大驛土	氐
27日	11/29	土	己酉	開	大驛土	房
28日	11/30	日	庚戌	閉	釵釧金	心
29日	12/01	月	辛亥	建	釵釧金	尾
30日	12/02	火	壬子	除	桑柘木	箕

【十一月大 甲子 斗】
節気 大雪 6日・冬至 22日

日	西暦	曜	干支	直	納音	宿
1日	12/03	水	癸丑	満	桑柘木	斗
2日	12/04	木	甲寅	平	大溪水	女
3日	12/05	金	乙卯	定	大溪水	虚
4日	12/06	土	丙辰	執	沙中土	危
5日	12/07	日	丁巳	破	沙中土	室
6日	12/08	月	戊午	破	天上火	壁
7日	12/09	火	己未	危	天上火	奎
8日	12/10	水	庚申	成	柘榴木	婁
9日	12/11	木	辛酉	納	柘榴木	胃
10日	12/12	金	壬戌	開	大海水	昴
11日	12/13	土	癸亥	閉	大海水	畢
12日	12/14	日	甲子	建	海中金	觜
13日	12/15	月	乙丑	除	海中金	參
14日	12/16	火	丙寅	満	爐中火	井
15日	12/17	水	丁卯	平	爐中火	柳
16日	12/18	木	戊辰	定	大林木	柳
17日△	12/19	金	己巳	執	大林木	星
18日	12/20	土	庚午	破	路傍土	張
19日	12/21	日	辛未	危	路傍土	翼
20日	12/22	月	壬申	成	釼鋒金	軫
21日	12/23	火	癸酉	納	釼鋒金	角
22日	12/24	水	甲戌	開	山頭火	亢
23日	12/25	木	乙亥	閉	山頭火	氐
24日	12/26	金	丙子	建	澗下水	房
25日	12/27	土	丁丑	除	澗下水	心
26日	12/28	日	戊寅	平	城頭土	尾
27日	12/29	月	己卯	平	城頭土	箕
28日	12/30	火	庚辰	定	白鑞金	斗
29日	12/31	水	辛巳	執	白鑞金	女

1604年

日	西暦	曜	干支	直	納音	宿
30日	01/01	木	壬午	破	楊柳木	虚

【十二月小 乙丑 虚】
節気 小寒 7日・大寒 22日
雑節 土用 19日

日	西暦	曜	干支	直	納音	宿
1日	01/02	金	癸未	危	楊柳木	虚
2日	01/03	土	甲申	成	井泉水	室
3日	01/04	日	乙酉	納	井泉水	壁
4日	01/05	月	丙戌	開	屋上土	奎
5日	01/06	火	丁亥	閉	屋上土	婁
6日	01/07	水	戊子	建	霹靂火	胃
7日	01/08	木	己丑	除	霹靂火	昴
8日	01/09	金	庚寅	満	松柏木	畢
9日▽	01/10	土	辛卯	平	松柏木	觜
10日	01/11	日	壬辰	定	長流水	參
11日	01/12	月	癸巳	執	長流水	井
12日	01/13	火	甲午	執	沙中金	井
13日	01/14	水	乙未	破	沙中金	柳
14日	01/15	木	丙申	危	山下火	星
15日	01/16	金	丁酉	成	山下火	張
16日	01/17	土	戊戌	納	平地木	翼
17日	01/18	日	己亥	開	平地木	軫
18日	01/19	月	庚子	閉	壁上土	角
19日	01/20	火	辛丑	建	壁上土	亢
20日	01/21	水	壬寅	除	金箔金	氐
21日	01/22	木	癸卯	満	金箔金	房
22日	01/23	金	甲辰	平	覆燈火	心
23日	01/24	土	乙巳	定	覆燈火	尾
24日	01/25	日	丙午	破	天河水	箕
25日	01/26	月	丁未	破	天河水	斗
26日	01/27	火	戊申	危	大驛土	女
27日	01/28	水	己酉	成	大驛土	虚
28日	01/29	木	庚戌	納	釵釧金	危
29日	01/30	金	辛亥	開	釵釧金	室

慶長9年
1604～1605 甲辰

【正月大 丙寅 室】
節気 立春8日・雨水23日
雑節 節分7日

日	日付	曜	干支	十二直	納音	宿
1日	01/31	土	壬子	閉	桑柘木	室
2日	02/01	日	癸丑	建	桑柘木	壁
3日	02/02	月	甲寅	除	大溪水	奎
4日	02/03	火	乙卯	満	大溪水	婁
5日	02/04	水	丙辰	平	沙中土	胃
6日	02/05	木	丁巳	定	沙中土	昴
7日	02/06	金	戊午	執	天上火	畢
8日	02/07	土	己未	執	天上火	觜
9日	02/08	日	庚申	破	柘榴木	参
10日	02/09	月	辛酉	危	柘榴木	井
11日	02/10	火	壬戌	成	大海水	鬼
12日	02/11	水	癸亥	納	大海水	柳
13日	02/12	木	甲子	開	海中金	星
14日	02/13	金	乙丑	閉	海中金	張
15日	02/14	土	丙寅	建	爐中火	翼
16日	02/15	日	丁卯	除	爐中火	軫
17日	02/16	月	戊辰	満	大林木	角
18日	02/17	火	己巳	平	大林木	亢
19日	02/18	水	庚午	定	路傍土	氐
20日	02/19	木	辛未	執	路傍土	房
21日	02/20	金	壬申	破	釼鋒金	心
22日	02/21	土	癸酉	危	釼鋒金	尾
23日	02/22	日	甲戌	成	山頭火	箕
24日	02/23	月	乙亥	納	山頭火	斗
25日	02/24	火	丙子	開	澗下水	牛
26日	02/25	水	丁丑	閉	澗下水	女
27日△	02/26	木	戊寅	建	城頭土	虚
28日	02/27	金	己卯	除	城頭土	危
29日	02/28	土	庚辰	満	白鑞金	室
30日	02/29	日	辛巳	平	白鑞金	壁

【二月大 丁卯 奎】
節気 啓蟄9日・春分24日
雑節 彼岸26日・社日27日

日	日付	曜	干支	十二直	納音	宿
1日	03/01	月	壬午	定	楊柳木	奎
2日	03/02	火	癸未	執	楊柳木	婁
3日	03/03	水	甲申	破	泉中水	胃
4日	03/04	木	乙酉	危	泉中水	昴
5日	03/05	金	丙戌	成	屋上土	畢
6日	03/06	土	丁亥	納	屋上土	觜
7日	03/07	日	戊子	開	霹靂火	参
8日	03/08	月	己丑	閉	霹靂火	井
9日	03/09	火	庚寅	閉	松柏木	鬼
10日	03/10	水	辛卯	建	松柏木	柳
11日	03/11	木	壬辰	除	長流水	星
12日	03/12	金	癸巳	満	長流水	張
13日▽	03/13	土	甲午	平	沙中金	翼
14日	03/14	日	乙未	定	沙中金	軫
15日	03/15	月	丙申	執	山下火	角
16日	03/16	火	丁酉	破	山下火	亢
17日	03/17	水	戊戌	危	平地木	氐
18日	03/18	木	己亥	成	平地木	房
19日	03/19	金	庚子	納	壁上土	心
20日	03/20	土	辛丑	開	壁上土	尾
21日	03/21	日	壬寅	閉	金箔金	箕
22日	03/22	月	癸卯	建	金箔金	斗
23日	03/23	火	甲辰	除	覆燈火	牛
24日	03/24	水	乙巳	満	覆燈火	女
25日	03/25	木	丙午	平	天河水	虚
26日	03/26	金	丁未	定	天河水	危
27日	03/27	土	戊申	執	大駅土	室
28日	03/28	日	己酉	破	大駅土	壁
29日	03/29	月	庚戌	危	釼釧金	奎
30日	03/30	火	辛亥	成	釼釧金	婁

【三月小 戊辰 胃】
節気 清明9日・穀雨24日
雑節 土用21日

日	日付	曜	干支	十二直	納音	宿
1日	03/31	水	壬子	納	桑柘木	胃
2日	04/01	木	癸丑	開	桑柘木	昴
3日	04/02	金	甲寅	閉	大溪水	畢
4日	04/03	土	乙卯	建	大溪水	觜
5日	04/04	日	丙辰	除	沙中土	参
6日	04/05	月	丁巳	満	沙中土	井
7日	04/06	火	戊午	平	天上火	鬼
8日	04/07	水	己未	定	天上火	柳
9日	04/08	木	庚申	定	柘榴木	星
10日	04/09	金	辛酉	執	柘榴木	張
11日	04/10	土	壬戌	破	大海水	翼
12日	04/11	日	癸亥	危	大海水	軫
13日	04/12	月	甲子	成	海中金	角
14日	04/13	火	乙丑	納	海中金	亢
15日	04/14	水	丙寅	開	爐中火	氐
16日	04/15	木	丁卯	閉	爐中火	房
17日	04/16	金	戊辰	建	大林木	心
18日	04/17	土	己巳	除	大林木	尾
19日	04/18	日	庚午	満	路傍土	箕
20日	04/19	月	辛未	平	路傍土	斗
21日	04/20	火	壬申	定	釼鋒金	牛
22日	04/21	水	癸酉	執	釼鋒金	女
23日	04/22	木	甲戌	破	山頭火	虚
24日	04/23	金	乙亥	危	山頭火	危
25日	04/24	土	丙子	成	澗下水	室
26日	04/25	日	丁丑	納	澗下水	壁
27日	04/26	月	戊寅	開	城頭土	奎
28日	04/27	火	己卯	閉	城頭土	婁
29日	04/28	水	庚辰	建	白鑞金	胃

【四月大 己巳 昴】
節気 立夏11日・小満26日
雑節 八十八夜6日

日	日付	曜	干支	十二直	納音	宿
1日	04/29	木	辛巳	除	白鑞金	昴
2日	04/30	金	壬午	満	楊柳木	畢
3日	05/01	土	癸未	平	楊柳木	觜
4日	05/02	日	甲申	定	泉中水	参
5日	05/03	月	乙酉	執	泉中水	井
6日	05/04	火	丙戌	破	屋上土	鬼
7日	05/05	水	丁亥	危	屋上土	柳
8日△	05/06	木	戊子	成	霹靂火	星
9日	05/07	金	己丑	納	霹靂火	張
10日	05/08	土	庚寅	開	松柏木	翼
11日	05/09	日	辛卯	開	松柏木	軫
12日	05/10	月	壬辰	閉	長流水	角
13日	05/11	火	癸巳	建	長流水	亢
14日	05/12	水	甲午	除	沙中金	氐
15日	05/13	木	乙未	満	沙中金	房
16日	05/14	金	丙申	平	山下火	心
17日▽	05/15	土	丁酉	定	山下火	尾
18日	05/16	日	戊戌	執	平地木	箕
19日	05/17	月	己亥	破	平地木	斗
20日	05/18	火	庚子	危	壁上土	牛
21日	05/19	水	辛丑	成	壁上土	女
22日	05/20	木	壬寅	納	金箔金	虚
23日	05/21	金	癸卯	開	金箔金	危
24日	05/22	土	甲辰	閉	覆燈火	室
25日	05/23	日	乙巳	建	覆燈火	壁
26日	05/24	月	丙午	除	天河水	奎
27日	05/25	火	丁未	満	天河水	婁
28日	05/26	水	戊申	平	大駅土	胃
29日	05/27	木	己酉	定	大駅土	昴
30日	05/28	金	庚戌	執	釼釧金	畢

【五月小 庚午 觜】
節気 芒種11日・夏至26日
雑節 入梅12日

日	日付	曜	干支	十二直	納音	宿
1日	05/29	土	辛亥	破	釼釧金	觜
2日	05/30	日	壬子	危	桑柘木	参
3日	05/31	月	癸丑	成	桑柘木	井
4日	06/01	火	甲寅	納	大溪水	鬼
5日	06/02	水	乙卯	開	大溪水	柳
6日	06/03	木	丙辰	閉	沙中土	星
7日	06/04	金	丁巳	建	沙中土	張
8日	06/05	土	戊午	除	天上火	翼
9日	06/06	日	己未	満	天上火	軫
10日	06/07	月	庚申	平	柘榴木	角
11日	06/08	火	辛酉	平	柘榴木	亢
12日	06/09	水	壬戌	定	大海水	氐
13日	06/10	木	癸亥	執	大海水	房
14日	06/11	金	甲子	破	海中金	心
15日	06/12	土	乙丑	危	海中金	尾
16日	06/13	日	丙寅	成	爐中火	箕
17日	06/14	月	丁卯	納	爐中火	斗
18日	06/15	火	戊辰	開	大林木	牛
19日	06/16	水	己巳	閉	大林木	女
20日	06/17	木	庚午	建	路傍土	虚
21日	06/18	金	辛未	除	路傍土	危
22日	06/19	土	壬申	満	釼鋒金	室
23日	06/20	日	癸酉	平	釼鋒金	壁
24日	06/21	月	甲戌	定	山頭火	奎
25日	06/22	火	乙亥	執	山頭火	婁
26日	06/23	水	丙子	破	澗下水	胃
27日	06/24	木	丁丑	危	澗下水	昴
28日	06/25	金	戊寅	成	城頭土	畢
29日	06/26	土	己卯	納	城頭土	觜

【六月大 辛未 参】
節気 小暑12日・大暑28日
雑節 半夏生7日・土用25日

日	日付	曜	干支	十二直	納音	宿
1日	06/27	日	庚辰	開	白鑞金	参
2日	06/28	月	辛巳	閉	白鑞金	井
3日	06/29	火	壬午	建	楊柳木	鬼
4日	06/30	水	癸未	除	楊柳木	柳
5日	07/01	木	甲申	満	泉中水	星
6日	07/02	金	乙酉	平	泉中水	張
7日	07/03	土	丙戌	定	屋上土	翼
8日	07/04	日	丁亥	執	屋上土	軫
9日	07/05	月	戊子	破	霹靂火	角
10日	07/06	火	己丑	危	霹靂火	亢
11日	07/07	水	庚寅	成	松柏木	氐
12日	07/08	木	辛卯	成	松柏木	房
13日	07/09	金	壬辰	納	長流水	心
14日	07/10	土	癸巳	開	長流水	尾
15日	07/11	日	甲午	閉	沙中金	箕
16日	07/12	月	乙未	建	沙中金	斗
17日	07/13	火	丙申	除	山下火	牛
18日	07/14	水	丁酉	満	山下火	女
19日△	07/15	木	戊戌	平	平地木	虚
20日	07/16	金	己亥	定	平地木	危
21日	07/17	土	庚子	執	壁上土	室
22日	07/18	日	辛丑	破	壁上土	壁
23日	07/19	月	壬寅	危	金箔金	奎
24日	07/20	火	癸卯	成	金箔金	婁
25日	07/21	水	甲辰	納	覆燈火	胃
26日	07/22	木	乙巳	開	覆燈火	昴
27日	07/23	金	丙午	閉	天河水	畢
28日	07/24	土	丁未	建	天河水	觜
29日	07/25	日	戊申	除	大駅土	参
30日	07/26	月	己酉	満	大駅土	井

【七月小 壬申 鬼】
節気 立秋13日・処暑28日

日	日付	曜	干支	十二直	納音	宿
1日	07/27	火	庚戌	平	釼釧金	鬼
2日	07/28	水	辛亥	定	釼釧金	柳
3日	07/29	木	壬子	執	桑柘木	星
4日	07/30	金	癸丑	破	桑柘木	張
5日	07/31	土	甲寅	危	大溪水	翼
6日	08/01	日	乙卯	成	大溪水	軫
7日	08/02	月	丙辰	納	沙中土	角
8日	08/03	火	丁巳	開	沙中土	亢
9日	08/04	水	戊午	閉	天上火	氐
10日	08/05	木	己未	建	天上火	房
11日	08/06	金	庚申	除	柘榴木	心
12日	08/07	土	辛酉	満	柘榴木	尾
13日	08/08	日	壬戌	満	大海水	箕
14日	08/09	月	癸亥	平	大海水	斗

慶長9年

西暦 曜 干支 直 納音 宿

日	西暦	曜	干支	直	納音	宿
15日	08/10	火	甲子	定	海中金	室
16日	08/11	水	乙丑	執	海中金	壁
17日	08/12	木	丙寅	破	爐中火	奎
18日	08/13	金	丁卯	危	爐中火	婁
19日	08/14	土	戊辰	成	大林木	胃
20日	08/15	日	己巳	納	大林木	昴
21日	08/16	月	庚午	開	路傍土	畢
22日	08/17	火	辛未	閉	路傍土	觜
23日	08/18	水	壬申	建	釼鋒金	參
24日	08/19	木	癸酉	除	釼鋒金	井
25日	08/20	金	甲戌	滿	山頭火	鬼
26日	08/21	土	乙亥	平	山頭火	柳
27日	08/22	日	丙子	定	澗下水	星
28日	08/23	月	丁丑	執	澗下水	張
29日	08/24	火	戊寅	破	城頭土	翼

【八月大 癸酉 角】
節気 白露 14日・秋分 30日
雑節 二百十日 10日・社日 30日

日	西暦	曜	干支	直	納音	宿
1日	08/25	水	己卯	危	城頭土	亢
2日	08/26	木	庚辰	成	白鑞金	氐
3日	08/27	金	辛巳	納	白鑞金	房
4日	08/28	土	壬午	開	楊柳木	心
5日	08/29	日	癸未	閉	楊柳木	尾
6日	08/30	月	甲申	建	井泉水	箕
7日	08/31	火	乙酉	除	井泉水	斗
8日	09/01	水	丙戌	滿	屋上土	女
9日	09/02	木	丁亥	平	屋上土	虚
10日	09/03	金	戊子	定	霹靂火	危
11日	09/04	土	己丑	執	霹靂火	室
12日	09/05	日	庚寅	破	松柏木	壁
13日	09/06	月	辛卯	危	松柏木	奎
14日	09/07	火	壬辰	成	長流水	婁
15日	09/08	水	癸巳	納	長流水	胃
16日	09/09	木	甲午	開	沙中金	昴
17日	09/10	金	乙未	閉	沙中金	畢
18日	09/11	土	丙申	建	山下火	觜
19日	09/12	日	丁酉	除	山下火	參
20日	09/13	月	戊戌	滿	平地木	井
21日	09/14	火	己亥	平	平地木	鬼
22日	09/15	水	庚子	定	壁上土	柳
23日	09/16	木	辛丑	執	壁上土	星
24日▽	09/17	金	壬寅	破	金箔金	張
25日	09/18	土	癸卯	危	金箔金	翼
26日	09/19	日	甲辰	成	覆燈火	軫
27日	09/20	月	乙巳	納	覆燈火	角
28日	09/21	火	丙午	開	天河水	亢
29日△	09/22	水	丁未	閉	天河水	氐
30日	09/23	木	戊申	建	大驛土	房

【閏八月小 癸酉 角】
節気 寒露 15日
雑節 彼岸 2日・土用 27日

日	西暦	曜	干支	直	納音	宿
1日	09/24	金	己酉	建	大驛土	角
2日	09/25	土	庚戌	除	釼釧金	亢
3日	09/26	日	辛亥	滿	釼釧金	氐
4日	09/27	月	壬子	平	桑柘木	房
5日	09/28	火	癸丑	定	桑柘木	心
6日	09/29	水	甲寅	執	大溪水	尾
7日	09/30	木	乙卯	破	大溪水	箕
8日	10/01	金	丙辰	危	沙中土	斗
9日	10/02	土	丁巳	成	沙中土	女
10日	10/03	日	戊午	納	天河火	虚
11日	10/04	月	己未	開	天河火	危
12日	10/05	火	庚申	閉	柘榴木	室
13日	10/06	水	辛酉	建	柘榴木	壁
14日	10/07	木	壬戌	除	大海水	奎
15日	10/08	金	癸亥	滿	大海水	婁
16日	10/09	土	甲子	平	海中金	胃
17日	10/10	日	乙丑	定	海中金	昴
18日	10/11	月	丙寅	執	爐中火	畢
19日	10/12	火	丁卯	破	爐中火	觜
20日	10/13	水	戊辰	危	大林木	參
21日	10/14	木	己巳	成	大林木	井
22日	10/15	金	庚午	納	路傍土	鬼
23日	10/16	土	辛未	開	路傍土	柳
24日	10/17	日	壬申	閉	釼鋒金	星
25日	10/18	月	癸酉	建	釼鋒金	張
26日	10/19	火	甲戌	除	山頭火	翼
27日	10/20	水	乙亥	滿	山頭火	軫
28日	10/21	木	丙子	平	澗下水	角
29日	10/22	金	丁丑	定	澗下水	亢

【九月小 甲戌 氐】
節気 霜降 1日・立冬 16日

日	西暦	曜	干支	直	納音	宿
1日	10/23	土	戊寅	定	城頭土	氐
2日	10/24	日	己卯	執	城頭土	房
3日	10/25	月	庚辰	破	白鑞金	心
4日	10/26	火	辛巳	危	白鑞金	尾
5日	10/27	水	壬午	成	楊柳木	箕
6日	10/28	木	癸未	納	楊柳木	斗
7日	10/29	金	甲申	開	井泉水	女
8日	10/30	土	乙酉	閉	井泉水	虚
9日	10/31	日	丙戌	建	屋上土	危
10日	11/01	月	丁亥	除	屋上土	室
11日	11/02	火	戊子	平	霹靂火	壁
12日	11/03	水	己丑	滿	霹靂火	奎
13日	11/04	木	庚寅	定	松柏木	婁
14日	11/05	金	辛卯	執	松柏木	胃
15日	11/06	土	壬辰	破	長流水	昴
16日	11/07	日	癸巳	危	長流水	畢
17日	11/08	月	甲午	成	沙中金	觜
18日	11/09	火	乙未	納	沙中金	參
19日	11/10	水	丙申	開	山下火	井
20日	11/11	木	丁酉	閉	山下火	鬼
21日	11/12	金	戊戌	建	平地木	柳
22日	11/13	土	己亥	除	平地木	星
23日	11/14	日	庚子	滿	壁上土	張
24日	11/15	月	辛丑	平	壁上土	翼
25日	11/16	火	壬寅	定	金箔金	軫
26日	11/17	水	癸卯	執	金箔金	角
27日	11/18	木	甲辰	執	覆燈火	亢
28日▽	11/19	金	乙巳	破	覆燈火	氐
29日	11/20	土	丙午	危	天河水	房

【十月大 乙亥 心】
節気 小雪 2日・大雪 18日

日	西暦	曜	干支	直	納音	宿
1日	11/21	日	丁未	成	天河水	心
2日	11/22	月	戊申	納	大驛土	尾
3日	11/23	火	己酉	開	大驛土	箕
4日	11/24	水	庚戌	閉	釼釧金	斗
5日	11/25	木	辛亥	建	釼釧金	女
6日	11/26	金	壬子	除	桑柘木	虚
7日	11/27	土	癸丑	滿	桑柘木	危
8日	11/28	日	甲寅	平	大溪水	室
9日	11/29	月	乙卯	定	大溪水	壁
10日	11/30	火	丙辰	執	沙中土	奎
11日△	12/01	水	丁巳	破	沙中土	婁
12日	12/02	木	戊午	危	天上火	胃
13日	12/03	金	己未	成	天上火	昴
14日	12/04	土	庚申	納	柘榴木	畢
15日	12/05	日	辛酉	開	柘榴木	觜
16日	12/06	月	壬戌	閉	大海水	參
17日	12/07	火	癸亥	建	大海水	井
18日	12/08	水	甲子	除	海中金	鬼
19日	12/09	木	乙丑	滿	海中金	柳
20日	12/10	金	丙寅	平	爐中火	星
21日	12/11	土	丁卯	定	爐中火	張
22日	12/12	日	戊辰	執	大林木	翼
23日	12/13	月	己巳	破	大林木	軫
24日	12/14	火	庚午	危	路傍土	角
25日	12/15	水	辛未	成	路傍土	亢
26日	12/16	木	壬申	納	釼鋒金	氐
27日	12/17	金	癸酉	開	釼鋒金	房
28日	12/18	土	甲戌	閉	山頭火	心
29日	12/19	日	乙亥	閉	山頭火	尾
30日	12/20	月	丙子	建	澗下水	箕

【十一月小 丙子 斗】
節気 冬至 3日・小寒 18日

日	西暦	曜	干支	直	納音	宿
1日	12/21	火	丁丑	除	澗下水	斗
2日	12/22	水	戊寅	滿	城頭土	女
3日	12/23	木	己卯	平	城頭土	虚
4日	12/24	金	庚辰	定	白鑞金	室
5日	12/25	土	辛巳	執	白鑞金	壁
6日	12/26	日	壬午	破	楊柳木	奎
7日	12/27	月	癸未	危	楊柳木	婁
8日	12/28	火	甲申	成	井泉水	胃
9日	12/29	水	乙酉	納	井泉水	昴
10日	12/30	木	丙戌	開	屋上土	畢
11日	12/31	金	丁亥	閉	屋上土	觜

1605年

日	西暦	曜	干支	直	納音	宿
12日	01/01	土	戊子	建	霹靂火	參
13日	01/02	日	己丑	除	霹靂火	井
14日	01/03	月	庚寅	滿	松柏木	鬼
15日	01/04	火	辛卯	平	松柏木	柳
16日	01/05	水	壬辰	定	長流水	星
17日	01/06	木	癸巳	執	長流水	張
18日	01/07	金	甲午	破	沙中金	翼
19日	01/08	土	乙未	危	沙中金	軫
20日	01/09	日	丙申	成	山下火	角
21日	01/10	月	丁酉	納	山下火	亢
22日	01/11	火	戊戌	開	平地木	氐
23日	01/12	水	己亥	閉	平地木	房
24日	01/13	木	庚子	建	壁上土	心
25日	01/14	金	辛丑	除	壁上土	尾
26日	01/15	土	壬寅	滿	金箔金	箕
27日	01/16	日	癸卯	平	金箔金	斗
28日	01/17	月	甲辰	定	覆燈火	女
29日	01/18	火	乙巳	執	覆燈火	虚

【十二月大 丁丑 虚】
節気 大寒 4日・立春 19日
雑節 土用 1日・節分 18日

日	西暦	曜	干支	直	納音	宿
1日	01/19	水	丙午	執	天河水	虚
2日	01/20	木	丁未	破	天河水	室
3日▽	01/21	金	戊申	危	大驛土	壁
4日	01/22	土	己酉	成	大驛土	奎
5日	01/23	日	庚戌	納	釼釧金	婁
6日	01/24	月	辛亥	開	釼釧金	胃
7日	01/25	火	壬子	閉	桑柘木	昴
8日	01/26	水	癸丑	建	桑柘木	畢
9日	01/27	木	甲寅	除	大溪水	觜
10日	01/28	金	乙卯	滿	大溪水	參
11日	01/29	土	丙辰	平	沙中土	井
12日	01/30	日	丁巳	定	沙中土	鬼
13日	01/31	月	戊午	執	天上火	柳
14日	02/01	火	己未	破	天上火	星
15日	02/02	水	庚申	危	柘榴木	張
16日	02/03	木	辛酉	成	柘榴木	翼
17日	02/04	金	壬戌	納	大海水	軫
18日	02/05	土	癸亥	開	大海水	角
19日	02/06	日	甲子	閉	海中金	亢
20日	02/07	月	乙丑	建	海中金	氐
21日△	02/08	火	丙寅	除	爐中火	房
22日	02/09	水	丁卯	滿	爐中火	心
23日	02/10	木	戊辰	平	大林木	尾
24日	02/11	金	己巳	定	大林木	箕
25日	02/12	土	庚午	執	路傍土	斗
26日	02/13	日	辛未	破	路傍土	女
27日	02/14	月	壬申	危	釼鋒金	虚
28日	02/15	火	癸酉	成	釼鋒金	危
29日	02/16	水	甲戌	納	山頭火	室
30日	02/17	木	乙亥	開	山頭火	壁

慶長10年
1605～1606 乙巳

【正月大 戊寅 室】
節気 雨水 5日・啓蟄 20日

日	月日	曜	干支	直	納音	宿
1日	02/18	金	丙子	開	澗下水	室
2日	02/19	土	丁丑	閉	澗下水	壁
3日	02/20	日	戊寅	建	城頭土	奎
4日	02/21	月	己卯	除	城頭土	婁
5日	02/22	火	庚辰	満	白鑞金	胃
6日	02/23	水	辛巳	平	白鑞金	昴
7日	02/24	木	壬午	定	楊柳木	畢
8日	02/25	金	癸未	執	楊柳木	觜
9日	02/26	土	甲申	破	井泉水	参
10日	02/27	日	乙酉	危	井泉水	井
11日	02/28	月	丙戌	成	屋上土	鬼
12日	03/01	火	丁亥	納	屋上土	柳
13日	03/02	水	戊子	開	霹靂火	星
14日	03/03	木	己丑	閉	霹靂火	張
15日	03/04	金	庚寅	建	松柏木	翼
16日	03/05	土	辛卯	除	松柏木	軫
17日	03/06	日	壬辰	満	長流水	角
18日	03/07	月	癸巳	平	長流水	亢
19日	03/08	火	甲午	定	沙中金	氐
20日	03/09	水	乙未	執	沙中金	房
21日	03/10	木	丙申	破	山下火	心
22日	03/11	金	丁酉	危	山下火	尾
23日	03/12	土	戊戌	成	平地木	箕
24日	03/13	日	己亥	納	平地木	斗
25日	03/14	月	庚子	開	壁上土	女
26日	03/15	火	辛丑	閉	壁上土	虚
27日	03/16	水	壬寅	建	金箔金	危
28日	03/17	木	癸卯	除	金箔金	室
29日	03/18	金	甲辰	満	覆燈火	壁
30日	03/19	土	乙巳	満	覆燈火	奎

【二月小 己卯 奎】
節気 春分 5日・清明 20日
雑節 社日 3日・彼岸 15日

日	月日	曜	干支	直	納音	宿
1日	03/20	日	丙午	平	天河水	奎
2日	03/21	月	丁未	定	天河水	婁
3日	03/22	火	戊申	執	大駅土	胃
4日	03/23	水	己酉	破	大駅土	昴
5日	03/24	木	庚戌	危	釵釧金	畢
6日▽	03/25	金	辛亥	成	釵釧金	觜
7日	03/26	土	壬子	納	桑柘木	参
8日	03/27	日	癸丑	閉	桑柘木	井
9日	03/28	月	甲寅	閉	大溪水	鬼
10日	03/29	火	乙卯	建	大溪水	柳
11日	03/30	水	丙辰	除	沙中土	星
12日	03/31	木	丁巳	満	沙中土	張
13日	04/01	金	戊午	平	天上火	翼
14日	04/02	土	己未	定	天上火	軫
15日	04/03	日	庚申	執	柘榴木	角
16日	04/04	月	辛酉	破	柘榴木	亢
17日	04/05	火	壬戌	危	大海水	氐
18日	04/06	水	癸亥	成	大海水	房
19日	04/07	木	甲子	納	海中金	心
20日	04/08	金	乙丑	納	海中金	尾
21日	04/09	土	丙寅	開	爐中火	斗
22日	04/10	日	丁卯	閉	爐中火	女
23日	04/11	月	戊辰	建	大林木	虚
24日	04/12	火	己巳	除	大林木	危
25日	04/13	水	庚午	満	路傍土	室
26日	04/14	木	辛未	平	路傍土	壁
27日	04/15	金	壬申	定	釵鋒金	奎
28日	04/16	土	癸酉	執	釵鋒金	奎
29日	04/17	日	甲戌	破	山頭火	婁

【三月大 庚辰 胃】
節気 穀雨 7日・立夏 22日
雑節 土用 4日・八十八夜 17日

日	月日	曜	干支	直	納音	宿
1日	04/18	月	乙亥	危	山頭火	胃
2日△	04/19	火	丙子	成	澗下水	昴
3日	04/20	水	丁丑	納	澗下水	畢
4日	04/21	木	戊寅	開	城頭土	觜
5日	04/22	金	己卯	閉	城頭土	参
6日	04/23	土	庚辰	建	白鑞金	井
7日	04/24	日	辛巳	除	白鑞金	鬼
8日	04/25	月	壬午	満	楊柳木	柳
9日	04/26	火	癸未	平	楊柳木	星
10日	04/27	水	甲申	定	井泉水	張
11日	04/28	木	乙酉	執	井泉水	翼
12日	04/29	金	丙戌	破	屋上土	軫
13日	04/30	土	丁亥	危	屋上土	角
14日	05/01	日	戊子	成	霹靂火	亢
15日	05/02	月	己丑	納	霹靂火	氐
16日	05/03	火	庚寅	開	松柏木	房
17日	05/04	水	辛卯	閉	松柏木	心
18日	05/05	木	壬辰	建	長流水	尾
19日	05/06	金	癸巳	除	長流水	箕
20日	05/07	土	甲午	満	沙中金	斗
21日	05/08	日	乙未	平	沙中金	女
22日	05/09	月	丙申	平	山下火	虚
23日	05/10	火	丁酉	定	山下火	危
24日	05/11	水	戊戌	破	平地木	室
25日	05/12	木	己亥	危	平地木	壁
26日	05/13	金	庚子	危	壁上土	奎
27日	05/14	土	辛丑	成	壁上土	婁
28日	05/15	日	壬寅	納	金箔金	胃
29日	05/16	月	癸卯	開	金箔金	昴
30日	05/17	火	甲辰	閉	覆燈火	畢

【四月大 辛巳 畢】
節気 小満 7日・芒種 22日
雑節 入梅 28日

日	月日	曜	干支	直	納音	宿
1日	05/18	水	乙巳	建	覆燈火	畢
2日	05/19	木	丙午	除	天河水	觜
3日	05/20	金	丁未	満	天河水	参
4日	05/21	土	戊申	平	大駅土	井
5日	05/22	日	己酉	定	大駅土	鬼
6日	05/23	月	庚戌	執	釵釧金	柳
7日	05/24	火	辛亥	破	釵釧金	星
8日	05/25	水	壬子	危	桑柘木	張
9日	05/26	木	癸丑	成	桑柘木	翼
10日▽	05/27	金	甲寅	納	大溪水	軫
11日	05/28	土	乙卯	開	大溪水	角
12日	05/29	日	丙辰	閉	沙中土	亢
13日	05/30	月	丁巳	建	沙中土	氐
14日	05/31	火	戊午	除	天上火	房
15日	06/01	水	己未	満	天上火	心
16日	06/02	木	庚申	平	柘榴木	尾
17日	06/03	金	辛酉	定	柘榴木	箕
18日	06/04	土	壬戌	執	大海水	斗
19日	06/05	日	癸亥	破	大海水	女
20日	06/06	月	甲子	危	海中金	虚
21日	06/07	火	乙丑	成	海中金	危
22日	06/08	水	丙寅	納	爐中火	室
23日	06/09	木	丁卯	納	爐中火	壁
24日	06/10	金	戊辰	開	大林木	奎
25日	06/11	土	己巳	閉	大林木	婁
26日	06/12	日	庚午	建	路傍土	胃
27日	06/13	月	辛未	除	路傍土	昴
28日	06/14	火	壬申	満	釵鋒金	畢
29日	06/15	水	癸酉	平	釵鋒金	觜
30日	06/16	木	甲戌	定	山頭火	参

【五月小 壬午 参】
節気 夏至 7日・小暑 23日
雑節 半夏生 18日

日	月日	曜	干支	直	納音	宿
1日	06/17	金	乙亥	執	山頭火	参
2日	06/18	土	丙子	破	澗下水	井
3日	06/19	日	丁丑	危	澗下水	鬼
4日	06/20	月	戊寅	成	城頭土	柳
5日	06/21	火	己卯	納	城頭土	星
6日	06/22	水	庚辰	開	白鑞金	張
7日	06/23	木	辛巳	閉	白鑞金	翼
8日	06/24	金	壬午	建	楊柳木	軫
9日	06/25	土	癸未	除	楊柳木	角
10日	06/26	日	甲申	満	井泉水	亢
11日	06/27	月	乙酉	平	井泉水	氐
12日△	06/28	火	丙戌	定	屋上土	房
13日	06/29	水	丁亥	執	屋上土	心
14日	06/30	木	戊子	破	霹靂火	尾
15日	07/01	金	己丑	危	霹靂火	箕
16日	07/02	土	庚寅	成	松柏木	斗
17日	07/03	日	辛卯	納	松柏木	女
18日	07/04	月	壬辰	開	長流水	虚
19日	07/05	火	癸巳	閉	長流水	危
20日	07/06	水	甲午	建	沙中金	室
21日	07/07	木	乙未	除	沙中金	壁
22日	07/08	金	丙申	満	山下火	奎
23日	07/09	土	丁酉	満	山下火	婁
24日	07/10	日	戊戌	定	平地木	胃
25日	07/11	月	己亥	執	平地木	昴
26日	07/12	火	庚子	破	壁上土	畢
27日	07/13	水	辛丑	危	壁上土	觜
28日	07/14	木	壬寅	成	金箔金	参
29日	07/15	金	癸卯	納	金箔金	井

【六月大 癸未 鬼】
節気 大暑 9日・立秋 24日
雑節 土用 6日

日	月日	曜	干支	直	納音	宿
1日	07/16	土	甲辰	開	覆燈火	鬼
2日	07/17	日	乙巳	納	覆燈火	柳
3日	07/18	月	丙午	閉	天河水	星
4日	07/19	火	丁未	建	天河水	張
5日	07/20	水	戊申	除	大駅土	翼
6日	07/21	木	己酉	満	大駅土	軫
7日	07/22	金	庚戌	平	釵釧金	角
8日	07/23	土	辛亥	定	釵釧金	亢
9日	07/24	日	壬子	執	桑柘木	氐
10日	07/25	月	癸丑	破	桑柘木	房
11日	07/26	火	甲寅	危	大溪水	心
12日	07/27	水	乙卯	成	大溪水	尾
13日	07/28	木	丙辰	納	沙中土	箕
14日▽	07/29	金	丁巳	開	沙中土	斗
15日	07/30	土	戊午	閉	天上火	女
16日	07/31	日	己未	建	天上火	虚
17日	08/01	月	庚申	除	柘榴木	危
18日	08/02	火	辛酉	満	柘榴木	室
19日	08/03	水	壬戌	平	大海水	壁
20日	08/04	木	癸亥	定	大海水	奎
21日	08/05	金	甲子	執	海中金	婁
22日	08/06	土	乙丑	破	海中金	胃
23日	08/07	日	丙寅	危	爐中火	昴
24日	08/08	月	丁卯	危	爐中火	畢
25日	08/09	火	戊辰	成	大林木	觜
26日	08/10	水	己巳	納	大林木	井
27日	08/11	木	庚午	開	路傍土	鬼
28日	08/12	金	辛未	閉	路傍土	柳
29日	08/13	土	壬申	建	釵鋒金	星

西暦 曜 干支 直 納音 宿　　　　慶長10年

	西暦	曜	干支	直	納音	宿
30日	08/14	日	癸酉	除	釵釧金	星

【七月小 甲申 張】
節気 処暑 9日・白露 25日
雑節 二百十日 20日

	西暦	曜	干支	直	納音	宿
1日	08/15	月	甲戌	満	山頭火	張
2日	08/16	火	乙亥	平	山頭火	翼
3日	08/17	水	丙子	定	澗下水	軫
4日	08/18	金	丁丑	執	澗下水	角
5日	08/19	金	戊寅	破	城頭土	亢
6日	08/20	土	己卯	危	城頭土	氐
7日	08/21	日	庚辰	成	白鑞金	房
8日	08/22	月	辛巳	納	白鑞金	心
9日	08/23	火	壬午	開	楊柳木	尾
10日	08/24	水	癸未	閉	楊柳木	箕
11日	08/25	木	甲申	建	井泉水	斗
12日	08/26	金	乙酉	除	井泉水	女
13日	08/27	土	丙戌	満	屋上土	虚
14日	08/28	日	丁亥	平	屋上土	危
15日	08/29	月	戊子	定	霹靂火	室
16日	08/30	火	己丑	執	霹靂火	壁
17日	08/31	水	庚寅	破	松柏木	奎
18日	09/01	木	辛卯	危	松柏木	婁
19日	09/02	金	壬辰	成	長流水	胃
20日	09/03	土	癸巳	納	長流水	昴
21日	09/04	日	甲午	開	沙中金	畢
22日△	09/05	月	乙未	閉	沙中金	觜
23日	09/06	火	丙申	建	山下火	参
24日	09/07	水	丁酉	除	山下火	井
25日	09/08	木	戊戌	満	平地木	鬼
26日	09/09	金	己亥	満	平地木	柳
27日	09/10	土	庚子	平	壁上土	星
28日	09/11	日	辛丑	定	壁上土	張
29日	09/12	月	壬寅	執	金箔金	翼

【八月大 乙酉 角】
節気 秋分 11日・寒露 26日
雑節 社日 6日・彼岸 13日

	西暦	曜	干支	直	納音	宿
1日	09/13	火	癸卯	破	金箔金	角
2日	09/14	水	甲辰	成	覆燈火	亢
3日	09/15	木	乙巳	成	覆燈火	氐
4日	09/16	金	丙午	納	天河水	房
5日	09/17	土	丁未	開	天河水	心
6日	09/18	日	戊申	閉	大駅土	尾
7日	09/19	月	己酉	建	大駅土	箕
8日	09/20	火	庚戌	除	釵釧金	斗
9日	09/21	水	辛亥	満	釵釧金	女
10日	09/22	木	壬子	平	桑柘木	虚
11日	09/23	金	癸丑	執	桑柘木	危
12日	09/24	土	甲寅	執	大溪水	室
13日	09/25	日	乙卯	破	大溪水	壁
14日	09/26	月	丙辰	危	沙中土	奎
15日	09/27	火	丁巳	成	沙中土	婁
16日	09/28	水	戊午	納	天上火	胃
17日	09/29	木	己未	開	天上火	昴
18日▽	09/30	金	庚申	閉	柘榴木	畢
19日	10/01	土	辛酉	建	柘榴木	觜
20日	10/02	日	壬戌	除	大海水	参
21日	10/03	月	癸亥	満	大海水	井
22日	10/04	火	甲子	定	海中金	鬼
23日	10/05	水	乙丑	定	海中金	柳
24日	10/06	木	丙寅	執	炉中火	星
25日	10/07	金	丁卯	破	炉中火	張
26日	10/08	土	戊辰	危	大林木	翼
27日	10/09	日	己巳	成	大林木	軫
28日	10/10	月	庚午	納	路傍土	角
29日	10/11	火	辛未	開	路傍土	亢
30日	10/12	水	壬申	閉	釵鋒金	氐

【九月小 丙戌 氐】
節気 霜降 11日・立冬 26日
雑節 土用 8日

	西暦	曜	干支	直	納音	宿
1日	10/13	木	癸酉	閉	釵鋒金	氐
2日	10/14	金	甲戌	建	山頭火	房
3日	10/15	土	乙亥	除	山頭火	心
4日	10/16	日	丙子	満	澗下水	尾
5日	10/17	月	丁丑	平	澗下水	箕
6日	10/18	火	戊寅	定	城頭土	斗
7日	10/19	水	己卯	執	城頭土	女
8日	10/20	木	庚辰	破	白鑞金	虚
9日	10/21	金	辛巳	危	白鑞金	危
10日	10/22	土	壬午	成	楊柳木	室
11日	10/23	日	癸未	納	楊柳木	壁
12日	10/24	月	甲申	開	井泉水	奎
13日	10/25	火	乙酉	閉	井泉水	婁
14日	10/26	水	丙戌	危	屋上土	胃
15日	10/27	木	丁亥	除	屋上土	昴
16日	10/28	金	戊子	満	霹靂火	畢
17日	10/29	土	己丑	平	霹靂火	觜
18日	10/30	日	庚寅	定	松柏木	参
19日	10/31	月	辛卯	執	松柏木	井
20日	11/01	火	壬辰	破	長流水	鬼
21日	11/02	水	癸巳	危	長流水	柳
22日	11/03	木	甲午	成	沙中金	星
23日	11/04	金	乙未	納	沙中金	張
24日	11/05	土	丙申	開	山下火	翼
25日	11/06	日	丁酉	閉	山下火	軫
26日	11/07	月	戊戌	閉	平地木	角
27日	11/08	火	己亥	建	平地木	亢
28日	11/09	水	庚子	除	壁上土	氐
29日	11/10	木	辛丑	満	壁上土	房

【十月小 丁亥 心】
節気 小雪 13日・大雪 28日

	西暦	曜	干支	直	納音	宿
1日	11/11	金	壬寅	平	金箔金	心
2日	11/12	土	癸卯	定	金箔金	尾
3日	11/13	日	甲辰	執	覆燈火	箕
4日△	11/14	月	乙巳	破	覆燈火	斗
5日	11/15	火	丙午	危	天河水	女
6日	11/16	水	丁未	成	天河水	虚
7日	11/17	木	戊申	納	大駅土	危
8日	11/18	金	己酉	開	大駅土	室
9日	11/19	土	庚戌	閉	釵釧金	壁
10日	11/20	日	辛亥	閉	釵釧金	奎
11日	11/21	月	壬子	除	桑柘木	婁
12日	11/22	火	癸丑	満	桑柘木	胃
13日	11/23	水	甲寅	定	大溪水	昴
14日	11/24	木	乙卯	定	大溪水	畢
15日	11/25	金	丙辰	執	沙中土	觜
16日	11/26	土	丁巳	破	沙中土	参
17日	11/27	日	戊午	危	天上火	井
18日	11/28	月	己未	成	天上火	鬼
19日	11/29	火	庚申	納	柘榴木	柳
20日	11/30	水	辛酉	開	柘榴木	星
21日	12/01	木	壬戌	閉	大海水	張
22日▽	12/02	金	癸亥	建	大海水	翼
23日	12/03	土	甲子	除	海中金	軫
24日	12/04	日	乙丑	満	海中金	角
25日	12/05	月	丙寅	平	炉中火	亢
26日	12/06	火	丁卯	定	炉中火	氐
27日	12/07	水	戊辰	執	大林木	房
28日	12/08	木	己巳	破	大林木	心
29日	12/09	金	庚午	破	路傍土	尾

【十一月大 戊子 斗】
節気 冬至 14日・小寒 29日

	西暦	曜	干支	直	納音	宿
1日	12/10	土	辛未	危	路傍土	斗
2日	12/11	日	壬申	成	釵鋒金	女
3日	12/12	月	癸酉	納	釵鋒金	虚
4日	12/13	火	甲戌	開	山頭火	危
5日	12/14	水	乙亥	閉	山頭火	室
6日	12/15	木	丙子	建	澗下水	壁
7日	12/16	金	丁丑	除	澗下水	奎
8日	12/17	土	戊寅	満	城頭土	婁
9日	12/18	日	己卯	平	城頭土	胃
10日	12/19	月	庚辰	定	白鑞金	昴
11日	12/20	火	辛巳	執	白鑞金	畢
12日	12/21	水	壬午	破	楊柳木	觜
13日	12/22	木	癸未	危	楊柳木	参
14日	12/23	金	甲申	成	井泉水	井
15日	12/24	土	乙酉	納	井泉水	鬼
16日	12/25	日	丙戌	開	屋上土	柳
17日	12/26	月	丁亥	閉	屋上土	星
18日	12/27	火	戊子	建	霹靂火	張
19日	12/28	水	己丑	除	霹靂火	翼
20日	12/29	木	庚寅	満	松柏木	軫
21日	12/30	金	辛卯	平	松柏木	角
22日	12/31	土	壬辰	定	長流水	亢

1606年

	西暦	曜	干支	直	納音	宿
23日	01/01	日	癸巳	執	長流水	氐
24日	01/02	月	甲午	破	沙中金	房
25日	01/03	火	乙未	危	沙中金	心
26日	01/04	水	丙申	成	山下火	尾
27日	01/05	木	丁酉	納	山下火	箕
28日	01/06	金	戊戌	閉	平地木	斗
29日	01/07	土	己亥	開	平地木	女
30日	01/08	日	庚子	閉	壁上土	虚

【十二月小 己丑 虚】
節気 大寒 14日
雑節 土用 11日・節分 29日

	西暦	曜	干支	直	納音	宿
1日	01/09	月	辛丑	平	壁上土	虚
2日	01/10	火	壬寅	除	金箔金	危
3日	01/11	水	癸卯	満	金箔金	室
4日	01/12	木	甲辰	平	覆燈火	壁
5日	01/13	金	乙巳	執	覆燈火	奎
6日	01/14	土	丙午	破	天河水	婁
7日	01/15	日	丁未	危	天河水	胃
8日	01/16	月	戊申	成	大駅土	昴
9日	01/17	火	己酉	納	大駅土	畢
10日	01/18	水	庚戌	納	釵釧金	觜
11日	01/19	木	辛亥	開	釵釧金	参
12日	01/20	金	壬子	閉	桑柘木	井
13日	01/21	土	癸丑	建	桑柘木	鬼
14日	01/22	日	甲寅	除	大溪水	柳
15日△	01/23	月	乙卯	満	大溪水	星
16日	01/24	火	丙辰	平	沙中土	張
17日	01/25	水	丁巳	定	沙中土	翼
18日	01/26	木	戊午	執	天上火	軫
19日	01/27	金	己未	破	天上火	角
20日	01/28	土	庚申	危	柘榴木	亢
21日	01/29	日	辛酉	成	柘榴木	氐
22日	01/30	月	壬戌	納	大海水	房
23日	01/31	火	癸亥	閉	大海水	心
24日	02/01	水	甲子	閉	海中金	尾
25日	02/02	木	乙丑	建	海中金	箕
26日▽	02/03	金	丙寅	除	炉中火	斗
27日	02/04	土	丁卯	満	炉中火	女
28日	02/05	日	戊辰	平	大林木	虚
29日	02/06	月	己巳	定	大林木	危

慶長11年

1606～1607　丙午

【正月大 庚寅 室】
節気　立春1日・雨水16日

日	新暦	曜	干支	直	納音	宿
1日	02/07	火	庚午	定	路傍土	室
2日	02/08	水	辛未	執	路傍土	壁
3日	02/09	木	壬申	破	釼鋒金	奎
4日	02/10	金	癸酉	危	釼鋒金	婁
5日	02/11	土	甲戌	成	山頭火	胃
6日	02/12	日	乙亥	納	山頭火	昴
7日	02/13	月	丙子	開	澗下水	畢
8日	02/14	火	丁丑	閉	澗下水	觜
9日	02/15	水	戊寅	建	城頭土	参
10日	02/16	木	己卯	除	城頭土	鬼
11日	02/17	金	庚辰	満	白鑞金	鬼
12日	02/18	土	辛巳	平	白鑞金	柳
13日	02/19	日	壬午	定	楊柳木	星
14日	02/20	月	癸未	執	楊柳木	張
15日	02/21	火	甲申	破	井泉水	翼
16日	02/22	水	乙酉	危	井泉水	軫
17日	02/23	木	丙戌	成	屋上土	角
18日	02/24	金	丁亥	納	屋上土	亢
19日	02/25	土	戊子	開	霹靂火	氐
20日	02/26	日	己丑	閉	霹靂火	房
21日	02/27	月	庚寅	建	松柏木	心
22日	02/28	火	辛卯	除	松柏木	尾
23日	03/01	水	壬辰	満	長流水	箕
24日	03/02	木	癸巳	平	長流水	斗
25日	03/03	金	甲午	定	沙中金	女
26日	03/04	土	乙未	執	沙中金	虚
27日	03/05	日	丙申	危	山下火	室
28日	03/06	月	丁酉	危	山下火	壁
29日	03/07	火	戊戌	成	平地木	壁
30日	03/08	水	己亥	納	平地木	奎

【二月大 辛卯 奎】
節気　啓蟄1日・春分16日
雑節　彼岸18日・社日19日

日	新暦	曜	干支	直	納音	宿
1日	03/09	木	庚子	納	壁上土	奎
2日	03/10	金	辛丑	開	壁上土	婁
3日	03/11	土	壬寅	閉	金箔金	胃
4日	03/12	日	癸卯	建	金箔金	昴
5日	03/13	月	甲辰	除	覆燈火	畢
6日	03/14	火	乙巳	満	覆燈火	觜
7日	03/15	水	丙午	平	天河水	参
8日	03/16	木	丁未	定	天河水	井
9日	03/17	金	戊申	執	大駅土	鬼
10日	03/18	土	己酉	破	大駅土	柳
11日	03/19	日	庚戌	危	釼釧金	星
12日	03/20	月	辛亥	成	釼釧金	張
13日	03/21	火	壬子	納	桑柘木	翼
14日	03/22	水	癸丑	開	桑柘木	軫
15日	03/23	木	甲寅	閉	大溪水	角
16日	03/24	金	乙卯	建	大溪水	亢
17日	03/25	土	丙辰	除	沙中土	氐
18日	03/26	日	丁巳	満	沙中土	房
19日	03/27	月	戊午	平	天上火	心
20日	03/28	火	己未	定	天上火	尾
21日	03/29	水	庚申	執	柘榴木	箕
22日	03/30	木	辛酉	破	柘榴木	斗
23日	03/31	金	壬戌	危	大海水	女
24日	04/01	土	癸亥	成	大海水	虚
25日△	04/02	日	甲子	納	海中金	危
26日	04/03	月	乙丑	開	海中金	室
27日	04/04	火	丙寅	閉	爐中火	壁
28日	04/05	水	丁卯	建	爐中火	奎
29日	04/06	木	戊辰	除	大林木	婁
30日▽	04/07	金	己巳	満	大林木	胃

【三月小 壬辰 胃】
節気　清明2日・穀雨17日
雑節　土用14日・八十八夜28日

日	新暦	曜	干支	直	納音	宿
1日	04/08	土	庚午	平	路傍土	胃
2日	04/09	日	辛未	平	路傍土	昴
3日	04/10	月	壬申	定	釼鋒金	畢
4日	04/11	火	癸酉	執	釼鋒金	觜
5日	04/12	水	甲戌	破	山頭火	参
6日	04/13	木	乙亥	危	山頭火	井
7日	04/14	金	丙子	成	澗下水	鬼
8日	04/15	土	丁丑	納	澗下水	柳
9日	04/16	日	戊寅	開	城頭土	星
10日	04/17	月	己卯	閉	城頭土	張
11日	04/18	火	庚辰	建	白鑞金	翼
12日	04/19	水	辛巳	除	白鑞金	軫
13日	04/20	木	壬午	満	楊柳木	角
14日	04/21	金	癸未	平	楊柳木	亢
15日	04/22	土	甲申	定	井泉水	氐
16日	04/23	日	乙酉	執	井泉水	房
17日	04/24	月	丙戌	破	屋上土	心
18日	04/25	火	丁亥	危	屋上土	尾
19日	04/26	水	戊子	成	霹靂火	箕
20日	04/27	木	己丑	納	霹靂火	斗
21日	04/28	金	庚寅	開	松柏木	女
22日	04/29	土	辛卯	閉	松柏木	虚
23日	04/30	日	壬辰	建	長流水	危
24日	05/01	月	癸巳	除	長流水	室
25日	05/02	火	甲午	満	沙中金	壁
26日	05/03	水	乙未	平	沙中金	奎
27日	05/04	木	丙申	定	山下火	婁
28日	05/05	金	丁酉	執	山下火	胃
29日	05/06	土	戊戌	破	平地木	昴

【四月大 癸巳 畢】
節気　立夏3日・小満18日

日	新暦	曜	干支	直	納音	宿
1日	05/07	日	己亥	危	平地木	畢
2日	05/08	月	庚子	成	壁上土	觜
3日	05/09	火	辛丑	納	壁上土	参
4日	05/10	水	壬寅	開	金箔金	井
5日	05/11	木	癸卯	閉	金箔金	鬼
6日	05/12	金	甲辰	閉	覆燈火	柳
7日	05/13	土	乙巳	建	覆燈火	星
8日	05/14	日	丙午	満	天河水	張
9日	05/15	月	丁未	満	天河水	翼
10日	05/16	火	戊申	平	大駅土	軫
11日	05/17	水	己酉	定	大駅土	角
12日	05/18	木	庚戌	執	釼釧金	亢
13日	05/19	金	辛亥	破	釼釧金	氐
14日	05/20	土	壬子	危	桑柘木	房
15日	05/21	日	癸丑	成	桑柘木	心
16日	05/22	月	甲寅	納	大溪水	尾
17日	05/23	火	乙卯	開	大溪水	箕
18日	05/24	水	丙辰	閉	沙中土	斗
19日	05/25	木	丁巳	建	沙中土	女
20日	05/26	金	戊午	除	天上火	虚
21日	05/27	土	己未	満	天上火	危
22日	05/28	日	庚申	平	柘榴木	室
23日	05/29	月	辛酉	定	柘榴木	壁
24日	05/30	火	壬戌	執	大海水	奎
25日	05/31	水	癸亥	破	大海水	婁
26日	06/01	木	甲子	危	海中金	胃
27日	06/02	金	乙丑	成	海中金	昴
28日	06/03	土	丙寅	納	爐中火	畢
29日	06/04	日	丁卯	開	爐中火	觜

【五月小 甲午 参】
節気　芒種3日・夏至19日
雑節　入梅4日・半夏生29日

日	新暦	曜	干支	直	納音	宿
1日	06/06	火	己巳	建	大林木	参
2日	06/07	水	庚午	除	路傍土	井
3日	06/08	木	辛未	除	路傍土	鬼
4日▽	06/09	金	壬申	満	釼鋒金	柳
5日	06/10	土	癸酉	平	釼鋒金	星
6日△	06/11	日	甲戌	定	山頭火	張
7日	06/12	月	乙亥	執	山頭火	翼
8日	06/13	火	丙子	破	澗下水	軫
9日	06/14	水	丁丑	危	澗下水	角
10日	06/15	木	戊寅	成	城頭土	亢
11日	06/16	金	己卯	納	城頭土	氐
12日	06/17	土	庚辰	開	白鑞金	房
13日	06/18	日	辛巳	閉	白鑞金	心
14日	06/19	月	壬午	建	楊柳木	尾
15日	06/20	火	癸未	除	楊柳木	箕
16日	06/21	水	甲申	満	井泉水	斗
17日	06/22	木	乙酉	平	井泉水	女
18日	06/23	金	丙戌	定	屋上土	虚
19日	06/24	土	丁亥	執	屋上土	危
20日	06/25	日	戊子	破	霹靂火	室
21日	06/26	月	己丑	危	霹靂火	壁
22日	06/27	火	庚寅	成	松柏木	奎
23日	06/28	水	辛卯	納	松柏木	婁
24日	06/29	木	壬辰	開	長流水	胃
25日	06/30	金	癸巳	閉	長流水	昴
26日	07/01	土	甲午	建	沙中金	畢
27日	07/02	日	乙未	除	沙中金	觜
28日	07/03	月	丙申	満	山下火	参
29日	07/04	火	丁酉	平	山下火	井

【六月大 乙未 鬼】
節気　小暑5日・大暑20日
雑節　土用17日

日	新暦	曜	干支	直	納音	宿
1日	07/05	水	戊戌	定	平地木	鬼
2日	07/06	木	己亥	破	平地木	星
3日	07/07	金	庚子	破	壁上土	星
4日	07/08	土	辛丑	危	壁上土	張
5日	07/09	日	壬寅	成	金箔金	翼
6日	07/10	月	癸卯	納	金箔金	軫
7日	07/11	火	甲辰	納	覆燈火	角
8日	07/12	水	乙巳	開	覆燈火	亢
9日	07/13	木	丙午	閉	天河水	氐
10日	07/14	金	丁未	建	天河水	房
11日	07/15	土	戊申	除	大駅土	心
12日	07/16	日	己酉	満	大駅土	尾
13日	07/17	月	庚戌	平	釼釧金	箕
14日	07/18	火	辛亥	定	釼釧金	斗
15日	07/19	水	壬子	執	桑柘木	女
16日	07/20	木	癸丑	破	桑柘木	虚
17日	07/21	金	甲寅	危	大溪水	危
18日	07/22	土	乙卯	成	大溪水	室
19日	07/23	日	丙辰	納	沙中土	壁
20日	07/24	月	丁巳	開	沙中土	奎
21日	07/25	火	戊午	閉	天上火	婁
22日	07/26	水	己未	建	天上火	胃
23日	07/27	木	庚申	除	柘榴木	昴
24日	07/28	金	辛酉	満	柘榴木	畢
25日	07/29	土	壬戌	平	大海水	觜
26日	07/30	日	癸亥	定	大海水	参
27日	07/31	月	甲子	執	海中金	井
28日	08/01	火	乙丑	破	海中金	鬼
29日	08/02	水	丙寅	危	爐中火	柳
30日	08/03	木	丁卯	成	爐中火	星

西暦 曜 干支 直 納音 宿　　　　　　　　　　　　慶長11年

【七月大 丙申 張】

節気 立秋 5日・処暑 21日

日	西暦	曜	干支	直	納音	宿
1日	08/04	金	戊辰	納	大林木	張
2日	08/05	土	己巳	開	大林木	翼
3日	08/06	日	庚午	建	路傍土	軫
4日	08/07	月	辛未	建	路傍土	角
5日	08/08	火	壬申	建	釼鋒金	亢
6日	08/09	水	癸酉	除	釼鋒金	氐
7日▽	08/10	木	甲戌	満	山頭火	心
8日	08/11	金	乙亥	平	山頭火	尾
9日	08/12	土	丙子	定	澗下水	尾
10日	08/13	日	丁丑	執	澗下水	斗
11日	08/14	月	戊寅	破	城頭土	斗
12日	08/15	火	己卯	危	城頭土	女
13日	08/16	水	庚辰	成	白鑞金	虚
14日	08/17	木	辛巳	納	白鑞金	危
15日	08/18	金	壬午	開	楊柳木	室
16日	08/19	土	癸未	閉	楊柳木	壁
17日△	08/20	日	甲申	建	井泉水	奎
18日	08/21	月	乙酉	除	井泉水	婁
19日	08/22	火	丙戌	満	屋上土	胃
20日	08/23	水	丁亥	平	屋上土	昴
21日	08/24	木	戊子	定	霹靂火	畢
22日	08/25	金	己丑	執	霹靂火	觜
23日	08/26	土	庚寅	破	松柏木	参
24日	08/27	日	辛卯	危	松柏木	井
25日	08/28	月	壬辰	成	長流水	鬼
26日	08/29	火	癸巳	納	長流水	柳
27日	08/30	水	甲午	開	沙中金	星
28日	08/31	木	乙未	閉	沙中金	張
29日	09/01	金	丙申	建	山下火	翼
30日	09/02	土	丁酉	除	山下火	軫

【八月小 丁酉 角】

節気 白露 6日・秋分 21日
雑節 二百十日 2日・社日 21日・彼岸 23日

日	西暦	曜	干支	直	納音	宿
1日	09/03	日	戊戌	満	平地木	角
2日	09/04	月	己亥	定	平地木	亢
3日	09/05	火	庚子	定	壁上土	氐
4日	09/06	水	辛丑	執	壁上土	房
5日	09/07	木	壬寅	破	金箔金	心
6日	09/08	金	癸卯	危	金箔金	尾
7日	09/09	土	甲辰	成	覆燈火	箕
8日	09/10	日	乙巳	納	覆燈火	斗
9日	09/11	月	丙午	開	天河水	牛
10日	09/12	火	丁未	閉	天河水	女
11日	09/13	水	戊申	建	大駅土	虚
12日	09/14	木	己酉	除	大駅土	危
13日	09/15	金	庚戌	満	釵釧金	室
14日	09/16	土	辛亥	平	釵釧金	壁
15日	09/17	日	壬子	定	桑柘木	奎
16日	09/18	月	癸丑	執	桑柘木	婁
17日	09/19	火	甲寅	破	大溪水	胃
18日	09/20	水	乙卯	危	大溪水	昴
19日	09/21	木	丙辰	成	沙中土	畢
20日	09/22	金	丁巳	納	沙中土	觜
21日	09/23	土	戊午	納	天上火	参
22日	09/24	日	己未	開	天上火	井
23日	09/25	月	庚申	閉	柘榴木	鬼
24日	09/26	火	辛酉	建	柘榴木	柳
25日	09/27	水	壬戌	除	大海水	星
26日	09/28	木	癸亥	満	大海水	張
27日	09/29	金	甲子	平	海中金	翼
28日	09/30	土	乙丑	定	海中金	軫
29日	10/01	日	丙寅	執	爐中火	角

【九月大 戊戌 氐】

節気 寒露 7日・霜降 22日
雑節 土用 19日

日	西暦	曜	干支	直	納音	宿
1日	10/02	月	丁卯	破	爐中火	氐
2日	10/03	火	戊辰	危	大林木	房
3日	10/04	水	己巳	成	大林木	心
4日	10/05	木	庚午	納	路傍土	尾
5日	10/06	金	辛未	開	路傍土	箕
6日	10/07	土	壬申	閉	釼鋒金	斗
7日	10/08	日	癸酉	閉	釼鋒金	女
8日	10/09	月	甲戌	除	山頭火	虚
9日	10/10	火	乙亥	除	山頭火	危
10日	10/11	水	丙子	満	澗下水	室
11日▽	10/12	木	丁丑	平	澗下水	壁
12日	10/13	金	戊寅	定	城頭土	奎
13日	10/14	土	己卯	執	城頭土	婁
14日	10/15	日	庚辰	破	白鑞金	胃
15日	10/16	月	辛巳	危	白鑞金	昴
16日	10/17	火	壬午	成	楊柳木	畢
17日	10/18	水	癸未	納	楊柳木	觜
18日	10/19	木	甲申	開	井泉水	参
19日	10/20	金	乙酉	閉	井泉水	井
20日	10/21	土	丙戌	建	屋上土	鬼
21日	10/22	日	丁亥	除	屋上土	柳
22日	10/23	月	戊子	満	霹靂火	星
23日	10/24	火	己丑	平	霹靂火	張
24日	10/25	水	庚寅	定	松柏木	翼
25日	10/26	木	辛卯	執	松柏木	軫
26日	10/27	金	壬辰	破	長流水	角
27日△	10/28	土	癸巳	危	長流水	亢
28日	10/29	日	甲午	成	沙中金	氐
29日	10/30	月	乙未	納	沙中金	房
30日	10/31	火	丙申	開	山下火	心

【十月小 己亥 心】

節気 立冬 8日・小雪 23日

日	西暦	曜	干支	直	納音	宿
1日	11/01	水	丁酉	閉	山下火	心
2日	11/02	木	戊戌	建	平地木	尾
3日	11/03	金	己亥	満	平地木	箕
4日	11/04	土	庚子	満	壁上土	斗
5日	11/05	日	辛丑	平	壁上土	女
6日	11/06	月	壬寅	定	金箔金	虚
7日	11/07	火	癸卯	執	金箔金	危
8日	11/08	水	甲辰	執	覆燈火	室
9日	11/09	木	乙巳	破	覆燈火	壁
10日	11/10	金	丙午	危	天河水	奎
11日	11/11	土	丁未	成	天河水	婁
12日	11/12	日	戊申	納	大駅土	胃
13日	11/13	月	己酉	開	大駅土	昴
14日	11/14	火	庚戌	建	釵釧金	觜
15日	11/15	水	辛亥	建	釵釧金	参
16日	11/16	木	壬子	除	桑柘木	井
17日	11/17	金	癸丑	満	桑柘木	鬼
18日	11/18	土	甲寅	平	大溪水	柳
19日	11/19	日	乙卯	定	大溪水	星
20日	11/20	月	丙辰	執	沙中土	張
21日	11/21	火	丁巳	破	沙中土	翼
22日	11/22	水	戊午	危	天上火	軫
23日	11/23	木	己未	成	天上火	角
24日	11/24	金	庚申	納	柘榴木	亢
25日	11/25	土	辛酉	開	柘榴木	氐
26日	11/26	日	壬戌	閉	大海水	房
27日	11/27	月	癸亥	建	大海水	心
28日	11/28	火	甲子	除	海中金	尾
29日	11/29	水	乙丑	満	海中金	箕

【十一月大 庚子 斗】

節気 大雪 9日・冬至 24日

日	西暦	曜	干支	直	納音	宿
1日	11/30	木	丙寅	平	爐中火	斗
2日	12/01	金	丁卯	定	爐中火	女
3日	12/02	土	戊辰	執	大林木	虚
4日	12/03	日	己巳	危	大林木	危
5日	12/04	月	庚午	危	路傍土	室
6日	12/05	火	辛未	成	路傍土	壁
7日	12/06	水	壬申	納	釼鋒金	奎
8日	12/07	木	癸酉	開	釼鋒金	婁
9日	12/08	金	甲戌	閉	山頭火	胃
10日	12/09	土	乙亥	建	山頭火	昴
11日	12/10	日	丙子	除	澗下水	畢
12日	12/11	月	丁丑	除	澗下水	觜
13日	12/12	火	戊寅	満	城頭土	参
14日	12/13	水	己卯	平	城頭土	井
15日▽	12/14	木	庚辰	定	白鑞金	鬼
16日	12/15	金	辛巳	執	白鑞金	柳
17日	12/16	土	壬午	破	楊柳木	星
18日	12/17	日	癸未	危	楊柳木	張
19日	12/18	月	甲申	成	井泉水	翼
20日	12/19	火	乙酉	納	井泉水	軫
21日	12/20	水	丙戌	開	屋上土	角
22日	12/21	木	丁亥	閉	屋上土	亢
23日	12/22	金	戊子	建	霹靂火	氐
24日	12/23	土	己丑	除	霹靂火	房
25日	12/24	日	庚寅	満	松柏木	心
26日	12/25	月	辛卯	平	松柏木	尾
27日	12/26	火	壬辰	定	長流水	箕
28日	12/27	水	癸巳	執	長流水	斗
29日	12/28	木	甲午	破	沙中金	牛
30日	12/29	金	乙未	危	沙中金	虚

【十二月小 辛丑 虚】

節気 小寒 10日・大寒 25日
雑節 土用 22日

日	西暦	曜	干支	直	納音	宿
1日	12/30	土	丙申	成	山下火	虚
2日	12/31	日	丁酉	納	山下火	危
	1607年					
3日	01/01	月	戊戌	開	平地木	室
4日	01/02	火	己亥	閉	平地木	壁
5日	01/03	水	庚子	除	壁上土	奎
6日	01/04	木	辛丑	除	壁上土	婁
7日	01/05	金	壬寅	満	金箔金	胃
8日△	01/06	土	癸卯	平	金箔金	昴
9日	01/07	日	甲辰	定	覆燈火	畢
10日	01/08	月	乙巳	定	覆燈火	觜
11日	01/09	火	丙午	執	天河水	参
12日	01/10	水	丁未	破	天河水	井
13日	01/11	木	戊申	危	大駅土	鬼
14日	01/12	金	己酉	成	大駅土	柳
15日	01/13	土	庚戌	納	釵釧金	星
16日	01/14	日	辛亥	開	釵釧金	張
17日	01/15	月	壬子	閉	桑柘木	翼
18日	01/16	火	癸丑	建	桑柘木	軫
19日	01/17	水	甲寅	除	大溪水	角
20日	01/18	木	乙卯	満	大溪水	亢
21日	01/19	金	丙辰	平	沙中土	氐
22日	01/20	土	丁巳	定	沙中土	房
23日	01/21	日	戊午	執	天上火	心
24日	01/22	月	己未	破	天上火	尾
25日	01/23	火	庚申	危	柘榴木	箕
26日	01/24	水	辛酉	成	柘榴木	斗
27日	01/25	木	壬戌	納	大海水	牛
28日	01/26	金	癸亥	開	大海水	虚
29日	01/27	土	甲子	閉	海中金	危

慶長12年
1607～1608 丁未

【正月小 壬寅 室】
節気 立春 11日・雨水 26日
雑節 節分 10日

日	新暦	曜	干支	直	納音	宿
1日	01/28	日	乙丑	建	海中金	室
2日	01/29	月	丙寅	除	爐中火	壁
3日	01/30	火	丁卯	満	爐中火	奎
4日	01/31	水	戊辰	平	大林木	婁
5日	02/01	木	己巳	定	大林木	胃
6日	02/02	金	庚午	執	路傍土	昴
7日	02/03	土	辛未	破	路傍土	畢
8日	02/04	日	壬申	危	釼鋒金	觜
9日	02/05	月	癸酉	成	釼鋒金	參
10日	02/06	火	甲戌	納	山頭火	井
11日	02/07	水	乙亥	納	山頭火	鬼
12日	02/08	木	丙子	開	澗下水	柳
13日	02/09	金	丁丑	閉	澗下水	星
14日	02/10	土	戊寅	建	城頭土	張
15日	02/11	日	己卯	除	城頭土	翼
16日	02/12	月	庚辰	満	白鑞金	軫
17日	02/13	火	辛巳	平	白鑞金	角
18日	02/14	水	壬午	定	楊柳木	亢
19日▽	02/15	木	癸未	執	楊柳木	氐
20日	02/16	金	甲申	破	井泉水	房
21日	02/17	土	乙酉	危	井泉水	心
22日	02/18	日	丙戌	成	屋上土	尾
23日	02/19	月	丁亥	納	屋上土	箕
24日	02/20	火	戊子	開	霹靂火	斗
25日	02/21	水	己丑	閉	霹靂火	女
26日	02/22	木	庚寅	建	松柏木	虚
27日	02/23	金	辛卯	除	松柏木	危
28日	02/24	土	壬辰	満	長流水	室
29日	02/25	日	癸巳	平	長流水	壁

【二月大 癸卯 奎】
節気 啓蟄 12日・春分 28日
雑節 社日 25日・彼岸 30日

日	新暦	曜	干支	直	納音	宿
1日	02/26	月	甲午	定	沙中金	奎
2日	02/27	火	乙未	執	沙中金	婁
3日	02/28	水	丙申	破	山下火	胃
4日	03/01	木	丁酉	危	山下火	昴
5日	03/02	金	戊戌	成	平地木	畢
6日	03/03	土	己亥	納	平地木	觜
7日	03/04	日	庚子	開	壁上土	參
8日	03/05	月	辛丑	閉	壁上土	井
9日	03/06	火	壬寅	建	金箔金	鬼
10日	03/07	水	癸卯	除	金箔金	柳
11日	03/08	木	甲辰	満	覆燈火	星
12日	03/09	金	乙巳	平	覆燈火	張
13日	03/10	土	丙午	定	天河水	翼
14日	03/11	日	丁未	執	天河水	軫
15日	03/12	月	戊申	破	大驛土	角
16日	03/13	火	己酉	危	大驛土	亢
17日	03/14	水	庚戌	成	釼釧金	氐
18日	03/15	木	辛亥	納	釼釧金	房
19日	03/16	金	壬子	開	桑柘木	心
20日△	03/17	土	癸丑	閉	桑柘木	尾
21日	03/18	日	甲寅	建	大溪水	箕
22日	03/19	月	乙卯	除	大溪水	斗
23日	03/20	火	丙辰	満	沙中土	女
24日	03/21	水	丁巳	平	沙中土	虚
25日	03/22	木	戊午	定	天上火	危
26日	03/23	金	己未	執	天上火	室
27日	03/24	土	庚申	破	柘榴木	壁
28日	03/25	日	辛酉	危	柘榴木	奎
29日	03/26	月	壬戌	成	大海水	婁
30日	03/27	火	癸亥	成	大海水	胃

【三月小 甲辰 胃】
節気 清明 13日・穀雨 28日
雑節 土用 25日

日	新暦	曜	干支	直	納音	宿
1日	03/28	水	甲子	納	海中金	胃
2日	03/29	木	乙丑	開	海中金	昴
3日	03/30	金	丙寅	閉	爐中火	畢
4日	03/31	土	丁卯	建	爐中火	觜
5日	04/01	日	戊辰	除	大林木	參
6日	04/02	月	己巳	満	大林木	井
7日	04/03	火	庚午	定	路傍土	鬼
8日	04/04	水	辛未	定	路傍土	柳
9日	04/05	木	壬申	執	釼鋒金	星
10日	04/06	金	癸酉	破	釼鋒金	張
11日	04/07	土	甲戌	危	山頭火	翼
12日	04/08	日	乙亥	成	山頭火	軫
13日	04/09	月	丙子	納	澗下水	角
14日	04/10	火	丁丑	納	澗下水	亢
15日	04/11	水	戊寅	開	城頭土	氐
16日	04/12	木	己卯	閉	城頭土	房
17日	04/13	金	庚辰	建	白鑞金	心
18日	04/14	土	辛巳	除	白鑞金	尾
19日	04/15	日	壬午	満	楊柳木	箕
20日	04/16	月	癸未	平	楊柳木	斗
21日	04/17	火	甲申	定	井泉水	女
22日	04/18	水	乙酉	執	井泉水	虚
23日▽	04/19	木	丙戌	破	屋上土	危
24日	04/20	金	丁亥	危	屋上土	室
25日	04/21	土	戊子	成	霹靂火	壁
26日	04/22	日	己丑	納	霹靂火	奎
27日	04/23	月	庚寅	開	松柏木	婁
28日	04/24	火	辛卯	閉	松柏木	胃
29日	04/25	水	壬辰	建	長流水	昴

【四月大 乙巳 畢】
節気 立夏 14日・小満 29日
雑節 八十八夜 10日

日	新暦	曜	干支	直	納音	宿
1日	04/26	木	癸巳	除	長流水	畢
2日	04/27	金	甲午	平	沙中金	觜
3日	04/28	土	乙未	平	沙中金	參
4日	04/29	日	丙申	定	山下火	井
5日	04/30	月	丁酉	執	山下火	鬼
6日	05/01	火	戊戌	破	平地木	柳
7日	05/02	水	己亥	危	平地木	星
8日	05/03	木	庚子	成	壁上土	張
9日	05/04	金	辛丑	納	壁上土	翼
10日	05/05	土	壬寅	開	金箔金	軫
11日	05/06	日	癸卯	閉	金箔金	角
12日	05/07	月	甲辰	建	覆燈火	亢
13日	05/08	火	乙巳	除	覆燈火	氐
14日	05/09	水	丙午	満	天河水	房
15日	05/10	木	丁未	満	天河水	心
16日	05/11	金	戊申	平	大驛土	尾
17日	05/12	土	己酉	定	大驛土	箕
18日	05/13	日	庚戌	執	釼釧金	斗
19日	05/14	月	辛亥	破	釼釧金	女
20日	05/15	火	壬子	危	桑柘木	虚
21日	05/16	水	癸丑	成	桑柘木	危
22日	05/17	木	甲寅	納	大溪水	室
23日	05/18	金	乙卯	開	大溪水	壁
24日	05/19	土	丙辰	閉	沙中土	奎
25日	05/20	日	丁巳	建	沙中土	婁
26日	05/21	月	戊午	除	天上火	胃
27日	05/22	火	己未	満	天上火	昴
28日	05/23	水	庚申	平	柘榴木	畢
29日	05/24	木	辛酉	定	柘榴木	觜
30日△	05/25	金	壬戌	執	大海水	參

【閏四月小 乙巳 畢】
節気 芒種 15日
雑節 入梅 20日

日	新暦	曜	干支	直	納音	宿
1日	05/26	土	癸亥	破	大海水	畢
2日	05/27	日	甲子	危	海中金	觜
3日	05/28	月	乙丑	成	海中金	參
4日	05/29	火	丙寅	納	爐中火	井
5日	05/30	水	丁卯	開	爐中火	鬼
6日	05/31	木	戊辰	閉	大林木	柳
7日	06/01	金	己巳	建	大林木	星
8日	06/02	土	庚午	除	路傍土	張
9日	06/03	日	辛未	満	路傍土	翼
10日	06/04	月	壬申	平	釼鋒金	軫
11日	06/05	火	癸酉	定	釼鋒金	角
12日	06/06	水	甲戌	執	山頭火	亢
13日	06/07	木	乙亥	破	山頭火	氐
14日	06/08	金	丙子	危	澗下水	房
15日	06/09	土	丁丑	成	澗下水	心
16日	06/10	日	戊寅	納	城頭土	尾
17日	06/11	月	己卯	開	城頭土	箕
18日	06/12	火	庚辰	閉	白鑞金	斗
19日	06/13	水	辛巳	建	白鑞金	女
20日	06/14	木	壬午	除	楊柳木	虚
21日	06/15	金	癸未	満	楊柳木	危
22日	06/16	土	甲申	平	井泉水	室
23日	06/17	日	乙酉	定	井泉水	壁
24日	06/18	月	丙戌	執	屋上土	奎
25日	06/19	火	丁亥	破	屋上土	婁
26日	06/20	水	戊子	危	霹靂火	胃
27日▽	06/21	木	己丑	成	霹靂火	昴
28日	06/22	金	庚寅	納	松柏木	畢
29日	06/23	土	辛卯	開	松柏木	觜

【五月大 丙午 參】
節気 夏至 1日・小暑 16日
雑節 半夏生 11日・土用 28日

日	新暦	曜	干支	直	納音	宿
1日	06/24	日	壬辰	開	長流水	參
2日	06/25	月	癸巳	閉	長流水	井
3日	06/26	火	甲午	除	沙中金	鬼
4日	06/27	水	乙未	満	沙中金	柳
5日	06/28	木	丙申	平	山下火	星
6日	06/29	金	丁酉	定	山下火	張
7日	06/30	土	戊戌	執	平地木	翼
8日	07/01	日	己亥	破	平地木	軫
9日	07/02	月	庚子	危	壁上土	角
10日	07/03	火	辛丑	成	壁上土	亢
11日	07/04	水	壬寅	納	金箔金	氐
12日	07/05	木	癸卯	開	金箔金	房
13日	07/06	金	甲辰	閉	覆燈火	心
14日	07/07	土	乙巳	建	覆燈火	尾
15日	07/08	日	丙午	除	天河水	箕
16日	07/09	月	丁未	満	天河水	斗
17日	07/10	火	戊申	平	大驛土	女
18日	07/11	水	己酉	定	大驛土	虚
19日	07/12	木	庚戌	執	釼釧金	危
20日	07/13	金	辛亥	破	釼釧金	室
21日	07/14	土	壬子	危	桑柘木	壁
22日	07/15	日	癸丑	成	桑柘木	奎
23日	07/16	月	甲寅	納	大溪水	婁
24日	07/17	火	乙卯	開	大溪水	胃
25日	07/18	水	丙辰	閉	沙中土	昴
26日	07/19	木	丁巳	建	沙中土	畢
27日	07/20	金	戊午	除	天上火	觜
28日	07/21	土	己未	満	天上火	參
29日	07/22	日	庚申	定	柘榴木	井
30日	07/23	月	辛酉	執	柘榴木	鬼

【六月大 丁未 鬼】
節気 大暑 1日・立秋 17日

日	新暦	曜	干支	直	納音	宿
1日	07/24	火	壬戌	破	大海水	鬼
2日	07/25	水	癸亥	危	大海水	柳
3日	07/26	木	甲子	成	海中金	星
4日	07/27	金	乙丑	納	海中金	張
5日	07/28	土	丙寅	破	爐中火	翼
6日	07/29	日	丁卯	危	爐中火	軫
7日	07/30	月	戊辰	成	大林木	角
8日	07/31	火	己巳	納	大林木	亢
9日	08/01	水	庚午	開	路傍土	氐
10日	08/02	木	辛未	閉	路傍土	房
11日△	08/03	金	壬申	建	釼鋒金	心
12日	08/04	土	癸酉	除	釼鋒金	尾
13日	08/05	日	甲戌	満	山頭火	箕
14日	08/06	月	乙亥	平	山頭火	斗
15日	08/07	火	丙子	執	澗下水	女

西暦 曜 干支 直 納音 宿　　　　　　　　　　　　　　　　慶長12年

日	西暦	曜	干支	直	納音	宿
16日	08/08	水	丁丑	破	澗下水	虚
17日	08/09	木	戊寅	破	城頭土	危
18日	08/10	金	己卯	危	城頭土	室
19日	08/11	土	庚辰	成	白鑞金	壁
20日	08/12	日	辛巳	納	白鑞金	奎
21日	08/13	月	壬午	開	楊柳木	婁
22日	08/14	火	癸未	閉	楊柳木	胃
23日	08/15	水	甲申	建	井泉水	昴
24日	08/16	木	乙酉	除	井泉水	畢
25日	08/17	金	丙戌	満	屋上土	觜
26日	08/18	土	丁亥	平	屋上土	参
27日	08/19	日	戊子	定	霹靂火	井
28日	08/20	月	己丑	執	霹靂火	鬼
29日	08/21	火	庚寅	破	松柏木	柳
30日	08/22	水	辛卯	危	松柏木	星

【七月小 戊申 張】
節気 処暑 2日・白露 17日
雑節 二百十日 13日・社日 27日

日	西暦	曜	干支	直	納音	宿
1日▽	08/23	木	壬辰	成	長流水	張
2日	08/24	金	癸巳	納	長流水	翼
3日	08/25	土	甲午	開	沙中金	軫
4日	08/26	日	乙未	閉	沙中金	角
5日	08/27	月	丙申	建	山下火	亢
6日	08/28	火	丁酉	除	山下火	氐
7日	08/29	水	戊戌	満	平地木	房
8日	08/30	木	己亥	平	平地木	心
9日	08/31	金	庚子	定	壁上土	尾
10日	09/01	土	辛丑	執	壁上土	箕
11日	09/02	日	壬寅	破	金箔金	斗
12日	09/03	月	癸卯	危	金箔金	女
13日	09/04	火	甲辰	成	覆燈火	虚
14日	09/05	水	乙巳	納	覆燈火	危
15日	09/06	木	丙午	開	天河水	室
16日	09/07	金	丁未	閉	天河水	壁
17日	09/08	土	戊申	建	大駅土	奎
18日	09/09	日	己酉	除	大駅土	婁
19日	09/10	月	庚戌	満	釵釧金	胃
20日	09/11	火	辛亥	平	釵釧金	昴
21日	09/12	水	壬子	定	桑柘木	畢
22日	09/13	木	癸丑	執	桑柘木	觜
23日	09/14	金	甲寅	破	大溪水	参
24日	09/15	土	乙卯	危	大溪水	井
25日	09/16	日	丙辰	成	沙中土	鬼
26日	09/17	月	丁巳	納	沙中土	柳
27日	09/18	火	戊午	開	天上火	星
28日	09/19	水	己未	閉	天上火	張
29日	09/20	木	庚申	建	柘榴木	翼

【八月大 己酉 角】
節気 秋分 3日・寒露 18日
雑節 彼岸 5日

日	西暦	曜	干支	直	納音	宿
1日	09/21	金	辛酉	建	柘榴木	角
2日	09/22	土	壬戌	除	大海水	亢
3日	09/23	日	癸亥	除	大海水	氐
4日	09/24	月	甲子	平	海中金	房
5日	09/25	火	乙丑	定	海中金	心
6日	09/26	水	丙寅	執	爐中火	尾
7日	09/27	木	丁卯	破	爐中火	箕
8日	09/28	金	戊辰	危	大林木	斗
9日	09/29	土	己巳	成	大林木	女
10日	09/30	日	庚午	納	路傍土	虚
11日	10/01	月	辛未	開	路傍土	危
12日	10/02	火	壬申	閉	釼鋒金	室
13日	10/03	水	癸酉	建	釼鋒金	壁
14日	10/04	木	甲戌	除	山頭火	奎
15日	10/05	金	乙亥	満	山頭火	婁
16日	10/06	土	丙子	平	澗下水	胃
17日	10/07	日	丁丑	定	澗下水	昴
18日	10/08	月	戊寅	執	城頭土	畢
19日	10/09	火	己卯	破	城頭土	觜
20日	10/10	水	庚辰	危	白鑞金	参
21日△	10/11	木	辛巳	成	白鑞金	井
22日	10/12	金	壬午	成	楊柳木	鬼
23日	10/13	土	癸未	納	楊柳木	柳
24日	10/14	日	甲申	開	井泉水	星
25日	10/15	月	乙酉	閉	井泉水	張
26日	10/16	火	丙戌	建	屋上土	翼
27日	10/17	水	丁亥	除	屋上土	軫
28日	10/18	木	戊子	満	霹靂火	角
29日	10/19	金	己丑	平	霹靂火	亢
30日	10/20	土	庚寅	定	松柏木	氐

【九月大 庚戌 氐】
節気 霜降 4日・立冬 19日
雑節 土用 1日

日	西暦	曜	干支	直	納音	宿
1日	10/21	日	辛卯	執	松柏木	氐
2日	10/22	月	壬辰	破	長流水	房
3日	10/23	火	癸巳	危	長流水	心
4日	10/24	水	甲午	成	沙中金	尾
5日▽	10/25	木	乙未	納	沙中金	箕
6日	10/26	金	丙申	開	山下火	斗
7日	10/27	土	丁酉	閉	山下火	女
8日	10/28	日	戊戌	建	平地木	虚
9日	10/29	月	己亥	除	平地木	危
10日	10/30	火	庚子	満	壁上土	室
11日	10/31	水	辛丑	平	壁上土	壁
12日	11/01	木	壬寅	定	金箔金	奎
13日	11/02	金	癸卯	執	金箔金	婁
14日	11/03	土	甲辰	破	覆燈火	胃
15日	11/04	日	乙巳	危	覆燈火	昴
16日	11/05	月	丙午	成	天河水	畢
17日	11/06	火	丁未	納	天河水	觜
18日	11/07	水	戊申	開	大駅土	参
19日	11/08	木	己酉	閉	大駅土	井
20日	11/09	金	庚戌	閉	釵釧金	鬼
21日	11/10	土	辛亥	除	釵釧金	柳
22日	11/11	日	壬子	満	桑柘木	星
23日	11/12	月	癸丑	平	桑柘木	張
24日	11/13	火	甲寅	定	大溪水	翼
25日	11/14	水	乙卯	執	大溪水	軫
26日	11/15	木	丙辰	破	沙中土	角
27日	11/16	金	丁巳	危	沙中土	亢
28日	11/17	土	戊午	成	天上火	氐
29日	11/18	日	己未	納	天上火	房
30日	11/19	月	庚申	開	柘榴木	心

【十月小 辛亥 心】
節気 小雪 4日・大雪 19日

日	西暦	曜	干支	直	納音	宿
1日	11/20	火	辛酉	開	柘榴木	心
2日	11/21	水	壬戌	閉	大海水	尾
3日	11/22	木	癸亥	建	大海水	箕
4日	11/23	金	甲子	除	海中金	斗
5日	11/24	土	乙丑	満	海中金	女
6日	11/25	日	丙寅	平	爐中火	虚
7日	11/26	月	丁卯	定	爐中火	危
8日	11/27	火	戊辰	執	大林木	室
9日	11/28	水	己巳	破	大林木	壁
10日	11/29	木	庚午	危	路傍土	奎
11日	11/30	金	辛未	成	路傍土	婁
12日	12/01	土	壬申	納	釼鋒金	胃
13日	12/02	日	癸酉	開	釼鋒金	昴
14日	12/03	月	甲戌	閉	山頭火	畢
15日	12/04	火	乙亥	建	山頭火	觜
16日	12/05	水	丙子	除	澗下水	参
17日	12/06	木	丁丑	満	澗下水	井
18日	12/07	金	戊寅	平	城頭土	鬼
19日	12/08	土	己卯	定	城頭土	柳
20日	12/09	日	庚辰	執	白鑞金	星
21日	12/10	月	辛巳	破	白鑞金	張
22日	12/11	火	壬午	危	楊柳木	翼
23日	12/12	水	癸未	成	楊柳木	軫
24日	12/13	木	甲申	納	井泉水	角
25日	12/14	金	乙酉	開	井泉水	亢
26日	12/15	土	丙戌	閉	屋上土	氐
27日	12/16	日	丁亥	閉	屋上土	房
28日	12/17	月	戊子	建	霹靂火	心
29日	12/18	火	己丑	除	霹靂火	尾

【十一月大 壬子 斗】
節気 冬至 6日・小寒 21日

日	西暦	曜	干支	直	納音	宿
1日	12/19	水	庚寅	満	松柏木	斗
2日△	12/20	木	辛卯	平	松柏木	女
3日	12/21	金	壬辰	定	長流水	虚
4日	12/22	土	癸巳	執	長流水	危
5日	12/23	日	甲午	破	沙中金	室
6日	12/24	月	乙未	危	沙中金	壁
7日	12/25	火	丙申	成	山下火	奎
8日	12/26	水	丁酉	納	山下火	婁
9日▽	12/27	木	戊戌	開	平地木	胃
10日	12/28	金	己亥	閉	平地木	昴
11日	12/29	土	庚子	建	壁上土	畢
12日	12/30	日	辛丑	除	壁上土	觜
13日	12/31	月	壬寅	満	金箔金	参

1608年

日	西暦	曜	干支	直	納音	宿
14日	**01/01**	火	癸卯	平	金箔金	井
15日	01/02	水	甲辰	定	覆燈火	鬼
16日	01/03	木	乙巳	執	覆燈火	柳
17日	01/04	金	丙午	破	天河水	星
18日	01/05	土	丁未	危	天河水	張
19日	01/06	日	戊申	成	大駅土	翼
20日	01/07	月	己酉	納	大駅土	軫
21日	01/08	火	庚戌	開	釵釧金	角
22日	01/09	水	辛亥	開	釵釧金	亢
23日	01/10	木	壬子	建	桑柘木	氐
24日	01/11	金	癸丑	除	桑柘木	房
25日	01/12	土	甲寅	満	大溪水	心
26日	01/13	日	乙卯	平	大溪水	尾
27日	01/14	月	丙辰	定	沙中土	箕
28日	01/15	火	丁巳	執	沙中土	斗
29日	01/16	水	戊午	破	天上火	女
30日	01/17	木	己未	危	天上火	虚

【十二月小 癸丑 虚】
節気 大寒 6日・立春 21日
雑節 土用 3日・節分 20日

日	西暦	曜	干支	直	納音	宿
1日	01/18	金	庚申	納	柘榴木	虚
2日	01/19	土	辛酉	開	柘榴木	危
3日	01/20	日	壬戌	納	大海水	室
4日	01/21	月	癸亥	開	大海水	壁
5日	01/22	火	甲子	閉	海中金	奎
6日	01/23	水	乙丑	建	海中金	婁
7日	01/24	木	丙寅	除	爐中火	胃
8日	01/25	金	丁卯	満	爐中火	昴
9日	01/26	土	戊辰	平	大林木	畢
10日	01/27	日	己巳	定	大林木	觜
11日	01/28	月	庚午	執	路傍土	参
12日	01/29	火	辛未	破	路傍土	井
13日	01/30	水	壬申	危	釼鋒金	鬼
14日	01/31	木	癸酉	成	釼鋒金	柳
15日	02/01	金	甲戌	納	山頭火	星
16日	02/02	土	乙亥	開	山頭火	張
17日	02/03	日	丙子	閉	澗下水	翼
18日	02/04	月	丁丑	建	澗下水	軫
19日	02/05	火	戊寅	除	城頭土	角
20日	02/06	水	己卯	満	城頭土	亢
21日	02/07	木	庚辰	満	白鑞金	氐
22日	02/08	金	辛巳	平	白鑞金	房
23日	02/09	土	壬午	定	楊柳木	心
24日	02/10	日	癸未	執	楊柳木	尾
25日	02/11	月	甲申	破	井泉水	箕
26日	02/12	火	乙酉	危	井泉水	斗
27日	02/13	水	丙戌	成	屋上土	女
28日	02/14	木	丁亥	納	屋上土	虚
29日	02/15	金	戊子	開	霹靂火	危

慶長13年
1608～1609　戊申

【正月大 甲寅 室】
節気 雨水 7日・啓蟄 23日

1日	02/16	土	己丑	閉	霹靂火	室
2日	02/17	日	庚寅	建	松柏木	壁
3日	02/18	月	辛卯	除	松柏木	奎
4日	02/19	火	壬辰	満	長流水	婁
5日	02/20	水	癸巳	平	長流水	胃
6日	02/21	木	甲午	定	沙中金	昴
7日	02/22	金	乙未	執	沙中金	畢
8日	02/23	土	丙申	破	山下火	觜
9日	02/24	日	丁酉	危	山下火	参
10日	02/25	月	戊戌	成	平地木	井
11日	02/26	火	己亥	納	平地木	鬼
12日	02/27	水	庚子	開	壁上土	柳
13日◇	02/28	木	辛丑	閉	壁上土	星
14日	02/29	金	壬寅	建	金箔金	張
15日	03/01	土	癸卯	除	金箔金	翼
16日	03/02	日	甲辰	満	覆燈火	軫
17日	03/03	月	乙巳	平	覆燈火	角
18日	03/04	火	丙午	定	天河水	亢
19日	03/05	水	丁未	執	天河水	氐
20日	03/06	木	戊申	破	大駅土	房
21日	03/07	金	己酉	危	大駅土	心
22日	03/08	土	庚戌	成	釵釧金	尾
23日	03/09	日	辛亥	成	釵釧金	箕
24日	03/10	月	壬子	納	桑柘木	斗
25日	03/11	火	癸丑	開	桑柘木	女
26日	03/12	水	甲寅	閉	大溪水	虚
27日	03/13	木	乙卯	建	大溪水	危
28日	03/14	金	丙辰	除	沙中土	室
29日	03/15	土	丁巳	満	沙中土	壁
30日	03/16	日	戊午	平	天上火	

【二月小 乙卯 奎】
節気 春分 8日・清明 23日
雑節 彼岸 10日・社日 10日

1日	03/17	月	己未	定	天上火	奎
2日	03/18	火	庚申	執	柘榴木	婁
3日	03/19	水	辛酉	破	柘榴木	胃
4日	03/20	木	壬戌	危	大海水	昴
5日	03/21	金	癸亥	成	大海水	觜
6日	03/22	土	甲子	納	海中金	觜
7日	03/23	日	乙丑	開	海中金	参
8日	03/24	月	丙寅	閉	爐中火	井
9日	03/25	火	丁卯	建	爐中火	鬼
10日	03/26	水	戊辰	除	大林木	柳
11日	03/27	木	己巳	満	大林木	星
12日	03/28	金	庚午	定	路傍土	張
13日	03/29	土	辛未	執	路傍土	翼
14日	03/30	日	壬申	破	釵鋒金	軫
15日	03/31	月	癸酉	破	釵鋒金	角
16日	04/01	火	甲戌	危	山頭火	亢
17日	04/02	水	乙亥	成	山頭火	氐
18日	04/03	木	丙子	納	澗下水	房
19日	04/04	金	丁丑	開	澗下水	心
20日	04/05	土	戊寅	閉	城頭土	尾
21日	04/06	日	己卯	建	城頭土	箕
22日	04/07	月	庚辰	除	白鑞金	斗
23日	04/08	火	辛巳	満	白鑞金	女
24日	04/09	水	壬午	平	楊柳木	虚
25日	04/10	木	癸未	平	楊柳木	危
26日	04/11	金	甲申	定	井泉水	室
27日	04/12	土	乙酉	執	井泉水	壁
28日	04/13	日	丙戌	破	屋上土	奎
29日	04/14	月	丁亥	危	屋上土	婁

【三月小 丙辰 胃】
節気 穀雨 9日・立夏 25日
雑節 土用 6日・八十八夜 20日

1日	04/15	火	戊子	成	霹靂火	胃
2日	04/16	水	己丑	納	霹靂火	昴
3日	04/17	木	庚寅	開	松柏木	畢
4日	04/18	金	辛卯	閉	松柏木	觜
5日	04/19	土	壬辰	建	長流水	参
6日	04/20	日	癸巳	除	長流水	井
7日	04/21	月	甲午	満	沙中金	鬼
8日	04/22	火	乙未	定	山下火	星
9日	04/23	水	丙申	定	山下火	星
10日	04/24	木	丁酉	執	山下火	張
11日	04/25	金	戊戌	平	平地木	翼
12日	04/26	土	己亥	成	平地木	軫
13日	04/27	日	庚子	成	壁上土	角
14日	04/28	月	辛丑	納	壁上土	亢
15日	04/29	火	壬寅	開	金箔金	氐
16日	04/30	水	癸卯	閉	金箔金	房
17日▽	05/01	木	甲辰	建	覆燈火	心
18日	05/02	金	乙巳	除	覆燈火	尾
19日	05/03	土	丙午	平	天河水	箕
20日	05/04	日	丁未	平	天河水	斗
21日	05/05	月	戊申	執	大駅土	女
22日	05/06	火	己酉	執	大駅土	虚
23日△	05/07	水	庚戌	危	釵釧金	室
24日	05/08	木	辛亥	危	釵釧金	室
25日	05/09	金	壬子	成	桑柘木	壁
26日	05/10	土	癸丑	納	桑柘木	奎
27日	05/11	日	甲寅	開	大溪水	婁
28日	05/12	月	乙卯	開	大溪水	胃
29日	05/13	火	丙辰	閉	沙中土	

【四月大 丁巳 畢】
節気 小満 11日・芒種 26日

1日	05/14	水	丁巳	建	沙中土	畢
2日	05/15	木	戊午	除	天上火	觜
3日	05/16	金	己未	満	天上火	参
4日	05/17	土	庚申	平	柘榴木	井
5日	05/18	日	辛酉	定	柘榴木	鬼
6日	05/19	月	壬戌	執	大海水	柳
7日	05/20	火	癸亥	破	大海水	星
8日	05/21	水	甲子	危	海中金	張
9日	05/22	木	乙丑	成	海中金	翼
10日	05/23	金	丙寅	納	爐中火	軫
11日	05/24	土	丁卯	閉	爐中火	角
12日	05/25	日	戊辰	建	大林木	亢
13日	05/26	月	己巳	建	大林木	氐
14日	05/27	火	庚午	平	路傍土	房
15日	05/28	水	辛未	定	路傍土	心
16日	05/29	木	壬申	平	釵鋒金	尾
17日	05/30	金	癸酉	定	釵鋒金	箕
18日	05/31	土	甲戌	執	山頭火	斗
19日	06/01	日	乙亥	破	山頭火	女
20日	06/02	月	丙子	危	澗下水	虚
21日	06/03	火	丁丑	成	澗下水	危
22日	06/04	水	戊寅	納	城頭土	室
23日	06/05	木	己卯	開	城頭土	壁
24日	06/06	金	庚辰	閉	白鑞金	奎
25日	06/07	土	辛巳	建	白鑞金	婁
26日	06/08	日	壬午	除	楊柳木	胃
27日	06/09	月	癸未	満	楊柳木	昴
28日	06/10	火	甲申	平	井泉水	畢
29日	06/11	水	乙酉	定	井泉水	觜
30日	06/12	木	丙戌	定	屋上土	参

【五月小 戊午 参】
節気 夏至 11日・小暑 26日
雑節 入梅 6日・半夏生 21日

1日	06/13	金	丁亥	執	屋上土	参
2日	06/14	土	戊子	破	霹靂火	鬼
3日	06/15	日	己丑	危	霹靂火	鬼
4日	06/16	月	庚寅	成	松柏木	柳
5日	06/17	火	辛卯	納	松柏木	星
6日	06/18	水	壬辰	開	長流水	張
7日	06/19	木	癸巳	閉	長流水	翼
8日	06/20	金	甲午	建	沙中金	軫
9日	06/21	土	乙未	除	沙中金	角
10日	06/22	日	丙申	満	山下火	亢
11日	06/23	月	丁酉	定	山下火	房
12日	06/24	火	戊戌	平	平地木	心
13日	06/25	水	己亥	執	平地木	尾
14日	06/26	木	庚子	破	壁上土	箕
15日	06/27	金	辛丑	危	壁上土	斗
16日	06/28	土	壬寅	成	金箔金	女
17日	06/29	日	癸卯	納	金箔金	虚
18日	06/30	月	甲辰	開	覆燈火	危
19日	07/01	火	乙巳	閉	覆燈火	室
20日▽	07/02	水	丙午	建	天河水	壁
21日	07/03	木	丁未	除	天河水	奎
22日	07/04	金	戊申	満	大駅土	婁
23日	07/05	土	己酉	平	大駅土	胃
24日	07/06	日	庚戌	定	釵釧金	昴
25日	07/07	月	辛亥	執	釵釧金	畢
26日	07/08	火	壬子	執	桑柘木	觜
27日	07/09	水	癸丑	破	桑柘木	参
28日	07/10	木	甲寅	危	大溪水	井
29日	07/11	金	乙卯	成	大溪水	井

【六月大 己未 鬼】
節気 大暑 13日・立秋 28日
雑節 土用 10日

1日	07/12	土	丙辰	納	沙中土	鬼
2日	07/13	日	丁巳	開	沙中土	柳
3日	07/14	月	戊午	閉	天上火	星
4日	07/15	火	己未	建	天上火	張
5日△	07/16	水	庚申	除	柘榴木	翼
6日	07/17	木	辛酉	満	柘榴木	軫
7日	07/18	金	壬戌	平	大海水	角
8日	07/19	土	癸亥	定	大海水	亢
9日	07/20	日	甲子	執	海中金	氐
10日	07/21	月	乙丑	破	海中金	房
11日	07/22	火	丙寅	危	爐中火	心
12日	07/23	水	丁卯	成	爐中火	尾
13日	07/24	木	戊辰	納	大林木	箕
14日	07/25	金	己巳	開	大林木	斗
15日	07/26	土	庚午	閉	路傍土	女
16日	07/27	日	辛未	建	路傍土	虚
17日	07/28	月	壬申	除	釵鋒金	危
18日	07/29	火	癸酉	満	釵鋒金	室
19日	07/30	水	甲戌	平	山頭火	壁
20日	07/31	木	乙亥	定	山頭火	奎
21日	08/01	金	丙子	執	澗下水	婁
22日	08/02	土	丁丑	破	澗下水	胃
23日	08/03	日	戊寅	危	城頭土	昴
24日	08/04	月	己卯	成	城頭土	畢
25日	08/05	火	庚辰	納	白鑞金	觜
26日	08/06	水	辛巳	開	白鑞金	参
27日	08/07	木	壬午	閉	楊柳木	井
28日	08/08	金	癸未	建	楊柳木	鬼
29日	08/09	土	甲申	除	井泉水	柳
30日	08/10	日	乙酉	満	井泉水	星

【七月小 庚申 張】
節気 処暑 13日・白露 28日
雑節 二百十日 24日

1日	08/11	月	丙戌	満	屋上土	張
2日	08/12	火	丁亥	平	屋上土	翼
3日	08/13	水	戊子	定	霹靂火	軫

— 54 —

西暦　曜　干支　直　納音　宿　　　　　　　　　　　慶長13年

日	西暦	曜	干支	直	納音	宿
4日	08/14	木	己丑	執	松柏木	角
5日	08/15	金	庚寅	破	松柏木	亢
6日	08/16	土	辛卯	危	松柏木	氐
7日	08/17	日	壬辰	成	長流水	房
8日	08/18	月	癸巳	納	長流水	心
9日	08/19	火	甲午	開	沙中金	尾
10日	08/20	水	乙未	閉	沙中金	箕
11日	08/21	木	丙申	建	山下火	斗
12日	08/22	金	丁酉	除	山下火	女
13日	08/23	土	戊戌	満	平地木	虚
14日	08/24	日	己亥	平	平地木	危
15日	08/25	月	庚子	定	壁上土	室
16日	08/26	火	辛丑	執	壁上土	壁
17日	08/27	水	壬寅	破	金箔金	奎
18日	08/28	木	癸卯	危	金箔金	婁
19日	08/29	金	甲辰	成	覆燈火	胃
20日	08/30	土	乙巳	納	覆燈火	昴
21日	08/31	日	丙午	開	天河水	畢
22日	09/01	月	丁未	閉	天河水	觜
23日	09/02	火	戊申	建	大駅土	参
24日▽	09/03	水	己酉	除	大駅土	井
25日	09/04	木	庚戌	満	釵釧金	鬼
26日	09/05	金	辛亥	平	釵釧金	柳
27日	09/06	土	壬子	定	桑柘木	星
28日	09/07	日	癸丑	定	桑柘木	張
29日	09/08	月	甲寅	執	大溪水	翼

【八月大 辛酉 角】
節気 秋分 14日・寒露 30日
雑節 社日 14日・彼岸 17日

日	西暦	曜	干支	直	納音	宿
1日	09/09	火	乙卯	破	大溪水	角
2日	09/10	水	丙辰	危	沙中土	亢
3日	09/11	木	丁巳	成	沙中土	氐
4日	09/12	金	戊午	納	天上火	房
5日	09/13	土	己未	開	天上火	心
6日	09/14	日	庚申	閉	柘榴木	尾
7日	09/15	月	辛酉	建	柘榴木	箕
8日	09/16	火	壬戌	除	大海水	斗
9日	09/17	水	癸亥	満	大海水	女
10日	09/18	木	甲子	定	海中金	虚
11日	09/19	金	乙丑	定	海中金	危
12日	09/20	土	丙寅	執	爐中火	室
13日	09/21	日	丁卯	破	爐中火	壁
14日	09/22	月	戊辰	成	大林木	奎
15日	09/23	火	己巳	成	大林木	婁
16日△	09/24	水	庚午	納	路傍土	胃
17日	09/25	木	辛未	開	路傍土	昴
18日	09/26	金	壬申	閉	釵鋒金	畢
19日	09/27	土	癸酉	建	山頭火	觜
20日	09/28	日	甲戌	除	山頭火	参
21日	09/29	月	乙亥	平	山頭火	鬼
22日	09/30	火	丙子	平	潤下水	鬼
23日	10/01	水	丁丑	定	潤下水	柳
24日	10/02	木	戊寅	執	城頭土	星
25日	10/03	金	己卯	破	城頭土	張
26日	10/04	土	庚辰	危	白鑞金	翼
27日	10/05	日	辛巳	成	白鑞金	軫
28日	10/06	月	壬午	納	楊柳木	角
29日	10/07	火	癸未	開	楊柳木	亢
30日	10/08	水	甲申	開	井泉水	氐

【九月大 壬戌 氐】
節気 霜降 15日・立冬 30日
雑節 土用 12日

日	西暦	曜	干支	直	納音	宿
1日	10/09	木	乙酉	閉	井泉水	氐
2日	10/10	金	丙戌	建	屋上土	房
3日	10/11	土	丁亥	除	屋上土	心
4日	10/12	日	戊子	満	霹靂火	尾
5日	10/13	月	己丑	平	霹靂火	箕
6日	10/14	火	庚寅	定	松柏木	斗
7日	10/15	水	辛卯	執	松柏木	女
8日	10/16	木	壬辰	破	長流水	虚
9日	10/17	金	癸巳	危	長流水	危
10日	10/18	土	甲午	成	沙中金	室
11日	10/19	日	乙未	納	沙中金	壁
12日	10/20	月	丙申	開	山下火	奎
13日	10/21	火	丁酉	閉	山下火	婁
14日	10/22	水	戊戌	建	平地木	胃
15日	10/23	木	己亥	除	平地木	昴
16日	10/24	金	庚子	満	壁上土	畢
17日	10/25	土	辛丑	平	壁上土	觜
18日	10/26	日	壬寅	定	金箔金	参
19日	10/27	月	癸卯	執	金箔金	井
20日	10/28	火	甲辰	破	覆燈火	鬼
21日	10/29	水	乙巳	危	覆燈火	柳
22日	10/30	木	丙午	成	天河水	星
23日	10/31	金	丁未	納	天河水	張
24日	11/01	土	戊申	開	大駅土	翼
25日	11/02	日	己酉	閉	大駅土	軫
26日	11/03	月	庚戌	建	釵釧金	角
27日	11/04	火	辛亥	除	釵釧金	亢
28日▽	11/05	水	壬子	満	桑柘木	氐
29日	11/06	木	癸丑	平	桑柘木	房
30日	11/07	金	甲寅	平	大溪水	心

【十月大 癸亥 心】
節気 小雪 15日

日	西暦	曜	干支	直	納音	宿
1日	11/08	土	乙卯	定	大溪水	心
2日	11/09	日	丙辰	執	沙中土	尾
3日	11/10	月	丁巳	破	沙中土	箕
4日	11/11	火	戊午	危	天上火	斗
5日	11/12	水	己未	成	天上火	女
6日	11/13	木	庚申	納	柘榴木	虚
7日	11/14	金	辛酉	開	柘榴木	危
8日	11/15	土	壬戌	閉	大海水	室
9日	11/16	日	癸亥	建	大海水	壁
10日	11/17	月	甲子	除	海中金	奎
11日	11/18	火	乙丑	満	海中金	婁
12日	11/19	水	丙寅	平	爐中火	胃
13日	11/20	木	丁卯	定	爐中火	昴
14日	11/21	金	戊辰	執	大林木	觜
15日	11/22	土	己巳	破	大林木	参
16日	11/23	日	庚午	危	路傍土	井
17日	11/24	月	辛未	成	路傍土	鬼
18日	11/25	火	壬申	納	釵鋒金	柳
19日	11/26	水	癸酉	開	釵鋒金	星
20日	11/27	木	甲戌	閉	山頭火	張
21日	11/28	金	乙亥	建	山頭火	翼
22日	11/29	土	丙子	除	潤下水	軫
23日	11/30	日	丁丑	満	潤下水	角
24日	12/01	月	戊寅	平	城頭土	亢
25日△	12/02	火	己卯	定	城頭土	氐
26日	12/03	水	庚辰	執	白鑞金	房
27日	12/04	木	辛巳	破	白鑞金	心
28日	12/05	金	壬午	危	楊柳木	尾
29日	12/06	土	癸未	成	楊柳木	箕
30日	12/07	日	甲申	納	井泉水	斗

【十一月小 甲子 斗】
節気 大雪 1日・冬至 16日

日	西暦	曜	干支	直	納音	宿
1日	12/08	月	乙酉	納	井泉水	斗
2日	12/09	火	丙戌	開	屋上土	女
3日	12/10	水	丁亥	閉	屋上土	虚
4日	12/11	木	戊子	建	霹靂火	危
5日	12/12	金	己丑	除	霹靂火	室
6日	12/13	土	庚寅	満	松柏木	壁
7日	12/14	日	辛卯	平	松柏木	奎
8日	12/15	月	壬辰	定	長流水	婁
9日	12/16	火	癸巳	執	長流水	胃
10日	12/17	水	甲午	破	沙中金	昴
11日	12/18	木	乙未	危	沙中金	畢
12日	12/19	金	丙申	成	山下火	觜
13日	12/20	土	丁酉	納	山下火	参
14日	12/21	日	戊戌	開	平地木	井
15日	12/22	月	己亥	閉	平地木	鬼
16日	12/23	火	庚子	建	壁上土	柳
17日	12/24	水	辛丑	除	壁上土	星
18日	12/25	木	壬寅	満	金箔金	張
19日	12/26	金	癸卯	平	金箔金	翼
20日	12/27	土	甲辰	定	覆燈火	軫
21日	12/28	日	乙巳	執	覆燈火	角
22日	12/29	月	丙午	破	天河水	亢
23日	12/30	火	丁未	危	天河水	氐
24日	12/31	水	戊申	成	大駅土	房

1609年

日	西暦	曜	干支	直	納音	宿
25日	01/01	木	己酉	納	大駅土	心
26日	01/02	金	庚戌	開	釵釧金	尾
27日	01/03	土	辛亥	閉	釵釧金	箕
28日	01/04	日	壬子	建	桑柘木	斗
29日	01/05	月	癸丑	除	桑柘木	女

【十二月大 乙丑 虚】
節気 小寒 2日・大寒 17日
雑節 土用 14日

日	西暦	曜	干支	直	納音	宿
1日	01/06	火	甲寅	満	大溪水	虚
2日▽	01/07	水	乙卯	満	大溪水	危
3日	01/08	木	丙辰	危	沙中土	室
4日	01/09	金	丁巳	定	沙中土	壁
5日	01/10	土	戊午	執	天上火	奎
6日	01/11	日	己未	危	天上火	婁
7日	01/12	月	庚申	成	柘榴木	胃
8日	01/13	火	辛酉	成	柘榴木	昴
9日	01/14	水	壬戌	納	大海水	畢
10日	01/15	木	癸亥	開	大海水	觜
11日	01/16	金	甲子	閉	海中金	参
12日	01/17	土	乙丑	建	海中金	井
13日	01/18	日	丙寅	除	爐中火	鬼
14日	01/19	月	丁卯	平	爐中火	柳
15日	01/20	火	戊辰	平	大林木	星
16日	01/21	水	己巳	定	大林木	張
17日	01/22	木	庚午	執	路傍土	翼
18日	01/23	金	辛未	破	路傍土	軫
19日	01/24	土	壬申	危	釵鋒金	角
20日	01/25	日	癸酉	成	山頭火	亢
21日	01/26	月	甲戌	納	山頭火	房
22日	01/27	火	乙亥	開	山頭火	心
23日	01/28	水	丙子	閉	潤下水	尾
24日	01/29	木	丁丑	建	潤下水	箕
25日	01/30	金	戊寅	満	城頭土	斗
26日	01/31	土	己卯	満	城頭土	女
27日	02/01	日	庚辰	平	白鑞金	虚
28日	02/02	月	辛巳	定	白鑞金	危
29日	02/03	火	壬午	執	楊柳木	室
30日	02/04	水	癸未	破	楊柳木	壁

慶長14年

1609～1610　己酉

【正月小 丙寅 室】
節気 立春2日・雨水18日
雑節 節分1日

日	月日	曜	干支	直	納音	宿
1日	02/05	木	甲申	危	井泉水	室
2日	02/06	金	乙酉	危	井泉水	壁
3日	02/07	土	丙戌	成	屋上土	奎
4日	02/08	日	丁亥	納	屋上土	婁
5日	02/09	月	戊子	開	霹靂火	胃
6日△	02/10	火	己丑	閉	霹靂火	昴
7日	02/11	水	庚寅	建	松柏木	畢
8日	02/12	木	辛卯	除	松柏木	觜
9日	02/13	金	壬辰	満	長流水	參
10日	02/14	土	癸巳	平	長流水	井
11日	02/15	日	甲午	定	沙中金	鬼
12日	02/16	月	乙未	執	沙中金	柳
13日	02/17	火	丙申	破	山下火	星
14日	02/18	水	丁酉	危	山下火	張
15日	02/19	木	戊戌	成	平地木	翼
16日	02/20	金	己亥	納	平地木	軫
17日	02/21	土	庚子	開	壁上土	角
18日	02/22	日	辛丑	閉	壁上土	亢
19日	02/23	月	壬寅	建	金箔金	氐
20日	02/24	火	癸卯	除	金箔金	房
21日	02/25	水	甲辰	満	覆燈火	心
22日	02/26	木	乙巳	平	覆燈火	尾
23日	02/27	金	丙午	定	天河水	箕
24日	02/28	土	丁未	執	天河水	斗
25日	03/01	日	戊申	破	大駅土	牛
26日	03/02	月	己酉	危	大駅土	女
27日	03/03	火	庚戌	成	釵釧金	虚
28日	03/04	水	辛亥	納	釵釧金	室
29日	03/05	木	壬子	開	桑柘木	壁

【二月大 丁卯 奎】
節気 啓蟄4日・春分19日
雑節 社日16日・彼岸21日

日	月日	曜	干支	直	納音	宿
1日	03/06	金	癸丑	閉	桑柘木	奎
2日	03/07	土	甲寅	建	大溪水	婁
3日	03/08	日	乙卯	除	大溪水	胃
4日	03/09	月	丙辰	除	沙中土	昴
5日	03/10	火	丁巳	満	沙中土	畢
6日▽	03/11	水	戊午	平	天上火	參
7日	03/12	木	己未	定	天上火	井
8日	03/13	金	庚申	執	柘榴木	鬼
9日	03/14	土	辛酉	破	柘榴木	柳
10日	03/15	日	壬戌	危	大海水	星
11日	03/16	月	癸亥	成	大海水	張
12日	03/17	火	甲子	納	海中金	翼
13日	03/18	水	乙丑	開	海中金	軫
14日	03/19	木	丙寅	閉	爐中火	角
15日	03/20	金	丁卯	建	爐中火	亢
16日	03/21	土	戊辰	除	大林木	氐
17日	03/22	日	己巳	満	大林木	房
18日	03/23	月	庚午	平	路傍土	心
19日	03/24	火	辛未	定	路傍土	尾
20日	03/25	水	壬申	執	釼鋒金	箕
21日	03/26	木	癸酉	破	釼鋒金	斗
22日	03/27	金	甲戌	危	山頭火	牛
23日	03/28	土	乙亥	成	山頭火	女
24日	03/29	日	丙子	納	潤下水	虚
25日	03/30	月	丁丑	開	潤下水	危
26日	03/31	火	戊寅	閉	城頭土	室
27日	04/01	水	己卯	建	城頭土	壁
28日	04/02	木	庚辰	除	白鑞金	奎
29日	04/03	金	辛巳	満	白鑞金	婁
30日	04/04	土	壬午	平	楊柳木	胃

【三月小 戊辰 胃】
節気 清明4日・穀雨20日
雑節 土用16日

日	月日	曜	干支	直	納音	宿
1日	04/05	日	癸未	定	楊柳木	胃
2日	04/06	月	甲申	執	井泉水	昴
3日	04/07	火	乙酉	破	井泉水	畢
4日	04/08	水	丙戌	破	屋上土	觜
5日	04/09	木	丁亥	危	屋上土	參
6日	04/10	金	戊子	成	霹靂火	井
7日	04/11	土	己丑	納	霹靂火	鬼
8日	04/12	日	庚寅	開	松柏木	柳
9日	04/13	月	辛卯	閉	松柏木	星
10日	04/14	火	壬辰	建	長流水	張
11日	04/15	水	癸巳	除	長流水	翼
12日	04/16	木	甲午	満	沙中金	軫
13日	04/17	金	乙未	平	沙中金	角
14日	04/18	土	丙申	定	山下火	亢
15日	04/19	日	丁酉	執	山下火	氐
16日	04/20	月	戊戌	破	平地木	房
17日△	04/21	火	己亥	危	平地木	心
18日	04/22	水	庚子	成	壁上土	尾
19日	04/23	木	辛丑	納	壁上土	箕
20日	04/24	金	壬寅	開	金箔金	斗
21日	04/25	土	癸卯	閉	金箔金	女
22日	04/26	日	甲辰	建	覆燈火	虚
23日	04/27	月	乙巳	除	覆燈火	危
24日	04/28	火	丙午	満	天河水	室
25日	04/29	水	丁未	平	天河水	壁
26日	04/30	木	戊申	定	大駅土	奎
27日	05/01	金	己酉	執	大駅土	婁
28日	05/02	土	庚戌	破	釵釧金	胃
29日	05/03	日	辛亥	危	釵釧金	昴

【四月小 己巳 畢】
節気 立夏6日・小満21日
雑節 八十八夜1日

日	月日	曜	干支	直	納音	宿
1日	05/04	月	壬子	成	桑柘木	畢
2日	05/05	火	癸丑	納	桑柘木	觜
3日	05/06	水	甲寅	開	大溪水	參
4日	05/07	木	乙卯	閉	大溪水	井
5日	05/08	金	丙辰	建	沙中土	鬼
6日	05/09	土	丁巳	除	沙中土	柳
7日	05/10	日	戊午	満	天上火	星
8日	05/11	月	己未	満	天上火	張
9日	05/12	火	庚申	平	柘榴木	翼
10日▽	05/13	水	辛酉	定	柘榴木	軫
11日	05/14	木	壬戌	執	大海水	角
12日	05/15	金	癸亥	破	大海水	亢
13日	05/16	土	甲子	危	海中金	氐
14日	05/17	日	乙丑	成	海中金	房
15日	05/18	月	丙寅	納	爐中火	心
16日	05/19	火	丁卯	開	爐中火	尾
17日	05/20	水	戊辰	閉	大林木	箕
18日	05/21	木	己巳	建	大林木	斗
19日	05/22	金	庚午	除	路傍土	牛
20日	05/23	土	辛未	満	路傍土	女
21日	05/24	日	壬申	平	釼鋒金	虚
22日	05/25	月	癸酉	定	釼鋒金	危
23日	05/26	火	甲戌	執	山頭火	室
24日	05/27	水	乙亥	破	山頭火	壁
25日	05/28	木	丙子	危	潤下水	奎
26日	05/29	金	丁丑	成	潤下水	婁
27日	05/30	土	戊寅	納	城頭土	胃
28日	05/31	日	己卯	開	城頭土	昴
29日	06/01	月	庚辰	閉	白鑞金	畢

【五月大 庚午 參】
節気 芒種7日・夏至22日
雑節 入梅12日

日	月日	曜	干支	直	納音	宿
1日	06/02	火	辛巳	建	白鑞金	參
2日	06/03	水	壬午	除	楊柳木	井
3日	06/04	木	癸未	満	楊柳木	鬼
4日	06/05	金	甲申	平	井泉水	柳
5日	06/06	土	乙酉	定	井泉水	星
6日	06/07	日	丙戌	執	屋上土	張
7日	06/08	月	丁亥	執	屋上土	翼
8日	06/09	火	戊子	破	霹靂火	軫
9日	06/10	水	己丑	危	霹靂火	角
10日	06/11	木	庚寅	成	松柏木	亢
11日	06/12	金	辛卯	納	松柏木	氐
12日	06/13	土	壬辰	開	長流水	房
13日	06/14	日	癸巳	閉	長流水	心
14日	06/15	月	甲午	建	沙中金	尾
15日	06/16	火	乙未	除	沙中金	箕
16日	06/17	水	丙申	満	山下火	斗
17日	06/18	木	丁酉	平	山下火	牛
18日	06/19	金	戊戌	定	平地木	女
19日	06/20	土	己亥	執	平地木	虚
20日	06/21	日	庚子	破	壁上土	危
21日	06/22	月	辛丑	危	壁上土	室
22日	06/23	火	壬寅	成	金箔金	壁
23日	06/24	水	癸卯	納	金箔金	奎
24日	06/25	木	甲辰	開	覆燈火	婁
25日	06/26	金	乙巳	閉	覆燈火	胃
26日	06/27	土	丙午	建	天河水	畢
27日	06/28	日	丁未	除	天河水	觜
28日△	06/29	月	戊申	満	大駅土	參
29日	06/30	火	己酉	平	大駅土	井
30日	07/01	水	庚戌	定	釵釧金	鬼

【六月小 辛未 鬼】
節気 小暑8日・大暑23日
雑節 半夏生3日・土用20日

日	月日	曜	干支	直	納音	宿
1日	07/02	木	辛亥	執	釵釧金	鬼
2日	07/03	金	壬子	破	桑柘木	柳
3日	07/04	土	癸丑	危	桑柘木	星
4日	07/05	日	甲寅	成	大溪水	張
5日	07/06	月	乙卯	納	大溪水	翼
6日	07/07	火	丙辰	開	沙中土	軫
7日	07/08	水	丁巳	閉	沙中土	角
8日	07/09	木	戊午	建	天上火	亢
9日	07/10	金	己未	除	天上火	氐
10日	07/11	土	庚申	除	柘榴木	房
11日	07/12	日	辛酉	満	柘榴木	心
12日	07/13	月	壬戌	平	大海水	尾
13日	07/14	火	癸亥	定	大海水	箕
14日▽	07/15	水	甲子	執	海中金	斗
15日	07/16	木	乙丑	破	海中金	牛
16日	07/17	金	丙寅	危	爐中火	女
17日	07/18	土	丁卯	成	爐中火	虚
18日	07/19	日	戊辰	納	大林木	危
19日	07/20	月	己巳	開	大林木	室
20日	07/21	火	庚午	閉	路傍土	壁
21日	07/22	水	辛未	建	路傍土	奎
22日	07/23	木	壬申	除	釼鋒金	婁
23日	07/24	金	癸酉	満	釼鋒金	胃
24日	07/25	土	甲戌	平	山頭火	畢
25日	07/26	日	乙亥	定	山頭火	觜
26日	07/27	月	丙子	執	潤下水	參
27日	07/28	火	丁丑	破	潤下水	井
28日	07/29	水	戊寅	危	城頭土	鬼
29日	07/30	木	己卯	成	城頭土	柳

西暦 曜 干支 直 納音 宿　　　　　　　慶長14年

【七月大 壬申 張】
節気 立秋 9日・処暑 24日

1日	07/31	金	庚辰	納	白鑞金	張
2日	08/01	土	辛巳	開	白鑞金	翼
3日	08/02	日	壬午	閉	楊柳木	軫
4日	08/03	月	癸未	建	楊柳木	角
5日	08/04	火	甲申	除	井泉水	亢
6日	08/05	水	乙酉	満	井泉水	氐
7日	08/06	木	丙戌	平	屋上土	房
8日	08/07	金	丁亥	定	屋上土	心
9日	08/08	土	戊子	執	霹靂火	尾
10日	08/09	日	己丑	破	霹靂火	箕
11日	08/10	月	庚寅	危	松柏木	斗
12日	08/11	火	辛卯	成	松柏木	女
13日	08/12	水	壬辰	納	長流水	虚
14日	08/13	木	癸巳	開	長流水	危
15日	08/14	金	甲午	閉	沙中金	室
16日	08/15	土	乙未	閉	沙中金	壁
17日	08/16	日	丙申	建	山下火	奎
18日	08/17	月	丁酉	除	山下火	婁
19日	08/18	火	戊戌	満	平地木	胃
20日	08/19	水	己亥	平	平地木	昴
21日	08/20	木	庚子	定	壁上土	畢
22日	08/21	金	辛丑	執	壁上土	觜
23日	08/22	土	壬寅	破	金箔金	参
24日	08/23	日	癸卯	危	金箔金	井
25日	08/24	月	甲辰	成	覆燈火	鬼
26日	08/25	火	乙巳	納	覆燈火	柳
27日	08/26	水	丙午	開	天河水	星
28日	08/27	木	丁未	閉	天河水	張
29日	08/28	金	戊申	建	大駅土	翼
30日	08/29	土	己酉	除	大駅土	軫

【八月小 癸酉 角】
節気 白露 10日・秋分 25日
雑節 二百十日 5日・彼岸 27日・社日 29日

1日	08/30	日	庚戌	満	釵釧金	角
2日	08/31	月	辛亥	平	釵釧金	亢
3日	09/01	火	壬子	定	桑柘木	氐
4日	09/02	水	癸丑	執	桑柘木	房
5日	09/03	木	甲寅	破	大渓水	心
6日	09/04	金	乙卯	危	大渓水	尾
7日	09/05	土	丙辰	成	沙中土	箕
8日	09/06	日	丁巳	納	沙中土	斗
9日△	09/07	月	戊午	開	天上火	虚
10日	09/08	火	己未	開	天上火	虚
11日	09/09	水	庚申	閉	柘榴木	危
12日	09/10	木	辛酉	建	柘榴木	室
13日	09/11	金	壬戌	除	大海水	壁
14日	09/12	土	癸亥	満	大海水	奎
15日	09/13	日	甲子	平	海中金	婁
16日	09/14	月	乙丑	定	海中金	胃
17日	09/15	火	丙寅	執	爐中火	昴
18日▽	09/16	水	丁卯	破	爐中火	畢
19日	09/17	木	戊辰	危	大林木	觜
20日	09/18	金	己巳	成	大林木	参
21日	09/19	土	庚午	納	路傍土	井
22日	09/20	日	辛未	開	路傍土	鬼
23日	09/21	月	壬申	閉	釵鋒金	星
24日	09/22	火	癸酉	建	釵鋒金	星
25日	09/23	水	甲戌	除	山頭火	張
26日	09/24	木	乙亥	満	山頭火	翼
27日	09/25	金	丙子	平	澗下水	軫
28日	09/26	土	丁丑	定	澗下水	角
29日	09/27	日	戊寅	執	城頭土	亢

【九月大 甲戌 氐】
節気 寒露 11日・霜降 26日
雑節 土用 23日

1日	09/28	月	己卯	破	城頭土	氐
2日	09/29	火	庚辰	危	白鑞金	房
3日	09/30	水	辛巳	成	白鑞金	心
4日	10/01	木	壬午	納	楊柳木	尾
5日	10/02	金	癸未	開	楊柳木	箕
6日	10/03	土	甲申	閉	井泉水	斗
7日	10/04	日	乙酉	建	井泉水	女
8日	10/05	月	丙戌	除	屋上土	虚
9日	10/06	火	丁亥	満	屋上土	危
10日	10/07	水	戊子	平	霹靂火	室
11日	10/08	木	己丑	平	霹靂火	壁
12日	10/09	金	庚寅	定	松柏木	奎
13日	10/10	土	辛卯	執	松柏木	婁
14日	10/11	日	壬辰	破	長流水	胃
15日	10/12	月	癸巳	危	長流水	昴
16日	10/13	火	甲午	成	沙中金	畢
17日	10/14	水	乙未	納	沙中金	觜
18日	10/15	木	丙申	開	山下火	参
19日	10/16	金	丁酉	閉	山下火	井
20日	10/17	土	戊戌	建	平地木	鬼
21日	10/18	日	己亥	除	平地木	柳
22日	10/19	月	庚子	満	壁上土	星
23日	10/20	火	辛丑	平	壁上土	張
24日	10/21	水	壬寅	定	金箔金	翼
25日	10/22	木	癸卯	執	金箔金	軫
26日	10/23	金	甲辰	破	覆燈火	角
27日	10/24	土	乙巳	危	覆燈火	亢
28日	10/25	日	丙午	成	天河水	氐
29日	10/26	月	丁未	納	天河水	房
30日	10/27	火	戊申	開	大駅土	心

【十月大 乙亥 心】
節気 立冬 11日・小雪 27日

1日	10/28	水	己酉	閉	大駅土	心
2日	10/29	木	庚戌	建	釵釧金	尾
3日	10/30	金	辛亥	除	釵釧金	箕
4日	10/31	土	壬子	満	桑柘木	斗
5日	11/01	日	癸丑	平	桑柘木	女
6日	11/02	月	甲寅	定	大渓水	虚
7日	11/03	火	乙卯	執	大渓水	危
8日	11/04	水	丙辰	破	沙中土	室
9日	11/05	木	丁巳	危	沙中土	壁
10日	11/06	金	戊午	成	天上火	奎
11日	11/07	土	己未	納	天上火	婁
12日	11/08	日	庚申	納	柘榴木	胃
13日	11/09	月	辛酉	開	柘榴木	昴
14日	11/10	火	壬戌	閉	大海水	畢
15日	11/11	水	癸亥	建	大海水	觜
16日	11/12	木	甲子	除	海中金	参
17日	11/13	金	乙丑	満	海中金	井
18日	11/14	土	丙寅	平	爐中火	鬼
19日△	11/15	日	丁卯	定	爐中火	柳
20日	11/16	月	戊辰	執	大林木	星
21日	11/17	火	己巳	破	大林木	張
22日▽	11/18	水	庚午	危	路傍土	翼
23日	11/19	木	辛未	成	路傍土	軫
24日	11/20	金	壬申	納	釵鋒金	角
25日	11/21	土	癸酉	開	釵鋒金	亢
26日	11/22	日	甲戌	閉	山頭火	氐
27日	11/23	月	乙亥	建	山頭火	房
28日	11/24	火	丙子	除	澗下水	心
29日	11/25	水	丁丑	満	澗下水	尾
30日	11/26	木	戊寅	平	城頭土	箕

【十一月小 丙子 斗】
節気 大雪 12日・冬至 27日

1日	11/27	金	己卯	定	城頭土	斗
2日	11/28	土	庚辰	執	白鑞金	女
3日	11/29	日	辛巳	破	白鑞金	虚
4日	11/30	月	壬午	危	楊柳木	危
5日	12/01	火	癸未	成	楊柳木	室
6日	12/02	水	甲申	納	井泉水	壁
7日	12/03	木	乙酉	開	井泉水	奎
8日	12/04	金	丙戌	閉	屋上土	婁
9日	12/05	土	丁亥	建	屋上土	胃
10日	12/06	日	戊子	除	霹靂火	昴
11日	12/07	月	己丑	満	霹靂火	畢
12日	12/08	火	庚寅	満	松柏木	觜
13日	12/09	水	辛卯	定	松柏木	参
14日	12/10	木	壬辰	執	長流水	井
15日	12/11	金	癸巳	破	長流水	鬼
16日	12/12	土	甲午	危	沙中金	柳
17日	12/13	日	乙未	成	沙中金	星
18日	12/14	月	丙申	納	山下火	張
19日	12/15	火	丁酉	開	山下火	翼
20日	12/16	水	戊戌	閉	平地木	軫
21日	12/17	木	己亥	建	平地木	角
22日	12/18	金	庚子	除	壁上土	亢
23日	12/19	土	辛丑	満	壁上土	氐
24日	12/20	日	壬寅	平	金箔金	房
25日	12/21	月	癸卯	定	金箔金	心
26日	12/22	火	甲辰	執	覆燈火	尾
27日	12/23	水	乙巳	破	覆燈火	箕
28日	12/24	木	丙午	危	天河水	斗
29日	12/25	金	丁未	成	天河水	女

【十二月大 丁丑 虚】
節気 小寒 13日・大寒 28日
雑節 土用 25日

1日	12/26	土	戊申	成	大駅土	虚
2日	12/27	日	己酉	納	大駅土	危
3日	12/28	月	庚戌	開	釵釧金	室
4日	12/29	火	辛亥	閉	釵釧金	壁
5日	12/30	水	壬子	建	桑柘木	奎
6日	12/31	木	癸丑	除	桑柘木	婁

1610年

7日	01/01	金	甲寅	満	大渓水	胃
8日	01/02	土	乙卯	平	大渓水	昴
9日	01/03	日	丙辰	定	沙中土	畢
10日	01/04	月	丁巳	執	沙中土	觜
11日	01/05	火	戊午	破	天上火	参
12日	01/06	水	己未	危	天上火	井
13日	01/07	木	庚申	成	柘榴木	鬼
14日	01/08	金	辛酉	納	柘榴木	柳
15日	01/09	土	壬戌	納	大海水	星
16日	01/10	日	癸亥	開	大海水	張
17日	01/11	月	甲子	閉	海中金	翼
18日	01/12	火	乙丑	建	海中金	軫
19日	01/13	水	丙寅	除	爐中火	角
20日	01/14	木	丁卯	満	爐中火	亢
21日	01/15	金	戊辰	平	大林木	氐
22日	01/16	土	己巳	定	大林木	房
23日	01/17	日	庚午	執	路傍土	心
24日	01/18	月	辛未	破	路傍土	尾
25日	01/19	火	壬申	危	釵鋒金	箕
26日▽	01/20	水	癸酉	成	釵鋒金	斗
27日	01/21	木	甲戌	納	山頭火	女
28日	01/22	金	乙亥	開	山頭火	虚
29日	01/23	土	丙子	閉	澗下水	危
30日△	01/24	日	丁丑	建	澗下水	室

慶長15年

1610～1611　庚戌

【正月大　戊寅　室】

節気　立春 14日・雨水 29日
雑節　節分 13日

日	新暦	曜	干支	直	納音	宿
1日	01/25	月	戊寅	除	城頭土	室
2日	01/26	火	己卯	満	城頭土	壁
3日	01/27	水	庚辰	平	白鑞金	奎
4日	01/28	木	辛巳	定	白鑞金	婁
5日	01/29	金	壬午	執	楊柳木	胃
6日	01/30	土	癸未	破	楊柳木	昴
7日	01/31	日	甲申	危	井泉水	觜
8日	02/01	月	乙酉	成	井泉水	参
9日	02/02	火	丙戌	納	屋上土	井
10日	02/03	水	丁亥	開	屋上土	鬼
11日	02/04	木	戊子	閉	霹靂火	柳
12日	02/05	金	己丑	建	霹靂火	星
13日	02/06	土	庚寅	除	松柏木	張
14日	02/07	日	辛卯	満	松柏木	翼
15日	02/08	月	壬辰	平	長流水	軫
16日	02/09	火	癸巳	定	長流水	角
17日	02/10	水	甲午	執	沙中金	亢
18日	02/11	木	乙未	破	沙中金	氐
19日	02/12	金	丙申	危	山下火	房
20日	02/13	土	丁酉	成	山下火	心
21日	02/14	日	戊戌	納	平地木	尾
22日	02/15	月	己亥	開	平地木	箕
23日	02/16	火	庚子	閉	壁上土	斗
24日	02/17	水	辛丑	建	壁上土	女
25日	02/18	木	壬寅	除	金箔金	虚
26日	02/19	金	癸卯	満	金箔金	危
27日	02/20	土	甲辰	平	覆燈火	室
28日	02/21	日	乙巳	定	覆燈火	壁
29日	02/22	月	丙午	執	天河水	奎
30日	02/23	火	丁未	破	天河水	婁

【二月小　己卯　奎】

節気　啓蟄 14日・春分 29日

日	新暦	曜	干支	直	納音	宿
1日	02/24	水	戊申	破	大駅土	奎
2日	02/25	木	己酉	危	大駅土	婁
3日	02/26	金	庚戌	成	釵釧金	胃
4日	02/27	土	辛亥	納	釵釧金	昴
5日	02/28	日	壬子	開	桑柘木	畢
6日	03/01	月	癸丑	閉	桑柘木	觜
7日	03/02	火	甲寅	建	大渓水	参
8日	03/03	水	乙卯	除	大渓水	井
9日	03/04	木	丙辰	満	沙中土	鬼
10日	03/05	金	丁巳	平	沙中土	柳
11日	03/06	土	戊午	定	天上火	星
12日	03/07	日	己未	執	天上火	張
13日	03/08	月	庚申	破	柘榴木	翼
14日	03/09	火	辛酉	破	柘榴木	軫
15日	03/10	水	壬戌	危	大海水	角
16日	03/11	木	癸亥	成	大海水	亢
17日	03/12	金	甲子	納	海中金	氐
18日	03/13	土	乙丑	開	海中金	房
19日	03/14	日	丙寅	閉	炉中火	心
20日	03/15	月	丁卯	建	炉中火	尾
21日	03/16	火	戊辰	除	大林木	箕
22日	03/17	水	己巳	満	大林木	斗
23日	03/18	木	庚午	平	路傍土	女
24日	03/19	金	辛未	定	路傍土	虚
25日	03/20	土	壬申	執	釵鋒金	危
26日	03/21	日	癸酉	破	釵鋒金	室
27日	03/22	月	甲戌	危	山頭火	壁
28日	03/23	火	乙亥	成	山頭火	奎
29日▽	03/24	水	丙子	納	澗下水	婁

【閏二月大　己卯　奎】

節気　清明 16日
雑節　彼岸 2日・社日 2日・土用 28日

日	新暦	曜	干支	直	納音	宿
1日	03/25	木	丁丑	開	澗下水	胃
2日	03/26	金	戊寅	閉	城頭土	昴
3日	03/27	土	己卯	建	城頭土	觜
4日	03/28	日	庚辰	除	白鑞金	参
5日	03/29	月	辛巳	満	白鑞金	井
6日	03/30	火	壬午	平	楊柳木	鬼
7日	03/31	水	癸未	定	楊柳木	柳
8日	04/01	木	甲申	執	井泉水	星
9日	04/02	金	乙酉	破	井泉水	張
10日	04/03	土	丙戌	危	屋上土	翼
11日△	04/04	日	丁亥	成	屋上土	軫
12日	04/05	月	戊子	納	霹靂火	角
13日	04/06	火	己丑	開	霹靂火	亢
14日	04/07	水	庚寅	閉	松柏木	氐
15日	04/08	木	辛卯	建	松柏木	房
16日	04/09	金	壬辰	除	長流水	心
17日	04/10	土	癸巳	満	長流水	尾
18日	04/11	日	甲午	平	沙中金	箕
19日	04/12	月	乙未	定	沙中金	斗
20日	04/13	火	丙申	執	山下火	女
21日	04/14	水	丁酉	破	山下火	虚
22日	04/15	木	戊戌	危	平地木	危
23日	04/16	金	己亥	成	平地木	室
24日	04/17	土	庚子	納	壁上土	壁
25日	04/18	日	辛丑	開	壁上土	奎
26日	04/19	月	壬寅	閉	金箔金	婁
27日	04/20	火	癸卯	建	金箔金	胃
28日	04/21	水	甲辰	除	覆燈火	昴
29日	04/22	木	乙巳	満	覆燈火	觜
30日	04/23	金	丙午	平	天河水	参

【三月小　庚辰　胃】

節気　穀雨 1日・立夏 16日
雑節　八十八夜 12日

日	新暦	曜	干支	直	納音	宿
1日	04/24	土	丁未	平	天河水	胃
2日	04/25	日	戊申	定	大駅土	昴
3日	04/26	月	己酉	破	大駅土	畢
4日	04/27	火	庚戌	危	釵釧金	觜
5日	04/28	水	辛亥	成	釵釧金	参
6日	04/29	木	壬子	納	桑柘木	井
7日	04/30	金	癸丑	開	桑柘木	鬼
8日	05/01	土	甲寅	閉	大渓水	柳
9日	05/02	日	乙卯	建	大渓水	星
10日	05/03	月	丙辰	除	沙中土	張
11日	05/04	火	丁巳	満	沙中土	翼
12日	05/05	水	戊午	平	天上火	軫
13日	05/06	木	己未	定	天上火	角
14日	05/07	金	庚申	執	柘榴木	亢
15日	05/08	土	辛酉	破	柘榴木	氐
16日	05/09	日	壬戌	危	大海水	房
17日	05/10	月	癸亥	成	大海水	心
18日	05/11	火	甲子	納	海中金	尾
19日	05/12	水	乙丑	開	海中金	箕
20日	05/13	木	丙寅	閉	炉中火	斗
21日	05/14	金	丁卯	建	炉中火	女
22日	05/15	土	戊辰	除	大林木	虚
23日	05/16	日	己巳	満	大林木	危
24日	05/17	月	庚午	平	路傍土	室
25日	05/18	火	辛未	定	路傍土	壁
26日	05/19	水	壬申	執	釵鋒金	奎
27日	05/20	木	癸酉	破	釵鋒金	婁
28日	05/21	金	甲戌	危	山頭火	胃
29日	05/22	土	乙亥	成	山頭火	昴

【四月小　辛巳　畢】

節気　小満 2日・芒種 17日
雑節　入梅 27日

日	新暦	曜	干支	直	納音	宿
1日	05/23	日	丙子	危	澗下水	畢
2日	05/24	月	丁丑	成	澗下水	觜
3日▽	05/25	火	戊寅	納	城頭土	参
4日	05/26	水	己卯	開	城頭土	井
5日	05/27	木	庚辰	閉	白鑞金	鬼
6日	05/28	金	辛巳	建	白鑞金	柳
7日	05/29	土	壬午	除	楊柳木	星
8日	05/30	日	癸未	満	楊柳木	張
9日	05/31	月	甲申	平	井泉水	翼
10日	06/01	火	乙酉	定	井泉水	軫
11日	06/02	水	丙戌	執	屋上土	角
12日	06/03	木	丁亥	破	屋上土	亢
13日	06/04	金	戊子	危	霹靂火	氐
14日	06/05	土	己丑	成	霹靂火	房
15日	06/06	日	庚寅	納	松柏木	心
16日	06/07	月	辛卯	開	松柏木	尾
17日	06/08	火	壬辰	閉	長流水	箕
18日	06/09	水	癸巳	建	長流水	斗
19日	06/10	木	甲午	除	沙中金	女
20日	06/11	金	乙未	満	沙中金	虚
21日△	06/12	土	丙申	平	山下火	危
22日	06/13	日	丁酉	定	山下火	室
23日	06/14	月	戊戌	執	平地木	壁
24日	06/15	火	己亥	破	平地木	奎
25日	06/16	水	庚子	危	壁上土	婁
26日	06/17	木	辛丑	成	壁上土	胃
27日	06/18	金	壬寅	納	金箔金	昴
28日	06/19	土	癸卯	開	金箔金	觜
29日	06/20	日	甲辰	閉	覆燈火	参

【五月小　壬午　参】

節気　夏至 4日・小暑 19日
雑節　半夏生 14日

日	新暦	曜	干支	直	納音	宿
1日	06/21	月	乙巳	閉	覆燈火	参
2日	06/22	火	丙午	建	天河水	井
3日	06/23	水	丁未	除	天河水	鬼
4日	06/24	木	戊申	満	大駅土	柳
5日	06/25	金	己酉	平	大駅土	星
6日	06/26	土	庚戌	定	釵釧金	張
7日	06/27	日	辛亥	執	釵釧金	翼
8日	06/28	月	壬子	破	桑柘木	軫
9日	06/29	火	癸丑	危	桑柘木	角
10日	06/30	水	甲寅	成	大渓水	亢
11日	07/01	木	乙卯	納	大渓水	氐
12日	07/02	金	丙辰	開	沙中土	房
13日	07/03	土	丁巳	閉	沙中土	心
14日	07/04	日	戊午	建	天上火	尾
15日	07/05	月	己未	除	天上火	箕
16日	07/06	火	庚申	満	柘榴木	斗
17日	07/07	水	辛酉	平	柘榴木	女
18日	07/08	木	壬戌	定	大海水	虚
19日	07/09	金	癸亥	定	大海水	危
20日	07/10	土	甲子	破	海中金	室
21日	07/11	日	乙丑	危	海中金	壁
22日	07/12	月	丙寅	成	炉中火	奎
23日	07/13	火	丁卯	納	炉中火	婁
24日	07/14	水	戊辰	開	大林木	胃
25日	07/15	木	己巳	閉	大林木	昴
26日	07/16	金	庚午	建	路傍土	觜
27日	07/17	土	辛未	除	路傍土	参
28日	07/18	日	壬申	満	釵鋒金	井
29日	07/19	月	癸酉	平	釵鋒金	鬼

【六月大　癸未　鬼】

節気　大暑 5日・立秋 20日
雑節　土用 2日

日	新暦	曜	干支	直	納音	宿
1日	07/20	火	甲戌	平	山頭火	鬼
2日	07/21	水	乙亥	定	山頭火	柳
3日	07/22	木	丙子	執	澗下水	星
4日	07/23	金	丁丑	破	澗下水	張
5日	07/24	土	戊寅	危	城頭土	翼
6日	07/25	日	己卯	成	城頭土	軫
7日	07/26	月	庚辰	納	白鑞金	角
8日▽	07/27	火	辛巳	開	白鑞金	亢
9日	07/28	水	壬午	閉	楊柳木	氐
10日	07/29	木	癸未	建	楊柳木	房
11日	07/30	金	甲申	除	井泉水	心
12日	07/31	土	乙酉	満	井泉水	尾
13日	08/01	日	丙戌	平	屋上土	箕
14日	08/02	月	丁亥	定	屋上土	斗
15日	08/03	火	戊子	執	霹靂火	女
16日	08/04	水	己丑	破	霹靂火	虚

西暦　曜　干支　直　納音　宿　　　　　　　　　　　　　慶長15年

17日　08/05　木　庚寅　成　松柏木　危
18日　08/06　金　辛卯　納　松柏木　室
19日　08/07　土　壬辰　開　長流水　壁
20日　08/08　日　癸巳　閉　長流水　奎
21日　08/09　月　甲午　建　沙中金　婁
22日　08/10　火　乙未　閉　沙中金　胃
23日　08/11　水　丙申　建　山下火　昴
24日　08/12　木　丁酉　除　山下火　畢
25日　08/13　金　戊戌　満　平地木　觜
26日　08/14　土　己亥　平　平地木　参
27日　08/15　日　庚子　定　壁上土　井
28日　08/16　月　辛丑　執　壁上土　鬼
29日　08/17　火　壬寅　破　金箔金　柳
30日　08/18　水　癸卯　危　金箔金　星

【七月小 甲申 張】
節気 処暑 6日・白露 21日
雑節 二百十日 17日

1日　08/19　木　甲辰　成　覆燈火　張
2日　08/20　金　乙巳　納　覆燈火　翼
3日△　08/21　土　丙午　開　天河水　軫
4日　08/22　日　丁未　閉　天河水　角
5日　08/23　月　戊申　建　大駅土　亢
6日　08/24　火　己酉　除　大駅土　氐
7日　08/25　水　庚戌　満　釵釧金　房
8日　08/26　木　辛亥　平　釵釧金　心
9日　08/27　金　壬子　定　桑柘木　尾
10日　08/28　土　癸丑　執　桑柘木　箕
11日　08/29　日　甲寅　破　大渓水　斗
12日　08/30　月　乙卯　危　大渓水　女
13日　08/31　火　丙辰　成　沙中土　虚
14日　09/01　水　丁巳　納　沙中土　危
15日　09/02　木　戊午　開　天上火　室
16日　09/03　金　己未　閉　天上火　壁
17日　09/04　土　庚申　建　柘榴木　奎
18日　09/05　日　辛酉　除　柘榴木　婁
19日　09/06　月　壬戌　満　大海水　胃
20日　09/07　火　癸亥　平　大海水　昴
21日　09/08　水　甲子　定　海中金　畢
22日　09/09　木　乙丑　執　海中金　觜
23日　09/10　金　丙寅　破　爐中火　参
24日　09/11　土　丁卯　危　爐中火　井
25日　09/12　日　戊辰　成　大林木　鬼
26日　09/13　月　己巳　納　大林木　柳
27日　09/14　火　庚午　開　路傍土　星
28日　09/15　水　辛未　閉　路傍土　張
29日　09/16　木　壬申　建　釼鋒金　翼

【八月大 乙酉 角】
節気 秋分 7日・寒露 22日
雑節 社日 6日・彼岸 9日

1日　09/17　金　癸酉　除　釼鋒金　角
2日　09/18　土　甲戌　満　山頭火　亢
3日　09/19　日　乙亥　満　山頭火　氐
4日　09/20　月　丙子　平　澗下水　房
5日　09/21　火　丁丑　定　澗下水　心
6日　09/22　水　戊寅　執　城頭土　尾
7日　09/23　木　己卯　破　城頭土　箕
8日　09/24　金　庚辰　危　白鑞金　斗
9日　09/25　土　辛巳　成　白鑞金　女
10日　09/26　日　壬午　納　楊柳木　虚
11日　09/27　月　癸未　開　楊柳木　危
12日▽　09/28　火　甲申　閉　井泉水　室
13日　09/29　水　乙酉　建　井泉水　壁
14日　09/30　木　丙戌　除　屋上土　奎
15日　10/01　金　丁亥　満　屋上土　婁
16日　10/02　土　戊子　平　霹靂火　胃
17日　10/03　日　己丑　定　霹靂火　昴
18日　10/04　月　庚寅　執　松柏木　畢
19日　10/05　火　辛卯　破　松柏木　觜
20日　10/06　水　壬辰　危　長流水　参
21日　10/07　木　癸巳　成　長流水　井
22日　10/08　金　甲午　納　沙中金　鬼
23日　10/09　土　乙未　納　沙中金　柳
24日　10/10　日　丙申　開　山下火　星
25日　10/11　月　丁酉　閉　山下火　張
26日　10/12　火　戊戌　建　平地木　翼
27日　10/13　水　己亥　除　平地木　軫
28日　10/14　木　庚子　満　壁上土　角
29日　10/15　金　辛丑　平　壁上土　亢
30日　10/16　土　壬寅　定　金箔金　氐

【九月大 丙戌 氐】
節気 霜降 7日・立冬 23日
雑節 土用 4日

1日　10/17　日　癸卯　執　金箔金　氐
2日　10/18　月　甲辰　破　覆燈火　房
3日　10/19　火　乙巳　危　覆燈火　心
4日　10/20　水　丙午　成　天河水　尾
5日　10/21　木　丁未　納　天河水　箕
6日　10/22　金　戊申　開　大駅土　斗
7日　10/23　土　己酉　閉　大駅土　女
8日　10/24　日　庚戌　除　釵釧金　虚
9日　10/25　月　辛亥　除　釵釧金　危
10日　10/26　火　壬子　満　桑柘木　室
11日　10/27　水　癸丑　平　桑柘木　壁
12日　10/28　木　甲寅　定　大渓水　奎
13日　10/29　金　乙卯　執　大渓水　婁
14日△　10/30　土　丙辰　破　沙中土　胃
15日　10/31　日　丁巳　危　沙中土　昴
16日　11/01　月　戊午　成　天上火　畢
17日　11/02　火　己未　納　天上火　觜
18日　11/03　水　庚申　開　柘榴木　参
19日　11/04　木　辛酉　閉　柘榴木　井
20日　11/05　金　壬戌　建　大海水　鬼
21日　11/06　土　癸亥　除　大海水　柳
22日　11/07　日　甲子　満　海中金　星
23日　11/08　月　乙丑　平　海中金　張
24日　11/09　火　丙寅　定　爐中火　翼
25日　11/10　水　丁卯　執　爐中火　軫
26日　11/11　木　戊辰　破　大林木　角
27日　11/12　金　己巳　危　大林木　亢
28日　11/13　土　庚午　成　路傍土　氐
29日　11/14　日　辛未　納　路傍土　房
30日　11/15　月　壬申　開　釼鋒金　心

【十月小 丁亥 心】
節気 小雪 8日・大雪 23日

1日　11/16　火　癸酉　開　釼鋒金　心
2日　11/17　水　甲戌　建　山頭火　尾
3日　11/18　木　乙亥　建　山頭火　箕
4日　11/19　金　丙子　除　澗下水　斗
5日　11/20　土　丁丑　平　澗下水　女
6日　11/21　日　戊寅　平　城頭土　虚
7日　11/22　月　己卯　定　城頭土　危
8日　11/23　火　庚辰　執　白鑞金　室
9日　11/24　水　辛巳　破　白鑞金　壁
10日　11/25　木　壬午　危　楊柳木　奎
11日　11/26　金　癸未　成　楊柳木　婁
12日　11/27　土　甲申　納　井泉水　胃
13日　11/28　日　乙酉　開　井泉水　昴
14日　11/29　月　丙戌　閉　屋上土　觜
15日▽　11/30　火　丁亥　建　屋上土　参
16日　12/01　水　戊子　除　霹靂火　井
17日　12/02　木　己丑　満　霹靂火　鬼
18日　12/03　金　庚寅　平　松柏木　柳
19日　12/04　土　辛卯　定　松柏木　星
20日　12/05　日　壬辰　執　長流水　張
21日　12/06　月　癸巳　破　長流水　翼
22日　12/07　火　甲午　危　沙中金　軫
23日　12/08　水　乙未　成　沙中金　角
24日　12/09　木　丙申　納　山下火　亢
25日　12/10　金　丁酉　開　山下火　氐
26日　12/11　土　戊戌　閉　平地木　房
27日　12/12　日　己亥　建　平地木　心
28日　12/13　月　庚子　建　壁上土　尾
29日　12/14　火　辛丑　除　壁上土　尾

【十一月大 戊子 斗】
節気 冬至 9日・小寒 25日

1日　12/15　水　壬寅　満　金箔金　斗
2日　12/16　木　癸卯　平　金箔金　女
3日　12/17　金　甲辰　定　覆燈火　虚
4日　12/18　土　乙巳　執　覆燈火　危
5日　12/19　日　丙午　破　天河水　室
6日　12/20　月　丁未　危　天河水　壁
7日　12/21　火　戊申　成　大駅土　奎
8日　12/22　水　己酉　納　大駅土　婁
9日　12/23　木　庚戌　開　釵釧金　胃
10日　12/24　金　辛亥　閉　釵釧金　昴
11日　12/25　土　壬子　建　桑柘木　畢
12日　12/26　日　癸丑　除　桑柘木　觜
13日　12/27　月　甲寅　満　大渓水　参
14日　12/28　火　乙卯　平　大渓水　井
15日　12/29　水　丙辰　定　沙中土　鬼
16日　12/30　木　丁巳　執　沙中土　柳
17日　12/31　金　戊午　破　天上火　星

1611年

18日　01/01　土　己未　危　天上火　張
19日　01/02　日　庚申　成　柘榴木　翼
20日　01/03　月　辛酉　納　柘榴木　軫
21日　01/04　火　壬戌　開　大海水　角
22日　01/05　水　癸亥　閉　大海水　亢
23日　01/06　木　甲子　建　海中金　氐
24日△　01/07　金　乙丑　除　海中金　房
25日　01/08　土　丙寅　満　爐中火　心
26日　01/09　日　丁卯　平　爐中火　尾
27日　01/10　月　戊辰　定　大林木　箕
28日　01/11　火　己巳　執　大林木　斗
29日　01/12　水　庚午　執　路傍土　女
30日　01/13　木　辛未　破　路傍土　虚

【十二月大 己丑 虚】
節気 大寒 10日・立春 25日
雑節 土用 7日・節分 24日

1日　01/14　金　壬申　危　釼鋒金　虚
2日　01/15　土　癸酉　成　釼鋒金　危
3日　01/16　日　甲戌　成　山頭火　室
4日　01/17　月　乙亥　納　山頭火　壁
5日　01/18　火　丙子　閉　澗下水　奎
6日　01/19　水　丁丑　建　澗下水　婁
7日　01/20　木　戊寅　除　城頭土　胃
8日　01/21　金　己卯　満　城頭土　昴
9日　01/22　土　庚辰　平　白鑞金　畢
10日　01/23　日　辛巳　定　白鑞金　觜
11日　01/24　月　壬午　執　楊柳木　参
12日　01/25　火　癸未　執　楊柳木　井
13日　01/26　水　甲申　成　井泉水　鬼
14日　01/27　木　乙酉　納　井泉水　柳
15日　01/28　金　丙戌　納　屋上土　星
16日　01/29　土　丁亥　開　屋上土　翼
17日　01/30　日　戊子　閉　霹靂火　軫
18日　01/31　月　己丑　建　霹靂火　角
19日▽　02/01　火　庚寅　満　松柏木　亢
20日　02/02　水　辛卯　満　松柏木　氐
21日　02/03　木　壬辰　平　長流水　房
22日　02/04　金　癸巳　定　長流水　心
23日　02/05　土　甲午　執　沙中金　尾
24日　02/06　日　乙未　破　沙中金　箕
25日　02/07　月　丙申　危　山下火　斗
26日　02/08　火　丁酉　危　山下火　女
27日　02/09　水　戊戌　成　平地木　虚
28日　02/10　木　己亥　納　平地木　危
29日　02/11　金　庚子　開　壁上土　室
30日　02/12　土　辛丑　閉　壁上土　壁

慶長16年
1611～1612　辛亥

【正月大 庚寅 室】
節気　雨水 10日・啓蟄 25日

日	新暦	曜	干支	直	納音	宿
1	02/13	日	壬寅	建	金箔金	室
2	02/14	月	癸卯	除	金箔金	壁
3	02/15	火	甲辰	満	覆燈火	奎
4	02/16	水	乙巳	平	覆燈火	婁
5	02/17	木	丙午	定	天河水	胃
6	02/18	金	丁未	執	天河水	昴
7	02/19	土	戊申	破	大駅土	畢
8	02/20	日	己酉	危	大駅土	觜
9	02/21	月	庚戌	成	釵釧金	参
10	02/22	火	辛亥	納	釵釧金	井
11	02/23	水	壬子	開	桑柘木	鬼
12	02/24	木	癸丑	閉	桑柘木	柳
13	02/25	金	甲寅	建	大溪水	星
14	02/26	土	乙卯	除	大溪水	張
15	02/27	日	丙辰	満	沙中土	翼
16	02/28	月	丁巳	平	沙中土	軫
17	03/01	火	戊午	定	天上火	角
18	03/02	水	己未	執	天上火	亢
19	03/03	木	庚申	破	柘榴木	氐
20	03/04	金	辛酉	危	柘榴木	房
21	03/05	土	壬戌	成	大海水	心
22	03/06	日	癸亥	納	大海水	尾
23	03/07	月	甲子	開	海中金	箕
24	03/08	火	乙丑	閉	海中金	斗
25	03/09	水	丙寅	閉	爐中火	女
26	03/10	木	丁卯	建	爐中火	虚
27	03/11	金	戊辰	除	大林木	危
28	03/12	土	己巳	満	大林木	室
29	03/13	日	庚午	平	路傍土	壁
30	03/14	月	辛未	定	路傍土	奎

【二月小 辛卯 奎】
節気　春分 11日・清明 26日
雑節　社日 7日・彼岸 13日

日	新暦	曜	干支	直	納音	宿
1	03/15	火	壬申	執	釵鋒金	奎
2	03/16	水	癸酉	破	釵鋒金	婁
3	03/17	木	甲戌	危	山頭火	胃
4△	03/18	金	乙亥	成	山頭火	昴
5	03/19	土	丙子	納	澗下水	畢
6	03/20	日	丁丑	開	澗下水	觜
7	03/21	月	戊寅	閉	城頭土	参
8	03/22	火	己卯	建	城頭土	井
9	03/23	水	庚辰	除	白鑞金	鬼
10	03/24	木	辛巳	満	白鑞金	柳
11	03/25	金	壬午	平	楊柳木	星
12	03/26	土	癸未	定	楊柳木	張
13	03/27	日	甲申	執	井泉水	翼
14	03/28	月	乙酉	破	井泉水	軫
15	03/29	火	丙戌	危	屋上土	角
16	03/30	水	丁亥	成	屋上土	亢
17	03/31	木	戊子	納	霹靂火	氐
18	04/01	金	己丑	開	霹靂火	房
19	04/02	土	庚寅	閉	松柏木	心
20	04/03	日	辛卯	建	松柏木	尾
21	04/04	月	壬辰	除	長流水	箕
22▽	04/05	火	癸巳	満	長流水	斗
23	04/06	水	甲午	平	沙中金	女
24	04/07	木	乙未	定	沙中金	虚
25	04/08	金	丙申	執	山下火	危
26	04/09	土	丁酉	執	山下火	室
27	04/10	日	戊戌	破	平地木	壁
28	04/11	月	己亥	危	平地木	奎
29	04/12	火	庚子	成	壁上土	婁

【三月大 壬辰 胃】
節気　穀雨 12日・立夏 27日
雑節　土用 9日・八十八夜 23日

日	新暦	曜	干支	直	納音	宿
1	04/13	水	辛丑	納	壁上土	胃
2	04/14	木	壬寅	開	金箔金	昴
3	04/15	金	癸卯	閉	金箔金	畢
4	04/16	土	甲辰	建	覆燈火	觜
5	04/17	日	乙巳	除	覆燈火	参
6	04/18	月	丙午	満	天河水	井
7	04/19	火	丁未	平	天河水	鬼
8	04/20	水	戊申	定	大駅土	柳
9	04/21	木	己酉	執	大駅土	星
10	04/22	金	庚戌	破	釵釧金	張
11	04/23	土	辛亥	危	釵釧金	翼
12	04/24	日	壬子	成	桑柘木	軫
13	04/25	月	癸丑	納	桑柘木	角
14	04/26	火	甲寅	開	大溪水	亢
15	04/27	水	乙卯	閉	大溪水	氐
16	04/28	木	丙辰	建	沙中土	房
17	04/29	金	丁巳	除	沙中土	心
18	04/30	土	戊午	満	天上火	尾
19	05/01	日	己未	平	天上火	箕
20	05/02	月	庚申	定	柘榴木	斗
21	05/03	火	辛酉	執	柘榴木	女
22	05/04	水	壬戌	破	大海水	虚
23	05/05	木	癸亥	危	大海水	危
24	05/06	金	甲子	成	海中金	室
25	05/07	土	乙丑	納	海中金	壁
26	05/08	日	丙寅	開	爐中火	奎
27	05/09	月	丁卯	開	爐中火	婁
28	05/10	火	戊辰	閉	大林木	胃
29	05/11	水	己巳	建	大林木	昴
30	05/12	木	庚午	除	路傍土	畢

【四月小 癸巳 畢】
節気　小満 12日・芒種 28日

日	新暦	曜	干支	直	納音	宿
1	05/13	金	辛未	満	路傍土	畢
2	05/14	土	壬申	平	釵鋒金	觜
3	05/15	日	癸酉	定	釵鋒金	参
4	05/16	月	甲戌	執	山頭火	井
5	05/17	火	乙亥	破	山頭火	鬼
6	05/18	水	丙子	危	澗下水	柳
7	05/19	木	丁丑	成	澗下水	星
8	05/20	金	戊寅	納	城頭土	張
9	05/21	土	己卯	開	城頭土	翼
10	05/22	日	庚辰	閉	白鑞金	軫
11	05/23	月	辛巳	建	白鑞金	角
12	05/24	火	壬午	除	楊柳木	亢
13	05/25	水	癸未	満	楊柳木	氐
14	05/26	木	甲申	平	井泉水	房
15△	05/27	金	乙酉	定	井泉水	心
16	05/28	土	丙戌	執	屋上土	尾
17	05/29	日	丁亥	破	屋上土	箕
18	05/30	月	戊子	危	霹靂火	斗
19	05/31	火	己丑	成	霹靂火	女
20	06/01	水	庚寅	納	松柏木	虚
21	06/02	木	辛卯	開	松柏木	危
22	06/03	金	壬辰	閉	長流水	室
23	06/04	土	癸巳	建	長流水	壁
24	06/05	日	甲午	除	沙中金	奎
25	06/06	月	乙未	満	沙中金	婁
26▽	06/07	火	丙申	平	山下火	胃
27	06/08	水	丁酉	定	山下火	昴
28	06/09	木	戊戌	定	平地木	畢
29	06/10	金	己亥	執	平地木	觜

【五月小 甲午 参】
節気　夏至 14日・小暑 29日
雑節　入梅 3日・半夏生 24日

日	新暦	曜	干支	直	納音	宿
1	06/11	土	庚子	破	壁上土	参
2	06/12	日	辛丑	危	壁上土	井
3	06/13	月	壬寅	成	金箔金	鬼
4	06/14	火	癸卯	納	金箔金	柳
5	06/15	水	甲辰	開	覆燈火	星
6	06/16	木	乙巳	閉	覆燈火	張
7	06/17	金	丙午	建	天河水	翼
8	06/18	土	丁未	除	天河水	軫
9	06/19	日	戊申	満	大駅土	角
10	06/20	月	己酉	平	大駅土	亢
11	06/21	火	庚戌	定	釵釧金	氐
12	06/22	水	辛亥	執	釵釧金	房
13	06/23	木	壬子	破	桑柘木	心
14	06/24	金	癸丑	危	桑柘木	尾
15	06/25	土	甲寅	成	大溪水	箕
16	06/26	日	乙卯	納	大溪水	斗
17	06/27	月	丙辰	開	沙中土	女
18	06/28	火	丁巳	閉	沙中土	虚
19	06/29	水	戊午	建	天上火	危
20	06/30	木	己未	除	天上火	室
21	07/01	金	庚申	満	柘榴木	壁
22	07/02	土	辛酉	平	柘榴木	奎
23	07/03	日	壬戌	定	大海水	婁
24	07/04	月	癸亥	執	大海水	胃
25	07/05	火	甲子	破	海中金	昴
26	07/06	水	乙丑	危	海中金	畢
27	07/07	木	丙寅	成	爐中火	觜
28	07/08	金	丁卯	納	爐中火	参
29	07/09	土	戊辰	納	大林木	井

【六月小 乙未 鬼】
節気　大暑 15日
雑節　土用 12日

日	新暦	曜	干支	直	納音	宿
1	07/10	日	己巳	開	大林木	鬼
2	07/11	月	庚午	閉	路傍土	柳
3	07/12	火	辛未	建	路傍土	星
4	07/13	水	壬申	除	釵鋒金	張
5	07/14	木	癸酉	満	釵鋒金	翼
6	07/15	金	甲戌	平	山頭火	軫
7	07/16	土	乙亥	定	山頭火	角
8	07/17	日	丙子	執	澗下水	亢
9	07/18	月	丁丑	破	澗下水	氐
10	07/19	火	戊寅	危	城頭土	房
11	07/20	水	己卯	成	城頭土	心
12	07/21	木	庚辰	納	白鑞金	尾
13	07/22	金	辛巳	開	白鑞金	箕
14	07/23	土	壬午	閉	楊柳木	斗
15	07/24	日	癸未	建	楊柳木	女
16	07/25	月	甲申	除	井泉水	虚
17	07/26	火	乙酉	満	井泉水	危
18	07/27	水	丙戌	平	屋上土	室
19	07/28	木	丁亥	定	屋上土	壁
20	07/29	金	戊子	執	霹靂火	奎
21	07/30	土	己丑	破	霹靂火	婁
22	07/31	日	庚寅	危	松柏木	胃
23	08/01	月	辛卯	成	松柏木	昴
24	08/02	火	壬辰	納	長流水	畢
25	08/03	水	癸巳	開	長流水	觜
26△	08/04	木	甲午	閉	沙中金	参
27	08/05	金	乙未	建	沙中金	井
28	08/06	土	丙申	除	山下火	鬼
29	08/07	日	丁酉	満	山下火	柳

【七月大 丙申 張】
節気　立秋 2日・処暑 17日
雑節　二百十日 28日

日	新暦	曜	干支	直	納音	宿
1	08/08	月	戊戌	平	平地木	張
2▽	08/09	火	己亥	平	平地木	翼
3	08/10	水	庚子	定	壁上土	軫
4	08/11	木	辛丑	執	壁上土	角

慶長16年

	西暦	曜	干支	直	納音	宿
5日	08/12	金	壬寅	破	金箔金	亢
6日	08/13	土	癸卯	危	金箔金	氐
7日	08/14	日	甲辰	成	覆燈火	房
8日	08/15	月	乙巳	納	覆燈火	心
9日	08/16	火	丙午	開	天河水	尾
10日	08/17	水	丁未	閉	天河水	箕
11日	08/18	木	戊申	建	大駅土	斗
12日	08/19	金	己酉	除	大駅土	女
13日	08/20	土	庚戌	満	釵釧金	虚
14日	08/21	日	辛亥	平	釵釧金	危
15日	08/22	月	壬子	定	桑柘木	室
16日	08/23	火	癸丑	執	桑柘木	奎
17日	08/24	水	甲寅	破	大渓水	婁
18日	08/25	木	乙卯	危	大渓水	胃
19日	08/26	金	丙辰	成	沙中土	胃
20日	08/27	土	丁巳	納	沙中土	昴
21日	08/28	日	戊午	開	天上火	畢
22日	08/29	月	己未	閉	天上火	觜
23日	08/30	火	庚申	建	柘榴木	参
24日	08/31	水	辛酉	除	柘榴木	井
25日	09/01	木	壬戌	満	大海水	鬼
26日	09/02	金	癸亥	平	大海水	柳
27日	09/03	土	甲子	定	海中金	星
28日	09/04	日	乙丑	執	海中金	張
29日	09/05	月	丙寅	破	炉中火	翼
30日	09/06	火	丁卯	危	炉中火	軫

【八月小 丁酉 角】
節気 白露 2日・秋分 17日
雑節 彼岸 19日・社日 21日

	西暦	曜	干支	直	納音	宿
1日	09/07	水	戊辰	成	大林木	角
2日	09/08	木	己巳	成	大林木	亢
3日	09/09	金	庚午	開	路傍土	氐
4日	09/10	土	辛未	閉	路傍土	房
5日	09/11	日	壬申	閉	釵鋒金	心
6日	09/12	月	癸酉	除	釵鋒金	尾
7日	09/13	火	甲戌	除	山頭火	斗
8日	09/14	水	乙亥	満	山頭火	斗
9日	09/15	木	丙子	平	澗下水	女
10日	09/16	金	丁丑	定	澗下水	虚
11日	09/17	土	戊寅	執	城頭土	危
12日	09/18	日	己卯	破	城頭土	室
13日	09/19	月	庚辰	危	白鑞金	壁
14日	09/20	火	辛巳	成	白鑞金	奎
15日	09/21	水	壬午	納	楊柳木	婁
16日	09/22	木	癸未	開	楊柳木	胃
17日	09/23	金	甲申	閉	井泉水	昴
18日	09/24	土	乙酉	建	井泉水	觜
19日	09/25	日	丙戌	除	屋上土	觜
20日	09/26	月	丁亥	満	屋上土	参
21日	09/27	火	戊子	平	霹靂火	鬼
22日	09/28	水	己丑	定	霹靂火	鬼
23日	09/29	木	庚寅	執	松柏木	柳
24日	09/30	金	辛卯	破	松柏木	星
25日	10/01	土	壬辰	危	長流水	張
26日	10/02	日	癸巳	成	長流水	翼
27日	10/03	月	甲午	納	沙中金	軫
28日	10/04	火	乙未	開	沙中金	角
29日	10/05	水	丙申	閉	山下火	亢

【九月大 戊戌 氐】
節気 寒露 3日・霜降 19日
雑節 土用 16日

	西暦	曜	干支	直	納音	宿
1日	10/06	木	丁酉	建	山下火	氐
2日	10/07	金	戊戌	除	平地木	房
3日	10/08	土	己亥	除	平地木	心
4日	10/09	日	庚子	満	壁上土	尾
5日	10/10	月	辛丑	平	壁上土	箕
6日▽	10/11	火	壬寅	定	金箔金	斗
7日	10/12	水	癸卯	執	金箔金	女
8日△	10/13	木	甲辰	破	覆燈火	虚
9日	10/14	金	乙巳	危	覆燈火	危
10日	10/15	土	丙午	成	天河水	室
11日	10/16	日	丁未	納	天河水	壁
12日	10/17	月	戊申	開	大駅土	奎
13日	10/18	火	己酉	閉	大駅土	婁
14日	10/19	水	庚戌	建	釵釧金	胃
15日	10/20	木	辛亥	除	釵釧金	昴
16日	10/21	金	壬子	満	桑柘木	畢
17日	10/22	土	癸丑	平	桑柘木	觜
18日	10/23	日	甲寅	定	大渓水	参
19日	10/24	月	乙卯	執	大渓水	井
20日	10/25	火	丙辰	破	沙中土	鬼
21日	10/26	水	丁巳	危	沙中土	柳
22日	10/27	木	戊午	成	天上火	星
23日	10/28	金	己未	納	天上火	張
24日	10/29	土	庚申	開	柘榴木	翼
25日	10/30	日	辛酉	閉	柘榴木	軫
26日	10/31	月	壬戌	建	大海水	角
27日	11/01	火	癸亥	除	大海水	亢
28日	11/02	水	甲子	満	海中金	氐
29日	11/03	木	乙丑	平	海中金	房
30日	11/04	金	丙寅	定	炉中火	心

【十月小 己亥 心】
節気 立冬 4日・小雪 19日

	西暦	曜	干支	直	納音	宿
1日	11/05	土	丁卯	執	炉中火	心
2日	11/06	日	戊辰	破	大林木	尾
3日	11/07	月	己巳	危	大林木	箕
4日	11/08	火	庚午	危	路傍土	斗
5日	11/09	水	辛未	成	路傍土	女
6日	11/10	木	壬申	納	釵鋒金	虚
7日	11/11	金	癸酉	開	釵鋒金	危
8日	11/12	土	甲戌	閉	山頭火	室
9日	11/13	日	乙亥	建	山頭火	壁
10日	11/14	月	丙子	除	澗下水	奎
11日	11/15	火	丁丑	満	澗下水	婁
12日	11/16	水	戊寅	平	城頭土	胃
13日	11/17	木	己卯	定	城頭土	昴
14日	11/18	金	庚辰	執	白鑞金	畢
15日	11/19	土	辛巳	破	白鑞金	觜
16日	11/20	日	壬午	危	楊柳木	参
17日	11/21	月	癸未	成	楊柳木	井
18日	11/22	火	甲申	納	井泉水	鬼
19日	11/23	水	乙酉	開	井泉水	柳
20日	11/24	木	丙戌	閉	屋上土	星
21日	11/25	金	丁亥	建	屋上土	張
22日	11/26	土	戊子	除	霹靂火	翼
23日	11/27	日	己丑	満	霹靂火	軫
24日	11/28	月	庚寅	定	松柏木	角
25日	11/29	火	辛卯	定	松柏木	亢
26日	11/30	水	壬辰	執	長流水	氐
27日	12/01	木	癸巳	破	長流水	房
28日	12/02	金	甲午	危	沙中金	心
29日	12/03	土	乙未	成	沙中金	尾

【十一月大 庚子 斗】
節気 大雪 5日・冬至 21日

	西暦	曜	干支	直	納音	宿
1日	12/04	日	丙申	納	山下火	箕
2日	12/05	月	丁酉	開	山下火	女
3日	12/06	火	戊戌	閉	平地木	虚
4日	12/07	水	己亥	建	平地木	危
5日	12/08	木	庚子	除	壁上土	室
6日	12/09	金	辛丑	除	壁上土	壁
7日	12/10	土	壬寅	満	金箔金	奎
8日	12/11	日	癸卯	平	金箔金	婁
9日	12/12	月	甲辰	定	覆燈火	胃
10日▽	12/13	火	乙巳	執	覆燈火	昴
11日	12/14	水	丙午	破	天河水	畢
12日	12/15	木	丁未	危	天河水	觜
13日	12/16	金	戊申	成	大駅土	参
14日	12/17	土	己酉	納	大駅土	井
15日	12/18	日	庚戌	開	釵釧金	鬼
16日	12/19	月	辛亥	閉	釵釧金	柳
17日	12/20	火	壬子	建	桑柘木	星
18日	12/21	水	癸丑	除	桑柘木	張
19日△	12/22	木	甲寅	満	大渓水	翼
20日	12/23	金	乙卯	平	大渓水	軫
21日	12/24	土	丙辰	定	沙中土	角
22日	12/25	日	丁巳	執	沙中土	亢
23日	12/26	月	戊午	破	天上火	氐
24日	12/27	火	己未	危	天上火	房
25日	12/28	水	庚申	成	柘榴木	心
26日	12/29	木	辛酉	納	柘榴木	尾
27日	12/30	金	壬戌	開	大海水	箕
28日	12/31	土	癸亥	閉	大海水	斗

1612年

	西暦	曜	干支	直	納音	宿
29日	01/01	日	甲子	建	海中金	女
30日	01/02	月	乙丑	除	海中金	虚

【十二月大 辛丑 虚】
節気 小寒 6日・大寒 21日
雑節 土用 18日

	西暦	曜	干支	直	納音	宿
1日	01/03	火	丙寅	満	炉中火	虚
2日	01/04	水	丁卯	平	炉中火	危
3日	01/05	木	戊辰	定	大林木	室
4日	01/06	金	己巳	執	大林木	壁
5日	01/07	土	庚午	破	路傍土	奎
6日	01/08	日	辛未	破	路傍土	婁
7日	01/09	月	壬申	危	釵鋒金	胃
8日	01/10	火	癸酉	成	釵鋒金	昴
9日	01/11	水	甲戌	納	山頭火	畢
10日	01/12	木	乙亥	開	山頭火	觜
11日	01/13	金	丙子	閉	澗下水	参
12日	01/14	土	丁丑	建	澗下水	井
13日	01/15	日	戊寅	除	城頭土	鬼
14日	01/16	月	己卯	満	城頭土	柳
15日	01/17	火	庚辰	平	白鑞金	星
16日	01/18	水	辛巳	定	白鑞金	張
17日	01/19	木	壬午	執	楊柳木	翼
18日	01/20	金	癸未	破	楊柳木	軫
19日	01/21	土	甲申	危	井泉水	角
20日	01/22	日	乙酉	成	井泉水	亢
21日	01/23	月	丙戌	納	屋上土	氐
22日	01/24	火	丁亥	開	屋上土	房
23日	01/25	水	戊子	閉	霹靂火	心
24日	01/26	木	己丑	建	霹靂火	尾
25日	01/27	金	庚寅	除	松柏木	箕
26日	01/28	土	辛卯	満	松柏木	斗
27日	01/29	日	壬辰	平	長流水	女
28日	01/30	月	癸巳	定	長流水	虚
29日	01/31	火	甲午	執	沙中金	危
30日	02/01	水	乙未	破	沙中金	室

慶長17年
1612〜1613　壬子

【正月大　壬寅　室】
節気　立春 6日・雨水 21日
雑節　節分 5日

日	日付	曜	干支	直	納音	宿
1日	02/02	木	丙申	危	山下火	室
2日	02/03	金	丁酉	成	山下火	壁
3日	02/04	土	戊戌	納	平地木	奎
4日	02/05	日	己亥	開	平地木	婁
5日	02/06	月	庚子	閉	壁上土	胃
6日	02/07	火	辛丑	閉	壁上土	昴
7日	02/08	水	壬寅	建	金箔金	畢
8日	02/09	木	癸卯	除	金箔金	觜
9日	02/10	金	甲辰	満	覆燈火	参
10日	02/11	土	乙巳	定	覆燈火	井
11日	02/12	日	丙午	定	天河水	鬼
12日	02/13	月	丁未	執	天河水	柳
13日▽	02/14	火	戊申	破	大駅土	星
14日	02/15	水	己酉	危	大駅土	張
15日	02/16	木	庚戌	成	釵釧金	翼
16日	02/17	金	辛亥	納	釵釧金	軫
17日	02/18	土	壬子	開	桑柘木	角
18日	02/19	日	癸丑	閉	桑柘木	亢
19日	02/20	月	甲寅	建	大渓水	氐
20日	02/21	火	乙卯	除	大渓水	房
21日	02/22	水	丙辰	満	沙中土	心
22日	02/23	木	丁巳	平	沙中土	尾
23日	02/24	金	戊午	定	天上火	箕
24日	02/25	土	己未	執	天上火	斗
25日	02/26	日	庚申	破	柘榴木	女
26日	02/27	月	辛酉	危	柘榴木	虚
27日	02/28	火	壬戌	成	大海水	危
28日△	02/29	水	癸亥	納	大海水	室
29日	03/01	木	甲子	開	海中金	壁
30日	03/02	金	乙丑	開	海中金	奎

【二月小　癸卯　奎】
節気　啓蟄 7日・春分 22日
雑節　社日 23日・彼岸 24日

日	日付	曜	干支	直	納音	宿
1日	03/03	土	丙寅	建	爐中火	奎
2日	03/04	日	丁卯	除	爐中火	婁
3日	03/05	月	戊辰	満	大林木	胃
4日	03/06	火	己巳	定	大林木	昴
5日	03/07	水	庚午	執	路傍土	畢
6日	03/08	木	辛未	執	路傍土	觜
7日	03/09	金	壬申	破	釵鋒金	参
8日	03/10	土	癸酉	危	釵鋒金	井
9日	03/11	日	甲戌	成	山頭火	鬼
10日	03/12	月	乙亥	納	山頭火	柳
11日	03/13	火	丙子	開	澗下水	星
12日	03/14	水	丁丑	閉	澗下水	張
13日	03/15	木	戊寅	建	城頭土	翼
14日	03/16	金	己卯	建	城頭土	軫
15日	03/17	土	庚辰	除	白鑞金	角
16日	03/18	日	辛巳	満	白鑞金	亢
17日	03/19	月	壬午	平	楊柳木	氐
18日	03/20	火	癸未	定	楊柳木	房
19日	03/21	水	甲申	執	井泉水	心
20日	03/22	木	乙酉	破	井泉水	尾
21日	03/23	金	丙戌	危	屋上土	箕
22日	03/24	土	丁亥	成	屋上土	斗
23日	03/25	日	戊子	納	霹靂火	女
24日	03/26	月	己丑	開	霹靂火	虚
25日	03/27	火	庚寅	閉	松柏木	危
26日	03/28	水	辛卯	建	松柏木	室
27日	03/29	木	壬辰	除	長流水	壁
28日	03/30	金	癸巳	満	長流水	奎
29日	03/31	土	甲午	平	沙中金	婁

【三月大　甲辰　胃】
節気　清明 8日・穀雨 23日
雑節　土用 20日

日	日付	曜	干支	直	納音	宿
1日	04/01	日	乙未	定	沙中金	胃
2日	04/02	月	丙申	執	山下火	昴
3日	04/03	火	丁酉	破	山下火	畢
4日	04/04	水	戊戌	危	平地木	觜
5日	04/05	木	己亥	成	平地木	参
6日	04/06	金	庚子	納	壁上土	井
7日	04/07	土	辛丑	開	壁上土	鬼
8日	04/08	日	壬寅	閉	金箔金	柳
9日	04/09	月	癸卯	閉	金箔金	星
10日	04/10	火	甲辰	建	覆燈火	張
11日	04/11	水	乙巳	除	覆燈火	翼
12日	04/12	木	丙午	満	天河水	軫
13日	04/13	金	丁未	平	天河水	角
14日	04/14	土	戊申	定	大駅土	亢
15日	04/15	日	己酉	執	大駅土	氐
16日▽	04/16	月	庚戌	破	釵釧金	房
17日	04/17	火	辛亥	危	釵釧金	心
18日	04/18	水	壬子	成	桑柘木	尾
19日	04/19	木	癸丑	納	桑柘木	箕
20日	04/20	金	甲寅	開	大渓水	斗
21日	04/21	土	乙卯	閉	大渓水	女
22日	04/22	日	丙辰	建	沙中土	虚
23日	04/23	月	丁巳	除	沙中土	危
24日	04/24	火	戊午	満	天上火	室
25日	04/25	水	己未	定	天上火	壁
26日	04/26	木	庚申	執	柘榴木	奎
27日	04/27	金	辛酉	破	柘榴木	婁
28日	04/28	土	壬戌	危	大海水	胃
29日	04/29	日	癸亥	成	大海水	昴
30日	04/30	月	甲子	納	海中金	畢

【四月大　乙巳　畢】
節気　立夏 8日・小満 24日
雑節　八十八夜 4日

日	日付	曜	干支	直	納音	宿
1日	05/01	火	乙丑	納	海中金	觜
2日	05/02	水	丙寅	開	爐中火	参
3日	05/03	木	丁卯	閉	爐中火	井
4日	05/04	金	戊辰	建	大林木	鬼
5日	05/05	土	己巳	除	大林木	柳
6日	05/06	日	庚午	満	路傍土	星
7日	05/07	月	辛未	平	路傍土	張
8日	05/08	火	壬申	平	釵鋒金	翼
9日△	05/09	水	癸酉	定	釵鋒金	軫
10日	05/10	木	甲戌	執	山頭火	角
11日	05/11	金	乙亥	破	山頭火	亢
12日	05/12	土	丙子	危	澗下水	氐
13日	05/13	日	丁丑	成	澗下水	房
14日	05/14	月	戊寅	納	城頭土	心
15日	05/15	火	己卯	開	城頭土	尾
16日	05/16	水	庚辰	閉	白鑞金	箕
17日	05/17	木	辛巳	建	白鑞金	斗
18日	05/18	金	壬午	除	楊柳木	女
19日	05/19	土	癸未	満	楊柳木	虚
20日	05/20	日	甲申	平	井泉水	危
21日	05/21	月	乙酉	定	井泉水	室
22日	05/22	火	丙戌	執	屋上土	壁
23日	05/23	水	丁亥	破	屋上土	奎
24日	05/24	木	戊子	危	霹靂火	婁
25日	05/25	金	己丑	成	霹靂火	胃
26日	05/26	土	庚寅	納	松柏木	昴
27日	05/27	日	辛卯	開	松柏木	畢
28日	05/28	月	壬辰	閉	長流水	觜
29日	05/29	火	癸巳	建	長流水	参
30日	05/30	水	甲午	除	沙中金	井

【五月小　丙午　参】
節気　芒種 9日・夏至 24日
雑節　入梅 18日

日	日付	曜	干支	直	納音	宿
1日	05/31	木	乙未	満	沙中金	鬼
2日	06/01	金	丙申	平	山下火	柳
3日	06/02	土	丁酉	定	山下火	星
4日	06/03	日	戊戌	執	平地木	張
5日	06/04	月	己亥	破	平地木	翼
6日	06/05	火	庚子	危	壁上土	軫
7日	06/06	水	辛丑	成	壁上土	角
8日	06/07	木	壬寅	納	金箔金	亢
9日	06/08	金	癸卯	納	金箔金	氐
10日	06/09	土	甲辰	開	覆燈火	房
11日	06/10	日	乙巳	閉	覆燈火	心
12日	06/11	月	丙午	建	天河水	尾
13日	06/12	火	丁未	除	天河水	箕
14日	06/13	水	戊申	満	大駅土	斗
15日	06/14	木	己酉	平	大駅土	女
16日	06/15	金	庚戌	定	釵釧金	虚
17日	06/16	土	辛亥	執	釵釧金	危
18日	06/17	日	壬子	破	桑柘木	室
19日▽	06/18	月	癸丑	危	桑柘木	壁
20日	06/19	火	甲寅	成	大渓水	奎
21日	06/20	水	乙卯	納	大渓水	婁
22日	06/21	木	丙辰	開	沙中土	胃
23日	06/22	金	丁巳	閉	沙中土	昴
24日	06/23	土	戊午	建	天上火	畢
25日	06/24	日	己未	除	天上火	觜
26日	06/25	月	庚申	満	柘榴木	参
27日	06/26	火	辛酉	平	柘榴木	井
28日	06/27	水	壬戌	定	大海水	鬼
29日	06/28	木	癸亥	執	大海水	柳

【六月小　丁未　鬼】
節気　小暑 10日・大暑 26日
雑節　半夏生 5日・土用 23日

日	日付	曜	干支	直	納音	宿
1日	06/29	金	甲子	破	海中金	鬼
2日	06/30	土	乙丑	危	海中金	柳
3日	07/01	日	丙寅	成	爐中火	星
4日	07/02	月	丁卯	納	爐中火	張
5日	07/03	火	戊辰	閉	大林木	翼
6日	07/04	水	己巳	閉	大林木	軫
7日	07/05	木	庚午	除	路傍土	角
8日	07/06	金	辛未	満	路傍土	亢
9日	07/07	土	壬申	平	釵鋒金	氐
10日	07/08	日	癸酉	定	釵鋒金	房
11日	07/09	月	甲戌	定	山頭火	心
12日	07/10	火	乙亥	執	山頭火	尾
13日	07/11	水	丙子	破	澗下水	箕
14日	07/12	木	丁丑	危	澗下水	斗
15日	07/13	金	戊寅	成	城頭土	女
16日	07/14	土	己卯	納	城頭土	虚
17日	07/15	日	庚辰	開	白鑞金	危
18日	07/16	月	辛巳	閉	白鑞金	室
19日△	07/17	火	壬午	建	楊柳木	壁
20日	07/18	水	癸未	除	楊柳木	奎
21日	07/19	木	甲申	満	井泉水	婁
22日	07/20	金	乙酉	平	井泉水	胃
23日	07/21	土	丙戌	定	屋上土	昴
24日	07/22	日	丁亥	執	屋上土	畢
25日	07/23	月	戊子	破	霹靂火	觜
26日	07/24	火	己丑	危	霹靂火	参
27日	07/25	水	庚寅	成	松柏木	井
28日	07/26	木	辛卯	納	松柏木	鬼
29日	07/27	金	壬辰	開	長流水	柳

【七月大　戊申　張】
節気　立秋 12日・処暑 27日

日	日付	曜	干支	直	納音	宿
1日	07/28	土	癸巳	閉	長流水	星
2日	07/29	日	甲午	建	沙中金	張
3日	07/30	月	乙未	除	沙中金	翼
4日	07/31	火	丙申	満	山下火	軫
5日	08/01	水	丁酉	平	山下火	角
6日	08/02	木	戊戌	定	平地木	亢
7日	08/03	金	己亥	執	平地木	氐
8日	08/04	土	庚子	破	壁上土	房
9日	08/05	日	辛丑	危	壁上土	心
10日	08/06	月	壬寅	成	金箔金	尾
11日	08/07	火	癸卯	納	金箔金	箕
12日	08/08	水	甲辰	開	覆燈火	斗
13日	08/09	木	乙巳	閉	覆燈火	女
14日	08/10	金	丙午	建	天河水	虚
15日	08/11	土	丁未	除	天河水	室

西暦 曜 干支 直 納音 宿　　　　　　　　　　　　　　　　　慶長17年

日	西暦	曜	干支	直	納音	宿
16日	08/12	日	戊申	建	大駅土	壁
17日	08/13	月	己酉	除	大駅土	奎
18日	08/14	火	庚戌	満	釵釧金	婁
19日	08/15	水	辛亥	平	釵釧金	胃
20日	08/16	木	壬子	定	桑柘木	昴
21日	08/17	金	癸丑	執	桑柘木	畢
22日	08/18	土	甲寅	破	大溪水	觜
23日	08/19	日	乙卯	危	大溪水	参
24日▽	08/20	月	丙辰	成	沙中土	井
25日	08/21	火	丁巳	納	沙中土	鬼
26日	08/22	水	戊午	開	天上火	柳
27日	08/23	木	己未	閉	天上火	星
28日	08/24	金	庚申	建	柘榴木	張
29日	08/25	土	辛酉	除	柘榴木	翼
30日	08/26	日	壬戌	満	大海水	軫

【八月小 己酉 角】
節気 白露 12日・秋分 27日
雑節 二百十日 8日・社日 26日・彼岸 29日

日	西暦	曜	干支	直	納音	宿
1日	08/27	月	癸亥	平	大海水	角
2日	08/28	火	甲子	定	海中金	亢
3日	08/29	水	乙丑	執	海中金	氐
4日	08/30	木	丙寅	破	炉中火	房
5日	08/31	金	丁卯	危	炉中火	心
6日	09/01	土	戊辰	成	大林木	尾
7日	09/02	日	己巳	納	大林木	箕
8日	09/03	月	庚午	開	路傍土	斗
9日	09/04	火	辛未	閉	路傍土	女
10日	09/05	水	壬申	建	釵鋒金	虚
11日	09/06	木	癸酉	除	釵鋒金	危
12日	09/07	金	甲戌	満	山頭火	室
13日	09/08	土	乙亥	平	山頭火	壁
14日	09/09	日	丙子	平	澗下水	奎
15日	09/10	月	丁丑	定	澗下水	婁
16日	09/11	火	戊寅	執	城頭土	胃
17日	09/12	水	己卯	破	城頭土	昴
18日	09/13	木	庚辰	危	白鑞金	畢
19日	09/14	金	辛巳	成	白鑞金	觜
20日	09/15	土	壬午	納	楊柳木	参
21日	09/16	日	癸未	開	楊柳木	井
22日	09/17	月	甲申	閉	井泉水	鬼
23日	09/18	火	乙酉	建	井泉水	柳
24日	09/19	水	丙戌	除	屋上土	星
25日	09/20	木	丁亥	満	屋上土	張
26日	09/21	金	戊子	平	霹靂火	翼
27日	09/22	土	己丑	定	霹靂火	軫
28日	09/23	日	庚寅	執	松柏木	角
29日	09/24	月	辛卯	破	松柏木	亢

【九月小 庚戌 氐】
節気 寒露 14日・霜降 29日
雑節 土用 26日

日	西暦	曜	干支	直	納音	宿
1日△	09/25	火	壬辰	危	長流水	氐
2日	09/26	水	癸巳	成	長流水	房
3日	09/27	木	甲午	納	沙中金	心
4日	09/28	金	乙未	開	沙中金	尾
5日	09/29	土	丙申	閉	山下火	箕
6日	09/30	日	丁酉	建	山下火	斗
7日	10/01	月	戊戌	除	平地木	女
8日	10/02	火	己亥	満	平地木	虚
9日	10/03	水	庚子	平	壁上土	危
10日	10/04	木	辛丑	定	壁上土	室
11日	10/05	金	壬寅	執	金箔金	壁
12日	10/06	土	癸卯	破	金箔金	奎
13日	10/07	日	甲辰	危	覆燈火	婁
14日	10/08	月	乙巳	成	覆燈火	胃
15日	10/09	火	丙午	納	天河水	昴
16日	10/10	水	丁未	開	天河水	畢
17日	10/11	木	戊申	閉	大駅土	觜
18日	10/12	金	己酉	建	大駅土	参
19日	10/13	土	庚戌	除	釵釧金	井

日	西暦	曜	干支	直	納音	宿
20日	10/14	日	辛亥	除	釵釧金	鬼
21日	10/15	月	壬子	満	桑柘木	柳
22日	10/16	火	癸丑	平	桑柘木	星
23日	10/17	水	甲寅	定	大溪水	張
24日	10/18	木	乙卯	執	大溪水	翼
25日	10/19	金	丙辰	破	沙中土	軫
26日	10/20	土	丁巳	危	沙中土	角
27日	10/21	日	戊午	成	天上火	亢
28日▽	10/22	月	己未	納	天上火	氐
29日	10/23	火	庚申	開	柘榴木	房

【十月大 辛亥 心】
節気 立冬 15日・小雪 30日

日	西暦	曜	干支	直	納音	宿
1日	10/24	水	辛酉	閉	柘榴木	心
2日	10/25	木	壬戌	建	大海水	尾
3日	10/26	金	癸亥	除	大海水	箕
4日	10/27	土	甲子	満	海中金	斗
5日	10/28	日	乙丑	平	海中金	女
6日	10/29	月	丙寅	定	炉中火	虚
7日	10/30	火	丁卯	執	炉中火	危
8日	10/31	水	戊辰	破	大林木	室
9日	11/01	木	己巳	危	大林木	壁
10日	11/02	金	庚午	成	路傍土	奎
11日	11/03	土	辛未	納	路傍土	婁
12日	11/04	日	壬申	開	釵鋒金	胃
13日	11/05	月	癸酉	閉	釵鋒金	昴
14日	11/06	火	甲戌	建	山頭火	畢
15日	11/07	水	乙亥	除	山頭火	觜
16日	11/08	木	丙子	満	澗下水	参
17日	11/09	金	丁丑	平	澗下水	井
18日	11/10	土	戊寅	定	城頭土	鬼
19日	11/11	日	己卯	執	城頭土	柳
20日	11/12	月	庚辰	破	白鑞金	星
21日	11/13	火	辛巳	危	白鑞金	張
22日	11/14	水	壬午	成	楊柳木	翼
23日	11/15	木	癸未	納	楊柳木	軫
24日	11/16	金	甲申	開	井泉水	角
25日	11/17	土	乙酉	閉	井泉水	亢
26日	11/18	日	丙戌	建	屋上土	氐
27日	11/19	月	丁亥	除	屋上土	房
28日	11/20	火	戊子	満	霹靂火	心
29日	11/21	水	己丑	平	霹靂火	尾
30日	11/22	木	庚寅	平	松柏木	箕

【閏十月小 辛亥 心】
節気 大雪 16日

日	西暦	曜	干支	直	納音	宿
1日	11/23	金	辛卯	定	松柏木	心
2日	11/24	土	壬辰	執	長流水	尾
3日	11/25	日	癸巳	破	長流水	箕
4日	11/26	月	甲午	危	沙中金	斗
5日	11/27	火	乙未	成	沙中金	女
6日	11/28	水	丙申	納	山下火	虚
7日	11/29	木	丁酉	開	山下火	危
8日	11/30	金	戊戌	閉	平地木	室
9日	12/01	土	己亥	建	平地木	壁
10日	12/02	日	庚子	除	壁上土	奎
11日	12/03	月	辛丑	満	壁上土	婁
12日△	12/04	火	壬寅	平	金箔金	胃
13日	12/05	水	癸卯	定	金箔金	昴
14日	12/06	木	甲辰	執	覆燈火	畢
15日	12/07	金	乙巳	破	覆燈火	觜
16日	12/08	土	丙午	危	天河水	参
17日	12/09	日	丁未	成	天河水	井
18日	12/10	月	戊申	納	大駅土	鬼
19日	12/11	火	己酉	開	大駅土	柳
20日	12/12	水	庚戌	閉	釵釧金	星
21日	12/13	木	辛亥	建	釵釧金	張
22日	12/14	金	壬子	除	桑柘木	翼
23日	12/15	土	癸丑	満	桑柘木	軫
24日	12/16	日	甲寅	平	大溪水	角
25日	12/17	月	乙卯	定	大溪水	亢
26日	12/18	火	丙辰	執	沙中土	氐
27日	12/19	水	丁巳	破	沙中土	房

日	西暦	曜	干支	直	納音	宿
28日	12/20	木	戊午	危	天上火	心
29日	12/21	金	己未	成	天上火	尾

【十一月大 壬子 斗】
節気 冬至 2日・小寒 17日
雑節 土用 29日

日	西暦	曜	干支	直	納音	宿
1日	12/22	土	庚申	成	柘榴木	斗
2日	12/23	日	辛酉	納	柘榴木	女
3日▽	12/24	月	壬戌	開	大海水	虚
4日	12/25	火	癸亥	閉	大海水	危
5日	12/26	水	甲子	建	海中金	室
6日	12/27	木	乙丑	除	海中金	壁
7日	12/28	金	丙寅	満	炉中火	奎
8日	12/29	土	丁卯	定	炉中火	婁
9日	12/30	日	戊辰	執	大林木	胃
10日	12/31	月	己巳	執	大林木	昴

1613年

日	西暦	曜	干支	直	納音	宿
11日	01/01	火	庚午	破	路傍土	畢
12日	01/02	水	辛未	危	路傍土	觜
13日	01/03	木	壬申	成	釵鋒金	参
14日	01/04	金	癸酉	納	釵鋒金	井
15日	01/05	土	甲戌	開	山頭火	鬼
16日	01/06	日	乙亥	閉	山頭火	柳
17日	01/07	月	丙子	建	澗下水	星
18日	01/08	火	丁丑	除	澗下水	張
19日	01/09	水	戊寅	満	城頭土	翼
20日	01/10	木	己卯	平	城頭土	軫
21日	01/11	金	庚辰	定	白鑞金	角
22日	01/12	土	辛巳	執	白鑞金	亢
23日	01/13	日	壬午	破	楊柳木	氐
24日	01/14	月	癸未	危	楊柳木	房
25日	01/15	火	甲申	成	井泉水	心
26日	01/16	水	乙酉	納	井泉水	尾
27日	01/17	木	丙戌	開	屋上土	斗
28日	01/18	金	丁亥	閉	屋上土	女
29日	01/19	土	戊子	建	霹靂火	虚

【十二月大 癸丑 虚】
節気 大寒 2日・立春 17日
雑節 節分 16日

日	西暦	曜	干支	直	納音	宿
1日	01/21	月	庚寅	除	松柏木	虚
2日	01/22	火	辛卯	満	松柏木	危
3日	01/23	水	壬辰	平	長流水	室
4日	01/24	木	癸巳	定	長流水	壁
5日	01/25	金	甲午	執	沙中金	奎
6日	01/26	土	乙未	破	沙中金	婁
7日	01/27	日	丙申	危	山下火	胃
8日	01/28	月	丁酉	成	山下火	昴
9日	01/29	火	戊戌	納	平地木	畢
10日	01/30	水	己亥	開	平地木	觜
11日	01/31	木	庚子	閉	壁上土	参
12日	02/01	金	辛丑	建	壁上土	井
13日	02/02	土	壬寅	除	金箔金	鬼
14日	02/03	日	癸卯	満	金箔金	柳
15日	02/04	月	甲辰	平	覆燈火	星
16日	02/05	火	乙巳	定	覆燈火	張
17日	02/06	水	丙午	執	天河水	翼
18日	02/07	木	丁未	破	天河水	軫
19日	02/08	金	戊申	破	大駅土	角
20日	02/09	土	己酉	危	大駅土	亢
21日	02/10	日	庚戌	成	釵釧金	氐
22日△	02/11	月	辛亥	納	釵釧金	房
23日	02/12	火	壬子	開	桑柘木	心
24日	02/13	水	癸丑	閉	桑柘木	尾
25日	02/14	木	甲寅	建	大溪水	箕
26日	02/15	金	乙卯	除	大溪水	斗
27日	02/16	土	丙辰	満	沙中土	女
28日	02/17	日	丁巳	平	沙中土	虚
29日	02/18	月	戊午	定	天上火	危
30日	02/19	火	己未	執	天上火	室

慶長18年

1613～1614　癸丑

【正月大 甲寅 室】
節気 雨水 3日・啓蟄 18日
雑節 社日 29日

日	新暦	曜	干支	直	納音	宿
1日	02/20	水	庚申	破	柘榴木	室
2日	02/21	木	辛酉	危	柘榴木	壁
3日	02/22	金	壬戌	成	大海水	奎
4日	02/23	土	癸亥	納	大海水	婁
5日	02/24	日	甲子	開	海中金	胃
6日▽	02/25	月	乙丑	閉	海中金	昴
7日	02/26	火	丙寅	建	爐中火	觜
8日	02/27	水	丁卯	除	爐中火	畢
9日	02/28	木	戊辰	満	大林木	参
10日	03/01	金	己巳	平	大林木	井
11日	03/02	土	庚午	定	路傍土	鬼
12日	03/03	日	辛未	執	路傍土	柳
13日	03/04	月	壬申	破	釼鋒金	星
14日	03/05	火	癸酉	危	釼鋒金	張
15日	03/06	水	甲戌	成	山頭火	軫
16日	03/07	木	乙亥	納	山頭火	角
17日	03/08	金	丙子	開	澗下水	角
18日	03/09	土	丁丑	閉	澗下水	亢
19日	03/10	日	戊寅	閉	城頭土	氏
20日	03/11	月	己卯	建	城頭土	房
21日	03/12	火	庚辰	除	白鑞金	心
22日	03/13	水	辛巳	満	白鑞金	尾
23日	03/14	木	壬午	平	楊柳木	箕
24日	03/15	金	癸未	定	楊柳木	斗
25日	03/16	土	甲申	執	井泉水	牛
26日	03/17	日	乙酉	破	井泉水	虚
27日	03/18	月	丙戌	危	屋上土	危
28日	03/19	火	丁亥	成	屋上土	室
29日	03/20	水	戊子	納	霹靂火	壁
30日	03/21	木	己丑	開	霹靂火	奎

【二月小 乙卯 奎】
節気 春分 3日・清明 18日
雑節 彼岸 5日

日	新暦	曜	干支	直	納音	宿
1日	03/22	金	庚寅	閉	松柏木	奎
2日	03/23	土	辛卯	建	松柏木	婁
3日	03/24	日	壬辰	除	長流水	胃
4日	03/25	月	癸巳	満	長流水	昴
5日	03/26	火	甲午	平	沙中金	觜
6日	03/27	水	乙未	定	沙中金	觜
7日	03/28	木	丙申	執	山下火	参
8日	03/29	金	丁酉	破	山下火	鬼
9日	03/30	土	戊戌	危	平地木	柳
10日	03/31	日	己亥	成	平地木	星
11日	04/01	月	庚子	納	壁上土	張
12日	04/02	火	辛丑	開	壁上土	翼
13日	04/03	水	壬寅	閉	金箔金	軫
14日	04/04	木	癸卯	建	金箔金	角
15日	04/05	金	甲辰	除	覆燈火	亢
16日	04/06	土	乙巳	満	覆燈火	氏
17日	04/07	日	丙午	平	天河水	房
18日	04/08	月	丁未	定	天河水	心
19日	04/09	火	戊申	執	大駅土	尾
20日	04/10	水	己酉	執	大駅土	箕
21日	04/11	木	庚戌	破	釼釧金	箕
22日	04/12	金	辛亥	危	釼釧金	斗
23日	04/13	土	壬子	成	桑柘木	女
24日	04/14	日	癸丑	納	桑柘木	虚
25日	04/15	月	甲寅	開	大溪水	危
26日	04/16	火	乙卯	閉	大溪水	室
27日	04/17	水	丙辰	建	沙中土	壁
28日	04/18	木	丁巳	除	沙中土	奎
29日	04/19	金	戊午	満	天上火	婁

【三月大 丙辰 胃】
節気 穀雨 5日・立夏 20日
雑節 土用 1日・八十八夜 15日

日	新暦	曜	干支	直	納音	宿
1日	04/20	土	己未	平	天上火	胃
2日	04/21	日	庚申	定	柘榴木	昴
3日△	04/22	月	辛酉	執	柘榴木	畢
4日	04/23	火	壬戌	破	大海水	觜
5日	04/24	水	癸亥	危	大海水	参
6日	04/25	木	甲子	成	海中金	井
7日	04/26	金	乙丑	納	海中金	鬼
8日	04/27	土	丙寅	開	爐中火	柳
9日	04/28	日	丁卯	閉	爐中火	星
10日▽	04/29	月	戊辰	建	大林木	張
11日	04/30	火	己巳	除	大林木	翼
12日	05/01	水	庚午	満	路傍土	軫
13日	05/02	木	辛未	平	路傍土	角
14日	05/03	金	壬申	定	釼鋒金	亢
15日	05/04	土	癸酉	執	釼鋒金	氏
16日	05/05	日	甲戌	破	山頭火	房
17日	05/06	月	乙亥	危	山頭火	心
18日	05/07	火	丙子	成	澗下水	尾
19日	05/08	水	丁丑	納	澗下水	箕
20日	05/09	木	戊寅	納	城頭土	斗
21日	05/10	金	己卯	開	城頭土	女
22日	05/11	土	庚辰	閉	白鑞金	虚
23日	05/12	日	辛巳	建	白鑞金	危
24日	05/13	月	壬午	除	楊柳木	室
25日	05/14	火	癸未	満	楊柳木	壁
26日	05/15	水	甲申	平	井泉水	奎
27日	05/16	木	乙酉	定	井泉水	婁
28日	05/17	金	丙戌	執	屋上土	胃
29日	05/18	土	丁亥	破	屋上土	昴
30日	05/19	日	戊子	危	霹靂火	畢

【四月小 丁巳 畢】
節気 小満 5日・芒種 20日
雑節 入梅 24日

日	新暦	曜	干支	直	納音	宿
1日	05/20	月	己丑	成	霹靂火	畢
2日	05/21	火	庚寅	納	松柏木	觜
3日	05/22	水	辛卯	開	松柏木	参
4日	05/23	木	壬辰	閉	長流水	井
5日	05/24	金	癸巳	建	長流水	柳
6日	05/25	土	甲午	除	沙中金	星
7日	05/26	日	乙未	満	沙中金	張
8日	05/27	月	丙申	定	山下火	翼
9日	05/28	火	丁酉	定	山下火	軫
10日	05/29	水	戊戌	執	平地木	軫
11日	05/30	木	己亥	破	平地木	角
12日	05/31	金	庚子	危	壁上土	亢
13日	06/01	土	辛丑	成	壁上土	氏
14日	06/02	日	壬寅	納	金箔金	房
15日	06/03	月	癸卯	開	金箔金	心
16日	06/04	火	甲辰	閉	覆燈火	尾
17日	06/05	水	乙巳	建	覆燈火	箕
18日	06/06	木	丙午	除	天河水	斗
19日	06/07	金	丁未	満	天河水	女
20日	06/08	土	戊申	満	大駅土	虚
21日	06/09	日	己酉	平	大駅土	危
22日	06/10	月	庚戌	定	釼釧金	室
23日	06/11	火	辛亥	執	釼釧金	壁
24日	06/12	水	壬子	破	桑柘木	奎
25日	06/13	木	癸丑	危	桑柘木	婁
26日	06/14	金	甲寅	成	大溪水	胃
27日	06/15	土	乙卯	納	大溪水	昴
28日	06/16	日	丙辰	開	沙中土	畢
29日	06/17	月	丁巳	閉	沙中土	觜

【五月大 戊午 参】
節気 夏至 6日・小暑 22日
雑節 半夏生 17日

日	新暦	曜	干支	直	納音	宿
1日	06/18	火	戊午	建	天上火	参
2日	06/19	水	己未	除	天上火	井
3日	06/20	木	庚申	満	柘榴木	鬼
4日	06/21	金	辛酉	平	柘榴木	柳
5日	06/22	土	壬戌	定	大海水	星
6日	06/23	日	癸亥	執	大海水	張
7日	06/24	月	甲子	破	海中金	翼
8日	06/25	火	乙丑	危	海中金	軫
9日	06/26	水	丙寅	成	爐中火	角
10日	06/27	木	丁卯	納	爐中火	亢
11日	06/28	金	戊辰	開	大林木	氏
12日	06/29	土	己巳	閉	大林木	房
13日	06/30	日	庚午	建	路傍土	心
14日◇	07/01	月	辛未	除	路傍土	尾
15日	07/02	火	壬申	平	釼鋒金	箕
16日	07/03	水	癸酉	平	釼鋒金	斗
17日	07/04	木	甲戌	定	山頭火	女
18日	07/05	金	乙亥	執	山頭火	虚
19日	07/06	土	丙子	破	澗下水	危
20日	07/07	日	丁丑	危	澗下水	室
21日	07/08	月	戊寅	成	城頭土	壁
22日	07/09	火	己卯	納	城頭土	奎
23日	07/10	水	庚辰	開	白鑞金	婁
24日	07/11	木	辛巳	閉	白鑞金	胃
25日	07/12	金	壬午	閉	楊柳木	昴
26日	07/13	土	癸未	建	楊柳木	觜
27日	07/14	日	甲申	除	井泉水	参
28日	07/15	月	乙酉	満	井泉水	井
29日	07/16	火	丙戌	平	屋上土	鬼
30日	07/17	水	丁亥	定	屋上土	柳

【六月小 己未 鬼】
節気 大暑 7日・立秋 22日
雑節 土用 4日

日	新暦	曜	干支	直	納音	宿
1日	07/18	木	戊子	執	霹靂火	鬼
2日	07/19	金	己丑	危	霹靂火	星
3日	07/20	土	庚寅	危	松柏木	張
4日	07/21	日	辛卯	成	松柏木	翼
5日	07/22	月	壬辰	納	長流水	軫
6日	07/23	火	癸巳	開	長流水	角
7日	07/24	水	甲午	閉	沙中金	亢
8日	07/25	木	乙未	建	沙中金	氏
9日	07/26	金	丙申	除	山下火	房
10日	07/27	土	丁酉	満	山下火	心
11日	07/28	日	戊戌	平	平地木	尾
12日	07/29	月	己亥	定	平地木	箕
13日	07/30	火	庚子	執	壁上土	斗
14日	07/31	水	辛丑	破	壁上土	女
15日	08/01	木	壬寅	危	金箔金	虚
16日	08/02	金	癸卯	成	金箔金	危
17日	08/03	土	甲辰	納	覆燈火	室
18日	08/04	日	乙巳	開	覆燈火	壁
19日	08/05	月	丙午	閉	天河水	奎
20日	08/06	火	丁未	建	天河水	婁
21日	08/07	水	戊申	除	大駅土	胃
22日	08/08	木	己酉	満	大駅土	昴
23日	08/09	金	庚戌	満	釼釧金	畢
24日	08/10	土	辛亥	平	釼釧金	觜
25日	08/11	日	壬子	定	桑柘木	参
26日	08/12	月	癸丑	執	桑柘木	井
27日	08/13	火	甲寅	破	大溪水	鬼
28日	08/14	水	乙卯	危	大溪水	柳

西暦　曜　干支　直　納音　宿　　　　慶長18年

日	西暦	曜	干支	直	納音	宿
29日	08/15	木	丙辰	成	沙中土	柳

【七月大 庚申 張】
節気 処暑 8日・白露 23日
雑節 二百十日 19日

日	西暦	曜	干支	直	納音	宿
1日	08/16	金	丁巳	納	沙中土	張
2日	08/17	土	戊午	開	天上火	翼
3日	08/18	日	己未	閉	天上火	軫
4日	08/19	月	庚申	建	柘榴木	角
5日	08/20	火	辛酉	除	柘榴木	亢
6日	08/21	水	壬戌	平	大海水	氐
7日	08/22	木	癸亥	平	大海水	房
8日	08/23	金	甲子		海中金	心
9日	08/24	土	乙丑		海中金	尾
10日	08/25	日	丙寅	危	爐中火	箕
11日	08/26	月	丁卯	危	大林木	斗
12日	08/27	火	戊辰	成	大林木	女
13日	08/28	水	己巳	納	大林木	虚
14日	08/29	木	庚午	開	路傍土	危
15日	08/30	金	辛未	閉	路傍土	室
16日	08/31	土	壬申	建	釼鋒金	壁
17日	09/01	日	癸酉	除	釼鋒金	奎
18日▽	09/02	月	甲戌	満	山頭火	婁
19日	09/03	火	乙亥	平	山頭火	胃
20日	09/04	水	丙子	定	澗下水	昴
21日	09/05	木	丁丑	執	澗下水	畢
22日	09/06	金	戊寅	破	城頭土	觜
23日	09/07	土	己卯	破	城頭土	参
24日△	09/08	日	庚辰	危	白鑞金	井
25日	09/09	月	辛巳	納	白鑞金	鬼
26日	09/10	火	壬午	納	楊柳木	柳
27日	09/11	水	癸未	開	楊柳木	星
28日	09/12	木	甲申	閉	井泉水	張
29日	09/13	金	乙酉	建	井泉水	翼
30日	09/14	土	丙戌	除	屋上土	軫

【八月小 辛酉 角】
節気 秋分 9日・寒露 24日
雑節 彼岸 11日・社日 12日

日	西暦	曜	干支	直	納音	宿
1日	09/15	日	丁亥	満	屋上土	角
2日	09/16	月	戊子	平	霹靂火	亢
3日	09/17	火	己丑	定	霹靂火	氐
4日	09/18	水	庚寅	執	松柏木	房
5日	09/19	木	辛卯	破	松柏木	心
6日	09/20	金	壬辰	危	長流水	尾
7日	09/21	土	癸巳	成	長流水	箕
8日	09/22	日	甲午	納	沙中金	斗
9日	09/23	月	乙未	開	沙中金	女
10日	09/24	火	丙申	閉	山下火	虚
11日	09/25	水	丁酉	建	山下火	危
12日	09/26	木	戊戌	除	平地木	室
13日	09/27	金	己亥	満	平地木	壁
14日	09/28	土	庚子	平	壁上土	奎
15日	09/29	日	辛丑	定	金箔金	婁
16日	09/30	月	壬寅	執	金箔金	胃
17日	10/01	火	癸卯	破	金箔金	昴
18日	10/02	水	甲辰	危	覆燈火	畢
19日	10/03	木	乙巳	納	覆燈火	觜
20日	10/04	金	丙午	納	天河水	参
21日	10/05	土	丁未	開	天河水	井
22日	10/06	日	戊申	閉	大駅土	鬼
23日	10/07	月	己酉	建	大駅土	柳
24日	10/08	火	庚戌	建	釼釧金	星
25日	10/09	水	辛亥	除	釼釧金	張
26日	10/10	木	壬子	平	桑柘木	翼
27日	10/11	金	癸丑	平	桑柘木	軫
28日	10/12	土	甲寅	定	大溪水	角
29日	10/13	日	乙卯	執	大溪水	亢

【九月小 壬戌 氐】
節気 霜降 10日・立冬 25日
雑節 土用 7日

日	西暦	曜	干支	直	納音	宿
1日	10/14	月	丙辰	破	沙中土	氐
2日	10/15	火	丁巳	危	沙中土	房
3日	10/16	水	戊午	成	天上火	尾
4日	10/17	木	己未	納	天上火	箕
5日	10/18	金	庚申	開	柘榴木	斗
6日	10/19	土	辛酉	閉	柘榴木	女
7日	10/20	日	壬戌	建	大海水	虚
8日	10/21	月	癸亥	除	大海水	危
9日	10/22	火	甲子	満	海中金	室
10日	10/23	水	乙丑	定	海中金	壁
11日	10/24	木	丙寅	定	爐中火	壁
12日	10/25	金	丁卯	執	爐中火	奎
13日	10/26	土	戊辰	破	大林木	婁
14日	10/27	日	己巳	危	大林木	胃
15日	10/28	月	庚午	成	路傍土	昴
16日	10/29	火	辛未	納	路傍土	畢
17日	10/30	水	壬申	開	釼鋒金	觜
18日	10/31	木	癸酉	閉	釼鋒金	参
19日	11/01	金	甲戌	建	山頭火	井
20日	11/02	土	乙亥	除	山頭火	鬼
21日	11/03	日	丙子	満	澗下水	柳
22日▽	11/04	月	丁丑	平	澗下水	星
23日	11/05	火	戊寅	定	城頭土	張
24日	11/06	水	己卯	執	城頭土	翼
25日	11/07	木	庚辰	執	白鑞金	軫
26日	11/08	金	辛巳	破	白鑞金	角
27日	11/09	土	壬午	危	楊柳木	亢
28日	11/10	日	癸未	成	楊柳木	氐
29日	11/11	月	甲申	納	井泉水	房

【十月大 癸亥 心】
節気 小雪 12日・大雪 27日

日	西暦	曜	干支	直	納音	宿
1日	11/12	火	乙酉	開	井泉水	心
2日	11/13	水	丙戌	建	屋上土	尾
3日	11/14	木	丁亥	建	屋上土	箕
4日	11/15	金	戊子	除	霹靂火	斗
5日	11/16	土	己丑	満	霹靂火	女
6日△	11/17	日	庚寅	定	松柏木	虚
7日	11/18	月	辛卯	定	松柏木	危
8日	11/19	火	壬辰	執	長流水	室
9日	11/20	水	癸巳	危	長流水	壁
10日	11/21	木	甲午	危	沙中金	奎
11日	11/22	金	乙未	成	沙中金	婁
12日	11/23	土	丙申	納	山下火	胃
13日	11/24	日	丁酉	開	山下火	昴
14日	11/25	月	戊戌	閉	平地木	畢
15日	11/26	火	己亥	建	平地木	觜
16日	11/27	水	庚子	除	壁上土	参
17日	11/28	木	辛丑	平	金箔金	井
18日	11/29	金	壬寅	平	金箔金	鬼
19日	11/30	土	癸卯	定	金箔金	柳
20日	12/01	日	甲辰	執	覆燈火	星
21日	12/02	月	乙巳	破	覆燈火	張
22日	12/03	火	丙午	危	天河水	翼
23日	12/04	水	丁未	成	天河水	軫
24日	12/05	木	戊申	納	大駅土	角
25日	12/06	金	己酉	開	大駅土	亢
26日	12/07	土	庚戌	閉	釼釧金	氐
27日	12/08	日	辛亥	建	釼釧金	房
28日	12/09	月	壬子	建	桑柘木	心
29日	12/10	火	癸丑	除	桑柘木	尾
30日	12/11	水	甲寅	満	大溪水	箕

【十一月小 甲子 斗】
節気 冬至 12日・小寒 27日

日	西暦	曜	干支	直	納音	宿
1日	12/12	木	乙卯	平	大溪水	斗
2日	12/13	金	丙辰	定	沙中土	女
3日	12/14	土	丁巳	執	沙中土	虚
4日	12/15	日	戊午	破	天上火	危
5日	12/16	月	己未	危	天上火	室
6日	12/17	火	庚申	成	柘榴木	壁
7日	12/18	水	辛酉	納	柘榴木	奎
8日	12/19	木	壬戌	開	大海水	婁
9日	12/20	金	癸亥	閉	大海水	胃
10日	12/21	土	甲子	建	海中金	昴
11日	12/22	日	乙丑	除	海中金	畢
12日	12/23	月	丙寅	満	爐中火	觜
13日	12/24	火	丁卯	平	爐中火	参
14日	12/25	水	戊辰	定	大林木	井
15日	12/26	木	己巳	執	大林木	鬼
16日	12/27	金	庚午	破	路傍土	柳
17日	12/28	土	辛未	危	路傍土	星
18日	12/29	日	壬申	成	釼鋒金	張
19日	12/30	月	癸酉	納	釼鋒金	翼
20日	12/31	火	甲戌	開	山頭火	軫

1614年

日	西暦	曜	干支	直	納音	宿
21日	01/01	水	乙亥	閉	山頭火	角
22日	01/02	木	丙子	建	澗下水	亢
23日	01/03	金	丁丑	除	澗下水	氐
24日	01/04	土	戊寅	満	城頭土	房
25日	01/05	日	己卯	平	城頭土	心
26日▽	01/06	月	庚辰	定	白鑞金	尾
27日	01/07	火	辛巳	執	白鑞金	箕
28日	01/08	水	壬午	執	楊柳木	斗
29日	01/09	木	癸未	破	楊柳木	女

【十二月大 乙丑 虚】
節気 大寒 13日・立春 29日
雑節 土用 10日・節分 28日

日	西暦	曜	干支	直	納音	宿
1日	01/10	金	甲申	危	井泉水	虚
2日	01/11	土	乙酉	成	井泉水	危
3日	01/12	日	丙戌	納	屋上土	室
4日	01/13	月	丁亥	開	屋上土	壁
5日	01/14	火	戊子	建	霹靂火	奎
6日	01/15	水	己丑	建	霹靂火	婁
7日	01/16	木	庚寅	除	松柏木	胃
8日	01/17	金	辛卯	満	松柏木	昴
9日	01/18	土	壬辰	平	長流水	畢
10日	01/19	日	癸巳	定	長流水	觜
11日	01/20	月	甲午	執	沙中金	参
12日	01/21	火	乙未	破	沙中金	井
13日	01/22	水	丙申	危	山下火	鬼
14日	01/23	木	丁酉	成	山下火	柳
15日	01/24	金	戊戌	納	平地木	星
16日	01/25	土	己亥	開	平地木	張
17日△	01/26	日	庚子	閉	壁上土	翼
18日	01/27	月	辛丑	建	壁上土	軫
19日	01/28	火	壬寅	満	金箔金	角
20日	01/29	水	癸卯	満	金箔金	亢
21日	01/30	木	甲辰	平	覆燈火	氐
22日	01/31	金	乙巳	定	覆燈火	房
23日	02/01	土	丙午	執	天河水	心
24日	02/02	日	丁未	破	天河水	尾
25日	02/03	月	戊申	危	大駅土	箕
26日	02/04	火	己酉	成	大駅土	斗
27日	02/05	水	庚戌	納	釼釧金	女
28日	02/06	木	辛亥	開	釼釧金	虚
29日	02/07	金	壬子	閉	桑柘木	危
30日	02/08	土	癸丑	閉	桑柘木	室

慶長19年
1614〜1615　甲寅

【正月大 丙寅 室】
節気 雨水 14日・啓蟄 29日

日	月日	曜	干支	直	納音	宿
1日	02/09	日	甲寅	建	大溪水	室
2日	02/10	月	乙卯	除	大溪水	壁
3日	02/11	火	丙辰	満	沙中土	奎
4日	02/12	水	丁巳	平	沙中土	妻
5日	02/13	木	戊午	定	天上火	胃
6日	02/14	金	己未	執	天上火	昴
7日	02/15	土	庚申	破	柘榴木	畢
8日	02/16	日	辛酉	危	柘榴木	觜
9日	02/17	月	壬戌	納	大海水	参
10日	02/18	火	癸亥	納	大海水	井
11日	02/19	水	甲子	開	海中金	鬼
12日	02/20	木	乙丑	閉	海中金	柳
13日	02/21	金	丙寅	建	爐中火	星
14日	02/22	土	丁卯	除	爐中火	張
15日	02/23	日	戊辰	満	大林木	翼
16日	02/24	月	己巳	平	大林木	軫
17日	02/25	火	庚午	定	路傍土	角
18日	02/26	水	辛未	執	路傍土	亢
19日	02/27	木	壬申	破	劔鋒金	房
20日	02/28	金	癸酉	危	劔鋒金	心
21日	03/01	土	甲戌	成	山頭火	心
22日	03/02	日	乙亥	納	山頭火	尾
23日	03/03	月	丙子	開	澗下水	箕
24日	03/04	火	丁丑	閉	澗下水	斗
25日	03/05	水	戊寅	建	城頭土	女
26日	03/06	木	己卯	除	城頭土	虚
27日	03/07	金	庚辰	満	白鑞金	危
28日	03/08	土	辛巳	平	白鑞金	室
29日	03/09	日	壬午	平	楊柳木	壁
30日	03/10	月	癸未	定	楊柳木	奎

【二月小 丁卯 奎】
節気 春分 14日
雑節 社日 15日・彼岸 16日

日	月日	曜	干支	直	納音	宿
1日	03/11	火	甲申	執	井泉水	奎
2日	03/12	水	乙酉	破	井泉水	胃
3日	03/13	木	丙戌	危	屋上土	昴
4日	03/14	金	丁亥	成	屋上土	畢
5日	03/15	土	戊子	納	霹靂火	觜
6日	03/16	日	己丑	開	霹靂火	参
7日	03/17	月	庚寅	閉	松柏木	井
8日	03/18	火	辛卯	建	松柏木	鬼
9日	03/19	水	壬辰	除	長流水	柳
10日	03/20	木	癸巳	満	長流水	星
11日	03/21	金	甲午	平	沙中金	張
12日	03/22	土	乙未	定	沙中金	翼
13日	03/23	日	丙申	執	山下火	軫
14日	03/24	月	丁酉	破	山下火	角
15日	03/25	火	戊戌	危	平地木	亢
16日	03/26	水	己亥	納	平地木	氐
17日	03/27	木	庚子	納	壁上土	房
18日	03/28	金	辛丑	開	壁上土	心
19日	03/29	土	壬寅	閉	金箔金	尾
20日	03/30	日	癸卯	除	金箔金	箕
21日	03/31	月	甲辰	除	覆燈火	斗
22日	04/01	火	乙巳	満	覆燈火	女
23日	04/02	水	丙午	平	天河水	虚
24日	04/03	木	丁未	定	天河水	危
25日	04/04	金	戊申	執	大駅土	室
26日△	04/05	土	己酉	破	大駅土	壁
27日	04/06	日	庚戌	危	劔釧金	奎
28日	04/07	月	辛亥	成	劔釧金	奎
29日	04/08	火	壬子	納	桑柘木	妻

【三月大 戊辰 胃】
節気 清明 1日・穀雨 16日
雑節 土用 13日・八十八夜 27日

日	月日	曜	干支	直	納音	宿
1日	04/09	水	癸丑	納	桑柘木	胃
2日	04/10	木	甲寅	開	大溪水	昴
3日	04/11	金	乙卯	閉	大溪水	畢
4日	04/12	土	丙辰	除	沙中土	觜
5日	04/13	日	丁巳	除	沙中土	参
6日	04/14	月	戊午	満	天上火	井
7日	04/15	火	己未	平	天上火	鬼
8日	04/16	水	庚申	定	柘榴木	柳
9日	04/17	木	辛酉	執	柘榴木	星
10日	04/18	金	壬戌	破	大海水	張
11日	04/19	土	癸亥	危	大海水	翼
12日	04/20	日	甲子	納	海中金	軫
13日	04/21	月	乙丑	開	海中金	角
14日	04/22	火	丙寅	開	爐中火	亢
15日	04/23	水	丁卯	閉	爐中火	氐
16日	04/24	木	戊辰	除	大林木	房
17日	04/25	金	己巳	除	大林木	心
18日	04/26	土	庚午	満	路傍土	尾
19日	04/27	日	辛未	平	路傍土	箕
20日	04/28	月	壬申	定	劔鋒金	斗
21日	04/29	火	癸酉	執	劔鋒金	女
22日	04/30	水	甲戌	破	山頭火	虚
23日	05/01	木	乙亥	危	山頭火	危
24日	05/02	金	丙子	成	澗下水	室
25日	05/03	土	丁丑	納	澗下水	壁
26日	05/04	日	戊寅	開	城頭土	奎
27日	05/05	月	己卯	開	城頭土	妻
28日	05/06	火	庚辰	建	白鑞金	胃
29日	05/07	水	辛巳	除	白鑞金	昴
30日	05/08	木	壬午	満	楊柳木	畢

【四月大 己巳 畢】
節気 立夏 1日・小満 16日

日	月日	曜	干支	直	納音	宿
1日	05/09	金	癸未	満	楊柳木	畢
2日	05/10	土	甲申	平	井泉水	觜
3日▽	05/11	日	乙酉	定	井泉水	参
4日	05/12	月	丙戌	破	屋上土	井
5日	05/13	火	丁亥	破	屋上土	鬼
6日	05/14	水	戊子	危	霹靂火	柳
7日	05/15	木	己丑	成	霹靂火	星
8日	05/16	金	庚寅	納	松柏木	張
9日	05/17	土	辛卯	開	松柏木	翼
10日	05/18	日	壬辰	閉	長流水	軫
11日	05/19	月	癸巳	建	長流水	角
12日	05/20	火	甲午	除	沙中金	亢
13日	05/21	水	乙未	満	沙中金	氐
14日	05/22	木	丙申	定	山下火	房
15日	05/23	金	丁酉	定	山下火	心
16日	05/24	土	戊戌	執	平地木	尾
17日	05/25	日	己亥	破	平地木	箕
18日	05/26	月	庚子	成	壁上土	斗
19日	05/27	火	辛丑	成	壁上土	女
20日	05/28	水	壬寅	納	金箔金	虚
21日	05/29	木	癸卯	開	金箔金	危
22日	05/30	金	甲辰	閉	覆燈火	室
23日	05/31	土	乙巳	建	覆燈火	壁
24日	06/01	日	丙午	除	天河水	奎
25日	06/02	月	丁未	満	天河水	妻
26日	06/03	火	戊申	平	大駅土	胃
27日	06/04	水	己酉	定	大駅土	昴
28日	06/05	木	庚戌	執	劔釧金	畢
29日	06/06	金	辛亥	破	劔釧金	觜
30日	06/07	土	壬子	危	桑柘木	参

【五月小 庚午 参】
節気 芒種 1日・夏至 17日
雑節 入梅 10日・半夏生 27日

日	月日	曜	干支	直	納音	宿
1日	06/08	日	癸丑	危	桑柘木	参
2日	06/09	月	甲寅	成	大溪水	井
3日	06/10	火	乙卯	納	大溪水	鬼
4日	06/11	水	丙辰	開	沙中土	柳
5日	06/12	木	丁巳	閉	沙中土	星
6日	06/13	金	戊午	建	天上火	張
7日△	06/14	土	己未	除	天上火	翼
8日	06/15	日	庚申	満	柘榴木	軫
9日	06/16	月	辛酉	平	柘榴木	角
10日	06/17	火	壬戌	執	大海水	氐
11日	06/18	水	癸亥	執	大海水	房
12日	06/19	木	甲子	破	海中金	心
13日	06/20	金	乙丑	危	海中金	尾
14日	06/21	土	丙寅	成	爐中火	箕
15日	06/22	日	丁卯	納	爐中火	斗
16日	06/23	月	戊辰	開	大林木	女
17日	06/24	火	己巳	建	大林木	虚
18日	06/25	水	庚午	建	路傍土	危
19日	06/26	木	辛未	除	路傍土	室
20日	06/27	金	壬申	平	劔鋒金	壁
21日	06/28	土	癸酉	平	劔鋒金	奎
22日	06/29	日	甲戌	定	山頭火	妻
23日	06/30	月	乙亥	執	山頭火	胃
24日	07/01	火	丙子	破	澗下水	昴
25日	07/02	水	丁丑	危	澗下水	畢
26日	07/03	木	戊寅	成	城頭土	觜
27日	07/04	金	己卯	納	城頭土	参
28日	07/05	土	庚辰	開	白鑞金	井
29日	07/06	日	辛巳	閉	白鑞金	鬼

【六月大 辛未 鬼】
節気 小暑 3日・大暑 18日
雑節 土用 15日

日	月日	曜	干支	直	納音	宿
1日	07/07	月	壬午	建	楊柳木	鬼
2日	07/08	火	癸未	除	楊柳木	柳
3日	07/09	水	甲申	除	井泉水	星
4日	07/10	木	乙酉	満	井泉水	張
5日	07/11	金	丙戌	平	屋上土	翼
6日	07/12	土	丁亥	定	屋上土	軫
7日▽	07/13	日	戊子	執	霹靂火	角
8日	07/14	月	己丑	破	霹靂火	氐
9日	07/15	火	庚寅	危	松柏木	房
10日	07/16	水	辛卯	成	松柏木	心
11日	07/17	木	壬辰	納	長流水	尾
12日	07/18	金	癸巳	閉	長流水	箕
13日	07/19	土	甲午	閉	沙中金	斗
14日	07/20	日	乙未	建	沙中金	女
15日	07/21	月	丙申	満	山下火	虚
16日	07/22	火	丁酉	満	山下火	危
17日	07/23	水	戊戌	平	平地木	室
18日	07/24	木	己亥	定	平地木	壁
19日	07/25	金	庚子	執	壁上土	奎
20日	07/26	土	辛丑	破	壁上土	妻
21日	07/27	日	壬寅	危	金箔金	胃
22日	07/28	月	癸卯	成	金箔金	昴
23日	07/29	火	甲辰	納	覆燈火	畢
24日	07/30	水	乙巳	開	覆燈火	觜
25日	07/31	木	丙午	閉	天河水	参
26日	08/01	金	丁未	建	天河水	井
27日	08/02	土	戊申	除	大駅土	鬼
28日	08/03	日	己酉	満	大駅土	柳
29日	08/04	月	庚戌	平	劔釧金	星
30日	08/05	火	辛亥	定	劔釧金	翼

西暦　曜　干支　直　納音　宿　　　　　　　　　　　　　　　　　慶長19年

【七月小 壬申 張】
節気 立秋 3日・処暑 19日

日	西暦	曜	干支	直	納音	宿
1日	08/06	水	壬申	執	桑柘木	張
2日	08/07	木	癸酉	破	桑柘木	翼
3日	08/08	金	甲寅	破	大渓水	軫
4日	08/09	土	乙卯	危	大渓水	角
5日	08/10	日	丙辰	成	沙中土	亢
6日	08/11	月	丁巳	納	沙中土	氐
7日	08/12	火	戊午	開	天上火	房
8日	08/13	水	己未	閉	天上火	心
9日	08/14	木	庚申	建	柘榴木	尾
10日	08/15	金	辛酉	除	柘榴木	箕
11日	08/16	土	壬戌	満	大海水	斗
12日	08/17	日	癸亥	平	大海水	女
13日	08/18	月	甲子	定	海中金	虚
14日	08/19	火	乙丑	執	海中金	危
15日	08/20	水	丙寅	破	炉中火	室
16日	08/21	木	丁卯	危	炉中火	壁
17日	08/22	金	戊辰	成	大林木	奎
18日△	08/23	土	己巳	納	大林木	婁
19日	08/24	日	庚午	開	路傍土	胃
20日	08/25	月	辛未	閉	路傍土	昴
21日	08/26	火	壬申	建	釼鋒金	畢
22日	08/27	水	癸酉	除	釼鋒金	觜
23日	08/28	木	甲戌	満	山頭火	参
24日	08/29	金	乙亥	平	山頭火	井
25日	08/30	土	丙子	定	潤下水	鬼
26日	08/31	日	丁丑	執	潤下水	柳
27日	09/01	月	戊寅	破	城頭土	星
28日	09/02	火	己卯	危	城頭土	張
29日	09/03	水	庚辰	成	白鑞金	翼

【八月大 癸酉 角】
節気 白露 5日・秋分 20日
雑節 二百十日 1日・社日 18日・彼岸 22日

日	西暦	曜	干支	直	納音	宿
1日	09/04	木	辛巳	納	白鑞金	角
2日	09/05	金	壬午	開	楊柳木	亢
3日	09/06	土	癸未	閉	楊柳木	氐
4日	09/07	日	甲申	建	井泉水	房
5日	09/08	月	乙酉	除	井泉水	心
6日	09/09	火	丙戌	満	屋上土	尾
7日	09/10	水	丁亥	平	屋上土	箕
8日	09/11	木	戊子	定	霹靂火	斗
9日	09/12	金	己丑	執	霹靂火	女
10日	09/13	土	庚寅	破	松柏木	虚
11日▽	09/14	日	辛卯	危	松柏木	危
12日	09/15	月	壬辰	成	長流水	室
13日	09/16	火	癸巳	納	長流水	壁
14日	09/17	水	甲午	開	沙中金	奎
15日	09/18	木	乙未	閉	沙中金	婁
16日	09/19	金	丙申	建	山下火	胃
17日	09/20	土	丁酉	除	山下火	昴
18日	09/21	日	戊戌	満	平地木	畢
19日	09/22	月	己亥	平	平地木	觜
20日	09/23	火	庚子	定	壁上土	参
21日	09/24	水	辛丑	執	壁上土	井
22日	09/25	木	壬寅	破	金箔金	鬼
23日	09/26	金	癸卯	危	金箔金	柳
24日	09/27	土	甲辰	成	覆燈火	星
25日	09/28	日	乙巳	納	覆燈火	張
26日	09/29	月	丙午	開	天河水	翼
27日	09/30	火	丁未	閉	天河水	軫
28日	10/01	水	戊申	建	大駅土	角
29日	10/02	木	己酉	除	大駅土	亢
30日	10/03	金	庚戌	満	釼釧金	氐

【九月小 甲戌 氐】
節気 寒露 5日・霜降 20日
雑節 土用 17日

日	西暦	曜	干支	直	納音	宿
1日	10/04	土	辛亥	満	釼釧金	氐
2日	10/05	日	壬子	定	桑柘木	心
3日	10/06	月	癸丑	定	桑柘木	尾
4日	10/07	火	甲寅	執	大渓水	箕
5日	10/08	水	乙卯	破	大渓水	斗
6日	10/09	木	丙辰	破	沙中土	女
7日	10/10	金	丁巳	危	沙中土	虚
8日	10/11	土	戊午	成	天上火	危
9日	10/12	日	己未	納	天上火	室
10日	10/13	月	庚申	開	柘榴木	壁
11日	10/14	火	辛酉	閉	柘榴木	奎
12日	10/15	水	壬戌	建	大海水	婁
13日	10/16	木	癸亥	除	大海水	胃
14日	10/17	金	甲子	満	海中金	昴
15日	10/18	土	乙丑	平	海中金	畢
16日	10/19	日	丙寅	定	炉中火	觜
17日	10/20	月	丁卯	執	炉中火	参
18日	10/21	火	戊辰	破	大林木	井
19日	10/22	水	己巳	危	大林木	鬼
20日	10/23	木	庚午	成	路傍土	柳
21日	10/24	金	辛未	納	路傍土	星
22日	10/25	土	壬申	開	釼鋒金	張
23日	10/26	日	癸酉	閉	釼鋒金	翼
24日	10/27	月	甲戌	建	山頭火	軫
25日	10/28	火	乙亥	除	山頭火	角
26日	10/29	水	丙子	満	潤下水	亢
27日	10/30	木	丁丑	平	潤下水	氐
28日△	10/31	金	戊寅	定	城頭土	房
29日	11/01	土	己卯	執	城頭土	心

【十月小 乙亥 心】
節気 立冬 7日・小雪 22日

日	西暦	曜	干支	直	納音	宿
1日	11/02	日	庚辰	破	白鑞金	心
2日	11/03	月	辛巳	危	白鑞金	尾
3日	11/04	火	壬午	成	楊柳木	箕
4日	11/05	水	癸未	納	楊柳木	斗
5日	11/06	木	甲申	開	井泉水	女
6日	11/07	金	乙酉	閉	井泉水	虚
7日	11/08	土	丙戌	建	屋上土	危
8日	11/09	日	丁亥	除	屋上土	室
9日	11/10	月	戊子	除	霹靂火	壁
10日	11/11	火	己丑	満	霹靂火	奎
11日	11/12	水	庚寅	平	松柏木	婁
12日	11/13	木	辛卯	定	松柏木	胃
13日	11/14	金	壬辰	執	長流水	昴
14日	11/15	土	癸巳	破	長流水	畢
15日▽	11/16	日	甲午	危	沙中金	觜
16日	11/17	月	乙未	成	沙中金	参
17日	11/18	火	丙申	納	山下火	井
18日	11/19	水	丁酉	開	山下火	鬼
19日	11/20	木	戊戌	閉	平地木	柳
20日	11/21	金	己亥	建	平地木	星
21日	11/22	土	庚子	除	壁上土	張
22日	11/23	日	辛丑	満	壁上土	翼
23日	11/24	月	壬寅	定	金箔金	軫
24日	11/25	火	癸卯	執	金箔金	角
25日	11/26	水	甲辰	破	覆燈火	亢
26日	11/27	木	乙巳	危	覆燈火	氐
27日	11/28	金	丙午	成	天河水	房
28日	11/29	土	丁未	納	天河水	心
29日	11/30	日	戊申	開	大駅土	尾

【十一月大 丙子 斗】
節気 大雪 8日・冬至 23日

日	西暦	曜	干支	直	納音	宿
1日	12/01	月	己酉	閉	大駅土	斗
2日	12/02	火	庚戌	開	釼釧金	女
3日	12/03	水	辛亥	建	釼釧金	虚
4日	12/04	木	壬子	除	桑柘木	危
5日	12/05	金	癸丑	満	桑柘木	室
6日	12/06	土	甲寅	平	大渓水	壁
7日	12/07	日	乙卯	定	大渓水	奎
8日	12/08	月	丙辰	執	沙中土	婁
9日	12/09	火	丁巳	破	沙中土	胃
10日	12/10	水	戊午	危	天上火	昴
11日	12/11	木	己未	危	天上火	畢
12日	12/12	金	庚申	成	柘榴木	觜
13日	12/13	土	辛酉	納	柘榴木	参
14日	12/14	日	壬戌	開	大海水	井
15日	12/15	月	癸亥	閉	大海水	鬼
16日	12/16	火	甲子	建	海中金	柳
17日	12/17	水	乙丑	除	海中金	星
18日	12/18	木	丙寅	満	炉中火	張
19日	12/19	金	丁卯	平	炉中火	翼
20日	12/20	土	戊辰	定	大林木	軫
21日	12/21	日	己巳	執	大林木	角
22日	12/22	月	庚午	破	路傍土	亢
23日	12/23	火	辛未	危	路傍土	氐
24日	12/24	水	壬申	成	釼鋒金	房
25日	12/25	木	癸酉	納	釼鋒金	心
26日	12/26	金	甲戌	開	山頭火	尾
27日	12/27	土	乙亥	閉	山頭火	斗
28日	12/28	日	丙子	建	潤下水	女
29日	12/29	月	丁丑	除	潤下水	虚
30日	12/30	火	戊寅	満	城頭土	虚

【十二月小 丁丑 虚】
節気 小寒 8日・大寒 24日
雑節 土用 21日

日	西暦	曜	干支	直	納音	宿
1日	12/31	水	己卯	平	城頭土	虚

1615年

日	西暦	曜	干支	直	納音	宿
2日	01/01	木	庚辰	定	白鑞金	危
3日	01/02	金	辛巳	執	白鑞金	室
4日	01/03	土	壬午	破	楊柳木	壁
5日	01/04	日	癸未	危	楊柳木	奎
6日	01/05	月	甲申	成	井泉水	婁
7日	01/06	火	乙酉	納	井泉水	胃
8日	01/07	水	丙戌	納	屋上土	昴
9日	01/08	木	丁亥	開	屋上土	畢
10日△	01/09	金	戊子	閉	霹靂火	觜
11日	01/10	土	己丑	建	霹靂火	参
12日	01/11	日	庚寅	除	松柏木	井
13日	01/12	月	辛卯	満	松柏木	鬼
14日	01/13	火	壬辰	平	長流水	柳
15日	01/14	水	癸巳	定	長流水	星
16日	01/15	木	甲午	執	沙中金	張
17日	01/16	金	乙未	破	沙中金	翼
18日	01/17	土	丙申	危	山下火	軫
19日▽	01/18	日	丁酉	成	山下火	角
20日	01/19	月	戊戌	納	平地木	亢
21日	01/20	火	己亥	開	平地木	氐
22日	01/21	水	庚子	閉	壁上土	房
23日	01/22	木	辛丑	建	壁上土	心
24日	01/23	金	壬寅	除	金箔金	尾
25日	01/24	土	癸卯	満	金箔金	箕
26日	01/25	日	甲辰	平	覆燈火	斗
27日	01/26	月	乙巳	定	覆燈火	女
28日	01/27	火	丙午	執	天河水	虚
29日	01/28	水	丁未	破	天河水	危

元和元年〔慶長20年〕

1615〜1616　乙卯
※改元＝7月13日

正月大　戊寅　室
節気　立春 10日・雨水 25日
雑節　節分 9日

日	新暦	曜	干支	直	納音	宿
1日	01/29	木	戊申	危	大駅土	室
2日	01/30	金	己酉	成	大駅土	壁
3日	01/31	土	庚戌	納	釵釧金	奎
4日	02/01	日	辛亥	開	釵釧金	婁
5日	02/02	月	壬子	閉	桑柘木	胃
6日	02/03	火	癸丑	建	桑柘木	昴
7日	02/04	水	甲寅	除	大溪水	畢
8日	02/05	木	乙卯	満	大溪水	觜
9日	02/06	金	丙辰	平	沙中土	参
10日	02/07	土	丁巳	平	沙中土	井
11日	02/08	日	戊午	定	天上火	鬼
12日	02/09	月	己未	執	天上火	柳
13日	02/10	火	庚申	破	柘榴木	星
14日	02/11	水	辛酉	危	柘榴木	張
15日	02/12	木	壬戌	成	大海水	翼
16日	02/13	金	癸亥	納	大海水	軫
17日	02/14	土	甲子	開	海中金	角
18日	02/15	日	乙丑	閉	海中金	亢
19日	02/16	月	丙寅	建	炉中火	氐
20日	02/17	火	丁卯	除	炉中火	房
21日	02/18	水	戊辰	満	大林木	心
22日	02/19	木	己巳	平	大林木	尾
23日	02/20	金	庚午	定	路傍土	箕
24日	02/21	土	辛未	執	路傍土	斗
25日	02/22	日	壬申	破	剣鋒金	牛
26日	02/23	月	癸酉	危	剣鋒金	女
27日	02/24	火	甲戌	成	山頭火	虚
28日	02/25	水	乙亥	納	山頭火	危
29日	02/26	木	丙子	開	潤下水	室
30日	02/27	金	丁丑	閉	潤下水	壁

二月小　己卯　奎
節気　啓蟄 10日・春分 26日
雑節　社日 21日・彼岸 28日

日	新暦	曜	干支	直	納音	宿
1日	02/28	土	戊寅	建	城頭土	奎
2日	03/01	日	己卯	除	城頭土	婁
3日	03/02	月	庚辰	満	白鑞金	胃
4日	03/03	火	辛巳	平	白鑞金	昴
5日	03/04	水	壬午	定	楊柳木	畢
6日	03/05	木	癸未	執	楊柳木	觜
7日	03/06	金	甲申	破	井泉水	参
8日	03/07	土	乙酉	危	井泉水	井
9日	03/08	日	丙戌	成	屋上土	鬼
10日	03/09	月	丁亥	成	屋上土	柳
11日	03/10	火	戊子	納	霹靂火	星
12日	03/11	水	己丑	開	霹靂火	張
13日	03/12	木	庚寅	閉	松柏木	翼
14日	03/13	金	辛卯	建	松柏木	軫
15日	03/14	土	壬辰	除	長流水	角
16日	03/15	日	癸巳	満	長流水	亢
17日	03/16	月	甲午	平	沙中金	氐
18日	03/17	火	乙未	定	沙中金	房
19日	03/18	水	丙申	執	山下火	心
20日	△03/19	木	丁酉	破	山下火	尾
21日	03/20	金	戊戌	危	平地木	箕
22日	03/21	土	己亥	成	平地木	斗
23日	▽03/22	日	庚子	納	壁上土	牛
24日	03/23	月	辛丑	開	壁上土	女
25日	03/24	火	壬寅	閉	金箔金	虚
26日	03/25	水	癸卯	建	金箔金	危
27日	03/26	木	甲辰	除	覆燈火	室
28日	03/27	金	乙巳	満	覆燈火	壁
29日	03/28	土	丙午	平	天河水	奎

三月大　庚辰　胃
節気　清明 12日・穀雨 27日
雑節　土用 24日

日	新暦	曜	干支	直	納音	宿
1日	03/29	日	丁未	定	天河水	胃
2日	03/30	月	戊申	執	大駅土	昴
3日	03/31	火	己酉	破	大駅土	畢
4日	04/01	水	庚戌	危	釵釧金	觜
5日	04/02	木	辛亥	成	釵釧金	参
6日	04/03	金	壬子	納	桑柘木	井
7日	04/04	土	癸丑	開	桑柘木	鬼
8日	04/05	日	甲寅	閉	大溪水	柳
9日	04/06	月	乙卯	建	大溪水	星
10日	04/07	火	丙辰	除	沙中土	張
11日	04/08	水	丁巳	満	沙中土	翼
12日	04/09	木	戊午	満	天上火	軫
13日	04/10	金	己未	平	天上火	角
14日	04/11	土	庚申	定	柘榴木	亢
15日	04/12	日	辛酉	執	柘榴木	氐
16日	04/13	月	壬戌	破	大海水	房
17日	04/14	火	癸亥	危	大海水	心
18日	04/15	水	甲子	成	海中金	尾
19日	04/16	木	乙丑	納	海中金	箕
20日	04/17	金	丙寅	開	炉中火	斗
21日	04/18	土	丁卯	閉	炉中火	牛
22日	04/19	日	戊辰	建	大林木	女
23日	04/20	月	己巳	除	大林木	虚
24日	04/21	火	庚午	満	路傍土	危
25日	04/22	水	辛未	平	路傍土	室
26日	04/23	木	壬申	定	剣鋒金	壁
27日	04/24	金	癸酉	執	剣鋒金	奎
28日	04/25	土	甲戌	破	山頭火	婁
29日	04/26	日	乙亥	危	山頭火	胃
30日	04/27	月	丙子	成	潤下水	昴

四月大　辛巳　畢
節気　立夏 12日・小満 27日
雑節　八十八夜 8日

日	新暦	曜	干支	直	納音	宿
1日	04/28	火	丁丑	納	潤下水	畢
2日	04/29	水	戊寅	開	城頭土	觜
3日	04/30	木	己卯	閉	城頭土	参
4日	05/01	金	庚辰	建	白鑞金	井
5日	05/02	土	辛巳	除	白鑞金	鬼
6日	05/03	日	壬午	満	楊柳木	柳
7日	05/04	月	癸未	平	楊柳木	星
8日	05/05	火	甲申	定	井泉水	張
9日	05/06	水	乙酉	執	井泉水	翼
10日	05/07	木	丙戌	破	屋上土	軫
11日	05/08	金	丁亥	危	屋上土	角
12日	05/09	土	戊子	危	霹靂火	亢
13日	05/10	日	己丑	成	霹靂火	氐
14日	05/11	月	庚寅	納	松柏木	房
15日	05/12	火	辛卯	開	松柏木	心
16日	05/13	水	壬辰	閉	長流水	尾
17日	05/14	木	癸巳	建	長流水	箕
18日	05/15	金	甲午	除	沙中金	斗
19日	05/16	土	乙未	満	沙中金	牛
20日	05/17	日	丙申	平	山下火	女
21日	05/18	月	丁酉	定	山下火	虚
22日	05/19	火	戊戌	執	平地木	危
23日	05/20	水	己亥	破	平地木	室
24日	05/21	木	庚子	危	壁上土	壁
25日	05/22	金	辛丑	成	壁上土	奎
26日	05/23	土	壬寅	納	金箔金	婁
27日	▽05/24	日	癸卯	開	金箔金	胃
28日	05/25	月	甲辰	閉	覆燈火	昴
29日	05/26	火	乙巳	建	覆燈火	畢
30日	05/27	水	丙午	除	天河水	觜

五月小　壬午　参
節気　芒種 13日・夏至 28日
雑節　入梅 16日

日	新暦	曜	干支	直	納音	宿
1日	△05/28	木	丁未	満	天河水	参
2日	05/29	金	戊申	平	大駅土	井
3日	05/30	土	己酉	定	大駅土	鬼
4日	05/31	日	庚戌	執	釵釧金	柳
5日	06/01	月	辛亥	破	釵釧金	星
6日	06/02	火	壬子	危	桑柘木	張
7日	06/03	水	癸丑	成	桑柘木	翼
8日	06/04	木	甲寅	納	大溪水	軫
9日	06/05	金	乙卯	開	大溪水	角
10日	06/06	土	丙辰	閉	沙中土	亢
11日	06/07	日	丁巳	建	沙中土	氐
12日	06/08	月	戊午	除	天上火	房
13日	06/09	火	己未	除	天上火	心
14日	06/10	水	庚申	満	柘榴木	尾
15日	06/11	木	辛酉	平	柘榴木	箕
16日	06/12	金	壬戌	定	大海水	斗
17日	06/13	土	癸亥	執	大海水	牛
18日	06/14	日	甲子	破	海中金	女
19日	06/15	月	乙丑	危	海中金	虚
20日	06/16	火	丙寅	成	炉中火	危
21日	06/17	水	丁卯	納	炉中火	室
22日	06/18	木	戊辰	開	大林木	壁
23日	06/19	金	己巳	閉	大林木	奎
24日	06/20	土	庚午	建	路傍土	婁
25日	06/21	日	辛未	除	路傍土	胃
26日	06/22	月	壬申	満	剣鋒金	昴
27日	06/23	火	癸酉	平	剣鋒金	畢
28日	06/24	水	甲戌	定	山頭火	觜
29日	06/25	木	乙亥	執	山頭火	参

六月大　癸未　鬼
節気　小暑 14日・大暑 29日
雑節　半夏生 9日・土用 26日

日	新暦	曜	干支	直	納音	宿
1日	06/26	金	丙子	破	潤下水	鬼
2日	06/27	土	丁丑	危	潤下水	柳
3日	06/28	日	戊寅	成	城頭土	星
4日	06/29	月	己卯	納	城頭土	張
5日	06/30	火	庚辰	開	白鑞金	翼
6日	07/01	水	辛巳	閉	白鑞金	軫
7日	07/02	木	壬午	建	楊柳木	角
8日	07/03	金	癸未	除	楊柳木	亢
9日	07/04	土	甲申	満	井泉水	氐
10日	07/05	日	乙酉	平	井泉水	房
11日	07/06	月	丙戌	定	屋上土	心
12日	07/07	火	丁亥	執	屋上土	尾
13日	07/08	水	戊子	破	霹靂火	箕
14日	07/09	木	己丑	破	霹靂火	斗
15日	07/10	金	庚寅	危	松柏木	牛
16日	07/11	土	辛卯	成	松柏木	女
17日	07/12	日	壬辰	納	長流水	虚
18日	07/13	月	癸巳	開	長流水	危
19日	07/14	火	甲午	閉	沙中金	室
20日	07/15	水	乙未	建	沙中金	壁
21日	07/16	木	丙申	除	山下火	奎
22日	07/17	金	丁酉	満	山下火	婁
23日	07/18	土	戊戌	平	平地木	胃
24日	07/19	日	己亥	定	平地木	昴
25日	07/20	月	庚子	執	壁上土	畢
26日	07/21	火	辛丑	破	壁上土	觜
27日	07/22	水	壬寅	危	金箔金	参
28日	07/23	木	癸卯	成	金箔金	井
29日	07/24	金	甲辰	納	覆燈火	鬼
30日	07/25	土	乙巳	開	覆燈火	柳

閏六月小　癸未　鬼
節気　立秋 15日

日	新暦	曜	干支	直	納音	宿
1日	▽07/26	日	丙午	閉	天河水	鬼
2日	07/27	月	丁未	建	天河水	柳
3日	07/28	火	戊申	除	大駅土	星
4日	07/29	水	己酉	満	大駅土	張
5日	07/30	木	庚戌	平	釵釧金	翼
6日	07/31	金	辛亥	定	釵釧金	軫
7日	08/01	土	壬子	執	桑柘木	角
8日	08/02	日	癸丑	破	桑柘木	亢
9日	08/03	月	甲寅	危	大溪水	氐
10日	08/04	火	乙卯	成	大溪水	房
11日	08/05	水	丙辰	納	沙中土	心
12日	△08/06	木	丁巳	開	沙中土	尾
13日	08/07	金	戊午	閉	天上火	箕

元和元年〔慶長20年〕

日	西暦	曜	干支	直	納音	宿
14日	08/08	土	己未	建	天上火	女
15日	08/09	日	庚申	除	柘榴木	虚
16日	08/10	月	辛酉	満	柘榴木	危
17日	08/11	火	壬戌	平	大海水	室
18日	08/12	水	癸亥	定	大海水	壁
19日	08/13	木	甲子	執	海中金	奎
20日	08/14	金	乙丑	破	海中金	婁
21日	08/15	土	丙寅	危	炉中火	胃
22日	08/16	日	丁卯	成	炉中火	昴
23日	08/17	月	戊辰	納	大林木	畢
24日	08/18	火	己巳	開	大林木	觜
25日	08/19	水	庚午	閉	路傍土	参
26日	08/20	木	辛未	建	路傍土	井
27日	08/21	金	壬申	除	剱鋒金	鬼
28日	08/22	土	癸酉	満	剱鋒金	柳
29日	08/23	日	甲戌	平	山頭火	星

【七月大 甲申 張】
節気 処暑 1日・白露 16日
雑節 二百十日 12日

日	西暦	曜	干支	直	納音	宿
1日	08/24	月	乙亥	定	山頭火	張
2日	08/25	火	丙子	執	澗下水	翼
3日	08/26	水	丁丑	破	澗下水	軫
4日	08/27	木	戊寅	危	城頭土	角
5日	08/28	金	己卯	成	城頭土	亢
6日	08/29	土	庚辰	納	白鑞金	氐
7日	08/30	日	辛巳	開	白鑞金	房
8日	08/31	月	壬午	閉	楊柳木	心
9日	09/01	火	癸未	建	楊柳木	尾
10日	09/02	水	甲申	除	井泉水	箕
11日	09/03	木	乙酉	満	井泉水	斗
12日	09/04	金	丙戌	平	屋上土	女
13日	09/05	土	丁亥	定	屋上土	虚

*改元(慶長20年→元和元年)

日	西暦	曜	干支	直	納音	宿
14日	09/06	日	戊子	執	霹靂火	危
15日	09/07	月	己丑	破	霹靂火	室
16日	09/08	火	庚寅	破	松柏木	壁
17日	09/09	水	辛卯	危	松柏木	奎
18日	09/10	木	壬辰	成	長流水	婁
19日	09/11	金	癸巳	納	長流水	胃
20日	09/12	土	甲午	開	沙中金	昴
21日	09/13	日	乙未	閉	沙中金	畢
22日	09/14	月	丙申	建	山下火	觜
23日	09/15	火	丁酉	除	山下火	参
24日	09/16	水	戊戌	満	平地木	井
25日	09/17	木	己亥	平	平地木	鬼
26日	09/18	金	庚子	定	壁上土	柳
27日	09/19	土	辛丑	執	壁上土	星
28日	09/20	日	壬寅	破	金箔金	張
29日	09/21	月	癸卯	危	金箔金	翼
30日	09/22	火	甲辰	成	覆燈火	軫

【八月大 乙酉 角】
節気 秋分 1日・寒露 16日
雑節 彼岸 3日・社日 4日・土用 29日

日	西暦	曜	干支	直	納音	宿
1日	09/23	水	乙巳	納	覆燈火	角
2日	09/24	木	丙午	開	天河水	亢
3日	09/25	金	丁未	閉	天河水	氐
4日	09/26	土	戊申	建	大駅土	房
5日▽	09/27	日	己酉	除	大駅土	心
6日	09/28	月	庚戌	満	釵釧金	尾
7日	09/29	火	辛亥	平	釵釧金	箕
8日	09/30	水	壬子	定	桑柘木	斗
9日	10/01	木	癸丑	執	桑柘木	女
10日	10/02	金	甲寅	破	大溪水	虚
11日	10/03	土	乙卯	危	大溪水	危
12日	10/04	日	丙辰	成	沙中土	室
13日	10/05	月	丁巳	納	沙中土	壁
14日	10/06	火	戊午	開	天上火	奎
15日	10/07	水	己未	閉	天上火	婁
16日	10/08	木	庚申	閉	柘榴木	胃
17日	10/09	金	辛酉	建	柘榴木	昴
18日	10/10	土	壬戌	除	大海水	畢
19日	10/11	日	癸亥	満	大海水	觜
20日	10/12	月	甲子	平	海中金	参
21日	10/13	火	乙丑	定	海中金	井
22日△	10/14	水	丙寅	執	炉中火	鬼
23日	10/15	木	丁卯	破	炉中火	柳
24日	10/16	金	戊辰	危	大林木	星
25日	10/17	土	己巳	成	大林木	張
26日	10/18	日	庚午	納	路傍土	翼
27日	10/19	月	辛未	開	路傍土	軫
28日	10/20	火	壬申	閉	剱鋒金	角
29日	10/21	水	癸酉	建	剱鋒金	亢
30日	10/22	木	甲戌	除	山頭火	氐

【九月小 丙戌 氐】
節気 霜降 2日・立冬 17日

日	西暦	曜	干支	直	納音	宿
1日	10/23	金	乙亥	満	山頭火	氐
2日	10/24	土	丙子	平	澗下水	房
3日	10/25	日	丁丑	定	澗下水	心
4日	10/26	月	戊寅	執	城頭土	尾
5日	10/27	火	己卯	破	城頭土	箕
6日	10/28	水	庚辰	危	白鑞金	斗
7日	10/29	木	辛巳	成	白鑞金	女
8日	10/30	金	壬午	納	楊柳木	虚
9日	10/31	土	癸未	開	楊柳木	危
10日	11/01	日	甲申	閉	井泉水	室
11日	11/02	月	乙酉	建	井泉水	壁
12日	11/03	火	丙戌	除	屋上土	奎
13日	11/04	水	丁亥	満	屋上土	婁
14日	11/05	木	戊子	平	霹靂火	胃
15日	11/06	金	己丑	定	霹靂火	昴
16日	11/07	土	庚寅	執	松柏木	畢
17日	11/08	日	辛卯	執	松柏木	觜
18日	11/09	月	壬辰	破	長流水	参
19日	11/10	火	癸巳	危	長流水	井
20日	11/11	水	甲午	成	沙中金	鬼
21日	11/12	木	乙未	納	沙中金	柳
22日	11/13	金	丙申	開	山下火	星
23日	11/14	土	丁酉	閉	山下火	張
24日	11/15	日	戊戌	建	平地木	翼
25日	11/16	月	己亥	除	平地木	軫
26日	11/17	火	庚子	満	壁上土	角
27日	11/18	水	辛丑	平	壁上土	亢
28日	11/19	木	壬寅	定	金箔金	氐
29日	11/20	金	癸卯	執	金箔金	房

【十月大 丁亥 心】
節気 小雪 3日・大雪 18日

日	西暦	曜	干支	直	納音	宿
1日	11/21	土	甲辰	破	覆燈火	心
2日	11/22	日	乙巳	危	覆燈火	尾
3日	11/23	月	丙午	成	天河水	箕
4日	11/24	火	丁未	納	天河水	斗
5日	11/25	水	戊申	開	大駅土	女
6日	11/26	木	己酉	閉	大駅土	虚
7日	11/27	金	庚戌	建	釵釧金	危
8日	11/28	土	辛亥	除	釵釧金	室
9日▽	11/29	日	壬子	満	桑柘木	壁
10日	11/30	月	癸丑	平	桑柘木	奎
11日	12/01	火	甲寅	定	大溪水	婁
12日	12/02	水	乙卯	執	大溪水	胃
13日	12/03	木	丙辰	破	沙中土	昴
14日	12/04	金	丁巳	危	沙中土	畢
15日	12/05	土	戊午	成	天上火	觜
16日	12/06	日	己未	納	天上火	参
17日	12/07	月	庚申	開	柘榴木	井
18日	12/08	火	辛酉	開	柘榴木	鬼
19日	12/09	水	壬戌	閉	大海水	柳
20日	12/10	木	癸亥	建	大海水	星
21日	12/11	金	甲子	除	海中金	張
22日	12/12	土	乙丑	満	海中金	翼
23日	12/13	日	丙寅	平	炉中火	軫
24日	12/14	月	丁卯	定	炉中火	角
25日	12/15	火	戊辰	執	大林木	亢
26日	12/16	水	己巳	破	大林木	氐
27日	12/17	木	庚午	危	路傍土	房
28日	12/18	金	辛未	成	路傍土	心
29日	12/19	土	壬申	納	剱鋒金	尾
30日	12/20	日	癸酉	開	剱鋒金	箕

【十一月小 戊子 斗】
節気 冬至 4日・小寒 19日

日	西暦	曜	干支	直	納音	宿
1日	12/21	月	甲戌	閉	山頭火	斗
2日	12/22	火	乙亥	建	山頭火	女
3日△	12/23	水	丙子	除	澗下水	虚
4日	12/24	木	丁丑	満	澗下水	危
5日	12/25	金	戊寅	平	城頭土	室
6日	12/26	土	己卯	定	城頭土	壁
7日	12/27	日	庚辰	執	白鑞金	奎
8日	12/28	月	辛巳	破	白鑞金	婁
9日	12/29	火	壬午	危	楊柳木	胃
10日	12/30	水	癸未	成	楊柳木	昴
11日	12/31	木	甲申	納	井泉水	畢

1616年

日	西暦	曜	干支	直	納音	宿
12日	01/01	金	乙酉	開	井泉水	觜
13日	01/02	土	丙戌	閉	屋上土	参
14日	01/03	日	丁亥	建	屋上土	井
15日	01/04	月	戊子	除	霹靂火	鬼
16日	01/05	火	己丑	満	霹靂火	柳
17日	01/06	水	庚寅	平	松柏木	星
18日	01/07	木	辛卯	定	松柏木	張
19日	01/08	金	壬辰	定	長流水	翼
20日	01/09	土	癸巳	執	長流水	軫
21日	01/10	日	甲午	破	沙中金	角
22日	01/11	月	乙未	危	沙中金	亢
23日	01/12	火	丙申	成	山下火	氐
24日	01/13	水	丁酉	納	山下火	房
25日	01/14	木	戊戌	開	平地木	心
26日	01/15	金	己亥	閉	平地木	尾
27日	01/16	土	庚子	建	壁上土	箕
28日	01/17	日	辛丑	除	壁上土	斗
29日	01/18	月	壬寅	満	金箔金	女

【十二月小 己丑 虚】
節気 大寒 5日・立春 20日
雑節 土用 2日・節分 19日

日	西暦	曜	干支	直	納音	宿
1日	01/19	火	癸卯	平	金箔金	虚
2日	01/20	水	甲辰	定	覆燈火	危
3日	01/21	木	乙巳	執	覆燈火	室
4日	01/22	金	丙午	破	天河水	壁
5日	01/23	土	丁未	危	天河水	奎
6日	01/24	日	戊申	成	大駅土	婁
7日	01/25	月	己酉	納	大駅土	胃
8日	01/26	火	庚戌	開	釵釧金	昴
9日	01/27	水	辛亥	閉	釵釧金	畢
10日	01/28	木	壬子	建	桑柘木	觜
11日	01/29	金	癸丑	除	桑柘木	参
12日	01/30	土	甲寅	満	大溪水	井
13日▽	01/31	日	乙卯	平	大溪水	柳
14日	02/01	月	丙辰	定	沙中土	星
15日	02/02	火	丁巳	執	沙中土	張
16日	02/03	水	戊午	破	天上火	翼
17日	02/04	木	己未	危	天上火	軫
18日	02/05	金	庚申	成	柘榴木	角
19日	02/06	土	辛酉	納	柘榴木	亢
20日	02/07	日	壬戌	納	大海水	氐
21日	02/08	月	癸亥	開	大海水	房
22日	02/09	火	甲子	閉	海中金	心
23日	02/10	水	乙丑	建	海中金	尾
24日	02/11	木	丙寅	除	炉中火	箕
25日	02/12	金	丁卯	満	炉中火	斗
26日	02/13	土	戊辰	平	大林木	女
27日	02/14	日	己巳	定	大林木	虚
28日	02/15	月	庚午	執	路傍土	危
29日	02/16	火	辛未	破	路傍土	室

元和2年

1616〜1617　丙辰

【正月大 庚寅 室】
節気 雨水 6日・啓蟄 22日

日	月日	曜	干支	中段	納音	宿
1日	02/17	水	甲申	破	釼鋒金	室
2日	02/18	木	乙酉	危	山頭火	壁
3日	02/19	金	丙戌	成	山頭火	奎
4日	02/20	土	乙亥	納	山頭火	婁
5日	02/21	日	丙子	開	潤下水	胃
6日	02/22	月	丁丑	閉	潤下水	昴
7日	02/23	火	戊寅	建	城頭土	畢
8日	02/24	水	己卯	除	城頭土	觜
9日	02/25	木	庚辰	満	白鑞金	参
10日	02/26	金	辛巳	平	白鑞金	井
11日	02/27	土	壬午	定	楊柳木	鬼
12日	02/28	日	癸未	執	楊柳木	柳
13日	02/29	月	甲申	破	井泉水	星
14日	03/01	火	乙酉	危	井泉水	張
15日△	03/02	水	丙戌	成	屋上土	翼
16日	03/03	木	丁亥	納	屋上土	軫
17日	03/04	金	戊子	開	霹靂火	角
18日	03/05	土	己丑	閉	霹靂火	亢
19日	03/06	日	庚寅	建	松柏木	氐
20日	03/07	月	辛卯	除	松柏木	房
21日	03/08	火	壬辰	満	長流水	心
22日	03/09	水	癸巳	満	長流水	尾
23日	03/10	木	甲午	平	沙中金	箕
24日	03/11	金	乙未	定	沙中金	斗
25日	03/12	土	丙申	執	山下火	女
26日	03/13	日	丁酉	破	山下火	虚
27日	03/14	月	戊戌	危	平地木	危
28日	03/15	火	己亥	成	平地木	室
29日	03/16	水	庚子	納	壁上土	壁
30日	03/17	木	辛丑	開	壁上土	奎

【二月小 辛卯 奎】
節気 春分 7日・清明 22日
雑節 社日 7日・彼岸 9日

日	月日	曜	干支	中段	納音	宿
1日	03/18	金	壬寅	閉	金箔金	奎
2日	03/19	土	癸卯	建	金箔金	婁
3日	03/20	日	甲辰	除	覆燈火	胃
4日	03/21	月	乙巳	満	覆燈火	昴
5日	03/22	火	丙午	平	天河水	畢
6日	03/23	水	丁未	定	天河水	觜
7日	03/24	木	戊申	執	大駅土	参
8日	03/25	金	己酉	破	大駅土	井
9日	03/26	土	庚戌	危	釼釧金	鬼
10日	03/27	日	辛亥	成	釼釧金	星
11日	03/28	月	壬子	納	桑柘木	張
12日	03/29	火	癸丑	開	桑柘木	翼
13日	03/30	水	甲寅	閉	大溪水	軫
14日	03/31	木	乙卯	建	大溪水	角
15日	04/01	金	丙辰	除	沙中土	亢
16日▽	04/02	土	丁巳	満	沙中土	氐
17日	04/03	日	戊午	平	天上火	房
18日	04/04	月	己未	定	天上火	心
19日	04/05	火	庚申	執	柘榴木	尾
20日	04/06	水	辛酉	破	柘榴木	箕
21日	04/07	木	壬戌	危	大海水	斗
22日	04/08	金	癸亥	危	大海水	女
23日	04/09	土	甲子	成	海中金	虚
24日	04/10	日	乙丑	納	海中金	危
25日	04/11	月	丙寅	開	爐中火	室
26日	04/12	火	丁卯	閉	爐中火	壁
27日	04/13	水	戊辰	建	大林木	奎

【三月大 壬辰 胃】
節気 穀雨 8日・立夏 23日
雑節 土用 5日・八十八夜 19日

日	月日	曜	干支	中段	納音	宿
28日	04/14	木	己巳	除	大林木	奎
29日	04/15	金	庚午	満	路傍土	婁
1日	04/16	土	辛未	平	路傍土	胃
2日	04/17	日	壬申	定	釼鋒金	昴
3日	04/18	月	癸酉	執	釼鋒金	畢
4日	04/19	火	甲戌	破	山頭火	觜
5日	04/20	水	乙亥	危	山頭火	参
6日	04/21	木	丙子	成	潤下水	井
7日	04/22	金	丁丑	納	潤下水	鬼
8日	04/23	土	戊寅	開	城頭土	柳
9日	04/24	日	己卯	閉	城頭土	星
10日	04/25	月	庚辰	建	白鑞金	張
11日	04/26	火	辛巳	除	白鑞金	翼
12日	04/27	水	壬午	満	楊柳木	軫
13日	04/28	木	癸未	平	楊柳木	角
14日	04/29	金	甲申	定	井泉水	亢
15日	04/30	土	乙酉	執	井泉水	氐
16日	05/01	日	丙戌	破	屋上土	房
17日	05/02	月	丁亥	危	屋上土	心
18日	05/03	火	戊子	成	霹靂火	尾
19日	05/04	水	己丑	納	霹靂火	箕
20日	05/05	木	庚寅	開	松柏木	斗
21日	05/06	金	辛卯	閉	松柏木	女
22日	05/07	土	壬辰	建	長流水	虚
23日	05/08	日	癸巳	除	長流水	危
24日	05/09	月	甲午	満	沙中金	室
25日△	05/10	火	乙未	平	沙中金	壁
26日	05/11	水	丙申	定	山下火	奎
27日	05/12	木	丁酉	執	山下火	婁
28日	05/13	金	戊戌	破	平地木	胃
29日	05/14	土	己亥	危	平地木	昴
30日	05/15	日	庚子	危	壁上土	畢

【四月小 癸巳 畢】
節気 小満 9日・芒種 24日

日	月日	曜	干支	中段	納音	宿
1日	05/16	月	辛丑	成	壁上土	畢
2日	05/17	火	壬寅	納	金箔金	觜
3日	05/18	水	癸卯	開	金箔金	参
4日	05/19	木	甲辰	閉	覆燈火	井
5日	05/20	金	乙巳	建	覆燈火	鬼
6日	05/21	土	丙午	除	天河水	柳
7日	05/22	日	丁未	満	天河水	星
8日	05/23	月	戊申	平	大駅土	張
9日	05/24	火	己酉	定	大駅土	翼
10日	05/25	水	庚戌	執	釼釧金	軫
11日	05/26	木	辛亥	破	釼釧金	角
12日	05/27	金	壬子	危	桑柘木	亢
13日	05/28	土	癸丑	成	桑柘木	氐
14日	05/29	日	甲寅	納	大溪水	房
15日	05/30	月	乙卯	開	大溪水	心
16日	05/31	火	丙辰	閉	沙中土	尾
17日	06/01	水	丁巳	建	沙中土	箕
18日	06/02	木	戊午	除	天上火	斗
19日	06/03	金	己未	満	天上火	女
20日▽	06/04	土	庚申	平	柘榴木	虚
21日	06/05	日	辛酉	定	柘榴木	危
22日	06/06	月	壬戌	執	大海水	室
23日	06/07	火	癸亥	破	大海水	壁
24日	06/08	水	甲子	危	海中金	奎
25日	06/09	木	乙丑	成	海中金	婁
26日	06/10	金	丙寅	納	爐中火	胃
27日	06/11	土	丁卯	開	爐中火	昴
28日	06/12	日	戊辰	閉	大林木	畢
29日	06/13	月	己巳	建	大林木	觜

【五月大 甲午 参】
節気 夏至 10日・小暑 25日
雑節 入梅 3日・半夏生 20日

日	月日	曜	干支	中段	納音	宿
1日	06/14	火	庚午	建	路傍土	参
2日	06/15	水	辛未	除	路傍土	井
3日	06/16	木	壬申	満	釼鋒金	鬼
4日	06/17	金	癸酉	平	釼鋒金	柳
5日	06/18	土	甲戌	定	山頭火	星
6日	06/19	日	乙亥	執	山頭火	張
7日	06/20	月	丙子	破	潤下水	翼
8日	06/21	火	丁丑	危	潤下水	軫
9日	06/22	水	戊寅	成	城頭土	角
10日	06/23	木	己卯	納	城頭土	亢
11日	06/24	金	庚辰	開	白鑞金	氐
12日	06/25	土	辛巳	閉	白鑞金	房
13日	06/26	日	壬午	建	楊柳木	心
14日	06/27	月	癸未	除	楊柳木	尾
15日	06/28	火	甲申	満	井泉水	箕
16日	06/29	水	乙酉	平	井泉水	斗
17日	06/30	木	丙戌	定	屋上土	女
18日	07/01	金	丁亥	執	屋上土	虚
19日	07/02	土	戊子	破	霹靂火	危
20日	07/03	日	己丑	危	霹靂火	室
21日	07/04	月	庚寅	成	松柏木	壁
22日	07/05	火	辛卯	納	松柏木	奎
23日	07/06	水	壬辰	開	長流水	婁
24日	07/07	木	癸巳	閉	長流水	胃
25日	07/08	金	甲午	閉	沙中金	昴
26日	07/09	土	乙未	建	沙中金	畢
27日	07/10	日	丙申	除	山下火	觜
28日	07/11	月	丁酉	満	山下火	参
29日	07/12	火	戊戌	平	平地木	井
30日	07/13	水	己亥	定	平地木	鬼

【六月大 乙未 鬼】
節気 大暑 11日・立秋 26日
雑節 土用 8日

日	月日	曜	干支	中段	納音	宿
1日	07/14	木	庚子	執	壁上土	鬼
2日	07/15	金	辛丑	破	壁上土	柳
3日	07/16	土	壬寅	危	金箔金	星
4日	07/17	日	癸卯	成	金箔金	張
5日	07/18	月	甲辰	納	覆燈火	翼
6日△	07/19	火	乙巳	開	覆燈火	軫
7日	07/20	水	丙午	閉	天河水	角
8日	07/21	木	丁未	建	天河水	亢
9日	07/22	金	戊申	除	大駅土	氐
10日	07/23	土	己酉	満	大駅土	房
11日	07/24	日	庚戌	平	釼釧金	心
12日	07/25	月	辛亥	定	釼釧金	尾
13日	07/26	火	壬子	執	桑柘木	箕
14日	07/27	水	癸丑	破	桑柘木	斗
15日	07/28	木	甲寅	危	大溪水	女
16日	07/29	金	乙卯	成	大溪水	虚
17日	07/30	土	丙辰	納	沙中土	危
18日	07/31	日	丁巳	開	沙中土	室
19日	08/01	月	戊午	閉	天上火	壁
20日	08/02	火	己未	建	天上火	奎
21日	08/03	水	庚申	除	柘榴木	婁
22日	08/04	木	辛酉	満	柘榴木	胃
23日	08/05	金	壬戌	平	大海水	昴
24日▽	08/06	土	癸亥	定	大海水	畢
25日	08/07	日	甲子	執	海中金	觜
26日	08/08	月	乙丑	執	海中金	参
27日	08/09	火	丙寅	破	爐中火	井
28日	08/10	水	丁卯	危	爐中火	鬼
29日	08/11	木	戊辰	成	大林木	柳
30日	08/12	金	己巳	納	大林木	星

【七月小 丙申 張】
節気 処暑 11日・白露 26日
雑節 二百十日 22日

日	月日	曜	干支	中段	納音	宿
1日	08/13	土	庚午	開	路傍土	張
2日	08/14	日	辛未	閉	路傍土	翼

西暦 曜 干支 直 納音 宿　　　　　　　　　　　　　　元和2年

日	西暦	曜	干支	直	納音	宿
3日	08/15	月	壬申	建	釼鋒金	軫
4日	08/16	火	癸酉	除	釼鋒金	角
5日	08/17	水	甲戌	満	山頭火	亢
6日	08/18	木	乙亥	平	山頭火	氐
7日	08/19	金	丙子	定	潤下水	房
8日	08/20	土	丁丑	執	潤下水	心
9日	08/21	日	戊寅	破	城頭土	尾
10日	08/22	月	己卯	危	城頭土	箕
11日	08/23	火	庚辰	納	白鑞金	斗
12日	08/24	水	辛巳	納	白鑞金	女
13日	08/25	木	壬午	開	楊柳木	虚
14日	08/26	金	癸未	閉	楊柳木	危
15日	08/27	土	甲申	建	井泉水	室
16日	08/28	日	乙酉	除	井泉水	壁
17日	08/29	月	丙戌	満	屋上土	奎
18日	08/30	火	丁亥	定	屋上土	婁
19日	08/31	水	戊子	執	霹靂火	胃
20日	09/01	木	己丑	執	霹靂火	昴
21日	09/02	金	庚寅	破	松柏木	畢
22日	09/03	土	辛卯	危	松柏木	觜
23日	09/04	日	壬辰	成	長流水	参
24日	09/05	月	癸巳	納	長流水	井
25日	09/06	火	甲午	開	沙中金	鬼
26日	09/07	水	乙未	閉	沙中金	星
27日	09/08	木	丙申	閉	山下火	星
28日	09/09	金	丁酉	建	山下火	張
29日	09/10	土	戊戌	除	平地木	翼

【八月大 丁酉 角】
節気 秋分 12日・寒露 28日
雑節 社日 10日・彼岸 14日

日	西暦	曜	干支	直	納音	宿
1日	09/11	日	己亥	満	平地木	角
2日	09/12	月	庚子	平	壁上土	亢
3日	09/13	火	辛丑	執	壁上土	房
4日	09/14	水	壬寅	執	金箔金	房
5日	09/15	木	癸卯	破	金箔金	心
6日	09/16	金	甲辰	危	覆燈火	尾
7日	09/17	土	乙巳	成	覆燈火	箕
8日	09/18	日	丙午	納	天河水	斗
9日	09/19	月	丁未	開	天河水	女
10日	09/20	火	戊申	閉	大駅土	虚
11日	09/21	水	己酉	建	大駅土	危
12日	09/22	木	庚戌	除	釵釧金	室
13日	09/23	金	辛亥	満	釵釧金	壁
14日	09/24	土	壬子	平	桑柘木	奎
15日	09/25	日	癸丑	定	桑柘木	婁
16日	09/26	月	甲寅	執	大溪水	胃
17日△	09/27	火	乙卯	破	大溪水	昴
18日	09/28	水	丙辰	危	沙中土	畢
19日	09/29	木	丁巳	成	沙中土	觜
20日	09/30	金	戊午	納	天上火	参
21日	10/01	土	己未	開	天上火	井
22日	10/02	日	庚申	閉	柘榴木	鬼
23日	10/03	月	辛酉	建	柘榴木	柳
24日	10/04	火	壬戌	除	大海水	星
25日	10/05	水	癸亥	満	大海水	張
26日	10/06	木	甲子	平	海中金	翼
27日	10/07	金	乙丑	定	海中金	軫
28日▽	10/08	土	丙寅	執	爐中火	角
29日	10/09	日	丁卯	執	爐中火	亢
30日	10/10	月	戊辰	破	大林木	氐

【九月小 戊戌 氏】
節気 霜降 13日・立冬 28日
雑節 土用 10日

日	西暦	曜	干支	直	納音	宿
1日	10/11	火	己巳	危	大林木	氐
2日	10/12	水	庚午	成	路傍土	房
3日	10/13	木	辛未	納	路傍土	心
4日	10/14	金	壬申	開	釼鋒金	尾
5日	10/15	土	癸酉	閉	釼鋒金	箕
6日	10/16	日	甲戌	建	山頭火	斗
7日	10/17	月	乙亥	除	山頭火	女
8日	10/18	火	丙子	満	潤下水	虚
9日	10/19	水	丁丑	定	潤下水	危
10日	10/20	木	戊寅	定	城頭土	室
11日	10/21	金	己卯	執	城頭土	壁
12日	10/22	土	庚辰	破	白鑞金	奎
13日	10/23	日	辛巳	危	白鑞金	婁
14日	10/24	月	壬午	成	楊柳木	胃
15日	10/25	火	癸未	納	楊柳木	昴
16日	10/26	水	甲申	開	井泉水	畢
17日	10/27	木	乙酉	閉	井泉水	觜
18日	10/28	金	丙戌	建	屋上土	参
19日	10/29	土	丁亥	除	屋上土	井
20日	10/30	日	戊子	平	霹靂火	鬼
21日	10/31	月	己丑	平	霹靂火	柳
22日	11/01	火	庚寅	定	松柏木	星
23日	11/02	水	辛卯	執	松柏木	張
24日	11/03	木	壬辰	破	長流水	翼
25日	11/04	金	癸巳	危	長流水	軫
26日	11/05	土	甲午	成	沙中金	角
27日	11/06	日	乙未	納	沙中金	亢
28日	11/07	月	丙申	納	山下火	氐
29日	11/08	火	丁酉	開	山下火	房

【十月大 己亥 心】
節気 小雪 14日・大雪 30日

日	西暦	曜	干支	直	納音	宿
1日	11/09	水	戊戌	平	平地木	心
2日	11/10	木	己亥	建	平地木	尾
3日	11/11	金	庚子	除	壁上土	箕
4日	11/12	土	辛丑	満	壁上土	斗
5日	11/13	日	壬寅	定	金箔金	女
6日	11/14	月	癸卯	定	金箔金	虚
7日	11/15	火	甲辰	執	覆燈火	危
8日	11/16	水	乙巳	破	覆燈火	室
9日	11/17	木	丙午	危	天河水	壁
10日	11/18	金	丁未	成	天河水	奎
11日	11/19	土	戊申	納	大駅土	婁
12日	11/20	日	己酉	開	大駅土	胃
13日	11/21	月	庚戌	閉	釵釧金	昴
14日	11/22	火	辛亥	建	釵釧金	畢
15日	11/23	水	壬子	除	桑柘木	觜
16日	11/24	木	癸丑	満	桑柘木	参
17日	11/25	金	甲寅	平	大溪水	井
18日	11/26	土	乙卯	定	大溪水	鬼
19日	11/27	日	丙辰	執	沙中土	柳
20日	11/28	月	丁巳	破	沙中土	星
21日	11/29	火	戊午	危	天上火	張
22日	11/30	水	己未	成	天上火	翼
23日	12/01	木	庚申	納	柘榴木	軫
24日	12/02	金	辛酉	開	柘榴木	角
25日	12/03	土	壬戌	閉	大海水	亢
26日	12/04	日	癸亥	閉	大海水	氐
27日△	12/05	月	甲子	除	海中金	房
28日	12/06	火	乙丑	満	海中金	心
29日	12/07	水	丙寅	平	爐中火	尾
30日	12/08	木	丁卯	平	爐中火	箕

【十一月大 庚子 斗】
節気 冬至 15日・小寒 30日

日	西暦	曜	干支	直	納音	宿
1日	12/09	金	戊辰	定	大林木	斗
2日▽	12/10	土	己巳	執	大林木	女
3日	12/11	日	庚午	危	路傍土	虚
4日	12/12	月	辛未	危	路傍土	危
5日	12/13	火	壬申	成	釼鋒金	室
6日	12/14	水	癸酉	納	釼鋒金	壁
7日	12/15	木	甲戌	開	山頭火	奎
8日	12/16	金	乙亥	閉	山頭火	婁
9日	12/17	土	丙子	建	潤下水	胃
10日	12/18	日	丁丑	除	潤下水	昴
11日	12/19	月	戊寅	満	城頭土	畢
12日	12/20	火	己卯	平	城頭土	觜
13日	12/21	水	庚辰	定	白鑞金	参
14日	12/22	木	辛巳	執	白鑞金	井
15日	12/23	金	壬午	破	楊柳木	柳
16日	12/24	土	癸未	危	楊柳木	柳
17日	12/25	日	甲申	成	井泉水	星
18日	12/26	月	乙酉	納	井泉水	張
19日	12/27	火	丙戌	開	屋上土	翼
20日	12/28	水	丁亥	閉	屋上土	軫
21日	12/29	木	戊子	建	霹靂火	角
22日	12/30	金	己丑	除	霹靂火	亢
23日	12/31	土	庚寅	満	松柏木	氐

1617年

日	西暦	曜	干支	直	納音	宿
24日	01/01	日	辛卯	平	松柏木	房
25日	01/02	月	壬辰	定	長流水	心
26日	01/03	火	癸巳	執	長流水	尾
27日	01/04	水	甲午	破	沙中金	箕
28日	01/05	木	乙未	危	沙中金	斗
29日	01/06	金	丙申	成	山下火	女
30日	01/07	土	丁酉	納	山下火	虚

【十二月小 辛丑 虚】
節気 大寒 15日
雑節 土用 12日・節分 29日

日	西暦	曜	干支	直	納音	宿
1日	01/08	日	戊戌	納	平地木	虚
2日	01/09	月	己亥	開	平地木	室
3日	01/10	火	庚子	閉	壁上土	壁
4日	01/11	水	辛丑	建	壁上土	奎
5日	01/12	木	壬寅	除	金箔金	婁
6日	01/13	金	癸卯	満	金箔金	胃
7日	01/14	土	甲辰	平	覆燈火	昴
8日	01/15	日	乙巳	定	覆燈火	畢
9日	01/16	月	丙午	執	天河水	觜
10日	01/17	火	丁未	破	天河水	参
11日	01/18	水	戊申	危	大駅土	井
12日	01/19	木	己酉	成	大駅土	鬼
13日	01/20	金	庚戌	納	釵釧金	柳
14日	01/21	土	辛亥	開	釵釧金	星
15日	01/22	日	壬子	閉	桑柘木	張
16日	01/23	月	癸丑	建	桑柘木	翼
17日	01/24	火	甲寅	満	大溪水	軫
18日	01/25	水	乙卯	満	大溪水	角
19日	01/26	木	丙辰	平	沙中土	亢
20日	01/27	金	丁巳	定	沙中土	氐
21日	01/28	土	戊午	執	天上火	房
22日	01/29	日	己未	破	天上火	心
23日	01/30	月	庚申	危	柘榴木	尾
24日	01/31	火	辛酉	成	柘榴木	箕
25日	02/01	水	壬戌	納	大海水	斗
26日	02/02	木	癸亥	開	大海水	女
27日	02/03	金	甲子	閉	海中金	虚
28日	02/04	土	乙丑	建	海中金	危
29日	02/05	日	丙寅	除	爐中火	危

元和3年
1617～1618 丁巳

【正月大 壬寅 室】
節気 立春 1日・雨水 17日

```
1日  02/06 月 丁卯 除 爐中火 室
2日  02/07 火 戊辰 満 大林木 壁
3日  02/08 水 己巳 平 大林木 奎
4日  02/09 木 庚午 定 路傍土 婁
5日  02/10 金 辛未 執 路傍土 胃
6日▽ 02/11 土 壬申 破 劍鋒金 昴
7日  02/12 日 癸酉 危 劍鋒金 畢
8日△ 02/13 月 甲戌 成 山頭火 觜
9日  02/14 火 乙亥 納 山頭火 參
10日 02/15 水 丙子 開 澗下水 井
11日 02/16 木 丁丑 閉 澗下水 鬼
12日 02/17 金 戊寅 建 城頭土 柳
13日 02/18 土 己卯 除 城頭土 星
14日 02/19 日 庚辰 満 白鑞金 張
15日 02/20 月 辛巳 平 楊柳木 翼
16日 02/21 火 壬午 定 楊柳木 軫
17日 02/22 水 癸未 執 楊柳木 角
18日 02/23 木 甲申 破 井泉水 亢
19日 02/24 金 乙酉 危 井泉水 氐
20日 02/25 土 丙戌 成 屋上土 房
21日 02/26 日 丁亥 納 屋上土 心
22日 02/27 月 戊子 開 霹靂火 尾
23日 02/28 火 己丑 閉 霹靂火 箕
24日 03/01 水 庚寅 建 松柏木 女
25日 03/02 木 辛卯 除 松柏木 虚
26日 03/03 金 壬辰 満 長流水 虚
27日 03/04 土 癸巳 平 長流水 危
28日 03/05 日 甲午 定 沙中金 室
29日 03/06 月 乙未 執 沙中金 壁
30日 03/07 火 丙申 破 山下火 奎
```

【二月小 癸卯 奎】
節気 啓蟄 2日・春分 17日
雑節 社日 12日・彼岸 19日

```
1日  03/08 水 丁酉 危 山下火 奎
2日  03/09 木 戊戌 危 平地木 婁
3日  03/10 金 己亥 成 平地木 胃
4日  03/11 土 庚子 納 壁上土 昴
5日  03/12 日 辛丑 開 壁上土 畢
6日  03/13 月 壬寅 閉 金箔金 觜
7日  03/14 火 癸卯 建 覆燈火 井
8日  03/15 水 甲辰 除 覆燈火 鬼
9日  03/16 木 乙巳 満 天河水 柳
10日 03/17 金 丙午 定 天河水 星
11日 03/18 土 丁未 定 天河水 張
12日 03/19 日 戊申 執 大驛土 張
13日 03/20 月 己酉 破 大驛土 翼
14日 03/21 火 庚戌 危 劍釧金 軫
15日 03/22 水 辛亥 成 劍釧金 角
16日 03/23 木 壬子 納 桑柘木 亢
17日 03/24 金 癸丑 開 桑柘木 氐
18日 03/25 土 甲寅 閉 大溪水 房
19日 03/26 日 乙卯 建 大溪水 心
20日 03/27 月 丙辰 除 沙中土 尾
21日 03/28 火 丁巳 満 沙中土 箕
22日 03/29 水 戊午 平 天上火 斗
23日 03/30 木 己未 定 天上火 女
24日 03/31 金 庚申 執 柘榴木 虚
25日 04/01 土 辛酉 破 柘榴木 危
26日 04/02 日 壬戌 危 大海水 室
27日 04/03 月 癸亥 成 大海水 壁
28日 04/04 火 甲子 納 海中金 奎
29日 04/05 水 乙丑 開 海中金 婁
```

【三月小 甲辰 胃】
節気 清明 3日・穀雨 19日
雑節 土用 15日・八十八夜 29日

```
1日  04/06 木 丙寅 閉 爐中火 胃
2日  04/07 金 丁卯 建 爐中火 昴
3日  04/08 土 戊辰 除 大林木 畢
4日  04/09 日 己巳 除 大林木 觜
5日  04/10 月 庚午 満 路傍土 參
6日  04/11 火 辛未 平 路傍土 井
7日  04/12 水 壬申 定 劍鋒金 鬼
8日  04/13 木 癸酉 執 劍鋒金 柳
9日  04/14 金 甲戌 破 山頭火 星
10日▽04/15 土 乙亥 成 澗下水 翼
11日 04/16 日 丙子 成 澗下水 軫
12日 04/17 月 丁丑 納 澗下水 角
13日 04/18 火 戊寅 開 城頭土 亢
14日 04/19 水 己卯 閉 城頭土 氐
15日 04/20 木 庚辰 建 白鑞金 氐
16日 04/21 金 辛巳 除 白鑞金 房
17日 04/22 土 壬午 満 楊柳木 心
18日 04/23 日 癸未 平 楊柳木 尾
19日△04/24 月 甲申 定 井泉水 箕
20日 04/25 火 乙酉 執 井泉水 斗
21日 04/26 水 丙戌 破 屋上土 女
22日 04/27 木 丁亥 危 屋上土 虚
23日 04/28 金 戊子 成 霹靂火 危
24日 04/29 土 己丑 納 霹靂火 室
25日 04/30 日 庚寅 開 松柏木 壁
26日 05/01 月 辛卯 閉 松柏木 奎
27日 05/02 火 壬辰 建 長流水 婁
28日 05/03 水 癸巳 除 長流水 胃
29日 05/04 木 甲午 満 沙中金 昴
```

【四月大 乙巳 畢】
節気 立夏 5日・小満 20日

```
1日  05/05 金 乙未 平 沙中金 畢
2日  05/06 土 丙申 定 山下火 觜
3日  05/07 日 丁酉 執 山下火 參
4日  05/08 月 戊戌 破 平地木 井
5日  05/09 火 己亥 破 平地木 鬼
6日  05/10 水 庚子 危 壁上土 柳
7日  05/11 木 辛丑 成 壁上土 星
8日  05/12 金 壬寅 納 金箔金 張
9日  05/13 土 癸卯 開 金箔金 翼
10日 05/14 日 甲辰 閉 覆燈火 軫
11日 05/15 月 乙巳 建 覆燈火 角
12日 05/16 火 丙午 除 天河水 亢
13日 05/17 水 丁未 満 天河水 氐
14日 05/18 木 戊申 平 大驛土 房
15日 05/19 金 己酉 定 大驛土 心
16日 05/20 土 庚戌 執 劍釧金 尾
17日 05/21 日 辛亥 破 劍釧金 箕
18日 05/22 月 壬子 危 桑柘木 斗
19日 05/23 火 癸丑 成 桑柘木 女
20日△05/24 水 甲寅 納 大溪水 虚
21日 05/25 木 乙卯 開 大溪水 危
22日 05/26 金 丙辰 閉 沙中土 室
23日 05/27 土 丁巳 建 沙中土 壁
24日 05/28 日 戊午 除 天上火 奎
25日 05/29 月 己未 満 天上火 婁
26日 05/30 火 庚申 平 柘榴木 胃
27日 05/31 水 辛酉 定 柘榴木 昴
28日 06/01 木 壬戌 執 大海水 畢
29日 06/02 金 癸亥 破 大海水 觜
30日 06/03 土 甲子 危 海中金 參
```

【五月小 丙午 參】
節気 芒種 5日・夏至 20日
雑節 入梅 8日

```
1日  06/04 日 乙丑 成 海中金 參
2日  06/05 月 丙寅 納 爐中火 井
3日  06/06 火 丁卯 開 爐中火 柳
4日  06/07 水 戊辰 閉 大林木 柳
5日  06/08 木 己巳 閉 大林木 星
6日  06/09 金 庚午 除 路傍土 翼
7日  06/10 土 辛未 除 路傍土 軫
8日  06/11 日 壬申 満 劍鋒金 角
9日  06/12 月 癸酉 定 劍鋒金 亢
10日 06/13 火 甲戌 定 山頭火 氐
11日 06/14 水 乙亥 執 山頭火 房
12日 06/15 木 丙子 破 澗下水 心
13日 06/16 金 丁丑 危 澗下水 尾
14日▽06/17 土 戊寅 成 城頭土 尾
15日 06/18 日 己卯 納 城頭土 箕
16日 06/19 月 庚辰 開 白鑞金 斗
17日 06/20 火 辛巳 閉 白鑞金 女
18日 06/21 水 壬午 建 楊柳木 虚
19日 06/22 木 癸未 除 楊柳木 危
20日 06/23 金 甲申 満 井泉水 室
21日 06/24 土 乙酉 平 井泉水 壁
22日 06/25 日 丙戌 定 屋上土 奎
23日 06/26 月 丁亥 執 屋上土 婁
24日 06/27 火 戊子 破 霹靂火 胃
25日 06/28 水 己丑 危 霹靂火 昴
26日 06/29 木 庚寅 成 松柏木 畢
27日 06/30 金 辛卯 納 松柏木 觜
28日 07/01 土 壬辰 開 長流水 參
29日△07/02 日 癸巳 閉 長流水 井
```

【六月大 丁未 鬼】
節気 小暑 7日・大暑 22日
雑節 半夏生 2日・土用 19日

```
1日  07/03 月 甲午 建 沙中金 鬼
2日  07/04 火 乙未 除 沙中金 柳
3日  07/05 水 丙申 満 山下火 星
4日  07/06 木 丁酉 平 山下火 張
5日  07/07 金 戊戌 定 平地木 翼
6日  07/08 土 己亥 執 平地木 軫
7日  07/09 日 庚子 破 壁上土 角
8日  07/10 月 辛丑 危 壁上土 亢
9日  07/11 火 壬寅 危 金箔金 氐
10日 07/12 水 癸卯 成 金箔金 房
11日 07/13 木 甲辰 納 覆燈火 心
12日 07/14 金 乙巳 開 覆燈火 尾
13日 07/15 土 丙午 閉 天河水 箕
14日 07/16 日 丁未 建 天河水 斗
15日 07/17 月 戊申 除 大驛土 女
16日 07/18 火 己酉 満 大驛土 虚
17日 07/19 水 庚戌 平 劍釧金 危
18日 07/20 木 辛亥 定 劍釧金 室
19日 07/21 金 壬子 執 桑柘木 壁
20日 07/22 土 癸丑 破 桑柘木 奎
21日 07/23 日 甲寅 危 大溪水 婁
22日 07/24 月 乙卯 成 大溪水 胃
23日 07/25 火 丙辰 納 沙中土 昴
24日 07/26 水 丁巳 開 沙中土 畢
25日 07/27 木 戊午 閉 天上火 觜
26日 07/28 金 己未 建 天上火 參
27日 07/29 土 庚申 除 柘榴木 井
28日 07/30 日 辛酉 満 柘榴木 鬼
29日 07/31 月 壬戌 平 大海水 柳
30日 08/01 火 癸亥 定 大海水 星
```

【七月小 戊申 張】
節気 立秋 7日・処暑 22日

```
1日 08/02 水 甲子 執 海中金 張
2日 08/03 木 乙丑 破 海中金 翼
3日 08/04 金 丙寅 危 爐中火 軫
4日 08/05 土 丁卯 成 爐中火 角
```

元和3年

和暦	西暦	曜	干支	直	納音	宿
5日	08/06	日	戊辰	成	大林木	房
6日	08/07	月	己巳	納	大林木	心
7日	08/08	火	庚午	開	路傍土	尾
8日	08/09	水	辛未	閉	路傍土	箕
9日	08/10	木	壬申	建	釼鋒金	斗
10日	08/11	金	癸酉	除	釼鋒金	牛
11日	08/12	土	甲戌	満	山頭火	女
12日	08/13	日	乙亥	平	山頭火	虚
13日	08/14	月	丙子	定	澗下水	危
14日	08/15	火	丁丑	執	澗下水	室
15日	08/16	水	戊寅	破	城頭土	壁
16日	08/17	木	己卯	危	城頭土	奎
17日	08/18	金	庚辰	成	白鑞金	婁
18日▽	08/19	土	辛巳	納	白鑞金	胃
19日	08/20	日	壬午	開	楊柳木	昴
20日	08/21	月	癸未	閉	楊柳木	畢
21日	08/22	火	甲申	建	井泉水	觜
22日	08/23	水	乙酉	除	井泉水	参
23日	08/24	木	丙戌	満	屋上土	井
24日	08/25	金	丁亥	平	屋上土	鬼
25日	08/26	土	戊子	定	霹靂火	柳
26日	08/27	日	己丑	執	霹靂火	星
27日	08/28	月	庚寅	破	松柏木	張
28日	08/29	火	辛卯	危	松柏木	翼
29日	08/30	水	壬辰	成	長流水	軫

【八月大 己酉 角】
節気 白露 8日・秋分 24日
雑節 二百十日 4日・彼岸 26日・社日 26日

和暦	西暦	曜	干支	直	納音	宿
1日	08/31	木	癸巳	納	長流水	角
2日	09/01	金	甲午	開	沙中金	亢
3日	09/02	土	乙未	閉	沙中金	氐
4日	09/03	日	丙申	建	山下火	房
5日	09/04	月	丁酉	除	山下火	心
6日	09/05	火	戊戌	満	平地木	尾
7日	09/06	水	己亥	平	平地木	箕
8日	09/07	木	庚子	平	壁上土	斗
9日	09/08	金	辛丑	定	壁上土	牛
10日	09/09	土	壬寅	執	金箔金	女
11日△	09/10	日	癸卯	破	金箔金	虚
12日	09/11	月	甲辰	危	覆燈火	危
13日	09/12	火	乙巳	成	覆燈火	室
14日	09/13	水	丙午	納	天河水	壁
15日	09/14	木	丁未	開	天河水	奎
16日	09/15	金	戊申	閉	大駅土	婁
17日	09/16	土	己酉	建	大駅土	胃
18日	09/17	日	庚戌	除	釵釧金	昴
19日	09/18	月	辛亥	満	釵釧金	畢
20日	09/19	火	壬子	平	桑柘木	觜
21日	09/20	水	癸丑	定	桑柘木	参
22日	09/21	木	甲寅	執	大渓水	井
23日	09/22	金	乙卯	破	大渓水	鬼
24日	09/23	土	丙辰	危	沙中土	柳
25日	09/24	日	丁巳	成	沙中土	星
26日	09/25	月	戊午	納	天上火	張
27日	09/26	火	己未	開	天上火	翼
28日	09/27	水	庚申	閉	柘榴木	軫
29日	09/28	木	辛酉	建	柘榴木	角
30日	09/29	金	壬戌	除	大海水	亢

【九月大 庚戌 氐】
節気 寒露 9日・霜降 24日
雑節 土用 21日

和暦	西暦	曜	干支	直	納音	宿
1日	09/30	土	癸亥	満	大海水	氐
2日	10/01	日	甲子	平	海中金	房
3日	10/02	月	乙丑	定	海中金	心
4日	10/03	火	丙寅	執	爐中火	尾
5日	10/04	水	丁卯	破	爐中火	箕
6日	10/05	木	戊辰	危	大林木	斗
7日	10/06	金	己巳	成	大林木	牛
8日	10/07	土	庚午	納	路傍土	女
9日	10/08	日	辛未	納	路傍土	虚
10日	10/09	月	壬申	開	釼鋒金	危
11日	10/10	火	癸酉	閉	釼鋒金	室
12日	10/11	水	甲戌	建	山頭火	壁
13日	10/12	木	乙亥	除	山頭火	奎
14日	10/13	金	丙子	満	澗下水	婁
15日	10/14	土	丁丑	平	澗下水	胃
16日	10/15	日	戊寅	定	城頭土	昴
17日	10/16	月	己卯	執	城頭土	畢
18日	10/17	火	庚辰	破	白鑞金	觜
19日	10/18	水	辛巳	危	白鑞金	参
20日	10/19	木	壬午	成	楊柳木	井
21日	10/20	金	癸未	納	楊柳木	鬼
22日▽	10/21	土	甲申	開	井泉水	柳
23日	10/22	日	乙酉	閉	井泉水	星
24日	10/23	月	丙戌	建	屋上土	張
25日	10/24	火	丁亥	除	屋上土	翼
26日	10/25	水	戊子	満	霹靂火	軫
27日	10/26	木	己丑	平	霹靂火	角
28日	10/27	金	庚寅	定	松柏木	亢
29日	10/28	土	辛卯	執	松柏木	氐
30日	10/29	日	壬辰	破	長流水	房

【十月小 辛亥 心】
節気 立冬 9日・小雪 25日

和暦	西暦	曜	干支	直	納音	宿
1日	10/30	月	癸巳	危	長流水	心
2日	10/31	火	甲午	成	沙中金	尾
3日	11/01	水	乙未	納	沙中金	箕
4日	11/02	木	丙申	開	山下火	斗
5日	11/03	金	丁酉	閉	山下火	牛
6日	11/04	土	戊戌	建	平地木	女
7日	11/05	日	己亥	除	平地木	虚
8日	11/06	月	庚子	満	壁上土	危
9日	11/07	火	辛丑	満	壁上土	室
10日	11/08	水	壬寅	平	金箔金	壁
11日	11/09	木	癸卯	定	金箔金	奎
12日	11/10	金	甲辰	執	覆燈火	婁
13日	11/11	土	乙巳	破	覆燈火	胃
14日	11/12	日	丙午	危	天河水	昴
15日	11/13	月	丁未	成	天河水	畢
16日	11/14	火	戊申	納	大駅土	觜
17日	11/15	水	己酉	開	大駅土	参
18日	11/16	木	庚戌	閉	釵釧金	井
19日	11/17	金	辛亥	建	釵釧金	鬼
20日△	11/18	土	壬子	除	桑柘木	柳
21日	11/19	日	癸丑	満	桑柘木	星
22日	11/20	月	甲寅	平	大渓水	張
23日	11/21	火	乙卯	定	大渓水	翼
24日	11/22	水	丙辰	執	沙中土	軫
25日	11/23	木	丁巳	破	沙中土	角
26日	11/24	金	戊午	危	天上火	亢
27日	11/25	土	己未	成	天上火	氐
28日	11/26	日	庚申	納	柘榴木	房
29日	11/27	月	辛酉	開	柘榴木	心

【十一月大 壬子 尾】
節気 大雪 11日・冬至 26日

和暦	西暦	曜	干支	直	納音	宿
1日	11/28	火	壬戌	閉	大海水	尾
2日	11/29	水	癸亥	建	大海水	箕
3日	11/30	木	甲子	除	海中金	斗
4日	12/01	金	乙丑	満	海中金	牛
5日	12/02	土	丙寅	平	爐中火	女
6日	12/03	日	丁卯	定	爐中火	虚
7日	12/04	月	戊辰	執	大林木	危
8日	12/05	火	己巳	破	大林木	室
9日	12/06	水	庚午	危	路傍土	壁
10日	12/07	木	辛未	成	路傍土	奎
11日	12/08	金	壬申	成	釼鋒金	婁
12日	12/09	土	癸酉	納	釼鋒金	胃
13日	12/10	日	甲戌	開	山頭火	昴
14日	12/11	月	乙亥	閉	山頭火	畢
15日	12/12	火	丙子	建	澗下水	觜
16日	12/13	水	丁丑	除	澗下水	参
17日	12/14	木	戊寅	満	城頭土	井
18日	12/15	金	己卯	平	城頭土	鬼
19日	12/16	土	庚辰	定	白鑞金	柳
20日	12/17	日	辛巳	執	白鑞金	星
21日	12/18	月	壬午	破	楊柳木	張
22日	12/19	火	癸未	危	楊柳木	翼
23日	12/20	水	甲申	成	井泉水	軫
24日	12/21	木	乙酉	納	井泉水	角
25日	12/22	金	丙戌	開	屋上土	亢
26日▽	12/23	土	丁亥	閉	屋上土	氐
27日	12/24	日	戊子	建	霹靂火	房
28日	12/25	月	己丑	除	霹靂火	心
29日	12/26	火	庚寅	満	松柏木	尾
30日	12/27	水	辛卯	平	松柏木	箕

【十二月大 癸丑 斗】
節気 小寒 11日・大寒 26日
雑節 土用 23日

和暦	西暦	曜	干支	直	納音	宿
1日	12/28	木	壬辰	定	長流水	斗
2日	12/29	金	癸巳	執	長流水	牛
3日	12/30	土	甲午	破	沙中金	女
4日	12/31	日	乙未	危	沙中金	虚
	1618年					
5日	01/01	月	丙申	成	山下火	危
6日	01/02	火	丁酉	納	山下火	室
7日	01/03	水	戊戌	開	平地木	壁
8日	01/04	木	己亥	閉	平地木	奎
9日	01/05	金	庚子	建	壁上土	婁
10日	01/06	土	辛丑	除	壁上土	胃
11日	01/07	日	壬寅	除	金箔金	昴
12日	01/08	月	癸卯	満	金箔金	畢
13日	01/09	火	甲辰	平	覆燈火	觜
14日	01/10	水	乙巳	定	覆燈火	参
15日	01/11	木	丙午	執	天河水	井
16日	01/12	金	丁未	破	天河水	鬼
17日	01/13	土	戊申	危	大駅土	柳
18日	01/14	日	己酉	成	大駅土	星
19日	01/15	月	庚戌	納	釵釧金	張
20日	01/16	火	辛亥	開	釵釧金	翼
21日	01/17	水	壬子	閉	桑柘木	軫
22日	01/18	木	癸丑	建	桑柘木	角
23日	01/19	金	甲寅	除	大渓水	亢
24日	01/20	土	乙卯	満	大渓水	氐
25日	01/21	日	丙辰	平	沙中土	房
26日	01/22	月	丁巳	定	沙中土	心
27日	01/23	火	戊午	執	天上火	尾
28日	01/24	水	己未	破	天上火	箕
29日	01/25	木	庚申	危	柘榴木	斗
30日	01/26	金	辛酉	成	柘榴木	牛

元和4年
1618～1619　戊午

【正月小 甲寅 室】
節気 立春 12日・雨水 27日
雑節 節分 11日

日	月日	曜	干支	直	納音	宿
1日△	01/27	土	壬戌	納	大海水	室
2日	01/28	日	癸亥	開	大海水	壁
3日	01/29	月	甲子	閉	海中金	奎
4日	01/30	火	乙丑	建	海中金	婁
5日	01/31	水	丙寅	除	爐中火	胃
6日	02/01	木	丁卯	満	爐中火	昴
7日	02/02	金	戊辰	平	大林木	畢
8日	02/03	土	己巳	定	大林木	觜
9日	02/04	日	庚午	執	路傍土	参
10日	02/05	月	辛未	破	路傍土	井
11日	02/06	火	壬申	危	釼鋒金	鬼
12日	02/07	水	癸酉	危	釼鋒金	柳
13日	02/08	木	甲戌	成	山頭火	星
14日	02/09	金	乙亥	納	山頭火	張
15日	02/10	土	丙子	開	澗下水	翼
16日	02/11	日	丁丑	閉	澗下水	軫
17日	02/12	月	戊寅	建	城頭土	角
18日	02/13	火	己卯	除	城頭土	亢
19日	02/14	水	庚辰	満	白鑞金	氐
20日	02/15	木	辛巳	平	白鑞金	房
21日	02/16	金	壬午	定	楊柳木	心
22日	02/17	土	癸未	執	楊柳木	尾
23日	02/18	日	甲申	破	井泉水	箕
24日	02/19	月	乙酉	危	井泉水	斗
25日	02/20	火	丙戌	成	屋上土	女
26日	02/21	水	丁亥	納	屋上土	虚
27日	02/22	木	戊子	開	霹靂火	危
28日▽	02/23	金	己丑	閉	霹靂火	室
29日	02/24	土	庚寅	建	松柏木	壁

【二月大 乙卯 奎】
節気 啓蟄 13日・春分 28日
雑節 社日 28日・彼岸 30日

日	月日	曜	干支	直	納音	宿
1日	02/25	日	辛卯	除	松柏木	奎
2日	02/26	月	壬辰	満	長流水	婁
3日	02/27	火	癸巳	平	長流水	胃
4日	02/28	水	甲午	定	沙中金	昴
5日	03/01	木	乙未	執	沙中金	畢
6日	03/02	金	丙申	破	山下火	觜
7日	03/03	土	丁酉	危	山下火	参
8日	03/04	日	戊戌	成	平地木	井
9日	03/05	月	己亥	納	平地木	鬼
10日	03/06	火	庚子	開	壁上土	柳
11日	03/07	水	辛丑	閉	壁上土	星
12日	03/08	木	壬寅	建	金箔金	張
13日	03/09	金	癸卯	除	金箔金	翼
14日	03/10	土	甲辰	満	覆燈火	軫
15日	03/11	日	乙巳	平	覆燈火	角
16日	03/12	月	丙午	定	天河水	亢
17日	03/13	火	丁未	執	天河水	氐
18日	03/14	水	戊申	破	大駅土	房
19日	03/15	木	己酉	危	大駅土	心
20日	03/16	金	庚戌	成	釼釧金	尾
21日	03/17	土	辛亥	納	釼釧金	箕
22日	03/18	日	壬子	開	桑柘木	斗
23日	03/19	月	癸丑	閉	桑柘木	女
24日	03/20	火	甲寅	建	大溪水	虚
25日	03/21	水	乙卯	除	大溪水	危
26日	03/22	木	丙辰	満	沙中土	室
27日	03/23	金	丁巳	平	沙中土	壁
28日	03/24	土	戊午	定	天上火	奎
29日	03/25	日	己未	執	天上火	婁
30日	03/26	月	庚申	破	柘榴木	胃

【三月小 丙辰 胃】
節気 清明 14日・穀雨 29日
雑節 土用 26日

日	月日	曜	干支	直	納音	宿
1日	03/27	火	辛酉	危	柘榴木	胃
2日	03/28	水	壬戌	成	大海水	昴
3日	03/29	木	癸亥	納	大海水	畢
4日	03/30	金	甲子	納	海中金	觜
5日	03/31	土	乙丑	開	海中金	参
6日	04/01	日	丙寅	閉	爐中火	井
7日	04/02	月	丁卯	建	爐中火	鬼
8日	04/03	火	戊辰	除	大林木	柳
9日	04/04	水	己巳	満	大林木	星
10日	04/05	木	庚午	定	路傍土	張
11日	04/06	金	辛未	定	路傍土	翼
12日△	04/07	土	壬申	執	釼鋒金	軫
13日	04/08	日	癸酉	破	釼鋒金	角
14日	04/09	月	甲戌	危	山頭火	亢
15日	04/10	火	乙亥	危	山頭火	氐
16日	04/11	水	丙子	成	澗下水	房
17日	04/12	木	丁丑	納	澗下水	心
18日	04/13	金	戊寅	開	城頭土	尾
19日	04/14	土	己卯	閉	城頭土	箕
20日	04/15	日	庚辰	建	白鑞金	斗
21日	04/16	月	辛巳	除	白鑞金	女
22日	04/17	火	壬午	満	楊柳木	虚
23日	04/18	水	癸未	平	楊柳木	危
24日	04/19	木	甲申	定	井泉水	室
25日	04/20	金	乙酉	執	井泉水	壁
26日	04/21	土	丙戌	破	屋上土	奎
27日	04/22	日	丁亥	危	屋上土	婁
28日	04/23	月	戊子	成	霹靂火	胃
29日	04/24	火	己丑	納	霹靂火	昴

【閏三月小 丙辰 胃】
節気 立夏 15日
雑節 八十八夜 11日

日	月日	曜	干支	直	納音	宿
1日	04/25	水	庚寅	開	松柏木	畢
2日	04/26	木	辛卯	閉	松柏木	觜
3日▽	04/27	金	壬辰	建	長流水	参
4日	04/28	土	癸巳	除	長流水	井
5日	04/29	日	甲午	平	沙中金	鬼
6日	04/30	月	乙未	平	沙中金	柳
7日	05/01	火	丙申	定	山下火	星
8日	05/02	水	丁酉	執	山下火	張
9日	05/03	木	戊戌	破	平地木	翼
10日	05/04	金	己亥	危	平地木	軫
11日	05/05	土	庚子	納	壁上土	角
12日	05/06	日	辛丑	納	壁上土	亢
13日	05/07	月	壬寅	開	金箔金	氐
14日	05/08	火	癸卯	閉	金箔金	房
15日	05/09	水	甲辰	建	覆燈火	心
16日	05/10	木	乙巳	除	覆燈火	尾
17日	05/11	金	丙午	満	天河水	箕
18日	05/12	土	丁未	平	天河水	斗
19日	05/13	日	戊申	定	大駅土	女
20日	05/14	月	己酉	執	大駅土	虚
21日	05/15	火	庚戌	破	釼釧金	危
22日	05/16	水	辛亥	危	釼釧金	室
23日	05/17	木	壬子	成	桑柘木	壁
24日	05/18	金	癸丑	納	桑柘木	奎
25日	05/19	土	甲寅	開	大溪水	婁
26日	05/20	日	乙卯	閉	大溪水	胃
27日	05/21	月	丙辰	建	沙中土	昴
28日	05/22	火	丁巳	除	沙中土	畢
29日	05/23	水	戊午	満	天上火	觜

【四月大 丁巳 畢】
節気 小満 1日・芒種 16日
雑節 入梅 24日

日	月日	曜	干支	直	納音	宿
1日	05/24	木	己未	満	天上火	畢
2日	05/25	金	庚申	平	柘榴木	觜
3日	05/26	土	辛酉	平	柘榴木	参
4日	05/27	日	壬戌	執	大海水	井
5日	05/28	月	癸亥	破	大海水	鬼
6日	05/29	火	甲子	危	海中金	柳
7日	05/30	水	乙丑	成	海中金	星
8日	05/31	木	丙寅	納	爐中火	張
9日	06/01	金	丁卯	開	爐中火	翼
10日	06/02	土	戊辰	閉	大林木	軫
11日	06/03	日	己巳	建	大林木	角
12日	06/04	月	庚午	除	路傍土	亢
13日	06/05	火	辛未	満	路傍土	氐
14日	06/06	水	壬申	平	釼鋒金	房
15日	06/07	木	癸酉	定	釼鋒金	心
16日	06/08	金	甲戌	定	山頭火	尾
17日	06/09	土	乙亥	執	山頭火	箕
18日	06/10	日	丙子	破	澗下水	斗
19日	06/11	月	丁丑	危	澗下水	女
20日	06/12	火	戊寅	成	城頭土	虚
21日	06/13	水	己卯	納	城頭土	危
22日	06/14	木	庚辰	開	白鑞金	室
23日△	06/15	金	辛巳	閉	白鑞金	壁
24日	06/16	土	壬午	建	楊柳木	奎
25日	06/17	日	癸未	除	楊柳木	婁
26日	06/18	月	甲申	満	井泉水	胃
27日	06/19	火	乙酉	平	井泉水	昴
28日	06/20	水	丙戌	定	屋上土	畢
29日	06/21	木	丁亥	執	屋上土	觜
30日	06/22	金	戊子	破	霹靂火	参

【五月小 戊午 参】
節気 夏至 2日・小暑 17日
雑節 半夏生 12日・土用 29日

日	月日	曜	干支	直	納音	宿
1日	06/23	土	己丑	危	霹靂火	参
2日	06/24	日	庚寅	成	松柏木	井
3日	06/25	月	辛卯	納	松柏木	鬼
4日	06/26	火	壬辰	開	長流水	柳
5日	06/27	水	癸巳	閉	長流水	星
6日	06/28	木	甲午	建	沙中金	張
7日▽	06/29	金	乙未	除	沙中金	翼
8日	06/30	土	丙申	満	山下火	軫
9日	07/01	日	丁酉	平	山下火	角
10日	07/02	月	戊戌	定	平地木	亢
11日	07/03	火	己亥	執	平地木	氐
12日	07/04	水	庚子	破	壁上土	房
13日	07/05	木	辛丑	危	壁上土	心
14日	07/06	金	壬寅	成	金箔金	尾
15日	07/07	土	癸卯	納	金箔金	箕
16日	07/08	日	甲辰	開	覆燈火	斗
17日	07/09	月	乙巳	閉	覆燈火	女
18日	07/10	火	丙午	建	天河水	虚
19日	07/11	水	丁未	除	天河水	危
20日	07/12	木	戊申	満	大駅土	室
21日	07/13	金	己酉	平	大駅土	壁
22日	07/14	土	庚戌	定	釼釧金	奎
23日	07/15	日	辛亥	執	釼釧金	婁
24日	07/16	月	壬子	破	桑柘木	胃
25日	07/17	火	癸丑	危	桑柘木	昴
26日	07/18	水	甲寅	成	大溪水	畢
27日	07/19	木	乙卯	納	大溪水	觜
28日	07/20	金	丙辰	納	沙中土	参
29日	07/21	土	丁巳	開	沙中土	井

【六月小 己未 鬼】
節気 大暑 3日・立秋 18日

日	月日	曜	干支	直	納音	宿
1日	07/22	日	戊午	閉	天上火	鬼
2日	07/23	月	己未	建	天上火	柳
3日	07/24	火	庚申	除	柘榴木	星
4日	07/25	水	辛酉	満	柘榴木	張
5日	07/26	木	壬戌	平	大海水	翼
6日	07/27	金	癸亥	定	大海水	軫
7日	07/28	土	甲子	執	海中金	角
8日	07/29	日	乙丑	破	海中金	亢
9日	07/30	月	丙寅	危	爐中火	氐
10日	07/31	火	丁卯	成	爐中火	房
11日	08/01	水	戊辰	納	大林木	心
12日	08/02	木	己巳	開	大林木	尾
13日	08/03	金	庚午	閉	路傍土	箕
14日	08/04	土	辛未	建	路傍土	斗
15日	08/05	日	壬申	除	釼鋒金	女
16日	08/06	月	癸酉	満	釼鋒金	虚

元和4年

	西暦	曜	干支	直	納音	宿
17日	08/07	火	甲戌	平	山頭火	危
18日	08/08	水	乙亥	定	山頭火	室
19日	08/09	木	丙子	執	澗下水	壁
20日	08/10	金	丁丑	破	澗下水	奎
21日	08/11	土	戊寅	破	城頭土	婁
22日	08/12	日	己卯	危	城頭土	胃
23日	08/13	月	庚辰	成	白鑞金	昴
24日	08/14	火	辛巳	納	白鑞金	畢
25日	08/15	水	壬午	開	楊柳木	觜
26日	08/16	木	癸未	閉	楊柳木	参
27日	08/17	金	甲申	建	井泉水	井
28日	08/18	土	乙酉	除	井泉水	鬼
29日	08/19	日	丙戌	満	屋上土	柳

【七月大 庚申】
節気 処暑 4日・白露 20日
雑節 二百十日 16日

	西暦	曜	干支	直	納音	宿
1日	08/20	月	丁亥	平	屋上土	張
2日	08/21	火	戊子	定	霹靂火	翼
3日	08/22	水	己丑	執	霹靂火	軫
4日	08/23	木	庚寅	破	松柏木	角
5日△	08/24	金	辛卯	危	松柏木	亢
6日	08/25	土	壬辰	成	長流水	氐
7日	08/26	日	癸巳	納	長流水	房
8日	08/27	月	甲午	開	沙中金	心
9日	08/28	火	乙未	閉	沙中金	尾
10日	08/29	水	丙申	建	山下火	箕
11日	08/30	木	丁酉	除	山下火	斗
12日▽	08/31	金	戊戌	満	平地木	女
13日	09/01	土	己亥	平	平地木	虚
14日	09/02	日	庚子	定	壁上土	危
15日	09/03	月	辛丑	執	壁上土	室
16日	09/04	火	壬寅	破	金箔金	壁
17日	09/05	水	癸卯	危	金箔金	奎
18日	09/06	木	甲辰	成	覆燈火	婁
19日	09/07	金	乙巳	納	覆燈火	胃
20日	09/08	土	丙午	開	天河水	昴
21日	09/09	日	丁未	閉	天河水	畢
22日	09/10	月	戊申	建	大駅土	觜
23日	09/11	火	己酉	除	大駅土	参
24日	09/12	水	庚戌	満	釵釧金	井
25日	09/13	木	辛亥	平	釵釧金	鬼
26日	09/14	金	壬子	定	桑柘木	柳
27日	09/15	土	癸丑	執	桑柘木	星
28日	09/16	日	甲寅	破	大溪水	張
29日	09/17	月	乙卯	危	大溪水	翼
30日	09/18	火	丙辰	成	沙中土	軫

【八月大 辛酉】
節気 秋分 5日・寒露 20日
雑節 社日 2日・彼岸 7日

	西暦	曜	干支	直	納音	宿
1日	09/19	水	丁巳	納	沙中土	角
2日	09/20	木	戊午	開	天上火	亢
3日	09/21	金	己未	閉	天上火	氐
4日	09/22	土	庚申	建	柘榴木	房
5日	09/23	日	辛酉	除	柘榴木	心
6日	09/24	月	壬戌	満	大海水	尾
7日	09/25	火	癸亥	平	大海水	箕
8日	09/26	水	甲子	定	海中金	斗
9日	09/27	木	乙丑	執	海中金	女
10日	09/28	金	丙寅	破	炉中火	虚
11日	09/29	土	丁卯	危	炉中火	危
12日	09/30	日	戊辰	成	大林木	室
13日	10/01	月	己巳	納	大林木	壁
14日	10/02	火	庚午	開	路傍土	奎
15日	10/03	水	辛未	閉	路傍土	婁
16日	10/04	木	壬申	建	剣鋒金	胃
17日	10/05	金	癸酉	除	剣鋒金	昴
18日	10/06	土	甲戌	満	山頭火	畢
19日	10/07	日	乙亥	平	山頭火	觜
20日	10/08	月	丙子	定	澗下水	参
21日	10/09	火	丁丑	執	澗下水	井
22日	10/10	水	戊寅	破	城頭土	鬼
23日	10/11	木	己卯	執	城頭土	柳
24日	10/12	金	庚辰	破	白鑞金	星
25日	10/13	土	辛巳	危	白鑞金	張
26日	10/14	日	壬午	成	楊柳木	翼
27日	10/15	月	癸未	納	楊柳木	軫
28日	10/16	火	甲申	開	井泉水	角
29日	10/17	水	乙酉	閉	井泉水	亢
30日	10/18	木	丙戌	建	屋上土	氐

【九月小 壬戌】
節気 霜降 5日・立冬 21日
雑節 土用 2日

	西暦	曜	干支	直	納音	宿
1日	10/19	金	丁亥	除	屋上土	氐
2日	10/20	土	戊子	満	霹靂火	房
3日	10/21	日	己丑	平	霹靂火	心
4日	10/22	月	庚寅	定	松柏木	尾
5日	10/23	火	辛卯	執	松柏木	箕
6日	10/24	水	壬辰	破	長流水	斗
7日	10/25	木	癸巳	危	長流水	女
8日	10/26	金	甲午	成	沙中金	虚
9日	10/27	土	乙未	納	沙中金	危
10日	10/28	日	丙申	開	山下火	室
11日	10/29	月	丁酉	閉	山下火	壁
12日	10/30	火	戊戌	建	平地木	奎
13日	10/31	水	己亥	除	平地木	婁
14日	11/01	木	庚子	満	壁上土	胃
15日◇	11/02	金	辛丑	平	壁上土	昴
16日	11/03	土	壬寅	定	金箔金	畢
17日	11/04	日	癸卯	執	金箔金	觜
18日	11/05	月	甲辰	破	覆燈火	参
19日	11/06	火	乙巳	危	覆燈火	井
20日	11/07	水	丙午	成	天河水	鬼
21日	11/08	木	丁未	納	天河水	柳
22日	11/09	金	戊申	開	大駅土	星
23日	11/10	土	己酉	閉	大駅土	張
24日	11/11	日	庚戌	建	釵釧金	翼
25日	11/12	月	辛亥	除	釵釧金	軫
26日	11/13	火	壬子	満	桑柘木	角
27日	11/14	水	癸丑	平	桑柘木	亢
28日	11/15	木	甲寅	定	大溪水	氐
29日	11/16	金	乙卯	執	大溪水	房

【十月大 癸亥】
節気 小雪 7日・大雪 22日

	西暦	曜	干支	直	納音	宿
1日	11/17	土	丙辰	執	沙中土	心
2日	11/18	日	丁巳	破	沙中土	尾
3日	11/19	月	戊午	危	天上火	箕
4日	11/20	火	己未	成	天上火	斗
5日	11/21	水	庚申	納	柘榴木	女
6日	11/22	木	辛酉	開	柘榴木	虚
7日	11/23	金	壬戌	閉	大海水	危
8日	11/24	土	癸亥	建	大海水	室
9日	11/25	日	甲子	除	海中金	壁
10日	11/26	月	乙丑	満	海中金	奎
11日	11/27	火	丙寅	平	炉中火	婁
12日	11/28	水	丁卯	定	炉中火	胃
13日	11/29	木	戊辰	執	大林木	昴
14日	11/30	金	己巳	破	大林木	畢
15日	12/01	土	庚午	危	路傍土	觜
16日	12/02	日	辛未	成	路傍土	参
17日	12/03	月	壬申	納	剣鋒金	井
18日	12/04	火	癸酉	開	剣鋒金	鬼
19日	12/05	水	甲戌	閉	山頭火	柳
20日	12/06	木	乙亥	建	山頭火	星
21日	12/07	金	丙子	除	澗下水	張
22日	12/08	土	丁丑	満	澗下水	翼
23日	12/09	日	戊寅	平	城頭土	軫
24日	12/10	月	己卯	定	城頭土	角
25日	12/11	火	庚辰	執	白鑞金	亢
26日	12/12	水	辛巳	破	白鑞金	氐
27日	12/13	木	壬午	危	楊柳木	房
28日	12/14	金	癸未	成	楊柳木	心
29日	12/15	土	甲申	納	井泉水	尾
30日	12/16	日	乙酉	納	井泉水	箕

【十一月大 甲子】
節気 冬至 7日・小寒 22日

	西暦	曜	干支	直	納音	宿
1日	12/17	月	丙戌	開	屋上土	斗
2日	12/18	火	丁亥	閉	屋上土	女
3日	12/19	水	戊子	除	霹靂火	虚
4日	12/20	木	己丑	除	霹靂火	危
5日	12/21	金	庚寅	満	松柏木	室
6日	12/22	土	辛卯	定	松柏木	壁
7日	12/23	日	壬辰	定	長流水	奎
8日	12/24	月	癸巳	執	長流水	婁
9日	12/25	火	甲午	破	沙中金	胃
10日	12/26	水	乙未	危	沙中金	昴
11日	12/27	木	丙申	成	山下火	畢
12日	12/28	金	丁酉	納	山下火	觜
13日	12/29	土	戊戌	開	平地木	参
14日	12/30	日	己亥	閉	平地木	井
15日	12/31	月	庚子	建	壁上土	鬼

1619年

	西暦	曜	干支	直	納音	宿
16日	01/01	火	辛丑	除	壁上土	柳
17日	01/02	水	壬寅	満	金箔金	星
18日	01/03	木	癸卯	平	金箔金	翼
19日▽	01/04	金	甲辰	定	覆燈火	軫
20日	01/05	土	乙巳	執	覆燈火	角
21日	01/06	日	丙午	破	天河水	亢
22日	01/07	月	丁未	破	天河水	氐
23日	01/08	火	戊申	危	大駅土	房
24日	01/09	水	己酉	成	大駅土	心
25日△	01/10	木	庚戌	納	釵釧金	尾
26日	01/11	金	辛亥	開	釵釧金	箕
27日	01/12	土	壬子	閉	桑柘木	斗
28日	01/13	日	癸丑	建	桑柘木	女
29日	01/14	月	甲寅	除	大溪水	虚
30日	01/15	火	乙卯	満	大溪水	虚

【十二月大 乙丑】
節気 大寒 8日・立春 23日
雑節 土用 5日・節分 22日

	西暦	曜	干支	直	納音	宿
1日	01/16	水	丙辰	平	沙中土	虚
2日	01/17	木	丁巳	定	沙中土	危
3日	01/18	金	戊午	執	天上火	室
4日	01/19	土	己未	破	天上火	壁
5日	01/20	日	庚申	危	柘榴木	奎
6日	01/21	月	辛酉	成	柘榴木	婁
7日	01/22	火	壬戌	納	大海水	胃
8日	01/23	水	癸亥	開	大海水	昴
9日	01/24	木	甲子	閉	海中金	畢
10日	01/25	金	乙丑	建	海中金	觜
11日	01/26	土	丙寅	除	炉中火	参
12日	01/27	日	丁卯	満	炉中火	井
13日	01/28	月	戊辰	平	大林木	鬼
14日	01/29	火	己巳	定	大林木	柳
15日	01/30	水	庚午	執	路傍土	星
16日	01/31	木	辛未	破	路傍土	張
17日	02/01	金	壬申	危	剣鋒金	翼
18日	02/02	土	癸酉	成	剣鋒金	軫
19日	02/03	日	甲戌	納	山頭火	角
20日	02/04	月	乙亥	開	山頭火	亢
21日	02/05	火	丙子	閉	澗下水	氐
22日	02/06	水	丁丑	建	澗下水	房
23日	02/07	木	戊寅	建	城頭土	心
24日	02/08	金	己卯	除	城頭土	尾
25日	02/09	土	庚辰	満	白鑞金	箕
26日	02/10	日	辛巳	平	白鑞金	斗
27日	02/11	月	壬午	定	楊柳木	女
28日	02/12	火	癸未	執	楊柳木	虚
29日	02/13	水	甲申	破	井泉水	危
30日	02/14	木	乙酉	危	井泉水	室

元和5年

1619～1620　己未

【正月小 丙寅 室】
節気 雨水 8日・啓蟄 23日

日	新暦	曜	干支	直	納音	宿
1日	02/15	金	丙戌	成	屋上土	室
2日	02/16	土	丁亥	納	屋上土	壁
3日	02/17	日	戊子	開	霹靂火	奎
4日	02/18	月	己丑	閉	霹靂火	婁
5日	02/19	火	庚寅	建	松柏木	胃
6日	02/20	水	辛卯	除	松柏木	昴
7日	02/21	木	壬辰	満	長流水	畢
8日	02/22	金	癸巳	平	長流水	觜
9日	02/23	土	甲午	定	沙中金	参
10日	02/24	日	乙未	執	沙中金	井
11日	02/25	月	丙申	破	山下火	鬼
12日	02/26	火	丁酉	危	山下火	柳
13日	02/27	水	戊戌	成	平地木	星
14日	02/28	木	己亥	納	平地木	張
15日	03/01	金	庚子	開	壁上土	翼
16日	03/02	土	辛丑	閉	壁上土	軫
17日	03/03	日	壬寅	建	金箔金	角
18日	03/04	月	癸卯	除	金箔金	亢
19日	03/05	火	甲辰	満	覆燈火	氐
20日	03/06	水	乙巳	平	覆燈火	房
21日	03/07	木	丙午	定	天河水	心
22日▽	03/08	金	丁未	執	天河水	尾
23日	03/09	土	戊申	執	大駅土	箕
24日	03/10	日	己酉	破	大駅土	斗
25日	03/11	月	庚戌	危	釵釧金	女
26日	03/12	火	辛亥	成	釵釧金	虚
27日	03/13	水	壬子	納	桑柘木	危
28日	03/14	木	癸丑	開	桑柘木	室
29日	03/15	金	甲寅	閉	大溪水	壁

【二月大 丁卯 奎】
節気 春分 10日・清明 25日
雑節 彼岸 12日・社日 14日

日	新暦	曜	干支	直	納音	宿
1日	03/16	土	乙卯	建	大溪水	奎
2日	03/17	日	丙辰	除	沙中土	婁
3日	03/18	月	丁巳	満	沙中土	胃
4日	03/19	火	戊午	平	天上火	昴
5日	03/20	水	己未	定	天上火	畢
6日△	03/21	木	庚申	執	石榴木	觜
7日	03/22	金	辛酉	破	石榴木	参
8日	03/23	土	壬戌	危	大海水	井
9日	03/24	日	癸亥	成	大海水	鬼
10日	03/25	月	甲子	納	海中金	柳
11日	03/26	火	乙丑	開	海中金	星
12日	03/27	水	丙寅	閉	炉中火	張
13日	03/28	木	丁卯	建	炉中火	翼
14日	03/29	金	戊辰	除	大林木	軫
15日	03/30	土	己巳	満	大林木	角
16日	03/31	日	庚午	平	路傍土	亢
17日	04/01	月	辛未	定	路傍土	氐
18日	04/02	火	壬申	執	釼鋒金	房
19日	04/03	水	癸酉	破	釼鋒金	心
20日	04/04	木	甲戌	危	山頭火	尾
21日	04/05	金	乙亥	成	山頭火	箕
22日	04/06	土	丙子	納	潤下水	斗
23日	04/07	日	丁丑	開	潤下水	女
24日	04/08	月	戊寅	閉	城頭土	虚
25日	04/09	火	己卯	閉	城頭土	危
26日	04/10	水	庚辰	建	白鑞金	室
27日	04/11	木	辛巳	除	白鑞金	壁
28日	04/12	金	壬午	満	楊柳木	奎
29日	04/13	土	癸未	平	楊柳木	婁
30日	04/14	日	甲申	定	井泉水	胃

【三月小 戊辰 胃】
節気 穀雨 10日・立夏 25日
雑節 土用 7日・八十八夜 21日

日	新暦	曜	干支	直	納音	宿
1日	04/15	月	乙酉	執	井泉水	胃
2日	04/16	火	丙戌	破	屋上土	昴
3日	04/17	水	丁亥	危	屋上土	畢
4日	04/18	木	戊子	成	霹靂火	觜
5日	04/19	金	己丑	納	霹靂火	参
6日	04/20	土	庚寅	開	松柏木	井
7日	04/21	日	辛卯	閉	松柏木	鬼
8日	04/22	月	壬辰	建	長流水	柳
9日	04/23	火	癸巳	除	長流水	星
10日	04/24	水	甲午	満	沙中金	張
11日	04/25	木	乙未	平	沙中金	翼
12日	04/26	金	丙申	定	山下火	軫
13日	04/27	土	丁酉	執	山下火	角
14日	04/28	日	戊戌	破	平地木	亢
15日	04/29	月	己亥	危	平地木	氐
16日	04/30	火	庚子	成	壁上土	房
17日	05/01	水	辛丑	納	壁上土	心
18日	05/02	木	壬寅	開	金箔金	尾
19日	05/03	金	癸卯	閉	金箔金	箕
20日	05/04	土	甲辰	建	覆燈火	斗
21日	05/05	日	乙巳	除	覆燈火	女
22日	05/06	月	丙午	満	天河水	虚
23日	05/07	火	丁未	平	天河水	危
24日	05/08	水	戊申	定	大駅土	室
25日	05/09	木	己酉	定	大駅土	壁
26日▽	05/10	金	庚戌	執	釵釧金	奎
27日	05/11	土	辛亥	破	釵釧金	婁
28日	05/12	日	壬子	危	桑柘木	胃
29日	05/13	月	癸丑	成	桑柘木	昴

【四月小 己巳 畢】
節気 小満 11日・芒種 27日
雑節 入梅 29日

日	新暦	曜	干支	直	納音	宿
1日	05/14	火	甲寅	納	大溪水	畢
2日	05/15	水	乙卯	開	大溪水	觜
3日	05/16	木	丙辰	閉	沙中土	参
4日	05/17	金	丁巳	建	沙中土	井
5日	05/18	土	戊午	除	天上火	鬼
6日	05/19	日	己未	満	天上火	柳
7日	05/20	月	庚申	平	石榴木	星
8日	05/21	火	辛酉	定	石榴木	張
9日	05/22	水	壬戌	執	大海水	翼
10日	05/23	木	癸亥	破	大海水	軫
11日	05/24	金	甲子	危	海中金	角
12日	05/25	土	乙丑	成	海中金	亢
13日	05/26	日	丙寅	納	炉中火	氐
14日	05/27	月	丁卯	開	炉中火	房
15日	05/28	火	戊辰	閉	大林木	心
16日	05/29	水	己巳	建	大林木	尾
17日△	05/30	木	庚午	除	路傍土	箕
18日	05/31	金	辛未	満	路傍土	斗
19日	06/01	土	壬申	平	釼鋒金	女
20日	06/02	日	癸酉	定	釼鋒金	虚
21日	06/03	月	甲戌	執	山頭火	危
22日	06/04	火	乙亥	破	山頭火	室
23日	06/05	水	丙子	危	潤下水	壁
24日	06/06	木	丁丑	成	潤下水	奎
25日	06/07	金	戊寅	納	城頭土	婁
26日	06/08	土	己卯	開	城頭土	胃
27日	06/09	日	庚辰	開	白鑞金	昴
28日	06/10	月	辛巳	閉	白鑞金	畢
29日	06/11	火	壬午	建	楊柳木	觜

【五月小 庚午 参】
節気 夏至 13日・小暑 28日
雑節 半夏生 23日

日	新暦	曜	干支	直	納音	宿
1日	06/12	水	癸未	除	楊柳木	参
2日	06/13	木	甲申	満	井泉水	井
3日	06/14	金	乙酉	平	井泉水	鬼
4日	06/15	土	丙戌	定	屋上土	柳
5日	06/16	日	丁亥	執	屋上土	星
6日	06/17	月	戊子	破	霹靂火	張
7日	06/18	火	己丑	危	霹靂火	翼
8日	06/19	水	庚寅	成	松柏木	軫
9日	06/20	木	辛卯	納	松柏木	角
10日	06/21	金	壬辰	開	長流水	亢
11日	06/22	土	癸巳	閉	長流水	氐
12日	06/23	日	甲午	建	沙中金	房
13日	06/24	月	乙未	除	沙中金	心
14日	06/25	火	丙申	満	山下火	尾
15日	06/26	水	丁酉	平	山下火	箕
16日	06/27	木	戊戌	定	平地木	斗
17日	06/28	金	己亥	執	平地木	女
18日	06/29	土	庚子	破	壁上土	虚
19日	06/30	日	辛丑	危	壁上土	危
20日	07/01	月	壬寅	成	金箔金	室
21日	07/02	火	癸卯	納	金箔金	壁
22日	07/03	水	甲辰	開	覆燈火	奎
23日	07/04	木	乙巳	閉	覆燈火	婁
24日	07/05	金	丙午	建	天河水	胃
25日	07/06	土	丁未	除	天河水	昴
26日	07/07	日	戊申	満	大駅土	畢
27日	07/08	月	己酉	平	大駅土	觜
28日	07/09	火	庚戌	平	釵釧金	参
29日	07/10	水	辛亥	定	釵釧金	井

【六月大 辛未 鬼】
節気 大暑 14日・立秋 30日
雑節 土用 11日

日	新暦	曜	干支	直	納音	宿
1日	07/11	木	壬子	執	桑柘木	鬼
2日▽	07/12	金	癸丑	破	桑柘木	柳
3日	07/13	土	甲寅	危	大溪水	星
4日	07/14	日	乙卯	成	大溪水	張
5日	07/15	月	丙辰	納	沙中土	翼
6日	07/16	火	丁巳	開	沙中土	軫
7日	07/17	水	戊午	閉	天上火	角
8日	07/18	木	己未	建	天上火	亢
9日	07/19	金	庚申	除	石榴木	氐
10日	07/20	土	辛酉	満	石榴木	房
11日	07/21	日	壬戌	平	大海水	心
12日	07/22	月	癸亥	定	大海水	尾
13日	07/23	火	甲子	執	海中金	箕
14日	07/24	水	乙丑	破	海中金	斗
15日	07/25	木	丙寅	危	炉中火	女
16日	07/26	金	丁卯	成	炉中火	虚
17日	07/27	土	戊辰	納	大林木	危
18日	07/28	日	己巳	開	大林木	室
19日	07/29	月	庚午	閉	路傍土	壁
20日	07/30	火	辛未	建	路傍土	奎
21日	07/31	水	壬申	除	釼鋒金	婁
22日	08/01	木	癸酉	満	釼鋒金	胃
23日	08/02	金	甲戌	平	山頭火	昴
24日	08/03	土	乙亥	定	山頭火	畢
25日	08/04	日	丙子	執	潤下水	觜
26日	08/05	月	丁丑	破	潤下水	参
27日	08/06	火	戊寅	危	城頭土	井
28日△	08/07	水	己卯	成	城頭土	鬼
29日	08/08	木	庚辰	納	白鑞金	柳
30日	08/09	金	辛巳	納	白鑞金	星

【七月小 壬申 張】
節気 処暑 15日
雑節 二百十日 26日

日	新暦	曜	干支	直	納音	宿
1日	08/10	土	壬午	開	楊柳木	張
2日	08/11	日	癸未	閉	楊柳木	翼
3日	08/12	月	甲申	建	井泉水	軫

元和5年

日	西暦	曜	干支	直	納音	宿
4日	08/13	火	乙酉	除	井泉水	角
5日	08/14	水	丙戌	満	屋上土	亢
6日	08/15	木	丁亥	平	屋上土	氐
7日	08/16	金	戊子	定	霹靂火	房
8日	08/17	土	己丑	執	霹靂火	心
9日	08/18	日	庚寅	破	松柏木	尾
10日	08/19	月	辛卯	危	松柏木	箕
11日	08/20	火	壬辰	成	長流水	斗
12日	08/21	水	癸巳	納	長流水	女
13日	08/22	木	甲午	開	沙中金	虚
14日	08/23	金	乙未	閉	沙中金	危
15日	08/24	土	丙申	建	山下火	室
16日	08/25	日	丁酉	除	山下火	壁
17日	08/26	月	戊戌	満	平地木	奎
18日	08/27	火	己亥	平	平地木	婁
19日	08/28	水	庚子	定	壁上土	胃
20日	08/29	木	辛丑	執	壁上土	昴
21日	08/30	金	壬寅	破	金箔金	畢
22日	08/31	土	癸卯	危	金箔金	觜
23日	09/01	日	甲辰	成	覆燈火	参
24日	09/02	月	乙巳	納	覆燈火	井
25日	09/03	火	丙午	開	天河水	鬼
26日	09/04	水	丁未	閉	天河水	柳
27日	09/05	木	戊申	建	大駅土	星
28日	09/06	金	己酉	除	大駅土	張
29日	09/07	土	庚戌	満	釵釧金	翼

【八月大 癸酉 角】
節気 白露 1日・秋分 16日
雑節 彼岸 18日・社日 18日

日	西暦	曜	干支	直	納音	宿
1日	09/08	日	辛亥	満	釵釧金	角
2日	09/09	月	壬子	平	桑柘木	亢
3日	09/10	火	癸丑	定	桑柘木	氐
4日	09/11	水	甲寅	執	大溪水	房
5日	09/12	木	乙卯	破	大溪水	心
6日	▽09/13	金	丙辰	危	沙中土	尾
7日	09/14	土	丁巳	成	沙中土	箕
8日	09/15	日	戊午	納	天上火	斗
9日	09/16	月	己未	開	天上火	女
10日	09/17	火	庚申	閉	柘榴木	虚
11日	09/18	水	辛酉	建	柘榴木	危
12日	09/19	木	壬戌	除	大海水	室
13日	09/20	金	癸亥	満	大海水	壁
14日	09/21	土	甲子	平	海中金	奎
15日	09/22	日	乙丑	定	海中金	婁
16日	09/23	月	丙寅	執	爐中火	胃
17日	09/24	火	丁卯	破	爐中火	昴
18日	09/25	水	戊辰	危	大林木	畢
19日	09/26	木	己巳	成	大林木	觜
20日	09/27	金	庚午	納	路傍土	参
21日	09/28	土	辛未	開	路傍土	井
22日	09/29	日	壬申	閉	釵鋒金	鬼
23日	09/30	月	癸酉	建	釵鋒金	柳
24日	10/01	火	甲戌	除	山頭火	星
25日	10/02	水	乙亥	満	山頭火	張
26日	10/03	木	丙子	平	澗下水	翼
27日	10/04	金	丁丑	定	澗下水	軫
28日	10/05	土	戊寅	執	城頭土	角
29日	10/06	日	己卯	破	城頭土	亢
30日	10/07	月	庚辰	危	白鑞金	氐

【九月小 甲戌 氐】
節気 寒露 1日・霜降 17日
雑節 土用 14日

日	西暦	曜	干支	直	納音	宿
1日	10/08	火	辛巳	危	白鑞金	氐
2日	10/09	水	壬午	成	楊柳木	房
3日	10/10	木	癸未	納	楊柳木	心
4日	10/11	金	甲申	開	井泉水	尾
5日	10/12	土	乙酉	閉	井泉水	箕
6日	10/13	日	丙戌	建	屋上土	斗
7日	10/14	月	丁亥	除	屋上土	女
8日	10/15	火	戊子	満	霹靂火	虚
9日	△10/16	水	己丑	平	霹靂火	危
10日	10/17	木	庚寅	定	松柏木	室
11日	10/18	金	辛卯	執	松柏木	壁
12日	10/19	土	壬辰	破	長流水	奎
13日	10/20	日	癸巳	危	長流水	婁
14日	10/21	月	甲午	成	沙中金	胃
15日	10/22	火	乙未	納	沙中金	昴
16日	10/23	水	丙申	開	山下火	畢
17日	10/24	木	丁酉	閉	山下火	觜
18日	10/25	金	戊戌	建	平地木	参
19日	10/26	土	己亥	除	平地木	井
20日	10/27	日	庚子	満	壁上土	鬼
21日	10/28	月	辛丑	平	壁上土	柳
22日	10/29	火	壬寅	定	金箔金	星
23日	10/30	水	癸卯	執	金箔金	張
24日	10/31	木	甲辰	破	覆燈火	翼
25日	11/01	金	乙巳	危	覆燈火	軫
26日	11/02	土	丙午	成	天河水	角
27日	11/03	日	丁未	納	天河水	亢
28日	11/04	月	戊申	開	大駅土	氐
29日	11/05	火	己酉	閉	大駅土	房

【十月大 乙亥 心】
節気 立冬 3日・小雪 18日

日	西暦	曜	干支	直	納音	宿
1日	11/06	水	庚戌	建	釵釧金	心
2日	11/07	木	辛亥	除	釵釧金	尾
3日	11/08	金	壬子	除	桑柘木	箕
4日	11/09	土	癸丑	満	桑柘木	斗
5日	11/10	日	甲寅	平	大溪水	女
6日	11/11	月	乙卯	定	大溪水	虚
7日	11/12	火	丙辰	執	沙中土	危
8日	11/13	水	丁巳	破	沙中土	室
9日	11/14	木	戊午	危	天上火	壁
10日	▽11/15	金	己未	成	天上火	奎
11日	11/16	土	庚申	納	柘榴木	婁
12日	11/17	日	辛酉	開	柘榴木	胃
13日	11/18	月	壬戌	閉	大海水	昴
14日	11/19	火	癸亥	建	大海水	畢
15日	11/20	水	甲子	除	海中金	觜
16日	11/21	木	乙丑	満	海中金	参
17日	11/22	金	丙寅	平	爐中火	井
18日	11/23	土	丁卯	定	爐中火	鬼
19日	11/24	日	戊辰	執	大林木	柳
20日	11/25	月	己巳	破	大林木	星
21日	11/26	火	庚午	危	路傍土	張
22日	11/27	水	辛未	成	路傍土	翼
23日	11/28	木	壬申	納	釵鋒金	軫
24日	11/29	金	癸酉	開	釵鋒金	角
25日	11/30	土	甲戌	閉	山頭火	亢
26日	12/01	日	乙亥	建	山頭火	氐
27日	12/02	月	丙子	除	澗下水	房
28日	12/03	火	丁丑	満	澗下水	心
29日	12/04	水	戊寅	平	城頭土	尾
30日	12/05	木	己卯	定	城頭土	箕

【十一月大 丙子 斗】
節気 大雪 3日・冬至 18日

日	西暦	曜	干支	直	納音	宿
1日	12/06	金	庚辰	執	白鑞金	斗
2日	12/07	土	辛巳	破	白鑞金	女
3日	12/08	日	壬午	破	楊柳木	虚
4日	12/09	月	癸未	危	楊柳木	危
5日	12/10	火	甲申	成	井泉水	室
6日	12/11	水	乙酉	納	井泉水	壁
7日	12/12	木	丙戌	開	屋上土	奎
8日	12/13	金	丁亥	閉	屋上土	婁
9日	12/14	土	戊子	建	霹靂火	胃
10日	12/15	日	己丑	除	霹靂火	昴
11日	12/16	月	庚寅	満	松柏木	畢
12日	12/17	火	辛卯	平	松柏木	觜
13日	12/18	水	壬辰	定	長流水	参
14日	12/19	木	癸巳	執	長流水	井
15日	12/20	金	甲午	破	沙中金	鬼
16日	12/21	土	乙未	危	沙中金	柳
17日	12/22	日	丙申	成	山下火	星
18日	12/23	月	丁酉	納	山下火	張
19日	△12/24	火	戊戌	開	平地木	翼
20日	12/25	水	己亥	閉	平地木	軫
21日	12/26	木	庚子	建	壁上土	角
22日	12/27	金	辛丑	除	壁上土	亢
23日	12/28	土	壬寅	満	金箔金	氐
24日	12/29	日	癸卯	平	金箔金	房
25日	12/30	月	甲辰	定	覆燈火	心
26日	12/31	火	乙巳	執	覆燈火	尾

1620年

日	西暦	曜	干支	直	納音	宿
27日	01/01	水	丙午	破	天河水	箕
28日	01/02	木	丁未	危	天河水	斗
29日	01/03	金	戊申	成	大駅土	女
30日	01/04	土	己酉	納	大駅土	虚

【十二月大 丁丑 虚】
節気 小寒 4日・大寒 19日
雑節 土用 16日

日	西暦	曜	干支	直	納音	宿
1日	01/05	日	庚戌	開	釵釧金	虚
2日	01/06	月	辛亥	閉	釵釧金	危
3日	01/07	火	壬子	建	桑柘木	室
4日	01/08	水	癸丑	建	桑柘木	壁
5日	01/09	木	甲寅	除	大溪水	奎
6日	01/10	金	乙卯	満	大溪水	婁
7日	01/11	土	丙辰	平	沙中土	胃
8日	01/12	日	丁巳	定	沙中土	昴
9日	01/13	月	戊午	執	天上火	畢
10日	01/14	火	己未	破	天上火	觜
11日	01/15	水	庚申	危	柘榴木	参
12日	▽01/16	木	辛酉	成	柘榴木	井
13日	01/17	金	壬戌	納	大海水	鬼
14日	01/18	土	癸亥	開	大海水	柳
15日	01/19	日	甲子	閉	海中金	星
16日	01/20	月	乙丑	建	海中金	張
17日	01/21	火	丙寅	除	爐中火	翼
18日	01/22	水	丁卯	満	爐中火	軫
19日	01/23	木	戊辰	平	大林木	角
20日	01/24	金	己巳	定	大林木	亢
21日	01/25	土	庚午	執	路傍土	氐
22日	01/26	日	辛未	破	路傍土	房
23日	01/27	月	壬申	危	釵鋒金	心
24日	01/28	火	癸酉	成	釵鋒金	尾
25日	01/29	水	甲戌	納	山頭火	箕
26日	01/30	木	乙亥	開	山頭火	斗
27日	01/31	金	丙子	閉	澗下水	女
28日	02/01	土	丁丑	建	澗下水	虚
29日	02/02	日	戊寅	除	城頭土	危
30日	02/03	月	己卯	満	城頭土	室

元和6年

1620～1621　庚申

【正月小 戊寅 室】
節気　立春 4日・雨水 19日
雑節　節分 3日

日	日付	曜	干支	直	納音	宿
1日	02/04	火	庚辰	平	白鑞金	室
2日	02/05	水	辛巳	定	白鑞金	壁
3日	02/06	木	壬午	執	楊柳木	奎
4日	02/07	金	癸未	執	楊柳木	婁
5日	02/08	土	甲申	破	井泉水	胃
6日	02/09	日	乙酉	危	井泉水	昴
7日	02/10	月	丙戌	成	屋上土	畢
8日	02/11	火	丁亥	納	屋上土	觜
9日	02/12	水	戊子	開	霹靂火	参
10日	02/13	木	己丑	閉	霹靂火	井
11日	02/14	金	庚寅	建	松柏木	鬼
12日	02/15	土	辛卯	除	松柏木	柳
13日	02/16	日	壬辰	満	長流水	星
14日	02/17	月	癸巳	平	長流水	張
15日	02/18	火	甲午	定	沙中金	翼
16日	02/19	水	乙未	執	沙中金	軫
17日	02/20	木	丙申	破	山下火	角
18日	02/21	金	丁酉	危	山下火	亢
19日	02/22	土	戊戌	成	平地木	氐
20日	02/23	日	己亥	納	平地木	房
21日	02/24	月	庚子	開	壁上土	心
22日	02/25	火	辛丑	閉	壁上土	尾
23日	02/26	水	壬寅	建	金箔金	箕
24日	02/27	木	癸卯	除	金箔金	斗
25日	02/28	金	甲辰	満	覆燈火	女
26日	02/29	土	乙巳	平	覆燈火	虚
27日	03/01	日	丙午	定	天河水	危
28日	03/02	月	丁未	執	天河水	室
29日△	03/03	火	戊申	破	大駅土	壁

【二月大 己卯 奎】
節気　啓蟄 6日・春分 21日
雑節　社日 20日・彼岸 23日

日	日付	曜	干支	直	納音	宿
1日	03/04	水	己酉	危	大駅土	奎
2日	03/05	木	庚戌	成	釵釧金	婁
3日	03/06	金	辛亥	納	釵釧金	胃
4日	03/07	土	壬子	開	桑柘木	昴
5日	03/08	日	癸丑	閉	桑柘木	畢
6日	03/09	月	甲寅	閉	大溪水	觜
7日	03/10	火	乙卯	建	大溪水	参
8日	03/11	水	丙辰	除	沙中土	井
9日	03/12	木	丁巳	満	沙中土	鬼
10日	03/13	金	戊午	平	天上火	柳
11日	03/14	土	己未	定	天上火	星
12日	03/15	日	庚申	執	柘榴木	張
13日	03/16	月	辛酉	破	柘榴木	翼
14日	03/17	火	壬戌	危	大海水	軫
15日	03/18	水	癸亥	成	大海水	角
16日▽	03/19	木	甲子	納	海中金	亢
17日	03/20	金	乙丑	開	海中金	氐
18日	03/21	土	丙寅	閉	爐中火	房
19日	03/22	日	丁卯	建	爐中火	心
20日	03/23	月	戊辰	除	大林木	尾
21日	03/24	火	己巳	満	大林木	箕
22日	03/25	水	庚午	平	路傍土	斗
23日	03/26	木	辛未	定	路傍土	女
24日	03/27	金	壬申	執	釵鋒金	虚
25日	03/28	土	癸酉	破	釵鋒金	危
26日	03/29	日	甲戌	危	山頭火	室
27日	03/30	月	乙亥	成	山頭火	壁
28日	03/31	火	丙子	納	澗下水	奎
29日	04/01	水	丁丑	開	澗下水	婁
30日	04/02	木	戊寅	閉	城頭土	胃

【三月大 庚辰 胃】
節気　清明 6日・穀雨 21日
雑節　土用 18日

日	日付	曜	干支	直	納音	宿
1日	04/03	金	己卯	建	城頭土	昴
2日	04/04	土	庚辰	除	白鑞金	畢
3日	04/05	日	辛巳	満	白鑞金	觜
4日	04/06	月	壬午	平	楊柳木	参
5日	04/07	火	癸未	定	楊柳木	井
6日	04/08	水	甲申	執	井泉水	鬼
7日	04/09	木	乙酉	破	井泉水	柳
8日	04/10	金	丙戌	危	屋上土	星
9日	04/11	土	丁亥	成	屋上土	張
10日	04/12	日	戊子	納	霹靂火	翼
11日	04/13	月	己丑	開	霹靂火	軫
12日	04/14	火	庚寅	閉	松柏木	角
13日	04/15	水	辛卯	建	松柏木	亢
14日	04/16	木	壬辰	除	長流水	氐
15日	04/17	金	癸巳	満	長流水	房
16日	04/18	土	甲午	平	沙中金	心
17日	04/19	日	乙未	定	沙中金	尾
18日	04/20	月	丙申	執	山下火	箕
19日	04/21	火	丁酉	破	山下火	斗
20日	04/22	水	戊戌	危	平地木	女
21日	04/23	木	己亥	成	平地木	虚
22日	04/24	金	庚子	納	壁上土	危
23日	04/25	土	辛丑	開	壁上土	室
24日	04/26	日	壬寅	閉	金箔金	壁
25日	04/27	月	癸卯	建	金箔金	奎
26日	04/28	火	甲辰	除	覆燈火	婁
27日	04/29	水	乙巳	満	覆燈火	胃
28日	04/30	木	丙午	平	天河水	昴
29日	05/01	金	丁未	定	天河水	畢
30日	05/02	土	戊申	執	大駅土	觜

【四月小 辛巳 畢】
節気　立夏 6日・小満 22日
雑節　八十八夜 2日

日	日付	曜	干支	直	納音	宿
1日	05/03	日	己酉	執	大駅土	参
2日	05/04	月	庚戌	破	釵釧金	井
3日	05/05	火	辛亥	危	釵釧金	鬼
4日	05/06	水	壬子	成	桑柘木	柳
5日	05/07	木	癸丑	納	桑柘木	星
6日	05/08	金	甲寅	開	大溪水	張
7日	05/09	土	乙卯	閉	大溪水	翼
8日	05/10	日	丙辰	建	沙中土	軫
9日	05/11	月	丁巳	除	沙中土	角
10日△	05/12	火	戊午	満	天上火	亢
11日	05/13	水	己未	平	天上火	氐
12日	05/14	木	庚申	定	柘榴木	房
13日	05/15	金	辛酉	執	柘榴木	心
14日	05/16	土	壬戌	破	大海水	尾
15日	05/17	日	癸亥	危	大海水	箕
16日	05/18	月	甲子	成	海中金	斗
17日	05/19	火	乙丑	納	海中金	女
18日	05/20	水	丙寅	開	爐中火	虚
19日▽	05/21	木	丁卯	閉	爐中火	危
20日	05/22	金	戊辰	建	大林木	室
21日	05/23	土	己巳	除	大林木	壁
22日	05/24	日	庚午	満	路傍土	奎
23日	05/25	月	辛未	平	路傍土	婁
24日	05/26	火	壬申	定	釵鋒金	胃
25日	05/27	水	癸酉	執	釵鋒金	昴
26日	05/28	木	甲戌	破	山頭火	畢
27日	05/29	金	乙亥	危	山頭火	觜
28日	05/30	土	丙子	成	澗下水	参
29日	05/31	日	丁丑	成	澗下水	井

【五月小 壬午 参】
節気　芒種 8日・夏至 23日
雑節　入梅 15日

日	日付	曜	干支	直	納音	宿
1日	06/01	月	戊寅	納	城頭土	参
2日	06/02	火	己卯	開	城頭土	井
3日	06/03	水	庚辰	閉	白鑞金	鬼
4日	06/04	木	辛巳	建	白鑞金	柳
5日	06/05	金	壬午	除	楊柳木	星
6日	06/06	土	癸未	満	楊柳木	張
7日	06/07	日	甲申	平	井泉水	翼
8日	06/08	月	乙酉	定	井泉水	軫
9日	06/09	火	丙戌	執	屋上土	角
10日	06/10	水	丁亥	破	屋上土	亢
11日	06/11	木	戊子	危	霹靂火	氐
12日	06/12	金	己丑	成	霹靂火	房
13日	06/13	土	庚寅	納	松柏木	心
14日	06/14	日	辛卯	開	松柏木	尾
15日	06/15	月	壬辰	閉	長流水	箕
16日	06/16	火	癸巳	建	長流水	斗
17日	06/17	水	甲午	除	沙中金	女
18日	06/18	木	乙未	満	沙中金	虚
19日	06/19	金	丙申	平	山下火	危
20日	06/20	土	丁酉	定	山下火	室
21日	06/21	日	戊戌	執	平地木	壁
22日	06/22	月	己亥	破	平地木	奎
23日	06/23	火	庚子	危	壁上土	婁
24日	06/24	水	辛丑	成	壁上土	胃
25日	06/25	木	壬寅	納	金箔金	昴
26日	06/26	金	癸卯	開	金箔金	畢
27日	06/27	土	甲辰	閉	覆燈火	觜
28日	06/28	日	乙巳	建	覆燈火	参
29日	06/29	月	丙午	建	天河水	井

【六月大 癸未 鬼】
節気　小暑 9日・大暑 25日
雑節　半夏生 4日・土用 22日

日	日付	曜	干支	直	納音	宿
1日	06/30	火	丁未	除	天河水	鬼
2日	07/01	水	戊申	満	大駅土	柳
3日	07/02	木	己酉	平	大駅土	星
4日	07/03	金	庚戌	定	釵釧金	張
5日	07/04	土	辛亥	執	釵釧金	翼
6日	07/05	日	壬子	破	桑柘木	軫
7日	07/06	月	癸丑	危	桑柘木	角
8日	07/07	火	甲寅	成	大溪水	亢
9日	07/08	水	乙卯	納	大溪水	氐
10日	07/09	木	丙辰	開	沙中土	房
11日	07/10	金	丁巳	閉	沙中土	心
12日	07/11	土	戊午	建	天上火	尾
13日	07/12	日	己未	除	天上火	箕
14日	07/13	月	庚申	満	柘榴木	斗
15日	07/14	火	辛酉	平	柘榴木	女
16日	07/15	水	壬戌	定	大海水	虚
17日	07/16	木	癸亥	執	大海水	危
18日	07/17	金	甲子	破	海中金	室
19日	07/18	土	乙丑	危	海中金	壁
20日	07/19	日	丙寅	成	爐中火	奎
21日△	07/20	月	丁卯	納	爐中火	婁
22日	07/21	火	戊辰	開	大林木	胃
23日	07/22	水	己巳	閉	大林木	昴
24日▽	07/23	木	庚午	建	路傍土	畢
25日	07/24	金	辛未	除	路傍土	觜
26日	07/25	土	壬申	満	釵鋒金	参
27日	07/26	日	癸酉	平	釵鋒金	井
28日	07/27	月	甲戌	定	山頭火	鬼
29日	07/28	火	乙亥	執	山頭火	柳
30日	07/29	水	丙子	破	澗下水	星

【七月小 甲申 張】
節気　立秋 10日・処暑 25日

日	日付	曜	干支	直	納音	宿
1日	07/30	木	丁丑	危	澗下水	張
2日	07/31	金	戊寅	成	城頭土	翼
3日	08/01	土	己卯	納	城頭土	軫
4日	08/02	日	庚辰	開	白鑞金	角
5日	08/03	月	辛巳	閉	白鑞金	亢
6日	08/04	火	壬午	建	楊柳木	氐
7日	08/05	水	癸未	除	楊柳木	房
8日	08/06	木	甲申	満	井泉水	心
9日	08/07	金	乙酉	平	井泉水	尾
10日	08/08	土	丙戌	定	屋上土	箕
11日	08/09	日	丁亥	執	屋上土	斗
12日	08/10	月	戊子	破	霹靂火	女
13日	08/11	火	己丑	危	霹靂火	虚
14日	08/12	水	庚寅	成	松柏木	危
15日	08/13	木	辛卯	納	松柏木	室

元和6年

日	西暦	曜	干支	直	納音	宿
16日	08/14	金	壬辰	開	長流水	壁
17日	08/15	土	癸巳	閉	長流水	奎
18日	08/16	日	甲午	開	沙中金	婁
19日	08/17	月	乙未	閉	沙中金	胃
20日	08/18	火	丙申	建	山下火	昴
21日	08/19	水	丁酉	除	山下火	畢
22日	08/20	木	戊戌	満	平地木	觜
23日	08/21	金	己亥	平	平地木	参
24日	08/22	土	庚子	定	壁上土	井
25日	08/23	日	辛丑	執	壁上土	鬼
26日	08/24	月	壬寅	破	金箔金	柳
27日	08/25	火	癸卯	危	金箔金	星
28日	08/26	水	甲辰	成	覆燈火	張
29日	08/27	木	乙巳	納	覆燈火	翼

八月小 乙酉 角
節気 白露 11日・秋分 26日
雑節 二百十日 7日・社日 23日・彼岸 28日

日	西暦	曜	干支	直	納音	宿
1日	08/28	金	丙午	開	天河水	角
2日	08/29	土	丁未	閉	大駅土	亢
3日	08/30	日	戊申	建	大駅土	氐
4日	08/31	月	己酉	除	釵釧金	房
5日	09/01	火	庚戌	満	釵釧金	心
6日	09/02	水	辛亥	平	釵釧金	尾
7日	09/03	木	壬子	定	桑柘木	箕
8日	09/04	金	癸丑	執	桑柘木	斗
9日	09/05	土	甲寅	破	大渓水	女
10日	09/06	日	乙卯	危	大渓水	虚
11日	09/07	月	丙辰	成	沙中土	危
12日	09/08	火	丁巳	納	沙中土	室
13日	09/09	水	戊午	開	天上火	壁
14日	09/10	木	己未	閉	天上火	奎
15日	09/11	金	庚申	建	柘榴木	婁
16日	09/12	土	辛酉	除	柘榴木	胃
17日	09/13	日	壬戌	満	大海水	昴
18日	09/14	月	癸亥	平	大海水	畢
19日	09/15	火	甲子	定	海中金	觜
20日	09/16	水	乙丑	執	海中金	参
21日	09/17	木	丙寅	破	炉中火	井
22日	09/18	金	丁卯	危	炉中火	鬼
23日	09/19	土	戊辰	成	大林木	柳
24日	09/20	日	己巳	納	大林木	星
25日	09/21	月	庚午	開	路傍土	張
26日	09/22	火	辛未	閉	路傍土	翼
27日	09/23	水	壬申	建	釵鋒金	軫
28日▽	09/24	木	癸酉	除	釵鋒金	角
29日	09/25	金	甲戌	除	山頭火	亢

九月大 丙戌 氐
節気 寒露 13日・霜降 28日
雑節 土用 25日

日	西暦	曜	干支	直	納音	宿
1日	09/26	土	乙亥	満	山頭火	氐
2日	09/27	日	丙子	平	澗下水	房
3日△	09/28	月	丁丑	定	澗下水	心
4日	09/29	火	戊寅	執	城頭土	尾
5日	09/30	水	己卯	破	城頭土	箕
6日	10/01	木	庚辰	危	白鑞金	斗
7日	10/02	金	辛巳	成	白鑞金	女
8日	10/03	土	壬午	納	楊柳木	虚
9日	10/04	日	癸未	開	楊柳木	危
10日	10/05	月	甲申	閉	井泉水	室
11日	10/06	火	乙酉	建	井泉水	壁
12日	10/07	水	丙戌	除	屋上土	奎
13日	10/08	木	丁亥	除	屋上土	婁
14日	10/09	金	戊子	満	霹靂火	胃
15日	10/10	土	己丑	平	霹靂火	昴
16日	10/11	日	庚寅	定	松柏木	畢
17日	10/12	月	辛卯	執	松柏木	觜
18日	10/13	火	壬辰	破	長流水	参
19日	10/14	水	癸巳	危	長流水	井
20日	10/15	木	甲午	成	沙中金	鬼
21日	10/16	金	乙未	納	沙中金	柳
22日	10/17	土	丙申	開	山下火	星
23日	10/18	日	丁酉	閉	山下火	張
24日	10/19	月	戊戌	建	平地木	翼
25日	10/20	火	己亥	除	平地木	軫
26日	10/21	水	庚子	満	壁上土	角
27日	10/22	木	辛丑	平	壁上土	亢
28日	10/23	金	壬寅	定	金箔金	氐
29日	10/24	土	癸卯	執	金箔金	房
30日	10/25	日	甲辰	破	覆燈火	心

十月小 丁亥 心
節気 立冬 13日・小雪 28日

日	西暦	曜	干支	直	納音	宿
1日	10/26	月	乙巳	危	覆燈火	尾
2日	10/27	火	丙午	成	天河水	箕
3日	10/28	水	丁未	納	天河水	斗
4日	10/29	木	戊申	開	大駅土	女
5日	10/30	金	己酉	閉	大駅土	虚
6日	10/31	土	庚戌	建	釵釧金	危
7日	11/01	日	辛亥	除	釵釧金	室
8日	11/02	月	壬子	満	桑柘木	壁
9日	11/03	火	癸丑	平	桑柘木	奎
10日	11/04	水	甲寅	定	大渓水	婁
11日	11/05	木	乙卯	執	大渓水	胃
12日	11/06	金	丙辰	破	沙中土	昴
13日	11/07	土	丁巳	危	沙中土	畢
14日	11/08	日	戊午	成	天上火	觜
15日	11/09	月	己未	納	天上火	参
16日	11/10	火	庚申	開	柘榴木	井
17日	11/11	水	辛酉	閉	柘榴木	鬼
18日	11/12	木	壬戌	建	大海水	柳
19日	11/13	金	癸亥	除	大海水	星
20日	11/14	土	甲子	満	海中金	張
21日	11/15	日	乙丑	平	海中金	翼
22日	11/16	月	丙寅	定	炉中火	軫
23日	11/17	火	丁卯	執	炉中火	角
24日	11/18	水	戊辰	破	大林木	亢
25日	11/19	木	己巳	危	大林木	氐
26日	11/20	金	庚午	成	路傍土	房
27日	11/21	土	辛未	納	路傍土	心
28日	11/22	日	壬申	開	釵鋒金	尾
29日	11/23	月	癸酉	閉	釵鋒金	箕

十一月大 戊子 斗
節気 大雪 15日・冬至 30日

日	西暦	曜	干支	直	納音	宿
1日	11/24	火	甲戌	閉	山頭火	斗
2日	11/25	水	乙亥	除	山頭火	女
3日▽	11/26	木	丙子	除	澗下水	虚
4日	11/27	金	丁丑	満	澗下水	危
5日	11/28	土	戊寅	平	城頭土	室
6日	11/29	日	己卯	定	城頭土	壁
7日	11/30	月	庚辰	執	白鑞金	奎
8日	12/01	火	辛巳	破	白鑞金	婁
9日	12/02	水	壬午	危	楊柳木	胃
10日	12/03	木	癸未	成	楊柳木	昴
11日	12/04	金	甲申	納	井泉水	畢
12日	12/05	土	乙酉	開	井泉水	觜
13日	12/06	日	丙戌	閉	屋上土	参
14日	12/07	月	丁亥	建	屋上土	井
15日	12/08	火	戊子	建	霹靂火	鬼
16日☆	12/09	水	己丑	除	霹靂火	柳
17日	12/10	木	庚寅	満	松柏木	星
18日	12/11	金	辛卯	平	松柏木	張
19日	12/12	土	壬辰	定	長流水	翼
20日	12/13	日	癸巳	執	長流水	軫
21日	12/14	月	甲午	破	沙中金	角
22日	12/15	火	乙未	危	沙中金	亢
23日	12/16	水	丙申	成	山下火	氐
24日	12/17	木	丁酉	納	山下火	房
25日	12/18	金	戊戌	開	平地木	心
26日	12/19	土	己亥	閉	平地木	尾
27日	12/20	日	庚子	建	壁上土	箕
28日	12/21	月	辛丑	除	壁上土	斗
29日	12/22	火	壬寅	満	金箔金	女
30日	12/23	水	癸卯	平	金箔金	虚

十二月大 己丑 虚
節気 小寒 15日・大寒 30日
雑節 土用 27日

日	西暦	曜	干支	直	納音	宿
1日	12/24	木	甲辰	定	覆燈火	虚
2日	12/25	金	乙巳	執	覆燈火	危
3日	12/26	土	丙午	破	天河水	室
4日	12/27	日	丁未	危	天河水	壁
5日	12/28	月	戊申	成	大駅土	奎
6日	12/29	火	己酉	納	大駅土	婁
7日	12/30	水	庚戌	開	釵釧金	胃
8日	12/31	木	辛亥	閉	釵釧金	昴

1621年

日	西暦	曜	干支	直	納音	宿
9日	01/01	金	壬子	建	桑柘木	畢
10日	01/02	土	癸丑	除	桑柘木	觜
11日	01/03	日	甲寅	満	大渓水	参
12日	01/04	月	乙卯	平	大渓水	井
13日	01/05	火	丙辰	定	沙中土	鬼
14日	01/06	水	丁巳	執	沙中土	柳
15日	01/07	木	戊午	破	天上火	星
16日	01/08	金	己未	危	天上火	張
17日	01/09	土	庚申	成	柘榴木	翼
18日	01/10	日	辛酉	納	柘榴木	軫
19日	01/11	月	壬戌	開	大海水	角
20日	01/12	火	癸亥	閉	大海水	亢
21日	01/13	水	甲子	建	海中金	氐
22日	01/14	木	乙丑	除	海中金	房
23日	01/15	金	丙寅	満	炉中火	心
24日	01/16	土	丁卯	平	炉中火	尾
25日	01/17	日	戊辰	定	大林木	箕
26日	01/18	月	己巳	執	大林木	斗
27日	01/19	火	庚午	破	路傍土	女
28日	01/20	水	辛未	危	路傍土	虚
29日	01/21	木	壬申	成	釵鋒金	危
30日	01/22	金	癸酉	成	釵鋒金	室

閏十二月大 己丑 虚
節気 立春 14日
雑節 節分 14日

日	西暦	曜	干支	直	納音	宿
1日	01/23	土	甲戌	納	山頭火	虚
2日	01/24	日	乙亥	開	山頭火	室
3日	01/25	月	丙子	閉	澗下水	壁
4日	01/26	火	丁丑	建	澗下水	奎
5日	01/27	水	戊寅	除	城頭土	婁
6日▽	01/28	木	己卯	満	城頭土	胃
7日	01/29	金	庚辰	平	白鑞金	昴
8日	01/30	土	辛巳	定	白鑞金	畢
9日	01/31	日	壬午	執	楊柳木	觜
10日	02/01	月	癸未	破	楊柳木	参
11日	02/02	火	甲申	危	井泉水	井
12日	02/03	水	乙酉	成	井泉水	鬼
13日	02/04	木	丙戌	納	屋上土	柳
14日	02/05	金	丁亥	開	屋上土	星
15日	02/06	土	戊子	閉	霹靂火	張
16日	02/07	日	己丑	建	霹靂火	翼
17日	02/08	月	庚寅	建	松柏木	軫
18日	02/09	火	辛卯	除	松柏木	角
19日	02/10	水	壬辰	満	長流水	亢
20日	02/11	木	癸巳	平	長流水	氐
21日	02/12	金	甲午	定	沙中金	房
22日	02/13	土	乙未	執	沙中金	心
23日△	02/14	日	丙申	破	山下火	尾
24日	02/15	月	丁酉	危	山下火	箕
25日	02/16	火	戊戌	成	平地木	斗
26日	02/17	水	己亥	納	平地木	女
27日	02/18	木	庚子	開	壁上土	虚
28日	02/19	金	辛丑	閉	壁上土	危
29日	02/20	土	壬寅	建	金箔金	室
30日	02/21	日	癸卯	除	金箔金	室

元和7年
1621～1622　辛酉

正月小 庚寅 室
節気 雨水 1日・啓蟄 16日

日	日付	曜	干支	直	納音	宿
1日	02/22	月	甲辰	満	覆燈火	室
2日	02/23	火	乙巳	平	覆燈火	壁
3日	02/24	水	丙午	定	天河水	奎
4日	02/25	木	丁未	執	天河水	婁
5日	02/26	金	戊申	破	大駅土	胃
6日	02/27	土	己酉	危	大駅土	昴
7日	02/28	日	庚戌	成	釵釧金	畢
8日	03/01	月	辛亥	納	釵釧金	觜
9日	03/02	火	壬子	開	桑柘木	参
10日	03/03	水	癸丑	閉	桑柘木	井
11日	03/04	木	甲寅	建	大渓水	鬼
12日	03/05	金	乙卯	除	大渓水	柳
13日	03/06	土	丙辰	満	沙中土	星
14日	03/07	日	丁巳	平	沙中土	張
15日	03/08	月	戊午	定	天上火	翼
16日	03/09	火	己未	定	天上火	軫
17日	03/10	水	庚申	執	柘榴木	角
18日	03/11	木	辛酉	破	柘榴木	亢
19日	03/12	金	壬戌	危	大海水	氐
20日	03/13	土	癸亥	納	大海水	房
21日	03/14	日	甲子	開	海中金	心
22日	03/15	月	乙丑	閉	海中金	尾
23日	03/16	火	丙寅	閉	爐中火	箕
24日	03/17	水	丁卯	除	爐中火	斗
25日	03/18	木	戊辰	除	大林木	女
26日	03/19	金	己巳	満	大林木	虚
27日	03/20	土	庚午	定	路傍土	危
28日	03/21	日	辛未	定	路傍土	室
29日	03/22	月	壬申	執	釵鋒金	壁

二月大 辛卯 奎
節気 春分 2日・清明 17日
雑節 彼岸 4日・社日 6日・土用 29日

日	日付	曜	干支	直	納音	宿
1日	03/23	火	癸酉	破	釵鋒金	奎
2日	03/24	水	甲戌	危	山頭火	婁
3日	03/25	木	乙亥	成	山頭火	胃
4日	03/26	金	丙子	納	澗下水	昴
5日	03/27	土	丁丑	開	澗下水	畢
6日	03/28	日	戊寅	閉	城頭土	觜
7日	03/29	月	己卯	建	城頭土	参
8日	03/30	火	庚辰	除	白鑞金	井
9日	03/31	水	辛巳	満	白鑞金	鬼
10日▽	04/01	木	壬午	平	楊柳木	柳
11日	04/02	金	癸未	定	楊柳木	星
12日	04/03	土	甲申	執	井泉水	張
13日	04/04	日	乙酉	破	井泉水	翼
14日	04/05	月	丙戌	危	屋上土	軫
15日	04/06	火	丁亥	成	屋上土	角
16日	04/07	水	戊子	納	霹靂火	亢
17日	04/08	木	己丑	納	霹靂火	氐
18日	04/09	金	庚寅	開	松柏木	房
19日	04/10	土	辛卯	閉	松柏木	心
20日	04/11	日	壬辰	建	長流水	尾
21日	04/12	月	癸巳	除	長流水	箕
22日	04/13	火	甲午	満	沙中金	斗
23日	04/14	水	乙未	平	沙中金	女
24日	04/15	木	丙申	定	山下火	虚
25日	04/16	金	丁酉	執	山下火	危
26日	04/17	土	戊戌	破	平地木	室
27日	04/18	日	己亥	危	平地木	壁
28日	04/19	月	庚子	成	壁上土	奎
29日	04/20	火	辛丑	納	壁上土	婁
30日	04/21	水	壬寅	開	金箔金	胃

三月小 壬辰 胃
節気 穀雨 2日・立夏 18日
雑節 八十八夜 13日

日	日付	曜	干支	直	納音	宿
1日	04/22	木	癸卯	閉	金箔金	胃
2日	04/23	金	甲辰	建	覆燈火	昴
3日	04/24	土	乙巳	除	覆燈火	畢
4日△	04/25	日	丙午	満	天河水	觜
5日	04/26	月	丁未	平	天河水	参
6日	04/27	火	戊申	定	大駅土	井
7日	04/28	水	己酉	執	大駅土	鬼
8日	04/29	木	庚戌	破	釵釧金	柳
9日	04/30	金	辛亥	危	釵釧金	星
10日	05/01	土	壬子	成	桑柘木	張
11日	05/02	日	癸丑	納	桑柘木	翼
12日	05/03	月	甲寅	開	大渓水	軫
13日	05/04	火	乙卯	閉	大渓水	角
14日	05/05	水	丙辰	建	沙中土	亢
15日	05/06	木	丁巳	除	沙中土	氐
16日	05/07	金	戊午	満	天上火	房
17日	05/08	土	己未	平	天上火	心
18日	05/09	日	庚申	平	柘榴木	尾
19日	05/10	月	辛酉	定	柘榴木	箕
20日	05/11	火	壬戌	執	大海水	斗
21日	05/12	水	癸亥	破	大海水	女
22日	05/13	木	甲子	危	海中金	虚
23日	05/14	金	乙丑	成	海中金	危
24日	05/15	土	丙寅	納	爐中火	室
25日	05/16	日	丁卯	開	爐中火	壁
26日	05/17	月	戊辰	閉	大林木	奎
27日	05/18	火	己巳	建	大林木	婁
28日	05/19	水	庚午	除	路傍土	胃
29日	05/20	木	辛未	満	路傍土	昴

四月大 癸巳 畢
節気 小満 4日・芒種 19日
雑節 入梅 21日

日	日付	曜	干支	直	納音	宿
1日◎	05/21	金	壬申	平	釵鋒金	畢
2日	05/22	土	癸酉	定	釵鋒金	觜
3日	05/23	日	甲戌	執	山頭火	参
4日	05/24	月	乙亥	破	山頭火	井
5日	05/25	火	丙子	危	澗下水	鬼
6日	05/26	水	丁丑	成	澗下水	柳
7日	05/27	木	戊寅	納	城頭土	星
8日	05/28	金	己卯	閉	城頭土	張
9日	05/29	土	庚辰	閉	白鑞金	翼
10日	05/30	日	辛巳	建	白鑞金	軫
11日	05/31	月	壬午	満	楊柳木	角
12日	06/01	火	癸未	平	楊柳木	亢
13日	06/02	水	甲申	平	井泉水	氐
14日▽	06/03	木	乙酉	定	井泉水	房
15日	06/04	金	丙戌	執	屋上土	心
16日	06/05	土	丁亥	破	屋上土	尾
17日	06/06	日	戊子	危	霹靂火	箕
18日	06/07	月	己丑	成	霹靂火	斗
19日	06/08	火	庚寅	納	松柏木	女
20日	06/09	水	辛卯	開	松柏木	虚
21日	06/10	木	壬辰	閉	長流水	危
22日	06/11	金	癸巳	建	長流水	室
23日	06/12	土	甲午	除	沙中金	壁
24日	06/13	日	乙未	満	沙中金	奎
25日	06/14	月	丙申	平	山下火	婁
26日	06/15	火	丁酉	定	山下火	胃
27日	06/16	水	戊戌	執	平地木	昴
28日	06/17	木	己亥	破	平地木	觜
29日	06/18	金	庚子	危	壁上土	参
30日	06/19	土	辛丑	危	壁上土	参

五月小 甲午 参
節気 夏至 4日・小暑 20日
雑節 半夏生 14日

日	日付	曜	干支	直	納音	宿
1日	06/20	日	壬寅	成	金箔金	参
2日	06/21	月	癸卯	納	金箔金	井
3日	06/22	火	甲辰	開	覆燈火	鬼
4日	06/23	水	乙巳	閉	覆燈火	柳
5日	06/24	木	丙午	建	天河水	星
6日	06/25	金	丁未	除	天河水	張
7日	06/26	土	戊申	満	大駅土	翼
8日	06/27	日	己酉	平	大駅土	軫
9日	06/28	月	庚戌	定	釵釧金	角
10日	06/29	火	辛亥	執	釵釧金	亢
11日	06/30	水	壬子	破	桑柘木	氐
12日	07/01	木	癸丑	危	桑柘木	房
13日	07/02	金	甲寅	成	大渓水	心
14日	07/03	土	乙卯	納	大渓水	尾
15日△	07/04	日	丙辰	開	沙中土	箕
16日	07/05	月	丁巳	閉	沙中土	斗
17日	07/06	火	戊午	除	天上火	虚
18日	07/07	水	己未	満	天上火	危
19日	07/08	木	庚申	満	柘榴木	室
20日	07/09	金	辛酉	満	柘榴木	壁
21日	07/10	土	壬戌	定	大海水	奎
22日	07/11	日	癸亥	定	大海水	婁
23日	07/12	月	甲子	執	海中金	胃
24日	07/13	火	乙丑	破	海中金	昴
25日	07/14	水	丙寅	危	爐中火	畢
26日	07/15	木	丁卯	成	爐中火	觜
27日	07/16	金	戊辰	納	大林木	参
28日	07/17	土	己巳	開	大林木	井
29日	07/18	日	庚午	閉	路傍土	鬼

六月大 乙未 鬼
節気 大暑 6日・立秋 21日
雑節 土用 3日

日	日付	曜	干支	直	納音	宿
1日	07/19	月	辛未	建	路傍土	鬼
2日	07/20	火	壬申	除	釵鋒金	柳
3日	07/21	水	癸酉	満	釵鋒金	星
4日	07/22	木	甲戌	平	山頭火	張
5日	07/23	金	乙亥	定	山頭火	翼
6日	07/24	土	丙子	執	澗下水	軫
7日	07/25	日	丁丑	破	澗下水	角
8日	07/26	月	戊寅	危	城頭土	亢
9日	07/27	火	己卯	納	城頭土	氐
10日	07/28	水	庚辰	納	白鑞金	房
11日	07/29	木	辛巳	開	白鑞金	心
12日	07/30	金	壬午	閉	楊柳木	尾
13日	07/31	土	癸未	建	楊柳木	箕
14日	08/01	日	甲申	除	井泉水	斗
15日	08/02	月	乙酉	満	井泉水	女
16日	08/03	火	丙戌	平	屋上土	虚
17日	08/04	水	丁亥	定	屋上土	危
18日▽	08/05	木	戊子	執	霹靂火	室
19日	08/06	金	己丑	破	霹靂火	壁
20日	08/07	土	庚寅	危	松柏木	奎
21日	08/08	日	辛卯	危	松柏木	婁
22日	08/09	月	壬辰	成	長流水	胃
23日	08/10	火	癸巳	納	長流水	昴
24日	08/11	水	甲午	開	沙中金	畢
25日	08/12	木	乙未	閉	沙中金	觜
26日	08/13	金	丙申	建	山下火	参
27日	08/14	土	丁酉	除	山下火	井
28日	08/15	日	戊戌	満	平地木	鬼
29日	08/16	月	己亥	平	平地木	柳
30日	08/17	火	庚子	定	壁上土	星

元和7年

西暦　曜　干支　直　納音　宿

【七月小　丙申　張】
節気　処暑 6日・白露 21日
雑節　二百十日 17日

日	西暦	曜	干支	直	納音	宿
1日	08/18	水	辛丑	執	壁上土	張
2日	08/19	木	壬寅	破	金箔金	翼
3日	08/20	金	癸卯	危	金箔金	軫
4日	08/21	土	甲辰	成	覆燈火	角
5日	08/22	日	乙巳	納	覆燈火	亢
6日	08/23	月	丙午	開	天河水	氐
7日	08/24	火	丁未	閉	天河水	房
8日	08/25	水	戊申	建	大駅土	心
9日	08/26	木	己酉	除	大駅土	尾
10日	08/27	金	庚戌	満	釼鍠金	箕
11日	08/28	土	辛亥	平	釼鍠金	斗
12日	08/29	日	壬子	定	桑柘木	女
13日	08/30	月	癸丑	執	桑柘木	虚
14日	08/31	火	甲寅	破	大溪水	危
15日	09/01	水	乙卯	危	大溪水	室
16日	09/02	木	丙辰	成	沙中土	壁
17日	09/03	金	丁巳	納	沙中土	奎
18日	09/04	土	戊午	開	天上火	婁
19日	09/05	日	己未	閉	天上火	胃
20日	09/06	月	庚申	建	柏榴木	昴
21日	09/07	火	辛酉	建	柏榴木	畢
22日	09/08	水	壬戌	除	大海水	觜
23日	09/09	木	癸亥	満	大海水	参
24日	09/10	金	甲子	定	海中金	井
25日△	09/11	土	乙丑	定	海中金	鬼
26日	09/12	日	丙寅	執	爐中火	柳
27日	09/13	月	丁卯	破	爐中火	星
28日	09/14	火	戊辰	危	大林木	張
29日	09/15	水	己巳	成	大林木	翼

【八月小　丁酉　角】
節気　秋分 8日・寒露 23日
雑節　社日 9日・彼岸 10日

日	西暦	曜	干支	直	納音	宿
1日	09/16	木	庚午	納	路傍土	角
2日	09/17	金	辛未	開	路傍土	亢
3日	09/18	土	壬申	閉	釼鋒金	氐
4日	09/19	日	癸酉	建	釼鋒金	房
5日	09/20	月	甲戌	除	山頭火	心
6日	09/21	火	乙亥	満	山頭火	尾
7日	09/22	水	丙子	平	澗下水	箕
8日	09/23	木	丁丑	定	澗下水	斗
9日	09/24	金	戊寅	執	城頭土	女
10日	09/25	土	己卯	破	城頭土	虚
11日	09/26	日	庚辰	危	白鑞金	危
12日	09/27	月	辛巳	成	白鑞金	室
13日	09/28	火	壬午	納	楊柳木	壁
14日	09/29	水	癸未	開	楊柳木	奎
15日	09/30	木	甲申	閉	井泉水	婁
16日	10/01	金	乙酉	建	井泉水	胃
17日	10/02	土	丙戌	除	屋上土	昴
18日	10/03	日	丁亥	満	屋上土	畢
19日	10/04	月	戊子	平	霹靂火	觜
20日	10/05	火	己丑	定	霹靂火	参
21日	10/06	水	庚寅	執	松柏木	井
22日▽	10/07	木	辛卯	破	松柏木	鬼
23日	10/08	金	壬辰	破	長流水	柳
24日	10/09	土	癸巳	危	長流水	星
25日	10/10	日	甲午	成	沙中金	張
26日	10/11	月	乙未	納	沙中金	翼
27日	10/12	火	丙申	開	山下火	軫
28日	10/13	水	丁酉	閉	山下火	角
29日	10/14	木	戊戌	建	平地木	亢

【九月大　戊戌　氐】
節気　霜降 9日・立冬 24日
雑節　土用 6日

日	西暦	曜	干支	直	納音	宿
1日	10/15	金	己亥	除	平地木	氐
2日	10/16	土	庚子	満	壁上土	房
3日	10/17	日	辛丑	平	壁上土	心
4日	10/18	月	壬寅	定	金箔金	尾
5日	10/19	火	癸卯	執	金箔金	箕
6日	10/20	水	甲辰	破	覆燈火	斗
7日	10/21	木	乙巳	危	覆燈火	女
8日	10/22	金	丙午	成	天河水	虚
9日	10/23	土	丁未	納	天河水	危
10日	10/24	日	戊申	開	大駅土	室
11日	10/25	月	己酉	閉	大駅土	壁
12日	10/26	火	庚戌	建	釼鍠金	奎
13日	10/27	水	辛亥	除	釼鍠金	婁
14日	10/28	木	壬子	満	桑柘木	胃
15日	10/29	金	癸丑	平	桑柘木	昴
16日	10/30	土	甲寅	定	大溪水	畢
17日	10/31	日	乙卯	執	大溪水	觜
18日	11/01	月	丙辰	破	沙中土	参
19日	11/02	火	丁巳	危	沙中土	井
20日	11/03	水	戊午	成	天上火	鬼
21日	11/04	木	己未	納	天上火	柳
22日	11/05	金	庚申	開	柏榴木	星
23日	11/06	土	辛酉	閉	柏榴木	張
24日	11/07	日	壬戌	閉	大海水	翼
25日	11/08	月	癸亥	建	大海水	軫
26日	11/09	火	甲子	除	海中金	角
27日	11/10	水	乙丑	満	海中金	亢
28日	11/11	木	丙寅	平	爐中火	氐
29日	11/12	金	丁卯	定	爐中火	心
30日	11/13	土	戊辰	執	大林木	尾

【十月小　己亥　心】
節気　小雪 10日・大雪 25日

日	西暦	曜	干支	直	納音	宿
1日	11/14	日	己巳	破	大林木	心
2日	11/15	月	庚午	危	路傍土	尾
3日	11/16	火	辛未	成	路傍土	箕
4日	11/17	水	壬申	納	釼鋒金	斗
5日	11/18	木	癸酉	開	釼鋒金	女
6日	11/19	金	甲戌	閉	山頭火	虚
7日△	11/20	土	乙亥	建	山頭火	危
8日	11/21	日	丙子	除	澗下水	室
9日	11/22	月	丁丑	満	澗下水	壁
10日	11/23	火	戊寅	平	城頭土	奎
11日	11/24	水	己卯	定	城頭土	婁
12日	11/25	木	庚辰	執	白鑞金	胃
13日	11/26	金	辛巳	破	白鑞金	昴
14日	11/27	土	壬午	危	楊柳木	畢
15日	11/28	日	癸未	成	楊柳木	觜
16日	11/29	月	甲申	納	井泉水	参
17日	11/30	火	乙酉	開	井泉水	井
18日	12/01	水	丙戌	閉	屋上土	鬼
19日	12/02	木	丁亥	建	屋上土	柳
20日	12/03	金	戊子	除	霹靂火	星
21日	12/04	土	己丑	満	霹靂火	張
22日	12/05	日	庚寅	平	松柏木	翼
23日	12/06	月	辛卯	定	松柏木	軫
24日	12/07	火	壬辰	執	長流水	角
25日▽	12/08	水	癸巳	執	長流水	亢
26日	12/09	木	甲午	破	沙中金	氐
27日	12/10	金	乙未	危	沙中金	房
28日	12/11	土	丙申	成	山下火	心
29日	12/12	日	丁酉	納	山下火	尾

【十一月大　庚子　斗】
節気　冬至 11日・小寒 26日

日	西暦	曜	干支	直	納音	宿
1日	12/13	月	戊戌	開	平地木	斗
2日	12/14	火	己亥	閉	平地木	女
3日	12/15	水	庚子	建	壁上土	虚
4日	12/16	木	辛丑	除	壁上土	危
5日	12/17	金	壬寅	満	金箔金	室
6日	12/18	土	癸卯	平	金箔金	壁
7日	12/19	日	甲辰	定	覆燈火	奎
8日	12/20	月	乙巳	執	覆燈火	婁
9日	12/21	火	丙午	破	天河水	胃
10日	12/22	水	丁未	危	天河水	昴
11日	12/23	木	戊申	成	大駅土	畢
12日	12/24	金	己酉	納	大駅土	觜
13日	12/25	土	庚戌	開	釼鍠金	参
14日	12/26	日	辛亥	閉	釼鍠金	井
15日	12/27	月	壬子	建	桑柘木	鬼
16日	12/28	火	癸丑	除	桑柘木	柳
17日	12/29	水	甲寅	満	大溪水	星
18日	12/30	木	乙卯	平	大溪水	張
19日	12/31	金	丙辰	定	沙中土	翼

1622年

日	西暦	曜	干支	直	納音	宿
20日	01/01	土	丁巳	執	沙中土	軫
21日	01/02	日	戊午	破	天上火	角
22日	01/03	月	己未	危	天上火	亢
23日	01/04	火	庚申	成	柏榴木	氐
24日	01/05	水	辛酉	納	柏榴木	房
25日	01/06	木	壬戌	開	大海水	心
26日	01/07	金	癸亥	開	大海水	尾
27日	01/08	土	甲子	閉	海中金	箕
28日	01/09	日	乙丑	建	海中金	斗
29日	01/10	月	丙寅	除	爐中火	女
30日	01/11	火	丁卯	満	爐中火	虚

【十二月大　辛丑　虚】
節気　大寒 11日・立春 27日
雑節　土用 8日・節分 26日

日	西暦	曜	干支	直	納音	宿
1日	01/12	水	戊辰	平	大林木	虚
2日	01/13	木	己巳	定	大林木	危
3日	01/14	金	庚午	執	路傍土	室
4日	01/15	土	辛未	破	路傍土	壁
5日	01/16	日	壬申	危	釼鋒金	奎
6日	01/17	月	癸酉	成	釼鋒金	婁
7日	01/18	火	甲戌	納	山頭火	胃
8日	01/19	水	乙亥	開	山頭火	昴
9日	01/20	木	丙子	閉	澗下水	畢
10日	01/21	金	丁丑	建	澗下水	觜
11日	01/22	土	戊寅	除	城頭土	参
12日	01/23	日	己卯	満	城頭土	井
13日	01/24	月	庚辰	平	白鑞金	鬼
14日	01/25	火	辛巳	定	白鑞金	柳
15日	01/26	水	壬午	執	楊柳木	星
16日	01/27	木	癸未	破	楊柳木	張
17日	01/28	金	甲申	危	井泉水	翼
18日△	01/29	土	乙酉	成	井泉水	軫
19日	01/30	日	丙戌	納	屋上土	角
20日	01/31	月	丁亥	開	屋上土	亢
21日	02/01	火	戊子	閉	霹靂火	氐
22日	02/02	水	己丑	建	霹靂火	房
23日	02/03	木	庚寅	除	松柏木	心
24日	02/04	金	辛卯	満	松柏木	尾
25日	02/05	土	壬辰	平	長流水	箕
26日	02/06	日	癸巳	定	長流水	斗
27日	02/07	月	甲午	定	沙中金	女
28日	02/08	火	乙未	執	沙中金	虚
29日▽	02/09	水	丙申	破	山下火	危
30日	02/10	木	丁酉	危	山下火	室

元和8年
1622～1623　壬戌

【正月小 壬寅 室】
節気 雨水 12日・啓蟄 27日

1日 02/11 金 戊戌 成 平地木 室
2日 02/12 土 己亥 納 平地木 壁
3日 02/13 日 庚子 開 壁上土 奎
4日 02/14 月 辛丑 閉 壁上土 婁
5日 02/15 火 壬寅 建 金箔金 胃
6日 02/16 水 癸卯 除 金箔金 昴
7日 02/17 木 甲辰 満 覆燈火 畢
8日 02/18 金 乙巳 平 覆燈火 觜
9日 02/19 土 丙午 定 天河水 参
10日 02/20 日 丁未 執 天河水 井
11日 02/21 月 戊申 破 大駅土 鬼
12日 02/22 火 己酉 危 大駅土 柳
13日 02/23 水 庚戌 納 釵釧金 星
14日 02/24 木 辛亥 納 釵釧金 張
15日 02/25 金 壬子 開 桑柘木 翼
16日 02/26 土 癸丑 閉 桑柘木 軫
17日 02/27 日 甲寅 建 大溪水 角
18日 02/28 月 乙卯 除 大溪水 亢
19日 03/01 火 丙辰 満 沙中土 氐
20日 03/02 水 丁巳 定 沙中土 房
21日 03/03 木 戊午 定 天上火 心
22日 03/04 金 己未 執 天上火 尾
23日 03/05 土 庚申 破 柘榴木 箕
24日 03/06 日 辛酉 危 柘榴木 斗
25日 03/07 月 壬戌 成 大海水 女
26日 03/08 火 癸亥 納 大海水 虚
27日 03/09 水 甲子 開 海中金 危
28日 03/10 木 乙丑 閉 海中金 室
29日 03/11 金 丙寅 閉 爐中火 壁

【二月大 癸卯 奎】
節気 春分 13日・清明 29日
雑節 社日 12日・彼岸

1日 03/12 土 丁卯 建 爐中火 奎
2日 03/13 日 戊辰 除 大林木 婁
3日 03/14 月 己巳 満 大林木 胃
4日 03/15 火 庚午 定 路傍土 昴
5日 03/16 水 辛未 定 路傍土 畢
6日 03/17 木 壬申 執 釵鋒金 觜
7日 03/18 金 癸酉 破 釵鋒金 参
8日 03/19 土 甲戌 成 山頭火 井
9日 03/20 日 乙亥 成 山頭火 鬼
10日 03/21 月 丙子 納 潤下水 柳
11日 03/22 火 丁丑 開 潤下水 星
12日 03/23 水 戊寅 閉 城頭土 張
13日 03/24 木 己卯 建 城頭土 翼
14日 03/25 金 庚辰 満 白鑞金 軫
15日 03/26 土 辛巳 満 白鑞金 角
16日 03/27 日 壬午 平 楊柳木 亢
17日 03/28 月 癸未 定 楊柳木 氐
18日 03/29 火 甲申 執 井泉水 房
19日 03/30 水 乙酉 破 井泉水 心
20日 03/31 木 丙戌 危 屋上土 尾
21日 04/01 金 丁亥 成 屋上土 箕
22日 04/02 土 戊子 納 霹靂火 斗
23日 04/03 日 己丑 開 霹靂火 女
24日 04/04 月 庚寅 閉 松柏木 虚
25日 04/05 火 辛卯 建 松柏木 危
26日 04/06 水 壬辰 除 長流水 室
27日 04/07 木 癸巳 満 長流水 壁
28日 △04/08 金 甲午 平 沙中金 奎

29日 04/09 土 乙未 平 沙中金 婁
30日 04/10 日 丙申 定 山下火 胃

【三月大 甲辰 胃】
節気 穀雨 14日・立夏 29日
雑節 土用 12日・八十八夜 25日

1日 04/11 月 丁酉 執 山下火 昴
2日 04/12 火 戊戌 危 平地木 畢
3日 ▽04/13 水 己亥 危 平地木 觜
4日 04/14 木 庚子 成 壁上土 参
5日 04/15 金 辛丑 納 壁上土 井
6日 04/16 土 壬寅 開 金箔金 鬼
7日 04/17 日 癸卯 閉 金箔金 柳
8日 04/18 月 甲辰 建 覆燈火 星
9日 04/19 火 乙巳 除 覆燈火 張
10日 04/20 水 丙午 満 天河水 翼
11日 04/21 木 丁未 平 天河水 軫
12日 04/22 金 戊申 定 大駅土 角
13日 04/23 土 己酉 執 大駅土 亢
14日 04/24 日 庚戌 破 釵釧金 氐
15日 ☆04/25 月 辛亥 危 釵釧金 房
16日 04/26 火 壬子 成 桑柘木 心
17日 04/27 水 癸丑 納 桑柘木 尾
18日 04/28 木 甲寅 開 大溪水 箕
19日 04/29 金 乙卯 閉 大溪水 斗
20日 04/30 土 丙辰 建 沙中土 女
21日 05/01 日 丁巳 除 沙中土 虚
22日 05/02 月 戊午 満 天上火 危
23日 05/03 火 己未 平 天上火 室
24日 05/04 水 庚申 定 柘榴木 壁
25日 05/05 木 辛酉 執 柘榴木 奎
26日 05/06 金 壬戌 破 大海水 婁
27日 05/07 土 癸亥 危 大海水 胃
28日 05/08 日 甲子 成 海中金 昴
29日 05/09 月 乙丑 納 海中金 畢
30日 05/10 火 丙寅 納 爐中火 觜

【四月小 乙巳 畢】
節気 小満 14日・芒種 29日

1日 05/11 水 丁卯 開 爐中火 畢
2日 05/12 木 戊辰 閉 大林木 觜
3日 05/13 金 己巳 建 大林木 参
4日 05/14 土 庚午 満 路傍土 鬼
5日 05/15 日 辛未 満 路傍土 柳
6日 05/16 月 壬申 平 釵鋒金 星
7日 05/17 火 癸酉 定 釵鋒金 張
8日 05/18 水 甲戌 執 山頭火 翼
9日 05/19 木 乙亥 破 山頭火 軫
10日 05/20 金 丙子 危 潤下水 角
11日 05/21 土 丁丑 成 潤下水 亢
12日 05/22 日 戊寅 納 城頭土 氐
13日 05/23 月 己卯 開 城頭土 房
14日 05/24 火 庚辰 閉 白鑞金 心
15日 05/25 水 辛巳 建 白鑞金 尾
16日 05/26 木 壬午 除 楊柳木 箕
17日 05/27 金 癸未 満 楊柳木 斗
18日 05/28 土 甲申 定 井泉水 女
19日 05/29 日 乙酉 執 井泉水 虚
20日 05/30 月 丙戌 執 屋上土 危
21日 05/31 火 丁亥 破 屋上土 室
22日 06/01 水 戊子 危 霹靂火 壁
23日 06/02 木 己丑 成 霹靂火 奎
24日 06/03 金 庚寅 納 松柏木 婁
25日 06/04 土 辛卯 開 松柏木 胃
26日 06/05 日 壬辰 閉 長流水 昴
27日 06/06 月 癸巳 建 長流水 畢
28日 06/07 火 甲午 除 沙中金 觜
29日 06/08 水 乙未 除 沙中金 参

【五月大 丙午 参】
節気 夏至 16日
雑節 入梅 7日・半夏生 26日

1日 06/09 木 丙申 満 山下火 参
2日 06/10 金 丁酉 平 山下火 井
3日 06/11 土 戊戌 平 平地木 鬼
4日 06/12 日 己亥 執 平地木 柳
5日 06/13 月 庚子 破 壁上土 星
6日 06/14 火 辛丑 危 壁上土 張
7日 ▽06/15 水 壬寅 成 金箔金 翼
8日 06/16 木 癸卯 納 金箔金 軫
9日 △06/17 金 甲辰 閉 覆燈火 角
10日 06/18 土 乙巳 閉 覆燈火 亢
11日 06/19 日 丙午 除 天河水 氐
12日 06/20 月 丁未 除 天河水 房
13日 06/21 火 戊申 満 大駅土 心
14日 06/22 水 己酉 平 大駅土 尾
15日 06/23 木 庚戌 定 釵釧金 箕
16日 06/24 金 辛亥 執 釵釧金 斗
17日 06/25 土 壬子 破 桑柘木 女
18日 06/26 日 癸丑 危 桑柘木 虚
19日 06/27 月 甲寅 成 大溪水 危
20日 06/28 火 乙卯 納 大溪水 室
21日 06/29 水 丙辰 開 沙中土 壁
22日 06/30 木 丁巳 閉 沙中土 奎
23日 07/01 金 戊午 建 天上火 婁
24日 07/02 土 己未 除 天上火 胃
25日 07/03 日 庚申 満 柘榴木 昴
26日 07/04 月 辛酉 平 柘榴木 畢
27日 07/05 火 壬戌 定 大海水 觜
28日 07/06 水 癸亥 執 大海水 参
29日 07/07 木 甲子 破 海中金 井
30日 07/08 金 乙丑 危 海中金 鬼

【六月小 丁未 鬼】
節気 小暑 1日・大暑 16日
雑節 土用 13日

1日 07/09 土 丙寅 危 爐中火 鬼
2日 07/10 日 丁卯 成 爐中火 柳
3日 07/11 月 戊辰 納 大林木 星
4日 07/12 火 己巳 開 大林木 張
5日 07/13 水 庚午 閉 路傍土 翼
6日 07/14 木 辛未 建 路傍土 軫
7日 07/15 金 壬申 除 釵鋒金 角
8日 07/16 土 癸酉 満 釵鋒金 亢
9日 07/17 日 甲戌 平 山頭火 氐
10日 07/18 月 乙亥 定 山頭火 房
11日 07/19 火 丙子 執 潤下水 心
12日 07/20 水 丁丑 破 潤下水 尾
13日 07/21 木 戊寅 危 城頭土 箕
14日 07/22 金 己卯 成 城頭土 斗
15日 07/23 土 庚辰 納 白鑞金 女
16日 07/24 日 辛巳 開 白鑞金 虚
17日 07/25 月 壬午 閉 楊柳木 危
18日 07/26 火 癸未 建 楊柳木 室
19日 07/27 水 甲申 除 井泉水 壁
20日 07/28 木 乙酉 満 井泉水 奎
21日 07/29 金 丙戌 平 屋上土 婁
22日 07/30 土 丁亥 定 屋上土 胃
23日 07/31 日 戊子 執 霹靂火 昴
24日 08/01 月 己丑 破 霹靂火 畢
25日 08/02 火 庚寅 危 松柏木 觜
26日 08/03 水 辛卯 成 松柏木 参
27日 08/04 木 壬辰 納 長流水 井
28日 08/05 金 癸巳 開 長流水 鬼
29日 08/06 土 甲午 閉 沙中金 柳

【七月大 戊申 張】
節気 立秋 2日・処暑 17日
雑節 二百十日 29日

1日 08/07 日 乙未 建 沙中金 張
2日 08/08 月 丙申 建 山下火 翼
3日 08/09 火 丁酉 除 山下火 軫

元和8年

西暦		曜	干支	直	納音	宿
4日	08/10	水	戊戌	満	平地木	角
5日	08/11	木	己亥	平	平地木	亢
6日	08/12	金	庚子	定	壁上土	氐
7日	08/13	土	辛丑	執	壁上土	房
8日	08/14	日	壬寅	破	金箔金	心
9日	08/15	月	癸卯	危	金箔金	尾
10日	08/16	火	甲辰	成	覆燈火	箕
11日▽	08/17	水	乙巳	納	覆燈火	斗
12日	08/18	木	丙午	開	天河水	女
13日	08/19	金	丁未	閉	天河水	虚
14日	08/20	土	戊申	建	大駅土	危
15日	08/21	日	己酉	除	大駅土	室
16日	08/22	月	庚戌	満	釵釧金	壁
17日	08/23	火	辛亥	平	釵釧金	奎
18日	08/24	水	壬子	定	桑柘木	婁
19日△	08/25	木	癸丑	執	桑柘木	胃
20日	08/26	金	甲寅	破	大溪水	昴
21日	08/27	土	乙卯	危	大溪水	畢
22日	08/28	日	丙辰	成	沙中土	觜
23日	08/29	月	丁巳	納	沙中土	参
24日	08/30	火	戊午	開	天上火	井
25日	08/31	水	己未	閉	天上火	鬼
26日	09/01	木	庚申	建	柘榴木	柳
27日	09/02	金	辛酉	除	柘榴木	星
28日	09/03	土	壬戌	満	大海水	張
29日	09/04	日	癸亥	平	大海水	翼
30日	09/05	月	甲子	定	海中金	軫

【八月小 己酉 角】
節気 白露 3日・秋分 18日
雑節 社日 14日・彼岸 20日

1日	09/06	火	乙丑	執	海中金	角
2日	09/07	水	丙寅	破	爐中火	亢
3日	09/08	木	丁卯	破	爐中火	氐
4日	09/09	金	戊辰	危	大林木	房
5日	09/10	土	己巳	成	大林木	心
6日	09/11	日	庚午	納	路傍土	尾
7日	09/12	月	辛未	開	路傍土	箕
8日	09/13	火	壬申	建	釵鋒金	斗
9日	09/14	水	癸酉	建	釵鋒金	女
10日	09/15	木	甲戌	除	山頭火	虚
11日	09/16	金	乙亥	満	山頭火	危
12日	09/17	土	丙子	平	澗下水	室
13日	09/18	日	丁丑	定	澗下水	壁
14日	09/19	月	戊寅	執	城頭土	奎
15日	09/20	火	己卯	破	城頭土	婁
16日	09/21	水	庚辰	危	白鑞金	胃
17日	09/22	木	辛巳	成	白鑞金	昴
18日	09/23	金	壬午	納	楊柳木	畢
19日	09/24	土	癸未	開	楊柳木	觜
20日	09/25	日	甲申	閉	井泉水	参
21日	09/26	月	乙酉	建	井泉水	井
22日	09/27	火	丙戌	除	屋上土	鬼
23日	09/28	水	丁亥	満	屋上土	柳
24日	09/29	木	戊子	平	霹靂火	星
25日	09/30	金	己丑	定	霹靂火	張
26日	10/01	土	庚寅	執	松柏木	翼
27日	10/02	日	辛卯	破	松柏木	軫
28日	10/03	月	壬辰	危	長流水	角
29日	10/04	火	癸巳	成	長流水	亢

【九月小 庚戌 氐】
節気 寒露 4日・霜降 19日
雑節 土用 16日

1日	10/05	水	甲午	納	沙中金	氐
2日	10/06	木	乙未	開	沙中金	房
3日	10/07	金	丙申	閉	山下火	心
4日	10/08	土	丁酉	閉	山下火	尾
5日	10/09	日	戊戌	建	平地木	箕
6日	10/10	月	己亥	除	平地木	斗
7日	10/11	火	庚子	満	壁上土	女
8日	10/12	水	辛丑	平	壁上土	虚
9日	10/13	木	壬寅	定	金箔金	危
10日	10/14	金	癸卯	執	金箔金	室
11日	10/15	土	甲辰	破	覆燈火	壁
12日	10/16	日	乙巳	危	覆燈火	奎
13日	10/17	月	丙午	成	天河水	婁
14日	10/18	火	丁未	納	天河水	胃
15日☆	10/19	水	戊申	開	大駅土	昴
16日	10/20	木	己酉	閉	大駅土	畢
17日	10/21	金	庚戌	建	釵釧金	觜
18日	10/22	土	辛亥	除	釵釧金	参
19日	10/23	日	壬子	満	桑柘木	井
20日	10/24	月	癸丑	平	桑柘木	鬼
21日	10/25	火	甲寅	執	大溪水	柳
22日	10/26	水	乙卯	執	大溪水	星
23日	10/27	木	丙辰	破	沙中土	張
24日	10/28	金	丁巳	危	沙中土	翼
25日	10/29	土	戊午	成	天上火	軫
26日	10/30	日	己未	納	天上火	角
27日	10/31	月	庚申	開	柘榴木	亢
28日	11/01	火	辛酉	建	柘榴木	氐
29日	11/02	水	壬戌	建	大海水	房

【十月大 辛亥 心】
節気 立冬 6日・小雪 21日

1日△	11/03	木	癸亥	除	大海水	心
2日	11/04	金	甲子	満	海中金	尾
3日	11/05	土	乙丑	平	海中金	箕
4日	11/06	日	丙寅	定	爐中火	斗
5日	11/07	月	丁卯	執	爐中火	女
6日	11/08	火	戊辰	破	大林木	虚
7日	11/09	水	己巳	危	大林木	危
8日	11/10	木	庚午	成	路傍土	室
9日	11/11	金	辛未	納	路傍土	壁
10日	11/12	土	壬申	開	釵鋒金	奎
11日	11/13	日	癸酉	閉	釵鋒金	婁
12日	11/14	月	甲戌	閉	山頭火	胃
13日	11/15	火	乙亥	除	山頭火	昴
14日	11/16	水	丙子	満	澗下水	畢
15日	11/17	木	丁丑	満	澗下水	觜
16日	11/18	金	戊寅	平	城頭土	参
17日	11/19	土	己卯	定	城頭土	井
18日	11/20	日	庚辰	執	白鑞金	鬼
19日	11/21	月	辛巳	破	白鑞金	柳
20日	11/22	火	壬午	危	楊柳木	星
21日	11/23	水	癸未	成	楊柳木	張
22日	11/24	木	甲申	納	井泉水	翼
23日	11/25	金	乙酉	開	井泉水	軫
24日	11/26	土	丙戌	閉	屋上土	角
25日	11/27	日	丁亥	建	屋上土	亢
26日	11/28	月	戊子	除	霹靂火	氐
27日	11/29	火	己丑	満	霹靂火	房
28日	11/30	水	庚寅	定	松柏木	心
29日	12/01	木	辛卯	定	松柏木	尾
30日	12/02	金	壬辰	執	長流水	箕

【十一月小 壬子 斗】
節気 大雪 6日・冬至 21日

1日	12/03	土	癸巳	危	長流水	斗
2日	12/04	日	甲午	危	沙中金	女
3日	12/05	月	乙未	成	沙中金	虚
4日	12/06	火	丙申	納	山下火	危
5日	12/07	水	丁酉	開	山下火	室
6日	12/08	木	戊戌	閉	平地木	壁
7日	12/09	金	己亥	閉	平地木	奎
8日	12/10	土	庚子	建	壁上土	婁
9日	12/11	日	辛丑	除	壁上土	胃
10日	12/12	月	壬寅	満	金箔金	昴
11日	12/13	火	癸卯	平	金箔金	畢
12日	12/14	水	甲辰	定	覆燈火	觜
13日	12/15	木	乙巳	執	覆燈火	参
14日	12/16	金	丙午	破	天河水	井
15日	12/17	土	丁未	危	天河水	鬼
16日	12/18	日	戊申	成	大駅土	柳
17日	12/19	月	己酉	納	大駅土	星
18日	12/20	火	庚戌	開	釵釧金	張
19日▽	12/21	水	辛亥	閉	釵釧金	翼
20日	12/22	木	壬子	建	桑柘木	軫
21日	12/23	金	癸丑	除	桑柘木	角
22日	12/24	土	甲寅	満	大溪水	亢
23日	12/25	日	乙卯	平	大溪水	氐
24日	12/26	月	丙辰	定	沙中土	房
25日	12/27	火	丁巳	執	沙中土	心
26日	12/28	水	戊午	破	天上火	尾
27日	12/29	木	己未	危	天上火	箕
28日	12/30	金	庚申	成	柘榴木	斗
29日	12/31	土	辛酉	納	柘榴木	女

【十二月大 癸丑 虚】
節気 小寒 7日・大寒 23日
雑節 土用 20日

1623年

1日	01/01	日	壬戌	開	大海水	虚
2日	01/02	月	癸亥	閉	大海水	危
3日	01/03	火	甲子	建	海中金	室
4日	01/04	水	乙丑	除	海中金	壁
5日	01/05	木	丙寅	満	爐中火	奎
6日	01/06	金	丁卯	平	爐中火	婁
7日	01/07	土	戊辰	定	大林木	胃
8日	01/08	日	己巳	定	大林木	昴
9日	01/09	月	庚午	執	路傍土	畢
10日	01/10	火	辛未	破	路傍土	觜
11日	01/11	水	壬申	危	釵鋒金	参
12日△	01/12	木	癸酉	成	釵鋒金	井
13日	01/13	金	甲戌	納	山頭火	鬼
14日	01/14	土	乙亥	開	山頭火	柳
15日	01/15	日	丙子	閉	澗下水	星
16日	01/16	月	丁丑	建	澗下水	張
17日	01/17	火	戊寅	除	城頭土	翼
18日	01/18	水	己卯	満	城頭土	軫
19日	01/19	木	庚辰	平	白鑞金	角
20日	01/20	金	辛巳	定	白鑞金	亢
21日	01/21	土	壬午	執	楊柳木	氐
22日	01/22	日	癸未	破	楊柳木	房
23日	01/23	月	甲申	危	井泉水	心
24日	01/24	火	乙酉	成	井泉水	尾
25日	01/25	水	丙戌	納	屋上土	箕
26日	01/26	木	丁亥	開	屋上土	斗
27日	01/27	金	戊子	閉	霹靂火	女
28日	01/28	土	己丑	建	霹靂火	虚
29日	01/29	日	庚寅	除	松柏木	危
30日	01/30	月	辛卯	満	松柏木	室

元和9年
1623～1624　癸亥

【正月小 甲寅 室】
節気 立春 8日・雨水 23日
雑節 節分 7日

日	新暦	曜	干支	直	納音	宿
1日	01/31	火	壬辰	平	長流水	室
2日	02/01	水	癸巳	定	長流水	壁
3日	02/02	木	甲午	執	沙中金	奎
4日	02/03	金	乙未	破	沙中金	婁
5日	02/04	土	丙申	成	山下火	胃
6日	02/05	日	丁酉	成	山下火	昴
7日	02/06	月	戊戌	納	平地木	畢
8日	02/07	火	己亥	開	平地木	觜
9日	02/08	水	庚子	閉	壁上土	参
10日	02/09	木	辛丑	建	壁上土	井
11日	02/10	金	壬寅	除	金箔金	鬼
12日	02/11	土	癸卯	満	金箔金	柳
13日	02/12	日	甲辰	平	覆燈火	星
14日	02/13	月	乙巳	定	覆燈火	張
15日	02/14	火	丙午	執	天河水	翼
16日	02/15	水	丁未	執	天河水	軫
17日	02/16	木	戊申	破	大駅土	角
18日	02/17	金	己酉	危	大駅土	亢
19日	02/18	土	庚戌	納	釵釧金	氐
20日	02/19	日	辛亥	納	釵釧金	房
21日	02/20	月	壬子	開	桑柘木	心
22日	02/21	火	癸丑	閉	桑柘木	尾
23日▽	02/22	水	甲寅	建	大溪水	箕
24日	02/23	木	乙卯	除	大溪水	斗
25日	02/24	金	丙辰	平	沙中土	女
26日	02/25	土	丁巳	平	沙中土	虚
27日	02/26	日	戊午	定	天上火	危
28日	02/27	月	己未	執	天上火	室
29日	02/28	火	庚申	破	柏榴木	壁

【二月大 乙卯 奎】
節気 啓蟄 9日・春分 25日
雑節 彼岸 27日・社日 28日

日	新暦	曜	干支	直	納音	宿
1日	03/01	水	辛酉	危	柏榴木	奎
2日	03/02	木	壬戌	成	大海水	婁
3日	03/03	金	癸亥	納	大海水	胃
4日	03/04	土	甲子	開	海中金	昴
5日	03/05	日	乙丑	閉	海中金	畢
6日	03/06	月	丙寅	建	爐中火	觜
7日	03/07	火	丁卯	除	爐中火	参
8日	03/08	水	戊辰	満	大林木	井
9日	03/09	木	己巳	平	大林木	鬼
10日	03/10	金	庚午	平	路傍土	柳
11日	03/11	土	辛未	定	路傍土	星
12日	03/12	日	壬申	執	釵鋒金	張
13日	03/13	月	癸酉	破	釵鋒金	翼
14日	03/14	火	甲戌	危	山頭火	軫
15日	03/15	水	乙亥	納	山頭火	角
16日	03/16	木	丙子	納	潤下水	亢
17日	03/17	金	丁丑	開	潤下水	氐
18日	03/18	土	戊寅	閉	城頭土	房
19日	03/19	日	己卯	建	城頭土	心
20日	03/20	月	庚辰	除	白鑞金	尾
21日	03/21	火	辛巳	満	白鑞金	箕
22日△	03/22	水	壬午	平	楊柳木	斗
23日	03/23	木	癸未	定	楊柳木	女
24日	03/24	金	甲申	執	井泉水	虚
25日	03/25	土	乙酉	破	井泉水	危
26日	03/26	日	丙戌	危	屋上土	室
27日	03/27	月	丁亥	成	屋上土	壁
28日	03/28	火	戊子	納	霹靂火	奎
29日	03/29	水	己丑	開	霹靂火	婁
30日	03/30	木	庚寅	閉	松柏木	胃

【三月大 丙辰 胃】
節気 清明 10日・穀雨 25日
雑節 土用 22日

日	新暦	曜	干支	直	納音	宿
1日	03/31	金	辛卯	建	松柏木	昴
2日	04/01	土	壬辰	除	長流水	畢
3日	04/02	日	癸巳	満	長流水	觜
4日	04/03	月	甲午	定	沙中金	参
5日	04/04	火	乙未	定	沙中金	井
6日	04/05	水	丙申	執	山下火	鬼
7日	04/06	木	丁酉	破	山下火	柳
8日	04/07	金	戊戌	危	平地木	星
9日	04/08	土	己亥	成	平地木	張
10日	04/09	日	庚子	納	壁上土	翼
11日	04/10	月	辛丑	開	壁上土	軫
12日	04/11	火	壬寅	閉	金箔金	角
13日	04/12	水	癸卯	閉	金箔金	亢
14日	04/13	木	甲辰	建	覆燈火	氐
15日	04/14	金	乙巳	除	覆燈火	房
16日	04/15	土	丙午	満	天河水	心
17日	04/16	日	丁未	平	天河水	尾
18日	04/17	月	戊申	定	大駅土	箕
19日	04/18	火	己酉	執	大駅土	斗
20日	04/19	水	庚戌	破	釵釧金	女
21日	04/20	木	辛亥	危	釵釧金	虚
22日	04/21	金	壬子	成	桑柘木	危
23日	04/22	土	癸丑	納	桑柘木	室
24日	04/23	日	甲寅	開	大溪水	壁
25日	04/24	月	乙卯	閉	大溪水	奎
26日	04/25	火	丙辰	建	沙中土	婁
27日▽	04/26	水	丁巳	除	沙中土	胃
28日	04/27	木	戊午	満	天上火	昴
29日	04/28	金	己未	平	天上火	畢
30日	04/29	土	庚申	定	柏榴木	觜

【四月小 丁巳 畢】
節気 立夏 10日・小満 25日
雑節 八十八夜 6日

日	新暦	曜	干支	直	納音	宿
1日	04/30	日	辛酉	執	柏榴木	参
2日	05/01	月	壬戌	破	大海水	井
3日	05/02	火	癸亥	危	大海水	鬼
4日	05/03	水	甲子	納	海中金	柳
5日	05/04	木	乙丑	納	海中金	星
6日	05/05	金	丙寅	開	爐中火	張
7日	05/06	土	丁卯	閉	爐中火	翼
8日	05/07	日	戊辰	建	大林木	軫
9日	05/08	月	己巳	除	大林木	角
10日	05/09	火	庚午	満	路傍土	亢
11日	05/10	水	辛未	平	路傍土	氐
12日	05/11	木	壬申	定	釵鋒金	房
13日	05/12	金	癸酉	執	釵鋒金	心
14日	05/13	土	甲戌	破	山頭火	尾
15日	05/14	日	乙亥	危	山頭火	箕
16日	05/15	月	丙子	成	潤下水	斗
17日	05/16	火	丁丑	納	潤下水	女
18日	05/17	水	戊寅	開	城頭土	虚
19日	05/18	木	己卯	閉	城頭土	危
20日	05/19	金	庚辰	建	白鑞金	室
21日	05/20	土	辛巳	除	白鑞金	壁
22日	05/21	日	壬午	満	楊柳木	奎
23日	05/22	月	癸未	平	楊柳木	婁
24日	05/23	火	甲申	定	井泉水	胃
25日	05/24	水	乙酉	執	井泉水	昴
26日	05/25	木	丙戌	破	屋上土	畢
27日	05/26	金	丁亥	危	屋上土	觜
28日	05/27	土	戊子	成	霹靂火	参
29日	05/28	日	己丑	納	霹靂火	井

【五月大 戊午 参】
節気 芒種 12日・夏至 27日
雑節 入梅 13日

日	新暦	曜	干支	直	納音	宿
1日	05/29	月	庚寅	納	松柏木	鬼
2日	05/30	火	辛卯	開	松柏木	柳
3日△	05/31	水	壬辰	閉	長流水	星
4日	06/01	木	癸巳	建	長流水	張
5日	06/02	金	甲午	除	沙中金	翼
6日	06/03	土	乙未	平	沙中金	軫
7日	06/04	日	丙申	平	山下火	角
8日	06/05	月	丁酉	定	山下火	亢
9日	06/06	火	戊戌	執	平地木	氐
10日	06/07	水	己亥	破	平地木	房
11日	06/08	木	庚子	危	壁上土	心
12日	06/09	金	辛丑	成	壁上土	尾
13日	06/10	土	壬寅	納	金箔金	箕
14日	06/11	日	癸卯	開	金箔金	斗
15日	06/12	月	甲辰	閉	覆燈火	女
16日	06/13	火	乙巳	建	覆燈火	虚
17日	06/14	水	丙午	除	天河水	危
18日	06/15	木	丁未	満	天河水	室
19日	06/16	金	戊申	平	大駅土	壁
20日	06/17	土	己酉	定	大駅土	奎
21日	06/18	日	庚戌	執	釵釧金	婁
22日	06/19	月	辛亥	破	釵釧金	胃
23日	06/20	火	壬子	危	桑柘木	昴
24日	06/21	水	癸丑	成	桑柘木	畢
25日	06/22	木	甲寅	納	大溪水	觜
26日	06/23	金	乙卯	開	大溪水	参
27日	06/24	土	丙辰	閉	沙中土	井
28日	06/25	日	丁巳	建	沙中土	鬼
29日	06/26	月	戊午	除	天上火	柳
30日	06/27	火	己未	除	天上火	星

【六月大 己未 鬼】
節気 小暑 12日・大暑 27日
雑節 半夏生 7日・土用 24日

日	新暦	曜	干支	直	納音	宿
1日▽	06/28	水	庚申	満	柏榴木	鬼
2日	06/29	木	辛酉	平	柏榴木	柳
3日	06/30	金	壬戌	定	大海水	星
4日	07/01	土	癸亥	執	大海水	張
5日	07/02	日	甲子	破	海中金	翼
6日	07/03	月	乙丑	危	海中金	軫
7日	07/04	火	丙寅	成	爐中火	角
8日	07/05	水	丁卯	納	爐中火	亢
9日	07/06	木	戊辰	開	大林木	氐
10日	07/07	金	己巳	閉	大林木	房
11日	07/08	土	庚午	建	路傍土	心
12日	07/09	日	辛未	建	路傍土	尾
13日	07/10	月	壬申	除	釵鋒金	箕
14日	07/11	火	癸酉	満	釵鋒金	斗
15日	07/12	水	甲戌	平	山頭火	女
16日	07/13	木	乙亥	定	山頭火	虚
17日	07/14	金	丙子	執	潤下水	危
18日	07/15	土	丁丑	破	潤下水	室
19日	07/16	日	戊寅	危	城頭土	壁
20日	07/17	月	己卯	成	城頭土	奎
21日	07/18	火	庚辰	納	白鑞金	婁
22日	07/19	水	辛巳	開	白鑞金	胃
23日	07/20	木	壬午	閉	楊柳木	昴
24日	07/21	金	癸未	建	楊柳木	畢
25日	07/22	土	甲申	除	井泉水	觜
26日	07/23	日	乙酉	満	井泉水	参
27日	07/24	月	丙戌	平	屋上土	井
28日	07/25	火	丁亥	定	屋上土	鬼
29日	07/26	水	戊子	執	霹靂火	柳
30日	07/27	木	己丑	破	霹靂火	星

【七月小 庚申 張】
節気 立秋 12日・処暑 28日

日	新暦	曜	干支	直	納音	宿
1日	07/28	金	庚寅	危	松柏木	張
2日	07/29	土	辛卯	成	松柏木	翼
3日	07/30	日	壬辰	納	長流水	軫
4日	07/31	月	癸巳	開	長流水	角
5日	08/01	火	甲午	閉	沙中金	亢
6日	08/02	水	乙未	建	沙中金	氐
7日	08/03	木	丙申	除	山下火	房
8日	08/04	金	丁酉	満	山下火	心
9日	08/05	土	戊戌	平	平地木	尾
10日	08/06	日	己亥	定	平地木	箕
11日	08/07	月	庚子	執	壁上土	斗
12日	08/08	火	辛丑	破	壁上土	女
13日▽	08/09	水	壬寅	危	金箔金	虚
14日	08/10	木	癸卯	成	金箔金	危

西暦	曜	干支	直	納音	宿

元和9年

日	西暦	曜	干支	直	納音	宿
15日	08/11	金	甲辰	成	覆燈火	室
16日	08/12	土	乙巳	納	覆燈火	壁
17日	08/13	日	丙午	開	天河水	奎
18日	08/14	月	丁未	閉	天河水	婁
19日	08/15	火	戊申	建	大駅土	胃
20日	08/16	水	己酉	除	大駅土	昴
21日	08/17	木	庚戌	満	釵釧金	畢
22日	08/18	金	辛亥	平	釵釧金	觜
23日	08/19	土	壬子	定	桑柘木	参
24日	08/20	日	癸丑	執	桑柘木	井
25日	08/21	月	甲寅	破	大溪水	鬼
26日	08/22	火	乙卯	危	大溪水	柳
27日	08/23	水	丙辰	成	沙中土	星
28日	08/24	木	丁巳	納	沙中土	張
29日	08/25	金	戊午	開	天上火	翼

【八月大 辛酉 角】
節気 白露 14日・秋分 29日
雑節 二百十日 10日・社日 30日

日	西暦	曜	干支	直	納音	宿
1日	08/26	土	己未	閉	天上火	角
2日	08/27	日	庚申	建	柘榴木	亢
3日	08/28	月	辛酉	除	柘榴木	氏
4日	08/29	火	壬戌	満	大海水	房
5日▽	08/30	水	癸亥	平	大海水	心
6日	08/31	木	甲子	定	海中金	尾
7日	09/01	金	乙丑	執	海中金	箕
8日	09/02	土	丙寅	破	爐中火	斗
9日	09/03	日	丁卯	危	爐中火	女
10日	09/04	月	戊辰	成	大林木	虚
11日	09/05	火	己巳	納	大林木	危
12日	09/06	水	庚午	開	路傍土	室
13日	09/07	木	辛未	閉	路傍土	壁
14日	09/08	金	壬申	建	釵鋒金	奎
15日	09/09	土	癸酉	除	山頭火	婁
16日	09/10	日	甲戌	満	山頭火	胃
17日	09/11	月	乙亥	満	山頭火	昴
18日	09/12	火	丙子	平	澗下水	畢
19日	09/13	水	丁丑	定	澗下水	觜
20日	09/14	木	戊寅	執	城頭土	参
21日	09/15	金	己卯	破	城頭土	井
22日	09/16	土	庚辰	危	白鑞金	鬼
23日	09/17	日	辛巳	成	白鑞金	柳
24日	09/18	月	壬午	納	楊柳木	星
25日	09/19	火	癸未	開	楊柳木	張
26日	09/20	水	甲申	閉	井泉水	翼
27日	09/21	木	乙酉	建	井泉水	軫
28日	09/22	金	丙戌	除	屋上土	角
29日	09/23	土	丁亥	満	屋上土	亢
30日	09/24	日	戊子	平	霹靂火	氏

【閏八月小 辛酉 角】
節気 寒露 14日
雑節 彼岸 1日・土用 27日

日	西暦	曜	干支	直	納音	宿
1日	09/25	月	己丑	定	霹靂火	角
2日	09/26	火	庚寅	執	松柏木	亢
3日	09/27	水	辛卯	破	松柏木	氏
4日	09/28	木	壬辰	危	長流水	房
5日	09/29	金	癸巳	成	長流水	心
6日	09/30	土	甲午	納	沙中金	尾
7日	10/01	日	乙未	開	沙中金	箕
8日	10/02	月	丙申	閉	山下火	斗
9日	10/03	火	丁酉	建	山下火	女
10日	10/04	水	戊戌	除	平地木	虚
11日	10/05	木	己亥	満	平地木	危
12日	10/06	金	庚子	平	壁上土	室
13日	10/07	土	辛丑	定	壁上土	壁
14日☆	10/08	日	壬寅	執	金箔金	奎
15日	10/09	月	癸卯	破	金箔金	婁
16日	10/10	火	甲辰	危	覆燈火	胃
17日	10/11	水	乙巳	成	覆燈火	昴
18日	10/12	木	丙午	納	天河水	畢
19日	10/13	金	丁未	開	天河水	觜
20日	10/14	土	戊申	閉	大駅土	参
21日	10/15	日	己酉	閉	大駅土	井
22日	10/16	月	庚戌	建	釵釧金	鬼
23日△	10/17	火	辛亥	除	釵釧金	柳
24日	10/18	水	壬子	満	桑柘木	星
25日	10/19	木	癸丑	平	桑柘木	張
26日	10/20	金	甲寅	定	大溪水	翼
27日	10/21	土	乙卯	執	大溪水	軫
28日	10/22	日	丙辰	破	沙中土	角
29日	10/23	月	丁巳	危	沙中土	亢

【九月小 壬戌 氏】
節気 霜降 1日・立冬 16日

日	西暦	曜	干支	直	納音	宿
1日	10/24	火	戊午	成	天上火	氏
2日	10/25	水	己未	納	天上火	房
3日	10/26	木	庚申	開	柘榴木	心
4日	10/27	金	辛酉	建	柘榴木	尾
5日	10/28	土	壬戌	除	大海水	箕
6日	10/29	日	癸亥	満	大海水	斗
7日	10/30	月	甲子	平	海中金	女
8日	10/31	火	乙丑	定	海中金	虚
9日▽	11/01	水	丙寅	定	爐中火	危
10日	11/02	木	丁卯	執	爐中火	室
11日	11/03	金	戊辰	破	大林木	壁
12日	11/04	土	己巳	危	大林木	奎
13日	11/05	日	庚午	成	路傍土	婁
14日	11/06	月	辛未	納	路傍土	胃
15日	11/07	火	壬申	開	釵鋒金	昴
16日	11/08	水	癸酉	閉	釵鋒金	畢
17日	11/09	木	甲戌	建	山頭火	觜
18日	11/10	金	乙亥	除	山頭火	参
19日	11/11	土	丙子	満	澗下水	井
20日	11/12	日	丁丑	平	澗下水	鬼
21日	11/13	月	戊寅	定	城頭土	柳
22日	11/14	火	己卯	執	城頭土	星
23日	11/15	水	庚辰	破	白鑞金	張
24日	11/16	木	辛巳	危	白鑞金	翼
25日	11/17	金	壬午	成	楊柳木	軫
26日	11/18	土	癸未	納	楊柳木	角
27日	11/19	日	甲申	開	井泉水	亢
28日	11/20	月	乙酉	閉	井泉水	氏
29日	11/21	火	丙戌	建	屋上土	房

【十月大 癸亥 心】
節気 小雪 2日・大雪 17日

日	西暦	曜	干支	直	納音	宿
1日	11/22	水	丁亥	建	屋上土	心
2日	11/23	木	戊子	除	霹靂火	尾
3日	11/24	金	己丑	満	霹靂火	箕
4日	11/25	土	庚寅	平	松柏木	斗
5日	11/26	日	辛卯	定	松柏木	女
6日	11/27	月	壬辰	執	長流水	虚
7日	11/28	火	癸巳	破	長流水	危
8日	11/29	水	甲午	危	沙中金	室
9日	11/30	木	乙未	成	沙中金	壁
10日	12/01	金	丙申	納	山下火	奎
11日	12/02	土	丁酉	開	山下火	婁
12日	12/03	日	戊戌	閉	平地木	胃
13日	12/04	月	己亥	建	平地木	昴
14日	12/05	火	庚子	除	壁上土	畢
15日	12/06	水	辛丑	満	壁上土	觜
16日	12/07	木	壬寅	平	金箔金	参
17日	12/08	金	癸卯	定	金箔金	井
18日	12/09	土	甲辰	執	覆燈火	鬼
19日	12/10	日	乙巳	破	覆燈火	柳
20日	12/11	月	丙午	危	天河水	星
21日	12/12	火	丁未	成	天河水	張
22日	12/13	水	戊申	納	大駅土	翼
23日	12/14	木	己酉	開	大駅土	軫
24日	12/15	金	庚戌	閉	釵釧金	角
25日	12/16	土	辛亥	建	釵釧金	亢
26日	12/17	日	壬子	除	桑柘木	氏
27日	12/18	月	癸丑	満	桑柘木	房
28日	12/19	火	甲寅	平	大溪水	心
29日	12/20	水	乙卯	定	大溪水	尾
30日	12/21	木	丙辰	定	沙中土	箕

【十一月小 甲子 斗】
節気 冬至 2日・小寒 18日

日	西暦	曜	干支	直	納音	宿
1日	12/22	金	丁巳	執	沙中土	斗
2日	12/23	土	戊午	破	天上火	女
3日	12/24	日	己未	危	天上火	虚
4日	12/25	月	庚申	成	柘榴木	危
5日△	12/26	火	辛酉	納	柘榴木	室
6日	12/27	水	壬戌	閉	大海水	壁
7日	12/28	木	癸亥	閉	大海水	奎
8日	12/29	金	甲子	建	海中金	婁
9日	12/30	土	乙丑	満	海中金	胃
10日	12/31	日	丙寅	満	爐中火	昴

1624年

日	西暦	曜	干支	直	納音	宿
11日	01/01	月	丁卯	平	爐中火	畢
12日▽	01/02	火	戊辰	執	大林木	觜
13日	01/03	水	己巳	執	大林木	参
14日	01/04	木	庚午	破	路傍土	井
15日	01/05	金	辛未	危	路傍土	鬼
16日	01/06	土	壬申	成	釵鋒金	柳
17日	01/07	日	癸酉	納	釵鋒金	星
18日	01/08	月	甲戌	開	山頭火	張
19日	01/09	火	乙亥	閉	山頭火	翼
20日	01/10	水	丙子	閉	澗下水	軫
21日	01/11	木	丁丑	建	澗下水	角
22日	01/12	金	戊寅	除	城頭土	亢
23日	01/13	土	己卯	満	城頭土	氏
24日	01/14	日	庚辰	平	白鑞金	房
25日	01/15	月	辛巳	定	白鑞金	心
26日	01/16	火	壬午	執	楊柳木	尾
27日	01/17	水	癸未	破	楊柳木	箕
28日	01/18	木	甲申	危	井泉水	斗
29日	01/19	金	乙酉	成	井泉水	女

【十二月大 乙丑 虚】
節気 大寒 4日・立春 19日
雑節 土用 1日・節分 18日

日	西暦	曜	干支	直	納音	宿
1日	01/20	土	丙戌	納	屋上土	虚
2日	01/21	日	丁亥	納	屋上土	危
3日	01/22	月	戊子	閉	霹靂火	室
4日	01/23	火	己丑	建	霹靂火	壁
5日	01/24	水	庚寅	除	松柏木	奎
6日	01/25	木	辛卯	満	松柏木	婁
7日	01/26	金	壬辰	平	長流水	胃
8日	01/27	土	癸巳	定	長流水	昴
9日	01/28	日	甲午	執	沙中金	畢
10日	01/29	月	乙未	危	沙中金	觜
11日	01/30	火	丙申	危	山下火	参
12日	01/31	水	丁酉	成	山下火	井
13日	02/01	木	戊戌	納	平地木	鬼
14日	02/02	金	己亥	開	平地木	柳
15日	02/03	土	庚子	閉	壁上土	星
16日	02/04	日	辛丑	建	壁上土	張
17日	02/05	月	壬寅	除	金箔金	翼
18日	02/06	火	癸卯	満	金箔金	軫
19日	02/07	水	甲辰	平	覆燈火	角
20日	02/08	木	乙巳	定	覆燈火	亢
21日	02/09	金	丙午	執	天河水	氏
22日	02/10	土	丁未	破	天河水	房
23日	02/11	日	戊申	危	大駅土	心
24日	02/12	月	己酉	成	大駅土	尾
25日	02/13	火	庚戌	納	釵釧金	箕
26日	02/14	水	辛亥	開	釵釧金	斗
27日	02/15	木	壬子	閉	桑柘木	女
28日	02/16	金	癸丑	建	桑柘木	虚
29日	02/17	土	甲寅	除	大溪水	危
30日	02/18	日	乙卯	満	大溪水	室

寛永元年〔元和10年〕

1624〜1625　甲子
※改元＝2月30日

【正月小 丙寅 室】

節気 雨水 4日・啓蟄 20日

1日	02/19	月	丙辰	満	沙中土	室
2日	02/20	火	丁巳	平	沙中土	壁
3日	02/21	水	戊午	定	天上火	奎
4日	02/22	木	己未	執	天上火	婁
5日	02/23	金	庚申	破	柘榴木	胃
6日	02/24	土	辛酉	危	柘榴木	昴
7日	02/25	日	壬戌	成	大海水	畢
8日	02/26	月	癸亥	納	大海水	觜
9日	02/27	火	甲子	開	海中金	参
10日	02/28	水	乙丑	閉	海中金	井
11日	02/29	木	丙寅	建	爐中火	鬼
12日	03/01	金	丁卯	除	爐中火	柳
13日	03/02	土	戊辰	満	大林木	星
14日	03/03	日	己巳	平	大林木	張
15日	03/04	月	庚午	定	路傍土	翼
16日◇	03/05	火	辛未	執	路傍土	軫
17日	03/06	水	壬申	破	釼鋒金	角
18日	03/07	木	癸酉	危	釼鋒金	亢
19日	03/08	金	甲戌	成	山頭火	氐
20日	03/09	土	乙亥	納	山頭火	房
21日	03/10	日	丙子	納	澗下水	心
22日	03/11	月	丁丑	開	澗下水	尾
23日	03/12	火	戊寅	閉	城頭土	斗
24日	03/13	水	己卯	建	城頭土	牛
25日	03/14	木	庚辰	除	白鑞金	女
26日	03/15	金	辛巳	満	白鑞金	虚
27日	03/16	土	壬午	平	楊柳木	危
28日	03/17	日	癸未	定	楊柳木	室
29日	03/18	月	甲申	執	井泉水	壁

【二月大 丁卯 奎】

節気 春分 6日・清明 21日
雑節 社日 4日・彼岸 8日

1日	03/19	火	乙酉	破	井泉水	奎
2日	03/20	水	丙戌	危	屋上土	婁
3日	03/21	木	丁亥	成	屋上土	胃
4日	03/22	金	戊子	納	霹靂火	昴
5日	03/23	土	己丑	開	霹靂火	畢
6日	03/24	日	庚寅	閉	松柏木	觜
7日	03/25	月	辛卯	建	松柏木	参
8日	03/26	火	壬辰	除	長流水	井
9日	03/27	水	癸巳	満	長流水	鬼
10日	03/28	木	甲午	平	沙中金	柳
11日	03/29	金	乙未	定	沙中金	星
12日	03/30	土	丙申	執	山下火	張
13日	03/31	日	丁酉	破	山下火	翼
14日	04/01	月	戊戌	危	平地木	軫
15日	04/02	火	己亥	成	平地木	角
16日☆	04/03	水	庚子	納	壁上土	亢
17日	04/04	木	辛丑	開	壁上土	氐
18日	04/05	金	壬寅	閉	金箔金	房
19日	04/06	土	癸卯	建	金箔金	心
20日	04/07	日	甲辰	除	覆燈火	尾
21日	04/08	月	乙巳	除	覆燈火	箕
22日	04/09	火	丙午	満	天河水	斗
23日	04/10	水	丁未	平	天河水	女
24日	04/11	木	戊申	定	大駅土	虚
25日	04/12	金	己酉	執	大駅土	危
26日	04/13	土	庚戌	破	釵釧金	室
27日	04/14	日	辛亥	危	釵釧金	壁
28日	04/15	月	壬子	成	桑柘木	奎
29日	04/16	火	癸丑	納	桑柘木	婁
30日	04/17	水	甲寅	開	大渓水	胃

＊改元（元和10年→寛永元年）

【三月小 戊辰 胃】

節気 穀雨 6日・立夏 21日
雑節 土用 3日・八十八夜 17日

1日	04/18	木	乙卯	閉	大渓水	胃
2日	04/19	金	丙辰	建	沙中土	昴
3日	04/20	土	丁巳	除	沙中土	畢
4日	04/21	日	戊午	平	天上火	觜
5日	04/22	月	己未	平	天上火	参
6日	04/23	火	庚申	定	柘榴木	井
7日	04/24	水	辛酉	執	柘榴木	鬼
8日	04/25	木	壬戌	破	大海水	柳
9日	04/26	金	癸亥	危	大海水	星
10日	04/27	土	甲子	成	海中金	張
11日	04/28	日	乙丑	納	海中金	翼
12日	04/29	月	丙寅	開	爐中火	軫
13日	04/30	火	丁卯	閉	爐中火	角
14日	05/01	水	戊辰	建	大林木	亢
15日	05/02	木	己巳	除	大林木	氐
16日	05/03	金	庚午	満	路傍土	房
17日	05/04	土	辛未	平	路傍土	心
18日	05/05	日	壬申	定	釼鋒金	尾
19日	05/06	月	癸酉	執	釼鋒金	箕
20日▽	05/07	火	甲戌	破	山頭火	斗
21日	05/08	水	乙亥	破	山頭火	女
22日	05/09	木	丙子	危	澗下水	虚
23日	05/10	金	丁丑	成	澗下水	危
24日	05/11	土	戊寅	納	城頭土	室
25日	05/12	日	己卯	開	城頭土	壁
26日△	05/13	月	庚辰	閉	白鑞金	奎
27日	05/14	火	辛巳	建	白鑞金	婁
28日	05/15	水	壬午	除	楊柳木	胃
29日	05/16	木	癸未	満	楊柳木	昴

【四月大 己巳 畢】

節気 小満 8日・芒種 23日
雑節 入梅 29日

1日	05/17	金	甲申	平	井泉水	畢
2日	05/18	土	乙酉	定	井泉水	觜
3日	05/19	日	丙戌	執	屋上土	参
4日	05/20	月	丁亥	破	屋上土	井
5日	05/21	火	戊子	危	霹靂火	鬼
6日	05/22	水	己丑	成	霹靂火	柳
7日	05/23	木	庚寅	納	松柏木	星
8日	05/24	金	辛卯	開	松柏木	張
9日	05/25	土	壬辰	閉	長流水	翼
10日	05/26	日	癸巳	建	長流水	軫
11日	05/27	月	甲午	除	沙中金	角
12日	05/28	火	乙未	満	沙中金	亢
13日	05/29	水	丙申	平	山下火	氐
14日	05/30	木	丁酉	定	山下火	房
15日	05/31	金	戊戌	執	平地木	心
16日	06/01	土	己亥	破	平地木	尾
17日	06/02	日	庚子	危	壁上土	箕
18日	06/03	月	辛丑	成	壁上土	斗
19日	06/04	火	壬寅	納	金箔金	女
20日	06/05	水	癸卯	開	金箔金	虚
21日	06/06	木	甲辰	閉	覆燈火	危
22日	06/07	金	乙巳	建	覆燈火	室
23日	06/08	土	丙午	建	天河水	壁
24日	06/09	日	丁未	除	天河水	奎
25日	06/10	月	戊申	満	大駅土	婁
26日	06/11	火	己酉	平	大駅土	胃
27日	06/12	水	庚戌	定	釵釧金	昴
28日	06/13	木	辛亥	執	釵釧金	畢
29日	06/14	金	壬子	破	桑柘木	觜
30日	06/15	土	癸丑	危	桑柘木	参

【五月大 庚午 参】

節気 夏至 8日・小暑 23日
雑節 半夏生 18日

1日	06/16	日	甲寅	成	大渓水	参
2日	06/17	月	乙卯	納	大渓水	井
3日	06/18	火	丙辰	開	沙中土	鬼
4日	06/19	水	丁巳	閉	沙中土	柳
5日	06/20	木	戊午	建	天上火	星
6日	06/21	金	己未	除	天上火	張
7日	06/22	土	庚申	満	柘榴木	翼
8日	06/23	日	辛酉	平	柘榴木	軫
9日	06/24	月	壬戌	定	大海水	角
10日	06/25	火	癸亥	執	大海水	亢
11日	06/26	水	甲子	破	海中金	氐
12日	06/27	木	乙丑	危	海中金	房
13日	06/28	金	丙寅	成	爐中火	心
14日	06/29	土	丁卯	納	爐中火	尾
15日	06/30	日	戊辰	開	大林木	箕
16日	07/01	月	己巳	閉	大林木	斗
17日	07/02	火	庚午	建	路傍土	女
18日	07/03	水	辛未	除	路傍土	虚
19日	07/04	木	壬申	満	釼鋒金	危
20日	07/05	金	癸酉	平	釼鋒金	室
21日	07/06	土	甲戌	定	山頭火	壁
22日	07/07	日	乙亥	執	山頭火	奎
23日	07/08	月	丙子	破	澗下水	婁
24日▽	07/09	火	丁丑	破	澗下水	胃
25日	07/10	水	戊寅	危	城頭土	昴
26日	07/11	木	己卯	成	城頭土	畢
27日	07/12	金	庚辰	納	白鑞金	觜
28日	07/13	土	辛巳	開	白鑞金	参
29日	07/14	日	壬午	閉	楊柳木	井
30日	07/15	月	癸未	建	楊柳木	鬼

【六月小 辛未 鬼】

節気 大暑 9日・立秋 24日
雑節 土用 5日

1日	07/16	火	甲申	除	井泉水	鬼
2日	07/17	水	乙酉	満	井泉水	柳
3日	07/18	木	丙戌	平	屋上土	星
4日	07/19	金	丁亥	定	屋上土	張
5日	07/20	土	戊子	執	霹靂火	翼
6日	07/21	日	己丑	破	霹靂火	軫
7日△	07/22	月	庚寅	危	松柏木	角
8日	07/23	火	辛卯	成	松柏木	亢
9日	07/24	水	壬辰	納	長流水	氐
10日	07/25	木	癸巳	開	長流水	房
11日	07/26	金	甲午	閉	沙中金	心
12日	07/27	土	乙未	建	沙中金	尾
13日	07/28	日	丙申	除	山下火	箕
14日	07/29	月	丁酉	満	山下火	斗
15日	07/30	火	戊戌	平	平地木	女
16日	07/31	水	己亥	定	平地木	虚
17日	08/01	木	庚子	執	壁上土	危
18日	08/02	金	辛丑	破	壁上土	室
19日	08/03	土	壬寅	危	金箔金	壁
20日	08/04	日	癸卯	成	金箔金	奎
21日	08/05	月	甲辰	納	覆燈火	婁
22日	08/06	火	乙巳	開	覆燈火	胃
23日	08/07	水	丙午	閉	天河水	昴
24日	08/08	木	丁未	建	天河水	畢
25日	08/09	金	戊申	除	大駅土	觜
26日	08/10	土	己酉	満	大駅土	参
27日	08/11	日	庚戌	平	釵釧金	井

— 86 —

寛永元年〔元和10年〕

日	西暦	曜	干支	直	納音	宿
28日	08/12	月	辛亥	平	釵釧金	鬼
29日	08/13	火	壬子	定	桑柘木	柳

【七月大 壬申 張】
節気 処暑 10日・白露 25日
雑節 二百十日 21日

日	西暦	曜	干支	直	納音	宿
1日	08/14	水	癸丑	執	桑柘木	張
2日	08/15	木	甲寅	破	大渓水	翼
3日	08/16	金	乙卯	危	大渓水	軫
4日	08/17	土	丙辰	成	沙中土	角
5日	08/18	日	丁巳	納	沙中土	亢
6日	08/19	月	戊午	開	天上火	氐
7日	08/20	火	己未	閉	天上火	房
8日	08/21	水	庚申	建	柘榴木	心
9日	08/22	木	辛酉	除	柘榴木	尾
10日	08/23	金	壬戌	満	大海水	箕
11日	08/24	土	癸亥	平	大海水	斗
12日	08/25	日	甲子	定	海中金	女
13日	08/26	月	乙丑	執	海中金	虚
14日	08/27	火	丙寅	破	爐中火	危
15日	08/28	水	丁卯	危	爐中火	室
16日	08/29	木	戊辰	成	大林木	壁
17日	08/30	金	己巳	納	大林木	奎
18日	08/31	土	庚午	開	路傍土	婁
19日	09/01	日	辛未	閉	路傍土	胃
20日	09/02	月	壬申	建	釵釧金	畢
21日	09/03	火	癸酉	除	釵釧金	觜
22日	09/04	水	甲戌	満	山頭火	參
23日	09/05	木	乙亥	平	山頭火	參
24日	09/06	金	丙子	定	澗下水	鬼
25日	09/07	土	丁丑	定	澗下水	鬼
26日	09/08	日	戊寅	執	城頭土	柳
27日	09/09	月	己卯	破	城頭土	星
28日▽	09/10	火	庚辰	危	白鑞金	張
29日	09/11	水	辛巳	成	白鑞金	翼
30日	09/12	木	壬午	納	楊柳木	軫

【八月小 癸酉 角】
節気 秋分 10日・寒露 26日
雑節 社日 6日・彼岸 12日

日	西暦	曜	干支	直	納音	宿
1日	09/13	金	癸未	開	楊柳木	角
2日	09/14	土	甲申	閉	井泉水	亢
3日	09/15	日	乙酉	建	井泉水	氐
4日	09/16	月	丙戌	除	屋上土	房
5日	09/17	火	丁亥	満	屋上土	心
6日	09/18	水	戊子	平	霹靂火	尾
7日	09/19	木	己丑	定	霹靂火	箕
8日	09/20	金	庚寅	執	松柏木	斗
9日	09/21	土	辛卯	破	松柏木	女
10日	09/22	日	壬辰	危	長流水	虚
11日	09/23	月	癸巳	納	長流水	危
12日	09/24	火	甲午	納	沙中金	室
13日	09/25	水	乙未	開	沙中金	壁
14日☆	09/26	木	丙申	閉	山下火	奎
15日	09/27	金	丁酉	建	山下火	婁
16日	09/28	土	戊戌	除	平地木	胃
17日	09/29	日	己亥	満	平地木	昴
18日△	09/30	月	庚子	平	壁上土	畢
19日	10/01	火	辛丑	定	壁上土	觜
20日	10/02	水	壬寅	執	金箔金	參
21日	10/03	木	癸卯	破	金箔金	井
22日	10/04	金	甲辰	危	覆燈火	鬼
23日	10/05	土	乙巳	成	覆燈火	柳
24日	10/06	日	丙午	納	天河水	星
25日	10/07	月	丁未	開	天河水	張
26日	10/08	火	戊申	閉	大駅土	翼
27日	10/09	水	己酉	閉	大駅土	軫
28日	10/10	木	庚戌	建	釵釧金	角
29日	10/11	金	辛亥	除	釵釧金	亢

【九月大 甲戌 氐】
節気 霜降 12日・立冬 27日
雑節 土用 9日

日	西暦	曜	干支	直	納音	宿
1日	10/12	土	壬子	満	桑柘木	氐
2日	10/13	日	癸丑	平	桑柘木	房
3日	10/14	月	甲寅	定	大渓水	心
4日	10/15	火	乙卯	執	大渓水	尾
5日	10/16	水	丙辰	破	沙中土	箕
6日	10/17	木	丁巳	危	沙中土	斗
7日	10/18	金	戊午	成	天上火	女
8日	10/19	土	己未	納	天上火	虚
9日	10/20	日	庚申	開	柘榴木	危
10日	10/21	月	辛酉	閉	柘榴木	室
11日	10/22	火	壬戌	建	大海水	壁
12日	10/23	水	癸亥	除	大海水	奎
13日	10/24	木	甲子	満	海中金	婁
14日	10/25	金	乙丑	平	海中金	胃
15日	10/26	土	丙寅	定	爐中火	昴
16日	10/27	日	丁卯	執	爐中火	畢
17日	10/28	月	戊辰	破	大林木	觜
18日	10/29	火	己巳	危	大林木	參
19日	10/30	水	庚午	成	路傍土	井
20日	10/31	木	辛未	納	路傍土	鬼
21日	11/01	金	壬申	開	釵釧金	柳
22日	11/02	土	癸酉	閉	釵釧金	星
23日	11/03	日	甲戌	建	山頭火	張
24日	11/04	月	乙亥	除	山頭火	翼
25日	11/05	火	丙子	平	澗下水	軫
26日	11/06	水	丁丑	平	澗下水	角
27日	11/07	木	戊寅	平	城頭土	亢
28日	11/08	金	己卯	破	城頭土	氐
29日	11/09	土	庚辰	執	白鑞金	房
30日	11/10	日	辛巳	破	白鑞金	心

【十月大 乙亥 心】
節気 小雪 12日・大雪 27日

日	西暦	曜	干支	直	納音	宿
1日	11/11	月	壬午	危	楊柳木	心
2日▽	11/12	火	癸未	成	楊柳木	尾
3日	11/13	水	甲申	納	井泉水	箕
4日	11/14	木	乙酉	開	井泉水	斗
5日	11/15	金	丙戌	閉	屋上土	女
6日	11/16	土	丁亥	建	屋上土	虚
7日	11/17	日	戊子	除	霹靂火	危
8日	11/18	月	己丑	満	霹靂火	室
9日	11/19	火	庚寅	平	松柏木	壁
10日	11/20	水	辛卯	定	松柏木	奎
11日	11/21	木	壬辰	執	長流水	婁
12日	11/22	金	癸巳	破	長流水	胃
13日	11/23	土	甲午	成	沙中金	昴
14日	11/24	日	乙未	成	沙中金	畢
15日	11/25	月	丙申	納	山下火	觜
16日	11/26	火	丁酉	開	山下火	參
17日	11/27	水	戊戌	閉	平地木	井
18日	11/28	木	己亥	建	平地木	鬼
19日	11/29	金	庚子	除	壁上土	柳
20日	11/30	土	辛丑	満	壁上土	星
21日	12/01	日	壬寅	平	金箔金	張
22日	12/02	月	癸卯	定	金箔金	翼
23日	12/03	火	甲辰	執	覆燈火	軫
24日	12/04	水	乙巳	破	覆燈火	角
25日	12/05	木	丙午	危	天河水	亢
26日	12/06	金	丁未	成	天河水	氐
27日	12/07	土	戊申	納	大駅土	房
28日△	12/08	日	己酉	納	大駅土	心
29日	12/09	月	庚戌	開	釵釧金	尾
30日	12/10	火	辛亥	閉	釵釧金	箕

【十一月小 丙子 斗】
節気 冬至 13日・小寒 28日

日	西暦	曜	干支	直	納音	宿
1日	12/11	水	壬子	建	桑柘木	斗
2日	12/12	木	癸丑	除	桑柘木	女
3日	12/13	金	甲寅	満	大渓水	虚
4日	12/14	土	乙卯	平	大渓水	危
5日	12/15	日	丙辰	定	沙中土	室
6日	12/16	月	丁巳	執	沙中土	壁
7日	12/17	火	戊午	破	天上火	奎
8日	12/18	水	己未	危	天上火	婁
9日	12/19	木	庚申	成	柘榴木	胃
10日	12/20	金	辛酉	納	柘榴木	昴
11日	12/21	土	壬戌	開	大海水	畢
12日	12/22	日	癸亥	閉	大海水	觜
13日	12/23	月	甲子	建	海中金	參
14日	12/24	火	乙丑	除	海中金	井
15日	12/25	水	丙寅	満	爐中火	鬼
16日	12/26	木	丁卯	平	爐中火	柳
17日	12/27	金	戊辰	定	大林木	星
18日	12/28	土	己巳	執	大林木	張
19日	12/29	日	庚午	破	路傍土	翼
20日	12/30	月	辛未	危	路傍土	軫
21日	12/31	火	壬申	危	釵釧金	角

1625年

日	西暦	曜	干支	直	納音	宿
22日	01/01	水	癸酉	納	釵釧金	亢
23日	01/02	木	甲戌	開	山頭火	氐
24日	01/03	金	乙亥	閉	山頭火	房
25日	01/04	土	丙子	建	澗下水	心
26日	01/05	日	丁丑	除	澗下水	尾
27日	01/06	月	戊寅	満	城頭土	箕
28日	01/07	火	己卯	満	城頭土	斗
29日	01/08	水	庚辰	平	白鑞金	女

【十二月小 丁丑 虚】
節気 大寒 14日・立春 29日
雑節 土用 11日・節分 28日

日	西暦	曜	干支	直	納音	宿
1日	01/09	木	辛巳	定	白鑞金	虚
2日	01/10	金	壬午	執	楊柳木	危
3日	01/11	土	癸未	破	楊柳木	室
4日	01/12	日	甲申	危	井泉水	壁
5日	01/13	月	乙酉	成	井泉水	奎
6日▽	01/14	火	丙戌	納	屋上土	婁
7日	01/15	水	丁亥	開	屋上土	胃
8日	01/16	木	戊子	閉	霹靂火	昴
9日	01/17	金	己丑	建	霹靂火	畢
10日	01/18	土	庚寅	除	松柏木	觜
11日	01/19	日	辛卯	満	松柏木	參
12日	01/20	月	壬辰	平	長流水	井
13日	01/21	火	癸巳	定	長流水	鬼
14日	01/22	水	甲午	執	沙中金	柳
15日	01/23	木	乙未	破	沙中金	星
16日	01/24	金	丙申	危	山下火	張
17日	01/25	土	丁酉	成	山下火	翼
18日	01/26	日	戊戌	納	平地木	軫
19日	01/27	月	己亥	開	平地木	角
20日	01/28	火	庚子	閉	壁上土	亢
21日	01/29	水	辛丑	建	壁上土	氐
22日	01/30	木	壬寅	除	金箔金	房
23日	01/31	金	癸卯	満	金箔金	心
24日	02/01	土	甲辰	平	覆燈火	尾
25日	02/02	日	乙巳	定	覆燈火	箕
26日	02/03	月	丙午	執	天河水	斗
27日	02/04	火	丁未	破	天河水	女
28日	02/05	水	戊申	危	大駅土	虚
29日	02/06	木	己酉	危	大駅土	危

寛永2年
1625〜1626 乙丑

【正月大 戊寅 室】
節気 雨水 16日

日	日付	曜	干支	十二直	納音	宿
1日	02/07	金	庚戌	成	釼釧金	室
2日	02/08	土	辛亥	納	釼釧金	壁
3日	02/09	日	壬子	開	桑柘木	奎
4日	02/10	月	癸丑	閉	桑柘木	婁
5日	02/11	火	甲寅	建	大溪水	胃
6日	02/12	水	乙卯	除	大溪水	昴
7日	02/13	木	丙辰	満	沙中土	畢
8日	02/14	金	丁巳	平	沙中土	觜
9日	02/15	土	戊午	定	天上火	参
10日△	02/16	日	己未	執	天上火	井
11日	02/17	月	庚申	破	柘榴木	鬼
12日	02/18	火	辛酉	危	柘榴木	柳
13日	02/19	水	壬戌	成	大海水	星
14日	02/20	木	癸亥	納	大海水	張
15日	02/21	金	甲子	開	海中金	翼
16日	02/22	土	乙丑	閉	海中金	軫
17日	02/23	日	丙寅	建	爐中火	角
18日	02/24	月	丁卯	除	爐中火	亢
19日	02/25	火	戊辰	満	大林木	氐
20日	02/26	水	己巳	平	大林木	房
21日	02/27	木	庚午	定	路傍土	心
22日	02/28	金	辛未	執	路傍土	尾
23日	03/01	土	壬申	破	釼鋒金	箕
24日	03/02	日	癸酉	危	釼鋒金	斗
25日	03/03	月	甲戌	成	山頭火	女
26日	03/04	火	乙亥	納	山頭火	虚
27日	03/05	水	丙子	開	澗下水	危
28日	03/06	木	丁丑	閉	澗下水	室
29日	03/07	金	戊寅	建	城頭土	壁
30日	03/08	土	己卯	除	城頭土	奎

【二月小 己卯 奎】
節気 啓蟄 1日・春分 16日
雑節 彼岸 18日・社日 19日

日	日付	曜	干支	十二直	納音	宿
1日	03/09	日	庚辰	除	白鑞金	婁
2日	03/10	月	辛巳	満	白鑞金	胃
3日	03/11	火	壬午	平	楊柳木	昴
4日	03/12	水	癸未	定	楊柳木	畢
5日	03/13	木	甲申	執	井泉水	觜
6日	03/14	金	乙酉	破	井泉水	参
7日	03/15	土	丙戌	危	屋上土	井
8日	03/16	日	丁亥	成	屋上土	鬼
9日	03/17	月	戊子	納	霹靂火	柳
10日▽	03/18	火	己丑	開	霹靂火	星
11日	03/19	水	庚寅	閉	松柏木	張
12日	03/20	木	辛卯	建	松柏木	翼
13日	03/21	金	壬辰	除	長流水	軫
14日	03/22	土	癸巳	満	長流水	角
15日	03/23	日	甲午	平	沙中金	亢
16日	03/24	月	乙未	定	沙中金	氐
17日	03/25	火	丙申	執	山下火	房
18日	03/26	水	丁酉	破	山下火	心
19日	03/27	木	戊戌	危	平地木	尾
20日	03/28	金	己亥	成	平地木	箕
21日	03/29	土	庚子	納	壁上土	斗
22日	03/30	日	辛丑	開	壁上土	女
23日	03/31	月	壬寅	閉	金箔金	虚
24日	04/01	火	癸卯	建	金箔金	危
25日	04/02	水	甲辰	除	覆燈火	室
26日	04/03	木	乙巳	満	覆燈火	壁
27日	04/04	金	丙午	平	天河水	奎
28日	04/05	土	丁未	定	天河水	婁
29日	04/06	日	戊申	執	大駅土	胃

【三月大 庚辰 胃】
節気 清明 2日・穀雨 17日
雑節 土用 14日・八十八夜 28日

日	日付	曜	干支	十二直	納音	宿
1日	04/07	月	己酉	破	大駅土	昴
2日	04/08	火	庚戌	破	釼釧金	畢
3日	04/09	水	辛亥	危	釼釧金	觜
4日	04/10	木	壬子	成	桑柘木	参
5日	04/11	金	癸丑	納	桑柘木	井
6日	04/12	土	甲寅	開	大溪水	鬼
7日	04/13	日	乙卯	閉	大溪水	柳
8日	04/14	月	丙辰	建	沙中土	星
9日	04/15	火	丁巳	除	沙中土	張
10日	04/16	水	戊午	満	天上火	翼
11日	04/17	木	己未	平	天上火	軫
12日	04/18	金	庚申	定	柘榴木	角
13日	04/19	土	辛酉	執	柘榴木	亢
14日	04/20	日	壬戌	破	大海水	氐
15日	04/21	月	癸亥	危	大海水	房
16日	04/22	火	甲子	成	海中金	心
17日	04/23	水	乙丑	納	海中金	尾
18日	04/24	木	丙寅	開	爐中火	箕
19日	04/25	金	丁卯	閉	爐中火	斗
20日△	04/26	土	戊辰	建	大林木	女
21日	04/27	日	己巳	除	大林木	虚
22日	04/28	月	庚午	満	路傍土	危
23日	04/29	火	辛未	平	路傍土	室
24日	04/30	水	壬申	定	釼鋒金	壁
25日	05/01	木	癸酉	執	釼鋒金	奎
26日	05/02	金	甲戌	破	山頭火	婁
27日	05/03	土	乙亥	危	山頭火	胃
28日	05/04	日	丙子	成	澗下水	昴
29日	05/05	月	丁丑	納	澗下水	畢
30日	05/06	火	戊寅	開	城頭土	觜

【四月小 辛巳 畢】
節気 立夏 3日・小満 18日

日	日付	曜	干支	十二直	納音	宿
1日	05/07	水	己卯	閉	城頭土	参
2日	05/08	木	庚辰	建	白鑞金	井
3日	05/09	金	辛巳	建	白鑞金	鬼
4日	05/10	土	壬午	除	楊柳木	柳
5日	05/11	日	癸未	満	楊柳木	星
6日	05/12	月	甲申	平	井泉水	張
7日	05/13	火	乙酉	定	井泉水	翼
8日	05/14	水	丙戌	執	屋上土	軫
9日	05/15	木	丁亥	破	屋上土	角
10日	05/16	金	戊子	危	霹靂火	亢
11日	05/17	土	己丑	成	霹靂火	氐
12日	05/18	日	庚寅	納	松柏木	房
13日	05/19	月	辛卯	開	松柏木	心
14日▽	05/20	火	壬辰	閉	長流水	尾
15日	05/21	水	癸巳	建	長流水	箕
16日	05/22	木	甲午	除	沙中金	斗
17日	05/23	金	乙未	満	沙中金	女
18日	05/24	土	丙申	平	山下火	虚
19日	05/25	日	丁酉	定	山下火	危
20日	05/26	月	戊戌	執	平地木	室
21日	05/27	火	己亥	破	平地木	壁
22日	05/28	水	庚子	危	壁上土	奎
23日	05/29	木	辛丑	成	壁上土	婁
24日	05/30	金	壬寅	納	金箔金	胃
25日	05/31	土	癸卯	開	金箔金	昴
26日	06/01	日	甲辰	閉	覆燈火	畢
27日	06/02	月	乙巳	建	覆燈火	觜
28日	06/03	火	丙午	除	天河水	参
29日	06/04	水	丁未	満	天河水	井

【五月大 壬午 参】
節気 芒種 4日・夏至 19日
雑節 入梅 5日・半夏生 29日

日	日付	曜	干支	十二直	納音	宿
1日	06/05	木	戊申	平	大駅土	鬼
2日	06/06	金	己酉	定	大駅土	柳
3日	06/07	土	庚戌	執	釼釧金	星
4日	06/08	日	辛亥	執	釼釧金	張
5日	06/09	月	壬子	破	桑柘木	翼
6日	06/10	火	癸丑	危	桑柘木	軫
7日	06/11	水	甲寅	成	大溪水	角
8日	06/12	木	乙卯	納	大溪水	亢
9日	06/13	金	丙辰	開	沙中土	氐
10日	06/14	土	丁巳	閉	沙中土	房
11日	06/15	日	戊午	建	天上火	心
12日	06/16	月	己未	除	天上火	尾
13日	06/17	火	庚申	満	柘榴木	箕
14日	06/18	水	辛酉	平	柘榴木	斗
15日	06/19	木	壬戌	定	大海水	女
16日	06/20	金	癸亥	執	大海水	虚
17日	06/21	土	甲子	破	海中金	危
18日	06/22	日	乙丑	危	海中金	室
19日	06/23	月	丙寅	成	爐中火	壁
20日	06/24	火	丁卯	納	爐中火	奎
21日	06/25	水	戊辰	開	大林木	婁
22日	06/26	木	己巳	閉	大林木	胃
23日	06/27	金	庚午	建	路傍土	昴
24日	06/28	土	辛未	除	路傍土	畢
25日	06/29	日	壬申	満	釼鋒金	觜
26日	06/30	月	癸酉	平	釼鋒金	参
27日	07/01	火	甲戌	定	山頭火	井
28日	07/02	水	乙亥	執	山頭火	鬼
29日	07/03	木	丙子	破	澗下水	柳
30日	07/04	金	丁丑	危	澗下水	星

【六月小 癸未 鬼】
節気 小暑 5日・大暑 20日
雑節 土用 17日

日	日付	曜	干支	十二直	納音	宿
1日△	07/05	土	戊寅	成	城頭土	張
2日	07/06	日	己卯	納	城頭土	翼
3日	07/07	月	庚辰	開	白鑞金	軫
4日	07/08	火	辛巳	閉	白鑞金	角
5日	07/09	水	壬午	閉	楊柳木	亢
6日	07/10	木	癸未	建	楊柳木	氐
7日	07/11	金	甲申	除	井泉水	房
8日	07/12	土	乙酉	満	井泉水	心
9日	07/13	日	丙戌	平	屋上土	尾
10日	07/14	月	丁亥	定	屋上土	箕
11日	07/15	火	戊子	執	霹靂火	斗
12日	07/16	水	己丑	破	霹靂火	女
13日	07/17	木	庚寅	危	松柏木	虚
14日	07/18	金	辛卯	成	松柏木	危
15日	07/19	土	壬辰	納	長流水	室
16日	07/20	日	癸巳	開	長流水	壁
17日	07/21	月	甲午	閉	沙中金	奎
18日▽	07/22	火	乙未	建	沙中金	婁
19日	07/23	水	丙申	除	山下火	胃
20日	07/24	木	丁酉	満	山下火	昴
21日	07/25	金	戊戌	平	平地木	畢
22日	07/26	土	己亥	定	平地木	觜
23日	07/27	日	庚子	執	壁上土	参
24日	07/28	月	辛丑	破	壁上土	井
25日	07/29	火	壬寅	危	金箔金	鬼
26日	07/30	水	癸卯	成	金箔金	柳
27日	07/31	木	甲辰	納	覆燈火	星
28日	08/01	金	乙巳	開	覆燈火	張
29日	08/02	土	丙午	閉	天河水	翼

【七月大 甲申 張】
節気 立秋 6日・処暑 21日

日	日付	曜	干支	十二直	納音	宿
1日	08/03	日	丁未	建	天河水	軫
2日	08/04	月	戊申	除	大駅土	角
3日	08/05	火	己酉	満	大駅土	亢
4日	08/06	水	庚戌	平	釼釧金	氐

西暦　曜　干支　直　納音　宿　　　　　　　　　　　　寛永2年

日	西暦	曜	干支	直	納音	宿
5日	08/07	木	辛亥	定	釵釧金	亢
6日	08/08	金	壬子	執	桑柘木	氐
7日	08/09	土	癸丑	執	桑柘木	房
8日	08/10	日	甲寅	破	大溪水	心
9日	08/11	月	乙卯	危	大溪水	尾
10日	08/12	火	丙辰	成	沙中土	箕
11日	08/13	水	丁巳	納	沙中土	斗
12日	08/14	木	戊午	開	天上火	女
13日	08/15	金	己未	建	天上火	虚
14日	08/16	土	庚申	建	柘榴木	危
15日	08/17	日	辛酉	除	柘榴木	室
16日	08/18	月	壬戌	満	大海水	壁
17日	08/19	火	癸亥	平	大海水	奎
18日	08/20	水	甲子	定	海中金	婁
19日	08/21	木	乙丑	執	海中金	胃
20日	08/22	金	丙寅	破	爐中火	昴
21日	08/23	土	丁卯	危	爐中火	畢
22日	08/24	日	戊辰	成	大林木	觜
23日	08/25	月	己巳	納	大林木	參
24日	08/26	火	庚午	閉	路傍土	鬼
25日	08/27	水	辛未	閉	路傍土	鬼
26日	08/28	木	壬申	建	釵鋒金	柳
27日	08/29	金	癸酉	除	釵鋒金	星
28日	08/30	土	甲戌	満	山頭火	張
29日	08/31	日	乙亥	平	山頭火	翼
30日	09/01	月	丙子	定	澗下水	軫

【八月大 乙酉 角】
節気 白露 6日・秋分 22日
雑節 二百十日 2日・社日 22日・彼岸 24日

日	西暦	曜	干支	直	納音	宿
1日	09/02	火	丁丑	執	澗下水	角
2日	09/03	水	戊寅	破	城頭土	亢
3日	09/04	木	己卯	危	城頭土	氐
4日	09/05	金	庚辰	成	白鑞金	房
5日	09/06	土	辛巳	納	白鑞金	心
6日	09/07	日	壬午	開	楊柳木	尾
7日	09/08	月	癸未	閉	楊柳木	箕
8日	09/09	火	甲申	閉	井泉水	斗
9日	09/10	水	乙酉	建	井泉水	女
10日	09/11	木	丙戌	除	屋上土	虚
11日	09/12	金	丁亥	満	屋上土	危
12日△	09/13	土	戊子	平	霹靂火	室
13日	09/14	日	己丑	定	霹靂火	壁
14日	09/15	月	庚寅	執	松柏木	奎
15日☆	09/16	火	辛卯	破	松柏木	婁
16日	09/17	水	壬辰	危	長流水	胃
17日	09/18	木	癸巳	成	長流水	昴
18日	09/19	金	甲午	納	沙中金	畢
19日	09/20	土	乙未	開	沙中金	觜
20日	09/21	日	丙申	閉	山下火	參
21日	09/22	月	丁酉	閉	山下火	鬼
22日▽	09/23	火	戊戌	除	平地木	鬼
23日	09/24	水	己亥	満	平地木	柳
24日	09/25	木	庚子	平	壁上土	星
25日	09/26	金	辛丑	定	壁上土	張
26日	09/27	土	壬寅	執	金箔金	翼
27日	09/28	日	癸卯	破	金箔金	軫
28日	09/29	月	甲辰	危	覆燈火	角
29日	09/30	火	乙巳	成	覆燈火	亢
30日	10/01	水	丙午	納	天河水	氐

【九月小 丙戌 氐】
節気 寒露 7日・霜降 22日
雑節 土用 19日

日	西暦	曜	干支	直	納音	宿
1日	10/02	木	丁未	開	天河水	氐
2日	10/03	金	戊申	閉	大驛土	房
3日	10/04	土	己酉	建	大驛土	心
4日	10/05	日	庚戌	除	釵釧金	尾
5日	10/06	月	辛亥	満	釵釧金	箕
6日	10/07	火	壬子	平	桑柘木	斗
7日	10/08	水	癸丑	平	桑柘木	女
8日	10/09	木	甲寅	定	大溪水	虚
9日	10/10	金	乙卯	執	大溪水	危
10日	10/11	土	丙辰	破	沙中土	室
11日	10/12	日	丁巳	危	沙中土	壁
12日	10/13	月	戊午	成	天上火	奎
13日	10/14	火	己未	納	天上火	婁
14日	10/15	水	庚申	開	柘榴木	胃
15日	10/16	木	辛酉	閉	柘榴木	昴
16日	10/17	金	壬戌	建	大海水	畢
17日	10/18	土	癸亥	除	大海水	觜
18日	10/19	日	甲子	満	海中金	參
19日	10/20	月	乙丑	平	海中金	井
20日	10/21	火	丙寅	定	爐中火	鬼
21日	10/22	水	丁卯	執	爐中火	柳
22日	10/23	木	戊辰	破	大林木	星
23日	10/24	金	己巳	危	大林木	張
24日	10/25	土	庚午	成	路傍土	翼
25日	10/26	日	辛未	納	路傍土	軫
26日	10/27	月	壬申	開	釵鋒金	角
27日	10/28	火	癸酉	閉	釵鋒金	亢
28日	10/29	水	甲戌	建	山頭火	氐
29日	10/30	木	乙亥	除	山頭火	房

【十月大 丁亥 心】
節気 立冬 8日・小雪 24日

日	西暦	曜	干支	直	納音	宿
1日	10/31	金	丙子	満	澗下水	心
2日	11/01	土	丁丑	平	澗下水	尾
3日	11/02	日	戊寅	定	城頭土	箕
4日	11/03	月	己卯	執	城頭土	斗
5日	11/04	火	庚辰	破	白鑞金	女
6日	11/05	水	辛巳	危	白鑞金	虚
7日	11/06	木	壬午	成	楊柳木	危
8日	11/07	金	癸未	納	楊柳木	室
9日	11/08	土	甲申	開	井泉水	壁
10日	11/09	日	乙酉	閉	井泉水	奎
11日	11/10	月	丙戌	建	屋上土	婁
12日	11/11	火	丁亥	除	屋上土	胃
13日	11/12	水	戊子	満	霹靂火	昴
14日	11/13	木	己丑	平	霹靂火	畢
15日	11/14	金	庚寅	定	松柏木	觜
16日	11/15	土	辛卯	執	松柏木	參
17日	11/16	日	壬辰	破	長流水	井
18日	11/17	月	癸巳	危	長流水	鬼
19日	11/18	火	甲午	成	沙中金	柳
20日	11/19	水	乙未	納	沙中金	星
21日	11/20	木	丙申	開	山下火	張
22日△	11/21	金	丁酉	閉	山下火	翼
23日	11/22	土	戊戌	建	平地木	軫
24日	11/23	日	己亥	除	平地木	角
25日▽	11/24	月	庚子	満	壁上土	亢
26日	11/25	火	辛丑	平	壁上土	氐
27日	11/26	水	壬寅	定	金箔金	房
28日	11/27	木	癸卯	執	金箔金	心
29日	11/28	金	甲辰	破	覆燈火	尾
30日	11/29	土	乙巳	危	覆燈火	箕

【十一月大 戊子 斗】
節気 大雪 9日・冬至 24日

日	西暦	曜	干支	直	納音	宿
1日	11/30	日	丙午	危	天河水	斗
2日	12/01	月	丁未	成	天河水	女
3日	12/02	火	戊申	納	大驛土	虚
4日	12/03	水	己酉	開	大驛土	危
5日	12/04	木	庚戌	閉	釵釧金	室
6日	12/05	金	辛亥	建	釵釧金	壁
7日	12/06	土	壬子	除	桑柘木	奎
8日	12/07	日	癸丑	満	桑柘木	婁
9日	12/08	月	甲寅	満	大溪水	胃
10日	12/09	火	乙卯	平	大溪水	昴
11日	12/10	水	丙辰	定	沙中土	畢
12日	12/11	木	丁巳	執	沙中土	觜
13日	12/12	金	戊午	破	天上火	參
14日	12/13	土	己未	危	天上火	井
15日	12/14	日	庚申	成	柘榴木	柳
16日	12/15	月	辛酉	納	柘榴木	柳
17日	12/16	火	壬戌	開	大海水	星
18日	12/17	水	癸亥	閉	大海水	張
19日	12/18	木	甲子	建	海中金	翼
20日	12/19	金	乙丑	除	海中金	軫
21日	12/20	土	丙寅	満	爐中火	角
22日	12/21	日	丁卯	平	爐中火	亢
23日	12/22	月	戊辰	定	大林木	氐
24日	12/23	火	己巳	執	大林木	房
25日	12/24	水	庚午	破	路傍土	心
26日	12/25	木	辛未	危	路傍土	尾
27日	12/26	金	壬申	成	釵鋒金	箕
28日	12/27	土	癸酉	納	釵鋒金	斗
29日	12/28	日	甲戌	開	山頭火	女
30日	12/29	月	乙亥	閉	山頭火	虚

【十二月小 己丑 虚】
節気 小寒 9日・大寒 24日
雑節 土用 21日

日	西暦	曜	干支	直	納音	宿
1日	12/30	火	丙子	建	澗下水	虚
2日	12/31	水	丁丑	除	澗下水	危

1626年

日	西暦	曜	干支	直	納音	宿
3日	01/01	木	戊寅	満	城頭土	室
4日	01/02	金	己卯	平	城頭土	壁
5日	01/03	土	庚辰	定	白鑞金	奎
6日	01/04	日	辛巳	執	白鑞金	婁
7日	01/05	月	壬午	破	楊柳木	胃
8日	01/06	火	癸未	危	楊柳木	昴
9日	01/07	水	甲申	危	井泉水	畢
10日	01/08	木	乙酉	成	井泉水	觜
11日	01/09	金	丙戌	納	屋上土	參
12日	01/10	土	丁亥	開	屋上土	井
13日	01/11	日	戊子	閉	霹靂火	鬼
14日	01/12	月	己丑	建	霹靂火	柳
15日	01/13	火	庚寅	除	松柏木	星
16日	01/14	水	辛卯	満	松柏木	張
17日	01/15	木	壬辰	平	長流水	翼
18日	01/16	金	癸巳	定	長流水	軫
19日	01/17	土	甲午	執	沙中金	角
20日	01/18	日	乙未	破	沙中金	亢
21日	01/19	月	丙申	危	山下火	氐
22日	01/20	火	丁酉	成	山下火	房
23日	01/21	水	戊戌	納	平地木	心
24日	01/22	木	己亥	開	平地木	尾
25日	01/23	金	庚子	閉	壁上土	箕
26日	01/24	土	辛丑	建	壁上土	斗
27日	01/25	日	壬寅	除	金箔金	女
28日▽	01/26	月	癸卯	満	金箔金	虚
29日	01/27	火	甲辰	平	覆燈火	危

寛永3年
1626～1627 丙寅

【正月大 庚寅 室】
節気 立春 11日・雨水 26日
雑節 節分 10日

日	新暦	曜	干支	直	納音	宿
1日	01/28	水	乙巳	定	覆燈火	室
2日	01/29	木	丙午	執	天河水	壁
3日△	01/30	金	丁未	破	天河水	奎
4日	01/31	土	戊申	危	大駅土	婁
5日	02/01	日	己酉	成	大駅土	胃
6日	02/02	月	庚戌	納	釵釧金	昴
7日	02/03	火	辛亥	開	釵釧金	畢
8日	02/04	水	壬子	閉	桑柘木	觜
9日	02/05	木	癸丑	建	桑柘木	参
10日	02/06	金	甲寅	除	大溪水	井
11日	02/07	土	乙卯	満	大溪水	鬼
12日	02/08	日	丙辰	満	沙中土	柳
13日	02/09	月	丁巳	平	沙中土	星
14日	02/10	火	戊午	定	天上火	張
15日☆	02/11	水	己未	執	天上火	翼
16日	02/12	木	庚申	破	柘榴木	軫
17日	02/13	金	辛酉	危	柘榴木	角
18日	02/14	土	壬戌	成	大海水	亢
19日	02/15	日	癸亥	納	大海水	氐
20日	02/16	月	甲子	開	海中金	房
21日	02/17	火	乙丑	閉	海中金	心
22日	02/18	水	丙寅	建	爐中火	尾
23日	02/19	木	丁卯	除	爐中火	箕
24日	02/20	金	戊辰	満	大林木	斗
25日	02/21	土	己巳	平	大林木	牛
26日	02/22	日	庚午	定	路傍土	女
27日	02/23	月	辛未	執	路傍土	虚
28日	02/24	火	壬申	破	釵釧金	危
29日	02/25	水	癸酉	危	釵釧金	室
30日	02/26	木	甲戌	成	山頭火	壁

【二月小 辛卯 奎】
節気 啓蟄 11日・春分 26日
雑節 社日 24日・彼岸 28日

日	新暦	曜	干支	直	納音	宿
1日	02/27	金	乙亥	納	山頭火	奎
2日	02/28	土	丙子	開	澗下水	婁
3日	03/01	日	丁丑	閉	澗下水	胃
4日	03/02	月	戊寅	建	城頭土	昴
5日	03/03	火	己卯	除	城頭土	畢
6日	03/04	水	庚辰	満	白鑞金	觜
7日	03/05	木	辛巳	平	白鑞金	参
8日	03/06	金	壬午	定	楊柳木	井
9日	03/07	土	癸未	執	楊柳木	鬼
10日	03/08	日	甲申	破	井泉水	柳
11日	03/09	月	乙酉	危	井泉水	星
12日	03/10	火	丙戌	成	屋上土	張
13日	03/11	水	丁亥	納	屋上土	翼
14日	03/12	木	戊子	納	霹靂火	軫
15日	03/13	金	己丑	開	霹靂火	角
16日	03/14	土	庚寅	閉	松柏木	亢
17日	03/15	日	辛卯	建	松柏木	氐
18日	03/16	月	壬辰	除	長流水	房
19日	03/17	火	癸巳	満	長流水	心
20日	03/18	水	甲午	平	沙中金	尾
21日	03/19	木	乙未	定	沙中金	箕
22日	03/20	金	丙申	執	山下火	斗
23日	03/21	土	丁酉	破	山下火	牛
24日	03/22	日	戊戌	危	平地木	女
25日	03/23	月	己亥	成	平地木	虚
26日	03/24	火	庚子	納	壁上土	危
27日	03/25	水	辛丑	開	壁上土	室
28日	03/26	木	壬寅	閉	金箔金	壁
29日	03/27	金	癸卯	建	金箔金	奎

【三月小 壬辰 胃】
節気 清明 12日・穀雨 28日
雑節 土用 25日

日	新暦	曜	干支	直	納音	宿
1日	03/28	土	甲辰	除	覆燈火	婁
2日	03/29	日	乙巳	満	覆燈火	胃
3日▽	03/30	月	丙午	平	天河水	昴
4日	03/31	火	丁未	定	天河水	畢
5日	04/01	水	戊申	破	大駅土	觜
6日	04/02	木	己酉	破	大駅土	参
7日	04/03	金	庚戌	成	釵釧金	井
8日	04/04	土	辛亥	納	釵釧金	鬼
9日	04/05	日	壬子	納	桑柘木	柳
10日	04/06	月	癸丑	開	桑柘木	星
11日	04/07	火	甲寅	閉	大溪水	張
12日	04/08	水	乙卯	建	大溪水	翼
13日	04/09	木	丙辰	除	沙中土	軫
14日△	04/10	金	丁巳	満	沙中土	角
15日	04/11	土	戊午	満	天上火	亢
16日	04/12	日	己未	平	天上火	氐
17日	04/13	月	庚申	定	柘榴木	房
18日	04/14	火	辛酉	執	柘榴木	心
19日	04/15	水	壬戌	破	大海水	尾
20日	04/16	木	癸亥	危	大海水	箕
21日	04/17	金	甲子	成	海中金	斗
22日	04/18	土	乙丑	納	海中金	牛
23日	04/19	日	丙寅	開	爐中火	女
24日	04/20	月	丁卯	閉	爐中火	虚
25日	04/21	火	戊辰	建	大林木	危
26日	04/22	水	己巳	除	大林木	室
27日	04/23	木	庚午	満	路傍土	壁
28日	04/24	金	辛未	平	路傍土	奎
29日	04/25	土	壬申	定	釵釧金	婁

【四月大 癸巳 畢】
節気 立夏 14日・小満 29日
雑節 八十八夜 10日

日	新暦	曜	干支	直	納音	宿
1日	04/26	日	癸酉	執	釵釧金	胃
2日	04/27	月	甲戌	破	山頭火	昴
3日	04/28	火	乙亥	危	山頭火	畢
4日	04/29	水	丙子	成	澗下水	觜
5日	04/30	木	丁丑	納	澗下水	参
6日	05/01	金	戊寅	開	城頭土	井
7日	05/02	土	己卯	閉	城頭土	鬼
8日	05/03	日	庚辰	建	白鑞金	柳
9日	05/04	月	辛巳	除	白鑞金	星
10日	05/05	火	壬午	満	楊柳木	張
11日	05/06	水	癸未	平	楊柳木	翼
12日	05/07	木	甲申	定	井泉水	軫
13日	05/08	金	乙酉	執	井泉水	角
14日	05/09	土	丙戌	破	屋上土	亢
15日	05/10	日	丁亥	危	屋上土	氐
16日	05/11	月	戊子	危	霹靂火	房
17日	05/12	火	己丑	成	霹靂火	心
18日	05/13	水	庚寅	納	松柏木	尾
19日	05/14	木	辛卯	開	松柏木	箕
20日	05/15	金	壬辰	閉	長流水	斗
21日	05/16	土	癸巳	建	長流水	牛
22日	05/17	日	甲午	除	沙中金	女
23日	05/18	月	乙未	満	沙中金	虚
24日	05/19	火	丙申	平	山下火	危
25日	05/20	水	丁酉	定	山下火	室
26日	05/21	木	戊戌	執	平地木	壁
27日	05/22	金	己亥	破	平地木	奎
28日	05/23	土	庚子	危	壁上土	婁
29日	05/24	日	辛丑	成	壁上土	胃
30日	05/25	月	壬寅	納	金箔金	昴

【閏四月小 癸巳 畢】
節気 芒種 14日
雑節 入梅 20日

日	新暦	曜	干支	直	納音	宿
1日	05/26	火	癸卯	開	金箔金	畢
2日	05/27	水	甲辰	閉	覆燈火	觜
3日	05/28	木	乙巳	建	覆燈火	参
4日	05/29	金	丙午	除	天河水	井
5日	05/30	土	丁未	満	天河水	鬼
6日	05/31	日	戊申	平	大駅土	柳
7日▽	06/01	月	己酉	定	大駅土	星
8日	06/02	火	庚戌	破	釵釧金	張
9日	06/03	水	辛亥	危	釵釧金	翼
10日	06/04	木	壬子	成	桑柘木	軫
11日	06/05	金	癸丑	納	桑柘木	角
12日	06/06	土	甲寅	開	大溪水	亢
13日	06/07	日	乙卯	開	大溪水	氐
14日	06/08	月	丙辰	閉	沙中土	房
15日	06/09	火	丁巳	建	沙中土	心
16日	06/10	水	戊午	除	天上火	尾
17日	06/11	木	己未	満	天上火	箕
18日	06/12	金	庚申	平	柘榴木	斗
19日	06/13	土	辛酉	定	柘榴木	牛
20日	06/14	日	壬戌	執	大海水	女
21日	06/15	月	癸亥	破	大海水	虚
22日	06/16	火	甲子	危	海中金	危
23日	06/17	水	乙丑	成	海中金	室
24日△	06/18	木	丙寅	納	爐中火	壁
25日	06/19	金	丁卯	開	爐中火	奎
26日	06/20	土	戊辰	閉	大林木	婁
27日	06/21	日	己巳	建	大林木	胃
28日	06/22	月	庚午	除	路傍土	昴
29日	06/23	火	辛未	除	路傍土	畢

【五月小 甲午 参】
節気 夏至 1日・小暑 16日
雑節 半夏生 11日・土用 28日

日	新暦	曜	干支	直	納音	宿
1日	06/24	水	壬申	満	釵釧金	觜
2日	06/25	木	癸酉	平	釵釧金	参
3日	06/26	金	甲戌	定	山頭火	井
4日	06/27	土	乙亥	執	山頭火	鬼
5日	06/28	日	丙子	破	澗下水	柳
6日	06/29	月	丁丑	危	澗下水	星
7日	06/30	火	戊寅	成	城頭土	張
8日	07/01	水	己卯	納	城頭土	翼
9日	07/02	木	庚辰	開	白鑞金	軫
10日	07/03	金	辛巳	閉	白鑞金	角
11日	07/04	土	壬午	建	楊柳木	亢
12日	07/05	日	癸未	除	楊柳木	氐
13日	07/06	月	甲申	満	井泉水	房
14日	07/07	火	乙酉	平	井泉水	心
15日	07/08	水	丙戌	定	屋上土	尾
16日	07/09	木	丁亥	執	屋上土	箕
17日	07/10	金	戊子	破	霹靂火	斗
18日	07/11	土	己丑	危	霹靂火	牛
19日	07/12	日	庚寅	成	松柏木	女
20日	07/13	月	辛卯	納	松柏木	虚
21日	07/14	火	壬辰	開	長流水	危
22日	07/15	水	癸巳	閉	長流水	室
23日	07/16	木	甲午	建	沙中金	壁
24日	07/17	金	乙未	除	沙中金	奎
25日	07/18	土	丙申	満	山下火	婁
26日	07/19	日	丁酉	平	山下火	胃
27日	07/20	月	戊戌	定	平地木	昴
28日▽	07/21	火	己亥	執	平地木	畢
29日	07/22	水	庚子	執	壁上土	觜

【六月大 乙未 鬼】
節気 大暑 2日・立秋 17日

日	新暦	曜	干支	直	納音	宿
1日	07/23	木	辛丑	破	壁上土	参
2日	07/24	金	壬寅	危	金箔金	井
3日	07/25	土	癸卯	成	金箔金	鬼
4日	07/26	日	甲辰	納	覆燈火	柳
5日	07/27	月	乙巳	開	覆燈火	星
6日	07/28	火	丙午	閉	天河水	張
7日	07/29	水	丁未	建	天河水	翼
8日	07/30	木	戊申	除	大駅土	軫
9日	07/31	金	己酉	満	大駅土	角
10日	08/01	土	庚戌	平	釵釧金	亢
11日	08/02	日	辛亥	定	釵釧金	氐
12日▽	08/03	月	壬子	執	桑柘木	房
13日	08/04	火	癸丑	破	桑柘木	心
14日	08/05	水	甲寅	危	大溪水	尾
15日	08/06	木	乙卯	成	大溪水	箕
16日☆	08/07	金	丙辰	納	沙中土	斗

西暦　曜　干支　直　納音　宿　　　　　　寛永3年

日	西暦	曜	干支	直	納音	宿
17日	08/08	土	丁巳	納	沙中金	危
18日	08/09	日	戊午	閉	天上火	室
19日	08/10	月	己未	閉	天上火	壁
20日	08/11	火	庚申	建	柘榴木	奎
21日	08/12	水	辛酉	除	柘榴木	婁
22日	08/13	木	壬戌	満	大海水	胃
23日	08/14	金	癸亥	定	大海水	昴
24日	08/15	土	甲子	定	海中金	畢
25日	08/16	日	乙丑	執	海中金	觜
26日	08/17	月	丙寅	破	爐中火	参
27日	08/18	火	丁卯	危	爐中火	井
28日	08/19	水	戊辰	成	大林木	鬼
29日	08/20	木	己巳	納	大林木	柳
30日	08/21	金	庚午	平	路傍土	星

【七月大　丙申　張】
節気　処暑 2日・白露 18日
雑節　二百十日 14日・社日 28日

日	西暦	曜	干支	直	納音	宿
1日◎	08/22	土	辛未	定	路傍土	張
2日	08/23	日	壬申	建	釼鋒金	翼
3日	08/24	月	癸酉	除	釼鋒金	軫
4日	08/25	火	甲戌	満	山頭火	角
5日	08/26	水	乙亥	平	山頭火	亢
6日△	08/27	木	丙子	定	澗下水	氐
7日	08/28	金	丁丑	執	澗下水	房
8日	08/29	土	戊寅	破	城頭土	心
9日	08/30	日	己卯	危	城頭土	尾
10日	08/31	月	庚辰	成	白鑞金	箕
11日	09/01	火	辛巳	納	白鑞金	斗
12日	09/02	水	壬午	開	楊柳木	女
13日	09/03	木	癸未	閉	楊柳木	虚
14日	09/04	金	甲申	建	井泉水	危
15日	09/05	土	乙酉	除	井泉水	室
16日	09/06	日	丙戌	満	屋上土	壁
17日	09/07	月	丁亥	平	屋上土	奎
18日	09/08	火	戊子	平	霹靂火	婁
19日	09/09	水	己丑	執	霹靂火	胃
20日	09/10	木	庚寅	執	松柏木	昴
21日	09/11	金	辛卯	破	松柏木	畢
22日	09/12	土	壬辰	危	長流水	觜
23日	09/13	日	癸巳	成	長流水	参
24日	09/14	月	甲午	納	沙中金	井
25日	09/15	火	乙未	開	沙中金	鬼
26日	09/16	水	丙申	閉	山下火	柳
27日	09/17	木	丁酉	建	山下火	星
28日	09/18	金	戊戌	満	平地木	張
29日	09/19	土	己亥	満	平地木	翼
30日	09/20	日	庚子	平	壁上土	軫

【八月小　丁酉　角】
節気　秋分 3日・寒露 18日
雑節　彼岸 5日

日	西暦	曜	干支	直	納音	宿
1日	09/21	月	辛丑	定	壁上土	角
2日	09/22	火	壬寅	執	金箔金	亢
3日	09/23	水	癸卯	破	金箔金	氐
4日	09/24	木	甲辰	危	覆燈火	房
5日	09/25	金	乙巳	成	覆燈火	心
6日	09/26	土	丙午	納	天河水	尾
7日	09/27	日	丁未	開	天河水	箕
8日	09/28	月	戊申	閉	大駅土	斗
9日	09/29	火	己酉	建	大駅土	女
10日	09/30	水	庚戌	除	釵釧金	虚
11日	10/01	木	辛亥	満	釵釧金	危
12日	10/02	金	壬子	定	桑柘木	室
13日	10/03	土	癸丑	定	桑柘木	壁
14日	10/04	日	甲寅	執	大溪水	奎
15日▽	10/05	月	乙卯	破	大溪水	婁
16日	10/06	火	丙辰	危	沙中土	胃
17日	10/07	水	丁巳	成	沙中土	昴
18日	10/08	木	戊午	納	天上火	畢
19日	10/09	金	己未	納	天上火	觜
20日	10/10	土	庚申	開	柘榴木	参
21日	10/11	日	辛酉	閉	柘榴木	井
22日	10/12	月	壬戌	建	大海水	鬼
23日	10/13	火	癸亥	除	大海水	柳
24日	10/14	水	甲子	満	海中金	星
25日	10/15	木	乙丑	定	海中金	張
26日	10/16	金	丙寅	定	爐中火	軫
27日	10/17	土	丁卯	執	爐中火	角
28日	10/18	日	戊辰	破	大林木	亢
29日	10/19	月	己巳	危	大林木	氐

【九月大　戊戌　氐】
節気　霜降 4日・立冬 20日
雑節　土用 1日

日	西暦	曜	干支	直	納音	宿
1日	10/20	火	庚午	成	路傍土	氐
2日	10/21	水	辛未	納	路傍土	房
3日	10/22	木	壬申	開	釼鋒金	心
4日	10/23	金	癸酉	閉	釼鋒金	尾
5日	10/24	土	甲戌	建	山頭火	箕
6日	10/25	日	乙亥	除	山頭火	斗
7日	10/26	月	丙子	満	澗下水	女
8日	10/27	火	丁丑	定	澗下水	虚
9日	10/28	水	戊寅	定	城頭土	危
10日	10/29	木	己卯	執	城頭土	室
11日	10/30	金	庚辰	破	白鑞金	壁
12日	10/31	土	辛巳	危	白鑞金	奎
13日	11/01	日	壬午	成	楊柳木	婁
14日	11/02	月	癸未	納	楊柳木	胃
15日	11/03	火	甲申	開	井泉水	昴
16日	11/04	水	乙酉	閉	井泉水	畢
17日△	11/05	木	丙戌	建	屋上土	觜
18日	11/06	金	丁亥	除	屋上土	参
19日	11/07	土	戊子	満	霹靂火	井
20日	11/08	日	己丑	平	霹靂火	鬼
21日	11/09	月	庚寅	平	松柏木	柳
22日	11/10	火	辛卯	定	松柏木	星
23日	11/11	水	壬辰	執	長流水	張
24日	11/12	木	癸巳	破	長流水	翼
25日	11/13	金	甲午	危	沙中金	軫
26日	11/14	土	乙未	成	沙中金	角
27日	11/15	日	丙申	納	山下火	亢
28日	11/16	月	丁酉	開	山下火	氐
29日	11/17	火	戊戌	閉	平地木	房
30日	11/18	水	己亥	建	平地木	心

【十月大　己亥　心】
節気　小雪 5日・大雪 20日

日	西暦	曜	干支	直	納音	宿
1日	11/19	木	庚子	除	壁上土	心
2日	11/20	金	辛丑	平	壁上土	尾
3日	11/21	土	壬寅	平	金箔金	箕
4日	11/22	日	癸卯	執	金箔金	斗
5日	11/23	月	甲辰	執	覆燈火	女
6日	11/24	火	乙巳	破	覆燈火	虚
7日	11/25	水	丙午	危	天河水	危
8日	11/26	木	丁未	成	天河水	室
9日	11/27	金	戊申	納	大駅土	壁
10日	11/28	土	己酉	開	大駅土	奎
11日	11/29	日	庚戌	閉	釵釧金	婁
12日	11/30	月	辛亥	建	釵釧金	胃
13日	12/01	火	壬子	満	桑柘木	畢
14日	12/02	水	癸丑	平	桑柘木	觜
15日	12/03	木	甲寅	平	大溪水	参
16日	12/04	金	乙卯	執	大溪水	井
17日	12/05	土	丙辰	破	沙中土	鬼
18日	12/06	日	丁巳	危	沙中土	柳
19日▽	12/07	月	戊午	成	天上火	星
20日	12/08	火	己未	納	天上火	張
21日	12/09	水	庚申	開	柘榴木	翼
22日	12/10	木	辛酉	閉	柘榴木	軫
23日	12/11	金	壬戌	建	大海水	角
24日	12/12	土	癸亥	除	大海水	亢
25日	12/13	日	甲子	満	海中金	氐
26日	12/14	月	乙丑	平	海中金	房
27日	12/15	火	丙寅	満	爐中火	心
28日	12/16	水	丁卯	平	爐中火	尾
29日	12/17	木	戊辰	定	大林木	尾
30日	12/18	金	己巳	執	大林木	箕

【十一月大　庚子　斗】
節気　冬至 5日・小寒 20日

日	西暦	曜	干支	直	納音	宿
1日	12/19	土	庚午	破	路傍土	斗
2日	12/20	日	辛未	危	路傍土	女
3日	12/21	月	壬申	成	釼鋒金	虚
4日	12/22	火	癸酉	納	釼鋒金	危
5日	12/23	水	甲戌	開	山頭火	室
6日	12/24	木	乙亥	閉	山頭火	壁
7日	12/25	金	丙子	建	澗下水	奎
8日	12/26	土	丁丑	満	澗下水	婁
9日	12/27	日	戊寅	平	城頭土	胃
10日	12/28	月	己卯	平	城頭土	昴
11日	12/29	火	庚辰	定	白鑞金	畢
12日	12/30	水	辛巳	執	白鑞金	觜
13日	12/31	木	壬午	破	楊柳木	参
1627年						
14日	01/01	金	癸未	危	楊柳木	井
15日	01/02	土	甲申	成	井泉水	鬼
16日	01/03	日	乙酉	納	井泉水	柳
17日	01/04	月	丙戌	開	屋上土	星
18日	01/05	火	丁亥	建	屋上土	張
19日	01/06	水	戊子	建	霹靂火	翼
20日	01/07	木	己丑	除	霹靂火	軫
21日	01/08	金	庚寅	満	松柏木	角
22日	01/09	土	辛卯	平	松柏木	亢
23日	01/10	日	壬辰	定	長流水	氐
24日	01/11	月	癸巳	執	長流水	房
25日	01/12	火	甲午	執	沙中金	心
26日△	01/13	水	乙未	破	沙中金	尾
27日	01/14	木	丙申	危	山下火	箕
28日	01/15	金	丁酉	成	山下火	斗
29日	01/16	土	戊戌	納	平地木	女
30日	01/17	日	己亥	開	平地木	虚

【十二月小　辛丑　虚】
節気　大寒 6日・立春 21日
雑節　土用 3日・節分 20日

日	西暦	曜	干支	直	納音	宿
1日	01/18	月	庚子	閉	壁上土	虚
2日	01/19	火	辛丑	建	壁上土	危
3日	01/20	水	壬寅	除	金箔金	室
4日	01/21	木	癸卯	満	金箔金	壁
5日	01/22	金	甲辰	定	覆燈火	奎
6日	01/23	土	乙巳	定	覆燈火	婁
7日	01/24	日	丙午	執	天河水	胃
8日	01/25	月	丁未	破	天河水	昴
9日	01/26	火	戊申	危	大駅土	畢
10日	01/27	水	己酉	成	大駅土	觜
11日	01/28	木	庚戌	納	釵釧金	参
12日	01/29	金	辛亥	開	釵釧金	井
13日	01/30	土	壬子	閉	桑柘木	鬼
14日☆	01/31	日	癸丑	建	桑柘木	柳
15日	02/01	月	甲寅	除	大溪水	星
16日	02/02	火	乙卯	満	大溪水	張
17日	02/03	水	丙辰	定	沙中土	翼
18日	02/04	木	丁巳	執	沙中土	軫
19日	02/05	金	戊午	執	天上火	角
20日	02/06	土	己未	破	天上火	亢
21日	02/07	日	庚申	危	柘榴木	氐
22日▽	02/08	月	辛酉	危	柘榴木	房
23日	02/09	火	壬戌	成	大海水	心
24日	02/10	水	癸亥	納	大海水	尾
25日	02/11	木	甲子	開	海中金	箕
26日	02/12	金	乙丑	閉	海中金	斗
27日	02/13	土	丙寅	除	爐中火	女
28日	02/14	日	丁卯	除	爐中火	虚
29日	02/15	月	戊辰	満	大林木	危

寛永4年
1627～1628　丁卯

【正月大 壬寅 室】
節気 雨水 7日・啓蟄 22日

日	日付	曜	干支	直	納音	宿
1日	02/16	火	己巳	平	大林木	室
2日	02/17	水	庚午	定	路傍土	壁
3日	02/18	木	辛未	執	路傍土	奎
4日	02/19	金	壬申	破	釼鋒金	婁
5日	02/20	土	癸酉	危	山頭火	昴
6日	02/21	日	甲戌	成	山頭火	畢
7日	02/22	月	乙亥	納	澗下水	觜
8日	02/23	火	丙子	開	澗下水	参
9日	02/24	水	丁丑	閉	城頭土	井
10日	02/25	木	戊寅	建	城頭土	鬼
11日	02/26	金	己卯	除	白鑞金	柳
12日	02/27	土	庚辰	平	白鑞金	星
13日	02/28	日	辛巳	平	楊柳木	張
14日	03/01	月	壬午	定	楊柳木	翼
15日	03/02	火	癸未	執	井泉水	軫
16日	03/03	水	甲申	破	井泉水	角
17日	03/04	木	乙酉	危	屋上土	亢
18日	03/05	金	丙戌	成	屋上土	氐
19日	03/06	土	丁亥	納	霹靂火	房
20日	03/07	日	戊子	開	霹靂火	心
21日	03/08	月	己丑	閉	松柏木	尾
22日	03/09	火	庚寅	建	松柏木	箕
23日	03/10	水	辛卯	除	長流水	斗
24日	03/11	木	壬辰	除	長流水	女
25日	03/12	金	癸巳	満	沙中金	虚
26日	03/13	土	甲午	定	沙中金	危
27日	03/14	日	乙未	定	山下火	室
28日	03/15	月	丙申	執	山下火	壁
29日	03/16	火	丁酉	破	平地木	奎
30日	03/17	水	戊戌	危	平地木	婁

【二月小 癸卯 奎】
節気 春分 8日・清明 23日
雑節 彼岸 10日・社日 10日

日	日付	曜	干支	直	納音	宿
1日	03/18	木	己亥	成	平地木	奎
2日	03/19	金	庚子	納	壁上土	婁
3日	03/20	土	辛丑	開	壁上土	胃
4日	03/21	日	壬寅	閉	金箔金	昴
5日	03/22	月	癸卯	建	金箔金	畢
6日	03/23	火	甲辰	除	覆燈火	觜
7日△	03/24	水	乙巳	満	覆燈火	参
8日	03/25	木	丙午	平	天河水	井
9日	03/26	金	丁未	定	天河水	鬼
10日	03/27	土	戊申	執	大駅土	柳
11日	03/28	日	己酉	破	大駅土	星
12日	03/29	月	庚戌	危	釵釧金	張
13日	03/30	火	辛亥	成	釵釧金	翼
14日	03/31	水	壬子	納	桑柘木	軫
15日	04/01	木	癸丑	開	桑柘木	角
16日	04/02	金	甲寅	建	大渓水	亢
17日	04/03	土	乙卯	除	大渓水	氐
18日	04/04	日	丙辰	除	沙中土	房
19日	04/05	月	丁巳	満	沙中土	心
20日	04/06	火	戊午	定	天上火	尾
21日	04/07	水	己未	執	天上火	箕
22日	04/08	木	庚申	執	柘榴木	斗
23日	04/09	金	辛酉	破	柘榴木	女
24日	04/10	土	壬戌	危	大海水	虚
25日	04/11	日	癸亥	危	大海水	危
26日▽	04/12	月	甲子	成	海中金	室
27日	04/13	火	乙丑	納	海中金	壁
28日	04/14	水	丙寅	開	爐中火	奎
29日	04/15	木	丁卯	閉	爐中火	婁

【三月小 甲辰 胃】
節気 穀雨 9日・立夏 24日
雑節 土用 6日・八十八夜 20日

日	日付	曜	干支	直	納音	宿
1日	04/16	金	戊辰	建	大林木	胃
2日	04/17	土	己巳	除	大林木	昴
3日	04/18	日	庚午	満	路傍土	畢
4日	04/19	月	辛未	平	路傍土	觜
5日	04/20	火	壬申	定	釼鋒金	参
6日	04/21	水	癸酉	執	釼鋒金	井
7日	04/22	木	甲戌	破	山頭火	鬼
8日	04/23	金	乙亥	危	山頭火	柳
9日	04/24	土	丙子	成	澗下水	星
10日	04/25	日	丁丑	納	澗下水	張
11日	04/26	月	戊寅	開	城頭土	翼
12日	04/27	火	己卯	閉	城頭土	軫
13日	04/28	水	庚辰	除	白鑞金	角
14日	04/29	木	辛巳	除	白鑞金	亢
15日	04/30	金	壬午	満	楊柳木	氐
16日	05/01	土	癸未	定	楊柳木	房
17日	05/02	日	甲申	執	井泉水	心
18日	05/03	月	乙酉	執	井泉水	尾
19日	05/04	火	丙戌	破	屋上土	箕
20日	05/05	水	丁亥	危	屋上土	斗
21日	05/06	木	戊子	成	霹靂火	女
22日	05/07	金	己丑	納	霹靂火	虚
23日	05/08	土	庚寅	開	松柏木	危
24日	05/09	日	辛卯	閉	松柏木	室
25日	05/10	月	壬辰	建	長流水	壁
26日	05/11	火	癸巳	除	長流水	奎
27日	05/12	水	甲午	満	沙中金	婁
28日	05/13	木	乙未	平	沙中金	胃
29日	05/14	金	丙申	平	山下火	昴

【四月大 乙巳 畢】
節気 小満 10日・芒種 26日

日	日付	曜	干支	直	納音	宿
1日	05/15	土	丁酉	定	平地木	畢
2日	05/16	日	戊戌	執	平地木	觜
3日	05/17	月	己亥	破	平地木	参
4日	05/18	火	庚子	危	壁上土	井
5日	05/19	水	辛丑	成	壁上土	鬼
6日	05/20	木	壬寅	納	金箔金	柳
7日	05/21	金	癸卯	開	金箔金	星
8日	05/22	土	甲辰	建	覆燈火	張
9日	05/23	日	乙巳	建	覆燈火	翼
10日	05/24	月	丙午	除	天河水	軫
11日	05/25	火	丁未	満	天河水	角
12日	05/26	水	戊申	平	大駅土	亢
13日	05/27	木	己酉	定	大駅土	氐
14日	05/28	金	庚戌	執	釵釧金	房
15日	05/29	土	辛亥	破	釵釧金	心
16日	05/30	日	壬子	危	桑柘木	尾
17日	05/31	月	癸丑	成	桑柘木	箕
18日△	06/01	火	甲寅	納	大渓水	斗
19日	06/02	水	乙卯	開	大渓水	女
20日	06/03	木	丙辰	閉	沙中土	虚
21日	06/04	金	丁巳	建	沙中土	危
22日	06/05	土	戊午	除	天上火	室
23日	06/06	日	己未	満	天上火	壁
24日	06/07	月	庚申	平	柘榴木	奎
25日	06/08	火	辛酉	定	柘榴木	婁
26日	06/09	水	壬戌	定	大海水	胃
27日	06/10	木	癸亥	執	大海水	昴
28日	06/11	金	甲子	破	海中金	觜
29日	06/12	土	乙丑	危	海中金	参
30日	06/13	日	丙寅	成	爐中火	井

【五月小 丙午 参】
節気 夏至 11日・小暑 26日
雑節 入梅 6日・半夏生 21日

日	日付	曜	干支	直	納音	宿
1日▽	06/14	月	丁卯	納	爐中火	参
2日	06/15	火	戊辰	開	大林木	鬼
3日	06/16	水	己巳	閉	大林木	柳
4日	06/17	木	庚午	建	路傍土	星
5日	06/18	金	辛未	除	路傍土	張
6日	06/19	土	壬申	満	釼鋒金	翼
7日	06/20	日	癸酉	平	釼鋒金	軫
8日	06/21	月	甲戌	定	山頭火	角
9日	06/22	火	乙亥	執	山頭火	亢
10日	06/23	水	丙子	破	澗下水	氐
11日	06/24	木	丁丑	危	澗下水	房
12日	06/25	金	戊寅	成	城頭土	心
13日	06/26	土	己卯	納	城頭土	尾
14日	06/27	日	庚辰	開	白鑞金	箕
15日	06/28	月	辛巳	閉	白鑞金	斗
16日	06/29	火	壬午	建	楊柳木	女
17日	06/30	水	癸未	除	楊柳木	虚
18日	07/01	木	甲申	満	井泉水	危
19日	07/02	金	乙酉	平	井泉水	室
20日	07/03	土	丙戌	定	屋上土	壁
21日	07/04	日	丁亥	執	屋上土	奎
22日	07/05	月	戊子	破	霹靂火	婁
23日	07/06	火	己丑	危	霹靂火	胃
24日	07/07	水	庚寅	成	松柏木	昴
25日	07/08	木	辛卯	納	松柏木	畢
26日	07/09	金	壬辰	開	長流水	觜
27日	07/10	土	癸巳	閉	長流水	参
28日	07/11	日	甲午	建	沙中金	井
29日	07/12	月	乙未	除	沙中金	鬼

【六月小 丁未 鬼】
節気 大暑 12日・立秋 27日
雑節 土用 9日

日	日付	曜	干支	直	納音	宿
1日	07/13	火	丙申	除	山下火	鬼
2日	07/14	水	丁酉	満	山下火	柳
3日	07/15	木	戊戌	平	平地木	星
4日	07/16	金	己亥	定	平地木	張
5日	07/17	土	庚子	執	壁上土	翼
6日	07/18	日	辛丑	破	壁上土	軫
7日	07/19	月	壬寅	危	金箔金	角
8日	07/20	火	癸卯	成	金箔金	亢
9日	07/21	水	甲辰	納	覆燈火	氐
10日	07/22	木	乙巳	開	覆燈火	房
11日	07/23	金	丙午	閉	天河水	心
12日	07/24	土	丁未	建	天河水	尾
13日	07/25	日	戊申	除	大駅土	箕
14日	07/26	月	己酉	満	大駅土	斗
15日	07/27	火	庚戌	平	釵釧金	女
16日	07/28	水	辛亥	定	釵釧金	虚
17日	07/29	木	壬子	執	桑柘木	危
18日	07/30	金	癸丑	破	桑柘木	室
19日	07/31	土	甲寅	危	大渓水	壁
20日	08/01	日	乙卯	成	大渓水	奎
21日	08/02	月	丙辰	納	沙中土	婁
22日	08/03	火	丁巳	開	沙中土	胃
23日	08/04	水	戊午	閉	天上火	昴
24日	08/05	木	己未	建	天上火	畢
25日	08/06	金	庚申	除	柘榴木	觜
26日	08/07	土	辛酉	満	柘榴木	参
27日	08/08	日	壬戌	満	大海水	井
28日	08/09	月	癸亥	平	大海水	鬼
29日△	08/10	火	甲子	定	海中金	柳

【七月大 戊申 張】
節気 処暑 14日・白露 29日
雑節 二百十日 25日

日	日付	曜	干支	直	納音	宿
1日◎	08/11	水	乙丑	執	海中金	張
2日	08/12	木	丙寅	破	爐中火	翼
3日	08/13	金	丁卯	危	爐中火	軫
4日	08/14	土	戊辰	成	大林木	角

— 92 —

寛永4年

	西暦	曜	干支	直	納音	宿
5日	08/15	日	己巳	納	大林木	亢
6日▽	08/16	月	庚午	開	路傍土	氐
7日	08/17	火	辛未	閉	路傍土	房
8日	08/18	水	壬申	除	釵釧金	心
9日	08/19	木	癸酉	満	釵釧金	尾
10日	08/20	金	甲戌	満	山頭火	箕
11日	08/21	土	乙亥	平	山頭火	斗
12日	08/22	日	丙子	定	澗下水	女
13日	08/23	月	丁丑	執	澗下水	虚
14日	08/24	火	戊寅	破	城頭土	危
15日	08/25	水	己卯	危	城頭土	室
16日	08/26	木	庚辰	成	白鑞金	壁
17日	08/27	金	辛巳	納	白鑞金	奎
18日	08/28	土	壬午	開	楊柳木	婁
19日	08/29	日	癸未	閉	楊柳木	胃
20日	08/30	月	甲申	建	井泉水	昴
21日	08/31	火	乙酉	除	井泉水	畢
22日	09/01	水	丙戌	満	屋上土	觜
23日	09/02	木	丁亥	平	屋上土	参
24日	09/03	金	戊子	定	霹靂火	井
25日	09/04	土	己丑	執	霹靂火	鬼
26日	09/05	日	庚寅	破	松柏木	柳
27日	09/06	月	辛卯	危	松柏木	星
28日	09/07	火	壬辰	成	長流水	張
29日	09/08	水	癸巳	納	長流水	翼
30日	09/09	木	甲午	開	沙中金	軫

【八月小 己酉 角】
節気 秋分 14日・寒露 29日
雑節 社日 14日・彼岸 16日

	西暦	曜	干支	直	納音	宿
1日	09/10	金	乙未	開	沙中金	角
2日	09/11	土	丙申	閉	山下火	亢
3日	09/12	日	丁酉	建	山下火	氐
4日	09/13	月	戊戌	除	平地木	房
5日	09/14	火	己亥	満	平地木	心
6日	09/15	水	庚子	平	壁上土	尾
7日	09/16	木	辛丑	定	壁上土	箕
8日	09/17	金	壬寅	執	金箔金	斗
9日	09/18	土	癸卯	破	金箔金	女
10日	09/19	日	甲辰	危	覆燈火	虚
11日	09/20	月	乙巳	成	覆燈火	危
12日	09/21	火	丙午	納	天河水	室
13日	09/22	水	丁未	開	天河水	壁
14日	09/23	木	戊申	建	大駅土	奎
15日	09/24	金	己酉	建	大駅土	婁
16日	09/25	土	庚戌	除	釵釧金	胃
17日	09/26	日	辛亥	満	桑柘木	昴
18日	09/27	月	壬子	平	桑柘木	觜
19日	09/28	火	癸丑	定	桑柘木	参
20日	09/29	水	甲寅	執	大溪水	井
21日	09/30	木	乙卯	破	大溪水	鬼
22日	10/01	金	丙辰	危	沙中土	柳
23日	10/02	土	丁巳	成	沙中土	星
24日	10/03	日	戊午	納	天上火	張
25日	10/04	月	己未	開	天上火	翼
26日	10/05	火	庚申	閉	柘榴木	軫
27日	10/06	水	辛酉	建	柘榴木	角
28日	10/07	木	壬戌	除	大海水	亢
29日	10/08	金	癸亥	満	大海水	氐

【九月大 庚戌 氐】
節気 霜降 16日
雑節 土用 13日

	西暦	曜	干支	直	納音	宿
1日	10/09	土	甲子	満	海中金	氐
2日	10/10	日	乙丑	平	海中金	房
3日	10/11	月	丙寅	定	爐中火	心
4日	10/12	火	丁卯	執	爐中火	尾
5日	10/13	水	戊辰	破	大林木	箕
6日	10/14	木	己巳	危	大林木	斗
7日	10/15	金	庚午	成	路傍土	女
8日	10/16	土	辛未	納	路傍土	虚
9日▽	10/17	日	壬申	開	釵釧金	危
10日	10/18	月	癸酉	閉	釵釧金	室
11日△	10/19	火	甲戌	建	山頭火	壁
12日	10/20	水	乙亥	除	山頭火	奎
13日	10/21	木	丙子	満	澗下水	婁
14日	10/22	金	丁丑	平	澗下水	胃
15日	10/23	土	戊寅	定	城頭土	昴
16日	10/24	日	己卯	執	城頭土	畢
17日	10/25	月	庚辰	破	白鑞金	觜
18日	10/26	火	辛巳	危	白鑞金	参
19日	10/27	水	壬午	成	楊柳木	井
20日	10/28	木	癸未	納	楊柳木	鬼
21日	10/29	金	甲申	閉	井泉水	柳
22日	10/30	土	乙酉	閉	井泉水	星
23日	10/31	日	丙戌	建	屋上土	張
24日	11/01	月	丁亥	除	屋上土	翼
25日	11/02	火	戊子	満	霹靂火	軫
26日	11/03	水	己丑	平	霹靂火	角
27日	11/04	木	庚寅	定	松柏木	亢
28日	11/05	金	辛卯	執	松柏木	氐
29日	11/06	土	壬辰	破	長流水	房
30日	11/07	日	癸巳	危	長流水	心

【十月大 辛亥 心】
節気 立冬 1日・小雪 16日

	西暦	曜	干支	直	納音	宿
1日	11/08	月	甲午	成	沙中金	尾
2日	11/09	火	乙未	納	沙中金	箕
3日	11/10	水	丙申	閉	山下火	斗
4日	11/11	木	丁酉	開	山下火	女
5日	11/12	金	戊戌	建	平地木	虚
6日	11/13	土	己亥	除	平地木	危
7日	11/14	日	庚子	除	壁上土	室
8日	11/15	月	辛丑	満	壁上土	壁
9日	11/16	火	壬寅	定	金箔金	奎
10日	11/17	水	癸卯	執	金箔金	婁
11日	11/18	木	甲辰	執	覆燈火	胃
12日	11/19	金	乙巳	破	覆燈火	昴
13日	11/20	土	丙午	危	天河水	觜
14日	11/21	日	丁未	成	天河水	参
15日	11/22	月	戊申	納	大駅土	井
16日	11/23	火	己酉	開	大駅土	鬼
17日	11/24	水	庚戌	閉	釵釧金	柳
18日	11/25	木	辛亥	建	釵釧金	星
19日	11/26	金	壬子	除	桑柘木	張
20日	11/27	土	癸丑	満	桑柘木	翼
21日	11/28	日	甲寅	平	大溪水	軫
22日	11/29	月	乙卯	定	大溪水	角
23日	11/30	火	丙辰	破	沙中土	亢
24日	12/01	水	丁巳	破	沙中土	氐
25日	12/02	木	戊午	危	天上火	房
26日	12/03	金	己未	成	天上火	心
27日	12/04	土	庚申	納	柘榴木	尾
28日	12/05	日	辛酉	開	柘榴木	箕
29日	12/06	月	壬戌	閉	大海水	斗
30日	12/07	火	癸亥	建	大海水	女

【十一月大 壬子 斗】
節気 大雪 1日・冬至 16日

	西暦	曜	干支	直	納音	宿
1日	12/08	水	甲子	建	海中金	斗
2日	12/09	木	乙丑	除	海中金	女
3日	12/10	金	丙寅	満	爐中火	虚
4日	12/11	土	丁卯	定	爐中火	危
5日	12/12	日	戊辰	執	大林木	室
6日	12/13	月	己巳	執	大林木	壁
7日	12/14	火	庚午	破	路傍土	奎
8日	12/15	水	辛未	危	路傍土	婁
9日	12/16	木	壬申	成	釵釧金	胃
10日	12/17	金	癸酉	納	釵釧金	昴
11日	12/18	土	甲戌	開	山頭火	畢
12日▽	12/19	日	乙亥	閉	山頭火	觜
13日	12/20	月	丙子	建	澗下水	参
14日	12/21	火	丁丑	除	澗下水	井
15日	12/22	水	戊寅	満	城頭土	鬼
16日	12/23	木	己卯	平	城頭土	柳
17日	12/24	金	庚辰	定	白鑞金	星
18日	12/25	土	辛巳	定	白鑞金	張
19日	12/26	日	壬午	執	楊柳木	翼
20日△	12/27	月	癸未	破	楊柳木	軫
21日	12/28	火	甲申	危	井泉水	角
22日	12/29	水	乙酉	成	井泉水	亢
23日	12/30	木	丙戌	納	屋上土	氐
24日	12/31	金	丁亥	開	屋上土	房

1628年

	西暦	曜	干支	直	納音	宿
25日	01/01	土	戊子	建	霹靂火	心
26日	01/02	日	己丑	除	霹靂火	尾
27日	01/03	月	庚寅	満	松柏木	箕
28日	01/04	火	辛卯	平	松柏木	斗
29日	01/05	水	壬辰	定	長流水	女
30日	01/06	木	癸巳	執	長流水	虚

【十二月小 癸丑 虚】
節気 小寒 2日・大寒 17日
雑節 土用 14日

	西暦	曜	干支	直	納音	宿
1日	01/07	金	甲午	破	沙中金	虚
2日	01/08	土	乙未	破	沙中金	危
3日	01/09	日	丙申	危	山下火	室
4日	01/10	月	丁酉	成	山下火	壁
5日	01/11	火	戊戌	納	平地木	奎
6日	01/12	水	己亥	開	平地木	婁
7日	01/13	木	庚子	閉	壁上土	胃
8日	01/14	金	辛丑	建	壁上土	昴
9日	01/15	土	壬寅	除	金箔金	畢
10日	01/16	日	癸卯	満	金箔金	觜
11日	01/17	月	甲辰	平	覆燈火	参
12日	01/18	火	乙巳	定	覆燈火	井
13日	01/19	水	丙午	執	天河水	鬼
14日☆	01/20	木	丁未	破	天河水	柳
15日	01/21	金	戊申	危	大駅土	星
16日	01/22	土	己酉	成	大駅土	張
17日	01/23	日	庚戌	納	釵釧金	翼
18日	01/24	月	辛亥	開	釵釧金	軫
19日	01/25	火	壬子	閉	桑柘木	角
20日	01/26	水	癸丑	建	桑柘木	亢
21日	01/27	木	甲寅	除	大溪水	氐
22日	01/28	金	乙卯	満	大溪水	房
23日	01/29	土	丙辰	平	沙中土	心
24日	01/30	日	丁巳	定	沙中土	尾
25日	01/31	月	戊午	執	天上火	箕
26日	02/01	火	己未	破	天上火	斗
27日	02/02	水	庚申	危	柘榴木	女
28日	02/03	木	辛酉	成	柘榴木	虚
29日	02/04	金	壬戌	納	大海水	危

寛永5年

1628～1629　戊辰

【正月大 甲寅 室】
節気 立春 3日・雨水 18日
雑節 節分 2日

1日	02/05	土	癸亥	開	大海水 室
2日	02/06	日	甲子	閉	海中金 壁
3日	02/07	月	乙丑	閉	海中金 奎
4日	02/08	火	丙寅	建	爐中火 婁
5日	02/09	水	丁卯	除	爐中火 胃
6日	02/10	木	戊辰	満	大林木 昴
7日	02/11	金	己巳	平	大林木 畢
8日	02/12	土	庚午	定	路傍土 觜
9日	02/13	日	辛未	執	路傍土 参
10日	02/14	月	壬申	破	釼鋒金 井
11日	02/15	火	癸酉	危	釼鋒金 鬼
12日	02/16	水	甲戌	成	山頭火 柳
13日	02/17	木	乙亥	納	山頭火 星
14日	02/18	金	丙子	開	澗下水 張
15日	02/19	土	丁丑	閉	澗下水 翼
16日▽	02/20	日	戊寅	建	城頭土 軫
17日	02/21	月	己卯	除	城頭土 角
18日	02/22	火	庚辰	満	白鑞金 亢
19日	02/23	水	辛巳	平	白鑞金 氐
20日	02/24	木	壬午	定	楊柳木 房
21日	02/25	金	癸未	執	楊柳木 心
22日	02/26	土	甲申	破	井泉水 尾
23日	02/27	日	乙酉	危	井泉水 箕
24日	02/28	月	丙戌	成	屋上土 斗
25日	02/29	火	丁亥	納	屋上土 女
26日	03/01	水	戊子	開	霹靂火 虚
27日	03/02	木	己丑	閉	霹靂火 危
28日	03/03	金	庚寅	建	松柏木 室
29日	03/04	土	辛卯	除	松柏木 壁
30日	03/05	日	壬辰	満	長流水 奎

【二月大 乙卯 奎】
節気 啓蟄 4日・春分 19日
雑節 社日 16日・彼岸 21日

1日△	03/06	月	癸巳	平	長流水 婁
2日	03/07	火	甲午	定	沙中金 胃
3日	03/08	水	乙未	執	沙中金 昴
4日	03/09	木	丙申	破	山下火 畢
5日	03/10	金	丁酉	危	山下火 觜
6日	03/11	土	戊戌	成	平地木 参
7日	03/12	日	己亥	納	平地木 井
8日	03/13	月	庚子	開	壁上土 鬼
9日	03/14	火	辛丑	閉	壁上土 柳
10日	03/15	水	壬寅	閉	金箔金 星
11日	03/16	木	癸卯	建	金箔金 張
12日	03/17	金	甲辰	除	覆燈火 翼
13日	03/18	土	乙巳	満	覆燈火 軫
14日	03/19	日	丙午	平	天河水 角
15日	03/20	月	丁未	定	天河水 亢
16日	03/21	火	戊申	執	大駅土 氐
17日	03/22	水	己酉	破	大駅土 房
18日	03/23	木	庚戌	危	釼釧金 心
19日	03/24	金	辛亥	成	釼釧金 尾
20日	03/25	土	壬子	納	桑柘木 箕
21日	03/26	日	癸丑	開	桑柘木 斗
22日	03/27	月	甲寅	閉	大溪水 女
23日	03/28	火	乙卯	建	大溪水 虚
24日	03/29	水	丙辰	除	沙中土 危
25日	03/30	木	丁巳	満	沙中土 室
26日	03/31	金	戊午	平	天上火 室
27日	04/01	土	己未	定	天上火 壁
28日	04/02	日	庚申	執	柘榴木 奎
29日	04/03	月	辛酉	破	柘榴木 婁
30日	04/04	火	壬戌	危	大海水 胃

【三月小 丙辰 胃】
節気 清明 4日・穀雨 19日
雑節 土用 16日

1日	04/05	水	癸亥	成	大海水 昴
2日	04/06	木	甲子	納	海中金 昴
3日	04/07	金	乙丑	開	海中金 畢
4日	04/08	土	丙寅	閉	爐中火 觜
5日	04/09	日	丁卯	建	爐中火 参
6日	04/10	月	戊辰	除	大林木 井
7日	04/11	火	己巳	満	大林木 鬼
8日	04/12	水	庚午	満	路傍土 柳
9日	04/13	木	辛未	平	路傍土 星
10日	04/14	金	壬申	定	釼鋒金 張
11日	04/15	土	癸酉	執	釼鋒金 翼
12日	04/16	日	甲戌	破	山頭火 軫
13日	04/17	月	乙亥	危	山頭火 角
14日	04/18	火	丙子	成	澗下水 亢
15日	04/19	水	丁丑	納	澗下水 氐
16日	04/20	木	戊寅	開	城頭土 房
17日	04/21	金	己卯	閉	城頭土 心
18日	04/22	土	庚辰	建	白鑞金 尾
19日▽	04/23	日	辛巳	除	白鑞金 箕
20日	04/24	月	壬午	満	楊柳木 斗
21日	04/25	火	癸未	平	楊柳木 女
22日	04/26	水	甲申	定	井泉水 虚
23日	04/27	木	乙酉	執	井泉水 室
24日	04/28	金	丙戌	破	屋上土 室
25日	04/29	土	丁亥	危	屋上土 壁
26日	04/30	日	戊子	成	霹靂火 奎
27日	05/01	月	己丑	納	霹靂火 婁
28日	05/02	火	庚寅	開	松柏木 胃
29日	05/03	水	辛卯	閉	松柏木 昴

【四月小 丁巳 畢】
節気 立夏 5日・小満 21日
雑節 八十八夜 1日

1日	05/04	木	壬辰	建	長流水 畢
2日	05/05	金	癸巳	除	長流水 觜
3日	05/06	土	甲午	満	沙中金 参
4日	05/07	日	乙未	平	沙中金 井
5日	05/08	月	丙申	定	山下火 鬼
6日	05/09	火	丁酉	執	山下火 柳
7日	05/10	水	戊戌	破	平地木 星
8日	05/11	木	己亥	危	平地木 張
9日	05/12	金	庚子	成	壁上土 翼
10日	05/13	土	辛丑	納	壁上土 軫
11日	05/14	日	壬寅	納	金箔金 角
12日△	05/15	月	癸卯	開	金箔金 亢
13日	05/16	火	甲辰	建	覆燈火 氐
14日	05/17	水	乙巳	除	覆燈火 房
15日	05/18	木	丙午	満	天河水 心
16日	05/19	金	丁未	平	天河水 尾
17日	05/20	土	戊申	定	大駅土 箕
18日	05/21	日	己酉	執	大駅土 斗
19日	05/22	月	庚戌	破	釼釧金 女
20日	05/23	火	辛亥	危	釼釧金 虚
21日	05/24	水	壬子	成	桑柘木 危
22日	05/25	木	癸丑	納	桑柘木 室
23日	05/26	金	甲寅	開	大溪水 壁
24日	05/27	土	乙卯	閉	大溪水 奎
25日	05/28	日	丙辰	閉	沙中土 婁
26日	05/29	月	丁巳	建	沙中土 胃
27日	05/30	火	戊午	除	天上火 昴
28日	05/31	水	己未	満	天上火 畢
29日	06/01	木	庚申	平	柘榴木 觜

【五月大 戊午 参】
節気 芒種 7日・夏至 22日
雑節 入梅 12日

1日	06/02	金	辛酉	定	柘榴木 参
2日	06/03	土	壬戌	執	大海水 井
3日	06/04	日	癸亥	破	大海水 鬼
4日	06/05	月	甲子	危	海中金 柳
5日	06/06	火	乙丑	成	海中金 星
6日	06/07	水	丙寅	納	爐中火 張
7日	06/08	木	丁卯	納	爐中火 翼
8日	06/09	金	戊辰	開	大林木 軫
9日	06/10	土	己巳	閉	大林木 角
10日	06/11	日	庚午	建	路傍土 亢
11日	06/12	月	辛未	除	路傍土 氐
12日	06/13	火	壬申	満	釼鋒金 房
13日	06/14	水	癸酉	平	釼鋒金 心
14日	06/15	木	甲戌	定	山頭火 尾
15日	06/16	金	乙亥	執	山頭火 箕
16日	06/17	土	丙子	破	澗下水 斗
17日	06/18	日	丁丑	危	澗下水 女
18日	06/19	月	戊寅	成	城頭土 虚
19日	06/20	火	己卯	納	城頭土 危
20日	06/21	水	庚辰	開	白鑞金 室
21日	06/22	木	辛巳	閉	白鑞金 壁
22日	06/23	金	壬午	建	楊柳木 奎
23日	06/24	土	癸未	除	楊柳木 婁
24日▽	06/25	日	甲申	満	井泉水 胃
25日	06/26	月	乙酉	平	井泉水 昴
26日	06/27	火	丙戌	定	屋上土 畢
27日	06/28	水	丁亥	破	屋上土 觜
28日	06/29	木	戊子	破	霹靂火 参
29日	06/30	金	己丑	危	霹靂火 井
30日	07/01	土	庚寅	成	松柏木 鬼

【六月小 己未 鬼】
節気 小暑 7日・大暑 23日
雑節 半夏生 2日・土用 19日

1日◎	07/02	日	辛卯	納	松柏木 鬼
2日	07/03	月	壬辰	開	長流水 柳
3日	07/04	火	癸巳	閉	長流水 星
4日	07/05	水	甲午	建	沙中金 張
5日	07/06	木	乙未	除	沙中金 翼
6日	07/07	金	丙申	満	山下火 軫
7日	07/08	土	丁酉	平	山下火 角
8日	07/09	日	戊戌	平	平地木 亢
9日	07/10	月	己亥	定	平地木 氐
10日	07/11	火	庚子	執	壁上土 心
11日	07/12	水	辛丑	破	壁上土 尾
12日	07/13	木	壬寅	危	金箔金 箕
13日	07/14	金	癸卯	成	金箔金 斗
14日	07/15	土	甲辰	納	覆燈火 女
15日☆	07/16	日	乙巳	開	覆燈火 虚
16日	07/17	月	丙午	閉	天河水 危
17日	07/18	火	丁未	建	天河水 室
18日	07/19	水	戊申	除	大駅土 壁
19日	07/20	木	己酉	満	大駅土 奎
20日	07/21	金	庚戌	平	釼釧金 婁
21日	07/22	土	辛亥	定	釼釧金 胃
22日△	07/23	日	壬子	執	桑柘木 昴
23日	07/24	月	癸丑	破	桑柘木 畢
24日	07/25	火	甲寅	危	大溪水 觜
25日	07/26	水	乙卯	成	大溪水 参
26日	07/27	木	丙辰	納	沙中土 井
27日	07/28	金	丁巳	開	沙中土 鬼
28日	07/29	土	戊午	閉	天上火 柳

西暦 曜 干支 直 納音 宿　　　　　　　　　　　　　寛永5年

日	西暦	曜	干支	直	納音	宿
29日	07/30	日	己巳	建	天上火	柳

【七月小 庚申 張】
節気 立秋 9日・処暑 24日

日	西暦	曜	干支	直	納音	宿
1日	07/31	月	庚申	除	柘榴木	張
2日	08/01	火	辛酉	満	柘榴木	翼
3日	08/02	水	壬戌	平	大海水	軫
4日	08/03	木	癸亥	定	大海水	角
5日	08/04	金	甲子	執	海中金	亢
6日	08/05	土	乙丑	破	海中金	氐
7日	08/06	日	丙寅	危	爐中火	房
8日	08/07	月	丁卯	成	爐中火	心
9日	08/08	火	戊辰	成	大林木	尾
10日	08/09	水	己巳	納	大林木	箕
11日	08/10	木	庚午	開	路傍土	斗
12日	08/11	金	辛未	閉	路傍土	女
13日	08/12	土	壬申	建	釵釧金	虚
14日	08/13	日	癸酉	除	釵釧金	危
15日	08/14	月	甲戌	満	山頭火	室
16日	08/15	火	乙亥	平	山頭火	壁
17日	08/16	水	丙子	定	澗下水	奎
18日	08/17	木	丁丑	執	澗下水	婁
19日	08/18	金	戊寅	破	城頭土	胃
20日	08/19	土	己卯	危	城頭土	昴
21日	08/20	日	庚辰	成	白鑞金	畢
22日	08/21	月	辛巳	納	白鑞金	觜
23日	08/22	火	壬午	開	楊柳木	参
24日	08/23	水	癸未	閉	楊柳木	井
25日	08/24	木	甲申	建	井泉水	鬼
26日	08/25	金	乙酉	除	井泉水	柳
27日	08/26	土	丙戌	満	屋上土	星
28日▽	08/27	日	丁亥	平	屋上土	張
29日	08/28	月	戊子	定	霹靂火	翼

【八月大 辛酉 角】
節気 白露 10日・秋分 25日
雑節 二百十日 6日・社日 20日・彼岸 27日

日	西暦	曜	干支	直	納音	宿
1日	08/29	火	己丑	執	霹靂火	角
2日	08/30	水	庚寅	破	松柏木	亢
3日	08/31	木	辛卯	危	松柏木	氐
4日	09/01	金	壬辰	成	長流水	房
5日	09/02	土	癸巳	納	長流水	心
6日	09/03	日	甲午	開	沙中金	尾
7日	09/04	月	乙未	閉	沙中金	箕
8日	09/05	火	丙申	建	山下火	斗
9日	09/06	水	丁酉	除	山下火	女
10日	09/07	木	戊戌	除	平地木	虚
11日	09/08	金	己亥	満	平地木	危
12日	09/09	土	庚子	平	壁上土	室
13日	09/10	日	辛丑	定	壁上土	壁
14日	09/11	月	壬寅	執	金箔金	奎
15日	09/12	火	癸卯	破	金箔金	婁
16日	09/13	水	甲辰	危	覆燈火	胃
17日	09/14	木	乙巳	成	覆燈火	昴
18日	09/15	金	丙午	納	天河水	畢
19日	09/16	土	丁未	開	天河水	觜
20日	09/17	日	戊申	閉	大駅土	参
21日	09/18	月	己酉	建	大駅土	井
22日	09/19	火	庚戌	除	釵釧金	鬼
23日	09/20	水	辛亥	満	釵釧金	柳
24日	09/21	木	壬子	平	桑柘木	星
25日	09/22	金	癸丑	定	桑柘木	張
26日	09/23	土	甲寅	執	大溪水	翼
27日	09/24	日	乙卯	破	大溪水	軫
28日	09/25	月	丙辰	危	沙中土	角
29日	09/26	火	丁巳	成	沙中土	亢
30日	09/27	水	戊午	納	天上火	氐

【九月小 壬戌 氐】
節気 寒露 11日・霜降 26日
雑節 土用 23日

日	西暦	曜	干支	直	納音	宿
1日	09/28	木	己未	開	天上火	氐
2日	09/29	金	庚申	閉	柘榴木	房
3日	09/30	土	辛酉	閉	柘榴木	心
4日△	10/01	日	壬戌	除	大海水	尾
5日	10/02	月	癸亥	満	大海水	箕
6日	10/03	火	甲子	平	海中金	斗
7日	10/04	水	乙丑	定	海中金	女
8日	10/05	木	丙寅	執	爐中火	虚
9日	10/06	金	丁卯	破	爐中火	危
10日	10/07	土	戊辰	危	大林木	室
11日	10/08	日	己巳	危	大林木	壁
12日	10/09	月	庚午	成	路傍土	奎
13日	10/10	火	辛未	納	路傍土	婁
14日	10/11	水	壬申	開	釵釧金	胃
15日	10/12	木	癸酉	閉	釵釧金	昴
16日	10/13	金	甲戌	建	山頭火	畢
17日	10/14	土	乙亥	除	山頭火	觜
18日	10/15	日	丙子	満	澗下水	参
19日	10/16	月	丁丑	平	澗下水	井
20日	10/17	火	戊寅	定	城頭土	鬼
21日	10/18	水	己卯	執	城頭土	柳
22日	10/19	木	庚辰	破	白鑞金	星
23日	10/20	金	辛巳	危	白鑞金	張
24日	10/21	土	壬午	成	楊柳木	翼
25日	10/22	日	癸未	納	楊柳木	軫
26日	10/23	月	甲申	開	井泉水	角
27日	10/24	火	乙酉	閉	井泉水	亢
28日	10/25	水	丙戌	建	屋上土	氐
29日	10/26	木	丁亥	除	屋上土	房

【十月大 癸亥 心】
節気 立冬 12日・小雪 27日

日	西暦	曜	干支	直	納音	宿
1日	10/27	金	戊子	満	霹靂火	心
2日	10/28	土	己丑	平	霹靂火	尾
3日▽	10/29	日	庚寅	定	松柏木	箕
4日	10/30	月	辛卯	執	松柏木	斗
5日	10/31	火	壬辰	破	長流水	女
6日	11/01	水	癸巳	危	長流水	虚
7日	11/02	木	甲午	成	沙中金	危
8日	11/03	金	乙未	納	沙中金	室
9日	11/04	土	丙申	開	山下火	壁
10日	11/05	日	丁酉	閉	山下火	奎
11日	11/06	月	戊戌	建	平地木	婁
12日	11/07	火	己亥	除	平地木	胃
13日	11/08	水	庚子	満	壁上土	昴
14日	11/09	木	辛丑	満	壁上土	畢
15日	11/10	金	壬寅	平	金箔金	觜
16日	11/11	土	癸卯	定	金箔金	参
17日	11/12	日	甲辰	執	覆燈火	井
18日	11/13	月	乙巳	破	覆燈火	鬼
19日	11/14	火	丙午	危	天河水	柳
20日	11/15	水	丁未	成	天河水	星
21日	11/16	木	戊申	納	大駅土	張
22日	11/17	金	己酉	開	大駅土	翼
23日	11/18	土	庚戌	建	釵釧金	軫
24日	11/19	日	辛亥	建	釵釧金	角
25日	11/20	月	壬子	除	桑柘木	亢
26日	11/21	火	癸丑	満	桑柘木	氐
27日	11/22	水	甲寅	定	大溪水	心
28日	11/23	木	乙卯	執	大溪水	尾
29日	11/24	金	丙辰	破	沙中土	箕
30日	11/25	土	丁巳	危	沙中土	斗

【十一月大 甲子 斗】
節気 大雪 12日・冬至 28日

日	西暦	曜	干支	直	納音	宿
1日	11/26	日	戊午	成	天上火	女
2日	11/27	月	己未	納	天上火	虚
3日	11/28	火	庚申	開	柘榴木	危
4日	11/29	水	辛酉	閉	柘榴木	室
5日	11/30	木	壬戌	建	大海水	壁
6日	12/01	金	癸亥	除	大海水	奎
7日	12/02	土	甲子	満	海中金	婁
8日	12/03	日	乙丑	満	海中金	妻
9日	12/04	月	丙寅	平	爐中火	胃
10日	12/05	火	丁卯	定	爐中火	昴
11日	12/06	水	戊辰	執	大林木	畢
12日	12/07	木	己巳	破	大林木	觜
13日	12/08	金	庚午	危	路傍土	参
14日	12/09	土	辛未	成	路傍土	井
15日△	12/10	日	壬申	成	釵釧金	鬼
16日	12/11	月	癸酉	納	釵釧金	柳
17日	12/12	火	甲戌	開	山頭火	星
18日	12/13	水	乙亥	閉	山頭火	張
19日	12/14	木	丙子	建	澗下水	翼
20日	12/15	金	丁丑	除	澗下水	軫
21日	12/16	土	戊寅	満	城頭土	角
22日	12/17	日	己卯	平	城頭土	亢
23日	12/18	月	庚辰	定	白鑞金	房
24日	12/19	火	辛巳	執	白鑞金	心
25日	12/20	水	壬午	破	楊柳木	尾
26日	12/21	木	癸未	危	楊柳木	箕
28日	12/22	金	甲申	成	井泉水	斗
28日	12/23	土	乙酉	納	井泉水	女
29日	12/24	日	丙戌	開	屋上土	虚
30日	12/25	月	丁亥	閉	屋上土	虚

【十二月大 乙丑 虚】
節気 小寒 13日・大寒 28日
雑節 土用 25日

日	西暦	曜	干支	直	納音	宿
1日	12/26	火	戊子	建	霹靂火	虚
2日	12/27	水	己丑	除	霹靂火	危
3日	12/28	木	庚寅	満	松柏木	室
4日	12/29	金	辛卯	平	松柏木	壁
5日	12/30	土	壬辰	定	長流水	奎
6日▽	12/31	日	癸巳	執	長流水	妻
1629年						
7日	01/01	月	甲午	破	沙中金	胃
8日	01/02	火	乙未	危	沙中金	昴
9日	01/03	水	丙申	成	山下火	畢
10日	01/04	木	丁酉	納	山下火	觜
11日	01/05	金	戊戌	開	平地木	参
12日	01/06	土	己亥	閉	平地木	井
13日	01/07	日	庚子	閉	壁上土	鬼
14日	01/08	月	辛丑	建	壁上土	柳
15日☆	01/09	火	壬寅	除	金箔金	星
16日	01/10	水	癸卯	満	金箔金	張
17日	01/11	木	甲辰	平	覆燈火	翼
18日	01/12	金	乙巳	定	覆燈火	軫
19日	01/13	土	丙午	執	天河水	角
20日	01/14	日	丁未	破	天河水	亢
21日	01/15	月	戊申	危	大駅土	氐
22日	01/16	火	己酉	成	大駅土	房
23日	01/17	水	庚戌	納	釵釧金	心
24日	01/18	木	辛亥	開	釵釧金	尾
25日	01/19	金	壬子	閉	桑柘木	箕
26日	01/20	土	癸丑	建	桑柘木	斗
27日	01/21	日	甲寅	除	大溪水	女
28日	01/22	月	乙卯	満	大溪水	虚
29日	01/23	火	丙辰	平	沙中土	危
30日	01/24	水	丁巳	定	沙中土	室

— 95 —

寛永6年

1629～1630 己巳

【正月小 丙寅 室】
節気 立春 13日・雨水 29日
雑節 節分 12日

日	新暦	曜	干支	十二直	納音	宿
1	01/25	木	戊午	執	天上火	室
2	01/26	金	己未	破	天上火	壁
3	01/27	土	庚申	危	柘榴木	奎
4	01/28	日	辛酉	成	柘榴木	婁
5	01/29	月	壬戌	納	大海水	胃
6	01/30	火	癸亥	開	大海水	昴
7	01/31	水	甲子	閉	海中金	畢
8	02/01	木	乙丑	建	海中金	觜
9	02/02	金	丙寅	除	爐中火	参
10	02/03	土	丁卯	満	爐中火	井
11	02/04	日	戊辰	平	大林木	鬼
12	02/05	月	己巳	定	大林木	柳
13	02/06	火	庚午	執	路傍土	星
14	02/07	水	辛未	破	路傍土	張
15	02/08	木	壬申	危	釼鋒金	翼
16	02/09	金	癸酉	成	釼鋒金	軫
17	02/10	土	甲戌	納	山頭火	角
18	02/11	日	乙亥	開	山頭火	亢
19	02/12	月	丙子	閉	澗下水	氐
20	02/13	火	丁丑	建	澗下水	房
21	02/14	水	戊寅	除	城頭土	心
22	02/15	木	己卯	満	城頭土	尾
23	02/16	金	庚辰	満	白鑞金	箕
24 △	02/17	土	辛巳	定	白鑞金	斗
25	02/18	日	壬午	執	楊柳木	女
26	02/19	月	癸未	執	楊柳木	虚
27	02/20	火	甲申	破	井泉水	危
28	02/21	水	乙酉	危	井泉水	室
29	02/22	木	丙戌	成	屋上土	壁

【二月大 丁卯 奎】
節気 啓蟄 15日・春分 30日

日	新暦	曜	干支	十二直	納音	宿
1	02/23	金	丁亥	納	屋上土	奎
2	02/24	土	戊子	開	霹靂火	婁
3	02/25	日	己丑	閉	霹靂火	胃
4	02/26	月	庚寅	建	松柏木	昴
5	02/27	火	辛卯	除	松柏木	畢
6	02/28	水	壬辰	満	長流水	觜
7	03/01	木	癸巳	定	長流水	参
8	03/02	金	甲午	執	沙中金	井
9	03/03	土	乙未	執	沙中金	鬼
10 ▽	03/04	日	丙申	破	山下火	柳
11	03/05	月	丁酉	危	山下火	星
12	03/06	火	戊戌	成	平地木	張
13	03/07	水	己亥	納	平地木	翼
14	03/08	木	庚子	開	壁上土	軫
15	03/09	金	辛丑	閉	壁上土	角
16	03/10	土	壬寅	建	金箔金	亢
17	03/11	日	癸卯	除	金箔金	氐
18	03/12	月	甲辰	満	覆燈火	房
19	03/13	火	乙巳	平	覆燈火	心
20	03/14	水	丙午	定	天河水	尾
21	03/15	木	丁未	執	天河水	箕
22	03/16	金	戊申	破	大駅土	斗
23	03/17	土	己酉	危	大駅土	女
24	03/18	日	庚戌	成	釵釧金	虚
25	03/19	月	辛亥	納	釵釧金	危
26	03/20	火	壬子	開	桑柘木	室
27	03/21	水	癸丑	閉	桑柘木	壁
28	03/22	木	甲寅	建	大溪水	奎
29	03/23	金	乙卯	除	大溪水	婁
30	03/24	土	丙辰	満	沙中土	胃

【閏二月小 丁卯 奎】
節気 清明 15日
雑節 彼岸 2日・社日 2日・土用 27日

日	新暦	曜	干支	十二直	納音	宿
1	03/25	日	丁巳	満	沙中土	昴
2	03/26	月	戊午	平	天上火	畢
3	03/27	火	己未	定	天上火	觜
4	03/28	水	庚申	執	柘榴木	参
5	03/29	木	辛酉	破	柘榴木	井
6	03/30	金	壬戌	危	大海水	鬼
7	03/31	土	癸亥	成	大海水	柳
8	04/01	日	甲子	納	海中金	星
9	04/02	月	乙丑	開	海中金	張
10	04/03	火	丙寅	閉	爐中火	翼
11	04/04	水	丁卯	建	爐中火	軫
12	04/05	木	戊辰	除	大林木	角
13	04/06	金	己巳	満	大林木	亢
14	04/07	土	庚午	平	路傍土	氐
15	04/08	日	辛未	定	路傍土	房
16	04/09	月	壬申	執	釼鋒金	心
17	04/10	火	癸酉	執	釼鋒金	尾
18	04/11	水	甲戌	破	山頭火	箕
19	04/12	木	乙亥	危	山頭火	斗
20	04/13	金	丙子	成	澗下水	女
21	04/14	土	丁丑	納	澗下水	虚
22	04/15	日	戊寅	開	城頭土	危
23	04/16	月	己卯	閉	城頭土	室
24	04/17	火	庚辰	建	白鑞金	壁
25	04/18	水	辛巳	除	白鑞金	奎
26	04/19	木	壬午	満	楊柳木	婁
27	04/20	金	癸未	平	楊柳木	胃
28	04/21	土	甲申	定	井泉水	昴
29	04/22	日	乙酉	執	井泉水	畢

【三月大 戊辰 胃】
節気 穀雨 1日・立夏 17日
雑節 八十八夜 12日

日	新暦	曜	干支	十二直	納音	宿
1	04/23	月	丙戌	破	屋上土	觜
2	04/24	火	丁亥	危	屋上土	参
3	04/25	水	戊子	成	霹靂火	井
4	04/26	木	己丑	納	霹靂火	鬼
5	04/27	金	庚寅	開	松柏木	柳
6 △	04/28	土	辛卯	閉	松柏木	星
7	04/29	日	壬辰	建	長流水	張
8	04/30	月	癸巳	除	長流水	翼
9	05/01	火	甲午	満	沙中金	軫
10	05/02	水	乙未	平	沙中金	角
11	05/03	木	丙申	定	山下火	亢
12	05/04	金	丁酉	執	山下火	氐
13	05/05	土	戊戌	破	平地木	房
14 ▽	05/06	日	己亥	危	平地木	心
15	05/07	月	庚子	成	壁上土	尾
16	05/08	火	辛丑	納	壁上土	箕
17	05/09	水	壬寅	開	金箔金	斗
18	05/10	木	癸卯	閉	金箔金	女
19	05/11	金	甲辰	建	覆燈火	虚
20	05/12	土	乙巳	除	覆燈火	危
21	05/13	日	丙午	満	天河水	室
22	05/14	月	丁未	平	天河水	壁
23	05/15	火	戊申	定	大駅土	奎
24	05/16	水	己酉	執	大駅土	婁
25	05/17	木	庚戌	破	釵釧金	胃
26	05/18	金	辛亥	危	釵釧金	昴
27	05/19	土	壬子	成	桑柘木	畢
28	05/20	日	癸丑	納	桑柘木	觜
29	05/21	月	甲寅	開	大溪水	参
30	05/22	火	乙卯	閉	大溪水	井

【四月小 己巳 畢】
節気 小満 2日・芒種 17日
雑節 入梅 27日

日	新暦	曜	干支	十二直	納音	宿
1	05/23	水	丙辰	閉	沙中土	鬼
2	05/24	木	丁巳	建	沙中土	柳
3	05/25	金	戊午	除	天上火	星
4	05/26	土	己未	満	天上火	張
5	05/27	日	庚申	平	柘榴木	翼
6	05/28	月	辛酉	定	柘榴木	軫
7	05/29	火	壬戌	執	大海水	角
8	05/30	水	癸亥	破	大海水	亢
9	05/31	木	甲子	危	海中金	氐
10	06/01	金	乙丑	成	海中金	房
11	06/02	土	丙寅	納	爐中火	心
12	06/03	日	丁卯	開	爐中火	尾
13	06/04	月	戊辰	閉	大林木	箕
14	06/05	火	己巳	建	大林木	斗
15	06/06	水	庚午	除	路傍土	女
16	06/07	木	辛未	満	路傍土	虚
17	06/08	金	壬申	平	釼鋒金	危
18	06/09	土	癸酉	定	釼鋒金	室
19	06/10	日	甲戌	執	山頭火	壁
20	06/11	月	乙亥	破	山頭火	奎
21	06/12	火	丙子	危	澗下水	婁
22	06/13	水	丁丑	成	澗下水	胃
23	06/14	木	戊寅	納	城頭土	昴
24	06/15	金	己卯	開	城頭土	畢
25	06/16	土	庚辰	閉	白鑞金	觜
26	06/17	日	辛巳	建	白鑞金	参
27	06/18	月	壬午	除	楊柳木	井
28	06/19	火	癸未	満	楊柳木	鬼
29	06/20	水	甲申	平	井泉水	柳

【五月大 庚午 参】
節気 夏至 3日・小暑 19日
雑節 半夏生 13日

日	新暦	曜	干支	十二直	納音	宿
1 ◎	06/21	木	乙酉	平	井泉水	星
2	06/22	金	丙戌	定	屋上土	張
3	06/23	土	丁亥	執	屋上土	翼
4	06/24	日	戊子	破	霹靂火	軫
5	06/25	月	己丑	危	霹靂火	角
6	06/26	火	庚寅	成	松柏木	亢
7	06/27	水	辛卯	納	松柏木	氐
8	06/28	木	壬辰	開	長流水	房
9	06/29	金	癸巳	閉	長流水	心
10	06/30	土	甲午	建	沙中金	尾
11	07/01	日	乙未	除	沙中金	箕
12	07/02	月	丙申	満	山下火	斗
13	07/03	火	丁酉	平	山下火	女
14	07/04	水	戊戌	定	平地木	虚
15	07/05	木	己亥	執	平地木	危
16	07/06	金	庚子	破	壁上土	室
17	07/07	土	辛丑	危	壁上土	壁
18 ▽	07/08	日	壬寅	成	金箔金	奎
19	07/09	月	癸卯	納	金箔金	婁
20	07/10	火	甲辰	開	覆燈火	胃
21	07/11	水	乙巳	閉	覆燈火	昴
22	07/12	木	丙午	建	天河水	畢
23	07/13	金	丁未	除	天河水	觜
24	07/14	土	戊申	満	大駅土	参
25	07/15	日	己酉	平	大駅土	井
26	07/16	月	庚戌	定	釵釧金	鬼
27	07/17	火	辛亥	執	釵釧金	柳
28	07/18	水	壬子	破	桑柘木	星
29	07/19	木	癸丑	危	桑柘木	張
30	07/20	金	甲寅	成	大溪水	翼

【六月小 辛未 鬼】
節気 大暑 4日・立秋 19日
雑節 土用 1日

日	新暦	曜	干支	十二直	納音	宿
1	07/21	土	乙卯	成	大溪水	軫
2	07/22	日	丙辰	納	沙中土	角
3	07/23	月	丁巳	開	沙中土	亢
4	07/24	火	戊午	閉	天上火	氐
5	07/25	水	己未	建	天上火	房
6	07/26	木	庚申	除	柘榴木	心
7	07/27	金	辛酉	満	柘榴木	尾
8	07/28	土	壬戌	平	大海水	箕
9	07/29	日	癸亥	定	大海水	斗
10	07/30	月	甲子	執	海中金	女
11	07/31	火	乙丑	破	海中金	虚
12	08/01	水	丙寅	危	爐中火	危
13	08/02	木	丁卯	成	爐中火	室
14	08/03	金	戊辰	納	大林木	壁
15	08/04	土	己巳	開	大林木	奎

| 西暦 | 曜 | 干支 | 直 | 納音 | 宿 | 寛永6年 |

左段

16日 08/05 日 庚午 閉 路傍土 虚
17日 08/06 月 辛未 建 路傍土 危
18日 08/07 火 壬申 除 剣鋒金 室
19日 08/08 水 癸酉 除 剣鋒金 壁
20日 08/09 木 甲戌 満 山頭火 奎
21日 08/10 金 乙亥 平 山頭火 婁
22日 08/11 土 丙子 定 澗下水 胃
23日 08/12 日 丁丑 執 澗下水 昴
24日 08/13 月 戊寅 破 城頭土 畢
25日 08/14 火 己卯 危 城頭土 觜
26日 08/15 水 庚辰 成 白鑞金 参
27日 08/16 木 辛巳 納 白鑞金 井
28日 08/17 金 壬午 開 楊柳木 鬼
29日 08/18 土 癸未 閉 楊柳木 柳

【七月小 壬申 張】
節気 処暑 5日・白露 20日
雑節 二百十日 16日

1日 08/19 日 甲申 建 井泉水 張
2日 08/20 月 乙酉 除 井泉水 翼
3日 08/21 火 丙戌 満 屋上土 軫
4日 08/22 水 丁亥 平 屋上土 角
5日 08/23 木 戊子 定 霹靂火 亢
6日 08/24 金 己丑 執 霹靂火 氐
7日 08/25 土 庚寅 破 松柏木 房
8日 08/26 日 辛卯 危 松柏木 心
9日 08/27 月 壬辰 成 長流水 尾
10日 08/28 火 癸巳 納 長流水 箕
11日 08/29 水 甲午 開 沙中金 斗
12日 08/30 木 乙未 閉 沙中金 女
13日 08/31 金 丙申 建 山下火 虚
14日 09/01 土 丁酉 除 山下火 危
15日 09/02 日 戊戌 満 平地木 室
16日 09/03 月 己亥 平 平地木 壁
17日 09/04 火 庚子 定 壁上土 奎
18日 09/05 水 辛丑 執 壁上土 婁
19日 09/06 木 壬寅 破 金箔金 胃
20日 09/07 金 癸卯 危 金箔金 昴
21日▽09/08 土 甲辰 危 覆燈火 畢
22日 09/09 日 乙巳 成 覆燈火 觜
23日 09/10 月 丙午 納 天河水 参
24日 09/11 火 丁未 開 天河水 井
25日 09/12 水 戊申 閉 大駅土 鬼
26日 09/13 木 己酉 建 大駅土 柳
27日△09/14 金 庚戌 除 釵釧金 星
28日 09/15 土 辛亥 満 釵釧金 張
29日 09/16 日 壬子 平 桑柘木 翼

【八月大 癸酉 角】
節気 秋分 7日・寒露 22日
雑節 社日 6日・彼岸 9日

1日 09/17 月 癸丑 定 桑柘木 角
2日 09/18 火 甲寅 執 大渓水 亢
3日 09/19 水 乙卯 破 大渓水 氐
4日 09/20 木 丙辰 危 沙中土 房
5日 09/21 金 丁巳 成 沙中土 心
6日 09/22 土 戊午 納 天上火 尾
7日 09/23 日 己未 開 天上火 箕
8日 09/24 月 庚申 閉 柘榴木 斗
9日 09/25 火 辛酉 建 柘榴木 女
10日 09/26 水 壬戌 除 大海水 虚
11日 09/27 木 癸亥 満 大海水 危
12日 09/28 金 甲子 平 海中金 室
13日 09/29 土 乙丑 定 海中金 壁
14日 09/30 日 丙寅 執 爐中火 奎
15日 10/01 月 丁卯 破 爐中火 婁
16日 10/02 火 戊辰 危 大林木 胃
17日 10/03 水 己巳 成 大林木 昴
18日 10/04 木 庚午 納 路傍土 畢
19日 10/05 金 辛未 開 路傍土 觜
20日 10/06 土 壬申 閉 釵鋒金 参
21日 10/07 日 癸酉 建 釵鋒金 井
22日 10/08 月 甲戌 建 山頭火 鬼

23日 10/09 火 乙亥 除 山頭火 柳
24日 10/10 水 丙子 満 澗下水 星
25日 10/11 木 丁丑 平 澗下水 張
26日 10/12 金 戊寅 定 城頭土 翼
27日 10/13 土 己卯 執 城頭土 軫
28日 10/14 日 庚辰 破 白鑞金 角
29日 10/15 月 辛巳 危 白鑞金 亢
30日 10/16 火 壬午 成 楊柳木 氐

【九月小 甲戌 氐】
節気 霜降 7日・立冬 22日
雑節 土用 4日

1日 10/17 水 癸未 納 楊柳木 氐
2日 10/18 木 甲申 閉 井泉水 房
3日 10/19 金 乙酉 閉 井泉水 心
4日 10/20 土 丙戌 建 屋上土 尾
5日 10/21 日 丁亥 除 屋上土 箕
6日 10/22 月 戊子 満 霹靂火 斗
7日 10/23 火 己丑 平 霹靂火 女
8日 10/24 水 庚寅 定 松柏木 虚
9日 10/25 木 辛卯 執 松柏木 危
10日 10/26 金 壬辰 破 長流水 室
11日 10/27 土 癸巳 危 長流水 壁
12日 10/28 日 甲午 成 沙中金 奎
13日 10/29 月 乙未 納 沙中金 婁
14日 10/30 火 丙申 開 山下火 胃
15日 10/31 水 丁酉 閉 山下火 昴
16日 11/01 木 戊戌 建 平地木 畢
17日 11/02 金 己亥 除 平地木 觜
18日 11/03 土 庚子 満 壁上土 参
19日 11/04 日 辛丑 定 壁上土 井
20日 11/05 月 壬寅 定 金箔金 鬼
21日 11/06 火 癸卯 執 金箔金 柳
22日 11/07 水 甲辰 執 覆燈火 星
23日 11/08 木 乙巳 破 覆燈火 張
24日 11/09 金 丙午 危 天河水 翼
25日▽11/10 土 丁未 成 天河水 軫
26日 11/11 日 戊申 納 大駅土 角
27日 11/12 月 己酉 開 大駅土 亢
28日 11/13 火 庚戌 閉 釵釧金 氐
29日 11/14 水 辛亥 建 釵釧金 房

【十月大 乙亥 心】
節気 小雪 8日・大雪 24日

1日 11/15 木 壬子 除 桑柘木 心
2日 11/16 金 癸丑 満 桑柘木 尾
3日 11/17 土 甲寅 定 大渓水 箕
4日 11/18 日 乙卯 定 大渓水 斗
5日 11/19 月 丙辰 執 沙中土 女
6日 11/20 火 丁巳 破 沙中土 虚
7日 11/21 水 戊午 危 天上火 危
8日 11/22 木 己未 成 天上火 室
9日△11/23 金 庚申 納 柘榴木 壁
10日 11/24 土 辛酉 開 柘榴木 奎
11日 11/25 日 壬戌 閉 大海水 婁
12日 11/26 月 癸亥 建 大海水 胃
13日 11/27 火 甲子 除 海中金 昴
14日 11/28 水 乙丑 満 海中金 畢
15日 11/29 木 丙寅 平 爐中火 觜
16日☆11/30 金 丁卯 定 爐中火 参
17日 12/01 土 戊辰 執 大林木 井
18日 12/02 日 己巳 破 大林木 鬼
19日 12/03 月 庚午 危 路傍土 柳
20日 12/04 火 辛未 成 路傍土 星
21日 12/05 水 壬申 納 釵鋒金 張
22日 12/06 木 癸酉 開 釵鋒金 翼
23日 12/07 金 甲戌 閉 山頭火 軫
24日 12/08 土 乙亥 建 山頭火 角
25日 12/09 日 丙子 除 澗下水 亢
26日 12/10 月 丁丑 満 澗下水 氐
27日 12/11 火 戊寅 平 城頭土 房
28日 12/12 水 己卯 平 城頭土 心
29日 12/13 木 庚辰 定 白鑞金 尾

右段

30日 12/14 金 辛巳 執 白鑞金 箕

【十一月大 丙子 斗】
節気 冬至 9日・小寒 24日

1日 12/15 土 壬午 破 楊柳木 斗
2日 12/16 日 癸未 危 楊柳木 牛
3日 12/17 月 甲申 成 井泉水 女
4日 12/18 火 乙酉 納 井泉水 虚
5日 12/19 水 丙戌 開 屋上土 室
6日 12/20 木 丁亥 閉 屋上土 壁
7日 12/21 金 戊子 建 霹靂火 奎
8日 12/22 土 己丑 除 霹靂火 婁
9日 12/23 日 庚寅 満 松柏木 胃
10日 12/24 月 辛卯 定 松柏木 昴
11日 12/25 火 壬辰 執 長流水 畢
12日 12/26 水 癸巳 破 長流水 觜
13日 12/27 木 甲午 危 沙中金 参
14日 12/28 金 乙未 成 沙中金 井
15日 12/29 土 丙申 納 山下火 鬼
16日 12/30 日 丁酉 開 山下火 柳
17日 12/31 月 戊戌 閉 平地木 星

1630年
18日 **01/01** 火 己亥 閉 平地木 張
19日 01/02 水 庚子 建 壁上土 翼
20日 01/03 木 辛丑 除 壁上土 軫
21日 01/04 金 壬寅 満 金箔金 角
22日 01/05 土 癸卯 平 金箔金 亢
23日 01/06 日 甲辰 定 覆燈火 氐
24日 01/07 月 乙巳 定 覆燈火 房
25日 01/08 火 丙午 執 天河水 心
26日 01/09 水 丁未 破 天河水 尾
27日 01/10 木 戊申 危 大駅土 箕
28日 01/11 金 己酉 成 大駅土 斗
29日▽01/12 土 庚戌 納 釵釧金 女
30日 01/13 日 辛亥 開 釵釧金 虚

【十二月小 丁丑 虚】
節気 大寒 9日・立春 25日
雑節 土用 6日・節分 24日

1日 01/14 月 壬子 閉 桑柘木 虚
2日 01/15 火 癸丑 建 桑柘木 危
3日 01/16 水 甲寅 除 大渓水 室
4日 01/17 木 乙卯 満 大渓水 壁
5日 01/18 金 丙辰 平 沙中土 奎
6日 01/19 土 丁巳 定 沙中土 婁
7日 01/20 日 戊午 執 天上火 胃
8日 01/21 月 己未 破 天上火 昴
9日 01/22 火 庚申 危 柘榴木 畢
10日 01/23 水 辛酉 成 柘榴木 觜
11日 01/24 木 壬戌 納 大海水 参
12日 01/25 金 癸亥 開 大海水 井
13日 01/26 土 甲子 閉 海中金 鬼
14日 01/27 日 乙丑 建 海中金 柳
15日 01/28 月 丙寅 除 爐中火 星
16日 01/29 火 丁卯 満 爐中火 張
17日 01/30 水 戊辰 平 大林木 翼
18日△01/31 木 己巳 定 大林木 軫
19日 02/01 金 庚午 破 路傍土 角
20日 02/02 土 辛未 危 路傍土 亢
21日 02/03 日 壬申 危 釵鋒金 氐
22日 02/04 月 癸酉 成 釵鋒金 房
23日 02/05 火 甲戌 納 山頭火 心
24日 02/06 水 乙亥 開 山頭火 尾
25日 02/07 木 丙子 閉 澗下水 箕
26日 02/08 金 丁丑 建 澗下水 斗
27日 02/09 土 戊寅 除 城頭土 女
28日 02/10 日 己卯 満 城頭土 虚
29日 02/11 月 庚辰 満 白鑞金 危

寛永7年
1630～1631　庚午

【正月大　戊寅　室】
節気　雨水 11日・啓蟄 26日

日	新暦	曜	干支	十二直	納音	宿
1日	02/12	水	辛巳	平	白鑞金	室
2日	02/13	木	壬午	定	楊柳木	壁
3日	02/14	金	癸未	執	楊柳木	奎
4日	02/15	土	甲申	破	井泉水	婁
5日	02/16	日	乙酉	危	井泉水	胃
6日	02/17	月	丙戌	成	屋上土	昴
7日	02/18	火	丁亥	納	屋上土	畢
8日	02/19	水	戊子	開	霹靂火	觜
9日	02/20	木	己丑	閉	霹靂火	参
10日	02/21	金	庚寅	建	松柏木	井
11日	02/22	土	辛卯	除	松柏木	鬼
12日	02/23	日	壬辰	満	長流水	柳
13日	02/24	月	癸巳	平	長流水	星
14日	02/25	火	甲午	定	沙中金	張
15日	02/26	水	乙未	執	沙中金	翼
16日	02/27	木	丙申	破	山下火	軫
17日	02/28	金	丁酉	危	山下火	角
18日	03/01	土	戊戌	成	平地木	亢
19日	03/02	日	己亥	納	平地木	氐
20日	03/03	月	庚子	開	壁上土	房
21日	03/04	火	辛丑	閉	壁上土	心
22日	03/05	水	壬寅	建	金箔金	尾
23日	03/06	木	癸卯	除	金箔金	箕
24日	03/07	金	甲辰	満	覆燈火	斗
25日	03/08	土	乙巳	平	覆燈火	女
26日	03/09	日	丙午	平	天河水	虚
27日	03/10	月	丁未	定	天河水	危
28日	03/11	火	戊申	執	大駅土	室
29日	03/12	水	己酉	破	大駅土	壁
30日	03/13	木	庚戌	危	釵釧金	奎

【二月大　己卯　奎】
節気　春分 11日・清明 26日
雑節　社日 8日・彼岸 13日

日	新暦	曜	干支	十二直	納音	宿
1日	03/14	金	辛亥	成	釵釧金	奎
2日	03/15	土	壬子	納	桑柘木	婁
3日▽	03/16	日	癸丑	開	桑柘木	胃
4日	03/17	月	甲寅	閉	大溪水	昴
5日	03/18	火	乙卯	建	大溪水	畢
6日	03/19	水	丙辰	除	沙中土	觜
7日	03/20	木	丁巳	満	沙中土	参
8日	03/21	金	戊午	平	天上火	井
9日	03/22	土	己未	定	天上火	鬼
10日	03/23	日	庚申	執	柘榴木	柳
11日	03/24	月	辛酉	破	柘榴木	星
12日	03/25	火	壬戌	危	大海水	張
13日	03/26	水	癸亥	成	大海水	翼
14日	03/27	木	甲子	納	海中金	軫
15日	03/28	金	乙丑	開	海中金	角
16日	03/29	土	丙寅	閉	爐中火	亢
17日	03/30	日	丁卯	建	爐中火	氐
18日	03/31	月	戊辰	除	大林木	房
19日	04/01	火	己巳	満	大林木	心
20日	04/02	水	庚午	平	路傍土	尾
21日	04/03	木	辛未	定	路傍土	箕
22日	04/04	金	壬申	執	釵鋒金	斗
23日	04/05	土	癸酉	破	釵鋒金	女
24日	04/06	日	甲戌	危	山頭火	虚
25日	04/07	月	乙亥	成	山頭火	危
26日	04/08	火	丙子	成	澗下水	室
27日	04/09	水	丁丑	納	澗下水	壁
28日	04/10	木	戊寅	開	城頭土	奎
29日△	04/11	金	己卯	閉	城頭土	婁
30日	04/12	土	庚辰	建	白鑞金	胃

【三月小　庚辰　胃】
節気　穀雨 12日・立夏 27日
雑節　土用 9日・八十八夜 23日

日	新暦	曜	干支	十二直	納音	宿
1日	04/13	日	辛巳	除	白鑞金	胃
2日	04/14	月	壬午	満	楊柳木	昴
3日	04/15	火	癸未	平	楊柳木	畢
4日	04/16	水	甲申	定	井泉水	觜
5日	04/17	木	乙酉	執	井泉水	参
6日	04/18	金	丙戌	破	屋上土	井
7日	04/19	土	丁亥	危	屋上土	鬼
8日	04/20	日	戊子	成	霹靂火	柳
9日	04/21	月	己丑	納	霹靂火	星
10日	04/22	火	庚寅	開	松柏木	張
11日	04/23	水	辛卯	閉	松柏木	翼
12日	04/24	木	壬辰	建	長流水	軫
13日	04/25	金	癸巳	除	長流水	角
14日	04/26	土	甲午	満	沙中金	亢
15日	04/27	日	乙未	平	沙中金	氐
16日	04/28	月	丙申	定	山下火	房
17日	04/29	火	丁酉	執	山下火	心
18日	04/30	水	戊戌	破	平地木	尾
19日	05/01	木	己亥	危	平地木	箕
20日	05/02	金	庚子	成	壁上土	斗
21日	05/03	土	辛丑	納	壁上土	女
22日	05/04	日	壬寅	開	金箔金	虚
23日	05/05	月	癸卯	閉	金箔金	危
24日	05/06	火	甲辰	建	覆燈火	室
25日	05/07	水	乙巳	除	覆燈火	壁
26日	05/08	木	丙午	満	天河水	奎
27日	05/09	金	丁未	満	天河水	婁
28日	05/10	土	戊申	平	大駅土	胃
29日	05/11	日	己酉	定	大駅土	昴

【四月大　辛巳　畢】
節気　小満 13日・芒種 28日

日	新暦	曜	干支	十二直	納音	宿
1日	05/12	月	庚戌	執	釵釧金	畢
2日	05/13	火	辛亥	破	釵釧金	觜
3日	05/14	水	壬子	危	桑柘木	参
4日	05/15	木	癸丑	成	桑柘木	井
5日	05/16	金	甲寅	納	大溪水	鬼
6日	05/17	土	乙卯	開	大溪水	柳
7日▽	05/18	日	丙辰	閉	沙中土	星
8日	05/19	月	丁巳	建	沙中土	張
9日	05/20	火	戊午	除	天上火	翼
10日	05/21	水	己未	満	天上火	軫
11日	05/22	木	庚申	平	柘榴木	角
12日	05/23	金	辛酉	定	柘榴木	亢
13日	05/24	土	壬戌	執	大海水	氐
14日	05/25	日	癸亥	破	大海水	房
15日	05/26	月	甲子	危	海中金	心
16日	05/27	火	乙丑	成	海中金	尾
17日	05/28	水	丙寅	納	爐中火	箕
18日	05/29	木	丁卯	開	爐中火	斗
19日	05/30	金	戊辰	閉	大林木	女
20日	05/31	土	己巳	建	大林木	虚
21日	06/01	日	庚午	除	路傍土	危
22日	06/02	月	辛未	満	路傍土	室
23日	06/03	火	壬申	平	釵鋒金	壁
24日	06/04	水	癸酉	定	釵鋒金	奎
25日	06/05	木	甲戌	執	山頭火	婁
26日	06/06	金	乙亥	破	山頭火	胃
27日	06/07	土	丙子	危	澗下水	昴
28日	06/08	日	丁丑	危	澗下水	畢
29日	06/09	月	戊寅	成	城頭土	觜
30日	06/10	火	己卯	納	城頭土	参

【五月小　壬午　参】
節気　夏至 14日・小暑 29日
雑節　入梅 3日・半夏生 24日

日	新暦	曜	干支	十二直	納音	宿
1日	06/11	水	庚辰	開	白鑞金	参
2日	06/12	木	辛巳	閉	白鑞金	井
3日	06/13	金	壬午	建	楊柳木	鬼
4日	06/14	土	癸未	除	楊柳木	柳
5日	06/15	日	甲申	満	井泉水	星
6日	06/16	月	乙酉	平	井泉水	張
7日	06/17	火	丙戌	定	屋上土	翼
8日	06/18	水	丁亥	執	屋上土	軫
9日	06/19	木	戊子	破	霹靂火	角
10日△	06/20	金	己丑	危	霹靂火	亢
11日	06/21	土	庚寅	成	松柏木	氐
12日	06/22	日	辛卯	納	松柏木	房
13日	06/23	月	壬辰	開	長流水	心
14日	06/24	火	癸巳	閉	長流水	尾
15日	06/25	水	甲午	建	沙中金	箕
16日	06/26	木	乙未	除	沙中金	斗
17日	06/27	金	丙申	満	山下火	女
18日	06/28	土	丁酉	平	山下火	虚
19日	06/29	日	戊戌	定	平地木	危
20日	06/30	月	己亥	執	平地木	室
21日	07/01	火	庚子	破	壁上土	壁
22日	07/02	水	辛丑	危	壁上土	奎
23日	07/03	木	壬寅	成	金箔金	婁
24日	07/04	金	癸卯	納	金箔金	胃
25日	07/05	土	甲辰	開	覆燈火	昴
26日	07/06	日	乙巳	閉	覆燈火	畢
27日	07/07	月	丙午	建	天河水	觜
28日	07/08	火	丁未	除	天河水	参
29日	07/09	水	戊申	除	大駅土	井

【六月大　癸未　鬼】
節気　大暑 15日・立秋 30日
雑節　土用 12日

日	新暦	曜	干支	十二直	納音	宿
1日	07/10	木	己酉	満	大駅土	鬼
2日	07/11	金	庚戌	平	釵釧金	柳
3日	07/12	土	辛亥	定	釵釧金	星
4日	07/13	日	壬子	執	桑柘木	張
5日	07/14	月	癸丑	破	桑柘木	翼
6日	07/15	火	甲寅	危	大溪水	軫
7日	07/16	水	乙卯	成	大溪水	角
8日	07/17	木	丙辰	納	沙中土	亢
9日	07/18	金	丁巳	開	沙中土	氐
10日	07/19	土	戊午	閉	天上火	房
11日▽	07/20	日	己未	建	天上火	心
12日	07/21	月	庚申	除	柘榴木	尾
13日	07/22	火	辛酉	満	柘榴木	箕
14日	07/23	水	壬戌	平	大海水	斗
15日	07/24	木	癸亥	定	大海水	女
16日	07/25	金	甲子	執	海中金	虚
17日	07/26	土	乙丑	破	海中金	危
18日	07/27	日	丙寅	危	爐中火	室
19日	07/28	月	丁卯	成	爐中火	壁
20日	07/29	火	戊辰	納	大林木	奎
21日	07/30	水	己巳	開	大林木	婁
22日	07/31	木	庚午	閉	路傍土	胃
23日	08/01	金	辛未	建	路傍土	昴
24日	08/02	土	壬申	除	釵鋒金	畢
25日	08/03	日	癸酉	満	釵鋒金	觜
26日	08/04	月	甲戌	平	山頭火	参
27日	08/05	火	乙亥	定	山頭火	井
28日	08/06	水	丙子	執	澗下水	鬼
29日	08/07	木	丁丑	破	澗下水	柳
30日	08/08	金	戊寅	破	城頭土	星

西暦 曜 干支 直 納音 宿　　　　　　　　　　　寛永7年

【七月小 甲申 張】
節気 処暑 15日
雑節 二百十日 27日

日	西暦	曜	干支	直	納音	宿
1日	08/09	金	己卯	危	城頭土	張
2日	08/10	土	庚辰	成	白鑞金	翼
3日	08/11	日	辛巳	納	白鑞金	軫
4日	08/12	月	壬午	開	楊柳木	角
5日	08/13	火	癸未	閉	楊柳木	亢
6日	08/14	水	甲申	除	井泉水	氐
7日	08/15	木	乙酉	除	井泉水	房
8日	08/16	金	丙戌	満	屋上土	心
9日	08/17	土	丁亥	平	屋上土	尾
10日	08/18	日	戊子	定	霹靂火	箕
11日	08/19	月	己丑	執	霹靂火	斗
12日	08/20	火	庚寅	破	松柏木	女
13日	08/21	水	辛卯	危	松柏木	虚
14日	08/22	木	壬辰	成	長流水	危
15日	08/23	金	癸巳	納	長流水	室
16日	08/24	土	甲午	開	沙中金	壁
17日	08/25	日	乙未	閉	沙中金	奎
18日	08/26	月	丙申	建	山下火	婁
19日	08/27	火	丁酉	除	山下火	胃
20日△	08/28	水	戊戌	満	平地木	昴
21日	08/29	木	己亥	平	平地木	畢
22日	08/30	金	庚子	定	壁上土	觜
23日	08/31	土	辛丑	執	壁上土	参
24日	09/01	日	壬寅	破	金箔金	井
25日	09/02	月	癸卯	危	金箔金	鬼
26日	09/03	火	甲辰	成	覆燈火	柳
27日	09/04	水	乙巳	納	覆燈火	星
28日	09/05	木	丙午	開	天河水	張
29日	09/06	金	丁未	閉	天河水	翼

【八月小 乙酉 角】
節気 白露 2日・秋分 17日
雑節 彼岸 19日・社日 21日

日	西暦	曜	干支	直	納音	宿
1日	09/07	土	戊申	建	大駅土	角
2日	09/08	日	己酉	除	大駅土	亢
3日	09/09	月	庚戌	除	釵釧金	氐
4日	09/10	火	辛亥	満	釵釧金	房
5日	09/11	水	壬子	平	桑柘木	心
6日	09/12	木	癸丑	定	桑柘木	尾
7日	09/13	金	甲寅	執	大渓水	箕
8日	09/14	土	乙卯	破	大渓水	斗
9日	09/15	日	丙辰	危	沙中土	女
10日	09/16	月	丁巳	成	沙中土	虚
11日	09/17	火	戊午	納	天上火	危
12日	09/18	水	己未	開	天上火	室
13日	09/19	木	庚申	閉	柘榴木	壁
14日	09/20	金	辛酉	建	柘榴木	奎
15日▽	09/21	土	壬戌	除	大海水	婁
16日	09/22	日	癸亥	満	大海水	胃
17日	09/23	月	甲子	平	海中金	昴
18日	09/24	火	乙丑	定	海中金	畢
19日	09/25	水	丙寅	執	爐中火	觜
20日	09/26	木	丁卯	破	爐中火	参
21日	09/27	金	戊辰	危	大林木	井
22日	09/28	土	己巳	成	大林木	鬼
23日	09/29	日	庚午	納	路傍土	柳
24日	09/30	月	辛未	開	路傍土	星
25日	10/01	火	壬申	閉	釼鋒金	張
26日	10/02	水	癸酉	建	釼鋒金	翼
27日	10/03	木	甲戌	除	山頭火	軫
28日	10/04	金	乙亥	満	山頭火	角
29日	10/05	土	丙子	平	潤下水	亢

【九月大 丙戌 氐】
節気 寒露 3日・霜降 18日
雑節 土用 15日

日	西暦	曜	干支	直	納音	宿
1日	10/06	日	丁丑	定	潤下水	氐
2日	10/07	月	戊寅	執	城頭土	房
3日	10/08	火	己卯	執	城頭土	心
4日	10/09	水	庚辰	破	白鑞金	尾
5日	10/10	木	辛巳	危	白鑞金	箕
6日	10/11	金	壬午	成	楊柳木	斗
7日	10/12	土	癸未	納	楊柳木	女
8日	10/13	日	甲申	開	井泉水	虚
9日	10/14	月	乙酉	閉	井泉水	危
10日	10/15	火	丙戌	建	屋上土	室
11日	10/16	水	丁亥	除	屋上土	壁
12日	10/17	木	戊子	満	霹靂火	奎
13日	10/18	金	己丑	平	霹靂火	婁
14日	10/19	土	庚寅	定	松柏木	胃
15日	10/20	日	辛卯	執	松柏木	昴
16日	10/21	月	壬辰	破	長流水	畢
17日	10/22	火	癸巳	危	長流水	觜
18日	10/23	水	甲午	成	沙中金	参
19日	10/24	木	乙未	納	沙中金	井
20日	10/25	金	丙申	開	山下火	鬼
21日	10/26	土	丁酉	閉	山下火	柳
22日	10/27	日	戊戌	建	平地木	星
23日	10/28	月	己亥	除	平地木	張
24日	10/29	火	庚子	満	壁上土	翼
25日	10/30	水	辛丑	平	壁上土	軫
26日	10/31	木	壬寅	定	金箔金	角
27日	11/01	金	癸卯	執	金箔金	亢
28日	11/02	土	甲辰	破	覆燈火	氐
29日	11/03	日	乙巳	危	覆燈火	房
30日	11/04	月	丙午	成	天河水	心

【十月小 丁亥 心】
節気 立冬 4日・小雪 19日

日	西暦	曜	干支	直	納音	宿
1日	11/05	火	丁未	納	天河水	心
2日△	11/06	水	戊申	開	大駅土	尾
3日	11/07	木	己酉	閉	大駅土	箕
4日	11/08	金	庚戌	閉	釵釧金	斗
5日	11/09	土	辛亥	建	釵釧金	女
6日	11/10	日	壬子	除	桑柘木	虚
7日	11/11	月	癸丑	満	桑柘木	危
8日	11/12	火	甲寅	平	大渓水	室
9日	11/13	水	乙卯	定	大渓水	壁
10日	11/14	木	丙辰	執	沙中土	奎
11日	11/15	金	丁巳	破	沙中土	婁
12日	11/16	土	戊午	危	天上火	胃
13日	11/17	日	己未	成	天上火	昴
14日	11/18	月	庚申	納	柘榴木	畢
15日	11/19	火	辛酉	開	柘榴木	觜
16日☆	11/20	水	壬戌	閉	大海水	参
17日	11/21	木	癸亥	閉	大海水	井
18日	11/22	金	甲子	除	海中金	鬼
19日▽	11/23	土	乙丑	満	海中金	柳
20日	11/24	日	丙寅	平	爐中火	星
21日	11/25	月	丁卯	定	爐中火	張
22日	11/26	火	戊辰	執	大林木	翼
23日	11/27	水	己巳	破	大林木	軫
24日	11/28	木	庚午	危	路傍土	角
25日	11/29	金	辛未	成	路傍土	亢
26日	11/30	土	壬申	納	釼鋒金	氐
27日	12/01	日	癸酉	開	釼鋒金	房
28日	12/02	月	甲戌	閉	山頭火	心
29日	12/03	火	乙亥	建	山頭火	尾

【十一月大 戊子 斗】
節気 大雪 5日・冬至 20日

日	西暦	曜	干支	直	納音	宿
1日◎	12/04	水	丙子	除	潤下水	斗
2日	12/05	木	丁丑	満	潤下水	女
3日	12/06	金	戊寅	平	城頭土	虚
4日	12/07	土	己卯	定	城頭土	危
5日	12/08	日	庚辰	定	白鑞金	室
6日	12/09	月	辛巳	執	白鑞金	壁
7日	12/10	火	壬午	破	楊柳木	奎
8日	12/11	水	癸未	危	楊柳木	婁
9日	12/12	木	甲申	成	井泉水	胃
10日	12/13	金	乙酉	納	井泉水	昴
11日	12/14	土	丙戌	開	屋上土	畢
12日	12/15	日	丁亥	閉	屋上土	觜
13日	12/16	月	戊子	建	霹靂火	参
14日	12/17	火	己丑	除	霹靂火	井
15日	12/18	水	庚寅	満	松柏木	鬼
16日	12/19	木	辛卯	平	松柏木	柳
17日	12/20	金	壬辰	定	長流水	星
18日	12/21	土	癸巳	執	長流水	張
19日	12/22	日	甲午	破	沙中金	翼
20日	12/23	月	乙未	危	沙中金	軫
21日	12/24	火	丙申	成	山下火	角
22日	12/25	水	丁酉	納	山下火	亢
23日	12/26	木	戊戌	開	平地木	氐
24日	12/27	金	己亥	閉	平地木	房
25日	12/28	土	庚子	建	壁上土	心
26日	12/29	日	辛丑	除	壁上土	尾
27日	12/30	月	壬寅	満	金箔金	箕
28日	12/31	火	癸卯	平	金箔金	斗

1631年

日	西暦	曜	干支	直	納音	宿
29日	01/01	水	甲辰	定	覆燈火	女
30日	01/02	木	乙巳	執	覆燈火	虚

【十二月小 己丑 虚】
節気 小寒 5日・大寒 21日
雑節 土用 18日

日	西暦	曜	干支	直	納音	宿
1日	01/03	金	丙午	破	天河水	虚
2日	01/04	土	丁未	危	天河水	危
3日	01/05	日	戊申	成	大駅土	室
4日	01/06	月	己酉	納	大駅土	壁
5日	01/07	火	庚戌	開	釵釧金	奎
6日	01/08	水	辛亥	閉	釵釧金	婁
7日	01/09	木	壬子	建	桑柘木	胃
8日	01/10	金	癸丑	除	桑柘木	昴
9日	01/11	土	甲寅	満	大渓水	畢
10日	01/12	日	乙卯	平	大渓水	觜
11日	01/13	月	丙辰	定	沙中土	参
12日	01/14	火	丁巳	執	沙中土	井
13日△	01/15	水	戊午	破	天上火	柳
14日	01/16	木	己未	危	天上火	星
15日	01/17	金	庚申	成	柘榴木	張
16日	01/18	土	辛酉	納	柘榴木	翼
17日	01/19	日	壬戌	開	大海水	軫
18日	01/20	月	癸亥	閉	大海水	角
19日	01/21	火	甲子	建	海中金	亢
20日	01/22	水	乙丑	除	海中金	氐
21日	01/23	木	丙寅	満	爐中火	房
22日	01/24	金	丁卯	平	爐中火	心
23日▽	01/25	土	戊辰	定	大林木	尾
24日	01/26	日	己巳	執	大林木	箕
25日	01/27	月	庚午	破	路傍土	斗
26日	01/28	火	辛未	危	路傍土	女
27日	01/29	水	壬申	成	釼鋒金	虚
28日	01/30	木	癸酉	納	釼鋒金	危
29日	01/31	金	甲戌	開	山頭火	室

寛永8年

1631～1632　辛未

正月大　庚寅　室
節気　立春 7日・雨水 22日
雑節　節分 6日

日	新暦	曜	干支	中段	納音	宿
1日	02/01	土	乙亥	開	山頭火	室
2日	02/02	日	丙子	閉	澗下水	壁
3日	02/03	月	丁丑	建	澗下水	奎
4日	02/04	火	戊寅	除	城頭土	婁
5日	02/05	水	己卯	満	城頭土	胃
6日	02/06	木	庚辰	平	白鑞金	昴
7日	02/07	金	辛巳	平	白鑞金	畢
8日	02/08	土	壬午	定	楊柳木	觜
9日	02/09	日	癸未	執	楊柳木	参
10日	02/10	月	甲申	破	井泉水	井
11日	02/11	火	乙酉	危	井泉水	鬼
12日	02/12	水	丙戌	成	屋上土	柳
13日	02/13	木	丁亥	納	屋上土	星
14日	02/14	金	戊子	開	霹靂火	張
15日	02/15	土	己丑	閉	霹靂火	翼
16日	02/16	日	庚寅	建	松柏木	軫
17日	02/17	月	辛卯	除	松柏木	角
18日	02/18	火	壬辰	満	長流水	亢
19日	02/19	水	癸巳	平	長流水	氐
20日	02/20	木	甲午	定	沙中金	房
21日	02/21	金	乙未	執	沙中金	心
22日	02/22	土	丙申	破	山下火	尾
23日	02/23	日	丁酉	危	山下火	箕
24日	02/24	月	戊戌	成	平地木	斗
25日	02/25	火	己亥	納	平地木	女
26日	02/26	水	庚子	開	壁上土	虚
27日	02/27	木	辛丑	閉	壁上土	危
28日	02/28	金	壬寅	建	金箔金	室
29日	03/01	土	癸卯	除	金箔金	壁
30日	03/02	日	甲辰	満	覆燈火	奎

二月大　辛卯　奎
節気　啓蟄 7日・春分 22日
雑節　社日 24日・彼岸 25日

日	新暦	曜	干支	中段	納音	宿
1日	03/03	月	乙巳	平	覆燈火	奎
2日	03/04	火	丙午	定	天河水	婁
3日	03/05	水	丁未	執	天河水	胃
4日	03/06	木	戊申	破	大駅土	昴
5日	03/07	金	己酉	危	大駅土	畢
6日	03/08	土	庚戌	成	釵釧金	觜
7日	03/09	日	辛亥	成	釵釧金	参
8日	03/10	月	壬子	納	桑柘木	井
9日	03/11	火	癸丑	開	桑柘木	鬼
10日	03/12	水	甲寅	閉	大溪水	柳
11日	03/13	木	乙卯	建	大溪水	星
12日	03/14	金	丙辰	除	沙中土	張
13日	03/15	土	丁巳	満	沙中土	翼
14日	03/16	日	戊午	平	天上火	軫
15日	03/17	月	己未	定	天上火	角
16日	03/18	火	庚申	執	柘榴木	亢
17日	03/19	水	辛酉	破	柘榴木	氐
18日	03/20	木	壬戌	危	大海水	房
19日	03/21	金	癸亥	成	大海水	心
20日	03/22	土	甲子	納	海中金	尾
21日	03/23	日	乙丑	開	海中金	箕
22日	03/24	月	丙寅	閉	炉中火	斗
23日△	03/25	火	丁卯	建	炉中火	女
24日	03/26	水	戊辰	除	大林木	虚
25日	03/27	木	己巳	満	大林木	危
26日	03/28	金	庚午	平	路傍土	室
27日▽	03/29	土	辛未	定	路傍土	壁
28日	03/30	日	壬申	執	釵鋒金	奎
29日	03/31	月	癸酉	破	釵鋒金	婁
30日	04/01	火	甲戌	危	山頭火	胃

三月大　壬辰　胃
節気　清明 8日・穀雨 23日
雑節　土用 20日

日	新暦	曜	干支	中段	納音	宿
1日	04/02	水	乙亥	成	山頭火	胃
2日	04/03	木	丙子	納	澗下水	昴
3日	04/04	金	丁丑	開	澗下水	畢
4日	04/05	土	戊寅	閉	城頭土	觜
5日	04/06	日	己卯	建	城頭土	参
6日	04/07	月	庚辰	除	白鑞金	井
7日	04/08	火	辛巳	満	白鑞金	鬼
8日	04/09	水	壬午	満	楊柳木	柳
9日	04/10	木	癸未	平	楊柳木	星
10日	04/11	金	甲申	定	井泉水	張
11日	04/12	土	乙酉	執	井泉水	翼
12日	04/13	日	丙戌	破	屋上土	軫
13日	04/14	月	丁亥	危	屋上土	角
14日	04/15	火	戊子	成	霹靂火	亢
15日	04/16	水	己丑	納	霹靂火	氐
16日	04/17	木	庚寅	開	松柏木	房
17日	04/18	金	辛卯	閉	松柏木	心
18日	04/19	土	壬辰	建	長流水	尾
19日	04/20	日	癸巳	除	長流水	箕
20日	04/21	月	甲午	満	沙中金	斗
21日	04/22	火	乙未	平	沙中金	女
22日	04/23	水	丙申	定	山下火	虚
23日	04/24	木	丁酉	執	山下火	危
24日	04/25	金	戊戌	破	平地木	室
25日	04/26	土	己亥	危	平地木	壁
26日	04/27	日	庚子	成	壁上土	奎
27日	04/28	月	辛丑	納	壁上土	婁
28日	04/29	火	壬寅	開	金箔金	胃
29日	04/30	水	癸卯	閉	金箔金	昴
30日	05/01	木	甲辰	建	覆燈火	畢

四月小　癸巳　觜
節気　立夏 8日・小満 23日
雑節　八十八夜 4日

日	新暦	曜	干支	中段	納音	宿
1日	05/02	金	乙巳	除	覆燈火	觜
2日	05/03	土	丙午	満	天河水	参
3日	05/04	日	丁未	平	天河水	井
4日	05/05	月	戊申	定	大駅土	鬼
5日	05/06	火	己酉	執	大駅土	柳
6日	05/07	水	庚戌	破	釵釧金	星
7日	05/08	木	辛亥	危	釵釧金	張
8日	05/09	金	壬子	危	桑柘木	翼
9日	05/10	土	癸丑	成	桑柘木	軫
10日	05/11	日	甲寅	納	大溪水	角
11日	05/12	月	乙卯	開	大溪水	亢
12日	05/13	火	丙辰	閉	沙中土	氐
13日	05/14	水	丁巳	建	沙中土	房
14日☆	05/15	木	戊午	除	天上火	心
15日	05/16	金	己未	満	天上火	尾
16日	05/17	土	庚申	平	柘榴木	箕
17日	05/18	日	辛酉	定	柘榴木	斗
18日	05/19	月	壬戌	執	大海水	女
19日	05/20	火	癸亥	破	大海水	虚
20日	05/21	水	甲子	危	海中金	危
21日	05/22	木	乙丑	成	海中金	室
22日	05/23	金	丙寅	納	炉中火	壁
23日	05/24	土	丁卯	開	炉中火	奎
24日	05/25	日	戊辰	閉	大林木	婁
25日	05/26	月	己巳	建	大林木	胃
26日	05/27	火	庚午	除	路傍土	昴
27日	05/28	水	辛未	満	路傍土	畢
28日	05/29	木	壬申	平	釵鋒金	觜
29日	05/30	金	癸酉	定	釵鋒金	参

五月大　甲午　参
節気　芒種 10日・夏至 25日
雑節　入梅 19日

日	新暦	曜	干支	中段	納音	宿
1日▽	05/31	土	甲戌	執	山頭火	参
2日	06/01	日	乙亥	破	山頭火	井
3日	06/02	月	丙子	危	澗下水	鬼
4日△	06/03	火	丁丑	成	澗下水	柳
5日	06/04	水	戊寅	納	城頭土	星
6日	06/05	木	己卯	開	城頭土	張
7日	06/06	金	庚辰	閉	白鑞金	翼
8日	06/07	土	辛巳	建	白鑞金	軫
9日	06/08	日	壬午	除	楊柳木	角
10日	06/09	月	癸未	除	楊柳木	亢
11日	06/10	火	甲申	満	井泉水	氐
12日	06/11	水	乙酉	平	井泉水	房
13日	06/12	木	丙戌	定	屋上土	心
14日	06/13	金	丁亥	執	屋上土	尾
15日	06/14	土	戊子	破	霹靂火	箕
16日	06/15	日	己丑	危	霹靂火	斗
17日	06/16	月	庚寅	成	松柏木	女
18日	06/17	火	辛卯	納	松柏木	虚
19日	06/18	水	壬辰	開	長流水	危
20日	06/19	木	癸巳	閉	長流水	室
21日	06/20	金	甲午	建	沙中金	壁
22日	06/21	土	乙未	除	沙中金	奎
23日	06/22	日	丙申	満	山下火	婁
24日	06/23	月	丁酉	平	山下火	胃
25日	06/24	火	戊戌	定	平地木	昴
26日	06/25	水	己亥	執	平地木	畢
27日	06/26	木	庚子	破	壁上土	觜
28日	06/27	金	辛丑	危	壁上土	参
29日	06/28	土	壬寅	成	金箔金	井
30日	06/29	日	癸卯	納	金箔金	鬼

六月小　乙未　鬼
節気　小暑 10日・大暑 25日
雑節　半夏生 5日・土用 22日

日	新暦	曜	干支	中段	納音	宿
1日	06/30	月	甲辰	開	覆燈火	鬼
2日	07/01	火	乙巳	閉	覆燈火	柳
3日	07/02	水	丙午	建	天河水	星
4日	07/03	木	丁未	除	天河水	張
5日	07/04	金	戊申	満	大駅土	翼
6日	07/05	土	己酉	平	大駅土	軫
7日	07/06	日	庚戌	定	釵釧金	角
8日	07/07	月	辛亥	執	釵釧金	亢
9日	07/08	火	壬子	破	桑柘木	氐
10日	07/09	水	癸丑	破	桑柘木	房
11日	07/10	木	甲寅	危	大溪水	心
12日	07/11	金	乙卯	成	大溪水	尾
13日	07/12	土	丙辰	納	沙中土	箕
14日	07/13	日	丁巳	開	沙中土	斗
15日	07/14	月	戊午	閉	天上火	女
16日	07/15	火	己未	建	天上火	虚
17日	07/16	水	庚申	除	柘榴木	危
18日	07/17	木	辛酉	満	柘榴木	室
19日	07/18	金	壬戌	平	大海水	壁
20日	07/19	土	癸亥	定	大海水	奎
21日	07/20	日	甲子	執	海中金	婁
22日	07/21	月	乙丑	破	海中金	胃
23日	07/22	火	丙寅	危	炉中火	昴
24日	07/23	水	丁卯	成	炉中火	畢
25日	07/24	木	戊辰	納	大林木	觜
26日	07/25	金	己巳	開	大林木	参
27日	07/26	土	庚午	閉	路傍土	井
28日	07/27	日	辛未	建	路傍土	鬼
29日	07/28	月	壬申	除	釵鋒金	柳

七月大　丙申　張
節気　立秋 11日・処暑 27日

日	新暦	曜	干支	中段	納音	宿
1日	07/29	火	癸酉	満	釵鋒金	張
2日	07/30	水	甲戌	平	山頭火	翼
3日	07/31	木	乙亥	定	山頭火	軫
4日▽	08/01	金	丙子	執	澗下水	角
5日	08/02	土	丁丑	破	澗下水	亢
6日	08/03	日	戊寅	危	城頭土	氐
7日	08/04	月	己卯	成	城頭土	房
8日	08/05	火	庚辰	納	白鑞金	心
9日	08/06	水	辛巳	開	白鑞金	尾
10日	08/07	木	壬午	閉	楊柳木	箕
11日	08/08	金	癸未	閉	楊柳木	斗
12日	08/09	土	甲申	建	井泉水	女
13日	08/10	日	乙酉	除	井泉水	虚
14日	08/11	月	丙戌	満	屋上土	危

西暦 曜 干支 直 納音 宿 　　　　寛永8年

日	西暦	曜	干支	直	納音	宿
15日△	08/12	火	丁亥	平	屋上土	室
16日	08/13	水	戊子	定	霹靂火	奎
17日	08/14	木	己丑	執	霹靂火	奎
18日	08/15	金	庚寅	破	松柏木	婁
19日	08/16	土	辛卯	危	松柏木	胃
20日	08/17	日	壬辰	成	長流水	昴
21日	08/18	月	癸巳	納	長流水	畢
22日	08/19	火	甲午	開	沙中金	觜
23日	08/20	水	乙未	閉	沙中金	参
24日	08/21	木	丙申	建	山下火	井
25日	08/22	金	丁酉	除	山下火	鬼
26日	08/23	土	戊戌	満	平地木	柳
27日	08/24	日	己亥	平	平地木	星
28日	08/25	月	庚子	定	壁上土	張
29日	08/26	火	辛丑	執	壁上土	翼
30日	08/27	水	壬寅	破	金箔金	軫

【八月小 丁酉 角】
節気 白露 12日・秋分 27日
雑節 二百十日 8日・社日 26日・彼岸 29日

日	西暦	曜	干支	直	納音	宿
1日	08/28	木	癸卯	危	金箔金	角
2日	08/29	金	甲辰	成	覆燈火	亢
3日	08/30	土	乙巳	納	覆燈火	氐
4日	08/31	日	丙午	開	天河水	房
5日	09/01	月	丁未	閉	天河水	心
6日	09/02	火	戊申	建	大駅土	尾
7日	09/03	水	己酉	除	大駅土	箕
8日	09/04	木	庚戌	満	釵釧金	斗
9日	09/05	金	辛亥	平	釵釧金	女
10日	09/06	土	壬子	定	桑柘木	虚
11日	09/07	日	癸丑	執	桑柘木	危
12日	09/08	月	甲寅	破	大溪水	室
13日	09/09	火	乙卯	危	大溪水	壁
14日	09/10	水	丙辰	成	沙中土	奎
15日	09/11	木	丁巳	納	沙中土	婁
16日	09/12	金	戊午	開	天上火	胃
17日	09/13	土	己未	閉	天上火	昴
18日	09/14	日	庚申	建	柘榴木	畢
19日	09/15	月	辛酉	除	柘榴木	觜
20日	09/16	火	壬戌	満	大海水	参
21日	09/17	水	癸亥	平	大海水	井
22日	09/18	木	甲子	定	海中金	鬼
23日	09/19	金	乙丑	執	海中金	柳
24日	09/20	土	丙寅	破	爐中火	星
25日	09/21	日	丁卯	危	爐中火	張
26日	09/22	月	戊辰	成	大林木	翼
27日	09/23	火	己巳	納	大林木	軫
28日	09/24	水	庚午	開	路傍土	角
29日	09/25	木	辛未	閉	路傍土	亢

【九月小 戊戌 氐】
節気 寒露 13日・霜降 29日
雑節 十用 26日

日	西暦	曜	干支	直	納音	宿
1日	09/26	金	壬申	建	釵鋒金	氐
2日	09/27	土	癸酉	除	釵鋒金	房
3日	09/28	日	甲戌	満	山頭火	心
4日	09/29	月	乙亥	平	山頭火	尾
5日	09/30	火	丙子	定	澗下水	箕
6日	10/01	水	丁丑	執	澗下水	斗
7日	10/02	木	戊寅	破	城頭土	女
8日▽	10/03	金	己卯	危	城頭土	虚
9日	10/04	土	庚辰	成	白鑞金	危
10日	10/05	日	辛巳	納	白鑞金	室
11日	10/06	月	壬午	開	楊柳木	壁
12日	10/07	火	癸未	閉	楊柳木	奎
13日	10/08	水	甲申	建	井泉水	婁
14日	10/09	木	乙酉	除	井泉水	胃
15日	10/10	金	丙戌	満	屋上土	昴
16日	10/11	土	丁亥	平	屋上土	畢
17日	10/12	日	戊子	定	霹靂火	觜
18日	10/13	月	己丑	執	霹靂火	参
19日	10/14	火	庚寅	定	松柏木	井
20日	10/15	水	辛卯	破	松柏木	柳
21日	10/16	木	壬辰	危	長流水	星
22日	10/17	金	癸巳	成	長流水	張
23日	10/18	土	甲午	納	沙中金	翼
24日	10/19	日	乙未	開	沙中金	軫
25日△	10/20	月	丙申	閉	山下火	軫
26日	10/21	火	丁酉	建	山下火	角
27日	10/22	水	戊戌	除	平地木	亢
28日	10/23	木	己亥	満	平地木	氐
29日	10/24	金	庚子	満	壁上土	房

【十月大 己亥 心】
節気 立冬 15日・小雪 30日
雑節 土用 29日

日	西暦	曜	干支	直	納音	宿
1日◎	10/25	土	辛丑	平	壁上土	心
2日	10/26	日	壬寅	定	金箔金	尾
3日	10/27	月	癸卯	執	金箔金	箕
4日	10/28	火	甲辰	破	覆燈火	斗
5日	10/29	水	乙巳	危	覆燈火	女
6日	10/30	木	丙午	成	天河水	虚
7日	10/31	金	丁未	納	天河水	危
8日	11/01	土	戊申	開	大駅土	室
9日	11/02	日	己酉	閉	大駅土	壁
10日	11/03	月	庚戌	建	釵釧金	奎
11日	11/04	火	辛亥	除	釵釧金	婁
12日	11/05	水	壬子	満	桑柘木	胃
13日	11/06	木	癸丑	平	桑柘木	昴
14日	11/07	金	甲寅	定	大溪水	畢
15日	11/08	土	乙卯	執	大溪水	觜
16日☆	11/09	日	丙辰	執	沙中土	参
17日	11/10	月	丁巳	破	沙中土	井
18日	11/11	火	戊午	危	天上火	鬼
19日	11/12	水	己未	成	天上火	柳
20日	11/13	木	庚申	納	柘榴木	星
21日	11/14	金	辛酉	開	柘榴木	張
22日	11/15	土	壬戌	閉	大海水	翼
23日	11/16	日	癸亥	建	大海水	軫
24日	11/17	月	甲子	除	海中金	角
25日	11/18	火	乙丑	満	海中金	亢
26日	11/19	水	丙寅	平	爐中火	氐
27日	11/20	木	丁卯	定	爐中火	房
28日	11/21	金	戊辰	執	大林木	心
29日	11/22	土	己巳	破	大林木	尾
30日	11/23	日	庚午	危	路傍土	箕

【閏十月小 己亥 心】
節気 大雪 15日

日	西暦	曜	干支	直	納音	宿
1日	11/24	月	辛未	成	路傍土	心
2日	11/25	火	壬申	納	釵鋒金	箕
3日	11/26	水	癸酉	開	釵鋒金	斗
4日	11/27	木	甲戌	閉	山頭火	女
5日	11/28	金	乙亥	建	山頭火	虚
6日	11/29	土	丙子	除	澗下水	危
7日	11/30	日	丁丑	満	澗下水	室
8日	12/01	月	戊寅	平	城頭土	壁
9日	12/02	火	己卯	定	城頭土	奎
10日	12/03	水	庚辰	執	白鑞金	婁
11日	12/04	木	辛巳	破	白鑞金	胃
12日	12/05	金	壬午	危	楊柳木	昴
13日	12/06	土	癸未	成	楊柳木	畢
14日	12/07	日	甲申	納	井泉水	觜
15日	12/08	月	乙酉	開	井泉水	参
16日	12/09	火	丙戌	閉	屋上土	井
17日	12/10	水	丁亥	建	屋上土	鬼
18日	12/11	木	戊子	除	霹靂火	柳
19日	12/12	金	己丑	満	霹靂火	星
20日	12/13	土	庚寅	平	松柏木	張
21日	12/14	日	辛卯	定	松柏木	翼
22日	12/15	月	壬辰	執	長流水	軫
23日	12/16	火	癸巳	破	長流水	角
24日	12/17	水	甲午	危	沙中金	亢
25日	12/18	木	乙未	成	沙中金	氐
26日	12/19	金	丙申	納	山下火	房
27日	12/20	土	丁酉	納	山下火	房
28日	12/21	日	戊戌	破	平地木	心
29日	12/22	月	己亥	閉	平地木	尾

【十一月大 庚子 斗】
節気 冬至 1日・小寒 17日
雑節 土用 29日

日	西暦	曜	干支	直	納音	宿
1日	12/23	火	庚子	建	壁上土	斗
2日	12/24	水	辛丑	除	壁上土	女
3日	12/25	木	壬寅	満	金箔金	虚
4日	12/26	金	癸卯	平	金箔金	危
5日	12/27	土	甲辰	定	覆燈火	室
6日	12/28	日	乙巳	執	覆燈火	壁
7日△	12/29	月	丙午	破	天河水	奎
8日	12/30	火	丁未	危	天河水	婁
9日	12/31	水	戊申	成	大駅土	胃

1632年

日	西暦	曜	干支	直	納音	宿
10日	01/01	木	己酉	納	大駅土	昴
11日	01/02	金	庚戌	開	釵釧金	畢
12日	01/03	土	辛亥	閉	釵釧金	觜
13日	01/04	日	壬子	建	桑柘木	参
14日	01/05	月	癸丑	除	桑柘木	井
15日	01/06	火	甲寅	満	大溪水	鬼
16日	01/07	水	乙卯	平	大溪水	柳
17日	01/08	木	丙辰	定	沙中土	星
18日	01/09	金	丁巳	執	沙中土	張
19日	01/10	土	戊午	破	天上火	翼
20日	01/11	日	己未	危	天上火	軫
21日	01/12	月	庚申	成	柘榴木	角
22日	01/13	火	辛酉	納	柘榴木	亢
23日	01/14	水	壬戌	開	大海水	氐
24日	01/15	木	癸亥	閉	大海水	房
25日	01/16	金	甲子	建	海中金	心
26日	01/17	土	乙丑	除	海中金	尾
27日	01/18	日	丙寅	満	爐中火	箕
28日	01/19	月	丁卯	平	爐中火	斗
29日	01/20	火	戊辰	定	大林木	女
30日	01/21	水	己巳	定	大林木	虚

【十二月小 辛丑 虚】
節気 大寒 2日・立春 17日
雑節 節分 16日

日	西暦	曜	干支	直	納音	宿
1日	01/22	木	庚午	執	路傍土	虚
2日	01/23	金	辛未	破	路傍土	危
3日	01/24	土	壬申	危	釵鋒金	室
4日	01/25	日	癸酉	成	釵鋒金	壁
5日	01/26	月	甲戌	納	山頭火	奎
6日	01/27	火	乙亥	開	山頭火	婁
7日	01/28	水	丙子	閉	澗下水	胃
8日	01/29	木	丁丑	建	澗下水	昴
9日	01/30	金	戊寅	除	城頭土	畢
10日	01/31	土	己卯	満	城頭土	觜
11日	02/01	日	庚辰	平	白鑞金	参
12日	02/02	月	辛巳	定	白鑞金	井
13日	02/03	火	壬午	執	楊柳木	鬼
14日	02/04	水	癸未	破	楊柳木	柳
15日	02/05	木	甲申	危	井泉水	星
16日▽	02/06	金	乙酉	成	井泉水	張
17日	02/07	土	丙戌	納	屋上土	翼
18日	02/08	日	丁亥	開	屋上土	軫
19日	02/09	月	戊子	閉	霹靂火	角
20日	02/10	火	己丑	建	霹靂火	亢
21日	02/11	水	庚寅	除	松柏木	氐
22日	02/12	木	辛卯	満	松柏木	房
23日	02/13	金	壬辰	平	長流水	心
24日	02/14	土	癸巳	定	長流水	尾
25日	02/15	日	甲午	執	沙中金	箕
26日	02/16	月	乙未	破	沙中金	斗
27日	02/17	火	丙申	危	山下火	女
28日	02/18	水	丁酉	成	山下火	虚
29日	02/19	木	戊戌	納	平地木	危

寛永9年
1632～1633　壬申

【正月大 壬寅 室】
節気　雨水 3日・啓蟄 19日
雑節　社日 30日

日	月日	曜	干支	直	納音	宿
1日	02/20	金	己亥	納	平地木	室
2日	02/21	土	庚子	開	壁上土	壁
3日	02/22	日	辛丑	閉	壁上土	奎
4日	02/23	月	壬寅	建	金箔金	婁
5日	02/24	火	癸卯	除	金箔金	胃
6日	02/25	水	甲辰	満	覆燈火	昴
7日	02/26	木	乙巳	平	覆燈火	畢
8日	02/27	金	丙午	定	天河水	觜
9日	02/28	土	丁未	執	天河水	参
10日	02/29	日	戊申	破	大駅土	井
11日	03/01	月	己酉	危	大駅土	鬼
12日	03/02	火	庚戌	成	釵釧金	柳
13日	03/03	水	辛亥	納	釵釧金	星
14日	03/04	木	壬子	開	桑柘木	張
15日	03/05	金	癸丑	閉	桑柘木	翼
16日	03/06	土	甲寅	建	大渓水	軫
17日	03/07	日	乙卯	除	大渓水	角
18日△	03/08	月	丙辰	満	沙中土	亢
19日	03/09	火	丁巳	平	沙中土	氐
20日	03/10	水	戊午	平	天上火	房
21日	03/11	木	己未	定	天上火	心
22日	03/12	金	庚申	執	柘榴木	尾
23日	03/13	土	辛酉	破	柘榴木	箕
24日	03/14	日	壬戌	危	大海水	斗
25日	03/15	月	癸亥	成	大海水	牛
26日	03/16	火	甲子	納	海中金	女
27日	03/17	水	乙丑	開	海中金	虚
28日	03/18	木	丙寅	閉	爐中火	危
29日	03/19	金	丁卯	建	爐中火	室
30日	03/20	土	戊辰	除	大林木	壁

【二月大 癸卯 奎】
節気　春分 4日・清明 19日
雑節　彼岸 6日

日	月日	曜	干支	直	納音	宿
1日	03/21	日	己巳	満	大林木	奎
2日	03/22	月	庚午	平	路傍土	婁
3日	03/23	火	辛未	定	路傍土	胃
4日	03/24	水	壬申	執	釵鋒金	昴
5日	03/25	木	癸酉	破	釵鋒金	畢
6日	03/26	金	甲戌	危	山頭火	觜
7日	03/27	土	乙亥	成	山頭火	参
8日	03/28	日	丙子	納	澗下水	井
9日	03/29	月	丁丑	開	澗下水	鬼
10日	03/30	火	戊寅	閉	城頭土	柳
11日	03/31	水	己卯	建	城頭土	星
12日	04/01	木	庚辰	除	白鑞金	張
13日	04/02	金	辛巳	満	白鑞金	翼
14日	04/03	土	壬午	平	楊柳木	軫
15日	04/04	日	癸未	定	楊柳木	角
16日	04/05	月	甲申	執	井泉水	亢
17日	04/06	火	乙酉	破	井泉水	氐
18日	04/07	水	丙戌	危	屋上土	房
19日	04/08	木	丁亥	成	屋上土	心
20日▽	04/09	金	戊子	成	霹靂火	尾
21日	04/10	土	己丑	納	霹靂火	箕
22日	04/11	日	庚寅	開	松柏木	斗
23日	04/12	月	辛卯	閉	松柏木	牛
24日	04/13	火	壬辰	建	長流水	女
25日	04/14	水	癸巳	除	長流水	虚
26日	04/15	木	甲午	満	沙中金	危
27日	04/16	金	乙未	平	沙中金	室
28日	04/17	土	丙申	定	山下火	壁
29日	04/18	日	丁酉	執	山下火	奎
30日	04/19	月	戊戌	破	平地木	婁

【三月小 甲辰 胃】
節気　穀雨 4日・立夏 19日
雑節　土用 1日・八十八夜 15日

日	月日	曜	干支	直	納音	宿
1日	04/20	火	己亥	危	平地木	胃
2日	04/21	水	庚子	成	壁上土	昴
3日	04/22	木	辛丑	納	壁上土	畢
4日	04/23	金	壬寅	開	金箔金	觜
5日	04/24	土	癸卯	閉	金箔金	参
6日	04/25	日	甲辰	建	覆燈火	井
7日	04/26	月	乙巳	除	覆燈火	鬼
8日	04/27	火	丙午	満	天河水	柳
9日	04/28	水	丁未	平	天河水	星
10日	04/29	木	戊申	定	大駅土	張
11日	04/30	金	己酉	執	大駅土	翼
12日	05/01	土	庚戌	破	釵釧金	軫
13日	05/02	日	辛亥	危	釵釧金	角
14日	05/03	月	壬子	成	桑柘木	亢
15日☆	05/04	火	癸丑	納	桑柘木	氐
16日	05/05	水	甲寅	開	大渓水	房
17日	05/06	木	乙卯	閉	大渓水	心
18日	05/07	金	丙辰	建	沙中土	尾
19日	05/08	土	丁巳	除	沙中土	箕
20日	05/09	日	戊午	除	天上火	斗
21日	05/10	月	己未	満	天上火	牛
22日	05/11	火	庚申	平	柘榴木	女
23日	05/12	水	辛酉	定	柘榴木	虚
24日	05/13	木	壬戌	執	大海水	危
25日	05/14	金	癸亥	破	大海水	室
26日	05/15	土	甲子	危	海中金	壁
27日△	05/16	日	乙丑	成	海中金	奎
28日	05/17	月	丙寅	納	爐中火	婁
29日	05/18	火	丁卯	開	爐中火	胃

【四月大 乙巳 觜】
節気　小満 4日・芒種 21日
雑節　入梅 25日

日	月日	曜	干支	直	納音	宿
1日	05/19	水	戊辰	建	大林木	觜
2日	05/20	木	己巳	除	大林木	参
3日	05/21	金	庚午	満	路傍土	井
4日	05/22	土	辛未	平	路傍土	鬼
5日	05/23	日	壬申	定	釵鋒金	柳
6日	05/24	月	癸酉	執	釵鋒金	星
7日	05/25	火	甲戌	破	山頭火	張
8日	05/26	水	乙亥	危	山頭火	翼
9日	05/27	木	丙子	成	澗下水	軫
10日	05/28	金	丁丑	納	澗下水	角
11日	05/29	土	戊寅	開	城頭土	亢
12日	05/30	日	己卯	閉	城頭土	氐
13日	05/31	月	庚辰	建	白鑞金	房
14日	06/01	火	辛巳	除	白鑞金	心
15日	06/02	水	壬午	満	楊柳木	尾
16日	06/03	木	癸未	平	楊柳木	箕
17日	06/04	金	甲申	定	井泉水	斗
18日	06/05	土	乙酉	執	井泉水	牛
19日	06/06	日	丙戌	破	屋上土	女
20日	06/07	月	丁亥	危	屋上土	虚
21日	06/08	火	戊子	成	霹靂火	危
22日	06/09	水	己丑	成	霹靂火	室
23日	06/10	木	庚寅	納	松柏木	壁
24日▽	06/11	金	辛卯	開	松柏木	奎
25日	06/12	土	壬辰	閉	長流水	婁
26日	06/13	日	癸巳	建	長流水	胃
27日	06/14	月	甲午	除	沙中金	昴
28日	06/15	火	乙未	満	沙中金	畢
29日	06/16	水	丙申	平	山下火	觜
30日	06/17	木	丁酉	定	山下火	参

【五月小 丙午 参】
節気　夏至 6日・小暑 21日
雑節　半夏生 16日

日	月日	曜	干支	直	納音	宿
1日	06/18	金	戊戌	定	平地木	参
2日	06/19	土	己亥	執	平地木	井
3日	06/20	日	庚子	破	壁上土	鬼
4日	06/21	月	辛丑	危	壁上土	柳
5日	06/22	火	壬寅	成	金箔金	星
6日	06/23	水	癸卯	納	金箔金	張
7日	06/24	木	甲辰	開	覆燈火	翼
8日	06/25	金	乙巳	閉	覆燈火	軫
9日	06/26	土	丙午	建	天河水	角
10日	06/27	日	丁未	除	天河水	亢
11日	06/28	月	戊申	満	大駅土	氐
12日	06/29	火	己酉	平	大駅土	房
13日	06/30	水	庚戌	定	釵釧金	心
14日	07/01	木	辛亥	執	釵釧金	尾
15日	07/02	金	壬子	破	桑柘木	箕
16日	07/03	土	癸丑	危	桑柘木	斗
17日	07/04	日	甲寅	成	大渓水	牛
18日	07/05	月	乙卯	納	大渓水	女
19日	07/06	火	丙辰	開	沙中土	虚
20日	07/07	水	丁巳	閉	沙中土	危
21日	07/08	木	戊午	建	天上火	室
22日	07/09	金	己未	建	天上火	壁
23日	07/10	土	庚申	除	柘榴木	奎
24日	07/11	日	辛酉	満	柘榴木	婁
25日	07/12	月	壬戌	平	大海水	胃
26日	07/13	火	癸亥	定	大海水	昴
27日	07/14	水	甲子	執	海中金	畢
28日	07/15	木	乙丑	破	海中金	觜
29日	07/16	金	丙寅	危	爐中火	参

【六月大 丁未 鬼】
節気　大暑 7日・立秋 23日
雑節　土用 4日

日	月日	曜	干支	直	納音	宿
1日	07/17	土	丁卯	成	爐中火	鬼
2日	07/18	日	戊辰	納	大林木	柳
3日	07/19	月	己巳	開	大林木	星
4日	07/20	火	庚午	閉	路傍土	張
5日	07/21	水	辛未	建	路傍土	翼
6日	07/22	木	壬申	除	釵鋒金	軫
7日	07/23	金	癸酉	満	釵鋒金	角
8日	07/24	土	甲戌	平	山頭火	亢
9日△	07/25	日	乙亥	定	山頭火	氐
10日	07/26	月	丙子	執	澗下水	房
11日	07/27	火	丁丑	破	澗下水	心
12日	07/28	水	戊寅	危	城頭土	尾
13日	07/29	木	己卯	成	城頭土	箕
14日	07/30	金	庚辰	納	白鑞金	斗
15日	07/31	土	辛巳	開	白鑞金	牛
16日	08/01	日	壬午	閉	楊柳木	女
17日	08/02	月	癸未	建	楊柳木	虚
18日	08/03	火	甲申	除	井泉水	危
19日	08/04	水	乙酉	満	井泉水	室
20日	08/05	木	丙戌	平	屋上土	壁
21日	08/06	金	丁亥	定	屋上土	奎
22日	08/07	土	戊子	執	霹靂火	婁
23日	08/08	日	己丑	破	霹靂火	胃
24日	08/09	月	庚寅	破	松柏木	昴
25日	08/10	火	辛卯	危	松柏木	畢
26日	08/11	水	壬辰	成	長流水	觜
27日	08/12	木	癸巳	納	長流水	参
28日▽	08/13	金	甲午	開	沙中金	井

西暦 曜 干支 直 納音 宿　　　　　寛永9年

日	西暦	曜	干支	直	納音	宿
29日	08/14	土	乙未	閉	沙中金	柳
30日	08/15	日	丙申	建	山下火	星

【七月小 戊申】
節気 処暑 8日・白露 23日
雑節 二百十日 19日

日	西暦	曜	干支	直	納音	宿
1日	08/16	月	丁酉	除	山下火	張
2日	08/17	火	戊戌	平	平地木	翼
3日	08/18	水	己亥	平	平地木	軫
4日	08/19	木	庚子	定	壁上土	角
5日	08/20	金	辛丑	執	壁上土	亢
6日	08/21	土	壬寅	破	金箔金	氐
7日	08/22	日	癸卯	危	金箔金	房
8日	08/23	月	甲辰	成	覆燈火	心
9日	08/24	火	乙巳	納	覆燈火	尾
10日	08/25	水	丙午	開	天河水	箕
11日	08/26	木	丁未	閉	天河水	斗
12日	08/27	金	戊申	建	大駅土	女
13日	08/28	土	己酉	除	大駅土	虚
14日	08/29	日	庚戌	満	釵釧金	危
15日	08/30	月	辛亥	平	釵釧金	室
16日	08/31	火	壬子	定	桑柘木	壁
17日	09/01	水	癸丑	執	桑柘木	奎
18日	09/02	木	甲寅	破	大溪水	婁
19日	09/03	金	乙卯	危	大溪水	胃
20日	09/04	土	丙辰	納	沙中土	昴
21日	09/05	日	丁巳	納	沙中土	畢
22日	09/06	月	戊午	開	天上火	觜
23日	09/07	火	己未	閉	天上火	参
24日	09/08	水	庚申	建	柘榴木	鬼
25日	09/09	木	辛酉	除	柘榴木	鬼
26日	09/10	金	壬戌	満	大海水	柳
27日	09/11	土	癸亥	満	大海水	星
28日	09/12	日	甲子	定	海中金	張
29日	09/13	月	乙丑	定	海中金	翼

【八月大 己酉 角】
節気 秋分 9日・寒露 25日
雑節 彼岸 11日・社日 13日

日	西暦	曜	干支	直	納音	宿
1日	09/14	火	丙寅	執	爐中火	角
2日	09/15	水	丁卯	破	爐中火	亢
3日	09/16	木	戊辰	危	大林木	氐
4日	09/17	金	己巳	納	路傍土	心
5日	09/18	土	庚午	開	路傍土	尾
6日	09/19	日	辛未	開	路傍土	箕
7日	09/20	月	壬申	閉	釵鋒金	斗
8日	09/21	火	癸酉	建	釵鋒金	女
9日	09/22	水	甲戌	除	山頭火	虚
10日	09/23	木	乙亥	満	山頭火	危
11日	09/24	金	丙子	平	澗下水	室
12日	09/25	土	丁丑	定	澗下水	壁
13日	09/26	日	戊寅	執	城頭土	奎
14日	09/27	月	己卯	破	城頭土	婁
15日	09/28	火	庚辰	危	白鑞金	胃
16日	09/29	水	辛巳	成	白鑞金	昴
17日	09/30	木	壬午	納	楊柳木	畢
18日	10/01	金	癸未	開	楊柳木	觜
19日△	10/02	土	甲申	閉	井泉水	参
20日	10/03	日	乙酉	建	井泉水	参
21日	10/04	月	丙戌	除	屋上土	井
22日	10/05	火	丁亥	平	屋上土	鬼
23日	10/06	水	戊子	平	霹靂火	柳
24日	10/07	木	己丑	定	霹靂火	星
25日	10/08	金	庚寅	執	松柏木	張
26日	10/09	土	辛卯	破	松柏木	翼
27日	10/10	日	壬辰	危	長流水	軫
28日	10/11	月	癸巳	危	長流水	角
29日	10/12	火	甲午	成	沙中金	亢
30日	10/13	水	乙未	納	沙中金	氐

【九月小 庚戌 氐】
節気 霜降 10日・立冬 25日
雑節 土用 7日

日	西暦	曜	干支	直	納音	宿
1日	10/14	木	丙申	開	山下火	氐
2日▽	10/15	金	丁酉	閉	山下火	房
3日	10/16	土	戊戌	除	平地木	心
4日	10/17	日	己亥	除	平地木	尾
5日	10/18	月	庚子	満	壁上土	箕
6日	10/19	火	辛丑	平	壁上土	斗
7日	10/20	水	壬寅	定	金箔金	女
8日	10/21	木	癸卯	執	金箔金	虚
9日	10/22	金	甲辰	破	覆燈火	危
10日	10/23	土	乙巳	危	覆燈火	室
11日	10/24	日	丙午	成	天河水	壁
12日	10/25	月	丁未	納	天河水	奎
13日	10/26	火	戊申	開	大駅土	婁
14日	10/27	水	己酉	閉	大駅土	胃
15日	10/28	木	庚戌	建	釵釧金	昴
16日	10/29	金	辛亥	除	釵釧金	畢
17日	10/30	土	壬子	平	桑柘木	觜
18日	10/31	日	癸丑	平	桑柘木	参
19日	11/01	月	甲寅	定	大溪水	井
20日	11/02	火	乙卯	執	大溪水	鬼
21日	11/03	水	丙辰	破	沙中土	柳
22日	11/04	木	丁巳	危	沙中土	星
23日	11/05	金	戊午	成	天上火	張
24日	11/06	土	己未	納	天上火	翼
25日	11/07	日	庚申	納	柘榴木	軫
26日	11/08	月	辛酉	開	柘榴木	角
27日	11/09	火	壬戌	閉	大海水	亢
28日	11/10	水	癸亥	建	大海水	氐
29日	11/11	木	甲子	除	海中金	房

【十月大 辛亥 心】
節気 小雪 11日・大雪 26日

日	西暦	曜	干支	直	納音	宿
1日	11/12	金	乙丑	満	海中金	心
2日	11/13	土	丙寅	平	爐中火	尾
3日	11/14	日	丁卯	定	爐中火	箕
4日	11/15	月	戊辰	執	大林木	斗
5日	11/16	火	己巳	破	大林木	女
6日	11/17	水	庚午	危	路傍土	虚
7日	11/18	木	辛未	成	路傍土	危
8日	11/19	金	壬申	納	釵鋒金	室
9日	11/20	土	癸酉	開	釵鋒金	壁
10日	11/21	日	甲戌	閉	山頭火	奎
11日	11/22	月	乙亥	建	山頭火	婁
12日	11/23	火	丙子	除	澗下水	胃
13日	11/24	水	丁丑	満	澗下水	昴
14日	11/25	木	戊寅	定	城頭土	觜
15日	11/26	金	己卯	執	城頭土	参
16日	11/27	土	庚辰	執	白鑞金	井
17日	11/28	日	辛巳	破	白鑞金	鬼
18日	11/29	月	壬午	危	楊柳木	柳
19日	11/30	火	癸未	成	楊柳木	星
20日	12/01	水	甲申	納	井泉水	張
21日	12/02	木	乙酉	開	井泉水	翼
22日	12/03	金	丙戌	閉	屋上土	軫
23日	12/04	土	丁亥	建	屋上土	角
24日	12/05	日	戊子	除	霹靂火	亢
25日	12/06	月	己丑	満	霹靂火	氐
26日	12/07	火	庚寅	満	松柏木	房
27日	12/08	水	辛卯	平	松柏木	心
28日	12/09	木	壬辰	定	長流水	尾
29日	12/10	金	癸巳	執	長流水	箕
30日△	12/11	土	甲午	破	沙中金	箕

【十一月小 壬子 斗】
節気 冬至 12日・小寒 27日

日	西暦	曜	干支	直	納音	宿
1日	12/12	日	乙未	危	沙中金	斗
2日	12/13	月	丙申	成	山下火	虚
3日	12/14	火	丁酉	納	山下火	危
4日	12/15	水	戊戌	開	平地木	室
5日	12/16	木	己亥	閉	平地木	壁
6日▽	12/17	金	庚子	建	壁上土	奎
7日	12/18	土	辛丑	除	壁上土	婁
8日	12/19	日	壬寅	満	金箔金	胃
9日	12/20	月	癸卯	定	金箔金	昴
10日	12/21	火	甲辰	定	覆燈火	畢
11日	12/22	水	乙巳	執	覆燈火	觜
12日	12/23	木	丙午	破	天河水	参
13日	12/24	金	丁未	危	天河水	井
14日	12/25	土	戊申	成	大駅土	鬼
15日	12/26	日	己酉	納	大駅土	柳
16日	12/27	月	庚戌	開	釵釧金	星
17日	12/28	火	辛亥	閉	釵釧金	張
18日	12/29	水	壬子	建	桑柘木	翼
19日	12/30	木	癸丑	除	桑柘木	軫
20日	12/31	金	甲寅	満	大溪水	軫

1633年

日	西暦	曜	干支	直	納音	宿
21日	01/01	土	乙卯	平	大溪水	角
22日	01/02	日	丙辰	定	沙中土	亢
23日	01/03	月	丁巳	執	沙中土	氐
24日	01/04	火	戊午	破	天上火	房
25日	01/05	水	己未	危	天上火	心
26日	01/06	木	庚申	成	柘榴木	尾
27日	01/07	金	辛酉	納	柘榴木	箕
28日	01/08	土	壬戌	開	大海水	斗
29日	01/09	日	癸亥	閉	大海水	女

【十二月大 癸丑 虚】
節気 大寒 13日・立春 28日
雑節 土用 10日・節分 27日

日	西暦	曜	干支	直	納音	宿
1日	01/10	月	甲子	建	海中金	虚
2日	01/11	火	乙丑	建	海中金	危
3日	01/12	水	丙寅	除	爐中火	室
4日	01/13	木	丁卯	満	爐中火	壁
5日	01/14	金	戊辰	平	大林木	奎
6日	01/15	土	己巳	定	大林木	婁
7日	01/16	日	庚午	執	路傍土	胃
8日	01/17	月	辛未	破	路傍土	昴
9日	01/18	火	壬申	危	釵鋒金	畢
10日	01/19	水	癸酉	成	釵鋒金	觜
11日	01/20	木	甲戌	納	山頭火	参
12日	01/21	金	乙亥	開	山頭火	井
13日	01/22	土	丙子	閉	澗下水	鬼
14日	01/23	日	丁丑	建	澗下水	柳
15日	01/24	月	戊寅	除	城頭土	星
16日	01/25	火	己卯	満	城頭土	張
17日	01/26	水	庚辰	平	白鑞金	翼
18日	01/27	木	辛巳	定	白鑞金	軫
19日	01/28	金	壬午	執	楊柳木	角
20日	01/29	土	癸未	破	楊柳木	亢
21日	01/30	日	甲申	危	井泉水	氐
22日	01/31	月	乙酉	成	井泉水	房
23日	02/01	火	丙戌	納	屋上土	心
24日	02/02	水	丁亥	開	屋上土	尾
25日	02/03	木	戊子	閉	霹靂火	箕
26日	02/04	金	己丑	建	霹靂火	斗
27日	02/05	土	庚寅	除	松柏木	女
28日	02/06	日	辛卯	除	松柏木	虚
29日	02/07	月	壬辰	満	長流水	危
30日	02/08	火	癸巳	平	長流水	室

寛永10年
1633～1634　癸酉

【正月小 甲寅 室】
節気　雨水 14日・啓蟄 29日

日	新暦	曜	干支	十二直	納音	宿
1日	02/09	水	甲午	定	沙中金	室
2日	02/10	木	乙未	執	沙中金	壁
3日	02/11	金	丙申	破	山下火	奎
4日	02/12	土	丁酉	危	山下火	婁
5日	02/13	日	戊戌	成	平地木	胃
6日	02/14	月	己亥	納	平地木	昴
7日	02/15	火	庚子	開	壁上土	畢
8日	02/16	水	辛丑	閉	壁上土	觜
9日	02/17	木	壬寅	建	金箔金	參
10日△	02/18	金	癸卯	除	金箔金	井
11日△	02/19	土	甲辰	満	覆燈火	鬼
12日	02/20	日	乙巳	平	覆燈火	柳
13日	02/21	月	丙午	定	天河水	星
14日	02/22	火	丁未	執	天河水	張
15日	02/23	水	戊申	破	大駅土	翼
16日	02/24	木	己酉	危	大駅土	軫
17日	02/25	金	庚戌	成	釵釧金	角
18日	02/26	土	辛亥	納	釵釧金	亢
19日	02/27	日	壬子	開	桑柘木	氐
20日	02/28	月	癸丑	閉	桑柘木	房
21日	03/01	火	甲寅	建	大溪水	心
22日	03/02	水	乙卯	除	大溪水	尾
23日	03/03	木	丙辰	満	沙中土	箕
24日	03/04	金	丁巳	平	沙中土	斗
25日	03/05	土	戊午	定	天上火	女
26日	03/06	日	己未	執	天上火	虛
27日	03/07	月	庚申	破	柘榴木	危
28日	03/08	火	辛酉	危	柘榴木	室
29日	03/09	水	壬戌	危	大海水	壁

【二月大 乙卯 奎】
節気　春分 15日・清明 30日
雑節　社日 16日・彼岸 17日

日	新暦	曜	干支	十二直	納音	宿
1日	03/10	木	癸亥	成	大海水	奎
2日	03/11	金	甲子	納	海中金	婁
3日	03/12	土	乙丑	開	海中金	胃
4日	03/13	日	丙寅	閉	爐中火	昴
5日	03/14	月	丁卯	建	爐中火	畢
6日	03/15	火	戊辰	除	大林木	觜
7日	03/16	水	己巳	満	大林木	參
8日	03/17	木	庚午	平	路傍土	井
9日	03/18	金	辛未	定	路傍土	鬼
10日	03/19	土	壬申	執	釵鋒金	柳
11日	03/20	日	癸酉	破	釵鋒金	星
12日	03/21	月	甲戌	危	山頭火	張
13日	03/22	火	乙亥	成	山頭火	翼
14日	03/23	水	丙子	納	澗下水	軫
15日	03/24	木	丁丑	開	澗下水	角
16日☆	03/25	金	戊寅	閉	城頭土	亢
17日	03/26	土	己卯	建	城頭土	氐
18日	03/27	日	庚辰	除	白鑞金	房
19日	03/28	月	辛巳	満	白鑞金	心
20日	03/29	火	壬午	平	楊柳木	尾
21日	03/30	水	癸未	定	楊柳木	箕
22日	03/31	木	甲申	執	井泉水	斗
23日	04/01	金	乙酉	破	井泉水	女
24日	04/02	土	丙戌	危	屋上土	虛
25日	04/03	日	丁亥	成	屋上土	危
26日	04/04	月	戊子	納	霹靂火	室
27日	04/05	火	己丑	開	霹靂火	壁
28日	04/06	水	庚寅	閉	松柏木	奎
29日	04/07	木	辛卯	建	松柏木	婁
30日	04/08	金	壬辰	建	長流水	胃

【三月小 丙辰 胃】
節気　穀雨 15日
雑節　土用 12日・八十八夜 26日

日	新暦	曜	干支	十二直	納音	宿
1日	04/09	土	癸巳	除	長流水	胃
2日	04/10	日	甲午	満	沙中金	昴
3日	04/11	月	乙未	平	沙中金	畢
4日	04/12	火	丙申	定	山下火	觜
5日	04/13	水	丁酉	執	山下火	參
6日	04/14	木	戊戌	破	平地木	井
7日	04/15	金	己亥	危	平地木	鬼
8日	04/16	土	庚子	成	壁上土	柳
9日	04/17	日	辛丑	納	壁上土	星
10日	04/18	月	壬寅	開	金箔金	張
11日	04/19	火	癸卯	閉	金箔金	翼
12日	04/20	水	甲辰	建	覆燈火	軫
13日	04/21	木	乙巳	除	覆燈火	角
14日▽	04/22	金	丙午	満	天河水	亢
15日	04/23	土	丁未	平	天河水	氐
16日	04/24	日	戊申	定	大駅土	房
17日	04/25	月	己酉	執	大駅土	心
18日	04/26	火	庚戌	破	釵釧金	尾
19日	04/27	水	辛亥	危	釵釧金	箕
20日	04/28	木	壬子	成	桑柘木	斗
21日△	04/29	金	癸丑	納	桑柘木	女
22日	04/30	土	甲寅	開	大溪水	虛
23日	05/01	日	乙卯	閉	大溪水	危
24日	05/02	月	丙辰	建	沙中土	室
25日	05/03	火	丁巳	除	沙中土	壁
26日	05/04	水	戊午	満	天上火	奎
27日	05/05	木	己未	平	天上火	婁
28日	05/06	金	庚申	定	柘榴木	胃
29日	05/07	土	辛酉	執	柘榴木	昴

【四月大 丁巳 畢】
節気　立夏 2日・小満 17日

日	新暦	曜	干支	十二直	納音	宿
1日	05/08	日	壬戌	破	大海水	畢
2日	05/09	月	癸亥	破	大海水	觜
3日	05/10	火	甲子	危	海中金	參
4日	05/11	水	乙丑	成	海中金	井
5日	05/12	木	丙寅	納	爐中火	鬼
6日	05/13	金	丁卯	開	爐中火	柳
7日	05/14	土	戊辰	閉	大林木	星
8日	05/15	日	己巳	建	大林木	張
9日	05/16	月	庚午	除	路傍土	翼
10日	05/17	火	辛未	満	路傍土	軫
11日	05/18	水	壬申	平	釵鋒金	角
12日	05/19	木	癸酉	定	釵鋒金	亢
13日	05/20	金	甲戌	執	山頭火	氐
14日	05/21	土	乙亥	破	山頭火	房
15日	05/22	日	丙子	危	澗下水	心
16日	05/23	月	丁丑	成	澗下水	尾
17日	05/24	火	戊寅	納	城頭土	箕
18日	05/25	水	己卯	開	城頭土	斗
19日	05/26	木	庚辰	閉	白鑞金	女
20日	05/27	金	辛巳	建	白鑞金	虛
21日	05/28	土	壬午	除	楊柳木	危
22日	05/29	日	癸未	満	楊柳木	室
23日	05/30	月	甲申	平	井泉水	壁
24日	05/31	火	乙酉	定	井泉水	奎
25日	06/01	水	丙戌	執	屋上土	婁
26日	06/02	木	丁亥	破	屋上土	胃
27日	06/03	金	戊子	危	霹靂火	昴
28日	06/04	土	己丑	成	霹靂火	畢
29日	06/05	日	庚寅	納	松柏木	觜
30日	06/06	月	辛卯	開	松柏木	參

【五月小 戊午 參】
節気　芒種 2日・夏至 17日
雑節　入梅 11日・半夏生 27日

日	新暦	曜	干支	十二直	納音	宿
1日	06/07	火	壬辰	閉	長流水	參
2日	06/08	水	癸巳	閉	長流水	井
3日	06/09	木	甲午	建	沙中金	鬼
4日	06/10	金	乙未	除	沙中金	柳
5日	06/11	土	丙申	満	山下火	星
6日	06/12	日	丁酉	平	山下火	張
7日	06/13	月	戊戌	定	平地木	翼
8日	06/14	火	己亥	執	平地木	軫
9日	06/15	水	庚子	破	壁上土	角
10日	06/16	木	辛丑	危	壁上土	亢
11日	06/17	金	壬寅	成	金箔金	氐
12日	06/18	土	癸卯	納	金箔金	房
13日	06/19	日	甲辰	開	覆燈火	心
14日	06/20	月	乙巳	閉	覆燈火	尾
15日	06/21	火	丙午	建	天河水	箕
16日	06/22	水	丁未	除	天河水	斗
17日	06/23	木	戊申	満	大駅土	女
18日▽	06/24	金	己酉	平	大駅土	虛
19日	06/25	土	庚戌	定	釵釧金	危
20日	06/26	日	辛亥	執	釵釧金	室
21日	06/27	月	壬子	破	桑柘木	壁
22日	06/28	火	癸丑	危	桑柘木	奎
23日	06/29	水	甲寅	成	大溪水	婁
24日	06/30	木	乙卯	納	大溪水	胃
25日	07/01	金	丙辰	開	沙中土	昴
26日	07/02	土	丁巳	閉	沙中土	畢
27日	07/03	日	戊午	建	天上火	觜
28日	07/04	月	己未	除	天上火	參
29日	07/05	火	庚申	満	柘榴木	井

【六月大 己未 鬼】
節気　小暑 4日・大暑 19日
雑節　土用 16日

日	新暦	曜	干支	十二直	納音	宿
1日	07/06	水	辛酉	平	柘榴木	鬼
2日	07/07	木	壬戌	定	大海水	柳
3日△	07/08	金	癸亥	執	大海水	星
4日	07/09	土	甲子	執	海中金	張
5日	07/10	日	乙丑	破	海中金	翼
6日	07/11	月	丙寅	危	爐中火	軫
7日	07/12	火	丁卯	成	爐中火	角
8日	07/13	水	戊辰	納	大林木	亢
9日	07/14	木	己巳	開	大林木	氐
10日	07/15	金	庚午	閉	路傍土	房
11日	07/16	土	辛未	建	路傍土	心
12日	07/17	日	壬申	除	釵鋒金	尾
13日	07/18	月	癸酉	満	釵鋒金	箕
14日	07/19	火	甲戌	平	山頭火	斗
15日	07/20	水	乙亥	定	山頭火	女
16日	07/21	木	丙子	執	澗下水	虛
17日	07/22	金	丁丑	破	澗下水	危
18日	07/23	土	戊寅	危	城頭土	室
19日	07/24	日	己卯	成	城頭土	壁
20日	07/25	月	庚辰	納	白鑞金	奎
21日	07/26	火	辛巳	開	白鑞金	婁
22日	07/27	水	壬午	閉	楊柳木	胃
23日	07/28	木	癸未	建	楊柳木	昴
24日	07/29	金	甲申	除	井泉水	畢
25日	07/30	土	乙酉	満	井泉水	觜
26日	07/31	日	丙戌	平	屋上土	參
27日	08/01	月	丁亥	定	屋上土	井
28日	08/02	火	戊子	執	霹靂火	鬼
29日	08/03	水	己丑	破	霹靂火	柳
30日	08/04	木	庚寅	危	松柏木	星

【七月大 庚申 張】
節気　立秋 4日・処暑 19日
雑節　二百十日 30日

日	新暦	曜	干支	十二直	納音	宿
1日	08/05	金	辛卯	成	松柏木	張
2日	08/06	土	壬辰	納	長流水	翼
3日	08/07	日	癸巳	開	長流水	軫

寛永10年

	西暦	曜	干支	直	納音	宿
4日	08/08	月	甲午	開	沙中金	角
5日	08/09	火	乙未	閉	沙中金	亢
6日	08/10	水	丙申	建	山下火	氐
7日	08/11	木	丁酉	除	山下火	房
8日	08/12	金	戊戌	満	平地木	心
9日	08/13	土	己亥	平	平地木	尾
10日	08/14	日	庚子	定	壁上土	箕
11日	08/15	月	辛丑	執	壁上土	斗
12日	08/16	火	壬寅	破	金箔金	女
13日	08/17	水	癸卯	危	金箔金	虚
14日	08/18	木	甲辰	成	覆燈火	危
15日	08/19	金	乙巳	納	覆燈火	室
16日	08/20	土	丙午	開	天河水	壁
17日	08/21	日	丁未	閉	天河水	奎
18日	08/22	月	戊申	建	大駅土	婁
19日	08/23	火	己酉	除	大駅土	胃
20日	08/24	水	庚戌	満	釵釧金	昴
21日▽	08/25	木	辛亥	平	釵釧金	畢
22日	08/26	金	壬子	定	桑柘木	觜
23日	08/27	土	癸丑	執	桑柘木	参
24日	08/28	日	甲寅	破	大溪水	井
25日	08/29	月	乙卯	危	大溪水	鬼
26日	08/30	火	丙辰	成	沙中土	柳
27日	08/31	水	丁巳	納	沙中土	星
28日	09/01	木	戊午	開	天上火	張
29日	09/02	金	己未	閉	天上火	翼
30日	09/03	土	庚申	建	柏榴木	軫

【八月小 辛酉 角】
節気 白露 4日・秋分 20日
雑節 社日 18日・彼岸 22日

	西暦	曜	干支	直	納音	宿
1日	09/04	日	辛酉	除	柏榴木	角
2日	09/05	月	壬戌	満	大海水	亢
3日	09/06	火	癸亥	平	大海水	氐
4日	09/07	水	甲子	平	海中金	房
5日	09/08	木	乙丑	定	海中金	心
6日	09/09	金	丙寅	執	爐中火	尾
7日	09/10	土	丁卯	破	爐中火	箕
8日	09/11	日	戊辰	危	大林木	斗
9日	09/12	月	己巳	成	大林木	女
10日	09/13	火	庚午	納	路傍土	虚
11日	09/14	水	辛未	開	路傍土	危
12日	09/15	木	壬申	閉	釵鋒金	室
13日△	09/16	金	癸酉	建	釵鋒金	壁
14日☆	09/17	土	甲戌	除	山頭火	奎
15日	09/18	日	乙亥	満	山頭火	婁
16日	09/19	月	丙子	平	澗下水	胃
17日	09/20	火	丁丑	定	澗下水	昴
18日	09/21	水	戊寅	執	城頭土	畢
19日	09/22	木	己卯	破	城頭土	觜
20日	09/23	金	庚辰	危	白鑞金	参
21日	09/24	土	辛巳	納	白鑞金	井
22日	09/25	日	壬午	納	楊柳木	鬼
23日	09/26	月	癸未	開	楊柳木	柳
24日	09/27	火	甲申	建	井泉水	星
25日	09/28	水	乙酉	建	井泉水	張
26日	09/29	木	丙戌	除	屋上土	翼
27日	09/30	金	丁亥	満	屋上土	軫
28日	10/01	土	戊子	執	霹靂火	角
29日	10/02	日	己丑	定	霹靂火	亢

【九月大 壬戌 氐】
節気 寒露 6日・霜降 21日
雑節 土用 18日

	西暦	曜	干支	直	納音	宿
1日	10/03	月	庚寅	執	松柏木	氐
2日	10/04	火	辛卯	破	松柏木	房
3日	10/05	水	壬辰	危	長流水	心
4日	10/06	木	癸巳	成	長流水	尾
5日	10/07	金	甲午	納	沙中金	箕
6日	10/08	土	乙未	開	沙中金	斗
7日	10/09	日	丙申	開	山下火	女
8日	10/10	月	丁酉	閉	山下火	虚
9日	10/11	火	戊戌	建	平地木	危
10日	10/12	水	己亥	除	平地木	室
11日	10/13	木	庚子	満	壁上土	壁
12日	10/14	金	辛丑	平	壁上土	奎
13日	10/15	土	壬寅	定	金箔金	婁
14日	10/16	日	癸卯	執	金箔金	胃
15日	10/17	月	甲辰	破	覆燈火	昴
16日	10/18	火	乙巳	危	覆燈火	畢
17日	10/19	水	丙午	成	天河水	觜
18日	10/20	木	丁未	納	天河水	参
19日	10/21	金	戊申	開	大駅土	井
20日	10/22	土	己酉	閉	大駅土	鬼
21日	10/23	日	庚戌	建	釵釧金	柳
22日	10/24	月	辛亥	除	釵釧金	星
23日	10/25	火	壬子	満	桑柘木	張
24日	10/26	水	癸丑	平	桑柘木	翼
25日▽	10/27	木	甲寅	定	大溪水	軫
26日	10/28	金	乙卯	執	大溪水	角
27日	10/29	土	丙辰	破	沙中土	亢
28日	10/30	日	丁巳	危	沙中土	氐
29日	10/31	月	戊午	成	天上火	房
30日	11/01	火	己未	納	天上火	心

【十月小 癸亥 心】
節気 立冬 6日・小雪 21日

	西暦	曜	干支	直	納音	宿
1日	11/02	水	庚申	成	柏榴木	心
2日	11/03	木	辛酉	閉	柏榴木	尾
3日	11/04	金	壬戌	建	大海水	箕
4日	11/05	土	癸亥	除	大海水	斗
5日	11/06	日	甲子	満	海中金	女
6日	11/07	月	乙丑	平	海中金	虚
7日	11/08	火	丙寅	定	爐中火	危
8日	11/09	水	丁卯	執	爐中火	室
9日	11/10	木	戊辰	破	大林木	壁
10日	11/11	金	己巳	危	大林木	奎
11日	11/12	土	庚午	成	路傍土	婁
12日	11/13	日	辛未	納	路傍土	胃
13日	11/14	月	壬申	開	釵鋒金	昴
14日	11/15	火	癸酉	閉	釵鋒金	畢
15日	11/16	水	甲戌	開	山頭火	觜
16日	11/17	木	乙亥	閉	山頭火	参
17日	11/18	金	丙子	除	澗下水	井
18日	11/19	土	丁丑	満	澗下水	鬼
19日	11/20	日	戊寅	平	城頭土	柳
20日	11/21	月	己卯	定	城頭土	星
21日	11/22	火	庚辰	執	白鑞金	張
22日	11/23	水	辛巳	破	白鑞金	翼
23日△	11/24	木	壬午	成	楊柳木	軫
24日	11/25	金	癸未	成	楊柳木	角
25日	11/26	土	甲申	納	井泉水	亢
26日	11/27	日	乙酉	開	井泉水	氐
27日	11/28	月	丙戌	閉	屋上土	房
28日	11/29	火	丁亥	建	屋上土	心
29日	11/30	水	戊子	除	霹靂火	尾

【十一月大 甲子 斗】
節気 大雪 8日・冬至 23日

	西暦	曜	干支	直	納音	宿
1日	12/01	木	己丑	満	霹靂火	斗
2日	12/02	金	庚寅	平	松柏木	女
3日	12/03	土	辛卯	定	松柏木	虚
4日	12/04	日	壬辰	執	長流水	危
5日	12/05	月	癸巳	破	長流水	室
6日	12/06	火	甲午	危	沙中金	壁
7日	12/07	水	乙未	成	沙中金	奎
8日	12/08	木	丙申	成	山下火	婁
9日	12/09	金	丁酉	納	山下火	胃
10日	12/10	土	戊戌	開	平地木	昴
11日	12/11	日	己亥	閉	平地木	畢
12日	12/12	月	庚子	建	壁上土	觜
13日	12/13	火	辛丑	除	壁上土	参
14日	12/14	水	壬寅	満	金箔金	井
15日	12/15	木	癸卯	平	金箔金	鬼
16日	12/16	金	甲辰	定	覆燈火	柳
17日	12/17	土	乙巳	執	覆燈火	星
18日	12/18	日	丙午	破	天河水	張
19日	12/19	月	丁未	危	天河水	翼
20日	12/20	火	戊申	成	大駅土	軫
21日	12/21	水	己酉	納	大駅土	角
22日	12/22	木	庚戌	開	釵釧金	亢
23日	12/23	金	辛亥	閉	釵釧金	氐
24日	12/24	土	壬子	建	桑柘木	房
25日	12/25	日	癸丑	除	桑柘木	心
26日	12/26	月	甲寅	満	大溪水	尾
27日	12/27	火	乙卯	平	大溪水	箕
28日	12/28	水	丙辰	定	沙中土	斗
29日▽	12/29	木	丁巳	執	沙中土	女
30日	12/30	金	戊午	破	天上火	虚

【十二月小 乙丑 虚】
節気 小寒 8日・大寒 23日
雑節 土用 20日

	西暦	曜	干支	直	納音	宿
1日	12/31	土	己未	危	天上火	虚
	1634年					
2日	01/01	日	庚申	成	柏榴木	危
3日	01/02	月	辛酉	納	柏榴木	室
4日	01/03	火	壬戌	開	大海水	壁
5日	01/04	水	癸亥	閉	大海水	奎
6日	01/05	木	甲子	建	海中金	婁
7日	01/06	金	乙丑	除	海中金	胃
8日	01/07	土	丙寅	満	爐中火	昴
9日	01/08	日	丁卯	平	爐中火	畢
10日	01/09	月	戊辰	平	大林木	觜
11日	01/10	火	己巳	定	大林木	参
12日	01/11	水	庚午	執	路傍土	井
13日	01/12	木	辛未	破	路傍土	鬼
14日	01/13	金	壬申	危	釵鋒金	柳
15日	01/14	土	癸酉	納	釵鋒金	星
16日	01/15	日	甲戌	納	山頭火	張
17日	01/16	月	乙亥	開	山頭火	翼
18日	01/17	火	丙子	閉	澗下水	軫
19日	01/18	水	丁丑	建	澗下水	角
20日	01/19	木	戊寅	除	城頭土	亢
21日	01/20	金	己卯	満	城頭土	氐
22日	01/21	土	庚辰	平	白鑞金	房
23日	01/22	日	辛巳	定	白鑞金	心
24日	01/23	月	壬午	執	楊柳木	尾
25日	01/24	火	癸未	破	楊柳木	箕
26日	01/25	水	甲申	危	井泉水	斗
27日	01/26	木	乙酉	成	井泉水	女
28日	01/27	金	丙戌	納	屋上土	虚
29日	01/28	土	丁亥	開	屋上土	危

寛永11年
1634～1635 甲戌

【正月大 丙寅 室】
節気 立春 10日・雨水 25日
雑節 節分 9日

日	西暦	曜	干支	直	納音	宿
1日	01/29	日	戊子	閉	霹靂火	室
2日	01/30	月	己丑	建	霹靂火	奎
3日	01/31	火	庚寅	除	松柏木	奎婁
4日	02/01	水	辛卯	満	松柏木	婁
5日△	02/02	木	壬辰	平	長流水	胃昴
6日	02/03	金	癸巳	定	長流水	昴
7日	02/04	土	甲午	執	沙中金	觜
8日	02/05	日	乙未	破	沙中金	參
9日	02/06	月	丙申	危	山下火	井
10日	02/07	火	丁酉	成	山下火	鬼柳
11日	02/08	水	戊戌	納	平地木	柳
12日	02/09	木	己亥	納	平地木	星
13日	02/10	金	庚子	開	壁上土	張
14日	02/11	土	辛丑	閉	壁上土	翼
15日	02/12	日	壬寅	建	金箔金	軫
16日	02/13	月	癸卯	除	金箔金	角
17日	02/14	火	甲辰	満	覆燈火	亢
18日	02/15	水	乙巳	平	覆燈火	氐
19日	02/16	木	丙午	定	天河水	房
20日	02/17	金	丁未	執	天河水	心尾
21日	02/18	土	戊申	破	大駅土	尾
22日	02/19	日	己酉	危	大駅土	箕
23日	02/20	月	庚戌	成	釵釧金	斗
24日	02/21	火	辛亥	納	釵釧金	女
25日	02/22	水	壬子	開	桑柘木	虚
26日	02/23	木	癸丑	閉	桑柘木	危
27日	02/24	金	甲寅	建	大溪水	室
28日	02/25	土	乙卯	除	大溪水	壁
29日	02/26	日	丙辰	満	沙中土	奎
30日	02/27	月	丁巳	平	沙中土	奎

【二月小 丁卯 奎】
節気 啓蟄 10日・春分 25日
雑節 社日 21日・彼岸 27日

日	西暦	曜	干支	直	納音	宿
1日	02/28	火	戊午	定	天上火	奎
2日	03/01	水	己未	執	天上火	婁胃
3日▽	03/02	木	庚申	破	柘榴木	胃
4日	03/03	金	辛酉	危	柘榴木	昴
5日	03/04	土	壬戌	成	大海水	畢觜
6日	03/05	日	癸亥	納	大海水	參
7日	03/06	月	甲子	開	海中金	井
8日	03/07	火	乙丑	閉	海中金	鬼
9日	03/08	水	丙寅	建	爐中火	柳
10日	03/09	木	丁卯	除	爐中火	星
11日	03/10	金	戊辰	満	大林木	張
12日	03/11	土	己巳	平	大林木	翼
13日	03/12	日	庚午	定	路傍土	軫
14日	03/13	月	辛未	執	路傍土	角
15日☆	03/14	火	壬申	破	釵鋒金	角亢
16日	03/15	水	癸酉	危	釵鋒金	氐
17日	03/16	木	甲戌	成	山頭火	房
18日	03/17	金	乙亥	納	山頭火	心
19日	03/18	土	丙子	開	澗下水	尾
20日	03/19	日	丁丑	閉	澗下水	箕
21日	03/20	月	戊寅	建	城頭土	斗
22日	03/21	火	己卯	除	城頭土	女
23日	03/22	水	庚辰	満	白鑞金	虚
24日	03/23	木	辛巳	平	白鑞金	危室
25日	03/24	金	壬午	定	楊柳木	室
26日	03/25	土	癸未	執	楊柳木	壁
27日	03/26	日	甲申	破	井泉水	奎
28日	03/27	月	乙酉	危	井泉水	婁
29日	03/28	火	丙戌	成	屋上土	胃

【三月大 戊辰 胃】
節気 清明 11日・穀雨 27日
雑節 土用 24日

日	西暦	曜	干支	直	納音	宿
1日◎	03/29	水	丁亥	成	屋上土	胃昴
2日	03/30	木	戊子	納	霹靂火	畢
3日	03/31	金	己丑	納	霹靂火	觜
4日	04/01	土	庚寅	開	松柏木	參井
5日	04/02	日	辛卯	閉	松柏木	井
6日	04/03	月	壬辰	建	長流水	鬼
7日	04/04	火	癸巳	除	長流水	柳
8日	04/05	水	甲午	満	沙中金	星
9日	04/06	木	乙未	平	沙中金	張
10日	04/07	金	丙申	定	山下火	翼
11日	04/08	土	丁酉	執	山下火	軫
12日	04/09	日	戊戌	破	平地木	角
13日	04/10	月	己亥	危	平地木	亢
14日	04/11	火	庚子	成	壁上土	氐
15日	04/12	水	辛丑	納	壁上土	房
16日△	04/13	木	壬寅	開	金箔金	心尾
17日	04/14	金	癸卯	閉	金箔金	尾
18日	04/15	土	甲辰	建	覆燈火	箕
19日	04/16	日	乙巳	除	覆燈火	斗
20日	04/17	月	丙午	満	天河水	女
21日	04/18	火	丁未	平	天河水	虚
22日	04/19	水	戊申	定	大駅土	危
23日	04/20	木	己酉	執	大駅土	室
24日	04/21	金	庚戌	破	釵釧金	壁
25日	04/22	土	辛亥	危	釵釧金	奎
26日	04/23	日	壬子	成	桑柘木	婁
27日	04/24	月	癸丑	納	桑柘木	胃
28日	04/25	火	甲寅	開	大溪水	昴
29日	04/26	水	乙卯	閉	大溪水	畢
30日	04/27	木	丙辰	建	沙中土	觜

【四月小 己巳 畢】
節気 立夏 12日・小満 27日
雑節 八十八夜 8日

日	西暦	曜	干支	直	納音	宿
1日	04/28	金	丁巳	除	沙中土	畢
2日	04/29	土	戊午	満	天上火	觜
3日	04/30	日	己未	平	天上火	參
4日	05/01	月	庚申	定	柘榴木	井鬼
5日	05/02	火	辛酉	執	柘榴木	柳
6日	05/03	水	壬戌	破	大海水	星
7日▽	05/04	木	癸亥	危	大海水	張
8日	05/05	金	甲子	成	海中金	翼
9日	05/06	土	乙丑	納	海中金	軫
10日	05/07	日	丙寅	開	爐中火	角
11日	05/08	月	丁卯	閉	爐中火	亢氐
12日	05/09	火	戊辰	閉	大林木	氐
13日	05/10	水	己巳	建	大林木	房
14日	05/11	木	庚午	除	路傍土	心
15日	05/12	金	辛未	満	路傍土	尾
16日	05/13	土	壬申	平	釵鋒金	箕
17日	05/14	日	癸酉	定	釵鋒金	斗
18日	05/15	月	甲戌	執	山頭火	女
19日	05/16	火	乙亥	破	山頭火	虚危
20日	05/17	水	丙子	危	澗下水	危
21日	05/18	木	丁丑	成	澗下水	室
22日	05/19	金	戊寅	納	城頭土	壁
23日	05/20	土	己卯	開	城頭土	奎
24日	05/21	日	庚辰	閉	白鑞金	婁
25日	05/22	月	辛巳	建	白鑞金	胃昴
26日	05/23	火	壬午	除	楊柳木	昴
27日	05/24	水	癸未	満	楊柳木	畢
28日	05/25	木	甲申	定	井泉水	觜
29日	05/26	金	乙酉	執	井泉水	參

【五月大 庚午 參】
節気 芒種 13日・夏至 29日
雑節 入梅 17日

日	西暦	曜	干支	直	納音	宿
1日	05/27	土	丙戌	執	屋上土	參
2日	05/28	日	丁亥	破	屋上土	井鬼
3日	05/29	月	戊子	危	霹靂火	柳
4日	05/30	火	己丑	成	霹靂火	柳
5日	05/31	水	庚寅	納	松柏木	星
6日	06/01	木	辛卯	開	松柏木	張
7日	06/02	金	壬辰	閉	長流水	翼
8日	06/03	土	癸巳	建	長流水	軫
9日	06/04	日	甲午	除	沙中金	角
10日	06/05	月	乙未	満	沙中金	亢
11日	06/06	火	丙申	平	山下火	氐
12日	06/07	水	丁酉	定	山下火	房
13日	06/08	木	戊戌	定	平地木	心
14日	06/09	金	己亥	執	平地木	尾
15日	06/10	土	庚子	破	壁上土	箕
16日	06/11	日	辛丑	危	壁上土	斗
17日	06/12	月	壬寅	成	金箔金	女
18日	06/13	火	癸卯	納	金箔金	虚
19日	06/14	水	甲辰	開	覆燈火	危
20日	06/15	木	乙巳	閉	覆燈火	室
21日	06/16	金	丙午	建	天河水	壁
22日	06/17	土	丁未	除	天河水	奎
23日	06/18	日	戊申	満	大駅土	婁
24日	06/19	月	己酉	平	大駅土	胃
25日	06/20	火	庚戌	定	釵釧金	昴
26日△	06/21	水	辛亥	執	釵釧金	畢
27日	06/22	木	壬子	破	桑柘木	觜
28日	06/23	金	癸丑	危	桑柘木	參井
29日	06/24	土	甲寅	成	大溪水	鬼

【六月小 辛未 鬼】
節気 小暑 14日・大暑 29日
雑節 半夏生 9日・土用 26日

日	西暦	曜	干支	直	納音	宿
1日	06/26	月	丙辰	開	沙中土	鬼
2日	06/27	火	丁巳	建	沙中土	柳
3日	06/28	水	戊午	建	天上火	星
4日	06/29	木	己未	除	天上火	張
5日	06/30	金	庚申	満	柘榴木	翼
6日	07/01	土	辛酉	平	柘榴木	軫
7日	07/02	日	壬戌	定	大海水	角
8日	07/03	月	癸亥	執	大海水	亢
9日	07/04	火	甲子	破	海中金	氐
10日	07/05	水	乙丑	危	海中金	房
11日▽	07/06	木	丙寅	成	爐中火	心
12日	07/07	金	丁卯	納	爐中火	尾
13日	07/08	土	戊辰	開	大林木	箕
14日	07/09	日	己巳	閉	大林木	斗
15日	07/10	月	庚午	建	路傍土	女虚
16日	07/11	火	辛未	除	路傍土	虚
17日	07/12	水	壬申	満	釵鋒金	危
18日	07/13	木	癸酉	平	釵鋒金	室
19日	07/14	金	甲戌	定	山頭火	壁
20日	07/15	土	乙亥	執	山頭火	奎
21日	07/16	日	丙子	破	澗下水	婁
22日	07/17	月	丁丑	危	澗下水	胃
23日	07/18	火	戊寅	成	城頭土	昴
24日	07/19	水	己卯	納	城頭土	畢
25日	07/20	木	庚辰	開	白鑞金	觜
26日	07/21	金	辛巳	閉	白鑞金	參
27日	07/22	土	壬午	建	楊柳木	井
28日	07/23	日	癸未	除	楊柳木	鬼柳
29日	07/24	月	甲申	満	井泉水	柳

【七月大 壬申 張】
節気 立秋 15日・処暑 30日

日	西暦	曜	干支	直	納音	宿
1日	07/25	火	乙酉	満	井泉水	張
2日	07/26	水	丙戌	平	屋上土	翼
3日	07/27	木	丁亥	定	屋上土	軫
4日	07/28	金	戊子	執	霹靂火	角
5日	07/29	土	己丑	破	霹靂火	亢
6日	07/30	日	庚寅	危	松柏木	氐
7日	07/31	月	辛卯	成	松柏木	房
8日	08/01	火	壬辰	納	長流水	心
9日	08/02	水	癸巳	開	長流水	尾
10日	08/03	木	甲午	閉	沙中金	箕
11日	08/04	金	乙未	建	沙中金	斗
12日	08/05	土	丙申	除	山下火	女
13日	08/06	日	丁酉	満	山下火	虚
14日	08/07	月	戊戌	平	平地木	危室
15日	08/08	火	己亥	平	平地木	室

寛永11年

西暦 曜 干支 直 納音 宿

日	西暦	曜	干支	直	納音	宿
16日	08/09	水	庚子	定	壁上土	壁
17日	08/10	木	辛丑	執	壁上土	奎
18日	08/11	金	壬寅	破	金箔金	婁
19日	08/12	土	癸卯	危	金箔金	胃
20日	08/13	日	甲辰	成	覆燈火	昴
21日	08/14	月	乙巳	納	覆燈火	畢
22日	08/15	火	丙午	開	天河水	觜
23日	08/16	水	丁未	閉	天河水	参
24日	08/17	木	戊申	建	大駅土	井
25日	08/18	金	己酉	除	大駅土	鬼
26日	08/19	土	庚戌	満	釵釧金	柳
27日	08/20	日	辛亥	平	釵釧金	星
28日	08/21	月	壬子	定	桑柘木	張
29日	08/22	火	癸丑	執	桑柘木	翼
30日	08/23	水	甲寅	破	大溪水	軫

【閏七月小 壬申 張】
節気 白露 16日
雑節 二百十日 12日

日	西暦	曜	干支	直	納音	宿
1日	08/24	木	乙卯	危	大溪水	張
2日	08/25	金	丙辰	成	沙中土	翼
3日	08/26	土	丁巳	納	沙中土	軫
4日	08/27	日	戊午	開	天上火	角
5日	08/28	月	己未	閉	天上火	亢
6日	08/29	火	庚申	建	柘榴木	氐
7日△	08/30	水	辛酉	除	柘榴木	房
8日	08/31	木	壬戌	満	大海水	心
9日	09/01	金	癸亥	平	大海水	尾
10日	09/02	土	甲子	定	海中金	箕
11日	09/03	日	乙丑	執	海中金	斗
12日	09/04	月	丙寅	破	爐中火	女
13日	09/05	火	丁卯	危	爐中火	虚
14日	09/06	水	戊辰	成	大林木	危
15日▽	09/07	木	己巳	納	大林木	室
16日	09/08	金	庚午	開	路傍土	壁
17日	09/09	土	辛未	閉	路傍土	奎
18日	09/10	日	壬申	建	釵釧金	婁
19日	09/11	月	癸酉	除	釵釧金	胃
20日	09/12	火	甲戌	満	山頭火	昴
21日	09/13	水	乙亥	平	山頭火	畢
22日	09/14	木	丙子	定	潤下水	觜
23日	09/15	金	丁丑	執	潤下水	参
24日	09/16	土	戊寅	破	城頭土	井
25日	09/17	日	己卯	危	城頭土	鬼
26日	09/18	月	庚辰	成	白鑞金	柳
27日	09/19	火	辛巳	納	白鑞金	星
28日	09/20	水	壬午	納	楊柳木	張
29日	09/21	木	癸未	開	楊柳木	翼

【八月大 癸酉 角】
節気 秋分 2日・寒露 17日
雑節 彼岸 4日・社日 5日・土用 29日

日	西暦	曜	干支	直	納音	宿
1日	09/22	金	甲申	閉	井泉水	角
2日	09/23	土	乙酉	建	井泉水	亢
3日	09/24	日	丙戌	除	屋上土	氐
4日	09/25	月	丁亥	満	屋上土	房
5日	09/26	火	戊子	平	霹靂火	心
6日	09/27	水	己丑	定	霹靂火	尾
7日	09/28	木	庚寅	執	松柏木	箕
8日	09/29	金	辛卯	破	松柏木	斗
9日	09/30	土	壬辰	危	長流水	女
10日	10/01	日	癸巳	成	長流水	虚
11日	10/02	月	甲午	納	沙中金	危
12日	10/03	火	乙未	開	沙中金	室
13日	10/04	水	丙申	閉	山下火	壁
14日	10/05	木	丁酉	建	山下火	奎
15日	10/06	金	戊戌	除	平地木	婁
16日	10/07	土	己亥	満	平地木	胃
17日	10/08	日	庚子	平	壁上土	昴
18日	10/09	月	辛丑	定	壁上土	畢
19日	10/10	火	壬寅	執	金箔金	觜
20日	10/11	水	癸卯	破	金箔金	参
21日	10/12	木	甲辰	危	覆燈火	井
22日	10/13	金	乙巳	危	覆燈火	鬼
23日	10/14	土	丙午	成	天河水	柳
24日	10/15	日	丁未	納	天河水	星
25日	10/16	月	戊申	開	大駅土	張
26日	10/17	火	己酉	閉	大駅土	翼
27日	10/18	水	庚戌	建	釵釧金	軫
28日	10/19	木	辛亥	除	釵釧金	角
29日	10/20	金	壬子	満	桑柘木	亢
30日	10/21	土	癸丑	平	桑柘木	氐

【九月大 甲戌 氐】
節気 霜降 2日・立冬 17日

日	西暦	曜	干支	直	納音	宿
1日	10/22	日	甲寅	定	大溪水	氐
2日	10/23	月	乙卯	執	大溪水	房
3日	10/24	火	丙辰	破	沙中土	心
4日	10/25	水	丁巳	危	沙中土	尾
5日	10/26	木	戊午	成	天上火	箕
6日	10/27	金	己未	納	天上火	斗
7日	10/28	土	庚申	開	柘榴木	女
8日	10/29	日	辛酉	閉	柘榴木	虚
9日	10/30	月	壬戌	建	大海水	危
10日	10/31	火	癸亥	除	大海水	室
11日	11/01	水	甲子	満	海中金	壁
12日	11/02	木	乙丑	平	海中金	奎
13日	11/03	金	丙寅	定	爐中火	婁
14日	11/04	土	丁卯	執	爐中火	胃
15日	11/05	日	戊辰	破	大林木	昴
16日	11/06	月	己巳	危	大林木	畢
17日	11/07	火	庚午	成	路傍土	觜
18日△	11/08	水	辛未	納	路傍土	参
19日▽	11/09	木	壬申	開	釵釧金	井
20日	11/10	金	癸酉	閉	釵釧金	鬼
21日	11/11	土	甲戌	建	山頭火	柳
22日	11/12	日	乙亥	除	山頭火	星
23日	11/13	月	丙子	満	潤下水	張
24日	11/14	火	丁丑	平	潤下水	翼
25日	11/15	水	戊寅	定	城頭土	軫
26日	11/16	木	己卯	執	城頭土	角
27日	11/17	金	庚辰	破	白鑞金	亢
28日	11/18	土	辛巳	危	白鑞金	氐
29日	11/19	日	壬午	成	楊柳木	房
30日	11/20	月	癸未	納	楊柳木	心

【十月小 乙亥 心】
節気 小雪 3日・大雪 18日

日	西暦	曜	干支	直	納音	宿
1日	11/21	火	甲申	開	井泉水	心
2日	11/22	水	乙酉	閉	井泉水	尾
3日	11/23	木	丙戌	建	屋上土	箕
4日	11/24	金	丁亥	除	屋上土	斗
5日	11/25	土	戊子	満	霹靂火	女
6日	11/26	日	己丑	平	霹靂火	虚
7日	11/27	月	庚寅	定	松柏木	危
8日	11/28	火	辛卯	執	松柏木	室
9日	11/29	水	壬辰	破	長流水	壁
10日	11/30	木	癸巳	危	長流水	奎
11日	12/01	金	甲午	成	沙中金	婁
12日	12/02	土	乙未	納	沙中金	胃
13日	12/03	日	丙申	開	山下火	昴
14日	12/04	月	丁酉	閉	山下火	畢
15日	12/05	火	戊戌	建	平地木	觜
16日	12/06	水	己亥	除	平地木	参
17日	12/07	木	庚子	満	壁上土	井
18日	12/08	金	辛丑	平	壁上土	鬼
19日	12/09	土	壬寅	定	金箔金	柳
20日	12/10	日	癸卯	執	金箔金	星
21日	12/11	月	甲辰	破	覆燈火	張
22日	12/12	火	乙巳	危	覆燈火	翼
23日	12/13	水	丙午	成	天河水	軫
24日	12/14	木	丁未	納	天河水	角
25日	12/15	金	戊申	開	大駅土	亢
26日	12/16	土	己酉	閉	大駅土	氐
27日	12/17	日	庚戌	建	釵釧金	房
28日	12/18	月	辛亥	閉	釵釧金	心
29日	12/19	火	壬子	建	桑柘木	尾

【十一月大 丙子 斗】
節気 冬至 4日・小寒 19日

日	西暦	曜	干支	直	納音	宿
1日	12/20	水	癸丑	除	桑柘木	斗
2日	12/21	木	甲寅	満	大溪水	女
3日	12/22	金	乙卯	定	大溪水	虚
4日	12/23	土	丙辰	執	沙中土	危
5日	12/24	日	丁巳	執	沙中土	室
6日	12/25	月	戊午	破	天上火	壁
7日	12/26	火	己未	成	天上火	奎
8日	12/27	水	庚申	納	柘榴木	婁
9日	12/28	木	辛酉	開	柘榴木	胃
10日	12/29	金	壬戌	閉	大海水	昴
11日	12/30	土	癸亥	閉	大海水	畢
12日	12/31	日	甲子	閉	海中金	觜

1635年

日	西暦	曜	干支	直	納音	宿
13日	01/01	月	乙丑	除	海中金	参
14日	01/02	火	丙寅	満	爐中火	井
15日	01/03	水	丁卯	定	爐中火	鬼
16日	01/04	木	戊辰	執	大林木	柳
17日	01/05	金	己巳	執	大林木	星
18日	01/06	土	庚午	破	路傍土	張
19日	01/07	日	辛未	危	路傍土	翼
20日	01/08	月	壬申	成	釵釧金	軫
21日	01/09	火	癸酉	納	釵釧金	角
22日	01/10	水	甲戌	開	山頭火	亢
23日▽	01/11	木	乙亥	閉	山頭火	氐
24日	01/12	金	丙子	閉	潤下水	房
25日	01/13	土	丁丑	除	潤下水	心
26日	01/14	日	戊寅	除	城頭土	尾
27日	01/15	月	己卯	満	城頭土	箕
28日△	01/16	火	庚辰	平	白鑞金	斗
29日	01/17	水	辛巳	定	白鑞金	女
30日	01/18	木	壬午	執	楊柳木	虚

【十二月大 丁丑 虚】
節気 大寒 5日・立春 20日
雑節 土用 2日・節分 19日

日	西暦	曜	干支	直	納音	宿
1日	01/19	金	癸未	破	楊柳木	虚
2日	01/20	土	甲申	成	井泉水	危
3日	01/21	日	乙酉	納	井泉水	室
4日	01/22	月	丙戌	納	屋上土	壁
5日	01/23	火	丁亥	定	屋上土	奎
6日	01/24	水	戊子	執	霹靂火	婁
7日	01/25	木	己丑	破	霹靂火	胃
8日	01/26	金	庚寅	危	松柏木	昴
9日	01/27	土	辛卯	成	松柏木	畢
10日	01/28	日	壬辰	納	長流水	觜
11日	01/29	月	癸巳	定	長流水	参
12日	01/30	火	甲午	執	沙中金	井
13日	01/31	水	乙未	破	沙中金	鬼
14日	02/01	木	丙申	危	山下火	柳
15日	02/02	金	丁酉	成	山下火	星
16日	02/03	土	戊戌	納	平地木	張
17日	02/04	日	己亥	開	平地木	翼
18日	02/05	月	庚子	閉	壁上土	軫
19日	02/06	火	辛丑	建	壁上土	角
20日	02/07	水	壬寅	建	金箔金	亢
21日	02/08	木	癸卯	除	金箔金	氐
22日	02/09	金	甲辰	満	覆燈火	房
23日	02/10	土	乙巳	平	覆燈火	心
24日	02/11	日	丙午	定	天河水	尾
25日	02/12	月	丁未	執	天河水	箕
26日	02/13	火	戊申	破	大駅土	斗
27日	02/14	水	己酉	危	大駅土	女
28日	02/15	木	庚戌	納	釵釧金	虚
29日	02/16	金	辛亥	納	釵釧金	危
30日	02/17	土	壬子	閉	桑柘木	室

寛永12年
1635～1636 乙亥

【正月小 戊寅 室】
節気 雨水 5日・啓蟄 20日

日	新暦	曜	干支	直	納音	宿
1日	02/18	日	癸丑	閉	桑柘木	室
2日	02/19	月	甲寅	建	大溪水	壁
3日	02/20	火	乙卯	除	大溪水	奎
4日	02/21	水	丙辰	満	沙中土	婁
5日	02/22	木	丁巳	平	沙中土	胃
6日	02/23	金	戊午	定	天上火	昴
7日	02/24	土	己未	執	天上火	畢
8日	02/25	日	庚申	破	柘榴木	觜
9日	02/26	月	辛酉	危	柘榴木	參
10日	02/27	火	壬戌	成	大海水	井
11日	02/28	水	癸亥	納	大海水	鬼
12日	03/01	木	甲子	開	海中金	柳
13日	03/02	金	乙丑	閉	海中金	星
14日☆	03/03	土	丙寅	建	爐中火	張
15日	03/04	日	丁卯	除	爐中火	翼
16日	03/05	月	戊辰	満	大林木	軫
17日	03/06	火	己巳	平	大林木	角
18日	03/07	水	庚午	定	路傍土	亢
19日	03/08	木	辛未	執	路傍土	氐
20日	03/09	金	壬申	執	劍鋒金	房
21日	03/10	土	癸酉	破	劍鋒金	心
22日	03/11	日	甲戌	危	山頭火	尾
23日	03/12	月	乙亥	成	山頭火	箕
24日	03/13	火	丙子	納	澗下水	斗
25日	03/14	水	丁丑	開	澗下水	女
26日▽	03/15	木	戊寅	閉	城頭土	虚
27日	03/16	金	己卯	建	城頭土	危
28日	03/17	土	庚辰	除	白鑞金	室
29日	03/18	日	辛巳	満	白鑞金	壁

【二月小 己卯 奎】
節気 春分 6日・清明 22日
雑節 社日 7日・彼岸 8日

日	新暦	曜	干支	直	納音	宿
1日	03/19	月	壬午	平	楊柳木	奎
2日	03/20	火	癸未	定	楊柳木	婁
3日	03/21	水	甲申	執	井泉水	胃
4日	03/22	木	乙酉	破	井泉水	昴
5日	03/23	金	丙戌	危	屋上土	畢
6日	03/24	土	丁亥	成	屋上土	觜
7日	03/25	日	戊子	納	霹靂火	參
8日	03/26	月	己丑	開	霹靂火	井
9日△	03/27	火	庚寅	閉	松柏木	鬼
10日	03/28	水	辛卯	建	松柏木	柳
11日	03/29	木	壬辰	除	長流水	星
12日	03/30	金	癸巳	満	長流水	張
13日	03/31	土	甲午	平	沙中金	翼
14日	04/01	日	乙未	定	沙中金	軫
15日	04/02	月	丙申	執	山下火	角
16日	04/03	火	丁酉	破	山下火	亢
17日	04/04	水	戊戌	危	平地木	氐
18日	04/05	木	己亥	成	平地木	房
19日	04/06	金	庚子	納	壁上土	心
20日	04/07	土	辛丑	開	壁上土	尾
21日	04/08	日	壬寅	閉	金箔金	箕
22日	04/09	月	癸卯	閉	金箔金	斗
23日	04/10	火	甲辰	建	覆燈火	女
24日	04/11	水	乙巳	除	覆燈火	虚
25日	04/12	木	丙午	満	天河水	危
26日	04/13	金	丁未	平	天河水	室
27日	04/14	土	戊申	定	大驛土	壁
28日	04/15	日	己酉	執	大驛土	奎
29日	04/16	月	庚戌	破	釵釧金	婁

【三月大 庚辰 胃】
節気 穀雨 8日・立夏 23日
雑節 土用 5日・八十八夜 19日

日	新暦	曜	干支	直	納音	宿
1日	04/17	火	辛亥	危	釵釧金	胃
2日	04/18	水	壬子	成	桑柘木	昴
3日	04/19	木	癸丑	納	桑柘木	畢
4日	04/20	金	甲寅	開	大溪水	觜
5日	04/21	土	乙卯	閉	大溪水	參
6日	04/22	日	丙辰	建	沙中土	井
7日	04/23	月	丁巳	除	沙中土	鬼
8日	04/24	火	戊午	満	天上火	柳
9日	04/25	水	己未	平	天上火	星
10日	04/26	木	庚申	定	柘榴木	張
11日	04/27	金	辛酉	執	柘榴木	翼
12日	04/28	土	壬戌	破	大海水	軫
13日	04/29	日	癸亥	危	大海水	角
14日	04/30	月	甲子	成	海中金	亢
15日	05/01	火	乙丑	納	海中金	氐
16日	05/02	水	丙寅	開	爐中火	房
17日	05/03	木	丁卯	閉	爐中火	心
18日	05/04	金	戊辰	建	大林木	尾
19日	05/05	土	己巳	除	大林木	箕
20日	05/06	日	庚午	満	路傍土	斗
21日	05/07	月	辛未	平	路傍土	女
22日	05/08	火	壬申	定	劍鋒金	虚
23日	05/09	水	癸酉	定	劍鋒金	危
24日	05/10	木	甲戌	執	山頭火	室
25日	05/11	金	乙亥	破	山頭火	壁
26日	05/12	土	丙子	危	澗下水	奎
27日	05/13	日	丁丑	成	澗下水	婁
28日	05/14	月	戊寅	納	城頭土	胃
29日	05/15	火	己卯	開	城頭土	昴
30日	05/16	水	庚辰	閉	白鑞金	畢

【四月小 辛巳 畢】
節気 小満 8日・芒種 24日

日	新暦	曜	干支	直	納音	宿
1日▽	05/17	木	辛巳	建	白鑞金	觜
2日	05/18	金	壬午	除	楊柳木	參
3日	05/19	土	癸未	満	楊柳木	井
4日	05/20	日	甲申	平	井泉水	鬼
5日	05/21	月	乙酉	定	井泉水	柳
6日	05/22	火	丙戌	執	屋上土	星
7日	05/23	水	丁亥	破	屋上土	張
8日	05/24	木	戊子	危	霹靂火	翼
9日	05/25	金	己丑	成	霹靂火	軫
10日	05/26	土	庚寅	納	松柏木	角
11日	05/27	日	辛卯	開	松柏木	亢
12日	05/28	月	壬辰	閉	長流水	氐
13日	05/29	火	癸巳	建	長流水	房
14日	05/30	水	甲午	除	沙中金	心
15日	05/31	木	乙未	満	沙中金	尾
16日	06/01	金	丙申	平	山下火	箕
17日	06/02	土	丁酉	定	山下火	斗
18日	06/03	日	戊戌	執	平地木	女
19日△	06/04	月	己亥	破	平地木	虚
20日	06/05	火	庚子	危	壁上土	危
21日	06/06	水	辛丑	成	壁上土	室
22日	06/07	木	壬寅	納	金箔金	壁
23日	06/08	金	癸卯	開	金箔金	奎
24日	06/09	土	甲辰	開	覆燈火	婁
25日	06/10	日	乙巳	閉	覆燈火	胃
26日	06/11	月	丙午	建	天河水	昴
27日	06/12	火	丁未	除	天河水	畢
28日	06/13	水	戊申	満	大驛土	觜
29日	06/14	木	己酉	平	大驛土	參

【五月小 壬午 參】
節気 夏至 10日・小暑 25日
雑節 入梅 3日・半夏生 20日

日	新暦	曜	干支	直	納音	宿
1日	06/15	金	庚戌	定	釵釧金	井
2日	06/16	土	辛亥	執	釵釧金	鬼
3日	06/17	日	壬子	破	桑柘木	柳
4日	06/18	月	癸丑	危	桑柘木	星
5日	06/19	火	甲寅	成	大溪水	張
6日	06/20	水	乙卯	納	大溪水	翼
7日	06/21	木	丙辰	開	沙中土	軫
8日	06/22	金	丁巳	閉	沙中土	角
9日	06/23	土	戊午	建	天上火	亢
10日	06/24	日	己未	除	天上火	氐
11日	06/25	月	庚申	満	柘榴木	房
12日	06/26	火	辛酉	平	柘榴木	心
13日	06/27	水	壬戌	定	大海水	尾
14日	06/28	木	癸亥	執	大海水	箕
15日	06/29	金	甲子	破	海中金	斗
16日	06/30	土	乙丑	危	海中金	女
17日	07/01	日	丙寅	成	爐中火	虚
18日	07/02	月	丁卯	納	爐中火	危
19日	07/03	火	戊辰	開	大林木	室
20日	07/04	水	己巳	閉	大林木	壁
21日	07/05	木	庚午	建	路傍土	奎
22日	07/06	金	辛未	除	路傍土	婁
23日	07/07	土	壬申	満	劍鋒金	胃
24日	07/08	日	癸酉	平	劍鋒金	昴
25日	07/09	月	甲戌	平	山頭火	畢
26日	07/10	火	乙亥	定	山頭火	觜
27日	07/11	水	丙子	執	澗下水	參
28日	07/12	木	丁丑	破	澗下水	井
29日	07/13	金	戊寅	危	城頭土	鬼

【六月大 癸未 鬼】
節気 大暑 11日・立秋 26日
雑節 土用 8日

日	新暦	曜	干支	直	納音	宿
1日	07/14	土	己卯	成	城頭土	柳
2日	07/15	日	庚辰	納	白鑞金	星
3日	07/16	月	辛巳	開	白鑞金	張
4日	07/17	火	壬午	閉	楊柳木	翼
5日▽	07/18	水	癸未	建	楊柳木	軫
6日	07/19	木	甲申	除	井泉水	角
7日	07/20	金	乙酉	満	井泉水	亢
8日	07/21	土	丙戌	平	屋上土	氐
9日	07/22	日	丁亥	定	屋上土	房
10日	07/23	月	戊子	執	霹靂火	心
11日	07/24	火	己丑	破	霹靂火	尾
12日	07/25	水	庚寅	危	松柏木	箕
13日	07/26	木	辛卯	成	松柏木	斗
14日	07/27	金	壬辰	納	長流水	女
15日	07/28	土	癸巳	開	長流水	虚
16日	07/29	日	甲午	閉	沙中金	危
17日	07/30	月	乙未	建	沙中金	室
18日	07/31	火	丙申	除	山下火	壁
19日	08/01	水	丁酉	満	山下火	奎
20日	08/02	木	戊戌	平	平地木	婁
21日	08/03	金	己亥	定	平地木	胃
22日	08/04	土	庚子	執	壁上土	昴
23日	08/05	日	辛丑	破	壁上土	畢
24日	08/06	月	壬寅	危	金箔金	觜
25日	08/07	火	癸卯	成	金箔金	參
26日	08/08	水	甲辰	成	覆燈火	井
27日	08/09	木	乙巳	納	覆燈火	鬼
28日	08/10	金	丙午	開	天河水	柳
29日	08/11	土	丁未	閉	天河水	星
30日	08/12	日	戊申	建	大驛土	張

【七月大 甲申 張】
節気 処暑 12日・白露 27日
雑節 二百十日 23日

日	新暦	曜	干支	直	納音	宿
1日△	08/13	月	己酉	除	大驛土	翼
2日	08/14	火	庚戌	満	釵釧金	軫
3日	08/15	水	辛亥	平	釵釧金	角
4日	08/16	木	壬子	定	桑柘木	亢

寛永12年

八月〜十二月

日	西暦	曜	干支	直	納音	宿
5日	08/17	金	癸丑	執	桑柘木	亢
6日	08/18	土	甲寅	破	大溪水	氐
7日	08/19	日	乙卯	危	大溪水	房
8日	08/20	月	丙辰	成	大溪水	心
9日	08/21	火	丁巳	納	沙中土	尾
10日	08/22	水	戊午	開	天上火	箕
11日	08/23	木	己未	閉	天上火	斗
12日	08/24	金	庚申	建	柘榴木	女
13日	08/25	土	辛酉	除	柘榴木	虚
14日	08/26	日	壬戌	満	大海水	危
15日	08/27	月	癸亥	定	大海水	室
16日	08/28	火	甲子	執	海中金	壁
17日	08/29	水	乙丑	破	海中金	奎
18日	08/30	木	丙寅	危	爐中火	婁
19日	08/31	金	丁卯	成	爐中火	胃
20日	09/01	土	戊辰	納	大林木	昴
21日	09/02	日	己巳	開	大林木	畢
22日	09/03	月	庚午	閉	路傍土	觜
23日	09/04	火	辛未	建	路傍土	參
24日	09/05	水	壬申	除	釼鋒金	井
25日	09/06	木	癸酉	満	釼鋒金	鬼
26日	09/07	金	甲戌	平	山頭火	柳
27日	09/08	土	乙亥	満	山頭火	星
28日	09/09	日	丙子	平	澗下水	張
29日	09/10	月	丁丑	定	澗下水	翼
30日	09/11	火	戊寅	執	城頭土	軫

【八月小 乙酉 角】
節気 秋分 12日・寒露 27日
雑節 社日 10日・彼岸 14日

日	西暦	曜	干支	直	納音	宿
1日	09/12	水	己卯	破	城頭土	角
2日	09/13	木	庚辰	危	白鑞金	亢
3日	09/14	金	辛巳	成	白鑞金	氐
4日	09/15	土	壬午	納	楊柳木	房
5日	09/16	日	癸未	開	楊柳木	心
6日	09/17	月	甲申	閉	井泉水	尾
7日	09/18	火	乙酉	建	井泉水	箕
8日▽	09/19	水	丙戌	除	屋上土	斗
9日	09/20	木	丁亥	満	屋上土	女
10日	09/21	金	戊子	平	霹靂火	虚
11日	09/22	土	己丑	定	霹靂火	危
12日	09/23	日	庚寅	執	松柏木	室
13日	09/24	月	辛卯	破	松柏木	壁
14日	09/25	火	壬辰	危	長流水	奎
15日	09/26	水	癸巳	成	長流水	婁
16日	09/27	木	甲午	納	沙中金	胃
17日	09/28	金	乙未	開	沙中金	昴
18日	09/29	土	丙申	閉	山下火	畢
19日	09/30	日	丁酉	建	山下火	觜
20日	10/01	月	戊戌	除	平地木	參
21日	10/02	火	己亥	満	平地木	井
22日	10/03	水	庚子	平	壁上土	鬼
23日	10/04	木	辛丑	定	壁上土	柳
24日	10/05	金	壬寅	執	金箔金	星
25日	10/06	土	癸卯	破	金箔金	張
26日	10/07	日	甲辰	危	覆燈火	翼
27日	10/08	月	乙巳	成	覆燈火	軫
28日	10/09	火	丙午	納	天河水	角
29日	10/10	水	丁未	納	天河水	亢

【九月大 丙戌 氐】
節気 霜降 14日・立冬 29日
雑節 土用 10日

日	西暦	曜	干支	直	納音	宿
1日	10/11	木	戊申	開	大驛土	氐
2日	10/12	金	己酉	閉	大驛土	房
3日	10/13	土	庚戌	建	釵釧金	心
4日	10/14	日	辛亥	除	釵釧金	尾
5日	10/15	月	壬子	満	桑柘木	箕
6日	10/16	火	癸丑	平	桑柘木	斗
7日	10/17	水	甲寅	定	大溪水	女
8日	10/18	木	乙卯	執	大溪水	虚
9日	10/19	金	丙辰	破	大溪水	室
10日	10/20	土	丁巳	危	沙中土	壁
11日	10/21	日	戊午	成	天上火	奎
12日△	10/22	月	己未	納	天上火	婁
13日	10/23	火	庚申	開	柘榴木	胃
14日	10/24	水	辛酉	閉	柘榴木	昴
15日	10/25	木	壬戌	建	大海水	畢
16日	10/26	金	癸亥	除	大海水	觜
17日	10/27	土	甲子	平	海中金	參
18日	10/28	日	乙丑	定	海中金	井
19日	10/29	月	丙寅	執	爐中火	鬼
20日	10/30	火	丁卯	破	爐中火	柳
21日	10/31	水	戊辰	危	大林木	星
22日	11/01	木	己巳	成	大林木	張
23日	11/02	金	庚午	納	路傍土	翼
24日	11/03	土	辛未	開	路傍土	軫
25日	11/04	日	壬申	閉	釼鋒金	角
26日	11/05	月	癸酉	閉	釼鋒金	亢
27日	11/06	火	甲戌	建	山頭火	氐
28日	11/07	水	乙亥	除	山頭火	房
29日	11/08	木	丙子	除	澗下水	心
30日	11/09	金	丁丑	満	澗下水	尾

【十月大 丁亥 心】
節気 小雪 14日・大雪 29日

日	西暦	曜	干支	直	納音	宿
1日	11/10	土	戊寅	平	城頭土	箕
2日	11/11	日	己卯	定	城頭土	斗
3日	11/12	月	庚辰	執	白鑞金	女
4日	11/13	火	辛巳	破	楊柳木	虚
5日	11/14	水	壬午	危	楊柳木	危
6日	11/15	木	癸未	成	楊柳木	室
7日	11/16	金	甲申	納	井泉水	壁
8日	11/17	土	乙酉	閉	屋上土	奎
9日	11/18	日	丙戌	閉	屋上土	婁
10日	11/19	月	丁亥	建	屋上土	胃
11日	11/20	火	戊子	除	霹靂火	昴
12日▽	11/21	水	己丑	平	霹靂火	畢
13日	11/22	木	庚寅	平	松柏木	觜
14日	11/23	金	辛卯	定	松柏木	參
15日	11/24	土	壬辰	執	長流水	井
16日	11/25	日	癸巳	破	長流水	鬼
17日	11/26	月	甲午	危	沙中金	柳
18日	11/27	火	乙未	成	沙中金	星
19日	11/28	水	丙申	納	山下火	張
20日	11/29	木	丁酉	開	山下火	翼
21日	11/30	金	戊戌	閉	平地木	軫
22日	12/01	土	己亥	建	平地木	角
23日	12/02	日	庚子	除	壁上土	亢
24日	12/03	月	辛丑	満	壁上土	氐
25日	12/04	火	壬寅	平	金箔金	房
26日	12/05	水	癸卯	定	金箔金	心
27日	12/06	木	甲辰	執	覆燈火	尾
28日	12/07	金	乙巳	破	覆燈火	箕
29日	12/08	土	丙午	破	天河水	斗

【十一月小 戊子 斗】
節気 冬至 14日

日	西暦	曜	干支	直	納音	宿
1日	12/10	月	戊申	成	大驛土	斗
2日	12/11	火	己酉	納	大驛土	女
3日	12/12	水	庚戌	開	釵釧金	危
4日	12/13	木	辛亥	閉	釵釧金	室
5日	12/14	金	壬子	建	桑柘木	室
6日	12/15	土	癸丑	除	桑柘木	壁
7日	12/16	日	甲寅	満	大溪水	奎
8日	12/17	月	乙卯	平	大溪水	婁
9日	12/18	火	丙辰	定	沙中土	胃
10日	12/19	水	丁巳	執	沙中土	昴
11日	12/20	木	戊午	破	天上火	畢
12日	12/21	金	己未	危	柘榴木	觜
13日	12/22	土	庚申	成	柘榴木	參
14日	12/23	日	辛酉	納	柘榴木	井
15日	12/24	月	壬戌	開	大海水	柳
16日	12/25	火	癸亥	閉	大海水	星
17日	12/26	水	甲子	建	海中金	張
18日	12/27	木	乙丑	除	海中金	翼
19日	12/28	金	丙寅	満	爐中火	軫
20日	12/29	土	丁卯	平	爐中火	角
21日△	12/30	日	戊辰	定	大林木	亢
22日	12/31	月	己巳	執	大林木	氐

1636年

日	西暦	曜	干支	直	納音	宿
23日	01/01	火	庚午	破	路傍土	房
24日	01/02	水	辛未	危	路傍土	心
25日	01/03	木	壬申	成	釼鋒金	尾
26日	01/04	金	癸酉	納	釼鋒金	箕
27日	01/05	土	甲戌	開	山頭火	斗
28日	01/06	日	乙亥	閉	山頭火	女
29日	01/07	月	丙子	建	澗下水	虚

【十二月大 己丑 虚】
節気 小寒 1日・大寒 16日
雑節 土用 13日・節分 30日

日	西暦	曜	干支	直	納音	宿
1日	01/08	火	丁丑	建	澗下水	虚
2日	01/09	水	戊寅	除	城頭土	危
3日	01/10	木	己卯	満	城頭土	室
4日	01/11	金	庚辰	平	白鑞金	壁
5日	01/12	土	辛巳	定	白鑞金	奎
6日	01/13	日	壬午	執	楊柳木	婁
7日	01/14	月	癸未	破	楊柳木	胃
8日	01/15	火	甲申	危	井泉水	昴
9日	01/16	水	乙酉	成	井泉水	畢
10日	01/17	木	丙戌	納	屋上土	觜
11日	01/18	金	丁亥	開	屋上土	參
12日	01/19	土	戊子	閉	霹靂火	鬼
13日	01/20	日	己丑	建	霹靂火	柳
14日	01/21	月	庚寅	除	松柏木	星
15日	01/22	火	辛卯	満	松柏木	張
16日▽	01/23	水	壬辰	平	長流水	翼
17日	01/24	木	癸巳	定	長流水	軫
18日	01/25	金	甲午	執	沙中金	角
19日	01/26	土	乙未	破	沙中金	亢
20日	01/27	日	丙申	危	山下火	氐
21日	01/28	月	丁酉	成	山下火	房
22日	01/29	火	戊戌	納	平地木	心
23日	01/30	水	己亥	開	平地木	尾
24日	01/31	木	庚子	閉	壁上土	箕
25日	02/01	金	辛丑	建	壁上土	斗
26日	02/02	土	壬寅	除	金箔金	女
27日	02/03	日	癸卯	満	金箔金	虚
28日	02/04	月	甲辰	平	覆燈火	危
29日	02/05	火	乙巳	定	覆燈火	室
30日	02/06	水	丙午	執	天河水	室

寛永13年

1636～1637　丙子

【正月大 庚寅 室】
節気 立春 1日・雨水 16日

日	月日	曜	干支	直	納音	宿
1日◎	02/07	木	丁未	執	天河水	室
2日	02/08	金	戊申	破	大駅土	壁
3日	02/09	土	己酉	危	大駅土	奎
4日	02/10	日	庚戌	成	釵釧金	婁
5日	02/11	月	辛亥	納	釵釧金	胃
6日	02/12	火	壬子	開	桑柘木	昴
7日	02/13	水	癸丑	閉	桑柘木	畢
8日	02/14	木	甲寅	建	大溪水	觜
9日	02/15	金	乙卯	除	大溪水	参
10日	02/16	土	丙辰	満	沙中土	井
11日	02/17	日	丁巳	平	沙中土	鬼
12日	02/18	月	戊午	定	天上火	柳
13日	02/19	火	己未	執	天上火	星
14日	02/20	水	庚申	破	柘榴木	張
15日	02/21	木	辛酉	危	柘榴木	翼
16日	02/22	金	壬戌	納	大海水	軫
17日	02/23	土	癸亥	納	大海水	角
18日	02/24	日	甲子	開	海中金	亢
19日	02/25	月	乙丑	閉	海中金	氐
20日	02/26	火	丙寅	建	爐中火	房
21日	02/27	水	丁卯	除	爐中火	心
22日	02/28	木	戊辰	満	大林木	尾
23日	02/29	金	己巳	定	大林木	箕
24日	03/01	土	庚午	定	路傍土	斗
25日	03/02	日	辛未	執	路傍土	女
26日	03/03	月	壬申	破	釵鋒金	虚
27日	03/04	火	癸酉	危	釵鋒金	危
28日	03/05	水	甲戌	成	山頭火	室
29日	03/06	木	乙亥	納	山頭火	壁
30日	03/07	金	丙子	開	潤下水	奎

【二月小 辛卯 奎】
節気 啓蟄 1日・春分 17日
雑節 社日 12日・彼岸 19日

日	月日	曜	干支	直	納音	宿
1日	03/08	土	丁丑	開	潤下水	奎
2日△	03/09	日	戊寅	閉	城頭土	婁
3日	03/10	月	己卯	建	城頭土	胃
4日	03/11	火	庚辰	除	白鑞金	昴
5日	03/12	水	辛巳	満	白鑞金	畢
6日	03/13	木	壬午	平	楊柳木	觜
7日	03/14	金	癸未	定	楊柳木	参
8日	03/15	土	甲申	執	井泉水	井
9日	03/16	日	乙酉	破	井泉水	鬼
10日	03/17	月	丙戌	危	屋上土	柳
11日	03/18	火	丁亥	成	屋上土	星
12日	03/19	水	戊子	納	霹靂火	張
13日	03/20	木	己丑	開	霹靂火	翼
14日	03/21	金	庚寅	閉	松柏木	軫
15日	03/22	土	辛卯	建	松柏木	角
16日	03/23	日	壬辰	除	長流水	亢
17日	03/24	月	癸巳	満	長流水	氐
18日	03/25	火	甲午	平	沙中金	房
19日▽	03/26	水	乙未	定	沙中金	心
20日	03/27	木	丙申	執	山下火	尾
21日	03/28	金	丁酉	破	山下火	箕
22日	03/29	土	戊戌	危	平地木	斗
23日	03/30	日	己亥	成	平地木	女
24日	03/31	月	庚子	納	壁上土	虚
25日	04/01	火	辛丑	開	壁上土	危
26日	04/02	水	壬寅	閉	金箔金	室
27日	04/03	木	癸卯	建	金箔金	壁
28日	04/04	金	甲辰	除	覆燈火	奎
29日	04/05	土	乙巳	満	覆燈火	婁

【三月小 壬辰 胃】
節気 清明 3日・穀雨 18日
雑節 土用 15日・八十八夜 29日

日	月日	曜	干支	直	納音	宿
1日	04/06	日	丙午	平	天河水	胃
2日	04/07	月	丁未	定	天河水	昴
3日	04/08	火	戊申	執	大駅土	畢
4日	04/09	水	己酉	破	大駅土	觜
5日	04/10	木	庚戌	危	釵釧金	参
6日	04/11	金	辛亥	成	釵釧金	井
7日	04/12	土	壬子	納	桑柘木	鬼
8日	04/13	日	癸丑	納	桑柘木	柳
9日	04/14	月	甲寅	建	大溪水	星
10日	04/15	火	乙卯	除	大溪水	張
11日	04/16	水	丙辰	建	沙中土	翼
12日	04/17	木	丁巳	除	沙中土	軫
13日	04/18	金	戊午	満	天上火	角
14日	04/19	土	己未	平	天上火	亢
15日	04/20	日	庚申	定	柘榴木	氐
16日	04/21	月	辛酉	執	柘榴木	房
17日	04/22	火	壬戌	破	大海水	心
18日	04/23	水	癸亥	危	大海水	尾
19日	04/24	木	甲子	成	海中金	箕
20日	04/25	金	乙丑	納	海中金	斗
21日	04/26	土	丙寅	開	爐中火	女
22日	04/27	日	丁卯	閉	爐中火	虚
23日	04/28	月	戊辰	建	大林木	危
24日	04/29	火	己巳	除	大林木	室
25日	04/30	水	庚午	満	路傍土	壁
26日	05/01	木	辛未	平	路傍土	奎
27日	05/02	金	壬申	定	釵鋒金	婁
28日	05/03	土	癸酉	執	釵鋒金	胃
29日	05/04	日	甲戌	破	山頭火	昴

【四月大 癸巳 畢】
節気 立夏 4日・小満 20日

日	月日	曜	干支	直	納音	宿
1日	05/05	月	乙亥	危	山頭火	畢
2日	05/06	火	丙子	成	潤下水	觜
3日	05/07	水	丁丑	納	潤下水	参
4日	05/08	木	戊寅	開	城頭土	井
5日	05/09	金	己卯	閉	城頭土	鬼
6日	05/10	土	庚辰	建	白鑞金	柳
7日	05/11	日	辛巳	除	白鑞金	星
8日	05/12	月	壬午	満	楊柳木	張
9日	05/13	火	癸未	平	楊柳木	翼
10日	05/14	水	甲申	定	井泉水	軫
11日	05/15	木	乙酉	執	井泉水	角
12日	05/16	金	丙戌	破	屋上土	亢
13日	05/17	土	丁亥	危	屋上土	氐
14日△	05/18	日	戊子	成	霹靂火	房
15日	05/19	月	己丑	納	霹靂火	心
16日	05/20	火	庚寅	開	松柏木	尾
17日	05/21	水	辛卯	閉	松柏木	箕
18日	05/22	木	壬辰	建	長流水	斗
19日	05/23	金	癸巳	除	長流水	女
20日	05/24	土	甲午	満	沙中金	虚
21日	05/25	日	乙未	平	沙中金	危
22日	05/26	月	丙申	定	山下火	室
23日	05/27	火	丁酉	執	山下火	壁
24日▽	05/28	水	戊戌	破	平地木	奎
25日	05/29	木	己亥	危	平地木	婁
26日	05/30	金	庚子	成	壁上土	胃
27日	05/31	土	辛丑	納	壁上土	昴
28日	06/01	日	壬寅	開	金箔金	畢
29日	06/02	月	癸卯	閉	金箔金	觜
30日	06/03	火	甲辰	閉	覆燈火	参

【五月小 甲午 参】
節気 芒種 5日・夏至 20日
雑節 入梅 8日

日	月日	曜	干支	直	納音	宿
1日	06/04	水	乙巳	建	覆燈火	参
2日	06/05	木	丙午	除	天河水	井
3日	06/06	金	丁未	満	天河水	鬼
4日	06/07	土	戊申	平	大駅土	柳
5日	06/08	日	己酉	定	大駅土	星
6日	06/09	月	庚戌	執	釵釧金	張
7日	06/10	火	辛亥	執	釵釧金	翼
8日	06/11	水	壬子	破	桑柘木	軫
9日	06/12	木	癸丑	危	桑柘木	角
10日	06/13	金	甲寅	成	大溪水	亢
11日	06/14	土	乙卯	納	大溪水	氐
12日	06/15	日	丙辰	開	沙中土	房
13日	06/16	月	丁巳	閉	沙中土	心
14日	06/17	火	戊午	除	天上火	尾
15日	06/18	水	己未	満	天上火	箕
16日	06/19	木	庚申	平	柘榴木	斗
17日	06/20	金	辛酉	定	柘榴木	女
18日	06/21	土	壬戌	定	大海水	虚
19日	06/22	日	癸亥	執	大海水	室
20日	06/23	月	甲子	破	海中金	壁
21日	06/24	火	乙丑	危	海中金	奎
22日	06/25	水	丙寅	成	爐中火	婁
23日	06/26	木	丁卯	納	爐中火	胃
24日	06/27	金	戊辰	開	大林木	昴
25日	06/28	土	己巳	閉	大林木	畢
26日	06/29	日	庚午	建	路傍土	觜
27日	06/30	月	辛未	除	路傍土	参
28日	07/01	火	壬申	満	釵鋒金	井
29日	07/02	水	癸酉	平	釵鋒金	鬼

【六月小 乙未 鬼】
節気 小暑 6日・大暑 21日
雑節 半夏生 1日・土用 18日

日	月日	曜	干支	直	納音	宿
1日	07/03	木	甲戌	定	山頭火	鬼
2日	07/04	金	乙亥	執	山頭火	星
3日	07/05	土	丙子	破	潤下水	張
4日	07/06	日	丁丑	危	潤下水	翼
5日	07/07	月	戊寅	成	城頭土	軫
6日	07/08	火	己卯	納	城頭土	角
7日	07/09	水	庚辰	納	白鑞金	亢
8日	07/10	木	辛巳	開	白鑞金	氐
9日	07/11	金	壬午	閉	楊柳木	房
10日	07/12	土	癸未	建	楊柳木	心
11日	07/13	日	甲申	除	井泉水	尾
12日	07/14	月	乙酉	満	井泉水	箕
13日	07/15	火	丙戌	平	屋上土	斗
14日	07/16	水	丁亥	定	屋上土	女
15日	07/17	木	戊子	執	霹靂火	虚
16日	07/18	金	己丑	破	霹靂火	危
17日	07/19	土	庚寅	危	松柏木	室
18日	07/20	日	辛卯	成	松柏木	壁
19日	07/21	月	壬辰	納	長流水	奎
20日	07/22	火	癸巳	開	長流水	婁
21日	07/23	水	甲午	閉	沙中金	胃
22日	07/24	木	乙未	建	沙中金	昴
23日	07/25	金	丙申	除	山下火	畢
24日△	07/26	土	丁酉	満	山下火	觜
25日	07/27	日	戊戌	平	平地木	参
26日	07/28	月	己亥	定	平地木	井
27日	07/29	火	庚子	執	壁上土	鬼
28日	07/30	水	辛丑	破	壁上土	柳
29日	07/31	木	壬寅	危	金箔金	柳

【七月大 丙申 張】
節気 立秋 8日・処暑 23日

日	月日	曜	干支	直	納音	宿
1日◎	08/01	金	癸卯	成	金箔金	張
2日	08/02	土	甲辰	納	覆燈火	翼
3日	08/03	日	乙巳	開	覆燈火	軫
4日	08/04	月	丙午	閉	天河水	角
5日	08/05	火	丁未	建	天河水	亢

寛永13年

6日	08/06	水	戊申	除	大駅土	氐
7日	08/07	木	己酉	満	大駅土	房
8日	08/08	金	庚戌	平	釵釧金	心
9日	08/09	土	辛亥	定	釵釧金	尾
10日	08/10	日	壬子	執	桑柘木	箕
11日	08/11	月	癸丑	破	桑柘木	斗
12日	08/12	火	甲寅	危	大溪水	女
13日	08/13	水	乙卯	危	大溪水	虚
14日	08/14	木	丙辰	成	沙中土	危
15日	08/15	金	丁巳	納	沙中土	室
16日	☆08/16	土	戊午	開	天上火	壁
17日	08/17	日	己未	閉	天上火	奎
18日	08/18	月	庚申	建	柘榴木	婁
19日	08/19	火	辛酉	除	柘榴木	胃
20日	08/20	水	壬戌	満	大海水	昴
21日	08/21	木	癸亥	定	大海水	畢
22日	08/22	金	甲子	定	海中金	觜
23日	08/23	土	乙丑	執	海中金	参
24日	08/24	日	丙寅	破	爐中火	井
25日	08/25	月	丁卯	危	爐中火	鬼
26日	08/26	火	戊辰	成	大林木	柳
27日	08/27	水	己巳	納	大林木	星
28日	08/28	木	庚午	開	路傍土	張
29日	08/29	金	辛未	閉	路傍土	翼
30日	08/30	土	壬申	建	釵鋒金	軫

【八月小 丁酉 角】
節気 白露 8日・秋分 23日
雑節 二百十日 4日・彼岸 25日・社日 26日

1日	08/31	日	癸酉	除	釵鋒金	角
2日	09/01	月	甲戌	満	山頭火	亢
3日	09/02	火	乙亥	平	山頭火	氐
4日	09/03	水	丙子	定	潤下水	房
5日	09/04	木	丁丑	執	潤下水	心
6日	09/05	金	戊寅	破	城頭土	尾
7日	09/06	土	己卯	危	城頭土	箕
8日	09/07	日	庚辰	成	白鑞金	斗
9日	09/08	月	辛巳	納	白鑞金	女
10日	09/09	火	壬午	納	楊柳木	虚
11日	09/10	水	癸未	開	楊柳木	危
12日	09/11	木	甲申	閉	井泉水	室
13日	09/12	金	乙酉	建	井泉水	壁
14日	09/13	土	丙戌	除	屋上土	奎
15日	09/14	日	丁亥	満	屋上土	婁
16日	09/15	月	戊子	平	霹靂火	胃
17日	09/16	火	己丑	定	霹靂火	昴
18日	09/17	水	庚寅	執	松柏木	畢
19日	09/18	木	辛卯	破	松柏木	觜
20日	09/19	金	壬辰	危	長流水	参
21日	09/20	土	癸巳	成	長流水	井
22日	09/21	日	甲午	納	沙中金	鬼
23日	09/22	月	乙未	開	沙中金	柳
24日	09/23	火	丙申	閉	山下火	星
25日	09/24	水	丁酉	建	山下火	張
26日	09/25	木	戊戌	除	平地木	翼
27日	09/26	金	己亥	満	平地木	軫
28日	09/27	土	庚子	平	壁上土	角
29日	09/28	日	辛丑	定	壁上土	亢

【九月大 戊戌 氐】
節気 寒露 10日・霜降 25日
雑節 土用 22日

1日	09/29	月	壬寅	執	金箔金	氐
2日	09/30	火	癸卯	破	金箔金	房
3日	▽10/01	水	甲辰	危	覆燈火	心
4日	10/02	木	乙巳	成	覆燈火	尾
5日	10/03	金	丙午	納	天河水	箕
6日	△10/04	土	丁未	開	天河水	斗
7日	10/05	日	戊申	閉	大駅土	女
8日	10/06	月	己酉	建	大駅土	虚
9日	10/07	火	庚戌	除	釵釧金	危
10日	10/08	水	辛亥	満	桑柘木	室
11日	10/09	木	壬子	平	桑柘木	壁
12日	10/10	金	癸丑	平	桑柘木	奎
13日	10/11	土	甲寅	定	大溪水	婁
14日	10/12	日	乙卯	執	大溪水	胃
15日	10/13	月	丙辰	破	沙中土	昴
16日	10/14	火	丁巳	危	沙中土	畢
17日	10/15	水	戊午	成	天上火	觜
18日	10/16	木	己未	納	天上火	参
19日	10/17	金	庚申	開	柘榴木	井
20日	10/18	土	辛酉	閉	柘榴木	鬼
21日	10/19	日	壬戌	建	大海水	柳
22日	10/20	月	癸亥	除	大海水	星
23日	10/21	火	甲子	満	海中金	張
24日	10/22	水	乙丑	平	海中金	翼
25日	10/23	木	丙寅	定	爐中火	軫
26日	10/24	金	丁卯	執	爐中火	角
27日	10/25	土	戊辰	破	大林木	亢
28日	10/26	日	己巳	危	大林木	氐
29日	10/27	月	庚午	成	路傍土	房
30日	10/28	火	辛未	納	路傍土	心

【十月大 己亥 心】
節気 立冬 10日・小雪 25日

1日	10/29	水	壬申	開	釵鋒金	心
2日	10/30	木	癸酉	納	釵鋒金	尾
3日	10/31	金	甲戌	建	山頭火	箕
4日	11/01	土	乙亥	除	山頭火	斗
5日	11/02	日	丙子	満	潤下水	女
6日	11/03	月	丁丑	平	潤下水	虚
7日	11/04	火	戊寅	定	城頭土	危
8日	11/05	水	己卯	執	城頭土	室
9日	11/06	木	庚辰	破	白鑞金	壁
10日	11/07	金	辛巳	破	白鑞金	奎
11日	11/08	土	壬午	危	楊柳木	婁
12日	11/09	日	癸未	成	楊柳木	胃
13日	11/10	月	甲申	納	井泉水	昴
14日	11/11	火	乙酉	開	井泉水	畢
15日	11/12	水	丙戌	閉	屋上土	觜
16日	11/13	木	丁亥	建	屋上土	参
17日	11/14	金	戊子	除	霹靂火	井
18日	11/15	土	己丑	満	霹靂火	鬼
19日	11/16	日	庚寅	平	松柏木	柳
20日	11/17	月	辛卯	定	松柏木	星
21日	11/18	火	壬辰	執	長流水	張
22日	11/19	水	癸巳	破	長流水	翼
23日	11/20	木	甲午	危	沙中金	軫
24日	11/21	金	乙未	成	沙中金	角
25日	11/22	土	丙申	納	山下火	亢
26日	11/23	日	丁酉	開	山下火	氐
27日	11/24	月	戊戌	閉	平地木	房
28日	11/25	火	己亥	建	平地木	心
29日	11/26	水	庚子	除	壁上土	尾
30日	11/27	木	辛丑	満	壁上土	箕

【十一月大 庚子 斗】
節気 大雪 10日・冬至 26日

1日	11/28	金	壬寅	平	金箔金	斗
2日	11/29	土	癸卯	定	金箔金	女
3日	11/30	日	甲辰	執	覆燈火	虚
4日	12/01	月	乙巳	破	覆燈火	危
5日	12/02	火	丙午	危	天河水	室
6日	▽12/03	水	丁未	成	天河水	壁
7日	12/04	木	戊申	納	大駅土	奎
8日	12/05	金	己酉	開	大駅土	婁
9日	12/06	土	庚戌	閉	釵釧金	胃
10日	12/07	日	辛亥	建	釵釧金	昴
11日	12/08	月	壬子	除	桑柘木	畢
12日	12/09	火	癸丑	満	桑柘木	觜
13日	12/10	水	甲寅	平	大溪水	参
14日	12/11	木	乙卯	定	大溪水	井
15日	12/12	金	丙辰	定	沙中土	鬼
16日	△12/13	土	丁巳	執	沙中土	柳
17日	12/14	日	戊午	破	天上火	星
18日	12/15	月	己未	危	天上火	張
19日	12/16	火	庚申	成	柘榴木	翼
20日	12/17	水	辛酉	納	柘榴木	軫
21日	12/18	木	壬戌	開	大海水	角
22日	12/19	金	癸亥	閉	大海水	亢
23日	12/20	土	甲子	建	海中金	氐
24日	12/21	日	乙丑	除	海中金	房
26日	12/22	月	丙寅	満	爐中火	心
26日	12/23	火	丁卯	平	爐中火	尾
27日	12/24	水	戊辰	定	大林木	箕
28日	12/25	木	己巳	執	大林木	斗
29日	12/26	金	庚午	破	路傍土	女
30日	12/27	土	辛未	危	路傍土	虚

【十二月小 辛丑 虚】
節気 小寒 11日・大寒 26日
雑節 土用 23日

1日	12/28	日	壬申	成	釵鋒金	虚
2日	12/29	月	癸酉	納	釵鋒金	危
3日	12/30	火	甲戌	開	山頭火	室
4日	12/31	水	乙亥	閉	山頭火	壁

1637年

5日	01/01	木	丙子	建	潤下水	奎
6日	01/02	金	丁丑	除	潤下水	婁
7日	01/03	土	戊寅	満	城頭土	胃
8日	01/04	日	己卯	平	城頭土	昴
9日	01/05	月	庚辰	定	白鑞金	畢
10日	01/06	火	辛巳	執	白鑞金	觜
11日	01/07	水	壬午	破	楊柳木	参
12日	01/08	木	癸未	危	楊柳木	井
13日	01/09	金	甲申	危	井泉水	鬼
14日	☆01/10	土	乙酉	成	井泉水	柳
15日	01/11	日	丙戌	納	屋上土	星
16日	01/12	月	丁亥	開	屋上土	張
17日	01/13	火	戊子	閉	霹靂火	翼
18日	01/14	水	己丑	建	霹靂火	軫
19日	01/15	木	庚寅	除	松柏木	角
20日	01/16	金	辛卯	満	松柏木	亢
21日	01/17	土	壬辰	平	長流水	氐
22日	01/18	日	癸巳	定	長流水	房
23日	01/19	月	甲午	執	沙中金	心
24日	01/20	火	乙未	破	沙中金	尾
25日	01/21	水	丙申	危	山下火	箕
27日	01/22	木	丁酉	成	山下火	斗
27日	01/23	金	戊戌	納	平地木	女
28日	01/24	土	己亥	開	平地木	虚
29日	01/25	日	庚子	閉	壁上土	危

寛永14年

1637～1638 丁丑

【正月大 壬寅 室】
節気 立春 12日・雨水 28日
雑節 節分 11日

日	日付	曜	干支	直	納音	宿
1日◎	01/26	月	辛丑	建	壁上土	室
2日	01/27	火	壬寅	除	金箔金	壁
3日	01/28	水	癸卯	満	金箔金	奎
4日	01/29	木	甲辰	平	覆燈火	婁
5日	01/30	金	乙巳	定	覆燈火	胃
6日	01/31	土	丙午	執	天河水	昴
7日	02/01	日	丁未	破	天河水	畢
8日	02/02	月	戊申	危	大駅土	觜
9日	02/03	火	己酉	成	大駅土	参
10日▽	02/04	水	庚戌	納	釵釧金	井
11日	02/05	木	辛亥	開	釵釧金	鬼
12日	02/06	金	壬子	閉	桑柘木	柳
13日	02/07	土	癸丑	閉	桑柘木	星
14日	02/08	日	甲寅	建	大溪水	張
15日	02/09	月	乙卯	除	大溪水	翼
16日	02/10	火	丙辰	満	沙中土	軫
17日	02/11	水	丁巳	平	沙中土	角
18日	02/12	木	戊午	定	天上火	亢
19日	02/13	金	己未	執	天上火	氐
20日	02/14	土	庚申	破	柘榴木	房
21日	02/15	日	辛酉	危	柘榴木	心
22日	02/16	月	壬戌	成	大海水	尾
23日	02/17	火	癸亥	納	大海水	箕
24日	02/18	水	甲子	開	海中金	斗
25日	02/19	木	乙丑	建	海中金	女
26日△	02/20	金	丙寅	建	爐中火	虚
27日	02/21	土	丁卯	除	爐中火	危
28日	02/22	日	戊辰	満	大林木	室
29日	02/23	月	己巳	平	大林木	壁
30日	02/24	火	庚午	定	路傍土	

【二月大 癸卯 奎】
節気 啓蟄 13日・春分 28日
雑節 社日 28日・彼岸 30日

日	日付	曜	干支	直	納音	宿
1日	02/25	水	辛未	破	路傍土	奎
2日	02/26	木	壬申	危	釵鋒金	婁
3日	02/27	金	癸酉	危	釵鋒金	胃
4日	02/28	土	甲戌	成	山頭火	昴
5日	03/01	日	乙亥	納	山頭火	畢
6日	03/02	月	丙子	開	潤下水	觜
7日	03/03	火	丁丑	閉	潤下水	参
8日	03/04	水	戊寅	建	城頭土	井
9日	03/05	木	己卯	除	城頭土	鬼
10日	03/06	金	庚辰	満	白鑞金	柳
11日	03/07	土	辛巳	平	白鑞金	星
12日	03/08	日	壬午	定	楊柳木	張
13日	03/09	月	癸未	執	楊柳木	翼
14日	03/10	火	甲申	執	井泉水	軫
15日	03/11	水	乙酉	破	井泉水	角
16日	03/12	木	丙戌	危	屋上土	亢
17日	03/13	金	丁亥	成	屋上土	氐
18日	03/14	土	戊子	納	霹靂火	房
19日	03/15	日	己丑	開	霹靂火	心
20日	03/16	月	庚寅	閉	松柏木	尾
21日	03/17	火	辛卯	建	松柏木	箕
22日	03/18	水	壬辰	除	長流水	斗
23日	03/19	木	癸巳	満	長流水	女
24日	03/20	金	甲午	平	沙中金	虚
25日	03/21	土	乙未	定	沙中金	危
26日	03/22	日	丙申	執	山下火	室
27日	03/23	月	丁酉	破	山下火	壁
28日	03/24	火	戊戌	危	平地木	奎
29日	03/25	水	己亥	成	平地木	婁
30日	03/26	木	庚子	納	壁上土	胃

【三月小 甲辰 胃】
節気 清明 13日・穀雨 28日
雑節 土用 25日

日	日付	曜	干支	直	納音	宿
1日	03/27	金	辛丑	開	壁上土	胃
2日	03/28	土	壬寅	閉	金箔金	昴
3日	03/29	日	癸卯	建	金箔金	畢
4日	03/30	月	甲辰	除	覆燈火	觜
5日	03/31	火	乙巳	満	覆燈火	参
6日	04/01	水	丙午	平	天河水	井
7日	04/02	木	丁未	定	天河水	鬼
8日	04/03	金	戊申	執	大駅土	柳
9日	04/04	土	己酉	破	大駅土	星
10日	04/05	日	庚戌	危	釵釧金	張
11日	04/06	月	辛亥	成	釵釧金	翼
12日	04/07	火	壬子	納	桑柘木	軫
13日▽	04/08	水	癸丑	納	桑柘木	角
14日	04/09	木	甲寅	開	大溪水	亢
15日	04/10	金	乙卯	閉	大溪水	氐
16日	04/11	土	丙辰	建	沙中土	房
17日	04/12	日	丁巳	除	沙中土	心
18日	04/13	月	戊午	満	天上火	尾
19日	04/14	火	己未	平	天上火	箕
20日	04/15	水	庚申	定	柘榴木	斗
21日	04/16	木	辛酉	執	柘榴木	女
22日	04/17	金	壬戌	破	大海水	虚
23日	04/18	土	癸亥	危	大海水	危
24日	04/19	日	甲子	成	海中金	室
25日	04/20	月	乙丑	納	海中金	壁
26日	04/21	火	丙寅	開	爐中火	奎
27日	04/22	水	丁卯	閉	爐中火	婁
28日	04/23	木	戊辰	建	大林木	胃
29日	04/24	金	己巳	除	大林木	昴

【閏三月小 甲辰 胃】
節気 立夏 15日
雑節 八十八夜 10日

日	日付	曜	干支	直	納音	宿
1日	04/25	土	庚午	満	路傍土	胃
2日	04/26	日	辛未	平	路傍土	昴
3日	04/27	月	壬申	執	釵鋒金	畢
4日	04/28	火	癸酉	執	釵鋒金	觜
5日	04/29	水	甲戌	破	山頭火	参
6日	04/30	木	乙亥	危	山頭火	井
7日△	05/01	金	丙子	成	潤下水	鬼
8日	05/02	土	丁丑	納	潤下水	柳
9日	05/03	日	戊寅	開	城頭土	星
10日	05/04	月	己卯	閉	城頭土	張
11日	05/05	火	庚辰	建	白鑞金	翼
12日	05/06	水	辛巳	除	白鑞金	軫
13日	05/07	木	壬午	満	楊柳木	角
14日	05/08	金	癸未	平	楊柳木	亢
15日	05/09	土	甲申	定	井泉水	氐
16日	05/10	日	乙酉	執	井泉水	房
17日	05/11	月	丙戌	破	屋上土	心
18日	05/12	火	丁亥	危	屋上土	尾
19日	05/13	水	戊子	成	霹靂火	箕
20日	05/14	木	己丑	納	霹靂火	斗
21日	05/15	金	庚寅	開	松柏木	女
22日	05/16	土	辛卯	閉	松柏木	虚
23日	05/17	日	壬辰	建	長流水	危
24日	05/18	月	癸巳	除	長流水	室
25日	05/19	火	甲午	満	沙中金	壁
26日	05/20	水	乙未	平	沙中金	奎
27日	05/21	木	丙申	定	山下火	婁
28日	05/22	金	丁酉	執	山下火	胃
29日	05/23	土	戊戌	破	平地木	昴

【四月大 乙巳 畢】
節気 小満 1日・芒種 16日
雑節 入梅 24日

日	日付	曜	干支	直	納音	宿
1日	05/24	日	己亥	破	平地木	畢
2日	05/25	月	庚子	危	壁上土	觜
3日	05/26	火	辛丑	成	壁上土	参
4日	05/27	水	壬寅	納	金箔金	井
5日	05/28	木	癸卯	納	金箔金	鬼
6日	05/29	金	甲辰	開	覆燈火	柳
7日	05/30	土	乙巳	閉	覆燈火	星
8日	05/31	日	丙午	除	天河水	張
9日	06/01	月	丁未	満	天河水	翼
10日	06/02	火	戊申	平	大駅土	軫
11日	06/03	水	己酉	定	大駅土	角
12日	06/04	木	庚戌	執	釵釧金	亢
13日	06/05	金	辛亥	破	釵釧金	氐
14日	06/06	土	壬子	危	桑柘木	房
15日	06/07	日	癸丑	成	桑柘木	心
16日	06/08	月	甲寅	納	大溪水	尾
17日▽	06/09	火	乙卯	納	大溪水	箕
18日	06/10	水	丙辰	開	沙中土	斗
19日	06/11	木	丁巳	閉	沙中土	女
20日	06/12	金	戊午	建	天上火	虚
21日	06/13	土	己未	除	天上火	危
22日	06/14	日	庚申	満	柘榴木	室
23日	06/15	月	辛酉	平	柘榴木	壁
24日	06/16	火	壬戌	定	大海水	奎
25日	06/17	水	癸亥	執	大海水	婁
26日	06/18	木	甲子	破	海中金	胃
27日	06/19	金	乙丑	危	海中金	昴
28日	06/20	土	丙寅	成	爐中火	畢
29日	06/21	日	丁卯	納	爐中火	觜
30日	06/22	月	戊辰	開	大林木	参

【五月小 丙午 参】
節気 夏至 1日・小暑 16日
雑節 半夏生 11日・土用 29日

日	日付	曜	干支	直	納音	宿
1日	06/23	火	己巳	閉	大林木	参
2日	06/24	水	庚午	建	路傍土	井
3日	06/25	木	辛未	除	路傍土	鬼
4日	06/26	金	壬申	満	釵鋒金	柳
5日	06/27	土	癸酉	平	釵鋒金	星
6日	06/28	日	甲戌	定	山頭火	張
7日	06/29	月	乙亥	執	山頭火	翼
8日	06/30	火	丙子	破	潤下水	軫
9日	07/01	水	丁丑	危	潤下水	角
10日	07/02	木	戊寅	成	城頭土	亢
11日	07/03	金	己卯	納	城頭土	氐
12日	07/04	土	庚辰	開	白鑞金	房
13日	07/05	日	辛巳	閉	白鑞金	心
14日	07/06	月	壬午	建	楊柳木	尾
15日	07/07	火	癸未	除	楊柳木	箕
16日	07/08	水	甲申	満	井泉水	斗
17日△	07/09	木	乙酉	平	井泉水	女
18日	07/10	金	丙戌	定	屋上土	虚
19日	07/11	土	丁亥	執	屋上土	危
20日	07/12	日	戊子	破	霹靂火	室
21日	07/13	月	己丑	危	霹靂火	壁
22日	07/14	火	庚寅	成	松柏木	奎
23日	07/15	水	辛卯	納	松柏木	婁
24日	07/16	木	壬辰	開	長流水	胃
25日	07/17	金	癸巳	閉	長流水	昴
26日	07/18	土	甲午	建	沙中金	畢
27日	07/19	日	乙未	除	沙中金	觜
28日	07/20	月	丙申	満	山下火	参
29日	07/21	火	丁酉	平	山下火	井

【六月小 丁未 鬼】
節気 大暑 3日・立秋 18日

日	日付	曜	干支	直	納音	宿
1日	07/22	水	戊戌	平	平地木	鬼
2日	07/23	木	己亥	定	平地木	柳
3日	07/24	金	庚子	執	壁上土	星
4日	07/25	土	辛丑	破	壁上土	張
5日	07/26	日	壬寅	危	金箔金	翼
6日	07/27	月	癸卯	成	金箔金	軫
7日	07/28	火	甲辰	納	覆燈火	角
8日	07/29	水	乙巳	開	覆燈火	亢
9日	07/30	木	丙午	閉	天河水	氐
10日	07/31	金	丁未	建	天河水	房
11日	08/01	土	戊申	除	大駅土	心
12日	08/02	日	己酉	満	大駅土	尾
13日	08/03	月	庚戌	平	釵釧金	箕
14日	08/04	火	辛亥	定	釵釧金	斗
15日	08/05	水	壬子	執	桑柘木	女

寛永14年

西暦	曜	干支	直	納音	宿
16日 08/06	木	癸丑	危	桑柘木	虚
17日 08/07	金	甲寅	危	大渓水	室
18日 08/08	土	乙卯	危	大渓水	壁
19日 08/09	日	丙辰	成	沙中土	壁
20日 08/10	月	丁巳	納	沙中土	奎
21日▽ 08/11	火	戊午	開	天上火	婁
22日 08/12	水	己未	閉	柘榴木	胃
23日 08/13	木	庚申	建	柘榴木	昴
24日 08/14	金	辛酉	除	柘榴木	畢
25日 08/15	土	壬戌	満	大海水	觜
26日 08/16	日	癸亥	平	大海水	参
27日 08/17	月	甲子	定	海中金	井
28日 08/18	火	乙丑	執	海中金	鬼
29日 08/19	水	丙寅	破	爐中火	柳

【七月大 戊申 張】
節気 処暑 4日・白露 19日
雑節 二百十日 15日

西暦	曜	干支	直	納音	宿
1日 08/20	木	丁卯	危	爐中火	張
2日 08/21	金	戊辰	納	大林木	翼
3日 08/22	土	己巳	納	大林木	軫
4日 08/23	日	庚午	開	路傍土	角
5日 08/24	月	辛未	閉	路傍土	亢
6日 08/25	火	壬申	建	釵釧金	氐
7日 08/26	水	癸酉	除	釵釧金	房
8日 08/27	木	甲戌	平	山頭火	心
9日 08/28	金	乙亥	平	山頭火	尾
10日 08/29	土	丙子	定	澗下水	箕
11日 08/30	日	丁丑	執	澗下水	斗
12日 08/31	月	戊寅	破	城頭土	女
13日 09/01	火	己卯	危	城頭土	虚
14日 09/02	水	庚辰	納	白鑞金	室
15日 09/03	木	辛巳	納	白鑞金	壁
16日 09/04	金	壬午	開	楊柳木	奎
17日 09/05	土	癸未	閉	楊柳木	婁
18日 09/06	日	甲申	建	井泉水	胃
19日 09/07	月	乙酉	除	井泉水	昴
20日 09/08	火	丙戌	満	屋上土	畢
21日 09/09	水	丁亥	満	屋上土	觜
22日 09/10	木	戊子	平	霹靂火	参
23日 09/11	金	己丑	定	霹靂火	井
24日 09/12	土	庚寅	執	松柏木	鬼
25日 09/13	日	辛卯	破	松柏木	柳
26日 09/14	月	壬辰	危	長流水	星
27日 09/15	火	癸巳	成	長流水	張
28日 09/16	水	甲午	納	沙中金	翼
29日△ 09/17	木	乙未	開	沙中金	軫
30日 09/18	金	丙申	閉	山下火	

【八月小 己酉 角】
節気 秋分 5日・寒露 20日
雑節 社日 2日・彼岸 7日

西暦	曜	干支	直	納音	宿
1日 09/19	土	丁酉	建	山下火	角
2日 09/20	日	戊戌	除	平地木	亢
3日 09/21	月	己亥	満	平地木	氐
4日 09/22	火	庚子	平	壁上土	房
5日 09/23	水	辛丑	定	壁上土	心
6日 09/24	木	壬寅	執	金箔金	尾
7日 09/25	金	癸卯	破	金箔金	箕
8日 09/26	土	甲辰	危	覆燈火	斗
9日 09/27	日	乙巳	成	覆燈火	女
10日 09/28	月	丙午	納	天河水	虚
11日 09/29	火	丁未	開	天河水	危
12日 09/30	水	戊申	閉	大駅土	室
13日 10/01	木	己酉	建	大駅土	壁
14日 10/02	金	庚戌	除	釵釧金	奎
15日 10/03	土	辛亥	満	釵釧金	婁
16日 10/04	日	壬子	平	桑柘木	胃
17日 10/05	月	癸丑	定	桑柘木	昴
18日 10/06	火	甲寅	執	大渓水	畢
19日 10/07	水	乙卯	破	大渓水	觜
20日 10/08	木	丙辰	危	沙中土	参
21日 10/09	金	丁巳	危	沙中土	井
22日 10/10	土	戊午	成	天上火	鬼
23日 10/11	日	己未	納	天上火	柳
24日 10/12	月	庚申	開	柘榴木	星
25日▽ 10/13	火	辛酉	閉	柘榴木	張
26日 10/14	水	壬戌	建	大海水	翼
27日 10/15	木	癸亥	除	大海水	軫
28日 10/16	金	甲子	満	海中金	角
29日 10/17	土	乙丑	平	海中金	亢

【九月大 庚戌 氐】
節気 霜降 6日・立冬 21日
雑節 土用 3日

西暦	曜	干支	直	納音	宿
1日 10/18	日	丙寅	定	爐中火	氐
2日 10/19	月	丁卯	平	爐中火	房
3日 10/20	火	戊辰	破	大林木	心
4日 10/21	水	己巳	危	大林木	尾
5日 10/22	木	庚午	納	路傍土	箕
6日 10/23	金	辛未	納	路傍土	斗
7日 10/24	土	壬申	開	釵釧金	女
8日 10/25	日	癸酉	閉	釵釧金	虚
9日 10/26	月	甲戌	建	山頭火	危
10日 10/27	火	乙亥	除	山頭火	室
11日 10/28	水	丙子	満	澗下水	壁
12日 10/29	木	丁丑	平	澗下水	奎
13日 10/30	金	戊寅	定	城頭土	婁
14日 10/31	土	己卯	執	城頭土	胃
15日 11/01	日	庚辰	破	白鑞金	昴
16日 11/02	月	辛巳	危	白鑞金	畢
17日 11/03	火	壬午	成	楊柳木	觜
18日 11/04	水	癸未	納	楊柳木	参
19日 11/05	木	甲申	開	井泉水	井
20日 11/06	金	乙酉	閉	井泉水	鬼
21日 11/07	土	丙戌	建	屋上土	柳
22日 11/08	日	丁亥	除	屋上土	星
23日 11/09	月	戊子	満	霹靂火	張
24日 11/10	火	己丑	平	霹靂火	翼
25日 11/11	水	庚寅	定	松柏木	軫
26日 11/12	木	辛卯	執	松柏木	角
27日 11/13	金	壬辰	破	長流水	亢
28日 11/14	土	癸巳	危	長流水	氐
29日 11/15	日	甲午	成	沙中金	房
30日 11/16	月	乙未	成	沙中金	心

【十月大 辛亥 心】
節気 小雪 6日・大雪 22日

西暦	曜	干支	直	納音	宿
1日 11/17	火	丙申	納	山下火	心
2日 11/18	水	丁酉	開	山下火	尾
3日 11/19	木	戊戌	閉	平地木	箕
4日 11/20	金	己亥	除	平地木	斗
5日 11/21	土	庚子	除	壁上土	女
6日 11/22	日	辛丑	満	壁上土	虚
7日 11/23	月	壬寅	定	金箔金	危
8日 11/24	火	癸卯	執	金箔金	室
9日 11/25	水	甲辰	破	覆燈火	壁
10日△ 11/26	木	乙巳	危	覆燈火	奎
11日 11/27	金	丙午	成	天河水	婁
12日 11/28	土	丁未	納	天河水	胃
13日 11/29	日	戊申	開	大駅土	昴
14日 11/30	月	己酉	閉	大駅土	畢
15日 12/01	火	庚戌	建	釵釧金	觜
16日 12/02	水	辛亥	除	釵釧金	参
17日 12/03	木	壬子	満	桑柘木	井
18日 12/04	金	癸丑	平	桑柘木	鬼
19日 12/05	土	甲寅	定	大渓水	柳
20日 12/06	日	乙卯	執	大渓水	星
21日 12/07	月	丙辰	破	沙中土	張
22日 12/08	火	丁巳	危	沙中土	翼
23日 12/09	水	戊午	成	天上火	軫
24日 12/10	木	己未	納	天上火	角
25日 12/11	金	庚申	開	柘榴木	亢
26日 12/12	土	辛酉	閉	柘榴木	氐
27日 12/13	日	壬戌	建	大海水	房
28日 12/14	月	癸亥	除	大海水	心
29日▽ 12/15	火	甲子	建	海中金	尾
30日 12/16	水	乙丑	除	海中金	箕

【十一月小 壬子 斗】
節気 冬至 7日・小寒 22日

西暦	曜	干支	直	納音	宿
1日 12/17	木	丙寅	満	爐中火	斗
2日 12/18	金	丁卯	平	爐中火	女
3日 12/19	土	戊辰	定	大林木	虚
4日 12/20	日	己巳	執	大林木	危
5日 12/21	月	庚午	破	路傍土	室
6日 12/22	火	辛未	危	路傍土	壁
7日 12/23	水	壬申	成	釵釧金	奎
8日 12/24	木	癸酉	納	釵釧金	婁
9日 12/25	金	甲戌	開	山頭火	胃
10日 12/26	土	乙亥	閉	山頭火	昴
11日 12/27	日	丙子	建	澗下水	畢
12日 12/28	月	丁丑	除	澗下水	觜
13日 12/29	火	戊寅	満	城頭土	参
14日 12/30	水	己卯	平	城頭土	井
15日☆ 12/31	木	庚辰	定	白鑞金	鬼

1638年

西暦	曜	干支	直	納音	宿
16日 01/01	金	辛巳	執	白鑞金	柳
17日 01/02	土	壬午	破	楊柳木	星
18日 01/03	日	癸未	危	楊柳木	張
19日 01/04	月	甲申	成	井泉水	翼
20日 01/05	火	乙酉	納	井泉水	軫
21日 01/06	水	丙戌	開	屋上土	角
22日 01/07	木	丁亥	閉	屋上土	亢
23日 01/08	金	戊子	建	霹靂火	氐
24日 01/09	土	己丑	除	霹靂火	房
25日 01/10	日	庚寅	満	松柏木	心
26日 01/11	月	辛卯	満	松柏木	尾
27日 01/12	火	壬辰	平	長流水	箕
28日 01/13	水	癸巳	定	長流水	斗
29日 01/14	木	甲午	執	沙中金	女

【十二月大 癸丑 虚】
節気 大寒 8日・立春 24日
雑節 土用 5日・節分 23日

西暦	曜	干支	直	納音	宿
1日◎ 01/15	金	乙未	破	沙中金	虚
2日 01/16	土	丙申	危	山下火	危
3日 01/17	日	丁酉	成	山下火	室
4日 01/18	月	戊戌	納	平地木	壁
5日 01/19	火	己亥	開	平地木	奎
6日 01/20	水	庚子	閉	壁上土	婁
7日 01/21	木	辛丑	除	壁上土	胃
8日 01/22	金	壬寅	除	金箔金	昴
9日 01/23	土	癸卯	満	金箔金	畢
10日 01/24	日	甲辰	平	覆燈火	觜
11日 01/25	月	乙巳	定	覆燈火	参
12日 01/26	火	丙午	執	天河水	井
13日 01/27	水	丁未	破	天河水	鬼
14日 01/28	木	戊申	危	大駅土	柳
15日 01/29	金	己酉	成	大駅土	星
16日 01/30	土	庚戌	納	釵釧金	張
17日 01/31	日	辛亥	開	釵釧金	翼
18日 02/01	月	壬子	閉	桑柘木	軫
19日 02/02	火	癸丑	建	桑柘木	角
20日△ 02/03	水	甲寅	除	大渓水	亢
21日 02/04	木	乙卯	満	大渓水	氐
22日 02/05	金	丙辰	平	沙中土	房
23日 02/06	土	丁巳	定	沙中土	心
24日 02/07	日	戊午	執	天上火	尾
25日 02/08	月	己未	破	天上火	箕
26日 02/09	火	庚申	危	柘榴木	斗
27日 02/10	水	辛酉	成	柘榴木	女
28日 02/11	木	壬戌	納	大海水	虚
29日 02/12	金	癸亥	開	大海水	危
30日 02/13	土	甲子	閉	海中金	室

寛永15年

1638〜1639 戊寅

【正月大 甲寅 室】
節気 雨水 9日・啓蟄 24日

1日 02/14 日 乙丑 閉 海中金 室
2日 02/15 月 丙寅 建 爐中火 壁
3日▽ 02/16 火 丁卯 除 爐中火 奎
4日 02/17 水 戊辰 満 大林木 婁
5日 02/18 木 己巳 平 大林木 胃
6日 02/19 金 庚午 定 路傍土 昴
7日 02/20 土 辛未 執 路傍土 畢
8日 02/21 日 壬申 破 釼鋒金 觜
9日 02/22 月 癸酉 危 釼鋒金 参
10日 02/23 火 甲戌 成 山頭火 井
11日 02/24 水 乙亥 納 山頭火 鬼
12日 02/25 木 丙子 開 潤下水 柳
13日 02/26 金 丁丑 閉 潤下水 星
14日 02/27 土 戊寅 建 城頭土 張
15日 02/28 日 己卯 除 城頭土 翼
16日 03/01 月 庚辰 満 白鑞金 軫
17日 03/02 火 辛巳 平 白鑞金 角
18日 03/03 水 壬午 定 楊柳木 亢
19日 03/04 木 癸未 執 楊柳木 氐
20日 03/05 金 甲申 破 井泉水 房
21日 03/06 土 乙酉 危 井泉水 心
22日 03/07 日 丙戌 成 屋上土 尾
23日 03/08 月 丁亥 納 屋上土 箕
24日 03/09 火 戊子 納 霹靂火 斗
25日 03/10 水 己丑 開 霹靂火 女
26日 03/11 木 庚寅 閉 松柏木 虚
27日 03/12 金 辛卯 建 松柏木 危
28日 03/13 土 壬辰 除 長流水 室
29日 03/14 日 癸巳 満 長流水 壁
30日 03/15 月 甲午 平 沙中金 奎

【二月小 乙卯 奎】
節気 春分 9日・清明 24日
雑節 社日 4日・彼岸 11日

1日 03/16 火 乙未 定 沙中金 奎
2日 03/17 水 丙申 執 山下火 婁
3日 03/18 木 丁酉 破 山下火 胃
4日 03/19 金 戊戌 危 平地木 昴
5日 03/20 土 己亥 成 平地木 畢
6日 03/21 日 庚子 納 壁上土 觜
7日 03/22 月 辛丑 開 壁上土 参
8日 03/23 火 壬寅 閉 金箔金 井
9日 03/24 水 癸卯 建 金箔金 鬼
10日 03/25 木 甲辰 除 覆燈火 柳
11日 03/26 金 乙巳 満 覆燈火 星
12日 03/27 土 丙午 平 天河水 張
13日 03/28 日 丁未 定 天河水 軫
14日 03/29 月 戊申 執 大駅土 角
15日 03/30 火 己酉 破 大駅土 亢
16日 03/31 水 庚戌 危 釼釧金 氐
17日 04/01 木 辛亥 成 釼釧金 房
18日 04/02 金 壬子 納 桑柘木 心
19日 04/03 土 癸丑 開 桑柘木 尾
20日 04/04 日 甲寅 閉 大溪水 箕
21日 04/05 月 乙卯 建 大溪水 斗
22日 04/06 火 丙辰 除 沙中土 女
23日 04/07 水 丁巳 満 沙中土 虚
24日 04/08 木 戊午 平 天上火 危
25日 04/09 金 己未 定 天上火 室
26日 04/10 土 庚申 執 柘榴木 壁
27日 04/11 日 辛酉 破 柘榴木 奎
28日 04/12 月 壬戌 破 大海水 奎
29日 04/13 火 癸亥 危 大海水 婁

【三月大 丙辰 胃】
節気 穀雨 11日・立夏 26日
雑節 土用 8日・八十八夜 22日

1日△ 04/14 水 甲子 成 海中金 胃
2日 04/15 木 乙丑 納 海中金 昴
3日 04/16 金 丙寅 開 爐中火 畢
4日 04/17 土 丁卯 閉 爐中火 觜
5日 04/18 日 戊辰 建 大林木 参
6日 04/19 月 己巳 除 大林木 井
7日▽ 04/20 火 庚午 満 路傍土 鬼
8日 04/21 水 辛未 平 路傍土 柳
9日 04/22 木 壬申 定 釼鋒金 星
10日 04/23 金 癸酉 執 釼鋒金 張
11日 04/24 土 甲戌 破 山頭火 翼
12日 04/25 日 乙亥 危 山頭火 軫
13日 04/26 月 丙子 成 潤下水 角
14日 04/27 火 丁丑 納 潤下水 亢
15日 04/28 水 戊寅 開 城頭土 氐
16日 04/29 木 己卯 閉 城頭土 房
17日 04/30 金 庚辰 建 白鑞金 心
18日 05/01 土 辛巳 除 白鑞金 尾
19日 05/02 日 壬午 満 楊柳木 箕
20日 05/03 月 癸未 平 楊柳木 斗
21日 05/04 火 甲申 定 井泉水 女
22日 05/05 水 乙酉 執 井泉水 虚
23日 05/06 木 丙戌 破 屋上土 危
24日 05/07 金 丁亥 危 屋上土 室
25日 05/08 土 戊子 成 霹靂火 壁
26日 05/09 日 己丑 納 霹靂火 奎
27日 05/10 月 庚寅 開 松柏木 婁
28日 05/11 火 辛卯 閉 松柏木 胃
29日 05/12 水 壬辰 建 長流水 昴
30日 05/13 木 癸巳 除 長流水

【四月小 丁巳 畢】
節気 小満 11日・芒種 26日
雑節 入梅 29日

1日 05/14 金 甲午 除 沙中金 畢
2日 05/15 土 乙未 満 沙中金 觜
3日 05/16 日 丙申 定 山下火 参
4日 05/17 月 丁酉 定 山下火 井
5日 05/18 火 戊戌 執 平地木 鬼
6日 05/19 水 己亥 破 平地木 柳
7日 05/20 木 庚子 危 壁上土 星
8日 05/21 金 辛丑 成 壁上土 張
9日 05/22 土 壬寅 納 金箔金 翼
10日 05/23 日 癸卯 開 金箔金 軫
11日 05/24 月 甲辰 閉 覆燈火 角
12日 05/25 火 乙巳 建 覆燈火 亢
13日 05/26 水 丙午 除 天河水 氐
14日 05/27 木 丁未 満 天河水 房
15日 05/28 金 戊申 平 大駅土 心
16日 05/29 土 己酉 定 大駅土 尾
17日 05/30 日 庚戌 執 釼釧金 箕
18日 05/31 月 辛亥 破 釼釧金 斗
19日 06/01 火 壬子 危 桑柘木 女
20日 06/02 水 癸丑 成 桑柘木 虚
21日 06/03 木 甲寅 納 大溪水 危
22日 06/04 金 乙卯 開 大溪水 室
23日 06/05 土 丙辰 閉 沙中土 壁
24日 06/06 日 丁巳 建 沙中土 奎
25日 06/07 月 戊午 除 天上火 婁
26日 06/08 火 己未 満 天上火 胃
27日 06/09 水 庚申 平 柘榴木 昴
28日 06/10 木 辛酉 定 柘榴木 畢
29日 06/11 金 壬戌 定 大海水 觜

【五月大 戊午 参】
節気 夏至 13日・小暑 28日
雑節 半夏生 23日

1日 06/12 土 癸亥 執 大海水 参
2日 06/13 日 甲子 破 海中金 井
3日 06/14 月 乙丑 危 海中金 鬼
4日 06/15 火 丙寅 成 爐中火 柳
5日 06/16 水 丁卯 納 爐中火 星
6日 06/17 木 戊辰 開 大林木 張
7日 06/18 金 己巳 閉 大林木 軫
8日 06/19 土 庚午 建 路傍土 角
9日 06/20 日 辛未 除 路傍土 亢
10日 06/21 月 壬申 満 釼鋒金 氐
11日▽ 06/22 火 癸酉 平 釼鋒金 房
12日△ 06/23 水 甲戌 定 山頭火 心
13日 06/24 木 乙亥 執 山頭火 尾
14日 06/25 金 丙子 破 潤下水 箕
15日☆ 06/26 土 丁丑 危 潤下水 斗
16日 06/27 日 戊寅 成 城頭土 女
17日 06/28 月 己卯 納 城頭土 虚
18日 06/29 火 庚辰 開 白鑞金 危
19日 06/30 水 辛巳 閉 白鑞金 室
20日 07/01 木 壬午 建 楊柳木 壁
21日 07/02 金 癸未 除 楊柳木 奎
22日 07/03 土 甲申 満 井泉水 婁
23日 07/04 日 乙酉 平 井泉水 胃
24日 07/05 月 丙戌 定 屋上土 昴
25日 07/06 火 丁亥 執 屋上土 畢
26日 07/07 水 戊子 破 霹靂火 觜
27日 07/08 木 己丑 危 霹靂火 参
28日 07/09 金 庚寅 成 松柏木 井
29日 07/10 土 辛卯 納 松柏木 鬼
30日 07/11 日 壬辰 開 長流水 柳

【六月小 己未 鬼】
節気 大暑 13日・立秋 28日
雑節 土用 10日

1日 07/12 月 癸巳 閉 長流水 鬼
2日 07/13 火 甲午 閉 沙中金 柳
3日 07/14 水 乙未 建 沙中金 星
4日 07/15 木 丙申 除 山下火 張
5日 07/16 金 丁酉 満 山下火 翼
6日 07/17 土 戊戌 平 平地木 軫
7日 07/18 日 己亥 定 平地木 角
8日 07/19 月 庚子 執 壁上土 亢
9日 07/20 火 辛丑 破 壁上土 氐
10日 07/21 水 壬寅 危 金箔金 房
11日 07/22 木 癸卯 成 金箔金 心
12日 07/23 金 甲辰 納 覆燈火 尾
13日 07/24 土 乙巳 開 覆燈火 箕
14日 07/25 日 丙午 閉 天河水 斗
15日 07/26 月 丁未 建 天河水 女
16日 07/27 火 戊申 除 大駅土 虚
17日 07/28 水 己酉 満 大駅土 危
18日 07/29 木 庚戌 平 釼釧金 室
19日 07/30 金 辛亥 定 釼釧金 壁
20日 07/31 土 壬子 執 桑柘木 奎
21日 08/01 日 癸丑 破 桑柘木 婁
22日 08/02 月 甲寅 危 大溪水 胃
23日 08/03 火 乙卯 成 大溪水 昴
24日 08/04 水 丙辰 納 沙中土 畢
25日 08/05 木 丁巳 開 沙中土 觜
26日 08/06 金 戊午 閉 天上火 参
27日 08/07 土 己未 建 天上火 井
28日 08/08 日 庚申 除 柘榴木 鬼
29日 08/09 月 辛酉 除 柘榴木 柳

寛永15年

| 西暦 | 曜 | 干支 | 直 | 納音 | 宿 |

【七月小 庚申 張】
節気 処暑 14日
雑節 二百十日 26日

日	西暦	曜	干支	直	納音	宿
1日	08/10	火	壬戌	満	大海水	張
2日	08/11	水	癸亥	平	大海水	翼
3日	08/12	木	甲子	定	海中金	軫
4日	08/13	金	乙丑	執	海中金	角
5日	08/14	土	丙寅	破	爐中火	亢
6日	08/15	日	丁卯	危	爐中火	氐
7日	08/16	月	戊辰	成	大林木	房
8日	08/17	火	己巳	納	大林木	心
9日	08/18	水	庚午	開	路傍土	尾
10日	08/19	木	辛未	閉	路傍土	箕
11日	08/20	金	壬申	建	釼鋒金	斗
12日	08/21	土	癸酉	除	釼鋒金	女
13日	08/22	日	甲戌	平	山頭火	虚
14日	08/23	月	乙亥	平	山頭火	危
15日▽	08/24	火	丙子	定	澗下水	室
16日	08/25	水	丁丑	執	澗下水	壁
17日	08/26	木	戊寅	破	城頭土	奎
18日	08/27	金	己卯	危	城頭土	婁
19日	08/28	土	庚辰	成	白鑞金	胃
20日	08/29	日	辛巳	納	白鑞金	昴
21日	08/30	月	壬午	開	楊柳木	畢
22日△	08/31	火	癸未	閉	楊柳木	觜
23日	09/01	水	甲申	建	井泉水	参
24日	09/02	木	乙酉	除	井泉水	井
25日	09/03	金	丙戌	平	屋上土	鬼
26日	09/04	土	丁亥	平	屋上土	柳
27日	09/05	日	戊子	定	霹靂火	星
28日	09/06	月	己丑	執	霹靂火	張
29日	09/07	火	庚寅	破	松柏木	翼

【八月大 辛酉 角】
節気 白露 1日・秋分 16日
雑節 彼岸 18日・社日 18日

日	西暦	曜	干支	直	納音	宿
1日	09/08	水	辛卯	破	松柏木	角
2日	09/09	木	壬辰	危	長流水	亢
3日	09/10	金	癸巳	成	長流水	氐
4日	09/11	土	甲午	納	沙中金	房
5日	09/12	日	乙未	開	沙中金	心
6日	09/13	月	丙申	閉	山下火	尾
7日	09/14	火	丁酉	建	山下火	箕
8日	09/15	水	戊戌	除	平地木	斗
9日	09/16	木	己亥	満	平地木	女
10日	09/17	金	庚子	平	壁上土	虚
11日	09/18	土	辛丑	定	壁上土	危
12日	09/19	日	壬寅	執	金箔金	室
13日	09/20	月	癸卯	破	金箔金	壁
14日	09/21	火	甲辰	危	覆燈火	奎
15日	09/22	水	乙巳	成	覆燈火	婁
16日	09/23	木	丙午	納	天河水	胃
17日	09/24	金	丁未	開	天河水	昴
18日	09/25	土	戊申	閉	大駅土	畢
19日	09/26	日	己酉	建	大駅土	觜
20日	09/27	月	庚戌	除	釼釧金	参
21日	09/28	火	辛亥	満	釼釧金	井
22日	09/29	水	壬子	平	桑柘木	鬼
23日	09/30	木	癸丑	定	桑柘木	柳
24日	10/01	金	甲寅	執	大溪水	星
25日	10/02	土	乙卯	破	大溪水	張
26日	10/03	日	丙辰	危	沙中土	翼
27日	10/04	月	丁巳	成	沙中土	軫
28日	10/05	火	戊午	納	天上火	角
29日	10/06	水	己未	開	天上火	亢
30日	10/07	木	庚申	閉	柘榴木	氐

【九月小 壬戌 氐】
節気 寒露 1日・霜降 16日
雑節 土用 13日

日	西暦	曜	干支	直	納音	宿
1日	10/08	金	辛酉	閉	柘榴木	氐
2日	10/09	土	壬戌	建	大海水	房
3日	10/10	日	癸亥	除	大海水	心
4日	10/11	月	甲子	満	海中金	尾
5日	10/12	火	乙丑	定	海中金	箕
6日	10/13	水	丙寅	定	爐中火	斗
7日	10/14	木	丁卯	執	爐中火	女
8日	10/15	金	戊辰	破	大林木	虚
9日	10/16	土	己巳	危	大林木	危
10日	10/17	日	庚午	成	路傍土	室
11日	10/18	月	辛未	納	路傍土	壁
12日	10/19	火	壬申	開	釼鋒金	奎
13日	10/20	水	癸酉	閉	釼鋒金	婁
14日	10/21	木	甲戌	建	山頭火	胃
15日	10/22	金	乙亥	除	山頭火	昴
16日	10/23	土	丙子	満	澗下水	畢
17日	10/24	日	丁丑	平	澗下水	觜
18日	10/25	月	戊寅	定	城頭土	参
19日▽	10/26	火	己卯	執	城頭土	井
20日	10/27	水	庚辰	破	白鑞金	鬼
21日	10/28	木	辛巳	危	白鑞金	柳
22日	10/29	金	壬午	成	楊柳木	星
23日	10/30	土	癸未	納	楊柳木	張
24日	10/31	日	甲申	開	井泉水	翼
25日	11/01	月	乙酉	閉	井泉水	軫
26日	11/02	火	丙戌	建	屋上土	角
27日	11/03	水	丁亥	除	屋上土	亢
28日	11/04	木	戊子	満	霹靂火	氐
29日	11/05	金	己丑	平	霹靂火	房

【十月大 癸亥 心】
節気 立冬 2日・小雪 18日

日	西暦	曜	干支	直	納音	宿
1日	11/06	土	庚寅	定	松柏木	心
2日	11/07	日	辛卯	定	松柏木	尾
3日	11/08	月	壬辰	執	長流水	箕
4日△	11/09	火	癸巳	破	沙中金	斗
5日	11/10	水	甲午	危	沙中金	女
6日	11/11	木	乙未	成	沙中金	虚
7日	11/12	金	丙申	納	山下火	危
8日	11/13	土	丁酉	開	山下火	室
9日	11/14	日	戊戌	閉	平地木	壁
10日	11/15	月	己亥	建	平地木	奎
11日	11/16	火	庚子	除	壁上土	婁
12日	11/17	水	辛丑	満	壁上土	胃
13日	11/18	木	壬寅	平	金箔金	昴
14日	11/19	金	癸卯	定	金箔金	觜
15日	11/20	土	甲辰	執	覆燈火	参
16日	11/21	日	乙巳	破	覆燈火	井
17日	11/22	月	丙午	危	天河水	鬼
18日	11/23	火	丁未	成	天河水	柳
19日	11/24	水	戊申	納	大駅土	星
20日	11/25	木	己酉	開	大駅土	張
21日	11/26	金	庚戌	閉	釼釧金	翼
22日	11/27	土	辛亥	建	釼釧金	軫
23日	11/28	日	壬子	除	桑柘木	角
24日	11/29	月	癸丑	満	桑柘木	亢
25日	11/30	火	甲寅	平	大溪水	氐
26日	12/01	水	乙卯	定	大溪水	房
27日	12/02	木	丙辰	執	沙中土	心
28日	12/03	金	丁巳	破	沙中土	尾
29日	12/04	土	戊午	危	天上火	箕
30日	12/05	日	己未	成	天上火	斗

【十一月小 甲子 斗】
節気 大雪 3日・冬至 18日

日	西暦	曜	干支	直	納音	宿
1日	12/06	月	庚申	納	柘榴木	斗
2日	12/07	火	辛酉	開	柘榴木	女
3日	12/08	水	壬戌	開	大海水	虚
4日	12/09	木	癸亥	閉	大海水	危
5日	12/10	金	甲子	建	海中金	室
6日	12/11	土	乙丑	除	海中金	壁
7日	12/12	日	丙寅	満	爐中火	奎
8日	12/13	月	丁卯	平	爐中火	婁
9日	12/14	火	戊辰	定	大林木	胃
10日	12/15	水	己巳	執	大林木	昴
11日	12/16	木	庚午	破	路傍土	畢
12日	12/17	金	辛未	危	路傍土	觜
13日	12/18	土	壬申	成	釼鋒金	参
14日	12/19	日	癸酉	納	釼鋒金	井
15日	12/20	月	甲戌	開	山頭火	柳
16日	12/21	火	乙亥	閉	山頭火	柳
17日	12/22	水	丙子	建	澗下水	星
18日	12/23	木	丁丑	除	澗下水	張
19日	12/24	金	戊寅	満	城頭土	翼
20日	12/25	土	己卯	平	城頭土	軫
21日	12/26	日	庚辰	定	白鑞金	角
22日	12/27	月	辛巳	執	白鑞金	亢
23日▽	12/28	火	壬午	破	楊柳木	氐
24日	12/29	水	癸未	危	楊柳木	房
25日	12/30	木	甲申	成	井泉水	心
26日	12/31	金	乙酉	納	井泉水	尾

1639年

日	西暦	曜	干支	直	納音	宿
27日	01/01	土	丙戌	開	屋上土	箕
28日	01/02	日	丁亥	閉	屋上土	斗
29日	01/03	月	戊子	建	霹靂火	女

【十二月大 乙丑 虚】
節気 小寒 4日・大寒 20日
雑節 土用 17日

日	西暦	曜	干支	直	納音	宿
1日	01/04	火	己丑	除	霹靂火	虚
2日	01/05	水	庚寅	満	松柏木	危
3日	01/06	木	辛卯	平	松柏木	室
4日	01/07	金	壬辰	定	長流水	壁
5日	01/08	土	癸巳	執	長流水	奎
6日	01/09	日	甲午	破	沙中金	婁
7日	01/10	月	乙未	危	沙中金	胃
8日	01/11	火	丙申	成	山下火	昴
9日	01/12	水	丁酉	納	山下火	畢
10日	01/13	木	戊戌	開	平地木	觜
11日	01/14	金	己亥	閉	平地木	参
12日	01/15	土	庚子	建	壁上土	井
13日	01/16	日	辛丑	除	壁上土	鬼
14日	01/17	月	壬寅	満	金箔金	柳
15日△	01/18	火	癸卯	平	金箔金	星
16日	01/19	水	甲辰	定	覆燈火	張
17日	01/20	木	乙巳	執	覆燈火	翼
18日	01/21	金	丙午	破	天河水	軫
19日	01/22	土	丁未	危	天河水	角
20日	01/23	日	戊申	成	大駅土	亢
21日	01/24	月	己酉	納	大駅土	氐
22日	01/25	火	庚戌	開	釼釧金	房
23日	01/26	水	辛亥	閉	釼釧金	心
24日	01/27	木	壬子	建	桑柘木	尾
25日	01/28	金	癸丑	除	桑柘木	箕
26日	01/29	土	甲寅	満	大溪水	斗
27日	01/30	日	乙卯	平	大溪水	女
28日	01/31	月	丙辰	定	沙中土	虚
29日	02/01	火	丁巳	執	沙中土	危
30日	02/02	水	戊午	破	天上火	室

寛永16年

1639～1640 己卯

【正月大 丙寅 室】

節気 立春 5日・雨水 20日
雑節 節分 4日

日	新暦	曜	干支	中段	納音	宿
1日	02/03	木	己未	破	天上火	室
2日	02/04	金	庚申	危	柘榴木	壁
3日	02/05	土	辛酉	成	柘榴木	奎
4日	02/06	日	壬戌	納	大海水	婁
5日	02/07	月	癸亥	納	大海水	胃
6日	02/08	火	甲子	開	海中金	昴
7日	02/09	水	乙丑	閉	海中金	畢
8日	02/10	木	丙寅	建	炉中火	觜
9日	02/11	金	丁卯	除	炉中火	参
10日	02/12	土	戊辰	満	大林木	井
11日	02/13	日	己巳	平	大林木	鬼
12日	02/14	月	庚午	定	路傍土	柳
13日	02/15	火	辛未	執	路傍土	星
14日	02/16	水	壬申	破	剣鋒金	張
15日	02/17	木	癸酉	危	剣鋒金	翼
16日	02/18	金	甲戌	成	山頭火	軫
17日	02/19	土	乙亥	納	山頭火	角
18日	02/20	日	丙子	開	澗下水	亢
19日	02/21	月	丁丑	閉	澗下水	氐
20日	02/22	火	戊寅	建	城頭土	房
21日	02/23	水	己卯	除	城頭土	心
22日	02/24	木	庚辰	満	白鑞金	尾
23日	02/25	金	辛巳	平	白鑞金	箕
24日	02/26	土	壬午	定	楊柳木	斗
25日	02/27	日	癸未	執	楊柳木	女
26日	02/28	月	甲申	破	井泉水	虚
27日▽	03/01	火	乙酉	危	井泉水	危
28日	03/02	水	丙戌	成	屋上土	室
29日	03/03	木	丁亥	納	屋上土	壁
30日	03/04	金	戊子	開	霹靂火	奎

【二月大 丁卯 奎】

節気 啓蟄 5日・春分 20日
雑節 社日 20日・彼岸 22日

日	新暦	曜	干支	中段	納音	宿
1日	03/05	土	己丑	閉	霹靂火	奎
2日	03/06	日	庚寅	建	松柏木	婁
3日	03/07	月	辛卯	除	松柏木	胃
4日	03/08	火	壬辰	満	長流水	昴
5日	03/09	水	癸巳	満	長流水	畢
6日	03/10	木	甲午	平	沙中金	觜
7日	03/11	金	乙未	定	沙中金	参
8日	03/12	土	丙申	執	山下火	井
9日	03/13	日	丁酉	破	山下火	鬼
10日	03/14	月	戊戌	危	平地木	柳
11日	03/15	火	己亥	成	平地木	星
12日	03/16	水	庚子	納	壁上土	張
13日	03/17	木	辛丑	開	壁上土	翼
14日	03/18	金	壬寅	閉	金箔金	軫
15日	03/19	土	癸卯	建	金箔金	角
16日	03/20	日	甲辰	除	覆燈火	亢
17日	03/21	月	乙巳	満	覆燈火	氐
18日	03/22	火	丙午	平	天河水	房
19日	03/23	水	丁未	定	天河水	心
20日	03/24	木	戊申	執	大駅土	尾
21日	03/25	金	己酉	破	大駅土	箕
22日	03/26	土	庚戌	危	釵釧金	斗
23日	03/27	日	辛亥	成	釵釧金	女
24日△	03/28	月	壬子	納	桑柘木	虚
25日	03/29	火	癸丑	開	桑柘木	危
26日	03/30	水	甲寅	閉	大溪水	室
27日	03/31	木	乙卯	建	大溪水	壁
28日	04/01	金	丙辰	除	沙中土	奎
29日	04/02	土	丁巳	満	沙中土	婁
30日	04/03	日	戊午	平	天上火	胃

【三月小 戊辰 胃】

節気 清明 6日・穀雨 21日
雑節 土用 18日

日	新暦	曜	干支	中段	納音	宿
1日	04/04	月	己未	定	天上火	胃
2日	04/05	火	庚申	執	柘榴木	昴
3日	04/06	水	辛酉	破	柘榴木	畢
4日	04/07	木	壬戌	危	大海水	觜
5日	04/08	金	癸亥	成	大海水	参
6日	04/09	土	甲子	成	海中金	井
7日	04/10	日	乙丑	納	海中金	鬼
8日	04/11	月	丙寅	開	炉中火	柳
9日	04/12	火	丁卯	閉	炉中火	星
10日	04/13	水	戊辰	建	大林木	張
11日	04/14	木	己巳	除	大林木	翼
12日	04/15	金	庚午	満	路傍土	軫
13日	04/16	土	辛未	平	路傍土	角
14日	04/17	日	壬申	定	剣鋒金	亢
15日	04/18	月	癸酉	執	剣鋒金	氐
16日	04/19	火	甲戌	破	山頭火	房
17日	04/20	水	乙亥	危	山頭火	心
18日	04/21	木	丙子	成	澗下水	尾
19日	04/22	金	丁丑	納	澗下水	箕
20日	04/23	土	戊寅	開	城頭土	斗
21日	04/24	日	己卯	閉	城頭土	女
22日	04/25	月	庚辰	建	白鑞金	虚
23日	04/26	火	辛巳	除	白鑞金	危
24日	04/27	水	壬午	満	楊柳木	室
25日	04/28	木	癸未	平	楊柳木	壁
26日	04/29	金	甲申	定	井泉水	奎
27日	04/30	土	乙酉	執	井泉水	婁
28日	05/01	日	丙戌	破	屋上土	胃
29日▽	05/02	月	丁亥	危	屋上土	昴

【四月大 己巳 畢】

節気 立夏 7日・小満 22日
雑節 八十八夜 3日

日	新暦	曜	干支	中段	納音	宿
1日	05/03	火	戊子	成	霹靂火	畢
2日	05/04	水	己丑	納	霹靂火	觜
3日	05/05	木	庚寅	開	松柏木	参
4日	05/06	金	辛卯	閉	松柏木	井
5日	05/07	土	壬辰	建	長流水	鬼
6日	05/08	日	癸巳	除	長流水	柳
7日	05/09	月	甲午	除	沙中金	星
8日	05/10	火	乙未	満	沙中金	張
9日	05/11	水	丙申	平	山下火	翼
10日	05/12	木	丁酉	定	山下火	軫
11日	05/13	金	戊戌	執	平地木	角
12日	05/14	土	己亥	破	平地木	亢
13日	05/15	日	庚子	危	壁上土	氐
14日	05/16	月	辛丑	成	壁上土	房
15日	05/17	火	壬寅	納	金箔金	心
16日	05/18	水	癸卯	開	金箔金	尾
17日	05/19	木	甲辰	閉	覆燈火	箕
18日	05/20	金	乙巳	建	覆燈火	斗
19日	05/21	土	丙午	除	天河水	女
20日	05/22	日	丁未	満	天河水	虚
21日	05/23	月	戊申	平	大駅土	危
22日	05/24	火	己酉	定	大駅土	室
23日	05/25	水	庚戌	執	釵釧金	壁
24日	05/26	木	辛亥	破	釵釧金	奎
25日	05/27	金	壬子	危	桑柘木	婁
26日	05/28	土	癸丑	成	桑柘木	胃
27日	05/29	日	甲寅	納	大溪水	昴
28日	05/30	月	乙卯	開	大溪水	畢
29日	05/31	火	丙辰	閉	沙中土	觜
30日	06/01	水	丁巳	建	沙中土	参

【五月小 庚午 参】

節気 芒種 8日・夏至 23日
雑節 入梅 15日

日	新暦	曜	干支	中段	納音	宿
1日	06/02	木	戊午	除	天上火	参
2日	06/03	金	己未	満	天上火	井
3日	06/04	土	庚申	平	柘榴木	鬼
4日	06/05	日	辛酉	定	柘榴木	柳
5日△	06/06	月	壬戌	執	大海水	星
6日	06/07	火	癸亥	破	大海水	張
7日	06/08	水	甲子	危	海中金	翼
8日	06/09	木	乙丑	危	海中金	軫
9日	06/10	金	丙寅	成	炉中火	角
10日	06/11	土	丁卯	納	炉中火	亢
11日	06/12	日	戊辰	開	大林木	氐
12日	06/13	月	己巳	閉	大林木	房
13日	06/14	火	庚午	建	路傍土	心
14日	06/15	水	辛未	除	路傍土	尾
15日	06/16	木	壬申	満	剣鋒金	箕
16日	06/17	金	癸酉	平	剣鋒金	斗
17日	06/18	土	甲戌	定	山頭火	女
18日	06/19	日	乙亥	執	山頭火	虚
19日	06/20	月	丙子	破	澗下水	危
20日	06/21	火	丁丑	危	澗下水	室
21日	06/22	水	戊寅	成	城頭土	壁
22日	06/23	木	己卯	納	城頭土	奎
23日☆	06/24	金	庚辰	開	白鑞金	婁
24日	06/25	土	辛巳	閉	白鑞金	胃
25日	06/26	日	壬午	建	楊柳木	昴
26日	06/27	月	癸未	除	楊柳木	畢
27日	06/28	火	甲申	満	井泉水	觜
28日	06/29	水	乙酉	平	井泉水	参
29日	06/30	木	丙戌	定	屋上土	井

【六月大 辛未 鬼】

節気 小暑 9日・大暑 24日
雑節 半夏生 4日・土用 21日

日	新暦	曜	干支	中段	納音	宿
1日	07/01	金	丁亥	執	屋上土	鬼
2日	07/02	土	戊子	破	霹靂火	柳
3日	07/03	日	己丑	危	霹靂火	星
4日▽	07/04	月	庚寅	成	松柏木	張
5日	07/05	火	辛卯	納	松柏木	翼
6日	07/06	水	壬辰	開	長流水	軫
7日	07/07	木	癸巳	閉	長流水	角
8日	07/08	金	甲午	建	沙中金	亢
9日	07/09	土	乙未	建	沙中金	氐
10日	07/10	日	丙申	除	山下火	房
11日	07/11	月	丁酉	満	山下火	心
12日	07/12	火	戊戌	平	平地木	尾
13日	07/13	水	己亥	定	平地木	箕
14日	07/14	木	庚子	執	壁上土	斗
15日	07/15	金	辛丑	破	壁上土	女
16日	07/16	土	壬寅	危	金箔金	虚
17日	07/17	日	癸卯	成	金箔金	危
18日	07/18	月	甲辰	納	覆燈火	室
19日	07/19	火	乙巳	開	覆燈火	壁
20日	07/20	水	丙午	閉	天河水	奎
21日	07/21	木	丁未	建	天河水	婁
22日	07/22	金	戊申	除	大駅土	胃
23日	07/23	土	己酉	満	大駅土	昴
24日	07/24	日	庚戌	平	釵釧金	畢
25日	07/25	月	辛亥	定	釵釧金	觜
26日	07/26	火	壬子	執	桑柘木	参
27日	07/27	水	癸丑	破	桑柘木	井
28日	07/28	木	甲寅	危	大溪水	鬼
29日	07/29	金	乙卯	成	大溪水	柳
30日	07/30	土	丙辰	納	沙中土	星

【七月小 壬申 張】

節気 立秋 9日・処暑 25日

日	新暦	曜	干支	中段	納音	宿
1日	07/31	日	丁巳	開	沙中土	張
2日	08/01	月	戊午	閉	天上火	翼
3日	08/02	火	己未	建	天上火	軫
4日	08/03	水	庚申	除	柘榴木	角
5日	08/04	木	辛酉	満	柘榴木	亢
6日	08/05	金	壬戌	平	大海水	氐
7日	08/06	土	癸亥	定	大海水	房
8日	08/07	日	甲子	執	海中金	心
9日	08/08	月	乙丑	執	海中金	尾
10日	08/09	火	丙寅	破	炉中火	箕
11日	08/10	水	丁卯	危	炉中火	斗
12日	08/11	木	戊辰	成	大林木	女
13日	08/12	金	己巳	納	大林木	虚
14日	08/13	土	庚午	開	路傍土	危

寛永16年

	西暦	曜	干支	直	納音	宿
15日	08/14	日	辛未	閉	路傍土	室
16日△	08/15	月	壬申	建	釼鋒金	壁
17日	08/16	火	癸酉	除	釼鋒金	奎
18日	08/17	水	甲戌	満	山頭火	婁
19日	08/18	木	乙亥	平	山頭火	胃
20日	08/19	金	丙子	定	澗下水	昴
21日	08/20	土	丁丑	執	澗下水	畢
22日	08/21	日	戊寅	破	城頭土	觜
23日	08/22	月	己卯	危	城頭土	參
24日	08/23	火	庚辰	成	白鑞金	井
25日	08/24	水	辛巳	納	白鑞金	鬼
26日	08/25	木	壬午	開	楊柳木	柳
27日	08/26	金	癸未	閉	楊柳木	星
28日	08/27	土	甲申	建	井泉水	張
29日	08/28	日	乙酉	除	井泉水	翼

【八月小 癸酉 角】
節気 白露 11日・秋分 26日
雑節 二百十日 7日・社日 23日・彼岸 28日

	西暦	曜	干支	直	納音	宿
1日	08/29	月	丙戌	満	屋上土	角
2日	08/30	火	丁亥	平	屋上土	亢
3日	08/31	水	戊子	定	霹靂火	氐
4日	09/01	木	己丑	執	霹靂火	房
5日	09/02	金	庚寅	破	松柏木	心
6日	09/03	土	辛卯	危	松柏木	尾
7日	09/04	日	壬辰	成	長流水	箕
8日▽	09/05	月	癸巳	納	長流水	斗
9日	09/06	火	甲午	開	沙中金	女
10日	09/07	水	乙未	閉	沙中金	虚
11日	09/08	木	丙申	建	山下火	危
12日	09/09	金	丁酉	除	山下火	室
13日	09/10	土	戊戌	満	平地木	壁
14日	09/11	日	己亥	平	平地木	奎
15日	09/12	月	庚子	定	壁上土	婁
16日	09/13	火	辛丑	執	壁上土	胃
17日	09/14	水	壬寅	破	金箔金	昴
18日	09/15	木	癸卯	危	金箔金	畢
19日	09/16	金	甲辰	成	覆燈火	觜
20日	09/17	土	乙巳	納	覆燈火	參
21日	09/18	日	丙午	開	天河水	井
22日	09/19	月	丁未	閉	天河水	鬼
23日	09/20	火	戊申	建	大驛土	柳
24日	09/21	水	己酉	除	大驛土	星
25日	09/22	木	庚戌	満	釵釧金	張
26日	09/23	金	辛亥	平	釵釧金	翼
27日	09/24	土	壬子	定	桑柘木	軫
28日	09/25	日	癸丑	執	桑柘木	角
29日	09/26	月	甲寅	破	大溪水	亢

【九月大 甲戌 氐】
節気 寒露 12日・霜降 28日
雑節 土用 24日

	西暦	曜	干支	直	納音	宿
1日	09/27	火	乙卯	破	大溪水	氐
2日	09/28	水	丙辰	危	沙中土	房
3日	09/29	木	丁巳	成	沙中土	心
4日	09/30	金	戊午	納	天上火	尾
5日	10/01	土	己未	開	天上火	箕
6日	10/02	日	庚申	閉	柘榴木	斗
7日	10/03	月	辛酉	建	柘榴木	女
8日	10/04	火	壬戌	除	大海水	虚
9日	10/05	水	癸亥	満	大海水	危
10日	10/06	木	甲子	平	海中金	室
11日	10/07	金	乙丑	定	海中金	壁
12日	10/08	土	丙寅	執	爐中火	奎
13日	10/09	日	丁卯	破	爐中火	婁
14日	10/10	月	戊辰	危	大林木	胃
15日	10/11	火	己巳	成	大林木	昴
16日	10/12	水	庚午	納	路傍土	畢
17日	10/13	木	辛未	開	路傍土	觜
18日	10/14	金	壬申	閉	釼鋒金	參
19日	10/15	土	癸酉	建	釼鋒金	井
20日	10/16	日	甲戌	建	山頭火	鬼
21日	10/17	月	乙亥	除	山頭火	柳
22日	10/18	火	丙子	満	澗下水	星
23日	10/19	水	丁丑	平	澗下水	張
24日	10/20	木	戊寅	定	城頭土	翼
25日	10/21	金	己卯	執	城頭土	軫
26日	10/22	土	庚辰	破	白鑞金	角
27日△	10/23	日	辛巳	危	白鑞金	亢
28日	10/24	月	壬午	成	楊柳木	氐
29日	10/25	火	癸未	納	楊柳木	房
30日	10/26	水	甲申	開	井泉水	心

【十月小 乙亥 心】
節気 立冬 13日・小雪 28日

	西暦	曜	干支	直	納音	宿
1日	10/27	木	乙酉	閉	井泉水	心
2日	10/28	金	丙戌	建	屋上土	尾
3日	10/29	土	丁亥	除	屋上土	箕
4日	10/30	日	戊子	満	霹靂火	斗
5日	10/31	月	己丑	平	霹靂火	女
6日	11/01	火	庚寅	定	松柏木	虚
7日	11/02	水	辛卯	執	松柏木	危
8日	11/03	木	壬辰	破	長流水	室
9日	11/04	金	癸巳	危	長流水	壁
10日	11/05	土	甲午	成	沙中金	奎
11日	11/06	日	乙未	納	沙中金	婁
12日▽	11/07	月	丙申	開	山下火	胃
13日	11/08	火	丁酉	閉	山下火	昴
14日	11/09	水	戊戌	建	平地木	畢
15日	11/10	木	己亥	除	平地木	觜
16日	11/11	金	庚子	満	壁上土	參
17日	11/12	土	辛丑	平	金箔金	井
18日	11/13	日	壬寅	定	金箔金	鬼
19日	11/14	月	癸卯	執	金箔金	柳
20日	11/15	火	甲辰	破	覆燈火	星
21日	11/16	水	乙巳	危	覆燈火	張
22日	11/17	木	丙午	成	天河水	翼
23日	11/18	金	丁未	納	天河水	軫
24日	11/19	土	戊申	開	大驛土	角
25日	11/20	日	己酉	閉	大驛土	亢
26日	11/21	月	庚戌	建	釵釧金	氐
27日	11/22	火	辛亥	除	釵釧金	房
28日	11/23	水	壬子	満	桑柘木	心
29日	11/24	木	癸丑	平	桑柘木	尾

【十一月大 丙子 斗】
節気 大雪 14日・冬至 29日

	西暦	曜	干支	直	納音	宿
1日	11/25	金	甲寅	平	大溪水	斗
2日	11/26	土	乙卯	定	大溪水	女
3日	11/27	日	丙辰	執	沙中土	虚
4日	11/28	月	丁巳	破	沙中土	危
5日	11/29	火	戊午	危	天上火	室
6日	11/30	水	己未	成	天上火	壁
7日	12/01	木	庚申	納	柘榴木	奎
8日	12/02	金	辛酉	開	柘榴木	婁
9日	12/03	土	壬戌	閉	大海水	胃
10日	12/04	日	癸亥	建	大海水	昴
11日	12/05	月	甲子	除	海中金	畢
12日	12/06	火	乙丑	満	海中金	觜
13日	12/07	水	丙寅	平	爐中火	參
14日	12/08	木	丁卯	定	爐中火	井
15日	12/09	金	戊辰	執	大林木	鬼
16日☆	12/10	土	己巳	執	大林木	柳
17日	12/11	日	庚午	破	路傍土	星
18日	12/12	月	辛未	危	路傍土	張
19日	12/13	火	壬申	成	釼鋒金	翼
20日	12/14	水	癸酉	納	釼鋒金	軫
21日	12/15	木	甲戌	開	山頭火	角
22日	12/16	金	乙亥	閉	山頭火	亢
23日	12/17	土	丙子	建	澗下水	氐
24日	12/18	日	丁丑	除	澗下水	房
25日	12/19	月	戊寅	満	城頭土	心
26日	12/20	火	己卯	平	城頭土	尾
27日	12/21	水	庚辰	定	白鑞金	箕
28日	12/22	木	辛巳	執	白鑞金	斗
29日	12/23	金	壬午	破	楊柳木	女
30日	12/24	土	癸未	危	楊柳木	虚

【閏十一月小 丙子 斗】
節気 小寒 15日
雑節 土用 27日

	西暦	曜	干支	直	納音	宿
1日	12/25	日	甲申	成	井泉水	斗
2日	12/26	月	乙酉	納	井泉水	女
3日	12/27	火	丙戌	開	屋上土	虚
4日	12/28	水	丁亥	閉	屋上土	危
5日	12/29	木	戊子	建	霹靂火	室
6日	12/30	金	己丑	除	霹靂火	壁
7日	12/31	土	庚寅	満	松柏木	奎

1640年

	西暦	曜	干支	直	納音	宿
8日△	01/01	日	辛卯	平	松柏木	婁
9日	01/02	月	壬辰	定	長流水	胃
10日	01/03	火	癸巳	執	長流水	昴
11日	01/04	水	甲午	破	沙中金	畢
12日	01/05	木	乙未	危	沙中金	觜
13日	01/06	金	丙申	成	山下火	參
14日	01/07	土	丁酉	納	山下火	井
15日	01/08	日	戊戌	開	平地木	鬼
16日▽	01/09	月	己亥	閉	平地木	柳
17日	01/10	火	庚子	建	壁上土	星
18日	01/11	水	辛丑	除	壁上土	張
19日	01/12	木	壬寅	満	金箔金	翼
20日	01/13	金	癸卯	平	金箔金	軫
21日	01/14	土	甲辰	定	覆燈火	角
22日	01/15	日	乙巳	執	覆燈火	亢
23日	01/16	月	丙午	破	天河水	氐
24日	01/17	火	丁未	危	天河水	房
25日	01/18	水	戊申	成	大驛土	心
26日	01/19	木	己酉	納	大驛土	尾
27日	01/20	金	庚戌	開	釵釧金	箕
28日	01/21	土	辛亥	閉	釵釧金	斗
29日	01/22	日	壬子	建	桑柘木	女

【十二月大 丁丑 虚】
節気 大寒 1日・立春 16日
雑節 節分 15日

	西暦	曜	干支	直	納音	宿
1日	01/23	月	癸丑	建	桑柘木	虚
2日	01/24	火	甲寅	満	大溪水	危
3日	01/25	水	乙卯	満	大溪水	室
4日	01/26	木	丙辰	平	沙中土	壁
5日	01/27	金	丁巳	定	沙中土	奎
6日	01/28	土	戊午	執	天上火	婁
7日	01/29	日	己未	破	天上火	胃
8日	01/30	月	庚申	危	柘榴木	昴
9日	01/31	火	辛酉	成	柘榴木	畢
10日	02/01	水	壬戌	納	大海水	觜
11日	02/02	木	癸亥	開	大海水	參
12日	02/03	金	甲子	閉	海中金	井
13日	02/04	土	乙丑	建	海中金	鬼
14日	02/05	日	丙寅	除	爐中火	柳
15日	02/06	月	丁卯	満	爐中火	星
16日	02/07	火	戊辰	平	大林木	張
17日	02/08	水	己巳	定	大林木	翼
18日	02/09	木	庚午	執	路傍土	軫
19日	02/10	金	辛未	破	路傍土	角
20日	02/11	土	壬申	危	釼鋒金	亢
21日	02/12	日	癸酉	成	釼鋒金	氐
22日	02/13	月	甲戌	納	山頭火	房
23日	02/14	火	乙亥	開	山頭火	心
24日	02/15	水	丙子	閉	澗下水	尾
25日	02/16	木	丁丑	建	澗下水	箕
26日	02/17	金	戊寅	除	城頭土	斗
27日	02/18	土	己卯	満	城頭土	女
28日	02/19	日	庚辰	平	白鑞金	虚
29日	02/20	月	辛巳	定	白鑞金	危
30日	02/21	火	壬午	執	楊柳木	室

寛永17年
1640～1641　庚辰

正月大 戊寅 室
節気 雨水 1日・啓蟄 16日

日	新暦	曜	干支	直	納音	宿
1日	02/22	水	癸未	執	楊柳木	室
2日	02/23	木	甲申	破	井泉水	壁
3日	02/24	金	乙酉	危	井泉水	奎
4日	02/25	土	丙戌	成	屋上土	婁
5日	02/26	日	丁亥	納	屋上土	胃
6日	02/27	月	戊子	開	霹靂火	昴
7日	02/28	火	己丑	閉	霹靂火	畢
8日	02/29	水	庚寅	建	松柏木	觜
9日	03/01	木	辛卯	除	松柏木	参
10日	03/02	金	壬辰	満	長流水	井
11日	03/03	土	癸巳	平	長流水	鬼
12日	03/04	日	甲午	定	沙中金	柳
13日	03/05	月	乙未	執	沙中金	星
14日	03/06	火	丙申	破	山下火	張
15日	03/07	水	丁酉	危	山下火	翼
16日	03/08	木	戊戌	成	平地木	軫
17日	03/09	金	己亥	納	平地木	角
18日△	03/10	土	庚子	納	壁上土	亢
19日	03/11	日	辛丑	開	壁上土	氐
20日▽	03/12	月	壬寅	閉	金箔金	房
21日	03/13	火	癸卯	建	金箔金	心
22日	03/14	水	甲辰	除	覆燈火	尾
23日	03/15	木	乙巳	満	覆燈火	箕
24日	03/16	金	丙午	平	天河水	斗
25日	03/17	土	丁未	定	天河水	女
26日	03/18	日	戊申	執	大駅土	虚
27日	03/19	月	己酉	破	大駅土	危
28日	03/20	火	庚戌	危	釵釧金	室
29日	03/21	水	辛亥	成	釵釧金	壁
30日	03/22	木	壬子	納	桑柘木	奎

二月小 己卯 奎
節気 春分 2日・清明 17日
雑節 彼岸 4日・社日 6日・土用 29日

日	新暦	曜	干支	直	納音	宿
1日	03/23	金	癸丑	開	桑柘木	奎
2日	03/24	土	甲寅	閉	大溪水	婁
3日	03/25	日	乙卯	建	大溪水	胃
4日	03/26	月	丙辰	除	沙中土	昴
5日	03/27	火	丁巳	満	沙中土	畢
6日	03/28	水	戊午	定	天上火	觜
7日	03/29	木	己未	執	天上火	参
8日	03/30	金	庚申	破	柘榴木	井
9日	03/31	土	辛酉	危	柘榴木	鬼
10日	04/01	日	壬戌	成	大海水	柳
11日	04/02	月	癸亥	納	大海水	星
12日	04/03	火	甲子	納	海中金	張
13日	04/04	水	乙丑	開	海中金	翼
14日	04/05	木	丙寅	閉	爐中火	軫
15日	04/06	金	丁卯	建	爐中火	角
16日	04/07	土	戊辰	除	大林木	亢
17日	04/08	日	己巳	満	大林木	氐
18日	04/09	月	庚午	平	路傍土	房
19日	04/10	火	辛未	定	路傍土	心
20日	04/11	水	壬申	執	釵釧金	尾
21日	04/12	木	癸酉	破	釵釧金	箕
22日	04/13	金	甲戌	危	山頭火	斗
23日	04/14	土	乙亥	成	山頭火	女
24日	04/15	日	丙子	納	澗下水	虚
25日	04/16	月	丁丑	開	澗下水	危
26日	04/17	火	戊寅	閉	城頭土	室
27日	04/18	水	己卯	閉	城頭土	壁
28日	04/19	木	庚辰	建	白鑞金	奎
29日	04/20	金	辛巳	除	白鑞金	婁

三月大 庚辰 胃
節気 穀雨 3日・立夏 18日
雑節 八十八夜 14日

日	新暦	曜	干支	直	納音	宿
1日	04/21	土	壬午	満	楊柳木	胃
2日	04/22	日	癸未	平	楊柳木	昴
3日	04/23	月	甲申	定	井泉水	畢
4日	04/24	火	乙酉	執	井泉水	觜
5日	04/25	水	丙戌	破	屋上土	参
6日	04/26	木	丁亥	危	屋上土	井
7日	04/27	金	戊子	成	霹靂火	柳
8日	04/28	土	己丑	納	霹靂火	柳
9日	04/29	日	庚寅	開	松柏木	張
10日	04/30	月	辛卯	閉	松柏木	張
11日	05/01	火	壬辰	建	長流水	翼
12日	05/02	水	癸巳	除	長流水	軫
13日	05/03	木	甲午	満	沙中金	角
14日	05/04	金	乙未	平	沙中金	亢
15日	05/05	土	丙申	定	山下火	氐
16日	05/06	日	丁酉	執	山下火	房
17日	05/07	月	戊戌	破	平地木	心
18日	05/08	火	己亥	破	平地木	尾
19日	05/09	水	庚子	危	壁上土	箕
20日	05/10	木	辛丑	納	壁上土	斗
21日	05/11	金	壬寅	納	金箔金	女
22日	05/12	土	癸卯	開	金箔金	虚
23日	05/13	日	甲辰	閉	覆燈火	室
24日▽	05/14	月	乙巳	建	覆燈火	壁
25日	05/15	火	丙午	満	天河水	奎
26日	05/16	水	丁未	満	天河水	婁
27日	05/17	木	戊申	定	大駅土	胃
28日	05/18	金	己酉	定	大駅土	昴
29日△	05/19	土	庚戌	執	釵釧金	畢
30日	05/20	日	辛亥	破	釵釧金	觜

四月大 辛巳 畢
節気 小満 4日・芒種 19日
雑節 入梅 21日

日	新暦	曜	干支	直	納音	宿
1日	05/21	月	壬子	危	桑柘木	畢
2日	05/22	火	癸丑	成	桑柘木	觜
3日	05/23	水	甲寅	納	大溪水	参
4日	05/24	木	乙卯	開	大溪水	井
5日	05/25	金	丙辰	閉	沙中土	鬼
6日	05/26	土	丁巳	建	沙中土	柳
7日	05/27	日	戊午	除	天上火	星
8日	05/28	月	己未	満	天上火	張
9日	05/29	火	庚申	平	柘榴木	翼
10日	05/30	水	辛酉	定	柘榴木	軫
11日	05/31	木	壬戌	執	大海水	角
12日	06/01	金	癸亥	破	大海水	亢
13日	06/02	土	甲子	危	海中金	氐
14日	06/03	日	乙丑	成	海中金	房
15日	06/04	月	丙寅	納	爐中火	心
16日	06/05	火	丁卯	開	爐中火	尾
17日	06/06	水	戊辰	閉	大林木	箕
18日	06/07	木	己巳	建	大林木	斗
19日	06/08	金	庚午	除	路傍土	女
20日	06/09	土	辛未	満	路傍土	虚
21日	06/10	日	壬申	平	釵釧金	危
22日	06/11	月	癸酉	定	釵釧金	室
23日	06/12	火	甲戌	執	山頭火	壁
24日	06/13	水	乙亥	破	山頭火	奎
25日	06/14	木	丙子	危	澗下水	婁
26日	06/15	金	丁丑	成	澗下水	胃
27日	06/16	土	戊寅	納	城頭土	昴
28日	06/17	日	己卯	納	城頭土	畢
29日	06/18	月	庚辰	開	白鑞金	觜
30日	06/19	火	辛巳	閉	白鑞金	参

五月小 壬午 参
節気 夏至 4日・小暑 19日
雑節 半夏生 14日

日	新暦	曜	干支	直	納音	宿
1日	06/20	水	壬午	建	楊柳木	参
2日	06/21	木	癸未	除	楊柳木	井
3日	06/22	金	甲申	満	井泉水	鬼
4日	06/23	土	乙酉	平	井泉水	柳
5日	06/24	日	丙戌	定	屋上土	星
6日	06/25	月	丁亥	執	屋上土	張
7日	06/26	火	戊子	破	霹靂火	翼
8日	06/27	水	己丑	危	霹靂火	軫
9日	06/28	木	庚寅	成	松柏木	角
10日	06/29	金	辛卯	納	松柏木	亢
11日	06/30	土	壬辰	開	長流水	氐
12日	07/01	日	癸巳	閉	長流水	房
13日	07/02	月	甲午	建	沙中金	心
14日	07/03	火	乙未	除	沙中金	尾
15日	07/04	水	丙申	満	山下火	箕
16日	07/05	木	丁酉	平	山下火	斗
17日	07/06	金	戊戌	定	平地木	女
18日	07/07	土	己亥	執	平地木	虚
19日	07/08	日	庚子	破	壁上土	危
20日	07/09	月	辛丑	危	壁上土	室
21日	07/10	火	壬寅	成	金箔金	壁
22日	07/11	水	癸卯	納	金箔金	奎
23日	07/12	木	甲辰	開	覆燈火	婁
24日	07/13	金	乙巳	閉	覆燈火	胃
25日	07/14	土	丙午	建	天河水	昴
26日	07/15	日	丁未	除	天河水	畢
27日▽	07/16	月	戊申	満	大駅土	觜
28日	07/17	火	己酉	満	大駅土	参
29日	07/18	水	庚戌	平	釵釧金	井

六月小 癸未 鬼
節気 大暑 5日・立秋 21日
雑節 土用 2日

日	新暦	曜	干支	直	納音	宿
1日	07/19	木	辛亥	定	釵釧金	鬼
2日	07/20	金	壬子	執	桑柘木	柳
3日	07/21	土	癸丑	破	桑柘木	星
4日	07/22	日	甲寅	危	大溪水	張
5日	07/23	月	乙卯	成	大溪水	翼
6日	07/24	火	丙辰	納	沙中土	軫
7日	07/25	水	丁巳	開	沙中土	角
8日	07/26	木	戊午	閉	天上火	亢
9日	07/27	金	己未	建	天上火	氐
10日△	07/28	土	庚申	除	柘榴木	房
11日	07/29	日	辛酉	満	柘榴木	心
12日	07/30	月	壬戌	平	大海水	尾
13日	07/31	火	癸亥	定	大海水	箕
14日	08/01	水	甲子	執	海中金	斗
15日	08/02	木	乙丑	破	海中金	女
16日	08/03	金	丙寅	危	爐中火	虚
17日	08/04	土	丁卯	成	爐中火	危
18日	08/05	日	戊辰	納	大林木	室
19日	08/06	月	己巳	開	大林木	壁
20日	08/07	火	庚午	閉	路傍土	奎
21日	08/08	水	辛未	建	路傍土	婁
22日	08/09	木	壬申	除	釵釧金	胃
23日	08/10	金	癸酉	満	釵釧金	昴
24日	08/11	土	甲戌	平	山頭火	畢
25日	08/12	日	乙亥	定	山頭火	觜
26日	08/13	月	丙子	執	澗下水	参
27日	08/14	火	丁丑	破	澗下水	井
28日	08/15	水	戊寅	危	城頭土	鬼
29日	08/16	木	己卯	成	城頭土	柳

寛永17年

【七月大 甲申 張】
節気 処暑 7日・白露 22日
雑節 二百十日 18日

	西暦	曜	干支	直	納音	宿
1日	08/17	金	庚辰	開	白鑞金	張
2日	08/18	土	辛巳	納	白鑞金	翼
3日	08/19	日	壬午	開	楊柳木	軫
4日	08/20	月	癸未	閉	楊柳木	角
5日	08/21	火	甲申	建	井泉水	亢
6日	08/22	水	乙酉	除	井泉水	氐
7日	08/23	木	丙戌	満	屋上土	房
8日	08/24	金	丁亥	平	屋上土	心
9日	08/25	土	戊子	定	霹靂火	尾
10日	08/26	日	己丑	執	霹靂火	箕
11日	08/27	月	庚寅	破	松柏木	斗
12日	08/28	火	辛卯	危	松柏木	女
13日	08/29	水	壬辰	成	長流水	虚
14日	08/30	木	癸巳	納	長流水	危
15日	08/31	金	甲午	開	沙中金	室
16日	09/01	土	乙未	閉	沙中金	壁
17日	09/02	日	丙申	建	山下火	奎
18日	09/03	月	丁酉	除	山下火	婁
19日	09/04	火	戊戌	満	平地木	胃
20日	09/05	水	己亥	平	平地木	昴
21日	09/06	木	庚子	定	壁上土	畢
22日	09/07	金	辛丑	執	壁上土	觜
23日	09/08	土	壬寅	破	金箔金	参
24日	09/09	日	癸卯	危	金箔金	井
25日	09/10	月	甲辰	成	覆燈火	鬼
26日	09/11	火	乙巳	納	覆燈火	柳
27日	09/12	水	丙午	開	天河水	星
28日	09/13	木	丁未	閉	天河水	張
29日	09/14	金	戊申	建	大駅土	翼
30日	09/15	土	己酉	除	大駅土	軫

【八月小 乙酉 角】
節気 秋分 7日・寒露 23日
雑節 彼岸 9日・社日 9日

	西暦	曜	干支	直	納音	宿
1日	09/16	日	庚戌	除	釵釧金	角
2日▽	09/17	月	辛亥	満	釵釧金	亢
3日	09/18	火	壬子	平	桑柘木	氐
4日	09/19	水	癸丑	定	桑柘木	房
5日	09/20	木	甲寅	執	大溪水	心
6日	09/21	金	乙卯	破	大溪水	尾
7日	09/22	土	丙辰	危	沙中土	箕
8日	09/23	日	丁巳	成	沙中土	斗
9日	09/24	月	戊午	納	天上火	女
10日	09/25	火	己未	開	天上火	虚
11日	09/26	水	庚申	閉	柘榴木	危
12日	09/27	木	辛酉	建	柘榴木	室
13日	09/28	金	壬戌	除	大海水	壁
14日	09/29	土	癸亥	満	大海水	奎
15日	09/30	日	甲子	平	海中金	婁
16日	10/01	月	乙丑	定	海中金	胃
17日	10/02	火	丙寅	執	爐中火	昴
18日	10/03	水	丁卯	破	爐中火	畢
19日	10/04	木	戊辰	危	大林木	觜
20日△	10/05	金	己巳	成	大林木	参
21日	10/06	土	庚午	納	路傍土	井
22日	10/07	日	辛未	開	路傍土	鬼
23日	10/08	月	壬申	閉	釼鋒金	柳
24日	10/09	火	癸酉	閉	釼鋒金	星
25日	10/10	水	甲戌	建	山頭火	張
26日	10/11	木	乙亥	除	山頭火	翼
27日	10/12	金	丙子	満	澗下水	軫
28日	10/13	土	丁丑	平	澗下水	角
29日	10/14	日	戊寅	定	城頭土	亢

【九月大 丙戌 氐】
節気 霜降 9日・立冬 24日
雑節 土用 6日

	西暦	曜	干支	直	納音	宿
1日	10/15	月	己卯	執	城頭土	氐
2日	10/16	火	庚辰	破	白鑞金	房
3日	10/17	水	辛巳	危	白鑞金	心
4日	10/18	木	壬午	成	楊柳木	尾
5日	10/19	金	癸未	納	楊柳木	箕
6日	10/20	土	甲申	開	井泉水	斗
7日	10/21	日	乙酉	閉	井泉水	女
8日	10/22	月	丙戌	除	屋上土	虚
9日	10/23	火	丁亥	除	屋上土	危
10日	10/24	水	戊子	満	霹靂火	室
11日	10/25	木	己丑	平	霹靂火	壁
12日	10/26	金	庚寅	定	松柏木	奎
13日	10/27	土	辛卯	執	松柏木	婁
14日	10/28	日	壬辰	破	長流水	胃
15日	10/29	月	癸巳	危	長流水	昴
16日	10/30	火	甲午	成	沙中金	畢
17日	10/31	水	乙未	納	沙中金	觜
18日	11/01	木	丙申	開	山下火	参
19日	11/02	金	丁酉	閉	山下火	井
20日	11/03	土	戊戌	建	平地木	鬼
21日	11/04	日	己亥	除	平地木	柳
22日	11/05	月	庚子	満	壁上土	星
23日	11/06	火	辛丑	平	壁上土	張
24日	11/07	水	壬寅	定	金箔金	翼
25日	11/08	木	癸卯	定	金箔金	軫
26日	11/09	金	甲辰	執	覆燈火	角
27日	11/10	土	乙巳	破	覆燈火	亢
28日	11/11	日	丙午	危	天河水	氐
29日	11/12	月	丁未	成	天河水	房
30日	11/13	火	戊申	納	大駅土	心

【十月小 丁亥 心】
節気 小雪 9日・大雪 24日

	西暦	曜	干支	直	納音	宿
1日	11/14	水	己酉	開	大駅土	心
2日	11/15	木	庚戌	建	釵釧金	尾
3日	11/16	金	辛亥	除	釵釧金	箕
4日	11/17	土	壬子	満	桑柘木	斗
5日	11/18	日	癸丑	平	桑柘木	女
6日▽	11/19	月	甲寅	定	大溪水	虚
7日	11/20	火	乙卯	執	大溪水	危
8日	11/21	水	丙辰	破	沙中土	室
9日	11/22	木	丁巳	危	沙中土	壁
10日	11/23	金	戊午	成	天上火	奎
11日	11/24	土	己未	納	天上火	婁
12日	11/25	日	庚申	開	柘榴木	胃
13日	11/26	月	辛酉	閉	柘榴木	昴
14日	11/27	火	壬戌	建	大海水	畢
15日	11/28	水	癸亥	除	大海水	觜
16日	11/29	木	甲子	満	海中金	参
17日	11/30	金	乙丑	平	海中金	井
18日	12/01	土	丙寅	平	爐中火	鬼
19日	12/02	日	丁卯	定	爐中火	柳
20日	12/03	月	戊辰	執	大林木	星
21日	12/04	火	己巳	破	大林木	張
22日	12/05	水	庚午	危	路傍土	翼
23日	12/06	木	辛未	成	路傍土	軫
24日	12/07	金	壬申	納	釼鋒金	角
25日	12/08	土	癸酉	開	釼鋒金	亢
26日	12/09	日	甲戌	閉	山頭火	氐
27日	12/10	月	乙亥	閉	山頭火	房
28日	12/11	火	丙子	建	澗下水	心
29日	12/12	水	丁丑	除	澗下水	尾

【十一月大 戊子 斗】
節気 冬至 11日・小寒 26日

	西暦	曜	干支	直	納音	宿
1日	12/13	木	戊寅	満	城頭土	斗
2日△	12/14	金	己卯	平	城頭土	女
3日	12/15	土	庚辰	定	白鑞金	虚
4日	12/16	日	辛巳	執	白鑞金	危
5日	12/17	月	壬午	破	楊柳木	室
6日	12/18	火	癸未	危	楊柳木	壁
7日	12/19	水	甲申	成	井泉水	奎
8日	12/20	木	乙酉	納	井泉水	婁
9日	12/21	金	丙戌	開	屋上土	胃
10日	12/22	土	丁亥	閉	屋上土	昴
11日	12/23	日	戊子	建	霹靂火	觜
12日	12/24	月	己丑	除	霹靂火	参
13日	12/25	火	庚寅	満	松柏木	井
14日	12/26	水	辛卯	平	松柏木	鬼
15日	12/27	木	壬辰	定	長流水	柳
16日	12/28	金	癸巳	執	長流水	星
17日	12/29	土	甲午	破	沙中金	張
18日	12/30	日	乙未	危	沙中金	翼
19日	12/31	月	丙申	成	山下火	軫

1641年

	西暦	曜	干支	直	納音	宿
20日	01/01	火	丁酉	納	山下火	軫
21日	01/02	水	戊戌	開	平地木	角
22日	01/03	木	己亥	閉	平地木	亢
23日	01/04	金	庚子	建	壁上土	氐
24日	01/05	土	辛丑	除	壁上土	房
25日	01/06	日	壬寅	満	金箔金	心
26日	01/07	月	癸卯	満	金箔金	尾
27日	01/08	火	甲辰	平	覆燈火	箕
28日	01/09	水	乙巳	定	覆燈火	斗
29日	01/10	木	丙午	執	天河水	女
30日	01/11	金	丁未	破	天河水	虚

【十二月小 己丑 虚】
節気 大寒 11日・立春 26日
雑節 土用 8日・節分 25日

	西暦	曜	干支	直	納音	宿
1日	01/12	土	戊申	危	大駅土	虚
2日	01/13	日	己酉	成	大駅土	危
3日	01/14	月	庚戌	納	釵釧金	室
4日	01/15	火	辛亥	開	釵釧金	壁
5日	01/16	水	壬子	閉	桑柘木	奎
6日	01/17	木	癸丑	建	桑柘木	婁
7日	01/18	金	甲寅	除	大溪水	胃
8日	01/19	土	乙卯	満	大溪水	昴
9日	01/20	日	丙辰	平	沙中土	觜
10日▽	01/21	月	丁巳	定	沙中土	参
11日	01/22	火	戊午	執	天上火	井
12日	01/23	水	己未	破	天上火	鬼
13日	01/24	木	庚申	危	柘榴木	柳
14日	01/25	金	辛酉	成	柘榴木	星
15日	01/26	土	壬戌	納	大海水	張
16日	01/27	日	癸亥	開	大海水	翼
17日	01/28	月	甲子	閉	海中金	軫
18日	01/29	火	乙丑	建	海中金	角
19日	01/30	水	丙寅	除	爐中火	亢
20日	01/31	木	丁卯	満	爐中火	氐
21日	02/01	金	戊辰	平	大林木	房
22日	02/02	土	己巳	定	大林木	心
23日	02/03	日	庚午	執	路傍土	尾
24日	02/04	月	辛未	破	路傍土	箕
25日	02/05	火	壬申	危	釼鋒金	斗
26日	02/06	水	癸酉	納	釼鋒金	女
27日	02/07	木	甲戌	開	山頭火	虚
28日	02/08	金	乙亥	納	山頭火	危
29日	02/09	土	丙子	開	澗下水	危

寛永18年

1641～1642　辛巳

【正月大 庚寅 室】

節気 雨水 12日・啓蟄 28日

日	西暦	曜	干支		納音	宿
1日	02/10	日	丁丑	閉	澗下水	室
2日	02/11	月	戊寅	建	城頭土	壁
3日	02/12	火	己卯	除	城頭土	奎
4日	02/13	水	庚辰	満	白鑞金	婁
5日	02/14	木	辛巳	平	楊柳木	胃
6日	02/15	金	壬午	定	楊柳木	昴
7日	02/16	土	癸未	執	楊柳木	畢
8日	02/17	日	甲申	破	井泉水	觜
9日	02/18	月	乙酉	危	井泉水	参
10日	02/19	火	丙戌	成	屋上土	井
11日	02/20	水	丁亥	納	屋上土	鬼
12日	02/21	木	戊子	開	霹靂火	柳
13日△	02/22	金	己丑	閉	霹靂火	星
14日	02/23	土	庚寅	建	松柏木	張
15日	02/24	日	辛卯	除	松柏木	翼
16日	02/25	月	壬辰	満	長流水	軫
17日	02/26	火	癸巳	平	長流水	角
18日	02/27	水	甲午	定	沙中金	亢
19日	02/28	木	乙未	執	沙中金	氐
20日	03/01	金	丙申	破	山下火	房
21日	03/02	土	丁酉	危	山下火	心
22日	03/03	日	戊戌	成	平地木	尾
23日	03/04	月	己亥	納	平地木	箕
24日	03/05	火	庚子	開	壁上土	斗
25日	03/06	水	辛丑	閉	壁上土	女
26日	03/07	木	壬寅	建	金箔金	虚
27日	03/08	金	癸卯	除	金箔金	危
28日	03/09	土	甲辰	除	覆燈火	室
29日	03/10	日	乙巳	満	覆燈火	壁
30日	03/11	月	丙午	平	天河水	奎

【二月小 辛卯 奎】

節気 春分 13日・清明 28日

雑節 社日 12日・彼岸 15日

日	西暦	曜	干支		納音	宿
1日	03/12	火	丁未	定	天河水	奎
2日	03/13	水	戊申	執	大駅土	婁
3日	03/14	木	己酉	破	大駅土	胃
4日	03/15	金	庚戌	危	釵釧金	昴
5日	03/16	土	辛亥	成	釵釧金	畢
6日	03/17	日	壬子	納	桑柘木	觜
7日	03/18	月	癸丑	開	桑柘木	参
8日	03/19	火	甲寅	閉	大渓水	井
9日	03/20	水	乙卯	建	大渓水	鬼
10日	03/21	木	丙辰	除	沙中土	柳
11日	03/22	金	丁巳	満	沙中土	星
12日	03/23	土	戊午	平	天上火	張
13日▽	03/24	日	己未	定	天上火	翼
14日	03/25	月	庚申	執	柘榴木	軫
15日	03/26	火	辛酉	破	柘榴木	角
16日	03/27	水	壬戌	危	大海水	亢
17日	03/28	木	癸亥	成	大海水	氐
18日	03/29	金	甲子	納	海中金	房
19日	03/30	土	乙丑	開	海中金	心
20日	03/31	日	丙寅	閉	炉中火	尾
21日	04/01	月	丁卯	建	炉中火	箕
22日	04/02	火	戊辰	除	大林木	斗
23日	04/03	水	己巳	満	大林木	女
24日	04/04	木	庚午	定	路傍土	虚
25日	04/05	金	辛未	執	路傍土	危
26日	04/06	土	壬申	破	釵鋒金	室
27日	04/07	日	癸酉	危	釵鋒金	壁
28日	04/08	月	甲戌	破	山頭火	奎
29日	04/09	火	乙亥	危	山頭火	婁

【三月大 壬辰 胃】

節気 穀雨 14日・立夏 30日

雑節 土用 11日・八十八夜 25日

日	西暦	曜	干支		納音	宿
1日	04/10	水	丙子	成	澗下水	胃
2日	04/11	木	丁丑	納	澗下水	昴
3日	04/12	金	戊寅	開	城頭土	畢
4日	04/13	土	己卯	閉	城頭土	觜
5日	04/14	日	庚辰	建	白鑞金	参
6日	04/15	月	辛巳	除	白鑞金	井
7日	04/16	火	壬午	満	楊柳木	鬼
8日	04/17	水	癸未	平	楊柳木	柳
9日	04/18	木	甲申	定	井泉水	星
10日	04/19	金	乙酉	執	井泉水	張
11日	04/20	土	丙戌	破	屋上土	翼
12日	04/21	日	丁亥	危	屋上土	軫
13日	04/22	月	戊子	成	霹靂火	角
14日	04/23	火	己丑	納	霹靂火	亢
15日	04/24	水	庚寅	開	松柏木	氐
16日☆	04/25	木	辛卯	閉	松柏木	房
17日	04/26	金	壬辰	建	長流水	心
18日	04/27	土	癸巳	除	長流水	尾
19日	04/28	日	甲午	満	沙中金	箕
20日	04/29	月	乙未	定	沙中金	斗
21日	04/30	火	丙申	定	山下火	女
22日	05/01	水	丁酉	執	山下火	虚
23日△	05/02	木	戊戌	破	平地木	危
24日	05/03	金	己亥	危	平地木	室
25日	05/04	土	庚子	成	壁上土	壁
26日	05/05	日	辛丑	納	壁上土	奎
27日	05/06	月	壬寅	開	金箔金	婁
28日	05/07	火	癸卯	閉	金箔金	胃
29日	05/08	水	甲辰	建	覆燈火	昴
30日	05/09	木	乙巳	建	覆燈火	畢

【四月小 癸巳 畢】

節気 小満 15日・芒種 30日

日	西暦	曜	干支		納音	宿
1日	05/10	金	丙午	除	天河水	畢
2日	05/11	土	丁未	満	天河水	觜
3日	05/12	日	戊申	平	大駅土	参
4日	05/13	月	己酉	定	大駅土	井
5日	05/14	火	庚戌	執	釵釧金	鬼
6日	05/15	水	辛亥	破	釵釧金	柳
7日	05/16	木	壬子	危	桑柘木	星
8日	05/17	金	癸丑	成	桑柘木	張
9日	05/18	土	甲寅	納	大渓水	翼
10日	05/19	日	乙卯	開	大渓水	軫
11日	05/20	月	丙辰	閉	沙中土	角
12日	05/21	火	丁巳	建	沙中土	亢
13日	05/22	水	戊午	除	天上火	氐
14日	05/23	木	己未	満	天上火	房
15日	05/24	金	庚申	定	柘榴木	心
16日	05/25	土	辛酉	定	柘榴木	尾
17日▽	05/26	日	壬戌	執	大海水	箕
18日	05/27	月	癸亥	破	大海水	斗
19日	05/28	火	甲子	危	海中金	女
20日	05/29	水	乙丑	成	海中金	虚
21日	05/30	木	丙寅	納	炉中火	危
22日	05/31	金	丁卯	開	炉中火	室
23日	06/01	土	戊辰	閉	大林木	壁
24日	06/02	日	己巳	建	大林木	奎
25日	06/03	月	庚午	除	路傍土	婁
26日	06/04	火	辛未	満	路傍土	胃
27日	06/05	水	壬申	平	釵鋒金	昴
28日	06/06	木	癸酉	定	釵鋒金	畢
29日	06/07	金	甲戌	執	山頭火	觜

【五月小 甲午 参】

節気 夏至 15日

雑節 入梅 7日・半夏生 25日

日	西暦	曜	干支		納音	宿
30日	06/08	土	乙亥	執	山頭火	参
1日	06/09	日	丙子	破	澗下水	参
2日	06/10	月	丁丑	危	澗下水	井
3日	06/11	火	戊寅	成	城頭土	鬼
4日	06/12	水	己卯	納	城頭土	柳
5日	06/13	木	庚辰	開	白鑞金	星
6日	06/14	金	辛巳	閉	白鑞金	張
7日	06/15	土	壬午	建	楊柳木	翼
8日	06/16	日	癸未	除	楊柳木	軫
9日	06/17	月	甲申	満	井泉水	角
10日	06/18	火	乙酉	定	井泉水	亢
11日	06/19	水	丙戌	定	屋上土	氐
12日	06/20	木	丁亥	執	屋上土	房
13日	06/21	金	戊子	破	霹靂火	心
14日	06/22	土	己丑	危	霹靂火	尾
15日	06/23	日	庚寅	成	松柏木	箕
16日	06/24	月	辛卯	納	松柏木	斗
17日	06/25	火	壬辰	開	長流水	女
18日	06/26	水	癸巳	閉	長流水	虚
19日	06/27	木	甲午	建	沙中金	危
20日	06/28	金	乙未	除	沙中金	室
21日	06/29	土	丙申	満	山下火	壁
22日	06/30	日	丁酉	平	山下火	奎
23日	07/01	月	戊戌	定	平地木	婁
24日	07/02	火	己亥	執	平地木	胃
25日	07/03	水	庚子	破	壁上土	昴
26日	07/04	木	辛丑	危	壁上土	畢
27日	07/05	金	壬寅	成	金箔金	觜
28日	07/06	土	癸卯	納	金箔金	参
29日	07/07	日	甲辰	閉	覆燈火	井

【六月大 乙未 鬼】

節気 小暑 1日・大暑 17日

雑節 土用 14日

日	西暦	曜	干支		納音	宿
1日	07/08	月	乙巳	開	覆燈火	鬼
2日	07/09	火	丙午	閉	天河水	柳
3日	07/10	水	丁未	建	天河水	星
4日△	07/11	木	戊申	除	大駅土	張
5日	07/12	金	己酉	満	大駅土	翼
6日	07/13	土	庚戌	平	釵釧金	軫
7日	07/14	日	辛亥	定	釵釧金	角
8日	07/15	月	壬子	執	桑柘木	亢
9日	07/16	火	癸丑	破	桑柘木	氐
10日	07/17	水	甲寅	危	大渓水	房
11日	07/18	木	乙卯	成	大渓水	心
12日	07/19	金	丙辰	納	沙中土	尾
13日	07/20	土	丁巳	開	沙中土	箕
14日	07/21	日	戊午	閉	天上火	斗
15日	07/22	月	己未	建	天上火	女
16日	07/23	火	庚申	除	柘榴木	虚
17日	07/24	水	辛酉	満	柘榴木	危
18日	07/25	木	壬戌	平	大海水	室
19日	07/26	金	癸亥	定	大海水	壁
20日	07/27	土	甲子	執	海中金	奎
21日▽	07/28	日	乙丑	破	海中金	婁
22日	07/29	月	丙寅	危	炉中火	胃
23日	07/30	火	丁卯	納	炉中火	昴
24日	07/31	水	戊辰	納	大林木	畢
25日	08/01	木	己巳	開	大林木	觜
26日	08/02	金	庚午	閉	路傍土	参
27日	08/03	土	辛未	建	路傍土	井
28日	08/04	日	壬申	除	釵鋒金	鬼
29日	08/05	月	癸酉	満	釵鋒金	柳
30日	08/06	火	甲戌	平	山頭火	星

西暦 曜 干支 直 納音 宿　　　　　　　　　　　　　寛永18年

【七月小 丙申 張】
節気 立秋 2日・処暑 17日
雑節 二百十日 28日

日	西暦	曜	干支	直	納音	宿
1日	08/07	水	乙亥	定	山頭火	張
2日	08/08	木	丙子	定	澗下水	翼
3日	08/09	金	丁丑	執	澗下水	軫
4日	08/10	土	戊寅	破	城頭土	角
5日	08/11	日	己卯	危	城頭土	亢
6日	08/12	月	庚辰	納	白鑞金	氐
7日	08/13	火	辛巳	納	白鑞金	房
8日	08/14	水	壬午	開	楊柳木	心
9日	08/15	木	癸未	閉	楊柳木	尾
10日	08/16	金	甲申	建	井泉水	箕
11日	08/17	土	乙酉	除	井泉水	斗
12日	08/18	日	丙戌	満	屋上土	女
13日	08/19	月	丁亥	定	屋上土	虚
14日	08/20	火	戊子	定	霹靂火	危
15日	08/21	水	己丑	執	霹靂火	室
16日	08/22	木	庚寅	破	松柏木	壁
17日	08/23	金	辛卯	危	松柏木	奎
18日	08/24	土	壬辰	成	長流水	婁
19日	08/25	日	癸巳	納	長流水	胃
20日	08/26	月	甲午	開	沙中金	昴
21日	08/27	火	乙未	閉	沙中金	畢
22日	08/28	水	丙申	建	山下火	觜
23日	08/29	木	丁酉	除	山下火	参
24日	08/30	金	戊戌	満	平地木	井
25日	08/31	土	己亥	平	平地木	鬼
26日	09/01	日	庚子	定	壁上土	柳
27日	09/02	月	辛丑	執	壁上土	星
28日	09/03	火	壬寅	破	金箔金	張
29日	09/04	水	癸卯	危	金箔金	翼

【八月大 丁酉 角】
節気 白露 3日・秋分 19日
雑節 社日 15日・彼岸 21日

日	西暦	曜	干支	直	納音	宿
1日	09/05	木	甲辰	成	覆燈火	角
2日	09/06	金	乙巳	納	覆燈火	亢
3日	09/07	土	丙午	開	天河水	氐
4日	09/08	日	丁未	閉	天河水	房
5日	09/09	月	戊申	閉	大駅土	心
6日	09/10	火	己酉	建	大駅土	尾
7日	09/11	水	庚戌	除	釵釧金	箕
8日	09/12	木	辛亥	満	釵釧金	斗
9日	09/13	金	壬子	平	桑柘木	女
10日	09/14	土	癸丑	定	桑柘木	虚
11日	09/15	日	甲寅	執	大渓水	危
12日	09/16	月	乙卯	破	大渓水	室
13日	09/17	火	丙辰	危	沙中土	壁
14日	09/18	水	丁巳	成	沙中土	奎
15日△	09/19	木	戊午	納	天上火	婁
16日	09/20	金	己未	開	天上火	胃
17日	09/21	土	庚申	閉	柘榴木	昴
18日	09/22	日	辛酉	建	柘榴木	畢
19日	09/23	月	壬戌	除	大海水	觜
20日	09/24	火	癸亥	満	大海水	参
21日	09/25	水	甲子	平	海中金	井
22日	09/26	木	乙丑	定	海中金	鬼
23日	09/27	金	丙寅	執	爐中火	柳
24日	09/28	土	丁卯	破	爐中火	星
25日▽	09/29	日	戊辰	危	大林木	張
26日	09/30	月	己巳	成	大林木	翼
27日	10/01	火	庚午	納	路傍土	軫
28日	10/02	水	辛未	開	路傍土	角
29日	10/03	木	壬申	閉	釵釧金	亢
30日	10/04	金	癸酉	建	釵釧金	氐

【九月小 戊戌 氐】
節気 寒露 4日・霜降 19日
雑節 土用 16日

日	西暦	曜	干支	直	納音	宿
1日	10/05	土	甲戌	除	山頭火	氐
2日	10/06	日	乙亥	満	山頭火	房
3日	10/07	月	丙子	平	澗下水	心
4日	10/08	火	丁丑	平	澗下水	尾
5日	10/09	水	戊寅	定	城頭土	箕
6日	10/10	木	己卯	執	城頭土	斗
7日	10/11	金	庚辰	破	白鑞金	女
8日	10/12	土	辛巳	危	白鑞金	虚
9日	10/13	日	壬午	成	楊柳木	危
10日	10/14	月	癸未	納	楊柳木	室
11日	10/15	火	甲申	開	井泉水	壁
12日	10/16	水	乙酉	閉	井泉水	奎
13日	10/17	木	丙戌	建	屋上土	婁
14日☆	10/18	金	丁亥	除	屋上土	胃
15日	10/19	土	戊子	平	霹靂火	昴
16日	10/20	日	己丑	平	霹靂火	畢
17日	10/21	月	庚寅	定	松柏木	觜
18日	10/22	火	辛卯	執	松柏木	参
19日	10/23	水	壬辰	破	長流水	井
20日	10/24	木	癸巳	危	長流水	鬼
21日	10/25	金	甲午	成	沙中金	柳
22日	10/26	土	乙未	納	沙中金	星
23日	10/27	日	丙申	開	山下火	張
24日	10/28	月	丁酉	閉	山下火	翼
25日	10/29	火	戊戌	建	平地木	軫
26日	10/30	水	己亥	除	平地木	角
27日	10/31	木	庚子	満	壁上土	亢
28日	11/01	金	辛丑	平	壁上土	氐
29日	11/02	土	壬寅	定	金箔金	房

【十月大 己亥 心】
節気 立冬◎ 5日・小雪 20日

日	西暦	曜	干支	直	納音	宿
1日◎	11/03	日	癸卯	執	金箔金	心
2日	11/04	月	甲辰	破	覆燈火	尾
3日	11/05	火	乙巳	危	覆燈火	箕
4日	11/06	水	丙午	成	天河水	斗
5日	11/07	木	丁未	成	天河水	女
6日	11/08	金	戊申	納	大駅土	虚
7日	11/09	土	己酉	開	大駅土	危
8日	11/10	日	庚戌	建	釵釧金	室
9日	11/11	月	辛亥	建	釵釧金	壁
10日	11/12	火	壬子	除	桑柘木	奎
11日	11/13	水	癸丑	満	桑柘木	婁
12日	11/14	木	甲寅	平	大渓水	胃
13日	11/15	金	乙卯	定	大渓水	昴
14日	11/16	土	丙辰	執	沙中土	畢
15日	11/17	日	丁巳	破	沙中土	觜
16日	11/18	月	戊午	危	天上火	参
17日	11/19	火	己未	成	天上火	井
18日	11/20	水	庚申	納	柘榴木	鬼
19日	11/21	木	辛酉	開	柘榴木	柳
20日	11/22	金	壬戌	閉	大海水	星
21日	11/23	土	癸亥	建	大海水	張
22日	11/24	日	甲子	満	海中金	翼
23日	11/25	月	乙丑	満	海中金	軫
24日	11/26	火	丙寅	平	爐中火	角
25日△	11/27	水	丁卯	定	爐中火	亢
26日	11/28	木	戊辰	執	大林木	氐
27日	11/29	金	己巳	破	大林木	房
28日	11/30	土	庚午	危	路傍土	心
29日▽	12/01	日	辛未	成	路傍土	尾
30日	12/02	月	壬申	納	釵釧金	箕

【十一月小 庚子 斗】
節気 大雪 6日・冬至 21日

日	西暦	曜	干支	直	納音	宿
1日	12/03	火	癸酉	開	釵釧金	斗
2日	12/04	水	甲戌	閉	山頭火	女
3日	12/05	木	乙亥	建	山頭火	虚
4日	12/06	金	丙子	除	澗下水	危
5日	12/07	土	丁丑	満	澗下水	室
6日	12/08	日	戊寅	平	城頭土	壁
7日	12/09	月	己卯	定	城頭土	奎
8日	12/10	火	庚辰	定	白鑞金	婁
9日	12/11	水	辛巳	執	白鑞金	胃
10日	12/12	木	壬午	破	楊柳木	昴
11日	12/13	金	癸未	危	楊柳木	畢
12日	12/14	土	甲申	成	井泉水	觜
13日	12/15	日	乙酉	納	井泉水	参
14日	12/16	月	丙戌	開	屋上土	井
15日	12/17	火	丁亥	閉	屋上土	鬼
16日	12/18	水	戊子	建	霹靂火	柳
17日	12/19	木	己丑	除	霹靂火	星
18日	12/20	金	庚寅	満	松柏木	張
19日	12/21	土	辛卯	平	松柏木	翼
20日	12/22	日	壬辰	定	長流水	軫
21日	12/23	月	癸巳	執	長流水	角
22日	12/24	火	甲午	危	沙中金	亢
23日	12/25	水	乙未	危	沙中金	氐
24日	12/26	木	丙申	成	山下火	房
25日	12/27	金	丁酉	納	山下火	心
26日	12/28	土	戊戌	開	平地木	尾
27日	12/29	日	己亥	閉	平地木	箕
28日	12/30	月	庚子	建	壁上土	斗
29日	12/31	火	辛丑	除	壁上土	女

【十二月大 辛丑 虚】
節気 小寒 7日・大寒 22日
雑節 土用 19日

1642年

日	西暦	曜	干支	直	納音	宿
1日	01/01	水	壬寅	満	金箔金	虚
2日	01/02	木	癸卯	平	金箔金	危
3日	01/03	金	甲辰	定	覆燈火	室
4日	01/04	土	乙巳	執	覆燈火	壁
5日	01/05	日	丙午	破	天河水	奎
6日	01/06	月	丁未	危	天河水	婁
7日	01/07	火	戊申	危	大駅土	胃
8日	01/08	水	己酉	成	大駅土	昴
9日	01/09	木	庚戌	納	釵釧金	畢
10日	01/10	金	辛亥	開	釵釧金	觜
11日	01/11	土	壬子	閉	桑柘木	参
12日	01/12	日	癸丑	建	桑柘木	井
13日	01/13	月	甲寅	満	大渓水	鬼
14日	01/14	火	乙卯	平	大渓水	柳
15日	01/15	水	丙辰	平	沙中土	星
16日	01/16	木	丁巳	定	沙中土	張
17日	01/17	金	戊午	執	天上火	翼
18日	01/18	土	己未	破	天上火	軫
19日	01/19	日	庚申	危	柘榴木	角
20日	01/20	月	辛酉	成	柘榴木	亢
21日	01/21	火	壬戌	納	大海水	氐
22日	01/22	水	癸亥	開	大海水	房
23日	01/23	木	甲子	閉	海中金	心
24日	01/24	金	乙丑	除	海中金	尾
25日	01/25	土	丙寅	除	爐中火	箕
26日	01/26	日	丁卯	満	爐中火	斗
27日	01/27	月	戊辰	平	大林木	女
28日	01/28	火	己巳	定	大林木	虚
29日	01/29	水	庚午	執	路傍土	危
30日	01/30	木	辛未	破	路傍土	室

寛永19年
1642～1643　壬午

【正月小 壬寅 室】
節気 立春 8日・雨水 23日
雑節 節分 7日

```
 1日   01/31 金 壬申 危 釼鋒金 室
 2日   02/01 土 癸酉 成 釼鋒金 壁
 3日▽ 02/02 日 甲戌 納 山頭火 奎
 4日   02/03 月 乙亥 開 山頭火 婁
 5日   02/04 火 丙子 閉 澗下水 胃
 6日△ 02/05 水 丁丑 建 澗下水 昴
 7日   02/06 木 戊寅 除 城頭土 畢
 8日   02/07 金 己卯 満 城頭土 觜
 9日   02/08 土 庚辰 平 白鑞金 參
10日   02/09 日 辛巳 定 白鑞金 井
11日   02/10 月 壬午 執 楊柳木 鬼
12日   02/11 火 癸未 破 楊柳木 柳
13日   02/12 水 甲申 危 井泉水 星
14日   02/13 木 乙酉 成 井泉水 張
15日   02/14 金 丙戌 納 屋上土 翼
16日   02/15 土 丁亥 開 屋上土 軫
17日   02/16 日 戊子 閉 霹靂火 角
18日   02/17 月 己丑 建 霹靂火 亢
19日   02/18 火 庚寅 除 松柏木 氐
20日   02/19 水 辛卯 満 松柏木 房
21日   02/20 木 壬辰 平 長流水 心
22日   02/21 金 癸巳 定 長流水 尾
23日   02/22 土 甲午 執 沙中金 箕
24日   02/23 日 乙未 破 沙中金 斗
25日   02/24 月 丙申 危 山下火 女
26日   02/25 火 丁酉 成 山下火 虚
27日   02/26 水 戊戌 納 平地木 危
28日   02/27 木 己亥 開 平地木 室
29日   02/28 金 庚子 開 壁上土 壁
```

【二月大 癸卯 奎】
節気 啓蟄 9日・春分 24日
雑節 彼岸 26日・社日 28日

```
 1日   03/01 土 辛丑 閉 壁上土 奎
 2日   03/02 日 壬寅 建 金箔金 婁
 3日   03/03 月 癸卯 除 金箔金 胃
 4日   03/04 火 甲辰 満 覆燈火 昴
 5日   03/05 水 乙巳 平 覆燈火 畢
 6日   03/06 木 丙午 定 天河水 觜
 7日   03/07 金 丁未 執 天河水 參
 8日   03/08 土 戊申 破 大驛土 井
 9日   03/09 日 己酉 危 大驛土 鬼
10日   03/10 月 庚戌 成 釼釧金 柳
11日   03/11 火 辛亥 納 釼釧金 星
12日   03/12 水 壬子 開 桑柘木 張
13日   03/13 木 癸丑 閉 桑柘木 翼
14日   03/14 金 甲寅 建 大溪水 軫
15日   03/15 土 乙卯 除 大溪水 角
16日   03/16 日 丙辰 満 沙中土 亢
17日   03/17 月 丁巳 平 沙中土 氐
18日   03/18 火 戊午 定 天上火 房
19日   03/19 水 己未 執 天上火 心
20日   03/20 木 庚申 破 柘榴木 尾
21日   03/21 金 辛酉 危 柘榴木 箕
22日   03/22 土 壬戌 成 大海水 斗
23日   03/23 日 癸亥 納 大海水 女
24日   03/24 月 甲子 開 海中金 虚
25日   03/25 火 乙丑 閉 海中金 危
26日   03/26 水 丙寅 建 爐中火 室
27日   03/27 木 丁卯 除 爐中火 壁
28日   03/28 金 戊辰 満 大林木 奎
29日   03/29 土 己巳 平 大林木 婁
30日   03/30 日 庚午 平 路傍土 胃
```

【三月小 甲辰 胃】
節気 清明 9日・穀雨 25日
雑節 土用 22日

```
 1日   03/31 月 辛未 定 路傍土 胃
 2日   04/01 火 壬申 執 釼鋒金 昴
 3日   04/02 水 癸酉 破 釼鋒金 畢
 4日   04/03 木 甲戌 危 山頭火 觜
 5日   04/04 金 乙亥 成 山頭火 參
 6日   04/05 土 丙子 納 澗下水 井
 7日▽ 04/06 日 丁丑 開 澗下水 鬼
 8日   04/07 月 戊寅 閉 城頭土 柳
 9日   04/08 火 己卯 閉 城頭土 星
10日   04/09 水 庚辰 建 白鑞金 張
11日   04/10 木 辛巳 除 白鑞金 翼
12日   04/11 金 壬午 満 楊柳木 軫
13日   04/12 土 癸未 平 楊柳木 角
14日   04/13 日 甲申 定 井泉水 亢
15日   04/14 月 乙酉 執 井泉水 氐
16日   04/15 火 丙戌 破 屋上土 房
17日△ 04/16 水 丁亥 危 屋上土 心
18日   04/17 木 戊子 成 霹靂火 尾
19日   04/18 金 己丑 納 霹靂火 箕
20日   04/19 土 庚寅 開 松柏木 斗
21日   04/20 日 辛卯 閉 松柏木 女
22日   04/21 月 壬辰 建 長流水 虚
23日   04/22 火 癸巳 除 長流水 危
24日   04/23 水 甲午 満 沙中金 室
25日   04/24 木 乙未 平 沙中金 壁
26日   04/25 金 丙申 定 山下火 奎
27日   04/26 土 丁酉 執 山下火 婁
28日   04/27 日 戊戌 破 平地木 胃
29日   04/28 月 己亥 危 平地木 昴
```

【四月大 乙巳 畢】
節気 立夏 11日・小満 26日
雑節 八十八夜 7日

```
 1日   04/29 火 庚子 成 壁上土 畢
 2日   04/30 水 辛丑 納 壁上土 觜
 3日   05/01 木 壬寅 開 金箔金 參
 4日   05/02 金 癸卯 閉 金箔金 井
 5日   05/03 土 甲辰 建 覆燈火 鬼
 6日   05/04 日 乙巳 除 覆燈火 柳
 7日   05/05 月 丙午 満 天河水 星
 8日   05/06 火 丁未 平 天河水 張
 9日   05/07 水 戊申 定 大驛土 翼
10日   05/08 木 己酉 執 大驛土 軫
11日   05/09 金 庚戌 破 釼釧金 角
12日   05/10 土 辛亥 危 釼釧金 亢
13日   05/11 日 壬子 成 桑柘木 氐
14日   05/12 月 癸丑 納 桑柘木 房
15日   05/13 火 甲寅 開 大溪水 心
16日   05/14 水 乙卯 閉 大溪水 尾
17日   05/15 木 丙辰 建 沙中土 箕
18日   05/16 金 丁巳 除 沙中土 斗
19日   05/17 土 戊午 満 天上火 女
20日   05/18 日 己未 平 天上火 虚
21日   05/19 月 庚申 定 柘榴木 危
22日   05/20 火 辛酉 執 柘榴木 室
23日   05/21 水 壬戌 破 大海水 壁
24日   05/22 木 癸亥 危 大海水 奎
25日   05/23 金 甲子 成 海中金 婁
26日   05/24 土 乙丑 納 海中金 胃
27日   05/25 日 丙寅 開 爐中火 昴
28日   05/26 月 丁卯 閉 爐中火 畢
29日   05/27 火 戊辰 建 大林木 觜
30日   05/28 水 己巳 建 大林木 參
```

【五月小 丙午 參】
節気 芒種 11日・夏至 26日
雑節 入梅 13日

```
 1日   05/29 木 庚午 満 路傍土 井
 2日   05/30 金 辛未 満 路傍土 鬼
 3日   05/31 土 壬申 平 釼鋒金 柳
 4日   06/01 日 癸酉 定 釼鋒金 星
 5日   06/02 月 甲戌 執 山頭火 張
 6日   06/03 火 乙亥 破 山頭火 翼
 7日   06/04 水 丙子 危 澗下水 軫
 8日   06/05 木 丁丑 成 澗下水 角
 9日   06/06 金 戊寅 納 城頭土 亢
10日   06/07 土 己卯 開 城頭土 氐
11日▽ 06/08 日 庚辰 閉 白鑞金 房
12日   06/09 月 辛巳 閉 白鑞金 心
13日   06/10 火 壬午 建 楊柳木 尾
14日   06/11 水 癸未 除 楊柳木 箕
15日   06/12 木 甲申 満 井泉水 斗
16日   06/13 金 乙酉 平 井泉水 女
17日   06/14 土 丙戌 定 屋上土 虚
18日   06/15 日 丁亥 執 屋上土 危
19日   06/16 月 戊子 破 霹靂火 室
20日   06/17 火 己丑 危 霹靂火 壁
21日   06/18 水 庚寅 成 松柏木 奎
22日   06/19 木 辛卯 納 松柏木 婁
23日   06/20 金 壬辰 開 長流水 胃
24日   06/21 土 癸巳 閉 長流水 昴
25日   06/22 日 甲午 建 沙中金 畢
26日   06/23 月 乙未 除 沙中金 觜
27日△ 06/24 火 丙申 満 山下火 參
28日   06/25 水 丁酉 平 山下火 井
29日   06/26 木 戊戌 定 平地木 鬼
```

【六月大 丁未 鬼】
節気 小暑 13日・大暑 28日
雑節 半夏生 8日・土用 25日

```
 1日   06/27 金 己亥 執 平地木 鬼
 2日   06/28 土 庚子 破 壁上土 柳
 3日   06/29 日 辛丑 危 壁上土 星
 4日   06/30 月 壬寅 成 金箔金 張
 5日   07/01 火 癸卯 納 金箔金 翼
 6日   07/02 水 甲辰 開 覆燈火 軫
 7日   07/03 木 乙巳 閉 覆燈火 角
 8日   07/04 金 丙午 建 天河水 亢
 9日   07/05 土 丁未 除 天河水 氐
10日   07/06 日 戊申 満 大驛土 房
11日   07/07 月 己酉 平 大驛土 心
12日   07/08 火 庚戌 定 釼釧金 尾
13日   07/09 水 辛亥 執 釼釧金 箕
14日   07/10 木 壬子 破 桑柘木 斗
15日   07/11 金 癸丑 危 桑柘木 女
16日   07/12 土 甲寅 成 大溪水 虚
17日   07/13 日 乙卯 納 大溪水 危
18日   07/14 月 丙辰 開 沙中土 室
19日   07/15 火 丁巳 閉 沙中土 壁
20日   07/16 水 戊午 建 天上火 奎
21日   07/17 木 己未 除 天上火 婁
22日   07/18 金 庚申 満 柘榴木 胃
23日   07/19 土 辛酉 平 柘榴木 昴
24日   07/20 日 壬戌 定 大海水 畢
25日   07/21 月 癸亥 執 大海水 觜
26日   07/22 火 甲子 破 海中金 參
27日   07/23 水 乙丑 危 海中金 井
28日   07/24 木 丙寅 成 爐中火 鬼
29日   07/25 金 丁卯 納 爐中火 柳
30日   07/26 土 戊辰 開 大林木 星
```

【七月大 戊申 張】
節気 立秋 13日・処暑 28日

```
 1日   07/27 日 己巳 閉 大林木 張
 2日   07/28 月 庚午 建 路傍土 翼
 3日   07/29 火 辛未 除 路傍土 軫
 4日   07/30 水 壬申 満 釼鋒金 角
 5日   07/31 木 癸酉 平 釼鋒金 亢
 6日   08/01 金 甲戌 定 山頭火 氐
 7日   08/02 土 乙亥 執 山頭火 房
 8日   08/03 日 丙子 破 澗下水 心
 9日   08/04 月 丁丑 危 澗下水 尾
10日   08/05 火 戊寅 成 城頭土 箕
11日   08/06 水 己卯 納 城頭土 斗
12日   08/07 木 庚辰 開 白鑞金 女
13日   08/08 金 辛巳 閉 白鑞金 虚
14日   08/09 土 壬午 建 楊柳木 危
15日▽ 08/10 日 癸未 除 楊柳木 室
```

寛永19年

日	西暦	曜	干支	直	納音	宿
16日	08/11	月	甲申	建	井泉水	壁
17日	08/12	火	乙酉	除	井泉水	奎
18日	08/13	水	丙戌	満	屋上土	婁
19日	08/14	木	丁亥	平	屋上土	胃
20日	08/15	金	戊子	定	霹靂火	昴
21日	08/16	土	己丑	執	霹靂火	畢
22日	08/17	日	庚寅	破	松柏木	觜
23日	08/18	月	辛卯	危	松柏木	參
24日	08/19	火	壬辰	成	長流水	井
25日	08/20	水	癸巳	納	長流水	鬼
26日	08/21	木	甲午	開	沙中金	柳
27日	08/22	金	乙未	閉	沙中金	星
28日	08/23	土	丙申	建	山下火	張
29日	08/24	日	丁酉	除	山下火	翼
30日	08/25	月	戊戌	満	平地木	軫

【八月小 己酉 角】
節気 白露 14日・秋分 29日
雑節 二百十日 10日

日	西暦	曜	干支	直	納音	宿
1日	08/26	火	己亥	平	平地木	角
2日	08/27	水	庚子	定	壁上土	亢
3日	08/28	木	辛丑	執	壁上土	氐
4日	08/29	金	壬寅	破	金箔金	房
5日	08/30	土	癸卯	危	金箔金	心
6日	08/31	日	甲辰	成	覆燈火	尾
7日	09/01	月	乙巳	納	覆燈火	箕
8日△	09/02	火	丙午	開	天河水	斗
9日	09/03	水	丁未	閉	天河水	女
10日	09/04	木	戊申	建	大驛土	虚
11日	09/05	金	己酉	除	大驛土	危
12日	09/06	土	庚戌	満	釵釧金	室
13日	09/07	日	辛亥	平	釵釧金	壁
14日	09/08	月	壬子	平	桑柘木	奎
15日	09/09	火	癸丑	定	桑柘木	婁
16日	09/10	水	甲寅	執	大溪水	胃
17日	09/11	木	乙卯	破	大溪水	昴
18日	09/12	金	丙辰	危	沙中土	畢
19日	09/13	土	丁巳	成	沙中土	觜
20日	09/14	日	戊午	納	天上火	參
21日	09/15	月	己未	開	天上火	井
22日	09/16	火	庚申	閉	柘榴木	鬼
23日	09/17	水	辛酉	建	柘榴木	柳
24日	09/18	木	壬戌	除	大海水	星
25日	09/19	金	癸亥	満	大海水	張
26日	09/20	土	甲子	平	海中金	翼
27日	09/21	日	乙丑	定	海中金	軫
28日	09/22	月	丙寅	執	爐中火	角
29日	09/23	火	丁卯	破	爐中火	亢

【九月大 庚戌 氐】
節気 寒露 15日・霜降 30日
雑節 社日 1日・彼岸 2日・土用 27日

日	西暦	曜	干支	直	納音	宿
1日	09/24	水	戊辰	危	大林木	氐
2日	09/25	木	己巳	成	大林木	房
3日	09/26	金	庚午	納	路傍土	心
4日	09/27	土	辛未	開	路傍土	尾
5日	09/28	日	壬申	閉	釵鋒金	箕
6日	09/29	月	癸酉	建	釵鋒金	斗
7日	09/30	火	甲戌	除	山頭火	女
8日	10/01	水	乙亥	満	山頭火	虚
9日	10/02	木	丙子	平	澗下水	危
10日	10/03	金	丁丑	定	澗下水	室
11日	10/04	土	戊寅	執	城頭土	壁
12日	10/05	日	己卯	破	城頭土	奎
13日	10/06	月	庚辰	危	白鑞金	婁
14日	10/07	火	辛巳	成	白鑞金	胃
15日	10/08	水	壬午	納	楊柳木	昴
16日	10/09	木	癸未	開	楊柳木	畢
17日	10/10	金	甲申	閉	井泉水	觜
18日	10/11	土	乙酉	建	井泉水	參
19日▽	10/12	日	丙戌	建	屋上土	井
20日	10/13	月	丁亥	除	屋上土	鬼
21日	10/14	火	戊子	満	霹靂火	柳
22日	10/15	水	己丑	平	霹靂火	星
23日	10/16	木	庚寅	定	松柏木	張
24日	10/17	金	辛卯	執	松柏木	翼
25日	10/18	土	壬辰	破	長流水	軫
26日	10/19	日	癸巳	危	長流水	角
27日	10/20	月	甲午	成	沙中金	亢
28日	10/21	火	乙未	納	沙中金	氐
29日	10/22	水	丙申	開	山下火	房
30日	10/23	木	丁酉	閉	山下火	心

【閏九月小 庚戌 氐】
節気 立冬 15日

日	西暦	曜	干支	直	納音	宿
1日	10/24	金	戊戌	建	平地木	氐
2日	10/25	土	己亥	除	平地木	房
3日	10/26	日	庚子	満	壁上土	心
4日	10/27	月	辛丑	平	壁上土	尾
5日	10/28	火	壬寅	定	金箔金	箕
6日	10/29	水	癸卯	執	金箔金	斗
7日	10/30	木	甲辰	破	覆燈火	女
8日	10/31	金	乙巳	危	覆燈火	虚
9日	11/01	土	丙午	成	天河水	危
10日	11/02	日	丁未	納	天河水	室
11日	11/03	月	戊申	開	大驛土	壁
12日	11/04	火	己酉	閉	大驛土	奎
13日	11/05	水	庚戌	建	釵釧金	婁
14日	11/06	木	辛亥	除	釵釧金	胃
15日	11/07	金	壬子	満	桑柘木	昴
16日	11/08	土	癸丑	平	桑柘木	畢
17日	11/09	日	甲寅	定	大溪水	觜
18日△	11/10	月	乙卯	執	大溪水	參
19日	11/11	火	丙辰	破	沙中土	井
20日	11/12	水	丁巳	危	沙中土	鬼
21日	11/13	木	戊午	成	天上火	柳
22日	11/14	金	己未	納	天上火	星
23日	11/15	土	庚申	開	柘榴木	張
24日	11/16	日	辛酉	閉	柘榴木	翼
25日	11/17	月	壬戌	建	大海水	軫
26日	11/18	火	癸亥	除	大海水	角
27日	11/19	水	甲子	満	海中金	亢
28日	11/20	木	乙丑	平	海中金	氐
29日	11/21	金	丙寅	定	爐中火	房

【十月大 辛亥 心】
節気 小雪 2日・大雪 17日

日	西暦	曜	干支	直	納音	宿
1日	11/22	土	丁卯	定	爐中火	心
2日	11/23	日	戊辰	破	大林木	尾
3日	11/24	月	己巳	危	大林木	箕
4日	11/25	火	庚午	成	路傍土	斗
5日	11/26	水	辛未	納	路傍土	女
6日	11/27	木	壬申	開	釵鋒金	虚
7日	11/28	金	癸酉	閉	釵鋒金	危
8日	11/29	土	甲戌	建	山頭火	室
9日	11/30	日	乙亥	除	山頭火	壁
10日	12/01	月	丙子	満	澗下水	奎
11日	12/02	火	丁丑	平	澗下水	婁
12日	12/03	水	戊寅	定	城頭土	胃
13日	12/04	木	己卯	執	城頭土	昴
14日	12/05	金	庚辰	破	白鑞金	畢
15日	12/06	土	辛巳	危	白鑞金	觜
16日	12/07	日	壬午	成	楊柳木	參
17日	12/08	月	癸未	納	楊柳木	井
18日	12/09	火	甲申	開	井泉水	鬼
19日	12/10	水	乙酉	閉	井泉水	柳
20日	12/11	木	丙戌	建	屋上土	星
21日	12/12	金	丁亥	除	屋上土	張
22日	12/13	土	戊子	満	霹靂火	翼
23日▽	12/14	日	己丑	平	霹靂火	軫
24日	12/15	月	庚寅	定	松柏木	角
25日	12/16	火	辛卯	執	松柏木	亢
26日	12/17	水	壬辰	破	長流水	氐
27日	12/18	木	癸巳	危	長流水	房
28日	12/19	金	甲午	成	沙中金	心
29日	12/20	土	乙未	納	沙中金	尾
30日	12/21	日	丙申	成	山下火	箕

【十一月小 壬子 斗】
節気 冬至 2日・小寒 17日

日	西暦	曜	干支	直	納音	宿
1日	12/22	月	丁酉	納	山下火	斗
2日	12/23	火	戊戌	開	平地木	女
3日	12/24	水	己亥	閉	平地木	虚
4日	12/25	木	庚子	建	壁上土	危
5日	12/26	金	辛丑	除	壁上土	室
6日	12/27	土	壬寅	満	金箔金	壁
7日	12/28	日	癸卯	平	金箔金	奎
8日	12/29	月	甲辰	定	覆燈火	婁
9日	12/30	火	乙巳	執	覆燈火	胃
10日	12/31	水	丙午	破	天河水	昴
	1643年					
11日	01/01	木	丁未	危	天河水	畢
12日	01/02	金	戊申	成	大驛土	觜
13日	01/03	土	己酉	納	大驛土	參
14日	01/04	日	庚戌	開	釵釧金	井
15日	01/05	月	辛亥	閉	釵釧金	鬼
16日	01/06	火	壬子	建	桑柘木	柳
17日	01/07	水	癸丑	建	桑柘木	星
18日	01/08	木	甲寅	除	大溪水	張
19日	01/09	金	乙卯	平	大溪水	翼
20日	01/10	土	丙辰	平	沙中土	軫
21日	01/11	日	丁巳	定	沙中土	角
22日	01/12	月	戊午	執	天上火	亢
23日	01/13	火	己未	破	天上火	氐
24日	01/14	水	庚申	危	柘榴木	房
25日	01/15	木	辛酉	成	柘榴木	心
26日	01/16	金	壬戌	納	大海水	尾
27日	01/17	土	癸亥	開	大海水	箕
28日	01/18	日	甲子	閉	海中金	斗
29日△	01/19	月	乙丑	建	海中金	女

【十二月大 癸丑 虚】
節気 大寒 4日・立春 18日
雑節 土用 1日・節分 18日

日	西暦	曜	干支	直	納音	宿
1日	01/20	火	丙寅	除	爐中火	虚
2日	01/21	水	丁卯	満	爐中火	室
3日	01/22	木	戊辰	平	大林木	壁
4日	01/23	金	己巳	定	大林木	奎
5日	01/24	土	庚午	執	路傍土	婁
6日	01/25	日	辛未	破	路傍土	胃
7日	01/26	月	壬申	危	釵鋒金	昴
8日	01/27	火	癸酉	成	釵鋒金	畢
9日	01/28	水	甲戌	納	山頭火	觜
10日	01/29	木	乙亥	開	山頭火	參
11日	01/30	金	丙子	閉	澗下水	井
12日	01/31	土	丁丑	建	澗下水	鬼
13日	02/01	日	戊寅	除	城頭土	柳
14日	02/02	月	己卯	満	城頭土	星
15日	02/03	火	庚辰	平	白鑞金	張
16日	02/04	水	辛巳	定	白鑞金	翼
18日	02/05	木	壬午	執	楊柳木	軫
19日	02/06	金	癸未	破	楊柳木	角
20日	02/07	土	甲申	危	井泉水	亢
21日	02/08	日	乙酉	成	井泉水	氐
22日	02/09	月	丙戌	納	屋上土	房
23日	02/10	火	丁亥	開	屋上土	心
24日	02/11	水	戊子	閉	霹靂火	尾
25日	02/12	木	己丑	建	霹靂火	箕
26日	02/13	金	庚寅	除	松柏木	斗
27日▽	02/14	土	辛卯	満	松柏木	女
28日	02/15	日	壬辰	平	長流水	虚
29日	02/16	月	癸巳	定	長流水	室
30日	02/17	火	甲午	執	沙中金	壁

— 123 —

寛永20年

1643～1644 癸未

【正月小 甲寅 室】

節気 雨水 4日・啓蟄 19日

1日	02/19	日	丙申	破	山下火	室
2日	02/20	金	丁酉	危	山下火	壁
3日	02/21	土	戊戌	成	平地木	奎
4日	02/22	日	己亥	納	平地木	婁
5日	02/23	月	庚子	開	壁上土	胃
6日	02/24	火	辛丑	閉	壁上土	昴
7日	02/25	水	壬寅	建	金箔金	畢
8日	02/26	木	癸卯	除	金箔金	觜
9日	02/27	金	甲辰	満	覆燈火	参
10日	02/28	土	乙巳	平	覆燈火	井
11日	03/01	日	丙午	定	天河水	鬼
12日	03/02	月	丁未	執	天河水	柳
13日	03/03	火	戊申	破	大駅土	星
14日	03/04	水	己酉	危	大駅土	張
15日	03/05	木	庚戌	成	釵釧金	翼
16日	03/06	金	辛亥	納	釵釧金	軫
17日	03/07	土	壬子	開	桑柘木	角
18日	03/08	日	癸丑	閉	桑柘木	亢
19日	03/09	月	甲寅	建	大渓水	氐
20日	03/10	火	乙卯	建	大渓水	房
21日	03/11	水	丙辰	除	沙中土	心
22日	03/12	木	丁巳	満	沙中土	尾
23日	03/13	金	戊午	平	天上火	箕
24日	03/14	土	己未	定	天上火	斗
25日	03/15	日	庚申	執	柘榴木	女
26日	03/16	月	辛酉	破	柘榴木	虚
27日	03/17	火	壬戌	危	大海水	危
28日	03/18	水	癸亥	成	大海水	室
29日	03/19	木	甲子	納	海中金	壁

【二月大 乙卯 奎】

節気 春分 5日・清明 21日

雑節 社日 4日・彼岸 7日

1日 ◎	03/20	金	乙丑	開	海中金	奎
2日	03/21	土	丙寅	閉	爐中火	婁
3日	03/22	日	丁卯	建	爐中火	胃
4日	03/23	月	戊辰	除	大林木	昴
5日	03/24	火	己巳	満	大林木	畢
6日	03/25	水	庚午	平	路傍土	觜
7日	03/26	木	辛未	定	路傍土	参
8日	03/27	金	壬申	執	釵鋒金	井
9日	03/28	土	癸酉	破	釵鋒金	鬼
10日	03/29	日	甲戌	危	山頭火	柳
11日 △	03/30	月	乙亥	成	山頭火	星
12日	03/31	火	丙子	納	澗下水	張
13日	04/01	水	丁丑	開	澗下水	翼
14日	04/02	木	戊寅	閉	城頭土	軫
15日	04/03	金	己卯	建	城頭土	角
16日	04/04	土	庚辰	除	白鑞金	亢
17日	04/05	日	辛巳	満	白鑞金	氐
18日	04/06	月	壬午	平	楊柳木	房
19日	04/07	火	癸未	定	楊柳木	心
20日	04/08	水	甲申	執	井泉水	尾
21日	04/09	木	乙酉	破	井泉水	箕
22日	04/10	金	丙戌	破	屋上土	斗
23日	04/11	土	丁亥	危	屋上土	女
24日	04/12	日	戊子	成	霹靂火	虚
25日	04/13	月	己丑	納	霹靂火	危
26日	04/14	火	庚寅	開	松柏木	室
27日	04/15	水	辛卯	閉	松柏木	壁
28日	04/16	木	壬辰	建	長流水	奎
29日	04/17	金	癸巳	除	長流水	婁
30日 ▽	04/18	土	甲午	満	沙中金	胃

【三月小 丙辰 胃】

節気 穀雨 6日・立夏 21日

雑節 土用 3日・八十八夜 17日

1日	04/19	日	乙未	平	沙中金	胃
2日	04/20	月	丙申	定	山下火	昴
3日	04/21	火	丁酉	執	山下火	畢
4日	04/22	水	戊戌	破	平地木	觜
5日	04/23	木	己亥	危	平地木	参
6日	04/24	金	庚子	成	壁上土	井
7日	04/25	土	辛丑	納	壁上土	鬼
8日	04/26	日	壬寅	開	金箔金	柳
9日	04/27	月	癸卯	閉	金箔金	星
10日	04/28	火	甲辰	建	覆燈火	張
11日	04/29	水	乙巳	除	覆燈火	翼
12日	04/30	木	丙午	満	天河水	軫
13日	05/01	金	丁未	平	天河水	角
14日	05/02	土	戊申	定	大駅土	亢
15日	05/03	日	己酉	執	大駅土	氐
16日	05/04	月	庚戌	破	釵釧金	房
17日	05/05	火	辛亥	危	釵釧金	心
18日	05/06	水	壬子	成	桑柘木	尾
19日	05/07	木	癸丑	納	桑柘木	箕
20日	05/08	金	甲寅	開	大渓水	斗
21日	05/09	土	乙卯	閉	大渓水	女
22日	05/10	日	丙辰	建	沙中土	虚
23日	05/11	月	丁巳	除	沙中土	危
24日	05/12	火	戊午	満	天上火	室
25日	05/13	水	己未	平	天上火	壁
26日	05/14	木	庚申	平	柘榴木	奎
27日	05/15	金	辛酉	定	柘榴木	婁
28日	05/16	土	壬戌	執	大海水	胃
29日	05/17	日	癸亥	破	大海水	昴

【四月小 丁巳 畢】

節気 小満 7日・芒種 23日

雑節 入梅 29日

1日	05/18	月	甲子	危	海中金	畢
2日	05/19	火	乙丑	成	海中金	觜
3日	05/20	水	丙寅	納	爐中火	参
4日	05/21	木	丁卯	開	爐中火	井
5日	05/22	金	戊辰	閉	大林木	鬼
6日	05/23	土	己巳	建	大林木	柳
7日	05/24	日	庚午	除	路傍土	星
8日	05/25	月	辛未	満	路傍土	張
9日	05/26	火	壬申	平	釵鋒金	翼
10日	05/27	水	癸酉	定	釵鋒金	軫
11日	05/28	木	甲戌	執	山頭火	角
12日	05/29	金	乙亥	破	山頭火	亢
13日	05/30	土	丙子	危	澗下水	氐
14日	05/31	日	丁丑	成	澗下水	房
15日	06/01	月	戊寅	納	城頭土	心
16日	06/02	火	己卯	開	城頭土	尾
17日	06/03	水	庚辰	閉	白鑞金	箕
18日	06/04	木	辛巳	建	白鑞金	斗
19日	06/05	金	壬午	除	楊柳木	女
20日	06/06	土	癸未	満	楊柳木	虚
21日 △	06/07	日	甲申	平	井泉水	危
22日	06/08	月	乙酉	定	井泉水	室
23日	06/09	火	丙戌	定	屋上土	壁
24日	06/10	水	丁亥	執	屋上土	奎
25日	06/11	木	戊子	破	霹靂火	婁
26日	06/12	金	己丑	危	霹靂火	胃
27日	06/13	土	庚寅	成	松柏木	昴
28日	06/14	日	辛卯	納	松柏木	畢
29日	06/15	月	壬辰	開	長流水	觜

【五月大 戊午 参】

節気 夏至 9日・小暑 24日

雑節 半夏生 19日

1日	06/16	火	癸巳	閉	長流水	参
2日	06/17	水	甲午	建	沙中金	鬼
3日	06/18	木	乙未	除	沙中金	柳
4日	06/19	金	丙申	満	山下火	星
5日 ▽	06/20	土	丁酉	平	山下火	張
6日	06/21	日	戊戌	定	平地木	翼
7日	06/22	月	己亥	執	平地木	軫
8日	06/23	火	庚子	破	壁上土	角
9日	06/24	水	辛丑	危	壁上土	亢
10日	06/25	木	壬寅	成	金箔金	氐
11日	06/26	金	癸卯	納	金箔金	房
12日	06/27	土	甲辰	開	覆燈火	心
13日	06/28	日	乙巳	閉	覆燈火	尾
14日	06/29	月	丙午	建	天河水	箕
15日	06/30	火	丁未	除	天河水	斗
16日	07/01	水	戊申	満	大駅土	女
17日	07/02	木	己酉	平	大駅土	虚
18日	07/03	金	庚戌	定	釵釧金	危
19日 ▽	07/04	土	辛亥	執	釵釧金	室
20日	07/05	日	壬子	破	桑柘木	壁
21日	07/06	月	癸丑	危	桑柘木	奎
22日	07/07	火	甲寅	成	大渓水	婁
23日	07/08	水	乙卯	納	大渓水	胃
24日	07/09	木	丙辰	納	沙中土	昴
25日	07/10	金	丁巳	開	沙中土	畢
26日	07/11	土	戊午	閉	天上火	觜
27日	07/12	日	己未	建	天上火	参
28日	07/13	月	庚申	除	柘榴木	井
29日	07/14	火	辛酉	満	柘榴木	鬼
30日	07/15	水	壬戌	平	大海水	柳

【六月大 己未 鬼】

節気 大暑 9日・立秋 24日

雑節 土用 6日

1日	07/16	木	癸亥	定	大海水	鬼
2日	07/17	金	甲子	執	海中金	柳
3日	07/18	土	乙丑	破	海中金	星
4日	07/19	日	丙寅	危	爐中火	張
5日	07/20	月	丁卯	成	爐中火	翼
6日	07/21	火	戊辰	納	大林木	軫
7日	07/22	水	己巳	開	大林木	角
8日	07/23	木	庚午	閉	路傍土	亢
9日	07/24	金	辛未	建	路傍土	氐
10日	07/25	土	壬申	除	釵鋒金	房
11日	07/26	日	癸酉	満	釵鋒金	心
12日	07/27	月	甲戌	平	山頭火	尾
13日	07/28	火	乙亥	定	山頭火	箕
14日	07/29	水	丙子	執	澗下水	斗
15日	07/30	木	丁丑	破	澗下水	女
16日	07/31	金	戊寅	危	城頭土	虚
17日	08/01	土	己卯	成	城頭土	危
18日	08/02	日	庚辰	納	白鑞金	室
19日	08/03	月	辛巳	開	白鑞金	壁
20日	08/04	火	壬午	閉	楊柳木	奎
21日	08/05	水	癸未	建	楊柳木	婁
22日	08/06	木	甲申	除	井泉水	胃
23日	08/07	金	乙酉	満	井泉水	昴
24日 ▽	08/08	土	丙戌	平	屋上土	畢
25日	08/09	日	丁亥	平	屋上土	觜
26日	08/10	月	戊子	定	霹靂火	参
27日	08/11	火	己丑	執	霹靂火	井
28日	08/12	水	庚寅	破	松柏木	鬼
29日	08/13	木	辛卯	危	松柏木	柳
30日	08/14	金	壬辰	成	長流水	星

【七月小 庚申 張】

節気 処暑 10日・白露 25日

雑節 二百十日 21日

1日	08/15	土	癸巳	納	長流水	張
2日 △	08/16	日	甲午	開	沙中金	翼

— 124 —

寛永20年

日	西暦	曜	干支	直	納音	宿
3日	08/17	月	乙未	閉	沙中金	軫
4日	08/18	火	丙申	建	山下火	角
5日	08/19	水	丁酉	除	山下火	亢
6日	08/20	木	戊戌	満	平地木	氐
7日	08/21	金	己亥	平	平地木	房
8日▽	08/22	土	庚子	定	壁上土	心
9日	08/23	日	辛丑	執	壁上土	尾
10日	08/24	月	壬寅	破	金箔金	箕
11日	08/25	火	癸卯	危	金箔金	斗
12日	08/26	水	甲辰	成	覆燈火	女
13日	08/27	木	乙巳	納	覆燈火	虚
14日	08/28	金	丙午	開	天河水	危
15日	08/29	土	丁未	閉	天河水	室
16日	08/30	日	戊申	建	大駅土	壁
17日	08/31	月	己酉	除	大駅土	奎
18日	09/01	火	庚戌	満	釵釧金	婁
19日	09/02	水	辛亥	平	釵釧金	胃
20日	09/03	木	壬子	定	桑柘木	昴
21日	09/04	金	癸丑	執	桑柘木	畢
22日	09/05	土	甲寅	破	大溪水	觜
23日	09/06	日	乙卯	危	大溪水	参
24日	09/07	月	丙辰	成	沙中土	井
25日	09/08	火	丁巳	納	沙中土	鬼
26日	09/09	水	戊午	納	天上火	柳
27日	09/10	木	己未	開	天上火	星
28日	09/11	金	庚申	閉	柘榴木	張
29日	09/12	土	辛酉	建	柘榴木	翼

【八月大 辛酉 角】
節気 秋分 11日・寒露 26日
雑節 社日 7日・彼岸 13日

日	西暦	曜	干支	直	納音	宿
1日	09/13	日	壬戌	満	大海水	角
2日	09/14	月	癸亥	平	大海水	亢
3日	09/15	火	甲子	平	海中金	氐
4日	09/16	水	乙丑	定	海中金	房
5日	09/17	木	丙寅	執	爐中火	心
6日	09/18	金	丁卯	破	爐中火	尾
7日	09/19	土	戊辰	危	大林木	箕
8日	09/20	日	己巳	成	大林木	斗
9日	09/21	月	庚午	納	路傍土	女
10日	09/22	火	辛未	開	路傍土	虚
11日	09/23	水	壬申	閉	釵鋒金	危
12日	09/24	木	癸酉	建	釵鋒金	室
13日	09/25	金	甲戌	除	山頭火	壁
14日	09/26	土	乙亥	満	山頭火	奎
15日☆	09/27	日	丙子	平	澗下水	婁
16日	09/28	月	丁丑	定	澗下水	胃
17日	09/29	火	戊寅	執	城頭土	昴
18日	09/30	水	己卯	破	城頭土	畢
19日	10/01	木	庚辰	危	白鑞金	觜
20日	10/02	金	辛巳	成	白鑞金	参
21日	10/03	土	壬午	納	楊柳木	井
22日	10/04	日	癸未	開	楊柳木	鬼
23日	10/05	月	甲申	閉	井泉水	柳
24日	10/06	火	乙酉	建	井泉水	星
25日	10/07	水	丙戌	除	屋上土	張
26日	10/08	木	丁亥	除	屋上土	翼
27日	10/09	金	戊子	満	霹靂火	軫
28日	10/10	土	己丑	平	霹靂火	角
29日	10/11	日	庚寅	定	松柏木	亢
30日	10/12	月	辛卯	執	松柏木	氐

【九月大 壬戌 氐】
節気 霜降 11日・立冬 27日
雑節 土用 8日

日	西暦	曜	干支	直	納音	宿
1日	10/13	火	壬辰	成	長流水	氐
2日	10/14	水	癸巳	納	長流水	房
3日	10/15	木	甲午	成	沙中金	心
4日	10/16	金	乙未	納	沙中金	尾
5日	10/17	土	丙申	開	山下火	箕
6日	10/18	日	丁酉	閉	山下火	斗
7日	10/19	月	戊戌	建	平地木	女
8日	10/20	火	己亥	除	平地木	虚
9日	10/21	水	庚子	満	壁上土	危
10日	10/22	木	辛丑	平	壁上土	室
11日	10/23	金	壬寅	定	金箔金	壁
12日△	10/24	土	癸卯	執	金箔金	奎
13日△	10/25	日	甲辰	破	覆燈火	婁
14日	10/26	月	乙巳	危	覆燈火	胃
15日	10/27	火	丙午	成	天河水	昴
16日	10/28	水	丁未	納	天河水	畢
17日	10/29	木	戊申	開	大駅土	觜
18日	10/30	金	己酉	閉	大駅土	参
19日	10/31	土	庚戌	建	釵釧金	井
20日	11/01	日	辛亥	除	釵釧金	鬼
21日	11/02	月	壬子	満	桑柘木	柳
22日	11/03	火	癸丑	平	桑柘木	星
23日	11/04	水	甲寅	定	大溪水	張
24日	11/05	木	乙卯	執	大溪水	翼
25日	11/06	金	丙辰	破	沙中土	軫
26日	11/07	土	丁巳	危	沙中土	角
27日	11/08	日	戊午	成	天上火	亢
28日	11/09	月	己未	納	天上火	氐
29日	11/10	火	庚申	納	柘榴木	房
30日	11/11	水	辛酉	開	柘榴木	心

【十月小 癸亥 心】
節気 小雪 12日・大雪 27日

日	西暦	曜	干支	直	納音	宿
1日	11/12	木	壬戌	閉	大海水	心
2日	11/13	金	癸亥	建	大海水	尾
3日	11/14	土	甲子	満	海中金	斗
4日	11/15	日	乙丑	満	海中金	女
5日	11/16	月	丙寅	平	爐中火	虚
6日	11/17	火	丁卯	定	爐中火	危
7日	11/18	水	戊辰	執	大林木	室
8日	11/19	木	己巳	破	大林木	壁
9日	11/20	金	庚午	危	路傍土	奎
10日	11/21	土	辛未	成	路傍土	婁
11日	11/22	日	壬申	納	釵鋒金	胃
12日	11/23	月	癸酉	開	釵鋒金	昴
13日	11/24	火	甲戌	閉	山頭火	畢
14日	11/25	水	乙亥	除	山頭火	觜
15日	11/26	木	丙子	除	澗下水	参
16日	11/27	金	丁丑	満	澗下水	井
17日	11/28	土	戊寅	定	城頭土	鬼
18日	11/29	日	己卯	執	城頭土	柳
19日	11/30	月	庚辰	破	白鑞金	星
20日	12/01	火	辛巳	危	白鑞金	張
21日	12/02	水	壬午	成	楊柳木	翼
22日	12/03	木	癸未	納	楊柳木	軫
23日	12/04	金	甲申	開	井泉水	角
24日	12/05	土	乙酉	閉	井泉水	亢
25日	12/06	日	丙戌	建	屋上土	氐
26日	12/07	月	丁亥	除	屋上土	房
27日	12/08	火	戊子	建	霹靂火	房
28日	12/09	水	己丑	満	霹靂火	心
29日	12/10	木	庚寅	平	松柏木	尾

【十一月大 甲子 斗】
節気 冬至 13日・小寒 29日

日	西暦	曜	干支	直	納音	宿
1日	12/11	金	辛卯	平	松柏木	斗
2日	12/12	土	壬辰	定	長流水	女
3日	12/13	日	癸巳	執	長流水	虚
4日	12/14	月	甲午	破	沙中金	危
5日	12/15	火	乙未	危	沙中金	室
6日	12/16	水	丙申	成	山下火	壁
7日	12/17	木	丁酉	納	山下火	奎
8日	12/18	金	戊戌	開	平地木	婁
9日	12/19	土	己亥	閉	平地木	胃
10日	12/20	日	庚子	建	壁上土	昴
11日	12/21	月	辛丑	除	壁上土	畢
12日	12/22	火	壬寅	満	金箔金	觜
13日	12/23	水	癸卯	平	金箔金	参
14日	12/24	木	甲辰	定	覆燈火	井
15日	12/25	金	乙巳	執	覆燈火	鬼
16日▽	12/26	土	丙午	破	天河水	柳
17日	12/27	日	丁未	危	天河水	星
18日	12/28	月	戊申	成	大駅土	張
19日	12/29	火	己酉	納	大駅土	翼
20日	12/30	水	庚戌	納	釵釧金	軫
21日	12/31	木	辛亥	開	釵釧金	角

1644年

日	西暦	曜	干支	直	納音	宿
22日	01/01	金	壬子	建	桑柘木	亢
23日△	01/02	土	癸丑	除	桑柘木	氐
24日	01/03	日	甲寅	満	大溪水	房
25日	01/04	月	乙卯	平	大溪水	心
26日	01/05	火	丙辰	定	沙中土	尾
27日	01/06	水	丁巳	執	沙中土	箕
28日	01/07	木	戊午	破	天上火	斗
29日	01/08	金	己未	危	天上火	女
30日	01/09	土	庚申	成	柘榴木	虚

【十二月小 乙丑 虚】
節気 大寒 14日・立春 29日
雑節 土用 11日・節分 28日

日	西暦	曜	干支	直	納音	宿
1日	01/10	日	辛酉	成	柘榴木	虚
2日	01/11	月	壬戌	納	大海水	室
3日	01/12	火	癸亥	開	大海水	壁
4日	01/13	水	甲子	建	海中金	奎
5日	01/14	木	乙丑	建	海中金	婁
6日	01/15	金	丙寅	除	爐中火	胃
7日	01/16	土	丁卯	満	爐中火	昴
8日	01/17	日	戊辰	平	大林木	畢
9日	01/18	月	己巳	定	大林木	觜
10日	01/19	火	庚午	執	路傍土	参
11日	01/20	水	辛未	破	路傍土	井
12日	01/21	木	壬申	危	釵鋒金	鬼
13日	01/22	金	癸酉	成	釵鋒金	柳
14日	01/23	土	甲戌	納	山頭火	星
15日	01/24	日	乙亥	開	山頭火	張
16日	01/25	月	丙子	閉	澗下水	翼
17日	01/26	火	丁丑	建	澗下水	軫
18日	01/27	水	戊寅	除	城頭土	角
19日	01/28	木	己卯	満	城頭土	亢
20日	01/29	金	庚辰	平	白鑞金	氐
21日	01/30	土	辛巳	定	白鑞金	房
22日	01/31	日	壬午	執	楊柳木	心
23日	02/01	月	癸未	破	楊柳木	尾
24日	02/02	火	甲申	危	井泉水	箕
25日	02/03	水	乙酉	成	井泉水	斗
26日	02/04	木	丙戌	納	屋上土	女
27日	02/05	金	丁亥	開	屋上土	虚
28日	02/06	土	戊子	閉	霹靂火	危
29日	02/07	日	己丑	閉	霹靂火	室

正保元年〔寛永21年〕

1644～1645　甲申
※改元＝12月16日

【正月大 丙寅 室】

節気 雨水 15日・啓蟄 30日

日	月日	曜	干支	直	納音	宿
1日	02/08	月	庚寅	建	松柏木	室
2日	02/09	火	辛卯	除	松柏木	壁
3日	02/10	水	壬辰	満	長流水	奎
4日	02/11	木	癸巳	平	長流水	婁
5日	02/12	金	甲午	定	沙中金	胃
6日	02/13	土	乙未	執	沙中金	昴
7日	02/14	日	丙申	破	山下火	畢
8日	02/15	月	丁酉	危	山下火	觜
9日	02/16	火	戊戌	成	平地木	参
10日	02/17	水	己亥	納	平地木	井
11日	02/18	木	庚子	開	壁上土	鬼
12日	02/19	金	辛丑	閉	壁上土	柳
13日	02/20	土	壬寅	建	金箔金	星
14日	02/21	日	癸卯	除	金箔金	張
15日☆	02/22	月	甲辰	満	覆燈火	翼
16日	02/23	火	乙巳	平	覆燈火	軫
17日	02/24	水	丙午	定	天河水	角
18日	02/25	木	丁未	執	天河水	亢
19日	02/26	金	戊申	破	大駅土	氐
20日▽	02/27	土	己酉	危	大駅土	房
21日	02/28	日	庚戌	成	釵釧金	心
22日	02/29	月	辛亥	納	釵釧金	尾
23日	03/01	火	壬子	開	桑柘木	箕
24日	03/02	水	癸丑	閉	桑柘木	斗
25日	03/03	木	甲寅	建	大溪水	牛
26日	03/04	金	乙卯	除	大溪水	女
27日	03/05	土	丙辰	満	沙中土	虚
28日	03/06	日	丁巳	平	沙中土	危
29日	03/07	月	戊午	定	天上火	室
30日	03/08	火	己未	定	天上火	壁

【二月小 丁卯 奎】

節気 春分 16日
雑節 彼岸 18日・社日 19日

日	月日	曜	干支	直	納音	宿
1日	03/09	水	庚申	執	柘榴木	奎
2日	03/10	木	辛酉	破	柘榴木	婁
3日	03/11	金	壬戌	危	大海水	胃
4日△	03/12	土	癸亥	成	大海水	昴
5日	03/13	日	甲子	納	海中金	畢
6日	03/14	月	乙丑	開	海中金	觜
7日	03/15	火	丙寅	閉	爐中火	参
8日	03/16	水	丁卯	建	爐中火	井
9日	03/17	木	戊辰	除	大林木	鬼
10日	03/18	金	己巳	満	大林木	柳
11日	03/19	土	庚午	平	路傍土	星
12日	03/20	日	辛未	定	路傍土	張
13日	03/21	月	壬申	執	釵鋒金	翼
14日	03/22	火	癸酉	破	釵鋒金	軫
15日	03/23	水	甲戌	危	山頭火	角
16日	03/24	木	乙亥	成	山頭火	亢
17日	03/25	金	丙子	納	澗下水	氐
18日	03/26	土	丁丑	開	澗下水	房
19日	03/27	日	戊寅	閉	城頭土	心
20日	03/28	月	己卯	建	城頭土	尾
21日	03/29	火	庚辰	除	白鑞金	箕
22日	03/30	水	辛巳	満	白鑞金	斗
23日	03/31	木	壬午	平	楊柳木	牛
24日	04/01	金	癸未	定	楊柳木	女
25日	04/02	土	甲申	執	井泉水	虚
26日	04/03	日	乙酉	破	井泉水	危
27日	04/04	月	丙戌	危	屋上土	室
28日	04/05	火	丁亥	成	屋上土	壁
29日	04/06	水	戊子	納	霹靂火	奎

【三月大 戊辰 胃】

節気 清明 2日・穀雨 17日
雑節 土用 14日・八十八夜 28日

日	月日	曜	干支	直	納音	宿
1日	04/07	木	己丑	開	霹靂火	婁
2日	04/08	金	庚寅	開	松柏木	胃
3日	04/09	土	辛卯	閉	松柏木	昴
4日	04/10	日	壬辰	建	長流水	畢
5日	04/11	月	癸巳	除	長流水	觜
6日	04/12	火	甲午	満	沙中金	参
7日	04/13	水	乙未	平	沙中金	井
8日	04/14	木	丙申	定	山下火	鬼
9日	04/15	金	丁酉	執	山下火	柳
10日	04/16	土	戊戌	破	平地木	星
11日	04/17	日	己亥	危	平地木	張
12日	04/18	月	庚子	成	壁上土	翼
13日	04/19	火	辛丑	納	壁上土	軫
14日	04/20	水	壬寅	開	金箔金	角
15日	04/21	木	癸卯	閉	金箔金	亢
16日	04/22	金	甲辰	建	覆燈火	氐
17日	04/23	土	乙巳	除	覆燈火	房
18日	04/24	日	丙午	満	天河水	心
19日	04/25	月	丁未	平	天河水	尾
20日	04/26	火	戊申	定	大駅土	箕
21日	04/27	水	己酉	執	大駅土	斗
22日	04/28	木	庚戌	破	釵釧金	牛
23日	04/29	金	辛亥	危	釵釧金	女
24日▽	04/30	土	壬子	成	桑柘木	虚
25日	05/01	日	癸丑	納	桑柘木	危
26日	05/02	月	甲寅	開	大溪水	室
27日	05/03	火	乙卯	閉	大溪水	壁
28日	05/04	水	丙辰	建	沙中土	奎
29日	05/05	木	丁巳	除	沙中土	婁
30日	05/06	金	戊午	満	天上火	胃

【四月小 己巳 畢】

節気 立夏 2日・小満 18日

日	月日	曜	干支	直	納音	宿
1日	05/07	土	己未	平	天上火	昴
2日	05/08	日	庚申	平	柘榴木	畢
3日	05/09	月	辛酉	定	柘榴木	觜
4日	05/10	火	壬戌	執	大海水	参
5日	05/11	水	癸亥	破	大海水	井
6日	05/12	木	甲子	危	海中金	鬼
7日	05/13	金	乙丑	成	海中金	柳
8日	05/14	土	丙寅	納	爐中火	星
9日	05/15	日	丁卯	開	爐中火	張
10日	05/16	月	戊辰	閉	大林木	翼
11日	05/17	火	己巳	建	大林木	軫
12日	05/18	水	庚午	除	路傍土	角
13日	05/19	木	辛未	満	路傍土	亢
14日	05/20	金	壬申	平	釵鋒金	氐
15日△	05/21	土	癸酉	定	釵鋒金	房
16日	05/22	日	甲戌	執	山頭火	心
17日	05/23	月	乙亥	破	山頭火	尾
18日	05/24	火	丙子	危	澗下水	箕
19日	05/25	水	丁丑	成	澗下水	斗
20日	05/26	木	戊寅	納	城頭土	牛
21日	05/27	金	己卯	開	城頭土	女
22日	05/28	土	庚辰	閉	白鑞金	虚
23日	05/29	日	辛巳	建	白鑞金	危
24日	05/30	月	壬午	除	楊柳木	室
25日	05/31	火	癸未	満	楊柳木	壁
26日▽	06/01	水	甲申	平	井泉水	奎
27日	06/02	木	乙酉	定	井泉水	婁
28日	06/03	金	丙戌	執	屋上土	胃
29日	06/04	土	丁亥	破	屋上土	昴

【五月小 庚午 参】

節気 芒種 4日・夏至 19日
雑節 入梅 5日・半夏生 29日

日	月日	曜	干支	直	納音	宿
1日	06/05	日	戊子	危	霹靂火	畢
2日	06/06	月	己丑	成	霹靂火	觜
3日	06/07	火	庚寅	納	松柏木	参
4日	06/08	水	辛卯	納	松柏木	井
5日	06/09	木	壬辰	開	長流水	鬼
6日	06/10	金	癸巳	閉	長流水	柳
7日	06/11	土	甲午	建	沙中金	星
8日	06/12	日	乙未	除	沙中金	張
9日	06/13	月	丙申	満	山下火	翼
10日	06/14	火	丁酉	平	山下火	軫
11日	06/15	水	戊戌	定	平地木	角
12日	06/16	木	己亥	執	平地木	亢
13日	06/17	金	庚子	破	壁上土	氐
14日	06/18	土	辛丑	危	壁上土	房
15日	06/19	日	壬寅	成	金箔金	心
16日	06/20	月	癸卯	納	金箔金	尾
17日	06/21	火	甲辰	開	覆燈火	箕
18日	06/22	水	乙巳	閉	覆燈火	斗
19日	06/23	木	丙午	建	天河水	牛
20日	06/24	金	丁未	除	天河水	女
21日	06/25	土	戊申	満	大駅土	虚
22日	06/26	日	己酉	平	大駅土	危
23日	06/27	月	庚戌	定	釵釧金	室
24日	06/28	火	辛亥	執	釵釧金	壁
25日	06/29	水	壬子	破	桑柘木	奎
26日	06/30	木	癸丑	危	桑柘木	婁
27日	07/01	金	甲寅	成	大溪水	胃
28日▽	07/02	土	乙卯	納	大溪水	昴
29日	07/03	日	丙辰	開	沙中土	畢

【六月大 辛未 鬼】

節気 小暑 5日・大暑 20日
雑節 土用 17日

日	月日	曜	干支	直	納音	宿
1日	07/04	月	丁巳	閉	沙中土	觜
2日	07/05	火	戊午	建	天上火	参
3日	07/06	水	己未	除	天上火	井
4日	07/07	木	庚申	満	柘榴木	鬼
5日	07/08	金	辛酉	満	柘榴木	柳
6日	07/09	土	壬戌	平	大海水	星
7日	07/10	日	癸亥	定	大海水	張
8日	07/11	月	甲子	執	海中金	翼
9日	07/12	火	乙丑	破	海中金	軫
10日	07/13	水	丙寅	危	爐中火	角
11日	07/14	木	丁卯	成	爐中火	亢
12日	07/15	金	戊辰	納	大林木	氐
13日	07/16	土	己巳	開	大林木	房
14日	07/17	日	庚午	閉	路傍土	心
15日	07/18	月	辛未	建	路傍土	尾
16日	07/19	火	壬申	除	釵鋒金	箕
17日	07/20	水	癸酉	満	釵鋒金	斗
18日	07/21	木	甲戌	平	山頭火	牛
19日	07/22	金	乙亥	定	山頭火	女
20日	07/23	土	丙子	執	澗下水	虚
21日	07/24	日	丁丑	破	澗下水	危
22日	07/25	月	戊寅	危	城頭土	室
23日	07/26	火	己卯	成	城頭土	壁
24日	07/27	水	庚辰	納	白鑞金	奎
25日	07/28	木	辛巳	開	白鑞金	婁
26日△	07/29	金	壬午	閉	楊柳木	胃
27日	07/30	土	癸未	建	楊柳木	昴
28日	07/31	日	甲申	除	井泉水	畢
29日	08/01	月	乙酉	満	井泉水	觜
30日	08/02	火	丙戌	平	屋上土	参

西暦　曜　干支　直　納音　宿　　　　　　　　　　正保元年〔寛永21年〕

【七月小 壬申 張】
節気 立秋 6日・処暑 21日

	西暦	曜	干支	直	納音	宿
1日	08/03	水	丁亥	定	屋上土	張
2日	08/04	木	戊子	執	霹靂火	翼
3日	08/05	金	己丑	破	霹靂火	軫
4日	08/06	土	庚寅	危	松柏木	角
5日	08/07	日	辛卯	成	松柏木	亢
6日	08/08	月	壬辰	納	長流水	氐
7日	08/09	火	癸巳	開	長流水	房
8日	08/10	水	甲午	閉	沙中金	心
9日	08/11	木	乙未	建	沙中金	尾
10日	08/12	金	丙申	建	山下火	箕
11日	08/13	土	丁酉	除	山下火	斗
12日	08/14	日	戊戌	満	平地木	女
13日	08/15	月	己亥	定	平地木	虚
14日	08/16	火	庚子	執	壁上土	危
15日	08/17	水	辛丑	破	壁上土	室
16日	08/18	木	壬寅	破	金箔金	壁
17日	08/19	金	癸卯	危	金箔金	奎
18日	08/20	土	甲辰	成	覆燈火	婁
19日	08/21	日	乙巳	納	覆燈火	胃
20日	08/22	月	丙午	開	天河水	昴
21日	08/23	火	丁未	閉	天河水	畢
22日	08/24	水	戊申	建	大駅土	觜
23日	08/25	木	己酉	除	大駅土	参
24日	08/26	金	庚戌	満	釵釧金	井
25日	08/27	土	辛亥	平	釵釧金	鬼
26日	08/28	日	壬子	定	桑柘木	柳
27日	08/29	月	癸丑	執	桑柘木	星
28日	08/30	火	甲寅	破	大渓水	張
29日	08/31	水	乙卯	危	大渓水	翼

【八月大 癸酉 角】
節気 白露 7日・秋分 22日
雑節 二百十日 3日・社日 23日・彼岸 24日

	西暦	曜	干支	直	納音	宿
1日◎	09/01	木	丙辰	成	沙中土	角
2日	09/02	金	丁巳	納	沙中土	亢
3日▽	09/03	土	戊午	開	天上火	氐
4日	09/04	日	己未	閉	天上火	房
5日	09/05	月	庚申	建	柘榴木	心
6日	09/06	火	辛酉	除	柘榴木	尾
7日	09/07	水	壬戌	満	大海水	箕
8日	09/08	木	癸亥	平	大海水	斗
9日	09/09	金	甲子	平	海中金	女
10日	09/10	土	乙丑	定	海中金	虚
11日	09/11	日	丙寅	執	炉中火	危
12日	09/12	月	丁卯	破	炉中火	室
13日	09/13	火	戊辰	危	大林木	壁
14日	09/14	水	己巳	成	大林木	奎
15日	09/15	木	庚午	納	路傍土	婁
16日	09/16	金	辛未	開	路傍土	胃
17日	09/17	土	壬申	閉	釵鋒金	昴
18日	09/18	日	癸酉	建	釵鋒金	畢
19日	09/19	月	甲戌	除	山頭火	觜
20日	09/20	火	乙亥	満	山頭火	参
21日	09/21	水	丙子	平	澗下水	井
22日	09/22	木	丁丑	定	澗下水	鬼
23日	09/23	金	戊寅	執	城頭土	柳
24日	09/24	土	己卯	破	城頭土	星
25日	09/25	日	庚辰	危	白鑞金	張
26日	09/26	月	辛巳	成	白鑞金	翼
27日	09/27	火	壬午	納	楊柳木	軫
28日	09/28	水	癸未	開	楊柳木	角
29日	09/29	木	甲申	閉	井泉水	亢
30日	09/30	金	乙酉	建	井泉水	氐

【九月大 甲戌 氐】
節気 寒露 8日・霜降 23日
雑節 土用 20日

	西暦	曜	干支	直	納音	宿
1日	10/01	土	丙戌	除	屋上土	氐
2日	10/02	日	丁亥	満	屋上土	房
3日	10/03	月	戊子	平	霹靂火	心
4日	10/04	火	己丑	定	霹靂火	尾
5日	10/05	水	庚寅	執	松柏木	箕
6日	10/06	木	辛卯	破	松柏木	斗
7日△	10/07	金	壬辰	危	長流水	女
8日	10/08	土	癸巳	成	長流水	虚
9日	10/09	日	甲午	納	沙中金	危
10日	10/10	月	乙未	納	沙中金	室
11日	10/11	火	丙申	開	山下火	壁
12日	10/12	水	丁酉	閉	山下火	奎
13日	10/13	木	戊戌	建	平地木	婁
14日	10/14	金	己亥	除	平地木	胃
15日	10/15	土	庚子	満	壁上土	昴
16日	10/16	日	辛丑	平	壁上土	畢
17日	10/17	月	壬寅	定	金箔金	觜
18日	10/18	火	癸卯	執	金箔金	参
19日	10/19	水	甲辰	破	覆燈火	井
20日	10/20	木	乙巳	危	覆燈火	鬼
21日	10/21	金	丙午	成	天河水	柳
22日	10/22	土	丁未	納	天河水	星
23日	10/23	日	戊申	開	大駅土	張
24日	10/24	月	己酉	閉	大駅土	翼
25日	10/25	火	庚戌	建	釵釧金	軫
26日	10/26	水	辛亥	除	釵釧金	角
27日	10/27	木	壬子	満	桑柘木	亢
28日	10/28	金	癸丑	平	桑柘木	氐
29日	10/29	土	甲寅	定	大渓水	房
30日	10/30	日	乙卯	執	大渓水	心

【十月大 乙亥 心】
節気 立冬 8日・小雪 23日

	西暦	曜	干支	直	納音	宿
1日	10/31	月	丙辰	破	沙中土	心
2日	11/01	火	丁巳	危	沙中土	尾
3日	11/02	水	戊午	成	天上火	箕
4日	11/03	木	己未	納	天上火	斗
5日	11/04	金	庚申	開	柘榴木	女
6日▽	11/05	土	辛酉	閉	柘榴木	虚
7日	11/06	日	壬戌	建	大海水	危
8日	11/07	月	癸亥	建	大海水	室
9日	11/08	火	甲子	除	海中金	壁
10日	11/09	水	乙丑	満	海中金	奎
11日	11/10	木	丙寅	平	炉中火	婁
12日	11/11	金	丁卯	定	炉中火	胃
13日	11/12	土	戊辰	執	大林木	昴
14日	11/13	日	己巳	破	大林木	畢
15日	11/14	月	庚午	危	路傍土	觜
16日	11/15	火	辛未	成	路傍土	参
17日	11/16	水	壬申	納	釵鋒金	井
18日	11/17	木	癸酉	開	釵鋒金	鬼
19日	11/18	金	甲戌	閉	山頭火	柳
20日	11/19	土	乙亥	除	山頭火	星
21日	11/20	日	丙子	除	澗下水	張
22日	11/21	月	丁丑	満	澗下水	翼
23日	11/22	火	戊寅	平	城頭土	軫
24日	11/23	水	己卯	定	城頭土	角
25日	11/24	木	庚辰	執	白鑞金	亢
26日	11/25	金	辛巳	破	白鑞金	氐
27日	11/26	土	壬午	危	楊柳木	房
28日	11/27	日	癸未	成	楊柳木	心
29日	11/28	月	甲申	納	井泉水	尾
30日	11/29	火	乙酉	開	井泉水	箕

【十一月小 丙子 斗】
節気 大雪 8日・冬至 24日

	西暦	曜	干支	直	納音	宿
1日	11/30	水	丙戌	閉	屋上土	斗
2日	12/01	木	丁亥	建	屋上土	女
3日	12/02	金	戊子	除	霹靂火	虚
4日	12/03	土	己丑	満	霹靂火	危
5日	12/04	日	庚寅	平	松柏木	室
6日	12/05	月	辛卯	定	松柏木	壁
7日	12/06	火	壬辰	執	長流水	奎
8日	12/07	水	癸巳	破	長流水	婁
9日	12/08	木	甲午	破	沙中金	胃
10日	12/09	金	乙未	危	沙中金	昴
11日	12/10	土	丙申	成	山下火	畢
12日	12/11	日	丁酉	納	山下火	觜
13日	12/12	月	戊戌	開	平地木	参
14日	12/13	火	己亥	閉	平地木	井
15日	12/14	水	庚子	建	壁上土	鬼
16日	12/15	木	辛丑	除	壁上土	柳
17日△	12/16	金	壬寅	満	金箔金	星
18日	12/17	土	癸卯	平	金箔金	張
19日	12/18	日	甲辰	定	覆燈火	翼
20日	12/19	月	乙巳	執	覆燈火	軫
21日	12/20	火	丙午	破	天河水	角
22日	12/21	水	丁未	危	天河水	亢
23日	12/22	木	戊申	成	大駅土	氐
24日	12/23	金	己酉	納	大駅土	房
25日	12/24	土	庚戌	開	釵釧金	心
26日	12/25	日	辛亥	閉	釵釧金	尾
27日	12/26	月	壬子	建	桑柘木	箕
28日	12/27	火	癸丑	除	桑柘木	斗
29日	12/28	水	甲寅	満	大渓水	女

【十二月大 丁丑 虚】
節気 小寒 10日・大寒 25日
雑節 土用 22日

	西暦	曜	干支	直	納音	宿
1日	12/29	木	乙卯	平	大渓水	虚
2日	12/30	金	丙辰	定	沙中土	危
3日	12/31	土	丁巳	執	沙中土	室
1645年						
4日	01/01	日	戊午	破	天上火	壁
5日	01/02	月	己未	危	天上火	奎
6日	01/03	火	庚申	成	柘榴木	婁
7日	01/04	水	辛酉	納	柘榴木	胃
8日	01/05	木	壬戌	開	大海水	昴
9日	01/06	金	癸亥	閉	大海水	畢
10日▽	01/07	土	甲子	閉	海中金	觜
11日	01/08	日	乙丑	建	海中金	参
12日	01/09	月	丙寅	除	炉中火	井
13日	01/10	火	丁卯	満	炉中火	鬼
14日	01/11	水	戊辰	平	大林木	柳
15日	01/12	木	己巳	定	大林木	星
16日▽	01/13	金	庚午	執	路傍土	張

*改元（寛永21年→正保元年）

	西暦	曜	干支	直	納音	宿
17日	01/14	土	辛未	破	路傍土	翼
18日	01/15	日	壬申	危	釵鋒金	軫
19日	01/16	月	癸酉	成	釵鋒金	角
20日	01/17	火	甲戌	納	山頭火	亢
21日	01/18	水	乙亥	開	山頭火	氐
22日	01/19	木	丙子	閉	澗下水	房
23日	01/20	金	丁丑	建	澗下水	心
24日	01/21	土	戊寅	除	城頭土	尾
25日	01/22	日	己卯	満	城頭土	箕
26日	01/23	月	庚辰	平	白鑞金	斗
27日	01/24	火	辛巳	定	白鑞金	女
28日	01/25	水	壬午	執	楊柳木	虚
29日	01/26	木	癸未	破	楊柳木	危
30日	01/27	金	甲申	危	井泉水	室

正保2年
1645～1646　乙酉

【正月小 戊寅 室】
節気 立春 10日・雨水 25日
雑節 節分 9日

日	新暦	曜	干支	直	納音	宿
1日	01/28	土	乙酉	成	井泉水	室
2日	01/29	日	丙戌	納	屋上土	壁
3日	01/30	月	丁亥	開	屋上土	奎
4日	01/31	火	戊子	建	霹靂火	婁
5日	02/01	水	己丑	除	霹靂火	胃
6日	02/02	木	庚寅	除	松柏木	昴
7日	02/03	金	辛卯	平	松柏木	畢
8日	02/04	土	壬辰	平	長流水	觜
9日	02/05	日	癸巳	定	長流水	参
10日	02/06	月	甲午	執	沙中金	井
11日	02/07	火	乙未	執	沙中金	鬼
12日	02/08	水	丙申	破	山下火	柳
13日	02/09	木	丁酉	危	山下火	星
14日☆	02/10	金	戊戌	成	平地木	張
15日	02/11	土	己亥	納	平地木	翼
16日	02/12	日	庚子	開	壁上土	軫
17日	02/13	月	辛丑	閉	壁上土	角
18日	02/14	火	壬寅	建	金箔金	亢
19日	02/15	水	癸卯	除	金箔金	氐
20日	02/16	木	甲辰	満	覆燈火	房
21日	02/17	金	乙巳	平	覆燈火	心
22日	02/18	土	丙午	定	天河水	尾
23日	02/19	日	丁未	執	天河水	箕
24日	02/20	月	戊申	破	大駅土	斗
25日	02/21	火	己酉	危	大駅土	女
26日	02/22	水	庚戌	成	釵釧金	虚
27日△	02/23	木	辛亥	納	釵釧金	危
28日	02/24	金	壬子	開	桑柘木	室
29日	02/25	土	癸丑	閉	桑柘木	壁

【二月大 己卯 奎】
節気 啓蟄 12日・春分 27日
雑節 社日 25日・彼岸 29日

日	新暦	曜	干支	直	納音	宿
1日	02/26	日	甲寅	建	大渓水	奎
2日	02/27	月	乙卯	除	大渓水	婁
3日	02/28	火	丙辰	満	沙中土	胃
4日	03/01	水	丁巳	平	沙中土	昴
5日	03/02	木	戊午	定	天上火	畢
6日	03/03	金	己未	執	天上火	觜
7日	03/04	土	庚申	破	柘榴木	参
8日	03/05	日	辛酉	危	柘榴木	井
9日	03/06	月	壬戌	成	大海水	鬼
10日	03/07	火	癸亥	納	大海水	柳
11日	03/08	水	甲子	開	海中金	星
12日	03/09	木	乙丑	閉	海中金	張
13日▽	03/10	金	丙寅	閉	爐中火	翼
14日	03/11	土	丁卯	除	爐中火	軫
15日	03/12	日	戊辰	満	大林木	角
16日	03/13	月	己巳	平	大林木	亢
17日	03/14	火	庚午	定	路傍土	氐
18日	03/15	水	辛未	定	路傍土	房
19日	03/16	木	壬申	破	釵鋒金	心
20日	03/17	金	癸酉	危	釵鋒金	尾
21日	03/18	土	甲戌	成	山頭火	箕
22日	03/19	日	乙亥	納	山頭火	斗
23日	03/20	月	丙子	開	澗下水	女
24日	03/21	火	丁丑	閉	澗下水	虚
25日	03/22	水	戊寅	建	城頭土	危
26日	03/23	木	己卯	除	城頭土	室
27日	03/24	金	庚辰	満	白鑞金	壁
28日	03/25	土	辛巳	平	白鑞金	奎
29日	03/26	日	壬午	定	楊柳木	婁
30日	03/27	月	癸未	定	楊柳木	胃

【三月小 庚辰 胃】
節気 清明 12日・穀雨 27日
雑節 土用 24日

日	新暦	曜	干支	直	納音	宿
1日	03/28	火	甲申	執	井泉水	胃
2日	03/29	水	乙酉	破	井泉水	昴
3日	03/30	木	丙戌	危	屋上土	畢
4日	03/31	金	丁亥	成	屋上土	觜
5日	04/01	土	戊子	納	霹靂火	参
6日	04/02	日	己丑	開	霹靂火	井
7日	04/03	月	庚寅	閉	松柏木	鬼
8日	04/04	火	辛卯	建	松柏木	柳
9日	04/05	水	壬辰	満	長流水	星
10日	04/06	木	癸巳	満	長流水	張
11日	04/07	金	甲午	平	沙中金	翼
12日	04/08	土	乙未	定	沙中金	軫
13日	04/09	日	丙申	執	山下火	角
14日	04/10	月	丁酉	破	山下火	亢
15日	04/11	火	戊戌	危	平地木	氐
16日	04/12	水	己亥	成	平地木	房
17日	04/13	木	庚子	納	壁上土	心
18日	04/14	金	辛丑	開	壁上土	尾
19日	04/15	土	壬寅	閉	金箔金	箕
20日	04/16	日	癸卯	閉	金箔金	斗
21日	04/17	月	甲辰	建	覆燈火	女
22日	04/18	火	乙巳	除	覆燈火	虚
23日	04/19	水	丙午	満	天河水	危
24日	04/20	木	丁未	平	天河水	室
25日	04/21	金	戊申	定	大駅土	壁
26日	04/22	土	己酉	執	大駅土	奎
27日	04/23	日	庚戌	破	釵釧金	婁
28日	04/24	月	辛亥	危	釵釧金	胃
29日	04/25	火	壬子	成	桑柘木	昴

【四月大 辛巳 畢】
節気 立夏 14日・小満 29日
雑節 八十八夜 9日

日	新暦	曜	干支	直	納音	宿
1日	04/26	水	癸丑	納	桑柘木	畢
2日	04/27	木	甲寅	開	大渓水	觜
3日	04/28	金	乙卯	閉	大渓水	参
4日	04/29	土	丙辰	除	沙中土	井
5日	04/30	日	丁巳	満	沙中土	鬼
6日	05/01	月	戊午	平	天上火	柳
7日	05/02	火	己未	定	天上火	星
8日	05/03	水	庚申	執	柘榴木	張
9日△	05/04	木	辛酉	破	柘榴木	翼
10日	05/05	金	壬戌	危	大海水	軫
11日	05/06	土	癸亥	成	大海水	角
12日	05/07	日	甲子	納	海中金	亢
13日	05/08	月	乙丑	開	海中金	氐
14日	05/09	火	丙寅	納	爐中火	房
15日	05/10	水	丁卯	開	爐中火	心
16日	05/11	木	戊辰	閉	大林木	尾
17日▽	05/12	金	己巳	建	大林木	箕
18日	05/13	土	庚午	除	路傍土	斗
19日	05/14	日	辛未	満	路傍土	女
20日	05/15	月	壬申	定	釵鋒金	虚
21日	05/16	火	癸酉	執	釵鋒金	危
22日	05/17	水	甲戌	破	山頭火	室
23日	05/18	木	乙亥	危	山頭火	壁
24日	05/19	金	丙子	成	澗下水	奎
25日	05/20	土	丁丑	納	澗下水	婁
26日	05/21	日	戊寅	開	城頭土	胃
27日	05/22	月	己卯	閉	城頭土	昴
28日	05/23	火	庚辰	建	白鑞金	畢
29日	05/24	水	辛巳	除	白鑞金	觜
30日	05/25	木	壬午	除	楊柳木	参

【五月小 壬午 参】
節気 芒種 14日・夏至 29日
雑節 入梅 20日

日	新暦	曜	干支	直	納音	宿
1日	05/26	金	癸未	満	楊柳木	参
2日	05/27	土	甲申	平	井泉水	井
3日	05/28	日	乙酉	定	井泉水	鬼
4日	05/29	月	丙戌	執	屋上土	柳
5日	05/30	火	丁亥	破	屋上土	星
6日	05/31	水	戊子	危	霹靂火	張
7日	06/01	木	己丑	成	霹靂火	翼
8日	06/02	金	庚寅	納	松柏木	軫
9日	06/03	土	辛卯	開	松柏木	角
10日	06/04	日	壬辰	建	長流水	亢
11日	06/05	月	癸巳	除	長流水	氐
12日	06/06	火	甲午	満	沙中金	房
13日	06/07	水	乙未	平	沙中金	心
14日	06/08	木	丙申	定	山下火	尾
15日	06/09	金	丁酉	執	山下火	箕
16日	06/10	土	戊戌	破	平地木	斗
17日	06/11	日	己亥	危	平地木	女
18日	06/12	月	庚子	成	壁上土	虚
19日	06/13	火	辛丑	納	壁上土	危
20日	06/14	水	壬寅	開	金箔金	室
21日	06/15	木	癸卯	閉	金箔金	壁
22日	06/16	金	甲辰	建	覆燈火	奎
23日	06/17	土	乙巳	除	覆燈火	婁
24日	06/18	日	丙午	満	天河水	胃
25日	06/19	月	丁未	定	天河水	昴
26日	06/20	火	戊申	執	大駅土	畢
27日	06/21	水	己酉	破	大駅土	觜
28日	06/22	木	庚戌	危	釵釧金	参
29日	06/23	金	辛亥	執	釵釧金	井

【閏五月小 壬午 参】
節気 小暑 15日
雑節 半夏生 10日・土用 28日

日	新暦	曜	干支	直	納音	宿
1日	06/24	土	壬子	破	桑柘木	参
2日	06/25	日	癸丑	危	桑柘木	井
3日	06/26	月	甲寅	成	大渓水	鬼
4日	06/27	火	乙卯	納	大渓水	柳
5日	06/28	水	丙辰	開	沙中土	星
6日	06/29	木	丁巳	閉	沙中土	張
7日	06/30	金	戊午	建	天上火	翼
8日	07/01	土	己未	除	天上火	軫
9日	07/02	日	庚申	満	柘榴木	角
10日	07/03	月	辛酉	平	柘榴木	亢
11日	07/04	火	壬戌	定	大海水	氐
12日	07/05	水	癸亥	執	大海水	房
13日	07/06	木	甲子	破	海中金	心
14日	07/07	金	乙丑	危	海中金	尾
15日	07/08	土	丙寅	成	爐中火	箕
16日	07/09	日	丁卯	納	爐中火	斗
17日	07/10	月	戊辰	開	大林木	女
18日	07/11	火	己巳	閉	大林木	虚
19日△	07/12	水	庚午	建	路傍土	危
20日	07/13	木	辛未	除	路傍土	室
21日▽	07/14	金	壬申	満	釵鋒金	壁
22日	07/15	土	癸酉	平	釵鋒金	奎
23日	07/16	日	甲戌	定	山頭火	婁
24日	07/17	月	乙亥	執	山頭火	胃
25日	07/18	火	丙子	破	澗下水	昴
26日	07/19	水	丁丑	危	澗下水	畢
27日	07/20	木	戊寅	成	城頭土	觜
28日	07/21	金	己卯	納	城頭土	参
29日	07/22	土	庚辰	閉	白鑞金	井

【六月大 癸未 鬼】
節気 大暑 2日・立秋 17日

日	新暦	曜	干支	直	納音	宿
1日	07/23	日	辛巳	開	白鑞金	鬼
2日	07/24	月	壬午	閉	楊柳木	柳
3日	07/25	火	癸未	建	楊柳木	星
4日	07/26	水	甲申	除	井泉水	張
5日	07/27	木	乙酉	満	井泉水	翼
6日	07/28	金	丙戌	平	屋上土	軫
7日	07/29	土	丁亥	定	屋上土	角
8日	07/30	日	戊子	執	霹靂火	亢
9日	07/31	月	己丑	破	霹靂火	氐
10日	08/01	火	庚寅	危	松柏木	房
11日	08/02	水	辛卯	成	松柏木	心
12日	08/03	木	壬辰	納	長流水	尾
13日	08/04	金	癸巳	開	長流水	箕
14日	08/05	土	甲午	閉	沙中金	斗
15日	08/06	日	乙未	建	沙中金	女
16日☆	08/07	月	丙申	除	山下火	虚

— 128 —

西暦 曜 干支 直 納音 宿　　　　　　　　　　　正保2年

17日	08/08	火	丁酉	定	山下火	危
18日	08/09	水	戊戌	満	平地木	室
19日	08/10	木	己亥	平	平地木	壁
20日	08/11	金	庚子	定	壁上土	奎
21日	08/12	土	辛丑	執	壁上土	婁
22日	08/13	日	壬寅	破	金箔金	胃
23日	08/14	月	癸卯	危	金箔金	昴
24日	08/15	火	甲辰	成	覆燈火	觜
25日	08/16	水	乙巳	納	覆燈火	参
26日	08/17	木	丙午	開	天河水	井
27日	08/18	金	丁未	建	天河水	鬼
28日	08/19	土	戊申	建	大駅土	柳
29日	08/20	日	己酉	除	大駅土	星
30日	08/21	月	庚戌	満	釵釧金	張

【七月小 甲申 張】
節気 処暑 2日・白露 17日
雑節 二百十日 13日・社日 28日

1日	08/22	火	辛亥	平	釵釧金	張
2日	08/23	水	壬子	定	桑柘木	翼
3日	08/24	木	癸丑	執	桑柘木	軫
4日	08/25	金	甲寅	破	大渓水	角
5日	08/26	土	乙卯	危	大渓水	亢
6日	08/27	日	丙辰	成	沙中土	氐
7日	08/28	月	丁巳	納	沙中土	房
8日	08/29	火	戊午	開	天上火	心
9日	08/30	水	己未	閉	天上火	尾
10日	08/31	木	庚申	建	柘榴木	箕
11日	09/01	金	辛酉	除	柘榴木	斗
12日	09/02	土	壬戌	満	大海水	女
13日	09/03	日	癸亥	平	大海水	虚
14日	09/04	月	甲子	定	海中金	危
15日	09/05	火	乙丑	執	海中金	室
16日	09/06	水	丙寅	破	炉中火	壁
17日	09/07	木	丁卯	危	炉中火	奎
18日	09/08	金	戊辰	成	大林木	婁
19日	09/09	土	己巳	納	大林木	胃
20日	09/10	日	庚午	開	路傍土	昴
21日	09/11	月	辛未	閉	路傍土	畢
22日	09/12	火	壬申	建	釵鋒金	参
23日	09/13	水	癸酉	除	釵鋒金	井
24日	09/14	木	甲戌	除	山頭火	井
25日▽	09/15	金	乙亥	満	山頭火	柳
26日	09/16	土	丙子	平	潤下水	星
27日	09/17	日	丁丑	定	潤下水	張
28日	09/18	月	戊寅	執	城頭土	翼
29日	09/19	火	己卯	破	城頭土	軫

【八月大 乙酉 角】
節気 秋分 4日・寒露 19日
雑節 彼岸 6日

1日△	09/20	水	庚辰	危	白鑞金	角
2日	09/21	木	辛巳	成	白鑞金	亢
3日	09/22	金	壬午	納	楊柳木	氐
4日	09/23	土	癸未	開	楊柳木	房
5日	09/24	日	甲申	閉	井泉水	心
6日	09/25	月	乙酉	建	井泉水	尾
7日	09/26	火	丙戌	満	屋上土	箕
8日	09/27	水	丁亥	満	屋上土	斗
9日	09/28	木	戊子	平	霹靂火	女
10日	09/29	金	己丑	定	霹靂火	虚
11日	09/30	土	庚寅	執	松柏木	危
12日	10/01	日	辛卯	破	松柏木	室
13日	10/02	月	壬辰	危	長流水	壁
14日	10/03	火	癸巳	成	長流水	奎
15日	10/04	水	甲午	納	沙中金	婁
16日	10/05	木	乙未	開	沙中金	胃
17日	10/06	金	丙申	閉	山下火	昴
18日	10/07	土	丁酉	建	山下火	畢
19日	10/08	日	戊戌	除	平地木	参
20日	10/09	月	己亥	除	平地木	井
21日	10/10	火	庚子	満	壁上土	鬼
22日	10/11	水	辛丑	平	壁上土	柳

23日	10/12	木	壬寅	定	金箔金	柳
24日	10/13	金	癸卯	執	金箔金	星
25日	10/14	土	甲辰	破	覆燈火	張
26日	10/15	日	乙巳	危	覆燈火	翼
27日	10/16	月	丙午	成	天河水	軫
28日	10/17	火	丁未	納	天河水	角
29日	10/18	水	戊申	開	大駅土	亢
30日	10/19	木	己酉	閉	大駅土	氐

【九月大 丙戌 氐】
節気 霜降 4日・立冬 19日
雑節 土用 1日

1日	10/20	金	庚戌	建	釵釧金	氐
2日	10/21	土	辛亥	除	釵釧金	房
3日	10/22	日	壬子	満	桑柘木	心
4日	10/23	月	癸丑	平	桑柘木	尾
5日	10/24	火	甲寅	定	大渓水	箕
6日	10/25	水	乙卯	執	大渓水	斗
7日	10/26	木	丙辰	破	沙中土	女
8日	10/27	金	丁巳	危	沙中土	虚
9日	10/28	土	戊午	成	天上火	危
10日	10/29	日	己未	納	天上火	室
11日	10/30	月	庚申	開	柘榴木	壁
12日	10/31	火	辛酉	閉	柘榴木	奎
13日	11/01	水	壬戌	建	大海水	婁
14日	11/02	木	癸亥	除	大海水	胃
15日	11/03	金	甲子	満	海中金	昴
16日	11/04	土	乙丑	平	海中金	畢
17日	11/05	日	丙寅	定	炉中火	参
18日	11/06	月	丁卯	執	炉中火	井
19日	11/07	火	戊辰	破	大林木	鬼
20日	11/08	水	己巳	危	大林木	柳
21日	11/09	木	庚午	成	路傍土	星
22日	11/10	金	辛未	納	路傍土	張
23日	11/11	土	壬申	開	釵鋒金	翼
24日	11/12	日	癸酉	閉	釵鋒金	軫
25日	11/13	月	甲戌	建	山頭火	角
26日	11/14	火	乙亥	除	山頭火	亢
27日	11/15	水	丙子	除	潤下水	氐
28日	11/16	木	丁丑	満	潤下水	房
29日▽	11/17	金	戊寅	平	城頭土	心
30日	11/18	土	己卯	定	城頭土	尾

【十月小 丁亥 心】
節気 小雪 4日・大雪 20日

1日	11/19	日	庚辰	破	白鑞金	心
2日	11/20	月	辛巳	危	白鑞金	尾
3日	11/21	火	壬午	危	楊柳木	箕
4日	11/22	水	癸未	成	楊柳木	斗
5日	11/23	木	甲申	納	井泉水	女
6日	11/24	金	乙酉	開	井泉水	虚
7日	11/25	土	丙戌	閉	屋上土	危
8日	11/26	日	丁亥	建	屋上土	室
9日	11/27	月	戊子	除	霹靂火	壁
10日	11/28	火	己丑	満	霹靂火	奎
11日△	11/29	水	庚寅	平	松柏木	婁
12日	11/30	木	辛卯	定	松柏木	胃
13日	12/01	金	壬辰	執	長流水	昴
14日	12/02	土	癸巳	破	長流水	畢
15日	12/03	日	甲午	危	沙中金	觜
16日	12/04	月	乙未	成	沙中金	参
17日	12/05	火	丙申	納	山下火	井
18日	12/06	水	丁酉	開	山下火	鬼
19日	12/07	木	戊戌	閉	平地木	柳
20日	12/08	金	己亥	建	平地木	星
21日	12/09	土	庚子	除	壁上土	張
22日	12/10	日	辛丑	満	壁上土	翼
23日	12/11	月	壬寅	平	金箔金	軫
24日	12/12	火	癸卯	定	金箔金	角
25日	12/13	水	甲辰	執	覆燈火	亢
26日	12/14	木	乙巳	破	覆燈火	氐
27日	12/15	金	丙午	危	天河水	房
28日	12/16	土	丁未	成	天河水	心

29日	12/17	日	戊申	成	大駅土	尾

【十一月大 戊子 斗】
節気 冬至 6日・小寒 21日

1日	12/18	月	己酉	閉	大駅土	斗
2日	12/19	火	庚戌	開	釵釧金	女
3日	12/20	水	辛亥	閉	釵釧金	虚
4日	12/21	木	壬子	閉	桑柘木	危
5日	12/22	金	癸丑	除	桑柘木	室
6日	12/23	土	甲寅	満	大渓水	壁
7日	12/24	日	乙卯	平	大渓水	奎
8日	12/25	月	丙辰	定	沙中土	婁
9日	12/26	火	丁巳	執	沙中土	胃
10日	12/27	水	戊午	破	天上火	昴
11日	12/28	木	己未	危	天上火	觜
12日	12/29	金	庚申	成	柘榴木	参
13日	12/30	土	辛酉	納	柘榴木	井
14日	12/31	日	壬戌	開	大海水	井

1646年

15日	01/01	月	癸亥	閉	大海水	鬼
16日	01/02	火	甲子	建	海中金	柳
17日	01/03	水	乙丑	除	海中金	星
18日	01/04	木	丙寅	満	炉中火	張
19日	01/05	金	丁卯	平	炉中火	翼
20日	01/06	土	戊辰	定	大林木	軫
21日	01/07	日	己巳	定	大林木	角
22日	01/08	月	庚午	執	路傍土	亢
23日	01/09	火	辛未	破	路傍土	氐
24日	01/10	水	壬申	危	釵鋒金	房
25日	01/11	木	癸酉	成	釵鋒金	心
26日	01/12	金	甲戌	納	山頭火	尾
27日	01/13	土	乙亥	開	山頭火	箕
28日	01/14	日	丙子	閉	潤下水	斗
29日	01/15	月	丁丑	建	潤下水	女
30日	01/16	火	戊寅	除	城頭土	虚

【十二月大 己丑 虚】
節気 大寒 6日・立春 22日
雑節 土用 3日・節分 21日

1日◎	01/17	水	己卯	満	城頭土	虚
2日	01/18	木	庚辰	平	白鑞金	危
3日▽	01/19	金	辛巳	執	白鑞金	室
4日	01/20	土	壬午	破	楊柳木	壁
5日	01/21	日	癸未	破	楊柳木	奎
6日	01/22	月	甲申	危	井泉水	婁
7日	01/23	火	乙酉	成	井泉水	胃
8日	01/24	水	丙戌	納	屋上土	昴
9日	01/25	木	丁亥	開	屋上土	畢
10日	01/26	金	戊子	閉	霹靂火	觜
11日	01/27	土	己丑	建	霹靂火	参
12日	01/28	日	庚寅	除	松柏木	井
13日	01/29	月	辛卯	満	松柏木	鬼
14日	01/30	火	壬辰	平	長流水	柳
15日☆	01/31	水	癸巳	定	長流水	星
16日	02/01	木	甲午	執	沙中金	張
17日	02/02	金	乙未	破	沙中金	翼
18日	02/03	土	丙申	危	山下火	軫
19日	02/04	日	丁酉	成	山下火	角
20日	02/05	月	戊戌	納	平地木	亢
21日△	02/06	火	己亥	開	平地木	氐
22日	02/07	水	庚子	閉	壁上土	房
23日	02/08	木	辛丑	閉	壁上土	心
24日	02/09	金	壬寅	建	金箔金	尾
25日	02/10	土	癸卯	除	金箔金	箕
26日	02/11	日	甲辰	満	覆燈火	斗
27日	02/12	月	乙巳	平	覆燈火	女
28日	02/13	火	丙午	定	天河水	虚
29日	02/14	水	丁未	執	天河水	危
30日	02/15	木	戊申	破	大駅土	室

－ 129 －

正保3年
1646〜1647　丙戌

【正月小 庚寅 室】
節気 雨水 7日・啓蟄 22日

日	日付	曜	干支	直	納音	宿
1日	02/16	金	己酉	危	大駅土	室
2日	02/17	土	庚戌	成	釼釧金	壁
3日	02/18	日	辛亥	納	釼釧金	奎
4日	02/19	月	壬子	開	桑柘木	婁
5日	02/20	火	癸丑	閉	桑柘木	胃
6日	02/21	水	甲寅	建	大渓水	昴
7日	02/22	木	乙卯	除	大渓水	畢
8日	02/23	金	丙辰	満	沙中土	觜
9日	02/24	土	丁巳	平	沙中土	参
10日	02/25	日	戊午	定	天上火	井
11日	02/26	月	己未	執	天上火	鬼
12日	02/27	火	庚申	破	柘榴木	柳
13日	02/28	水	辛酉	危	柘榴木	星
14日	03/01	木	壬戌	成	大海水	張
15日	03/02	金	癸亥	納	大海水	翼
16日	03/03	土	甲子	開	海中金	軫
17日	03/04	日	乙丑	閉	海中金	角
18日	03/05	月	丙寅	建	爐中火	亢
19日	03/06	火	丁卯	除	爐中火	氐
20日	03/07	水	戊辰	満	大林木	房
21日	03/08	木	己巳	平	大林木	心
22日	03/09	金	庚午	平	路傍土	尾
23日	03/10	土	辛未	定	路傍土	箕
24日	03/11	日	壬申	執	釼鋒金	斗
25日	03/12	月	癸酉	破	釼鋒金	女
26日	03/13	火	甲戌	危	山頭火	虚
27日	03/14	水	乙亥	成	山頭火	危
28日	03/15	木	丙子	納	澗下水	室
29日	03/16	金	丁丑	開	澗下水	壁

【二月大 辛卯 奎】
節気 春分 8日・清明 23日
雑節 彼岸 10日・社日 11日

日	日付	曜	干支	直	納音	宿
1日	03/17	土	戊寅	閉	城頭土	奎
2日	03/18	日	己卯	建	城頭土	婁
3日	03/19	月	庚辰	除	白鑞金	胃
4日	03/20	火	辛巳	満	白鑞金	昴
5日	03/21	水	壬午	平	楊柳木	畢
6日	03/22	木	癸未	定	楊柳木	觜
7日▽	03/23	金	甲申	定	井泉水	参
8日	03/24	土	乙酉	破	井泉水	井
9日	03/25	日	丙戌	危	屋上土	鬼
10日	03/26	月	丁亥	成	屋上土	柳
11日	03/27	火	戊子	納	霹靂火	星
12日	03/28	水	己丑	開	霹靂火	張
13日	03/29	木	庚寅	閉	松柏木	翼
14日	03/30	金	辛卯	建	松柏木	軫
15日	03/31	土	壬辰	除	長流水	角
16日	04/01	日	癸巳	満	長流水	亢
17日	04/02	月	甲午	平	沙中金	氐
18日	04/03	火	乙未	定	沙中金	房
19日	04/04	水	丙申	執	山下火	心
20日	04/05	木	丁酉	破	山下火	尾
21日	04/06	金	戊戌	危	平地木	箕
22日	04/07	土	己亥	成	平地木	斗
23日	04/08	日	庚子	成	壁上土	女
24日	04/09	月	辛丑	納	壁上土	虚
25日	04/10	火	壬寅	開	金箔金	危
26日	04/11	水	癸卯	閉	金箔金	室
27日	04/12	木	甲辰	建	覆燈火	壁
28日	04/13	金	乙巳	除	覆燈火	奎
29日	04/14	土	丙午	満	天河水	婁
30日	04/15	日	丁未	平	天河水	胃

【三月小 壬辰 胃】
節気 穀雨 9日・立夏 24日
雑節 土用 6日・八十八夜 20日

日	日付	曜	干支	直	納音	宿
1日	04/16	月	戊申	定	大駅土	胃
2日△	04/17	火	己酉	執	大駅土	昴
3日	04/18	水	庚戌	破	釼釧金	畢
4日	04/19	木	辛亥	危	釼釧金	觜
5日	04/20	金	壬子	成	桑柘木	参
6日	04/21	土	癸丑	納	桑柘木	井
7日	04/22	日	甲寅	開	大渓水	鬼
8日	04/23	月	乙卯	閉	大渓水	柳
9日	04/24	火	丙辰	建	沙中土	星
10日	04/25	水	丁巳	除	沙中土	張
11日	04/26	木	戊午	満	天上火	翼
12日	04/27	金	己未	定	天上火	軫
13日	04/28	土	庚申	執	柘榴木	角
14日	04/29	日	辛酉	破	柘榴木	亢
15日	04/30	月	壬戌	危	大海水	氐
16日	05/01	火	癸亥	成	大海水	房
17日	05/02	水	甲子	納	海中金	心
18日	05/03	木	乙丑	開	海中金	尾
19日	05/04	金	丙寅	閉	爐中火	箕
20日	05/05	土	丁卯	建	爐中火	斗
21日	05/06	日	戊辰	除	大林木	女
22日	05/07	月	己巳	満	大林木	虚
23日	05/08	火	庚午	平	路傍土	危
24日	05/09	水	辛未	定	路傍土	室
25日	05/10	木	壬申	執	釼鋒金	壁
26日	05/11	金	癸酉	破	釼鋒金	奎
27日	05/12	土	甲戌	危	山頭火	婁
28日	05/13	日	乙亥	成	山頭火	胃
29日	05/14	月	丙子	納	澗下水	昴

【四月大 癸巳 畢】
節気 小満 10日・芒種 25日
雑節 入梅 26日

日	日付	曜	干支	直	納音	宿
1日	05/15	火	丁丑	成	澗下水	畢
2日	05/16	水	戊寅	納	澗下水	觜
3日	05/17	木	己卯	開	城頭土	参
4日	05/18	金	庚辰	閉	白鑞金	井
5日	05/19	土	辛巳	建	白鑞金	鬼
6日	05/20	日	壬午	除	楊柳木	柳
7日	05/21	月	癸未	満	楊柳木	星
8日	05/22	火	甲申	定	井泉水	張
9日	05/23	水	乙酉	定	井泉水	翼
10日	05/24	木	丙戌	執	屋上土	軫
11日▽	05/25	金	丁亥	破	屋上土	角
12日	05/26	土	戊子	危	霹靂火	亢
13日	05/27	日	己丑	成	霹靂火	氐
14日	05/28	月	庚寅	納	松柏木	房
15日	05/29	火	辛卯	開	松柏木	心
16日	05/30	水	壬辰	閉	長流水	尾
17日	05/31	木	癸巳	建	長流水	箕
18日	06/01	金	甲午	除	沙中金	斗
19日	06/02	土	乙未	満	沙中金	女
20日	06/03	日	丙申	平	山下火	虚
21日	06/04	月	丁酉	定	山下火	危
22日	06/05	火	戊戌	執	平地木	室
23日	06/06	水	己亥	破	平地木	壁
24日	06/07	木	庚子	危	壁上土	奎
25日	06/08	金	辛丑	成	壁上土	婁
26日	06/09	土	壬寅	納	金箔金	胃
27日	06/10	日	癸卯	開	金箔金	昴
28日	06/11	月	甲辰	閉	覆燈火	畢
29日	06/12	火	乙巳	建	覆燈火	觜
30日	06/13	水	丙午	建	天河水	参

【五月小 甲午 参】
節気 夏至 10日・小暑 26日
雑節 半夏生 21日

日	日付	曜	干支	直	納音	宿
1日	06/14	木	丁未	除	天河水	参
2日	06/15	金	戊申	満	大駅土	井
3日	06/16	土	己酉	定	大駅土	鬼
4日	06/17	日	庚戌	定	釼釧金	柳
5日	06/18	月	辛亥	執	釼釧金	星
6日	06/19	火	壬子	破	桑柘木	張
7日	06/20	水	癸丑	危	桑柘木	翼
8日	06/21	木	甲寅	成	大渓水	軫
9日	06/22	金	乙卯	納	大渓水	角
10日	06/23	土	丙辰	開	沙中土	亢
11日	06/24	日	丁巳	閉	沙中土	氐
12日	06/25	月	戊午	建	天上火	房
13日△	06/26	火	己未	除	天上火	心
14日	06/27	水	庚申	満	柘榴木	尾
15日	06/28	木	辛酉	平	柘榴木	箕
16日	06/29	金	壬戌	定	大海水	斗
17日	06/30	土	癸亥	執	大海水	女
18日	07/01	日	甲子	破	海中金	虚
19日	07/02	月	乙丑	危	海中金	危
20日	07/03	火	丙寅	成	爐中火	室
21日	07/04	水	丁卯	納	爐中火	壁
22日	07/05	木	戊辰	開	大林木	奎
23日	07/06	金	己巳	閉	大林木	婁
24日	07/07	土	庚午	建	路傍土	胃
25日	07/08	日	辛未	除	路傍土	昴
26日	07/09	月	壬申	満	釼鋒金	畢
27日	07/10	火	癸酉	満	釼鋒金	觜
28日	07/11	水	甲戌	平	山頭火	参
29日	07/12	木	乙亥	定	山頭火	井

【六月小 乙未 鬼】
節気 大暑 12日・立秋 27日
雑節 土用 9日

日	日付	曜	干支	直	納音	宿
1日	07/13	金	丙子	執	澗下水	鬼
2日	07/14	土	丁丑	破	澗下水	柳
3日	07/15	日	戊寅	危	城頭土	星
4日	07/16	月	己卯	成	城頭土	張
5日	07/17	火	庚辰	納	白鑞金	翼
6日	07/18	水	辛巳	開	白鑞金	軫
7日	07/19	木	壬午	閉	楊柳木	角
8日	07/20	金	癸未	建	楊柳木	亢
9日	07/21	土	甲申	除	井泉水	氐
10日	07/22	日	乙酉	満	井泉水	房
11日	07/23	月	丙戌	平	屋上土	心
12日	07/24	火	丁亥	定	屋上土	尾
13日	07/25	水	戊子	執	霹靂火	箕
14日	07/26	木	己丑	破	霹靂火	斗
15日◇	07/27	金	庚寅	危	松柏木	女
16日	07/28	土	辛卯	成	松柏木	虚
17日	07/29	日	壬辰	納	長流水	危
18日	07/30	月	癸巳	開	長流水	室
19日	07/31	火	甲午	閉	沙中金	壁
20日	08/01	水	乙未	建	沙中金	奎
21日	08/02	木	丙申	除	山下火	婁
22日	08/03	金	丁酉	満	山下火	胃
23日	08/04	土	戊戌	平	平地木	昴
24日	08/05	日	己亥	定	平地木	畢
25日	08/06	月	庚子	執	壁上土	觜
26日	08/07	火	辛丑	破	金箔金	参
27日	08/08	水	壬寅	破	金箔金	井
28日	08/09	木	癸卯	危	金箔金	鬼
29日	08/10	金	甲辰	成	覆燈火	柳

【七月大 丙申 張】
節気 処暑 13日・白露 29日

正保3年

西暦	曜	干支	直	納音	宿

雑節 二百十日 25日

日	西暦	曜	干支	直	納音	宿
1日	08/11	土	乙巳	開	覆燈火	張
2日	08/12	日	丙午	閉	天河水	翼
3日	08/13	月	丁未	閉	天河水	軫
4日	08/14	火	戊申	建	大駅土	角
5日	08/15	水	己酉	除	大駅土	亢
6日	08/16	木	庚戌	満	釵釧金	氐
7日	08/17	金	辛亥	平	釵釧金	房
8日	08/18	土	壬子	定	桑柘木	心
9日	08/19	日	癸丑	執	桑柘木	尾
10日	08/20	月	甲寅	破	大溪水	箕
11日	08/21	火	乙卯	危	大溪水	斗
12日	08/22	水	丙辰	成	沙中土	女
13日	08/23	木	丁巳	納	沙中土	虚
14日	08/24	金	戊午	開	天上火	危
15日	08/25	土	己未	閉	天上火	室
16日	08/26	日	庚申	建	柘榴木	壁
17日	08/27	月	辛酉	除	柘榴木	奎
18日	08/28	火	壬戌	満	大海水	婁
19日	08/29	水	癸亥	平	大海水	胃
20日	08/30	木	甲子	定	海中金	昴
21日	08/31	金	乙丑	執	海中金	畢
22日	09/01	土	丙寅	破	爐中火	觜
23日	09/02	日	丁卯	危	爐中火	参
24日△	09/03	月	戊辰	成	大林木	井
25日	09/04	火	己巳	納	大林木	鬼
26日	09/05	水	庚午	開	路傍土	柳
27日	09/06	木	辛未	閉	路傍土	星
28日	09/07	金	壬申	建	釵鋒金	張
29日	09/08	土	癸酉	建	釵鋒金	翼
30日	09/09	日	甲戌	除	山頭火	軫

【八月小 丁酉 角】
節気 秋分 14日・寒露 29日
雑節 社日 14日・彼岸 16日

日	西暦	曜	干支	直	納音	宿
1日	09/10	月	乙亥	満	山頭火	角
2日	09/11	火	丙子	平	山頭火	亢
3日	09/12	水	丁丑	定	澗下水	氐
4日	09/13	木	戊寅	執	城頭土	房
5日	09/14	金	己卯	破	城頭土	心
6日	09/15	土	庚辰	危	白鑞金	尾
7日	09/16	日	辛巳	成	白鑞金	箕
8日	09/17	月	壬午	納	楊柳木	斗
9日	09/18	火	癸未	開	楊柳木	女
10日	09/19	水	甲申	閉	井泉水	虚
11日	09/20	木	乙酉	建	井泉水	危
12日	09/21	金	丙戌	除	屋上土	室
13日	09/22	土	丁亥	平	屋上土	壁
14日	09/23	日	戊子	定	霹靂火	奎
15日	09/24	月	己丑	執	霹靂火	婁
16日	09/25	火	庚寅	破	松柏木	胃
17日	09/26	水	辛卯	危	松柏木	昴
18日	09/27	木	壬辰	成	長流水	畢
19日▽	09/28	金	癸巳	納	長流水	觜
20日	09/29	土	甲午	開	沙中金	参
21日	09/30	日	乙未	閉	沙中金	井
22日	10/01	月	丙申	建	山下火	鬼
23日	10/02	火	丁酉	除	山下火	柳
24日	10/03	水	戊戌	満	平地木	星
25日	10/04	木	己亥	平	平地木	張
26日	10/05	金	庚子	平	壁上土	翼
27日	10/06	土	辛丑	執	壁上土	軫
28日	10/07	日	壬寅	執	金箔金	角
29日	10/08	月	癸卯	破	金箔金	亢

【九月大 戊戌 氐】
節気 霜降 15日・立冬 30日
雑節 土用 12日

日	西暦	曜	干支	直	納音	宿
1日	10/09	火	甲辰	破	覆燈火	氐
2日	10/10	水	乙巳	危	覆燈火	房
3日	10/11	木	丙午	成	天河水	心
4日	10/12	金	丁未	納	天河水	尾
5日	10/13	土	戊申	閉	大駅土	箕
6日	10/14	日	己酉	閉	大駅土	斗
7日	10/15	月	庚戌	建	釵釧金	女
8日	10/16	火	辛亥	除	釵釧金	虚
9日	10/17	水	壬子	満	桑柘木	室
10日	10/18	木	癸丑	平	桑柘木	壁
11日	10/19	金	甲寅	定	大溪水	奎
12日	10/20	土	乙卯	執	大溪水	婁
13日	10/21	日	丙辰	危	沙中土	胃
14日	10/22	月	丁巳	危	沙中土	昴
15日	10/23	火	戊午	成	天上火	畢
16日	10/24	水	己未	納	天上火	觜
17日	10/25	木	庚申	開	柘榴木	参
18日	10/26	金	辛酉	閉	柘榴木	井
19日	10/27	土	壬戌	建	大海水	鬼
20日	10/28	日	癸亥	除	大海水	柳
21日	10/29	月	甲子	満	海中金	星
22日	10/30	火	乙丑	平	海中金	張
23日	10/31	水	丙寅	定	爐中火	翼
24日	11/01	木	丁卯	執	爐中火	軫
25日	11/02	金	戊辰	破	大林木	角
26日	11/03	土	己巳	危	大林木	亢
27日	11/04	日	庚午	成	路傍土	氐
28日	11/05	月	辛未	納	路傍土	房
29日	11/06	火	壬申	閉	釵鋒金	心
30日	11/07	水	癸酉	開	釵鋒金	尾

【十月小 己亥 心】
節気 小雪 16日

日	西暦	曜	干支	直	納音	宿
1日	11/08	木	甲戌	閉	山頭火	心
2日	11/09	金	乙亥	建	山頭火	尾
3日	11/10	土	丙子	除	澗下水	箕
4日	11/11	日	丁丑	満	澗下水	斗
5日△	11/12	月	戊寅	平	城頭土	女
6日	11/13	火	己卯	定	城頭土	虚
7日	11/14	水	庚辰	執	白鑞金	室
8日	11/15	木	辛巳	破	白鑞金	壁
9日	11/16	金	壬午	危	楊柳木	奎
10日	11/17	土	癸未	成	楊柳木	婁
11日	11/18	日	甲申	納	井泉水	胃
12日	11/19	月	乙酉	開	井泉水	昴
13日	11/20	火	丙戌	閉	屋上土	畢
14日	11/21	水	丁亥	建	屋上土	觜
15日	11/22	木	戊子	除	霹靂火	参
16日	11/23	金	己丑	満	霹靂火	井
17日	11/24	土	庚寅	平	松柏木	鬼
18日	11/25	日	辛卯	定	松柏木	柳
19日	11/26	月	壬辰	執	長流水	星
20日	11/27	火	癸巳	破	長流水	張
21日	11/28	水	甲午	危	沙中金	翼
22日	11/29	木	乙未	成	沙中金	軫
23日▽	11/30	金	丙申	納	山下火	角
24日	12/01	土	丁酉	開	山下火	亢
25日	12/02	日	戊戌	閉	平地木	氐
26日	12/03	月	己亥	建	平地木	房
27日	12/04	火	庚子	除	壁上土	心
28日	12/05	水	辛丑	満	壁上土	尾
29日	12/06	木	壬寅	平	金箔金	箕

【十一月大 庚子 斗】
節気 大雪 2日・冬至 17日

日	西暦	曜	干支	直	納音	宿
1日	12/07	金	癸卯	定	金箔金	斗
2日	12/08	土	甲辰	定	覆燈火	女
3日	12/09	日	乙巳	執	覆燈火	虚
4日	12/10	月	丙午	破	天河水	危
5日	12/11	火	丁未	危	天河水	室
6日	12/12	水	戊申	成	大駅土	壁
7日	12/13	木	己酉	納	大駅土	奎
8日	12/14	金	庚戌	開	釵釧金	婁
9日	12/15	土	辛亥	閉	釵釧金	胃
10日	12/16	日	壬子	建	桑柘木	昴
11日	12/17	月	癸丑	除	桑柘木	畢
12日	12/18	火	甲寅	満	大溪水	觜
13日	12/19	水	乙卯	平	大溪水	参
14日	12/20	木	丙辰	定	沙中土	井
15日	12/21	金	丁巳	執	沙中土	鬼
16日	12/22	土	戊午	危	天上火	柳
17日	12/23	日	己未	危	天上火	星
18日	12/24	月	庚申	成	柘榴木	張
19日	12/25	火	辛酉	納	柘榴木	翼
20日	12/26	水	壬戌	開	大海水	軫
21日	12/27	木	癸亥	閉	大海水	角
22日	12/28	金	甲子	建	海中金	亢
23日	12/29	土	乙丑	除	海中金	氐
24日	12/30	日	丙寅	満	爐中火	房
25日	12/31	月	丁卯	平	爐中火	心

1647年

日	西暦	曜	干支	直	納音	宿
26日	01/01	火	戊辰	定	大林木	尾
27日	01/02	水	己巳	執	大林木	箕
28日	01/03	木	庚午	破	路傍土	斗
29日	01/04	金	辛未	危	路傍土	女
30日	01/05	土	壬申	成	釵鋒金	虚

【十二月大 辛丑 虚】
節気 小寒 2日・大寒 18日
雑節 土用 14日

日	西暦	曜	干支	直	納音	宿
1日◎	01/06	日	癸酉	納	釵鋒金	虚
2日	01/07	月	甲戌	納	山頭火	危
3日	01/08	火	乙亥	開	山頭火	室
4日	01/09	水	丙子	閉	澗下水	壁
5日	01/10	木	丁丑	建	澗下水	奎
6日	01/11	金	戊寅	除	城頭土	婁
7日	01/12	土	己卯	満	城頭土	胃
8日	01/13	日	庚辰	平	白鑞金	昴
9日	01/14	月	辛巳	定	白鑞金	畢
10日	01/15	火	壬午	執	楊柳木	觜
11日	01/16	水	癸未	破	楊柳木	参
12日	01/17	木	甲申	危	井泉水	井
13日	01/18	金	乙酉	成	井泉水	鬼
14日	01/19	土	丙戌	納	屋上土	柳
15日☆	01/20	日	丁亥	開	屋上土	星
16日△	01/21	月	戊子	閉	霹靂火	張
17日	01/22	火	己丑	建	霹靂火	翼
18日	01/23	水	庚寅	除	松柏木	軫
19日	01/24	木	辛卯	満	松柏木	角
20日	01/25	金	壬辰	平	長流水	亢
21日	01/26	土	癸巳	定	長流水	氐
22日	01/27	日	甲午	執	沙中金	房
23日	01/28	月	乙未	破	沙中金	心
24日	01/29	火	丙申	危	山下火	尾
25日	01/30	水	丁酉	成	山下火	箕
26日▽	01/31	木	戊戌	納	平地木	斗
27日	02/01	金	己亥	開	平地木	女
28日	02/02	土	庚子	閉	壁上土	虚
29日	02/03	日	辛丑	建	壁上土	危
30日	02/04	月	壬寅	除	金箔金	室

正保4年
1647～1648　丁亥

【正月大 壬寅 室】
節気 立春 3日・雨水 18日
雑節 節分 2日

日	新暦	曜	干支	直	納音	宿
1日	02/05	火	癸卯	満	金箔金	室
2日	02/06	水	甲辰	平	覆燈火	壁
3日	02/07	木	乙巳	平	覆燈火	奎
4日	02/08	金	丙午	定	天河水	婁
5日	02/09	土	丁未	執	天河水	胃
6日	02/10	日	戊申	破	大駅土	昴
7日	02/11	月	己酉	危	大駅土	畢
8日	02/12	火	庚戌	納	釵釧金	觜
9日	02/13	水	辛亥	納	釵釧金	參
10日	02/14	木	壬子	開	桑柘木	井
11日	02/15	金	癸丑	閉	桑柘木	鬼
12日	02/16	土	甲寅	建	大溪水	柳
13日	02/17	日	乙卯	除	大溪水	星
14日	02/18	月	丙辰	満	沙中土	張
15日	02/19	火	丁巳	平	沙中土	翼
16日	02/20	水	戊午	定	天上火	軫
17日	02/21	木	己未	執	天上火	角
18日	02/22	金	庚申	破	柘榴木	亢
19日	02/23	土	辛酉	危	柘榴木	氐
20日	02/24	日	壬戌	成	大海水	房
21日	02/25	月	癸亥	納	大海水	心
22日	02/26	火	甲子	開	海中金	尾
23日	02/27	水	乙丑	閉	海中金	箕
24日	02/28	木	丙寅	建	爐中火	斗
25日	03/01	金	丁卯	除	爐中火	女
26日	03/02	土	戊辰	満	大林木	虚
27日	03/03	日	己巳	平	大林木	危
28日	03/04	月	庚午	定	路傍土	室
29日	03/05	火	辛未	執	路傍土	壁
30日	03/06	水	壬申	破	釵釧金	

【二月小 癸卯 奎】
節気 啓蟄 3日・春分 18日
雑節 社日 16日・彼岸 20日

日	新暦	曜	干支	直	納音	宿
1日	03/07	木	癸酉	危	釵釧金	奎
2日	03/08	金	甲戌	成	山頭火	婁
3日	03/09	土	乙亥	成	山頭火	胃
4日	03/10	日	丙子	納	澗下水	昴
5日	03/11	月	丁丑	開	澗下水	畢
6日	03/12	火	戊寅	閉	城頭土	觜
7日	03/13	水	己卯	建	城頭土	參
8日	03/14	木	庚辰	除	白鑞金	井
9日	03/15	金	辛巳	満	白鑞金	鬼
10日	03/16	土	壬午	平	楊柳木	柳
11日	03/17	日	癸未	定	楊柳木	星
12日	03/18	月	甲申	執	井泉水	張
13日	03/19	火	乙酉	破	井泉水	翼
14日	03/20	水	丙戌	危	屋上土	軫
15日	03/21	木	丁亥	成	屋上土	角
16日	03/22	金	戊子	納	霹靂火	亢
17日	03/23	土	己丑	開	霹靂火	氐
18日	03/24	日	庚寅	閉	松柏木	房
19日	03/25	月	辛卯	建	松柏木	心
20日	03/26	火	壬辰	除	長流水	尾
21日	03/27	水	癸巳	満	長流水	箕
22日	03/28	木	甲午	平	沙中金	斗
23日	03/29	金	乙未	定	沙中金	女
24日	03/30	土	丙申	執	山下火	虚
25日△	03/31	日	丁酉	破	山下火	危
26日	04/01	月	戊戌	危	平地木	室
27日	04/02	火	己亥	成	平地木	壁
28日	04/03	水	庚子	納	壁上土	奎
29日▽	04/04	木	辛丑	開	壁上土	婁

【三月大 甲辰 胃】
節気 清明 5日・穀雨 20日
雑節 土用 17日

日	新暦	曜	干支	直	納音	宿
1日	04/05	金	壬寅	閉	金箔金	胃
2日	04/06	土	癸卯	建	金箔金	昴
3日	04/07	日	甲辰	除	覆燈火	畢
4日	04/08	月	乙巳	満	覆燈火	觜
5日	04/09	火	丙午	平	天河水	參
6日	04/10	水	丁未	平	天河水	井
7日	04/11	木	戊申	定	大駅土	鬼
8日	04/12	金	己酉	執	大駅土	柳
9日	04/13	土	庚戌	破	釵釧金	星
10日	04/14	日	辛亥	危	釵釧金	張
11日	04/15	月	壬子	成	桑柘木	翼
12日	04/16	火	癸丑	納	桑柘木	軫
13日	04/17	水	甲寅	開	大溪水	角
14日	04/18	木	乙卯	閉	大溪水	亢
15日	04/19	金	丙辰	除	沙中土	氐
16日	04/20	土	丁巳	除	沙中土	房
17日	04/21	日	戊午	満	天上火	心
18日	04/22	月	己未	平	天上火	尾
19日	04/23	火	庚申	執	柘榴木	箕
20日	04/24	水	辛酉	執	柘榴木	斗
21日	04/25	木	壬戌	破	大海水	女
22日	04/26	金	癸亥	危	大海水	虚
23日	04/27	土	甲子	納	海中金	危
24日	04/28	日	乙丑	納	海中金	室
25日	04/29	月	丙寅	開	爐中火	壁
26日	04/30	火	丁卯	閉	爐中火	奎
27日	05/01	水	戊辰	建	大林木	婁
28日	05/02	木	己巳	除	大林木	胃
29日	05/03	金	庚午	満	路傍土	昴

【四月小 乙巳 畢】
節気 立夏 5日・小満 20日
雑節 八十八夜 1日

日	新暦	曜	干支	直	納音	宿
1日	05/05	日	壬申	定	釵釧金	畢
2日	05/06	月	癸酉	平	釵釧金	觜
3日	05/07	火	甲戌	破	山頭火	參
4日	05/08	水	乙亥	危	山頭火	井
5日	05/09	木	丙子	危	澗下水	鬼
6日	05/10	金	丁丑	納	澗下水	柳
7日	05/11	土	戊寅	納	城頭土	星
8日	05/12	日	己卯	開	城頭土	張
9日	05/13	月	庚辰	閉	白鑞金	翼
10日	05/14	火	辛巳	建	白鑞金	軫
11日	05/15	水	壬午	除	楊柳木	角
12日	05/16	木	癸未	満	楊柳木	亢
13日	05/17	金	甲申	定	井泉水	氐
14日	05/18	土	乙酉	定	井泉水	房
15日	05/19	日	丙戌	執	屋上土	心
16日	05/20	月	丁亥	破	屋上土	尾
17日	05/21	火	戊子	危	霹靂火	箕
18日	05/22	水	己丑	成	霹靂火	斗
19日	05/23	木	庚寅	納	松柏木	女
20日	05/24	金	辛卯	開	松柏木	虚
21日	05/25	土	壬辰	閉	長流水	危
22日	05/26	日	癸巳	建	長流水	室
23日	05/27	月	甲午	除	沙中金	壁
24日	05/28	火	乙未	満	沙中金	奎
25日	05/29	水	丙申	平	山下火	婁
26日	05/30	木	丁酉	定	山下火	胃
27日	05/31	金	戊戌	執	平地木	昴
28日	06/01	土	己亥	破	平地木	畢
29日	06/02	日	庚子	危	壁上土	觜

【五月大 丙午 參】
節気 芒種 6日・夏至 22日
雑節 入梅 12日

日	新暦	曜	干支	直	納音	宿
1日	06/03	月	辛丑	成	壁上土	參
2日	06/04	火	壬寅	納	金箔金	井
3日	06/05	水	癸卯	開	金箔金	鬼
4日▽	06/06	木	甲辰	閉	覆燈火	柳
5日	06/07	金	乙巳	建	覆燈火	星
6日	06/08	土	丙午	除	天河水	張
7日△	06/09	日	丁未	除	天河水	翼
8日	06/10	月	戊申	満	大駅土	軫
9日	06/11	火	己酉	定	大駅土	角
10日	06/12	水	庚戌	定	釵釧金	亢
11日	06/13	木	辛亥	執	釵釧金	氐
12日	06/14	金	壬子	破	桑柘木	房
13日	06/15	土	癸丑	危	桑柘木	心
14日	06/16	日	甲寅	成	大溪水	尾
15日	06/17	月	乙卯	納	大溪水	箕
16日	06/18	火	丙辰	開	沙中土	斗
17日	06/19	水	丁巳	閉	沙中土	女
18日	06/20	木	戊午	建	天上火	虚
19日	06/21	金	己未	除	天上火	危
20日	06/22	土	庚申	平	柘榴木	室
21日	06/23	日	辛酉	平	柘榴木	壁
22日	06/24	月	壬戌	定	大海水	奎
23日	06/25	火	癸亥	執	大海水	婁
24日	06/26	水	甲子	破	海中金	胃
25日	06/27	木	乙丑	危	海中金	昴
26日	06/28	金	丙寅	成	爐中火	畢
27日	06/29	土	丁卯	納	爐中火	觜
28日	06/30	日	戊辰	開	大林木	參
29日	07/01	月	己巳	閉	大林木	井
30日	07/02	火	庚午	建	路傍土	鬼

【六月小 丁未 鬼】
節気 小暑 7日・大暑 22日
雑節 半夏生 2日・土用 19日

日	新暦	曜	干支	直	納音	宿
1日	07/03	水	辛未	除	路傍土	鬼
2日	07/04	木	壬申	満	釵釧金	柳
3日	07/05	金	癸酉	平	釵釧金	星
4日	07/06	土	甲戌	定	山頭火	張
5日	07/07	日	乙亥	執	山頭火	翼
6日	07/08	月	丙子	破	澗下水	軫
7日	07/09	火	丁丑	危	澗下水	角
8日	07/10	水	戊寅	危	城頭土	亢
9日	07/11	木	己卯	成	城頭土	氐
10日	07/12	金	庚辰	納	白鑞金	房
11日	07/13	土	辛巳	開	白鑞金	心
12日	07/14	日	壬午	閉	楊柳木	尾
13日	07/15	月	癸未	建	楊柳木	箕
14日☆	07/16	火	甲申	除	井泉水	斗
15日	07/17	水	乙酉	満	井泉水	女
16日	07/18	木	丙戌	平	屋上土	虚
17日	07/19	金	丁亥	定	屋上土	危
18日	07/20	土	戊子	執	霹靂火	室
19日	07/21	日	己丑	破	霹靂火	壁
20日	07/22	月	庚寅	危	松柏木	奎
21日	07/23	火	辛卯	納	松柏木	婁
22日	07/24	水	壬辰	納	長流水	胃
23日	07/25	木	癸巳	開	長流水	昴
24日	07/26	金	甲午	閉	沙中金	畢
25日	07/27	土	乙未	除	沙中金	觜
26日	07/28	日	丙申	除	山下火	參
27日	07/29	月	丁酉	満	山下火	井
28日	07/30	火	戊戌	平	平地木	鬼

西暦　曜　干支　直　納音　宿　　　　　　　　　　正保4年

29日　07/31　水　己亥　定　平地木　柳

【七月小 戊申 張】
節気　立秋 8日・処暑 24日
- 1日　08/01　木　庚子　執　壁上土　張
- 2日　08/02　金　辛丑　破　壁上土　翼
- 3日　08/03　土　壬寅　危　金箔金　軫
- 4日　08/04　日　癸卯　成　金箔金　角
- 5日　08/05　月　甲辰　納　覆燈火　亢
- 6日　08/06　火　乙巳　開　覆燈火　氐
- 7日　08/07　水　丙午　閉　天河水　房
- 8日▽　08/08　木　丁未　建　天河水　心
- 9日　08/09　金　戊申　建　大駅土　尾
- 10日　08/10　土　己酉　除　大駅土　箕
- 11日　08/11　日　庚戌　満　釵釧金　斗
- 12日　08/12　月　辛亥　平　釵釧金　女
- 13日　08/13　火　壬子　定　桑柘木　虚
- 14日　08/14　水　癸丑　執　桑柘木　危
- 15日　08/15　木　甲寅　破　大渓水　室
- 16日　08/16　金　乙卯　危　大渓水　壁
- 17日△　08/17　土　丙辰　成　沙中土　奎
- 18日　08/18　日　丁巳　納　沙中土　婁
- 19日　08/19　月　戊午　開　天上火　胃
- 20日　08/20　火　己未　閉　天上火　昴
- 21日　08/21　水　庚申　建　柘榴木　畢
- 22日　08/22　木　辛酉　除　柘榴木　觜
- 23日　08/23　金　壬戌　満　大海水　参
- 24日　08/24　土　癸亥　定　大海水　井
- 25日　08/25　日　甲子　定　海中金　鬼
- 26日　08/26　月　乙丑　執　海中金　柳
- 27日　08/27　火　丙寅　破　爐中火　星
- 28日　08/28　水　丁卯　危　爐中火　張
- 29日　08/29　木　戊辰　成　大林木　翼

【八月小 己酉 角】
節気　白露 10日・秋分 25日
雑節　二百十日 6日・社日 20日・彼岸 27日
- 1日　08/30　金　己巳　納　大林木　角
- 2日　08/31　土　庚午　開　路傍土　亢
- 3日　09/01　日　辛未　閉　路傍土　氐
- 4日　09/02　月　壬申　建　釵鋒金　房
- 5日　09/03　火　癸酉　除　釵鋒金　心
- 6日　09/04　水　甲戌　満　山頭火　尾
- 7日　09/05　木　乙亥　平　山頭火　箕
- 8日　09/06　金　丙子　定　澗下水　斗
- 9日　09/07　土　丁丑　執　澗下水　女
- 10日　09/08　日　戊寅　破　城頭土　虚
- 11日　09/09　月　己卯　破　城頭土　危
- 12日　09/10　火　庚辰　危　白鑞金　室
- 13日　09/11　水　辛巳　成　白鑞金　壁
- 14日　09/12　木　壬午　納　楊柳木　奎
- 15日　09/13　金　癸未　開　楊柳木　婁
- 16日　09/14　土　甲申　閉　井泉水　胃
- 17日　09/15　日　乙酉　建　井泉水　昴
- 18日　09/16　月　丙戌　除　屋上土　畢
- 19日　09/17　火　丁亥　満　屋上土　觜
- 20日　09/18　水　戊子　定　霹靂火　参
- 21日　09/19　木　己丑　執　霹靂火　井
- 22日　09/20　金　庚寅　執　松柏木　鬼
- 23日　09/21　土　辛卯　破　松柏木　柳
- 24日　09/22　日　壬辰　危　長流水　星
- 25日　09/23　月　癸巳　成　長流水　張
- 26日　09/24　火　甲午　納　沙中金　翼
- 27日　09/25　水　乙未　開　沙中金　軫
- 28日　09/26　木　丙申　閉　山下火　角
- 29日　09/27　金　丁酉　建　山下火　亢

【九月大 庚戌 氐】
節気　寒露 11日・霜降 26日

雑節　土用 23日
- 1日　09/28　土　戊戌　除　平地木　氐
- 2日　09/29　日　己亥　満　平地木　房
- 3日　09/30　月　庚子　平　壁上土　心
- 4日　10/01　火　辛丑　定　壁上土　尾
- 5日　10/02　水　壬寅　執　金箔金　箕
- 6日　10/03　木　癸卯　破　金箔金　斗
- 7日　10/04　金　甲辰　危　覆燈火　女
- 8日　10/05　土　乙巳　成　覆燈火　虚
- 9日　10/06　日　丙午　納　天河水　危
- 10日　10/07　月　丁未　開　天河水　室
- 11日　10/08　火　戊申　開　大駅土　壁
- 12日　10/09　水　己酉　閉　大駅土　奎
- 13日▽　10/10　木　庚戌　建　釵釧金　婁
- 14日　10/11　金　辛亥　除　釵釧金　胃
- 15日　10/12　土　壬子　満　桑柘木　昴
- 16日　10/13　日　癸丑　平　桑柘木　畢
- 17日　10/14　月　甲寅　定　大渓水　觜
- 18日　10/15　火　乙卯　執　大渓水　参
- 19日　10/16　水　丙辰　破　沙中土　井
- 20日　10/17　木　丁巳　危　沙中土　鬼
- 21日　10/18　金　戊午　成　天上火　柳
- 22日　10/19　土　己未　納　天上火　星
- 23日　10/20　日　庚申　開　柘榴木　張
- 24日　10/21　月　辛酉　閉　柘榴木　翼
- 25日　10/22　火　壬戌　建　大海水　軫
- 26日　10/23　水　癸亥　除　大海水　角
- 27日　10/24　木　甲子　満　海中金　亢
- 28日　10/25　金　乙丑　平　海中金　氐
- 29日△　10/26　土　丙寅　定　爐中火　房
- 30日　10/27　日　丁卯　執　爐中火　心

【十月大 辛亥 心】
節気　立冬 12日・小雪 27日
- 1日　10/28　月　戊辰　破　大林木　尾
- 2日　10/29　火　己巳　危　大林木　箕
- 3日　10/30　水　庚午　成　路傍土　斗
- 4日　10/31　木　辛未　納　路傍土　女
- 5日　11/01　金　壬申　開　釵鋒金　虚
- 6日　11/02　土　癸酉　閉　釵鋒金　危
- 7日　11/03　日　甲戌　建　山頭火　室
- 8日　11/04　月　乙亥　除　山頭火　壁
- 9日　11/05　火　丙子　満　澗下水　奎
- 10日　11/06　水　丁丑　平　澗下水　婁
- 11日　11/07　木　戊寅　定　城頭土　胃
- 12日　11/08　金　己卯　定　城頭土　昴
- 13日　11/09　土　庚辰　執　白鑞金　畢
- 14日　11/10　日　辛巳　破　白鑞金　觜
- 15日　11/11　月　壬午　危　楊柳木　参
- 16日　11/12　火　癸未　成　楊柳木　井
- 17日　11/13　水　甲申　納　井泉水　鬼
- 18日　11/14　木　乙酉　開　井泉水　柳
- 19日　11/15　金　丙戌　閉　屋上土　星
- 20日　11/16　土　丁亥　建　屋上土　張
- 21日　11/17　日　戊子　除　霹靂火　翼
- 22日　11/18　月　己丑　満　霹靂火　軫
- 23日　11/19　火　庚寅　平　松柏木　角
- 24日　11/20　水　辛卯　定　松柏木　亢
- 25日　11/21　木　壬辰　執　長流水　氐
- 26日　11/22　金　癸巳　破　長流水　房
- 27日　11/23　土　甲午　危　沙中金　心
- 28日　11/24　日　乙未　成　沙中金　尾
- 29日　11/25　月　丙申　納　山下火　箕
- 30日　11/26　火　丁酉　開　山下火　斗

【十一月小 壬子 斗】
節気　大雪 12日・冬至 27日
- 1日　11/27　水　戊戌　閉　平地木　斗

- 2日　11/28　木　己亥　建　平地木　女
- 3日　11/29　金　庚子　満　壁上土　虚
- 4日　11/30　土　辛丑　満　壁上土　危
- 5日　12/01　日　壬寅　平　金箔金　室
- 6日　12/02　月　癸卯　定　金箔金　壁
- 7日　12/03　火　甲辰　執　覆燈火　奎
- 8日　12/04　水　乙巳　破　覆燈火　婁
- 9日　12/05　木　丙午　危　天河水　胃
- 10日　12/06　金　丁未　成　天河水　昴
- 11日　12/07　土　戊申　納　大駅土　畢
- 12日　12/08　日　己酉　納　大駅土　觜
- 13日　12/09　月　庚戌　開　釵釧金　参
- 14日　12/10　火　辛亥　閉　釵釧金　井
- 15日　12/11　水　壬子　建　桑柘木　鬼
- 16日▽　12/12　木　癸丑　除　大渓水　柳
- 17日　12/13　金　甲寅　満　大渓水　星
- 18日　12/14　土　乙卯　平　大渓水　張
- 19日　12/15　日　丙辰　定　沙中土　翼
- 20日　12/16　月　丁巳　執　沙中土　軫
- 21日　12/17　火　戊午　破　天上火　角
- 22日　12/18　水　己未　危　天上火　亢
- 23日　12/19　木　庚申　成　柘榴木　氐
- 24日　12/20　金　辛酉　納　柘榴木　房
- 25日　12/21　土　壬戌　開　大海水　尾
- 26日　12/22　日　癸亥　閉　大海水　箕
- 27日　12/23　月　甲子　建　海中金　斗
- 28日　12/24　火　乙丑　除　海中金　女
- 29日　12/25　水　丙寅　満　爐中火　虚

【十二月大 癸丑 虚】
節気　小寒 14日・大寒 29日
雑節　土用 26日
- 1日　12/26　木　丁卯　平　爐中火　虚
- 2日　12/27　金　戊辰　執　大林木　危
- 3日　12/28　土　己巳　執　大林木　室
- 4日　12/29　日　庚午　破　路傍土　壁
- 5日　12/30　月　辛未　危　路傍土　奎
- 6日　12/31　火　壬申　成　釵鋒金　婁

1648年
- 7日　01/01　水　癸酉　納　釵鋒金　胃
- 8日　01/02　木　甲戌　開　山頭火　昴
- 9日　01/03　金　乙亥　閉　山頭火　畢
- 10日△　01/04　土　丙子　建　澗下水　觜
- 11日　01/05　日　丁丑　除　澗下水　参
- 12日　01/06　月　戊寅　満　城頭土　井
- 13日　01/07　火　己卯　平　城頭土　鬼
- 14日　01/08　水　庚辰　定　白鑞金　柳
- 15日　01/09　木　辛巳　執　白鑞金　星
- 16日　01/10　金　壬午　破　楊柳木　張
- 17日　01/11　土　癸未　危　楊柳木　翼
- 18日　01/12　日　甲申　成　井泉水　軫
- 19日　01/13　月　乙酉　納　井泉水　角
- 20日　01/14　火　丙戌　開　屋上土　亢
- 21日　01/15　水　丁亥　閉　屋上土　氐
- 22日　01/16　木　戊子　建　霹靂火　房
- 23日　01/17　金　己丑　除　霹靂火　心
- 24日　01/18　土　庚寅　満　松柏木　尾
- 25日　01/19　日　辛卯　平　松柏木　箕
- 26日　01/20　月　壬辰　平　長流水　斗
- 27日　01/21　火　癸巳　定　長流水　女
- 28日　01/22　水　甲午　執　沙中金　虚
- 29日　01/23　木　乙未　破　沙中金　危
- 30日　01/24　金　丙申　危　山下火　室

— 133 —

慶安元年〔正保5年〕

1648～1649　戊子
※改元＝2月15日

正月大 甲寅 室

節気 立春 14日・雨水 29日
雑節 節分 13日

日	日付	曜	干支	建	納音	宿
1日	01/25	土	丁酉	成	山下火	室
2日	01/26	日	戊戌	納	平地木	壁
3日	01/27	月	己亥	開	平地木	奎
4日	01/28	火	庚子	閉	壁上土	婁
5日	01/29	水	辛丑	建	壁上土	胃
6日	01/30	木	壬寅	除	金箔金	昴
7日	01/31	金	癸卯	満	金箔金	畢
8日	02/01	土	甲辰	平	覆燈火	觜
9日	02/02	日	乙巳	定	覆燈火	参
10日	02/03	月	丙午	執	天河水	井
11日	02/04	火	丁未	破	天河水	鬼
13日	02/05	水	戊申	危	大駅土	柳
14日	02/06	木	己酉	成	大駅土	星
15日	02/07	金	庚戌	納	釵釧金	張
16日	02/08	土	辛亥	納	釵釧金	翼
17日	02/09	日	壬子	開	桑柘木	軫
18日	02/10	月	癸丑	閉	桑柘木	角
19日	02/11	火	甲寅	建	大溪水	亢
20日▽	02/12	水	乙卯	除	大溪水	氐
21日	02/13	木	丙辰	満	沙中土	房
22日	02/14	金	丁巳	平	沙中土	心
23日	02/15	土	戊午	定	天上火	尾
24日	02/16	日	己未	執	天上火	箕
25日	02/17	月	庚申	破	柘榴木	斗
26日	02/18	火	辛酉	危	柘榴木	女
27日	02/19	水	壬戌	成	大海水	虚
28日	02/20	木	癸亥	納	大海水	危
29日	02/21	金	甲子	開	海中金	室
30日	02/22	土	乙丑	閉	海中金	壁
	02/23	日	丙寅	建	爐中火	奎

閏正月小 甲寅 室

節気 啓蟄 14日

日	日付	曜	干支	建	納音	宿
1日	02/24	月	丁卯	除	爐中火	室
2日	02/25	火	戊辰	満	大林木	壁
3日	02/26	水	己巳	平	大林木	奎
4日	02/27	木	庚午	定	路傍土	婁
5日	02/28	金	辛未	執	路傍土	胃
6日	02/29	土	壬申	破	釵鋒金	昴
7日	03/01	日	癸酉	危	釵鋒金	畢
8日	03/02	月	甲戌	成	山頭火	觜
9日	03/03	火	乙亥	納	山頭火	参
10日	03/04	水	丙子	開	澗下水	井
11日	03/05	木	丁丑	閉	澗下水	鬼
12日	03/06	金	戊寅	建	城頭土	柳
13日	03/07	土	己卯	除	城頭土	星
14日	03/08	日	庚辰	満	白鑞金	張
15日	03/09	月	辛巳	平	白鑞金	翼
16日	03/10	火	壬午	定	楊柳木	軫
17日	03/11	水	癸未	執	楊柳木	角
18日	03/12	木	甲申	破	井泉水	亢
19日△	03/13	金	乙酉	危	井泉水	氐
20日	03/14	土	丙戌	成	屋上土	房
21日	03/15	日	丁亥	納	屋上土	心
22日	03/16	月	戊子	開	霹靂火	尾
23日	03/17	火	己丑	閉	霹靂火	箕
24日	03/18	水	庚寅	建	松柏木	斗
25日	03/19	木	辛卯	除	松柏木	女
26日	03/20	金	壬辰	満	長流水	虚
27日	03/21	土	癸巳	平	長流水	危
28日	03/22	日	甲午	平	沙中金	室
29日	03/23	月	乙未	定	沙中金	壁

二月大 乙卯 奎

節気 春分 1日・清明 16日
雑節 彼岸 3日・社日 3日・土用 28日

日	日付	曜	干支	建	納音	宿
1日	03/24	火	丙申	執	山下火	奎
2日	03/25	水	丁酉	破	山下火	婁
3日	03/26	木	戊戌	危	平地木	胃
4日	03/27	金	己亥	成	平地木	昴
5日	03/28	土	庚子	納	壁上土	畢
6日	03/29	日	辛丑	開	壁上土	觜
7日	03/30	月	壬寅	閉	金箔金	参
8日	03/31	火	癸卯	建	金箔金	井
9日	04/01	水	甲辰	除	覆燈火	鬼
10日	04/02	木	乙巳	満	覆燈火	柳
11日	04/03	金	丙午	平	天河水	星
12日	04/04	土	丁未	定	天河水	張
13日	04/05	日	戊申	執	大駅土	翼
14日	04/06	月	己酉	破	大駅土	軫
15日	04/07	火	庚戌	危	釵釧金	角

*改元（正保5年→慶安元年）

日	日付	曜	干支	建	納音	宿
16日	04/08	水	辛亥	成	釵釧金	亢
17日	04/09	木	壬子	納	桑柘木	氐
18日	04/10	金	癸丑	開	桑柘木	房
19日	04/11	土	甲寅	閉	大溪水	心
20日	04/12	日	乙卯	建	大溪水	尾
21日	04/13	月	丙辰	除	沙中土	箕
22日	04/14	火	丁巳	満	沙中土	斗
23日	04/15	水	戊午	平	天上火	女
24日▽	04/16	木	己未	定	天上火	虚
25日	04/17	金	庚申	執	柘榴木	危
26日	04/18	土	辛酉	破	柘榴木	室
27日	04/19	日	壬戌	危	大海水	壁
28日	04/20	月	癸亥	成	大海水	奎
29日	04/21	火	甲子	納	海中金	婁
30日	04/22	水	乙丑	開	海中金	胃

三月大 丙辰 胃

節気 穀雨 1日・立夏 16日
雑節 八十八夜 12日

日	日付	曜	干支	建	納音	宿
1日	04/23	木	丙寅	閉	爐中火	胃
2日	04/24	金	丁卯	建	爐中火	昴
3日	04/25	土	戊辰	除	大林木	畢
4日	04/26	日	己巳	満	大林木	觜
5日	04/27	月	庚午	平	路傍土	参
6日	04/28	火	辛未	定	路傍土	井
7日	04/29	水	壬申	執	釵鋒金	鬼
8日	04/30	木	癸酉	破	釵鋒金	柳
9日	05/01	金	甲戌	危	山頭火	星
10日	05/02	土	乙亥	成	山頭火	張
11日	05/03	日	丙子	納	澗下水	翼
12日	05/04	月	丁丑	開	澗下水	軫
13日	05/05	火	戊寅	閉	城頭土	角
14日	05/06	水	己卯	建	城頭土	亢
15日	05/07	木	庚辰	除	白鑞金	氐
16日	05/08	金	辛巳	満	白鑞金	房
17日	05/09	土	壬午	平	楊柳木	心
18日	05/10	日	癸未	定	楊柳木	尾
19日	05/11	月	甲申	執	井泉水	箕
20日	05/12	火	乙酉	破	井泉水	斗
21日	05/13	水	丙戌	危	屋上土	女
22日	05/14	木	丁亥	成	屋上土	虚
23日	05/15	金	戊子	納	霹靂火	危
24日	05/16	土	己丑	開	霹靂火	室
25日	05/17	日	庚寅	閉	松柏木	壁
26日	05/18	月	辛卯	建	松柏木	奎
27日	05/19	火	壬辰	除	長流水	婁
28日	05/20	水	癸巳	満	長流水	胃
29日	05/21	木	甲午	平	沙中金	昴
30日△	05/22	金	乙未	定	沙中金	觜

四月小 丁巳 畢

節気 小満 2日・芒種 17日
雑節 入梅 27日

日	日付	曜	干支	建	納音	宿
1日	05/23	土	丙申	平	山下火	畢
2日	05/24	日	丁酉	定	山下火	觜
3日	05/25	月	戊戌	執	平地木	参
4日	05/26	火	己亥	破	平地木	井
5日	05/27	水	庚子	危	壁上土	鬼
6日	05/28	木	辛丑	成	壁上土	柳
7日	05/29	金	壬寅	納	金箔金	星
8日	05/30	土	癸卯	開	金箔金	張
9日	05/31	日	甲辰	閉	覆燈火	翼
10日	06/01	月	乙巳	建	覆燈火	軫
11日	06/02	火	丙午	除	天河水	角
12日	06/03	水	丁未	満	天河水	亢
13日	06/04	木	戊申	平	大駅土	氐
14日☆	06/05	金	己酉	定	大駅土	房
15日	06/06	土	庚戌	執	釵釧金	心
16日	06/07	日	辛亥	破	釵釧金	尾
17日	06/08	月	壬子	危	桑柘木	箕
18日	06/09	火	癸丑	成	桑柘木	斗
19日	06/10	水	甲寅	納	大溪水	女
20日	06/11	木	乙卯	開	大溪水	虚
21日	06/12	金	丙辰	閉	沙中土	危
22日	06/13	土	丁巳	建	沙中土	室
23日	06/14	日	戊午	除	天上火	壁
24日	06/15	月	己未	満	天上火	奎
25日	06/16	火	庚申	平	柘榴木	婁
26日	06/17	水	辛酉	定	柘榴木	胃
27日▽	06/18	木	壬戌	執	大海水	昴
28日	06/19	金	癸亥	破	大海水	畢
29日	06/20	土	甲子	危	海中金	觜

五月小 戊午 参

節気 夏至 3日・小暑 18日
雑節 半夏生 13日

日	日付	曜	干支	建	納音	宿
1日◎	06/21	日	乙丑	危	海中金	参
2日	06/22	月	丙寅	成	爐中火	井
3日	06/23	火	丁卯	納	爐中火	鬼
4日	06/24	水	戊辰	開	大林木	柳
5日	06/25	木	己巳	閉	大林木	星
6日	06/26	金	庚午	建	路傍土	張
7日	06/27	土	辛未	除	路傍土	翼
8日	06/28	日	壬申	満	釵鋒金	軫
9日	06/29	月	癸酉	平	釵鋒金	角
10日	06/30	火	甲戌	定	山頭火	亢
11日	07/01	水	乙亥	執	山頭火	氐
12日	07/02	木	丙子	破	澗下水	房
13日	07/03	金	丁丑	危	澗下水	心
14日	07/04	土	戊寅	成	城頭土	尾
15日	07/05	日	己卯	納	城頭土	箕
16日	07/06	月	庚辰	開	白鑞金	斗
17日	07/07	火	辛巳	閉	白鑞金	女
18日	07/08	水	壬午	建	楊柳木	虚
19日	07/09	木	癸未	除	楊柳木	危
20日	07/10	金	甲申	満	井泉水	室
21日	07/11	土	乙酉	平	井泉水	壁
22日	07/12	日	丙戌	定	屋上土	奎
23日	07/13	月	丁亥	執	屋上土	婁
24日	07/14	火	戊子	破	霹靂火	胃
25日	07/15	水	己丑	危	霹靂火	昴
26日	07/16	木	庚寅	成	松柏木	畢
27日	07/17	金	辛卯	納	松柏木	觜
28日	07/18	土	壬辰	開	長流水	参
29日	07/19	日	癸巳	閉	長流水	井

六月大 己未 鬼

節気 大暑 4日・立秋 20日
雑節 土用 1日

日	日付	曜	干支	建	納音	宿
1日	07/20	月	甲午	建	沙中金	鬼
2日	07/21	火	乙未	除	沙中金	柳
3日	07/22	水	丙申	満	山下火	星
4日	07/23	木	丁酉	平	山下火	張
5日	07/24	金	戊戌	定	平地木	翼
6日	07/25	土	己亥	執	平地木	軫
7日	07/26	日	庚子	破	壁上土	角
8日	07/27	月	辛丑	危	壁上土	亢
9日	07/28	火	壬寅	成	金箔金	氐
10日	07/29	水	癸卯	納	金箔金	房
11日	07/30	木	甲辰	開	覆燈火	心
12日△	07/31	金	乙巳	閉	覆燈火	尾
13日	08/01	土	丙午	建	天河水	箕

西暦　曜　干支　直　納音　宿　　　　　　　　　　　　慶安元年〔正保5年〕

日	西暦	曜	干支	直	納音	宿
14日	08/02	日	丁未	建	天河水	斗
15日	08/03	月	戊申	除	大駅土	女
16日	08/04	火	己酉	満	大駅土	虚
17日	08/05	水	庚戌	平	釼釧金	危
18日	08/06	木	辛亥	定	釼釧金	室
19日	08/07	金	壬子	執	桑柘木	壁
20日	08/08	土	癸丑	破	桑柘木	奎
21日	08/09	日	甲寅	危	大渓水	婁
22日	08/10	月	乙卯	成	大渓水	胃
23日	08/11	火	丙辰	納	沙中土	昴
24日	08/12	水	丁巳	開	沙中土	畢
25日	08/13	木	戊午	閉	天上火	觜
26日	08/14	金	己未	建	天上火	参
27日	08/15	土	庚申	除	柘榴木	井
28日	08/16	日	辛酉	満	柘榴木	鬼
29日	08/17	月	壬戌	平	大海水	柳
30日	08/18	火	癸亥	定	大海水	星

【七月小　庚申　張】
節気　処暑 5日・白露 20日
雑節　二百十日 16日

日	西暦	曜	干支	直	納音	宿
1日	08/19	水	甲子	定	海中金	張
2日▽	08/20	木	乙丑	執	海中金	翼
3日	08/21	金	丙寅	破	炉中火	軫
4日	08/22	土	丁卯	危	炉中火	角
5日	08/23	日	戊辰	成	大林木	亢
6日	08/24	月	己巳	納	大林木	氐
7日	08/25	火	庚午	開	路傍土	房
8日	08/26	水	辛未	閉	路傍土	心
9日	08/27	木	壬申	建	釼釧金	尾
10日	08/28	金	癸酉	除	釼釧金	箕
11日	08/29	土	甲戌	満	山頭火	斗
12日	08/30	日	乙亥	平	山頭火	女
13日	08/31	月	丙子	定	澗下水	虚
14日	09/01	火	丁丑	執	澗下水	危
15日	09/02	水	戊寅	破	城頭土	室
16日	09/03	木	己卯	危	城頭土	壁
17日	09/04	金	庚辰	成	白鑞金	奎
18日	09/05	土	辛巳	納	白鑞金	婁
19日	09/06	日	壬午	開	楊柳木	胃
20日	09/07	月	癸未	閉	楊柳木	昴
21日	09/08	火	甲申	建	井泉水	畢
22日	09/09	水	乙酉	除	井泉水	觜
23日	09/10	木	丙戌	満	屋上土	参
24日	09/11	金	丁亥	平	屋上土	井
25日	09/12	土	戊子	定	霹靂火	鬼
26日	09/13	日	己丑	執	霹靂火	柳
27日	09/14	月	庚寅	破	松柏木	星
28日	09/15	火	辛卯	危	松柏木	張
29日	09/16	水	壬辰	成	長流水	翼

【八月大　辛酉　角】
節気　秋分 6日・寒露 21日
雑節　社日 6日・彼岸 8日

日	西暦	曜	干支	直	納音	宿
1日	09/17	木	癸巳	成	長流水	角
2日	09/18	金	甲午	納	沙中金	亢
3日	09/19	土	乙未	開	沙中金	氐
4日	09/20	日	丙申	閉	山下火	房
5日	09/21	月	丁酉	建	山下火	心
6日	09/22	火	戊戌	除	平地木	尾
7日	09/23	水	己亥	満	平地木	箕
8日	09/24	木	庚子	平	壁上土	斗
9日	09/25	金	辛丑	定	壁上土	女
10日	09/26	土	壬寅	執	金箔金	虚
11日	09/27	日	癸卯	破	金箔金	危
12日	09/28	月	甲辰	危	覆燈火	室
13日	09/29	火	乙巳	成	覆燈火	壁
14日	09/30	水	丙午	納	天河水	奎
15日	10/01	木	丁未	開	天河水	婁
16日	10/02	金	戊申	閉	大駅土	胃
17日	10/03	土	己酉	建	大駅土	昴
18日	10/04	日	庚戌	除	釼釧金	畢
19日	10/05	月	辛亥	満	釼釧金	觜
20日	10/06	火	壬子	平	桑柘木	参
21日	10/07	水	癸丑	定	桑柘木	井
22日△	10/08	木	甲寅	定	大渓水	鬼
23日	10/09	金	乙卯	執	大渓水	柳
24日	10/10	土	丙辰	破	沙中土	星
25日	10/11	日	丁巳	危	沙中土	張
26日	10/12	月	戊午	成	天上火	翼
27日	10/13	火	己未	納	天上火	軫
28日	10/14	水	庚申	開	柘榴木	角
29日	10/15	木	辛酉	閉	柘榴木	亢
30日	10/16	金	壬戌	建	大海水	氐

【九月小　壬戌　氐】
節気　霜降 7日・立冬 22日
雑節　土用 4日

日	西暦	曜	干支	直	納音	宿
1日	10/17	土	癸亥	除	大海水	氐
2日	10/18	日	甲子	平	海中金	房
3日	10/19	月	乙丑	平	海中金	心
4日	10/20	火	丙寅	定	炉中火	尾
5日	10/21	水	丁卯	執	炉中火	箕
6日▽	10/22	木	戊辰	破	大林木	斗
7日	10/23	金	己巳	危	大林木	女
8日	10/24	土	庚午	納	路傍土	虚
9日	10/25	日	辛未	開	路傍土	危
10日	10/26	月	壬申	開	釼釧金	室
11日	10/27	火	癸酉	閉	釼釧金	壁
12日	10/28	水	甲戌	建	山頭火	奎
13日	10/29	木	乙亥	除	山頭火	婁
14日	10/30	金	丙子	満	澗下水	胃
15日	10/31	土	丁丑	平	澗下水	昴
16日	11/01	日	戊寅	定	城頭土	畢
17日	11/02	月	己卯	執	城頭土	觜
18日	11/03	火	庚辰	破	白鑞金	参
19日	11/04	水	辛巳	危	白鑞金	井
20日	11/05	木	壬午	成	楊柳木	鬼
21日	11/06	金	癸未	納	楊柳木	柳
22日	11/07	土	甲申	納	井泉水	星
23日	11/08	日	乙酉	開	井泉水	張
24日	11/09	月	丙戌	閉	屋上土	翼
25日	11/10	火	丁亥	建	屋上土	軫
26日	11/11	水	戊子	除	霹靂火	角
27日	11/12	木	己丑	満	霹靂火	亢
28日	11/13	金	庚寅	平	松柏木	氐
29日	11/14	土	辛卯	定	松柏木	房

【十月大　癸亥　心】
節気　小雪 8日・大雪 23日

日	西暦	曜	干支	直	納音	宿
1日	11/15	日	壬辰	執	長流水	心
2日	11/16	月	癸巳	破	長流水	尾
3日	11/17	火	甲午	危	沙中金	箕
4日	11/18	水	乙未	成	沙中金	斗
5日	11/19	木	丙申	納	山下火	女
6日	11/20	金	丁酉	開	山下火	虚
7日	11/21	土	戊戌	閉	平地木	危
8日	11/22	日	己亥	建	平地木	室
9日	11/23	月	庚子	除	壁上土	壁
10日	11/24	火	辛丑	満	壁上土	奎
11日	11/25	水	壬寅	平	金箔金	婁
12日	11/26	木	癸卯	定	金箔金	胃
13日	11/27	金	甲辰	執	覆燈火	昴
14日	11/28	土	乙巳	破	覆燈火	畢
15日	11/29	日	丙午	危	天河水	觜
16日	11/30	月	丁未	成	天河水	参
17日	12/01	火	戊申	納	大駅土	井
18日	12/02	水	己酉	開	大駅土	鬼
19日	12/03	木	庚戌	閉	釼釧金	柳
20日	12/04	金	辛亥	建	釼釧金	星
21日	12/05	土	壬子	除	桑柘木	張
22日	12/06	日	癸丑	満	桑柘木	翼
23日	12/07	月	甲寅	平	大渓水	軫
24日	12/08	火	乙卯	定	大渓水	角
25日	12/09	水	丙辰	執	沙中土	亢
26日	12/10	木	丁巳	破	沙中土	氐
27日	12/11	金	戊午	危	天上火	房
28日	12/12	土	己未	成	天上火	心
29日	12/13	日	庚申	納	柘榴木	尾
30日	12/14	月	辛酉	開	柘榴木	箕

【十一月小　甲子　斗】
節気　冬至 9日・小寒 24日

日	西暦	曜	干支	直	納音	宿
1日	12/15	火	壬戌	開	大海水	斗
2日	12/16	水	癸亥	閉	大海水	女
3日△	12/17	木	甲子	建	海中金	虚
4日	12/18	金	乙丑	満	海中金	危
5日	12/19	土	丙寅	平	炉中火	室
6日	12/20	日	丁卯	定	炉中火	壁
7日	12/21	月	戊辰	執	大林木	奎
8日	12/22	火	己巳	破	大林木	婁
9日▽	12/23	水	庚午	破	路傍土	胃
10日	12/24	木	辛未	危	路傍土	昴
11日	12/25	金	壬申	成	釼釧金	畢
12日	12/26	土	癸酉	納	釼釧金	觜
13日	12/27	日	甲戌	開	山頭火	参
14日	12/28	月	乙亥	閉	山頭火	井
15日	12/29	火	丙子	建	澗下水	鬼
16日	12/30	水	丁丑	除	澗下水	柳
17日	12/31	木	戊寅	満	城頭土	星

1649年

日	西暦	曜	干支	直	納音	宿
18日	01/01	金	己卯	平	城頭土	張
19日	01/02	土	庚辰	定	白鑞金	翼
20日	01/03	日	辛巳	執	白鑞金	軫
21日	01/04	月	壬午	破	楊柳木	角
22日	01/05	火	癸未	危	楊柳木	亢
23日	01/06	水	甲申	成	井泉水	氐
24日	01/07	木	乙酉	納	井泉水	房
25日	01/08	金	丙戌	開	屋上土	心
26日	01/09	土	丁亥	閉	屋上土	尾
27日	01/10	日	戊子	建	霹靂火	箕
28日	01/11	月	己丑	除	霹靂火	斗
29日	01/12	火	庚寅	満	松柏木	女

【十二月大　乙丑　虚】
節気　大寒 10日・立春 25日
雑節　土用 7日・節分 24日

日	西暦	曜	干支	直	納音	宿
1日	01/13	水	辛卯	平	松柏木	虚
2日	01/14	木	壬辰	定	長流水	危
3日	01/15	金	癸巳	執	長流水	室
4日	01/16	土	甲午	破	沙中金	壁
5日	01/17	日	乙未	危	沙中金	奎
6日	01/18	月	丙申	成	山下火	婁
7日	01/19	火	丁酉	納	山下火	胃
8日	01/20	水	戊戌	開	平地木	昴
9日	01/21	木	己亥	閉	平地木	畢
10日	01/22	金	庚子	建	壁上土	觜
11日	01/23	土	辛丑	除	壁上土	参
12日	01/24	日	壬寅	満	金箔金	井
13日	01/25	月	癸卯	平	金箔金	鬼
14日	01/26	火	甲辰	定	覆燈火	柳
15日	01/27	水	乙巳	執	覆燈火	星
16日	01/28	木	丙午	破	天河水	張
17日	01/29	金	丁未	危	天河水	翼
18日	01/30	土	戊申	成	大駅土	軫
19日	01/31	日	己酉	納	大駅土	角
20日	02/01	月	庚戌	開	釼釧金	亢
21日	02/02	火	辛亥	閉	釼釧金	氐
22日	02/03	水	壬子	建	桑柘木	房
23日	02/04	木	癸丑	除	桑柘木	心
24日	02/05	金	甲寅	満	大渓水	尾
25日	02/06	土	乙卯	平	大渓水	箕
26日	02/07	日	丙辰	定	沙中土	斗
27日	02/08	月	丁巳	執	沙中土	女
28日	02/09	火	戊午	破	天上火	虚
29日	02/10	水	己未	危	天上火	危
30日	02/11	木	庚申	成	柘榴木	室

慶安2年
1649～1650 己丑

【正月小 丙寅 室】
節気 雨水 10日・啓蟄 26日

日	日付	曜	干支		納音	宿
1日	02/12	金	乙酉	危	柘榴木	室
2日	02/13	土	壬戌	成	大海水	壁
3日	02/14	日	癸亥	納	大海水	奎
4日	02/15	月	甲子	開	海中金	婁
5日	02/16	火	乙丑	閉	海中金	胃
6日	02/17	水	丙寅	建	爐中火	昴
7日	02/18	木	丁卯	除	爐中火	畢
8日	02/19	金	戊辰	満	大林木	觜
9日	02/20	土	己巳	定	路傍土	參
10日	02/21	日	庚午	定	路傍土	井
11日	02/22	月	辛未	執	路傍土	鬼
12日	02/23	火	壬申	破	釼鋒金	柳
13日▽	02/24	水	癸酉	危	釼鋒金	星
14日△	02/25	木	甲戌	成	山頭火	張
15日	02/26	金	乙亥	納	山頭火	翼
16日	02/27	土	丙子	開	澗下水	軫
17日	02/28	日	丁丑	閉	澗下水	角
18日	03/01	月	戊寅	建	城頭土	亢
19日	03/02	火	己卯	除	城頭土	氐
20日	03/03	水	庚辰	満	白鑞金	房
21日	03/04	木	辛巳	平	白鑞金	心
22日	03/05	金	壬午	定	楊柳木	尾
23日	03/06	土	癸未	執	楊柳木	箕
24日	03/07	日	甲申	破	井泉水	斗
25日	03/08	月	乙酉	危	井泉水	女
26日	03/09	火	丙戌	危	屋上土	虛
27日	03/10	水	丁亥	成	屋上土	危
28日	03/11	木	戊子	納	霹靂火	室
29日	03/12	金	己丑	開	霹靂火	壁

【二月大 丁卯 奎】
節気 春分 12日・清明 27日
雜節 社日 9日・彼岸 14日

日	日付	曜	干支		納音	宿
1日	03/13	土	庚寅	閉	松柏木	奎
2日	03/14	日	辛卯	建	松柏木	婁
3日	03/15	月	壬辰	除	長流水	胃
4日	03/16	火	癸巳	満	長流水	昴
5日	03/17	水	甲午	平	沙中金	畢
6日	03/18	木	乙未	定	沙中金	觜
7日	03/19	金	丙申	執	山下火	參
8日	03/20	土	丁酉	破	山下火	井
9日	03/21	日	戊戌	危	平地木	鬼
10日	03/22	月	己亥	成	平地木	柳
11日	03/23	火	庚子	納	壁上土	星
12日	03/24	水	辛丑	開	壁上土	張
13日	03/25	木	壬寅	閉	金箔金	翼
14日	03/26	金	癸卯	建	金箔金	軫
15日	03/27	土	甲辰	除	覆燈火	角
16日	03/28	日	乙巳	満	覆燈火	亢
17日	03/29	月	丙午	平	天河水	氐
18日	03/30	火	丁未	定	天河水	房
19日	03/31	水	戊申	執	大驛土	心
20日	04/01	木	己酉	破	大驛土	尾
21日	04/02	金	庚戌	危	釵釧金	箕
22日	04/03	土	辛亥	成	釵釧金	斗
23日	04/04	日	壬子	納	桑柘木	女
24日	04/05	月	癸丑	開	桑柘木	虛
25日	04/06	火	甲寅	閉	大溪水	危
26日	04/07	水	乙卯	建	大溪水	室
27日	04/08	木	丙辰	除	沙中土	壁
28日	04/09	金	丁巳	除	沙中土	奎
29日	04/10	土	戊午	満	天上火	婁
30日	04/11	日	己未	平	天上火	胃

【三月大 戊辰 胃】
節気 穀雨 12日・立夏 28日
雜節 土用 9日・八十八夜 23日

日	日付	曜	干支		納音	宿
1日	04/12	月	庚申	定	柘榴木	胃
2日	04/13	火	辛酉	執	柘榴木	昴
3日	04/14	水	壬戌	破	大海水	畢
4日	04/15	木	癸亥	危	大海水	觜
5日	04/16	金	甲子	成	海中金	參
6日	04/17	土	乙丑	納	海中金	井
7日	04/18	日	丙寅	開	爐中火	鬼
8日	04/19	月	丁卯	閉	爐中火	柳
9日	04/20	火	戊辰	建	大林木	星
10日	04/21	水	己巳	除	大林木	張
11日	04/22	木	庚午	満	路傍土	翼
12日	04/23	金	辛未	平	路傍土	軫
13日	04/24	土	壬申	破	釼鋒金	角
14日	04/25	日	癸酉	危	釼鋒金	亢
15日	04/26	月	甲戌	破	山頭火	氐
16日	04/27	火	乙亥	危	山頭火	房
17日▽	04/28	水	丙子	納	澗下水	心
18日	04/29	木	丁丑	納	澗下水	尾
19日	04/30	金	戊寅	開	城頭土	箕
20日	05/01	土	己卯	閉	城頭土	斗
21日	05/02	日	庚辰	建	白鑞金	女
22日	05/03	月	辛巳	除	白鑞金	虛
23日	05/04	火	壬午	満	楊柳木	危
24日△	05/05	水	癸未	平	楊柳木	室
25日	05/06	木	甲申	平	井泉水	壁
26日	05/07	金	乙酉	執	井泉水	奎
27日	05/08	土	丙戌	破	屋上土	婁
28日	05/09	日	丁亥	危	霹靂火	胃
29日	05/10	月	戊子	危	霹靂火	昴
30日	05/11	火	己丑	成	霹靂火	畢

【四月小 己巳 畢】
節気 小満 13日・芒種 28日

日	日付	曜	干支		納音	宿
1日	05/12	水	庚寅	納	松柏木	畢
2日	05/13	木	辛卯	納	松柏木	觜
3日	05/14	金	壬辰	閉	長流水	參
4日	05/15	土	癸巳	建	長流水	井
5日	05/16	日	甲午	除	沙中金	鬼
6日	05/17	月	乙未	満	沙中金	柳
7日	05/18	火	丙申	平	山下火	星
8日	05/19	水	丁酉	定	山下火	張
9日	05/20	木	戊戌	執	平地木	翼
10日	05/21	金	己亥	破	平地木	軫
11日	05/22	土	庚子	危	壁上土	角
12日	05/23	日	辛丑	成	壁上土	亢
13日	05/24	月	壬寅	納	金箔金	氐
14日	05/25	火	癸卯	開	金箔金	房
15日	05/26	水	甲辰	閉	覆燈火	心
16日	05/27	木	乙巳	建	覆燈火	尾
17日	05/28	金	丙午	除	天河水	箕
18日	05/29	土	丁未	満	天河水	斗
19日	05/30	日	戊申	平	大驛土	女
20日	05/31	月	己酉	定	大驛土	虛
21日	06/01	火	庚戌	執	釵釧金	危
22日	06/02	水	辛亥	破	釵釧金	室
23日	06/03	木	壬子	危	桑柘木	壁
24日	06/04	金	癸丑	成	桑柘木	奎
25日	06/05	土	甲寅	納	大溪水	婁
26日	06/06	日	乙卯	開	大溪水	胃
27日	06/07	月	丙辰	閉	沙中土	昴
28日	06/08	火	丁巳	閉	沙中土	畢
29日	06/09	水	戊午	建	天上火	觜

【五月大 庚午 參】
節気 夏至 14日・小暑 29日
雜節 入梅 4日・半夏生 24日

日	日付	曜	干支		納音	宿
1日	06/10	木	己未	除	天上火	參
2日	06/11	金	庚申	満	柘榴木	井
3日	06/12	土	辛酉	定	柘榴木	鬼
4日	06/13	日	壬戌	定	大海水	柳
5日	06/14	月	癸亥	執	大海水	星
6日	06/15	火	甲子	破	海中金	張
7日	06/16	水	乙丑	危	海中金	翼
8日	06/17	木	丙寅	成	爐中火	軫
9日	06/18	金	丁卯	納	爐中火	角
10日	06/19	土	戊辰	開	大林木	亢
11日	06/20	日	己巳	閉	大林木	氐
12日	06/21	月	庚午	建	路傍土	房
13日	06/22	火	辛未	除	路傍土	心
14日	06/23	水	壬申	平	釼鋒金	尾
15日	06/24	木	癸酉	平	釼鋒金	箕
16日	06/25	金	甲戌	定	山頭火	斗
17日	06/26	土	乙亥	執	山頭火	女
18日	06/27	日	丙子	破	澗下水	虛
19日	06/28	月	丁丑	危	澗下水	危
20日	06/29	火	戊寅	成	城頭土	室
21日▽	06/30	水	己卯	納	城頭土	壁
22日	07/01	木	庚辰	開	白鑞金	奎
23日	07/02	金	辛巳	閉	白鑞金	婁
24日	07/03	土	壬午	建	楊柳木	胃
25日	07/04	日	癸未	除	楊柳木	昴
26日	07/05	月	甲申	満	井泉水	畢
27日	07/06	火	乙酉	平	井泉水	觜
28日	07/07	水	丙戌	定	屋上土	參
29日	07/08	木	丁亥	執	屋上土	井
30日	07/09	金	戊子	執	霹靂火	鬼

【六月小 辛未 鬼】
節気 大暑 15日
雜節 土用 12日

日	日付	曜	干支		納音	宿
1日	07/10	土	己丑	破	霹靂火	鬼
2日	07/11	日	庚寅	危	松柏木	柳
3日	07/12	月	辛卯	成	松柏木	星
4日	07/13	火	壬辰	納	長流水	張
5日△	07/14	水	癸巳	開	長流水	翼
6日	07/15	木	甲午	閉	沙中金	軫
7日	07/16	金	乙未	建	沙中金	角
8日	07/17	土	丙申	除	山下火	亢
9日	07/18	日	丁酉	満	山下火	氐
10日	07/19	月	戊戌	平	平地木	房
11日	07/20	火	己亥	定	平地木	心
12日	07/21	水	庚子	執	壁上土	尾
13日	07/22	木	辛丑	破	壁上土	箕
14日	07/23	金	壬寅	危	金箔金	斗
15日	07/24	土	癸卯	成	金箔金	女
16日	07/25	日	甲辰	納	覆燈火	虛
17日	07/26	月	乙巳	開	覆燈火	危
18日	07/27	火	丙午	閉	天河水	室
19日	07/28	水	丁未	建	天河水	壁
20日	07/29	木	戊申	除	大驛土	奎
21日	07/30	金	己酉	満	大驛土	婁
22日	07/31	土	庚戌	平	釵釧金	胃
23日	08/01	日	辛亥	定	釵釧金	昴
24日	08/02	月	壬子	執	桑柘木	畢
25日	08/03	火	癸丑	破	桑柘木	觜
26日	08/04	水	甲寅	危	大溪水	參
27日	08/05	木	乙卯	成	大溪水	井
28日	08/06	金	丙辰	納	沙中土	鬼
29日	08/07	土	丁巳	開	沙中土	柳

【七月大 壬申 張】
節気 立秋 1日・處暑 16日
雜節 二百十日 27日

日	日付	曜	干支		納音	宿
1日	08/08	日	戊午	閉	天上火	張
2日	08/09	月	己未	閉	天上火	翼
3日	08/10	火	庚申	建	柘榴木	軫

西暦　曜　干支　直　納音　宿　　　　　　　　　　　　　　慶安2年

4日	08/11	水	辛酉	除	柘榴木	角
5日	08/12	木	壬戌	満	大海水	氐
6日	08/13	金	癸亥	平	大海水	房
7日	08/14	土	甲子	定	海中金	心
8日	08/15	日	乙丑	執	海中金	尾
9日	08/16	月	丙寅	破	爐中火	箕
10日	08/17	火	丁卯	危	爐中火	斗
11日	08/18	水	戊辰	成	大林木	斗
12日	08/19	木	己巳	収	大林木	虚
13日	08/20	金	庚午	開	路傍土	虚
14日	08/21	土	辛未	閉	路傍土	危
15日	08/22	日	壬申	除	釼鋒金	室
16日	08/23	月	癸酉	満	山頭火	壁
17日	08/24	火	甲戌	満	山頭火	奎
18日	08/25	水	乙亥	平	山頭火	婁
19日	08/26	木	丙子	定	澗下水	胃
20日	08/27	金	丁丑	執	澗下水	昴
21日	08/28	土	戊寅	破	城頭土	畢
22日	08/29	日	己卯	破	城頭土	觜
23日	08/30	月	庚辰	危	白鑞金	参
24日	08/31	火	辛巳	納	白鑞金	井
25日▽	09/01	水	壬午	開	楊柳木	鬼
26日	09/02	木	癸未	閉	楊柳木	柳
27日	09/03	金	甲申	建	井泉水	星
28日	09/04	土	乙酉	除	井泉水	張
29日	09/05	日	丙戌	満	屋上土	翼
30日	09/06	月	丁亥	平	屋上土	軫

【八月小 癸酉 角】
節気 白露 1日・秋分 17日
雑節 彼岸 19日・社日 21日

1日	09/07	火	戊子	平	霹靂火	角
2日	09/08	水	己丑	定	霹靂火	亢
3日	09/09	木	庚寅	執	松柏木	氐
4日	09/10	金	辛卯	破	松柏木	房
5日	09/11	土	壬辰	危	長流水	心
6日	09/12	日	癸巳	成	長流水	尾
7日	09/13	月	甲午	納	沙中金	箕
8日	09/14	火	乙未	開	沙中金	斗
9日	09/15	水	丙申	閉	山下火	女
10日	09/16	木	丁酉	建	山下火	虚
11日	09/17	金	戊戌	除	平地木	危
12日	09/18	土	己亥	満	平地木	室
13日	09/19	日	庚子	平	壁上土	壁
14日	09/20	月	辛丑	定	壁上土	奎
15日	09/21	火	壬寅	執	金箔金	婁
16日△	09/22	水	癸卯	破	金箔金	胃
17日	09/23	木	甲辰	危	覆燈火	昴
18日	09/24	金	乙巳	成	覆燈火	畢
19日	09/25	土	丙午	納	天河水	觜
20日	09/26	日	丁未	開	天河水	参
21日	09/27	月	戊申	閉	大駅土	井
22日	09/28	火	己酉	建	大駅土	鬼
23日	09/29	水	庚戌	除	釵釧金	柳
24日	09/30	木	辛亥	満	釵釧金	星
25日	10/01	金	壬子	平	桑柘木	張
26日	10/02	土	癸丑	定	桑柘木	翼
27日	10/03	日	甲寅	執	大渓水	軫
28日	10/04	月	乙卯	破	大渓水	角
29日	10/05	火	丙辰	危	沙中土	亢

【九月大 甲戌 氐】
節気 寒露 3日・霜降 18日
雑節 土用 15日

1日	10/06	水	丁巳	成	沙中土	氐
2日	10/07	木	戊午	納	天上火	房
3日	10/08	金	己未	納	天上火	心
4日	10/09	土	庚申	開	柘榴木	尾
5日	10/10	日	辛酉	閉	柘榴木	箕
6日	10/11	月	壬戌	建	大海水	斗
7日	10/12	火	癸亥	除	大海水	女
8日	10/13	水	甲子	満	海中金	虚
9日	10/14	木	乙丑	平	海中金	危
10日	10/15	金	丙寅	定	爐中火	室
11日	10/16	土	丁卯	執	爐中火	壁
12日	10/17	日	戊辰	破	大林木	奎
13日	10/18	月	己巳	危	大林木	婁
14日	10/19	火	庚午	成	路傍土	胃
15日	10/20	水	辛未	納	路傍土	昴
16日	10/21	木	壬申	開	釼鋒金	畢
17日	10/22	金	癸酉	破	釼鋒金	觜
18日	10/23	土	甲戌	建	山頭火	参
19日	10/24	日	乙亥	除	山頭火	井
20日	10/25	月	丙子	満	澗下水	鬼
21日	10/26	火	丁丑	平	澗下水	柳
22日	10/27	水	戊寅	定	城頭土	星
23日	10/28	木	己卯	執	城頭土	張
24日	10/29	金	庚辰	破	白鑞金	翼
25日	10/30	土	辛巳	危	白鑞金	軫
26日	10/31	日	壬午	成	楊柳木	角
27日	11/01	月	癸未	納	楊柳木	亢
28日	11/02	火	甲申	開	井泉水	氐
29日▽	11/03	水	乙酉	閉	井泉水	房
30日	11/04	木	丙戌	建	屋上土	心

【十月小 乙亥 心】
節気 立冬 3日・小雪 18日

1日	11/05	金	丁亥	除	屋上土	心
2日	11/06	土	戊子	満	霹靂火	尾
3日	11/07	日	己丑	満	霹靂火	箕
4日	11/08	月	庚寅	平	松柏木	斗
5日	11/09	火	辛卯	定	松柏木	女
6日	11/10	水	壬辰	執	長流水	虚
7日	11/11	木	癸巳	破	長流水	危
8日	11/12	金	甲午	成	沙中金	室
9日	11/13	土	乙未	納	沙中金	壁
10日	11/14	日	丙申	納	山下火	奎
11日	11/15	月	丁酉	開	山下火	婁
12日	11/16	火	戊戌	閉	平地木	胃
13日	11/17	水	己亥	建	平地木	昴
14日	11/18	木	庚子	除	壁上土	畢
15日☆	11/19	金	辛丑	満	壁上土	觜
16日	11/20	土	壬寅	平	金箔金	参
17日	11/21	日	癸卯	定	金箔金	井
18日	11/22	月	甲辰	執	覆燈火	鬼
19日	11/23	火	乙巳	破	覆燈火	柳
20日	11/24	水	丙午	危	天河水	星
21日	11/25	木	丁未	成	天河水	張
22日	11/26	金	戊申	納	大駅土	翼
23日	11/27	土	己酉	開	大駅土	軫
24日	11/28	日	庚戌	閉	釵釧金	角
25日	11/29	月	辛亥	建	釵釧金	亢
26日△	11/30	火	壬子	除	桑柘木	氐
27日	12/01	水	癸丑	満	桑柘木	房
28日	12/02	木	甲寅	平	大渓水	心
29日	12/03	金	乙卯	定	大渓水	尾

【十一月大 丙子 斗】
節気 大雪 5日・冬至 20日

1日	12/04	土	丙辰	執	沙中土	斗
2日	12/05	日	丁巳	破	沙中土	女
3日	12/06	月	戊午	危	天上火	虚
4日	12/07	火	己未	成	天上火	危
5日	12/08	水	庚申	納	柘榴木	室
6日	12/09	木	辛酉	開	柘榴木	壁
7日	12/10	金	壬戌	閉	大海水	奎
8日	12/11	土	癸亥	建	大海水	婁
9日	12/12	日	甲子	除	海中金	胃
10日	12/13	月	乙丑	除	海中金	昴
11日	12/14	火	丙寅	満	爐中火	畢
12日	12/15	水	丁卯	平	爐中火	觜
13日	12/16	木	戊辰	定	大林木	参
14日	12/17	金	己巳	執	大林木	井
15日	12/18	土	庚午	破	路傍土	鬼
16日	12/19	日	辛未	危	路傍土	柳
17日	12/20	月	壬申	成	釼鋒金	星
18日	12/21	火	癸酉	納	釼鋒金	張
19日	12/22	水	甲戌	開	山頭火	翼
20日	12/23	木	乙亥	閉	山頭火	軫
21日	12/24	金	丙子	建	澗下水	角
22日	12/25	土	丁丑	除	澗下水	亢
23日	12/26	日	戊寅	満	城頭土	氐
24日	12/27	月	己卯	平	城頭土	心
25日	12/28	火	庚辰	定	白鑞金	心
26日	12/29	水	辛巳	執	白鑞金	尾
27日	12/30	木	壬午	破	楊柳木	箕
28日	12/31	金	癸未	危	楊柳木	斗

1650年

29日	01/01	土	甲申	成	井泉水	女
30日	01/02	日	乙酉	納	井泉水	虚

【十二月小 丁丑 虚】
節気 小寒 5日・大寒 20日
雑節 土用 17日

1日	01/03	月	丙戌	開	屋上土	虚
2日	01/04	火	丁亥	閉	屋上土	危
3日▽	01/05	水	戊子	建	霹靂火	室
4日	01/06	木	己丑	除	霹靂火	壁
5日	01/07	金	庚寅	満	松柏木	奎
6日	01/08	土	辛卯	満	松柏木	婁
7日	01/09	日	壬辰	平	長流水	胃
8日	01/10	月	癸巳	定	長流水	昴
9日	01/11	火	甲午	執	沙中金	畢
10日	01/12	水	乙未	破	沙中金	觜
11日	01/13	木	丙申	危	山下火	参
12日	01/14	金	丁酉	成	山下火	井
13日	01/15	土	戊戌	納	平地木	鬼
14日	01/16	日	己亥	開	平地木	柳
15日	01/17	月	庚子	閉	壁上土	星
16日	01/18	火	辛丑	建	壁上土	張
17日	01/19	水	壬寅	除	金箔金	翼
18日	01/20	木	癸卯	満	金箔金	軫
19日	01/21	金	甲辰	平	覆燈火	角
20日	01/22	土	乙巳	定	覆燈火	亢
21日	01/23	日	丙午	執	天河水	氐
22日	01/24	月	丁未	破	天河水	房
23日	01/25	火	戊申	危	大駅土	心
24日	01/26	水	己酉	成	大駅土	尾
25日	01/27	木	庚戌	納	釵釧金	箕
26日	01/28	金	辛亥	開	釵釧金	斗
27日	01/29	土	壬子	閉	桑柘木	女
28日	01/30	日	癸丑	建	桑柘木	虚
29日	01/31	月	甲寅	除	大渓水	危

慶安3年
1650～1651 庚寅

【正月大 戊寅 室】
節気 立春 6日・雨水 22日
雑節 節分 5日

日	西暦	曜	干支	直	納音	宿
1日	02/01	火	乙卯	満	大溪水	室
2日	02/02	水	丙辰	平	沙中土	奎
3日	02/03	金	丁巳	定	沙中土	婁
4日	02/04	金	戊午	執	天上火	胃
5日	02/05	土	己未	破	天上火	昴
6日	02/06	日	庚申	破	柘榴木	畢
7日	02/07	月	辛酉	成	柘榴木	觜
8日△	02/08	火	壬戌	納	大海水	參
9日	02/09	水	癸亥	納	大海水	井
10日	02/10	木	甲子	開	海中金	鬼
11日	02/11	金	乙丑	閉	海中金	柳
12日	02/12	土	丙寅	建	爐中火	星
13日	02/13	日	丁卯	除	爐中火	張
14日	02/14	月	戊辰	満	大林木	翼
15日	02/15	火	己巳	平	大林木	軫
16日	02/16	水	庚午	定	路傍土	角
17日	02/17	木	辛未	執	路傍土	亢
18日	02/18	金	壬申	破	劔鋒金	氐
19日	02/19	土	癸酉	成	劔鋒金	房
20日	02/20	日	甲戌	納	山頭火	心
21日	02/21	月	乙亥	開	山頭火	尾
22日	02/22	火	丙子	閉	澗下水	箕
23日	02/23	水	丁丑	建	澗下水	斗
24日	02/24	木	戊寅	除	城頭土	女
25日	02/25	金	己卯	満	城頭土	虛
26日	02/26	土	庚辰	平	白鑞金	危
27日	02/27	日	辛巳	定	白鑞金	室
28日	02/28	月	壬午	執	楊柳木	壁
29日	03/01	火	癸未	執	楊柳木	奎
30日	03/02	水	甲申	破	井泉水	奎

【二月小 己卯 奎】
節気 啓蟄 7日・春分 22日
雑節 彼岸 24日・社日 24日

日	西暦	曜	干支	直	納音	宿
1日	03/03	木	乙酉	危	井泉水	婁
2日	03/04	金	丙戌	成	屋上土	胃
3日	03/05	土	丁亥	納	屋上土	昴
4日	03/06	日	戊子	開	霹靂火	畢
5日	03/07	月	己丑	閉	霹靂火	觜
6日	03/08	火	庚寅	建	松柏木	參
7日▽	03/09	水	辛卯	除	松柏木	井
8日	03/10	木	壬辰	満	長流水	鬼
9日	03/11	金	癸巳	平	長流水	柳
10日	03/12	土	甲午	定	沙中金	星
11日	03/13	日	乙未	執	沙中金	張
12日	03/14	月	丙申	破	山下火	翼
13日	03/15	火	丁酉	危	山下火	軫
14日	03/16	水	戊戌	成	平地木	角
15日	03/17	木	己亥	納	平地木	亢
16日	03/18	金	庚子	開	壁上土	氐
17日	03/19	土	辛丑	閉	壁上土	房
18日	03/20	日	壬寅	建	金箔金	心
19日	03/21	月	癸卯	除	金箔金	尾
20日	03/22	火	甲辰	満	覆燈火	箕
21日	03/23	水	乙巳	平	覆燈火	斗
22日	03/24	木	丙午	定	天河水	女
23日	03/25	金	丁未	執	天河水	虛
24日	03/26	土	戊申	破	大驛土	危
25日	03/27	日	己酉	危	大驛土	室
26日	03/28	月	庚戌	成	釵釧金	壁
27日	03/29	火	辛亥	納	釵釧金	奎
28日	03/30	水	壬子	開	桑柘木	婁
29日	03/31	木	癸丑	閉	桑柘木	胃

【三月大 庚辰 胃】
節気 清明 8日・穀雨 24日
雑節 土用 21日

日	西暦	曜	干支	直	納音	宿
1日	04/01	金	甲寅	建	大溪水	胃
2日	04/02	土	乙卯	除	大溪水	昴
3日	04/03	日	丙辰	満	沙中土	畢
4日	04/04	火	丁巳	平	沙中土	觜
5日	04/05	火	戊午	定	天上火	參
6日	04/06	水	己未	執	天上火	井
7日	04/07	木	庚申	破	柘榴木	鬼
8日	04/08	金	辛酉	危	柘榴木	柳
9日	04/09	土	壬戌	成	大海水	星
10日	04/10	日	癸亥	納	大海水	張
11日	04/11	月	甲子	開	海中金	翼
12日	04/12	火	乙丑	閉	海中金	軫
13日	04/13	水	丙寅	建	爐中火	角
14日	04/14	木	丁卯	除	爐中火	亢
15日	04/15	金	戊辰	満	大林木	氐
16日	04/16	土	己巳	平	大林木	房
17日	04/17	日	庚午	定	路傍土	心
18日△	04/18	月	辛未	執	路傍土	尾
19日	04/19	火	壬申	破	劔鋒金	箕
20日	04/20	水	癸酉	危	劔鋒金	斗
21日	04/21	木	甲戌	成	山頭火	女
22日	04/22	金	乙亥	納	山頭火	虛
23日	04/23	土	丙子	開	澗下水	危
24日	04/24	日	丁丑	閉	澗下水	室
25日	04/25	月	戊寅	建	城頭土	壁
26日	04/26	火	己卯	除	城頭土	奎
27日	04/27	水	庚辰	満	白鑞金	婁
28日	04/28	木	辛巳	平	白鑞金	胃
29日	04/29	金	壬午	定	楊柳木	昴
30日	04/30	土	癸未	執	楊柳木	畢

【四月小 辛巳 畢】
節気 立夏 9日・小満 24日
雑節 八十八夜 4日

日	西暦	曜	干支	直	納音	宿
1日	05/01	日	甲申	破	井泉水	觜
2日	05/02	月	乙酉	危	井泉水	參
3日	05/03	火	丙戌	破	屋上土	井
4日	05/04	水	丁亥	成	屋上土	鬼
5日	05/05	木	戊子	納	霹靂火	柳
6日	05/06	金	己丑	納	霹靂火	星
7日	05/07	土	庚寅	閉	松柏木	張
8日	05/08	日	辛卯	閉	松柏木	翼
9日	05/09	月	壬辰	建	長流水	軫
10日	05/10	火	癸巳	除	長流水	角
11日▽	05/11	水	甲午	除	沙中金	亢
12日	05/12	木	乙未	満	沙中金	氐
13日	05/13	金	丙申	平	山下火	房
14日	05/14	土	丁酉	定	山下火	心
15日	05/15	日	戊戌	執	平地木	尾
16日☆	05/16	月	己亥	破	平地木	箕
17日	05/17	火	庚子	危	壁上土	斗
18日	05/18	水	辛丑	成	壁上土	女
19日	05/19	木	壬寅	納	金箔金	虛
20日	05/20	金	癸卯	開	金箔金	危
21日	05/21	土	甲辰	閉	覆燈火	室
22日	05/22	日	乙巳	建	覆燈火	壁
23日	05/23	月	丙午	除	天河水	奎
24日	05/24	火	丁未	満	天河水	婁
25日	05/25	水	戊申	平	大驛土	胃
26日	05/26	木	己酉	定	大驛土	昴
27日	05/27	金	庚戌	執	釵釧金	畢
28日	05/28	土	辛亥	破	釵釧金	觜
29日	05/29	日	壬子	危	桑柘木	參

【五月大 壬午 參】
節気 芒種 10日・夏至 25日
雑節 入梅 20日

日	西暦	曜	干支	直	納音	宿
1日	05/30	月	癸丑	成	桑柘木	井
2日	05/31	火	甲寅	納	大溪水	鬼
3日	06/01	水	乙卯	開	大溪水	柳
4日	06/02	木	丙辰	閉	沙中土	星
5日	06/03	金	丁巳	建	沙中土	張
6日	06/04	土	戊午	除	天上火	翼
7日	06/05	日	己未	満	天上火	軫
8日	06/06	月	庚申	平	柘榴木	角
9日	06/07	火	辛酉	定	柘榴木	亢
10日	06/08	水	壬戌	執	大海水	氐
11日	06/09	木	癸亥	破	大海水	房
12日	06/10	金	甲子	危	海中金	心
13日	06/11	土	乙丑	成	海中金	尾
14日	06/12	日	丙寅	納	爐中火	箕
15日	06/13	月	丁卯	開	爐中火	斗
16日	06/14	火	戊辰	閉	大林木	女
17日	06/15	水	己巳	建	大林木	虛
18日	06/16	木	庚午	除	路傍土	危
19日	06/17	金	辛未	満	路傍土	室
20日	06/18	土	壬申	平	劔鋒金	壁
21日	06/19	日	癸酉	定	劔鋒金	奎
22日	06/20	月	甲戌	執	山頭火	婁
23日	06/21	火	乙亥	破	山頭火	胃
24日	06/22	水	丙子	危	澗下水	昴
25日	06/23	木	丁丑	成	澗下水	畢
26日	06/24	金	戊寅	納	城頭土	觜
27日	06/25	土	己卯	開	城頭土	參
28日	06/26	日	庚辰	閉	白鑞金	井
29日△	06/27	月	辛巳	閉	白鑞金	鬼
30日	06/28	火	壬午	建	楊柳木	柳

【六月大 癸未 鬼】
節気 小暑 11日・大暑 26日
雑節 半夏生 6日・土用 23日

日	西暦	曜	干支	直	納音	宿
1日	06/29	水	癸未	除	楊柳木	鬼
2日	06/30	木	甲申	満	井泉水	柳
3日	07/01	金	乙酉	平	井泉水	星
4日	07/02	土	丙戌	定	屋上土	張
5日	07/03	日	丁亥	執	屋上土	翼
6日	07/04	月	戊子	破	霹靂火	軫
7日	07/05	火	己丑	危	霹靂火	角
8日	07/06	水	庚寅	成	松柏木	亢
9日	07/07	木	辛卯	納	松柏木	氐
10日	07/08	金	壬辰	開	長流水	房
11日	07/09	土	癸巳	閉	長流水	心
12日	07/10	日	甲午	建	沙中金	尾
13日	07/11	月	乙未	除	沙中金	箕
14日	07/12	火	丙申	満	山下火	斗
15日▽	07/13	水	丁酉	平	山下火	女
16日	07/14	木	戊戌	定	平地木	虛
17日	07/15	金	己亥	執	平地木	危
18日	07/16	土	庚子	破	壁上土	室
19日	07/17	日	辛丑	危	壁上土	壁
20日	07/18	月	壬寅	成	金箔金	奎
21日	07/19	火	癸卯	納	金箔金	婁
22日	07/20	水	甲辰	開	覆燈火	胃
23日	07/21	木	乙巳	閉	覆燈火	昴
24日	07/22	金	丙午	建	天河水	畢
25日	07/23	土	丁未	除	天河水	觜
26日	07/24	日	戊申	満	大驛土	參
27日	07/25	月	己酉	平	大驛土	井
28日	07/26	火	庚戌	定	釵釧金	鬼
29日	07/27	水	辛亥	執	釵釧金	柳
30日	07/28	木	壬子	破	桑柘木	星

【七月小 甲申 張】
節気 立秋 11日・処暑 26日

日	西暦	曜	干支	直	納音	宿
1日	07/29	金	癸丑	危	桑柘木	張
2日	07/30	土	甲寅	成	大溪水	翼
3日	07/31	日	乙卯	納	大溪水	軫
4日	08/01	月	丙辰	開	沙中土	角
5日	08/02	火	丁巳	閉	沙中土	亢
6日	08/03	水	戊午	建	天上火	氐
7日	08/04	木	己未	除	天上火	房
8日	08/05	金	庚申	満	柘榴木	心
9日	08/06	土	辛酉	平	柘榴木	尾
10日	08/07	日	壬戌	定	大海水	箕
11日	08/08	月	癸亥	執	大海水	斗
12日	08/09	火	甲子	破	海中金	女
13日	08/10	水	乙丑	危	海中金	虛
14日	08/11	木	丙寅	成	爐中火	危

西暦 曜 干支 直 納音 宿　　　　　　　　　慶安3年

日	西暦	曜	干支	直	納音	宿
15日	08/12	金	丁卯	危	炉中火	室
16日	08/13	土	戊辰	成	大林木	壁
17日	08/14	日	己巳	納	大林木	奎
18日	08/15	月	庚午	開	路傍土	婁
19日	08/16	火	辛未	閉	路傍土	胃
20日	08/17	水	壬申	建	釵釧金	昴
21日	08/18	木	癸酉	除	釵釧金	畢
22日	08/19	金	甲戌		山頭火	觜
23日	08/20	土	乙亥	平	山頭火	参
24日	08/21	日	丙子	定	澗下水	井
25日	08/22	月	丁丑	執	澗下水	鬼
26日	08/23	火	戊寅	破	城頭土	柳
27日	08/24	水	己卯	危	城頭土	星
28日	08/25	木	庚辰	成	白鑞金	張
29日	08/26	金	辛巳	納	白鑞金	翼

【八月大 乙酉 角】
節気 白露 13日・秋分 28日
雑節 二百十日 8日・社日 27日・彼岸 30日

日	西暦	曜	干支	直	納音	宿
1日	08/27	土	壬午	開	楊柳木	角
2日	08/28	日	癸未	閉	楊柳木	亢
3日	08/29	月	甲申	建	井泉水	氐
4日	08/30	火	乙酉	除	井泉水	房
5日	08/31	水	丙戌		屋上土	心
6日	09/01	木	丁亥	平	屋上土	尾
7日	09/02	金	戊子	定	霹靂火	箕
8日	09/03	土	己丑	執	霹靂火	斗
9日	09/04	日	庚寅		松柏木	女
10日△	09/05	月	辛卯	破	松柏木	虚
11日	09/06	火	壬辰	危	長流水	危
12日	09/07	水	癸巳	成	長流水	室
13日	09/08	木	甲午	納	沙中金	壁
14日	09/09	金	乙未	開	沙中金	奎
15日	09/10	土	丙申	閉	山下火	婁
16日	09/11	日	丁酉	建	山下火	胃
17日	09/12	月	戊戌	除	平地木	昴
18日	09/13	火	己亥	満	平地木	畢
19日▽	09/14	水	庚子	平	壁上土	觜
20日	09/15	木	辛丑	定	壁上土	参
21日	09/16	金	壬寅	執	金箔金	井
22日	09/17	土	癸卯	破	金箔金	鬼
23日	09/18	日	甲辰	危	覆燈火	柳
24日	09/19	月	乙巳	成	覆燈火	星
25日	09/20	火	丙午	納	天河水	張
26日	09/21	水	丁未	開	天河水	翼
27日	09/22	木	戊申	建	大駅土	軫
28日	09/23	金	己酉	閉	大駅土	角
29日	09/24	土	庚戌		釵釧金	亢
30日	09/25	日	辛亥	満	釵釧金	氐

【九月小 丙戌 氐】
節気 寒露 13日・霜降 28日
雑節 土用 25日

日	西暦	曜	干支	直	納音	宿
1日	09/26	月	壬子	平	桑柘木	氐
2日	09/27	火	癸丑	定	桑柘木	房
3日	09/28	水	甲寅	執	大渓水	心
4日	09/29	木	乙卯	破	大渓水	尾
5日	09/30	金	丙辰	危	沙中土	箕
6日	10/01	土	丁巳	成	沙中土	斗
7日	10/02	日	戊午	納	天上火	女
8日	10/03	月	己未	開	天上火	虚
9日	10/04	火	庚申	閉	柘榴木	危
10日	10/05	水	辛酉	建	柘榴木	室
11日	10/06	木	壬戌	除	大海水	壁
12日	10/07	金	癸亥	満	大海水	奎
13日	10/08	土	甲子	平	海中金	婁
14日	10/09	日	乙丑	定	海中金	胃
15日	10/10	月	丙寅	執	炉中火	昴
16日	10/11	火	丁卯	破	炉中火	畢
17日	10/12	水	戊辰	危	大林木	觜
18日	10/13	木	己巳	成	大林木	参
19日	10/14	金	庚午	成	路傍土	井
20日	10/15	土	辛未	納	路傍土	鬼
21日	10/16	日	壬申	開	釵釧金	柳
22日	10/17	月	癸酉	閉	釵釧金	星
23日	10/18	火	甲戌	建	山頭火	張
24日	10/19	水	乙亥	除	山頭火	翼
25日	10/20	木	丙子	満	澗下水	軫
26日	10/21	金	丁丑	平	澗下水	角
27日	10/22	土	戊寅	定	城頭土	亢
28日	10/23	日	己卯	執	城頭土	氐
29日	10/24	月	庚辰	破	白鑞金	房

【十月大 丁亥 心】
節気 立冬 14日・小雪 30日

日	西暦	曜	干支	直	納音	宿
1日◎	10/25	火	辛巳	危	白鑞金	心
2日	10/26	水	壬午	成	楊柳木	尾
3日	10/27	木	癸未	納	楊柳木	箕
4日	10/28	金	甲申	開	井泉水	斗
5日	10/29	土	乙酉	閉	井泉水	女
6日	10/30	日	丙戌	建	屋上土	虚
7日	10/31	月	丁亥	除	屋上土	危
8日	11/01	火	戊子	満	霹靂火	室
9日	11/02	水	己丑	平	霹靂火	壁
10日	11/03	木	庚寅	定	松柏木	奎
11日	11/04	金	辛卯	執	松柏木	婁
12日	11/05	土	壬辰	破	長流水	胃
13日	11/06	日	癸巳	危	長流水	昴
14日☆	11/07	月	甲午	成	沙中金	畢
15日	11/08	火	乙未	納	沙中金	觜
16日	11/09	水	丙申		山下火	参
17日	11/10	木	丁酉	納	山下火	井
18日	11/11	金	戊戌	閉	平地木	鬼
19日	11/12	土	己亥	建	平地木	柳
20日△	11/13	日	庚子	満	壁上土	星
21日	11/14	月	辛丑	平	壁上土	張
22日▽	11/15	火	壬寅	平	金箔金	翼
23日	11/16	水	癸卯	執	金箔金	軫
24日	11/17	木	甲辰	破	覆燈火	角
25日	11/18	金	乙巳	危	覆燈火	亢
26日	11/19	土	丙午	成	天河水	氐
27日	11/20	日	丁未	納	天河水	房
28日	11/21	月	戊申	開	大駅土	心
29日	11/22	火	己酉	閉	大駅土	尾
30日	11/23	水	庚戌	建	釵釧金	箕

【閏十月小 丁亥 心】
節気 大雪 15日

日	西暦	曜	干支	直	納音	宿
1日	11/24	木	辛亥	建	釵釧金	心
2日	11/25	金	壬子	満	桑柘木	尾
3日	11/26	土	癸丑	平	桑柘木	箕
4日	11/27	日	甲寅	平	大渓水	斗
5日	11/28	月	乙卯	定	大渓水	女
6日	11/29	火	丙辰	執	沙中土	虚
7日	11/30	水	丁巳	破	沙中土	危
8日	12/01	木	戊午	成	天上火	室
9日	12/02	金	己未	納	天上火	壁
10日	12/03	土	庚申	納	柘榴木	奎
11日	12/04	日	辛酉	閉	柘榴木	婁
12日	12/05	月	壬戌	建	大海水	胃
13日	12/06	火	癸亥	除	大海水	昴
14日	12/07	水	甲子	満	海中金	畢
15日	12/08	木	乙丑	除	海中金	觜
16日	12/09	金	丙寅	満	炉中火	参
17日	12/10	土	丁卯	平	炉中火	井
18日	12/11	日	戊辰	定	大林木	鬼
19日	12/12	月	己巳	執	大林木	柳
20日	12/13	火	庚午	破	路傍土	星
21日	12/14	水	辛未	危	路傍土	張
22日	12/15	木	壬申	成	釵釧金	翼
23日	12/16	金	癸酉	納	釵釧金	軫
24日	12/17	土	甲戌	開	山頭火	角
25日	12/18	日	乙亥	閉	山頭火	亢
26日	12/19	月	丙子	建	澗下水	氐
27日	12/20	火	丁丑		澗下水	房
28日	12/21	水	戊寅	満	城頭土	心
29日	12/22	木	己卯	平	城頭土	尾

【十一月大 戊子 斗】
節気 冬至 1日・小寒 16日
雑節 土用 28日

日	西暦	曜	干支	直	納音	宿
1日	12/23	金	庚辰	定	白鑞金	斗
2日	12/24	土	辛巳	執	白鑞金	女
3日	12/25	日	壬午	破	楊柳木	虚
4日	12/26	月	癸未	危	楊柳木	危
5日	12/27	火	甲申	成	井泉水	室
6日	12/28	水	乙酉	納	井泉水	壁
7日	12/29	木	丙戌	開	屋上土	奎
8日	12/30	金	丁亥	閉	屋上土	婁
9日	12/31	土	戊子	建	霹靂火	胃

1651年

日	西暦	曜	干支	直	納音	宿
10日	**01/01**	日	己丑	除	霹靂火	昴
11日	01/02	月	庚寅	満	松柏木	畢
12日	01/03	火	辛卯	平	松柏木	觜
13日	01/04	水	壬辰	定	長流水	参
14日	01/05	木	癸巳	執	長流水	井
15日	01/06	金	甲午	破	沙中金	鬼
16日	01/07	土	乙未	危	沙中金	柳
17日	01/08	日	丙申	成	山下火	星
18日	01/09	月	丁酉	納	山下火	張
19日	01/10	火	戊戌	開	平地木	翼
20日	01/11	水	己亥	閉	平地木	軫
21日	01/12	木	庚子	建	壁上土	角
22日	01/13	金	辛丑	除	壁上土	亢
23日	01/14	土	壬寅	満	金箔金	氐
24日	01/15	日	癸卯	平	金箔金	房
25日	01/16	月	甲辰	定	覆燈火	心
26日▽	01/17	火	乙巳	執	覆燈火	尾
27日	01/18	水	丙午	破	天河水	箕
28日	01/19	木	丁未	危	天河水	斗
29日	01/20	金	戊申	成	大駅土	女
30日	01/21	土	己酉	納	大駅土	虚

【十二月小 己丑 虚】
節気 大寒 2日・立春 17日
雑節 節分 16日

日	西暦	曜	干支	直	納音	宿
1日△	01/22	日	庚戌	納	釵釧金	虚
2日	01/23	月	辛亥	開	釵釧金	危
3日	01/24	火	壬子	閉	桑柘木	室
4日	01/25	水	癸丑	建	桑柘木	壁
5日	01/26	木	甲寅	除	大渓水	奎
6日	01/27	金	乙卯	満	大渓水	婁
7日	01/28	土	丙辰	平	沙中土	胃
8日	01/29	日	丁巳	定	沙中土	昴
9日	01/30	月	戊午	執	天上火	畢
10日	01/31	火	己未	破	天上火	觜
11日	02/01	水	庚申	危	柘榴木	参
12日	02/02	木	辛酉	成	柘榴木	井
13日	02/03	金	壬戌	納	大海水	鬼
14日	02/04	土	癸亥	開	大海水	柳
15日	02/05	日	甲子	閉	海中金	星
16日	02/06	月	乙丑	建	海中金	張
17日	02/07	火	丙寅	除	炉中火	翼
18日	02/08	水	丁卯	満	炉中火	軫
19日	02/09	木	戊辰	平	大林木	角
20日	02/10	金	己巳	定	大林木	亢
21日	02/11	土	庚午	執	路傍土	氐
22日	02/12	日	辛未	破	路傍土	房
23日	02/13	月	壬申	危	釵釧金	心
24日	02/14	火	癸酉	成	釵釧金	尾
25日	02/15	水	甲戌	納	山頭火	箕
26日	02/16	木	乙亥	開	山頭火	斗
27日	02/17	金	丙子	閉	澗下水	女
28日	02/18	土	丁丑	建	澗下水	虚
29日	02/19	日	戊寅	除	城頭土	危

慶安4年
1651～1652　辛卯

【正月大 庚寅 室】
節気 雨水 3日・啓蟄 18日
雑節 社日 30日

日	日付	曜	干支	直	納音	宿
1日	02/20	月	己卯	除	城頭土	室
2日	02/21	火	庚辰	満	白鑞金	壁
3日	02/22	水	辛巳	平	白鑞金	奎
4日	02/23	木	壬午	定	楊柳木	婁
5日	02/24	金	癸未	執	楊柳木	胃
6日	02/25	土	甲申	破	井泉水	昴
7日	02/26	日	乙酉	危	井泉水	畢
8日	02/27	月	丙戌	成	屋上土	觜
9日	02/28	火	丁亥	納	屋上土	参
10日	03/01	水	戊子	開	霹靂火	井
11日	03/02	木	己丑	閉	霹靂火	鬼
12日	03/03	金	庚寅	建	松柏木	柳
13日	03/04	土	辛卯	除	松柏木	星
14日	03/05	日	壬辰	満	長流水	張
15日	03/06	月	癸巳	平	長流水	翼
16日	03/07	火	甲午	定	沙中金	軫
17日	03/08	水	乙未	執	沙中金	角
18日	03/09	木	丙申	執	山下火	亢
19日	03/10	金	丁酉	破	山下火	氐
20日	03/11	土	戊戌	危	平地木	房
21日	03/12	日	己亥	成	平地木	心
22日	03/13	月	庚子	納	壁上土	尾
23日	03/14	火	辛丑	開	壁上土	箕
24日	03/15	水	壬寅	閉	金箔金	斗
25日	03/16	木	癸卯	建	金箔金	牛
26日	03/17	金	甲辰	除	覆燈火	女
27日	03/18	土	乙巳	満	覆燈火	虚
28日	03/19	日	丙午	平	天河水	危
29日	03/20	月	丁未	定	天河水	室
30日▽	03/21	火	戊申	執	大驛土	壁

【二月小 辛卯 奎】
節気 春分 3日・清明 19日
雑節 彼岸 5日

日	日付	曜	干支	直	納音	宿
1日	03/22	水	己酉	破	大驛土	奎
2日	03/23	木	庚戌	危	釵釧金	婁
3日	03/24	金	辛亥	成	釵釧金	胃
4日	03/25	土	壬子	納	桑柘木	昴
5日	03/26	日	癸丑	開	桑柘木	畢
6日	03/27	月	甲寅	閉	大溪水	觜
7日	03/28	火	乙卯	建	大溪水	参
8日	03/29	水	丙辰	除	沙中土	井
9日	03/30	木	丁巳	満	沙中土	鬼
10日	03/31	金	戊午	平	天上火	柳
11日	04/01	土	己未	定	天上火	星
12日△	04/02	日	庚申	執	柘榴木	張
13日	04/03	月	辛酉	破	柘榴木	翼
14日	04/04	火	壬戌	危	大海水	軫
15日	04/05	水	癸亥	成	大海水	角
16日	04/06	木	甲子	納	海中金	亢
17日	04/07	金	乙丑	開	海中金	氐
18日	04/08	土	丙寅	閉	爐中火	房
19日	04/09	日	丁卯	閉	爐中火	心
20日	04/10	月	戊辰	建	大林木	尾
21日	04/11	火	己巳	除	大林木	箕
22日	04/12	水	庚午	満	路傍土	斗
23日	04/13	木	辛未	平	路傍土	牛
24日	04/14	金	壬申	定	釵鋒金	女
25日	04/15	土	癸酉	執	釵鋒金	虚
26日	04/16	日	甲戌	破	山頭火	危
27日	04/17	月	乙亥	危	山頭火	室
28日	04/18	火	丙子	成	澗下水	壁
29日	04/19	水	丁丑	納	澗下水	奎

【三月大 壬辰 胃】
節気 穀雨 5日・立夏 20日
雑節 土用 2日・八十八夜 16日

日	日付	曜	干支	直	納音	宿
1日	04/20	木	戊寅	開	城頭土	婁
2日	04/21	金	己卯	閉	城頭土	胃
3日	04/22	土	庚辰	建	白鑞金	昴
4日	04/23	日	辛巳	除	白鑞金	畢
5日	04/24	月	壬午	満	楊柳木	觜
6日	04/25	火	癸未	平	楊柳木	参
7日	04/26	水	甲申	定	井泉水	井
8日	04/27	木	乙酉	執	井泉水	鬼
9日	04/28	金	丙戌	破	屋上土	柳
10日	04/29	土	丁亥	危	屋上土	星
11日	04/30	日	戊子	成	霹靂火	張
12日	05/01	月	己丑	納	霹靂火	翼
13日	05/02	火	庚寅	開	松柏木	軫
14日	05/03	水	辛卯	閉	松柏木	角
15日	05/04	木	壬辰	建	長流水	亢
16日	05/05	金	癸巳	除	長流水	氐
17日	05/06	土	甲午	満	沙中金	房
18日	05/07	日	乙未	平	沙中金	心
19日	05/08	月	丙申	定	山下火	尾
20日	05/09	火	丁酉	定	山下火	箕
21日	05/10	水	戊戌	執	平地木	斗
22日	05/11	木	己亥	破	平地木	牛
23日	05/12	金	庚子	危	壁上土	女
24日	05/13	土	辛丑	成	壁上土	虚
25日	05/14	日	壬寅	納	金箔金	危
26日	05/15	月	癸卯	開	金箔金	室
27日	05/16	火	甲辰	閉	覆燈火	壁
28日	05/17	水	乙巳	建	覆燈火	奎
29日	05/18	木	丙午	除	天河水	婁
30日	05/19	金	丁未	満	天河水	胃

【四月小 癸巳 畢】
節気 小満 5日・芒種 20日
雑節 入梅 25日

日	日付	曜	干支	直	納音	宿
1日	05/20	土	戊申	平	大驛土	昴
2日	05/21	日	己酉	定	大驛土	畢
3日	05/22	月	庚戌	執	釵釧金	觜
4日▽	05/23	火	辛亥	破	釵釧金	参
5日	05/24	水	壬子	危	桑柘木	井
6日	05/25	木	癸丑	成	桑柘木	鬼
7日	05/26	金	甲寅	納	大溪水	柳
8日	05/27	土	乙卯	開	大溪水	星
9日	05/28	日	丙辰	閉	沙中土	張
10日	05/29	月	丁巳	建	沙中土	翼
11日	05/30	火	戊午	除	天上火	軫
12日	05/31	水	己未	満	天上火	角
13日	06/01	木	庚申	平	柘榴木	亢
14日	06/02	金	辛酉	定	柘榴木	氐
15日	06/03	土	壬戌	執	大海水	房
16日	06/04	日	癸亥	破	大海水	心
17日	06/05	月	甲子	危	海中金	尾
18日	06/06	火	乙丑	成	海中金	箕
19日	06/07	水	丙寅	納	爐中火	斗
20日	06/08	木	丁卯	納	爐中火	牛
21日	06/09	金	戊辰	開	大林木	女
22日△	06/10	土	己巳	閉	大林木	虚
23日	06/11	日	庚午	建	路傍土	危
24日	06/12	月	辛未	除	路傍土	室
25日	06/13	火	壬申	満	釵鋒金	壁
26日	06/14	水	癸酉	平	釵鋒金	奎
27日	06/15	木	甲戌	定	山頭火	婁
28日	06/16	金	乙亥	執	山頭火	胃
29日	06/17	土	丙子	破	澗下水	昴

【五月大 甲午 参】
節気 夏至 7日・小暑 22日
雑節 半夏生 17日

日	日付	曜	干支	直	納音	宿
1日	06/18	日	丁丑	危	澗下水	畢
2日	06/19	月	戊寅	成	城頭土	觜
3日	06/20	火	己卯	納	城頭土	参
4日	06/21	水	庚辰	開	白鑞金	井
5日	06/22	木	辛巳	閉	白鑞金	鬼
6日	06/23	金	壬午	建	楊柳木	柳
7日	06/24	土	癸未	除	楊柳木	星
8日	06/25	日	甲申	満	井泉水	張
9日	06/26	月	乙酉	平	井泉水	翼
10日	06/27	火	丙戌	定	屋上土	軫
11日	06/28	水	丁亥	執	屋上土	角
12日	06/29	木	戊子	破	霹靂火	亢
13日	06/30	金	己丑	危	霹靂火	氐
14日	07/01	土	庚寅	成	松柏木	房
15日	07/02	日	辛卯	納	松柏木	心
16日	07/03	月	壬辰	開	長流水	尾
17日	07/04	火	癸巳	閉	長流水	箕
18日	07/05	水	甲午	建	沙中金	斗
19日	07/06	木	乙未	除	沙中金	牛
20日	07/07	金	丙申	満	山下火	女
21日	07/08	土	丁酉	平	山下火	虚
22日	07/09	日	戊戌	平	平地木	危
23日	07/10	月	己亥	定	平地木	室
24日	07/11	火	庚子	執	壁上土	壁
25日	07/12	水	辛丑	破	壁上土	奎
26日	07/13	木	壬寅	危	金箔金	婁
27日	07/14	金	癸卯	成	金箔金	胃
28日	07/15	土	甲辰	納	覆燈火	昴
29日	07/16	日	乙巳	開	覆燈火	畢
30日	07/17	月	丙午	閉	天河水	觜

【六月小 乙未 鬼】
節気 大暑 7日・立秋 22日
雑節 土用 4日

日	日付	曜	干支	直	納音	宿
1日	07/18	火	丁未	建	天河水	参
2日	07/19	水	戊申	除	大驛土	井
3日	07/20	木	己酉	満	大驛土	鬼
4日	07/21	金	庚戌	平	釵釧金	柳
5日	07/22	土	辛亥	定	釵釧金	星
6日	07/23	日	壬子	執	桑柘木	張
7日	07/24	月	癸丑	破	桑柘木	翼
8日▽	07/25	火	甲寅	危	大溪水	軫
9日	07/26	水	乙卯	成	大溪水	角
10日	07/27	木	丙辰	納	沙中土	亢
11日	07/28	金	丁巳	開	沙中土	氐
12日	07/29	土	戊午	閉	天上火	房
13日	07/30	日	己未	建	天上火	心
14日	07/31	月	庚申	除	柘榴木	尾
15日	08/01	火	辛酉	満	柘榴木	箕
16日	08/02	水	壬戌	平	大海水	斗
17日	08/03	木	癸亥	定	大海水	牛
18日	08/04	金	甲子	執	海中金	女
19日	08/05	土	乙丑	破	海中金	虚
20日	08/06	日	丙寅	危	爐中火	危
21日	08/07	月	丁卯	成	爐中火	室
22日	08/08	火	戊辰	成	大林木	壁
23日	08/09	水	己巳	納	大林木	奎
24日	08/10	木	庚午	開	路傍土	婁
25日	08/11	金	辛未	閉	路傍土	胃
26日	08/12	土	壬申	建	釵鋒金	昴
27日	08/13	日	癸酉	除	釵鋒金	畢
28日	08/14	月	甲戌	満	山頭火	觜

西暦 曜 干支 直 納音 宿　　　慶安4年

日	西暦	曜	干支	直	納音	宿
29日	08/15	火	乙亥	平	山頭火	柳

【七月大 丙申 張】
節気 処暑 9日・白露 24日
雑節 二百十日 20日

日	西暦	曜	干支	直	納音	宿
1日	08/16	水	丙子	定	澗下水	張
2日	08/17	木	丁丑	執	澗下水	翼
3日	08/18	金	戊寅	破	城頭土	軫
4日△	08/19	土	己卯	危	城頭土	角
5日	08/20	日	庚辰	成	白鑞金	亢
6日	08/21	月	辛巳	納	白鑞金	氐
7日	08/22	火	壬午	開	楊柳木	房
8日	08/23	水	癸未	閉	楊柳木	心
9日	08/24	木	甲申	建	井泉水	尾
10日	08/25	金	乙酉	除	井泉水	箕
11日	08/26	土	丙戌	満	屋上土	斗
12日	08/27	日	丁亥	平	屋上土	女
13日	08/28	月	戊子	定	霹靂火	虚
14日	08/29	火	己丑	執	霹靂火	危
15日	08/30	水	庚寅	破	松柏木	室
16日	08/31	木	辛卯	危	松柏木	壁
17日	09/01	金	壬辰	成	長流水	奎
18日	09/02	土	癸巳	納	長流水	婁
19日	09/03	日	甲午	開	沙中金	胃
20日	09/04	月	乙未	閉	沙中金	昴
21日	09/05	火	丙申	建	山下火	畢
22日	09/06	水	丁酉	除	山下火	觜
23日	09/07	木	戊戌	満	平地木	参
24日	09/08	金	己亥	平	平地木	井
25日	09/09	土	庚子	定	壁上土	鬼
26日	09/10	日	辛丑	定	壁上土	柳
27日	09/11	月	壬寅	執	金箔金	星
28日	09/12	火	癸卯	破	金箔金	張
29日	09/13	水	甲辰	危	覆燈火	翼
30日	09/14	木	乙巳	成	覆燈火	軫

【八月大 丁酉 角】
節気 秋分 9日・寒露 24日
雑節 彼岸 11日・社日 13日

日	西暦	曜	干支	直	納音	宿
1日	09/15	金	丙午	納	天河水	角
2日	09/16	土	丁未	開	天河水	亢
3日	09/17	日	戊申	閉	大駅土	氐
4日	09/18	月	己酉	建	大駅土	房
5日	09/19	火	庚戌	除	釵釧金	心
6日	09/20	水	辛亥	満	釵釧金	尾
7日	09/21	木	壬子	平	桑柘木	箕
8日	09/22	金	癸丑	定	桑柘木	斗
9日	09/23	土	甲寅	執	大溪水	女
10日	09/24	日	乙卯	破	大溪水	虚
11日	09/25	月	丙辰	危	沙中土	危
12日▽	09/26	火	丁巳	成	沙中土	室
13日	09/27	水	戊午	納	天上火	壁
14日	09/28	木	己未	開	天上火	奎
15日	09/29	金	庚申	閉	柘榴木	婁
16日	09/30	土	辛酉	建	柘榴木	胃
17日	10/01	日	壬戌	除	大海水	昴
18日	10/02	月	癸亥	満	大海水	畢
19日	10/03	火	甲子	平	海中金	觜
20日	10/04	水	乙丑	定	海中金	参
21日	10/05	木	丙寅	執	爐中火	井
22日	10/06	金	丁卯	破	爐中火	鬼
23日	10/07	土	戊辰	危	大林木	柳
24日	10/08	日	己巳	成	大林木	星
25日	10/09	月	庚午	納	路傍土	張
26日	10/10	火	辛未	開	路傍土	翼
27日	10/11	水	壬申	閉	釵鋒金	軫
28日	10/12	木	癸酉	閉	釵鋒金	角
29日	10/13	金	甲戌	建	山頭火	亢
30日	10/14	土	乙亥	除	山頭火	氐

【九月小 戊戌 氐】
節気 霜降 9日・立冬 25日
雑節 土用 6日

日	西暦	曜	干支	直	納音	宿
1日	10/15	日	丙子	満	澗下水	氐
2日	10/16	月	丁丑	平	澗下水	房
3日	10/17	火	戊寅	定	城頭土	心
4日	10/18	水	己卯	執	城頭土	尾
5日	10/19	木	庚辰	破	白鑞金	箕
6日	10/20	金	辛巳	危	白鑞金	斗
7日	10/21	土	壬午	成	楊柳木	女
8日	10/22	日	癸未	納	楊柳木	虚
9日	10/23	月	甲申	開	井泉水	危
10日	10/24	火	乙酉	閉	井泉水	室
11日	10/25	水	丙戌	建	屋上土	壁
12日	10/26	木	丁亥	除	屋上土	奎
13日	10/27	金	戊子	満	霹靂火	婁
14日△	10/28	土	己丑	平	霹靂火	胃
15日	10/29	日	庚寅	定	松柏木	昴
16日	10/30	月	辛卯	執	松柏木	畢
17日	10/31	火	壬辰	破	長流水	觜
18日	11/01	水	癸巳	危	長流水	参
19日	11/02	木	甲午	成	沙中金	井
20日	11/03	金	乙未	納	沙中金	鬼
21日	11/04	土	丙申	開	山下火	柳
22日	11/05	日	丁酉	閉	山下火	星
23日	11/06	月	戊戌	建	平地木	張
24日	11/07	火	己亥	除	平地木	翼
25日	11/08	水	庚子	満	壁上土	軫
26日	11/09	木	辛丑	平	壁上土	角
27日	11/10	金	壬寅	平	金箔金	亢
28日	11/11	土	癸卯	定	金箔金	氐
29日	11/12	日	甲辰	執	覆燈火	房

【十月大 己亥 心】
節気 小雪 11日・大雪 26日

日	西暦	曜	干支	直	納音	宿
1日	11/13	月	乙巳	破	覆燈火	心
2日	11/14	火	丙午	危	天河水	尾
3日	11/15	水	丁未	成	天河水	箕
4日	11/16	木	戊申	納	大駅土	斗
5日	11/17	金	己酉	開	大駅土	女
6日	11/18	土	庚戌	閉	釵釧金	虚
7日	11/19	日	辛亥	建	釵釧金	危
8日	11/20	月	壬子	除	桑柘木	室
9日	11/21	火	癸丑	満	桑柘木	壁
10日	11/22	水	甲寅	平	大溪水	奎
11日	11/23	木	乙卯	定	大溪水	婁
12日	11/24	金	丙辰	執	沙中土	胃
13日	11/25	土	丁巳	破	沙中土	昴
14日	11/26	日	戊午	危	天上火	畢
15日	11/27	月	己未	成	天上火	觜
16日▽	11/28	火	庚申	納	柘榴木	参
17日	11/29	水	辛酉	開	柘榴木	井
18日	11/30	木	壬戌	閉	大海水	鬼
19日	12/01	金	癸亥	建	大海水	柳
20日	12/02	土	甲子	除	海中金	星
21日	12/03	日	乙丑	満	海中金	張
22日	12/04	月	丙寅	平	爐中火	翼
23日	12/05	火	丁卯	定	爐中火	軫
24日	12/06	水	戊辰	執	大林木	角
25日	12/07	木	己巳	破	大林木	亢
26日	12/08	金	庚午	破	路傍土	氐
27日	12/09	土	辛未	成	路傍土	房
28日	12/10	日	壬申	成	釵鋒金	心
29日	12/11	月	癸酉	納	釵鋒金	尾
30日	12/12	火	甲戌	開	山頭火	箕

【十一月小 庚子 斗】
節気 冬至 11日・小寒 27日

日	西暦	曜	干支	直	納音	宿
1日	12/13	水	乙亥	閉	山頭火	斗
2日	12/14	木	丙子	建	澗下水	女
3日	12/15	金	丁丑	除	澗下水	虚
4日	12/16	土	戊寅	満	城頭土	危
5日	12/17	日	己卯	平	城頭土	室
6日	12/18	月	庚辰	定	白鑞金	壁
7日	12/19	火	辛巳	執	白鑞金	奎
8日	12/20	水	壬午	破	楊柳木	婁
9日	12/21	木	癸未	危	楊柳木	胃
10日	12/22	金	甲申	成	井泉水	昴
11日	12/23	土	乙酉	納	井泉水	畢
12日	12/24	日	丙戌	開	屋上土	觜
13日	12/25	月	丁亥	閉	屋上土	参
14日	12/26	火	戊子	建	霹靂火	井
15日	12/27	水	己丑	除	霹靂火	鬼
16日	12/28	木	庚寅	満	松柏木	柳
17日	12/29	金	辛卯	平	松柏木	星
18日	12/30	土	壬辰	定	長流水	張
19日	12/31	日	癸巳	執	長流水	翼

1652年

日	西暦	曜	干支	直	納音	宿
20日	01/01	月	甲午	破	沙中金	軫
21日	01/02	火	乙未	危	沙中金	角
22日	01/03	水	丙申	成	山下火	亢
23日	01/04	木	丁酉	納	山下火	氐
24日△	01/05	金	戊戌	閉	平地木	房
25日	01/06	土	己亥	閉	平地木	心
26日	01/07	日	庚子	建	壁上土	尾
27日	01/08	月	辛丑	除	壁上土	箕
28日	01/09	火	壬寅	満	金箔金	斗
29日	01/10	水	癸卯	満	金箔金	女

【十二月大 辛丑 虚】
節気 大寒 13日・立春 28日
雑節 土用 10日・節分 27日

日	西暦	曜	干支	直	納音	宿
1日	01/11	木	甲辰	平	覆燈火	虚
2日	01/12	金	乙巳	定	覆燈火	危
3日	01/13	土	丙午	執	天河水	室
4日	01/14	日	丁未	破	天河水	壁
5日	01/15	月	戊申	危	大駅土	奎
6日	01/16	火	己酉	成	大駅土	婁
7日	01/17	水	庚戌	納	釵釧金	胃
8日	01/18	木	辛亥	開	釵釧金	畢
9日	01/19	金	壬子	閉	桑柘木	觜
10日	01/20	土	癸丑	建	桑柘木	参
11日	01/21	日	甲寅	除	大溪水	井
12日	01/22	月	乙卯	満	大溪水	鬼
13日	01/23	火	丙辰	平	沙中土	柳
14日	01/24	水	丁巳	定	沙中土	星
15日	01/25	木	戊午	執	天上火	張
16日	01/26	金	己未	破	天上火	翼
17日	01/27	土	庚申	危	柘榴木	軫
18日	01/28	日	辛酉	成	柘榴木	角
19日	01/29	月	壬戌	納	大海水	亢
20日▽	01/30	火	癸亥	開	大海水	氐
21日	01/31	水	甲子	閉	海中金	房
22日	02/01	木	乙丑	建	海中金	心
23日	02/02	金	丙寅	除	爐中火	尾
24日	02/03	土	丁卯	満	爐中火	箕
25日	02/04	日	戊辰	平	大林木	斗
26日	02/05	月	己巳	定	大林木	女
27日	02/06	火	庚午	執	路傍土	虚
28日	02/07	水	辛未	破	路傍土	危
29日	02/08	木	壬申	危	釵鋒金	室
30日	02/09	金	癸酉	危	釵鋒金	室

承応元年〔慶安5年〕

1652～1653　壬辰
※改元＝9月18日

【正月小 壬寅 室】

節気 雨水 13日・啓蟄 28日

日	月日	曜	干支	直	納音	宿
1日	02/10	土	甲戌	成	山頭火	室
2日	02/11	日	乙亥	納	山頭火	壁
3日	02/12	月	丙子	開	澗下水	奎
4日	02/13	火	丁丑	閉	澗下水	婁
5日	02/14	水	戊寅	建	城頭土	胃
6日	02/15	木	己卯	除	城頭土	昴
7日	02/16	金	庚辰	満	白鑞金	畢
8日	02/17	土	辛巳	定	白鑞金	觜
9日	02/18	日	壬午	定	楊柳木	参
10日	02/19	月	癸未	執	楊柳木	井
11日	02/20	火	甲申	破	井泉水	鬼
12日	02/21	水	乙酉	危	井泉水	柳
13日	02/22	木	丙戌	成	屋上土	星
14日	02/23	金	丁亥	納	屋上土	張
15日	02/24	土	戊子	開	霹靂火	軫
16日	02/25	日	己丑	閉	霹靂火	軫
17日	02/26	月	庚寅	建	松柏木	角
18日	02/27	火	辛卯	除	松柏木	亢
19日	02/28	水	壬辰	満	長流水	氐
20日	02/29	木	癸巳	平	長流水	房
21日	03/01	金	甲午	定	沙中金	心
22日	03/02	土	乙未	執	沙中金	尾
23日	03/03	日	丙申	破	山下火	箕
24日	03/04	月	丁酉	危	山下火	斗
25日	03/05	火	戊戌	成	平地木	女
26日	03/06	水	己亥	納	平地木	虚
27日	03/07	木	庚子	開	壁上土	危
28日	03/08	金	辛丑	開	壁上土	室
29日	03/09	土	壬寅	閉	金箔金	壁

【二月大 癸卯 奎】

節気 春分 15日・清明 30日
雑節 社日 16日・彼岸 17日

日	月日	曜	干支	直	納音	宿
1日	03/10	日	癸卯	建	金箔金	奎
2日	03/11	月	甲辰	除	覆燈火	婁
3日	03/12	火	乙巳	満	覆燈火	胃
4日	03/13	水	丙午	平	天河水	昴
5日	03/14	木	丁未	定	天河水	畢
6日△	03/15	金	戊申	執	大駅土	觜
7日	03/16	土	己酉	破	大駅土	参
8日	03/17	日	庚戌	危	釵釧金	井
9日	03/18	月	辛亥	成	釵釧金	鬼
10日	03/19	火	壬子	納	桑柘木	柳
11日	03/20	水	癸丑	開	桑柘木	星
12日	03/21	木	甲寅	閉	大溪水	張
13日	03/22	金	乙卯	建	大溪水	軫
14日	03/23	土	丙辰	除	沙中土	軫
15日	03/24	日	丁巳	満	沙中土	角
16日	03/25	月	戊午	平	天上火	亢
17日	03/26	火	己未	定	天上火	氐
18日	03/27	水	庚申	執	柘榴木	房
19日	03/28	木	辛酉	破	柘榴木	心
20日	03/29	金	壬戌	危	大海水	尾
21日	03/30	土	癸亥	成	大海水	箕
22日	03/31	日	甲子	納	海中金	斗
23日	04/01	月	乙丑	開	海中金	女
24日▽	04/02	火	丙寅	開	爐中火	虚
25日	04/03	水	丁卯	建	爐中火	危
26日	04/04	木	戊辰	除	大林木	室
27日	04/05	金	己巳	満	大林木	壁
28日	04/06	土	庚午	平	路傍土	奎
29日	04/07	日	辛未	定	路傍土	婁
30日	04/08	月	壬申	定	釵鋒金	胃

【三月小 甲辰 胃】

節気 穀雨 15日
雑節 土用 12日・八十八夜 26日

日	月日	曜	干支	直	納音	宿
1日	04/09	火	癸酉	執	釵鋒金	胃
2日	04/10	水	甲戌	破	山頭火	昴
3日	04/11	木	乙亥	破	山頭火	畢
4日	04/12	金	丙子	納	澗下水	觜
5日	04/13	土	丁丑	納	澗下水	参
6日	04/14	日	戊寅	開	城頭土	井
7日	04/15	月	己卯	閉	城頭土	鬼
8日	04/16	火	庚辰	除	白鑞金	柳
9日	04/17	水	辛巳	除	白鑞金	星
10日	04/18	木	壬午	満	楊柳木	張
11日	04/19	金	癸未	平	井泉水	軫
12日	04/20	土	甲申	平	井泉水	軫
13日	04/21	日	乙酉	執	井泉水	角
14日	04/22	月	丙戌	破	屋上土	亢
15日	04/23	火	丁亥	危	屋上土	房
16日	04/24	水	戊子	成	霹靂火	房
17日	04/25	木	己丑	納	霹靂火	心
18日	04/26	金	庚寅	開	松柏木	尾
19日	04/27	土	辛卯	閉	松柏木	箕
20日	04/28	日	壬辰	建	長流水	斗
21日	04/29	月	癸巳	除	長流水	女
22日	04/30	火	甲午	平	沙中金	虚
23日	05/01	水	乙未	定	沙中金	危
24日	05/02	木	丙申	平	山下火	室
25日	05/03	金	丁酉	執	山下火	壁
26日	05/04	土	戊戌	危	平地木	奎
27日	05/05	日	己亥	危	平地木	婁
28日	05/06	月	庚子	成	壁上土	胃
29日	05/07	火	辛丑	納	壁上土	昴

【四月小 乙巳 畢】

節気 立夏 1日・小満 16日

日	月日	曜	干支	直	納音	宿
1日	05/08	水	壬寅	納	金箔金	畢
2日	05/09	木	癸卯	開	金箔金	觜
3日	05/10	金	甲辰	閉	覆燈火	参
4日	05/11	土	乙巳	除	覆燈火	鬼
5日	05/12	日	丙午	除	天河水	柳
6日	05/13	月	丁未	満	天河水	柳
7日	05/14	火	戊申	定	大駅土	張
8日	05/15	水	己酉	定	大駅土	張
9日	05/16	木	庚戌	執	釵釧金	翼
10日	05/17	金	辛亥	破	釵釧金	軫
11日	05/18	土	壬子	危	桑柘木	角
12日	05/19	日	癸丑	成	桑柘木	亢
13日	05/20	月	甲寅	納	大溪水	氐
14日	05/21	火	乙卯	開	大溪水	房
15日	05/22	水	丙辰	閉	沙中土	心
16日	05/23	木	丁巳	建	沙中土	尾
17日△	05/24	金	戊午	除	天上火	箕
18日	05/25	土	己未	平	天上火	斗
19日	05/26	日	庚申	定	柘榴木	女
20日	05/27	月	辛酉	執	柘榴木	虚
21日	05/28	火	壬戌	破	大海水	危
22日	05/29	水	癸亥	危	大海水	室
23日	05/30	木	甲子	成	海中金	壁
24日	05/31	金	乙丑	納	海中金	奎
25日	06/01	土	丙寅	開	爐中火	婁
26日	06/02	日	丁卯	閉	爐中火	胃
27日	06/03	月	戊辰	建	大林木	昴
28日▽	06/04	火	己巳	除	大林木	畢
29日	06/05	水	庚午	満	路傍土	觜

【五月大 丙午 参】

節気 芒種 3日・夏至 18日
雑節 入梅 12日・半夏生 28日

日	月日	曜	干支	直	納音	宿
1日	06/06	木	辛未	満	路傍土	参
2日	06/07	金	壬申	平	釵鋒金	井
3日	06/08	土	癸酉	平	釵鋒金	鬼
4日	06/09	日	甲戌	定	山頭火	柳
5日	06/10	月	乙亥	執	山頭火	星
6日	06/11	火	丙子	破	澗下水	張
7日	06/12	水	丁丑	危	澗下水	翼
8日	06/13	木	戊寅	成	城頭土	軫
9日	06/14	金	己卯	納	城頭土	角
10日	06/15	土	庚辰	開	白鑞金	亢
11日	06/16	日	辛巳	閉	白鑞金	房
12日	06/17	月	壬午	建	楊柳木	心
13日	06/18	火	癸未	除	楊柳木	尾
14日	06/19	水	甲申	平	井泉水	箕
15日	06/20	木	乙酉	平	井泉水	斗
16日	06/21	金	丙戌	定	屋上土	斗
17日	06/22	土	丁亥	執	屋上土	女
18日	06/23	日	戊子	破	霹靂火	虚
19日	06/24	月	己丑	危	霹靂火	危
20日	06/25	火	庚寅	成	松柏木	室
21日	06/26	水	辛卯	納	松柏木	壁
22日	06/27	木	壬辰	開	長流水	奎
23日	06/28	金	癸巳	閉	長流水	胃
24日	06/29	土	甲午	建	沙中金	胃
25日	06/30	日	乙未	除	沙中金	昴
26日	07/01	月	丙申	満	山下火	畢
27日	07/02	火	丁酉	平	山下火	觜
28日	07/03	水	戊戌	定	平地木	参
29日	07/04	木	己亥	執	平地木	鬼
30日	07/05	金	庚子	破	壁上土	鬼

【六月小 丁未 鬼】

節気 小暑 3日・大暑 18日
雑節 土用 15日

日	月日	曜	干支	直	納音	宿
1日	07/06	土	辛丑	危	壁上土	鬼
2日	07/07	日	壬寅	成	金箔金	柳
3日	07/08	月	癸卯	成	金箔金	星
4日	07/09	火	甲辰	納	覆燈火	張
5日	07/10	水	乙巳	開	覆燈火	翼
6日	07/11	木	丙午	閉	天河水	軫
7日	07/12	金	丁未	建	天河水	角
8日	07/13	土	戊申	除	大駅土	亢
9日	07/14	日	己酉	満	大駅土	氐
10日	07/15	月	庚戌	平	釵釧金	房
11日	07/16	火	辛亥	定	釵釧金	心
12日	07/17	水	壬子	執	桑柘木	尾
13日	07/18	木	癸丑	破	桑柘木	箕
14日	07/19	金	甲寅	危	大溪水	斗
15日	07/20	土	乙卯	成	大溪水	女
16日	07/21	日	丙辰	納	沙中土	虚
17日	07/22	月	丁巳	開	沙中土	危
18日	07/23	火	戊午	建	天上火	室
19日	07/24	水	己未	除	天上火	壁
20日	07/25	木	庚申	満	柘榴木	奎
21日	07/26	金	辛酉	平	柘榴木	婁
22日	07/27	土	壬戌	定	大海水	胃
23日	07/28	日	癸亥	執	大海水	昴
24日	07/29	月	甲子	破	海中金	畢
25日	07/30	火	乙丑	危	海中金	觜
26日	07/31	水	丙寅	成	爐中火	参
27日△	08/01	木	丁卯	納	爐中火	井
28日	08/02	金	戊辰	開	大林木	鬼
29日	08/03	土	己巳	閉	大林木	柳

【七月大 戊申 張】

節気 立秋 5日・処暑 20日

日	月日	曜	干支	直	納音	宿
1日	08/04	日	庚午	建	路傍土	張
2日	08/05	月	辛未	除	路傍土	翼
3日▽	08/06	火	壬申	満	釵鋒金	軫
4日	08/07	水	癸酉	満	釵鋒金	角

西暦　曜　干支　直　納音　宿　　　　　　　承応元年〔慶安5年〕

	西暦	曜	干支	直	納音	宿
5日	08/08	木	甲戌	満	山頭火	亢
6日	08/09	金	乙亥	平	山頭火	氐
7日	08/10	土	丙子	定	澗下水	房
8日	08/11	日	丁丑	執	澗下水	心
9日	08/12	月	戊寅	破	城頭土	尾
10日	08/13	火	己卯	危	城頭土	箕
11日	08/14	水	庚辰	成	白鑞金	斗
12日	08/15	木	辛巳	納	白鑞金	女
13日	08/16	金	壬午	開	楊柳木	虚
14日	08/17	土	癸未	閉	楊柳木	危
15日	08/18	日	甲申	建	井泉水	室
16日	08/19	月	乙酉	除	井泉水	壁
17日	08/20	火	丙戌	平	屋上土	奎
18日	08/21	水	丁亥	平	屋上土	婁
19日	08/22	木	戊子	定	霹靂火	胃
20日	08/23	金	己丑	執	霹靂火	昴
21日	08/24	土	庚寅	破	松柏木	畢
22日	08/25	日	辛卯	危	松柏木	觜
23日	08/26	月	壬辰	成	長流水	參
24日	08/27	火	癸巳	納	長流水	井
25日	08/28	水	甲午	開	沙中金	鬼
26日	08/29	木	乙未	閉	沙中金	柳
27日	08/30	金	丙申	建	山下火	星
28日	08/31	土	丁酉	除	山下火	張
29日	09/01	日	戊戌	満	平地木	翼
30日	09/02	月	己亥	平	平地木	軫

【八月大 己酉 角】
節気 白露 5日・秋分 20日
雑節 二百十日 1日・社日 19日・彼岸 22日

1日	09/03	火	庚子	定	壁上土	角
2日	09/04	水	辛丑	執	壁上土	亢
3日	09/05	木	壬寅	破	金箔金	氐
4日	09/06	金	癸卯	危	金箔金	房
5日	09/07	土	甲辰	危	覆燈火	心
6日	09/08	日	乙巳	成	覆燈火	尾
7日	09/09	月	丙午	納	天河水	箕
8日	09/10	火	丁未	開	天河水	斗
9日	09/11	水	戊申	閉	大駅土	女
10日	09/12	木	己酉	建	大駅土	虚
11日	09/13	金	庚戌	除	釵釧金	危
12日	09/14	土	辛亥	満	釵釧金	室
13日	09/15	日	壬子	平	桑柘木	壁
14日	09/16	月	癸丑	定	桑柘木	奎
15日☆	09/17	火	甲寅	執	大溪水	婁
16日	09/18	水	乙卯	破	大溪水	胃
17日	09/19	木	丙辰	危	大溪水	昴
18日	09/20	金	丁巳	成	沙中土	畢
19日	09/21	土	戊午	納	天上火	觜
20日	09/22	日	己未	開	天上火	參
21日	09/23	月	庚申	閉	柘榴木	井
22日	09/24	火	辛酉	建	柘榴木	鬼
23日	09/25	水	壬戌	除	大海水	柳
24日	09/26	木	癸亥	満	大海水	星
25日	09/27	金	甲子	平	海中金	張
26日	09/28	土	乙丑	定	海中金	翼
27日	09/29	日	丙寅	執	爐中火	軫
28日	09/30	月	丁卯	破	爐中火	角
29日	10/01	火	戊辰	危	大林木	亢
30日	10/02	水	己巳	成	大林木	氐

【九月小 庚戌 氐】
節気 寒露 5日・霜降 21日
雑節 土用 18日

1日	10/03	木	庚午	納	路傍土	氐
2日	10/04	金	辛未	開	路傍土	房
3日	10/05	土	壬申	閉	釼鋒金	心
4日	10/06	日	癸酉	建	釼鋒金	尾
5日	10/07	月	甲戌	建	山頭火	箕
6日▽	10/08	火	乙亥	除	山頭火	斗
7日	10/09	水	丙子	満	澗下水	女
8日△	10/10	木	丁丑	平	澗下水	虚
9日	10/11	金	戊寅	定	城頭土	危
10日	10/12	土	己卯	執	城頭土	室
11日	10/13	日	庚辰	破	白鑞金	壁
12日	10/14	月	辛巳	危	白鑞金	奎
13日	10/15	火	壬午	成	楊柳木	婁
14日	10/16	水	癸未	納	楊柳木	胃
15日	10/17	木	甲申	開	井泉水	昴
16日	10/18	金	乙酉	閉	井泉水	畢
17日	10/19	土	丙戌	建	屋上土	觜
18日	10/20	日	丁亥	除	屋上土	參

＊改元(慶安5年→承応元年)

19日	10/21	月	戊子	平	霹靂火	井
20日	10/22	火	己丑	平	霹靂火	鬼
21日	10/23	水	庚寅	定	松柏木	柳
22日	10/24	木	辛卯	執	松柏木	星
23日	10/25	金	壬辰	破	長流水	張
24日	10/26	土	癸巳	危	長流水	翼
25日	10/27	日	甲午	成	沙中金	軫
26日	10/28	月	乙未	納	沙中金	角
27日	10/29	火	丙申	開	山下火	亢
28日	10/30	水	丁酉	閉	山下火	氐
29日	10/31	木	戊戌	建	平地木	房

【十月大 辛亥 心】
節気 立冬 7日・小雪 22日

1日	11/01	金	己亥	除	平地木	心
2日	11/02	土	庚子	満	壁上土	尾
3日	11/03	日	辛丑	平	壁上土	箕
4日	11/04	月	壬寅	定	金箔金	斗
5日	11/05	火	癸卯	執	金箔金	女
6日	11/06	水	甲辰	破	覆燈火	虚
7日	11/07	木	乙巳	危	覆燈火	危
8日	11/08	金	丙午	成	天河水	室
9日	11/09	土	丁未	納	天河水	壁
10日	11/10	日	戊申	開	大駅土	奎
11日	11/11	月	己酉	閉	大駅土	婁
12日	11/12	火	庚戌	閉	釵釧金	胃
13日	11/13	水	辛亥	建	釵釧金	昴
14日	11/14	木	壬子	除	桑柘木	畢
15日	11/15	金	癸丑	満	桑柘木	觜
16日	11/16	土	甲寅	平	大溪水	參
17日	11/17	日	乙卯	定	大溪水	井
18日	11/18	月	丙辰	執	沙中土	鬼
19日	11/19	火	丁巳	破	沙中土	柳
20日	11/20	水	戊午	危	天上火	星
21日	11/21	木	己未	成	天上火	張
22日	11/22	金	庚申	納	柘榴木	翼
23日	11/23	土	辛酉	開	柘榴木	軫
24日	11/24	日	壬戌	閉	大海水	角
25日	11/25	月	癸亥	建	大海水	亢
26日	11/26	火	甲子	除	海中金	氐
27日	11/27	水	乙丑	満	海中金	房
28日	11/28	木	丙寅	平	爐中火	心
29日	11/29	金	丁卯	定	爐中火	尾
30日	11/30	土	戊辰	執	大林木	箕

【十一月大 壬子 斗】
節気 大雪 7日・冬至 23日

1日	12/01	日	己巳	破	大林木	斗
2日	12/02	月	庚午	危	路傍土	女
3日	12/03	火	辛未	成	路傍土	虚
4日	12/04	水	壬申	納	釼鋒金	危
5日	12/05	木	癸酉	開	釼鋒金	室
6日	12/06	金	甲戌	閉	山頭火	壁
7日	12/07	土	乙亥	閉	山頭火	奎
8日	12/08	日	丙子	建	澗下水	婁
9日▽	12/09	月	丁丑	除	澗下水	胃
10日	12/10	火	戊寅	満	城頭土	昴
11日	12/11	水	己卯	平	城頭土	畢
12日	12/12	木	庚辰	定	白鑞金	觜
13日	12/13	金	辛巳	執	白鑞金	參
14日	12/14	土	壬午	破	楊柳木	井
15日	12/15	日	癸未	危	楊柳木	鬼
16日	12/16	月	甲申	成	井泉水	柳
17日	12/17	火	乙酉	納	井泉水	星
18日△	12/18	水	丙戌	開	屋上土	張
19日	12/19	木	丁亥	閉	屋上土	翼
20日	12/20	金	戊子	建	霹靂火	軫
21日	12/21	土	己丑	除	霹靂火	角
22日	12/22	日	庚寅	満	松柏木	亢
23日	12/23	月	辛卯	平	松柏木	氐
24日	12/24	火	壬辰	定	長流水	房
25日	12/25	水	癸巳	執	長流水	心
26日	12/26	木	甲午	破	沙中金	尾
27日	12/27	金	乙未	危	沙中金	箕
28日	12/28	土	丙申	成	山下火	斗
29日	12/29	日	丁酉	納	山下火	女
30日	12/30	月	戊戌	開	平地木	虚

【十二月小 癸丑 虚】
節気 小寒 8日・大寒 23日
雑節 土用 20日

1日	12/31	火	己亥	閉	平地木	虚
					1653年	
2日	01/01	水	庚子	建	壁上土	危
3日	01/02	木	辛丑	除	壁上土	室
4日	01/03	金	壬寅	満	金箔金	壁
5日	01/04	土	癸卯	平	金箔金	奎
6日	01/05	日	甲辰	定	覆燈火	婁
7日	01/06	月	乙巳	執	覆燈火	胃
8日	01/07	火	丙午	破	天河水	昴
9日	01/08	水	丁未	危	天河水	畢
10日	01/09	木	戊申	成	大駅土	觜
11日	01/10	金	己酉	納	大駅土	參
12日	01/11	土	庚戌	開	釵釧金	井
13日	01/12	日	辛亥	閉	釵釧金	鬼
14日	01/13	月	壬子	建	桑柘木	柳
15日	01/14	火	癸丑	除	桑柘木	星
16日	01/15	水	甲寅	満	大溪水	張
17日	01/16	木	乙卯	平	大溪水	翼
18日	01/17	金	丙辰	平	沙中土	軫
19日	01/18	土	丁巳	定	沙中土	角
20日	01/19	日	戊午	執	天上火	亢
21日	01/20	月	己未	破	天上火	氐
22日	01/21	火	庚申	危	柘榴木	房
23日	01/22	水	辛酉	成	柘榴木	心
24日	01/23	木	壬戌	納	大海水	尾
25日	01/24	金	癸亥	開	大海水	箕
26日	01/25	土	甲子	閉	海中金	斗
27日	01/26	日	乙丑	建	海中金	女
28日	01/27	月	丙寅	満	爐中火	虚
29日	01/28	火	丁卯	除	爐中火	危

承応2年
1653～1654　癸巳

【正月大 甲寅 室】
節気 立春 9日・雨水 24日
雑節 節分 8日

1日	01/29	水	戊辰	平	大林木	室
2日	01/30	木	己巳	定	大林木	奎
3日	01/31	金	庚午	執	路傍土	婁
4日	02/01	土	辛未	破	路傍土	胃
5日	02/02	日	壬申	危	剣鋒金	昴
6日	02/03	月	癸酉	成	剣鋒金	畢
7日	02/04	火	甲戌	納	山頭火	觜
8日	02/05	水	乙亥	開	山頭火	参
9日	02/06	木	丙子	閉	澗下水	井
10日	02/07	金	丁丑	建	澗下水	鬼
11日	02/08	土	戊寅	除	城頭土	柳
12日	02/09	日	己卯	満	城頭土	星
13日▽	02/10	月	庚辰	平	白鑞金	張
14日	02/11	火	辛巳	定	白鑞金	翼
15日	02/12	水	壬午	執	楊柳木	軫
16日	02/13	木	癸未	破	楊柳木	角
17日	02/14	金	甲申	危	井泉水	亢
18日	02/15	土	乙酉	成	井泉水	氐
19日	02/16	日	丙戌	納	屋上土	房
20日	02/17	月	丁亥	開	屋上土	心
21日	02/18	火	戊子	閉	霹靂火	尾
22日	02/19	水	己丑	建	霹靂火	箕
23日	02/20	木	庚寅	除	松柏木	斗
24日	02/21	金	辛卯	満	松柏木	女
25日	02/22	土	壬辰	平	長流水	虚
26日	02/23	日	癸巳	定	長流水	危
27日	02/24	月	甲午	執	沙中金	室
28日	02/25	火	乙未	執	沙中金	壁
29日△	02/26	水	丙申	破	山下火	奎
30日	02/27	木	丁酉	危	山下火	奎

【二月小 乙卯 奎】
節気 啓蟄 10日・春分 25日
雑節 社日 21日・彼岸 27日

1日	02/28	金	戊戌	成	平地木	奎
2日	03/01	土	己亥	納	平地木	婁
3日	03/02	日	庚子	開	壁上土	胃
4日	03/03	月	辛丑	閉	壁上土	昴
5日	03/04	火	壬寅	建	金箔金	畢
6日	03/05	水	癸卯	除	金箔金	觜
7日	03/06	木	甲辰	満	覆燈火	参
8日	03/07	金	乙巳	平	覆燈火	井
9日	03/08	土	丙午	定	天河水	鬼
10日	03/09	日	丁未	執	天河水	柳
11日	03/10	月	戊申	破	大駅土	星
12日	03/11	火	己酉	危	大駅土	張
13日	03/12	水	庚戌	成	釵釧金	翼
14日	03/13	木	辛亥	納	釵釧金	軫
15日	03/14	金	壬子	開	桑柘木	角
16日	03/15	土	癸丑	閉	桑柘木	亢
17日	03/16	日	甲寅	建	大渓水	氐
18日	03/17	月	乙卯	除	大渓水	房
19日	03/18	火	丙辰	満	沙中土	心
20日	03/19	水	丁巳	平	沙中土	尾
21日	03/20	木	戊午	定	天上火	箕
22日	03/21	金	己未	執	天上火	斗
23日	03/22	土	庚申	破	柘榴木	女
24日	03/23	日	辛酉	危	柘榴木	虚
25日	03/24	月	壬戌	成	大海水	危
26日	03/25	火	癸亥	納	大海水	室
27日	03/26	水	甲子	開	海中金	壁
28日	03/27	木	乙丑	閉	海中金	奎
29日	03/28	金	丙寅	閉	炉中火	婁

【三月大 丙辰 胃】
節気 清明 11日・穀雨 26日
雑節 土用 23日

1日	03/29	土	丁卯	建	炉中火	胃
2日	03/30	日	戊辰	除	大林木	昴
3日	03/31	月	己巳	満	大林木	畢
4日	04/01	火	庚午	平	路傍土	觜
5日	04/02	水	辛未	定	路傍土	参
6日	04/03	木	壬申	執	剣鋒金	井
7日	04/04	金	癸酉	破	剣鋒金	鬼
8日	04/05	土	甲戌	危	山頭火	柳
9日	04/06	日	乙亥	成	山頭火	星
10日	04/07	月	丙子	納	澗下水	張
11日	04/08	火	丁丑	開	澗下水	翼
12日	04/09	水	戊寅	閉	城頭土	軫
13日	04/10	木	己卯	建	城頭土	角
14日	04/11	金	庚辰	除	白鑞金	亢
15日	04/12	土	辛巳	満	白鑞金	氐
16日	04/13	日	壬午	平	楊柳木	房
17日▽	04/14	月	癸未	定	楊柳木	心
18日	04/15	火	甲申	執	井泉水	尾
19日	04/16	水	乙酉	破	井泉水	箕
20日	04/17	木	丙戌	危	屋上土	斗
21日	04/18	金	丁亥	成	屋上土	女
22日	04/19	土	戊子	納	霹靂火	虚
23日	04/20	日	己丑	開	霹靂火	危
24日	04/21	月	庚寅	閉	松柏木	室
25日	04/22	火	辛卯	建	松柏木	壁
26日	04/23	水	壬辰	除	長流水	奎
27日	04/24	木	癸巳	除	長流水	婁
28日	04/25	金	甲午	満	沙中金	胃
29日	04/26	土	乙未	平	沙中金	昴
30日	04/27	日	丙申	定	山下火	畢

【四月小 丁巳 畢】
節気 立夏 12日・小満 27日
雑節 八十八夜 7日

1日	04/28	月	丁酉	執	山下火	觜
2日	04/29	火	戊戌	破	平地木	参
3日	04/30	水	己亥	危	平地木	井
4日	05/01	木	庚子	成	壁上土	鬼
5日	05/02	金	辛丑	納	壁上土	柳
6日	05/03	土	壬寅	開	金箔金	星
7日	05/04	日	癸卯	閉	金箔金	張
8日	05/05	月	甲辰	建	覆燈火	翼
9日	05/06	火	乙巳	除	覆燈火	軫
10日△	05/07	水	丙午	満	天河水	角
11日	05/08	木	丁未	平	天河水	亢
12日	05/09	金	戊申	平	大駅土	氐
13日	05/10	土	己酉	定	大駅土	房
14日	05/11	日	庚戌	執	釵釧金	心
15日	05/12	月	辛亥	破	釵釧金	尾
16日	05/13	火	壬子	危	桑柘木	箕
17日	05/14	水	癸丑	成	桑柘木	斗
18日	05/15	木	甲寅	納	大渓水	女
19日	05/16	金	乙卯	開	大渓水	虚
20日	05/17	土	丙辰	閉	沙中土	危
21日	05/18	日	丁巳	建	沙中土	室
22日	05/19	月	戊午	除	天上火	壁
23日	05/20	火	己未	満	天上火	奎
24日	05/21	水	庚申	平	柘榴木	婁
25日	05/22	木	辛酉	定	柘榴木	胃
26日	05/23	金	壬戌	執	大海水	昴
27日	05/24	土	癸亥	破	大海水	畢
28日	05/25	日	甲子	危	海中金	觜
29日	05/26	月	乙丑	成	海中金	参

【五月小 戊午 参】
節気 芒種 13日・夏至 28日
雑節 入梅 17日

1日	05/27	火	丙寅	納	炉中火	参
2日	05/28	水	丁卯	開	炉中火	井
3日	05/29	木	戊辰	閉	大林木	鬼
4日	05/30	金	己巳	建	大林木	柳
5日	05/31	土	庚午	除	路傍土	星
6日	06/01	日	辛未	満	路傍土	張
7日	06/02	月	壬申	平	剣鋒金	翼
8日	06/03	火	癸酉	定	剣鋒金	軫
9日	06/04	水	甲戌	執	山頭火	角
10日	06/05	木	乙亥	破	山頭火	亢
11日	06/06	金	丙子	危	澗下水	氐
12日	06/07	土	丁丑	成	澗下水	房
13日	06/08	日	戊寅	納	城頭土	心
14日	06/09	月	己卯	開	城頭土	尾
15日	06/10	火	庚辰	閉	白鑞金	箕
16日	06/11	水	辛巳	建	白鑞金	斗
17日	06/12	木	壬午	除	楊柳木	女
18日	06/13	金	癸未	満	楊柳木	虚
19日	06/14	土	甲申	平	井泉水	危
20日	06/15	日	乙酉	定	井泉水	室
21日▽	06/16	月	丙戌	執	屋上土	壁
22日	06/17	火	丁亥	破	屋上土	奎
23日	06/18	水	戊子	危	霹靂火	婁
24日	06/19	木	己丑	成	霹靂火	胃
25日	06/20	金	庚寅	納	松柏木	昴
26日	06/21	土	辛卯	開	松柏木	畢
27日	06/22	日	壬辰	閉	長流水	觜
28日	06/23	月	癸巳	建	長流水	参
29日	06/24	火	甲午	建	沙中金	井

【六月大 己未 鬼】
節気 小暑 14日・大暑 30日
雑節 半夏生 9日・土用 27日

1日	06/25	水	乙未	除	沙中金	鬼
2日	06/26	木	丙申	満	山下火	柳
3日	06/27	金	丁酉	平	山下火	星
4日	06/28	土	戊戌	定	平地木	張
5日	06/29	日	己亥	執	平地木	翼
6日	06/30	月	庚子	破	壁上土	軫
7日	07/01	火	辛丑	危	壁上土	角
8日	07/02	水	壬寅	成	金箔金	亢
9日	07/03	木	癸卯	納	金箔金	氐
10日	07/04	金	甲辰	開	覆燈火	房
11日	07/05	土	乙巳	閉	覆燈火	心
12日	07/06	日	丙午	建	天河水	尾
13日	07/07	月	丁未	除	天河水	箕
14日	07/08	火	戊申	満	大駅土	斗
15日	07/09	水	己酉	平	大駅土	女
16日	07/10	木	庚戌	定	釵釧金	虚
17日	07/11	金	辛亥	執	釵釧金	危
18日	07/12	土	壬子	破	桑柘木	室
19日	07/13	日	癸丑	危	桑柘木	壁
20日	07/14	月	甲寅	成	大渓水	奎
21日△	07/15	火	乙卯	納	大渓水	婁
22日	07/16	水	丙辰	開	沙中土	胃
23日	07/17	木	丁巳	閉	沙中土	昴
24日	07/18	金	戊午	建	天上火	畢
25日	07/19	土	己未	除	天上火	觜
26日	07/20	日	庚申	満	柘榴木	参
27日	07/21	月	辛酉	平	柘榴木	井
28日	07/22	火	壬戌	定	大海水	鬼
29日	07/23	水	癸亥	執	大海水	柳
30日	07/24	木	甲子	破	海中金	星

【閏六月小 己未 鬼】
節気 立秋 15日

1日	07/25	金	乙丑	破	海中金	鬼
2日	07/26	土	丙寅	成	炉中火	柳
3日	07/27	日	丁卯	納	炉中火	星
4日	07/28	月	戊辰	開	大林木	張
5日	07/29	火	己巳	閉	大林木	翼
6日	07/30	水	庚午	建	路傍土	軫
7日	07/31	木	辛未	除	路傍土	角
8日	08/01	金	壬申	満	剣鋒金	亢
9日	08/02	土	癸酉	平	剣鋒金	氐
10日	08/03	日	甲戌	定	山頭火	房
11日	08/04	月	乙亥	執	山頭火	心
12日	08/05	火	丙子	破	澗下水	尾
13日	08/06	水	丁丑	危	澗下水	箕
14日	08/07	木	戊寅	成	城頭土	斗
15日	08/08	金	己卯	危	城頭土	女

西暦 曜 干支 直 納音 宿　　　　承応2年

日	西暦	曜	干支	直	納音	宿
16日	08/09	土	庚辰	成	白鑞金	虚
17日	08/10	日	辛巳	納	白鑞金	危
18日	08/11	月	壬午	開	楊柳木	室
19日	08/12	火	癸未	建	楊柳木	壁
20日	08/13	水	甲申	除	井泉水	奎
21日	08/14	木	乙酉	満	井泉水	婁
22日	08/15	金	丙戌	平	屋上土	胃
23日	08/16	土	丁亥	定	屋上土	昴
24日	08/17	日	戊子	執	霹靂火	畢
25日▽	08/18	月	己丑	破	霹靂火	觜
26日	08/19	火	庚寅	危	松柏木	参
27日	08/20	水	辛卯	成	松柏木	井
28日	08/21	木	壬辰	成	長流水	鬼
29日	08/22	金	癸巳	納	長流水	柳

【七月大 庚申 張】
節気 処暑 1日・白露 16日
雑節 二百十日 12日

日	西暦	曜	干支	直	納音	宿
1日	08/23	土	甲午	開	沙中金	張
2日	08/24	日	乙未	閉	沙中金	翼
3日	08/25	月	丙申	建	山下火	軫
4日	08/26	火	丁酉	除	山下火	角
5日	08/27	水	戊戌	平	平地木	亢
6日	08/28	木	己亥	定	平地木	氐
7日	08/29	金	庚子	執	壁上土	房
8日	08/30	土	辛丑	破	壁上土	心
9日	08/31	日	壬寅	危	金箔金	尾
10日	09/01	月	癸卯	成	金箔金	箕
11日	09/02	火	甲辰	納	覆燈火	斗
12日	09/03	水	乙巳	納	覆燈火	女
13日	09/04	木	丙午	開	天河水	虚
14日	09/05	金	丁未	閉	天河水	危
15日	09/06	土	戊申	建	大駅土	室
16日☆	09/07	日	己酉	建	大駅土	壁
17日	09/08	月	庚戌	除	釵釧金	奎
18日	09/09	火	辛亥	満	釵釧金	婁
19日	09/10	水	壬子	平	桑柘木	胃
20日	09/11	木	癸丑	定	桑柘木	昴
21日	09/12	金	甲寅	執	大渓水	畢
22日	09/13	土	乙卯	破	大渓水	觜
23日	09/14	日	丙辰	危	沙中土	参
24日	09/15	月	丁巳	成	沙中土	井
25日	09/16	火	戊午	納	天上火	鬼
26日	09/17	水	己未	開	天上火	柳
27日	09/18	木	庚申	閉	柘榴木	星
28日	09/19	金	辛酉	建	柘榴木	張
29日	09/20	土	壬戌	除	大海水	翼
30日	09/21	日	癸亥	満	大海水	軫

【八月大 辛酉 角】
節気 秋分 1日・寒露 17日
雑節 彼岸 4日・社日 5日・土用 29日

日	西暦	曜	干支	直	納音	宿
1日	09/22	月	甲子	平	海中金	角
2日△	09/23	火	乙丑	定	海中金	亢
3日	09/24	水	丙寅	執	炉中火	氐
4日	09/25	木	丁卯	破	炉中火	房
5日	09/26	金	戊辰	危	大林木	心
6日	09/27	土	己巳	成	大林木	尾
7日	09/28	日	庚午	納	路傍土	箕
8日	09/29	月	辛未	開	路傍土	斗
9日	09/30	火	壬申	閉	釵釧金	女
10日	10/01	水	癸酉	建	釵釧金	虚
11日	10/02	木	甲戌	除	山頭火	危
12日	10/03	金	乙亥	満	山頭火	室
13日	10/04	土	丙子	平	潤下水	壁
14日	10/05	日	丁丑	定	潤下水	奎
15日	10/06	月	戊寅	執	城頭土	婁
16日	10/07	火	己卯	破	城頭土	胃
17日	10/08	水	庚辰	破	白鑞金	昴
18日	10/09	木	辛巳	危	白鑞金	畢
19日	10/10	金	壬午	納	楊柳木	觜
20日	10/11	土	癸未	納	楊柳木	参
21日	10/12	日	甲申	開	井泉水	井
22日	10/13	月	乙酉	閉	井泉水	鬼
23日	10/14	火	丙戌	建	屋上土	柳
24日	10/15	水	丁亥	除	屋上土	星
25日	10/16	木	戊子	満	霹靂火	張
26日	10/17	金	己丑	平	霹靂火	翼
27日	10/18	土	庚寅	定	松柏木	軫
28日	10/19	日	辛卯	執	松柏木	角
29日▽	10/20	月	壬辰	危	長流水	亢
30日	10/21	火	癸巳	危	長流水	氐

【九月小 壬戌 氐】
節気 霜降 2日・立冬 17日

日	西暦	曜	干支	直	納音	宿
1日	10/22	水	甲午	成	沙中金	氐
2日	10/23	木	乙未	納	沙中金	房
3日	10/24	金	丙申	開	山下火	心
4日	10/25	土	丁酉	閉	山下火	尾
5日	10/26	日	戊戌	建	平地木	箕
6日	10/27	月	己亥	除	平地木	斗
7日	10/28	火	庚子	満	壁上土	女
8日	10/29	水	辛丑	平	壁上土	虚
9日	10/30	木	壬寅	定	金箔金	危
10日	10/31	金	癸卯	執	金箔金	室
11日	11/01	土	甲辰	破	覆燈火	壁
12日	11/02	日	乙巳	危	覆燈火	奎
13日	11/03	月	丙午	成	天河水	婁
14日	11/04	火	丁未	納	天河水	胃
15日	11/05	水	戊申	開	大駅土	昴
16日	11/06	木	己酉	閉	大駅土	畢
17日	11/07	金	庚戌	建	釵釧金	觜
18日	11/08	土	辛亥	除	釵釧金	参
19日	11/09	日	壬子	満	桑柘木	井
20日	11/10	月	癸丑	平	桑柘木	鬼
21日	11/11	火	甲寅	平	大渓水	柳
22日	11/12	水	乙卯	定	大渓水	星
23日	11/13	木	丙辰	執	沙中土	張
24日	11/14	金	丁巳	破	沙中土	翼
25日	11/15	土	戊午	危	天上火	軫
26日	11/16	日	己未	成	天上火	角
27日	11/17	月	庚申	納	柘榴木	亢
28日	11/18	火	辛酉	開	柘榴木	氐
29日	11/19	水	壬戌	閉	大海水	房

【十月大 癸亥 心】
節気 小雪 3日・大雪 19日

日	西暦	曜	干支	直	納音	宿
1日	11/20	木	癸亥	建	大海水	心
2日	11/21	金	甲子	除	海中金	尾
3日	11/22	土	乙丑	満	海中金	箕
4日	11/23	日	丙寅	平	炉中火	斗
5日	11/24	月	丁卯	定	炉中火	女
6日	11/25	火	戊辰	執	大林木	虚
7日	11/26	水	己巳	破	大林木	危
8日	11/27	木	庚午	危	路傍土	室
9日	11/28	金	辛未	成	路傍土	壁
10日	11/29	土	壬申	納	釵釧金	奎
11日	11/30	日	癸酉	開	釵釧金	婁
12日	12/01	月	甲戌	閉	山頭火	胃
13日△	12/02	火	乙亥	建	山頭火	昴
14日	12/03	水	丙子	除	潤下水	畢
15日	12/04	木	丁丑	満	潤下水	觜
16日	12/05	金	戊寅	平	城頭土	参
17日	12/06	土	己卯	定	城頭土	井
18日	12/07	日	庚辰	執	白鑞金	鬼
19日	12/08	月	辛巳	執	白鑞金	柳
20日	12/09	火	壬午	破	楊柳木	星
21日	12/10	水	癸未	危	楊柳木	張
22日	12/11	木	甲申	成	井泉水	翼
23日	12/12	金	乙酉	納	井泉水	軫
24日	12/13	土	丙戌	開	屋上土	角
25日	12/14	日	丁亥	閉	屋上土	亢
26日	12/15	月	戊子	建	霹靂火	氐
27日	12/16	火	己丑	除	霹靂火	房
28日	12/17	水	庚寅	満	松柏木	心
29日	12/18	木	辛卯	平	松柏木	尾
30日	12/19	金	壬辰	定	長流水	箕

【十一月大 甲子 斗】
節気 冬至 4日・小寒 19日

日	西暦	曜	干支	直	納音	宿
1日	12/20	土	癸巳	執	長流水	斗
2日	12/21	日	甲午	破	沙中金	女
3日▽	12/22	月	乙未	危	沙中金	虚
4日	12/23	火	丙申	成	山下火	危
5日	12/24	水	丁酉	納	山下火	室
6日	12/25	木	戊戌	開	平地木	壁
7日	12/26	金	己亥	閉	平地木	奎
8日	12/27	土	庚子	建	壁上土	婁
9日	12/28	日	辛丑	除	壁上土	胃
10日	12/29	月	壬寅	満	金箔金	昴
11日	12/30	火	癸卯	平	金箔金	畢
12日	12/31	水	甲辰	定	覆燈火	觜

1654年

日	西暦	曜	干支	直	納音	宿
13日	01/01	木	乙巳	執	覆燈火	参
14日	01/02	金	丙午	破	天河水	井
15日	01/03	土	丁未	危	天河水	鬼
16日	01/04	日	戊申	成	大駅土	柳
17日	01/05	月	己酉	納	大駅土	星
18日	01/06	火	庚戌	開	釵釧金	張
19日	01/07	水	辛亥	開	釵釧金	翼
20日	01/08	木	壬子	建	桑柘木	軫
21日	01/09	金	癸丑	除	桑柘木	角
22日	01/10	土	甲寅	満	大渓水	亢
23日	01/11	日	乙卯	平	大渓水	氐
24日	01/12	月	丙辰	定	沙中土	房
25日	01/13	火	丁巳	定	沙中土	心
26日	01/14	水	戊午	破	天上火	尾
27日	01/15	木	己未	危	天上火	箕
28日	01/16	金	庚申	成	柘榴木	斗
29日	01/17	土	辛酉	納	柘榴木	女
30日	01/18	日	壬戌	開	大海水	虚

【十二月小 乙丑 虚】
節気 大寒 4日・立春 19日
雑節 土用 1日・節分 18日

日	西暦	曜	干支	直	納音	宿
1日	01/19	月	癸亥	閉	大海水	危
2日	01/20	火	甲子	閉	海中金	室
3日	01/21	水	乙丑	建	海中金	壁
4日▽	01/22	木	丙寅	除	炉中火	奎
5日	01/23	金	丁卯	満	炉中火	婁
6日	01/24	土	戊辰	平	大林木	胃
7日	01/25	日	己巳	定	大林木	昴
8日	01/26	月	庚午	執	路傍土	畢
9日	01/27	火	辛未	破	路傍土	觜
10日	01/28	水	壬申	危	釵釧金	参
11日	01/29	木	癸酉	成	釵釧金	井
12日	01/30	金	甲戌	納	山頭火	鬼
13日	01/31	土	乙亥	開	山頭火	柳
14日	02/01	日	丙子	閉	潤下水	星
15日	02/02	月	丁丑	建	潤下水	張
16日	02/03	火	戊寅	除	城頭土	翼
17日	02/04	水	己卯	満	城頭土	軫
18日	02/05	木	庚辰	平	白鑞金	角
19日	02/06	金	辛巳	定	白鑞金	亢
20日	02/07	土	壬午	執	楊柳木	氐
21日	02/08	日	癸未	執	楊柳木	房
22日△	02/09	月	甲申	破	井泉水	心
23日	02/10	火	乙酉	危	井泉水	尾
24日	02/11	水	丙戌	成	屋上土	箕
25日	02/12	木	丁亥	納	屋上土	斗
26日	02/13	金	戊子	開	霹靂火	女
27日	02/14	土	己丑	閉	霹靂火	虚
28日	02/15	日	庚寅	建	松柏木	危
29日	02/16	月	辛卯	除	松柏木	危

承応3年

1654～1655　甲午

【正月大 丙寅 室】

節気 雨水 6日・啓蟄 21日

1日	02/17	火	壬辰	満	長流水	室
2日	02/18	水	癸巳	平	長流水	壁
3日	02/19	木	甲午	定	沙中金	奎
4日	02/20	金	乙未	執	沙中金	婁
5日	02/21	土	丙申	破	山下火	胃
6日	02/22	日	丁酉	危	山下火	昴
7日▽	02/23	月	戊戌	成	平地木	畢
8日	02/24	火	己亥	納	平地木	觜
9日	02/25	水	庚子	開	壁上土	参
10日	02/26	木	辛丑	閉	壁上土	井
11日	02/27	金	壬寅	建	金箔金	鬼
12日	02/28	土	癸卯	除	金箔金	柳
13日	03/01	日	甲辰	満	覆燈火	星
14日	03/02	月	乙巳	平	覆燈火	張
15日☆	03/03	火	丙午	定	天河水	翼
16日	03/04	水	丁未	執	天河水	軫
17日	03/05	木	戊申	破	大駅土	角
18日	03/06	金	己酉	危	大駅土	亢
19日	03/07	土	庚戌	成	釵釧金	氐
20日	03/08	日	辛亥	納	釵釧金	房
21日	03/09	月	壬子	納	桑柘木	心
22日	03/10	火	癸丑	開	桑柘木	尾
23日	03/11	水	甲寅	閉	大溪水	箕
24日	03/12	木	乙卯	建	大溪水	斗
25日	03/13	金	丙辰	除	沙中土	女
26日	03/14	土	丁巳	満	沙中土	虚
27日	03/15	日	戊午	平	天上火	危
28日	03/16	月	己未	定	柏榴木	室
29日	03/17	火	庚申	執	柏榴木	壁
30日	03/18	水	辛酉	破	柏榴木	奎

【二月小 丁卯 奎】

節気 春分 6日・清明 21日
雑節 社日 7日・彼岸 8日

1日	03/19	木	壬戌	危	大海水	奎
2日	03/20	金	癸亥	成	大海水	婁
3日	03/21	土	甲子	納	海中金	胃
4日	03/22	日	乙丑	開	海中金	昴
5日	03/23	月	丙寅	閉	爐中火	畢
6日	03/24	火	丁卯	建	爐中火	觜
7日	03/25	水	戊辰	除	大林木	参
8日	03/26	木	己巳	満	大林木	井
9日	03/27	金	庚午	平	路傍土	鬼
10日	03/28	土	辛未	定	路傍土	柳
11日	03/29	日	壬申	執	釵釧金	星
12日	03/30	月	癸酉	破	釵釧金	張
13日	03/31	火	甲戌	危	山頭火	翼
14日	04/01	水	乙亥	成	山頭火	軫
15日	04/02	木	丙子	納	潤下水	角
16日	04/03	金	丁丑	開	潤下水	亢
17日	04/04	土	戊寅	閉	城頭土	氐
18日	04/05	日	己卯	除	城頭土	房
19日	04/06	月	庚辰	除	白鑞金	心
20日	04/07	火	辛巳	満	白鑞金	尾
21日	04/08	水	壬午	平	楊柳木	箕
22日	04/09	木	癸未	平	楊柳木	斗
23日	04/10	金	甲申	定	井泉水	女
24日	04/11	土	乙酉	執	井泉水	虚
25日	04/12	日	丙戌	破	屋上土	危
26日	04/13	月	丁亥	危	屋上土	室
27日	04/14	火	戊子	成	霹靂火	壁
28日	04/15	水	己丑	納	霹靂火	奎
29日	04/16	木	庚寅	開	松柏木	婁

【三月大 戊辰 胃】

節気 穀雨 8日・立夏 23日
雑節 土用 5日・八十八夜 18日

1日	04/17	金	辛卯	閉	松柏木	胃
2日	04/18	土	壬辰	建	長流水	昴
3日	04/19	日	癸巳	除	長流水	畢
4日△	04/20	月	甲午	満	沙中金	觜
5日	04/21	火	乙未	平	沙中金	参
6日	04/22	水	丙申	定	山下火	井
7日	04/23	木	丁酉	執	山下火	鬼
8日	04/24	金	戊戌	破	平地木	柳
9日	04/25	土	己亥	危	平地木	星
10日	04/26	日	庚子	成	壁上土	張
11日▽	04/27	月	辛丑	納	壁上土	翼
12日	04/28	火	壬寅	開	金箔金	軫
13日	04/29	水	癸卯	閉	金箔金	角
14日	04/30	木	甲辰	建	覆燈火	亢
15日	05/01	金	乙巳	除	覆燈火	氐
16日	05/02	土	丙午	満	天河水	房
17日	05/03	日	丁未	平	天河水	心
18日	05/04	月	戊申	定	大駅土	尾
19日	05/05	火	己酉	執	大駅土	箕
20日	05/06	水	庚戌	破	釵釧金	斗
21日	05/07	木	辛亥	危	釵釧金	女
22日	05/08	金	壬子	成	桑柘木	虚
23日	05/09	土	癸丑	成	桑柘木	危
24日	05/10	日	甲寅	納	大溪水	室
25日	05/11	月	乙卯	開	大溪水	壁
26日	05/12	火	丙辰	閉	沙中土	奎
27日	05/13	水	丁巳	建	沙中土	婁
28日	05/14	木	戊午	除	天上火	胃
29日	05/15	金	己未	満	天上火	昴
30日	05/16	土	庚申	平	柏榴木	畢

【四月小 己巳 畢】

節気 小満 8日・芒種 23日

1日	05/17	日	辛酉	定	柏榴木	畢
2日	05/18	月	壬戌	執	大海水	觜
3日	05/19	火	癸亥	破	大海水	参
4日	05/20	水	甲子	危	海中金	井
5日	05/21	木	乙丑	成	海中金	鬼
6日	05/22	金	丙寅	納	爐中火	柳
7日	05/23	土	丁卯	開	爐中火	星
8日	05/24	日	戊辰	建	大林木	張
9日	05/25	月	己巳	建	大林木	翼
10日	05/26	火	庚午	除	路傍土	軫
11日	05/27	水	辛未	満	路傍土	角
12日	05/28	木	壬申	平	釵釧金	亢
13日	05/29	金	癸酉	定	釵釧金	氐
14日	05/30	土	甲戌	執	山頭火	房
15日	05/31	日	乙亥	破	山頭火	心
16日	06/01	月	丙子	危	潤下水	尾
17日	06/02	火	丁丑	成	潤下水	箕
18日	06/03	水	戊寅	納	城頭土	斗
19日	06/04	木	己卯	開	城頭土	女
20日	06/05	金	庚辰	閉	白鑞金	虚
21日	06/06	土	辛巳	建	白鑞金	危
22日	06/07	日	壬午	除	楊柳木	室
23日	06/08	月	癸未	満	楊柳木	壁
24日	06/09	火	甲申	満	井泉水	奎
25日	06/10	水	乙酉	平	井泉水	婁
26日	06/11	木	丙戌	定	屋上土	胃
27日	06/12	金	丁亥	執	屋上土	昴
28日	06/13	土	戊子	破	霹靂火	畢
29日	06/14	日	己丑	危	霹靂火	觜

【五月小 庚午 参】

節気 夏至 9日・小暑 25日
雑節 入梅 3日・半夏生 20日

1日	06/15	月	庚寅	成	松柏木	参
2日	06/16	火	辛卯	納	松柏木	井
3日	06/17	水	壬辰	開	長流水	鬼
4日	06/18	木	癸巳	閉	長流水	柳
5日	06/19	金	甲午	建	沙中金	星
6日	06/20	土	乙未	除	沙中金	張
7日	06/21	日	丙申	満	山下火	翼
8日	06/22	月	丁酉	平	山下火	軫
9日	06/23	火	戊戌	定	平地木	角
10日	06/24	水	己亥	執	平地木	亢
11日	06/25	木	庚子	破	壁上土	氐
12日	06/26	金	辛丑	危	壁上土	房
13日	06/27	土	壬寅	成	金箔金	心
14日	06/28	日	癸卯	納	金箔金	尾
15日◇	06/29	月	甲辰	開	覆燈火	箕
16日	06/30	火	乙巳	閉	覆燈火	斗
17日	07/01	水	丙午	除	天河水	女
18日	07/02	木	丁未	満	天河水	虚
19日	07/03	金	戊申	満	大駅土	危
20日	07/04	土	己酉	平	大駅土	室
21日	07/05	日	庚戌	定	釵釧金	壁
22日	07/06	月	辛亥	執	釵釧金	奎
23日	07/07	火	壬子	破	桑柘木	婁
24日	07/08	水	癸丑	危	桑柘木	胃
25日	07/09	木	甲寅	成	大溪水	昴
26日	07/10	金	乙卯	納	大溪水	畢
27日	07/11	土	丙辰	納	沙中土	觜
28日	07/12	日	丁巳	開	沙中土	参
29日	07/13	月	戊午	閉	天上火	井

【六月大 辛未 鬼】

節気 大暑 11日・立秋 26日
雑節 土用 8日

1日	07/14	火	己未	建	天上火	鬼
2日	07/15	水	庚申	満	柏榴木	柳
3日	07/16	木	辛酉	満	柏榴木	星
4日	07/17	金	壬戌	平	大海水	張
5日	07/18	土	癸亥	定	大海水	翼
6日	07/19	日	甲子	執	海中金	軫
7日	07/20	月	乙丑	破	海中金	角
8日	07/21	火	丙寅	危	爐中火	亢
9日	07/22	水	丁卯	成	爐中火	氐
10日	07/23	木	戊辰	納	大林木	房
11日	07/24	金	己巳	開	大林木	心
12日	07/25	土	庚午	閉	路傍土	尾
13日	07/26	日	辛未	建	路傍土	箕
14日	07/27	月	壬申	除	釵鋒金	斗
15日	07/28	火	癸酉	満	釵鋒金	女
16日	07/29	水	甲戌	平	山頭火	虚
17日	07/30	木	乙亥	定	山頭火	危
18日	07/31	金	丙子	執	潤下水	室
19日	08/01	土	丁丑	破	潤下水	壁
20日	08/02	日	戊寅	危	城頭土	奎
21日	08/03	月	己卯	成	城頭土	婁
22日	08/04	火	庚辰	納	白鑞金	胃
23日	08/05	水	辛巳	開	白鑞金	昴
24日	08/06	木	壬午	閉	楊柳木	畢
25日	08/07	金	癸未	建	楊柳木	觜
26日	08/08	土	甲申	除	井泉水	参
27日	08/09	日	乙酉	除	井泉水	井
28日	08/10	月	丙戌	満	屋上土	鬼
29日	08/11	火	丁亥	平	屋上土	柳
30日	08/12	水	戊子	定	霹靂火	星

【七月小 壬申 張】

節気 処暑 11日・白露 27日
雑節 二百十日 22日

1日	08/13	木	己丑	執	霹靂火	張
2日	08/14	金	庚寅	破	松柏木	翼
3日	08/15	土	辛卯	危	松柏木	軫

146 －

承応3年

日	西暦	曜	干支	直	納音	宿
4日	08/16	日	壬辰	成	長流水	角
5日	08/17	月	癸巳	納	長流水	亢
6日	08/18	火	甲午	開	沙中金	氐
7日	08/19	水	乙未	閉	沙中金	房
8日	08/20	木	丙申	建	山下火	心
9日	08/21	金	丁酉	除	山下火	尾
10日	08/22	土	戊戌	平	平地木	箕
11日	08/23	日	己亥	平	平地木	斗
12日	08/24	月	庚子	定	壁上土	女
13日	08/25	火	辛丑	執	壁上土	虚
14日	08/26	水	壬寅	破	金箔金	危
15日	08/27	木	癸卯	危	金箔金	室
16日☆	08/28	金	甲辰	成	覆燈火	壁
17日	08/29	土	乙巳	納	覆燈火	奎
18日	08/30	日	丙午	開	天河水	婁
19日▽	08/31	月	丁未	閉	天河水	胃
20日	09/01	火	戊申	建	大駅土	昴
21日	09/02	水	己酉	除	大駅土	畢
22日	09/03	木	庚戌	満	釵釧金	觜
23日	09/04	金	辛亥	平	釵釧金	参
24日	09/05	土	壬子	定	桑柘木	井
25日△	09/06	日	癸丑	執	桑柘木	鬼
26日	09/07	月	甲寅	破	大溪水	柳
27日	09/08	火	乙卯	危	大溪水	星
28日	09/09	水	丙辰	危	沙中土	張
29日	09/10	木	丁巳	成	沙中土	翼

【八月大 癸酉 角】
節気 秋分 13日・寒露 28日
雑節 社日 11日・彼岸 15日

日	西暦	曜	干支	直	納音	宿
1日	09/11	金	戊午	納	天上火	角
2日	09/12	土	己未	開	天上火	亢
3日	09/13	日	庚申	閉	柘榴木	氐
4日	09/14	月	辛酉	建	柘榴木	房
5日	09/15	火	壬戌	除	大海水	心
6日	09/16	水	癸亥	満	大海水	尾
7日	09/17	木	甲子	定	海中金	箕
8日	09/18	金	乙丑	定	海中金	斗
9日	09/19	土	丙寅	執	爐中火	女
10日	09/20	日	丁卯	破	爐中火	虚
11日	09/21	月	戊辰	危	大林木	危
12日	09/22	火	己巳	成	大林木	室
13日	09/23	水	庚午	納	路傍土	壁
14日	09/24	木	辛未	開	路傍土	奎
15日	09/25	金	壬申	閉	釵鋒金	婁
16日	09/26	土	癸酉	建	釵鋒金	胃
17日	09/27	日	甲戌	除	山頭火	昴
18日	09/28	月	乙亥	満	山頭火	畢
19日	09/29	火	丙子	平	澗下水	觜
20日	09/30	水	丁丑	定	澗下水	参
21日	10/01	木	戊寅	執	城頭土	井
22日	10/02	金	己卯	破	城頭土	鬼
23日	10/03	土	庚辰	危	白鑞金	柳
24日	10/04	日	辛巳	成	白鑞金	星
25日	10/05	月	壬午	納	楊柳木	張
26日	10/06	火	癸未	開	楊柳木	翼
27日	10/07	水	甲申	閉	井泉水	軫
28日	10/08	木	乙酉	建	井泉水	角
29日	10/09	金	丙戌	除	屋上土	亢
30日	10/10	土	丁亥	除	屋上土	氐

【九月小 甲戌 氐】
節気 霜降 13日・立冬 28日
雑節 土用 10日

日	西暦	曜	干支	直	納音	宿
1日	10/11	日	戊子	満	霹靂火	氐
2日	10/12	月	己丑	平	霹靂火	房
3日	10/13	火	庚寅	定	松柏木	心
4日	10/14	水	辛卯	執	松柏木	尾
5日	10/15	木	壬辰	破	長流水	箕
6日	10/16	金	癸巳	危	長流水	斗
7日	10/17	土	甲午	成	沙中金	女
8日	10/18	日	乙未	納	沙中金	虚
9日	10/19	月	丙申	開	山下火	危
10日	10/20	火	丁酉	閉	山下火	室
11日	10/21	水	戊戌	建	平地木	壁
12日	10/22	木	己亥	除	平地木	奎
13日	10/23	金	庚子	満	壁上土	婁
14日	10/24	土	辛丑	平	壁上土	胃
15日	10/25	日	壬寅	定	金箔金	昴
16日	10/26	月	癸卯	執	金箔金	畢
17日	10/27	火	甲辰	破	覆燈火	觜
18日	10/28	水	乙巳	危	覆燈火	参
19日	10/29	木	丙午	成	天河水	井
20日	10/30	金	丁未	納	天河水	鬼
21日	10/31	土	戊申	開	大駅土	柳
22日▽	11/01	日	己酉	閉	大駅土	星
23日	11/02	月	庚戌	建	釵釧金	張
24日	11/03	火	辛亥	除	釵釧金	翼
25日	11/04	水	壬子	満	桑柘木	軫
26日	11/05	木	癸丑	平	桑柘木	角
27日	11/06	金	甲寅	定	大溪水	亢
28日	11/07	土	乙卯	定	大溪水	氐
29日	11/08	日	丙辰	執	沙中土	房

【十月大 乙亥 心】
節気 小雪 15日・大雪 30日

日	西暦	曜	干支	直	納音	宿
1日	11/09	月	丁巳	破	沙中土	心
2日	11/10	火	戊午	危	天上火	尾
3日	11/11	水	己未	成	天上火	箕
4日	11/12	木	庚申	納	柘榴木	斗
5日	11/13	金	辛酉	閉	柘榴木	女
6日	11/14	土	壬戌	閉	大海水	虚
7日△	11/15	日	癸亥	建	大海水	危
8日	11/16	月	甲子	除	海中金	室
9日	11/17	火	乙丑	満	海中金	壁
10日	11/18	水	丙寅	平	爐中火	奎
11日	11/19	木	丁卯	定	爐中火	婁
12日	11/20	金	戊辰	執	大林木	胃
13日	11/21	土	己巳	破	大林木	昴
14日	11/22	日	庚午	危	路傍土	畢
15日	11/23	月	辛未	成	路傍土	觜
16日	11/24	火	壬申	納	釵鋒金	参
17日	11/25	水	癸酉	開	釵鋒金	井
18日	11/26	木	甲戌	閉	山頭火	鬼
19日	11/27	金	乙亥	建	山頭火	柳
20日	11/28	土	丙子	除	澗下水	星
21日	11/29	日	丁丑	満	澗下水	張
22日	11/30	月	戊寅	平	城頭土	翼
23日	12/01	火	己卯	定	城頭土	軫
24日	12/02	水	庚辰	執	白鑞金	角
25日	12/03	木	辛巳	破	白鑞金	亢
26日	12/04	金	壬午	危	楊柳木	氐
27日	12/05	土	癸未	成	楊柳木	房
28日	12/06	日	甲申	納	井泉水	心
29日	12/07	月	乙酉	開	井泉水	尾
30日	12/08	火	丙戌	閉	屋上土	箕

【十一月大 丙子 斗】
節気 冬至 15日・小寒 30日

日	西暦	曜	干支	直	納音	宿
1日	12/09	水	丁亥	閉	屋上土	斗
2日	12/10	木	戊子	建	霹靂火	女
3日	12/11	金	己丑	除	霹靂火	虚
4日	12/12	土	庚寅	満	松柏木	危
5日	12/13	日	辛卯	平	松柏木	室
6日	12/14	月	壬辰	定	長流水	壁
7日	12/15	火	癸巳	執	長流水	奎
8日	12/16	水	甲午	破	沙中金	婁
9日	12/17	木	乙未	危	沙中金	胃
10日	12/18	金	丙申	成	山下火	昴
11日	12/19	土	丁酉	納	山下火	畢
12日	12/20	日	戊戌	開	平地木	觜
13日	12/21	月	己亥	閉	平地木	参
14日	12/22	火	庚子	建	壁上土	井
15日	12/23	水	辛丑	除	壁上土	鬼
16日	12/24	木	壬寅	満	金箔金	柳
17日	12/25	金	癸卯	平	金箔金	星
18日	12/26	土	甲辰	定	覆燈火	張
19日	12/27	日	乙巳	執	覆燈火	翼
20日	12/28	月	丙午	破	天河水	軫
21日	12/29	火	丁未	危	天河水	角
22日	12/30	水	戊申	成	大駅土	亢
23日	12/31	木	己酉	納	大駅土	氐

1655年

日	西暦	曜	干支	直	納音	宿
24日	01/01	金	庚戌	開	釵釧金	房
25日	01/02	土	辛亥	閉	釵釧金	心
26日▽	01/03	日	壬子	建	桑柘木	尾
27日	01/04	月	癸丑	除	桑柘木	箕
28日	01/05	火	甲寅	満	大溪水	斗
29日	01/06	水	乙卯	平	大溪水	女
30日	01/07	木	丙辰	定	沙中土	虚

【十二月大 丁丑 虚】
節気 大寒 15日
雑節 土用 12日・節分 30日

日	西暦	曜	干支	直	納音	宿
1日	01/08	金	丁巳	定	沙中土	虚
2日	01/09	土	戊午	執	天上火	危
3日	01/10	日	己未	破	天上火	室
4日	01/11	月	庚申	危	柘榴木	壁
5日	01/12	火	辛酉	成	柘榴木	奎
6日	01/13	水	壬戌	納	大海水	婁
7日	01/14	木	癸亥	開	大海水	胃
8日	01/15	金	甲子	閉	海中金	昴
9日	01/16	土	乙丑	建	海中金	畢
10日	01/17	日	丙寅	除	爐中火	觜
11日	01/18	月	丁卯	満	爐中火	参
12日	01/19	火	戊辰	平	大林木	井
13日	01/20	水	己巳	定	大林木	鬼
14日	01/21	木	庚午	執	路傍土	柳
15日	01/22	金	辛未	危	路傍土	星
16日	01/23	土	壬申	危	釵鋒金	張
17日△	01/24	日	癸酉	成	釵鋒金	翼
18日	01/25	月	甲戌	納	山頭火	軫
19日	01/26	火	乙亥	開	山頭火	角
20日	01/27	水	丙子	閉	澗下水	亢
21日	01/28	木	丁丑	建	澗下水	氐
22日	01/29	金	戊寅	除	城頭土	房
23日	01/30	土	己卯	満	城頭土	心
24日	01/31	日	庚辰	平	白鑞金	尾
25日	02/01	月	辛巳	定	白鑞金	箕
26日	02/02	火	壬午	執	楊柳木	斗
27日	02/03	水	癸未	破	楊柳木	女
28日	02/04	木	甲申	危	井泉水	虚
29日	02/05	金	乙酉	成	井泉水	危
30日	02/06	土	丙戌	納	屋上土	室

明暦元年〔承応4年〕

1655〜1656 乙未
※改元＝4月13日

【正月小 戊寅 室】
節気 立春 1日・雨水 16日

1日 02/07 日 丁亥 納 屋上土 室
2日 02/08 月 戊子 開 霹靂火 壁
3日 02/09 火 己丑 閉 霹靂火 奎
4日 02/10 水 庚寅 建 松柏木 妻
5日 02/11 木 辛卯 除 松柏木 胃
6日 02/12 金 壬辰 満 長流水 昴
7日 02/13 土 癸巳 平 長流水 畢
8日 02/14 日 甲午 定 沙中金 觜
9日 02/15 月 乙未 執 沙中金 参
10日 02/16 火 丙申 破 山下火 井
11日 02/17 水 丁酉 危 山下火 鬼
12日 02/18 木 戊戌 成 平地木 柳
13日 02/19 金 己亥 納 平地木 星
14日 02/20 土 庚子 開 壁上土 張
15日 02/21 日 辛丑 閉 壁上土 翼
16日 02/22 月 壬寅 建 金箔金 軫
17日 02/23 火 癸卯 除 金箔金 角
18日 02/24 水 甲辰 満 覆燈火 亢
19日 02/25 木 乙巳 平 覆燈火 氐
20日 02/26 金 丙午 定 天河水 房
21日 02/27 土 丁未 執 天河水 心
22日 02/28 日 戊申 破 大駅土 尾
23日 03/01 月 己酉 危 大駅土 箕
24日 03/02 火 庚戌 成 釵釧金 斗
25日 03/03 水 辛亥 納 釵釧金 女
26日 03/04 木 壬子 開 桑柘木 虚
27日 03/05 金 癸丑 閉 桑柘木 危
28日 03/06 土 甲寅 建 大溪水 室
29日▽03/07 日 乙卯 除 大溪水 壁

【二月大 己卯 奎】
節気 啓蟄 2日・春分 17日
雑節 社日 13日・彼岸 19日

1日 03/08 月 丙辰 満 沙中土 奎
2日 03/09 火 丁巳 満 沙中土 妻
3日 03/10 水 戊午 平 天上火 胃
4日 03/11 木 己未 定 天上火 昴
5日 03/12 金 庚申 執 柘榴木 畢
6日 03/13 土 辛酉 破 柘榴木 觜
7日 03/14 日 壬戌 危 大海水 参
8日 03/15 月 癸亥 成 大海水 井
9日 03/16 火 甲子 納 海中金 鬼
10日 03/17 水 乙丑 開 海中金 柳
11日 03/18 木 丙寅 閉 爐中火 星
12日 03/19 金 丁卯 建 爐中火 張
13日 03/20 土 戊辰 除 大林木 翼
14日 03/21 日 己巳 満 大林木 軫
15日 03/22 月 庚午 平 路傍土 角
16日 03/23 火 辛未 定 路傍土 亢
17日 03/24 水 壬申 執 釵鋒金 氐
18日 03/25 木 癸酉 破 釵鋒金 房
19日 03/26 金 甲戌 危 山頭火 心
20日 03/27 土 乙亥 成 山頭火 尾
21日 03/28 日 丙子 納 潤下水 箕
22日 03/29 月 丁丑 開 潤下水 斗
23日 03/30 火 戊寅 閉 城頭土 女
24日 03/31 水 己卯 建 城頭土 虚
25日 04/01 木 庚辰 除 白鑞金 危
26日 04/02 金 辛巳 満 白鑞金 室
27日△04/03 土 壬午 平 楊柳木 壁

28日 04/04 日 癸未 定 楊柳木 奎
29日 04/05 月 甲申 執 井泉水 婁
30日 04/06 火 乙酉 破 井泉水 胃

【三月小 庚辰 胃】
節気 清明 3日・穀雨 18日
雑節 土用 15日・八十八夜 29日

1日 04/07 水 丙戌 危 屋上土 胃
2日 04/08 木 丁亥 成 屋上土 昴
3日 04/09 金 戊子 納 霹靂火 畢
4日 04/10 土 己丑 開 霹靂火 觜
5日 04/11 日 庚寅 閉 松柏木 井
6日 04/12 月 辛卯 建 松柏木 鬼
7日 04/13 火 壬辰 除 長流水 柳
8日 04/14 水 癸巳 満 長流水 星
9日 04/15 木 甲午 平 沙中金 張
10日 04/16 金 乙未 定 沙中金 翼
11日 04/17 土 丙申 執 山下火 軫
12日 04/18 日 丁酉 破 山下火 角
13日 04/19 月 戊戌 危 平地木 亢
14日 04/20 火 己亥 成 平地木 氐
15日 04/21 水 庚子 納 壁上土 房
16日 04/22 木 辛丑 開 壁上土 心
17日 04/23 金 壬寅 閉 金箔金 尾
18日 04/24 土 癸卯 閉 金箔金 箕
19日 04/25 日 甲辰 建 覆燈火 斗
20日 04/26 月 乙巳 除 覆燈火 女
21日 04/27 火 丙午 満 天河水 虚
22日 04/28 水 丁未 平 天河水 危
23日 04/29 木 戊申 定 大駅土 室
24日 04/30 金 己酉 執 大駅土 壁
25日 05/01 土 庚戌 破 釵釧金 奎
26日 05/02 日 辛亥 危 釵釧金 婁
27日 05/03 月 壬子 成 桑柘木 胃
28日 05/04 火 癸丑 納 桑柘木 昴
29日 05/05 水 甲寅 開 大溪水 畢

【四月大 辛巳 畢】
節気 立夏 4日・小満 19日

1日 05/06 木 乙卯 閉 大溪水 觜
2日 05/07 金 丙辰 建 沙中土 参
3日 05/08 土 丁巳 除 沙中土 参
4日▽05/09 日 戊午 満 天上火 鬼
5日 05/10 月 己未 満 天上火 柳
6日 05/11 火 庚申 平 柘榴木 星
7日 05/12 水 辛酉 定 柘榴木 張
8日 05/13 木 壬戌 執 大海水 翼
9日 05/14 金 癸亥 破 大海水 軫
10日 05/15 土 甲子 危 海中金 角
11日 05/16 日 乙丑 成 海中金 亢
12日 05/17 月 丙寅 納 爐中火 氐
13日 05/18 火 丁卯 開 爐中火 房
　＊改元（承応4年→明暦元年）
14日 05/19 水 戊辰 建 大林木 心
15日 05/20 木 己巳 除 大林木 尾
16日 05/21 金 庚午 満 路傍土 箕
17日 05/22 土 辛未 平 路傍土 斗
18日 05/23 日 壬申 定 釵鋒金 女
19日 05/24 月 癸酉 執 釵鋒金 虚
20日 05/25 火 甲戌 破 山頭火 危
21日 05/26 水 乙亥 危 山頭火 室
22日 05/27 木 丙子 成 潤下水 壁
23日 05/28 金 丁丑 納 潤下水 奎
24日 05/29 土 戊寅 開 城頭土 婁
25日 05/30 日 己卯 閉 城頭土 胃
26日 05/31 月 庚辰 建 白鑞金 昴
27日 06/01 火 辛巳 除 白鑞金 畢
28日 06/02 水 壬午 満 楊柳木 觜

29日 06/03 木 癸未 満 楊柳木 觜
30日 06/04 金 甲申 平 井泉水 参

【五月小 壬午 参】
節気 芒種 4日・夏至 20日
雑節 入梅 8日

1日 06/05 土 乙酉 定 井泉水 参
2日 06/06 日 丙戌 執 屋上土 井
3日 06/07 月 丁亥 破 屋上土 鬼
4日 06/08 火 戊子 破 霹靂火 柳
5日 06/09 水 己丑 危 霹靂火 星
6日 06/10 木 庚寅 成 松柏木 張
7日 06/11 金 辛卯 納 松柏木 翼
8日△06/12 土 壬辰 開 長流水 軫
9日 06/13 日 癸巳 閉 長流水 角
10日 06/14 月 甲午 建 沙中金 亢
11日 06/15 火 乙未 除 沙中金 氐
12日 06/16 水 丙申 満 山下火 房
13日 06/17 木 丁酉 定 山下火 心
14日 06/18 金 戊戌 定 平地木 尾
15日 06/19 土 己亥 執 平地木 箕
16日 06/20 日 庚子 破 壁上土 斗
17日 06/21 月 辛丑 危 壁上土 女
18日 06/22 火 壬寅 成 金箔金 虚
19日 06/23 水 癸卯 納 金箔金 危
20日 06/24 木 甲辰 開 覆燈火 室
21日 06/25 金 乙巳 閉 覆燈火 壁
22日 06/26 土 丙午 建 天河水 奎
23日 06/27 日 丁未 除 天河水 婁
24日 06/28 月 戊申 満 大駅土 胃
25日 06/29 火 己酉 平 大駅土 昴
26日 06/30 水 庚戌 定 釵釧金 畢
27日 07/01 木 辛亥 執 桑柘木 觜
28日 07/02 金 壬子 破 桑柘木 参
29日 07/03 土 癸丑 危 桑柘木 井

【六月小 癸未 鬼】
節気 小暑 6日・大暑 21日
雑節 半夏生 1日・土用 18日

1日 07/04 日 甲寅 納 大溪水 鬼
2日 07/05 月 乙卯 開 大溪水 柳
3日 07/06 火 丙辰 閉 沙中土 星
4日 07/07 水 丁巳 建 沙中土 張
5日 07/08 木 戊午 除 天上火 翼
6日 07/09 金 己未 建 天上火 軫
7日 07/10 土 庚申 除 柘榴木 角
8日▽07/11 日 辛酉 満 柘榴木 亢
9日 07/12 月 壬戌 平 大海水 氐
10日 07/13 火 癸亥 定 大海水 房
11日 07/14 水 甲子 執 海中金 心
12日 07/15 木 乙丑 破 海中金 尾
13日 07/16 金 丙寅 危 爐中火 箕
14日 07/17 土 丁卯 成 爐中火 斗
15日☆07/18 日 戊辰 納 大林木 女
16日 07/19 月 己巳 開 大林木 虚
17日 07/20 火 庚午 閉 路傍土 危
18日 07/21 水 辛未 建 路傍土 室
19日 07/22 木 壬申 除 釵鋒金 壁
20日 07/23 金 癸酉 満 釵鋒金 奎
21日 07/24 土 甲戌 平 山頭火 婁
22日 07/25 日 乙亥 定 山頭火 胃
23日 07/26 月 丙子 執 潤下水 昴
24日 07/27 火 丁丑 破 潤下水 畢
25日 07/28 水 戊寅 危 城頭土 觜
26日 07/29 木 己卯 成 城頭土 参
27日 07/30 金 庚辰 納 白鑞金 井
28日 07/31 土 辛巳 開 白鑞金 鬼
29日 08/01 日 壬午 閉 楊柳木 柳

西暦　曜　干支　直　納音　宿　　　　　　　　　　　　　明暦元年〔承応4年〕

【七月小 甲申 張】
節気 立秋 7日・処暑 23日

日	西暦	曜	干支	直	納音	宿
1日	08/02	月	癸未	建	楊柳木	張
2日	08/03	火	甲申	除	井泉水	翼
3日	08/04	水	乙酉	満	井泉水	軫
4日	08/05	木	丙戌	平	屋上土	角
5日	08/06	金	丁亥	定	屋上土	亢
6日	08/07	土	戊子	執	霹靂火	氐
7日	08/08	日	己丑	執	霹靂火	房
8日	08/09	月	庚寅	破	松柏木	心
9日	08/10	火	辛卯	危	松柏木	尾
10日	08/11	水	壬辰	成	松柏木	箕
11日	08/12	木	癸巳	納	長流水	斗
12日	08/13	金	甲午	開	沙中金	女
13日	08/14	土	乙未	閉	沙中金	虚
14日	08/15	日	丙申	建	山下火	危
15日	08/16	月	丁酉	除	山下火	室
16日	08/17	火	戊戌	満	平地木	壁
17日	08/18	水	己亥	平	平地木	奎
18日	08/19	木	庚子	定	壁上土	婁
19日△	08/20	金	辛丑	執	壁上土	胃
20日	08/21	土	壬寅	破	金箔金	昴
21日	08/22	日	癸卯	危	金箔金	畢
22日	08/23	月	甲辰	成	覆燈火	觜
23日	08/24	火	乙巳	納	覆燈火	参
24日	08/25	水	丙午	開	天河水	井
25日	08/26	木	丁未	閉	天河水	鬼
26日	08/27	金	戊申	建	大駅土	柳
27日	08/28	土	己酉	除	大駅土	星
28日	08/29	日	庚戌	満	釵釧金	張
29日	08/30	月	辛亥	平	釵釧金	翼

【八月大 乙酉 角】
節気 白露 9日・秋分 24日
雑節 二百十日 5日・彼岸 26日・社日 27日

日	西暦	曜	干支	直	納音	宿
1日	08/31	火	壬子	定	桑柘木	角
2日	09/01	水	癸丑	執	桑柘木	亢
3日	09/02	木	甲寅	破	大溪水	氐
4日	09/03	金	乙卯	危	大溪水	房
5日	09/04	土	丙辰	成	沙中土	心
6日	09/05	日	丁巳	納	沙中土	尾
7日	09/06	月	戊午	開	天上火	箕
8日	09/07	火	己未	閉	天上火	斗
9日	09/08	水	庚申	閉	柏榴木	女
10日	09/09	木	辛酉	建	柏榴木	虚
11日	09/10	金	壬戌	除	大海水	危
12日	09/11	土	癸亥	満	大海水	室
13日▽	09/12	日	甲子	平	海中金	壁
14日	09/13	月	乙丑	定	海中金	奎
15日	09/14	火	丙寅	執	爐中火	婁
16日	09/15	水	丁卯	破	爐中火	胃
17日	09/16	木	戊辰	危	大林木	昴
18日	09/17	金	己巳	成	大林木	畢
19日	09/18	土	庚午	納	路傍土	觜
20日	09/19	日	辛未	開	路傍土	参
21日	09/20	月	壬申	閉	釵鋒金	井
22日	09/21	火	癸酉	建	釵鋒金	鬼
23日	09/22	水	甲戌	除	山頭火	柳
24日	09/23	木	乙亥	満	山頭火	星
25日	09/24	金	丙子	平	澗下水	張
26日	09/25	土	丁丑	定	澗下水	翼
27日	09/26	日	戊寅	執	城頭土	軫
28日	09/27	月	己卯	破	城頭土	角
29日	09/28	火	庚辰	危	白鑞金	亢
30日	09/29	水	辛巳	成	白鑞金	氐

【九月小 丙戌 氐】
節気 寒露 9日・霜降 24日
雑節 土用 21日

日	西暦	曜	干支	直	納音	宿
1日	09/30	木	壬午	納	楊柳木	氐
2日	10/01	金	癸未	開	楊柳木	房
3日	10/02	土	甲申	閉	井泉水	心
4日	10/03	日	乙酉	除	井泉水	尾
5日	10/04	月	丙戌	除	屋上土	箕
6日	10/05	火	丁亥	満	屋上土	斗
7日	10/06	水	戊子	平	霹靂火	女
8日	10/07	木	己丑	定	霹靂火	虚
9日	10/08	金	庚寅	定	松柏木	危
10日	10/09	土	辛卯	執	松柏木	室
11日	10/10	日	壬辰	破	長流水	壁
12日	10/11	月	癸巳	危	長流水	奎
13日	10/12	火	甲午	成	沙中金	婁
14日	10/13	水	乙未	納	沙中金	胃
15日	10/14	木	丙申	開	山下火	昴
16日	10/15	金	丁酉	閉	山下火	畢
17日	10/16	土	戊戌	建	平地木	觜
18日	10/17	日	己亥	除	平地木	参
19日	10/18	月	庚子	満	壁上土	井
20日	10/19	火	辛丑	平	壁上土	鬼
21日	10/20	水	壬寅	定	金箔金	柳
22日	10/21	木	癸卯	執	覆燈火	星
23日	10/22	金	甲辰	破	覆燈火	張
24日	10/23	土	乙巳	危	覆燈火	翼
25日	10/24	日	丙午	成	天河水	軫
26日	10/25	月	丁未	納	天河水	角
27日	10/26	火	戊申	開	大駅土	亢
28日	10/27	水	己酉	閉	大駅土	氐
29日	10/28	木	庚戌	建	釵釧金	房

【十月大 丁亥 心】
節気 立冬 11日・小雪 26日

日	西暦	曜	干支	直	納音	宿
1日	10/29	金	辛亥	除	釵釧金	心
2日	10/30	土	壬子	満	桑柘木	尾
3日	10/31	日	癸丑	平	桑柘木	箕
4日	11/01	月	甲寅	執	大溪水	斗
5日	11/02	火	乙卯	執	大溪水	女
6日	11/03	水	丙辰	破	沙中土	虚
7日	11/04	木	丁巳	危	沙中土	危
8日	11/05	金	戊午	成	天上火	室
9日	11/06	土	己未	納	天上火	壁
10日	11/07	日	庚申	開	柏榴木	奎
11日	11/08	月	辛酉	閉	柏榴木	婁
12日	11/09	火	壬戌	閉	大海水	胃
13日	11/10	水	癸亥	建	大海水	昴
14日	11/11	木	甲子	除	海中金	畢
15日	11/12	金	乙丑	満	海中金	觜
16日	11/13	土	丙寅	平	爐中火	参
17日▽	11/14	日	丁卯	定	爐中火	井
18日	11/15	月	戊辰	執	大林木	鬼
19日	11/16	火	己巳	破	大林木	柳
20日	11/17	水	庚午	危	路傍土	星
21日	11/18	木	辛未	成	路傍土	張
22日	11/19	金	壬申	納	釵鋒金	翼
23日	11/20	土	癸酉	開	釵鋒金	軫
24日	11/21	日	甲戌	閉	山頭火	角
25日	11/22	月	乙亥	建	山頭火	亢
26日	11/23	火	丙子	除	澗下水	氐
27日	11/24	水	丁丑	満	澗下水	房
28日	11/25	木	戊寅	平	城頭土	心
29日	11/26	金	己卯	定	城頭土	尾
30日	11/27	土	庚辰	執	白鑞金	箕

【十一月大 戊子 斗】
節気 大雪 11日・冬至 26日

日	西暦	曜	干支	直	納音	宿
1日	11/28	日	辛巳	破	白鑞金	斗
2日	11/29	月	壬午	危	楊柳木	女
3日	11/30	火	癸未	成	楊柳木	虚
4日	12/01	水	甲申	納	井泉水	危
5日	12/02	木	乙酉	開	井泉水	室
6日	12/03	金	丙戌	閉	屋上土	壁
7日	12/04	土	丁亥	建	屋上土	奎
8日	12/05	日	戊子	除	霹靂火	婁
9日	12/06	月	己丑	満	霹靂火	胃
10日	12/07	火	庚寅	平	松柏木	昴
11日	12/08	水	辛卯	定	松柏木	畢
13日	12/10	金	癸巳	執	長流水	参
14日	12/11	土	甲午	破	沙中金	井
15日	12/12	日	乙未	危	沙中金	鬼
16日	12/13	月	丙申	成	山下火	柳
17日	12/14	火	丁酉	納	山下火	星
18日	12/15	水	戊戌	開	平地木	張
19日	12/16	木	己亥	閉	平地木	翼
20日	12/17	金	庚子	建	壁上土	軫
21日	12/18	土	辛丑	除	壁上土	角
22日	12/19	日	壬寅	満	金箔金	亢
23日	12/20	月	癸卯	平	金箔金	氐
24日	12/21	火	甲辰	定	覆燈火	房
25日	12/22	水	乙巳	執	覆燈火	心
26日	12/23	木	丙午	破	天河水	尾
28日	12/25	土	戊申	成	大駅土	斗
29日	12/26	日	己酉	納	大駅土	女
30日	12/27	月	庚戌	開	釵釧金	虚

【十二月大 己丑 虚】
節気 小寒 12日・大寒 27日
雑節 土用 24日

日	西暦	曜	干支	直	納音	宿
1日	12/28	火	辛亥	閉	釵釧金	危
2日	12/29	水	壬子	建	桑柘木	室
3日	12/30	木	癸丑	除	桑柘木	壁
4日	12/31	金	甲寅	満	大溪水	奎
	1656年					
5日	01/01	土	乙卯	平	大溪水	婁
6日	01/02	日	丙辰	定	沙中土	胃
7日	01/03	月	丁巳	執	沙中土	昴
8日	01/04	火	戊午	成	天上火	畢
9日	01/05	水	己未	納	天上火	觜
10日	01/06	木	庚申	成	柏榴木	参
11日△	01/07	金	辛酉	納	柏榴木	井
12日	01/08	土	壬戌	開	大海水	鬼
13日	01/09	日	癸亥	開	大海水	柳
14日	01/10	月	甲子	閉	海中金	星
15日☆	01/11	火	乙丑	建	海中金	張
16日	01/12	水	丙寅	除	爐中火	翼
17日	01/13	木	丁卯	満	爐中火	軫
18日	01/14	金	戊辰	平	大林木	角
19日	01/15	土	己巳	定	大林木	亢
20日▽	01/16	日	庚午	執	路傍土	氐
21日	01/17	月	辛未	破	路傍土	房
22日	01/18	火	壬申	危	釵鋒金	心
23日	01/19	水	癸酉	成	釵鋒金	尾
24日	01/20	木	甲戌	納	山頭火	箕
25日	01/21	金	乙亥	開	山頭火	斗
26日	01/22	土	丙子	閉	澗下水	女
27日	01/23	日	丁丑	建	澗下水	虚
28日	01/24	月	戊寅	除	城頭土	危
29日	01/25	火	己卯	平	城頭土	室
30日	01/26	水	庚辰	平	白鑞金	壁

明暦2年
1656〜1657　丙申

【正月小 庚寅 室】
節気 立春 12日・雨水 27日
雑節 節分 11日

日	月日	曜	干支	直	納音	宿
1日	01/27	木	辛巳	定	白鑞金	室
2日	01/28	金	壬午	執	楊柳木	壁
3日	01/29	土	癸未	破	楊柳木	奎
4日	01/30	日	甲申	危	井泉水	婁
5日	01/31	月	乙酉	成	井泉水	胃
6日	02/01	火	丙戌	納	屋上土	昴
7日	02/02	水	丁亥	開	屋上土	畢
8日	02/03	木	戊子	閉	霹靂火	觜
9日	02/04	金	己丑	建	霹靂火	參
10日	02/05	土	庚寅	除	松柏木	井
11日	02/06	日	辛卯	満	松柏木	鬼
12日	02/07	月	壬辰	平	長流水	柳
13日	02/08	火	癸巳	定	長流水	星
14日	02/09	水	甲午	執	沙中金	張
15日	02/10	木	乙未	破	沙中金	翼
16日	02/11	金	丙申	危	山下火	軫
17日	02/12	土	丁酉	成	山下火	角
18日	02/13	日	戊戌	納	平地木	亢
19日	02/14	月	己亥	開	平地木	氐
20日	02/15	火	庚子	閉	壁上土	房
21日	02/16	水	辛丑	建	壁上土	心
22日	02/17	木	壬寅	除	金箔金	尾
23日	02/18	金	癸卯	満	金箔金	箕
24日	02/19	土	甲辰	平	覆燈火	斗
25日	02/20	日	乙巳	定	覆燈火	女
26日	02/21	月	丙午	執	天河水	虚
27日	02/22	火	丁未	破	天河水	危
28日	02/23	水	戊申	危	大駅土	室
29日	02/24	木	己酉	成	大駅土	壁

【二月大 辛卯 奎】
節気 啓蟄 13日・春分 29日
雑節 社日 29日

日	月日	曜	干支	直	納音	宿
1日	02/25	金	庚戌	成	釵釧金	奎
2日	02/26	土	辛亥	納	釵釧金	婁
3日	02/27	日	壬子	開	桑柘木	胃
4日	02/28	月	癸丑	閉	桑柘木	昴
5日	02/29	火	甲寅	建	大溪水	畢
6日	03/01	水	乙卯	除	大溪水	觜
7日	03/02	木	丙辰	満	沙中土	參
8日	03/03	金	丁巳	平	沙中土	井
9日	03/04	土	戊午	定	天上火	鬼
10日	03/05	日	己未	執	天上火	柳
11日	03/06	月	庚申	破	柘榴木	星
12日	03/07	火	辛酉	危	柘榴木	張
13日	03/08	水	壬戌	成	大海水	翼
14日	03/09	木	癸亥	納	大海水	軫
15日	03/10	金	甲子	開	海中金	角
16日	03/11	土	乙丑	閉	海中金	亢
17日	03/12	日	丙寅	建	爐中火	氐
18日	03/13	月	丁卯	建	爐中火	房
19日	03/14	火	戊辰	満	大林木	心
20日	03/15	水	己巳	満	大林木	尾
21日△	03/16	木	庚午	平	路傍土	箕
22日	03/17	金	辛未	定	路傍土	斗
23日	03/18	土	壬申	執	釼鋒金	女
24日▽	03/19	日	癸酉	破	釼鋒金	虚
25日	03/20	月	甲戌	危	山頭火	危
26日	03/21	火	乙亥	成	山頭火	室
27日	03/22	水	丙子	納	澗下水	壁
28日	03/23	木	丁丑	開	澗下水	奎
29日	03/24	金	戊寅	閉	城頭土	婁
30日	03/25	土	己卯	建	城頭土	胃

【三月大 壬辰 胃】
節気 清明 14日・穀雨 29日
雑節 彼岸 1日・土用 26日

日	月日	曜	干支	直	納音	宿
1日	03/26	日	庚辰	除	白鑞金	胃
2日	03/27	月	辛巳	満	白鑞金	昴
3日	03/28	火	壬午	平	楊柳木	觜
4日	03/29	水	癸未	定	楊柳木	參
5日	03/30	木	甲申	執	井泉水	井
6日	03/31	金	乙酉	破	井泉水	鬼
7日	04/01	土	丙戌	危	屋上土	柳
8日	04/02	日	丁亥	成	屋上土	星
9日	04/03	月	戊子	納	霹靂火	張
10日	04/04	火	己丑	開	霹靂火	翼
11日	04/05	水	庚寅	閉	松柏木	軫
12日	04/06	木	辛卯	建	松柏木	角
13日	04/07	金	壬辰	除	長流水	亢
14日	04/08	土	癸巳	除	長流水	氐
15日	04/09	日	甲午	満	沙中金	房
16日	04/10	月	乙未	定	沙中金	心
17日	04/11	火	丙申	執	山下火	尾
18日	04/12	水	丁酉	破	山下火	箕
19日	04/13	木	戊戌	危	平地木	斗
20日	04/14	金	己亥	成	平地木	女
21日	04/15	土	庚子	納	壁上土	虚
22日	04/16	日	辛丑	開	壁上土	危
23日	04/17	月	壬寅	閉	金箔金	室
24日	04/18	火	癸卯	建	金箔金	壁
25日	04/19	水	甲辰	除	覆燈火	奎
26日	04/20	木	乙巳	満	覆燈火	婁
27日	04/21	金	丙午	平	天河水	胃
28日	04/22	土	丁未	定	天河水	昴
29日	04/23	日	戊申	執	大駅土	觜
30日	04/24	月	己酉	執	大駅土	參

【四月小 癸巳 畢】
節気 立夏 14日・小満 29日
雑節 八十八夜 10日

日	月日	曜	干支	直	納音	宿
1日	04/25	火	庚戌	破	釵釧金	畢
2日	04/26	水	辛亥	危	釵釧金	觜
3日	04/27	木	壬子	成	桑柘木	參
4日	04/28	金	癸丑	納	桑柘木	井
5日	04/29	土	甲寅	開	大溪水	鬼
6日	04/30	日	乙卯	閉	大溪水	柳
7日	05/01	月	丙辰	建	沙中土	星
8日	05/02	火	丁巳	除	沙中土	張
9日	05/03	水	戊午	満	天上火	翼
10日	05/04	木	己未	平	天上火	軫
11日	05/05	金	庚申	定	柘榴木	角
12日	05/06	土	辛酉	執	柘榴木	亢
13日	05/07	日	壬戌	破	大海水	氐
14日	05/08	月	癸亥	破	大海水	房
15日	05/09	火	甲子	危	海中金	心
16日	05/10	水	乙丑	成	海中金	尾
17日	05/11	木	丙寅	納	爐中火	箕
18日	05/12	金	丁卯	開	爐中火	斗
19日	05/13	土	戊辰	閉	大林木	女
20日	05/14	日	己巳	建	大林木	虚
21日	05/15	月	庚午	除	路傍土	危
22日	05/16	火	辛未	満	路傍土	室
23日	05/17	水	壬申	平	釼鋒金	壁
24日	05/18	木	癸酉	定	釼鋒金	奎
25日	05/19	金	甲戌	執	山頭火	婁
26日	05/20	土	乙亥	破	山頭火	胃
27日▽	05/21	日	丙子	危	澗下水	昴
28日	05/22	月	丁丑	成	澗下水	觜
29日	05/23	火	戊寅	納	城頭土	

【閏四月大 癸巳 畢】
節気 芒種 16日
雑節 入梅 24日

日	月日	曜	干支	直	納音	宿
1日	05/24	水	己卯	開	城頭土	畢
2日△	05/25	木	庚辰	閉	白鑞金	觜
3日	05/26	金	辛巳	建	白鑞金	參
4日	05/27	土	壬午	除	楊柳木	井
5日	05/28	日	癸未	満	楊柳木	鬼
6日	05/29	月	甲申	平	井泉水	柳
7日	05/30	火	乙酉	定	井泉水	星
8日	05/31	水	丙戌	執	屋上土	張
9日	06/01	木	丁亥	破	屋上土	翼
10日	06/02	金	戊子	危	霹靂火	軫
11日	06/03	土	己丑	成	霹靂火	角
12日	06/04	日	庚寅	納	松柏木	亢
13日	06/05	月	辛卯	開	松柏木	氐
14日	06/06	火	壬辰	閉	長流水	房
15日	06/07	水	癸巳	建	長流水	心
16日	06/08	木	甲午	除	沙中金	尾
17日	06/09	金	乙未	満	沙中金	箕
18日	06/10	土	丙申	平	山下火	斗
19日	06/11	日	丁酉	定	山下火	女
20日	06/12	月	戊戌	執	平地木	虚
21日	06/13	火	己亥	破	平地木	危
22日	06/14	水	庚子	危	壁上土	室
23日	06/15	木	辛丑	成	壁上土	壁
24日	06/16	金	壬寅	納	金箔金	奎
25日	06/17	土	癸卯	開	金箔金	婁
26日	06/18	日	甲辰	閉	覆燈火	胃
27日	06/19	月	乙巳	建	覆燈火	昴
28日	06/20	火	丙午	除	天河水	觜
29日	06/21	水	丁未	満	天河水	參
30日	06/22	木	戊申	平	大駅土	

【五月小 甲午 參】
節気 夏至 1日・小暑 16日
雑節 半夏生 11日・土用 28日

日	月日	曜	干支	直	納音	宿
1日	06/23	金	己酉	定	大駅土	井
2日	06/24	土	庚戌	執	釵釧金	鬼
3日	06/25	日	辛亥	破	釵釧金	柳
4日	06/26	月	壬子	危	桑柘木	星
5日	06/27	火	癸丑	成	桑柘木	張
6日	06/28	水	甲寅	納	大溪水	翼
7日	06/29	木	乙卯	開	大溪水	軫
8日	06/30	金	丙辰	閉	沙中土	角
9日	07/01	土	丁巳	建	沙中土	亢
10日	07/02	日	戊午	除	天上火	氐
11日	07/03	月	己未	満	天上火	房
12日	07/04	火	庚申	平	柘榴木	心
13日	07/05	水	辛酉	定	柘榴木	尾
14日☆	07/06	木	壬戌	執	大海水	箕
15日	07/07	金	癸亥	破	大海水	斗
16日	07/08	土	甲子	危	海中金	女
17日	07/09	日	乙丑	成	海中金	虚
18日	07/10	月	丙寅	納	爐中火	危
19日	07/11	火	丁卯	開	爐中火	室
20日	07/12	水	戊辰	閉	大林木	壁
21日	07/13	木	己巳	建	大林木	奎
22日	07/14	金	庚午	除	路傍土	婁
23日	07/15	土	辛未	満	路傍土	胃
24日	07/16	日	壬申	平	釼鋒金	昴
25日	07/17	月	癸酉	定	釼鋒金	觜
26日	07/18	火	甲戌	執	山頭火	參
27日	07/19	水	乙亥	破	山頭火	井
28日	07/20	木	丙子	危	澗下水	鬼
29日	07/21	金	丁丑	成	澗下水	柳

【六月小 乙未 鬼】
節気 大暑 2日・立秋 18日

日	月日	曜	干支	直	納音	宿
1日	07/22	土	戊寅	危	城頭土	鬼
2日▽	07/23	日	己卯	納	城頭土	柳
3日	07/24	月	庚辰	開	白鑞金	星
4日	07/25	火	辛巳	閉	白鑞金	張
5日	07/26	水	壬午	建	楊柳木	翼
6日	07/27	木	癸未	除	楊柳木	軫
7日	07/28	金	甲申	満	井泉水	角
8日	07/29	土	乙酉	平	井泉水	亢
9日	07/30	日	丙戌	定	屋上土	氐
10日	07/31	月	丁亥	執	屋上土	房
11日	08/01	火	戊子	破	霹靂火	心
12日	08/02	水	己丑	危	霹靂火	尾
13日△	08/03	木	庚寅	成	松柏木	箕
14日	08/04	金	辛卯	納	松柏木	斗
15日	08/05	土	壬辰	開	長流水	女

— 150 —

西暦 曜 干支 直 納音 宿　　　　　　明暦2年

日	西暦	曜	干支	直	納音	宿
16日	08/06	日	癸巳	開	長流水	虚
17日	08/07	月	甲午	閉	沙中金	危
18日	08/08	火	乙未	建	沙中金	室
19日	08/09	水	丙申	除	山下火	壁
20日	08/10	木	丁酉	満	山下火	奎
21日	08/11	金	戊戌	平	平地木	婁
22日	08/12	土	己亥	定	平地木	胃
23日	08/13	日	庚子	執	壁上土	昴
24日	08/14	月	辛丑	破	壁上土	畢
25日	08/15	火	壬寅	危	金箔金	觜
26日	08/16	水	癸卯	成	金箔金	参
27日	08/17	木	甲辰	納	覆燈火	井
28日	08/18	金	乙巳	納	覆燈火	鬼
29日	08/19	土	丙午	開	天河水	柳

【七月小 丙申 張】
節気 処暑 4日・白露 19日
雑節 二百十日 15日

日	西暦	曜	干支	直	納音	宿
1日	08/20	日	丁未	閉	天河水	張
2日	08/21	月	戊申	建	大駅土	翼
3日	08/22	火	己酉	除	大駅土	軫
4日	08/23	水	庚戌	満	釵釧金	角
5日	08/24	木	辛亥	平	釵釧金	亢
6日	08/25	金	壬子	定	桑柘木	氐
7日	08/26	土	癸丑	執	桑柘木	房
8日	08/27	日	甲寅	破	大渓水	心
9日	08/28	月	乙卯	危	大渓水	尾
10日	08/29	火	丙辰	成	沙中土	箕
11日	08/30	水	丁巳	納	沙中土	斗
12日	08/31	木	戊午	開	天上火	女
13日	09/01	金	己未	閉	天上火	虚
14日	09/02	土	庚申	建	柘榴木	危
15日	09/03	日	辛酉	除	柘榴木	室
16日	09/04	月	壬戌	満	大海水	壁
17日	09/05	火	癸亥	平	大海水	奎
18日	09/06	水	甲子	定	海中金	婁
19日	09/07	木	乙丑	執	海中金	胃
20日	09/08	金	丙寅	破	爐中火	昴
21日	09/09	土	丁卯	危	爐中火	畢
22日	09/10	日	戊辰	成	大林木	觜
23日	09/11	月	己巳	納	大林木	参
24日	09/12	火	庚午	開	路傍土	井
25日	09/13	水	辛未	閉	路傍土	鬼
26日	09/14	木	壬申	閉	釵鋒金	柳
27日	09/15	金	癸酉	建	釵鋒金	星
28日	09/16	土	甲戌	除	山頭火	張
29日	09/17	日	乙亥	満	山頭火	翼

【八月大 丁酉 角】
節気 秋分 5日・寒露 20日
雑節 社日 3日・彼岸 18日

日	西暦	曜	干支	直	納音	宿
1日	09/18	月	丙子	平	澗下水	角
2日	09/19	火	丁丑	定	澗下水	亢
3日	09/20	水	戊寅	執	城頭土	氐
4日	09/21	木	己卯	破	城頭土	房
5日	09/22	金	庚辰	危	白鑞金	心
6日▽	09/23	土	辛巳	成	白鑞金	尾
7日	09/24	日	壬午	納	楊柳木	箕
8日	09/25	月	癸未	開	楊柳木	斗
9日	09/26	火	甲申	閉	井泉水	女
10日	09/27	水	乙酉	建	井泉水	虚
11日	09/28	木	丙戌	除	屋上土	危
12日	09/29	金	丁亥	満	屋上土	室
13日	09/30	土	戊子	平	霹靂火	壁
14日	10/01	日	己丑	定	霹靂火	奎
15日	10/02	月	庚寅	執	松柏木	婁
16日	10/03	火	辛卯	破	松柏木	胃
17日	10/04	水	壬辰	危	長流水	昴
18日	10/05	木	癸巳	成	長流水	畢
19日	10/06	金	甲午	納	沙中金	觜
20日	10/07	土	乙未	開	沙中金	参
21日	10/08	日	丙申	閉	山下火	井
22日	10/09	月	丁酉	閉	山下火	鬼

日	西暦	曜	干支	直	納音	宿
23日	10/10	火	戊戌	建	平地木	柳
24日△	10/11	水	己亥	除	平地木	星
25日	10/12	木	庚子	満	壁上土	張
26日	10/13	金	辛丑	定	壁上土	翼
27日	10/14	土	壬寅	定	金箔金	軫
28日	10/15	日	癸卯	執	金箔金	角
29日	10/16	月	甲辰	破	覆燈火	亢
30日	10/17	火	乙巳	危	覆燈火	氐

【九月小 戊戌 氐】
節気 霜降 6日・立冬 21日
雑節 土用 3日

日	西暦	曜	干支	直	納音	宿
1日	10/18	水	丙午	成	天河水	氐
2日	10/19	木	丁未	納	天河水	房
3日	10/20	金	戊申	開	大駅土	心
4日	10/21	土	己酉	建	大駅土	尾
5日	10/22	日	庚戌	建	釵釧金	箕
6日	10/23	月	辛亥	除	釵釧金	斗
7日	10/24	火	壬子	平	桑柘木	女
8日	10/25	水	癸丑	定	桑柘木	虚
9日	10/26	木	甲寅	定	大渓水	危
10日	10/27	金	乙卯	執	大渓水	室
11日	10/28	土	丙辰	破	沙中土	壁
12日	10/29	日	丁巳	危	沙中土	奎
13日	10/30	月	戊午	成	天上火	婁
14日	10/31	火	己未	納	天上火	胃
15日	11/01	水	庚申	開	柘榴木	昴
16日	11/02	木	辛酉	閉	柘榴木	畢
17日	11/03	金	壬戌	建	大海水	觜
18日	11/04	土	癸亥	除	大海水	参
19日	11/05	日	甲子	平	海中金	井
20日	11/06	月	乙丑	平	海中金	鬼
21日	11/07	火	丙寅	定	爐中火	柳
22日	11/08	水	丁卯	執	爐中火	星
23日	11/09	木	戊辰	破	大林木	張
24日	11/10	金	己巳	危	大林木	翼
25日	11/11	土	庚午	成	路傍土	軫
26日	11/12	日	辛未	納	路傍土	角
27日	11/13	月	壬申	開	釵鋒金	亢
28日	11/14	火	癸酉	閉	釵鋒金	氐
29日	11/15	水	甲戌	閉	山頭火	房

【十月大 己亥 心】
節気 小雪 7日・大雪 22日

日	西暦	曜	干支	直	納音	宿
1日	11/16	木	乙亥	建	山頭火	心
2日	11/17	金	丙子	除	澗下水	尾
3日	11/18	土	丁丑	満	澗下水	箕
4日	11/19	日	戊寅	平	城頭土	斗
5日	11/20	月	己卯	定	城頭土	女
6日	11/21	火	庚辰	執	白鑞金	虚
7日	11/22	水	辛巳	破	白鑞金	危
8日	11/23	木	壬午	成	楊柳木	室
9日	11/24	金	癸未	成	楊柳木	壁
10日▽	11/25	土	甲申	納	井泉水	奎
11日	11/26	日	乙酉	開	井泉水	婁
12日	11/27	月	丙戌	閉	屋上土	胃
13日	11/28	火	丁亥	建	屋上土	昴
14日	11/29	水	戊子	除	霹靂火	畢
15日	11/30	木	己丑	満	霹靂火	觜
16日	12/01	金	庚寅	平	松柏木	参
17日	12/02	土	辛卯	定	松柏木	井
18日	12/03	日	壬辰	執	長流水	鬼
19日	12/04	月	癸巳	破	長流水	柳
20日	12/05	火	甲午	危	沙中金	星
21日	12/06	水	乙未	成	沙中金	張
22日	12/07	木	丙申	納	山下火	翼
23日	12/08	金	丁酉	開	山下火	軫
24日	12/09	土	戊戌	閉	平地木	角
25日	12/10	日	己亥	閉	平地木	亢
26日	12/11	月	庚子	建	壁上土	氐
27日	12/12	火	辛丑	除	壁上土	房
28日	12/13	水	壬寅	満	金箔金	心
29日	12/14	木	癸卯	平	金箔金	尾

日	西暦	曜	干支	直	納音	宿
30日	12/15	金	甲辰	定	覆燈火	箕

【十一月大 庚子 斗】
節気 冬至 8日・小寒 23日

日	西暦	曜	干支	直	納音	宿
1日	12/16	土	乙巳	執	覆燈火	斗
2日	12/17	日	丙午	破	天河水	女
3日	12/18	月	丁未	危	天河水	虚
4日	12/19	火	戊申	成	大駅土	危
5日△	12/20	水	己酉	納	大駅土	室
6日	12/21	木	庚戌	開	釵釧金	壁
7日	12/22	金	辛亥	閉	釵釧金	奎
8日	12/23	土	壬子	建	桑柘木	婁
9日	12/24	日	癸丑	除	桑柘木	胃
10日	12/25	月	甲寅	満	大渓水	昴
11日	12/26	火	乙卯	平	大渓水	畢
12日	12/27	水	丙辰	定	沙中土	觜
13日	12/28	木	丁巳	執	沙中土	参
14日	12/29	金	戊午	破	天上火	井
15日	12/30	土	己未	危	天上火	鬼
16日☆	12/31	日	庚申	成	柘榴木	柳

1657年

日	西暦	曜	干支	直	納音	宿
17日	01/01	月	辛酉	納	柘榴木	星
18日	01/02	火	壬戌	開	大海水	張
19日	01/03	水	癸亥	閉	大海水	翼
20日	01/04	木	甲子	建	海中金	軫
21日	01/05	金	乙丑	満	海中金	角
22日	01/06	土	丙寅	満	爐中火	亢
23日	01/07	日	丁卯	平	爐中火	氐
24日	01/08	月	戊辰	定	大林木	房
25日	01/09	火	己巳	執	大林木	心
26日	01/10	水	庚午	破	路傍土	尾
27日	01/11	木	辛未	危	路傍土	箕
28日	01/12	金	壬申	成	釵鋒金	斗
29日	01/13	土	癸酉	成	釵鋒金	女
30日	01/14	日	甲戌	納	山頭火	虚

【十二月小 辛丑 虚】
節気 大寒 8日・立春 23日
雑節 土用 5日・節分 22日

日	西暦	曜	干支	直	納音	宿
1日	01/15	月	乙亥	開	山頭火	虚
2日	01/16	火	丙子	閉	澗下水	危
3日	01/17	水	丁丑	建	澗下水	室
4日	01/18	木	戊寅	除	城頭土	壁
5日	01/19	金	己卯	満	城頭土	奎
6日	01/20	土	庚辰	平	白鑞金	婁
7日	01/21	日	辛巳	定	白鑞金	胃
8日	01/22	月	壬午	執	楊柳木	昴
9日	01/23	火	癸未	破	楊柳木	畢
10日	01/24	水	甲申	危	井泉水	觜
11日	01/25	木	乙酉	成	井泉水	参
12日	01/26	金	丙戌	納	屋上土	井
13日▽	01/27	土	丁亥	開	屋上土	鬼
14日	01/28	日	戊子	閉	霹靂火	柳
15日	01/29	月	己丑	建	霹靂火	星
16日	01/30	火	庚寅	除	松柏木	張
17日	01/31	水	辛卯	満	松柏木	翼
18日	02/01	木	壬辰	定	長流水	軫
19日	02/02	金	癸巳	執	長流水	角
20日	02/03	土	甲午	執	沙中金	亢
21日	02/04	日	乙未	破	沙中金	氐
22日	02/05	月	丙申	危	山下火	房
23日	02/06	火	丁酉	成	山下火	心
24日	02/07	水	戊戌	納	平地木	尾
25日	02/08	木	己亥	開	平地木	箕
26日	02/09	金	庚子	閉	壁上土	斗
27日	02/10	土	辛丑	建	壁上土	女
28日	02/11	日	壬寅	除	金箔金	虚
29日	02/12	月	癸卯	満	金箔金	

— 151 —

明暦3年
1657～1658　丁酉

【正月大 壬寅 室】
節気 雨水 9日・啓蟄 25日

日	日付	曜	干支	十二直	納音	宿
1日	02/13	火	甲辰	満	覆燈火	室
2日	02/14	水	乙巳	平	覆燈火	壁
3日	02/15	木	丙午	定	天河水	奎
4日	02/16	金	丁未	執	天河水	婁
5日	02/17	土	戊申	破	大駅土	昴
6日	02/18	日	己酉	危	大駅土	畢
7日	02/19	月	庚戌	成	釵釧金	觜
8日	02/20	火	辛亥	納	釵釧金	觜
9日	02/21	水	壬子	開	桑柘木	参
10日	02/22	木	癸丑	閉	桑柘木	井
11日	02/23	金	甲寅	建	大渓水	鬼
12日	02/24	土	乙卯	除	大渓水	柳
13日	02/25	日	丙辰	満	沙中土	星
14日	02/26	月	丁巳	平	沙中土	張
15日	02/27	火	戊午	定	天上火	翼
16日△	02/28	水	己未	執	天上火	軫
17日	03/01	木	庚申	破	柘榴木	角
18日	03/02	金	辛酉	危	柘榴木	亢
19日	03/03	土	壬戌	成	大海水	氐
20日	03/04	日	癸亥	納	大海水	房
21日	03/05	月	甲子	開	海中金	心
22日	03/06	火	乙丑	閉	海中金	尾
23日	03/07	水	丙寅	建	爐中火	箕
24日	03/08	木	丁卯	除	爐中火	斗
25日	03/09	金	戊辰	除	大林木	女
26日	03/10	土	己巳	満	大林木	虚
27日	03/11	日	庚午	平	路傍土	危
28日	03/12	月	辛未	定	路傍土	室
29日	03/13	火	壬申	執	釼鋒金	壁
30日	03/14	水	癸酉	破	釼鋒金	奎

【二月大 癸卯 奎】
節気 春分 10日・清明 25日
雑節 社日 5日・彼岸 12日

日	日付	曜	干支	十二直	納音	宿
1日	03/15	木	甲戌	危	山頭火	奎
2日	03/16	金	乙亥	成	山頭火	婁
3日	03/17	土	丙子	納	澗下水	胃
4日	03/18	日	丁丑	開	澗下水	昴
5日	03/19	月	戊寅	閉	城頭土	畢
6日	03/20	火	己卯	建	城頭土	觜
7日	03/21	水	庚辰	除	白鑞金	参
8日	03/22	木	辛巳	満	白鑞金	井
9日	03/23	金	壬午	平	楊柳木	鬼
10日	03/24	土	癸未	定	楊柳木	柳
11日	03/25	日	甲申	執	井泉水	星
12日	03/26	月	乙酉	破	井泉水	張
13日	03/27	火	丙戌	危	屋上土	翼
14日	03/28	水	丁亥	成	屋上土	軫
15日	03/29	木	戊子	納	霹靂火	角
16日	03/30	金	己丑	開	霹靂火	亢
17日▽	03/31	土	庚寅	閉	松柏木	氐
18日	04/01	日	辛卯	建	松柏木	房
19日	04/02	月	壬辰	除	長流水	心
20日	04/03	火	癸巳	満	長流水	尾
21日	04/04	水	甲午	平	沙中金	箕
22日	04/05	木	乙未	定	沙中金	斗
23日	04/06	金	丙申	執	山下火	女
24日	04/07	土	丁酉	破	山下火	虚
25日	04/08	日	戊戌	破	平地木	危
26日	04/09	月	己亥	危	平地木	室
27日	04/10	火	庚子	成	壁上土	壁
28日	04/11	水	辛丑	納	壁上土	奎
29日	04/12	木	壬寅	開	金箔金	婁
30日	04/13	金	癸卯	閉	金箔金	胃

【三月大 甲辰 胃】
節気 穀雨 10日・立夏 26日
雑節 土用 7日・八十八夜 21日

日	日付	曜	干支	十二直	納音	宿
1日	04/14	土	甲辰	閉	覆燈火	胃
2日	04/15	日	乙巳	除	覆燈火	昴
3日	04/16	月	丙午	満	天河水	畢
4日	04/17	火	丁未	平	天河水	觜
5日	04/18	水	戊申	定	大駅土	参
6日	04/19	木	己酉	執	大駅土	井
7日	04/20	金	庚戌	破	釵釧金	鬼
8日	04/21	土	辛亥	危	釵釧金	柳
9日	04/22	日	壬子	成	桑柘木	星
10日	04/23	月	癸丑	納	桑柘木	張
11日	04/24	火	甲寅	開	大渓水	翼
12日	04/25	水	乙卯	閉	大渓水	軫
13日	04/26	木	丙辰	建	沙中土	角
14日	04/27	金	丁巳	除	沙中土	亢
15日	04/28	土	戊午	満	天上火	氐
16日	04/29	日	己未	平	天上火	房
17日	04/30	月	庚申	定	柘榴木	心
18日	05/01	火	辛酉	執	柘榴木	尾
19日	05/02	水	壬戌	危	大海水	箕
20日	05/03	木	癸亥	危	大海水	斗
21日	05/04	金	甲子	成	海中金	女
22日	05/05	土	乙丑	納	海中金	虚
23日	05/06	日	丙寅	開	爐中火	危
24日	05/07	月	丁卯	閉	爐中火	室
25日△	05/08	火	戊辰	建	大林木	壁
26日	05/09	水	己巳	除	大林木	奎
27日	05/10	木	庚午	除	路傍土	婁
28日	05/11	金	辛未	満	路傍土	胃
29日	05/12	土	壬申	平	釼鋒金	昴
30日	05/13	日	癸酉	定	釼鋒金	畢

【四月小 乙巳 畢】
節気 小満 11日・芒種 26日
雑節 入梅 29日

日	日付	曜	干支	十二直	納音	宿
1日	05/14	月	甲戌	執	山頭火	畢
2日	05/15	火	乙亥	危	山頭火	觜
3日	05/16	水	丙子	危	澗下水	参
4日	05/17	木	丁丑	成	澗下水	井
5日	05/18	金	戊寅	納	城頭土	鬼
6日	05/19	土	己卯	開	城頭土	柳
7日	05/20	日	庚辰	閉	白鑞金	星
8日	05/21	月	辛巳	建	白鑞金	張
9日	05/22	火	壬午	除	楊柳木	翼
10日	05/23	水	癸未	満	楊柳木	軫
11日	05/24	木	甲申	平	井泉水	角
12日	05/25	金	乙酉	定	井泉水	亢
13日	05/26	土	丙戌	執	屋上土	氐
14日	05/27	日	丁亥	破	屋上土	房
15日	05/28	月	戊子	危	霹靂火	心
16日	05/29	火	己丑	成	霹靂火	尾
17日	05/30	水	庚寅	納	松柏木	箕
18日	05/31	木	辛卯	開	松柏木	斗
19日	06/01	金	壬辰	閉	長流水	女
20日▽	06/02	土	癸巳	建	長流水	虚
21日	06/03	日	甲午	除	沙中金	危
22日	06/04	月	乙未	満	沙中金	室
23日	06/05	火	丙申	定	山下火	壁
24日	06/06	水	丁酉	定	山下火	奎
25日	06/07	木	戊戌	執	平地木	婁
26日	06/08	金	己亥	執	平地木	胃
27日	06/09	土	庚子	破	壁上土	昴
28日	06/10	日	辛丑	危	壁上土	畢
29日	06/11	月	壬寅	成	金箔金	觜

【五月小 丙午 参】
節気 夏至 12日・小暑 27日
雑節 半夏生 22日

日	日付	曜	干支	十二直	納音	宿
1日◎	06/12	火	癸卯	納	金箔金	参
2日	06/13	水	甲辰	開	覆燈火	井
3日	06/14	木	乙巳	閉	覆燈火	鬼
4日	06/15	金	丙午	建	天河水	柳
5日	06/16	土	丁未	除	天河水	星
6日	06/17	日	戊申	満	大駅土	張
7日	06/18	月	己酉	平	大駅土	翼
8日	06/19	火	庚戌	定	釵釧金	軫
9日	06/20	水	辛亥	執	釵釧金	角
10日	06/21	木	壬子	破	桑柘木	亢
11日	06/22	金	癸丑	危	桑柘木	氐
12日	06/23	土	甲寅	成	大渓水	房
13日	06/24	日	乙卯	納	大渓水	心
14日	06/25	月	丙辰	開	沙中土	尾
15日☆	06/26	火	丁巳	閉	沙中土	箕
16日	06/27	水	戊午	除	天上火	斗
17日	06/28	木	己未	除	天上火	女
18日	06/29	金	庚申	満	柘榴木	虚
19日	06/30	土	辛酉	平	柘榴木	危
20日	07/01	日	壬戌	定	大海水	室
21日	07/02	月	癸亥	執	大海水	壁
22日	07/03	火	甲子	破	海中金	奎
23日	07/04	水	乙丑	危	海中金	婁
24日	07/05	木	丙寅	成	爐中火	胃
25日	07/06	金	丁卯	納	爐中火	昴
26日	07/07	土	戊辰	開	大林木	畢
27日	07/08	日	己巳	閉	大林木	觜
28日	07/09	月	庚午	閉	路傍土	参
29日	07/10	火	辛未	建	路傍土	井

【六月大 丁未 鬼】
節気 大暑 14日・立秋 29日
雑節 土用 11日

日	日付	曜	干支	十二直	納音	宿
1日	07/11	水	壬申	除	釼鋒金	鬼
2日	07/12	木	癸酉	満	釼鋒金	柳
3日	07/13	金	甲戌	平	山頭火	星
4日	07/14	土	乙亥	定	山頭火	張
5日	07/15	日	丙子	執	澗下水	翼
6日	07/16	月	丁丑	破	澗下水	軫
7日△	07/17	火	戊寅	危	城頭土	角
8日	07/18	水	己卯	成	城頭土	亢
9日	07/19	木	庚辰	納	白鑞金	氐
10日	07/20	金	辛巳	開	白鑞金	房
11日	07/21	土	壬午	閉	楊柳木	心
12日	07/22	日	癸未	建	楊柳木	尾
13日	07/23	月	甲申	除	井泉水	箕
14日	07/24	火	乙酉	満	井泉水	斗
15日	07/25	水	丙戌	定	屋上土	女
16日	07/26	木	丁亥	定	屋上土	虚
17日	07/27	金	戊子	執	霹靂火	危
18日	07/28	土	己丑	破	霹靂火	室
19日	07/29	日	庚寅	危	松柏木	壁
20日	07/30	月	辛卯	成	松柏木	奎
21日	07/31	火	壬辰	納	長流水	婁
22日	08/01	水	癸巳	閉	長流水	胃
23日	08/02	木	甲午	閉	沙中金	昴
24日	08/03	金	乙未	建	沙中金	畢
25日▽	08/04	土	丙申	満	山下火	觜
26日	08/05	日	丁酉	定	山下火	参
27日	08/06	月	戊戌	平	平地木	井
28日	08/07	火	己亥	定	平地木	鬼
29日	08/08	水	庚子	執	壁上土	柳

明暦3年

西暦	曜	干支	直	納音	宿
30日 08/09	木	辛丑	執	壁上土	星

【七月小 戊申 張】
節気 処暑 14日・白露 29日
雑節 二百十日 25日

日	西暦	曜	干支	直	納音	宿
1日	08/10	金	壬寅	破	金箔金	張
2日	08/11	土	癸卯	危	金箔金	翼
3日	08/12	日	甲辰	成	覆燈火	軫
4日	08/13	月	乙巳	納	覆燈火	角
5日	08/14	火	丙午	開	天河水	亢
6日	08/15	水	丁未	閉	天河水	氐
7日	08/16	木	戊申	建	大駅土	房
8日	08/17	金	己酉	除	大駅土	心
9日	08/18	土	庚戌	満	釵釧金	尾
10日	08/19	日	辛亥	平	釵釧金	箕
11日	08/20	月	壬子	定	桑柘木	斗
12日	08/21	火	癸丑	執	桑柘木	女
13日	08/22	水	甲寅	破	大溪水	虚
14日	08/23	木	乙卯	危	大溪水	危
15日	08/24	金	丙辰	成	沙中土	室
16日	08/25	土	丁巳	納	沙中土	壁
17日	08/26	日	戊午	開	天上火	奎
18日	08/27	月	己未	閉	天上火	婁
19日	08/28	火	庚申	建	柘榴木	胃
20日	08/29	水	辛酉	除	柘榴木	昴
21日	08/30	木	壬戌	満	大海水	畢
22日	08/31	金	癸亥	平	大海水	觜
23日	09/01	土	甲子	定	海中金	参
24日	09/02	日	乙丑	執	海中金	井
25日	09/03	月	丙寅	破	爐中火	鬼
26日	09/04	火	丁卯	危	爐中火	柳
27日	09/05	水	戊辰	成	大林木	星
28日	09/06	木	己巳	納	大林木	張
29日	09/07	金	庚午	納	路傍土	翼

【八月大 己酉 角】
節気 秋分 15日
雑節 彼岸 18日・社日 18日

日	西暦	曜	干支	直	納音	宿
1日	09/08	土	辛未	開	路傍土	角
2日	09/09	日	壬申	閉	釵鋒金	亢
3日	09/10	月	癸酉	建	釵鋒金	氐
4日	09/11	火	甲戌	除	山頭火	房
5日	09/12	水	乙亥	平	山頭火	心
6日	09/13	木	丙子	平	澗下水	尾
7日	09/14	金	丁丑	定	澗下水	箕
8日	09/15	土	戊寅	執	城頭土	斗
9日	09/16	日	己卯	破	城頭土	女
10日	09/17	月	庚辰	危	白鑞金	虚
11日	09/18	火	辛巳	成	白鑞金	危
12日	09/19	水	壬午	納	楊柳木	室
13日	09/20	木	癸未	開	楊柳木	壁
14日	09/21	金	甲申	閉	井泉水	奎
15日	09/22	土	乙酉	建	井泉水	婁
16日	09/23	日	丙戌	除	屋上土	胃
17日△	09/24	月	丁亥	満	屋上土	昴
18日	09/25	火	戊子	平	霹靂火	畢
19日	09/26	水	己丑	定	霹靂火	觜
20日	09/27	木	庚寅	執	松柏木	参
21日	09/28	金	辛卯	破	松柏木	井
22日	09/29	土	壬辰	危	長流水	鬼
23日	09/30	日	癸巳	成	長流水	柳
24日	10/01	月	甲午	納	沙中金	星
25日	10/02	火	乙未	開	沙中金	張
26日	10/03	水	丙申	閉	山下火	翼
27日	10/04	木	丁酉	建	山下火	軫
28日	10/05	金	戊戌	除	平地木	角
29日▽	10/06	土	己亥	満	平地木	亢
30日	10/07	日	庚子	平	壁上土	氐

【九月小 庚戌 氐】
節気 寒露 1日・霜降 16日
雑節 土用 13日

日	西暦	曜	干支	直	納音	宿
1日	10/08	月	辛丑	平	壁上土	氐
2日	10/09	火	壬寅	定	金箔金	房
3日	10/10	水	癸卯	執	金箔金	心
4日	10/11	木	甲辰	破	覆燈火	尾
5日	10/12	金	乙巳	危	覆燈火	箕
6日	10/13	土	丙午	成	天河水	斗
7日	10/14	日	丁未	納	天河水	女
8日	10/15	月	戊申	開	大駅土	虚
9日	10/16	火	己酉	閉	大駅土	室
10日	10/17	水	庚戌	建	釵釧金	壁
11日	10/18	木	辛亥	除	釵釧金	奎
12日	10/19	金	壬子	満	桑柘木	奎
13日	10/20	土	癸丑	定	桑柘木	胃
14日	10/21	日	甲寅	定	大溪水	胃
15日	10/22	月	乙卯	執	大溪水	昴
16日	10/23	火	丙辰	破	沙中土	畢
17日	10/24	水	丁巳	危	沙中土	觜
18日	10/25	木	戊午	成	天上火	参
19日	10/26	金	己未	納	天上火	井
20日	10/27	土	庚申	開	柘榴木	鬼
21日	10/28	日	辛酉	閉	柘榴木	柳
22日	10/29	月	壬戌	建	大海水	星
23日	10/30	火	癸亥	除	大海水	張
24日	10/31	水	甲子	満	海中金	翼
25日	11/01	木	乙丑	平	海中金	軫
26日	11/02	金	丙寅	定	爐中火	角
27日	11/03	土	丁卯	執	爐中火	亢
28日	11/04	日	戊辰	破	大林木	氐
29日	11/05	月	己巳	危	大林木	房

【十月小 辛亥 心】
節気 立冬 2日・小雪 17日

日	西暦	曜	干支	直	納音	宿
1日	11/06	火	庚午	成	路傍土	心
2日	11/07	水	辛未	納	路傍土	尾
3日	11/08	木	壬申	納	釵鋒金	箕
4日	11/09	金	癸酉	開	釵鋒金	斗
5日	11/10	土	甲戌	建	山頭火	女
6日	11/11	日	乙亥	除	山頭火	虚
7日	11/12	月	丙子	満	澗下水	危
8日	11/13	火	丁丑	平	澗下水	室
9日	11/14	水	戊寅	定	城頭土	壁
10日	11/15	木	己卯	執	城頭土	奎
11日	11/16	金	庚辰	執	白鑞金	婁
12日	11/17	土	辛巳	破	白鑞金	胃
13日	11/18	日	壬午	危	楊柳木	昴
14日	11/19	月	癸未	成	楊柳木	畢
15日	11/20	火	甲申	納	井泉水	觜
16日	11/21	水	乙酉	開	井泉水	参
17日	11/22	木	丙戌	閉	屋上土	井
18日	11/23	金	丁亥	建	屋上土	鬼
19日	11/24	土	戊子	除	霹靂火	柳
20日	11/25	日	己丑	満	霹靂火	星
21日	11/26	月	庚寅	平	松柏木	張
22日	11/27	火	辛卯	定	松柏木	翼
23日	11/28	水	壬辰	執	長流水	軫
24日	11/29	木	癸巳	破	長流水	角
25日	11/30	金	甲午	危	沙中金	亢
26日	12/01	土	乙未	成	沙中金	氐
27日	12/02	日	丙申	納	山下火	房
28日△	12/03	月	丁酉	開	山下火	心
29日	12/04	火	戊戌	閉	平地木	尾

【十一月大 壬子 斗】
節気 大雪 4日・冬至 19日

日	西暦	曜	干支	直	納音	宿
1日	12/05	水	己亥	建	平地木	斗
2日	12/06	木	庚子	除	壁上土	女
3日	12/07	金	辛丑	満	壁上土	虚
4日▽	12/08	土	壬寅	満	金箔金	危
5日	12/09	日	癸卯	平	金箔金	室
6日	12/10	月	甲辰	定	覆燈火	壁
7日	12/11	火	乙巳	執	覆燈火	奎
8日	12/12	水	丙午	破	天河水	婁
9日	12/13	木	丁未	危	天河水	胃
10日	12/14	金	戊申	成	大駅土	昴
11日	12/15	土	己酉	納	大駅土	畢
12日	12/16	日	庚戌	開	釵釧金	觜
13日	12/17	月	辛亥	閉	釵釧金	参
14日	12/18	火	壬子	建	桑柘木	井
15日	12/19	水	癸丑	除	桑柘木	鬼
16日☆	12/20	木	甲寅	満	大溪水	柳
17日	12/21	金	乙卯	平	大溪水	星
18日	12/22	土	丙辰	定	沙中土	張
19日	12/23	日	丁巳	執	沙中土	翼
20日	12/24	月	戊午	破	天上火	軫
21日	12/25	火	己未	危	天上火	角
22日	12/26	水	庚申	成	柘榴木	亢
23日	12/27	木	辛酉	納	柘榴木	氐
24日	12/28	金	壬戌	開	大海水	房
25日	12/29	土	癸亥	閉	大海水	心
26日	12/30	日	甲子	建	海中金	尾
27日	12/31	月	乙丑	除	海中金	箕

1658年

日	西暦	曜	干支	直	納音	宿
28日	01/01	火	丙寅	満	爐中火	斗
29日	01/02	水	丁卯	平	爐中火	女
30日	01/03	木	戊辰	定	大林木	虚

【十二月大 癸丑 虚】
節気 小寒 4日・大寒 19日
雑節 土用 16日

日	西暦	曜	干支	直	納音	宿
1日	01/04	金	己巳	執	大林木	虚
2日	01/05	土	庚午	破	路傍土	危
3日	01/06	日	辛未	危	路傍土	室
4日	01/07	月	壬申	成	釵鋒金	壁
5日	01/08	火	癸酉	納	釵鋒金	奎
6日	01/09	水	甲戌	納	山頭火	婁
7日	01/10	木	乙亥	開	山頭火	胃
8日	01/11	金	丙子	閉	澗下水	昴
9日	01/12	土	丁丑	建	澗下水	畢
10日	01/13	日	戊寅	除	城頭土	觜
11日	01/14	月	己卯	満	城頭土	参
12日	01/15	火	庚辰	平	白鑞金	井
13日	01/16	水	辛巳	定	白鑞金	鬼
14日	01/17	木	壬午	執	楊柳木	柳
15日	01/18	金	癸未	破	楊柳木	星
16日	01/19	土	甲申	危	井泉水	張
17日	01/20	日	乙酉	成	井泉水	翼
18日	01/21	月	丙戌	納	屋上土	軫
19日	01/22	火	丁亥	開	屋上土	角
20日	01/23	水	戊子	閉	霹靂火	亢
21日	01/24	木	己丑	建	霹靂火	氐
22日	01/25	金	庚寅	除	松柏木	房
23日	01/26	土	辛卯	満	松柏木	心
24日	01/27	日	壬辰	平	長流水	尾
25日	01/28	月	癸巳	定	長流水	箕
26日	01/29	火	甲午	執	沙中金	斗
27日	01/30	水	乙未	破	沙中金	女
28日	01/31	木	丙申	危	山下火	虚
29日	02/01	金	丁酉	成	山下火	危
30日	02/02	土	戊戌	納	平地木	室

万治元年〔明暦4年〕

1658～1659　戊戌

※改元＝7月23日

【正月小 甲寅 室】

節気 立春 4日・雨水 20日
雑節 節分 3日

日	月日	曜	干支	直	納音	宿
1日	02/03	日	己亥	開	平地木	室
2日	02/04	月	庚子	閉	壁上土	壁
3日	02/05	火	辛丑	建	壁上土	奎
4日	02/06	水	壬寅	建	金箔金	婁
5日	02/07	木	癸卯	除	金箔金	胃
6日	02/08	金	甲辰	満	覆燈火	昴
7日▽	02/09	土	乙巳	平	覆燈火	畢
8日	02/10	日	丙午	定	天河水	觜
9日△	02/11	月	丁未	執	天河水	参
10日	02/12	火	戊申	破	大驛土	井
11日	02/13	水	己酉	危	大驛土	鬼
12日	02/14	木	庚戌	成	釵釧金	柳
13日	02/15	金	辛亥	納	釵釧金	星
14日	02/16	土	壬子	開	桑柘木	張
15日	02/17	日	癸丑	閉	桑柘木	翼
16日	02/18	月	甲寅	建	大溪水	軫
17日	02/19	火	乙卯	除	大溪水	角
18日	02/20	水	丙辰	満	沙中土	亢
19日	02/21	木	丁巳	平	沙中土	氐
20日	02/22	金	戊午	定	天上火	房
21日	02/23	土	己未	執	天上火	心
22日	02/24	日	庚申	破	柘榴木	尾
23日	02/25	月	辛酉	危	柘榴木	箕
24日	02/26	火	壬戌	成	大海水	斗
25日	02/27	水	癸亥	納	大海水	女
26日	02/28	木	甲子	開	海中金	虚
27日	03/01	金	乙丑	閉	海中金	危
28日	03/02	土	丙寅	建	爐中火	室
29日	03/03	日	丁卯	除	爐中火	壁

【二月大 乙卯 奎】

節気 啓蟄 6日・春分 21日
雑節 社日 21日・彼岸 23日

日	月日	曜	干支	直	納音	宿
1日	03/04	月	戊辰	満	大林木	奎
2日	03/05	火	己巳	平	大林木	婁
3日	03/06	水	庚午	定	路傍土	胃
4日	03/07	木	辛未	執	路傍土	昴
5日	03/08	金	壬申	破	釵鋒金	畢
6日	03/09	土	癸酉	破	釵鋒金	觜
7日	03/10	日	甲戌	危	山頭火	参
8日	03/11	月	乙亥	成	山頭火	井
9日	03/12	火	丙子	納	澗下水	鬼
10日	03/13	水	丁丑	開	澗下水	柳
11日	03/14	木	戊寅	閉	城頭土	星
12日	03/15	金	己卯	建	城頭土	張
13日	03/16	土	庚辰	除	白鑞金	翼
14日	03/17	日	辛巳	満	白鑞金	軫
15日	03/18	月	壬午	平	楊柳木	角
16日	03/19	火	癸未	定	楊柳木	亢
17日	03/20	水	甲申	執	井泉水	氐
18日	03/21	木	乙酉	破	井泉水	房
19日	03/22	金	丙戌	危	屋上土	心
20日	03/23	土	丁亥	成	屋上土	尾
21日	03/24	日	戊子	納	霹靂火	箕
22日	03/25	月	己丑	開	霹靂火	斗
23日	03/26	火	庚寅	閉	松柏木	女
24日	03/27	水	辛卯	建	松柏木	虚
25日	03/28	木	壬辰	除	長流水	危
26日	03/29	金	癸巳	満	長流水	室
27日	03/30	土	甲午	平	沙中金	壁
28日	03/31	日	乙未	定	沙中金	奎
29日	04/01	月	丙申	執	山下火	婁
30日	04/02	火	丁酉	破	山下火	胃

【三月大 丙辰 胃】

節気 清明 6日・穀雨 22日
雑節 土用 18日

日	月日	曜	干支	直	納音	宿
1日	04/03	水	戊戌	危	平地木	胃
2日	04/04	木	己亥	成	平地木	昴
3日	04/05	金	庚子	納	壁上土	畢
4日	04/06	土	辛丑	開	壁上土	觜
5日	04/07	日	壬寅	閉	金箔金	参
6日	04/08	月	癸卯	閉	金箔金	井
7日	04/09	火	甲辰	建	覆燈火	鬼
8日	04/10	水	乙巳	除	覆燈火	柳
9日	04/11	木	丙午	満	天河水	星
10日	04/12	金	丁未	平	天河水	張
11日▽	04/13	土	戊申	定	大驛土	翼
12日	04/14	日	己酉	執	大驛土	軫
13日	04/15	月	庚戌	破	釵釧金	角
14日	04/16	火	辛亥	危	釵釧金	亢
15日	04/17	水	壬子	成	桑柘木	氐
16日	04/18	木	癸丑	納	桑柘木	房
17日	04/19	金	甲寅	開	大溪水	心
18日	04/20	土	乙卯	閉	大溪水	尾
19日△	04/21	日	丙辰	建	沙中土	箕
20日	04/22	月	丁巳	除	沙中土	斗
21日	04/23	火	戊午	満	天上火	女
22日	04/24	水	己未	平	天上火	虚
23日	04/25	木	庚申	定	柘榴木	危
24日	04/26	金	辛酉	執	柘榴木	室
25日	04/27	土	壬戌	破	大海水	壁
26日	04/28	日	癸亥	危	大海水	奎
27日	04/29	月	甲子	成	海中金	婁
28日	04/30	火	乙丑	納	海中金	胃
29日	05/01	水	丙寅	開	爐中火	昴
30日	05/02	木	丁卯	閉	爐中火	畢

【四月小 丁巳 畢】

節気 立夏 7日・小満 22日
雑節 八十八夜 2日

日	月日	曜	干支	直	納音	宿
1日	05/03	金	戊辰	建	大林木	畢
2日	05/04	土	己巳	除	大林木	觜
3日	05/05	日	庚午	満	路傍土	参
4日	05/06	月	辛未	平	路傍土	井
5日	05/07	火	壬申	定	釵鋒金	鬼
6日	05/08	水	癸酉	執	釵鋒金	柳
7日	05/09	木	甲戌	執	山頭火	星
8日	05/10	金	乙亥	破	山頭火	張
9日	05/11	土	丙子	危	澗下水	翼
10日	05/12	日	丁丑	成	澗下水	軫
11日	05/13	月	戊寅	納	城頭土	角
12日	05/14	火	己卯	開	城頭土	亢
13日	05/15	水	庚辰	閉	白鑞金	氐
14日	05/16	木	辛巳	建	白鑞金	房
15日	05/17	金	壬午	除	楊柳木	心
16日	05/18	土	癸未	満	楊柳木	尾
17日	05/19	日	甲申	平	井泉水	箕
18日	05/20	月	乙酉	定	井泉水	斗
19日	05/21	火	丙戌	執	屋上土	女
20日	05/22	水	丁亥	破	屋上土	虚
21日	05/23	木	戊子	危	霹靂火	危
22日	05/24	金	己丑	成	霹靂火	室
23日	05/25	土	庚寅	納	松柏木	壁
24日	05/26	日	辛卯	開	松柏木	奎
25日	05/27	月	壬辰	閉	長流水	婁
26日	05/28	火	癸巳	建	長流水	胃
27日	05/29	水	甲午	除	沙中金	昴
28日	05/30	木	乙未	満	沙中金	畢
29日	05/31	金	丙申	平	山下火	觜

【五月大 戊午 参】

節気 芒種 8日・夏至 23日
雑節 入梅 16日

日	月日	曜	干支	直	納音	宿
1日◎	06/01	土	丁酉	定	山下火	参
2日	06/02	日	戊戌	執	平地木	井
3日	06/03	月	己亥	破	平地木	鬼
4日	06/04	火	庚子	危	壁上土	柳
5日	06/05	水	辛丑	成	壁上土	星
6日	06/06	木	壬寅	納	金箔金	張
7日	06/07	金	癸卯	開	金箔金	翼
8日	06/08	土	甲辰	閉	覆燈火	軫
9日	06/09	日	乙巳	建	覆燈火	角
10日	06/10	月	丙午	除	天河水	亢
11日	06/11	火	丁未	満	天河水	氐
12日	06/12	水	戊申	平	大驛土	房
13日	06/13	木	己酉	定	大驛土	心
14日	06/14	金	庚戌	執	釵釧金	尾
15日▽	06/15	土	辛亥	破	釵釧金	箕
16日	06/16	日	壬子	危	桑柘木	斗
17日	06/17	月	癸丑	成	桑柘木	女
18日	06/18	火	甲寅	納	大溪水	虚
19日	06/19	水	乙卯	開	大溪水	危
20日	06/20	木	丙辰	閉	沙中土	室
21日	06/21	金	丁巳	建	沙中土	壁
22日	06/22	土	戊午	除	天上火	奎
23日	06/23	日	己未	満	天上火	婁
24日	06/24	月	庚申	平	柘榴木	胃
25日	06/25	火	辛酉	定	柘榴木	昴
26日	06/26	水	壬戌	執	大海水	畢
27日	06/27	木	癸亥	破	大海水	觜
28日	06/28	金	甲子	危	海中金	参
29日	06/29	土	乙丑	成	海中金	井
30日△	06/30	日	丙寅	納	爐中火	鬼

【六月小 己未 鬼】

節気 小暑 9日・大暑 24日
雑節 半夏生 4日・土用 21日

日	月日	曜	干支	直	納音	宿
1日	07/01	月	丁卯	開	爐中火	鬼
2日	07/02	火	戊辰	閉	大林木	柳
3日	07/03	水	己巳	建	大林木	星
4日	07/04	木	庚午	除	路傍土	張
5日	07/05	金	辛未	満	路傍土	翼
6日	07/06	土	壬申	平	釵鋒金	軫
7日	07/07	日	癸酉	定	釵鋒金	角
8日	07/08	月	甲戌	執	山頭火	亢
9日	07/09	火	乙亥	破	山頭火	氐
10日	07/10	水	丙子	危	澗下水	房
11日	07/11	木	丁丑	成	澗下水	心
12日	07/12	金	戊寅	納	城頭土	尾
13日	07/13	土	己卯	開	城頭土	箕
14日	07/14	日	庚辰	閉	白鑞金	斗
15日	07/15	月	辛巳	建	白鑞金	女
16日	07/16	火	壬午	除	楊柳木	虚
17日	07/17	水	癸未	満	楊柳木	危
18日	07/18	木	甲申	平	井泉水	室
19日	07/19	金	乙酉	定	井泉水	壁
20日	07/20	土	丙戌	執	屋上土	奎
21日	07/21	日	丁亥	破	屋上土	婁
22日	07/22	月	戊子	危	霹靂火	胃
23日	07/23	火	己丑	成	霹靂火	昴
24日	07/24	水	庚寅	納	松柏木	畢
25日	07/25	木	辛卯	開	松柏木	觜
26日	07/26	金	壬辰	閉	長流水	参
27日	07/27	土	癸巳	建	長流水	井
28日	07/28	日	甲午	除	沙中金	鬼
29日	07/29	月	乙未	満	沙中金	柳

【七月大 庚申 張】

節気 立秋 10日・処暑 25日

日	月日	曜	干支	直	納音	宿
1日	07/30	火	丙申	定	山下火	張
2日	07/31	水	丁酉	執	山下火	翼
3日	08/01	木	戊戌	破	平地木	軫
4日	08/02	金	己亥	危	平地木	角
5日	08/03	土	庚子	成	壁上土	亢
6日	08/04	日	辛丑	納	壁上土	氐
7日	08/05	月	壬寅	開	金箔金	房
8日	08/06	火	癸卯	閉	金箔金	心
9日	08/07	水	甲辰	建	覆燈火	尾
10日	08/08	木	乙巳	除	覆燈火	箕
11日	08/09	金	丙午	満	天河水	斗
12日	08/10	土	丁未	平	天河水	女
13日	08/11	日	戊申	定	大驛土	虚
14日	08/12	月	己酉	除	大驛土	危

| 西暦 | 曜 | 干支 | 直 | 納音 | 宿 |

万治元年〔明暦4年〕

日	西暦	曜	干支	直	納音	宿
15日	08/13	火	庚戌	満	釵釧金	室
16日	08/14	水	辛亥	平	釵釧金	壁
17日	08/15	木	壬子	定	桑柘木	奎
18日	▽08/16 金	癸丑	執	桑柘木	婁	
19日	08/17	土	甲寅	破	大溪水	胃
20日	08/18	日	乙卯	危	大溪水	昴
21日	08/19	月	丙辰	成	沙中土	畢
22日	08/20	火	丁巳	納	沙中土	觜
23日	08/21	水	戊午	開	天上火	参

＊改元（明暦4年→万治元年）

日	西暦	曜	干支	直	納音	宿
24日	08/22	木	己未	閉	天上火	井
25日	08/23	金	庚申	建	柘榴木	鬼
26日	08/24	土	辛酉	除	柘榴木	柳
27日	08/25	日	壬戌	満	大海水	星
28日	08/26	月	癸亥	平	大海水	張
29日	08/27	火	甲子	定	海中金	翼
30日	08/28	水	乙丑	執	海中金	軫

【八月小 辛酉 角】
節気 白露 10日・秋分 26日
雑節 二百十日 6日・社日 23日・彼岸 28日

日	西暦	曜	干支	直	納音	宿
1日	08/29	木	丙寅	破	爐中火	角
2日	08/30	金	丁卯	危	爐中火	亢
3日	08/31	土	戊辰	成	大林木	氐
4日	09/01	日	己巳	納	路傍土	房
5日	09/02	月	庚午	開	路傍土	心
6日	09/03	火	辛未	閉	釵釧金	尾
7日	09/04	水	壬申	建	釵釧金	箕
8日	09/05	木	癸酉	除	釵釧金	斗
9日	09/06	金	甲戌	満	山頭火	女
10日	09/07	土	乙亥	満	山頭火	虚
11日	△09/08 日	丙子	平	澗下水	危	
12日	09/09	月	丁丑	定	澗下水	室
13日	09/10	火	戊寅	執	城頭土	壁
14日	09/11	水	己卯	破	城頭土	奎
15日	09/12	木	庚辰	危	白鑞金	婁
16日	09/13	金	辛巳	成	白鑞金	胃
17日	09/14	土	壬午	納	楊柳木	昴
18日	09/15	日	癸未	開	楊柳木	畢
19日	09/16	月	甲申	閉	井泉水	觜
20日	09/17	火	乙酉	建	井泉水	参
21日	09/18	水	丙戌	除	屋上土	井
22日	09/19	木	丁亥	満	屋上土	鬼
23日	09/20	金	戊子	平	霹靂火	柳
24日	09/21	土	己丑	定	霹靂火	星
25日	09/22	日	庚寅	執	松柏木	張
26日	09/23	月	辛卯	破	松柏木	翼
27日	09/24	火	壬辰	危	長流水	軫
28日	09/25	水	癸巳	成	長流水	角
29日	09/26	木	甲午	納	沙中金	亢

【九月大 壬戌 氐】
節気 寒露 12日・霜降 27日
雑節 土用 24日

日	西暦	曜	干支	直	納音	宿
1日	09/27	金	乙未	開	沙中金	氐
2日	09/28	土	丙申	閉	山下火	房
3日	09/29	日	丁酉	建	山下火	心
4日	09/30	月	戊戌	除	平地木	尾
5日	10/01	火	己亥	満	平地木	箕
6日	10/02	水	庚子	平	壁上土	斗
7日	10/03	木	辛丑	定	壁上土	女
8日	10/04	金	壬寅	執	金箔金	虚
9日	10/05	土	癸卯	破	金箔金	危
10日	10/06	日	甲辰	危	覆燈火	室
11日	10/07	月	乙巳	成	覆燈火	壁
12日	10/08	火	丙午	納	天河水	奎
13日	10/09	水	丁未	納	天河水	婁
14日	10/10	木	戊申	開	大駅土	胃
15日	10/11	金	己酉	閉	大駅土	昴
16日	10/12	土	庚戌	建	釵釧金	畢
17日	10/13	日	辛亥	除	釵釧金	觜
18日	10/14	月	壬子	満	桑柘木	参
19日	10/15	火	癸丑	平	桑柘木	井
20日	10/16	水	甲寅	定	大溪水	鬼
21日	10/17	木	乙卯	執	大溪水	柳
22日	▽10/18 金	丙辰	破	沙中土	星	
23日	10/19	土	丁巳	危	沙中土	張
24日	10/20	日	戊午	成	天上火	翼
25日	10/21	月	己未	納	天上火	軫
26日	10/22	火	庚申	開	柘榴木	角
27日	10/23	水	辛酉	閉	柘榴木	亢
28日	10/24	木	壬戌	建	大海水	氐
29日	10/25	金	癸亥	除	大海水	房
30日	10/26	土	甲子	満	海中金	心

【十月小 癸亥 心】
節気 立冬 12日・小雪 28日

日	西暦	曜	干支	直	納音	宿
1日	10/27	日	乙丑	平	海中金	心
2日	10/28	月	丙寅	定	爐中火	尾
3日	10/29	火	丁卯	執	爐中火	箕
4日	10/30	水	戊辰	破	大林木	斗
5日	10/31	木	己巳	危	大林木	女
6日	11/01	金	庚午	成	路傍土	虚
7日	11/02	土	辛未	納	路傍土	危
8日	11/03	日	壬申	開	釵釧金	室
9日	11/04	月	癸酉	閉	釵釧金	壁
10日	11/05	火	甲戌	建	山頭火	奎
11日	11/06	水	乙亥	除	山頭火	婁
12日	11/07	木	丙子	満	澗下水	胃
13日	11/08	金	丁丑	平	澗下水	昴
14日	11/09	土	戊寅	定	城頭土	畢
15日	11/10	日	己卯	執	城頭土	觜
16日	11/11	月	庚辰	破	白鑞金	参
17日	11/12	火	辛巳	危	白鑞金	井
18日	11/13	水	壬午	成	楊柳木	鬼
19日	11/14	木	癸未	納	楊柳木	柳
20日	11/15	金	甲申	開	井泉水	星
21日	△11/16 土	乙酉	閉	井泉水	張	
22日	11/17	日	丙戌	建	屋上土	翼
23日	11/18	月	丁亥	除	屋上土	軫
24日	11/19	火	戊子	満	霹靂火	角
25日	11/20	水	己丑	平	霹靂火	亢
26日	11/21	木	庚寅	定	松柏木	氐
27日	11/22	金	辛卯	執	松柏木	房
28日	11/23	土	壬辰	破	長流水	心
29日	11/24	日	癸巳	危	長流水	尾

【十一月小 甲子 斗】
節気 大雪 14日・冬至 29日

日	西暦	曜	干支	直	納音	宿
1日	◎11/25 月	甲午	成	沙中金	斗	
2日	11/26	火	乙未	納	沙中金	女
3日	11/27	水	丙申	納	山下火	虚
4日	11/28	木	丁酉	開	山下火	危
5日	11/29	金	戊戌	閉	平地木	室
6日	11/30	土	己亥	建	平地木	壁
7日	12/01	日	庚子	満	壁上土	奎
8日	12/02	月	辛丑	平	壁上土	婁
9日	12/03	火	壬寅	定	金箔金	胃
10日	12/04	水	癸卯	執	金箔金	昴
11日	12/05	木	甲辰	破	覆燈火	畢
12日	12/06	金	乙巳	危	覆燈火	觜
13日	12/07	土	丙午	成	天河水	参
14日	12/08	日	丁未	納	天河水	井
15日	12/09	月	戊申	開	大駅土	鬼
16日	12/10	火	己酉	閉	大駅土	柳
17日	12/11	水	庚戌	建	釵釧金	星
18日	12/12	木	辛亥	除	釵釧金	張
19日	12/13	金	壬子	満	桑柘木	翼
20日	12/14	土	癸丑	平	桑柘木	軫
21日	12/15	日	甲寅	定	大溪水	角
22日	12/16	月	乙卯	執	大溪水	亢
23日	12/17	火	丙辰	破	沙中土	氐
24日	12/18	水	丁巳	危	沙中土	房
25日	12/19	木	戊午	破	天上火	心
26日	▽12/20 金	己未	危	天上火	尾	
27日	12/21	土	庚申	納	柘榴木	箕
28日	12/22	日	辛酉	納	柘榴木	斗
29日	12/23	月	壬戌	開	大海水	女

【十二月大 乙丑 虚】
節気 小寒 15日・大寒 30日
雑節 土用 21日

日	西暦	曜	干支	直	納音	宿
1日	12/24	火	癸亥	閉	大海水	虚
2日	12/25	水	甲子	建	海中金	危
3日	12/26	木	乙丑	除	海中金	室
4日	12/27	金	丙寅	満	爐中火	壁
5日	12/28	土	丁卯	平	爐中火	奎
6日	12/29	日	戊辰	定	大林木	婁
7日	12/30	月	己巳	執	大林木	胃
8日	12/31	火	庚午	破	路傍土	昴

1659年

日	西暦	曜	干支	直	納音	宿
9日	01/01	水	辛未	危	路傍土	畢
10日	01/02	木	壬申	納	釵釧金	觜
11日	01/03	金	癸酉	開	釵釧金	参
12日	01/04	土	甲戌	閉	山頭火	井
13日	01/05	日	乙亥	閉	山頭火	鬼
14日	01/06	月	丙子	建	澗下水	柳
15日	01/07	火	丁丑	除	澗下水	星
16日	01/08	水	戊寅	満	城頭土	張
17日	01/09	木	己卯	平	城頭土	翼
18日	01/10	金	庚辰	平	白鑞金	軫
19日	01/11	土	辛巳	定	白鑞金	角
20日	01/12	日	壬午	執	楊柳木	亢
21日	01/13	月	癸未	破	楊柳木	氐
22日	01/14	火	甲申	危	井泉水	房
23日	01/15	水	乙酉	成	井泉水	心
24日	01/16	木	丙戌	納	屋上土	尾
25日	01/17	金	丁亥	開	屋上土	箕
26日	01/18	土	戊子	閉	霹靂火	斗
27日	01/19	日	己丑	建	霹靂火	女
28日	01/20	月	庚寅	除	松柏木	虚
29日	01/21	火	辛卯	満	松柏木	危
30日	01/22	水	壬辰	平	長流水	室

【閏十二月大 乙丑 虚】
節気 立春 16日
雑節 節分 15日

日	西暦	曜	干支	直	納音	宿
1日	01/23	木	癸巳	定	長流水	虚
2日	01/24	金	甲午	執	沙中金	危
3日	△01/25 土	乙未	破	沙中金	室	
4日	01/26	日	丙申	危	山下火	壁
5日	01/27	月	丁酉	成	山下火	奎
6日	01/28	火	戊戌	納	平地木	婁
7日	01/29	水	己亥	開	平地木	胃
8日	01/30	木	庚子	閉	壁上土	昴
9日	01/31	金	辛丑	建	壁上土	畢
10日	02/01	土	壬寅	除	金箔金	觜
11日	02/02	日	癸卯	満	金箔金	参
12日	02/03	月	甲辰	平	覆燈火	井
13日	02/04	火	乙巳	定	覆燈火	鬼
14日	02/05	水	丙午	執	天河水	柳
15日	02/06	木	丁未	破	天河水	星
16日	02/07	金	戊申	危	大駅土	張
17日	02/08	土	己酉	成	大駅土	翼
18日	02/09	日	庚戌	納	釵釧金	軫
19日	02/10	月	辛亥	開	釵釧金	角
20日	02/11	火	壬子	閉	桑柘木	亢
21日	02/12	水	癸丑	建	桑柘木	氐
22日	02/13	木	甲寅	除	大溪水	房
23日	02/14	金	乙卯	満	大溪水	心
24日	02/15	土	丙辰	平	沙中土	尾
25日	02/16	日	丁巳	定	沙中土	箕
26日	02/17	月	戊午	執	天上火	斗
27日	02/18	火	己未	破	天上火	女
28日	02/19	水	庚申	危	柘榴木	虚
29日	02/20	木	辛酉	成	柘榴木	危
30日	▽02/21 金	壬戌	納	大海水	室	

万治2年
1659～1660　己亥

【正月小 丙寅 室】
節気　雨水 1日・啓蟄 16日
雑節　社日 26日

日	日付	曜	干支	十二直	納音	宿
1日	02/22	土	癸亥	納	大海水	室
2日	02/23	日	甲子	開	海中金	壁
3日	02/24	月	乙丑	閉	海中金	奎
4日	02/25	火	丙寅	建	爐中火	婁
5日	02/26	水	丁卯	除	爐中火	胃
6日	02/27	木	戊辰	満	大林木	昴
7日	02/28	金	己巳	平	大林木	畢
8日	03/01	土	庚午	定	路傍土	觜
9日	03/02	日	辛未	執	路傍土	参
10日	03/03	月	壬申	破	釼鋒金	井
11日	03/04	火	癸酉	危	釼鋒金	鬼
12日	03/05	水	甲戌	成	山頭火	柳
13日	03/06	木	乙亥	納	山頭火	星
14日	03/07	金	丙子	開	澗下水	張
15日	03/08	土	丁丑	閉	澗下水	翼
16日	03/09	日	戊寅	閉	城頭土	軫
17日	03/10	月	己卯	建	城頭土	角
18日	03/11	火	庚辰	除	白鑞金	亢
19日	03/12	水	辛巳	満	白鑞金	氐
20日	03/13	木	壬午	平	楊柳木	房
21日	03/14	金	癸未	定	楊柳木	心
22日	03/15	土	甲申	執	井泉水	尾
23日	03/16	日	乙酉	破	井泉水	箕
24日	03/17	月	丙戌	危	屋上土	斗
25日	03/18	火	丁亥	成	屋上土	女
26日	03/19	水	戊子	納	霹靂火	虚
27日	03/20	木	己丑	開	霹靂火	危
28日	03/21	金	庚寅	閉	松柏木	室
29日	03/22	土	辛卯	建	松柏木	壁

【二月大 丁卯 奎】
節気　春分 2日・清明 18日
雑節　彼岸 4日・土用 30日

日	日付	曜	干支	十二直	納音	宿
1日	03/23	日	壬辰	除	長流水	奎
2日	03/24	月	癸巳	満	長流水	婁
3日	03/25	火	甲午	平	沙中金	胃
4日	03/26	水	乙未	定	沙中金	昴
5日	03/27	木	丙申	執	山下火	畢
6日	03/28	金	丁酉	破	山下火	觜
7日	03/29	土	戊戌	危	平地木	参
8日	03/30	日	己亥	成	平地木	井
9日	03/31	月	庚子	納	壁上土	鬼
10日	04/01	火	辛丑	開	壁上土	柳
11日	04/02	水	壬寅	閉	金箔金	星
12日	04/03	木	癸卯	建	金箔金	張
13日	04/04	金	甲辰	除	覆燈火	翼
14日△	04/05	土	乙巳	満	覆燈火	軫
15日	04/06	日	丙午	平	天河水	角
16日	04/07	月	丁未	定	天河水	亢
17日	04/08	火	戊申	執	大駅土	氐
18日	04/09	水	己酉	執	大駅土	房
19日	04/10	木	庚戌	破	釼釧金	心
20日	04/11	金	辛亥	危	釼釧金	尾
21日	04/12	土	壬子	成	桑柘木	箕
22日	04/13	日	癸丑	納	桑柘木	斗
23日	04/14	月	甲寅	開	大溪水	女
24日	04/15	火	乙卯	閉	大溪水	虚
25日	04/16	水	丙辰	建	沙中土	危
26日	04/17	木	丁巳	除	沙中土	室
27日	04/18	金	戊午	満	天上火	壁
28日	04/19	土	己未	平	天上火	奎
29日	04/20	日	庚申	定	柘榴木	婁
30日	04/21	月	辛酉	執	柘榴木	胃

【三月小 戊辰 胃】
節気　穀雨 3日・立夏 18日
雑節　八十八夜 14日

日	日付	曜	干支	十二直	納音	宿
1日	04/22	火	壬戌	破	大海水	胃
2日	04/23	水	癸亥	危	大海水	昴
3日	04/24	木	甲子	成	海中金	畢
4日▽	04/25	金	乙丑	納	海中金	觜
5日	04/26	土	丙寅	開	爐中火	参
6日	04/27	日	丁卯	閉	爐中火	井
7日	04/28	月	戊辰	建	大林木	鬼
8日	04/29	火	己巳	除	大林木	柳
9日	04/30	水	庚午	満	路傍土	星
10日	05/01	木	辛未	平	路傍土	張
11日	05/02	金	壬申	定	釼鋒金	翼
12日	05/03	土	癸酉	執	釼鋒金	軫
13日	05/04	日	甲戌	破	山頭火	角
14日	05/05	月	乙亥	危	山頭火	亢
15日	05/06	火	丙子	成	澗下水	氐
16日☆	05/07	水	丁丑	納	澗下水	房
17日	05/08	木	戊寅	開	城頭土	心
18日	05/09	金	己卯	開	城頭土	尾
19日	05/10	土	庚辰	閉	白鑞金	箕
20日	05/11	日	辛巳	建	白鑞金	斗
21日	05/12	月	壬午	除	楊柳木	女
22日	05/13	火	癸未	満	楊柳木	虚
23日	05/14	水	甲申	平	井泉水	危
24日	05/15	木	乙酉	定	井泉水	室
25日	05/16	金	丙戌	執	屋上土	壁
26日	05/17	土	丁亥	破	屋上土	奎
27日	05/18	日	戊子	危	霹靂火	婁
28日	05/19	月	己丑	成	霹靂火	胃
29日	05/20	火	庚寅	納	松柏木	昴

【四月大 己巳 畢】
節気　小満 4日・芒種 19日
雑節　入梅 22日

日	日付	曜	干支	十二直	納音	宿
1日	05/21	水	辛卯	開	松柏木	畢
2日	05/22	木	壬辰	閉	長流水	觜
3日	05/23	金	癸巳	建	長流水	参
4日	05/24	土	甲午	除	沙中金	井
5日	05/25	日	乙未	満	沙中金	鬼
6日	05/26	月	丙申	平	山下火	柳
7日	05/27	火	丁酉	定	山下火	星
8日	05/28	水	戊戌	執	平地木	張
9日	05/29	木	己亥	破	平地木	翼
10日	05/30	金	庚子	危	壁上土	軫
11日	05/31	土	辛丑	成	壁上土	角
12日	06/01	日	壬寅	納	金箔金	亢
13日	06/02	月	癸卯	開	金箔金	氐
14日	06/03	火	甲辰	閉	覆燈火	房
15日	06/04	水	乙巳	建	覆燈火	心
16日	06/05	木	丙午	除	天河水	尾
17日	06/06	金	丁未	満	天河水	箕
18日	06/07	土	戊申	平	大駅土	斗
19日	06/08	日	己酉	平	大駅土	女
20日	06/09	月	庚戌	定	釼釧金	虚
21日	06/10	火	辛亥	執	釼釧金	危
22日	06/11	水	壬子	破	桑柘木	室
23日	06/12	木	癸丑	危	桑柘木	壁
24日△	06/13	金	甲寅	成	大溪水	奎
25日	06/14	土	乙卯	納	大溪水	婁
26日	06/15	日	丙辰	開	沙中土	胃
27日	06/16	月	丁巳	閉	沙中土	昴
28日	06/17	火	戊午	建	天上火	畢
29日	06/18	水	己未	除	天上火	觜
30日	06/19	木	庚申	満	柘榴木	参

【五月大 庚午 参】
節気　夏至 5日・小暑 20日
雑節　半夏生 15日

日	日付	曜	干支	十二直	納音	宿
1日	06/20	金	辛酉	平	柘榴木	参
2日	06/21	土	壬戌	定	大海水	井
3日	06/22	日	癸亥	執	大海水	鬼
4日	06/23	月	甲子	破	海中金	柳
5日	06/24	火	乙丑	危	海中金	星
6日	06/25	水	丙寅	成	爐中火	張
7日	06/26	木	丁卯	納	爐中火	翼
8日▽	06/27	金	戊辰	開	大林木	軫
9日	06/28	土	己巳	閉	大林木	角
10日	06/29	日	庚午	建	路傍土	亢
11日	06/30	月	辛未	除	路傍土	氐
12日	07/01	火	壬申	満	釼鋒金	房
13日	07/02	水	癸酉	平	釼鋒金	心
14日	07/03	木	甲戌	定	山頭火	尾
15日	07/04	金	乙亥	執	山頭火	箕
16日	07/05	土	丙子	破	澗下水	斗
17日	07/06	日	丁丑	危	澗下水	女
18日	07/07	月	戊寅	成	城頭土	虚
19日	07/08	火	己卯	納	城頭土	危
20日	07/09	水	庚辰	納	白鑞金	室
21日	07/10	木	辛巳	開	白鑞金	壁
22日	07/11	金	壬午	閉	楊柳木	奎
23日	07/12	土	癸未	建	楊柳木	婁
24日	07/13	日	甲申	除	井泉水	胃
25日	07/14	月	乙酉	満	井泉水	昴
26日	07/15	火	丙戌	平	屋上土	畢
27日	07/16	水	丁亥	定	屋上土	觜
28日	07/17	木	戊子	執	霹靂火	参
29日	07/18	金	己丑	破	霹靂火	井
30日	07/19	土	庚寅	危	松柏木	鬼

【六月小 辛未 鬼】
節気　大暑 5日・立秋 20日
雑節　土用 2日

日	日付	曜	干支	十二直	納音	宿
1日	07/20	日	辛卯	成	松柏木	鬼
2日	07/21	月	壬辰	納	長流水	柳
3日	07/22	火	癸巳	開	長流水	星
4日	07/23	水	甲午	閉	沙中金	張
5日	07/24	木	乙未	建	沙中金	翼
6日	07/25	金	丙申	除	山下火	軫
7日	07/26	土	丁酉	満	山下火	角
8日	07/27	日	戊戌	平	平地木	亢
9日	07/28	月	己亥	定	平地木	氐
10日	07/29	火	庚子	執	壁上土	房
11日	07/30	水	辛丑	破	壁上土	心
12日	07/31	木	壬寅	危	金箔金	尾
13日	08/01	金	癸卯	成	金箔金	箕
14日	08/02	土	甲辰	納	覆燈火	斗
15日	08/03	日	乙巳	開	覆燈火	女
16日	08/04	月	丙午	閉	天河水	虚
17日	08/05	火	丁未	建	天河水	危
18日	08/06	水	戊申	除	大駅土	室
19日	08/07	木	己酉	満	大駅土	壁
20日	08/08	金	庚戌	満	釼釧金	奎
21日	08/09	土	辛亥	平	釼釧金	婁
22日	08/10	日	壬子	定	桑柘木	胃
23日	08/11	月	癸丑	執	桑柘木	昴
24日	08/12	火	甲寅	破	大溪水	畢
25日	08/13	水	乙卯	危	大溪水	觜
26日	08/14	木	丙辰	成	沙中土	参
27日	08/15	金	丁巳	納	沙中土	井
28日	08/16	土	戊午	開	天上火	鬼

万治2年

西暦	曜	干支	直	納音	宿
29日 08/17	日	己未	閉	天上火	柳

【七月大 壬申 張】
節気 処暑 7日・白露 22日
雑節 二百十日 18日

	西暦	曜	干支	直	納音	宿
1日	08/18	月	庚申	建	柘榴木	張
2日	08/19	火	辛酉	除	柘榴木	翼
3日	08/20	水	壬戌	満	大海水	軫
4日	08/21	木	癸亥	平	大海水	角
5日△	08/22	金	甲子	定	海中金	亢
6日	08/23	土	乙丑	執	海中金	氐
7日	08/24	日	丙寅	破	爐中火	房
8日	08/25	月	丁卯	危	爐中火	心
9日	08/26	火	戊辰	成	大林木	尾
10日	08/27	水	己巳	納	大林木	斗
11日	08/28	木	庚午	開	路傍土	女
12日▽	08/29	金	辛未	閉	路傍土	虚
13日	08/30	土	壬申	除	釼鋒金	危
14日	08/31	日	癸酉	満	釼鋒金	室
15日	09/01	月	甲戌	満	山頭火	壁
16日	09/02	火	乙亥	平	山頭火	奎
17日	09/03	水	丙子	定	澗下水	婁
18日	09/04	木	丁丑	執	澗下水	胃
19日	09/05	金	戊寅	破	城頭土	昴
20日	09/06	土	己卯	危	城頭土	畢
21日	09/07	日	庚辰	成	白鑞金	觜
22日	09/08	月	辛巳	納	白鑞金	参
23日	09/09	火	壬午	開	楊柳木	井
24日	09/10	水	癸未	閉	楊柳木	鬼
25日	09/11	木	甲申	建	井泉水	柳
26日	09/12	金	乙酉	除	井泉水	星
27日	09/13	土	丙戌	除	屋上土	張
28日	09/14	日	丁亥	平	屋上土	翼
29日	09/15	月	戊子	定	霹靂火	軫
30日	09/16	火	己丑	定	霹靂火	軫

【八月小 癸酉 角】
節気 秋分 7日・寒露 22日
雑節 彼岸 9日・社日 9日

	西暦	曜	干支	直	納音	宿
1日	09/17	水	庚寅	執	松柏木	角
2日	09/18	木	辛卯	破	松柏木	亢
3日	09/19	金	壬辰	危	長流水	氐
4日	09/20	土	癸巳	成	長流水	房
5日	09/21	日	甲午	納	沙中金	心
6日	09/22	月	乙未	開	沙中金	尾
7日	09/23	火	丙申	閉	山下火	箕
8日	09/24	水	丁酉	建	山下火	斗
9日	09/25	木	戊戌	除	平地木	女
10日	09/26	金	己亥	満	平地木	虚
11日	09/27	土	庚子	平	壁上土	危
12日	09/28	日	辛丑	定	壁上土	室
13日	09/29	月	壬寅	執	金箔金	壁
14日	09/30	火	癸卯	破	金箔金	奎
15日	10/01	水	甲辰	危	覆燈火	婁
16日	10/02	木	乙巳	成	覆燈火	胃
17日	10/03	金	丙午	納	天河水	昴
18日	10/04	土	丁未	開	天河水	畢
19日	10/05	日	戊申	閉	大駅土	觜
20日	10/06	月	己酉	建	大駅土	参
21日	10/07	火	庚戌	除	釵釧金	井
22日	10/08	水	辛亥	満	釵釧金	鬼
23日	10/09	木	壬子	満	桑柘木	柳
24日	10/10	金	癸丑	平	桑柘木	星
25日	10/11	土	甲寅	定	大溪水	張
26日	10/12	日	乙卯	執	大溪水	翼
27日	10/13	月	丙辰	破	沙中土	軫
28日	10/14	火	丁巳	危	沙中土	角
29日	10/15	水	戊午	成	天上火	亢

【九月大 甲戌 氐】
節気 霜降 8日・立冬 24日
雑節 土用 5日

	西暦	曜	干支	直	納音	宿
1日	10/16	木	己未	納	天上火	氐
2日	10/17	金	庚申	開	柘榴木	房
3日	10/18	土	辛酉	閉	柘榴木	心
4日	10/19	日	壬戌	建	大海水	尾
5日	10/20	月	癸亥	除	大海水	箕
6日	10/21	火	甲子	満	海中金	斗
7日	10/22	水	乙丑	平	海中金	女
8日	10/23	木	丙寅	定	爐中火	虚
9日	10/24	金	丁卯	執	爐中火	危
10日	10/25	土	戊辰	破	大林木	室
11日	10/26	日	己巳	危	大林木	壁
12日	10/27	月	庚午	成	路傍土	奎
13日	10/28	火	辛未	納	路傍土	婁
14日	10/29	水	壬申	開	釼鋒金	胃
15日	10/30	木	癸酉	閉	釼鋒金	昴
16日◇	10/31	金	甲戌	建	山頭火	畢
17日	11/01	土	乙亥	満	山頭火	觜
18日	11/02	日	丙子	満	澗下水	参
19日	11/03	月	丁丑	平	澗下水	井
20日	11/04	火	戊寅	定	城頭土	鬼
21日	11/05	水	己卯	執	城頭土	柳
22日	11/06	木	庚辰	破	白鑞金	星
23日	11/07	金	辛巳	危	白鑞金	張
24日	11/08	土	壬午	成	楊柳木	翼
25日	11/09	日	癸未	納	楊柳木	軫
26日	11/10	月	甲申	開	井泉水	角
27日	11/11	火	乙酉	閉	井泉水	亢
28日	11/12	水	丙戌	開	屋上土	氐
29日	11/13	木	丁亥	建	屋上土	房
30日	11/14	金	戊子	除	霹靂火	心

【十月小 乙亥 心】
節気 小雪 9日・大雪 24日

	西暦	曜	干支	直	納音	宿
1日	11/15	土	己丑	平	霹靂火	心
2日	11/16	日	庚寅	定	松柏木	尾
3日	11/17	月	辛卯	定	松柏木	箕
4日	11/18	火	壬辰	執	長流水	斗
5日	11/19	水	癸巳	破	長流水	女
6日	11/20	木	甲午	危	沙中金	虚
7日	11/21	金	乙未	成	沙中金	危
8日	11/22	土	丙申	納	山下火	室
9日	11/23	日	丁酉	開	山下火	壁
10日	11/24	月	戊戌	閉	平地木	奎
11日	11/25	火	己亥	建	平地木	婁
12日	11/26	水	庚子	満	壁上土	胃
13日	11/27	木	辛丑	満	壁上土	昴
14日	11/28	金	壬寅	平	金箔金	畢
15日	11/29	土	癸卯	定	金箔金	觜
16日	11/30	日	甲辰	執	覆燈火	参
17日	12/01	月	乙巳	破	覆燈火	井
18日	12/02	火	丙午	危	天河水	鬼
19日	12/03	水	丁未	成	天河水	柳
20日	12/04	木	戊申	納	大駅土	星
21日	12/05	金	己酉	開	大駅土	張
22日	12/06	土	庚戌	閉	釵釧金	軫
23日	12/07	日	辛亥	建	釵釧金	角
24日	12/08	月	壬子	建	桑柘木	角
25日	12/09	火	癸丑	除	桑柘木	亢
26日	12/10	水	甲寅	満	大溪水	氐
27日	12/11	木	乙卯	平	大溪水	房
28日	12/12	金	丙辰	定	沙中土	心
29日	12/13	土	丁巳	執	沙中土	尾

【十一月大 丙子 斗】
節気 冬至 10日・小寒 25日

	西暦	曜	干支	直	納音	宿
1日	12/14	日	戊午	建	天上火	箕
2日	12/15	月	己未	除	天上火	女
3日	12/16	火	庚申	満	柘榴木	虚
4日	12/17	水	辛酉	平	柘榴木	危
5日	12/18	木	壬戌	定	大海水	室
6日	12/19	金	癸亥	執	大海水	壁
7日	12/20	土	甲子	破	海中金	奎
8日	12/21	日	乙丑	危	海中金	婁
9日	12/22	月	丙寅	成	爐中火	胃
10日	12/23	火	丁卯	納	爐中火	昴
11日	12/24	水	戊辰	開	大林木	畢
12日	12/25	木	己巳	閉	大林木	觜
13日	12/26	金	庚午	破	路傍土	参
14日	12/27	土	辛未	危	路傍土	井
15日	12/28	日	壬申	成	釼鋒金	鬼
16日	12/29	月	癸酉	納	釼鋒金	柳
17日	12/30	火	甲戌	開	山頭火	星
18日	12/31	水	乙亥	閉	山頭火	張

1660年

	西暦	曜	干支	直	納音	宿
19日	01/01	木	丙子	建	澗下水	翼
20日▽	01/02	金	丁丑	除	澗下水	軫
21日	01/03	土	戊寅	満	城頭土	角
22日	01/04	日	己卯	平	城頭土	亢
23日	01/05	月	庚辰	定	白鑞金	氐
24日	01/06	火	辛巳	執	白鑞金	房
25日	01/07	水	壬午	執	楊柳木	心
26日△	01/08	木	癸未	破	楊柳木	尾
27日	01/09	金	甲申	危	井泉水	箕
28日	01/10	土	乙酉	成	井泉水	斗
29日	01/11	日	丙戌	納	屋上土	女
30日	01/12	月	丁亥	開	屋上土	虚

【十二月小 丁丑 虚】
節気 大寒 11日・立春 26日
雑節 土用 8日・節分 25日

	西暦	曜	干支	直	納音	宿
1日	01/13	火	戊子	閉	霹靂火	虚
2日	01/14	水	己丑	建	霹靂火	危
3日	01/15	木	庚寅	満	松柏木	室
4日	01/16	金	辛卯	満	松柏木	壁
5日	01/17	土	壬辰	平	長流水	奎
6日	01/18	日	癸巳	定	長流水	婁
7日	01/19	月	甲午	執	沙中金	胃
8日	01/20	火	乙未	破	沙中金	昴
9日	01/21	水	丙申	危	山下火	畢
10日	01/22	木	丁酉	成	山下火	觜
11日	01/23	金	戊戌	納	平地木	参
12日	01/24	土	己亥	開	平地木	井
13日	01/25	日	庚子	閉	壁上土	鬼
14日	01/26	月	辛丑	除	壁上土	柳
15日	01/27	火	壬寅	除	金箔金	星
16日	01/28	水	癸卯	満	金箔金	張
17日	01/29	木	甲辰	平	覆燈火	翼
18日	01/30	金	乙巳	定	覆燈火	軫
19日	01/31	土	丙午	執	天河水	角
20日	02/01	日	丁未	破	天河水	亢
21日	02/02	月	戊申	危	大駅土	氐
22日	02/03	火	己酉	成	大駅土	房
23日	02/04	水	庚戌	納	釵釧金	心
24日	02/05	木	辛亥	開	釵釧金	尾
25日	02/06	金	壬子	閉	桑柘木	箕
26日	02/07	土	癸丑	閉	桑柘木	斗
27日	02/08	日	甲寅	建	大溪水	女
28日	02/09	月	乙卯	除	大溪水	虚
29日	02/10	火	丙辰	満	沙中土	危

万治3年
1660～1661 庚子

【正月大 戊寅 室】
節気 雨水 12日・啓蟄 27日

1日	02/11	水	丁巳	平	沙中土	室
2日	02/12	木	戊午	定	天上火	壁
3日	02/13	金	己未	執	天上火	奎
4日	02/14	土	庚申	破	柘榴木	婁
5日	02/15	日	辛酉	危	柘榴木	胃
6日	02/16	月	壬戌	成	大海水	昴
7日	02/17	火	癸亥	納	大海水	畢
8日	02/18	水	甲子	開	海中金	觜
9日	02/19	木	乙丑	閉	海中金	参
10日	02/20	金	丙寅	建	爐中火	井
11日	02/21	土	丁卯	除	爐中火	鬼
12日	02/22	日	戊辰	満	大林木	柳
13日	02/23	月	己巳	平	大林木	星
14日	02/24	火	庚午	定	路傍土	張
15日	02/25	水	辛未	執	路傍土	翼
16日	02/26	木	壬申	破	釵釧金	軫
17日	02/27	金	癸酉	危	釵釧金	角
18日	02/28	土	甲戌	成	山頭火	亢
19日	02/29	日	乙亥	納	山頭火	氐
20日	03/01	月	丙子	開	澗下水	房
21日	03/02	火	丁丑	閉	澗下水	心
22日	03/03	水	戊寅	建	城頭土	尾
23日	03/04	木	己卯	除	城頭土	箕
24日▽	03/05	金	庚辰	満	白鑞金	斗
25日	03/06	土	辛巳	平	白鑞金	女
26日	03/07	日	壬午	定	楊柳木	虚
27日	03/08	月	癸未	執	楊柳木	危
28日	03/09	火	甲申	破	井泉水	室
29日	03/10	水	乙酉	破	井泉水	壁
30日	03/11	木	丙戌	危	屋上土	奎

【二月小 己卯 奎】
節気 春分 13日・清明 28日
雑節 社日 12日・彼岸 15日

1日	03/12	金	丁亥	成	屋上土	奎
2日	03/13	土	戊子	納	霹靂火	婁
3日	03/14	日	己丑	開	霹靂火	胃
4日	03/15	月	庚寅	閉	松柏木	昴
5日	03/16	火	辛卯	建	松柏木	畢
6日	03/17	水	壬辰	除	長流水	觜
7日△	03/18	木	癸巳	満	長流水	参
8日	03/19	金	甲午	平	沙中金	井
9日	03/20	土	乙未	定	沙中金	鬼
10日	03/21	日	丙申	執	山下火	柳
11日	03/22	月	丁酉	破	山下火	星
12日	03/23	火	戊戌	危	平地木	張
13日	03/24	水	己亥	成	平地木	翼
14日	03/25	木	庚子	納	壁上土	軫
15日	03/26	金	辛丑	開	壁上土	角
16日	03/27	土	壬寅	閉	金箔金	亢
17日	03/28	日	癸卯	除	金箔金	氐
18日	03/29	月	甲辰	満	覆燈火	房
19日	03/30	火	乙巳	平	覆燈火	心
20日	03/31	水	丙午	定	天河水	尾
21日	04/01	木	丁未	執	天河水	箕
22日	04/02	金	戊申	破	大驛土	斗
23日	04/03	土	己酉	破	大驛土	女
24日	04/04	日	庚戌	成	釵釧金	虚
25日	04/05	月	辛亥	納	釵釧金	危
26日	04/06	火	壬子	納	桑柘木	室
27日	04/07	水	癸丑	開	桑柘木	壁
28日	04/08	木	甲寅	開	大溪水	奎
29日	04/09	金	乙卯	閉	大溪水	婁

【三月小 庚辰 胃】
節気 穀雨 14日・立夏 29日
雑節 土用 11日・八十八夜 25日

1日	04/10	土	丙辰	建	沙中土	胃
2日	04/11	日	丁巳	除	沙中土	昴
3日	04/12	月	戊午	満	天上火	畢
4日	04/13	火	己未	定	天上火	觜
5日	04/14	水	庚申	定	柘榴木	参
6日	04/15	木	辛酉	執	柘榴木	井
7日	04/16	金	壬戌	破	大海水	鬼
8日	04/17	土	癸亥	危	大海水	柳
9日	04/18	日	甲子	成	海中金	星
10日	04/19	月	乙丑	納	海中金	張
11日	04/20	火	丙寅	開	爐中火	翼
12日	04/21	水	丁卯	閉	爐中火	軫
13日	04/22	木	戊辰	建	大林木	角
14日	04/23	金	己巳	除	大林木	亢
15日	04/24	土	庚午	満	路傍土	氐
16日☆	04/25	日	辛未	平	路傍土	房
17日	04/26	月	壬申	定	釵釧金	心
18日	04/27	火	癸酉	執	釵釧金	尾
19日	04/28	水	甲戌	破	山頭火	箕
20日	04/29	木	乙亥	危	山頭火	斗
21日	04/30	金	丙子	成	澗下水	女
22日	05/01	土	丁丑	納	澗下水	虚
23日	05/02	日	戊寅	開	城頭土	危
24日	05/03	月	己卯	閉	城頭土	室
25日	05/04	火	庚辰	建	白鑞金	壁
26日	05/05	水	辛巳	除	白鑞金	奎
27日	05/06	木	壬午	満	楊柳木	婁
28日▽	05/07	金	癸未	平	楊柳木	胃
29日	05/08	土	甲申	平	井泉水	昴

【四月大 辛巳 畢】
節気 小満 15日

1日	05/09	日	乙酉	定	井泉水	畢
2日	05/10	月	丙戌	執	屋上土	觜
3日	05/11	火	丁亥	破	屋上土	参
4日	05/12	水	戊子	危	霹靂火	井
5日	05/13	木	己丑	成	霹靂火	鬼
6日	05/14	金	庚寅	納	松柏木	柳
7日	05/15	土	辛卯	開	松柏木	星
8日	05/16	日	壬辰	閉	長流水	張
9日	05/17	月	癸巳	建	長流水	翼
10日	05/18	火	甲午	除	沙中金	軫
11日	05/19	水	乙未	満	沙中金	角
12日	05/20	木	丙申	平	山下火	亢
13日	05/21	金	丁酉	定	山下火	氐
14日	05/22	土	戊戌	執	平地木	房
15日	05/23	日	己亥	破	平地木	心
16日	05/24	月	庚子	危	壁上土	尾
17日	05/25	火	辛丑	成	壁上土	箕
18日△	05/26	水	壬寅	納	金箔金	斗
19日	05/27	木	癸卯	開	金箔金	女
20日	05/28	金	甲辰	閉	覆燈火	虚
21日	05/29	土	乙巳	建	覆燈火	危
22日	05/30	日	丙午	除	天河水	室
23日	06/01	月	丁未	満	天河水	壁
24日	06/02	火	戊申	定	大驛土	奎
25日	06/03	水	己酉	定	大驛土	婁
26日	06/04	木	庚戌	執	釵釧金	胃
27日	06/05	金	辛亥	破	釵釧金	昴
28日	06/06	土	壬子	危	桑柘木	畢
29日	06/06	日	癸丑	成	桑柘木	觜
30日	06/07	月	丙寅	納	大溪水	参

【五月大 壬午 参】
節気 芒種 1日・夏至 16日
雑節 入梅 8日・半夏生 26日

1日	06/08	火	乙卯	納	大溪水	参
2日	06/09	水	丙辰	開	沙中土	井
3日	06/10	木	丁巳	閉	沙中土	鬼
4日	06/11	金	戊午	建	天上火	柳
5日	06/12	土	己未	除	天上火	星
6日	06/13	日	庚申	平	柘榴木	張
7日	06/14	月	辛酉	平	柘榴木	翼
8日	06/15	火	壬戌	定	大海水	軫
9日	06/16	水	癸亥	執	大海水	角
10日	06/17	木	甲子	破	海中金	亢
11日	06/18	金	乙丑	危	海中金	氐
12日	06/19	土	丙寅	成	爐中火	房
13日	06/20	日	丁卯	納	爐中火	心
14日	06/21	月	戊辰	開	大林木	尾
15日	06/22	火	己巳	閉	大林木	箕
16日	06/23	水	庚午	建	路傍土	斗
17日	06/24	木	辛未	除	路傍土	女
18日	06/25	金	壬申	満	釵釧金	虚
19日	06/26	土	癸酉	平	釵釧金	危
20日	06/27	日	甲戌	定	山頭火	室
21日	06/28	月	乙亥	執	山頭火	壁
22日	06/29	火	丙子	破	澗下水	奎
23日	06/30	水	丁丑	危	澗下水	婁
24日	07/01	木	戊寅	成	城頭土	胃
25日	07/02	金	己卯	納	城頭土	昴
26日	07/03	土	庚辰	開	白鑞金	畢
27日	07/04	日	辛巳	閉	白鑞金	觜
28日	07/05	月	壬午	建	楊柳木	参
29日	07/06	火	癸未	除	楊柳木	井
30日	07/07	水	甲申	満	井泉水	鬼

【六月小 癸未 鬼】
節気 小暑 1日・大暑 16日
雑節 土用 13日

1日▽	07/08	木	乙酉	満	井泉水	鬼
2日	07/09	金	丙戌	平	屋上土	柳
3日	07/10	土	丁亥	定	屋上土	星
4日	07/11	日	戊子	執	霹靂火	張
5日	07/12	月	己丑	破	霹靂火	翼
6日	07/13	火	庚寅	危	松柏木	軫
7日	07/14	水	辛卯	成	松柏木	角
8日	07/15	木	壬辰	納	長流水	亢
9日	07/16	金	癸巳	開	長流水	氐
10日	07/17	土	甲午	閉	沙中金	房
11日	07/18	日	乙未	建	沙中金	心
12日	07/19	月	丙申	除	山下火	尾
13日	07/20	火	丁酉	満	山下火	箕
14日	07/21	水	戊戌	平	平地木	斗
15日	07/22	木	己亥	定	平地木	女
16日	07/23	金	庚子	執	壁上土	虚
17日	07/24	土	辛丑	破	壁上土	危
18日	07/25	日	壬寅	危	金箔金	室
19日	07/26	月	癸卯	成	金箔金	壁
20日	07/27	火	甲辰	納	覆燈火	奎
21日	07/28	水	乙巳	開	覆燈火	婁
22日	07/29	木	丙午	閉	天河水	胃
23日	07/30	金	丁未	建	天河水	昴
24日	07/31	土	戊申	除	大驛土	畢
25日	08/01	日	己酉	満	大驛土	觜
26日	08/02	月	庚戌	平	釵釧金	参
27日	08/03	火	辛亥	定	釵釧金	井
28日△	08/04	水	壬子	執	桑柘木	鬼
29日	08/05	木	癸丑	破	桑柘木	柳

【七月大 甲申 張】
節気 立秋 3日・処暑 18日
雑節 二百十日 29日

1日	08/06	金	甲寅	危	大溪水	張
2日	08/07	土	乙卯	成	大溪水	翼
3日	08/08	日	丙辰	成	沙中土	軫

万治3年

西暦	曜	干支	直	納音	宿

左段

日	西暦	曜	干支	直	納音	宿
4日	08/09	月	丁巳	納	沙中土	角
5日	08/10	火	戊午	開	天上火	亢
6日	08/11	水	己未	閉	天上火	氐
7日	08/12	木	庚申	建	柘榴木	房
8日	08/13	金	辛酉	除	柘榴木	心
9日	08/14	土	壬戌	満	大海水	尾
10日	08/15	日	癸亥	平	大海水	箕
11日	08/16	月	甲子	定	海中金	斗
12日	08/17	火	乙丑	執	海中金	女
13日	08/18	水	丙寅	破	爐中火	虚
14日	08/19	木	丁卯	危	爐中火	危
15日	08/20	金	戊辰	納	大林木	室
16日	08/21	土	己巳	納	大林木	壁
17日	08/22	日	庚午	開	路傍土	奎
18日	08/23	月	辛未	閉	路傍土	婁
19日	08/24	火	壬申	建	釼鋒金	胃
20日	08/25	水	癸酉	除	釼鋒金	昴
21日	08/26	木	甲戌	満	山頭火	畢
22日	08/27	金	乙亥	平	山頭火	觜
23日	08/28	土	丙子	定	澗下水	参
24日	08/29	日	丁丑	執	澗下水	井
25日	08/30	月	戊寅	破	城頭土	鬼
26日	08/31	火	己卯	危	城頭土	柳
27日	09/01	水	庚辰	成	白鑞金	星
28日	09/02	木	辛巳	納	白鑞金	張
29日	09/03	金	壬午	開	楊柳木	翼
30日	09/04	土	癸未	閉	楊柳木	軫

【八月大 乙酉 角】
節気 白露 3日・秋分 18日
雑節 社日 15日・彼岸 20日

日	西暦	曜	干支	直	納音	宿
1日	09/05	日	甲申	建	井泉水	角
2日	09/06	月	乙酉	除	井泉水	亢
3日	09/07	火	丙戌	満	屋上土	氐
4日	09/08	水	丁亥	満	屋上土	房
5日▽	09/09	木	戊子	平	霹靂火	心
6日	09/10	金	己丑	定	霹靂火	尾
7日	09/11	土	庚寅	執	松柏木	箕
8日	09/12	日	辛卯	破	松柏木	斗
9日	09/13	月	壬辰	危	長流水	女
10日	09/14	火	癸巳	成	長流水	虚
11日	09/15	水	甲午	納	沙中金	危
12日	09/16	木	乙未	開	沙中金	室
13日	09/17	金	丙申	閉	山下火	壁
14日	09/18	土	丁酉	建	山下火	奎
15日	09/19	日	戊戌	除	平地木	婁
16日	09/20	月	己亥	満	平地木	胃
17日	09/21	火	庚子	平	壁上土	昴
18日	09/22	水	辛丑	定	壁上土	畢
19日	09/23	木	壬寅	執	金箔金	觜
20日	09/24	金	癸卯	破	金箔金	参
21日	09/25	土	甲辰	危	覆燈火	井
22日	09/26	日	乙巳	成	覆燈火	鬼
23日	09/27	月	丙午	納	天河水	柳
24日	09/28	火	丁未	開	天河水	星
25日	09/29	水	戊申	閉	大駅土	張
26日	09/30	木	己酉	建	大駅土	翼
27日	10/01	金	庚戌	除	釵釧金	軫
28日	10/02	土	辛亥	満	釵釧金	角
29日	10/03	日	壬子	平	桑柘木	亢
30日	10/04	月	癸丑	定	桑柘木	氐

【九月小 丙戌 氐】
節気 寒露 3日・霜降 19日
雑節 土用 16日

日	西暦	曜	干支	直	納音	宿
1日	10/05	火	甲寅	執	大溪水	氐
2日	10/06	水	乙卯	破	大溪水	房
3日	10/07	木	丙辰	破	沙中土	心

日	西暦	曜	干支	直	納音	宿
4日	10/08	金	丁巳	危	沙中土	尾
5日	10/09	土	戊午	成	天上火	箕
6日	10/10	日	己未	納	天上火	斗
7日	10/11	月	庚申	開	柘榴木	女
8日	10/12	火	辛酉	閉	柘榴木	虚
9日△	10/13	水	壬戌	建	大海水	危
10日	10/14	木	癸亥	除	大海水	室
11日	10/15	金	甲子	満	海中金	壁
12日	10/16	土	乙丑	平	海中金	奎
13日	10/17	日	丙寅	定	爐中火	婁
14日☆	10/18	月	丁卯	執	爐中火	胃
15日	10/19	火	戊辰	破	大林木	昴
16日	10/20	水	己巳	危	大林木	畢
17日	10/21	木	庚午	成	路傍土	觜
18日	10/22	金	辛未	納	路傍土	参
19日	10/23	土	壬申	閉	釼鋒金	井
20日	10/24	日	癸酉	閉	釼鋒金	鬼
21日	10/25	月	甲戌	建	山頭火	柳
22日	10/26	火	乙亥	除	山頭火	星
23日	10/27	水	丙子	満	澗下水	張
24日	10/28	木	丁丑	平	澗下水	翼
25日	10/29	金	戊寅	定	城頭土	軫
26日	10/30	土	己卯	執	城頭土	角
27日	10/31	日	庚辰	破	白鑞金	亢
28日	11/01	月	辛巳	危	白鑞金	氐
29日	11/02	火	壬午	成	楊柳木	房

【十月大 丁亥 心】
節気 立冬 5日・小雪 20日

日	西暦	曜	干支	直	納音	宿
1日	11/03	水	癸未	納	楊柳木	心
2日	11/04	木	甲申	開	井泉水	尾
3日	11/05	金	乙酉	閉	井泉水	箕
4日	11/06	土	丙戌	建	屋上土	斗
5日	11/07	日	丁亥	建	屋上土	女
6日	11/08	月	戊子	除	霹靂火	虚
7日	11/09	火	己丑	満	霹靂火	危
8日	11/10	水	庚寅	平	松柏木	室
9日▽	11/11	木	辛卯	定	松柏木	壁
10日	11/12	金	壬辰	執	長流水	奎
11日	11/13	土	癸巳	破	長流水	婁
12日	11/14	日	甲午	危	沙中金	胃
13日	11/15	月	乙未	成	沙中金	昴
14日	11/16	火	丙申	納	山下火	畢
15日	11/17	水	丁酉	開	山下火	觜
16日	11/18	木	戊戌	閉	平地木	参
17日	11/19	金	己亥	建	平地木	井
18日	11/20	土	庚子	除	壁上土	鬼
19日	11/21	日	辛丑	平	壁上土	柳
20日	11/22	月	壬寅	平	金箔金	星
21日	11/23	火	癸卯	定	金箔金	張
22日	11/24	水	甲辰	執	覆燈火	翼
23日	11/25	木	乙巳	破	覆燈火	軫
24日	11/26	金	丙午	危	天河水	角
25日	11/27	土	丁未	成	天河水	亢
26日	11/28	日	戊申	納	大駅土	氐
27日	11/29	月	己酉	開	大駅土	房
28日	11/30	火	庚戌	閉	釵釧金	心
29日	12/01	水	辛亥	建	釵釧金	尾
30日	12/02	木	壬子	除	桑柘木	箕

【十一月小 戊子 斗】
節気 大雪 5日・冬至 21日

日	西暦	曜	干支	直	納音	宿
1日	12/03	金	癸丑	満	桑柘木	斗
2日	12/04	土	甲寅	平	大溪水	女
3日	12/05	日	乙卯	定	大溪水	虚
4日	12/06	月	丙辰	執	沙中土	危
5日	12/07	火	丁巳	破	沙中土	室
6日	12/08	水	戊午	危	天上火	壁

右段

日	西暦	曜	干支	直	納音	宿
7日	12/09	木	己未	危	天上火	奎
8日	12/10	金	庚申	成	柘榴木	婁
9日	12/11	土	辛酉	納	柘榴木	胃
10日	12/12	日	壬戌	開	大海水	昴
11日	12/13	月	癸亥	閉	大海水	觜
12日	12/14	火	甲子	建	海中金	参
13日	12/15	水	乙丑	除	海中金	井
14日	12/16	木	丙寅	満	爐中火	井
15日	12/17	金	丁卯	平	爐中火	柳
16日	12/18	土	戊辰	定	大林木	星
17日	12/19	日	己巳	執	大林木	張
18日	12/20	月	庚午	破	路傍土	翼
19日△	12/21	火	辛未	成	路傍土	軫
20日	12/22	水	壬申	成	釼鋒金	軫
21日	12/23	木	癸酉	納	釼鋒金	角
22日	12/24	金	甲戌	開	山頭火	亢
23日	12/25	土	乙亥	閉	山頭火	氐
24日	12/26	日	丙子	建	澗下水	房
25日	12/27	月	丁丑	除	澗下水	心
26日	12/28	火	戊寅	満	城頭土	尾
27日	12/29	水	己卯	平	城頭土	箕
28日	12/30	木	庚辰	定	白鑞金	斗
29日	12/31	金	辛巳	執	白鑞金	女

【十二月大 己丑 虚】
節気 小寒 7日・大寒 22日
雑節 土用 19日

1661年

日	西暦	曜	干支	直	納音	宿
1日	01/01	土	壬午	破	楊柳木	虚
2日	01/02	日	癸未	危	楊柳木	危
3日	01/03	月	甲申	成	井泉水	室
4日	01/04	火	乙酉	納	井泉水	壁
5日	01/05	水	丙戌	開	屋上土	奎
6日	01/06	木	丁亥	閉	屋上土	婁
7日	01/07	金	戊子	建	霹靂火	胃
8日	01/08	土	己丑	建	霹靂火	昴
9日	01/09	日	庚寅	除	松柏木	畢
10日	01/10	月	辛卯	満	松柏木	觜
11日	01/11	火	壬辰	平	長流水	参
12日	01/12	水	癸巳	定	長流水	井
13日▽	01/13	木	甲午	執	沙中金	鬼
14日	01/14	金	乙未	破	沙中金	柳
15日	01/15	土	丙申	危	山下火	星
16日	01/16	日	丁酉	成	山下火	張
17日	01/17	月	戊戌	納	平地木	翼
18日	01/18	火	己亥	開	平地木	軫
19日	01/19	水	庚子	閉	壁上土	角
20日	01/20	木	辛丑	建	壁上土	亢
21日	01/21	金	壬寅	除	金箔金	氐
22日	01/22	土	癸卯	満	金箔金	房
23日	01/23	日	甲辰	平	覆燈火	心
24日	01/24	月	乙巳	定	覆燈火	尾
25日	01/25	火	丙午	執	天河水	箕
26日	01/26	水	丁未	破	天河水	斗
27日	01/27	木	戊申	危	大駅土	女
28日	01/28	金	己酉	成	大駅土	虚
29日	01/29	土	庚戌	納	釵釧金	危
30日	01/30	日	辛亥	開	釵釧金	室

寛文元年〔万治4年〕

1661～1662　辛丑
※改元＝4月25日

【正月小 庚寅 室】
節気 立春 7日・雨水 22日
雑節 節分 6日

日	新暦	曜	干支	直	納音	宿
1日	01/31	月	壬子	閉	桑柘木	室
2日	02/01	火	癸丑	建	桑柘木	壁
3日	02/02	水	甲寅	除	大渓水	奎
4日	02/03	木	乙卯	満	沙中土	婁
5日	02/04	金	丙辰	平	沙中土	胃
6日	02/05	土	丁巳	定	沙中土	昴
7日	02/06	日	戊午	定	天上火	畢
8日	02/07	月	己未	執	天上火	觜
9日	02/08	火	庚申	破	柘榴木	参
10日	02/09	水	辛酉	危	柘榴木	井
11日	02/10	木	壬戌	成	大渓水	鬼
12日	02/11	金	癸亥	納	大渓水	柳
13日	02/12	土	甲子	開	海中金	星
14日	02/13	日	乙丑	閉	海中金	張
15日	02/14	月	丙寅	建	爐中火	翼
16日	02/15	火	丁卯	除	爐中火	軫
17日	02/16	水	戊辰	満	大林木	角
18日	02/17	木	己巳	平	大林木	亢
19日	02/18	金	庚午	定	路傍土	氐
20日	02/19	土	辛未	執	路傍土	房
21日	02/20	日	壬申	破	釼鋒金	心
22日	02/21	月	癸酉	危	山頭火	尾
23日	02/22	火	甲戌	成	山頭火	箕
24日	02/23	水	乙亥	納	山頭火	斗
25日	02/24	木	丙子	開	澗下水	女
26日	02/25	金	丁丑	閉	澗下水	虚
27日	02/26	土	戊寅	建	城頭土	危
28日	02/27	日	己卯	除	城頭土	室
29日	02/28	月	庚辰	満	白鑞金	壁

【二月大 辛卯 奎】
節気 啓蟄 9日・春分 24日
雑節 彼岸 26日・社日 28日

日	新暦	曜	干支	直	納音	宿
1日△	03/01	火	辛巳	平	白鑞金	奎
2日	03/02	水	壬午	定	楊柳木	婁
3日	03/03	木	癸未	執	楊柳木	胃
4日	03/04	金	甲申	破	井泉水	昴
5日	03/05	土	乙酉	危	井泉水	畢
6日	03/06	日	丙戌	成	屋上土	觜
7日	03/07	月	丁亥	納	屋上土	参
8日	03/08	火	戊子	開	霹靂火	井
9日	03/09	水	己丑	閉	霹靂火	鬼
10日	03/10	木	庚寅	閉	松柏木	柳
11日	03/11	金	辛卯	除	松柏木	星
12日	03/12	土	壬辰	満	長流水	張
13日	03/13	日	癸巳	満	長流水	翼
14日	03/14	月	甲午	平	沙中金	軫
15日	03/15	火	乙未	定	沙中金	角
16日	03/16	水	丙申	執	山下火	亢
17日▽	03/17	木	丁酉	破	山下火	氐
18日	03/18	金	戊戌	危	平地木	房
19日	03/19	土	己亥	成	平地木	心
20日	03/20	日	庚子	納	壁上土	尾
21日	03/21	月	辛丑	開	壁上土	箕
22日	03/22	火	壬寅	閉	金箔金	斗
23日	03/23	水	癸卯	建	金箔金	女
24日	03/24	木	甲辰	除	覆燈火	虚
25日	03/25	金	乙巳	満	覆燈火	危
26日	03/26	土	丙午	平	天河水	室
27日	03/27	日	丁未	定	天河水	壁
28日	03/28	月	戊申	執	大駅土	奎
29日	03/29	火	己酉	破	大駅土	婁
30日	03/30	水	庚戌	危	釼釧金	胃

【三月小 壬辰 胃】
節気 清明 9日・穀雨 24日
雑節 土用 21日

日	新暦	曜	干支	直	納音	宿
1日	03/31	木	辛亥	成	釼釧金	胃
2日	04/01	金	壬子	納	桑柘木	昴
3日	04/02	土	癸丑	開	桑柘木	畢
4日	04/03	日	甲寅	閉	大渓水	觜
5日	04/04	月	乙卯	建	大渓水	参
6日	04/05	火	丙辰	除	沙中土	井
7日	04/06	水	丁巳	満	沙中土	鬼
8日	04/07	木	戊午	平	天上火	柳
9日	04/08	金	己未	定	天上火	星
10日	04/09	土	庚申	定	柘榴木	張
11日	04/10	日	辛酉	執	柘榴木	翼
12日	04/11	月	壬戌	破	大渓水	軫
13日	04/12	火	癸亥	危	大渓水	角
14日	04/13	水	甲子	成	海中金	亢
15日☆	04/14	木	乙丑	納	海中金	氐
16日	04/15	金	丙寅	開	爐中火	房
17日	04/16	土	丁卯	閉	爐中火	心
18日	04/17	日	戊辰	建	大林木	尾
19日	04/18	月	己巳	除	大林木	箕
20日	04/19	火	庚午	満	路傍土	斗
21日	04/20	水	辛未	平	路傍土	女
22日	04/21	木	壬申	定	釼鋒金	虚
23日	04/22	金	癸酉	執	釼鋒金	危
24日	04/23	土	甲戌	破	山頭火	室
25日	04/24	日	乙亥	危	山頭火	壁
26日	04/25	月	丙子	成	澗下水	奎
27日	04/26	火	丁丑	納	澗下水	婁
28日	04/27	水	戊寅	開	城頭土	胃
29日	04/28	木	己卯	閉	城頭土	昴

【四月小 癸巳 畢】
節気 立夏 10日・小満 26日
雑節 八十八夜 6日

日	新暦	曜	干支	直	納音	宿
1日	04/29	金	庚辰	建	白鑞金	畢
2日	04/30	土	辛巳	除	白鑞金	觜
3日	05/01	日	壬午	満	楊柳木	参
4日	05/02	月	癸未	平	楊柳木	井
5日	05/03	火	甲申	定	井泉水	鬼
6日	05/04	水	乙酉	執	井泉水	柳
7日	05/05	木	丙戌	破	屋上土	星
8日	05/06	金	丁亥	危	屋上土	張
9日	05/07	土	戊子	成	霹靂火	翼
10日	05/08	日	己丑	納	霹靂火	軫
11日	05/09	月	庚寅	納	松柏木	角
12日△	05/10	火	辛卯	開	松柏木	亢
13日	05/11	水	壬辰	閉	長流水	氐
14日	05/12	木	癸巳	建	長流水	房
15日	05/13	金	甲午	除	沙中金	心
16日	05/14	土	乙未	満	沙中金	尾
17日	05/15	日	丙申	平	山下火	箕
18日	05/16	月	丁酉	定	山下火	斗
19日	05/17	火	戊戌	執	平地木	女
20日	05/18	水	己亥	破	平地木	虚
21日▽	05/19	木	庚子	危	壁上土	危
22日	05/20	金	辛丑	成	壁上土	室
23日	05/21	土	壬寅	納	金箔金	壁
24日	05/22	日	癸卯	開	金箔金	奎
25日	05/23	月	甲辰	閉	覆燈火	婁

＊改元（万治4年→寛文元年）

日	新暦	曜	干支	直	納音	宿
26日	05/24	火	乙巳	建	覆燈火	胃
27日	05/25	水	丙午	除	天河水	昴
28日	05/26	木	丁未	満	天河水	畢
29日	05/27	金	戊申	平	大駅土	觜

【五月大 甲午 参】
節気 芒種 12日・夏至 27日
雑節 入梅 14日

日	新暦	曜	干支	直	納音	宿
1日	05/28	土	己酉	定	大駅土	参
2日	05/29	日	庚戌	執	釼釧金	井
3日	05/30	月	辛亥	破	釼釧金	鬼
4日	05/31	火	壬子	危	桑柘木	柳
5日	06/01	水	癸丑	成	桑柘木	星
6日	06/02	木	甲寅	納	大渓水	張
7日	06/03	金	乙卯	開	大渓水	翼
8日	06/04	土	丙辰	閉	沙中土	軫
9日	06/05	日	丁巳	建	沙中土	角
10日	06/06	月	戊午	除	天上火	亢
11日	06/07	火	己未	満	天上火	氐
12日	06/08	水	庚申	満	柘榴木	房
13日	06/09	木	辛酉	平	柘榴木	心
14日	06/10	金	壬戌	定	大海水	尾
15日	06/11	土	癸亥	執	大海水	箕
16日	06/12	日	甲子	破	海中金	斗
17日	06/13	月	乙丑	危	海中金	女
18日	06/14	火	丙寅	成	爐中火	虚
19日	06/15	水	丁卯	納	爐中火	危
20日	06/16	木	戊辰	開	大林木	室
21日	06/17	金	己巳	閉	大林木	壁
22日	06/18	土	庚午	建	路傍土	奎
23日	06/19	日	辛未	除	路傍土	婁
24日	06/20	月	壬申	満	釼鋒金	胃
25日	06/21	火	癸酉	平	釼鋒金	昴
26日	06/22	水	甲戌	定	山頭火	畢
27日	06/23	木	乙亥	執	山頭火	觜
28日	06/24	金	丙子	破	澗下水	参
29日	06/25	土	丁丑	危	澗下水	井
30日	06/26	日	戊寅	成	城頭土	鬼

【六月小 乙未 鬼】
節気 小暑 12日・大暑 28日
雑節 半夏生 7日・土用 25日

日	新暦	曜	干支	直	納音	宿
1日	06/27	月	己卯	納	城頭土	鬼
2日	06/28	火	庚辰	開	白鑞金	柳
3日	06/29	水	辛巳	閉	白鑞金	星
4日	06/30	木	壬午	建	楊柳木	張
5日	07/01	金	癸未	除	楊柳木	翼
6日	07/02	土	甲申	平	井泉水	軫
7日	07/03	日	乙酉	平	井泉水	角
8日	07/04	月	丙戌	定	屋上土	亢
9日	07/05	火	丁亥	破	屋上土	氐
10日	07/06	水	戊子	破	霹靂火	房
11日	07/07	木	己丑	危	霹靂火	心
12日	07/08	金	庚寅	成	松柏木	尾
13日	07/09	土	辛卯	納	松柏木	箕
14日	07/10	日	壬辰	開	長流水	斗
15日	07/11	月	癸巳	閉	長流水	女
16日	07/12	火	甲午	建	沙中金	虚
17日	07/13	水	乙未	除	沙中金	危
18日	07/14	木	丙申	満	山下火	室
19日	07/15	金	丁酉	平	山下火	壁
20日	07/16	土	戊戌	平	平地木	奎
21日	07/17	日	己亥	定	平地木	婁
22日△	07/18	月	庚子	執	壁上土	胃
23日	07/19	火	辛丑	破	壁上土	昴
24日	07/20	水	壬寅	危	金箔金	畢
25日▽	07/21	木	癸卯	成	金箔金	觜
26日	07/22	金	甲辰	納	覆燈火	参
27日	07/23	土	乙巳	開	覆燈火	井
28日	07/24	日	丙午	閉	天河水	鬼
29日	07/25	月	丁未	建	天河水	柳

【七月大 丙申 張】
節気 立秋 14日・処暑 29日

日	新暦	曜	干支	直	納音	宿
1日	07/26	火	戊申	危	大駅土	星
2日	07/27	水	己酉	満	大駅土	翼
3日	07/28	木	庚戌	平	釼釧金	軫
4日	07/29	金	辛亥	定	釼釧金	角
5日	07/30	土	壬子	執	桑柘木	亢
6日	07/31	日	癸丑	破	桑柘木	氐
7日	08/01	月	甲寅	危	大渓水	房

西暦 曜 干支 直 納音 宿　　　　　　　　　寛文元年〔万治4年〕

西暦	曜	干支	直	納音	宿
8日 08/02	火	乙卯	成	大溪水	心
9日 08/03	水	丙辰	納	沙中土	尾
10日 08/04	木	丁巳	開	沙中土	箕
11日 08/05	金	戊午	建	天上火	斗
12日 08/06	土	己未	建	天上火	女
13日 08/07	日	庚申	除	柘榴木	虚
14日 08/08	月	辛酉	除	柘榴木	危
15日 08/09	火	壬戌	平	大海水	室
16日 08/10	水	癸亥	平	大海水	壁
17日 08/11	木	甲子	定	海中金	奎
18日 08/12	金	乙丑	執	海中金	婁
19日 08/13	土	丙寅	破	爐中火	胃
20日 08/14	日	丁卯	危	爐中火	昴
21日 08/15	月	戊辰	成	大林木	畢
22日 08/16	火	己巳	納	大林木	觜
23日 08/17	水	庚午	開	路傍土	參
24日 08/18	木	辛未	開	路傍土	井
25日 08/19	金	壬申	建	釼鋒金	鬼
26日 08/20	土	癸酉	除	釼鋒金	柳
27日 08/21	日	甲戌	満	山頭火	星
28日 08/22	月	乙亥	平	山頭火	張
29日 08/23	火	丙子	定	澗下水	翼
30日 08/24	水	丁丑	執	澗下水	軫

【八月大 丁酉 角】
節気 白露 14日・秋分 29日
雑節 二百十日 10日

西暦	曜	干支	直	納音	宿
1日 08/25	木	戊寅	破	城頭土	角
2日 08/26	金	己卯	危	城頭土	亢
3日 08/27	土	庚辰	成	白鑞金	氐
4日 08/28	日	辛巳	納	楊柳木	房
5日 08/29	月	壬午	開	楊柳木	心
6日 08/30	火	癸未	閉	楊柳木	尾
7日 08/31	水	甲申	建	井泉水	箕
8日 09/01	木	乙酉	除	井泉水	斗
9日 09/02	金	丙戌	満	屋上土	女
10日 09/03	土	丁亥	定	屋上土	虚
11日 09/04	日	戊子	定	霹靂火	危
12日 09/05	月	己丑	執	霹靂火	室
13日 09/06	火	庚寅	破	松柏木	壁
14日 09/07	水	辛卯	危	松柏木	奎
15日 09/08	木	壬辰	成	長流水	婁
16日 09/09	金	癸巳	納	長流水	胃
17日 09/10	土	甲午	納	沙中金	昴
18日 09/11	日	乙未	開	沙中金	畢
19日 09/12	月	丙申	閉	山下火	觜
20日 09/13	火	丁酉	建	山下火	參
21日 09/14	水	戊戌	除	平地木	井
22日 09/15	木	己亥	平	平地木	鬼
23日 09/16	金	庚子	平	壁上土	柳
24日 09/17	土	辛丑	定	壁上土	星
25日 09/18	日	壬寅	執	金箔金	張
26日 09/19	火	癸卯	破	金箔金	翼
27日 09/20	火	甲辰	危	覆燈火	軫
28日 09/21	水	乙巳	成	覆燈火	角
29日 09/22	木	丙午	納	天河水	亢
30日 09/23	金	丁未	開	天河水	氐

【閏八月小 丁酉 角】
節気 寒露 15日
雑節 彼岸 1日・社日 1日・土用 27日

西暦	曜	干支	直	納音	宿
1日 09/24	土	戊申	建	大駅土	角
2日 09/25	日	己酉	建	大駅土	亢
3日△ 09/26	月	庚戌	除	釼釧金	氐
4日 09/27	火	辛亥	満	釼釧金	房
5日 09/28	水	壬子	平	桑柘木	心
6日 09/29	木	癸丑	定	桑柘木	尾
7日 09/30	金	甲寅	執	大溪水	箕
8日 10/01	土	乙卯	破	大溪水	斗
9日 10/02	日	丙辰	危	沙中土	女
10日 10/03	月	丁巳	成	沙中土	虚
11日 10/04	火	戊午	納	天上火	危
12日 10/05	水	己未	開	天上火	室
13日 10/06	木	庚申	閉	柘榴木	壁
14日 10/07	金	辛酉	建	柘榴木	奎
15日 10/08	土	壬戌	建	大海水	婁
16日 10/09	日	癸亥	満	大海水	胃
17日 10/10	月	甲子	平	海中金	昴
18日 10/11	火	乙丑	平	海中金	畢
19日 10/12	水	丙寅	定	爐中火	觜
20日 10/13	木	丁卯	執	爐中火	參
21日 10/14	金	戊辰	破	大林木	井
22日 10/15	土	己巳	危	大林木	柳
23日 10/16	日	庚午	成	路傍土	星
24日 10/17	月	辛未	納	路傍土	張
25日 10/18	火	壬申	開	釼鋒金	翼
26日 10/19	水	癸酉	閉	釼鋒金	軫
27日 10/20	木	甲戌	建	山頭火	角
28日 10/21	金	乙亥	除	山頭火	亢
29日 10/22	土	丙子	満	澗下水	氐

【九月大 戊戌 氐】
節気 霜降 1日・立冬 16日

西暦	曜	干支	直	納音	宿
1日 10/23	日	丁丑	平	澗下水	氐
2日 10/24	月	戊寅	定	城頭土	房
3日 10/25	火	己卯	執	城頭土	心
4日 10/26	水	庚辰	破	白鑞金	尾
5日 10/27	木	辛巳	危	白鑞金	箕
6日 10/28	金	壬午	成	楊柳木	斗
7日 10/29	土	癸未	納	楊柳木	女
8日 10/30	日	甲申	閉	井泉水	虚
9日 10/31	月	乙酉	閉	井泉水	危
10日 11/01	火	丙戌	建	屋上土	室
11日 11/02	水	丁亥	除	屋上土	壁
12日 11/03	木	戊子	満	霹靂火	奎
13日 11/04	金	己丑	平	霹靂火	婁
14日 11/05	土	庚寅	定	松柏木	胃
15日 11/06	日	辛卯	執	松柏木	昴
16日 11/07	月	壬辰	破	長流水	畢
17日 11/08	火	癸巳	危	長流水	觜
18日 11/09	水	甲午	成	沙中金	參
19日 11/10	木	乙未	納	沙中金	井
20日 11/11	金	丙申	開	山下火	鬼
21日 11/12	土	丁酉	閉	山下火	柳
22日 11/13	日	戊戌	閉	平地木	星
23日 11/14	月	己亥	建	平地木	張
24日 11/15	火	庚子	除	壁上土	翼
25日 11/16	水	辛丑	満	壁上土	軫
26日 11/17	木	壬寅	平	金箔金	角
27日 11/18	金	癸卯	定	金箔金	亢
28日 11/19	土	甲辰	執	覆燈火	氐
29日 11/20	日	乙巳	破	覆燈火	房
30日 11/21	月	丙午	危	天河水	心

【十月大 己亥 心】
節気 小雪 1日・大雪 17日

西暦	曜	干支	直	納音	宿
1日 11/22	火	丁未	成	天河水	心
2日 11/23	水	戊申	納	大駅土	尾
3日▽ 11/24	木	己酉	閉	大駅土	箕
4日 11/25	金	庚戌	閉	釼釧金	斗
5日 11/26	土	辛亥	建	釼釧金	女
6日 11/27	日	壬子	除	桑柘木	虚
7日 11/28	月	癸丑	満	桑柘木	危
8日 11/29	火	甲寅	平	大溪水	室
9日 11/30	水	乙卯	定	大溪水	壁
10日 12/01	木	丙辰	執	沙中土	奎
11日 12/02	金	丁巳	破	沙中土	婁
12日 12/03	土	戊午	危	天上火	胃
13日 12/04	日	己未	成	天上火	昴
14日△ 12/05	月	庚申	納	柘榴木	畢
15日 12/06	火	辛酉	閉	柘榴木	觜
16日 12/07	水	壬戌	閉	大海水	參
17日 12/08	木	癸亥	建	大海水	井
18日 12/09	金	甲子	除	海中金	鬼
19日 12/10	土	乙丑	満	海中金	柳
20日 12/11	日	丙寅	平	爐中火	星
21日 12/12	月	丁卯	定	爐中火	張
22日 12/13	火	戊辰	執	大林木	翼
23日 12/14	水	己巳	破	大林木	軫
24日 12/15	木	庚午	危	路傍土	角
25日 12/16	金	辛未	成	路傍土	亢
26日 12/17	土	壬申	納	釼鋒金	氐
27日 12/18	日	癸酉	閉	釼鋒金	房
28日 12/19	月	甲戌	閉	山頭火	心
29日 12/20	火	乙亥	建	山頭火	尾
30日 12/21	水	丙子	除	澗下水	箕

【十一月小 庚子 斗】
節気 冬至 2日・小寒 17日
雑節 土用 29日

西暦	曜	干支	直	納音	宿
1日 12/22	木	丁丑	満	澗下水	斗
2日 12/23	金	戊寅	平	城頭土	女
3日 12/24	土	己卯	定	城頭土	虚
4日 12/25	日	庚辰	執	白鑞金	危
5日 12/26	月	辛巳	破	白鑞金	室
6日 12/27	火	壬午	危	楊柳木	壁
7日 12/28	水	癸未	成	楊柳木	奎
8日 12/29	木	甲申	納	井泉水	婁
9日 12/30	金	乙酉	開	井泉水	胃
10日 12/31	土	丙戌	閉	屋上土	昴

1662年

西暦	曜	干支	直	納音	宿
11日 **01/01**	日	丁亥	閉	屋上土	畢
12日 01/02	月	戊子	建	霹靂火	觜
13日 01/03	火	己丑	除	霹靂火	參
14日 01/04	水	庚寅	満	松柏木	井
15日 01/05	木	辛卯	平	松柏木	鬼
16日 01/06	金	壬辰	定	長流水	柳
17日 01/07	土	癸巳	執	長流水	星
18日 01/08	日	甲午	破	沙中金	張
19日 01/09	月	乙未	危	沙中金	翼
20日 01/10	火	丙申	成	山下火	軫
21日 01/11	水	丁酉	納	山下火	角
22日 01/12	木	戊戌	開	平地木	亢
23日 01/13	金	己亥	閉	平地木	氐
24日 01/14	土	庚子	建	壁上土	房
25日 01/15	日	辛丑	除	壁上土	心
26日 01/16	月	壬寅	満	金箔金	尾
27日 01/17	火	癸卯	平	金箔金	箕
28日 01/18	水	甲辰	定	覆燈火	斗
29日 01/19	木	乙巳	執	覆燈火	女

【十二月大 辛丑 虚】
節気 大寒 3日・立春 18日
雑節 節分 17日

西暦	曜	干支	直	納音	宿
1日 01/20	金	丙午	執	天河水	虚
2日 01/21	土	丁未	破	天河水	危
3日 01/22	日	戊申	危	大駅土	室
4日 01/23	月	己酉	成	大駅土	壁
5日 01/24	火	庚戌	納	釼釧金	奎
6日 01/25	水	辛亥	開	釼釧金	婁
7日▽ 01/26	木	壬子	閉	桑柘木	胃
8日 01/27	金	癸丑	建	桑柘木	昴
9日 01/28	土	甲寅	除	大溪水	畢
10日 01/29	日	乙卯	満	大溪水	觜
11日 01/30	月	丙辰	平	沙中土	參
12日 01/31	火	丁巳	定	沙中土	井
13日 02/01	水	戊午	執	天上火	鬼
14日 02/02	木	己未	破	天上火	柳
15日 02/03	金	庚申	危	柘榴木	星
16日 02/04	土	辛酉	成	柘榴木	張
17日 02/05	日	壬戌	納	大海水	翼
18日 02/06	月	癸亥	開	大海水	軫
19日 02/07	火	甲子	閉	海中金	角
20日 02/08	水	乙丑	建	海中金	亢
21日 02/09	木	丙寅	除	爐中火	氐
22日 02/10	金	丁卯	満	爐中火	房
23日 02/11	土	戊辰	平	大林木	心
24日▽ 02/12	日	己巳	定	大林木	尾
25日 02/13	月	庚午	執	路傍土	箕
26日 02/14	火	辛未	破	路傍土	斗
27日 02/15	水	壬申	危	釼鋒金	女
28日 02/16	木	癸酉	成	釼鋒金	虚
29日 02/17	金	甲戌	納	山頭火	危
30日 02/18	土	乙亥	開	山頭火	室

寛文2年
1662～1663　壬寅

【正月小 壬寅 室】
節気 雨水 4日・啓蟄 19日

1日	02/19	水	丙子	開	澗下水	室
2日	02/20	月	丁丑	閉	澗下水	壁
3日	02/21	火	戊寅	建	城頭土	奎
4日	02/22	水	己卯	除	城頭土	婁
5日	02/23	木	庚辰	満	白鑞金	胃
6日	02/24	金	辛巳	定	白鑞金	昴
7日	02/25	土	壬午	執	楊柳木	畢
8日	02/26	日	癸未	執	楊柳木	觜
9日	02/27	月	甲申	破	井泉水	参
10日	02/28	火	乙酉	危	井泉水	井
11日	03/01	水	丙戌	成	屋上土	鬼
12日	03/02	木	丁亥	納	屋上土	柳
13日	03/03	金	戊子	開	霹靂火	星
14日	03/04	土	己丑	閉	霹靂火	張
15日	03/05	日	庚寅	建	松柏木	翼
16日	03/06	月	辛卯	除	松柏木	軫
17日	03/07	火	壬辰	満	長流水	角
18日	03/08	水	癸巳	平	長流水	亢
19日	03/09	木	甲午	平	沙中金	氐
20日	03/10	金	乙未	定	沙中金	房
21日	03/11	土	丙申	執	山下火	心
22日	03/12	日	丁酉	破	山下火	尾
23日	03/13	月	戊戌	危	平地木	箕
24日	03/14	火	己亥	成	平地木	斗
25日	03/15	水	庚子	納	壁上土	女
26日	03/16	木	辛丑	開	壁上土	虚
27日	03/17	金	壬寅	閉	金箔金	危
28日	03/18	土	癸卯	建	金箔金	室
29日	03/19	日	甲辰	除	覆燈火	壁

【二月大 癸卯 奎】
節気 春分 5日・清明 20日
雑節 社日 4日・彼岸 7日

1日	03/20	月	乙巳	満	覆燈火	奎
2日	03/21	火	丙午	平	天河水	婁
3日	03/22	水	丁未	定	天河水	胃
4日	03/23	木	戊申	執	大駅土	昴
5日	03/24	金	己酉	破	大駅土	畢
6日	03/25	土	庚戌	危	釵釧金	觜
7日	03/26	日	辛亥	成	釵釧金	参
8日	03/27	月	壬子	納	桑柘木	井
9日	03/28	火	癸丑	開	桑柘木	鬼
10日	03/29	水	甲寅	閉	大溪水	柳
11日▽	03/30	木	乙卯	建	大溪水	星
12日	03/31	金	丙辰	除	沙中土	張
13日	04/01	土	丁巳	満	沙中土	翼
14日	04/02	日	戊午	平	天上火	軫
15日	04/03	月	己未	定	天上火	角
16日	04/04	火	庚申	執	柘榴木	亢
17日	04/05	水	辛酉	破	柘榴木	氐
18日	04/06	木	壬戌	危	大海水	房
19日	04/07	金	癸亥	成	大海水	心
20日	04/08	土	甲子	納	海中金	尾
21日	04/09	日	乙丑	開	海中金	箕
22日	04/10	月	丙寅	開	爐中火	斗
23日	04/11	火	丁卯	閉	爐中火	女
24日	04/12	水	戊辰	建	大林木	虚
25日	04/13	木	己巳	除	大林木	危
26日	04/14	金	庚午	満	路傍土	室
27日	04/15	土	辛未	平	路傍土	壁
28日	04/16	日	壬申	定	釵釧金	奎
29日	04/17	月	癸酉	執	釵釧金	婁
30日	04/18	火	甲戌	破	山頭火	胃

【三月小 甲辰 胃】
節気 穀雨 6日・立夏 21日
雑節 土用 2日・八十八夜 16日

1日	04/19	水	乙亥	危	山頭火	昴
2日	04/20	木	丙子	成	澗下水	畢
3日	04/21	金	丁丑	納	澗下水	觜
4日	04/22	土	戊寅	開	城頭土	参
5日△	04/23	日	己卯	閉	城頭土	井
6日	04/24	月	庚辰	建	白鑞金	鬼
7日	04/25	火	辛巳	除	白鑞金	柳
8日	04/26	水	壬午	満	楊柳木	星
9日	04/27	木	癸未	定	楊柳木	張
10日	04/28	金	甲申	定	井泉水	翼
11日	04/29	土	乙酉	執	井泉水	軫
12日	04/30	日	丙戌	破	屋上土	角
13日	05/01	月	丁亥	危	屋上土	亢
14日	05/02	火	戊子	成	霹靂火	氐
15日	05/03	水	己丑	納	霹靂火	房
16日	05/04	木	庚寅	開	松柏木	心
17日	05/05	金	辛卯	閉	松柏木	尾
18日	05/06	土	壬辰	建	長流水	箕
19日	05/07	日	癸巳	除	長流水	斗
20日	05/08	月	甲午	満	沙中金	女
21日	05/09	火	乙未	満	沙中金	虚
22日	05/10	水	丙申	平	山下火	危
23日	05/11	木	丁酉	定	山下火	室
24日	05/12	金	戊戌	執	平地木	壁
25日	05/13	土	己亥	破	平地木	奎
26日	05/14	日	庚子	危	壁上土	婁
27日	05/15	月	辛丑	成	壁上土	胃
28日	05/16	火	壬寅	納	金箔金	昴
29日	05/17	水	癸卯	開	金箔金	畢

【四月小 乙巳 畢】
節気 小満 7日・芒種 22日
雑節 入梅 29日

1日	05/18	木	甲辰	閉	覆燈火	畢
2日	05/19	金	乙巳	建	覆燈火	觜
3日	05/20	土	丙午	除	天河水	参
4日	05/21	日	丁未	満	天河水	井
5日	05/22	月	戊申	平	大駅土	鬼
6日	05/23	火	己酉	定	大駅土	柳
7日	05/24	水	庚戌	執	釵釧金	星
8日	05/25	木	辛亥	破	釵釧金	張
9日	05/26	金	壬子	危	桑柘木	翼
10日	05/27	土	癸丑	成	桑柘木	軫
11日	05/28	日	甲寅	納	大溪水	角
12日	05/29	月	乙卯	開	大溪水	亢
13日	05/30	火	丙辰	閉	沙中土	氐
14日	05/31	水	丁巳	建	沙中土	房
15日▽	06/01	木	戊午	除	天上火	心
16日	06/02	金	己未	満	天上火	尾
17日	06/03	土	庚申	平	柘榴木	箕
18日	06/04	日	辛酉	定	柘榴木	斗
19日	06/05	月	壬戌	執	大海水	女
20日	06/06	火	癸亥	破	大海水	虚
21日	06/07	水	甲子	危	海中金	危
22日	06/08	木	乙丑	成	海中金	室
23日	06/09	金	丙寅	成	爐中火	壁
24日	06/10	土	丁卯	納	爐中火	奎
25日	06/11	日	戊辰	開	大林木	婁
26日	06/12	月	己巳	閉	大林木	胃
27日	06/13	火	庚午	建	路傍土	昴
28日	06/14	水	辛未	除	路傍土	畢
29日	06/15	木	壬申	満	釵釧金	觜

【五月大 丙午 参】
節気 夏至 8日・小暑 24日
雑節 半夏生 19日

1日	06/16	金	癸酉	平	釵釧金	参
2日	06/17	土	甲戌	定	山頭火	井
3日	06/18	日	乙亥	執	山頭火	鬼
4日	06/19	月	丙子	破	澗下水	柳
5日	06/20	火	丁丑	危	澗下水	星
6日	06/21	水	戊寅	成	城頭土	張
7日	06/22	木	己卯	納	城頭土	翼
8日	06/23	金	庚辰	閉	白鑞金	軫
9日	06/24	土	辛巳	閉	白鑞金	角
10日	06/25	日	壬午	建	楊柳木	亢
11日	06/26	月	癸未	除	楊柳木	氐
12日	06/27	火	甲申	満	井泉水	房
13日	06/28	水	乙酉	平	井泉水	心
14日	06/29	木	丙戌	定	屋上土	尾
15日	06/30	金	丁亥	執	屋上土	箕
16日	07/01	土	戊子	破	霹靂火	斗
17日△	07/02	日	己丑	危	霹靂火	女
18日	07/03	月	庚寅	成	松柏木	虚
19日	07/04	火	辛卯	納	松柏木	危
20日	07/05	水	壬辰	閉	長流水	室
21日	07/06	木	癸巳	建	長流水	壁
22日	07/07	金	甲午	建	沙中金	奎
23日	07/08	土	乙未	除	沙中金	婁
24日	07/09	日	丙申	満	山下火	胃
25日	07/10	月	丁酉	満	山下火	昴
26日	07/11	火	戊戌	平	平地木	畢
27日	07/12	水	己亥	定	平地木	觜
28日	07/13	木	庚子	執	壁上土	参
29日	07/14	金	辛丑	破	壁上土	井
30日	07/15	土	壬寅	危	金箔金	鬼

【六月小 丁未 鬼】
節気 大暑 9日・立秋 24日
雑節 土用 6日

1日	07/16	日	癸卯	成	金箔金	鬼
2日	07/17	月	甲辰	納	覆燈火	柳
3日	07/18	火	乙巳	開	覆燈火	星
4日	07/19	水	丙午	閉	天河水	張
5日	07/20	木	丁未	建	天河水	翼
6日	07/21	金	戊申	除	大駅土	軫
7日	07/22	土	己酉	満	大駅土	角
8日	07/23	日	庚戌	平	釵釧金	亢
9日	07/24	月	辛亥	定	釵釧金	氐
10日	07/25	火	壬子	執	桑柘木	房
11日	07/26	水	癸丑	破	桑柘木	心
12日	07/27	木	甲寅	危	大溪水	尾
13日	07/28	金	乙卯	成	大溪水	箕
14日	07/29	土	丙辰	納	沙中土	斗
15日	07/30	日	丁巳	開	沙中土	女
16日	07/31	月	戊午	閉	天上火	虚
17日	08/01	火	己未	建	天上火	危
18日▽	08/02	水	庚申	満	柘榴木	室
19日	08/03	木	辛酉	平	柘榴木	壁
20日	08/04	金	壬戌	平	大海水	奎
21日	08/05	土	癸亥	定	大海水	婁
22日	08/06	日	甲子	執	海中金	胃
23日	08/07	月	乙丑	破	海中金	昴
24日	08/08	火	丙寅	危	爐中火	畢
25日	08/09	水	丁卯	成	爐中火	觜
26日	08/10	木	戊辰	納	大林木	参
27日	08/11	金	己巳	開	大林木	井
28日	08/12	土	庚午	閉	路傍土	鬼
29日	08/13	日	辛未	閉	路傍土	柳

【七月大 戊申 張】
節気 処暑 10日・白露 25日
雑節 二百十日 21日

1日	08/14	月	壬申	建	釵釧金	張
2日	08/15	火	癸酉	除	釵釧金	翼
3日	08/16	水	甲戌	満	山頭火	軫

寛文2年

日	西暦	曜	干支	直	納音	宿
4日	08/17	木	乙亥	平	山頭火	角
5日	08/18	金	丙子	定	澗下水	亢
6日	08/19	土	丁丑	執	澗下水	氐
7日	08/20	日	戊寅	破	城頭土	房
8日	08/21	月	己卯	成	城頭土	心
9日	08/22	火	庚辰	納	白鑞金	尾
10日	08/23	水	辛巳	開	白鑞金	箕
11日	08/24	木	壬午	閉	楊柳木	斗
12日	08/25	金	癸未	建	楊柳木	女
13日	08/26	土	甲申	建	井泉水	虚
14日	08/27	日	乙酉	除	井泉水	危
15日	08/28	月	丙戌	満	屋上土	室
16日	08/29	火	丁亥	定	屋上土	壁
17日	08/30	水	戊子	執	霹靂火	奎
18日	08/31	木	己丑	破	霹靂火	婁
19日	09/01	金	庚寅	危	松柏木	胃
20日	09/02	土	辛卯	成	松柏木	昴
21日	09/03	日	壬辰	納	長流水	畢
22日	09/04	月	癸巳	開	長流水	觜
23日	09/05	火	甲午	閉	沙中金	参
24日	09/06	水	乙未	建	沙中金	井
25日	09/07	木	丙申	除	山下火	鬼
26日	09/08	金	丁酉	建	山下火	柳
27日△	09/09	土	戊戌	除	平地木	星
28日	09/10	日	己亥	満	平地木	張
29日	09/11	月	庚子	平	壁上土	翼
30日	09/12	火	辛丑	定	壁上土	軫

【八月小 己酉 角】
節気 秋分 11日・寒露 26日
雑節 社日 7日・彼岸 13日

日	西暦	曜	干支	直	納音	宿
1日	09/13	水	壬寅	執	金箔金	角
2日	09/14	木	癸卯	破	金箔金	亢
3日	09/15	金	甲辰	危	覆燈火	氐
4日	09/16	土	乙巳	成	覆燈火	房
5日	09/17	日	丙午	納	天河水	心
6日	09/18	月	丁未	開	天河水	尾
7日	09/19	火	戊申	閉	大駅土	箕
8日	09/20	水	己酉	建	大駅土	斗
9日	09/21	木	庚戌	除	釵釧金	女
10日	09/22	金	辛亥	満	釵釧金	虚
11日	09/23	土	壬子	平	桑柘木	危
12日	09/24	日	癸丑	定	桑柘木	室
13日	09/25	月	甲寅	執	大渓水	壁
14日	09/26	火	乙卯	破	大渓水	奎
15日	09/27	水	丙辰	危	沙中土	婁
16日	09/28	木	丁巳	成	沙中土	胃
17日	09/29	金	戊午	納	天上火	昴
18日	09/30	土	己未	開	天上火	畢
19日	10/01	日	庚申	閉	柘榴木	觜
20日	10/02	月	辛酉	建	柘榴木	参
21日	10/03	火	壬戌	除	大海水	井
22日▽	10/04	水	癸亥	満	大海水	鬼
23日	10/05	木	甲子	平	海中金	柳
24日	10/06	金	乙丑	定	海中金	星
25日	10/07	土	丙寅	執	炉中火	張
26日	10/08	日	丁卯	破	炉中火	翼
27日	10/09	月	戊辰	破	大林木	軫
28日	10/10	火	己巳	危	大林木	角
29日	10/11	水	庚午	成	路傍土	亢

【九月大 庚戌 氐】
節気 霜降 12日・立冬 27日
雑節 土用 9日

日	西暦	曜	干支	直	納音	宿
1日	10/12	木	辛未	納	路傍土	氐
2日	10/13	金	壬申	開	釵鋒金	房
3日	10/14	土	癸酉	閉	釵鋒金	心
4日	10/15	日	甲戌	建	山頭火	尾
5日	10/16	月	乙亥	除	山頭火	箕
6日	10/17	火	丙子	満	澗下水	斗
7日	10/18	水	丁丑	平	澗下水	女
8日	10/19	木	戊寅	定	城頭土	虚
9日	10/20	金	己卯	執	城頭土	危
10日	10/21	土	庚辰	破	白鑞金	室
11日	10/22	日	辛巳	危	白鑞金	壁
12日	10/23	月	壬午	成	楊柳木	奎
13日	10/24	火	癸未	納	楊柳木	婁
14日	10/25	水	甲申	開	井泉水	胃
15日	10/26	木	乙酉	閉	井泉水	昴
16日	10/27	金	丙戌	建	屋上土	畢
17日	10/28	土	丁亥	除	屋上土	觜
18日	10/29	日	戊子	満	霹靂火	参
19日	10/30	月	己丑	平	霹靂火	井
20日	10/31	火	庚寅	定	松柏木	鬼
21日	11/01	水	辛卯	執	松柏木	柳
22日	11/02	木	壬辰	破	長流水	星
23日	11/03	金	癸巳	危	長流水	張
24日	11/04	土	甲午	成	沙中金	翼
25日	11/05	日	乙未	納	沙中金	軫
26日	11/06	月	丙申	開	山下火	角
27日	11/07	火	丁酉	開	山下火	亢
28日	11/08	水	戊戌	閉	平地木	氐
29日	11/09	木	己亥	建	平地木	房
30日	11/10	金	庚子	除	壁上土	心

【十月大 辛亥 心】
節気 小雪 13日・大雪 28日

日	西暦	曜	干支	直	納音	宿
1日	11/11	土	辛丑	満	壁上土	尾
2日	11/12	日	壬寅	平	金箔金	箕
3日	11/13	月	癸卯	定	金箔金	斗
4日	11/14	火	甲辰	執	覆燈火	女
5日	11/15	水	乙巳	破	覆燈火	虚
6日	11/16	木	丙午	危	天河水	危
7日	11/17	金	丁未	成	天河水	室
8日△	11/18	土	戊申	納	大駅土	壁
9日	11/19	日	己酉	開	大駅土	奎
10日	11/20	月	庚戌	閉	釵釧金	婁
11日	11/21	火	辛亥	建	釵釧金	胃
12日	11/22	水	壬子	除	桑柘木	昴
13日	11/23	木	癸丑	満	桑柘木	畢
14日	11/24	金	甲寅	平	大渓水	觜
15日	11/25	土	乙卯	定	大渓水	参
16日	11/26	日	丙辰	執	沙中土	井
17日	11/27	月	丁巳	破	沙中土	鬼
18日	11/28	火	戊午	危	天上火	柳
19日	11/29	水	己未	納	天上火	星
20日	11/30	木	庚申	納	柘榴木	張
21日	12/01	金	辛酉	開	柘榴木	翼
22日	12/02	土	壬戌	閉	大海水	軫
23日	12/03	日	癸亥	建	大海水	角
24日	12/04	月	甲子	除	海中金	亢
25日	12/05	火	乙丑	満	海中金	氐
26日▽	12/06	水	丙寅	平	炉中火	房
27日	12/07	木	丁卯	定	炉中火	心
28日	12/08	金	戊辰	定	大林木	尾
29日	12/09	土	己巳	執	大林木	箕
30日	12/10	日	庚午	破	路傍土	斗

【十一月大 壬子 斗】
節気 冬至 13日・小寒 28日

日	西暦	曜	干支	直	納音	宿
1日	12/11	月	辛未	危	路傍土	斗
2日	12/12	火	壬申	成	釵鋒金	女
3日	12/13	水	癸酉	納	釵鋒金	虚
4日	12/14	木	甲戌	開	山頭火	危
5日	12/15	金	乙亥	閉	山頭火	室
6日	12/16	土	丙子	建	澗下水	壁
7日	12/17	日	丁丑	除	澗下水	奎
8日	12/18	月	戊寅	満	城頭土	婁
9日	12/19	火	己卯	平	城頭土	胃
10日	12/20	水	庚辰	定	白鑞金	昴
11日	12/21	木	辛巳	執	白鑞金	畢
12日	12/22	金	壬午	破	楊柳木	觜
13日	12/23	土	癸未	危	楊柳木	参
14日	12/24	日	甲申	成	井泉水	井
15日	12/25	月	乙酉	納	井泉水	鬼
16日	12/26	火	丙戌	開	屋上土	柳
17日	12/27	水	丁亥	建	屋上土	星
18日	12/28	木	戊子	建	霹靂火	張
19日	12/29	金	己丑	除	霹靂火	翼
20日	12/30	土	庚寅	満	松柏木	軫
21日	12/31	日	辛卯	平	松柏木	角

1663年

日	西暦	曜	干支	直	納音	宿
22日	01/01	月	壬辰	定	長流水	亢
23日	01/02	火	癸巳	執	長流水	氐
24日	01/03	水	甲午	破	沙中金	房
25日	01/04	木	乙未	危	沙中金	心
26日	01/05	金	丙申	成	山下火	尾
27日	01/06	土	丁酉	納	山下火	箕
28日	01/07	日	戊戌	平	平地木	斗
29日	01/08	月	己亥	開	平地木	女
30日	01/09	火	庚子	閉	壁上土	虚

【十二月小 癸丑 虚】
節気 大寒 13日・立春 29日
雑節 土用 10日・節分 28日

日	西暦	曜	干支	直	納音	宿
1日	01/10	水	辛丑	建	壁上土	虚
2日	01/11	木	壬寅	除	金箔金	室
3日	01/12	金	癸卯	満	金箔金	壁
4日	01/13	土	甲辰	平	覆燈火	奎
5日	01/14	日	乙巳	定	覆燈火	婁
6日	01/15	月	丙午	破	天河水	胃
7日	01/16	火	丁未	破	天河水	昴
8日	01/17	水	戊申	危	大駅土	畢
9日	01/18	木	己酉	成	大駅土	觜
10日	01/19	金	庚戌	納	釵釧金	参
11日	01/20	土	辛亥	開	釵釧金	井
12日	01/21	日	壬子	閉	桑柘木	鬼
13日	01/22	月	癸丑	除	桑柘木	柳
14日	01/23	火	甲寅	除	大渓水	星
15日	01/24	水	乙卯	満	大渓水	張
16日	01/25	木	丙辰	平	沙中土	翼
17日△	01/26	金	丁巳	定	沙中土	軫
18日	01/27	土	戊午	執	天上火	角
19日	01/28	日	己未	破	柘榴木	亢
20日	01/29	月	庚申	危	柘榴木	氐
21日	01/30	火	辛酉	成	柘榴木	房
22日	01/31	水	壬戌	納	大海水	心
23日	02/01	木	癸亥	開	大海水	尾
24日	02/02	金	甲子	閉	海中金	箕
25日	02/03	土	乙丑	建	海中金	斗
26日	02/04	日	丙寅	除	炉中火	女
27日	02/05	月	丁卯	満	炉中火	虚
28日	02/06	火	戊辰	平	大林木	危
29日▽	02/07	水	己巳	平	大林木	室

寛文3年
1663～1664　癸卯

【正月大 甲寅 室】
節気 雨水 15日・啓蟄 30日

1日	02/08	木	庚寅	定	路傍土	室
2日	02/09	金	辛卯	執	路傍土	壁
3日	02/10	土	壬辰	破	釵釧金	奎
4日	02/11	日	癸巳	危	釵釧金	婁
5日	02/12	月	甲午	成	山頭火	胃
6日	02/13	火	乙未	納	山頭火	昴
7日	02/14	水	丙申	開	澗下水	畢
8日	02/15	木	丁酉	閉	澗下水	觜
9日	02/16	金	戊戌	建	城頭土	参
10日	02/17	土	己亥	除	城頭土	井
11日	02/18	日	庚子	満	白鑞金	鬼
12日	02/19	月	辛丑	平	白鑞金	柳
13日	02/20	火	壬寅	定	楊柳木	星
14日	02/21	水	癸卯	執	楊柳木	張
15日	02/22	木	甲申	破	井泉水	翼
16日	02/23	金	乙酉	危	井泉水	軫
17日	02/24	土	丙戌	成	屋上土	角
18日	02/25	日	丁亥	納	屋上土	亢
19日	02/26	月	戊子	開	霹靂火	氐
20日	02/27	火	己丑	閉	霹靂火	房
21日	02/28	水	庚寅	建	松柏木	心
22日	03/01	木	辛卯	除	松柏木	尾
23日	03/02	金	壬辰	満	長流水	箕
24日	03/03	土	癸巳	定	長流水	斗
25日	03/04	日	甲午	定	沙中金	女
26日	03/05	月	乙未	執	沙中金	虚
27日	03/06	火	丙申	破	山下火	危
28日	03/07	水	丁酉	危	山下火	室
29日	03/08	木	戊戌	成	平地木	壁
30日	03/09	金	己亥	成	平地木	奎

【二月小 乙卯 奎】
節気 春分 15日
雑節 彼岸 17日・社日 19日

1日	03/10	土	庚子	納	壁上土	奎
2日	03/11	日	辛丑	開	壁上土	婁
3日	03/12	月	壬寅	建	金箔金	胃
4日	03/13	火	癸卯	除	金箔金	昴
5日	03/14	水	甲辰	除	覆燈火	畢
6日	03/15	木	乙巳	満	覆燈火	觜
7日	03/16	金	丙午	定	天河水	参
8日	03/17	土	丁未	定	天河水	井
9日	03/18	日	戊申	執	大駅土	鬼
10日	03/19	月	己酉	危	大駅土	柳
11日	03/20	火	庚戌	危	釵釧金	星
12日	03/21	水	辛亥	成	釵釧金	張
13日	03/22	木	壬子	納	桑柘木	翼
14日	03/23	金	癸丑	納	桑柘木	軫
15日	03/24	土	甲寅	閉	大溪水	角
16日	03/25	日	乙卯	建	大溪水	亢
17日	03/26	月	丙辰	除	沙中土	氐
18日	03/27	火	丁巳	満	沙中土	房
19日	03/28	水	戊午	平	天上火	心
20日	03/29	木	己未	定	天上火	尾
21日	03/30	金	庚申	定	柘榴木	箕
22日	03/31	土	辛酉	破	柘榴木	斗
23日	04/01	日	壬戌	危	大海水	女
24日	04/02	月	癸亥	成	大海水	虚
25日	04/03	火	甲子	納	海中金	危
26日	04/04	水	乙丑	開	海中金	室
27日	04/05	木	丙寅	閉	爐中火	壁
28日△	04/06	金	丁卯	建	爐中火	奎
29日	04/07	土	戊辰	除	大林木	婁

【三月大 丙辰 胃】
節気 清明 2日・穀雨 17日
雑節 土用 14日・八十八夜 28日

1日	04/08	日	己巳	満	大林木	胃
2日	04/09	月	庚午	平	路傍土	昴
3日	04/10	火	辛未	平	路傍土	畢
4日▽	04/11	水	壬申	定	釵釧金	觜
5日	04/12	木	癸酉	執	釵釧金	参
6日	04/13	金	甲戌	破	山頭火	井
7日	04/14	土	乙亥	危	山頭火	鬼
8日	04/15	日	丙子	成	澗下水	柳
9日	04/16	月	丁丑	納	澗下水	星
10日	04/17	火	戊寅	開	城頭土	張
11日	04/18	水	己卯	閉	城頭土	翼
12日	04/19	木	庚辰	建	白鑞金	軫
13日	04/20	金	辛巳	除	白鑞金	角
14日	04/21	土	壬午	満	楊柳木	亢
15日	04/22	日	癸未	平	楊柳木	氐
16日	04/23	月	甲申	定	井泉水	房
17日	04/24	火	乙酉	執	井泉水	心
18日	04/25	水	丙戌	破	屋上土	尾
19日	04/26	木	丁亥	危	屋上土	箕
20日	04/27	金	戊子	納	霹靂火	斗
21日	04/28	土	己丑	納	霹靂火	女
22日	04/29	日	庚寅	開	松柏木	虚
23日	04/30	月	辛卯	閉	松柏木	危
24日	05/01	火	壬辰	建	長流水	室
25日	05/02	水	癸巳	除	長流水	壁
26日	05/03	木	甲午	満	沙中金	奎
27日	05/04	金	乙未	平	沙中金	婁
28日	05/05	土	丙申	定	山下火	胃
29日	05/06	日	丁酉	執	山下火	昴
30日	05/07	月	戊戌	破	平地木	畢

【四月小 丁巳 畢】
節気 立夏 2日・小満 17日

1日	05/08	火	己亥	危	平地木	畢
2日	05/09	水	庚子	危	壁上土	觜
3日	05/10	木	辛丑	成	壁上土	参
4日	05/11	金	壬寅	納	金箔金	井
5日	05/12	土	癸卯	開	金箔金	鬼
6日	05/13	日	甲辰	閉	覆燈火	柳
7日	05/14	月	乙巳	建	覆燈火	星
8日	05/15	火	丙午	除	天河水	張
9日	05/16	水	丁未	満	天河水	翼
10日	05/17	木	戊申	平	大駅土	軫
11日	05/18	金	己酉	定	大駅土	角
12日	05/19	土	庚戌	破	釵釧金	亢
13日	05/20	日	辛亥	破	釵釧金	氐
14日	05/21	月	壬子	危	桑柘木	房
15日	05/22	火	癸丑	成	桑柘木	心
16日	05/23	水	甲寅	納	大溪水	尾
17日	05/24	木	乙卯	開	大溪水	箕
18日	05/25	金	丙辰	閉	沙中土	斗
19日	05/26	土	丁巳	建	沙中土	女
20日	05/27	日	戊午	除	天上火	虚
21日	05/28	月	己未	満	天上火	危
22日	05/29	火	庚申	定	柘榴木	室
23日	05/30	水	辛酉	定	柘榴木	壁
24日	05/31	木	壬戌	執	大海水	奎
25日	06/01	金	癸亥	破	大海水	婁
26日	06/02	土	甲子	危	海中金	胃
27日	06/03	日	乙丑	成	海中金	昴
28日	06/04	月	丙寅	納	爐中火	畢
29日	06/05	火	丁卯	開	爐中火	觜

【五月小 戊午 参】
節気 芒種 3日・夏至 19日
雑節 入梅 5日・半夏生 29日

1日	06/06	水	戊辰	閉	大林木	参
2日	06/07	木	己巳	建	大林木	井
3日	06/08	金	庚午	除	路傍土	鬼
4日	06/09	土	辛未	除	路傍土	柳
5日	06/10	日	壬申	満	釵釧金	星
6日	06/11	月	癸酉	平	釵釧金	張
7日	06/12	火	甲戌	定	山頭火	翼
8日▽	06/13	水	乙亥	執	山頭火	軫
9日	06/14	木	丙子	破	澗下水	角
10日△	06/15	金	丁丑	危	澗下水	亢
11日	06/16	土	戊寅	成	城頭土	氐
12日	06/17	日	己卯	納	城頭土	房
13日	06/18	月	庚辰	開	白鑞金	心
14日	06/19	火	辛巳	建	白鑞金	尾
15日	06/20	水	壬午	建	楊柳木	箕
16日	06/21	木	癸未	除	楊柳木	斗
17日	06/22	金	甲申	満	井泉水	女
18日	06/23	土	乙酉	平	井泉水	虚
19日	06/24	日	丙戌	定	屋上土	危
20日	06/25	月	丁亥	執	屋上土	室
21日	06/26	火	戊子	破	霹靂火	壁
22日	06/27	水	己丑	危	霹靂火	奎
23日	06/28	木	庚寅	成	松柏木	婁
24日	06/29	金	辛卯	納	松柏木	胃
25日	06/30	土	壬辰	開	長流水	昴
26日	07/01	日	癸巳	閉	長流水	畢
27日	07/02	月	甲午	建	沙中金	觜
28日	07/03	火	乙未	除	沙中金	参
29日	07/04	水	丙申	満	山下火	井

【六月小 己未 鬼】
節気 小暑 5日・大暑 20日
雑節 土用 17日

1日	07/05	木	丁酉	平	山下火	鬼
2日	07/06	金	戊戌	執	平地木	柳
3日	07/07	土	己亥	執	平地木	星
4日	07/08	日	庚子	破	壁上土	張
5日	07/09	月	辛丑	危	金箔金	翼
6日	07/10	火	壬寅	成	金箔金	軫
7日	07/11	水	癸卯	納	金箔金	角
8日	07/12	木	甲辰	開	覆燈火	亢
9日	07/13	金	乙巳	閉	覆燈火	氐
10日	07/14	土	丙午	建	天河水	房
11日	07/15	日	丁未	除	天河水	心
12日	07/16	月	戊申	満	大駅土	尾
13日	07/17	火	己酉	平	大駅土	箕
14日	07/18	水	庚戌	定	釵釧金	斗
15日	07/19	木	辛亥	執	釵釧金	女
16日	07/20	金	壬子	執	桑柘木	虚
17日	07/21	土	癸丑	破	桑柘木	危
18日	07/22	日	甲寅	危	大溪水	室
19日	07/23	月	乙卯	成	大溪水	壁
20日	07/24	火	丙辰	納	沙中土	奎
21日	07/25	水	丁巳	開	沙中土	婁
22日	07/26	木	戊午	閉	天上火	胃
23日	07/27	金	己未	建	天上火	昴
24日	07/28	土	庚申	除	柘榴木	畢
25日	07/29	日	辛酉	満	柘榴木	觜
26日	07/30	月	壬戌	定	大海水	参
27日	07/31	火	癸亥	定	大海水	井
28日	08/01	水	甲子	執	海中金	鬼
29日	08/02	木	乙丑	破	海中金	柳

【七月大 庚申 張】
節気 立秋 6日・処暑 22日

1日	08/03	金	丙寅	危	爐中火	張
2日	08/04	土	丁卯	成	爐中火	翼
3日	08/05	日	戊辰	納	大林木	軫
4日	08/06	月	己巳	開	大林木	角
5日	08/07	火	庚午	閉	路傍土	亢

| | 西暦 | 曜 | 干支 | 直 | 納音 | 宿 | | | | | | | | | | | | | | | | 寛文3年 |

6日	08/08	水	辛未	閉	路傍土	氐
7日	08/09	木	壬申	建	釼鋒金	房
8日	08/10	金	癸酉	除	釼鋒金	心
9日	08/11	土	甲戌	満	山頭火	尾
10日	08/12	日	乙亥	平	山頭火	箕
11日	08/13	月	丙子	定	澗下水	斗
12日	08/14	火	丁丑	執	澗下水	女
13日▽	08/15	水	戊寅	破	城頭土	虚
14日	08/16	木	己卯	危	城頭土	危
15日	08/17	金	庚辰	成	白鑞金	室
16日☆	08/18	土	辛巳	納	白鑞金	壁
17日	08/19	日	壬午	開	楊柳木	奎
18日	08/20	月	癸未	閉	楊柳木	婁
19日	08/21	火	甲申	建	井泉水	胃
20日	08/22	水	乙酉	除	井泉水	昴
21日△	08/23	木	丙戌	満	屋上土	畢
22日	08/24	金	丁亥	平	屋上土	觜
23日	08/25	土	戊子	定	霹靂火	参
24日	08/26	日	己丑	執	霹靂火	井
25日	08/27	月	庚寅	破	松柏木	柳
26日	08/28	火	辛卯	危	松柏木	星
27日	08/29	水	壬辰	成	長流水	張
28日	08/30	木	癸巳	納	長流水	翼
29日	08/31	金	甲午	開	沙中金	軫
30日	09/01	土	乙未	閉	沙中金	角

【八月小 辛酉 角】
節気 白露 7日・秋分 22日
雑節 二百十日 3日・社日 23日・彼岸 24日

1日	09/02	日	丙申	建	山下火	角
2日	09/03	月	丁酉	除	山下火	亢
3日	09/04	火	戊戌	満	平地木	氐
4日	09/05	水	己亥	平	平地木	房
5日	09/06	木	庚子	定	壁上土	心
6日	09/07	金	辛丑	執	壁上土	尾
7日	09/08	土	壬寅	破	金箔金	箕
8日	09/09	日	癸卯	危	金箔金	斗
9日	09/10	月	甲辰	成	覆燈火	女
10日	09/11	火	乙巳	納	覆燈火	虚
11日	09/12	水	丙午	開	天河水	危
12日	09/13	木	丁未	閉	天河水	室
13日	09/14	金	戊申	建	大駅土	壁
14日	09/15	土	己酉	除	大駅土	奎
15日	09/16	日	庚戌	満	釵釧金	婁
16日	09/17	月	辛亥	平	釵釧金	胃
17日	09/18	火	壬子	平	桑柘木	昴
18日	09/19	水	癸丑	定	桑柘木	畢
19日	09/20	木	甲寅	執	大溪水	觜
20日	09/21	金	乙卯	破	大溪水	参
21日	09/22	土	丙辰	危	沙中土	井
22日	09/23	日	丁巳	成	沙中土	鬼
23日	09/24	月	戊午	納	天上火	柳
24日	09/25	火	己未	開	天上火	星
25日	09/26	水	庚申	閉	柘榴木	張
26日	09/27	木	辛酉	建	柘榴木	翼
27日	09/28	金	壬戌	除	大海水	軫
28日	09/29	土	癸亥	満	大海水	角
29日	09/30	日	甲子	平	海中金	亢

【九月大 壬戌 氐】
節気 寒露 8日・霜降 23日
雑節 土用 20日

1日	10/01	月	乙丑	定	海中金	氐
2日	10/02	火	丙寅	執	炉中火	房
3日	10/03	水	丁卯	破	炉中火	心
4日	10/04	木	戊辰	危	大林木	尾
5日	10/05	金	己巳	成	大林木	箕

6日	10/06	土	庚午	納	路傍土	斗
7日	10/07	日	辛未	開	路傍土	女
8日	10/08	月	壬申	閉	釼鋒金	虚
9日	10/09	火	癸酉	閉	釼鋒金	危
10日	10/10	水	甲戌	除	山頭火	室
11日	10/11	木	乙亥	除	山頭火	壁
12日	10/12	金	丙子	満	澗下水	奎
13日	10/13	土	丁丑	平	澗下水	婁
14日	10/14	日	戊寅	定	城頭土	胃
15日	10/15	月	己卯	執	城頭土	昴
16日	10/16	火	庚辰	破	白鑞金	畢
17日▽	10/17	水	辛巳	危	白鑞金	觜
18日	10/18	木	壬午	成	楊柳木	参
19日	10/19	金	癸未	納	楊柳木	井
20日	10/20	土	甲申	開	井泉水	鬼
21日	10/21	日	乙酉	閉	井泉水	柳
22日	10/22	月	丙戌	建	屋上土	星
23日	10/23	火	丁亥	除	屋上土	張
24日	10/24	水	戊子	満	霹靂火	翼
25日	10/25	木	己丑	平	霹靂火	軫
26日	10/26	金	庚寅	定	松柏木	角
27日	10/27	土	辛卯	執	松柏木	亢
28日	10/28	日	壬辰	破	長流水	氐
29日	10/29	月	癸巳	危	長流水	房
30日	10/30	火	甲午	成	沙中金	心

【十月大 癸亥 心】
節気 立冬 9日・小雪 24日

1日	10/31	水	乙未	納	沙中金	心
2日△	11/01	木	丙申	閉	山下火	尾
3日	11/02	金	丁酉	閉	山下火	箕
4日	11/03	土	戊戌	建	平地木	斗
5日	11/04	日	己亥	除	平地木	女
6日	11/05	月	庚子	満	壁上土	虚
7日	11/06	火	辛丑	平	壁上土	危
8日	11/07	水	壬寅	定	金箔金	室
9日	11/08	木	癸卯	執	金箔金	壁
10日	11/09	金	甲辰	破	覆燈火	奎
11日	11/10	土	乙巳	危	覆燈火	婁
12日	11/11	日	丙午	危	天河水	胃
13日	11/12	月	丁未	成	天河水	昴
14日	11/13	火	戊申	納	大駅土	畢
15日	11/14	水	己酉	開	大駅土	觜
16日	11/15	木	庚戌	閉	釵釧金	参
17日	11/16	金	辛亥	建	釵釧金	井
18日	11/17	土	壬子	除	桑柘木	鬼
19日	11/18	日	癸丑	満	桑柘木	柳
20日	11/19	月	甲寅	定	大溪水	星
21日	11/20	火	乙卯	定	大溪水	張
22日	11/21	水	丙辰	執	沙中土	翼
23日	11/22	木	丁巳	破	沙中土	軫
24日	11/23	金	戊午	危	天上火	角
25日	11/24	土	己未	成	天上火	亢
26日	11/25	日	庚申	納	柘榴木	氐
27日	11/26	月	辛酉	開	柘榴木	房
28日	11/27	火	壬戌	閉	大海水	心
29日	11/28	水	癸亥	建	大海水	尾
30日	11/29	木	甲子	除	海中金	箕

【十一月大 甲子 斗】
節気 大雪 9日・冬至 24日

1日	11/30	金	乙丑	満	海中金	斗
2日	12/01	土	丙寅	平	炉中火	女
3日	12/02	日	丁卯	定	炉中火	虚
4日	12/03	月	戊辰	執	大林木	危
5日	12/04	火	己巳	破	大林木	室
6日	12/05	水	庚午	危	路傍土	壁
7日	12/06	木	辛未	成	路傍土	奎

8日	12/07	金	壬申	納	釼鋒金	婁
9日	12/08	土	癸酉	開	釼鋒金	胃
10日	12/09	日	甲戌	閉	山頭火	昴
11日	12/10	月	乙亥	閉	山頭火	畢
12日	12/11	火	丙子	建	澗下水	参
13日	12/12	水	丁丑	除	澗下水	井
14日	12/13	木	戊寅	満	城頭土	鬼
15日	12/14	金	己卯	平	城頭土	柳
16日	12/15	土	庚辰	定	白鑞金	星
17日	12/16	日	辛巳	執	白鑞金	張
18日	12/17	月	壬午	破	楊柳木	翼
19日	12/18	火	癸未	危	楊柳木	軫
20日▽	12/19	水	甲申	危	井泉水	角
21日	12/20	木	乙酉	納	井泉水	亢
22日	12/21	金	丙戌	開	屋上土	氐
23日	12/22	土	丁亥	閉	屋上土	房
24日	12/23	日	戊子	建	霹靂火	心
25日	12/24	月	己丑	除	霹靂火	尾
26日	12/25	火	庚寅	満	松柏木	箕
27日	12/26	水	辛卯	平	松柏木	斗
28日	12/27	木	壬辰	定	長流水	女
29日	12/28	金	癸巳	執	長流水	虚
30日	12/29	土	甲午	破	沙中金	危

【十二月小 乙丑 虚】
節気 小寒 9日・大寒 25日
雑節 土用 22日

| 1日 | 12/30 | 日 | 乙未 | 危 | 沙中金 | 虚 |
| 2日 | 12/31 | 月 | 丙申 | 成 | 山下火 | 危 |

1664年

3日	01/01	火	丁酉	納	山下火	室
4日	01/02	水	戊戌	開	平地木	壁
5日	01/03	木	己亥	閉	平地木	奎
6日	01/04	金	庚子	建	壁上土	婁
7日	01/05	土	辛丑	除	壁上土	胃
8日	01/06	日	壬寅	満	金箔金	昴
9日	01/07	月	癸卯	平	金箔金	畢
10日	01/08	火	甲辰	定	覆燈火	觜
11日	01/09	水	乙巳	執	覆燈火	参
12日△	01/10	木	丙午	執	天河水	井
13日	01/11	金	丁未	破	天河水	鬼
14日	01/12	土	戊申	危	大駅土	柳
15日	01/13	日	己酉	成	大駅土	星
16日	01/14	月	庚戌	納	釵釧金	張
17日	01/15	火	辛亥	開	釵釧金	翼
18日	01/16	水	壬子	閉	桑柘木	軫
19日	01/17	木	癸丑	建	桑柘木	角
20日	01/18	金	甲寅	除	大溪水	亢
21日	01/19	土	乙卯	満	大溪水	氐
22日	01/20	日	丙辰	定	沙中土	房
23日	01/21	月	丁巳	定	沙中土	心
24日	01/22	火	戊午	執	天上火	尾
25日	01/23	水	己未	破	天上火	箕
26日	01/24	木	庚申	危	柘榴木	斗
27日	01/25	金	辛酉	成	柘榴木	女
28日	01/26	土	壬戌	納	大海水	虚
29日	01/27	日	癸亥	開	大海水	危

— 165 —

寛文4年
1664～1665　甲辰

【正月大 丙寅 室】
節気 立春 11日・雨水 26日
雑節 節分 10日

日	月日	曜	干支	直	納音	宿
1日	01/28	月	甲子	閉	海中金	室
2日	01/29	火	乙丑	建	海中金	壁
3日	01/30	水	丙寅	除	爐中火	奎
4日	01/31	木	丁卯	満	爐中火	婁
5日	02/01	金	戊辰	平	大林木	胃
6日	02/02	土	己巳	定	大林木	昴
7日	02/03	日	庚午	執	路傍土	畢
8日	02/04	月	辛未	破	路傍土	觜
9日	02/05	火	壬申	危	釼鋒金	參
10日	02/06	水	癸酉	成	釼鋒金	井
11日	02/07	木	甲戌	納	山頭火	鬼
12日	02/08	金	乙亥	開	山頭火	柳
13日	02/09	土	丙子	閉	澗下水	星
14日	02/10	日	丁丑	建	澗下水	張
15日☆	02/11	月	戊寅	除	城頭土	翼
16日	02/12	火	己卯	満	城頭土	軫
17日	02/13	水	庚辰	平	白鑞金	角
18日	02/14	木	辛巳	定	白鑞金	亢
19日	02/15	金	壬午	執	楊柳木	氐
20日	02/16	土	癸未	破	楊柳木	房
21日	02/17	日	甲申	危	井泉水	心
22日	02/18	月	乙酉	成	井泉水	尾
23日	02/19	火	丙戌	納	屋上土	箕
24日▽	02/20	水	丁亥	開	屋上土	斗
25日	02/21	木	戊子	閉	霹靂火	牛
26日	02/22	金	己丑	建	霹靂火	女
27日	02/23	土	庚寅	除	松柏木	虚
28日	02/24	日	辛卯	満	松柏木	危
29日	02/25	月	壬辰	平	長流水	室
30日	02/26	火	癸巳	平	長流水	壁

【二月大 丁卯 奎】
節気 啓蟄 12日・春分 27日
雑節 社日 25日・彼岸 29日

日	月日	曜	干支	直	納音	宿
1日	02/27	水	甲午	定	沙中金	奎
2日	02/28	木	乙未	執	沙中金	婁
3日	02/29	金	丙申	破	山下火	胃
4日	03/01	土	丁酉	危	山下火	昴
5日	03/02	日	戊戌	成	平地木	畢
6日	03/03	月	己亥	納	平地木	觜
7日	03/04	火	庚子	開	壁上土	參
8日	03/05	水	辛丑	閉	壁上土	井
9日	03/06	木	壬寅	建	金箔金	鬼
10日	03/07	金	癸卯	除	金箔金	柳
11日	03/08	土	甲辰	満	覆燈火	星
12日	03/09	日	乙巳	平	覆燈火	張
13日	03/10	月	丙午	定	天河水	翼
14日	03/11	火	丁未	執	天河水	軫
15日	03/12	水	戊申	破	大驛土	角
16日	03/13	木	己酉	危	大驛土	亢
17日	03/14	金	庚戌	成	釼釧金	氐
18日	03/15	土	辛亥	納	釼釧金	房
19日	03/16	日	壬子	開	桑柘木	心
20日	03/17	月	癸丑	閉	桑柘木	尾
21日	03/18	火	甲寅	建	大溪水	箕
22日△	03/19	水	乙卯	除	大溪水	斗
23日	03/20	木	丙辰	満	沙中土	牛
24日	03/21	金	丁巳	平	沙中土	女
25日	03/22	土	戊午	定	天上火	虚
26日	03/23	日	己未	執	天上火	危
27日	03/24	月	庚申	破	柘榴木	室
28日	03/25	火	辛酉	危	柘榴木	壁
29日	03/26	水	壬戌	成	大海水	奎
30日	03/27	木	癸亥	納	大海水	婁

【三月小 戊辰 胃】
節気 清明 12日・穀雨 27日
雑節 土用 24日

日	月日	曜	干支	直	納音	宿
1日	03/28	金	甲子	納	海中金	胃
2日	03/29	土	乙丑	開	海中金	昴
3日	03/30	日	丙寅	閉	爐中火	畢
4日	03/31	月	丁卯	建	爐中火	觜
5日	04/01	火	戊辰	除	大林木	參
6日	04/02	水	己巳	満	大林木	井
7日	04/03	木	庚午	平	路傍土	鬼
8日	04/04	金	辛未	定	路傍土	柳
9日	04/05	土	壬申	執	釼鋒金	星
10日	04/06	日	癸酉	破	釼鋒金	張
11日	04/07	月	甲戌	危	山頭火	翼
12日	04/08	火	乙亥	成	山頭火	軫
13日	04/09	水	丙子	納	澗下水	角
14日	04/10	木	丁丑	開	澗下水	亢
15日	04/11	金	戊寅	閉	城頭土	氐
16日	04/12	土	己卯	閉	城頭土	房
17日	04/13	日	庚辰	建	白鑞金	心
18日	04/14	月	辛巳	除	白鑞金	尾
19日	04/15	火	壬午	満	楊柳木	箕
20日	04/16	水	癸未	平	楊柳木	斗
21日	04/17	木	甲申	定	井泉水	牛
22日	04/18	金	乙酉	執	井泉水	女
23日	04/19	土	丙戌	破	屋上土	虚
24日	04/20	日	丁亥	危	屋上土	危
25日	04/21	月	戊子	成	霹靂火	室
26日	04/22	火	己丑	納	霹靂火	壁
27日▽	04/23	水	庚寅	開	松柏木	奎
28日	04/24	木	辛卯	閉	松柏木	婁
29日	04/25	金	壬辰	建	長流水	胃

【四月大 己巳 畢】
節気 立夏 13日・小満 28日
雑節 八十八夜 9日

日	月日	曜	干支	直	納音	宿
1日	04/26	土	癸巳	除	長流水	畢
2日	04/27	日	甲午	満	沙中金	觜
3日	04/28	月	乙未	平	沙中金	參
4日	04/29	火	丙申	定	山下火	井
5日	04/30	水	丁酉	執	山下火	鬼
6日	05/01	木	戊戌	破	平地木	柳
7日	05/02	金	己亥	危	平地木	星
8日	05/03	土	庚子	成	壁上土	張
9日	05/04	日	辛丑	納	壁上土	翼
10日	05/05	月	壬寅	開	金箔金	軫
11日	05/06	火	癸卯	閉	金箔金	角
12日	05/07	水	甲辰	建	覆燈火	亢
13日	05/08	木	乙巳	建	覆燈火	氐
14日	05/09	金	丙午	除	天河水	房
15日	05/10	土	丁未	満	天河水	心
16日	05/11	日	戊申	平	大驛土	尾
17日	05/12	月	己酉	定	大驛土	箕
18日	05/13	火	庚戌	執	釼釧金	斗
19日	05/14	水	辛亥	破	釼釧金	牛
20日	05/15	木	壬子	危	桑柘木	女
21日	05/16	金	癸丑	成	桑柘木	虚
22日	05/17	土	甲寅	納	大溪水	危
23日	05/18	日	乙卯	開	大溪水	室
24日	05/19	月	丙辰	閉	沙中土	壁
25日	05/20	火	丁巳	建	沙中土	奎
26日	05/21	水	戊午	除	天上火	婁
27日	05/22	木	己未	満	天上火	胃
28日	05/23	金	庚申	平	柘榴木	昴
29日	05/24	土	辛酉	定	柘榴木	畢
30日	05/25	日	壬戌	執	大海水	觜

【五月小 庚午 參】
節気 芒種 14日・夏至 29日
雑節 入梅 20日

日	月日	曜	干支	直	納音	宿
1日	05/26	月	癸亥	破	大海水	參
2日	05/27	火	甲子	危	海中金	井
3日△	05/28	水	乙丑	成	海中金	鬼
4日	05/29	木	丙寅	納	爐中火	柳
5日	05/30	金	丁卯	開	爐中火	星
6日	05/31	土	戊辰	閉	大林木	張
7日	06/01	日	己巳	建	大林木	翼
8日	06/02	月	庚午	除	路傍土	軫
9日	06/03	火	辛未	満	路傍土	角
10日	06/04	水	壬申	平	釼鋒金	亢
11日	06/05	木	癸酉	定	釼鋒金	氐
12日	06/06	金	甲戌	執	山頭火	房
13日	06/07	土	乙亥	破	山頭火	心
14日	06/08	日	丙子	危	澗下水	尾
15日	06/09	月	丁丑	成	澗下水	箕
16日	06/10	火	戊寅	納	城頭土	斗
17日	06/11	水	己卯	開	城頭土	牛
18日	06/12	木	庚辰	閉	白鑞金	女
19日	06/13	金	辛巳	建	白鑞金	虚
20日	06/14	土	壬午	除	楊柳木	危
21日	06/15	日	癸未	満	楊柳木	室
22日	06/16	月	甲申	平	井泉水	壁
23日	06/17	火	乙酉	定	井泉水	奎
24日	06/18	水	丙戌	執	屋上土	婁
25日	06/19	木	丁亥	破	屋上土	胃
26日	06/20	金	戊子	危	霹靂火	昴
27日	06/21	土	己丑	成	霹靂火	畢
28日	06/22	日	庚寅	納	松柏木	觜
29日	06/23	月	辛卯	開	松柏木	參

【閏五月小 庚午 參】
節気 小暑 15日
雑節 半夏生 10日・土用 27日

日	月日	曜	干支	直	納音	宿
1日	06/24	火	壬辰	開	長流水	參
2日	06/25	水	癸巳	閉	長流水	井
3日	06/26	木	甲午	除	沙中金	鬼
4日	06/27	金	乙未	満	沙中金	柳
5日	06/28	土	丙申	平	山下火	星
6日	06/29	日	丁酉	定	山下火	張
7日	06/30	月	戊戌	執	平地木	翼
8日	07/01	火	己亥	破	平地木	軫
9日	07/02	水	庚子	危	壁上土	角
10日	07/03	木	辛丑	成	壁上土	亢
11日	07/04	金	壬寅	納	金箔金	氐
12日	07/05	土	癸卯	開	金箔金	房
13日	07/06	日	甲辰	閉	覆燈火	心
14日	07/07	月	乙巳	建	覆燈火	尾
15日	07/08	火	丙午	除	天河水	箕
16日	07/09	水	丁未	満	天河水	斗
17日	07/10	木	戊申	定	大驛土	牛
18日	07/11	金	己酉	定	大驛土	女
19日	07/12	土	庚戌	執	釼釧金	虚
20日	07/13	日	辛亥	破	釼釧金	危
21日	07/14	月	壬子	危	桑柘木	室
22日	07/15	火	癸丑	成	桑柘木	壁
23日	07/16	水	甲寅	納	大溪水	奎
24日	07/17	木	乙卯	開	大溪水	婁
25日	07/18	金	丙辰	閉	沙中土	胃
26日	07/19	土	丁巳	建	沙中土	昴
27日	07/20	日	戊午	除	天上火	畢
28日	07/21	月	己未	満	天上火	觜
29日	07/22	火	庚申	平	柘榴木	參

【六月小 辛未 鬼】
節気 大暑 1日・立秋 17日

日	月日	曜	干支	直	納音	宿
1日	07/23	水	辛酉	満	柘榴木	鬼
2日	07/24	木	壬戌	定	大海水	柳
3日	07/25	金	癸亥	執	大海水	星
4日	07/26	土	甲子	破	海中金	張
5日	07/27	日	乙丑	危	海中金	翼
6日	07/28	月	丙寅	成	爐中火	軫
7日	07/29	火	丁卯	納	爐中火	角
8日	07/30	水	戊辰	開	大林木	亢
9日	07/31	木	己巳	閉	大林木	氐
10日	08/01	金	庚午	建	路傍土	房
11日	08/02	土	辛未	除	路傍土	心
12日	08/03	日	壬申	満	釼鋒金	尾
13日	08/04	月	癸酉	平	釼鋒金	箕
14日	08/05	火	甲戌	定	山頭火	斗
15日△	08/06	水	乙亥	執	山頭火	牛

寛文4年

日	西暦	曜	干支	直	納音	宿
16日	08/07	木	丙子	執	澗下水	虚
17日	08/08	金	丁丑	破	澗下水	危
18日	08/09	土	戊寅	破	城頭土	室
19日	08/10	日	己卯	危	城頭土	壁
20日	08/11	月	庚辰	成	白鑞金	奎
21日	08/12	火	辛巳	納	白鑞金	婁
22日	08/13	水	壬午	開	楊柳木	胃
23日	08/14	木	癸未	閉	楊柳木	昴
24日	08/15	金	甲申	建	井泉水	畢
25日	08/16	土	乙酉	除	井泉水	觜
26日	08/17	日	丙戌	満	屋上土	参
27日	08/18	月	丁亥	平	屋上土	井
28日	08/19	火	戊子	定	霹靂火	鬼
29日	08/20	水	己丑	執	霹靂火	柳

【七月大 壬申 張】
節気 処暑 3日・白露 18日
雑節 二百十日 14日・社日 29日

日	西暦	曜	干支	直	納音	宿
1日	08/21	木	庚寅	破	松柏木	張
2日	08/22	金	辛卯	危	松柏木	翼
3日	08/23	土	壬辰	成	長流水	軫
4日	08/24	日	癸巳	納	長流水	角
5日	08/25	月	甲午	開	沙中金	亢
6日▽	08/26	火	乙未	閉	沙中金	氐
7日	08/27	水	丙申	除	山下火	房
8日	08/28	木	丁酉	満	山下火	心
9日	08/29	金	戊戌	平	平地木	尾
10日	08/30	土	己亥	定	平地木	箕
11日	08/31	日	庚子	執	壁上土	斗
12日	09/01	月	辛丑	破	壁上土	女
13日	09/02	火	壬寅	危	金箔金	虚
14日	09/03	水	癸卯	成	金箔金	危
15日	09/04	木	甲辰	納	覆燈火	室
16日	09/05	金	乙巳	開	覆燈火	壁
17日	09/06	土	丙午	閉	天河水	奎
18日	09/07	日	丁未	除	天河水	婁
19日	09/08	月	戊申	満	大駅土	胃
20日	09/09	火	己酉	平	大駅土	昴
21日	09/10	水	庚戌	定	釵釧金	畢
22日	09/11	木	辛亥	執	釵釧金	觜
23日	09/12	金	壬子	破	桑柘木	参
24日	09/13	土	癸丑	危	桑柘木	井
25日	09/14	日	甲寅	成	大溪水	鬼
26日	09/15	月	乙卯	納	大溪水	柳
27日	09/16	火	丙辰	開	沙中土	星
28日	09/17	水	丁巳	閉	沙中土	張
29日	09/18	木	戊午	建	天上火	翼
30日	09/19	金	己未	除	天上火	軫

【八月小 癸酉 角】
節気 秋分 3日・寒露 18日
雑節 彼岸 5日

日	西暦	曜	干支	直	納音	宿
1日	09/20	土	庚申	閉	柘榴木	角
2日	09/21	日	辛酉	建	柘榴木	亢
3日	09/22	月	壬戌	除	大海水	氐
4日	09/23	火	癸亥	満	大海水	房
5日	09/24	水	甲子	平	海中金	心
6日	09/25	木	乙丑	定	海中金	尾
7日	09/26	金	丙寅	執	炉中火	箕
8日	09/27	土	丁卯	破	炉中火	斗
9日	09/28	日	戊辰	危	大林木	女
10日	09/29	月	己巳	成	大林木	虚
11日	09/30	火	庚午	納	路傍土	危
12日	10/01	水	辛未	開	路傍土	室
13日	10/02	木	壬申	閉	剣鋒金	壁
14日	10/03	金	癸酉	建	剣鋒金	奎
15日	10/04	土	甲戌	除	山頭火	婁
16日	10/05	日	乙亥	満	山頭火	胃
17日	10/06	月	丙子	平	澗下水	昴
18日	10/07	火	丁丑	定	澗下水	畢
19日	10/08	水	戊寅	執	城頭土	觜
20日	10/09	木	己卯	破	城頭土	参
21日	10/10	金	庚辰	危	白鑞金	井

日	西暦	曜	干支	直	納音	宿
22日	10/11	土	辛巳	危	白鑞金	鬼
23日	10/12	日	壬午	成	楊柳木	柳
24日	10/13	月	癸未	納	楊柳木	星
25日△	10/14	火	甲申	開	井泉水	張
26日	10/15	水	乙酉	閉	井泉水	翼
27日	10/16	木	丙戌	建	屋上土	軫
28日	10/17	金	丁亥	除	屋上土	角
29日	10/18	土	戊子	満	霹靂火	亢

【九月大 甲戌 氐】
節気 霜降 5日・立冬 20日
雑節 土用 2日

日	西暦	曜	干支	直	納音	宿
1日	10/19	日	己丑	平	霹靂火	氐
2日	10/20	月	庚寅	定	松柏木	房
3日	10/21	火	辛卯	執	松柏木	心
4日	10/22	水	壬辰	破	長流水	尾
5日	10/23	木	癸巳	危	長流水	箕
6日	10/24	金	甲午	成	沙中金	斗
7日	10/25	土	乙未	納	沙中金	女
8日	10/26	日	丙申	開	山下火	虚
9日	10/27	月	丁酉	閉	山下火	危
10日▽	10/28	火	戊戌	建	平地木	室
11日	10/29	水	己亥	除	平地木	壁
12日	10/30	木	庚子	満	壁上土	奎
13日	10/31	金	辛丑	平	壁上土	婁
14日	11/01	土	壬寅	定	金箔金	胃
15日	11/02	日	癸卯	執	金箔金	昴
16日	11/03	月	甲辰	破	覆燈火	畢
17日	11/04	火	乙巳	危	覆燈火	觜
18日	11/05	水	丙午	成	天河水	参
19日	11/06	木	丁未	納	天河水	井
20日	11/07	金	戊申	開	大駅土	鬼
21日	11/08	土	己酉	閉	大駅土	柳
22日	11/09	日	庚戌	閉	釵釧金	星
23日	11/10	月	辛亥	建	釵釧金	張
24日	11/11	火	壬子	除	桑柘木	翼
25日	11/12	水	癸丑	満	桑柘木	軫
26日	11/13	木	甲寅	平	大溪水	角
27日	11/14	金	乙卯	定	大溪水	亢
28日	11/15	土	丙辰	執	沙中土	氐
29日	11/16	日	丁巳	破	沙中土	房
30日	11/17	月	戊午	危	天上火	心

【十月大 乙亥 心】
節気 小雪 5日・大雪 20日

日	西暦	曜	干支	直	納音	宿
1日	11/18	火	己未	納	天上火	心
2日	11/19	水	庚申	開	柘榴木	尾
3日	11/20	木	辛酉	閉	柘榴木	箕
4日	11/21	金	壬戌	建	大海水	斗
5日	11/22	土	癸亥	除	大海水	女
6日	11/23	日	甲子	満	海中金	虚
7日	11/24	月	乙丑	平	海中金	危
8日	11/25	火	丙寅	定	炉中火	室
9日	11/26	水	丁卯	執	炉中火	壁
10日	11/27	木	戊辰	破	大林木	奎
11日	11/28	金	己巳	危	大林木	婁
12日	11/29	土	庚午	成	路傍土	胃
13日	11/30	日	辛未	納	路傍土	昴
14日	12/01	月	壬申	開	剣鋒金	畢
15日	12/02	火	癸酉	閉	剣鋒金	觜
16日	12/03	水	甲戌	建	山頭火	参
17日	12/04	木	乙亥	除	山頭火	井
18日	12/05	金	丙子	満	澗下水	鬼
19日	12/06	土	丁丑	平	澗下水	柳
20日	12/07	日	戊寅	定	城頭土	星
21日	12/08	月	己卯	執	城頭土	張
22日	12/09	火	庚辰	破	白鑞金	翼
23日	12/10	水	辛巳	危	白鑞金	軫
24日	12/11	木	壬午	成	楊柳木	角
25日	12/12	金	癸未	納	楊柳木	亢
26日	12/13	土	甲申	開	井泉水	氐
27日	12/14	日	乙酉	納	井泉水	房
28日	12/15	月	丙戌	開	屋上土	心

日	西暦	曜	干支	直	納音	宿
29日	12/16	火	丁亥	閉	屋上土	尾
30日	12/17	水	戊子	建	霹靂火	箕

【十一月小 丙子 斗】
節気 冬至 5日・小寒 21日

日	西暦	曜	干支	直	納音	宿
1日	12/18	木	己丑	除	霹靂火	斗
2日	12/19	金	庚寅	平	松柏木	女
3日	12/20	土	辛卯	定	松柏木	虚
4日	12/21	日	壬辰	執	長流水	危
5日	12/22	月	癸巳	執	長流水	室
6日△	12/23	火	甲午	破	沙中金	壁
7日	12/24	水	乙未	危	沙中金	奎
8日	12/25	木	丙申	成	山下火	婁
9日	12/26	金	丁酉	納	山下火	胃
10日	12/27	土	戊戌	開	平地木	昴
11日	12/28	日	己亥	閉	平地木	畢
12日	12/29	月	庚子	建	壁上土	觜
13日▽	12/30	火	辛丑	除	壁上土	参
14日	12/31	水	壬寅	満	金箔金	井

1665年

日	西暦	曜	干支	直	納音	宿
15日	01/01	木	癸卯	平	金箔金	鬼
16日	01/02	金	甲辰	定	覆燈火	柳
17日	01/03	土	乙巳	執	覆燈火	星
18日	01/04	日	丙午	破	天河水	張
19日	01/05	月	丁未	危	天河水	翼
20日	01/06	火	戊申	成	大駅土	軫
21日	01/07	水	己酉	納	大駅土	角
22日	01/08	木	庚戌	納	釵釧金	亢
23日	01/09	金	辛亥	開	釵釧金	氐
24日	01/10	土	壬子	建	桑柘木	房
25日	01/11	日	癸丑	除	桑柘木	心
26日	01/12	月	甲寅	満	大溪水	尾
27日	01/13	火	乙卯	平	大溪水	箕
28日	01/14	水	丙辰	定	沙中土	斗
29日	01/15	木	丁巳	執	沙中土	女

【十二月大 丁丑 虚】
節気 大寒 7日・立春 22日
雑節 土用 4日・節分 21日

日	西暦	曜	干支	直	納音	宿
1日◎	01/16	金	戊午	執	天上火	虚
2日	01/17	土	己未	破	天上火	危
3日	01/18	日	庚申	危	柘榴木	室
4日	01/19	月	辛酉	成	柘榴木	壁
5日	01/20	火	壬戌	納	大海水	奎
6日	01/21	水	癸亥	開	大海水	婁
7日	01/22	木	甲子	閉	海中金	胃
8日	01/23	金	乙丑	建	海中金	昴
9日	01/24	土	丙寅	除	炉中火	畢
10日	01/25	日	丁卯	満	炉中火	觜
11日	01/26	月	戊辰	平	大林木	参
12日	01/27	火	己巳	定	大林木	井
13日	01/28	水	庚午	執	路傍土	鬼
14日	01/29	木	辛未	破	路傍土	柳
15日	01/30	金	壬申	危	剣鋒金	星
16日	01/31	土	癸酉	成	剣鋒金	張
17日	02/01	日	甲戌	納	山頭火	翼
18日	02/02	月	乙亥	開	山頭火	軫
19日	02/03	火	丙子	閉	澗下水	角
20日	02/04	水	丁丑	建	澗下水	亢
21日	02/05	木	戊寅	除	城頭土	氐
22日	02/06	金	己卯	満	城頭土	房
23日	02/07	土	庚辰	平	白鑞金	心
24日	02/08	日	辛巳	定	白鑞金	尾
25日	02/09	月	壬午	執	楊柳木	箕
26日	02/10	火	癸未	破	楊柳木	斗
27日	02/11	水	甲申	危	井泉水	女
28日	02/12	木	乙酉	成	井泉水	虚
29日	02/13	金	丙戌	納	屋上土	危
30日	02/14	土	丁亥	開	屋上土	室

寛文5年

1665～1666 乙巳

【正月大 戊寅 室】

節気 雨水 7日・啓蟄 23日

日	月/日	曜	干支	直	納音	宿
1日	02/15	日	戊子	開	霹靂火	室
2日	02/16	月	己丑	閉	霹靂火	壁
3日	02/17	火	庚寅	建	松柏木	奎
4日	02/18	水	辛卯	除	松柏木	婁
5日	02/19	木	壬辰	満	長流水	胃
6日	02/20	金	癸巳	平	長流水	昴
7日	02/21	土	甲午	定	沙中金	畢
8日	02/22	日	乙未	執	沙中金	觜
9日	02/23	月	丙申	破	山下火	参
10日	02/24	火	丁酉	危	山下火	井
11日	02/25	水	戊戌	成	平地木	鬼
13日	02/26	木	己亥	納	平地木	柳
13日	02/27	金	庚子	開	壁上土	星
14日	02/28	土	辛丑	閉	壁上土	張
15日	03/01	日	壬寅	建	金箔金	翼
16日	03/02	月	癸卯	除	金箔金	軫
17日⊖	03/03	火	甲辰	満	覆燈火	角
18日	03/04	水	乙巳	平	覆燈火	亢
19日	03/05	木	丙午	定	天河水	氐
20日	03/06	金	丁未	執	天河水	房
21日	03/07	土	戊申	破	大駅土	心
22日	03/08	日	己酉	危	大駅土	尾
23日	03/09	月	庚戌	成	釵釧金	箕
24日	03/10	火	辛亥	成	釵釧金	斗
25日	03/11	水	壬子	納	桑柘木	女
26日	03/12	木	癸丑	開	桑柘木	虚
27日	03/13	金	甲寅	閉	大溪水	危
28日	03/14	土	乙卯	建	大溪水	室
29日	03/15	日	丙辰	除	沙中土	壁
30日	03/16	月	丁巳	満	沙中土	奎

【二月大 己卯 奎】

節気 春分 8日・清明 23日

雑節 彼岸 10日・社日 11日

日	月/日	曜	干支	直	納音	宿
1日	03/17	火	戊午	平	天上火	奎
2日	03/18	水	己未	定	天上火	婁
3日	03/19	木	庚申	執	柏榴木	胃
4日	03/20	金	辛酉	破	柏榴木	昴
5日	03/21	土	壬戌	危	大海水	畢
6日	03/22	日	癸亥	成	大海水	觜
7日	03/23	月	甲子	納	海中金	参
8日	03/24	火	乙丑	開	海中金	井
9日	03/25	水	丙寅	閉	爐中火	鬼
10日	03/26	木	丁卯	建	爐中火	柳
11日	03/27	金	戊辰	除	大林木	星
12日	03/28	土	己巳	満	大林木	張
13日	03/29	日	庚午	定	路傍土	翼
14日	03/30	月	辛未	執	路傍土	軫
15日	03/31	火	壬申	破	釵鋒金	角
16日	04/01	水	癸酉	危	釵鋒金	亢
17日	04/02	木	甲戌	成	山頭火	氐
18日	04/03	金	乙亥	納	山頭火	房
19日	04/04	土	丙子	納	澗下水	心
20日	04/05	日	丁丑	開	澗下水	尾
21日	04/06	月	戊寅	閉	城頭土	箕
22日	04/07	火	己卯	建	城頭土	斗
23日	04/08	水	庚辰	除	白鑞金	女
24日	04/09	木	辛巳	満	白鑞金	虚
25日	04/10	金	壬午	満	楊柳木	危
26日	04/11	土	癸未	平	楊柳木	室
27日	04/12	日	甲申	定	井泉水	壁
28日	04/13	月	乙酉	執	井泉水	奎
29日	04/14	火	丙戌	破	屋上土	婁
30日	04/15	水	丁亥	危	屋上土	胃

【三月小 庚辰 胃】

節気 穀雨 8日・立夏 23日

雑節 土用 5日・八十八夜 19日

日	月/日	曜	干支	直	納音	宿
1日	04/16	木	戊子	成	霹靂火	昴
2日	04/17	金	己丑	納	霹靂火	昴
3日	04/18	土	庚寅	開	松柏木	畢
4日	04/19	日	辛卯	閉	松柏木	觜
5日	04/20	月	壬辰	建	長流水	参
6日	04/21	火	癸巳	除	長流水	井
7日	04/22	水	甲午	満	沙中金	鬼
8日	04/23	木	乙未	定	沙中金	柳
9日	04/24	金	丙申	執	山下火	星
10日	04/25	土	丁酉	破	山下火	張
11日	04/26	日	戊戌	破	平地木	翼
12日	04/27	月	己亥	成	平地木	軫
13日	04/28	火	庚子	納	壁上土	角
14日	04/29	水	辛丑	納	壁上土	亢
15日	04/30	木	壬寅	開	金箔金	氐
16日	05/01	金	癸卯	閉	金箔金	房
17日	05/02	土	甲辰	建	覆燈火	心
18日	05/03	日	乙巳	除	覆燈火	尾
19日	05/04	月	丙午	満	天河水	箕
20日▽	05/05	火	丁未	定	天河水	斗
21日	05/06	水	戊申	定	大駅土	女
22日	05/07	木	己酉	執	大駅土	虚
23日	05/08	金	庚戌	破	釵釧金	室
24日	05/09	土	辛亥	危	釵釧金	壁
25日	05/10	日	壬子	危	桑柘木	壁
26日△	05/11	月	癸丑	成	桑柘木	奎
27日	05/12	火	甲寅	納	大溪水	婁
28日	05/13	水	乙卯	開	大溪水	胃
29日	05/14	木	丙辰	閉	沙中土	昴

【四月大 辛巳 畢】

節気 小満 10日・芒種 25日

雑節 入梅 26日

日	月/日	曜	干支	直	納音	宿
1日	05/15	金	丁巳	建	沙中土	畢
2日	05/16	土	戊午	除	天上火	觜
3日	05/17	日	己未	満	天上火	参
4日	05/18	月	庚申	執	柏榴木	井
5日	05/19	火	辛酉	定	柏榴木	鬼
6日	05/20	水	壬戌	執	大海水	柳
7日	05/21	木	癸亥	破	大海水	星
8日	05/22	金	甲子	危	海中金	張
9日	05/23	土	乙丑	成	海中金	翼
10日	05/24	日	丙寅	納	爐中火	軫
11日	05/25	月	丁卯	開	爐中火	角
12日	05/26	火	戊辰	閉	大林木	亢
13日	05/27	水	己巳	建	大林木	氐
14日	05/28	木	庚午	除	路傍土	房
15日	05/29	金	辛未	満	路傍土	心
16日	05/30	土	壬申	平	釵鋒金	尾
17日	05/31	日	癸酉	定	釵鋒金	箕
18日	06/01	月	甲戌	執	山頭火	斗
19日	06/02	火	乙亥	破	山頭火	女
20日	06/03	水	丙子	危	澗下水	虚
21日	06/04	木	丁丑	成	澗下水	危
22日	06/05	金	戊寅	納	城頭土	室
23日	06/06	土	己卯	開	城頭土	壁
24日	06/07	日	庚辰	閉	白鑞金	奎
25日	06/08	月	辛巳	建	白鑞金	婁
26日	06/09	火	壬午	建	楊柳木	胃
27日	06/10	水	癸未	除	楊柳木	昴
28日	06/11	木	甲申	満	井泉水	畢
29日	06/12	金	乙酉	平	井泉水	觜
30日	06/13	土	丙戌	定	屋上土	参

【五月小 壬午 参】

節気 夏至 10日・小暑 25日

雑節 半夏生 20日

日	月/日	曜	干支	直	納音	宿
1日	06/14	日	丁亥	執	屋上土	参
2日	06/15	月	戊子	破	霹靂火	井
3日	06/16	火	己丑	危	霹靂火	鬼
4日	06/17	水	庚寅	成	松柏木	柳
5日	06/18	木	辛卯	納	松柏木	星
6日	06/19	金	壬辰	閉	長流水	張
7日	06/20	土	癸巳	閉	長流水	翼
8日	06/21	日	甲午	建	沙中金	軫
9日	06/22	月	乙未	除	沙中金	角
10日	06/23	火	丙申	満	山下火	亢
11日	06/24	水	丁酉	平	山下火	氐
12日	06/25	木	戊戌	定	平地木	房
13日	06/26	金	己亥	執	平地木	心
14日	06/27	土	庚子	破	壁上土	尾
15日	06/28	日	辛丑	危	壁上土	箕
16日	06/29	月	壬寅	成	金箔金	斗
17日	06/30	火	癸卯	納	金箔金	女
18日	07/01	水	甲辰	開	覆燈火	虚
19日	07/02	木	乙巳	閉	覆燈火	危
20日	07/03	金	丙午	除	天河水	室
21日	07/04	土	丁未	除	天河水	壁
22日	07/05	日	戊申	満	大駅土	奎
23日	07/06	月	己酉	平	大駅土	婁
24日▽	07/07	火	庚戌	定	釵釧金	胃
25日	07/08	水	辛亥	執	釵釧金	昴
26日	07/09	木	壬子	破	桑柘木	畢
27日	07/10	金	癸丑	危	桑柘木	觜
28日	07/11	土	甲寅	成	大溪水	参
29日	07/12	日	乙卯	納	大溪水	井

【六月小 癸未 鬼】

節気 大暑 12日・立秋 27日

雑節 土用 9日

日	月/日	曜	干支	直	納音	宿
1日	07/13	月	丙辰	納	沙中土	鬼
2日	07/14	火	丁巳	開	沙中土	柳
3日	07/15	水	戊午	閉	天上火	星
4日	07/16	木	己未	建	天上火	張
5日	07/17	金	庚申	除	柏榴木	翼
6日	07/18	土	辛酉	満	柏榴木	軫
7日	07/19	日	壬戌	平	大海水	角
8日△	07/20	月	癸亥	定	大海水	氐
9日	07/21	火	甲子	執	海中金	氐
10日	07/22	水	乙丑	破	海中金	房
11日	07/23	木	丙寅	危	爐中火	心
12日	07/24	金	丁卯	納	爐中火	尾
13日	07/25	土	戊辰	納	大林木	箕
14日	07/26	日	己巳	開	大林木	斗
15日	07/27	月	庚午	閉	路傍土	女
16日	07/28	火	辛未	建	路傍土	虚
17日	07/29	水	壬申	除	釵鋒金	危
18日	07/30	木	癸酉	満	釵鋒金	室
19日	07/31	金	甲戌	平	山頭火	壁
20日	08/01	土	乙亥	定	山頭火	奎
21日	08/02	日	丙子	執	澗下水	婁
22日	08/03	月	丁丑	破	澗下水	胃
23日	08/04	火	戊寅	危	城頭土	昴
24日	08/05	水	己卯	成	城頭土	畢
25日	08/06	木	庚辰	納	白鑞金	觜
26日	08/07	金	辛巳	開	白鑞金	参
27日	08/08	土	壬午	閉	楊柳木	井
28日	08/09	日	癸未	閉	楊柳木	鬼
29日	08/10	月	甲申	建	井泉水	柳

西暦 曜 干支 直 納音 宿　　　　　　　　　　　　　　　　　　　　　　　　　　　　　寛文5年

【七月小 甲申 張】
節気 処暑 13日・白露 28日
雑節 二百十日 24日

日	西暦	曜	干支	直	納音	宿
1日	08/11	火	乙酉	除	井泉水	張
2日	08/12	水	丙戌	満	屋上土	翼
3日	08/13	木	丁亥	定	屋上土	軫
4日	08/14	金	戊子	定	霹靂火	角
5日	08/15	土	己丑	執	霹靂火	亢
6日	08/16	日	庚寅	破	松柏木	氐
7日	08/17	月	辛卯	危	松柏木	房
8日	08/18	火	壬辰	成	長流水	心
9日	08/19	水	癸巳	納	長流水	尾
10日	08/20	木	甲午	開	沙中金	箕
11日	08/21	金	乙未	閉	沙中金	斗
12日	08/22	土	丙申	建	山下火	女
13日	08/23	日	丁酉	満	山下火	虚
14日	08/24	月	戊戌	満	平地木	危
15日	08/25	火	己亥	平	平地木	室
16日	08/26	水	庚子	定	壁上土	壁
17日	08/27	木	辛丑	執	壁上土	奎
18日	08/28	金	壬寅	破	金箔金	婁
19日	08/29	土	癸卯	危	金箔金	胃
20日	08/30	日	甲辰	成	覆燈火	昴
21日	08/31	月	乙巳	納	覆燈火	畢
22日	09/01	火	丙午	開	天河水	觜
23日	09/02	水	丁未	閉	天河水	参
24日	09/03	木	戊申	建	大駅土	井
25日	09/04	金	己酉	除	大駅土	鬼
26日	09/05	土	庚戌	満	釵釧金	柳
27日	09/06	日	辛亥	平	釵釧金	星
28日	09/07	月	壬子	平	桑柘木	張
29日▽	09/08	火	癸丑	定	桑柘木	翼

【八月大 乙酉 角】
節気 秋分 14日・寒露 30日
雑節 社日 15日・彼岸 28日

日	西暦	曜	干支	直	納音	宿
1日	09/09	水	甲寅	執	大渓水	角
2日	09/10	木	乙卯	破	大渓水	亢
3日	09/11	金	丙辰	危	沙中土	氐
4日	09/12	土	丁巳	成	沙中土	房
5日	09/13	日	戊午	納	天上火	心
6日	09/14	月	己未	開	天上火	尾
7日	09/15	火	庚申	閉	柘榴木	箕
8日	09/16	水	辛酉	建	柘榴木	斗
9日	09/17	木	壬戌	除	大海水	女
10日	09/18	金	癸亥	満	大海水	虚
11日	09/19	土	甲子	平	海中金	危
12日	09/20	日	乙丑	定	海中金	室
13日	09/21	月	丙寅	執	爐中火	壁
14日	09/22	火	丁卯	破	爐中火	奎
15日	09/23	水	戊辰	危	大林木	婁
16日	09/24	木	己巳	成	大林木	胃
17日	09/25	金	庚午	納	路傍土	昴
18日	09/26	土	辛未	開	路傍土	畢
19日□△	09/27	日	壬申	閉	釵鋒金	觜
20日	09/28	月	癸酉	建	釵鋒金	参
21日	09/29	火	甲戌	除	山頭火	井
22日	09/30	水	乙亥	満	山頭火	鬼
23日	10/01	木	丙子	平	澗下水	柳
24日	10/02	金	丁丑	定	澗下水	星
25日	10/03	土	戊寅	執	城頭土	張
26日	10/04	日	己卯	破	城頭土	翼
27日	10/05	月	庚辰	危	白鑞金	軫
28日	10/06	火	辛巳	成	白鑞金	角
29日	10/07	水	壬午	納	楊柳木	亢
30日	10/08	木	癸未	納	楊柳木	氐

【九月小 丙戌 氐】
節気 霜降 15日

雑節 土用 12日

日	西暦	曜	干支	直	納音	宿
1日	10/09	金	甲申	開	井泉水	氐
2日	10/10	土	乙酉	閉	井泉水	房
3日	10/11	日	丙戌	建	屋上土	心
4日	10/12	月	丁亥	除	屋上土	尾
5日	10/13	火	戊子	平	霹靂火	箕
6日	10/14	水	己丑	平	霹靂火	斗
7日	10/15	木	庚寅	定	松柏木	女
8日	10/16	金	辛卯	執	松柏木	虚
9日	10/17	土	壬辰	破	長流水	危
10日	10/18	日	癸巳	危	長流水	室
11日	10/19	月	甲午	成	沙中金	壁
12日	10/20	火	乙未	納	沙中金	奎
13日	10/21	水	丙申	開	山下火	婁
14日	10/22	木	丁酉	閉	山下火	胃
15日	10/23	金	戊戌	建	平地木	昴
16日	10/24	土	己亥	除	平地木	畢
17日	10/25	日	庚子	満	壁上土	觜
18日	10/26	月	辛丑	平	壁上土	参
19日	10/27	火	壬寅	定	金箔金	井
20日	10/28	水	癸卯	執	金箔金	鬼
21日	10/29	木	甲辰	破	覆燈火	柳
22日	10/30	金	乙巳	危	覆燈火	星
23日	10/31	土	丙午	成	天河水	張
24日	11/01	日	丁未	納	天河水	翼
25日	11/02	月	戊申	開	大駅土	軫
26日	11/03	火	己酉	閉	大駅土	角
27日	11/04	水	庚戌	建	釵釧金	亢
28日	11/05	木	辛亥	除	釵釧金	氐
29日	11/06	金	壬子	満	桑柘木	房

【十月大 丁亥 心】
節気 立冬 1日・小雪 16日

日	西暦	曜	干支	直	納音	宿
1日	11/07	土	癸丑	満	桑柘木	心
2日	11/08	日	甲寅	平	大渓水	尾
3日	11/09	月	乙卯	定	大渓水	箕
4日▽	11/10	火	丙辰	執	沙中土	斗
5日	11/11	水	丁巳	破	沙中土	女
6日	11/12	木	戊午	危	天上火	虚
7日	11/13	金	己未	成	天上火	危
8日	11/14	土	庚申	納	柘榴木	室
9日	11/15	日	辛酉	開	柘榴木	壁
10日	11/16	月	壬戌	閉	大海水	奎
11日	11/17	火	癸亥	閉	大海水	婁
12日	11/18	水	甲子	除	海中金	胃
13日	11/19	木	乙丑	満	海中金	昴
14日	11/20	金	丙寅	平	爐中火	畢
15日	11/21	土	丁卯	定	爐中火	觜
16日	11/22	日	戊辰	執	大林木	参
17日	11/23	月	己巳	破	大林木	井
18日	11/24	火	庚午	危	路傍土	鬼
19日	11/25	水	辛未	成	路傍土	柳
20日	11/26	木	壬申	納	釵鋒金	星
21日	11/27	金	癸酉	開	釵鋒金	張
22日	11/28	土	甲戌	閉	山頭火	翼
23日	11/29	日	乙亥	建	山頭火	軫
24日	11/30	月	丙子	除	澗下水	角
25日	12/01	火	丁丑	満	澗下水	亢
26日	12/02	水	戊寅	平	城頭土	氐
27日	12/03	木	己卯	定	城頭土	房
28日	12/04	金	庚辰	執	白鑞金	心
29日	12/05	土	辛巳	破	白鑞金	尾
30日△	12/06	日	壬午	危	楊柳木	箕

【十一月大 戊子 斗】
節気 大雪 2日・冬至 17日

日	西暦	曜	干支	直	納音	宿
1日	12/07	月	癸未	成	楊柳木	斗
2日	12/08	火	甲申	成	井泉水	女
3日	12/09	水	乙酉	納	井泉水	虚
4日	12/10	木	丙戌	開	屋上土	危
5日	12/11	金	丁亥	閉	屋上土	室
6日	12/12	土	戊子	建	霹靂火	壁
7日	12/13	日	己丑	除	霹靂火	奎
8日	12/14	月	庚寅	満	松柏木	婁
9日	12/15	火	辛卯	平	松柏木	胃
10日	12/16	水	壬辰	定	長流水	昴
11日	12/17	木	癸巳	執	長流水	畢
12日	12/18	金	甲午	破	沙中金	觜
13日	12/19	土	乙未	危	沙中金	参
14日	12/20	日	丙申	成	山下火	井
15日	12/21	月	丁酉	納	山下火	鬼
16日☆	12/22	火	戊戌	開	平地木	柳
17日	12/23	水	己亥	閉	平地木	星
18日	12/24	木	庚子	除	壁上土	張
19日	12/25	金	辛丑	除	壁上土	翼
20日	12/26	土	壬寅	満	金箔金	軫
21日	12/27	日	癸卯	平	金箔金	角
22日	12/28	月	甲辰	定	覆燈火	亢
23日	12/29	火	乙巳	執	覆燈火	氐
24日	12/30	水	丙午	破	天河水	房
25日	12/31	木	丁未	危	天河水	心
	1666年					
26日	01/01	金	戊申	成	大駅土	尾
27日	01/02	土	己酉	納	大駅土	箕
28日	01/03	日	庚戌	開	釵釧金	斗
29日	01/04	月	辛亥	閉	釵釧金	女
30日	01/05	火	壬子	建	桑柘木	虚

【十二月小 己丑 虚】
節気 小寒 2日・大寒 17日
雑節 土用 14日

日	西暦	曜	干支	直	納音	宿
1日	01/06	水	癸丑	除	桑柘木	虚
2日	01/07	木	甲寅	満	大渓水	室
3日	01/08	金	乙卯	満	大渓水	壁
4日	01/09	土	丙辰	平	沙中土	奎
5日	01/10	日	丁巳	定	沙中土	婁
6日	01/11	月	戊午	執	天上火	胃
7日▽	01/12	火	己未	破	天上火	昴
8日	01/13	水	庚申	危	柘榴木	畢
9日	01/14	木	辛酉	成	柘榴木	觜
10日	01/15	金	壬戌	納	大海水	参
11日	01/16	土	癸亥	開	大海水	井
12日	01/17	日	甲子	閉	海中金	鬼
13日	01/18	月	乙丑	建	海中金	柳
14日	01/19	火	丙寅	除	爐中火	星
15日	01/20	水	丁卯	満	爐中火	張
16日	01/21	木	戊辰	平	大林木	翼
17日	01/22	金	己巳	定	大林木	軫
18日	01/23	土	庚午	執	路傍土	角
19日	01/24	日	辛未	破	路傍土	亢
20日	01/25	月	壬申	危	釵鋒金	氐
21日	01/26	火	癸酉	成	釵鋒金	房
22日	01/27	水	甲戌	納	山頭火	心
23日	01/28	木	乙亥	開	山頭火	尾
24日	01/29	金	丙子	閉	澗下水	箕
25日	01/30	土	丁丑	建	澗下水	斗
26日	01/31	日	戊寅	除	城頭土	女
27日	02/01	月	己卯	満	城頭土	虚
28日	02/02	火	庚辰	平	白鑞金	危
29日	02/03	水	辛巳	定	白鑞金	室

寛文6年
1666～1667　丙午

【正月大 庚寅 室】
節気 立春 3日・雨水 19日
雑節 節分 2日

日	月/日	曜	干支	直	納音	宿
1日	02/04	木	壬午	執	楊柳木	室
2日	02/05	金	癸未	破	楊柳木	壁
3日	02/06	土	甲申	破	井泉水	奎
4日	02/07	日	乙酉	危	井泉水	婁
5日	02/08	月	丙戌	成	屋上土	胃
6日	02/09	火	丁亥	納	屋上土	昴
7日	02/10	水	戊子	開	霹靂火	畢
8日	02/11	木	己丑	閉	霹靂火	觜
9日	02/12	金	庚寅	建	松柏木	参
10日	02/13	土	辛卯	除	松柏木	井
11日△	02/14	日	壬辰	満	長流水	鬼
12日	02/15	月	癸巳	平	長流水	柳
13日	02/16	火	甲午	定	沙中金	星
14日	02/17	水	乙未	執	沙中金	張
15日	02/18	木	丙申	破	山下火	翼
16日	02/19	金	丁酉	危	山下火	軫
17日	02/20	土	戊戌	成	平地木	角
18日	02/21	日	己亥	納	平地木	亢
19日	02/22	月	庚子	開	壁上土	氐
20日	02/23	火	辛丑	閉	壁上土	房
21日	02/24	水	壬寅	建	金箔金	心
22日	02/25	木	癸卯	除	金箔金	尾
23日	02/26	金	甲辰	満	覆燈火	箕
24日	02/27	土	乙巳	平	覆燈火	斗
25日	02/28	日	丙午	定	天河水	女
26日	03/01	月	丁未	執	天河水	虚
27日	03/02	火	戊申	破	大駅土	危
28日	03/03	水	己酉	危	大駅土	室
29日	03/04	木	庚戌	成	釵釧金	壁
30日	03/05	金	辛亥	納	釵釧金	奎

【二月大 辛卯 奎】
節気 啓蟄 4日・春分 19日
雑節 社日 17日・彼岸 21日

日	月/日	曜	干支	直	納音	宿
1日	03/06	土	壬子	開	桑柘木	奎
2日	03/07	日	癸丑	閉	桑柘木	婁
3日	03/08	月	甲寅	建	大溪水	胃
4日	03/09	火	乙卯	建	大溪水	昴
5日	03/10	水	丙辰	除	沙中土	畢
6日	03/11	木	丁巳	満	沙中土	觜
7日	03/12	金	戊午	平	天上火	参
8日	03/13	土	己未	定	天上火	井
9日	03/14	日	庚申	執	柘榴木	鬼
10日	03/15	月	辛酉	破	柘榴木	柳
11日▽	03/16	火	壬戌	危	大海水	星
12日	03/17	水	癸亥	成	大海水	張
13日	03/18	木	甲子	納	海中金	翼
14日	03/19	金	乙丑	開	海中金	軫
15日	03/20	土	丙寅	閉	爐中火	角
16日	03/21	日	丁卯	建	爐中火	亢
17日	03/22	月	戊辰	除	大林木	氐
18日	03/23	火	己巳	満	大林木	房
19日	03/24	水	庚午	平	路傍土	心
20日	03/25	木	辛未	定	路傍土	尾
21日	03/26	金	壬申	執	釼鋒金	箕
22日	03/27	土	癸酉	破	釼鋒金	斗
23日	03/28	日	甲戌	危	山頭火	女
24日	03/29	月	乙亥	成	山頭火	虚
25日	03/30	火	丙子	納	澗下水	危
26日	03/31	水	丁丑	開	澗下水	室
27日	04/01	木	戊寅	閉	城頭土	壁
28日	04/02	金	己卯	建	城頭土	奎
29日	04/03	土	庚辰	除	白鑞金	婁
30日	04/04	日	辛巳	満	白鑞金	胃

【三月小 壬辰 胃】
節気 清明 4日・穀雨 19日
雑節 土用 16日

日	月/日	曜	干支	直	納音	宿
1日	04/05	月	壬午	平	楊柳木	胃
2日	04/06	火	癸未	定	楊柳木	昴
3日	04/07	水	甲申	執	井泉水	畢
4日	04/08	木	乙酉	執	井泉水	觜
5日	04/09	金	丙戌	破	屋上土	参
6日	04/10	土	丁亥	危	屋上土	井
7日	04/11	日	戊子	成	霹靂火	鬼
8日	04/12	月	己丑	納	霹靂火	柳
9日	04/13	火	庚寅	開	松柏木	星
10日	04/14	水	辛卯	閉	松柏木	張
11日	04/15	木	壬辰	建	長流水	翼
12日	04/16	金	癸巳	除	長流水	軫
13日	04/17	土	甲午	満	沙中金	角
14日	04/18	日	乙未	平	沙中金	亢
15日	04/19	月	丙申	定	山下火	氐
16日	04/20	火	丁酉	執	山下火	房
17日	04/21	水	戊戌	破	平地木	心
18日	04/22	木	己亥	危	平地木	尾
19日	04/23	金	庚子	成	壁上土	箕
20日△	04/24	土	辛丑	納	壁上土	斗
21日	04/25	日	壬寅	開	金箔金	女
22日	04/26	月	癸卯	閉	金箔金	虚
23日	04/27	火	甲辰	建	覆燈火	危
24日	04/28	水	乙巳	除	覆燈火	室
25日	04/29	木	丙午	満	天河水	壁
26日	04/30	金	丁未	平	天河水	奎
27日	05/01	土	戊申	定	大駅土	婁
28日	05/02	日	己酉	執	大駅土	胃
29日	05/03	月	庚戌	破	釵釧金	昴

【四月大 癸巳 畢】
節気 立夏 6日・小満 21日
雑節 八十八夜 1日

日	月/日	曜	干支	直	納音	宿
1日	05/04	火	辛亥	危	釵釧金	畢
2日	05/05	水	壬子	成	桑柘木	觜
3日	05/06	木	癸丑	納	桑柘木	参
4日	05/07	金	甲寅	開	大溪水	井
5日	05/08	土	乙卯	閉	大溪水	鬼
6日	05/09	日	丙辰	閉	沙中土	柳
7日	05/10	月	丁巳	建	沙中土	星
8日	05/11	火	戊午	除	天上火	張
9日	05/12	水	己未	満	天上火	翼
10日	05/13	木	庚申	平	柘榴木	軫
11日	05/14	金	辛酉	定	柘榴木	角
12日	05/15	土	壬戌	執	大海水	亢
13日	05/16	日	癸亥	破	大海水	氐
14日▽	05/17	月	甲子	危	海中金	房
15日	05/18	火	乙丑	成	海中金	心
16日	05/19	水	丙寅	納	爐中火	尾
17日	05/20	木	丁卯	開	爐中火	箕
18日	05/21	金	戊辰	閉	大林木	斗
19日	05/22	土	己巳	建	大林木	女
20日	05/23	日	庚午	除	路傍土	虚
21日	05/24	月	辛未	満	路傍土	危
22日	05/25	火	壬申	平	釼鋒金	室
23日	05/26	水	癸酉	定	釼鋒金	壁
24日	05/27	木	甲戌	執	山頭火	奎
25日	05/28	金	乙亥	破	山頭火	婁
26日	05/29	土	丙子	危	澗下水	胃
27日	05/30	日	丁丑	成	澗下水	昴
28日	05/31	月	戊寅	納	城頭土	畢
29日	06/01	火	己卯	開	城頭土	觜
30日	06/02	水	庚辰	閉	白鑞金	参

【五月小 甲午 参】
節気 芒種 6日・夏至 21日
雑節 入梅 12日

日	月/日	曜	干支	直	納音	宿
1日	06/03	木	辛巳	建	白鑞金	参
2日	06/04	金	壬午	除	楊柳木	井
3日	06/05	土	癸未	満	楊柳木	鬼
4日	06/06	日	甲申	平	井泉水	柳
5日	06/07	月	乙酉	定	井泉水	星
6日	06/08	火	丙戌	定	屋上土	張
7日	06/09	水	丁亥	執	屋上土	翼
8日	06/10	木	戊子	破	霹靂火	軫
9日	06/11	金	己丑	危	霹靂火	角
10日	06/12	土	庚寅	成	松柏木	亢
11日	06/13	日	辛卯	納	松柏木	氐
12日	06/14	月	壬辰	開	長流水	房
13日	06/15	火	癸巳	閉	長流水	心
14日☆	06/16	水	甲午	建	沙中金	尾
15日	06/17	木	乙未	除	沙中金	箕
16日	06/18	金	丙申	満	山下火	斗
17日	06/19	土	丁酉	平	山下火	女
18日	06/20	日	戊戌	定	平地木	虚
19日	06/21	月	己亥	執	平地木	危
20日	06/22	火	庚子	破	壁上土	室
21日	06/23	水	辛丑	危	壁上土	壁
22日	06/24	木	壬寅	成	金箔金	奎
23日	06/25	金	癸卯	納	金箔金	婁
24日	06/26	土	甲辰	開	覆燈火	胃
25日	06/27	日	乙巳	閉	覆燈火	昴
26日	06/28	月	丙午	建	天河水	畢
27日	06/29	火	丁未	除	天河水	觜
28日	06/30	水	戊申	満	大駅土	参
29日	07/01	木	己酉	平	大駅土	井

【六月大 乙未 鬼】
節気 小暑 8日・大暑 23日
雑節 半夏生 3日・土用 20日

日	月/日	曜	干支	直	納音	宿
1日◎	07/02	金	庚戌	定	釵釧金	鬼
2日△	07/03	土	辛亥	執	釵釧金	柳
3日	07/04	日	壬子	破	桑柘木	星
4日	07/05	月	癸丑	危	桑柘木	張
5日	07/06	火	甲寅	成	大溪水	翼
6日	07/07	水	乙卯	納	大溪水	軫
7日	07/08	木	丙辰	開	沙中土	角
8日	07/09	金	丁巳	開	沙中土	亢
9日	07/10	土	戊午	閉	天上火	氐
10日	07/11	日	己未	建	天上火	房
11日	07/12	月	庚申	除	柘榴木	心
12日	07/13	火	辛酉	満	柘榴木	尾
13日	07/14	水	壬戌	平	大海水	箕
14日	07/15	木	癸亥	定	大海水	斗
15日	07/16	金	甲子	執	海中金	女
16日	07/17	土	乙丑	破	海中金	虚
17日	07/18	日	丙寅	危	爐中火	危
18日▽	07/19	月	丁卯	成	爐中火	室
19日	07/20	火	戊辰	納	大林木	壁
20日	07/21	水	己巳	開	大林木	奎
21日	07/22	木	庚午	閉	路傍土	婁
22日	07/23	金	辛未	建	路傍土	胃
23日	07/24	土	壬申	除	釼鋒金	昴
24日	07/25	日	癸酉	満	釼鋒金	畢
25日	07/26	月	甲戌	平	山頭火	觜
26日	07/27	火	乙亥	定	山頭火	参
27日	07/28	水	丙子	執	澗下水	井

西暦 曜 干支 直 納音 宿　　　　　　　　　　　　　　　　　　　　寛文6年

日	西暦	曜	干支	直	納音	宿
29日	07/30	金	戊戌	危	城頭土	柳
30日	07/31	土	己卯	成	城頭土	星

【七月小 丙申 張】
節気 立秋 8日・処暑 23日

日	西暦	曜	干支	直	納音	宿
1日	08/01	日	庚辰	納	白鑞金	張
2日	08/02	月	辛巳	開	白鑞金	翼
3日	08/03	火	壬午	閉	楊柳木	軫
4日	08/04	水	癸未	建	楊柳木	角
5日	08/05	木	甲申	除	井泉水	亢
6日	08/06	金	乙酉	満	井泉水	氐
7日	08/07	土	丙戌	平	屋上土	房
8日	08/08	日	丁亥	定	屋上土	心
9日	08/09	月	戊子	執	霹靂火	尾
10日	08/10	火	己丑	破	霹靂火	箕
11日	08/11	水	庚寅	危	松柏木	斗
12日	08/12	木	辛卯	成	松柏木	女
13日	08/13	金	壬辰	納	長流水	虚
14日	08/14	土	癸巳	開	長流水	危
15日	08/15	日	甲午	閉	沙中金	室
16日	08/16	月	乙未	閉	沙中金	壁
17日	08/17	火	丙申	建	山下火	奎
18日	08/18	水	丁酉	除	山下火	婁
19日	08/19	木	戊戌	平	平地木	胃
20日	08/20	金	己亥	平	平地木	昴
21日	08/21	土	庚子	定	壁上土	畢
22日	08/22	日	辛丑	執	壁上土	觜
23日	08/23	月	壬寅	破	金箔金	参
24日	08/24	火	癸卯	危	金箔金	井
25日	08/25	水	甲辰	成	覆燈火	鬼
26日	08/26	木	乙巳	納	覆燈火	柳
27日	08/27	金	丙午	開	天河水	星
28日	08/28	土	丁未	閉	天河水	張
29日	08/29	日	戊申	建	大駅土	翼

【八月大 丁酉 角】
節気 白露 9日・秋分 25日
雑節 二百十日 5日・社日 20日・彼岸 27日

日	西暦	曜	干支	直	納音	宿
1日	08/30	月	己酉	除	大駅土	角
2日	08/31	火	庚戌	満	釵釧金	亢
3日	09/01	水	辛亥	平	釵釧金	氐
4日	09/02	木	壬子	定	桑柘木	房
5日	09/03	金	癸丑	執	桑柘木	心
6日	09/04	土	甲寅	破	大溪水	尾
7日	09/05	日	乙卯	危	大溪水	箕
8日	09/06	月	丙辰	成	沙中土	斗
9日	09/07	火	丁巳	納	沙中土	女
10日	09/08	水	戊午	納	天上火	虚
11日	09/09	木	己未	開	天上火	危
12日	09/10	金	庚申	閉	柘榴木	室
13日△	09/11	土	辛酉	建	柘榴木	壁
14日	09/12	日	壬戌	除	大海水	奎
15日	09/13	月	癸亥	満	大海水	婁
16日	09/14	火	甲子	平	海中金	胃
17日	09/15	水	乙丑	定	海中金	昴
18日	09/16	木	丙寅	執	炉中火	畢
19日	09/17	金	丁卯	破	炉中火	觜
20日	09/18	土	戊辰	危	大林木	参
21日	09/19	日	己巳	成	大林木	井
22日▽	09/20	月	庚午	納	路傍土	鬼
23日	09/21	火	辛未	開	路傍土	柳
24日	09/22	水	壬申	閉	釵鋒金	星
25日	09/23	木	癸酉	建	釵鋒金	張
26日	09/24	金	甲戌	除	山頭火	翼
27日	09/25	土	乙亥	満	山頭火	軫
28日	09/26	日	丙子	平	澗下水	角
29日	09/27	月	丁丑	定	澗下水	亢
30日	09/28	火	戊寅	執	城頭土	氐

【九月小 戊戌 氐】
節気 寒露 10日・霜降 25日
雑節 土用 22日

日	西暦	曜	干支	直	納音	宿
1日	09/29	水	己卯	破	城頭土	氐
2日	09/30	木	庚辰	危	白鑞金	房
3日	10/01	金	辛巳	成	白鑞金	心
4日	10/02	土	壬午	納	楊柳木	尾
5日	10/03	日	癸未	開	楊柳木	箕
6日	10/04	月	甲申	建	井泉水	斗
7日	10/05	火	乙酉	除	井泉水	女
8日	10/06	水	丙戌	満	屋上土	虚
9日	10/07	木	丁亥	平	屋上土	危
10日	10/08	金	戊子	定	霹靂火	室
11日	10/09	土	己丑	執	霹靂火	壁
12日	10/10	日	庚寅	破	松柏木	奎
13日	10/11	月	辛卯	危	松柏木	婁
14日	10/12	火	壬辰	成	長流水	胃
15日	10/13	水	癸巳	納	長流水	昴
16日	10/14	木	甲午	成	沙中金	畢
17日	10/15	金	乙未	開	沙中金	觜
18日	10/16	土	丙申	閉	山下火	参
19日	10/17	日	丁酉	閉	山下火	井
20日	10/18	月	戊戌	除	平地木	鬼
21日	10/19	火	己亥	除	平地木	柳
22日	10/20	水	庚子	満	壁上土	星
23日	10/21	木	辛丑	平	壁上土	張
24日	10/22	金	壬寅	定	金箔金	翼
25日	10/23	土	癸卯	執	金箔金	軫
26日	10/24	日	甲辰	破	覆燈火	角
27日	10/25	月	乙巳	危	覆燈火	亢
28日	10/26	火	丙午	成	天河水	氐
29日	10/27	水	丁未	納	天河水	房

【十月小 己亥 心】
節気 立冬 11日・小雪 27日

日	西暦	曜	干支	直	納音	宿
1日	10/28	木	戊申	開	大駅土	心
2日	10/29	金	己酉	閉	大駅土	尾
3日	10/30	土	庚戌	建	釵釧金	箕
4日	10/31	日	辛亥	除	釵釧金	斗
5日	11/01	月	壬子	満	桑柘木	女
6日	11/02	火	癸丑	平	桑柘木	虚
7日	11/03	水	甲寅	定	大溪水	室
8日	11/04	木	乙卯	執	大溪水	壁
9日	11/05	金	丙辰	破	沙中土	奎
10日	11/06	土	丁巳	危	沙中土	婁
11日	11/07	日	戊午	成	天上火	胃
12日	11/08	月	己未	納	天上火	昴
13日	11/09	火	庚申	開	柘榴木	畢
14日	11/10	水	辛酉	閉	柘榴木	觜
15日	11/11	木	壬戌	建	大海水	参
16日	11/12	金	癸亥	除	大海水	井
17日	11/13	土	甲子	満	海中金	鬼
18日	11/14	日	乙丑	平	海中金	柳
19日	11/15	月	丙寅	定	炉中火	星
20日	11/16	火	丁卯	執	炉中火	張
21日	11/17	水	戊辰	破	大林木	翼
22日	11/18	木	己巳	危	大林木	軫
23日△	11/19	金	庚午	成	路傍土	角
24日	11/20	土	辛未	納	路傍土	亢
25日	11/21	日	壬申	開	釵鋒金	氐
26日▽	11/22	月	癸酉	閉	釵鋒金	房
27日	11/23	火	甲戌	建	山頭火	心
28日	11/24	水	乙亥	建	山頭火	尾
29日	11/25	木	丙子	除	澗下水	箕

【十一月大 庚子 斗】
節気 大雪 13日・冬至 28日

日	西暦	曜	干支	直	納音	宿
1日	11/26	金	丁丑	満	澗下水	斗
2日	11/27	土	戊寅	平	澗下水	女
3日	11/28	日	己卯	定	城頭土	虚
4日	11/29	月	庚辰	執	白鑞金	危
5日	11/30	火	辛巳	破	白鑞金	室
6日	12/01	水	壬午	危	楊柳木	壁
7日	12/02	木	癸未	成	楊柳木	奎
8日	12/03	金	甲申	納	井泉水	婁
9日	12/04	土	乙酉	閉	井泉水	胃
10日	12/05	日	丙戌	閉	屋上土	昴
11日	12/06	月	丁亥	満	屋上土	畢
12日	12/07	火	戊子	定	霹靂火	觜
13日	12/08	水	己丑	執	霹靂火	参
14日	12/09	木	庚寅	満	松柏木	井
15日	12/10	金	辛卯	平	松柏木	鬼
16日☆	12/11	土	壬辰	執	長流水	柳
17日	12/12	日	癸巳	執	長流水	星
18日	12/13	月	甲午	危	沙中金	張
19日	12/14	火	乙未	危	沙中金	翼
20日	12/15	水	丙申	成	山下火	軫
21日	12/16	木	丁酉	納	山下火	角
22日	12/17	金	戊戌	閉	平地木	亢
23日	12/18	土	己亥	閉	平地木	氐
24日	12/19	日	庚子	建	壁上土	房
25日	12/20	月	辛丑	除	壁上土	心
26日	12/21	火	壬寅	満	金箔金	尾
27日	12/22	水	癸卯	平	金箔金	箕
28日	12/23	木	甲辰	定	覆燈火	斗
29日	12/24	金	乙巳	執	覆燈火	女
30日	12/25	土	丙午	破	天河水	虚

【十二月小 辛丑 虚】
節気 小寒 13日・大寒 28日
雑節 土用 25日

日	西暦	曜	干支	直	納音	宿
1日	12/26	日	丁未	危	天河水	危
2日	12/27	月	戊申	成	大駅土	室
3日	12/28	火	己酉	納	大駅土	壁
4日	12/29	水	庚戌	開	釵釧金	奎
5日	12/30	木	辛亥	閉	釵釧金	婁
6日	12/31	金	壬子	建	桑柘木	胃
	1667年					
7日	**01/01**	土	癸丑	除	桑柘木	胃
8日	01/02	日	甲寅	満	大溪水	昴
9日	01/03	月	乙卯	平	大溪水	畢
10日	01/04	火	丙辰	定	沙中土	觜
11日	01/05	水	丁巳	執	沙中土	参
12日	01/06	木	戊午	破	天上火	井
13日	01/07	金	己未	破	天上火	鬼
14日	01/08	土	庚申	危	柘榴木	柳
15日	01/09	日	辛酉	成	柘榴木	星
16日	01/10	月	壬戌	納	大海水	張
17日	01/11	火	癸亥	開	大海水	翼
18日	01/12	水	甲子	閉	海中金	軫
19日	01/13	木	乙丑	建	海中金	角
20日	01/14	金	丙寅	除	炉中火	亢
21日	01/15	土	丁卯	満	炉中火	氐
22日	01/16	日	戊辰	平	大林木	房
23日	01/17	月	己巳	定	大林木	心
24日	01/18	火	庚午	執	路傍土	尾
25日	01/19	水	辛未	破	路傍土	箕
26日	01/20	木	壬申	危	釵鋒金	斗
27日	01/21	金	癸酉	成	釵鋒金	女
28日	01/22	土	甲戌	納	山頭火	虚
29日	01/23	日	乙亥	開	山頭火	危

寛文7年
1667〜1668 丁未

【正月大 壬寅 室】
節気 立春 15日・雨水 30日
雑節 節分 14日

日	新暦	曜	干支	直	納音	宿
1日▽	01/24	月	丙子	閉	澗下水	室
2日	01/25	火	丁丑	建	澗下水	壁
3日	01/26	水	戊寅	除	城頭土	奎
4日	01/27	木	己卯	満	城頭土	婁
5日△	01/28	金	庚辰	平	白鑞金	胃
6日	01/29	土	辛巳	定	白鑞金	昴
7日	01/30	日	壬午	執	楊柳木	畢
8日	01/31	月	癸未	破	楊柳木	觜
9日	02/01	火	甲申	危	井泉水	参
10日	02/02	水	乙酉	成	井泉水	井
11日	02/03	木	丙戌	納	屋上土	鬼
12日	02/04	金	丁亥	開	屋上土	柳
13日	02/05	土	戊子	閉	霹靂火	星
14日	02/06	日	己丑	建	霹靂火	張
15日	02/07	月	庚寅	除	松柏木	翼
16日	02/08	火	辛卯	満	松柏木	軫
17日	02/09	水	壬辰	満	長流水	角
18日	02/10	木	癸巳	平	長流水	亢
19日	02/11	金	甲午	定	沙中金	氐
20日	02/12	土	乙未	執	沙中金	房
21日	02/13	日	丙申	破	山下火	心
22日	02/14	月	丁酉	危	山下火	尾
23日	02/15	火	戊戌	成	平地木	箕
24日	02/16	水	己亥	納	平地木	斗
25日	02/17	木	庚子	開	壁上土	女
26日	02/18	金	辛丑	閉	壁上土	虚
27日	02/19	土	壬寅	建	金箔金	危
28日	02/20	日	癸卯	除	金箔金	室
29日	02/21	月	甲辰	満	覆燈火	壁
30日	02/22	火	乙巳	平	覆燈火	奎

【二月大 癸卯 奎】
節気 啓蟄 15日・春分 30日

日	新暦	曜	干支	直	納音	宿
1日	02/23	水	丙午	定	天河水	奎
2日	02/24	木	丁未	執	天河水	婁
3日	02/25	金	戊申	破	大駅土	胃
4日	02/26	土	己酉	危	大駅土	昴
5日	02/27	日	庚戌	成	釵釧金	畢
6日	02/28	月	辛亥	納	釵釧金	觜
7日	03/01	火	壬子	開	桑柘木	参
8日	03/02	水	癸丑	閉	桑柘木	井
9日	03/03	木	甲寅	建	大溪水	鬼
10日	03/04	金	乙卯	除	大溪水	柳
11日	03/05	土	丙辰	満	沙中土	星
12日	03/06	日	丁巳	平	沙中土	張
13日	03/07	月	戊午	定	天上火	翼
14日	03/08	火	己未	執	天上火	軫
15日	03/09	水	庚申	破	柏榴木	角
16日	03/10	木	辛酉	危	柏榴木	亢
17日	03/11	金	壬戌	成	大海水	氐
18日	03/12	土	癸亥	納	大海水	房
19日	03/13	日	甲子	開	海中金	心
20日	03/14	月	乙丑	閉	海中金	尾
21日	03/15	火	丙寅	建	爐中火	箕
22日	03/16	水	丁卯	除	爐中火	斗
23日	03/17	木	戊辰	満	大林木	女
24日	03/18	金	己巳	平	大林木	虚
25日	03/19	土	庚午	定	路傍土	危
26日	03/20	日	辛未	執	路傍土	室
27日	03/21	月	壬申	破	釵釧金	壁
28日	03/22	火	癸酉	危	釵釧金	奎
29日	03/23	水	甲戌	成	山頭火	婁
30日	03/24	木	乙亥	成	山頭火	胃

【閏二月小 癸卯 奎】
節気 清明 16日
雑節 彼岸 2日・社日 3日・土用 28日

日	新暦	曜	干支	直	納音	宿
1日	03/25	金	丙子	納	澗下水	奎
2日	03/26	土	丁丑	納	澗下水	婁
3日	03/27	日	戊寅	閉	城頭土	胃
4日▽	03/28	月	己卯	建	城頭土	昴
5日	03/29	火	庚辰	除	白鑞金	畢
6日	03/30	水	辛巳	満	白鑞金	觜
7日	03/31	木	壬午	平	楊柳木	参
8日	04/01	金	癸未	定	楊柳木	井
9日	04/02	土	甲申	執	井泉水	鬼
10日	04/03	日	乙酉	破	井泉水	柳
11日	04/04	月	丙戌	危	屋上土	星
12日	04/05	火	丁亥	成	屋上土	張
13日	04/06	水	戊子	納	霹靂火	翼
14日	04/07	木	己丑	開	霹靂火	軫
15日△	04/08	金	庚寅	閉	松柏木	角
16日	04/09	土	辛卯	建	松柏木	亢
17日	04/10	日	壬辰	除	長流水	氐
18日	04/11	月	癸巳	除	長流水	房
19日	04/12	火	甲午	平	沙中金	心
20日	04/13	水	乙未	定	沙中金	尾
21日	04/14	木	丙申	執	山下火	箕
22日	04/15	金	丁酉	破	山下火	斗
23日	04/16	土	戊戌	危	平地木	女
24日	04/17	日	己亥	成	平地木	虚
25日	04/18	月	庚子	納	壁上土	危
26日	04/19	火	辛丑	開	壁上土	室
27日	04/20	水	壬寅	閉	金箔金	壁
28日	04/21	木	癸卯	建	金箔金	奎
29日	04/22	金	甲辰	建	覆燈火	婁

【三月大 甲辰 胃】
節気 穀雨 2日・立夏 17日
雑節 八十八夜 13日

日	新暦	曜	干支	直	納音	宿
1日	04/23	土	乙巳	除	覆燈火	胃
2日	04/24	日	丙午	平	天河水	昴
3日	04/25	月	丁未	平	天河水	畢
4日	04/26	火	戊申	定	大駅土	觜
5日	04/27	水	己酉	執	大駅土	参
6日	04/28	木	庚戌	破	釵釧金	井
7日	04/29	金	辛亥	危	釵釧金	鬼
8日	04/30	土	壬子	成	桑柘木	柳
9日	05/01	日	癸丑	納	桑柘木	星
10日	05/02	月	甲寅	開	大溪水	張
11日	05/03	火	乙卯	閉	大溪水	翼
12日	05/04	水	丙辰	建	沙中土	軫
13日	05/05	木	丁巳	除	沙中土	角
14日	05/06	金	戊午	満	天上火	亢
15日	05/07	土	己未	平	天上火	氐
16日	05/08	日	庚申	定	柏榴木	房
17日	05/09	月	辛酉	執	柏榴木	心
18日	05/10	火	壬戌	破	大海水	尾
19日	05/11	水	癸亥	危	大海水	箕
20日	05/12	木	甲子	成	海中金	斗
21日	05/13	金	乙丑	納	海中金	女
22日	05/14	土	丙寅	納	爐中火	虚
23日	05/15	日	丁卯	開	爐中火	危
24日	05/16	月	戊辰	閉	大林木	室
25日	05/17	火	己巳	建	大林木	壁
26日	05/18	水	庚午	除	路傍土	奎
27日	05/19	木	辛未	満	路傍土	婁
28日	05/20	金	壬申	平	釵釧金	胃
29日	05/21	土	癸酉	定	釵釧金	昴
30日	05/22	日	甲戌	執	山頭火	畢

【四月大 乙巳 畢】
節気 小満 2日・芒種 17日
雑節 入梅 18日

日	新暦	曜	干支	直	納音	宿
1日	05/23	月	乙亥	破	山頭火	畢
2日	05/24	火	丙子	危	澗下水	觜
3日	05/25	水	丁丑	成	澗下水	参
4日	05/26	木	戊寅	納	城頭土	井
5日	05/27	金	己卯	開	城頭土	鬼
6日	05/28	土	庚辰	閉	白鑞金	柳
7日	05/29	日	辛巳	建	白鑞金	星
8日▽	05/30	月	壬午	除	楊柳木	張
9日	05/31	火	癸未	満	楊柳木	翼
10日	06/01	水	甲申	平	井泉水	軫
11日	06/02	木	乙酉	定	井泉水	角
12日	06/03	金	丙戌	執	屋上土	亢
13日	06/04	土	丁亥	破	屋上土	氐
14日	06/05	日	戊子	危	霹靂火	房
15日☆	06/06	月	己丑	成	霹靂火	心
16日	06/07	火	庚寅	納	松柏木	尾
17日	06/08	水	辛卯	開	松柏木	箕
18日	06/09	木	壬辰	閉	長流水	斗
19日	06/10	金	癸巳	建	長流水	女
20日	06/11	土	甲午	除	沙中金	虚
21日	06/12	日	乙未	満	沙中金	危
22日	06/13	月	丙申	平	山下火	室
23日	06/14	火	丁酉	定	山下火	壁
24日	06/15	水	戊戌	執	平地木	奎
25日△	06/16	木	己亥	破	平地木	婁
26日	06/17	金	庚子	危	壁上土	胃
27日	06/18	土	辛丑	成	壁上土	昴
28日	06/19	日	壬寅	納	金箔金	畢
29日	06/20	月	癸卯	開	金箔金	觜
30日	06/21	火	甲辰	閉	覆燈火	参

【五月小 丙午 参】
節気 夏至 3日・小暑 18日
雑節 半夏生 13日

日	新暦	曜	干支	直	納音	宿
1日	06/22	水	乙巳	閉	覆燈火	井
2日	06/23	木	丙午	建	天河水	鬼
3日	06/24	金	丁未	除	天河水	柳
4日	06/25	土	戊申	満	大駅土	星
5日	06/26	日	己酉	平	大駅土	張
6日	06/27	月	庚戌	定	釵釧金	翼
7日	06/28	火	辛亥	執	釵釧金	軫
8日	06/29	水	壬子	破	桑柘木	角
9日	06/30	木	癸丑	危	桑柘木	亢
10日	07/01	金	甲寅	成	大溪水	氐
11日	07/02	土	乙卯	納	大溪水	房
12日	07/03	日	丙辰	開	沙中土	心
13日	07/04	月	丁巳	閉	沙中土	尾
14日	07/05	火	戊午	除	天上火	箕
15日	07/06	水	己未	満	天上火	斗
16日	07/07	木	庚申	平	柏榴木	女
17日	07/08	金	辛酉	定	柏榴木	虚
18日	07/09	土	壬戌	執	大海水	危
19日	07/10	日	癸亥	破	大海水	室
20日	07/11	月	甲子	危	海中金	壁
21日	07/12	火	乙丑	成	海中金	奎
22日	07/13	水	丙寅	納	爐中火	婁
23日	07/14	木	丁卯	開	爐中火	胃
24日	07/15	金	戊辰	閉	大林木	昴
25日	07/16	土	己巳	建	大林木	畢
26日	07/17	日	庚午	除	路傍土	觜
27日	07/18	月	辛未	満	路傍土	参
28日	07/19	火	壬申	平	釵釧金	井
29日	07/20	水	癸酉	定	釵釧金	鬼

【六月大 丁未 鬼】
節気 大暑 4日・立秋 19日
雑節 土用 1日

日	新暦	曜	干支	直	納音	宿
1日	07/21	木	甲戌	平	山頭火	鬼
2日	07/22	金	乙亥	定	山頭火	柳
3日	07/23	土	丙子	執	澗下水	星
4日	07/24	日	丁丑	破	澗下水	張
5日	07/25	月	戊寅	危	城頭土	翼
6日	07/26	火	己卯	成	城頭土	軫
7日	07/27	水	庚辰	納	白鑞金	角
8日	07/28	木	辛巳	開	白鑞金	亢
9日	07/29	金	壬午	閉	楊柳木	氐
10日	07/30	土	癸未	建	楊柳木	房
11日	07/31	日	甲申	除	井泉水	心
12日▽	08/01	月	乙酉	満	井泉水	尾
13日	08/02	火	丙戌	平	屋上土	箕
14日	08/03	水	丁亥	定	屋上土	斗

寛文7年

西暦 曜 干支 直 納音 宿

日	西暦	曜	干支	直	納音	宿
15日	08/04	木	戊子	執	霹靂火	女
16日	08/05	金	己丑	破	霹靂火	虚
17日	08/06	土	庚寅	危	松柏木	危
18日	08/07	日	辛卯	成	松柏木	室
19日	08/08	月	壬辰	納	長流水	壁
20日	08/09	火	癸巳	開	長流水	奎
21日	08/10	水	甲午	閉	沙中金	婁
22日	08/11	木	乙未	建	沙中金	胃
23日	08/12	金	丙申	建	山下火	昴
24日	08/13	土	丁酉	除	山下火	畢
25日	08/14	日	戊戌	満	平地木	觜
26日	08/15	月	己亥	平	平地木	参
27日	08/16	火	庚子	定	壁上土	井
28日	08/17	水	辛丑	執	壁上土	鬼
29日	08/18	木	壬寅	破	金箔金	柳
30日	08/19	金	癸卯	危	金箔金	星

【七月小 戊申 張】
節気 処暑 4日・白露 20日
雑節 二百十日 16日

日	西暦	曜	干支	直	納音	宿
1日	08/20	土	甲辰	成	覆燈火	張
2日	08/21	日	乙巳	納	覆燈火	翼
3日	08/22	月	丙午	開	天河水	軫
4日	08/23	火	丁未	閉	天河水	角
5日	08/24	水	戊申	建	大駅土	亢
6日△	08/25	木	己酉	除	大駅土	氏
7日	08/26	金	庚戌	満	釵釧金	房
8日	08/27	土	辛亥	平	釵釧金	心
9日	08/28	日	壬子	定	桑柘木	尾
10日	08/29	月	癸丑	執	桑柘木	箕
11日	08/30	火	甲寅	破	大溪水	斗
12日	08/31	水	乙卯	危	大溪水	女
13日	09/01	木	丙辰	成	沙中土	虚
14日	09/02	金	丁巳	納	沙中土	危
15日	09/03	土	戊午	開	天上火	室
16日	09/04	日	己未	閉	天上火	壁
17日	09/05	月	庚申	建	柘榴木	奎
18日	09/06	火	辛酉	除	柘榴木	婁
19日	09/07	水	壬戌	満	大海水	胃
20日	09/08	木	癸亥	平	大海水	昴
21日	09/09	金	甲子	定	海中金	畢
22日	09/10	土	乙丑	執	海中金	觜
23日	09/11	日	丙寅	破	炉中火	参
24日	09/12	月	丁卯	危	炉中火	井
25日	09/13	火	戊辰	成	大林木	鬼
26日	09/14	水	己巳	納	大林木	柳
27日	09/15	木	庚午	開	路傍土	星
28日	09/16	金	辛未	閉	路傍土	張
29日	09/17	土	壬申	建	釵鋒金	翼

【八月大 己酉 角】
節気 秋分 6日・寒露 21日
雑節 社日 6日・彼岸 8日

日	西暦	曜	干支	直	納音	宿
1日	09/18	日	癸酉	建	釵鋒金	角
2日	09/19	月	甲戌	除	山頭火	亢
3日	09/20	火	乙亥	満	山頭火	氏
4日	09/21	水	丙子	平	澗下水	房
5日	09/22	木	丁丑	定	澗下水	心
6日	09/23	金	戊寅	執	城頭土	尾
7日	09/24	土	己卯	破	城頭土	箕
8日	09/25	日	庚辰	危	白鑞金	斗
9日	09/26	月	辛巳	成	白鑞金	女
10日	09/27	火	壬午	納	楊柳木	虚
11日	09/28	水	癸未	開	楊柳木	危
12日	09/29	木	甲申	閉	井泉水	室
13日	09/30	金	乙酉	建	井泉水	壁
14日	10/01	土	丙戌	除	屋上土	奎
15日	10/02	日	丁亥	満	屋上土	婁
16日▽	10/03	月	戊子	平	霹靂火	胃
17日	10/04	火	己丑	定	霹靂火	昴
18日	10/05	水	庚寅	執	松柏木	畢
19日	10/06	木	辛卯	破	松柏木	觜
20日	10/07	金	壬辰	危	長流水	参

日	西暦	曜	干支	直	納音	宿
21日	10/08	土	癸巳	成	長流水	井
22日	10/09	日	甲午	納	沙中金	鬼
23日	10/10	月	乙未	納	沙中金	柳
24日	10/11	火	丙申	開	山下火	星
25日	10/12	水	丁酉	閉	山下火	張
26日	10/13	木	戊戌	建	平地木	翼
27日	10/14	金	己亥	除	平地木	軫
28日	10/15	土	庚子	満	壁上土	角
29日	10/16	日	辛丑	平	壁上土	亢
30日	10/17	月	壬寅	定	金箔金	氏

【九月小 庚戌 氏】
節気 霜降 6日・立冬 22日
雑節 土用 3日

日	西暦	曜	干支	直	納音	宿
1日	10/18	火	癸卯	執	金箔金	氏
2日	10/19	水	甲辰	危	覆燈火	房
3日	10/20	木	乙巳	危	覆燈火	心
4日	10/21	金	丙午	成	天河水	尾
5日	10/22	土	丁未	納	天河水	箕
6日	10/23	日	戊申	開	大駅土	斗
7日	10/24	月	己酉	閉	大駅土	女
8日	10/25	火	庚戌	除	釵釧金	虚
9日	10/26	水	辛亥	除	釵釧金	危
10日	10/27	木	壬子	満	桑柘木	室
11日	10/28	金	癸丑	平	桑柘木	壁
12日	10/29	土	甲寅	定	大溪水	奎
13日	10/30	日	乙卯	執	大溪水	婁
14日	10/31	月	丙辰	破	沙中土	胃
15日	11/01	火	丁巳	危	沙中土	昴
16日△	11/02	水	戊午	成	天上火	畢
17日	11/03	木	己未	納	天上火	觜
18日	11/04	金	庚申	開	柘榴木	参
19日	11/05	土	辛酉	閉	柘榴木	井
20日	11/06	日	壬戌	建	大海水	鬼
21日	11/07	月	癸亥	除	大海水	柳
22日	11/08	火	甲子	満	海中金	星
23日	11/09	水	乙丑	満	海中金	張
24日	11/10	木	丙寅	平	炉中火	翼
25日	11/11	金	丁卯	定	炉中火	軫
26日	11/12	土	戊辰	執	大林木	角
27日	11/13	日	己巳	破	大林木	亢
28日	11/14	月	庚午	危	路傍土	氏
29日	11/15	火	辛未	成	路傍土	房

【十月小 辛亥 心】
節気 小雪 8日・大雪 23日

日	西暦	曜	干支	直	納音	宿
1日	11/16	水	壬申	納	釵鋒金	心
2日	11/17	木	癸酉	開	釵鋒金	尾
3日	11/18	金	甲戌	閉	山頭火	箕
4日	11/19	土	乙亥	建	山頭火	斗
5日	11/20	日	丙子	除	澗下水	女
6日	11/21	月	丁丑	平	澗下水	虚
7日	11/22	火	戊寅	平	城頭土	危
8日	11/23	水	己卯	定	城頭土	室
9日	11/24	木	庚辰	執	白鑞金	壁
10日	11/25	金	辛巳	破	白鑞金	奎
11日	11/26	土	壬午	危	楊柳木	婁
12日	11/27	日	癸未	成	楊柳木	胃
13日	11/28	月	甲申	納	井泉水	昴
14日	11/29	火	乙酉	開	井泉水	畢
15日☆	11/30	水	丙戌	閉	屋上土	参
16日	12/01	木	丁亥	建	屋上土	井
17日	12/02	金	戊子	除	霹靂火	鬼
18日	12/03	土	己丑	満	霹靂火	柳
19日	12/04	日	庚寅	平	松柏木	星
20日▽	12/05	月	辛卯	定	松柏木	張
21日	12/06	火	壬辰	執	長流水	翼
22日	12/07	水	癸巳	破	長流水	軫
23日	12/08	木	甲午	危	沙中金	角
24日	12/09	金	乙未	成	沙中金	亢
25日	12/10	土	丙申	納	山下火	氏
26日	12/11	日	丁酉	開	山下火	房
27日	12/12	月	戊戌	閉	平地木	房

日	西暦	曜	干支	直	納音	宿
28日	12/13	火	己亥	閉	平地木	尾
29日	12/14	水	庚子	建	壁上土	尾

【十一月大 壬子 斗】
節気 冬至 9日・小寒 24日

日	西暦	曜	干支	直	納音	宿
1日	12/15	木	辛丑	除	壁上土	斗
2日	12/16	金	壬寅	満	金箔金	女
3日	12/17	土	癸卯	平	金箔金	虚
4日	12/18	日	甲辰	定	覆燈火	危
5日	12/19	月	乙巳	執	覆燈火	室
6日	12/20	火	丙午	破	天河水	壁
7日	12/21	水	丁未	危	天河水	奎
8日	12/22	木	戊申	成	大駅土	婁
9日	12/23	金	己酉	納	大駅土	胃
10日	12/24	土	庚戌	開	釵釧金	昴
11日	12/25	日	辛亥	閉	釵釧金	畢
12日	12/26	月	壬子	建	桑柘木	参
13日	12/27	火	癸丑	除	桑柘木	井
14日	12/28	水	甲寅	満	大溪水	鬼
15日	12/29	木	乙卯	平	大溪水	柳
16日	12/30	金	丙辰	定	沙中土	柳
17日	12/31	土	丁巳	執	沙中土	星
				1668年		
18日	01/01	日	戊午	破	天上火	張
19日	01/02	月	己未	危	天上火	翼
20日	01/03	火	庚申	成	柘榴木	軫
21日	01/04	水	辛酉	納	柘榴木	角
22日	01/05	木	壬戌	開	大海水	亢
23日	01/06	金	癸亥	閉	大海水	氏
24日	01/07	土	甲子	建	海中金	房
25日	01/08	日	乙丑	除	海中金	心
26日	01/09	月	丙寅	満	炉中火	尾
27日	01/10	火	丁卯	平	炉中火	箕
28日△	01/11	水	戊辰	定	大林木	斗
29日	01/12	木	己巳	執	大林木	女
30日	01/13	金	庚午	破	路傍土	虚

【十二月小 癸丑 虚】
節気 大寒 10日・立春 25日
雑節 土用 7日・節分 24日

日	西暦	曜	干支	直	納音	宿
1日	01/14	土	辛未	破	路傍土	虚
2日	01/15	日	壬申	成	釵鋒金	室
3日	01/16	月	癸酉	納	釵鋒金	壁
4日	01/17	火	甲戌	納	山頭火	奎
5日	01/18	水	乙亥	平	山頭火	婁
6日	01/19	木	丙子	平	澗下水	胃
7日	01/20	金	丁丑	定	澗下水	昴
8日	01/21	土	戊寅	執	城頭土	畢
9日	01/22	日	己卯	破	城頭土	觜
10日	01/23	月	庚辰	危	白鑞金	参
11日	01/24	火	辛巳	成	白鑞金	井
12日	01/25	水	壬午	納	楊柳木	鬼
13日	01/26	木	癸未	開	楊柳木	柳
14日	01/27	金	甲申	閉	井泉水	星
15日	01/28	土	乙酉	建	井泉水	張
16日	01/29	日	丙戌	除	屋上土	翼
17日	01/30	月	丁亥	満	屋上土	軫
18日	01/31	火	戊子	平	霹靂火	角
19日	02/01	水	己丑	定	霹靂火	亢
20日	02/02	木	庚寅	執	松柏木	氏
21日	02/03	金	辛卯	破	松柏木	房
22日	02/04	土	壬辰	危	長流水	心
23日	02/05	日	癸巳	成	長流水	尾
24日▽	02/06	月	甲午	納	沙中金	箕
25日	02/07	火	乙未	執	沙中金	斗
26日	02/08	水	丙申	破	山下火	女
27日	02/09	木	丁酉	危	山下火	虚
28日	02/10	金	戊戌	成	平地木	危
29日	02/11	土	己亥	納	平地木	危

寛文8年

1668〜1669　戊申

【正月大 甲寅 室】
節気　雨水 11日・啓蟄 26日

```
 1日 02/12 日 庚子 開 壁上土 室
 2日 02/13 月 辛丑 閉 壁上土 壁
 3日 02/14 火 壬寅 建 金箔金 奎
 4日 02/15 水 癸卯 除 金箔金 婁
 5日 02/16 木 甲辰 満 覆燈火 胃
 6日 02/17 金 乙巳 平 覆燈火 昴
 7日 02/18 土 丙午 定 天河水 畢
 8日 02/19 日 丁未 執 天河水 觜
 9日 02/20 月 戊申 破 大駅土 参
10日 02/21 火 己酉 危 大駅土 井
11日 02/22 水 庚戌 成 釵釧金 鬼
12日 02/23 木 辛亥 納 釵釧金 柳
13日 02/24 金 壬子 開 桑柘木 星
14日 02/25 土 癸丑 閉 桑柘木 張
15日 02/26 日 甲寅 建 大溪水 翼
16日 02/27 月 乙卯 除 大溪水 軫
17日 02/28 火 丙辰 満 沙中土 角
18日 02/29 水 丁巳 平 沙中土 亢
19日 03/01 木 戊午 定 天上火 氐
20日 03/02 金 己未 執 天上火 房
21日 03/03 土 庚申 破 柘榴木 心
22日 03/04 日 辛酉 危 柘榴木 尾
23日 03/05 月 壬戌 成 大海水 箕
24日 03/06 火 癸亥 納 大海水 斗
25日 03/07 水 甲子 開 海中金 女
26日 03/08 木 乙丑 閉 海中金 虚
27日 03/09 金 丙寅 閉 爐中火 危
28日 03/10 土 丁卯 建 爐中火 室
29日 03/11 日 戊辰 除 大林木 壁
30日 03/12 月 己巳 満 大林木 奎
```

【二月大 乙卯 奎】
節気　春分 12日・清明 27日
雑節　社日 9日・彼岸 14日

```
 1日 03/13 火 庚午 平 路傍土 奎
 2日 03/14 水 辛未 定 路傍土 婁
 3日 03/15 木 壬申 執 釵鋒金 胃
 4日 03/16 金 癸酉 破 釵鋒金 昴
 5日 03/17 土 甲戌 危 山頭火 畢
 6日 03/18 日 乙亥 成 山頭火 觜
 7日 03/19 月 丙子 納 澗下水 参
 8日 03/20 火 丁丑 開 澗下水 井
 9日△03/21 水 戊寅 閉 城頭土 鬼
10日 03/22 木 己卯 建 城頭土 柳
11日 03/23 金 庚辰 除 白鑞金 星
12日 03/24 土 辛巳 満 白鑞金 張
13日 03/25 日 壬午 定 楊柳木 翼
14日 03/26 月 癸未 執 楊柳木 軫
15日 03/27 火 甲申 破 井泉水 角
16日 03/28 水 乙酉 危 井泉水 亢
17日 03/29 木 丙戌 成 屋上土 氐
18日 03/30 金 丁亥 納 屋上土 房
19日 03/31 土 戊子 開 霹靂火 心
20日 04/01 日 己丑 閉 霹靂火 尾
21日 04/02 月 庚寅 閉 松柏木 箕
22日 04/03 火 辛卯 建 松柏木 斗
23日 04/04 水 壬辰 除 長流水 女
24日 04/05 木 癸巳 満 長流水 虚
25日 04/06 金 甲午 平 沙中金 危
26日 04/07 土 乙未 定 沙中金 室
27日▽04/08 日 丙申 執 山下火 壁
28日 04/09 月 丁酉 執 山下火 奎
29日 04/10 火 戊戌 破 平地木 婁
30日 04/11 水 己亥 危 平地木 胃
```

【三月小 丙辰 胃】
節気　穀雨 12日・立夏 27日
雑節　土用 9日・八十八夜 23日

```
 1日 04/12 木 庚子 成 壁上土 胃
 2日 04/13 金 辛丑 納 壁上土 昴
 3日 04/14 土 壬寅 開 金箔金 畢
 4日 04/15 日 癸卯 閉 金箔金 觜
 5日 04/16 月 甲辰 閉 覆燈火 参
 6日 04/17 火 乙巳 除 覆燈火 井
 7日 04/18 水 丙午 満 天河水 鬼
 8日 04/19 木 丁未 平 天河水 柳
 9日 04/20 金 戊申 定 大駅土 星
10日 04/21 土 己酉 執 大駅土 張
11日 04/22 日 庚戌 破 釵釧金 翼
12日 04/23 月 辛亥 危 釵釧金 軫
13日 04/24 火 壬子 成 桑柘木 角
14日 04/25 水 癸丑 納 桑柘木 亢
15日 04/26 木 甲寅 開 大溪水 氐
16日 04/27 金 乙卯 閉 大溪水 房
17日 04/28 土 丙辰 建 沙中土 心
18日 04/29 日 丁巳 除 沙中土 尾
19日 04/30 月 戊午 満 天上火 箕
20日 05/01 火 己未 平 天上火 斗
21日 05/02 水 庚申 定 柘榴木 女
22日 05/03 木 辛酉 執 柘榴木 虚
23日 05/04 金 壬戌 危 大海水 危
24日 05/05 土 癸亥 成 大海水 室
25日 05/06 日 甲子 成 海中金 壁
26日 05/07 月 乙丑 納 海中金 奎
27日 05/08 火 丙寅 開 爐中火 婁
28日 05/09 水 丁卯 閉 爐中火 胃
29日 05/10 木 戊辰 閉 大林木 昴
```

【四月大 丁巳 畢】
節気　小満 13日・芒種 29日

```
 1日 05/11 金 己巳 建 大林木 畢
 2日 05/12 土 庚午 除 路傍土 觜
 3日 05/13 日 辛未 満 路傍土 参
 4日 05/14 月 壬申 定 釵鋒金 鬼
 5日 05/15 火 癸酉 執 釵鋒金 柳
 6日 05/16 水 甲戌 破 山頭火 星
 7日 05/17 木 乙亥 危 山頭火 張
 8日 05/18 金 丙子 成 澗下水 翼
 9日 05/19 土 丁丑 納 澗下水 軫
10日 05/20 日 戊寅 開 城頭土 角
11日 05/21 月 己卯 閉 城頭土 亢
12日 05/22 火 庚辰 閉 白鑞金 氐
13日 05/23 水 辛巳 建 白鑞金 房
14日 05/24 木 壬午 除 楊柳木 心
15日 05/25 金 癸未 満 楊柳木 尾
16日 05/26 土 甲申 平 井泉水 箕
17日 05/27 日 乙酉 定 井泉水 斗
18日 05/28 月 丙戌 執 屋上土 女
19日△05/29 火 丁亥 破 屋上土 虚
20日 05/30 水 戊子 危 霹靂火 危
21日 05/31 木 己丑 成 霹靂火 室
22日 06/01 金 庚寅 納 松柏木 壁
23日 06/02 土 辛卯 開 松柏木 奎
24日 06/03 日 壬辰 閉 長流水 婁
25日 06/04 月 癸巳 建 長流水 胃
26日 06/05 火 甲午 除 沙中金 昴
27日 06/06 水 乙未 満 沙中金 畢
28日 06/07 木 丙申 平 山下火 觜
29日 06/08 金 丁酉 定 山下火 参
30日 06/09 土 戊戌 定 平地木 参
```

【五月小 戊午 参】
節気　夏至 14日・小暑 29日
雑節　入梅 4日・半夏生 24日

```
 1日▽06/10 日 己亥 執 平地木 参
 2日 06/11 月 庚子 破 壁上土 井
 3日 06/12 火 辛丑 危 壁上土 鬼
 4日 06/13 水 壬寅 成 金箔金 柳
 5日 06/14 木 癸卯 納 金箔金 星
 6日 06/15 金 甲辰 開 覆燈火 張
 7日 06/16 土 乙巳 閉 覆燈火 翼
 8日 06/17 日 丙午 建 天河水 軫
 9日 06/18 月 丁未 除 天河水 角
10日 06/19 火 戊申 平 大駅土 亢
11日 06/20 水 己酉 平 大駅土 氐
12日 06/21 木 庚戌 定 釵釧金 房
13日 06/22 金 辛亥 執 釵釧金 心
14日 06/23 土 壬子 破 桑柘木 尾
15日 06/24 日 癸丑 危 桑柘木 箕
16日 06/25 月 甲寅 成 大溪水 斗
17日 06/26 火 乙卯 納 大溪水 女
18日 06/27 水 丙辰 開 沙中土 虚
19日 06/28 木 丁巳 閉 沙中土 危
20日 06/29 金 戊午 建 天上火 室
21日 06/30 土 己未 満 天上火 奎
22日 07/01 日 庚申 満 柘榴木 婁
23日 07/02 月 辛酉 平 柘榴木 胃
24日 07/03 火 壬戌 定 大海水 昴
25日 07/04 水 癸亥 執 大海水 畢
26日 07/05 木 甲子 破 海中金 觜
27日 07/06 金 乙丑 危 海中金 参
28日 07/07 土 丙寅 成 爐中火 井
29日 07/08 日 丁卯 納 爐中火 井
```

【六月大 己未 鬼】
節気　大暑 15日
雑節　土用 12日

```
 1日 07/09 月 戊辰 納 大林木 鬼
 2日 07/10 火 己巳 開 大林木 柳
 3日 07/11 水 庚午 閉 路傍土 星
 4日 07/12 木 辛未 建 路傍土 張
 5日 07/13 金 壬申 除 釵鋒金 翼
 6日 07/14 土 癸酉 満 釵鋒金 軫
 7日 07/15 日 甲戌 平 山頭火 角
 8日 07/16 月 乙亥 定 山頭火 亢
 9日 07/17 火 丙子 執 澗下水 氐
10日 07/18 水 丁丑 破 澗下水 房
11日 07/19 木 戊寅 危 城頭土 心
12日 07/20 金 己卯 成 城頭土 尾
13日 07/21 土 庚辰 納 白鑞金 箕
14日 07/22 日 辛巳 開 白鑞金 斗
15日 07/23 月 壬午 閉 楊柳木 女
16日 07/24 火 癸未 建 楊柳木 虚
17日 07/25 水 甲申 除 井泉水 危
18日 07/26 木 乙酉 満 井泉水 室
19日 07/27 金 丙戌 平 屋上土 壁
20日 07/28 土 丁亥 定 屋上土 奎
21日 07/29 日 戊子 執 霹靂火 婁
22日 07/30 月 己丑 破 霹靂火 胃
23日 07/31 火 庚寅 危 松柏木 昴
24日 08/01 水 辛卯 成 松柏木 畢
25日 08/02 木 壬辰 納 長流水 觜
26日 08/03 金 癸巳 開 長流水 参
27日 08/04 土 甲午 閉 沙中金 井
28日 08/05 日 乙未 建 沙中金 鬼
29日 08/06 月 丙申 除 山下火 柳
30日△08/07 火 丁酉 満 山下火 星
```

西暦　曜　干支　直　納音　宿　　　　　　　　　　　　　　　　　　　　寛文8年

【七月大 庚申 張】
節気 立秋 1日・処暑 16日
雑節 二百十日 27日

日	西暦	曜	干支	直	納音	宿
1日	08/08	水	戊申	満	平地木	張
2日	08/09	木	己亥	平	平地木	翼
3日	08/10	金	庚子	定	壁上土	軫
4日	08/11	土	辛丑	執	壁上土	角
5日▽	08/12	日	壬寅	破	金箔金	亢
6日	08/13	月	癸卯	危	金箔金	氐
7日	08/14	火	甲辰	成	覆燈火	房
8日	08/15	水	乙巳	納	覆燈火	心
9日	08/16	木	丙午	開	天河水	尾
10日	08/17	金	丁未	建	天河水	箕
11日	08/18	土	戊申	建	大駅土	斗
12日	08/19	日	己酉	除	大駅土	女
13日	08/20	月	庚戌	満	釵釧金	虚
14日	08/21	火	辛亥	平	釵釧金	危
15日	08/22	水	壬子	定	桑柘木	室
16日	08/23	木	癸丑	執	桑柘木	壁
17日	08/24	金	甲寅	破	大渓水	奎
18日	08/25	土	乙卯	危	大渓水	婁
19日	08/26	日	丙辰	成	沙中土	胃
20日	08/27	月	丁巳	納	沙中土	昴
21日	08/28	火	戊午	開	天上火	畢
22日	08/29	水	己未	閉	天上火	觜
23日	08/30	木	庚申	建	柘榴木	参
24日	08/31	金	辛酉	除	柘榴木	井
25日	09/01	土	壬戌	満	大海水	鬼
26日	09/02	日	癸亥	平	大海水	柳
27日	09/03	月	甲子	定	海中金	星
28日	09/04	火	乙丑	執	海中金	張
29日	09/05	水	丙寅	破	爐中火	翼
30日	09/06	木	丁卯	危	爐中火	軫

【八月小 辛酉 角】
節気 白露 1日・秋分 16日
雑節 社日 11日・彼岸 18日

日	西暦	曜	干支	直	納音	宿
1日	09/07	金	戊辰	危	大林木	角
2日	09/08	土	己巳	成	大林木	亢
3日	09/09	日	庚午	納	路傍土	氐
4日	09/10	月	辛未	開	路傍土	房
5日	09/11	火	壬申	閉	釵鋒金	心
6日	09/12	水	癸酉	建	釵鋒金	尾
7日	09/13	木	甲戌	除	山頭火	箕
8日	09/14	金	乙亥	満	山頭火	斗
9日	09/15	土	丙子	平	潤下水	女
10日	09/16	日	丁丑	定	潤下水	虚
11日	09/17	月	戊寅	執	城頭土	危
12日	09/18	火	己卯	破	城頭土	室
13日	09/19	水	庚辰	危	白鑞金	壁
14日	09/20	木	辛巳	成	白鑞金	奎
15日	09/21	金	壬午	納	楊柳木	婁
16日	09/22	土	癸未	開	楊柳木	胃
17日	09/23	日	甲申	閉	井泉水	昴
18日	09/24	月	乙酉	建	井泉水	畢
19日	09/25	火	丙戌	除	屋上土	觜
20日	09/26	水	丁亥	満	屋上土	参
21日	09/27	木	戊子	平	霹靂火	井
22日	09/28	金	己丑	定	霹靂火	鬼
23日	09/29	土	庚寅	執	松柏木	柳
24日	09/30	日	辛卯	破	松柏木	星
25日	10/01	月	壬辰	危	長流水	張
26日	10/02	火	癸巳	成	長流水	翼
27日	10/03	水	甲午	納	沙中金	軫
28日	10/04	木	乙未	開	沙中金	角
29日	10/05	金	丙申	閉	山頭火	亢

【九月大 壬戌 氐】
節気 寒露 2日・霜降 18日
雑節 土用 15日

日	西暦	曜	干支	直	納音	宿
1日	10/06	土	丁酉	建	山下火	氐
2日	10/07	日	戊戌	建	平地木	房
3日	10/08	月	己亥	除	平地木	心
4日	10/09	火	庚子	満	壁上土	尾
5日	10/10	水	辛丑	平	壁上土	箕
6日	10/11	木	壬寅	定	金箔金	斗
7日	10/12	金	癸卯	執	金箔金	女
8日	10/13	土	甲辰	破	覆燈火	虚
9日▽	10/14	日	乙巳	危	覆燈火	危
10日	10/15	月	丙午	成	天河水	室
11日△	10/16	火	丁未	納	天河水	壁
12日	10/17	水	戊申	開	大駅土	奎
13日	10/18	木	己酉	閉	大駅土	婁
14日	10/19	金	庚戌	建	釵釧金	胃
15日	10/20	土	辛亥	満	釵釧金	昴
16日	10/21	日	壬子	満	桑柘木	畢
17日	10/22	月	癸丑	平	桑柘木	觜
18日	10/23	火	甲寅	定	大渓水	参
19日	10/24	水	乙卯	執	大渓水	井
20日	10/25	木	丙辰	破	沙中土	鬼
21日	10/26	金	丁巳	危	沙中土	柳
22日	10/27	土	戊午	成	天上火	星
23日	10/28	日	己未	納	天上火	張
24日	10/29	月	庚申	開	柘榴木	翼
25日	10/30	火	辛酉	閉	柘榴木	軫
26日	10/31	水	壬戌	建	大海水	角
27日	11/01	木	癸亥	除	大海水	亢
28日	11/02	金	甲子	満	海中金	氐
29日	11/03	土	乙丑	平	海中金	房
30日	11/04	日	丙寅	定	爐中火	心

【十月小 癸亥 心】
節気 立冬 3日・小雪 18日

日	西暦	曜	干支	直	納音	宿
1日	11/05	月	丁卯	執	爐中火	心
2日	11/06	火	戊辰	破	大林木	尾
3日	11/07	水	己巳	危	大林木	箕
4日	11/08	木	庚午	成	路傍土	斗
5日	11/09	金	辛未	成	路傍土	女
6日	11/10	土	壬申	納	釵鋒金	虚
7日	11/11	日	癸酉	開	釵鋒金	危
8日	11/12	月	甲戌	閉	山頭火	室
9日	11/13	火	乙亥	建	山頭火	壁
10日	11/14	水	丙子	除	潤下水	奎
11日	11/15	木	丁丑	満	潤下水	婁
12日	11/16	金	戊寅	平	城頭土	胃
13日	11/17	土	己卯	定	城頭土	昴
14日☆	11/18	日	庚辰	執	白鑞金	畢
15日	11/19	月	辛巳	破	白鑞金	觜
16日	11/20	火	壬午	危	楊柳木	参
17日	11/21	水	癸未	成	楊柳木	井
18日	11/22	木	甲申	納	井泉水	鬼
19日	11/23	金	乙酉	開	井泉水	柳
20日	11/24	土	丙戌	閉	屋上土	星
21日	11/25	日	丁亥	建	屋上土	張
22日	11/26	月	戊子	除	霹靂火	翼
23日	11/27	火	己丑	満	霹靂火	軫
24日	11/28	水	庚寅	平	松柏木	角
25日	11/29	木	辛卯	定	松柏木	亢
26日	11/30	金	壬辰	執	長流水	氐
27日	12/01	土	癸巳	破	長流水	房
28日	12/02	日	甲午	危	沙中金	心
29日	12/03	月	乙未	成	沙中金	尾

【十一月大 甲子 斗】
節気 大雪 4日・冬至 19日

日	西暦	曜	干支	直	納音	宿
1日	12/04	火	丙申	納	山下火	斗
2日	12/05	水	丁酉	開	山下火	女
3日	12/06	木	戊戌	閉	平地木	虚
4日	12/07	金	己亥	閉	平地木	危
5日	12/08	土	庚子	建	壁上土	室
6日	12/09	日	辛丑	除	壁上土	壁
7日	12/10	月	壬寅	満	金箔金	奎
8日	12/11	火	癸卯	平	金箔金	婁
9日	12/12	水	甲辰	定	覆燈火	胃
10日	12/13	木	乙巳	執	覆燈火	昴
11日	12/14	金	丙午	破	天河水	畢
12日	12/15	土	丁未	危	天河水	觜
13日▽	12/16	日	戊申	成	大駅土	参
14日	12/17	月	己酉	納	大駅土	井
15日	12/18	火	庚戌	開	釵釧金	鬼
16日	12/19	水	辛亥	閉	釵釧金	柳
17日	12/20	木	壬子	建	桑柘木	星
18日	12/21	金	癸丑	除	桑柘木	張
19日	12/22	土	甲寅	満	大渓水	翼
20日	12/23	日	乙卯	平	大渓水	軫
21日△	12/24	月	丙辰	定	沙中土	角
22日	12/25	火	丁巳	執	沙中土	亢
23日	12/26	水	戊午	破	天上火	氐
24日	12/27	木	己未	危	天上火	房
25日	12/28	金	庚申	成	柘榴木	心
26日	12/29	土	辛酉	納	柘榴木	尾
27日	12/30	日	壬戌	開	大海水	箕
28日	12/31	月	癸亥	閉	大海水	斗

1669年

日	西暦	曜	干支	直	納音	宿
29日	01/01	火	甲子	建	海中金	女
30日	01/02	水	乙丑	除	海中金	虚

【十二月小 乙丑 虚】
節気 小寒 5日・大寒 20日
雑節 土用 17日

日	西暦	曜	干支	直	納音	宿
1日	01/03	木	丙寅	満	爐中火	虚
2日	01/04	金	丁卯	平	爐中火	危
3日	01/05	土	戊辰	定	大林木	室
4日	01/06	日	己巳	執	大林木	壁
5日	01/07	月	庚午	執	路傍土	奎
6日	01/08	火	辛未	破	路傍土	婁
7日	01/09	水	壬申	危	釵鋒金	胃
8日	01/10	木	癸酉	成	釵鋒金	昴
9日	01/11	金	甲戌	納	山頭火	觜
10日	01/12	土	乙亥	開	山頭火	参
11日	01/13	日	丙子	閉	潤下水	井
12日	01/14	月	丁丑	建	潤下水	鬼
13日	01/15	火	戊寅	除	城頭土	柳
14日	01/16	水	己卯	満	城頭土	星
15日	01/17	木	庚辰	平	白鑞金	張
16日	01/18	金	辛巳	定	白鑞金	翼
17日	01/19	土	壬午	執	楊柳木	軫
18日	01/20	日	癸未	破	楊柳木	角
19日	01/21	月	甲申	危	井泉水	亢
20日	01/22	火	乙酉	成	井泉水	氐
21日	01/23	水	丙戌	納	屋上土	房
22日	01/24	木	丁亥	開	屋上土	心
23日	01/25	金	戊子	閉	霹靂火	尾
24日	01/26	土	己丑	除	霹靂火	箕
25日	01/27	日	庚寅	除	松柏木	斗
26日	01/28	月	辛卯	満	松柏木	女
27日	01/29	火	壬辰	平	長流水	虚
28日	01/30	水	癸巳	定	長流水	危
29日	01/31	木	甲午	執	沙中金	室

寛文9年

1669～1670 己酉

【正月小 丙寅 室】
節気 立春 6日・雨水 21日
雑節 節分 5日

日	新暦	曜	干支	直	納音	宿
1日	02/01	金	乙未	破	沙中金	室
2日	02/02	土	丙申	危	山下火	壁
3日	02/03	日	丁酉	成	山下火	奎
4日	02/04	月	戊戌	納	平地木	婁
5日	02/05	火	己亥	開	平地木	胃
6日	02/06	水	庚子	開	壁上土	昴
7日	02/07	木	辛丑	建	壁上土	畢
8日	02/08	金	壬寅	建	金箔金	觜
9日	02/09	土	癸卯	除	金箔金	参
10日	02/10	日	甲辰	満	覆燈火	井
11日	02/11	月	乙巳	平	覆燈火	鬼
12日	02/12	火	丙午	定	天河水	柳
13日	02/13	水	丁未	執	天河水	星
14日	02/14	木	戊申	破	大駅土	張
15日	02/15	金	己酉	危	大駅土	翼
16日	02/16	土	庚戌	成	釵釧金	軫
17日▽	02/17	日	辛亥	納	釵釧金	角
18日	02/18	月	壬子	開	桑柘木	亢
19日	02/19	火	癸丑	閉	桑柘木	氐
20日	02/20	水	甲寅	建	大溪水	房
21日	02/21	木	乙卯	除	大溪水	心
22日	02/22	金	丙辰	満	沙中土	尾
23日	02/23	土	丁巳	平	沙中土	箕
24日	02/24	日	戊午	定	天上火	斗
25日	02/25	月	己未	執	天上火	女
26日	02/26	火	庚申	破	柘榴木	虚
27日	02/27	水	辛酉	危	柘榴木	危
28日	02/28	木	壬戌	成	大海水	室
29日	03/01	金	癸亥	納	大海水	壁

【二月大 丁卯 奎】
節気 啓蟄 8日・春分 23日
雑節 彼岸 25日・社日 25日

日	新暦	曜	干支	直	納音	宿
1日	03/02	土	甲子	開	海中金	奎
2日	03/03	日	乙丑	閉	海中金	婁
3日△	03/04	月	丙寅	閉	爐中火	胃
4日	03/05	火	丁卯	除	爐中火	昴
5日	03/06	水	戊辰	満	大林木	畢
6日	03/07	木	己巳	平	大林木	觜
7日	03/08	金	庚午	定	路傍土	参
8日	03/09	土	辛未	執	路傍土	井
9日	03/10	日	壬申	破	釵鋒金	鬼
10日	03/11	月	癸酉	破	釵鋒金	柳
11日	03/12	火	甲戌	成	山頭火	星
12日	03/13	水	乙亥	納	山頭火	張
13日	03/14	木	丙子	納	澗下水	翼
14日	03/15	金	丁丑	開	澗下水	軫
15日	03/16	土	戊寅	閉	城頭土	角
16日	03/17	日	己卯	建	城頭土	亢
17日	03/18	月	庚辰	除	白鑞金	氐
18日	03/19	火	辛巳	満	白鑞金	房
19日	03/20	水	壬午	平	楊柳木	心
20日	03/21	木	癸未	定	楊柳木	尾
21日	03/22	金	甲申	執	井泉水	箕
22日	03/23	土	乙酉	破	井泉水	斗
23日	03/24	日	丙戌	危	屋上土	女
24日	03/25	月	丁亥	成	屋上土	虚
25日	03/26	火	戊子	納	霹靂火	危
26日	03/27	水	己丑	開	霹靂火	室
27日	03/28	木	庚寅	閉	松柏木	壁
28日	03/29	金	辛卯	建	松柏木	奎
29日	03/30	土	壬辰	除	長流水	婁
30日	03/31	日	癸巳	満	長流水	胃

【三月小 戊辰 胃】
節気 清明 8日・穀雨 23日
雑節 土用 20日

日	新暦	曜	干支	直	納音	宿
1日	04/01	月	甲午	平	沙中金	胃
2日	04/02	火	乙未	定	沙中金	昴
3日	04/03	水	丙申	執	山下火	畢
4日	04/04	木	丁酉	破	山下火	觜
5日	04/05	金	戊戌	危	平地木	参
6日	04/06	土	己亥	成	平地木	井
7日	04/07	日	庚子	納	壁上土	鬼
8日	04/08	月	辛丑	納	壁上土	柳
9日	04/09	火	壬寅	開	金箔金	星
10日	04/10	水	癸卯	閉	金箔金	張
11日	04/11	木	甲辰	建	覆燈火	翼
12日	04/12	金	乙巳	除	覆燈火	軫
13日	04/13	土	丙午	満	天河水	角
14日	04/14	日	丁未	平	天河水	亢
15日	04/15	月	戊申	定	大駅土	氐
16日	04/16	火	己酉	執	大駅土	房
17日	04/17	水	庚戌	破	釵釧金	心
18日	04/18	木	辛亥	危	釵釧金	尾
19日	04/19	金	壬子	成	桑柘木	箕
20日	04/20	土	癸丑	納	桑柘木	斗
21日▽	04/21	日	甲寅	開	大溪水	女
22日	04/22	月	乙卯	閉	大溪水	虚
23日	04/23	火	丙辰	建	沙中土	危
24日	04/24	水	丁巳	除	沙中土	室
25日	04/25	木	戊午	満	天上火	壁
26日	04/26	金	己未	平	天上火	奎
27日	04/27	土	庚申	定	柘榴木	婁
28日	04/28	日	辛酉	執	柘榴木	胃
29日	04/29	月	壬戌	破	大海水	昴

【四月大 己巳 畢】
節気 立夏 9日・小満 25日
雑節 八十八夜 5日

日	新暦	曜	干支	直	納音	宿
1日◎	04/30	火	癸亥	危	大海水	畢
2日	05/01	水	甲子	成	海中金	觜
3日	05/02	木	乙丑	納	海中金	参
4日	05/03	金	丙寅	開	爐中火	井
5日	05/04	土	丁卯	建	爐中火	鬼
6日	05/05	日	戊辰	除	大林木	柳
7日	05/06	月	己巳	満	大林木	星
8日	05/07	火	庚午	平	路傍土	張
9日	05/08	水	辛未	定	路傍土	翼
10日	05/09	木	壬申	執	釵鋒金	軫
11日	05/10	金	癸酉	破	釵鋒金	角
12日	05/11	土	甲戌	危	山頭火	亢
13日	05/12	日	乙亥	成	山頭火	氐
14日△	05/13	月	丙子	納	澗下水	房
15日	05/14	火	丁丑	開	澗下水	心
16日	05/15	水	戊寅	閉	城頭土	尾
17日	05/16	木	己卯	建	城頭土	箕
18日	05/17	金	庚辰	除	白鑞金	斗
19日	05/18	土	辛巳	満	白鑞金	女
20日	05/19	日	壬午	平	楊柳木	虚
21日	05/20	月	癸未	定	楊柳木	危
22日	05/21	火	甲申	執	井泉水	室
23日	05/22	水	乙酉	破	井泉水	壁
24日	05/23	木	丙戌	執	屋上土	奎
25日	05/24	金	丁亥	破	屋上土	婁
26日	05/25	土	戊子	危	霹靂火	胃
27日	05/26	日	己丑	成	霹靂火	昴
28日	05/27	月	庚寅	納	松柏木	畢
29日	05/28	火	辛卯	開	松柏木	觜
30日	05/29	水	壬辰	閉	長流水	参

【五月小 庚午 参】
節気 芒種 10日・夏至 25日
雑節 入梅 20日

日	新暦	曜	干支	直	納音	宿
1日	05/30	木	癸巳	建	長流水	井
2日	05/31	金	甲午	除	沙中金	鬼
3日	06/01	土	乙未	満	沙中金	柳
4日	06/02	日	丙申	平	山下火	星
5日	06/03	月	丁酉	定	山下火	張
6日	06/04	火	戊戌	執	平地木	翼
7日	06/05	水	己亥	破	平地木	軫
8日	06/06	木	庚子	危	壁上土	角
9日	06/07	金	辛丑	成	壁上土	亢
10日	06/08	土	壬寅	納	金箔金	氐
11日	06/09	日	癸卯	開	金箔金	房
12日	06/10	月	甲辰	閉	覆燈火	心
13日	06/11	火	乙巳	建	覆燈火	尾
14日	06/12	水	丙午	除	天河水	箕
15日	06/13	木	丁未	満	天河水	斗
16日	06/14	金	戊申	平	大駅土	女
17日	06/15	土	己酉	定	大駅土	虚
18日	06/16	日	庚戌	執	釵釧金	危
19日	06/17	月	辛亥	破	釵釧金	室
20日	06/18	火	壬子	危	桑柘木	壁
21日	06/19	水	癸丑	成	桑柘木	奎
22日	06/20	木	甲寅	納	大溪水	婁
23日	06/21	金	乙卯	納	大溪水	胃
24日	06/22	土	丙辰	開	沙中土	昴
25日▽	06/23	日	丁巳	閉	沙中土	畢
26日	06/24	月	戊午	建	天上火	觜
27日	06/25	火	己未	除	天上火	参
28日	06/26	水	庚申	満	柘榴木	井
29日	06/27	木	辛酉	平	柘榴木	鬼

【六月大 辛未 鬼】
節気 小暑 11日・大暑 27日
雑節 半夏生 6日・土用 23日

日	新暦	曜	干支	直	納音	宿
1日	06/28	金	壬戌	定	大海水	鬼
2日	06/29	土	癸亥	執	大海水	柳
3日	06/30	日	甲子	破	海中金	星
4日	07/01	月	乙丑	危	海中金	張
5日	07/02	火	丙寅	成	爐中火	翼
6日	07/03	水	丁卯	納	爐中火	軫
7日	07/04	木	戊辰	開	大林木	角
8日	07/05	金	己巳	閉	大林木	亢
9日	07/06	土	庚午	建	路傍土	氐
10日	07/07	日	辛未	除	路傍土	房
11日	07/08	月	壬申	満	釵鋒金	心
12日	07/09	火	癸酉	平	釵鋒金	尾
13日	07/10	水	甲戌	定	山頭火	箕
14日	07/11	木	乙亥	執	山頭火	斗
15日	07/12	金	丙子	破	澗下水	女
16日	07/13	土	丁丑	危	澗下水	虚
17日	07/14	日	戊寅	成	城頭土	危
18日	07/15	月	己卯	納	城頭土	室
19日	07/16	火	庚辰	開	白鑞金	壁
20日	07/17	水	辛巳	閉	白鑞金	奎
21日	07/18	木	壬午	建	楊柳木	婁
22日	07/19	金	癸未	除	楊柳木	胃
23日	07/20	土	甲申	満	井泉水	昴
24日△	07/21	日	乙酉	平	井泉水	畢
25日	07/22	月	丙戌	定	屋上土	觜
26日	07/23	火	丁亥	執	屋上土	参
27日	07/24	水	戊子	破	霹靂火	井
28日	07/25	木	己丑	危	霹靂火	鬼
29日	07/26	金	庚寅	成	松柏木	柳
30日	07/27	土	辛卯	納	松柏木	星

【七月大 壬申 張】
節気 立秋 12日・処暑 27日

日	新暦	曜	干支	直	納音	宿
1日	07/28	日	壬辰	納	長流水	張
2日	07/29	月	癸巳	開	長流水	翼
3日	07/30	火	甲午	閉	沙中金	軫
4日	07/31	水	乙未	建	沙中金	角
5日	08/01	木	丙申	除	山下火	亢
6日	08/02	金	丁酉	満	山下火	氐
7日	08/03	土	戊戌	平	平地木	房
8日	08/04	日	己亥	定	平地木	心
9日	08/05	月	庚子	執	壁上土	尾
10日	08/06	火	辛丑	破	壁上土	箕
11日	08/07	水	壬寅	危	金箔金	斗
12日	08/08	木	癸卯	成	金箔金	女
13日	08/09	金	甲辰	納	覆燈火	虚
14日	08/10	土	乙巳	開	覆燈火	危
15日	08/11	日	丙午	閉	天河水	室

寛文9年

日	西暦	曜	干支	直	納音	宿
16日	08/12	月	丁未	閉	天河水	壁
17日	08/13	火	戊申	建	大駅土	奎
18日	08/14	水	己酉	除	大駅土	婁
19日	08/15	木	庚戌	満	釼釧金	胃
20日	08/16	金	辛亥	平	釼釧金	昴
21日	08/17	土	壬子	定	桑柘木	畢
22日	08/18	日	癸丑	執	桑柘木	觜
23日	08/19	月	甲寅	破	大渓水	参
24日	08/20	火	乙卯	危	大渓水	井
25日	08/21	水	丙辰	成	沙中土	鬼
26日	08/22	木	丁巳	納	沙中土	柳
27日	08/23	金	戊午	開	天上火	星
28日	08/24	土	己未	閉	天上火	張
29日▽	08/25	日	庚申	建	柏榴木	翼
30日	08/26	月	辛酉	除	柏榴木	軫

【八月小 癸酉 角】
節気 白露 12日・秋分 27日
雑節 二百十日 8日・社日 27日・彼岸 29日

日	西暦	曜	干支	直	納音	宿
1日	08/27	火	壬戌	満	大海水	角
2日	08/28	水	癸亥	平	大海水	亢
3日	08/29	木	甲子	定	海中金	氐
4日	08/30	金	乙丑	執	海中金	房
5日	08/31	土	丙寅	破	爐中火	心
6日	09/01	日	丁卯	危	爐中火	尾
7日	09/02	月	戊辰	成	大林木	箕
8日	09/03	火	己巳	納	大林木	斗
9日	09/04	水	庚午	開	路傍土	女
10日	09/05	木	辛未	閉	路傍土	虚
11日	09/06	金	壬申	建	釼鋒金	危
12日	09/07	土	癸酉	除	釼鋒金	室
13日	09/08	日	甲戌	満	山頭火	奎
14日	09/09	月	乙亥	平	山頭火	婁
15日	09/10	火	丙子	定	澗下水	胃
16日	09/11	水	丁丑	執	澗下水	昴
17日	09/12	木	戊寅	破	城頭土	畢
18日	09/13	金	己卯	危	城頭土	觜
19日	09/14	土	庚辰	成	白鑞金	参
20日	09/15	日	辛巳	納	白鑞金	井
21日	09/16	月	壬午	開	楊柳木	鬼
22日	09/17	火	癸未	閉	楊柳木	柳
23日	09/18	水	甲申	建	井泉水	星
24日	09/19	木	乙酉	除	井泉水	張
25日	09/20	金	丙戌	満	屋上土	翼
26日	09/21	土	丁亥	平	屋上土	軫
27日	09/22	日	戊子	定	霹靂火	角
28日	09/23	月	己丑	執	霹靂火	亢
29日	09/24	火	庚寅	執	松柏木	氐

【九月大 甲戌 氐】
節気 寒露 14日・霜降 29日
雑節 土用 26日

日	西暦	曜	干支	直	納音	宿
1日	09/25	水	辛卯	破	松柏木	氐
2日	09/26	木	壬辰	危	長流水	房
3日	09/27	金	癸巳	成	長流水	心
4日	09/28	土	甲午	納	沙中金	尾
5日△	09/29	日	乙未	開	沙中金	箕
6日	09/30	月	丙申	閉	山下火	斗
7日	10/01	火	丁酉	建	山下火	女
8日	10/02	水	戊戌	除	平地木	虚
9日	10/03	木	己亥	満	平地木	危
10日	10/04	金	庚子	平	壁上土	室
11日	10/05	土	辛丑	定	壁上土	壁
12日	10/06	日	壬寅	執	金箔金	奎
13日	10/07	月	癸卯	破	金箔金	婁
14日	10/08	火	甲辰	危	覆燈火	胃
15日	10/09	水	乙巳	成	覆燈火	昴
16日	10/10	木	丙午	納	天河水	畢
17日	10/11	金	丁未	開	天河水	觜
18日	10/12	土	戊申	閉	大駅土	参
19日	10/13	日	己酉	閉	大駅土	井
20日	10/14	月	庚戌	建	釼釧金	鬼
21日	10/15	火	辛亥	除	釼釧金	柳
22日	10/16	水	壬子	満	桑柘木	星
23日	10/17	木	癸丑	定	桑柘木	張
24日	10/18	金	甲寅	執	大渓水	翼
25日	10/19	土	乙卯	破	大渓水	軫
26日	10/20	日	丙辰	危	沙中土	角
27日	10/21	月	丁巳	成	沙中土	亢
28日	10/22	火	戊午	納	天上火	氐
29日	10/23	水	己未	開	天上火	房

【十月大 乙亥 心】
節気 立冬 14日・小雪 29日

日	西暦	曜	干支	直	納音	宿
1日◎	10/25	金	辛酉	閉	柏榴木	心
2日	10/26	土	壬戌	除	柏榴木	尾
3日▽	10/27	日	癸亥	除	大海水	箕
4日	10/28	月	甲子	満	海中金	斗
5日	10/29	火	乙丑	平	海中金	女
6日	10/30	水	丙寅	定	爐中火	虚
7日	10/31	木	丁卯	執	爐中火	危
8日	11/01	金	戊辰	危	大林木	室
9日	11/02	土	己巳	危	大林木	壁
10日	11/03	日	庚午	成	路傍土	奎
11日	11/04	月	辛未	納	路傍土	婁
12日	11/05	火	壬申	開	釼鋒金	胃
13日	11/06	水	癸酉	閉	釼鋒金	昴
14日	11/07	木	甲戌	建	山頭火	畢
15日	11/08	金	乙亥	除	山頭火	觜
16日	11/09	土	丙子	除	澗下水	参
17日	11/10	日	丁丑	満	澗下水	井
18日	11/11	月	戊寅	平	城頭土	鬼
19日	11/12	火	己卯	定	城頭土	柳
20日	11/13	水	庚辰	執	白鑞金	星
21日	11/14	木	辛巳	破	白鑞金	張
22日	11/15	金	壬午	危	楊柳木	翼
23日	11/16	土	癸未	成	楊柳木	軫
24日	11/17	日	甲申	納	井泉水	角
25日	11/18	月	乙酉	開	井泉水	亢
26日	11/19	火	丙戌	閉	屋上土	氐
27日	11/20	水	丁亥	建	屋上土	房
28日	11/21	木	戊子	除	霹靂火	心
29日	11/22	金	己丑	満	霹靂火	尾
30日	11/23	土	庚寅	定	松柏木	箕

【閏十月小 乙亥 心】
節気 大雪 14日

日	西暦	曜	干支	直	納音	宿
1日	11/24	日	辛卯	定	松柏木	心
2日	11/25	月	壬辰	執	長流水	尾
3日	11/26	火	癸巳	破	長流水	箕
4日	11/27	水	甲午	危	沙中金	斗
5日	11/28	木	乙未	成	沙中金	女
6日	11/29	金	丙申	納	山下火	虚
7日	11/30	土	丁酉	開	山下火	危
8日	12/01	日	戊戌	閉	平地木	室
9日	12/02	月	己亥	建	平地木	壁
10日	12/03	火	庚子	除	壁上土	奎
11日	12/04	水	辛丑	満	壁上土	婁
12日	12/05	木	壬寅	平	金箔金	胃
13日	12/06	金	癸卯	定	金箔金	昴
14日	12/07	土	甲辰	執	覆燈火	畢
15日△	12/08	日	乙巳	破	覆燈火	觜
16日	12/09	月	丙午	危	天河水	参
17日	12/10	火	丁未	成	天河水	井
18日	12/11	水	戊申	納	大駅土	鬼
19日	12/12	木	己酉	開	大駅土	柳
20日	12/13	金	庚戌	閉	釼釧金	星
21日	12/14	土	辛亥	建	釼釧金	張
22日	12/15	日	壬子	除	桑柘木	翼
23日	12/16	月	癸丑	満	桑柘木	軫
24日	12/17	火	甲寅	平	大渓水	角
25日	12/18	水	乙卯	定	大渓水	亢
26日	12/19	木	丙辰	執	沙中土	氐
27日	12/20	金	丁巳	執	沙中土	房
28日	12/21	土	戊午	破	天上火	心
29日	12/22	日	己未	危	天上火	尾

【十一月大 丙子 斗】
節気 冬至 1日・小寒 16日
雑節 土用 28日

日	西暦	曜	干支	直	納音	宿
1日	12/23	月	庚申	成	柏榴木	斗
2日	12/24	火	辛酉	納	柏榴木	女
3日	12/25	水	壬戌	開	大海水	虚
4日	12/26	木	癸亥	閉	大海水	危
5日	12/27	金	甲子	建	海中金	室
6日	12/28	土	乙丑	除	海中金	壁
7日▽	12/29	日	丙寅	満	爐中火	奎
8日	12/30	月	丁卯	平	爐中火	婁
9日	12/31	火	戊辰	定	大林木	胃

1670年

日	西暦	曜	干支	直	納音	宿
10日	01/01	水	己巳	執	大林木	昴
11日	01/02	木	庚午	破	路傍土	畢
12日	01/03	金	辛未	危	路傍土	觜
13日	01/04	土	壬申	成	釼鋒金	参
14日	01/05	日	癸酉	納	釼鋒金	井
15日	01/06	月	甲戌	開	山頭火	鬼
16日	01/07	火	乙亥	閉	山頭火	柳
17日	01/08	水	丙子	閉	澗下水	星
18日	01/09	木	丁丑	建	澗下水	張
19日	01/10	金	戊寅	満	城頭土	翼
20日	01/11	土	己卯	満	城頭土	軫
21日	01/12	日	庚辰	平	白鑞金	角
22日	01/13	月	辛巳	定	白鑞金	亢
23日	01/14	火	壬午	執	楊柳木	氐
24日	01/15	水	癸未	破	楊柳木	房
25日	01/16	木	甲申	危	井泉水	心
26日	01/17	金	乙酉	成	井泉水	尾
27日	01/18	土	丙戌	納	屋上土	箕
28日	01/19	日	丁亥	開	屋上土	斗
29日	01/20	月	戊子	閉	霹靂火	女
30日	01/21	火	己丑	建	霹靂火	虚

【十二月小 丁丑 虚】
節気 大寒 1日・立春 16日
雑節 節分 15日

日	西暦	曜	干支	直	納音	宿
1日	01/22	水	庚寅	除	松柏木	虚
2日	01/23	木	辛卯	満	松柏木	危
3日	01/24	金	壬辰	平	長流水	室
4日	01/25	土	癸巳	定	長流水	壁
5日	01/26	日	甲午	執	沙中金	奎
6日	01/27	月	乙未	破	沙中金	婁
7日	01/28	火	丙申	危	山下火	胃
8日	01/29	水	丁酉	成	山下火	昴
9日	01/30	木	戊戌	納	平地木	畢
10日	01/31	金	己亥	開	平地木	觜
11日	02/01	土	庚子	閉	壁上土	参
12日	02/02	日	辛丑	建	壁上土	井
13日	02/03	月	壬寅	除	金箔金	鬼
14日	02/04	火	癸卯	満	金箔金	柳
15日	02/05	水	甲辰	平	覆燈火	星
16日	02/06	木	乙巳	定	覆燈火	張
17日	02/07	金	丙午	定	天河水	翼
18日	02/08	土	丁未	執	天河水	軫
19日	02/09	日	戊申	破	大駅土	角
20日	02/10	月	己酉	危	大駅土	亢
21日	02/11	火	庚戌	成	釼釧金	氐
22日	02/12	水	辛亥	納	釼釧金	房
23日	02/13	木	壬子	開	桑柘木	心
24日	02/14	金	癸丑	閉	桑柘木	尾
25日△	02/15	土	甲寅	除	大渓水	箕
26日	02/16	日	乙卯	満	大渓水	斗
27日	02/17	月	丙辰	満	沙中土	女
28日	02/18	火	丁巳	平	沙中土	虚
29日	02/19	水	戊午	定	天上火	危

— 177 —

寛文10年
1670～1671　庚戌

【正月小 戊寅 室】
節気 雨水 3日・啓蟄 18日

日	日付	曜	干支	直	納音	宿
1日	02/20	木	己未	執	天上火	室
2日	02/21	金	庚申	破	柘榴木	壁
3日	02/22	土	辛酉	危	柘榴木	奎
4日	02/23	日	壬戌	成	大海水	婁
5日	02/24	月	癸亥	納	大海水	胃
6日	02/25	火	甲子	開	海中金	昴
7日	02/26	水	乙丑	閉	海中金	畢
8日	02/27	木	丙寅	建	爐中火	觜
9日	02/28	金	丁卯	除	爐中火	參
10日▽	03/01	土	戊辰	満	大林木	井
11日	03/02	日	己巳	平	大林木	鬼
12日	03/03	月	庚午	定	路傍土	柳
13日	03/04	火	辛未	執	路傍土	星
14日	03/05	水	壬申	破	釼鋒金	張
15日	03/06	木	癸酉	危	釼鋒金	翼
16日	03/07	金	甲戌	成	山頭火	軫
17日	03/08	土	乙亥	納	山頭火	角
18日	03/09	日	丙子	納	澗下水	亢
19日	03/10	月	丁丑	開	澗下水	氐
20日	03/11	火	戊寅	閉	城頭土	房
21日	03/12	水	己卯	建	城頭土	心
22日	03/13	木	庚辰	除	白鑞金	尾
23日	03/14	金	辛巳	満	白鑞金	箕
24日	03/15	土	壬午	平	楊柳木	斗
25日	03/16	日	癸未	定	楊柳木	女
26日	03/17	月	甲申	執	井泉水	虚
27日	03/18	火	乙酉	破	井泉水	危
28日	03/19	水	丙戌	危	屋上土	室
29日	03/20	木	丁亥	成	屋上土	壁

【二月大 己卯 奎】
節気 春分 4日・清明 19日
雑節 社日 1日・彼岸 6日

日	日付	曜	干支	直	納音	宿
1日	03/21	金	戊子	納	霹靂火	奎
2日	03/22	土	己丑	開	霹靂火	婁
3日	03/23	日	庚寅	閉	松柏木	胃
4日	03/24	月	辛卯	建	松柏木	昴
5日	03/25	火	壬辰	除	長流水	畢
6日	03/26	水	癸巳	満	長流水	觜
7日	03/27	木	甲午	平	沙中金	參
8日	03/28	金	乙未	定	沙中金	井
9日	03/29	土	丙申	執	山下火	鬼
10日	03/30	日	丁酉	破	山下火	柳
11日	03/31	月	戊戌	危	平地木	星
12日	04/01	火	己亥	成	平地木	張
13日	04/02	水	庚子	納	壁上土	翼
14日	04/03	木	辛丑	開	壁上土	軫
15日	04/04	金	壬寅	閉	金箔金	角
16日☆	04/05	土	癸卯	建	金箔金	亢
17日	04/06	日	甲辰	除	覆燈火	氐
18日	04/07	月	乙巳	満	覆燈火	房
19日	04/08	火	丙午	満	天河水	心
20日	04/09	水	丁未	平	天河水	尾
21日	04/10	木	戊申	定	大駅土	箕
22日	04/11	金	己酉	執	大駅土	斗
23日	04/12	土	庚戌	破	釼釧金	女
24日	04/13	日	辛亥	危	釼釧金	虚
25日	04/14	月	壬子	成	桑柘木	危
26日	04/15	火	癸丑	納	桑柘木	室
27日	04/16	水	甲寅	開	大溪水	壁
28日	04/17	木	乙卯	閉	大溪水	奎
29日	04/18	金	丙辰	建	沙中土	婁
30日	04/19	土	丁巳	除	沙中土	胃

【三月小 庚辰 胃】
節気 穀雨 4日・立夏 20日
雑節 土用 1日・八十八夜 15日

日	日付	曜	干支	直	納音	宿
1日	04/20	日	戊午	満	天上火	胃
2日	04/21	月	己未	平	天上火	昴
3日	04/22	火	庚申	定	柘榴木	畢
4日	04/23	水	辛酉	執	柘榴木	觜
5日	04/24	木	壬戌	破	大海水	參
6日	04/25	金	癸亥	危	大海水	井
7日△	04/26	土	甲子	成	海中金	鬼
8日	04/27	日	乙丑	納	海中金	柳
9日	04/28	月	丙寅	開	爐中火	星
10日	04/29	火	丁卯	閉	爐中火	張
11日	04/30	水	戊辰	建	大林木	翼
12日	05/01	木	己巳	除	大林木	軫
13日	05/02	金	庚午	満	路傍土	角
14日▽	05/03	土	辛未	平	路傍土	亢
15日	05/04	日	壬申	定	釼鋒金	氐
16日	05/05	月	癸酉	執	釼鋒金	房
17日	05/06	火	甲戌	破	山頭火	心
18日	05/07	水	乙亥	危	山頭火	尾
19日	05/08	木	丙子	成	澗下水	箕
20日	05/09	金	丁丑	納	澗下水	斗
21日	05/10	土	戊寅	納	城頭土	女
22日	05/11	日	己卯	開	城頭土	虚
23日	05/12	月	庚辰	閉	白鑞金	危
24日	05/13	火	辛巳	建	白鑞金	室
25日	05/14	水	壬午	除	楊柳木	壁
26日	05/15	木	癸未	満	楊柳木	奎
27日	05/16	金	甲申	平	井泉水	婁
28日	05/17	土	乙酉	定	井泉水	胃
29日	05/18	日	丙戌	執	屋上土	昴

【四月大 辛巳 畢】
節気 小満 6日・芒種 21日
雑節 入梅 26日

日	日付	曜	干支	直	納音	宿
1日	05/19	月	丁亥	破	屋上土	畢
2日	05/20	火	戊子	危	霹靂火	觜
3日	05/21	水	己丑	成	霹靂火	參
4日	05/22	木	庚寅	納	松柏木	井
5日	05/23	金	辛卯	開	松柏木	鬼
6日	05/24	土	壬辰	閉	長流水	柳
7日	05/25	日	癸巳	建	長流水	星
8日	05/26	月	甲午	除	沙中金	張
9日	05/27	火	乙未	満	沙中金	翼
10日	05/28	水	丙申	平	山下火	軫
11日	05/29	木	丁酉	定	山下火	角
12日	05/30	金	戊戌	執	平地木	亢
13日	05/31	土	己亥	破	平地木	氐
14日	06/01	日	庚子	危	壁上土	房
15日	06/02	月	辛丑	成	壁上土	心
16日	06/03	火	壬寅	納	金箔金	尾
17日	06/04	水	癸卯	開	金箔金	箕
18日	06/05	木	甲辰	閉	覆燈火	斗
19日	06/06	金	乙巳	建	覆燈火	女
20日	06/07	土	丙午	除	天河水	虚
21日	06/08	日	丁未	除	天河水	危
22日	06/09	月	戊申	満	大駅土	室
23日	06/10	火	己酉	平	大駅土	壁
24日	06/11	水	庚戌	定	釼釧金	奎
25日	06/12	木	辛亥	執	釼釧金	婁
26日	06/13	金	壬子	破	桑柘木	胃
27日	06/14	土	癸丑	危	桑柘木	昴
28日	06/15	日	甲寅	成	大溪水	畢
29日	06/16	月	乙卯	納	大溪水	觜
30日	06/17	火	丙辰	開	沙中土	參

【五月小 壬午 參】
節気 夏至 6日・小暑 22日
雑節 半夏生 16日

日	日付	曜	干支	直	納音	宿
1日	06/18	水	丁巳	閉	沙中土	參
2日	06/19	木	戊午	建	天上火	井
3日	06/20	金	己未	除	天上火	鬼
4日	06/21	土	庚申	満	柘榴木	柳
5日	06/22	日	辛酉	平	柘榴木	星
6日	06/23	月	壬戌	定	大海水	張
7日	06/24	火	癸亥	執	大海水	翼
8日	06/25	水	甲子	破	海中金	軫
9日	06/26	木	乙丑	危	海中金	角
10日	06/27	金	丙寅	成	爐中火	亢
11日	06/28	土	丁卯	納	爐中火	氐
12日	06/29	日	戊辰	開	大林木	房
13日	06/30	月	己巳	閉	大林木	心
14日	07/01	火	庚午	建	路傍土	尾
15日	07/02	水	辛未	除	路傍土	箕
16日	07/03	木	壬申	満	釼鋒金	斗
17日△	07/04	金	癸酉	平	釼鋒金	女
18日▽	07/05	土	甲戌	定	山頭火	虚
19日	07/06	日	乙亥	執	山頭火	危
20日	07/07	月	丙子	破	澗下水	室
21日	07/08	火	丁丑	危	澗下水	壁
22日	07/09	水	戊寅	危	城頭土	奎
23日	07/10	木	己卯	成	城頭土	婁
24日	07/11	金	庚辰	納	白鑞金	胃
25日	07/12	土	辛巳	開	白鑞金	昴
26日	07/13	日	壬午	閉	楊柳木	畢
27日	07/14	月	癸未	建	楊柳木	觜
28日	07/15	火	甲申	除	井泉水	參
29日	07/16	水	乙酉	満	井泉水	井

【六月大 癸未 鬼】
節気 大暑 8日・立秋 23日
雑節 土用 5日

日	日付	曜	干支	直	納音	宿
1日	07/17	木	丙戌	平	屋上土	鬼
2日	07/18	金	丁亥	定	屋上土	柳
3日	07/19	土	戊子	執	霹靂火	星
4日	07/20	日	己丑	破	霹靂火	張
5日	07/21	月	庚寅	危	松柏木	翼
6日	07/22	火	辛卯	成	松柏木	軫
7日	07/23	水	壬辰	納	長流水	角
8日	07/24	木	癸巳	開	長流水	亢
9日	07/25	金	甲午	閉	沙中金	氐
10日	07/26	土	乙未	建	沙中金	房
11日	07/27	日	丙申	除	山下火	心
12日	07/28	月	丁酉	満	山下火	尾
13日	07/29	火	戊戌	平	平地木	箕
14日	07/30	水	己亥	定	平地木	斗
15日	07/31	木	庚子	執	壁上土	女
16日	08/01	金	辛丑	破	壁上土	虚
17日	08/02	土	壬寅	危	金箔金	危
18日	08/03	日	癸卯	成	金箔金	室
19日	08/04	月	甲辰	納	覆燈火	壁
20日	08/05	火	乙巳	開	覆燈火	奎
21日	08/06	水	丙午	閉	天河水	婁
22日	08/07	木	丁未	建	天河水	胃
23日	08/08	金	戊申	建	大駅土	昴
24日	08/09	土	己酉	除	大駅土	畢
25日	08/10	日	庚戌	満	釼釧金	觜
26日	08/11	月	辛亥	平	釼釧金	參
27日	08/12	火	壬子	定	桑柘木	井
28日	08/13	水	癸丑	執	桑柘木	鬼
29日	08/14	木	甲寅	破	大溪水	柳
30日	08/15	金	乙卯	危	大溪水	星

西暦 曜 干支 直 納音 宿　　　　　　　　　　　　　　　　　　寛文10年

【七月小 甲申 張】
節気 処暑 8日・白露 23日
雑節 二百十日 19日

1日	08/16	土	丙戌	成	沙中土	張
2日	08/17	日	丁亥	納	沙中土	翼
3日	08/18	月	戊子	開	天上火	軫
4日	08/19	火	己丑	閉	天上火	角
5日	08/20	水	庚寅	建	柘榴木	亢
6日	08/21	木	辛卯	除	柘榴木	氐
7日	08/22	金	壬辰	満	大海水	房
8日	08/23	土	癸巳	平	大海水	心
9日	08/24	日	甲午	定	海中金	尾
10日	08/25	月	乙未	執	海中金	箕
11日	08/26	火	丙申	破	爐中火	斗
12日	08/27	水	丁酉	危	爐中火	女
13日	08/28	木	戊戌	成	大林木	虚
14日	08/29	金	己亥	納	大林木	危
15日	08/30	土	庚子	開	路傍土	室
16日	08/31	日	辛丑	閉	路傍土	壁
17日	09/01	月	壬寅	建	釼鋒金	奎
18日	09/02	火	癸卯	除	釼鋒金	婁
19日	09/03	水	甲辰	満	山頭火	胃
20日	09/04	木	乙巳	平	山頭火	昴
21日	09/05	金	丙午	定	澗下水	畢
22日▽	09/06	土	丁未	執	澗下水	觜
23日	09/07	日	戊寅	執	城頭土	参
24日	09/08	月	己卯	破	城頭土	井
25日	09/09	火	庚辰	危	白鑞金	鬼
26日	09/10	水	辛巳	成	白鑞金	柳
27日	09/11	木	壬午	納	楊柳木	星
28日△	09/12	金	癸未	開	楊柳木	張
29日	09/13	土	甲申	閉	井泉水	翼

【八月大 乙酉 角】
節気 秋分 10日・寒露 25日
雑節 彼岸 12日・社日 14日

1日	09/14	日	乙酉	建	井泉水	角
2日	09/15	月	丙戌	除	屋上土	亢
3日	09/16	火	丁亥	満	屋上土	氐
4日	09/17	水	戊子	平	霹靂火	房
5日	09/18	木	己丑	定	霹靂火	心
6日	09/19	金	庚寅	執	松柏木	尾
7日	09/20	土	辛卯	破	松柏木	箕
8日	09/21	日	壬辰	危	長流水	斗
9日	09/22	月	癸巳	成	長流水	女
10日	09/23	火	甲午	納	沙中金	虚
11日	09/24	水	乙未	開	沙中金	危
12日	09/25	木	丙申	閉	山下火	室
13日	09/26	金	丁酉	建	山下火	壁
14日	09/27	土	戊戌	除	平地木	奎
15日	09/28	日	己亥	満	平地木	婁
16日	09/29	月	庚子	平	壁上土	胃
17日	09/30	火	辛丑	定	壁上土	昴
18日	10/01	水	壬寅	執	金箔金	畢
19日	10/02	木	癸卯	破	金箔金	觜
20日	10/03	金	甲辰	危	覆燈火	参
21日	10/04	土	乙巳	成	覆燈火	井
22日	10/05	日	丙午	納	天河水	鬼
23日	10/06	月	丁未	開	天河水	柳
24日	10/07	火	戊申	閉	大駅土	星
25日	10/08	水	己酉	建	大駅土	張
26日	10/09	木	庚戌	除	釵釧金	翼
27日	10/10	金	辛亥	満	釵釧金	軫
28日	10/11	土	壬子	平	桑柘木	角
29日	10/12	日	癸丑	定	桑柘木	亢
30日	10/13	月	甲寅	執	大溪水	氐

【九月大 丙戌 氐】
節気 霜降 10日・立冬 25日
雑節 土用 7日

1日	10/14	火	乙卯	執	大溪水	氐
2日	10/15	水	丙辰	破	沙中土	房
3日	10/16	木	丁巳	危	沙中土	心
4日	10/17	金	戊午	成	天上火	尾
5日	10/18	土	己未	納	天上火	箕
6日	10/19	日	庚申	開	柘榴木	斗
7日	10/20	月	辛酉	閉	柘榴木	女
8日	10/21	火	壬戌	建	大海水	虚
9日	10/22	水	癸亥	除	大海水	危
10日	10/23	木	甲子	満	海中金	室
11日	10/24	金	乙丑	平	海中金	壁
12日	10/25	土	丙寅	定	爐中火	奎
13日	10/26	日	丁卯	執	爐中火	婁
14日	10/27	月	戊辰	破	大林木	胃
15日	10/28	火	己巳	危	大林木	昴
16日	10/29	水	庚午	成	路傍土	畢
17日	10/30	木	辛未	納	路傍土	觜
18日	10/31	金	壬申	開	釼鋒金	参
19日	11/01	土	癸酉	閉	釼鋒金	井
20日	11/02	日	甲戌	建	山頭火	鬼
21日	11/03	月	乙亥	除	山頭火	柳
22日	11/04	火	丙子	満	澗下水	星
23日	11/05	水	丁丑	平	澗下水	張
24日	11/06	木	戊寅	定	城頭土	翼
25日	11/07	金	己卯	定	城頭土	軫
26日▽	11/08	土	庚辰	執	白鑞金	角
27日	11/09	日	辛巳	破	白鑞金	亢
28日	11/10	月	壬午	危	楊柳木	氐
29日	11/11	火	癸未	成	楊柳木	房
30日	11/12	水	甲申	納	井泉水	心

【十月大 丁亥 心】
節気 小雪 11日・大雪 26日

1日	11/13	木	乙酉	開	井泉水	心
2日	11/14	金	丙戌	閉	屋上土	尾
3日	11/15	土	丁亥	建	屋上土	箕
4日	11/16	日	戊子	除	霹靂火	斗
5日	11/17	月	己丑	満	霹靂火	女
6日	11/18	火	庚寅	平	松柏木	虚
7日	11/19	水	辛卯	定	松柏木	危
8日	11/20	木	壬辰	執	長流水	室
9日△	11/21	金	癸巳	破	長流水	壁
10日	11/22	土	甲午	成	沙中金	奎
11日	11/23	日	乙未	納	沙中金	婁
12日	11/24	月	丙申	開	山下火	胃
13日	11/25	火	丁酉	閉	山下火	昴
14日	11/26	水	戊戌	建	平地木	畢
15日	11/27	木	己亥	除	平地木	觜
16日	11/28	金	庚子	満	壁上土	参
17日	11/29	土	辛丑	平	壁上土	井
18日	11/30	日	壬寅	定	金箔金	柳
19日	12/01	月	癸卯	執	金箔金	星
20日	12/02	火	甲辰	破	覆燈火	張
21日	12/03	水	乙巳	危	覆燈火	翼
22日	12/04	木	丙午	成	天河水	軫
23日	12/05	金	丁未	納	天河水	角
24日	12/06	土	戊申	開	大駅土	亢
25日	12/07	日	己酉	閉	大駅土	氐
26日	12/08	月	庚戌	建	釵釧金	房
27日	12/09	火	辛亥	除	釵釧金	心
28日	12/10	水	壬子	満	桑柘木	尾
29日	12/11	木	癸丑	平	桑柘木	箕
30日	12/12	金	甲寅	定	大溪水	斗

【十一月小 戊子 斗】
節気 冬至 11日・小寒 26日

1日	12/13	土	乙卯	平	大溪水	斗
2日	12/14	日	丙辰	定	沙中土	女
3日	12/15	月	丁巳	執	沙中土	虚
4日	12/16	火	戊午	破	天上火	危
5日	12/17	水	己未	危	天上火	室
6日	12/18	木	庚申	成	柘榴木	壁
7日	12/19	金	辛酉	納	柘榴木	奎
8日	12/20	土	壬戌	開	大海水	婁
9日	12/21	日	癸亥	閉	大海水	胃
10日	12/22	月	甲子	建	海中金	昴
11日	12/23	火	乙丑	除	海中金	畢
12日	12/24	水	丙寅	満	爐中火	觜
13日	12/25	木	丁卯	平	爐中火	参
14日	12/26	金	戊辰	定	大林木	井
15日	12/27	土	己巳	執	大林木	鬼
16日	12/28	日	庚午	破	路傍土	柳
17日	12/29	月	辛未	危	路傍土	星
18日	12/30	火	壬申	成	釼鋒金	張
19日	12/31	水	癸酉	納	釼鋒金	翼

1671年
20日	01/01	木	甲戌	開	山頭火	軫
21日	01/02	金	乙亥	閉	山頭火	角
22日	01/03	土	丙子	建	澗下水	亢
23日	01/04	日	丁丑	除	澗下水	氐
24日	01/05	月	戊寅	満	城頭土	房
25日	01/06	火	己卯	平	城頭土	心
26日	01/07	水	庚辰	平	白鑞金	尾
27日	01/08	木	辛巳	定	白鑞金	箕
28日	01/09	金	壬午	執	楊柳木	斗
29日▽	01/10	土	癸未	破	楊柳木	女

【十二月大 己丑 虚】
節気 大寒 12日・立春 28日
雑節 土用 9日・節分 27日

1日	01/11	日	甲申	危	井泉水	虚
2日	01/12	月	乙酉	成	井泉水	室
3日	01/13	火	丙戌	納	屋上土	壁
4日	01/14	水	丁亥	開	屋上土	奎
5日	01/15	木	戊子	閉	霹靂火	婁
6日	01/16	金	己丑	建	霹靂火	胃
7日	01/17	土	庚寅	除	松柏木	昴
8日	01/18	日	辛卯	満	松柏木	畢
9日	01/19	月	壬辰	平	長流水	觜
10日	01/20	火	癸巳	定	長流水	参
11日	01/21	水	甲午	執	沙中金	井
12日	01/22	木	乙未	破	沙中金	鬼
13日	01/23	金	丙申	危	山下火	柳
14日	01/24	土	丁酉	成	山下火	星
15日	01/25	日	戊戌	納	平地木	張
16日	01/26	月	己亥	開	平地木	翼
17日	01/27	火	庚子	閉	壁上土	軫
18日	01/28	水	辛丑	建	壁上土	角
19日△	01/29	木	壬寅	除	金箔金	亢
20日	01/30	金	癸卯	満	金箔金	氐
21日	01/31	土	甲辰	平	覆燈火	房
22日	02/01	日	乙巳	定	覆燈火	心
23日	02/02	月	丙午	執	天河水	尾
24日	02/03	火	丁未	破	天河水	箕
25日	02/04	水	戊申	危	大駅土	斗
26日	02/05	木	己酉	成	大駅土	女
27日	02/06	金	庚戌	納	釵釧金	虚
28日	02/07	土	辛亥	開	釵釧金	危
29日	02/08	日	壬子	閉	桑柘木	危
30日	02/09	月	癸丑	閉	桑柘木	室

寛文11年
1671〜1672　辛亥

【正月小 庚寅 室】
節気 雨水 13日・啓蟄 28日

1日	02/10	火	甲寅	建	大溪水	室
2日	02/11	水	乙卯	除	大溪水	壁
3日	02/12	木	丙辰	満	沙中土	奎
4日	02/13	金	丁巳	平	沙中土	婁
5日	02/14	土	戊午	定	天上火	胃
6日	02/15	日	己未	執	天上火	昴
7日	02/16	月	庚申	破	柘榴木	畢
8日	02/17	火	辛酉	危	柘榴木	觜
9日	02/18	水	壬戌	成	大海水	參
10日	02/19	木	癸亥	納	大海水	井
11日	02/20	金	甲子	開	海中金	鬼
12日	02/21	土	乙丑	閉	海中金	柳
13日	02/22	日	丙寅	建	爐中火	星
14日	02/23	月	丁卯	除	爐中火	張
15日	02/24	火	戊辰	満	大林木	翼
16日	02/25	水	己巳	平	大林木	軫
17日	02/26	木	庚午	定	路傍土	角
18日	02/27	金	辛未	執	路傍土	亢
19日	02/28	土	壬申	破	釼鋒金	氐
20日	03/01	日	癸酉	危	釼鋒金	房
21日	03/02	月	甲戌	成	山頭火	心
22日	03/03	火	乙亥	納	山頭火	尾
23日	03/04	水	丙子	開	澗下水	箕
24日	03/05	木	丁丑	閉	澗下水	斗
25日	03/06	金	戊寅	建	城頭土	女
26日	03/07	土	己卯	除	城頭土	虚
27日	03/08	日	庚辰	満	白鑞金	危
28日	03/09	月	辛巳	平	白鑞金	室
29日	03/10	火	壬午	平	楊柳木	壁

【二月大 辛卯 奎】
節気 春分 14日・清明 29日
雑節 彼岸 16日・社日 16日

1日	03/11	水	癸酉	定	楊柳木	奎
2日	03/12	木	甲申	執	井泉水	婁
3日	03/13	金	乙酉	破	井泉水	胃
4日▽	03/14	土	丙戌	危	屋上土	昴
5日	03/15	日	丁亥	成	屋上土	畢
6日	03/16	月	戊子	納	霹靂火	觜
7日	03/17	火	己丑	開	霹靂火	參
8日	03/18	水	庚寅	閉	松柏木	井
9日	03/19	木	辛卯	建	松柏木	鬼
10日	03/20	金	壬辰	除	長流水	柳
11日	03/21	土	癸巳	満	長流水	星
12日	03/22	日	甲午	平	沙中金	張
13日	03/23	月	乙未	定	沙中金	翼
14日	03/24	火	丙申	執	山下火	軫
15日☆	03/25	水	丁酉	破	山下火	角
16日	03/26	木	戊戌	危	平地木	亢
17日	03/27	金	己亥	成	平地木	氐
18日	03/28	土	庚子	納	壁上土	房
19日	03/29	日	辛丑	開	壁上土	心
20日	03/30	月	壬寅	閉	金箔金	尾
21日	03/31	火	癸卯	建	金箔金	箕
22日	04/01	水	甲辰	除	覆燈火	斗
23日	04/02	木	乙巳	満	覆燈火	女
24日	04/03	金	丙午	平	天河水	虚
25日	04/04	土	丁未	定	天河水	危
26日	04/05	日	戊申	執	大驛土	室
27日	04/06	月	己酉	破	大驛土	壁
28日	04/07	火	庚戌	危	釼釧金	奎
29日	04/08	水	辛亥	危	釼釧金	婁
30日△	04/09	木	壬子	成	桑柘木	胃

【三月小 壬辰 胃】
節気 穀雨 15日
雑節 土用 12日・八十八夜 26日

1日	04/10	金	癸丑	納	桑柘木	胃
2日	04/11	土	甲寅	開	大溪水	畢
3日	04/12	日	乙卯	閉	大溪水	觜
4日	04/13	月	丙辰	建	沙中土	參
5日	04/14	火	丁巳	除	沙中土	井
6日	04/15	水	戊午	平	天上火	鬼
7日	04/16	木	己未	平	天上火	柳
8日	04/17	金	庚申	定	柘榴木	星
9日	04/18	土	辛酉	執	柘榴木	張
10日	04/19	日	壬戌	破	大海水	翼
11日	04/20	月	癸亥	危	大海水	軫
12日	04/21	火	甲子	成	海中金	角
13日	04/22	水	乙丑	納	海中金	亢
14日	04/23	木	丙寅	開	爐中火	氐
15日	04/24	金	丁卯	閉	爐中火	房
16日	04/25	土	戊辰	除	大林木	心
17日	04/26	日	己巳	除	大林木	尾
18日	04/27	月	庚午	満	路傍土	箕
19日	04/28	火	辛未	平	路傍土	斗
20日	04/29	水	壬申	定	釼鋒金	女
21日	04/30	木	癸酉	執	釼鋒金	虚
22日	05/01	金	甲戌	破	山頭火	危
23日	05/02	土	乙亥	危	山頭火	室
24日	05/03	日	丙子	成	澗下水	壁
25日	05/04	月	丁丑	納	澗下水	奎
26日	05/05	火	戊寅	開	城頭土	婁
27日	05/06	水	己卯	閉	城頭土	胃
28日	05/07	木	庚辰	建	白鑞金	昴
29日	05/08	金	辛巳	除	白鑞金	畢

【四月小 癸巳 畢】
節気 立夏 1日・小満 16日

1日	05/09	土	壬午	除	楊柳木	畢
2日	05/10	日	癸未	満	楊柳木	觜
3日	05/11	月	甲申	平	井泉水	參
4日	05/12	火	乙酉	定	井泉水	井
5日	05/13	水	丙戌	執	屋上土	鬼
6日	05/14	木	丁亥	破	屋上土	柳
7日	05/15	金	戊子	危	霹靂火	星
8日▽	05/16	土	己丑	成	霹靂火	張
9日	05/17	日	庚寅	納	松柏木	翼
10日	05/18	月	辛卯	開	松柏木	軫
11日	05/19	火	壬辰	閉	長流水	角
12日	05/20	水	癸巳	建	長流水	亢
13日	05/21	木	甲午	除	沙中金	氐
14日	05/22	金	乙未	満	沙中金	房
15日	05/23	土	丙申	平	山下火	心
16日	05/24	日	丁酉	定	山下火	尾
17日	05/25	月	戊戌	破	平地木	箕
18日	05/26	火	己亥	破	平地木	斗
19日	05/27	水	庚子	危	壁上土	女
20日	05/28	木	辛丑	成	壁上土	虚
21日	05/29	金	壬寅	納	金箔金	危
22日	05/30	土	癸卯	開	金箔金	室
23日	05/31	日	甲辰	閉	覆燈火	壁
24日	06/01	月	乙巳	建	覆燈火	奎
25日	06/02	火	丙午	除	天河水	婁
26日	06/03	水	丁未	満	天河水	胃
27日	06/04	木	戊申	定	大驛土	昴
28日	06/05	金	己酉	定	大驛土	畢
29日	06/06	土	庚戌	執	釼釧金	觜

【五月大 甲午 參】
節気 芒種 2日・夏至 18日
雑節 入梅 12日・半夏生 28日

1日	06/07	日	辛亥	破	釼釧金	參
2日	06/08	月	壬子	破	桑柘木	參
3日	06/09	火	癸丑	危	桑柘木	鬼
4日	06/10	水	甲寅	成	大溪水	柳
5日	06/11	木	乙卯	納	大溪水	張
6日	06/12	金	丙辰	開	沙中土	翼
7日	06/13	土	丁巳	閉	沙中土	軫
8日	06/14	日	戊午	建	天上火	角
9日	06/15	月	己未	除	天上火	亢
10日	06/16	火	庚申	満	柘榴木	氐
11日	06/17	水	辛酉	平	柘榴木	房
12日△	06/18	木	壬戌	定	大海水	心
13日	06/19	金	癸亥	執	大海水	尾
14日	06/20	土	甲子	破	海中金	箕
15日	06/21	日	乙丑	危	海中金	斗
16日	06/22	月	丙寅	成	爐中火	女
17日	06/23	火	丁卯	納	爐中火	虚
18日	06/24	水	戊辰	開	大林木	危
19日	06/25	木	己巳	閉	大林木	室
20日	06/26	金	庚午	建	路傍土	壁
21日	06/27	土	辛未	除	路傍土	奎
22日	06/28	日	壬申	満	釼鋒金	婁
23日	06/29	月	癸酉	平	釼鋒金	胃
24日	06/30	火	甲戌	定	山頭火	昴
25日	07/01	水	乙亥	執	山頭火	畢
26日	07/02	木	丙子	破	澗下水	觜
27日	07/03	金	丁丑	危	澗下水	參
28日	07/04	土	戊寅	成	城頭土	井
29日	07/05	日	己卯	納	城頭土	鬼
30日	07/06	月	庚辰	開	白鑞金	柳

【六月小 乙未 鬼】
節気 小暑 3日・大暑 18日
雑節 土用 15日

1日	07/07	火	辛巳	閉	白鑞金	鬼
2日	07/08	水	壬午	建	楊柳木	柳
3日	07/09	木	癸未	建	楊柳木	星
4日	07/10	金	甲申	除	井泉水	張
5日	07/11	土	乙酉	満	井泉水	翼
6日	07/12	日	丙戌	平	屋上土	軫
7日	07/13	月	丁亥	定	屋上土	角
8日	07/14	火	戊子	執	霹靂火	亢
9日	07/15	水	己丑	破	霹靂火	氐
10日	07/16	木	庚寅	危	松柏木	房
11日	07/17	金	辛卯	成	松柏木	心
12日▽	07/18	土	壬辰	納	長流水	尾
13日	07/19	日	癸巳	開	長流水	箕
14日	07/20	月	甲午	閉	沙中金	斗
15日	07/21	火	乙未	建	沙中金	女
16日	07/22	水	丙申	除	山下火	虚
17日	07/23	木	丁酉	満	山下火	危
18日	07/24	金	戊戌	平	平地木	室
19日	07/25	土	己亥	定	平地木	壁
20日	07/26	日	庚子	執	壁上土	奎
21日	07/27	月	辛丑	破	壁上土	婁
22日	07/28	火	壬寅	危	金箔金	胃
23日	07/29	水	癸卯	成	金箔金	昴
24日	07/30	木	甲辰	納	覆燈火	畢
25日	07/31	金	乙巳	開	覆燈火	觜
26日	08/01	土	丙午	閉	天河水	參
27日	08/02	日	丁未	建	天河水	井
28日	08/03	月	戊申	除	大驛土	鬼
29日	08/04	火	己酉	満	大驛土	柳

【七月小 丙申 張】
節気 立秋 4日・処暑 19日

1日	08/05	水	庚戌	平	釼釧金	張
2日	08/06	木	辛亥	定	釼釧金	翼
3日	08/07	金	壬子	執	桑柘木	軫
4日	08/08	土	癸丑	執	桑柘木	角
5日	08/09	日	甲寅	破	大溪水	亢

	西暦	曜	干支	直	納音	宿
6日	08/10	月	乙卯	危	大溪水	氐
7日	08/11	火	丙辰	成	沙中土	房
8日	08/12	水	丁巳	納	沙中土	心
9日	08/13	木	戊午	建	天上火	尾
10日	08/14	金	己未	建	天上火	箕
11日	08/15	土	庚申	建	柘榴木	斗
12日	08/16	日	辛酉	除	柘榴木	女
13日	08/17	月	壬戌	平	大海水	虚
14日	08/18	火	癸亥	定	大海水	室
15日	08/19	水	甲子	定	海中金	室
16日	08/20	木	乙丑	執	海中金	壁
17日	08/21	金	丙寅	破	爐中火	奎
18日	08/22	土	丁卯	危	爐中火	婁
19日	08/23	日	戊辰	成	大林木	胃
20日	08/24	月	己巳	納	大林木	昴
21日	08/25	火	庚午	開	路傍土	畢
22日△	08/26	水	辛未	閉	路傍土	觜
23日	08/27	木	壬申	建	釵釧金	參
24日	08/28	金	癸酉	除	釵釧金	井
25日	08/29	土	甲戌	満	山頭火	鬼
26日	08/30	日	乙亥	平	山頭火	柳
27日	08/31	月	丙子	定	澗下水	星
28日	09/01	火	丁丑	執	澗下水	張
29日	09/02	水	戊寅	破	城頭土	翼

【八月大 丁酉 角】
節気 白露 6日・秋分 21日
雑節 二百十日 2日・社日 20日・彼岸 23日

	西暦	曜	干支	直	納音	宿
1日	09/03	木	己卯	危	城頭土	角
2日	09/04	金	庚辰	成	白鑞金	亢
3日	09/05	土	辛巳	納	白鑞金	氐
4日	09/06	日	壬午	開	楊柳木	房
5日	09/07	月	癸未	閉	楊柳木	心
6日	09/08	火	甲申	建	井泉水	尾
7日	09/09	水	乙酉	除	井泉水	箕
8日	09/10	木	丙戌	満	屋上土	斗
9日	09/11	金	丁亥	平	屋上土	女
10日	09/12	土	戊子	定	霹靂火	虚
11日	09/13	日	己丑	執	霹靂火	危
12日	09/14	月	庚寅	破	松柏木	室
13日	09/15	火	辛卯	危	松柏木	壁
14日	09/16	水	壬辰	成	長流水	奎
15日	09/17	木	癸巳	納	長流水	婁
16日☆	09/18	金	甲午	開	沙中金	胃
17日▽	09/19	土	乙未	閉	沙中金	昴
18日	09/20	日	丙申	建	山下火	畢
19日	09/21	月	丁酉	除	山下火	觜
20日	09/22	火	戊戌	除	平地木	參
21日	09/23	水	己亥	満	平地木	井
22日	09/24	木	庚子	平	壁上土	鬼
23日	09/25	金	辛丑	定	壁上土	柳
24日	09/26	土	壬寅	執	金箔金	星
25日	09/27	日	癸卯	破	金箔金	張
26日	09/28	月	甲辰	危	覆燈火	翼
27日	09/29	火	乙巳	成	覆燈火	軫
28日	09/30	水	丙午	納	天河水	角
29日	10/01	木	丁未	開	天河水	亢
30日	10/02	金	戊申	閉	天河水	氐

【九月大 戊戌 氐】
節気 寒露 6日・霜降 21日
雑節 土用 18日

	西暦	曜	干支	直	納音	宿
1日	10/03	土	己酉	建	大駅土	氐
2日	10/04	日	庚戌	除	釵釧金	房
3日	10/05	月	辛亥	満	釵釧金	心
4日	10/06	火	壬子	平	桑柘木	尾
5日	10/07	水	癸丑	定	桑柘木	箕
6日	10/08	木	甲寅	定	大溪水	斗
7日	10/09	金	乙卯	執	大溪水	女
8日	10/10	土	丙辰	破	沙中土	虚
9日	10/11	日	丁巳	危	沙中土	危
10日	10/12	月	戊午	成	天上火	室
11日	10/13	火	己未	納	天上火	壁
12日	10/14	水	庚申	開	柘榴木	奎
13日	10/15	木	辛酉	閉	柘榴木	婁
14日	10/16	金	壬戌	除	大海水	胃
15日	10/17	土	癸亥	除	大海水	昴
16日	10/18	日	甲子	満	海中金	畢
17日	10/19	月	乙丑	平	海中金	觜
18日	10/20	火	丙寅	定	爐中火	井
19日	10/21	水	丁卯	執	爐中火	鬼
20日	10/22	木	戊辰	破	大林木	柳
21日	10/23	金	己巳	危	大林木	星
22日	10/24	土	庚午	成	路傍土	張
23日	10/25	日	辛未	納	路傍土	翼
24日	10/26	月	壬申	開	釵釧金	軫
25日	10/27	火	癸酉	閉	釵釧金	角
26日	10/28	水	甲戌	建	山頭火	亢
27日	10/29	木	乙亥	除	山頭火	氐
28日	10/30	金	丙子	満	澗下水	房
29日	10/31	土	丁丑	平	澗下水	心
30日	11/01	日	戊寅	定	城頭土	尾

【十月大 己亥 心】
節気 立冬 7日・小雪 22日
雑節

	西暦	曜	干支	直	納音	宿
1日	11/02	月	己卯	執	城頭土	心
2日	11/03	火	庚辰	破	白鑞金	箕
3日△	11/04	水	辛巳	危	白鑞金	斗
4日	11/05	木	壬午	成	楊柳木	女
5日	11/06	金	癸未	納	楊柳木	虚
6日	11/07	土	甲申	開	井泉水	危
7日	11/08	日	乙酉	開	井泉水	室
8日	11/09	月	丙戌	閉	屋上土	壁
9日	11/10	火	丁亥	除	屋上土	奎
10日	11/11	水	戊子	除	霹靂火	婁
11日	11/12	木	己丑	満	霹靂火	胃
12日	11/13	金	庚寅	平	松柏木	昴
13日	11/14	土	辛卯	定	松柏木	畢
14日	11/15	日	壬辰	執	長流水	觜
15日	11/16	月	癸巳	破	長流水	參
16日	11/17	火	甲午	危	沙中金	井
17日	11/18	水	乙未	成	沙中金	鬼
18日	11/19	木	丙申	納	山下火	柳
19日	11/20	金	丁酉	開	山下火	星
20日▽	11/21	土	戊戌	建	平地木	張
21日	11/22	日	己亥	建	平地木	翼
22日	11/23	月	庚子	除	壁上土	軫
23日	11/24	火	辛丑	満	壁上土	角
24日	11/25	水	壬寅	平	金箔金	亢
25日	11/26	木	癸卯	定	金箔金	氐
26日	11/27	金	甲辰	執	覆燈火	房
27日	11/28	土	乙巳	破	覆燈火	心
28日	11/29	日	丙午	危	天河水	尾
29日	11/30	月	丁未	成	天河水	箕
30日	12/01	火	戊申	納	大駅土	斗

【十一月小 庚子 斗】
節気 大雪 7日・冬至 22日

	西暦	曜	干支	直	納音	宿
1日	12/02	水	己酉	開	大駅土	斗
2日	12/03	木	庚戌	閉	釵釧金	女
3日	12/04	金	辛亥	建	釵釧金	虚
4日	12/05	土	壬子	除	桑柘木	室
5日	12/06	日	癸丑	満	桑柘木	壁
6日	12/07	月	甲寅	平	大溪水	奎
7日	12/08	火	乙卯	平	大溪水	婁
8日	12/09	水	丙辰	定	沙中土	婁
9日	12/10	木	丁巳	執	沙中土	胃
10日	12/11	金	戊午	破	天上火	昴
11日	12/12	土	己未	危	天上火	畢
12日	12/13	日	庚申	成	柘榴木	觜
13日	12/14	月	辛酉	納	柘榴木	參
14日	12/15	火	壬戌	開	大海水	井
15日	12/16	水	癸亥	開	大海水	鬼
16日	12/17	木	甲子	閉	海中金	柳
17日	12/18	金	乙丑	除	海中金	星
18日	12/19	土	丙寅	満	爐中火	張
19日	12/20	日	丁卯	平	爐中火	翼
20日	12/21	月	戊辰	定	大林木	軫
21日	12/22	火	己巳	執	大林木	角
22日	12/23	水	庚午	破	路傍土	亢
23日	12/24	木	辛未	危	路傍土	氐
24日	12/25	金	壬申	成	釵釧金	房
25日	12/26	土	癸酉	納	釵釧金	心
26日	12/27	日	甲戌	開	山頭火	尾
27日	12/28	月	乙亥	閉	山頭火	箕
28日	12/29	火	丙子	建	澗下水	斗
29日	12/30	水	丁丑	除	澗下水	女

【十二月大 辛丑 虚】
節気 小寒 8日・大寒 24日
雑節 土用 21日

	西暦	曜	干支	直	納音	宿
1日	12/31	木	戊寅	満	城頭土	虚

1672年

	西暦	曜	干支	直	納音	宿
2日	01/01	金	己卯	平	城頭土	危
3日	01/02	土	庚辰	定	白鑞金	室
4日	01/03	日	辛巳	破	白鑞金	壁
5日	01/04	月	壬午	破	楊柳木	奎
6日	01/05	火	癸未	危	楊柳木	婁
7日	01/06	水	甲申	成	井泉水	胃
8日	01/07	木	乙酉	納	井泉水	昴
9日	01/08	金	丙戌	納	屋上土	畢
10日	01/09	土	丁亥	開	屋上土	觜
11日	01/10	日	戊子	閉	霹靂火	參
12日	01/11	月	己丑	建	霹靂火	井
13日	01/12	火	庚寅	除	松柏木	鬼
14日△	01/13	水	辛卯	満	松柏木	柳
15日	01/14	木	壬辰	平	長流水	星
16日	01/15	金	癸巳	定	長流水	張
17日	01/16	土	甲午	執	沙中金	翼
18日	01/17	日	乙未	破	沙中金	軫
19日	01/18	月	丙申	危	山下火	角
20日	01/19	火	丁酉	成	山下火	亢
21日	01/20	水	戊戌	納	平地木	氐
22日	01/21	木	己亥	開	平地木	房
23日	01/22	金	庚子	閉	壁上土	心
24日▽	01/23	土	辛丑	除	壁上土	尾
25日	01/24	日	壬寅	満	金箔金	箕
26日	01/25	月	癸卯	平	金箔金	斗
27日	01/26	火	甲辰	定	覆燈火	女
28日	01/27	水	乙巳	執	覆燈火	虚
29日	01/28	木	丙午	破	天河水	危
30日	01/29	金	丁未	破	天河水	室

寛文11年

寛文12年
1672〜1673 壬子

【正月大 壬寅 室】
節気 立春 9日・雨水 24日
雑節 節分 8日

日	新暦	曜	干支	直	納音	宿
1日	01/30	土	戊申	危	大駅土	室
2日	01/31	日	己酉	成	大駅土	壁
3日	02/01	月	庚戌	納	釧釧金	奎
4日	02/02	火	辛亥	開	釧釧金	婁
5日	02/03	水	壬子	閉	桑柘木	胃
6日	02/04	木	癸丑	建	桑柘木	昴
7日	02/05	金	甲寅	除	大渓水	畢
8日	02/06	土	乙卯	満	大渓水	觜
9日	02/07	日	丙辰	満	沙中土	参
10日	02/08	月	丁巳	平	沙中土	井
11日	02/09	火	戊午	定	天上火	鬼
12日	02/10	水	己未	執	天上火	柳
13日	02/11	木	庚申	破	柘榴木	星
14日	02/12	金	辛酉	危	柘榴木	張
15日	02/13	土	壬戌	成	大海水	翼
16日	02/14	日	癸亥	納	大海水	軫
17日	02/15	月	甲子	開	海中金	角
18日	02/16	火	乙丑	閉	海中金	亢
19日	02/17	水	丙寅	建	爐中火	氐
20日	02/18	木	丁卯	除	爐中火	房
21日	02/19	金	戊辰	満	大林木	心
22日	02/20	土	己巳	平	大林木	尾
23日	02/21	日	庚午	定	路傍土	箕
24日	02/22	月	辛未	執	路傍土	斗
25日	02/23	火	壬申	破	釼鋒金	女
26日	02/24	水	癸酉	危	釼鋒金	虚
27日	02/25	木	甲戌	成	山頭火	危
28日	02/26	金	乙亥	納	山頭火	室
29日	02/27	土	丙子	開	澗下水	壁
30日	02/28	日	丁丑	閉	澗下水	奎

【二月小 癸卯 奎】
節気 啓蟄 9日・春分 25日
雑節 社日 21日・彼岸 27日

日	新暦	曜	干支	直	納音	宿
1日	02/29	月	戊寅	建	城頭土	婁
2日	03/01	火	己卯	除	城頭土	胃
3日	03/02	水	庚辰	満	白鑞金	昴
4日	03/03	木	辛巳	平	白鑞金	畢
5日	03/04	金	壬午	定	楊柳木	觜
6日	03/05	土	癸未	執	楊柳木	参
7日	03/06	日	甲申	破	井泉水	井
8日	03/07	月	乙酉	危	井泉水	鬼
9日	03/08	火	丙戌	危	屋上土	柳
10日	03/09	水	丁亥	成	屋上土	星
11日	03/10	木	戊子	納	霹靂火	張
12日	03/11	金	己丑	開	霹靂火	翼
13日	03/12	土	庚寅	閉	松柏木	軫
14日	☆03/13	日	辛卯	建	松柏木	角
15日	03/14	月	壬辰	除	長流水	亢
16日	03/15	火	癸巳	満	長流水	氐
17日	03/16	水	甲午	平	沙中金	房
18日	03/17	木	乙未	定	沙中金	心
19日	03/18	金	丙申	執	山下火	尾
20日	03/19	土	丁酉	破	山下火	箕
21日	03/20	日	戊戌	危	平地木	斗
22日	03/21	月	己亥	成	平地木	女
23日	△03/22	火	庚子	納	壁上土	虚
24日	03/23	水	辛丑	開	壁上土	危
25日	03/24	木	壬寅	閉	金箔金	室
26日	03/25	金	癸卯	建	金箔金	壁
27日	03/26	土	甲辰	除	覆燈火	奎
28日	03/27	日	乙巳	満	覆燈火	婁
29日	03/28	月	丙午	平	天河水	胃

【三月大 甲辰 胃】
節気 清明 11日・穀雨 26日
雑節 土用 23日

日	新暦	曜	干支	直	納音	宿
1日	03/29	火	丁未	定	天河水	昴
2日	03/30	水	戊申	執	大駅土	畢
3日	03/31	木	己酉	破	大駅土	觜
4日	04/01	金	庚戌	危	釧釧金	参
5日	04/02	土	辛亥	成	釧釧金	井
6日	04/03	日	壬子	納	桑柘木	鬼
7日	04/04	月	癸丑	開	桑柘木	柳
8日	04/05	火	甲寅	閉	大渓水	星
9日	04/06	水	乙卯	建	大渓水	張
10日	04/07	木	丙辰	除	沙中土	翼
11日	04/08	金	丁巳	除	沙中土	軫
12日	04/09	土	戊午	満	天上火	角
13日	04/10	日	己未	平	天上火	亢
14日	04/11	月	庚申	定	柘榴木	氐
15日	04/12	火	辛酉	執	柘榴木	房
16日	04/13	水	壬戌	破	大海水	心
17日	04/14	木	癸亥	危	大海水	尾
18日	04/15	金	甲子	成	海中金	箕
19日	04/16	土	乙丑	納	海中金	斗
20日	04/17	日	丙寅	開	爐中火	女
21日	04/18	月	丁卯	閉	爐中火	虚
22日	04/19	火	戊辰	建	大林木	危
23日	04/20	水	己巳	除	大林木	室
24日	04/21	木	庚午	満	路傍土	壁
25日	04/22	金	辛未	平	路傍土	奎
26日	04/23	土	壬申	定	釼鋒金	婁
27日	04/24	日	癸酉	執	釼鋒金	胃
28日	04/25	月	甲戌	破	山頭火	昴
29日	04/26	火	乙亥	危	山頭火	畢
30日	04/27	水	丙子	成	澗下水	觜

【四月小 乙巳 畢】
節気 立夏 11日・小満 26日
雑節 八十八夜 7日

日	新暦	曜	干支	直	納音	宿
1日	04/28	木	丁丑	納	澗下水	参
2日	04/29	金	戊寅	開	城頭土	井
3日	04/30	土	己卯	閉	城頭土	鬼
4日	05/01	日	庚辰	建	白鑞金	柳
5日	05/02	月	辛巳	除	白鑞金	星
6日	05/03	火	壬午	満	楊柳木	張
7日	05/04	水	癸未	平	楊柳木	翼
8日	05/05	木	甲申	定	井泉水	軫
9日	05/06	金	乙酉	執	井泉水	角
10日	05/07	土	丙戌	破	屋上土	亢
11日	05/08	日	丁亥	破	屋上土	氐
12日	05/09	月	戊子	危	霹靂火	房
13日	05/10	火	己丑	成	霹靂火	心
14日	05/11	水	庚寅	納	松柏木	尾
15日	05/12	木	辛卯	開	松柏木	箕
16日	05/13	金	壬辰	閉	長流水	斗
17日	05/14	土	癸巳	建	長流水	女
18日	05/15	日	甲午	除	沙中金	虚
19日	05/16	月	乙未	満	沙中金	危
20日	05/17	火	丙申	平	山下火	室
21日	05/18	水	丁酉	定	山下火	壁
22日	05/19	木	戊戌	執	平地木	奎
23日	05/20	金	己亥	破	平地木	婁
24日	05/21	土	庚子	危	壁上土	胃
25日	05/22	日	辛丑	成	壁上土	昴
26日	05/23	月	壬寅	納	金箔金	畢
27日	05/24	火	癸卯	開	金箔金	觜
28日	05/25	水	甲辰	閉	覆燈火	参
29日	05/26	木	乙巳	建	覆燈火	井

【五月小 丙午 参】
節気 芒種 13日・夏至 28日
雑節 入梅 17日

日	新暦	曜	干支	直	納音	宿
1日	▽05/27	金	丙午	除	天河水	参
2日	05/28	土	丁未	満	天河水	柳
3日	05/29	日	戊申	平	大駅土	星
4日	05/30	月	己酉	定	大駅土	張
5日	△05/31	火	庚戌	執	釧釧金	翼
6日	06/01	水	辛亥	破	釧釧金	軫
7日	06/02	木	壬子	危	桑柘木	角
8日	06/03	金	癸丑	成	桑柘木	亢
9日	06/04	土	甲寅	納	大渓水	氐
10日	06/05	日	乙卯	開	大渓水	房
11日	06/06	月	丙辰	閉	沙中土	心
12日	06/07	火	丁巳	建	沙中土	尾
13日	06/08	水	戊午	建	天上火	箕
14日	06/09	木	己未	除	天上火	斗
15日	06/10	金	庚申	満	柘榴木	女
16日	06/11	土	辛酉	平	柘榴木	虚
17日	06/12	日	壬戌	定	大海水	危
18日	06/13	月	癸亥	執	大海水	室
19日	06/14	火	甲子	破	海中金	壁
20日	06/15	水	乙丑	危	海中金	奎
21日	06/16	木	丙寅	成	爐中火	婁
22日	06/17	金	丁卯	納	爐中火	胃
23日	06/18	土	戊辰	開	大林木	昴
24日	06/19	日	己巳	閉	大林木	畢
25日	06/20	月	庚午	建	路傍土	觜
26日	06/21	火	辛未	除	路傍土	参
27日	06/22	水	壬申	満	釼鋒金	井
28日	06/23	木	癸酉	平	釼鋒金	鬼
29日	06/24	金	甲戌	定	山頭火	柳

【六月小 丁未 鬼】
節気 小暑 14日・大暑 29日
雑節 半夏生 9日・土用 26日

日	新暦	曜	干支	直	納音	宿
1日	06/25	土	乙亥	執	山頭火	星
2日	06/26	日	丙子	破	澗下水	張
3日	06/27	月	丁丑	危	澗下水	翼
4日	06/28	火	戊寅	成	城頭土	軫
5日	06/29	水	己卯	納	城頭土	角
6日	06/30	木	庚辰	開	白鑞金	亢
7日	07/01	金	辛巳	閉	白鑞金	氐
8日	07/02	土	壬午	建	楊柳木	房
9日	07/03	日	癸未	除	楊柳木	心
10日	07/04	月	甲申	満	井泉水	尾
11日	07/05	火	乙酉	平	井泉水	箕
12日	07/06	水	丙戌	定	屋上土	斗
13日	07/07	木	丁亥	執	屋上土	女
14日	07/08	金	戊子	執	霹靂火	虚
15日	07/09	土	己丑	破	霹靂火	危
16日	07/10	日	庚寅	危	松柏木	室
17日	07/11	月	辛卯	成	松柏木	壁
18日	07/12	火	壬辰	納	長流水	奎
19日	07/13	水	癸巳	開	長流水	婁
20日	07/14	木	甲午	閉	沙中金	胃
21日	07/15	金	乙未	建	沙中金	昴
22日	07/16	土	丙申	除	山下火	畢
23日	07/17	日	丁酉	満	山下火	觜
24日	07/18	月	戊戌	平	平地木	参
25日	07/19	火	己亥	定	平地木	井
26日	07/20	水	庚子	執	壁上土	鬼
27日	07/21	木	辛丑	破	壁上土	柳
28日	07/22	金	壬寅	危	金箔金	星
29日	07/23	土	癸卯	成	金箔金	張

【閏六月大 丁未 鬼】
節気 立秋 15日

日	新暦	曜	干支	直	納音	宿
1日	07/24	日	甲辰	納	覆燈火	翼
2日	07/25	月	乙巳	開	覆燈火	軫
3日	07/26	火	丙午	閉	天河水	角
4日	07/27	水	丁未	建	天河水	亢
5日	07/28	木	戊申	除	大駅土	氐
6日	▽07/29	金	己酉	満	大駅土	房
7日	07/30	土	庚戌	平	釧釧金	心
8日	07/31	日	辛亥	定	釧釧金	尾
9日	08/01	月	壬子	執	桑柘木	箕
10日	08/02	火	癸丑	破	桑柘木	斗
11日	08/03	水	甲寅	危	大渓水	女
12日	08/04	木	乙卯	成	大渓水	虚
13日	08/05	金	丙辰	納	沙中土	危
14日	08/06	土	丁巳	開	沙中土	室
15日	08/07	日	戊午	開	天上火	壁
16日	08/08	月	己未	閉	天上火	奎

寛文12年

日	西暦	曜	干支	直	納音	宿
17日△	08/09	火	庚申	建	柘榴木	危
18日	08/10	水	辛酉	建	柘榴木	室
19日	08/11	木	壬戌	平	大海水	壁
20日	08/12	金	癸亥	平	大海水	奎
21日	08/13	土	甲子	定	海中金	婁
22日	08/14	日	乙丑	執	海中金	胃
23日	08/15	月	丙寅	破	炉中火	昴
24日	08/16	火	丁卯	危	炉中火	畢
25日	08/17	水	戊辰	成	大林木	觜
26日	08/18	木	己巳	納	大林木	参
27日	08/19	金	庚午	開	路傍土	井
28日	08/20	土	辛未	閉	路傍土	鬼
29日	08/21	日	壬申	建	釼鋒金	柳
30日	08/22	月	癸酉	除	釼鋒金	星

【七月小 戊申 張】
節気 処暑 1日・白露 16日
雑節 二百十日 12日

日	西暦	曜	干支	直	納音	宿
1日	08/23	火	甲戌	満	山頭火	張
2日	08/24	水	乙亥	平	山頭火	翼
3日	08/25	木	丙子	定	澗下水	軫
4日	08/26	金	丁丑	執	澗下水	角
5日	08/27	土	戊寅	破	城頭土	亢
6日	08/28	日	己卯	危	城頭土	氐
7日	08/29	月	庚辰	成	白鑞金	房
8日	08/30	火	辛巳	納	白鑞金	心
9日	08/31	水	壬午	開	楊柳木	尾
10日	09/01	木	癸未	閉	楊柳木	箕
11日	09/02	金	甲申	建	井泉水	斗
12日	09/03	土	乙酉	除	井泉水	女
13日	09/04	日	丙戌	満	屋上土	虚
14日	09/05	月	丁亥	平	屋上土	危
15日	09/06	火	戊子	定	霹靂火	室
16日	09/07	水	己丑	執	霹靂火	壁
17日	09/08	木	庚寅	破	松柏木	奎
18日	09/09	金	辛卯	危	松柏木	婁
19日	09/10	土	壬辰	成	長流水	胃
20日	09/11	日	癸巳	納	長流水	昴
21日	09/12	月	甲午	開	沙中金	畢
22日	09/13	火	乙未	閉	沙中金	觜
23日	09/14	水	丙申	建	山下火	参
24日	09/15	木	丁酉	除	山下火	井
25日	09/16	金	戊戌	満	平地木	鬼
26日	09/17	土	己亥	平	平地木	柳
27日	09/18	日	庚子	平	壁上土	星
28日	09/19	月	辛丑	定	壁上土	張
29日	09/20	火	壬寅	執	金箔金	翼

【八月大 己酉 角】
節気 秋分 2日・寒露 17日
雑節 彼岸 4日・社日 6日・土用 30日

日	西暦	曜	干支	直	納音	宿
1日	09/21	水	癸卯	破	金箔金	角
2日	09/22	木	甲辰	危	覆燈火	亢
3日	09/23	金	乙巳	成	覆燈火	氐
4日	09/24	土	丙午	納	天河水	房
5日	09/25	日	丁未	開	天河水	心
6日	09/26	月	戊申	閉	大駅土	尾
7日	09/27	火	己酉	建	大駅土	箕
8日	09/28	水	庚戌	除	釵釧金	斗
9日	09/29	木	辛亥	満	釵釧金	女
10日▽	09/30	金	壬子	平	桑柘木	虚
11日	10/01	土	癸丑	定	桑柘木	危
12日	10/02	日	甲寅	執	大渓水	室
13日	10/03	月	乙卯	破	大渓水	壁
14日	10/04	火	丙辰	危	沙中土	奎
15日	10/05	水	丁巳	成	沙中土	婁
16日	10/06	木	戊午	納	天上火	胃
17日	10/07	金	己未	開	天上火	昴
18日	10/08	土	庚申	閉	柘榴木	畢
19日	10/09	日	辛酉	建	柘榴木	觜
20日	10/10	月	壬戌	除	大海水	参
21日	10/11	火	癸亥	満	大海水	井
22日	10/12	水	甲子	満	海中金	鬼
23日	10/13	木	乙丑	平	海中金	柳
24日	10/14	金	丙寅	定	炉中火	星
25日	10/15	土	丁卯	執	炉中火	張
26日	10/16	日	戊辰	破	大林木	翼
27日△	10/17	月	己巳	危	大林木	軫
28日	10/18	火	庚午	成	路傍土	角
29日	10/19	水	辛未	納	路傍土	亢
30日	10/20	木	壬申	開	釼鋒金	氐

【九月大 庚戌 氐】
節気 霜降 3日・立冬 18日

日	西暦	曜	干支	直	納音	宿
1日	10/21	金	癸酉	閉	釼鋒金	氐
2日	10/22	土	甲戌	建	山頭火	心
3日	10/23	日	乙亥	除	山頭火	尾
4日	10/24	月	丙子	満	澗下水	箕
5日	10/25	火	丁丑	平	澗下水	斗
6日	10/26	水	戊寅	定	城頭土	女
7日	10/27	木	己卯	執	城頭土	虚
8日	10/28	金	庚辰	破	白鑞金	危
9日	10/29	土	辛巳	危	白鑞金	室
10日	10/30	日	壬午	成	楊柳木	壁
11日	10/31	月	癸未	納	楊柳木	奎
12日	11/01	火	甲申	開	井泉水	婁
13日	11/02	水	乙酉	閉	井泉水	胃
14日	11/03	木	丙戌	建	屋上土	昴
15日	11/04	金	丁亥	除	屋上土	畢
16日	11/05	土	戊子	満	霹靂火	觜
17日	11/06	日	己丑	平	霹靂火	参
18日	11/07	月	庚寅	平	松柏木	井
19日	11/08	火	辛卯	定	松柏木	鬼
20日	11/09	水	壬辰	執	長流水	柳
21日	11/10	木	癸巳	破	長流水	星
22日	11/11	金	甲午	危	沙中金	張
23日	11/12	土	乙未	成	沙中金	翼
24日	11/13	日	丙申	納	山下火	軫
25日	11/14	月	丁酉	開	山下火	角
26日	11/15	火	戊戌	閉	平地木	亢
27日	11/16	水	己亥	建	平地木	氐
28日	11/17	木	庚子	除	壁上土	房
29日	11/18	金	辛丑	満	壁上土	心
30日	11/19	土	壬寅	平	金箔金	尾

【十月小 辛亥 心】
節気 小雪 3日・大雪 18日

日	西暦	曜	干支	直	納音	宿
1日	11/20	日	癸卯	定	金箔金	心
2日	11/21	月	甲辰	執	覆燈火	尾
3日	11/22	火	乙巳	破	覆燈火	箕
4日	11/23	水	丙午	危	天河水	斗
5日	11/24	木	丁未	成	天河水	女
6日	11/25	金	戊申	納	大駅土	虚
7日	11/26	土	己酉	開	大駅土	危
8日	11/27	日	庚戌	建	釵釧金	室
9日	11/28	月	辛亥	建	釵釧金	壁
10日	11/29	火	壬子	除	桑柘木	奎
11日	11/30	水	癸丑	満	桑柘木	婁
12日	12/01	木	甲寅	平	大渓水	胃
13日▽	12/02	金	乙卯	定	大渓水	昴
14日	12/03	土	丙辰	執	沙中土	畢
15日	12/04	日	丁巳	破	沙中土	觜
16日	12/05	月	戊午	危	天上火	参
17日	12/06	火	己未	成	天上火	井
18日	12/07	水	庚申	納	柘榴木	鬼
19日	12/08	木	辛酉	納	柘榴木	柳
20日	12/09	金	壬戌	開	大海水	星
21日	12/10	土	癸亥	閉	大海水	張
22日	12/11	日	甲子	建	海中金	翼
23日	12/12	月	乙丑	除	海中金	軫
24日	12/13	火	丙寅	満	炉中火	角
25日	12/14	水	丁卯	平	炉中火	亢
26日	12/15	木	戊辰	定	大林木	氐
27日	12/16	金	己巳	執	大林木	房
28日	12/17	土	庚午	破	路傍土	心
29日	12/18	日	辛未	危	路傍土	尾

【十一月大 壬子 斗】
節気 冬至 4日・小寒 20日

日	西暦	曜	干支	直	納音	宿
1日	12/19	月	壬申	成	釼鋒金	斗
2日	12/20	火	癸酉	納	釼鋒金	女
3日	12/21	水	甲戌	開	山頭火	虚
4日	12/22	木	乙亥	閉	山頭火	危
5日	12/23	金	丙子	建	澗下水	室
6日	12/24	土	丁丑	除	澗下水	壁
7日	12/25	日	戊寅	満	城頭土	奎
8日△	12/26	月	己卯	平	城頭土	婁
9日	12/27	火	庚辰	定	白鑞金	胃
10日	12/28	水	辛巳	執	白鑞金	昴
11日	12/29	木	壬午	破	楊柳木	畢
12日	12/30	金	癸未	危	楊柳木	觜
13日	12/31	土	甲申	成	井泉水	参

1673年

日	西暦	曜	干支	直	納音	宿
14日	01/01	日	乙酉	納	井泉水	井
15日	01/02	月	丙戌	開	屋上土	鬼
16日	01/03	火	丁亥	閉	屋上土	柳
17日	01/04	水	戊子	建	霹靂火	星
18日	01/05	木	己丑	除	霹靂火	張
19日	01/06	金	庚寅	満	松柏木	翼
20日	01/07	土	辛卯	平	松柏木	軫
21日	01/08	日	壬辰	定	長流水	角
22日	01/09	月	癸巳	執	長流水	亢
23日	01/10	火	甲午	破	沙中金	氐
24日	01/11	水	乙未	危	沙中金	房
25日	01/12	木	丙申	成	山下火	心
26日	01/13	金	丁酉	納	山下火	尾
27日	01/14	土	戊戌	開	平地木	箕
28日	01/15	日	己亥	閉	平地木	斗
29日	01/16	月	庚子	建	壁上土	女
30日	01/17	火	辛丑	除	壁上土	虚

【十二月大 癸丑 虚】
節気 大寒 5日・立春 20日
雑節 土用 1日・節分 19日

日	西暦	曜	干支	直	納音	宿
1日	01/18	水	壬寅	除	金箔金	虚
2日	01/19	木	癸卯	満	金箔金	危
3日	01/20	金	甲辰	平	覆燈火	室
4日	01/21	土	乙巳	定	覆燈火	壁
5日	01/22	日	丙午	執	天河水	奎
6日	01/23	月	丁未	破	天河水	婁
7日	01/24	火	戊申	危	大駅土	胃
8日	01/25	水	己酉	成	大駅土	昴
9日	01/26	木	庚戌	納	釵釧金	畢
10日	01/27	金	辛亥	開	釵釧金	觜
11日	01/28	土	壬子	閉	桑柘木	参
12日	01/29	日	癸丑	建	桑柘木	井
13日	01/30	月	甲寅	除	大渓水	鬼
14日	01/31	火	乙卯	満	大渓水	柳
15日☆	02/01	水	丙辰	平	沙中土	星
16日	02/02	木	丁巳	定	沙中土	張
17日▽	02/03	金	戊午	執	天上火	翼
18日	02/04	土	己未	破	天上火	軫
19日	02/05	日	庚申	危	柘榴木	角
20日	02/06	月	辛酉	成	柘榴木	亢
21日	02/07	火	壬戌	納	大海水	氐
22日	02/08	水	癸亥	開	大海水	房
23日	02/09	木	甲子	閉	海中金	心
24日	02/10	金	乙丑	建	海中金	尾
25日	02/11	土	丙寅	除	炉中火	箕
26日	02/12	日	丁卯	満	炉中火	斗
27日	02/13	月	戊辰	平	大林木	女
28日	02/14	火	己巳	定	大林木	虚
29日	02/15	水	庚午	執	路傍土	危
30日	02/16	木	辛未	破	路傍土	室

延宝元年〔寛文13年〕

1673～1674　癸丑
※改元＝9月21日

【正月大 甲寅 室】

節気 雨水 5日・啓蟄 21日

```
 1日 02/17 金 壬申 破 釼鋒金 室
 2日 02/18 土 癸酉 危 釼鋒金 壁
 3日 02/19 日 甲戌 成 山頭火 奎
 4日 02/20 月 乙亥 納 山頭火 婁
 5日 02/21 火 丙子 開 澗下水 胃
 6日 02/22 水 丁丑 閉 澗下水 昴
 7日 02/23 木 戊寅 建 城頭土 畢
 8日 02/24 金 己卯 除 城頭土 觜
 9日 02/25 土 庚辰 平 白鑞金 参
10日 02/26 日 辛巳 定 白鑞金 井
11日 02/27 月 壬午 執 楊柳木 鬼
12日 02/28 火 癸未 破 楊柳木 柳
13日 03/01 水 甲申 危 井泉水 星
14日 03/02 木 乙酉 危 井泉水 張
15日 03/03 金 丙戌 納 屋上土 翼
16日 03/04 土 丁亥 納 屋上土 軫
17日△03/05 日 戊子 開 霹靂火 角
18日 03/06 月 己丑 閉 霹靂火 亢
19日 03/07 火 庚寅 建 松柏木 氐
20日 03/08 水 辛卯 除 松柏木 房
21日 03/09 木 壬辰 除 長流水 心
22日 03/10 金 癸巳 満 長流水 尾
23日 03/11 土 甲午 平 沙中金 箕
24日 03/12 日 乙未 定 沙中金 斗
25日 03/13 月 丙申 執 山下火 牛
26日 03/14 火 丁酉 破 山下火 女
27日 03/15 水 戊戌 危 平地木 虚
28日 03/16 木 己亥 成 平地木 危
29日 03/17 金 庚子 納 壁上土 室
30日 03/18 土 辛丑 開 壁上土 壁
```

【二月小 乙卯 奎】

節気 春分 6日・清明 21日
雑節 社日 7日・彼岸 8日

```
 1日 03/19 日 壬寅 閉 金箔金 奎
 2日 03/20 月 癸卯 建 金箔金 婁
 3日 03/21 火 甲辰 除 覆燈火 胃
 4日 03/22 水 乙巳 満 覆燈火 昴
 5日 03/23 木 丙午 平 天河水 畢
 6日 03/24 金 丁未 定 天河水 参
 7日 03/25 土 戊申 執 大駅土 井
 8日 03/26 日 己酉 破 大駅土 鬼
 9日 03/27 月 庚戌 危 釵釧金 柳
10日 03/28 火 辛亥 成 釵釧金 星
11日 03/29 水 壬子 納 桑柘木 張
12日 03/30 木 癸丑 閉 桑柘木 翼
13日 03/31 金 甲寅 閉 大溪水 軫
14日 04/01 土 乙卯 建 大溪水 角
15日 04/02 日 丙辰 除 沙中土 亢
16日 04/03 月 丁巳 満 天上火 氐
17日 04/04 火 戊午 平 天上火 房
18日 04/05 水 己未 定 天上火 心
19日 04/06 木 庚申 執 柘榴木 尾
20日▽04/07 金 辛酉 破 柘榴木 尾
21日 04/08 土 壬戌 危 大海水 箕
22日 04/09 日 癸亥 成 大海水 斗
23日 04/10 月 甲子 納 海中金 牛
24日 04/11 火 乙丑 開 海中金 女
25日 04/12 水 丙寅 閉 爐中火 虚
26日 04/13 木 丁卯 閉 爐中火 室
27日 04/14 金 戊辰 建 大林木 壁
28日 04/15 土 己巳 除 大林木 奎
29日 04/16 日 庚午 満 路傍土 婁
```

【三月大 丙辰 胃】

節気 穀雨 7日・立夏 22日
雑節 土用 4日・八十八夜 18日

```
 1日 04/17 火 辛未 平 路傍土 胃
 2日 04/18 水 壬申 定 釼鋒金 昴
 3日 04/19 木 癸酉 執 釼鋒金 畢
 4日 04/20 金 甲戌 破 山頭火 觜
 5日 04/21 土 乙亥 危 山頭火 参
 6日 04/22 日 丙子 成 澗下水 井
 7日 04/23 月 丁丑 納 澗下水 鬼
 8日 04/24 火 戊寅 開 城頭土 柳
 9日 04/25 水 己卯 閉 城頭土 星
10日 04/26 木 庚辰 建 白鑞金 張
11日 04/27 金 辛巳 除 白鑞金 翼
12日 04/28 土 壬午 定 楊柳木 軫
13日 04/29 日 癸未 平 楊柳木 角
14日 04/30 月 甲申 執 井泉水 亢
15日 05/01 火 乙酉 破 井泉水 氐
16日 05/02 水 丙戌 危 屋上土 房
17日 05/03 木 丁亥 成 屋上土 心
18日 05/04 金 戊子 成 霹靂火 尾
19日 05/05 土 己丑 納 霹靂火 箕
20日 05/06 日 庚寅 開 松柏木 斗
21日 05/07 月 辛卯 閉 松柏木 女
22日 05/08 火 壬辰 閉 長流水 虚
23日 05/09 水 癸巳 除 長流水 危
24日 05/10 木 甲午 満 沙中金 室
25日 05/11 金 乙未 満 沙中金 壁
26日 05/12 土 丙申 定 山下火 奎
27日 05/13 日 丁酉 執 山下火 婁
28日△05/14 火 戊戌 執 平地木 胃
29日 05/15 水 己亥 破 平地木 昴
30日 05/16 木 庚子 危 壁上土 畢
```

【四月小 丁巳 畢】

節気 小満 8日・芒種 23日

```
 1日 05/17 水 辛丑 成 壁上土 畢
 2日 05/18 木 壬寅 納 金箔金 觜
 3日 05/19 金 癸卯 開 金箔金 参
 4日 05/20 土 甲辰 建 覆燈火 井
 5日 05/21 日 乙巳 建 覆燈火 鬼
 6日 05/22 月 丙午 満 天河水 柳
 7日 05/23 火 丁未 平 天河水 星
 8日 05/24 水 戊申 平 大駅土 張
 9日 05/25 木 己酉 定 大駅土 翼
10日 05/26 金 庚戌 執 釵釧金 軫
11日 05/27 土 辛亥 破 釵釧金 角
12日 05/28 日 壬子 危 桑柘木 亢
13日 05/29 月 癸丑 成 桑柘木 氐
14日 05/30 火 甲寅 納 大溪水 房
15日 05/31 水 乙卯 開 大溪水 心
16日 06/01 木 丙辰 閉 沙中土 尾
17日 06/02 金 丁巳 建 沙中土 箕
18日 06/03 土 戊午 除 天上火 斗
19日 06/04 日 己未 満 天上火 女
20日 06/05 月 庚申 平 柘榴木 虚
21日 06/06 火 辛酉 定 柘榴木 危
22日 06/07 水 壬戌 執 大海水 室
23日 06/08 木 癸亥 破 大海水 壁
24日▽06/09 金 甲子 危 海中金 奎
25日 06/10 土 乙丑 成 海中金 婁
26日 06/11 日 丙寅 納 爐中火 胃
27日 06/12 月 丁卯 開 爐中火 昴
28日 06/13 火 戊辰 閉 大林木 畢
29日 06/14 水 己巳 閉 大林木 觜
```

【五月小 戊午 参】

節気 夏至 9日・小暑 24日
雑節 入梅 3日・半夏生 19日

```
 1日 06/15 木 庚午 建 路傍土 参
 2日 06/16 金 辛未 除 路傍土 井
 3日 06/17 土 壬申 満 釼鋒金 鬼
 4日 06/18 日 癸酉 平 釼鋒金 柳
 5日 06/19 月 甲戌 定 山頭火 星
 6日 06/20 火 乙亥 執 山頭火 張
 7日 06/21 水 丙子 破 澗下水 翼
 8日 06/22 木 丁丑 危 澗下水 軫
 9日 06/23 金 戊寅 成 城頭土 角
10日 06/24 土 己卯 納 城頭土 亢
11日 06/25 日 庚辰 開 白鑞金 氐
12日 06/26 月 辛巳 閉 白鑞金 房
13日 06/27 火 壬午 建 楊柳木 心
14日 06/28 水 癸未 除 楊柳木 尾
15日 06/29 木 甲申 満 井泉水 箕
16日 06/30 金 乙酉 平 井泉水 斗
17日 07/01 土 丙戌 定 屋上土 女
18日 07/02 日 丁亥 執 屋上土 虚
19日 07/03 月 戊子 破 霹靂火 室
20日 07/04 火 己丑 危 霹靂火 壁
21日 07/05 水 庚寅 成 松柏木 奎
22日 07/06 木 辛卯 納 松柏木 婁
23日 07/07 金 壬辰 開 長流水 胃
24日 07/08 土 癸巳 開 長流水 昴
25日 07/09 日 甲午 閉 沙中金 畢
26日 07/10 月 乙未 建 沙中金 觜
27日 07/11 火 丙申 除 山下火 参
28日 07/12 水 丁酉 満 山下火 井
29日 07/13 木 戊戌 平 平地木 鬼
```

【六月小 己未 鬼】

節気 大暑 11日・立秋 26日
雑節 土用 7日

```
 1日 07/14 金 己亥 定 平地木 鬼
 2日 07/15 土 庚子 執 壁上土 柳
 3日 07/16 日 辛丑 破 壁上土 星
 4日 07/17 月 壬寅 危 金箔金 張
 5日 07/18 火 癸卯 成 金箔金 翼
 6日 07/19 水 甲辰 納 覆燈火 軫
 7日 07/20 木 乙巳 閉 覆燈火 角
 8日 07/21 金 丙午 閉 天河水 亢
 9日 07/22 土 丁未 建 天河水 氐
10日 07/23 日 戊申 除 大駅土 房
11日△07/24 月 己酉 満 大駅土 心
12日 07/25 火 庚戌 平 釵釧金 尾
13日 07/26 水 辛亥 定 釵釧金 箕
14日 07/27 木 壬子 執 桑柘木 斗
15日☆07/28 金 癸丑 破 桑柘木 女
16日 07/29 土 甲寅 危 大溪水 虚
17日 07/30 日 乙卯 成 大溪水 危
18日 07/31 月 丙辰 納 沙中土 室
19日 08/01 火 丁巳 開 沙中土 壁
20日 08/02 水 戊午 閉 天上火 奎
21日 08/03 木 己未 建 天上火 婁
22日 08/04 金 庚申 除 柘榴木 胃
23日 08/05 土 辛酉 平 柘榴木 昴
24日 08/06 日 壬戌 定 大海水 畢
25日 08/07 月 癸亥 執 大海水 觜
26日 08/08 火 甲子 破 海中金 参
27日 08/09 水 乙丑 危 海中金 井
28日 08/10 木 丙寅 成 爐中火 鬼
29日▽08/11 金 丁卯 危 爐中火 柳
```

【七月大 庚申 張】

節気 処暑 12日・白露 27日

延宝元年〔寛文13年〕

西暦 曜 干支 直 納音 宿

雑節 二百十日 23日

日	西暦	曜	干支	直	納音	宿
1日◎	08/12	土	庚辰	成	大林木	張
2日	08/13	日	己巳	納	大林木	翼
3日	08/14	月	庚午	開	路傍土	軫
4日	08/15	火	辛未	建	路傍土	角
5日	08/16	水	壬申	建	釵釧金	亢
6日	08/17	木	癸酉	除	釵釧金	氐
7日	08/18	金	甲戌	満	山頭火	房
8日	08/19	土	乙亥	定	山頭火	尾
9日	08/20	日	丙子	定	澗下水	尾
10日	08/21	月	丁丑	執	澗下水	箕
11日	08/22	火	戊寅	破	城頭土	斗
12日	08/23	水	己卯	危	城頭土	牛
13日	08/24	木	庚辰	成	白鑞金	虚
14日	08/25	金	辛巳	納	白鑞金	危
15日	08/26	土	壬午	開	楊柳木	室
16日	08/27	日	癸未	閉	楊柳木	壁
17日	08/28	月	甲申	建	井泉水	奎
18日	08/29	火	乙酉	除	井泉水	婁
19日	08/30	水	丙戌	満	屋上土	胃
20日	08/31	木	丁亥	平	屋上土	昴
21日	09/01	金	戊子	定	霹靂火	畢
22日	09/02	土	己丑	執	霹靂火	觜
23日	09/03	日	庚寅	破	松柏木	参
24日	09/04	月	辛卯	危	松柏木	井
25日	09/05	火	壬辰	成	長流水	鬼
26日	09/06	水	癸巳	納	長流水	柳
27日	09/07	木	甲午	納	沙中金	星
28日	09/08	金	乙未	開	沙中金	張
29日	09/09	土	丙申	閉	山下火	翼
30日	09/10	日	丁酉	建	山下火	軫

【八月小 辛酉 角】
節気 秋分 12日・寒露 28日
雑節 社日 11日・彼岸 14日

日	西暦	曜	干支	直	納音	宿
1日	09/11	月	戊戌	除	平地木	角
2日	09/12	火	己亥	満	平地木	亢
3日	09/13	水	庚子	平	壁上土	氐
4日	09/14	木	辛丑	定	壁上土	房
5日	09/15	金	壬寅	執	金箔金	心
6日	09/16	土	癸卯	破	金箔金	尾
7日	09/17	日	甲辰	危	覆燈火	箕
8日	09/18	月	乙巳	成	覆燈火	斗
9日	09/19	火	丙午	納	天河水	牛
10日	09/20	水	丁未	開	天河水	虚
11日	09/21	木	戊申	閉	大駅土	危
12日	09/22	金	己酉	建	大駅土	室
13日	09/23	土	庚戌	除	釵釧金	壁
14日	09/24	日	辛亥	満	釵釧金	奎
15日	09/25	月	壬子	平	桑柘木	婁
16日	09/26	火	癸丑	定	桑柘木	胃
17日	09/27	水	甲寅	執	大渓水	昴
18日	09/28	木	乙卯	破	大渓水	畢
19日	09/29	金	丙辰	危	沙中土	觜
20日△	09/30	土	丁巳	成	沙中土	参
21日	10/01	日	戊午	納	天上火	井
22日	10/02	月	己未	開	天上火	鬼
23日	10/03	火	庚申	閉	柘榴木	柳
24日	10/04	水	辛酉	建	柘榴木	星
25日	10/05	木	壬戌	除	大海水	張
26日	10/06	金	癸亥	満	大海水	翼
27日	10/07	土	甲子	平	海中金	軫
28日	10/08	日	乙丑	平	海中金	角
29日	10/09	月	丙寅	定	爐中火	亢

【九月大 壬戌 氐】
節気 霜降 14日・立冬 29日
雑節 土用 11日

日	西暦	曜	干支	直	納音	宿
1日	10/10	火	丁卯	執	爐中火	氐
2日	10/11	水	戊辰	成	大林木	房
3日	10/12	木	己巳	危	大林木	心
4日▽	10/13	金	庚午	成	路傍土	尾
5日	10/14	土	辛未	納	路傍土	箕
6日	10/15	日	壬申	閉	釵釧金	斗
7日	10/16	月	癸酉	閉	釵釧金	女
8日	10/17	火	甲戌	建	山頭火	虚
9日	10/18	水	乙亥	除	山頭火	危
10日	10/19	木	丙子	満	澗下水	室
11日	10/20	金	丁丑	平	澗下水	壁
12日	10/21	土	戊寅	定	城頭土	奎
13日	10/22	日	己卯	執	城頭土	婁
14日	10/23	月	庚辰	破	白鑞金	胃
15日	10/24	火	辛巳	危	白鑞金	昴
16日	10/25	水	壬午	成	楊柳木	畢
17日	10/26	木	癸未	納	楊柳木	觜
18日	10/27	金	甲申	開	井泉水	参
19日	10/28	土	乙酉	閉	井泉水	井
20日	10/29	日	丙戌	建	屋上土	鬼
21日	10/30	月	丁亥	除	屋上土	柳

＊改元(寛文13年→延宝元年)

日	西暦	曜	干支	直	納音	宿
22日	10/31	火	戊子	満	霹靂火	星
23日	11/01	水	己丑	平	霹靂火	張
24日	11/02	木	庚寅	定	松柏木	翼
25日	11/03	金	辛卯	執	松柏木	軫
26日	11/04	土	壬辰	破	長流水	角
27日	11/05	日	癸巳	危	長流水	亢
28日	11/06	月	甲午	成	沙中金	氐
29日	11/07	火	乙未	成	沙中金	房
30日	11/08	水	丙申	納	山下火	心

【十月小 癸亥 心】
節気 小雪 14日・大雪 29日

日	西暦	曜	干支	直	納音	宿
1日	11/09	木	丁酉	開	山下火	心
2日	11/10	金	戊戌	閉	平地木	尾
3日	11/11	土	己亥	建	平地木	箕
4日	11/12	日	庚子	除	壁上土	斗
5日	11/13	月	辛丑	満	壁上土	女
6日	11/14	火	壬寅	平	金箔金	虚
7日	11/15	水	癸卯	定	金箔金	危
8日	11/16	木	甲辰	執	覆燈火	室
9日	11/17	金	乙巳	破	覆燈火	壁
10日	11/18	土	丙午	危	天河水	奎
11日	11/19	日	丁未	成	天河水	婁
12日	11/20	月	戊申	納	大駅土	胃
13日	11/21	火	己酉	開	大駅土	昴
14日	11/22	水	庚戌	建	釵釧金	畢
15日	11/23	木	辛亥	建	釵釧金	觜
16日	11/24	金	壬子	除	桑柘木	参
17日	11/25	土	癸丑	満	桑柘木	鬼
18日	11/26	日	甲寅	平	大渓水	柳
19日	11/27	月	乙卯	定	大渓水	星
20日	11/28	火	丙辰	執	沙中土	張
21日	11/29	水	丁巳	破	沙中土	翼
22日	11/30	木	戊午	危	天上火	軫
23日	12/01	金	己未	成	天上火	角
24日	12/02	土	庚申	納	柘榴木	亢
25日	12/03	日	辛酉	開	柘榴木	氐
26日	12/04	月	壬戌	閉	大海水	房
27日	12/05	火	癸亥	建	大海水	心
28日	12/06	水	甲子	除	海中金	尾
29日	12/07	木	乙丑	満	海中金	箕

【十一月大 甲子 斗】
節気 冬至 16日

日	西暦	曜	干支	直	納音	宿
1日	12/08	金	丙寅	満	爐中火	斗
2日△	12/09	土	丁卯	平	爐中火	女
3日	12/10	日	戊辰	定	大林木	虚
4日	12/11	月	己巳	執	大林木	危
5日	12/12	火	庚午	破	路傍土	室
6日	12/13	水	辛未	危	路傍土	壁
7日	12/14	木	壬申	成	釵釧金	奎
8日▽	12/15	金	癸酉	納	釵釧金	婁
9日	12/16	土	甲戌	開	山頭火	胃
10日	12/17	日	乙亥	閉	山頭火	昴
11日	12/18	月	丙子	建	澗下水	畢
12日	12/19	火	丁丑	除	澗下水	觜
13日	12/20	水	戊寅	満	城頭土	参
14日	12/21	木	己卯	平	城頭土	井
15日	12/22	金	庚辰	定	白鑞金	鬼
16日	12/23	土	辛巳	執	白鑞金	柳
17日	12/24	日	壬午	破	楊柳木	星
18日	12/25	月	癸未	危	楊柳木	張
19日	12/26	火	甲申	成	井泉水	翼
20日	12/27	水	乙酉	納	井泉水	軫
21日	12/28	木	丙戌	開	屋上土	角
22日	12/29	金	丁亥	閉	屋上土	亢
23日	12/30	土	戊子	建	霹靂火	氐
24日	12/31	日	己丑	除	霹靂火	房

1674年

日	西暦	曜	干支	直	納音	宿
25日	01/01	月	庚寅	満	松柏木	心
26日	01/02	火	辛卯	平	松柏木	尾
27日	01/03	水	壬辰	定	長流水	箕
28日	01/04	木	癸巳	執	長流水	斗
29日	01/05	金	甲午	破	沙中金	女
30日	01/06	土	乙未	危	沙中金	虚

【十二月大 乙丑 虚】
節気 小寒 1日・大寒 16日
雑節 土用 13日・節分 30日

日	西暦	曜	干支	直	納音	宿
1日	01/07	日	丙申	成	山下火	虚
2日	01/08	月	丁酉	納	山下火	室
3日	01/09	火	戊戌	開	平地木	壁
4日	01/10	水	己亥	閉	平地木	奎
5日	01/11	木	庚子	建	壁上土	婁
6日	01/12	金	辛丑	除	壁上土	胃
7日	01/13	土	壬寅	満	金箔金	昴
8日	01/14	日	癸卯	平	金箔金	畢
9日	01/15	月	甲辰	定	覆燈火	觜
10日	01/16	火	乙巳	執	覆燈火	参
11日	01/17	水	丙午	破	天河水	井
12日	01/18	木	丁未	危	天河水	鬼
13日	01/19	金	戊申	成	大駅土	柳
14日	01/20	土	己酉	納	大駅土	星
15日	01/21	日	庚戌	開	釵釧金	張
16日	01/22	月	辛亥	建	釵釧金	翼
17日	01/23	火	壬子	除	桑柘木	軫
18日	01/24	水	癸丑	満	桑柘木	角
19日	01/25	木	甲寅	平	大渓水	亢
20日	01/26	金	乙卯	定	大渓水	氐
21日	01/27	土	丙辰	執	沙中土	房
22日	01/28	日	丁巳	破	沙中土	心
23日	01/29	月	戊午	危	天上火	尾
24日	01/30	火	己未	成	天上火	箕
25日	01/31	水	庚申	危	柘榴木	斗
26日	02/01	木	辛酉	成	柘榴木	女
27日	02/02	金	壬戌	納	大海水	虚
28日	02/03	土	癸亥	開	大海水	危
29日	02/04	日	甲子	閉	海中金	室
30日	02/05	月	乙丑	建	海中金	壁

延宝2年
1674～1675 甲寅

【正月大 丙寅 室】
節気 立春1日・雨水17日
1日◎ 02/06 火 丙寅 建 爐中火 室
2日 02/07 水 丁卯 除 爐中火 壁
3日 02/08 木 戊辰 満 大林木 奎
4日 02/09 金 己巳 平 大林木 婁
5日 02/10 土 庚午 定 路傍土 胃
6日 02/11 日 辛未 執 路傍土 昴
7日 02/12 月 壬申 破 釼鋒金 畢
8日 02/13 火 癸酉 危 釼鋒金 觜
9日 02/14 水 甲戌 成 山頭火 参
10日▽ 02/15 木 乙亥 納 山頭火 井
11日 02/16 金 丙子 開 澗下水 鬼
12日△ 02/17 土 丁丑 閉 澗下水 柳
13日 02/18 日 戊寅 建 城頭土 星
14日 02/19 月 己卯 除 城頭土 張
15日 02/20 火 庚辰 満 白鑞金 翼
16日 02/21 水 辛巳 平 白鑞金 軫
17日 02/22 木 壬午 定 楊柳木 角
18日 02/23 金 癸未 執 楊柳木 亢
19日 02/24 土 甲申 破 井泉水 氐
20日 02/25 日 乙酉 危 井泉水 房
21日 02/26 月 丙戌 成 屋上土 心
22日 02/27 火 丁亥 納 屋上土 尾
23日 02/28 水 戊子 開 霹靂火 箕
24日 03/01 木 己丑 閉 霹靂火 斗
25日 03/02 金 庚寅 建 松柏木 女
26日 03/03 土 辛卯 除 松柏木 虚
27日 03/04 日 壬辰 満 長流水 危
28日 03/05 月 癸巳 平 長流水 室
29日 03/06 火 甲午 定 沙中金 壁
30日 03/07 水 乙未 執 沙中金 奎

【二月小 丁卯 奎】
節気 啓蟄2日・春分17日
雑節 社日13日・彼岸19日
1日 03/08 木 丙申 破 山下火 奎
2日 03/09 金 丁酉 破 山下火 婁
3日 03/10 土 戊戌 危 平地木 胃
4日 03/11 日 己亥 成 平地木 昴
5日 03/12 月 庚子 納 壁上土 畢
6日 03/13 火 辛丑 開 壁上土 觜
7日 03/14 水 壬寅 閉 金箔金 参
8日 03/15 木 癸卯 建 金箔金 井
9日 03/16 金 甲辰 除 覆燈火 鬼
10日 03/17 土 乙巳 満 覆燈火 柳
11日 03/18 日 丙午 平 天河水 星
12日 03/19 月 丁未 定 天河水 張
13日 03/20 火 戊申 執 大駅土 軫
14日 03/21 水 己酉 破 大駅土 角
15日 03/22 木 庚戌 危 釼釧金 亢
16日 03/23 金 辛亥 成 釼釧金 氐
17日 03/24 土 壬子 納 桑柘木 房
18日 03/25 日 癸丑 開 桑柘木 心
19日 03/26 月 甲寅 閉 大溪水 尾
20日 03/27 火 乙卯 建 沙中土 箕
21日 03/28 水 丙辰 除 沙中土 斗
22日 03/29 木 丁巳 満 沙中土 斗
23日 03/30 金 戊午 定 天上火 女
24日 03/31 土 己未 執 天上火 虚
25日 04/01 日 庚申 執 柘榴木 危
26日 04/02 月 辛酉 破 柘榴木 室
27日 04/03 火 壬戌 危 大海水 壁

28日 04/04 水 癸亥 成 大海水 奎
29日 04/05 木 甲子 納 海中金 婁

【三月大 戊辰 胃】
節気 清明3日・穀雨18日
雑節 土用15日・八十八夜29日
1日 04/06 金 乙丑 開 海中金 胃
2日 04/07 土 丙寅 閉 爐中火 畢
3日 04/08 日 丁卯 建 爐中火 畢
4日 04/09 月 戊辰 除 大林木 觜
5日 04/10 火 己巳 満 大林木 参
6日 04/11 水 庚午 平 路傍土 井
7日 04/12 木 辛未 定 路傍土 鬼
8日 04/13 金 壬申 執 釼鋒金 柳
9日 04/14 土 癸酉 破 釼鋒金 星
10日 04/15 日 甲戌 危 山頭火 張
11日 04/16 月 乙亥 成 山頭火 翼
12日 04/17 火 丙子 納 澗下水 軫
13日 04/18 水 丁丑 開 澗下水 角
14日▽ 04/19 木 戊寅 閉 城頭土 亢
15日 04/20 金 己卯 建 城頭土 氐
16日 04/21 土 庚辰 除 白鑞金 房
17日 04/22 日 辛巳 満 白鑞金 心
18日 04/23 月 壬午 満 楊柳木 尾
19日 04/24 火 癸未 平 楊柳木 箕
20日 04/25 水 甲申 定 井泉水 斗
21日 04/26 木 乙酉 執 井泉水 女
22日△ 04/27 金 丙戌 破 屋上土 虚
23日 04/28 土 丁亥 危 屋上土 危
24日 04/29 日 戊子 成 霹靂火 室
25日 04/30 月 己丑 納 霹靂火 壁
26日 05/01 火 庚寅 開 松柏木 奎
27日 05/02 水 辛卯 閉 松柏木 婁
28日 05/03 木 壬辰 建 長流水 胃
29日 05/04 金 癸巳 除 長流水 昴
30日 05/05 土 甲午 満 沙中金 畢

【四月小 己巳 畢】
節気 立夏4日・小満19日
1日 05/06 日 乙未 平 沙中金 觜
2日 05/07 月 丙申 定 山下火 参
3日 05/08 火 丁酉 執 山下火 井
4日 05/09 水 戊戌 破 平地木 鬼
5日 05/10 木 己亥 危 平地木 柳
6日 05/11 金 庚子 成 壁上土 星
7日 05/12 土 辛丑 納 壁上土 張
8日 05/13 日 壬寅 開 金箔金 翼
9日 05/14 月 癸卯 閉 金箔金 軫
10日 05/15 火 甲辰 閉 覆燈火 角
11日 05/16 水 乙巳 建 覆燈火 亢
12日 05/17 木 丙午 除 天河水 氐
13日 05/18 金 丁未 満 天河水 房
14日 05/19 土 戊申 平 大駅土 心
15日 05/20 日 己酉 定 大駅土 尾
16日 05/21 月 庚戌 執 釼釧金 箕
17日 05/22 火 辛亥 破 釼釧金 斗
18日 05/23 水 壬子 危 桑柘木 斗
19日 05/24 木 癸丑 危 桑柘木 女
20日 05/25 金 甲寅 納 大溪水 虚
21日 05/26 土 乙卯 開 大溪水 危
22日 05/27 日 丙辰 閉 沙中土 室
23日 05/28 月 丁巳 建 沙中土 壁
24日 05/29 火 戊午 除 天上火 奎
25日 05/30 水 己未 満 天上火 婁
26日 05/31 木 庚申 平 柘榴木 胃
27日 06/01 金 辛酉 定 柘榴木 昴
28日 06/02 土 壬戌 執 大海水 畢
29日 06/03 日 癸亥 破 大海水 觜

【五月大 庚午 参】
節気 芒種5日・夏至20日
雑節 入梅9日・半夏生30日
1日 06/04 月 甲子 危 海中金 参
2日 06/05 火 乙丑 成 海中金 井
3日 06/06 水 丙寅 納 爐中火 柳
4日 06/07 木 丁卯 開 爐中火 星
5日 06/08 金 戊辰 開 大林木 張
6日 06/09 土 己巳 閉 大林木 翼
7日 06/10 日 庚午 建 路傍土 軫
8日 06/11 月 辛未 除 路傍土 角
9日 06/12 火 壬申 満 釼鋒金 亢
10日 06/13 水 癸酉 平 釼鋒金 氐
11日 06/14 木 甲戌 定 山頭火 房
12日 06/15 金 乙亥 執 山頭火 心
13日 06/16 土 丙子 破 澗下水 尾
14日 06/17 日 丁丑 危 澗下水 箕
15日 06/18 月 戊寅 成 城頭土 斗
16日 06/19 火 己卯 納 城頭土 女
17日 06/20 水 庚辰 開 白鑞金 虚
18日▽ 06/21 木 辛巳 閉 白鑞金 危
19日 06/22 金 壬午 建 楊柳木 室
20日 06/23 土 癸未 除 楊柳木 壁
21日 06/24 日 甲申 満 井泉水 奎
22日 06/25 月 乙酉 平 井泉水 婁
23日 06/26 火 丙戌 定 屋上土 胃
24日 06/27 水 丁亥 執 屋上土 昴
25日 06/28 木 戊子 破 霹靂火 畢
26日 06/29 金 己丑 危 霹靂火 觜
27日 06/30 土 庚寅 成 松柏木 参
28日 07/01 日 辛卯 納 松柏木 井
29日 07/02 月 壬辰 開 長流水 鬼
30日 07/03 火 癸巳 閉 長流水 柳

【六月小 辛未 鬼】
節気 小暑6日・大暑21日
雑節 土用18日
1日 07/04 水 甲午 建 沙中金 鬼
2日 07/05 木 乙未 除 沙中金 柳
3日△ 07/06 金 丙申 満 山下火 星
4日 07/07 土 丁酉 平 山下火 張
5日 07/08 日 戊戌 定 平地木 翼
6日 07/09 月 己亥 定 平地木 軫
7日 07/10 火 庚子 執 壁上土 角
8日 07/11 水 辛丑 破 壁上土 亢
9日 07/12 木 壬寅 危 金箔金 氐
10日 07/13 金 癸卯 成 金箔金 房
11日 07/14 土 甲辰 納 覆燈火 心
12日 07/15 日 乙巳 開 覆燈火 尾
13日 07/16 月 丙午 閉 天河水 箕
14日 07/17 火 丁未 建 天河水 斗
15日☆ 07/18 水 戊申 除 大駅土 女
16日 07/19 木 己酉 平 大駅土 虚
17日 07/20 金 庚戌 平 釼釧金 危
18日 07/21 土 辛亥 定 釼釧金 室
19日 07/22 日 壬子 執 桑柘木 壁
20日 07/23 月 癸丑 破 桑柘木 奎
21日 07/24 火 甲寅 危 大溪水 婁
22日 07/25 水 乙卯 成 大溪水 胃
23日 07/26 木 丙辰 納 沙中土 昴
24日 07/27 金 丁巳 開 沙中土 畢
25日 07/28 土 戊午 閉 天上火 觜
26日 07/29 日 己未 建 天上火 参
27日 07/30 月 庚申 除 柘榴木 井
28日 07/31 火 辛酉 満 柘榴木 鬼
29日 08/01 水 壬戌 平 大海水 柳

【七月小 壬申 張】
節気 立秋7日・処暑22日
1日 08/02 木 癸亥 執 大海水 張
2日 08/03 金 甲子 執 海中金 翼
3日 08/04 土 乙丑 破 海中金 軫
4日 08/05 日 丙寅 危 爐中火 角

西暦 曜 干支 直 納音 宿　　　　　　延宝2年

	西暦	曜	干支	直	納音	宿
5日	08/06	月	丁卯	成	爐中火	亢
6日	08/07	火	戊辰	納	大林木	氐
7日	08/08	水	己巳	開	大林木	房
8日	08/09	木	庚午	閉	路傍土	心
9日	08/10	金	辛未	建	路傍土	尾
10日	08/11	土	壬申	建	釼鋒金	箕
11日	08/12	日	癸酉	除	釼鋒金	斗
12日	08/13	月	甲戌	満	山頭火	女
13日	08/14	火	乙亥	平	山頭火	虚
14日	08/15	水	丙子	定	澗下水	危
15日	08/16	木	丁丑	執	澗下水	室
16日	08/17	金	戊寅	破	城頭土	壁
17日	08/18	土	己卯	危	城頭土	奎
18日	08/19	日	庚辰	成	白鑞金	婁
19日	08/20	月	辛巳	納	白鑞金	胃
20日	08/21	火	壬午	開	楊柳木	昴
21日	08/22	水	癸未	閉	楊柳木	畢
22日▽	08/23	木	甲申	建	井泉水	觜
23日	08/24	金	乙酉	除	井泉水	参
24日	08/25	土	丙戌	満	屋上土	井
25日	08/26	日	丁亥	平	屋上土	鬼
26日	08/27	月	戊子	定	霹靂火	柳
27日	08/28	火	己丑	執	霹靂火	星
28日	08/29	水	庚寅	破	松柏木	張
29日	08/30	木	辛卯	危	松柏木	翼

【八月大 癸酉 角】
節気 白露 8日・秋分 24日
雑節 二百十日 4日・彼岸 26日・社日 27日

	西暦	曜	干支	直	納音	宿
1日	08/31	金	壬辰	成	長流水	角
2日	09/01	土	癸巳	納	長流水	亢
3日	09/02	日	甲午	開	沙中金	氐
4日	09/03	月	乙未	閉	沙中金	房
5日	09/04	火	丙申	建	山下火	心
6日	09/05	水	丁酉	除	山下火	尾
7日	09/06	木	戊戌	満	平地木	箕
8日	09/07	金	己亥	満	平地木	斗
9日	09/08	土	庚子	平	壁上土	女
10日	09/09	日	辛丑	定	壁上土	虚
11日	09/10	月	壬寅	執	金箔金	危
12日	09/11	火	癸卯	破	金箔金	室
13日	09/12	水	甲辰	危	覆燈火	壁
14日	09/13	木	乙巳	成	覆燈火	奎
15日△	09/14	金	丙午	納	天河水	婁
16日	09/15	土	丁未	開	天河水	胃
17日	09/16	日	戊申	閉	大駅土	昴
18日	09/17	月	己酉	建	大駅土	觜
19日	09/18	火	庚戌	除	釵釧金	参
20日	09/19	水	辛亥	満	釵釧金	井
21日	09/20	木	壬子	平	桑柘木	鬼
22日	09/21	金	癸丑	定	桑柘木	柳
23日	09/22	土	甲寅	執	大溪水	星
24日	09/23	日	乙卯	破	大溪水	張
25日	09/24	月	丙辰	危	沙中土	翼
26日	09/25	火	丁巳	成	沙中土	軫
27日	09/26	水	戊午	納	天上火	角
28日	09/27	木	己未	開	柘榴木	亢
29日	09/28	金	庚申	閉	柘榴木	氐
30日	09/29	土	辛酉	建	柘榴木	房

【九月小 甲戌 氐】
節気 寒露 9日・霜降 24日
雑節 土用 21日

	西暦	曜	干支	直	納音	宿
1日	09/30	日	壬戌	満	大海水	氐
2日	10/01	月	癸亥	満	大海水	房
3日	10/02	火	甲子	平	海中金	心
4日	10/03	水	乙丑	定	海中金	尾
5日	10/04	木	丙寅	執	爐中火	箕
6日	10/05	金	丁卯	危	爐中火	斗
7日	10/06	土	戊辰	危	大林木	女
8日	10/07	日	己巳	成	大林木	虚
9日	10/08	月	庚午	納	路傍土	室
10日	10/09	火	辛未	開	路傍土	壁
11日	10/10	水	壬申	開	釼鋒金	壁
12日	10/11	木	癸酉	閉	釼鋒金	奎
13日	10/12	金	甲戌	除	山頭火	胃
14日	10/13	土	乙亥	除	山頭火	胃
15日	10/14	日	丙子	満	澗下水	昴
16日	10/15	月	丁丑	平	澗下水	畢
17日	10/16	火	戊寅	定	城頭土	觜
18日	10/17	水	己卯	執	城頭土	参
19日	10/18	木	庚辰	破	白鑞金	井
20日	10/19	金	辛巳	危	白鑞金	鬼
21日	10/20	土	壬午	成	楊柳木	柳
22日	10/21	日	癸未	納	楊柳木	星
23日	10/22	月	甲申	開	井泉水	張
24日	10/23	火	乙酉	閉	井泉水	軫
25日	10/24	水	丙戌	建	屋上土	軫
26日▽	10/25	木	丁亥	除	屋上土	角
27日	10/26	金	戊子	満	霹靂火	亢
28日	10/27	土	己丑	平	霹靂火	氐
29日	10/28	日	庚寅	定	松柏木	房

【十月大 乙亥 心】
節気 立冬 10日・小雪 26日

	西暦	曜	干支	直	納音	宿
1日	10/29	月	辛卯	執	松柏木	心
2日	10/30	火	壬辰	危	長流水	尾
3日	10/31	水	癸巳	危	長流水	箕
4日	11/01	木	甲午	成	沙中金	斗
5日	11/02	金	乙未	開	山下火	虚
6日	11/03	土	丙申	開	山下火	危
7日	11/04	日	丁酉	閉	平地木	室
8日	11/05	月	戊戌	建	平地木	壁
9日	11/06	火	己亥	除	壁上土	奎
10日	11/07	水	庚子	除	壁上土	婁
11日	11/08	木	辛丑	満	壁上土	胃
12日	11/09	金	壬寅	定	金箔金	昴
13日	11/10	土	癸卯	定	金箔金	畢
14日	11/11	日	甲辰	執	覆燈火	觜
15日	11/12	月	乙巳	破	覆燈火	觜
16日	11/13	火	丙午	危	天河水	参
17日	11/14	水	丁未	成	天河水	井
18日	11/15	木	戊申	納	大駅土	鬼
19日	11/16	金	己酉	開	大駅土	柳
20日	11/17	土	庚戌	建	釵釧金	星
21日	11/18	日	辛亥	建	釵釧金	張
22日	11/19	月	壬子	除	桑柘木	翼
23日	11/20	火	癸丑	満	桑柘木	軫
24日	11/21	水	甲寅	平	大溪水	角
25日△	11/22	木	乙卯	定	大溪水	亢
26日	11/23	金	丙辰	執	沙中土	氐
27日	11/24	土	丁巳	破	沙中土	房
28日	11/25	日	戊午	危	天上火	心
29日	11/26	月	己未	成	天上火	尾
30日	11/27	火	庚申	納	柘榴木	箕

【十一月小 丙子 斗】
節気 大雪 11日・冬至 26日

	西暦	曜	干支	直	納音	宿
1日	11/28	水	辛酉	開	柘榴木	斗
2日	11/29	木	壬戌	閉	大海水	女
3日	11/30	金	癸亥	建	大海水	虚
4日	12/01	土	甲子	満	海中金	室
5日	12/02	日	乙丑	満	海中金	壁
6日	12/03	月	丙寅	平	爐中火	壁
7日	12/04	火	丁卯	定	爐中火	奎
8日	12/05	水	戊辰	執	大林木	婁
9日	12/06	木	己巳	破	大林木	胃
10日	12/07	金	庚午	危	路傍土	昴
11日	12/08	土	辛未	成	路傍土	畢
12日	12/09	日	壬申	納	釼鋒金	参
13日	12/10	月	癸酉	開	釼鋒金	参
14日	12/11	火	甲戌	閉	山頭火	井
15日	12/12	水	乙亥	除	山頭火	鬼
16日	12/13	木	丙子	満	澗下水	柳
17日	12/14	金	丁丑	除	澗下水	星
18日	12/15	土	戊寅	満	城頭土	張
19日	12/16	日	己卯	平	城頭土	翼
20日	12/17	月	庚辰	定	白鑞金	軫
21日	12/18	火	辛巳	執	白鑞金	角
22日	12/19	水	壬午	破	楊柳木	亢
23日	12/20	木	癸未	危	楊柳木	氐
24日	12/21	金	甲申	成	井泉水	房
25日	12/22	土	乙酉	納	井泉水	心
26日	12/23	日	丙戌	開	屋上土	尾
27日	12/24	月	丁亥	閉	屋上土	箕
28日	12/25	火	戊子	建	霹靂火	斗
29日	12/26	水	己丑	除	霹靂火	女

【十二月大 丁丑 虚】
節気 小寒 12日・大寒 27日
雑節 土用 24日

	西暦	曜	干支	直	納音	宿
1日▽	12/27	木	庚寅	満	松柏木	虚
2日	12/28	金	辛卯	平	松柏木	危
3日	12/29	土	壬辰	定	長流水	室
4日	12/30	日	癸巳	執	長流水	壁
5日	12/31	月	甲午	破	沙中金	奎

1675年

	西暦	曜	干支	直	納音	宿
6日	01/01	火	乙未	危	沙中金	婁
7日	01/02	水	丙申	成	山下火	胃
8日	01/03	木	丁酉	納	山下火	昴
9日	01/04	金	戊戌	閉	平地木	畢
10日	01/05	土	己亥	平	平地木	觜
11日	01/06	日	庚子	満	壁上土	参
12日	01/07	月	辛丑	定	壁上土	井
13日	01/08	火	壬寅	執	金箔金	鬼
14日	01/09	水	癸卯	満	金箔金	柳
15日	01/10	木	甲辰	破	覆燈火	星
16日☆	01/11	金	乙巳	危	覆燈火	張
17日	01/12	土	丙午	成	天河水	翼
18日	01/13	日	丁未	破	天河水	軫
19日	01/14	月	戊申	定	大駅土	角
20日	01/15	火	己酉	納	大駅土	亢
21日	01/16	水	庚戌	納	釵釧金	氐
22日	01/17	木	辛亥	開	釵釧金	房
23日	01/18	金	壬子	閉	桑柘木	心
24日	01/19	土	癸丑	建	桑柘木	尾
25日	01/20	日	甲寅	除	大溪水	箕
26日	01/21	月	乙卯	満	大溪水	斗
27日	01/22	火	丙辰	平	沙中土	女
28日	01/23	水	丁巳	定	沙中土	虚
29日	01/24	木	戊午	執	天上火	危
30日	01/25	金	己未	破	天上火	室

– 187 –

延宝3年
1675～1676　乙卯

【正月大　戊寅　室】
節気　立春 13日・雨水 28日
雑節　節分 12日

日	新暦	曜	干支	直	納音	宿
1日	01/26	土	庚申	危	柘榴木	室
2日	01/27	日	辛酉	成	柘榴木	壁
3日	01/28	月	壬戌	納	大海水	奎
4日	01/29	火	癸亥	開	大海水	婁
5日	01/30	水	甲子	閉	海中金	胃
6日△	01/31	木	乙丑	建	海中金	昴
7日	02/01	金	丙寅	除	炉中火	畢
8日	02/02	土	丁卯	満	炉中火	觜
9日	02/03	日	戊辰	平	大林木	参
10日	02/04	月	己巳	定	大林木	井
11日	02/05	火	庚午	執	路傍土	鬼
12日	02/06	水	辛未	破	路傍土	柳
13日	02/07	木	壬申	危	剣鋒金	星
14日	02/08	金	癸酉	成	剣鋒金	張
15日	02/09	土	甲戌	納	山頭火	翼
16日	02/10	日	乙亥	開	山頭火	軫
17日	02/11	月	丙子	閉	澗下水	角
18日	02/12	火	丁丑	建	澗下水	亢
19日	02/13	水	戊寅	建	城頭土	氐
20日	02/14	木	己卯	除	城頭土	房
21日	02/15	金	庚辰	満	白鑞金	心
22日	02/16	土	辛巳	平	白鑞金	尾
23日	02/17	日	壬午	定	楊柳木	箕
24日	02/18	月	癸未	執	楊柳木	斗
25日	02/19	火	甲申	破	井泉水	女
26日	02/20	水	乙酉	危	井泉水	虚
27日	02/21	木	丙戌	成	屋上土	危
28日	02/22	金	丁亥	納	屋上土	室
29日	02/23	土	戊子	開	霹靂火	壁
30日	02/24	日	己丑	閉	霹靂火	奎

【二月小　己卯　奎】
節気　啓蟄 13日・春分 28日
雑節　社日 29日

日	新暦	曜	干支	直	納音	宿
1日	02/25	月	庚寅	建	松柏木	奎
2日	02/26	火	辛卯	除	松柏木	婁
3日	02/27	水	壬辰	満	長流水	胃
4日▽	02/28	木	癸巳	平	長流水	昴
5日	03/01	金	甲午	定	沙中金	畢
6日	03/02	土	乙未	執	沙中金	觜
7日	03/03	日	丙申	破	山下火	参
8日	03/04	月	丁酉	危	山下火	井
9日	03/05	火	戊戌	成	平地木	鬼
10日	03/06	水	己亥	納	平地木	柳
11日	03/07	木	庚子	開	壁上土	星
12日	03/08	金	辛丑	閉	壁上土	張
13日	03/09	土	壬寅	建	金箔金	翼
14日	03/10	日	癸卯	除	金箔金	軫
15日	03/11	月	甲辰	満	覆燈火	角
16日	03/12	火	乙巳	平	覆燈火	亢
17日	03/13	水	丙午	定	天河水	氐
18日	03/14	木	丁未	執	天河水	房
19日	03/15	金	戊申	破	大駅土	心
20日	03/16	土	己酉	危	大駅土	尾
21日	03/17	日	庚戌	成	釵釧金	箕
22日	03/18	月	辛亥	納	釵釧金	斗
23日	03/19	火	壬子	開	桑柘木	女
24日	03/20	水	癸丑	閉	桑柘木	虚
25日	03/21	木	甲寅	建	大渓水	危
26日	03/22	金	乙卯	除	大渓水	室
27日	03/23	土	丙辰	満	沙中土	壁
28日	03/24	日	丁巳	平	沙中土	奎
29日	03/25	月	戊午	定	天上火	婁

【三月大　庚辰　胃】
節気　清明 14日・穀雨 30日
雑節　彼岸 1日・土用 27日

日	新暦	曜	干支	直	納音	宿
1日	03/26	火	己未	定	天上火	胃
2日	03/27	水	庚申	執	柘榴木	昴
3日	03/28	木	辛酉	破	柘榴木	畢
4日	03/29	金	壬戌	危	大海水	觜
5日	03/30	土	癸亥	成	大海水	参
6日	03/31	日	甲子	納	海中金	井
7日	04/01	月	乙丑	開	海中金	柳
8日	04/02	火	丙寅	閉	炉中火	星
9日	04/03	水	丁卯	建	炉中火	張
10日	04/04	木	戊辰	除	大林木	翼
11日	04/05	金	己巳	満	大林木	軫
12日	04/06	土	庚午	平	路傍土	角
13日	04/07	日	辛未	定	路傍土	亢
14日	04/08	月	壬申	執	剣鋒金	氐
15日	04/09	火	癸酉	破	剣鋒金	房
16日	04/10	水	甲戌	危	山頭火	心
17日△	04/11	木	乙亥	成	山頭火	尾
18日	04/12	金	丙子	納	澗下水	箕
19日	04/13	土	丁丑	開	澗下水	斗
20日	04/14	日	戊寅	閉	城頭土	女
21日	04/15	月	己卯	建	城頭土	虚
22日	04/16	火	庚辰	除	白鑞金	危
23日	04/17	水	辛巳	除	白鑞金	室
24日	04/18	木	壬午	満	楊柳木	壁
25日	04/19	金	癸未	定	楊柳木	奎
26日	04/20	土	甲申	定	井泉水	婁
27日	04/21	日	乙酉	執	井泉水	胃
28日	04/22	月	丙戌	破	屋上土	昴
29日	04/23	火	丁亥	危	屋上土	畢
30日	04/24	水	戊子	成	霹靂火	觜

【四月大　辛巳　畢】
節気　立夏 15日・小満 30日
雑節　八十八夜 11日

日	新暦	曜	干支	直	納音	宿
1日	04/25	木	己丑	納	霹靂火	参
2日	04/26	金	庚寅	開	松柏木	井
3日	04/27	土	辛卯	閉	松柏木	鬼
4日	04/28	日	壬辰	建	長流水	柳
5日	04/29	月	癸巳	除	長流水	星
6日	04/30	火	甲午	満	沙中金	張
7日	05/01	水	乙未	平	沙中金	翼
8日▽	05/02	木	丙申	定	山下火	軫
9日	05/03	金	丁酉	執	山下火	角
10日	05/04	土	戊戌	破	平地木	亢
11日	05/05	日	己亥	危	平地木	氐
12日	05/06	月	庚子	成	壁上土	房
13日	05/07	火	辛丑	納	壁上土	心
14日	05/08	水	壬寅	開	金箔金	尾
15日	05/09	木	癸卯	閉	金箔金	箕
16日	05/10	金	甲辰	建	覆燈火	斗
17日	05/11	土	乙巳	除	覆燈火	女
18日	05/12	日	丙午	満	天河水	虚
19日	05/13	月	丁未	平	天河水	危
20日	05/14	火	戊申	定	大駅土	室
21日	05/15	水	己酉	執	大駅土	壁
22日	05/16	木	庚戌	破	釵釧金	奎
23日	05/17	金	辛亥	危	釵釧金	婁
24日	05/18	土	壬子	危	桑柘木	胃
25日	05/19	日	癸丑	成	桑柘木	昴
26日	05/20	月	甲寅	納	大渓水	畢
27日	05/21	火	乙卯	開	大渓水	觜
28日	05/22	水	丙辰	閉	沙中土	参
29日	05/23	木	丁巳	建	沙中土	井
30日	05/24	金	戊午	除	天上火	鬼

【閏四月小　辛巳　畢】
節気　芒種 15日
雑節　入梅 24日

日	新暦	曜	干支	直	納音	宿
1日	05/25	土	己未	満	天上火	柳
2日	05/26	日	庚申	平	柘榴木	星
3日	05/27	月	辛酉	定	柘榴木	張
4日	05/28	火	壬戌	執	大海水	翼
5日	05/29	水	癸亥	破	大海水	軫
6日	05/30	木	甲子	危	海中金	角
7日	05/31	金	乙丑	成	海中金	亢
8日	06/01	土	丙寅	納	炉中火	氐
9日	06/02	日	丁卯	開	炉中火	房
10日	06/03	月	戊辰	閉	大林木	心
11日	06/04	火	己巳	建	大林木	尾
12日	06/05	水	庚午	除	路傍土	箕
13日	06/06	木	辛未	満	路傍土	斗
14日	06/07	金	壬申	平	剣鋒金	女
15日	06/08	土	癸酉	定	剣鋒金	虚
16日	06/09	日	甲戌	執	山頭火	危
17日	06/10	月	乙亥	破	山頭火	室
18日	06/11	火	丙子	危	澗下水	壁
19日	06/12	水	丁丑	成	澗下水	奎
20日	06/13	木	戊寅	納	城頭土	婁
21日	06/14	金	己卯	開	城頭土	胃
22日	06/15	土	庚辰	閉	白鑞金	昴
23日	06/16	日	辛巳	建	白鑞金	畢
24日	06/17	月	壬午	建	楊柳木	觜
25日	06/18	火	癸未	除	楊柳木	参
26日△	06/19	水	甲申	満	井泉水	井
27日	06/20	木	乙酉	平	井泉水	鬼
28日	06/21	金	丙戌	定	屋上土	柳
29日	06/22	土	丁亥	執	屋上土	星

【五月大　壬午　参】
節気　夏至 2日・小暑 17日
雑節　半夏生 12日・土用 29日

日	新暦	曜	干支	直	納音	宿
1日◎	06/23	日	戊子	破	霹靂火	参
2日	06/24	月	己丑	危	霹靂火	井
3日	06/25	火	庚寅	成	松柏木	鬼
4日	06/26	水	辛卯	納	松柏木	柳
5日	06/27	木	壬辰	開	長流水	星
6日	06/28	金	癸巳	閉	長流水	張
7日	06/29	土	甲午	建	沙中金	翼
8日	06/30	日	乙未	除	沙中金	軫
9日	07/01	月	丙申	満	山下火	角
10日	07/02	火	丁酉	平	山下火	亢
11日	07/03	水	戊戌	定	平地木	氐
12日▽	07/04	木	己亥	執	平地木	房
13日	07/05	金	庚子	破	壁上土	心
14日	07/06	土	辛丑	危	壁上土	尾
15日	07/07	日	壬寅	成	金箔金	箕
16日	07/08	月	癸卯	納	金箔金	斗
17日	07/09	火	甲辰	開	覆燈火	女
18日	07/10	水	乙巳	閉	覆燈火	虚
19日	07/11	木	丙午	建	天河水	危
20日	07/12	金	丁未	除	天河水	室
21日	07/13	土	戊申	満	大駅土	壁
22日	07/14	日	己酉	平	大駅土	奎
23日	07/15	月	庚戌	定	釵釧金	婁
24日	07/16	火	辛亥	執	釵釧金	胃
25日	07/17	水	壬子	破	桑柘木	昴
26日	07/18	木	癸丑	危	桑柘木	畢
27日	07/19	金	甲寅	成	大渓水	觜
28日	07/20	土	乙卯	納	大渓水	参
29日	07/21	日	丙辰	開	沙中土	井
30日	07/22	月	丁巳	閉	沙中土	鬼

【六月小　癸未　鬼】
節気　大暑 2日・立秋 17日

日	新暦	曜	干支	直	納音	宿
1日	07/23	火	戊午	建	天上火	鬼
2日	07/24	水	己未	建	天上火	柳
3日	07/25	木	庚申	除	柘榴木	星
4日	07/26	金	辛酉	満	柘榴木	張
5日	07/27	土	壬戌	平	大海水	翼
6日	07/28	日	癸亥	定	大海水	軫
7日	07/29	月	甲子	執	海中金	角
8日	07/30	火	乙丑	破	海中金	亢
9日	07/31	水	丙寅	危	炉中火	氐
10日	08/01	木	丁卯	成	炉中火	房
11日	08/02	金	戊辰	納	大林木	心
12日	08/03	土	己巳	開	大林木	尾
13日	08/04	日	庚午	閉	路傍土	箕
14日	08/05	月	辛未	建	路傍土	斗

延宝3年

西暦	曜	干支	直	納音	宿
15日 08/06	火	壬申	除	釼鋒金	女
16日 08/07	水	癸酉	満	釼鋒金	虚
17日 08/08	木	甲戌	満	山頭火	危
18日 08/09	金	乙亥	定	山頭火	室
19日 08/10	土	丙子	定	潤下水	壁
20日 08/11	日	丁丑	執	潤下水	奎
21日 08/12	月	戊寅	破	城頭土	婁
22日 08/13	火	己卯	危	城頭土	胃
23日 08/14	水	庚辰	成	白鑞金	昴
24日 08/15	木	辛巳	収	白鑞金	畢
25日 08/16	金	壬午	開	楊柳木	觜
26日 08/17	土	癸未	閉	楊柳木	参
27日 08/18	日	甲申	建	井泉水	井
28日 08/19	月	乙酉	除	井泉水	鬼
29日 08/20	火	丙戌	満	屋上土	柳

【七月大 甲申 張】
節気 処暑 3日・白露 19日
雑節 二百十日 15日

西暦	曜	干支	直	納音	宿
1日 08/21	水	丁亥	平	屋上土	張
2日 08/22	木	戊子	定	霹靂火	翼
3日 08/23	金	己丑	執	霹靂火	軫
4日 08/24	土	庚寅	破	松柏木	角
5日 08/25	日	辛卯	危	松柏木	亢
6日 08/26	月	壬辰	成	長流水	氐
7日 08/27	火	癸巳	納	長流水	房
8日△ 08/28	水	甲午	開	沙中金	心
9日 08/29	木	乙未	閉	沙中金	尾
10日 08/30	金	丙申	建	山下火	箕
11日 08/31	土	丁酉	除	山下火	斗
12日 09/01	日	戊戌	平	平地木	女
13日 09/02	月	己亥	平	平地木	虚
14日 09/03	火	庚子	定	壁上土	危
15日 09/04	水	辛丑	執	壁上土	室
16日▽ 09/05	木	壬寅	破	金箔金	奎
17日 09/06	金	癸卯	危	金箔金	婁
18日 09/07	土	甲辰	成	覆燈火	胃
19日 09/08	日	乙巳	収	覆燈火	昴
20日 09/09	月	丙午	納	天河水	畢
21日 09/10	火	丁未	開	天河水	觜
22日 09/11	水	戊申	閉	大駅土	参
23日 09/12	木	己酉	建	大駅土	井
24日 09/13	金	庚戌	除	釼釧金	鬼
25日 09/14	土	辛亥	満	釼釧金	柳
26日 09/15	日	壬子	平	桑柘木	星
27日 09/16	月	癸丑	定	桑柘木	張
28日 09/17	火	甲寅	執	大溪水	翼
29日 09/18	水	乙卯	破	大溪水	軫
30日 09/19	木	丙辰	危	沙中土	角

【八月小 乙酉 角】
節気 秋分 4日・寒露 19日
雑節 社日 2日・彼岸 6日

西暦	曜	干支	直	納音	宿
1日 09/20	金	丁巳	成	沙中土	角
2日 09/21	土	戊午	収	天上火	亢
3日 09/22	日	己未	納	天上火	氐
4日 09/23	月	庚申	開	柏榴木	房
5日 09/24	火	辛酉	建	柏榴木	心
6日 09/25	水	壬戌	除	大海水	尾
7日 09/26	木	癸亥	満	大海水	箕
8日 09/27	金	甲子	平	海中金	斗
9日 09/28	土	乙丑	定	海中金	女
10日 09/29	日	丙寅	執	爐中火	虚
11日 09/30	月	丁卯	破	爐中火	危
12日 10/01	火	戊辰	危	大林木	室
13日 10/02	水	己巳	成	大林木	壁
14日 10/03	木	庚午	納	路傍土	奎
15日 10/04	金	辛未	開	路傍土	婁
16日 10/05	土	壬申	閉	釼鋒金	胃
17日 10/06	日	癸酉	除	釼鋒金	昴
18日 10/07	月	甲戌	満	山頭火	畢
19日 10/08	火	乙亥	除	山頭火	觜
20日 10/09	水	丙子	満	潤下水	参
21日 10/10	木	丁丑	平	潤下水	井
22日 10/11	金	戊寅	定	城頭土	鬼
23日 10/12	土	己卯	執	城頭土	柳
24日 10/13	日	庚辰	破	白鑞金	星
25日 10/14	月	辛巳	危	白鑞金	張
26日 10/15	火	壬午	成	楊柳木	翼
27日 10/16	水	癸未	納	楊柳木	軫
28日 10/17	木	甲申	開	井泉水	角
29日 10/18	金	乙酉	閉	井泉水	亢

【九月小 丙戌 氐】
節気 霜降 5日・立冬 21日
雑節 土用 2日

西暦	曜	干支	直	納音	宿
1日 10/19	土	丙戌	建	屋上土	氐
2日 10/20	日	丁亥	除	屋上土	房
3日 10/21	月	戊子	満	霹靂火	心
4日 10/22	火	己丑	平	霹靂火	尾
5日 10/23	水	庚寅	定	松柏木	箕
6日 10/24	木	辛卯	破	松柏木	斗
7日 10/25	金	壬辰	破	長流水	女
8日 10/26	土	癸巳	危	長流水	虚
9日 10/27	日	甲午	納	沙中金	危
10日 10/28	月	乙未	納	沙中金	室
11日 10/29	火	丙申	開	山下火	壁
12日 10/30	水	丁酉	閉	山下火	奎
13日 10/31	木	戊戌	建	平地木	婁
14日 11/01	金	己亥	除	平地木	胃
15日 11/02	土	庚子	平	壁上土	昴
16日 11/03	日	辛丑	平	壁上土	畢
17日 11/04	月	壬寅	定	金箔金	觜
18日△ 11/05	火	癸卯	破	金箔金	参
19日 11/06	水	甲辰	破	覆燈火	井
20日▽ 11/07	木	乙巳	危	覆燈火	鬼
21日 11/08	金	丙午	成	天河水	星
22日 11/09	土	丁未	納	天河水	張
23日 11/10	日	戊申	納	大駅土	翼
24日 11/11	月	己酉	閉	大駅土	軫
25日 11/12	火	庚戌	閉	釼釧金	角
26日 11/13	水	辛亥	建	釼釧金	亢
27日 11/14	木	壬子	満	桑柘木	氐
28日 11/15	金	癸丑	満	桑柘木	房
29日 11/16	土	甲寅	平	大溪水	心

【十月大 丁亥 心】
節気 小雪 7日・大雪 22日

西暦	曜	干支	直	納音	宿
1日 11/17	日	乙卯	執	沙中土	心
2日 11/18	月	丙辰	執	沙中土	尾
3日 11/19	火	丁巳	破	沙中土	箕
4日 11/20	水	戊午	成	天上火	斗
5日 11/21	木	己未	成	天上火	女
6日 11/22	金	庚申	納	柏榴木	虚
7日 11/23	土	辛酉	閉	柏榴木	危
8日 11/24	日	壬戌	閉	大海水	室
9日 11/25	月	癸亥	建	大海水	壁
10日 11/26	火	甲子	満	海中金	奎
11日 11/27	水	乙丑	平	海中金	婁
12日 11/28	木	丙寅	平	爐中火	胃
13日 11/29	金	丁卯	定	爐中火	昴
14日 11/30	土	戊辰	執	大林木	畢
15日 12/01	日	己巳	破	大林木	觜
16日 12/02	月	庚午	危	路傍土	参
17日 12/03	火	辛未	成	路傍土	井
18日 12/04	水	壬申	納	釼鋒金	鬼
19日 12/05	木	癸酉	納	釼鋒金	柳
20日 12/06	金	甲戌	開	山頭火	星
21日 12/07	土	乙亥	閉	山頭火	張
22日 12/08	日	丙子	建	潤下水	翼
23日 12/09	月	丁丑	除	潤下水	軫
24日 12/10	火	戊寅	満	城頭土	角
25日 12/11	水	己卯	平	城頭土	亢
26日 12/12	木	庚辰	定	白鑞金	氐
27日 12/13	金	辛巳	執	白鑞金	房
28日 12/14	土	壬午	破	楊柳木	心
29日 12/15	日	癸未	危	楊柳木	尾
30日 12/16	月	甲申	危	井泉水	箕

【十一月小 戊子 斗】
節気 冬至 7日・小寒 22日

西暦	曜	干支	直	納音	宿
1日 12/17	火	乙酉	納	井泉水	斗
2日 12/18	水	丙戌	閉	屋上土	女
3日 12/19	木	丁亥	満	屋上土	虚
4日 12/20	金	戊子	建	霹靂火	危
5日 12/21	土	己丑	除	霹靂火	室
6日 12/22	日	庚寅	満	松柏木	壁
7日 12/23	月	辛卯	平	松柏木	奎
8日 12/24	火	壬辰	定	長流水	婁
9日 12/25	水	癸巳	平	長流水	胃
10日 12/26	木	甲午	破	沙中金	昴
11日 12/27	金	乙未	危	沙中金	畢
12日 12/28	土	丙申	成	山下火	觜
13日 12/29	日	丁酉	納	山下火	参
14日 12/30	月	戊戌	開	平地木	井
15日 12/31	火	己亥	閉	平地木	鬼

1676年

西暦	曜	干支	直	納音	宿
16日 01/01	水	庚子	建	壁上土	柳
17日 01/02	木	辛丑	満	壁上土	星
18日 01/03	金	壬寅	満	金箔金	張
19日 01/04	土	癸卯	平	金箔金	翼
20日 01/05	日	甲辰	定	覆燈火	軫
21日 01/06	月	乙巳	執	覆燈火	角
22日 01/07	火	丙午	執	天河水	亢
23日▽ 01/08	水	丁未	破	天河水	氐
24日 01/09	木	戊申	危	大駅土	房
25日 01/10	金	己酉	成	大駅土	心
26日 01/11	土	庚戌	納	釼釧金	尾
27日 01/12	日	辛亥	開	釼釧金	箕
28日 01/13	月	壬子	閉	桑柘木	斗
29日△ 01/14	火	癸丑	建	桑柘木	女

【十二月大 己丑 虚】
節気 大寒 9日・立春 24日
雑節 土用 6日・節分 23日

西暦	曜	干支	直	納音	宿
1日 01/15	水	甲寅	満	大溪水	虚
2日 01/16	木	乙卯	満	大溪水	危
3日 01/17	金	丙辰	平	沙中土	室
4日 01/18	土	丁巳	定	沙中土	壁
5日 01/19	日	戊午	執	天上火	奎
6日 01/20	月	己未	危	天上火	婁
7日 01/21	火	庚申	危	柏榴木	胃
8日 01/22	水	辛酉	成	柏榴木	昴
9日 01/23	木	壬戌	納	大海水	畢
10日 01/24	金	癸亥	納	大海水	觜
11日 01/25	土	甲子	閉	海中金	参
12日 01/26	日	乙丑	建	海中金	井
13日 01/27	月	丙寅	満	爐中火	鬼
14日 01/28	火	丁卯	平	爐中火	柳
15日 01/29	水	戊辰	定	大林木	星
16日 01/30	木	己巳	執	大林木	張
17日 01/31	金	庚午	破	路傍土	翼
18日 02/01	土	辛未	危	路傍土	軫
19日 02/02	日	壬申	成	釼鋒金	角
20日 02/03	月	癸酉	納	釼鋒金	亢
21日 02/04	火	甲戌	納	山頭火	氐
22日 02/05	水	乙亥	開	山頭火	房
23日 02/06	木	丙子	閉	潤下水	心
24日 02/07	金	丁丑	閉	潤下水	尾
25日 02/08	土	戊寅	除	城頭土	箕
26日 02/09	日	己卯	満	城頭土	斗
27日 02/10	月	庚辰	満	白鑞金	女
28日 02/11	火	辛巳	平	白鑞金	虚
29日 02/12	水	壬午	定	楊柳木	危
30日 02/13	木	癸未	執	楊柳木	室

延宝4年
1676～1677　丙辰

【正月大 庚寅 室】
節気 雨水 9日・啓蟄 24日

1日	02/14	金	甲申	破	井泉水	室
2日	02/15	土	乙酉	危	井泉水	壁
3日	02/16	日	丙戌	成	屋上土	奎
4日	02/17	月	丁亥	納	屋上土	婁
5日	02/18	火	戊子	開	霹靂火	胃
6日	02/19	水	己丑	閉	霹靂火	昴
7日	02/20	木	庚寅	建	松柏木	畢
8日	02/21	金	辛卯	除	松柏木	觜
9日	02/22	土	壬辰	平	長流水	参
10日	02/23	日	癸巳	定	長流水	井
11日	02/24	月	甲午	定	沙中金	鬼
13日	02/26	水	丙申	破	山下火	星
14日	02/27	木	丁酉	危	山下火	張
15日	02/28	金	戊戌	成	平地木	翼
16日	02/29	土	己亥	納	平地木	軫
17日	03/01	日	庚子	開	壁上土	角
18日	03/02	月	辛丑	閉	壁上土	亢
19日	03/03	火	壬寅	建	金箔金	氐
20日	03/04	水	癸卯	除	金箔金	房
21日	03/05	木	甲辰	満	覆燈火	心
22日	03/06	金	乙巳	平	覆燈火	尾
23日	03/07	土	丙午	定	天河水	箕
24日	03/08	日	丁未	定	天河水	斗
25日	03/09	月	戊申	執	大駅土	女
26日	03/10	火	己酉	破	大駅土	虚
27日▽	03/11	水	庚戌	危	釵釧金	危
28日	03/12	木	辛亥	成	釵釧金	室
29日	03/13	金	壬子	納	桑柘木	壁
30日	03/14	土	癸丑	開	桑柘木	奎

【二月小 辛卯 奎】
節気 春分 9日・清明 25日
雑節 社日 5日・彼岸 12日

1日	03/15	日	甲寅	閉	大溪水	奎
2日	03/16	月	乙卯	建	大溪水	婁
3日	03/17	火	丙辰	除	沙中土	胃
4日	03/18	水	丁巳	満	沙中土	昴
5日	03/19	木	戊午	平	天上火	畢
6日	03/20	金	己未	定	天上火	觜
7日	03/21	土	庚申	執	柘榴木	参
8日	03/22	日	辛酉	破	柘榴木	井
9日	03/23	月	壬戌	危	大海水	鬼
10日△	03/24	火	癸亥	成	大海水	柳
11日	03/25	水	甲子	納	海中金	星
12日	03/26	木	乙丑	開	海中金	張
13日	03/27	金	丙寅	閉	炉中火	翼
14日	03/28	土	丁卯	建	炉中火	軫
15日	03/29	日	戊辰	除	大林木	角
16日	03/30	月	己巳	満	大林木	亢
17日	03/31	火	庚午	平	路傍土	氐
18日	04/01	水	辛未	定	路傍土	房
19日	04/02	木	壬申	執	釵釧金	心
20日	04/03	金	癸酉	破	釵釧金	尾
21日	04/04	土	甲戌	危	山頭火	箕
22日	04/05	日	乙亥	成	山頭火	斗
23日	04/06	月	丙子	納	澗下水	女
24日	04/07	火	丁丑	開	澗下水	虚
25日	04/08	水	戊寅	閉	城頭土	危
26日	04/09	木	己卯	閉	城頭土	室
27日	04/10	金	庚辰	建	白鑞金	壁
28日	04/11	土	辛巳	除	白鑞金	奎
29日	04/12	日	壬午	満	楊柳木	婁

【三月大 壬辰 胃】
節気 穀雨 11日・立夏 26日
雑節 土用 8日・八十八夜 22日

1日	04/13	月	癸未	平	楊柳木	胃
2日	04/14	火	甲申	平	井泉水	昴
3日	04/15	水	乙酉	執	井泉水	畢
4日	04/16	木	丙戌	破	屋上土	觜
5日	04/17	金	丁亥	危	屋上土	参
6日	04/18	土	戊子	成	霹靂火	井
7日	04/19	日	己丑	納	霹靂火	鬼
8日	04/20	月	庚寅	開	松柏木	柳
9日	04/21	火	辛卯	閉	松柏木	星
10日	04/22	水	壬辰	建	長流水	張
11日	04/23	木	癸巳	除	長流水	翼
12日	04/24	金	甲午	満	沙中金	軫
13日	04/25	土	乙未	平	沙中金	角
14日	04/26	日	丙申	定	山下火	亢
15日	04/27	月	丁酉	執	山下火	氐
16日	04/28	火	戊戌	破	平地木	房
17日	04/29	水	己亥	危	平地木	心
18日	04/30	木	庚子	成	壁上土	尾
19日	05/01	金	辛丑	納	壁上土	箕
20日	05/02	土	壬寅	開	金箔金	斗
21日	05/03	日	癸卯	閉	金箔金	女
22日	05/04	月	甲辰	建	覆燈火	虚
23日	05/05	火	乙巳	除	覆燈火	危
24日	05/06	水	丙午	満	天河水	室
25日	05/07	木	丁未	平	天河水	壁
26日	05/08	金	戊申	平	大駅土	奎
27日	05/09	土	己酉	執	大駅土	婁
28日	05/10	日	庚戌	破	釵釧金	胃
29日	05/11	月	辛亥	危	釵釧金	昴
30日	05/12	火	壬子	危	桑柘木	畢

【四月大 癸巳 畢】
節気 小満 12日・芒種 27日
雑節 入梅 30日

1日▽	05/13	水	癸丑	成	桑柘木	畢
2日	05/14	木	甲寅	納	大溪水	觜
3日	05/15	金	乙卯	開	大溪水	参
4日	05/16	土	丙辰	閉	沙中土	井
5日	05/17	日	丁巳	建	沙中土	鬼
6日	05/18	月	戊午	除	天上火	柳
7日	05/19	火	己未	満	天上火	星
8日	05/20	水	庚申	平	柘榴木	張
9日	05/21	木	辛酉	定	柘榴木	翼
10日	05/22	金	壬戌	執	大海水	軫
11日	05/23	土	癸亥	破	大海水	角
12日	05/24	日	甲子	危	海中金	亢
13日	05/25	月	乙丑	成	海中金	氐
14日	05/26	火	丙寅	納	炉中火	房
15日	05/27	水	丁卯	開	炉中火	心
16日	05/28	木	戊辰	閉	大林木	尾
17日	05/29	金	己巳	建	大林木	箕
18日	05/30	土	庚午	除	路傍土	斗
19日	05/31	日	辛未	満	路傍土	女
20日△	06/01	月	壬申	平	釵釧金	虚
21日	06/02	火	癸酉	定	釵釧金	危
22日	06/03	水	甲戌	執	山頭火	室
23日	06/04	木	乙亥	破	山頭火	壁
24日	06/05	金	丙子	危	澗下水	奎
25日	06/06	土	丁丑	成	澗下水	婁
26日	06/07	日	戊寅	納	城頭土	胃
27日	06/08	月	己卯	納	城頭土	昴
28日	06/09	火	庚辰	開	白鑞金	畢
29日	06/10	水	辛巳	閉	白鑞金	觜
30日	06/11	木	壬午	建	楊柳木	参

【五月小 甲午 参】
節気 夏至 12日・小暑 27日
雑節 半夏生 22日

1日◎	06/12	金	癸未	除	楊柳木	参
2日	06/13	土	甲申	満	井泉水	井
3日	06/14	日	乙酉	平	井泉水	鬼
4日	06/15	月	丙戌	定	屋上土	柳
5日	06/16	火	丁亥	執	屋上土	星
6日	06/17	水	戊子	破	霹靂火	張
7日	06/18	木	己丑	危	霹靂火	翼
8日	06/19	金	庚寅	成	松柏木	軫
9日	06/20	土	辛卯	納	松柏木	角
10日	06/21	日	壬辰	開	長流水	亢
11日	06/22	月	癸巳	閉	長流水	氐
12日	06/23	火	甲午	建	沙中金	房
13日	06/24	水	乙未	除	沙中金	心
14日☆	06/25	木	丙申	満	山下火	尾
15日	06/26	金	丁酉	平	山下火	箕
16日	06/27	土	戊戌	定	平地木	斗
17日	06/28	日	己亥	執	平地木	女
18日	06/29	月	庚子	破	壁上土	虚
19日	06/30	火	辛丑	危	壁上土	危
20日	07/01	水	壬寅	成	金箔金	室
21日	07/02	木	癸卯	納	金箔金	壁
22日	07/03	金	甲辰	開	覆燈火	奎
23日	07/04	土	乙巳	閉	覆燈火	婁
24日	07/05	日	丙午	建	天河水	胃
25日	07/06	月	丁未	除	天河水	昴
26日	07/07	火	戊申	満	大駅土	畢
27日	07/08	水	己酉	平	大駅土	觜
28日	07/09	木	庚戌	平	釵釧金	参
29日	07/10	金	辛亥	定	釵釧金	井

【六月大 乙未 鬼】
節気 大暑 13日・立秋 28日
雑節 土用 10日

1日	07/11	土	壬子	執	桑柘木	鬼
2日	07/12	日	癸丑	破	桑柘木	柳
3日	07/13	月	甲寅	危	大溪水	星
4日	07/14	火	乙卯	成	大溪水	張
5日▽	07/15	水	丙辰	納	沙中土	翼
6日	07/16	木	丁巳	開	沙中土	軫
7日	07/17	金	戊午	閉	天上火	角
8日	07/18	土	己未	建	天上火	亢
9日	07/19	日	庚申	除	柘榴木	氐
10日	07/20	月	辛酉	満	柘榴木	房
11日	07/21	火	壬戌	定	大海水	心
12日	07/22	水	癸亥	定	大海水	尾
13日	07/23	木	甲子	執	海中金	箕
14日	07/24	金	乙丑	破	海中金	斗
15日	07/25	土	丙寅	危	炉中火	女
16日	07/26	日	丁卯	成	炉中火	虚
17日	07/27	月	戊辰	納	大林木	危
18日	07/28	火	己巳	開	大林木	室
19日	07/29	水	庚午	閉	路傍土	壁
20日	07/30	木	辛未	建	路傍土	奎
21日	07/31	金	壬申	除	釵釧金	婁
22日	08/01	土	癸酉	満	釵釧金	胃
23日	08/02	日	甲戌	平	山頭火	昴
24日	08/03	月	乙亥	定	山頭火	畢
25日	08/04	火	丙子	執	澗下水	觜
26日	08/05	水	丁丑	破	澗下水	参
27日	08/06	木	戊寅	危	城頭土	井
28日	08/07	金	己卯	危	城頭土	鬼
29日	08/08	土	庚辰	成	白鑞金	柳

西暦	曜	干支	直	納音	宿

延宝4年

30日 08/09 日 辛巳 納 白鑞金 星

【七月小 丙申 張】
節気 処暑 14日・白露 29日
雑節 二百十日 25日

日	西暦	曜	干支	直	納音	宿
1日△	08/10	月	壬午	開	楊柳木	張
2日	08/11	火	癸未	閉	楊柳木	翼
3日	08/12	水	甲申	建	井泉水	軫
4日	08/13	木	乙酉	除	井泉水	角
5日	08/14	金	丙戌	満	屋上土	亢
6日	08/15	土	丁亥	平	屋上土	氐
7日	08/16	日	戊子	定	霹靂火	房
8日	08/17	月	己丑	執	霹靂火	心
9日	08/18	火	庚寅	破	松柏木	尾
10日	08/19	水	辛卯	危	松柏木	箕
11日	08/20	木	壬辰	成	長流水	斗
12日	08/21	金	癸巳	納	長流水	女
13日	08/22	土	甲午	開	沙中金	虚
14日	08/23	日	乙未	閉	沙中金	危
15日	08/24	月	丙申	建	山下火	室
16日	08/25	火	丁酉	除	山下火	壁
17日	08/26	水	戊戌	満	平地木	奎
18日	08/27	木	己亥	平	平地木	婁
19日	08/28	金	庚子	定	壁上土	胃
20日	08/29	土	辛丑	執	壁上土	昴
21日	08/30	日	壬寅	破	金箔金	畢
22日	08/31	月	癸卯	危	金箔金	觜
23日	09/01	火	甲辰	成	覆燈火	参
24日	09/02	水	乙巳	納	覆燈火	井
25日	09/03	木	丙午	開	天河水	鬼
26日	09/04	金	丁未	閉	天河水	柳
27日	09/05	土	戊申	建	大駅土	星
28日	09/06	日	己酉	閉	大駅土	張
29日	09/07	月	庚戌	除	釵釧金	翼

【八月大 丁酉 角】
節気 秋分 15日・寒露 30日
雑節 彼岸 17日・社日 18日

日	西暦	曜	干支	直	納音	宿
1日	09/08	火	辛亥	満	釵釧金	角
2日	09/09	水	壬子	平	桑柘木	亢
3日	09/10	木	癸丑	定	桑柘木	氐
4日	09/11	金	甲寅	執	大溪水	房
5日	09/12	土	乙卯	破	大溪水	心
6日	09/13	日	丙辰	危	沙中土	尾
7日	09/14	月	丁巳	成	沙中土	箕
8日	09/15	火	戊午	納	天上火	斗
9日▽	09/16	水	己未	開	天上火	女
10日	09/17	木	庚申	閉	柘榴木	虚
11日	09/18	金	辛酉	建	柘榴木	危
12日	09/19	土	壬戌	除	大海水	室
13日	09/20	日	癸亥	満	大海水	壁
14日	09/21	月	甲子	平	海中金	奎
15日	09/22	火	乙丑	定	海中金	婁
16日	09/23	水	丙寅	執	爐中火	胃
17日	09/24	木	丁卯	破	爐中火	昴
18日	09/25	金	戊辰	危	大林木	畢
19日	09/26	土	己巳	成	大林木	觜
20日	09/27	日	庚午	納	路傍土	参
21日	09/28	月	辛未	開	路傍土	井
22日	09/29	火	壬申	閉	釵鋒金	鬼
23日	09/30	水	癸酉	建	釵鋒金	柳
24日	10/01	木	甲戌	除	山頭火	星
25日	10/02	金	乙亥	満	山頭火	張
26日	10/03	土	丙子	平	澗下水	翼
27日	10/04	日	丁丑	定	澗下水	軫
28日	10/05	月	戊寅	執	城頭土	角
29日	10/06	火	己卯	破	城頭土	亢
30日	10/07	水	庚辰	破	白鑞金	氐

【九月小 戊戌 氐】
節気 霜降 16日
雑節 土用 13日

日	西暦	曜	干支	直	納音	宿
1日	10/08	木	辛巳	危	白鑞金	氐
2日	10/09	金	壬午	成	楊柳木	房
3日	10/10	土	癸未	納	楊柳木	心
4日	10/11	日	甲申	開	井泉水	尾
5日	10/12	月	乙酉	閉	井泉水	箕
6日	10/13	火	丙戌	建	屋上土	斗
7日	10/14	水	丁亥	除	屋上土	女
8日	10/15	木	戊子	満	霹靂火	虚
9日	10/16	金	己丑	平	霹靂火	危
10日	10/17	土	庚寅	定	松柏木	室
11日	10/18	日	辛卯	執	松柏木	壁
12日△	10/19	月	壬辰	破	長流水	奎
13日	10/20	火	癸巳	危	長流水	婁
14日	10/21	水	甲午	成	沙中金	胃
15日	10/22	木	乙未	納	沙中金	昴
16日	10/23	金	丙申	開	山下火	畢
17日	10/24	土	丁酉	閉	山下火	觜
18日	10/25	日	戊戌	建	平地木	参
19日	10/26	月	己亥	除	平地木	井
20日	10/27	火	庚子	満	壁上土	鬼
21日	10/28	水	辛丑	平	壁上土	柳
22日	10/29	木	壬寅	定	金箔金	星
23日	10/30	金	癸卯	執	金箔金	張
24日	10/31	土	甲辰	危	覆燈火	翼
25日	11/01	日	乙巳	危	覆燈火	軫
26日	11/02	月	丙午	成	天河水	角
27日	11/03	火	丁未	納	天河水	亢
28日	11/04	水	戊申	開	大駅土	氐
29日	11/05	木	己酉	閉	大駅土	房

【十月小 己亥 心】
節気 立冬 2日・小雪 17日

日	西暦	曜	干支	直	納音	宿
1日	11/06	金	庚戌	建	釵釧金	心
2日	11/07	土	辛亥	除	釵釧金	尾
3日	11/08	日	壬子	除	桑柘木	箕
4日	11/09	月	癸丑	満	桑柘木	斗
5日	11/10	火	甲寅	定	大溪水	女
6日	11/11	水	乙卯	定	大溪水	虚
7日	11/12	木	丙辰	執	沙中土	危
8日	11/13	金	丁巳	破	沙中土	室
9日	11/14	土	戊午	危	天上火	壁
10日	11/15	日	己未	成	天上火	奎
11日	11/16	月	庚申	納	柘榴木	婁
12日	11/17	火	辛酉	開	柘榴木	胃
13日▽	11/18	水	壬戌	閉	大海水	昴
14日	11/19	木	癸亥	建	大海水	畢
15日	11/20	金	甲子	除	海中金	觜
16日	11/21	土	乙丑	満	海中金	参
17日	11/22	日	丙寅	平	爐中火	井
18日	11/23	月	丁卯	定	爐中火	鬼
19日	11/24	火	戊辰	執	大林木	柳
20日	11/25	水	己巳	破	大林木	星
21日	11/26	木	庚午	危	路傍土	張
22日	11/27	金	辛未	成	路傍土	翼
23日	11/28	土	壬申	納	釵鋒金	軫
24日	11/29	日	癸酉	開	釵鋒金	角
25日	11/30	月	甲戌	閉	山頭火	亢
26日	12/01	火	乙亥	建	山頭火	氐
27日	12/02	水	丙子	除	澗下水	房
28日	12/03	木	丁丑	満	澗下水	心
29日	12/04	金	戊寅	平	城頭土	尾

【十一月大 庚子 斗】
節気 大雪 3日・冬至 18日

日	西暦	曜	干支	直	納音	宿
1日	12/05	土	己卯	定	城頭土	斗
2日	12/06	日	庚辰	執	白鑞金	女
3日	12/07	月	辛巳	破	白鑞金	虚
4日	12/08	火	壬午	破	楊柳木	危
5日	12/09	水	癸未	危	楊柳木	室
6日	12/10	木	甲申	成	井泉水	壁
7日	12/11	金	乙酉	納	井泉水	奎
8日	12/12	土	丙戌	開	屋上土	婁
9日	12/13	日	丁亥	閉	屋上土	胃
10日	12/14	月	戊子	建	霹靂火	昴
11日	12/15	火	己丑	除	霹靂火	畢
12日	12/16	水	庚寅	満	松柏木	觜
13日	12/17	木	辛卯	平	松柏木	参
14日	12/18	金	壬辰	定	長流水	井
15日	12/19	土	癸巳	執	長流水	鬼
16日	12/20	日	甲午	破	沙中金	柳
17日	12/21	月	乙未	危	沙中金	星
18日	12/22	火	丙申	成	山下火	張
19日	12/23	水	丁酉	納	山下火	翼
20日	12/24	木	戊戌	開	平地木	軫
21日	12/25	金	己亥	閉	平地木	角
22日	12/26	土	庚子	建	壁上土	亢
23日△	12/27	日	辛丑	除	壁上土	氐
24日	12/28	月	壬寅	満	金箔金	房
25日	12/29	火	癸卯	平	金箔金	心
26日	12/30	水	甲辰	定	覆燈火	尾
27日	12/31	木	乙巳	執	覆燈火	箕

1677年

日	西暦	曜	干支	直	納音	宿
28日	01/01	金	丙午	破	天河水	斗
29日	01/02	土	丁未	危	天河水	女
30日	01/03	日	戊申	成	大駅土	虚

【十二月小 辛丑 虚】
節気 小寒 4日・大寒 19日
雑節 土用 16日

日	西暦	曜	干支	直	納音	宿
1日	01/04	月	己酉	納	大駅土	危
2日	01/05	火	庚戌	開	釵釧金	室
3日	01/06	水	辛亥	閉	釵釧金	壁
4日	01/07	木	壬子	建	桑柘木	奎
5日	01/08	金	癸丑	除	桑柘木	婁
6日	01/09	土	甲寅	満	大溪水	胃
7日	01/10	日	乙卯	平	大溪水	昴
8日	01/11	月	丙辰	定	沙中土	畢
9日	01/12	火	丁巳	定	沙中土	觜
10日	01/13	水	戊午	執	天上火	参
11日	01/14	木	己未	破	天上火	井
12日	01/15	金	庚申	危	柘榴木	鬼
13日	01/16	土	辛酉	成	柘榴木	柳
14日	01/17	日	壬戌	納	大海水	星
15日	01/18	月	癸亥	開	大海水	張
16日	01/19	火	甲子	閉	海中金	翼
17日▽	01/20	水	乙丑	建	海中金	軫
18日	01/21	木	丙寅	除	爐中火	角
19日	01/22	金	丁卯	満	爐中火	亢
20日	01/23	土	戊辰	平	大林木	氐
21日	01/24	日	己巳	定	大林木	房
22日	01/25	月	庚午	執	路傍土	心
23日	01/26	火	辛未	破	路傍土	尾
24日	01/27	水	壬申	危	釵鋒金	箕
25日	01/28	木	癸酉	成	釵鋒金	斗
26日	01/29	金	甲戌	納	山頭火	女
27日	01/30	土	乙亥	開	山頭火	虚
28日	01/31	日	丙子	閉	澗下水	危
29日	02/01	月	丁丑	建	澗下水	室

延宝5年
1677～1678　丁巳

【正月大 壬寅 室】
節気 立春 5日・雨水 20日
雑節 節分 4日

日	月日	曜	干支	直	納音	宿
1日	02/02	火	戊寅	除	城頭土	室
2日	02/03	水	己卯	満	城頭土	壁
3日	02/04	木	庚辰	平	白鑞金	奎
4日	02/05	金	辛巳	定	白鑞金	婁
5日	02/06	土	壬午	執	楊柳木	胃
6日	02/07	日	癸未	破	楊柳木	昴
7日	02/08	月	甲申	危	井泉水	畢
8日	02/09	火	乙酉	成	井泉水	觜
9日	02/10	水	丙戌	納	屋上土	参
10日	02/11	木	丁亥	開	屋上土	井
11日	02/12	金	戊子	閉	霹靂火	鬼
12日	02/13	土	己丑	建	霹靂火	柳
13日	02/14	日	庚寅	除	松柏木	星
14日	02/15	月	辛卯	満	松柏木	張
15日	02/16	火	壬辰	平	長流水	翼
16日	02/17	水	癸巳	定	長流水	軫
17日	02/18	木	甲午	執	沙中金	角
18日	02/19	金	乙未	破	沙中金	亢
19日	02/20	土	丙申	危	山下火	氐
20日	02/21	日	丁酉	成	山下火	房
21日	02/22	月	戊戌	納	平地木	心
22日	02/23	火	己亥	開	平地木	尾
23日	02/24	水	庚子	閉	壁上土	箕
24日	02/25	木	辛丑	建	壁上土	斗
25日	02/26	金	壬寅	除	金箔金	女
26日	02/27	土	癸卯	満	金箔金	虚
27日	02/28	日	甲辰	平	覆燈火	危
28日	03/01	月	乙巳	定	覆燈火	室
29日	03/02	火	丙午	執	天河水	壁
30日	03/03	水	丁未	破	天河水	奎

【二月小 癸卯 奎】
節気 啓蟄 6日・春分 21日
雑節 社日 21日・彼岸 23日

日	月日	曜	干支	直	納音	宿
1日	03/04	木	戊申	危	大駅土	婁
2日	03/05	金	己酉	成	大駅土	胃
3日	03/06	土	庚戌	納	釵釧金	昴
4日△	03/07	日	辛亥	開	釵釧金	畢
5日	03/08	月	壬子	閉	桑柘木	觜
6日	03/09	火	癸丑	開	桑柘木	参
7日	03/10	水	甲寅	建	大渓水	井
8日	03/11	木	乙卯	除	大渓水	鬼
9日	03/12	金	丙辰	満	沙中土	柳
10日	03/13	土	丁巳	平	天上火	星
11日	03/14	日	戊午	定	天上火	張
12日	03/15	月	己未	定	天上火	張
13日	03/16	火	庚申	破	柘榴木	翼
14日	03/17	水	辛酉	危	柘榴木	軫
15日	03/18	木	壬戌	成	大海水	角
16日	03/19	金	癸亥	納	大海水	亢
17日	03/20	土	甲子	開	海中金	氐
18日	03/21	日	乙丑	閉	海中金	房
19日	03/22	月	丙寅	建	爐中火	心
20日	03/23	火	丁卯	除	爐中火	尾
21日▽	03/24	水	戊辰	満	大林木	箕
22日	03/25	木	己巳	平	大林木	斗
23日	03/26	金	庚午	定	路傍土	女
24日	03/27	土	辛未	執	路傍土	虚
25日	03/28	日	壬申	破	釵鋒金	危
26日	03/29	月	癸酉	危	釵鋒金	室
27日	03/30	火	甲戌	成	山頭火	壁
28日	03/31	水	乙亥	納	山頭火	奎
29日	04/01	木	丙子	開	潤下水	婁

【三月大 甲辰 胃】
節気 清明 7日・穀雨 22日
雑節 土用 19日

日	月日	曜	干支	直	納音	宿
1日	04/02	金	丁丑	閉	潤下水	胃
2日	04/03	土	戊寅	閉	城頭土	昴
3日	04/04	日	己卯	建	城頭土	畢
4日	04/05	月	庚辰	除	白鑞金	觜
5日	04/06	火	辛巳	満	白鑞金	参
6日	04/07	水	壬午	平	楊柳木	井
7日	04/08	木	癸未	定	楊柳木	鬼
8日	04/09	金	甲申	執	井泉水	柳
9日	04/10	土	乙酉	破	井泉水	星
10日	04/11	日	丙戌	危	屋上土	張
11日	04/12	月	丁亥	成	屋上土	翼
12日	04/13	火	戊子	納	霹靂火	軫
13日	04/14	水	己丑	開	霹靂火	角
14日	04/15	木	庚寅	閉	松柏木	亢
15日	04/16	金	辛卯	建	松柏木	氐
16日	04/17	土	壬辰	除	長流水	房
17日	04/18	日	癸巳	満	長流水	心
18日	04/19	月	甲午	平	沙中金	尾
19日	04/20	火	乙未	定	沙中金	箕
20日	04/21	水	丙申	執	山下火	斗
21日	04/22	木	丁酉	破	山下火	女
22日	04/23	金	戊戌	危	平地木	虚
23日	04/24	土	己亥	成	平地木	危
24日	04/25	日	庚子	納	壁上土	室
25日	04/26	月	辛丑	開	壁上土	壁
26日	04/27	火	壬寅	閉	金箔金	奎
27日	04/28	水	癸卯	建	金箔金	婁
28日	04/29	木	甲辰	除	覆燈火	胃
29日	04/30	金	乙巳	満	覆燈火	昴
30日	05/01	土	丙午	平	天河水	畢

【四月大 乙巳 畢】
節気 立夏 7日・小満 23日
雑節 八十八夜 3日

日	月日	曜	干支	直	納音	宿
1日	05/02	日	丁未	平	天河水	畢
2日	05/03	月	戊申	定	大駅土	觜
3日	05/04	火	己酉	執	大駅土	参
4日	05/05	水	庚戌	破	釵釧金	井
5日	05/06	木	辛亥	危	釵釧金	鬼
6日	05/07	金	壬子	成	桑柘木	柳
7日	05/08	土	癸丑	納	桑柘木	星
8日	05/09	日	甲寅	納	大渓水	張
9日	05/10	月	乙卯	開	大渓水	翼
10日	05/11	火	丙辰	閉	沙中土	軫
11日	05/12	水	丁巳	建	沙中土	角
12日	05/13	木	戊午	除	天上火	亢
13日	05/14	金	己未	満	天上火	氐
14日	05/15	土	庚申	平	柘榴木	房
15日△	05/16	日	辛酉	執	柘榴木	心
16日	05/17	月	壬戌	破	大海水	尾
17日	05/18	火	癸亥	危	大海水	箕
18日	05/19	水	甲子	成	海中金	斗
19日	05/20	木	乙丑	納	海中金	女
20日	05/21	金	丙寅	開	爐中火	虚
21日	05/22	土	丁卯	閉	爐中火	室
22日	05/23	日	戊辰	建	大林木	壁
23日	05/24	月	己巳	建	大林木	奎
24日	05/25	火	庚午	除	路傍土	胃
25日▽	05/26	水	辛未	満	路傍土	昴
26日	05/27	木	壬申	平	釵鋒金	畢
27日	05/28	金	癸酉	定	釵鋒金	觜
28日	05/29	土	甲戌	執	山頭火	参
29日	05/30	日	乙亥	破	山頭火	井
30日	05/31	月	丙子	危	潤下水	鬼

【五月小 丙午 参】
節気 芒種 8日・夏至 23日
雑節 入梅 16日

日	月日	曜	干支	直	納音	宿
1日	06/01	火	丁丑	成	潤下水	参
2日	06/02	水	戊寅	納	城頭土	井
3日	06/03	木	己卯	閉	城頭土	鬼
4日	06/04	金	庚辰	閉	白鑞金	柳
5日	06/05	土	辛巳	建	白鑞金	星
6日	06/06	日	壬午	除	楊柳木	張
7日	06/07	月	癸未	満	楊柳木	翼
8日	06/08	火	甲申	平	井泉水	軫
9日	06/09	水	乙酉	定	井泉水	角
10日	06/10	木	丙戌	執	屋上土	亢
11日	06/11	金	丁亥	破	屋上土	氐
12日	06/12	土	戊子	危	霹靂火	房
13日	06/13	日	己丑	成	霹靂火	心
14日	06/14	月	庚寅	納	松柏木	尾
15日	06/15	火	辛卯	開	松柏木	箕
16日	06/16	水	壬辰	閉	長流水	斗
17日	06/17	木	癸巳	建	長流水	女
18日	06/18	金	甲午	除	沙中金	虚
19日	06/19	土	乙未	満	沙中金	危
20日	06/20	日	丙申	平	山下火	室
21日	06/21	月	丁酉	定	山下火	壁
22日	06/22	火	戊戌	執	平地木	奎
23日	06/23	水	己亥	破	平地木	婁
24日	06/24	木	庚子	危	壁上土	胃
25日	06/25	金	辛丑	成	壁上土	昴
26日	06/26	土	壬寅	納	金箔金	畢
27日	06/27	日	癸卯	開	金箔金	觜
28日	06/28	月	甲辰	閉	覆燈火	参
29日	06/29	火	乙巳	閉	覆燈火	井

【六月大 丁未 鬼】
節気 小暑 9日・大暑 24日
雑節 半夏生 4日・土用 21日

日	月日	曜	干支	直	納音	宿
1日	06/30	水	丙午	建	天河水	鬼
2日	07/01	木	丁未	除	天河水	柳
3日	07/02	金	戊申	満	大駅土	星
4日	07/03	土	己酉	平	大駅土	張
5日	07/04	日	庚戌	定	釵釧金	翼
6日	07/05	月	辛亥	執	釵釧金	軫
7日	07/06	火	壬子	破	桑柘木	角
8日	07/07	水	癸丑	危	桑柘木	亢
9日	07/08	木	甲寅	成	大渓水	氐
10日	07/09	金	乙卯	納	大渓水	房
11日	07/10	土	丙辰	開	沙中土	心
12日	07/11	日	丁巳	閉	沙中土	尾
13日	07/12	月	戊午	建	天上火	箕
14日	07/13	火	己未	除	天上火	斗
15日	07/14	水	庚申	満	柘榴木	女
16日	07/15	木	辛酉	平	柘榴木	虚
17日	07/16	金	壬戌	定	大海水	危
18日	07/17	土	癸亥	執	大海水	室
19日	07/18	日	甲子	破	海中金	壁
20日	07/19	月	乙丑	危	海中金	奎
21日	07/20	火	丙寅	成	爐中火	婁
22日	07/21	水	丁卯	納	爐中火	胃
23日	07/22	木	戊辰	開	大林木	昴
24日	07/23	金	己巳	閉	大林木	畢
25日△	07/24	土	庚午	建	路傍土	觜
26日	07/25	日	辛未	除	路傍土	参
27日	07/26	月	壬申	満	釵鋒金	井
28日	07/27	火	癸酉	平	釵鋒金	鬼
29日▽	07/28	水	甲戌	定	山頭火	柳
30日	07/29	木	乙亥	定	山頭火	星

【七月小 戊申 張】
節気 立秋 10日・処暑 25日

日	月日	曜	干支	直	納音	宿
1日	07/30	金	丙子	執	潤下水	張
2日	07/31	土	丁丑	破	潤下水	翼
3日	08/01	日	戊寅	危	城頭土	軫
4日	08/02	月	己卯	成	城頭土	角
5日	08/03	火	庚辰	納	白鑞金	亢
6日	08/04	水	辛巳	開	白鑞金	氐
7日	08/05	木	壬午	閉	楊柳木	房
8日	08/06	金	癸未	建	楊柳木	心
9日	08/07	土	甲申	除	井泉水	尾
10日	08/08	日	乙酉	満	井泉水	箕
11日	08/09	月	丙戌	平	屋上土	斗
12日	08/10	火	丁亥	定	屋上土	女
13日	08/11	水	戊子	執	霹靂火	虚
14日	08/12	木	己丑	破	霹靂火	危

西暦　曜　干支　直　納音　宿　　　　　　　　　　延宝5年

日	西暦	曜	干支	直	納音	宿
15日	08/13	金	庚寅	破	松柏木	室
16日	08/14	土	辛卯	危	松柏木	壁
17日	08/15	日	壬辰	成	長流水	奎
18日	08/16	月	癸巳	納	長流水	婁
19日	08/17	火	甲午	開	沙中金	胃
20日	08/18	水	乙未	閉	沙中金	昴
21日	08/19	木	丙申	建	山下火	畢
22日	08/20	金	丁酉	除	山下火	觜
23日	08/21	土	戊戌	満	平地木	參
24日	08/22	日	己亥	平	平地木	井
25日	08/23	月	庚子	定	壁上土	鬼
26日	08/24	火	辛丑	執	壁上土	柳
27日	08/25	水	壬寅	破	金箔金	星
28日	08/26	木	癸卯	危	金箔金	張
29日	08/27	金	甲辰	成	覆燈火	翼

【八月大 己酉 角】
節気 白露 11日・秋分 26日
雑節 二百十日 7日・社日 24日・彼岸 28日

日	西暦	曜	干支	直	納音	宿
1日	08/28	土	乙巳	納	覆燈火	角
2日	08/29	日	丙午	開	天河水	亢
3日	08/30	月	丁未	閉	天河水	氐
4日	08/31	火	戊申	建	大驛土	房
5日	09/01	水	己酉	除	大驛土	心
6日	09/02	木	庚戌	満	釵釧金	尾
7日	09/03	金	辛亥	平	釵釧金	箕
8日	09/04	土	壬子	定	桑柏木	斗
9日	09/05	日	癸丑	執	桑柏木	女
10日	09/06	月	甲寅	破	大溪水	虚
11日	09/07	火	乙卯	破	大溪水	危
12日	09/08	水	丙辰	危	沙中土	室
13日	09/09	木	丁巳	成	沙中土	壁
14日	09/10	金	戊午	納	天上火	奎
15日	09/11	土	己未	開	天上火	婁
16日	09/12	日	庚申	閉	柘榴木	胃
17日	09/13	月	辛酉	建	柘榴木	昴
18日	09/14	火	壬戌	除	大海水	畢
19日	09/15	水	癸亥	満	大海水	觜
20日	09/16	木	甲子	平	海中金	參
21日	09/17	金	乙丑	定	海中金	井
22日	09/18	土	丙寅	執	爐中火	鬼
23日	09/19	日	丁卯	破	爐中火	柳
24日	09/20	月	戊辰	危	大林木	星
25日	09/21	火	己巳	成	大林木	張
26日	09/22	水	庚午	納	路傍土	翼
27日	09/23	木	辛未	開	路傍土	軫
28日	09/24	金	壬申	閉	釵釧金	角
29日	09/25	土	癸酉	建	釵釧金	亢
30日	09/26	日	甲戌	除	山頭火	氐

【九月大 庚戌 氐】
節気 寒露 12日・霜降 27日
雑節 土用 24日

日	西暦	曜	干支	直	納音	宿
1日	09/27	月	乙亥	満	山頭火	氐
2日	09/28	火	丙子	平	澗下水	房
3日	▽09/29	水	丁丑	定	澗下水	心
4日	09/30	木	戊寅	執	城頭土	尾
5日	10/01	金	己卯	破	城頭土	箕
6日	△10/02	土	庚辰	危	白鑞金	斗
7日	10/03	日	辛巳	成	白鑞金	女
8日	10/04	月	壬午	納	楊柳木	虚
9日	10/05	火	癸未	開	楊柳木	危
10日	10/06	水	甲申	閉	井泉水	室
11日	10/07	木	乙酉	建	井泉水	壁
12日	10/08	金	丙戌	建	屋上土	奎
13日	10/09	土	丁亥	除	屋上土	婁
14日	10/10	日	戊子	満	霹靂火	胃
15日	10/11	月	己丑	平	霹靂火	昴
16日	10/12	火	庚寅	定	松柏木	畢
17日	10/13	水	辛卯	執	松柏木	觜
18日	10/14	木	壬辰	破	長流水	參
19日	10/15	金	癸巳	危	長流水	井
20日	10/16	土	甲午	成	沙中金	鬼
21日	10/17	日	乙未	納	沙中金	柳
22日	10/18	月	丙申	開	山下火	星
23日	10/19	火	丁酉	閉	山下火	張
24日	10/20	水	戊戌	建	平地木	翼
25日	10/21	木	己亥	除	平地木	軫
26日	10/22	金	庚子	満	壁上土	角
27日	10/23	土	辛丑	平	壁上土	亢
28日	10/24	日	壬寅	定	金箔金	氐
29日	10/25	月	癸卯	執	金箔金	房
30日	10/26	火	甲辰	破	覆燈火	心

【十月小 辛亥 心】
節気 立冬 12日・小雪 27日

日	西暦	曜	干支	直	納音	宿
1日	10/27	水	乙巳	危	覆燈火	心
2日	10/28	木	丙午	成	天河水	尾
3日	10/29	金	丁未	納	天河水	箕
4日	10/30	土	戊申	開	大驛土	斗
5日	10/31	日	己酉	閉	大驛土	女
6日	11/01	月	庚戌	建	釵釧金	虚
7日	11/02	火	辛亥	除	釵釧金	危
8日	11/03	水	壬子	満	桑柏木	室
9日	11/04	木	癸丑	平	桑柏木	壁
10日	11/05	金	甲寅	定	大溪水	奎
11日	11/06	土	乙卯	執	大溪水	婁
12日	11/07	日	丙辰	執	沙中土	胃
13日	11/08	月	丁巳	破	沙中土	昴
14日	☆11/09	火	戊午	危	天上火	畢
15日	11/10	水	己未	成	天上火	觜
16日	11/11	木	庚申	納	柘榴木	參
17日	11/12	金	辛酉	開	柘榴木	井
18日	11/13	土	壬戌	閉	大海水	鬼
19日	11/14	日	癸亥	建	大海水	柳
20日	11/15	月	甲子	除	海中金	星
21日	11/16	火	乙丑	満	海中金	張
22日	11/17	水	丙寅	平	爐中火	翼
23日	11/18	木	丁卯	定	爐中火	軫
24日	11/19	金	戊辰	執	大林木	角
25日	11/20	土	己巳	破	大林木	亢
26日	11/21	日	庚午	危	路傍土	氐
27日	11/22	月	辛未	成	路傍土	房
28日	11/23	火	壬申	納	釵釧金	心
29日	11/24	水	癸酉	開	釵釧金	尾

【十一月大 壬子 斗】
節気 大雪 13日・冬至 29日

日	西暦	曜	干支	直	納音	宿
1日	11/25	木	甲戌	閉	山頭火	斗
2日	11/26	金	乙亥	建	山頭火	女
3日	11/27	土	丙子	除	澗下水	虚
4日	11/28	日	丁丑	満	澗下水	危
5日	11/29	月	戊寅	平	城頭土	室
6日	▽11/30	火	己卯	定	城頭土	壁
7日	12/01	水	庚辰	執	白鑞金	奎
8日	12/02	木	辛巳	破	白鑞金	婁
9日	12/03	金	壬午	危	楊柳木	胃
10日	12/04	土	癸未	成	楊柳木	昴
11日	12/05	日	甲申	納	井泉水	畢
12日	12/06	月	乙酉	開	井泉水	觜
13日	12/07	火	丙戌	閉	屋上土	參
14日	12/08	水	丁亥	閉	屋上土	井
15日	12/09	木	戊子	建	霹靂火	鬼
16日	△12/10	金	己丑	除	霹靂火	柳
17日	12/11	土	庚寅	満	松柏木	星
18日	12/12	日	辛卯	平	松柏木	張
19日	12/13	月	壬辰	定	長流水	翼
20日	12/14	火	癸巳	執	長流水	軫
21日	12/15	水	甲午	破	沙中金	角
22日	12/16	木	乙未	危	沙中金	亢
23日	12/17	金	丙申	成	山下火	氐
24日	12/18	土	丁酉	納	山下火	房
25日	12/19	日	戊戌	開	平地木	心
26日	12/20	月	己亥	閉	平地木	尾
27日	12/21	火	庚子	建	壁上土	箕
28日	12/22	水	辛丑	除	壁上土	斗
29日	12/23	木	壬寅	満	金箔金	女
30日	12/24	金	癸卯	平	金箔金	虚

【十二月小 癸丑 虚】
節気 小寒 14日・大寒 29日
雑節 土用 26日

日	西暦	曜	干支	直	納音	宿
1日	12/25	土	甲辰	定	覆燈火	虚
2日	12/26	日	乙巳	執	覆燈火	危
3日	12/27	月	丙午	破	天河水	室
4日	12/28	火	丁未	危	天河水	壁
5日	12/29	水	戊申	成	大驛土	奎
6日	12/30	木	己酉	納	大驛土	婁
7日	12/31	金	庚戌	開	釵釧金	胃

1678年

日	西暦	曜	干支	直	納音	宿
8日	01/01	土	辛亥	閉	釵釧金	昴
9日	01/02	日	壬子	建	桑柏木	畢
10日	01/03	月	癸丑	除	桑柏木	觜
11日	01/04	火	甲寅	満	大溪水	參
12日	01/05	水	乙卯	平	大溪水	井
13日	01/06	木	丙辰	定	沙中土	鬼
14日	01/07	金	丁巳	定	沙中土	柳
15日	01/08	土	戊午	破	天上火	星
16日	01/09	日	己未	危	天上火	張
17日	01/10	月	庚申	成	柘榴木	翼
18日	01/11	火	辛酉	納	柘榴木	軫
19日	01/12	水	壬戌	開	大海水	角
20日	01/13	木	癸亥	閉	大海水	亢
21日	01/14	金	甲子	建	海中金	氐
22日	01/15	土	乙丑	除	海中金	房
23日	01/16	日	丙寅	満	爐中火	心
24日	01/17	月	丁卯	平	爐中火	尾
25日	01/18	火	戊辰	定	大林木	箕
26日	01/19	水	己巳	定	大林木	斗
27日	01/20	木	庚午	執	路傍土	女
28日	01/21	金	辛未	破	路傍土	虚
29日	01/22	土	壬申	危	釵釧金	危

【閏十二月小 癸丑 虚】
節気 立春 15日
雑節 節分 14日

日	西暦	曜	干支	直	納音	宿
1日	01/23	日	癸酉	成	釵釧金	虚
2日	01/24	月	甲戌	納	山頭火	危
3日	01/25	火	乙亥	開	山頭火	室
4日	01/26	水	丙子	閉	澗下水	壁
5日	01/27	木	丁丑	建	澗下水	奎
6日	01/28	金	戊寅	除	城頭土	婁
7日	01/29	土	己卯	満	城頭土	胃
8日	01/30	日	庚辰	平	白鑞金	昴
9日	01/31	月	辛巳	定	白鑞金	畢
10日	▽02/01	火	壬午	執	楊柳木	觜
11日	02/02	水	癸未	破	楊柳木	參
12日	02/03	木	甲申	危	井泉水	井
13日	02/04	金	乙酉	成	井泉水	鬼
14日	02/05	土	丙戌	納	屋上土	柳
15日	02/06	日	丁亥	開	屋上土	星
16日	02/07	月	戊子	開	霹靂火	張
17日	02/08	火	己丑	閉	霹靂火	翼
18日	02/09	水	庚寅	建	松柏木	軫
19日	02/10	木	辛卯	除	松柏木	角
20日	02/11	金	壬辰	満	長流水	亢
21日	02/12	土	癸巳	平	長流水	氐
22日	02/13	日	甲午	定	沙中金	房
23日	02/14	月	乙未	執	沙中金	心
24日	02/15	火	丙申	破	山下火	尾
25日	02/16	水	丁酉	危	山下火	箕
26日	02/17	木	戊戌	成	平地木	斗
27日	△02/18	金	己亥	納	平地木	女
28日	02/19	土	庚子	開	壁上土	虚
29日	02/20	日	辛丑	閉	壁上土	危

延宝6年
1678～1679　戊午

【正月大 甲寅 室】
節気 雨水 2日・啓蟄 17日
雑節 社日 27日
1日 02/21 月 壬寅 建 金箔金 室
2日 02/22 火 癸卯 除 金箔金 壁
3日 02/23 水 甲辰 満 覆燈火 奎
4日 02/24 木 乙巳 平 覆燈火 婁
5日 02/25 金 丙午 定 天河水 胃
6日 02/26 土 丁未 執 天河水 昴
7日 02/27 日 戊申 破 大駅土 畢
8日 02/28 月 己酉 危 大駅土 觜
9日 03/01 火 庚戌 成 釵釧金 参
10日 03/02 水 辛亥 納 釵釧金 井
11日 03/03 木 壬子 開 桑柘木 鬼
12日 03/04 金 癸丑 閉 桑柘木 柳
13日 03/05 土 甲寅 建 大溪水 星
14日 03/06 日 乙卯 除 大溪水 張
15日 03/07 月 丙辰 満 沙中土 翼
16日 03/08 火 丁巳 平 沙中土 軫
17日 03/09 水 戊午 平 天上火 角
18日 03/10 木 己未 定 天上火 亢
19日 03/11 金 庚申 執 柘榴木 氐
20日 03/12 土 辛酉 破 柘榴木 房
21日 03/13 日 壬戌 危 大海水 心
22日 03/14 月 癸亥 成 大海水 尾
23日 03/15 火 甲子 納 海中金 箕
24日 03/16 水 乙丑 開 海中金 斗
25日 03/17 木 丙寅 閉 爐中火 女
26日 03/18 金 丁卯 建 爐中火 虚
27日 03/19 土 戊辰 除 大林木 危
28日 03/20 日 己巳 満 大林木 室
29日 03/21 月 庚午 平 路傍土 壁
30日 03/22 火 辛未 定 路傍土 奎

【二月小 乙卯 奎】
節気 春分 2日・清明 17日
雑節 彼岸 4日・土用 29日
1日 03/23 水 壬申 執 釵鋒金 奎
2日 03/24 木 癸酉 破 釵鋒金 婁
3日 03/25 金 甲戌 危 山頭火 胃
4日 03/26 土 乙亥 成 山頭火 昴
5日 03/27 日 丙子 納 潤下水 畢
6日 03/28 月 丁丑 開 潤下水 觜
7日 03/29 火 戊寅 閉 城頭土 参
8日 03/30 水 己卯 建 城頭土 井
9日 03/31 木 庚辰 除 白鑞金 鬼
10日 04/01 金 辛巳 満 白鑞金 柳
11日 04/02 土 壬午 平 楊柳木 星
12日 04/03 日 癸未 定 楊柳木 張
13日 04/04 月 甲申 執 井泉水 翼
14日▽04/05 火 乙酉 破 井泉水 軫
15日 04/06 水 丙戌 危 屋上土 角
16日 04/07 木 丁亥 成 屋上土 亢
17日 04/08 金 戊子 納 霹靂火 氐
18日 04/09 土 己丑 納 霹靂火 房
19日 04/10 日 庚寅 開 松柏木 心
20日 04/11 月 辛卯 閉 松柏木 尾
21日 04/12 火 壬辰 建 長流水 箕
22日 04/13 水 癸巳 除 長流水 斗
23日 04/14 木 甲午 平 沙中金 女
24日 04/15 金 乙未 平 沙中金 虚
25日 04/16 土 丙申 定 山下火 危
26日 04/17 日 丁酉 執 山下火 室

27日 04/18 月 戊戌 破 平地木 壁
28日 04/19 火 己亥 危 平地木 奎
29日 04/20 水 庚子 成 壁上土 婁

【三月大 丙辰 胃】
節気 穀雨 3日・立夏 19日
雑節 八十八夜 14日
1日 04/21 木 辛丑 納 壁上土 胃
2日 04/22 金 壬寅 開 金箔金 昴
3日 04/23 土 癸卯 閉 金箔金 畢
4日 04/24 日 甲辰 建 覆燈火 觜
5日 04/25 月 乙巳 除 覆燈火 参
6日 04/26 火 丙午 満 天河水 井
7日 04/27 水 丁未 平 天河水 鬼
8日 04/28 木 戊申 定 大駅土 柳
9日△04/29 金 己酉 執 大駅土 星
10日 04/30 土 庚戌 破 釵釧金 張
11日 05/01 日 辛亥 危 釵釧金 翼
12日 05/02 月 壬子 成 桑柘木 軫
13日 05/03 火 癸丑 納 桑柘木 角
14日 05/04 水 甲寅 開 大溪水 亢
15日 05/05 木 乙卯 閉 大溪水 氐
16日☆05/06 金 丙辰 建 沙中土 房
17日 05/07 土 丁巳 除 沙中土 心
18日 05/08 日 戊午 満 天上火 尾
19日 05/09 月 己未 平 柘榴木 箕
20日 05/10 火 庚申 平 柘榴木 斗
21日 05/11 水 辛酉 定 大海水 女
22日 05/12 木 壬戌 破 大海水 虚
23日 05/13 金 癸亥 破 大海水 危
24日 05/14 土 甲子 危 海中金 室
25日 05/15 日 乙丑 成 海中金 壁
26日 05/16 月 丙寅 納 爐中火 奎
27日 05/17 火 丁卯 開 爐中火 婁
28日 05/18 水 戊辰 閉 大林木 胃
29日 05/19 木 己巳 除 大林木 昴
30日 05/20 金 庚午 平 路傍土 畢

【四月小 丁巳 畢】
節気 小満 4日・芒種 19日
雑節 入梅 22日
1日 05/21 土 辛未 満 路傍土 畢
2日 05/22 日 壬申 定 釵鋒金 觜
3日 05/23 月 癸酉 定 釵鋒金 参
4日 05/24 火 甲戌 執 山頭火 井
5日 05/25 水 乙亥 破 山頭火 柳
6日 05/26 木 丙子 危 潤下水 星
7日 05/27 金 丁丑 成 潤下水 張
8日 05/28 土 戊寅 納 城頭土 翼
9日 05/29 日 己卯 開 城頭土 軫
10日 05/30 月 庚辰 閉 白鑞金 角
11日 05/31 火 辛巳 建 白鑞金 亢
12日 06/01 水 壬午 除 楊柳木 氐
13日 06/02 木 癸未 満 楊柳木 房
14日 06/03 金 甲申 平 井泉水 心
15日 06/04 土 乙酉 定 井泉水 尾
16日 06/05 日 丙戌 執 屋上土 箕
17日 06/06 月 丁亥 破 屋上土 斗
18日▽06/07 火 戊子 危 霹靂火 女
19日 06/08 水 己丑 成 霹靂火 虚
20日 06/09 木 庚寅 納 松柏木 危
21日 06/10 金 辛卯 納 松柏木 室
22日 06/11 土 壬辰 開 長流水 壁
23日 06/12 日 癸巳 閉 長流水 奎
24日 06/13 月 甲午 建 沙中金 婁
25日 06/14 火 乙未 除 沙中金 胃
26日 06/15 水 丙申 満 山下火 昴
27日 06/16 木 丁酉 平 山下火 畢

28日 06/17 金 戊戌 定 平地木 觜
29日 06/18 土 己亥 執 平地木 参

【五月大 戊午 参】
節気 夏至 5日・小暑 21日
雑節 半夏生 15日
1日 06/19 日 庚子 破 壁上土 参
2日 06/20 月 辛丑 危 壁上土 井
3日 06/21 火 壬寅 成 金箔金 鬼
4日 06/22 水 癸卯 納 金箔金 柳
5日 06/23 木 甲辰 開 覆燈火 星
6日 06/24 金 乙巳 閉 覆燈火 張
7日 06/25 土 丙午 建 天河水 翼
8日 06/26 日 丁未 除 天河水 軫
9日 06/27 月 戊申 満 大駅土 角
10日 06/28 火 己酉 平 大駅土 亢
11日 06/29 水 庚戌 定 釵釧金 氐
12日 06/30 木 辛亥 執 釵釧金 房
13日 07/01 金 壬子 破 桑柘木 心
14日 07/02 土 癸丑 危 桑柘木 尾
15日 07/03 日 甲寅 成 大溪水 箕
16日 07/04 月 乙卯 納 大溪水 斗
17日 07/05 火 丙辰 開 沙中土 女
18日 07/06 水 丁巳 閉 沙中土 虚
19日△07/07 木 戊午 建 天上火 危
20日 07/08 金 己未 除 柘榴木 室
21日 07/09 土 庚申 満 柘榴木 壁
22日 07/10 日 辛酉 平 大海水 奎
23日 07/11 月 壬戌 定 大海水 婁
24日 07/12 火 癸亥 執 大海水 胃
25日 07/13 水 甲子 破 海中金 畢
26日 07/14 木 乙丑 危 海中金 觜
27日 07/15 金 丙寅 成 爐中火 参
28日 07/16 土 丁卯 納 爐中火 井
29日 07/17 日 戊辰 開 大林木 鬼
30日 07/18 月 己巳 閉 大林木 柳

【六月小 己未 鬼】
節気 大暑 6日・立秋 21日
雑節 土用 3日
1日 07/19 火 庚午 閉 路傍土 鬼
2日 07/20 水 辛未 建 路傍土 柳
3日 07/21 木 壬申 除 釵鋒金 星
4日 07/22 金 癸酉 満 釵鋒金 張
5日 07/23 土 甲戌 平 山頭火 翼
6日 07/24 日 乙亥 定 山頭火 軫
7日 07/25 月 丙子 執 潤下水 角
8日 07/26 火 丁丑 破 潤下水 亢
9日 07/27 水 戊寅 危 城頭土 氐
10日 07/28 木 己卯 成 城頭土 房
11日 07/29 金 庚辰 納 白鑞金 心
12日 07/30 土 辛巳 開 白鑞金 尾
13日 07/31 日 壬午 閉 楊柳木 箕
14日 08/01 月 癸未 建 楊柳木 斗
15日 08/02 火 甲申 除 井泉水 女
16日 08/03 水 乙酉 満 井泉水 虚
17日 08/04 木 丙戌 平 屋上土 危
18日 08/05 金 丁亥 定 屋上土 室
19日 08/06 土 戊子 執 霹靂火 壁
20日 08/07 日 己丑 破 霹靂火 奎
21日 08/08 月 庚寅 危 松柏木 婁
22日▽08/09 火 辛卯 危 松柏木 胃
23日 08/10 水 壬辰 成 長流水 昴
24日 08/11 木 癸巳 納 長流水 畢
25日 08/12 金 甲午 開 沙中金 觜
26日 08/13 土 乙未 閉 沙中金 参
27日 08/14 日 丙申 建 山下火 井
28日 08/15 月 丁酉 除 山下火 鬼

| 西暦 | 曜 | 干支 | 直 | 納音 | 宿 | | 延宝6年 |

29日 08/16 火 戊戌 満 平地木 柳

【七月大 庚申 張】
節気 処暑 7日・白露 22日
雑節 二百十日 18日

1日	08/17	水	己亥	平	平地木	張
2日	08/18	木	庚子	定	壁上土	翼
3日	08/19	金	辛丑	執	壁上土	軫
4日	08/20	土	壬寅	破	金箔金	角
5日	08/21	日	癸卯	危	金箔金	亢
6日	08/22	月	甲辰	成	覆燈火	氐
7日	08/23	火	乙巳	納	覆燈火	房
8日	08/24	水	丙午	開	天河水	心
9日	08/25	木	丁未	閉	天河水	尾
10日	08/26	金	戊申	建	大駅土	箕
11日	08/27	土	己酉	除	大駅土	斗
12日	08/28	日	庚戌	満	釵釧金	女
13日	08/29	月	辛亥	平	釵釧金	虚
14日	08/30	火	壬子	定	桑柘木	危
15日	08/31	水	癸丑	執	桑柘木	室
16日	09/01	木	甲寅	破	大溪水	壁
17日	09/02	金	乙卯	危	大溪水	奎
18日	09/03	土	丙辰	成	沙中土	婁
19日	09/04	日	丁巳	納	沙中土	胃
20日	09/05	月	戊午	開	天上火	昴
21日	09/06	火	己未	閉	天上火	畢
22日	09/07	水	庚申	建	柘榴木	觜
23日	09/08	木	辛酉	除	柘榴木	参
24日	09/09	金	壬戌	満	大海水	井
25日	09/10	土	癸亥	平	大海水	鬼
26日	09/11	日	甲子	平	海中金	柳
27日	09/12	月	乙丑	定	海中金	星
28日	09/13	火	丙寅	執	爐中火	張
29日	09/14	水	丁卯	破	爐中火	翼
30日△	09/15	木	戊辰	危	大林木	軫

【八月大 辛酉 角】
節気 秋分 8日・寒露 23日
雑節 彼岸 10日・社日 10日

1日	09/16	金	己巳	成	大林木	角
2日	09/17	土	庚午	納	路傍土	亢
3日	09/18	日	辛未	開	路傍土	氐
4日	09/19	月	壬申	閉	釵鋒金	房
5日	09/20	火	癸酉	建	釵鋒金	心
6日	09/21	水	甲戌	除	山頭火	尾
7日	09/22	木	乙亥	満	山頭火	箕
8日	09/23	金	丙子	平	澗下水	斗
9日	09/24	土	丁丑	定	澗下水	女
10日	09/25	日	戊寅	執	城頭土	虚
11日	09/26	月	己卯	破	城頭土	危
12日	09/27	火	庚辰	危	白鑞金	室
13日	09/28	水	辛巳	成	白鑞金	壁
14日	09/29	木	壬午	納	楊柳木	奎
15日	09/30	金	癸未	開	楊柳木	婁
16日	10/01	土	甲申	閉	井泉水	胃
17日	10/02	日	乙酉	建	井泉水	昴
18日	10/03	月	丙戌	除	屋上土	畢
19日	10/04	火	丁亥	満	屋上土	觜
20日	10/05	水	戊子	平	霹靂火	参
21日	10/06	木	己丑	定	霹靂火	井
22日	10/07	金	庚寅	執	松柏木	鬼
23日	10/08	土	辛卯	破	松柏木	柳
24日	10/09	日	壬辰	危	長流水	星
25日	10/10	月	癸巳	危	長流水	張
26日▽	10/11	火	甲午	成	沙中金	翼
27日	10/12	水	乙未	納	沙中金	軫
28日	10/13	木	丙申	開	山下火	角
29日	10/14	金	丁酉	閉	山下火	亢

30日 10/15 土 戊戌 建 平地木 氐

【九月小 壬戌 氐】
節気 霜降 8日・立冬 23日
雑節 土用 5日

1日	10/16	日	己亥	除	平地木	氐
2日	10/17	月	庚子	満	壁上土	房
3日	10/18	火	辛丑	平	壁上土	心
4日	10/19	水	壬寅	定	金箔金	尾
5日	10/20	木	癸卯	執	金箔金	箕
6日	10/21	金	甲辰	破	覆燈火	斗
7日	10/22	土	乙巳	危	覆燈火	女
8日	10/23	日	丙午	成	天河水	虚
9日	10/24	月	丁未	納	天河水	危
10日	10/25	火	戊申	開	大駅土	室
11日	10/26	水	己酉	閉	大駅土	壁
12日	10/27	木	庚戌	建	釵釧金	奎
13日	10/28	金	辛亥	除	釵釧金	婁
14日☆	10/29	土	壬子	満	桑柘木	胃
15日	10/30	日	癸丑	平	桑柘木	昴
16日	10/31	月	甲寅	定	大溪水	畢
17日	11/01	火	乙卯	執	大溪水	觜
18日	11/02	水	丙辰	破	沙中土	参
19日	11/03	木	丁巳	危	沙中土	井
20日	11/04	金	戊午	成	天上火	鬼
21日	11/05	土	己未	納	天上火	柳
22日	11/06	日	庚申	開	柘榴木	星
23日	11/07	月	辛酉	閉	柘榴木	張
24日	11/08	火	壬戌	建	大海水	翼
25日	11/09	水	癸亥	建	大海水	軫
26日	11/10	木	甲子	除	海中金	角
27日	11/11	金	乙丑	満	海中金	亢
28日	11/12	土	丙寅	平	爐中火	氐
29日	11/13	日	丁卯	定	爐中火	房

【十月大 癸亥 心】
節気 小雪 9日・大雪 25日

1日	11/14	月	戊辰	危	大林木	心
2日	11/15	火	己巳	破	大林木	尾
3日	11/16	水	庚午	危	路傍土	箕
4日	11/17	木	辛未	成	路傍土	斗
5日	11/18	金	壬申	納	釵鋒金	女
6日	11/19	土	癸酉	開	釵鋒金	虚
7日	11/20	日	甲戌	閉	山頭火	危
8日	11/21	月	乙亥	建	山頭火	室
9日	11/22	火	丙子	除	澗下水	壁
10日	11/23	水	丁丑	満	澗下水	奎
11日△	11/24	木	戊寅	平	城頭土	胃
12日	11/25	金	己卯	定	城頭土	昴
13日	11/26	土	庚辰	執	白鑞金	畢
14日	11/27	日	辛巳	危	白鑞金	觜
15日	11/28	月	壬午	危	楊柳木	参
16日	11/29	火	癸未	成	楊柳木	井
17日	11/30	水	甲申	納	井泉水	鬼
18日	12/01	木	乙酉	開	井泉水	柳
19日	12/02	金	丙戌	閉	屋上土	星
20日	12/03	土	丁亥	建	屋上土	張
21日	12/04	日	戊子	除	霹靂火	翼
22日	12/05	月	己丑	満	霹靂火	軫
23日	12/06	火	庚寅	平	松柏木	角
24日	12/07	水	辛卯	定	松柏木	亢
25日	12/08	木	壬辰	執	長流水	氐
26日	12/09	金	癸巳	執	長流水	房
27日	12/10	土	甲午	破	沙中金	心
28日	12/11	日	乙未	危	沙中金	尾
29日	12/12	月	丙申	成	山下火	箕
30日▽	12/13	火	丁酉	納	山下火	斗

【十一月大 甲子 斗】
節気 冬至 10日・小寒 25日

1日	12/14	水	戊戌	開	平地木	斗
2日	12/15	木	己亥	閉	平地木	女
3日	12/16	金	庚子	建	壁上土	虚
4日	12/17	土	辛丑	除	壁上土	危
5日	12/18	日	壬寅	満	金箔金	室
6日	12/19	月	癸卯	平	金箔金	壁
7日	12/20	火	甲辰	定	覆燈火	奎
8日	12/21	水	乙巳	執	覆燈火	婁
9日	12/22	木	丙午	破	天河水	胃
10日	12/23	金	丁未	危	天河水	昴
11日	12/24	土	戊申	成	大駅土	畢
12日	12/25	日	己酉	納	大駅土	觜
13日	12/26	月	庚戌	開	釵釧金	参
14日	12/27	火	辛亥	閉	釵釧金	井
15日	12/28	水	壬子	建	桑柘木	鬼
16日	12/29	木	癸丑	除	桑柘木	柳
17日	12/30	金	甲寅	満	大溪水	星
18日	12/31	土	乙卯	平	大溪水	張

1679年

19日	01/01	日	丙辰	定	沙中土	翼
20日	01/02	月	丁巳	執	沙中土	軫
21日	01/03	火	戊午	破	天上火	角
22日	01/04	水	己未	危	天上火	亢
23日	01/05	木	庚申	成	柘榴木	氐
24日	01/06	金	辛酉	納	柘榴木	房
25日	01/07	土	壬戌	納	大海水	心
26日	01/08	日	癸亥	開	大海水	尾
27日	01/09	月	甲子	閉	海中金	箕
28日	01/10	火	乙丑	建	海中金	斗
29日	01/11	水	丙寅	除	爐中火	女
30日	01/12	木	丁卯	満	爐中火	虚

【十二月小 乙丑 虚】
節気 大寒 10日・立春 26日
雑節 土用 7日・節分 25日

1日	01/13	金	戊辰	平	大林木	虚
2日	01/14	土	己巳	定	大林木	危
3日	01/15	日	庚午	執	路傍土	室
4日	01/16	月	辛未	破	路傍土	壁
5日	01/17	火	壬申	危	釵鋒金	奎
6日	01/18	水	癸酉	成	釵鋒金	婁
7日	01/19	木	甲戌	納	山頭火	胃
8日	01/20	金	乙亥	納	山頭火	昴
9日	01/21	土	丙子	閉	澗下水	畢
10日	01/22	日	丁丑	建	澗下水	觜
11日	01/23	月	戊寅	除	城頭土	参
12日	01/24	火	己卯	満	城頭土	井
13日	01/25	水	庚辰	平	白鑞金	鬼
14日	01/26	木	辛巳	定	白鑞金	柳
15日	01/27	金	壬午	執	楊柳木	星
16日	01/28	土	癸未	破	楊柳木	張
17日	01/29	日	甲申	危	井泉水	翼
18日	01/30	月	乙酉	成	井泉水	軫
19日	01/31	火	丙戌	納	屋上土	角
20日△	02/01	水	丁亥	開	屋上土	亢
21日	02/02	木	戊子	閉	霹靂火	氐
22日	02/03	金	己丑	建	霹靂火	房
23日	02/04	土	庚寅	除	松柏木	心
24日	02/05	日	辛卯	満	松柏木	尾
25日	02/06	月	壬辰	平	長流水	箕
26日	02/07	火	癸巳	定	長流水	斗
27日	02/08	水	甲午	定	沙中金	女
28日	02/09	木	乙未	執	沙中金	虚
29日	02/10	金	丙申	破	山下火	危

延宝7年
1679～1680　己未

【正月小　丙寅　室】
節気　雨水 12日・啓蟄 27日

日	日付	曜	干支	直	納音	宿
1日	02/11	土	丁酉	危	山下火	室
2日	02/12	日	戊戌	成	平地木	壁
3日	02/13	月	己亥	納	平地木	奎
4日▽	02/14	火	庚子	開	壁上土	婁
5日	02/15	水	辛丑	建	金箔金	胃
6日	02/16	木	壬寅	建	金箔金	昴
7日	02/17	金	癸卯	除	金箔金	畢
8日	02/18	土	甲辰	満	覆燈火	觜
9日	02/19	日	乙巳	定	天河水	井
10日	02/20	月	丙午	定	天河水	井
11日	02/21	火	丁未	執	天河水	鬼
12日	02/22	水	戊申	破	大駅土	柳
13日	02/23	木	己酉	危	大駅土	星
14日	02/24	金	庚戌	成	釵釧金	張
15日	02/25	土	辛亥	納	釵釧金	翼
16日	02/26	日	壬子	開	桑柘木	軫
17日	02/27	月	癸丑	閉	桑柘木	角
18日	02/28	火	甲寅	建	大溪水	亢
19日	03/01	水	乙卯	除	大溪水	氏
20日	03/02	木	丙辰	満	沙中土	房
21日	03/03	金	丁巳	平	沙中土	心
22日	03/04	土	戊午	定	天上火	尾
23日	03/05	日	己未	執	天上火	箕
24日	03/06	月	庚申	破	柘榴木	斗
25日	03/07	火	辛酉	危	柘榴木	女
26日	03/08	水	壬戌	成	大海水	虚
27日	03/09	木	癸亥	納	大海水	危
28日	03/10	金	甲子	納	海中金	室
29日	03/11	土	乙丑	開	海中金	壁

【二月大　丁卯　奎】
節気　春分 13日・清明 28日
雑節　社日 13日・彼岸 15日

日	日付	曜	干支	直	納音	宿
1日	03/12	日	丙寅	閉	爐中火	奎
2日	03/13	月	丁卯	建	爐中火	婁
3日	03/14	火	戊辰	除	大林木	胃
4日	03/15	水	己巳	満	大林木	昴
5日	03/16	木	庚午	平	路傍土	畢
6日	03/17	金	辛未	定	路傍土	觜
7日	03/18	土	壬申	執	釼鋒金	井
8日	03/19	日	癸酉	破	釼鋒金	鬼
9日	03/20	月	甲戌	危	山頭火	柳
10日	03/21	火	乙亥	成	山頭火	星
11日	03/22	水	丙子	納	澗下水	張
12日	03/23	木	丁丑	開	澗下水	翼
13日	03/24	金	戊寅	閉	城頭土	軫
14日	03/25	土	己卯	建	城頭土	角
15日	03/26	日	庚辰	除	白鑞金	亢
16日	03/27	月	辛巳	満	白鑞金	氏
17日	03/28	火	壬午	平	楊柳木	房
18日	03/29	水	癸未	定	楊柳木	心
19日	03/30	木	甲申	執	井泉水	尾
20日	03/31	金	乙酉	破	井泉水	箕
21日	04/01	土	丙戌	危	屋上土	斗
22日	04/02	日	丁亥	成	屋上土	女
23日	04/03	月	戊子	納	霹靂火	虚
24日	04/04	火	己丑	開	霹靂火	危
25日	04/05	水	庚寅	閉	松柏木	室
26日	04/06	木	辛卯	建	松柏木	壁
27日	04/07	金	壬辰	除	長流水	奎
28日	04/08	土	癸巳	除	長流水	婁
29日	04/09	日	甲午	満	沙中金	婁
30日	04/10	月	乙未	平	沙中金	胃

【三月小　戊辰　胃】
節気　穀雨 14日・立夏 29日
雑節　土用 11日・八十八夜 25日

日	日付	曜	干支	直	納音	宿
1日	04/11	火	丙申	定	山下火	胃
2日△	04/12	水	丁酉	執	山下火	昴
3日	04/13	木	戊戌	破	平地木	畢
4日	04/14	金	己亥	危	平地木	觜
5日	04/15	土	庚子	成	壁上土	参
6日	04/16	日	辛丑	納	壁上土	井
7日	04/17	月	壬寅	開	金箔金	鬼
8日△	04/18	火	癸卯	閉	金箔金	柳
9日	04/19	水	甲辰	建	覆燈火	星
10日	04/20	木	乙巳	除	覆燈火	張
11日	04/21	金	丙午	満	天河水	翼
12日	04/22	土	丁未	平	天河水	軫
13日	04/23	日	戊申	定	大駅土	角
14日	04/24	月	己酉	執	大駅土	亢
15日	04/25	火	庚戌	破	釵釧金	氏
16日	04/26	水	辛亥	危	釵釧金	房
17日	04/27	木	壬子	成	桑柘木	心
18日	04/28	金	癸丑	納	桑柘木	尾
19日	04/29	土	甲寅	開	大溪水	箕
20日	04/30	日	乙卯	閉	大溪水	斗
21日	05/01	月	丙辰	建	沙中土	女
22日	05/02	火	丁巳	除	沙中土	虚
23日	05/03	水	戊午	満	天上火	危
24日	05/04	木	己未	平	天上火	室
25日	05/05	金	庚申	定	柘榴木	壁
26日	05/06	土	辛酉	執	柘榴木	奎
27日	05/07	日	壬戌	破	大海水	婁
28日	05/08	月	癸亥	危	大海水	胃
29日	05/09	火	甲子	危	海中金	昴

【四月大　己巳　畢】
節気　小満 15日・芒種 30日

日	日付	曜	干支	直	納音	宿
1日	05/10	水	乙丑	納	海中金	畢
2日	05/11	木	丙寅	納	爐中火	觜
3日	05/12	金	丁卯	開	爐中火	参
4日	05/13	土	戊辰	閉	大林木	井
5日	05/14	日	己巳	建	大林木	鬼
6日	05/15	月	庚午	除	路傍土	柳
7日	05/16	火	辛未	満	路傍土	星
8日	05/17	水	壬申	平	釼鋒金	張
9日	05/18	木	癸酉	定	釼鋒金	翼
10日	05/19	金	甲戌	執	山頭火	軫
11日	05/20	土	乙亥	破	山頭火	角
12日	05/21	日	丙子	危	澗下水	亢
13日	05/22	月	丁丑	成	澗下水	氏
14日	05/23	火	戊寅	納	城頭土	房
15日	05/24	水	己卯	開	城頭土	心
16日	05/25	木	庚辰	閉	白鑞金	尾
17日	05/26	金	辛巳	建	白鑞金	箕
18日	05/27	土	壬午	除	楊柳木	斗
19日	05/28	日	癸未	満	楊柳木	女
20日	05/29	月	甲申	平	井泉水	虚
21日	05/30	火	乙酉	定	井泉水	危
22日	05/31	水	丙戌	執	屋上土	室
23日	06/01	木	丁亥	破	屋上土	壁
24日	06/02	金	戊子	危	霹靂火	奎
25日	06/03	土	己丑	成	霹靂火	婁
26日	06/04	日	庚寅	納	松柏木	胃
27日	06/05	月	辛卯	開	松柏木	昴
28日	06/06	火	壬辰	閉	長流水	畢
29日	06/07	水	癸巳	建	長流水	觜
30日	06/08	木	甲午	建	沙中金	参

【五月小　庚午　参】
節気　夏至 16日
雑節　入梅 8日・半夏生 26日

日	日付	曜	干支	直	納音	宿
1日	06/09	金	乙未	除	沙中金	参
2日	06/10	土	丙申	満	山下火	井
3日	06/11	日	丁酉	平	山下火	鬼
4日	06/12	月	戊戌	定	平地木	柳
5日	06/13	火	己亥	執	平地木	星
6日	06/14	水	庚子	破	壁上土	張
7日	06/15	木	辛丑	危	壁上土	翼
8日	06/16	金	壬寅	成	金箔金	軫
9日	06/17	土	癸卯	納	金箔金	角
10日	06/18	日	甲辰	開	覆燈火	亢
11日	06/19	月	乙巳	閉	覆燈火	氏
12日▽	06/20	火	丙午	建	天河水	房
13日△	06/21	水	丁未	除	天河水	心
14日	06/22	木	戊申	満	大駅土	尾
15日	06/23	金	己酉	平	大駅土	箕
16日	06/24	土	庚戌	定	釵釧金	斗
17日	06/25	日	辛亥	執	釵釧金	女
18日	06/26	月	壬子	破	桑柘木	虚
19日	06/27	火	癸丑	危	桑柘木	危
20日	06/28	水	甲寅	成	大溪水	室
21日	06/29	木	乙卯	納	大溪水	壁
22日	06/30	金	丙辰	開	沙中土	奎
23日	07/01	土	丁巳	閉	沙中土	婁
24日	07/02	日	戊午	建	天上火	胃
25日	07/03	月	己未	除	天上火	昴
26日	07/04	火	庚申	平	柘榴木	畢
27日	07/05	水	辛酉	平	柘榴木	觜
28日	07/06	木	壬戌	定	大海水	参
29日	07/07	金	癸亥	執	大海水	井

【六月大　辛未　鬼】
節気　小暑 2日・大暑 17日
雑節　土用 14日

日	日付	曜	干支	直	納音	宿
1日	07/08	土	甲子	破	海中金	鬼
2日	07/09	日	乙丑	危	海中金	柳
3日	07/10	月	丙寅	危	爐中火	星
4日	07/11	火	丁卯	成	爐中火	張
5日	07/12	水	戊辰	納	大林木	翼
6日	07/13	木	己巳	開	大林木	軫
7日	07/14	金	庚午	閉	路傍土	角
8日	07/15	土	辛未	建	路傍土	亢
9日	07/16	日	壬申	除	釼鋒金	氏
10日	07/17	月	癸酉	満	釼鋒金	房
11日	07/18	火	甲戌	平	山頭火	心
12日	07/19	水	乙亥	定	山頭火	尾
13日	07/20	木	丙子	執	澗下水	箕
14日	07/21	金	丁丑	破	澗下水	斗
15日	07/22	土	戊寅	危	城頭土	女
16日	07/23	日	己卯	成	城頭土	虚
17日	07/24	月	庚辰	納	白鑞金	危
18日	07/25	火	辛巳	開	白鑞金	室
19日	07/26	水	壬午	閉	楊柳木	壁
20日	07/27	木	癸未	建	楊柳木	奎
21日	07/28	金	甲申	除	井泉水	婁
22日	07/29	土	乙酉	満	井泉水	胃
23日	07/30	日	丙戌	平	屋上土	昴
24日	07/31	月	丁亥	定	屋上土	畢
25日	08/01	火	戊子	執	霹靂火	觜
26日	08/02	水	己丑	破	霹靂火	参
27日	08/03	木	庚寅	危	松柏木	井
28日	08/04	金	辛卯	成	松柏木	鬼
29日	08/05	土	壬辰	納	長流水	柳
30日	08/06	日	癸巳	開	長流水	星

【七月小　壬申　張】
節気　立秋 2日・処暑 17日
雑節　二百十日 29日

日	日付	曜	干支	直	納音	宿
1日	08/07	月	甲午	閉	沙中金	張
2日	08/08	火	乙未	閉	沙中金	翼
3日	08/09	水	丙申	建	山下火	軫

延宝7年

日	西暦	曜	干支	直	納音	宿
4日	08/10	木	丁酉	除	山下火	角
5日	08/11	金	戊戌	平	平地木	亢
6日	08/12	土	己亥	定	平地木	氐
7日	08/13	日	庚子	執	壁上土	房
8日	08/14	月	辛丑	破	壁上土	心
9日	08/15	火	壬寅	危	金箔金	尾
10日	08/16	水	癸卯	成	金箔金	箕
11日	08/17	木	甲辰	納	覆燈火	斗
12日	08/18	金	乙巳	開	覆燈火	女
13日	08/19	土	丙午	閉	天河水	虚
14日	08/20	日	丁未	建	天河水	危
15日	08/21	月	戊申	除	大駅土	室
16日▽	08/22	火	己酉	満	大駅土	壁
17日	08/23	水	庚戌	平	釵釧金	奎
18日	08/24	木	辛亥	定	釵釧金	婁
19日	08/25	金	壬子	執	桑柘木	胃
20日	08/26	土	癸丑	破	桑柘木	昴
21日	08/27	日	甲寅	危	大溪水	畢
22日	08/28	月	乙卯	成	大溪水	觜
23日△	08/29	火	丙辰	収	沙中土	参
24日	08/30	水	丁巳	納	沙中土	井
25日	08/31	木	戊午	開	天上火	鬼
26日	09/01	金	己未	閉	天上火	柳
27日	09/02	土	庚申	建	柘榴木	星
28日	09/03	日	辛酉	除	柘榴木	張
29日	09/04	月	壬戌	満	大海水	翼

【八月大 癸酉 角】
節気 白露 4日・秋分 19日
雑節 社日 16日・彼岸 21日

日	西暦	曜	干支	直	納音	宿
1日	09/05	火	癸亥	平	大海水	角
2日	09/06	水	甲子	定	海中金	亢
3日	09/07	木	乙丑	執	海中金	氐
4日	09/08	金	丙寅	破	炉中火	心
5日	09/09	土	丁卯	危	炉中火	尾
6日	09/10	日	戊辰	成	大林木	箕
7日	09/11	月	己巳	納	大林木	斗
8日	09/12	火	庚午	納	路傍土	女
9日	09/13	水	辛未	開	路傍土	虚
10日	09/14	木	壬申	建	釵鋒金	危
11日	09/15	金	癸酉	除	釵鋒金	室
12日	09/16	土	甲戌	満	山頭火	壁
13日	09/17	日	乙亥	満	山頭火	奎
14日	09/18	月	丙子	平	澗下水	婁
15日	09/19	火	丁丑	定	澗下水	胃
16日	09/20	水	戊寅	執	城頭土	昴
17日	09/21	木	己卯	破	城頭土	畢
18日	09/22	金	庚辰	危	白鑞金	觜
19日	09/23	土	辛巳	成	白鑞金	参
20日	09/24	日	壬午	納	楊柳木	井
21日	09/25	月	癸未	開	楊柳木	鬼
22日	09/26	火	甲申	閉	泉中水	柳
23日	09/27	水	乙酉	建	泉中水	星
24日	09/28	木	丙戌	除	屋上土	張
25日	09/29	金	丁亥	満	屋上土	翼
26日	09/30	土	戊子	平	霹靂火	軫
27日	10/01	日	己丑	定	霹靂火	角
28日	10/02	月	庚寅	執	松柏木	亢
29日	10/03	火	辛卯	破	松柏木	氐
30日	10/04	水	壬辰	危	長流水	房

【九月大 甲戌 氐】
節気 寒露 4日・霜降 19日
雑節 土用 16日

日	西暦	曜	干支	直	納音	宿
1日	10/05	木	癸巳	成	長流水	心
2日	10/06	金	甲午	納	沙中金	尾
3日	10/07	土	乙未	開	沙中金	箕
4日	10/08	日	丙申	閉	山下火	斗
5日	10/09	月	丁酉	閉	山下火	箕
6日	10/10	火	戊戌	建	平地木	斗
7日	10/11	水	己亥	除	平地木	女
8日	10/12	木	庚子	満	壁上土	虚
9日	10/13	金	辛丑	定	壁上土	危
10日	10/14	土	壬寅	定	金箔金	室
11日	10/15	日	癸卯	執	金箔金	壁
12日	10/16	月	甲辰	破	覆燈火	奎
13日	10/17	火	乙巳	危	覆燈火	婁
14日	10/18	水	丙午	成	天河水	胃
15日☆	10/19	木	丁未	納	天河水	昴
16日	10/20	金	戊申	開	大駅土	畢
17日	10/21	土	己酉	閉	大駅土	觜
18日	10/22	日	庚戌	建	釵釧金	参
19日▽	10/23	月	辛亥	除	釵釧金	井
20日	10/24	火	壬子	満	桑柘木	柳
21日	10/25	水	癸丑	平	桑柘木	星
22日	10/26	木	甲寅	定	大溪水	張
23日	10/27	金	乙卯	執	大溪水	翼
24日	10/28	土	丙辰	破	沙中土	軫
25日	10/29	日	丁巳	危	沙中土	角
26日	10/30	月	戊午	成	天上火	亢
27日	10/31	火	己未	納	天上火	氐
28日	11/01	水	庚申	開	柘榴木	房
29日	11/02	木	辛酉	閉	柘榴木	心
30日	11/03	金	壬戌	建	大海水	尾

【十月小 乙亥 心】
節気 立冬 5日・小雪 20日

日	西暦	曜	干支	直	納音	宿
1日	11/04	土	癸亥	満	海中金	心
2日	11/05	日	甲子	平	海中金	尾
3日	11/06	月	乙丑	平	海中金	箕
4日△	11/07	火	丙寅	定	炉中火	斗
5日	11/08	水	丁卯	執	炉中火	女
6日	11/09	木	戊辰	破	大林木	虚
7日	11/10	金	己巳	危	大林木	危
8日	11/11	土	庚午	成	路傍土	室
9日	11/12	日	辛未	納	路傍土	壁
10日	11/13	月	壬申	開	釵鋒金	奎
11日	11/14	火	癸酉	開	釵鋒金	婁
12日	11/15	水	甲戌	建	山頭火	胃
13日	11/16	木	乙亥	除	山頭火	昴
14日	11/17	金	丙子	満	澗下水	畢
15日	11/18	土	丁丑	平	澗下水	参
16日	11/19	日	戊寅	定	城頭土	井
17日	11/20	月	己卯	定	城頭土	鬼
18日	11/21	火	庚辰	執	白鑞金	柳
19日	11/22	水	辛巳	破	白鑞金	星
20日	11/23	木	壬午	危	楊柳木	張
21日	11/24	金	癸未	成	楊柳木	翼
22日	11/25	土	甲申	納	泉中水	軫
23日	11/26	日	乙酉	開	泉中水	角
24日	11/27	月	丙戌	閉	屋上土	亢
25日	11/28	火	丁亥	建	屋上土	氐
26日	11/29	水	戊子	除	霹靂火	房
27日	11/30	木	己丑	満	霹靂火	心
28日	12/01	金	庚寅	平	松柏木	尾
29日	12/02	土	辛卯	定	松柏木	箕

【十一月大 丙子 斗】
節気 大雪 6日・冬至 21日

日	西暦	曜	干支	直	納音	宿
1日	12/03	日	壬辰	執	長流水	斗
2日	12/04	月	癸巳	破	長流水	女
3日	12/05	火	甲午	危	沙中金	虚
4日	12/06	水	乙未	成	沙中金	危
5日	12/07	木	丙申	納	山下火	室
6日	12/08	金	丁酉	納	山下火	壁
7日	12/09	土	戊戌	開	平地木	奎
8日	12/10	日	己亥	閉	平地木	婁
9日	12/11	月	庚子	建	壁上土	胃
10日	12/12	火	辛丑	平	壁上土	昴
11日	12/13	水	壬寅	平	金箔金	畢
12日	12/14	木	癸卯	定	金箔金	觜
13日	12/15	金	甲辰	執	覆燈火	参
14日	12/16	土	乙巳	破	覆燈火	井
15日	12/17	日	丙午	破	天河水	鬼
16日	12/18	月	丁未	危	天河水	柳
17日	12/19	火	戊申	成	大駅土	星
18日	12/20	水	己酉	納	大駅土	張
19日	12/21	木	庚戌	開	釵釧金	翼
20日	12/22	金	辛亥	閉	釵釧金	軫
21日	12/23	土	壬子	建	桑柘木	角
22日	12/24	日	癸丑	除	桑柘木	亢
23日▽	12/25	月	甲寅	満	大溪水	氐
24日	12/26	火	乙卯	平	大溪水	房
25日	12/27	水	丙辰	定	沙中土	心
26日	12/28	木	丁巳	執	沙中土	尾
27日	12/29	金	戊午	破	天上火	箕
28日	12/30	土	己未	危	天上火	斗
29日	12/31	日	庚申	成	柘榴木	女

1680年

日	西暦	曜	干支	直	納音	宿
30日	01/01	月	辛酉	納	柘榴木	虚

【十二月大 丁丑 虚】
節気 小寒 6日・大寒 22日
雑節 土用 19日

日	西暦	曜	干支	直	納音	宿
1日	01/02	火	壬戌	開	大海水	虚
2日	01/03	水	癸亥	閉	大海水	危
3日	01/04	木	甲子	建	海中金	室
4日	01/05	金	乙丑	除	海中金	壁
5日	01/06	土	丙寅	満	炉中火	奎
6日	01/07	日	丁卯	満	炉中火	婁
7日	01/08	月	戊辰	平	大林木	胃
8日	01/09	火	己巳	定	大林木	昴
9日	01/10	水	庚午	執	路傍土	畢
10日	01/11	木	辛未	破	路傍土	觜
11日	01/12	金	壬申	危	釵鋒金	参
12日	01/13	土	癸酉	成	釵鋒金	井
13日	01/14	日	甲戌	納	山頭火	鬼
14日	01/15	月	乙亥	開	山頭火	柳
15日△	01/16	火	丙子	閉	澗下水	星
16日	01/17	水	丁丑	建	澗下水	張
17日	01/18	木	戊寅	除	城頭土	翼
18日	01/19	金	己卯	満	城頭土	軫
19日	01/20	土	庚辰	平	白鑞金	角
20日	01/21	日	辛巳	定	白鑞金	亢
21日	01/22	月	壬午	執	楊柳木	氐
22日	01/23	火	癸未	危	楊柳木	房
23日	01/24	水	甲申	成	泉中水	心
24日	01/25	木	乙酉	納	泉中水	尾
25日	01/26	金	丙戌	閉	屋上土	箕
26日	01/27	土	丁亥	開	屋上土	斗
27日	01/28	日	戊子	建	霹靂火	女
28日	01/29	月	己丑	除	霹靂火	虚
29日	01/30	火	庚寅	満	松柏木	危
30日	01/31	水	辛卯	平	松柏木	室

延宝8年

1680～1681　庚申

【正月小　戊寅　室】
節気　立春 7日・雨水 22日
雑節　節分 6日

日	日付	曜	干支	直	納音	宿
1日	02/01	木	壬辰	平	長流水	室
2日	02/02	金	癸巳	定	長流水	壁
3日	02/03	土	甲午	執	沙中金	奎
4日	02/04	日	乙未	破	沙中金	婁
5日	02/05	月	丙申	危	山下火	胃
6日	02/06	火	丁酉	成	山下火	昴
7日	02/07	水	戊戌	納	平地木	畢
8日	02/08	木	己亥	開	平地木	觜
9日	02/09	金	庚子	閉	壁上土	参
10日	02/10	土	辛丑	建	壁上土	井
11日	02/11	日	壬寅	除	金箔金	鬼
12日	02/12	月	癸卯	満	金箔金	柳
13日	02/13	火	甲辰	平	覆燈火	星
14日	02/14	水	乙巳	定	覆燈火	張
15日	02/15	木	丙午	執	天河水	翼
16日	02/16	金	丁未	破	天河水	軫
17日	02/17	土	戊申	危	大駅土	角
18日	02/18	日	己酉	成	大駅土	亢
19日	02/19	月	庚戌	納	釵釧金	氐
20日	02/20	火	辛亥	開	釵釧金	房
21日	02/21	水	壬子	閉	桑柘木	心
22日	02/22	木	癸丑	建	桑柘木	尾
23日	02/23	金	甲寅	除	大溪水	箕
24日	02/24	土	乙卯	満	大溪水	斗
25日	02/25	日	丙辰	平	沙中土	女
26日▽	02/26	月	丁巳	定	沙中土	虚
27日	02/27	火	戊午	執	天上火	危
28日	02/28	水	己未	破	天上火	室
29日	02/29	木	庚申	危	柘榴木	壁

【二月大　己卯　奎】
節気　啓蟄 8日・春分 23日
雑節　社日 18日・彼岸 26日

日	日付	曜	干支	直	納音	宿
1日	03/01	金	辛酉	危	柘榴木	奎
2日	03/02	土	壬戌	成	大海水	婁
3日	03/03	日	癸亥	納	大海水	胃
4日	03/04	月	甲子	開	海中金	昴
5日	03/05	火	乙丑	閉	海中金	畢
6日	03/06	水	丙寅	建	爐中火	觜
7日	03/07	木	丁卯	除	爐中火	参
8日	03/08	金	戊辰	満	大林木	井
9日	03/09	土	己巳	平	大林木	鬼
10日	03/10	日	庚午	定	路傍土	柳
11日	03/11	月	辛未	執	路傍土	星
12日	03/12	火	壬申	破	釵鋒金	張
13日	03/13	水	癸酉	危	釵鋒金	翼
14日	03/14	木	甲戌	成	山頭火	軫
15日	03/15	金	乙亥	納	山頭火	角
16日	03/16	土	丙子	開	澗下水	亢
17日	03/17	日	丁丑	閉	澗下水	氐
18日	03/18	月	戊寅	建	城頭土	房
19日	03/19	火	己卯	除	城頭土	心
20日	03/20	水	庚辰	満	白鑞金	尾
21日	03/21	木	辛巳	平	白鑞金	箕
22日	03/22	金	壬午	定	楊柳木	斗
23日	03/23	土	癸未	執	楊柳木	女
24日	03/24	日	甲申	破	井泉水	虚
25日△	03/25	月	乙酉	危	井泉水	危
26日	03/26	火	丙戌	成	屋上土	室
27日	03/27	水	丁亥	納	屋上土	壁
28日	03/28	木	戊子	開	霹靂火	奎
29日	03/29	金	己丑	閉	霹靂火	婁
30日	03/30	土	庚寅	建	松柏木	胃

【三月小　庚辰　胃】
節気　清明 9日・穀雨 24日
雑節　土用 21日

日	日付	曜	干支	直	納音	宿
1日	03/31	日	辛卯	建	松柏木	胃
2日	04/01	月	壬辰	除	長流水	昴
3日	04/02	火	癸巳	満	長流水	觜
4日	04/03	水	甲午	平	沙中金	参
5日	04/04	木	乙未	定	沙中金	井
6日	04/05	金	丙申	執	山下火	鬼
7日	04/06	土	丁酉	破	山下火	柳
8日	04/07	日	戊戌	危	平地木	星
9日	04/08	月	己亥	成	平地木	張
10日	04/09	火	庚子	納	壁上土	翼
11日	04/10	水	辛丑	開	壁上土	軫
12日	04/11	木	壬寅	閉	金箔金	角
13日	04/12	金	癸卯	建	金箔金	亢
14日	04/13	土	甲辰	除	覆燈火	氐
15日	04/14	日	乙巳	満	覆燈火	房
16日	04/15	月	丙午	平	天河水	心
17日	04/16	火	丁未	定	天河水	尾
18日	04/17	水	戊申	執	大駅土	箕
19日	04/18	木	己酉	破	大駅土	斗
20日	04/19	金	庚戌	危	釵釧金	女
21日	04/20	土	辛亥	成	釵釧金	虚
22日	04/21	日	壬子	納	桑柘木	危
23日	04/22	月	癸丑	開	桑柘木	室
24日	04/23	火	甲寅	閉	大溪水	壁
25日	04/24	水	乙卯	建	大溪水	奎
26日	04/25	木	丙辰	除	沙中土	婁
27日	04/26	金	丁巳	満	沙中土	胃
28日	04/27	土	戊午	平	天上火	昴
29日	04/28	日	己未	定	天上火	畢

【四月小　辛巳　畢】
節気　立夏 10日・小満 25日
雑節　八十八夜 9日

日	日付	曜	干支	直	納音	宿
1日▽	04/29	月	庚申	執	柘榴木	畢
2日	04/30	火	辛酉	破	柘榴木	觜
3日	05/01	水	壬戌	危	大海水	参
4日	05/02	木	癸亥	成	大海水	井
5日	05/03	金	甲子	納	海中金	鬼
6日	05/04	土	乙丑	開	海中金	柳
7日	05/05	日	丙寅	閉	爐中火	星
8日	05/06	月	丁卯	建	爐中火	張
9日	05/07	火	戊辰	除	大林木	翼
10日	05/08	水	己巳	満	大林木	軫
11日	05/09	木	庚午	平	路傍土	角
12日	05/10	金	辛未	定	路傍土	亢
13日	05/11	土	壬申	執	釵鋒金	氐
14日	05/12	日	癸酉	破	釵鋒金	房
15日	05/13	月	甲戌	危	山頭火	心
16日	05/14	火	乙亥	成	山頭火	尾
17日	05/15	水	丙子	納	澗下水	箕
18日	05/16	木	丁丑	開	澗下水	斗
19日	05/17	金	戊寅	閉	城頭土	女
20日	05/18	土	己卯	建	城頭土	虚
21日	05/19	日	庚辰	除	白鑞金	危
22日	05/20	月	辛巳	満	白鑞金	室
23日	05/21	火	壬午	平	楊柳木	壁
24日	05/22	水	癸未	定	楊柳木	奎
25日	05/23	木	甲申	執	井泉水	婁
26日	05/24	金	乙酉	破	井泉水	胃
27日	05/25	土	丙戌	危	屋上土	昴
28日	05/26	日	丁亥	成	屋上土	畢
29日	05/27	月	戊子	納	霹靂火	觜

【五月小　壬午　参】
節気　芒種 12日・夏至 27日
雑節　入梅 14日

日	日付	曜	干支	直	納音	宿
1日	05/28	火	己丑	成	霹靂火	参
2日	05/29	水	庚寅	納	松柏木	井
3日	05/30	木	辛卯	開	松柏木	鬼
4日	05/31	金	壬辰	閉	長流水	柳
5日	06/01	土	癸巳	建	長流水	星
6日	06/02	日	甲午	除	沙中金	張
7日△	06/03	月	乙未	満	沙中金	翼
8日	06/04	火	丙申	平	山下火	軫
9日	06/05	水	丁酉	定	山下火	角
10日	06/06	木	戊戌	執	平地木	亢
11日	06/07	金	己亥	破	平地木	氐
12日	06/08	土	庚子	危	壁上土	房
13日	06/09	日	辛丑	成	壁上土	心
14日	06/10	月	壬寅	納	金箔金	尾
15日	06/11	火	癸卯	開	金箔金	箕
16日	06/12	水	甲辰	閉	覆燈火	斗
17日	06/13	木	乙巳	建	覆燈火	女
18日	06/14	金	丙午	除	天河水	虚
19日	06/15	土	丁未	満	天河水	危
20日	06/16	日	戊申	平	大駅土	室
21日	06/17	月	己酉	定	大駅土	壁
22日	06/18	火	庚戌	執	釵釧金	奎
23日	06/19	水	辛亥	破	釵釧金	婁
24日	06/20	木	壬子	危	桑柘木	胃
25日	06/21	金	癸丑	成	桑柘木	昴
26日	06/22	土	甲寅	納	大溪水	畢
27日	06/23	日	乙卯	開	大溪水	觜
28日	06/24	月	丙辰	閉	沙中土	参
29日	06/25	火	丁巳	建	沙中土	井

【六月大　癸未　鬼】
節気　小暑 13日・大暑 28日
雑節　半夏生 8日・土用 25日

日	日付	曜	干支	直	納音	宿
1日	06/26	水	戊午	除	天上火	鬼
2日	06/27	木	己未	満	天上火	柳
3日	06/28	金	庚申	平	柘榴木	星
4日	06/29	土	辛酉	定	柘榴木	張
5日	06/30	日	壬戌	執	大海水	翼
6日▽	07/01	月	癸亥	破	大海水	軫
7日	07/02	火	甲子	危	海中金	角
8日	07/03	水	乙丑	成	海中金	亢
9日	07/04	木	丙寅	納	爐中火	氐
10日	07/05	金	丁卯	開	爐中火	房
11日	07/06	土	戊辰	閉	大林木	心
12日	07/07	日	己巳	建	大林木	尾
13日	07/08	月	庚午	除	路傍土	箕
14日	07/09	火	辛未	満	路傍土	斗
15日	07/10	水	壬申	平	釵鋒金	女
16日	07/11	木	癸酉	定	釵鋒金	虚
17日	07/12	金	甲戌	執	山頭火	危
18日	07/13	土	乙亥	破	山頭火	室
19日	07/14	日	丙子	危	澗下水	壁
20日	07/15	月	丁丑	成	澗下水	奎
21日	07/16	火	戊寅	納	城頭土	婁
22日	07/17	水	己卯	開	城頭土	胃
23日	07/18	木	庚辰	閉	白鑞金	昴
24日	07/19	金	辛巳	建	白鑞金	畢
25日	07/20	土	壬午	除	楊柳木	觜
26日	07/21	日	癸未	満	楊柳木	参
27日	07/22	月	甲申	平	井泉水	井
28日	07/23	火	乙酉	定	井泉水	鬼
29日	07/24	水	丙戌	執	屋上土	柳
30日	07/25	木	丁亥	破	屋上土	星

【七月小　甲申　張】
節気　立秋 13日・処暑 29日

日	日付	曜	干支	直	納音	宿
1日	07/26	金	戊子	危	霹靂火	張
2日	07/27	土	己丑	成	霹靂火	翼
3日	07/28	日	庚寅	納	松柏木	軫
4日	07/29	月	辛卯	開	松柏木	角
5日	07/30	火	壬辰	閉	長流水	亢
6日	07/31	水	癸巳	建	長流水	氐
7日	08/01	木	甲午	除	沙中金	房
8日	08/02	金	乙未	満	沙中金	心
9日	08/03	土	丙申	平	山下火	尾
10日	08/04	日	丁酉	定	山下火	箕
11日	08/05	月	戊戌	執	平地木	斗
12日	08/06	火	己亥	破	平地木	女
13日	08/07	水	庚子	危	壁上土	虚
14日	08/08	木	辛丑	成	壁上土	危
15日	08/09	金	壬寅	納	金箔金	室
16日	08/10	土	癸卯	危	金箔金	壁

延宝8年

西暦	曜	干支	直	納音	宿
17日△ 08/11	日	甲辰	成	覆燈火	奎
18日 08/12	月	乙巳	納	覆燈火	婁
19日 08/13	火	丙午	開	天河水	胃
20日 08/14	水	丁未	閉	天河水	昴
21日 08/15	木	戊申	建	大駅土	畢
22日 08/16	金	己酉	除	大駅土	觜
23日 08/17	土	庚戌	満	釵釧金	参
24日 08/18	日	辛亥	平	釵釧金	井
25日 08/19	月	壬子	定	桑柘木	鬼
26日 08/20	火	癸丑	執	桑柘木	柳
27日 08/21	水	甲寅	破	大渓水	星
28日 08/22	木	乙卯	危	大渓水	張
29日 08/23	金	丙辰	成	沙中土	翼

【八月大 乙酉 角】
節気 白露 15日・秋分 30日
雑節 二百十日 11日

西暦	曜	干支	直	納音	宿
1日 08/24	土	丁巳	納	沙中土	角
2日 08/25	日	戊午	開	天上火	亢
3日 08/26	月	己未	閉	天上火	氐
4日 08/27	火	庚申	建	柘榴木	房
5日 08/28	水	辛酉	除	柘榴木	心
6日 08/29	木	壬戌	満	大海水	尾
7日 08/30	金	癸亥	平	大海水	箕
8日 08/31	土	甲子	定	海中金	斗
9日 09/01	日	乙丑	執	海中金	女
10日▽ 09/02	月	丙寅	破	炉中火	虚
11日 09/03	火	丁卯	危	炉中火	危
12日 09/04	水	戊辰	成	大林木	室
13日 09/05	木	己巳	納	大林木	壁
14日 09/06	金	庚午	開	路傍土	奎
15日 09/07	土	辛未	閉	路傍土	婁
16日☆ 09/08	日	壬申	建	釵鋒金	胃
17日 09/09	月	癸酉	除	山頭火	昴
18日 09/10	火	甲戌	満	山頭火	畢
19日 09/11	水	乙亥	平	澗下水	觜
20日 09/12	木	丙子	定	澗下水	参
21日 09/13	金	丁丑	執	城頭土	井
22日 09/14	土	戊寅	破	城頭土	鬼
23日 09/15	日	己卯	危	白鑞金	柳
24日 09/16	月	庚辰	成	白鑞金	星
25日 09/17	火	辛巳	納	楊柳木	張
26日 09/18	水	壬午	開	楊柳木	翼
27日 09/19	木	癸未	閉	井泉水	軫
28日 09/20	金	甲申	建	井泉水	角
29日 09/21	土	乙酉	除	屋上土	亢
30日 09/22	日	丙戌	満	屋上土	氐

【閏八月大 乙酉 角】
節気 寒露 15日
雑節 彼岸 2日・社日 2日・土用 27日

西暦	曜	干支	直	納音	宿
1日 09/23	月	丁亥	満	屋上土	角
2日 09/24	火	戊子	平	霹靂火	亢
3日 09/25	水	己丑	定	霹靂火	氐
4日 09/26	木	庚寅	執	松柏木	房
5日 09/27	金	辛卯	執	松柏木	心
6日 09/28	土	壬辰	破	長流水	尾
7日 09/29	日	癸巳	危	長流水	箕
8日 09/30	月	甲午	成	沙中金	斗
9日 10/01	火	乙未	納	沙中金	女
10日 10/02	水	丙申	開	山下火	虚
11日 10/03	木	丁酉	閉	山下火	危
12日 10/04	金	戊戌	除	平地木	室
13日 10/05	土	己亥	満	平地木	壁
14日 10/06	日	庚子	平	壁上土	奎
15日 10/07	月	辛丑	平	壁上土	婁
16日 10/08	火	壬寅	定	金箔金	胃
17日 10/09	水	癸卯	執	金箔金	昴
18日 10/10	木	甲辰	破	覆燈火	畢
19日 10/11	金	乙巳	危	覆燈火	觜
20日 10/12	土	丙午	成	天河水	参
21日 10/13	日	丁未	納	天河水	井
22日 10/14	月	戊申	開	大駅土	鬼
23日 10/15	火	己酉	閉	大駅土	柳
24日 10/16	水	庚戌	建	釵釧金	星
25日 10/17	木	辛亥	除	釵釧金	張
26日 10/18	金	壬子	満	桑柘木	翼
27日 10/19	土	癸丑	定	桑柘木	軫
28日△ 10/20	日	甲寅	執	大渓水	角
29日 10/21	月	乙卯	破	大渓水	亢
30日 10/22	火	丙辰	危	沙中土	氐

【九月小 丙戌 氐】
節気 霜降 1日・立冬 16日

西暦	曜	干支	直	納音	宿
1日 10/23	水	丁巳	危	沙中土	氐
2日 10/24	木	戊午	成	天上火	房
3日 10/25	金	己未	納	天上火	心
4日 10/26	土	庚申	開	柘榴木	尾
5日 10/27	日	辛酉	閉	柘榴木	箕
6日 10/28	月	壬戌	建	大海水	斗
7日 10/29	火	癸亥	除	大海水	女
8日 10/30	水	甲子	満	海中金	虚
9日 10/31	木	乙丑	平	海中金	危
10日 11/01	金	丙寅	定	炉中火	室
11日 11/02	土	丁卯	執	炉中火	壁
12日 11/03	日	戊辰	破	大林木	奎
13日▽ 11/04	月	己巳	危	大林木	婁
14日 11/05	火	庚午	成	路傍土	胃
15日 11/06	水	辛未	納	路傍土	昴
16日 11/07	木	壬申	開	釵鋒金	畢
17日 11/08	金	癸酉	閉	釵鋒金	觜
18日 11/09	土	甲戌	建	山頭火	参
19日 11/10	日	乙亥	除	山頭火	井
20日 11/11	月	丙子	満	澗下水	鬼
21日 11/12	火	丁丑	平	澗下水	柳
22日 11/13	水	戊寅	定	城頭土	星
23日 11/14	木	己卯	執	城頭土	張
24日 11/15	金	庚辰	破	白鑞金	翼
25日 11/16	土	辛巳	危	白鑞金	軫
26日 11/17	日	壬午	成	楊柳木	角
27日 11/18	月	癸未	納	楊柳木	亢
28日 11/19	火	甲申	開	井泉水	氐
29日 11/20	水	乙酉	閉	井泉水	房

【十月大 丁亥 心】
節気 小雪 2日・大雪 17日

西暦	曜	干支	直	納音	宿
1日 11/21	木	丙戌	閉	屋上土	心
2日 11/22	金	丁亥	建	屋上土	尾
3日 11/23	土	戊子	除	霹靂火	箕
4日 11/24	日	己丑	満	霹靂火	斗
5日 11/25	月	庚寅	平	松柏木	女
6日 11/26	火	辛卯	定	松柏木	虚
7日 11/27	水	壬辰	執	長流水	危
8日 11/28	木	癸巳	破	長流水	室
9日 11/29	金	甲午	危	沙中金	壁
10日 11/30	土	乙未	成	沙中金	奎
11日 12/01	日	丙申	納	山下火	婁
12日 12/02	月	丁酉	開	山下火	胃
13日 12/03	火	戊戌	閉	平地木	昴
14日 12/04	水	己亥	建	平地木	畢
15日 12/05	木	庚子	除	壁上土	觜
16日 12/06	金	辛丑	満	壁上土	参
17日 12/07	土	壬寅	平	金箔金	井
18日 12/08	日	癸卯	定	金箔金	鬼
19日 12/09	月	甲辰	執	覆燈火	柳
20日 12/10	火	乙巳	破	覆燈火	星
21日 12/11	水	丙午	危	天河水	張
22日 12/12	木	丁未	成	天河水	翼
23日 12/13	金	戊申	納	大駅土	軫
24日 12/14	土	己酉	開	大駅土	角
25日 12/15	日	庚戌	閉	釵釧金	亢
26日 12/16	月	辛亥	建	釵釧金	氐
27日 12/17	火	壬子	除	桑柘木	房
28日 12/18	水	癸丑	満	桑柘木	心
29日 12/19	木	甲寅	平	大渓水	尾
30日 12/20	金	乙卯	定	大渓水	箕

【十一月大 戊子 斗】
節気 冬至 2日・小寒 18日
雑節 土用 30日

西暦	曜	干支	直	納音	宿
1日 12/21	土	丙辰	定	沙中土	斗
2日 12/22	日	丁巳	執	沙中土	女
3日 12/23	月	戊午	破	天上火	虚
4日 12/24	火	己未	危	天上火	危
5日 12/25	水	庚申	成	柘榴木	室
6日 12/26	木	辛酉	納	柘榴木	壁
7日 12/27	金	壬戌	開	大海水	奎
8日 12/28	土	癸亥	閉	大海水	婁
9日△ 12/29	日	甲子	建	海中金	胃
10日 12/30	月	乙丑	除	海中金	昴
11日 12/31	火	丙寅	満	炉中火	畢

1681年

西暦	曜	干支	直	納音	宿
12日 01/01	水	丁卯	平	炉中火	觜
13日 01/02	木	戊辰	定	大林木	参
14日 01/03	金	己巳	執	大林木	井
15日 01/04	土	庚午	破	路傍土	鬼
16日 01/05	日	辛未	危	路傍土	柳
17日▽ 01/06	月	壬申	成	釵鋒金	星
18日 01/07	火	癸酉	納	釵鋒金	張
19日 01/08	水	甲戌	開	山頭火	翼
20日 01/09	木	乙亥	閉	山頭火	軫
21日 01/10	金	丙子	建	澗下水	角
22日 01/11	土	丁丑	除	澗下水	亢
23日 01/12	日	戊寅	満	城頭土	氐
24日 01/13	月	己卯	平	城頭土	房
25日 01/14	火	庚辰	定	白鑞金	心
26日 01/15	水	辛巳	執	白鑞金	尾
27日 01/16	木	壬午	破	楊柳木	箕
28日 01/17	金	癸未	危	楊柳木	斗
29日 01/18	土	甲申	成	井泉水	女
30日 01/19	日	乙酉	納	井泉水	虚

【十二月大 己丑 虚】
節気 大寒 3日・立春 18日
雑節 節分 17日

西暦	曜	干支	直	納音	宿
1日 01/20	月	丙戌	納	屋上土	虚
2日 01/21	火	丁亥	開	屋上土	危
3日 01/22	水	戊子	閉	霹靂火	室
4日 01/23	木	己丑	建	霹靂火	壁
5日 01/24	金	庚寅	除	松柏木	奎
6日 01/25	土	辛卯	満	松柏木	婁
7日 01/26	日	壬辰	平	長流水	胃
8日 01/27	月	癸巳	定	長流水	昴
9日 01/28	火	甲午	執	沙中金	畢
10日 01/29	水	乙未	破	沙中金	觜
11日 01/30	木	丙申	危	山下火	参
12日 01/31	金	丁酉	成	山下火	井
13日 02/01	土	戊戌	納	平地木	鬼
14日 02/02	日	己亥	開	平地木	柳
15日 02/03	月	庚子	閉	壁上土	星
16日 02/04	火	辛丑	建	壁上土	張
17日 02/05	水	壬寅	除	金箔金	翼
18日 02/06	木	癸卯	満	金箔金	軫
19日 02/07	金	甲辰	平	覆燈火	角
20日 02/08	土	乙巳	定	覆燈火	亢
21日 02/09	日	丙午	執	天河水	氐
22日 02/10	月	丁未	破	天河水	房
23日 02/11	火	戊申	危	大駅土	心
24日 02/12	水	己酉	成	大駅土	尾
25日 02/13	木	庚戌	納	釵釧金	箕
26日 02/14	金	辛亥	開	釵釧金	斗
27日 02/15	土	壬子	閉	桑柘木	女
28日 02/16	日	癸丑	建	桑柘木	虚
29日 02/17	月	甲寅	除	大渓水	危
30日 02/18	火	乙卯	満	大渓水	室

天和元年〔延宝9年〕

1681～1682　辛酉
※改元＝9月29日

【正月小 庚寅 室】

節気　雨水 3日・啓蟄 19日

日	日付	曜	干支	直	納音	宿
1日	02/19	水	丙辰	満	沙中土	室
2日	02/20	木	丁巳	平	沙中土	壁
3日	02/21	金	戊午	定	天上火	奎
4日	02/22	土	己未	執	天上火	婁
5日	02/23	日	庚申	破	柘榴木	胃
6日	02/24	月	辛酉	危	柘榴木	昴
7日	02/25	火	壬戌	成	大海水	畢
8日	02/26	水	癸亥	納	大海水	觜
9日	02/27	木	甲子	開	海中金	参
10日	02/28	金	乙丑	閉	海中金	井
11日	03/01	土	丙寅	建	爐中火	鬼
12日	03/02	日	丁卯	除	爐中火	柳
13日	03/03	月	戊辰	満	大林木	星
14日☆	03/04	火	己巳	平	大林木	張
15日	03/05	水	庚午	定	路傍土	翼
16日	03/06	木	辛未	執	路傍土	軫
17日	03/07	金	壬申	破	釵釧金	角
18日△	03/08	土	癸酉	危	釵釧金	亢
19日	03/09	日	甲戌	成	山頭火	氐
20日▽	03/10	月	乙亥	納	山頭火	房
21日	03/11	火	丙子	納	澗下水	心
22日	03/12	水	丁丑	開	澗下水	尾
23日	03/13	木	戊寅	閉	城頭土	箕
24日	03/14	金	己卯	建	城頭土	斗
25日	03/15	土	庚辰	除	白鑞金	女
26日	03/16	日	辛巳	満	白鑞金	虚
27日	03/17	月	壬午	平	楊柳木	危
28日	03/18	火	癸未	定	楊柳木	室
29日	03/19	水	甲申	執	井泉水	壁

【二月大 辛卯 奎】

節気　春分 5日・清明 20日
雑節　社日 4日・彼岸 7日

日	日付	曜	干支	直	納音	宿
1日	03/20	木	乙酉	破	井泉水	奎
2日	03/21	金	丙戌	危	屋上土	婁
3日	03/22	土	丁亥	成	屋上土	胃
4日	03/23	日	戊子	納	霹靂火	昴
5日	03/24	月	己丑	開	霹靂火	畢
6日	03/25	火	庚寅	閉	松柏木	觜
7日	03/26	水	辛卯	建	松柏木	参
8日	03/27	木	壬辰	除	長流水	井
9日	03/28	金	癸巳	満	長流水	鬼
10日	03/29	土	甲午	平	沙中金	柳
11日	03/30	日	乙未	定	沙中金	星
12日	03/31	月	丙申	執	山下火	張
13日	04/01	火	丁酉	破	山下火	翼
14日	04/02	水	戊戌	危	平地木	軫
15日	04/03	木	己亥	成	平地木	角
16日	04/04	金	庚子	納	壁上土	亢
17日	04/05	土	辛丑	開	壁上土	氐
18日	04/06	日	壬寅	閉	金箔金	房
19日	04/07	月	癸卯	建	金箔金	心
20日	04/08	火	甲辰	除	覆燈火	尾
21日	04/09	水	乙巳	満	覆燈火	箕
22日	04/10	木	丙午	平	天河水	斗
23日	04/11	金	丁未	定	天河水	女
24日	04/12	土	戊申	執	大駅土	虚
25日	04/13	日	己酉	執	大駅土	危
26日	04/14	月	庚戌	破	釵釧金	室
27日	04/15	火	辛亥	危	釵釧金	壁
28日	04/16	水	壬子	成	桑柘木	奎
29日	04/17	木	癸丑	納	桑柘木	婁
30日	04/18	金	甲寅	開	大溪水	胃

【三月小 壬辰 胃】

節気　穀雨 5日・立夏 20日
雑節　土用 2日・八十八夜 16日

日	日付	曜	干支	直	納音	宿
1日	04/19	土	乙卯	閉	大溪水	胃
2日	04/20	日	丙辰	建	沙中土	昴
3日	04/21	月	丁巳	除	沙中土	畢
4日	04/22	火	戊午	満	天上火	觜
5日	04/23	水	己未	平	天上火	参
6日	04/24	木	庚申	定	柘榴木	井
7日	04/25	金	辛酉	執	柘榴木	鬼
8日	04/26	土	壬戌	破	大海水	柳
9日	04/27	日	癸亥	危	大海水	星
10日	04/28	月	甲子	成	海中金	張
11日	04/29	火	乙丑	納	海中金	翼
12日	04/30	水	丙寅	開	爐中火	軫
13日	05/01	木	丁卯	閉	爐中火	角
14日	05/02	金	戊辰	建	大林木	亢
15日	05/03	土	己巳	除	大林木	氐
16日	05/04	日	庚午	満	路傍土	房
17日	05/05	月	辛未	平	路傍土	心
18日	05/06	火	壬申	定	釵釧金	尾
19日	05/07	水	癸酉	執	釵釧金	箕
20日	05/08	木	甲戌	執	山頭火	斗
21日	05/09	金	乙亥	危	山頭火	女
22日	05/10	土	丙子	危	澗下水	虚
23日	05/11	日	丁丑	成	澗下水	危
24日▽	05/12	火	戊寅	納	城頭土	室
25日	05/13	火	己卯	開	城頭土	壁
26日	05/14	水	庚辰	閉	白鑞金	奎
27日	05/15	木	辛巳	建	白鑞金	婁
28日	05/16	金	壬午	除	楊柳木	胃
29日△	05/17	土	癸未	満	楊柳木	昴

【四月小 癸巳 畢】

節気　小満 7日・芒種 22日
雑節　入梅 29日

日	日付	曜	干支	直	納音	宿
1日	05/18	日	甲申	平	井泉水	畢
2日	05/19	月	乙酉	定	井泉水	觜
3日	05/20	火	丙戌	執	屋上土	参
4日	05/21	水	丁亥	破	屋上土	井
5日	05/22	木	戊子	危	霹靂火	鬼
6日	05/23	金	己丑	成	霹靂火	柳
7日	05/24	土	庚寅	納	松柏木	星
8日	05/25	日	辛卯	開	松柏木	張
9日	05/26	月	壬辰	閉	長流水	翼
10日	05/27	火	癸巳	建	長流水	軫
11日	05/28	水	甲午	除	沙中金	角
12日	05/29	木	乙未	満	沙中金	亢
13日	05/30	金	丙申	平	山下火	氐
14日	05/31	土	丁酉	定	山下火	房
15日	06/01	日	戊戌	執	平地木	心
16日	06/02	月	己亥	破	平地木	尾
17日	06/03	火	庚子	危	壁上土	箕
18日	06/04	水	辛丑	成	壁上土	斗
19日	06/05	木	壬寅	納	金箔金	女
20日	06/06	金	癸卯	開	金箔金	虚
21日	06/07	土	甲辰	閉	覆燈火	危
22日	06/08	日	乙巳	閉	覆燈火	室
23日	06/09	月	丙午	建	天河水	壁
24日	06/10	火	丁未	除	天河水	奎
25日	06/11	水	戊申	満	大駅土	婁
26日	06/12	木	己酉	平	大駅土	胃
27日	06/13	金	庚戌	定	釵釧金	昴
28日	06/14	土	辛亥	執	釵釧金	畢
29日	06/15	日	壬子	破	桑柘木	觜

【五月小 甲午 参】

節気　夏至 8日・小暑 23日
雑節　半夏生 18日

日	日付	曜	干支	直	納音	宿
1日	06/16	月	癸丑	危	桑柘木	参
2日	06/17	火	甲寅	成	大溪水	井
3日	06/18	水	乙卯	納	大溪水	鬼
4日	06/19	木	丙辰	開	沙中土	柳
5日	06/20	金	丁巳	閉	沙中土	星
6日	06/21	土	戊午	建	天上火	張
7日	06/22	日	己未	除	天上火	翼
8日	06/23	月	庚申	満	柘榴木	軫
9日	06/24	火	辛酉	平	柘榴木	角
10日	06/25	水	壬戌	定	大海水	亢
11日	06/26	木	癸亥	執	大海水	氐
12日	06/27	金	甲子	破	海中金	房
13日	06/28	土	乙丑	危	海中金	心
14日	06/29	日	丙寅	成	爐中火	尾
15日	06/30	月	丁卯	納	爐中火	箕
16日	07/01	火	戊辰	開	大林木	斗
17日	07/02	水	己巳	閉	大林木	女
18日	07/03	木	庚午	建	路傍土	虚
19日	07/04	金	辛未	除	路傍土	危
20日	07/05	土	壬申	満	釵釧金	室
21日	07/06	日	癸酉	平	釵釧金	壁
22日	07/07	月	甲戌	定	山頭火	奎
23日	07/08	火	乙亥	定	山頭火	婁
24日	07/09	水	丙子	執	澗下水	胃
25日	07/10	木	丁丑	破	澗下水	昴
26日	07/11	金	戊寅	危	城頭土	畢
27日	07/12	土	己卯	成	城頭土	觜
28日	07/13	日	庚辰	納	白鑞金	参
29日▽	07/14	月	辛巳	開	白鑞金	井

【六月大 乙未 鬼】

節気　大暑 9日・立秋 25日
雑節　土用 6日

日	日付	曜	干支	直	納音	宿
1日	07/15	火	壬午	閉	楊柳木	鬼
2日	07/16	水	癸未	建	楊柳木	柳
3日	07/17	木	甲申	除	井泉水	星
4日	07/18	金	乙酉	満	井泉水	張
5日	07/19	土	丙戌	平	屋上土	翼
6日	07/20	日	丁亥	定	屋上土	軫
7日	07/21	月	戊子	執	霹靂火	角
8日	07/22	火	己丑	破	霹靂火	亢
9日	07/23	水	庚寅	危	松柏木	氐
10日	07/24	木	辛卯	成	松柏木	房
11日	07/25	金	壬辰	納	長流水	心
12日△	07/26	土	癸巳	開	長流水	尾
13日	07/27	日	甲午	閉	沙中金	箕
14日	07/28	月	乙未	建	沙中金	斗
15日	07/29	火	丙申	除	山下火	女
16日	07/30	水	丁酉	平	山下火	虚
17日	07/31	木	戊戌	平	平地木	危
18日	08/01	金	己亥	定	平地木	室
19日	08/02	土	庚子	執	壁上土	壁
20日	08/03	日	辛丑	破	壁上土	奎
21日	08/04	月	壬寅	危	金箔金	婁
22日	08/05	火	癸卯	成	金箔金	胃
23日	08/06	水	甲辰	納	覆燈火	昴
24日	08/07	木	乙巳	開	覆燈火	畢
25日	08/08	金	丙午	閉	天河水	觜
26日	08/09	土	丁未	閉	天河水	参
27日	08/10	日	戊申	除	大駅土	井
28日	08/11	月	己酉	除	大駅土	鬼
29日	08/12	火	庚戌	満	釵釧金	柳
30日	08/13	水	辛亥	平	釵釧金	星

西暦 曜 干支 直 納音 宿 　　　　　　　天和元年〔延宝9年〕

【七月小 丙申 張】
節気 処暑 10日・白露 25日
雑節 二百十日 21日

日	西暦	曜	干支	直	納音	宿
1日	08/14	木	壬子	張	桑柘木	張
2日	08/15	金	癸丑	執	桑柘木	翼
3日	08/16	土	甲寅	破	大溪水	軫
4日	08/17	日	乙卯	危	大溪水	角
5日	08/18	月	丙辰	成	沙中土	亢
6日	08/19	火	丁巳	納	沙中土	氐
7日	08/20	水	戊午	開	天上火	房
8日	08/21	木	己未	建	天上火	心
9日	08/22	金	庚申	建	柘榴木	箕
10日	08/23	土	辛酉	除	柘榴木	斗
11日	08/24	日	壬戌	満	大海水	斗
12日	08/25	月	癸亥	平	大海水	女
13日	08/26	火	甲子	定	海中金	虚
14日	08/27	水	乙丑	執	海中金	危
15日	08/28	木	丙寅	破	爐中火	室
16日	08/29	金	丁卯	危	爐中火	壁
17日	08/30	土	戊辰	成	大林木	奎
18日	08/31	日	己巳	納	大林木	婁
19日	09/01	月	庚午	開	路傍土	胃
20日	09/02	火	辛未	閉	路傍土	昴
21日	09/03	水	壬申	建	釼鋒金	畢
22日	09/04	木	癸酉	除	釼鋒金	觜
23日	09/05	金	甲戌	満	山頭火	參
24日	09/06	土	乙亥	平	山頭火	井
25日	09/07	日	丙子	定	澗下水	鬼
26日	09/08	月	丁丑	定	澗下水	柳
27日	09/09	火	戊寅	執	城頭土	星
28日	09/10	水	己卯	破	城頭土	張
29日	09/11	木	庚辰	危	白鑞金	翼

【八月大 丁酉 角】
節気 秋分 11日・寒露 27日
雑節 社日 8日・彼岸 13日

日	西暦	曜	干支	直	納音	宿
1日	◎09/12	金	辛巳	成	白鑞金	角
2日	09/13	土	壬午	納	楊柳木	亢
3日	09/14	日	癸未	開	楊柳木	氐
4日	▽09/15	月	甲申	閉	井泉水	房
5日	09/16	火	乙酉	建	井泉水	心
6日	09/17	水	丙戌	除	屋上土	尾
7日	09/18	木	丁亥	満	屋上土	箕
8日	09/19	金	戊子	平	霹靂火	斗
9日	09/20	土	己丑	定	霹靂火	女
10日	09/21	日	庚寅	執	松柏木	虚
11日	09/22	月	辛卯	破	松柏木	危
12日	09/23	火	壬辰	危	長流水	室
13日	09/24	水	癸巳	成	長流水	壁
14日	09/25	木	甲午	納	沙中金	奎
15日	09/26	金	乙未	開	沙中金	婁
16日	09/27	土	丙申	閉	山下火	胃
17日	09/28	日	丁酉	建	山下火	昴
18日	09/29	月	戊戌	除	平地木	畢
19日	09/30	火	己亥	満	平地木	觜
20日	10/01	水	庚子	平	壁上土	參
21日	10/02	木	辛丑	定	壁上土	井
22日	△10/03	金	壬寅	執	金箔金	鬼
23日	10/04	土	癸卯	破	金箔金	柳
24日	10/05	日	甲辰	危	覆燈火	星
25日	10/06	月	乙巳	成	覆燈火	張
26日	10/07	火	丙午	納	天河水	翼
27日	10/08	水	丁未	納	天河水	軫
28日	10/09	木	戊申	開	大駅土	角
29日	10/10	金	己酉	閉	大駅土	亢
30日	10/11	土	庚戌	建	釼釧金	氐

【九月小 戊戌 氐】
節気 霜降 12日・立冬 27日
雑節 土用 9日

日	西暦	曜	干支	直	納音	宿
1日	10/12	日	辛亥	除	釼釧金	氐
2日	10/13	月	壬子	満	桑柘木	房
3日	10/14	火	癸丑	平	桑柘木	心
4日	10/15	水	甲寅	定	大溪水	尾
5日	10/16	木	乙卯	執	大溪水	箕
6日	10/17	金	丙辰	破	沙中土	斗
7日	10/18	土	丁巳	危	沙中土	女
8日	10/19	日	戊午	成	天上火	虚
9日	10/20	月	己未	納	天上火	危
10日	10/21	火	庚申	開	柘榴木	室
11日	10/22	水	辛酉	閉	柘榴木	壁
12日	10/23	木	壬戌	除	大海水	奎
13日	10/24	金	癸亥	除	大海水	婁
14日	10/25	土	甲子	満	海中金	胃
15日	10/26	日	乙丑	平	海中金	昴
16日	10/27	月	丙寅	定	爐中火	畢
17日	10/28	火	丁卯	執	爐中火	觜
18日	10/29	水	戊辰	破	大林木	參
19日	10/30	木	己巳	危	大林木	井
20日	10/31	金	庚午	成	路傍土	鬼
21日	11/01	土	辛未	納	路傍土	柳
22日	11/02	日	壬申	開	釼鋒金	星
23日	11/03	月	癸酉	閉	釼鋒金	張
24日	11/04	火	甲戌	建	山頭火	翼
25日	11/05	水	乙亥	除	山頭火	軫
26日	11/06	木	丙子	満	澗下水	角
27日	11/07	金	丁丑	平	澗下水	亢
28日	11/08	土	戊寅	平	城頭土	氐
29日	11/09	日	己卯	定	城頭土	房

*改元(延宝9年→天和元年)

【十月大 己亥 心】
節気 小雪 13日・大雪 28日

日	西暦	曜	干支	直	納音	宿
1日	11/10	月	庚辰	執	白鑞金	心
2日	11/11	火	辛巳	破	白鑞金	尾
3日	11/12	水	壬午	成	楊柳木	斗
4日	11/13	木	癸未	成	楊柳木	女
5日	11/14	金	甲申	納	井泉水	虚
6日	11/15	土	乙酉	開	井泉水	危
7日	▽11/16	日	丙戌	閉	屋上土	室
8日	11/17	月	丁亥	建	屋上土	壁
9日	11/18	火	戊子	除	霹靂火	奎
10日	11/19	水	己丑	満	霹靂火	婁
11日	11/20	木	庚寅	定	松柏木	胃
12日	11/21	金	辛卯	定	松柏木	昴
13日	11/22	土	壬辰	執	長流水	畢
14日	11/23	日	癸巳	危	長流水	觜
15日	11/24	月	甲午	危	沙中金	參
16日	11/25	火	乙未	成	沙中金	井
17日	11/26	水	丙申	納	山下火	鬼
18日	11/27	木	丁酉	開	山下火	柳
19日	11/28	金	戊戌	閉	平地木	星
20日	11/29	土	己亥	建	平地木	張
21日	11/30	日	庚子	除	壁上土	翼
22日	12/01	月	辛丑	満	壁上土	軫
23日	12/02	火	壬寅	平	金箔金	角
24日	12/03	水	癸卯	定	金箔金	亢
25日	12/04	木	甲辰	執	覆燈火	氐
26日	12/05	金	乙巳	破	覆燈火	房
27日	12/06	土	丙午	危	天河水	心
28日	12/07	日	丁未	成	天河水	尾
29日	12/08	月	戊申	納	大駅土	箕
30日	12/09	火	己酉	納	大駅土	斗

【十一月大 庚子 斗】
節気 冬至 14日・小寒 29日

日	西暦	曜	干支	直	納音	宿
1日	12/10	水	庚戌	開	釼釧金	斗
2日	12/11	木	辛亥	閉	釼釧金	女
3日	△12/12	金	壬子	建	桑柘木	虚
4日	12/13	土	癸丑	除	桑柘木	危
5日	12/14	日	甲寅	満	大溪水	室
6日	12/15	月	乙卯	平	大溪水	壁
7日	12/16	火	丙辰	定	沙中土	奎
8日	12/17	水	丁巳	執	沙中土	婁
9日	12/18	木	戊午	破	天上火	胃
10日	12/19	金	己未	危	天上火	昴
11日	12/20	土	庚申	成	柘榴木	畢
12日	12/21	日	辛酉	納	柘榴木	觜
13日	12/22	月	壬戌	開	大海水	參
14日	12/23	火	癸亥	閉	大海水	井
15日	12/24	水	甲子	建	海中金	鬼
16日	12/25	木	乙丑	除	海中金	柳
17日	12/26	金	丙寅	満	爐中火	星
18日	12/27	土	丁卯	平	爐中火	張
19日	12/28	日	戊辰	定	大林木	翼
20日	12/29	月	己巳	執	大林木	軫
21日	12/30	火	庚午	破	路傍土	角
22日	12/31	水	辛未	危	路傍土	亢

1682年

日	西暦	曜	干支	直	納音	宿
23日	01/01	木	壬申	成	釼鋒金	氐
24日	01/02	金	癸酉	納	釼鋒金	房
25日	01/03	土	甲戌	開	山頭火	心
26日	01/04	日	乙亥	閉	山頭火	尾
27日	01/05	月	丙子	建	澗下水	箕
28日	01/06	火	丁丑	除	澗下水	斗
29日	01/07	水	戊寅	満	城頭土	女
30日	01/08	木	己卯	満	城頭土	虚

【十二月大 辛丑 虚】
節気 大寒 14日・立春 29日
雑節 土用 11日・節分 28日

日	西暦	曜	干支	直	納音	宿
1日	01/09	金	庚辰	平	白鑞金	虚
2日	01/10	土	辛巳	定	白鑞金	危
3日	01/11	日	壬午	執	楊柳木	室
4日	01/12	月	癸未	破	楊柳木	壁
5日	01/13	火	甲申	危	井泉水	奎
6日	01/14	水	乙酉	成	井泉水	婁
7日	01/15	木	丙戌	納	屋上土	胃
8日	01/16	金	丁亥	開	屋上土	昴
9日	01/17	土	戊子	閉	霹靂火	畢
10日	01/18	日	己丑	建	霹靂火	觜
11日	01/19	月	庚寅	除	松柏木	參
12日	01/20	火	辛卯	満	松柏木	井
13日	01/21	水	壬辰	平	長流水	鬼
14日	01/22	木	癸巳	定	長流水	柳
15日	01/23	金	甲午	執	沙中金	星
16日	01/24	土	乙未	破	沙中金	張
17日	01/25	日	丙申	危	山下火	翼
18日	01/26	月	丁酉	成	山下火	軫
19日	01/27	火	戊戌	納	平地木	角
20日	01/28	水	己亥	開	平地木	亢
21日	01/29	木	庚子	閉	壁上土	氐
22日	01/30	金	辛丑	建	壁上土	房
23日	01/31	土	壬寅	除	金箔金	心
24日	02/01	日	癸卯	満	金箔金	尾
25日	02/02	月	甲辰	平	覆燈火	箕
26日	02/03	火	乙巳	定	覆燈火	斗
27日	02/04	水	丙午	執	天河水	女
28日	02/05	木	丁未	破	天河水	虚
29日	02/06	金	戊申	危	大駅土	危
30日	02/07	土	己酉	危	大駅土	室

天和2年
1682～1683　壬戌

【正月小 壬寅 室】

節気 雨水 15日

1日 02/08 日 庚戌 成 釵釧金 室
2日 02/09 月 辛亥 納 釵釧金 壁
3日 02/10 火 壬子 開 桑柘木 奎
4日 02/11 水 癸丑 閉 桑柘木 婁
5日 02/12 木 甲寅 建 大溪水 胃
6日 02/13 金 乙卯 除 大溪水 昴
7日 02/14 土 丙辰 満 沙中土 畢
8日 02/15 日 丁巳 平 沙中土 觜
9日 02/16 月 戊午 平 天上火 参
10日 02/17 火 己未 執 天上火 井
11日 02/18 木 庚申 破 柘榴木 鬼
12日 02/19 木 辛酉 危 柘榴木 柳
13日△02/20 金 壬戌 危 大海水 星
14日 02/21 土 癸亥 納 大海水 張
15日☆02/22 日 甲子 開 海中金 翼
16日 02/23 月 乙丑 閉 海中金 軫
17日 02/24 火 丙寅 建 爐中火 角
18日 02/25 水 丁卯 除 爐中火 亢
19日 02/26 木 戊辰 満 大林木 氐
20日 02/27 金 己巳 平 大林木 房
21日 02/28 土 庚午 定 路傍土 心
22日 03/01 日 辛未 執 路傍土 尾
23日 03/02 月 壬申 破 釵鋒金 箕
24日 03/03 火 癸酉 危 釵鋒金 斗
25日 03/04 水 甲戌 成 山頭火 女
26日 03/05 木 乙亥 納 山頭火 虚
27日 03/06 金 丙子 開 澗下水 室
28日 03/07 土 丁丑 閉 澗下水 室
29日 03/08 日 戊寅 建 城頭土 壁

【二月大 癸卯 奎】

節気 啓蟄 1日・春分 16日
雑節 彼岸 18日・社日 20日

1日 03/09 月 己卯 建 城頭土 奎
2日 03/10 火 庚辰 除 白鑞金 婁
3日 03/11 水 辛巳 満 白鑞金 胃
4日 03/12 木 壬午 平 楊柳木 昴
5日 03/13 金 癸未 定 楊柳木 畢
6日 03/14 土 甲申 執 井泉水 觜
7日 03/15 日 乙酉 破 井泉水 参
8日 03/16 月 丙戌 危 屋上土 井
9日 03/17 火 丁亥 成 屋上土 鬼
10日 03/18 水 戊子 納 霹靂火 柳
11日 03/19 木 己丑 開 霹靂火 星
12日 03/20 金 庚寅 閉 松柏木 張
13日 03/21 土 辛卯 建 松柏木 翼
14日▽03/22 日 壬辰 除 長流水 軫
15日 03/23 月 癸巳 満 長流水 角
16日 03/24 火 甲午 平 沙中金 亢
17日 03/25 水 乙未 定 沙中金 氐
18日 03/26 木 丙申 執 山下火 房
19日 03/27 金 丁酉 破 山下火 心
20日 03/28 土 戊戌 危 平地木 尾
21日 03/29 日 己亥 成 平地木 箕
22日 03/30 月 庚子 納 壁上土 斗
23日 03/31 火 辛丑 開 壁上土 女
24日 04/01 水 壬寅 閉 金箔金 虚
25日 04/02 木 癸卯 建 金箔金 危
26日 04/03 金 甲辰 除 覆燈火 室
27日 04/04 土 乙巳 満 覆燈火 壁
28日 04/05 日 丙午 平 天河水 奎
29日 04/06 月 丁未 定 天河水 婁
30日 04/07 火 戊申 執 大駅土 胃

【三月大 甲辰 胃】

節気 清明 1日・穀雨 16日
雑節 土用 13日・八十八夜 27日

1日 04/08 水 己酉 執 大駅土 胃
2日 04/09 木 庚戌 破 釵釧金 昴
3日 04/10 金 辛亥 危 釵釧金 畢
4日 04/11 土 壬子 成 桑柘木 觜
5日 04/12 日 癸丑 納 桑柘木 参
6日 04/13 月 甲寅 開 大溪水 井
7日 04/14 火 乙卯 閉 大溪水 鬼
8日 04/15 水 丙辰 建 沙中土 柳
9日 04/16 木 丁巳 除 沙中土 星
10日 04/17 金 戊午 満 天上火 張
11日 04/18 土 己未 平 天上火 翼
12日 04/19 日 庚申 定 柘榴木 軫
13日 04/20 月 辛酉 執 柘榴木 角
14日 04/21 火 壬戌 破 大海水 亢
15日 04/22 水 癸亥 危 大海水 氐
16日 04/23 木 甲子 成 海中金 房
17日 04/24 金 乙丑 納 海中金 心
18日 04/25 土 丙寅 開 爐中火 尾
19日 04/26 日 丁卯 閉 爐中火 箕
20日 04/27 月 戊辰 建 大林木 斗
21日 04/28 火 己巳 除 大林木 女
22日 04/29 水 庚午 満 路傍土 虚
23日△04/30 木 辛未 平 路傍土 危
24日 05/01 金 壬申 定 釵鋒金 室
25日 05/02 土 癸酉 執 釵鋒金 壁
26日 05/03 日 甲戌 破 山頭火 奎
27日 05/04 月 乙亥 危 山頭火 婁
28日 05/05 火 丙子 成 澗下水 胃
29日 05/06 水 丁丑 納 澗下水 昴
30日 05/07 木 戊寅 開 城頭土 畢

【四月小 乙巳 畢】

節気 立夏 2日・小満 17日

1日 05/08 金 己卯 閉 城頭土 畢
2日 05/09 土 庚辰 建 白鑞金 觜
3日 05/10 日 辛巳 除 白鑞金 参
4日 05/11 月 壬午 満 楊柳木 井
5日 05/12 火 癸未 平 楊柳木 鬼
6日 05/13 水 甲申 定 井泉水 柳
7日 05/14 木 乙酉 定 井泉水 星
8日 05/15 金 丙戌 破 屋上土 張
9日 05/16 土 丁亥 危 屋上土 翼
10日 05/17 日 戊子 成 霹靂火 軫
11日 05/18 月 己丑 納 霹靂火 角
12日 05/19 火 庚寅 開 松柏木 亢
13日 05/20 水 辛卯 閉 松柏木 氐
14日 05/21 木 壬辰 建 長流水 房
15日 05/22 金 癸巳 除 長流水 心
16日 05/23 土 甲午 満 沙中金 尾
17日▽05/24 日 乙未 平 沙中金 箕
18日 05/25 月 丙申 定 山下火 斗
19日 05/26 火 丁酉 執 山下火 女
20日 05/27 水 戊戌 破 平地木 虚
21日 05/28 木 己亥 危 平地木 危
22日 05/29 金 庚子 成 壁上土 室
23日 05/30 土 辛丑 納 壁上土 壁
24日 05/31 日 壬寅 開 金箔金 奎
25日 06/01 月 癸卯 閉 金箔金 婁
26日 06/02 火 甲辰 建 覆燈火 胃
27日 06/03 水 乙巳 建 覆燈火 昴
28日 06/04 木 丙午 除 天河水 畢
29日 06/05 金 丁未 満 天河水 觜

【五月小 丙午 参】

節気 芒種 3日・夏至 18日
雑節 入梅 5日・半夏生 28日

1日 06/06 土 戊申 平 大駅土 参
2日 06/07 日 己酉 定 大駅土 井
3日 06/08 月 庚戌 執 釵釧金 鬼
4日 06/09 火 辛亥 破 釵釧金 柳
5日 06/10 水 壬子 破 桑柘木 星
6日 06/11 木 癸丑 危 桑柘木 張
7日 06/12 金 甲寅 成 大溪水 翼
8日 06/13 土 乙卯 納 大溪水 軫
9日 06/14 日 丙辰 開 沙中土 角
10日 06/15 月 丁巳 閉 沙中土 亢
11日 06/16 火 戊午 建 天上火 氐
12日 06/17 水 己未 除 天上火 房
13日 06/18 木 庚申 満 柘榴木 心
14日 06/19 金 辛酉 定 柘榴木 尾
15日 06/20 土 壬戌 執 大海水 箕
16日 06/21 日 癸亥 執 大海水 斗
17日 06/22 月 甲子 破 海中金 女
18日 06/23 火 乙丑 危 海中金 虚
19日 06/24 水 丙寅 成 爐中火 危
20日 06/25 木 丁卯 納 爐中火 室
21日 06/26 金 戊辰 開 大林木 壁
22日 06/27 土 己巳 閉 大林木 奎
23日 06/28 日 庚午 建 路傍土 婁
24日 06/29 月 辛未 除 路傍土 胃
25日 06/30 火 壬申 満 釵鋒金 昴
26日 07/01 水 癸酉 平 釵鋒金 畢
27日 07/02 木 甲戌 定 山頭火 觜
28日 07/03 金 乙亥 執 山頭火 参
29日 07/04 土 丙子 破 澗下水 井

【六月小 丁未 鬼】

節気 小暑 4日・大暑 20日
雑節 土用 17日

1日 07/05 日 丁丑 危 澗下水 鬼
2日 07/06 月 戊寅 成 城頭土 柳
3日 07/07 火 己卯 納 城頭土 星
4日 07/08 水 庚辰 納 白鑞金 張
5日△07/09 木 辛巳 開 白鑞金 翼
6日 07/10 金 壬午 閉 楊柳木 軫
7日 07/11 土 癸未 建 楊柳木 角
8日 07/12 日 甲申 除 井泉水 亢
9日 07/13 月 乙酉 満 井泉水 氐
10日 07/14 火 丙戌 平 屋上土 房
11日 07/15 水 丁亥 定 屋上土 心
12日 07/16 木 戊子 執 霹靂火 尾
13日 07/17 金 己丑 破 霹靂火 箕
14日 07/18 土 庚寅 危 松柏木 斗
15日 07/19 日 辛卯 成 松柏木 女
16日 07/20 月 壬辰 納 長流水 虚
17日 07/21 火 癸巳 開 長流水 危
18日 07/22 水 甲午 閉 沙中金 室
19日 07/23 木 乙未 建 沙中金 壁
20日 07/24 金 丙申 除 山下火 奎
21日 07/25 土 丁酉 満 山下火 婁
22日▽07/26 日 戊戌 平 平地木 胃
23日 07/27 月 己亥 定 平地木 昴
24日 07/28 火 庚子 執 壁上土 畢
25日 07/29 水 辛丑 破 壁上土 觜
26日 07/30 木 壬寅 危 金箔金 参
27日 07/31 金 癸卯 成 金箔金 井
28日 08/01 土 甲辰 納 覆燈火 鬼
29日 08/02 日 乙巳 開 覆燈火 柳

【七月大 戊申 張】

節気 立秋 6日・処暑 21日

1日 08/03 月 丙午 閉 天河水 張
2日 08/04 火 丁未 建 天河水 翼
3日 08/05 水 戊申 除 大駅土 軫
4日 08/06 木 己酉 満 大駅土 角
5日 08/07 金 庚戌 平 釵釧金 亢

天和2年

西暦	曜	干支	直	納音	宿
6日 08/08	土	辛亥	平	釵釧金	氐
7日 08/09	日	壬子	定	桑柘木	房
8日 08/10	月	癸丑	執	桑柘木	心
9日 08/11	火	甲寅	破	大溪水	尾
10日 08/12	水	乙卯	危	大溪水	箕
11日 08/13	木	丙辰	成	沙中土	斗
12日 08/14	金	丁巳	納	沙中土	女
13日 08/15	土	戊午	開	天上火	虚
14日 08/16	日	己未	閉	天上火	危
15日 08/17	月	庚申	建	柘榴木	室
16日 08/18	火	辛酉	除	柘榴木	壁
17日 08/19	水	壬戌	満	大海水	奎
18日 08/20	木	癸亥	平	大海水	婁
19日 08/21	金	甲子	定	海中金	胃
20日 08/22	土	乙丑	執	海中金	昴
21日 08/23	日	丙寅	破	爐中火	畢
22日 08/24	月	丁卯	危	爐中火	觜
23日 08/25	火	戊辰	成	大林木	參
24日 08/26	水	己巳	納	大林木	井
25日 08/27	木	庚午	開	路傍土	鬼
26日 08/28	金	辛未	閉	路傍土	柳
27日 08/29	土	壬申	建	釵釧金	星
28日 08/30	日	癸酉	除	釵釧金	張
29日 08/31	月	甲戌	満	山頭火	翼
30日 09/01	火	乙亥	平	山頭火	軫

【八月小 己酉 角】
節気 白露 6日・秋分 22日
雑節 二百十日 2日・社日 23日・彼岸 24日

西暦	曜	干支	直	納音	宿
1日 09/02	水	丙子	定	澗下水	角
2日 09/03	木	丁丑	執	澗下水	亢
3日 09/04	金	戊寅	破	城頭土	氐
4日 09/05	土	己卯	危	城頭土	房
5日 09/06	日	庚辰	成	白鑞金	心
6日 09/07	月	辛巳	納	白鑞金	尾
7日 09/08	火	壬午	開	楊柳木	箕
8日 09/09	水	癸未	閉	楊柳木	斗
9日 09/10	木	甲申	建	井泉水	女
10日 09/11	金	乙酉	除	井泉水	虚
11日 09/12	土	丙戌	満	屋上土	危
12日 09/13	日	丁亥	平	屋上土	室
13日 09/14	月	戊子	定	霹靂火	壁
14日 09/15	火	己丑	執	霹靂火	奎
15日 09/16	水	庚寅	執	松柏木	婁
16日△09/17	木	辛卯	破	松柏木	胃
17日 09/18	金	壬辰	危	長流水	昴
18日 09/19	土	癸巳	成	長流水	畢
19日 09/20	日	甲午	納	沙中金	觜
20日 09/21	月	乙未	開	沙中金	參
21日 09/22	火	丙申	閉	山下火	井
22日 09/23	水	丁酉	建	山下火	鬼
23日 09/24	木	戊戌	除	平地木	柳
24日 09/25	金	己亥	満	平地木	星
25日 09/26	土	庚子	平	壁上土	張
26日▽09/27	日	辛丑	定	壁上土	翼
27日 09/28	月	壬寅	執	金箔金	軫
28日 09/29	火	癸卯	破	金箔金	角
29日 09/30	水	甲辰	危	覆燈火	亢

【九月大 庚戌 氐】
節気 寒露 8日・霜降 23日
雑節 土用 20日

西暦	曜	干支	直	納音	宿
1日 10/01	木	乙巳	成	覆燈火	氐
2日 10/02	金	丙午	納	天河水	房
3日 10/03	土	丁未	開	天河水	心
4日 10/04	日	戊申	閉	大駅土	尾
5日 10/05	月	己酉	建	大駅土	箕
6日 10/06	火	庚戌	除	釵釧金	斗
7日 10/07	水	辛亥	満	釵釧金	女
8日 10/08	木	壬子	平	桑柘木	虚
9日 10/09	金	癸丑	平	桑柘木	危
10日 10/10	土	甲寅	定	大溪水	室
11日 10/11	日	乙卯	執	大溪水	壁
12日 10/12	月	丙辰	破	沙中土	奎
13日 10/13	火	丁巳	危	沙中土	婁
14日 10/14	水	戊午	成	天上火	胃
15日 10/15	木	己未	納	天上火	昴
16日 10/16	金	庚申	開	柘榴木	畢
17日 10/17	土	辛酉	閉	柘榴木	觜
18日 10/18	日	壬戌	建	大海水	參
19日 10/19	月	癸亥	除	大海水	井
20日 10/20	火	甲子	満	海中金	鬼
21日 10/21	水	乙丑	定	海中金	柳
22日 10/22	木	丙寅	定	爐中火	星
23日 10/23	金	丁卯	執	爐中火	張
24日 10/24	土	戊辰	破	大林木	翼
25日 10/25	日	己巳	危	大林木	軫
26日 10/26	月	庚午	成	路傍土	角
27日 10/27	火	辛未	納	路傍土	亢
28日 10/28	水	壬申	開	釵釧金	氐
29日 10/29	木	癸酉	閉	釵釧金	房
30日 10/30	金	甲戌	建	山頭火	心

【十月小 辛亥 心】
節気 立冬 8日・小雪 23日

西暦	曜	干支	直	納音	宿
1日 10/31	土	乙亥	除	山頭火	心
2日 11/01	日	丙子	満	澗下水	尾
3日 11/02	月	丁丑	平	澗下水	箕
4日 11/03	火	戊寅	定	城頭土	斗
5日 11/04	水	己卯	破	城頭土	女
6日 11/05	木	庚辰	破	白鑞金	虚
7日 11/06	金	辛巳	危	白鑞金	危
8日 11/07	土	壬午	成	楊柳木	室
9日 11/08	日	癸未	納	楊柳木	壁
10日 11/09	月	甲申	開	井泉水	奎
11日 11/10	火	乙酉	閉	井泉水	婁
12日 11/11	水	丙戌	建	屋上土	胃
13日 11/12	木	丁亥	除	屋上土	昴
14日 11/13	金	戊子	満	霹靂火	畢
15日 11/14	土	己丑	平	霹靂火	觜
16日 11/15	日	庚寅	定	松柏木	參
17日 11/16	月	辛卯	執	松柏木	井
18日 11/17	火	壬辰	破	長流水	鬼
19日 11/18	水	癸巳	危	沙中金	星
20日 11/19	木	甲午	成	沙中金	張
21日 11/20	金	乙未	納	沙中金	翼
22日 11/21	土	丙申	納	山下火	翼
23日 11/22	日	丁酉	開	山下火	軫
24日 11/23	月	戊戌	閉	平地木	角
25日 11/24	火	己亥	建	平地木	亢
26日△11/25	水	庚子	満	壁上土	氐
27日 11/26	木	辛丑	満	壁上土	房
28日 11/27	金	壬寅	平	金箔金	心
29日 11/28	土	癸卯	定	金箔金	尾

【十一月大 壬子 斗】
節気 大雪 10日・冬至 25日

西暦	曜	干支	直	納音	宿
1日▽11/29	日	甲辰	執	覆燈火	斗
2日 11/30	月	乙巳	破	覆燈火	女
3日 12/01	火	丙午	危	天河水	虚
4日 12/02	水	丁未	成	天河水	危
5日 12/03	木	戊申	納	大駅土	室
6日 12/04	金	己酉	開	大駅土	壁
7日 12/05	土	庚戌	閉	釵釧金	奎
8日 12/06	日	辛亥	建	釵釧金	婁
9日 12/07	月	壬子	除	桑柘木	胃
10日 12/08	火	癸丑	満	桑柘木	昴
11日 12/09	水	甲寅	平	大溪水	畢
12日 12/10	木	乙卯	定	大溪水	觜
13日 12/11	金	丙辰	執	沙中土	參
14日 12/12	土	丁巳	破	沙中土	井
15日 12/13	日	戊午	破	天上火	鬼
16日 12/14	月	己未	危	天上火	柳
17日 12/15	火	庚申	成	柘榴木	星
18日 12/16	水	辛酉	納	柘榴木	張
19日 12/17	木	壬戌	開	大海水	翼
20日 12/18	金	癸亥	閉	大海水	軫
21日 12/19	土	甲子	建	海中金	角
22日 12/20	日	乙丑	除	海中金	亢
23日 12/21	月	丙寅	満	爐中火	氐
24日 12/22	火	丁卯	定	爐中火	房
25日 12/23	水	戊辰	定	大林木	心
26日 12/24	木	己巳	執	大林木	尾
27日 12/25	金	庚午	破	路傍土	斗
28日 12/26	土	辛未	危	路傍土	女
29日 12/27	日	壬申	成	釵釧金	虚
30日 12/28	月	癸酉	納	釵釧金	虚

【十二月大 癸丑 虚】
節気 小寒 10日・大寒 25日
雑節 土用 22日

西暦	曜	干支	直	納音	宿
1日 12/29	火	甲戌	閉	山頭火	虚
2日 12/30	水	乙亥	建	山頭火	危
3日 12/31	木	丙子	建	澗下水	室
1683年					
4日 01/01	金	丁丑	除	澗下水	壁
5日 01/02	土	戊寅	満	城頭土	奎
6日 01/03	日	己卯	平	城頭土	婁
7日 01/04	月	庚辰	定	白鑞金	胃
8日 01/05	火	辛巳	執	白鑞金	昴
9日 01/06	水	壬午	破	楊柳木	畢
10日 01/07	木	癸未	破	楊柳木	觜
11日 01/08	金	甲申	危	井泉水	參
12日 01/09	土	乙酉	成	井泉水	井
13日 01/10	日	丙戌	納	屋上土	鬼
14日 01/11	月	丁亥	開	屋上土	柳
15日 01/12	火	戊子	閉	霹靂火	星
16日 01/13	水	己丑	建	霹靂火	張
17日 01/14	木	庚寅	除	松柏木	翼
18日 01/15	金	辛卯	満	松柏木	軫
19日 01/16	土	壬辰	平	長流水	角
20日 01/17	日	癸巳	定	長流水	亢
21日 01/18	月	甲午	執	沙中金	氐
22日 01/19	火	乙未	破	沙中金	房
23日 01/20	水	丙申	危	山下火	心
24日 01/21	木	丁酉	成	山下火	尾
25日 01/22	金	戊戌	納	平地木	斗
26日 01/23	土	己亥	開	平地木	女
27日 01/24	日	庚子	閉	壁上土	虚
28日 01/25	月	辛丑	建	壁上土	危
29日 01/26	火	壬寅	除	金箔金	室
30日 01/27	水	癸卯	満	金箔金	室

天和3年

1683～1684 癸亥

【正月大 甲寅 室】
節気 立春 11日・雨水 26日
雑節 節分 10日

1日 01/28 木 甲辰 平 覆燈火 室
2日 01/29 金 乙巳 定 覆燈火 壁
3日 01/30 土 丙午 執 天河水 奎
4日▽ 01/31 日 丁未 破 天河水 婁
5日 02/01 月 戊申 危 大駅土 胃昴
6日 02/02 火 己酉 成 大駅土 昴
7日△ 02/03 水 庚戌 納 釵釧金 畢
8日 02/04 木 辛亥 開 釵釧金 觜
9日 02/05 金 壬子 閉 桑柘木 参井
10日 02/06 土 癸丑 建 桑柘木 井
11日 02/07 日 甲寅 除 大渓水 鬼
12日 02/08 月 乙卯 満 大渓水 柳
13日 02/09 火 丙辰 平 沙中土 星
14日 02/10 水 丁巳 平 沙中土 張
15日☆ 02/11 木 戊午 定 天上火 翼
16日 02/12 金 己未 執 天上火 軫
17日 02/13 土 庚申 破 柘榴木 角
18日 02/14 日 辛酉 危 柘榴木 亢氐
19日 02/15 月 壬戌 成 大海水 房
20日 02/16 火 癸亥 納 大海水 心
21日 02/17 水 甲子 開 海中金 尾
22日 02/18 木 乙丑 閉 海中金 箕
23日 02/19 金 丙寅 建 爐中火 斗
24日 02/20 土 丁卯 除 爐中火 牛
25日 02/21 日 戊辰 満 大林木 女虚
26日 02/22 月 己巳 定 大林木 虚
27日 02/23 火 庚午 平 路傍土 危
28日 02/24 水 辛未 執 路傍土 室
29日 02/25 木 壬申 破 剣鋒金 壁
30日 02/26 金 癸酉 危 剣鋒金 奎

【二月小 乙卯 奎】
節気 啓蟄 11日・春分 26日
雑節 社日 25日・彼岸 28日

1日 02/27 土 甲戌 成 山頭火 奎
2日 02/28 日 乙亥 納 山頭火 婁
3日 03/01 月 丙子 開 澗下水 胃
4日 03/02 火 丁丑 閉 澗下水 昴
5日 03/03 水 戊寅 建 城頭土 畢
6日 03/04 木 己卯 除 城頭土 觜
7日 03/05 金 庚辰 満 白鑞金 参井
8日 03/06 土 辛巳 平 白鑞金 鬼
9日 03/07 日 壬午 定 楊柳木 柳
10日 03/08 月 癸未 執 楊柳木 星
11日 03/09 火 甲申 執 井泉水 張
12日 03/10 水 乙酉 破 井泉水 翼
13日 03/11 木 丙戌 危 屋上土 軫
14日 03/12 金 丁亥 成 屋上土 角
15日 03/13 土 戊子 納 霹靂火 亢氐
16日 03/14 日 己丑 開 霹靂火 房
17日 03/15 月 庚寅 閉 松柏木 心尾
18日 03/16 火 辛卯 建 松柏木 箕
19日 03/17 水 壬辰 除 長流水 斗
20日 03/18 木 癸巳 満 長流水 女
21日 03/19 金 甲午 平 沙中金 虚
22日 03/20 土 乙未 定 沙中金 危
23日 03/21 日 丙申 執 山下火 室
24日 03/22 月 丁酉 破 山下火 壁
25日 03/23 火 戊戌 危 平地木 奎
26日 03/24 水 己亥 成 平地木 婁
27日 03/25 木 庚子 納 壁上土 胃
28日 03/26 金 辛丑 開 壁上土 昴
29日 03/27 土 壬寅 閉 金箔金 畢

【三月大 丙辰 胃】
節気 清明 12日・穀雨 28日
雑節 土用 25日

1日 03/28 日 癸卯 建 金箔金 觜
2日 03/29 月 甲辰 除 覆燈火 参
3日 03/30 火 乙巳 満 覆燈火 井
4日 03/31 水 丙午 平 天河水 鬼
5日 04/01 木 丁未 定 天河水 柳
6日 04/02 金 戊申 執 大駅土 星
7日 04/03 土 己酉 破 大駅土 張
8日▽ 04/04 日 庚戌 危 釵釧金 翼
9日 04/05 月 辛亥 成 釵釧金 軫
10日 04/06 火 壬子 納 桑柘木 角
11日 04/07 水 癸丑 開 桑柘木 亢
12日 04/08 木 甲寅 閉 大渓水 氐
13日 04/09 金 乙卯 建 大渓水 房
14日 04/10 土 丙辰 除 沙中土 心
15日 04/11 日 丁巳 満 沙中土 尾
16日 04/12 月 戊午 平 天上火 箕
17日△ 04/13 火 己未 平 天上火 斗
18日 04/14 水 庚申 定 柘榴木 牛
19日 04/15 木 辛酉 執 柘榴木 女
20日 04/16 金 壬戌 破 大海水 虚
21日 04/17 土 癸亥 危 大海水 危
22日 04/18 日 甲子 成 海中金 室
23日 04/19 月 乙丑 納 海中金 壁
24日 04/20 火 丙寅 開 爐中火 奎
25日 04/21 水 丁卯 閉 爐中火 婁
26日 04/22 木 戊辰 建 大林木 胃
27日 04/23 金 己巳 除 大林木 昴
28日 04/24 土 庚午 満 路傍土 畢
29日 04/25 日 辛未 平 路傍土 觜
30日 04/26 月 壬申 定 剣鋒金 参

【四月小 丁巳 畢】
節気 立夏 13日・小満 28日
雑節 八十八夜 9日

1日 04/27 火 癸酉 執 剣鋒金 井
2日 04/28 水 甲戌 破 山頭火 鬼
3日 04/29 木 乙亥 危 山頭火 柳
4日 04/30 金 丙子 成 澗下水 星
5日 05/01 土 丁丑 納 澗下水 張
6日 05/02 日 戊寅 開 城頭土 翼
7日 05/03 月 己卯 閉 城頭土 軫
8日 05/04 火 庚辰 建 白鑞金 角
9日 05/05 水 辛巳 満 白鑞金 亢
10日 05/06 木 壬午 平 楊柳木 氐
11日 05/07 金 癸未 平 楊柳木 房
12日 05/08 土 甲申 定 井泉水 心
13日 05/09 日 乙酉 執 井泉水 尾
14日 05/10 月 丙戌 破 屋上土 箕
15日 05/11 火 丁亥 危 屋上土 斗
16日 05/12 水 戊子 成 霹靂火 牛
17日 05/13 木 己丑 納 霹靂火 女
18日 05/14 金 庚寅 開 松柏木 虚
19日 05/15 土 辛卯 閉 松柏木 危
20日 05/16 日 壬辰 建 長流水 室
21日 05/17 月 癸巳 除 長流水 壁
22日 05/18 火 甲午 満 沙中金 奎
23日 05/19 水 乙未 平 沙中金 婁
24日 05/20 木 丙申 定 山下火 胃
25日 05/21 金 丁酉 執 山下火 昴
26日 05/22 土 戊戌 破 平地木 畢
27日 05/23 日 己亥 危 平地木 觜
28日 05/24 月 庚子 成 壁上土 参
29日 05/25 火 辛丑 成 壁上土 井

【五月大 戊午 参】
節気 芒種 14日・夏至 30日
雑節 入梅 21日

1日 05/26 水 壬寅 納 金箔金 参
2日 05/27 木 癸卯 開 金箔金 井
3日 05/28 金 甲辰 閉 覆燈火 鬼
4日 05/29 土 乙巳 建 覆燈火 柳
5日 05/30 日 丙午 除 天河水 星
6日 05/31 月 丁未 満 天河水 張
7日 06/01 火 戊申 平 大駅土 翼
8日 06/02 水 己酉 定 大駅土 軫角
9日 06/03 木 庚戌 執 釵釧金 角
10日 06/04 金 辛亥 破 釵釧金 亢氐
11日 06/05 土 壬子 危 桑柘木 房
12日▽ 06/06 日 癸丑 成 桑柘木 心尾
13日 06/07 月 甲寅 納 大渓水 尾
14日 06/08 火 乙卯 開 大渓水 箕
15日 06/09 水 丙辰 閉 沙中土 斗
16日 06/10 木 丁巳 建 沙中土 牛
17日 06/11 金 戊午 除 天上火 女虚
18日 06/12 土 己未 満 天上火 虚
19日 06/13 日 庚申 平 柘榴木 危室
20日 06/14 月 辛酉 定 柘榴木 室
21日 06/15 火 壬戌 執 大海水 壁
22日 06/16 水 癸亥 破 大海水 奎婁
23日 06/17 木 甲子 危 海中金 婁
24日 06/18 金 乙丑 成 海中金 胃昴
25日 06/19 土 丙寅 納 爐中火 昴
26日 06/20 日 丁卯 開 爐中火 畢
27日 06/21 月 戊辰 閉 大林木 参
28日△ 06/22 火 己巳 閉 大林木 参井
29日 06/23 水 庚午 建 路傍土 井
30日 06/24 木 辛未 除 路傍土 鬼

【閏五月小 戊午 参】
節気 小暑 15日
雑節 半夏生 10日・土用 27日

1日 06/25 金 壬申 満 剣鋒金 参
2日 06/26 土 癸酉 定 剣鋒金 井
3日 06/27 日 甲戌 定 山頭火 柳
4日 06/28 月 乙亥 執 山頭火 星
5日 06/29 火 丙子 破 澗下水 張
6日 06/30 水 丁丑 危 澗下水 翼
7日 07/01 木 戊寅 成 城頭土 軫
8日 07/02 金 己卯 納 城頭土 角
9日 07/03 土 庚辰 開 白鑞金 亢氐
10日 07/04 日 辛巳 閉 白鑞金 房
11日 07/05 月 壬午 建 楊柳木 心
12日 07/06 火 癸未 除 楊柳木 尾
13日 07/07 水 甲申 満 井泉水 箕
14日 07/08 木 乙酉 平 井泉水 斗
15日 07/09 金 丙戌 定 屋上土 牛
16日 07/10 土 丁亥 執 屋上土 女
17日 07/11 日 戊子 破 霹靂火 虚
18日 07/12 月 己丑 危 霹靂火 危室
19日 07/13 火 庚寅 成 松柏木 室
20日 07/14 水 辛卯 納 松柏木 壁
21日 07/15 木 壬辰 開 長流水 奎
22日 07/16 金 癸巳 閉 長流水 婁
23日 07/17 土 甲午 建 沙中金 胃
24日 07/18 日 乙未 除 沙中金 昴
25日 07/19 月 丙申 満 山下火 畢
26日 07/20 火 丁酉 平 山下火 觜
27日 07/21 水 戊戌 定 平地木 参
28日 07/22 木 己亥 執 平地木 井
29日 07/23 金 庚子 破 壁上土 鬼

【六月小 己未 鬼】
節気 大暑 1日・立秋 16日

1日 07/24 土 辛丑 危 壁上土 鬼
2日 07/25 日 壬寅 成 金箔金 柳
3日 07/26 月 癸卯 納 金箔金 星
4日 07/27 火 甲辰 開 覆燈火 張翼
5日 07/28 水 乙巳 閉 覆燈火 翼
6日 07/29 木 丙午 建 天河水 軫
7日 07/30 金 丁未 除 天河水 角
8日 07/31 土 戊申 満 大駅土 亢氐
9日 08/01 日 己酉 平 大駅土 房
10日 08/02 月 庚戌 定 釵釧金 心尾
11日 08/03 火 辛亥 執 釵釧金 尾
12日 08/04 水 壬子 破 桑柘木 箕
13日 08/05 木 癸丑 危 桑柘木 斗
14日 08/06 金 甲寅 成 大渓水 牛
15日 08/07 土 乙卯 納 大渓水 女

西暦	曜	干支	直	納音	宿
16日▽ 08/08	日	丙辰	成	沙中土	虚
17日 08/09	月	丁巳	納	沙中土	危
18日 08/10	火	戊午	開	天上火	室
19日 08/11	水	己未	閉	天上火	奎
20日 08/12	木	庚申	建	柘榴木	婁
21日 08/13	金	辛酉	除	柘榴木	胃
22日 08/14	土	壬戌	平	大海水	昴
23日 08/15	日	癸亥	平	大海水	畢
24日 08/16	月	甲子	定	海中金	畢
25日 08/17	火	乙丑	執	海中金	觜
26日 08/18	水	丙寅	破	爐中火	参
27日 08/19	木	丁卯	危	爐中火	井
28日 08/20	金	戊辰	成	大林木	鬼
29日 08/21	土	己巳	納	大林木	柳

【七月大 庚申 張】
節気 処暑 2日・白露 18日
雑節 二百十日 14日・社日 29日

西暦	曜	干支	直	納音	宿
1日 08/22	日	庚午	開	路傍土	張
2日 08/23	月	辛未	閉	路傍土	翼
3日 08/24	火	壬申	建	釼鋒金	軫
4日 08/25	水	癸酉	除	釼鋒金	角
5日 08/26	木	甲戌	満	山頭火	亢
6日 08/27	金	乙亥	平	山頭火	氐
7日 08/28	土	丙子	定	澗下水	房
8日 08/29	日	丁丑	執	澗下水	心
9日 08/30	月	戊寅	破	城頭土	尾
10日△ 08/31	火	己卯	危	城頭土	箕
11日 09/01	水	庚辰	成	白鑞金	斗
12日 09/02	木	辛巳	納	白鑞金	女
13日 09/03	金	壬午	開	楊柳木	虚
14日 09/04	土	癸未	閉	楊柳木	危
15日 09/05	日	甲申	建	井泉水	室
16日 09/06	月	乙酉	除	井泉水	奎
17日 09/07	火	丙戌	満	屋上土	婁
18日 09/08	水	丁亥	満	屋上土	胃
19日 09/09	木	戊子	定	霹靂火	昴
20日 09/10	金	己丑	執	霹靂火	畢
21日 09/11	土	庚寅	破	松柏木	觜
22日 09/12	日	辛卯	危	松柏木	参
23日 09/13	月	壬辰	成	長流水	井
24日 09/14	火	癸巳	納	長流水	鬼
25日 09/15	水	甲午	開	沙中金	柳
26日 09/16	木	乙未	閉	沙中金	星
27日 09/17	金	丙申	閉	山下火	張
28日 09/18	土	丁酉	建	山下火	翼
29日 09/19	日	戊戌	除	平地木	軫
30日 09/20	月	己亥	満	平地木	角

【八月小 辛酉 角】
節気 秋分 3日・寒露 18日
雑節 彼岸 5日

西暦	曜	干支	直	納音	宿
1日 09/21	火	庚子	平	壁上土	角
2日 09/22	水	辛丑	定	壁上土	亢
3日 09/23	木	壬寅	執	金箔金	氐
4日 09/24	金	癸卯	破	金箔金	房
5日 09/25	土	甲辰	危	覆燈火	心
6日 09/26	日	乙巳	成	覆燈火	尾
7日 09/27	月	丙午	納	天河水	箕
8日 09/28	火	丁未	開	天河水	斗
9日 09/29	水	戊申	閉	大駅土	女
10日 09/30	木	己酉	建	大駅土	虚
11日 10/01	金	庚戌	除	釼釧金	危
12日 10/02	土	辛亥	満	釼釧金	室
13日 10/03	日	壬子	平	桑柘木	壁
14日 10/04	月	癸丑	定	桑柘木	奎
15日 10/05	火	甲寅	執	大溪水	婁
16日 10/06	水	乙卯	破	大溪水	胃
17日 10/07	木	丙辰	危	沙中土	昴
18日 10/08	金	丁巳	成	沙中土	畢
19日▽ 10/09	土	戊午	納	天上火	觜
20日 10/10	日	己未	納	天上火	参
21日 10/11	月	庚申	開	柘榴木	井
22日 10/12	火	辛酉	閉	柘榴木	鬼
23日 10/13	水	壬戌	建	大海水	柳
24日 10/14	木	癸亥	除	大海水	星
25日 10/15	金	甲子	平	海中金	翼
26日 10/16	土	乙丑	平	海中金	軫
27日 10/17	日	丙寅	定	爐中火	角
28日 10/18	月	丁卯	執	爐中火	亢
29日 10/19	火	戊辰	破	大林木	氐

【九月大 壬戌 氐】
節気 霜降 4日・立冬 19日
雑節 土用 1日

西暦	曜	干支	直	納音	宿
1日 10/20	水	己巳	危	大林木	氐
2日 10/21	木	庚午	成	路傍土	房
3日 10/22	金	辛未	納	路傍土	心
4日 10/23	土	壬申	開	釼鋒金	尾
5日 10/24	日	癸酉	閉	釼鋒金	箕
6日 10/25	月	甲戌	建	山頭火	斗
7日 10/26	火	乙亥	除	山頭火	女
8日 10/27	水	丙子	満	澗下水	虚
9日 10/28	木	丁丑	平	澗下水	危
10日 10/29	金	戊寅	定	城頭土	室
11日 10/30	土	己卯	執	城頭土	壁
12日 10/31	日	庚辰	破	白鑞金	奎
13日 11/01	月	辛巳	危	白鑞金	婁
14日 11/02	火	壬午	成	楊柳木	胃
15日 11/03	水	癸未	納	楊柳木	昴
16日 11/04	木	甲申	開	井泉水	畢
17日 11/05	金	乙酉	閉	井泉水	觜
18日 11/06	土	丙戌	建	屋上土	参
19日 11/07	日	丁亥	除	屋上土	井
20日△ 11/08	月	戊子	除	霹靂火	鬼
21日 11/09	火	己丑	満	霹靂火	柳
22日 11/10	水	庚寅	平	松柏木	星
23日 11/11	木	辛卯	定	松柏木	張
24日 11/12	金	壬辰	執	長流水	翼
25日 11/13	土	癸巳	危	長流水	軫
26日 11/14	日	甲午	危	沙中金	角
27日 11/15	月	乙未	成	沙中金	亢
28日 11/16	火	丙申	納	山下火	氐
29日 11/17	水	丁酉	開	山下火	房
30日 11/18	木	戊戌	閉	平地木	心

【十月小 癸亥 心】
節気 小雪 5日・大雪 20日

西暦	曜	干支	直	納音	宿
1日 11/19	金	己亥	成	平地木	心
2日 11/20	土	庚子	除	壁上土	尾
3日 11/21	日	辛丑	満	壁上土	箕
4日 11/22	月	壬寅	平	金箔金	斗
5日 11/23	火	癸卯	定	金箔金	女
6日 11/24	水	甲辰	執	覆燈火	虚
7日 11/25	木	乙巳	破	覆燈火	危
8日 11/26	金	丙午	危	天河水	室
9日 11/27	土	丁未	成	天河水	壁
10日 11/28	日	戊申	納	大駅土	奎
11日 11/29	月	己酉	開	大駅土	婁
12日 11/30	火	庚戌	閉	釼釧金	胃
13日 12/01	水	辛亥	建	釼釧金	昴
14日 12/02	木	壬子	除	桑柘木	畢
15日 12/03	金	癸丑	満	桑柘木	觜
16日 12/04	土	甲寅	平	大溪水	参
17日 12/05	日	乙卯	定	大溪水	井
18日 12/06	月	丙辰	執	沙中土	鬼
19日 12/07	火	丁巳	破	沙中土	柳
20日 12/08	水	戊午	危	天上火	星
21日 12/09	木	己未	成	天上火	張
22日 12/10	金	庚申	納	柘榴木	翼
23日▽ 12/11	土	辛酉	納	柘榴木	軫
24日 12/12	日	壬戌	開	大海水	角
25日 12/13	月	癸亥	閉	大海水	亢
26日 12/14	火	甲子	建	海中金	氐
27日 12/15	水	乙丑	除	海中金	房
28日 12/16	木	丙寅	満	爐中火	心
29日 12/17	金	丁卯	平	爐中火	尾

【十一月大 甲子 斗】
節気 冬至 6日・小寒 21日

西暦	曜	干支	直	納音	宿
1日 12/18	土	戊辰	定	大林木	斗
2日 12/19	日	己巳	執	大林木	女
3日 12/20	月	庚午	破	路傍土	虚
4日 12/21	火	辛未	危	路傍土	危
5日 12/22	水	壬申	成	釼鋒金	室
6日 12/23	木	癸酉	納	釼鋒金	壁
7日 12/24	金	甲戌	開	山頭火	奎
8日 12/25	土	乙亥	閉	山頭火	婁
9日 12/26	日	丙子	建	澗下水	胃
10日 12/27	月	丁丑	除	澗下水	昴
11日 12/28	火	戊寅	満	城頭土	畢
12日 12/29	水	己卯	定	城頭土	觜
13日 12/30	木	庚辰	執	白鑞金	参
14日 12/31	金	辛巳	納	白鑞金	井

1684年

西暦	曜	干支	直	納音	宿
15日 01/01	土	壬午	成	楊柳木	鬼
16日☆ 01/02	日	癸未	危	楊柳木	柳
17日 01/03	月	甲申	成	井泉水	星
18日 01/04	火	乙酉	納	井泉水	張
19日 01/05	水	丙戌	開	屋上土	翼
20日 01/06	木	丁亥	閉	屋上土	軫
21日 01/07	金	戊子	建	霹靂火	角
22日 01/08	土	己丑	除	霹靂火	亢
23日 01/09	日	庚寅	満	松柏木	氐
24日 01/10	月	辛卯	満	松柏木	房
25日 01/11	火	壬辰	定	長流水	心
26日 01/12	水	癸巳	執	長流水	尾
27日 01/13	木	甲午	執	沙中金	箕
28日 01/14	金	乙未	破	沙中金	斗
29日 01/15	土	丙申	危	山下火	女
30日 01/16	日	丁酉	成	山下火	虚

【十二月大 乙丑 虚】
節気 大寒 7日・立春 22日
雑節 土用 4日・節分 21日

西暦	曜	干支	直	納音	宿
1日△ 01/17	月	戊戌	開	平地木	虚
2日 01/18	火	己亥	開	平地木	危
3日 01/19	水	庚子	閉	壁上土	室
4日 01/20	木	辛丑	建	壁上土	壁
5日 01/21	金	壬寅	除	金箔金	奎
6日 01/22	土	癸卯	満	金箔金	婁
7日 01/23	日	甲辰	定	覆燈火	胃
8日 01/24	月	乙巳	定	覆燈火	昴
9日 01/25	火	丙午	執	天河水	畢
10日 01/26	水	丁未	破	天河水	觜
11日 01/27	木	戊申	危	大駅土	参
12日 01/28	金	己酉	成	大駅土	井
13日 01/29	土	庚戌	納	釼釧金	鬼
14日 01/30	日	辛亥	開	釼釧金	柳
15日 01/31	月	壬子	閉	桑柘木	星
16日 02/01	火	癸丑	建	桑柘木	張
17日 02/02	水	甲寅	除	大溪水	翼
18日 02/03	木	乙卯	満	大溪水	軫
19日 02/04	金	丙辰	平	沙中土	角
20日 02/05	土	丁巳	定	沙中土	亢
21日 02/06	日	戊午	執	天上火	氐
22日 02/07	月	己未	破	天上火	房
23日 02/08	火	庚申	危	柘榴木	心
24日 02/09	水	辛酉	成	柘榴木	尾
25日 02/10	木	壬戌	納	大海水	箕
26日 02/11	金	癸亥	納	大海水	斗
27日▽ 02/12	土	甲子	開	海中金	女
28日 02/13	日	乙丑	閉	海中金	虚
29日 02/14	月	丙寅	建	爐中火	危
30日 02/15	火	丁卯	除	爐中火	室

貞享元年〔天和4年〕

1684～1685　甲子
※改元＝2月21日

【正月小 丙寅 室】
節気　雨水 7日・啓蟄 22日

1日　02/16　水　戊辰　満　大林木　室
2日　02/17　木　己巳　平　大林木　壁
3日　02/18　金　庚午　定　路傍土　奎
4日　02/19　土　辛未　執　路傍土　婁
5日　02/20　日　壬申　破　釼鋒金　胃
6日　02/21　月　癸酉　危　釼鋒金　昴
7日　02/22　火　甲戌　成　山頭火　畢
8日　02/23　水　乙亥　納　山頭火　觜
9日　02/24　木　丙子　開　澗下水　参
10日　02/25　金　丁丑　閉　澗下水　井
11日　02/26　土　戊寅　建　城頭土　鬼
12日　02/27　日　己卯　除　城頭土　柳
13日　02/28　月　庚辰　満　白鑞金　星
14日　02/29　火　辛巳　平　白鑞金　張
15日　03/01　水　壬午　定　楊柳木　翼
16日　03/02　木　癸未　執　楊柳木　軫
17日　03/03　金　甲申　破　井泉水　角
18日　03/04　土　乙酉　危　井泉水　亢
19日　03/05　日　丙戌　成　屋上土　氐
20日　03/06　月　丁亥　納　屋上土　房
21日　03/07　火　戊子　開　霹靂火　心
22日　03/08　水　己丑　開　霹靂火　尾
23日　03/09　木　庚寅　閉　松柏木　箕
24日　03/10　金　辛卯　建　松柏木　斗
25日　03/11　土　壬辰　除　長流水　女
26日　03/12　日　癸巳　満　長流水　虚
27日　03/13　月　甲午　平　沙中金　危
28日　03/14　火　乙未　定　沙中金　室
29日　03/15　水　丙申　執　山下火　壁

【二月大 丁卯 奎】
節気　春分 8日・清明 24日
雑節　彼岸 10日・社日 12日

1日　03/16　木　丁酉　破　山下火　奎
2日　03/17　金　戊戌　危　平地木　婁
3日　03/18　土　己亥　成　平地木　胃
4日　03/19　日　庚子　納　壁上土　昴
5日　03/20　月　辛丑　開　壁上土　畢
6日　03/21　火　壬寅　閉　金箔金　觜
7日　03/22　水　癸卯　建　金箔金　参
8日　03/23　木　甲辰　除　覆燈火　井
9日　03/24　金　乙巳　満　覆燈火　鬼
10日　03/25　土　丙午　平　天河水　柳
11日　03/26　日　丁未　定　天河水　星
12日△　03/27　月　戊申　執　大駅土　張
13日　03/28　火　己酉　破　大駅土　翼
14日　03/29　水　庚戌　危　釵釧金　軫
15日　03/30　木　辛亥　成　釵釧金　角
16日　03/31　金　壬子　納　桑柘木　亢
17日　04/01　土　癸丑　開　桑柘木　氐
18日　04/02　日　甲寅　閉　大溪水　房
19日　04/03　月　乙卯　建　大溪水　心
20日　04/04　火　丙辰　除　沙中土　尾
21日　04/05　水　丁巳　満　沙中土　箕
＊改元（天和4年→貞享元年）
22日　04/06　木　戊午　平　天上火　斗
23日　04/07　金　己未　定　天上火　女
24日　04/08　土　庚申　定　柘榴木　虚
25日　04/09　日　辛酉　執　柘榴木　危
26日　04/10　月　壬戌　破　大海水　室
27日　04/11　火　癸亥　危　大海水　壁
28日　04/12　水　甲子　成　海中金　奎
29日　04/13　木　乙丑　納　海中金　婁
30日　04/14　金　丙寅　開　爐中火　胃

【三月大 戊辰 胃】
節気　穀雨 9日・立夏 24日
雑節　土用 6日・八十八夜 20日

1日▽　04/15　土　丁卯　閉　爐中火　胃
2日　04/16　日　戊辰　建　大林木　昴
3日　04/17　月　己巳　除　大林木　畢
4日　04/18　火　庚午　満　路傍土　觜
5日　04/19　水　辛未　平　路傍土　参
6日　04/20　木　壬申　定　釼鋒金　井
7日　04/21　金　癸酉　執　釼鋒金　鬼
8日　04/22　土　甲戌　破　山頭火　柳
9日　04/23　日　乙亥　危　山頭火　星
10日　04/24　月　丙子　成　澗下水　張
11日　04/25　火　丁丑　納　澗下水　翼
12日　04/26　水　戊寅　開　城頭土　軫
13日　04/27　木　己卯　閉　城頭土　角
14日　04/28　金　庚辰　建　白鑞金　亢
15日　04/29　土　辛巳　除　白鑞金　氐
16日　04/30　日　壬午　満　楊柳木　房
17日　05/01　月　癸未　平　楊柳木　心
18日　05/02　火　甲申　定　井泉水　尾
19日　05/03　水　乙酉　執　井泉水　箕
20日　05/04　木　丙戌　破　屋上土　斗
21日　05/05　金　丁亥　危　屋上土　女
22日　05/06　土　戊子　成　霹靂火　虚
23日　05/07　日　己丑　納　霹靂火　危
24日　05/08　月　庚寅　納　松柏木　室
25日　05/09　火　辛卯　開　松柏木　壁
26日　05/10　水　壬辰　閉　長流水　奎
27日　05/11　木　癸巳　建　長流水　婁
28日　05/12　金　甲午　除　沙中金　胃
29日　05/13　土　乙未　満　沙中金　昴
30日　05/14　日　丙申　平　山下火　畢

【四月小 己巳 畢】
節気　小満 9日・芒種 25日
雑節　入梅 26日

1日　05/15　月　丁酉　定　山下火　畢
2日　05/16　火　戊戌　執　平地木　觜
3日　05/17　水　己亥　破　平地木　参
4日　05/18　木　庚子　危　壁上土　井
5日　05/19　金　辛丑　成　壁上土　鬼
6日　05/20　土　壬寅　納　金箔金　柳
7日　05/21　日　癸卯　開　金箔金　星
8日　05/22　月　甲辰　閉　覆燈火　張
9日　05/23　火　乙巳　建　覆燈火　翼
10日　05/24　水　丙午　除　天河水　軫
11日　05/25　木　丁未　満　天河水　角
12日　05/26　金　戊申　平　大駅土　亢
13日　05/27　土　己酉　定　大駅土　氐
14日　05/28　日　庚戌　執　釵釧金　房
15日　05/29　月　辛亥　破　釵釧金　心
16日　05/30　火　壬子　危　桑柘木　尾
17日　05/31　水　癸丑　成　桑柘木　箕
18日　06/01　木　甲寅　納　大溪水　斗
19日　06/02　金　乙卯　開　大溪水　女
20日　06/03　土　丙辰　閉　沙中土　虚
21日△　06/04　日　丁巳　建　沙中土　危
22日　06/05　月　戊午　除　天上火　室
23日　06/06　火　己未　満　天上火　壁
24日　06/07　水　庚申　平　柘榴木　奎
25日　06/08　木　辛酉　平　柘榴木　婁
26日　06/09　金　壬戌　定　大海水　胃

【五月大 庚午 参】
節気　夏至 11日・小暑 26日
雑節　半夏生 21日

1日　06/13　火　丙寅　成　爐中火　参
2日　06/14　水　丁卯　納　爐中火　井
3日　06/15　木　戊辰　開　大林木　鬼
4日　06/16　金　己巳　閉　大林木　柳
5日▽　06/17　土　庚午　建　路傍土　星
6日　06/18　日　辛未　除　路傍土　張
7日　06/19　月　壬申　満　釼鋒金　翼
8日　06/20　火　癸酉　平　釼鋒金　軫
9日　06/21　水　甲戌　定　山頭火　角
10日　06/22　木　乙亥　執　山頭火　亢
11日　06/23　金　丙子　破　澗下水　氐
12日　06/24　土　丁丑　危　澗下水　房
13日　06/25　日　戊寅　成　城頭土　心
14日　06/26　月　己卯　納　城頭土　尾
15日　06/27　火　庚辰　開　白鑞金　箕
16日　06/28　水　辛巳　閉　白鑞金　斗
17日　06/29　木　壬午　建　楊柳木　女
18日　06/30　金　癸未　除　楊柳木　虚
19日　07/01　土　甲申　満　井泉水　危
20日　07/02　日　乙酉　平　井泉水　室
21日　07/03　月　丙戌　定　屋上土　壁
22日　07/04　火　丁亥　執　屋上土　奎
23日　07/05　水　戊子　破　霹靂火　婁
24日　07/06　木　己丑　危　霹靂火　胃
25日　07/07　金　庚寅　成　松柏木　昴
26日　07/08　土　辛卯　成　松柏木　畢
27日　07/09　日　壬辰　納　長流水　觜
28日　07/10　月　癸巳　開　長流水　参
29日　07/11　火　甲午　閉　沙中金　井
30日　07/12　水　乙未　建　沙中金　鬼

【六月小 辛未 鬼】
節気　大暑 11日・立秋 26日
雑節　土用 8日

1日　07/13　木　丙申　除　山下火　鬼
2日　07/14　金　丁酉　満　山下火　柳
3日　07/15　土　戊戌　平　平地木　星
4日　07/16　日　己亥　定　平地木　張
5日　07/17　月　庚子　執　壁上土　翼
6日　07/18　火　辛丑　破　壁上土　軫
7日　07/19　水　壬寅　危　金箔金　角
8日　07/20　木　癸卯　成　金箔金　亢
9日　07/21　金　甲辰　納　覆燈火　氐
10日　07/22　土　乙巳　開　覆燈火　房
11日　07/23　日　丙午　閉　天河水　心
12日　07/24　月　丁未　建　天河水　尾
13日　07/25　火　戊申　除　大駅土　箕
14日　07/26　水　己酉　満　大駅土　斗
15日　07/27　木　庚戌　平　釵釧金　女
16日　07/28　金　辛亥　定　釵釧金　虚
17日　07/29　土　壬子　執　桑柘木　危
18日　07/30　日　癸丑　破　桑柘木　室
19日　07/31　月　甲寅　危　大溪水　壁
20日　08/01　火　乙卯　成　大溪水　奎
21日△　08/02　水　丙辰　納　沙中土　婁
22日　08/03　木　丁巳　開　沙中土　胃
23日　08/04　金　戊午　閉　天上火　昴
24日　08/05　土　己未　建　天上火　畢
25日　08/06　日　庚申　除　柘榴木　觜
26日　08/07　月　辛酉　除　柘榴木　参
27日　08/08　火　壬戌　満　大海水　井

貞享元年〔天和4年〕

（西暦 曜 干支 直 納音 宿）

	西暦	曜	干支	直	納音	宿
28日	08/09	水	癸亥	平	大海水	鬼
29日	08/10	木	甲子	定	海中金	柳

【七月大 壬申 張】
節気 処暑 13日・白露 28日
雑節 二百十日 24日

	西暦	曜	干支	直	納音	宿
1日	08/11	金	乙丑	執	海中金	張
2日	08/12	土	丙寅	破	爐中火	翼
3日△	08/13	日	丁卯	危	爐中火	軫
4日	08/14	月	戊辰	成	大林木	角
5日	08/15	火	己巳	納	大林木	亢
6日	08/16	水	庚午	開	路傍土	氐
7日	08/17	木	辛未	閉	路傍土	房
8日	08/18	金	壬申	建	釵鋒金	心
9日▽	08/19	土	癸酉	除	釵鋒金	尾
10日	08/20	日	甲戌	満	山頭火	箕
11日	08/21	月	乙亥	平	山頭火	斗
12日	08/22	火	丙子	定	澗下水	女
13日	08/23	水	丁丑	執	澗下水	虚
14日	08/24	木	戊寅	破	城頭土	危
15日	08/25	金	己卯	危	城頭土	室
16日	08/26	土	庚辰	成	白鑞金	壁
17日	08/27	日	辛巳	納	白鑞金	奎
18日	08/28	月	壬午	開	楊柳木	婁
19日	08/29	火	癸未	閉	楊柳木	胃
20日	08/30	水	甲申	建	井泉水	昴
21日	08/31	木	乙酉	除	井泉水	畢
22日	09/01	金	丙戌	満	屋上土	觜
23日	09/02	土	丁亥	平	屋上土	参
24日	09/03	日	戊子	定	霹靂火	井
25日	09/04	月	己丑	執	霹靂火	鬼
26日	09/05	火	庚寅	破	松柏木	柳
27日	09/06	水	辛卯	危	松柏木	星
28日	09/07	木	壬辰	危	長流水	張
29日	09/08	金	癸巳	成	長流水	翼
30日	09/09	土	甲午	納	沙中金	軫

【八月小 癸酉 角】
節気 秋分 13日・寒露 28日
雑節 社日 14日・彼岸 15日

	西暦	曜	干支	直	納音	宿
1日	09/10	日	乙未	開	沙中金	角
2日	09/11	月	丙申	閉	山下火	亢
3日	09/12	火	丁酉	建	山下火	氐
4日	09/13	水	戊戌	除	平地木	房
5日	09/14	木	己亥	満	平地木	心
6日	09/15	金	庚子	平	壁上土	尾
7日	09/16	土	辛丑	定	壁上土	箕
8日	09/17	日	壬寅	執	金箔金	斗
9日	09/18	月	癸卯	破	金箔金	女
10日	09/19	火	甲辰	危	覆燈火	虚
11日	09/20	水	乙巳	成	覆燈火	危
12日	09/21	木	丙午	納	天河水	室
13日	09/22	金	丁未	開	天河水	壁
14日	09/23	土	戊申	閉	大駅土	奎
15日	09/24	日	己酉	建	大駅土	婁
16日	09/25	月	庚戌	除	釵釧金	胃
17日	09/26	火	辛亥	満	釵釧金	昴
18日	09/27	水	壬子	平	桑柘木	畢
19日	09/28	木	癸丑	定	桑柘木	觜
20日	09/29	金	甲寅	執	大溪水	参
21日	09/30	土	乙卯	破	大溪水	井
22日	10/01	日	丙辰	危	沙中土	鬼
23日	10/02	月	丁巳	成	沙中土	柳
24日	10/03	火	戊午	納	天上火	星
25日	10/04	水	己未	開	天上火	張
26日	10/05	木	庚申	閉	柘榴木	翼
27日	10/06	金	辛酉	建	柘榴木	軫
28日	10/07	土	壬戌	建	大海水	角
29日	10/08	日	癸亥	除	大海水	亢

【九月小 甲戌 氐】
節気 霜降 15日
雑節 土用 11日

	西暦	曜	干支	直	納音	宿
1日	10/09	月	甲子	満	海中金	氐
2日	10/10	火	乙丑	平	海中金	房
3日	10/11	水	丙寅	定	爐中火	心
4日	10/12	木	丁卯	執	爐中火	尾
5日	10/13	金	戊辰	破	大林木	箕
6日	10/14	土	己巳	危	大林木	斗
7日	10/15	日	庚午	成	路傍土	女
8日	10/16	月	辛未	納	路傍土	虚
9日	10/17	火	壬申	開	釵鋒金	危
10日	10/18	水	癸酉	閉	釵鋒金	室
11日	10/19	木	甲戌	建	山頭火	壁
12日	10/20	金	乙亥	除	山頭火	奎
13日▽	10/21	土	丙子	満	澗下水	婁
14日△	10/22	日	丁丑	平	澗下水	胃
15日	10/23	月	戊寅	定	城頭土	昴
16日	10/24	火	己卯	執	城頭土	畢
17日	10/25	水	庚辰	破	白鑞金	觜
18日	10/26	木	辛巳	危	白鑞金	参
19日	10/27	金	壬午	成	楊柳木	井
20日	10/28	土	癸未	納	楊柳木	鬼
21日	10/29	日	甲申	開	井泉水	柳
22日	10/30	月	乙酉	閉	井泉水	星
23日	10/31	火	丙戌	閉	屋上土	張
24日	11/01	水	丁亥	除	屋上土	翼
25日	11/02	木	戊子	満	霹靂火	軫
26日	11/03	金	己丑	平	霹靂火	角
27日	11/04	土	庚寅	定	松柏木	亢
28日	11/05	日	辛卯	執	松柏木	氐
29日	11/06	月	壬辰	破	長流水	房

【十月大 乙亥 心】
節気 立冬 1日・小雪 16日

	西暦	曜	干支	直	納音	宿
1日	11/07	火	癸巳	破	長流水	心
2日	11/08	水	甲午	危	沙中金	尾
3日	11/09	木	乙未	成	沙中金	箕
4日	11/10	金	丙申	納	山下火	斗
5日	11/11	土	丁酉	開	山下火	女
6日	11/12	日	戊戌	平	平地木	虚
7日	11/13	月	己亥	除	平地木	危
8日	11/14	火	庚子	除	壁上土	室
9日	11/15	水	辛丑	満	壁上土	壁
10日	11/16	木	壬寅	定	金箔金	奎
11日	11/17	金	癸卯	執	金箔金	婁
12日	11/18	土	甲辰	執	覆燈火	胃
13日	11/19	日	乙巳	破	覆燈火	昴
14日	11/20	月	丙午	危	天河水	畢
15日	11/21	火	丁未	成	天河水	觜
16日	11/22	水	戊申	納	大駅土	参
17日	11/23	木	己酉	開	大駅土	井
18日	11/24	金	庚戌	閉	釵釧金	鬼
19日	11/25	土	辛亥	建	釵釧金	柳
20日	11/26	日	壬子	除	桑柘木	星
21日	11/27	月	癸丑	満	桑柘木	張
22日	11/28	火	甲寅	平	大溪水	翼
23日	11/29	水	乙卯	定	大溪水	軫
24日	11/30	木	丙辰	執	沙中土	角
25日	12/01	金	丁巳	破	沙中土	亢
26日	12/02	土	戊午	危	天上火	氐
27日	12/03	日	己未	成	天上火	房
28日	12/04	月	庚申	納	柘榴木	心
29日	12/05	火	辛酉	開	柘榴木	尾
30日	12/06	水	壬戌	閉	大海水	箕

【十一月小 丙子 斗】
節気 大雪 1日・冬至 16日

	西暦	曜	干支	直	納音	宿
1日	12/07	木	癸亥	閉	大海水	斗
2日	12/08	金	甲子	建	海中金	女
3日	12/09	土	乙丑	除	海中金	虚
4日	12/10	日	丙寅	満	爐中火	危
5日	12/11	月	丁卯	定	爐中火	室
6日	12/12	火	戊辰	定	大林木	壁
7日	12/13	水	己巳	執	大林木	奎
8日	12/14	木	庚午	破	路傍土	婁
9日	12/15	金	辛未	危	路傍土	胃
10日	12/16	土	壬申	成	釵鋒金	昴
11日	12/17	日	癸酉	納	釵鋒金	畢
12日	12/18	月	甲戌	開	山頭火	觜
13日	12/19	火	乙亥	閉	山頭火	参
14日	12/20	水	丙子	建	澗下水	井
15日	12/21	木	丁丑	除	澗下水	鬼
16日☆	12/22	金	戊寅	満	城頭土	柳
17日▽	12/23	土	己卯	平	城頭土	星
18日	12/24	日	庚辰	定	白鑞金	張
19日	12/25	月	辛巳	執	白鑞金	翼
20日	12/26	火	壬午	破	楊柳木	軫
21日	12/27	水	癸未	危	楊柳木	角
22日	12/28	木	甲申	成	井泉水	亢
23日	12/29	金	乙酉	納	井泉水	氐
24日△	12/30	土	丙戌	開	屋上土	房
25日	12/31	日	丁亥	閉	屋上土	心

1685年

	西暦	曜	干支	直	納音	宿
26日	01/01	月	戊子	建	霹靂火	尾
27日	01/02	火	己丑	除	霹靂火	箕
28日	01/03	水	庚寅	満	松柏木	斗
29日	01/04	木	辛卯	平	松柏木	女

【十二月大 丁丑 虚】
節気 小寒 3日・大寒 18日
雑節 土用 15日・節分 30日

	西暦	曜	干支	直	納音	宿
1日◎	01/05	金	壬辰	定	長流水	虚
2日	01/06	土	癸巳	執	長流水	危
3日	01/07	日	甲午	執	沙中金	室
4日	01/08	月	乙未	破	沙中金	壁
5日	01/09	火	丙申	危	山下火	奎
6日	01/10	水	丁酉	成	山下火	婁
7日	01/11	木	戊戌	納	平地木	胃
8日	01/12	金	己亥	開	平地木	昴
9日	01/13	土	庚子	閉	壁上土	畢
10日	01/14	日	辛丑	建	壁上土	觜
11日	01/15	月	壬寅	満	金箔金	参
12日	01/16	火	癸卯	満	金箔金	井
13日	01/17	水	甲辰	平	覆燈火	鬼
14日	01/18	木	乙巳	定	覆燈火	柳
15日	01/19	金	丙午	破	天河水	星
16日	01/20	土	丁未	破	天河水	張
17日	01/21	日	戊申	危	大駅土	翼
18日	01/22	月	己酉	成	大駅土	軫
19日	01/23	火	庚戌	納	釵釧金	角
20日	01/24	水	辛亥	開	釵釧金	亢
21日	01/25	木	壬子	閉	桑柘木	氐
22日	01/26	金	癸丑	建	桑柘木	房
23日	01/27	土	甲寅	除	大溪水	心
24日	01/28	日	乙卯	満	大溪水	尾
25日	01/29	月	丙辰	平	沙中土	箕
26日	01/30	火	丁巳	定	沙中土	斗
27日	01/31	水	戊午	執	天上火	女
28日	02/01	木	己未	破	天上火	虚
29日	02/02	金	庚申	危	柘榴木	危
30日	02/03	土	辛酉	成	柘榴木	室

貞享2年

1685～1686 乙丑 觜

【正月小 戊寅 星】
節気 立春 1日・雨水 16日

1日	02/04	日	壬戌	成	大海水	星
2日	02/05	月	癸亥	納	大海水	張
3日	02/06	火	甲子	開	海中金	翼
4日	02/07	水	乙丑	閉	海中金	軫
5日	02/08	木	丙寅	建	爐中火	角
6日	02/09	金	丁卯	除	爐中火	亢
7日	02/10	土	戊辰	満	大林木	氐
8日	02/11	日	己巳	定	路傍土	房
9日	02/12	月	庚午	執	路傍土	心
10日	02/13	火	辛未	破	釵釧金	尾
11日	02/14	水	壬申	破	釵釧金	箕
12日	02/15	木	癸酉	成	山頭火	斗
13日	02/16	金	甲戌	成	山頭火	牛
14日	02/17	土	乙亥	納	山頭火	女
15日	02/18	日	丙子	開	澗下水	虚
16日	02/19	月	丁丑	閉	澗下水	危
17日	02/20	火	戊寅	建	城頭土	室
18日	02/21	水	己卯	除	城頭土	壁
19日	02/22	木	庚辰	満	白鑞金	奎
20日	02/23	金	辛巳	平	白鑞金	婁
21日	02/24	土	壬午	定	楊柳木	胃
22日	02/25	日	癸未	執	楊柳木	昴
23日	02/26	月	甲申	破	井泉水	畢
24日	02/27	火	乙酉	危	井泉水	觜
25日	02/28	水	丙戌	成	屋上土	参
26日	03/01	木	丁亥	納	屋上土	井
27日	03/02	金	戊子	開	霹靂火	鬼
28日	03/03	土	己丑	閉	霹靂火	柳
29日	03/04	日	庚寅	建	松柏木	星

【二月大 己卯 張】
節気 啓蟄 3日・春分 18日
雑節 社日 18日・彼岸 20日

1日	03/05	月	辛卯	除	松柏木	張
2日	03/06	火	壬辰	満	長流水	翼
3日	03/07	水	癸巳	平	長流水	軫
4日	03/08	木	甲午	平	沙中金	角
5日	03/09	金	乙未	定	沙中金	亢
6日	03/10	土	丙申	執	山下火	氐
7日	03/11	日	丁酉	破	山下火	房
8日	03/12	月	戊戌	危	平地木	心
9日	03/13	火	己亥	成	平地木	尾
10日	03/14	水	庚子	納	壁上土	斗
11日	03/15	木	辛丑	開	壁上土	牛
12日	03/16	金	壬寅	閉	金箔金	女
13日	03/17	土	癸卯	建	金箔金	虚
14日	03/18	日	甲辰	除	覆燈火	危
15日	03/19	月	乙巳	満	覆燈火	室
16日	03/20	火	丙午	平	天河水	壁
17日	03/21	水	丁未	定	天河水	奎
18日	03/22	木	戊申	執	大駅土	婁
19日	03/23	金	己酉	破	大駅土	胃
20日	03/24	土	庚戌	危	釵釧金	昴
21日	03/25	日	辛亥	納	釵釧金	畢
22日	03/26	月	壬子	納	桑柘木	觜
23日	03/27	火	癸丑	開	桑柘木	参
24日	03/28	水	甲寅	閉	大溪水	井
25日	03/29	木	乙卯	建	大溪水	鬼
26日	03/30	金	丙辰	除	沙中土	柳
27日	03/31	土	丁巳	満	沙中土	星
28日	04/01	日	戊午	平	天上火	張

【三月小 庚辰 翼】
節気 清明 3日・穀雨 18日
雑節 土用 15日・八十八夜 29日

1日	04/04	水	辛酉	破	柘榴木	軫
2日	04/05	木	壬戌	危	大海水	角
3日	04/06	金	癸亥	危	大海水	亢
4日	04/07	土	甲子	成	海中金	氐
5日	04/08	日	乙丑	納	海中金	房
6日	04/09	月	丙寅	開	爐中火	心
7日	04/10	火	丁卯	閉	爐中火	尾
8日	04/11	水	戊辰	建	大林木	箕
9日	04/12	木	己巳	除	大林木	斗
10日	04/13	金	庚午	満	路傍土	牛
11日	04/14	土	辛未	定	路傍土	女
12日	04/15	日	壬申	執	釵釧金	虚
13日	04/16	月	癸酉	執	釵釧金	危
14日	04/17	火	甲戌	破	山頭火	室
15日	04/18	水	乙亥	危	山頭火	壁
16日	04/19	木	丙子	成	澗下水	奎
17日	04/20	金	丁丑	納	澗下水	婁
18日	04/21	土	戊寅	開	城頭土	胃
19日	04/22	日	己卯	閉	城頭土	昴
20日	04/23	月	庚辰	建	白鑞金	畢
21日	04/24	火	辛巳	除	白鑞金	觜
22日	04/25	水	壬午	満	楊柳木	参
23日	04/26	木	癸未	定	楊柳木	井
24日	04/27	金	甲申	定	井泉水	鬼
25日	04/28	土	乙酉	執	井泉水	柳
26日	04/29	日	丙戌	破	屋上土	星
27日	04/30	月	丁亥	危	屋上土	張
28日	05/01	火	戊子	成	霹靂火	翼
29日	05/02	水	己丑	納	霹靂火	軫

【四月大 辛巳 軫】
節気 立夏 4日・小満 20日

1日	05/03	木	庚寅	開	松柏木	角
2日	05/04	金	辛卯	閉	松柏木	亢
3日	05/05	土	壬辰	建	長流水	氐
4日	05/06	日	癸巳	除	長流水	房
5日	05/07	月	甲午	除	沙中金	心
6日	05/08	火	乙未	満	沙中金	尾
7日	05/09	水	丙申	平	山下火	箕
8日	05/10	木	丁酉	定	山下火	斗
9日	05/11	金	戊戌	執	平地木	牛
10日	05/12	土	己亥	破	平地木	女
11日	05/13	日	庚子	危	壁上土	虚
12日	05/14	月	辛丑	納	壁上土	危
13日	05/15	火	壬寅	納	金箔金	室
14日	05/16	水	癸卯	開	金箔金	壁
15日	05/17	木	甲辰	閉	覆燈火	奎
16日	05/18	金	乙巳	建	覆燈火	婁
17日	05/19	土	丙午	除	天河水	胃
18日	05/20	日	丁未	満	天河水	昴
19日	05/21	月	戊申	平	大駅土	畢
20日	05/22	火	己酉	定	大駅土	觜
21日	05/23	水	庚戌	執	釵釧金	参
22日	05/24	木	辛亥	破	釵釧金	井
23日	05/25	金	壬子	危	桑柘木	鬼
24日	05/26	土	癸丑	成	桑柘木	柳
25日	05/27	日	甲寅	納	大溪水	星
26日	05/28	月	乙卯	開	大溪水	張
27日	05/29	火	丙辰	閉	沙中土	翼
28日	05/30	水	丁巳	建	沙中土	軫
29日	05/31	木	戊午	除	天上火	角
30日	06/01	金	己未	満	天上火	亢

【五月大 壬午 角】
節気 芒種 5日・夏至 20日
雑節 入梅 13日・半夏生 30日

1日	06/02	土	庚申	平	柘榴木	氐
2日	06/03	日	辛酉	定	柘榴木	房
3日	06/04	月	壬戌	執	大海水	心
4日	06/05	火	癸亥	破	大海水	尾
5日	06/06	水	甲子	危	海中金	箕
6日	06/07	木	乙丑	成	海中金	斗
7日	06/08	金	丙寅	納	爐中火	牛
8日	06/09	土	丁卯	開	爐中火	女
9日	06/10	日	戊辰	閉	大林木	虚
10日	06/11	月	己巳	建	大林木	危
11日	06/12	火	庚午	除	路傍土	室
12日	06/13	水	辛未	満	路傍土	壁
13日	06/14	木	壬申	定	釵釧金	奎
14日	06/15	金	癸酉	執	釵釧金	婁
15日☆	06/16	土	甲戌	定	山頭火	胃
16日	06/17	日	乙亥	執	山頭火	昴
17日	06/18	月	丙子	破	澗下水	畢
18日	06/19	火	丁丑	危	澗下水	觜
19日	06/20	水	戊寅	成	城頭土	参
20日	06/21	木	己卯	納	城頭土	井
21日	06/22	金	庚辰	開	白鑞金	鬼
22日	06/23	土	辛巳	閉	白鑞金	柳
23日	06/24	日	壬午	建	楊柳木	星
24日	06/25	月	癸未	除	楊柳木	張
25日	06/26	火	甲申	満	井泉水	翼
26日	06/27	水	乙酉	平	井泉水	軫
27日	06/28	木	丙戌	定	屋上土	角
28日	06/29	金	丁亥	執	屋上土	亢
29日	06/30	土	戊子	破	霹靂火	氐
30日	07/01	日	己丑	危	霹靂火	房

【六月小 癸未 亢】
節気 小暑 5日・大暑 20日
雑節 土用 17日

1日	07/02	月	庚寅	成	松柏木	心
2日	07/03	火	辛卯	納	松柏木	尾
3日	07/04	水	壬辰	開	長流水	箕
4日	07/05	木	癸巳	閉	長流水	斗
5日	07/06	金	甲午	閉	沙中金	牛
6日	07/07	土	乙未	建	沙中金	女
7日	07/08	日	丙申	除	山下火	虚
8日	07/09	月	丁酉	満	山下火	危
9日	07/10	火	戊戌	平	平地木	室
10日	07/11	水	己亥	定	平地木	壁
11日	07/12	木	庚子	執	壁上土	奎
12日	07/13	金	辛丑	破	壁上土	婁
13日	07/14	土	壬寅	危	金箔金	胃
14日	07/15	日	癸卯	成	金箔金	昴
15日	07/16	月	甲辰	納	覆燈火	畢
16日	07/17	火	乙巳	開	覆燈火	觜
17日	07/18	水	丙午	閉	天河水	参
18日	07/19	木	丁未	建	天河水	井
19日	07/20	金	戊申	除	大駅土	鬼
20日	07/21	土	己酉	満	大駅土	柳
21日	07/22	日	庚戌	平	釵釧金	星
22日	07/23	月	辛亥	定	釵釧金	張
23日	07/24	火	壬子	執	桑柘木	翼
24日	07/25	水	癸丑	破	桑柘木	軫
25日	07/26	木	甲寅	危	大溪水	角
26日	07/27	金	乙卯	成	大溪水	亢
27日	07/28	土	丙辰	納	沙中土	氐
28日	07/29	日	丁巳	開	沙中土	房
29日	07/30	月	戊午	閉	天上火	心

【七月大 甲申 氐】
節気 立秋 7日・処暑 22日

1日	07/31	火	己未	建	天上火	尾
2日	08/01	水	庚申	除	柘榴木	箕
3日	08/02	木	辛酉	満	柘榴木	斗
4日	08/03	金	壬戌	平	大海水	牛

貞享2年

日	西暦	曜	干支	直	納音	宿
5日	08/04	土	癸亥	定	大海水	女
6日	08/05	日	甲子	執	海中金	虚
7日	08/06	月	乙丑	執	海中金	危
8日	08/07	火	丙寅	破	爐中火	室
9日	08/08	水	丁卯	危	爐中火	壁
10日	08/09	木	戊辰	成	大林木	奎
11日	08/10	金	己巳	納	大林木	婁
12日	08/11	土	庚午	開	路傍土	胃
13日	08/12	日	辛未	閉	路傍土	昴
14日	08/13	月	壬申	建	劍鋒金	畢
15日	08/14	火	癸酉	除	劍鋒金	觜
16日	08/15	水	甲戌	満	山頭火	参
17日	08/16	木	乙亥	平	山頭火	井
18日	08/17	金	丙子	定	澗下水	鬼
19日	08/18	土	丁丑	執	澗下水	柳
20日	08/19	日	戊寅	破	城頭土	星
21日	08/20	月	己卯	危	城頭土	張
22日	08/21	火	庚辰	成	白鑞金	翼
23日	08/22	水	辛巳	納	白鑞金	軫
24日	08/23	木	壬午	開	楊柳木	角
25日	08/24	金	癸未	閉	楊柳木	亢
26日	08/25	土	甲申	建	井泉水	氐
27日	08/26	日	乙酉	除	井泉水	房
28日	08/27	月	丙戌	満	屋上土	心
29日	08/28	火	丁亥	平	屋上土	尾
30日	08/29	水	戊子	定	霹靂火	箕

【八月小 乙酉 房】
節気 白露 7日・秋分 22日
雑節 二百十日 3日・社日 20日・彼岸 24日

日	西暦	曜	干支	直	納音	宿
1日	08/30	木	己丑	執	霹靂火	斗
2日	08/31	金	庚寅	破	松柏木	牛
3日	09/01	土	辛卯	危	松柏木	女
4日	09/02	日	壬辰	成	長流水	虚
5日	09/03	月	癸巳	納	長流水	危
6日	09/04	火	甲午	開	沙中金	室
7日	09/05	水	乙未	開	沙中金	壁
8日	09/06	木	丙申	閉	山下火	奎
9日	09/07	金	丁酉	建	山下火	婁
10日	09/08	土	戊戌	除	平地木	胃
11日	09/09	日	己亥	満	平地木	昴
12日	09/10	月	庚子	平	壁上土	畢
13日	09/11	火	辛丑	定	壁上土	觜
14日	09/12	水	壬寅	執	金箔金	参
15日	09/13	木	癸卯	破	金箔金	井
16日	09/14	金	甲辰	危	覆燈火	鬼
17日	09/15	土	乙巳	成	覆燈火	柳
18日	09/16	日	丙午	納	天河水	星
19日	09/17	月	丁未	開	天河水	張
20日	09/18	火	戊申	閉	大駅土	翼
21日	09/19	水	己酉	建	大駅土	軫
22日	09/20	木	庚戌	除	釵釧金	角
23日	09/21	金	辛亥	満	釵釧金	亢
24日	09/22	土	壬子	平	桑柘木	氐
25日	09/23	日	癸丑	定	桑柘木	房
26日	09/24	月	甲寅	執	大溪水	心
27日	09/25	火	乙卯	破	大溪水	尾
28日	09/26	水	丙辰	危	沙中土	箕
29日	09/27	木	丁巳	成	沙中土	斗

【九月大 丙戌 心】
節気 寒露 9日・霜降 24日
雑節 土用 21日

日	西暦	曜	干支	直	納音	宿
1日	09/28	金	戊午	納	天上火	牛
2日	09/29	土	己未	開	天上火	女
3日	09/30	日	庚申	閉	柘榴木	虚
4日	10/01	月	辛酉	建	柘榴木	危
5日	10/02	火	壬戌	除	大海水	室
6日	10/03	水	癸亥	満	大海水	壁
7日	10/04	木	甲子	平	海中金	奎
8日	10/05	金	乙丑	定	海中金	婁
9日	10/06	土	丙寅	定	爐中火	胃
10日	10/07	日	丁卯	執	爐中火	昴
11日	10/08	月	戊辰	破	大林木	畢
12日	10/09	火	己巳	危	大林木	觜
13日	10/10	水	庚午	成	路傍土	参
14日	10/11	木	辛未	納	路傍土	井
15日	10/12	金	壬申	開	劍鋒金	鬼
16日	10/13	土	癸酉	閉	劍鋒金	柳
17日	10/14	日	甲戌	建	山頭火	星
18日	10/15	月	乙亥	除	山頭火	張
19日	10/16	火	丙子	満	澗下水	翼
20日	10/17	水	丁丑	平	澗下水	軫
21日	10/18	木	戊寅	定	城頭土	角
22日	10/19	金	己卯	執	城頭土	亢
23日	10/20	土	庚辰	破	白鑞金	氐
24日	10/21	日	辛巳	危	白鑞金	房
25日	10/22	月	壬午	成	楊柳木	心
26日	10/23	火	癸未	納	楊柳木	尾
27日	10/24	水	甲申	開	井泉水	箕
28日	10/25	木	乙酉	閉	井泉水	斗
29日	10/26	金	丙戌	建	屋上土	牛
30日	10/27	土	丁亥	除	屋上土	女

【十月小 丁亥 尾】
節気 立冬 9日・小雪 24日

日	西暦	曜	干支	直	納音	宿
1日	10/28	日	戊子	満	霹靂火	虚
2日	10/29	月	己丑	平	霹靂火	危
3日	10/30	火	庚寅	定	松柏木	室
4日	10/31	水	辛卯	執	松柏木	壁
5日	11/01	木	壬辰	破	長流水	奎
6日	11/02	金	癸巳	危	長流水	婁
7日	11/03	土	甲午	成	沙中金	胃
8日	11/04	日	乙未	納	沙中金	昴
9日	11/05	月	丙申	納	山下火	畢
10日	11/06	火	丁酉	開	山下火	觜
11日	11/07	水	戊戌	閉	平地木	参
12日	11/08	木	己亥	建	平地木	井
13日	11/09	金	庚子	除	壁上土	鬼
14日	11/10	土	辛丑	満	壁上土	柳
15日	11/11	日	壬寅	平	金箔金	星
16日	11/12	月	癸卯	定	金箔金	張
17日	11/13	火	甲辰	執	覆燈火	翼
18日	11/14	水	乙巳	破	覆燈火	軫
19日	11/15	木	丙午	危	天河水	角
20日	11/16	金	丁未	成	天河水	亢
21日	11/17	土	戊申	納	大駅土	氐
22日	11/18	日	己酉	開	大駅土	房
23日	11/19	月	庚戌	閉	釵釧金	心
24日	11/20	火	辛亥	建	釵釧金	尾
25日	11/21	水	壬子	除	桑柘木	箕
26日	11/22	木	癸丑	満	桑柘木	斗
27日	11/23	金	甲寅	平	大溪水	牛
28日	11/24	土	乙卯	定	大溪水	女
29日	11/25	日	丙辰	執	沙中土	虚

【十一月大 戊子 箕】
節気 大雪 10日・冬至 26日

日	西暦	曜	干支	直	納音	宿
1日	11/26	月	丁巳	破	沙中土	危
2日	11/27	火	戊午	危	天上火	室
3日	11/28	水	己未	成	天上火	壁
4日	11/29	木	庚申	納	柘榴木	奎
5日	11/30	金	辛酉	開	柘榴木	婁
6日	12/01	土	壬戌	閉	大海水	胃
7日	12/02	日	癸亥	建	大海水	昴
8日	12/03	月	甲子	除	海中金	畢
9日	12/04	火	乙丑	満	海中金	觜
10日	12/05	水	丙寅	満	爐中火	参
11日	12/06	木	丁卯	平	爐中火	井
12日	12/07	金	戊辰	定	大林木	鬼
13日	12/08	土	己巳	執	大林木	柳
14日	12/09	日	庚午	破	路傍土	星
15日☆	12/10	月	辛未	危	路傍土	張
16日	12/11	火	壬申	成	劍鋒金	翼
17日	12/12	水	癸酉	納	劍鋒金	軫
18日	12/13	木	甲戌	開	山頭火	角
19日	12/14	金	乙亥	閉	山頭火	亢
20日	12/15	土	丙子	建	澗下水	氐
21日	12/16	日	丁丑	除	澗下水	房
22日	12/17	月	戊寅	満	城頭土	心
23日	12/18	火	己卯	平	城頭土	尾
24日	12/19	水	庚辰	定	白鑞金	箕
25日	12/20	木	辛巳	執	白鑞金	斗
26日	12/21	金	壬午	破	楊柳木	牛
27日	12/22	土	癸未	危	楊柳木	女
28日	12/23	日	甲申	成	井泉水	虚
29日	12/24	月	乙酉	納	井泉水	危
30日	12/25	火	丙戌	開	屋上土	室

【十二月小 己丑 斗】
節気 小寒 11日・大寒 26日
雑節 土用 23日

日	西暦	曜	干支	直	納音	宿
1日	12/26	水	丁亥	閉	屋上土	壁
2日	12/27	木	戊子	建	霹靂火	奎
3日	12/28	金	己丑	除	霹靂火	婁
4日	12/29	土	庚寅	満	松柏木	胃
5日	12/30	日	辛卯	平	松柏木	昴
6日	12/31	月	壬辰	定	長流水	畢

1686年

日	西暦	曜	干支	直	納音	宿
7日	01/01	火	癸巳	執	長流水	觜
8日	01/02	水	甲午	破	沙中金	参
9日	01/03	木	乙未	危	沙中金	井
10日	01/04	金	丙申	成	山下火	鬼
11日	01/05	土	丁酉	成	山下火	柳
12日	01/06	日	戊戌	納	平地木	星
13日	01/07	月	己亥	開	平地木	張
14日	01/08	火	庚子	閉	壁上土	翼
15日	01/09	水	辛丑	建	壁上土	軫
16日	01/10	木	壬寅	除	金箔金	角
17日	01/11	金	癸卯	満	金箔金	亢
18日	01/12	土	甲辰	平	覆燈火	氐
19日	01/13	日	乙巳	定	覆燈火	房
20日	01/14	月	丙午	執	天河水	心
21日	01/15	火	丁未	破	天河水	尾
22日	01/16	水	戊申	危	大駅土	箕
23日	01/17	木	己酉	成	大駅土	斗
24日	01/18	金	庚戌	納	釵釧金	牛
25日	01/19	土	辛亥	開	釵釧金	女
26日	01/20	日	壬子	閉	桑柘木	虚
27日	01/21	月	癸丑	建	桑柘木	危
28日	01/22	火	甲寅	除	大溪水	室
29日	01/23	水	乙卯	満	大溪水	壁

貞享3年
1686～1687　丙寅　参

【正月大 庚寅 牛】
節気 立春 12日・雨水 28日
雑節 節分 11日

日	日付	曜	干支	十二直	納音	宿
1日	01/24	木	丙辰	平	沙中土	胃
2日	01/25	金	丁巳	定	沙中土	昴
3日	01/26	土	戊午	執	天上火	畢
4日	01/27	日	己未	破	天上火	觜
5日	01/28	月	庚申	危	柏榴木	参
6日	01/29	火	辛酉	成	柏榴木	井
7日	01/30	水	壬戌	納	大海水	鬼
8日	01/31	木	癸亥	開	大海水	柳
9日	02/01	金	甲子	閉	海中金	星
10日	02/02	土	乙丑	建	海中金	張
11日	02/03	日	丙寅	除	炉中火	翼
12日	02/04	月	丁卯	除	炉中火	軫
13日	02/05	火	戊辰	満	大林木	角
14日	02/06	水	己巳	平	大林木	亢
15日	02/07	木	庚午	定	路傍土	氐
16日	02/08	金	辛未	執	路傍土	房
17日	02/09	土	壬申	破	剣鋒金	心
18日	02/10	日	癸酉	危	剣鋒金	尾
19日	02/11	月	甲戌	成	山頭火	箕
20日	02/12	火	乙亥	納	山頭火	斗
21日	02/13	水	丙子	開	澗下水	牛
22日	02/14	木	丁丑	閉	澗下水	女
23日	02/15	金	戊寅	建	城頭土	虚
24日	02/16	土	己卯	除	城頭土	危
25日	02/17	日	庚辰	満	白鑞金	室
26日	02/18	月	辛巳	平	白鑞金	壁
27日	02/19	火	壬午	定	楊柳木	奎
28日	02/20	水	癸未	執	楊柳木	婁
29日	02/21	木	甲申	破	井泉水	胃
30日	02/22	金	乙酉	危	井泉水	昴

【二月小 辛卯 女】
節気 啓蟄 13日・春分 28日
雑節 社日 23日

日	日付	曜	干支	十二直	納音	宿
1日	02/23	土	丙戌	成	屋上土	畢
2日	02/24	日	丁亥	納	屋上土	觜
3日	02/25	月	戊子	開	霹靂火	参
4日	02/26	火	己丑	閉	霹靂火	井
5日	02/27	水	庚寅	建	松柏木	鬼
6日	02/28	木	辛卯	除	松柏木	柳
7日	03/01	金	壬辰	満	長流水	星
8日	03/02	土	癸巳	平	長流水	張
9日	03/03	日	甲午	定	沙中金	翼
10日	03/04	月	乙未	執	沙中金	軫
11日	03/05	火	丙申	破	山下火	角
12日	03/06	水	丁酉	危	山下火	亢
13日	03/07	木	戊戌	危	平地木	氐
14日	03/08	金	己亥	成	平地木	房
15日	03/09	土	庚子	納	壁上土	心
16日	03/10	日	辛丑	開	壁上土	尾
17日	03/11	月	壬寅	閉	金箔金	箕
18日	03/12	火	癸卯	建	金箔金	斗
19日	03/13	水	甲辰	除	覆燈火	牛
20日	03/14	木	乙巳	満	覆燈火	女
21日	03/15	金	丙午	平	天河水	虚
22日	03/16	土	丁未	定	天河水	危
23日	03/17	日	戊申	執	大駅土	室
24日	03/18	月	己酉	破	大駅土	壁
25日	03/19	火	庚戌	危	釵釧金	奎
26日	03/20	水	辛亥	成	釵釧金	婁
27日	03/21	木	壬子	納	桑柘木	胃
28日	03/22	金	癸丑	開	桑柘木	昴
29日	03/23	土	甲寅	閉	大渓水	畢

【三月大 壬辰 虚】
節気 清明 14日・穀雨 29日
雑節 彼岸 1日・土用 26日

日	日付	曜	干支	十二直	納音	宿
1日	03/24	日	乙卯	建	大渓水	觜
2日	03/25	月	丙辰	除	沙中土	参
3日	03/26	火	丁巳	満	沙中土	井
4日	03/27	水	戊午	平	天上火	鬼
5日	03/28	木	己未	定	天上火	柳
6日	03/29	金	庚申	執	柏榴木	星
7日	03/30	土	辛酉	破	柏榴木	張
8日	03/31	日	壬戌	危	大海水	翼
9日	04/01	月	癸亥	成	大海水	軫
10日	04/02	火	甲子	納	海中金	角
11日	04/03	水	乙丑	開	海中金	亢
12日	04/04	木	丙寅	閉	炉中火	氐
13日	04/05	金	丁卯	建	炉中火	房
14日	04/06	土	戊辰	建	大林木	心
15日	04/07	日	己巳	除	大林木	尾
16日	04/08	月	庚午	満	路傍土	箕
17日	04/09	火	辛未	平	路傍土	斗
18日	04/10	水	壬申	定	剣鋒金	牛
19日	04/11	木	癸酉	執	剣鋒金	女
20日	04/12	金	甲戌	破	山頭火	虚
21日	04/13	土	乙亥	危	山頭火	危
22日	04/14	日	丙子	成	澗下水	室
23日	04/15	月	丁丑	納	澗下水	壁
24日	04/16	火	戊寅	開	城頭土	奎
25日	04/17	水	己卯	閉	城頭土	婁
26日	04/18	木	庚辰	建	白鑞金	胃
27日	04/19	金	辛巳	除	白鑞金	昴
28日	04/20	土	壬午	満	楊柳木	畢
29日	04/21	日	癸未	平	楊柳木	觜
30日	04/22	月	甲申	定	井泉水	参

【閏三月小 壬辰 虚】
節気 立夏 15日
雑節 八十八夜 10日

日	日付	曜	干支	十二直	納音	宿
1日	04/23	火	乙酉	執	井泉水	井
2日	04/24	水	丙戌	破	屋上土	鬼
3日	04/25	木	丁亥	危	屋上土	柳
4日	04/26	金	戊子	成	霹靂火	星
5日	04/27	土	己丑	納	霹靂火	張
6日	04/28	日	庚寅	開	松柏木	翼
7日	04/29	月	辛卯	閉	松柏木	軫
8日	04/30	火	壬辰	建	長流水	角
9日	05/01	水	癸巳	除	長流水	亢
10日	05/02	木	甲午	満	沙中金	氐
11日	05/03	金	乙未	平	沙中金	房
12日	05/04	土	丙申	定	山下火	心
13日	05/05	日	丁酉	執	山下火	尾
14日	05/06	月	戊戌	破	平地木	箕
15日	05/07	火	己亥	破	平地木	斗
16日	05/08	水	庚子	危	壁上土	牛
17日	05/09	木	辛丑	成	壁上土	女
18日	05/10	金	壬寅	納	金箔金	虚
19日	05/11	土	癸卯	開	金箔金	危
20日	05/12	日	甲辰	閉	覆燈火	室
21日	05/13	月	乙巳	建	覆燈火	壁
22日	05/14	火	丙午	除	天河水	奎
23日	05/15	水	丁未	満	天河水	婁
24日	05/16	木	戊申	平	大駅土	胃
25日	05/17	金	己酉	定	大駅土	昴
26日	05/18	土	庚戌	執	釵釧金	畢
27日	05/19	日	辛亥	破	釵釧金	觜
28日	05/20	月	壬子	危	桑柘木	参
29日	05/21	火	癸丑	成	桑柘木	井

【四月大 癸巳 危】
節気 小満 1日・芒種 16日
雑節 入梅 19日

日	日付	曜	干支	十二直	納音	宿
1日	05/22	水	甲寅	納	大渓水	鬼
2日	05/23	木	乙卯	開	大渓水	柳
3日	05/24	金	丙辰	閉	沙中土	星
4日	05/25	土	丁巳	建	沙中土	張
5日	05/26	日	戊午	除	天上火	翼
6日	05/27	月	己未	満	天上火	軫
7日	05/28	火	庚申	平	柏榴木	角
8日	05/29	水	辛酉	定	柏榴木	亢
9日	05/30	木	壬戌	執	大海水	氐
10日	05/31	金	癸亥	破	大海水	房
11日	06/01	土	甲子	危	海中金	心
12日	06/02	日	乙丑	成	海中金	尾
13日	06/03	月	丙寅	納	炉中火	箕
14日	06/04	火	丁卯	開	炉中火	斗
15日	06/05	水	戊辰	閉	大林木	牛
16日☆	06/06	木	己巳	閉	大林木	女
17日	06/07	金	庚午	建	路傍土	虚
18日	06/08	土	辛未	除	路傍土	危
19日	06/09	日	壬申	満	剣鋒金	室
20日	06/10	月	癸酉	平	剣鋒金	壁
21日	06/11	火	甲戌	定	山頭火	奎
22日	06/12	水	乙亥	執	山頭火	婁
23日	06/13	木	丙子	破	澗下水	胃
24日	06/14	金	丁丑	危	澗下水	昴
25日	06/15	土	戊寅	成	城頭土	畢
26日	06/16	日	己卯	納	城頭土	觜
27日	06/17	月	庚辰	開	白鑞金	参
28日	06/18	火	辛巳	閉	白鑞金	井
29日	06/19	水	壬午	建	楊柳木	鬼
30日	06/20	木	癸未	除	楊柳木	柳

【五月小 甲午 室】
節気 夏至 1日・小暑 16日
雑節 半夏生 11日・土用 29日

日	日付	曜	干支	十二直	納音	宿
1日	06/21	金	甲申	満	井泉水	星
2日	06/22	土	乙酉	平	井泉水	張
3日	06/23	日	丙戌	定	屋上土	翼
4日	06/24	月	丁亥	執	屋上土	軫
5日	06/25	火	戊子	破	霹靂火	角
6日	06/26	水	己丑	危	霹靂火	亢
7日	06/27	木	庚寅	成	松柏木	氐
8日	06/28	金	辛卯	納	松柏木	房
9日	06/29	土	壬辰	開	長流水	心
10日	06/30	日	癸巳	閉	長流水	尾
11日	07/01	月	甲午	建	沙中金	箕
12日	07/02	火	乙未	除	沙中金	斗
13日	07/03	水	丙申	満	山下火	牛
14日	07/04	木	丁酉	平	山下火	女
15日	07/05	金	戊戌	定	平地木	虚
16日	07/06	土	己亥	定	平地木	危
17日	07/07	日	庚子	執	壁上土	室
18日	07/08	月	辛丑	破	壁上土	壁
19日	07/09	火	壬寅	危	金箔金	奎
20日	07/10	水	癸卯	成	金箔金	婁
21日	07/11	木	甲辰	納	覆燈火	胃
22日	07/12	金	乙巳	開	覆燈火	昴
23日	07/13	土	丙午	閉	天河水	畢
24日	07/14	日	丁未	建	天河水	觜
25日	07/15	月	戊申	除	大駅土	参
26日	07/16	火	己酉	満	大駅土	井
27日	07/17	水	庚戌	平	釵釧金	鬼
28日	07/18	木	辛亥	定	釵釧金	柳
29日	07/19	金	壬子	執	桑柘木	星

【六月大 乙未 壁】
節気 大暑 3日・立秋 18日

日	日付	曜	干支	十二直	納音	宿
1日	07/20	土	癸丑	破	桑柘木	張
2日	07/21	日	甲寅	危	大渓水	翼
3日	07/22	月	乙卯	成	大渓水	軫
4日	07/23	火	丙辰	納	沙中土	角
5日	07/24	水	丁巳	開	沙中土	亢
6日	07/25	木	戊午	閉	天上火	氐
7日	07/26	金	己未	建	天上火	房
8日	07/27	土	庚申	除	柏榴木	心
9日	07/28	日	辛酉	満	柏榴木	尾
10日	07/29	月	壬戌	平	大海水	箕
11日	07/30	火	癸亥	定	大海水	斗
12日	07/31	水	甲子	執	海中金	牛
13日	08/01	木	乙丑	破	海中金	女
14日	08/02	金	丙寅	危	炉中火	虚
15日	08/03	土	丁卯	成	炉中火	危

貞享3年

西暦	曜	干支	直	納音	宿
16日 08/04	日	戊辰	納	大林木	虚
17日 08/05	月	己巳	開	路傍土	室
18日 08/06	火	庚午	閉	路傍土	壁
19日 08/07	水	辛未	建	路傍土	奎
20日 08/08	木	壬申	建	釼鋒金	婁
21日 08/09	金	癸酉	除	釼鋒金	胃
22日 08/10	土	甲戌	満	山頭火	昴
23日 08/11	日	乙亥	満	山頭火	畢
24日 08/12	月	丙子	定	潤下水	觜
25日 08/13	火	丁丑	執	潤下水	参
26日 08/14	水	戊寅	破	城頭土	井
27日 08/15	木	己卯	危	城頭土	鬼
28日 08/16	金	庚辰	成	白鑞金	柳
29日 08/17	土	辛巳	納	白鑞金	星
30日 08/18	日	壬午	開	楊柳木	星

【七月大 丙申 奎】
節気 処暑 3日・白露 18日
雑節 二百十日 14日

西暦	曜	干支	直	納音	宿
1日 08/19	月	癸未	閉	楊柳木	張
2日 08/20	火	甲申	建	井泉水	翼
3日 08/21	水	乙酉	除	井泉水	軫
4日 08/22	木	丙戌	満	屋上土	角
5日 08/23	金	丁亥	平	屋上土	亢
6日 08/24	土	戊子	定	霹靂火	氐
7日 08/25	日	己丑	執	霹靂火	房
8日 08/26	月	庚寅	破	松柏木	心
9日 08/27	火	辛卯	危	松柏木	尾
10日 08/28	水	壬辰	納	長流水	箕
11日 08/29	木	癸巳	納	長流水	斗
12日 08/30	金	甲午	開	沙中金	牛
13日 08/31	土	乙未	閉	沙中金	女
14日 09/01	日	丙申	建	山下火	虚
15日 09/02	月	丁酉	除	山下火	危
16日 09/03	火	戊戌	平	平地木	室
17日 09/04	水	己亥	平	平地木	壁
18日 09/05	木	庚子	定	壁上土	奎
19日 09/06	金	辛丑	執	壁上土	婁
20日 09/07	土	壬寅	執	金箔金	胃
21日 09/08	日	癸卯	破	金箔金	昴
22日 09/09	月	甲辰	危	覆燈火	畢
23日 09/10	火	乙巳	成	覆燈火	觜
24日 09/11	水	丙午	納	天河水	参
25日 09/12	木	丁未	開	天河水	井
26日 09/13	金	戊申	閉	大駅土	鬼
27日 09/14	土	己酉	建	大駅土	柳
28日 09/15	日	庚戌	除	釼釧金	星
29日 09/16	月	辛亥	満	釼釧金	張
30日 09/17	火	壬子	平	桑柘木	翼

【八月小 丁酉 婁】
節気 秋分 4日・寒露 19日
雑節 彼岸 6日・社日 6日

西暦	曜	干支	直	納音	宿
1日 09/18	水	癸丑	執	桑柘木	軫
2日 09/19	木	甲寅	執	大溪水	角
3日 09/20	金	乙卯	破	大溪水	亢
4日 09/21	土	丙辰	危	沙中土	氐
5日 09/22	日	丁巳	成	沙中土	房
6日 09/23	月	戊午	納	天上火	心
7日 09/24	火	己未	開	天上火	尾
8日 09/25	水	庚申	閉	柘榴木	箕
9日 09/26	木	辛酉	建	柘榴木	斗
10日 09/27	金	壬戌	除	大海水	牛
11日 09/28	土	癸亥	満	大海水	女
12日 09/29	日	甲子	平	海中金	虚
13日 09/30	月	乙丑	定	海中金	危
14日 10/01	火	丙寅	執	爐中火	室
15日 10/02	水	丁卯	破	爐中火	壁
16日 10/03	木	戊辰	危	大林木	奎
17日 10/04	金	己巳	成	大林木	婁
18日 10/05	土	庚午	納	路傍土	昴
19日 10/06	日	辛未	納	路傍土	畢
20日 10/07	月	壬申	開	釼鋒金	畢

西暦	曜	干支	直	納音	宿
21日 10/08	火	癸酉	閉	釼鋒金	觜
22日 10/09	水	甲戌	建	山頭火	参
23日 10/10	木	乙亥	除	山頭火	井
24日 10/11	金	丙子	満	潤下水	鬼
25日 10/12	土	丁丑	平	潤下水	柳
26日 10/13	日	戊寅	定	城頭土	星
27日 10/14	月	己卯	執	城頭土	張
28日 10/15	火	庚辰	破	白鑞金	翼
29日 10/16	水	辛巳	危	白鑞金	軫

【九月大 戊戌 胃】
節気 霜降 5日・立冬 20日
雑節 土用 2日

西暦	曜	干支	直	納音	宿
1日 10/17	木	壬午	成	楊柳木	角
2日 10/18	金	癸未	納	楊柳木	亢
3日 10/19	土	甲申	開	井泉水	氐
4日 10/20	日	乙酉	建	井泉水	房
5日 10/21	月	丙戌	建	屋上土	心
6日 10/22	火	丁亥	除	屋上土	尾
7日 10/23	水	戊子	満	霹靂火	箕
8日 10/24	木	己丑	平	霹靂火	斗
9日 10/25	金	庚寅	定	松柏木	牛
10日 10/26	土	辛卯	執	松柏木	女
11日 10/27	日	壬辰	破	長流水	虚
12日 10/28	月	癸巳	危	長流水	危
13日 10/29	火	甲午	成	沙中金	室
14日 10/30	水	乙未	納	沙中金	壁
15日 10/31	木	丙申	開	山下火	奎
16日 11/01	金	丁酉	閉	山下火	婁
17日 11/02	土	戊戌	建	平地木	胃
18日 11/03	日	己亥	除	平地木	昴
19日 11/04	月	庚子	満	壁上土	畢
20日 11/05	火	辛丑	満	壁上土	觜
21日 11/06	水	壬寅	平	金箔金	参
22日 11/07	木	癸卯	定	金箔金	井
23日 11/08	金	甲辰	執	覆燈火	鬼
24日 11/09	土	乙巳	破	覆燈火	柳
25日 11/10	日	丙午	危	天河水	星
26日 11/11	月	丁未	成	天河水	張
27日 11/12	火	戊申	納	大駅土	翼
28日 11/13	水	己酉	開	大駅土	軫
29日 11/14	木	庚戌	閉	釼釧金	角
30日 11/15	金	辛亥	建	釼釧金	亢

【十月小 己亥 昴】
節気 小雪 5日・大雪 21日

西暦	曜	干支	直	納音	宿
1日 11/16	土	壬子	満	桑柘木	氐
2日 11/17	日	癸丑	満	桑柘木	房
3日 11/18	月	甲寅	平	大溪水	心
4日 11/19	火	乙卯	定	大溪水	尾
5日 11/20	水	丙辰	執	沙中土	箕
6日 11/21	木	丁巳	破	沙中土	斗
7日 11/22	金	戊午	危	天上火	牛
8日 11/23	土	己未	成	天上火	女
9日 11/24	日	庚申	納	柘榴木	虚
10日 11/25	月	辛酉	開	柘榴木	室
11日 11/26	火	壬戌	閉	大海水	壁
12日 11/27	水	癸亥	建	大海水	奎
13日 11/28	木	甲子	満	海中金	婁
14日 11/29	金	乙丑	平	海中金	胃
15日 11/30	土	丙寅	平	爐中火	昴
16日 12/01	日	丁卯	定	爐中火	畢
17日 12/02	月	戊辰	執	大林木	觜
18日 12/03	火	己巳	破	大林木	参
19日 12/04	水	庚午	危	路傍土	井
20日 12/05	木	辛未	成	路傍土	鬼
21日 12/06	金	壬申	納	釼鋒金	柳
22日 12/07	土	癸酉	開	釼鋒金	星
23日 12/08	日	甲戌	閉	山頭火	張
24日 12/09	月	乙亥	建	山頭火	翼
25日 12/10	火	丙子	除	潤下水	軫
26日 12/11	水	丁丑	除	潤下水	角
27日 12/12	木	戊寅	満	城頭土	角

西暦	曜	干支	直	納音	宿
28日 12/13	金	己卯	平	城頭土	亢
29日 12/14	土	庚辰	定	白鑞金	氐

【十一月大 庚子 畢】
節気 冬至 7日・小寒 22日

西暦	曜	干支	直	納音	宿
1日 12/15	日	辛巳	執	白鑞金	房
2日 12/16	月	壬午	破	楊柳木	心
3日 12/17	火	癸未	危	楊柳木	尾
4日 12/18	水	甲申	成	井泉水	箕
5日 12/19	木	乙酉	納	井泉水	斗
6日 12/20	金	丙戌	開	屋上土	牛
7日 12/21	土	丁亥	閉	屋上土	女
8日 12/22	日	戊子	建	霹靂火	虚
9日 12/23	月	己丑	満	霹靂火	危
10日 12/24	火	庚寅	満	松柏木	室
11日 12/25	水	辛卯	平	松柏木	壁
12日 12/26	木	壬辰	定	長流水	奎
13日 12/27	金	癸巳	執	長流水	婁
14日 12/28	土	甲午	破	沙中金	胃
15日 12/29	日	乙未	危	沙中金	昴
16日 12/30	月	丙申	成	山下火	畢
17日 12/31	火	丁酉	納	山下火	觜

1687年

西暦	曜	干支	直	納音	宿
18日 01/01	水	戊戌	閉	平地木	参
19日 01/02	木	己亥	閉	平地木	井
20日 01/03	金	庚子	建	壁上土	鬼
21日 01/04	土	辛丑	除	壁上土	柳
22日 01/05	日	壬寅	満	金箔金	星
23日 01/06	月	癸卯	平	金箔金	張
24日 01/07	火	甲辰	定	覆燈火	翼
25日 01/08	水	乙巳	執	覆燈火	軫
26日 01/09	木	丙午	破	天河水	角
27日 01/10	金	丁未	危	天河水	亢
28日 01/11	土	戊申	成	大駅土	氐
29日 01/12	日	己酉	納	大駅土	房
30日 01/13	月	庚戌	納	釼釧金	心

【十二月小 辛丑 觜】
節気 大寒 7日・立春 23日
雑節 土用 4日・節分 22日

西暦	曜	干支	直	納音	宿
1日 01/14	火	辛亥	開	釼釧金	尾
2日 01/15	水	壬子	閉	桑柘木	箕
3日 01/16	木	癸丑	建	桑柘木	斗
4日 01/17	金	甲寅	除	大溪水	牛
5日 01/18	土	乙卯	満	大溪水	女
6日 01/19	日	丙辰	平	沙中土	虚
7日 01/20	月	丁巳	定	沙中土	危
8日 01/21	火	戊午	執	天上火	室
9日 01/22	水	己未	危	天上火	壁
10日 01/23	木	庚申	危	柘榴木	奎
11日 01/24	金	辛酉	成	柘榴木	婁
12日 01/25	土	壬戌	納	大海水	胃
13日 01/26	日	癸亥	開	大海水	昴
14日 01/27	月	甲子	閉	海中金	畢
15日 01/28	火	乙丑	建	海中金	觜
16日 01/29	水	丙寅	除	爐中火	参
17日 01/30	木	丁卯	満	爐中火	井
18日 02/01	金	戊辰	平	大林木	柳
19日 02/02	土	己巳	定	路傍土	星
20日 02/03	日	庚午	執	路傍土	張
21日 02/04	月	辛未	破	釼鋒金	翼
22日 02/05	火	壬申	危	釼鋒金	軫
23日 02/06	水	癸酉	危	山頭火	角
24日 02/07	木	甲戌	成	山頭火	亢
25日 02/08	金	乙亥	納	潤下水	氐
26日 02/09	土	丙子	開	潤下水	房
27日 02/10	日	丁丑	閉	潤下水	心
28日 02/11	月	戊寅	建	城頭土	尾

貞享4年

1687～1688　丁卯　井

【正月大 壬寅 参】

節気 雨水 9日・啓蟄 24日

日	新暦	曜	干支	直	納音	宿
1日	02/12	水	庚寅	満	白鑞金	箕
2日	02/13	木	辛卯	平	白鑞金	斗
3日	02/14	金	壬辰	定	楊柳木	牛
4日	02/15	土	癸巳	執	楊柳木	女
5日	02/16	日	甲申	破	井泉水	虚
6日	02/17	月	乙巳	危	井泉水	危
7日	02/18	火	丙戌	成	屋上土	室
8日	02/19	水	丁亥	納	屋上土	壁
9日	02/20	木	戊子	開	霹靂火	奎
10日	02/21	金	己丑	閉	霹靂火	婁
11日	02/22	土	庚寅	建	松柏木	胃
12日	02/23	日	辛卯	除	松柏木	昴
13日	02/24	月	壬辰	満	長流水	畢
14日	02/25	火	癸巳	平	長流水	觜
15日	02/26	水	甲午	定	沙中金	参
16日	02/27	木	乙未	執	沙中金	井
17日	02/28	金	丙申	破	山下火	鬼
18日	03/01	土	丁酉	危	山下火	柳
19日	03/02	日	戊戌	成	平地木	星
20日	03/03	月	己亥	納	平地木	張
21日	03/04	火	庚子	開	壁上土	翼
22日	03/05	水	辛丑	閉	壁上土	軫
23日	03/06	木	壬寅	建	金箔金	角
24日	03/07	金	癸卯	除	金箔金	亢
25日	03/08	土	甲辰	除	覆燈火	氏
26日	03/09	日	乙巳	満	覆燈火	房
27日	03/10	月	丙午	平	天河水	心
28日	03/11	火	丁未	定	天河水	尾
29日	03/12	水	戊申	執	大駅土	箕
30日	03/13	木	己酉	破	大駅土	斗

【二月小 癸卯 井】

節気 春分 9日・清明 24日

雑節 社日 9日・彼岸 11日

日	新暦	曜	干支	直	納音	宿
1日	03/14	金	庚戌	危	釵釧金	牛
2日	03/15	土	辛亥	成	釵釧金	女
3日	03/16	日	壬子	納	桑柘木	虚
4日	03/17	月	癸丑	開	桑柘木	危
5日	03/18	火	甲寅	閉	大溪水	室
6日	03/19	水	乙卯	建	大溪水	壁
7日	03/20	木	丙辰	除	沙中土	奎
8日	03/21	金	丁巳	満	沙中土	婁
9日	03/22	土	戊午	平	天上火	胃
10日	03/23	日	己未	定	天上火	昴
11日	03/24	月	庚申	執	柘榴木	畢
12日	03/25	火	辛酉	破	柘榴木	觜
13日	03/26	水	壬戌	危	大海水	参
14日	03/27	木	癸亥	成	大海水	井
15日	03/28	金	甲子	納	海中金	鬼
16日	03/29	土	乙丑	開	海中金	柳
17日	03/30	日	丙寅	閉	爐中火	星
18日	03/31	月	丁卯	建	爐中火	張
19日	04/01	火	戊辰	除	大林木	翼
20日	04/02	水	己巳	満	大林木	軫
21日	04/03	木	庚午	平	路傍土	角
22日	04/04	金	辛未	定	路傍土	亢
23日	04/05	土	壬申	執	釼鋒金	氏
24日	04/06	日	癸酉	破	釼鋒金	房
25日	04/07	月	甲戌	危	山頭火	心
26日	04/08	火	乙亥	成	山頭火	尾
27日	04/09	水	丙子	納	潤下水	箕
28日	04/10	木	丁丑	納	潤下水	斗
29日	04/11	金	戊寅	開	城頭土	牛

【三月小 甲辰 鬼】

節気 穀雨 11日・立夏 26日

雑節 土用 8日・八十八夜 22日

日	新暦	曜	干支	直	納音	宿
1日	04/12	土	己卯	閉	城頭土	女
2日	04/13	日	庚辰	建	白鑞金	虚
3日	04/14	月	辛巳	除	白鑞金	危
4日	04/15	火	壬午	満	楊柳木	室
5日	04/16	水	癸未	平	楊柳木	壁
6日	04/17	木	甲申	執	井泉水	奎
7日	04/18	金	乙酉	執	井泉水	婁
8日	04/19	土	丙戌	破	屋上土	胃
9日	04/20	日	丁亥	危	屋上土	昴
10日	04/21	月	戊子	成	霹靂火	畢
11日	04/22	火	己丑	納	霹靂火	觜
12日	04/23	水	庚寅	開	松柏木	参
13日	04/24	木	辛卯	建	松柏木	井
14日	04/25	金	壬辰	除	長流水	鬼
15日	04/26	土	癸巳	除	長流水	柳
16日	04/27	日	甲午	満	沙中金	星
17日	04/28	月	乙未	定	沙中金	張
18日	04/29	火	丙申	執	山下火	翼
19日	04/30	水	丁酉	執	山下火	軫
20日	05/01	木	戊戌	破	平地木	角
21日	05/02	金	己亥	危	平地木	亢
22日	05/03	土	庚子	成	壁上土	氏
23日	05/04	日	辛丑	納	壁上土	房
24日	05/05	月	壬寅	開	金箔金	心
25日	05/06	火	癸卯	閉	金箔金	尾
26日	05/07	水	甲辰	建	覆燈火	箕
27日	05/08	木	乙巳	除	覆燈火	斗
28日	05/09	金	丙午	満	天河水	牛
29日	05/10	土	丁未	満	天河水	女

【四月大 乙巳 柳】

節気 小満 12日・芒種 27日

日	新暦	曜	干支	直	納音	宿
1日	05/11	日	戊申	平	大駅土	虚
2日	05/12	月	己酉	定	大駅土	室
3日	05/13	火	庚戌	執	釼鋒金	壁
4日	05/14	水	辛亥	破	釼鋒金	奎
5日	05/15	木	壬子	危	桑柘木	婁
6日	05/16	金	癸丑	成	桑柘木	胃
7日	05/17	土	甲寅	納	大溪水	昴
8日	05/18	日	乙卯	開	大溪水	畢
9日	05/19	月	丙辰	閉	沙中土	觜
10日	05/20	火	丁巳	建	沙中土	参
11日	05/21	水	戊午	除	天上火	井
12日	05/22	木	己未	満	天上火	鬼
13日	05/23	金	庚申	定	柘榴木	柳
14日	05/24	土	辛酉	定	柘榴木	星
15日	05/25	日	壬戌	執	大海水	張
16日	05/26	月	癸亥	破	大海水	翼
17日	05/27	火	甲子	危	海中金	軫
18日	05/28	水	乙丑	成	海中金	角
19日	05/29	木	丙寅	納	爐中火	亢
20日	05/30	金	丁卯	納	爐中火	氏
21日	05/31	土	戊辰	開	大林木	房
22日	06/01	日	己巳	建	大林木	心
23日	06/02	月	庚午	除	路傍土	尾
24日	06/03	火	辛未	満	路傍土	箕
25日	06/04	水	壬申	平	釼鋒金	斗
26日	06/05	木	癸酉	定	釼鋒金	牛
27日	06/06	金	甲戌	執	山頭火	女
28日	06/07	土	乙亥	破	山頭火	虚
29日	06/08	日	丙子	危	潤下水	危
30日	06/09	月	丁丑	成	潤下水	室

【五月小 丙午 星】

節気 夏至 13日・小暑 28日

雑節 入梅 5日・半夏生 23日

日	新暦	曜	干支	直	納音	宿
1日	06/10	火	戊寅	成	城頭土	室
2日	06/11	水	己卯	納	城頭土	壁
3日	06/12	木	庚辰	開	白鑞金	奎
4日	06/13	金	辛巳	閉	白鑞金	婁
5日	06/14	土	壬午	建	楊柳木	胃
6日	06/15	日	癸未	除	楊柳木	昴
7日	06/16	月	甲申	満	井泉水	畢
8日	06/17	火	乙酉	平	井泉水	觜
9日	06/18	水	丙戌	定	屋上土	参
10日	06/19	木	丁亥	執	屋上土	井
11日	06/20	金	戊子	破	霹靂火	鬼
12日	06/21	土	己丑	危	霹靂火	柳
13日	06/22	日	庚寅	成	松柏木	星
14日	06/23	月	辛卯	納	松柏木	張
15日	06/24	火	壬辰	開	長流水	翼
16日	06/25	水	癸巳	閉	長流水	軫
17日	06/26	木	甲午	建	沙中金	角
18日	06/27	金	乙未	除	沙中金	亢
19日	06/28	土	丙申	満	山下火	氏
20日	06/29	日	丁酉	平	山下火	房
21日	06/30	月	戊戌	定	平地木	心
22日	07/01	火	己亥	執	平地木	尾
23日	07/02	水	庚子	破	壁上土	箕
24日	07/03	木	辛丑	危	壁上土	斗
25日	07/04	金	壬寅	成	金箔金	牛
26日	07/05	土	癸卯	納	金箔金	女
27日	07/06	日	甲辰	開	覆燈火	虚
28日	07/07	月	乙巳	開	覆燈火	危
29日	07/08	火	丙午	閉	天河水	室

【六月大 丁未 張】

節気 大暑 14日・立秋 29日

雑節 土用 11日

日	新暦	曜	干支	直	納音	宿
1日	07/09	水	丁未	建	天河水	壁
2日	07/10	木	戊申	除	大駅土	奎
3日	07/11	金	己酉	満	大駅土	婁
4日	07/12	土	庚戌	平	釼鋒金	胃
5日	07/13	日	辛亥	定	釼鋒金	昴
6日	07/14	月	壬子	執	桑柘木	畢
7日	07/15	火	癸丑	破	桑柘木	觜
8日	07/16	水	甲寅	危	大溪水	参
9日	07/17	木	乙卯	成	大溪水	井
10日	07/18	金	丙辰	納	沙中土	鬼
11日	07/19	土	丁巳	開	沙中土	柳
12日	07/20	日	戊午	閉	天上火	星
13日	07/21	月	己未	建	天上火	張
14日	07/22	火	庚申	満	柘榴木	翼
15日	07/23	水	辛酉	平	柘榴木	軫
16日	07/24	木	壬戌	平	大海水	角
17日	07/25	金	癸亥	定	大海水	亢
18日	07/26	土	甲子	執	海中金	氏
19日	07/27	日	乙丑	破	海中金	房
20日	07/28	月	丙寅	危	爐中火	心
21日	07/29	火	丁卯	成	爐中火	尾
22日	07/30	水	戊辰	納	大林木	箕
23日	07/31	木	己巳	開	大林木	斗
24日	08/01	金	庚午	閉	路傍土	牛
25日	08/02	土	辛未	建	路傍土	女
26日	08/03	日	壬申	除	釼鋒金	虚
27日	08/04	月	癸酉	満	釼鋒金	危
28日	08/05	火	甲戌	平	山頭火	室
29日	08/06	水	乙亥	定	山頭火	壁
30日	08/07	木	丙子	定	潤下水	奎

【七月大 戊申 翼】

節気 処暑 14日・白露 30日

雑節 二百十日 26日

日	新暦	曜	干支	直	納音	宿
1日	08/08	金	丁丑	執	潤下水	婁
2日	08/09	土	戊寅	破	城頭土	胃
3日	08/10	日	己卯	危	城頭土	昴

貞享4年

西暦	曜	干支	直	納音	宿
4日 08/11	月	庚辰	成	白鑞金	畢
5日 08/12	火	辛巳	納	白鑞金	觜
6日 08/13	水	壬午	開	楊柳木	參
7日 08/14	木	癸未	閉	楊柳木	井
8日 08/15	金	甲申	除	井泉水	鬼
9日 08/16	土	乙酉	満	井泉水	柳
10日 08/17	日	丙戌	満	屋上土	星
11日 08/18	月	丁亥	平	屋上土	張
12日 08/19	火	戊子	定	霹靂火	翼
13日 08/20	水	己丑	執	霹靂火	軫
14日 08/21	木	庚寅	破	松柏木	角
15日 08/22	金	辛卯	危	松柏木	亢
16日 08/23	土	壬辰	納	松柏木	氐
17日 08/24	日	癸巳	納	長流水	房
18日 08/25	月	甲午	閉	沙中金	心
19日 08/26	火	乙未	閉	沙中金	尾
20日 08/27	水	丙申	建	山下火	箕
21日 08/28	木	丁酉	除	山下火	斗
22日 08/29	金	戊戌	満	平地木	牛
23日 08/30	土	己亥	平	平地木	女
24日 08/31	日	庚子	定	壁上土	虛
25日 09/01	月	辛丑	執	壁上土	危
26日 09/02	火	壬寅	破	金箔金	室
27日 09/03	水	癸卯	危	金箔金	壁
28日 09/04	木	甲辰	成	覆燈火	奎
29日 09/05	金	乙巳	納	覆燈火	婁
30日 09/06	土	丙午	納	天河水	胃

【八月小 己酉 軫】
節気 秋分 15日
雑節 社日 12日・彼岸 17日

西暦	曜	干支	直	納音	宿
1日 09/07	日	丁未	開	天河水	昴
2日 09/08	月	戊申	建	大駅土	觜
3日 09/09	火	己酉	除	大駅土	參
4日 09/10	水	庚戌	満	釵釧金	井
5日 09/11	木	辛亥	平	釵釧金	鬼
6日 09/12	金	壬子	定	桑柘木	柳
7日 09/13	土	癸丑	定	桑柘木	星
8日 09/14	日	甲寅	執	大溪水	張
9日 09/15	月	乙卯	破	大溪水	翼
10日 09/16	火	丙辰	危	沙中土	軫
11日 09/17	水	丁巳	成	沙中土	角
12日 09/18	木	戊午	納	天上火	亢
13日 09/19	金	己未	開	天上火	氐
14日 09/20	土	庚申	建	柏榴木	房
15日 09/21	日	辛酉	建	柏榴木	心
16日 09/22	月	壬戌	除	大海水	尾
17日 09/23	火	癸亥	満	大海水	箕
18日 09/24	水	甲子	平	海中金	斗
19日 09/25	木	乙丑	定	海中金	牛
20日 09/26	金	丙寅	執	爐中火	女
21日 09/27	土	丁卯	破	爐中火	虛
22日 09/28	日	戊辰	危	大林木	危
23日 09/29	月	己巳	成	大林木	室
24日 09/30	火	庚午	開	路傍土	壁
25日 10/01	水	辛未	開	路傍土	奎
26日 10/02	木	壬申	閉	釼鋒金	婁
27日 10/03	金	癸酉	建	釼鋒金	胃
28日 10/04	土	甲戌	除	山頭火	昴
29日 10/05	日	乙亥	満	山頭火	昴

【九月大 庚戌 角】
節気 寒露 1日・霜降 16日
雑節 土用 13日

西暦	曜	干支	直	納音	宿
1日 10/06	月	丙子	満	澗下水	畢
2日 10/07	火	丁丑	平	澗下水	觜
3日 10/08	水	戊寅	定	城頭土	參
4日 10/09	木	己卯	執	城頭土	井
5日 10/10	金	庚辰	破	白鑞金	鬼
6日 10/11	土	辛巳	納	白鑞金	柳
7日 10/12	日	壬午	成	楊柳木	星
8日 10/13	月	癸未	納	楊柳木	張
9日 10/14	火	甲申	閉	井泉水	軫
10日 10/15	水	乙酉	閉	井泉水	角
11日 10/16	木	丙戌	建	屋上土	亢
12日 10/17	金	丁亥	除	屋上土	氐
13日 10/18	土	戊子	満	霹靂火	房
14日 10/19	日	己丑	平	霹靂火	心
15日 10/20	月	庚寅	定	松柏木	尾
16日 10/21	火	辛卯	執	松柏木	箕
17日 10/22	水	壬辰	破	長流水	斗
18日 10/23	木	癸巳	危	長流水	牛
19日 10/24	金	甲午	成	沙中金	女
20日 10/25	土	乙未	納	沙中金	虛
21日 10/26	日	丙申	開	山下火	危
22日 10/27	月	丁酉	閉	山下火	室
23日 10/28	火	戊戌	建	平地木	壁
24日 10/29	水	己亥	除	平地木	奎
25日 10/30	木	庚子	満	壁上土	婁
26日 10/31	金	辛丑	平	壁上土	胃
27日 11/01	土	壬寅	定	金箔金	昴
28日 11/02	日	癸卯	執	金箔金	畢
29日 11/03	月	甲辰	破	覆燈火	觜
30日 11/04	火	乙巳	危	覆燈火	參

【十月大 辛亥 亢】
節気 立冬 2日・小雪 17日

西暦	曜	干支	直	納音	宿
1日 11/05	水	丙午	成	天河水	井
2日 11/06	木	丁未	成	天河水	鬼
3日 11/07	金	戊申	納	大駅土	柳
4日 11/08	土	己酉	開	大駅土	星
5日 11/09	日	庚戌	閉	釵釧金	張
6日 11/10	月	辛亥	建	釵釧金	翼
7日 11/11	火	壬子	除	桑柘木	軫
8日 11/12	水	癸丑	満	桑柘木	角
9日 11/13	木	甲寅	平	大溪水	亢
10日 11/14	金	乙卯	定	大溪水	氐
11日 11/15	土	丙辰	執	沙中土	房
12日 11/16	日	丁巳	破	沙中土	心
13日 11/17	月	戊午	危	天上火	尾
14日 11/18	火	己未	成	天上火	箕
15日 11/19	水	庚申	開	柏榴木	斗
16日 11/20	木	辛酉	開	柏榴木	牛
17日 11/21	金	壬戌	閉	大海水	女
18日 11/22	土	癸亥	建	大海水	虛
19日 11/23	日	甲子	満	海中金	危
20日 11/24	月	乙丑	満	海中金	室
21日 11/25	火	丙寅	平	爐中火	壁
22日 11/26	水	丁卯	定	爐中火	奎
23日 11/27	木	戊辰	執	大林木	婁
24日 11/28	金	己巳	破	大林木	胃
25日 11/29	土	庚午	危	路傍土	昴
26日 11/30	日	辛未	納	路傍土	畢
27日 12/01	月	壬申	納	釼鋒金	觜
28日 12/02	火	癸酉	開	釼鋒金	參
29日 12/03	水	甲戌	閉	山頭火	井
30日 12/04	木	乙亥	建	山頭火	鬼

【十一月小 壬子 氐】
節気 大雪 2日・冬至 17日

西暦	曜	干支	直	納音	宿
1日 12/05	金	丙子	除	澗下水	鬼
2日 12/06	土	丁丑	除	澗下水	柳
3日 12/07	日	戊寅	満	城頭土	星
4日 12/08	月	己卯	平	城頭土	張
5日 12/09	火	庚辰	定	白鑞金	翼
6日 12/10	水	辛巳	執	白鑞金	軫
7日 12/11	木	壬午	破	楊柳木	角
8日 12/12	金	癸未	危	楊柳木	亢
9日 12/13	土	甲申	成	井泉水	氐
10日 12/14	日	乙酉	納	井泉水	房
11日 12/15	月	丙戌	閉	屋上土	心
12日 12/16	火	丁亥	閉	屋上土	尾
13日 12/17	水	戊子	建	霹靂火	箕
14日 12/18	木	己丑	除	霹靂火	斗
15日 12/19	金	庚寅	満	松柏木	牛
16日 12/20	土	辛卯	平	松柏木	女
17日 12/21	日	壬辰	定	長流水	虛
18日 12/22	月	癸巳	執	長流水	危
19日 12/23	火	甲午	破	沙中金	室
20日 12/24	水	乙未	危	沙中金	壁
21日 12/25	木	丙申	成	山下火	奎
22日 12/26	金	丁酉	納	山下火	婁
23日 12/27	土	戊戌	閉	平地木	胃
24日 12/28	日	己亥	平	平地木	昴
25日 12/29	月	庚子	建	壁上土	畢
26日 12/30	火	辛丑	除	壁上土	觜
27日 12/31	水	壬寅	満	金箔金	參

1688年

西暦	曜	干支	直	納音	宿
28日 01/01	木	癸卯	平	金箔金	井
29日 01/02	金	甲辰	定	覆燈火	鬼

【十二月大 癸丑 房】
節気 小寒 3日・大寒 19日
雑節 土用 16日

西暦	曜	干支	直	納音	宿
1日 01/03	土	乙巳	執	覆燈火	柳
2日 01/04	日	丙午	破	天河水	星
3日 01/05	月	丁未	危	天河水	張
4日 01/06	火	戊申	成	大駅土	翼
5日 01/07	水	己酉	納	大駅土	軫
6日 01/08	木	庚戌	納	釵釧金	角
7日 01/09	金	辛亥	閉	釵釧金	亢
8日 01/10	土	壬子	建	桑柘木	氐
9日 01/11	日	癸丑	除	桑柘木	房
10日 01/12	月	甲寅	満	大溪水	心
11日 01/13	火	乙卯	平	大溪水	尾
12日 01/14	水	丙辰	定	沙中土	箕
13日 01/15	木	丁巳	執	沙中土	斗
14日 01/16	金	戊午	破	天上火	牛
15日 01/17	土	己未	危	天上火	女
16日 01/18	日	庚申	成	柏榴木	虛
17日 01/19	月	辛酉	納	柏榴木	危
18日 01/20	火	壬戌	開	大海水	室
19日 01/21	水	癸亥	開	大海水	壁
20日 01/22	木	甲子	閉	海中金	奎
21日 01/23	金	乙丑	建	海中金	婁
22日 01/24	土	丙寅	除	爐中火	胃
23日 01/25	日	丁卯	満	爐中火	昴
24日 01/26	月	戊辰	平	大林木	畢
25日 01/27	火	己巳	定	大林木	觜
26日 01/28	水	庚午	執	路傍土	參
27日 01/29	木	辛未	危	路傍土	井
28日 01/30	金	壬申	成	釼鋒金	鬼
29日 01/31	土	癸酉	納	山頭火	柳
30日 02/01	日	甲戌	納	山頭火	星

元禄元年〔貞享5年〕

1688〜1689　戊辰　鬼
※改元＝9月30日

【正月小 甲寅 心】

節気　立春 4日・雨水 19日
雑節　節分 3日

1日	02/02	月	乙亥	開	山頭火	張
2日	02/03	火	丙子	閉	澗下水	翼
3日	02/04	水	丁丑	建	澗下水	軫
4日	02/05	木	戊寅	建	城頭土	角
5日	02/06	金	己卯	除	城頭土	亢
6日	02/07	土	庚辰	満	白鑞金	氐
7日	02/08	日	辛巳	平	白鑞金	房
8日	02/09	月	壬午	定	楊柳木	心
9日	02/10	火	癸未	執	楊柳木	尾
10日	02/11	水	甲申	破	井泉水	箕
11日	02/12	木	乙酉	危	井泉水	斗
12日	02/13	金	丙戌	成	屋上土	女
13日	02/14	土	丁亥	納	屋上土	女
14日	02/15	日	戊子	開	霹靂火	虚
15日	02/16	月	己丑	閉	霹靂火	危
16日	02/17	火	庚寅	建	松柏木	室
17日	02/18	水	辛卯	除	松柏木	壁
18日	02/19	木	壬辰	満	長流水	奎
19日	02/20	金	癸巳	平	長流水	婁
20日	02/21	土	甲午	定	沙中金	胃
21日	02/22	日	乙未	執	沙中金	昴
22日	02/23	月	丙申	破	山下火	畢
23日	02/24	火	丁酉	危	山下火	觜
24日	02/25	水	戊戌	成	平地木	参
25日	02/26	木	己亥	納	平地木	井
26日	02/27	金	庚子	開	壁上土	鬼
27日	02/28	土	辛丑	閉	壁上土	柳
28日	02/29	日	壬寅	建	金箔金	星
29日	03/01	月	癸卯	除	金箔金	張

【二月大 乙卯 尾】

節気　啓蟄 5日・春分 20日
雑節　社日 15日・彼岸 22日

1日	03/02	火	甲辰	満	覆燈火	翼
2日	03/03	水	乙巳	平	覆燈火	軫
3日	03/04	木	丙午	定	天河水	角
4日	03/05	金	丁未	執	天河水	亢
5日	03/06	土	戊申	破	大駅土	氐
6日	03/07	日	己酉	破	大駅土	房
7日	03/08	月	庚戌	危	釵釧金	心
8日	03/09	火	辛亥	成	釵釧金	尾
9日	03/10	水	壬子	納	桑柘木	箕
10日	03/11	木	癸丑	開	桑柘木	斗
11日	03/12	金	甲寅	閉	大溪水	女
12日	03/13	土	乙卯	建	大溪水	女
13日	03/14	日	丙辰	除	沙中土	虚
14日	03/15	月	丁巳	満	沙中土	危
15日	03/16	火	戊午	平	天上火	室
16日	03/17	水	己未	定	天上火	壁
17日	03/18	木	庚申	執	柘榴木	奎
18日	03/19	金	辛酉	破	柘榴木	婁
19日	03/20	土	壬戌	危	大海水	胃
20日	03/21	日	癸亥	成	大海水	昴
21日	03/22	月	甲子	納	海中金	畢
22日	03/23	火	乙丑	開	海中金	觜
23日	03/24	水	丙寅	閉	爐中火	参
24日	03/25	木	丁卯	建	爐中火	井
25日	03/26	金	戊辰	除	大林木	鬼
26日	03/27	土	己巳	満	大林木	柳
27日	03/28	日	庚午	平	路傍土	星
28日	03/29	月	辛未	定	路傍土	張
29日	03/30	火	壬申	執	釵鋒金	翼
30日	03/31	水	癸酉	破	釵鋒金	軫

【三月小 丙辰 箕】

節気　清明 6日・穀雨 21日
雑節　土用 18日

1日	04/01	木	甲戌	危	山頭火	角
2日	04/02	金	乙亥	成	山頭火	亢
3日	04/03	土	丙子	納	澗下水	氐
4日	04/04	日	丁丑	開	澗下水	房
5日	04/05	月	戊寅	閉	城頭土	心
6日	04/06	火	己卯	建	城頭土	尾
7日	04/07	水	庚辰	建	白鑞金	箕
8日	04/08	木	辛巳	除	白鑞金	斗
9日	04/09	金	壬午	満	楊柳木	女
10日	04/10	土	癸未	平	楊柳木	女
11日	04/11	日	甲申	定	井泉水	虚
12日	04/12	月	乙酉	執	井泉水	危
13日	04/13	火	丙戌	破	屋上土	室
14日	04/14	水	丁亥	危	屋上土	壁
15日	☆04/15	木	戊子	成	霹靂火	奎
16日	04/16	金	己丑	納	霹靂火	婁
17日	04/17	土	庚寅	破	松柏木	胃
18日	04/18	日	辛卯	開	松柏木	昴
19日	04/19	月	壬辰	建	長流水	畢
20日	04/20	火	癸巳	除	長流水	觜
21日	04/21	水	甲午	平	沙中金	参
22日	04/22	木	乙未	定	沙中金	井
23日	04/23	金	丙申	定	山下火	鬼
24日	04/24	土	丁酉	執	山下火	柳
25日	04/25	日	戊戌	破	平地木	星
26日	04/26	月	己亥	危	平地木	張
27日	04/27	火	庚子	成	壁上土	翼
28日	04/28	水	辛丑	納	壁上土	軫
29日	04/29	木	壬寅	開	金箔金	角

【四月小 丁巳 斗】

節気　立夏 7日・小満 22日
雑節　八十八夜 3日

1日	◎04/30	金	癸卯	閉	金箔金	亢
2日	05/01	土	甲辰	除	覆燈火	氐
3日	05/02	日	乙巳	除	覆燈火	房
4日	05/03	月	丙午	満	天河水	心
5日	05/04	火	丁未	平	天河水	尾
6日	05/05	水	戊申	執	大駅土	箕
7日	05/06	木	己酉	定	大駅土	斗
8日	05/07	金	庚戌	執	釵釧金	牛
9日	05/08	土	辛亥	危	釵釧金	女
10日	05/09	日	壬子	危	桑柘木	虚
11日	05/10	月	癸丑	成	桑柘木	危
12日	05/11	火	甲寅	納	大溪水	室
13日	05/12	水	乙卯	開	大溪水	壁
14日	05/13	木	丙辰	閉	沙中土	奎
15日	05/14	金	丁巳	建	沙中土	婁
16日	05/15	土	戊午	除	天上火	胃
17日	05/16	日	己未	満	天上火	昴
18日	05/17	月	庚申	平	柘榴木	畢
19日	05/18	火	辛酉	定	柘榴木	觜
20日	05/19	水	壬戌	執	大海水	参
21日	05/20	木	癸亥	破	大海水	井
22日	05/21	金	甲子	危	海中金	鬼
23日	05/22	土	乙丑	成	海中金	柳
24日	05/23	日	丙寅	納	爐中火	星
25日	05/24	月	丁卯	開	爐中火	張
26日	05/25	火	戊辰	閉	大林木	翼
27日	05/26	水	己巳	建	大林木	軫
28日	05/27	木	庚午	除	路傍土	角
29日	05/28	金	辛未	満	路傍土	亢

【五月大 戊午 牛】

節気　芒種 9日・夏至 24日
雑節　入梅 11日

1日	05/29	土	壬申	平	釵鋒金	氐
2日	05/30	日	癸酉	定	釵鋒金	房
3日	05/31	月	甲戌	執	山頭火	心
4日	06/01	火	乙亥	破	山頭火	尾
5日	06/02	水	丙子	危	澗下水	箕
6日	06/03	木	丁丑	成	澗下水	斗
7日	06/04	金	戊寅	納	城頭土	牛
8日	06/05	土	己卯	開	城頭土	女
9日	06/06	日	庚辰	閉	白鑞金	虚
10日	06/07	月	辛巳	閉	白鑞金	危
11日	06/08	火	壬午	建	楊柳木	室
12日	06/09	水	癸未	除	楊柳木	壁
13日	06/10	木	甲申	満	井泉水	奎
14日	06/11	金	乙酉	平	井泉水	婁
15日	06/12	土	丙戌	定	屋上土	胃
16日	06/13	日	丁亥	執	屋上土	昴
17日	06/14	月	戊子	破	霹靂火	畢
18日	06/15	火	己丑	危	霹靂火	觜
19日	06/16	水	庚寅	成	松柏木	参
20日	06/17	木	辛卯	納	松柏木	井
21日	06/18	金	壬辰	開	長流水	鬼
22日	06/19	土	癸巳	閉	長流水	柳
23日	06/20	日	甲午	建	沙中金	星
24日	06/21	月	乙未	除	沙中金	張
25日	06/22	火	丙申	満	山下火	翼
26日	06/23	水	丁酉	平	山下火	軫
27日	06/24	木	戊戌	定	平地木	角
28日	06/25	金	己亥	執	平地木	亢
29日	06/26	土	庚子	破	壁上土	氐
30日	06/27	日	辛丑	危	壁上土	房

【六月小 己未 女】

節気　小暑 9日・大暑 24日
雑節　半夏生 4日・土用 21日

1日	06/28	月	壬寅	成	金箔金	心
2日	06/29	火	癸卯	納	金箔金	尾
3日	06/30	水	甲辰	開	覆燈火	箕
4日	07/01	木	乙巳	閉	覆燈火	斗
5日	07/02	金	丙午	建	天河水	牛
6日	07/03	土	丁未	除	天河水	女
7日	07/04	日	戊申	満	大駅土	虚
8日	07/05	月	己酉	平	大駅土	危
9日	07/06	火	庚戌	定	釵釧金	室
10日	07/07	水	辛亥	執	釵釧金	壁
11日	07/08	木	壬子	執	桑柘木	奎
12日	07/09	金	癸丑	破	桑柘木	婁
13日	07/10	土	甲寅	危	大溪水	胃
14日	07/11	日	乙卯	成	大溪水	昴
15日	07/12	月	丙辰	納	沙中土	畢
16日	07/13	火	丁巳	開	沙中土	觜
17日	07/14	水	戊午	閉	天上火	参
18日	07/15	木	己未	建	天上火	井
19日	07/16	金	庚申	除	柘榴木	鬼
20日	07/17	土	辛酉	満	柘榴木	柳
21日	07/18	日	壬戌	平	大海水	星
22日	07/19	月	癸亥	定	大海水	張
23日	07/20	火	甲子	執	海中金	翼
24日	07/21	水	乙丑	破	海中金	軫
25日	07/22	木	丙寅	危	爐中火	角
26日	07/23	金	丁卯	成	爐中火	亢
27日	07/24	土	戊辰	納	大林木	氐

西暦 曜 干支 直 納音 宿　　　　　　　　　　　　元禄元年〔貞享5年〕

日	西暦	曜	干支	直	納音	宿
28日	07/25	日	己巳	開	大林木	房
29日	07/26	月	庚午	閉	路傍土	心

【七月大 庚申 虚】

節気 立秋 10日・処暑 26日

日	西暦	曜	干支	直	納音	宿
1日	07/27	火	辛未	建	路傍土	尾
2日	07/28	水	壬申	除	釼鋒金	箕
3日	07/29	木	癸酉	満	釼鋒金	斗
4日	07/30	金	甲戌	平	山頭火	牛
5日	07/31	土	乙亥	定	山頭火	女
6日	08/01	日	丙子	執	澗下水	虚
7日	08/02	月	丁丑	破	澗下水	危
8日	08/03	火	戊寅	危	城頭土	室
9日	08/04	水	己卯	成	城頭土	壁
10日	08/05	木	庚辰	納	白鑞金	奎
11日	08/06	金	辛巳	開	白鑞金	婁
12日	08/07	土	壬午	閉	楊柳木	胃
13日	08/08	日	癸未	閉	楊柳木	昴
14日	08/09	月	甲申	除	井泉水	畢
15日	08/10	火	乙酉	満	井泉水	觜
16日	08/11	水	丙戌	平	屋上土	参
17日	08/12	木	丁亥	平	屋上土	井
18日	08/13	金	戊子	定	霹靂火	鬼
19日	08/14	土	己丑	執	霹靂火	柳
20日	08/15	日	庚寅	破	松柏木	星
21日	08/16	月	辛卯	危	松柏木	張
22日	08/17	火	壬辰	成	長流水	翼
23日	08/18	水	癸巳	納	長流水	軫
24日	08/19	木	甲午	開	沙中金	角
25日	08/20	金	乙未	建	沙中金	亢
26日	08/21	土	丙申	建	山下火	氐
27日	08/22	日	丁酉	除	山下火	房
28日	08/23	月	戊戌	満	平地木	心
29日	08/24	火	己亥	定	壁上土	尾
30日	08/25	水	庚子	定	壁上土	箕

【八月小 辛酉 危】

節気 白露 11日・秋分 26日
雑節 二百十日 7日・彼岸 28日・社日 28日

日	西暦	曜	干支	直	納音	宿
1日	08/26	木	辛丑	執	壁上土	斗
2日	08/27	金	壬寅	破	金箔金	牛
3日	08/28	土	癸卯	危	金箔金	女
4日	08/29	日	甲辰	成	覆燈火	虚
5日	08/30	月	乙巳	納	覆燈火	危
6日	08/31	火	丙午	開	天河水	室
7日	09/01	水	丁未	建	天河水	壁
8日	09/02	木	戊申	建	大駅土	奎
9日	09/03	金	己酉	除	大駅土	婁
10日	09/04	土	庚戌	満	釼釧金	胃
11日	09/05	日	辛亥	平	釼釧金	昴
12日	09/06	月	壬子	平	桑柘木	畢
13日	09/07	火	癸丑	定	桑柘木	觜
14日	09/08	水	甲寅	執	大渓水	参
15日	09/09	木	乙卯	破	大渓水	井
16日	09/10	金	丙辰	危	沙中土	鬼
17日	09/11	土	丁巳	成	沙中土	柳
18日	09/12	日	戊午	納	天上火	星
19日	09/13	月	己未	開	天上火	張
20日	09/14	火	庚申	閉	柘榴木	翼
21日	09/15	水	辛酉	建	柘榴木	軫
22日	09/16	木	壬戌	満	大海水	角
23日	09/17	金	癸亥	満	大海水	亢
24日	09/18	土	甲子	平	海中金	氐
25日	09/19	日	乙丑	定	海中金	房
26日	09/20	月	丙寅	執	爐中火	心
27日	09/21	火	丁卯	破	爐中火	尾
28日	09/22	水	戊辰	危	大林木	箕
29日	09/23	木	己巳	成	大林木	斗

【九月大 壬戌 室】

節気 寒露 12日・霜降 28日
雑節 土用 24日

日	西暦	曜	干支	直	納音	宿
1日	09/24	金	庚午	納	路傍土	牛
2日	09/25	土	辛未	開	路傍土	女
3日	09/26	日	壬申	開	釼鋒金	虚
4日	09/27	月	癸酉	建	釼鋒金	危
5日	09/28	火	甲戌	除	山頭火	室
6日	09/29	水	乙亥	満	山頭火	壁
7日	09/30	木	丙子	平	澗下水	奎
8日	10/01	金	丁丑	定	澗下水	婁
9日	10/02	土	戊寅	執	城頭土	胃
10日	10/03	日	己卯	破	城頭土	昴
11日	10/04	月	庚辰	危	白鑞金	畢
12日	10/05	火	辛巳	危	白鑞金	觜
13日	10/06	水	壬午	成	楊柳木	参
14日	10/07	木	癸未	納	楊柳木	井
15日	10/08	金	甲申	開	井泉水	鬼
16日☆	10/09	土	乙酉	閉	井泉水	柳
17日	10/10	日	丙戌	建	屋上土	星
18日	10/11	月	丁亥	除	屋上土	張
19日	10/12	火	戊子	満	霹靂火	翼
20日	10/13	水	己丑	平	霹靂火	軫
21日	10/14	木	庚寅	定	松柏木	角
22日	10/15	金	辛卯	執	松柏木	亢
23日	10/16	土	壬辰	破	長流水	氐
24日	10/17	日	癸巳	危	長流水	房
25日	10/18	月	甲午	成	沙中金	心
26日	10/19	火	乙未	納	沙中金	尾
27日	10/20	水	丙申	開	山下火	箕
28日	10/21	木	丁酉	閉	山下火	斗
29日	10/22	金	戊戌	建	平地木	牛
30日	10/23	土	己亥	除	平地木	女

＊改元(貞享5年→元禄元年)

【十月大 癸亥 壁】

節気 立冬 13日・小雪 28日

日	西暦	曜	干支	直	納音	宿
1日	10/24	日	庚子	満	壁上土	虚
2日	10/25	月	辛丑	平	壁上土	危
3日	10/26	火	壬寅	定	金箔金	室
4日	10/27	水	癸卯	執	金箔金	壁
5日	10/28	木	甲辰	破	覆燈火	奎
6日	10/29	金	乙巳	危	覆燈火	婁
7日	10/30	土	丙午	成	天河水	胃
8日	10/31	日	丁未	納	天河水	昴
9日	11/01	月	戊申	開	大駅土	畢
10日	11/02	火	己酉	閉	大駅土	觜
11日	11/03	水	庚戌	建	釼釧金	参
12日	11/04	木	辛亥	除	釼釧金	井
13日	11/05	金	壬子	除	桑柘木	鬼
14日	11/06	土	癸丑	満	桑柘木	柳
15日	11/07	日	甲寅	平	大渓水	星
16日	11/08	月	乙卯	定	大渓水	張
17日	11/09	火	丙辰	執	沙中土	翼
18日	11/10	水	丁巳	破	沙中土	軫
19日	11/11	木	戊午	危	天上火	角
20日	11/12	金	己未	成	天上火	亢
21日	11/13	土	庚申	納	柘榴木	氐
22日	11/14	日	辛酉	開	柘榴木	房
23日	11/15	月	壬戌	閉	大海水	心
24日	11/16	火	癸亥	建	大海水	尾
25日	11/17	水	甲子	除	海中金	箕
26日	11/18	木	乙丑	満	海中金	斗
27日	11/19	金	丙寅	平	爐中火	牛
28日	11/20	土	丁卯	定	爐中火	女
29日	11/21	日	戊辰	執	大林木	虚
30日	11/22	月	己巳	破	大林木	危

【十一月大 甲子 奎】

節気 大雪 13日・冬至 28日

日	西暦	曜	干支	直	納音	宿
1日	11/23	火	庚午	危	路傍土	室
2日	11/24	水	辛未	成	路傍土	壁
3日	11/25	木	壬申	納	釼鋒金	奎
4日	11/26	金	癸酉	開	釼鋒金	婁
5日	11/27	土	甲戌	閉	山頭火	胃
6日	11/28	日	乙亥	建	山頭火	昴
7日	11/29	月	丙子	除	澗下水	畢
8日	11/30	火	丁丑	満	澗下水	觜
9日	12/01	水	戊寅	平	城頭土	参
10日	12/02	木	己卯	定	城頭土	井
11日	12/03	金	庚辰	執	白鑞金	鬼
12日	12/04	土	辛巳	破	白鑞金	柳
13日	12/05	日	壬午	危	楊柳木	星
14日	12/06	月	癸未	成	楊柳木	張
15日	12/07	火	甲申	納	井泉水	翼
16日	12/08	水	乙酉	開	井泉水	軫
17日	12/09	木	丙戌	閉	屋上土	角
18日	12/10	金	丁亥	建	屋上土	亢
19日	12/11	土	戊子	除	霹靂火	氐
20日	12/12	日	己丑	除	霹靂火	房
21日	12/13	月	庚寅	満	松柏木	心
22日	12/14	火	辛卯	平	松柏木	尾
23日	12/15	水	壬辰	定	長流水	箕
24日	12/16	木	癸巳	執	長流水	斗
25日	12/17	金	甲午	破	沙中金	牛
26日	12/18	土	乙未	危	沙中金	女
27日	12/19	日	丙申	成	山下火	虚
28日	12/20	月	丁酉	納	山下火	危
29日	12/21	火	戊戌	開	平地木	室
30日	12/22	水	己亥	閉	平地木	壁

【十二月小 乙丑 婁】

節気 小寒 14日・大寒 29日
雑節 土用 26日

日	西暦	曜	干支	直	納音	宿
1日	12/23	木	庚子	建	壁上土	奎
2日	12/24	金	辛丑	除	壁上土	婁
3日	12/25	土	壬寅	満	金箔金	胃
4日	12/26	日	癸卯	平	金箔金	昴
5日	12/27	月	甲辰	定	覆燈火	畢
6日	12/28	火	乙巳	執	覆燈火	觜
7日	12/29	水	丙午	破	天河水	参
8日	12/30	木	丁未	危	天河水	井
9日	12/31	金	戊申	成	大駅土	鬼

1689年

日	西暦	曜	干支	直	納音	宿
10日	01/01	土	己酉	納	大駅土	柳
11日	01/02	日	庚戌	開	釼釧金	星
12日	01/03	月	辛亥	閉	釼釧金	張
13日	01/04	火	壬子	建	桑柘木	翼
14日	01/05	水	癸丑	建	桑柘木	軫
15日	01/06	木	甲寅	除	大渓水	角
16日	01/07	金	乙卯	満	大渓水	亢
17日	01/08	土	丙辰	平	沙中土	氐
18日	01/09	日	丁巳	定	沙中土	房
19日	01/10	月	戊午	執	天上火	心
20日	01/11	火	己未	破	天上火	尾
21日	01/12	水	庚申	危	柘榴木	箕
22日	01/13	木	辛酉	成	柘榴木	斗
23日	01/14	金	壬戌	納	大海水	牛
24日	01/15	土	癸亥	開	大海水	女
25日	01/16	日	甲子	閉	海中金	虚
26日	01/17	月	乙丑	建	海中金	危
27日	01/18	火	丙寅	除	爐中火	室
28日	01/19	水	丁卯	満	爐中火	壁
29日	01/20	木	戊辰	平	大林木	奎

元禄2年
1689～1690　己巳　柳

【正月大　丙寅　胃】
節気　立春 15日・雨水 30日
雑節　節分 14日

日	日付	曜	干支	直	納音	宿
1日	01/21	金	己巳	定	大林木	妻
2日	01/22	土	庚午	執	路傍土	胃
3日	01/23	日	辛未	破	路傍土	昴
4日	01/24	月	壬申	危	釼鏠金	畢
5日	01/25	火	癸酉	成	釼鏠金	觜
6日	01/26	水	甲戌	納	山頭火	参
7日	01/27	木	乙亥	開	山頭火	井
8日	01/28	金	丙子	閉	澗下水	鬼
9日	01/29	土	丁丑	建	澗下水	柳
10日	01/30	日	戊寅	除	城頭土	星
11日	01/31	月	己卯	満	城頭土	張
12日	02/01	火	庚辰	平	白鑞金	翼
13日	02/02	水	辛巳	定	白鑞金	軫
14日	02/03	木	壬午	執	楊柳木	角
15日	02/04	金	癸未	執	楊柳木	亢
16日	02/05	土	甲申	破	井泉水	氐
17日	02/06	日	乙酉	危	井泉水	房
18日	02/07	月	丙戌	成	屋上土	心
19日	02/08	火	丁亥	納	屋上土	尾
20日	02/09	水	戊子	開	霹靂火	箕
21日	02/10	木	己丑	閉	霹靂火	斗
22日	02/11	金	庚寅	建	松柏木	牛
23日	02/12	土	辛卯	除	松柏木	女
24日	02/13	日	壬辰	満	長流水	虚
25日	02/14	月	癸巳	平	長流水	危
26日	02/15	火	甲午	定	沙中金	室
27日	02/16	水	乙未	執	沙中金	壁
28日	02/17	木	丙申	破	山下火	奎
29日	02/18	金	丁酉	危	山下火	婁
30日	02/19	土	戊戌	成	平地木	胃

【閏正月小　丙寅　胃】
節気　啓蟄 15日

日	日付	曜	干支	直	納音	宿
1日	02/20	日	己亥	納	平地木	昴
2日	02/21	月	庚子	開	壁上土	畢
3日	02/22	火	辛丑	閉	壁上土	觜
4日	02/23	水	壬寅	建	金箔金	参
5日	02/24	木	癸卯	除	金箔金	井
6日	02/25	金	甲辰	満	覆燈火	鬼
7日	02/26	土	乙巳	平	覆燈火	柳
8日	02/27	日	丙午	定	天河水	星
9日	02/28	月	丁未	執	天河水	張
10日	03/01	火	戊申	破	大駅土	翼
11日	03/02	水	己酉	危	大駅土	軫
12日	03/03	木	庚戌	成	釵釧金	角
13日	03/04	金	辛亥	納	釵釧金	亢
14日	03/05	土	壬子	開	桑柘木	氐
15日	03/06	日	癸丑	閉	桑柘木	房
16日	03/07	月	甲寅	建	大溪水	心
17日	03/08	火	乙卯	除	大溪水	尾
18日	03/09	水	丙辰	満	沙中土	箕
19日	03/10	木	丁巳	平	沙中土	斗
20日	03/11	金	戊午	定	天上火	牛
21日	03/12	土	己未	執	天上火	女
22日	03/13	日	庚申	破	柘榴木	虚
23日	03/14	月	辛酉	危	柘榴木	危
24日	03/15	火	壬戌	成	大海水	室
25日	03/16	水	癸亥	納	大海水	壁
26日	03/17	木	甲子	開	海中金	奎
27日	03/18	金	乙丑	閉	海中金	婁
28日	03/19	土	丙寅	建	爐中火	胃
29日	03/20	日	丁卯	除	爐中火	昴

【二月大　丁卯　昴】
節気　春分 2日・清明 17日
雑節　社日 1日・彼岸 4日・土用 29日

日	日付	曜	干支	直	納音	宿
1日	03/21	月	戊辰	除	大林木	畢
2日	03/22	火	己巳	満	大林木	觜
3日	03/23	水	庚午	平	路傍土	参
4日	03/24	木	辛未	定	路傍土	井
5日	03/25	金	壬申	執	釼鏠金	鬼
6日	03/26	土	癸酉	破	釼鏠金	柳
7日	03/27	日	甲戌	危	山頭火	星
8日	03/28	月	乙亥	成	山頭火	張
9日	03/29	火	丙子	納	澗下水	翼
10日	03/30	水	丁丑	開	澗下水	軫
11日	03/31	木	戊寅	閉	城頭土	角
12日	04/01	金	己卯	建	城頭土	亢
13日	04/02	土	庚辰	除	白鑞金	氐
14日	04/03	日	辛巳	満	白鑞金	房
15日 ☆	04/04	月	壬午	平	楊柳木	心
16日	04/05	火	癸未	定	楊柳木	尾
17日	04/06	水	甲申	執	井泉水	箕
18日	04/07	木	乙酉	破	井泉水	斗
19日	04/08	金	丙戌	危	屋上土	牛
20日	04/09	土	丁亥	成	屋上土	女
21日	04/10	日	戊子	納	霹靂火	虚
22日	04/11	月	己丑	開	霹靂火	危
23日	04/12	火	庚寅	閉	松柏木	室
24日	04/13	水	辛卯	建	松柏木	壁
25日	04/14	木	壬辰	除	長流水	奎
26日	04/15	金	癸巳	満	長流水	婁
27日	04/16	土	甲午	平	沙中金	胃
28日	04/17	日	乙未	定	沙中金	昴
29日	04/18	月	丙申	執	山下火	畢
30日	04/19	火	丁酉	破	山下火	觜

【三月小　戊辰　畢】
節気　穀雨 2日・立夏 17日
雑節　八十八夜 13日

日	日付	曜	干支	直	納音	宿
1日	04/20	水	戊戌	危	平地木	参
2日	04/21	木	己亥	成	平地木	井
3日	04/22	金	庚子	納	壁上土	鬼
4日	04/23	土	辛丑	開	壁上土	柳
5日	04/24	日	壬寅	閉	金箔金	星
6日	04/25	月	癸卯	建	金箔金	張
7日	04/26	火	甲辰	除	覆燈火	翼
8日	04/27	水	乙巳	満	覆燈火	軫
9日	04/28	木	丙午	平	天河水	角
10日	04/29	金	丁未	定	天河水	亢
11日	04/30	土	戊申	執	大駅土	氐
12日	05/01	日	己酉	破	大駅土	房
13日	05/02	月	庚戌	危	釵釧金	心
14日	05/03	火	辛亥	成	釵釧金	尾
15日	05/04	水	壬子	納	桑柘木	箕
16日	05/05	木	癸丑	開	桑柘木	斗
17日	05/06	金	甲寅	閉	大溪水	牛
18日	05/07	土	乙卯	建	大溪水	女
19日	05/08	日	丙辰	除	沙中土	虚
20日	05/09	月	丁巳	満	沙中土	危
21日	05/10	火	戊午	平	天上火	室
22日	05/11	水	己未	定	天上火	壁
23日	05/12	木	庚申	執	柘榴木	奎
24日	05/13	金	辛酉	破	柘榴木	婁
25日	05/14	土	壬戌	危	大海水	胃
26日	05/15	日	癸亥	成	大海水	昴
27日	05/16	月	甲子	納	海中金	畢
28日	05/17	火	乙丑	開	海中金	觜
29日	05/18	水	丙寅	閉	爐中火	参

【四月小　己巳　觜】
節気　小満 4日・芒種 19日
雑節　入梅 26日

日	日付	曜	干支	直	納音	宿
1日	05/19	木	丁卯	開	爐中火	井
2日	05/20	金	戊辰	閉	大林木	柳
3日	05/21	土	己巳	建	大林木	星
4日	05/22	日	庚午	除	路傍土	張
5日	05/23	月	辛未	満	路傍土	翼
6日	05/24	火	壬申	平	釼鏠金	軫
7日	05/25	水	癸酉	定	釼鏠金	角
8日	05/26	木	甲戌	執	山頭火	亢
9日	05/27	金	乙亥	破	山頭火	氐
10日	05/28	土	丙子	危	澗下水	房
11日	05/29	日	丁丑	成	澗下水	心
12日	05/30	月	戊寅	納	城頭土	尾
13日	05/31	火	己卯	開	城頭土	箕
14日	06/01	水	庚辰	閉	白鑞金	斗
15日	06/02	木	辛巳	建	白鑞金	牛
16日	06/03	金	壬午	除	楊柳木	女
17日	06/04	土	癸未	満	楊柳木	虚
18日	06/05	日	甲申	平	井泉水	危
19日	06/06	月	乙酉	定	井泉水	室
20日	06/07	火	丙戌	執	屋上土	壁
21日	06/08	水	丁亥	破	屋上土	奎
22日	06/09	木	戊子	危	霹靂火	婁
23日	06/10	金	己丑	成	霹靂火	胃
24日	06/11	土	庚寅	納	松柏木	昴
25日	06/12	日	辛卯	開	松柏木	畢
26日	06/13	月	壬辰	閉	長流水	觜
27日	06/14	火	癸巳	建	長流水	参
28日	06/15	水	甲午	除	沙中金	井
29日	06/16	木	乙未	満	沙中金	鬼

【五月大　庚午　参】
節気　夏至 7日・小暑 20日
雑節　半夏生 15日

日	日付	曜	干支	直	納音	宿
1日	06/17	金	丙申	満	山下火	鬼
2日	06/18	土	丁酉	平	山下火	柳
3日	06/19	日	戊戌	定	平地木	星
4日	06/20	月	己亥	執	平地木	張
5日	06/21	火	庚子	破	壁上土	翼
6日	06/22	水	辛丑	危	壁上土	軫
7日	06/23	木	壬寅	成	金箔金	角
8日	06/24	金	癸卯	納	金箔金	亢
9日	06/25	土	甲辰	開	覆燈火	氐
10日	06/26	日	乙巳	閉	覆燈火	房
11日	06/27	月	丙午	建	天河水	心
12日	06/28	火	丁未	除	天河水	尾
13日	06/29	水	戊申	満	大駅土	箕
14日	06/30	木	己酉	平	大駅土	斗
15日	07/01	金	庚戌	定	釵釧金	牛
16日	07/02	土	辛亥	執	釵釧金	女
17日	07/03	日	壬子	破	桑柘木	虚
18日	07/04	月	癸丑	危	桑柘木	危
19日	07/05	火	甲寅	成	大溪水	室
20日	07/06	水	乙卯	納	大溪水	壁
21日	07/07	木	丙辰	開	沙中土	奎
22日	07/08	金	丁巳	閉	沙中土	婁
23日	07/09	土	戊午	建	天上火	胃
24日	07/10	日	己未	除	天上火	昴
25日	07/11	月	庚申	満	柘榴木	畢
26日	07/12	火	辛酉	平	柘榴木	觜
27日	07/13	水	壬戌	定	大海水	参
28日	07/14	木	癸亥	執	大海水	井
29日	07/15	金	甲子	破	海中金	鬼
30日	07/16	土	乙丑	危	海中金	柳

【六月小　辛未　井】
節気　大暑 5日・立秋 21日
雑節　土用 2日

日	日付	曜	干支	直	納音	宿
1日	07/17	日	丙寅	危	爐中火	星
2日	07/18	月	丁卯	成	爐中火	張
3日	07/19	火	戊辰	納	大林木	翼
4日	07/20	水	己巳	開	大林木	軫
5日	07/21	木	庚午	閉	路傍土	角
6日	07/22	金	辛未	建	路傍土	亢
7日	07/23	土	壬申	除	釼鏠金	氐
8日	07/24	日	癸酉	満	釼鏠金	房
9日	07/25	月	甲戌	平	山頭火	心
10日	07/26	火	乙亥	定	山頭火	尾
11日	07/27	水	丙子	執	澗下水	箕
12日	07/28	木	丁丑	破	澗下水	斗
13日	07/29	金	戊寅	危	城頭土	牛
14日	07/30	土	己卯	成	城頭土	女
15日	07/31	日	庚辰	納	白鑞金	虚

— 216 —

西暦　曜　干支　直　納音　宿　　　　　　　　　　　　　元禄2年

日	西暦	曜	干支	直	納音	宿
16日	08/01	月	辛巳	開	白鑞金	危
17日	08/02	火	壬午	閉	楊柳木	室
18日	08/03	水	癸未	建	楊柳木	壁
19日	08/04	木	甲申	除	井泉水	奎
20日	08/05	金	乙酉	満	井泉水	婁
21日	08/06	土	丙戌	平	屋上土	胃
22日	08/07	日	丁亥	定	屋上土	昴
23日	08/08	月	戊子	執	霹靂火	畢
24日	08/09	火	己丑	破	霹靂火	觜
25日	08/10	水	庚寅	危	松柏木	参
26日	08/11	木	辛卯	成	松柏木	井
27日	08/12	金	壬辰	納	長流水	鬼
28日	08/13	土	癸巳	開	長流水	柳
29日	08/14	日	甲午		沙中金	星

【七月大 壬申 鬼】
節気 処暑 7日・白露 22日
雑節 二百十日 18日

日	西暦	曜	干支	直	納音	宿
1日	08/15	月	乙未		沙中金	張
2日	08/16	火	丙申	建	山下火	翼
3日	08/17	水	丁酉	除	山下火	軫
4日	08/18	木	戊戌	満	平地木	角
5日	08/19	金	己亥	平	平地木	亢
6日	08/20	土	庚子	定	壁上土	氐
7日	08/21	日	辛丑	執	壁上土	房
8日	08/22	月	壬寅	破	金箔金	心
9日	08/23	火	癸卯	危	金箔金	尾
10日	08/24	水	甲辰	成	覆燈火	箕
11日	08/25	木	乙巳	納	覆燈火	斗
12日	08/26	金	丙午	開	天河水	牛
13日	08/27	土	丁未	閉	天河水	女
14日	08/28	日	戊申	建	大駅土	虚
15日	08/29	月	己酉	除	大駅土	危
16日	08/30	火	庚戌	満	釵釧金	室
17日	08/31	水	辛亥	平	釵釧金	壁
18日	09/01	木	壬子	定	桑柘木	奎
19日	09/02	金	癸丑	執	桑柘木	婁
20日	09/03	土	甲寅	破	大溪水	胃
21日	09/04	日	乙卯	危	大溪水	昴
22日	09/05	月	丙辰	成	沙中土	畢
23日	09/06	火	丁巳	納	沙中土	觜
24日	09/07	水	戊午	開	天上火	参
25日	09/08	木	己未	閉	天上火	井
26日	09/09	金	庚申	建	柘榴木	鬼
27日	09/10	土	辛酉	除	柘榴木	柳
28日	09/11	日	壬戌	満	大海水	星
29日	09/12	月	癸亥	平	大海水	張
30日	09/13	火	甲子	定	海中金	翼

【八月小 癸酉 柳】
節気 秋分 7日・寒露 23日
雑節 社日 4日・彼岸 9日

日	西暦	曜	干支	直	納音	宿
1日	09/14	水	乙丑	執	海中金	軫
2日	09/15	木	丙寅	破	炉中火	角
3日	09/16	金	丁卯	危	炉中火	亢
4日	09/17	土	戊辰	成	大林木	氐
5日	09/18	日	己巳	納	大林木	房
6日	09/19	月	庚午	開	路傍土	心
7日	09/20	火	辛未	閉	路傍土	尾
8日	09/21	水	壬申	建	釼鋒金	箕
9日	09/22	木	癸酉	除	釼鋒金	斗
10日	09/23	金	甲戌	満	山頭火	牛
11日	09/24	土	乙亥	平	山頭火	女
12日	09/25	日	丙子	定	澗下水	虚
13日	09/26	月	丁丑	執	澗下水	危
14日	09/27	火	戊寅	破	城頭土	室
15日	09/28	水	己卯	危	城頭土	壁
16日	09/29	木	庚辰	成	白鑞金	奎
17日	09/30	金	辛巳	納	白鑞金	婁
18日	10/01	土	壬午	開	楊柳木	胃
19日	10/02	日	癸未	閉	楊柳木	昴
20日	10/03	月	甲申	建	井泉水	畢
21日	10/04	火	乙酉	除	井泉水	觜
22日	10/05	水	丙戌	満	屋上土	参
23日	10/06	木	丁亥	平	屋上土	井
24日	10/07	金	戊子	定	霹靂火	鬼
25日	10/08	土	己丑	執	霹靂火	柳
26日	10/09	日	庚寅	破	松柏木	星
27日	10/10	月	辛卯	危	松柏木	張
28日	10/11	火	壬辰	成	長流水	翼
29日	10/12	水	癸巳	納	長流水	軫

【九月大 甲戌 星】
節気 霜降 9日・立冬 24日
雑節 土用 6日

日	西暦	曜	干支	直	納音	宿
1日	10/13	木	甲午	成	沙中金	角
2日	10/14	金	乙未	納	沙中金	亢
3日	10/15	土	丙申	開	山下火	氐
4日	10/16	日	丁酉	閉	山下火	房
5日	10/17	月	戊戌	建	平地木	心
6日	10/18	火	己亥	除	平地木	尾
7日	10/19	水	庚子	満	壁上土	箕
8日	10/20	木	辛丑	平	壁上土	斗
9日	10/21	金	壬寅	定	金箔金	牛
10日	10/22	土	癸卯	執	金箔金	女
11日	10/23	日	甲辰	破	覆燈火	虚
12日	10/24	月	乙巳	危	覆燈火	危
13日	10/25	火	丙午	成	天河水	室
14日	10/26	水	丁未	納	天河水	壁
15日	10/27	木	戊申	開	大駅土	奎
16日	10/28	金	己酉	閉	大駅土	婁
17日	10/29	土	庚戌	建	釵釧金	胃
18日	10/30	日	辛亥	除	釵釧金	昴
19日	10/31	月	壬子	満	桑柘木	畢
20日	11/01	火	癸丑	平	桑柘木	觜
21日	11/02	水	甲寅	定	大溪水	参
22日	11/03	木	乙卯	執	大溪水	井
23日	11/04	金	丙辰	破	沙中土	鬼
24日	11/05	土	丁巳	危	沙中土	柳
25日	11/06	日	戊午	成	天上火	星
26日	11/07	月	己未	納	天上火	張
27日	11/08	火	庚申	開	柘榴木	翼
28日	11/09	水	辛酉	閉	柘榴木	軫
29日	11/10	木	壬戌	建	大海水	角
30日	11/11	金	癸亥	建	大海水	亢

【十月大 乙亥 張】
節気 小雪 9日・大雪 24日

日	西暦	曜	干支	直	納音	宿
1日	11/12	土	甲子	除	海中金	氐
2日	11/13	日	乙丑	満	海中金	房
3日	11/14	月	丙寅	平	炉中火	心
4日	11/15	火	丁卯	定	炉中火	尾
5日	11/16	水	戊辰	執	大林木	箕
6日	11/17	木	己巳	破	大林木	斗
7日	11/18	金	庚午	危	路傍土	牛
8日	11/19	土	辛未	成	路傍土	女
9日	11/20	日	壬申	納	釼鋒金	虚
10日	11/21	月	癸酉	開	釼鋒金	危
11日	11/22	火	甲戌	閉	山頭火	室
12日	11/23	水	乙亥	建	山頭火	壁
13日	11/24	木	丙子	除	澗下水	奎
14日	11/25	金	丁丑	満	澗下水	婁
15日	11/26	土	戊寅	平	城頭土	胃
16日	11/27	日	己卯	定	城頭土	昴
17日	11/28	月	庚辰	執	白鑞金	畢
18日	11/29	火	辛巳	破	白鑞金	觜
19日	11/30	水	壬午	危	楊柳木	参
20日	12/01	木	癸未	成	楊柳木	井
21日	12/02	金	甲申	納	井泉水	鬼
22日	12/03	土	乙酉	開	井泉水	柳
23日	12/04	日	丙戌	閉	屋上土	星
24日	12/05	月	丁亥	建	屋上土	張
25日	12/06	火	戊子	除	霹靂火	翼
26日	12/07	水	己丑	満	霹靂火	軫
27日	12/08	木	庚寅	平	松柏木	角
28日	12/09	金	辛卯	定	松柏木	亢
29日	12/10	土	壬辰	執	長流水	氐
30日	12/11	日	癸巳	執	長流水	房

【十一月大 丙子 翼】
節気 冬至 10日・小寒 25日

日	西暦	曜	干支	直	納音	宿
1日	12/12	月	甲午	破	沙中金	心
2日	12/13	火	乙未	危	沙中金	尾
3日	12/14	水	丙申	成	山下火	箕
4日	12/15	木	丁酉	納	山下火	斗
5日	12/16	金	戊戌	開	平地木	牛
6日	12/17	土	己亥	閉	平地木	女
7日	12/18	日	庚子	建	壁上土	虚
8日	12/19	月	辛丑	除	壁上土	危
9日	12/20	火	壬寅	満	金箔金	室
10日	12/21	水	癸卯	平	金箔金	壁
11日	12/22	木	甲辰	定	覆燈火	奎
12日	12/23	金	乙巳	執	覆燈火	婁
13日	12/24	土	丙午	破	天河水	胃
14日	12/25	日	丁未	危	天河水	昴
15日	12/26	月	戊申	成	大駅土	畢
16日	12/27	火	己酉	納	大駅土	觜
17日	12/28	水	庚戌	開	釵釧金	参
18日	12/29	木	辛亥	閉	釵釧金	井
19日	12/30	金	壬子	建	桑柘木	鬼
20日	12/31	土	癸丑	除	桑柘木	柳

1690年

日	西暦	曜	干支	直	納音	宿
21日	01/01	日	甲寅	満	大溪水	星
22日	01/02	月	乙卯	平	大溪水	張
23日	01/03	火	丙辰	定	沙中土	翼
24日	01/04	水	丁巳	執	沙中土	軫
25日	01/05	木	戊午	破	天上火	角
26日	01/06	金	己未	危	天上火	亢
27日	01/07	土	庚申	成	柘榴木	氐
28日	01/08	日	辛酉	納	柘榴木	房
29日	01/09	月	壬戌	開	大海水	心
30日	01/10	火	癸亥	閉	大海水	尾

【十二月小 丁丑 軫】
節気 大寒 10日・立春 25日
雑節 土用 11日・節分 24日

日	西暦	曜	干支	直	納音	宿
1日	01/11	水	甲子	閉	海中金	箕
2日	01/12	木	乙丑	建	海中金	斗
3日	01/13	金	丙寅	除	炉中火	牛
4日	01/14	土	丁卯	満	炉中火	女
5日	01/15	日	戊辰	平	大林木	虚
6日	01/16	月	己巳	定	大林木	危
7日	01/17	火	庚午	執	路傍土	室
8日	01/18	水	辛未	破	路傍土	壁
9日	01/19	木	壬申	危	釼鋒金	奎
10日	01/20	金	癸酉	成	釼鋒金	婁
11日	01/21	土	甲戌	納	山頭火	胃
12日	01/22	日	乙亥	開	山頭火	昴
13日	01/23	月	丙子	閉	澗下水	畢
14日	01/24	火	丁丑	建	澗下水	觜
15日	01/25	水	戊寅	除	城頭土	参
16日	01/26	木	己卯	満	城頭土	井
17日	01/27	金	庚辰	平	白鑞金	鬼
18日	01/28	土	辛巳	定	白鑞金	柳
19日	01/29	日	壬午	執	楊柳木	星
20日	01/30	月	癸未	破	楊柳木	張
21日	01/31	火	甲申	危	井泉水	翼
22日	02/01	水	乙酉	成	井泉水	軫
23日	02/02	木	丙戌	納	屋上土	角
24日	02/03	金	丁亥	開	屋上土	亢
25日	02/04	土	戊子	閉	霹靂火	氐
26日	02/05	日	己丑	建	霹靂火	房
27日	02/06	月	庚寅	除	松柏木	心
28日	02/07	火	辛卯	満	松柏木	尾
29日	02/08	水	壬辰	満	長流水	箕

元禄3年
1690～1691　庚午　星

【正月大 戊寅 角】
節気 雨水 12日・啓蟄 27日

1日 02/09 木 癸巳 平 長流水 斗
2日 02/10 金 甲午 定 沙中金 牛
3日 02/11 土 乙未 執 沙中金 女
4日 02/12 日 丙申 破 山下火 虚
5日 02/13 月 丁酉 危 山下火 危
6日 02/14 火 戊戌 成 平地木 室
7日 02/15 水 己亥 納 平地木 壁
8日 02/16 木 庚子 開 壁上土 奎
9日 02/17 金 辛丑 閉 壁上土 婁
10日 02/18 土 壬寅 建 金箔金 胃
11日 02/19 日 癸卯 除 金箔金 昴
12日 02/20 月 甲辰 満 覆燈火 畢
13日 02/21 火 乙巳 平 覆燈火 觜
14日 02/22 水 丙午 定 天河水 参
15日 02/23 木 丁未 執 天河水 井
16日 02/24 金 戊申 破 大駅土 鬼
17日 02/25 土 己酉 危 大駅土 柳
18日 02/26 日 庚戌 成 釵釧金 星
19日 02/27 月 辛亥 納 釵釧金 張
20日 02/28 火 壬子 開 桑柘木 翼
21日 03/01 水 癸丑 閉 桑柘木 軫
22日 03/02 木 甲寅 建 大溪水 角
23日 03/03 金 乙卯 除 大溪水 亢
24日 03/04 土 丙辰 満 沙中土 氐
25日 03/05 日 丁巳 平 沙中土 房
26日 03/06 月 戊午 定 天上火 心
27日 03/07 火 己未 定 天上火 尾
28日 03/08 水 庚申 執 柘榴木 箕
29日 03/09 木 辛酉 破 柘榴木 斗
30日 03/10 金 壬戌 危 大海水 牛

【二月小 己卯 亢】
節気 春分 12日・清明 27日
雑節 彼岸 14日・社日 16日

1日 03/11 土 癸亥 成 大海水 女
2日 03/12 日 甲子 納 海中金 虚
3日 03/13 月 乙丑 開 海中金 危
4日 03/14 火 丙寅 閉 爐中火 室
5日 03/15 水 丁卯 建 爐中火 壁
6日 03/16 木 戊辰 除 大林木 奎
7日 03/17 金 己巳 満 大林木 婁
8日 03/18 土 庚午 平 路傍土 胃
9日 03/19 日 辛未 定 路傍土 昴
10日 03/20 月 壬申 執 劍鋒金 畢
11日 03/21 火 癸酉 破 劍鋒金 觜
12日 03/22 水 甲戌 危 山頭火 参
13日 03/23 木 乙亥 成 山頭火 井
14日☆ 03/24 金 丙子 納 澗下水 鬼
15日 03/25 土 丁丑 開 澗下水 柳
16日 03/26 日 戊寅 閉 城頭土 星
17日 03/27 月 己卯 建 城頭土 張
18日 03/28 火 庚辰 除 白鑞金 翼
19日 03/29 水 辛巳 満 白鑞金 軫
20日 03/30 木 壬午 平 楊柳木 角
21日 03/31 金 癸未 定 楊柳木 亢
22日 04/01 土 甲申 執 井泉水 氐
23日 04/02 日 乙酉 破 井泉水 房
24日 04/03 月 丙戌 危 屋上土 心
25日 04/04 火 丁亥 成 屋上土 尾
26日 04/05 水 戊子 納 霹靂火 箕
27日 04/06 木 己丑 納 霹靂火 斗
28日 04/07 金 庚寅 開 松柏木 牛
29日 04/08 土 辛卯 閉 松柏木 女

【三月大 庚辰 氐】
節気 穀雨 13日・立夏 29日
雑節 土用 10日・八十八夜 25日

1日 04/09 日 壬辰 建 長流水 虚
2日 04/10 月 癸巳 除 長流水 危
3日 04/11 火 甲午 満 沙中金 室
4日 04/12 水 乙未 平 沙中金 壁
5日 04/13 木 丙申 定 山下火 奎
6日 04/14 金 丁酉 執 山下火 婁
7日 04/15 土 戊戌 破 平地木 胃
8日 04/16 日 己亥 危 平地木 昴
9日 04/17 月 庚子 成 壁上土 畢
10日 04/18 火 辛丑 納 壁上土 觜
11日 04/19 水 壬寅 開 金箔金 参
12日 04/20 木 癸卯 閉 金箔金 井
13日 04/21 金 甲辰 建 覆燈火 鬼
14日 04/22 土 乙巳 除 覆燈火 柳
15日 04/23 日 丙午 満 天河水 星
16日 04/24 月 丁未 平 天河水 張
17日 04/25 火 戊申 定 大駅土 翼
18日 04/26 水 己酉 執 大駅土 軫
19日 04/27 木 庚戌 破 釵釧金 角
20日 04/28 金 辛亥 危 釵釧金 亢
21日 04/29 土 壬子 成 桑柘木 氐
22日 04/30 日 癸丑 納 桑柘木 房
23日 05/01 月 甲寅 開 大溪水 心
24日 05/02 火 乙卯 閉 大溪水 尾
25日 05/03 水 丙辰 建 沙中土 箕
26日 05/04 木 丁巳 除 沙中土 斗
27日 05/05 金 戊午 満 天上火 牛
28日 05/06 土 己未 平 天上火 女
29日 05/07 日 庚申 平 柘榴木 虚
30日 05/08 月 辛酉 定 柘榴木 危

【四月小 辛巳 房】
節気 小満 14日・芒種 29日

1日 05/09 火 壬戌 執 大海水 室
2日 05/10 水 癸亥 破 大海水 壁
3日 05/11 木 甲子 危 海中金 奎
4日 05/12 金 乙丑 成 海中金 婁
5日 05/13 土 丙寅 納 爐中火 胃
6日 05/14 日 丁卯 開 爐中火 昴
7日 05/15 月 戊辰 閉 大林木 畢
8日 05/16 火 己巳 建 大林木 觜
9日 05/17 水 庚午 除 路傍土 参
10日 05/18 木 辛未 満 路傍土 井
11日 05/19 金 壬申 平 劍鋒金 鬼
12日 05/20 土 癸酉 定 劍鋒金 柳
13日 05/21 日 甲戌 執 山頭火 星
14日 05/22 月 乙亥 破 山頭火 張
15日 05/23 火 丙子 危 澗下水 翼
16日 05/24 水 丁丑 成 澗下水 軫
17日 05/25 木 戊寅 納 城頭土 角
18日 05/26 金 己卯 開 城頭土 亢
19日 05/27 土 庚辰 閉 白鑞金 氐
20日 05/28 日 辛巳 建 白鑞金 房
21日 05/29 月 壬午 除 楊柳木 心
22日 05/30 火 癸未 満 楊柳木 尾
23日 05/31 水 甲申 平 井泉水 箕
24日 06/01 木 乙酉 定 井泉水 斗
25日 06/02 金 丙戌 執 屋上土 牛
26日 06/03 土 丁亥 破 屋上土 女
27日 06/04 日 戊子 危 霹靂火 虚
28日 06/05 月 己丑 成 霹靂火 危
29日 06/06 火 庚寅 成 松柏木 室

【五月小 壬午 心】
節気 夏至 15日
雑節 入梅 2日・半夏生 25日

1日 06/07 水 辛卯 納 松柏木 壁
2日 06/08 木 壬辰 開 長流水 奎
3日 06/09 金 癸巳 閉 長流水 婁
4日 06/10 土 甲午 建 沙中金 胃
5日 06/11 日 乙未 除 沙中金 昴
6日 06/12 月 丙申 満 山下火 畢
7日 06/13 火 丁酉 平 山下火 觜
8日 06/14 水 戊戌 定 平地木 参
9日 06/15 木 己亥 執 平地木 井
10日 06/16 金 庚子 破 壁上土 鬼
11日 06/17 土 辛丑 危 壁上土 柳
12日 06/18 日 壬寅 成 金箔金 星
13日 06/19 月 癸卯 納 金箔金 張
14日 06/20 火 甲辰 開 覆燈火 翼
15日 06/21 水 乙巳 閉 覆燈火 軫
16日 06/22 木 丙午 建 天河水 角
17日 06/23 金 丁未 除 天河水 亢
18日 06/24 土 戊申 満 大駅土 氐
19日 06/25 日 己酉 平 大駅土 房
20日 06/26 月 庚戌 定 釵釧金 心
21日 06/27 火 辛亥 執 釵釧金 尾
22日 06/28 水 壬子 破 桑柘木 箕
23日 06/29 木 癸丑 危 桑柘木 斗
24日 06/30 金 甲寅 成 大溪水 牛
25日 07/01 土 乙卯 納 大溪水 女
26日 07/02 日 丙辰 開 沙中土 虚
27日 07/03 月 丁巳 閉 沙中土 危
28日 07/04 火 戊午 建 天上火 室
29日 07/05 水 己未 除 天上火 壁

【六月大 癸未 尾】
節気 小暑 1日・大暑 17日
雑節 土用 14日

1日 07/06 木 庚申 除 柘榴木 奎
2日 07/07 金 辛酉 満 柘榴木 婁
3日 07/08 土 壬戌 平 大海水 胃
4日 07/09 日 癸亥 定 大海水 昴
5日 07/10 月 甲子 執 海中金 畢
6日 07/11 火 乙丑 破 海中金 觜
7日 07/12 水 丙寅 危 爐中火 参
8日 07/13 木 丁卯 成 爐中火 井
9日 07/14 金 戊辰 納 大林木 鬼
10日 07/15 土 己巳 開 大林木 柳
11日 07/16 日 庚午 閉 路傍土 星
12日 07/17 月 辛未 建 路傍土 張
13日 07/18 火 壬申 除 劍鋒金 翼
14日 07/19 水 癸酉 満 劍鋒金 軫
15日 07/20 木 甲戌 平 山頭火 角
16日 07/21 金 乙亥 定 山頭火 亢
17日 07/22 土 丙子 執 澗下水 氐
18日 07/23 日 丁丑 破 澗下水 房
19日 07/24 月 戊寅 危 城頭土 心
20日 07/25 火 己卯 成 城頭土 尾
21日 07/26 水 庚辰 納 白鑞金 箕
22日 07/27 木 辛巳 開 白鑞金 斗
23日 07/28 金 壬午 閉 楊柳木 牛
24日 07/29 土 癸未 建 楊柳木 女
25日 07/30 日 甲申 除 井泉水 虚
26日 07/31 月 乙酉 満 井泉水 危
27日 08/01 火 丙戌 平 屋上土 室
28日 08/02 水 丁亥 定 屋上土 壁
29日 08/03 木 戊子 執 霹靂火 奎
30日 08/04 金 己丑 破 霹靂火 婁

【七月小 甲申 箕】
節気 立秋 2日・処暑 17日
雑節 二百十日 28日

1日 08/05 土 庚寅 危 松柏木 胃
2日 08/06 日 辛卯 危 松柏木 昴
3日 08/07 月 壬辰 成 長流水 畢

元禄3年

西暦	曜	干支	直	納音	宿
4日 08/08	火	癸巳	納	長流水	觜
5日 08/09	水	甲午	開	沙中金	参
6日 08/10	木	乙未	閉	沙中金	井
7日 08/11	金	丙申	建	山下火	鬼
8日 08/12	土	丁酉	除	山下火	柳
9日 08/13	日	戊戌	満	平地木	星
10日 08/14	月	己亥	平	平地木	張
11日 08/15	火	庚子	定	壁上土	翼
12日 08/16	水	辛丑	執	壁上土	軫
13日 08/17	木	壬寅	破	金箔金	角
14日 08/18	金	癸卯	危	金箔金	亢
15日 08/19	土	甲辰	成	覆燈火	氐
16日 08/20	日	乙巳	納	覆燈火	房
17日 08/21	月	丙午	開	天河水	心
18日 08/22	火	丁未	閉	天河水	尾
19日 08/23	水	戊申	建	天河水	箕
20日 08/24	木	己酉	除	大駅土	斗
21日 08/25	金	庚戌	平	釵釧金	牛
22日 08/26	土	辛亥	平	釵釧金	女
23日 08/27	日	壬子	定	桑柘木	虚
24日 08/28	月	癸丑	執	桑柘木	危
25日 08/29	火	甲寅	破	大渓水	室
26日 08/30	水	乙卯	危	大渓水	壁
27日 08/31	木	丙辰	成	沙中土	奎
28日 09/01	金	丁巳	納	沙中土	婁
29日 09/02	土	戊午	開	天上火	胃

【八月小 乙酉 斗】
節気 白露 3日・秋分 19日
雑節 社日 20日・彼岸 21日

西暦	曜	干支	直	納音	宿
1日◎09/03	日	己未	閉	天上火	昴
2日 09/04	月	庚申	建	柘榴木	畢
3日 09/05	火	辛酉	除	柘榴木	觜
4日 09/06	水	壬戌	満	大海水	参
5日 09/07	木	癸亥	満	大海水	井
6日 09/08	金	甲子	定	海中金	鬼
7日 09/09	土	乙丑	定	海中金	柳
8日 09/10	日	丙寅	執	爐中火	星
9日 09/11	月	丁卯	破	爐中火	張
10日 09/12	火	戊辰	危	大林木	翼
11日 09/13	水	己巳	成	大林木	軫
12日 09/14	木	庚午	納	路傍土	角
13日 09/15	金	辛未	開	路傍土	亢
14日 09/16	土	壬申	閉	釵鋒金	氐
15日 09/17	日	癸酉	建	釵鋒金	房
16日☆09/18	月	甲戌	除	山頭火	心
17日 09/19	火	乙亥	満	山頭火	尾
18日 09/20	水	丙子	平	澗下水	箕
19日 09/21	木	丁丑	定	澗下水	斗
20日 09/22	金	戊寅	執	城頭土	牛
21日 09/23	土	己卯	破	城頭土	女
22日 09/24	日	庚辰	危	白鑞金	虚
23日 09/25	月	辛巳	成	白鑞金	危
24日 09/26	火	壬午	納	楊柳木	室
25日 09/27	水	癸未	開	楊柳木	壁
26日 09/28	木	甲申	閉	井泉水	奎
27日 09/29	金	乙酉	建	井泉水	婁
28日 09/30	土	丙戌	除	屋上土	胃
29日 10/01	日	丁亥	満	屋上土	昴

【九月大 丙戌 牛】
節気 寒露 5日・霜降 20日
雑節 土用 17日

西暦	曜	干支	直	納音	宿
1日 10/02	月	戊子	平	霹靂火	畢
2日 10/03	火	己丑	定	霹靂火	觜
3日 10/04	水	庚寅	執	松柏木	参
4日 10/05	木	辛卯	破	松柏木	井
5日 10/06	金	壬辰	破	長流水	鬼
6日 10/07	土	癸巳	危	長流水	柳
7日 10/08	日	甲午	成	沙中金	星
8日 10/09	月	乙未	納	沙中金	張
9日 10/10	火	丙申	開	山下火	翼
10日 10/11	水	丁酉	閉	山下火	軫
11日 10/12	木	戊戌	建	平地木	角
12日 10/13	金	己亥	除	平地木	亢
13日 10/14	土	庚子	満	壁上土	氐
14日 10/15	日	辛丑	平	壁上土	房
15日 10/16	月	壬寅	定	金箔金	心
16日 10/17	火	癸卯	執	金箔金	尾
17日 10/18	水	甲辰	破	覆燈火	箕
18日 10/19	木	乙巳	危	覆燈火	斗
19日 10/20	金	丙午	成	天河水	牛
20日 10/21	土	丁未	納	天河水	女
21日 10/22	日	戊申	開	天河水	虚
22日 10/23	月	己酉	閉	大駅土	危
23日 10/24	火	庚戌	建	釵釧金	室
24日 10/25	水	辛亥	除	釵釧金	壁
25日 10/26	木	壬子	満	桑柘木	奎
26日 10/27	金	癸丑	平	桑柘木	婁
27日 10/28	土	甲寅	定	大渓水	胃
28日 10/29	日	乙卯	執	大渓水	昴
29日 10/30	月	丙辰	破	沙中土	畢
30日 10/31	火	丁巳	危	沙中土	觜

【十月大 丁亥 女】
節気 立冬 5日・小雪 20日

西暦	曜	干支	直	納音	宿
1日 11/01	水	戊午	成	天上火	参
2日 11/02	木	己未	納	天上火	井
3日 11/03	金	庚申	開	柘榴木	鬼
4日 11/04	土	辛酉	閉	柘榴木	柳
5日 11/05	日	壬戌	建	大海水	星
6日 11/06	月	癸亥	除	大海水	張
7日 11/07	火	甲子	満	海中金	翼
8日 11/08	水	乙丑	平	海中金	軫
9日 11/09	木	丙寅	定	爐中火	角
10日 11/10	金	丁卯	執	爐中火	亢
11日 11/11	土	戊辰	執	大林木	氐
12日 11/12	日	己巳	破	大林木	房
13日 11/13	月	庚午	危	路傍土	心
14日 11/14	火	辛未	成	路傍土	尾
15日 11/15	水	壬申	納	釵鋒金	箕
16日 11/16	木	癸酉	開	釵鋒金	斗
17日 11/17	金	甲戌	閉	山頭火	牛
18日 11/18	土	乙亥	建	山頭火	女
19日 11/19	日	丙子	除	澗下水	虚
20日 11/20	月	丁丑	満	澗下水	危
21日 11/21	火	戊寅	平	城頭土	室
22日 11/22	水	己卯	定	城頭土	壁
23日 11/23	木	庚辰	執	白鑞金	奎
24日 11/24	金	辛巳	破	白鑞金	婁
25日 11/25	土	壬午	危	楊柳木	胃
26日 11/26	日	癸未	成	楊柳木	昴
27日 11/27	月	甲申	納	井泉水	畢
28日 11/28	火	乙酉	開	井泉水	觜
29日 11/29	水	丙戌	閉	屋上土	参
30日 11/30	木	丁亥	建	屋上土	井

【十一月小 戊子 虚】
節気 大雪 6日・冬至 21日

西暦	曜	干支	直	納音	宿
1日 12/01	金	戊子	除	霹靂火	鬼
2日 12/02	土	己丑	満	霹靂火	柳
3日 12/03	日	庚寅	平	松柏木	星
4日 12/04	月	辛卯	定	松柏木	張
5日 12/05	火	壬辰	執	長流水	翼
6日 12/06	水	癸巳	破	長流水	軫
7日 12/07	木	甲午	破	沙中金	角
8日 12/08	金	乙未	危	沙中金	亢
9日 12/09	土	丙申	成	山下火	氐
10日 12/10	日	丁酉	納	山下火	房
11日 12/11	月	戊戌	開	平地木	心
12日 12/12	火	己亥	閉	平地木	尾
13日 12/13	水	庚子	建	壁上土	箕
14日 12/14	木	辛丑	満	壁上土	斗
15日 12/15	金	壬寅	満	金箔金	牛
16日 12/16	土	癸卯	定	金箔金	女
17日 12/17	日	甲辰	定	覆燈火	虚
18日 12/18	月	乙巳	執	覆燈火	危
19日 12/19	火	丙午	破	天河水	室
20日 12/20	水	丁未	危	天河水	壁
21日 12/21	木	戊申	成	大駅土	奎
22日 12/22	金	己酉	納	大駅土	婁
23日 12/23	土	庚戌	開	釵釧金	胃
24日 12/24	日	辛亥	閉	釵釧金	昴
25日 12/25	月	壬子	建	桑柘木	畢
26日 12/26	火	癸丑	除	桑柘木	觜
27日 12/27	水	甲寅	満	大渓水	参
28日 12/28	木	乙卯	平	大渓水	井
29日 12/29	金	丙辰	定	沙中土	鬼

【十二月大 己丑 危】
節気 小寒 7日・大寒 22日
雑節 土用 19日

西暦	曜	干支	直	納音	宿
1日 12/30	土	丁巳	執	沙中土	柳
2日 12/31	日	戊午	破	天上火	星

1691年

西暦	曜	干支	直	納音	宿
3日 01/01	月	己未	危	天上火	張
4日 01/02	火	庚申	成	柘榴木	翼
5日 01/03	水	辛酉	納	柘榴木	軫
6日 01/04	木	壬戌	開	大海水	角
7日 01/05	金	癸亥	閉	大海水	亢
8日 01/06	土	甲子	建	海中金	氐
9日 01/07	日	乙丑	除	海中金	房
10日 01/08	月	丙寅	満	爐中火	心
11日 01/09	火	丁卯	平	爐中火	尾
12日 01/10	水	戊辰	平	大林木	箕
13日 01/11	木	己巳	定	大林木	斗
14日 01/12	金	庚午	執	路傍土	牛
15日 01/13	土	辛未	破	路傍土	女
16日 01/14	日	壬申	危	釵鋒金	虚
17日 01/15	月	癸酉	成	釵鋒金	危
18日 01/16	火	甲戌	納	山頭火	室
19日 01/17	水	乙亥	開	山頭火	壁
20日 01/18	木	丙子	閉	澗下水	奎
21日 01/19	金	丁丑	建	澗下水	婁
22日 01/20	土	戊寅	除	城頭土	胃
23日 01/21	日	己卯	満	城頭土	昴
24日 01/22	月	庚辰	平	白鑞金	畢
25日 01/23	火	辛巳	定	白鑞金	觜
26日 01/24	水	壬午	執	楊柳木	参
27日 01/25	木	癸未	破	楊柳木	井
28日 01/26	金	甲申	危	井泉水	鬼
29日 01/27	土	乙酉	成	井泉水	柳
30日 01/28	日	丙戌	納	屋上土	星

元禄4年
1691〜1692　辛未　張

【正月大 庚寅 室】
節気 立春 8日・雨水 23日
雑節 節分 7日

日	日付	曜	干支	直	納音	宿
1日	01/29	月	丁亥	開	屋上土	張
2日	01/30	火	戊子	閉	霹靂火	翼
3日	01/31	水	己丑	建	霹靂火	軫
4日	02/01	木	庚寅	除	松柏木	角
5日	02/02	金	辛卯	満	松柏木	亢氐房
6日	02/03	土	壬辰	平	長流水	氐
7日	02/04	日	癸巳	定	長流水	房
8日	02/05	月	甲午	定	沙中金	心
9日	02/06	火	乙未	執	沙中金	尾
10日	02/07	水	丙申	破	山下火	箕
11日	02/08	木	丁酉	危	山下火	斗牛
12日	02/09	金	戊戌	成	平地木	牛
13日	02/10	土	己亥	納	平地木	女
14日	02/11	日	庚子	開	壁上土	虚
15日	02/12	月	辛丑	閉	壁上土	危
16日	02/13	火	壬寅	建	金箔金	室
17日	02/14	水	癸卯	除	金箔金	壁
18日	02/15	木	甲辰	満	覆燈火	奎
19日	02/16	金	乙巳	平	覆燈火	婁
20日	02/17	土	丙午	定	天河水	胃昴
21日	02/18	日	丁未	執	天河水	昴
22日	02/19	月	戊申	破	大駅土	畢
23日	02/20	火	己酉	危	大駅土	觜
24日	02/21	水	庚戌	成	釵釧金	参
25日	02/22	木	辛亥	納	釵釧金	井
26日	02/23	金	壬子	開	桑柘木	鬼
27日	02/24	土	癸丑	閉	桑柘木	柳
28日	02/25	日	甲寅	建	大溪水	星
29日	02/26	月	乙卯	除	大溪水	張
30日	02/27	火	丙辰	満	沙中土	翼

【二月大 辛卯 壁】
節気 啓蟄 8日・春分 23日
雑節 社日 22日・彼岸 25日

日	日付	曜	干支	直	納音	宿
1日◎	02/28	水	丁巳	平	沙中土	軫
2日	03/01	木	戊午	定	天上火	角
3日	03/02	金	己未	執	天上火	亢氐
4日	03/03	土	庚申	破	柘榴木	氐
5日	03/04	日	辛酉	危	柘榴木	房心
6日	03/05	月	壬戌	成	大海水	尾
7日	03/06	火	癸亥	納	大海水	箕
8日	03/07	水	甲子	納	海中金	斗
9日	03/08	木	乙丑	開	海中金	牛
10日	03/09	金	丙寅	閉	爐中火	女
11日	03/10	土	丁卯	建	爐中火	虚
12日	03/11	日	戊辰	除	大林木	危
13日	03/12	月	己巳	満	大林木	室
14日	03/13	火	庚午	平	路傍土	壁
15日	03/14	水	辛未	定	路傍土	奎
16日	03/15	木	壬申	執	釵鋒金	婁
17日	03/16	金	癸酉	破	釵鋒金	胃
18日	03/17	土	甲戌	危	山頭火	昴
19日	03/18	日	乙亥	成	山頭火	畢
20日	03/19	月	丙子	納	澗下水	觜
21日	03/20	火	丁丑	開	澗下水	参
22日	03/21	水	戊寅	閉	城頭土	井
23日	03/22	木	己卯	建	城頭土	鬼
24日	03/23	金	庚辰	除	白鑞金	柳
25日	03/24	土	辛巳	満	白鑞金	星
26日	03/25	日	壬午	平	楊柳木	張
27日	03/26	月	癸未	定	楊柳木	翼
28日	03/27	火	甲申	執	井泉水	軫
29日	03/28	水	乙酉	破	井泉水	角
30日	03/29	木	丙戌	危	屋上土	角

【三月小 壬辰 奎】
節気 清明 8日・穀雨 24日
雑節 土用 21日

日	日付	曜	干支	直	納音	宿
1日	03/30	金	丁亥	成	屋上土	亢
2日	03/31	土	戊子	納	霹靂火	氐房
3日	04/01	日	己丑	開	霹靂火	房
4日	04/02	月	庚寅	閉	松柏木	心
5日	04/03	火	辛卯	建	松柏木	尾
6日	04/04	水	壬辰	除	長流水	箕
7日	04/05	木	癸巳	満	長流水	斗
8日	04/06	金	甲午	平	沙中金	牛
9日	04/07	土	乙未	定	沙中金	女
10日	04/08	日	丙申	執	山下火	虚
11日	04/09	月	丁酉	破	山下火	危
12日	04/10	火	戊戌	危	平地木	室
13日	04/11	水	己亥	成	平地木	壁
14日	04/12	木	庚子	納	壁上土	奎
15日	04/13	金	辛丑	開	壁上土	婁
16日	04/14	土	壬寅	閉	金箔金	胃
17日	04/15	日	癸卯	建	金箔金	昴
18日	04/16	月	甲辰	除	覆燈火	畢
19日	04/17	火	乙巳	満	覆燈火	觜
20日	04/18	水	丙午	平	天河水	参
21日	04/19	木	丁未	定	天河水	井
22日	04/20	金	戊申	執	大駅土	鬼
23日	04/21	土	己酉	破	大駅土	柳
24日	04/22	日	庚戌	危	釵釧金	星
25日	04/23	月	辛亥	成	釵釧金	張
26日	04/24	火	壬子	納	桑柘木	翼
27日	04/25	水	癸丑	開	桑柘木	軫
28日	04/26	木	甲寅	閉	大溪水	角
29日	04/27	金	乙卯	閉	大溪水	亢

【四月大 癸巳 婁】
節気 立夏 10日・小満 25日
雑節 八十八夜 6日

日	日付	曜	干支	直	納音	宿
1日	04/28	土	丙辰	建	沙中土	氐
2日	04/29	日	丁巳	除	沙中土	房
3日	04/30	月	戊午	平	天上火	心
4日	05/01	火	己未	平	天上火	尾
5日	05/02	水	庚申	定	柏榴木	箕
6日	05/03	木	辛酉	執	柏榴木	斗牛
7日	05/04	金	壬戌	破	大海水	牛
8日	05/05	土	癸亥	危	大海水	女
9日	05/06	日	甲子	成	海中金	虚
10日	05/07	月	乙丑	納	海中金	危室
11日	05/08	火	丙寅	納	爐中火	室
12日	05/09	水	丁卯	開	爐中火	壁
13日	05/10	木	戊辰	閉	大林木	奎
14日	05/11	金	己巳	建	大林木	婁
15日	05/12	土	庚午	除	路傍土	胃昴
16日	05/13	日	辛未	満	路傍土	昴
17日	05/14	月	壬申	平	釵鋒金	畢
18日	05/15	火	癸酉	定	釵鋒金	觜
19日	05/16	水	甲戌	執	山頭火	参
20日	05/17	木	乙亥	破	山頭火	井
21日	05/18	金	丙子	危	澗下水	鬼
22日	05/19	土	丁丑	成	澗下水	柳
23日	05/20	日	戊寅	納	城頭土	星
24日	05/21	月	己卯	開	城頭土	張
25日	05/22	火	庚辰	閉	白鑞金	翼
26日	05/23	水	辛巳	建	白鑞金	軫
27日	05/24	木	壬午	除	楊柳木	角
28日	05/25	金	癸未	満	楊柳木	亢
29日	05/26	土	甲申	平	井泉水	氐
30日	05/27	日	乙酉	定	井泉水	房

【五月小 甲午 胃】
節気 芒種 10日・夏至 26日
雑節 入梅 17日

日	日付	曜	干支	直	納音	宿
1日	05/28	月	丙戌	執	屋上土	心
2日	05/29	火	丁亥	破	屋上土	尾
3日	05/30	水	戊子	危	霹靂火	箕
4日	05/31	木	己丑	成	霹靂火	斗牛
5日	06/01	金	庚寅	納	松柏木	牛
6日	06/02	土	辛卯	開	松柏木	女
7日	06/03	日	壬辰	閉	長流水	虚
8日	06/04	月	癸巳	建	長流水	危室
9日	06/05	火	甲午	除	沙中金	室
10日	06/06	水	乙未	除	沙中金	壁
11日	06/07	木	丙申	満	山下火	奎
12日	06/08	金	丁酉	平	山下火	婁
13日	06/09	土	戊戌	定	平地木	胃
14日	06/10	日	己亥	執	平地木	昴
15日	06/11	月	庚子	破	壁上土	畢
16日	06/12	火	辛丑	危	壁上土	觜
17日	06/13	水	壬寅	成	金箔金	参
18日	06/14	木	癸卯	納	金箔金	井
19日	06/15	金	甲辰	開	覆燈火	鬼
20日	06/16	土	乙巳	閉	覆燈火	柳
21日	06/17	日	丙午	建	天河水	星
22日	06/18	月	丁未	除	天河水	張
23日	06/19	火	戊申	満	大駅土	翼
24日	06/20	水	己酉	平	大駅土	軫
25日	06/21	木	庚戌	定	釵釧金	角
26日	06/22	金	辛亥	執	釵釧金	亢氐
27日	06/23	土	壬子	破	桑柘木	房
28日	06/24	日	癸丑	危	桑柘木	心
29日	06/25	月	甲寅	成	大溪水	

【六月小 乙未 昴】
節気 小暑 12日・大暑 27日
雑節 半夏生 7日・土用 24日

日	日付	曜	干支	直	納音	宿
1日	06/26	火	乙卯	納	大溪水	尾
2日	06/27	水	丙辰	閉	沙中土	箕
3日	06/28	木	丁巳	開	沙中土	斗牛
4日	06/29	金	戊午	建	天上火	牛
5日	06/30	土	己未	除	天上火	女
6日	07/01	日	庚申	満	柏榴木	虚
7日	07/02	月	辛酉	平	柏榴木	危室
8日	07/03	火	壬戌	定	大海水	室
9日	07/04	水	癸亥	執	大海水	壁
10日	07/05	木	甲子	破	海中金	奎
11日	07/06	金	乙丑	危	海中金	婁胃
12日	07/07	土	丙寅	成	爐中火	胃
13日	07/08	日	丁卯	納	爐中火	昴
14日	07/09	月	戊辰	開	大林木	畢
15日	07/10	火	己巳	閉	大林木	觜
16日	07/11	水	庚午	建	路傍土	参
17日	07/12	木	辛未	除	路傍土	井
18日	07/13	金	壬申	満	釵鋒金	鬼
19日	07/14	土	癸酉	平	釵鋒金	柳
20日	07/15	日	甲戌	定	山頭火	星
21日	07/16	月	乙亥	執	山頭火	張
22日	07/17	火	丙子	破	澗下水	翼
23日	07/18	水	丁丑	危	澗下水	軫
24日	07/19	木	戊寅	成	城頭土	角
25日	07/20	金	己卯	納	城頭土	亢氐
26日	07/21	土	庚辰	開	白鑞金	房
27日	07/22	日	辛巳	閉	白鑞金	心
28日	07/23	月	壬午	建	楊柳木	尾
29日	07/24	火	癸未	除	楊柳木	箕

【七月大 丙申 畢】
節気 立秋 13日・処暑 28日

日	日付	曜	干支	直	納音	宿
1日	07/25	水	甲申	除	井泉水	斗箕
2日	07/26	木	乙酉	満	井泉水	斗牛
3日	07/27	金	丙戌	平	屋上土	牛
4日	07/28	土	丁亥	定	屋上土	女
5日	07/29	日	戊子	執	霹靂火	虚
6日	07/30	月	己丑	破	霹靂火	危室
7日	07/31	火	庚寅	危	松柏木	室
8日	08/01	水	辛卯	成	松柏木	壁
9日	08/02	木	壬辰	納	長流水	奎
10日	08/03	金	癸巳	開	長流水	婁胃
11日	08/04	土	甲午	閉	沙中金	胃
12日	08/05	日	乙未	建	沙中金	昴
13日	08/06	月	丙申	除	山下火	畢
14日	08/07	火	丁酉	満	山下火	觜
15日	08/08	水	戊戌	平	平地木	参

元禄4年

西暦	曜	干支	直	納音	宿
16日 08/09	木	己亥	平	平地木	井
17日 08/10	金	庚子	定	壁上土	鬼
18日 08/11	土	辛丑	執	壁上土	柳
19日 08/12	日	壬寅	破	金箔金	星
20日 08/13	月	癸卯	危	金箔金	張
21日 08/14	火	甲辰	成	覆燈火	翼
22日 08/15	水	乙巳	納	覆燈火	軫
23日 08/16	木	丙午	開	天河水	角
24日 08/17	金	丁未	閉	天河水	亢
25日 08/18	土	戊申	建	大駅土	氐
26日 08/19	日	己酉	除	大駅土	房
27日 08/20	月	庚戌	満	釵釧金	心
28日 08/21	火	辛亥	満	釵釧金	尾
29日 08/22	水	壬子	定	桑柘木	箕
30日 08/23	木	癸丑	執	桑柘木	斗

【八月小 丁酉 觜】
節気 白露 14日・秋分 29日
雑節 二百十日 10日・社日 25日

西暦	曜	干支	直	納音	宿
1日 08/24	金	甲寅	危	大溪水	牛
2日 08/25	土	乙卯	危	大溪水	女
3日 08/26	日	丙辰	成	沙中土	虚
4日 08/27	月	丁巳	納	沙中土	危
5日 08/28	火	戊午	開	天上火	室
6日 08/29	水	己未	閉	天上火	壁
7日 08/30	木	庚申	建	柘榴木	奎
8日 08/31	金	辛酉	除	柘榴木	婁
9日 09/01	土	壬戌	平	大海水	胃
10日 09/02	日	癸亥	平	大海水	昴
11日 09/03	月	甲子	定	海中金	畢
12日 09/04	火	乙丑	執	海中金	觜
13日 09/05	水	丙寅	破	爐中火	参
14日 09/06	木	丁卯	破	爐中火	井
15日 09/07	金	戊辰	危	大林木	鬼
16日 09/08	土	己巳	成	大林木	柳
17日 09/09	日	庚午	納	路傍土	星
18日 09/10	月	辛未	開	路傍土	張
19日 09/11	火	壬申	閉	釵鋒金	翼
20日 09/12	水	癸酉	建	釵鋒金	軫
21日 09/13	木	甲戌	除	山頭火	角
22日 09/14	金	乙亥	満	山頭火	亢
23日 09/15	土	丙子	平	澗下水	氐
24日 09/16	日	丁丑	定	澗下水	房
25日 09/17	月	戊寅	執	城頭土	心
26日 09/18	火	己卯	破	城頭土	尾
27日 09/19	水	庚辰	危	白鑞金	箕
28日 09/20	木	辛巳	成	白鑞金	斗
29日 09/21	金	壬午	納	楊柳木	牛

【閏八月小 丁酉 觜】
節気 寒露 15日
雑節 彼岸 2日・土用 27日

西暦	曜	干支	直	納音	宿
1日 09/22	土	癸未	開	楊柳木	女
2日 09/23	日	甲申	閉	井泉水	虚
3日 09/24	月	乙酉	建	井泉水	危
4日 09/25	火	丙戌	除	屋上土	室
5日 09/26	水	丁亥	満	屋上土	壁
6日 09/27	木	戊子	平	霹靂火	奎
7日 09/28	金	己丑	定	霹靂火	婁
8日 09/29	土	庚寅	執	松柏木	胃
9日 09/30	日	辛卯	執	松柏木	昴
10日 10/01	月	壬辰	破	長流水	畢
11日 10/02	火	癸巳	危	長流水	觜
12日 10/03	水	甲午	成	沙中金	参
13日 10/04	木	乙未	納	沙中金	井
14日 10/05	金	丙申	開	山下火	鬼
15日 10/06	土	丁酉	閉	山下火	柳
16日 10/07	日	戊戌	建	平地木	星
17日 10/08	月	己亥	除	平地木	張
18日 10/09	火	庚子	満	壁上土	翼
19日 10/10	水	辛丑	平	壁上土	軫
20日 10/11	木	壬寅	定	金箔金	角
21日 10/12	金	癸卯	執	金箔金	亢
22日 10/13	土	甲辰	破	覆燈火	氐
23日 10/14	日	乙巳	危	覆燈火	房
24日 10/15	月	丙午	成	天河水	心
25日 10/16	火	丁未	納	天河水	尾
26日 10/17	水	戊申	開	大駅土	箕
27日 10/18	木	己酉	閉	大駅土	斗
28日 10/19	金	庚戌	建	釵釧金	牛
29日 10/20	土	辛亥	除	釵釧金	女

【九月大 戊戌 参】
節気 霜降 1日・立冬 16日

西暦	曜	干支	直	納音	宿
1日 10/21	日	壬子	満	桑柘木	虚
2日 10/22	月	癸丑	建	桑柘木	危
3日 10/23	火	甲寅	定	大溪水	室
4日 10/24	水	乙卯	執	大溪水	壁
5日 10/25	木	丙辰	危	沙中土	奎
6日 10/26	金	丁巳	危	沙中土	婁
7日 10/27	土	戊午	成	天上火	胃
8日 10/28	日	己未	納	天上火	昴
9日 10/29	月	庚申	開	柘榴木	畢
10日 10/30	火	辛酉	閉	柘榴木	觜
11日 10/31	水	壬戌	建	大海水	参
12日 11/01	木	癸亥	除	大海水	井
13日 11/02	金	甲子	満	海中金	鬼
14日 11/03	土	乙丑	平	海中金	柳
15日 11/04	日	丙寅	定	爐中火	星
16日 11/05	月	丁卯	定	爐中火	張
17日 11/06	火	戊辰	執	大林木	翼
18日 11/07	水	己巳	破	大林木	軫
19日 11/08	木	庚午	危	路傍土	角
20日 11/09	金	辛未	納	路傍土	亢
21日 11/10	土	壬申	納	釵鋒金	氐
22日 11/11	日	癸酉	開	釵鋒金	房
23日 11/12	月	甲戌	建	山頭火	心
24日 11/13	火	乙亥	除	山頭火	尾
25日 11/14	水	丙子	満	澗下水	箕
26日 11/15	木	丁丑	平	澗下水	斗
27日 11/16	金	戊寅	平	城頭土	牛
28日 11/17	土	己卯	定	城頭土	女
29日 11/18	日	庚辰	執	白鑞金	虚
30日 11/19	月	辛巳	納	白鑞金	危

【十月大 己亥 井】
節気 小雪 2日・大雪 17日

西暦	曜	干支	直	納音	宿
1日 11/20	火	壬午	危	楊柳木	室
2日 11/21	水	癸未	納	楊柳木	壁
3日 11/22	木	甲申	納	井泉水	奎
4日 11/23	金	乙酉	開	井泉水	婁
5日 11/24	土	丙戌	閉	屋上土	胃
6日 11/25	日	丁亥	建	屋上土	昴
7日 11/26	月	戊子	除	霹靂火	畢
8日 11/27	火	己丑	満	霹靂火	觜
9日 11/28	水	庚寅	平	松柏木	参
10日 11/29	木	辛卯	定	松柏木	井
11日 11/30	金	壬辰	破	長流水	鬼
12日 12/01	土	癸巳	危	長流水	柳
13日 12/02	日	甲午	成	沙中金	星
14日 12/03	月	乙未	納	沙中金	張
15日 12/04	火	丙申	開	山下火	翼
16日 12/05	水	丁酉	閉	山下火	軫
17日 12/06	木	戊戌	建	平地木	角
18日 12/07	金	己亥	除	平地木	亢
19日 12/08	土	庚子	満	壁上土	氐
20日 12/09	日	辛丑	平	壁上土	房
21日 12/10	月	壬寅	定	金箔金	心
22日 12/11	火	癸卯	執	金箔金	尾
23日 12/12	水	甲辰	破	覆燈火	箕
24日 12/13	木	乙巳	危	覆燈火	斗
25日 12/14	金	丙午	成	天河水	牛
26日 12/15	土	丁未	納	天河水	女
27日 12/16	日	戊申	開	大駅土	虚
28日 12/17	月	己酉	納	大駅土	危
29日 12/18	火	庚戌	開	釵釧金	室
30日 12/19	水	辛亥	閉	釵釧金	壁

【十一月小 庚子 鬼】
節気 冬至 2日・小寒 17日

西暦	曜	干支	直	納音	宿
1日 12/20	木	壬子	建	桑柘木	奎
2日 12/21	金	癸丑	除	桑柘木	婁
3日 12/22	土	甲寅	満	大溪水	胃
4日 12/23	日	乙卯	平	大溪水	昴
5日 12/24	月	丙辰	定	沙中土	畢
6日 12/25	火	丁巳	執	沙中土	觜
7日 12/26	水	戊午	破	天上火	参
8日 12/27	木	己未	危	天上火	井
9日 12/28	金	庚申	成	柘榴木	鬼
10日 12/29	土	辛酉	納	柘榴木	柳
11日 12/30	日	壬戌	開	大海水	星
12日 12/31	月	癸亥	閉	大海水	張
1692年					
13日 01/01	火	甲子	建	海中金	翼
14日 01/02	水	乙丑	除	海中金	軫
15日 01/03	木	丙寅	満	爐中火	角
16日 01/04	金	丁卯	平	爐中火	亢
17日 01/05	土	戊辰	平	大林木	氐
18日 01/06	日	己巳	定	大林木	房
19日 01/07	月	庚午	執	路傍土	心
20日 01/08	火	辛未	破	路傍土	尾
21日 01/09	水	壬申	危	釵鋒金	箕
22日 01/10	木	癸酉	成	釵鋒金	斗
23日 01/11	金	甲戌	納	山頭火	牛
24日 01/12	土	乙亥	開	山頭火	女
25日 01/13	日	丙子	閉	澗下水	虚
26日 01/14	月	丁丑	建	澗下水	危
27日 01/15	火	戊寅	除	城頭土	室
28日 01/16	水	己卯	満	城頭土	壁
29日 01/17	木	庚辰	平	白鑞金	奎

【十二月大 辛丑 柳】
節気 大寒 4日・立春 19日
雑節 土用 1日・節分 18日

西暦	曜	干支	直	納音	宿
1日 01/18	金	辛巳	執	白鑞金	胃
2日 01/19	土	壬午	執	楊柳木	昴
3日 01/20	日	癸未	破	楊柳木	畢
4日 01/21	月	甲申	危	井泉水	觜
5日 01/22	火	乙酉	成	井泉水	参
6日 01/23	水	丙戌	納	屋上土	井
7日 01/24	木	丁亥	開	屋上土	鬼
8日 01/25	金	戊子	閉	霹靂火	柳
9日 01/26	土	己丑	建	霹靂火	星
10日 01/27	日	庚寅	除	松柏木	張
11日 01/28	月	辛卯	満	松柏木	翼
12日 01/29	火	壬辰	平	長流水	軫
13日 01/30	水	癸巳	定	長流水	角
14日 01/31	木	甲午	執	沙中金	亢
15日 02/01	金	乙未	破	沙中金	氐
16日☆ 02/02	土	丙申	危	山下火	房
17日 02/03	日	丁酉	成	山下火	心
18日 02/04	月	戊戌	納	平地木	尾
19日 02/05	火	己亥	納	平地木	箕
20日 02/06	水	庚子	開	壁上土	斗
21日 02/07	木	辛丑	閉	壁上土	牛
22日 02/08	金	壬寅	建	金箔金	女
23日 02/09	土	癸卯	除	金箔金	虚
24日 02/10	日	甲辰	満	覆燈火	危
25日 02/11	月	乙巳	平	覆燈火	室
26日 02/12	火	丙午	定	天河水	壁
27日 02/13	水	丁未	執	天河水	奎
28日 02/14	木	戊申	破	大駅土	婁
29日 02/15	金	己酉	危	大駅土	胃
30日 02/16	土	庚戌	成	釵釧金	昴

元禄5年
1692～1693　壬申　翼

正月大 壬寅 星
節気 雨水 4日・啓蟄 19日

日	日付	曜	干支	直	納音	宿
1◎	02/17	日	辛亥	納	釵釧金	昴
2	02/18	月	壬子	開	桑柘木	畢
3	02/19	火	癸丑	閉	桑柘木	觜
4	02/20	水	甲寅	建	大溪水	参
5	02/21	木	乙卯	除	大溪水	井
6	02/22	金	丙辰	満	沙中土	鬼
7	02/23	土	丁巳	平	沙中土	柳
8	02/24	日	戊午	定	天上火	星
9	02/25	月	己未	執	天上火	張
10	02/26	火	庚申	破	柘榴木	翼
11	02/27	水	辛酉	危	柘榴木	軫
12	02/28	木	壬戌	成	大海水	角
13	02/29	金	癸亥	納	大海水	亢
14	03/01	土	甲子	開	海中金	氐
15	03/02	日	乙丑	閉	海中金	房
16	03/03	月	丙寅	建	爐中火	心
17	03/04	火	丁卯	除	爐中火	尾
18	03/05	水	戊辰	満	大林木	箕
19	03/06	木	己巳	満	大林木	斗
20	03/07	金	庚午	平	路傍土	牛
21	03/08	土	辛未	定	路傍土	女
22	03/09	日	壬申	執	釵鋒金	虚
23	03/10	月	癸酉	破	釵鋒金	危
24	03/11	火	甲戌	危	山頭火	室
25	03/12	水	乙亥	成	山頭火	壁
26	03/13	木	丙子	納	澗下水	奎
27	03/14	金	丁丑	開	澗下水	婁
28	03/15	土	戊寅	閉	城頭土	胃
29	03/16	日	己卯	建	城頭土	昴
30	03/17	月	庚辰	除	白鑞金	畢

二月小 癸卯 張
節気 春分 4日・清明 20日
雑節 彼岸 6日・社日 8日

日	日付	曜	干支	直	納音	宿
1	03/18	火	辛巳	満	白鑞金	觜
2	03/19	水	壬午	平	楊柳木	参
3	03/20	木	癸未	定	楊柳木	井
4	03/21	金	甲申	執	井泉水	鬼
5	03/22	土	乙酉	破	井泉水	柳
6	03/23	日	丙戌	危	屋上土	星
7	03/24	月	丁亥	成	屋上土	張
8	03/25	火	戊子	納	霹靂火	翼
9	03/26	水	己丑	開	霹靂火	軫
10	03/27	木	庚寅	閉	松柏木	角
11	03/28	金	辛卯	建	松柏木	亢
12	03/29	土	壬辰	除	長流水	氐
13	03/30	日	癸巳	満	長流水	房
14	03/31	月	甲午	平	沙中金	心
15	04/01	火	乙未	定	沙中金	尾
16	04/02	水	丙申	執	山下火	箕
17	04/03	木	丁酉	破	山下火	斗
18	04/04	金	戊戌	危	平地木	牛
19	04/05	土	己亥	成	平地木	女
20	04/06	日	庚子	成	壁上土	虚
21	04/07	月	辛丑	納	壁上土	危
22	04/08	火	壬寅	開	金箔金	室
23	04/09	水	癸卯	閉	金箔金	壁
24	04/10	木	甲辰	建	覆燈火	奎
25	04/11	金	乙巳	除	覆燈火	婁
26	04/12	土	丙午	満	天河水	胃
27	04/13	日	丁未	平	天河水	昴
28	04/14	月	戊申	定	大駅土	畢
29	04/15	火	己酉	執	大駅土	觜

三月大 甲辰 翼
節気 穀雨 6日・立夏 21日
雑節 土用 3日・八十八夜 17日

日	日付	曜	干支	直	納音	宿
1	04/16	水	庚戌	破	釵釧金	参
2	04/17	木	辛亥	危	釵釧金	井
3	04/18	金	壬子	成	桑柘木	鬼
4	04/19	土	癸丑	納	桑柘木	柳
5	04/20	日	甲寅	開	大溪水	星
6	04/21	月	乙卯	閉	大溪水	張
7	04/22	火	丙辰	建	沙中土	翼
8	04/23	水	丁巳	除	沙中土	軫
9	04/24	木	戊午	満	天上火	角
10	04/25	金	己未	平	天上火	亢
11	04/26	土	庚申	定	柘榴木	氐
12	04/27	日	辛酉	執	柘榴木	房
13	04/28	月	壬戌	破	大海水	心
14	04/29	火	癸亥	危	大海水	尾
15	04/30	水	甲子	成	海中金	箕
16	05/01	木	乙丑	納	海中金	斗
17	05/02	金	丙寅	開	爐中火	牛
18	05/03	土	丁卯	閉	爐中火	女
19	05/04	日	戊辰	建	大林木	虚
20	05/05	月	己巳	除	大林木	危
21	05/06	火	庚午	除	路傍土	室
22	05/07	水	辛未	満	路傍土	壁
23	05/08	木	壬申	平	釵鋒金	奎
24	05/09	金	癸酉	定	釵鋒金	婁
25	05/10	土	甲戌	執	山頭火	胃
26	05/11	日	乙亥	破	山頭火	昴
27	05/12	月	丙子	危	澗下水	畢
28	05/13	火	丁丑	成	澗下水	觜
29	05/14	水	戊寅	納	城頭土	参
30	05/15	木	己卯	開	城頭土	井

四月大 乙巳 軫
節気 小満 6日・芒種 22日
雑節 入梅 23日

日	日付	曜	干支	直	納音	宿
1	05/16	金	庚辰	閉	白鑞金	鬼
2	05/17	土	辛巳	建	白鑞金	柳
3	05/18	日	壬午	除	楊柳木	星
4	05/19	月	癸未	満	楊柳木	張
5	05/20	火	甲申	平	井泉水	翼
6	05/21	水	乙酉	定	井泉水	軫
7	05/22	木	丙戌	執	屋上土	角
8	05/23	金	丁亥	破	屋上土	亢
9	05/24	土	戊子	危	霹靂火	氐
10	05/25	日	己丑	成	霹靂火	房
11	05/26	月	庚寅	納	松柏木	心
12	05/27	火	辛卯	開	松柏木	尾
13	05/28	水	壬辰	閉	長流水	箕
14	05/29	木	癸巳	建	長流水	斗
15	05/30	金	甲午	除	沙中金	牛
16	05/31	土	乙未	満	沙中金	女
17	06/01	日	丙申	平	山下火	虚
18	06/02	月	丁酉	定	山下火	危
19	06/03	火	戊戌	執	平地木	室
20	06/04	水	己亥	破	平地木	壁
21	06/05	木	庚子	危	壁上土	奎
22	06/06	金	辛丑	危	壁上土	婁
23	06/07	土	壬寅	成	金箔金	胃
24	06/08	日	癸卯	納	金箔金	昴
25	06/09	月	甲辰	開	覆燈火	畢
26	06/10	火	乙巳	閉	覆燈火	觜
27	06/11	水	丙午	建	天河水	参
28	06/12	木	丁未	除	天河水	井
29	06/13	金	戊申	満	大駅土	鬼
30	06/14	土	己酉	平	大駅土	柳

五月小 丙午 角
節気 夏至 7日・小暑 22日
雑節 半夏生 17日

日	日付	曜	干支	直	納音	宿
1	06/15	日	庚戌	定	釵釧金	星
2	06/16	月	辛亥	執	釵釧金	張
3	06/17	火	壬子	破	桑柘木	翼
4	06/18	水	癸丑	危	桑柘木	軫
5	06/19	木	甲寅	成	大溪水	角
6	06/20	金	乙卯	納	大溪水	亢
7	06/21	土	丙辰	開	沙中土	氐
8	06/22	日	丁巳	閉	沙中土	房
9	06/23	月	戊午	建	天上火	心
10	06/24	火	己未	除	天上火	尾
11	06/25	水	庚申	満	柘榴木	箕
12	06/26	木	辛酉	平	柘榴木	斗
13	06/27	金	壬戌	定	大海水	牛
14	06/28	土	癸亥	執	大海水	女
15	06/29	日	甲子	破	海中金	虚
16	06/30	月	乙丑	危	海中金	危
17	07/01	火	丙寅	成	爐中火	室
18	07/02	水	丁卯	納	爐中火	壁
19	07/03	木	戊辰	開	大林木	奎
20	07/04	金	己巳	閉	大林木	婁
21	07/05	土	庚午	建	路傍土	胃
22	07/06	日	辛未	建	路傍土	昴
23	07/07	月	壬申	除	釵鋒金	畢
24	07/08	火	癸酉	満	釵鋒金	觜
25	07/09	水	甲戌	平	山頭火	参
26	07/10	木	乙亥	定	山頭火	井
27	07/11	金	丙子	執	澗下水	鬼
28	07/12	土	丁丑	破	澗下水	柳
29	07/13	日	戊寅	危	城頭土	星

六月小 丁未 亢
節気 大暑 8日・立秋 23日
雑節 土用 5日

日	日付	曜	干支	直	納音	宿
1	07/14	月	己卯	成	城頭土	張
2	07/15	火	庚辰	納	白鑞金	翼
3	07/16	水	辛巳	開	白鑞金	軫
4	07/17	木	壬午	閉	楊柳木	角
5	07/18	金	癸未	建	楊柳木	亢
6	07/19	土	甲申	除	井泉水	氐
7	07/20	日	乙酉	満	井泉水	房
8	07/21	月	丙戌	平	屋上土	心
9	07/22	火	丁亥	定	屋上土	尾
10	07/23	水	戊子	執	霹靂火	箕
11	07/24	木	己丑	破	霹靂火	斗
12	07/25	金	庚寅	危	松柏木	牛
13	07/26	土	辛卯	成	松柏木	女
14	07/27	日	壬辰	納	長流水	虚
15	07/28	月	癸巳	開	長流水	危
16	07/29	火	甲午	閉	沙中金	室
17	07/30	水	乙未	建	沙中金	壁
18	07/31	木	丙申	除	山下火	奎
19	08/01	金	丁酉	満	山下火	婁
20	08/02	土	戊戌	平	平地木	胃
21	08/03	日	己亥	定	平地木	昴
22	08/04	月	庚子	執	壁上土	畢
23	08/05	火	辛丑	執	壁上土	觜
24	08/06	水	壬寅	破	金箔金	参
25	08/07	木	癸卯	危	金箔金	井
26	08/08	金	甲辰	成	覆燈火	鬼
27	08/09	土	乙巳	納	覆燈火	柳
28	08/10	日	丙午	開	天河水	星
29	08/11	月	丁未	閉	天河水	張

西暦　曜　干支　直　納音　宿　　　　　　　　　　　　　　　　元禄5年

【七月大 戊申 氐】
節気 処暑 10日・白露 25日
雑節 二百十日 21日

	西暦	曜	干支	直	納音	宿
1日	08/12	火	戊申	建	大駅土	翼
2日	08/13	水	己酉	除	大駅土	軫
3日	08/14	木	庚戌	平	釵釧金	角
4日	08/15	金	辛亥	定	釵釧金	亢
5日	08/16	土	壬子	定	桑柘木	氐
6日	08/17	日	癸丑	執	桑柘木	房
7日	08/18	月	甲寅	破	大溪水	心
8日	08/19	火	乙卯	危	大溪水	尾
9日	08/20	水	丙辰	成	沙中土	箕
10日	08/21	木	丁巳	納	沙中土	斗
11日	08/22	金	戊午	開	天上火	牛
12日	08/23	土	己未	閉	天上火	女
13日	08/24	日	庚申	建	柘榴木	虚
14日	08/25	月	辛酉	除	柘榴木	危
15日	08/26	火	壬戌	満	大海水	室
16日	08/27	水	癸亥	平	大海水	壁
17日	08/28	木	甲子	定	海中金	奎
18日	08/29	金	乙丑	執	海中金	婁
19日	08/30	土	丙寅	破	爐中火	胃
20日	08/31	日	丁卯	危	爐中火	昴
21日	09/01	月	戊辰	成	大林木	畢
22日	09/02	火	己巳	納	大林木	觜
23日	09/03	水	庚午	開	路傍土	参
24日	09/04	木	辛未	閉	路傍土	井
25日	09/05	金	壬申	閉	釵鋒金	鬼
26日	09/06	土	癸酉	建	釵鋒金	柳
27日	09/07	日	甲戌	除	山頭火	星
28日	09/08	月	乙亥	満	山頭火	張
29日	09/09	火	丙子	平	澗下水	翼
30日	09/10	水	丁丑	定	澗下水	軫

【八月大 己酉 房】
節気 秋分 10日・寒露 25日
雑節 社日 11日・彼岸 12日

	西暦	曜	干支	直	納音	宿
1日	09/11	木	戊寅	執	城頭土	角
2日	09/12	金	己卯	破	城頭土	亢
3日	09/13	土	庚辰	危	白鑞金	氐
4日	09/14	日	辛巳	成	白鑞金	房
5日	09/15	月	壬午	納	楊柳木	心
6日	09/16	火	癸未	開	楊柳木	尾
7日	09/17	水	甲申	閉	井泉水	箕
8日	09/18	木	乙酉	建	井泉水	斗
9日	09/19	金	丙戌	除	屋上土	牛
10日	09/20	土	丁亥	満	屋上土	女
11日	09/21	日	戊子	平	霹靂火	虚
12日	09/22	月	己丑	定	霹靂火	危
13日	09/23	火	庚寅	執	松柏木	室
14日	09/24	水	辛卯	破	松柏木	壁
15日	09/25	木	壬辰	危	長流水	奎
16日	09/26	金	癸巳	成	長流水	婁
17日	09/27	土	甲午	納	沙中金	胃
18日	09/28	日	乙未	開	沙中金	昴
19日	09/29	月	丙申	閉	山下火	畢
20日	09/30	火	丁酉	建	山下火	觜
21日	10/01	水	戊戌	除	平地木	参
22日	10/02	木	己亥	満	平地木	井
23日	10/03	金	庚子	定	壁上土	鬼
24日	10/04	土	辛丑	執	壁上土	柳
25日	10/05	日	壬寅	定	金箔金	星
26日	10/06	月	癸卯	執	金箔金	張
27日	10/07	火	甲辰	破	覆燈火	翼
28日	10/08	水	乙巳	危	覆燈火	軫
29日	10/09	木	丙午	成	天河水	角

【九月小 庚戌 心】
節気 霜降 11日・立冬 27日
雑節 土用 8日

	西暦	曜	干支	直	納音	宿
1日	10/10	金	丁未	納	天河水	亢
2日	10/11	土	戊申	開	大駅土	氐
3日	10/12	日	己酉	閉	大駅土	房
4日	10/13	月	庚戌	建	釵釧金	心
5日	10/14	火	辛亥	除	釵釧金	尾
6日	10/15	水	壬子	満	桑柘木	箕
7日	10/16	木	癸丑	平	桑柘木	斗
8日	10/17	金	甲寅	定	大溪水	牛
9日	10/18	土	乙卯	執	大溪水	女
10日	10/19	日	丙辰	破	沙中土	虚
11日	10/20	月	丁巳	危	沙中土	危
12日	10/21	火	戊午	成	天上火	室
13日	10/22	水	己未	納	天上火	壁
14日	10/23	木	庚申	開	柘榴木	奎
15日	10/24	金	辛酉	閉	柘榴木	婁
16日	10/25	土	壬戌	建	大海水	胃
17日	10/26	日	癸亥	除	大海水	昴
18日	10/27	月	甲子	満	海中金	畢
19日	10/28	火	乙丑	平	海中金	觜
20日	10/29	水	丙寅	定	爐中火	参
21日	10/30	木	丁卯	執	爐中火	井
22日	10/31	金	戊辰	破	大林木	鬼
23日	11/01	土	己巳	危	大林木	柳
24日	11/02	日	庚午	成	路傍土	星
25日	11/03	月	辛未	納	路傍土	張
26日	11/04	火	壬申	開	釵鋒金	翼
27日	11/05	水	癸酉	閉	釵鋒金	軫
28日	11/06	木	甲戌	建	山頭火	角
29日	11/07	金	乙亥	除	山頭火	亢

【十月大 辛亥 尾】
節気 小雪 13日・大雪 28日

	西暦	曜	干支	直	納音	宿
1日	11/08	土	丙子	除	澗下水	氐
2日	11/09	日	丁丑	満	澗下水	房
3日	11/10	月	戊寅	平	城頭土	心
4日	11/11	火	己卯	定	城頭土	尾
5日	11/12	水	庚辰	執	白鑞金	箕
6日	11/13	木	辛巳	破	白鑞金	斗
7日	11/14	金	壬午	危	楊柳木	牛
8日	11/15	土	癸未	成	楊柳木	女
9日	11/16	日	甲申	納	井泉水	虚
10日	11/17	月	乙酉	開	井泉水	危
11日	11/18	火	丙戌	閉	屋上土	室
12日	11/19	水	丁亥	建	屋上土	壁
13日	11/20	木	戊子	除	霹靂火	奎
14日	11/21	金	己丑	満	霹靂火	婁
15日	11/22	土	庚寅	定	松柏木	胃
16日	11/23	日	辛卯	定	松柏木	昴
17日	11/24	月	壬辰	執	長流水	畢
18日	11/25	火	癸巳	破	長流水	觜
19日	11/26	水	甲午	危	沙中金	参
20日	11/27	木	乙未	成	沙中金	井
21日	11/28	金	丙申	納	山下火	鬼
22日	11/29	土	丁酉	開	山下火	柳
23日	11/30	日	戊戌	閉	平地木	星
24日	12/01	月	己亥	建	平地木	張
25日	12/02	火	庚子	除	壁上土	翼
26日	12/03	水	辛丑	満	壁上土	軫
27日	12/04	木	壬寅	平	金箔金	角
28日	12/05	金	癸卯	定	金箔金	亢
29日	12/06	土	甲辰	執	覆燈火	氐
30日	12/07	日	乙巳	破	覆燈火	房

【十一月小 壬子 箕】
節気 冬至 13日・小寒 29日

	西暦	曜	干支	直	納音	宿
1日	12/08	月	丙午	破	天河水	心
2日	12/09	火	丁未	危	天河水	尾
3日	12/10	水	戊申	成	大駅土	箕
4日	12/11	木	己酉	納	大駅土	斗
5日	12/12	金	庚戌	開	釵釧金	牛
6日	12/13	土	辛亥	閉	釵釧金	女
7日	12/14	日	壬子	建	桑柘木	虚
8日	12/15	月	癸丑	除	桑柘木	危
9日	12/16	火	甲寅	満	大溪水	室
10日	12/17	水	乙卯	平	大溪水	壁
11日	12/18	木	丙辰	定	沙中土	奎
12日	12/19	金	丁巳	執	沙中土	婁
13日	12/20	土	戊午	破	天上火	胃
14日	12/21	日	己未	危	天上火	昴
15日	12/22	月	庚申	成	柘榴木	畢
16日	12/23	火	辛酉	納	柘榴木	觜
17日	12/24	水	壬戌	開	大海水	参
18日	12/25	木	癸亥	閉	大海水	井
19日	12/26	金	甲子	建	海中金	鬼
20日	12/27	土	乙丑	除	海中金	柳
21日	12/28	日	丙寅	満	爐中火	星
22日	12/29	月	丁卯	定	爐中火	張
23日	12/30	火	戊辰	定	大林木	翼
24日	12/31	水	己巳	執	大林木	軫

1693年

	西暦	曜	干支	直	納音	宿
25日	01/01	木	庚午	破	路傍土	角
26日	01/02	金	辛未	危	路傍土	亢
27日	01/03	土	壬申	成	釵鋒金	氐
28日	01/04	日	癸酉	納	釵鋒金	房
29日	01/05	月	甲戌	納	山頭火	心

【十二月大 癸丑 斗】
節気 大寒 15日・立春 30日
雑節 土用 12日・節分 29日

	西暦	曜	干支	直	納音	宿
1日	01/06	火	乙亥	開	山頭火	尾
2日	01/07	水	丙子	閉	澗下水	箕
3日	01/08	木	丁丑	建	澗下水	斗
4日	01/09	金	戊寅	除	城頭土	牛
5日	01/10	土	己卯	満	城頭土	女
6日	01/11	日	庚辰	平	白鑞金	虚
7日	01/12	月	辛巳	定	白鑞金	危
8日	01/13	火	壬午	執	楊柳木	室
9日	01/14	水	癸未	破	楊柳木	壁
10日	01/15	木	甲申	危	井泉水	奎
11日	01/16	金	乙酉	成	井泉水	婁
12日	01/17	土	丙戌	納	屋上土	胃
13日	01/18	日	丁亥	開	屋上土	昴
14日	01/19	月	戊子	閉	霹靂火	畢
15日	01/20	火	己丑	建	霹靂火	觜
16日	01/21	水	庚寅	除	松柏木	参
17日	01/22	木	辛卯	満	松柏木	井
18日	01/23	金	壬辰	平	長流水	柳
19日	01/24	土	癸巳	定	長流水	星
20日	01/25	日	甲午	執	沙中金	張
21日	01/26	月	乙未	破	沙中金	翼
22日	01/27	火	丙申	危	山下火	軫
23日	01/28	水	丁酉	成	山下火	角
24日	01/29	木	戊戌	納	平地木	亢
25日	01/30	金	己亥	開	平地木	氐
26日	01/31	土	庚子	閉	壁上土	房
27日	02/01	日	辛丑	建	壁上土	心
28日	02/02	月	壬寅	除	金箔金	尾
29日	02/03	火	癸卯	満	金箔金	箕
30日	02/04	水	甲辰	定	覆燈火	斗

元禄6年

1693～1694　癸酉　軫

【正月大 甲寅 牛】

節気　雨水 15日・啓蟄 30日

日	月日	曜	干支	直	納音	宿
1日	02/05	木	己巳	平	覆燈火	斗
2日	02/06	金	丙午	定	天河水	牛
3日	02/07	土	丁未	執	天河水	女
4日	02/08	日	戊申	破	大駅土	虚
5日	02/09	月	己酉	危	大駅土	危
6日	02/10	火	庚戌	成	釵釧金	室
7日	02/11	水	辛亥	納	釵釧金	壁
8日	02/12	木	壬子	開	桑柘木	奎
9日	02/13	金	癸丑	閉	桑柘木	婁
10日	02/14	土	甲寅	建	大溪水	胃
11日	02/15	日	乙卯	除	大溪水	昴
12日	02/16	月	丙辰	満	沙中土	畢
13日	02/17	火	丁巳	平	沙中土	觜
14日	02/18	水	戊午	定	天上火	参
15日	02/19	木	己未	執	天上火	井
16日	02/20	金	庚申	破	柘榴木	鬼
17日	02/21	土	辛酉	危	柘榴木	柳
18日	02/22	日	壬戌	成	大海水	星
19日	02/23	月	癸亥	納	大海水	張
20日	02/24	火	甲子	開	海中金	翼
21日	02/25	水	乙丑	閉	海中金	軫
22日	02/26	木	丙寅	建	爐中火	角
23日	02/27	金	丁卯	除	爐中火	亢
24日	02/28	土	戊辰	満	大林木	氐
25日	03/01	日	己巳	平	大林木	房
26日	03/02	月	庚午	定	路傍土	心
27日	03/03	火	辛未	執	路傍土	尾
28日	03/04	水	壬申	破	釵鋒金	箕
29日	03/05	木	癸酉	危	釵鋒金	斗
30日	03/06	金	甲戌	危	山頭火	牛

【二月大 乙卯 女】

節気　春分 16日
雑節　社日 14日・彼岸 18日

日	月日	曜	干支	直	納音	宿
1日	03/07	土	乙亥	成	山頭火	女
2日	03/08	日	丙子	納	潤下水	虚
3日	03/09	月	丁丑	開	潤下水	危
4日	03/10	火	戊寅	閉	城頭土	室
5日	03/11	水	己卯	建	城頭土	壁
6日	03/12	木	庚辰	除	白鑞金	奎
7日	03/13	金	辛巳	満	白鑞金	婁
8日	03/14	土	壬午	平	楊柳木	胃
9日	03/15	日	癸未	平	楊柳木	昴
10日	03/16	月	甲申	執	井泉水	畢
11日	03/17	火	乙酉	破	井泉水	觜
12日	03/18	水	丙戌	危	屋上土	参
13日	03/19	木	丁亥	成	屋上土	井
14日	03/20	金	戊子	納	霹靂火	鬼
15日	03/21	土	己丑	開	霹靂火	柳
16日	03/22	日	庚寅	閉	松柏木	星
17日	03/23	月	辛卯	建	松柏木	張
18日	03/24	火	壬辰	除	長流水	翼
19日	03/25	水	癸巳	満	長流水	軫
20日	03/26	木	甲午	定	沙中金	角
21日	03/27	金	乙未	定	沙中金	亢
22日	03/28	土	丙申	執	山下火	氐
23日	03/29	日	丁酉	破	山下火	房
24日	03/30	月	戊戌	危	平地木	心
25日	03/31	火	己亥	成	平地木	尾
26日	04/01	水	庚子	納	壁上土	箕
27日	04/02	木	辛丑	開	壁上土	斗
28日	04/03	金	壬寅	閉	金箔金	牛
29日	04/04	土	癸卯	建	金箔金	女
30日	04/05	日	甲辰	除	覆燈火	虚

【三月小 丙辰 虚】

節気　清明 1日・穀雨 16日
雑節　土用 13日・八十八夜 27日

日	月日	曜	干支	直	納音	宿
1日	04/06	月	乙巳	除	覆燈火	危
2日	04/07	火	丙午	満	天河水	室
3日	04/08	水	丁未	平	天河水	壁
4日	04/09	木	戊申	定	大駅土	奎
5日	04/10	金	己酉	執	大駅土	婁
6日	04/11	土	庚戌	破	釵釧金	胃
7日	04/12	日	辛亥	危	釵釧金	昴
8日	04/13	月	壬子	成	桑柘木	畢
9日	04/14	火	癸丑	納	桑柘木	觜
10日	04/15	水	甲寅	開	大溪水	参
11日	04/16	木	乙卯	閉	大溪水	井
12日	04/17	金	丙辰	建	沙中土	鬼
13日	04/18	土	丁巳	除	沙中土	柳
14日	04/19	日	戊午	満	天上火	星
15日	04/20	月	己未	定	天上火	張
16日	04/21	火	庚申	定	柘榴木	翼
17日	04/22	水	辛酉	執	柘榴木	軫
18日	04/23	木	壬戌	破	大海水	角
19日	04/24	金	癸亥	危	大海水	亢
20日	04/25	土	甲子	成	海中金	氐
21日	04/26	日	乙丑	納	海中金	房
22日	04/27	月	丙寅	開	爐中火	心
23日	04/28	火	丁卯	閉	爐中火	尾
24日	04/29	水	戊辰	建	大林木	箕
25日	04/30	木	己巳	除	大林木	斗
26日	05/01	金	庚午	平	路傍土	牛
27日	05/02	土	辛未	平	路傍土	女
28日	05/03	日	壬申	定	釵鋒金	虚
29日	05/04	月	癸酉	執	釵鋒金	危

【四月大 丁巳 危】

節気　立夏 2日・小満 18日

日	月日	曜	干支	直	納音	宿
1日	05/05	火	甲戌	破	山頭火	室
2日	05/06	水	乙亥	破	山頭火	壁
3日	05/07	木	丙子	危	潤下水	奎
4日	05/08	金	丁丑	成	潤下水	婁
5日	05/09	土	戊寅	納	城頭土	胃
6日	05/10	日	己卯	開	城頭土	昴
7日	05/11	月	庚辰	閉	白鑞金	畢
8日	05/12	火	辛巳	建	白鑞金	觜
9日	05/13	水	壬午	除	楊柳木	参
10日	05/14	木	癸未	満	楊柳木	井
11日	05/15	金	甲申	平	井泉水	鬼
12日	05/16	土	乙酉	定	井泉水	柳
13日	05/17	日	丙戌	執	屋上土	星
14日	05/18	月	丁亥	破	屋上土	張
15日	05/19	火	戊子	危	霹靂火	翼
16日	05/20	水	己丑	成	霹靂火	軫
17日	05/21	木	庚寅	納	松柏木	角
18日	05/22	金	辛卯	開	松柏木	亢
19日	05/23	土	壬辰	閉	長流水	氐
20日	05/24	日	癸巳	建	長流水	房
21日	05/25	月	甲午	除	沙中金	心
22日	05/26	火	乙未	満	沙中金	尾
23日	05/27	水	丙申	平	山下火	箕
24日	05/28	木	丁酉	定	山下火	斗
25日	05/29	金	戊戌	執	平地木	牛
26日	05/30	土	己亥	破	平地木	女
27日	05/31	日	庚子	危	壁上土	虚
28日	06/01	月	辛丑	成	壁上土	危
29日	06/02	火	壬寅	納	金箔金	室
30日	06/03	水	癸卯	開	金箔金	壁

【五月小 戊午 室】

節気　芒種 3日・夏至 18日
雑節　入梅 9日・半夏生 28日

日	月日	曜	干支	直	納音	宿
1日	06/04	木	甲辰	閉	覆燈火	奎
2日	06/05	金	乙巳	建	覆燈火	婁
3日	06/06	土	丙午	除	天河水	胃
4日	06/07	日	丁未	除	天河水	昴
5日	06/08	月	戊申	満	大駅土	畢
6日	06/09	火	己酉	平	大駅土	觜
7日	06/10	水	庚戌	定	釵釧金	参
8日	06/11	木	辛亥	執	釵釧金	井
9日	06/12	金	壬子	破	桑柘木	鬼
10日	06/13	土	癸丑	危	桑柘木	柳
11日	06/14	日	甲寅	成	大溪水	星
12日	06/15	月	乙卯	納	大溪水	張
13日	06/16	火	丙辰	開	沙中土	翼
14日	06/17	水	丁巳	閉	沙中土	軫
15日	06/18	木	戊午	建	天上火	角
16日	06/19	金	己未	除	天上火	亢
17日	06/20	土	庚申	平	柘榴木	氐
18日	06/21	日	辛酉	平	柘榴木	房
19日	06/22	月	壬戌	定	大海水	心
20日	06/23	火	癸亥	執	大海水	尾
21日	06/24	水	甲子	破	海中金	箕
22日	06/25	木	乙丑	危	海中金	斗
23日	06/26	金	丙寅	成	爐中火	牛
24日	06/27	土	丁卯	納	爐中火	女
25日	06/28	日	戊辰	開	大林木	虚
26日	06/29	月	己巳	閉	大林木	危
27日	06/30	火	庚午	建	路傍土	室
28日	07/01	水	辛未	除	路傍土	壁
29日	07/02	木	壬申	満	釵鋒金	奎

【六月大 己未 壁】

節気　小暑 4日・大暑 19日
雑節　土用 16日

日	月日	曜	干支	直	納音	宿
1日	07/03	金	癸酉	平	釵鋒金	婁
2日	07/04	土	甲戌	定	山頭火	胃
3日	07/05	日	乙亥	執	山頭火	昴
4日	07/06	月	丙子	破	潤下水	畢
5日	07/07	火	丁丑	危	潤下水	觜
6日	07/08	水	戊寅	成	城頭土	参
7日	07/09	木	己卯	納	城頭土	井
8日	07/10	金	庚辰	開	白鑞金	鬼
9日	07/11	土	辛巳	閉	白鑞金	柳
10日	07/12	日	壬午	建	楊柳木	星
11日	07/13	月	癸未	除	楊柳木	張
12日	07/14	火	甲申	満	井泉水	翼
13日	07/15	水	乙酉	平	井泉水	軫
14日	07/16	木	丙戌	平	屋上土	角
15日	☆07/17	金	丁亥	定	屋上土	亢
16日	07/18	土	戊子	執	霹靂火	氐
17日	07/19	日	己丑	破	霹靂火	房
18日	07/20	月	庚寅	危	松柏木	心
19日	07/21	火	辛卯	成	松柏木	尾
20日	07/22	水	壬辰	納	長流水	箕
21日	07/23	木	癸巳	開	長流水	斗
22日	07/24	金	甲午	閉	沙中金	牛
23日	07/25	土	乙未	建	沙中金	女
24日	07/26	日	丙申	除	山下火	虚
25日	07/27	月	丁酉	満	山下火	危
26日	07/28	火	戊戌	平	平地木	室
27日	07/29	水	己亥	定	平地木	壁
28日	07/30	木	庚子	執	壁上土	奎
29日	07/31	金	辛丑	破	壁上土	婁
30日	08/01	土	壬寅	危	金箔金	胃

西暦 曜 干支 直 納音 宿　　　　　　　　　　　　　　　　元禄6年

【七月小 庚申 奎】
節気 立秋 5日・処暑 20日

	西暦	曜	干支	直	納音	宿
1日	08/02	日	癸酉	成	金箔金	昴
2日	08/03	月	甲戌	納	覆燈火	畢
3日	08/04	火	乙亥	開	覆燈火	觜
4日	08/05	水	丙子	閉	天河水	参
5日	08/06	木	丁丑	閉	天河水	井
6日	08/07	金	戊寅	建	大駅土	鬼
7日	08/08	土	己卯	除	大駅土	柳
8日	08/09	日	庚辰	満	釵釧金	星
9日	08/10	月	辛巳	平	釵釧金	張
10日	08/11	火	壬午	定	桑柘木	翼
11日	08/12	水	癸未	執	桑柘木	軫
12日	08/13	木	甲申	破	大溪水	角
13日	08/14	金	乙酉	危	大溪水	亢
14日	08/15	土	丙戌	成	沙中土	氐
15日	08/16	日	丁亥	納	沙中土	房
16日	08/17	月	戊子	開	天上火	心
17日	08/18	火	己丑	閉	天上火	尾
18日	08/19	水	庚寅	建	柏榴木	箕
19日	08/20	木	辛卯	除	柏榴木	斗
20日	08/21	金	壬辰	満	大海水	牛
21日	08/22	土	癸巳	平	大海水	女
22日	08/23	日	甲午	定	海中金	虚
23日	08/24	月	乙未	執	海中金	危
24日	08/25	火	丙申	破	爐中火	室
25日	08/26	水	丁酉	危	爐中火	壁
26日	08/27	木	戊戌	成	大林木	奎
27日	08/28	金	己巳	納	大林木	婁
28日	08/29	土	庚午	開	路傍土	胃
29日	08/30	日	辛未	閉	路傍土	昴

【八月大 辛酉 妻】
節気 白露 6日・秋分 21日
雑節 二百十日 2日・社日 17日・彼岸 23日

	西暦	曜	干支	直	納音	宿
1日	08/31	月	壬申	建	釵鋒金	畢
2日	09/01	火	癸酉	除	釵鋒金	觜
3日	09/02	水	甲戌	満	山頭火	参
4日	09/03	木	乙亥	平	山頭火	井
5日	09/04	金	丙子	定	潤下水	鬼
6日	09/05	土	丁丑	定	潤下水	柳
7日	09/06	日	戊寅	執	城頭土	星
8日	09/07	月	己卯	破	城頭土	張
9日	09/08	火	庚辰	危	白鑞金	翼
10日	09/09	水	辛巳	成	白鑞金	軫
11日	09/10	木	壬午	納	楊柳木	角
12日	09/11	金	癸未	開	楊柳木	亢
13日	09/12	土	甲申	閉	井泉水	氐房
14日	09/13	日	乙酉	建	井泉水	心
15日	09/14	月	丙戌	除	屋上土	尾
16日	09/15	火	丁亥	満	屋上土	箕
17日	09/16	水	戊子	平	霹靂火	斗
18日	09/17	木	己丑	定	霹靂火	牛
19日	09/18	金	庚寅	執	松柏木	女
20日	09/19	土	辛卯	破	松柏木	虚
21日	09/20	日	壬辰	危	長流水	危
22日	09/21	月	癸巳	成	長流水	室
23日	09/22	火	甲午	納	沙中金	壁
24日	09/23	水	乙未	開	沙中金	奎
25日	09/24	木	丙申	閉	山下火	婁
26日	09/25	金	丁酉	建	山下火	胃
27日	09/26	土	戊戌	除	平地木	昴
28日	09/27	日	己亥	満	平地木	畢
29日	09/28	月	庚子	平	壁上土	觜
30日	09/29	火	辛丑	定	壁上土	参

【九月小 壬戌 胃】
節気 寒露 7日・霜降 22日

雑節 土用 19日

	西暦	曜	干支	直	納音	宿
1日	09/30	水	壬寅	執	金箔金	参
2日	10/01	木	癸卯	破	金箔金	井
3日	10/02	金	甲辰	危	覆燈火	鬼
4日	10/03	土	乙巳	成	覆燈火	柳
5日	10/04	日	丙午	納	天河水	星
6日	10/05	月	丁未	開	天河水	張
7日	10/06	火	戊申	開	大駅土	翼
8日	10/07	水	己酉	建	大駅土	軫
9日	10/08	木	庚戌	除	釵釧金	角
10日	10/09	金	辛亥	満	釵釧金	亢
11日	10/10	土	壬子	満	桑柘木	氐
12日	10/11	日	癸丑	平	桑柘木	房
13日	10/12	月	甲寅	定	大溪水	心
14日	10/13	火	乙卯	執	大溪水	尾
15日	10/14	水	丙辰	破	沙中土	箕
16日	10/15	木	丁巳	危	沙中土	斗
17日	10/16	金	戊午	成	天上火	牛
18日	10/17	土	己未	納	天上火	女
19日	10/18	日	庚申	開	柏榴木	虚
20日	10/19	月	辛酉	閉	柏榴木	危
21日	10/20	火	壬戌	建	大海水	室
22日	10/21	水	癸亥	除	大海水	壁
23日	10/22	木	甲子	平	海中金	奎
24日	10/23	金	乙丑	平	海中金	婁
25日	10/24	土	丙寅	定	爐中火	胃
26日	10/25	日	丁卯	執	爐中火	昴
27日	10/26	月	戊辰	破	大林木	畢
28日	10/27	火	己巳	危	大林木	觜
29日	10/28	水	庚午	成	路傍土	参

【十月小 癸亥 昴】
節気 立冬 8日・小雪 23日

	西暦	曜	干支	直	納音	宿
1日	10/29	木	辛未	納	路傍土	井
2日	10/30	金	壬申	開	釵鋒金	鬼
3日	10/31	土	癸酉	閉	釵鋒金	柳
4日	11/01	日	甲戌	建	山頭火	星
5日	11/02	月	乙亥	除	山頭火	張
6日	11/03	火	丙子	満	潤下水	翼
7日	11/04	水	丁丑	平	潤下水	軫
8日	11/05	木	戊寅	定	城頭土	角
9日	11/06	金	己卯	定	城頭土	亢
10日	11/07	土	庚辰	執	白鑞金	房
11日	11/08	日	辛巳	破	白鑞金	心
12日	11/09	月	壬午	危	楊柳木	尾
13日	11/10	火	癸未	成	楊柳木	箕
14日	11/11	水	甲申	納	井泉水	斗
15日	11/12	木	乙酉	開	井泉水	牛
16日	11/13	金	丙戌	閉	屋上土	女
17日	11/14	土	丁亥	建	屋上土	虚
18日	11/15	日	戊子	除	霹靂火	危
19日	11/16	月	己丑	満	霹靂火	室
20日	11/17	火	庚寅	平	松柏木	壁
21日	11/18	水	辛卯	定	松柏木	奎
22日	11/19	木	壬辰	執	長流水	婁
23日	11/20	金	癸巳	破	長流水	胃
24日	11/21	土	甲午	危	沙中金	昴
25日	11/22	日	乙未	成	沙中金	畢
26日	11/23	月	丙申	納	山下火	觜
27日	11/24	火	丁酉	開	山下火	参
28日	11/25	水	戊戌	閉	平地木	井
29日	11/26	木	己亥	平	平地木	井

【十一月大 甲子 畢】
節気 大雪 9日・冬至 25日

	西暦	曜	干支	直	納音	宿
1日	11/27	金	庚子	除	壁上土	鬼
2日	11/28	土	辛丑	満	壁上土	柳
3日	11/29	日	壬寅	平	金箔金	星
4日	11/30	月	癸卯	定	金箔金	張
5日	12/01	火	甲辰	執	覆燈火	翼
6日	12/02	水	乙巳	破	覆燈火	軫
7日	12/03	木	丙午	危	天河水	角
8日	12/04	金	丁未	成	天河水	亢
9日	12/05	土	戊申	納	大駅土	氐
10日	12/06	日	己酉	納	大駅土	房
11日	12/07	月	庚戌	開	釵釧金	心
12日	12/08	火	辛亥	閉	釵釧金	尾
13日	12/09	水	壬子	建	桑柘木	箕
14日	12/10	木	癸丑	除	桑柘木	斗
15日	12/11	金	甲寅	満	大溪水	牛
16日	12/12	土	乙卯	平	大溪水	女
17日	12/13	日	丙辰	定	沙中土	虚
18日	12/14	月	丁巳	執	沙中土	危
19日	12/15	火	戊午	破	天上火	室
20日	12/16	水	己未	危	天上火	壁
21日	12/17	木	庚申	成	柏榴木	奎
22日	12/18	金	辛酉	納	柏榴木	婁
23日	12/19	土	壬戌	開	大海水	胃
24日	12/20	日	癸亥	閉	大海水	昴
25日	12/21	月	甲子	建	海中金	畢
26日	12/22	火	乙丑	除	海中金	觜
27日	12/23	水	丙寅	満	爐中火	参
28日	12/24	木	丁卯	平	爐中火	井
29日	12/25	金	戊辰	定	大林木	鬼
30日	12/26	土	己巳	執	大林木	柳

【十二月小 乙丑 觜】
節気 小寒 10日・大寒 25日
雑節 土用 22日

	西暦	曜	干支	直	納音	宿
1日	12/27	日	庚午	破	路傍土	星
2日	12/28	月	辛未	危	路傍土	張
3日	12/29	火	壬申	成	釵鋒金	翼
4日	12/30	水	癸酉	納	釵鋒金	軫
5日	12/31	木	甲戌	開	山頭火	角

1694年

	西暦	曜	干支	直	納音	宿
6日	01/01	金	乙亥	閉	山頭火	亢
7日	01/02	土	丙子	建	潤下水	氐
8日	01/03	日	丁丑	除	潤下水	房
9日	01/04	月	戊寅	満	城頭土	心
10日	01/05	火	己卯	満	城頭土	尾
11日	01/06	水	庚辰	平	白鑞金	箕
12日	01/07	木	辛巳	定	白鑞金	斗
13日	01/08	金	壬午	執	楊柳木	牛
14日	01/09	土	癸未	破	楊柳木	女
15日	01/10	日	甲申	危	井泉水	虚
16日☆	01/11	月	乙酉	成	井泉水	危
17日	01/12	火	丙戌	納	屋上土	室
18日	01/13	水	丁亥	開	屋上土	壁
19日	01/14	木	戊子	閉	霹靂火	奎
20日	01/15	金	己丑	建	霹靂火	婁
21日	01/16	土	庚寅	除	松柏木	胃
22日	01/17	日	辛卯	満	松柏木	昴
23日	01/18	月	壬辰	平	長流水	畢
24日	01/19	火	癸巳	定	長流水	觜
25日	01/20	水	甲午	執	沙中金	参
26日	01/21	木	乙未	破	沙中金	井
27日	01/22	金	丙申	危	山下火	鬼
28日	01/23	土	丁酉	成	山下火	柳
29日	01/24	日	戊戌	納	平地木	星

元禄7年

1694～1695　甲戌　角

【正月大 丙寅 参】

節気 立春 11日・雨水 26日
雑節 節分 10日

日	日付	曜	干支	直	納音	宿
1日	01/25	月	己亥	開	平地木	張
2日	01/26	火	庚子	閉	壁上土	翼
3日	01/27	水	辛丑	建	壁上土	軫
4日	01/28	木	壬寅	除	金箔金	角
5日	01/29	金	癸卯	満	金箔金	亢
6日	01/30	土	甲辰	平	覆燈火	氐
7日	01/31	日	乙巳	定	覆燈火	房
8日	02/01	月	丙午	執	天河水	心
9日	02/02	火	丁未	破	天河水	尾
10日	02/03	水	戊申	危	大駅土	箕
11日	02/04	木	己酉	成	大駅土	斗
12日	02/05	金	庚戌	納	釵釧金	牛
13日	02/06	土	辛亥	納	釵釧金	女
14日	02/07	日	壬子	開	桑柘木	虚
15日	02/08	月	癸丑	閉	桑柘木	危
16日	02/09	火	甲寅	建	大溪水	室
17日	02/10	水	乙卯	除	大溪水	壁
18日	02/11	木	丙辰	満	沙中土	奎
19日	02/12	金	丁巳	平	沙中土	婁
20日	02/13	土	戊午	定	天上火	胃
21日	02/14	日	己未	執	天上火	昴
22日	02/15	月	庚申	破	石榴木	畢
23日	02/16	火	辛酉	危	石榴木	觜
24日	02/17	水	壬戌	成	大海水	参
25日	02/18	木	癸亥	納	大海水	井
26日	02/19	金	甲子	開	海中金	鬼
27日	02/20	土	乙丑	閉	海中金	柳
28日	02/21	日	丙寅	建	爐中火	星
29日	02/22	月	丁卯	除	爐中火	張
30日	02/23	火	戊辰	満	大林木	翼

【二月大 丁卯 井】

節気 啓蟄 12日・春分 27日
雑節 彼岸 29日・社日 30日

日	日付	曜	干支	直	納音	宿
1日	02/24	水	己巳	平	大林木	軫
2日	02/25	木	庚午	定	路傍土	角
3日	02/26	金	辛未	執	路傍土	亢
4日	02/27	土	壬申	破	劍鋒金	氐
5日	02/28	日	癸酉	危	劍鋒金	房
6日	03/01	月	甲戌	成	山頭火	心
7日	03/02	火	乙亥	納	山頭火	尾
8日	03/03	水	丙子	開	澗下水	箕
9日	03/04	木	丁丑	閉	澗下水	斗
10日	03/05	金	戊寅	建	城頭土	牛
11日	03/06	土	己卯	除	城頭土	女
12日	03/07	日	庚辰	満	白鑞金	虚
13日	03/08	月	辛巳	平	白鑞金	危
14日	03/09	火	壬午	平	楊柳木	室
15日	03/10	水	癸未	定	楊柳木	壁
16日	03/11	木	甲申	執	井泉水	奎
17日	03/12	金	乙酉	破	井泉水	婁
18日	03/13	土	丙戌	危	屋上土	胃
19日	03/14	日	丁亥	成	屋上土	昴
20日	03/15	月	戊子	納	霹靂火	畢
21日	03/16	火	己丑	開	霹靂火	觜
22日	03/17	水	庚寅	閉	松柏木	参
23日	03/18	木	辛卯	建	松柏木	井
24日	03/19	金	壬辰	除	長流水	鬼
25日	03/20	土	癸巳	満	長流水	柳
26日	03/21	日	甲午	平	沙中金	星
27日	03/22	月	乙未	定	沙中金	張
28日	03/23	火	丙申	執	山下火	翼
29日	03/24	水	丁酉	破	山下火	軫
30日	03/25	木	戊戌	危	平地木	角

【三月小 戊辰 鬼】

節気 清明 12日・穀雨 27日
雑節 土用 24日

日	日付	曜	干支	直	納音	宿
1日	03/26	金	己亥	成	平地木	亢
2日	03/27	土	庚子	納	壁上土	氐
3日	03/28	日	辛丑	開	壁上土	房
4日	03/29	月	壬寅	閉	金箔金	心
5日	03/30	火	癸卯	建	金箔金	尾
6日	03/31	水	甲辰	除	覆燈火	箕
7日	04/01	木	乙巳	満	覆燈火	斗
8日	04/02	金	丙午	平	天河水	牛
9日	04/03	土	丁未	定	天河水	女
10日	04/04	日	戊申	執	大駅土	虚
11日	04/05	月	己酉	破	大駅土	危
12日	04/06	火	庚戌	危	釵釧金	室
13日	04/07	水	辛亥	成	釵釧金	壁
14日	04/08	木	壬子	成	桑柘木	奎
15日	04/09	金	癸丑	納	桑柘木	婁
16日	04/10	土	甲寅	開	大溪水	胃
17日	04/11	日	乙卯	閉	大溪水	昴
18日	04/12	月	丙辰	建	沙中土	畢
19日	04/13	火	丁巳	除	沙中土	觜
20日	04/14	水	戊午	満	天上火	参
21日	04/15	木	己未	平	天上火	井
22日	04/16	金	庚申	定	石榴木	鬼
23日	04/17	土	辛酉	執	石榴木	柳
24日	04/18	日	壬戌	破	大海水	星
25日	04/19	月	癸亥	危	大海水	張
26日	04/20	火	甲子	成	海中金	翼
27日	04/21	水	乙丑	納	海中金	軫
28日	04/22	木	丙寅	開	爐中火	角
29日	04/23	金	丁卯	閉	爐中火	亢

【四月大 己巳 柳】

節気 立夏 14日・小満 29日
雑節 八十八夜 9日

日	日付	曜	干支	直	納音	宿
1日	04/24	土	戊辰	建	大林木	氐
2日	04/25	日	己巳	除	大林木	房
3日	04/26	月	庚午	満	路傍土	心
4日	04/27	火	辛未	平	路傍土	尾
5日	04/28	水	壬申	定	劍鋒金	箕
6日	04/29	木	癸酉	執	劍鋒金	斗
7日	04/30	金	甲戌	破	山頭火	牛
8日	05/01	土	乙亥	危	山頭火	女
9日	05/02	日	丙子	成	澗下水	虚
10日	05/03	月	丁丑	納	澗下水	危
11日	05/04	火	戊寅	開	城頭土	室
12日	05/05	水	己卯	閉	城頭土	壁
13日	05/06	木	庚辰	建	白鑞金	奎
14日	05/07	金	辛巳	除	白鑞金	婁
15日	05/08	土	壬午	満	楊柳木	胃
16日	05/09	日	癸未	満	楊柳木	昴
17日	05/10	月	甲申	平	井泉水	畢
18日	05/11	火	乙酉	定	井泉水	觜
19日	05/12	水	丙戌	執	屋上土	参
20日	05/13	木	丁亥	破	屋上土	井
21日	05/14	金	戊子	危	霹靂火	鬼
22日	05/15	土	己丑	成	霹靂火	柳
23日	05/16	日	庚寅	納	松柏木	星
24日	05/17	月	辛卯	開	松柏木	張
25日	05/18	火	壬辰	閉	長流水	翼
26日	05/19	水	癸巳	建	長流水	軫
27日	05/20	木	甲午	除	沙中金	角
28日	05/21	金	乙未	満	沙中金	亢
29日	05/22	土	丙申	平	山下火	氐
30日	05/23	日	丁酉	定	山下火	房

【五月大 庚午 星】

節気 芒種 14日・夏至 29日
雑節 入梅 15日

日	日付	曜	干支	直	納音	宿
1日	05/24	月	戊戌	執	平地木	心
2日	05/25	火	己亥	破	平地木	尾
3日	05/26	水	庚子	危	壁上土	箕
4日	05/27	木	辛丑	成	壁上土	斗
5日	05/28	金	壬寅	納	金箔金	牛
6日	05/29	土	癸卯	開	金箔金	女
7日	05/30	日	甲辰	閉	覆燈火	虚
8日	05/31	月	乙巳	建	覆燈火	危
9日	06/01	火	丙午	除	天河水	室
10日	06/02	水	丁未	満	天河水	壁
11日	06/03	木	戊申	平	大駅土	奎
12日	06/04	金	己酉	定	大駅土	婁
13日	06/05	土	庚戌	執	釵釧金	胃
14日	06/06	日	辛亥	破	釵釧金	昴
15日	06/07	月	壬子	危	桑柘木	畢
16日	06/08	火	癸丑	危	桑柘木	觜
17日	06/09	水	甲寅	成	大溪水	参
18日	06/10	木	乙卯	納	大溪水	井
19日	06/11	金	丙辰	開	沙中土	鬼
20日	06/12	土	丁巳	閉	沙中土	柳
21日	06/13	日	戊午	建	天上火	星
22日	06/14	月	己未	除	天上火	張
23日	06/15	火	庚申	満	石榴木	翼
24日	06/16	水	辛酉	平	石榴木	軫
25日	06/17	木	壬戌	定	大海水	角
26日	06/18	金	癸亥	執	大海水	亢
27日	06/19	土	甲子	破	海中金	氐
28日	06/20	日	乙丑	危	海中金	房
29日	06/21	月	丙寅	成	爐中火	心
30日	06/22	火	丁卯	納	爐中火	尾

【閏五月小 庚午 星】

節気 小暑 14日
雑節 半夏生 9日・土用 27日

日	日付	曜	干支	直	納音	宿
1日	06/23	水	戊辰	開	大林木	箕
2日	06/24	木	己巳	閉	大林木	斗
3日	06/25	金	庚午	建	路傍土	牛
4日	06/26	土	辛未	除	路傍土	女
5日	06/27	日	壬申	満	劍鋒金	虚
6日	06/28	月	癸酉	平	劍鋒金	危
7日	06/29	火	甲戌	定	山頭火	室
8日	06/30	水	乙亥	執	山頭火	壁
9日	07/01	木	丙子	破	澗下水	奎
10日	07/02	金	丁丑	危	澗下水	婁
11日	07/03	土	戊寅	成	城頭土	胃
12日	07/04	日	己卯	納	城頭土	昴
13日	07/05	月	庚辰	開	白鑞金	畢
14日	07/06	火	辛巳	閉	白鑞金	觜
15日	07/07	水	壬午	建	楊柳木	参
16日	07/08	木	癸未	建	楊柳木	井
17日	07/09	金	甲申	除	井泉水	鬼
18日	07/10	土	乙酉	満	井泉水	柳
19日	07/11	日	丙戌	平	屋上土	星
20日	07/12	月	丁亥	定	屋上土	張
21日	07/13	火	戊子	執	霹靂火	翼
22日	07/14	水	己丑	破	霹靂火	軫
23日	07/15	木	庚寅	危	松柏木	角
24日	07/16	金	辛卯	成	松柏木	亢
25日	07/17	土	壬辰	納	長流水	氐
26日	07/18	日	癸巳	開	長流水	房
27日	07/19	月	甲午	閉	沙中金	心
28日	07/20	火	乙未	建	沙中金	尾
29日	07/21	水	丙申	除	山下火	箕

【六月大 辛未 張】

節気 大暑 1日・立秋 16日

日	日付	曜	干支	直	納音	宿
1日	07/22	木	丁酉	満	山下火	斗
2日	07/23	金	戊戌	平	平地木	牛
3日	07/24	土	己亥	定	平地木	女
4日	07/25	日	庚子	執	壁上土	虚
5日	07/26	月	辛丑	破	壁上土	危
6日	07/27	火	壬寅	危	金箔金	室
7日	07/28	水	癸卯	成	金箔金	壁
8日	07/29	木	甲辰	納	覆燈火	奎
9日	07/30	金	乙巳	開	覆燈火	婁
10日	07/31	土	丙午	閉	天河水	胃
11日	08/01	日	丁未	建	天河水	昴
12日	08/02	月	戊申	除	大駅土	畢
13日	08/03	火	己酉	満	大駅土	觜
14日	08/04	水	庚戌	平	釵釧金	参

西暦　曜　干支　直　納音　宿　　　　　　　　　　　　　　　　　　元禄7年

日	西暦	曜	干支	直	納音	宿
15日	08/05	木	辛亥	定	釵釧金	井
16日	08/06	金	壬子	執	桑柘木	鬼
17日	08/07	土	癸丑	破	桑柘木	柳
18日	08/08	日	甲寅	破	大溪水	星
19日	08/09	月	乙卯	危	大溪水	張
20日	08/10	火	丙辰	成	沙中土	翼
21日	08/11	水	丁巳	納	沙中土	軫
22日	08/12	木	戊午	開	天上火	角
23日	08/13	金	己未	閉	天上火	亢
24日	08/14	土	庚申	建	柘榴木	氐
25日	08/15	日	辛酉	除	柘榴木	房
26日	08/16	月	壬戌	満	大海水	心
27日	08/17	火	癸亥	平	大海水	尾
28日	08/18	水	甲子	定	海中金	箕
29日	08/19	木	乙丑	執	海中金	斗
30日	08/20	金	丙寅	破	爐中火	牛

【七月小 壬申 翼】
節気 処暑 1日・白露 16日
雑節 二百十日 12日

日	西暦	曜	干支	直	納音	宿
1日	08/21	土	丁卯	危	爐中火	女
2日	08/22	日	戊辰	成	大林木	虚
3日	08/23	月	己巳	納	大林木	危
4日	08/24	火	庚午	開	路傍土	室
5日	08/25	水	辛未	閉	路傍土	壁
6日	08/26	木	壬申	建	釵釧金	奎
7日	08/27	金	癸酉	除	釵釧金	婁
8日	08/28	土	甲戌	満	山頭火	胃
9日	08/29	日	乙亥	定	山頭火	昴
10日	08/30	月	丙子	定	潤下水	畢
11日	08/31	火	丁丑	執	潤下水	觜
12日	09/01	水	戊寅	破	城頭土	参
13日	09/02	木	己卯	危	城頭土	井
14日	09/03	金	庚辰	成	白鑞金	鬼
15日	09/04	土	辛巳	納	白鑞金	柳
16日	09/05	日	壬午	納	楊柳木	星
17日	09/06	月	癸未	開	楊柳木	張
18日	09/07	火	甲申	閉	井泉水	翼
19日	09/08	水	乙酉	建	井泉水	軫
20日	09/09	木	丙戌	満	屋上土	角
21日	09/10	金	丁亥	平	屋上土	亢
22日	09/11	土	戊子	平	霹靂火	氐
23日	09/12	日	己丑	定	霹靂火	房
24日	09/13	月	庚寅	執	松柏木	心
25日	09/14	火	辛卯	破	松柏木	尾
26日	09/15	水	壬辰	危	長流水	箕
27日	09/16	木	癸巳	成	長流水	斗
28日	09/17	金	甲午	納	沙中金	牛
29日	09/18	土	乙未	開	沙中金	女

【八月大 癸酉 軫】
節気 秋分 3日・寒露 18日
雑節 社日 3日・彼岸 5日・土用 30日

日	西暦	曜	干支	直	納音	宿
1日	09/19	日	丙申	閉	山下火	虚
2日	09/20	月	丁酉	建	山下火	危
3日	09/21	火	戊戌	除	平地木	室
4日	09/22	水	己亥	満	平地木	壁
5日	09/23	木	庚子	平	壁上土	奎
6日	09/24	金	辛丑	定	壁上土	婁
7日	09/25	土	壬寅	執	金箔金	胃
8日	09/26	日	癸卯	破	金箔金	昴
9日	09/27	月	甲辰	危	覆燈火	畢
10日	09/28	火	乙巳	成	覆燈火	觜
11日	09/29	水	丙午	納	天河水	参
12日	09/30	木	丁未	開	天河水	井
13日	10/01	金	戊申	閉	大駅土	鬼
14日	10/02	土	己酉	建	大駅土	柳
15日	10/03	日	庚戌	除	釵釧金	星
16日	10/04	月	辛亥	満	釵釧金	張
17日	10/05	火	壬子	平	桑柘木	翼
18日	10/06	水	癸丑	平	桑柘木	軫
19日	10/07	木	甲寅	定	大溪水	角
20日	10/08	金	乙卯	執	大溪水	亢
21日	10/09	土	丙辰	破	沙中土	氐
22日	10/10	日	丁巳	危	沙中土	房
23日	10/11	月	戊午	成	天上火	心
24日	10/12	火	己未	納	天上火	尾
25日	10/13	水	庚申	開	柘榴木	箕
26日	10/14	木	辛酉	閉	柘榴木	斗
27日	10/15	金	壬戌	建	大海水	牛
28日	10/16	土	癸亥	除	大海水	女
29日	10/17	日	甲子	満	海中金	虚
30日	10/18	月	乙丑	平	海中金	危

【九月小 甲戌 角】
節気 霜降 3日・立冬 18日

日	西暦	曜	干支	直	納音	宿
1日	10/19	火	丙寅	定	爐中火	室
2日	10/20	水	丁卯	執	爐中火	壁
3日	10/21	木	戊辰	破	大林木	奎
4日	10/22	金	己巳	危	大林木	婁
5日	10/23	土	庚午	成	路傍土	胃
6日	10/24	日	辛未	納	路傍土	昴
7日	10/25	月	壬申	開	釵釧金	畢
8日	10/26	火	癸酉	閉	釵釧金	觜
9日	10/27	水	甲戌	除	山頭火	参
10日	10/28	木	乙亥	除	山頭火	井
11日	10/29	金	丙子	満	潤下水	鬼
12日	10/30	土	丁丑	平	潤下水	柳
13日	10/31	日	戊寅	定	城頭土	星
14日	11/01	月	己卯	執	城頭土	張
15日	11/02	火	庚辰	破	白鑞金	翼
16日	11/03	水	辛巳	危	白鑞金	軫
17日	11/04	木	壬午	成	楊柳木	角
18日	11/05	金	癸未	納	楊柳木	亢
19日	11/06	土	甲申	開	井泉水	氐
20日	11/07	日	乙酉	閉	井泉水	房
21日	11/08	月	丙戌	建	屋上土	心
22日	11/09	火	丁亥	除	屋上土	尾
23日	11/10	水	戊子	除	霹靂火	箕
24日	11/11	木	己丑	満	霹靂火	斗
25日	11/12	金	庚寅	平	松柏木	牛
26日	11/13	土	辛卯	定	松柏木	女
27日	11/14	日	壬辰	執	長流水	虚
28日	11/15	月	癸巳	破	長流水	危
29日	11/16	火	甲午	危	沙中金	室

【十月大 乙亥 亢】
節気 小雪 4日・大雪 20日

日	西暦	曜	干支	直	納音	宿
1日	11/17	水	乙未	成	沙中金	壁
2日	11/18	木	丙申	納	山下火	奎
3日	11/19	金	丁酉	開	山下火	婁
4日	11/20	土	戊戌	閉	平地木	胃
5日	11/21	日	己亥	建	平地木	昴
6日	11/22	月	庚子	除	壁上土	畢
7日	11/23	火	辛丑	平	壁上土	参
8日	11/24	水	壬寅	平	金箔金	井
9日	11/25	木	癸卯	定	金箔金	鬼
10日	11/26	金	甲辰	執	覆燈火	柳
11日	11/27	土	乙巳	破	覆燈火	星
12日	11/28	日	丙午	危	天河水	張
13日	11/29	月	丁未	成	天河水	翼
14日	11/30	火	戊申	納	大駅土	軫
15日	12/01	水	己酉	開	大駅土	角
16日	12/02	木	庚戌	閉	釵釧金	亢
17日	12/03	金	辛亥	建	釵釧金	氐
18日	12/04	土	壬子	除	桑柘木	房
19日	12/05	日	癸丑	満	桑柘木	心
20日	12/06	月	甲寅	平	大溪水	尾
21日	12/07	火	乙卯	定	大溪水	箕
22日	12/08	水	丙辰	執	沙中土	斗
23日	12/09	木	丁巳	破	沙中土	牛
24日	12/10	金	戊午	危	天上火	女
25日	12/11	土	己未	成	天上火	虚
26日	12/12	日	庚申	納	柘榴木	危
27日	12/13	月	辛酉	開	柘榴木	室
28日	12/14	火	壬戌	閉	大海水	壁
29日	12/15	水	癸亥	建	大海水	壁
30日	12/16	木	甲子	建	海中金	奎

【十一月小 丙子 氐】
節気 冬至 5日・小寒 20日

日	西暦	曜	干支	直	納音	宿
1日	12/17	金	乙丑	除	海中金	婁
2日	12/18	土	丙寅	満	爐中火	胃
3日	12/19	日	丁卯	定	爐中火	昴
4日	12/20	月	戊辰	定	大林木	畢
5日	12/21	火	己巳	執	大林木	觜
6日	12/22	水	庚午	破	路傍土	参
7日	12/23	木	辛未	危	路傍土	井
8日	12/24	金	壬申	成	釵釧金	鬼
9日	12/25	土	癸酉	納	釵釧金	柳
10日	12/26	日	甲戌	開	山頭火	星
11日	12/27	月	乙亥	閉	山頭火	張
12日	12/28	火	丙子	閉	潤下水	翼
13日	12/29	水	丁丑	除	潤下水	軫
14日	12/30	木	戊寅	満	城頭土	角
15日	12/31	金	己卯	平	城頭土	亢

1695年

日	西暦	曜	干支	直	納音	宿
16日	01/01	土	庚辰	定	白鑞金	氐
17日	01/02	日	辛巳	執	白鑞金	房
18日	01/03	月	壬午	破	楊柳木	心
19日	01/04	火	癸未	破	楊柳木	尾
20日	01/05	水	甲申	危	井泉水	箕
21日	01/06	木	乙酉	成	井泉水	斗
22日	01/07	金	丙戌	納	屋上土	牛
23日	01/08	土	丁亥	開	屋上土	女
24日	01/09	日	戊子	閉	霹靂火	虚
25日	01/10	月	己丑	建	霹靂火	危
26日	01/11	火	庚寅	除	松柏木	室
27日	01/12	水	辛卯	平	松柏木	壁
28日	01/13	木	壬辰	平	長流水	奎
29日	01/14	金	癸巳	定	長流水	婁

【十二月小 丁丑 房】
節気 大寒 6日・立春 22日
雑節 土用 3日・節分 21日

日	西暦	曜	干支	直	納音	宿
1日	01/15	土	甲午	破	沙中金	胃
2日	01/16	日	乙未	破	沙中金	昴
3日	01/17	月	丙申	成	山下火	畢
4日	01/18	火	丁酉	納	山下火	觜
5日	01/19	水	戊戌	納	平地木	参
6日	01/20	木	己亥	開	平地木	井
7日	01/21	金	庚子	閉	壁上土	鬼
8日	01/22	土	辛丑	建	壁上土	柳
9日	01/23	日	壬寅	除	金箔金	星
10日	01/24	月	癸卯	満	金箔金	張
11日	01/25	火	甲辰	平	覆燈火	翼
12日	01/26	水	乙巳	定	覆燈火	軫
13日	01/27	木	丙午	執	天河水	角
14日	01/28	金	丁未	破	天河水	氐
15日	01/29	土	戊申	危	大駅土	氐
16日	01/30	日	己酉	成	大駅土	房
17日	01/31	月	庚戌	納	釵釧金	心
18日	02/01	火	辛亥	開	釵釧金	尾
19日	02/02	水	壬子	閉	桑柘木	箕
20日	02/03	木	癸丑	建	桑柘木	斗
21日	02/04	金	甲寅	除	大溪水	牛
22日	02/05	土	乙卯	満	大溪水	女
23日	02/06	日	丙辰	満	沙中土	虚
24日	02/07	月	丁巳	平	沙中土	危
25日	02/08	火	戊午	定	天上火	室
26日	02/09	水	己未	執	天上火	壁
27日	02/10	木	庚申	破	柘榴木	奎
28日	02/11	金	辛酉	危	柘榴木	婁
29日	02/12	土	壬戌	成	大海水	胃

元禄8年
1695～1696　乙亥　亢

【正月大 戊寅 心】
節気 雨水 8日・啓蟄 23日

日	日付	曜	干支		納音	宿
1日	02/13	水	癸亥	納	大海水	昴
2日	02/14	月	甲子	開	大海水	畢
3日	02/15	火	乙丑	閉	海中金	觜
4日	02/16	水	丙寅	建	爐中火	参
5日	02/17	木	丁卯	除	爐中火	井
6日	02/18	金	戊辰	満	大林木	鬼
7日	02/19	土	己巳	平	大林木	柳
8日	02/20	月	庚午	定	路傍土	星
9日	02/21	月	辛未	執	路傍土	張
10日	02/22	火	壬申	破	釼鋒金	翼
11日	02/23	水	癸酉	危	釼鋒金	軫
12日	02/24	木	甲戌	成	山頭火	角
13日	02/25	金	乙亥	納	山頭火	亢
14日	02/26	土	丙子	開	澗下水	氐
15日	02/27	日	丁丑	閉	澗下水	房
16日	02/28	月	戊寅	建	城頭土	心
17日	03/01	火	己卯	除	城頭土	尾
18日	03/02	水	庚辰	満	白鑞金	箕
19日	03/03	木	辛巳	平	白鑞金	斗
20日	03/04	金	壬午	定	楊柳木	女
21日	03/05	土	癸未	執	楊柳木	虚
22日	03/06	日	甲申	破	井泉水	危
23日	03/07	月	乙酉	危	井泉水	室
24日	03/08	火	丙戌	成	屋上土	壁
25日	03/09	水	丁亥	納	屋上土	壁
26日	03/10	木	戊子	納	霹靂火	奎
27日	03/11	金	己丑	開	霹靂火	婁
28日	03/12	土	庚寅	閉	松柏木	胃
29日	03/13	日	辛卯	建	松柏木	昴
30日	03/14	月	壬辰	除	長流水	畢

【二月小 己卯 尾】
節気 春分 8日・清明 23日
雑節 社日 6日・彼岸 10日

日	日付	曜	干支		納音	宿
1日	03/15	火	癸巳	満	長流水	觜
2日	03/16	水	甲午	平	沙中金	参
3日	03/17	木	乙未	定	沙中金	井
4日	03/18	金	丙申	執	山下火	鬼
5日	03/19	土	丁酉	破	山下火	柳
6日	03/20	日	戊戌	危	平地木	星
7日	03/21	月	己亥	成	平地木	張
8日	03/22	火	庚子	納	壁上土	翼
9日	03/23	水	辛丑	開	壁上土	軫
10日	03/24	木	壬寅	閉	金箔金	角
11日	03/25	金	癸卯	建	金箔金	亢
12日	03/26	土	甲辰	除	覆燈火	氐
13日	03/27	日	乙巳	満	覆燈火	房
14日	03/28	月	丙午	平	天河水	心
15日	03/29	火	丁未	定	天河水	尾
16日	03/30	水	戊申	執	大駅土	箕
17日	03/31	木	己酉	破	大駅土	斗
18日	04/01	金	庚戌	危	釼釧金	牛
19日	04/02	土	辛亥	成	釼釧金	女
20日	04/03	日	壬子	納	桑柘木	虚
21日	04/04	月	癸丑	開	桑柘木	危
22日	04/05	火	甲寅	閉	大溪水	室
23日	04/06	水	乙卯	閉	大溪水	壁
24日	04/07	木	丙辰	建	沙中土	奎
25日	04/08	金	丁巳	除	沙中土	婁
26日	04/09	土	戊午	満	天上火	胃
27日	04/10	日	己未	平	天上火	昴
28日	04/11	月	庚申	定	柘榴木	畢
29日	04/12	火	辛酉	執	柏榴木	觜

【三月大 庚辰 箕】
節気 穀雨 10日・立夏 25日
雑節 土用 7日・八十八夜 21日

日	日付	曜	干支		納音	宿
1日	04/13	水	壬戌	破	大海水	参
2日	04/14	木	癸亥	危	大海水	井
3日	04/15	金	甲子	成	海中金	鬼
4日	04/16	土	乙丑	納	海中金	柳
5日	04/17	日	丙寅	開	爐中火	星
6日	04/18	月	丁卯	閉	爐中火	張
7日	04/19	火	戊辰	建	大林木	翼
8日	04/20	水	己巳	除	大林木	軫
9日	04/21	木	庚午	満	路傍土	角
10日	04/22	金	辛未	平	路傍土	亢
11日	04/23	土	壬申	定	釼鋒金	氐
12日	04/24	日	癸酉	執	釼鋒金	房
13日	04/25	月	甲戌	破	山頭火	心
14日	04/26	火	乙亥	危	山頭火	尾
15日	04/27	水	丙子	成	澗下水	箕
16日	04/28	木	丁丑	納	澗下水	斗
17日	04/29	金	戊寅	開	城頭土	女
18日	04/30	土	己卯	閉	城頭土	虚
19日	05/01	日	庚辰	建	白鑞金	危
20日	05/02	月	辛巳	除	白鑞金	室
21日	05/03	火	壬午	満	楊柳木	壁
22日	05/04	水	癸未	平	楊柳木	奎
23日	05/05	木	甲申	定	井泉水	婁
24日	05/06	金	乙酉	執	井泉水	胃
25日	05/07	土	丙戌	執	屋上土	胃
26日	05/08	日	丁亥	破	屋上土	昴
27日	05/09	月	戊子	危	霹靂火	畢
28日	05/10	火	己丑	成	霹靂火	觜
29日	05/11	水	庚寅	納	松柏木	参
30日	05/12	木	辛卯	開	松柏木	井

【四月大 辛巳 斗】
節気 小満 10日・芒種 25日

日	日付	曜	干支		納音	宿
1日	05/13	金	壬辰	閉	長流水	鬼
2日	05/14	土	癸巳	建	長流水	柳
3日	05/15	日	甲午	除	沙中金	星
4日	05/16	月	乙未	満	沙中金	張
5日	05/17	火	丙申	平	山下火	翼
6日	05/18	水	丁酉	定	山下火	軫
7日	05/19	木	戊戌	平	平地木	角
8日	05/20	金	己亥	危	平地木	亢
9日	05/21	土	庚子	危	壁上土	氐
10日	05/22	日	辛丑	成	壁上土	房
11日	05/23	月	壬寅	納	金箔金	心
12日	05/24	火	癸卯	開	金箔金	尾
13日	05/25	水	甲辰	閉	覆燈火	箕
14日	05/26	木	乙巳	建	覆燈火	斗
15日	05/27	金	丙午	除	天河水	牛
16日☆	05/28	土	丁未	満	天河水	女
17日	05/29	日	戊申	平	大駅土	虚
18日	05/30	月	己酉	定	大駅土	危
19日	05/31	火	庚戌	執	釼釧金	室
20日	06/01	水	辛亥	破	釼釧金	壁
21日	06/02	木	壬子	危	桑柘木	奎
22日	06/03	金	癸丑	成	桑柘木	婁
23日	06/04	土	甲寅	納	大溪水	胃
24日	06/05	日	乙卯	開	大溪水	昴
25日	06/06	月	丙辰	開	沙中土	畢
26日	06/07	火	丁巳	閉	沙中土	觜
27日	06/08	水	戊午	建	天上火	参
28日	06/09	木	己未	除	天上火	井
29日	06/10	金	庚申	満	柘榴木	鬼

【五月小 壬午 牛】
節気 夏至 10日・小暑 26日
雑節 入梅 1日・半夏生 20日

日	日付	曜	干支		納音	宿
1日	06/12	日	壬戌	定	大海水	星
2日	06/13	月	癸亥	執	大海水	張
3日	06/14	火	甲子	破	海中金	翼
4日	06/15	水	乙丑	危	海中金	軫
5日	06/16	木	丙寅	成	爐中火	角
6日	06/17	金	丁卯	納	爐中火	亢
7日	06/18	土	戊辰	開	大林木	氐
8日	06/19	日	己巳	閉	大林木	房
9日	06/20	月	庚午	建	路傍土	心
10日	06/21	火	辛未	除	路傍土	尾
11日	06/22	水	壬申	満	釼鋒金	箕
12日	06/23	木	癸酉	平	釼鋒金	斗
13日	06/24	金	甲戌	定	山頭火	牛
14日	06/25	土	乙亥	執	山頭火	女
15日	06/26	日	丙子	破	澗下水	虚
16日	06/27	月	丁丑	危	澗下水	危
17日	06/28	火	戊寅	成	城頭土	室
18日	06/29	水	己卯	納	城頭土	壁
19日	06/30	木	庚辰	開	白鑞金	奎
20日	07/01	金	辛巳	閉	白鑞金	婁
21日	07/02	土	壬午	除	楊柳木	胃
22日	07/03	日	癸未	除	楊柳木	昴
23日	07/04	月	甲申	満	井泉水	畢
24日	07/05	火	乙酉	平	井泉水	觜
25日	07/06	水	丙戌	定	屋上土	参
26日	07/07	木	丁亥	定	屋上土	井
27日	07/08	金	戊子	執	霹靂火	鬼
28日	07/09	土	己丑	破	霹靂火	柳
29日	07/10	日	庚寅	危	松柏木	星

【六月大 癸未 女】
節気 大暑 12日・立秋 27日
雑節 土用 9日

日	日付	曜	干支		納音	宿
1日	07/11	月	辛卯	成	松柏木	張
2日	07/12	火	壬辰	納	長流水	翼
3日	07/13	水	癸巳	開	長流水	軫
4日	07/14	木	甲午	閉	沙中金	角
5日	07/15	金	乙未	建	沙中金	亢
6日	07/16	土	丙申	除	山下火	氐
7日	07/17	日	丁酉	満	山下火	房
8日	07/18	月	戊戌	平	平地木	心
9日	07/19	火	己亥	定	平地木	尾
10日	07/20	水	庚子	執	壁上土	箕
11日	07/21	木	辛丑	破	壁上土	斗
12日	07/22	金	壬寅	危	金箔金	牛
13日	07/23	土	癸卯	成	金箔金	女
14日	07/24	日	甲辰	納	覆燈火	虚
15日	07/25	月	乙巳	開	覆燈火	危
16日	07/26	火	丙午	閉	天河水	室
17日	07/27	水	丁未	建	天河水	壁
18日	07/28	木	戊申	除	大駅土	奎
19日	07/29	金	己酉	満	大駅土	婁
20日	07/30	土	庚戌	平	釼釧金	胃
21日	07/31	日	辛亥	定	釼釧金	昴
22日	08/01	月	壬子	執	桑柘木	畢
23日	08/02	火	癸丑	破	桑柘木	觜
24日	08/03	水	甲寅	危	大溪水	参
25日	08/04	木	乙卯	成	大溪水	井
26日	08/05	金	丙辰	納	沙中土	鬼
27日	08/06	土	丁巳	開	沙中土	柳
28日	08/07	日	戊午	閉	天上火	星
29日	08/08	月	己未	建	天上火	張
30日	08/09	火	庚申	除	柘榴木	翼

西暦　曜　干支　直　納音　宿　　　　　　　　　　　　　　　　元禄8年

【七月小 甲申 虚】
節気 処暑 12日・白露 28日
雑節 二百十日 24日

日	西暦	曜	干支	直	納音	宿
1日	08/10	水	辛酉	除	柘榴木	軫
2日	08/11	木	壬戌	満	大海水	角
3日	08/12	金	癸亥	定	大海水	亢
4日	08/13	土	甲子	定	海中金	氐
5日	08/14	日	乙丑	執	海中金	房
6日	08/15	月	丙寅	破	爐中火	心
7日	08/16	火	丁卯	危	爐中火	尾
8日	08/17	水	戊辰	成	大林木	箕
9日	08/18	木	己巳	納	大林木	斗
10日	08/19	金	庚午	開	路傍土	女
11日	08/20	土	辛未	建	路傍土	虚
12日	08/21	日	壬申	建	釼鋒金	危
13日	08/22	月	癸酉	除	釼鋒金	室
14日	08/23	火	甲戌	平	山頭火	壁
15日	08/24	水	乙亥	平	山頭火	壁
16日	08/25	木	丙子	定	澗下水	奎
17日	08/26	金	丁丑	執	澗下水	婁
18日	08/27	土	戊寅	破	城頭土	胃
19日	08/28	日	己卯	危	城頭土	昴
20日	08/29	月	庚辰	成	白鑞金	畢
21日	08/30	火	辛巳	納	白鑞金	觜
22日	08/31	水	壬午	開	楊柳木	參
23日	09/01	木	癸未	閉	楊柳木	井
24日	09/02	金	甲申	建	井泉水	鬼
25日	09/03	土	乙酉	除	井泉水	柳
26日	09/04	日	丙戌	満	屋上土	星
27日	09/05	月	丁亥	平	屋上土	張
28日	09/06	火	戊子	平	霹靂火	翼
29日	09/07	水	己丑	定	霹靂火	軫

【八月大 乙酉 危】
節気 秋分 14日・寒露 29日
雑節 社日 9日・彼岸 16日

日	西暦	曜	干支	直	納音	宿
1日	09/08	木	庚寅	執	松柏木	角
2日	09/09	金	辛卯	破	松柏木	亢
3日	09/10	土	壬辰	危	長流水	氐
4日	09/11	日	癸巳	成	長流水	房
5日	09/12	月	甲午	納	沙中金	心
6日	09/13	火	乙未	開	沙中金	尾
7日	09/14	水	丙申	閉	山下火	箕
8日	09/15	木	丁酉	建	山下火	斗
9日	09/16	金	戊戌	除	平地木	牛
10日	09/17	土	己亥	満	平地木	女
11日	09/18	日	庚子	平	壁上土	虚
12日	09/19	月	辛丑	定	壁上土	危
13日	09/20	火	壬寅	執	金箔金	室
14日	09/21	水	癸卯	破	金箔金	壁
15日	09/22	木	甲辰	危	覆燈火	奎
16日	09/23	金	乙巳	成	覆燈火	婁
17日	09/24	土	丙午	納	天河水	胃
18日	09/25	日	丁未	開	天河水	昴
19日	09/26	月	戊申	閉	大駅土	畢
20日	09/27	火	己酉	建	大駅土	觜
21日	09/28	水	庚戌	除	釼釧金	參
22日	09/29	木	辛亥	満	釼釧金	井
23日	09/30	金	壬子	平	桑柘木	鬼
24日	10/01	土	癸丑	定	桑柘木	柳
25日	10/02	日	甲寅	執	大溪水	星
26日	10/03	月	乙卯	破	大溪水	張
27日	10/04	火	丙辰	危	沙中土	翼
28日	10/05	水	丁巳	成	沙中土	軫
29日	10/06	木	戊午	納	天上火	角
30日	10/07	金	己未	納	天上火	亢

【九月大 丙戌 室】
節気 霜降 14日・立冬 29日
雑節 土用 11日

日	西暦	曜	干支	直	納音	宿
1日	10/08	土	庚申	開	柘榴木	氐
2日	10/09	日	辛酉	閉	柘榴木	房
3日	10/10	月	壬戌	建	大海水	心
4日	10/11	火	癸亥	除	大海水	尾
5日	10/12	水	甲子	平	海中金	箕
6日	10/13	木	乙丑	平	海中金	斗
7日	10/14	金	丙寅	定	爐中火	牛
8日	10/15	土	丁卯	執	爐中火	女
9日	10/16	日	戊辰	破	大林木	虚
10日	10/17	月	己巳	危	大林木	危
11日	10/18	火	庚午	成	路傍土	室
12日	10/19	水	辛未	納	路傍土	壁
13日	10/20	木	壬申	開	釼鋒金	奎
14日	10/21	金	癸酉	閉	釼鋒金	婁
15日	10/22	土	甲戌	建	山頭火	胃
16日	10/23	日	乙亥	除	山頭火	昴
17日	10/24	月	丙子	満	澗下水	畢
18日	10/25	火	丁丑	平	澗下水	觜
19日	10/26	水	戊寅	定	城頭土	參
20日	10/27	木	己卯	執	城頭土	井
21日	10/28	金	庚辰	破	白鑞金	鬼
22日	10/29	土	辛巳	危	白鑞金	柳
23日	10/30	日	壬午	成	楊柳木	星
24日	10/31	月	癸未	納	楊柳木	張
25日	11/01	火	甲申	開	井泉水	翼
26日	11/02	水	乙酉	閉	井泉水	軫
27日	11/03	木	丙戌	建	屋上土	角
28日	11/04	金	丁亥	除	屋上土	亢
29日	11/05	土	戊子	除	霹靂火	氐
30日	11/06	日	己丑	満	霹靂火	房

【十月小 丁亥 壁】
節気 小雪 15日

日	西暦	曜	干支	直	納音	宿
1日	11/07	月	庚寅	平	松柏木	心
2日	11/08	火	辛卯	定	松柏木	尾
3日	11/09	水	壬辰	執	長流水	箕
4日	11/10	木	癸巳	破	長流水	斗
5日	11/11	金	甲午	危	沙中金	牛
6日	11/12	土	乙未	成	沙中金	女
7日	11/13	日	丙申	納	山下火	虚
8日	11/14	月	丁酉	開	山下火	危
9日	11/15	火	戊戌	閉	平地木	室
10日	11/16	水	己亥	除	壁上土	壁
11日	11/17	木	庚子	満	壁上土	奎
12日	11/18	金	辛丑	満	壁上土	婁
13日	11/19	土	壬寅	平	金箔金	胃
14日☆	11/20	日	癸卯	定	金箔金	昴
15日	11/21	月	甲辰	執	覆燈火	畢
16日	11/22	火	乙巳	破	覆燈火	觜
17日	11/23	水	丙午	危	天河水	參
18日	11/24	木	丁未	成	天河水	井
19日	11/25	金	戊申	納	大駅土	鬼
20日	11/26	土	己酉	開	大駅土	柳
21日	11/27	日	庚戌	閉	釼釧金	星
22日	11/28	月	辛亥	建	釼釧金	張
23日	11/29	火	壬子	除	桑柘木	翼
24日	11/30	水	癸丑	満	桑柘木	軫
25日	12/01	木	甲寅	平	大溪水	角
26日	12/02	金	乙卯	定	大溪水	亢
27日	12/03	土	丙辰	執	沙中土	氐
28日	12/04	日	丁巳	破	沙中土	房
29日	12/05	月	戊午	危	天上火	心

【十一月大 戊子 奎】
節気 大雪 1日・冬至 16日

日	西暦	曜	干支	直	納音	宿
1日	12/06	火	己未	危	天上火	尾
2日	12/07	水	庚申	成	柘榴木	箕
3日	12/08	木	辛酉	納	柘榴木	斗
4日	12/09	金	壬戌	開	大海水	牛
5日	12/10	土	癸亥	閉	大海水	女
6日	12/11	日	甲子	建	海中金	虚
7日	12/12	月	乙丑	除	海中金	危
8日	12/13	火	丙寅	満	爐中火	室
9日	12/14	水	丁卯	平	爐中火	壁
10日	12/15	木	戊辰	定	大林木	奎
11日	12/16	金	己巳	執	大林木	婁
12日	12/17	土	庚午	破	路傍土	胃
13日	12/18	日	辛未	危	路傍土	昴
14日	12/19	月	壬申	成	釼鋒金	畢
15日	12/20	火	癸酉	納	釼鋒金	觜
16日	12/21	水	甲戌	開	山頭火	參
17日	12/22	木	乙亥	閉	山頭火	井
18日	12/23	金	丙子	建	澗下水	鬼
19日	12/24	土	丁丑	除	澗下水	柳
20日	12/25	日	戊寅	満	城頭土	星
21日	12/26	月	己卯	平	城頭土	張
22日	12/27	火	庚辰	定	白鑞金	翼
23日	12/28	水	辛巳	執	白鑞金	軫
24日	12/29	木	壬午	破	楊柳木	角
25日	12/30	金	癸未	危	楊柳木	亢
26日	12/31	土	甲申	成	井泉水	氐

1696年

日	西暦	曜	干支	直	納音	宿
27日	01/01	日	乙酉	納	井泉水	房
28日	01/02	月	丙戌	開	屋上土	心
29日	01/03	火	丁亥	閉	屋上土	尾
30日	01/04	水	戊子	建	霹靂火	箕

【十二月小 己丑 婁】
節気 小寒 1日・大寒 17日
雑節 土用 13日

日	西暦	曜	干支	直	納音	宿
1日	01/05	木	己丑	建	霹靂火	斗
2日	01/06	金	庚寅	除	松柏木	牛
3日	01/07	土	辛卯	満	松柏木	女
4日	01/08	日	壬辰	平	長流水	虚
5日	01/09	月	癸巳	定	長流水	危
6日	01/10	火	甲午	執	沙中金	室
7日	01/11	水	乙未	破	沙中金	壁
8日	01/12	木	丙申	危	山下火	奎
9日	01/13	金	丁酉	成	山下火	婁
10日	01/14	土	戊戌	納	平地木	胃
11日	01/15	日	己亥	開	平地木	昴
12日	01/16	月	庚子	閉	壁上土	畢
13日	01/17	火	辛丑	除	壁上土	觜
14日	01/18	水	壬寅	除	金箔金	參
15日	01/19	木	癸卯	満	金箔金	井
16日	01/20	金	甲辰	平	覆燈火	鬼
17日	01/21	土	乙巳	定	覆燈火	柳
18日	01/22	日	丙午	執	天河水	星
19日	01/23	月	丁未	破	天河水	張
20日	01/24	火	戊申	危	大駅土	翼
21日	01/25	水	己酉	成	大駅土	軫
22日	01/26	木	庚戌	納	釼釧金	角
23日	01/27	金	辛亥	開	釼釧金	亢
24日	01/28	土	壬子	閉	桑柘木	氐
25日	01/29	日	癸丑	建	桑柘木	房
26日	01/30	月	甲寅	除	大溪水	心
27日	01/31	火	乙卯	満	大溪水	尾
28日	02/01	水	丙辰	平	沙中土	箕
29日	02/02	木	丁巳	定	沙中土	斗

– 229 –

元禄9年
1696～1697 丙子 氏

【正月大 庚寅 胃】
節気 立春 3日・雨水 18日
雑節 節分 2日

日	新暦	曜	干支	直	納音	宿
1日	02/03	金	戊午	執	天上火	牛
2日	02/04	土	己未	破	天上火	女
3日	02/05	日	庚申	破	柘榴木	虚
4日	02/06	月	辛酉	危	柘榴木	危
5日	02/07	火	壬戌	成	大海水	室
6日	02/08	水	癸亥	納	大海水	壁
7日	02/09	木	甲子	開	海中金	奎
8日	02/10	金	乙丑	閉	海中金	婁
9日	02/11	土	丙寅	建	爐中火	胃
10日	02/12	日	丁卯	除	爐中火	昴
11日	02/13	月	戊辰	満	大林木	畢
12日	02/14	火	己巳	平	大林木	觜
13日	02/15	水	庚午	定	路傍土	参
14日	02/16	木	辛未	執	路傍土	井
15日	02/17	金	壬申	破	釼鋒金	鬼
16日	02/18	土	癸酉	危	釼鋒金	柳
17日	02/19	日	甲戌	成	山頭火	星
18日	02/20	月	乙亥	納	山頭火	張
19日	02/21	火	丙子	開	澗下水	翼
20日	02/22	水	丁丑	閉	澗下水	軫
21日	02/23	木	戊寅	建	城頭土	角
22日	02/24	金	己卯	除	城頭土	亢
23日	02/25	土	庚辰	満	白鑞金	氐
24日	02/26	日	辛巳	平	白鑞金	房
25日	02/27	月	壬午	定	楊柳木	心
26日	02/28	火	癸未	執	楊柳木	尾
27日	02/29	水	甲申	破	井泉水	箕
28日	03/01	木	乙酉	危	井泉水	斗
29日	03/02	金	丙戌	成	屋上土	牛
30日	03/03	土	丁亥	納	屋上土	女

【二月小 辛卯 昴】
節気 啓蟄 3日・春分 18日
雑節 彼岸 20日・社日 21日

日	新暦	曜	干支	直	納音	宿
1日	03/04	日	戊子	開	霹靂火	虚
2日	03/05	月	己丑	閉	霹靂火	危
3日	03/06	火	庚寅	閉	松柏木	室
4日	03/07	水	辛卯	建	松柏木	壁
5日	03/08	木	壬辰	除	長流水	奎
6日	03/09	金	癸巳	満	長流水	婁
7日	03/10	土	甲午	平	沙中金	胃
8日	03/11	日	乙未	定	沙中金	昴
9日	03/12	月	丙申	執	山下火	畢
10日	03/13	火	丁酉	破	山下火	觜
11日	03/14	水	戊戌	危	平地木	参
12日	03/15	木	己亥	成	平地木	井
13日	03/16	金	庚子	納	壁上土	鬼
14日	03/17	土	辛丑	開	壁上土	柳
15日	03/18	日	壬寅	閉	金箔金	星
16日	03/19	月	癸卯	建	金箔金	張
17日	03/20	火	甲辰	除	覆燈火	翼
18日	03/21	水	乙巳	満	覆燈火	軫
19日	03/22	木	丙午	平	天河水	角
20日	03/23	金	丁未	定	天河水	亢
21日	03/24	土	戊申	執	大駅土	氐
22日	03/25	日	己酉	破	大駅土	房
23日	03/26	月	庚戌	危	釵釧金	心
24日	03/27	火	辛亥	成	釵釧金	尾
25日	03/28	水	壬子	納	桑柘木	箕
26日	03/29	木	癸丑	開	桑柘木	斗
27日	03/30	金	甲寅	閉	大溪水	牛
28日	03/31	土	乙卯	建	大溪水	女
29日	04/01	日	丙辰	除	沙中土	虚

【三月小 壬辰 畢】
節気 清明 5日・穀雨 20日
雑節 土用 17日

日	新暦	曜	干支	直	納音	宿
1日	04/02	月	丁巳	満	沙中土	危
2日	04/03	火	戊午	平	天上火	室
3日	04/04	水	己未	定	天上火	壁
4日	04/05	木	庚申	執	柘榴木	奎
5日	04/06	金	辛酉	執	柘榴木	婁
6日	04/07	土	壬戌	破	大海水	胃
7日	04/08	日	癸亥	危	大海水	昴
8日	04/09	月	甲子	成	海中金	畢
9日	04/10	火	乙丑	納	海中金	觜
10日	04/11	水	丙寅	開	爐中火	参
11日	04/12	木	丁卯	閉	爐中火	井
12日	04/13	金	戊辰	建	大林木	鬼
13日	04/14	土	己巳	除	大林木	柳
14日	04/15	日	庚午	満	路傍土	星
15日	04/16	月	辛未	平	路傍土	張
16日	04/17	火	壬申	定	釼鋒金	翼
17日	04/18	水	癸酉	執	釼鋒金	軫
18日	04/19	木	甲戌	破	山頭火	角
19日	04/20	金	乙亥	危	山頭火	亢
20日	04/21	土	丙子	成	澗下水	氐
21日	04/22	日	丁丑	納	澗下水	房
22日	04/23	月	戊寅	開	城頭土	心
23日	04/24	火	己卯	閉	城頭土	尾
24日	04/25	水	庚辰	建	白鑞金	箕
25日	04/26	木	辛巳	除	白鑞金	斗
26日	04/27	金	壬午	満	楊柳木	牛
27日	04/28	土	癸未	平	楊柳木	女
28日	04/29	日	甲申	定	井泉水	虚
29日	04/30	月	乙酉	執	井泉水	危

【四月大 癸巳 觜】
節気 立夏 6日・小満 21日
雑節 八十八夜 2日

日	新暦	曜	干支	直	納音	宿
1日	05/01	火	丙戌	破	屋上土	室
2日	05/02	水	丁亥	危	屋上土	壁
3日	05/03	木	戊子	成	霹靂火	奎
4日	05/04	金	己丑	納	霹靂火	婁
5日	05/05	土	庚寅	開	松柏木	胃
6日	05/06	日	辛卯	開	松柏木	昴
7日	05/07	月	壬辰	閉	長流水	畢
8日	05/08	火	癸巳	建	長流水	觜
9日	05/09	水	甲午	除	沙中金	参
10日	05/10	木	乙未	満	沙中金	井
11日	05/11	金	丙申	平	山下火	鬼
12日	05/12	土	丁酉	定	山下火	柳
13日	05/13	日	戊戌	執	平地木	星
14日	05/14	月	己亥	破	平地木	張
15日	05/15	火	庚子	危	壁上土	翼
16日	05/16	水	辛丑	成	壁上土	軫
17日	05/17	木	壬寅	納	金箔金	角
18日	05/18	金	癸卯	開	金箔金	亢
19日	05/19	土	甲辰	閉	覆燈火	氐
20日	05/20	日	乙巳	建	覆燈火	房
21日	05/21	月	丙午	除	天河水	心
22日	05/22	火	丁未	満	天河水	尾
23日	05/23	水	戊申	平	大駅土	箕
24日	05/24	木	己酉	定	大駅土	斗
25日	05/25	金	庚戌	執	釵釧金	牛
26日	05/26	土	辛亥	破	釵釧金	女
27日	05/27	日	壬子	危	桑柘木	虚
28日	05/28	月	癸丑	成	桑柘木	危
29日	05/29	火	甲寅	納	大溪水	室
30日	05/30	水	乙卯	開	大溪水	壁

【五月小 甲午 参】
節気 芒種 6日・夏至 22日
雑節 入梅 7日

日	新暦	曜	干支	直	納音	宿
1日	05/31	木	丙辰	閉	沙中土	奎
2日	06/01	金	丁巳	建	沙中土	婁
3日	06/02	土	戊午	除	天上火	胃
4日	06/03	日	己未	満	天上火	昴
5日	06/04	月	庚申	平	柘榴木	畢
6日	06/05	火	辛酉	平	柘榴木	觜
7日	06/06	水	壬戌	定	大海水	参
8日	06/07	木	癸亥	執	大海水	井
9日	06/08	金	甲子	破	海中金	鬼
10日	06/09	土	乙丑	危	海中金	柳
11日	06/10	日	丙寅	成	爐中火	星
12日	06/11	月	丁卯	納	爐中火	張
13日	06/12	火	戊辰	開	大林木	翼
14日	06/13	水	己巳	閉	大林木	軫
15日	06/14	木	庚午	建	路傍土	角
16日	06/15	金	辛未	除	路傍土	亢
17日	06/16	土	壬申	満	釼鋒金	氐
18日	06/17	日	癸酉	平	釼鋒金	房
19日	06/18	月	甲戌	定	山頭火	心
20日	06/19	火	乙亥	執	山頭火	尾
21日	06/20	水	丙子	破	澗下水	箕
22日	06/21	木	丁丑	危	澗下水	斗
23日	06/22	金	戊寅	成	城頭土	牛
24日	06/23	土	己卯	納	城頭土	女
25日	06/24	日	庚辰	開	白鑞金	虚
26日	06/25	月	辛巳	閉	白鑞金	危
27日	06/26	火	壬午	建	楊柳木	室
28日	06/27	水	癸未	除	楊柳木	壁
29日	06/28	木	甲申	満	井泉水	奎

【六月大 乙未 井】
節気 小暑 8日・大暑 23日
雑節 半夏生 3日・土用 20日

日	新暦	曜	干支	直	納音	宿
1日	06/29	金	乙酉	平	井泉水	婁
2日	06/30	土	丙戌	定	屋上土	胃
3日	07/01	日	丁亥	執	屋上土	昴
4日	07/02	月	戊子	破	霹靂火	畢
5日	07/03	火	己丑	危	霹靂火	觜
6日	07/04	水	庚寅	成	松柏木	参
7日	07/05	木	辛卯	納	松柏木	井
8日	07/06	金	壬辰	納	長流水	鬼
9日	07/07	土	癸巳	開	長流水	柳
10日	07/08	日	甲午	閉	沙中金	星
11日	07/09	月	乙未	建	沙中金	張
12日	07/10	火	丙申	除	山下火	翼
13日	07/11	水	丁酉	満	山下火	軫
14日	07/12	木	戊戌	平	平地木	角
15日	07/13	金	己亥	定	平地木	亢
16日	07/14	土	庚子	執	壁上土	氐
17日	07/15	日	辛丑	破	壁上土	房
18日	07/16	月	壬寅	危	金箔金	心
19日	07/17	火	癸卯	成	金箔金	尾
20日	07/18	水	甲辰	納	覆燈火	箕
21日	07/19	木	乙巳	開	覆燈火	斗
22日	07/20	金	丙午	閉	天河水	牛
23日	07/21	土	丁未	建	天河水	女
24日	07/22	日	戊申	除	大駅土	虚
25日	07/23	月	己酉	満	大駅土	危
26日	07/24	火	庚戌	平	釵釧金	室
27日	07/25	水	辛亥	定	釵釧金	壁
28日	07/26	木	壬子	執	桑柘木	奎
29日	07/27	金	癸丑	破	桑柘木	婁

元禄9年

日	西暦	曜	干支	直	納音	宿
30日	07/28	土	甲寅	危	大溪水	胃

【七月大 丙申 鬼】

節気 立秋 8日・処暑 24日

日	西暦	曜	干支	直	納音	宿
1日	07/29	日	乙卯	成	大溪水	昴
2日	07/30	月	丙辰	納	沙中土	畢
3日	07/31	火	丁巳	開	沙中土	觜
4日	08/01	水	戊午	閉	天上火	参
5日	08/02	木	己未	建	天上火	井
6日	08/03	金	庚申	除	柘榴木	鬼
7日	08/04	土	辛酉	満	柘榴木	柳
8日	08/05	日	壬戌	満	大海水	星
9日	08/06	月	癸亥	平	大海水	張
10日	08/07	火	甲子	定	海中金	翼
11日	08/08	水	乙丑	執	海中金	軫
12日	08/09	木	丙寅	破	炉中火	角
13日	08/10	金	丁卯	危	炉中火	亢
14日	08/11	土	戊辰	成	大林木	氐
15日	08/12	日	己巳	納	大林木	房
16日	08/13	月	庚午	開	路傍土	心
17日	08/14	火	辛未	閉	路傍土	尾
18日	08/15	水	壬申	建	釼鋒金	箕
19日	08/16	木	癸酉	除	釼鋒金	斗
20日	08/17	金	甲戌	満	山頭火	牛
21日	08/18	土	乙亥	平	山頭火	女
22日	08/19	日	丙子	定	澗下水	虚
23日	08/20	月	丁丑	執	澗下水	危
24日	08/21	火	戊寅	破	城頭土	室
25日	08/22	水	己卯	危	城頭土	壁
26日	08/23	木	庚辰	成	白鑞金	奎
27日	08/24	金	辛巳	納	白鑞金	婁
28日	08/25	土	壬午	開	楊柳木	胃
29日	08/26	日	癸未	閉	楊柳木	昴
30日	08/27	月	甲申	建	井泉水	畢

【八月小 丁酉 柳】

節気 白露 9日・秋分 24日

雑節 二百十日 5日・社日 24日・彼岸 26日

日	西暦	曜	干支	直	納音	宿
1日	08/28	火	乙酉	除	井泉水	觜
2日	08/29	水	丙戌	満	屋上土	参
3日	08/30	木	丁亥	平	屋上土	井
4日	08/31	金	戊子	定	霹靂火	鬼
5日	09/01	土	己丑	執	霹靂火	柳
6日	09/02	日	庚寅	破	松柏木	星
7日	09/03	月	辛卯	危	松柏木	張
8日	09/04	火	壬辰	成	長流水	翼
9日	09/05	水	癸巳	成	長流水	軫
10日	09/06	木	甲午	納	沙中金	角
11日	09/07	金	乙未	開	沙中金	亢
12日	09/08	土	丙申	閉	山下火	氐
13日	09/09	日	丁酉	建	山下火	房
14日	09/10	月	戊戌	除	平地木	心
15日	09/11	火	己亥	満	平地木	尾
16日	09/12	水	庚子	平	壁上土	箕
17日	09/13	木	辛丑	定	壁上土	斗
18日	09/14	金	壬寅	執	金箔金	牛
19日	09/15	土	癸卯	破	金箔金	女
20日	09/16	日	甲辰	危	覆燈火	虚
21日	09/17	月	乙巳	成	覆燈火	危
22日	09/18	火	丙午	納	天河水	室
23日	09/19	水	丁未	開	天河水	壁
24日	09/20	木	戊申	閉	大駅土	奎
25日	09/21	金	己酉	建	大駅土	婁
26日	09/22	土	庚戌	除	釵釧金	胃
27日	09/23	日	辛亥	満	釵釧金	昴
28日	09/24	月	壬子	平	桑柘木	畢
29日	09/25	火	癸丑	定	桑柘木	觜

【九月大 戊戌 星】

節気 寒露 10日・霜降 25日

雑節 土用 22日

日	西暦	曜	干支	直	納音	宿
1日	09/26	水	甲寅	執	大溪水	参
2日	09/27	木	乙卯	破	大溪水	井
3日	09/28	金	丙辰	危	沙中土	鬼
4日	09/29	土	丁巳	成	沙中土	柳
5日	09/30	日	戊午	納	天上火	星
6日	10/01	月	己未	開	天上火	張
7日	10/02	火	庚申	閉	柘榴木	翼
8日	10/03	水	辛酉	建	柘榴木	軫
9日	10/04	木	壬戌	除	大海水	角
10日	10/05	金	癸亥	除	大海水	亢
11日	10/06	土	甲子	満	海中金	氐
12日	10/07	日	乙丑	平	海中金	房
13日	10/08	月	丙寅	定	炉中火	心
14日	10/09	火	丁卯	執	炉中火	尾
15日	10/10	水	戊辰	破	大林木	箕
16日	10/11	木	己巳	危	大林木	斗
17日	10/12	金	庚午	成	路傍土	牛
18日	10/13	土	辛未	納	路傍土	女
19日	10/14	日	壬申	開	釼鋒金	虚
20日	10/15	月	癸酉	閉	釼鋒金	危
21日	10/16	火	甲戌	建	山頭火	室
22日	10/17	水	乙亥	除	山頭火	壁
23日	10/18	木	丙子	満	澗下水	奎
24日	10/19	金	丁丑	平	澗下水	婁
25日	10/20	土	戊寅	定	城頭土	胃
26日	10/21	日	己卯	執	城頭土	昴
27日	10/22	月	庚辰	破	白鑞金	畢
28日	10/23	火	辛巳	危	白鑞金	觜
29日	10/24	水	壬午	成	楊柳木	参
30日	10/25	木	癸未	納	楊柳木	井

【十月大 己亥 張】

節気 立冬 11日・小雪 26日

日	西暦	曜	干支	直	納音	宿
1日	10/26	金	甲申	開	井泉水	鬼
2日	10/27	土	乙酉	閉	井泉水	柳
3日	10/28	日	丙戌	建	屋上土	星
4日	10/29	月	丁亥	除	屋上土	張
5日	10/30	火	戊子	満	霹靂火	翼
6日	10/31	水	己丑	平	霹靂火	軫
7日	11/01	木	庚寅	定	松柏木	角
8日	11/02	金	辛卯	執	松柏木	亢
9日	11/03	土	壬辰	破	長流水	氐
10日	11/04	日	癸巳	危	長流水	房
11日	11/05	月	甲午	危	沙中金	心
12日	11/06	火	乙未	成	沙中金	尾
13日	11/07	水	丙申	納	山下火	箕
14日	11/08	木	丁酉	開	山下火	斗
15日	11/09	金	戊戌	閉	平地木	牛
16日	11/10	土	己亥	建	平地木	女
17日	11/11	日	庚子	除	壁上土	虚
18日	11/12	月	辛丑	満	壁上土	危
19日	11/13	火	壬寅	平	金箔金	室
20日	11/14	水	癸卯	定	金箔金	壁
21日	11/15	木	甲辰	執	覆燈火	奎
22日	11/16	金	乙巳	破	覆燈火	婁
23日	11/17	土	丙午	危	天河水	胃
24日	11/18	日	丁未	成	天河水	昴
25日	11/19	月	戊申	納	大駅土	畢
26日	11/20	火	己酉	開	大駅土	觜
27日	11/21	水	庚戌	閉	釵釧金	参
28日	11/22	木	辛亥	建	釵釧金	井
29日	11/23	金	壬子	除	桑柘木	鬼
30日	11/24	土	癸丑	満	桑柘木	柳

【十一月小 庚子 翼】

節気 大雪 11日・冬至 26日

日	西暦	曜	干支	直	納音	宿
1日	11/25	日	甲寅	平	大溪水	星
2日	11/26	月	乙卯	定	大溪水	張
3日	11/27	火	丙辰	執	沙中土	翼
4日	11/28	水	丁巳	破	沙中土	軫
5日	11/29	木	戊午	危	天上火	角
6日	11/30	金	己未	成	天上火	亢
7日	12/01	土	庚申	納	柘榴木	氐
8日	12/02	日	辛酉	開	柘榴木	房
9日	12/03	月	壬戌	閉	大海水	心
10日	12/04	火	癸亥	建	大海水	尾
11日	12/05	水	甲子	建	海中金	箕
12日	12/06	木	乙丑	除	海中金	斗
13日	12/07	金	丙寅	満	炉中火	牛
14日	12/08	土	丁卯	平	炉中火	女
15日	12/09	日	戊辰	定	大林木	虚
16日	12/10	月	己巳	執	大林木	危
17日	12/11	火	庚午	破	路傍土	室
18日	12/12	水	辛未	危	路傍土	壁
19日	12/13	木	壬申	成	釼鋒金	奎
20日	12/14	金	癸酉	納	釼鋒金	婁
21日	12/15	土	甲戌	開	山頭火	胃
22日	12/16	日	乙亥	閉	山頭火	昴
23日	12/17	月	丙子	建	澗下水	畢
24日	12/18	火	丁丑	除	澗下水	觜
25日	12/19	水	戊寅	満	城頭土	参
26日	12/20	木	己卯	平	城頭土	井
27日	12/21	金	庚辰	定	白鑞金	鬼
28日	12/22	土	辛巳	執	白鑞金	柳
29日	12/23	日	壬午	破	楊柳木	星

【十二月大 辛丑 軫】

節気 小寒 13日・大寒 28日

雑節 土用 25日

日	西暦	曜	干支	直	納音	宿
1日	12/24	月	癸未	危	楊柳木	張
2日	12/25	火	甲申	成	井泉水	翼
3日	12/26	水	乙酉	納	井泉水	軫
4日	12/27	木	丙戌	開	屋上土	角
5日	12/28	金	丁亥	閉	屋上土	亢
6日	12/29	土	戊子	建	霹靂火	氐
7日	12/30	日	己丑	除	霹靂火	房
8日	12/31	月	庚寅	満	松柏木	心

1697年

日	西暦	曜	干支	直	納音	宿
9日	01/01	火	辛卯	平	松柏木	尾
10日	01/02	水	壬辰	定	長流水	箕
11日	01/03	木	癸巳	執	長流水	斗
12日	01/04	金	甲午	破	沙中金	牛
13日	01/05	土	乙未	破	沙中金	女
14日	01/06	日	丙申	危	山下火	虚
15日	01/07	月	丁酉	成	山下火	危
16日	01/08	火	戊戌	納	平地木	室
17日	01/09	水	己亥	開	平地木	壁
18日	01/10	木	庚子	閉	壁上土	奎
19日	01/11	金	辛丑	建	壁上土	婁
20日	01/12	土	壬寅	除	金箔金	胃
21日	01/13	日	癸卯	満	金箔金	昴
22日	01/14	月	甲辰	平	覆燈火	畢
23日	01/15	火	乙巳	定	覆燈火	觜
24日	01/16	水	丙午	執	天河水	参
25日	01/17	木	丁未	破	天河水	井
26日	01/18	金	戊申	危	大駅土	鬼
27日	01/19	土	己酉	成	大駅土	柳
28日	01/20	日	庚戌	納	釵釧金	星
29日	01/21	月	辛亥	開	釵釧金	張
30日	01/22	火	壬子	閉	桑柘木	翼

元禄10年
1697～1698 丁丑 房

【正月小 壬寅 角】
節気 立春 13日・雨水 28日
雑節 節分 12日

1日	01/23	水	癸丑	建	桑柘木	軫
2日	01/24	木	甲寅	除	大溪水	角
3日	01/25	金	乙卯	満	大溪水	亢
4日	01/26	土	丙辰	平	沙中土	氐
5日	01/27	日	丁巳	定	沙中土	房
6日	01/28	月	戊午	執	天上火	心
7日	01/29	火	己未	破	天上火	尾
8日	01/30	水	庚申	危	柘榴木	箕
9日	01/31	木	辛酉	成	柘榴木	斗
10日	02/01	金	壬戌	納	大海水	女
11日	02/02	土	癸亥	開	大海水	虚
12日	02/03	日	甲子	閉	海中金	危
13日	02/04	月	乙丑	建	海中金	室
14日	02/05	火	丙寅	除	爐中火	壁
15日	02/06	水	丁卯	満	爐中火	奎
16日	02/07	木	戊辰	平	大林木	婁
17日	02/08	金	己巳	定	大林木	胃
18日	02/09	土	庚午	執	路傍土	昴
19日	02/10	日	辛未	破	路傍土	畢
20日	02/11	月	壬申	危	釼鋒金	觜
21日	02/12	火	癸酉	成	釼鋒金	参
22日	02/13	水	甲戌	成	山頭火	井
23日	02/14	木	乙亥	納	山頭火	鬼
24日	02/15	金	丙子	開	潤下水	柳
25日	02/16	土	丁丑	閉	潤下水	星
26日	02/17	日	戊寅	建	城頭土	張
27日	02/18	月	己卯	除	城頭土	翼
28日	02/19	火	庚辰	満	白鑞金	軫
29日	02/20	水	辛巳	平	白鑞金	角

【二月大 癸卯 亢】
節気 啓蟄 14日・春分 30日
雑節 社日 27日

1日	02/21	木	壬午	定	楊柳木	角
2日	02/22	金	癸未	執	楊柳木	亢
3日	02/23	土	甲申	破	井泉水	氐
4日	02/24	日	乙酉	危	井泉水	房
5日	02/25	月	丙戌	成	屋上土	心
6日	02/26	火	丁亥	納	屋上土	尾
7日	02/27	水	戊子	開	霹靂火	箕
8日	02/28	木	己丑	閉	霹靂火	斗
9日	03/01	金	庚寅	建	松柏木	女
10日	03/02	土	辛卯	除	松柏木	虚
11日	03/03	日	壬辰	満	長流水	危
12日	03/04	月	癸巳	平	長流水	室
13日	03/05	火	甲午	定	沙中金	壁
14日	03/06	水	乙未	執	沙中金	奎
15日	03/07	木	丙申	破	山下火	婁
16日	03/08	金	丁酉	危	山下火	胃
17日	03/09	土	戊戌	成	平地木	昴
18日	03/10	日	己亥	納	平地木	畢
19日	03/11	月	庚子	開	壁上土	觜
20日	03/12	火	辛丑	閉	壁上土	参
21日	03/13	水	壬寅	建	金箔金	井
22日	03/14	木	癸卯	除	金箔金	鬼
23日	03/15	金	甲辰	満	覆燈火	柳
24日	03/16	土	乙巳	平	覆燈火	星
25日	03/17	日	丙午	定	天河水	張
26日	03/18	月	丁未	執	天河水	翼
27日	03/19	火	戊申	破	大駅土	軫
28日	03/20	水	己酉	危	大駅土	角
29日	03/21	木	庚戌	成	釼釧金	亢
30日	03/22	金	辛亥	成	釼釧金	氐

【閏二月小 癸卯 亢】
節気 清明 15日

雑節 彼岸 2日・土用 27日

1日	03/23	土	壬子	納	桑柘木	氐
2日	03/24	日	癸丑	開	桑柘木	房
3日	03/25	月	甲寅	閉	大溪水	心
4日	03/26	火	乙卯	建	大溪水	尾
5日	03/27	水	丙辰	除	沙中土	箕
6日	03/28	木	丁巳	満	沙中土	斗
7日	03/29	金	戊午	平	天上火	女
8日	03/30	土	己未	定	天上火	虚
9日	03/31	日	庚申	執	柘榴木	危
10日	04/01	月	辛酉	破	柘榴木	室
11日	04/02	火	壬戌	危	大海水	壁
12日	04/03	水	癸亥	成	大海水	奎
13日	04/04	木	甲子	納	海中金	婁
14日	04/05	金	乙丑	開	海中金	胃
15日	04/06	土	丙寅	開	爐中火	昴
16日	04/07	日	丁卯	閉	爐中火	畢
17日	04/08	月	戊辰	建	大林木	觜
18日	04/09	火	己巳	除	大林木	参
19日	04/10	水	庚午	満	路傍土	井
20日	04/11	木	辛未	定	路傍土	鬼
21日	04/12	金	壬申	定	釼鋒金	柳
22日	04/13	土	癸酉	執	釼鋒金	星
23日	04/14	日	甲戌	破	山頭火	張
24日	04/15	月	乙亥	危	山頭火	翼
25日	04/16	火	丙子	成	潤下水	軫
26日	04/17	水	丁丑	納	潤下水	角
27日	04/18	木	戊寅	開	城頭土	亢
28日	04/19	金	己卯	閉	城頭土	氐
29日	04/20	土	庚辰	建	白鑞金	房

【三月小 甲辰 氏】
節気 穀雨 1日・立夏 16日
雑節 八十八夜 12日

1日◎	04/21	日	辛巳	除	白鑞金	房
2日	04/22	月	壬午	満	楊柳木	心
3日	04/23	火	癸未	平	楊柳木	尾
4日	04/24	水	甲申	定	井泉水	箕
5日	04/25	木	乙酉	執	井泉水	斗
6日	04/26	金	丙戌	破	屋上土	牛
7日	04/27	土	丁亥	危	屋上土	女
8日	04/28	日	戊子	成	霹靂火	虚
9日	04/29	月	己丑	納	霹靂火	危
10日	04/30	火	庚寅	開	松柏木	室
11日	05/01	水	辛卯	閉	松柏木	壁
12日	05/02	木	壬辰	建	長流水	奎
13日	05/03	金	癸巳	除	長流水	婁
14日	05/04	土	甲午	満	沙中金	胃
15日	05/05	日	乙未	平	沙中金	昴
16日	05/06	月	丙申	平	山下火	畢
17日	05/07	火	丁酉	定	山下火	觜
18日	05/08	水	戊戌	執	平地木	参
19日	05/09	木	己亥	破	平地木	井
20日	05/10	金	庚子	危	壁上土	鬼
21日	05/11	土	辛丑	成	壁上土	柳
22日	05/12	日	壬寅	納	金箔金	星
23日	05/13	月	癸卯	開	金箔金	張
24日	05/14	火	甲辰	閉	覆燈火	翼
25日	05/15	水	乙巳	建	覆燈火	軫
26日	05/16	木	丙午	除	天河水	角
27日	05/17	金	丁未	満	天河水	氐
28日	05/18	土	戊申	平	大駅土	氐
29日	05/19	日	己酉	定	大駅土	房

【四月大 乙巳 房】
節気 小満 3日・芒種 18日
雑節 入梅 23日

1日	05/20	月	庚戌	執	釼釧金	心
2日	05/21	火	辛亥	危	釼釧金	尾
3日	05/22	水	壬子	危	桑柘木	箕
4日	05/23	木	癸丑	成	桑柘木	斗
5日	05/24	金	甲寅	納	大溪水	牛
6日	05/25	土	乙卯	開	大溪水	女
7日	05/26	日	丙辰	閉	沙中土	虚
8日	05/27	月	丁巳	建	沙中土	危
9日	05/28	火	戊午	除	天上火	室
10日	05/29	水	己未	満	天上火	壁
11日	05/30	木	庚申	平	柘榴木	奎
12日	05/31	金	辛酉	定	柘榴木	婁
13日	06/01	土	壬戌	執	大海水	胃
14日	06/02	日	癸亥	破	大海水	昴
15日	06/03	月	甲子	危	海中金	畢
16日	06/04	火	乙丑	成	海中金	觜
17日	06/05	水	丙寅	納	爐中火	参
18日	06/06	木	丁卯	開	爐中火	井
19日	06/07	金	戊辰	閉	大林木	鬼
20日	06/08	土	己巳	建	大林木	柳
21日	06/09	日	庚午	除	路傍土	星
22日	06/10	月	辛未	満	路傍土	張
23日	06/11	火	壬申	平	釼鋒金	翼
24日	06/12	水	癸酉	定	釼鋒金	軫
25日	06/13	木	甲戌	執	山頭火	角
26日	06/14	金	乙亥	破	山頭火	亢
27日	06/15	土	丙子	危	潤下水	氐
28日	06/16	日	丁丑	成	潤下水	房
29日	06/17	月	戊寅	納	城頭土	心
30日	06/18	火	己卯	納	城頭土	尾

【五月小 丙午 心】
節気 夏至 3日・小暑 18日
雑節 半夏生 13日

1日	06/19	水	庚辰	開	白鑞金	箕
2日	06/20	木	辛巳	閉	白鑞金	斗
3日	06/21	金	壬午	建	楊柳木	牛
4日	06/22	土	癸未	除	楊柳木	女
5日	06/23	日	甲申	満	井泉水	虚
6日	06/24	月	乙酉	平	井泉水	危
7日	06/25	火	丙戌	定	屋上土	室
8日	06/26	水	丁亥	執	屋上土	壁
9日	06/27	木	戊子	破	霹靂火	奎
10日	06/28	金	己丑	危	霹靂火	婁
11日	06/29	土	庚寅	成	松柏木	胃
12日	06/30	日	辛卯	納	松柏木	昴
13日	07/01	月	壬辰	開	長流水	畢
14日	07/02	火	癸巳	閉	長流水	觜
15日	07/03	水	甲午	建	沙中金	参
16日	07/04	木	乙未	除	沙中金	井
17日	07/05	金	丙申	満	山下火	鬼
18日	07/06	土	丁酉	平	山下火	柳
19日	07/07	日	戊戌	定	平地木	星
20日	07/08	月	己亥	執	平地木	張
21日	07/09	火	庚子	破	壁上土	翼
22日	07/10	水	辛丑	危	壁上土	軫
23日	07/11	木	壬寅	成	金箔金	角
24日	07/12	金	癸卯	納	金箔金	亢
25日	07/13	土	甲辰	開	覆燈火	氐
26日	07/14	日	乙巳	閉	覆燈火	房
27日	07/15	月	丙午	建	天河水	心
28日	07/16	火	丁未	除	天河水	尾
29日	07/17	水	戊申	除	大駅土	箕

【六月大 丁未 尾】
節気 大暑 4日・立秋 20日
雑節 土用 1日

1日	07/18	木	己酉	満	大駅土	斗
2日	07/19	金	庚戌	平	釼釧金	牛
3日	07/20	土	辛亥	定	釼釧金	女
4日	07/21	日	壬子	執	桑柘木	虚
5日	07/22	月	癸丑	破	桑柘木	危
6日	07/23	火	甲寅	危	大溪水	室
7日	07/24	水	乙卯	成	大溪水	壁
8日	07/25	木	丙辰	納	沙中土	奎
9日	07/26	金	丁巳	開	沙中土	婁
10日	07/27	土	戊午	閉	天上火	胃
11日	07/28	日	己未	建	天上火	昴
12日	07/29	月	庚申	除	柘榴木	畢
13日	07/30	火	辛酉	満	柘榴木	觜
14日	07/31	水	壬戌	平	大海水	参
15日	08/01	木	癸亥	定	大海水	井

西暦 曜 干支 直 納音 宿　　　　　　　　元禄10年

日	西暦	曜	干支	直	納音	宿
16日	08/02	金	甲子	執	海中金	鬼
17日	08/03	土	乙丑	破	海中金	柳
18日	08/04	日	丙寅	危	炉中火	星
19日	08/05	月	丁卯	成	炉中火	張
20日	08/06	火	戊辰	納	大林木	翼
21日	08/07	水	己巳	納	大林木	軫
22日	08/08	木	庚午	開	路傍土	角
23日	08/09	金	辛未	開	路傍土	亢
24日	08/10	土	壬申	建	釼鋒金	氐
25日	08/11	日	癸酉	除	釼鋒金	房
26日	08/12	月	甲戌	満	山頭火	心
27日	08/13	火	乙亥	平	山頭火	尾
28日	08/14	水	丙子	定	潤下水	箕
29日	08/15	木	丁丑	執	潤下水	斗
30日	08/16	金	戊寅	破	城頭土	牛

【七月小 戊申 箕】
節気 処暑 5日・白露 20日
雑節 二百十日 16日

日	西暦	曜	干支	直	納音	宿
1日	08/17	土	己卯	危	城頭土	女
2日	08/18	日	庚辰	成	白鑞金	虚
3日	08/19	月	辛巳	納	白鑞金	危
4日	08/20	火	壬午	開	楊柳木	室
5日	08/21	水	癸未	閉	楊柳木	壁
6日	08/22	木	甲申	建	井泉水	奎
7日	08/23	金	乙酉	除	井泉水	婁
8日	08/24	土	丙戌	満	屋上土	胃
9日	08/25	日	丁亥	平	屋上土	昴
10日	08/26	月	戊子	定	霹靂火	畢
11日	08/27	火	己丑	執	霹靂火	觜
12日	08/28	水	庚寅	破	松柏木	参
13日	08/29	木	辛卯	危	松柏木	井
14日	08/30	金	壬辰	成	長流水	鬼
15日	08/31	土	癸巳	納	長流水	柳
16日	09/01	日	甲午	開	沙中金	星
17日	09/02	月	乙未	閉	沙中金	張
18日	09/03	火	丙申	建	山下火	翼
19日	09/04	水	丁酉	除	山下火	軫
20日	09/05	木	戊戌	満	平地木	角
21日	09/06	金	己亥	平	平地木	亢
22日	09/07	土	庚子	定	壁上土	氐
23日	09/08	日	辛丑	執	壁上土	房
24日	09/09	月	壬寅	破	金箔金	心
25日	09/10	火	癸卯	危	金箔金	尾
26日	09/11	水	甲辰	成	覆燈火	箕
27日	09/12	木	乙巳	納	覆燈火	斗
28日	09/13	金	丙午	開	天河水	牛
29日	09/14	土	丁未	閉	天河水	女

【八月大 己酉 斗】
節気 秋分 6日・寒露 21日
雑節 社日 1日・彼岸 8日

日	西暦	曜	干支	直	納音	宿
1日	09/15	日	戊申	閉	大駅土	虚
2日	09/16	月	己酉	建	大駅土	危
3日	09/17	火	庚戌	除	釼釧金	室
4日	09/18	水	辛亥	満	釼釧金	壁
5日	09/19	木	壬子	平	桑柘木	奎
6日	09/20	金	癸丑	定	桑柘木	婁
7日	09/21	土	甲寅	執	大渓水	胃
8日	09/22	日	乙卯	破	大渓水	昴
9日	09/23	月	丙辰	危	沙中土	畢
10日	09/24	火	丁巳	成	沙中土	觜
11日	09/25	水	戊午	納	天上火	参
12日	09/26	木	己未	開	天上火	井
13日	09/27	金	庚申	建	柘榴木	鬼
14日	09/28	土	辛酉	除	柘榴木	柳
15日	09/29	日	壬戌	満	大海水	星
16日	09/30	月	癸亥	平	大海水	張
17日	10/01	火	甲子	定	海中金	翼
18日	10/02	水	乙丑	執	海中金	軫
19日	10/03	木	丙寅	破	炉中火	角
20日	10/04	金	丁卯	危	炉中火	亢
21日	10/05	土	戊辰	破	大林木	氐
22日	10/06	日	己巳	危	大林木	房
23日	10/07	月	庚午	成	路傍土	心
24日	10/08	火	辛未	納	路傍土	尾
25日	10/09	水	壬申	開	釼鋒金	箕
26日	10/10	木	癸酉	閉	釼鋒金	斗
27日	10/11	金	甲戌	建	山頭火	牛
28日	10/12	土	乙亥	除	山頭火	女
29日	10/13	日	丙子	満	潤下水	虚
30日	10/14	月	丁丑	平	潤下水	危

【九月大 庚戌 牛】
節気 霜降 7日・立冬 22日
雑節 土用 4日

日	西暦	曜	干支	直	納音	宿
1日	10/15	火	戊寅	定	城頭土	室
2日	10/16	水	己卯	執	城頭土	壁
3日	10/17	木	庚辰	破	白鑞金	奎
4日	10/18	金	辛巳	危	白鑞金	婁
5日	10/19	土	壬午	成	楊柳木	胃
6日	10/20	日	癸未	納	楊柳木	昴
7日	10/21	月	甲申	開	井泉水	畢
8日	10/22	火	乙酉	閉	井泉水	觜
9日	10/23	水	丙戌	建	屋上土	参
10日	10/24	木	丁亥	除	屋上土	井
11日	10/25	金	戊子	満	霹靂火	鬼
12日	10/26	土	己丑	平	霹靂火	柳
13日	10/27	日	庚寅	定	松柏木	星
14日	10/28	月	辛卯	執	松柏木	張
15日☆	10/29	火	壬辰	破	長流水	翼
16日	10/30	水	癸巳	危	長流水	軫
17日	10/31	木	甲午	成	沙中金	角
18日	11/01	金	乙未	納	沙中金	亢
19日	11/02	土	丙申	開	山下火	氐
20日	11/03	日	丁酉	閉	山下火	房
21日	11/04	月	戊戌	建	平地木	心
22日	11/05	火	己亥	除	平地木	尾
23日	11/06	水	庚子	満	壁上土	箕
24日	11/07	木	辛丑	平	壁上土	斗
25日	11/08	金	壬寅	定	金箔金	牛
26日	11/09	土	癸卯	執	金箔金	女
27日	11/10	日	甲辰	破	覆燈火	虚
28日	11/11	月	乙巳	危	覆燈火	危
29日	11/12	火	丙午	成	天河水	室
30日	11/13	水	丁未	納	天河水	壁

【十月小 辛亥 女】
節気 小雪 7日・大雪 22日

日	西暦	曜	干支	直	納音	宿
1日	11/14	木	戊申	納	大駅土	奎
2日	11/15	金	己酉	開	大駅土	婁
3日	11/16	土	庚戌	閉	釼釧金	胃
4日	11/17	日	辛亥	建	釼釧金	昴
5日	11/18	月	壬子	除	桑柘木	畢
6日	11/19	火	癸丑	満	桑柘木	觜
7日	11/20	水	甲寅	平	大渓水	参
8日	11/21	木	乙卯	定	大渓水	井
9日	11/22	金	丙辰	執	沙中土	柳
10日	11/23	土	丁巳	破	沙中土	星
11日	11/24	日	戊午	危	天上火	張
12日	11/25	月	己未	成	天上火	翼
13日	11/26	火	庚申	納	柘榴木	軫
14日	11/27	水	辛酉	開	柘榴木	角
15日	11/28	木	壬戌	閉	大海水	亢
16日	11/29	金	癸亥	建	大海水	氐
17日	11/30	土	甲子	除	海中金	房
18日	12/01	日	乙丑	平	海中金	心
19日	12/02	月	丙寅	平	炉中火	尾
20日	12/03	火	丁卯	定	炉中火	箕
21日	12/04	水	戊辰	執	大林木	斗
22日	12/05	木	己巳	破	大林木	牛
23日	12/06	金	庚午	危	路傍土	女
24日	12/07	土	辛未	成	路傍土	虚
25日	12/08	日	壬申	納	釼鋒金	危
26日	12/09	月	癸酉	納	釼鋒金	室
27日	12/10	火	甲戌	開	山頭火	室
28日	12/11	水	乙亥	閉	山頭火	壁
29日	12/12	木	丙子	建	潤下水	奎

【十一月大 壬子 虚】
節気 冬至 9日・小寒 24日

日	西暦	曜	干支	直	納音	宿
1日	12/13	金	丁丑	除	潤下水	婁
2日	12/14	土	戊寅	満	城頭土	胃
3日	12/15	日	己卯	平	城頭土	昴
4日	12/16	月	庚辰	定	白鑞金	畢
5日	12/17	火	辛巳	執	白鑞金	觜
6日	12/18	水	壬午	破	楊柳木	参
7日	12/19	木	癸未	危	楊柳木	井
8日	12/20	金	甲申	成	井泉水	鬼
9日	12/21	土	乙酉	納	井泉水	柳
10日	12/22	日	丙戌	開	屋上土	星
11日	12/23	月	丁亥	閉	屋上土	張
12日	12/24	火	戊子	建	霹靂火	翼
13日	12/25	水	己丑	除	霹靂火	軫
14日	12/26	木	庚寅	満	松柏木	角
15日	12/27	金	辛卯	平	松柏木	亢
16日	12/28	土	壬辰	定	長流水	氐
17日	12/29	日	癸巳	執	長流水	房
18日	12/30	月	甲午	破	沙中金	心
19日	12/31	火	乙未	危	沙中金	尾

1698年

日	西暦	曜	干支	直	納音	宿
20日	01/01	水	丙申	成	山下火	箕
21日	01/02	木	丁酉	納	山下火	斗
22日	01/03	金	戊戌	開	平地木	牛
23日	01/04	土	己亥	閉	平地木	女
24日	01/05	日	庚子	建	壁上土	虚
25日	01/06	月	辛丑	除	壁上土	危
26日	01/07	火	壬寅	満	金箔金	室
27日	01/08	水	癸卯	平	金箔金	壁
28日	01/09	木	甲辰	定	覆燈火	奎
29日	01/10	金	乙巳	執	覆燈火	婁
30日	01/11	土	丙午	破	天河水	胃

【十二月大 癸丑 危】
節気 大寒 9日・立春 24日
雑節 土用 6日・節分 23日

日	西暦	曜	干支	直	納音	宿
1日	01/12	日	丁未	破	天河水	昴
2日	01/13	月	戊申	危	大駅土	畢
3日	01/14	火	己酉	成	大駅土	觜
4日	01/15	水	庚戌	納	釼釧金	参
5日	01/16	木	辛亥	開	釼釧金	井
6日	01/17	金	壬子	閉	桑柘木	鬼
7日	01/18	土	癸丑	建	桑柘木	柳
8日	01/19	日	甲寅	除	大渓水	星
9日	01/20	月	乙卯	満	大渓水	張
10日	01/21	火	丙辰	平	沙中土	翼
11日	01/22	水	丁巳	定	沙中土	軫
12日	01/23	木	戊午	執	天上火	角
13日	01/24	金	己未	破	天上火	亢
14日	01/25	土	庚申	危	柘榴木	氐
15日	01/26	日	辛酉	成	柘榴木	房
16日	01/27	月	壬戌	納	大海水	心
17日	01/28	火	癸亥	開	大海水	尾
18日	01/29	水	甲子	閉	海中金	箕
19日	01/30	木	乙丑	建	海中金	斗
20日	01/31	金	丙寅	除	炉中火	牛
21日	02/01	土	丁卯	満	炉中火	女
22日	02/02	日	戊辰	平	大林木	虚
23日	02/03	月	己巳	定	大林木	危
24日	02/04	火	庚午	執	路傍土	室
25日	02/05	水	辛未	破	路傍土	壁
26日	02/06	木	壬申	危	釼鋒金	奎
27日	02/07	金	癸酉	成	釼鋒金	婁
28日	02/08	土	甲戌	納	山頭火	胃
29日	02/09	日	乙亥	開	山頭火	昴
30日	02/10	月	丙子	閉	潤下水	畢

元禄11年
1698〜1699　戊寅　心

【正月小　甲寅　室】
節気　雨水 9日・啓蟄 25日

日	日付	曜	干支	直	納音	宿
1日	02/11	火	丁丑	閉	澗下水	觜
2日	02/12	水	戊寅	建	城頭土	參
3日	02/13	木	己卯	除	城頭土	井
4日	02/14	金	庚辰	満	白鑞金	鬼
5日	02/15	土	辛巳	平	白鑞金	柳
6日	02/16	日	壬午	定	楊柳木	星
7日	02/17	月	癸未	執	楊柳木	張
8日	02/18	火	甲申	破	井泉水	翼
9日	02/19	水	乙酉	危	井泉水	軫
10日	02/20	木	丙戌	成	屋上土	角
11日	02/21	金	丁亥	納	屋上土	亢
12日	02/22	土	戊子	開	霹靂火	氐
13日	02/23	日	己丑	閉	霹靂火	房
14日	02/24	月	庚寅	建	松柏木	心
15日	02/25	火	辛卯	除	松柏木	尾
16日	02/26	水	壬辰	満	長流水	箕
17日	02/27	木	癸巳	平	長流水	斗
18日	02/28	金	甲午	定	沙中金	牛
19日	03/01	土	乙未	執	沙中金	女
20日	03/02	日	丙申	破	山下火	虚
21日	03/03	月	丁酉	危	山下火	危
22日	03/04	火	戊戌	成	平地木	室
23日	03/05	水	己亥	納	平地木	壁
24日	03/06	木	庚子	開	壁上土	奎
25日	03/07	金	辛丑	開	壁上土	婁
26日	03/08	土	壬寅	閉	金箔金	胃
27日	03/09	日	癸卯	建	金箔金	昴
28日	03/10	月	甲辰	除	覆燈火	畢
29日	03/11	火	乙巳	満	覆燈火	觜

【二月大　乙卯　壁】
節気　春分 11日・清明 26日
雑節　彼岸 11日・社日 13日

日	日付	曜	干支	直	納音	宿
1日	03/12	水	丙午	平	天河水	參
2日	03/13	木	丁未	定	天河水	井
3日	03/14	金	戊申	執	大駅土	鬼
4日	03/15	土	己酉	破	大駅土	柳
5日	03/16	日	庚戌	危	釵釧金	星
6日	03/17	月	辛亥	成	釵釧金	張
7日	03/18	火	壬子	納	桑柘木	翼
8日	03/19	水	癸丑	開	桑柘木	軫
9日	03/20	木	甲寅	閉	大溪水	角
10日	03/21	金	乙卯	建	大溪水	亢
11日	03/22	土	丙辰	除	沙中土	氐
12日	03/23	日	丁巳	満	沙中土	房
13日	03/24	月	戊午	平	天上火	心
14日	03/25	火	己未	定	天上火	尾
15日	03/26	水	庚申	執	柘榴木	箕
16日	03/27	木	辛酉	破	柘榴木	斗
17日	03/28	金	壬戌	危	大海水	牛
18日	03/29	土	癸亥	成	大海水	女
19日	03/30	日	甲子	納	海中金	虚
20日	03/31	月	乙丑	開	海中金	危
21日	04/01	火	丙寅	閉	炉中火	室
22日	04/02	水	丁卯	建	炉中火	壁
23日	04/03	木	戊辰	除	大林木	奎
24日	04/04	金	己巳	満	大林木	婁
25日	04/05	土	庚午	平	路傍土	胃
26日	04/06	日	辛未	平	路傍土	昴
27日	04/07	月	壬申	定	釼鋒金	畢
28日	04/08	火	癸酉	執	釼鋒金	觜
29日	04/09	水	甲戌	破	山頭火	參
30日	04/10	木	乙亥	危	山頭火	井

【三月小　丙辰　奎】
節気　穀雨 11日・立夏 27日
雑節　土用 8日・八十八夜 22日

日	日付	曜	干支	直	納音	宿
1日	04/11	金	丙子	成	澗下水	鬼
2日	04/12	土	丁丑	納	澗下水	柳
3日	04/13	日	戊寅	開	城頭土	星
4日	04/14	月	己卯	閉	城頭土	張
5日	04/15	火	庚辰	建	白鑞金	翼
6日	04/16	水	辛巳	除	白鑞金	軫
7日	04/17	木	壬午	満	楊柳木	角
8日	04/18	金	癸未	平	楊柳木	亢
9日	04/19	土	甲申	定	井泉水	氐
10日	04/20	日	乙酉	執	井泉水	房
11日	04/21	月	丙戌	破	屋上土	心
12日	04/22	火	丁亥	危	屋上土	尾
13日	04/23	水	戊子	成	霹靂火	箕
14日	04/24	木	己丑	納	霹靂火	斗
15日	04/25	金	庚寅	開	松柏木	牛
16日	04/26	土	辛卯	閉	松柏木	女
17日	04/27	日	壬辰	建	長流水	虚
18日	04/28	月	癸巳	除	長流水	危
19日	04/29	火	甲午	満	沙中金	室
20日	04/30	水	乙未	平	沙中金	壁
21日	05/01	木	丙申	定	山下火	奎
22日	05/02	金	丁酉	執	山下火	婁
23日	05/03	土	戊戌	破	平地木	胃
24日	05/04	日	己亥	危	平地木	昴
25日	05/05	月	庚子	成	壁上土	畢
26日	05/06	火	辛丑	納	壁上土	觜
27日	05/07	水	壬寅	納	金箔金	參
28日	05/08	木	癸卯	開	金箔金	井
29日	05/09	金	甲辰	閉	覆燈火	鬼

【四月小　丁巳　婁】
節気　小満 13日・芒種 28日

日	日付	曜	干支	直	納音	宿
1日	05/10	土	乙巳	建	覆燈火	柳
2日	05/11	日	丙午	除	天河水	星
3日	05/12	月	丁未	満	天河水	張
4日	05/13	火	戊申	平	大駅土	翼
5日	05/14	水	己酉	定	大駅土	軫
6日	05/15	木	庚戌	執	釵釧金	角
7日	05/16	金	辛亥	破	釵釧金	亢
8日	05/17	土	壬子	危	桑柘木	氐
9日	05/18	日	癸丑	成	桑柘木	房
10日	05/19	月	甲寅	納	大溪水	心
11日	05/20	火	乙卯	開	大溪水	尾
12日	05/21	水	丙辰	閉	沙中土	箕
13日	05/22	木	丁巳	建	沙中土	斗
14日	05/23	金	戊午	除	天上火	牛
15日	05/24	土	己未	満	天上火	女
16日	05/25	日	庚申	平	柘榴木	虚
17日	05/26	月	辛酉	定	柘榴木	危
18日	05/27	火	壬戌	執	大海水	室
19日	05/28	水	癸亥	破	大海水	壁
20日	05/29	木	甲子	危	海中金	奎
21日	05/30	金	乙丑	成	海中金	婁
22日	05/31	土	丙寅	納	炉中火	胃
23日	06/01	日	丁卯	開	炉中火	昴
24日	06/02	月	戊辰	閉	大林木	畢
25日	06/03	火	己巳	建	大林木	觜
26日	06/04	水	庚午	除	路傍土	參
27日	06/05	木	辛未	満	路傍土	井
28日	06/06	金	壬申	満	釼鋒金	鬼
29日	06/07	土	癸酉	平	釼鋒金	柳

【五月大　戊午　胃】
節気　夏至 14日・小暑 29日
雑節　入梅 9日・半夏生 24日

日	日付	曜	干支	直	納音	宿
1日	06/08	日	甲戌	定	山頭火	星
2日	06/09	月	乙亥	執	山頭火	張
3日	06/10	火	丙子	破	澗下水	翼
4日	06/11	水	丁丑	危	澗下水	軫
5日	06/12	木	戊寅	成	城頭土	角
6日	06/13	金	己卯	納	城頭土	亢
7日	06/14	土	庚辰	開	白鑞金	氐
8日	06/15	日	辛巳	閉	白鑞金	房
9日	06/16	月	壬午	建	楊柳木	心
10日	06/17	火	癸未	除	楊柳木	尾
11日	06/18	水	甲申	満	井泉水	箕
12日	06/19	木	乙酉	平	井泉水	斗
13日	06/20	金	丙戌	定	屋上土	牛
14日	06/21	土	丁亥	執	屋上土	女
15日	06/22	日	戊子	破	霹靂火	虚
16日	06/23	月	己丑	危	霹靂火	危
17日	06/24	火	庚寅	成	松柏木	室
18日	06/25	水	辛卯	納	松柏木	壁
19日	06/26	木	壬辰	開	長流水	奎
20日	06/27	金	癸巳	閉	長流水	婁
21日	06/28	土	甲午	建	沙中金	胃
22日	06/29	日	乙未	除	沙中金	昴
23日	06/30	月	丙申	満	山下火	畢
24日	07/01	火	丁酉	平	山下火	觜
25日	07/02	水	戊戌	定	平地木	參
26日	07/03	木	己亥	執	平地木	井
27日	07/04	金	庚子	破	壁上土	鬼
28日	07/05	土	辛丑	危	壁上土	柳
29日	07/06	日	壬寅	危	金箔金	星
30日	07/07	月	癸卯	成	金箔金	張

【六月小　己未　昴】
節気　大暑 15日
雑節　土用 12日

日	日付	曜	干支	直	納音	宿
1日	07/08	火	甲辰	納	覆燈火	翼
2日	07/09	水	乙巳	開	覆燈火	軫
3日	07/10	木	丙午	閉	天河水	角
4日	07/11	金	丁未	建	天河水	亢
5日	07/12	土	戊申	除	大駅土	氐
6日	07/13	日	己酉	満	大駅土	房
7日	07/14	月	庚戌	平	釵釧金	心
8日	07/15	火	辛亥	定	釵釧金	尾
9日	07/16	水	壬子	執	桑柘木	箕
10日	07/17	木	癸丑	破	桑柘木	斗
11日	07/18	金	甲寅	危	大溪水	牛
12日	07/19	土	乙卯	成	大溪水	女
13日	07/20	日	丙辰	納	沙中土	虚
14日	07/21	月	丁巳	開	沙中土	危
15日	07/22	火	戊午	閉	天上火	室
16日	07/23	水	己未	建	天上火	壁
17日	07/24	木	庚申	除	柘榴木	奎
18日	07/25	金	辛酉	満	柘榴木	婁
19日	07/26	土	壬戌	平	大海水	胃
20日	07/27	日	癸亥	定	大海水	昴
21日	07/28	月	甲子	執	海中金	畢
22日	07/29	火	乙丑	破	海中金	觜
23日	07/30	水	丙寅	危	炉中火	參
24日	07/31	木	丁卯	成	炉中火	井
25日	08/01	金	戊辰	納	大林木	鬼
26日	08/02	土	己巳	開	大林木	柳
27日	08/03	日	庚午	閉	路傍土	星
28日	08/04	月	辛未	建	路傍土	張
29日	08/05	火	壬申	除	釼鋒金	翼

【七月小　庚申　畢】
節気　立秋 1日・処暑 16日
雑節　二百十日 27日

日	日付	曜	干支	直	納音	宿
1日	08/06	水	癸酉	除	釼鋒金	軫
2日	08/07	木	甲戌	満	山頭火	角
3日	08/08	金	乙亥	平	山頭火	亢
4日	08/09	土	丙子	定	澗下水	氐

元禄11年

日	西暦	曜	干支	直	納音	宿
5日	08/10	日	丁丑	執	澗下水	房
6日	08/11	月	戊寅	破	城頭土	心
7日	08/12	火	己卯	危	城頭土	尾
8日	08/13	水	庚辰	成	白鑞金	箕
9日	08/14	木	辛巳	納	白鑞金	斗
10日	08/15	金	壬午	開	楊柳木	牛
11日	08/16	土	癸未	閉	楊柳木	女
12日	08/17	日	甲申	建	井泉水	虚
13日	08/18	月	乙酉	除	井泉水	危
14日	08/19	火	丙戌	満	屋上土	室
15日	08/20	水	丁亥	平	屋上土	壁
16日	08/21	木	戊子	定	霹靂火	奎
17日	08/22	金	己丑	執	霹靂火	婁
18日	08/23	土	庚寅	破	松柏木	胃
19日	08/24	日	辛卯	危	松柏木	昴
20日	08/25	月	壬辰	成	長流水	畢
21日	08/26	火	癸巳	納	長流水	觜
22日	08/27	水	甲午	開	沙中金	参
23日	08/28	木	乙未	閉	沙中金	井
24日	08/29	金	丙申	建	山下火	鬼
25日	08/30	土	丁酉	除	山下火	柳
26日	08/31	日	戊戌	満	平地木	星
27日	09/01	月	己亥	平	平地木	張
28日	09/02	火	庚子	定	壁上土	翼
29日	09/03	水	辛丑	執	壁上土	軫

【八月大 辛酉 觜】
節気 白露 2日・秋分 18日
雑節 社日 17日・彼岸 20日

日	西暦	曜	干支	直	納音	宿
1日	09/04	木	壬寅	破	金箔金	角
2日	09/05	金	癸卯	破	金箔金	亢
3日	09/06	土	甲辰	危	覆燈火	氐
4日	09/07	日	乙巳	成	覆燈火	房
5日	09/08	月	丙午	納	天河水	心
6日	09/09	火	丁未	開	天河水	尾
7日	09/10	水	戊申	閉	大駅土	箕
8日	09/11	木	己酉	建	大駅土	斗
9日	09/12	金	庚戌	除	釵釧金	牛
10日	09/13	土	辛亥	満	釵釧金	女
11日	09/14	日	壬子	平	桑柘木	虚
12日	09/15	月	癸丑	定	桑柘木	危
13日	09/16	火	甲寅	執	大溪水	室
14日	09/17	水	乙卯	破	大溪水	壁
15日	09/18	木	丙辰	危	沙中土	奎
16日	09/19	金	丁巳	成	沙中土	婁
17日	09/20	土	戊午	納	天上火	胃
18日	09/21	日	己未	開	天上火	昴
19日	09/22	月	庚申	閉	柘榴木	畢
20日	09/23	火	辛酉	建	柘榴木	觜
21日	09/24	水	壬戌	除	大海水	参
22日	09/25	木	癸亥	平	大海水	井
23日	09/26	金	甲子	平	海中金	鬼
24日	09/27	土	乙丑	定	海中金	柳
25日	09/28	日	丙寅	執	爐中火	星
26日	09/29	月	丁卯	破	爐中火	張
27日	09/30	火	戊辰	危	大林木	翼
28日	10/01	水	己巳	成	大林木	軫
29日	10/02	木	庚午	納	路傍土	角
30日	10/03	金	辛未	開	路傍土	亢

【九月大 壬戌 参】
節気 寒露 3日・霜降 18日
雑節 土用 15日

日	西暦	曜	干支	直	納音	宿
1日	10/04	土	壬申	閉	釵鋒金	氐
2日	10/05	日	癸酉	建	釵鋒金	房
3日	10/06	月	甲戌	建	山頭火	心
4日	10/07	火	乙亥	除	山頭火	尾
5日	10/08	水	丙子	満	澗下水	箕
6日	10/09	木	丁丑	平	澗下水	斗
7日	10/10	金	戊寅	定	城頭土	牛
8日	10/11	土	己卯	執	城頭土	女
9日	10/12	日	庚辰	破	白鑞金	虚
10日	10/13	月	辛巳	危	白鑞金	危
11日	10/14	火	壬午	成	楊柳木	室
12日	10/15	水	癸未	納	楊柳木	壁
13日	10/16	木	甲申	開	井泉水	奎
14日	10/17	金	乙酉	閉	井泉水	婁
15日	10/18	土	丙戌	建	屋上土	胃
16日	10/19	日	丁亥	除	屋上土	昴
17日	10/20	月	戊子	満	霹靂火	觜
18日	10/21	火	己丑	平	霹靂火	参
19日	10/22	水	庚寅	定	松柏木	井
20日	10/23	木	辛卯	執	松柏木	鬼
21日	10/24	金	壬辰	破	長流水	柳
22日	10/25	土	癸巳	危	長流水	星
23日	10/26	日	甲午	成	沙中金	張
24日	10/27	月	乙未	納	沙中金	翼
25日	10/28	火	丙申	閉	山下火	軫
26日	10/29	水	丁酉	閉	山下火	角
27日	10/30	木	戊戌	建	平地木	亢
28日	10/31	金	己亥	除	平地木	氐
29日	11/01	土	庚子	満	壁上土	房
30日	11/02	日	辛丑	平	壁上土	心

【十月小 癸亥 井】
節気 立冬 3日・小雪 18日

日	西暦	曜	干支	直	納音	宿
1日	11/03	月	壬寅	定	金箔金	尾
2日	11/04	火	癸卯	執	金箔金	箕
3日	11/05	水	甲辰	破	覆燈火	斗
4日	11/06	木	乙巳	危	覆燈火	牛
5日	11/07	金	丙午	成	天河水	女
6日	11/08	土	丁未	納	天河水	虚
7日	11/09	日	戊申	開	大駅土	危
8日	11/10	月	己酉	閉	大駅土	室
9日	11/11	火	庚戌	建	釵釧金	壁
10日	11/12	水	辛亥	除	釵釧金	奎
11日	11/13	木	壬子	満	桑柘木	婁
12日	11/14	金	癸丑	平	桑柘木	胃
13日	11/15	土	甲寅	定	大溪水	昴
14日	11/16	日	乙卯	執	大溪水	畢
15日	11/17	月	丙辰	破	沙中土	觜
16日	11/18	火	丁巳	危	沙中土	参
17日	11/19	水	戊午	成	天上火	井
18日	11/20	木	己未	納	天上火	鬼
19日	11/21	金	庚申	開	柘榴木	柳
20日	11/22	土	辛酉	閉	柘榴木	星
21日	11/23	日	壬戌	建	大海水	張
22日	11/24	月	癸亥	除	大海水	翼
23日	11/25	火	甲子	満	海中金	軫
24日	11/26	水	乙丑	平	海中金	角
25日	11/27	木	丙寅	定	爐中火	亢
26日	11/28	金	丁卯	執	爐中火	氐
27日	11/29	土	戊辰	破	大林木	房
28日	11/30	日	己巳	危	大林木	心
29日	12/01	月	庚午	成	路傍土	尾

【十一月大 甲子 鬼】
節気 大雪 5日・冬至 20日

日	西暦	曜	干支	直	納音	宿
1日	12/02	火	辛未	納	路傍土	尾
2日	12/03	水	壬申	開	釵鋒金	箕
3日	12/04	木	癸酉	閉	釵鋒金	斗
4日	12/05	金	甲戌	開	山頭火	牛
5日	12/06	土	乙亥	建	山頭火	女
6日	12/07	日	丙子	建	澗下水	虚
7日	12/08	月	丁丑	除	澗下水	危
8日	12/09	火	戊寅	満	城頭土	室
9日	12/10	水	己卯	平	城頭土	壁
10日	12/11	木	庚辰	定	白鑞金	奎
11日	12/12	金	辛巳	執	白鑞金	婁
12日	12/13	土	壬午	破	楊柳木	胃
13日	12/14	日	癸未	危	楊柳木	昴
14日	12/15	月	甲申	成	井泉水	畢
15日	12/16	火	乙酉	納	井泉水	觜
16日	12/17	水	丙戌	開	屋上土	参
17日	12/18	木	丁亥	閉	屋上土	井
18日	12/19	金	戊子	建	霹靂火	鬼
19日	12/20	土	己丑	除	霹靂火	柳
20日	12/21	日	庚寅	満	松柏木	星
21日	12/22	月	辛卯	定	松柏木	張
22日	12/23	火	壬辰	定	長流水	翼
23日	12/24	水	癸巳	執	長流水	軫
24日	12/25	木	甲午	破	沙中金	角
25日	12/26	金	乙未	危	沙中金	亢
26日	12/27	土	丙申	成	山下火	氐
27日	12/28	日	丁酉	納	山下火	房
28日	12/29	月	戊戌	開	平地木	心
29日	12/30	火	己亥	閉	平地木	尾
30日	12/31	水	庚子	建	壁上土	箕

【十二月大 乙丑 柳】
節気 小寒 5日・大寒 20日
雑節 土用 17日

1699年

日	西暦	曜	干支	直	納音	宿
1日	01/01	木	辛丑	除	壁上土	斗
2日	01/02	金	壬寅	満	金箔金	牛
3日	01/03	土	癸卯	平	金箔金	女
4日	01/04	日	甲辰	定	覆燈火	虚
5日	01/05	月	乙巳	執	覆燈火	危
6日	01/06	火	丙午	破	天河水	室
7日	01/07	水	丁未	危	天河水	壁
8日	01/08	木	戊申	成	大駅土	奎
9日	01/09	金	己酉	納	大駅土	婁
10日	01/10	土	庚戌	開	釵釧金	胃
11日	01/11	日	辛亥	閉	釵釧金	昴
12日	01/12	月	壬子	建	桑柘木	畢
13日	01/13	火	癸丑	建	桑柘木	觜
14日	01/14	水	甲寅	除	大溪水	参
15日	01/15	木	乙卯	満	大溪水	井
16日	01/16	金	丙辰	平	沙中土	鬼
17日	01/17	土	丁巳	定	沙中土	柳
18日	01/18	日	戊午	執	天上火	星
19日	01/19	月	己未	破	天上火	張
20日	01/20	火	庚申	危	柘榴木	翼
21日	01/21	水	辛酉	成	柘榴木	軫
22日	01/22	木	壬戌	納	大海水	角
23日	01/23	金	癸亥	開	大海水	亢
24日	01/24	土	甲子	閉	海中金	氐
25日	01/25	日	乙丑	建	海中金	房
26日	01/26	月	丙寅	除	爐中火	心
27日	01/27	火	丁卯	満	爐中火	尾
28日	01/28	水	戊辰	平	大林木	箕
29日	01/29	木	己巳	定	大林木	斗
30日	01/30	金	庚午	執	路傍土	牛

元禄12年
1699～1700　己卯　尾

【正月大　丙寅　星】
節気　立春 5日・雨水 21日
雑節　節分 4日

日	日付	曜	干支	直	納音	宿
1日	01/31	土	辛未	破	路傍土	女虚
2日	02/01	日	壬申	危	釼鋒金	危室
3日	02/02	月	癸酉	成	釼鋒金	室壁
4日	02/03	火	甲戌	納	山頭火	壁奎
5日	02/04	水	乙亥	開	山頭火	奎婁
6日	02/05	木	丙子	閉	澗下水	婁胃
7日	02/06	金	丁丑	建	澗下水	胃昴
8日	02/07	土	戊寅	除	城頭土	昴畢
9日	02/08	日	己卯	除	城頭土	畢觜
10日	02/09	月	庚辰	満	白鑞金	觜参
11日	02/10	火	辛巳	平	白鑞金	参井
12日	02/11	水	壬午	定	楊柳木	井鬼
13日	02/12	木	癸未	執	楊柳木	鬼柳
14日	02/13	金	甲申	破	井泉水	柳星
15日	02/14	土	乙酉	危	井泉水	星張
16日	02/15	日	丙戌	成	屋上土	張翼
17日	02/16	月	丁亥	納	屋上土	翼軫
18日	02/17	火	戊子	開	霹靂火	軫角
19日	02/18	水	己丑	閉	霹靂火	角亢
20日	02/19	木	庚寅	建	松柏木	亢氐
21日	02/20	金	辛卯	除	松柏木	氐房
22日	02/21	土	壬辰	満	長流水	房心
23日	02/22	日	癸巳	平	長流水	心尾
24日	02/23	月	甲午	定	沙中金	尾箕
25日	02/24	火	乙未	執	沙中金	箕斗
26日	02/25	水	丙申	破	山下火	斗牛
27日	02/26	木	丁酉	危	山下火	牛女
28日	02/27	金	戊戌	成	平地木	女虚
29日	02/28	土	己亥	納	平地木	虚危
30日	03/01	日	庚子	開	壁上土	危室

【二月小　丁卯　張】
節気　啓蟄 6日・春分 21日
雑節　社日 18日・彼岸 23日

日	日付	曜	干支	直	納音	宿
1日	03/02	月	辛丑	閉	壁上土	室
2日	03/03	火	壬寅	建	金箔金	室壁
3日	03/04	水	癸卯	除	金箔金	壁奎
4日	03/05	木	甲辰	満	覆燈火	奎婁
5日	03/06	金	乙巳	平	覆燈火	婁胃
6日	03/07	土	丙午	平	天河水	胃昴
7日	03/08	日	丁未	定	天河水	昴畢
8日	03/09	月	戊申	執	大駅土	畢觜
9日	03/10	火	己酉	破	大駅土	觜参
10日	03/11	水	庚戌	危	釵釧金	参井
11日	03/12	木	辛亥	成	釵釧金	井鬼
12日	03/13	金	壬子	納	桑柘木	鬼柳
13日	03/14	土	癸丑	開	桑柘木	柳星
14日☆	03/15	日	甲寅	閉	大溪水	星張
15日	03/16	月	乙卯	建	大溪水	張翼
16日	03/17	火	丙辰	除	沙中土	翼軫
17日	03/18	水	丁巳	満	沙中土	軫角
18日	03/19	木	戊午	平	天上火	角亢
19日	03/20	金	己未	定	天上火	亢氐
20日	03/21	土	庚申	執	柘榴木	氐房
21日	03/22	日	辛酉	破	柘榴木	房心
22日	03/23	月	壬戌	危	大海水	心尾
23日	03/24	火	癸亥	成	大海水	尾箕
24日	03/25	水	甲子	納	海中金	箕斗
25日	03/26	木	乙丑	開	海中金	斗牛
26日	03/27	金	丙寅	閉	爐中火	牛女
27日	03/28	土	丁卯	建	爐中火	女虚
28日	03/29	日	戊辰	除	大林木	虚危
29日	03/30	月	己巳	満	大林木	危

【三月大　戊辰　翼】
節気　清明 7日・穀雨 23日
雑節　土用 20日

日	日付	曜	干支	直	納音	宿
1日	03/31	火	庚午	平	路傍土	室壁
2日	04/01	水	辛未	定	路傍土	壁奎
3日	04/02	木	壬申	執	釼鋒金	奎婁
4日	04/03	金	癸酉	破	釼鋒金	婁胃
5日	04/04	土	甲戌	危	山頭火	胃昴
6日	04/05	日	乙亥	成	山頭火	昴畢
7日	04/06	月	丙子	納	澗下水	畢觜
8日	04/07	火	丁丑	開	澗下水	觜参
9日	04/08	水	戊寅	閉	城頭土	参井
10日	04/09	木	己卯	閉	城頭土	井鬼
11日	04/10	金	庚辰	建	白鑞金	鬼柳
12日	04/11	土	辛巳	除	白鑞金	柳星
13日	04/12	日	壬午	満	楊柳木	星張
14日	04/13	月	癸未	平	楊柳木	張翼
15日	04/14	火	甲申	定	井泉水	翼軫
16日	04/15	水	乙酉	執	井泉水	軫角
17日	04/16	木	丙戌	破	屋上土	角亢
18日	04/17	金	丁亥	危	屋上土	亢氐
19日	04/18	土	戊子	成	霹靂火	氐房
20日	04/19	日	己丑	納	霹靂火	房心
21日	04/20	月	庚寅	開	松柏木	心尾
22日	04/21	火	辛卯	閉	松柏木	尾箕
23日	04/22	水	壬辰	建	長流水	箕斗
24日	04/23	木	癸巳	除	長流水	斗牛
25日	04/24	金	甲午	満	沙中金	牛女
26日	04/25	土	乙未	平	沙中金	女虚
27日	04/26	日	丙申	定	山下火	虚危
28日	04/27	月	丁酉	執	山下火	危室
29日	04/28	火	戊戌	破	平地木	室壁
30日	04/29	水	己亥	危	平地木	壁

【四月小　己巳　軫】
節気　立夏 8日・小満 23日
雑節　八十八夜 3日

日	日付	曜	干支	直	納音	宿
1日	04/30	木	庚子	成	壁上土	奎
2日	05/01	金	辛丑	納	壁上土	奎婁
3日	05/02	土	壬寅	開	金箔金	婁胃
4日	05/03	日	癸卯	閉	金箔金	胃昴
5日	05/04	月	甲辰	建	覆燈火	昴畢
6日	05/05	火	乙巳	除	覆燈火	畢觜
7日	05/06	水	丙午	満	天河水	觜参
8日	05/07	木	丁未	平	天河水	参井
9日	05/08	金	戊申	定	大駅土	井鬼
10日	05/09	土	己酉	執	大駅土	鬼柳
11日	05/10	日	庚戌	破	釵釧金	柳星
12日	05/11	月	辛亥	危	釵釧金	星張
13日	05/12	火	壬子	成	桑柘木	張翼
14日	05/13	水	癸丑	納	桑柘木	翼軫
15日	05/14	木	甲寅	開	大溪水	軫角
16日	05/15	金	乙卯	閉	大溪水	角亢
17日	05/16	土	丙辰	建	沙中土	亢氐
18日	05/17	日	丁巳	除	沙中土	氐房
19日	05/18	月	戊午	満	天上火	房心
20日	05/19	火	己未	平	天上火	心尾
21日	05/20	水	庚申	定	柘榴木	尾箕
22日	05/21	木	辛酉	執	柘榴木	箕斗
23日	05/22	金	壬戌	破	大海水	斗牛
24日	05/23	土	癸亥	危	大海水	牛女
25日	05/24	日	甲子	成	海中金	女虚
26日	05/25	月	乙丑	納	海中金	虚危
27日	05/26	火	丙寅	開	爐中火	危室
28日	05/27	水	丁卯	閉	爐中火	室壁
29日	05/28	木	戊辰	建	大林木	壁奎

【五月小　庚午　角】
節気　芒種 9日・夏至 24日
雑節　入梅 14日

日	日付	曜	干支	直	納音	宿
1日	05/29	金	己巳	建	大林木	奎婁
2日	05/30	土	庚午	除	路傍土	婁胃
3日	05/31	日	辛未	満	路傍土	胃昴
4日	06/01	月	壬申	平	釼鋒金	畢
5日	06/02	火	癸酉	定	釼鋒金	觜
6日	06/03	水	甲戌	執	山頭火	觜参
7日	06/04	木	乙亥	破	山頭火	参井
8日	06/05	金	丙子	危	澗下水	井鬼
9日	06/06	土	丁丑	成	澗下水	鬼柳
10日	06/07	日	戊寅	納	城頭土	柳星
11日	06/08	月	己卯	開	城頭土	星張
12日	06/09	火	庚辰	閉	白鑞金	張翼
13日	06/10	水	辛巳	建	白鑞金	翼軫
14日	06/11	木	壬午	除	楊柳木	軫角
15日	06/12	金	癸未	満	楊柳木	角亢
16日	06/13	土	甲申	平	井泉水	亢氐
17日	06/14	日	乙酉	定	井泉水	氐房
18日	06/15	月	丙戌	執	屋上土	房心
19日	06/16	火	丁亥	破	屋上土	心尾
20日	06/17	水	戊子	危	霹靂火	尾箕
21日	06/18	木	己丑	成	霹靂火	箕斗
22日	06/19	金	庚寅	納	松柏木	斗牛
23日	06/20	土	辛卯	開	松柏木	牛女
24日	06/21	日	壬辰	閉	長流水	女虚
25日	06/22	月	癸巳	建	長流水	虚危
26日	06/23	火	甲午	除	沙中金	危室
27日	06/24	水	乙未	満	沙中金	室壁
28日	06/25	木	丙申	平	山下火	壁奎
29日	06/26	金	丁酉	定	山下火	奎

【六月大　辛未　亢】
節気　小暑 11日・大暑 26日
雑節　半夏生 5日・土用 23日

日	日付	曜	干支	直	納音	宿
1日	06/27	土	戊戌	執	平地木	胃
2日	06/28	日	己亥	破	平地木	昴畢
3日	06/29	月	庚子	危	壁上土	觜
4日	06/30	火	辛丑	成	壁上土	参
5日	07/01	水	壬寅	納	金箔金	井
6日	07/02	木	癸卯	開	金箔金	鬼
7日	07/03	金	甲辰	閉	覆燈火	柳
8日	07/04	土	乙巳	建	覆燈火	星
9日	07/05	日	丙午	除	天河水	張
10日	07/06	月	丁未	満	天河水	翼
11日	07/07	火	戊申	平	大駅土	軫
12日	07/08	水	己酉	定	大駅土	角
13日	07/09	木	庚戌	執	釵釧金	亢
14日	07/10	金	辛亥	破	釵釧金	氐
15日	07/11	土	壬子	危	桑柘木	房
16日	07/12	日	癸丑	成	桑柘木	心
17日	07/13	月	甲寅	納	大溪水	尾
18日	07/14	火	乙卯	開	大溪水	箕
19日	07/15	水	丙辰	閉	沙中土	斗
20日	07/16	木	丁巳	建	沙中土	牛
21日	07/17	金	戊午	除	天上火	女
22日	07/18	土	己未	満	天上火	虚
23日	07/19	日	庚申	平	柘榴木	危
24日	07/20	月	辛酉	定	柘榴木	室
25日	07/21	火	壬戌	執	大海水	壁
26日	07/22	水	癸亥	破	大海水	奎
27日	07/23	木	甲子	危	海中金	婁
28日	07/24	金	乙丑	成	海中金	胃
29日	07/25	土	丙寅	納	爐中火	昴
30日	07/26	日	丁卯	開	爐中火	畢

【七月小　壬申　氐】
節気　立秋 11日・処暑 26日

日	日付	曜	干支	直	納音	宿
1日	07/27	月	戊辰	納	大林木	觜
2日	07/28	火	己巳	開	大林木	参
3日	07/29	水	庚午	閉	路傍土	井
4日	07/30	木	辛未	建	路傍土	鬼
5日	07/31	金	壬申	除	釼鋒金	柳
6日	08/01	土	癸酉	満	釼鋒金	星
7日	08/02	日	甲戌	平	山頭火	張
8日	08/03	月	乙亥	定	山頭火	翼
9日	08/04	火	丙子	執	澗下水	軫
10日	08/05	水	丁丑	破	澗下水	角
11日	08/06	木	戊寅	危	城頭土	亢
12日	08/07	金	己卯	成	城頭土	氐
13日	08/08	土	庚辰	納	白鑞金	房
14日	08/09	日	辛巳	開	白鑞金	心
15日	08/10	月	壬午	閉	楊柳木	尾

元禄12年

八月（続き）

	西暦	曜	干支	直	納音	宿
16日	08/11	火	癸未	閉	楊柳木	尾
17日	08/12	水	甲申	建	井泉水	箕
18日	08/13	木	乙酉	除	井泉水	斗
19日	08/14	金	丙戌	満	屋上土	牛
20日	08/15	土	丁亥	平	屋上土	女
21日	08/16	日	戊子	定	霹靂火	虚
22日	08/17	月	己丑	執	霹靂火	危
23日	08/18	火	庚寅	破	松柏木	室
24日	08/19	水	辛卯	危	松柏木	壁
25日	08/20	木	壬辰	成	長流水	奎
26日	08/21	金	癸巳	納	長流水	婁
27日	08/22	土	甲午	開	沙中金	胃
28日	08/23	日	乙未	閉	沙中金	昴
29日	08/24	月	丙申	建	山下火	畢

【八月小 癸酉 房】
節気 白露 13日・秋分 28日
雑節 二百十日 8日

	西暦	曜	干支	直	納音	宿
1日	08/25	火	丁酉	除	山下火	觜
2日	08/26	水	戊戌	満	平地木	参
3日	08/27	木	己亥	平	平地木	井
4日	08/28	金	庚子	定	壁上土	鬼
5日	08/29	土	辛丑	執	壁上土	柳
6日	08/30	日	壬寅	破	金箔金	星
7日	08/31	月	癸卯	危	金箔金	張
8日	09/01	火	甲辰	成	覆燈火	翼
9日	09/02	水	乙巳	納	覆燈火	軫
10日	09/03	木	丙午	開	天河水	角
11日	09/04	金	丁未	閉	天河水	亢
12日	09/05	土	戊申	建	大駅土	氏
13日	09/06	日	己酉	除	大駅土	房
14日	09/07	月	庚戌	満	釵釧金	心
15日	09/08	火	辛亥	平	釵釧金	尾
16日☆	09/09	水	壬子	定	桑柘木	箕
17日	09/10	木	癸丑	執	桑柘木	斗
18日	09/11	金	甲寅	破	大溪水	牛
19日	09/12	土	乙卯	危	大溪水	女
20日	09/13	日	丙辰	成	沙中土	虚
21日	09/14	月	丁巳	納	沙中土	危
22日	09/15	火	戊午	開	天下火	室
23日	09/16	水	己未	閉	天下火	壁
24日	09/17	木	庚申	建	柘榴木	奎
25日	09/18	金	辛酉	除	柘榴木	婁
26日	09/19	土	壬戌	満	大海水	胃
27日	09/20	日	癸亥	平	大海水	昴
28日	09/21	月	甲子	定	海中金	畢
29日	09/22	火	乙丑	執	海中金	觜

【九月大 甲戌 心】
節気 寒露 14日・霜降 29日
雑節 彼岸 1日・社日 3日・土用 26日

	西暦	曜	干支	直	納音	宿
1日	09/23	水	丙寅	執	爐中火	参
2日	09/24	木	丁卯	破	爐中火	井
3日	09/25	金	戊辰	危	大林木	鬼
4日	09/26	土	己巳	成	大林木	柳
5日	09/27	日	庚午	納	路傍土	星
6日	09/28	月	辛未	開	路傍土	張
7日	09/29	火	壬申	閉	釵鋒金	軫
8日	09/30	水	癸酉	建	釵鋒金	角
9日	10/01	木	甲戌	除	山頭火	亢
10日	10/02	金	乙亥	満	山頭火	氏
11日	10/03	土	丙子	平	澗下水	房
12日	10/04	日	丁丑	定	澗下水	心
13日	10/05	月	戊寅	執	城頭土	尾
14日	10/06	火	己卯	破	城頭土	箕
15日	10/07	水	庚辰	危	白鑞金	斗
16日	10/08	木	辛巳	成	白鑞金	牛
17日	10/09	金	壬午	納	楊柳木	女
18日	10/10	土	癸未	開	楊柳木	虚
19日	10/11	日	甲申	閉	井泉水	危
20日	10/12	月	乙酉	建	井泉水	室
21日	10/13	火	丙戌	除	屋上土	壁
22日	10/14	水	丁亥	満	屋上土	奎
23日	10/15	木	戊子	満	霹靂火	奎
24日	10/16	金	己丑	平	霹靂火	婁
25日	10/17	土	庚寅	定	松柏木	胃
26日	10/18	日	辛卯	破	松柏木	昴
27日	10/19	月	壬辰	危	長流水	畢
28日	10/20	火	癸巳	成	長流水	觜
29日	10/21	水	甲午	納	沙中金	参
30日	10/22	木	乙未	開	沙中金	井

【閏九月小 甲戌 心】
節気 立冬 14日

	西暦	曜	干支	直	納音	宿
1日	10/23	金	丙申	開	山下火	鬼
2日	10/24	土	丁酉	閉	山下火	柳
3日	10/25	日	戊戌	建	平地木	星
4日	10/26	月	己亥	除	平地木	張
5日	10/27	火	庚子	満	壁上土	翼
6日	10/28	水	辛丑	平	壁上土	軫
7日	10/29	木	壬寅	定	金箔金	角
8日	10/30	金	癸卯	執	金箔金	亢
9日	10/31	土	甲辰	破	覆燈火	氏
10日	11/01	日	乙巳	危	覆燈火	房
11日	11/02	月	丙午	成	天河水	心
12日	11/03	火	丁未	納	天河水	尾
13日	11/04	水	戊申	開	大駅土	箕
14日	11/05	木	己酉	閉	大駅土	斗
15日	11/06	金	庚戌	建	釵釧金	牛
16日	11/07	土	辛亥	除	釵釧金	女
17日	11/08	日	壬子	満	桑柘木	虚
18日	11/09	月	癸丑	平	桑柘木	危
19日	11/10	火	甲寅	定	大溪水	室
20日	11/11	水	乙卯	執	大溪水	壁
21日	11/12	木	丙辰	破	沙中土	奎
22日	11/13	金	丁巳	危	沙中土	婁
23日	11/14	土	戊午	成	天上火	胃
24日	11/15	日	己未	納	天上火	昴
25日	11/16	月	庚申	開	柘榴木	畢
26日	11/17	火	辛酉	閉	柘榴木	觜
27日	11/18	水	壬戌	建	大海水	参
28日	11/19	木	癸亥	除	大海水	井
29日	11/20	金	甲子	満	海中金	鬼

【十月大 乙亥 尾】
節気 小雪 1日・大雪 16日

	西暦	曜	干支	直	納音	宿
1日	11/21	土	乙丑	満	海中金	柳
2日	11/22	日	丙寅	平	爐中火	星
3日	11/23	月	丁卯	平	爐中火	張
4日	11/24	火	戊辰	執	大林木	翼
5日	11/25	水	己巳	破	大林木	軫
6日	11/26	木	庚午	危	路傍土	角
7日	11/27	金	辛未	成	路傍土	亢
8日	11/28	土	壬申	納	釵鋒金	氏
9日	11/29	日	癸酉	開	釵鋒金	房
10日	11/30	月	甲戌	閉	山頭火	心
11日	12/01	火	乙亥	建	山頭火	尾
12日	12/02	水	丙子	除	澗下水	箕
13日	12/03	木	丁丑	満	澗下水	斗
14日	12/04	金	戊寅	平	城頭土	牛
15日	12/05	土	己卯	定	城頭土	女
16日	12/06	日	庚辰	定	白鑞金	虚
17日	12/07	月	辛巳	執	白鑞金	危
18日	12/08	火	壬午	破	楊柳木	室
19日	12/09	水	癸未	危	楊柳木	壁
20日	12/10	木	甲申	成	井泉水	奎
21日	12/11	金	乙酉	納	井泉水	婁
22日	12/12	土	丙戌	開	屋上土	胃
23日	12/13	日	丁亥	閉	屋上土	昴
24日	12/14	月	戊子	建	霹靂火	畢
25日	12/15	火	己丑	除	霹靂火	觜
26日	12/16	水	庚寅	満	松柏木	参
27日	12/17	木	辛卯	平	松柏木	井
28日	12/18	金	壬辰	定	長流水	鬼
29日	12/19	土	癸巳	執	長流水	柳
30日	12/20	日	甲午	破	沙中金	星

【十一月大 丙子 箕】
節気 冬至 1日・小寒 16日
雑節 土用 28日

	西暦	曜	干支	直	納音	宿
1日	12/21	月	乙未	危	沙中金	張
2日	12/22	火	丙申	成	山下火	翼
3日	12/23	水	丁酉	納	山下火	軫
4日	12/24	木	戊戌	開	平地木	角
5日	12/25	金	己亥	閉	平地木	亢
6日	12/26	土	庚子	建	壁上土	氏
7日	12/27	日	辛丑	除	壁上土	房
8日	12/28	月	壬寅	満	金箔金	心
9日	12/29	火	癸卯	平	金箔金	尾
10日	12/30	水	甲辰	定	覆燈火	箕
11日	12/31	木	乙巳	執	覆燈火	斗

1700年

	西暦	曜	干支	直	納音	宿
12日	01/01	金	丙午	破	天河水	牛
13日	01/02	土	丁未	危	天河水	女
14日	01/03	日	戊申	成	大駅土	虚
15日	01/04	月	己酉	納	大駅土	危
16日	01/05	火	庚戌	開	釵釧金	室
17日	01/06	水	辛亥	閉	釵釧金	壁
18日	01/07	木	壬子	建	桑柘木	奎
19日	01/08	金	癸丑	除	桑柘木	婁
20日	01/09	土	甲寅	満	大溪水	胃
21日	01/10	日	乙卯	平	大溪水	昴
22日	01/11	月	丙辰	定	沙中土	畢
23日	01/12	火	丁巳	執	沙中土	觜
24日	01/13	水	戊午	破	天上火	参
25日	01/14	木	己未	危	天上火	井
26日	01/15	金	庚申	成	柘榴木	鬼
27日	01/16	土	辛酉	納	柘榴木	柳
28日	01/17	日	壬戌	開	大海水	星
29日	01/18	月	癸亥	閉	大海水	張
30日	01/19	火	甲子	建	海中金	翼

【十二月大 丁丑 斗】
節気 大寒 1日・立春 17日
雑節 節分 16日

	西暦	曜	干支	直	納音	宿
1日	01/20	水	乙丑	除	海中金	軫
2日	01/21	木	丙寅	満	爐中火	角
3日	01/22	金	丁卯	平	爐中火	亢
4日	01/23	土	戊辰	定	大林木	氏
5日	01/24	日	己巳	執	大林木	房
6日	01/25	月	庚午	破	路傍土	心
7日	01/26	火	辛未	危	路傍土	尾
8日	01/27	水	壬申	成	釵鋒金	箕
9日	01/28	木	癸酉	納	釵鋒金	斗
10日	01/29	金	甲戌	開	山頭火	牛
11日	01/30	土	乙亥	閉	山頭火	女
12日	01/31	日	丙子	建	澗下水	虚
13日	02/01	月	丁丑	除	澗下水	危
14日	02/02	火	戊寅	満	城頭土	室
15日	02/03	水	己卯	平	城頭土	壁
16日	02/04	木	庚辰	定	白鑞金	奎
17日	02/05	金	辛巳	執	白鑞金	婁
18日	02/06	土	壬午	破	楊柳木	胃
19日	02/07	日	癸未	危	楊柳木	昴
20日	02/08	月	甲申	成	井泉水	畢
21日	02/09	火	乙酉	納	井泉水	觜
22日	02/10	水	丙戌	開	屋上土	参
23日	02/11	木	丁亥	閉	屋上土	井
24日	02/12	金	戊子	建	霹靂火	柳
25日	02/13	土	己丑	除	霹靂火	星
26日	02/14	日	庚寅	満	松柏木	張
27日	02/15	月	辛卯	平	松柏木	翼
28日	02/16	火	壬辰	定	長流水	軫
29日	02/17	水	癸巳	執	長流水	角
30日	02/18	木	甲午	破	沙中金	亢

元禄13年

1700～1701　庚辰　箕

【正月大 戊寅 牛】

節気 雨水 2日・啓蟄 17日

日	日付	曜	干支	直	納音	宿
1日◎	02/19	金	乙未	執	沙中金	元氐
2日	02/20	土	丙申	破	山下火	房
3日	02/21	日	丁酉	危	山下火	心
4日	02/22	月	戊戌	成	平地木	尾
5日	02/23	火	己亥	納	平地木	箕
6日	02/24	水	庚子	開	壁上土	斗
7日	02/25	木	辛丑	閉	壁上土	牛
8日	02/26	金	壬寅	建	金箔金	女
9日	02/27	土	癸卯	除	金箔金	虚
10日	02/28	日	甲辰	満	覆燈火	危
11日	03/01	月	乙巳	平	覆燈火	室
12日	03/02	火	丙午	定	天河水	壁
13日	03/03	水	丁未	執	天河水	奎
14日	03/04	木	戊申	破	大駅土	婁
15日☆	03/05	金	己酉	危	大駅土	胃
16日	03/06	土	庚戌	成	釵釧金	昴
17日	03/07	日	辛亥	成	釵釧金	畢
18日	03/08	月	壬子	納	桑柘木	觜
19日	03/09	火	癸丑	開	桑柘木	参
20日	03/10	水	甲寅	閉	大溪水	井
21日	03/11	木	乙卯	建	大溪水	鬼
22日	03/12	金	丙辰	除	沙中土	柳
23日	03/13	土	丁巳	満	沙中土	星
24日	03/14	日	戊午	平	天上火	張
25日	03/15	月	己未	定	天上火	翼
26日	03/16	火	庚申	執	柘榴木	軫
27日	03/17	水	辛酉	破	柘榴木	角
28日	03/18	木	壬戌	危	大海水	亢
29日	03/19	金	癸亥	成	大海水	元
30日	03/20	土	甲子	納	海中金	

【二月小 己卯 女】

節気 春分 2日・清明 18日
雑節 彼岸 4日・社日 4日

日	日付	曜	干支	直	納音	宿
1日	03/21	日	乙丑	開	海中金	房
2日	03/22	月	丙寅	閉	爐中火	心
3日	03/23	火	丁卯	建	爐中火	尾
4日	03/24	水	戊辰	除	大林木	箕
5日	03/25	木	己巳	満	大林木	斗
6日	03/26	金	庚午	平	路傍土	牛
7日	03/27	土	辛未	定	路傍土	女
8日	03/28	日	壬申	執	釵鋒金	虚
9日	03/29	月	癸酉	破	釵鋒金	危
10日	03/30	火	甲戌	危	山頭火	室
11日	03/31	水	乙亥	成	山頭火	壁
12日	04/01	木	丙子	納	澗下水	奎
13日	04/02	金	丁丑	開	澗下水	婁
14日	04/03	土	戊寅	閉	城頭土	胃
15日	04/04	日	己卯	建	城頭土	昴
16日	04/05	月	庚辰	除	白鑞金	觜
17日	04/06	火	辛巳	満	白鑞金	参
18日	04/07	水	壬午	満	楊柳木	井
19日	04/08	木	癸未	平	楊柳木	鬼
20日	04/09	金	甲申	定	井泉水	柳
21日	04/10	土	乙酉	執	井泉水	星
22日	04/11	日	丙戌	破	屋上土	張
23日	04/12	月	丁亥	危	屋上土	翼
24日	04/13	火	戊子	成	霹靂火	軫
25日	04/14	水	己丑	納	霹靂火	角
26日	04/15	木	庚寅	開	松柏木	亢
27日	04/16	金	辛卯	閉	松柏木	元
28日	04/17	土	壬辰	建	長流水	氐
29日	04/18	日	癸巳	除	長流水	房

【三月大 庚辰 虚】

節気 穀雨 4日・立夏 19日
雑節 土用 1日・八十八夜 15日

日	日付	曜	干支	直	納音	宿
1日	04/19	月	甲午	満	沙中金	心
2日	04/20	火	乙未	平	沙中金	尾
3日	04/21	水	丙申	定	山下火	箕
4日	04/22	木	丁酉	執	山下火	斗
5日	04/23	金	戊戌	破	平地木	牛
6日	04/24	土	己亥	成	平地木	女
7日	04/25	日	庚子	成	壁上土	虚
8日	04/26	月	辛丑	納	壁上土	危
9日	04/27	火	壬寅	開	金箔金	室
10日	04/28	水	癸卯	閉	金箔金	壁
11日	04/29	木	甲辰	建	覆燈火	奎
12日	04/30	金	乙巳	除	覆燈火	婁
13日	05/01	土	丙午	満	天河水	胃
14日	05/02	日	丁未	平	天河水	昴
15日	05/03	月	戊申	定	大駅土	畢
16日	05/04	火	己酉	執	大駅土	觜
17日	05/05	水	庚戌	破	釵釧金	参
18日	05/06	木	辛亥	危	釵釧金	井
19日	05/07	金	壬子	危	桑柘木	鬼
20日	05/08	土	癸丑	納	桑柘木	柳
21日	05/09	日	甲寅	納	大溪水	星
22日	05/10	月	乙卯	開	大溪水	張
23日	05/11	火	丙辰	閉	沙中土	翼
24日	05/12	水	丁巳	建	沙中土	軫
25日	05/13	木	戊午	除	天上火	角
26日	05/14	金	己未	満	天上火	亢
27日	05/15	土	庚申	定	柘榴木	氐
28日	05/16	日	辛酉	執	柘榴木	房
29日	05/17	月	壬戌	執	大海水	心
30日	05/18	火	癸亥	破	大海水	尾

【四月小 辛巳 危】

節気 小満 4日・芒種 19日
雑節 入梅 29日

日	日付	曜	干支	直	納音	宿
1日	05/19	水	甲子	危	海中金	箕
2日	05/20	木	乙丑	成	海中金	斗
3日	05/21	金	丙寅	納	爐中火	牛
4日	05/22	土	丁卯	開	爐中火	虚
5日	05/23	日	戊辰	建	大林木	虚
6日	05/24	月	己巳	建	大林木	危
7日	05/25	火	庚午	除	路傍土	室
8日	05/26	水	辛未	平	路傍土	壁
9日	05/27	木	壬申	平	釵鋒金	奎
10日	05/28	金	癸酉	執	釵鋒金	婁
11日	05/29	土	甲戌	破	山頭火	胃
12日	05/30	日	乙亥	危	山頭火	昴
13日	05/31	月	丙子	成	澗下水	畢
14日	06/01	火	丁丑	納	澗下水	觜
15日	06/02	水	戊寅	開	城頭土	参
16日	06/03	木	己卯	閉	城頭土	井
17日	06/04	金	庚辰	建	白鑞金	柳
18日	06/05	土	辛巳	除	白鑞金	柳
19日	06/06	日	壬午	建	楊柳木	星
20日	06/07	月	癸未	除	楊柳木	張
21日	06/08	火	甲申	満	井泉水	翼
22日	06/09	水	乙酉	平	井泉水	軫
23日	06/10	木	丙戌	定	屋上土	角
24日	06/11	金	丁亥	執	屋上土	氐
25日	06/12	土	戊子	破	霹靂火	氐
26日	06/13	日	己丑	危	霹靂火	房
27日	06/14	月	庚寅	成	松柏木	心
28日	06/15	火	辛卯	納	松柏木	尾
29日	06/16	水	壬辰	開	長流水	箕

【五月小 壬午 室】

節気 夏至 6日・小暑 21日
雑節 半夏生 16日

日	日付	曜	干支	直	納音	宿
1日	06/17	木	癸巳	閉	長流水	斗
2日	06/18	金	甲午	建	沙中金	牛
3日	06/19	土	乙未	除	沙中金	女
4日	06/20	日	丙申	満	山下火	虚
5日	06/21	月	丁酉	平	山下火	危
6日	06/22	火	戊戌	定	平地木	室
7日	06/23	水	己亥	執	平地木	壁
8日	06/24	木	庚子	破	壁上土	奎
9日	06/25	金	辛丑	危	壁上土	婁
10日	06/26	土	壬寅	成	金箔金	胃
11日	06/27	日	癸卯	納	金箔金	昴
12日	06/28	月	甲辰	開	覆燈火	畢
13日	06/29	火	乙巳	閉	覆燈火	觜
14日	06/30	水	丙午	建	天河水	参
15日	07/01	木	丁未	除	天河水	井
16日	07/02	金	戊申	満	大駅土	鬼
17日	07/03	土	己酉	平	大駅土	柳
18日	07/04	日	庚戌	定	釵釧金	星
19日	07/05	月	辛亥	執	釵釧金	張
20日	07/06	火	壬子	破	桑柘木	翼
21日	07/07	水	癸丑	危	桑柘木	軫
22日	07/08	木	甲寅	成	大溪水	角
23日	07/09	金	乙卯	納	大溪水	亢
24日	07/10	土	丙辰	開	沙中土	氐
25日	07/11	日	丁巳	閉	沙中土	房
26日	07/12	月	戊午	建	天上火	心
27日	07/13	火	己未	除	天上火	尾
28日	07/14	水	庚申	満	柘榴木	箕
29日	07/15	木	辛酉	満	柘榴木	斗

【六月大 癸未 壁】

節気 大暑 7日・立秋 22日
雑節 土用 4日

日	日付	曜	干支	直	納音	宿
1日	07/16	金	壬戌	平	大海水	牛
2日	07/17	土	癸亥	定	大海水	女
3日	07/18	日	甲子	執	海中金	虚
4日	07/19	月	乙丑	破	海中金	危
5日	07/20	火	丙寅	危	爐中火	室
6日	07/21	水	丁卯	成	爐中火	壁
7日	07/22	木	戊辰	納	大林木	奎
8日	07/23	金	己巳	開	大林木	婁
9日	07/24	土	庚午	建	路傍土	胃
10日	07/25	日	辛未	建	路傍土	昴
11日	07/26	月	壬申	除	釵鋒金	畢
12日	07/27	火	癸酉	満	釵鋒金	觜
13日	07/28	水	甲戌	平	山頭火	参
14日	07/29	木	乙亥	定	山頭火	井
15日	07/30	金	丙子	執	澗下水	鬼
16日	07/31	土	丁丑	破	澗下水	柳
17日	08/01	日	戊寅	危	城頭土	星
18日	08/02	月	己卯	成	城頭土	張
19日	08/03	火	庚辰	納	白鑞金	翼
20日	08/04	水	辛巳	開	白鑞金	軫
21日	08/05	木	壬午	閉	楊柳木	角
22日	08/06	金	癸未	閉	楊柳木	亢
23日	08/07	土	甲申	建	井泉水	氐
24日	08/08	日	乙酉	除	井泉水	房
25日	08/09	月	丙戌	満	屋上土	心
26日	08/10	火	丁亥	平	屋上土	尾
27日	08/11	水	戊子	定	霹靂火	箕
28日	08/12	木	己丑	執	霹靂火	斗
29日	08/13	金	庚寅	破	松柏木	牛
30日	08/14	土	辛卯	危	松柏木	女

西暦　曜　干支　直　納音　宿　　　　　　　　　　　　　　　　　　　　元禄13年

【七月小 甲申 奎】
節気 処暑 8日・白露 23日
雑節 二百十日 19日

日	西暦	曜	干支	直	納音	宿
1日	08/15	日	壬辰	成	長流水	虚
2日	08/16	月	癸巳	納	長流水	危
3日	08/17	火	甲午	開	沙中金	室
4日	08/18	水	乙未	閉	沙中金	壁
5日	08/19	木	丙申	建	山下火	奎
6日	08/20	金	丁酉	除	山下火	婁
7日	08/21	土	戊戌	満	平地木	胃
8日	08/22	日	己亥	平	平地木	昴
9日	08/23	月	庚子	定	壁上土	畢
10日	08/24	火	辛丑	執	壁上土	觜
11日	08/25	水	壬寅	破	金箔金	参
12日	08/26	木	癸卯	危	金箔金	井
13日	08/27	金	甲辰	成	覆燈火	鬼
14日	08/28	土	乙巳	納	覆燈火	柳
15日☆	08/29	日	丙午	開	天河水	星
16日	08/30	月	丁未	閉	天河水	張
17日	08/31	火	戊申	建	大駅土	翼
18日	09/01	水	己酉	除	大駅土	軫
19日	09/02	木	庚戌	満	釵釧金	角
20日	09/03	金	辛亥	平	釵釧金	亢
21日	09/04	土	壬子	定	桑柘木	氐
22日	09/05	日	癸丑	執	桑柘木	房
23日	09/06	月	甲寅	執	大溪水	心
24日	09/07	火	乙卯	破	大溪水	尾
25日	09/08	水	丙辰	危	沙中土	箕
26日	09/09	木	丁巳	成	沙中土	斗
27日	09/10	金	戊午	納	天上火	牛
28日	09/11	土	己未	開	天上火	女
29日	09/12	日	庚申	閉	柘榴木	虚

【八月小 乙酉 婁】
節気 秋分 9日・寒露 24日
雑節 社日 8日・彼岸 11日

日	西暦	曜	干支	直	納音	宿
1日	09/13	月	辛酉	建	柘榴木	危
2日	09/14	火	壬戌	除	大海水	室
3日	09/15	水	癸亥	満	大海水	壁
4日	09/16	木	甲子	平	海中金	奎
5日	09/17	金	乙丑	定	海中金	婁
6日	09/18	土	丙寅	執	爐中火	胃
7日	09/19	日	丁卯	破	爐中火	昴
8日	09/20	月	戊辰	危	大林木	畢
9日	09/21	火	己巳	成	大林木	觜
10日	09/22	水	庚午	納	路傍土	参
11日	09/23	木	辛未	開	路傍土	井
12日	09/24	金	壬申	閉	釵鋒金	鬼
13日	09/25	土	癸酉	建	釵鋒金	柳
14日	09/26	日	甲戌	除	山頭火	星
15日	09/27	月	乙亥	満	山頭火	張
16日	09/28	火	丙子	平	潤下水	翼
17日	09/29	水	丁丑	定	潤下水	軫
18日	09/30	木	戊寅	執	城頭土	角
19日	10/01	金	己卯	危	城頭土	亢
20日	10/02	土	庚辰	破	白鑞金	氐
21日	10/03	日	辛巳	成	白鑞金	房
22日	10/04	月	壬午	納	楊柳木	心
23日	10/05	火	癸未	開	楊柳木	尾
24日	10/06	水	甲申	閉	井泉水	箕
25日	10/07	木	乙酉	閉	井泉水	斗
26日	10/08	金	丙戌	建	屋上土	女
27日	10/09	土	丁亥	除	屋上土	女
28日	10/10	日	戊子	満	霹靂火	虚
29日	10/11	月	己丑	平	霹靂火	危

【九月大 丙戌 胃】
節気 霜降 10日・立冬 26日
雑節 土用 7日

日	西暦	曜	干支	直	納音	宿
1日	10/12	火	庚寅	定	松柏木	室
2日	10/13	水	辛卯	執	松柏木	壁
3日	10/14	木	壬辰	破	長流水	奎
4日	10/15	金	癸巳	危	長流水	婁
5日	10/16	土	甲午	成	沙中金	胃
6日	10/17	日	乙未	納	沙中金	昴
7日	10/18	月	丙申	開	山下火	畢
8日	10/19	火	丁酉	閉	山下火	觜
9日	10/20	水	戊戌	建	平地木	参
10日	10/21	木	己亥	除	平地木	井
11日	10/22	金	庚子	満	壁上土	鬼
12日	10/23	土	辛丑	定	壁上土	柳
13日	10/24	日	壬寅	定	金箔金	星
14日	10/25	月	癸卯	執	金箔金	張
15日	10/26	火	甲辰	破	覆燈火	翼
16日	10/27	水	乙巳	危	覆燈火	軫
17日	10/28	木	丙午	成	天河水	角
18日	10/29	金	丁未	納	天河水	亢
19日	10/30	土	戊申	開	大駅土	氐
20日	10/31	日	己酉	閉	大駅土	房
21日	11/01	月	庚戌	建	釵釧金	心
22日	11/02	火	辛亥	除	釵釧金	尾
23日	11/03	水	壬子	満	桑柘木	箕
24日	11/04	木	癸丑	平	桑柘木	斗
25日	11/05	金	甲寅	定	大溪水	牛
26日	11/06	土	乙卯	執	大溪水	女
27日	11/07	日	丙辰	執	沙中土	虚
28日	11/08	月	丁巳	破	沙中土	危
29日	11/09	火	戊午	危	天上火	室
30日	11/10	水	己未	成	天上火	壁

【十月小 丁亥 昴】
節気 小雪 11日・大雪 26日

日	西暦	曜	干支	直	納音	宿
1日	11/11	木	庚申	納	柘榴木	奎
2日	11/12	金	辛酉	開	柘榴木	婁
3日	11/13	土	壬戌	閉	大海水	胃
4日	11/14	日	癸亥	建	大海水	昴
5日	11/15	月	甲子	除	海中金	畢
6日	11/16	火	乙丑	平	海中金	参
7日	11/17	水	丙寅	平	爐中火	井
8日	11/18	木	丁卯	定	爐中火	鬼
9日	11/19	金	戊辰	執	大林木	柳
10日	11/20	土	己巳	破	大林木	星
11日	11/21	日	庚午	危	路傍土	張
12日	11/22	月	辛未	成	路傍土	翼
13日	11/23	火	壬申	納	釵鋒金	軫
14日	11/24	水	癸酉	開	釵鋒金	角
15日	11/25	木	甲戌	閉	山頭火	亢
16日	11/26	金	乙亥	建	山頭火	氐
17日	11/27	土	丙子	除	潤下水	房
18日	11/28	日	丁丑	満	潤下水	心
19日	11/29	月	戊寅	平	城頭土	尾
20日	11/30	火	己卯	定	城頭土	箕
21日	12/01	水	庚辰	執	白鑞金	斗
22日	12/02	木	辛巳	破	白鑞金	牛
23日	12/03	金	壬午	危	楊柳木	女
24日	12/04	土	癸未	成	楊柳木	虚
25日	12/05	日	甲申	納	井泉水	危
26日	12/06	月	乙酉	納	井泉水	室
27日	12/07	火	丙戌	開	屋上土	壁
28日	12/08	水	丁亥	閉	屋上土	奎
29日	12/09	木	戊子	建	霹靂火	婁

【十一月大 戊子 畢】
節気 冬至 12日・小寒 28日

日	西暦	曜	干支	直	納音	宿
1日	12/10	金	己丑	除	霹靂火	胃
2日	12/11	土	庚寅	満	松柏木	昴
3日	12/12	日	辛卯	平	松柏木	畢
4日	12/13	月	壬辰	定	長流水	觜
5日	12/14	火	癸巳	執	長流水	参
6日	12/15	水	甲午	破	沙中金	井
7日	12/16	木	乙未	危	沙中金	鬼
8日	12/17	金	丙申	成	山下火	柳
9日	12/18	土	丁酉	納	山下火	星
10日	12/19	日	戊戌	開	平地木	張
11日	12/20	月	己亥	閉	平地木	翼
12日	12/21	火	庚子	建	壁上土	軫
13日	12/22	水	辛丑	除	壁上土	角
14日	12/23	木	壬寅	満	金箔金	亢
15日	12/24	金	癸卯	定	金箔金	氐
16日	12/25	土	甲辰	定	覆燈火	房
17日	12/26	日	乙巳	執	覆燈火	心
18日	12/27	月	丙午	破	天河水	尾
19日	12/28	火	丁未	危	天河水	箕
20日	12/29	水	戊申	成	大駅土	斗
21日	12/30	木	己酉	納	大駅土	牛
22日	12/31	金	庚戌	開	釵釧金	女

1701年

日	西暦	曜	干支	直	納音	宿
23日	01/01	土	辛亥	閉	釵釧金	女
24日	01/02	日	壬子	建	桑柘木	虚
25日	01/03	月	癸丑	除	桑柘木	危
26日	01/04	火	甲寅	満	大溪水	室
27日	01/05	水	乙卯	平	大溪水	壁
28日	01/06	木	丙辰	平	沙中土	奎
29日	01/07	金	丁巳	定	沙中土	婁
30日	01/08	土	戊午	執	天上火	胃

【十二月大 己丑 觜】
節気 大寒 13日・立春 28日
雑節 土用 10日・節分 27日

日	西暦	曜	干支	直	納音	宿
1日	01/09	日	己未	破	天上火	昴
2日	01/10	月	庚申	危	柘榴木	畢
3日	01/11	火	辛酉	成	柘榴木	觜
4日	01/12	水	壬戌	納	大海水	参
5日	01/13	木	癸亥	開	大海水	井
6日	01/14	金	甲子	閉	海中金	鬼
7日	01/15	土	乙丑	建	海中金	柳
8日	01/16	日	丙寅	除	爐中火	星
9日	01/17	月	丁卯	満	爐中火	張
10日	01/18	火	戊辰	平	大林木	翼
11日	01/19	水	己巳	定	大林木	軫
12日	01/20	木	庚午	執	路傍土	角
13日	01/21	金	辛未	破	路傍土	亢
14日	01/22	土	壬申	危	釵鋒金	氐
15日	01/23	日	癸酉	成	釵鋒金	房
16日	01/24	月	甲戌	納	山頭火	心
17日	01/25	火	乙亥	開	山頭火	尾
18日	01/26	水	丙子	閉	潤下水	箕
19日	01/27	木	丁丑	建	潤下水	斗
20日	01/28	金	戊寅	除	城頭土	牛
21日	01/29	土	己卯	満	城頭土	女
22日	01/30	日	庚辰	平	白鑞金	虚
23日	01/31	月	辛巳	定	白鑞金	危
24日	02/01	火	壬午	執	楊柳木	室
25日	02/02	水	癸未	破	楊柳木	壁
26日	02/03	木	甲申	危	井泉水	奎
27日	02/04	金	乙酉	成	井泉水	婁
28日	02/05	土	丙戌	成	屋上土	胃
29日	02/06	日	丁亥	納	屋上土	昴
30日	02/07	月	戊子	開	霹靂火	畢

元禄14年
1701～1702　辛巳　斗

【正月大 庚寅 参】
節気 雨水 13日・啓蟄 28日

1日◎ 02/08 火 己丑 閉 霹靂火 觜
2日 02/09 水 庚寅 建 松柏木 参
3日 02/10 木 辛卯 除 松柏木 井
4日 02/11 金 壬辰 満 長流水 鬼
5日 02/12 土 癸巳 平 長流水 柳
6日 02/13 日 甲午 定 沙中金 星
7日 02/14 月 乙未 執 沙中金 張
8日 02/15 火 丙申 破 山下火 翼
9日 02/16 水 丁酉 危 山下火 軫
10日 02/17 木 戊戌 成 平地木 角
11日 02/18 金 己亥 納 平地木 亢
12日 02/19 土 庚子 開 壁上土 氐
13日 02/20 日 辛丑 閉 壁上土 房
14日 02/21 月 壬寅 建 金箔金 心
15日 02/22 火 癸卯 除 金箔金 尾
16日 02/23 水 甲辰 満 覆燈火 箕
17日 02/24 木 乙巳 平 覆燈火 斗
18日 02/25 金 丙午 定 天河水 牛
19日 02/26 土 丁未 執 天河水 女
20日 02/27 日 戊申 破 大駅土 虚
21日 02/28 月 己酉 危 大駅土 危
22日 03/01 火 庚戌 成 釵釧金 室
23日 03/02 水 辛亥 納 釵釧金 壁
24日 03/03 木 壬子 開 桑柘木 奎
25日 03/04 金 癸丑 閉 桑柘木 婁
26日 03/05 土 甲寅 建 大渓水 胃
27日 03/06 日 乙卯 除 大渓水 昴
28日 03/07 月 丙辰 除 沙中土 畢
29日 03/08 火 丁巳 満 沙中土 觜
30日 03/09 水 戊午 平 天上火 参

【二月小 辛卯 井】
節気 春分 14日・清明 29日
雑節 社日 10日・彼岸 16日

1日 03/10 木 己未 定 天上火 井
2日 03/11 金 庚申 執 柘榴木 鬼
3日 03/12 土 辛酉 破 柘榴木 柳
4日 03/13 日 壬戌 危 大海水 星
5日 03/14 月 癸亥 成 大海水 張
6日 03/15 火 甲子 納 海中金 翼
7日 03/16 水 乙丑 開 海中金 軫
8日 03/17 木 丙寅 閉 爐中火 角
9日 03/18 金 丁卯 建 爐中火 亢
10日 03/19 土 戊辰 除 大林木 氐
11日 03/20 日 己巳 満 大林木 房
12日 03/21 月 庚午 平 路傍土 心
13日 03/22 火 辛未 定 路傍土 尾
14日 03/23 水 壬申 執 釵鋒金 箕
15日 03/24 木 癸酉 破 釵鋒金 斗
16日 03/25 金 甲戌 危 山頭火 牛
17日 03/26 土 乙亥 成 山頭火 女
18日 03/27 日 丙子 納 潤下水 虚
19日 03/28 月 丁丑 開 潤下水 危
20日 03/29 火 戊寅 閉 城頭土 室
21日 03/30 水 己卯 建 城頭土 壁
22日 03/31 木 庚辰 除 白鑞金 奎
23日 04/01 金 辛巳 満 白鑞金 婁
24日 04/02 土 壬午 平 楊柳木 胃
25日 04/03 日 癸未 定 楊柳木 昴
26日 04/04 月 甲申 執 井泉水 畢
27日 04/05 火 乙酉 破 井泉水 觜
28日 04/06 水 丙戌 危 屋上土 参
29日 04/07 木 丁亥 危 屋上土 井

【三月大 壬辰 鬼】
節気 穀雨 15日・立夏 30日
雑節 土用 12日・八十八夜 26日

1日 04/08 金 戊子 成 霹靂火 鬼
2日 04/09 土 己丑 納 霹靂火 柳
3日 04/10 日 庚寅 開 松柏木 星
4日 04/11 月 辛卯 閉 松柏木 張
5日 04/12 火 壬辰 建 長流水 翼
6日 04/13 水 癸巳 除 長流水 軫
7日 04/14 木 甲午 満 沙中金 角
8日 04/15 金 乙未 平 沙中金 亢
9日 04/16 土 丙申 定 山下火 氐
10日 04/17 日 丁酉 執 山下火 房
11日 04/18 月 戊戌 破 平地木 心
12日 04/19 火 己亥 危 平地木 尾
13日 04/20 水 庚子 成 壁上土 箕
14日 04/21 木 辛丑 納 壁上土 斗
15日 04/22 金 壬寅 開 金箔金 牛
16日 04/23 土 癸卯 閉 金箔金 女
17日 04/24 日 甲辰 建 覆燈火 虚
18日 04/25 月 乙巳 除 覆燈火 危
19日 04/26 火 丙午 満 天河水 室
20日 04/27 水 丁未 平 天河水 壁
21日 04/28 木 戊申 定 大駅土 奎
22日 04/29 金 己酉 執 大駅土 婁
23日 04/30 土 庚戌 危 釵釧金 胃
24日 05/01 日 辛亥 危 釵釧金 昴
25日 05/02 月 壬子 成 桑柘木 畢
26日 05/03 火 癸丑 納 桑柘木 觜
27日 05/04 水 甲寅 閉 大渓水 参
28日 05/05 木 乙卯 閉 大渓水 井
29日 05/06 金 丙辰 建 沙中土 鬼
30日 05/07 土 丁巳 建 沙中土 柳

【四月小 癸巳 柳】
節気 小満 15日

1日 05/08 日 戊午 除 天上火 星
2日 05/09 月 己未 満 天上火 張
3日 05/10 火 庚申 平 柘榴木 翼
4日 05/11 水 辛酉 定 柘榴木 軫
5日 05/12 木 壬戌 執 大海水 角
6日 05/13 金 癸亥 破 大海水 亢
7日 05/14 土 甲子 危 海中金 氐
8日 05/15 日 乙丑 成 海中金 房
9日 05/16 月 丙寅 納 爐中火 心
10日 05/17 火 丁卯 開 爐中火 尾
11日 05/18 水 戊辰 閉 大林木 箕
12日 05/19 木 己巳 建 大林木 斗
13日 05/20 金 庚午 除 路傍土 牛
14日 05/21 土 辛未 満 路傍土 女
15日 05/22 日 壬申 定 釵鋒金 虚
16日 05/23 月 癸酉 定 釵鋒金 危
17日 05/24 火 甲戌 執 山頭火 室
18日 05/25 水 乙亥 破 山頭火 壁
19日 05/26 木 丙子 危 潤下水 奎
20日 05/27 金 丁丑 成 潤下水 婁
21日 05/28 土 戊寅 納 城頭土 胃
22日 05/29 日 己卯 開 城頭土 昴
23日 05/30 月 庚辰 閉 白鑞金 畢
24日 05/31 火 辛巳 建 白鑞金 觜
25日 06/01 水 壬午 除 楊柳木 参
26日 06/02 木 癸未 満 楊柳木 井
27日 06/03 金 甲申 平 井泉水 鬼
28日 06/04 土 乙酉 定 井泉水 柳
29日 06/05 日 丙戌 執 屋上土 星

【五月大 甲午 星】
節気 芒種 2日・夏至 17日
雑節 入梅 6日・半夏生 27日

1日 06/06 月 丁亥 破 屋上土 張
2日 06/07 火 戊子 危 霹靂火 翼
3日 06/08 水 己丑 危 霹靂火 軫
4日 06/09 木 庚寅 成 松柏木 角
5日 06/10 金 辛卯 納 松柏木 亢
6日 06/11 土 壬辰 開 長流水 氐
7日 06/12 日 癸巳 閉 長流水 房
8日 06/13 月 甲午 建 沙中金 心
9日 06/14 火 乙未 除 沙中金 尾
10日 06/15 水 丙申 満 山下火 箕
11日 06/16 木 丁酉 平 山下火 斗
12日 06/17 金 戊戌 定 平地木 牛
13日 06/18 土 己亥 執 平地木 女
14日 06/19 日 庚子 破 壁上土 虚
15日 06/20 月 辛丑 危 壁上土 危
16日 06/21 火 壬寅 成 金箔金 室
17日 06/22 水 癸卯 納 金箔金 壁
18日 06/23 木 甲辰 開 覆燈火 奎
19日 06/24 金 乙巳 閉 覆燈火 婁
20日 06/25 土 丙午 建 天河水 胃
21日 06/26 日 丁未 除 天河水 昴
22日 06/27 月 戊申 満 大駅土 畢
23日 06/28 火 己酉 平 大駅土 觜
24日 06/29 水 庚戌 定 釵釧金 参
25日 06/30 木 辛亥 執 釵釧金 井
26日 07/01 金 壬子 破 桑柘木 鬼
27日 07/02 土 癸丑 危 桑柘木 柳
28日 07/03 日 甲寅 成 大渓水 星
29日 07/04 月 乙卯 納 大渓水 張
30日 07/05 火 丙辰 開 沙中土 翼

【六月小 乙未 張】
節気 小暑 2日・大暑 17日
雑節 土用 14日

1日 07/06 水 丁巳 閉 沙中土 軫
2日 07/07 木 戊午 閉 天上火 角
3日 07/08 金 己未 建 天上火 亢
4日 07/09 土 庚申 除 柘榴木 氐
5日 07/10 日 辛酉 満 柘榴木 房
6日 07/11 月 壬戌 平 大海水 心
7日 07/12 火 癸亥 定 大海水 尾
8日 07/13 水 甲子 執 海中金 箕
9日 07/14 木 乙丑 破 海中金 斗
10日 07/15 金 丙寅 危 爐中火 牛
11日 07/16 土 丁卯 成 爐中火 女
12日 07/17 日 戊辰 納 大林木 虚
13日 07/18 月 己巳 開 大林木 危
14日 07/19 火 庚午 閉 路傍土 室
15日 07/20 水 辛未 建 路傍土 壁
16日 07/21 木 壬申 除 釵鋒金 奎
17日 07/22 金 癸酉 満 釵鋒金 婁
18日 07/23 土 甲戌 平 山頭火 胃
19日 07/24 日 乙亥 定 山頭火 昴
20日 07/25 月 丙子 執 潤下水 畢
21日 07/26 火 丁丑 破 潤下水 觜
22日 07/27 水 戊寅 危 城頭土 参
23日 07/28 木 己卯 成 城頭土 井
24日 07/29 金 庚辰 納 白鑞金 鬼
25日 07/30 土 辛巳 開 白鑞金 柳
26日 07/31 日 壬午 閉 楊柳木 星
27日 08/01 月 癸未 建 楊柳木 張
28日 08/02 火 甲申 除 井泉水 翼
29日 08/03 水 乙酉 満 井泉水 軫

【七月大 丙申 翼】
節気 立秋 4日・処暑 19日
雑節 二百十日 30日

1日 08/04 木 丙戌 平 屋上土 角
2日 08/05 金 丁亥 定 屋上土 亢
3日 08/06 土 戊子 執 霹靂火 氐

西暦 曜 干支 直 納音 宿　　　　　　　　　　　　　　　　　　元禄14年

4日	08/07	日	己丑 執	霹靂火	房
5日	08/08	月	庚寅 破	松柏木	心
6日	08/09	火	辛卯 危	松柏木	尾
7日	08/10	水	壬辰 成	長流水	箕
8日	08/11	木	癸巳 収	長流水	斗
9日	08/12	金	甲午 開	沙中金	牛
10日	08/13	土	乙未 閉	沙中金	女
11日	08/14	日	丙申 建	山下火	虚
12日	08/15	月	丁酉 除	山下火	危
13日	08/16	火	戊戌 満	平地木	室
14日	08/17	水	己亥 平	平地木	壁
15日☆	08/18	木	庚子 定	壁上土	奎
16日	08/19	金	辛丑 執	壁上土	婁
17日	08/20	土	壬寅 破	金箔金	胃
18日	08/21	日	癸卯 危	金箔金	昴
19日	08/22	月	甲辰 成	覆燈火	觜
20日	08/23	火	乙巳 納	覆燈火	觜
21日	08/24	水	丙午 開	天河水	参
22日	08/25	木	丁未 閉	天河水	井
23日	08/26	金	戊申 建	大駅土	鬼
24日	08/27	土	己酉 除	大駅土	柳
25日	08/28	日	庚戌 満	釵釧金	星
26日	08/29	月	辛亥 平	釵釧金	張
27日	08/30	火	壬子 定	桑柘木	翼
28日	08/31	水	癸丑 執	桑柘木	軫
29日	09/01	木	甲寅 破	大溪水	角
30日	09/02	金	乙卯 危	大溪水	亢

【八月小 丁酉 軫】
節気 白露 4日・秋分 19日
雑節 彼岸 21日・社日 23日

1日	09/03	土	丙辰 成	沙中土	氐
2日	09/04	日	丁巳 納	沙中土	房
3日	09/05	月	戊午 開	天上火	心
4日	09/06	火	己未 閉	天上火	尾
5日	09/07	水	庚申 建	柘榴木	箕
6日	09/08	木	辛酉 除	柘榴木	斗
7日	09/09	金	壬戌 満	大海水	牛
8日	09/10	土	癸亥 平	大海水	女
9日	09/11	日	甲子 定	海中金	虚
10日	09/12	月	乙丑 執	海中金	危
11日	09/13	火	丙寅 破	爐中火	室
12日	09/14	水	丁卯 危	爐中火	壁
13日	09/15	木	戊辰 成	大林木	奎
14日	09/16	金	己巳 納	大林木	婁
15日	09/17	土	庚午 納	路傍土	胃
16日	09/18	日	辛未 開	路傍土	昴
17日	09/19	月	壬申 閉	釵鋒金	觜
18日	09/20	火	癸酉 建	釵鋒金	觜
19日	09/21	水	甲戌 除	山頭火	参
20日	09/22	木	乙亥 満	山頭火	井
21日	09/23	金	丙子 平	澗下水	鬼
22日	09/24	土	丁丑 定	澗下水	柳
23日	09/25	日	戊寅 執	城頭土	星
24日	09/26	月	己卯 破	城頭土	張
25日	09/27	火	庚辰 危	白鑞金	翼
26日	09/28	水	辛巳 成	白鑞金	軫
27日	09/29	木	壬午 納	楊柳木	角
28日	09/30	金	癸未 開	楊柳木	亢
29日	10/01	土	甲申 閉	井泉水	氐

【九月小 戊戌 角】
節気 寒露 5日・霜降 21日
雑節 土用 18日

1日	10/02	日	乙酉 建	井泉水	房
2日	10/03	月	丙戌 除	屋上土	心
3日	10/04	火	丁亥 満	屋上土	尾
4日	10/05	水	戊子 平	霹靂火	箕

5日	10/06	木	己丑 平	霹靂火	斗
6日	10/07	金	庚寅 定	松柏木	牛
7日	10/08	土	辛卯 執	松柏木	女
8日	10/09	日	壬辰 破	長流水	虚
9日	10/10	月	癸巳 危	長流水	危
10日	10/11	火	甲午 成	沙中金	室
11日	10/12	水	乙未 納	沙中金	壁
12日	10/13	木	丙申 開	山下火	奎
13日	10/14	金	丁酉 閉	山下火	婁
14日	10/15	土	戊戌 建	平地木	胃
15日	10/16	日	己亥 除	平地木	昴
16日	10/17	月	庚子 満	壁上土	觜
17日	10/18	火	辛丑 平	壁上土	觜
18日	10/19	水	壬寅 定	金箔金	参
19日	10/20	木	癸卯 執	金箔金	井
20日	10/21	金	甲辰 破	覆燈火	鬼
21日	10/22	土	乙巳 危	覆燈火	柳
22日	10/23	日	丙午 成	天河水	星
23日	10/24	月	丁未 納	天河水	張
24日	10/25	火	戊申 開	大駅土	翼
25日	10/26	水	己酉 閉	大駅土	軫
26日	10/27	木	庚戌 建	釵釧金	角
27日	10/28	金	辛亥 除	釵釧金	亢
28日	10/29	土	壬子 満	桑柘木	氐
29日	10/30	日	癸丑 平	桑柘木	房

【十月大 己亥 亢】
節気 立冬 7日・小雪 22日

1日	10/31	月	甲寅 定	大溪水	心
2日	11/01	火	乙卯 執	大溪水	尾
3日	11/02	水	丙辰 破	沙中土	箕
4日	11/03	木	丁巳 危	沙中土	斗
5日	11/04	金	戊午 成	天上火	牛
6日	11/05	土	己未 納	天上火	女
7日	11/06	日	庚申 納	柘榴木	虚
8日	11/07	月	辛酉 開	柘榴木	危
9日	11/08	火	壬戌 閉	大海水	室
10日	11/09	水	癸亥 建	大海水	壁
11日	11/10	木	甲子 除	海中金	奎
12日	11/11	金	乙丑 平	爐中火	胃
13日	11/12	土	丙寅 平	爐中火	昴
14日	11/13	日	丁卯 定	爐中火	畢
15日	11/14	月	戊辰 執	大林木	觜
16日	11/15	火	己巳 破	大林木	参
17日	11/16	水	庚午 危	路傍土	井
18日	11/17	木	辛未 成	路傍土	鬼
19日	11/18	金	壬申 納	釵鋒金	鬼
20日	11/19	土	癸酉 閉	釵鋒金	柳
21日	11/20	日	甲戌 閉	山頭火	星
22日	11/21	月	乙亥 建	山頭火	張
23日	11/22	火	丙子 除	澗下水	翼
24日	11/23	水	丁丑 満	澗下水	軫
25日	11/24	木	戊寅 平	城頭土	角
26日	11/25	金	己卯 定	城頭土	亢
27日	11/26	土	庚辰 破	白鑞金	氐
28日	11/27	日	辛巳 破	白鑞金	房
29日	11/28	月	壬午 危	楊柳木	心
30日	11/29	火	癸未 成	楊柳木	尾

【十一月小 庚子 氐】
節気 大雪 7日・冬至 23日

1日	11/30	水	甲申 納	井泉水	箕
2日	12/01	木	乙酉 開	井泉水	斗
3日	12/02	金	丙戌 閉	屋上土	牛
4日	12/03	土	丁亥 建	屋上土	女
5日	12/04	日	戊子 除	霹靂火	虚
6日	12/05	月	己丑 満	霹靂火	危
7日	12/06	火	庚寅 満	松柏木	室

8日	12/07	水	辛卯 平	松柏木	壁
9日	12/08	木	壬辰 定	長流水	奎
10日	12/09	金	癸巳 執	長流水	婁
11日	12/10	土	甲午 破	沙中金	胃
12日	12/11	日	乙未 危	沙中金	昴
13日	12/12	月	丙申 成	山下火	畢
14日	12/13	火	丁酉 納	山下火	觜
15日	12/14	水	戊戌 開	平地木	参
16日	12/15	木	己亥 閉	平地木	井
17日	12/16	金	庚子 建	壁上土	鬼
18日	12/17	土	辛丑 除	壁上土	柳
19日	12/18	日	壬寅 満	金箔金	星
20日	12/19	月	癸卯 平	金箔金	張
21日	12/20	火	甲辰 定	覆燈火	翼
22日	12/21	水	乙巳 執	覆燈火	軫
23日	12/22	木	丙午 破	天河水	角
24日	12/23	金	丁未 危	天河水	亢
25日	12/24	土	戊申 成	大駅土	氐
26日	12/25	日	己酉 納	大駅土	房
27日	12/26	月	庚戌 開	釵釧金	心
28日	12/27	火	辛亥 閉	釵釧金	尾
29日	12/28	水	壬子 建	桑柘木	箕

【十二月大 辛丑 房】
節気 小寒 9日・大寒 24日
雑節 土用 21日

1日	12/29	木	癸丑 除	桑柘木	斗
2日	12/30	金	甲寅 満	大溪水	牛
3日	12/31	土	乙卯 平	大溪水	女
	1702年				
4日	01/01	日	丙辰 定	沙中土	虚
5日	01/02	月	丁巳 執	沙中土	危
6日	01/03	火	戊午 破	天上火	室
7日	01/04	水	己未 危	天上火	壁
8日	01/05	木	庚申 成	柘榴木	奎
9日	01/06	金	辛酉 納	柘榴木	婁
10日	01/07	土	壬戌 納	大海水	胃
11日	01/08	日	癸亥 開	大海水	昴
12日	01/09	月	甲子 閉	海中金	畢
13日	01/10	火	乙丑 建	海中金	觜
14日	01/11	水	丙寅 除	爐中火	参
15日	01/12	木	丁卯 平	爐中火	井
16日	01/13	金	戊辰 平	大林木	鬼
17日	01/14	土	己巳 定	大林木	柳
18日	01/15	日	庚午 執	路傍土	星
19日	01/16	月	辛未 破	路傍土	張
20日	01/17	火	壬申 危	釵鋒金	翼
21日	01/18	水	癸酉 成	釵鋒金	軫
22日	01/19	木	甲戌 納	山頭火	角
23日	01/20	金	乙亥 開	山頭火	亢
24日	01/21	土	丙子 閉	澗下水	氐
25日	01/22	日	丁丑 建	澗下水	房
26日	01/23	月	戊寅 除	城頭土	心
27日	01/24	火	己卯 満	城頭土	尾
28日	01/25	水	庚辰 平	白鑞金	箕
29日	01/26	木	辛巳 定	白鑞金	斗
30日	01/27	金	壬午 執	楊柳木	牛

241

元禄15年
1702～1703　壬午　牛

【正月大 壬寅 心】
節気 立春 9日・雨水 24日
雑節 節分 8日

日	新暦	曜	干支	直	納音	宿
1日	01/28	土	癸未	破	楊柳木	女
2日	01/29	日	甲申	危	井泉水	虚
3日	01/30	月	乙酉	成	井泉水	危
4日	01/31	火	丙戌	納	屋上土	室
5日	02/01	水	丁亥	開	屋上土	壁
6日	02/02	木	戊子	閉	霹靂火	奎
7日	02/03	金	己丑	建	霹靂火	婁
8日	02/04	土	庚寅	除	松柏木	胃
9日	02/05	日	辛卯	除	松柏木	昴
10日	02/06	月	壬辰	満	長流水	畢
11日	02/07	火	癸巳	平	長流水	觜
12日	02/08	水	甲午	定	沙中金	参
13日	02/09	木	乙未	執	沙中金	井
14日	02/10	金	丙申	破	山下火	鬼
15日	02/11	土	丁酉	危	山下火	柳
16日	02/12	日	戊戌	成	平地木	星
17日	02/13	月	己亥	納	平地木	張
18日	02/14	火	庚子	開	壁上土	翼
19日	02/15	水	辛丑	閉	壁上土	軫
20日	02/16	木	壬寅	建	金箔金	角
21日	02/17	金	癸卯	除	金箔金	亢
22日	02/18	土	甲辰	満	覆燈火	氐
23日	02/19	日	乙巳	平	覆燈火	房
24日	02/20	月	丙午	定	天河水	心
25日	02/21	火	丁未	執	天河水	尾
26日	02/22	水	戊申	破	大駅土	箕
27日	02/23	木	己酉	危	大駅土	斗
28日	02/24	金	庚戌	成	釵釧金	牛
29日	02/25	土	辛亥	納	釵釧金	女
30日	02/26	日	壬子	開	桑柘木	虚

【二月小 癸卯 尾】
節気 啓蟄 10日・春分 25日
雑節 社日 26日・彼岸 27日

日	新暦	曜	干支	直	納音	宿
1日	02/27	月	癸丑	閉	桑柘木	危
2日	02/28	火	甲寅	建	大溪水	室
3日	03/01	水	乙卯	除	大溪水	壁
4日	03/02	木	丙辰	満	沙中土	奎
5日	03/03	金	丁巳	平	沙中土	婁
6日	03/04	土	戊午	定	天上火	胃
7日	03/05	日	己未	執	天上火	昴
8日	03/06	月	庚申	破	柘榴木	畢
9日	03/07	火	辛酉	危	柘榴木	觜
10日	03/08	水	壬戌	危	大海水	参
11日	03/09	木	癸亥	成	大海水	井
12日	03/10	金	甲子	納	海中金	鬼
13日	03/11	土	乙丑	開	海中金	柳
14日	03/12	日	丙寅	閉	炉中火	星
15日	03/13	月	丁卯	建	炉中火	張
16日	03/14	火	戊辰	除	大林木	翼
17日	03/15	水	己巳	満	大林木	軫
18日	03/16	木	庚午	平	路傍土	角
19日	03/17	金	辛未	定	路傍土	亢
20日	03/18	土	壬申	執	剣鋒金	氐
21日	03/19	日	癸酉	破	剣鋒金	房
22日	03/20	月	甲戌	危	山頭火	心
23日	03/21	火	乙亥	成	山頭火	尾
24日	03/22	水	丙子	納	澗下水	箕
25日	03/23	木	丁丑	開	澗下水	斗
26日	03/24	金	戊寅	閉	城頭土	牛
27日	03/25	土	己卯	建	城頭土	女
28日	03/26	日	庚辰	除	白鑞金	虚
29日	03/27	月	辛巳	満	白鑞金	危

【三月大 甲辰 箕】
節気 清明 11日・穀雨 26日
雑節 土用 23日

日	新暦	曜	干支	直	納音	宿
1日	03/28	火	壬午	平	楊柳木	室
2日	03/29	水	癸未	定	楊柳木	壁
3日	03/30	木	甲申	執	井泉水	奎
4日	03/31	金	乙酉	破	井泉水	婁
5日	04/01	土	丙戌	危	屋上土	胃
6日	04/02	日	丁亥	成	屋上土	昴
7日	04/03	月	戊子	納	霹靂火	畢
8日	04/04	火	己丑	開	霹靂火	觜
9日	04/05	水	庚寅	閉	松柏木	参
10日	04/06	木	辛卯	建	松柏木	井
11日	04/07	金	壬辰	建	長流水	鬼
12日	04/08	土	癸巳	除	長流水	柳
13日	04/09	日	甲午	満	沙中金	星
14日	04/10	月	乙未	平	沙中金	張
15日	04/11	火	丙申	定	山下火	翼
16日	04/12	水	丁酉	執	山下火	軫
17日	04/13	木	戊戌	破	平地木	角
18日	04/14	金	己亥	危	平地木	亢
19日	04/15	土	庚子	成	壁上土	氐
20日	04/16	日	辛丑	納	壁上土	房
21日	04/17	月	壬寅	開	金箔金	心
22日	04/18	火	癸卯	閉	金箔金	尾
23日	04/19	水	甲辰	建	覆燈火	箕
24日	04/20	木	乙巳	除	覆燈火	斗
25日	04/21	金	丙午	満	天河水	牛
26日	04/22	土	丁未	平	天河水	女
27日	04/23	日	戊申	定	大駅土	虚
28日	04/24	月	己酉	執	大駅土	危
29日	04/25	火	庚戌	破	釵釧金	室
30日	04/26	水	辛亥	危	釵釧金	壁

【四月大 乙巳 斗】
節気 立夏 12日・小満 27日
雑節 八十八夜 7日

日	新暦	曜	干支	直	納音	宿
1日	04/27	木	壬子	成	桑柘木	奎
2日	04/28	金	癸丑	納	桑柘木	婁
3日	04/29	土	甲寅	開	大溪水	胃
4日	04/30	日	乙卯	閉	大溪水	昴
5日	05/01	月	丙辰	建	沙中土	畢
6日	05/02	火	丁巳	除	沙中土	觜
7日	05/03	水	戊午	満	天上火	参
8日	05/04	木	己未	平	天上火	井
9日	05/05	金	庚申	定	柘榴木	鬼
10日	05/06	土	辛酉	執	柘榴木	柳
11日	05/07	日	壬戌	破	大海水	星
12日	05/08	月	癸亥	破	大海水	張
13日	05/09	火	甲子	危	海中金	翼
14日	05/10	水	乙丑	成	海中金	軫
15日	05/11	木	丙寅	納	炉中火	角
16日	05/12	金	丁卯	開	炉中火	亢
17日	05/13	土	戊辰	閉	大林木	氐
18日	05/14	日	己巳	建	大林木	房
19日	05/15	月	庚午	除	路傍土	心
20日	05/16	火	辛未	満	路傍土	尾
21日	05/17	水	壬申	平	剣鋒金	箕
22日	05/18	木	癸酉	定	剣鋒金	斗
23日	05/19	金	甲戌	執	山頭火	牛
24日	05/20	土	乙亥	破	山頭火	女
25日	05/21	日	丙子	危	澗下水	虚
26日	05/22	月	丁丑	成	澗下水	危
27日	05/23	火	戊寅	納	城頭土	室
28日	05/24	水	己卯	開	城頭土	壁
29日	05/25	木	庚辰	閉	白鑞金	奎
30日	05/26	金	辛巳	建	白鑞金	婁

【五月小 丙午 牛】
節気 芒種 12日・夏至 27日
雑節 入梅 21日

日	新暦	曜	干支	直	納音	宿
1日	05/27	土	壬午	除	楊柳木	胃
2日	05/28	日	癸未	満	楊柳木	昴
3日	05/29	月	甲申	平	井泉水	畢
4日	05/30	火	乙酉	定	井泉水	觜
5日	05/31	水	丙戌	執	屋上土	参
6日	06/01	木	丁亥	破	屋上土	井
7日	06/02	金	戊子	危	霹靂火	鬼
8日	06/03	土	己丑	成	霹靂火	柳
9日	06/04	日	庚寅	納	松柏木	星
10日	06/05	月	辛卯	開	松柏木	張
11日	06/06	火	壬辰	閉	長流水	翼
12日	06/07	水	癸巳	閉	長流水	軫
13日	06/08	木	甲午	建	沙中金	角
14日	06/09	金	乙未	除	沙中金	亢
15日	06/10	土	丙申	満	山下火	氐
16日	06/11	日	丁酉	平	山下火	房
17日	06/12	月	戊戌	定	平地木	心
18日	06/13	火	己亥	執	平地木	尾
19日	06/14	水	庚子	破	壁上土	箕
20日	06/15	木	辛丑	危	壁上土	斗
21日	06/16	金	壬寅	成	金箔金	牛
22日	06/17	土	癸卯	納	金箔金	女
23日	06/18	日	甲辰	開	覆燈火	虚
24日	06/19	月	乙巳	閉	覆燈火	危
25日	06/20	火	丙午	建	天河水	室
26日	06/21	水	丁未	除	天河水	壁
27日	06/22	木	戊申	満	大駅土	奎
28日	06/23	金	己酉	平	大駅土	婁
29日	06/24	土	庚戌	定	釵釧金	胃

【六月大 丁未 女】
節気 小暑 13日・大暑 29日
雑節 半夏生 8日・土用 26日

日	新暦	曜	干支	直	納音	宿
1日	06/25	日	辛亥	執	釵釧金	昴
2日	06/26	月	壬子	破	桑柘木	畢
3日	06/27	火	癸丑	危	桑柘木	觜
4日	06/28	水	甲寅	成	大溪水	参
5日	06/29	木	乙卯	納	大溪水	井
6日	06/30	金	丙辰	開	沙中土	鬼
7日	07/01	土	丁巳	閉	沙中土	柳
8日	07/02	日	戊午	建	天上火	星
9日	07/03	月	己未	除	天上火	張
10日	07/04	火	庚申	満	柘榴木	翼
11日	07/05	水	辛酉	平	柘榴木	軫
12日	07/06	木	壬戌	定	大海水	角
13日	07/07	金	癸亥	定	大海水	亢
14日	07/08	土	甲子	執	海中金	氐
15日	07/09	日	乙丑	破	海中金	房
16日	07/10	月	丙寅	危	炉中火	心
17日	07/11	火	丁卯	成	炉中火	尾
18日	07/12	水	戊辰	納	大林木	箕
19日	07/13	木	己巳	開	大林木	斗
20日	07/14	金	庚午	閉	路傍土	牛
21日	07/15	土	辛未	建	路傍土	女
22日	07/16	日	壬申	除	剣鋒金	虚
23日	07/17	月	癸酉	満	剣鋒金	危
24日	07/18	火	甲戌	平	山頭火	室
25日	07/19	水	乙亥	定	山頭火	壁
26日	07/20	木	丙子	執	澗下水	奎
27日	07/21	金	丁丑	破	澗下水	婁
28日	07/22	土	戊寅	危	城頭土	胃
29日	07/23	日	己卯	成	城頭土	昴
30日	07/24	月	庚辰	納	白鑞金	畢

【七月小 戊申 虚】
節気 立秋 14日・処暑 29日

日	新暦	曜	干支	直	納音	宿
1日◎	07/25	火	辛巳	開	白鑞金	觜
2日	07/26	水	壬午	閉	楊柳木	参
3日	07/27	木	癸未	建	楊柳木	井
4日	07/28	金	甲申	除	井泉水	鬼
5日	07/29	土	乙酉	満	井泉水	柳
6日	07/30	日	丙戌	平	屋上土	星
7日	07/31	月	丁亥	定	屋上土	張
8日	08/01	火	戊子	執	霹靂火	翼
9日	08/02	水	己丑	破	霹靂火	軫
10日	08/03	木	庚寅	危	松柏木	角
11日	08/04	金	辛卯	成	松柏木	亢
12日	08/05	土	壬辰	納	長流水	氐
13日	08/06	日	癸巳	開	長流水	房
14日	08/07	月	甲午	開	沙中金	心

西暦 曜 干支 直 納音 宿　　　　　　　　　　　　　元禄15年

日	西暦	曜	干支	直	納音	宿
15日	08/08	火	乙未	閉	沙中金	尾
16日	08/09	水	丙申	建	山下火	箕
17日	08/10	木	丁酉	除	山下火	斗
18日	08/11	金	戊戌	満	平地木	牛
19日	08/12	土	己亥	平	平地木	女
20日	08/13	日	庚子	定	壁上土	虚
21日	08/14	月	辛丑	執	壁上土	危
22日	08/15	火	壬寅	破	金箔金	室
23日	08/16	水	癸卯	危	金箔金	壁
24日	08/17	木	甲辰	成	覆燈火	奎
25日	08/18	金	乙巳	納	覆燈火	婁
26日	08/19	土	丙午	開	天河水	胃
27日	08/20	日	丁未	閉	天河水	昴
28日	08/21	月	戊申	建	大駅土	畢
29日	08/22	火	己酉	除	大駅土	觜

【八月大 己酉 危】
節気 白露 15日・秋分 30日
雑節 二百十日 11日・社日 29日

日	西暦	曜	干支	直	納音	宿
1日	08/23	水	庚戌	満	釵釧金	参
2日	08/24	木	辛亥	平	釵釧金	井
3日	08/25	金	壬子	定	桑柘木	鬼
4日	08/26	土	癸丑	執	桑柘木	星
5日	08/27	日	甲寅	破	大溪水	張
6日	08/28	月	乙卯	危	大溪水	翼
7日	08/29	火	丙辰	成	沙中土	軫
8日	08/30	水	丁巳	納	沙中土	角
9日	08/31	木	戊午	開	天上火	亢
10日	09/01	金	己未	閉	天上火	氐
11日	09/02	土	庚申	建	柘榴木	房
12日	09/03	日	辛酉	除	柘榴木	心
13日	09/04	月	壬戌	満	大海水	尾
14日	09/05	火	癸亥	平	大海水	箕
15日	09/06	水	甲子	平	海中金	斗
16日	09/07	木	乙丑	定	海中金	牛
17日	09/08	金	丙寅	執	爐中火	女
18日	09/09	土	丁卯	破	爐中火	虚
19日	09/10	日	戊辰	危	大林木	危
20日	09/11	月	己巳	成	大林木	室
21日	09/12	火	庚午	納	路傍土	壁
22日	09/13	水	辛未	開	路傍土	奎
23日	09/14	木	壬申	閉	釵鋒金	婁
24日	09/15	金	癸酉	建	釵鋒金	胃
25日	09/16	土	甲戌	除	山頭火	昴
26日	09/17	日	乙亥	満	山頭火	畢
27日	09/18	月	丙子	定	澗下水	觜
28日	09/19	火	丁丑	定	澗下水	参
29日	09/20	水	戊寅	執	城頭土	井
30日	09/21	木	己卯	破	城頭土	井

【閏八月小 己酉 危】
節気 寒露 16日
雑節 彼岸 2日・土用 28日

日	西暦	曜	干支	直	納音	宿
1日	09/22	金	庚辰	危	白鑞金	鬼
2日	09/23	土	辛巳	成	白鑞金	柳
3日	09/24	日	壬午	納	楊柳木	星
4日	09/25	月	癸未	開	楊柳木	張
5日	09/26	火	甲申	閉	井泉水	翼
6日	09/27	水	乙酉	建	井泉水	軫
7日	09/28	木	丙戌	除	屋上土	角
8日	09/29	金	丁亥	満	屋上土	亢
9日	09/30	土	戊子	平	霹靂火	氐
10日	10/01	日	己丑	定	霹靂火	房
11日	10/02	月	庚寅	執	松柏木	心
12日	10/03	火	辛卯	破	松柏木	尾
13日	10/04	水	壬辰	危	長流水	箕
14日	10/05	木	癸巳	成	長流水	斗
15日	10/06	金	甲午	納	沙中金	牛
16日	10/07	土	乙未	開	沙中金	女
17日	10/08	日	丙申	閉	山下火	虚
18日	10/09	月	丁酉	建	山下火	危
19日	10/10	火	戊戌	除	平地木	室
20日	10/11	水	己亥	満	平地木	壁
21日	10/12	木	庚子	満	壁上土	奎
22日	10/13	金	辛丑	定	壁上土	婁
23日	10/14	土	壬寅	定	金箔金	胃
24日	10/15	日	癸卯	執	金箔金	昴
25日	10/16	月	甲辰	破	覆燈火	畢
26日	10/17	火	乙巳	危	覆燈火	觜
27日	10/18	水	丙午	成	天河水	参
28日	10/19	木	丁未	納	天河水	井
29日	10/20	金	戊申	開	大駅土	鬼

【九月小 庚戌 室】
節気 霜降 2日・立冬 17日

日	西暦	曜	干支	直	納音	宿
1日	10/21	土	己酉	閉	大駅土	柳
2日	10/22	日	庚戌	建	釵釧金	星
3日	10/23	月	辛亥	除	釵釧金	張
4日	10/24	火	壬子	満	桑柘木	翼
5日	10/25	水	癸丑	平	桑柘木	軫
6日	10/26	木	甲寅	定	大溪水	角
7日	10/27	金	乙卯	執	大溪水	亢
8日	10/28	土	丙辰	破	沙中土	氐
9日	10/29	日	丁巳	危	沙中土	房
10日	10/30	月	戊午	成	天上火	心
11日	10/31	火	己未	納	天上火	尾
12日	11/01	水	庚申	開	柘榴木	箕
13日	11/02	木	辛酉	閉	柘榴木	斗
14日	11/03	金	壬戌	建	大海水	牛
15日	11/04	土	癸亥	除	大海水	女
16日	11/05	日	甲子	満	海中金	虚
17日	11/06	月	乙丑	平	海中金	危
18日	11/07	火	丙寅	平	爐中火	室
19日	11/08	水	丁卯	定	爐中火	壁
20日	11/09	木	戊辰	執	大林木	奎
21日	11/10	金	己巳	破	大林木	婁
22日	11/11	土	庚午	危	路傍土	胃
23日	11/12	日	辛未	成	路傍土	昴
24日	11/13	月	壬申	納	釵鋒金	畢
25日	11/14	火	癸酉	開	釵鋒金	觜
26日	11/15	水	甲戌	閉	山頭火	参
27日	11/16	木	乙亥	建	山頭火	井
28日	11/17	金	丙子	除	澗下水	鬼
29日	11/18	土	丁丑	満	澗下水	柳

【十月大 辛亥 壁】
節気 小雪 3日・大雪 19日

日	西暦	曜	干支	直	納音	宿
1日	11/19	日	戊寅	平	城頭土	星
2日	11/20	月	己卯	定	城頭土	張
3日	11/21	火	庚辰	執	白鑞金	翼
4日	11/22	水	辛巳	破	白鑞金	軫
5日	11/23	木	壬午	危	楊柳木	角
6日	11/24	金	癸未	成	楊柳木	亢
7日	11/25	土	甲申	納	井泉水	氐
8日	11/26	日	乙酉	開	井泉水	房
9日	11/27	月	丙戌	閉	屋上土	心
10日	11/28	火	丁亥	建	屋上土	尾
11日	11/29	水	戊子	除	霹靂火	箕
12日	11/30	木	己丑	満	霹靂火	斗
13日	12/01	金	庚寅	平	松柏木	牛
14日	12/02	土	辛卯	定	松柏木	女
15日	12/03	日	壬辰	執	長流水	虚
16日	12/04	月	癸巳	破	長流水	危
17日	12/05	火	甲午	危	沙中金	室
18日	12/06	水	乙未	成	沙中金	壁
19日	12/07	木	丙申	成	山下火	奎
20日	12/08	金	丁酉	納	山下火	婁
21日	12/09	土	戊戌	開	平地木	胃
22日	12/10	日	己亥	閉	平地木	昴
23日	12/11	月	庚子	除	壁上土	畢
24日	12/12	火	辛丑	満	壁上土	觜
25日	12/13	水	壬寅	定	金箔金	参
26日	12/14	木	癸卯	執	金箔金	井
27日	12/15	金	甲辰	破	覆燈火	鬼
28日	12/16	土	乙巳	危	覆燈火	柳
29日	12/17	日	丙午	破	天河水	星
30日	12/18	月	丁未	危	天河水	張

【十一月小 壬子 奎】
節気 冬至 4日・小寒 19日

日	西暦	曜	干支	直	納音	宿
1日	12/19	火	戊申	成	大駅土	翼
2日	12/20	水	己酉	納	大駅土	軫
3日	12/21	木	庚戌	開	釵釧金	角
4日	12/22	金	辛亥	建	釵釧金	亢
5日	12/23	土	壬子	建	桑柘木	氐
6日	12/24	日	癸丑	除	桑柘木	房
7日	12/25	月	甲寅	満	大溪水	心
8日	12/26	火	乙卯	平	大溪水	尾
9日	12/27	水	丙辰	定	沙中土	箕
10日	12/28	木	丁巳	執	沙中土	斗
11日	12/29	金	戊午	破	天上火	牛
12日	12/30	土	己未	危	天上火	女
13日	12/31	日	庚申	成	柘榴木	虚

1703年

日	西暦	曜	干支	直	納音	宿
14日	01/01	月	辛酉	納	柘榴木	危
15日	01/02	火	壬戌	開	大海水	室
16日☆	01/03	水	癸亥	閉	大海水	壁
17日	01/04	木	甲子	建	海中金	奎
18日	01/05	金	乙丑	除	海中金	婁
19日	01/06	土	丙寅	満	爐中火	胃
20日	01/07	日	丁卯	平	爐中火	昴
21日	01/08	月	戊辰	平	大林木	畢
22日	01/09	火	己巳	定	大林木	觜
23日	01/10	水	庚午	執	路傍土	参
24日	01/11	木	辛未	破	路傍土	井
25日	01/12	金	壬申	危	釵鋒金	鬼
26日	01/13	土	癸酉	成	釵鋒金	柳
27日	01/14	日	甲戌	納	山頭火	星
28日	01/15	月	乙亥	開	山頭火	張
29日	01/16	火	丙子	閉	澗下水	翼

【十二月大 癸丑 婁】
節気 大寒 5日・立春 20日
雑節 土用 2日・節分 19日

日	西暦	曜	干支	直	納音	宿
1日	01/17	水	丁丑	建	澗下水	軫
2日	01/18	木	戊寅	除	城頭土	角
3日	01/19	金	己卯	満	城頭土	亢
4日	01/20	土	庚辰	平	白鑞金	氐
5日	01/21	日	辛巳	定	白鑞金	房
6日	01/22	月	壬午	執	楊柳木	心
7日	01/23	火	癸未	破	楊柳木	尾
8日	01/24	水	甲申	危	井泉水	箕
9日	01/25	木	乙酉	成	井泉水	斗
10日	01/26	金	丙戌	納	屋上土	牛
11日	01/27	土	丁亥	開	屋上土	女
12日	01/28	日	戊子	閉	霹靂火	虚
13日	01/29	月	己丑	建	霹靂火	危
14日	01/30	火	庚寅	除	松柏木	室
15日	01/31	水	辛卯	満	松柏木	壁
16日	02/01	木	壬辰	平	長流水	奎
17日	02/02	金	癸巳	定	長流水	婁
18日	02/03	土	甲午	執	沙中金	胃
19日	02/04	日	乙未	破	沙中金	昴
20日	02/05	月	丙申	危	山下火	畢
21日	02/06	火	丁酉	成	山下火	觜
22日	02/07	水	戊戌	納	平地木	参
23日	02/08	木	己亥	開	平地木	井
24日	02/09	金	庚子	閉	壁上土	鬼
25日	02/10	土	辛丑	建	壁上土	柳
26日	02/11	日	壬寅	除	金箔金	星
27日	02/12	月	癸卯	満	金箔金	張
28日	02/13	火	甲辰	平	覆燈火	翼
29日	02/14	水	乙巳	定	覆燈火	軫
30日	02/15	木	丙午	定	天河水	角

元禄16年
1703～1704　癸未　女

【正月小　甲寅　胃】
節気　雨水 6日・啓蟄 21日

日	日付	曜	干支	直	納音	宿
1日	02/16	金	丁未	執	天河水	亢
2日	02/17	土	戊申	破	大駅土	氐
3日	02/18	日	己酉	危	大駅土	房
4日	02/19	月	庚戌	成	釵釧金	心
5日	02/20	火	辛亥	納	釵釧金	尾
6日	02/21	水	壬子	開	桑柘木	箕
7日	02/22	木	癸丑	閉	桑柘木	斗
8日	02/23	金	甲寅	建	大溪水	牛
9日	02/24	土	乙卯	除	大溪水	女
10日	02/25	日	丙辰	満	沙中土	虚
11日	02/26	月	丁巳	平	沙中土	危
12日	02/27	火	戊午	定	天上火	室
13日	02/28	水	己未	執	天上火	壁
14日	03/01	木	庚申	破	柘榴木	奎
15日	03/02	金	辛酉	危	柘榴木	婁
16日	03/03	土	壬戌	成	大海水	胃
17日	03/04	日	癸亥	納	大海水	昴
18日	03/05	月	甲子	開	海中金	畢
19日	03/06	火	乙丑	閉	海中金	觜
20日	03/07	水	丙寅	建	爐中火	参
21日	03/08	木	丁卯	建	爐中火	井
22日	03/09	金	戊辰	除	大林木	鬼
23日	03/10	土	己巳	満	大林木	柳
24日	03/11	日	庚午	平	路傍土	星
25日	03/12	月	辛未	定	路傍土	張
26日	03/13	火	壬申	執	劍鋒金	翼
27日	03/14	水	癸酉	破	劍鋒金	軫
28日	03/15	木	甲戌	危	山頭火	角
29日	03/16	金	乙亥	成	山頭火	亢

【二月大　乙卯　昴】
節気　春分 7日・清明 22日
雑節　社日 3日・彼岸 9日

日	日付	曜	干支	直	納音	宿
1日	03/17	土	丙子	納	潤下水	氐
2日	03/18	日	丁丑	開	潤下水	房
3日	03/19	月	戊寅	閉	城頭土	心
4日	03/20	火	己卯	建	城頭土	尾
5日	03/21	水	庚辰	除	白鑞金	箕
6日	03/22	木	辛巳	満	白鑞金	斗
7日	03/23	金	壬午	平	楊柳木	牛
8日	03/24	土	癸未	定	楊柳木	女
9日	03/25	日	甲申	執	井泉水	虚
10日	03/26	月	乙酉	破	井泉水	危
11日	03/27	火	丙戌	危	屋上土	室
12日	03/28	水	丁亥	成	屋上土	壁
13日	03/29	木	戊子	納	霹靂火	奎
14日	03/30	金	己丑	開	霹靂火	婁
15日	03/31	土	庚寅	閉	松柏木	胃
16日	04/01	日	辛卯	建	松柏木	昴
17日	04/02	月	壬辰	除	長流水	畢
18日	04/03	火	癸巳	満	長流水	觜
19日	04/04	水	甲午	平	沙中金	参
20日	04/05	木	乙未	定	沙中金	井
21日	04/06	金	丙申	執	山下火	鬼
22日	04/07	土	丁酉	執	山下火	柳
23日	04/08	日	戊戌	破	平地木	星
24日	04/09	月	己亥	危	平地木	張
25日	04/10	火	庚子	成	壁上土	翼
26日	04/11	水	辛丑	納	壁上土	軫
27日	04/12	木	壬寅	開	金箔金	角
28日	04/13	金	癸卯	閉	金箔金	亢
29日	04/14	土	甲辰	建	覆燈火	氐
30日	04/15	日	乙巳	除	覆燈火	房

【三月大　丙辰　畢】
節気　穀雨 8日・立夏 23日
雑節　土用 4日・八十八夜 18日

日	日付	曜	干支	直	納音	宿
1日	04/16	月	丙午	満	天河水	心
2日	04/17	火	丁未	平	天河水	尾
3日	04/18	水	戊申	定	大駅土	箕
4日	04/19	木	己酉	執	大駅土	斗
5日	04/20	金	庚戌	破	釵釧金	牛
6日	04/21	土	辛亥	危	釵釧金	女
7日	04/22	日	壬子	成	桑柘木	虚
8日	04/23	月	癸丑	納	桑柘木	危
9日	04/24	火	甲寅	開	大溪水	室
10日	04/25	水	乙卯	閉	大溪水	壁
11日	04/26	木	丙辰	建	沙中土	奎
12日	04/27	金	丁巳	除	沙中土	婁
13日	04/28	土	戊午	満	天上火	胃
14日	04/29	日	己未	平	天上火	昴
15日	04/30	月	庚申	定	柘榴木	畢
16日	05/01	火	辛酉	執	柘榴木	觜
17日	05/02	水	壬戌	破	大海水	参
18日	05/03	木	癸亥	危	大海水	井
19日	05/04	金	甲子	成	海中金	鬼
20日	05/05	土	乙丑	納	海中金	柳
21日	05/06	日	丙寅	開	爐中火	星
22日	05/07	月	丁卯	閉	爐中火	張
23日	05/08	火	戊辰	閉	大林木	翼
24日	05/09	水	己巳	建	大林木	軫
25日	05/10	木	庚午	除	路傍土	角
26日	05/11	金	辛未	満	路傍土	亢
27日	05/12	土	壬申	平	劍鋒金	氐
28日	05/13	日	癸酉	定	劍鋒金	房
29日	05/14	月	甲戌	執	山頭火	心
30日	05/15	火	乙亥	破	山頭火	尾

【四月小　丁巳　觜】
節気　小満 8日・芒種 23日
雑節　入梅 27日

日	日付	曜	干支	直	納音	宿
1日	05/16	水	丙子	危	潤下水	箕
2日	05/17	木	丁丑	成	潤下水	斗
3日	05/18	金	戊寅	納	城頭土	牛
4日	05/19	土	己卯	開	城頭土	女
5日	05/20	日	庚辰	閉	白鑞金	虚
6日	05/21	月	辛巳	建	白鑞金	危
7日	05/22	火	壬午	除	楊柳木	室
8日	05/23	水	癸未	満	楊柳木	壁
9日	05/24	木	甲申	平	井泉水	奎
10日	05/25	金	乙酉	定	井泉水	婁
11日	05/26	土	丙戌	執	屋上土	胃
12日	05/27	日	丁亥	破	屋上土	昴
13日	05/28	月	戊子	危	霹靂火	畢
14日	05/29	火	己丑	成	霹靂火	觜
15日	05/30	水	庚寅	納	松柏木	参
16日	05/31	木	辛卯	開	松柏木	井
17日	06/01	金	壬辰	閉	長流水	鬼
18日	06/02	土	癸巳	建	長流水	柳
19日	06/03	日	甲午	除	沙中金	星
20日	06/04	月	乙未	満	沙中金	張
21日	06/05	火	丙申	平	山下火	翼
22日	06/06	水	丁酉	定	山下火	軫
23日	06/07	木	戊戌	定	平地木	角
24日	06/08	金	己亥	執	平地木	亢
25日	06/09	土	庚子	破	壁上土	氐
26日	06/10	日	辛丑	危	壁上土	房
27日	06/11	月	壬寅	成	金箔金	心
28日	06/12	火	癸卯	納	金箔金	尾
29日	06/13	水	甲辰	開	覆燈火	箕

【五月大　戊午　参】
節気　夏至 9日・小暑 25日
雑節　半夏生 19日

日	日付	曜	干支	直	納音	宿
1日	06/14	木	乙巳	閉	覆燈火	斗
2日	06/15	金	丙午	建	天河水	牛
3日	06/16	土	丁未	除	天河水	女
4日	06/17	日	戊申	満	大駅土	虚
5日	06/18	月	己酉	平	大駅土	危
6日	06/19	火	庚戌	定	釵釧金	室
7日	06/20	水	辛亥	執	釵釧金	壁
8日	06/21	木	壬子	破	桑柘木	奎
9日	06/22	金	癸丑	危	桑柘木	婁
10日	06/23	土	甲寅	成	大溪水	胃
11日	06/24	日	乙卯	納	大溪水	昴
12日	06/25	月	丙辰	開	沙中土	畢
13日	06/26	火	丁巳	閉	沙中土	觜
14日	06/27	水	戊午	建	天上火	参
15日	06/28	木	己未	除	天上火	井
16日	06/29	金	庚申	満	柘榴木	鬼
17日	06/30	土	辛酉	平	柘榴木	柳
18日	07/01	日	壬戌	定	大海水	星
19日	07/02	月	癸亥	執	大海水	張
20日	07/03	火	甲子	破	海中金	翼
21日	07/04	水	乙丑	危	海中金	軫
22日	07/05	木	丙寅	成	爐中火	角
23日	07/06	金	丁卯	納	爐中火	亢
24日	07/07	土	戊辰	開	大林木	氐
25日	07/08	日	己巳	開	大林木	房
26日	07/09	月	庚午	閉	路傍土	心
27日	07/10	火	辛未	建	路傍土	尾
28日	07/11	水	壬申	除	劍鋒金	箕
29日	07/12	木	癸酉	満	劍鋒金	斗
30日	07/13	金	甲戌	平	山頭火	牛

【六月大　己未　井】
節気　大暑 10日・立秋 25日
雑節　土用 7日

日	日付	曜	干支	直	納音	宿
1日	07/14	土	乙亥	定	山頭火	女
2日	07/15	日	丙子	執	潤下水	虚
3日	07/16	月	丁丑	破	潤下水	危
4日	07/17	火	戊寅	危	城頭土	室
5日	07/18	水	己卯	成	城頭土	壁
6日	07/19	木	庚辰	納	白鑞金	奎
7日	07/20	金	辛巳	開	白鑞金	婁
8日	07/21	土	壬午	閉	楊柳木	胃
9日	07/22	日	癸未	建	楊柳木	昴
10日	07/23	月	甲申	除	井泉水	畢
11日	07/24	火	乙酉	満	井泉水	觜
12日	07/25	水	丙戌	平	屋上土	参
13日	07/26	木	丁亥	定	屋上土	井
14日	07/27	金	戊子	執	霹靂火	鬼
15日	07/28	土	己丑	破	霹靂火	柳
16日	07/29	日	庚寅	危	松柏木	星
17日	07/30	月	辛卯	成	松柏木	張
18日	07/31	火	壬辰	納	長流水	翼
19日	08/01	水	癸巳	開	長流水	軫
20日	08/02	木	甲午	閉	沙中金	角
21日	08/03	金	乙未	建	沙中金	亢
22日	08/04	土	丙申	除	山下火	氐
23日	08/05	日	丁酉	満	山下火	房
24日	08/06	月	戊戌	平	平地木	心
25日	08/07	火	己亥	平	平地木	尾
26日	08/08	水	庚子	定	壁上土	箕
27日	08/09	木	辛丑	執	壁上土	斗
28日	08/10	金	壬寅	破	金箔金	牛
29日	08/11	土	癸卯	危	金箔金	女

元禄16年

西暦	曜	干支	直	納音	宿
30日 08/12	日	甲辰	成	覆燈火	虚

【七月小 庚申 鬼】
節気 処暑 10日・白露 25日
雑節 二百十日 21日

日	西暦	曜	干支	直	納音	宿
1日	08/13	月	乙巳	納	覆燈火	危
2日	08/14	火	丙午	開	天河水	室
3日	08/15	水	丁未	閉	天河水	壁
4日	08/16	木	戊申	建	大駅土	奎
5日	08/17	金	己酉	除	大駅土	婁
6日	08/18	土	庚戌	満	釵釧金	胃
7日	08/19	日	辛亥	平	桑柘木	昴
8日	08/20	月	壬子	定	桑柘木	觜
10日	08/21	火	癸丑	執	大渓水	参
10日	08/22	水	甲寅	破	大渓水	井
11日	08/23	木	乙卯	危	沙中土	鬼
12日	08/24	金	丙辰	成	沙中土	柳
13日	08/25	土	丁巳	納	沙中土	星
14日	08/26	日	戊午	開	天上火	張
15日	08/27	月	己未	閉	天上火	翼
16日	08/28	火	庚申	建	柘榴木	軫
17日	08/29	水	辛酉	除	柘榴木	角
18日	08/30	木	壬戌	満	大海水	亢
19日	08/31	金	癸亥	平	大海水	氐
20日	09/01	土	甲子	定	海中金	房
21日	09/02	日	乙丑	執	海中金	心
22日	09/03	月	丙寅	破	爐中火	尾
23日	09/04	火	丁卯	危	爐中火	箕
24日	09/05	水	戊辰	成	大林木	斗
25日	09/06	木	己巳	納	大林木	牛
26日	09/07	金	庚午	開	路傍土	女
27日	09/08	土	辛未	閉	路傍土	虚
28日	09/09	日	壬申	建	釵鋒金	危
29日	09/10	月	癸酉	除	釵鋒金	室

【八月大 辛酉 柳】
節気 秋分 12日・寒露 27日
雑節 彼岸 14日・社日 15日

日	西暦	曜	干支	直	納音	宿
1日	09/11	火	甲戌	満	山頭火	室
2日	09/12	水	乙亥	平	山頭火	壁
3日	09/13	木	丙子	定	潤下水	奎
4日	09/14	金	丁丑	定	潤下水	婁
5日	09/15	土	戊寅	執	城頭土	胃
6日	09/16	日	己卯	破	城頭土	昴
7日	09/17	月	庚辰	成	白鑞金	畢
8日	09/18	火	辛巳	納	白鑞金	觜
9日	09/19	水	壬午	開	楊柳木	参
10日	09/20	木	癸未	閉	楊柳木	井
11日	09/21	金	甲申	建	井泉水	鬼
12日	09/22	土	乙酉	除	井泉水	柳
13日	09/23	日	丙戌	満	屋上土	星
14日	09/24	月	丁亥	平	屋上土	張
15日	09/25	火	戊子	定	霹靂火	翼
16日	09/26	水	己丑	執	霹靂火	軫
17日	09/27	木	庚寅	破	松柏木	角
18日	09/28	金	辛卯	危	松柏木	亢
19日	09/29	土	壬辰	成	長流水	氐
20日	09/30	日	癸巳	納	長流水	房
21日	10/01	月	甲午	開	沙中金	心
22日	10/02	火	乙未	閉	沙中金	尾
23日	10/03	水	丙申	建	山下火	箕
24日	10/04	木	丁酉	除	山下火	斗
25日	10/05	金	戊戌	満	平地木	牛
26日	10/06	土	己亥	平	平地木	女
27日	10/07	日	庚子	定	壁上土	虚
28日	10/08	月	辛丑	執	壁上土	危
29日	10/09	火	壬寅	定	金箔金	室
30日	10/10	水	癸卯	執	金箔金	壁

【九月小 壬戌 星】
節気 霜降 12日・立冬 27日
雑節 土用 9日

日	西暦	曜	干支	直	納音	宿
1日	10/11	木	甲辰	破	覆燈火	奎
2日	10/12	金	乙巳	危	覆燈火	婁
3日	10/13	土	丙午	成	天河水	胃
4日	10/14	日	丁未	納	天河水	昴
5日	10/15	月	戊申	開	大駅土	畢
6日	10/16	火	己酉	閉	大駅土	觜
7日	10/17	水	庚戌	建	釵釧金	参
8日	10/18	木	辛亥	除	釵釧金	井
9日	10/19	金	壬子	満	桑柘木	鬼
10日	10/20	土	癸丑	平	桑柘木	星
11日	10/21	日	甲寅	定	大渓水	張
12日	10/22	月	乙卯	執	大渓水	翼
13日	10/23	火	丙辰	破	沙中土	軫
14日	10/24	水	丁巳	危	沙中土	角
15日	10/25	木	戊午	成	天上火	亢
16日	10/26	金	己未	納	天上火	氐
17日	10/27	土	庚申	開	柘榴木	房
18日	10/28	日	辛酉	閉	柘榴木	心
19日	10/29	月	壬戌	建	大海水	尾
20日	10/30	火	癸亥	除	大海水	箕
21日	10/31	水	甲子	平	海中金	斗
22日	11/01	木	乙丑	定	海中金	牛
23日	11/02	金	丙寅	定	爐中火	女
24日	11/03	土	丁卯	執	爐中火	虚
25日	11/04	日	戊辰	破	大林木	危
26日	11/05	月	己巳	危	大林木	室
27日	11/06	火	庚午	危	路傍土	壁
28日	11/07	水	辛未	成	路傍土	奎
29日	11/08	木	壬申	納	釵鋒金	奎

【十月大 癸亥 張】
節気 小雪 14日・大雪 29日

日	西暦	曜	干支	直	納音	宿
1日	11/09	金	癸酉	開	釵鋒金	婁
2日	11/10	土	甲戌	閉	山頭火	胃
3日	11/11	日	乙亥	建	山頭火	昴
4日	11/12	月	丙子	除	潤下水	畢
5日	11/13	火	丁丑	満	潤下水	觜
6日	11/14	水	戊寅	平	城頭土	参
7日	11/15	木	己卯	定	城頭土	井
8日	11/16	金	庚辰	執	白鑞金	鬼
9日	11/17	土	辛巳	破	白鑞金	柳
10日	11/18	日	壬午	危	楊柳木	星
11日	11/19	月	癸未	成	楊柳木	張
12日	11/20	火	甲申	納	井泉水	翼
13日	11/21	水	乙酉	開	井泉水	軫
14日	11/22	木	丙戌	閉	屋上土	角
15日	11/23	金	丁亥	建	屋上土	亢
16日	11/24	土	戊子	除	霹靂火	氐
17日	11/25	日	己丑	満	霹靂火	房
18日	11/26	月	庚寅	平	松柏木	心
19日	11/27	火	辛卯	定	松柏木	尾
20日	11/28	水	壬辰	執	長流水	箕
21日	11/29	木	癸巳	破	長流水	斗
22日	11/30	金	甲午	危	沙中金	牛
23日	12/01	土	乙未	成	沙中金	女
24日	12/02	日	丙申	納	山下火	虚
25日	12/03	月	丁酉	開	山下火	危
26日	12/04	火	戊戌	閉	平地木	室
27日	12/05	水	己亥	建	平地木	壁
28日	12/06	木	庚子	除	壁上土	奎
29日	12/07	金	辛丑	満	壁上土	婁
30日	12/08	土	壬寅	平	金箔金	胃

【十一月小 甲子 翼】
節気 冬至 14日・小寒 29日

日	西暦	曜	干支	直	納音	宿
1日	12/09	日	癸卯	平	金箔金	昴
2日	12/10	月	甲辰	定	覆燈火	畢
3日	12/11	火	乙巳	執	覆燈火	觜
4日	12/12	水	丙午	破	天河水	参
5日	12/13	木	丁未	危	天河水	井
6日	12/14	金	戊申	成	大駅土	鬼
7日	12/15	土	己酉	納	大駅土	柳
8日	12/16	日	庚戌	開	釵釧金	星
9日	12/17	月	辛亥	閉	釵釧金	張
10日	12/18	火	壬子	建	桑柘木	翼
11日	12/19	水	癸丑	除	桑柘木	軫
12日	12/20	木	甲寅	満	大渓水	角
13日	12/21	金	乙卯	平	大渓水	亢
14日	12/22	土	丙辰	定	沙中土	氐
15日☆	12/23	日	丁巳	執	沙中土	房
16日	12/24	月	戊午	破	天上火	心
17日	12/25	火	己未	危	天上火	尾
18日	12/26	水	庚申	成	柘榴木	箕
19日	12/27	木	辛酉	納	柘榴木	斗
20日	12/28	金	壬戌	開	大海水	牛
21日	12/29	土	癸亥	閉	大海水	女
22日	12/30	日	甲子	建	海中金	虚
23日	12/31	月	乙丑	除	海中金	危

1704年

日	西暦	曜	干支	直	納音	宿
24日	**01/01**	火	丙寅	満	爐中火	室
25日	01/02	水	丁卯	平	爐中火	壁
26日	01/03	木	戊辰	定	大林木	奎
27日	01/04	金	己巳	執	大林木	婁
28日	01/05	土	庚午	破	路傍土	胃
29日	01/06	日	辛未	危	路傍土	昴

【十二月小 乙丑 軫】
節気 大寒 15日
雑節 土用 12日

日	西暦	曜	干支	直	納音	宿
1日	01/07	月	壬申	成	釵鋒金	畢
2日	01/08	火	癸酉	納	釵鋒金	觜
3日	01/09	水	甲戌	開	山頭火	参
4日	01/10	木	乙亥	閉	山頭火	井
5日	01/11	金	丙子	建	潤下水	柳
6日	01/12	土	丁丑	除	潤下水	星
7日	01/13	日	戊寅	満	城頭土	張
8日	01/14	月	己卯	平	城頭土	翼
9日	01/15	火	庚辰	定	白鑞金	軫
10日	01/16	水	辛巳	執	白鑞金	角
11日	01/17	木	壬午	破	楊柳木	亢
12日	01/18	金	癸未	危	楊柳木	氐
13日	01/19	土	甲申	成	井泉水	房
14日	01/20	日	乙酉	成	井泉水	心
15日	01/21	月	丙戌	破	屋上土	尾
16日	01/22	火	丁亥	開	屋上土	箕
17日	01/23	水	戊子	閉	霹靂火	斗
18日	01/24	木	己丑	建	霹靂火	牛
19日	01/25	金	庚寅	除	松柏木	女
20日	01/26	土	辛卯	満	松柏木	虚
21日	01/27	日	壬辰	平	長流水	危
22日	01/28	月	癸巳	定	長流水	室
23日	01/29	火	甲午	執	沙中金	壁
24日	01/30	水	乙未	破	沙中金	奎
25日	01/31	木	丙申	危	山下火	婁
26日	02/01	金	丁酉	納	山下火	胃
27日	02/02	土	戊戌	開	平地木	昴
28日	02/03	日	己亥	閉	平地木	畢
29日	02/04	月	庚子	建	壁上土	觜

宝永元年〔元禄17年〕

1704～1705　甲申　虚
※改元＝3月13日

【正月大 丙寅 角】

節気　立春 2日・雨水 17日
雑節　節分 1日

日	月日	曜	干支	直	納音	宿
1日	02/05	火	辛丑	建	壁上土	觜
2日	02/06	水	壬寅	建	金箔金	参
3日	02/07	木	癸卯	除	金箔金	井
4日	02/08	金	甲辰	満	覆燈火	鬼
5日	02/09	土	乙巳	平	覆燈火	柳
6日	02/10	日	丙午	定	天河水	星
7日	02/11	月	丁未	執	天河水	張
8日	02/12	火	戊申	破	大駅土	翼
9日	02/13	水	己酉	危	大駅土	軫
10日	02/14	木	庚戌	成	釵釧金	角
11日	02/15	金	辛亥	納	釵釧金	亢
12日	02/16	土	壬子	開	桑柘木	氐
13日	02/17	日	癸丑	閉	桑柘木	房
14日	02/18	月	甲寅	建	大渓水	心
15日	02/19	火	乙卯	除	大渓水	尾
16日	02/20	水	丙辰	満	沙中土	箕
17日	02/21	木	丁巳	平	沙中土	斗
18日	02/22	金	戊午	定	天上火	牛
19日	02/23	土	己未	執	天上火	女
20日	02/24	日	庚申	破	柘榴木	虚
21日	02/25	月	辛酉	危	柘榴木	危
22日	02/26	火	壬戌	成	大海水	室
23日	02/27	水	癸亥	納	大海水	壁
24日	02/28	木	甲子	開	海中金	奎
25日	02/29	金	乙丑	閉	海中金	婁
26日	03/01	土	丙寅	建	爐中火	胃
27日	03/02	日	丁卯	除	爐中火	昴
28日	03/03	月	戊辰	満	大林木	畢
29日	03/04	火	己巳	平	大林木	觜
30日	03/05	水	庚午	定	路傍土	参

【二月小 丁卯 亢】

節気　啓蟄 2日・春分 17日
雑節　社日 18日・彼岸 19日

日	月日	曜	干支	直	納音	宿
1日	03/06	木	辛未	執	路傍土	井
2日	03/07	金	壬申	破	釵鋒金	鬼
3日	03/08	土	癸酉	危	釵鋒金	柳
4日	03/09	日	甲戌	成	山頭火	星
5日	03/10	月	乙亥	納	山頭火	張
6日	03/11	火	丙子	開	澗下水	軫
7日	03/12	水	丁丑	閉	澗下水	角
8日	03/13	木	戊寅	建	城頭土	角
9日	03/14	金	己卯	除	城頭土	亢
10日	03/15	土	庚辰	満	白鑞金	氐
11日	03/16	日	辛巳	平	白鑞金	房
12日	03/17	月	壬午	定	楊柳木	心
13日	03/18	火	癸未	執	楊柳木	尾
14日	03/19	水	甲申	破	井泉水	箕
15日	03/20	木	乙酉	危	井泉水	斗
16日	03/21	金	丙戌	成	屋上土	牛
17日	03/22	土	丁亥	納	屋上土	女
18日	03/23	日	戊子	開	霹靂火	虚
19日	03/24	月	己丑	閉	霹靂火	危
20日	03/25	火	庚寅	建	松柏木	室
21日	03/26	水	辛卯	除	松柏木	壁
22日	03/27	木	壬辰	満	長流水	奎
23日	03/28	金	癸巳	平	長流水	婁
24日	03/29	土	甲午	定	沙中金	胃
25日	03/30	日	乙未	執	沙中金	觜
26日	03/31	月	丙申	破	山下火	参
27日	04/01	火	丁酉	危	山下火	井
28日	04/02	水	戊戌	成	平地木	鬼
29日	04/03	木	己亥	納	平地木	柳

【三月大 戊辰 氐】

節気　清明 4日・穀雨 19日
雑節　土用 16日・八十八夜 30日

日	月日	曜	干支	直	納音	宿
1日	04/04	金	庚子	納	壁上土	鬼
2日	04/05	土	辛丑	開	壁上土	柳
3日	04/06	日	壬寅	閉	金箔金	星
4日	04/07	月	癸卯	閉	金箔金	張
5日	04/08	火	甲辰	建	覆燈火	翼
6日	04/09	水	乙巳	除	覆燈火	軫
7日	04/10	木	丙午	満	天河水	角
8日	04/11	金	丁未	平	天河水	亢
9日	04/12	土	戊申	定	大駅土	氐
10日	04/13	日	己酉	執	大駅土	房
11日	04/14	月	庚戌	破	釵釧金	心
12日	04/15	火	辛亥	危	釵釧金	尾
13日	04/16	水	壬子	成	桑柘木	箕

＊改元（元禄17年→宝永元年）

日	月日	曜	干支	直	納音	宿
14日	04/17	木	癸丑	納	桑柘木	斗
15日	04/18	金	甲寅	開	大渓水	牛
16日	04/19	土	乙卯	閉	大渓水	女
17日	04/20	日	丙辰	建	沙中土	虚
18日	04/21	月	丁巳	除	沙中土	危
19日	04/22	火	戊午	満	天上火	室
20日	04/23	水	己未	平	天上火	壁
21日	04/24	木	庚申	定	柘榴木	奎
22日	04/25	金	辛酉	執	柘榴木	婁
23日	04/26	土	壬戌	破	大海水	胃
24日	04/27	日	癸亥	危	大海水	昴
25日	04/28	月	甲子	成	海中金	畢
26日	04/29	火	乙丑	納	海中金	觜
27日	04/30	水	丙寅	開	爐中火	参
28日	05/01	木	丁卯	閉	爐中火	井
29日	05/02	金	戊辰	建	大林木	鬼
30日	05/03	土	己巳	除	大林木	柳

【四月小 己巳 房】

節気　立夏 4日・小満 19日

日	月日	曜	干支	直	納音	宿
1日	05/04	日	庚午	満	路傍土	星
2日	05/05	月	辛未	平	路傍土	張
3日	05/06	火	壬申	定	釵鋒金	翼
4日	05/07	水	癸酉	執	釵鋒金	軫
5日	05/08	木	甲戌	執	山頭火	角
6日	05/09	金	乙亥	破	山頭火	亢
7日	05/10	土	丙子	危	澗下水	氐
8日	05/11	日	丁丑	成	澗下水	房
9日	05/12	月	戊寅	納	城頭土	心
10日	05/13	火	己卯	開	城頭土	尾
11日	05/14	水	庚辰	閉	白鑞金	箕
12日	05/15	木	辛巳	建	白鑞金	斗
13日	05/16	金	壬午	除	楊柳木	牛
14日	05/17	土	癸未	満	楊柳木	女
15日	05/18	日	甲申	平	井泉水	虚
16日	05/19	月	乙酉	定	井泉水	危
17日	05/20	火	丙戌	執	屋上土	室
18日	05/21	水	丁亥	破	屋上土	壁
19日	05/22	木	戊子	危	霹靂火	奎
20日	05/23	金	己丑	成	霹靂火	婁
21日	05/24	土	庚寅	納	松柏木	胃
22日	05/25	日	辛卯	開	松柏木	昴
23日	05/26	月	壬辰	閉	長流水	畢
24日	05/27	火	癸巳	建	長流水	觜
25日	05/28	水	甲午	除	沙中金	参
26日	05/29	木	乙未	満	沙中金	井
27日	05/30	金	丙申	平	山下火	鬼
28日	05/31	土	丁酉	定	山下火	柳
29日	06/01	日	戊戌	執	平地木	星

【五月大 庚午 心】

節気　芒種 5日・夏至 21日
雑節　入梅 14日

日	月日	曜	干支	直	納音	宿
1日	06/02	月	己亥	破	平地木	張
2日	06/03	火	庚子	危	壁上土	翼
3日	06/04	水	辛丑	成	壁上土	軫
4日	06/05	木	壬寅	納	金箔金	角
5日	06/06	金	癸卯	納	金箔金	亢
6日	06/07	土	甲辰	開	覆燈火	氐
7日	06/08	日	乙巳	閉	覆燈火	房
8日	06/09	月	丙午	建	天河水	心
9日	06/10	火	丁未	除	天河水	尾
10日	06/11	水	戊申	満	大駅土	箕
11日	06/12	木	己酉	平	大駅土	斗
12日	06/13	金	庚戌	定	釵釧金	牛
13日	06/14	土	辛亥	執	釵釧金	女
14日	06/15	日	壬子	破	桑柘木	虚
15日	06/16	月	癸丑	危	桑柘木	危
16日☆	06/17	火	甲寅	成	大渓水	室
17日	06/18	水	乙卯	納	大渓水	壁
18日	06/19	木	丙辰	開	沙中土	奎
19日	06/20	金	丁巳	閉	沙中土	婁
20日	06/21	土	戊午	建	天上火	胃
21日	06/22	日	己未	除	天上火	昴
22日	06/23	月	庚申	満	柘榴木	畢
23日	06/24	火	辛酉	平	柘榴木	觜
24日	06/25	水	壬戌	定	大海水	参
25日	06/26	木	癸亥	破	大海水	井
26日	06/27	金	甲子	危	海中金	鬼
27日	06/28	土	乙丑	成	海中金	柳
28日	06/29	日	丙寅	納	爐中火	星
29日	06/30	月	丁卯	開	爐中火	張
30日	07/01	火	戊辰	閉	大林木	翼

【六月大 辛未 尾】

節気　小暑 6日・大暑 21日
雑節　半夏生 1日・土用 18日

日	月日	曜	干支	直	納音	宿
1日	07/02	水	己巳	閉	大林木	軫
2日	07/03	木	庚午	建	路傍土	角
3日	07/04	金	辛未	除	路傍土	亢
4日	07/05	土	壬申	満	釵鋒金	氐
5日	07/06	日	癸酉	平	釵鋒金	房
6日	07/07	月	甲戌	平	山頭火	心
7日	07/08	火	乙亥	定	山頭火	尾
8日	07/09	水	丙子	執	澗下水	箕
9日	07/10	木	丁丑	破	澗下水	斗
10日	07/11	金	戊寅	危	城頭土	牛
11日	07/12	土	己卯	成	城頭土	女
12日	07/13	日	庚辰	納	白鑞金	虚
13日	07/14	月	辛巳	開	白鑞金	危
14日	07/15	火	壬午	閉	楊柳木	室
15日	07/16	水	癸未	建	楊柳木	壁
16日	07/17	木	甲申	除	井泉水	奎
17日	07/18	金	乙酉	満	井泉水	婁
18日	07/19	土	丙戌	平	屋上土	胃
19日	07/20	日	丁亥	定	屋上土	昴
20日	07/21	月	戊子	執	霹靂火	畢
21日	07/22	火	己丑	破	霹靂火	觜
22日	07/23	水	庚寅	危	松柏木	参
23日	07/24	木	辛卯	成	松柏木	井
24日	07/25	金	壬辰	納	長流水	鬼
25日	07/26	土	癸巳	開	長流水	柳
26日	07/27	日	甲午	閉	沙中金	星

西暦	曜	干支	直	納音	宿

宝永元年〔元禄17年〕

27日 07/28 月 乙未 建 沙中金 張
28日 07/29 火 丙申 除 山下火 翼
29日 07/30 水 丁酉 満 山下火 軫
30日 07/31 木 戊戌 平 平地木 角

【七月小 壬申 箕】
節気 立秋 6日・処暑 22日
1日 08/01 金 己亥 定 平地木 亢
2日 08/02 土 庚子 執 壁上土 氐
3日 08/03 日 辛丑 破 壁上土 房
4日 08/04 月 壬寅 危 金箔金 心
5日 08/05 火 癸卯 成 金箔金 尾
6日 08/06 水 甲辰 納 覆燈火 箕
7日 08/07 木 乙巳 開 覆燈火 斗
8日 08/08 金 丙午 開 天河水 牛
9日 08/09 土 丁未 建 天河水 女
10日 08/10 日 戊申 建 大駅土 虚
11日 08/11 月 己酉 除 大駅土 危
12日 08/12 火 庚戌 満 釵釧金 室
13日 08/13 水 辛亥 平 釵釧金 壁
14日 08/14 木 壬子 定 桑柘木 奎
15日 08/15 金 癸丑 執 桑柘木 婁
16日 08/16 土 甲寅 破 大溪水 胃
17日 08/17 日 乙卯 危 大溪水 昴
18日 08/18 月 丙辰 成 沙中土 畢
19日 08/19 火 丁巳 納 沙中土 觜
20日 08/20 水 戊午 開 天上火 参
21日 08/21 木 己未 閉 天上火 井
22日 08/22 金 庚申 建 柘榴木 鬼
23日 08/23 土 辛酉 除 柘榴木 柳
24日 08/24 日 壬戌 満 大海水 星
25日 08/25 月 癸亥 平 大海水 張
26日 08/26 火 甲子 定 海中金 翼
27日 08/27 水 乙丑 執 海中金 軫
28日 08/28 木 丙寅 破 爐中火 角
29日 08/29 金 丁卯 危 爐中火 亢

【八月大 癸酉 斗】
節気 白露 8日・秋分 23日
雑節 二百十日 4日・社日 21日・彼岸 25日
1日 08/30 土 戊辰 成 大林木 氐
2日 08/31 日 己巳 納 大林木 房
3日 09/01 月 庚午 開 路傍土 心
4日 09/02 火 辛未 建 路傍土 尾
5日 09/03 水 壬申 建 釵鋒金 箕
6日 09/04 木 癸酉 除 釵鋒金 斗
7日 09/05 金 甲戌 満 山頭火 牛
8日 09/06 土 乙亥 満 山頭火 女
9日 09/07 日 丙子 平 潤下水 虚
10日 09/08 月 丁丑 定 潤下水 危
11日 09/09 火 戊寅 執 城頭土 室
12日 09/10 水 己卯 破 城頭土 壁
13日 09/11 木 庚辰 危 白鑞金 奎
14日 09/12 金 辛巳 成 白鑞金 婁
15日 09/13 土 壬午 納 楊柳木 胃
16日 09/14 日 癸未 開 楊柳木 昴
17日 09/15 月 甲申 閉 井泉水 畢
18日 09/16 火 乙酉 建 井泉水 觜
19日 09/17 水 丙戌 除 屋上土 参
20日 09/18 木 丁亥 満 屋上土 井
21日 09/19 金 戊子 平 霹靂火 鬼
22日 09/20 土 己丑 定 霹靂火 柳
23日 09/21 日 庚寅 執 松柏木 星
24日 09/22 月 辛卯 破 松柏木 張
25日 09/23 火 壬辰 危 長流水 翼
26日 09/24 水 癸巳 成 長流水 軫
27日 09/25 木 甲午 納 沙中金 角

28日 09/26 金 乙未 開 沙中金 亢
29日 09/27 土 丙申 閉 山下火 氐
30日 09/28 日 丁酉 建 山下火 房

【九月大 甲戌 牛】
節気 寒露 8日・霜降 23日
雑節 土用 20日
1日 09/29 月 戊戌 除 平地木 心
2日 09/30 火 己亥 満 平地木 尾
3日 10/01 水 庚子 平 壁上土 箕
4日 10/02 木 辛丑 定 壁上土 斗
5日 10/03 金 壬寅 執 金箔金 女
6日 10/04 土 癸卯 危 金箔金 虚
7日 10/05 日 甲辰 危 覆燈火 危
8日 10/06 月 乙巳 成 覆燈火 室
9日 10/07 火 丙午 納 天河水 壁
10日 10/08 水 丁未 開 天河水 奎
11日 10/09 木 戊申 閉 大駅土 婁
12日 10/10 金 己酉 閉 大駅土 胃
13日 10/11 土 庚戌 建 釵釧金 昴
14日 10/12 日 辛亥 除 釵釧金 畢
15日 10/13 月 壬子 満 桑柘木 觜
16日 10/14 火 癸丑 平 桑柘木 参
17日 10/15 水 甲寅 執 大溪水 井
18日 10/16 木 乙卯 執 大溪水 鬼
19日 10/17 金 丙辰 破 沙中土 鬼
20日 10/18 土 丁巳 危 天上火 星
21日 10/19 日 戊午 成 天上火 張
22日 10/20 月 己未 納 柘榴木 翼
23日 10/21 火 庚申 開 柘榴木 軫
24日 10/22 水 辛酉 閉 大海水 角
25日 10/23 木 壬戌 建 大海水 亢
26日 10/24 金 癸亥 除 海中金 氐
27日 10/25 土 甲子 平 海中金 房
28日 10/26 日 乙丑 平 爐中火 心
29日 10/27 月 丙寅 定 爐中火 尾
30日 10/28 火 丁卯 執 爐中火 尾

【十月小 乙亥 女】
節気 立冬 9日・小雪 24日
1日 10/29 水 戊辰 破 大林木 箕
2日 10/30 木 己巳 危 大林木 斗
3日 10/31 金 庚午 成 路傍土 牛
4日 11/01 土 辛未 開 路傍土 女
5日 11/02 日 壬申 閉 釵鋒金 虚
6日 11/03 月 癸酉 閉 釵鋒金 危
7日 11/04 火 甲戌 建 山頭火 室
8日 11/05 水 乙亥 除 山頭火 壁
9日 11/06 木 丙子 除 潤下水 奎
10日 11/07 金 丁丑 満 潤下水 婁
11日 11/08 土 戊寅 定 城頭土 胃
12日 11/09 日 己卯 定 城頭土 昴
13日 11/10 月 庚辰 執 白鑞金 畢
14日 11/11 火 辛巳 破 白鑞金 觜
15日 11/12 水 壬午 危 楊柳木 参
16日 11/13 木 癸未 成 楊柳木 井
17日 11/14 金 甲申 納 井泉水 鬼
18日 11/15 土 乙酉 開 井泉水 柳
19日 11/16 日 丙戌 閉 屋上土 星
20日 11/17 月 丁亥 建 屋上土 張
21日 11/18 火 戊子 除 霹靂火 翼
22日 11/19 水 己丑 満 霹靂火 軫
23日 11/20 木 庚寅 平 松柏木 角
24日 11/21 金 辛卯 定 松柏木 亢
25日 11/22 土 壬辰 執 長流水 氐
26日 11/23 日 癸巳 危 長流水 房
27日 11/24 月 甲午 危 沙中金 心
28日 11/25 火 乙未 成 沙中金 尾

29日 11/26 水 丙申 閉 山下火 箕

【十一月大 丙子 虚】
節気 大雪 10日・冬至 25日
1日 ◎ 11/27 木 丁酉 建 山下火 斗
2日 11/28 金 戊戌 閉 平地木 牛
3日 11/29 土 己亥 建 平地木 女
4日 11/30 日 庚子 除 壁上土 虚
5日 12/01 月 辛丑 満 壁上土 危
6日 12/02 火 壬寅 平 金箔金 室
7日 12/03 水 癸卯 定 金箔金 壁
8日 12/04 木 甲辰 執 覆燈火 奎
9日 12/05 金 乙巳 破 覆燈火 婁
10日 12/06 土 丙午 危 天河水 胃
11日 12/07 日 丁未 危 天河水 昴
12日 12/08 月 戊申 成 大駅土 畢
13日 12/09 火 己酉 納 大駅土 觜
14日 12/10 水 庚戌 開 釵釧金 参
15日 ☆ 12/11 木 辛亥 閉 釵釧金 井
16日 12/12 金 壬子 建 桑柘木 鬼
17日 12/13 土 癸丑 除 桑柘木 柳
18日 12/14 日 甲寅 満 大溪水 星
19日 12/15 月 乙卯 平 大溪水 張
20日 12/16 火 丙辰 定 沙中土 翼
21日 12/17 水 丁巳 執 沙中土 軫
22日 12/18 木 戊午 破 天上火 角
23日 12/19 金 己未 危 天上火 亢
24日 12/20 土 庚申 成 柘榴木 氐
25日 12/21 日 辛酉 納 柘榴木 房
26日 12/22 月 壬戌 開 大海水 心
27日 12/23 火 癸亥 閉 大海水 尾
28日 12/24 水 甲子 建 海中金 箕
29日 12/25 木 乙丑 除 海中金 斗
30日 12/26 金 丙寅 満 爐中火 牛

【十二月小 丁丑 危】
節気 小寒 10日・大寒 26日
雑節 土用 23日
1日 12/27 土 丁卯 平 爐中火 女
2日 12/28 日 戊辰 執 大林木 虚
3日 12/29 月 己巳 執 大林木 危
4日 12/30 火 庚午 破 路傍土 室
5日 12/31 水 辛未 危 路傍土 壁

1705年
6日 01/01 木 壬申 成 釵鋒金 奎
7日 01/02 金 癸酉 納 釵鋒金 婁
8日 01/03 土 甲戌 開 山頭火 胃
9日 01/04 日 乙亥 閉 山頭火 昴
10日 01/05 月 丙子 閉 潤下水 畢
11日 01/06 火 丁丑 建 潤下水 觜
12日 01/07 水 戊寅 除 城頭土 参
13日 01/08 木 己卯 満 城頭土 井
14日 01/09 金 庚辰 平 白鑞金 鬼
15日 01/10 土 辛巳 定 白鑞金 柳
16日 01/11 日 壬午 執 楊柳木 星
17日 01/12 月 癸未 破 楊柳木 張
18日 01/13 火 甲申 危 井泉水 翼
19日 01/14 水 乙酉 成 井泉水 軫
20日 01/15 木 丙戌 納 屋上土 角
21日 01/16 金 丁亥 開 屋上土 亢
22日 01/17 土 戊子 閉 霹靂火 氐
23日 01/18 日 己丑 建 霹靂火 房
24日 01/19 月 庚寅 除 松柏木 心
25日 01/20 火 辛卯 満 松柏木 尾
26日 01/21 水 壬辰 平 長流水 箕
27日 01/22 木 癸巳 定 長流水 斗
28日 01/23 金 甲午 執 沙中金 牛
29日 01/24 土 乙未 破 沙中金 女

宝永2年

1705～1706 乙酉 危

【正月大 戊寅 室】

節気 立春 12日・雨水 27日
雑節 節分 11日

日	新暦	曜	干支	十二直	納音	宿
1	01/25	日	丙申	危	山下火	虚
2	01/26	月	丁酉	成	山下火	室
3	01/27	火	戊戌	納	平地木	壁
4	01/28	水	己亥	開	平地木	奎
5	01/29	木	庚子	閉	壁上土	婁
6	01/30	金	辛丑	建	壁上土	胃
7	01/31	土	壬寅	除	金箔金	昴
8	02/01	日	癸卯	満	金箔金	畢
9	02/02	月	甲辰	平	覆燈火	觜
10	02/03	火	乙巳	定	覆燈火	参
11	02/04	水	丙午	執	天河水	井
12	02/05	木	丁未	執	天河水	鬼
13	02/06	金	戊申	破	大駅土	柳
14	02/07	土	己酉	危	大駅土	星
15	02/08	日	庚戌	成	釵釧金	張
16	02/09	月	辛亥	納	釵釧金	翼
17	02/10	火	壬子	開	桑柘木	軫
18	02/11	水	癸丑	閉	桑柘木	角
19	02/12	木	甲寅	建	大溪水	亢
20	02/13	金	乙卯	除	大溪水	氐
21	02/14	土	丙辰	満	沙中土	房
22	02/15	日	丁巳	平	沙中土	心
23	02/16	月	戊午	定	天上火	尾
24	02/17	火	己未	執	天上火	箕
25	02/18	水	庚申	破	石榴木	斗
26	02/19	木	辛酉	危	石榴木	牛
27	02/20	金	壬戌	成	大海水	女
28	02/21	土	癸亥	納	大海水	虚
29	02/22	日	甲子	開	海中金	危
30	02/23	月	乙丑	閉	海中金	室

【二月小 己卯 壁】

節気 啓蟄 12日・春分 28日
雑節 社日 23日

日	新暦	曜	干支	十二直	納音	宿
1	02/24	火	丙寅	建	爐中火	室
2	02/25	水	丁卯	除	爐中火	壁
3	02/26	木	戊辰	満	大林木	奎
4	02/27	金	己巳	平	大林木	婁
5	02/28	土	庚午	定	路傍土	胃
6	03/01	日	辛未	執	路傍土	昴
7	03/02	月	壬申	破	剣鋒金	畢
8	03/03	火	癸酉	危	剣鋒金	觜
9	03/04	水	甲戌	成	山頭火	参
10	03/05	木	乙亥	納	山頭火	井
11	03/06	金	丙子	開	澗下水	鬼
12	03/07	土	丁丑	開	澗下水	柳
13	03/08	日	戊寅	閉	城頭土	星
14	03/09	月	己卯	建	城頭土	張
15	03/10	火	庚辰	除	白鑞金	翼
16	03/11	水	辛巳	満	白鑞金	軫
17	03/12	木	壬午	平	楊柳木	角
18	03/13	金	癸未	定	楊柳木	亢
19	03/14	土	甲申	執	井泉水	氐
20	03/15	日	乙酉	破	井泉水	房
21	03/16	月	丙戌	危	屋上土	心
22	03/17	火	丁亥	成	屋上土	尾
23	03/18	水	戊子	納	霹靂火	箕
24	03/19	木	己丑	開	霹靂火	斗
25	03/20	金	庚寅	閉	松柏木	牛
26	03/21	土	辛卯	建	松柏木	女
27	03/22	日	壬辰	除	長流水	虚
28	03/23	月	癸巳	満	長流水	危
29	03/24	火	甲午	平	沙中金	室

【三月小 庚辰 奎】

節気 清明 14日・穀雨 29日
雑節 彼岸 1日・土用 26日

日	新暦	曜	干支	十二直	納音	宿
1	03/25	水	乙未	定	沙中金	壁
2	03/26	木	丙申	執	山下火	奎
3	03/27	金	丁酉	破	山下火	婁
4	03/28	土	戊戌	危	平地木	胃
5	03/29	日	己亥	成	平地木	昴
6	03/30	月	庚子	納	壁上土	畢
7	03/31	火	辛丑	開	壁上土	觜
8	04/01	水	壬寅	閉	金箔金	参
9	04/02	木	癸卯	建	金箔金	井
10	04/03	金	甲辰	除	覆燈火	鬼
11	04/04	土	乙巳	満	覆燈火	柳
12	04/05	日	丙午	平	天河水	星
13	04/06	月	丁未	定	天河水	張
14	04/07	火	戊申	定	大駅土	翼
15	04/08	水	己酉	執	大駅土	軫
16	04/09	木	庚戌	破	釵釧金	角
17	04/10	金	辛亥	危	釵釧金	亢
18	04/11	土	壬子	成	桑柘木	氐
19	04/12	日	癸丑	納	桑柘木	房
20	04/13	月	甲寅	開	大溪水	心
21	04/14	火	乙卯	閉	大溪水	尾
22	04/15	水	丙辰	建	沙中土	箕
23	04/16	木	丁巳	除	沙中土	斗
24	04/17	金	戊午	満	天上火	牛
25	04/18	土	己未	平	天上火	女
26	04/19	日	庚申	定	石榴木	虚
27	04/20	月	辛酉	執	石榴木	危
28	04/21	火	壬戌	破	大海水	室
29	04/22	水	癸亥	危	大海水	壁

【四月大 辛巳 婁】

節気 立夏 15日・小満 30日
雑節 八十八夜 11日

日	新暦	曜	干支	十二直	納音	宿
1	04/23	木	甲子	成	海中金	奎
2	04/24	金	乙丑	納	海中金	婁
3	04/25	土	丙寅	開	爐中火	胃
4	04/26	日	丁卯	閉	爐中火	昴
5	04/27	月	戊辰	建	大林木	畢
6	04/28	火	己巳	除	大林木	觜
7	04/29	水	庚午	満	路傍土	参
8	04/30	木	辛未	平	路傍土	井
9	05/01	金	壬申	定	剣鋒金	鬼
10	05/02	土	癸酉	執	剣鋒金	柳
11	05/03	日	甲戌	破	山頭火	星
12	05/04	月	乙亥	危	山頭火	張
13	05/05	火	丙子	成	澗下水	翼
14	05/06	水	丁丑	納	澗下水	軫
15	05/07	木	戊寅	納	城頭土	角
16	05/08	金	己卯	開	城頭土	亢
17	05/09	土	庚辰	閉	白鑞金	氐
18	05/10	日	辛巳	建	白鑞金	房
19	05/11	月	壬午	除	楊柳木	心
20	05/12	火	癸未	満	楊柳木	尾
21	05/13	水	甲申	平	井泉水	箕
22	05/14	木	乙酉	定	井泉水	斗
23	05/15	金	丙戌	執	屋上土	牛
24	05/16	土	丁亥	破	屋上土	女
25	05/17	日	戊子	危	霹靂火	虚
26	05/18	月	己丑	成	霹靂火	危
27	05/19	火	庚寅	納	松柏木	室
28	05/20	水	辛卯	開	松柏木	壁
29	05/21	木	壬辰	閉	長流水	奎
30	05/22	金	癸巳	建	長流水	婁

【閏四月小 辛巳 婁】

節気 芒種 16日
雑節 入梅 19日

日	新暦	曜	干支	十二直	納音	宿
1	05/23	土	甲午	除	沙中金	胃
2	05/24	日	乙未	満	沙中金	昴
3	05/25	月	丙申	平	山下火	畢
4	05/26	火	丁酉	定	山下火	觜
5	05/27	水	戊戌	執	平地木	参
6	05/28	木	己亥	破	平地木	井
7	05/29	金	庚子	危	壁上土	鬼
8	05/30	土	辛丑	成	壁上土	柳
9	05/31	日	壬寅	納	金箔金	星
10	06/01	月	癸卯	開	金箔金	張
11	06/02	火	甲辰	閉	覆燈火	翼
12	06/03	水	乙巳	建	覆燈火	軫
13	06/04	木	丙午	除	天河水	角
14	06/05	金	丁未	満	天河水	亢
15	06/06	土	戊申	平	大駅土	氐
16	06/07	日	己酉	平	大駅土	房
17	06/08	月	庚戌	定	釵釧金	心
18	06/09	火	辛亥	執	釵釧金	尾
19	06/10	水	壬子	破	桑柘木	箕
20	06/11	木	癸丑	危	桑柘木	斗
21	06/12	金	甲寅	成	大溪水	牛
22	06/13	土	乙卯	納	大溪水	女
23	06/14	日	丙辰	開	沙中土	虚
24	06/15	月	丁巳	閉	沙中土	危
25	06/16	火	戊午	建	天上火	室
26	06/17	水	己未	除	天上火	壁
27	06/18	木	庚申	満	石榴木	奎
28	06/19	金	辛酉	平	石榴木	婁
29	06/20	土	壬戌	定	大海水	胃

【五月大 壬午 胃】

節気 夏至 2日・小暑 17日
雑節 半夏生 12日・土用 29日

日	新暦	曜	干支	十二直	納音	宿
1	06/21	日	癸亥	執	大海水	昴
2	06/22	月	甲子	破	海中金	畢
3	06/23	火	乙丑	危	海中金	觜
4	06/24	水	丙寅	成	爐中火	参
5	06/25	木	丁卯	納	爐中火	井
6	06/26	金	戊辰	開	大林木	鬼
7	06/27	土	己巳	閉	大林木	柳
8	06/28	日	庚午	建	路傍土	星
9	06/29	月	辛未	除	路傍土	張
10	06/30	火	壬申	満	剣鋒金	翼
11	07/01	水	癸酉	平	剣鋒金	軫
12	07/02	木	甲戌	定	山頭火	角
13	07/03	金	乙亥	執	山頭火	亢
14	07/04	土	丙子	破	澗下水	氐
15	07/05	日	丁丑	危	澗下水	房
16	07/06	月	戊寅	成	城頭土	心
17	07/07	火	己卯	成	城頭土	尾
18	07/08	水	庚辰	納	白鑞金	箕
19	07/09	木	辛巳	開	白鑞金	斗
20	07/10	金	壬午	閉	楊柳木	牛
21	07/11	土	癸未	建	楊柳木	女
22	07/12	日	甲申	除	井泉水	虚
23	07/13	月	乙酉	満	井泉水	危
24	07/14	火	丙戌	平	屋上土	室
25	07/15	水	丁亥	定	屋上土	壁
26	07/16	木	戊子	執	霹靂火	奎
27	07/17	金	己丑	破	霹靂火	婁
28	07/18	土	庚寅	危	松柏木	胃
29	07/19	日	辛卯	成	松柏木	昴
30	07/20	月	壬辰	納	長流水	畢

【六月小 癸未 昴】

節気 大暑 2日・立秋 18日

日	新暦	曜	干支	十二直	納音	宿
1	07/21	火	癸巳	開	長流水	觜
2	07/22	水	甲午	閉	沙中金	参
3	07/23	木	乙未	建	沙中金	井
4	07/24	金	丙申	除	山下火	鬼
5	07/25	土	丁酉	満	山下火	柳
6	07/26	日	戊戌	平	平地木	星
7	07/27	月	己亥	定	平地木	張
8	07/28	火	庚子	執	壁上土	翼
9	07/29	水	辛丑	破	壁上土	軫
10	07/30	木	壬寅	危	金箔金	角
11	07/31	金	癸卯	成	金箔金	亢
12	08/01	土	甲辰	納	覆燈火	氐
13	08/02	日	乙巳	開	覆燈火	房
14	08/03	月	丙午	閉	天河水	心
15	08/04	火	丁未	建	天河水	尾

宝永2年

西暦	曜	干支	直	納音	宿
16日 08/05	水	戊申	建	大駅土	箕
17日 08/06	木	己酉	除	大駅土	斗
18日 08/07	金	庚戌	満	釵釧金	牛
19日 08/08	土	辛亥	平	釵釧金	女
20日 08/09	日	壬子	定	桑柘木	虚
21日 08/10	月	癸丑	執	桑柘木	危
22日 08/11	火	甲寅	破	大溪水	室
23日 08/12	水	乙卯	危	大溪水	壁
24日 08/13	木	丙辰	成	沙中土	奎
25日 08/14	金	丁巳	納	沙中土	婁
26日 08/15	土	戊午	開	天上火	胃
27日 08/16	日	己未	閉	天上火	昴
28日 08/17	月	庚申	建	柘榴木	畢
29日 08/18	火	辛酉	除	柘榴木	觜

【七月大 甲申 畢】
節気 処暑 4日・白露 19日
雑節 二百十日 15日

西暦	曜	干支	直	納音	宿
1日 08/19	水	壬戌	満	大海水	参
2日 08/20	木	癸亥	定	大海水	井
3日 08/21	金	甲子	定	海中金	鬼
4日 08/22	土	乙丑	執	海中金	柳
5日 08/23	日	丙寅	破	爐中火	星
6日 08/24	月	丁卯	危	爐中火	張
7日 08/25	火	戊辰	成	大林木	翼
8日 08/26	水	己巳	納	大林木	軫
9日 08/27	木	庚午	開	路傍土	角
10日 08/28	金	辛未	閉	路傍土	亢
11日 08/29	土	壬申	建	釵釧金	氐
12日 08/30	日	癸酉	除	釵釧金	房
13日 08/31	月	甲戌	満	山頭火	心
14日 09/01	火	乙亥	定	山頭火	尾
15日 09/02	水	丙子	定	澗下水	箕
16日 09/03	木	丁丑	執	澗下水	斗
17日 09/04	金	戊寅	破	城頭土	牛
18日 09/05	土	己卯	危	城頭土	女
19日 09/06	日	庚辰	危	白鑞金	虚
20日 09/07	月	辛巳	納	白鑞金	危
21日 09/08	火	壬午	納	楊柳木	室
22日 09/09	水	癸未	開	楊柳木	壁
23日 09/10	木	甲申	閉	井泉水	奎
24日 09/11	金	乙酉	建	井泉水	婁
25日 09/12	土	丙戌	除	屋上土	胃
26日 09/13	日	丁亥	平	屋上土	昴
27日 09/14	月	戊子	平	霹靂火	畢
28日 09/15	火	己丑	定	霹靂火	觜
29日 09/16	水	庚寅	執	松柏木	参
30日 09/17	木	辛卯	執	松柏木	井

【八月大 乙酉 觜】
節気 秋分 4日・寒露 19日
雑節 彼岸 6日・社日 7日

西暦	曜	干支	直	納音	宿
1日 09/18	金	壬辰	破	長流水	鬼
2日 09/19	土	癸巳	成	長流水	柳
3日 09/20	日	甲午	納	沙中金	星
4日 09/21	月	乙未	開	沙中金	張
5日 09/22	火	丙申	閉	山下火	翼
6日 09/23	水	丁酉	建	山下火	軫
7日 09/24	木	戊戌	満	平地木	角
8日 09/25	金	己亥	満	平地木	亢
9日 09/26	土	庚子	平	壁上土	氐
10日 09/27	日	辛丑	定	壁上土	房
11日 09/28	月	壬寅	執	金箔金	心
12日 09/29	火	癸卯	破	金箔金	尾
13日 09/30	水	甲辰	危	覆燈火	箕
14日 10/01	木	乙巳	成	覆燈火	斗
15日 10/02	金	丙午	納	天河水	牛
16日 10/03	土	丁未	開	天河水	女
17日 10/04	日	戊申	閉	大駅土	虚
18日 10/05	月	己酉	建	大駅土	危
19日 10/06	火	庚戌	除	釵釧金	室
20日 10/07	水	辛亥	満	釵釧金	壁
21日 10/08	木	壬子	満	桑柘木	奎
22日 10/09	金	癸丑	平	桑柘木	婁
23日 10/10	土	甲寅	定	大溪水	胃
24日 10/11	日	乙卯	執	大溪水	昴
25日 10/12	月	丙辰	破	沙中土	畢
26日 10/13	火	丁巳	危	沙中土	觜
27日 10/14	水	戊午	成	天上火	参
28日 10/15	木	己未	納	天上火	井
29日 10/16	金	庚申	開	柘榴木	鬼
30日 10/17	土	辛酉	閉	柘榴木	柳

【九月小 丙戌 参】
節気 霜降 5日・立冬 20日
雑節 土用 2日

西暦	曜	干支	直	納音	宿
1日 10/18	日	壬戌	建	大海水	星
2日 10/19	月	癸亥	除	大海水	張
3日 10/20	火	甲子	満	海中金	翼
4日 10/21	水	乙丑	定	海中金	軫
5日 10/22	木	丙寅	定	爐中火	角
6日 10/23	金	丁卯	執	爐中火	亢
7日 10/24	土	戊辰	破	大林木	氐
8日 10/25	日	己巳	危	大林木	房
9日 10/26	月	庚午	成	路傍土	心
10日 10/27	火	辛未	納	路傍土	尾
11日 10/28	水	壬申	開	釵釧金	箕
12日 10/29	木	癸酉	閉	釵釧金	斗
13日 10/30	金	甲戌	建	山頭火	牛
14日 10/31	土	乙亥	除	山頭火	女
15日 11/01	日	丙子	満	澗下水	虚
16日 11/02	月	丁丑	平	澗下水	危
17日 11/03	火	戊寅	定	城頭土	室
18日 11/04	水	己卯	執	城頭土	壁
19日 11/05	木	庚辰	破	白鑞金	奎
20日 11/06	金	辛巳	破	白鑞金	婁
21日 11/07	土	壬午	危	楊柳木	胃
22日 11/08	日	癸未	成	楊柳木	昴
23日 11/09	月	甲申	納	井泉水	畢
24日 11/10	火	乙酉	開	井泉水	觜
25日 11/11	水	丙戌	閉	屋上土	参
26日 11/12	木	丁亥	建	屋上土	井
27日 11/13	金	戊子	除	霹靂火	鬼
28日 11/14	土	己丑	平	霹靂火	柳
29日 11/15	日	庚寅	定	松柏木	星

【十月大 丁亥 井】
節気 小雪 6日・大雪 21日

西暦	曜	干支	直	納音	宿
1日 11/16	月	辛卯	定	松柏木	張
2日 11/17	火	壬辰	執	長流水	翼
3日 11/18	水	癸巳	破	長流水	軫
4日 11/19	木	甲午	危	沙中金	角
5日 11/20	金	乙未	成	沙中金	亢
6日 11/21	土	丙申	納	山下火	氐
7日 11/22	日	丁酉	開	山下火	房
8日 11/23	月	戊戌	閉	平地木	心
9日 11/24	火	己亥	建	平地木	尾
10日 11/25	水	庚子	除	壁上土	箕
11日 11/26	木	辛丑	満	壁上土	斗
12日 11/27	金	壬寅	平	金箔金	牛
13日 11/28	土	癸卯	定	金箔金	女
14日 11/29	日	甲辰	執	覆燈火	虚
15日 11/30	月	乙巳	破	覆燈火	危
16日 12/01	火	丙午	危	天河水	室
17日 12/02	水	丁未	成	天河水	壁
18日 12/03	木	戊申	納	大駅土	奎
19日 12/04	金	己酉	開	大駅土	婁
20日 12/05	土	庚戌	閉	釵釧金	胃
21日 12/06	日	辛亥	建	釵釧金	昴
22日 12/07	月	壬子	除	桑柘木	畢
23日 12/08	火	癸丑	満	桑柘木	觜
24日 12/09	水	甲寅	平	大溪水	参
25日 12/10	木	乙卯	定	大溪水	井
26日 12/11	金	丙辰	執	沙中土	鬼
27日 12/12	土	丁巳	破	沙中土	柳
28日 12/13	日	戊午	危	天上火	星
29日 12/14	月	己未	危	天上火	張
30日 12/15	火	庚申	成	柘榴木	翼

【十一月大 戊子 鬼】
節気 冬至 7日・小寒 22日

西暦	曜	干支	直	納音	宿
1日 12/16	水	辛酉	納	柘榴木	軫
2日 12/17	木	壬戌	開	大海水	角
3日 12/18	金	癸亥	閉	大海水	亢
4日 12/19	土	甲子	建	海中金	氐
5日 12/20	日	乙丑	除	海中金	房
6日 12/21	月	丙寅	満	爐中火	心
7日 12/22	火	丁卯	定	爐中火	尾
8日 12/23	水	戊辰	定	大林木	箕
9日 12/24	木	己巳	執	大林木	斗
10日 12/25	金	庚午	破	路傍土	牛
11日 12/26	土	辛未	危	路傍土	女
12日 12/27	日	壬申	成	釵釧金	虚
13日 12/28	月	癸酉	納	釵釧金	危
14日 12/29	火	甲戌	開	山頭火	室
15日 12/30	水	乙亥	閉	山頭火	壁
16日 12/31	木	丙子	建	澗下水	奎

1706年

西暦	曜	干支	直	納音	宿
17日 01/01	金	丁丑	除	澗下水	婁
18日 01/02	土	戊寅	満	城頭土	胃
19日 01/03	日	己卯	平	城頭土	昴
20日 01/04	月	庚辰	定	白鑞金	畢
21日 01/05	火	辛巳	執	白鑞金	觜
22日 01/06	水	壬午	破	楊柳木	参
23日 01/07	木	癸未	危	楊柳木	井
24日 01/08	金	甲申	成	井泉水	鬼
25日 01/09	土	乙酉	納	井泉水	柳
26日 01/10	日	丙戌	開	屋上土	星
27日 01/11	月	丁亥	閉	屋上土	張
28日 01/12	火	戊子	建	霹靂火	翼
29日 01/13	水	己丑	除	霹靂火	軫
30日 01/14	木	庚寅	満	松柏木	角

【十二月小 己丑 柳】
節気 大寒 7日・立春 22日
雑節 土用 4日・八専 21日

西暦	曜	干支	直	納音	宿
1日 01/15	金	辛卯	満	松柏木	亢
2日 01/16	土	壬辰	平	長流水	氐
3日 01/17	日	癸巳	定	長流水	房
4日 01/18	月	甲午	執	沙中金	心
5日 01/19	火	乙未	破	沙中金	尾
6日 01/20	水	丙申	危	山下火	箕
7日 01/21	木	丁酉	成	山下火	牛
8日 01/22	金	戊戌	納	平地木	女
9日 01/23	土	己亥	開	平地木	虚
10日 01/24	日	庚子	閉	壁上土	危
11日 01/25	月	辛丑	建	壁上土	室
12日 01/26	火	壬寅	除	金箔金	壁
13日 01/27	水	癸卯	満	金箔金	奎
14日 01/28	木	甲辰	平	覆燈火	婁
15日 01/29	金	乙巳	定	覆燈火	胃
16日 01/30	土	丙午	執	天河水	昴
17日 01/31	日	丁未	破	天河水	畢
18日 02/01	月	戊申	危	大駅土	觜
19日 02/02	火	己酉	成	大駅土	参
20日 02/03	水	庚戌	納	釵釧金	井
21日 02/04	木	辛亥	開	釵釧金	鬼
22日 02/05	金	壬子	閉	桑柘木	柳
23日 02/06	土	癸丑	建	桑柘木	星
24日 02/07	日	甲寅	除	大溪水	張
25日 02/08	月	乙卯	満	大溪水	翼
26日 02/09	火	丙辰	平	沙中土	軫
27日 02/10	水	丁巳	定	沙中土	角
28日 02/11	木	戊午	平	天上火	亢
29日 02/12	金	己未	執	天上火	氐

宝永3年

1706～1707　丙戌　室

【正月大 庚寅 星】

節気 雨水 8日・啓蟄 24日

1日 02/13 土 庚申 破 柘榴木 氐
2日 02/14 日 辛酉 危 柘榴木 房
3日 02/15 月 壬戌 成 大海水 心
4日 02/16 火 癸亥 納 大海水 尾
5日 02/17 水 甲子 開 海中金 箕
6日 02/18 木 乙丑 閉 海中金 斗
7日 02/19 金 丙寅 建 爐中火 牛
8日 02/20 土 丁卯 除 爐中火 女
9日 02/21 日 戊辰 満 大林木 虚
10日 02/22 月 己巳 平 大林木 危
11日 02/23 火 庚午 定 路傍土 室
12日 02/24 水 辛未 執 路傍土 壁
13日 02/25 木 壬申 破 釼鋒金 奎
14日 02/26 金 癸酉 危 釼鋒金 婁
15日 02/27 土 甲戌 成 山頭火 胃
16日 02/28 日 乙亥 納 山頭火 昴
17日 03/01 月 丙子 開 澗下水 畢
18日 03/02 火 丁丑 閉 澗下水 觜
19日 03/03 水 戊寅 建 城頭土 参
20日 03/04 木 己卯 除 城頭土 井
21日 03/05 金 庚辰 満 白鑞金 鬼
22日 03/06 土 辛巳 平 白鑞金 柳
23日 03/07 日 壬午 定 楊柳木 星
24日 03/08 月 癸未 定 楊柳木 張
25日 03/09 火 甲申 執 井泉水 翼
26日 03/10 水 乙酉 破 井泉水 軫
27日 03/11 木 丙戌 危 屋上土 角
28日 03/12 金 丁亥 成 屋上土 亢
29日 03/13 土 戊子 納 霹靂火 氐
30日 03/14 日 己丑 開 霹靂火 房

【二月小 辛卯 張】

節気 春分 9日・清明 24日
雑節 社日 9日・彼岸 11日

1日 03/15 月 庚寅 閉 松柏木 心
2日 03/16 火 辛卯 建 松柏木 尾
3日 03/17 水 壬辰 除 長流水 箕
4日 03/18 木 癸巳 満 長流水 斗
5日 03/19 金 甲午 平 沙中金 牛
6日 03/20 土 乙未 定 沙中金 女
7日 03/21 日 丙申 執 山下火 虚
8日 03/22 月 丁酉 破 山下火 危
9日 03/23 火 戊戌 危 平地木 室
10日 03/24 水 己亥 成 平地木 壁
11日 03/25 木 庚子 納 壁上土 奎
12日 03/26 金 辛丑 開 壁上土 婁
13日 03/27 土 壬寅 閉 金箔金 胃
14日 03/28 日 癸卯 建 金箔金 昴
15日 03/29 月 甲辰 除 覆燈火 畢
16日 03/30 火 乙巳 満 覆燈火 觜
17日 03/31 水 丙午 平 天河水 参
18日 04/01 木 丁未 定 天河水 井
19日 04/02 金 戊申 執 大駅土 鬼
20日 04/03 土 己酉 破 大駅土 柳
21日 04/04 日 庚戌 危 釵釧金 星
22日 04/05 月 辛亥 成 釵釧金 張
23日 04/06 火 壬子 納 桑柘木 翼
24日 04/07 水 癸丑 納 桑柘木 軫
25日 04/08 木 甲寅 開 大溪水 角
26日 04/09 金 乙卯 閉 大溪水 亢
27日 04/10 土 丙辰 建 沙中土 氐
28日 04/11 日 丁巳 除 沙中土 房
29日 04/12 月 戊午 満 天上火 心

【三月小 壬辰 翼】

節気 穀雨 10日・立夏 25日
雑節 土用 7日・八十八夜 21日

1日 04/13 火 己未 平 天上火 尾
2日 04/14 水 庚申 定 柘榴木 箕
3日 04/15 木 辛酉 執 柘榴木 斗
4日 04/16 金 壬戌 破 大海水 牛
5日 04/17 土 癸亥 危 大海水 女
6日 04/18 日 甲子 成 海中金 虚
7日 04/19 月 乙丑 納 海中金 危
8日 04/20 火 丙寅 開 爐中火 室
9日 04/21 水 丁卯 閉 爐中火 壁
10日 04/22 木 戊辰 建 大林木 奎
11日 04/23 金 己巳 除 大林木 婁
12日 04/24 土 庚午 満 路傍土 胃
13日 04/25 日 辛未 平 路傍土 昴
14日 04/26 月 壬申 定 釼鋒金 畢
15日 04/27 火 癸酉 執 釼鋒金 觜
16日 04/28 水 甲戌 破 山頭火 参
17日 04/29 木 乙亥 危 山頭火 井
18日 04/30 金 丙子 成 澗下水 鬼
19日 05/01 土 丁丑 納 澗下水 柳
20日 05/02 日 戊寅 開 城頭土 星
21日 05/03 月 己卯 閉 城頭土 張
22日 05/04 火 庚辰 建 白鑞金 翼
23日 05/05 水 辛巳 除 白鑞金 軫
24日 05/06 木 壬午 満 楊柳木 角
25日 05/07 金 癸未 満 楊柳木 亢
26日 05/08 土 甲申 平 井泉水 氐
27日 05/09 日 乙酉 定 井泉水 房
28日 05/10 月 丙戌 執 屋上土 心
29日 05/11 火 丁亥 破 屋上土 尾

【四月大 癸巳 軫】

節気 小満 12日・芒種 27日

1日 05/12 水 戊子 危 霹靂火 箕
2日 05/13 木 己丑 成 霹靂火 斗
3日 05/14 金 庚寅 納 松柏木 牛
4日 05/15 土 辛卯 開 松柏木 女
5日 05/16 日 壬辰 閉 長流水 虚
6日 05/17 月 癸巳 建 長流水 危
7日 05/18 火 甲午 除 沙中金 室
8日 05/19 水 乙未 満 沙中金 壁
9日 05/20 木 丙申 平 山下火 奎
10日 05/21 金 丁酉 定 山下火 婁
11日 05/22 土 戊戌 執 平地木 胃
12日 05/23 日 己亥 破 平地木 昴
13日 05/24 月 庚子 危 壁上土 畢
14日 05/25 火 辛丑 成 壁上土 觜
15日 05/26 水 壬寅 納 金箔金 参
16日 05/27 木 癸卯 開 金箔金 井
17日 05/28 金 甲辰 閉 覆燈火 鬼
18日 05/29 土 乙巳 建 覆燈火 柳
19日 05/30 日 丙午 除 天河水 星
20日 05/31 月 丁未 満 天河水 張
21日 06/01 火 戊申 平 大駅土 翼
22日 06/02 水 己酉 定 大駅土 軫
23日 06/03 木 庚戌 執 釵釧金 角
24日 06/04 金 辛亥 破 釵釧金 亢
25日 06/05 土 壬子 危 桑柘木 氐
26日 06/06 日 癸丑 成 桑柘木 房
27日 06/07 月 甲寅 成 大溪水 心
28日 06/08 火 乙卯 納 大溪水 尾
29日 06/09 水 丙辰 開 沙中土 箕
30日 06/10 木 丁巳 閉 沙中土 斗

【五月小 甲午 角】

節気 夏至 12日・小暑 27日
雑節 入梅 5日・半夏生 22日

1日 06/11 金 戊午 建 天上火 牛
2日 06/12 土 己未 除 天上火 女
3日 06/13 日 庚申 満 柘榴木 虚
4日 06/14 月 辛酉 平 柘榴木 危
5日 06/15 火 壬戌 定 大海水 室
6日 06/16 水 癸亥 執 大海水 壁
7日 06/17 木 甲子 破 海中金 奎
8日 06/18 金 乙丑 危 海中金 婁
9日 06/19 土 丙寅 成 爐中火 胃
10日 06/20 日 丁卯 納 爐中火 昴
11日 06/21 月 戊辰 開 大林木 畢
12日 06/22 火 己巳 閉 大林木 觜
13日 06/23 水 庚午 建 路傍土 参
14日 06/24 木 辛未 除 路傍土 井
15日 06/25 金 壬申 満 釼鋒金 鬼
16日 06/26 土 癸酉 平 釼鋒金 柳
17日 06/27 日 甲戌 定 山頭火 星
18日 06/28 月 乙亥 執 山頭火 張
19日 06/29 火 丙子 破 澗下水 翼
20日 06/30 水 丁丑 危 澗下水 軫
21日 07/01 木 戊寅 成 城頭土 角
22日 07/02 金 己卯 納 城頭土 亢
23日 07/03 土 庚辰 開 白鑞金 氐
24日 07/04 日 辛巳 閉 白鑞金 房
25日 07/05 月 壬午 建 楊柳木 心
26日 07/06 火 癸未 除 楊柳木 尾
27日 07/07 水 甲申 除 井泉水 箕
28日 07/08 木 乙酉 満 井泉水 斗
29日 07/09 金 丙戌 平 屋上土 牛

【六月小 乙未 亢】

節気 大暑 14日・立秋 29日
雑節 土用 11日

1日 07/10 土 丁亥 定 屋上土 女
2日 07/11 日 戊子 執 霹靂火 虚
3日 07/12 月 己丑 破 霹靂火 危
4日 07/13 火 庚寅 危 松柏木 室
5日 07/14 水 辛卯 成 松柏木 壁
6日 07/15 木 壬辰 納 長流水 奎
7日 07/16 金 癸巳 開 長流水 婁
8日 07/17 土 甲午 閉 沙中金 胃
9日 07/18 日 乙未 建 沙中金 昴
10日 07/19 月 丙申 除 山下火 畢
11日 07/20 火 丁酉 満 山下火 觜
12日 07/21 水 戊戌 平 平地木 参
13日 07/22 木 己亥 定 平地木 井
14日 07/23 金 庚子 執 壁上土 鬼
15日 07/24 土 辛丑 破 壁上土 柳
16日 07/25 日 壬寅 危 金箔金 星
17日 07/26 月 癸卯 成 金箔金 張
18日 07/27 火 甲辰 納 覆燈火 翼
19日 07/28 水 乙巳 開 覆燈火 軫
20日 07/29 木 丙午 閉 天河水 角
21日 07/30 金 丁未 建 天河水 亢
22日 07/31 土 戊申 除 大駅土 氐
23日 08/01 日 己酉 満 大駅土 房
24日 08/02 月 庚戌 平 釵釧金 心
25日 08/03 火 辛亥 定 釵釧金 尾
26日 08/04 水 壬子 執 桑柘木 箕
27日 08/05 木 癸丑 破 桑柘木 斗
28日 08/06 金 甲寅 危 大溪水 牛
29日 08/07 土 乙卯 危 大溪水 女

【七月大 丙申 氐】

節気 処暑 15日・白露 30日
雑節 二百十日 26日

1日 08/08 日 丙辰 成 沙中土 虚
2日 08/09 月 丁巳 納 沙中土 危
3日 08/10 火 戊午 開 天上火 室
4日 08/11 水 己未 閉 天上火 壁

宝永3年

西暦	曜	干支	直	納音	宿
5日 08/12	木	庚申	建	柘榴木	奎
6日 08/13	金	辛酉	除	柘榴木	婁
7日 08/14	土	壬戌	満	大海水	胃
8日 08/15	日	癸亥	平	大海水	昴
9日 08/16	月	甲子	定	海中金	畢
10日 08/17	火	乙丑	執	海中金	觜
11日 08/18	水	丙寅	破	爐中火	参
12日 08/19	木	丁卯	危	爐中火	井
13日 08/20	金	戊辰	成	大林木	鬼
14日 08/21	土	己巳	納	大林木	柳
15日 08/22	日	庚午	開	路傍土	星
16日 08/23	月	辛未	閉	路傍土	張
17日 08/24	火	壬申	建	釵釧金	翼
18日 08/25	水	癸酉	除	釵釧金	軫
19日 08/26	木	甲戌	満	山頭火	角
20日 08/27	金	乙亥	平	山頭火	亢
21日 08/28	土	丙子	定	澗下水	氐
22日 08/29	日	丁丑	執	澗下水	房
23日 08/30	月	戊寅	破	城頭土	心
24日 08/31	火	己卯	危	城頭土	尾
25日 09/01	水	庚辰	成	白鑞金	箕
26日 09/02	木	辛巳	納	白鑞金	斗
27日 09/03	金	壬午	開	楊柳木	牛
28日 09/04	土	癸未	閉	楊柳木	女
29日 09/05	日	甲申	建	井泉水	虚
30日 09/06	月	乙酉	建	井泉水	危

【八月大 丁酉 房】
節気 秋分 15日
雑節 社日 13日・彼岸 17日

1日 09/07	火	丙戌	除	屋上土	室
2日 09/08	水	丁亥	満	屋上土	壁
3日 09/09	木	戊子	平	霹靂火	奎
4日 09/10	金	己丑	定	霹靂火	婁
5日 09/11	土	庚寅	執	松柏木	胃
6日 09/12	日	辛卯	破	松柏木	昴
7日 09/13	月	壬辰	危	長流水	畢
8日 09/14	火	癸巳	成	長流水	觜
9日 09/15	水	甲午	納	沙中金	参
10日 09/16	木	乙未	開	沙中金	井
11日 09/17	金	丙申	閉	山下火	柳
12日 09/18	土	丁酉	建	山下火	柳
13日 09/19	日	戊戌	除	平地木	星
14日 09/20	月	己亥	満	平地木	張
15日 09/21	火	庚子	平	壁上土	翼
16日 09/22	水	辛丑	定	壁上土	軫
17日 09/23	木	壬寅	執	金箔金	角
18日 09/24	金	癸卯	破	金箔金	亢
19日 09/25	土	甲辰	危	覆燈火	氐
20日 09/26	日	乙巳	成	覆燈火	房
21日 09/27	月	丙午	納	天河水	心
22日 09/28	火	丁未	開	天河水	尾
23日 09/29	水	戊申	閉	大驛土	箕
24日 09/30	木	己酉	建	大驛土	斗
25日 10/01	金	庚戌	満	釵釧金	女
26日 10/02	土	辛亥	満	釵釧金	女
27日 10/03	日	壬子	平	桑柘木	虚
28日 10/04	月	癸丑	定	桑柘木	危
29日 10/05	火	甲寅	執	大溪水	室
30日 10/06	水	乙卯	破	大溪水	壁

【九月小 戊戌 心】
節気 寒露 1日・霜降 16日
雑節 土用 13日

1日 10/07	木	丙辰	破	沙中土	奎
2日 10/08	金	丁巳	危	沙中土	婁
3日 10/09	土	戊午	成	天上火	胃
4日 10/10	日	己未	納	天上火	昴

5日 10/11	月	庚申	開	柘榴木	畢
6日 10/12	火	辛酉	閉	柘榴木	觜
7日 10/13	水	壬戌	建	大海水	参
8日 10/14	木	癸亥	除	大海水	井
9日 10/15	金	甲子	満	海中金	鬼
10日 10/16	土	乙丑	執	海中金	柳
11日 10/17	日	丙寅	定	爐中火	星
12日 10/18	月	丁卯	執	爐中火	張
13日 10/19	火	戊辰	破	大林木	翼
14日 10/20	水	己巳	危	大林木	軫
15日☆ 10/21	木	庚午	成	路傍土	角
16日 10/22	金	辛未	納	路傍土	亢
17日 10/23	土	壬申	開	釵釧金	氐
18日 10/24	日	癸酉	閉	釵釧金	房
19日 10/25	月	甲戌	建	山頭火	心
20日 10/26	火	乙亥	除	山頭火	尾
21日 10/27	水	丙子	平	澗下水	箕
22日 10/28	木	丁丑	平	澗下水	斗
23日 10/29	金	戊寅	定	城頭土	牛
24日 10/30	土	己卯	執	城頭土	女
25日 10/31	日	庚辰	破	白鑞金	虚
26日 11/01	月	辛巳	危	白鑞金	危
27日 11/02	火	壬午	成	楊柳木	室
28日 11/03	水	癸未	納	楊柳木	壁
29日 11/04	木	甲申	開	井泉水	奎

【十月大 己亥 尾】
節気 立冬 2日・小雪 17日

1日 11/05	金	乙酉	閉	井泉水	婁
2日 11/06	土	丙戌	建	屋上土	胃
3日 11/07	日	丁亥	建	屋上土	昴
4日 11/08	月	戊子	除	霹靂火	畢
5日 11/09	火	己丑	満	霹靂火	觜
6日 11/10	水	庚寅	定	松柏木	参
7日 11/11	木	辛卯	定	松柏木	井
8日 11/12	金	壬辰	執	長流水	鬼
9日 11/13	土	癸巳	危	長流水	柳
10日 11/14	日	甲午	危	沙中金	星
11日 11/15	月	乙未	成	沙中金	張
12日 11/16	火	丙申	納	山下火	翼
13日 11/17	水	丁酉	開	山下火	軫
14日 11/18	木	戊戌	閉	平地木	角
15日 11/19	金	己亥	建	平地木	亢
16日 11/20	土	庚子	除	壁上土	氐
17日 11/21	日	辛丑	満	壁上土	房
18日 11/22	月	壬寅	平	金箔金	心
19日 11/23	火	癸卯	定	金箔金	尾
20日 11/24	水	甲辰	執	覆燈火	箕
21日 11/25	木	乙巳	破	覆燈火	斗
22日 11/26	金	丙午	危	天河水	牛
23日 11/27	土	丁未	成	天河水	女
24日 11/28	日	戊申	納	大驛土	虚
25日 11/29	月	己酉	開	大驛土	危
26日 11/30	火	庚戌	閉	釵釧金	室
27日 12/01	水	辛亥	建	釵釧金	壁
28日 12/02	木	壬子	除	桑柘木	奎
29日 12/03	金	癸丑	満	桑柘木	婁
30日 12/04	土	甲寅	平	大溪水	胃

【十一月大 庚子 箕】
節気 大雪 3日・冬至 18日

1日 12/05	日	乙卯	定	大溪水	昴
2日 12/06	月	丙辰	執	沙中土	畢
3日 12/07	火	丁巳	破	沙中土	觜
4日 12/08	水	戊午	危	天上火	参
5日 12/09	木	己未	成	天上火	井
6日 12/10	金	庚申	納	柘榴木	鬼
7日 12/11	土	辛酉	開	柘榴木	柳

8日 12/12	日	壬戌	閉	大海水	星
9日 12/13	月	癸亥	建	大海水	張
10日 12/14	火	甲子	満	海中金	翼
11日 12/15	水	乙丑	除	海中金	軫
12日 12/16	木	丙寅	満	爐中火	角
13日 12/17	金	丁卯	平	爐中火	亢
14日 12/18	土	戊辰	定	大林木	氐
15日 12/19	日	己巳	執	大林木	房
16日 12/20	月	庚午	破	路傍土	心
17日 12/21	火	辛未	危	路傍土	尾
18日 12/22	水	壬申	成	釵釧金	箕
19日 12/23	木	癸酉	納	釵釧金	斗
20日 12/24	金	甲戌	開	山頭火	牛
21日 12/25	土	乙亥	閉	山頭火	女
22日 12/26	日	丙子	建	澗下水	虚
23日 12/27	月	丁丑	除	澗下水	危
24日 12/28	火	戊寅	満	城頭土	室
25日 12/29	水	己卯	平	城頭土	壁
26日 12/30	木	庚辰	定	白鑞金	奎
27日 12/31	金	辛巳	執	白鑞金	婁

1707年

28日 01/01	土	壬午	破	楊柳木	胃
29日 01/02	日	癸未	危	楊柳木	昴
30日 01/03	月	甲申	成	井泉水	畢

【十二月大 辛丑 斗】
節気 小寒 3日・大寒 18日
雑節 土用 15日

1日 01/04	火	乙酉	納	井泉水	觜
2日 01/05	水	丙戌	開	屋上土	参
3日 01/06	木	丁亥	開	屋上土	井
4日 01/07	金	戊子	建	霹靂火	鬼
5日 01/08	土	己丑	除	霹靂火	柳
6日 01/09	日	庚寅	満	松柏木	星
7日 01/10	月	辛卯	満	松柏木	張
8日 01/11	火	壬辰	定	長流水	翼
9日 01/12	水	癸巳	執	長流水	軫
10日 01/13	木	甲午	執	沙中金	角
11日 01/14	金	乙未	破	沙中金	亢
12日 01/15	土	丙申	危	山下火	氐
13日 01/16	日	丁酉	成	山下火	房
14日 01/17	月	戊戌	納	平地木	心
15日 01/18	火	己亥	開	平地木	尾
16日 01/19	水	庚子	閉	壁上土	箕
17日 01/20	木	辛丑	建	壁上土	斗
18日 01/21	金	壬寅	除	金箔金	牛
19日 01/22	土	癸卯	満	金箔金	女
20日 01/23	日	甲辰	平	覆燈火	虚
21日 01/24	月	乙巳	定	覆燈火	危
22日 01/25	火	丙午	執	天河水	室
23日 01/26	水	丁未	破	天河水	壁
24日 01/27	木	戊申	危	大驛土	奎
25日 01/28	金	己酉	成	大驛土	婁
26日 01/29	土	庚戌	納	釵釧金	胃
27日 01/30	日	辛亥	開	釵釧金	昴
28日 01/31	月	壬子	閉	桑柘木	畢
29日 02/01	火	癸丑	建	桑柘木	觜
30日 02/02	水	甲寅	除	大溪水	参

宝永4年
1707～1708 丁亥 壁

【正月小 壬寅 牛】
節気 立春 3日・雨水 19日
雑節 節分 2日

日	新暦	曜	干支	直	納音	宿
1日	02/03	木	乙卯	満	大溪水	井
2日	02/04	金	丙辰	平	沙中土	柳
3日	02/05	土	丁巳	平	沙中土	星
4日	02/06	日	戊午	定	天上火	張
5日	02/07	月	己未	執	天上火	翼
6日	02/08	火	庚申	破	柘榴木	軫
7日	02/09	水	辛酉	危	柘榴木	角
8日	02/10	木	壬戌	成	大海水	亢
9日	02/11	金	癸亥	納	大海水	氐
10日	02/12	土	甲子	開	海中金	房
11日	02/13	日	乙丑	閉	海中金	心
12日	02/14	月	丙寅	建	爐中火	尾
13日	02/15	火	丁卯	除	爐中火	箕
14日	02/16	水	戊辰	満	大林木	斗
15日	02/17	木	己巳	平	大林木	牛
16日	02/18	金	庚午	定	路傍土	女
17日	02/19	土	辛未	執	路傍土	虚
18日	02/20	日	壬申	破	釼鋒金	危
19日	02/21	月	癸酉	危	釼鋒金	室
20日	02/22	火	甲戌	成	山頭火	壁
21日	02/23	水	乙亥	納	山頭火	奎
22日	02/24	木	丙子	開	澗下水	婁
23日	02/25	金	丁丑	閉	澗下水	胃
24日	02/26	土	戊寅	建	城頭土	昴
25日	02/27	日	己卯	除	城頭土	畢
26日	02/28	月	庚辰	満	白鑞金	觜
27日	03/01	火	辛巳	平	楊柳木	参
28日	03/02	水	壬午	定	楊柳木	井
29日	03/03	木	癸未	執	楊柳木	井

【二月大 癸卯 女】
節気 啓蟄 5日・春分 20日
雑節 社日 15日・彼岸 22日

日	新暦	曜	干支	直	納音	宿
1日	03/04	金	甲申	破	井泉水	鬼
2日	03/05	土	乙酉	危	井泉水	柳
3日	03/06	日	丙戌	成	屋上土	星
4日	03/07	月	丁亥	納	屋上土	張
5日	03/08	火	戊子	納	霹靂火	翼
6日	03/09	水	己丑	開	霹靂火	軫
7日	03/10	木	庚寅	閉	松柏木	角
8日	03/11	金	辛卯	建	松柏木	亢
9日	03/12	土	壬辰	除	長流水	氐
10日	03/13	日	癸巳	満	長流水	房
11日	03/14	月	甲午	平	沙中金	心
12日	03/15	火	乙未	定	沙中金	尾
13日	03/16	水	丙申	執	山下火	箕
14日	03/17	木	丁酉	破	山下火	斗
15日	03/18	金	戊戌	危	平地木	牛
16日	03/19	土	己亥	成	平地木	女
17日	03/20	日	庚子	納	壁上土	虚
18日	03/21	月	辛丑	開	壁上土	危
19日	03/22	火	壬寅	閉	金箔金	室
20日	03/23	水	癸卯	建	金箔金	壁
21日	03/24	木	甲辰	除	覆燈火	奎
22日	03/25	金	乙巳	満	覆燈火	婁
23日	03/26	土	丙午	平	天河水	胃
24日	03/27	日	丁未	定	天河水	昴
25日	03/28	月	戊申	執	大駅土	畢
26日	03/29	火	己酉	破	大駅土	觜
27日	03/30	水	庚戌	危	釼釧金	参
28日	03/31	木	辛亥	成	釼釧金	井
29日	04/01	金	壬子	納	桑柘木	鬼
30日	04/02	土	癸丑	開	桑柘木	柳

【三月小 甲辰 虚】
節気 清明 5日・穀雨 20日
雑節 土用 17日

日	新暦	曜	干支	直	納音	宿
1日	04/03	日	甲寅	閉	大溪水	星
2日	04/04	月	乙卯	建	大溪水	張
3日	04/05	火	丙辰	除	沙中土	翼
4日	04/06	水	丁巳	満	沙中土	軫
5日	04/07	木	戊午	平	天上火	亢
6日	04/08	金	己未	平	天上火	氐
7日	04/09	土	庚申	定	柘榴木	氐
8日	04/10	日	辛酉	執	柘榴木	房
9日	04/11	月	壬戌	破	大海水	心
10日	04/12	火	癸亥	危	大海水	尾
11日	04/13	水	甲子	成	海中金	箕
12日	04/14	木	乙丑	納	海中金	斗
13日	04/15	金	丙寅	開	爐中火	牛
14日	04/16	土	丁卯	閉	爐中火	女
15日	04/17	日	戊辰	建	大林木	虚
16日	04/18	月	己巳	除	大林木	危
17日	04/19	火	庚午	満	路傍土	室
18日	04/20	水	辛未	平	路傍土	壁
19日	04/21	木	壬申	定	釼鋒金	奎
20日	04/22	金	癸酉	破	釼鋒金	婁
21日	04/23	土	甲戌	破	山頭火	胃
22日	04/24	日	乙亥	成	山頭火	昴
23日	04/25	月	丙子	納	澗下水	觜
24日	04/26	火	丁丑	納	澗下水	参
25日	04/27	水	戊寅	開	城頭土	井
26日	04/28	木	己卯	閉	城頭土	鬼
27日	04/29	金	庚辰	建	白鑞金	柳
28日	04/30	土	辛巳	除	楊柳木	星
29日	05/01	日	壬午	満	楊柳木	張

【四月小 乙巳 危】
節気 立夏 7日・小満 22日
雑節 八十八夜 2日

日	新暦	曜	干支	直	納音	宿
1日	05/02	月	癸未	平	楊柳木	張
2日	05/03	火	甲申	定	井泉水	翼
3日	05/04	水	乙酉	執	井泉水	軫
4日	05/05	木	丙戌	破	屋上土	角
5日	05/06	金	丁亥	危	屋上土	亢
6日	05/07	土	戊子	成	霹靂火	氐
7日	05/08	日	己丑	納	霹靂火	房
8日	05/09	月	庚寅	納	松柏木	心
9日	05/10	火	辛卯	開	松柏木	尾
10日	05/11	水	壬辰	閉	長流水	箕
11日	05/12	木	癸巳	建	長流水	斗
12日	05/13	金	甲午	除	沙中金	牛
13日	05/14	土	乙未	満	沙中金	女
14日	05/15	日	丙申	平	山下火	虚
15日	05/16	月	丁酉	定	山下火	危
16日	05/17	火	戊戌	執	平地木	室
17日	05/18	水	己亥	破	平地木	壁
18日	05/19	木	庚子	危	壁上土	奎
19日	05/20	金	辛丑	成	壁上土	婁
20日	05/21	土	壬寅	納	金箔金	胃
21日	05/22	日	癸卯	開	金箔金	昴
22日	05/23	月	甲辰	閉	覆燈火	觜
23日	05/24	火	乙巳	建	覆燈火	参
24日	05/25	水	丙午	除	天河水	井
25日	05/26	木	丁未	満	天河水	鬼
26日	05/27	金	戊申	定	大駅土	柳
27日	05/28	土	己酉	定	大駅土	星
28日	05/29	日	庚戌	執	釼釧金	星
29日	05/30	月	辛亥	破	釼釧金	張

【五月大 丙午 室】
節気 芒種 8日・夏至 23日
雑節 入梅 11日

日	新暦	曜	干支	直	納音	宿
1日	05/31	火	壬子	危	桑柘木	翼
2日	06/01	水	癸丑	成	桑柘木	軫
3日	06/02	木	甲寅	納	大溪水	角
4日	06/03	金	乙卯	開	大溪水	亢
5日	06/04	土	丙辰	閉	沙中土	氐
6日	06/05	日	丁巳	建	沙中土	房
7日	06/06	月	戊午	除	天上火	心
8日	06/07	火	己未	除	天上火	尾
9日	06/08	水	庚申	満	柘榴木	箕
10日	06/09	木	辛酉	平	柘榴木	斗
11日	06/10	金	壬戌	定	大海水	牛
12日	06/11	土	癸亥	執	大海水	女
13日	06/12	日	甲子	破	海中金	虚
14日	06/13	月	乙丑	危	海中金	危
15日	06/14	火	丙寅	成	爐中火	室
16日	06/15	水	丁卯	納	爐中火	壁
17日	06/16	木	戊辰	開	大林木	奎
18日	06/17	金	己巳	閉	大林木	婁
19日	06/18	土	庚午	建	路傍土	胃
20日	06/19	日	辛未	除	路傍土	昴
21日	06/20	月	壬申	平	釼鋒金	觜
22日	06/21	火	癸酉	平	釼鋒金	参
23日	06/22	水	甲戌	定	山頭火	井
24日	06/23	木	乙亥	執	山頭火	鬼
25日	06/24	金	丙子	破	澗下水	柳
26日	06/25	土	丁丑	危	澗下水	星
27日	06/26	日	戊寅	成	城頭土	張
28日	06/27	月	己卯	納	城頭土	翼
29日	06/28	火	庚辰	開	白鑞金	軫
30日	06/29	水	辛巳	閉	白鑞金	軫

【六月小 丁未 壁】
節気 小暑 9日・大暑 24日
雑節 半夏生 3日・土用 21日

日	新暦	曜	干支	直	納音	宿
1日	06/30	木	壬午	建	楊柳木	角
2日	07/01	金	癸未	除	楊柳木	亢
3日	07/02	土	甲申	満	井泉水	氐
4日	07/03	日	乙酉	平	井泉水	房
5日	07/04	月	丙戌	定	屋上土	心
6日	07/05	火	丁亥	執	屋上土	尾
7日	07/06	水	戊子	破	霹靂火	箕
8日	07/07	木	己丑	危	霹靂火	斗
9日	07/08	金	庚寅	成	松柏木	牛
10日	07/09	土	辛卯	納	松柏木	女
11日	07/10	日	壬辰	納	長流水	虚
12日	07/11	月	癸巳	開	長流水	危
13日	07/12	火	甲午	閉	沙中金	室
14日	07/13	水	乙未	建	沙中金	壁
15日	07/14	木	丙申	除	山下火	奎
16日	07/15	金	丁酉	満	山下火	婁
17日	07/16	土	戊戌	平	平地木	胃
18日	07/17	日	己亥	定	平地木	昴
19日	07/18	月	庚子	執	壁上土	觜
20日	07/19	火	辛丑	破	壁上土	参
21日	07/20	水	壬寅	危	金箔金	井
22日	07/21	木	癸卯	成	金箔金	鬼
23日	07/22	金	甲辰	納	覆燈火	柳
24日	07/23	土	乙巳	開	覆燈火	星
25日	07/24	日	丙午	閉	天河水	張
26日	07/25	月	丁未	建	天河水	翼
27日	07/26	火	戊申	除	大駅土	軫
28日	07/27	水	己酉	満	大駅土	角
29日	07/28	木	庚戌	平	釼釧金	角

西暦 曜 干支 直 納音 宿　　　　　　　　　　　宝永4年

【七月小 戊申 奎】
節気 立秋 10日・処暑 25日
1日 07/29 金 辛亥 定 釵釧金 亢
2日 07/30 土 壬子 執 桑柘木 氐
3日 07/31 日 癸丑 破 桑柘木 房
4日 08/01 月 甲寅 危 大溪水 心
5日 08/02 火 乙卯 成 大溪水 尾
6日 08/03 水 丙辰 納 沙中土 箕
7日 08/04 木 丁巳 開 天上火 斗
8日 08/05 金 戊午 建 天上火 牛
9日 08/06 土 己未 建 天上火 女
10日 08/07 日 庚申 除 柘榴木 虚
11日 08/08 月 辛酉 除 柘榴木 危
12日 08/09 火 壬戌 満 大海水 室
13日 08/10 水 癸亥 平 大海水 壁
14日 08/11 木 甲子 定 海中金 奎
15日 08/12 金 乙丑 執 海中金 婁
16日 08/13 土 丙寅 破 爐中火 胃
17日 08/14 日 丁卯 危 爐中火 昴
18日 08/15 月 戊辰 成 大林木 畢
19日 08/16 火 己巳 納 大林木 觜
20日 08/17 水 庚午 開 路傍土 参
21日 08/18 木 辛未 閉 路傍土 井
22日 08/19 金 壬申 建 釵鋒金 鬼
23日 08/20 土 癸酉 除 釵鋒金 柳
24日 08/21 日 甲戌 満 山頭火 星
25日 08/22 月 乙亥 平 山頭火 張
26日 08/23 火 丙子 定 澗下水 翼
27日 08/24 水 丁丑 執 澗下水 軫
28日 08/25 木 戊寅 破 城頭土 角
29日 08/26 金 己卯 危 城頭土 亢

【八月大 己酉 婁】
節気 白露 11日・秋分 27日
雑節 二百十日 7日・彼岸 29日・社日 29日
1日 08/27 土 庚辰 成 白鑞金 氐
2日 08/28 日 辛巳 納 白鑞金 房
3日 08/29 月 壬午 開 楊柳木 心
4日 08/30 火 癸未 閉 楊柳木 尾
5日 08/31 水 甲申 建 井泉水 箕
6日 09/01 木 乙酉 除 井泉水 斗
7日 09/02 金 丙戌 満 屋上土 牛
8日 09/03 土 丁亥 平 屋上土 女
9日 09/04 日 戊子 定 霹靂火 虚
10日 09/05 月 己丑 執 霹靂火 危
11日 09/06 火 庚寅 破 松柏木 室
12日 09/07 水 辛卯 危 松柏木 壁
13日 09/08 木 壬辰 危 長流水 奎
14日 09/09 金 癸巳 成 長流水 婁
15日 09/10 土 甲午 納 沙中金 胃
16日 09/11 日 乙未 開 沙中金 昴
17日 09/12 月 丙申 閉 山下火 畢
18日 09/13 火 丁酉 建 山下火 觜
19日 09/14 水 戊戌 除 平地木 参
20日 09/15 木 己亥 満 平地木 井
21日 09/16 金 庚子 平 壁上土 柳
22日 09/17 土 辛丑 定 壁上土 星
23日 09/18 日 壬寅 執 金箔金 張
24日 09/19 月 癸卯 破 金箔金 翼
25日 09/20 火 甲辰 危 覆燈火 軫
26日 09/21 水 乙巳 成 覆燈火 角
27日 09/22 木 丙午 納 天河水 亢
28日 09/23 金 丁未 開 天河水 氐
29日 09/24 土 戊申 閉 大駅土 房
30日 09/25 日 己酉 建 大駅土 心

【九月小 庚戌 胃】
節気 寒露 12日・霜降 27日

雑節 土用 24日
1日 09/26 月 庚戌 除 釵釧金 心
2日 09/27 火 辛亥 満 釵釧金 尾
3日 09/28 水 壬子 平 桑柘木 箕
4日 09/29 木 癸丑 定 桑柘木 斗
5日 09/30 金 甲寅 執 大溪水 牛
6日 10/01 土 乙卯 破 大溪水 女
7日 10/02 日 丙辰 危 沙中土 虚
8日 10/03 月 丁巳 成 沙中土 危
9日 10/04 火 戊午 納 天上火 室
10日 10/05 水 己未 開 天上火 壁
11日 10/06 木 庚申 閉 柘榴木 奎
12日 10/07 金 辛酉 建 柘榴木 婁
13日 10/08 土 壬戌 除 大海水 胃
14日 10/09 日 癸亥 満 大海水 昴
15日 10/10 月 甲子 平 海中金 畢
16日☆ 10/11 火 乙丑 定 海中金 觜
17日 10/12 水 丙寅 執 爐中火 参
18日 10/13 木 丁卯 破 爐中火 井
19日 10/14 金 戊辰 危 大林木 鬼
20日 10/15 土 己巳 成 大林木 柳
21日 10/16 日 庚午 納 路傍土 星
22日 10/17 月 辛未 開 路傍土 張
23日 10/18 火 壬申 閉 釵鋒金 翼
24日 10/19 水 癸酉 建 釵鋒金 軫
25日 10/20 木 甲戌 除 山頭火 角
26日 10/21 金 乙亥 満 山頭火 亢
27日 10/22 土 丙子 平 澗下水 氐
28日 10/23 日 丁丑 定 澗下水 房
29日 10/24 月 戊寅 定 城頭土 心

【十月大 辛亥 昴】
節気 立冬 13日・小雪 29日
1日 10/25 火 己卯 破 城頭土 尾
2日 10/26 水 庚辰 破 白鑞金 箕
3日 10/27 木 辛巳 危 白鑞金 斗
4日 10/28 金 壬午 成 楊柳木 牛
5日 10/29 土 癸未 納 楊柳木 女
6日 10/30 日 甲申 開 井泉水 虚
7日 10/31 月 乙酉 閉 井泉水 危
8日 11/01 火 丙戌 建 屋上土 室
9日 11/02 水 丁亥 除 屋上土 壁
10日 11/03 木 戊子 満 霹靂火 奎
11日 11/04 金 己丑 平 霹靂火 婁
12日 11/05 土 庚寅 定 松柏木 胃
13日 11/06 日 辛卯 定 松柏木 昴
14日 11/07 月 壬辰 執 長流水 畢
15日 11/08 火 癸巳 破 長流水 觜
16日 11/09 水 甲午 危 沙中金 参
17日 11/10 木 乙未 成 沙中金 井
18日 11/11 金 丙申 納 山下火 鬼
19日 11/12 土 丁酉 開 山下火 柳
20日 11/13 日 戊戌 閉 平地木 星
21日 11/14 月 己亥 建 平地木 張
22日 11/15 火 庚子 除 壁上土 翼
23日 11/16 水 辛丑 満 壁上土 軫
24日 11/17 木 壬寅 平 金箔金 角
25日 11/18 金 癸卯 定 金箔金 亢
26日 11/19 土 甲辰 執 覆燈火 氐
27日 11/20 日 乙巳 破 覆燈火 房
28日 11/21 月 丙午 危 天河水 心
29日 11/22 火 丁未 成 天河水 尾
30日 11/23 水 戊申 納 大駅土 箕

【十一月大 壬子 畢】
節気 大雪 14日・冬至 29日
1日 11/24 木 己酉 開 大駅土 斗
2日 11/25 金 庚戌 閉 釵釧金 牛

3日 11/26 土 辛亥 建 釵釧金 女
4日 11/27 日 壬子 除 桑柘木 虚
5日 11/28 月 癸丑 満 桑柘木 危
6日 11/29 火 甲寅 平 大溪水 室
7日 11/30 水 乙卯 定 大溪水 壁
8日 12/01 木 丙辰 執 沙中土 奎
9日 12/02 金 丁巳 破 沙中土 婁
10日 12/03 土 戊午 危 天上火 胃
11日 12/04 日 己未 成 天上火 昴
12日 12/05 月 庚申 納 柘榴木 畢
13日 12/06 火 辛酉 開 柘榴木 觜
14日 12/07 水 壬戌 閉 大海水 参
15日 12/08 木 癸亥 閉 大海水 井
16日 12/09 金 甲子 建 海中金 鬼
17日 12/10 土 乙丑 除 海中金 柳
18日 12/11 日 丙寅 満 爐中火 星
19日 12/12 月 丁卯 平 爐中火 張
20日 12/13 火 戊辰 定 大林木 翼
21日 12/14 水 己巳 執 大林木 軫
22日 12/15 木 庚午 破 路傍土 角
23日 12/16 金 辛未 危 路傍土 亢
24日 12/17 土 壬申 成 釵鋒金 氐
25日 12/18 日 癸酉 納 釵鋒金 房
26日 12/19 月 甲戌 開 山頭火 心
27日 12/20 火 乙亥 閉 山頭火 尾
28日 12/21 水 丙子 建 澗下水 箕
29日 12/22 木 丁丑 除 澗下水 斗
30日 12/23 金 戊寅 満 城頭土 牛

【十二月大 癸丑 觜】
節気 小寒 14日・大寒 29日
雑節 土用 26日
1日 12/24 土 己卯 平 城頭土 女
2日 12/25 日 庚辰 定 白鑞金 虚
3日 12/26 月 辛巳 破 白鑞金 危
4日 12/27 火 壬午 破 楊柳木 室
5日 12/28 水 癸未 危 楊柳木 壁
6日 12/29 木 甲申 成 井泉水 奎
7日 12/30 金 乙酉 納 井泉水 婁
8日 12/31 土 丙戌 開 屋上土 胃

1708年
9日 01/01 日 丁亥 閉 屋上土 昴
10日 01/02 月 戊子 建 霹靂火 畢
11日 01/03 火 己丑 除 霹靂火 觜
12日 01/04 水 庚寅 満 松柏木 参
13日 01/05 木 辛卯 平 松柏木 井
14日 01/06 金 壬辰 定 長流水 鬼
15日 01/07 土 癸巳 定 長流水 柳
16日 01/08 日 甲午 執 沙中金 星
17日 01/09 月 乙未 破 沙中金 張
18日 01/10 火 丙申 危 山下火 翼
19日 01/11 水 丁酉 成 山下火 軫
20日 01/12 木 戊戌 納 平地木 角
21日 01/13 金 己亥 開 平地木 亢
22日 01/14 土 庚子 閉 壁上土 氐
23日 01/15 日 辛丑 建 壁上土 房
24日 01/16 月 壬寅 除 金箔金 心
25日 01/17 火 癸卯 満 金箔金 尾
26日 01/18 水 甲辰 平 覆燈火 箕
27日 01/19 木 乙巳 定 覆燈火 斗
28日 01/20 金 丙午 執 天河水 牛
29日 01/21 土 丁未 破 天河水 女
30日 01/22 日 戊申 危 大駅土 虚

宝永5年

1708～1709 戊子 奎

【正月大 甲寅 参】
節気 立春 15日・雨水 30日
雑節 節分 14日

日	月日	曜	干支	直	納音	宿
1日	01/23	木	己酉	成	大駅土	危室
2日	01/24	火	庚戌	納	釼釧金	
3日	01/25	水	辛亥	開	釼釧金	壁奎
4日	01/26	木	壬子	閉	桑柘木	奎室
5日	01/27	金	癸丑	建	桑柘木	婁
6日	01/28	土	甲寅	除	大溪水	胃昴
7日	01/29	日	乙卯	満	大溪水	昴
8日	01/30	月	丙辰	平	沙中土	畢觜
9日	01/31	火	丁巳	定	沙中土	参
10日	02/01	水	戊午	執	天上火	参觜
11日	02/02	木	己未	破	天上火	柳鬼
12日	02/03	金	庚申	危	柘榴木	柳
13日	02/04	土	辛酉	成	柘榴木	張
14日	02/05	日	壬戌	納	大海水	翼
15日	02/06	月	癸亥	開	大海水	軫
16日	02/07	火	甲子	閉	海中金	角
17日	02/08	水	乙丑	建	海中金	亢
18日	02/09	木	丙寅	除	爐中火	氐
19日	02/10	金	丁卯	満	爐中火	房心
20日	02/11	土	戊辰	平	大林木	尾
21日	02/12	日	己巳	定	大林木	箕
22日	02/13	月	庚午	執	路傍土	斗
23日	02/14	火	辛未	破	路傍土	牛
24日	02/15	水	壬申	危	釼鋒金	女
25日	02/16	木	癸酉	成	釼鋒金	虚
26日	02/17	金	甲戌	納	山頭火	危室
27日	02/18	土	乙亥	納	山頭火	危室
28日	02/19	日	丙子	開	澗下水	危室
29日	02/20	月	丁丑	閉	澗下水	城頭土
30日	02/21	火	戊寅	建	城頭土	

【閏正月小 甲寅 参】
節気 啓蟄 15日

日	月日	曜	干支	直	納音	宿
1日	02/22	水	己卯	除	城頭土	壁
2日	02/23	木	庚辰	満	白鑞金	奎
3日	02/24	金	辛巳	平	白鑞金	婁
4日	02/25	土	壬午	定	楊柳木	胃昴
5日	02/26	日	癸未	執	楊柳木	畢
6日	02/27	月	甲申	破	井泉水	觜参
7日	02/28	火	乙酉	危	井泉水	参
8日	02/29	水	丙戌	成	屋上土	井鬼
9日	03/01	木	丁亥	納	屋上土	井
10日	03/02	金	戊子	開	霹靂火	柳星
11日	03/03	土	己丑	閉	霹靂火	柳
12日	03/04	日	庚寅	建	松柏木	張翼
13日	03/05	月	辛卯	除	松柏木	翼
14日	03/06	火	壬辰	満	長流水	軫
15日	03/07	水	癸巳	平	長流水	角
16日	03/08	木	甲午	定	沙中金	亢
17日	03/09	金	乙未	執	沙中金	氐
18日	03/10	土	丙申	破	山下火	房
19日	03/11	日	丁酉	危	山下火	心
20日	03/12	月	戊戌	成	平地木	尾
21日	03/13	火	己亥	納	平地木	箕
22日	03/14	水	庚子	開	壁上土	斗
23日	03/15	木	辛丑	閉	壁上土	牛女
24日	03/16	金	壬寅	建	金箔金	女
25日	03/17	土	癸卯	除	金箔金	虚
26日	03/18	日	甲辰	満	覆燈火	危室
27日	03/19	月	乙巳	平	覆燈火	室
28日	03/20	火	丙午	定	天河水	壁
29日	03/21	水	丁未	定	天河水	壁

【二月大 乙卯 井】
節気 春分 1日・清明 17日
雑節 社日 1日・彼岸 3日・土用 29日

日	月日	曜	干支	直	納音	宿
1日	03/22	木	甲申	執	大駅土	奎
2日	03/23	金	乙酉	破	大駅土	婁
3日	03/24	土	丙戌	危	釼釧金	胃昴
4日	03/25	日	丁亥	成	釼釧金	畢
5日	03/26	月	戊子	納	桑柘木	觜
6日	03/27	火	己丑	開	桑柘木	参
7日	03/28	水	庚寅	閉	大溪水	井
8日	03/29	木	辛卯	建	大溪水	鬼
9日	03/30	金	壬辰	除	沙中土	柳
10日	03/31	土	癸巳	満	沙中土	星
11日	04/01	日	甲午	平	天上火	張
12日	04/02	月	乙未	定	天上火	翼
13日	04/03	火	丙申	執	柘榴木	軫
14日	04/04	水	丁酉	破	柘榴木	角
15日	04/05	木	戊戌	危	大海水	亢
16日	04/06	金	己亥	成	大海水	氐
17日	04/07	土	庚子	納	海中金	房心
18日	04/08	日	辛丑	開	海中金	尾
19日	04/09	月	壬寅	閉	爐中火	箕
20日	04/10	火	癸卯	建	爐中火	斗
21日	04/11	水	甲辰	除	大林木	牛
22日	04/12	木	乙巳	満	大林木	女
23日	04/13	金	丙午	平	路傍土	虚
24日	04/14	土	丁未	定	路傍土	危室
25日	04/15	日	戊申	執	釼鋒金	室
26日	04/16	月	己酉	破	釼鋒金	壁
27日	04/17	火	庚戌	危	山頭火	奎
28日	04/18	水	辛亥	成	山頭火	婁
29日	04/19	木	壬子	納	澗下水	胃
30日	04/20	金	癸丑	納	澗下水	胃

【三月小 丙辰 鬼】
節気 穀雨 2日・立夏 17日
雑節 八十八夜 13日

日	月日	曜	干支	直	納音	宿
1日	04/21	土	甲寅	開	城頭土	昴
2日	04/22	日	乙卯	閉	城頭土	畢
3日	04/23	月	丙辰	建	白鑞金	觜
4日	04/24	火	丁巳	除	白鑞金	参
5日	04/25	水	戊午	満	楊柳木	井
6日	04/26	木	己未	平	楊柳木	鬼
7日	04/27	金	庚申	定	石榴木	柳
8日	04/28	土	辛酉	執	井泉水	星
9日	04/29	日	壬戌	破	屋上土	張
10日	04/30	月	癸亥	危	屋上土	翼
11日	05/01	火	甲子	成	霹靂火	軫
12日	05/02	水	乙丑	納	霹靂火	角
13日	05/03	木	丙寅	開	松柏木	亢
14日	05/04	金	丁卯	閉	松柏木	氐
15日	05/05	土	戊辰	建	長流水	房
16日	05/06	日	己巳	除	長流水	心
17日	05/07	月	庚午	満	沙中金	尾
18日	05/08	火	辛未	平	沙中金	箕
19日	05/09	水	壬申	定	山下火	斗
20日	05/10	木	癸酉	執	山下火	牛
21日	05/11	金	甲戌	破	平地木	女
22日	05/12	土	乙亥	危	平地木	虚
23日	05/13	日	丙子	成	壁上土	危
24日	05/14	月	丁丑	納	壁上土	室
25日	05/15	火	戊寅	開	金箔金	壁
26日	05/16	水	己卯	閉	金箔金	奎
27日	05/17	木	庚辰	建	覆燈火	婁
28日	05/18	金	辛巳	除	覆燈火	胃
29日	05/19	土	壬午	除	天河水	昴

【四月小 丁巳 柳】
節気 小満 3日・芒種 18日
雑節 入梅 26日

日	月日	曜	干支	直	納音	宿
1日	05/20	日	癸未	満	天河水	畢
2日	05/21	月	甲申	平	大駅土	觜
3日	05/22	火	乙酉	定	大駅土	参
4日	05/23	水	丙戌	執	釼釧金	井
5日	05/24	木	丁亥	破	釼釧金	鬼
6日	05/25	金	戊子	危	桑柘木	柳
7日	05/26	土	己丑	成	桑柘木	星
8日	05/27	日	庚寅	納	大溪水	張
9日	05/28	月	辛卯	開	大溪水	翼
10日	05/29	火	壬辰	閉	沙中土	軫
11日	05/30	水	癸巳	建	沙中土	角
12日	05/31	木	甲午	除	天上火	亢
13日	06/01	金	乙未	満	天上火	氐
14日	06/02	土	丙申	平	柘榴木	房
15日	06/03	日	丁酉	定	柘榴木	心
16日	06/04	月	戊戌	執	大海水	尾
17日	06/05	火	己亥	破	大海水	箕
18日	06/06	水	庚子	危	海中金	斗
19日	06/07	木	辛丑	成	海中金	牛
20日	06/08	金	壬寅	納	爐中火	女
21日	06/09	土	癸卯	開	爐中火	虚
22日	06/10	日	甲辰	閉	大林木	危
23日	06/11	月	乙巳	建	大林木	室
24日	06/12	火	丙午	除	路傍土	壁
25日	06/13	水	丁未	満	路傍土	奎
26日	06/14	木	戊申	平	釼鋒金	婁
27日	06/15	金	己酉	定	釼鋒金	胃
28日	06/16	土	庚戌	執	山頭火	昴
29日	06/17	日	辛亥	破	山頭火	畢

【五月大 戊午 星】
節気 夏至 5日・小暑 20日
雑節 半夏生 15日

日	月日	曜	干支	直	納音	宿
1日	06/18	月	丙子	破	澗下水	觜
2日	06/19	火	丁丑	危	澗下水	参
3日	06/20	水	戊寅	成	城頭土	井鬼
4日	06/21	木	己卯	納	城頭土	柳
5日	06/22	金	庚辰	開	白鑞金	星
6日	06/23	土	辛巳	閉	白鑞金	張
7日	06/24	日	壬午	建	楊柳木	翼
8日	06/25	月	癸未	除	楊柳木	軫
9日	06/26	火	甲申	満	井泉水	角
10日	06/27	水	乙酉	平	井泉水	亢
11日	06/28	木	丙戌	定	屋上土	氐
12日	06/29	金	丁亥	執	屋上土	房心
13日	06/30	土	戊子	破	霹靂火	尾
14日	07/01	日	己丑	危	霹靂火	箕
15日	07/02	月	庚寅	成	松柏木	斗
16日	07/03	火	辛卯	納	松柏木	牛
17日	07/04	水	壬辰	開	長流水	女
18日	07/05	木	癸巳	閉	長流水	虚
19日	07/06	金	甲午	建	沙中金	危
20日	07/07	土	乙未	除	沙中金	室
21日	07/08	日	丙申	満	山下火	壁
22日	07/09	月	丁酉	平	山下火	奎
23日	07/10	火	戊戌	定	平地木	婁
24日	07/11	水	己亥	執	平地木	胃
25日	07/12	木	庚子	破	壁上土	昴
26日	07/13	金	辛丑	危	壁上土	畢
27日	07/14	土	壬寅	成	金箔金	觜
28日	07/15	日	癸卯	納	金箔金	参
29日	07/16	月	甲辰	開	覆燈火	井
30日	07/17	火	乙巳	開	覆燈火	鬼

【六月小 己未 張】
節気 大暑 2日・立秋 20日
雑節 土用 2日

日	月日	曜	干支	直	納音	宿
1日	07/18	水	丙午	閉	天河水	柳
2日	07/19	木	丁未	建	天河水	星
3日	07/20	金	戊申	除	大駅土	張
4日	07/21	土	己酉	満	大駅土	翼
5日	07/22	日	庚戌	平	釼釧金	軫
6日	07/23	月	辛亥	定	釼釧金	角
7日	07/24	火	壬子	執	桑柘木	亢
8日	07/25	水	癸丑	破	桑柘木	氐
9日	07/26	木	甲寅	危	大溪水	房心
10日	07/27	金	乙卯	成	大溪水	尾
11日	07/28	土	丙辰	納	沙中土	箕
12日	07/29	日	丁巳	開	沙中土	斗
13日	07/30	月	戊午	閉	天上火	牛
14日	07/31	火	己未	建	天上火	女
15日	08/01	水	庚申	除	柘榴木	虚

西暦　曜　干支　直　納音　宿　　　　　　　　　　　　　　宝永5年

日	西暦	曜	干支	直	納音	宿
16日	08/02	木	辛酉	満	柘榴木	斗
17日	08/03	金	壬戌	平	大海水	牛
18日	08/04	土	癸亥	定	大海水	女
19日	08/05	日	甲子	執	海中金	虚
20日	08/06	月	乙丑	執	海中金	危
21日	08/07	火	丙寅	破	炉中火	室
22日	08/08	水	丁卯	危	炉中火	壁
23日	08/09	木	戊辰	成	大林木	奎
24日	08/10	金	己巳	納	大林木	婁
25日	08/11	土	庚午	開	路傍土	胃
26日	08/12	日	辛未	閉	路傍土	昴
27日	08/13	月	壬申	建	剣鋒金	畢
28日	08/14	火	癸酉	除	剣鋒金	觜
29日	08/15	水	甲戌	満	山頭火	参

【七月小 庚申 翼】

節気 処暑 6日・白露 22日
雑節 二百十日 18日

日	西暦	曜	干支	直	納音	宿
1日	08/16	木	乙亥	平	山頭火	井
2日	08/17	金	丙子	定	澗下水	鬼
3日	08/18	土	丁丑	執	澗下水	柳
4日	08/19	日	戊寅	破	城頭土	星
5日	08/20	月	己卯	危	城頭土	張
6日	08/21	火	庚辰	成	白鑞金	翼
7日	08/22	水	辛巳	納	白鑞金	軫
8日	08/23	木	壬午	開	楊柳木	角
9日	08/24	金	癸未	閉	楊柳木	亢
10日	08/25	土	甲申	建	井泉水	氐
11日	08/26	日	乙酉	除	井泉水	房
12日	08/27	月	丙戌	満	屋上土	心
13日	08/28	火	丁亥	平	屋上土	尾
14日	08/29	水	戊子	定	霹靂火	箕
15日	08/30	木	己丑	執	霹靂火	斗
16日	08/31	金	庚寅	破	松柏木	牛
17日	09/01	土	辛卯	危	松柏木	女
18日	09/02	日	壬辰	成	長流水	虚
19日	09/03	月	癸巳	納	長流水	危
20日	09/04	火	甲午	開	沙中金	室
21日	09/05	水	乙未	閉	沙中金	壁
22日	09/06	木	丙申	閉	山下火	奎
23日	09/07	金	丁酉	建	山下火	婁
24日	09/08	土	戊戌	除	平地木	胃
25日	09/09	日	己亥	満	平地木	昴
26日	09/10	月	庚子	平	壁上土	畢
27日	09/11	火	辛丑	定	壁上土	觜
28日	09/12	水	壬寅	執	金箔金	参
29日	09/13	木	癸卯	破	金箔金	井

【八月大 辛酉 軫】

節気 秋分 8日・寒露 23日
雑節 社日 5日・彼岸 10日

日	西暦	曜	干支	直	納音	宿
1日	09/14	金	甲辰	危	覆燈火	鬼
2日	09/15	土	乙巳	成	覆燈火	柳
3日	09/16	日	丙午	納	天河水	星
4日	09/17	月	丁未	開	天河水	張
5日	09/18	火	戊申	閉	大駅土	翼
6日	09/19	水	己酉	建	大駅土	軫
7日	09/20	木	庚戌	除	釵釧金	角
8日	09/21	金	辛亥	満	釵釧金	亢
9日	09/22	土	壬子	平	桑柘木	氐
10日	09/23	日	癸丑	定	桑柘木	房
11日	09/24	月	甲寅	執	大渓水	心
12日	09/25	火	乙卯	破	大渓水	尾
13日	09/26	水	丙辰	危	沙中土	箕
14日	09/27	木	丁巳	成	沙中土	斗
15日	09/28	金	戊午	納	天上火	牛
16日	☆09/29	土	己未	開	天上火	女
17日	09/30	日	庚申	閉	柘榴木	虚
18日	10/01	月	辛酉	建	柘榴木	危
19日	10/02	火	壬戌	除	大海水	室
20日	10/03	水	癸亥	満	大海水	壁
21日	10/04	木	甲子	平	海中金	奎
22日	10/05	金	乙丑	定	海中金	婁
23日	10/06	土	丙寅	定	炉中火	胃
24日	10/07	日	丁卯	執	炉中火	昴
25日	10/08	月	戊辰	破	大林木	畢
26日	10/09	火	己巳	危	大林木	觜
27日	10/10	水	庚午	成	路傍土	参
28日	10/11	木	辛未	納	路傍土	井
29日	10/12	金	壬申	開	剣鋒金	鬼
30日	10/13	土	癸酉	閉	剣鋒金	柳

【九月小 壬戌 角】

節気 霜降 8日・立冬 24日
雑節 土用 5日

日	西暦	曜	干支	直	納音	宿
1日	10/14	日	甲戌	建	山頭火	星
2日	10/15	月	乙亥	除	山頭火	張
3日	10/16	火	丙子	満	澗下水	翼
4日	10/17	水	丁丑	平	澗下水	軫
5日	10/18	木	戊寅	定	城頭土	角
6日	10/19	金	己卯	執	城頭土	亢
7日	10/20	土	庚辰	破	白鑞金	氐
8日	10/21	日	辛巳	危	白鑞金	房
9日	10/22	月	壬午	成	楊柳木	心
10日	10/23	火	癸未	納	楊柳木	尾
11日	10/24	水	甲申	開	井泉水	箕
12日	10/25	木	乙酉	閉	井泉水	斗
13日	10/26	金	丙戌	建	屋上土	牛
14日	10/27	土	丁亥	除	屋上土	女
15日	10/28	日	戊子	満	霹靂火	虚
16日	10/29	月	己丑	平	霹靂火	危
17日	10/30	火	庚寅	定	松柏木	室
18日	10/31	水	辛卯	執	松柏木	壁
19日	11/01	木	壬辰	破	長流水	奎
20日	11/02	金	癸巳	危	長流水	婁
21日	11/03	土	甲午	成	沙中金	胃
22日	11/04	日	乙未	納	沙中金	昴
23日	11/05	月	丙申	開	山下火	畢
24日	11/06	火	丁酉	開	山下火	觜
25日	11/07	水	戊戌	閉	平地木	参
26日	11/08	木	己亥	建	平地木	井
27日	11/09	金	庚子	除	壁上土	鬼
28日	11/10	土	辛丑	満	壁上土	柳
29日	11/11	日	壬寅	平	金箔金	星

【十月大 癸亥 亢】

節気 小雪 10日・大雪 25日

日	西暦	曜	干支	直	納音	宿
1日	11/12	月	癸卯	定	金箔金	張
2日	11/13	火	甲辰	執	覆燈火	翼
3日	11/14	水	乙巳	破	覆燈火	軫
4日	11/15	木	丙午	危	天河水	角
5日	11/16	金	丁未	成	天河水	亢
6日	11/17	土	戊申	納	大駅土	氐
7日	11/18	日	己酉	開	大駅土	房
8日	11/19	月	庚戌	閉	釵釧金	心
9日	11/20	火	辛亥	建	釵釧金	尾
10日	11/21	水	壬子	除	桑柘木	箕
11日	11/22	木	癸丑	満	桑柘木	斗
12日	11/23	金	甲寅	平	大渓水	牛
13日	11/24	土	乙卯	定	大渓水	女
14日	11/25	日	丙辰	執	沙中土	虚
15日	11/26	月	丁巳	破	沙中土	危
16日	11/27	火	戊午	危	天上火	室
17日	11/28	水	己未	成	天上火	壁
18日	11/29	木	庚申	納	柘榴木	奎
19日	11/30	金	辛酉	開	柘榴木	婁
20日	12/01	土	壬戌	閉	大海水	胃
21日	12/02	日	癸亥	建	大海水	昴
22日	12/03	月	甲子	除	海中金	畢
23日	12/04	火	乙丑	満	海中金	觜
24日	12/05	水	丙寅	平	炉中火	参
25日	12/06	木	丁卯	平	炉中火	井
26日	12/07	金	戊辰	定	大林木	鬼
27日	12/08	土	己巳	執	大林木	柳
28日	12/09	日	庚午	破	路傍土	星
29日	12/10	月	辛未	危	路傍土	張
30日	12/11	火	壬申	成	剣鋒金	翼

【十一月大 甲子 氐】

節気 冬至 10日・小寒 25日

日	西暦	曜	干支	直	納音	宿
1日	12/12	水	癸酉	納	剣鋒金	軫
2日	12/13	木	甲戌	開	山頭火	角
3日	12/14	金	乙亥	閉	山頭火	亢
4日	12/15	土	丙子	建	澗下水	氐
5日	12/16	日	丁丑	除	澗下水	房
6日	12/17	月	戊寅	満	城頭土	心
7日	12/18	火	己卯	平	城頭土	尾
8日	12/19	水	庚辰	定	白鑞金	箕
9日	12/20	木	辛巳	執	白鑞金	斗
10日	12/21	金	壬午	破	楊柳木	牛
11日	12/22	土	癸未	危	楊柳木	女
12日	12/23	日	甲申	成	井泉水	虚
13日	12/24	月	乙酉	納	井泉水	危
14日	12/25	火	丙戌	開	屋上土	室
15日	12/26	水	丁亥	閉	屋上土	壁
16日	12/27	木	戊子	建	霹靂火	奎
17日	12/28	金	己丑	除	霹靂火	婁
18日	12/29	土	庚寅	満	松柏木	胃
19日	12/30	日	辛卯	平	松柏木	昴
20日	12/31	月	壬辰	定	長流水	畢

1709年

日	西暦	曜	干支	直	納音	宿
21日	01/01	火	癸巳	執	長流水	参
22日	01/02	水	甲午	破	沙中金	井
23日	01/03	木	乙未	危	沙中金	鬼
24日	01/04	金	丙申	危	山下火	柳
25日	01/05	土	丁酉	成	山下火	星
26日	01/06	日	戊戌	納	平地木	張
27日	01/07	月	己亥	開	平地木	翼
28日	01/08	火	庚子	閉	壁上土	軫
29日	01/09	水	辛丑	建	壁上土	角
30日	01/10	木	壬寅	除	金箔金	亢

【十二月大 乙丑 房】

節気 大寒 11日・立春 26日
雑節 土用 8日・節分 25日

日	西暦	曜	干支	直	納音	宿
1日	01/11	金	癸卯	満	金箔金	亢
2日	01/12	土	甲辰	平	覆燈火	氐
3日	01/13	日	乙巳	定	覆燈火	房
4日	01/14	月	丙午	執	天河水	心
5日	01/15	火	丁未	破	天河水	尾
6日	01/16	水	戊申	危	大駅土	箕
7日	01/17	木	己酉	成	大駅土	斗
8日	01/18	金	庚戌	納	釵釧金	牛
9日	01/19	土	辛亥	開	釵釧金	女
10日	01/20	日	壬子	閉	桑柘木	虚
11日	01/21	月	癸丑	建	桑柘木	室
12日	01/22	火	甲寅	除	大渓水	壁
13日	01/23	水	乙卯	満	大渓水	奎
14日	01/24	木	丙辰	平	沙中土	婁
15日	01/25	金	丁巳	定	沙中土	胃
16日	01/26	土	戊午	執	天上火	昴
17日	01/27	日	己未	破	天上火	畢
18日	01/28	月	庚申	危	柘榴木	觜
19日	01/29	火	辛酉	成	柘榴木	参
20日	01/30	水	壬戌	納	大海水	井
21日	01/31	木	癸亥	開	大海水	鬼
22日	02/01	金	甲子	閉	海中金	柳
23日	02/02	土	乙丑	建	海中金	星
24日	02/03	日	丙寅	除	炉中火	張
25日	02/04	月	丁卯	満	炉中火	翼
26日	02/05	火	戊辰	満	大林木	軫
27日	02/06	水	己巳	平	大林木	角
28日	02/07	木	庚午	定	路傍土	亢
29日	02/08	金	辛未	執	路傍土	氐
30日	02/09	土	壬申	破	剣鋒金	房

宝永6年
1709～1710　己丑　婁

【正月小 丙寅 心】
節気 雨水 11日・啓蟄 26日

日	日付	曜	干支	中段	納音	宿
1日	02/10	日	癸酉	危	釼鋒金	房
2日	02/11	月	甲戌	成	山頭火	心
3日	02/12	火	乙亥	納	山頭火	尾
4日	02/13	水	丙子	開	澗下水	箕
5日	02/14	木	丁丑	閉	澗下水	斗
6日	02/15	金	戊寅	建	城頭土	牛
7日	02/16	土	己卯	除	城頭土	女
8日	02/17	日	庚辰	満	白鑞金	虚
9日	02/18	月	辛巳	定	白鑞金	危
10日	02/19	火	壬午	定	楊柳木	室
11日	02/20	水	癸未	執	楊柳木	壁
12日	02/21	木	甲申	破	井泉水	奎
13日	02/22	金	乙酉	危	井泉水	婁
14日	02/23	土	丙戌	成	屋上土	胃
15日	02/24	日	丁亥	納	屋上土	昴
16日	02/25	月	戊子	開	霹靂火	畢
17日	02/26	火	己丑	閉	霹靂火	觜
18日	02/27	水	庚寅	建	松柏木	参
19日	02/28	木	辛卯	除	松柏木	井
20日	03/01	金	壬辰	満	長流水	鬼
21日	03/02	土	癸巳	平	長流水	柳
22日	03/03	日	甲午	定	沙中金	星
23日	03/04	月	乙未	執	沙中金	張
24日	03/05	火	丙申	破	山下火	翼
25日	03/06	水	丁酉	危	山下火	軫
26日	03/07	木	戊戌	成	平地木	角
27日	03/08	金	己亥	納	平地木	亢
28日	03/09	土	庚子	開	壁上土	氐
29日	03/10	日	辛丑	開	壁上土	房

【二月大 丁卯 尾】
節気 春分 13日・清明 28日
雑節 彼岸 15日・社日 17日

日	日付	曜	干支	中段	納音	宿
1日	03/11	月	壬寅	閉	金箔金	心
2日	03/12	火	癸卯	建	金箔金	尾
3日	03/13	水	甲辰	除	覆燈火	箕
4日	03/14	木	乙巳	満	覆燈火	斗
5日	03/15	金	丙午	平	天河水	牛
6日	03/16	土	丁未	定	天河水	女
7日	03/17	日	戊申	執	大駅土	虚
8日	03/18	月	己酉	破	大駅土	危
9日	03/19	火	庚戌	危	釼釧金	室
10日	03/20	水	辛亥	成	釼釧金	壁
11日	03/21	木	壬子	納	桑柘木	奎
12日	03/22	金	癸丑	開	桑柘木	婁
13日	03/23	土	甲寅	閉	大溪水	胃
14日	03/24	日	乙卯	建	大溪水	昴
15日	03/25	月	丙辰	除	沙中土	畢
16日	03/26	火	丁巳	満	沙中土	觜
17日	03/27	水	戊午	平	天上火	参
18日	03/28	木	己未	定	天上火	井
19日	03/29	金	庚申	執	柘榴木	鬼
20日	03/30	土	辛酉	破	柘榴木	柳
21日	03/31	日	壬戌	危	大海水	星
22日	04/01	月	癸亥	成	大海水	張
23日	04/02	火	甲子	納	海中金	翼
24日	04/03	水	乙丑	開	海中金	軫
25日	04/04	木	丙寅	閉	爐中火	角
26日	04/05	金	丁卯	建	爐中火	亢
27日	04/06	土	戊辰	除	大林木	氐
28日	04/07	日	己巳	除	大林木	房
29日	04/08	月	庚午	満	路傍土	心
30日	04/09	火	辛未	平	路傍土	尾

【三月大 戊辰 箕】
節気 穀雨 13日・立夏 28日
雑節 土用 10日・八十八夜 24日

日	日付	曜	干支	中段	納音	宿
1日	04/10	水	壬申	定	釼鋒金	箕
2日	04/11	木	癸酉	執	釼鋒金	斗
3日	04/12	金	甲戌	破	山頭火	牛
4日	04/13	土	乙亥	危	山頭火	女
5日	04/14	日	丙子	成	澗下水	虚
6日	04/15	月	丁丑	納	澗下水	危
7日	04/16	火	戊寅	開	城頭土	室
8日	04/17	水	己卯	閉	城頭土	壁
9日	04/18	木	庚辰	建	白鑞金	奎
10日	04/19	金	辛巳	除	白鑞金	婁
11日	04/20	土	壬午	満	楊柳木	胃
12日	04/21	日	癸未	平	楊柳木	昴
13日	04/22	月	甲申	定	井泉水	畢
14日	04/23	火	乙酉	執	井泉水	觜
15日	04/24	水	丙戌	破	屋上土	参
16日	04/25	木	丁亥	危	屋上土	井
17日	04/26	金	戊子	成	霹靂火	鬼
18日	04/27	土	己丑	納	霹靂火	柳
19日	04/28	日	庚寅	開	松柏木	星
20日	04/29	月	辛卯	閉	松柏木	張
21日	04/30	火	壬辰	建	長流水	翼
22日	05/01	水	癸巳	除	長流水	軫
23日	05/02	木	甲午	満	沙中金	角
24日	05/03	金	乙未	平	沙中金	亢
25日	05/04	土	丙申	定	山下火	氐
26日	05/05	日	丁酉	執	山下火	心
27日	05/06	月	戊戌	破	平地木	尾
28日	05/07	火	己亥	危	平地木	箕
29日	05/08	水	庚子	危	壁上土	斗
30日	05/09	木	辛丑	成	壁上土	斗

【四月小 己巳 斗】
節気 小満 13日・芒種 29日

日	日付	曜	干支	中段	納音	宿
1日	05/10	金	壬寅	納	金箔金	牛
2日	05/11	土	癸卯	開	金箔金	女
3日	05/12	日	甲辰	閉	覆燈火	虚
4日	05/13	月	乙巳	建	覆燈火	危
5日	05/14	火	丙午	除	天河水	室
6日	05/15	水	丁未	満	天河水	壁
7日	05/16	木	戊申	平	大駅土	奎
8日	05/17	金	己酉	定	大駅土	婁
9日	05/18	土	庚戌	執	釼釧金	胃
10日	05/19	日	辛亥	破	釼釧金	昴
11日	05/20	月	壬子	危	桑柘木	畢
12日	05/21	火	癸丑	成	桑柘木	觜
13日	05/22	水	甲寅	納	大溪水	参
14日	05/23	木	乙卯	開	大溪水	井
15日	05/24	金	丙辰	閉	沙中土	柳
16日	05/25	土	丁巳	建	沙中土	星
17日	05/26	日	戊午	除	天上火	張
18日	05/27	月	己未	満	天上火	翼
19日	05/28	火	庚申	平	柘榴木	軫
20日	05/29	水	辛酉	定	柘榴木	角
21日	05/30	木	壬戌	執	大海水	亢
22日	05/31	金	癸亥	破	大海水	氐
23日	06/01	土	甲子	危	海中金	房
24日	06/02	日	乙丑	成	海中金	心
25日	06/03	月	丙寅	納	爐中火	尾
26日	06/04	火	丁卯	開	爐中火	箕
27日	06/05	水	戊辰	閉	大林木	斗
28日	06/06	木	己巳	建	大林木	牛
29日	06/07	金	庚午	建	路傍土	女

【五月小 庚午 牛】
節気 夏至 15日
雑節 入梅 2日・半夏生 25日

日	日付	曜	干支	中段	納音	宿
1日	06/08	土	辛未	除	路傍土	女
2日	06/09	日	壬申	満	釼鋒金	虚
3日	06/10	月	癸酉	平	釼鋒金	危
4日	06/11	火	甲戌	定	山頭火	室
5日	06/12	水	乙亥	執	山頭火	壁
6日	06/13	木	丙子	破	澗下水	奎
7日	06/14	金	丁丑	危	澗下水	婁
8日	06/15	土	戊寅	成	城頭土	胃
9日	06/16	日	己卯	納	城頭土	昴
10日	06/17	月	庚辰	開	白鑞金	畢
11日	06/18	火	辛巳	閉	白鑞金	觜
12日	06/19	水	壬午	建	楊柳木	参
13日	06/20	木	癸未	除	楊柳木	井
14日	06/21	金	甲申	満	井泉水	鬼
15日	06/22	土	乙酉	平	井泉水	柳
16日	06/23	日	丙戌	定	屋上土	星
17日	06/24	月	丁亥	執	屋上土	張
18日	06/25	火	戊子	破	霹靂火	翼
19日	06/26	水	己丑	危	霹靂火	軫
20日	06/27	木	庚寅	成	松柏木	角
21日	06/28	金	辛卯	納	松柏木	亢
22日	06/29	土	壬辰	開	長流水	氐
23日	06/30	日	癸巳	閉	長流水	房
24日	07/01	月	甲午	建	沙中金	心
25日	07/02	火	乙未	除	沙中金	尾
26日	07/03	水	丙申	満	山下火	箕
27日	07/04	木	丁酉	平	山下火	斗
28日	07/05	金	戊戌	定	平地木	牛
29日	07/06	土	己亥	執	平地木	女

【六月大 辛未 女】
節気 小暑 1日・大暑 16日
雑節 土用 13日

日	日付	曜	干支	中段	納音	宿
1日	07/07	日	庚子	執	壁上土	虚
2日	07/08	月	辛丑	破	壁上土	危
3日	07/09	火	壬寅	危	金箔金	室
4日	07/10	水	癸卯	成	金箔金	壁
5日	07/11	木	甲辰	納	覆燈火	奎
6日	07/12	金	乙巳	開	覆燈火	婁
7日	07/13	土	丙午	閉	天河水	胃
8日	07/14	日	丁未	建	天河水	昴
9日	07/15	月	戊申	除	大駅土	畢
10日	07/16	火	己酉	満	大駅土	觜
11日	07/17	水	庚戌	平	釼釧金	参
12日	07/18	木	辛亥	定	釼釧金	井
13日	07/19	金	壬子	執	桑柘木	鬼
14日	07/20	土	癸丑	破	桑柘木	柳
15日	07/21	日	甲寅	危	大溪水	星
16日	07/22	月	乙卯	成	大溪水	張
17日	07/23	火	丙辰	納	沙中土	翼
18日	07/24	水	丁巳	開	沙中土	軫
19日	07/25	木	戊午	閉	天上火	角
20日	07/26	金	己未	建	天上火	亢
21日	07/27	土	庚申	除	柘榴木	氐
22日	07/28	日	辛酉	満	柘榴木	房
23日	07/29	月	壬戌	平	大海水	心
24日	07/30	火	癸亥	定	大海水	尾
25日	07/31	水	甲子	執	海中金	箕
26日	08/01	木	乙丑	破	海中金	斗
27日	08/02	金	丙寅	危	爐中火	牛
28日	08/03	土	丁卯	成	爐中火	女
29日	08/04	日	戊辰	納	大林木	虚
30日	08/05	月	己巳	開	大林木	危

【七月小 壬申 虚】
節気 立秋 2日・処暑 17日
雑節 二百十日 28日

日	日付	曜	干支	中段	納音	宿
1日	08/06	火	庚午	閉	路傍土	室
2日	08/07	水	辛未	閉	路傍土	壁
3日	08/08	木	壬申	建	釼鋒金	奎

– 256 –

宝永6年

西暦	曜	干支	直	納音	宿
4日 08/09	金	癸酉	除	釼鋒金	婁
5日 08/10	土	甲戌	満	山頭火	胃
6日 08/11	日	乙亥	平	山頭火	昴
7日 08/12	月	丙子	定	澗下水	畢
8日 08/13	火	丁丑	執	澗下水	觜
9日 08/14	水	戊寅	破	城頭土	參
10日 08/15	木	己卯	危	城頭土	井
11日 08/16	金	庚辰	成	白鑞金	鬼
12日 08/17	土	辛巳	納	白鑞金	柳
13日 08/18	日	壬午	開	楊柳木	星
14日 08/19	月	癸未	閉	楊柳木	張
15日 08/20	火	甲申	建	井泉水	翼
16日 08/21	水	乙酉	除	井泉水	軫
17日 08/22	木	丙戌	満	屋上土	角
18日 08/23	金	丁亥	平	屋上土	亢
19日 08/24	土	戊子	定	霹靂火	氐
20日 08/25	日	己丑	執	霹靂火	房
21日 08/26	月	庚寅	破	松柏木	心
22日 08/27	火	辛卯	危	松柏木	尾
23日 08/28	水	壬辰	成	長流水	箕
24日 08/29	木	癸巳	納	長流水	斗
25日 08/30	金	甲午	開	沙中金	牛
26日 08/31	土	乙未	閉	沙中金	女
27日 09/01	日	丙申	建	山下火	虚
28日 09/02	月	丁酉	除	山下火	危
29日 09/03	火	戊戌	満	平地木	室

【八月小 癸酉 危】
節気 白露 3日・秋分 18日
雑節 彼岸 20日・社日 20日

西暦	曜	干支	直	納音	宿
1日◎09/04	水	己亥	平	平地木	壁
2日 09/05	木	庚子	定	壁上土	奎
3日 09/06	金	辛丑	執	壁上土	婁
4日 09/07	土	壬寅	破	金箔金	胃
5日 09/08	日	癸卯	危	金箔金	昴
6日 09/09	月	甲辰	成	覆燈火	畢
7日 09/10	火	乙巳	納	覆燈火	觜
8日 09/11	水	丙午	納	天河水	參
9日 09/12	木	丁未	開	天河水	井
10日 09/13	金	戊申	閉	大駅土	柳
11日 09/14	土	己酉	建	大駅土	柳
12日 09/15	日	庚戌	除	釼釧金	星
13日 09/16	月	辛亥	満	釼釧金	張
14日 09/17	火	壬子	平	桑柘木	翼
15日 09/18	水	癸丑	定	桑柘木	軫
16日 09/19	木	甲寅	執	大溪水	角
17日 09/20	金	乙卯	破	大溪水	亢
18日 09/21	土	丙辰	危	沙中土	氐
19日 09/22	日	丁巳	成	沙中土	房
20日 09/23	月	戊午	納	天上火	心
21日 09/24	火	己未	開	天上火	尾
22日 09/25	水	庚申	閉	柘榴木	箕
23日 09/26	木	辛酉	建	柘榴木	斗
24日 09/27	金	壬戌	除	大海水	牛
25日 09/28	土	癸亥	満	大海水	女
26日 09/29	日	甲子	平	海中金	虚
27日 09/30	月	乙丑	定	海中金	危
28日 10/01	火	丙寅	執	爐中火	室
29日 10/02	水	丁卯	破	爐中火	壁

【九月大 甲戌 室】
節気 寒露 4日・霜降 20日
雑節 土用 17日

西暦	曜	干支	直	納音	宿
1日 10/03	木	戊辰	危	大林木	奎
2日 10/04	金	己巳	成	大林木	婁
3日 10/05	土	庚午	納	路傍土	胃
4日 10/06	日	辛未	納	路傍土	昴
5日 10/07	月	壬申	開	釼鋒金	畢
6日 10/08	火	癸酉	閉	釼鋒金	觜
7日 10/09	水	甲戌	建	山頭火	參
8日 10/10	木	乙亥	除	山頭火	井
9日 10/11	金	丙子	満	澗下水	鬼
10日 10/12	土	丁丑	平	澗下水	柳
11日 10/13	日	戊寅	定	城頭土	星
12日 10/14	月	己卯	執	城頭土	張
13日 10/15	火	庚辰	破	白鑞金	翼
14日 10/16	水	辛巳	危	白鑞金	軫
15日 10/17	木	壬午	成	楊柳木	角
16日 10/18	金	癸未	納	楊柳木	亢
17日 10/19	土	甲申	開	井泉水	氐
18日 10/20	日	乙酉	閉	井泉水	房
19日 10/21	月	丙戌	建	屋上土	心
20日 10/22	火	丁亥	除	屋上土	尾
21日 10/23	水	戊子	満	霹靂火	箕
22日 10/24	木	己丑	平	霹靂火	斗
23日 10/25	金	庚寅	定	松柏木	牛
24日 10/26	土	辛卯	執	松柏木	女
25日 10/27	日	壬辰	破	長流水	虚
26日 10/28	月	癸巳	危	長流水	危
27日 10/29	火	甲午	成	沙中金	室
28日 10/30	水	乙未	納	沙中金	壁
29日 10/31	木	丙申	開	山下火	奎
30日 11/01	金	丁酉	閉	山下火	婁

【十月小 乙亥 壁】
節気 立冬 5日・小雪 20日

西暦	曜	干支	直	納音	宿
1日 11/02	土	戊戌	建	平地木	胃
2日 11/03	日	己亥	除	平地木	昴
3日 11/04	月	庚子	満	壁上土	畢
4日 11/05	火	辛丑	平	壁上土	觜
5日 11/06	水	壬寅	定	金箔金	參
6日 11/07	木	癸卯	執	金箔金	井
7日 11/08	金	甲辰	破	覆燈火	鬼
8日 11/09	土	乙巳	危	覆燈火	柳
9日 11/10	日	丙午	成	天河水	星
10日 11/11	月	丁未	納	天河水	張
11日 11/12	火	戊申	開	大駅土	翼
12日 11/13	水	己酉	閉	大駅土	軫
13日 11/14	木	庚戌	建	釼釧金	角
14日 11/15	金	辛亥	除	釼釧金	亢
15日 11/16	土	壬子	満	桑柘木	氐
16日 11/17	日	癸丑	平	桑柘木	房
17日 11/18	月	甲寅	定	大溪水	心
18日 11/19	火	乙卯	執	大溪水	尾
19日 11/20	水	丙辰	破	沙中土	箕
20日 11/21	木	丁巳	危	沙中土	斗
21日 11/22	金	戊午	成	天上火	牛
22日 11/23	土	己未	納	天上火	女
23日 11/24	日	庚申	開	柘榴木	虚
24日 11/25	月	辛酉	閉	柘榴木	危
25日 11/26	火	壬戌	閉	大海水	室
26日 11/27	水	癸亥	建	大海水	壁
27日 11/28	木	甲子	除	海中金	奎
28日 11/29	金	乙丑	満	海中金	婁
29日 11/30	土	丙寅	平	爐中火	胃

【十一月大 丙子 奎】
節気 大雪 6日・冬至 21日

西暦	曜	干支	直	納音	宿
1日 12/01	日	丁卯	定	爐中火	昴
2日 12/02	月	戊辰	執	大林木	畢
3日 12/03	火	己巳	破	大林木	觜
4日 12/04	水	庚午	危	路傍土	參
5日 12/05	木	辛未	成	路傍土	井
6日 12/06	金	壬申	納	釼鋒金	鬼
7日 12/07	土	癸酉	開	釼鋒金	柳
8日 12/08	日	甲戌	閉	山頭火	星
9日 12/09	月	乙亥	閉	山頭火	張
10日 12/10	火	丙子	建	澗下水	翼
11日 12/11	水	丁丑	除	澗下水	軫
12日 12/12	木	戊寅	満	城頭土	角
13日 12/13	金	己卯	平	城頭土	亢
14日 12/14	土	庚辰	定	白鑞金	氐
15日 12/15	日	辛巳	執	白鑞金	房
16日 12/16	月	壬午	破	楊柳木	心
17日 12/17	火	癸未	危	楊柳木	尾
18日 12/18	水	甲申	成	井泉水	箕
19日 12/19	木	乙酉	納	井泉水	斗
20日 12/20	金	丙戌	開	屋上土	牛
21日 12/21	土	丁亥	閉	屋上土	女
22日 12/22	日	戊子	建	霹靂火	虚
23日 12/23	月	己丑	除	霹靂火	危
24日 12/24	火	庚寅	平	松柏木	室
25日 12/25	水	辛卯	平	松柏木	壁
26日 12/26	木	壬辰	定	長流水	奎
27日 12/27	金	癸巳	執	長流水	婁
28日 12/28	土	甲午	破	沙中金	胃
29日 12/29	日	乙未	危	沙中金	昴
30日 12/30	月	丙申	成	山下火	畢

【十二月大 丁丑 婁】
節気 小寒 7日・大寒 22日
雑節 土用 19日

西暦	曜	干支	直	納音	宿
1日 12/31	火	丁酉	納	山下火	觜
1710年					
2日 01/01	水	戊戌	開	平地木	參
3日 01/02	木	己亥	閉	平地木	井
4日 01/03	金	庚子	建	壁上土	鬼
5日 01/04	土	辛丑	除	壁上土	柳
6日 01/05	日	壬寅	満	金箔金	星
7日 01/06	月	癸卯	満	金箔金	張
8日 01/07	火	甲辰	平	覆燈火	翼
9日 01/08	水	乙巳	定	覆燈火	軫
10日 01/09	木	丙午	執	天河水	角
11日 01/10	金	丁未	破	天河水	亢
12日 01/11	土	戊申	危	大駅土	氐
13日 01/12	日	己酉	成	大駅土	房
14日 01/13	月	庚戌	納	釼釧金	心
15日 01/14	火	辛亥	開	釼釧金	尾
16日 01/15	水	壬子	閉	桑柘木	箕
17日 01/16	木	癸丑	建	桑柘木	斗
18日 01/17	金	甲寅	除	大溪水	牛
19日 01/18	土	乙卯	満	大溪水	女
20日 01/19	日	丙辰	平	沙中土	虚
21日 01/20	月	丁巳	定	沙中土	危
22日 01/21	火	戊午	破	天上火	室
23日 01/22	水	己未	破	天上火	壁
24日 01/23	木	庚申	危	柘榴木	奎
25日 01/24	金	辛酉	成	柘榴木	婁
26日 01/25	土	壬戌	納	大海水	胃
27日 01/26	日	癸亥	開	大海水	昴
28日 01/27	月	甲子	閉	海中金	畢
29日 01/28	火	乙丑	建	海中金	觜
30日 01/29	水	丙寅	除	爐中火	參

宝永7年
1710〜1711　庚寅　胃

【正月小 戊寅 胃】
節気 立春 7日・雨水 22日
雑節 節分 6日

1日 01/30 木 丁卯 満 爐中火 井
2日 01/31 金 戊辰 平 大林木 鬼
3日 02/01 土 己巳 定 大林木 柳
4日 02/02 日 庚午 執 路傍土 星
5日 02/03 月 辛未 破 路傍土 張
6日 02/04 火 壬申 危 釵釧金 翼
7日 02/05 水 癸酉 成 釵釧金 軫
8日 02/06 木 甲戌 納 山頭火 角
9日 02/07 金 乙亥 納 山頭火 亢
10日 02/08 土 丙子 開 澗下水 氐
11日 02/09 日 丁丑 閉 澗下水 房
12日 02/10 月 戊寅 建 城頭土 心
13日 02/11 火 己卯 除 城頭土 尾
14日 02/12 水 庚辰 満 白鑞金 箕
15日 02/13 木 辛巳 平 白鑞金 斗
16日 02/14 金 壬午 定 楊柳木 牛
17日 02/15 土 癸未 執 楊柳木 女
18日 02/16 日 甲申 破 井泉水 虚
19日 02/17 月 乙酉 危 井泉水 危
20日 02/18 火 丙戌 成 屋上土 室
21日 02/19 水 丁亥 納 屋上土 壁
22日 02/20 木 戊子 開 霹靂火 奎
23日 02/21 金 己丑 閉 霹靂火 婁
24日 02/22 土 庚寅 建 松柏木 胃
25日 02/23 日 辛卯 除 松柏木 昴
26日 02/24 月 壬辰 満 長流水 畢
27日 02/25 火 癸巳 平 長流水 觜
28日 02/26 水 甲午 定 沙中金 参
29日 02/27 木 乙未 執 沙中金 井

【二月大 己卯 昴】
節気 啓蟄 9日・春分 24日
雑節 社日 23日・彼岸 26日

1日 02/28 金 丙申 破 山下火 鬼
2日 03/01 土 丁酉 危 山下火 柳
3日 03/02 日 戊戌 成 平地木 星
4日 03/03 月 己亥 納 平地木 張
5日 03/04 火 庚子 開 壁上土 翼
6日 03/05 水 辛丑 閉 壁上土 軫
7日 03/06 木 壬寅 建 金箔金 角
8日 03/07 金 癸卯 除 金箔金 亢
9日 03/08 土 甲辰 満 覆燈火 氐
10日 03/09 日 乙巳 平 覆燈火 房
11日 03/10 月 丙午 定 天河水 心
12日 03/11 火 丁未 執 天河水 尾
13日 03/12 水 戊申 破 大駅土 箕
14日 03/13 木 己酉 危 大駅土 斗
15日 03/14 金 庚戌 成 釵釧金 牛
16日 03/15 土 辛亥 納 釵釧金 女
17日 03/16 日 壬子 開 桑柘木 虚
18日 03/17 月 癸丑 閉 桑柘木 危
19日 03/18 火 甲寅 建 大溪水 室
20日 03/19 水 乙卯 除 大溪水 壁
21日 03/20 木 丙辰 満 沙中土 奎
22日 03/21 金 丁巳 平 沙中土 婁
23日 03/22 土 戊午 定 天上火 胃
24日 03/23 日 己未 定 天上火 昴
25日 03/24 月 庚申 破 柘榴木 畢
26日 03/25 火 辛酉 危 柘榴木 觜
27日 03/26 水 壬戌 成 大海水 参
28日 03/27 木 癸亥 納 大海水 井
29日 03/28 金 甲子 開 海中金 鬼
30日 03/29 土 乙丑 閉 海中金 柳

【三月大 庚辰 畢】
節気 清明 9日・穀雨 24日
雑節 土用 21日

1日 03/30 日 丙寅 閉 爐中火 星
2日 03/31 月 丁卯 建 爐中火 張
3日 04/01 火 戊辰 除 大林木 翼
4日 04/02 水 己巳 満 大林木 軫
5日 04/03 木 庚午 平 路傍土 角
6日 04/04 金 辛未 定 路傍土 亢
7日 04/05 土 壬申 執 釵釧金 氐
8日 04/06 日 癸酉 破 釵釧金 房
9日 04/07 月 甲戌 危 山頭火 心
10日 04/08 火 乙亥 成 山頭火 尾
11日 04/09 水 丙子 納 澗下水 箕
12日 04/10 木 丁丑 開 澗下水 斗
13日 04/11 金 戊寅 閉 城頭土 牛
14日 04/12 土 己卯 建 城頭土 女
15日 04/13 日 庚辰 除 白鑞金 虚
16日 04/14 月 辛巳 満 白鑞金 危
17日 04/15 火 壬午 平 楊柳木 室
18日 04/16 水 癸未 平 楊柳木 壁
19日 04/17 木 甲申 執 井泉水 奎
20日 04/18 金 乙酉 破 井泉水 婁
21日 04/19 土 丙戌 破 屋上土 胃
22日 04/20 日 丁亥 危 屋上土 昴
23日 04/21 月 戊子 成 霹靂火 畢
24日 04/22 火 己丑 納 霹靂火 觜
25日 04/23 水 庚寅 開 松柏木 参
26日 04/24 木 辛卯 閉 松柏木 井
27日 04/25 金 壬辰 建 長流水 鬼
28日 04/26 土 癸巳 除 長流水 柳
29日 04/27 日 甲午 満 沙中金 星
30日 04/28 月 乙未 平 沙中金 張

【四月小 辛巳 觜】
節気 立夏 9日・小満 25日
雑節 八十八夜 5日

1日 04/29 火 丙申 定 山下火 翼
2日 04/30 水 丁酉 執 山下火 軫
3日 05/01 木 戊戌 破 平地木 角
4日 05/02 金 己亥 危 平地木 亢
5日 05/03 土 庚子 成 壁上土 氐
6日 05/04 日 辛丑 納 壁上土 房
7日 05/05 月 壬寅 開 金箔金 心
8日 05/06 火 癸卯 閉 金箔金 尾
9日 05/07 水 甲辰 建 覆燈火 箕
10日 05/08 木 乙巳 除 覆燈火 斗
11日 05/09 金 丙午 満 天河水 牛
12日 05/10 土 丁未 平 天河水 女
13日 05/11 日 戊申 定 大駅土 虚
14日 05/12 月 己酉 執 大駅土 危
15日 05/13 火 庚戌 破 釵釧金 室
16日 05/14 水 辛亥 危 釵釧金 壁
17日 05/15 木 壬子 成 桑柘木 奎
18日 05/16 金 癸丑 納 桑柘木 婁
19日 05/17 土 甲寅 開 大溪水 胃
20日 05/18 日 乙卯 閉 大溪水 昴
21日 05/19 月 丙辰 建 沙中土 畢
22日 05/20 火 丁巳 除 沙中土 觜
23日 05/21 水 戊午 満 天上火 参
24日 05/22 木 己未 平 天上火 井
25日 05/23 金 庚申 定 柘榴木 鬼
26日 05/24 土 辛酉 執 柘榴木 柳
27日 05/25 日 壬戌 破 大海水 星
28日 05/26 月 癸亥 危 大海水 張
29日 05/27 火 甲子 成 海中金 翼

【五月大 壬午 参】
節気 芒種 11日・夏至 26日
雑節 入梅 18日

1日 05/28 水 乙丑 納 海中金 軫
2日 05/29 木 丙寅 開 爐中火 角
3日 05/30 金 丁卯 閉 爐中火 亢
4日 05/31 土 戊辰 建 大林木 氐
5日 06/01 日 己巳 除 大林木 房
6日 06/02 月 庚午 満 路傍土 心
7日 06/03 火 辛未 平 路傍土 尾
8日 06/04 水 壬申 定 釵釧金 箕
9日 06/05 木 癸酉 執 釵釧金 斗
10日 06/06 金 甲戌 破 山頭火 牛
11日 06/07 土 乙亥 危 山頭火 女
12日 06/08 日 丙子 成 澗下水 虚
13日 06/09 月 丁丑 納 澗下水 危
14日 06/10 火 戊寅 開 城頭土 室
15日 06/11 水 己卯 閉 城頭土 壁
16日 06/12 木 庚辰 建 白鑞金 奎
17日 06/13 金 辛巳 閉 白鑞金 婁
18日 06/14 土 壬午 建 楊柳木 胃
19日 06/15 日 癸未 除 楊柳木 昴
20日 06/16 月 甲申 満 井泉水 畢
21日 06/17 火 乙酉 平 井泉水 觜
22日 06/18 水 丙戌 定 屋上土 参
23日 06/19 木 丁亥 執 屋上土 井
24日 06/20 金 戊子 破 霹靂火 鬼
25日 06/21 土 己丑 危 霹靂火 柳
26日 06/22 日 庚寅 成 松柏木 星
27日 06/23 月 辛卯 納 松柏木 張
28日 06/24 火 壬辰 開 長流水 翼
29日 06/25 水 癸巳 閉 長流水 軫
30日 06/26 木 甲午 建 沙中金 角

【六月小 癸未 井】
節気 小暑 11日・大暑 27日
雑節 半夏生 6日・土用 23日

1日 06/27 金 乙未 除 沙中金 亢
2日 06/28 土 丙申 満 山下火 氐
3日 06/29 日 丁酉 平 山下火 房
4日 06/30 月 戊戌 定 平地木 心
5日 07/01 火 己亥 執 平地木 尾
6日 07/02 水 庚子 破 壁上土 箕
7日 07/03 木 辛丑 危 壁上土 斗
8日 07/04 金 壬寅 成 金箔金 牛
9日 07/05 土 癸卯 納 金箔金 女
10日 07/06 日 甲辰 開 覆燈火 虚
11日 07/07 月 乙巳 閉 覆燈火 危
12日 07/08 火 丙午 建 天河水 室
13日 07/09 水 丁未 除 天河水 壁
14日 07/10 木 戊申 満 大駅土 奎
15日 07/11 金 己酉 平 大駅土 婁
16日 07/12 土 庚戌 定 釵釧金 胃
17日 07/13 日 辛亥 執 釵釧金 昴
18日 07/14 月 壬子 破 桑柘木 畢
19日 07/15 火 癸丑 危 桑柘木 觜
20日 07/16 水 甲寅 成 大溪水 参
21日 07/17 木 乙卯 納 大溪水 井
22日 07/18 金 丙辰 開 沙中土 鬼
23日 07/19 土 丁巳 閉 沙中土 柳
24日 07/20 日 戊午 建 天上火 星
25日 07/21 月 己未 除 天上火 張
26日 07/22 火 庚申 満 柘榴木 翼
27日 07/23 水 辛酉 平 柘榴木 軫
28日 07/24 木 壬戌 定 大海水 角
29日 07/25 金 癸亥 定 大海水 亢

【七月大 甲申 鬼】
節気 立秋 13日・処暑 28日

1日 07/26 土 甲子 執 海中金 氐
2日 07/27 日 乙丑 破 海中金 房
3日 07/28 月 丙寅 危 爐中火 心
4日 07/29 火 丁卯 成 爐中火 尾
5日 07/30 水 戊辰 納 大林木 箕
6日 07/31 木 己巳 開 大林木 斗
7日 08/01 金 庚午 閉 路傍土 牛
8日 08/02 土 辛未 建 路傍土 女
9日 08/03 日 壬申 除 釵釧金 虚
10日 08/04 月 癸酉 満 釵釧金 危
11日 08/05 火 甲戌 平 山頭火 室
12日 08/06 水 乙亥 定 山頭火 壁
13日 08/07 木 丙子 執 澗下水 奎
14日 08/08 金 丁丑 破 澗下水 婁
15日☆ 08/09 土 戊寅 危 城頭土 胃

| 西暦 | 曜 | 干支 | 直 | 納音 | 宿 |

宝永7年

日	西暦	曜	干支	直	納音	宿
16日	08/10	日	己卯	危	城頭土	昴
17日	08/11	月	庚辰	成	白鑞金	畢
18日	08/12	火	辛巳	納	白鑞金	觜
19日	08/13	水	壬午	開	楊柳木	参
20日	08/14	木	癸未	閉	楊柳木	井
21日	08/15	金	甲申	建	井泉水	鬼
22日	08/16	土	乙酉	除	井泉水	柳
23日	08/17	日	丙戌	満	屋上土	星
24日	08/18	月	丁亥	平	屋上土	張
25日	08/19	火	戊子	定	霹靂火	翼
26日	08/20	水	己丑	執	霹靂火	軫
27日	08/21	木	庚寅	破	松柏木	角
28日	08/22	金	辛卯	危	松柏木	亢
29日	08/23	土	壬辰	成	長流水	氐
30日	08/24	日	癸巳	納	長流水	房

【八月小 乙酉 柳】
節気 白露 13日・秋分 28日
雑節 二百十日 9日・社日 25日

日	西暦	曜	干支	直	納音	宿
1日	08/25	月	甲午	開	沙中金	心
2日	08/26	火	乙未	閉	沙中金	尾
3日	08/27	水	丙申	建	山下火	箕
4日	08/28	木	丁酉	除	山下火	斗
5日	08/29	金	戊戌	満	平地木	牛
6日	08/30	土	己亥	平	平地木	女
7日	08/31	日	庚子	定	壁上土	虚
8日	09/01	月	辛丑	執	壁上土	危
9日	09/02	火	壬寅	破	金箔金	室
10日	09/03	水	癸卯	危	金箔金	壁
11日	09/04	木	甲辰	成	覆燈火	奎
12日	09/05	金	乙巳	納	覆燈火	婁
13日	09/06	土	丙午	納	天河水	胃
14日	09/07	日	丁未	開	天河水	昴
15日	09/08	月	戊申	閉	大駅土	畢
16日	09/09	火	己酉	建	大駅土	觜
17日	09/10	水	庚戌	除	釵釧金	参
18日	09/11	木	辛亥	満	釵釧金	井
19日	09/12	金	壬子	平	桑柘木	鬼
20日	09/13	土	癸丑	定	桑柘木	柳
21日	09/14	日	甲寅	執	大溪水	星
22日	09/15	月	乙卯	破	大溪水	張
23日	09/16	火	丙辰	危	沙中土	翼
24日	09/17	水	丁巳	成	沙中土	軫
25日	09/18	木	戊午	納	天上火	角
26日	09/19	金	己未	開	天上火	亢
27日	09/20	土	庚申	閉	柏榴木	氐
28日	09/21	日	辛酉	建	柏榴木	房
29日	09/22	月	壬戌	除	大海水	心

【閏八月小 乙酉 柳】
節気 寒露 15日
雑節 彼岸 1日・土用 27日

日	西暦	曜	干支	直	納音	宿
1日	09/23	火	癸亥	満	大海水	尾
2日	09/24	水	甲子	平	海中金	箕
3日	09/25	木	乙丑	定	海中金	斗
4日	09/26	金	丙寅	執	爐中火	牛
5日	09/27	土	丁卯	破	爐中火	女
6日	09/28	日	戊辰	危	大林木	虚
7日	09/29	月	己巳	成	大林木	危
8日	09/30	火	庚午	納	路傍土	室
9日	10/01	水	辛未	開	路傍土	壁
10日	10/02	木	壬申	閉	剣鋒金	奎
11日	10/03	金	癸酉	建	剣鋒金	婁
12日	10/04	土	甲戌	除	山頭火	胃
13日	10/05	日	乙亥	満	山頭火	昴
14日	10/06	月	丙子	平	潤下水	畢
15日	10/07	火	丁丑	平	潤下水	觜
16日	10/08	水	戊寅	定	城頭土	参
17日	10/09	木	己卯	執	城頭土	井
18日	10/10	金	庚辰	破	白鑞金	鬼
19日	10/11	土	辛巳	危	白鑞金	柳
20日	10/12	日	壬午	成	楊柳木	星
21日	10/13	月	癸未	納	楊柳木	張
22日	10/14	火	甲申	開	井泉水	翼
23日	10/15	水	乙酉	閉	井泉水	軫
24日	10/16	木	丙戌	建	屋上土	角
25日	10/17	金	丁亥	除	屋上土	亢
26日	10/18	土	戊子	満	霹靂火	氐
27日	10/19	日	己丑	平	霹靂火	房
28日	10/20	月	庚寅	定	松柏木	心
29日	10/21	火	辛卯	執	松柏木	尾

【九月大 丙戌 星】
節気 霜降 1日・立冬 16日

日	西暦	曜	干支	直	納音	宿
1日	10/22	水	壬辰	破	長流水	箕
2日	10/23	木	癸巳	危	長流水	斗
3日	10/24	金	甲午	成	沙中金	牛
4日	10/25	土	乙未	納	沙中金	女
5日	10/26	日	丙申	開	山下火	虚
6日	10/27	月	丁酉	閉	山下火	危
7日	10/28	火	戊戌	建	平地木	室
8日	10/29	水	己亥	除	平地木	壁
9日	10/30	木	庚子	満	壁上土	奎
10日	10/31	金	辛丑	平	壁上土	婁
11日	11/01	土	壬寅	定	金箔金	胃
12日	11/02	日	癸卯	執	金箔金	昴
13日	11/03	月	甲辰	破	覆燈火	畢
14日	11/04	火	乙巳	危	覆燈火	觜
15日	11/05	水	丙午	成	天河水	参
16日	11/06	木	丁未	成	天河水	井
17日	11/07	金	戊申	納	大駅土	鬼
18日	11/08	土	己酉	開	大駅土	柳
19日	11/09	日	庚戌	閉	釵釧金	星
20日	11/10	月	辛亥	建	釵釧金	張
21日	11/11	火	壬子	除	桑柘木	翼
22日	11/12	水	癸丑	満	桑柘木	軫
23日	11/13	木	甲寅	平	大溪水	角
24日	11/14	金	乙卯	定	大溪水	亢
25日	11/15	土	丙辰	執	沙中土	氐
26日	11/16	日	丁巳	破	沙中土	房
27日	11/17	月	戊午	危	天上火	心
28日	11/18	火	己未	成	天上火	尾
29日	11/19	水	庚申	納	柏榴木	箕
30日	11/20	木	辛酉	開	柏榴木	斗

【十月小 丁亥 張】
節気 小雪 1日・大雪 16日

日	西暦	曜	干支	直	納音	宿
1日	11/21	金	壬戌	閉	大海水	牛
2日	11/22	土	癸亥	建	大海水	女
3日	11/23	日	甲子	除	海中金	虚
4日	11/24	月	乙丑	満	海中金	危
5日	11/25	火	丙寅	平	爐中火	室
6日	11/26	水	丁卯	定	爐中火	壁
7日	11/27	木	戊辰	執	大林木	奎
8日	11/28	金	己巳	破	大林木	婁
9日	11/29	土	庚午	危	路傍土	胃
10日	11/30	日	辛未	成	路傍土	昴
11日	12/01	月	壬申	納	剣鋒金	畢
12日	12/02	火	癸酉	開	剣鋒金	觜
13日	12/03	水	甲戌	閉	山頭火	参
14日	12/04	木	乙亥	建	山頭火	井
15日	12/05	金	丙子	除	潤下水	鬼
16日	12/06	土	丁丑	除	潤下水	柳
17日	12/07	日	戊寅	満	城頭土	星
18日	12/08	月	己卯	平	城頭土	張
19日	12/09	火	庚辰	定	白鑞金	翼
20日	12/10	水	辛巳	執	白鑞金	軫
21日	12/11	木	壬午	破	楊柳木	角
22日	12/12	金	癸未	危	楊柳木	亢
23日	12/13	土	甲申	成	井泉水	氐
24日	12/14	日	乙酉	納	井泉水	房
25日	12/15	月	丙戌	開	屋上土	心
26日	12/16	火	丁亥	閉	屋上土	尾
27日	12/17	水	戊子	建	霹靂火	箕
28日	12/18	木	己丑	除	霹靂火	斗
29日	12/19	金	庚寅	満	松柏木	牛

【十一月大 戊子 翼】
節気 冬至 3日・小寒 18日
雑節 土用 30日

日	西暦	曜	干支	直	納音	宿
1日	12/20	土	辛卯	平	松柏木	女
2日	12/21	日	壬辰	定	長流水	虚
3日	12/22	月	癸巳	執	長流水	危
4日	12/23	火	甲午	破	沙中金	室
5日	12/24	水	乙未	危	沙中金	壁
6日	12/25	木	丙申	成	山下火	奎
7日	12/26	金	丁酉	納	山下火	婁
8日	12/27	土	戊戌	開	平地木	胃
9日	12/28	日	己亥	閉	平地木	昴
10日	12/29	月	庚子	建	壁上土	畢
11日	12/30	火	辛丑	除	壁上土	觜
12日	12/31	水	壬寅	満	金箔金	参

1711年

日	西暦	曜	干支	直	納音	宿
13日	01/01	木	癸卯	平	金箔金	井
14日	01/02	金	甲辰	定	覆燈火	鬼
15日	01/03	土	乙巳	執	覆燈火	柳
16日	01/04	日	丙午	破	天河水	星
17日	01/05	月	丁未	危	天河水	張
18日	01/06	火	戊申	危	大駅土	翼
19日	01/07	水	己酉	成	大駅土	軫
20日	01/08	木	庚戌	納	釵釧金	角
21日	01/09	金	辛亥	開	釵釧金	亢
22日	01/10	土	壬子	閉	桑柘木	氐
23日	01/11	日	癸丑	建	桑柘木	房
24日	01/12	月	甲寅	除	大溪水	心
25日	01/13	火	乙卯	満	大溪水	尾
26日	01/14	水	丙辰	平	沙中土	箕
27日	01/15	木	丁巳	定	沙中土	斗
28日	01/16	金	戊午	執	天上火	牛
29日	01/17	土	己未	破	天上火	女
30日	01/18	日	庚申	危	柏榴木	虚

【十二月小 己丑 軫】
節気 大寒 3日・立春 18日
雑節 節分 17日

日	西暦	曜	干支	直	納音	宿
1日	01/19	月	辛酉	成	柏榴木	危
2日	01/20	火	壬戌	納	大海水	室
3日	01/21	水	癸亥	開	大海水	壁
4日	01/22	木	甲子	閉	海中金	奎
5日	01/23	金	乙丑	建	海中金	婁
6日	01/24	土	丙寅	除	爐中火	胃
7日	01/25	日	丁卯	満	爐中火	昴
8日	01/26	月	戊辰	平	大林木	畢
9日	01/27	火	己巳	定	大林木	觜
10日	01/28	水	庚午	執	路傍土	参
11日	01/29	木	辛未	破	路傍土	井
12日	01/30	金	壬申	危	剣鋒金	鬼
13日	01/31	土	癸酉	成	剣鋒金	柳
14日	02/01	日	甲戌	納	山頭火	星
15日	02/02	月	乙亥	開	山頭火	張
16日☆	02/03	火	丙子	閉	潤下水	翼
17日	02/04	水	丁丑	建	潤下水	軫
18日	02/05	木	戊寅	建	城頭土	角
19日	02/06	金	己卯	除	城頭土	亢
20日	02/07	土	庚辰	満	白鑞金	氐
21日	02/08	日	辛巳	平	白鑞金	房
22日	02/09	月	壬午	定	楊柳木	心
23日	02/10	火	癸未	執	楊柳木	尾
24日	02/11	水	甲申	破	井泉水	箕
25日	02/12	木	乙酉	危	井泉水	斗
26日	02/13	金	丙戌	成	屋上土	牛
27日	02/14	土	丁亥	納	屋上土	女
28日	02/15	日	戊子	開	霹靂火	虚
29日	02/16	月	己丑	閉	霹靂火	危

正徳元年〔宝永8年〕

1711～1712　辛卯　昂

※改元＝4月25日

【正月大 庚寅 角】
節気 雨水 5日・啓蟄 20日

日	日付	曜	干支	納音	直	宿
1日	02/17	火	庚寅	建	松柏木	室
2日	02/18	水	辛卯	除	松柏木	壁
3日	02/19	木	壬辰	満	長流水	奎
4日	02/20	金	癸巳	平	長流水	婁
5日	02/21	土	甲午	定	沙中金	胃
6日	02/22	日	乙未	執	沙中金	昴
7日	02/23	月	丙申	破	山下火	畢
8日	02/24	火	丁酉	危	山下火	觜
9日	02/25	水	戊戌	成	平地木	参
10日	02/26	木	己亥	納	平地木	井
11日	02/27	金	庚子	開	壁上土	鬼
12日	02/28	土	辛丑	閉	壁上土	柳
13日	03/01	日	壬寅	建	金箔金	星
14日	03/02	月	癸卯	除	金箔金	張
15日	03/03	火	甲辰	満	覆燈火	翼
16日	03/04	水	乙巳	平	覆燈火	軫
17日	03/05	木	丙午	定	天河水	角
18日	03/06	金	丁未	執	天河水	亢
19日	03/07	土	戊申	破	大駅土	氐
20日	03/08	日	己酉	危	大駅土	房
21日	03/09	月	庚戌	成	釵釧金	心
22日	03/10	火	辛亥	納	釵釧金	尾
23日	03/11	水	壬子	開	桑柘木	箕
24日	03/12	木	癸丑	閉	桑柘木	斗
25日	03/13	金	甲寅	建	大溪水	牛
26日	03/14	土	乙卯	除	大溪水	女
27日	03/15	日	丙辰	満	沙中土	虚
28日	03/16	月	丁巳	満	沙中土	危
29日	03/17	火	戊午	平	天上火	室
30日	03/18	水	己未	定	天上火	壁

【二月大 辛卯 亢】
節気 春分 5日・清明 20日

雑節 彼岸 7日・社日 9日

日	日付	曜	干支	納音	直	宿
1日	03/19	木	庚申	執	柘榴木	奎
2日	03/20	金	辛酉	破	柘榴木	婁
3日	03/21	土	壬戌	危	大海水	胃
4日	03/22	日	癸亥	成	大海水	昴
5日	03/23	月	甲子	納	海中金	畢
6日	03/24	火	乙丑	開	海中金	觜
7日	03/25	水	丙寅	閉	爐中火	参
8日	03/26	木	丁卯	建	爐中火	井
9日	03/27	金	戊辰	除	大林木	鬼
10日	03/28	土	己巳	満	大林木	柳
11日	03/29	日	庚午	平	路傍土	星
12日	03/30	月	辛未	定	路傍土	張
13日	03/31	火	壬申	執	釼鋒金	軫
14日	04/01	水	癸酉	破	釼鋒金	角
15日	04/02	木	甲戌	危	山頭火	亢
16日	04/03	金	乙亥	成	山頭火	氐
17日	04/04	土	丙子	納	潤下水	房
18日	04/05	日	丁丑	開	潤下水	心
19日	04/06	月	戊寅	閉	城頭土	尾
20日	04/07	火	己卯	建	城頭土	箕
21日	04/08	水	庚辰	除	白鑞金	斗
22日	04/09	木	辛巳	満	白鑞金	牛
23日	04/10	金	壬午	平	楊柳木	女
24日	04/11	土	癸未	定	楊柳木	虚
25日	04/12	日	甲申	執	井泉水	危
26日	04/13	月	乙酉	破	井泉水	室
27日	04/14	火	丙戌	破	屋上土	室
28日	04/15	水	丁亥	危	屋上土	壁
29日	04/16	木	戊子	成	霹靂火	奎
30日	04/17	金	己丑	納	霹靂火	婁

【三月大 壬辰 氐】
節気 穀雨 5日・立夏 21日

雑節 土用 2日・八十八夜 16日

日	日付	曜	干支	納音	直	宿
1日	04/18	土	庚寅	開	松柏木	胃
2日	04/19	日	辛卯	閉	松柏木	昴
3日	04/20	月	壬辰	建	長流水	畢
4日	04/21	火	癸巳	除	長流水	觜
5日	04/22	水	甲午	満	沙中金	参
6日	04/23	木	乙未	平	沙中金	井
7日	04/24	金	丙申	定	山下火	鬼
8日	04/25	土	丁酉	執	山下火	柳
9日	04/26	日	戊戌	破	平地木	星
10日	04/27	月	己亥	危	平地木	張
11日	04/28	火	庚子	成	壁上土	翼
12日	04/29	水	辛丑	納	壁上土	軫
13日	04/30	木	壬寅	開	金箔金	角
14日	05/01	金	癸卯	閉	金箔金	亢
15日	05/02	土	甲辰	建	覆燈火	氐
16日	05/03	日	乙巳	除	覆燈火	房
17日	05/04	月	丙午	満	天河水	心
18日	05/05	火	丁未	平	天河水	尾
19日	05/06	水	戊申	定	大駅土	箕
20日	05/07	木	己酉	執	大駅土	斗
21日	05/08	金	庚戌	破	釵釧金	牛
22日	05/09	土	辛亥	危	釵釧金	女
23日	05/10	日	壬子	成	桑柘木	虚
24日	05/11	月	癸丑	納	桑柘木	危
25日	05/12	火	甲寅	開	大溪水	室
26日	05/13	水	乙卯	閉	大溪水	壁
27日	05/14	木	丙辰	閉	沙中土	奎
28日	05/15	金	丁巳	建	沙中土	婁
29日	05/16	土	戊午	除	天上火	胃
30日	05/17	日	己未	満	天上火	昴

【四月小 癸巳 房】
節気 小満 6日・芒種 21日

雑節 入梅 23日

日	日付	曜	干支	納音	直	宿
1日	05/18	月	庚申	平	柘榴木	畢
2日	05/19	火	辛酉	定	柘榴木	觜
3日	05/20	水	壬戌	執	大海水	参
4日	05/21	木	癸亥	破	大海水	井
5日	05/22	金	甲子	危	海中金	鬼
6日	05/23	土	乙丑	成	海中金	柳
7日	05/24	日	丙寅	納	爐中火	星
8日	05/25	月	丁卯	開	爐中火	張
9日	05/26	火	戊辰	閉	大林木	翼
10日	05/27	水	己巳	建	大林木	軫
11日	05/28	木	庚午	除	路傍土	角
12日	05/29	金	辛未	満	路傍土	亢
13日	05/30	土	壬申	平	釼鋒金	氐
14日	05/31	日	癸酉	定	釼鋒金	房
15日	06/01	月	甲戌	執	山頭火	心
16日	06/02	火	乙亥	破	山頭火	尾
17日	06/03	水	丙子	危	潤下水	箕
18日	06/04	木	丁丑	成	潤下水	斗
19日	06/05	金	戊寅	納	城頭土	牛
20日	06/06	土	己卯	開	城頭土	女
21日	06/07	日	庚辰	閉	白鑞金	虚
22日	06/08	月	辛巳	建	白鑞金	危
23日	06/09	火	壬午	除	楊柳木	室
24日	06/10	水	癸未	満	楊柳木	壁
25日	06/11	木	甲申	満	井泉水	奎

＊改元（宝永8年→正徳元年）

【五月大 甲午 心】
節気 夏至 7日・小暑 23日

雑節 半夏生 17日

日	日付	曜	干支	納音	直	宿
26日	06/12	金	乙酉	平	井泉水	婁
27日	06/13	土	丙戌	定	屋上土	胃
28日	06/14	日	丁亥	執	屋上土	昴
29日	06/15	月	戊子	破	霹靂火	畢
1日	06/16	火	己丑	危	霹靂火	觜
2日	06/17	水	庚寅	成	松柏木	参
3日	06/18	木	辛卯	納	松柏木	井
4日	06/19	金	壬辰	開	長流水	鬼
5日	06/20	土	癸巳	閉	長流水	柳
6日	06/21	日	甲午	建	沙中金	星
7日	06/22	月	乙未	除	沙中金	張
8日	06/23	火	丙申	満	山下火	翼
9日	06/24	水	丁酉	平	山下火	軫
10日	06/25	木	戊戌	定	平地木	角
11日	06/26	金	己亥	執	平地木	亢
12日	06/27	土	庚子	破	壁上土	氐
13日	06/28	日	辛丑	危	壁上土	房
14日	06/29	月	壬寅	成	金箔金	心
15日	06/30	火	癸卯	納	金箔金	尾
16日	07/01	水	甲辰	開	覆燈火	箕
17日	07/02	木	乙巳	閉	覆燈火	斗
18日	07/03	金	丙午	建	天河水	牛
19日	07/04	土	丁未	除	天河水	女
20日	07/05	日	戊申	平	大駅土	虚
21日	07/06	月	己酉	定	大駅土	危
22日	07/07	火	庚戌	執	釵釧金	室
23日	07/08	水	辛亥	破	釵釧金	壁
24日	07/09	木	壬子	危	桑柘木	奎
25日	07/10	金	癸丑	破	桑柘木	婁
26日	07/11	土	甲寅	成	大溪水	胃
27日	07/12	日	乙卯	納	大溪水	昴
28日	07/13	月	丙辰	納	沙中土	畢
29日	07/14	火	丁巳	開	沙中土	觜
30日	07/15	水	戊午	閉	天上火	参

【六月小 乙未 尾】
節気 大暑 8日・立秋 23日

雑節 土用 5日

日	日付	曜	干支	納音	直	宿
1日	07/16	木	己未	建	天上火	井
2日	07/17	金	庚申	除	柘榴木	鬼
3日	07/18	土	辛酉	満	柘榴木	柳
4日	07/19	日	壬戌	平	大海水	星
5日	07/20	月	癸亥	定	大海水	張
6日	07/21	火	甲子	執	海中金	翼
7日	07/22	水	乙丑	破	海中金	軫
8日	07/23	木	丙寅	危	爐中火	角
9日	07/24	金	丁卯	成	爐中火	亢
10日	07/25	土	戊辰	納	大林木	氐
11日	07/26	日	己巳	開	大林木	房
12日	07/27	月	庚午	閉	路傍土	心
13日	07/28	火	辛未	建	路傍土	尾
14日☆	07/29	水	壬申	除	釼鋒金	箕
15日	07/30	木	癸酉	満	釼鋒金	斗
16日	07/31	金	甲戌	平	山頭火	牛
17日	08/01	土	乙亥	定	山頭火	女
18日	08/02	日	丙子	執	潤下水	虚
19日	08/03	月	丁丑	破	潤下水	危
20日	08/04	火	戊寅	危	城頭土	室
21日	08/05	水	己卯	成	城頭土	壁
22日	08/06	木	庚辰	納	白鑞金	奎
23日	08/07	金	辛巳	開	白鑞金	婁
24日	08/08	土	壬午	閉	楊柳木	胃
25日	08/09	日	癸未	建	楊柳木	昴
26日	08/10	月	甲申	除	井泉水	畢
27日	08/11	火	乙酉	満	井泉水	觜
28日	08/12	水	丙戌	平	屋上土	参
29日	08/13	木	丁亥	平	屋上土	井

【七月大 丙申 箕】
節気 処暑 9日・白露 24日

正徳元年〔宝永8年〕

西暦	曜	干支	直	納音	宿

雑節 二百十日 20日

日	西暦	曜	干支	直	納音	宿
1日	08/14	金	戊戌	定	霹靂火	鬼
2日	08/15	土	己丑	執	霹靂火	柳
3日	08/16	日	庚寅	破	松柏木	星
4日	08/17	月	辛卯	危	松柏木	張
5日	08/18	火	壬辰	成	長流水	翼
6日	08/19	水	癸巳	納	長流水	軫
7日	08/20	木	甲午	開	沙中金	角
8日	08/21	金	乙未	建	山下火	亢
9日	08/22	土	丙申	建	山下火	氐
10日	08/23	日	丁酉	除	山下火	房
11日	08/24	月	戊戌	満	平地木	心
12日	08/25	火	己亥	定	平地木	尾
13日	08/26	水	庚子	定	壁上土	箕
14日	08/27	木	辛丑	執	壁上土	斗
15日	08/28	金	壬寅	破	金箔金	牛
16日	08/29	土	癸卯	危	金箔金	女
17日	08/30	日	甲辰	成	覆燈火	虚
18日	08/31	月	乙巳	納	覆燈火	危
19日	09/01	火	丙午	開	天河水	室
20日	09/02	水	丁未	建	天河水	壁
21日	09/03	木	戊申	建	大駅土	奎
22日	09/04	金	己酉	除	大駅土	婁
23日	09/05	土	庚戌	満	釵釧金	胃
24日	09/06	日	辛亥	満	釵釧金	昴
25日	09/07	月	壬子	平	桑柘木	畢
26日	09/08	火	癸丑	定	桑柘木	觜
27日	09/09	水	甲寅	執	大溪水	参
28日	09/10	木	乙卯	破	大溪水	井
29日	09/11	金	丙辰	危	沙中土	鬼
30日	09/12	土	丁巳	成	沙中土	柳

【八月小 丁酉 斗】
節気 秋分 10日・寒露 25日
雑節 社日 11日・彼岸 12日

日	西暦	曜	干支	直	納音	宿
1日	09/13	日	戊午	納	天上火	星
2日	09/14	月	己未	開	天上火	張
3日	09/15	火	庚申	閉	柘榴木	翼
4日	09/16	水	辛酉	建	柘榴木	軫
5日	09/17	木	壬戌	除	大海水	角
6日	09/18	金	癸亥	満	大海水	亢
7日	09/19	土	甲子	定	海中金	氐
8日	09/20	日	乙丑	定	海中金	房
9日	09/21	月	丙寅	執	爐中火	心
10日	09/22	火	丁卯	破	爐中火	尾
11日	09/23	水	戊辰	危	大林木	箕
12日	09/24	木	己巳	成	大林木	斗
13日	09/25	金	庚午	納	路傍土	牛
14日	09/26	土	辛未	開	路傍土	女
15日	09/27	日	壬申	閉	釵鋒金	虚
16日	09/28	月	癸酉	建	釵鋒金	危
17日	09/29	火	甲戌	除	山頭火	室
18日	09/30	水	乙亥	満	山頭火	壁
19日	10/01	木	丙子	平	澗下水	奎
20日	10/02	金	丁丑	定	澗下水	婁
21日	10/03	土	戊寅	執	城頭土	胃
22日	10/04	日	己卯	破	城頭土	昴
23日	10/05	月	庚辰	危	白鑞金	畢
24日	10/06	火	辛巳	成	白鑞金	觜
25日	10/07	水	壬午	納	楊柳木	参
26日	10/08	木	癸未	開	楊柳木	井
27日	10/09	金	甲申	閉	井泉水	鬼
28日	10/10	土	乙酉	閉	井泉水	柳
29日	10/11	日	丙戌	建	屋上土	星

【九月小 戊戌 牛】
節気 霜降 11日・立冬 26日
雑節 土用 8日

日	西暦	曜	干支	直	納音	宿
1日	10/12	月	丁亥	除	屋上土	張
2日	10/13	火	戊子	定	霹靂火	翼
3日	10/14	水	己丑	平	霹靂火	軫
4日	10/15	木	庚寅	定	松柏木	角
5日	10/16	金	辛卯	執	松柏木	亢
6日	10/17	土	壬辰	破	長流水	氐
7日	10/18	日	癸巳	危	長流水	房
8日	10/19	月	甲午	成	沙中金	心
9日	10/20	火	乙未	納	沙中金	尾
10日	10/21	水	丙申	開	山下火	箕
11日	10/22	木	丁酉	閉	山下火	斗
12日	10/23	金	戊戌	建	平地木	牛
13日	10/24	土	己亥	除	平地木	女
14日	10/25	日	庚子	満	壁上土	虚
15日	10/26	月	辛丑	平	壁上土	危
16日	10/27	火	壬寅	執	金箔金	室
17日	10/28	水	癸卯	執	金箔金	壁
18日	10/29	木	甲辰	破	覆燈火	奎
19日	10/30	金	乙巳	危	覆燈火	婁
20日	10/31	土	丙午	成	天河水	胃
21日	11/01	日	丁未	納	天河水	昴
22日	11/02	月	戊申	開	大駅土	畢
23日	11/03	火	己酉	建	大駅土	觜
24日	11/04	水	庚戌	建	釵釧金	参
25日	11/05	木	辛亥	除	釵釧金	井
26日	11/06	金	壬子	除	桑柘木	鬼
27日	11/07	土	癸丑	満	桑柘木	柳
28日	11/08	日	甲寅	平	大溪水	星
29日	11/09	月	乙卯	定	大溪水	張

【十月大 己亥 女】
節気 小雪 13日・大雪 28日

日	西暦	曜	干支	直	納音	宿
1日	11/10	火	丙辰	執	沙中土	翼
2日	11/11	水	丁巳	破	沙中土	軫
3日	11/12	木	戊午	危	天上火	角
4日	11/13	金	己未	成	天上火	亢
5日	11/14	土	庚申	開	柘榴木	氐
6日	11/15	日	辛酉	開	柘榴木	房
7日	11/16	月	壬戌	閉	大海水	心
8日	11/17	火	癸亥	除	大海水	尾
9日	11/18	水	甲子	除	海中金	箕
10日	11/19	木	乙丑	満	海中金	斗
11日	11/20	金	丙寅	平	爐中火	牛
12日	11/21	土	丁卯	定	爐中火	女
13日	11/22	日	戊辰	執	大林木	虚
14日	11/23	月	己巳	破	大林木	危
15日	11/24	火	庚午	危	路傍土	室
16日	11/25	水	辛未	納	路傍土	壁
17日	11/26	木	壬申	納	釵鋒金	奎
18日	11/27	金	癸酉	開	釵鋒金	婁
19日	11/28	土	甲戌	建	山頭火	胃
20日	11/29	日	乙亥	建	山頭火	昴
21日	11/30	月	丙子	除	澗下水	畢
22日	12/01	火	丁丑	満	澗下水	觜
23日	12/02	水	戊寅	定	城頭土	参
24日	12/03	木	己卯	定	城頭土	井
25日	12/04	金	庚辰	執	白鑞金	鬼
26日	12/05	土	辛巳	危	白鑞金	柳
27日	12/06	日	壬午	危	楊柳木	星
28日	12/07	月	癸未	成	楊柳木	張
29日	12/08	火	甲申	成	井泉水	翼
30日	12/09	水	乙酉	納	井泉水	軫

【十一月小 庚子 虚】
節気 冬至 13日・小寒 28日

日	西暦	曜	干支	直	納音	宿
1日	12/10	木	丙戌	開	屋上土	角
2日	12/11	金	丁亥	閉	屋上土	亢
3日	12/12	土	戊子	建	霹靂火	氐
4日	12/13	日	己丑	除	霹靂火	房
5日	12/14	月	庚寅	満	松柏木	心
6日	12/15	火	辛卯	平	松柏木	尾
7日	12/16	水	壬辰	定	長流水	箕
8日	12/17	木	癸巳	執	長流水	斗
9日	12/18	金	甲午	破	沙中金	牛
10日	12/19	土	乙未	危	沙中金	女
11日	12/20	日	丙申	成	山下火	虚
12日	12/21	月	丁酉	納	山下火	危
13日	12/22	火	戊戌	開	平地木	室
14日	12/23	水	己亥	閉	平地木	壁
15日	12/24	木	庚子	閉	壁上土	奎
16日	12/25	金	辛丑	建	壁上土	婁
17日	12/26	土	壬寅	満	金箔金	胃
18日	12/27	日	癸卯	平	金箔金	昴
19日	12/28	月	甲辰	定	覆燈火	畢
20日	12/29	火	乙巳	執	覆燈火	觜
21日	12/30	水	丙午	破	天河水	参
22日	12/31	木	丁未	危	天河水	井

1712年

日	西暦	曜	干支	直	納音	宿
23日	01/01	金	戊申	成	大駅土	鬼
24日	01/02	土	己酉	納	大駅土	柳
25日	01/03	日	庚戌	開	釵釧金	星
26日	01/04	月	辛亥	閉	釵釧金	張
27日	01/05	火	壬子	建	桑柘木	翼
28日	01/06	水	癸丑	建	桑柘木	軫
29日	01/07	木	甲寅	除	大溪水	角

【十二月大 辛丑 危】
節気 大寒 14日・立春 30日
雑節 土用 11日・節分 29日

日	西暦	曜	干支	直	納音	宿
1日	01/08	金	乙卯	満	大溪水	亢
2日	01/09	土	丙辰	平	沙中土	氐
3日	01/10	日	丁巳	定	沙中土	房
4日	01/11	月	戊午	執	天上火	心
5日	01/12	火	己未	破	天上火	尾
6日	01/13	水	庚申	危	柘榴木	箕
7日	01/14	木	辛酉	成	柘榴木	斗
8日	01/15	金	壬戌	納	大海水	牛
9日	01/16	土	癸亥	開	大海水	女
10日	01/17	日	甲子	閉	海中金	虚
11日	01/18	月	乙丑	閉	海中金	危
12日	01/19	火	丙寅	満	爐中火	室
13日	01/20	水	丁卯	満	爐中火	壁
14日	01/21	木	戊辰	平	大林木	奎
15日	01/22	金	己巳	定	大林木	婁
16日☆	01/23	土	庚午	執	路傍土	胃
17日	01/24	日	辛未	破	路傍土	昴
18日	01/25	月	壬申	危	釵鋒金	畢
19日	01/26	火	癸酉	成	釵鋒金	觜
20日	01/27	水	甲戌	納	山頭火	参
21日	01/28	木	乙亥	開	山頭火	井
22日	01/29	金	丙子	閉	澗下水	鬼
23日	01/30	土	丁丑	閉	澗下水	柳
24日	01/31	日	戊寅	除	城頭土	星
25日	02/01	月	己卯	満	城頭土	張
26日	02/02	火	庚辰	平	白鑞金	翼
27日	02/03	水	辛巳	定	白鑞金	軫
28日	02/04	木	壬午	執	楊柳木	角
29日	02/05	金	癸未	破	楊柳木	亢
30日	02/06	土	甲申	破	井泉水	氐

正徳2年
1712～1713　壬辰　畢

【正月小 壬寅 室】
節気 雨水 15日

1日 02/07 日 乙酉 危 井泉水 房
2日 02/08 月 丙戌 成 屋上土 心
3日 02/09 火 丁亥 納 屋上土 尾
4日 02/10 水 戊子 開 霹靂火 箕
5日 02/11 木 己丑 閉 霹靂火 斗
6日 02/12 金 庚寅 建 松柏木 牛
7日 02/13 土 辛卯 除 松柏木 女
8日 02/14 日 壬辰 満 長流水 虚
9日 02/15 月 癸巳 平 長流水 危
10日 02/16 火 甲午 定 沙中金 室
11日 02/17 水 乙未 執 沙中金 壁
12日 02/18 木 丙申 破 山下火 奎
13日 02/19 金 丁酉 危 山下火 婁
14日 02/20 土 戊戌 成 平地木 胃
15日 02/21 日 己亥 納 平地木 昴
16日 02/22 月 庚子 開 壁上土 畢
17日 02/23 火 辛丑 閉 壁上土 觜
18日 02/24 水 壬寅 建 金箔金 参
19日 02/25 木 癸卯 除 金箔金 井
20日 02/26 金 甲辰 満 覆燈火 鬼
21日 02/27 土 乙巳 平 覆燈火 柳
22日 02/28 日 丙午 定 天河水 星
23日 02/29 月 丁未 執 天河水 張
24日 03/01 火 戊申 破 大駅土 翼
25日 03/02 水 己酉 危 大駅土 軫
26日 03/03 木 庚戌 納 釵釧金 角
27日 03/04 金 辛亥 納 釵釧金 亢
28日 03/05 土 壬子 開 桑柘木 氐
29日 03/06 日 癸丑 閉 桑柘木 房

【二月大 癸卯 壁】
節気 啓蟄 1日・春分 16日
雑節 社日 15日・彼岸 18日

1日 03/07 月 甲寅 閉 大溪水 心
2日 03/08 火 乙卯 建 大溪水 尾
3日 03/09 水 丙辰 除 沙中土 箕
4日 03/10 木 丁巳 満 沙中土 斗
5日 03/11 金 戊午 平 天上火 牛
6日 03/12 土 己未 定 天上火 女
7日 03/13 日 庚申 執 柘榴木 虚
8日 03/14 月 辛酉 破 柘榴木 危
9日 03/15 火 壬戌 危 大海水 室
10日 03/16 水 癸亥 成 大海水 壁
11日 03/17 木 甲子 納 海中金 奎
12日 03/18 金 乙丑 開 海中金 婁
13日 03/19 土 丙寅 閉 爐中火 胃
14日 03/20 日 丁卯 建 爐中火 昴
15日 03/21 月 戊辰 除 大林木 畢
16日 03/22 火 己巳 満 大林木 觜
17日 03/23 水 庚午 定 路傍土 参
18日 03/24 木 辛未 執 路傍土 井
19日 03/25 金 壬申 破 釵釧金 鬼
20日 03/26 土 癸酉 危 釵釧金 柳
21日 03/27 日 甲戌 成 山頭火 星
22日 03/28 月 乙亥 納 山頭火 張
23日 03/29 火 丙子 納 潤下水 翼
24日 03/30 水 丁丑 開 潤下水 軫
25日 03/31 木 戊寅 閉 城頭土 角
26日 04/01 金 己卯 建 城頭土 亢
27日 04/02 土 庚辰 除 白鑞金 氐
28日 04/03 日 辛巳 満 白鑞金 房

29日 04/04 月 壬午 平 楊柳木 心
30日 04/05 火 癸未 定 楊柳木 尾

【三月大 甲辰 奎】
節気 清明 1日・穀雨 17日
雑節 土用 14日・八十八夜 28日

1日 04/06 水 甲申 定 井泉水 箕
2日 04/07 木 乙酉 執 井泉水 斗
3日 04/08 金 丙戌 破 屋上土 牛
4日 04/09 土 丁亥 危 屋上土 女
5日 04/10 日 戊子 成 霹靂火 虚
6日 04/11 月 己丑 納 霹靂火 危
7日 04/12 火 庚寅 納 松柏木 室
8日 04/13 水 辛卯 開 松柏木 壁
9日 04/14 木 壬辰 閉 長流水 奎
10日 04/15 金 癸巳 除 長流水 婁
11日 04/16 土 甲午 満 沙中金 胃
12日 04/17 日 乙未 平 沙中金 昴
13日 04/18 月 丙申 定 山下火 畢
14日 04/19 火 丁酉 執 山下火 觜
15日 04/20 水 戊戌 破 平地木 参
16日 04/21 木 己亥 危 平地木 井
17日 04/22 金 庚子 成 壁上土 鬼
18日 04/23 土 辛丑 納 壁上土 柳
19日 04/24 日 壬寅 開 金箔金 星
20日 04/25 月 癸卯 閉 金箔金 張
21日 04/26 火 甲辰 建 覆燈火 翼
22日 04/27 水 乙巳 除 覆燈火 軫
23日 04/28 木 丙午 満 天河水 角
24日 04/29 金 丁未 平 天河水 亢
25日 04/30 土 戊申 定 大駅土 氐
26日 05/01 日 己酉 執 大駅土 房
27日 05/02 月 庚戌 破 釵釧金 心
28日 05/03 火 辛亥 危 釵釧金 尾
29日 05/04 水 壬子 成 桑柘木 箕
30日 05/05 木 癸丑 納 桑柘木 斗

【四月小 乙巳 婁】
節気 立夏 2日・小満 17日

1日 05/06 金 甲寅 閉 大溪水 牛
2日 05/07 土 乙卯 閉 大溪水 女
3日 05/08 日 丙辰 建 沙中土 虚
4日 05/09 月 丁巳 除 沙中土 危
5日 05/10 火 戊午 満 天上火 室
6日 05/11 水 己未 満 天上火 壁
7日 05/12 木 庚申 定 柘榴木 奎
8日 05/13 金 辛酉 執 柘榴木 婁
9日 05/14 土 壬戌 破 大海水 胃
10日 05/15 日 癸亥 危 大海水 昴
11日 05/16 月 甲子 成 海中金 畢
12日 05/17 火 乙丑 納 海中金 觜
13日 05/18 水 丙寅 納 爐中火 参
14日 05/19 木 丁卯 開 爐中火 井
15日 05/20 金 戊辰 閉 大林木 鬼
16日 05/21 土 己巳 建 大林木 柳
17日 05/22 日 庚午 除 路傍土 星
18日 05/23 月 辛未 満 路傍土 張
19日 05/24 火 壬申 平 釵釧金 翼
20日 05/25 水 癸酉 定 釵釧金 軫
21日 05/26 木 甲戌 執 山頭火 角
22日 05/27 金 乙亥 破 山頭火 亢
23日 05/28 土 丙子 危 潤下水 氐
24日 05/29 日 丁丑 成 潤下水 房
25日 05/30 月 戊寅 納 城頭土 心
26日 05/31 火 己卯 開 城頭土 尾
27日 06/01 水 庚辰 閉 白鑞金 箕
28日 06/02 木 辛巳 建 白鑞金 斗
29日 06/03 金 壬午 除 楊柳木 牛

【五月大 丙午 胃】
節気 芒種 3日・夏至 19日
雑節 入梅 10日・半夏生 29日

1日 06/04 土 癸未 満 楊柳木 女
2日 06/05 日 甲申 平 井泉水 虚
3日 06/06 月 乙酉 平 井泉水 危
4日 06/07 火 丙戌 定 屋上土 室
5日 06/08 水 丁亥 執 屋上土 壁
6日 06/09 木 戊子 破 霹靂火 奎
7日 06/10 金 己丑 危 霹靂火 婁
8日 06/11 土 庚寅 成 松柏木 胃
9日 06/12 日 辛卯 納 松柏木 昴
10日 06/13 月 壬辰 開 長流水 畢
11日 06/14 火 癸巳 閉 長流水 觜
12日 06/15 水 甲午 建 沙中金 参
13日 06/16 木 乙未 除 沙中金 井
14日 06/17 金 丙申 平 山下火 鬼
15日 06/18 土 丁酉 平 山下火 柳
16日 06/19 日 戊戌 定 平地木 星
17日 06/20 月 己亥 執 平地木 張
18日 06/21 火 庚子 破 壁上土 翼
19日 06/22 水 辛丑 危 壁上土 軫
20日 06/23 木 壬寅 成 金箔金 角
21日 06/24 金 癸卯 納 金箔金 亢
22日 06/25 土 甲辰 開 覆燈火 氐
23日 06/26 日 乙巳 閉 覆燈火 房
24日 06/27 月 丙午 建 天河水 心
25日 06/28 火 丁未 除 天河水 尾
26日 06/29 水 戊申 満 大駅土 箕
27日 06/30 木 己酉 平 大駅土 斗
28日 07/01 金 庚戌 定 釵釧金 牛
29日 07/02 土 辛亥 執 釵釧金 女
30日 07/03 日 壬子 破 桑柘木 虚

【六月小 丁未 昴】
節気 小暑 4日・大暑 19日
雑節 土用 16日

1日◎ 07/04 月 癸丑 危 桑柘木 危
2日 07/05 火 甲寅 成 大溪水 室
3日 07/06 水 乙卯 納 大溪水 壁
4日 07/07 木 丙辰 開 沙中土 奎
5日 07/08 金 丁巳 閉 沙中土 婁
6日 07/09 土 戊午 閉 天上火 胃
7日 07/10 日 己未 建 天上火 昴
8日 07/11 月 庚申 除 柘榴木 畢
9日 07/12 火 辛酉 満 柘榴木 觜
10日 07/13 水 壬戌 平 大海水 参
11日 07/14 木 癸亥 定 大海水 井
12日 07/15 金 甲子 執 海中金 鬼
13日 07/16 土 乙丑 破 海中金 柳
14日 07/17 日 丙寅 危 爐中火 星
15日 07/18 月 丁卯 成 爐中火 張
16日 07/19 火 戊辰 納 大林木 翼
17日 07/20 水 己巳 開 大林木 軫
18日 07/21 木 庚午 閉 路傍土 角
19日 07/22 金 辛未 建 釵釧金 亢
20日 07/23 土 壬申 除 釵釧金 氐
21日 07/24 日 癸酉 満 釵釧金 房
22日 07/25 月 甲戌 平 山頭火 心
23日 07/26 火 乙亥 定 山頭火 尾
24日 07/27 水 丙子 執 潤下水 箕
25日 07/28 木 丁丑 破 潤下水 斗
26日 07/29 金 戊寅 危 城頭土 牛
27日 07/30 土 己卯 成 城頭土 女
28日 07/31 日 庚辰 納 白鑞金 虚
29日 08/01 月 辛巳 開 白鑞金 危

【七月大 戊申 畢】
節気 立秋 5日・処暑 20日

1日 08/02 火 壬午 建 楊柳木 室
2日 08/03 水 癸未 建 楊柳木 壁
3日 08/04 木 甲申 除 井泉水 奎
4日 08/05 金 乙酉 満 井泉水 婁

西暦 曜 干支 直 納音 宿　　　　　　　　　　　　　　　正徳2年

日	西暦	曜	干支	直	納音	宿
5日	08/06	土	丙戌	満	屋上土	胃
6日	08/07	日	丁亥	平	屋上土	昴
7日	08/08	月	戊子	定	霹靂火	畢
8日	08/09	火	己丑	執	霹靂火	觜
9日	08/10	水	庚寅	破	松柏木	参
10日	08/11	木	辛卯	危	松柏木	井
11日	08/12	金	壬辰	成	長流水	鬼
12日	08/13	土	癸巳	納	長流水	柳
13日	08/14	日	甲午	開	沙中金	星
14日	08/15	月	乙未	閉	沙中金	張
15日	08/16	火	丙申	建	山下火	翼
16日	08/17	水	丁酉	除	山下火	軫
17日	08/18	木	戊戌	満	平地木	角
18日	08/19	金	己亥	平	平地木	亢
19日	08/20	土	庚子	定	壁上土	氐
20日	08/21	日	辛丑	執	壁上土	房
21日	08/22	月	壬寅	破	金箔金	心
22日	08/23	火	癸卯	危	金箔金	尾
23日	08/24	水	甲辰	成	覆燈火	箕
24日	08/25	木	乙巳	納	覆燈火	斗
25日	08/26	金	丙午	開	天河水	牛
26日	08/27	土	丁未	閉	天河水	女
27日	08/28	日	戊申	建	大駅土	虚
28日	08/29	月	己酉	除	大駅土	危
29日	08/30	火	庚戌	満	釵釧金	室
30日	08/31	水	辛亥	平	釵釧金	壁

【八月大 己酉 觜】
節気 白露 6日・秋分 21日
雑節 二百十日 2日・社日 17日・彼岸 23日

日	西暦	曜	干支	直	納音	宿
1日	09/01	木	壬子	定	桑柘木	奎
2日	09/02	金	癸丑	執	桑柘木	婁
3日	09/03	土	甲寅	破	大渓水	胃
4日	09/04	日	乙卯	危	大渓水	昴
5日	09/05	月	丙辰	成	沙中土	畢
6日	09/06	火	丁巳	納	沙中土	觜
7日	09/07	水	戊午	納	天上火	参
8日	09/08	木	己未	開	天上火	井
9日	09/09	金	庚申	閉	柘榴木	鬼
10日	09/10	土	辛酉	建	柘榴木	柳
11日	09/11	日	壬戌	除	大海水	星
12日	09/12	月	癸亥	満	大海水	張
13日	09/13	火	甲子	平	海中金	翼
14日	09/14	水	乙丑	定	海中金	軫
15日	09/15	木	丙寅	執	爐中火	角
16日	09/16	金	丁卯	破	爐中火	亢
17日	09/17	土	戊辰	危	大林木	氐
18日	09/18	日	己巳	成	大林木	房
19日	09/19	月	庚午	納	路傍土	心
20日	09/20	火	辛未	開	路傍土	尾
21日	09/21	水	壬申	閉	釵鋒金	箕
22日	09/22	木	癸酉	建	釵鋒金	斗
23日	09/23	金	甲戌	除	山頭火	牛
24日	09/24	土	乙亥	満	山頭火	女
25日	09/25	日	丙子	平	澗下水	虚
26日	09/26	月	丁丑	定	澗下水	危
27日	09/27	火	戊寅	執	城頭土	室
28日	09/28	水	己卯	破	城頭土	壁
29日	09/29	木	庚辰	危	白鑞金	奎
30日	09/30	金	辛巳	成	白鑞金	婁

【九月小 庚戌 参】
節気 寒露 6日・霜降 21日
雑節 土用 18日

日	西暦	曜	干支	直	納音	宿
1日	10/01	土	壬午	納	楊柳木	胃
2日	10/02	日	癸未	開	楊柳木	昴
3日	10/03	月	甲申	閉	井泉水	畢
4日	10/04	火	乙酉	建	井泉水	觜
5日	10/05	水	丙戌	除	屋上土	参
6日	10/06	木	丁亥	除	屋上土	井
7日	10/07	金	戊子	満	霹靂火	鬼
8日	10/08	土	己丑	平	霹靂火	柳
9日	10/09	日	庚寅	定	松柏木	星
10日	10/10	月	辛卯	執	松柏木	張
11日	10/11	火	壬辰	破	長流水	翼
12日	10/12	水	癸巳	危	長流水	軫
13日	10/13	木	甲午	成	沙中金	角
14日	10/14	金	乙未	納	沙中金	亢
15日	10/15	土	丙申	開	山下火	氐
16日	10/16	日	丁酉	閉	山下火	房
17日	10/17	月	戊戌	建	平地木	心
18日	10/18	火	己亥	除	平地木	尾
19日	10/19	水	庚子	満	壁上土	箕
20日	10/20	木	辛丑	平	壁上土	斗
21日	10/21	金	壬寅	定	金箔金	牛
22日	10/22	土	癸卯	執	金箔金	女
23日	10/23	日	甲辰	破	覆燈火	虚
24日	10/24	月	乙巳	危	覆燈火	危
25日	10/25	火	丙午	成	天河水	室
26日	10/26	水	丁未	納	天河水	壁
27日	10/27	木	戊申	閉	大駅土	奎
28日	10/28	金	己酉	閉	大駅土	婁
29日	10/29	土	庚戌	建	釵釧金	胃

【十月大 辛亥 井】
節気 立冬 8日・小雪 23日

日	西暦	曜	干支	直	納音	宿
1日	10/30	日	辛亥	除	釵釧金	昴
2日	10/31	月	壬子	満	桑柘木	畢
3日	11/01	火	癸丑	平	桑柘木	觜
4日	11/02	水	甲寅	定	大渓水	参
5日	11/03	木	乙卯	執	大渓水	井
6日	11/04	金	丙辰	破	沙中土	鬼
7日	11/05	土	丁巳	危	沙中土	柳
8日	11/06	日	戊午	成	天上火	星
9日	11/07	月	己未	納	天上火	張
10日	11/08	火	庚申	納	柘榴木	翼
11日	11/09	水	辛酉	開	柘榴木	軫
12日	11/10	木	壬戌	閉	大海水	角
13日	11/11	金	癸亥	建	大海水	亢
14日	11/12	土	甲子	除	海中金	氐
15日	11/13	日	乙丑	満	海中金	房
16日	11/14	月	丙寅	定	爐中火	心
17日	11/15	火	丁卯	定	爐中火	尾
18日	11/16	水	戊辰	執	大林木	箕
19日	11/17	木	己巳	破	大林木	斗
20日	11/18	金	庚午	危	路傍土	牛
21日	11/19	土	辛未	成	路傍土	女
22日	11/20	日	壬申	納	釵鋒金	虚
23日	11/21	月	癸酉	開	釵鋒金	危
24日	11/22	火	甲戌	閉	山頭火	室
25日	11/23	水	乙亥	建	山頭火	壁
26日	11/24	木	丙子	除	澗下水	奎
27日	11/25	金	丁丑	満	澗下水	婁
28日	11/26	土	戊寅	平	城頭土	胃
29日	11/27	日	己卯	定	城頭土	昴
30日	11/28	月	庚辰	執	白鑞金	畢

【十一月小 壬子 鬼】
節気 大雪 8日・冬至 23日

日	西暦	曜	干支	直	納音	宿
1日	11/29	火	辛巳	破	白鑞金	觜
2日	11/30	水	壬午	危	楊柳木	参
3日	12/01	木	癸未	成	楊柳木	井
4日	12/02	金	甲申	納	井泉水	鬼
5日	12/03	土	乙酉	開	井泉水	柳
6日	12/04	日	丙戌	閉	屋上土	星

日	西暦	曜	干支	直	納音	宿
7日	12/05	月	丁亥	建	屋上土	張
8日	12/06	火	戊子	建	霹靂火	翼
9日	12/07	水	己丑	除	霹靂火	軫
10日	12/08	木	庚寅	満	松柏木	角
11日	12/09	金	辛卯	平	松柏木	亢
12日	12/10	土	壬辰	定	長流水	氐
13日	12/11	日	癸巳	執	長流水	房
14日	12/12	月	甲午	破	沙中金	心
15日	12/13	火	乙未	危	沙中金	尾
16日	12/14	水	丙申	成	山下火	箕
17日	12/15	木	丁酉	納	山下火	斗
18日	12/16	金	戊戌	開	平地木	牛
19日	12/17	土	己亥	閉	平地木	女
20日	12/18	日	庚子	建	壁上土	虚
21日	12/19	月	辛丑	除	壁上土	危
22日	12/20	火	壬寅	満	金箔金	室
23日	12/21	水	癸卯	定	金箔金	壁
24日	12/22	木	甲辰	定	覆燈火	奎
25日	12/23	金	乙巳	執	覆燈火	婁
26日	12/24	土	丙午	破	天河水	胃
27日	12/25	日	丁未	危	天河水	昴
28日	12/26	月	戊申	成	大駅土	畢
29日	12/27	火	己酉	納	大駅土	觜

【十二月小 癸丑 柳】
節気 小寒 9日・大寒 25日
雑節 土用 22日

日	西暦	曜	干支	直	納音	宿
1日	12/28	水	庚戌	開	釵釧金	参
2日	12/29	木	辛亥	閉	釵釧金	井
3日	12/30	金	壬子	建	桑柘木	鬼
4日	12/31	土	癸丑	除	桑柘木	柳

1713年

日	西暦	曜	干支	直	納音	宿
5日	01/01	日	甲寅	満	大渓水	星
6日	01/02	月	乙卯	平	大渓水	張
7日	01/03	火	丙辰	定	沙中土	翼
8日	01/04	水	丁巳	執	沙中土	軫
9日	01/05	木	戊午	執	天上火	角
10日	01/06	金	己未	破	天上火	亢
11日	01/07	土	庚申	危	柘榴木	氐
12日	01/08	日	辛酉	成	柘榴木	房
13日	01/09	月	壬戌	納	大海水	心
14日	01/10	火	癸亥	開	大海水	尾
15日	01/11	水	甲子	閉	海中金	箕
16日	01/12	木	乙丑	建	海中金	斗
17日	01/13	金	丙寅	除	爐中火	牛
18日	01/14	土	丁卯	満	爐中火	女
19日	01/15	日	戊辰	満	大林木	虚
20日	01/16	月	己巳	定	大林木	危
21日	01/17	火	庚午	執	路傍土	室
22日	01/18	水	辛未	破	路傍土	壁
23日	01/19	木	壬申	危	釵鋒金	奎
24日	01/20	金	癸酉	成	釵鋒金	婁
25日	01/21	土	甲戌	納	山頭火	胃
26日	01/22	日	乙亥	開	山頭火	昴
27日	01/23	月	丙子	閉	澗下水	畢
28日	01/24	火	丁丑	建	澗下水	觜
29日	01/25	水	戊寅	除	城頭土	参

正徳3年
1713～1714　癸巳　蛇

【正月大 甲寅 星】
節気 立春 11日・雨水 26日
雑節 春分 10日

日	月日	曜	干支	直	納音	宿
1日	01/26	木	己卯	満	城頭土	井鬼
2日	01/27	金	庚辰	平	白鑞金	柳
3日	01/28	土	辛巳	定	白鑞金	星柳
4日	01/29	日	壬午	執	楊柳木	張
5日	01/30	月	癸未	破	楊柳木	翼
6日	01/31	火	甲申	危	井泉水	軫
7日	02/01	水	乙酉	成	井泉水	角亢
8日	02/02	木	丙戌	納	屋上土	氐
9日	02/03	金	丁亥	開	屋上土	房
10日	02/04	土	戊子	閉	霹靂火	心
11日	02/05	日	己丑	建	霹靂火	尾
12日	02/06	月	庚寅	除	松柏木	箕
13日	02/07	火	辛卯	満	松柏木	斗
14日	02/08	水	壬辰	平	長流水	牛
15日	02/09	木	癸巳	平	長流水	女
16日	02/10	金	甲午	執	沙中金	虚
17日	02/11	土	乙未	執	沙中金	危
18日	02/12	日	丙申	破	山下火	室
19日	02/13	月	丁酉	危	山下火	壁
20日	02/14	火	戊戌	成	平地木	奎
21日	02/15	水	己亥	納	平地木	婁
22日	02/16	木	庚子	開	壁上土	胃
23日	02/17	金	辛丑	閉	壁上土	昴
24日	02/18	土	壬寅	建	金箔金	畢
25日	02/19	日	癸卯	除	金箔金	觜
26日	02/20	月	甲辰	満	覆燈火	参
27日	02/21	火	乙巳	平	覆燈火	井鬼
28日	02/22	水	丙午	定	天河水	柳
29日	02/23	木	丁未	執	天河水	星
30日	02/24	金	戊申	破	大駅土	井鬼

【二月小 乙卯 張】
節気 啓蟄 11日・春分 27日
雑節 彼岸 29日

日	月日	曜	干支	直	納音	宿
1日	02/25	土	己酉	危	大駅土	柳
2日	02/26	日	庚戌	成	釵釧金	星張
3日	02/27	月	辛亥	納	釵釧金	翼
4日	02/28	火	壬子	開	桑柘木	軫
5日	03/01	水	癸丑	閉	桑柘木	角
6日	03/02	木	甲寅	建	大渓水	亢氐
7日	03/03	金	乙卯	除	大渓水	房
8日	03/04	土	丙辰	満	沙中土	心
9日	03/05	日	丁巳	平	沙中土	尾
10日	03/06	月	戊午	定	天上火	箕
11日	03/07	火	己未	定	天上火	斗
12日	03/08	水	庚申	執	柘榴木	牛
13日	03/09	木	辛酉	破	柘榴木	女
14日	03/10	金	壬戌	危	大海水	虚
15日	03/11	土	癸亥	成	大海水	危
16日	03/12	日	甲子	納	海中金	室
17日	03/13	月	乙丑	開	海中金	壁奎
18日	03/14	火	丙寅	閉	爐中火	婁
19日	03/15	水	丁卯	建	爐中火	胃
20日	03/16	木	戊辰	除	大林木	昴
21日	03/17	金	己巳	満	大林木	畢
22日	03/18	土	庚午	定	路傍土	觜
23日	03/19	日	辛未	定	路傍土	参
24日	03/20	月	壬申	執	釼鋒金	井鬼
25日	03/21	火	癸酉	破	釼鋒金	柳
26日	03/22	水	甲戌	危	山頭火	星
27日	03/23	木	乙亥	成	山頭火	張
28日	03/24	金	丙子	納	澗下水	翼
29日	03/25	土	丁丑	開	澗下水	軫

【三月大 丙辰 翼】
節気 清明 13日・穀雨 28日
雑節 社日 1日・土用 25日

日	月日	曜	干支	直	納音	宿
1日	03/26	日	戊寅	閉	城頭土	星
2日	03/27	月	己卯	建	城頭土	張
3日	03/28	火	庚辰	除	白鑞金	翼
4日	03/29	水	辛巳	満	白鑞金	軫角
5日	03/30	木	壬午	平	楊柳木	亢
6日	03/31	金	癸未	定	楊柳木	氐
7日	04/01	土	甲申	執	井泉水	房
8日	04/02	日	乙酉	破	井泉水	心尾
9日	04/03	月	丙戌	危	屋上土	箕
10日	04/04	火	丁亥	成	屋上土	斗
11日	04/05	水	戊子	納	霹靂火	牛
12日	04/06	木	己丑	開	霹靂火	女
13日	04/07	金	庚寅	閉	松柏木	虚
14日	04/08	土	辛卯	建	松柏木	危
15日	04/09	日	壬辰	除	長流水	室
16日	04/10	月	癸巳	満	長流水	壁
17日	04/11	火	甲午	平	沙中金	奎
18日	04/12	水	乙未	定	沙中金	婁
19日	04/13	木	丙申	執	山下火	胃
20日	04/14	金	丁酉	破	山下火	昴
21日	04/15	土	戊戌	危	平地木	畢
22日	04/16	日	己亥	成	平地木	觜
23日	04/17	月	庚子	納	壁上土	参
24日	04/18	火	辛丑	開	壁上土	井鬼
25日	04/19	水	壬寅	閉	金箔金	柳
26日	04/20	木	癸卯	建	金箔金	星
27日	04/21	金	甲辰	除	覆燈火	張
28日	04/22	土	乙巳	満	覆燈火	翼
29日	04/23	日	丙午	平	天河水	軫
30日	04/24	月	丁未	平	天河水	張

【四月小 丁巳 軫】
節気 立夏 13日・小満 28日
雑節 八十八夜 9日

日	月日	曜	干支	直	納音	宿
1日	04/25	火	戊申	定	大駅土	翼
2日	04/26	水	己酉	執	大駅土	軫
3日	04/27	木	庚戌	破	釵釧金	角亢
4日	04/28	金	辛亥	危	釵釧金	氐
5日	04/29	土	壬子	成	桑柘木	房
6日	04/30	日	癸丑	納	桑柘木	心尾
7日	05/01	月	甲寅	開	大渓水	箕
8日	05/02	火	乙卯	閉	大渓水	斗
9日	05/03	水	丙辰	建	沙中土	牛
10日	05/04	木	丁巳	除	沙中土	女
11日	05/05	金	戊午	満	天上火	虚
12日	05/06	土	己未	平	天上火	危
13日	05/07	日	庚申	定	柘榴木	室
14日	05/08	月	辛酉	執	柘榴木	壁
15日	05/09	火	壬戌	破	大海水	奎
16日	05/10	水	癸亥	危	大海水	婁
17日	05/11	木	甲子	成	海中金	胃
18日	05/12	金	乙丑	納	海中金	昴
19日	05/13	土	丙寅	開	爐中火	畢
20日	05/14	日	丁卯	閉	爐中火	觜
21日	05/15	月	戊辰	建	大林木	参
22日	05/16	火	己巳	除	大林木	井鬼
23日	05/17	水	庚午	満	路傍土	柳
24日	05/18	木	辛未	定	路傍土	星
25日	05/19	金	壬申	執	釼鋒金	張
26日	05/20	土	癸酉	破	釼鋒金	翼
27日	05/21	日	甲戌	危	山頭火	軫
28日	05/22	月	乙亥	成	山頭火	角
29日	05/23	火	丙子	納	澗下水	亢

【五月大 戊午 角】
節気 芒種 15日・夏至 30日
雑節 入梅 16日

日	月日	曜	干支	直	納音	宿
1日	05/24	水	丁丑	成	澗下水	軫
2日	05/25	木	戊寅	納	城頭土	角亢
3日	05/26	金	己卯	開	城頭土	氐
4日	05/27	土	庚辰	閉	白鑞金	房
5日	05/28	日	辛巳	建	白鑞金	心尾
6日	05/29	月	壬午	除	楊柳木	箕
7日	05/30	火	癸未	満	楊柳木	斗
8日	05/31	水	甲申	平	井泉水	牛
9日	06/01	木	乙酉	定	井泉水	女
10日	06/02	金	丙戌	執	屋上土	虚
11日	06/03	土	丁亥	破	屋上土	危
12日	06/04	日	戊子	危	霹靂火	室
13日	06/05	月	己丑	成	霹靂火	壁
14日	06/06	火	庚寅	納	松柏木	奎
15日	06/07	水	辛卯	開	松柏木	婁
16日☆	06/08	木	壬辰	閉	長流水	胃
17日	06/09	金	癸巳	建	長流水	昴
18日	06/10	土	甲午	除	沙中金	畢
19日	06/11	日	乙未	満	沙中金	觜
20日	06/12	月	丙申	平	山下火	参
21日	06/13	火	丁酉	定	山下火	井鬼
22日	06/14	水	戊戌	執	平地木	柳
23日	06/15	木	己亥	破	平地木	星
24日	06/16	金	庚子	危	壁上土	張
25日	06/17	土	辛丑	成	壁上土	翼
26日	06/18	日	壬寅	納	金箔金	軫
27日	06/19	月	癸卯	開	金箔金	角
28日	06/20	火	甲辰	閉	覆燈火	亢氐
29日	06/21	水	乙巳	建	覆燈火	房
30日	06/22	木	丙午	除	天河水	心

【閏五月小 戊午 角】
節気 小暑 15日
雑節 半夏生 10日・土用 27日

日	月日	曜	干支	直	納音	宿
1日	06/23	金	丁未	除	天河水	尾
2日	06/24	土	戊申	満	大駅土	箕
3日	06/25	日	己酉	平	大駅土	斗
4日	06/26	月	庚戌	定	釵釧金	牛
5日	06/27	火	辛亥	執	釵釧金	女
6日	06/28	水	壬子	破	桑柘木	虚
7日	06/29	木	癸丑	危	桑柘木	危
8日	06/30	金	甲寅	成	大渓水	室
9日	07/01	土	乙卯	納	大渓水	壁
10日	07/02	日	丙辰	開	沙中土	奎
11日	07/03	月	丁巳	閉	沙中土	婁
12日	07/04	火	戊午	建	天上火	胃
13日	07/05	水	己未	除	天上火	昴
14日	07/06	木	庚申	満	柘榴木	畢
15日	07/07	金	辛酉	平	柘榴木	觜
16日	07/08	土	壬戌	定	大海水	参
17日	07/09	日	癸亥	執	大海水	井鬼
18日	07/10	月	甲子	破	海中金	柳
19日	07/11	火	乙丑	危	海中金	星
20日	07/12	水	丙寅	成	爐中火	張
21日	07/13	木	丁卯	納	爐中火	翼
22日	07/14	金	戊辰	開	大林木	軫
23日	07/15	土	己巳	閉	大林木	角
24日	07/16	日	庚午	建	路傍土	亢氐
25日	07/17	月	辛未	除	路傍土	房
26日	07/18	火	壬申	満	釼鋒金	心
27日	07/19	水	癸酉	定	釼鋒金	尾
28日	07/20	木	甲戌	執	山頭火	箕
29日	07/21	金	乙亥	破	山頭火	斗

【六月大 己未 亢】
節気 大暑 1日・立秋 16日

日	月日	曜	干支	直	納音	宿
1日	07/22	日	丙子	執	澗下水	氐
2日	07/23	月	丁丑	破	澗下水	房
3日	07/24	火	戊寅	危	城頭土	心尾
4日	07/25	水	己卯	成	城頭土	箕
5日	07/26	木	庚辰	納	白鑞金	斗
6日	07/27	金	辛巳	開	白鑞金	牛
7日	07/28	土	壬午	閉	楊柳木	女虚
8日	07/29	日	癸未	建	楊柳木	危
9日	07/30	月	甲申	除	井泉水	室
10日	07/31	火	乙酉	満	井泉水	壁
11日	08/01	水	丙戌	平	屋上土	奎
12日	08/02	木	丁亥	定	屋上土	婁
13日	08/03	金	戊子	執	霹靂火	胃
14日	08/04	土	己丑	破	霹靂火	昴
15日	08/05	日	庚寅	危	松柏木	畢

日	西暦	曜	干支	直	納音	宿
16日	08/06	日	辛卯	危	松柏木	昴
17日	08/07	月	壬辰	成	長流水	畢
18日	08/08	火	癸巳	納	長流水	觜
19日	08/09	水	甲午	開	沙中金	参
20日	08/10	木	乙未	閉	沙中金	井
21日	08/11	金	丙申	建	山下火	鬼
22日	08/12	土	丁酉	除	山下火	柳
23日	08/13	日	戊戌	満	平地木	星
24日	08/14	月	己亥	平	平地木	張
25日	08/15	火	庚子	定	壁上土	翼
26日	08/16	水	辛丑	執	壁上土	軫
27日	08/17	木	壬寅	破	金箔金	角
28日	08/18	金	癸卯	危	金箔金	亢
29日	08/19	土	甲辰	成	覆燈火	氐
30日	08/20	日	乙巳	納	覆燈火	房

【七月大 庚申 氐】

節気 処暑 2日・白露 17日

雑節 二百十日 13日

日	西暦	曜	干支	直	納音	宿
1日	08/21	月	丙午	開	天河水	心
2日	08/22	火	丁未	閉	天河水	尾
3日	08/23	水	戊申	建	大駅土	箕
4日	08/24	木	己酉	除	大駅土	斗
5日	08/25	金	庚戌	満	釵釧金	牛
6日	08/26	土	辛亥	平	釵釧金	女
7日	08/27	日	壬子	定	桑柘木	虚
8日	08/28	月	癸丑	執	桑柘木	危
9日	08/29	火	甲寅	破	大溪水	室
10日	08/30	水	乙卯	危	大溪水	壁
11日	08/31	木	丙辰	成	沙中土	奎
12日	09/01	金	丁巳	納	沙中土	婁
13日	09/02	土	戊午	開	天上火	胃
14日	09/03	日	己未	閉	天上火	昴
15日	09/04	月	庚申	建	柘榴木	畢
16日	09/05	火	辛酉	除	柘榴木	觜
17日	09/06	水	壬戌	除	大海水	参
18日	09/07	木	癸亥	満	大海水	井
19日	09/08	金	甲子	平	海中金	鬼
20日	09/09	土	乙丑	定	海中金	柳
21日	09/10	日	丙寅	執	爐中火	星
22日	09/11	月	丁卯	破	爐中火	張
23日	09/12	火	戊辰	危	大林木	翼
24日	09/13	水	己巳	成	大林木	軫
25日	09/14	木	庚午	納	路傍土	角
26日	09/15	金	辛未	開	路傍土	亢
27日	09/16	土	壬申	閉	釼鋒金	氐
28日	09/17	日	癸酉	建	釼鋒金	房
29日	09/18	月	甲戌	除	山頭火	心
30日	09/19	火	乙亥	満	山頭火	尾

【八月小 辛酉 房】

節気 秋分 2日・寒露 17日

雑節 社日 3日・彼岸 4日

日	西暦	曜	干支	直	納音	宿
1日	09/20	水	丙子	平	澗下水	箕
2日	09/21	木	丁丑	定	澗下水	斗
3日	09/22	金	戊寅	執	城頭土	牛
4日	09/23	土	己卯	破	城頭土	女
5日	09/24	日	庚辰	危	白鑞金	虚
6日	09/25	月	辛巳	成	白鑞金	危
7日	09/26	火	壬午	納	楊柳木	室
8日	09/27	水	癸未	開	楊柳木	壁
9日	09/28	木	甲申	閉	井泉水	奎
10日	09/29	金	乙酉	建	井泉水	婁
11日	09/30	土	丙戌	除	屋上土	胃
12日	10/01	日	丁亥	満	屋上土	昴
13日	10/02	月	戊子	平	霹靂火	畢
14日	10/03	火	己丑	定	霹靂火	觜
15日	10/04	水	庚寅	執	松柏木	参
16日	10/05	木	辛卯	破	松柏木	井
17日	10/06	金	壬辰	破	長流水	鬼
18日	10/07	土	癸巳	危	長流水	柳
19日	10/08	日	甲午	成	沙中金	星
20日	10/09	月	乙未	納	沙中金	張
21日	10/10	火	丙申	開	山下火	翼
22日	10/11	水	丁酉	閉	山下火	軫
23日	10/12	木	戊戌	建	平地木	角
24日	10/13	金	己亥	除	平地木	亢
25日	10/14	土	庚子	満	壁上土	氐
26日	10/15	日	辛丑	平	壁上土	房
27日	10/16	月	壬寅	定	金箔金	心
28日	10/17	火	癸卯	執	金箔金	尾
29日	10/18	水	甲辰	破	覆燈火	箕

【九月大 壬戌 心】

節気 霜降 4日・立冬 19日

雑節 土用 1日

日	西暦	曜	干支	直	納音	宿
1日	10/19	木	乙巳	危	覆燈火	斗
2日	10/20	金	丙午	成	天河水	牛
3日	10/21	土	丁未	納	天河水	女
4日	10/22	日	戊申	開	大駅土	虚
5日	10/23	月	己酉	閉	大駅土	危
6日	10/24	火	庚戌	建	釵釧金	室
7日	10/25	水	辛亥	除	釵釧金	壁
8日	10/26	木	壬子	満	桑柘木	奎
9日	10/27	金	癸丑	平	桑柘木	婁
10日	10/28	土	甲寅	定	大溪水	胃
11日	10/29	日	乙卯	執	大溪水	昴
12日	10/30	月	丙辰	破	沙中土	畢
13日	10/31	火	丁巳	危	沙中土	觜
14日	11/01	水	戊午	成	天上火	参
15日	11/02	木	己未	納	天上火	井
16日	11/03	金	庚申	開	柘榴木	鬼
17日	11/04	土	辛酉	閉	柘榴木	柳
18日	11/05	日	壬戌	建	大海水	星
19日	11/06	月	癸亥	建	大海水	張
20日	11/07	火	甲子	除	海中金	翼
21日	11/08	水	乙丑	満	海中金	軫
22日	11/09	木	丙寅	平	爐中火	角
23日	11/10	金	丁卯	定	爐中火	亢
24日	11/11	土	戊辰	執	大林木	氐
25日	11/12	日	己巳	破	大林木	房
26日	11/13	月	庚午	危	路傍土	心
27日	11/14	火	辛未	成	路傍土	尾
28日	11/15	水	壬申	納	釼鋒金	箕
29日	11/16	木	癸酉	開	釼鋒金	斗
30日	11/17	金	甲戌	閉	山頭火	牛

【十月大 癸亥 尾】

節気 小雪 4日・大雪 19日

日	西暦	曜	干支	直	納音	宿
1日	11/18	土	乙亥	建	山頭火	女
2日	11/19	日	丙子	除	澗下水	虚
3日	11/20	月	丁丑	満	澗下水	危
4日	11/21	火	戊寅	平	城頭土	室
5日	11/22	水	己卯	定	城頭土	壁
6日	11/23	木	庚辰	執	白鑞金	奎
7日	11/24	金	辛巳	破	白鑞金	婁
8日	11/25	土	壬午	危	楊柳木	胃
9日	11/26	日	癸未	成	楊柳木	昴
10日	11/27	月	甲申	納	井泉水	畢
11日	11/28	火	乙酉	開	井泉水	觜
12日	11/29	水	丙戌	閉	屋上土	参
13日	11/30	木	丁亥	建	屋上土	井
14日	12/01	金	戊子	除	霹靂火	鬼
15日	12/02	土	己丑	満	霹靂火	柳
16日	12/03	日	庚寅	平	松柏木	星
17日	12/04	月	辛卯	定	松柏木	張
18日	12/05	火	壬辰	執	長流水	翼
19日	12/06	水	癸巳	執	長流水	軫
20日	12/07	木	甲午	破	沙中金	角
21日	12/08	金	乙未	危	沙中金	亢
22日	12/09	土	丙申	成	山下火	氐
23日	12/10	日	丁酉	納	山下火	房
24日	12/11	月	戊戌	開	平地木	心
25日	12/12	火	己亥	閉	平地木	尾
26日	12/13	水	庚子	建	壁上土	箕
27日	12/14	木	辛丑	除	壁上土	斗
28日	12/15	金	壬寅	満	金箔金	牛
29日	12/16	土	癸卯	平	金箔金	女
30日	12/17	日	甲辰	定	覆燈火	虚

【十一月小 甲子 箕】

節気 冬至 4日・小寒 20日

日	西暦	曜	干支	直	納音	宿
1日	12/18	月	乙巳	執	覆燈火	危
2日	12/19	火	丙午	破	天河水	室
3日	12/20	水	丁未	危	天河水	壁
4日	12/21	木	戊申	成	大駅土	奎
5日	12/22	金	己酉	納	大駅土	婁
6日	12/23	土	庚戌	開	釵釧金	胃
7日	12/24	日	辛亥	閉	釵釧金	昴
8日	12/25	月	壬子	建	桑柘木	畢
9日	12/26	火	癸丑	除	桑柘木	觜
10日	12/27	水	甲寅	満	大溪水	参
11日	12/28	木	乙卯	平	大溪水	井
12日	12/29	金	丙辰	定	沙中土	鬼
13日	12/30	土	丁巳	執	沙中土	柳
14日	12/31	日	戊午	破	天上火	星
	1714年					
15日	**01/01**	月	己未	危	天上火	張
16日	01/02	火	庚申	成	柘榴木	翼
17日	01/03	水	辛酉	納	柘榴木	軫
18日	01/04	木	壬戌	開	大海水	角
19日	01/05	金	癸亥	閉	大海水	亢
20日	01/06	土	甲子	閉	海中金	氐
21日	01/07	日	乙丑	建	海中金	房
22日	01/08	月	丙寅	除	爐中火	心
23日	01/09	火	丁卯	満	爐中火	尾
24日	01/10	水	戊辰	平	大林木	箕
25日	01/11	木	己巳	定	大林木	斗
26日	01/12	金	庚午	執	路傍土	牛
27日	01/13	土	辛未	破	路傍土	女
28日	01/14	日	壬申	危	釼鋒金	虚
29日	01/15	月	癸酉	成	釼鋒金	危

【十二月大 乙丑 斗】

節気 大寒 6日・立春 21日

雑節 土用 3日・節分 20日

日	西暦	曜	干支	直	納音	宿
1日	01/16	火	甲戌	納	山頭火	室
2日	01/17	水	乙亥	開	山頭火	壁
3日	01/18	木	丙子	閉	澗下水	奎
4日	01/19	金	丁丑	建	澗下水	婁
5日	01/20	土	戊寅	除	城頭土	胃
6日	01/21	日	己卯	満	城頭土	昴
7日	01/22	月	庚辰	平	白鑞金	畢
8日	01/23	火	辛巳	定	白鑞金	觜
9日	01/24	水	壬午	執	楊柳木	参
10日	01/25	木	癸未	破	楊柳木	井
11日	01/26	金	甲申	危	井泉水	鬼
12日	01/27	土	乙酉	成	井泉水	柳
13日	01/28	日	丙戌	納	屋上土	星
14日	01/29	月	丁亥	開	屋上土	張
15日	01/30	火	戊子	閉	霹靂火	翼
16日	01/31	水	己丑	建	霹靂火	軫
17日	02/01	木	庚寅	除	松柏木	角
18日	02/02	金	辛卯	満	松柏木	亢
19日	02/03	土	壬辰	平	長流水	氐
20日	02/04	日	癸巳	定	長流水	房
21日	02/05	月	甲午	定	沙中金	心
22日	02/06	火	乙未	執	沙中金	尾
23日	02/07	水	丙申	破	山下火	箕
24日	02/08	木	丁酉	危	山下火	斗
25日	02/09	金	戊戌	成	平地木	牛
26日	02/10	土	己亥	納	平地木	女
27日	02/11	日	庚子	開	壁上土	虚
28日	02/12	月	辛丑	閉	壁上土	危
29日	02/13	火	壬寅	建	金箔金	室
30日	02/14	水	癸卯	除	金箔金	壁

正徳4年

1714〜1715　甲午　参

【正月小　丙寅　牛】
節気　雨水 6日・啓蟄 22日

日	月日	曜	干支	中段	納音	宿
1日	02/15	木	甲辰	満	覆燈火	奎
2日	02/16	金	乙巳	平	覆燈火	婁
3日	02/17	土	丙午	定	天河水	胃
4日	02/18	日	丁未	執	天河水	昴
5日	02/19	月	戊申	破	大駅土	畢
6日	02/20	火	己酉	危	大駅土	觜
7日	02/21	水	庚戌	成	釵釧金	参
8日	02/22	木	辛亥	納	釵釧金	井
9日	02/23	金	壬子	開	桑柘木	鬼
10日	02/24	土	癸丑	閉	桑柘木	柳
11日	02/25	日	甲寅	建	大溪水	星
12日	02/26	月	乙卯	除	大溪水	張
13日	02/27	火	丙辰	満	沙中土	翼
14日	02/28	水	丁巳	平	沙中土	軫
15日	03/01	木	戊午	定	天上火	角
16日	03/02	金	己未	執	天上火	亢
17日	03/03	土	庚申	破	柘榴木	氐
18日	03/04	日	辛酉	危	柘榴木	房
19日	03/05	月	壬戌	成	大海水	心
20日	03/06	火	癸亥	納	大海水	尾
21日	03/07	水	甲子	開	海中金	箕
22日	03/08	木	乙丑	開	海中金	斗
23日	03/09	金	丙寅	閉	爐中火	牛
24日	03/10	土	丁卯	建	爐中火	女
25日	03/11	日	戊辰	除	大林木	虚
26日	03/12	月	己巳	満	大林木	危
27日	03/13	火	庚午	平	路傍土	室
28日	03/14	水	辛未	定	路傍土	壁
29日	03/15	木	壬申	執	釼鋒金	奎

【二月小　丁卯　女】
節気　春分 8日・清明 23日
雑節　社日 6日・彼岸 10日

日	月日	曜	干支	中段	納音	宿
1日	03/16	金	癸酉	破	釼鋒金	婁
2日	03/17	土	甲戌	危	山頭火	胃
3日	03/18	日	乙亥	成	山頭火	昴
4日	03/19	月	丙子	納	澗下水	畢
5日	03/20	火	丁丑	開	澗下水	觜
6日	03/21	水	戊寅	閉	城頭土	参
7日	03/22	木	己卯	建	城頭土	井
8日	03/23	金	庚辰	除	白鑞金	鬼
9日	03/24	土	辛巳	満	白鑞金	柳
10日	03/25	日	壬午	平	楊柳木	星
11日	03/26	月	癸未	定	楊柳木	張
12日	03/27	火	甲申	執	井泉水	翼
13日	03/28	水	乙酉	破	井泉水	軫
14日	03/29	木	丙戌	危	屋上土	角
15日	03/30	金	丁亥	成	屋上土	亢
16日	03/31	土	戊子	納	霹靂火	氐
17日	04/01	日	己丑	開	霹靂火	房
18日	04/02	月	庚寅	閉	松柏木	心
19日	04/03	火	辛卯	建	松柏木	尾
20日	04/04	水	壬辰	除	長流水	箕
21日	04/05	木	癸巳	満	長流水	斗
22日	04/06	金	甲午	平	沙中金	牛
23日	04/07	土	乙未	平	沙中金	女
24日	04/08	日	丙申	定	山下火	虚
25日	04/09	月	丁酉	執	山下火	危
26日	04/10	火	戊戌	破	平地木	室
27日	04/11	水	己亥	危	平地木	壁
28日	04/12	木	庚子	成	壁上土	奎
29日	04/13	金	辛丑	納	壁上土	婁

【三月大　戊辰　虚】
節気　穀雨 9日・立夏 24日
雑節　土用 5日・八十八夜 20日

日	月日	曜	干支	中段	納音	宿
1日	04/14	土	壬寅	開	金箔金	胃
2日	04/15	日	癸卯	閉	金箔金	昴
3日	04/16	月	甲辰	建	覆燈火	畢
4日	04/17	火	乙巳	除	覆燈火	觜
5日	04/18	水	丙午	満	天河水	参
6日	04/19	木	丁未	平	天河水	井
7日	04/20	金	戊申	定	大駅土	鬼
8日	04/21	土	己酉	執	大駅土	柳
9日	04/22	日	庚戌	破	釵釧金	星
10日	04/23	月	辛亥	危	釵釧金	張
11日	04/24	火	壬子	成	桑柘木	翼
12日	04/25	水	癸丑	納	桑柘木	軫
13日	04/26	木	甲寅	開	大溪水	角
14日	04/27	金	乙卯	閉	大溪水	亢
15日	04/28	土	丙辰	建	沙中土	氐
16日	04/29	日	丁巳	除	沙中土	房
17日	04/30	月	戊午	満	天上火	心
18日	05/01	火	己未	平	天上火	尾
19日	05/02	水	庚申	定	柘榴木	箕
20日	05/03	木	辛酉	執	柘榴木	斗
21日	05/04	金	壬戌	破	大海水	牛
22日	05/05	土	癸亥	危	大海水	女
23日	05/06	日	甲子	成	海中金	虚
24日	05/07	月	乙丑	成	海中金	危
25日	05/08	火	丙寅	納	爐中火	室
26日	05/09	水	丁卯	開	爐中火	壁
27日	05/10	木	戊辰	閉	大林木	奎
28日	05/11	金	己巳	建	大林木	婁
29日	05/12	土	庚午	除	路傍土	胃
30日	05/13	日	辛未	満	路傍土	昴

【四月小　己巳　危】
節気　小満 10日・芒種 25日

日	月日	曜	干支	中段	納音	宿
1日	05/14	月	壬申	平	釼鋒金	畢
2日	05/15	火	癸酉	定	釼鋒金	觜
3日	05/16	水	甲戌	執	山頭火	参
4日	05/17	木	乙亥	破	山頭火	井
5日	05/18	金	丙子	危	澗下水	鬼
6日	05/19	土	丁丑	成	澗下水	柳
7日	05/20	日	戊寅	納	城頭土	星
8日	05/21	月	己卯	開	城頭土	張
9日	05/22	火	庚辰	閉	白鑞金	翼
10日	05/23	水	辛巳	建	白鑞金	軫
11日	05/24	木	壬午	除	楊柳木	角
12日	05/25	金	癸未	満	楊柳木	亢
13日	05/26	土	甲申	平	井泉水	氐
14日	05/27	日	乙酉	定	井泉水	房
15日	05/28	月	丙戌	執	屋上土	心
16日	05/29	火	丁亥	破	屋上土	尾
17日	05/30	水	戊子	危	霹靂火	箕
18日	05/31	木	己丑	成	霹靂火	斗
19日	06/01	金	庚寅	納	松柏木	牛
20日	06/02	土	辛卯	開	松柏木	女
21日	06/03	日	壬辰	閉	長流水	虚
22日	06/04	月	癸巳	建	長流水	危
23日	06/05	火	甲午	除	沙中金	室
24日	06/06	水	乙未	満	沙中金	壁
25日	06/07	木	丙申	満	山下火	奎
26日	06/08	金	丁酉	平	山下火	婁
27日	06/09	土	戊戌	定	平地木	胃
28日	06/10	日	己亥	執	平地木	昴
29日	06/11	月	庚子	破	壁上土	畢

【五月大　庚午　室】
節気　夏至 11日・小暑 26日
雑節　入梅 2日・半夏生 21日

日	月日	曜	干支	中段	納音	宿
1日	06/12	火	辛丑	危	壁上土	觜
2日	06/13	水	壬寅	成	金箔金	参
3日	06/14	木	癸卯	納	金箔金	井
4日	06/15	金	甲辰	開	覆燈火	鬼
5日	06/16	土	乙巳	閉	覆燈火	柳
6日	06/17	日	丙午	建	天河水	星
7日	06/18	月	丁未	除	天河水	張
8日	06/19	火	戊申	満	大駅土	翼
9日	06/20	水	己酉	平	大駅土	軫
10日	06/21	木	庚戌	定	釵釧金	角
11日	06/22	金	辛亥	執	釵釧金	亢
12日	06/23	土	壬子	破	桑柘木	氐
13日	06/24	日	癸丑	危	桑柘木	房
14日	06/25	月	甲寅	成	大溪水	心
15日	06/26	火	乙卯	納	大溪水	尾
16日	06/27	水	丙辰	開	沙中土	箕
17日	06/28	木	丁巳	閉	沙中土	斗
18日	06/29	金	戊午	建	天上火	牛
19日	06/30	土	己未	除	天上火	女
20日	07/01	日	庚申	満	柘榴木	虚
21日	07/02	月	辛酉	平	柘榴木	危
22日	07/03	火	壬戌	定	大海水	室
23日	07/04	水	癸亥	執	大海水	壁
24日	07/05	木	甲子	破	海中金	奎
25日	07/06	金	乙丑	危	海中金	婁
26日	07/07	土	丙寅	危	爐中火	胃
27日	07/08	日	丁卯	成	爐中火	昴
28日	07/09	月	戊辰	納	大林木	畢
29日	07/10	火	己巳	開	大林木	觜
30日	07/11	水	庚午	閉	路傍土	参

【六月小　辛未　壁】
節気　大暑 11日・立秋 27日
雑節　土用 8日

日	月日	曜	干支	中段	納音	宿
1日	07/12	木	辛未	建	路傍土	井
2日	07/13	金	壬申	除	釼鋒金	鬼
3日	07/14	土	癸酉	満	釼鋒金	柳
4日	07/15	日	甲戌	平	山頭火	星
5日	07/16	月	乙亥	定	山頭火	張
6日	07/17	火	丙子	執	澗下水	翼
7日	07/18	水	丁丑	破	澗下水	軫
8日	07/19	木	戊寅	危	城頭土	角
9日	07/20	金	己卯	成	城頭土	亢
10日	07/21	土	庚辰	納	白鑞金	氐
11日	07/22	日	辛巳	開	白鑞金	房
12日	07/23	月	壬午	閉	楊柳木	心
13日	07/24	火	癸未	建	楊柳木	尾
14日	07/25	水	甲申	除	井泉水	箕
15日	07/26	木	乙酉	満	井泉水	斗
16日	07/27	金	丙戌	平	屋上土	牛
17日	07/28	土	丁亥	定	屋上土	女
18日	07/29	日	戊子	執	霹靂火	虚
19日	07/30	月	己丑	破	霹靂火	危
20日	07/31	火	庚寅	危	松柏木	室
21日	08/01	水	辛卯	成	松柏木	壁
22日	08/02	木	壬辰	納	長流水	奎
23日	08/03	金	癸巳	開	長流水	婁
24日	08/04	土	甲午	閉	沙中金	胃
25日	08/05	日	乙未	建	沙中金	昴
26日	08/06	月	丙申	除	山下火	畢
27日	08/07	火	丁酉	除	山下火	觜
28日	08/08	水	戊戌	満	平地木	参
29日	08/09	木	己亥	平	平地木	井

【七月大　壬申　奎】
節気　処暑 13日・白露 28日
雑節　二百十日 24日

日	月日	曜	干支	中段	納音	宿
1日	08/10	金	庚子	定	壁上土	鬼
2日	08/11	土	辛丑	執	壁上土	柳
3日	08/12	日	壬寅	破	金箔金	星
4日	08/13	月	癸卯	危	金箔金	張

正徳4年

日	西暦	曜	干支	直	納音	宿
5日	08/14	火	甲辰	破	覆燈火	翼
6日	08/15	水	乙巳	納	覆燈火	軫
7日	08/16	木	丙午	開	天河水	角
8日	08/17	金	丁未	閉	天河水	亢
9日	08/18	土	戊申	建	大駅土	房
10日	08/19	日	己酉	除	大駅土	心
11日	08/20	月	庚戌	満	釵釧金	尾
12日	08/21	火	辛亥	定	釵釧金	箕
13日	08/22	水	壬子	執	桑柘木	斗
14日	08/23	木	癸丑	破	桑柘木	牛
15日	08/24	金	甲寅	破	大溪水	牛
16日	08/25	土	乙卯	成	大溪水	女
17日	08/26	日	丙辰	収	沙中土	虚
18日	08/27	月	丁巳	開	沙中土	危
19日	08/28	火	戊午	閉	天上火	室
20日	08/29	水	己未	建	天上火	壁
21日	08/30	木	庚申	除	柘榴木	奎
22日	08/31	金	辛酉	除	柘榴木	婁
23日	09/01	土	壬戌	満	大海水	胃
24日	09/02	日	癸亥	平	大海水	昴
25日	09/03	月	甲子	定	海中金	畢
26日	09/04	火	乙丑	執	海中金	觜
27日	09/05	水	丙寅	破	爐中火	參
28日	09/06	木	丁卯	危	爐中火	井
29日	09/07	金	戊辰	成	大林木	鬼
30日	09/08	土	己巳	成	大林木	柳

【八月大 癸酉 婁】
節気 秋分 13日・寒露 29日
雑節 社日 9日・彼岸 15日

日	西暦	曜	干支	直	納音	宿
1日	09/09	日	庚午	納	路傍土	星
2日	09/10	月	辛未	開	路傍土	張
3日	09/11	火	壬申	閉	釵鋒金	翼
4日	09/12	水	癸酉	建	釵鋒金	軫
5日	09/13	木	甲戌	除	山頭火	角
6日	09/14	金	乙亥	満	山頭火	亢
7日	09/15	土	丙子	平	澗下水	氐
8日	09/16	日	丁丑	定	澗下水	房
9日	09/17	月	戊寅	執	城頭土	心
10日	09/18	火	己卯	破	城頭土	尾
11日	09/19	水	庚辰	危	白鑞金	箕
12日	09/20	木	辛巳	成	白鑞金	斗
13日	09/21	金	壬午	納	楊柳木	牛
14日	09/22	土	癸未	開	楊柳木	女
15日	09/23	日	甲申	閉	井泉水	虚
16日	09/24	月	乙酉	建	井泉水	危
17日	09/25	火	丙戌	除	屋上土	室
18日	09/26	水	丁亥	満	屋上土	壁
19日	09/27	木	戊子	平	霹靂火	奎
20日	09/28	金	己丑	定	霹靂火	婁
21日	09/29	土	庚寅	執	松柏木	胃
22日	09/30	日	辛卯	破	松柏木	昴
23日	10/01	月	壬辰	危	長流水	畢
24日	10/02	火	癸巳	成	長流水	觜
25日	10/03	水	甲午	納	沙中金	參
26日	10/04	木	乙未	開	沙中金	井
27日	10/05	金	丙申	閉	山下火	鬼
28日	10/06	土	丁酉	建	山下火	柳
29日	10/07	日	戊戌	除	平地木	星
30日	10/08	月	己亥	満	平地木	張

【九月小 甲戌 胃】
節気 霜降 14日・立冬 29日
雑節 土用 11日

日	西暦	曜	干支	直	納音	宿
1日	10/09	火	庚子	満	壁上土	翼
2日	10/10	水	辛丑	平	壁上土	軫
3日	10/11	木	壬寅	定	金箔金	角
4日	10/12	金	癸卯	執	金箔金	亢
5日	10/13	土	甲辰	破	覆燈火	氐
6日	10/14	日	乙巳	危	覆燈火	房
7日	10/15	月	丙午	成	天河水	心
8日	10/16	火	丁未	納	天河水	尾
9日	10/17	水	戊申	開	大駅土	箕
10日	10/18	木	己酉	閉	大駅土	斗
11日	10/19	金	庚戌	建	釵釧金	牛
12日	10/20	土	辛亥	除	釵釧金	女
13日	10/21	日	壬子	平	桑柘木	虚
14日	10/22	月	癸丑	平	桑柘木	危
15日	10/23	火	甲寅	定	大溪水	室
16日	10/24	水	乙卯	執	大溪水	壁
17日	10/25	木	丙辰	破	沙中土	奎
18日	10/26	金	丁巳	危	沙中土	婁
19日	10/27	土	戊午	成	天上火	胃
20日	10/28	日	己未	納	天上火	昴
21日	10/29	月	庚申	開	柘榴木	畢
22日	10/30	火	辛酉	閉	柘榴木	觜
23日	10/31	水	壬戌	建	大海水	參
24日	11/01	木	癸亥	除	大海水	井
25日	11/02	金	甲子	満	海中金	鬼
26日	11/03	土	乙丑	平	海中金	柳
27日	11/04	日	丙寅	定	爐中火	星
28日	11/05	月	丁卯	執	爐中火	張
29日	11/06	火	戊辰	破	大林木	翼

【十月大 乙亥 昴】
節気 小雪 15日・大雪 30日

日	西暦	曜	干支	直	納音	宿
1日	11/07	水	己巳	閉	大林木	軫
2日	11/08	木	庚午	建	路傍土	角
3日	11/09	金	辛未	除	路傍土	亢
4日	11/10	土	壬申	満	釵鋒金	氐
5日	11/11	日	癸酉	平	釵鋒金	房
6日	11/12	月	甲戌	定	山頭火	心
7日	11/13	火	乙亥	執	山頭火	尾
8日	11/14	水	丙子	破	潤下水	箕
9日	11/15	木	丁丑	危	潤下水	斗
10日	11/16	金	戊寅	成	城頭土	牛
11日	11/17	土	己卯	納	城頭土	女
12日	11/18	日	庚辰	開	白鑞金	虚
13日	11/19	月	辛巳	閉	白鑞金	危
14日	11/20	火	壬午	建	楊柳木	室
15日	11/21	水	癸未	除	楊柳木	壁
16日	11/22	木	甲申	満	井泉水	奎
17日	11/23	金	乙酉	平	井泉水	婁
18日	11/24	土	丙戌	定	屋上土	胃
19日	11/25	日	丁亥	執	屋上土	昴
20日	11/26	月	戊子	破	霹靂火	畢
21日	11/27	火	己丑	危	霹靂火	觜
22日	11/28	水	庚寅	成	松柏木	參
23日	11/29	木	辛卯	納	松柏木	井
24日	11/30	金	壬辰	開	長流水	鬼
25日	12/01	土	癸巳	閉	長流水	柳
26日	12/02	日	甲午	建	沙中金	星
27日	12/03	月	乙未	除	沙中金	張
28日	12/04	火	丙申	満	山下火	翼
29日	12/05	水	丁酉	開	山下火	軫
30日	12/06	木	戊戌	開	平地木	角

【十一月大 丙子 畢】
節気 冬至 16日

日	西暦	曜	干支	直	納音	宿
1日	12/07	金	己亥	閉	平地木	亢
2日	12/08	土	庚子	建	壁上土	氐
3日	12/09	日	辛丑	除	壁上土	房
4日	12/10	月	壬寅	満	金箔金	心
5日	12/11	火	癸卯	平	金箔金	尾
6日	12/12	水	甲辰	定	覆燈火	箕
7日	12/13	木	乙巳	執	覆燈火	斗
8日	12/14	金	丙午	成	天河水	牛
9日	12/15	土	丁未	納	天河水	女
10日	12/16	日	戊申	開	大駅土	虚
11日	12/17	月	己酉	閉	大駅土	危
12日	12/18	火	庚戌	建	釵釧金	室
13日	12/19	水	辛亥	除	釵釧金	壁
14日	12/20	木	壬子	満	桑柘木	奎
15日	12/21	金	癸丑	平	桑柘木	婁
16日	12/22	土	甲寅	定	大溪水	胃
17日	12/23	日	乙卯	執	大溪水	昴
18日	12/24	月	丙辰	破	沙中土	畢
19日	12/25	火	丁巳	危	沙中土	觜
20日	12/26	水	戊午	成	天上火	參
21日	12/27	木	己未	納	天上火	井
22日	12/28	金	庚申	開	柘榴木	鬼
23日	12/29	土	辛酉	閉	柘榴木	柳
24日	12/30	日	壬戌	建	大海水	星
25日	12/31	月	癸亥	除	大海水	張

1715年

日	西暦	曜	干支	直	納音	宿
26日	01/01	火	甲子	建	海中金	翼
27日	01/02	水	乙丑	除	海中金	軫
28日	01/03	木	丙寅	満	爐中火	角
29日	01/04	金	丁卯	平	爐中火	亢
30日	01/05	土	戊辰	定	大林木	氐

【十二月小 丁丑 觜】
節気 小寒 1日・大寒 16日
雑節 土用 13日

日	西暦	曜	干支	直	納音	宿
1日	01/06	日	己巳	定	大林木	房
2日	01/07	月	庚午	執	路傍土	心
3日	01/08	火	辛未	破	路傍土	尾
4日	01/09	水	壬申	危	釵鋒金	箕
5日	01/10	木	癸酉	成	釵鋒金	斗
6日	01/11	金	甲戌	納	山頭火	牛
7日	01/12	土	乙亥	開	山頭火	女
8日	01/13	日	丙子	閉	潤下水	虚
9日	01/14	月	丁丑	建	潤下水	危
10日	01/15	火	戊寅	除	城頭土	室
11日	01/16	水	己卯	満	城頭土	壁
12日	01/17	木	庚辰	平	白鑞金	奎
13日	01/18	金	辛巳	定	白鑞金	婁
14日	01/19	土	壬午	執	楊柳木	胃
15日	01/20	日	癸未	破	楊柳木	昴
16日	01/21	月	甲申	危	井泉水	畢
17日	01/22	火	乙酉	成	井泉水	觜
18日	01/23	水	丙戌	納	屋上土	參
19日	01/24	木	丁亥	開	屋上土	井
20日	01/25	金	戊子	閉	霹靂火	鬼
21日	01/26	土	己丑	建	霹靂火	柳
22日	01/27	日	庚寅	除	松柏木	星
23日	01/28	月	辛卯	満	松柏木	張
24日	01/29	火	壬辰	平	長流水	翼
25日	01/30	水	癸巳	定	長流水	軫
26日	01/31	木	甲午	破	沙中金	角
27日	02/01	金	乙未	破	沙中金	亢
28日	02/02	土	丙申	危	山下火	氐
29日	02/03	日	丁酉	成	山下火	房

正徳5年
1715～1716　乙未　井

【正月大　戊寅　参】
節気　立春 2日・雨水 18日
雑節　節分 1日

日	日付	曜	干支	直	納音	宿
1日	02/04	月	戊戌	納	平地木	心
2日	02/05	火	己亥	納	平地木	尾
3日	02/06	水	庚子	開	壁上土	箕
4日	02/07	木	辛丑	閉	壁上土	斗
5日	02/08	金	壬寅	建	金箔金	牛
6日	02/09	土	癸卯	除	金箔金	女
7日	02/10	日	甲辰	満	覆燈火	虚
8日	02/11	月	乙巳	定	覆燈火	危
9日	02/12	火	丙午	定	天河水	室
10日	02/13	水	丁未	執	天河水	壁
11日	02/14	木	戊申	破	大駅土	奎
12日	02/15	金	己酉	危	大駅土	婁
13日	02/16	土	庚戌	成	釵釧金	胃
14日	02/17	日	辛亥	納	釵釧金	昂
15日	02/18	月	壬子	開	桑柘木	畢
16日	02/19	火	癸丑	閉	桑柘木	觜
17日	02/20	水	甲寅	建	大渓水	参
18日	02/21	木	乙卯	除	大渓水	井
19日	02/22	金	丙辰	満	沙中土	鬼
20日	02/23	土	丁巳	平	沙中土	柳
21日	02/24	日	戊午	定	天上火	星
22日	02/25	月	己未	執	天上火	張
23日	02/26	火	庚申	破	柘榴木	翼
24日	02/27	水	辛酉	危	柘榴木	軫
25日	02/28	木	壬戌	成	大海水	角
26日	03/01	金	癸亥	納	大海水	亢
27日	03/02	土	甲子	開	海中金	氐
28日	03/03	日	乙丑	閉	海中金	房
29日	03/04	月	丙寅	建	炉中火	心
30日	03/05	火	丁卯	除	炉中火	尾

【二月小　己卯　井】
節気　啓蟄 3日・春分 18日
雑節　彼岸 20日・社日 21日

日	日付	曜	干支	直	納音	宿
1日	03/06	水	戊辰	満	大林木	箕
2日	03/07	木	己巳	平	大林木	斗
3日	03/08	金	庚午	平	路傍土	牛
4日	03/09	土	辛未	定	路傍土	女
5日	03/10	日	壬申	執	釵鋒金	虚
6日	03/11	月	癸酉	破	釵鋒金	危
7日	03/12	火	甲戌	危	山頭火	室
8日	03/13	水	乙亥	成	山頭火	壁
9日	03/14	木	丙子	納	澗下水	奎
10日	03/15	金	丁丑	開	澗下水	婁
11日	03/16	土	戊寅	閉	城頭土	胃
12日	03/17	日	己卯	建	城頭土	昂
13日	03/18	月	庚辰	除	白鑞金	畢
14日	03/19	火	辛巳	満	白鑞金	觜
15日	03/20	水	壬午	平	楊柳木	参
16日	03/21	木	癸未	定	楊柳木	井
17日	03/22	金	甲申	執	井泉水	鬼
18日	03/23	土	乙酉	破	井泉水	柳
19日	03/24	日	丙戌	危	屋上土	星
20日	03/25	月	丁亥	成	屋上土	張
21日	03/26	火	戊子	納	霹靂火	翼
22日	03/27	水	己丑	開	霹靂火	軫
23日	03/28	木	庚寅	閉	松柏木	角
24日	03/29	金	辛卯	建	松柏木	亢
25日	03/30	土	壬辰	除	長流水	氐
26日	03/31	日	癸巳	満	長流水	房
27日	04/01	月	甲午	平	沙中金	心
28日	04/02	火	乙未	定	沙中金	尾
29日	04/03	水	丙申	執	山下火	箕

【三月小　庚辰　鬼】
節気　清明 4日・穀雨 19日
雑節　土用 16日

日	日付	曜	干支	直	納音	宿
1日	04/04	木	丁酉	破	山下火	斗
2日	04/05	金	戊戌	成	平地木	牛
3日	04/06	土	己亥	納	平地木	女
4日	04/07	日	庚子	開	壁上土	虚
5日	04/08	月	辛丑	閉	壁上土	危
6日	04/09	火	壬寅	建	金箔金	室
7日	04/10	水	癸卯	閉	金箔金	壁
8日	04/11	木	甲辰	建	覆燈火	奎
9日	04/12	金	乙巳	除	覆燈火	婁
10日	04/13	土	丙午	平	天河水	胃
11日	04/14	日	丁未	平	天河水	昂
12日	04/15	月	戊申	定	大駅土	畢
13日	04/16	火	己酉	執	大駅土	觜
14日	04/17	水	庚戌	破	釵釧金	参
15日	04/18	木	辛亥	危	釵釧金	井
16日	04/19	金	壬子	成	桑柘木	鬼
17日	04/20	土	癸丑	納	桑柘木	柳
18日	04/21	日	甲寅	開	大渓水	星
19日	04/22	月	乙卯	閉	大渓水	張
20日	04/23	火	丙辰	建	沙中土	翼
21日	04/24	水	丁巳	除	沙中土	軫
22日	04/25	木	戊午	満	天上火	角
23日	04/26	金	己未	平	天上火	亢
24日	04/27	土	庚申	定	柘榴木	氐
25日	04/28	日	辛酉	執	柘榴木	房
26日	04/29	月	壬戌	破	大海水	心
27日	04/30	火	癸亥	危	大海水	尾
28日	05/01	水	甲子	成	海中金	箕
29日	05/02	木	乙丑	納	海中金	斗

【四月大　辛巳　柳】
節気　立夏 6日・小満 21日
雑節　八十八夜 1日

日	日付	曜	干支	直	納音	宿
1日	05/03	金	丙寅	開	炉中火	牛
2日	05/04	土	丁卯	閉	炉中火	女
3日	05/05	日	戊辰	建	大林木	虚
4日	05/06	月	己巳	除	大林木	危
5日	05/07	火	庚午	満	路傍土	室
6日	05/08	水	辛未	満	路傍土	壁
7日	05/09	木	壬申	平	釵鋒金	奎
8日	05/10	金	癸酉	定	釵鋒金	婁
9日	05/11	土	甲戌	執	山頭火	胃
10日	05/12	日	乙亥	破	山頭火	昂
11日	05/13	月	丙子	危	澗下水	畢
12日	05/14	火	丁丑	成	澗下水	觜
13日	05/15	水	戊寅	納	城頭土	参
14日	05/16	木	己卯	開	城頭土	井
15日	05/17	金	庚辰	閉	白鑞金	鬼
16日☆	05/18	土	辛巳	建	白鑞金	柳
17日	05/19	日	壬午	除	楊柳木	星
18日	05/20	月	癸未	満	楊柳木	張
19日	05/21	火	甲申	平	井泉水	翼
20日	05/22	水	乙酉	定	井泉水	軫
21日	05/23	木	丙戌	執	屋上土	角
22日	05/24	金	丁亥	破	屋上土	亢
23日	05/25	土	戊子	危	霹靂火	氐
24日	05/26	日	己丑	成	霹靂火	房
25日	05/27	月	庚寅	納	松柏木	心
26日	05/28	火	辛卯	開	松柏木	尾
27日	05/29	水	壬辰	閉	長流水	箕
28日	05/30	木	癸巳	建	長流水	斗
29日	05/31	金	甲午	除	沙中金	牛
30日	06/01	土	乙未	満	沙中金	女

【五月小　壬午　星】
節気　芒種 6日・夏至 21日
雑節　入梅 7日

日	日付	曜	干支	直	納音	宿
1日	06/02	日	丙申	平	山下火	虚
2日	06/03	月	丁酉	定	山下火	室
3日	06/04	火	戊戌	執	平地木	壁
4日	06/05	水	己亥	破	平地木	奎
5日	06/06	木	庚子	危	壁上土	婁
6日	06/07	金	辛丑	危	壁上土	胃
7日	06/08	土	壬寅	成	金箔金	昂
8日	06/09	日	癸卯	納	金箔金	畢
9日	06/10	月	甲辰	開	覆燈火	觜
10日	06/11	火	乙巳	閉	覆燈火	参
11日	06/12	水	丙午	建	天河水	井
12日	06/13	木	丁未	除	天河水	鬼
13日	06/14	金	戊申	平	大駅土	柳
14日	06/15	土	己酉	平	大駅土	星
15日	06/16	日	庚戌	定	釵釧金	張
16日	06/17	月	辛亥	執	釵釧金	翼
17日	06/18	火	壬子	破	桑柘木	軫
18日	06/19	水	癸丑	危	桑柘木	角
19日	06/20	木	甲寅	成	大渓水	亢
20日	06/21	金	乙卯	納	大渓水	氐
21日	06/22	土	丙辰	開	沙中土	房
22日	06/23	日	丁巳	閉	沙中土	心
23日	06/24	月	戊午	建	天上火	尾
24日	06/25	火	己未	除	天上火	箕
25日	06/26	水	庚申	満	柘榴木	斗
26日	06/27	木	辛酉	平	柘榴木	牛
27日	06/28	金	壬戌	定	大海水	女
28日	06/29	土	癸亥	執	大海水	虚
29日	06/30	日	甲子	破	海中金	危

【六月小　癸未　張】
節気　小暑 8日・大暑 23日
雑節　半夏生 2日・土用 20日

日	日付	曜	干支	直	納音	宿
1日	07/01	月	乙丑	危	海中金	室
2日	07/02	火	丙寅	成	炉中火	壁
3日	07/03	水	丁卯	納	炉中火	奎
4日	07/04	木	戊辰	開	大林木	婁
5日	07/05	金	己巳	閉	大林木	胃
6日	07/06	土	庚午	建	路傍土	昂
7日	07/07	日	辛未	除	路傍土	畢
8日	07/08	月	壬申	満	釵鋒金	觜
9日	07/09	火	癸酉	平	釵鋒金	参
10日	07/10	水	甲戌	平	山頭火	井
11日	07/11	木	乙亥	定	山頭火	鬼
12日	07/12	金	丙子	執	澗下水	柳
13日	07/13	土	丁丑	破	澗下水	星
14日	07/14	日	戊寅	危	城頭土	張
15日	07/15	月	己卯	成	城頭土	翼
16日	07/16	火	庚辰	納	白鑞金	軫
17日	07/17	水	辛巳	開	白鑞金	角
18日	07/18	木	壬午	閉	楊柳木	亢
19日	07/19	金	癸未	建	楊柳木	氐
20日	07/20	土	甲申	除	井泉水	房
21日	07/21	日	乙酉	満	井泉水	心
22日	07/22	月	丙戌	平	屋上土	尾
23日	07/23	火	丁亥	定	屋上土	箕
24日	07/24	水	戊子	執	霹靂火	斗
25日	07/25	木	己丑	破	霹靂火	牛
26日	07/26	金	庚寅	危	松柏木	女
27日	07/27	土	辛卯	成	松柏木	虚
28日	07/28	日	壬辰	納	長流水	危
29日	07/29	月	癸巳	開	長流水	危

正徳5年

凡例: 日 ／ 西暦 ／ 曜 ／ 干支 ／ 直 ／ 納音 ／ 宿

【七月大 甲申 翼】

節気 立秋 9日・処暑 24日

日	西暦	曜	干支	直	納音	宿
1日	07/30	火	甲午	閉	沙中金	室
2日	07/31	水	乙未	建	沙中金	壁
3日	08/01	木	丙申	除	山下火	奎
4日	08/02	金	丁酉	満	山下火	婁
5日	08/03	土	戊戌	平	平地木	胃
6日	08/04	日	己亥	定	平地木	昴
7日	08/05	月	庚子	執	壁上土	畢
8日	08/06	火	辛丑	破	壁上土	觜
9日	08/07	水	壬寅	破	金箔金	参
10日	08/08	木	癸卯	危	金箔金	井
11日	08/09	金	甲辰	成	覆燈火	鬼
12日	08/10	土	乙巳	納	覆燈火	柳
13日	08/11	日	丙午	開	天河水	星
14日	08/12	月	丁未	閉	天河水	張
15日	08/13	火	戊申	建	大駅土	翼
16日	08/14	水	己酉	除	大駅土	軫
17日	08/15	木	庚戌	満	釵釧金	角
18日	08/16	金	辛亥	平	釵釧金	亢
19日	08/17	土	壬子	定	桑柘木	氐
20日	08/18	日	癸丑	執	桑柘木	房
21日	08/19	月	甲寅	破	大溪水	心
22日	08/20	火	乙卯	危	大溪水	尾
23日	08/21	水	丙辰	成	沙中土	箕
24日	08/22	木	丁巳	納	沙中土	斗
25日	08/23	金	戊午	開	天上火	牛
26日	08/24	土	己未	閉	天上火	女
27日	08/25	日	庚申	建	柘榴木	虚
28日	08/26	月	辛酉	除	柘榴木	危
29日	08/27	火	壬戌	満	大海水	室
30日	08/28	水	癸亥	平	大海水	壁

【八月大 乙酉 軫】

節気 白露 9日・秋分 25日

雑節 二百十日 5日・社日 25日・彼岸 27日

日	西暦	曜	干支	直	納音	宿
1日	08/29	木	甲子	定	海中金	奎
2日	08/30	金	乙丑	執	海中金	婁
3日	08/31	土	丙寅	破	爐中火	胃
4日	09/01	日	丁卯	危	爐中火	昴
5日	09/02	月	戊辰	成	大林木	畢
6日	09/03	火	己巳	納	大林木	觜
7日	09/04	水	庚午	開	路傍土	参
8日	09/05	木	辛未	閉	路傍土	井
9日	09/06	金	壬申	閉	釵鋒金	鬼
10日	09/07	土	癸酉	建	釵鋒金	柳
11日	09/08	日	甲戌	除	山頭火	星
12日	09/09	月	乙亥	満	山頭火	張
13日	09/10	火	丙子	平	澗下水	翼
14日	09/11	水	丁丑	定	澗下水	軫
15日	09/12	木	戊寅	執	城頭土	角
16日	09/13	金	己卯	破	城頭土	亢
17日	09/14	土	庚辰	危	白鑞金	氐
18日	09/15	日	辛巳	成	白鑞金	房
19日	09/16	月	壬午	納	楊柳木	心
20日	09/17	火	癸未	開	楊柳木	尾
21日	09/18	水	甲申	閉	井泉水	箕
22日	09/19	木	乙酉	建	井泉水	斗
23日	09/20	金	丙戌	除	屋上土	牛
24日	09/21	土	丁亥	満	屋上土	女
25日	09/22	日	戊子	平	霹靂火	虚
26日	09/23	月	己丑	定	霹靂火	危
27日	09/24	火	庚寅	執	松柏木	室
28日	09/25	水	辛卯	破	松柏木	壁
29日	09/26	木	壬辰	危	長流水	奎
30日	09/27	金	癸巳	成	長流水	婁

【九月小 丙戌 角】

節気 寒露 10日・霜降 25日

雑節 土用 22日

日	西暦	曜	干支	直	納音	宿
1日	09/28	土	甲午	納	沙中金	胃
2日	09/29	日	乙未	開	沙中金	昴
3日	09/30	月	丙申	閉	山下火	畢
4日	10/01	火	丁酉	建	山下火	觜
5日	10/02	水	戊戌	除	平地木	参
6日	10/03	木	己亥	満	平地木	井
7日	10/04	金	庚子	平	壁上土	鬼
8日	10/05	土	辛丑	定	壁上土	柳
9日	10/06	日	壬寅	執	金箔金	星
10日	10/07	月	癸卯	執	金箔金	張
11日	10/08	火	甲辰	破	覆燈火	翼
12日	10/09	水	乙巳	危	覆燈火	軫
13日	10/10	木	丙午	成	天河水	角
14日	10/11	金	丁未	納	天河水	亢
15日	10/12	土	戊申	開	大駅土	氐
16日	10/13	日	己酉	閉	大駅土	房
17日	10/14	月	庚戌	建	釵釧金	心
18日	10/15	火	辛亥	除	釵釧金	尾
19日	10/16	水	壬子	満	桑柘木	箕
20日	10/17	木	癸丑	平	桑柘木	斗
21日	10/18	金	甲寅	定	大溪水	牛
22日	10/19	土	乙卯	執	大溪水	女
23日	10/20	日	丙辰	破	沙中土	虚
24日	10/21	月	丁巳	危	沙中土	危
25日	10/22	火	戊午	成	天上火	室
26日	10/23	水	己未	納	天上火	壁
27日	10/24	木	庚申	開	柘榴木	奎
28日	10/25	金	辛酉	閉	柘榴木	婁
29日	10/26	土	壬戌	建	大海水	胃

【十月大 丁亥 亢】

節気 立冬 11日・小雪 26日

日	西暦	曜	干支	直	納音	宿
1日	10/27	日	癸亥	除	大海水	昴
2日	10/28	月	甲子	満	海中金	畢
3日	10/29	火	乙丑	平	海中金	觜
4日	10/30	水	丙寅	定	爐中火	参
5日	10/31	木	丁卯	執	爐中火	井
6日	11/01	金	戊辰	破	大林木	鬼
7日	11/02	土	己巳	危	大林木	柳
8日	11/03	日	庚午	成	路傍土	星
9日	11/04	月	辛未	納	路傍土	張
10日	11/05	火	壬申	開	釵鋒金	翼
11日	11/06	水	癸酉	開	釵鋒金	軫
12日	11/07	木	甲戌	閉	山頭火	角
13日	11/08	金	乙亥	建	山頭火	亢
14日	11/09	土	丙子	除	澗下水	氐
15日	11/10	日	丁丑	満	澗下水	房
16日	11/11	月	戊寅	平	城頭土	心
17日	11/12	火	己卯	定	城頭土	尾
18日	11/13	水	庚辰	執	白鑞金	箕
19日	11/14	木	辛巳	破	白鑞金	斗
20日	11/15	金	壬午	危	楊柳木	牛
21日	11/16	土	癸未	成	楊柳木	女
22日	11/17	日	甲申	納	井泉水	虚
23日	11/18	月	乙酉	開	井泉水	危
24日	11/19	火	丙戌	閉	屋上土	室
25日	11/20	水	丁亥	建	屋上土	壁
26日	11/21	木	戊子	除	霹靂火	奎
27日	11/22	金	己丑	満	霹靂火	婁
28日	11/23	土	庚寅	平	松柏木	胃
29日	11/24	日	辛卯	定	松柏木	昴
30日	11/25	月	壬辰	執	長流水	畢

【十一月大 戊子 氐】

節気 大雪 12日・冬至 27日

日	西暦	曜	干支	直	納音	宿
1日	11/26	火	癸巳	破	長流水	觜
2日	11/27	水	甲午	危	沙中金	参
3日	11/28	木	乙未	成	沙中金	井
4日	11/29	金	丙申	納	山下火	鬼
5日	11/30	土	丁酉	開	山下火	柳
6日	12/01	日	戊戌	閉	平地木	星
7日	12/02	月	己亥	建	平地木	張
8日	12/03	火	庚子	除	壁上土	翼
9日	12/04	水	辛丑	満	壁上土	軫
10日	12/05	木	壬寅	平	金箔金	角
11日	12/06	金	癸卯	定	金箔金	亢
12日	12/07	土	甲辰	定	覆燈火	氐
13日	12/08	日	乙巳	執	覆燈火	房
14日	12/09	月	丙午	破	天河水	心
15日	12/10	火	丁未	危	天河水	尾
16日	12/11	水	戊申	成	大駅土	箕
17日	12/12	木	己酉	納	大駅土	斗
18日	12/13	金	庚戌	開	釵釧金	牛
19日	12/14	土	辛亥	閉	釵釧金	女
20日	12/15	日	壬子	建	桑柘木	虚
21日	12/16	月	癸丑	除	桑柘木	危
22日	12/17	火	甲寅	満	大溪水	室
23日	12/18	水	乙卯	平	大溪水	壁
24日	12/19	木	丙辰	定	沙中土	奎
25日	12/20	金	丁巳	執	沙中土	婁
26日	12/21	土	戊午	破	天上火	胃
27日	12/22	日	己未	危	天上火	昴
28日	12/23	月	庚申	成	柘榴木	畢
29日	12/24	火	辛酉	納	柘榴木	觜
30日	12/25	水	壬戌	開	大海水	参

【十二月大 己丑 房】

節気 小寒 12日・大寒 27日

雑節 土用 24日

日	西暦	曜	干支	直	納音	宿
1日	12/26	木	癸亥	閉	大海水	井
2日	12/27	金	甲子	建	海中金	鬼
3日	12/28	土	乙丑	除	海中金	柳
4日	12/29	日	丙寅	満	爐中火	星
5日	12/30	月	丁卯	平	爐中火	張
6日	12/31	火	戊辰	定	大林木	翼
	1716年					
7日	01/01	水	己巳	執	大林木	軫
8日	01/02	木	庚午	破	路傍土	角
9日	01/03	金	辛未	危	路傍土	亢
10日	01/04	土	壬申	成	釵鋒金	氐
11日	01/05	日	癸酉	納	釵鋒金	房
12日	01/06	月	甲戌	納	山頭火	心
13日	01/07	火	乙亥	開	山頭火	尾
14日	01/08	水	丙子	閉	澗下水	箕
15日	01/09	木	丁丑	建	澗下水	斗
16日	01/10	金	戊寅	除	城頭土	牛
17日	01/11	土	己卯	満	城頭土	女
18日	01/12	日	庚辰	平	白鑞金	虚
19日	01/13	月	辛巳	定	白鑞金	危
20日	01/14	火	壬午	執	楊柳木	室
21日	01/15	水	癸未	破	楊柳木	壁
22日	01/16	木	甲申	危	井泉水	奎
23日	01/17	金	乙酉	成	井泉水	婁
24日	01/18	土	丙戌	納	屋上土	胃
25日	01/19	日	丁亥	開	屋上土	昴
26日	01/20	月	戊子	閉	霹靂火	畢
27日	01/21	火	己丑	建	霹靂火	觜
28日	01/22	水	庚寅	除	松柏木	参
29日	01/23	木	辛卯	満	松柏木	井
30日	01/24	金	壬辰	平	長流水	鬼

享保元年〔正徳6年〕

1716～1717　丙申　鬼

※改元＝6月22日

【正月小 庚寅 心】

節気　立春 13日・雨水 28日
雑節　節分 12日

日	日付	曜	干支	直	納音	宿
1日	01/25	土	癸巳	定	長流水	柳
2日	01/26	日	甲午	執	沙中金	星
3日	01/27	月	乙未	破	沙中金	張
4日	01/28	火	丙申	危	山下火	翼
5日	01/29	水	丁酉	成	山下火	軫
6日	01/30	木	戊戌	納	平地木	角
7日	01/31	金	己亥	開	平地木	亢
8日	02/01	土	庚子	閉	壁上土	氐房
9日	02/02	日	辛丑	建	壁上土	房
10日	02/03	月	壬寅	除	金箔金	心
11日	02/04	火	癸卯	満	金箔金	尾
12日	02/05	水	甲辰	平	覆燈火	箕
13日	02/06	木	乙巳	定	覆燈火	斗
14日	02/07	金	丙午	執	天河水	牛
15日	02/08	土	丁未	破	天河水	女
16日	02/09	日	戊申	危	大駅土	虚
17日	02/10	月	己酉	成	大駅土	危室
18日	02/11	火	庚戌	納	釵釧金	室
19日	02/12	水	辛亥	開	釵釧金	壁
20日	02/13	木	壬子	閉	桑柏木	奎
21日	02/14	金	癸丑	建	桑柏木	婁
22日	02/15	土	甲寅	除	大溪水	胃
23日	02/16	日	乙卯	満	大溪水	昴
24日	02/17	月	丙辰	平	沙中土	畢
25日	02/18	火	丁巳	定	沙中土	觜
26日	02/19	水	戊午	執	天上火	参
27日	02/20	木	己未	破	天上火	井鬼
28日	02/21	金	庚申	危	柘榴木	鬼
29日	02/22	土	辛酉	危	柘榴木	柳

【二月大 辛卯 尾】

節気　啓蟄 14日・春分 29日
雑節　社日 27日

日	日付	曜	干支	直	納音	宿
1日	02/23	日	壬戌	成	大海水	星
2日	02/24	月	癸亥	納	大海水	張
3日	02/25	火	甲子	開	海中金	翼
4日	02/26	水	乙丑	閉	海中金	軫角
5日	02/27	木	丙寅	建	爐中火	角
6日	02/28	金	丁卯	除	爐中火	亢氐
7日	02/29	土	戊辰	満	大林木	房
8日	03/01	日	己巳	平	大林木	心
9日	03/02	月	庚午	定	路傍土	尾
10日	03/03	火	辛未	執	路傍土	箕
11日	03/04	水	壬申	破	釼鋒金	斗
12日	03/05	木	癸酉	危	釼鋒金	牛
13日	03/06	金	甲戌	成	山頭火	女
14日	03/07	土	乙亥	納	山頭火	虚
15日	03/08	日	丙子	開	潤下水	危
16日	03/09	月	丁丑	閉	潤下水	室
17日	03/10	火	戊寅	建	城頭土	壁
18日	03/11	水	己卯	除	城頭土	奎
19日	03/12	木	庚辰	満	白鑞金	婁
20日	03/13	金	辛巳	平	白鑞金	胃
21日	03/14	土	壬午	定	楊柳木	昴
22日	03/15	日	癸未	執	楊柳木	畢
23日	03/16	月	甲申	破	井泉水	觜
24日	03/17	火	乙酉	危	井泉水	参
25日	03/18	水	丙戌	成	屋上土	井
26日	03/19	木	丁亥	納	屋上土	鬼
27日	03/20	金	戊子	開	霹靂火	柳
28日	03/21	土	己丑	閉	霹靂火	星
29日	03/22	日	庚寅	建	松柏木	星
30日	03/23	月	辛卯	建	松柏木	張

【閏二月小 辛卯 尾】

節気　清明 14日
雑節　彼岸 1日・土用 27日

日	日付	曜	干支	直	納音	宿
1日	03/24	火	壬辰	除	長流水	翼
2日	03/25	水	癸巳	満	長流水	軫
3日	03/26	木	甲午	平	沙中金	角
4日	03/27	金	乙未	定	沙中金	亢
5日	03/28	土	丙申	執	山下火	氐
6日	03/29	日	丁酉	破	山下火	房
7日	03/30	月	戊戌	危	平地木	心尾
8日	03/31	火	己亥	成	平地木	尾
9日	04/01	水	庚子	納	壁上土	斗
10日	04/02	木	辛丑	開	壁上土	牛
11日	04/03	金	壬寅	閉	金箔金	女
12日	04/04	土	癸卯	建	金箔金	虚
13日	04/05	日	甲辰	除	覆燈火	危
14日	04/06	月	乙巳	満	覆燈火	室
15日	04/07	火	丙午	平	天河水	壁
16日	04/08	水	丁未	定	天河水	奎
17日	04/09	木	戊申	執	大駅土	婁
18日	04/10	金	己酉	破	大駅土	胃
19日	04/11	土	庚戌	危	釵釧金	昴
20日	04/12	日	辛亥	成	釵釧金	畢
21日	04/13	月	壬子	納	桑柏木	觜
22日	04/14	火	癸丑	開	桑柏木	参
23日	04/15	水	甲寅	閉	大溪水	井
24日	04/16	木	乙卯	建	大溪水	鬼
25日	04/17	金	丙辰	除	沙中土	柳
26日	04/18	土	丁巳	満	沙中土	星
27日	04/19	日	戊午	平	天上火	張
28日	04/20	月	己未	定	天上火	翼
29日	04/21	火	庚申	定	柘榴木	翼

【三月小 壬辰 箕】

節気　穀雨 1日・立夏 16日
雑節　八十八夜 12日

日	日付	曜	干支	直	納音	宿
1日◎	04/22	水	辛酉	執	柘榴木	軫角
2日	04/23	木	壬戌	破	大海水	角
3日	04/24	金	癸亥	危	大海水	亢氐
4日	04/25	土	甲子	成	海中金	氐房
5日	04/26	日	乙丑	納	海中金	房
6日	04/27	月	丙寅	開	爐中火	心
7日	04/28	火	丁卯	閉	爐中火	尾
8日	04/29	水	戊辰	建	大林木	箕
9日	04/30	木	己巳	除	大林木	斗
10日	05/01	金	庚午	満	路傍土	牛
11日	05/02	土	辛未	平	路傍土	女
12日	05/03	日	壬申	定	釼鋒金	虚
13日	05/04	月	癸酉	執	釼鋒金	危
14日	05/05	火	甲戌	破	山頭火	室
15日	05/06	水	乙亥	危	山頭火	壁
16日	05/07	木	丙子	成	潤下水	奎
17日	05/08	金	丁丑	納	潤下水	婁
18日	05/09	土	戊寅	開	城頭土	胃
19日	05/10	日	己卯	閉	城頭土	昴
20日	05/11	月	庚辰	建	白鑞金	畢
21日	05/12	火	辛巳	除	白鑞金	觜
22日	05/13	水	壬午	満	楊柳木	参
23日	05/14	木	癸未	平	楊柳木	井
24日	05/15	金	甲申	定	井泉水	鬼
25日	05/16	土	乙酉	執	井泉水	柳
26日	05/17	日	丙戌	破	屋上土	星
27日	05/18	月	丁亥	危	屋上土	張
28日	05/19	火	戊子	成	霹靂火	翼
29日	05/20	水	己丑	納	霹靂火	軫

【四月大 癸巳 斗】

節気　小満 2日・芒種 17日
雑節　入梅 23日

日	日付	曜	干支	直	納音	宿
1日	05/21	木	庚寅	納	松柏木	角
2日	05/22	金	辛卯	開	松柏木	亢氐
3日	05/23	土	壬辰	閉	長流水	房
4日	05/24	日	癸巳	建	長流水	心
5日	05/25	月	甲午	除	沙中金	尾
6日	05/26	火	乙未	満	沙中金	箕
7日	05/27	水	丙申	平	山下火	斗
8日	05/28	木	丁酉	定	山下火	牛
9日	05/29	金	戊戌	執	平地木	女
10日	05/30	土	己亥	破	平地木	虚
11日	05/31	日	庚子	危	壁上土	危
12日	06/01	月	辛丑	成	壁上土	室
13日	06/02	火	壬寅	納	金箔金	壁
14日	06/03	水	癸卯	開	金箔金	奎
15日	06/04	木	甲辰	閉	覆燈火	婁
16日	06/05	金	乙巳	建	覆燈火	胃
17日	06/06	土	丙午	除	天河水	昴
18日	06/07	日	丁未	満	天河水	畢
19日	06/08	月	戊申	平	大駅土	觜
20日	06/09	火	己酉	定	大駅土	参
21日	06/10	水	庚戌	執	釵釧金	井
22日	06/11	木	辛亥	破	釵釧金	鬼
23日	06/12	金	壬子	危	桑柏木	柳
24日	06/13	土	癸丑	成	桑柏木	星
25日	06/14	日	甲寅	納	大溪水	張
26日	06/15	月	乙卯	開	大溪水	翼
27日	06/16	火	丙辰	閉	沙中土	軫
28日	06/17	水	丁巳	建	沙中土	角亢
29日	06/18	木	戊午	除	天上火	亢
30日	06/19	金	己未	満	天上火	氐

【五月小 甲午 牛】

節気　夏至 3日・小暑 18日
雑節　半夏生 13日

日	日付	曜	干支	直	納音	宿
1日	06/20	土	庚申	満	柘榴木	氐房
2日	06/21	日	辛酉	平	柘榴木	房
3日	06/22	月	壬戌	定	大海水	心尾
4日	06/23	火	癸亥	執	大海水	尾
5日	06/24	水	甲子	破	海中金	箕
6日	06/25	木	乙丑	危	海中金	斗
7日	06/26	金	丙寅	成	爐中火	牛
8日	06/27	土	丁卯	納	爐中火	女
9日	06/28	日	戊辰	開	大林木	虚
10日	06/29	月	己巳	閉	大林木	危
11日	06/30	火	庚午	建	路傍土	室
12日	07/01	水	辛未	除	路傍土	壁
13日	07/02	木	壬申	満	釼鋒金	奎
14日	07/03	金	癸酉	平	釼鋒金	婁
15日	07/04	土	甲戌	定	山頭火	胃
16日	07/05	日	乙亥	執	山頭火	昴
17日	07/06	月	丙子	破	潤下水	畢
18日	07/07	火	丁丑	危	潤下水	觜
19日	07/08	水	戊寅	成	城頭土	参
20日	07/09	木	己卯	納	城頭土	井
21日	07/10	金	庚辰	開	白鑞金	鬼
22日	07/11	土	辛巳	閉	白鑞金	柳
23日	07/12	日	壬午	建	楊柳木	星
24日	07/13	月	癸未	除	楊柳木	張
25日	07/14	火	甲申	満	井泉水	翼
26日	07/15	水	乙酉	平	井泉水	軫
27日	07/16	木	丙戌	定	屋上土	角亢
28日	07/17	金	丁亥	執	屋上土	亢氐
29日	07/18	土	戊子	破	霹靂火	氐

【六月小 乙未 女】

節気　大暑 4日・立秋 19日
雑節　土用 1日

日	日付	曜	干支	直	納音	宿
1日	07/19	日	己丑	危	霹靂火	房
2日	07/20	月	庚寅	成	松柏木	心
3日	07/21	火	辛卯	納	松柏木	尾
4日	07/22	水	壬辰	開	長流水	箕
5日	07/23	木	癸巳	閉	長流水	斗
6日	07/24	金	甲午	建	沙中金	牛
7日	07/25	土	乙未	除	沙中金	女
8日	07/26	日	丙申	満	山下火	虚
9日	07/27	月	丁酉	平	山下火	危室
10日	07/28	火	戊戌	定	平地木	室
11日	07/29	水	己亥	執	平地木	壁
12日	07/30	木	庚子	破	壁上土	奎
13日	07/31	金	辛丑	危	壁上土	婁

西暦 曜 干支 直 納音 宿　　　　　　　　　　　　　　　　享保元年〔正徳6年〕

	西暦	曜	干支	直	納音	宿
14日	08/01	土	壬寅	危	金箔金	胃
15日	08/02	日	癸卯	納	金箔金	昴
16日	08/03	月	甲辰	納	覆燈火	畢
17日	08/04	火	乙巳	開	覆燈火	觜
18日	08/05	水	丙午	閉	天河水	参
19日	08/06	木	丁未	閉	天河水	井
20日	08/07	金	戊申	建	大駅土	鬼
21日	08/08	土	己酉	除	大駅土	柳
22日	08/09	日	庚戌	満	釵釧金	星

＊改元(正徳6年→享保元年)

	西暦	曜	干支	直	納音	宿
23日	08/10	月	辛亥	平	釵釧金	張
24日	08/11	火	壬子	定	桑柘木	翼
25日	08/12	水	癸丑	執	桑柘木	軫
26日	08/13	木	甲寅	破	大渓水	角
27日	08/14	金	乙卯	危	大渓水	亢
28日	08/15	土	丙辰	成	沙中土	氐
29日	08/16	日	丁巳	納	沙中土	房

【七月大 丙申 虚】
節気 処暑 5日・白露 21日
雑節 二百十日 17日

	西暦	曜	干支	直	納音	宿
1日	08/17	月	戊午	開	天上火	心
2日	08/18	火	己未	閉	天上火	尾
3日	08/19	水	庚申	建	柘榴木	箕
4日	08/20	木	辛酉	除	柘榴木	斗
5日	08/21	金	壬戌	満	大渓水	女
6日	08/22	土	癸亥	平	大渓水	虚
7日	08/23	日	甲子	定	海中金	危
8日	08/24	月	乙丑	執	海中金	室
9日	08/25	火	丙寅	破	爐中火	壁
10日	08/26	水	丁卯	危	爐中火	奎
11日	08/27	木	戊辰	成	大林木	婁
12日	08/28	金	己巳	納	大林木	胃
13日	08/29	土	庚午	開	路傍土	昴
14日	08/30	日	辛未	閉	路傍土	畢
15日	08/31	月	壬申	建	釵鋒金	觜
16日	09/01	火	癸酉	除	釵鋒金	参
17日	09/02	水	甲戌	満	山頭火	井
18日	09/03	木	乙亥	平	山頭火	鬼
19日	09/04	金	丙子	定	澗下水	柳
20日	09/05	土	丁丑	執	澗下水	星
21日	09/06	日	戊寅	破	城頭土	張
22日	09/07	月	己卯	危	城頭土	翼
23日	09/08	火	庚辰	成	白鑞金	軫
24日	09/09	水	辛巳	納	白鑞金	角
25日	09/10	木	壬午	開	楊柳木	亢
26日	09/11	金	癸未	閉	楊柳木	氐
27日	09/12	土	甲申	建	井泉水	房
28日	09/13	日	乙酉	建	井泉水	心
29日	09/14	月	丙戌	除	屋上土	尾
30日	09/15	火	丁亥	満	屋上土	

【八月小 丁酉 危】
節気 秋分 6日・寒露 21日
雑節 社日 1日・彼岸 8日

	西暦	曜	干支	直	納音	宿
1日	09/16	水	戊子	平	霹靂火	箕
2日	09/17	木	己丑	定	霹靂火	斗
3日	09/18	金	庚寅	執	松柏木	牛
4日	09/19	土	辛卯	破	松柏木	女
5日	09/20	日	壬辰	危	長流水	虚
6日	09/21	月	癸巳	成	長流水	危
7日	09/22	火	甲午	納	沙中金	室
8日	09/23	水	乙未	開	沙中金	壁
9日	09/24	木	丙申	閉	山下火	奎
10日	09/25	金	丁酉	建	山下火	婁
11日	09/26	土	戊戌	満	平地木	胃
12日	09/27	日	己亥	平	平地木	昴
13日	09/28	月	庚子	定	壁上土	畢
14日	09/29	火	辛丑	執	壁上土	觜
15日	09/30	水	壬寅	破	金箔金	参
16日	10/01	木	癸卯	危	金箔金	井
17日	10/02	金	甲辰	成	覆燈火	鬼

	西暦	曜	干支	直	納音	宿
18日	10/03	土	乙巳	成	覆燈火	柳
19日	10/04	日	丙午	納	天河水	星
20日	10/05	月	丁未	開	天河水	張
21日	10/06	火	戊申	閉	大駅土	翼
22日	10/07	水	己酉	建	大駅土	軫
23日	10/08	木	庚戌	建	釵釧金	角
24日	10/09	金	辛亥	除	釵釧金	亢
25日	10/10	土	壬子	満	桑柘木	氐
26日	10/11	日	癸丑	平	桑柘木	房
27日	10/12	月	甲寅	定	大渓水	心
28日	10/13	火	乙卯	執	大渓水	尾
29日	10/14	水	丙辰	破	沙中土	箕

【九月大 戊戌 室】
節気 霜降 7日・立冬 23日
雑節 土用 4日

	西暦	曜	干支	直	納音	宿
1日	10/15	木	丁巳	危	沙中土	斗
2日	10/16	金	戊午	成	天上火	牛
3日	10/17	土	己未	納	天上火	女
4日	10/18	日	庚申	開	柘榴木	虚
5日	10/19	月	辛酉	閉	柘榴木	危
6日	10/20	火	壬戌	建	大渓水	室
7日	10/21	水	癸亥	除	大渓水	壁
8日	10/22	木	甲子	満	海中金	奎
9日	10/23	金	乙丑	平	海中金	婁
10日	10/24	土	丙寅	定	爐中火	胃
11日	10/25	日	丁卯	執	爐中火	昴
12日	10/26	月	戊辰	破	大林木	畢
13日	10/27	火	己巳	危	大林木	觜
14日	10/28	水	庚午	成	路傍土	参
15日	10/29	木	辛未	納	路傍土	井
16日	10/30	金	壬申	開	釵鋒金	鬼
17日	10/31	土	癸酉	閉	釵鋒金	柳
18日	11/01	日	甲戌	建	山頭火	星
19日	11/02	月	乙亥	除	山頭火	張
20日	11/03	火	丙子	満	澗下水	翼
21日	11/04	水	丁丑	平	澗下水	軫
22日	11/05	木	戊寅	定	城頭土	角
23日	11/06	金	己卯	定	城頭土	亢
24日	11/07	土	庚辰	執	白鑞金	氐
25日	11/08	日	辛巳	破	白鑞金	房
26日	11/09	月	壬午	危	楊柳木	心
27日	11/10	火	癸未	成	楊柳木	尾
28日	11/11	水	甲申	納	井泉水	箕
29日	11/12	木	乙酉	開	井泉水	斗
30日	11/13	金	丙戌	閉	屋上土	

【十月大 己亥 壁】
節気 小雪 8日・大雪 23日

	西暦	曜	干支	直	納音	宿
1日	11/14	土	丁亥	建	屋上土	女
2日	11/15	日	戊子	除	霹靂火	虚
3日	11/16	月	己丑	平	霹靂火	危
4日	11/17	火	庚寅	平	松柏木	室
5日	11/18	水	辛卯	定	松柏木	壁
6日	11/19	木	壬辰	執	長流水	奎
7日	11/20	金	癸巳	破	長流水	婁
8日	11/21	土	甲午	危	沙中金	胃
9日	11/22	日	乙未	成	沙中金	昴
10日	11/23	月	丙申	納	山下火	畢
11日	11/24	火	丁酉	開	山下火	觜
12日	11/25	水	戊戌	閉	平地木	参
13日	11/26	木	己亥	建	平地木	井
14日	11/27	金	庚子	除	壁上土	鬼
15日	11/28	土	辛丑	満	壁上土	柳
16日	11/29	日	壬寅	平	金箔金	星
17日	11/30	月	癸卯	定	金箔金	張
18日	12/01	火	甲辰	執	覆燈火	翼
19日	12/02	水	乙巳	破	覆燈火	軫
20日	12/03	木	丙午	危	天河水	角
21日	12/04	金	丁未	成	天河水	亢
22日	12/05	土	戊申	納	大駅土	氐
23日	12/06	日	己酉	開	大駅土	房
24日	12/07	月	庚戌	閉	釵釧金	心

	西暦	曜	干支	直	納音	宿
25日	12/08	火	辛亥	閉	釵釧金	尾
26日	12/09	水	壬子	建	桑柘木	箕
27日	12/10	木	癸丑	除	桑柘木	斗
28日	12/11	金	甲寅	満	大渓水	牛
29日	12/12	土	乙卯	平	大渓水	女
30日	12/13	日	丙辰	定	沙中土	虚

【十一月大 庚子 奎】
節気 冬至 8日・小寒 23日

	西暦	曜	干支	直	納音	宿
1日	12/14	月	丁巳	執	沙中土	危
2日	12/15	火	戊午	破	天上火	室
3日	12/16	水	己未	危	天上火	壁
4日	12/17	木	庚申	成	柘榴木	奎
5日	12/18	金	辛酉	納	柘榴木	婁
6日	12/19	土	壬戌	開	大海水	胃
7日	12/20	日	癸亥	閉	大海水	昴
8日	12/21	月	甲子	建	海中金	畢
9日	12/22	火	乙丑	除	海中金	觜
10日	12/23	水	丙寅	満	爐中火	参
11日	12/24	木	丁卯	平	爐中火	井
12日	12/25	金	戊辰	定	大林木	鬼
13日	12/26	土	己巳	執	大林木	柳
14日	12/27	日	庚午	破	路傍土	星
15日	12/28	月	辛未	危	路傍土	張
16日	12/29	火	壬申	成	釵鋒金	翼
17日	12/30	水	癸酉	納	釵鋒金	軫
18日	12/31	木	甲戌	開	山頭火	角

1717年

	西暦	曜	干支	直	納音	宿
19日	01/01	金	乙亥	閉	山頭火	亢
20日	01/02	土	丙子	建	澗下水	氐
21日	01/03	日	丁丑	除	澗下水	房
22日	01/04	月	戊寅	除	城頭土	心
23日	01/05	火	己卯	満	城頭土	尾
24日	01/06	水	庚辰	平	白鑞金	箕
25日	01/07	木	辛巳	定	白鑞金	斗
26日	01/08	金	壬午	執	楊柳木	牛
27日	01/09	土	癸未	破	楊柳木	女
28日	01/10	日	甲申	危	井泉水	虚
29日	01/11	月	乙酉	成	井泉水	危
30日	01/12	火	丙戌	納	屋上土	室

【十二月小 辛丑 婁】
節気 大寒 9日・立春 24日
雑節 土用 6日・節分 23日

	西暦	曜	干支	直	納音	宿
1日	01/13	水	丁亥	開	屋上土	壁
2日	01/14	木	戊子	閉	霹靂火	奎
3日	01/15	金	己丑	除	霹靂火	婁
4日	01/16	土	庚寅	除	松柏木	胃
5日	01/17	日	辛卯	満	松柏木	昴
6日	01/18	月	壬辰	平	長流水	畢
7日	01/19	火	癸巳	定	長流水	觜
8日	01/20	水	甲午	執	沙中金	参
9日	01/21	木	乙未	破	沙中金	井
10日	01/22	金	丙申	危	山下火	鬼
11日	01/23	土	丁酉	成	山下火	柳
12日	01/24	日	戊戌	納	平地木	星
13日	01/25	月	己亥	開	平地木	張
14日	01/26	火	庚子	閉	壁上土	翼
15日	01/27	水	辛丑	建	壁上土	軫
16日	01/28	木	壬寅	除	金箔金	角
17日	01/29	金	癸卯	満	金箔金	亢
18日	01/30	土	甲辰	平	覆燈火	氐
19日	01/31	日	乙巳	定	覆燈火	房
20日	02/01	月	丙午	執	天河水	心
21日	02/02	火	丁未	破	天河水	尾
22日	02/03	水	戊申	危	大駅土	箕
23日	02/04	木	己酉	成	大駅土	斗
24日	02/05	金	庚戌	納	釵釧金	牛
25日	02/06	土	辛亥	開	釵釧金	女
26日	02/07	日	壬子	閉	桑柘木	虚
27日	02/08	月	癸丑	建	桑柘木	危
28日	02/09	火	甲寅	建	大渓水	室
29日	02/10	水	乙卯	除	大渓水	壁

享保2年
1717～1718 丁酉 柳

【正月大 壬寅 胃】
節気 雨水 10日・啓蟄 25日

1日	02/11	木	丙辰	満	沙中土 奎
2日	02/12	金	丁巳	平	沙中土 婁
3日	02/13	土	戊午	定	天上火 胃
4日	02/14	日	己未	執	天上火 昴
5日	02/15	月	庚申	破	柘榴木 畢
6日	02/16	火	辛酉	危	柘榴木 觜
7日	02/17	水	壬戌	成	大海水 参
8日	02/18	木	癸亥	納	大海水 井
9日	02/19	金	甲子	開	海中金 鬼
10日	02/20	土	乙丑	閉	海中金 柳
11日	02/21	日	丙寅	建	爐中火 星
12日	02/22	月	丁卯	除	爐中火 張
13日	02/23	火	戊辰	満	大林木 翼
14日	02/24	水	己巳	平	大林木 軫
15日	02/25	木	庚午	定	路傍土 角
16日	02/26	金	辛未	執	路傍土 亢
17日	02/27	土	壬申	破	釼鋒金 氐
18日	02/28	日	癸酉	危	釼鋒金 房
19日	03/01	月	甲戌	成	山頭火 心
20日	03/02	火	乙亥	納	山頭火 尾
21日	03/03	水	丙子	開	澗下水 箕
22日	03/04	木	丁丑	閉	澗下水 斗
23日	03/05	金	戊寅	建	城頭土 牛
24日	03/06	土	己卯	除	城頭土 女
25日	03/07	日	庚辰	除	白鑞金 虚
26日	03/08	月	辛巳	満	白鑞金 危
27日	03/09	火	壬午	平	楊柳木 室
28日	03/10	水	癸未	定	楊柳木 壁
29日	03/11	木	甲申	執	井泉水 奎
30日	03/12	金	乙酉	破	井泉水 婁

【二月大 癸卯 昴】
節気 春分 10日・清明 26日
雑節 彼岸 12日・社日 13日

1日	03/13	土	丙戌	危	屋上土 胃
2日	03/14	日	丁亥	成	屋上土 昴
3日	03/15	月	戊子	納	霹靂火 畢
4日	03/16	火	己丑	開	霹靂火 觜
5日	03/17	水	庚寅	閉	松柏木 参
6日	03/18	木	辛卯	建	松柏木 井
7日	03/19	金	壬辰	除	長流水 鬼
8日	03/20	土	癸巳	満	長流水 柳
9日	03/21	日	甲午	定	沙中金 星
10日	03/22	月	乙未	定	沙中金 張
11日	03/23	火	丙申	執	山下火 翼
12日	03/24	水	丁酉	破	山下火 軫
13日	03/25	木	戊戌	成	平地木 角
14日	03/26	金	己亥	成	平地木 亢
15日	03/27	土	庚子	納	壁上土 氐
16日	03/28	日	辛丑	開	壁上土 房
17日	03/29	月	壬寅	閉	金箔金 心
18日	03/30	火	癸卯	建	金箔金 尾
19日	03/31	水	甲辰	除	覆燈火 箕
20日	04/01	木	乙巳	満	覆燈火 斗
21日	04/02	金	丙午	平	天河水 牛
22日	04/03	土	丁未	定	天河水 女
23日	04/04	日	戊申	執	大駅土 虚
24日	04/05	月	己酉	破	大駅土 危
25日	04/06	火	庚戌	危	釼釧金 室
26日	04/07	水	辛亥	危	釼釧金 壁
27日	04/08	木	壬子	成	桑柘木 奎
28日	04/09	金	癸丑	納	桑柘木 婁
29日	04/10	土	甲寅	開	大溪水 胃
30日	04/11	日	乙卯	閉	大溪水 昴

【三月小 甲辰 畢】
節気 穀雨 11日・立夏 26日
雑節 土用 8日・八十八夜 22日

1日	04/12	月	丙辰	建	沙中土 畢
2日	04/13	火	丁巳	除	沙中土 觜
3日	04/14	水	戊午	満	天上火 参
4日	04/15	木	己未	平	天上火 井
5日	04/16	金	庚申	定	柘榴木 鬼
6日	04/17	土	辛酉	執	柘榴木 柳
7日	04/18	日	壬戌	破	大海水 星
8日	04/19	月	癸亥	危	大海水 張
9日	04/20	火	甲子	成	海中金 翼
10日	04/21	水	乙丑	納	海中金 軫
11日	04/22	木	丙寅	開	爐中火 角
12日	04/23	金	丁卯	閉	爐中火 亢
13日	04/24	土	戊辰	建	大林木 氐
14日	04/25	日	己巳	除	大林木 房
15日	04/26	月	庚午	平	路傍土 心
16日	04/27	火	辛未	平	路傍土 尾
17日	04/28	水	壬申	定	釼鋒金 箕
18日	04/29	木	癸酉	執	釼鋒金 斗
19日	04/30	金	甲戌	破	山頭火 牛
20日	05/01	土	乙亥	危	山頭火 女
21日	05/02	日	丙子	成	澗下水 虚
22日	05/03	月	丁丑	納	澗下水 危
23日	05/04	火	戊寅	開	城頭土 室
24日	05/05	水	己卯	閉	城頭土 壁
25日	05/06	木	庚辰	建	白鑞金 奎
26日	05/07	金	辛巳	除	白鑞金 婁
27日	05/08	土	壬午	除	楊柳木 胃
28日	05/09	日	癸未	満	楊柳木 昴
29日	05/10	月	甲申	平	井泉水 畢

【四月小 乙巳 觜】
節気 小満 12日・芒種 28日

1日	05/11	火	乙酉	定	井泉水 觜
2日	05/12	水	丙戌	執	屋上土 参
3日	05/13	木	丁亥	破	屋上土 井
4日	05/14	金	戊子	成	霹靂火 柳
5日	05/15	土	己丑	成	霹靂火 星
6日	05/16	日	庚寅	納	松柏木 張
7日	05/17	月	辛卯	開	松柏木 翼
8日	05/18	火	壬辰	閉	長流水 軫
9日	05/19	水	癸巳	建	長流水 角
10日	05/20	木	甲午	除	沙中金 亢
11日	05/21	金	乙未	平	沙中金 氐
12日	05/22	土	丙申	平	山下火 房
13日	05/23	日	丁酉	定	山下火 心
14日	05/24	月	戊戌	執	平地木 尾
15日	05/25	火	己亥	破	平地木 箕
16日	05/26	水	庚子	危	壁上土 斗
17日	05/27	木	辛丑	成	壁上土 牛
18日	05/28	金	壬寅	納	金箔金 女
19日	05/29	土	癸卯	開	金箔金 虚
20日	05/30	日	甲辰	閉	覆燈火 危
21日	05/31	月	乙巳	建	覆燈火 室
22日	06/01	火	丙午	満	天河水 壁
23日	06/02	水	丁未	満	天河水 奎
24日	06/03	木	戊申	平	大駅土 婁
25日	06/04	金	己酉	定	大駅土 胃
26日	06/05	土	庚戌	執	釼釧金 昴
27日	06/06	日	辛亥	破	釼釧金 畢
28日	06/07	月	壬子	破	桑柘木 觜
29日	06/08	火	癸丑	危	桑柘木 参

【五月大 丙午 参】
節気 夏至 14日・小暑 29日
雑節 入梅 9日・半夏生 24日

1日	06/09	水	甲寅	成	大溪水 参
2日	06/10	木	乙卯	納	大溪水 井
3日	06/11	金	丙辰	開	沙中土 鬼
4日	06/12	土	丁巳	閉	沙中土 柳
5日	06/13	日	戊午	建	天上火 星
6日	06/14	月	己未	除	天上火 張
7日	06/15	火	庚申	満	柘榴木 翼
8日	06/16	水	辛酉	定	柘榴木 軫
9日	06/17	木	壬戌	定	大海水 角
10日	06/18	金	癸亥	執	大海水 亢
11日	06/19	土	甲子	破	海中金 氐
12日	06/20	日	乙丑	危	海中金 房
13日	06/21	月	丙寅	成	爐中火 心
14日	06/22	火	丁卯	納	爐中火 尾
15日	06/23	水	戊辰	開	大林木 箕
16日	06/24	木	己巳	閉	大林木 斗
17日	06/25	金	庚午	建	路傍土 牛
18日	06/26	土	辛未	除	路傍土 女
19日	06/27	日	壬申	満	釼鋒金 虚
20日	06/28	月	癸酉	平	釼鋒金 危
21日	06/29	火	甲戌	定	山頭火 室
22日	06/30	水	乙亥	執	山頭火 壁
23日	07/01	木	丙子	破	澗下水 奎
24日	07/02	金	丁丑	危	澗下水 婁
25日	07/03	土	戊寅	成	城頭土 胃
26日	07/04	日	己卯	納	城頭土 昴
27日	07/05	月	庚辰	開	白鑞金 畢
28日	07/06	火	辛巳	閉	白鑞金 觜
29日	07/07	水	壬午	閉	楊柳木 参
30日	07/08	木	癸未	建	楊柳木 井

【六月小 丁未 井】
節気 大暑 14日・立秋 29日
雑節 土用 11日

1日	07/09	金	甲申	除	井泉水 鬼
2日	07/10	土	乙酉	満	井泉水 柳
3日	07/11	日	丙戌	平	屋上土 星
4日	07/12	月	丁亥	定	屋上土 張
5日	07/13	火	戊子	執	霹靂火 翼
6日	07/14	水	己丑	破	霹靂火 軫
7日	07/15	木	庚寅	危	松柏木 角
8日	07/16	金	辛卯	成	松柏木 亢
9日	07/17	土	壬辰	納	長流水 氐
10日	07/18	日	癸巳	開	長流水 房
11日	07/19	月	甲午	閉	沙中金 心
12日	07/20	火	乙未	閉	沙中金 尾
13日	07/21	水	丙申	除	山下火 箕
14日	07/22	木	丁酉	満	山下火 斗
15日	07/23	金	戊戌	平	平地木 牛
16日	07/24	土	己亥	定	平地木 女
17日	07/25	日	庚子	執	壁上土 虚
18日	07/26	月	辛丑	破	壁上土 危
19日	07/27	火	壬寅	危	金箔金 室
20日	07/28	水	癸卯	成	金箔金 壁
21日	07/29	木	甲辰	納	覆燈火 奎
22日	07/30	金	乙巳	開	覆燈火 婁
23日	07/31	土	丙午	閉	天河水 胃
24日	08/01	日	丁未	建	天河水 昴
25日	08/02	月	戊申	除	大駅土 畢
26日	08/03	火	己酉	満	大駅土 觜
27日	08/04	水	庚戌	平	釼釧金 参
28日	08/05	木	辛亥	定	釼釧金 井
29日	08/06	金	壬子	定	桑柘木 鬼

【七月小 戊申 鬼】
節気 処暑 16日
雑節 二百十日 27日

1日	08/07	土	癸丑	執	桑柘木 柳
2日	08/08	日	甲寅	破	大溪水 星
3日	08/09	月	乙卯	危	大溪水 張

西暦 曜 干支 直 納音 宿　　　　享保2年

日	西暦	曜	干支	直	納音	宿
4日	08/10	火	丙辰	成	沙中土	翼
5日	08/11	水	丁巳	納	沙中土	軫
6日	08/12	木	戊午	開	天上火	角
7日	08/13	金	己未	閉	天上火	亢
8日	08/14	土	庚申	建	柘榴木	氐
9日	08/15	日	辛酉	除	柘榴木	房
10日	08/16	月	壬戌	満	大海水	心
11日	08/17	火	癸亥	平	大海水	尾
12日	08/18	水	甲子	定	海中金	箕
13日	08/19	木	乙丑	執	海中金	斗
14日	08/20	金	丙寅	破	爐中火	牛
15日	08/21	土	丁卯	危	爐中火	女
16日	08/22	日	戊辰	成	大林木	虚
17日	08/23	月	己巳	納	大林木	危
18日	08/24	火	庚午	開	路傍土	室
19日	08/25	水	辛未	閉	路傍土	壁
20日	08/26	木	壬申	建	釼鋒金	奎
21日	08/27	金	癸酉	除	釼鋒金	婁
22日	08/28	土	甲戌	満	山頭火	胃
23日	08/29	日	乙亥	平	山頭火	昴
24日	08/30	月	丙子	定	澗下水	畢
25日	08/31	火	丁丑	執	澗下水	觜
26日	09/01	水	戊寅	破	城頭土	参
27日	09/02	木	己卯	危	城頭土	井
28日	09/03	金	庚辰	成	白鑞金	鬼
29日	09/04	土	辛巳	納	白鑞金	柳

【八月大 己酉 柳】
節気 白露 2日・秋分 17日
雑節 社日 17日・彼岸 19日

日	西暦	曜	干支	直	納音	宿
1日	09/05	日	壬午	開	楊柳木	星
2日	09/06	月	癸未	開	楊柳木	張
3日	09/07	火	甲申	閉	井泉水	翼
4日	09/08	水	乙酉	建	井泉水	軫
5日	09/09	木	丙戌	除	屋上土	角
6日	09/10	金	丁亥	満	屋上土	亢
7日	09/11	土	戊子	定	霹靂火	氐
8日	09/12	日	己丑	定	霹靂火	房
9日	09/13	月	庚寅	執	松柏木	心
10日	09/14	火	辛卯	破	松柏木	尾
11日	09/15	水	壬辰	危	長流水	箕
12日	09/16	木	癸巳	成	長流水	斗
13日	09/17	金	甲午	納	沙中金	牛
14日	09/18	土	乙未	開	沙中金	女
15日	09/19	日	丙申	閉	山下火	虚
16日☆	09/20	月	丁酉	建	山下火	危
17日	09/21	火	戊戌	除	平地木	室
18日	09/22	水	己亥	満	平地木	壁
19日	09/23	木	庚子	平	壁上土	奎
20日	09/24	金	辛丑	定	壁上土	婁
21日	09/25	土	壬寅	執	金箔金	胃
22日	09/26	日	癸卯	破	金箔金	昴
23日	09/27	月	甲辰	危	覆燈火	畢
24日	09/28	火	乙巳	成	覆燈火	觜
25日	09/29	水	丙午	納	天河水	参
26日	09/30	木	丁未	開	天河水	井
27日	10/01	金	戊申	閉	大駅土	鬼
28日	10/02	土	己酉	建	大駅土	柳
29日	10/03	日	庚戌	除	釵釧金	星
30日	10/04	月	辛亥	満	釵釧金	張

【九月小 庚戌 星】
節気 寒露 2日・霜降 18日
雑節 土用 14日

日	西暦	曜	干支	直	納音	宿
1日	10/05	火	壬子	平	桑柘木	翼
2日	10/06	水	癸丑	平	桑柘木	軫
3日	10/07	木	甲寅	定	大溪水	角
4日	10/08	金	乙卯	執	大溪水	亢
5日	10/09	土	丙辰	破	沙中土	氐
6日	10/10	日	丁巳	危	沙中土	房
7日	10/11	月	戊午	成	天上火	心
8日	10/12	火	己未	納	天上火	尾
9日	10/13	水	庚申	開	柘榴木	箕
10日	10/14	木	辛酉	閉	柘榴木	斗
11日	10/15	金	壬戌	建	大海水	牛
12日	10/16	土	癸亥	除	大海水	女
13日	10/17	日	甲子	満	海中金	虚
14日	10/18	月	乙丑	平	海中金	危
15日	10/19	火	丙寅	定	爐中火	室
16日	10/20	水	丁卯	執	爐中火	壁
17日	10/21	木	戊辰	破	大林木	奎
18日	10/22	金	己巳	危	大林木	婁
19日	10/23	土	庚午	成	路傍土	胃
20日	10/24	日	辛未	納	路傍土	昴
21日	10/25	月	壬申	開	釼鋒金	畢
22日	10/26	火	癸酉	閉	釼鋒金	觜
23日	10/27	水	甲戌	建	山頭火	参
24日	10/28	木	乙亥	除	山頭火	井
25日	10/29	金	丙子	満	澗下水	鬼
26日	10/30	土	丁丑	平	澗下水	柳
27日	10/31	日	戊寅	定	城頭土	星
28日	11/01	月	己卯	執	城頭土	張
29日	11/02	火	庚辰	破	白鑞金	翼

【十月大 辛亥 張】
節気 立冬 4日・小雪 19日

日	西暦	曜	干支	直	納音	宿
1日	11/03	水	辛巳	危	白鑞金	軫
2日	11/04	木	壬午	成	楊柳木	角
3日	11/05	金	癸未	納	楊柳木	亢
4日	11/06	土	甲申	納	井泉水	氐
5日	11/07	日	乙酉	閉	井泉水	房
6日	11/08	月	丙戌	閉	屋上土	心
7日	11/09	火	丁亥	建	屋上土	尾
8日	11/10	水	戊子	除	霹靂火	箕
9日	11/11	木	己丑	満	霹靂火	斗
10日	11/12	金	庚寅	平	松柏木	牛
11日	11/13	土	辛卯	定	松柏木	女
12日	11/14	日	壬辰	執	長流水	虚
13日	11/15	月	癸巳	破	長流水	危
14日	11/16	火	甲午	危	沙中金	室
15日	11/17	水	乙未	成	沙中金	壁
16日	11/18	木	丙申	納	山下火	奎
17日	11/19	金	丁酉	開	山下火	婁
18日	11/20	土	戊戌	閉	平地木	胃
19日	11/21	日	己亥	閉	平地木	昴
20日	11/22	月	庚子	除	壁上土	畢
21日	11/23	火	辛丑	満	壁上土	觜
22日	11/24	水	壬寅	平	金箔金	参
23日	11/25	木	癸卯	定	金箔金	井
24日	11/26	金	甲辰	執	覆燈火	鬼
25日	11/27	土	乙巳	破	覆燈火	柳
26日	11/28	日	丙午	危	天河水	星
27日	11/29	月	丁未	成	天河水	張
28日	11/30	火	戊申	納	大駅土	翼
29日	12/01	水	己酉	開	大駅土	軫
30日	12/02	木	庚戌	閉	釵釧金	角

【十一月大 壬子 翼】
節気 大雪 4日・冬至 19日

日	西暦	曜	干支	直	納音	宿
1日	12/03	金	辛亥	建	釵釧金	亢
2日	12/04	土	壬子	除	桑柘木	氐
3日	12/05	日	癸丑	満	桑柘木	房
4日	12/06	月	甲寅	平	大溪水	心
5日	12/07	火	乙卯	平	大溪水	尾
6日	12/08	水	丙辰	定	沙中土	箕
7日	12/09	木	丁巳	執	沙中土	斗
8日	12/10	金	戊午	破	天上火	牛
9日	12/11	土	己未	危	天上火	女
10日	12/12	日	庚申	成	柘榴木	虚
11日	12/13	月	辛酉	納	柘榴木	危
12日	12/14	火	壬戌	開	大海水	室
13日	12/15	水	癸亥	閉	大海水	壁
14日	12/16	木	甲子	建	海中金	奎
15日	12/17	金	乙丑	除	海中金	婁
16日	12/18	土	丙寅	満	爐中火	胃
17日	12/19	日	丁卯	平	爐中火	昴
18日	12/20	月	戊辰	定	大林木	畢
19日	12/21	火	己巳	執	大林木	觜
20日	12/22	水	庚午	破	路傍土	参
21日	12/23	木	辛未	危	路傍土	井
22日	12/24	金	壬申	成	釼鋒金	鬼
23日	12/25	土	癸酉	納	釼鋒金	柳
24日	12/26	日	甲戌	開	山頭火	星
25日	12/27	月	乙亥	閉	山頭火	張
26日	12/28	火	丙子	建	澗下水	翼
27日	12/29	水	丁丑	除	澗下水	軫
28日	12/30	木	戊寅	満	城頭土	角
29日	12/31	金	己卯	平	城頭土	亢

1718年

日	西暦	曜	干支	直	納音	宿
30日	**01/01**	土	庚辰	定	白鑞金	氐

【十二月小 癸丑 軫】
節気 小寒 5日・大寒 20日
雑節 土用 17日

日	西暦	曜	干支	直	納音	宿
1日	01/02	日	辛巳	執	白鑞金	房
2日	01/03	月	壬午	破	楊柳木	心
3日	01/04	火	癸未	危	楊柳木	尾
4日	01/05	水	甲申	成	井泉水	箕
5日	01/06	木	乙酉	成	井泉水	斗
6日	01/07	金	丙戌	納	屋上土	牛
7日	01/08	土	丁亥	開	屋上土	女
8日	01/09	日	戊子	閉	霹靂火	虚
9日	01/10	月	己丑	建	霹靂火	危
10日	01/11	火	庚寅	除	松柏木	室
11日	01/12	水	辛卯	満	松柏木	壁
12日	01/13	木	壬辰	平	長流水	奎
13日	01/14	金	癸巳	定	長流水	婁
14日	01/15	土	甲午	執	沙中金	胃
15日	01/16	日	乙未	破	沙中金	昴
16日	01/17	月	丙申	危	山下火	畢
17日	01/18	火	丁酉	納	山下火	觜
18日	01/19	水	戊戌	納	平地木	参
19日	01/20	木	己亥	開	平地木	井
20日	01/21	金	庚子	閉	壁上土	鬼
21日	01/22	土	辛丑	建	壁上土	柳
22日	01/23	日	壬寅	除	金箔金	星
23日	01/24	月	癸卯	満	金箔金	張
24日	01/25	火	甲辰	平	覆燈火	翼
25日	01/26	水	乙巳	執	覆燈火	軫
26日	01/27	木	丙午	執	天河水	角
27日	01/28	金	丁未	破	天河水	亢
28日	01/29	土	戊申	危	大駅土	氐
29日	01/30	日	己酉	成	大駅土	房

享保3年

1718～1719　戊戌　星

【正月大 甲寅 角】
節気 立春 6日・雨水 21日　　**雑節** 節分 5日

日	日付	曜	干支	直	納音	宿
1日	01/31	月	庚戌	納	釼釧金	尾
2日	02/01	火	辛亥	開	釼釧金	箕
3日	02/02	水	壬子	閉	桑柘木	斗
4日	02/03	木	癸丑	建	桑柘木	牛
5日	02/04	金	甲寅	除	大溪水	女
6日	02/05	土	乙卯	除	大溪水	虚
7日	02/06	日	丙辰	満	沙中土	危
8日	02/07	月	丁巳	平	沙中土	室
9日	02/08	火	戊午	定	天上火	壁
10日	02/09	水	己未	執	天上火	奎
11日	02/10	木	庚申	破	柘榴木	婁
12日	02/11	金	辛酉	危	柘榴木	胃
13日	02/12	土	壬戌	成	大海水	昴
14日	02/13	日	癸亥	納	大海水	畢
15日	02/14	月	甲子	開	海中金	觜
16日	02/15	火	乙丑	閉	海中金	參
17日	02/16	水	丙寅	建	爐中火	井
18日	02/17	木	丁卯	除	爐中火	鬼
19日	02/18	金	戊辰	満	大林木	柳
20日	02/19	土	己巳	平	大林木	星
21日	02/20	日	庚午	定	路傍土	張
22日	02/21	月	辛未	執	路傍土	翼
23日	02/22	火	壬申	破	釼鋒金	軫
24日	02/23	水	癸酉	危	釼鋒金	角
25日	02/24	木	甲戌	成	山頭火	亢
26日	02/25	金	乙亥	納	山頭火	氐
27日	02/26	土	丙子	開	澗下水	房
28日	02/27	日	丁丑	閉	澗下水	心
29日	02/28	月	戊寅	建	城頭土	尾
30日	03/01	火	己卯	除	城頭土	箕

【二月大 乙卯 亢】
節気 啓蟄 6日・春分 22日　　**雑節** 社日 19日・彼岸 24日

日	日付	曜	干支	直	納音	宿
1日	03/02	水	庚辰	満	白鑞金	斗
2日	03/03	木	辛巳	平	白鑞金	牛
3日	03/04	金	壬午	定	楊柳木	女
4日	03/05	土	癸未	執	楊柳木	虚
5日	03/06	日	甲申	破	井泉水	危
6日	03/07	月	乙酉	破	井泉水	室
7日	03/08	火	丙戌	危	屋上土	壁
8日	03/09	水	丁亥	成	屋上土	奎
9日	03/10	木	戊子	納	霹靂火	婁
10日	03/11	金	己丑	開	霹靂火	胃
11日	03/12	土	庚寅	閉	松柏木	昴
12日	03/13	日	辛卯	建	松柏木	畢
13日	03/14	月	壬辰	除	長流水	觜
14日	03/15	火	癸巳	満	長流水	參
15日	☆03/16	水	甲午	平	沙中金	井
16日	03/17	木	乙未	定	沙中金	鬼
17日	03/18	金	丙申	執	山下火	柳
18日	03/19	土	丁酉	破	山下火	星
19日	03/20	日	戊戌	危	平地木	張
20日	03/21	月	己亥	成	平地木	翼
21日	03/22	火	庚子	納	壁上土	軫
22日	03/23	水	辛丑	開	壁上土	角
23日	03/24	木	壬寅	閉	金箔金	亢
24日	03/25	金	癸卯	建	金箔金	氐
25日	03/26	土	甲辰	除	覆燈火	房
26日	03/27	日	乙巳	満	覆燈火	心
27日	03/28	月	丙午	平	天河水	尾
28日	03/29	火	丁未	定	天河水	箕
29日	03/30	水	戊申	執	大駅土	斗
30日	03/31	木	己酉	破	大駅土	牛

【三月小 丙辰 氐】
節気 清明 7日・穀雨 22日　　**雑節** 土用 19日

日	日付	曜	干支	直	納音	宿
1日	04/01	金	庚戌	危	釼釧金	女
2日	04/02	土	辛亥	成	釼釧金	虚
3日	04/03	日	壬子	納	桑柘木	危
4日	04/04	月	癸丑	開	桑柘木	室
5日	04/05	火	甲寅	閉	大溪水	壁
6日	04/06	水	乙卯	建	大溪水	奎
7日	04/07	木	丙辰	建	沙中土	婁
8日	04/08	金	丁巳	除	沙中土	胃
9日	04/09	土	戊午	満	天上火	昴
10日	04/10	日	己未	平	天上火	畢
11日	04/11	月	庚申	定	柘榴木	觜
12日	04/12	火	辛酉	執	柘榴木	參
13日	04/13	水	壬戌	破	大海水	井
14日	04/14	木	癸亥	危	大海水	鬼
15日	04/15	金	甲子	成	海中金	柳
16日	04/16	土	乙丑	納	海中金	星
17日	04/17	日	丙寅	開	爐中火	張
18日	04/18	月	丁卯	閉	爐中火	翼
19日	04/19	火	戊辰	建	大林木	軫
20日	04/20	水	己巳	除	大林木	角
21日	04/21	木	庚午	満	路傍土	亢
22日	04/22	金	辛未	平	路傍土	氐
23日	04/23	土	壬申	定	釼鋒金	房
24日	04/24	日	癸酉	執	釼鋒金	心
25日	04/25	月	甲戌	破	山頭火	尾
26日	04/26	火	乙亥	危	山頭火	箕
27日	04/27	水	丙子	成	澗下水	斗
28日	04/28	木	丁丑	納	澗下水	牛
29日	04/29	金	戊寅	開	城頭土	女

【四月大 丁巳 房】
節気 立夏 8日・小満 24日　　**雑節** 八十八夜 4日

日	日付	曜	干支	直	納音	宿
1日	04/30	土	己卯	閉	城頭土	虚
2日	05/01	日	庚辰	建	白鑞金	危
3日	05/02	月	辛巳	除	白鑞金	室
4日	05/03	火	壬午	満	楊柳木	壁
5日	05/04	水	癸未	平	楊柳木	奎
6日	05/05	木	甲申	定	井泉水	婁
7日	05/06	金	乙酉	執	井泉水	胃
8日	05/07	土	丙戌	執	屋上土	昴
9日	05/08	日	丁亥	破	屋上土	畢
10日	05/09	月	戊子	危	霹靂火	觜
11日	05/10	火	己丑	成	霹靂火	參
12日	05/11	水	庚寅	納	松柏木	井
13日	05/12	木	辛卯	開	松柏木	鬼
14日	05/13	金	壬辰	閉	長流水	柳
15日	05/14	土	癸巳	建	長流水	星
16日	05/15	日	甲午	除	沙中金	張
17日	05/16	月	乙未	満	沙中金	翼
18日	05/17	火	丙申	平	山下火	軫
19日	05/18	水	丁酉	定	山下火	角
20日	05/19	木	戊戌	執	平地木	亢
21日	05/20	金	己亥	破	平地木	氐
22日	05/21	土	庚子	危	壁上土	房
23日	05/22	日	辛丑	成	壁上土	心
24日	05/23	月	壬寅	納	金箔金	尾
25日	05/24	火	癸卯	開	金箔金	箕
26日	05/25	水	甲辰	閉	覆燈火	斗
27日	05/26	木	乙巳	建	覆燈火	牛
28日	05/27	金	丙午	除	天河水	女
29日	05/28	土	丁未	満	天河水	虚
30日	05/29	日	戊申	平	大駅土	危

【五月小 戊午 心】
節気 芒種 9日・夏至 24日　　**雑節** 入梅 14日

日	日付	曜	干支	直	納音	宿
1日	05/30	月	己酉	定	大駅土	室
2日	05/31	火	庚戌	執	釼釧金	壁
3日	06/01	水	辛亥	破	釼釧金	奎
4日	06/02	木	壬子	危	桑柘木	婁
5日	06/03	金	癸丑	成	桑柘木	胃
6日	06/04	土	甲寅	納	大溪水	昴
7日	06/05	日	乙卯	開	大溪水	畢
8日	06/06	月	丙辰	閉	沙中土	觜
9日	06/07	火	丁巳	閉	沙中土	參
10日	06/08	水	戊午	建	天上火	井
11日	06/09	木	己未	除	天上火	鬼
12日	06/10	金	庚申	満	柘榴木	柳
13日	06/11	土	辛酉	平	柘榴木	星
14日	06/12	日	壬戌	定	大海水	張
15日	06/13	月	癸亥	執	大海水	翼
16日	06/14	火	甲子	破	海中金	軫
17日	06/15	水	乙丑	危	海中金	角
18日	06/16	木	丙寅	成	爐中火	亢
19日	06/17	金	丁卯	納	爐中火	氐
20日	06/18	土	戊辰	開	大林木	房
21日	06/19	日	己巳	閉	大林木	心
22日	06/20	月	庚午	建	路傍土	尾
23日	06/21	火	辛未	除	路傍土	箕
24日	06/22	水	壬申	満	釼鋒金	斗
25日	06/23	木	癸酉	平	釼鋒金	牛
26日	06/24	金	甲戌	定	山頭火	女
27日	06/25	土	乙亥	執	山頭火	虚
28日	06/26	日	丙子	破	澗下水	危
29日	06/27	月	丁丑	危	澗下水	室

【六月大 己未 尾】
節気 小暑 10日・大暑 25日　　**雑節** 半夏生 5日・土用 22日

日	日付	曜	干支	直	納音	宿
1日	06/28	火	戊寅	成	城頭土	壁
2日	06/29	水	己卯	納	城頭土	奎
3日	06/30	木	庚辰	開	白鑞金	婁
4日	07/01	金	辛巳	閉	白鑞金	胃
5日	07/02	土	壬午	建	楊柳木	昴
6日	07/03	日	癸未	除	楊柳木	畢
7日	07/04	月	甲申	満	井泉水	觜
8日	07/05	火	乙酉	平	井泉水	參
9日	07/06	水	丙戌	定	屋上土	井
10日	07/07	木	丁亥	定	屋上土	鬼
11日	07/08	金	戊子	執	霹靂火	柳
12日	07/09	土	己丑	破	霹靂火	星
13日	07/10	日	庚寅	危	松柏木	張
14日	07/11	月	辛卯	成	松柏木	翼
15日	07/12	火	壬辰	納	長流水	軫
16日	07/13	水	癸巳	開	長流水	角
17日	07/14	木	甲午	閉	沙中金	亢
18日	07/15	金	乙未	建	沙中金	氐
19日	07/16	土	丙申	除	山下火	房
20日	07/17	日	丁酉	満	山下火	心
21日	07/18	月	戊戌	平	平地木	尾
22日	07/19	火	己亥	定	平地木	箕
23日	07/20	水	庚子	執	壁上土	斗
24日	07/21	木	辛丑	破	壁上土	牛
25日	07/22	金	壬寅	危	金箔金	女
26日	07/23	土	癸卯	成	金箔金	虚
27日	07/24	日	甲辰	納	覆燈火	危
28日	07/25	月	乙巳	開	覆燈火	室
29日	07/26	火	丙午	閉	天河水	壁
30日	07/27	水	丁未	建	天河水	奎

【七月小 庚申 箕】
節気 立秋 11日・処暑 26日

日	日付	曜	干支	直	納音	宿
1日	07/28	木	戊申	除	大駅土	婁
2日	07/29	金	己酉	満	大駅土	胃
3日	07/30	土	庚戌	平	釼釧金	昴
4日	07/31	日	辛亥	定	釼釧金	畢
5日	08/01	月	壬子	執	桑柘木	觜
6日	08/02	火	癸丑	破	桑柘木	參
7日	08/03	水	甲寅	危	大溪水	井
8日	08/04	木	乙卯	成	大溪水	鬼
9日	08/05	金	丙辰	納	沙中土	柳
10日	08/06	土	丁巳	開	沙中土	星
11日	08/07	日	戊午	開	天上火	張
12日	08/08	月	己未	閉	天上火	翼
13日	08/09	火	庚申	建	柘榴木	軫
14日	08/10	水	辛酉	除	柘榴木	角

享保3年

西暦	曜	干支	直	納音	宿
15日 08/11	木	壬戌	満	大海水	角
16日 08/12	金	癸亥	平	大海水	亢
17日 08/13	土	甲子	定	海中金	氐
18日 08/14	日	乙丑	執	海中金	房
19日 08/15	月	丙寅	破	炉中火	心
20日 08/16	火	丁卯	危	炉中火	尾
21日 08/17	水	戊辰	成	大林木	箕
22日 08/18	木	己巳	納	大林木	斗
23日 08/19	金	庚午	開	路傍土	牛
24日 08/20	土	辛未	閉	路傍土	女
25日 08/21	日	壬申	建	釼鋒金	虚
26日 08/22	月	癸酉	除	釼鋒金	危
27日 08/23	火	甲戌	満	山頭火	室
28日 08/24	水	乙亥	平	山頭火	壁
29日 08/25	木	丙子	定	澗下水	奎

【八月小 辛酉 斗】
節気 白露 12日・秋分 27日
雑節 二百十日 8日・社日 22日・彼岸 29日

西暦	曜	干支	直	納音	宿
1日 08/26	金	丁丑	執	澗下水	婁
2日 08/27	土	戊寅	破	城頭土	胃
3日 08/28	日	己卯	危	城頭土	昴
4日 08/29	月	庚辰	成	白鑞金	畢
5日 08/30	火	辛巳	納	白鑞金	觜
6日 08/31	水	壬午	開	楊柳木	参
7日 09/01	木	癸未	閉	楊柳木	井
8日 09/02	金	甲申	建	井泉水	鬼
9日 09/03	土	乙酉	除	井泉水	柳
10日 09/04	日	丙戌	平	屋上土	星
11日 09/05	月	丁亥	平	屋上土	張
12日 09/06	火	戊子	定	霹靂火	翼
13日 09/07	水	己丑	執	霹靂火	軫
14日 09/08	木	庚寅	破	松柏木	角
15日☆09/09	金	辛卯	破	松柏木	亢
16日 09/10	土	壬辰	危	長流水	氐
17日 09/11	日	癸巳	成	長流水	房
18日 09/12	月	甲午	納	沙中金	心
19日 09/13	火	乙未	開	沙中金	尾
20日 09/14	水	丙申	閉	山下火	箕
21日 09/15	木	丁酉	建	山下火	斗
22日 09/16	金	戊戌	除	平地木	牛
23日 09/17	土	己亥	満	平地木	女
24日 09/18	日	庚子	平	壁上土	虚
25日 09/19	月	辛丑	定	壁上土	危
26日 09/20	火	壬寅	執	金箔金	室
27日 09/21	水	癸卯	破	金箔金	壁
28日 09/22	木	甲辰	危	覆燈火	奎
29日 09/23	金	乙巳	成	覆燈火	婁

【九月大 壬戌 牛】
節気 寒露 14日・霜降 29日
雑節 土用 26日

西暦	曜	干支	直	納音	宿
1日 09/24	土	丙午	納	天河水	胃
2日 09/25	日	丁未	開	天河水	昴
3日 09/26	月	戊申	閉	大駅土	畢
4日 09/27	火	己酉	建	大駅土	觜
5日 09/28	水	庚戌	除	釼釧金	参
6日 09/29	木	辛亥	満	釼釧金	井
7日 09/30	金	壬子	平	桑柘木	鬼
8日 10/01	土	癸丑	定	桑柘木	柳
9日 10/02	日	甲寅	執	大溪水	星
10日 10/03	月	乙卯	破	大溪水	張
11日 10/04	火	丙辰	危	沙中土	翼
12日 10/05	水	丁巳	成	沙中土	軫
13日 10/06	木	戊午	納	天上火	角
14日 10/07	金	己未	開	天上火	亢
15日 10/08	土	庚申	閉	柘榴木	氐
16日 10/09	日	辛酉	建	柘榴木	房
17日 10/10	月	壬戌	除	大海水	心
18日 10/11	火	癸亥	満	大海水	尾
19日 10/12	水	甲子	満	海中金	箕

西暦	曜	干支	直	納音	宿
20日 10/13	木	乙丑	平	海中金	斗
21日 10/14	金	丙寅	定	炉中火	牛
22日 10/15	土	丁卯	執	炉中火	女
23日 10/16	日	戊辰	破	大林木	虚
24日 10/17	月	己巳	危	大林木	危
25日 10/18	火	庚午	成	路傍土	室
26日 10/19	水	辛未	納	路傍土	壁
27日 10/20	木	壬申	開	釼鋒金	奎
28日 10/21	金	癸酉	閉	釼鋒金	婁
29日 10/22	土	甲戌	建	山頭火	胃
30日 10/23	日	乙亥	除	山頭火	昴

【十月小 癸亥 女】
節気 立冬 14日・小雪 29日

西暦	曜	干支	直	納音	宿
1日 10/24	月	丙子	満	澗下水	畢
2日 10/25	火	丁丑	平	澗下水	觜
3日 10/26	水	戊寅	定	城頭土	参
4日 10/27	木	己卯	執	城頭土	井
5日 10/28	金	庚辰	破	白鑞金	鬼
6日 10/29	土	辛巳	危	白鑞金	柳
7日 10/30	日	壬午	成	楊柳木	星
8日 10/31	月	癸未	納	楊柳木	張
9日 11/01	火	甲申	開	井泉水	翼
10日 11/02	水	乙酉	閉	井泉水	軫
11日 11/03	木	丙戌	建	屋上土	角
12日 11/04	金	丁亥	除	屋上土	亢
13日 11/05	土	戊子	満	霹靂火	氐
14日 11/06	日	己丑	平	霹靂火	房
15日 11/07	月	庚寅	定	松柏木	心
16日 11/08	火	辛卯	執	松柏木	尾
17日 11/09	水	壬辰	執	長流水	箕
18日 11/10	木	癸巳	破	長流水	斗
19日 11/11	金	甲午	危	沙中金	牛
20日 11/12	土	乙未	成	沙中金	女
21日 11/13	日	丙申	納	山下火	虚
22日 11/14	月	丁酉	開	山下火	危
23日 11/15	火	戊戌	閉	平地木	室
24日 11/16	水	己亥	建	平地木	壁
25日 11/17	木	庚子	除	壁上土	奎
26日 11/18	金	辛丑	満	壁上土	婁
27日 11/19	土	壬寅	平	金箔金	胃
28日 11/20	日	癸卯	定	金箔金	昴
29日 11/21	月	甲辰	執	覆燈火	畢

【閏十月大 癸亥 女】
節気 大雪 15日

西暦	曜	干支	直	納音	宿
1日 11/22	火	乙巳	破	覆燈火	觜
2日 11/23	水	丙午	危	天河水	参
3日 11/24	木	丁未	成	天河水	井
4日 11/25	金	戊申	納	大駅土	鬼
5日 11/26	土	己酉	開	大駅土	柳
6日 11/27	日	庚戌	閉	釼釧金	星
7日 11/28	月	辛亥	建	釼釧金	張
8日 11/29	火	壬子	除	桑柘木	翼
9日 11/30	水	癸丑	満	桑柘木	軫
10日 12/01	木	甲寅	平	大溪水	角
11日 12/02	金	乙卯	定	大溪水	亢
12日 12/03	土	丙辰	執	沙中土	氐
13日 12/04	日	丁巳	破	沙中土	房
14日 12/05	月	戊午	危	天上火	心
15日 12/06	火	己未	成	天上火	尾
16日 12/07	水	庚申	納	柘榴木	箕
17日 12/08	木	辛酉	開	柘榴木	斗
18日 12/09	金	壬戌	閉	大海水	牛
19日 12/10	土	癸亥	建	大海水	女
20日 12/11	日	甲子	除	海中金	虚
21日 12/12	月	乙丑	満	海中金	危
22日 12/13	火	丙寅	平	炉中火	室
23日 12/14	水	丁卯	定	炉中火	壁
24日 12/15	木	戊辰	執	大林木	奎
25日 12/16	金	己巳	破	大林木	婁
26日 12/17	土	庚午	危	路傍土	胃
27日 12/18	日	辛未	成	路傍土	昴

西暦	曜	干支	直	納音	宿
28日 12/19	月	壬申	納	釼鋒金	畢
29日 12/20	火	癸酉	納	釼鋒金	觜
30日 12/21	水	甲戌	開	山頭火	参

【十一月小 甲子 虚】
節気 冬至 1日・小寒 16日
雑節 土用 28日

西暦	曜	干支	直	納音	宿
1日 12/22	木	乙亥	閉	山頭火	井
2日 12/23	金	丙子	建	澗下水	鬼
3日 12/24	土	丁丑	除	澗下水	柳
4日 12/25	日	戊寅	平	城頭土	星
5日 12/26	月	己卯	平	城頭土	張
6日 12/27	火	庚辰	定	白鑞金	翼
7日 12/28	水	辛巳	納	白鑞金	軫
8日 12/29	木	壬午	破	楊柳木	角
9日 12/30	金	癸未	危	楊柳木	亢
10日 12/31	土	甲申	成	井泉水	氐

1719年

西暦	曜	干支	直	納音	宿
11日 01/01	日	乙酉	納	井泉水	房
12日 01/02	月	丙戌	開	屋上土	心
13日 01/03	火	丁亥	閉	屋上土	尾
14日 01/04	水	戊子	建	霹靂火	箕
15日 01/05	木	己丑	除	霹靂火	斗
16日 01/06	金	庚寅	満	松柏木	牛
17日 01/07	土	辛卯	平	松柏木	女
18日 01/08	日	壬辰	平	長流水	虚
19日 01/09	月	癸巳	定	長流水	危
20日 01/10	火	甲午	執	沙中金	室
21日 01/11	水	乙未	破	沙中金	壁
22日 01/12	木	丙申	危	山下火	奎
23日 01/13	金	丁酉	成	山下火	婁
24日 01/14	土	戊戌	納	平地木	胃
25日 01/15	日	己亥	開	平地木	昴
26日 01/16	月	庚子	閉	壁上土	畢
27日 01/17	火	辛丑	建	壁上土	觜
28日 01/18	水	壬寅	除	金箔金	参
29日 01/19	木	癸卯	満	金箔金	井

【十二月大 乙丑 危】
節気 大寒 2日・立春 17日
雑節 節分 16日

西暦	曜	干支	直	納音	宿
1日 01/20	金	甲辰	平	覆燈火	鬼
2日 01/21	土	乙巳	定	覆燈火	柳
3日 01/22	日	丙午	執	天河水	星
4日 01/23	月	丁未	破	天河水	張
5日 01/24	火	戊申	危	大駅土	翼
6日 01/25	水	己酉	成	大駅土	軫
7日 01/26	木	庚戌	納	釼釧金	角
8日 01/27	金	辛亥	開	釼釧金	亢
9日 01/28	土	壬子	閉	桑柘木	氐
10日 01/29	日	癸丑	建	桑柘木	房
11日 01/30	月	甲寅	除	大溪水	心
12日 01/31	火	乙卯	満	大溪水	尾
13日 02/01	水	丙辰	平	沙中土	箕
14日 02/02	木	丁巳	定	沙中土	斗
15日 02/03	金	戊午	執	天上火	牛
16日 02/04	土	己未	破	天上火	女
17日 02/05	日	庚申	危	柘榴木	虚
18日 02/06	月	辛酉	成	柘榴木	危
19日 02/07	火	壬戌	納	大海水	室
20日 02/08	水	癸亥	開	大海水	壁
21日 02/09	木	甲子	閉	海中金	奎
22日 02/10	金	乙丑	建	海中金	婁
23日 02/11	土	丙寅	除	炉中火	胃
24日 02/12	日	丁卯	満	炉中火	昴
25日 02/13	月	戊辰	平	大林木	畢
26日 02/14	火	己巳	定	大林木	觜
27日 02/15	水	庚午	執	路傍土	参
28日 02/16	木	辛未	破	路傍土	井
29日 02/17	金	壬申	危	釼鋒金	鬼
30日 02/18	土	癸酉	危	釼鋒金	柳

享保4年
1719〜1720 己亥 張

【正月大 丙寅 室】
節気 雨水 3日・啓蟄 18日

1日◎	02/19	日	甲戌	成	山頭火	星
2日	02/20	月	乙亥	納	山頭火	張
3日	02/21	火	丙子	開	澗下水	翼
4日	02/22	水	丁丑	閉	澗下水	軫
5日	02/23	木	戊寅	建	城頭土	角
6日	02/24	金	己卯	除	城頭土	亢
7日	02/25	土	庚辰	満	白鑞金	氐
8日	02/26	日	辛巳	平	白鑞金	房
9日	02/27	月	壬午	定	楊柳木	心
10日	02/28	火	癸未	執	楊柳木	尾
11日	03/01	水	甲申	破	井泉水	箕
12日	03/02	木	乙酉	危	井泉水	斗
13日	03/03	金	丙戌	成	屋上土	女
14日	03/04	土	丁亥	納	屋上土	虚
15日	03/05	日	戊子	開	霹靂火	危
16日☆	03/06	月	己丑	閉	霹靂火	室
17日	03/07	火	庚寅	建	松柏木	壁
18日	03/08	水	辛卯	建	松柏木	壁
19日	03/09	木	壬辰	除	長流水	奎
20日	03/10	金	癸巳	満	長流水	婁
21日	03/11	土	甲午	平	沙中金	胃
22日	03/12	日	乙未	定	沙中金	昴
23日	03/13	月	丙申	執	山下火	畢
24日	03/14	火	丁酉	破	山下火	觜
25日	03/15	水	戊戌	危	平地木	参
26日	03/16	木	己亥	成	平地木	井
27日	03/17	金	庚子	納	壁上土	鬼
28日	03/18	土	辛丑	開	壁上土	柳
29日	03/19	日	壬寅	閉	金箔金	星
30日	03/20	月	癸卯	建	金箔金	張

【二月大 丁卯 壁】
節気 春分 3日・清明 18日
雑節 彼岸 5日・社日 5日・土用 30日

1日	03/21	火	甲辰	除	覆燈火	翼
2日	03/22	水	乙巳	満	覆燈火	軫
3日	03/23	木	丙午	平	天河水	角
4日	03/24	金	丁未	定	天河水	亢
5日	03/25	土	戊申	執	大駅土	氐
6日	03/26	日	己酉	破	大駅土	房
7日	03/27	月	庚戌	危	釵釧金	心
8日	03/28	火	辛亥	成	釵釧金	尾
9日	03/29	水	壬子	納	桑柘木	箕
10日	03/30	木	癸丑	開	桑柘木	斗
11日	03/31	金	甲寅	閉	大溪水	女
12日	04/01	土	乙卯	建	大溪水	虚
13日	04/02	日	丙辰	除	沙中土	危
14日	04/03	月	丁巳	満	沙中土	室
15日	04/04	火	戊午	平	天上火	壁
16日	04/05	水	己未	定	天上火	奎
17日	04/06	木	庚申	執	柘榴木	婁
18日	04/07	金	辛酉	執	柘榴木	胃
19日	04/08	土	壬戌	破	大海水	胃
20日	04/09	日	癸亥	成	大海水	昴
21日	04/10	月	甲子	納	海中金	畢
22日	04/11	火	乙丑	納	海中金	觜
23日	04/12	水	丙寅	開	爐中火	参
24日	04/13	木	丁卯	閉	爐中火	井
25日	04/14	金	戊辰	建	大林木	鬼
26日	04/15	土	己巳	除	大林木	柳
27日	04/16	日	庚午	満	路傍土	星
28日	04/17	月	辛未	平	路傍土	張
29日	04/18	火	壬申	定	釵鋒金	翼
30日	04/19	水	癸酉	執	釵鋒金	軫

【三月小 戊辰 奎】
節気 穀雨 3日・立夏 19日
雑節 八十八夜 14日

1日	04/20	木	甲戌	破	山頭火	角
2日	04/21	金	乙亥	危	山頭火	亢
3日	04/22	土	丙子	成	澗下水	氐
4日	04/23	日	丁丑	納	澗下水	房
5日	04/24	月	戊寅	開	城頭土	尾
6日	04/25	火	己卯	閉	城頭土	尾
7日	04/26	水	庚辰	建	白鑞金	箕
8日	04/27	木	辛巳	除	白鑞金	斗
9日	04/28	金	壬午	満	楊柳木	牛
10日	04/29	土	癸未	平	楊柳木	女
11日	04/30	日	甲申	定	井泉水	虚
12日	05/01	月	乙酉	執	井泉水	危
13日	05/02	火	丙戌	破	屋上土	室
14日	05/03	水	丁亥	危	屋上土	壁
15日	05/04	木	戊子	成	霹靂火	奎
16日	05/05	金	己丑	納	霹靂火	婁
17日	05/06	土	庚寅	開	松柏木	胃
18日	05/07	日	辛卯	閉	松柏木	昴
19日	05/08	月	壬辰	建	長流水	畢
20日	05/09	火	癸巳	建	長流水	觜
21日	05/10	水	甲午	除	沙中金	参
22日	05/11	木	乙未	満	沙中金	井
23日	05/12	金	丙申	平	山下火	鬼
24日	05/13	土	丁酉	定	山下火	柳
25日	05/14	日	戊戌	執	平地木	星
26日	05/15	月	己亥	破	平地木	張
27日	05/16	火	庚子	危	壁上土	翼
28日	05/17	水	辛丑	成	壁上土	軫
29日	05/18	木	壬寅	納	金箔金	角

【四月大 己巳 婁】
節気 小満 5日・芒種 20日
雑節 入梅 30日

1日	05/19	金	癸卯	開	金箔金	亢
2日	05/20	土	甲辰	閉	覆燈火	氐
3日	05/21	日	乙巳	建	覆燈火	房
4日	05/22	月	丙午	除	天河水	心
5日	05/23	火	丁未	満	天河水	尾
6日	05/24	水	戊申	平	大駅土	箕
7日	05/25	木	己酉	定	大駅土	斗
8日	05/26	金	庚戌	執	釵釧金	牛
9日	05/27	土	辛亥	破	釵釧金	女
10日	05/28	日	壬子	危	桑柘木	虚
11日	05/29	月	癸丑	成	桑柘木	危
12日	05/30	火	甲寅	納	大溪水	室
13日	05/31	水	乙卯	開	大溪水	壁
14日	06/01	木	丙辰	閉	沙中土	奎
15日	06/02	金	丁巳	建	沙中土	婁
16日	06/03	土	戊午	除	天上火	胃
17日	06/04	日	己未	満	天上火	昴
18日	06/05	月	庚申	平	柘榴木	畢
19日	06/06	火	辛酉	定	柘榴木	觜
20日	06/07	水	壬戌	執	大海水	参
21日	06/08	木	癸亥	破	大海水	井
22日	06/09	金	甲子	危	海中金	柳
23日	06/10	土	乙丑	成	海中金	星
24日	06/11	日	丙寅	納	爐中火	張
25日	06/12	月	丁卯	開	爐中火	翼
26日	06/13	火	戊辰	閉	大林木	軫
27日	06/14	水	己巳	建	大林木	角
28日	06/15	木	庚午	建	路傍土	角

【五月小 庚午 胃】
節気 夏至 5日・小暑 20日
雑節 半夏生 15日

29日	06/16	金	辛未	除	路傍土	亢
30日	06/17	土	壬申	満	釵鋒金	氐

1日	06/18	日	癸酉	平	釵鋒金	房
2日	06/19	月	甲戌	定	山頭火	心
3日	06/20	火	乙亥	執	山頭火	尾
4日	06/21	水	丙子	破	澗下水	箕
5日	06/22	木	丁丑	危	澗下水	斗
6日	06/23	金	戊寅	成	城頭土	牛
7日	06/24	土	己卯	納	城頭土	女
8日	06/25	日	庚辰	開	白鑞金	虚
9日	06/26	月	辛巳	閉	白鑞金	危
10日	06/27	火	壬午	建	楊柳木	室
11日	06/28	水	癸未	除	楊柳木	壁
12日	06/29	木	甲申	満	井泉水	奎
13日	06/30	金	乙酉	定	井泉水	婁
14日	07/01	土	丙戌	定	屋上土	胃
15日	07/02	日	丁亥	執	屋上土	昴
16日	07/03	月	戊子	破	霹靂火	畢
17日	07/04	火	己丑	危	霹靂火	觜
18日	07/05	水	庚寅	成	松柏木	参
19日	07/06	木	辛卯	納	松柏木	井
20日	07/07	金	壬辰	開	長流水	柳
21日	07/08	土	癸巳	閉	長流水	星
22日	07/09	日	甲午	建	沙中金	張
23日	07/10	月	乙未	除	沙中金	翼
24日	07/11	火	丙申	満	山下火	軫
25日	07/12	水	丁酉	平	山下火	角
26日	07/13	木	戊戌	平	平地木	亢
27日	07/14	金	己亥	定	平地木	氐
28日	07/15	土	庚子	執	壁上土	房
29日	07/16	日	辛丑	破	壁上土	心

【六月大 辛未 昴】
節気 大暑 7日・立秋 22日
雑節 土用 4日

1日	07/17	月	壬寅	危	金箔金	心
2日	07/18	火	癸卯	成	金箔金	尾
3日	07/19	水	甲辰	納	覆燈火	箕
4日	07/20	木	乙巳	開	覆燈火	斗
5日	07/21	金	丙午	閉	天河水	牛
6日	07/22	土	丁未	建	天河水	女
7日	07/23	日	戊申	除	大駅土	虚
8日	07/24	月	己酉	満	大駅土	危
9日	07/25	火	庚戌	平	釵釧金	室
10日	07/26	水	辛亥	定	釵釧金	壁
11日	07/27	木	壬子	執	桑柘木	奎
12日	07/28	金	癸丑	破	桑柘木	婁
13日	07/29	土	甲寅	危	大溪水	胃
14日	07/30	日	乙卯	成	大溪水	昴
15日	07/31	月	丙辰	納	沙中土	畢
16日	08/01	火	丁巳	開	沙中土	觜
17日	08/02	水	戊午	閉	天上火	参
18日	08/03	木	己未	建	天上火	井
19日	08/04	金	庚申	除	柘榴木	鬼
20日	08/05	土	辛酉	満	柘榴木	柳
21日	08/06	日	壬戌	平	大海水	星
22日	08/07	月	癸亥	定	大海水	張
23日	08/08	火	甲子	執	海中金	翼
24日	08/09	水	乙丑	破	海中金	軫
25日	08/10	木	丙寅	危	爐中火	角
26日	08/11	金	丁卯	成	爐中火	亢
27日	08/12	土	戊辰	納	大林木	氐
28日	08/13	日	己巳	開	大林木	房
29日	08/14	月	庚午	閉	路傍土	心

西暦　曜　干支　直　納音　宿　　　　　　　　　　　　　　　　　　　享保4年

30日　08/15　火　辛未　閉　路傍土　尾

【七月小　壬申　畢】
節気　処暑 7日・白露 22日
雑節　二百十日 18日

1日	08/16	水	壬申	建	釼鋒金	箕
2日	08/17	木	癸酉	除	釼鋒金	斗
3日	08/18	金	甲戌	満	山頭火	牛
4日	08/19	土	乙亥	平	山頭火	女
5日	08/20	日	丙子	定	潤下水	虚
6日	08/21	月	丁丑	執	潤下水	危
7日	08/22	火	戊寅	破	城頭土	室
8日	08/23	水	己卯	危	城頭土	壁
9日	08/24	木	庚辰	成	白鑞金	奎
10日	08/25	金	辛巳	納	白鑞金	婁
11日	08/26	土	壬午	開	楊柳木	胃
12日	08/27	日	癸未	閉	楊柳木	昴
13日	08/28	月	甲申	建	井泉水	畢
14日☆	08/29	火	乙酉	除	井泉水	觜
15日	08/30	水	丙戌	満	屋上土	参
16日	08/31	木	丁亥	平	屋上土	井
17日	09/01	金	戊子	定	霹靂火	鬼
18日	09/02	土	己丑	執	霹靂火	柳
19日	09/03	日	庚寅	破	松柏木	星
20日	09/04	月	辛卯	危	松柏木	張
21日	09/05	火	壬辰	成	長流水	翼
22日	09/06	水	癸巳	成	長流水	軫
23日	09/07	木	甲午	納	沙中金	角
24日	09/08	金	乙未	開	沙中金	亢
25日	09/09	土	丙申		山下火	氐
26日	09/10	日	丁酉	建	山下火	房
27日	09/11	月	戊戌	除	平地木	心
28日	09/12	火	己亥	満	平地木	尾
29日	09/13	水	庚子	平	壁上土	箕

【八月小　癸酉　觜】
節気　秋分 9日・寒露 24日
雑節　社日 8日・彼岸 11日

1日	09/14	木	辛丑	定	壁上土	斗
2日	09/15	金	壬寅	執	金箔金	牛
3日	09/16	土	癸卯	破	金箔金	女
4日	09/17	日	甲辰	危	覆燈火	虚
5日	09/18	月	乙巳	成	覆燈火	危
6日	09/19	火	丙午	納	天河水	室
7日	09/20	水	丁未	開	天河水	壁
8日	09/21	木	戊申	閉	大駅土	奎
9日	09/22	金	己酉	建	大駅土	婁
10日	09/23	土	庚戌	除	釼釧金	胃
11日	09/24	日	辛亥	満	釼釧金	昴
12日	09/25	月	壬子	平	桑柘木	畢
13日	09/26	火	癸丑	定	桑柘木	觜
14日	09/27	水	甲寅	執	大溪水	参
15日	09/28	木	乙卯	破	大溪水	井
16日	09/29	金	丙辰	危	沙中土	鬼
17日	09/30	土	丁巳	成	沙中土	柳
18日	10/01	日	戊午	納	天上火	星
19日	10/02	月	己未	開	天上火	張
20日	10/03	火	庚申	閉	柘榴木	翼
21日	10/04	水	辛酉	建	柘榴木	軫
22日	10/05	木	壬戌	除	大海水	角
23日	10/06	金	癸亥	満	大海水	亢
24日	10/07	土	甲子	平	海中金	氐
25日	10/08	日	乙丑	定	海中金	房
26日	10/09	月	丙寅	定	爐中火	心
27日	10/10	火	丁卯	破	爐中火	尾
28日	10/11	水	戊辰	危	大林木	箕
29日	10/12	木	己巳	危	大林木	斗

【九月大　甲戌　参】
節気　霜降 10日・立冬 25日

雑節　土用 7日

1日	10/13	金	庚午	成	路傍土	牛
2日	10/14	土	辛未	納	路傍土	女
3日	10/15	日	壬申	開	釼鋒金	虚
4日	10/16	月	癸酉	閉	釼鋒金	危
5日	10/17	火	甲戌	建	山頭火	室
6日	10/18	水	乙亥	除	山頭火	壁
7日	10/19	木	丙子	満	潤下水	奎
8日	10/20	金	丁丑	平	潤下水	婁
9日	10/21	土	戊寅	定	城頭土	胃
10日	10/22	日	己卯	執	城頭土	昴
11日	10/23	月	庚辰	破	白鑞金	畢
12日	10/24	火	辛巳	成	楊柳木	觜
13日	10/25	水	壬午	成	楊柳木	参
14日	10/26	木	癸未	納	楊柳木	井
15日	10/27	金	甲申	定	井泉水	鬼
16日	10/28	土	乙酉	平	井泉水	柳
17日	10/29	日	丙戌	建	屋上土	星
18日	10/30	月	丁亥	除	屋上土	張
19日	10/31	火	戊子	平	霹靂火	軫
20日	11/01	水	己丑	平	霹靂火	軫
21日	11/02	木	庚寅	定	松柏木	角
22日	11/03	金	辛卯	執	松柏木	亢
23日	11/04	土	壬辰	危	長流水	氐
24日	11/05	日	癸巳	危	長流水	房
25日	11/06	月	甲午	危	沙中金	心
26日	11/07	火	乙未	成	沙中金	尾
27日	11/08	水	丙申	納	山下火	箕
28日	11/09	木	丁酉	開	山下火	斗
29日	11/10	金	戊戌	閉	平地木	牛
30日	11/11	土	己亥	建	平地木	女

【十月小　乙亥　井】
節気　小雪 10日・大雪 26日

1日	11/12	日	庚子	除	壁上土	虚
2日	11/13	月	辛丑	満	壁上土	危
3日	11/14	火	壬寅	定	金箔金	室
4日	11/15	水	癸卯	定	金箔金	壁
5日	11/16	木	甲辰	執	覆燈火	奎
6日	11/17	金	乙巳	破	覆燈火	婁
7日	11/18	土	丙午	危	天河水	胃
8日	11/19	日	丁未	成	天河水	昴
9日	11/20	月	戊申	納	大駅土	畢
10日	11/21	火	己酉	閉	大駅土	参
11日	11/22	水	庚戌	閉	釼釧金	参
12日	11/23	木	辛亥	建	釼釧金	井
13日	11/24	金	壬子	除	桑柘木	鬼
14日	11/25	土	癸丑	満	桑柘木	柳
15日	11/26	日	甲寅	平	大溪水	星
16日	11/27	月	乙卯	定	大溪水	張
17日	11/28	火	丙辰	執	沙中土	軫
18日	11/29	水	丁巳	破	沙中土	軫
19日	11/30	木	戊午	危	天上火	角
20日	12/01	金	己未	成	天上火	亢
21日	12/02	土	庚申	開	柘榴木	氐
22日	12/03	日	辛酉	開	柘榴木	房
23日	12/04	月	壬戌	閉	大海水	心
24日	12/05	火	癸亥	建	大海水	尾
25日	12/06	水	甲子	除	海中金	箕
26日	12/07	木	乙丑	満	海中金	斗
27日	12/08	金	丙寅	満	爐中火	牛
28日	12/09	土	丁卯	平	爐中火	女
29日	12/10	日	戊辰	危	大林木	虚

【十一月大　丙子　鬼】
節気　冬至 12日・小寒 27日

1日	12/11	月	己巳	執	大林木	危
2日	12/12	火	庚午	破	路傍土	室
3日	12/13	水	辛未	危	路傍土	壁
4日	12/14	木	壬申	成	釼鋒金	奎
5日	12/15	金	癸酉	納	釼鋒金	婁
6日	12/16	土	甲戌	開	山頭火	胃
7日	12/17	日	乙亥	閉	山頭火	昴
8日	12/18	月	丙子	建	潤下水	畢
9日	12/19	火	丁丑	除	潤下水	觜
10日	12/20	水	戊寅	満	城頭土	参
11日	12/21	木	己卯	平	城頭土	井
12日	12/22	金	庚辰	定	白鑞金	鬼
13日	12/23	土	辛巳	執	白鑞金	柳
14日	12/24	日	壬午	破	楊柳木	星
15日	12/25	月	癸未	危	楊柳木	張
16日	12/26	火	甲申	成	井泉水	翼
17日	12/27	水	乙酉	納	井泉水	軫
18日	12/28	木	丙戌	開	屋上土	角
19日	12/29	金	丁亥	閉	屋上土	亢
20日	12/30	土	戊子	建	霹靂火	氐
21日	12/31	日	己丑	除	霹靂火	房

1720年

22日	01/01	月	庚寅	満	松柏木	心
23日	01/02	火	辛卯	平	松柏木	尾
24日	01/03	水	壬辰	定	長流水	箕
25日	01/04	木	癸巳	執	長流水	斗
26日	01/05	金	甲午	破	沙中金	牛
27日	01/06	土	乙未	破	沙中金	女
28日	01/07	日	丙申	危	山下火	虚
29日	01/08	月	丁酉	成	山下火	危
30日	01/09	火	戊戌	納	平地木	室

【十二月小　丁丑　柳】
節気　大寒 12日・立春 28日
雑節　土用 9日・節分 27日

1日	01/10	水	己亥	開	平地木	壁
2日	01/11	木	庚子	閉	壁上土	奎
3日	01/12	金	辛丑	建	壁上土	婁
4日	01/13	土	壬寅	除	金箔金	胃
5日	01/14	日	癸卯	満	金箔金	昴
6日	01/15	月	甲辰	平	覆燈火	畢
7日	01/16	火	乙巳	定	覆燈火	觜
8日	01/17	水	丙午	執	天河水	参
9日	01/18	木	丁未	破	天河水	井
10日	01/19	金	戊申	危	大駅土	鬼
11日	01/20	土	己酉	成	大駅土	柳
12日	01/21	日	庚戌	納	釼釧金	星
13日	01/22	月	辛亥	開	釼釧金	張
14日	01/23	火	壬子	閉	桑柘木	翼
15日	01/24	水	癸丑	建	桑柘木	軫
16日	01/25	木	甲寅	除	大溪水	角
17日	01/26	金	乙卯	平	大溪水	氐
18日	01/27	土	丙辰	平	沙中土	房
19日	01/28	日	丁巳	定	沙中土	心
20日	01/29	月	戊午	執	天上火	尾
21日	01/30	火	己未	破	天上火	箕
22日	01/31	水	庚申	危	柘榴木	斗
23日	02/01	木	辛酉	成	柘榴木	牛
24日	02/02	金	壬戌	納	大海水	女
25日	02/03	土	癸亥	開	大海水	虚
26日	02/04	日	甲子	閉	海中金	危
27日	02/05	月	乙丑	建	海中金	室
28日	02/06	火	丙寅	建	爐中火	室
29日	02/07	水	丁卯	除	爐中火	壁

享保5年
1720〜1721　庚子　翼

【正月大 戊寅 星】
節気 雨水 14日・啓蟄 29日

日	新暦	曜	干支	直	納音	宿
1日	02/08	木	戊辰	満	大林木	奎
2日	02/09	金	己巳	平	大林木	婁
3日	02/10	土	庚午	定	路傍土	胃
4日	02/11	日	辛未	執	路傍土	昴
5日	02/12	月	壬申	破	釼鋒金	畢
6日	02/13	火	癸酉	危	釼鋒金	觜
7日	02/14	水	甲戌	成	山頭火	参
8日	02/15	木	乙亥	納	山頭火	井
9日	02/16	金	丙子	開	澗下水	鬼
10日	02/17	土	丁丑	閉	澗下水	柳
11日	02/18	日	戊寅	建	城頭土	星
12日	02/19	月	己卯	除	城頭土	張
13日	02/20	火	庚辰	満	白鑞金	翼
14日	02/21	水	辛巳	平	白鑞金	軫
15日	02/22	木	壬午	定	楊柳木	角
16日	02/23	金	癸未	執	楊柳木	亢
17日	02/24	土	甲申	破	井泉水	氐
18日	02/25	日	乙酉	危	井泉水	房
19日	02/26	月	丙戌	成	屋上土	心
20日	02/27	火	丁亥	納	屋上土	尾
21日	02/28	水	戊子	開	霹靂火	箕
22日	02/29	木	己丑	閉	霹靂火	斗
23日	03/01	金	庚寅	建	松柏木	牛
24日	03/02	土	辛卯	除	松柏木	女
25日	03/03	日	壬辰	満	長流水	虚
26日	03/04	月	癸巳	平	長流水	危
27日	03/05	火	甲午	定	沙中金	室
28日	03/06	水	乙未	執	沙中金	壁
29日	03/07	木	丙申	執	山下火	奎
30日	03/08	金	丁酉	破	山下火	婁

【二月大 己卯 張】
節気 春分 14日・清明 29日
雑節 社日 11日・彼岸 16日

日	新暦	曜	干支	直	納音	宿
1日	03/09	土	戊戌	危	平地木	胃
2日	03/10	日	己亥	成	平地木	昴
3日	03/11	月	庚子	納	壁上土	畢
4日	03/12	火	辛丑	開	壁上土	觜
5日	03/13	水	壬寅	閉	金箔金	参
6日	03/14	木	癸卯	建	金箔金	井
7日	03/15	金	甲辰	除	覆燈火	鬼
8日	03/16	土	乙巳	満	覆燈火	柳
9日	03/17	日	丙午	平	天河水	星
10日	03/18	月	丁未	定	天河水	張
11日	03/19	火	戊申	執	大駅土	翼
12日	03/20	水	己酉	破	大駅土	軫
13日	03/21	木	庚戌	危	釼釧金	角
14日	03/22	金	辛亥	成	釼釧金	亢
15日	03/23	土	壬子	納	桑柘木	氐
16日	03/24	日	癸丑	開	桑柘木	房
17日	03/25	月	甲寅	閉	大溪水	心
18日	03/26	火	乙卯	建	大溪水	尾
19日	03/27	水	丙辰	除	沙中土	箕
20日	03/28	木	丁巳	満	沙中土	斗
21日	03/29	金	戊午	平	天上火	牛
22日	03/30	土	己未	定	天上火	女
23日	03/31	日	庚申	執	柘榴木	虚
24日	04/01	月	辛酉	破	柘榴木	危
25日	04/02	火	壬戌	危	大海水	室
26日	04/03	水	癸亥	成	大海水	壁
27日	04/04	木	甲子	納	海中金	奎
28日	04/05	金	乙丑	開	海中金	婁
29日	04/06	土	丙寅	開	爐中火	胃
30日	04/07	日	丁卯	閉	爐中火	昴

【三月小 庚辰 翼】
節気 穀雨 15日
雑節 土用 12日・八十八夜 26日

日	新暦	曜	干支	直	納音	宿
1日	04/08	月	戊辰	建	大林木	畢
2日	04/09	火	己巳	除	大林木	觜
3日	04/10	水	庚午	満	路傍土	参
4日	04/11	木	辛未	平	路傍土	井
5日	04/12	金	壬申	定	釼鋒金	鬼
6日	04/13	土	癸酉	執	釼鋒金	柳
7日	04/14	日	甲戌	破	山頭火	星
8日	04/15	月	乙亥	危	山頭火	張
9日	04/16	火	丙子	成	澗下水	翼
10日	04/17	水	丁丑	納	澗下水	軫
11日	04/18	木	戊寅	開	城頭土	角
12日	04/19	金	己卯	閉	城頭土	亢
13日	04/20	土	庚辰	建	白鑞金	氐
14日	04/21	日	辛巳	除	白鑞金	房
15日	04/22	月	壬午	満	楊柳木	心
16日	04/23	火	癸未	平	楊柳木	尾
17日	04/24	水	甲申	定	井泉水	箕
18日	04/25	木	乙酉	執	井泉水	斗
19日	04/26	金	丙戌	破	屋上土	牛
20日	04/27	土	丁亥	危	屋上土	女
21日	04/28	日	戊子	成	霹靂火	虚
22日	04/29	月	己丑	納	霹靂火	危
23日	04/30	火	庚寅	開	松柏木	室
24日	05/01	水	辛卯	閉	松柏木	壁
25日	05/02	木	壬辰	建	長流水	奎
26日	05/03	金	癸巳	除	長流水	婁
27日	05/04	土	甲午	満	沙中金	胃
28日	05/05	日	乙未	平	沙中金	昴
29日	05/06	月	丙申	定	山下火	畢

【四月大 辛巳 軫】
節気 立夏 1日・小満 16日

日	新暦	曜	干支	直	納音	宿
1日	05/07	火	丁酉	定	山下火	觜
2日	05/08	水	戊戌	執	平地木	参
3日	05/09	木	己亥	破	平地木	井
4日	05/10	金	庚子	危	壁上土	鬼
5日	05/11	土	辛丑	成	壁上土	柳
6日	05/12	日	壬寅	納	金箔金	星
7日	05/13	月	癸卯	開	金箔金	張
8日	05/14	火	甲辰	閉	覆燈火	翼
9日	05/15	水	乙巳	建	覆燈火	軫
10日	05/16	木	丙午	除	天河水	角
11日	05/17	金	丁未	満	天河水	亢
12日	05/18	土	戊申	平	大駅土	氐
13日	05/19	日	己酉	定	大駅土	房
14日	05/20	月	庚戌	執	釼釧金	心
15日	05/21	火	辛亥	破	釼釧金	尾
16日	05/22	水	壬子	危	桑柘木	箕
17日	05/23	木	癸丑	成	桑柘木	斗
18日	05/24	金	甲寅	納	大溪水	牛
19日	05/25	土	乙卯	開	大溪水	女
20日	05/26	日	丙辰	閉	沙中土	虚
21日	05/27	月	丁巳	建	沙中土	危
22日	05/28	火	戊午	除	天上火	室
23日	05/29	水	己未	満	天上火	壁
24日	05/30	木	庚申	平	柘榴木	奎
25日	05/31	金	辛酉	定	柘榴木	婁
26日	06/01	土	壬戌	執	大海水	胃
27日	06/02	日	癸亥	破	大海水	昴
28日	06/03	月	甲子	危	海中金	畢
29日	06/04	火	乙丑	成	海中金	觜
30日	06/05	水	丙寅	納	爐中火	参

【五月大 壬午 角】
節気 芒種 1日・夏至 17日
雑節 入梅 6日・半夏生 27日

日	新暦	曜	干支	直	納音	宿
1日	06/06	木	丁卯	納	爐中火	井
2日	06/07	金	戊辰	開	大林木	鬼
3日	06/08	土	己巳	閉	大林木	柳
4日	06/09	日	庚午	建	路傍土	星
5日	06/10	月	辛未	除	路傍土	張
6日	06/11	火	壬申	満	釼鋒金	翼
7日	06/12	水	癸酉	平	釼鋒金	軫
8日	06/13	木	甲戌	定	山頭火	角
9日	06/14	金	乙亥	執	山頭火	亢
10日	06/15	土	丙子	破	澗下水	氐
11日	06/16	日	丁丑	危	澗下水	房
12日	06/17	月	戊寅	成	城頭土	心
13日	06/18	火	己卯	納	城頭土	尾
14日	06/19	水	庚辰	開	白鑞金	箕
15日	06/20	木	辛巳	閉	白鑞金	斗
16日	06/21	金	壬午	建	楊柳木	牛
17日	06/22	土	癸未	除	楊柳木	女
18日	06/23	日	甲申	満	井泉水	虚
19日	06/24	月	乙酉	平	井泉水	危
20日	06/25	火	丙戌	定	屋上土	室
21日	06/26	水	丁亥	執	屋上土	壁
22日	06/27	木	戊子	破	霹靂火	奎
23日	06/28	金	己丑	危	霹靂火	婁
24日	06/29	土	庚寅	成	松柏木	胃
25日	06/30	日	辛卯	納	松柏木	昴
26日	07/01	月	壬辰	開	長流水	畢
27日	07/02	火	癸巳	閉	長流水	觜
28日	07/03	水	甲午	建	沙中金	参
29日	07/04	木	乙未	除	沙中金	井
30日	07/05	金	丙申	満	山下火	鬼

【六月小 癸未 亢】
節気 小暑 2日・大暑 17日
雑節 土用 14日

日	新暦	曜	干支	直	納音	宿
1日	07/06	土	丁酉	平	山下火	柳
2日	07/07	日	戊戌	平	平地木	星
3日	07/08	月	己亥	定	平地木	張
4日	07/09	火	庚子	執	壁上土	翼
5日	07/10	水	辛丑	破	壁上土	軫
6日	07/11	木	壬寅	危	金箔金	角
7日	07/12	金	癸卯	成	金箔金	亢
8日	07/13	土	甲辰	納	覆燈火	氐
9日	07/14	日	乙巳	開	覆燈火	房
10日	07/15	月	丙午	閉	天河水	心
11日	07/16	火	丁未	建	天河水	尾
12日	07/17	水	戊申	除	大駅土	箕
13日	07/18	木	己酉	満	大駅土	斗
14日	07/19	金	庚戌	平	釼釧金	牛
15日	07/20	土	辛亥	定	釼釧金	女
16日	07/21	日	壬子	執	桑柘木	虚
17日	07/22	月	癸丑	破	桑柘木	危
18日	07/23	火	甲寅	危	大溪水	室
19日	07/24	水	乙卯	成	大溪水	壁
20日	07/25	木	丙辰	納	沙中土	奎
21日	07/26	金	丁巳	開	沙中土	婁
22日	07/27	土	戊午	閉	天上火	胃
23日	07/28	日	己未	建	天上火	昴
24日	07/29	月	庚申	除	柘榴木	畢
25日	07/30	火	辛酉	満	柘榴木	觜
26日	07/31	水	壬戌	平	大海水	参
27日	08/01	木	癸亥	定	大海水	井
28日	08/02	金	甲子	執	海中金	鬼
29日	08/03	土	乙丑	破	海中金	柳

西暦 曜 干支 直 納音 宿　　　　　　　　　　享保5年

【七月大 甲申 氏】
節気 立秋 3日・処暑 18日
雑節 二百十日 30日

日	西暦	曜	干支	直	納音	宿
1日◎	08/04	日	丙寅	危	爐中火	星
2日	08/05	月	丁卯	成	爐中火	張
3日	08/06	火	戊辰	納	大林木	翼
4日	08/07	水	己巳	納	大林木	軫
5日	08/08	木	庚午	開	路傍土	角
6日	08/09	金	辛未	閉	路傍土	亢
7日	08/10	土	壬申	建	釼鋒金	氐
8日	08/11	日	癸酉	除	釼鋒金	房
9日	08/12	月	甲戌	満	山頭火	心
10日	08/13	火	乙亥	定	山頭火	尾
11日	08/14	水	丙子	定	澗下水	箕
12日	08/15	木	丁丑	執	澗下水	斗
13日	08/16	金	戊寅	破	城頭土	牛
14日	08/17	土	己卯	危	城頭土	女
15日	08/18	日	庚辰	成	白鑞金	虚
16日	08/19	月	辛巳	納	白鑞金	危
17日	08/20	火	壬午	開	楊柳木	室
18日	08/21	水	癸未	閉	楊柳木	壁
19日	08/22	木	甲申	建	井泉水	奎
20日	08/23	金	乙酉	除	井泉水	婁
21日	08/24	土	丙戌	満	屋上土	胃
22日	08/25	日	丁亥	平	屋上土	昴
23日	08/26	月	戊子	定	霹靂火	畢
24日	08/27	火	己丑	執	霹靂火	觜
25日	08/28	水	庚寅	破	松柏木	参
26日	08/29	木	辛卯	危	松柏木	井
27日	08/30	金	壬辰	成	長流水	鬼
28日	08/31	土	癸巳	納	長流水	柳
29日	09/01	日	甲午	開	沙中金	星
30日	09/02	月	乙未	閉	沙中金	張

【八月小 乙酉 房】
節気 白露 4日・秋分 19日
雑節 彼岸 21日・社日 23日

日	西暦	曜	干支	直	納音	宿
1日	09/03	火	丙申	建	山下火	翼
2日	09/04	水	丁酉	除	山下火	軫
3日	09/05	木	戊戌	満	平地木	角
4日	09/06	金	己亥	満	平地木	亢
5日	09/07	土	庚子	平	壁上土	氐
6日	09/08	日	辛丑	定	壁上土	房
7日	09/09	月	壬寅	執	金箔金	心
8日	09/10	火	癸卯	破	金箔金	尾
9日	09/11	水	甲辰	危	覆燈火	箕
10日	09/12	木	乙巳	成	覆燈火	斗
11日	09/13	金	丙午	納	天河水	牛
12日	09/14	土	丁未	開	天河水	女
13日	09/15	日	戊申	閉	大駅土	虚
14日	09/16	月	己酉	建	大駅土	危
15日	09/17	火	庚戌	除	釵釧金	室
16日	09/18	水	辛亥	満	釵釧金	壁
17日	09/19	木	壬子	定	桑柘木	奎
18日	09/20	金	癸丑	定	桑柘木	婁
19日	09/21	土	甲寅	執	大溪水	胃
20日	09/22	日	乙卯	破	大溪水	昴
21日	09/23	月	丙辰	危	沙中土	畢
22日	09/24	火	丁巳	成	沙中土	觜
23日	09/25	水	戊午	納	天上火	参
24日	09/26	木	己未	開	天上火	井
25日	09/27	金	庚申	閉	柘榴木	鬼
26日	09/28	土	辛酉	建	柘榴木	柳
27日	09/29	日	壬戌	除	大海水	星
28日	09/30	月	癸亥	満	大海水	張
29日	10/01	火	甲子	平	海中金	翼

【九月小 丙戌 心】
節気 寒露 5日・霜降 20日

雑節 土用 17日

日	西暦	曜	干支	直	納音	宿
1日	10/02	水	乙丑	定	海中金	軫
2日	10/03	木	丙寅	執	爐中火	角
3日	10/04	金	丁卯	破	爐中火	亢
4日	10/05	土	戊辰	危	大林木	氐
5日	10/06	日	己巳	成	大林木	房
6日	10/07	月	庚午	納	路傍土	心
7日	10/08	火	辛未	納	路傍土	尾
8日	10/09	水	壬申	閉	釼鋒金	箕
9日	10/10	木	癸酉	閉	釼鋒金	斗
10日	10/11	金	甲戌	建	山頭火	牛
11日	10/12	土	乙亥	除	山頭火	女
12日	10/13	日	丙子	平	澗下水	虚
13日	10/14	月	丁丑	平	澗下水	危
14日	10/15	火	戊寅	定	城頭土	室
15日	10/16	水	己卯	執	城頭土	壁
16日	10/17	木	庚辰	破	白鑞金	奎
17日	10/18	金	辛巳	危	白鑞金	婁
18日	10/19	土	壬午	成	楊柳木	胃
19日	10/20	日	癸未	納	楊柳木	昴
20日	10/21	月	甲申	開	井泉水	畢
21日	10/22	火	乙酉	閉	井泉水	觜
22日	10/23	水	丙戌	建	屋上土	参
23日	10/24	木	丁亥	除	屋上土	井
24日	10/25	金	戊子	満	霹靂火	鬼
25日	10/26	土	己丑	平	霹靂火	柳
26日	10/27	日	庚寅	定	松柏木	星
27日	10/28	月	辛卯	執	松柏木	張
28日	10/29	火	壬辰	破	長流水	翼
29日	10/30	水	癸巳	危	長流水	軫

【十月大 丁亥 尾】
節気 立冬 6日・小雪 22日

日	西暦	曜	干支	直	納音	宿
1日	10/31	木	甲午	成	沙中金	角
2日	11/01	金	乙未	納	沙中金	亢
3日	11/02	土	丙申	開	山下火	氐
4日	11/03	日	丁酉	建	山下火	房
5日	11/04	月	戊戌	建	平地木	心
6日	11/05	火	己亥	除	平地木	尾
7日	11/06	水	庚子	除	壁上土	箕
8日	11/07	木	辛丑	平	壁上土	斗
9日	11/08	金	壬寅	定	金箔金	牛
10日	11/09	土	癸卯	定	金箔金	女
11日	11/10	日	甲辰	執	覆燈火	虚
12日	11/11	月	乙巳	破	覆燈火	危
13日	11/12	火	丙午	危	天河水	室
14日	11/13	水	丁未	成	天河水	壁
15日	11/14	木	戊申	開	大駅土	奎
16日	11/15	金	己酉	閉	大駅土	婁
17日	11/16	土	庚戌	閉	釵釧金	胃
18日	11/17	日	辛亥	除	釵釧金	昴
19日	11/18	月	壬子	除	桑柘木	畢
20日	11/19	火	癸丑	満	桑柘木	觜
21日	11/20	水	甲寅	平	大溪水	参
22日	11/21	木	乙卯	定	大溪水	井
23日	11/22	金	丙辰	執	沙中土	鬼
24日	11/23	土	丁巳	破	沙中土	柳
25日	11/24	日	戊午	危	天上火	星
26日	11/25	月	己未	成	天上火	張
27日	11/26	火	庚申	納	柘榴木	翼
28日	11/27	水	辛酉	開	柘榴木	軫
29日	11/28	木	壬戌	閉	大海水	角
30日	11/29	金	癸亥	建	大海水	亢

【十一月小 戊子 箕】
節気 大雪 7日・冬至 22日

日	西暦	曜	干支	直	納音	宿
1日	11/30	土	甲子	除	海中金	氐
2日	12/01	日	乙丑	満	海中金	房
3日	12/02	月	丙寅	平	爐中火	心
4日	12/03	火	丁卯	定	爐中火	尾
5日	12/04	水	戊辰	執	大林木	箕
6日	12/05	木	己巳	破	大林木	斗
7日	12/06	金	庚午	破	路傍土	牛
8日	12/07	土	辛未	危	路傍土	女
9日	12/08	日	壬申	成	釼鋒金	虚
10日	12/09	月	癸酉	納	釼鋒金	危
11日	12/10	火	甲戌	開	山頭火	室
12日	12/11	水	乙亥	閉	山頭火	壁
13日	12/12	木	丙子	建	澗下水	奎
14日	12/13	金	丁丑	除	澗下水	婁
15日	12/14	土	戊寅	満	城頭土	胃
16日	12/15	日	己卯	定	城頭土	昴
17日	12/16	月	庚辰	定	白鑞金	畢
18日	12/17	火	辛巳	執	白鑞金	觜
19日	12/18	水	壬午	破	楊柳木	参
20日	12/19	木	癸未	危	楊柳木	井
21日	12/20	金	甲申	成	井泉水	鬼
22日	12/21	土	乙酉	納	井泉水	柳
23日	12/22	日	丙戌	閉	屋上土	星
24日	12/23	月	丁亥	閉	屋上土	張
25日	12/24	火	戊子	建	霹靂火	翼
26日	12/25	水	己丑	除	霹靂火	軫
27日	12/26	木	庚寅	満	松柏木	角
28日	12/27	金	辛卯	平	松柏木	亢
29日	12/28	土	壬辰	定	長流水	氐

【十二月大 己丑 斗】
節気 小寒 8日・大寒 24日
雑節 土用 21日

日	西暦	曜	干支	直	納音	宿
1日	12/29	日	癸巳	執	長流水	房
2日	12/30	月	甲午	破	沙中金	心
3日	12/31	火	乙未	危	沙中金	尾

1721年

日	西暦	曜	干支	直	納音	宿
4日	01/01	水	丙申	成	山下火	箕
5日	01/02	木	丁酉	納	山下火	斗
6日	01/03	金	戊戌	開	平地木	牛
7日	01/04	土	己亥	閉	平地木	女
8日	01/05	日	庚子	閉	壁上土	虚
9日	01/06	月	辛丑	建	壁上土	危
10日	01/07	火	壬寅	除	金箔金	室
11日	01/08	水	癸卯	満	金箔金	壁
12日	01/09	木	甲辰	平	覆燈火	奎
13日	01/10	金	乙巳	定	覆燈火	婁
14日	01/11	土	丙午	執	天河水	胃
15日	01/12	日	丁未	破	天河水	昴
16日☆	01/13	月	戊申	危	大駅土	畢
17日	01/14	火	己酉	成	大駅土	觜
18日	01/15	水	庚戌	納	釵釧金	参
19日	01/16	木	辛亥	開	釵釧金	井
20日	01/17	金	壬子	閉	桑柘木	鬼
21日	01/18	土	癸丑	建	桑柘木	柳
22日	01/19	日	甲寅	除	大溪水	星
23日	01/20	月	乙卯	満	大溪水	張
24日	01/21	火	丙辰	平	沙中土	翼
25日	01/22	水	丁巳	定	沙中土	軫
26日	01/23	木	戊午	執	天上火	角
27日	01/24	金	己未	破	天上火	亢
28日	01/25	土	庚申	危	柘榴木	氐
29日	01/26	日	辛酉	成	柘榴木	房
30日	01/27	月	壬戌	納	大海水	心

享保6年
1721～1722 辛丑 軫

【正月小 庚寅 牛】
節気 立春 9日・雨水 24日
雑節 節分 8日

日	新暦	曜	干支	十二直	納音	宿
1	01/28	火	癸亥	開	大海水	尾
2	01/29	水	甲子	閉	海中金	箕
3	01/30	木	乙丑	建	海中金	斗
4	01/31	金	丙寅	除	炉中火	牛
5	02/01	土	丁卯	満	炉中火	女
6	02/02	日	戊辰	平	大林木	虚
7	02/03	月	己巳	定	大林木	危
8	02/04	火	庚午	執	路傍土	室
9	02/05	水	辛未	執	路傍土	壁
10	02/06	木	壬申	破	剣鋒金	奎
11	02/07	金	癸酉	危	剣鋒金	婁
12	02/08	土	甲戌	成	山頭火	胃
13	02/09	日	乙亥	納	山頭火	昴
14	02/10	月	丙子	開	澗下水	畢
15	02/11	火	丁丑	閉	澗下水	觜
16	02/12	水	戊寅	建	城頭土	参
17	02/13	木	己卯	除	城頭土	井
18	02/14	金	庚辰	満	白鑞金	鬼
19	02/15	土	辛巳	平	白鑞金	柳
20	02/16	日	壬午	定	楊柳木	星
21	02/17	月	癸未	執	楊柳木	張
22	02/18	火	甲申	破	井泉水	翼
23	02/19	水	乙酉	危	井泉水	軫
24	02/20	木	丙戌	成	屋上土	角
25	02/21	金	丁亥	納	屋上土	亢
26	02/22	土	戊子	開	霹靂火	氐
27	02/23	日	己丑	閉	霹靂火	房
28	02/24	月	庚寅	建	松柏木	心
29	02/25	火	辛卯	除	松柏木	尾

【二月大 辛卯 女】
節気 啓蟄 10日・春分 25日
雑節 彼岸 27日・社日 27日

日	新暦	曜	干支	十二直	納音	宿
1	02/26	水	壬辰	満	長流水	箕
2	02/27	木	癸巳	平	長流水	斗
3	02/28	金	甲午	定	沙中金	牛
4	03/01	土	乙未	執	沙中金	女
5	03/02	日	丙申	破	山下火	虚
6	03/03	月	丁酉	危	山下火	危
7	03/04	火	戊戌	成	平地木	室
8	03/05	水	己亥	納	平地木	壁
9	03/06	木	庚子	開	壁上土	奎
10	03/07	金	辛丑	開	壁上土	婁
11	03/08	土	壬寅	閉	金箔金	胃
12	03/09	日	癸卯	建	金箔金	昴
13	03/10	月	甲辰	除	覆燈火	畢
14	03/11	火	乙巳	満	覆燈火	觜
15	03/12	水	丙午	平	天河水	参
16	03/13	木	丁未	定	天河水	井
17	03/14	金	戊申	執	大駅土	鬼
18	03/15	土	己酉	破	大駅土	柳
19	03/16	日	庚戌	危	釵釧金	星
20	03/17	月	辛亥	成	釵釧金	張
21	03/18	火	壬子	納	桑柘木	翼
22	03/19	水	癸丑	開	桑柘木	軫
23	03/20	木	甲寅	閉	大渓水	角
24	03/21	金	乙卯	建	大渓水	亢
25	03/22	土	丙辰	除	沙中土	氐
26	03/23	日	丁巳	満	沙中土	房
27	03/24	月	戊午	平	天上火	心
28	03/25	火	己未	定	天上火	尾
29	03/26	水	庚申	執	柘榴木	箕
30	03/27	木	辛酉	破	柘榴木	斗

【三月小 壬辰 虚】
節気 清明 11日・穀雨 26日
雑節 土用 23日

日	新暦	曜	干支	十二直	納音	宿
1	03/28	金	壬戌	危	大海水	牛
2	03/29	土	癸亥	成	大海水	女
3	03/30	日	甲子	納	海中金	虚
4	03/31	月	乙丑	開	海中金	危
5	04/01	火	丙寅	閉	炉中火	室
6	04/02	水	丁卯	建	炉中火	壁
7	04/03	木	戊辰	除	大林木	奎
8	04/04	金	己巳	満	大林木	婁
9	04/05	土	庚午	平	路傍土	胃
10	04/06	日	辛未	定	路傍土	昴
11	04/07	月	壬申	定	剣鋒金	畢
12	04/08	火	癸酉	執	剣鋒金	觜
13	04/09	水	甲戌	破	山頭火	参
14	04/10	木	乙亥	危	山頭火	井
15	04/11	金	丙子	成	澗下水	鬼
16	04/12	土	丁丑	納	澗下水	柳
17	04/13	日	戊寅	開	城頭土	星
18	04/14	月	己卯	閉	城頭土	張
19	04/15	火	庚辰	建	白鑞金	翼
20	04/16	水	辛巳	除	白鑞金	軫
21	04/17	木	壬午	満	楊柳木	角
22	04/18	金	癸未	平	楊柳木	亢
23	04/19	土	甲申	定	井泉水	氐
24	04/20	日	乙酉	執	井泉水	房
25	04/21	月	丙戌	破	屋上土	心
26	04/22	火	丁亥	危	屋上土	尾
27	04/23	水	戊子	成	霹靂火	箕
28	04/24	木	己丑	納	霹靂火	斗
29	04/25	金	庚寅	開	松柏木	牛

【四月大 癸巳 危】
節気 立夏 12日・小満 27日
雑節 八十八夜 8日

日	新暦	曜	干支	十二直	納音	宿
1	04/26	土	辛卯	閉	松柏木	女
2	04/27	日	壬辰	建	長流水	虚
3	04/28	月	癸巳	除	長流水	危
4	04/29	火	甲午	満	沙中金	室
5	04/30	水	乙未	平	沙中金	壁
6	05/01	木	丙申	定	山下火	奎
7	05/02	金	丁酉	執	山下火	婁
8	05/03	土	戊戌	破	平地木	胃
9	05/04	日	己亥	危	平地木	昴
10	05/05	月	庚子	成	壁上土	畢
11	05/06	火	辛丑	納	壁上土	觜
12	05/07	水	壬寅	納	金箔金	参
13	05/08	木	癸卯	開	金箔金	井
14	05/09	金	甲辰	閉	覆燈火	鬼
15	05/10	土	乙巳	建	覆燈火	柳
16	05/11	日	丙午	除	天河水	星
17	05/12	月	丁未	満	天河水	張
18	05/13	火	戊申	平	大駅土	翼
19	05/14	水	己酉	定	大駅土	軫
20	05/15	木	庚戌	執	釵釧金	角
21	05/16	金	辛亥	破	釵釧金	亢
22	05/17	土	壬子	危	桑柘木	氐
23	05/18	日	癸丑	成	桑柘木	房
24	05/19	月	甲寅	納	大渓水	心
25	05/20	火	乙卯	開	大渓水	尾
26	05/21	水	丙辰	閉	沙中土	箕
27	05/22	木	丁巳	建	沙中土	斗
28	05/23	金	戊午	除	天上火	牛
29	05/24	土	己未	満	天上火	女
30	05/25	日	庚申	平	柘榴木	虚

【五月大 甲午 室】
節気 芒種 13日・夏至 28日
雑節 入梅 22日

日	新暦	曜	干支	十二直	納音	宿
1	05/26	月	辛酉	定	柘榴木	危
2	05/27	火	壬戌	執	大海水	室
3	05/28	水	癸亥	破	大海水	壁
4	05/29	木	甲子	危	海中金	奎
5	05/30	金	乙丑	成	海中金	婁
6	05/31	土	丙寅	納	炉中火	胃
7	06/01	日	丁卯	開	炉中火	昴
8	06/02	月	戊辰	閉	大林木	畢
9	06/03	火	己巳	建	大林木	觜
10	06/04	水	庚午	除	路傍土	参
11	06/05	木	辛未	満	路傍土	井
12	06/06	金	壬申	平	剣鋒金	鬼
13	06/07	土	癸酉	平	剣鋒金	柳
14	06/08	日	甲戌	定	山頭火	星
15	06/09	月	乙亥	執	山頭火	張
16	06/10	火	丙子	破	澗下水	翼
17	06/11	水	丁丑	危	澗下水	軫
18	06/12	木	戊寅	成	城頭土	角
19	06/13	金	己卯	納	城頭土	亢
20	06/14	土	庚辰	開	白鑞金	氐
21	06/15	日	辛巳	閉	白鑞金	房
22	06/16	月	壬午	建	楊柳木	心
23	06/17	火	癸未	除	楊柳木	尾
24	06/18	水	甲申	満	井泉水	箕
25	06/19	木	乙酉	平	井泉水	斗
26	06/20	金	丙戌	定	屋上土	牛
27	06/21	土	丁亥	執	屋上土	女
28	06/22	日	戊子	破	霹靂火	虚
29	06/23	月	己丑	危	霹靂火	危
30	06/24	火	庚寅	成	松柏木	室

【六月小 乙未 壁】
節気 小暑 13日・大暑 28日
雑節 半夏生 8日・土用 25日

日	新暦	曜	干支	十二直	納音	宿
1	06/25	水	辛卯	納	松柏木	壁
2	06/26	木	壬辰	開	長流水	奎
3	06/27	金	癸巳	閉	長流水	婁
4	06/28	土	甲午	建	沙中金	胃
5	06/29	日	乙未	除	沙中金	昴
6	06/30	月	丙申	満	山下火	畢
7	07/01	火	丁酉	平	山下火	觜
8	07/02	水	戊戌	定	平地木	参
9	07/03	木	己亥	執	平地木	井
10	07/04	金	庚子	破	壁上土	鬼
11	07/05	土	辛丑	危	壁上土	柳
12	07/06	日	壬寅	成	金箔金	星
13	07/07	月	癸卯	成	金箔金	張
14	07/08	火	甲辰	納	覆燈火	翼
15	☆07/09	水	乙巳	開	覆燈火	軫
16	07/10	木	丙午	閉	天河水	角
17	07/11	金	丁未	建	天河水	亢
18	07/12	土	戊申	除	大駅土	氐
19	07/13	日	己酉	満	大駅土	房
20	07/14	月	庚戌	平	釵釧金	心
21	07/15	火	辛亥	定	釵釧金	尾
22	07/16	水	壬子	執	桑柘木	箕
23	07/17	木	癸丑	破	桑柘木	斗
24	07/18	金	甲寅	危	大渓水	牛
25	07/19	土	乙卯	成	大渓水	女
26	07/20	日	丙辰	納	沙中土	虚
27	07/21	月	丁巳	開	沙中土	危
28	07/22	火	戊午	閉	天上火	室
29	07/23	水	己未	建	天上火	壁

【七月大 丙申 奎】
節気 立秋 14日・処暑 30日

日	新暦	曜	干支	十二直	納音	宿
1	◎07/24	木	庚申	除	柘榴木	奎
2	07/25	金	辛酉	満	柘榴木	婁
3	07/26	土	壬戌	平	大海水	胃
4	07/27	日	癸亥	定	大海水	昴
5	07/28	月	甲子	執	海中金	畢
6	07/29	火	乙丑	破	海中金	觜
7	07/30	水	丙寅	危	炉中火	参
8	07/31	木	丁卯	成	炉中火	井
9	08/01	金	戊辰	納	大林木	鬼
10	08/02	土	己巳	開	大林木	柳
11	08/03	日	庚午	閉	路傍土	星
12	08/04	月	辛未	建	路傍土	張
13	08/05	火	壬申	除	剣鋒金	翼
14	08/06	水	癸酉	除	剣鋒金	軫
15	08/07	木	甲戌	満	山頭火	角

享保6年

日	西暦	曜	干支	直	納音	宿
16日	08/08	金	乙亥	平	山頭火	亢
17日	08/09	土	丙子	定	澗下水	氐
18日	08/10	日	丁丑	執	澗下水	房
19日	08/11	月	戊寅	破	城頭土	心
20日	08/12	火	己卯	危	城頭土	尾
21日	08/13	水	庚辰	成	白鑞金	箕
22日	08/14	木	辛巳	納	白鑞金	斗
23日	08/15	金	壬午	開	楊柳木	牛
24日	08/16	土	癸未	閉	楊柳木	女
25日	08/17	日	甲申	建	井泉水	虚
26日	08/18	月	乙酉	除	井泉水	危
27日	08/19	火	丙戌	満	屋上土	室
28日	08/20	水	丁亥	平	屋上土	壁
29日	08/21	木	戊子	定	霹靂火	奎
30日	08/22	金	己丑	執	霹靂火	婁

【閏七月小 丙申 奎】
節気 白露 15日
雑節 二百十日 11日・社日 29日

日	西暦	曜	干支	直	納音	宿
1日	08/23	土	庚寅	破	松柏木	胃
2日	08/24	日	辛卯	危	松柏木	昴
3日	08/25	月	壬辰	成	長流水	畢
4日	08/26	火	癸巳	納	長流水	觜
5日	08/27	水	甲午	開	沙中金	参
6日	08/28	木	乙未	閉	沙中金	井
7日	08/29	金	丙申	建	山下火	鬼
8日	08/30	土	丁酉	除	山下火	柳
9日	08/31	日	戊戌	満	平地木	星
10日	09/01	月	己亥	平	平地木	張
11日	09/02	火	庚子	定	壁上土	翼
12日	09/03	水	辛丑	執	壁上土	軫
13日	09/04	木	壬寅	破	金箔金	角
14日	09/05	金	癸卯	危	金箔金	亢
15日	09/06	土	甲辰	危	覆燈火	氐
16日	09/07	日	乙巳	成	覆燈火	房
17日	09/08	月	丙午	納	天河水	心
18日	09/09	火	丁未	開	天河水	尾
19日	09/10	水	戊申	閉	大駅土	箕
20日	09/11	木	己酉	建	大駅土	斗
21日	09/12	金	庚戌	除	釵釧金	牛
22日	09/13	土	辛亥	満	釵釧金	女
23日	09/14	日	壬子	平	桑柘木	虚
24日	09/15	月	癸丑	定	桑柘木	危
25日	09/16	火	甲寅	執	大溪水	室
26日	09/17	水	乙卯	破	大溪水	壁
27日	09/18	木	丙辰	危	沙中土	奎
28日	09/19	金	丁巳	成	沙中土	婁
29日	09/20	土	戊午	納	天上火	胃

【八月大 丁酉 婁】
節気 秋分 1日・寒露 16日
雑節 彼岸 3日・土用 28日

日	西暦	曜	干支	直	納音	宿
1日	09/21	日	己未	開	天上火	昴
2日	09/22	月	庚申	閉	柘榴木	畢
3日	09/23	火	辛酉	建	柘榴木	觜
4日	09/24	水	壬戌	除	大海水	参
5日	09/25	木	癸亥	満	大海水	井
6日	09/26	金	甲子	平	海中金	鬼
7日	09/27	土	乙丑	定	海中金	柳
8日	09/28	日	丙寅	執	爐中火	星
9日	09/29	月	丁卯	破	爐中火	張
10日	09/30	火	戊辰	危	大林木	翼
11日	10/01	水	己巳	成	大林木	軫
12日	10/02	木	庚午	納	路傍土	角
13日	10/03	金	辛未	開	路傍土	亢
14日	10/04	土	壬申	閉	釵鋒金	氐
15日	10/05	日	癸酉	建	釵鋒金	房
16日	10/06	月	甲戌	建	山頭火	心
17日	10/07	火	乙亥	除	山頭火	尾
18日	10/08	水	丙子	満	澗下水	箕
19日	10/09	木	丁丑	平	澗下水	斗
20日	10/10	金	戊寅	定	城頭土	牛
21日	10/11	土	己卯	執	城頭土	女
22日	10/12	日	庚辰	破	白鑞金	虚
23日	10/13	月	辛巳	危	白鑞金	危
24日	10/14	火	壬午	成	楊柳木	室
25日	10/15	水	癸未	納	楊柳木	壁
26日	10/16	木	甲申	開	井泉水	奎
27日	10/17	金	乙酉	閉	井泉水	婁
28日	10/18	土	丙戌	建	屋上土	胃
29日	10/19	日	丁亥	除	屋上土	昴
30日	10/20	月	戊子	満	霹靂火	畢

【九月小 戊戌 胃】
節気 霜降 1日・立冬 17日

日	西暦	曜	干支	直	納音	宿
1日	10/21	火	己丑	平	霹靂火	觜
2日	10/22	水	庚寅	定	松柏木	参
3日	10/23	木	辛卯	執	松柏木	井
4日	10/24	金	壬辰	破	長流水	鬼
5日	10/25	土	癸巳	危	長流水	柳
6日	10/26	日	甲午	成	沙中金	星
7日	10/27	月	乙未	納	沙中金	張
8日	10/28	火	丙申	開	山下火	翼
9日	10/29	水	丁酉	閉	山下火	軫
10日	10/30	木	戊戌	建	平地木	角
11日	10/31	金	己亥	除	平地木	亢
12日	11/01	土	庚子	満	壁上土	氐
13日	11/02	日	辛丑	平	壁上土	房
14日	11/03	月	壬寅	定	金箔金	心
15日	11/04	火	癸卯	執	金箔金	尾
16日	11/05	水	甲辰	破	覆燈火	箕
17日	11/06	木	乙巳	破	覆燈火	斗
18日	11/07	金	丙午	危	天河水	牛
19日	11/08	土	丁未	成	天河水	女
20日	11/09	日	戊申	納	大駅土	虚
21日	11/10	月	己酉	開	大駅土	危
22日	11/11	火	庚戌	閉	釵釧金	室
23日	11/12	水	辛亥	建	釵釧金	壁
24日	11/13	木	壬子	除	桑柘木	奎
25日	11/14	金	癸丑	満	桑柘木	婁
26日	11/15	土	甲寅	平	大溪水	胃
27日	11/16	日	乙卯	定	大溪水	昴
28日	11/17	月	丙辰	執	沙中土	畢
29日	11/18	火	丁巳	破	沙中土	觜

【十月大 己亥 昴】
節気 小雪 3日・大雪 18日

日	西暦	曜	干支	直	納音	宿
1日	11/19	水	戊午	危	天上火	参
2日	11/20	木	己未	成	天上火	井
3日	11/21	金	庚申	納	柘榴木	鬼
4日	11/22	土	辛酉	開	柘榴木	柳
5日	11/23	日	壬戌	閉	大海水	星
6日	11/24	月	癸亥	建	大海水	張
7日	11/25	火	甲子	除	海中金	翼
8日	11/26	水	乙丑	満	海中金	軫
9日	11/27	木	丙寅	平	爐中火	角
10日	11/28	金	丁卯	定	爐中火	亢
11日	11/29	土	戊辰	執	大林木	氐
12日	11/30	日	己巳	破	大林木	房
13日	12/01	月	庚午	危	路傍土	心
14日	12/02	火	辛未	成	路傍土	尾
15日	12/03	水	壬申	納	釵鋒金	箕
16日	12/04	木	癸酉	開	釵鋒金	斗
17日	12/05	金	甲戌	閉	山頭火	牛
18日	12/06	土	乙亥	閉	山頭火	女
19日	12/07	日	丙子	建	澗下水	虚
20日	12/08	月	丁丑	除	澗下水	危
21日	12/09	火	戊寅	満	城頭土	室
22日	12/10	水	己卯	平	城頭土	壁
23日	12/11	木	庚辰	定	白鑞金	奎
24日	12/12	金	辛巳	執	白鑞金	婁
25日	12/13	土	壬午	破	楊柳木	胃
26日	12/14	日	癸未	危	楊柳木	昴
27日	12/15	月	甲申	成	井泉水	畢
28日	12/16	火	乙酉	納	井泉水	觜
29日	12/17	水	丙戌	開	屋上土	参
30日	12/18	木	丁亥	閉	屋上土	井

【十一月小 庚子 畢】
節気 冬至 3日・小寒 19日

日	西暦	曜	干支	直	納音	宿
1日	12/19	金	戊子	建	霹靂火	鬼
2日	12/20	土	己丑	除	霹靂火	柳
3日	12/21	日	庚寅	満	松柏木	星
4日	12/22	月	辛卯	平	松柏木	張
5日	12/23	火	壬辰	定	長流水	翼
6日	12/24	水	癸巳	執	長流水	軫
7日	12/25	木	甲午	破	沙中金	角
8日	12/26	金	乙未	危	沙中金	亢
9日	12/27	土	丙申	成	山下火	氐
10日	12/28	日	丁酉	納	山下火	房
11日	12/29	月	戊戌	開	平地木	心
12日	12/30	火	己亥	閉	平地木	尾
13日	12/31	水	庚子	建	壁上土	箕

1722年

日	西暦	曜	干支	直	納音	宿
14日	01/01	木	辛丑	除	壁上土	斗
15日☆	01/02	金	壬寅	満	金箔金	牛
16日	01/03	土	癸卯	平	金箔金	女
17日	01/04	日	甲辰	定	覆燈火	虚
18日	01/05	月	乙巳	執	覆燈火	危
19日	01/06	火	丙午	執	天河水	室
20日	01/07	水	丁未	破	天河水	壁
21日	01/08	木	戊申	危	大駅土	奎
22日	01/09	金	己酉	成	大駅土	婁
23日	01/10	土	庚戌	納	釵釧金	胃
24日	01/11	日	辛亥	開	釵釧金	昴
25日	01/12	月	壬子	閉	桑柘木	畢
26日	01/13	火	癸丑	建	桑柘木	觜
27日	01/14	水	甲寅	除	大溪水	参
28日	01/15	木	乙卯	満	大溪水	井
29日	01/16	金	丙辰	平	沙中土	鬼

【十二月大 辛丑 觜】
節気 大寒 5日・立春 20日
雑節 土用 2日・節分 19日

日	西暦	曜	干支	直	納音	宿
1日	01/17	土	丁巳	定	沙中土	柳
2日	01/18	日	戊午	執	天上火	星
3日	01/19	月	己未	破	天上火	張
4日	01/20	火	庚申	危	柘榴木	翼
5日	01/21	水	辛酉	成	柘榴木	軫
6日	01/22	木	壬戌	納	大海水	角
7日	01/23	金	癸亥	開	大海水	亢
8日	01/24	土	甲子	閉	海中金	氐
9日	01/25	日	乙丑	建	海中金	房
10日	01/26	月	丙寅	除	爐中火	心
11日	01/27	火	丁卯	満	爐中火	尾
12日	01/28	水	戊辰	平	大林木	箕
13日	01/29	木	己巳	定	大林木	斗
14日	01/30	金	庚午	執	路傍土	牛
15日	01/31	土	辛未	破	路傍土	女
16日	02/01	日	壬申	危	釵鋒金	虚
17日	02/02	月	癸酉	成	釵鋒金	室
18日	02/03	火	甲戌	納	山頭火	壁
19日	02/04	水	乙亥	開	山頭火	奎
20日	02/05	木	丙子	開	澗下水	婁
21日	02/06	金	丁丑	閉	澗下水	胃
22日	02/07	土	戊寅	建	城頭土	昴
23日	02/08	日	己卯	除	城頭土	畢
24日	02/09	月	庚辰	満	白鑞金	觜
25日	02/10	火	辛巳	平	白鑞金	参
26日	02/11	水	壬午	定	楊柳木	井
27日	02/12	木	癸未	執	楊柳木	鬼
28日	02/13	金	甲申	破	井泉水	柳
29日	02/14	土	乙酉	危	井泉水	星
30日	02/15	日	丙戌	成	屋上土	張

享保7年
1722～1723 壬寅 角

正月小 壬寅 参
節気 雨水 5日・啓蟄 20日

日	月日	曜	干支	十二直	納音	宿
1日	02/16	月	丁亥	納	屋上土	張
2日	02/17	火	戊子	開	霹靂火	翼
3日	02/18	水	己丑	閉	霹靂火	軫
4日	02/19	木	庚寅	建	松柏木	角
5日	02/20	金	辛卯	除	松柏木	亢
6日	02/21	土	壬辰	満	長流水	氐
7日	02/22	日	癸巳	平	長流水	房
8日	02/23	月	甲午	定	沙中金	心
9日	02/24	火	乙未	執	沙中金	尾
10日	02/25	水	丙申	破	山下火	箕
11日	02/26	木	丁酉	危	山下火	斗
12日	02/27	金	戊戌	成	平地木	牛
13日	02/28	土	己亥	納	平地木	女
14日	03/01	日	庚子	開	壁上土	虚
15日	03/02	月	辛丑	閉	壁上土	危
16日	03/03	火	壬寅	建	金箔金	室
17日	03/04	水	癸卯	除	金箔金	壁
18日	03/05	木	甲辰	満	覆燈火	奎
19日	03/06	金	乙巳	平	覆燈火	婁
20日	03/07	土	丙午	平	天河水	胃
21日	03/08	日	丁未	定	天河水	昴
22日	03/09	月	戊申	執	大駅土	畢
23日	03/10	火	己酉	破	大駅土	觜
24日	03/11	水	庚戌	危	釵釧金	参
25日	03/12	木	辛亥	成	釵釧金	井
26日	03/13	金	壬子	納	桑柘木	鬼
27日	03/14	土	癸丑	開	桑柘木	柳
28日	03/15	日	甲寅	閉	大溪水	星
29日	03/16	月	乙卯	建	大溪水	張

二月大 癸卯 井
節気 春分 7日・清明 22日
雑節 社日 3日・彼岸 9日

日	月日	曜	干支	十二直	納音	宿
1日	03/17	火	丙辰	除	沙中土	翼
2日	03/18	水	丁巳	満	沙中土	軫
3日	03/19	木	戊午	平	天上火	角
4日	03/20	金	己未	定	天上火	亢
5日	03/21	土	庚申	執	柏榴木	氐
6日	03/22	日	辛酉	破	柏榴木	房
7日	03/23	月	壬戌	危	大海水	心
8日	03/24	火	癸亥	成	大海水	尾
9日	03/25	水	甲子	納	海中金	箕
10日	03/26	木	乙丑	開	海中金	斗
11日	03/27	金	丙寅	閉	炉中火	牛
12日	03/28	土	丁卯	建	炉中火	女
13日	03/29	日	戊辰	除	大林木	虚
14日	03/30	月	己巳	満	大林木	危
15日	03/31	火	庚午	平	路傍土	室
16日	04/01	水	辛未	定	路傍土	壁
17日	04/02	木	壬申	執	釼鋒金	奎
18日	04/03	金	癸酉	破	釼鋒金	婁
19日	04/04	土	甲戌	危	山頭火	胃
20日	04/05	日	乙亥	成	山頭火	昴
21日	04/06	月	丙子	納	澗下水	畢
22日	04/07	火	丁丑	納	澗下水	觜
23日	04/08	水	戊寅	開	城頭土	参
24日	04/09	木	己卯	閉	城頭土	井
25日	04/10	金	庚辰	建	白鑞金	鬼
26日	04/11	土	辛巳	除	白鑞金	柳
27日	04/12	日	壬午	満	楊柳木	星
28日	04/13	月	癸未	平	楊柳木	張
29日	04/14	火	甲申	定	井泉水	翼
30日	04/15	水	乙酉	執	井泉水	軫

三月小 甲辰 鬼
節気 穀雨 5日・立夏 22日
雑節 土用 4日・八十八夜 18日

日	月日	曜	干支	十二直	納音	宿
1日	04/16	木	丙戌	破	屋上土	角
2日	04/17	金	丁亥	危	屋上土	亢
3日	04/18	土	戊子	成	霹靂火	氐
4日	04/19	日	己丑	納	霹靂火	房
5日	04/20	月	庚寅	開	松柏木	心
6日	04/21	火	辛卯	閉	松柏木	尾
7日	04/22	水	壬辰	建	長流水	箕
8日	04/23	木	癸巳	除	長流水	斗
9日	04/24	金	甲午	満	沙中金	牛
10日	04/25	土	乙未	平	沙中金	女
11日	04/26	日	丙申	定	山下火	虚
12日	04/27	月	丁酉	執	山下火	危
13日	04/28	火	戊戌	破	平地木	室
14日	04/29	水	己亥	危	平地木	壁
15日	04/30	木	庚子	成	壁上土	奎
16日	05/01	金	辛丑	納	壁上土	婁
17日	05/02	土	壬寅	開	金箔金	胃
18日	05/03	日	癸卯	閉	金箔金	昴
19日	05/04	月	甲辰	建	覆燈火	畢
20日	05/05	火	乙巳	除	覆燈火	觜
21日	05/06	水	丙午	満	天河水	参
22日	05/07	木	丁未	満	天河水	井
23日	05/08	金	戊申	平	大駅土	鬼
24日	05/09	土	己酉	定	大駅土	柳
25日	05/10	日	庚戌	執	釵釧金	星
26日	05/11	月	辛亥	破	釵釧金	張
27日	05/12	火	壬子	危	桑柘木	翼
28日	05/13	水	癸丑	成	桑柘木	軫
29日	05/14	木	甲寅	納	大溪水	角

四月大 乙巳 柳
節気 小満 9日・芒種 24日
雑節 入梅 28日

日	月日	曜	干支	十二直	納音	宿
1日	05/15	金	乙卯	開	大溪水	亢
2日	05/16	土	丙辰	閉	沙中土	氐
3日	05/17	日	丁巳	建	沙中土	房
4日	05/18	月	戊午	除	天上火	心
5日	05/19	火	己未	満	天上火	尾
6日	05/20	水	庚申	平	柏榴木	箕
7日	05/21	木	辛酉	定	柏榴木	斗
8日	05/22	金	壬戌	執	大海水	牛
9日	05/23	土	癸亥	破	大海水	女
10日	05/24	日	甲子	危	海中金	虚
11日	05/25	月	乙丑	成	海中金	危
12日	05/26	火	丙寅	納	炉中火	室
13日	05/27	水	丁卯	開	炉中火	壁
14日	05/28	木	戊辰	閉	大林木	奎
15日	05/29	金	己巳	建	大林木	婁
16日	05/30	土	庚午	除	路傍土	胃
17日	05/31	日	辛未	満	路傍土	昴
18日	06/01	月	壬申	平	釼鋒金	畢
19日	06/02	火	癸酉	定	釼鋒金	觜
20日	06/03	水	甲戌	執	山頭火	参
21日	06/04	木	乙亥	破	山頭火	井
22日	06/05	金	丙子	危	澗下水	鬼
23日	06/06	土	丁丑	成	澗下水	柳
24日	06/07	日	戊寅	成	城頭土	星
25日	06/08	月	己卯	納	城頭土	張
26日	06/09	火	庚辰	開	白鑞金	翼
27日	06/10	水	辛巳	閉	白鑞金	軫
28日	06/11	木	壬午	建	楊柳木	角
29日	06/12	金	癸未	除	楊柳木	亢
30日	06/13	土	甲申	満	井泉水	氐

五月小 丙午 星
節気 夏至 9日・小暑 24日
雑節 半夏生 19日

日	月日	曜	干支	十二直	納音	宿
1日	06/14	日	乙酉	平	井泉水	房
2日	06/15	月	丙戌	定	屋上土	心
3日	06/16	火	丁亥	執	屋上土	尾
4日	06/17	水	戊子	破	霹靂火	箕
5日	06/18	木	己丑	危	霹靂火	斗
6日	06/19	金	庚寅	成	松柏木	牛
7日	06/20	土	辛卯	納	松柏木	女
8日	06/21	日	壬辰	開	長流水	虚
9日	06/22	月	癸巳	閉	長流水	危
10日	06/23	火	甲午	建	沙中金	室
11日	06/24	水	乙未	除	沙中金	壁
12日	06/25	木	丙申	満	山下火	奎
13日	06/26	金	丁酉	平	山下火	婁
14日	06/27	土	戊戌	定	平地木	胃
15日	06/28	日	己亥	執	平地木	昴
16日	06/29	月	庚子	破	壁上土	畢
17日	06/30	火	辛丑	危	壁上土	觜
18日	07/01	水	壬寅	成	金箔金	参
19日	07/02	木	癸卯	納	金箔金	井
20日	07/03	金	甲辰	開	覆燈火	鬼
21日	07/04	土	乙巳	閉	覆燈火	柳
22日	07/05	日	丙午	建	天河水	星
23日	07/06	月	丁未	除	天河水	張
24日	07/07	火	戊申	除	大駅土	翼
25日	07/08	水	己酉	満	大駅土	軫
26日	07/09	木	庚戌	平	釵釧金	角
27日	07/10	金	辛亥	定	釵釧金	亢
28日	07/11	土	壬子	執	桑柘木	氐
29日	07/12	日	癸丑	破	桑柘木	房

六月大 丁未 張
節気 大暑 10日・立秋 26日
雑節 土用 7日

日	月日	曜	干支	十二直	納音	宿
1日	07/13	月	甲寅	危	大溪水	心
2日	07/14	火	乙卯	成	大溪水	尾
3日	07/15	水	丙辰	納	沙中土	箕
4日	07/16	木	丁巳	開	沙中土	斗
5日	07/17	金	戊午	閉	天上火	牛
6日	07/18	土	己未	建	天上火	女
7日	07/19	日	庚申	除	柏榴木	虚
8日	07/20	月	辛酉	満	柏榴木	危
9日	07/21	火	壬戌	平	大海水	室
10日	07/22	水	癸亥	定	大海水	壁
11日	07/23	木	甲子	執	海中金	奎
12日	07/24	金	乙丑	破	海中金	婁
13日	07/25	土	丙寅	危	炉中火	胃
14日	07/26	日	丁卯	成	炉中火	昴
15日	07/27	月	戊辰	納	大林木	畢
16日	07/28	火	己巳	開	大林木	觜
17日	07/29	水	庚午	閉	路傍土	参
18日	07/30	木	辛未	建	路傍土	井
19日	07/31	金	壬申	除	釼鋒金	鬼
20日	08/01	土	癸酉	満	釼鋒金	柳
21日	08/02	日	甲戌	平	山頭火	星
22日	08/03	月	乙亥	定	山頭火	張
23日	08/04	火	丙子	執	澗下水	翼
24日	08/05	水	丁丑	破	澗下水	軫
25日	08/06	木	戊寅	危	城頭土	角
26日	08/07	金	己卯	危	城頭土	亢
27日	08/08	土	庚辰	成	白鑞金	氐
28日	08/09	日	辛巳	納	白鑞金	房
29日	08/10	月	壬午	開	楊柳木	心
30日	08/11	火	癸未	閉	楊柳木	尾

西暦 曜 干支 直 納音 宿　　　　享保7年

【七月大 戊申 翼】

節気 処暑 11日・白露 26日
雑節 二百十日 22日

日	西暦	曜	干支	直	納音	宿
1日	08/12	水	甲申	建	井泉水	箕
2日	08/13	木	乙酉	除	井泉水	斗
3日	08/14	金	丙戌	満	屋上土	牛
4日	08/15	土	丁亥	平	屋上土	女
5日	08/16	日	戊子	定	霹靂火	虚
6日	08/17	月	己丑	執	霹靂火	危
7日	08/18	火	庚寅	破	松柏木	室
8日	08/19	水	辛卯	危	松柏木	壁
9日	08/20	木	壬辰	成	長流水	奎
10日	08/21	金	癸巳	納	長流水	婁
11日	08/22	土	甲午	開	沙中金	胃
12日	08/23	日	乙未	閉	沙中金	昴
13日	08/24	月	丙申	建	山下火	畢
14日	08/25	火	丁酉	除	山下火	觜
15日	08/26	水	戊戌	満	平地木	参
16日	08/27	木	己亥	平	平地木	井
17日	08/28	金	庚子	定	壁上土	鬼
18日	08/29	土	辛丑	執	壁上土	柳
19日	08/30	日	壬寅	破	金箔金	星
20日	08/31	月	癸卯	危	金箔金	張
21日	09/01	火	甲辰	成	覆燈火	翼
22日	09/02	水	乙巳	納	覆燈火	軫
23日	09/03	木	丙午	開	天河水	角
24日	09/04	金	丁未	閉	天河水	亢
25日	09/05	土	戊申	建	大駅土	氐
26日	09/06	日	己酉	建	大駅土	房
27日	09/07	月	庚戌	除	釵釧金	心
28日	09/08	火	辛亥	満	釵釧金	尾
29日	09/09	水	壬子	平	桑柘木	箕
30日	09/10	木	癸丑	定	桑柘木	斗

【八月小 己酉 軫】

節気 秋分 11日・寒露 27日
雑節 彼岸 13日・社日 15日

日	西暦	曜	干支	直	納音	宿
1日	09/11	金	甲寅	執	大渓水	牛
2日	09/12	土	乙卯	破	大渓水	女
3日	09/13	日	丙辰	危	沙中土	虚
4日	09/14	月	丁巳	成	沙中土	危
5日	09/15	火	戊午	納	天上火	室
6日	09/16	水	己未	開	天上火	壁
7日	09/17	木	庚申	閉	柘榴木	奎
8日	09/18	金	辛酉	建	柘榴木	婁
9日	09/19	土	壬戌	除	大海水	胃
10日	09/20	日	癸亥	満	大海水	昴
11日	09/21	月	甲子	平	海中金	畢
12日	09/22	火	乙丑	定	海中金	觜
13日	09/23	水	丙寅	執	炉中火	参
14日	09/24	木	丁卯	破	炉中火	井
15日	09/25	金	戊辰	危	大林木	鬼
16日	09/26	土	己巳	成	大林木	柳
17日	09/27	日	庚午	納	路傍土	星
18日	09/28	月	辛未	開	路傍土	張
19日	09/29	火	壬申	閉	釼鋒金	翼
20日	09/30	水	癸酉	建	釼鋒金	軫
21日	10/01	木	甲戌	除	山頭火	角
22日	10/02	金	乙亥	満	山頭火	亢
23日	10/03	土	丙子	平	澗下水	氐
24日	10/04	日	丁丑	定	澗下水	房
25日	10/05	月	戊寅	執	城頭土	心
26日	10/06	火	己卯	破	城頭土	尾
27日	10/07	水	庚辰	破	白鑞金	箕
28日	10/08	木	辛巳	危	白鑞金	斗
29日	10/09	金	壬午	成	楊柳木	牛

【九月大 庚戌 角】

節気 霜降 13日・立冬 28日
雑節 土用 10日

日	西暦	曜	干支	直	納音	宿
1日	10/10	土	癸未	納	楊柳木	女
2日	10/11	日	甲申	開	井泉水	虚
3日	10/12	月	乙酉	閉	井泉水	危
4日	10/13	火	丙戌	建	屋上土	室
5日	10/14	水	丁亥	除	屋上土	壁
6日	10/15	木	戊子	満	霹靂火	奎
7日	10/16	金	己丑	平	霹靂火	婁
8日	10/17	土	庚寅	定	松柏木	胃
9日	10/18	日	辛卯	執	松柏木	昴
10日	10/19	月	壬辰	破	長流水	畢
11日	10/20	火	癸巳	危	長流水	觜
12日	10/21	水	甲午	成	沙中金	参
13日	10/22	木	乙未	納	沙中金	井
14日	10/23	金	丙申	開	山下火	鬼
15日	10/24	土	丁酉	閉	山下火	柳
16日	10/25	日	戊戌	建	平地木	星
17日	10/26	月	己亥	除	平地木	張
18日	10/27	火	庚子	満	壁上土	翼
19日	10/28	水	辛丑	平	壁上土	軫
20日	10/29	木	壬寅	定	金箔金	角
21日	10/30	金	癸卯	執	金箔金	亢
22日	10/31	土	甲辰	破	覆燈火	氐
23日	11/01	日	乙巳	危	覆燈火	房
24日	11/02	月	丙午	成	天河水	心
25日	11/03	火	丁未	納	天河水	尾
26日	11/04	水	戊申	開	大駅土	箕
27日	11/05	木	己酉	閉	大駅土	斗
28日	11/06	金	庚戌	閉	釵釧金	牛
29日	11/07	土	辛亥	建	釵釧金	女
30日	11/08	日	壬子	除	桑柘木	虚

【十月小 辛亥 亢】

節気 小雪 13日・大雪 28日

日	西暦	曜	干支	直	納音	宿
1日	11/09	月	癸丑	満	桑柘木	危
2日	11/10	火	甲寅	平	大渓水	室
3日	11/11	水	乙卯	定	大渓水	壁
4日	11/12	木	丙辰	執	沙中土	奎
5日	11/13	金	丁巳	破	沙中土	婁
6日	11/14	土	戊午	危	天上火	胃
7日	11/15	日	己未	成	天上火	昴
8日	11/16	月	庚申	納	柘榴木	畢
9日	11/17	火	辛酉	開	柘榴木	觜
10日	11/18	水	壬戌	閉	大海水	参
11日	11/19	木	癸亥	建	大海水	井
12日	11/20	金	甲子	除	海中金	鬼
13日	11/21	土	乙丑	満	海中金	柳
14日	11/22	日	丙寅	平	炉中火	星
15日	11/23	月	丁卯	定	炉中火	張
16日	11/24	火	戊辰	執	大林木	翼
17日	11/25	水	己巳	破	大林木	軫
18日	11/26	木	庚午	危	路傍土	角
19日	11/27	金	辛未	成	路傍土	亢
20日	11/28	土	壬申	納	釼鋒金	氐
21日	11/29	日	癸酉	開	釼鋒金	房
22日	11/30	月	甲戌	閉	山頭火	心
23日	12/01	火	乙亥	建	山頭火	尾
24日	12/02	水	丙子	除	澗下水	箕
25日	12/03	木	丁丑	満	澗下水	斗
26日	12/04	金	戊寅	平	城頭土	牛
27日	12/05	土	己卯	定	城頭土	女
28日	12/06	日	庚辰	定	白鑞金	虚
29日	12/07	月	辛巳	執	白鑞金	危

【十一月大 壬子 氐】

節気 冬至 15日・小寒 30日

日	西暦	曜	干支	直	納音	宿
1日	12/08	火	壬午	破	楊柳木	室
2日	12/09	水	癸未	危	楊柳木	壁
3日	12/10	木	甲申	成	井泉水	奎
4日	12/11	金	乙酉	納	井泉水	婁
5日	12/12	土	丙戌	開	屋上土	胃
6日	12/13	日	丁亥	閉	屋上土	昴
7日	12/14	月	戊子	建	霹靂火	畢
8日	12/15	火	己丑	除	霹靂火	觜
9日	12/16	水	庚寅	満	松柏木	参
10日	12/17	木	辛卯	平	松柏木	井
11日	12/18	金	壬辰	定	長流水	鬼
12日	12/19	土	癸巳	執	長流水	柳
13日	12/20	日	甲午	破	沙中金	星
14日	12/21	月	乙未	危	沙中金	張
15日☆	12/22	火	丙申	成	山下火	翼
16日	12/23	水	丁酉	納	山下火	軫
17日	12/24	木	戊戌	開	平地木	角
18日	12/25	金	己亥	閉	平地木	亢
19日	12/26	土	庚子	建	壁上土	氐
20日	12/27	日	辛丑	除	壁上土	房
21日	12/28	月	壬寅	満	金箔金	心
22日	12/29	火	癸卯	平	金箔金	尾
23日	12/30	水	甲辰	定	覆燈火	箕
24日	12/31	木	乙巳	執	覆燈火	斗

1723年

日	西暦	曜	干支	直	納音	宿
25日	**01/01**	金	丙午	破	天河水	牛
26日	01/02	土	丁未	危	天河水	女
27日	01/03	日	戊申	成	大駅土	虚
28日	01/04	月	己酉	納	大駅土	危
29日	01/05	火	庚戌	開	釵釧金	室
30日	01/06	水	辛亥	開	釵釧金	壁

【十二月小 癸丑 房】

節気 大寒 15日
雑節 土用 12日・節分 29日

日	西暦	曜	干支	直	納音	宿
1日	01/07	木	壬子	閉	桑柘木	奎
2日	01/08	金	癸丑	建	桑柘木	婁
3日	01/09	土	甲寅	除	大渓水	胃
4日	01/10	日	乙卯	満	大渓水	昴
5日	01/11	月	丙辰	平	沙中土	畢
6日	01/12	火	丁巳	定	沙中土	觜
7日	01/13	水	戊午	執	天上火	参
8日	01/14	木	己未	破	天上火	井
9日	01/15	金	庚申	危	柘榴木	鬼
10日	01/16	土	辛酉	成	柘榴木	柳
11日	01/17	日	壬戌	納	大海水	星
12日	01/18	月	癸亥	開	大海水	張
13日	01/19	火	甲子	閉	海中金	翼
14日	01/20	水	乙丑	建	海中金	軫
15日	01/21	木	丙寅	除	炉中火	角
16日	01/22	金	丁卯	満	炉中火	亢
17日	01/23	土	戊辰	平	大林木	氐
18日	01/24	日	己巳	定	大林木	房
19日	01/25	月	庚午	執	路傍土	心
20日	01/26	火	辛未	破	路傍土	尾
21日	01/27	水	壬申	危	釼鋒金	箕
22日	01/28	木	癸酉	成	釼鋒金	斗
23日	01/29	金	甲戌	納	山頭火	牛
24日	01/30	土	乙亥	開	山頭火	女
25日	01/31	日	丙子	閉	澗下水	虚
26日	02/01	月	丁丑	建	澗下水	危
27日	02/02	火	戊寅	除	城頭土	室
28日	02/03	水	己卯	満	城頭土	壁
29日	02/04	木	庚辰	平	白鑞金	奎

享保8年
1723～1724　癸卯　亢

【正月大 甲寅 心】
節気 立春 1日・雨水 16日

日	日付	曜	干支	直	納音	宿
1日	02/05	金	辛丑	平	白鑞金	妻
2日	02/06	土	壬寅	定	楊柳木	胃
3日	02/07	日	癸卯	執	楊柳木	昴
4日	02/08	月	甲申	破	井泉水	畢
5日	02/09	火	乙酉	危	井泉水	觜
6日	02/10	水	丙戌	成	屋上土	参
7日	02/11	木	丁亥	納	屋上土	井
8日	02/12	金	戊子	開	霹靂火	鬼
9日	02/13	土	己丑	建	松柏木	柳
10日	02/14	日	庚寅	建	松柏木	星
11日	02/15	月	辛卯	除	松柏木	張
12日	02/16	火	壬辰	満	長流水	翼
13日	02/17	水	癸巳	平	長流水	軫
14日	02/18	木	甲午	定	沙中金	角
15日	02/19	金	乙未	執	沙中金	亢
16日	02/20	土	丙申	破	山下火	氐
17日	02/21	日	丁酉	危	山下火	房
18日	02/22	月	戊戌	成	平地木	心
19日	02/23	火	己亥	納	平地木	尾
20日	02/24	水	庚子	閉	壁上土	箕
21日	02/25	木	辛丑	開	壁上土	斗
22日	02/26	金	壬寅	建	金箔金	牛
23日	02/27	土	癸卯	除	金箔金	女
24日	02/28	日	甲辰	満	覆燈火	虚
25日	03/01	月	乙巳	平	覆燈火	危
26日	03/02	火	丙午	定	天河水	室
27日	03/03	水	丁未	執	天河水	壁
28日	03/04	木	戊申	破	大驛土	奎
29日	03/05	金	己酉	危	大驛土	婁
30日	03/06	土	庚戌	成	釵釧金	胃

【二月小 乙卯 尾】
節気 啓蟄 2日・春分 17日
雑節 社日 18日・彼岸 19日

日	日付	曜	干支	直	納音	宿
1日	03/07	日	辛亥	納	釵釧金	昴
2日	03/08	月	壬子	納	桑柘木	畢
3日	03/09	火	癸丑	閉	桑柘木	觜
4日	03/10	水	甲寅	閉	大溪水	参
5日	03/11	木	乙卯	建	大溪水	井
6日	03/12	金	丙辰	除	沙中土	鬼
7日	03/13	土	丁巳	満	沙中土	柳
8日	03/14	日	戊午	平	天上火	星
9日	03/15	月	己未	定	天上火	張
10日	03/16	火	庚申	執	柘榴木	翼
11日	03/17	水	辛酉	破	柘榴木	軫
12日	03/18	木	壬戌	危	大海水	角
13日	03/19	金	癸亥	成	大海水	亢
14日	03/20	土	甲子	納	海中金	氐
15日	03/21	日	乙丑	開	海中金	房
16日	03/22	月	丙寅	閉	爐中火	心
17日	03/23	火	丁卯	建	爐中火	尾
18日	03/24	水	戊辰	除	大林木	箕
19日	03/25	木	己巳	満	大林木	斗
20日	03/26	金	庚午	定	路傍土	牛
21日	03/27	土	辛未	執	路傍土	女
22日	03/28	日	壬申	執	釵鋒金	虚
23日	03/29	月	癸酉	破	釵鋒金	危
24日	03/30	火	甲戌	危	山頭火	室
25日	03/31	水	乙亥	成	山頭火	壁
26日	04/01	木	丙子	納	潤下水	奎
27日	04/02	金	丁丑	開	潤下水	婁
28日	04/03	土	戊寅	開	城頭土	胃
29日	04/04	日	己卯	建	城頭土	昴

【三月大 丙辰 箕】
節気 清明 3日・穀雨 18日
雑節 土用 15日・八十八夜 29日

日	日付	曜	干支	直	納音	宿
1日	04/05	月	庚辰	除	白鑞金	畢
2日	04/06	火	辛巳	満	白鑞金	觜
3日	04/07	水	壬午	満	楊柳木	参
4日	04/08	木	癸未	平	楊柳木	井
5日	04/09	金	甲申	定	井泉水	鬼
6日	04/10	土	乙酉	執	井泉水	柳
7日	04/11	日	丙戌	破	屋上土	星
8日	04/12	月	丁亥	危	屋上土	張
9日	04/13	火	戊子	成	霹靂火	翼
10日	04/14	水	己丑	納	霹靂火	軫
11日	04/15	木	庚寅	開	松柏木	角
12日	04/16	金	辛卯	閉	松柏木	亢
13日	04/17	土	壬辰	建	長流水	氐
14日	04/18	日	癸巳	除	長流水	房
15日	04/19	月	甲午	満	沙中金	心
16日	04/20	火	乙未	平	沙中金	尾
17日	04/21	水	丙申	定	山下火	箕
18日	04/22	木	丁酉	執	山下火	斗
19日	04/23	金	戊戌	破	平地木	牛
20日	04/24	土	己亥	危	平地木	女
21日	04/25	日	庚子	成	壁上土	虚
22日	04/26	月	辛丑	納	壁上土	危
23日	04/27	火	壬寅	開	金箔金	室
24日	04/28	水	癸卯	閉	金箔金	壁
25日	04/29	木	甲辰	建	覆燈火	奎
26日	04/30	金	乙巳	除	覆燈火	婁
27日	05/01	土	丙午	満	天河水	胃
28日	05/02	日	丁未	平	天河水	昴
29日	05/03	月	戊申	定	大驛土	畢
30日	05/04	火	己酉	執	大驛土	觜

【四月小 丁巳 斗】
節気 立夏 4日・小満 19日

日	日付	曜	干支	直	納音	宿
1日	05/05	水	庚戌	破	釵釧金	参
2日	05/06	木	辛亥	危	釵釧金	井
3日	05/07	金	壬子	成	桑柘木	鬼
4日	05/08	土	癸丑	納	桑柘木	柳
5日	05/09	日	甲寅	開	大溪水	星
6日	05/10	月	乙卯	閉	大溪水	張
7日	05/11	火	丙辰	閉	沙中土	翼
8日	05/12	水	丁巳	建	沙中土	軫
9日	05/13	木	戊午	除	天上火	角
10日	05/14	金	己未	満	天上火	亢
11日	05/15	土	庚申	平	柘榴木	氐
12日	05/16	日	辛酉	定	柘榴木	房
13日	05/17	月	壬戌	執	大海水	心
14日	05/18	火	癸亥	破	大海水	尾
15日	05/19	水	甲子	危	海中金	箕
16日	05/20	木	乙丑	成	海中金	斗
17日	05/21	金	丙寅	納	爐中火	牛
18日	05/22	土	丁卯	開	爐中火	女
19日	05/23	日	戊辰	閉	大林木	虚
20日	05/24	月	己巳	建	大林木	危
21日	05/25	火	庚午	除	路傍土	室
22日	05/26	水	辛未	満	路傍土	壁
23日	05/27	木	壬申	平	釵鋒金	奎
24日	05/28	金	癸酉	定	釵鋒金	婁
25日	05/29	土	甲戌	執	山頭火	胃
26日	05/30	日	乙亥	破	山頭火	昴
27日	05/31	月	丙子	危	潤下水	畢
28日	06/01	火	丁丑	成	潤下水	觜
29日	06/02	水	戊寅	納	城頭土	参

【五月小 戊午 牛】
節気 芒種 5日・夏至 20日
雑節 入梅 14日

日	日付	曜	干支	直	納音	宿
1日	◎06/03	木	己卯	開	城頭土	井
2日	06/04	金	庚辰	閉	白鑞金	鬼
3日	06/05	土	辛巳	建	白鑞金	柳
4日	06/06	日	壬午	除	楊柳木	星
5日	06/07	月	癸未	満	楊柳木	張
6日	06/08	火	甲申	平	井泉水	翼
7日	06/09	水	乙酉	定	井泉水	軫
8日	06/10	木	丙戌	執	屋上土	角
9日	06/11	金	丁亥	破	屋上土	亢
10日	06/12	土	戊子	危	霹靂火	氐
11日	06/13	日	己丑	成	霹靂火	房
12日	06/14	月	庚寅	納	松柏木	心
13日	06/15	火	辛卯	開	松柏木	尾
14日	06/16	水	壬辰	閉	長流水	箕
15日	06/17	木	癸巳	建	長流水	斗
16日	06/18	金	甲午	除	沙中金	牛
17日	06/19	土	乙未	満	沙中金	女
18日	06/20	日	丙申	平	山下火	虚
19日	06/21	月	丁酉	定	山下火	危
20日	06/22	火	戊戌	執	平地木	室
21日	06/23	水	己亥	破	平地木	壁
22日	06/24	木	庚子	危	壁上土	奎
23日	06/25	金	辛丑	成	壁上土	婁
24日	06/26	土	壬寅	納	金箔金	胃
25日	06/27	日	癸卯	開	金箔金	昴
26日	06/28	月	甲辰	閉	覆燈火	畢
27日	06/29	火	乙巳	閉	覆燈火	觜
28日	06/30	水	丙午	建	天河水	参
29日	07/01	木	丁未	除	天河水	井

【六月大 己未 女】
節気 小暑 6日・大暑 22日
雑節 半夏生 1日・土用 19日

日	日付	曜	干支	直	納音	宿
1日	07/02	金	戊申	満	大驛土	鬼
2日	07/03	土	己酉	定	大驛土	柳
3日	07/04	日	庚戌	定	釵釧金	星
4日	07/05	月	辛亥	執	釵釧金	張
5日	07/06	火	壬子	破	桑柘木	翼
6日	07/07	水	癸丑	危	桑柘木	軫
7日	07/08	木	甲寅	成	大溪水	角
8日	07/09	金	乙卯	納	大溪水	亢
9日	07/10	土	丙辰	開	沙中土	氐
10日	07/11	日	丁巳	閉	沙中土	房
11日	07/12	月	戊午	建	天上火	心
12日	07/13	火	己未	除	天上火	尾
13日	07/14	水	庚申	満	柘榴木	箕
14日	07/15	木	辛酉	平	柘榴木	斗
15日	07/16	金	壬戌	定	大海水	牛
16日	07/17	土	癸亥	執	大海水	女
17日	07/18	日	甲子	破	海中金	虚
18日	07/19	月	乙丑	危	海中金	危
19日	07/20	火	丙寅	成	爐中火	室
20日	07/21	水	丁卯	納	爐中火	壁
21日	07/22	木	戊辰	開	大林木	奎
22日	07/23	金	己巳	閉	大林木	婁
23日	07/24	土	庚午	建	路傍土	胃
24日	07/25	日	辛未	除	路傍土	昴
25日	07/26	月	壬申	満	釵鋒金	畢
26日	07/27	火	癸酉	平	釵鋒金	觜
27日	07/28	水	甲戌	定	山頭火	参
28日	07/29	木	乙亥	執	山頭火	井
29日	07/30	金	丙子	破	潤下水	鬼
30日	07/31	土	丁丑	危	潤下水	柳

【七月大 庚申 虚】
節気 立秋 7日・処暑 22日

日	日付	曜	干支	直	納音	宿
1日	08/01	日	戊寅	成	城頭土	星
2日	08/02	月	己卯	納	城頭土	張
3日	08/03	火	庚辰	納	白鑞金	翼
4日	08/04	水	辛巳	開	白鑞金	軫

享保8年

表頭：西暦／曜／干支／直（十二直）／納音／宿

日	西暦	曜	干支	直	納音	宿
5日	08/05	木	壬午	閉	楊柳木	角
6日	08/06	金	癸未	建	楊柳木	亢
7日	08/07	土	甲申	建	井泉水	氐
8日	08/08	日	乙酉	除	井泉水	房
9日	08/09	月	丙戌	満	屋上土	心
10日	08/10	火	丁亥	平	屋上土	尾
11日	08/11	水	戊子	定	霹靂火	箕
12日	08/12	木	己丑	執	霹靂火	斗
13日	08/13	金	庚寅	破	松柏木	牛
14日	08/14	土	辛卯	危	松柏木	女
15日	08/15	日	壬辰	成	長流水	虚
16日	08/16	月	癸巳	納	長流水	危
17日	08/17	火	甲午	開	沙中金	室
18日	08/18	水	乙未	閉	沙中金	壁
19日	08/19	木	丙申	建	山下火	奎
20日	08/20	金	丁酉	除	山下火	婁
21日	08/21	土	戊戌	満	平地木	胃
22日	08/22	日	己亥	平	平地木	昴
23日	08/23	月	庚子	定	壁上土	畢
24日	08/24	火	辛丑	執	壁上土	觜
25日	08/25	水	壬寅	破	金箔金	参
26日	08/26	木	癸卯	危	金箔金	井
27日	08/27	金	甲辰	成	覆燈火	鬼
28日	08/28	土	乙巳	納	覆燈火	柳
29日	08/29	日	丙午	開	天河水	星
30日	08/30	月	丁未	閉	天河水	張

【八月小 辛酉 危】
節気 白露 7日・秋分 23日
雑節 二百十日 3日・社日 21日・彼岸 25日

日	西暦	曜	干支	直	納音	宿
1日	08/31	火	戊申	建	大駅土	翼
2日	09/01	水	己酉	除	大駅土	軫
3日	09/02	木	庚戌	満	釵釧金	角
4日	09/03	金	辛亥	平	釵釧金	亢
5日	09/04	土	壬子	定	桑柘木	氐
6日	09/05	日	癸丑	執	桑柘木	房
7日	09/06	月	甲寅	執	大渓水	心
8日	09/07	火	乙卯	破	大渓水	尾
9日	09/08	水	丙辰	危	沙中土	箕
10日	09/09	木	丁巳	成	沙中土	斗
11日	09/10	金	戊午	納	天上火	牛
12日	09/11	土	己未	開	天上火	女
13日	09/12	日	庚申	閉	柘榴木	虚
14日	09/13	月	辛酉	建	柘榴木	危
15日	09/14	火	壬戌	除	大海水	室
16日	09/15	水	癸亥	満	大海水	壁
17日	09/16	木	甲子	平	海中金	奎
18日	09/17	金	乙丑	定	海中金	婁
19日	09/18	土	丙寅	執	炉中火	胃
20日	09/19	日	丁卯	破	炉中火	昴
21日	09/20	月	戊辰	危	大林木	畢
22日	09/21	火	己巳	成	大林木	觜
23日	09/22	水	庚午	納	路傍土	参
24日	09/23	木	辛未	開	路傍土	井
25日	09/24	金	壬申	閉	釼鋒金	鬼
26日	09/25	土	癸酉	建	釼鋒金	柳
27日	09/26	日	甲戌	除	山頭火	星
28日	09/27	月	乙亥	満	山頭火	張
29日	09/28	火	丙子	平	潤下水	翼

【九月大 壬戌 室】
節気 寒露 9日・霜降 24日
雑節 土用 21日

日	西暦	曜	干支	直	納音	宿
1日	09/29	水	丁丑	定	潤下水	軫
2日	09/30	木	戊寅	執	城頭土	角
3日	10/01	金	己卯	破	城頭土	亢
4日	10/02	土	庚辰	危	白鑞金	氐
5日	10/03	日	辛巳	成	白鑞金	房
6日	10/04	月	壬午	納	楊柳木	心
7日	10/05	火	癸未	開	楊柳木	尾
8日	10/06	水	甲申	閉	井泉水	箕
9日	10/07	木	乙酉	閉	井泉水	斗
10日	10/08	金	丙戌	建	屋上土	牛
11日	10/09	土	丁亥	除	屋上土	女
12日	10/10	日	戊子	満	霹靂火	虚
13日	10/11	月	己丑	平	霹靂火	危
14日	10/12	火	庚寅	定	松柏木	室
15日	10/13	水	辛卯	執	松柏木	壁
16日	10/14	木	壬辰	破	長流水	奎
17日	10/15	金	癸巳	危	長流水	婁
18日	10/16	土	甲午	成	沙中金	胃
19日	10/17	日	乙未	納	沙中金	昴
20日	10/18	月	丙申	開	山下火	畢
21日	10/19	火	丁酉	閉	山下火	觜
22日	10/20	水	戊戌	建	平地木	参
23日	10/21	木	己亥	除	平地木	井
24日	10/22	金	庚子	満	壁上土	鬼
25日	10/23	土	辛丑	平	壁上土	柳
26日	10/24	日	壬寅	定	金箔金	星
27日	10/25	月	癸卯	執	金箔金	張
28日	10/26	火	甲辰	破	覆燈火	翼
29日	10/27	水	乙巳	危	覆燈火	軫
30日	10/28	木	丙午	成	天河水	角

【十月大 癸亥 壁】
節気 立冬 9日・小雪 24日

日	西暦	曜	干支	直	納音	宿
1日	10/29	金	丁未	納	天河水	亢
2日	10/30	土	戊申	開	大駅土	氐
3日	10/31	日	己酉	閉	大駅土	房
4日	11/01	月	庚戌	建	釵釧金	心
5日	11/02	火	辛亥	除	釵釧金	尾
6日	11/03	水	壬子	満	桑柘木	箕
7日	11/04	木	癸丑	平	桑柘木	斗
8日	11/05	金	甲寅	定	大渓水	牛
9日	11/06	土	乙卯	定	大渓水	女
10日	11/07	日	丙辰	執	沙中土	虚
11日	11/08	月	丁巳	破	沙中土	危
12日	11/09	火	戊午	危	天上火	室
13日	11/10	水	己未	成	天上火	壁
14日	11/11	木	庚申	納	柘榴木	奎
15日	11/12	金	辛酉	開	柘榴木	婁
16日	11/13	土	壬戌	閉	大海水	胃
17日	11/14	日	癸亥	建	大海水	昴
18日	11/15	月	甲子	除	海中金	畢
19日	11/16	火	乙丑	満	海中金	觜
20日	11/17	水	丙寅	平	炉中火	参
21日	11/18	木	丁卯	定	炉中火	井
22日	11/19	金	戊辰	執	大林木	鬼
23日	11/20	土	己巳	破	大林木	柳
24日	11/21	日	庚午	危	路傍土	星
25日	11/22	月	辛未	成	路傍土	張
26日	11/23	火	壬申	納	釼鋒金	翼
27日	11/24	水	癸酉	開	釼鋒金	軫
28日	11/25	木	甲戌	閉	山頭火	角
29日	11/26	金	乙亥	建	山頭火	亢
30日	11/27	土	丙子	除	潤下水	氐

【十一月小 甲子 奎】
節気 大雪 10日・冬至 25日

日	西暦	曜	干支	直	納音	宿
1日	11/28	日	丁丑	満	潤下水	房
2日	11/29	月	戊寅	平	城頭土	心
3日	11/30	火	己卯	定	城頭土	尾
4日	12/01	水	庚辰	執	白鑞金	箕
5日	12/02	木	辛巳	破	白鑞金	斗
6日	12/03	金	壬午	危	楊柳木	牛
7日	12/04	土	癸未	成	楊柳木	女
8日	12/05	日	甲申	納	井泉水	虚
9日	12/06	月	乙酉	開	井泉水	危
10日	12/07	火	丙戌	開	屋上土	室
11日	12/08	水	丁亥	閉	屋上土	壁
12日	12/09	木	戊子	建	霹靂火	奎
13日	12/10	金	己丑	除	霹靂火	婁
14日	12/11	土	庚寅	満	松柏木	胃
15日	12/12	日	辛卯	平	松柏木	昴
16日	12/13	月	壬辰	定	長流水	畢
17日	12/14	火	癸巳	執	長流水	觜
18日	12/15	水	甲午	破	沙中金	参
19日	12/16	木	乙未	危	沙中金	井
20日	12/17	金	丙申	成	山下火	鬼
21日	12/18	土	丁酉	納	山下火	柳
22日	12/19	日	戊戌	開	平地木	星
23日	12/20	月	己亥	閉	平地木	張
24日	12/21	火	庚子	建	壁上土	翼
25日	12/22	水	辛丑	除	壁上土	軫
26日	12/23	木	壬寅	満	金箔金	角
27日	12/24	金	癸卯	平	金箔金	亢
28日	12/25	土	甲辰	定	覆燈火	氐
29日	12/26	日	乙巳	執	覆燈火	房

【十二月大 乙丑 婁】
節気 小寒 11日・大寒 26日
雑節 土用 23日

日	西暦	曜	干支	直	納音	宿
1日	12/27	月	丙午	破	天河水	心
2日	12/28	火	丁未	危	天河水	尾
3日	12/29	水	戊申	成	大駅土	箕
4日	12/30	木	己酉	納	大駅土	斗
5日	12/31	金	庚戌	開	釵釧金	牛

1724年

日	西暦	曜	干支	直	納音	宿
6日	01/01	土	辛亥	閉	釵釧金	女
7日	01/02	日	壬子	建	桑柘木	虚
8日	01/03	月	癸丑	除	桑柘木	危
9日	01/04	火	甲寅	満	大渓水	室
10日	01/05	水	乙卯	平	大渓水	壁
11日	01/06	木	丙辰	平	沙中土	奎
12日	01/07	金	丁巳	定	沙中土	婁
13日	01/08	土	戊午	執	天上火	胃
14日	01/09	日	己未	破	天上火	昴
15日	01/10	月	庚申	危	柘榴木	畢
16日	01/11	火	辛酉	成	柘榴木	觜
17日	01/12	水	壬戌	納	大海水	参
18日	01/13	木	癸亥	開	大海水	井
19日	01/14	金	甲子	閉	海中金	鬼
20日	01/15	土	乙丑	建	海中金	柳
21日	01/16	日	丙寅	除	炉中火	星
22日	01/17	月	丁卯	満	炉中火	張
23日	01/18	火	戊辰	平	大林木	翼
24日	01/19	水	己巳	定	大林木	軫
25日	01/20	木	庚午	執	路傍土	角
26日	01/21	金	辛未	破	路傍土	亢
27日	01/22	土	壬申	危	釼鋒金	氐
28日	01/23	日	癸酉	成	釼鋒金	房
29日	01/24	月	甲戌	納	山頭火	心
30日	01/25	火	乙亥	開	山頭火	尾

享保9年
1724～1725　甲辰　氏

【正月大　丙寅　胃】
節気　立春 12日・雨水 27日
雑節　節分 11日

日	日付	曜	干支	直	納音	宿
1日	01/26	水	丙子	閉	澗下水	箕
2日	01/27	木	丁丑	建	澗下水	斗
3日	01/28	金	戊寅	除	城頭土	牛
4日	01/29	土	己卯	満	城頭土	女
5日	01/30	日	庚辰	平	白鑞金	虚
6日	01/31	月	辛巳	定	白鑞金	危
7日	02/01	火	壬午	執	楊柳木	室
8日	02/02	水	癸未	破	楊柳木	壁
9日	02/03	木	甲申	危	井泉水	奎
10日	02/04	金	乙酉	成	井泉水	婁
11日	02/05	土	丙戌	納	屋上土	胃
12日	02/06	日	丁亥	納	屋上土	昴
13日	02/07	月	戊子	開	霹靂火	畢
14日	02/08	火	己丑	閉	霹靂火	觜
15日	02/09	水	庚寅	建	松柏木	参
16日	02/10	木	辛卯	除	松柏木	井
17日	02/11	金	壬辰	満	長流水	鬼
18日	02/12	土	癸巳	平	長流水	柳
19日	02/13	日	甲午	定	沙中金	星
20日	02/14	月	乙未	執	沙中金	張
21日	02/15	火	丙申	破	山下火	翼
22日	02/16	水	丁酉	危	山下火	軫
23日	02/17	木	戊戌	成	平地木	角
24日	02/18	金	己亥	納	平地木	亢
25日	02/19	土	庚子	開	壁上土	氐
26日	02/20	日	辛丑	閉	壁上土	房
27日	02/21	月	壬寅	建	金箔金	心
28日	02/22	火	癸卯	除	金箔金	尾
29日	02/23	水	甲辰	満	覆燈火	箕
30日	02/24	木	乙巳	平	覆燈火	斗

【二月小　丁卯　昴】
節気　啓蟄 12日・春分 27日
雑節　社日 23日・彼岸 29日

日	日付	曜	干支	直	納音	宿
1日	02/25	金	丙午	定	天河水	牛
2日	02/26	土	丁未	執	天河水	女
3日	02/27	日	戊申	破	大駅土	虚
4日	02/28	月	己酉	危	大駅土	室
5日	02/29	火	庚戌	成	釵釧金	壁
6日	03/01	水	辛亥	納	釵釧金	奎
7日	03/02	木	壬子	開	桑柘木	婁
8日	03/03	金	癸丑	閉	桑柘木	胃
9日	03/04	土	甲寅	建	大溪水	昴
10日	03/05	日	乙卯	除	大溪水	畢
11日	03/06	月	丙辰	満	沙中土	觜
12日	03/07	火	丁巳	平	沙中土	参
13日	03/08	水	戊午	定	天上火	井
14日	03/09	木	己未	執	天上火	鬼
15日	03/10	金	庚申	破	柘榴木	柳
16日	03/11	土	辛酉	危	柘榴木	星
17日	03/12	日	壬戌	成	大海水	張
18日	03/13	月	癸亥	納	大海水	翼
19日	03/14	火	甲子	開	海中金	軫
20日	03/15	水	乙丑	閉	海中金	角
21日	03/16	木	丙寅	建	炉中火	亢
22日	03/17	金	丁卯	除	炉中火	氐
23日	03/18	土	戊辰	満	大林木	房
24日	03/19	日	己巳	平	大林木	心
25日	03/20	月	庚午	定	路傍土	尾
26日	03/21	火	辛未	執	路傍土	箕
27日	03/22	水	壬申	破	剣鋒金	斗
28日	03/23	木	癸酉	危	剣鋒金	牛
29日	03/24	金	甲戌	成	山頭火	女

【三月小　戊辰　畢】
節気　清明 13日・穀雨 29日
雑節　土用 26日

日	日付	曜	干支	直	納音	宿
1日	03/25	土	乙亥	成	山頭火	虚
2日	03/26	日	丙子	納	澗下水	室
3日	03/27	月	丁丑	開	澗下水	壁
4日	03/28	火	戊寅	建	城頭土	奎
5日	03/29	水	己卯	除	城頭土	婁
6日	03/30	木	庚辰	満	白鑞金	胃
7日	03/31	金	辛巳	平	白鑞金	昴
8日	04/01	土	壬午	定	楊柳木	畢
9日	04/02	日	癸未	執	楊柳木	觜
10日	04/03	月	甲申	破	井泉水	参
11日	04/04	火	乙酉	危	井泉水	井
12日	04/05	水	丙戌	成	屋上土	鬼
13日	04/06	木	丁亥	成	屋上土	柳
14日	04/07	金	戊子	納	霹靂火	星
15日	04/08	土	己丑	納	霹靂火	張
16日	04/09	日	庚寅	開	松柏木	翼
17日	04/10	月	辛卯	閉	松柏木	軫
18日	04/11	火	壬辰	建	長流水	角
19日	04/12	水	癸巳	除	長流水	亢
20日	04/13	木	甲午	満	沙中金	氐
21日	04/14	金	乙未	平	沙中金	房
22日	04/15	土	丙申	定	山下火	心
23日	04/16	日	丁酉	執	山下火	尾
24日	04/17	月	戊戌	破	平地木	箕
25日	04/18	火	己亥	危	平地木	斗
26日	04/19	水	庚子	成	壁上土	牛
27日	04/20	木	辛丑	納	壁上土	女
28日	04/21	金	壬寅	開	金箔金	虚
29日	04/22	土	癸卯	閉	金箔金	危

【四月大　己巳　觜】
節気　立夏 15日・小満 30日
雑節　八十八夜 11日

日	日付	曜	干支	直	納音	宿
1日	04/23	日	甲辰	建	覆燈火	室
2日	04/24	月	乙巳	除	覆燈火	壁
3日	04/25	火	丙午	満	天河水	奎
4日	04/26	水	丁未	平	天河水	婁
5日	04/27	木	戊申	定	大駅土	胃
6日	04/28	金	己酉	執	大駅土	昴
7日	04/29	土	庚戌	破	釵釧金	畢
8日	04/30	日	辛亥	危	釵釧金	觜
9日	05/01	月	壬子	成	桑柘木	参
10日	05/02	火	癸丑	納	桑柘木	井
11日	05/03	水	甲寅	開	大溪水	鬼
12日	05/04	木	乙卯	閉	大溪水	柳
13日	05/05	金	丙辰	建	沙中土	星
15日	05/07	日	戊午	満	天上火	張
14日	05/06	土	丁巳	除	沙中土	翼
16日	05/08	月	己未	平	天上火	軫
17日	05/09	火	庚申	定	柘榴木	角
18日	05/10	水	辛酉	執	柘榴木	亢
19日	05/11	木	壬戌	破	大海水	氐
20日	05/12	金	癸亥	危	大海水	房
21日	05/13	土	甲子	成	海中金	心
22日	05/14	日	乙丑	納	海中金	尾
23日	05/15	月	丙寅	開	炉中火	箕
24日	05/16	火	丁卯	閉	炉中火	斗
25日	05/17	水	戊辰	建	大林木	牛
26日	05/18	木	己巳	除	大林木	女
27日	05/19	金	庚午	満	路傍土	虚
28日	05/20	土	辛未	平	路傍土	危
29日	05/21	日	壬申	定	剣鋒金	室
30日	05/22	月	癸酉	執	剣鋒金	壁

【閏四月小　己巳　觜】
節気　芒種 15日
雑節　入梅 19日

日	日付	曜	干支	直	納音	宿
1日	05/23	火	甲戌	執	山頭火	室
2日	05/24	水	乙亥	破	山頭火	壁
3日	05/25	木	丙子	危	澗下水	奎
4日	05/26	金	丁丑	成	澗下水	婁
5日	05/27	土	戊寅	納	城頭土	胃
6日	05/28	日	己卯	開	城頭土	昴
7日	05/29	月	庚辰	閉	白鑞金	畢
8日	05/30	火	辛巳	建	白鑞金	觜
9日	05/31	水	壬午	除	楊柳木	参
10日	06/01	木	癸未	満	楊柳木	井
11日	06/02	金	甲申	平	井泉水	鬼
12日	06/03	土	乙酉	定	井泉水	柳
13日	06/04	日	丙戌	執	屋上土	星
14日	06/05	月	丁亥	破	屋上土	張
15日	06/06	火	戊子	危	霹靂火	翼
16日	06/07	水	己丑	成	霹靂火	軫
17日	06/08	木	庚寅	納	松柏木	角
18日	06/09	金	辛卯	開	松柏木	亢
19日	06/10	土	壬辰	閉	長流水	氐
20日	06/11	日	癸巳	建	長流水	房
21日	06/12	月	甲午	除	沙中金	心
22日	06/13	火	乙未	満	沙中金	尾
23日	06/14	水	丙申	定	山下火	箕
24日	06/15	木	丁酉	執	山下火	斗
25日	06/16	金	戊戌	破	平地木	牛
26日	06/17	土	己亥	危	平地木	女
27日	06/18	日	庚子	成	壁上土	虚
28日	06/19	月	辛丑	納	壁上土	危
29日	06/20	火	壬寅	開	金箔金	室

【五月小　庚午　参】
節気　夏至 1日・小暑 17日
雑節　半夏生 11日・土用 29日

日	日付	曜	干支	直	納音	宿
1日	06/21	水	癸卯	納	金箔金	壁
2日	06/22	木	甲辰	閉	覆燈火	奎
3日	06/23	金	乙巳	建	覆燈火	婁
4日	06/24	土	丙午	除	天河水	胃
5日	06/25	日	丁未	満	天河水	昴
6日	06/26	月	戊申	平	大駅土	畢
7日	06/27	火	己酉	定	大駅土	觜
8日	06/28	水	庚戌	執	釵釧金	参
9日	06/29	木	辛亥	破	釵釧金	井
10日	06/30	金	壬子	危	桑柘木	鬼
11日	07/01	土	癸丑	成	桑柘木	柳
12日	07/02	日	甲寅	納	大溪水	星
13日	07/03	月	乙卯	開	大溪水	張
14日	07/04	火	丙辰	閉	沙中土	翼
15日	07/05	水	丁巳	建	沙中土	軫
16日	07/06	木	戊午	除	天上火	角
17日	07/07	金	己未	満	天上火	亢
18日	07/08	土	庚申	平	柘榴木	氐
19日	07/09	日	辛酉	定	柘榴木	房
20日	07/10	月	壬戌	執	大海水	心
21日	07/11	火	癸亥	破	大海水	尾
22日	07/12	水	甲子	危	海中金	箕
23日	07/13	木	乙丑	成	海中金	斗
24日	07/14	金	丙寅	納	炉中火	牛
25日	07/15	土	丁卯	開	炉中火	女
26日	07/16	日	戊辰	閉	大林木	虚
27日	07/17	月	己巳	建	大林木	危
28日	07/18	火	庚午	除	路傍土	室
29日	07/19	水	辛未	満	路傍土	壁

【六月大　辛未　井】
節気　大暑 3日・立秋 18日

日	日付	曜	干支	直	納音	宿
1日	07/20	木	壬申	除	剣鋒金	奎
2日	07/21	金	癸酉	満	剣鋒金	婁
3日	07/22	土	甲戌	平	山頭火	胃
4日	07/23	日	乙亥	定	山頭火	昴
5日	07/24	月	丙子	執	澗下水	畢
6日	07/25	火	丁丑	破	澗下水	觜
7日	07/26	水	戊寅	危	城頭土	参
8日	07/27	木	己卯	成	城頭土	井
9日	07/28	金	庚辰	納	白鑞金	鬼
10日	07/29	土	辛巳	開	白鑞金	柳
11日	07/30	日	壬午	閉	楊柳木	星
12日	07/31	月	癸未	建	楊柳木	張
13日	08/01	火	甲申	除	井泉水	翼
14日	08/02	水	乙酉	満	井泉水	軫
15日	08/03	木	丙戌	平	屋上土	角
16日	08/04	金	丁亥	定	屋上土	亢

— 286 —

西暦　曜　干支　直　納音　宿　　　　　　　　　　　　　　　享保9年

日	西暦	曜	干支	直	納音	宿
17日	08/05	土	戊子	執	霹靂火	氐
18日	08/06	日	己丑	執	霹靂火	房
19日	08/07	月	庚寅	破	松柏木	心
20日	08/08	火	辛卯	危	松柏木	尾
21日	08/09	水	壬辰	成	長流水	箕
22日	08/10	木	癸巳	納	長流水	斗
23日	08/11	金	甲午	開	沙中金	牛
24日	08/12	土	乙未	閉	沙中金	女
25日	08/13	日	丙申	建	山下火	虚
26日	08/14	月	丁酉	除	山下火	危
27日	08/15	火	戊戌	満	平地木	室
28日	08/16	水	己亥	平	平地木	壁
29日	08/17	木	庚子	定	壁上土	奎
30日	08/18	金	辛丑	執	壁上土	婁

【七月小　壬申　鬼】
節気　処暑 3日・白露 19日
雑節　二百十日 15日

日	西暦	曜	干支	直	納音	宿
1日	08/19	土	壬寅	破	金箔金	胃
2日	08/20	日	癸卯	危	金箔金	昴
3日	08/21	月	甲辰	成	覆燈火	畢
4日	08/22	火	乙巳	納	覆燈火	觜
5日	08/23	水	丙午	開	天河水	参
6日	08/24	木	丁未	閉	天河水	井
7日	08/25	金	戊申	建	大駅土	鬼
8日	08/26	土	己酉	除	大駅土	柳
9日	08/27	日	庚戌	満	釵釧金	星
10日	08/28	月	辛亥	定	釵釧金	張
11日	08/29	火	壬子	執	桑柘木	翼
12日	08/30	水	癸丑	破	桑柘木	軫
13日	08/31	木	甲寅	危	大渓水	角
14日	09/01	金	乙卯	成	大渓水	亢
15日	09/02	土	丙辰	納	沙中土	氐
16日	09/03	日	丁巳	開	沙中土	房
17日	09/04	月	戊午	閉	天上火	心
18日	09/05	火	己未	閉	天上火	尾
19日	09/06	水	庚申	建	柘榴木	箕
20日	09/07	木	辛酉	除	柘榴木	斗
21日	09/08	金	壬戌	満	大海水	牛
22日	09/09	土	癸亥	平	大海水	女
23日	09/10	日	甲子	定	海中金	虚
24日	09/11	月	乙丑	執	海中金	危
25日	09/12	火	丙寅	破	爐中火	室
26日	09/13	水	丁卯	危	爐中火	壁
27日	09/14	木	戊辰	成	大林木	奎
28日	09/15	金	己巳	納	大林木	婁
29日	09/16	土	庚午	開	路傍土	胃

【八月大　癸酉　柳】
節気　秋分 5日・寒露 20日
雑節　彼岸 7日・社日 8日

日	西暦	曜	干支	直	納音	宿
1日	09/17	日	辛未	閉	路傍土	昴
2日	09/18	月	壬申	建	釵鋒金	畢
3日	09/19	火	癸酉	建	釵鋒金	觜
4日	09/20	水	甲戌	除	山頭火	参
5日	09/21	木	乙亥	満	山頭火	井
6日	09/22	金	丙子	平	潤下水	鬼
7日	09/23	土	丁丑	定	潤下水	柳
8日	09/24	日	戊寅	執	城頭土	星
9日	09/25	月	己卯	破	城頭土	張
10日	09/26	火	庚辰	危	白鑞金	翼
11日	09/27	水	辛巳	成	白鑞金	軫
12日	09/28	木	壬午	納	楊柳木	角
13日	09/29	金	癸未	開	楊柳木	亢
14日	09/30	土	甲申	閉	井泉水	氐
15日	10/01	日	乙酉	建	井泉水	房
16日	10/02	月	丙戌	除	屋上土	心
17日	10/03	火	丁亥	満	屋上土	尾
18日	10/04	水	戊子	平	霹靂火	箕
19日	10/05	木	己丑	定	松柏木	斗
20日	10/06	金	庚寅	執	松柏木	牛
21日	10/07	土	辛卯	破	松柏木	女
22日	10/08	日	壬辰	危	長流水	虚

日	西暦	曜	干支	直	納音	宿
23日	10/09	月	癸巳	危	長流水	室
24日	10/10	火	甲午	成	沙中金	壁
25日	10/11	水	乙未	納	沙中金	奎
26日	10/12	木	丙申	閉	山下火	婁
27日	10/13	金	丁酉	閉	山下火	胃
28日	10/14	土	戊戌	建	平地木	昴
29日	10/15	日	己亥	除	平地木	畢
30日	10/16	月	庚子	満	壁上土	觜

【九月大　甲戌　星】
節気　霜降 5日・立冬 20日
雑節　土用 2日

日	西暦	曜	干支	直	納音	宿
1日	10/17	火	辛丑	平	壁上土	觜
2日	10/18	水	壬寅	定	金箔金	参
3日	10/19	木	癸卯	執	金箔金	井
4日	10/20	金	甲辰	破	覆燈火	鬼
5日	10/21	土	乙巳	危	覆燈火	柳
6日	10/22	日	丙午	成	天河水	星
7日	10/23	月	丁未	納	天河水	張
8日	10/24	火	戊申	開	大駅土	翼
9日	10/25	水	己酉	閉	大駅土	軫
10日	10/26	木	庚戌	建	釵釧金	角
11日	10/27	金	辛亥	除	釵釧金	亢
12日	10/28	土	壬子	満	桑柘木	氐
13日	10/29	日	癸丑	平	桑柘木	房
14日	10/30	月	甲寅	定	大渓水	心
15日	10/31	火	乙卯	執	大渓水	尾
16日	11/01	水	丙辰	破	沙中土	箕
17日	11/02	木	丁巳	危	沙中土	斗
18日	11/03	金	戊午	成	天上火	牛
19日	11/04	土	己未	納	天上火	女
20日	11/05	日	庚申	開	柘榴木	虚
21日	11/06	月	辛酉	閉	柘榴木	危
22日	11/07	火	壬戌	建	大海水	室
23日	11/08	水	癸亥	除	大海水	壁
24日	11/09	木	甲子	満	海中金	奎
25日	11/10	金	乙丑	平	海中金	婁
26日	11/11	土	丙寅	定	爐中火	胃
27日	11/12	日	丁卯	執	爐中火	昴
28日	11/13	月	戊辰	破	大林木	畢
29日	11/14	火	己巳	危	大林木	觜
30日	11/15	水	庚午	危	路傍土	参

【十月大　乙亥　張】
節気　小雪 6日・大雪 21日

日	西暦	曜	干支	直	納音	宿
1日	11/16	木	辛未	納	路傍土	井
2日	11/17	金	壬申	開	釵鋒金	鬼
3日	11/18	土	癸酉	開	釵鋒金	柳
4日	11/19	日	甲戌	建	山頭火	星
5日	11/20	月	乙亥	除	山頭火	張
6日	11/21	火	丙子	除	潤下水	翼
7日	11/22	水	丁丑	満	潤下水	軫
8日	11/23	木	戊寅	平	城頭土	角
9日	11/24	金	己卯	定	城頭土	亢
10日	11/25	土	庚辰	執	白鑞金	氐
11日	11/26	日	辛巳	破	白鑞金	房
12日	11/27	月	壬午	危	楊柳木	心
13日	11/28	火	癸未	成	楊柳木	尾
14日	11/29	水	甲申	納	井泉水	箕
15日	11/30	木	乙酉	開	井泉水	斗
16日	12/01	金	丙戌	閉	屋上土	牛
17日	12/02	土	丁亥	建	屋上土	女
18日	12/03	日	戊子	除	霹靂火	虚
19日	12/04	月	己丑	満	霹靂火	危
20日	12/05	火	庚寅	平	松柏木	室
21日	12/06	水	辛卯	定	松柏木	壁
22日	12/07	木	壬辰	執	長流水	奎
23日	12/08	金	癸巳	破	長流水	婁
24日	12/09	土	甲午	危	沙中金	胃
25日	12/10	日	乙未	成	沙中金	昴
26日	12/11	月	丙申	納	山下火	畢
27日	12/12	火	丁酉	開	山下火	觜
28日	12/13	水	戊戌	閉	平地木	参

日	西暦	曜	干支	直	納音	宿
29日	12/14	木	己亥	閉	平地木	井
30日	12/15	金	庚子	建	壁上土	鬼

【十一月小　丙子　翼】
節気　冬至 6日・小寒 21日

日	西暦	曜	干支	直	納音	宿
1日	12/16	土	辛丑	除	壁上土	柳
2日	12/17	日	壬寅	満	金箔金	星
3日	12/18	月	癸卯	平	金箔金	張
4日	12/19	火	甲辰	定	覆燈火	翼
5日	12/20	水	乙巳	執	覆燈火	軫
6日	12/21	木	丙午	危	天河水	角
7日	12/22	金	丁未	危	天河水	亢
8日	12/23	土	戊申	成	大駅土	氐
9日	12/24	日	己酉	納	大駅土	房
10日	12/25	月	庚戌	開	釵釧金	心
11日	12/26	火	辛亥	閉	釵釧金	尾
12日	12/27	水	壬子	建	桑柘木	箕
13日	12/28	木	癸丑	除	桑柘木	斗
14日	12/29	金	甲寅	満	大渓水	牛
15日	12/30	土	乙卯	平	大渓水	女
16日	12/31	日	丙辰	定	沙中土	虚

1725年

日	西暦	曜	干支	直	納音	宿
17日	01/01	月	丁巳	執	沙中土	危
18日	01/02	火	戊午	破	天上火	室
19日	01/03	水	己未	危	天上火	壁
20日	01/04	木	庚申	成	柘榴木	奎
21日	01/05	金	辛酉	納	柘榴木	婁
22日	01/06	土	壬戌	開	大海水	胃
23日	01/07	日	癸亥	閉	大海水	昴
24日	01/08	月	甲子	建	海中金	畢
25日	01/09	火	乙丑	除	海中金	觜
26日	01/10	水	丙寅	満	爐中火	参
27日	01/11	木	丁卯	平	爐中火	井
28日	01/12	金	戊辰	平	大林木	鬼
29日	01/13	土	己巳	定	大林木	柳

【十二月大　丁丑　軫】
節気　大寒 8日・立春 23日
雑節　土用 4日・節分 22日

日	西暦	曜	干支	直	納音	宿
1日	01/14	日	庚午	執	路傍土	星
2日	01/15	月	辛未	破	路傍土	張
3日	01/16	火	壬申	危	釵鋒金	翼
4日	01/17	水	癸酉	成	釵鋒金	軫
5日	01/18	木	甲戌	納	山頭火	角
6日	01/19	金	乙亥	開	山頭火	亢
7日	01/20	土	丙子	閉	潤下水	氐
8日	01/21	日	丁丑	建	潤下水	房
9日	01/22	月	戊寅	除	城頭土	心
10日	01/23	火	己卯	満	城頭土	尾
11日	01/24	水	庚辰	平	白鑞金	箕
12日	01/25	木	辛巳	定	白鑞金	斗
13日	01/26	金	壬午	執	楊柳木	牛
14日	01/27	土	癸未	破	楊柳木	女
15日	01/28	日	甲申	危	井泉水	虚
16日	01/29	月	乙酉	成	井泉水	危
17日	01/30	火	丙戌	納	屋上土	室
18日	01/31	水	丁亥	開	屋上土	壁
19日	02/01	木	戊子	閉	霹靂火	奎
20日	02/02	金	己丑	建	霹靂火	婁
21日	02/03	土	庚寅	除	松柏木	胃
22日	02/04	日	辛卯	満	松柏木	昴
23日	02/05	月	壬辰	満	長流水	畢
24日	02/06	火	癸巳	平	長流水	觜
25日	02/07	水	甲午	定	沙中金	参
26日	02/08	木	乙未	執	沙中金	井
27日	02/09	金	丙申	破	山下火	鬼
28日	02/10	土	丁酉	危	山下火	柳
29日	02/11	日	戊戌	成	平地木	星
30日	02/12	月	己亥	納	平地木	張

享保10年

1725～1726　乙巳　房

【正月大 戊寅 角】

節気　雨水 8日・啓蟄 23日

日	新暦	曜	干支	直	納音	宿
1日	02/13	火	庚子	開	壁上土	翼
2日	02/14	水	辛丑	閉	壁上土	軫
3日	02/15	木	壬寅	建	金箔金	角
4日	02/16	金	癸卯	除	金箔金	亢
5日	02/17	土	甲辰	満	覆燈火	氐
6日	02/18	日	乙巳	平	覆燈火	房
7日	02/19	月	丙午	定	天河水	心
8日	02/20	火	丁未	執	天河水	尾
9日	02/21	水	戊申	破	大駅土	箕
10日	02/22	木	己酉	危	大駅土	斗
11日	02/23	金	庚戌	成	釵釧金	牛
12日	02/24	土	辛亥	納	釵釧金	女
13日	02/25	日	壬子	開	桑柘木	虚
14日	02/26	月	癸丑	閉	桑柘木	危
15日	02/27	火	甲寅	建	大溪水	室
16日	02/28	水	乙卯	除	大溪水	壁
17日	03/01	木	丙辰	満	沙中土	奎
18日	03/02	金	丁巳	平	沙中土	婁
19日	03/03	土	戊午	定	天上火	胃
20日	03/04	日	己未	執	天上火	昴
21日	03/05	月	庚申	破	柘榴木	畢
22日	03/06	火	辛酉	危	柘榴木	觜
23日	03/07	水	壬戌	危	大海水	参
24日	03/08	木	癸亥	成	大海水	井
25日	03/09	金	甲子	納	海中金	鬼
26日	03/10	土	乙丑	開	海中金	柳
27日	03/11	日	丙寅	閉	爐中火	星
28日	03/12	月	丁卯	建	爐中火	張
29日	03/13	火	戊辰	除	大林木	翼
30日	03/14	水	己巳	満	大林木	軫

【二月小 己卯 亢】

節気　春分 8日・清明 24日
雑節　社日 9日・彼岸 10日

日	新暦	曜	干支	直	納音	宿
1日	03/15	木	庚午	平	路傍土	角
2日	03/16	金	辛未	定	路傍土	亢
3日	03/17	土	壬申	執	剣鋒金	氐
4日	03/18	日	癸酉	破	剣鋒金	房
5日	03/19	月	甲戌	危	山頭火	心
6日	03/20	火	乙亥	成	山頭火	尾
7日	03/21	水	丙子	納	潤下水	箕
8日	03/22	木	丁丑	開	潤下水	斗
9日	03/23	金	戊寅	閉	城頭土	牛
10日	03/24	土	己卯	建	城頭土	女
11日	03/25	日	庚辰	除	白鑞金	虚
12日	03/26	月	辛巳	満	白鑞金	危
13日	03/27	火	壬午	平	楊柳木	室
14日	03/28	水	癸未	定	楊柳木	壁
15日	03/29	木	甲申	執	井泉水	奎
16日	03/30	金	乙酉	破	井泉水	婁
17日	03/31	土	丙戌	危	屋上土	胃
18日	04/01	日	丁亥	成	屋上土	昴
19日	04/02	月	戊子	納	霹靂火	畢
20日	04/03	火	己丑	開	霹靂火	觜
21日	04/04	水	庚寅	閉	松柏木	参
22日	04/05	木	辛卯	建	松柏木	井
23日	04/06	金	壬辰	除	長流水	鬼
24日	04/07	土	癸巳	除	長流水	柳
25日	04/08	日	甲午	満	沙中金	星
26日	04/09	月	乙未	平	沙中金	張
27日	04/10	火	丙申	定	山下火	翼
28日	04/11	水	丁酉	執	山下火	軫
29日	04/12	木	戊戌	破	平地木	角

【三月小 庚辰 氐】

節気　穀雨 10日・立夏 25日
雑節　土用 7日・八十八夜 21日

日	新暦	曜	干支	直	納音	宿
1日	04/13	金	己亥	危	平地木	亢
2日	04/14	土	庚子	成	壁上土	氐
3日	04/15	日	辛丑	納	壁上土	房
4日	04/16	月	壬寅	開	金箔金	心
5日	04/17	火	癸卯	閉	金箔金	尾
6日	04/18	水	甲辰	建	覆燈火	箕
7日	04/19	木	乙巳	除	覆燈火	斗
8日	04/20	金	丙午	満	天河水	牛
9日	04/21	土	丁未	平	天河水	女
10日	04/22	日	戊申	定	大駅土	虚
11日	04/23	月	己酉	執	大駅土	危
12日	04/24	火	庚戌	破	釵釧金	室
13日	04/25	水	辛亥	危	釵釧金	壁
14日	04/26	木	壬子	成	桑柘木	奎
15日☆	04/27	金	癸丑	納	桑柘木	婁
16日	04/28	土	甲寅	開	大溪水	胃
17日	04/29	日	乙卯	閉	大溪水	昴
18日	04/30	月	丙辰	建	沙中土	畢
19日	05/01	火	丁巳	除	沙中土	觜
20日	05/02	水	戊午	満	天上火	参
21日	05/03	木	己未	平	天上火	井
22日	05/04	金	庚申	定	柘榴木	鬼
23日	05/05	土	辛酉	執	柘榴木	柳
24日	05/06	日	壬戌	破	大海水	星
25日	05/07	月	癸亥	破	大海水	張
26日	05/08	火	甲子	危	海中金	翼
27日	05/09	水	乙丑	成	海中金	軫
28日	05/10	木	丙寅	納	爐中火	角
29日	05/11	金	丁卯	開	爐中火	亢

【四月大 辛巳 房】

節気　小満 11日・芒種 27日

日	新暦	曜	干支	直	納音	宿
1日	05/12	土	戊辰	閉	大林木	氐
2日	05/13	日	己巳	建	大林木	房
3日	05/14	月	庚午	除	路傍土	心
4日	05/15	火	辛未	満	路傍土	尾
5日	05/16	水	壬申	平	剣鋒金	箕
6日	05/17	木	癸酉	定	剣鋒金	斗
7日	05/18	金	甲戌	執	山頭火	牛
8日	05/19	土	乙亥	破	山頭火	女
9日	05/20	日	丙子	危	潤下水	虚
10日	05/21	月	丁丑	成	潤下水	危
11日	05/22	火	戊寅	納	城頭土	室
12日	05/23	水	己卯	開	城頭土	壁
13日	05/24	木	庚辰	閉	白鑞金	奎
14日	05/25	金	辛巳	建	白鑞金	婁
15日	05/26	土	壬午	除	楊柳木	胃
16日	05/27	日	癸未	満	楊柳木	昴
17日	05/28	月	甲申	平	井泉水	畢
18日	05/29	火	乙酉	定	井泉水	觜
19日	05/30	水	丙戌	執	屋上土	参
20日	05/31	木	丁亥	破	屋上土	井
21日	06/01	金	戊子	危	霹靂火	鬼
22日	06/02	土	己丑	成	霹靂火	柳
23日	06/03	日	庚寅	納	松柏木	星
24日	06/04	月	辛卯	開	松柏木	張
25日	06/05	火	壬辰	閉	長流水	翼
26日	06/06	水	癸巳	建	長流水	軫
27日	06/07	木	甲午	建	沙中金	角
28日	06/08	金	乙未	除	沙中金	亢
29日	06/09	土	丙申	満	山下火	氐
30日	06/10	日	丁酉	平	山下火	房

【五月小 壬午 心】

節気　夏至 12日・小暑 27日
雑節　入梅 5日・半夏生 22日

日	新暦	曜	干支	直	納音	宿
1日	06/11	月	戊戌	定	平地木	心
2日	06/12	火	己亥	執	平地木	尾
3日	06/13	水	庚子	破	壁上土	箕
4日	06/14	木	辛丑	危	壁上土	斗
5日	06/15	金	壬寅	成	金箔金	牛
6日	06/16	土	癸卯	納	金箔金	女
7日	06/17	日	甲辰	開	覆燈火	虚
8日	06/18	月	乙巳	閉	覆燈火	危
9日	06/19	火	丙午	建	天河水	室
10日	06/20	水	丁未	除	天河水	壁
11日	06/21	木	戊申	満	大駅土	奎
12日	06/22	金	己酉	平	大駅土	婁
13日	06/23	土	庚戌	定	釵釧金	胃
14日	06/24	日	辛亥	執	釵釧金	昴
15日	06/25	月	壬子	破	桑柘木	畢
16日	06/26	火	癸丑	危	桑柘木	觜
17日	06/27	水	甲寅	成	大溪水	参
18日	06/28	木	乙卯	納	大溪水	井
19日	06/29	金	丙辰	開	沙中土	鬼
20日	06/30	土	丁巳	閉	沙中土	柳
21日	07/01	日	戊午	建	天上火	星
22日	07/02	月	己未	除	天上火	張
23日	07/03	火	庚申	満	柘榴木	翼
24日	07/04	水	辛酉	平	柘榴木	軫
25日	07/05	木	壬戌	定	大海水	角
26日	07/06	金	癸亥	執	大海水	亢
27日	07/07	土	甲子	執	海中金	氐
28日	07/08	日	乙丑	破	海中金	房
29日	07/09	月	丙寅	危	爐中火	心

【六月小 癸未 尾】

節気　大暑 13日・立秋 28日
雑節　土用 10日

日	新暦	曜	干支	直	納音	宿
1日	07/10	火	丁卯	成	爐中火	尾
2日	07/11	水	戊辰	納	大林木	箕
3日	07/12	木	己巳	開	大林木	斗
4日	07/13	金	庚午	閉	路傍土	牛
5日	07/14	土	辛未	建	路傍土	女
6日	07/15	日	壬申	除	剣鋒金	虚
7日	07/16	月	癸酉	満	剣鋒金	危
8日	07/17	火	甲戌	平	山頭火	室
9日	07/18	水	乙亥	定	山頭火	壁
10日	07/19	木	丙子	執	潤下水	奎
11日	07/20	金	丁丑	破	潤下水	婁
12日	07/21	土	戊寅	危	城頭土	胃
13日	07/22	日	己卯	成	城頭土	昴
14日	07/23	月	庚辰	納	白鑞金	畢
15日	07/24	火	辛巳	開	白鑞金	觜
16日	07/25	水	壬午	閉	楊柳木	参
17日	07/26	木	癸未	建	楊柳木	井
18日	07/27	金	甲申	除	井泉水	鬼
19日	07/28	土	乙酉	満	井泉水	柳
20日	07/29	日	丙戌	平	屋上土	星
21日	07/30	月	丁亥	定	屋上土	張
22日	07/31	火	戊子	執	霹靂火	翼
23日	08/01	水	己丑	破	霹靂火	軫
24日	08/02	木	庚寅	危	松柏木	角
25日	08/03	金	辛卯	成	松柏木	亢
26日	08/04	土	壬辰	納	長流水	氐
27日	08/05	日	癸巳	開	長流水	房
28日	08/06	月	甲午	開	沙中金	心
29日	08/07	火	乙未	閉	沙中金	尾

【七月大 甲申 箕】

節気　処暑 15日・白露 30日
雑節　二百十日 26日

日	新暦	曜	干支	直	納音	宿
1日	08/08	水	丙申	建	山下火	箕
2日	08/09	木	丁酉	除	山下火	斗
3日	08/10	金	戊戌	満	平地木	牛
4日	08/11	土	己亥	平	平地木	女

享保10年

西暦	曜	干支	直	納音	宿
5日 08/12	日	庚子	定	壁上土	虚
6日 08/13	月	辛丑	執	金箔金	室
7日 08/14	火	壬寅	破	金箔金	壁
8日 08/15	水	癸卯	危	金箔金	奎
9日 08/16	木	甲辰	成	覆燈火	婁
10日 08/17	金	乙巳	納	覆燈火	胃
11日 08/18	土	丙午	開	天河水	昴
12日 08/19	日	丁未	閉	天河水	畢
13日 08/20	月	戊申	建	大駅土	觜
14日 08/21	火	己酉	除	大駅土	参
15日 08/22	水	庚戌	満	釵釧金	井
16日 08/23	木	辛亥	平	釵釧金	鬼
17日 08/24	金	壬子	定	桑柘木	柳
18日 08/25	土	癸丑	執	桑柘木	星
19日 08/26	日	甲寅	破	大渓水	張
20日 08/27	月	乙卯	成	大渓水	翼
21日 08/28	火	丙辰	成	沙中土	軫
22日 08/29	水	丁巳	納	沙中土	軫
23日 08/30	木	戊午	開	天上火	角
24日 08/31	金	己未	閉	天上火	亢
25日 09/01	土	庚申	建	柘榴木	氐
26日 09/02	日	辛酉	除	柘榴木	房
27日 09/03	月	壬戌	満	大海水	心
28日 09/04	火	癸亥	平	大海水	尾
29日 09/05	水	甲子	定	海中金	箕
30日 09/06	木	乙丑	定	海中金	斗

【八月小 乙酉 斗】
節気 秋分 15日
雑節 社日 13日・彼岸 17日

西暦	曜	干支	直	納音	宿
1日 09/07	金	丙寅	執	爐中火	牛
2日 09/08	土	丁卯	破	爐中火	女
3日 09/09	日	戊辰	成	大林木	虚
4日 09/10	月	己巳	納	大林木	危
5日 09/11	火	庚午	開	路傍土	室
6日 09/12	水	辛未	閉	路傍土	壁
7日 09/13	木	壬申	建	釵鋒金	奎
8日 09/14	金	癸酉	建	釵鋒金	婁
9日 09/15	土	甲戌	除	山頭火	胃
10日 09/16	日	乙亥	満	山頭火	昴
11日 09/17	月	丙子	平	澗下水	畢
12日 09/18	火	丁丑	定	澗下水	觜
13日 09/19	水	戊寅	執	城頭土	参
14日 09/20	木	己卯	破	城頭土	井
15日 09/21	金	庚辰	危	白鑞金	鬼
16日 09/22	土	辛巳	成	白鑞金	柳
17日 09/23	日	壬午	納	楊柳木	星
18日 09/24	月	癸未	開	楊柳木	張
19日 09/25	火	甲申	閉	井泉水	翼
20日 09/26	水	乙酉	建	井泉水	軫
21日 09/27	木	丙戌	除	屋上土	角
22日 09/28	金	丁亥	満	屋上土	亢
23日 09/29	土	戊子	平	霹靂火	氐
24日 09/30	日	己丑	定	霹靂火	房
25日 10/01	月	庚寅	執	松柏木	心
26日 10/02	火	辛卯	破	松柏木	尾
27日 10/03	水	壬辰	危	長流水	箕
28日 10/04	木	癸巳	成	長流水	斗
29日 10/05	金	甲午	納	沙中金	牛

【九月大 丙戌 牛】
節気 寒露 1日・霜降 16日
雑節 土用 13日

西暦	曜	干支	直	納音	宿
1日◎ 10/06	土	乙未	納	沙中金	女
2日 10/07	日	丙申	開	山下火	虚
3日 10/08	月	丁酉	閉	山下火	危
4日 10/09	火	戊戌	建	平地木	室
5日 10/10	水	己亥	除	平地木	壁
6日 10/11	木	庚子	満	壁上土	奎
7日 10/12	金	辛丑	平	壁上土	婁
8日 10/13	土	壬寅	定	金箔金	胃
9日 10/14	日	癸卯	執	金箔金	昴
10日 10/15	月	甲辰	破	覆燈火	畢
11日 10/16	火	乙巳	危	覆燈火	觜
12日 10/17	水	丙午	成	天河水	参
13日 10/18	木	丁未	納	天河水	井
14日 10/19	金	戊申	開	大駅土	鬼
15日 10/20	土	己酉	閉	大駅土	柳
16日☆ 10/21	日	庚戌	建	釵釧金	星
17日 10/22	月	辛亥	除	釵釧金	張
18日 10/23	火	壬子	満	桑柘木	翼
19日 10/24	水	癸丑	平	桑柘木	軫
20日 10/25	木	甲寅	定	大渓水	角
21日 10/26	金	乙卯	執	大渓水	亢
22日 10/27	土	丙辰	破	沙中土	氐
23日 10/28	日	丁巳	危	沙中土	房
24日 10/29	月	戊午	成	天上火	心
25日 10/30	火	己未	納	天上火	尾
26日 10/31	水	庚申	開	柘榴木	箕
27日 11/01	木	辛酉	閉	柘榴木	斗
28日 11/02	金	壬戌	建	大海水	牛
29日 11/03	土	癸亥	除	大海水	女
30日 11/04	日	甲子	満	海中金	虚

【十月大 丁亥 女】
節気 立冬 2日・小雪 17日

西暦	曜	干支	直	納音	宿
1日 11/05	月	乙丑	平	海中金	危
2日 11/06	火	丙寅	定	爐中火	室
3日 11/07	水	丁卯	執	爐中火	壁
4日 11/08	木	戊辰	破	大林木	奎
5日 11/09	金	己巳	危	大林木	婁
6日 11/10	土	庚午	成	路傍土	胃
7日 11/11	日	辛未	納	路傍土	昴
8日 11/12	月	壬申	開	釵鋒金	畢
9日 11/13	火	癸酉	閉	釵鋒金	觜
10日 11/14	水	甲戌	建	山頭火	参
11日 11/15	木	乙亥	除	山頭火	井
12日 11/16	金	丙子	満	澗下水	鬼
13日 11/17	土	丁丑	平	澗下水	柳
14日 11/18	日	戊寅	定	城頭土	星
15日 11/19	月	己卯	執	城頭土	張
16日 11/20	火	庚辰	破	白鑞金	翼
17日 11/21	水	辛巳	危	白鑞金	軫
18日 11/22	木	壬午	成	楊柳木	角
19日 11/23	金	癸未	納	楊柳木	亢
20日 11/24	土	甲申	開	井泉水	氐
21日 11/25	日	乙酉	閉	井泉水	房
22日 11/26	月	丙戌	建	屋上土	心
23日 11/27	火	丁亥	除	屋上土	尾
24日 11/28	水	戊子	満	霹靂火	箕
25日 11/29	木	己丑	平	霹靂火	斗
26日 11/30	金	庚寅	定	松柏木	牛
27日 12/01	土	辛卯	執	松柏木	女
28日 12/02	日	壬辰	破	長流水	虚
29日 12/03	月	癸巳	危	長流水	危
30日 12/04	火	甲午	危	沙中金	室

【十一月小 戊子 虚】
節気 大雪 2日・冬至 17日

西暦	曜	干支	直	納音	宿
1日 12/05	水	乙未	定	沙中金	壁
2日 12/06	木	丙申	執	山下火	奎
3日 12/07	金	丁酉	納	山下火	婁
4日 12/08	土	戊戌	閉	平地木	胃
5日 12/09	日	己亥	建	平地木	昴
6日 12/10	月	庚子	除	壁上土	畢
7日 12/11	火	辛丑	満	壁上土	觜
8日 12/12	水	壬寅	満	金箔金	参
9日 12/13	木	癸卯	平	金箔金	井
10日 12/14	金	甲辰	定	覆燈火	鬼
11日 12/15	土	乙巳	執	覆燈火	柳
12日 12/16	日	丙午	破	天河水	星
13日 12/17	月	丁未	危	天河水	張
14日 12/18	火	戊申	成	大駅土	翼
15日 12/19	水	己酉	納	大駅土	軫
16日 12/20	木	庚戌	開	釵釧金	角
17日 12/21	金	辛亥	閉	釵釧金	亢
18日 12/22	土	壬子	建	桑柘木	氐
19日 12/23	日	癸丑	除	桑柘木	房
20日 12/24	月	甲寅	満	大渓水	心
21日 12/25	火	乙卯	平	大渓水	尾
22日 12/26	水	丙辰	定	沙中土	箕
23日 12/27	木	丁巳	執	沙中土	斗
24日 12/28	金	戊午	破	天上火	牛
25日 12/29	土	己未	危	天上火	女
26日 12/30	日	庚申	成	柘榴木	虚
27日 12/31	月	辛酉	納	柘榴木	危

1726年

西暦	曜	干支	直	納音	宿
28日 **01/01**	火	壬戌	開	大海水	室
29日 01/02	水	癸亥	閉	大海水	壁

【十二月大 己丑 危】
節気 小寒 4日・大寒 19日
雑節 土用 16日

西暦	曜	干支	直	納音	宿
1日 01/03	木	甲子	建	海中金	奎
2日 01/04	金	乙丑	除	海中金	婁
3日 01/05	土	丙寅	満	爐中火	胃
4日 01/06	日	丁卯	満	爐中火	昴
5日 01/07	月	戊辰	平	大林木	畢
6日 01/08	火	己巳	定	大林木	觜
7日 01/09	水	庚午	執	路傍土	参
8日 01/10	木	辛未	破	路傍土	井
9日 01/11	金	壬申	危	釵鋒金	鬼
10日 01/12	土	癸酉	成	釵鋒金	柳
11日 01/13	日	甲戌	納	山頭火	星
12日 01/14	月	乙亥	開	山頭火	張
13日 01/15	火	丙子	閉	澗下水	翼
14日 01/16	水	丁丑	建	澗下水	軫
15日 01/17	木	戊寅	除	城頭土	角
16日 01/18	金	己卯	満	城頭土	亢
17日 01/19	土	庚辰	平	白鑞金	氐
18日 01/20	日	辛巳	定	白鑞金	房
19日 01/21	月	壬午	破	楊柳木	心
20日 01/22	火	癸未	危	楊柳木	尾
21日 01/23	水	甲申	危	井泉水	箕
22日 01/24	木	乙酉	成	井泉水	斗
23日 01/25	金	丙戌	納	屋上土	牛
24日 01/26	土	丁亥	開	屋上土	女
25日 01/27	日	戊子	閉	霹靂火	虚
26日 01/28	月	己丑	除	松柏木	室
27日 01/29	火	庚寅	除	松柏木	壁
28日 01/30	水	辛卯	満	松柏木	奎
29日 01/31	木	壬辰	平	長流水	奎
30日 02/01	金	癸巳	定	長流水	婁

享保11年
1726～1727　丙午　心

【正月大 庚寅 室】
節気 立春 4日・雨水 19日
雑節 節分 3日

日	日付	曜	干支	暦注	納音	宿
1日	02/02	土	甲午	執	沙中金	胃
2日	02/03	日	乙未	破	沙中金	昴
3日	02/04	月	丙申	危	山下火	畢
4日	02/05	火	丁酉	危	山下火	觜
5日	02/06	水	戊戌	成	平地木	参
6日	02/07	木	己亥	納	平地木	井
7日	02/08	金	庚子	開	壁上土	鬼
8日	02/09	土	辛丑	閉	壁上土	柳
9日	02/10	日	壬寅	建	金箔金	星
10日	02/11	月	癸卯	除	金箔金	張
11日	02/12	火	甲辰	満	覆燈火	翼
12日	02/13	水	乙巳	平	覆燈火	軫
13日	02/14	木	丙午	定	天河水	角
14日	02/15	金	丁未	執	天河水	亢
15日	02/16	土	戊申	破	大駅土	氐房
16日	02/17	日	己酉	危	大駅土	心
17日	02/18	月	庚戌	成	釵釧金	尾
18日	02/19	火	辛亥	納	釵釧金	箕
19日	02/20	水	壬子	開	桑柘木	斗
20日	02/21	木	癸丑	閉	桑柘木	牛
21日	02/22	金	甲寅	建	大溪水	女
22日	02/23	土	乙卯	除	大溪水	虚
23日	02/24	日	丙辰	満	沙中土	危
24日	02/25	月	丁巳	平	沙中土	室
25日	02/26	火	戊午	定	天上火	室
26日	02/27	水	己未	執	天上火	壁
27日	02/28	木	庚申	破	柘榴木	奎
28日	03/01	金	辛酉	危	柘榴木	婁
29日	03/02	土	壬戌	成	大海水	胃
30日	03/03	日	癸亥	納	大海水	昴

【二月小 辛卯 壁】
節気 啓蟄 4日・春分 20日
雑節 社日 15日・彼岸 22日

日	日付	曜	干支	暦注	納音	宿
1日	03/04	月	甲子	開	海中金	畢
2日	03/05	火	乙丑	閉	海中金	觜
3日	03/06	水	丙寅	建	爐中火	参
4日	03/07	木	丁卯	建	爐中火	井
5日	03/08	金	戊辰	満	大林木	鬼
6日	03/09	土	己巳	満	大林木	柳
7日	03/10	日	庚午	平	路傍土	星
8日	03/11	月	辛未	定	路傍土	張
9日	03/12	火	壬申	執	釵鋒金	翼
10日	03/13	水	癸酉	破	釵鋒金	軫
11日	03/14	木	甲戌	危	山頭火	角
12日	03/15	金	乙亥	成	山頭火	亢
13日	03/16	土	丙子	納	潤下水	氐
14日	03/17	日	丁丑	開	潤下水	房
15日	03/18	月	戊寅	閉	城頭土	心
16日	03/19	火	己卯	除	城頭土	尾
17日	03/20	水	庚辰	除	白鑞金	箕
18日	03/21	木	辛巳	満	白鑞金	斗
19日	03/22	金	壬午	平	楊柳木	牛
20日	03/23	土	癸未	定	楊柳木	女
21日	03/24	日	甲申	執	井泉水	虚
22日	03/25	月	乙酉	破	井泉水	危
23日	03/26	火	丙戌	危	屋上土	室
24日	03/27	水	丁亥	成	屋上土	壁
25日	03/28	木	戊子	納	霹靂火	奎
26日	03/29	金	己丑	開	霹靂火	婁
27日	03/30	土	庚寅	閉	松柏木	胃
28日	03/31	日	辛卯	建	松柏木	昴
29日	04/01	月	壬辰	除	長流水	畢

【三月大 壬辰 奎】
節気 清明 6日・穀雨 21日
雑節 土用 18日

日	日付	曜	干支	暦注	納音	宿
1日	04/02	火	癸巳	満	長流水	觜
2日	04/03	水	甲午	平	沙中金	参
3日	04/04	木	乙未	定	沙中金	井
4日	04/05	金	丙申	執	山下火	鬼
5日	04/06	土	丁酉	破	山下火	柳
6日	04/07	日	戊戌	破	平地木	星
7日	04/08	月	己亥	危	平地木	張
8日	04/09	火	庚子	成	壁上土	翼
9日	04/10	水	辛丑	納	壁上土	軫
10日	04/11	木	壬寅	開	金箔金	角
11日	04/12	金	癸卯	閉	金箔金	亢
12日	04/13	土	甲辰	建	覆燈火	氐
13日	04/14	日	乙巳	除	覆燈火	房
14日	04/15	月	丙午	満	天河水	心
15日☆	04/16	火	丁未	平	天河水	尾
16日	04/17	水	戊申	定	大駅土	箕
17日	04/18	木	己酉	執	大駅土	斗
18日	04/19	金	庚戌	破	釵釧金	牛
19日	04/20	土	辛亥	危	釵釧金	女
20日	04/21	日	壬子	成	桑柘木	虚
21日	04/22	月	癸丑	納	桑柘木	危
22日	04/23	火	甲寅	開	大溪水	室
23日	04/24	水	乙卯	閉	大溪水	壁
24日	04/25	木	丙辰	建	沙中土	奎
25日	04/26	金	丁巳	除	沙中土	婁
26日	04/27	土	戊午	平	天上火	胃
27日	04/28	日	己未	平	天上火	昴
28日	04/29	月	庚申	定	柘榴木	畢
29日	04/30	火	辛酉	執	柘榴木	觜
30日	05/01	水	壬戌	破	大海水	参

【四月小 癸巳 婁】
節気 立夏 6日・小満 22日
雑節 八十八夜 2日

日	日付	曜	干支	暦注	納音	宿
1日	05/02	木	癸亥	納	大海水	井
2日	05/03	金	甲子	開	海中金	鬼
3日	05/04	土	乙丑	納	海中金	柳
4日	05/05	日	丙寅	開	爐中火	星
5日	05/06	月	丁卯	閉	爐中火	張
6日	05/07	火	戊辰	建	大林木	翼
7日	05/08	水	己巳	建	大林木	軫
8日	05/09	木	庚午	除	路傍土	角
9日	05/10	金	辛未	平	路傍土	亢
10日	05/11	土	壬申	平	釵鋒金	氐
11日	05/12	日	癸酉	定	釵鋒金	房
12日	05/13	月	甲戌	執	山頭火	心
13日	05/14	火	乙亥	破	山頭火	尾
14日	05/15	水	丙子	危	潤下水	箕
15日	05/16	木	丁丑	成	潤下水	斗
16日	05/17	金	戊寅	納	城頭土	女
17日	05/18	土	己卯	開	城頭土	虚
18日	05/19	日	庚辰	閉	白鑞金	危
19日	05/20	月	辛巳	建	白鑞金	室
20日	05/21	火	壬午	除	楊柳木	壁
21日	05/22	水	癸未	満	楊柳木	奎
22日	05/23	木	甲申	平	井泉水	婁
23日	05/24	金	乙酉	定	井泉水	胃
24日	05/25	土	丙戌	執	屋上土	昴
25日	05/26	日	丁亥	破	屋上土	畢
26日	05/27	月	戊子	危	霹靂火	觜
27日	05/28	火	己丑	成	霹靂火	参
28日	05/29	水	庚寅	納	松柏木	参
29日	05/30	木	辛卯	開	松柏木	井

【五月大 甲午 胃】
節気 芒種 8日・夏至 23日
雑節 入梅 11日

日	日付	曜	干支	暦注	納音	宿
1日	05/31	金	壬辰	閉	長流水	鬼
2日	06/01	土	癸巳	建	長流水	柳
3日	06/02	日	甲午	除	沙中金	星
4日	06/03	月	乙未	満	沙中金	張
5日	06/04	火	丙申	平	山下火	翼
6日	06/05	水	丁酉	定	山下火	軫
7日	06/06	木	戊戌	執	平地木	角
8日	06/07	金	己亥	執	平地木	亢
9日	06/08	土	庚子	破	壁上土	氐
10日	06/09	日	辛丑	危	壁上土	房
11日	06/10	月	壬寅	成	金箔金	心
12日	06/11	火	癸卯	納	金箔金	尾
13日	06/12	水	甲辰	開	覆燈火	箕
14日	06/13	木	乙巳	閉	覆燈火	斗
15日	06/14	金	丙午	建	天河水	牛
16日	06/15	土	丁未	除	天河水	女
17日	06/16	日	戊申	満	大駅土	虚
18日	06/17	月	己酉	平	大駅土	危
19日	06/18	火	庚戌	定	釵釧金	室
20日	06/19	水	辛亥	執	釵釧金	壁
21日	06/20	木	壬子	破	桑柘木	奎
22日	06/21	金	癸丑	危	桑柘木	胃
23日	06/22	土	甲寅	成	大溪水	昴
24日	06/23	日	乙卯	納	大溪水	畢
25日	06/24	月	丙辰	開	沙中土	觜
26日	06/25	火	丁巳	閉	沙中土	参
27日	06/26	水	戊午	建	天上火	井
28日	06/27	木	己未	除	天上火	鬼
29日	06/28	金	庚申	満	柘榴木	柳
30日	06/29	土	辛酉	平	柘榴木	星

【六月小 乙未 昴】
節気 小暑 8日・大暑 23日
雑節 半夏生 3日・土用 20日

日	日付	曜	干支	暦注	納音	宿
1日	06/30	日	壬戌	定	大海水	星
2日	07/01	月	癸亥	執	大海水	張
3日	07/02	火	甲子	危	海中金	翼
4日	07/03	水	乙丑	危	海中金	軫
5日	07/04	木	丙寅	成	爐中火	角
6日	07/05	金	丁卯	納	爐中火	亢
7日	07/06	土	戊辰	開	大林木	氐
8日	07/07	日	己巳	閉	大林木	房
9日	07/08	月	庚午	閉	路傍土	心
10日	07/09	火	辛未	除	路傍土	尾
11日	07/10	水	壬申	除	釵鋒金	箕
12日	07/11	木	癸酉	満	釵鋒金	斗
13日	07/12	金	甲戌	平	山頭火	牛
14日	07/13	土	乙亥	定	山頭火	女
15日	07/14	日	丙子	執	潤下水	虚
16日	07/15	月	丁丑	破	潤下水	危
17日	07/16	火	戊寅	危	城頭土	室
18日	07/17	水	己卯	成	城頭土	壁
19日	07/18	木	庚辰	納	白鑞金	奎
20日	07/19	金	辛巳	開	白鑞金	婁
21日	07/20	土	壬午	閉	楊柳木	胃
22日	07/21	日	癸未	建	楊柳木	昴
23日	07/22	月	甲申	除	井泉水	畢
24日	07/23	火	乙酉	満	井泉水	觜
25日	07/24	水	丙戌	平	屋上土	参
26日	07/25	木	丁亥	定	屋上土	鬼
27日	07/26	金	戊子	執	霹靂火	鬼
28日	07/27	土	己丑	破	霹靂火	柳

享保11年

西暦 曜 干支 直 納音 宿

日	西暦	曜	干支	直	納音	宿
29日	07/28	日	庚寅	危	松柏木	星

【七月小 丙申 畢】
節気 立秋 10日・処暑 25日

日	西暦	曜	干支	直	納音	宿
1日	07/29	火	辛卯	成	松柏木	張
2日	07/30	火	壬辰	納	長流水	翼
3日	07/31	水	癸巳	開	長流水	軫
4日	08/01	木	甲午	建	沙中金	角
5日	08/02	金	乙未	除	沙中金	亢
6日	08/03	土	丙申	除	山下火	氐
7日	08/04	日	丁酉	満	山下火	房
8日	08/05	月	戊戌	平	平地木	心
9日	08/06	火	己亥	定	平地木	尾
10日	08/07	水	庚子	定	壁上土	箕
11日	08/08	木	辛丑	執	壁上土	斗
12日	08/09	金	壬寅	破	金箔金	女
13日	08/10	土	癸卯	危	金箔金	女
14日	08/11	日	甲辰	成	覆燈火	虚
15日	08/12	月	乙巳	納	覆燈火	危
16日	08/13	火	丙午	開	天河水	室
17日	08/14	水	丁未	閉	天河水	壁
18日	08/15	木	戊申	建	大駅土	奎
19日	08/16	金	己酉	除	大駅土	婁
20日	08/17	土	庚戌	満	釵釧金	胃
21日	08/18	日	辛亥	平	釵釧金	昴
22日	08/19	月	壬子	定	桑柘木	畢
23日	08/20	火	癸丑	執	桑柘木	觜
24日	08/21	水	甲寅	破	大溪水	参
25日	08/22	木	乙卯	危	大溪水	井
26日	08/23	金	丙辰	成	沙中土	鬼
27日	08/24	土	丁巳	納	沙中土	柳
28日	08/25	日	戊午	開	天上火	星
29日	08/26	月	己未	閉	天上火	張

【八月大 丁酉 觜】
節気 白露 11日・秋分 26日
雑節 二百十日 7日・彼岸 28日・社日 29日

日	西暦	曜	干支	直	納音	宿
1日	08/27	火	庚申	建	柘榴木	翼
2日	08/28	水	辛酉	除	柘榴木	軫
3日	08/29	木	壬戌	満	大海水	角
4日	08/30	金	癸亥	平	大海水	亢
5日	08/31	土	甲子	定	海中金	氐
6日	09/01	日	乙丑	執	海中金	房
7日	09/02	月	丙寅	破	爐中火	心
8日	09/03	火	丁卯	危	爐中火	尾
9日	09/04	水	戊辰	成	大林木	箕
10日	09/05	木	己巳	納	大林木	斗
11日	09/06	金	庚午	納	路傍土	牛
12日	09/07	土	辛未	開	路傍土	女
13日	09/08	日	壬申	閉	釵鋒金	虚
14日	09/09	月	癸酉	建	釵鋒金	危
15日	09/10	火	甲戌	除	山頭火	室
16日	09/11	水	乙亥	満	山頭火	壁
17日	09/12	木	丙子	平	澗下水	奎
18日	09/13	金	丁丑	定	澗下水	婁
19日	09/14	土	戊寅	執	城頭土	胃
20日	09/15	日	己卯	破	城頭土	昴
21日	09/16	月	庚辰	危	白鑞金	畢
22日	09/17	火	辛巳	成	白鑞金	觜
23日	09/18	水	壬午	納	楊柳木	参
24日	09/19	木	癸未	開	楊柳木	井
25日	09/20	金	甲申	閉	井泉水	鬼
26日	09/21	土	乙酉	建	井泉水	柳
27日	09/22	日	丙戌	除	屋上土	星
28日	09/23	月	丁亥	満	屋上土	張
29日	09/24	火	戊子	平	霹靂火	翼
30日	09/25	水	己丑	定	霹靂火	軫

【九月小 戊戌 参】
節気 寒露 11日・霜降 27日
雑節 土用 24日

日	西暦	曜	干支	直	納音	宿
1日	09/26	木	庚寅	執	松柏木	角
2日	09/27	金	辛卯	破	松柏木	亢
3日	09/28	土	壬辰	危	長流水	氐
4日	09/29	日	癸巳	成	長流水	房
5日	09/30	月	甲午	納	沙中金	心
6日	10/01	火	乙未	開	沙中金	尾
7日	10/02	水	丙申	閉	山下火	箕
8日	10/03	木	丁酉	建	山下火	斗
9日	10/04	金	戊戌	除	平地木	牛
10日	10/05	土	己亥	満	平地木	女
11日	10/06	日	庚子	平	壁上土	虚
12日	10/07	月	辛丑	平	壁上土	危
13日	10/08	火	壬寅	定	金箔金	室
14日	10/09	水	癸卯	執	金箔金	壁
15日	10/10	木	甲辰	破	覆燈火	奎
16日	10/11	金	乙巳	危	覆燈火	婁
17日	10/12	土	丙午	成	天河水	胃
18日	10/13	日	丁未	納	天河水	昴
19日	10/14	月	戊申	開	大駅土	畢
20日	10/15	火	己酉	閉	大駅土	觜
21日	10/16	水	庚戌	建	釵釧金	参
22日	10/17	木	辛亥	除	釵釧金	井
23日	10/18	金	壬子	満	桑柘木	鬼
24日	10/19	土	癸丑	平	桑柘木	柳
25日	10/20	日	甲寅	定	大溪水	星
26日	10/21	月	乙卯	執	大溪水	張
27日	10/22	火	丙辰	破	沙中土	翼
28日	10/23	水	丁巳	危	沙中土	軫
29日	10/24	木	戊午	成	天上火	角

【十月大 己亥 井】
節気 立冬 13日・小雪 28日

日	西暦	曜	干支	直	納音	宿
1日	10/25	金	己未	納	天上火	亢
2日	10/26	土	庚申	開	柘榴木	氐
3日	10/27	日	辛酉	建	柘榴木	房
4日	10/28	月	壬戌	建	大海水	心
5日	10/29	火	癸亥	除	大海水	尾
6日	10/30	水	甲子	平	海中金	箕
7日	10/31	木	乙丑	平	海中金	斗
8日	11/01	金	丙寅	定	爐中火	牛
9日	11/02	土	丁卯	執	爐中火	女
10日	11/03	日	戊辰	破	大林木	虚
11日	11/04	月	己巳	危	大林木	危
12日	11/05	火	庚午	成	路傍土	室
13日	11/06	水	辛未	成	釵鋒金	壁
14日	11/07	木	壬申	納	釵鋒金	奎
15日	11/08	金	癸酉	開	釵鋒金	婁
16日	11/09	土	甲戌	閉	山頭火	胃
17日	11/10	日	乙亥	建	山頭火	昴
18日	11/11	月	丙子	除	澗下水	畢
19日	11/12	火	丁丑	満	澗下水	觜
20日	11/13	水	戊寅	平	城頭土	参
21日	11/14	木	己卯	執	城頭土	井
22日	11/15	金	庚辰	執	白鑞金	鬼
23日	11/16	土	辛巳	破	白鑞金	柳
24日	11/17	日	壬午	危	楊柳木	星
25日	11/18	月	癸未	成	楊柳木	張
26日	11/19	火	甲申	納	井泉水	翼
27日	11/20	水	乙酉	開	井泉水	軫
28日	11/21	木	丙戌	閉	屋上土	角
29日	11/22	金	丁亥	建	屋上土	亢
30日	11/23	土	戊子	除	霹靂火	氐

【十一月小 庚子 鬼】
節気 大雪 13日・冬至 29日

日	西暦	曜	干支	直	納音	宿
1日	11/24	日	己丑	満	霹靂火	房
2日	11/25	月	庚寅	平	松柏木	心
3日	11/26	火	辛卯	定	松柏木	尾
4日	11/27	水	壬辰	執	長流水	箕
5日	11/28	木	癸巳	破	長流水	斗
6日	11/29	金	甲午	危	沙中金	牛
7日	11/30	土	乙未	成	沙中金	女
8日	12/01	日	丙申	納	山下火	虚
9日	12/02	月	丁酉	開	山下火	危
10日	12/03	火	戊戌	閉	平地木	室
11日	12/04	水	己亥	建	平地木	壁
12日	12/05	木	庚子	除	壁上土	奎
13日	12/06	金	辛丑	満	壁上土	婁
14日	12/07	土	壬寅	平	金箔金	胃
15日	12/08	日	癸卯	平	金箔金	昴
16日	12/09	月	甲辰	定	覆燈火	畢
17日	12/10	火	乙巳	執	覆燈火	觜
18日	12/11	水	丙午	破	天河水	参
19日	12/12	木	丁未	危	天河水	井
20日	12/13	金	戊申	成	大駅土	鬼
21日	12/14	土	己酉	納	大駅土	柳
22日	12/15	日	庚戌	開	釵釧金	星
23日	12/16	月	辛亥	閉	釵釧金	張
24日	12/17	火	壬子	除	桑柘木	翼
25日	12/18	水	癸丑	除	桑柘木	軫
26日	12/19	木	甲寅	満	大溪水	角
27日	12/20	金	乙卯	平	大溪水	亢
28日	12/21	土	丙辰	定	沙中土	氐
29日	12/22	日	丁巳	執	沙中土	房

【十二月大 辛丑 柳】
節気 小寒 15日・大寒 30日
雑節 土用 27日

日	西暦	曜	干支	直	納音	宿
1日	12/23	月	戊午	破	天上火	心
2日	12/24	火	己未	危	天上火	尾
3日	12/25	水	庚申	成	柘榴木	箕
4日	12/26	木	辛酉	納	柘榴木	斗
5日	12/27	金	壬戌	閉	大海水	牛
6日	12/28	土	癸亥	閉	大海水	女
7日	12/29	日	甲子	建	海中金	虚
8日	12/30	月	乙丑	除	海中金	危
9日	12/31	火	丙寅	満	爐中火	室

1727年

日	西暦	曜	干支	直	納音	宿
10日	01/01	水	丁卯	平	爐中火	壁
11日	01/02	木	戊辰	定	大林木	奎
12日	01/03	金	己巳	定	大林木	婁
13日	01/04	土	庚午	破	路傍土	胃
14日	01/05	日	辛未	危	路傍土	昴
15日	01/06	月	壬申	危	釵鋒金	畢
16日	01/07	火	癸酉	納	釵鋒金	觜
17日	01/08	水	甲戌	納	山頭火	参
18日	01/09	木	乙亥	開	山頭火	井
19日	01/10	金	丙子	閉	澗下水	鬼
20日	01/11	土	丁丑	建	澗下水	柳
21日	01/12	日	戊寅	除	城頭土	星
22日	01/13	月	己卯	満	城頭土	張
23日	01/14	火	庚辰	平	白鑞金	翼
24日	01/15	水	辛巳	定	白鑞金	軫
25日	01/16	木	壬午	執	楊柳木	角
26日	01/17	金	癸未	破	楊柳木	亢
27日	01/18	土	甲申	成	井泉水	氐
28日	01/19	日	乙酉	納	井泉水	房
29日	01/20	月	丙戌	納	屋上土	心
30日	01/21	火	丁亥	開	屋上土	尾

享保12年
1727〜1728　丁未　尾

【正月大 壬寅 星】
節気 立春 15日・雨水 30日
雑節 節分 14日

日	月日	曜	干支	直	納音	宿
1	01/22	水	戊子	閉	霹靂火	箕
2	01/23	木	己丑	建	霹靂火	斗
3	01/24	金	庚寅	除	松柏木	牛
4	01/25	土	辛卯	満	松柏木	女
5	01/26	日	壬辰	平	長流水	虚
6	01/27	月	癸巳	定	長流水	危
7	01/28	火	甲午	執	沙中金	室
8	01/29	水	乙未	破	沙中金	壁
9	01/30	木	丙申	危	山下火	奎
10	01/31	金	丁酉	成	山下火	婁
11	02/01	土	戊戌	納	平地木	胃
12	02/02	日	己亥	開	平地木	昴
13	02/03	月	庚子	閉	壁上土	畢
14	02/04	火	辛丑	建	壁上土	觜
15	02/05	水	壬寅	建	金箔金	参
16	02/06	木	癸卯	除	金箔金	井
17	02/07	金	甲辰	満	覆燈火	鬼
18	02/08	土	乙巳	平	覆燈火	柳
19	02/09	日	丙午	定	天河水	星
20	02/10	月	丁未	執	天河水	張
21	02/11	火	戊申	破	大駅土	翼
22	02/12	水	己酉	危	大駅土	軫
23	02/13	木	庚戌	成	釵釧金	角
24	02/14	金	辛亥	納	釵釧金	亢
25	02/15	土	壬子	開	桑柘木	氐
26	02/16	日	癸丑	閉	桑柘木	房
27	02/17	月	甲寅	建	大溪水	心
28	02/18	火	乙卯	除	大溪水	尾
29	02/19	水	丙辰	満	沙中土	箕
30	02/20	木	丁巳	平	沙中土	斗

【閏正月大 壬寅 星】
節気 啓蟄 16日

日	月日	曜	干支	直	納音	宿
1	02/21	金	戊午	定	天上火	牛
2	02/22	土	己未	執	天上火	女
3	02/23	日	庚申	破	柘榴木	虚
4	02/24	月	辛酉	危	柘榴木	危
5	02/25	火	壬戌	成	大海水	室
6	02/26	水	癸亥	納	大海水	壁
7	02/27	木	甲子	開	海中金	奎
8	02/28	金	乙丑	閉	海中金	婁
9	03/01	土	丙寅	建	爐中火	胃
10	03/02	日	丁卯	除	爐中火	昴
11	03/03	月	戊辰	満	大林木	畢
12	03/04	火	己巳	平	大林木	觜
13	03/05	水	庚午	定	路傍土	参
14	03/06	木	辛未	執	路傍土	井
15	03/07	金	壬申	破	釼鋒金	鬼
16	03/08	土	癸酉	破	釼鋒金	柳
17	03/09	日	甲戌	危	山頭火	星
18	03/10	月	乙亥	成	山頭火	張
19	03/11	火	丙子	納	澗下水	翼
20	03/12	水	丁丑	開	澗下水	軫
21	03/13	木	戊寅	閉	城頭土	角
22	03/14	金	己卯	建	城頭土	亢
23	03/15	土	庚辰	除	白鑞金	氐
24	03/16	日	辛巳	満	白鑞金	房
25	03/17	月	壬午	平	楊柳木	心
26	03/18	火	癸未	定	楊柳木	尾
27	03/19	水	甲申	執	井泉水	箕
28	03/20	木	乙酉	破	井泉水	斗
29	03/21	金	丙戌	危	屋上土	牛
30	03/22	土	丁亥	成	屋上土	女

【二月小 癸卯 張】
節気 春分 1日・清明 16日
雑節 社日 1日・彼岸 3日・土用 28日

日	月日	曜	干支	直	納音	宿
1	03/23	日	戊子	納	霹靂火	虚
2	03/24	月	己丑	開	霹靂火	危
3	03/25	火	庚寅	閉	松柏木	室
4	03/26	水	辛卯	建	松柏木	壁
5	03/27	木	壬辰	除	長流水	奎
6	03/28	金	癸巳	満	長流水	婁
7	03/29	土	甲午	平	沙中金	胃
8	03/30	日	乙未	定	沙中金	昴
9	03/31	月	丙申	執	山下火	畢
10	04/01	火	丁酉	破	山下火	觜
11	04/02	水	戊戌	危	平地木	参
12	04/03	木	己亥	成	平地木	井
13	04/04	金	庚子	納	壁上土	鬼
14	04/05	土	辛丑	開	壁上土	柳
15	04/06	日	壬寅	閉	金箔金	星
16	04/07	月	癸卯	閉	金箔金	張
17	04/08	火	甲辰	建	覆燈火	翼
18	04/09	水	乙巳	除	覆燈火	軫
19	04/10	木	丙午	満	天河水	角
20	04/11	金	丁未	平	天河水	亢
21	04/12	土	戊申	定	大駅土	氐
22	04/13	日	己酉	執	大駅土	房
23	04/14	月	庚戌	破	釵釧金	心
24	04/15	火	辛亥	危	釵釧金	尾
25	04/16	水	壬子	成	桑柘木	箕
26	04/17	木	癸丑	納	桑柘木	斗
27	04/18	金	甲寅	開	大溪水	牛
28	04/19	土	乙卯	閉	大溪水	女
29	04/20	日	丙辰	建	沙中土	虚

【三月大 甲辰 翼】
節気 穀雨 2日・立夏 18日
雑節 八十八夜 13日

日	月日	曜	干支	直	納音	宿
1	04/21	月	丁巳	除	沙中土	危
2	04/22	火	戊午	満	天上火	室
3	04/23	水	己未	平	天上火	壁
4	04/24	木	庚申	定	柘榴木	奎
5	04/25	金	辛酉	執	柘榴木	婁
6	04/26	土	壬戌	破	大海水	胃
7	04/27	日	癸亥	危	大海水	昴
8	04/28	月	甲子	成	海中金	畢
9	04/29	火	乙丑	納	海中金	觜
10	04/30	水	丙寅	開	爐中火	参
11	05/01	木	丁卯	閉	爐中火	井
12	05/02	金	戊辰	建	大林木	鬼
13	05/03	土	己巳	除	大林木	柳
14	05/04	日	庚午	満	路傍土	星
15	05/05	月	辛未	平	路傍土	張
16	05/06	火	壬申	定	釼鋒金	翼
17	05/07	水	癸酉	執	釼鋒金	軫
18	05/08	木	甲戌	執	山頭火	角
19	05/09	金	乙亥	破	山頭火	亢
20	05/10	土	丙子	危	澗下水	氐
21	05/11	日	丁丑	成	澗下水	房
22	05/12	月	戊寅	納	城頭土	心
23	05/13	火	己卯	開	城頭土	尾
24	05/14	水	庚辰	閉	白鑞金	箕
25	05/15	木	辛巳	建	白鑞金	斗
26	05/16	金	壬午	除	楊柳木	牛
27	05/17	土	癸未	満	楊柳木	女
28	05/18	日	甲申	平	井泉水	虚
29	05/19	月	乙酉	定	井泉水	危
30	05/20	火	丙戌	執	屋上土	室

【四月小 乙巳 軫】
節気 小満 3日・芒種 18日
雑節 入梅 26日

日	月日	曜	干支	直	納音	宿
1	05/21	水	丁亥	破	屋上土	壁
2	05/22	木	戊子	危	霹靂火	奎
3	05/23	金	己丑	成	霹靂火	婁
4	05/24	土	庚寅	納	松柏木	胃
5	05/25	日	辛卯	開	松柏木	昴
6	05/26	月	壬辰	閉	長流水	畢
7	05/27	火	癸巳	建	長流水	觜
8	05/28	水	甲午	除	沙中金	参
9	05/29	木	乙未	満	沙中金	井
10	05/30	金	丙申	平	山下火	鬼
11	05/31	土	丁酉	定	山下火	柳
12	06/01	日	戊戌	執	平地木	星
13	06/02	月	己亥	破	平地木	張
14	06/03	火	庚子	危	壁上土	翼
15	06/04	水	辛丑	成	壁上土	軫
16	06/05	木	壬寅	納	金箔金	角
17	06/06	金	癸卯	開	金箔金	亢
18	06/07	土	甲辰	開	覆燈火	氐
19	06/08	日	乙巳	閉	覆燈火	房
20	06/09	月	丙午	建	天河水	心
21	06/10	火	丁未	除	天河水	尾
22	06/11	水	戊申	満	大駅土	箕
23	06/12	木	己酉	平	大駅土	斗
24	06/13	金	庚戌	定	釵釧金	牛
25	06/14	土	辛亥	執	釵釧金	女
26	06/15	日	壬子	破	桑柘木	虚
27	06/16	月	癸丑	危	桑柘木	危
28	06/17	火	甲寅	成	大溪水	室
29	06/18	水	乙卯	納	大溪水	壁

【五月大 丙午 角】
節気 夏至 4日・小暑 19日
雑節 半夏生 14日

日	月日	曜	干支	直	納音	宿
1	06/19	木	丙辰	開	沙中土	奎
2	06/20	金	丁巳	閉	沙中土	婁
3	06/21	土	戊午	建	天上火	胃
4	06/22	日	己未	除	天上火	昴
5	06/23	月	庚申	満	柘榴木	畢
6	06/24	火	辛酉	平	柘榴木	觜
7	06/25	水	壬戌	定	大海水	参
8	06/26	木	癸亥	執	大海水	井
9	06/27	金	甲子	破	海中金	鬼
10	06/28	土	乙丑	危	海中金	柳
11	06/29	日	丙寅	成	爐中火	星
12	06/30	月	丁卯	納	爐中火	張
13	07/01	火	戊辰	開	大林木	翼
14	07/02	水	己巳	閉	大林木	軫
15	07/03	木	庚午	建	路傍土	角
16	07/04	金	辛未	除	路傍土	亢
17	07/05	土	壬申	満	釼鋒金	氐
18	07/06	日	癸酉	平	釼鋒金	房
19	07/07	月	甲戌	平	山頭火	心
20	07/08	火	乙亥	定	山頭火	尾
21	07/09	水	丙子	執	澗下水	箕
22	07/10	木	丁丑	破	澗下水	斗
23	07/11	金	戊寅	危	城頭土	牛
24	07/12	土	己卯	成	城頭土	女
25	07/13	日	庚辰	納	白鑞金	虚
26	07/14	月	辛巳	開	白鑞金	危
27	07/15	火	壬午	閉	楊柳木	室
28	07/16	水	癸未	建	楊柳木	壁
29	07/17	木	甲申	除	井泉水	奎
30	07/18	金	乙酉	満	井泉水	婁

【六月小 丁未 亢】
節気 大暑 5日・立秋 20日
雑節 土用 2日

日	月日	曜	干支	直	納音	宿
1	07/19	土	丙戌	平	屋上土	胃
2	07/20	日	丁亥	定	屋上土	昴
3	07/21	月	戊子	執	霹靂火	畢
4	07/22	火	己丑	破	霹靂火	觜
5	07/23	水	庚寅	危	松柏木	参
6	07/24	木	辛卯	成	松柏木	井
7	07/25	金	壬辰	納	長流水	鬼
8	07/26	土	癸巳	開	長流水	柳
9	07/27	日	甲午	閉	沙中金	星
10	07/28	月	乙未	建	沙中金	張
11	07/29	火	丙申	除	山下火	翼
12	07/30	水	丁酉	満	山下火	軫
13	07/31	木	戊戌	平	平地木	角
14	08/01	金	己亥	定	平地木	亢

日	西暦	曜	干支	直	納音	宿
15日	08/02	土	庚子	執	壁上土	氐
16日	08/03	日	辛丑	破	壁上土	房
17日	08/04	月	壬寅	危	金箔金	心
18日	08/05	火	癸卯	成	金箔金	尾
19日	08/06	水	甲辰	納	覆燈火	箕
20日	08/07	木	乙巳	納	覆燈火	斗
21日	08/08	金	丙午	開	天河水	牛
22日	08/09	土	丁未	閉	天河水	女
23日	08/10	日	戊申	建	大駅土	虚
24日	08/11	月	己酉	除	大駅土	危
25日	08/12	火	庚戌	平	釵釧金	室
26日	08/13	水	辛亥	平	釵釧金	壁
27日	08/14	木	壬子	定	桑柘木	奎
28日	08/15	金	癸丑	執	桑柘木	婁
29日	08/16	土	甲寅	破	大渓水	胃

【七月小 戊申 氐】

節気 処暑 6日・白露 21日
雑節 二百十日 17日

日	西暦	曜	干支	直	納音	宿
1日	08/17	日	乙卯	危	大渓水	昴
2日	08/18	月	丙辰	成	沙中土	畢
3日	08/19	火	丁巳	納	沙中土	觜
4日	08/20	水	戊午	閉	天上火	参
5日	08/21	木	己未	閉	天上火	井
6日	08/22	金	庚申	建	柘榴木	鬼
7日	08/23	土	辛酉	除	柘榴木	柳
8日	08/24	日	壬戌	満	大海水	星
9日	08/25	月	癸亥	平	大海水	張
10日	08/26	火	甲子	定	海中金	翼
11日	08/27	水	乙丑	執	海中金	軫
12日	08/28	木	丙寅	破	爐中火	角
13日	08/29	金	丁卯	危	爐中火	亢
14日	08/30	土	戊辰	成	大林木	氐
15日	08/31	日	己巳	納	大林木	房
16日	09/01	月	庚午	開	路傍土	心
17日	09/02	火	辛未	閉	路傍土	尾
18日	09/03	水	壬申	建	釵鋒金	箕
19日	09/04	木	癸酉	除	釵鋒金	斗
20日	09/05	金	甲戌	満	山頭火	牛
21日	09/06	土	乙亥	満	山頭火	女
22日	09/07	日	丙子	平	澗下水	虚
23日	09/08	月	丁丑	定	澗下水	危
24日	09/09	火	戊寅	執	城頭土	室
25日	09/10	水	己卯	破	城頭土	壁
26日	09/11	木	庚辰	危	白鑞金	奎
27日	09/12	金	辛巳	成	白鑞金	婁
28日	09/13	土	壬午	納	楊柳木	胃
29日	09/14	日	癸未	開	楊柳木	昴

【八月大 己酉 房】

節気 秋分 8日・寒露 23日
雑節 社日 5日・彼岸 10日

日	西暦	曜	干支	直	納音	宿
1日	09/15	月	甲申	建	井泉水	畢
2日	09/16	火	乙酉	除	井泉水	觜
3日	09/17	水	丙戌	除	屋上土	参
4日	09/18	木	丁亥	平	屋上土	井
5日	09/19	金	戊子	平	霹靂火	鬼
6日	09/20	土	己丑	定	霹靂火	柳
7日	09/21	日	庚寅	執	松柏木	星
8日	09/22	月	辛卯	破	松柏木	張
9日	09/23	火	壬辰	危	長流水	翼
10日	09/24	水	癸巳	成	長流水	軫
11日	09/25	木	甲午	納	沙中金	角
12日	09/26	金	乙未	開	沙中金	亢
13日	09/27	土	丙申	閉	山下火	氐
14日	09/28	日	丁酉	建	山下火	房
15日	09/29	月	戊戌	除	平地木	心
16日	09/30	火	己亥	満	平地木	尾
17日	10/01	水	庚子	平	壁上土	箕
18日	10/02	木	辛丑	定	壁上土	斗
19日	10/03	金	壬寅	執	金箔金	牛
20日	10/04	土	癸卯	破	金箔金	女
21日	10/05	日	甲辰	危	覆燈火	虚
22日	10/06	月	乙巳	成	覆燈火	危
23日	10/07	火	丙午	納	天河水	室
24日	10/08	水	丁未	開	天河水	壁
25日	10/09	木	戊申	開	大駅土	奎
26日	10/10	金	己酉	建	大駅土	婁
27日	10/11	土	庚戌	建	釵釧金	胃
28日	10/12	日	辛亥	除	釵釧金	昴
29日	10/13	月	壬子	満	桑柘木	畢
30日	10/14	火	癸丑	平	桑柘木	觜

【九月小 庚戌 心】

節気 霜降 8日・立冬 23日
雑節 土用 5日

日	西暦	曜	干支	直	納音	宿
1日	10/15	水	甲寅	定	大渓水	参
2日	10/16	木	乙卯	執	大渓水	井
3日	10/17	金	丙辰	破	沙中土	鬼
4日	10/18	土	丁巳	危	沙中土	柳
5日	10/19	日	戊午	成	天上火	星
6日	10/20	月	己未	納	天上火	張
7日	10/21	火	庚申	開	柘榴木	翼
8日	10/22	水	辛酉	閉	柘榴木	軫
9日	10/23	木	壬戌	建	大海水	角
10日	10/24	金	癸亥	除	大海水	亢
11日	10/25	土	甲子	満	海中金	氐
12日	10/26	日	乙丑	平	海中金	房
13日	10/27	月	丙寅	定	爐中火	心
14日	10/28	火	丁卯	執	爐中火	尾
15日	10/29	水	戊辰	破	大林木	箕
16日	10/30	木	己巳	危	大林木	斗
17日	10/31	金	庚午	成	路傍土	牛
18日	11/01	土	辛未	納	路傍土	女
19日	11/02	日	壬申	開	釵鋒金	虚
20日	11/03	月	癸酉	閉	釵鋒金	危
21日	11/04	火	甲戌	建	山頭火	室
22日	11/05	水	乙亥	除	山頭火	壁
23日	11/06	木	丙子	除	澗下水	奎
24日	11/07	金	丁丑	満	澗下水	婁
25日	11/08	土	戊寅	定	城頭土	胃
26日	11/09	日	己卯	定	城頭土	昴
27日	11/10	月	庚辰	執	白鑞金	畢
28日	11/11	火	辛巳	破	白鑞金	觜
29日	11/12	水	壬午	危	楊柳木	参

【十月大 辛亥 尾】

節気 小雪 9日・大雪 25日

日	西暦	曜	干支	直	納音	宿
1日	11/13	木	癸未	成	楊柳木	井
2日	11/14	金	甲申	納	井泉水	鬼
3日	11/15	土	乙酉	開	井泉水	柳
4日	11/16	日	丙戌	閉	屋上土	星
5日	11/17	月	丁亥	閉	屋上土	張
6日	11/18	火	戊子	除	霹靂火	翼
7日	11/19	水	己丑	満	霹靂火	軫
8日	11/20	木	庚寅	平	松柏木	角
9日	11/21	金	辛卯	定	松柏木	亢
10日	11/22	土	壬辰	執	長流水	氐
11日	11/23	日	癸巳	破	長流水	房
12日	11/24	月	甲午	危	沙中金	心
13日	11/25	火	乙未	成	沙中金	尾
14日	11/26	水	丙申	納	山下火	箕
15日	11/27	木	丁酉	開	山下火	斗
16日	11/28	金	戊戌	閉	平地木	牛
17日	11/29	土	己亥	建	平地木	女
18日	11/30	日	庚子	除	壁上土	虚
19日	12/01	月	辛丑	満	壁上土	危
20日	12/02	火	壬寅	平	金箔金	室
21日	12/03	水	癸卯	定	金箔金	壁
22日	12/04	木	甲辰	執	覆燈火	奎
23日	12/05	金	乙巳	破	覆燈火	婁
24日	12/06	土	丙午	危	天河水	胃
25日	12/07	日	丁未	成	天河水	昴
26日	12/08	月	戊申	納	大駅土	畢
27日	12/09	火	己酉	開	大駅土	觜
28日	12/10	水	庚戌	閉	釵釧金	参
29日	12/11	木	辛亥	閉	釵釧金	井
30日	12/12	金	壬子	建	桑柘木	鬼

【十一月小 壬子 箕】

節気 冬至 10日・小寒 25日

日	西暦	曜	干支	直	納音	宿
1日	12/13	土	癸丑	除	桑柘木	柳
2日	12/14	日	甲寅	満	大渓水	星
3日	12/15	月	乙卯	定	大渓水	張
4日	12/16	火	丙辰	定	沙中土	翼
5日	12/17	水	丁巳	執	沙中土	軫
6日	12/18	木	戊午	破	天上火	角
7日	12/19	金	己未	危	天上火	亢
8日	12/20	土	庚申	成	柘榴木	氐
9日	12/21	日	辛酉	納	柘榴木	房
10日	12/22	月	壬戌	開	大海水	心
11日	12/23	火	癸亥	閉	大海水	尾
12日	12/24	水	甲子	建	海中金	箕
13日	12/25	木	乙丑	除	海中金	斗
14日	12/26	金	丙寅	満	爐中火	牛
15日	12/27	土	丁卯	平	爐中火	女
16日	12/28	日	戊辰	定	大林木	虚
17日	12/29	月	己巳	執	大林木	危
18日	12/30	火	庚午	破	路傍土	室
19日	12/31	水	辛未	危	路傍土	壁

1728年

日	西暦	曜	干支	直	納音	宿
20日	01/01	木	壬申	成	釵鋒金	奎
21日	01/02	金	癸酉	納	釵鋒金	婁
22日	01/03	土	甲戌	開	山頭火	胃
23日	01/04	日	乙亥	閉	山頭火	昴
24日	01/05	月	丙子	閉	澗下水	畢
25日	01/06	火	丁丑	建	澗下水	觜
26日	01/07	水	戊寅	除	城頭土	参
27日	01/08	木	己卯	満	城頭土	井
28日	01/09	金	庚辰	平	白鑞金	鬼
29日	01/10	土	辛巳	定	白鑞金	柳

【十二月大 癸丑 斗】

節気 大寒 11日・立春 26日
雑節 土用 8日・節分 25日

日	西暦	曜	干支	直	納音	宿
1日	01/11	日	壬午	破	楊柳木	星
2日	01/12	月	癸未	破	楊柳木	張
3日	01/13	火	甲申	危	井泉水	翼
4日	01/14	水	乙酉	成	井泉水	軫
5日	01/15	木	丙戌	納	屋上土	角
6日	01/16	金	丁亥	開	屋上土	亢
7日	01/17	土	戊子	閉	霹靂火	氐
8日	01/18	日	己丑	建	霹靂火	房
9日	01/19	月	庚寅	除	松柏木	心
10日	01/20	火	辛卯	満	松柏木	尾
11日	01/21	水	壬辰	平	長流水	箕
12日	01/22	木	癸巳	定	長流水	斗
13日	01/23	金	甲午	執	沙中金	牛
14日	01/24	土	乙未	破	沙中金	女
15日	01/25	日	丙申	危	山下火	虚
16日	01/26	月	丁酉	成	山下火	室
17日	01/27	火	戊戌	納	平地木	壁
18日	01/28	水	己亥	開	平地木	奎
19日	01/29	木	庚子	閉	壁上土	婁
20日	01/30	金	辛丑	建	壁上土	胃
21日	01/31	土	壬寅	除	金箔金	昴
22日	02/01	日	癸卯	満	金箔金	畢
23日	02/02	月	甲辰	平	覆燈火	觜
24日	02/03	火	乙巳	定	覆燈火	参
25日	02/04	水	丙午	執	天河水	井
26日	02/05	木	丁未	破	天河水	鬼
27日	02/06	金	戊申	破	大駅土	柳
28日	02/07	土	己酉	危	大駅土	星
29日	02/08	日	庚戌	成	釵釧金	張
30日	02/09	月	辛亥	納	釵釧金	翼

享保13年
1728～1729　戊申　箕

【正月大 甲寅 牛】
節気 雨水 12日・啓蟄 27日

日	新暦	曜	干支	直	納音	宿
1日	02/10	火	壬子	開	桑柘木	翼
2日	02/11	水	癸丑	閉	桑柘木	軫
3日	02/12	木	甲寅	建	大溪水	角
4日	02/13	金	乙卯	除	大溪水	亢
5日	02/14	土	丙辰	満	沙中土	氐
6日	02/15	日	丁巳	平	沙中土	房
7日	02/16	月	戊午	定	天上火	心
8日	02/17	火	己未	執	天上火	尾
9日	02/18	水	庚申	破	柘榴木	箕
10日	02/19	木	辛酉	危	柘榴木	斗
11日	02/20	金	壬戌	成	大海水	牛
12日	02/21	土	癸亥	納	大海水	女
13日	02/22	日	甲子	開	海中金	虚
14日	02/23	月	乙丑	閉	海中金	危
15日	02/24	火	丙寅	建	爐中火	室
16日☆	02/25	水	丁卯	除	爐中火	壁
17日	02/26	木	戊辰	満	大林木	奎
18日	02/27	金	己巳	平	大林木	婁
19日	02/28	土	庚午	定	路傍土	胃
20日	02/29	日	辛未	執	路傍土	昴
21日	03/01	月	壬申	破	釼鋒金	畢
22日	03/02	火	癸酉	危	釼鋒金	觜
23日	03/03	水	甲戌	納	山頭火	參
24日	03/04	木	乙亥	開	山頭火	井
25日	03/05	金	丙子	閉	澗下水	鬼
26日	03/06	土	丁丑	閉	澗下水	柳
27日	03/07	日	戊寅	建	城頭土	星
28日	03/08	月	己卯	除	城頭土	張
29日	03/09	火	庚辰	満	白鑞金	翼
30日	03/10	水	辛巳	満	白鑞金	軫

【二月小 乙卯 女】
節気 春分 12日・清明 27日
雑節 社日 7日・彼岸 14日

日	新暦	曜	干支	直	納音	宿
1日	03/11	木	壬午	平	楊柳木	角
2日	03/12	金	癸未	定	楊柳木	亢
3日	03/13	土	甲申	執	井泉水	氐
4日	03/14	日	乙酉	破	井泉水	房
5日	03/15	月	丙戌	危	屋上土	心
6日	03/16	火	丁亥	成	屋上土	尾
7日	03/17	水	戊子	納	霹靂火	箕
8日	03/18	木	己丑	開	霹靂火	斗
9日	03/19	金	庚寅	閉	松柏木	牛
10日	03/20	土	辛卯	建	松柏木	女
11日	03/21	日	壬辰	除	長流水	虚
12日	03/22	月	癸巳	満	長流水	危
13日	03/23	火	甲午	定	沙中金	室
14日	03/24	水	乙未	定	沙中金	壁
15日	03/25	木	丙申	執	山下火	奎
16日	03/26	金	丁酉	破	山下火	婁
17日	03/27	土	戊戌	成	平地木	胃
18日	03/28	日	己亥	成	平地木	昴
19日	03/29	月	庚子	納	壁上土	畢
20日	03/30	火	辛丑	開	壁上土	觜
21日	03/31	水	壬寅	閉	金箔金	參
22日	04/01	木	癸卯	建	金箔金	井
23日	04/02	金	甲辰	除	覆燈火	鬼
24日	04/03	土	乙巳	満	覆燈火	柳
25日	04/04	日	丙午	平	天河水	星
26日	04/05	月	丁未	定	天河水	張
27日	04/06	火	戊申	定	大駅土	翼

【三月大 丙辰 虚】
節気 穀雨 14日・立夏 29日
雑節 土用 11日・八十八夜 24日

日	新暦	曜	干支	直	納音	宿
1日	04/09	金	辛亥	執	釼鋒金	亢
2日	04/10	土	壬子	成	桑柘木	氐
3日	04/11	日	癸丑	納	桑柘木	房
4日	04/12	月	甲寅	開	大溪水	心
5日	04/13	火	乙卯	閉	大溪水	尾
6日	04/14	水	丙辰	除	沙中土	箕
7日	04/15	木	丁巳	除	沙中土	斗
8日	04/16	金	戊午	満	天上火	牛
9日	04/17	土	己未	平	天上火	女
10日	04/18	日	庚申	定	柘榴木	虚
11日	04/19	月	辛酉	執	柘榴木	危
12日	04/20	火	壬戌	破	大海水	室
13日	04/21	水	癸亥	危	大海水	壁
14日	04/22	木	甲子	成	海中金	奎
15日	04/23	金	乙丑	納	海中金	婁
16日	04/24	土	丙寅	開	爐中火	胃
17日	04/25	日	丁卯	閉	爐中火	昴
18日	04/26	月	戊辰	建	大林木	畢
19日	04/27	火	己巳	除	大林木	觜
20日	04/28	水	庚午	平	路傍土	參
21日	04/29	木	辛未	平	路傍土	井
22日	04/30	金	壬申	定	釼鋒金	鬼
23日	05/01	土	癸酉	執	釼鋒金	柳
24日	05/02	日	甲戌	破	山頭火	星
25日	05/03	月	乙亥	危	山頭火	張
26日	05/04	火	丙子	成	澗下水	翼
27日	05/05	水	丁丑	納	澗下水	角
28日	05/06	木	戊寅	開	城頭土	角
29日	05/07	金	己卯	開	城頭土	亢
30日	05/08	土	庚辰	閉	白鑞金	氐

【四月大 丁巳 危】
節気 小満 14日・芒種 29日

日	新暦	曜	干支	直	納音	宿
1日	05/09	日	辛巳	建	白鑞金	房
2日	05/10	月	壬午	除	楊柳木	心
3日	05/11	火	癸未	満	楊柳木	尾
4日	05/12	水	甲申	定	井泉水	斗
5日	05/13	木	乙酉	定	井泉水	牛
6日	05/14	金	丙戌	執	屋上土	女
7日	05/15	土	丁亥	破	屋上土	虚
8日	05/16	日	戊子	危	霹靂火	危
9日	05/17	月	己丑	成	霹靂火	室
10日	05/18	火	庚寅	納	松柏木	壁
11日	05/19	水	辛卯	開	松柏木	奎
12日	05/20	木	壬辰	閉	長流水	婁
13日	05/21	金	癸巳	建	長流水	胃
14日	05/22	土	甲午	除	沙中金	昴
15日	05/23	日	乙未	満	沙中金	畢
16日	05/24	月	丙申	平	山下火	觜
17日	05/25	火	丁酉	定	山下火	參
18日	05/26	水	戊戌	執	平地木	井
19日	05/27	木	己亥	破	平地木	鬼
20日	05/28	金	庚子	危	壁上土	柳
21日	05/29	土	辛丑	成	壁上土	星
22日	05/30	日	壬寅	納	金箔金	張
23日	05/31	月	癸卯	開	金箔金	翼
24日	06/01	火	甲辰	閉	覆燈火	軫
25日	06/02	水	乙巳	建	覆燈火	角
26日	06/03	木	丙午	除	天河水	亢
27日	06/04	金	丁未	満	天河水	氐
28日	06/05	土	戊申	平	大駅土	房
29日	06/06	日	己酉	定	大駅土	心
30日	06/07	月	庚戌	定	釼釧金	心

【五月小 戊午 室】
節気 夏至 14日
雑節 入梅 2日・半夏生 24日

日	新暦	曜	干支	直	納音	宿
1日	06/08	火	辛亥	執	釼釧金	尾
2日	06/09	水	壬子	破	桑柘木	箕
3日	06/10	木	癸丑	危	桑柘木	斗
4日	06/11	金	甲寅	成	大溪水	牛
5日	06/12	土	乙卯	納	大溪水	女
6日	06/13	日	丙辰	開	沙中土	虚
7日	06/14	月	丁巳	閉	沙中土	危
8日	06/15	火	戊午	建	天上火	室
9日	06/16	水	己未	除	天上火	壁
10日	06/17	木	庚申	満	柘榴木	奎
11日	06/18	金	辛酉	平	柘榴木	婁
12日	06/19	土	壬戌	定	大海水	胃
13日	06/20	日	癸亥	執	大海水	昴
14日	06/21	月	甲子	破	海中金	畢
15日	06/22	火	乙丑	危	海中金	觜
16日	06/23	水	丙寅	成	爐中火	參
17日	06/24	木	丁卯	納	爐中火	井
18日	06/25	金	戊辰	開	大林木	鬼
19日	06/26	土	己巳	閉	大林木	柳
20日	06/27	日	庚午	建	路傍土	星
21日	06/28	月	辛未	満	路傍土	張
22日	06/29	火	壬申	満	釼鋒金	翼
23日	06/30	水	癸酉	平	釼鋒金	軫
24日	07/01	木	甲戌	定	山頭火	角
25日	07/02	金	乙亥	執	山頭火	亢
26日	07/03	土	丙子	破	澗下水	氐
27日	07/04	日	丁丑	危	澗下水	房
28日	07/05	月	戊寅	成	城頭土	心
29日	07/06	火	己卯	納	城頭土	尾

【六月大 己未 壁】
節気 小暑 1日・大暑 16日
雑節 土用 13日

日	新暦	曜	干支	直	納音	宿
1日	07/07	水	庚辰	納	白鑞金	箕
2日	07/08	木	辛巳	開	白鑞金	斗
3日	07/09	金	壬午	閉	楊柳木	牛
4日	07/10	土	癸未	建	楊柳木	女
5日	07/11	日	甲申	満	井泉水	虚
6日	07/12	月	乙酉	満	井泉水	危
7日	07/13	火	丙戌	平	屋上土	室
8日	07/14	水	丁亥	定	屋上土	壁
9日	07/15	木	戊子	執	霹靂火	奎
10日	07/16	金	己丑	破	霹靂火	婁
11日	07/17	土	庚寅	危	松柏木	胃
12日	07/18	日	辛卯	成	松柏木	昴
13日	07/19	月	壬辰	納	長流水	畢
14日	07/20	火	癸巳	開	長流水	觜
15日	07/21	水	甲午	閉	沙中金	參
16日	07/22	木	乙未	建	沙中金	井
17日	07/23	金	丙申	除	山下火	鬼
18日	07/24	土	丁酉	満	山下火	柳
19日	07/25	日	戊戌	平	平地木	星
20日	07/26	月	己亥	定	平地木	張
21日	07/27	火	庚子	執	壁上土	翼
22日	07/28	水	辛丑	破	壁上土	軫
23日	07/29	木	壬寅	危	金箔金	角
24日	07/30	金	癸卯	成	金箔金	氐
25日	07/31	土	甲辰	納	覆燈火	氐
26日	08/01	日	乙巳	開	覆燈火	房
27日	08/02	月	丙午	閉	天河水	心
28日	08/03	火	丁未	建	天河水	尾
29日	08/04	水	戊申	除	大駅土	箕
30日	08/05	木	己酉	満	大駅土	斗

西暦 曜 干支 直 納音 宿　　　　　　　　　　享保13年

【七月小 庚申 奎】
節気 立秋 1日・処暑 16日
雑節 二百十日 27日

1日	08/06	金	庚午	満	釼釧金	牛
2日	08/07	土	辛未	平	釼釧金	女
3日	08/08	日	壬申	定	桑柘木	虚
4日	08/09	月	癸酉	執	桑柘木	危
5日	08/10	火	甲戌	破	大渓水	室
6日	08/11	水	乙亥	危	大渓水	壁
7日	08/12	木	丙子	成	沙中土	奎
8日	08/13	金	丁丑	納	沙中土	婁
9日	08/14	土	戊寅	開	天上火	胃
10日	08/15	日	己卯	閉	天上火	昴
11日	08/16	月	庚辰	建	柏榴木	畢
12日	08/17	火	辛巳	除	柏榴木	觜
13日	08/18	水	壬午	満	大海水	参
14日☆	08/19	木	癸未	平	大海水	井
15日	08/20	金	甲申	定	海中金	鬼
16日	08/21	土	乙丑	執	海中金	柳
17日	08/22	日	丙寅	破	爐中火	星
18日	08/23	月	丁卯	危	爐中火	張
19日	08/24	火	戊辰	成	大林木	翼
20日	08/25	水	己巳	納	大林木	軫
21日	08/26	木	庚午	開	路傍土	角
22日	08/27	金	辛未	閉	路傍土	亢
23日	08/28	土	壬申	建	釼鋒金	氐
24日	08/29	日	癸酉	除	釼鋒金	房
25日	08/30	月	甲戌	満	山頭火	心
26日	08/31	火	乙亥	平	山頭火	尾
27日	09/01	水	丙子	定	澗下水	箕
28日	09/02	木	丁丑	執	澗下水	斗
29日	09/03	金	戊寅	破	城頭土	牛

【八月小 辛酉 婁】
節気 白露 3日・秋分 18日
雑節 彼岸 20日・社日 20日

1日	09/04	土	己卯	危	城頭土	女
2日	09/05	日	庚辰	成	白鑞金	虚
3日	09/06	月	辛巳	成	白鑞金	危
4日	09/07	火	壬午	納	楊柳木	室
5日	09/08	水	癸未	開	楊柳木	壁
6日	09/09	木	甲申	閉	井泉水	奎
7日	09/10	金	乙酉	建	井泉水	婁
8日	09/11	土	丙戌	除	屋上土	胃
9日	09/12	日	丁亥	満	屋上土	昴
10日	09/13	月	戊子	平	霹靂火	畢
11日	09/14	火	己丑	定	霹靂火	觜
12日	09/15	水	庚寅	執	松柏木	参
13日	09/16	木	辛卯	破	松柏木	井
14日	09/17	金	壬辰	危	長流水	鬼
15日	09/18	土	癸巳	成	長流水	柳
16日	09/19	日	甲午	納	沙中金	星
17日	09/20	月	乙未	開	沙中金	張
18日	09/21	火	丙申	閉	山下火	翼
19日	09/22	水	丁酉	建	山下火	軫
20日	09/23	木	戊戌	除	平地木	角
21日	09/24	金	己亥	満	平地木	亢
22日	09/25	土	庚子	平	壁上土	氐
23日	09/26	日	辛丑	定	壁上土	房
24日	09/27	月	壬寅	執	金箔金	心
25日	09/28	火	癸卯	破	金箔金	尾
26日	09/29	水	甲辰	危	覆燈火	箕
27日	09/30	木	乙巳	成	覆燈火	斗
28日	10/01	金	丙午	納	天河水	牛
29日	10/02	土	丁未	開	天河水	女

【九月大 壬戌 胃】
節気 寒露 4日・霜降 19日
雑節 土用 16日

1日	10/03	日	戊申	閉	大駅土	虚
2日	10/04	月	己酉	建	大駅土	危
3日	10/05	火	庚戌	除	釼釧金	室
4日	10/06	水	辛亥	除	釼釧金	壁
5日	10/07	木	壬子	満	桑柘木	奎
6日	10/08	金	癸丑	平	桑柘木	婁
7日	10/09	土	甲寅	定	大渓水	胃
8日	10/10	日	乙卯	執	大渓水	昴
9日	10/11	月	丙辰	破	沙中土	畢
10日	10/12	火	丁巳	危	沙中土	觜
11日	10/13	水	戊午	成	天上火	参
12日	10/14	木	己未	納	天上火	井
13日	10/15	金	庚申	開	柏榴木	鬼
14日	10/16	土	辛酉	閉	柏榴木	柳
15日	10/17	日	壬戌	建	大海水	星
16日	10/18	月	癸亥	除	大海水	張
17日	10/19	火	甲子	満	海中金	翼
18日	10/20	水	乙丑	平	海中金	軫
19日	10/21	木	丙寅	定	爐中火	角
20日	10/22	金	丁卯	執	爐中火	亢
21日	10/23	土	戊辰	破	大林木	氐
22日	10/24	日	己巳	危	大林木	房
23日	10/25	月	庚午	成	路傍土	心
24日	10/26	火	辛未	納	路傍土	尾
25日	10/27	水	壬申	開	釼鋒金	箕
26日	10/28	木	癸酉	閉	釼鋒金	斗
27日	10/29	金	甲戌	建	山頭火	牛
28日	10/30	土	乙亥	除	山頭火	女
29日	10/31	日	丙子	満	澗下水	虚
30日	11/01	月	丁丑	平	澗下水	危

【十月小 癸亥 昴】
節気 立冬 4日・小雪 20日

1日	11/02	火	戊寅	定	城頭土	室
2日	11/03	水	己卯	執	城頭土	壁
3日	11/04	木	庚辰	破	白鑞金	奎
4日	11/05	金	辛巳	破	白鑞金	婁
5日	11/06	土	壬午	危	楊柳木	胃
6日	11/07	日	癸未	成	楊柳木	昴
7日	11/08	月	甲申	納	井泉水	畢
8日	11/09	火	乙酉	開	井泉水	觜
9日	11/10	水	丙戌	閉	屋上土	参
10日	11/11	木	丁亥	建	屋上土	井
11日	11/12	金	戊子	除	霹靂火	鬼
12日	11/13	土	己丑	満	霹靂火	柳
13日	11/14	日	庚寅	平	松柏木	星
14日	11/15	月	辛卯	定	松柏木	張
15日	11/16	火	壬辰	執	長流水	翼
16日	11/17	水	癸巳	破	長流水	軫
17日	11/18	木	甲午	危	沙中金	角
18日	11/19	金	乙未	成	沙中金	亢
19日	11/20	土	丙申	納	山下火	氐
20日	11/21	日	丁酉	開	山下火	房
21日	11/22	月	戊戌	閉	平地木	心
22日	11/23	火	己亥	建	平地木	尾
23日	11/24	水	庚子	除	壁上土	箕
24日	11/25	木	辛丑	満	壁上土	斗
25日	11/26	金	壬寅	定	金箔金	牛
26日	11/27	土	癸卯	定	金箔金	女
27日	11/28	日	甲辰	執	覆燈火	虚
28日	11/29	月	乙巳	破	覆燈火	危
29日	11/30	火	丙午	危	天河水	室

【十一月大 甲子 畢】
節気 大雪 6日・冬至 21日

1日	12/01	水	丁未	成	天河水	壁
2日	12/02	木	戊申	納	大駅土	奎
3日	12/03	金	己酉	開	大駅土	婁
4日	12/04	土	庚戌	閉	釼釧金	胃
5日	12/05	日	辛亥	建	釼釧金	昴
6日	12/06	月	壬子	建	桑柘木	畢
7日	12/07	火	癸丑	除	桑柘木	觜
8日	12/08	水	甲寅	満	大渓水	参
9日	12/09	木	乙卯	平	大渓水	井
10日	12/10	金	丙辰	定	沙中土	鬼
11日	12/11	土	丁巳	執	沙中土	柳
12日	12/12	日	戊午	破	天上火	星
13日	12/13	月	己未	危	天上火	張
14日	12/14	火	庚申	成	柏榴木	翼
15日	12/15	水	辛酉	納	柏榴木	軫
16日	12/16	木	壬戌	開	大海水	角
17日	12/17	金	癸亥	閉	大海水	亢
18日	12/18	土	甲子	建	海中金	氐
19日	12/19	日	乙丑	除	海中金	房
20日	12/20	月	丙寅	満	爐中火	心
21日	12/21	火	丁卯	平	爐中火	尾
22日	12/22	水	戊辰	定	大林木	箕
23日	12/23	木	己巳	執	大林木	斗
24日	12/24	金	庚午	破	路傍土	牛
25日	12/25	土	辛未	危	路傍土	女
26日	12/26	日	壬申	成	釼鋒金	虚
27日	12/27	月	癸酉	納	釼鋒金	危
28日	12/28	火	甲戌	開	山頭火	室
29日	12/29	水	乙亥	閉	山頭火	壁
30日	12/30	木	丙子	建	澗下水	奎

【十二月小 乙丑 觜】
節気 小寒 6日・大寒 22日
雑節 土用 18日

1日	12/31	金	丁丑	除	澗下水	婁
	1729年					
2日	01/01	土	戊寅	満	城頭土	胃
3日	01/02	日	己卯	平	城頭土	昴
4日	01/03	月	庚辰	定	白鑞金	畢
5日	01/04	火	辛巳	執	白鑞金	觜
6日	01/05	水	壬午	破	楊柳木	参
7日	01/06	木	癸未	危	楊柳木	井
8日	01/07	金	甲申	成	井泉水	鬼
9日	01/08	土	乙酉	危	井泉水	柳
10日	01/09	日	丙戌	成	屋上土	星
11日	01/10	月	丁亥	開	屋上土	張
12日	01/11	火	戊子	閉	霹靂火	翼
13日	01/12	水	己丑	建	霹靂火	軫
14日	01/13	木	庚寅	除	松柏木	角
15日	01/14	金	辛卯	満	松柏木	亢
16日	01/15	土	壬辰	平	長流水	氐
17日	01/16	日	癸巳	定	長流水	房
18日	01/17	月	甲午	執	沙中金	心
19日	01/18	火	乙未	破	沙中金	尾
20日	01/19	水	丙申	危	山下火	箕
21日	01/20	木	丁酉	成	山下火	斗
22日	01/21	金	戊戌	納	平地木	牛
23日	01/22	土	己亥	開	平地木	女
24日	01/23	日	庚子	閉	壁上土	虚
25日	01/24	月	辛丑	建	壁上土	危
26日	01/25	火	壬寅	除	金箔金	室
27日	01/26	水	癸卯	満	金箔金	壁
28日	01/27	木	甲辰	平	覆燈火	奎
29日	01/28	金	乙巳	定	覆燈火	婁

享保14年
1729〜1730 己酉 斗

【正月大 丙寅 参】
節気 立春 8日・雨水 23日
雑節 節分 7日

日	新暦	曜	干支	直	納音	宿
1日	01/29	土	丙午	執	天河水	胃
2日	01/30	日	丁未	破	天河水	昴
3日	01/31	月	戊申	危	大駅土	畢
4日	02/01	火	己酉	成	大駅土	觜
5日	02/02	水	庚戌	納	釵釧金	参
6日	02/03	金	辛亥	開	釵釧金	井
7日	02/04	金	壬子	閉	桑柘木	鬼
8日	02/05	土	癸丑	閉	桑柘木	柳
9日	02/06	日	甲寅	建	大溪水	星
10日	02/07	月	乙卯	除	大溪水	張
11日	02/08	火	丙辰	満	沙中土	翼
12日	02/09	水	丁巳	平	沙中土	軫
13日	02/10	木	戊午	定	天上火	角
14日	02/11	金	己未	執	天上火	亢
15日	02/12	土	庚申	破	柘榴木	氐
16日☆	02/13	日	辛酉	危	柘榴木	房
17日	02/14	月	壬戌	成	大海水	心
18日	02/15	火	癸亥	納	大海水	尾
19日	02/16	水	甲子	開	海中金	箕
20日	02/17	木	乙丑	閉	海中金	斗
21日	02/18	金	丙寅	建	爐中火	女
22日	02/19	土	丁卯	除	爐中火	虚
23日	02/20	日	戊辰	満	大林木	危
24日	02/21	月	己巳	平	大林木	室
25日	02/22	火	庚午	定	路傍土	壁
26日	02/23	水	辛未	執	路傍土	奎
27日	02/24	木	壬申	破	釵釧金	婁
28日	02/25	金	癸酉	危	釵釧金	胃
29日	02/26	土	甲戌	成	山頭火	昴
30日	02/27	日	乙亥	納	山頭火	畢

【二月小 丁卯 井】
節気 啓蟄 8日・春分 23日
雑節 社日 23日・彼岸 25日

日	新暦	曜	干支	直	納音	宿
1日	02/28	月	丙子	開	澗下水	觜
2日	03/01	火	丁丑	閉	澗下水	参
3日	03/02	水	戊寅	建	城頭土	井
4日	03/03	木	己卯	除	城頭土	鬼
5日	03/04	金	庚辰	満	白鑞金	柳
6日	03/05	土	辛巳	平	白鑞金	星
7日	03/06	日	壬午	定	楊柳木	張
8日	03/07	月	癸未	執	楊柳木	翼
9日	03/08	火	甲申	破	井泉水	軫
10日	03/09	水	乙酉	危	井泉水	角
11日	03/10	木	丙戌	成	屋上土	亢
12日	03/11	金	丁亥	納	屋上土	氐
13日	03/12	土	戊子	開	霹靂火	房
14日	03/13	日	己丑	閉	霹靂火	心
15日	03/14	月	庚寅	建	松柏木	尾
16日	03/15	火	辛卯	除	松柏木	箕
17日	03/16	水	壬辰	満	長流水	斗
18日	03/17	木	癸巳	平	長流水	女
19日	03/18	金	甲午	定	沙中金	虚
20日	03/19	土	乙未	執	沙中金	危
21日	03/20	日	丙申	破	山下火	室
22日	03/21	月	丁酉	危	山下火	壁
23日	03/22	火	戊戌	成	平地木	奎
24日	03/23	水	己亥	納	平地木	婁
25日	03/24	木	庚子	開	壁上土	胃
26日	03/25	金	辛丑	閉	壁上土	昴
27日	03/26	土	壬寅	建	金箔金	畢
28日	03/27	日	癸卯	除	金箔金	觜
29日	03/28	月	甲辰	満	覆燈火	参

【三月大 戊辰 鬼】
節気 清明 10日・穀雨 25日
雑節 土用 22日

日	新暦	曜	干支	直	納音	宿
1日	03/29	火	乙巳	満	覆燈火	井
2日	03/30	水	丙午	平	天河水	鬼
3日	03/31	木	丁未	定	天河水	柳
4日	04/01	金	戊申	執	大駅土	星
5日	04/02	土	己酉	破	大駅土	張
6日	04/03	日	庚戌	危	釵釧金	翼
7日	04/04	月	辛亥	成	釵釧金	軫
8日	04/05	火	壬子	納	桑柘木	角
9日	04/06	水	癸丑	開	桑柘木	亢
10日	04/07	木	甲寅	閉	大溪水	氐
11日	04/08	金	乙卯	建	大溪水	房
12日	04/09	土	丙辰	除	沙中土	心
13日	04/10	日	丁巳	満	沙中土	尾
14日	04/11	月	戊午	平	天上火	箕
15日	04/12	火	己未	定	天上火	斗
16日	04/13	水	庚申	執	柘榴木	女
17日	04/14	木	辛酉	破	柘榴木	虚
18日	04/15	金	壬戌	危	大海水	危
19日	04/16	土	癸亥	成	大海水	室
20日	04/17	日	甲子	納	海中金	壁
21日	04/18	月	乙丑	開	海中金	奎
22日	04/19	火	丙寅	閉	爐中火	婁
23日	04/20	水	丁卯	建	爐中火	胃
24日	04/21	木	戊辰	除	大林木	昴
25日	04/22	金	己巳	満	大林木	畢
26日	04/23	土	庚午	平	路傍土	觜
27日	04/24	日	辛未	定	路傍土	参
28日	04/25	月	壬申	執	劍鋒金	井
29日	04/26	火	癸酉	破	劍鋒金	鬼
30日	04/27	水	甲戌	危	山頭火	柳

【四月大 己巳 柳】
節気 立夏 10日・小満 25日
雑節 八十八夜 6日

日	新暦	曜	干支	直	納音	宿
1日	04/28	木	乙亥	成	山頭火	星
2日	04/29	金	丙子	納	澗下水	張
3日	04/30	土	丁丑	開	澗下水	翼
4日	05/01	日	戊寅	閉	城頭土	軫
5日	05/02	月	己卯	建	城頭土	角
6日	05/03	火	庚辰	除	白鑞金	亢
7日	05/04	水	辛巳	満	白鑞金	氐
8日	05/05	木	壬午	平	楊柳木	房
9日	05/06	金	癸未	定	楊柳木	心
10日	05/07	土	甲申	執	井泉水	尾
11日	05/08	日	乙酉	破	井泉水	箕
12日	05/09	月	丙戌	危	屋上土	斗
13日	05/10	火	丁亥	成	屋上土	女
14日	05/11	水	戊子	納	霹靂火	虚
15日	05/12	木	己丑	開	霹靂火	危
16日	05/13	金	庚寅	閉	松柏木	室
17日	05/14	土	辛卯	建	松柏木	壁
18日	05/15	日	壬辰	除	長流水	奎
19日	05/16	月	癸巳	満	長流水	婁
20日	05/17	火	甲午	平	沙中金	胃
21日	05/18	水	乙未	定	沙中金	昴
22日	05/19	木	丙申	執	山下火	畢
23日	05/20	金	丁酉	破	山下火	觜
24日	05/21	土	戊戌	危	平地木	参
25日	05/22	日	己亥	成	平地木	井
26日	05/23	月	庚子	納	壁上土	鬼
27日	05/24	火	辛丑	開	壁上土	柳
28日	05/25	水	壬寅	閉	金箔金	星
29日	05/26	木	癸卯	建	金箔金	張
30日	05/27	金	甲辰	除	覆燈火	翼

【五月小 庚午 星】
節気 芒種 10日・夏至 26日
雑節 入梅 18日

日	新暦	曜	干支	直	納音	宿
1日	05/28	土	乙巳	満	覆燈火	軫
2日	05/29	日	丙午	平	天河水	角
3日	05/30	月	丁未	定	天河水	亢
4日	05/31	火	戊申	執	大駅土	氐
5日	06/01	水	己酉	破	大駅土	房
6日	06/02	木	庚戌	危	釵釧金	心
7日	06/03	金	辛亥	成	釵釧金	尾
8日	06/04	土	壬子	納	桑柘木	箕
9日	06/05	日	癸丑	開	桑柘木	斗
10日	06/06	月	甲寅	閉	大溪水	女
11日	06/07	火	乙卯	建	大溪水	虚
12日	06/08	水	丙辰	除	沙中土	危
13日	06/09	木	丁巳	満	沙中土	室
14日	06/10	金	戊午	平	天上火	壁
15日	06/11	土	己未	定	天上火	奎
16日	06/12	日	庚申	執	柘榴木	婁
17日	06/13	月	辛酉	破	柘榴木	胃
18日	06/14	火	壬戌	危	大海水	昴
19日	06/15	水	癸亥	成	大海水	畢
20日	06/16	木	甲子	納	海中金	觜
21日	06/17	金	乙丑	開	海中金	参
22日	06/18	土	丙寅	閉	爐中火	井
23日	06/19	日	丁卯	建	爐中火	鬼
24日	06/20	月	戊辰	除	大林木	柳
25日	06/21	火	己巳	満	大林木	星
26日	06/22	水	庚午	平	路傍土	張
27日	06/23	木	辛未	定	路傍土	翼
28日	06/24	金	壬申	執	劍鋒金	軫
29日	06/25	土	癸酉	破	劍鋒金	角

【六月大 辛未 張】
節気 小暑 12日・大暑 27日
雑節 半夏生 7日・土用 24日

日	新暦	曜	干支	直	納音	宿
1日	06/26	日	甲戌	危	山頭火	亢
2日	06/27	月	乙亥	成	山頭火	氐
3日	06/28	火	丙子	納	澗下水	房
4日	06/29	水	丁丑	開	澗下水	心
5日	06/30	木	戊寅	閉	城頭土	尾
6日	07/01	金	己卯	建	城頭土	箕
7日	07/02	土	庚辰	除	白鑞金	斗
8日	07/03	日	辛巳	満	白鑞金	女
9日	07/04	月	壬午	平	楊柳木	虚
10日	07/05	火	癸未	定	楊柳木	危
11日	07/06	水	甲申	執	井泉水	室
12日	07/07	木	乙酉	破	井泉水	壁
13日	07/08	金	丙戌	危	屋上土	奎
14日	07/09	土	丁亥	成	屋上土	婁
15日	07/10	日	戊子	納	霹靂火	胃
16日	07/11	月	己丑	開	霹靂火	昴
17日	07/12	火	庚寅	閉	松柏木	畢
18日	07/13	水	辛卯	建	松柏木	觜
19日	07/14	木	壬辰	除	長流水	参
20日	07/15	金	癸巳	満	長流水	井
21日	07/16	土	甲午	平	沙中金	鬼
22日	07/17	日	乙未	定	沙中金	柳
23日	07/18	月	丙申	執	山下火	星
24日	07/19	火	丁酉	破	山下火	張
25日	07/20	水	戊戌	危	平地木	翼
26日	07/21	木	己亥	成	平地木	軫
27日	07/22	金	庚子	納	壁上土	角
28日	07/23	土	辛丑	開	壁上土	亢
29日	07/24	日	壬寅	閉	金箔金	氐
30日	07/25	月	癸卯	建	金箔金	房

【七月小 壬申 翼】
節気 立秋 12日・処暑 28日

日	新暦	曜	干支	直	納音	宿
1日	07/26	火	甲辰	除	覆燈火	心
2日	07/27	水	乙巳	満	覆燈火	尾
3日	07/28	木	丙午	平	天河水	箕
4日	07/29	金	丁未	定	天河水	斗
5日	07/30	土	戊申	執	大駅土	女
6日	07/31	日	己酉	破	大駅土	虚
7日	08/01	月	庚戌	危	釵釧金	危
8日	08/02	火	辛亥	成	釵釧金	室
9日	08/03	水	壬子	納	桑柘木	壁
10日	08/04	木	癸丑	開	桑柘木	奎
11日	08/05	金	甲寅	閉	大溪水	婁
12日	08/06	土	乙卯	建	大溪水	胃
13日	08/07	日	丙辰	除	沙中土	昴
14日	08/08	月	丁巳	満	沙中土	畢

享保14年

日	西暦	曜	干支	直	納音	宿
15日	08/09	火	戊申	開	天上火	室
16日	08/10	水	己未	閉	天上火	壁
17日	08/11	木	庚申	建	柘榴木	奎
18日	08/12	金	辛酉	除	柘榴木	婁
19日	08/13	土	壬戌	満	大海水	胃
20日	08/14	日	癸亥	平	大海水	昴
21日	08/15	月	甲子	定	海中金	畢
22日	08/16	火	乙丑	執	海中金	觜
23日	08/17	水	丙寅	破	爐中火	参
24日	08/18	木	丁卯	危	爐中火	井
25日	08/19	金	戊辰	成	大林木	鬼
26日	08/20	土	己巳	納	大林木	柳
27日	08/21	日	庚午	開	路傍土	星
28日	08/22	月	辛未	閉	路傍土	張
29日	08/23	火	壬申	建	釼鋒金	翼

【八月大 癸酉 軫】
節気 白露 14日・秋分 29日
雑節 二百十日 10日・社日 26日

日	西暦	曜	干支	直	納音	宿
1日	08/24	水	癸酉	除	釼鋒金	軫
2日	08/25	木	甲戌	満	山頭火	角
3日	08/26	金	乙亥	平	山頭火	亢
4日	08/27	土	丙子	定	澗下水	氐
5日	08/28	日	丁丑	執	澗下水	房
6日	08/29	月	戊寅	破	城頭土	心
7日	08/30	火	己卯	危	城頭土	尾
8日	08/31	水	庚辰	成	白鑞金	箕
9日	09/01	木	辛巳	納	白鑞金	斗
10日	09/02	金	壬午	開	楊柳木	牛
11日	09/03	土	癸未	閉	楊柳木	女
12日	09/04	日	甲申	建	井泉水	虚
13日	09/05	月	乙酉	除	井泉水	危
14日	09/06	火	丙戌	満	屋上土	室
15日	09/07	水	丁亥	平	屋上土	壁
16日	09/08	木	戊子	定	霹靂火	奎
17日	09/09	金	己丑	執	霹靂火	婁
18日	09/10	土	庚寅	破	松柏木	胃
19日	09/11	日	辛卯	危	松柏木	昴
20日	09/12	月	壬辰	成	長流水	畢
21日	09/13	火	癸巳	納	長流水	觜
22日	09/14	水	甲午	開	沙中金	参
23日	09/15	木	乙未	閉	沙中金	井
24日	09/16	金	丙申	建	山下火	鬼
25日	09/17	土	丁酉	除	山下火	柳
26日	09/18	日	戊戌	満	平地木	星
27日	09/19	月	己亥	平	平地木	張
28日	09/20	火	庚子	定	壁上土	翼
29日	09/21	水	辛丑	執	壁上土	軫
30日	09/22	木	壬寅	破	金箔金	角

【九月小 甲戌 角】
節気 寒露 14日・霜降 29日
雑節 彼岸 1日・土用 26日

日	西暦	曜	干支	直	納音	宿
1日	09/23	金	癸卯	破	金箔金	亢
2日	09/24	土	甲辰	危	覆燈火	氐
3日	09/25	日	乙巳	成	覆燈火	房
4日	09/26	月	丙午	納	天河水	心
5日	09/27	火	丁未	開	天河水	尾
6日	09/28	水	戊申	閉	大駅土	箕
7日	09/29	木	己酉	建	大駅土	斗
8日	09/30	金	庚戌	除	釼釧金	牛
9日	10/01	土	辛亥	満	釼釧金	女
10日	10/02	日	壬子	平	桑柘木	虚
11日	10/03	月	癸丑	定	桑柘木	危
12日	10/04	火	甲寅	執	大溪水	室
13日	10/05	水	乙卯	破	大溪水	壁
14日	10/06	木	丙辰	危	沙中土	奎
15日	10/07	金	丁巳	成	沙中土	婁
16日	10/08	土	戊午	納	天上火	胃
17日	10/09	日	己未	開	天上火	昴
18日	10/10	月	庚申	閉	柘榴木	畢
19日	10/11	火	辛酉	建	柘榴木	觜
20日	10/12	水	壬戌	除	大海水	参
21日	10/13	木	癸亥	除	大海水	井
22日	10/14	金	甲子	平	海中金	鬼
23日	10/15	土	乙丑	平	海中金	柳
24日	10/16	日	丙寅	定	爐中火	星
25日	10/17	月	丁卯	執	爐中火	張
26日	10/18	火	戊辰	破	大林木	翼
27日	10/19	水	己巳	危	大林木	軫
28日	10/20	木	庚午	成	路傍土	角
29日	10/21	金	辛未	納	路傍土	亢

【閏九月大 甲戌 角】
節気 立冬 16日

日	西暦	曜	干支	直	納音	宿
1日	10/22	土	壬申	開	釼鋒金	氐
2日	10/23	日	癸酉	閉	釼鋒金	房
3日	10/24	月	甲戌	建	山頭火	心
4日	10/25	火	乙亥	除	山頭火	尾
5日	10/26	水	丙子	満	澗下水	箕
6日	10/27	木	丁丑	平	澗下水	斗
7日	10/28	金	戊寅	定	城頭土	牛
8日	10/29	土	己卯	執	城頭土	女
9日	10/30	日	庚辰	破	白鑞金	虚
10日	10/31	月	辛巳	危	白鑞金	危
11日	11/01	火	壬午	成	楊柳木	室
12日	11/02	水	癸未	納	楊柳木	壁
13日	11/03	木	甲申	開	井泉水	奎
14日	11/04	金	乙酉	閉	井泉水	婁
15日	11/05	土	丙戌	建	屋上土	胃
16日	11/06	日	丁亥	除	屋上土	昴
17日	11/07	月	戊子	満	霹靂火	畢
18日	11/08	火	己丑	平	霹靂火	觜
19日	11/09	水	庚寅	定	松柏木	参
20日	11/10	木	辛卯	執	松柏木	井
21日	11/11	金	壬辰	破	長流水	鬼
22日	11/12	土	癸巳	危	長流水	柳
23日	11/13	日	甲午	成	沙中金	星
24日	11/14	月	乙未	納	沙中金	張
25日	11/15	火	丙申	開	山下火	翼
26日	11/16	水	丁酉	閉	山下火	軫
27日	11/17	木	戊戌	建	平地木	角
28日	11/18	金	己亥	除	平地木	亢
29日	11/19	土	庚子	満	壁上土	氐
30日	11/20	日	辛丑	平	壁上土	房

【十月小 乙亥 亢】
節気 小雪 1日・大雪 16日

日	西暦	曜	干支	直	納音	宿
1日	11/21	月	壬寅	平	金箔金	心
2日	11/22	火	癸卯	定	金箔金	尾
3日	11/23	水	甲辰	執	覆燈火	箕
4日	11/24	木	乙巳	破	覆燈火	斗
5日	11/25	金	丙午	危	天河水	牛
6日	11/26	土	丁未	成	天河水	女
7日	11/27	日	戊申	納	大駅土	虚
8日	11/28	月	己酉	開	大駅土	危
9日	11/29	火	庚戌	閉	釼釧金	室
10日	11/30	水	辛亥	建	釼釧金	壁
11日	12/01	木	壬子	除	桑柘木	奎
12日	12/02	金	癸丑	満	桑柘木	婁
13日	12/03	土	甲寅	平	大溪水	胃
14日	12/04	日	乙卯	定	大溪水	昴
15日	12/05	月	丙辰	執	沙中土	畢
16日	12/06	火	丁巳	破	沙中土	觜
17日	12/07	水	戊午	危	天上火	参
18日	12/08	木	己未	成	天上火	井
19日	12/09	金	庚申	納	柘榴木	鬼
20日	12/10	土	辛酉	開	柘榴木	柳
21日	12/11	日	壬戌	閉	大海水	星
22日	12/12	月	癸亥	建	大海水	張
23日	12/13	火	甲子	除	海中金	翼
24日	12/14	水	乙丑	満	海中金	軫
25日	12/15	木	丙寅	平	爐中火	角
26日	12/16	金	丁卯	定	爐中火	亢
27日	12/17	土	戊辰	執	大林木	氐
28日	12/18	日	己巳	破	大林木	房
29日	12/19	月	庚午	破	路傍土	心

【十一月大 丙子 氐】
節気 冬至 2日・小寒 18日
雑節 土用 30日

日	西暦	曜	干支	直	納音	宿
1日	12/20	火	辛未	危	路傍土	尾
2日	12/21	水	壬申	成	釼鋒金	箕
3日	12/22	木	癸酉	納	釼鋒金	斗
4日	12/23	金	甲戌	開	山頭火	牛
5日	12/24	土	乙亥	閉	山頭火	女
6日	12/25	日	丙子	建	澗下水	虚
7日	12/26	月	丁丑	除	澗下水	危
8日	12/27	火	戊寅	満	城頭土	室
9日	12/28	水	己卯	平	城頭土	壁
10日	12/29	木	庚辰	定	白鑞金	奎
11日	12/30	金	辛巳	執	白鑞金	婁
12日	12/31	土	壬午	破	楊柳木	胃

1730年

日	西暦	曜	干支	直	納音	宿
13日	01/01	日	癸未	危	楊柳木	昴
14日	01/02	月	甲申	成	井泉水	畢
15日	01/03	火	乙酉	納	井泉水	觜
16日	01/04	水	丙戌	開	屋上土	参
17日	01/05	木	丁亥	閉	屋上土	井
18日	01/06	金	戊子	建	霹靂火	鬼
19日	01/07	土	己丑	除	霹靂火	柳
20日	01/08	日	庚寅	満	松柏木	星
21日	01/09	月	辛卯	平	松柏木	張
22日	01/10	火	壬辰	定	長流水	翼
23日	01/11	水	癸巳	執	長流水	軫
24日	01/12	木	甲午	破	沙中金	角
25日	01/13	金	乙未	危	沙中金	亢
26日	01/14	土	丙申	成	山下火	氐
27日	01/15	日	丁酉	納	山下火	房
28日	01/16	月	戊戌	開	平地木	心
29日	01/17	火	己亥	閉	平地木	尾
30日	01/18	水	庚子	閉	壁上土	箕

【十二月小 丁丑 房】
節気 大寒 3日・立春 18日
雑節 節分 17日

日	西暦	曜	干支	直	納音	宿
1日	01/19	木	辛丑	建	壁上土	斗
2日	01/20	金	壬寅	除	金箔金	牛
3日	01/21	土	癸卯	除	金箔金	女
4日	01/22	日	甲辰	満	覆燈火	虚
5日	01/23	月	乙巳	定	覆燈火	危
6日	01/24	火	丙午	平	天河水	室
7日	01/25	水	丁未	破	天河水	壁
8日	01/26	木	戊申	危	大駅土	奎
9日	01/27	金	己酉	成	大駅土	婁
10日	01/28	土	庚戌	納	釼釧金	胃
11日	01/29	日	辛亥	開	釼釧金	昴
12日	01/30	月	壬子	閉	桑柘木	畢
13日	01/31	火	癸丑	建	桑柘木	觜
14日	02/01	水	甲寅	除	大溪水	参
15日	02/02	木	乙卯	満	大溪水	鬼
16日	02/03	金	丙辰	平	沙中土	柳
17日	02/04	土	丁巳	定	沙中土	星
18日	02/05	日	戊午	執	天上火	張
19日	02/06	月	己未	破	天上火	翼
20日	02/07	火	庚申	危	柘榴木	軫
21日	02/08	水	辛酉	成	柘榴木	角
22日	02/09	木	壬戌	納	大海水	亢
23日	02/10	金	癸亥	開	大海水	氐
24日	02/11	土	甲子	閉	海中金	房
25日	02/12	日	乙丑	建	海中金	心
26日	02/13	月	丙寅	除	爐中火	尾
27日	02/14	火	丁卯	満	爐中火	箕
28日	02/15	水	戊辰	平	大林木	斗
29日	02/16	木	己巳	平	大林木	女

― 297 ―

享保15年
1730〜1731　庚戌　牛

【正月大 戊寅 心】
節気　雨水 4日・啓蟄 19日

日	新暦	曜	干支	直	納音	宿
1日	02/17	金	庚午	定	路傍土	牛
2日	02/18	土	辛未	執	路傍土	女
3日	02/19	日	壬申	破	釼鋒金	虚
4日	02/20	月	癸酉	危	釼鋒金	危
5日	02/21	火	甲戌	成	山頭火	室
6日	02/22	水	乙亥	納	山頭火	壁
7日	02/23	木	丙子	開	澗下水	奎
8日	02/24	金	丁丑	閉	澗下水	婁
9日	02/25	土	戊寅	建	城頭土	胃
10日	02/26	日	己卯	除	城頭土	昴
11日	02/27	月	庚辰	満	白鑞金	畢
12日	02/28	火	辛巳	平	白鑞金	觜
13日	03/01	水	壬午	定	楊柳木	参
14日	03/02	木	癸未	執	楊柳木	井
15日	03/03	金	甲申	破	井泉水	鬼
16日	03/04	土	乙酉	危	井泉水	柳
17日	03/05	日	丙戌	成	屋上土	星
18日	03/06	月	丁亥	納	屋上土	張
19日	03/07	火	戊子	納	霹靂火	翼
20日	03/08	水	己丑	開	霹靂火	軫
21日	03/09	木	庚寅	閉	松柏木	角
22日	03/10	金	辛卯	建	松柏木	亢
23日	03/11	土	壬辰	除	長流水	氐
24日	03/12	日	癸巳	満	長流水	房
25日	03/13	月	甲午	平	沙中金	心
26日	03/14	火	乙未	定	沙中金	尾
27日	03/15	水	丙申	執	山下火	箕
28日	03/16	木	丁酉	破	山下火	斗
29日	03/17	金	戊戌	危	平地木	牛
30日	03/18	土	己亥	成	平地木	女

【二月小 己卯 尾】
節気　春分 5日・清明 20日
雑節　彼岸 7日・社日 9日

日	新暦	曜	干支	直	納音	宿
1日	03/19	日	庚子	納	壁上土	虚
2日	03/20	月	辛丑	開	壁上土	危
3日	03/21	火	壬寅	閉	金箔金	室
4日	03/22	水	癸卯	建	金箔金	壁
5日	03/23	木	甲辰	除	覆燈火	奎
6日	03/24	金	乙巳	満	覆燈火	婁
7日	03/25	土	丙午	平	天河水	胃
8日	03/26	日	丁未	定	天河水	昴
9日	03/27	月	戊申	執	大駅土	畢
10日	03/28	火	己酉	破	大駅土	觜
11日	03/29	水	庚戌	危	釼釧金	参
12日	03/30	木	辛亥	成	釼釧金	井
13日	03/31	金	壬子	納	桑柘木	鬼
14日	04/01	土	癸丑	開	桑柘木	柳
15日	04/02	日	甲寅	閉	大溪水	星
16日	04/03	月	乙卯	建	大溪水	張
17日	04/04	火	丙辰	除	沙中土	翼
18日	04/05	水	丁巳	満	沙中土	軫
19日	04/06	木	戊午	平	天上火	角
20日	04/07	金	己未	平	天上火	亢
21日	04/08	土	庚申	定	柘榴木	氐
22日	04/09	日	辛酉	執	柘榴木	房
23日	04/10	月	壬戌	破	大海水	心
24日	04/11	火	癸亥	危	大海水	尾
25日	04/12	水	甲子	成	海中金	箕
26日	04/13	木	乙丑	納	海中金	斗
27日	04/14	金	丙寅	開	爐中火	牛
28日	04/15	土	丁卯	閉	爐中火	女
29日	04/16	日	戊辰	建	大林木	虚

【三月大 庚辰 箕】
節気　穀雨 6日・立夏 21日
雑節　土用 3日・八十八夜 17日

日	新暦	曜	干支	直	納音	宿
1日	04/17	月	己巳	除	大林木	危
2日	04/18	火	庚午	満	路傍土	室
3日	04/19	水	辛未	平	路傍土	壁
4日	04/20	木	壬申	定	釼鋒金	奎
5日	04/21	金	癸酉	執	釼鋒金	婁
6日	04/22	土	甲戌	破	山頭火	胃
7日	04/23	日	乙亥	危	山頭火	昴
8日	04/24	月	丙子	成	澗下水	畢
9日	04/25	火	丁丑	納	澗下水	觜
10日	04/26	水	戊寅	開	城頭土	参
11日	04/27	木	己卯	閉	城頭土	井
12日	04/28	金	庚辰	建	白鑞金	鬼
13日	04/29	土	辛巳	除	白鑞金	柳
14日	04/30	日	壬午	満	楊柳木	星
15日	05/01	月	癸未	平	楊柳木	張
16日	05/02	火	甲申	定	井泉水	翼
17日	05/03	水	乙酉	執	井泉水	軫
18日	05/04	木	丙戌	破	屋上土	角
19日	05/05	金	丁亥	危	屋上土	亢
20日	05/06	土	戊子	成	霹靂火	氐
21日	05/07	日	己丑	成	霹靂火	房
22日	05/08	月	庚寅	納	松柏木	心
23日	05/09	火	辛卯	開	松柏木	尾
24日	05/10	水	壬辰	閉	長流水	箕
25日	05/11	木	癸巳	建	長流水	斗
26日	05/12	金	甲午	除	沙中金	牛
27日	05/13	土	乙未	満	沙中金	女
28日	05/14	日	丙申	平	山下火	虚
29日	05/15	月	丁酉	定	山下火	危
30日	05/16	火	戊戌	執	平地木	室

【四月小 辛巳 斗】
節気　小満 6日・芒種 22日
雑節　入梅 24日

日	新暦	曜	干支	直	納音	宿
1日	05/17	水	己亥	破	平地木	壁
2日	05/18	木	庚子	危	壁上土	奎
3日	05/19	金	辛丑	成	壁上土	婁
4日	05/20	土	壬寅	納	金箔金	胃
5日	05/21	日	癸卯	開	金箔金	昴
6日	05/22	月	甲辰	閉	覆燈火	畢
7日	05/23	火	乙巳	建	覆燈火	觜
8日	05/24	水	丙午	除	天河水	参
9日	05/25	木	丁未	満	天河水	井
10日	05/26	金	戊申	平	大駅土	鬼
11日	05/27	土	己酉	定	大駅土	柳
12日	05/28	日	庚戌	執	釼釧金	星
13日	05/29	月	辛亥	破	釼釧金	張
14日	05/30	火	壬子	危	桑柘木	翼
15日	05/31	水	癸丑	成	桑柘木	軫
16日	06/01	木	甲寅	納	大溪水	角
17日	06/02	金	乙卯	開	大溪水	亢
18日	06/03	土	丙辰	閉	沙中土	氐
19日	06/04	日	丁巳	建	沙中土	房
20日	06/05	月	戊午	除	天上火	心
21日	06/06	火	己未	満	天上火	尾
22日	06/07	水	庚申	満	柘榴木	箕
23日	06/08	木	辛酉	平	柘榴木	斗
24日	06/09	金	壬戌	定	大海水	牛
25日	06/10	土	癸亥	執	大海水	女
26日	06/11	日	甲子	破	海中金	虚
27日	06/12	月	乙丑	危	海中金	危
28日	06/13	火	丙寅	成	爐中火	室
29日	06/14	水	丁卯	納	爐中火	壁

【五月大 壬午 牛】
節気　夏至 8日・小暑 23日
雑節　半夏生 18日

日	新暦	曜	干支	直	納音	宿
1日	06/15	木	戊辰	開	大林木	奎
2日	06/16	金	己巳	閉	大林木	婁
3日	06/17	土	庚午	建	路傍土	胃
4日	06/18	日	辛未	除	路傍土	昴
5日	06/19	月	壬申	満	釼鋒金	畢
6日	06/20	火	癸酉	平	釼鋒金	觜
7日	06/21	水	甲戌	定	山頭火	参
8日	06/22	木	乙亥	執	山頭火	井
9日	06/23	金	丙子	破	澗下水	鬼
10日	06/24	土	丁丑	危	澗下水	柳
11日	06/25	日	戊寅	成	城頭土	星
12日	06/26	月	己卯	納	城頭土	張
13日	06/27	火	庚辰	開	白鑞金	翼
14日	06/28	水	辛巳	閉	白鑞金	軫
15日	06/29	木	壬午	建	楊柳木	角
16日	06/30	金	癸未	除	楊柳木	亢
17日	07/01	土	甲申	満	井泉水	氐
18日	07/02	日	乙酉	平	井泉水	心
19日	07/03	月	丙戌	定	屋上土	尾
20日	07/04	火	丁亥	執	屋上土	箕
21日	07/05	水	戊子	破	霹靂火	斗
22日	07/06	木	己丑	危	霹靂火	牛
23日	07/07	金	庚寅	危	松柏木	女
24日	07/08	土	辛卯	成	松柏木	虚
25日	07/09	日	壬辰	納	長流水	危
26日	07/10	月	癸巳	開	長流水	室
27日	07/11	火	甲午	閉	沙中金	壁
28日	07/12	水	乙未	建	沙中金	奎
29日	07/13	木	丙申	除	山下火	婁
30日	07/14	金	丁酉	満	山下火	胃

【六月大 癸未 女】
節気　大暑 8日・立秋 24日
雑節　土用 5日

日	新暦	曜	干支	直	納音	宿
1日	07/15	土◎	戊戌	平	平地木	胃
2日	07/16	日	己亥	定	平地木	昴
3日	07/17	月	庚子	執	壁上土	畢
4日	07/18	火	辛丑	破	壁上土	觜
5日	07/19	水	壬寅	危	金箔金	参
6日	07/20	木	癸卯	成	金箔金	井
7日	07/21	金	甲辰	納	覆燈火	鬼
8日	07/22	土	乙巳	開	覆燈火	柳
9日	07/23	日	丙午	閉	天河水	星
10日	07/24	月	丁未	建	天河水	張
11日	07/25	火	戊申	除	大駅土	翼
12日	07/26	水	己酉	満	大駅土	軫
13日	07/27	木	庚戌	平	釼釧金	角
14日	07/28	金	辛亥	定	釼釧金	亢
15日	07/29	土☆	壬子	執	桑柘木	氐
16日	07/30	日	癸丑	破	桑柘木	房
17日	07/31	月	甲寅	危	大溪水	心
18日	08/01	火	乙卯	成	大溪水	尾
19日	08/02	水	丙辰	納	沙中土	箕
20日	08/03	木	丁巳	開	沙中土	斗
21日	08/04	金	戊午	閉	天上火	牛
22日	08/05	土	己未	建	天上火	女
23日	08/06	日	庚申	除	柘榴木	虚
24日	08/07	月	辛酉	除	柘榴木	危
25日	08/08	火	壬戌	満	大海水	室
26日	08/09	水	癸亥	平	大海水	壁
27日	08/10	木	甲子	定	海中金	奎
28日	08/11	金	乙丑	執	海中金	婁
29日	08/12	土	丙寅	破	爐中火	胃

享保15年

西暦	曜	干支	直	納音	宿
30日 08/13	日	丁卯	危	爐中火	昴

【七月小 甲申 虚】
節気 処暑 9日・白露 24日
雑節 二百十日 20日

	西暦	曜	干支	直	納音	宿
1日	08/14	月	戊辰	成	大林木	畢
2日	08/15	火	己巳	納	大林木	觜
3日	08/16	水	庚午	開	路傍土	参
4日	08/17	木	辛未	閉	路傍土	井
5日	08/18	金	壬申	建	釵鋒金	鬼
6日	08/19	土	癸酉	除	釵鋒金	柳
7日	08/20	日	甲戌	満	山頭火	星
8日	08/21	月	乙亥	平	山頭火	張
9日	08/22	火	丙子	定	澗下水	翼
10日	08/23	水	丁丑	執	澗下水	軫
11日	08/24	木	戊寅	破	城頭土	角
12日	08/25	金	己卯	危	城頭土	亢
13日	08/26	土	庚辰	成	白鑞金	氐
14日	08/27	日	辛巳	納	白鑞金	房
15日	08/28	月	壬午	開	楊柳木	心
16日	08/29	火	癸未	閉	楊柳木	尾
17日	08/30	水	甲申	建	井泉水	箕
18日	08/31	木	乙酉	除	井泉水	斗
19日	09/01	金	丙戌	満	屋上土	牛
20日	09/02	土	丁亥	平	屋上土	女
21日	09/03	日	戊子	定	霹靂火	虚
22日	09/04	月	己丑	執	霹靂火	危
23日	09/05	火	庚寅	破	松柏木	室
24日	09/06	水	辛卯	危	松柏木	壁
25日	09/07	木	壬辰	成	長流水	奎
26日	09/08	金	癸巳	納	長流水	婁
27日	09/09	土	甲午	納	沙中金	胃
28日	09/10	日	乙未	開	沙中金	昴
29日	09/11	月	丙申	閉	山下火	畢

【八月大 乙酉 危】
節気 秋分 10日・寒露 25日
雑節 彼岸 12日・社日 12日

	西暦	曜	干支	直	納音	宿
1日	09/12	火	丁酉	建	山下火	觜
2日	09/13	水	戊戌	除	平地木	参
3日	09/14	木	己亥	満	平地木	井
4日	09/15	金	庚子	平	壁上土	鬼
5日	09/16	土	辛丑	定	壁上土	柳
6日	09/17	日	壬寅	執	金箔金	星
7日	09/18	月	癸卯	破	金箔金	張
8日	09/19	火	甲辰	危	覆燈火	翼
9日	09/20	水	乙巳	成	覆燈火	軫
10日	09/21	木	丙午	納	天河水	角
11日	09/22	金	丁未	開	天河水	亢
12日	09/23	土	戊申	閉	大駅土	氐
13日	09/24	日	己酉	建	大駅土	房
14日	09/25	月	庚戌	除	釵釧金	心
15日	09/26	火	辛亥	満	釵釧金	尾
16日	09/27	水	壬子	平	桑柘木	箕
17日	09/28	木	癸丑	定	桑柘木	斗
18日	09/29	金	甲寅	執	大溪水	牛
19日	09/30	土	乙卯	破	大溪水	女
20日	10/01	日	丙辰	危	沙中土	虚
21日	10/02	月	丁巳	成	沙中土	危
22日	10/03	火	戊午	納	天上火	室
23日	10/04	水	己未	開	天上火	壁
24日	10/05	木	庚申	閉	柘榴木	奎
25日	10/06	金	辛酉	閉	柘榴木	婁
26日	10/07	土	壬戌	建	大海水	胃
27日	10/08	日	癸亥	除	大海水	昴
28日	10/09	月	甲子	満	海中金	畢
29日	10/10	火	乙丑	平	海中金	觜
30日	10/11	水	丙寅	定	爐中火	参

【九月小 丙戌 室】
節気 霜降 11日・立冬 26日
雑節 土用 8日

	西暦	曜	干支	直	納音	宿
1日	10/12	木	丁卯	執	爐中火	井
2日	10/13	金	戊辰	破	大林木	鬼
3日	10/14	土	己巳	危	大林木	柳
4日	10/15	日	庚午	成	路傍土	星
5日	10/16	月	辛未	納	路傍土	張
6日	10/17	火	壬申	開	釵鋒金	翼
7日	10/18	水	癸酉	閉	釵鋒金	軫
8日	10/19	木	甲戌	建	山頭火	角
9日	10/20	金	乙亥	除	山頭火	亢
10日	10/21	土	丙子	満	澗下水	氐
11日	10/22	日	丁丑	平	澗下水	房
12日	10/23	月	戊寅	定	城頭土	心
13日	10/24	火	己卯	執	城頭土	尾
14日	10/25	水	庚辰	破	白鑞金	箕
15日	10/26	木	辛巳	危	白鑞金	斗
16日	10/27	金	壬午	成	楊柳木	牛
17日	10/28	土	癸未	納	楊柳木	女
18日	10/29	日	甲申	開	井泉水	虚
19日	10/30	月	乙酉	閉	井泉水	危
20日	10/31	火	丙戌	建	屋上土	室
21日	11/01	水	丁亥	除	屋上土	壁
22日	11/02	木	戊子	満	霹靂火	奎
23日	11/03	金	己丑	平	霹靂火	婁
24日	11/04	土	庚寅	定	松柏木	胃
25日	11/05	日	辛卯	執	松柏木	昴
26日	11/06	月	壬辰	執	長流水	畢
27日	11/07	火	癸巳	破	長流水	觜
28日	11/08	水	甲午	危	沙中金	参
29日	11/09	木	乙未	成	沙中金	井

【十月大 丁亥 壁】
節気 小雪 12日・大雪 27日

	西暦	曜	干支	直	納音	宿
1日	11/10	金	丙申	納	山下火	鬼
2日	11/11	土	丁酉	開	山下火	柳
3日	11/12	日	戊戌	閉	平地木	星
4日	11/13	月	己亥	建	平地木	張
5日	11/14	火	庚子	除	壁上土	翼
6日	11/15	水	辛丑	平	壁上土	軫
7日	11/16	木	壬寅	平	金箔金	角
8日	11/17	金	癸卯	定	金箔金	亢
9日	11/18	土	甲辰	執	覆燈火	氐
10日	11/19	日	乙巳	破	覆燈火	房
11日	11/20	月	丙午	危	天河水	心
12日	11/21	火	丁未	成	天河水	尾
13日	11/22	水	戊申	納	天河水	箕
14日	11/23	木	己酉	開	大駅土	斗
15日	11/24	金	庚戌	閉	釵釧金	牛
16日	11/25	土	辛亥	除	釵釧金	女
17日	11/26	日	壬子	建	桑柘木	虚
18日	11/27	月	癸丑	満	桑柘木	危
19日	11/28	火	甲寅	平	大溪水	室
20日	11/29	水	乙卯	定	大溪水	壁
21日	11/30	木	丙辰	執	沙中土	奎
22日	12/01	金	丁巳	破	沙中土	婁
23日	12/02	土	戊午	危	天上火	胃
24日	12/03	日	己未	成	天上火	昴
25日	12/04	月	庚申	納	柘榴木	畢
26日	12/05	火	辛酉	開	柘榴木	觜
27日	12/06	水	壬戌	閉	大海水	参
28日	12/07	木	癸亥	閉	大海水	井
29日	12/08	金	甲子	建	海中金	鬼
30日	12/09	土	乙丑	除	海中金	柳

【十一月小 戊子 奎】
節気 冬至 13日・小寒 28日

	西暦	曜	干支	直	納音	宿
1日	12/10	日	丙寅	満	爐中火	星
2日	12/11	月	丁卯	平	爐中火	張
3日	12/12	火	戊辰	定	大林木	翼
4日	12/13	水	己巳	執	大林木	軫
5日	12/14	木	庚午	破	路傍土	角
6日	12/15	金	辛未	危	路傍土	亢
7日	12/16	土	壬申	成	釵鋒金	氐
8日	12/17	日	癸酉	納	釵鋒金	房
9日	12/18	月	甲戌	開	山頭火	心
10日	12/19	火	乙亥	閉	山頭火	尾
11日	12/20	水	丙子	建	澗下水	箕
12日	12/21	木	丁丑	除	澗下水	斗
13日	12/22	金	戊寅	満	城頭土	牛
14日	12/23	土	己卯	平	城頭土	女
15日	12/24	日	庚辰	定	白鑞金	虚
16日	12/25	月	辛巳	執	白鑞金	危
17日	12/26	火	壬午	破	楊柳木	室
18日	12/27	水	癸未	危	楊柳木	壁
19日	12/28	木	甲申	成	井泉水	奎
20日	12/29	金	乙酉	納	井泉水	婁
21日	12/30	土	丙戌	開	屋上土	胃
22日	12/31	日	丁亥	閉	屋上土	昴

1731年

	西暦	曜	干支	直	納音	宿
23日	01/01	月	戊子	建	霹靂火	畢
24日	01/02	火	己丑	除	霹靂火	觜
25日	01/03	水	庚寅	満	松柏木	参
26日	01/04	木	辛卯	平	松柏木	井
27日	01/05	金	壬辰	定	長流水	鬼
28日	01/06	土	癸巳	定	長流水	柳
29日	01/07	日	甲午	執	沙中金	星

【十二月大 己丑 婁】
節気 大寒 14日・立春 29日
雑節 土用 11日・節分 28日

	西暦	曜	干支	直	納音	宿
1日	01/08	月	乙未	破	沙中金	張
2日	01/09	火	丙申	危	山下火	翼
3日	01/10	水	丁酉	成	山下火	軫
4日	01/11	木	戊戌	納	平地木	角
5日	01/12	金	己亥	開	平地木	亢
6日	01/13	土	庚子	閉	壁上土	氐
7日	01/14	日	辛丑	建	壁上土	房
8日	01/15	月	壬寅	除	金箔金	心
9日	01/16	火	癸卯	満	金箔金	尾
10日	01/17	水	甲辰	平	覆燈火	箕
11日	01/18	木	乙巳	定	覆燈火	斗
12日	01/19	金	丙午	執	天河水	牛
13日	01/20	土	丁未	破	天河水	女
14日	01/21	日	戊申	危	大駅土	虚
15日	01/22	月	己酉	成	大駅土	危
16日	01/23	火	庚戌	納	釵釧金	室
17日	01/24	水	辛亥	開	釵釧金	壁
18日	01/25	木	壬子	閉	桑柘木	奎
19日	01/26	金	癸丑	閉	桑柘木	婁
20日	01/27	土	甲寅	除	大溪水	胃
21日	01/28	日	乙卯	満	大溪水	昴
22日	01/29	月	丙辰	平	沙中土	畢
23日	01/30	火	丁巳	定	沙中土	觜
24日	01/31	水	戊午	執	天上火	参
25日	02/01	木	己未	破	天上火	井
26日	02/02	金	庚申	危	柘榴木	鬼
27日	02/03	土	辛酉	成	柘榴木	柳
28日	02/04	日	壬戌	納	大海水	星
29日	02/05	月	癸亥	納	大海水	張
30日	02/06	火	甲子	開	海中金	翼

享保16年

1731～1732 辛亥 女

【正月小 庚寅 胃】

節気 雨水 14日

日	新暦	曜	干支	直	納音	宿
1日	02/07	水	乙丑	閉	海中金	軫
2日	02/08	木	丙寅	建	爐中火	角
3日	02/09	金	丁卯	除	爐中火	亢
4日	02/10	土	戊辰	満	大林木	氐
5日	02/11	日	己巳	平	路傍土	房
6日	02/12	月	庚午	定	路傍土	心
7日	02/13	火	辛未	執	路傍土	尾
8日	02/14	水	壬申	破	釼鋒金	箕
9日	02/15	木	癸酉	危	釼鋒金	斗
10日	02/16	金	甲戌	成	山頭火	牛
11日	02/17	土	乙亥	納	山頭火	女
12日	02/18	日	丙子	開	澗下水	虚
13日	02/19	月	丁丑	閉	澗下水	危
14日	02/20	火	戊寅	建	城頭土	室
15日	02/21	水	己卯	除	城頭土	壁
16日	02/22	木	庚辰	満	白鑞金	奎
17日	02/23	金	辛巳	平	白鑞金	婁
18日	02/24	土	壬午	定	楊柳木	胃
19日	02/25	日	癸未	執	楊柳木	昴
20日	02/26	月	甲申	破	井泉水	畢
21日	02/27	火	乙酉	危	井泉水	觜
22日	02/28	水	丙戌	成	屋上土	参
23日	03/01	木	丁亥	納	屋上土	井
24日	03/02	金	戊子	開	霹靂火	鬼
25日	03/03	土	己丑	閉	霹靂火	柳
26日	03/04	日	庚寅	建	松柏木	星
27日	03/05	月	辛卯	除	松柏木	張
28日	03/06	火	壬辰	満	長流水	翼
29日	03/07	水	癸巳	平	長流水	軫

【二月大 辛卯 昴】

節気 啓蟄 1日・春分 16日
雑節 社日 15日・彼岸 18日

日	新暦	曜	干支	直	納音	宿
1日	03/08	木	甲午	平	沙中金	角
2日	03/09	金	乙未	定	沙中金	亢
3日	03/10	土	丙申	執	山下火	氐
4日	03/11	日	丁酉	破	山下火	房
5日	03/12	月	戊戌	危	平地木	心
6日	03/13	火	己亥	成	平地木	尾
7日	03/14	水	庚子	納	壁上土	箕
8日	03/15	木	辛丑	開	壁上土	斗
9日	03/16	金	壬寅	閉	金箔金	牛
10日	03/17	土	癸卯	建	金箔金	女
11日	03/18	日	甲辰	除	覆燈火	虚
12日	03/19	月	乙巳	満	覆燈火	危
13日	03/20	火	丙午	平	天河水	室
14日	03/21	水	丁未	定	天河水	壁
15日	03/22	木	戊申	執	大駅土	奎
16日	03/23	金	己酉	破	大駅土	婁
17日	03/24	土	庚戌	危	釵釧金	胃
18日	03/25	日	辛亥	成	釵釧金	昴
19日	03/26	月	壬子	納	桑柘木	畢
20日	03/27	火	癸丑	開	桑柘木	觜
21日	03/28	水	甲寅	建	大溪水	参
22日	03/29	木	乙卯	除	大溪水	井
23日	03/30	金	丙辰	満	沙中土	鬼
24日	03/31	土	丁巳	平	沙中土	柳
25日	04/01	日	戊午	定	天上火	星
26日	04/02	月	己未	執	天上火	張
27日	04/03	火	庚申	破	柘榴木	翼
28日	04/04	水	辛酉	危	柘榴木	軫
29日	04/05	木	壬戌	危	大海水	角
30日	04/06	金	癸亥	成	大海水	亢

【三月小 壬辰 畢】

節気 清明 1日・穀雨 16日
雑節 土用 13日・八十八夜 27日

日	新暦	曜	干支	直	納音	宿
1日	04/07	土	甲子	成	海中金	氐
2日	04/08	日	乙丑	納	海中金	房
3日	04/09	月	丙寅	開	爐中火	心
4日	04/10	火	丁卯	閉	爐中火	尾
5日	04/11	水	戊辰	建	大林木	箕
6日	04/12	木	己巳	除	大林木	斗
7日	04/13	金	庚午	満	路傍土	牛
8日	04/14	土	辛未	平	路傍土	女
9日	04/15	日	壬申	定	釼鋒金	虚
10日	04/16	月	癸酉	執	釼鋒金	危
11日	04/17	火	甲戌	破	山頭火	室
12日	04/18	水	乙亥	危	山頭火	壁
13日	04/19	木	丙子	成	澗下水	奎
14日	04/20	金	丁丑	納	澗下水	婁
15日	04/21	土	戊寅	開	城頭土	胃
16日	04/22	日	己卯	閉	城頭土	昴
17日	04/23	月	庚辰	建	白鑞金	畢
18日	04/24	火	辛巳	除	白鑞金	觜
19日	04/25	水	壬午	満	楊柳木	参
20日	04/26	木	癸未	平	楊柳木	井
21日	04/27	金	甲申	定	井泉水	鬼
22日	04/28	土	乙酉	執	井泉水	柳
23日	04/29	日	丙戌	破	屋上土	星
24日	04/30	月	丁亥	危	屋上土	張
25日	05/01	火	戊子	成	霹靂火	翼
26日	05/02	水	己丑	納	霹靂火	軫
27日	05/03	木	庚寅	開	松柏木	角
28日	05/04	金	辛卯	閉	松柏木	亢
29日	05/05	土	壬辰	建	長流水	氐

【四月大 癸巳 觜】

節気 立夏 3日・小満 18日

日	新暦	曜	干支	直	納音	宿
1日	05/06	日	癸巳	除	長流水	房
2日	05/07	月	甲午	満	沙中金	心
3日	05/08	火	乙未	満	沙中金	尾
4日	05/09	水	丙申	平	山下火	箕
5日	05/10	木	丁酉	定	山下火	斗
6日	05/11	金	戊戌	執	平地木	牛
7日	05/12	土	己亥	破	平地木	女
8日	05/13	日	庚子	危	壁上土	虚
9日	05/14	月	辛丑	成	壁上土	危
10日	05/15	火	壬寅	納	金箔金	室
11日	05/16	水	癸卯	開	金箔金	壁
12日	05/17	木	甲辰	閉	覆燈火	奎
13日	05/18	金	乙巳	建	覆燈火	婁
14日	05/19	土	丙午	除	天河水	胃
15日	05/20	日	丁未	満	天河水	昴
16日	05/21	月	戊申	平	大駅土	畢
17日	05/22	火	己酉	定	大駅土	觜
18日	05/23	水	庚戌	執	釵釧金	参
19日	05/24	木	辛亥	破	釵釧金	井
20日	05/25	金	壬子	危	桑柘木	鬼
21日	05/26	土	癸丑	成	桑柘木	柳
22日	05/27	日	甲寅	納	大溪水	星
23日	05/28	月	乙卯	開	大溪水	張
24日	05/29	火	丙辰	閉	沙中土	翼
25日	05/30	水	丁巳	建	沙中土	軫
26日	05/31	木	戊午	除	天上火	角
27日	06/01	金	己未	満	天上火	亢
28日	06/02	土	庚申	平	柘榴木	氐
29日	06/03	日	辛酉	定	柘榴木	房
30日	06/04	月	壬戌	執	大海水	心

【五月小 甲午 参】

節気 芒種 3日・夏至 18日
雑節 入梅 10日・半夏生 28日

日	新暦	曜	干支	直	納音	宿
1日	06/05	火	癸亥	破	大海水	尾
2日	06/06	水	甲子	危	海中金	箕
3日	06/07	木	乙丑	危	海中金	斗
4日	06/08	金	丙寅	成	爐中火	牛
5日	06/09	土	丁卯	納	爐中火	女
6日	06/10	日	戊辰	開	大林木	虚
7日	06/11	月	己巳	閉	大林木	危
8日	06/12	火	庚午	建	路傍土	室
9日	06/13	水	辛未	除	路傍土	壁
10日	06/14	木	壬申	満	釼鋒金	奎
11日	06/15	金	癸酉	平	釼鋒金	婁
12日	06/16	土	甲戌	定	山頭火	胃
13日	06/17	日	乙亥	執	山頭火	昴
14日	06/18	月	丙子	破	澗下水	畢
15日	06/19	火	丁丑	危	澗下水	觜
16日	06/20	水	戊寅	成	城頭土	参
17日	06/21	木	己卯	納	城頭土	井
18日	06/22	金	庚辰	開	白鑞金	鬼
19日	06/23	土	辛巳	閉	白鑞金	柳
20日	06/24	日	壬午	建	楊柳木	星
21日	06/25	月	癸未	除	楊柳木	張
22日	06/26	火	甲申	満	井泉水	翼
23日	06/27	水	乙酉	平	井泉水	軫
24日	06/28	木	丙戌	定	屋上土	角
25日	06/29	金	丁亥	執	屋上土	亢
26日	06/30	土	戊子	破	霹靂火	氐
27日	07/01	日	己丑	危	霹靂火	房
28日	07/02	月	庚寅	成	松柏木	心
29日	07/03	火	辛卯	納	松柏木	尾

【六月大 乙未 井】

節気 小暑 4日・大暑 20日
雑節 土用 17日

日	新暦	曜	干支	直	納音	宿
1日	07/04	水	壬辰	開	長流水	箕
2日	07/05	木	癸巳	閉	長流水	斗
3日	07/06	金	甲午	建	沙中金	牛
4日	07/07	土	乙未	建	沙中金	女
5日	07/08	日	丙申	除	山下火	虚
6日	07/09	月	丁酉	満	山下火	危
7日	07/10	火	戊戌	平	平地木	室
8日	07/11	水	己亥	定	平地木	壁
9日	07/12	木	庚子	執	壁上土	奎
10日	07/13	金	辛丑	破	壁上土	婁
11日	07/14	土	壬寅	危	金箔金	胃
12日	07/15	日	癸卯	成	金箔金	昴
13日	07/16	月	甲辰	納	覆燈火	畢
14日	07/17	火	乙巳	開	覆燈火	觜
15日	07/18	水	丙午	閉	天河水	参
16日	07/19	木	丁未	建	天河水	井
17日	07/20	金	戊申	除	大駅土	鬼
18日	07/21	土	己酉	満	大駅土	柳
19日	07/22	日	庚戌	平	釵釧金	星
20日	07/23	月	辛亥	定	釵釧金	張
21日	07/24	火	壬子	執	桑柘木	翼
22日	07/25	水	癸丑	破	桑柘木	軫
23日	07/26	木	甲寅	危	大溪水	角
24日	07/27	金	乙卯	成	大溪水	亢
25日	07/28	土	丙辰	納	沙中土	氐
26日	07/29	日	丁巳	開	沙中土	房
27日	07/30	月	戊午	閉	天上火	心
28日	07/31	火	己未	建	天上火	尾
29日	08/01	水	庚申	除	柘榴木	箕
30日	08/02	木	辛酉	満	柘榴木	斗

【七月小 丙申 鬼】

節気 立秋 5日・処暑 20日

日	新暦	曜	干支	直	納音	宿
1日	08/03	金	壬戌	平	大海水	牛
2日	08/04	土	癸亥	定	大海水	女
3日	08/05	日	甲子	執	海中金	虚
4日	08/06	月	乙丑	破	海中金	危

享保16年

	西暦	曜	干支	直	納音	宿
5日	08/07	火	丙寅	危	爐中火	室
6日	08/08	水	丁卯	危	爐中火	壁
7日	08/09	木	戊辰	成	大林木	奎
8日	08/10	金	己巳	納	大林木	婁
9日	08/11	土	庚午	開	路傍土	胃
10日	08/12	日	辛未	閉	路傍土	昴
11日	08/13	月	壬申	建	釼鋒金	畢
12日	08/14	火	癸酉	除	釼鋒金	觜
13日	08/15	水	甲戌	満	山頭火	参
14日	08/16	木	乙亥	平	山頭火	井
15日	08/17	金	丙子	定	潤下水	鬼
16日	08/18	土	丁丑	執	潤下水	柳
17日	08/19	日	戊寅	破	城頭土	星
18日	08/20	月	己卯	危	城頭土	張
19日	08/21	火	庚辰	成	白鑞金	翼
20日	08/22	水	辛巳	納	白鑞金	軫
21日	08/23	木	壬午	開	楊柳木	角
22日	08/24	金	癸未	閉	楊柳木	亢
23日	08/25	土	甲申	建	井泉水	氐
24日	08/26	日	乙酉	除	井泉水	房
25日	08/27	月	丙戌	満	屋上土	心
26日	08/28	火	丁亥	平	屋上土	尾
27日	08/29	水	戊子	定	霹靂火	箕
28日	08/30	木	己丑	執	霹靂火	斗
29日	08/31	金	庚寅	破	松柏木	牛

【八月大 丁酉 柳】
節気 白露 6日・秋分 21日
雑節 二百十日 2日・社日 18日・彼岸 23日

	西暦	曜	干支	直	納音	宿
1日	09/01	土	辛卯	危	松柏木	女
2日	09/02	日	壬辰	成	長流水	虚
3日	09/03	月	癸巳	納	長流水	危
4日	09/04	火	甲午	開	沙中金	室
5日	09/05	水	乙未	閉	沙中金	壁
6日	09/06	木	丙申	閉	山下火	奎
7日	09/07	金	丁酉	建	山下火	婁
8日	09/08	土	戊戌	除	平地木	胃
9日	09/09	日	己亥	満	平地木	昴
10日	09/10	月	庚子	平	壁上土	觜
11日	09/11	火	辛丑	定	壁上土	参
12日	09/12	水	壬寅	執	金箔金	井
13日	09/13	木	癸卯	破	金箔金	鬼
14日	09/14	金	甲辰	危	覆燈火	柳
15日	09/15	土	乙巳	成	覆燈火	星
16日	09/16	日	丙午	納	天河水	星
17日	09/17	月	丁未	開	天河水	翼
18日	09/18	火	戊申	閉	大駅土	翼
19日	09/19	水	己酉	建	大駅土	軫
20日	09/20	木	庚戌	除	釼釧金	角
21日	09/21	金	辛亥	満	釼釧金	亢
22日	09/22	土	壬子	平	桑柘木	氐
23日	09/23	日	癸丑	定	桑柘木	房
24日	09/24	月	甲寅	執	大溪水	心
25日	09/25	火	乙卯	破	大溪水	尾
26日	09/26	水	丙辰	危	沙中土	箕
27日	09/27	木	丁巳	成	沙中土	斗
28日	09/28	金	戊午	納	天上火	女
29日	09/29	土	己未	開	天上火	女
30日	09/30	日	庚申	閉	柘榴木	虚

【九月大 戊戌 星】
節気 寒露 7日・霜降 22日
雑節 土用 19日

	西暦	曜	干支	直	納音	宿
1日	10/01	月	辛酉	建	柘榴木	危
2日	10/02	火	壬戌	除	大海水	室
3日	10/03	水	癸亥	満	大海水	壁
4日	10/04	木	甲子	平	海中金	奎
5日	10/05	金	乙丑	定	海中金	婁
6日	10/06	土	丙寅	執	爐中火	胃
7日	10/07	日	丁卯	執	爐中火	昴
8日	10/08	月	戊辰	破	大林木	畢
9日	10/09	火	己巳	危	大林木	觜
10日	10/10	水	庚午	成	路傍土	参
11日	10/11	木	辛未	納	路傍土	井
12日	10/12	金	壬申	開	釼鋒金	鬼
13日	10/13	土	癸酉	閉	釼鋒金	柳
14日	10/14	日	甲戌	建	山頭火	星
15日	10/15	月	乙亥	除	山頭火	張
16日	10/16	火	丙子	満	潤下水	翼
17日	10/17	水	丁丑	平	潤下水	軫
18日	10/18	木	戊寅	定	城頭土	角
19日	10/19	金	己卯	執	城頭土	亢
20日	10/20	土	庚辰	破	白鑞金	氐
21日	10/21	日	辛巳	危	白鑞金	房
22日	10/22	月	壬午	成	楊柳木	心
23日	10/23	火	癸未	納	楊柳木	尾
24日	10/24	水	甲申	開	井泉水	箕
25日	10/25	木	乙酉	閉	井泉水	斗
26日	10/26	金	丙戌	建	屋上土	牛
27日	10/27	土	丁亥	除	屋上土	女
28日	10/28	日	戊子	満	霹靂火	虚
29日	10/29	月	己丑	平	霹靂火	危
30日	10/30	火	庚寅	定	松柏木	室

【十月小 己亥 張】
節気 立冬 7日・小雪 22日

	西暦	曜	干支	直	納音	宿
1日	10/31	水	辛卯	執	松柏木	壁
2日	11/01	木	壬辰	破	長流水	奎
3日	11/02	金	癸巳	危	長流水	婁
4日	11/03	土	甲午	納	沙中金	胃
5日	11/04	日	乙未	開	沙中金	昴
6日	11/05	月	丙申	開	山下火	畢
7日	11/06	火	丁酉	閉	山下火	觜
8日	11/07	水	戊戌	閉	平地木	参
9日	11/08	木	己亥	建	平地木	井
10日	11/09	金	庚子	除	壁上土	鬼
11日	11/10	土	辛丑	満	壁上土	柳
12日	11/11	日	壬寅	平	金箔金	星
13日	11/12	月	癸卯	定	金箔金	張
14日	11/13	火	甲辰	執	覆燈火	軫
15日	11/14	水	乙巳	危	覆燈火	角
16日	11/15	木	丙午	危	天河水	角
17日	11/16	金	丁未	成	天河水	亢
18日	11/17	土	戊申	納	大駅土	氐
19日	11/18	日	己酉	開	大駅土	房
20日	11/19	月	庚戌	閉	釼釧金	心
21日	11/20	火	辛亥	建	釼釧金	尾
22日	11/21	水	壬子	除	桑柘木	箕
23日	11/22	木	癸丑	満	桑柘木	斗
24日	11/23	金	甲寅	平	大溪水	牛
25日	11/24	土	乙卯	定	大溪水	女
26日	11/25	日	丙辰	執	沙中土	虚
27日	11/26	月	丁巳	破	沙中土	危
28日	11/27	火	戊午	危	天上火	室
29日	11/28	水	己未	成	天上火	壁

【十一月大 庚子 翼】
節気 大雪 9日・冬至 24日

	西暦	曜	干支	直	納音	宿
1日	11/29	木	庚申	納	柘榴木	奎
2日	11/30	金	辛酉	開	柘榴木	婁
3日	12/01	土	壬戌	閉	大海水	胃
4日	12/02	日	癸亥	建	大海水	昴
5日	12/03	月	甲子	除	海中金	畢
6日	12/04	火	乙丑	満	海中金	觜
7日	12/05	水	丙寅	平	爐中火	参
8日	12/06	木	丁卯	定	爐中火	井
9日	12/07	金	戊辰	定	大林木	鬼
10日	12/08	土	己巳	執	大林木	柳
11日	12/09	日	庚午	破	路傍土	星
12日	12/10	月	辛未	危	路傍土	張
13日	12/11	火	壬申	成	釼鋒金	翼
14日	12/12	水	癸酉	納	釼鋒金	軫
15日☆	12/13	木	甲戌	開	山頭火	角
16日	12/14	金	乙亥	閉	山頭火	亢
17日	12/15	土	丙子	建	潤下水	氐
18日	12/16	日	丁丑	除	潤下水	房
19日	12/17	月	戊寅	満	城頭土	心
20日	12/18	火	己卯	平	城頭土	尾
21日	12/19	水	庚辰	定	白鑞金	箕
22日	12/20	木	辛巳	執	白鑞金	斗
23日	12/21	金	壬午	破	楊柳木	牛
24日	12/22	土	癸未	危	楊柳木	女
25日	12/23	日	甲申	成	井泉水	虚
26日	12/24	月	乙酉	納	井泉水	危
27日	12/25	火	丙戌	開	屋上土	室
28日	12/26	水	丁亥	閉	屋上土	壁
29日	12/27	木	戊子	建	霹靂火	奎
30日	12/28	金	己丑	除	霹靂火	婁

【十二月小 辛丑 軫】
節気 小寒 9日・大寒 24日
雑節 土用 21日

	西暦	曜	干支	直	納音	宿
1日◎	12/29	土	庚寅	満	松柏木	胃
2日	12/30	日	辛卯	平	松柏木	昴
3日	12/31	月	壬辰	定	長流水	畢

1732年

	西暦	曜	干支	直	納音	宿
4日	01/01	火	癸巳	執	長流水	觜
5日	01/02	水	甲午	破	沙中金	参
6日	01/03	木	乙未	危	沙中金	井
7日	01/04	金	丙申	成	山下火	鬼
8日	01/05	土	丁酉	納	山下火	柳
9日	01/06	日	戊戌	納	平地木	星
10日	01/07	月	己亥	開	平地木	張
11日	01/08	火	庚子	閉	壁上土	翼
12日	01/09	水	辛丑	建	壁上土	軫
13日	01/10	木	壬寅	除	金箔金	角
14日	01/11	金	癸卯	満	金箔金	亢
15日	01/12	土	甲辰	平	覆燈火	氐
16日	01/13	日	乙巳	定	覆燈火	房
17日	01/14	月	丙午	執	天河水	心
18日	01/15	火	丁未	破	天河水	尾
19日	01/16	水	戊申	危	大駅土	箕
20日	01/17	木	己酉	成	大駅土	斗
21日	01/18	金	庚戌	納	釼釧金	牛
22日	01/19	土	辛亥	開	釼釧金	女
23日	01/20	日	壬子	閉	桑柘木	虚
24日	01/21	月	癸丑	建	桑柘木	危
25日	01/22	火	甲寅	満	大溪水	室
26日	01/23	水	乙卯	満	大溪水	壁
27日	01/24	木	丙辰	平	沙中土	奎
28日	01/25	金	丁巳	定	沙中土	婁
29日	01/26	土	戊午	執	天上火	胃

享保17年
1732～1733 壬子 虚

【正月大 壬寅 角】
節気 立春 10日・雨水 26日
雑節 節分 9日

日	日付	曜	干支	直	納音	宿
1	01/27	日	己未	破	天上火	昴
2	01/28	月	庚申	危	柏榴木	畢
3	01/29	火	辛酉	成	柏榴木	觜
4	01/30	水	壬戌	納	大海水	参
5	01/31	木	癸亥	開	大海水	井
6	02/01	金	甲子	閉	海中金	鬼
7	02/02	土	乙丑	建	海中金	柳
8	02/03	日	丙寅	除	炉中火	星
9	02/04	月	丁卯	満	炉中火	張
10	02/05	火	戊辰	満	大林木	翼
11	02/06	水	己巳	平	大林木	軫
12	02/07	木	庚午	定	路傍土	角
13	02/08	金	辛未	執	路傍土	亢
14	02/09	土	壬申	破	釼鋒金	氐
15	02/10	日	癸酉	危	釼鋒金	房
16	02/11	月	甲戌	成	山頭火	心
17	02/12	火	乙亥	納	山頭火	尾
18	02/13	水	丙子	開	澗下水	箕
19	02/14	木	丁丑	閉	澗下水	斗
20	02/15	金	戊寅	建	城頭土	牛
21	02/16	土	己卯	除	城頭土	女
22	02/17	日	庚辰	満	白鑞金	虚
23	02/18	月	辛巳	平	白鑞金	危
24	02/19	火	壬午	定	楊柳木	室
25	02/20	水	癸未	執	楊柳木	壁
26	02/21	木	甲申	破	井泉水	奎
27	02/22	金	乙酉	危	井泉水	婁
28	02/23	土	丙戌	成	屋上土	胃
29	02/24	日	丁亥	納	屋上土	昴
30	02/25	月	戊子	開	霹靂火	畢

【二月小 癸卯 亢】
節気 啓蟄 11日・春分 26日
雑節 彼岸 28日

日	日付	曜	干支	直	納音	宿
1	02/26	火	己丑	閉	霹靂火	觜
2	02/27	水	庚寅	建	松柏木	参
3	02/28	木	辛卯	除	松柏木	井
4	02/29	金	壬辰	満	長流水	鬼
5	03/01	土	癸巳	平	長流水	柳
6	03/02	日	甲午	定	沙中金	星
7	03/03	月	乙未	執	沙中金	張
8	03/04	火	丙申	破	山下火	翼
9	03/05	水	丁酉	危	山下火	軫
10	03/06	木	戊戌	成	平地木	角
11	03/07	金	己亥	成	平地木	亢
12	03/08	土	庚子	納	壁上土	氐
13	03/09	日	辛丑	開	壁上土	房
14	03/10	月	壬寅	閉	金箔金	心
15	03/11	火	癸卯	建	金箔金	尾
16	03/12	水	甲辰	除	覆燈火	箕
17	03/13	木	乙巳	満	覆燈火	斗
18	03/14	金	丙午	平	天河水	牛
19	03/15	土	丁未	定	天河水	女
20	03/16	日	戊申	執	大駅土	虚
21	03/17	月	己酉	破	大駅土	危
22	03/18	火	庚戌	危	釵釧金	室
23	03/19	水	辛亥	成	釵釧金	壁
24	03/20	木	壬子	納	桑柘木	奎
25	03/21	金	癸丑	開	桑柘木	婁
26	03/22	土	甲寅	閉	大渓水	胃
27	03/23	日	乙卯	建	大渓水	昴
28	03/24	月	丙辰	除	沙中土	畢
29	03/25	火	丁巳	満	沙中土	觜

【三月大 甲辰 氐】
節気 清明 12日・穀雨 28日
雑節 社日 1日・土用 24日

日	日付	曜	干支	直	納音	宿
1	03/26	水	戊午	平	天上火	参
2	03/27	木	己未	定	天上火	井
3	03/28	金	庚申	執	柏榴木	鬼
4	03/29	土	辛酉	破	柏榴木	柳
5	03/30	日	壬戌	危	大海水	星
6	03/31	月	癸亥	成	大海水	張
7	04/01	火	甲子	納	海中金	翼
8	04/02	水	乙丑	開	海中金	軫
9	04/03	木	丙寅	閉	炉中火	角
10	04/04	金	丁卯	建	炉中火	亢
11	04/05	土	戊辰	除	大林木	氐
12	04/06	日	己巳	除	大林木	房
13	04/07	月	庚午	満	路傍土	心
14	04/08	火	辛未	平	路傍土	尾
15	04/09	水	壬申	定	釼鋒金	箕
16	04/10	木	癸酉	執	釼鋒金	斗
17	04/11	金	甲戌	破	山頭火	牛
18	04/12	土	乙亥	危	山頭火	女
19	04/13	日	丙子	成	澗下水	虚
20	04/14	月	丁丑	納	澗下水	危
21	04/15	火	戊寅	開	城頭土	室
22	04/16	水	己卯	閉	城頭土	壁
23	04/17	木	庚辰	建	白鑞金	奎
24	04/18	金	辛巳	除	白鑞金	婁
25	04/19	土	壬午	満	楊柳木	胃
26	04/20	日	癸未	平	楊柳木	昴
27	04/21	月	甲申	定	井泉水	畢
28	04/22	火	乙酉	執	井泉水	觜
29	04/23	水	丙戌	破	屋上土	参
30	04/24	木	丁亥	危	屋上土	井

【四月小 乙巳 房】
節気 立夏 13日・小満 28日
雑節 八十八夜 8日

日	日付	曜	干支	直	納音	宿
1	04/25	金	戊子	成	霹靂火	鬼
2	04/26	土	己丑	納	霹靂火	柳
3	04/27	日	庚寅	開	松柏木	星
4	04/28	月	辛卯	閉	松柏木	張
5	04/29	火	壬辰	建	長流水	翼
6	04/30	水	癸巳	除	長流水	軫
7	05/01	木	甲午	満	沙中金	角
8	05/02	金	乙未	平	沙中金	亢
9	05/03	土	丙申	定	山下火	氐
10	05/04	日	丁酉	執	山下火	房
11	05/05	月	戊戌	破	平地木	心
12	05/06	火	己亥	危	平地木	尾
13	05/07	水	庚子	危	壁上土	箕
14	05/08	木	辛丑	成	壁上土	斗
15	05/09	金	壬寅	納	金箔金	牛
16	05/10	土	癸卯	開	金箔金	女
17	05/11	日	甲辰	閉	覆燈火	虚
18	05/12	月	乙巳	建	覆燈火	危
19	05/13	火	丙午	除	天河水	室
20	05/14	水	丁未	満	天河水	壁
21	05/15	木	戊申	平	大駅土	奎
22	05/16	金	己酉	定	大駅土	婁
23	05/17	土	庚戌	執	釵釧金	胃
24	05/18	日	辛亥	破	釵釧金	昴
25	05/19	月	壬子	危	桑柘木	畢
26	05/20	火	癸丑	成	桑柘木	觜
27	05/21	水	甲寅	納	大渓水	参
28	05/22	木	乙卯	開	大渓水	井
29	05/23	金	丙辰	閉	沙中土	鬼

【五月小 丙午 心】
節気 芒種 14日・夏至 29日
雑節 入梅 16日

日	日付	曜	干支	直	納音	宿
1	05/24	土	丁巳	建	沙中土	柳
2	05/25	日	戊午	除	天上火	星
3	05/26	月	己未	満	天上火	張
4	05/27	火	庚申	平	柏榴木	翼
5	05/28	水	辛酉	定	柏榴木	軫
6	05/29	木	壬戌	執	大海水	角
7	05/30	金	癸亥	破	大海水	亢
8	05/31	土	甲子	危	海中金	氐
9	06/01	日	乙丑	成	海中金	房
10	06/02	月	丙寅	納	炉中火	心
11	06/03	火	丁卯	開	炉中火	尾
12	06/04	水	戊辰	閉	大林木	箕
13	06/05	木	己巳	建	大林木	斗
14	06/06	金	庚午	建	路傍土	牛
15	06/07	土	辛未	除	路傍土	女
16☆	06/08	日	壬申	満	釼鋒金	虚
17	06/09	月	癸酉	平	釼鋒金	危
18	06/10	火	甲戌	定	山頭火	室
19	06/11	水	乙亥	執	山頭火	壁
20	06/12	木	丙子	破	澗下水	奎
21	06/13	金	丁丑	危	澗下水	婁
22	06/14	土	戊寅	成	城頭土	胃
23	06/15	日	己卯	納	城頭土	昴
24	06/16	月	庚辰	開	白鑞金	畢
25	06/17	火	辛巳	閉	白鑞金	觜
26	06/18	水	壬午	建	楊柳木	参
27	06/19	木	癸未	除	楊柳木	井
28	06/20	金	甲申	満	井泉水	鬼
29	06/21	土	乙酉	平	井泉水	柳

【閏五月大 丙午 心】
節気 小暑 16日
雑節 半夏生 10日・土用 28日

日	日付	曜	干支	直	納音	宿
1	06/22	日	戊寅	定	城頭土	星
2	06/23	月	己卯	執	城頭土	張
3	06/24	火	庚辰	破	白鑞金	翼
4	06/25	水	辛巳	危	白鑞金	軫
5	06/26	木	壬午	成	楊柳木	角
6	06/27	金	癸未	納	楊柳木	亢
7	06/28	土	甲申	開	井泉水	氐
8	06/29	日	乙酉	閉	井泉水	房
9	06/30	月	丙戌	建	屋上土	心
10	07/01	火	丁亥	除	屋上土	尾
11	07/02	水	戊子	満	霹靂火	箕
12	07/03	木	己丑	平	霹靂火	斗
13	07/04	金	庚寅	定	松柏木	牛
14	07/05	土	辛卯	執	松柏木	女
15	07/06	日	壬辰	破	長流水	虚
16	07/07	月	癸巳	破	長流水	危
17	07/08	火	甲午	危	沙中金	室
18	07/09	水	乙未	成	沙中金	壁
19	07/10	木	丙申	納	山下火	奎
20	07/11	金	丁酉	開	山下火	婁
21	07/12	土	戊戌	閉	平地木	胃
22	07/13	日	己亥	建	平地木	昴
23	07/14	月	庚子	除	壁上土	畢
24	07/15	火	辛丑	満	壁上土	觜
25	07/16	水	壬寅	平	金箔金	参
26	07/17	木	癸卯	定	金箔金	井
27	07/18	金	甲辰	執	覆燈火	鬼
28	07/19	土	乙巳	破	覆燈火	柳
29	07/20	日	丙午	危	天河水	星
30	07/21	月	丁未	成	天河水	張

【六月小 丁未 尾】
節気 大暑 1日・立秋 16日

日	日付	曜	干支	直	納音	宿
1	07/22	火	丙辰	納	沙中土	翼
2	07/23	水	丁巳	開	沙中土	軫
3	07/24	木	戊午	閉	天上火	角
4	07/25	金	己未	建	天上火	亢
5	07/26	土	庚申	除	柏榴木	氐
6	07/27	日	辛酉	満	柏榴木	房
7	07/28	月	壬戌	平	大海水	心
8	07/29	火	癸亥	定	大海水	尾
9	07/30	水	甲子	執	海中金	箕
10	07/31	木	乙丑	破	海中金	斗
11	08/01	金	丙寅	危	炉中火	牛
12	08/02	土	丁卯	成	炉中火	女
13	08/03	日	戊辰	納	大林木	虚
14	08/04	月	己巳	開	大林木	危
15	08/05	火	庚午	閉	路傍土	室

西暦　曜　干支　直　納音　宿　　　　　　　　　　　　　　　　享保17年

日	西暦	曜	干支	直	納音	宿
16日	08/06	水	辛未	閉	路傍土	壁
17日	08/07	木	壬申	建	剣鋒金	奎
18日	08/08	金	癸酉	除	剣鋒金	婁
19日	08/09	土	甲戌	満	山頭火	胃
20日	08/10	日	乙亥	平	山頭火	昴
21日	08/11	月	丙子	定	潤下水	畢
22日	08/12	火	丁丑	執	潤下水	觜
23日	08/13	水	戊寅	破	城頭土	参
24日	08/14	木	己卯	危	城頭土	井
25日	08/15	金	庚辰	成	白鑞金	鬼
26日	08/16	土	辛巳	納	白鑞金	柳
27日	08/17	日	壬午	開	楊柳木	星
28日	08/18	月	癸未	閉	楊柳木	張
29日	08/19	火	甲申	建	井泉水	翼

【七月大 戊申 箕】
節気 処暑 2日・白露 18日
雑節 二百十日 13日

日	西暦	曜	干支	直	納音	宿
1日	08/20	水	乙酉	除	井泉水	軫
2日	08/21	木	丙戌	満	屋上土	角
3日	08/22	金	丁亥	平	屋上土	亢
4日	08/23	土	戊子	定	霹靂火	氐
5日	08/24	日	己丑	執	霹靂火	房
6日	08/25	月	庚寅	破	松柏木	心
7日	08/26	火	辛卯	危	松柏木	尾
8日	08/27	水	壬辰	成	長流水	箕
9日	08/28	木	癸巳	納	長流水	斗
10日	08/29	金	甲午	開	沙中金	牛
11日	08/30	土	乙未	閉	沙中金	女
12日	08/31	日	丙申	建	山下火	虚
13日	09/01	月	丁酉	除	山下火	室
14日	09/02	火	戊戌	満	平地木	壁
15日	09/03	水	己亥	平	平地木	奎
16日	09/04	木	庚子	定	壁上土	婁
17日	09/05	金	辛丑	執	壁上土	胃
18日	09/06	土	壬寅	執	金箔金	昴
19日	09/07	日	癸卯	破	金箔金	畢
20日	09/08	月	甲辰	危	覆燈火	觜
21日	09/09	火	乙巳	成	覆燈火	参
22日	09/10	水	丙午	納	天河水	井
23日	09/11	木	丁未	開	天河水	鬼
24日	09/12	金	戊申	閉	大駅土	柳
25日	09/13	土	己酉	建	大駅土	星
26日	09/14	日	庚戌	除	釵釧金	張
27日	09/15	月	辛亥	満	釵釧金	翼
28日	09/16	火	壬子	平	桑柘木	軫
29日	09/17	水	癸丑	定	桑柘木	角
30日	09/18	木	甲寅	執	大溪水	亢

【八月大 己酉 斗】
節気 秋分 3日・寒露 18日
雑節 社日 4日・彼岸 5日・土用 30日

日	西暦	曜	干支	直	納音	宿
1日	09/19	金	乙卯	破	大溪水	氐
2日	09/20	土	丙辰	危	沙中土	房
3日	09/21	日	丁巳	成	沙中土	心
4日	09/22	月	戊午	納	天上火	尾
5日	09/23	火	己未	開	天上火	箕
6日	09/24	水	庚申	閉	柘榴木	斗
7日	09/25	木	辛酉	建	柘榴木	牛
8日	09/26	金	壬戌	除	大海水	女
9日	09/27	土	癸亥	満	大海水	虚
10日	09/28	日	甲子	平	海中金	危
11日	09/29	月	乙丑	定	海中金	室
12日	09/30	火	丙寅	執	爐中火	壁
13日	10/01	水	丁卯	破	爐中火	奎
14日	10/02	木	戊辰	危	大林木	婁
15日	10/03	金	己巳	成	大林木	胃
16日	10/04	土	庚午	納	路傍土	昴
17日	10/05	日	辛未	開	路傍土	畢
18日	10/06	月	壬申	閉	釵鋒金	觜
19日	10/07	火	癸酉	建	釵鋒金	参
20日	10/08	水	甲戌	除	山頭火	井
21日	10/09	木	乙亥	満	山頭火	鬼
22日	10/10	金	丙子	満	潤下水	鬼
23日	10/11	土	丁丑	平	潤下水	柳
24日	10/12	日	戊寅	定	城頭土	星
25日	10/13	月	己卯	執	城頭土	張
26日	10/14	火	庚辰	破	白鑞金	翼
27日	10/15	水	辛巳	危	白鑞金	軫
28日	10/16	木	壬午	成	楊柳木	角
29日	10/17	金	癸未	納	楊柳木	亢
30日	10/18	土	甲申	開	井泉水	氐

【九月大 庚戌 牛】
節気 霜降 3日・立冬 18日

日	西暦	曜	干支	直	納音	宿
1日	10/19	日	乙酉	閉	井泉水	房
2日	10/20	月	丙戌	建	屋上土	心
3日	10/21	火	丁亥	除	屋上土	尾
4日	10/22	水	戊子	平	霹靂火	箕
5日	10/23	木	己丑	定	霹靂火	斗
6日	10/24	金	庚寅	執	松柏木	牛
7日	10/25	土	辛卯	破	松柏木	女
8日	10/26	日	壬辰	危	長流水	虚
9日	10/27	月	癸巳	成	長流水	危
10日	10/28	火	甲午	納	沙中金	室
11日	10/29	水	乙未	開	沙中金	壁
12日	10/30	木	丙申	閉	山下火	奎
13日	10/31	金	丁酉	建	山下火	婁
14日	11/01	土	戊戌	除	平地木	胃
15日	11/02	日	己亥	平	平地木	昴
16日	11/03	月	庚子	定	壁上土	畢
17日	11/04	火	辛丑	執	壁上土	觜
18日	11/05	水	壬寅	平	金箔金	参
19日	11/06	木	癸卯	定	金箔金	井
20日	11/07	金	甲辰	執	覆燈火	鬼
21日	11/08	土	乙巳	破	覆燈火	柳
22日	11/09	日	丙午	危	天河水	星
23日	11/10	月	丁未	成	天河水	張
24日	11/11	火	戊申	納	大駅土	翼
25日	11/12	水	己酉	開	大駅土	軫
26日	11/13	木	庚戌	閉	釵釧金	角
27日	11/14	金	辛亥	建	釵釧金	亢
28日	11/15	土	壬子	除	桑柘木	氐
29日	11/16	日	癸丑	満	桑柘木	房
30日	11/17	月	甲寅	平	大溪水	心

【十月小 辛亥 女】
節気 小雪 4日・大雪 19日

日	西暦	曜	干支	直	納音	宿
1日	11/18	火	乙卯	定	大溪水	尾
2日	11/19	水	丙辰	執	沙中土	箕
3日	11/20	木	丁巳	破	沙中土	斗
4日	11/21	金	戊午	危	天上火	牛
5日	11/22	土	己未	成	天上火	女
6日	11/23	日	庚申	納	柘榴木	虚
7日	11/24	月	辛酉	開	柘榴木	危
8日	11/25	火	壬戌	閉	大海水	室
9日	11/26	水	癸亥	建	大海水	壁
10日	11/27	木	甲子	除	海中金	奎
11日	11/28	金	乙丑	満	海中金	婁
12日	11/29	土	丙寅	平	爐中火	胃
13日	11/30	日	丁卯	定	爐中火	昴
14日☆	12/01	月	戊辰	執	大林木	畢
15日	12/02	火	己巳	破	大林木	觜
16日	12/03	水	庚午	危	路傍土	参
17日	12/04	木	辛未	成	路傍土	井
18日	12/05	金	壬申	納	釵鋒金	鬼
19日	12/06	土	癸酉	開	釵鋒金	柳
20日	12/07	日	甲戌	閉	山頭火	星
21日	12/08	月	乙亥	建	山頭火	張
22日	12/09	火	丙子	除	潤下水	翼
23日	12/10	水	丁丑	満	潤下水	軫
24日	12/11	木	戊寅	平	城頭土	角
25日	12/12	金	己卯	定	城頭土	亢
26日	12/13	土	庚辰	執	白鑞金	氐
27日	12/14	日	辛巳	破	白鑞金	房
28日	12/15	月	壬午	危	楊柳木	心

日	西暦	曜	干支	直	納音	宿
29日	12/16	火	癸未	危	楊柳木	尾

【十一月大 壬子 虚】
節気 冬至 5日・小寒 20日

日	西暦	曜	干支	直	納音	宿
1日	12/17	水	甲申	成	井泉水	箕
2日	12/18	木	乙酉	納	井泉水	斗
3日	12/19	金	丙戌	開	屋上土	牛
4日	12/20	土	丁亥	閉	屋上土	女
5日	12/21	日	戊子	建	霹靂火	虚
6日	12/22	月	己丑	除	霹靂火	危
7日	12/23	火	庚寅	平	松柏木	室
8日	12/24	水	辛卯	平	松柏木	壁
9日	12/25	木	壬辰	定	長流水	奎
10日	12/26	金	癸巳	執	長流水	婁
11日	12/27	土	甲午	破	沙中金	胃
12日	12/28	日	乙未	危	沙中金	昴
13日	12/29	月	丙申	成	山下火	畢
14日	12/30	火	丁酉	納	山下火	觜
15日	12/31	水	戊戌	開	平地木	参

1733年

日	西暦	曜	干支	直	納音	宿
16日	01/01	木	己亥	閉	平地木	井
17日	01/02	金	庚子	建	壁上土	鬼
18日	01/03	土	辛丑	除	壁上土	柳
19日	01/04	日	壬寅	満	金箔金	星
20日	01/05	月	癸卯	満	金箔金	張
21日	01/06	火	甲辰	平	覆燈火	翼
22日	01/07	水	乙巳	定	覆燈火	軫
23日	01/08	木	丙午	執	天河水	角
24日	01/09	金	丁未	破	天河水	亢
25日	01/10	土	戊申	危	大駅土	氐
26日	01/11	日	己酉	成	大駅土	房
27日	01/12	月	庚戌	納	釵釧金	心
28日	01/13	火	辛亥	開	釵釧金	尾
29日	01/14	水	壬子	閉	桑柘木	箕
30日	01/15	木	癸丑	建	桑柘木	斗

【十二月小 癸丑 危】
節気 大寒 5日・立春 21日
雑節 土用 2日・節分 20日

日	西暦	曜	干支	直	納音	宿
1日	01/16	金	甲寅	平	大溪水	牛
2日	01/17	土	乙卯	満	大溪水	女
3日	01/18	日	丙辰	平	沙中土	虚
4日	01/19	月	丁巳	定	沙中土	危
5日	01/20	火	戊午	執	天上火	室
6日	01/21	水	己未	破	天上火	壁
7日	01/22	木	庚申	危	柘榴木	奎
8日	01/23	金	辛酉	成	柘榴木	婁
9日	01/24	土	壬戌	納	大海水	胃
10日	01/25	日	癸亥	開	大海水	昴
11日	01/26	月	甲子	閉	海中金	畢
12日	01/27	火	乙丑	建	海中金	觜
13日	01/28	水	丙寅	除	爐中火	参
14日	01/29	木	丁卯	満	爐中火	井
15日	01/30	金	戊辰	平	大林木	鬼
16日	01/31	土	己巳	定	大林木	柳
17日	02/01	日	庚午	執	路傍土	星
18日	02/02	月	辛未	破	路傍土	張
19日	02/03	火	壬申	危	釵鋒金	翼
20日	02/04	水	癸酉	成	釵鋒金	軫
21日	02/05	木	甲戌	納	山頭火	角
22日	02/06	金	乙亥	開	山頭火	亢
23日	02/07	土	丙子	閉	潤下水	氐
24日	02/08	日	丁丑	建	潤下水	房
25日	02/09	月	戊寅	除	城頭土	心
26日	02/10	火	己卯	満	城頭土	尾
27日	02/11	水	庚辰	満	白鑞金	箕
28日	02/12	木	辛巳	平	白鑞金	斗
29日	02/13	金	壬午	定	楊柳木	牛

享保18年

1733～1734　癸丑　危

【正月大 甲寅 室】

節気　雨水 7日・啓蟄 22日

日	新暦	曜	干支	直	納音	宿
1日	02/14	土	癸未	執	楊柳木	女
2日	02/15	日	甲申	破	井泉水	虚
3日	02/16	月	乙酉	危	井泉水	危
4日	02/17	火	丙戌	成	屋上土	室
5日	02/18	水	丁亥	納	屋上土	壁
6日	02/19	木	戊子	開	霹靂火	奎
7日	02/20	金	己丑	閉	霹靂火	婁
8日	02/21	土	庚寅	建	松柏木	胃
9日	02/22	日	辛卯	除	松柏木	昴
10日	02/23	月	壬辰	満	長流水	畢
11日	02/24	火	癸巳	平	長流水	觜
12日	02/25	水	甲午	定	沙中金	參
13日	02/26	木	乙未	執	沙中金	井
14日	02/27	金	丙申	破	山下火	鬼
15日	02/28	土	丁酉	危	山下火	柳
16日	03/01	日	戊戌	成	平地木	星
17日	03/02	月	己亥	納	平地木	張
18日	03/03	火	庚子	開	壁上土	翼
19日	03/04	水	辛丑	閉	壁上土	軫
20日	03/05	木	壬寅	建	金箔金	角
21日	03/06	金	癸卯	除	金箔金	亢
22日	03/07	土	甲辰	満	覆燈火	氐
23日	03/08	日	乙巳	平	覆燈火	房
24日	03/09	月	丙午	定	天河水	心
25日	03/10	火	丁未	執	天河水	尾
26日	03/11	水	戊申	破	大驛土	箕
27日	03/12	木	己酉	危	大驛土	斗
28日	03/13	金	庚戌	成	釵釧金	牛
29日	03/14	土	辛亥	納	釵釧金	女
30日	03/15	日	壬子	開	桑柘木	虚

【二月小 乙卯 壁】

節気　春分 7日・清明 23日
雑節　社日 6日・彼岸 9日

日	新暦	曜	干支	直	納音	宿
1日	03/16	月	癸丑	閉	桑柘木	危
2日	03/17	火	甲寅	建	大溪水	室
3日	03/18	水	乙卯	除	大溪水	壁
4日	03/19	木	丙辰	満	沙中土	奎
5日	03/20	金	丁巳	平	沙中土	婁
6日	03/21	土	戊午	定	天上火	胃
7日	03/22	日	己未	執	天上火	昴
8日	03/23	月	庚申	破	柘榴木	畢
9日	03/24	火	辛酉	危	柘榴木	觜
10日	03/25	水	壬戌	成	大海水	參
11日	03/26	木	癸亥	納	大海水	井
12日	03/27	金	甲子	開	海中金	鬼
13日	03/28	土	乙丑	閉	海中金	柳
14日	03/29	日	丙寅	建	爐中火	星
15日	03/30	月	丁卯	除	爐中火	張
16日	03/31	火	戊辰	満	大林木	翼
17日	04/01	水	己巳	平	大林木	軫
18日	04/02	木	庚午	定	路傍土	角
19日	04/03	金	辛未	執	路傍土	亢
20日	04/04	土	壬申	破	釵鋒金	氐
21日	04/05	日	癸酉	危	釵鋒金	房
22日	04/06	月	甲戌	成	山頭火	心
23日	04/07	火	乙亥	納	山頭火	尾
24日	04/08	水	丙子	成	澗下水	箕
25日	04/09	木	丁丑	納	澗下水	斗
26日	04/10	金	戊寅	開	城頭土	牛
27日	04/11	土	己卯	閉	城頭土	女
28日	04/12	日	庚辰	建	白鑞金	虚
29日	04/13	月	辛巳	除	白鑞金	危

【三月大 丙辰 奎】

節気　穀雨 9日・立夏 24日
雑節　土用 6日・八十八夜 20日

日	新暦	曜	干支	直	納音	宿
1日	04/14	火	壬午	満	楊柳木	室
2日	04/15	水	癸未	平	楊柳木	壁
3日	04/16	木	甲申	定	井泉水	奎
4日	04/17	金	乙酉	執	井泉水	婁
5日	04/18	土	丙戌	破	屋上土	胃
6日	04/19	日	丁亥	危	屋上土	昴
7日	04/20	月	戊子	成	霹靂火	畢
8日	04/21	火	己丑	納	霹靂火	觜
9日	04/22	水	庚寅	開	松柏木	參
10日	04/23	木	辛卯	閉	松柏木	井
11日	04/24	金	壬辰	建	長流水	鬼
12日	04/25	土	癸巳	除	長流水	柳
13日	04/26	日	甲午	満	沙中金	星
14日	04/27	月	乙未	平	沙中金	張
15日	04/28	火	丙申	定	山下火	翼
16日	04/29	水	丁酉	執	山下火	軫
17日	04/30	木	戊戌	破	平地木	角
18日	05/01	金	己亥	危	平地木	亢
19日	05/02	土	庚子	成	壁上土	氐
20日	05/03	日	辛丑	納	壁上土	房
21日	05/04	月	壬寅	開	金箔金	心
22日	05/05	火	癸卯	閉	金箔金	尾
23日	05/06	水	甲辰	建	覆燈火	箕
24日	05/07	木	乙巳	除	覆燈火	斗
25日	05/08	金	丙午	満	天河水	牛
26日	05/09	土	丁未	平	天河水	女
27日	05/10	日	戊申	定	大驛土	虚
28日	05/11	月	己酉	執	大驛土	室
29日	05/12	火	庚戌	破	釵釧金	壁
30日	05/13	水	辛亥	危	釵釧金	奎

【四月小 丁巳 婁】

節気　小満 9日・芒種 24日

日	新暦	曜	干支	直	納音	宿
1日	05/14	木	壬子	危	桑柘木	奎
2日	05/15	金	癸丑	成	桑柘木	婁
3日	05/16	土	甲寅	納	大溪水	胃
4日	05/17	日	乙卯	開	大溪水	昴
5日	05/18	月	丙辰	閉	沙中土	畢
6日	05/19	火	丁巳	建	沙中土	觜
7日	05/20	水	戊午	除	天上火	參
8日	05/21	木	己未	満	天上火	井
9日	05/22	金	庚申	平	柘榴木	鬼
10日	05/23	土	辛酉	定	柘榴木	柳
11日	05/24	日	壬戌	執	大海水	星
12日	05/25	月	癸亥	破	大海水	張
13日	05/26	火	甲子	危	海中金	翼
14日	05/27	水	乙丑	成	海中金	軫
15日☆	05/28	木	丙寅	納	爐中火	角
16日	05/29	金	丁卯	開	爐中火	亢
17日	05/30	土	戊辰	閉	大林木	氐
18日	05/31	日	己巳	建	大林木	房
19日	06/01	月	庚午	除	路傍土	心
20日	06/02	火	辛未	満	路傍土	尾
21日	06/03	水	壬申	平	釵鋒金	箕
22日	06/04	木	癸酉	定	釵鋒金	斗
23日	06/05	金	甲戌	執	山頭火	牛
24日	06/06	土	乙亥	破	山頭火	女
25日	06/07	日	丙子	危	澗下水	虚
26日	06/08	月	丁丑	成	澗下水	危
27日	06/09	火	戊寅	納	城頭土	室
28日	06/10	水	己卯	開	城頭土	壁
29日	06/11	木	庚辰	閉	白鑞金	奎

【五月小 戊午 胃】

節気　夏至 11日・小暑 26日
雑節　入梅 2日・半夏生 21日

日	新暦	曜	干支	直	納音	宿
1日	06/12	金	辛巳	閉	白鑞金	婁
2日	06/13	土	壬午	建	楊柳木	胃
3日	06/14	日	癸未	除	楊柳木	昴
4日	06/15	月	甲申	満	井泉水	畢
5日	06/16	火	乙酉	平	井泉水	觜
6日	06/17	水	丙戌	定	屋上土	參
7日	06/18	木	丁亥	執	屋上土	井
8日	06/19	金	戊子	破	霹靂火	鬼
9日	06/20	土	己丑	危	霹靂火	柳
10日	06/21	日	庚寅	成	松柏木	星
11日	06/22	月	辛卯	納	松柏木	張
12日	06/23	火	壬辰	開	長流水	翼
13日	06/24	水	癸巳	閉	長流水	軫
14日	06/25	木	甲午	建	沙中金	角
15日	06/26	金	乙未	除	沙中金	亢
16日	06/27	土	丙申	満	山下火	氐
17日	06/28	日	丁酉	平	山下火	房
18日	06/29	月	戊戌	定	平地木	心
19日	06/30	火	己亥	執	平地木	尾
20日	07/01	水	庚子	破	壁上土	箕
21日	07/02	木	辛丑	危	壁上土	斗
22日	07/03	金	壬寅	成	金箔金	牛
23日	07/04	土	癸卯	納	金箔金	女
24日	07/05	日	甲辰	開	覆燈火	虚
25日	07/06	月	乙巳	閉	覆燈火	危
26日	07/07	火	丙午	建	天河水	室
27日	07/08	水	丁未	除	天河水	壁
28日	07/09	木	戊申	満	大驛土	奎
29日	07/10	金	己酉	満	大驛土	婁

【六月大 己未 昴】

節気　大暑 12日・立秋 27日
雑節　土用 9日

日	新暦	曜	干支	直	納音	宿
1日	07/11	土	庚戌	平	釵釧金	胃
2日	07/12	日	辛亥	定	釵釧金	畢
3日	07/13	月	壬子	執	桑柘木	觜
4日	07/14	火	癸丑	破	桑柘木	參
5日	07/15	水	甲寅	危	大溪水	井
6日	07/16	木	乙卯	成	大溪水	鬼
7日	07/17	金	丙辰	納	沙中土	柳
8日	07/18	土	丁巳	開	沙中土	星
9日	07/19	日	戊午	閉	天上火	張
10日	07/20	月	己未	建	天上火	翼
11日	07/21	火	庚申	除	柘榴木	軫
12日	07/22	水	辛酉	満	柘榴木	角
13日	07/23	木	壬戌	平	大海水	亢
14日	07/24	金	癸亥	定	大海水	氐
15日	07/25	土	甲子	執	海中金	房
16日	07/26	日	乙丑	破	海中金	心
17日	07/27	月	丙寅	危	爐中火	尾
18日	07/28	火	丁卯	成	爐中火	箕
19日	07/29	水	戊辰	納	大林木	斗
20日	07/30	木	己巳	開	大林木	牛
21日	07/31	金	庚午	閉	路傍土	女
22日	08/01	土	辛未	建	路傍土	虚
23日	08/02	日	壬申	除	釵鋒金	危
24日	08/03	月	癸酉	満	釵鋒金	室
25日	08/04	火	甲戌	平	山頭火	壁
26日	08/05	水	乙亥	定	山頭火	奎
27日	08/06	木	丙子	執	澗下水	婁
28日	08/07	金	丁丑	破	澗下水	胃
29日	08/08	土	戊寅	危	城頭土	昴
30日	08/09	日	己卯	成	城頭土	畢

【七月小 庚申 畢】

節気　処暑 13日・白露 28日
雑節　二百十日 24日

日	新暦	曜	干支	直	納音	宿
1日	08/10	月	庚辰	成	白鑞金	畢
2日	08/11	火	辛巳	納	白鑞金	觜
3日	08/12	水	壬午	開	楊柳木	參

享保18年

西暦	曜	干支	直	納音	宿
4日 08/13	木	癸未	閉	楊柳木	井
5日 08/14	金	甲申	建	井泉水	鬼
6日 08/15	土	乙酉	除	井泉水	柳
7日 08/16	日	丙戌	満	屋上土	星
8日 08/17	月	丁亥	定	屋上土	張
9日 08/18	火	戊子	定	霹靂火	翼
10日 08/19	水	己丑	執	霹靂火	軫
11日 08/20	木	庚寅	破	松柏木	角
12日 08/21	金	辛卯	危	松柏木	亢
13日 08/22	土	壬辰	成	長流水	氐
14日 08/23	日	癸巳	納	長流水	房
15日 08/24	月	甲午	開	沙中金	心
16日 08/25	火	乙未	建	沙中金	尾
17日 08/26	水	丙申	建	山下火	箕
18日 08/27	木	丁酉	除	山下火	斗
19日 08/28	金	戊戌	満	平地木	女
20日 08/29	土	己亥	平	平地木	女
21日 08/30	日	庚子	定	壁上土	虚
22日 08/31	月	辛丑	執	壁上土	危
23日 09/01	火	壬寅	破	金箔金	室
24日 09/02	水	癸卯	危	金箔金	壁
25日 09/03	木	甲辰	成	覆燈火	奎
26日 09/04	金	乙巳	納	覆燈火	婁
27日 09/05	土	丙午	開	天河水	胃
28日 09/06	日	丁未	閉	天河水	昴
29日 09/07	月	戊申	閉	大駅土	畢

【八月大 辛酉 觜】
節気 秋分 14日・寒露 29日
雑節 社日 10日・彼岸 16日

西暦	曜	干支	直	納音	宿
1日 09/08	火	己酉	建	大駅土	觜
2日 09/09	水	庚戌	除	釵釧金	参
3日 09/10	木	辛亥	平	釵釧金	井
4日 09/11	金	壬子	平	桑柘木	鬼
5日 09/12	土	癸丑	定	桑柘木	柳
6日 09/13	日	甲寅	執	大溪水	星
7日 09/14	月	乙卯	破	大溪水	張
8日 09/15	火	丙辰	危	沙中土	翼
9日 09/16	水	丁巳	成	沙中土	軫
10日 09/17	木	戊午	納	天上火	角
11日 09/18	金	己未	開	柘榴木	亢
12日 09/19	土	庚申	閉	柘榴木	氐
13日 09/20	日	辛酉	建	柘榴木	房
14日 09/21	月	壬戌	除	大海水	心
15日 09/22	火	癸亥	満	大海水	尾
16日 09/23	水	甲子	平	海中金	箕
17日 09/24	木	乙丑	定	海中金	斗
18日 09/25	金	丙寅	執	炉中火	女
19日 09/26	土	丁卯	破	炉中火	女
20日 09/27	日	戊辰	危	大林木	虚
21日 09/28	月	己巳	納	路傍土	室
22日 09/29	火	庚午	納	路傍土	室
23日 09/30	水	辛未	開	路傍土	壁
24日 10/01	木	壬申	閉	釵鋒金	奎
25日 10/02	金	癸酉	建	釵鋒金	婁
26日 10/03	土	甲戌	除	山頭火	胃
27日 10/04	日	乙亥	満	山頭火	昴
28日 10/05	月	丙子	平	澗下水	觜
29日 10/06	火	丁丑	定	澗下水	觜
30日 10/07	水	戊寅	定	城頭土	参

【九月大 壬戌 参】
節気 霜降 14日・立冬 30日
雑節 土用 11日

西暦	曜	干支	直	納音	宿
1日 10/08	木	己卯	執	城頭土	井
2日 10/09	金	庚辰	破	白鑞金	鬼
3日 10/10	土	辛巳	危	白鑞金	柳
4日 10/11	日	壬午	成	楊柳木	星
5日 10/12	月	癸未	納	楊柳木	張
6日 10/13	火	甲申	開	井泉水	翼
7日 10/14	水	乙酉	閉	井泉水	軫
8日 10/15	木	丙戌	建	屋上土	角
9日 10/16	金	丁亥	除	屋上土	亢
10日 10/17	土	戊子	満	霹靂火	氐
11日 10/18	日	己丑	平	霹靂火	房
12日 10/19	月	庚寅	定	松柏木	心
13日 10/20	火	辛卯	執	松柏木	尾
14日 10/21	水	壬辰	破	長流水	箕
15日 10/22	木	癸巳	危	長流水	斗
16日 10/23	金	甲午	成	沙中金	牛
17日 10/24	土	乙未	納	沙中金	女
18日 10/25	日	丙申	開	山下火	虚
19日 10/26	月	丁酉	閉	山下火	危
20日 10/27	火	戊戌	建	平地木	室
21日 10/28	水	己亥	除	平地木	壁
22日 10/29	木	庚子	満	壁上土	奎
23日 10/30	金	辛丑	平	壁上土	婁
24日 10/31	土	壬寅	定	金箔金	胃
25日 11/01	日	癸卯	執	金箔金	昴
26日 11/02	月	甲辰	破	覆燈火	畢
27日 11/03	火	乙巳	危	覆燈火	觜
28日 11/04	水	丙午	成	天河水	参
29日 11/05	木	丁未	納	天河水	井
30日 11/06	金	戊申	納	大駅土	鬼

【十月小 癸亥 井】
節気 小雪 15日

西暦	曜	干支	直	納音	宿
1日 11/07	土	己酉	開	大駅土	柳
2日 11/08	日	庚戌	閉	釵釧金	星
3日 11/09	月	辛亥	建	釵釧金	張
4日 11/10	火	壬子	満	桑柘木	翼
5日 11/11	水	癸丑	平	桑柘木	軫
6日 11/12	木	甲寅	平	大溪水	角
7日 11/13	金	乙卯	定	大溪水	亢
8日 11/14	土	丙辰	危	沙中土	房
9日 11/15	日	丁巳	破	沙中土	心
10日 11/16	月	戊午	危	天上火	尾
11日 11/17	火	己未	成	柘榴木	箕
12日 11/18	水	庚申	開	柘榴木	斗
13日 11/19	木	辛酉	開	柘榴木	牛
14日 11/20	金	壬戌	閉	大海水	牛
15日☆ 11/21	土	癸亥	建	大海水	女
16日 11/22	日	甲子	除	海中金	虚
17日 11/23	月	乙丑	満	海中金	危
18日 11/24	火	丙寅	定	炉中火	室
19日 11/25	水	丁卯	執	炉中火	壁
20日 11/26	木	戊辰	執	大林木	奎
21日 11/27	金	己巳	破	大林木	婁
22日 11/28	土	庚午	成	路傍土	胃
23日 11/29	日	辛未	成	路傍土	昴
24日 11/30	月	壬申	納	釵鋒金	畢
25日 12/01	火	癸酉	開	釵鋒金	觜
26日 12/02	水	甲戌	閉	山頭火	参
27日 12/03	木	乙亥	建	山頭火	井
28日 12/04	金	丙子	除	澗下水	鬼
29日 12/05	土	丁丑	満	澗下水	柳

【十一月大 甲子 鬼】
節気 大雪 1日・冬至 16日

西暦	曜	干支	直	納音	宿
1日 12/06	日	戊寅	満	城頭土	星
2日 12/07	月	己卯	平	城頭土	張
3日 12/08	火	庚辰	定	白鑞金	翼
4日 12/09	水	辛巳	執	白鑞金	軫
5日 12/10	木	壬午	破	楊柳木	角
6日 12/11	金	癸未	危	楊柳木	亢
7日 12/12	土	甲申	成	井泉水	氐
8日 12/13	日	乙酉	納	井泉水	房
9日 12/14	月	丙戌	開	屋上土	心
10日 12/15	火	丁亥	閉	屋上土	尾
11日 12/16	水	戊子	建	霹靂火	箕
12日 12/17	木	己丑	除	霹靂火	斗
13日 12/18	金	庚寅	満	松柏木	牛
14日 12/19	土	辛卯	平	松柏木	女
15日 12/20	日	壬辰	定	長流水	虚
16日 12/21	月	癸巳	執	長流水	危
17日 12/22	火	甲午	破	沙中金	室
18日 12/23	水	乙未	危	沙中金	壁
19日 12/24	木	丙申	成	山下火	奎
20日 12/25	金	丁酉	納	山下火	婁
21日 12/26	土	戊戌	開	平地木	胃
22日 12/27	日	己亥	閉	平地木	昴
23日 12/28	月	庚子	閉	壁上土	畢
24日 12/29	火	辛丑	除	壁上土	觜
25日 12/30	水	壬寅	満	金箔金	参
26日 12/31	木	癸卯	平	金箔金	井

1734年

西暦	曜	干支	直	納音	宿
27日 01/01	金	甲辰	定	覆燈火	鬼
28日 01/02	土	乙巳	執	覆燈火	柳
29日 01/03	日	丙午	破	天河水	星
30日 01/04	月	丁未	危	天河水	張

【十二月大 乙丑 柳】
節気 小寒 1日・大寒 17日
雑節 土用 14日

西暦	曜	干支	直	納音	宿
1日 01/05	火	戊申	危	大駅土	翼
2日 01/06	水	己酉	成	大駅土	軫
3日 01/07	木	庚戌	納	釵釧金	角
4日 01/08	金	辛亥	閉	釵釧金	亢
5日 01/09	土	壬子	閉	桑柘木	氐
6日 01/10	日	癸丑	建	桑柘木	房
7日 01/11	月	甲寅	満	大溪水	心
8日 01/12	火	乙卯	満	大溪水	尾
9日 01/13	水	丙辰	平	沙中土	箕
10日 01/14	木	丁巳	定	沙中土	斗
11日 01/15	金	戊午	執	天上火	牛
12日 01/16	土	己未	破	柘榴木	女
13日 01/17	日	庚申	危	柘榴木	虚
14日 01/18	月	辛酉	納	柘榴木	室
15日 01/19	火	壬戌	納	大海水	室
16日 01/20	水	癸亥	開	大海水	壁
17日 01/21	木	甲子	閉	海中金	奎
18日 01/22	金	乙丑	建	海中金	婁
19日 01/23	土	丙寅	除	炉中火	胃
20日 01/24	日	丁卯	満	炉中火	昴
21日 01/25	月	戊辰	平	大林木	畢
22日 01/26	火	己巳	定	大林木	觜
23日 01/27	水	庚午	執	路傍土	参
24日 01/28	木	辛未	破	路傍土	井
25日 01/29	金	壬申	危	釵鋒金	鬼
26日 01/30	土	癸酉	成	釵鋒金	柳
27日 01/31	日	甲戌	納	山頭火	星
28日 02/01	月	乙亥	開	山頭火	張
29日 02/02	火	丙子	閉	澗下水	翼
30日 02/03	水	丁丑	建	澗下水	軫

享保19年
1734～1735　甲寅　室

【正月小 丙寅 星】
節気 立春 2日・雨水 17日
雑節 節分 1日

1日	02/04	木	戊寅	除	城頭土 角
2日	02/05	金	己卯	除	城頭土 亢
3日	02/06	土	庚辰	満	白鑞金 氐
4日	02/07	日	辛巳	平	白鑞金 房
5日	02/08	月	壬午	定	楊柳木 心
6日	02/09	火	癸未	執	楊柳木 尾
7日	02/10	水	甲申	破	井泉水 箕
8日	02/11	木	乙酉	危	井泉水 斗
9日	02/12	金	丙戌	成	屋上土 牛
10日	02/13	土	丁亥	納	屋上土 女
11日	02/14	日	戊子	開	霹靂火 虚
12日	02/15	月	己丑	閉	霹靂火 危
13日	02/16	火	庚寅	建	松柏木 室
14日	02/17	水	辛卯	除	松柏木 壁
15日	02/18	木	壬辰	満	長流水 奎
16日	02/19	金	癸巳	平	長流水 婁
17日	02/20	土	甲午	定	沙中金 胃
18日	02/21	日	乙未	執	沙中金 昴
19日	02/22	月	丙申	破	山下火 畢
20日	02/23	火	丁酉	危	山下火 觜
21日	02/24	水	戊戌	成	平地木 参
22日	02/25	木	己亥	納	平地木 井
23日	02/26	金	庚子	開	壁上土 鬼
24日	02/27	土	辛丑	閉	壁上土 柳
25日	02/28	日	壬寅	建	金箔金 星
26日	03/01	月	癸卯	除	金箔金 張
27日	03/02	火	甲辰	満	覆燈火 翼
28日	03/03	水	乙巳	平	覆燈火 軫
29日	03/04	木	丙午	定	天河水 角

【二月大 丁卯 張】
節気 啓蟄 3日・春分 19日
雑節 彼岸 21日・社日 22日

1日	03/05	金	丁未	執	天河水 亢
2日	03/06	土	戊申	破	大駅土 氐
3日	03/07	日	己酉	危	大駅土 房
4日	03/08	月	庚戌	成	釵釧金 心
5日	03/09	火	辛亥	成	釵釧金 尾
6日	03/10	水	壬子	納	桑柘木 箕
7日	03/11	木	癸丑	開	桑柘木 斗
8日	03/12	金	甲寅	閉	大溪水 牛
9日	03/13	土	乙卯	建	大溪水 女
10日	03/14	日	丙辰	除	沙中土 虚
11日	03/15	月	丁巳	満	沙中土 危
12日	03/16	火	戊午	平	天上火 室
13日	03/17	水	己未	定	天上火 壁
14日	03/18	木	庚申	執	柘榴木 奎
15日	03/19	金	辛酉	破	柘榴木 婁
16日	03/20	土	壬戌	危	大海水 胃
17日	03/21	日	癸亥	成	大海水 昴
18日	03/22	月	甲子	納	海中金 畢
19日	03/23	火	乙丑	開	海中金 觜
20日	03/24	水	丙寅	閉	炉中火 参
21日	03/25	木	丁卯	建	炉中火 井
22日	03/26	金	戊辰	除	大林木 鬼
23日	03/27	土	己巳	満	大林木 柳
24日	03/28	日	庚午	平	路傍土 星
25日	03/29	月	辛未	定	路傍土 張
26日	03/30	火	壬申	執	釼鋒金 翼
27日	03/31	水	癸酉	破	釼鋒金 軫
28日	04/01	木	甲戌	危	山頭火 角
29日	04/02	金	乙亥	成	山頭火 亢
30日	04/03	土	丙子	納	澗下水 氐

【三月小 戊辰 翼】
節気 清明 4日・穀雨 19日
雑節 土用 16日

1日	04/04	日	丁丑	開	澗下水 房
2日	04/05	月	戊寅	閉	城頭土 心
3日	04/06	火	己卯	建	城頭土 尾
4日	04/07	水	庚辰	除	白鑞金 箕
5日	04/08	木	辛巳	除	白鑞金 斗
6日	04/09	金	壬午	満	楊柳木 牛
7日	04/10	土	癸未	平	楊柳木 女
8日	04/11	日	甲申	定	井泉水 虚
9日	04/12	月	乙酉	執	井泉水 危
10日	04/13	火	丙戌	破	屋上土 室
11日	04/14	水	丁亥	危	屋上土 壁
12日	04/15	木	戊子	成	霹靂火 奎
13日	04/16	金	己丑	納	霹靂火 婁
14日	04/17	土	庚寅	開	松柏木 胃
15日	04/18	日	辛卯	閉	松柏木 昴
16日	04/19	月	壬辰	建	長流水 畢
17日	04/20	火	癸巳	除	長流水 觜
18日	04/21	水	甲午	満	沙中金 参
19日	04/22	木	乙未	平	沙中金 井
20日	04/23	金	丙申	定	山下火 鬼
21日	04/24	土	丁酉	執	山下火 柳
22日	04/25	日	戊戌	破	平地木 星
23日	04/26	月	己亥	危	平地木 張
24日	04/27	火	庚子	成	壁上土 翼
25日	04/28	水	辛丑	納	壁上土 軫
26日	04/29	木	壬寅	開	金箔金 角
27日	04/30	金	癸卯	閉	金箔金 亢
28日	05/01	土	甲辰	建	覆燈火 氐
29日	05/02	日	乙巳	除	覆燈火 房

【四月大 己巳 軫】
節気 立夏 5日・小満 20日
雑節 八十八夜 1日

1日	05/03	月	丙午	満	天河水 心
2日	05/04	火	丁未	平	天河水 尾
3日	05/05	水	戊申	執	大駅土 箕
4日	05/06	木	己酉	執	大駅土 斗
5日	05/07	金	庚戌	執	釵釧金 牛
6日	05/08	土	辛亥	成	釵釧金 女
7日	05/09	日	壬子	納	桑柘木 虚
8日	05/10	月	癸丑	開	桑柘木 危
9日	05/11	火	甲寅	納	大溪水 室
10日	05/12	水	乙卯	閉	大溪水 壁
11日	05/13	木	丙辰	閉	沙中土 奎
12日	05/14	金	丁巳	除	沙中土 婁
13日	05/15	土	戊午	満	天上火 胃
14日	05/16	日	己未	平	天上火 昴
15日	05/17	月	庚申	平	柘榴木 畢
16日	05/18	火	辛酉	定	柘榴木 觜
17日	05/19	水	壬戌	執	大海水 参
18日	05/20	木	癸亥	破	大海水 井
19日	05/21	金	甲子	危	海中金 鬼
20日	05/22	土	乙丑	成	海中金 柳
21日	05/23	日	丙寅	納	炉中火 星
22日	05/24	月	丁卯	開	炉中火 張
23日	05/25	火	戊辰	閉	大林木 翼
24日	05/26	水	己巳	建	大林木 軫
25日	05/27	木	庚午	除	路傍土 角
26日	05/28	金	辛未	満	路傍土 亢
27日	05/29	土	壬申	平	釼鋒金 氐
28日	05/30	日	癸酉	定	釼鋒金 房
29日	05/31	月	甲戌	執	山頭火 心
30日	06/01	火	乙亥	破	山頭火 尾

【五月小 庚午 角】
節気 芒種 6日・夏至 21日
雑節 入梅 7日

1日	06/02	水	丙子	危	澗下水 箕
2日	06/03	木	丁丑	成	澗下水 斗
3日	06/04	金	戊寅	納	城頭土 牛
4日	06/05	土	己卯	開	城頭土 女
5日	06/06	日	庚辰	閉	白鑞金 虚
6日	06/07	月	辛巳	建	白鑞金 危
7日	06/08	火	壬午	建	楊柳木 室
8日	06/09	水	癸未	除	楊柳木 壁
9日	06/10	木	甲申	満	井泉水 奎
10日	06/11	金	乙酉	平	井泉水 婁
11日	06/12	土	丙戌	定	屋上土 胃
12日	06/13	日	丁亥	執	屋上土 昴
13日	06/14	月	戊子	破	霹靂火 畢
14日	06/15	火	己丑	危	霹靂火 觜
15日	06/16	水	庚寅	成	松柏木 参
16日	06/17	木	辛卯	納	松柏木 井
17日	06/18	金	壬辰	開	長流水 鬼
18日	06/19	土	癸巳	閉	長流水 柳
19日	06/20	日	甲午	建	沙中金 星
20日	06/21	月	乙未	除	沙中金 張
21日	06/22	火	丙申	満	山下火 翼
22日	06/23	水	丁酉	平	山下火 軫
23日	06/24	木	戊戌	定	平地木 角
24日	06/25	金	己亥	執	平地木 亢
25日	06/26	土	庚子	破	壁上土 氐
26日	06/27	日	辛丑	危	壁上土 房
27日	06/28	月	壬寅	成	金箔金 心
28日	06/29	火	癸卯	納	金箔金 尾
29日	06/30	水	甲辰	開	覆燈火 箕

【六月小 辛未 亢】
節気 小暑 7日・大暑 22日
雑節 半夏生 2日・土用 19日

1日	07/01	木	乙巳	閉	覆燈火 斗
2日	07/02	金	丙午	建	天河水 牛
3日	07/03	土	丁未	除	天河水 女
4日	07/04	日	戊申	満	大駅土 虚
5日	07/05	月	己酉	平	大駅土 危
6日	07/06	火	庚戌	定	釵釧金 室
7日	07/07	水	辛亥	定	釵釧金 壁
8日	07/08	木	壬子	執	桑柘木 奎
9日	07/09	金	癸丑	破	桑柘木 婁
10日	07/10	土	甲寅	危	大溪水 胃
11日	07/11	日	乙卯	成	大溪水 昴
12日	07/12	月	丙辰	納	沙中土 畢
13日	07/13	火	丁巳	開	沙中土 觜
14日	07/14	水	戊午	閉	天上火 参
15日	07/15	木	己未	建	天上火 井
16日	07/16	金	庚申	除	柘榴木 鬼
17日	07/17	土	辛酉	満	柘榴木 柳
18日	07/18	日	壬戌	平	大海水 星
19日	07/19	月	癸亥	定	大海水 張
20日	07/20	火	甲子	執	海中金 翼
21日	07/21	水	乙丑	破	海中金 軫
22日	07/22	木	丙寅	危	炉中火 角
23日	07/23	金	丁卯	成	炉中火 亢
24日	07/24	土	戊辰	納	大林木 氐
25日	07/25	日	己巳	開	大林木 房
26日	07/26	月	庚午	閉	路傍土 心
27日	07/27	火	辛未	建	路傍土 尾
28日	07/28	水	壬申	除	釼鋒金 箕
29日	07/29	木	癸酉	満	釼鋒金 斗

西暦	曜	干支	直	納音	宿			享保19年

【七月大 壬申 氐】
節気 立秋 9日・処暑 24日

日	西暦	曜	干支	直	納音	宿
1日	07/30	金	甲戌	平	山頭火	牛
2日	07/31	土	乙亥	定	山頭火	女
3日	08/01	日	丙子	執	澗下水	虚
4日	08/02	月	丁丑	破	澗下水	危
5日	08/03	火	戊寅	危	城頭土	室
6日	08/04	水	己卯	成	城頭土	壁
7日	08/05	木	庚辰	収	白鑞金	奎
8日	08/06	金	辛巳	開	白鑞金	婁
9日	08/07	土	壬午	開	楊柳木	胃
10日	08/08	日	癸未	閉	楊柳木	昴
11日	08/09	月	甲申	建	井泉水	畢
12日	08/10	火	乙酉	除	井泉水	觜
13日	08/11	水	丙戌	満	屋上土	参
14日	08/12	木	丁亥	平	屋上土	井
15日	08/13	金	戊子	定	霹靂火	鬼
16日	08/14	土	己丑	執	霹靂火	柳
17日	08/15	日	庚寅	破	松柏木	星
18日	08/16	月	辛卯	危	松柏木	張
19日	08/17	火	壬辰	成	長流水	翼
20日	08/18	水	癸巳	納	長流水	軫
21日	08/19	木	甲午	開	沙中金	角
22日	08/20	金	乙未	閉	沙中金	亢
23日	08/21	土	丙申	建	山下火	氐
24日	08/22	日	丁酉	除	山下火	房
25日	08/23	月	戊戌	満	平地木	心
26日	08/24	火	己亥	平	平地木	尾
27日	08/25	水	庚子	定	壁上土	箕
28日	08/26	木	辛丑	執	金箔金	斗
29日	08/27	金	壬寅	破	金箔金	牛
30日	08/28	土	癸卯	危	金箔金	女

【八月小 癸酉 房】
節気 白露 9日・秋分 24日
雑節 二百十日 5日・社日 25日・彼岸 26日

日	西暦	曜	干支	直	納音	宿
1日	08/29	日	甲辰	成	覆燈火	虚
2日	08/30	月	乙巳	納	覆燈火	危
3日	08/31	火	丙午	開	天河水	室
4日	09/01	水	丁未	閉	天河水	壁
5日	09/02	木	戊申	建	大駅土	奎
6日	09/03	金	己酉	除	大駅土	婁
7日	09/04	土	庚戌	満	釵釧金	胃
8日	09/05	日	辛亥	平	釵釧金	昴
9日	09/06	月	壬子	定	桑柘木	畢
10日	09/07	火	癸丑	執	桑柘木	觜
11日	09/08	水	甲寅	破	大溪水	参
12日	09/09	木	乙卯	危	大溪水	井
13日	09/10	金	丙辰	成	沙中土	鬼
14日	09/11	土	丁巳	納	沙中土	柳
15日	09/12	日	戊午	納	天上火	星
16日	09/13	月	己未	開	天上火	張
17日	09/14	火	庚申	閉	柘榴木	翼
18日	09/15	水	辛酉	建	柘榴木	軫
19日	09/16	木	壬戌	除	大海水	角
20日	09/17	金	癸亥	平	大海水	氐
21日	09/18	土	甲子	平	海中金	氐
22日	09/19	日	乙丑	定	海中金	房
23日	09/20	月	丙寅	執	爐中火	心
24日	09/21	火	丁卯	破	爐中火	尾
25日	09/22	水	戊辰	危	大林木	箕
26日	09/23	木	己巳	成	大林木	斗
27日	09/24	金	庚午	納	路傍土	牛
28日	09/25	土	辛未	開	路傍土	女
29日	09/26	日	壬申	閉	釵鋒金	虚

【九月大 甲戌 心】
節気 寒露 10日・霜降 26日
雑節 土用 23日

日	西暦	曜	干支	直	納音	宿
1日	09/27	日	癸酉	建	釵鋒金	危
2日	09/28	火	甲戌	除	山頭火	室
3日	09/29	水	乙亥	満	山頭火	壁
4日	09/30	木	丙子	定	澗下水	奎
5日	10/01	金	丁丑	定	澗下水	婁
6日	10/02	土	戊寅	執	城頭土	胃
7日	10/03	日	己卯	破	城頭土	昴
8日	10/04	月	庚辰	危	白鑞金	畢
9日	10/05	火	辛巳	成	白鑞金	觜
10日	10/06	水	壬午	成	楊柳木	参
11日	10/07	木	癸未	納	楊柳木	井
12日	10/08	金	甲申	閉	井泉水	柳
13日	10/09	土	乙酉	閉	井泉水	柳
14日	10/10	日	丙戌	建	屋上土	星
15日	10/11	月	丁亥	除	屋上土	翼
16日	10/12	火	戊子	満	霹靂火	翼
17日	10/13	水	己丑	平	霹靂火	軫
18日	10/14	木	庚寅	定	松柏木	角
19日	10/15	金	辛卯	執	松柏木	亢
20日	10/16	土	壬辰	破	長流水	氐
21日	10/17	日	癸巳	危	長流水	房
22日	10/18	月	甲午	納	沙中金	心
23日	10/19	火	乙未	納	沙中金	尾
24日	10/20	水	丙申	開	山下火	箕
25日	10/21	木	丁酉	閉	山下火	斗
26日	10/22	金	戊戌	建	平地木	牛
27日	10/23	土	己亥	除	平地木	女
28日	10/24	日	庚子	満	壁上土	虚
29日	10/25	月	辛丑	平	壁上土	危
30日	10/26	火	壬寅	定	金箔金	室

【十月小 乙亥 尾】
節気 立冬 11日・小雪 26日

日	西暦	曜	干支	直	納音	宿
1日	10/27	水	癸卯	執	金箔金	壁
2日	10/28	木	甲辰	破	覆燈火	奎
3日	10/29	金	乙巳	危	覆燈火	婁
4日	10/30	土	丙午	成	天河水	胃
5日	10/31	日	丁未	納	天河水	昴
6日	11/01	月	戊申	開	大駅土	觜
7日	11/02	火	己酉	閉	大駅土	参
8日	11/03	水	庚戌	建	釵釧金	井
9日	11/04	木	辛亥	除	釵釧金	鬼
10日	11/05	金	壬子	満	桑柘木	柳
11日	11/06	土	癸丑	満	桑柘木	星
12日	11/07	日	甲寅	平	大溪水	張
13日	11/08	月	乙卯	定	大溪水	翼
14日	11/09	火	丙辰	執	沙中土	軫
15日	11/10	水	丁巳	破	沙中土	角
16日	11/11	木	戊午	危	天上火	亢
17日	11/12	金	己未	納	天上火	氐
18日	11/13	土	庚申	納	柘榴木	房
19日	11/14	日	辛酉	開	柘榴木	心
20日	11/15	月	壬戌	閉	大海水	尾
21日	11/16	火	癸亥	建	大海水	箕
22日	11/17	水	甲子	除	海中金	斗
23日	11/18	木	乙丑	満	海中金	牛
24日	11/19	金	丙寅	定	爐中火	女
25日	11/20	土	丁卯	定	爐中火	虚
26日	11/21	日	戊辰	執	大林木	危
27日	11/22	月	己巳	破	大林木	室
28日	11/23	火	庚午	危	路傍土	壁
29日	11/24	水	辛未	成	路傍土	奎

【十一月大 丙子 箕】
節気 大雪 12日・冬至 28日

日	西暦	曜	干支	直	納音	宿
1日	11/25	木	壬申	納	釵鋒金	奎
2日	11/26	金	癸酉	開	釵鋒金	婁
3日	11/27	土	甲戌	閉	山頭火	胃
4日	11/28	日	乙亥	建	山頭火	昴
5日	11/29	月	丙子	除	澗下水	畢
6日	11/30	火	丁丑	満	澗下水	觜
7日	12/01	水	戊寅	平	城頭土	参
8日	12/02	木	己卯	定	城頭土	井
9日	12/03	金	庚辰	執	白鑞金	鬼
10日	12/04	土	辛巳	破	白鑞金	柳
11日	12/05	日	壬午	危	楊柳木	星
12日	12/06	月	癸未	危	楊柳木	張
13日	12/07	火	甲申	成	井泉水	翼
14日	12/08	水	乙酉	納	井泉水	軫
15日	12/09	木	丙戌	開	屋上土	角
16日	12/10	金	丁亥	閉	屋上土	亢
17日	12/11	土	戊子	建	霹靂火	氐
18日	12/12	日	己丑	除	霹靂火	房
19日	12/13	月	庚寅	満	松柏木	心
20日	12/14	火	辛卯	平	松柏木	尾
21日	12/15	水	壬辰	定	長流水	箕
22日	12/16	木	癸巳	執	長流水	斗
23日	12/17	金	甲午	破	沙中金	牛
24日	12/18	土	乙未	危	沙中金	女
25日	12/19	日	丙申	成	山下火	虚
26日	12/20	月	丁酉	納	山下火	危
27日	12/21	火	戊戌	開	平地木	室
28日	12/22	水	己亥	閉	平地木	壁
29日	12/23	木	庚子	建	壁上土	奎
30日	12/24	金	辛丑	除	壁上土	婁

【十二月大 丁丑 斗】
節気 小寒 13日・大寒 28日
雑節 土用 25日

日	西暦	曜	干支	直	納音	宿
1日	12/25	土	壬寅	満	金箔金	胃
2日	12/26	日	癸卯	定	金箔金	畢
3日	12/27	月	甲辰	定	覆燈火	觜
4日	12/28	火	乙巳	執	覆燈火	参
5日	12/29	水	丙午	破	天河水	井
6日	12/30	木	丁未	危	天河水	鬼
7日	12/31	金	戊申	成	大駅土	柳
1735年						
8日	01/01	土	己酉	納	大駅土	柳
9日	01/02	日	庚戌	開	釵釧金	星
10日	01/03	月	辛亥	閉	釵釧金	張
11日	01/04	火	壬子	建	桑柘木	翼
12日	01/05	水	癸丑	除	桑柘木	軫
13日	01/06	木	甲寅	満	大溪水	角
14日	01/07	金	乙卯	満	大溪水	亢
15日	01/08	土	丙辰	平	沙中土	氐
16日	01/09	日	丁巳	定	沙中土	房
17日	01/10	月	戊午	執	天上火	心
18日	01/11	火	己未	破	天上火	尾
19日	01/12	水	庚申	危	柘榴木	箕
20日	01/13	木	辛酉	納	柘榴木	斗
21日	01/14	金	壬戌	納	大海水	牛
22日	01/15	土	癸亥	開	大海水	女
23日	01/16	日	甲子	閉	海中金	虚
24日	01/17	月	乙丑	建	海中金	危
25日	01/18	火	丙寅	除	爐中火	室
26日	01/19	水	丁卯	満	爐中火	壁
27日	01/20	木	戊辰	平	大林木	奎
28日	01/21	金	己巳	定	大林木	婁
29日	01/22	土	庚午	執	路傍土	胃
30日	01/23	日	辛未	破	路傍土	昴

享保20年
1735～1736　乙卯　壁

【正月大 戊寅 牛】
節気 立春 13日・雨水 28日
雑節 節分 12日

日	新暦	曜	干支	直	納音	宿
1日	01/24	月	壬申	危	釼鋒金	畢觜
2日	01/25	火	癸酉	成	釼鋒金	觜
3日	01/26	水	甲戌	納	山頭火	参
4日	01/27	木	乙亥	開	山頭火	井鬼
5日	01/28	金	丙子	閉	澗下水	柳
6日	01/29	土	丁丑	建	澗下水	星
7日	01/30	日	戊寅	除	城頭土	張
8日	01/31	月	己卯	満	城頭土	翼
9日	02/01	火	庚辰	平	白鑞金	軫
10日	02/02	水	辛巳	定	白鑞金	角
11日	02/03	木	壬午	執	楊柳木	亢
12日	02/04	金	癸未	破	楊柳木	氐
13日	02/05	土	甲申	危	井泉水	房
14日	02/06	日	乙酉	成	井泉水	心
15日	02/07	月	丙戌	納	屋上土	尾
16日	02/08	火	丁亥	開	屋上土	箕
17日	02/09	水	戊子	閉	霹靂火	斗
18日	02/10	木	己丑	建	霹靂火	牛
19日	02/11	金	庚寅	除	松柏木	女
20日	02/12	土	辛卯	満	松柏木	虚
21日	02/13	日	壬辰	平	長流水	危
22日	02/14	月	癸巳	定	長流水	室
23日	02/15	火	甲午	執	沙中金	壁
24日	02/16	水	乙未	破	沙中金	奎
25日	02/17	木	丙申	危	山下火	婁
26日	02/18	金	丁酉	成	山下火	胃
27日	02/19	土	戊戌	納	平地木	昴
28日	02/20	日	己亥	開	平地木	畢
29日	02/21	月	庚子	閉	壁上土	觜
30日	02/22	火	辛丑	閉	壁上土	参

【二月小 己卯 女】
節気 啓蟄 14日・春分 29日
雑節 社日 27日

日	新暦	曜	干支	直	納音	宿
1日	02/23	水	壬寅	建	金箔金	参
2日	02/24	木	癸卯	除	金箔金	井鬼
3日	02/25	金	甲辰	満	覆燈火	柳
4日	02/26	土	乙巳	平	覆燈火	星
5日	02/27	日	丙午	定	天河水	張
6日	02/28	月	丁未	執	天河水	翼
7日	03/01	火	戊申	破	大駅土	軫
8日	03/02	水	己酉	危	大駅土	角
9日	03/03	木	庚戌	成	釼釧金	亢氐
10日	03/04	金	辛亥	納	釼釧金	房
11日	03/05	土	壬子	開	桑柘木	心
12日	03/06	日	癸丑	閉	桑柘木	尾
13日	03/07	月	甲寅	建	大溪水	箕
14日	03/08	火	乙卯	除	大溪水	斗
15日	03/09	水	丙辰	満	沙中土	牛女
16日	03/10	木	丁巳	平	沙中土	虚
17日	03/11	金	戊午	定	天上火	危
18日	03/12	土	己未	執	天上火	室
19日	03/13	日	庚申	破	柘榴木	壁
20日	03/14	月	辛酉	危	柘榴木	奎
21日	03/15	火	壬戌	成	大海水	婁胃
22日	03/16	水	癸亥	納	大海水	昴
23日	03/17	木	甲子	開	海中金	畢
24日	03/18	金	乙丑	閉	海中金	觜
25日	03/19	土	丙寅	建	爐中火	参
26日	03/20	日	丁卯	除	爐中火	井鬼
27日	03/21	月	戊辰	満	大林木	柳
28日	03/22	火	己巳	平	大林木	星張
29日	03/23	水	庚午	平	路傍土	参

【三月大 庚辰 虚】
節気 清明 15日・穀雨 30日
雑節 彼岸 2日・土用 27日

日	新暦	曜	干支	直	納音	宿
1日	03/24	木	辛未	定	路傍土	井鬼
2日	03/25	金	壬申	執	釼鋒金	柳
3日	03/26	土	癸酉	破	釼鋒金	星
4日	03/27	日	甲戌	危	山頭火	張
5日	03/28	月	乙亥	成	山頭火	翼
6日	03/29	火	丙子	納	澗下水	軫
7日	03/30	水	丁丑	開	澗下水	角
8日	03/31	木	戊寅	閉	城頭土	亢
9日	04/01	金	己卯	建	城頭土	氐
10日	04/02	土	庚辰	除	白鑞金	房
11日	04/03	日	辛巳	満	白鑞金	心
12日	04/04	月	壬午	平	楊柳木	尾
13日	04/05	火	癸未	定	楊柳木	箕
14日	04/06	水	甲申	執	井泉水	斗
15日☆	04/07	木	乙酉	執	井泉水	牛
16日	04/08	金	丙戌	破	屋上土	女
17日	04/09	土	丁亥	危	屋上土	虚
18日	04/10	日	戊子	成	霹靂火	危
19日	04/11	月	己丑	納	霹靂火	室
20日	04/12	火	庚寅	開	松柏木	壁
21日	04/13	水	辛卯	閉	松柏木	奎
22日	04/14	木	壬辰	建	長流水	婁
23日	04/15	金	癸巳	除	長流水	胃
24日	04/16	土	甲午	満	沙中金	昴
25日	04/17	日	乙未	平	沙中金	畢
26日	04/18	月	丙申	定	山下火	觜
27日	04/19	火	丁酉	執	山下火	参
28日	04/20	水	戊戌	破	平地木	井鬼
29日	04/21	木	己亥	危	平地木	柳
30日	04/22	金	庚子	成	壁上土	星

【閏三月小 庚辰 虚】
節気 立夏 15日
雑節 八十八夜 11日

日	新暦	曜	干支	直	納音	宿
1日	04/23	土	辛丑	納	壁上土	柳
2日	04/24	日	壬寅	開	金箔金	星
3日	04/25	月	癸卯	閉	金箔金	張
4日	04/26	火	甲辰	建	覆燈火	翼
5日	04/27	水	乙巳	除	覆燈火	軫
6日	04/28	木	丙午	満	天河水	角
7日	04/29	金	丁未	平	天河水	亢氐
8日	04/30	土	戊申	定	大駅土	房
9日	05/01	日	己酉	執	大駅土	心尾
10日	05/02	月	庚戌	破	釼釧金	箕
11日	05/03	火	辛亥	危	釼釧金	斗
12日	05/04	水	壬子	成	桑柘木	牛
13日	05/05	木	癸丑	納	桑柘木	女
14日	05/06	金	甲寅	開	大溪水	虚
15日	05/07	土	乙卯	閉	大溪水	危
16日	05/08	日	丙辰	建	沙中土	室
17日	05/09	月	丁巳	除	沙中土	壁
18日	05/10	火	戊午	満	天上火	奎
19日	05/11	水	己未	平	天上火	婁
20日	05/12	木	庚申	定	柘榴木	胃
21日	05/13	金	辛酉	執	柘榴木	昴
22日	05/14	土	壬戌	破	大海水	畢
23日	05/15	日	癸亥	危	大海水	觜
24日	05/16	月	甲子	成	海中金	参
25日	05/17	火	乙丑	納	海中金	井鬼
26日	05/18	水	丙寅	開	爐中火	柳
27日	05/19	木	丁卯	閉	爐中火	星
28日	05/20	金	戊辰	建	大林木	張
29日	05/21	土	己巳	除	大林木	翼

【四月大 辛巳 危】
節気 小満 2日・芒種 17日
雑節 入梅 23日

日	新暦	曜	干支	直	納音	宿
1日	05/22	日	庚午	満	路傍土	軫
2日	05/23	月	辛未	定	路傍土	角
3日	05/24	火	壬申	執	釼鋒金	亢
4日	05/25	水	癸酉	定	釼鋒金	氐
5日	05/26	木	甲戌	執	山頭火	房
6日	05/27	金	乙亥	破	山頭火	心
7日	05/28	土	丙子	危	澗下水	尾
8日	05/29	日	丁丑	成	澗下水	箕
9日	05/30	月	戊寅	納	城頭土	斗
10日	05/31	火	己卯	開	城頭土	牛
11日	06/01	水	庚辰	閉	白鑞金	女
12日	06/02	木	辛巳	建	白鑞金	虚
13日	06/03	金	壬午	除	楊柳木	危
14日	06/04	土	癸未	満	楊柳木	室
15日	06/05	日	甲申	平	井泉水	壁
16日	06/06	月	乙酉	定	井泉水	奎
17日	06/07	火	丙戌	執	屋上土	婁
18日	06/08	水	丁亥	破	屋上土	胃
19日	06/09	木	戊子	危	霹靂火	昴
20日	06/10	金	己丑	成	霹靂火	畢
21日	06/11	土	庚寅	納	松柏木	觜
22日	06/12	日	辛卯	開	松柏木	参
23日	06/13	月	壬辰	閉	長流水	井鬼
24日	06/14	火	癸巳	建	長流水	柳
25日	06/15	水	甲午	除	沙中金	星
26日	06/16	木	乙未	満	沙中金	張
27日	06/17	金	丙申	平	山下火	翼
28日	06/18	土	丁酉	定	山下火	軫
29日	06/19	日	戊戌	執	平地木	角
30日	06/20	月	己亥	破	平地木	亢

【五月小 壬午 室】
節気 夏至 2日・小暑 17日
雑節 半夏生 12日

日	新暦	曜	干支	直	納音	宿
1日	06/21	火	庚子	危	壁上土	氐
2日	06/22	水	辛丑	成	壁上土	房
3日	06/23	木	壬寅	納	金箔金	心
4日	06/24	金	癸卯	開	金箔金	尾
5日	06/25	土	甲辰	閉	覆燈火	箕
6日	06/26	日	乙巳	建	覆燈火	斗
7日	06/27	月	丙午	除	天河水	牛
8日	06/28	火	丁未	満	天河水	女
9日	06/29	水	戊申	平	大駅土	虚
10日	06/30	木	己酉	定	大駅土	危
11日	07/01	金	庚戌	執	釼釧金	室
12日	07/02	土	辛亥	破	釼釧金	壁
13日	07/03	日	壬子	危	桑柘木	奎
14日	07/04	月	癸丑	成	桑柘木	婁
15日	07/05	火	甲寅	納	大溪水	胃
16日	07/06	水	乙卯	開	大溪水	昴
17日	07/07	木	丙辰	閉	沙中土	畢
18日	07/08	金	丁巳	建	沙中土	觜
19日	07/09	土	戊午	除	天上火	参
20日	07/10	日	己未	満	天上火	井鬼
21日	07/11	月	庚申	平	柘榴木	柳
22日	07/12	火	辛酉	定	柘榴木	星
23日	07/13	水	壬戌	執	大海水	張
24日	07/14	木	癸亥	破	大海水	翼
25日	07/15	金	甲子	危	海中金	軫
26日	07/16	土	乙丑	成	海中金	角
27日	07/17	日	丙寅	納	爐中火	亢
28日	07/18	月	丁卯	開	爐中火	氐
29日	07/19	火	戊辰	閉	大林木	房

【六月小 癸未 壁】
節気 大暑 4日・立秋 19日
雑節 土用 1日

日	新暦	曜	干支	直	納音	宿
1日	07/20	水	己巳	建	大林木	心
2日	07/21	木	庚午	除	路傍土	尾
3日	07/22	金	辛未	満	路傍土	箕
4日	07/23	土	壬申	平	釼鋒金	斗
5日	07/24	日	癸酉	定	釼鋒金	牛
6日	07/25	月	甲戌	執	山頭火	女
7日	07/26	火	乙亥	破	山頭火	虚
8日	07/27	水	丙子	危	澗下水	危
9日	07/28	木	丁丑	成	澗下水	室
10日	07/29	金	戊寅	納	城頭土	壁
11日	07/30	土	己卯	開	城頭土	奎
12日	07/31	日	庚辰	閉	白鑞金	婁
13日	08/01	月	辛巳	建	白鑞金	胃
14日	08/02	火	壬午	閉	楊柳木	室

西暦　曜　干支　直　納音　宿　　　　　　　　　　享保20年

日	西暦	曜	干支	直	納音	宿
15日	08/03	水	癸未	建	楊柳木	壁
16日	08/04	木	甲申	除	井泉水	奎
17日	08/05	金	乙酉	満	井泉水	婁
18日	08/06	土	丙戌	平	屋上土	胃
19日	08/07	日	丁亥	平	屋上土	昴
20日	08/08	月	戊子	定	霹靂火	畢
21日	08/09	火	己丑	執	霹靂火	觜
22日	08/10	水	庚寅	破	松柏木	參
23日	08/11	木	辛卯	危	松柏木	井
24日	08/12	金	壬辰	納	長流水	鬼
25日	08/13	土	癸巳	納	長流水	柳
26日	08/14	日	甲午	開	沙中金	星
27日	08/15	月	乙未	閉	沙中金	張
28日	08/16	火	丙申	建	山下火	翼
29日	08/17	水	丁酉	除	山下火	軫

【七月大 甲申 奎】
節気 処暑 5日・白露 20日
雑節 二百十日 16日

日	西暦	曜	干支	直	納音	宿
1日	08/18	木	戊戌	満	平地木	角
2日	08/19	金	己亥	平	平地木	亢
3日	08/20	土	庚子	定	壁上土	氐
4日	08/21	日	辛丑	平	壁上土	房
5日	08/22	月	壬寅	破	金箔金	心
6日	08/23	火	癸卯	危	金箔金	尾
7日	08/24	水	甲辰	納	覆燈火	箕
8日	08/25	木	乙巳	納	覆燈火	斗
9日	08/26	金	丙午	開	天河水	牛
10日	08/27	土	丁未	閉	天河水	女
11日	08/28	日	戊申	建	大駅土	虚
12日	08/29	月	己酉	除	大駅土	危
13日	08/30	火	庚戌	満	釵釧金	室
14日	08/31	水	辛亥	平	釵釧金	壁
15日	09/01	木	壬子	定	桑柘木	奎
16日	09/02	金	癸丑	執	桑柘木	婁
17日	09/03	土	甲寅	破	大溪水	胃
18日	09/04	日	乙卯	危	大溪水	昴
19日	09/05	月	丙辰	成	沙中土	畢
20日	09/06	火	丁巳	納	沙中土	觜
21日	09/07	水	戊午	納	天河水	參
22日	09/08	木	己未	開	天河水	井
23日	09/09	金	庚申	閉	柘榴木	鬼
24日	09/10	土	辛酉	閉	柘榴木	柳
25日	09/11	日	壬戌	除	大海水	星
26日	09/12	月	癸亥	満	大海水	張
27日	09/13	火	甲子	定	海中金	翼
28日	09/14	水	乙丑	定	海中金	軫
29日	09/15	木	丙寅	執	爐中火	角
30日	09/16	金	丁卯	破	爐中火	亢

【八月小 乙酉 婁】
節気 秋分 5日・寒露 21日
雑節 社日 1日・彼岸 7日

日	西暦	曜	干支	直	納音	宿
1日	09/17	土	戊辰	危	大林木	氐
2日	09/18	日	己巳	成	大林木	房
3日	09/19	月	庚午	納	路傍土	心
4日	09/20	火	辛未	開	路傍土	尾
5日	09/21	水	壬申	閉	釵鋒金	箕
6日	09/22	木	癸酉	建	釵鋒金	斗
7日	09/23	金	甲戌	除	山頭火	牛
8日	09/24	土	乙亥	満	山頭火	女
9日	09/25	日	丙子	定	澗下水	虚
10日	09/26	月	丁丑	定	澗下水	危
11日	09/27	火	戊寅	破	城頭土	室
12日	09/28	水	己卯	破	城頭土	壁
13日	09/29	木	庚辰	危	白鑞金	奎
14日	09/30	金	辛巳	成	白鑞金	婁
15日	10/01	土	壬午	納	楊柳木	胃
16日	10/02	日	癸未	開	楊柳木	昴
17日	10/03	月	甲申	閉	井泉水	畢
18日	10/04	火	乙酉	建	井泉水	觜
19日	10/05	水	丙戌	除	屋上土	參
20日	10/06	木	丁亥	満	屋上土	井

日	西暦	曜	干支	直	納音	宿
21日	10/07	金	戊子	満	霹靂火	鬼
22日	10/08	土	己丑	平	霹靂火	柳
23日	10/09	日	庚寅	定	松柏木	星
24日	10/10	月	辛卯	執	松柏木	張
25日	10/11	火	壬辰	破	長流水	翼
26日	10/12	水	癸巳	危	長流水	軫
27日	10/13	木	甲午	納	沙中金	角
28日	10/14	金	乙未	納	沙中金	亢
29日	10/15	土	丙申	開	山下火	氐

【九月大 丙戌 胃】
節気 霜降 7日・立冬 22日
雑節 土用 4日

日	西暦	曜	干支	直	納音	宿
1日	◎10/16	日	丁酉	閉	山下火	房
2日	10/17	月	戊戌	建	平地木	心
3日	10/18	火	己亥	除	平地木	尾
4日	10/19	水	庚子	満	壁上土	箕
5日	10/20	木	辛丑	平	壁上土	斗
6日	10/21	金	壬寅	定	金箔金	牛
7日	10/22	土	癸卯	執	金箔金	女
8日	10/23	日	甲辰	破	覆燈火	虚
9日	10/24	月	乙巳	危	覆燈火	危
10日	10/25	火	丙午	成	天河水	室
11日	10/26	水	丁未	納	天河水	壁
12日	10/27	木	戊申	開	大駅土	奎
13日	10/28	金	己酉	閉	大駅土	婁
14日	10/29	土	庚戌	建	釵釧金	胃
15日	10/30	日	辛亥	除	釵釧金	昴
16日	10/31	月	壬子	満	桑柘木	畢
17日	11/01	火	癸丑	平	桑柘木	觜
18日	11/02	水	甲寅	執	大溪水	參
19日	11/03	木	乙卯	執	大溪水	井
20日	11/04	金	丙辰	破	沙中土	鬼
21日	11/05	土	丁巳	危	沙中土	柳
22日	11/06	日	戊午	成	天上火	星
23日	11/07	月	己未	納	天上火	張
24日	11/08	火	庚申	開	柘榴木	翼
25日	11/09	水	辛酉	閉	柘榴木	軫
26日	11/10	木	壬戌	建	大海水	角
27日	11/11	金	癸亥	除	大海水	亢
28日	11/12	土	甲子	満	海中金	氐
29日	11/13	日	乙丑	平	海中金	房
30日	11/14	月	丙寅	平	爐中火	心

【十月小 丁亥 昴】
節気 小雪 7日・大雪 23日

日	西暦	曜	干支	直	納音	宿
1日	11/15	火	丁卯	定	爐中火	尾
2日	11/16	水	戊辰	執	大林木	箕
3日	11/17	木	己巳	破	大林木	斗
4日	11/18	金	庚午	危	路傍土	牛
5日	11/19	土	辛未	成	路傍土	女
6日	11/20	日	壬申	納	釵鋒金	虚
7日	11/21	月	癸酉	開	釵鋒金	危
8日	11/22	火	甲戌	閉	山頭火	室
9日	11/23	水	乙亥	建	山頭火	壁
10日	11/24	木	丙子	除	澗下水	奎
11日	11/25	金	丁丑	満	澗下水	婁
12日	11/26	土	戊寅	定	城頭土	胃
13日	11/27	日	己卯	定	城頭土	昴
14日	11/28	月	庚辰	執	白鑞金	畢
15日	11/29	火	辛巳	破	白鑞金	觜
16日	11/30	水	壬午	危	楊柳木	參
17日	12/01	木	癸未	成	楊柳木	井
18日	12/02	金	甲申	納	井泉水	鬼
19日	12/03	土	乙酉	開	井泉水	柳
20日	12/04	日	丙戌	閉	屋上土	星
21日	12/05	月	丁亥	建	屋上土	張
22日	12/06	火	戊子	除	霹靂火	翼
23日	12/07	水	己丑	除	霹靂火	軫
24日	12/08	木	庚寅	満	松柏木	角
25日	12/09	金	辛卯	平	松柏木	亢
26日	12/10	土	壬辰	定	長流水	氐
27日	12/11	日	癸巳	執	長流水	房

日	西暦	曜	干支	直	納音	宿
28日	12/12	月	甲午	破	沙中金	心
29日	12/13	火	乙未	危	沙中金	尾

【十一月大 戊子 畢】
節気 冬至 9日・小寒 24日

日	西暦	曜	干支	直	納音	宿
1日	12/14	水	丙申	成	山下火	箕
2日	12/15	木	丁酉	納	山下火	斗
3日	12/16	金	戊戌	開	平地木	牛
4日	12/17	土	己亥	閉	平地木	女
5日	12/18	日	庚子	閉	壁上土	虚
6日	12/19	月	辛丑	除	壁上土	危
7日	12/20	火	壬寅	満	金箔金	室
8日	12/21	水	癸卯	平	金箔金	壁
9日	12/22	木	甲辰	定	覆燈火	奎
10日	12/23	金	乙巳	執	覆燈火	婁
11日	12/24	土	丙午	破	天河水	胃
12日	12/25	日	丁未	危	天河水	昴
13日	12/26	月	戊申	成	大駅土	畢
14日	12/27	火	己酉	納	大駅土	觜
15日	12/28	水	庚戌	開	釵釧金	參
16日	12/29	木	辛亥	閉	釵釧金	井
17日	12/30	金	壬子	建	桑柘木	鬼
18日	12/31	土	癸丑	除	桑柘木	柳

1736年

日	西暦	曜	干支	直	納音	宿
19日	01/01	日	甲寅	満	大溪水	星
20日	01/02	月	乙卯	平	大溪水	張
21日	01/03	火	丙辰	定	沙中土	翼
22日	01/04	水	丁巳	執	沙中土	軫
23日	01/05	木	戊午	破	天上火	角
24日	01/06	金	己未	危	天上火	亢
25日	01/07	土	庚申	成	柘榴木	氐
26日	01/08	日	辛酉	納	柘榴木	房
27日	01/09	月	壬戌	開	大海水	心
28日	01/10	火	癸亥	閉	大海水	尾
29日	01/11	水	甲子	閉	海中金	箕
30日	01/12	木	乙丑	建	海中金	斗

【十二月大 己丑 觜】
節気 大寒 9日・立春 24日
雑節 土用 6日・節分 23日

日	西暦	曜	干支	直	納音	宿
1日	01/13	金	丙寅	除	爐中火	牛
2日	01/14	土	丁卯	満	爐中火	女
3日	01/15	日	戊辰	定	大林木	虚
4日	01/16	月	己巳	定	大林木	危
5日	01/17	火	庚午	執	路傍土	室
6日	01/18	水	辛未	危	路傍土	壁
7日	01/19	木	壬申	危	釵鋒金	奎
8日	01/20	金	癸酉	成	釵鋒金	婁
9日	01/21	土	甲戌	納	山頭火	胃
10日	01/22	日	乙亥	開	山頭火	昴
11日	01/23	月	丙子	閉	澗下水	畢
12日	01/24	火	丁丑	建	澗下水	觜
13日	01/25	水	戊寅	除	城頭土	參
14日	01/26	木	己卯	満	城頭土	井
15日	01/27	金	庚辰	定	白鑞金	柳
16日	01/28	土	辛巳	定	白鑞金	星
17日	01/29	日	壬午	執	楊柳木	張
18日	01/30	月	癸未	破	楊柳木	翼
19日	01/31	火	甲申	危	井泉水	軫
20日	02/01	水	乙酉	成	井泉水	角
21日	02/02	木	丙戌	納	屋上土	亢
22日	02/03	金	丁亥	開	屋上土	氐
23日	02/04	土	戊子	閉	霹靂火	房
24日	02/05	日	己丑	建	霹靂火	心
25日	02/06	月	庚寅	除	松柏木	尾
26日	02/07	火	辛卯	満	松柏木	箕
27日	02/08	水	壬辰	平	長流水	斗
28日	02/09	木	癸巳	平	長流水	牛
29日	02/10	金	甲午	定	沙中金	女
30日	02/11	土	乙未	執	沙中金	女

元文元年〔享保21年〕

1736～1737　丙辰　奎
※改元＝4月28日

正月小 庚寅 参

節気　雨水 10日・啓蟄 25日

1日 02/12 日 丙申 破 山下火 虚
2日 02/13 月 丁酉 危 山下火 危
3日 02/14 火 戊戌 成 平地木 室
4日 02/15 水 己亥 納 平地木 壁
5日 02/16 木 庚子 開 壁上土 奎
6日 02/17 金 辛丑 閉 壁上土 婁
7日 02/18 土 壬寅 建 金箔金 胃
8日 02/19 日 癸卯 除 金箔金 昴
9日 02/20 月 甲辰 満 覆燈火 畢
10日 02/21 火 乙巳 平 覆燈火 觜
11日 02/22 水 丙午 定 天河水 参
12日 02/23 木 丁未 執 天河水 井
13日 02/24 金 戊申 破 大駅土 鬼
14日 02/25 土 己酉 危 大駅土 柳
15日 02/26 日 庚戌 成 釵釧金 星
16日 02/27 月 辛亥 納 釵釧金 張
17日 02/28 火 壬子 開 桑柘木 翼
18日 02/29 水 癸丑 閉 桑柘木 軫
19日 03/01 木 甲寅 建 大溪水 角
20日 03/02 金 乙卯 除 大溪水 亢
21日 03/03 土 丙辰 満 沙中土 氐
22日 03/04 日 丁巳 平 沙中土 房
23日 03/05 月 戊午 定 天上火 心
24日 03/06 火 己未 執 天上火 尾
25日 03/07 水 庚申 執 柘榴木 箕
26日 03/08 木 辛酉 破 柘榴木 斗
27日 03/09 金 壬戌 危 大海水 牛
28日 03/10 土 癸亥 成 大海水 女
29日 03/11 日 甲子 納 海中金 虚

二月大 辛卯 井

節気　春分 11日・清明 26日
雑節　彼岸 13日・社日 14日

1日 03/12 月 乙丑 開 海中金 危
2日 03/13 火 丙寅 閉 炉中火 室
3日 03/14 水 丁卯 建 炉中火 壁
4日 03/15 木 戊辰 除 大林木 奎
5日 03/16 金 己巳 満 大林木 婁
6日 03/17 土 庚午 平 路傍土 胃
7日 03/18 日 辛未 定 路傍土 昴
8日 03/19 月 壬申 執 釼鋒金 畢
9日 03/20 火 癸酉 破 釼鋒金 觜
10日 03/21 水 甲戌 危 山頭火 参
11日 03/22 木 乙亥 成 山頭火 井
12日 03/23 金 丙子 納 澗下水 鬼
13日 03/24 土 丁丑 開 澗下水 柳
14日 03/25 日 戊寅 閉 城頭土 星
15日 03/26 月 己卯 建 城頭土 張
16日 03/27 火 庚辰 除 白鑞金 翼
17日 03/28 水 辛巳 満 白鑞金 軫
18日 03/29 木 壬午 平 楊柳木 角
19日 03/30 金 癸未 定 楊柳木 亢
20日 03/31 土 甲申 執 泉中水 氐
21日 04/01 日 乙酉 破 泉中水 房
22日 04/02 月 丙戌 危 屋上土 心
23日 04/03 火 丁亥 成 屋上土 尾
24日 04/04 水 戊子 納 霹靂火 箕
25日 04/05 木 己丑 開 霹靂火 斗
26日 04/06 金 庚寅 開 松柏木 牛
27日 04/07 土 辛卯 閉 松柏木 女
28日 04/08 日 壬辰 建 長流水 虚
29日 04/09 月 癸巳 除 長流水 危
30日 04/10 火 甲午 満 沙中金 室

三月大 壬辰 鬼

節気　穀雨 12日・立夏 27日
雑節　土用 8日・八十八夜 22日

1日 04/11 水 乙未 平 沙中金 壁
2日 04/12 木 丙申 定 山下火 奎
3日 04/13 金 丁酉 執 山下火 婁
4日 04/14 土 戊戌 破 平地木 胃
5日 04/15 日 己亥 危 平地木 昴
6日 04/16 月 庚子 成 壁上土 畢
7日 04/17 火 辛丑 納 壁上土 觜
8日 04/18 水 壬寅 開 金箔金 参
9日 04/19 木 癸卯 閉 金箔金 井
10日 04/20 金 甲辰 建 覆燈火 鬼
11日 04/21 土 乙巳 除 覆燈火 柳
12日 04/22 日 丙午 満 天河水 星
13日 04/23 月 丁未 平 天河水 張
14日 04/24 火 戊申 定 大駅土 翼
15日 04/25 水 己酉 執 大駅土 軫
16日 04/26 木 庚戌 破 釵釧金 角
17日 04/27 金 辛亥 危 釵釧金 亢
18日 04/28 土 壬子 成 桑柘木 氐
19日 04/29 日 癸丑 納 桑柘木 房
20日 04/30 月 甲寅 開 大溪水 心
21日 05/01 火 乙卯 閉 大溪水 尾
22日 05/02 水 丙辰 建 沙中土 箕
23日 05/03 木 丁巳 除 沙中土 斗
24日 05/04 金 戊午 満 天上火 牛
25日 05/05 土 己未 平 天上火 女
26日 05/06 日 庚申 定 柘榴木 虚
27日 05/07 月 辛酉 定 柘榴木 危
28日 05/08 火 壬戌 執 大海水 室
29日 05/09 水 癸亥 破 大海水 壁
30日 05/10 木 甲子 危 海中金 奎

四月小 癸巳 柳

節気　小満 12日・芒種 27日
雑節　入梅 28日

1日 05/11 金 乙丑 成 海中金 婁
2日 05/12 土 丙寅 納 炉中火 胃
3日 05/13 日 丁卯 開 炉中火 昴
4日 05/14 月 戊辰 閉 大林木 畢
5日 05/15 火 己巳 建 大林木 觜
6日 05/16 水 庚午 除 路傍土 参
7日 05/17 木 辛未 満 路傍土 井
8日 05/18 金 壬申 平 釼鋒金 鬼
9日 05/19 土 癸酉 定 釼鋒金 柳
10日 05/20 日 甲戌 執 山頭火 星
11日 05/21 月 乙亥 破 山頭火 張
12日 05/22 火 丙子 危 澗下水 翼
13日 05/23 水 丁丑 成 澗下水 軫
14日 05/24 木 戊寅 納 城頭土 角
15日 05/25 金 己卯 開 城頭土 亢
16日 05/26 土 庚辰 閉 白鑞金 氐
17日 05/27 日 辛巳 建 白鑞金 房
18日 05/28 月 壬午 除 楊柳木 心
19日 05/29 火 癸未 満 楊柳木 尾
20日 05/30 水 甲申 平 泉中水 箕
21日 05/31 木 乙酉 定 泉中水 斗
22日 06/01 金 丙戌 執 屋上土 牛
23日 06/02 土 丁亥 破 屋上土 女
24日 06/03 日 戊子 危 霹靂火 虚
25日 06/04 月 己丑 成 霹靂火 危
26日 06/05 火 庚寅 納 松柏木 室
27日 06/06 水 辛卯 納 松柏木 壁
28日 06/07 木 壬辰 開 長流水 奎
　＊改元〔享保21年→元文元年〕
29日 06/08 金 癸巳 閉 長流水 婁

五月大 甲午 星

節気　夏至 13日・小暑 29日
雑節　半夏生 23日

1日 06/09 土 甲午 建 沙中金 胃
2日 06/10 日 乙未 除 沙中金 昴
3日 06/11 月 丙申 満 山下火 畢
4日 06/12 火 丁酉 平 山下火 觜
5日 06/13 水 戊戌 定 平地木 参
6日 06/14 木 己亥 執 平地木 井
7日 06/15 金 庚子 破 壁上土 鬼
8日 06/16 土 辛丑 危 壁上土 柳
9日 06/17 日 壬寅 成 金箔金 星
10日 06/18 月 癸卯 納 金箔金 張
11日 06/19 火 甲辰 開 覆燈火 翼
12日 06/20 水 乙巳 閉 覆燈火 軫
13日 06/21 木 丙午 閉 天河水 角
14日 06/22 金 丁未 建 天河水 亢
15日 06/23 土 戊申 除 大駅土 氐
16日 06/24 日 己酉 満 大駅土 房
17日 06/25 月 庚戌 平 釵釧金 心
18日 06/26 火 辛亥 定 釵釧金 尾
19日 06/27 水 壬子 執 桑柘木 箕
20日 06/28 木 癸丑 破 桑柘木 斗
21日 06/29 金 甲寅 危 大溪水 牛
22日 06/30 土 乙卯 成 大溪水 女
23日 07/01 日 丙辰 納 沙中土 虚
24日 07/02 月 丁巳 開 沙中土 危
25日 07/03 火 戊午 閉 天上火 室
26日 07/04 水 己未 建 天上火 壁
27日 07/05 木 庚申 除 柘榴木 奎
28日 07/06 金 辛酉 満 柘榴木 婁
29日 07/07 土 壬戌 満 大海水 胃
30日 07/08 日 癸亥 平 大海水 昴

六月小 乙未 張

節気　大暑 14日・立秋 29日
雑節　土用 11日

1日 07/09 月 甲子 定 海中金 畢
2日 07/10 火 乙丑 執 海中金 觜
3日 07/11 水 丙寅 破 炉中火 参
4日 07/12 木 丁卯 危 炉中火 井
5日 07/13 金 戊辰 成 大林木 鬼
6日 07/14 土 己巳 納 大林木 柳
7日 07/15 日 庚午 開 路傍土 星
8日 07/16 月 辛未 閉 路傍土 張
9日 07/17 火 壬申 建 釼鋒金 翼
10日 07/18 水 癸酉 除 釼鋒金 軫
11日 07/19 木 甲戌 満 山頭火 角
12日 07/20 金 乙亥 平 山頭火 亢
13日 07/21 土 丙子 定 澗下水 氐
14日 07/22 日 丁丑 定 澗下水 房
15日 07/23 月 戊寅 執 城頭土 心
16日 07/24 火 己卯 破 城頭土 尾
17日 07/25 水 庚辰 危 白鑞金 箕
18日 07/26 木 辛巳 成 白鑞金 斗
19日 07/27 金 壬午 納 楊柳木 牛
20日 07/28 土 癸未 開 楊柳木 女
21日 07/29 日 甲申 閉 泉中水 虚
22日 07/30 月 乙酉 建 泉中水 危
23日 07/31 火 丙戌 除 屋上土 室
24日 08/01 水 丁亥 満 屋上土 壁
25日 08/02 木 戊子 平 霹靂火 奎
26日 08/03 金 己丑 定 霹靂火 婁
27日 08/04 土 庚寅 執 松柏木 胃

西暦	曜	干支	直	納音	宿

28日 08/05 日 辛卯 成 松柏木 昴
29日 08/06 月 壬辰 成 長流水 畢

【七月小 丙申 翼】
節気 処暑 15日
雑節 二百十日 26日

1日	08/07	火	癸巳 納	長流水	觜
2日	08/08	水	甲午 開	沙中金	参
3日	08/09	木	乙未 閉	沙中金	井
4日	08/10	金	丙申 建	山下火	鬼
5日	08/11	土	丁酉 除	山下火	柳
6日	08/12	日	戊戌 満	平地木	星
7日	08/13	月	己亥 定	平地木	張
8日	08/14	火	庚子 執	壁上土	翼
9日	08/15	水	辛丑 破	壁上土	軫
10日	08/16	木	壬寅 危	金箔金	角
11日	08/17	金	癸卯 成	金箔金	亢
12日	08/18	土	甲辰 納	覆燈火	氐
13日	08/19	日	乙巳 開	覆燈火	房
14日	08/20	月	丙午 閉	天河水	心
15日	08/21	火	丁未 閉	天河水	尾
16日	08/22	水	戊申 建	大駅土	箕
17日	08/23	木	己酉 除	大駅土	斗
18日	08/24	金	庚戌 平	釵釧金	女
19日	08/25	土	辛亥 平	釵釧金	女
20日	08/26	日	壬子 定	桑柘木	虚
21日	08/27	月	癸丑 執	桑柘木	危
22日	08/28	火	甲寅 破	大渓水	室
23日	08/29	水	乙卯 危	大渓水	壁
24日	08/30	木	丙辰 成	沙中土	奎
25日	08/31	金	丁巳 納	沙中土	婁
26日	09/01	土	戊午 開	天上火	胃
27日	09/02	日	己未 閉	天上火	昴
28日	09/03	月	庚申 建	柘榴木	畢
29日	09/04	火	辛酉 除	柘榴木	觜

【八月大 丁酉 軫】
節気 白露 1日・秋分 17日
雑節 社日 17日・彼岸 19日

1日	09/05	水	壬戌 除	大海水	参
2日	09/06	木	癸亥 満	大海水	井
3日	09/07	金	甲子 平	海中金	鬼
4日	09/08	土	乙丑 定	海中金	柳
5日	09/09	日	丙寅 執	爐中火	星
6日	09/10	月	丁卯 破	爐中火	張
7日	09/11	火	戊辰 危	大林木	翼
8日	09/12	水	己巳 成	大林木	軫
9日	09/13	木	庚午 納	路傍土	角
10日	09/14	金	辛未 開	路傍土	亢
11日	09/15	土	壬申 閉	釵鋒金	氐
12日	09/16	日	癸酉 建	釵鋒金	房
13日	09/17	月	甲戌 除	山頭火	心
14日	09/18	火	乙亥 満	山頭火	尾
15日	09/19	水	丙子 平	潤下水	箕
16日	09/20	木	丁丑 定	潤下水	斗
17日	09/21	金	戊寅 執	城頭土	牛
18日	09/22	土	己卯 破	城頭土	女
19日	09/23	日	庚辰 危	白鑞金	虚
20日	09/24	月	辛巳 成	白鑞金	危
21日	09/25	火	壬午 納	楊柳木	室
22日	09/26	水	癸未 開	楊柳木	壁
23日	09/27	木	甲申 閉	井泉水	奎
24日	09/28	金	乙酉 建	井泉水	婁
25日	09/29	土	丙戌 除	屋上土	胃
26日	09/30	日	丁亥 満	屋上土	昴
27日	10/01	月	戊子 平	霹靂火	畢
28日	10/02	火	己丑 定	霹靂火	觜
29日	10/03	水	庚寅 執	松柏木	参
30日	10/04	木	辛卯 破	松柏木	井

【九月小 戊戌 角】
節気 寒露 2日・霜降 17日
雑節 土用 14日

1日	10/05	金	壬辰 危	長流水	鬼
2日	10/06	土	癸巳 危	長流水	柳
3日	10/07	日	甲午 成	沙中金	星
4日	10/08	月	乙未 納	沙中金	張
5日	10/09	火	丙申 開	山下火	翼
6日	10/10	水	丁酉 閉	山下火	軫
7日	10/11	木	戊戌 建	平地木	角
8日	10/12	金	己亥 除	平地木	亢
9日	10/13	土	庚子 満	壁上土	氐
10日	10/14	日	辛丑 定	壁上土	房
11日	10/15	月	壬寅 定	金箔金	心
12日	10/16	火	癸卯 執	金箔金	尾
13日	10/17	水	甲辰 破	覆燈火	箕
14日	10/18	木	乙巳 危	覆燈火	斗
15日	10/19	金	丙午 成	天河水	牛
16日	10/20	土	丁未 納	天河水	女
17日	10/21	日	戊申 開	大駅土	虚
18日	10/22	月	己酉 閉	大駅土	危
19日	10/23	火	庚戌 建	釵釧金	室
20日	10/24	水	辛亥 除	釵釧金	壁
21日	10/25	木	壬子 満	桑柘木	奎
22日	10/26	金	癸丑 平	桑柘木	婁
23日	10/27	土	甲寅 定	大渓水	胃
24日	10/28	日	乙卯 執	大渓水	昴
25日	10/29	月	丙辰 破	沙中土	畢
26日	10/30	火	丁巳 危	沙中土	觜
27日	10/31	水	戊午 成	天上火	参
28日	11/01	木	己未 納	天上火	井
29日	11/02	金	庚申 開	柘榴木	鬼

【十月小 己亥 亢】
節気 立冬 3日・小雪 19日

1日	11/03	土	辛酉 閉	柘榴木	柳
2日	11/04	日	壬戌 建	大海水	星
3日	11/05	月	癸亥 建	大海水	張
4日	11/06	火	甲子 除	海中金	翼
5日	11/07	水	乙丑 満	海中金	軫
6日	11/08	木	丙寅 平	爐中火	角
7日	11/09	金	丁卯 定	爐中火	亢
8日	11/10	土	戊辰 執	大林木	氐
9日	11/11	日	己巳 破	大林木	房
10日	11/12	月	庚午 危	路傍土	心
11日	11/13	火	辛未 成	路傍土	尾
12日	11/14	水	壬申 納	釵鋒金	箕
13日	11/15	木	癸酉 開	釵鋒金	斗
14日	11/16	金	甲戌 閉	山頭火	牛
15日	11/17	土	乙亥 建	山頭火	女
16日	11/18	日	丙子 除	潤下水	虚
17日	11/19	月	丁丑 満	潤下水	危
18日	11/20	火	戊寅 平	城頭土	室
19日	11/21	水	己卯 定	城頭土	壁
20日	11/22	木	庚辰 執	白鑞金	奎
21日	11/23	金	辛巳 破	白鑞金	婁
22日	11/24	土	壬午 危	楊柳木	胃
23日	11/25	日	癸未 納	楊柳木	昴
24日	11/26	月	甲申 納	井泉水	畢
25日	11/27	火	乙酉 開	井泉水	觜
26日	11/28	水	丙戌 閉	屋上土	参
27日	11/29	木	丁亥 建	屋上土	井
28日	11/30	金	戊子 除	霹靂火	鬼
29日	12/01	土	己丑 満	霹靂火	柳

【十一月大 庚子 氐】
節気 大雪 5日・冬至 20日

元文元年〔享保21年〕

1日	12/02	日	庚寅 平	松柏木	星
2日	12/03	月	辛卯 定	松柏木	張
3日	12/04	火	壬辰 執	長流水	翼
4日	12/05	水	癸巳 破	長流水	軫
5日	12/06	木	甲午 危	沙中金	角
6日	12/07	金	乙未 成	沙中金	亢
7日	12/08	土	丙申 納	山下火	氐
8日	12/09	日	丁酉 開	山下火	房
9日	12/10	月	戊戌 閉	平地木	心
10日	12/11	火	己亥 建	平地木	尾
11日	12/12	水	庚子 除	壁上土	箕
12日	12/13	木	辛丑 満	壁上土	斗
13日	12/14	金	壬寅 定	金箔金	牛
14日	12/15	土	癸卯 平	金箔金	女
15日	12/16	日	甲辰 定	覆燈火	虚
16日	12/17	月	乙巳 執	覆燈火	危
17日	12/18	火	丙午 破	天河水	室
18日	12/19	水	丁未 危	天河水	壁
19日	12/20	木	戊申 成	大駅土	奎
20日	12/21	金	己酉 納	大駅土	婁
21日	12/22	土	庚戌 開	釵釧金	胃
22日	12/23	日	辛亥 閉	釵釧金	昴
23日	12/24	月	壬子 建	桑柘木	畢
24日	12/25	火	癸丑 除	桑柘木	觜
25日	12/26	水	甲寅 満	大渓水	参
26日	12/27	木	乙卯 平	大渓水	井
27日	12/28	金	丙辰 定	沙中土	鬼
28日	12/29	土	丁巳 執	沙中土	柳
29日	12/30	日	戊午 破	天上火	星
30日	12/31	月	己未 危	天上火	張

【十二月大 辛丑 房】
節気 小寒 5日・大寒 20日
雑節 土用 17日

1737年

1日	**01/01**	火	庚申 成	柘榴木	翼
2日	01/02	水	辛酉 納	柘榴木	軫
3日	01/03	木	壬戌 開	大海水	角
4日	01/04	金	癸亥 閉	大海水	亢
5日	01/05	土	甲子 閉	海中金	氐
6日	01/06	日	乙丑 建	海中金	房
7日	01/07	月	丙寅 除	爐中火	心
8日	01/08	火	丁卯 満	爐中火	尾
9日	01/09	水	戊辰 平	大林木	箕
10日	01/10	木	己巳 定	大林木	斗
11日	01/11	金	庚午 執	路傍土	牛
12日	01/12	土	辛未 破	路傍土	女
13日	01/13	日	壬申 危	釵鋒金	虚
14日	01/14	月	癸酉 成	釵鋒金	危
15日	01/15	火	甲戌 納	山頭火	室
16日	01/16	水	乙亥 開	山頭火	壁
17日	01/17	木	丙子 閉	潤下水	奎
18日	01/18	金	丁丑 建	潤下水	婁
19日	01/19	土	戊寅 除	城頭土	胃
20日	01/20	日	己卯 満	城頭土	昴
21日	01/21	月	庚辰 平	白鑞金	畢
22日	01/22	火	辛巳 定	白鑞金	觜
23日	01/23	水	壬午 執	楊柳木	参
24日	01/24	木	癸未 破	楊柳木	井
25日	01/25	金	甲申 危	井泉水	鬼
26日	01/26	土	乙酉 成	井泉水	柳
27日	01/27	日	丙戌 納	屋上土	星
28日	01/28	月	丁亥 開	屋上土	張
29日	01/29	火	戊子 閉	霹靂火	翼
30日	01/30	水	己丑 建	霹靂火	軫

元文2年
1737〜1738　丁巳　婁

【正月小 壬寅 心】
節気　立春 6日・雨水 21日
雑節　節分 5日

日	日付	曜	干支	直	納音	宿
1日	01/31	木	庚寅	除	松柏木	角
2日	02/01	金	辛卯	満	松柏木	亢
3日	02/02	土	壬辰	平	長流水	氐
4日	02/03	日	癸巳	定	長流水	房
5日	02/04	月	甲午	執	沙中金	心
6日	02/05	火	乙未	執	沙中金	尾
7日	02/06	水	丙申	破	山下火	箕
8日	02/07	木	丁酉	危	山下火	斗
9日	02/08	金	戊戌	成	平地木	牛
10日	02/09	土	己亥	納	平地木	女
11日	02/10	日	庚子	開	壁上土	虚
12日	02/11	月	辛丑	閉	壁上土	危
13日	02/12	火	壬寅	建	金箔金	室
14日	02/13	水	癸卯	除	金箔金	壁
15日	02/14	木	甲辰	満	覆燈火	奎
16日	02/15	金	乙巳	平	覆燈火	婁
17日	02/16	土	丙午	定	天河水	胃
18日	02/17	日	丁未	執	天河水	昴
19日	02/18	月	戊申	破	大駅土	畢
20日	02/19	火	己酉	危	大駅土	觜
21日	02/20	水	庚戌	成	釵釧金	参
22日	02/21	木	辛亥	納	釵釧金	井
23日	02/22	金	壬子	開	桑柘木	鬼
24日	02/23	土	癸丑	閉	桑柘木	柳
25日	02/24	日	甲寅	建	大溪水	星
26日	02/25	月	乙卯	除	大溪水	張
27日	02/26	火	丙辰	満	沙中土	翼
28日	02/27	水	丁巳	平	沙中土	軫
29日	02/28	木	戊午	定	天上火	角

【二月大 癸卯 尾】
節気　啓蟄 7日・春分 22日
雑節　社日 20日・彼岸 24日

日	日付	曜	干支	直	納音	宿
1日	03/01	金	己未	執	天上火	亢
2日	03/02	土	庚申	破	柘榴木	氐
3日	03/03	日	辛酉	危	柘榴木	房
4日	03/04	月	壬戌	成	大海水	心
5日	03/05	火	癸亥	納	大海水	尾
6日	03/06	水	甲子	開	海中金	箕
7日	03/07	木	乙丑	開	海中金	斗
8日	03/08	金	丙寅	閉	炉中火	牛
9日	03/09	土	丁卯	建	炉中火	女
10日	03/10	日	戊辰	除	大林木	虚
11日	03/11	月	己巳	満	大林木	危
12日	03/12	火	庚午	平	路傍土	室
13日	03/13	水	辛未	定	路傍土	壁
14日	03/14	木	壬申	執	剣鋒金	奎
15日	03/15	金	癸酉	破	剣鋒金	婁
16日	☆03/16	土	甲戌	危	山頭火	胃
17日	03/17	日	乙亥	成	山頭火	昴
18日	03/18	月	丙子	納	澗下水	畢
19日	03/19	火	丁丑	開	澗下水	觜
20日	03/20	水	戊寅	閉	城頭土	参
21日	03/21	木	己卯	建	城頭土	井
22日	03/22	金	庚辰	除	白鑞金	鬼
23日	03/23	土	辛巳	満	白鑞金	柳
24日	03/24	日	壬午	平	楊柳木	星
25日	03/25	月	癸未	定	楊柳木	張
26日	03/26	火	甲申	執	泉中水	翼
27日	03/27	水	乙酉	破	泉中水	軫
28日	03/28	木	丙戌	危	屋上土	角
29日	03/29	金	丁亥	成	屋上土	亢
30日	03/30	土	戊子	納	霹靂火	氐

【三月大 甲辰 箕】
節気　清明 8日・穀雨 23日
雑節　土用 20日

日	日付	曜	干支	直	納音	宿
1日	03/31	日	己丑	開	霹靂火	房
2日	04/01	月	庚寅	閉	松柏木	心
3日	04/02	火	辛卯	建	松柏木	尾
4日	04/03	水	壬辰	除	長流水	箕
5日	04/04	木	癸巳	満	長流水	斗
6日	04/05	金	甲午	平	沙中金	牛
7日	04/06	土	乙未	定	沙中金	女
8日	04/07	日	丙申	定	山下火	虚
9日	04/08	月	丁酉	執	山下火	危
10日	04/09	火	戊戌	破	平地木	室
11日	04/10	水	己亥	危	平地木	壁
12日	04/11	木	庚子	成	壁上土	奎
13日	04/12	金	辛丑	納	壁上土	婁
14日	04/13	土	壬寅	開	金箔金	胃
15日	04/14	日	癸卯	閉	金箔金	昴
16日	04/15	月	甲辰	建	覆燈火	畢
17日	04/16	火	乙巳	除	覆燈火	觜
18日	04/17	水	丙午	満	天河水	参
19日	04/18	木	丁未	平	天河水	井
20日	04/19	金	戊申	定	大駅土	鬼
21日	04/20	土	己酉	執	大駅土	柳
22日	04/21	日	庚戌	破	釵釧金	星
23日	04/22	火	辛亥	危	釵釧金	張
24日	04/23	火	壬子	成	桑柘木	翼
25日	04/24	水	癸丑	納	桑柘木	軫
26日	04/25	木	甲寅	開	大溪水	角
27日	04/26	金	乙卯	閉	大溪水	亢
28日	04/27	土	丙辰	建	沙中土	氐
29日	04/28	日	丁巳	除	沙中土	房
30日	04/29	月	戊午	満	天上火	心

【四月大 乙巳 斗】
節気　立夏 8日・小満 23日
雑節　八十八夜 4日

日	日付	曜	干支	直	納音	宿
1日	04/30	火	己未	平	天上火	尾
2日	05/01	水	庚申	定	柘榴木	箕
3日	05/02	木	辛酉	執	柘榴木	斗
4日	05/03	金	壬戌	破	大海水	牛
5日	05/04	土	癸亥	危	大海水	女
6日	05/05	日	甲子	成	海中金	虚
7日	05/06	月	乙丑	納	海中金	危
8日	05/07	火	丙寅	納	炉中火	室
9日	05/08	水	丁卯	開	炉中火	壁
10日	05/09	木	戊辰	閉	大林木	奎
11日	05/10	金	己巳	建	大林木	婁
12日	05/11	土	庚午	除	路傍土	胃
13日	05/12	日	辛未	満	路傍土	昴
14日	05/13	月	壬申	平	剣鋒金	畢
15日	05/14	火	癸酉	定	剣鋒金	觜
16日	05/15	水	甲戌	執	山頭火	参
17日	05/16	木	乙亥	破	山頭火	井
18日	05/17	金	丙子	危	澗下水	鬼
19日	05/18	土	丁丑	成	澗下水	柳
20日	05/19	日	戊寅	納	城頭土	星
21日	05/20	月	己卯	開	城頭土	張
22日	05/21	火	庚辰	閉	白鑞金	翼
23日	05/22	水	辛巳	建	白鑞金	軫
24日	05/23	木	壬午	除	楊柳木	角
25日	05/24	金	癸未	満	楊柳木	亢
26日	05/25	土	甲申	平	泉中水	氐
27日	05/26	日	乙酉	定	泉中水	房
28日	05/27	月	丙戌	執	屋上土	心
29日	05/28	火	丁亥	破	屋上土	尾
30日	05/29	水	戊子	危	霹靂火	箕

【五月小 丙午 牛】
節気　芒種 8日・夏至 24日
雑節　入梅 14日

日	日付	曜	干支	直	納音	宿
1日	05/30	木	己丑	成	霹靂火	斗
2日	05/31	金	庚寅	納	松柏木	牛
3日	06/01	土	辛卯	開	松柏木	女
4日	06/02	日	壬辰	閉	長流水	虚
5日	06/03	月	癸巳	建	長流水	危
6日	06/04	火	甲午	除	沙中金	室
7日	06/05	水	乙未	満	沙中金	壁
8日	06/06	木	丙申	満	山下火	奎
9日	06/07	金	丁酉	平	山下火	婁
10日	06/08	土	戊戌	定	平地木	胃
11日	06/09	日	己亥	執	平地木	昴
12日	06/10	月	庚子	破	壁上土	畢
13日	06/11	火	辛丑	危	壁上土	觜
14日	06/12	水	壬寅	成	金箔金	参
15日	06/13	木	癸卯	納	金箔金	井
16日	06/14	金	甲辰	開	覆燈火	鬼
17日	06/15	土	乙巳	閉	覆燈火	柳
18日	06/16	日	丙午	建	天河水	星
19日	06/17	月	丁未	除	天河水	張
20日	06/18	火	戊申	満	大駅土	翼
21日	06/19	水	己酉	平	大駅土	軫
22日	06/20	木	庚戌	定	釵釧金	角
23日	06/21	金	辛亥	執	釵釧金	亢
24日	06/22	土	壬子	破	桑柘木	氐
25日	06/23	日	癸丑	危	桑柘木	房
26日	06/24	月	甲寅	成	大溪水	心
27日	06/25	火	乙卯	納	大溪水	尾
28日	06/26	水	丙辰	開	沙中土	箕
29日	06/27	木	丁巳	閉	沙中土	斗

【六月大 丁未 女】
節気　小暑 10日・大暑 25日
雑節　半夏生 5日・土用 22日

日	日付	曜	干支	直	納音	宿
1日	06/28	金	戊午	建	天上火	牛
2日	06/29	土	己未	除	天上火	女
3日	06/30	日	庚申	満	柘榴木	虚
4日	07/01	月	辛酉	平	柘榴木	危
5日	07/02	火	壬戌	定	大海水	室
6日	07/03	水	癸亥	執	大海水	壁
7日	07/04	木	甲子	破	海中金	奎
8日	07/05	金	乙丑	危	海中金	婁
9日	07/06	土	丙寅	成	炉中火	胃
10日	07/07	日	丁卯	成	炉中火	昴
11日	07/08	月	戊辰	納	大林木	畢
12日	07/09	火	己巳	開	大林木	觜
13日	07/10	水	庚午	閉	路傍土	参
14日	07/11	木	辛未	建	路傍土	井
15日	07/12	金	壬申	除	剣鋒金	鬼
16日	07/13	土	癸酉	満	剣鋒金	柳
17日	07/14	日	甲戌	平	山頭火	星
18日	07/15	月	乙亥	定	山頭火	張
19日	07/16	火	丙子	執	澗下水	翼
20日	07/17	水	丁丑	破	澗下水	軫
21日	07/18	木	戊寅	危	城頭土	角
22日	07/19	金	己卯	成	城頭土	亢
23日	07/20	土	庚辰	納	白鑞金	氐
24日	07/21	日	辛巳	開	白鑞金	房
25日	07/22	月	壬午	閉	楊柳木	心
26日	07/23	火	癸未	建	楊柳木	尾
27日	07/24	水	甲申	除	泉中水	箕
28日	07/25	木	乙酉	満	泉中水	斗
29日	07/26	金	丙戌	平	屋上土	牛
30日	07/27	土	丁亥	定	屋上土	女

【七月小 戊申 虚】
節気　立秋 10日・処暑 25日

日	日付	曜	干支	直	納音	宿
1日	07/28	日	戊子	執	霹靂火	危
2日	07/29	月	己丑	破	霹靂火	室
3日	07/30	火	庚寅	危	松柏木	壁
4日	07/31	水	辛卯	成	松柏木	奎
5日	08/01	木	壬辰	納	長流水	婁
6日	08/02	金	癸巳	開	長流水	胃
7日	08/03	土	甲午	閉	沙中金	昴
8日	08/04	日	乙未	建	沙中金	畢
9日	08/05	月	丙申	除	山下火	觜
10日	08/06	火	丁酉	除	山下火	参
11日	08/07	水	戊戌	満	平地木	井
12日	08/08	木	己亥	平	平地木	鬼
13日	08/09	金	庚子	定	壁上土	柳
14日	08/10	土	辛丑	執	壁上土	星

元文2年

西暦	曜	干支	直	納音	宿
15日 08/11	日	壬寅	破	金箔金	星
16日 08/12	月	癸卯	危	金箔金	張
17日 08/13	火	甲辰	成	覆燈火	翼
18日 08/14	水	乙巳	納	覆燈火	軫
19日 08/15	木	丙午	開	天河水	角
20日 08/16	金	丁未	閉	天河水	亢
21日 08/17	土	戊申	建	大駅土	氐
22日 08/18	日	己酉	除	大駅土	房
23日 08/19	月	庚戌	満	釵釧金	心
24日 08/20	火	辛亥	平	釵釧金	尾
25日 08/21	水	壬子	定	桑柘木	箕
26日 08/22	木	癸丑	執	桑柘木	斗
27日 08/23	金	甲寅	破	大溪水	牛
28日 08/24	土	乙卯	危	大溪水	女
29日 08/25	日	丙辰	成	沙中土	虚

【八月小 己酉 危】
節気 白露 12日・秋分 27日
雑節 二百十日 8日・社日 22日・彼岸 29日

西暦	曜	干支	直	納音	宿
1日 08/26	月	丁巳	納	沙中土	危
2日 08/27	火	戊午	開	天上火	室
3日 08/28	水	己未	閉	天上火	壁
4日 08/29	木	庚申	建	柏榴木	奎
5日 08/30	金	辛酉	除	柏榴木	婁
6日 08/31	土	壬戌	満	大海水	胃
7日 09/01	日	癸亥	平	大海水	昴
8日 09/02	月	甲子	定	海中金	畢
9日 09/03	火	乙丑	執	海中金	觜
10日 09/04	水	丙寅	破	炉中火	参
11日 09/05	木	丁卯	危	炉中火	井
12日 09/06	金	戊辰	成	大林木	鬼
13日 09/07	土	己巳	納	大林木	柳
14日 09/08	日	庚午	納	路傍土	星
15日 09/09	月	辛未	開	路傍土	張
16日 09/10	火	壬申	閉	釵釧金	翼
17日 09/11	水	癸酉	建	釵釧金	軫
18日 09/12	木	甲戌	除	山頭火	角
19日 09/13	金	乙亥	平	山頭火	亢
20日 09/14	土	丙子	平	潤下水	氐
21日 09/15	日	丁丑	定	潤下水	房
22日 09/16	月	戊寅	執	城頭土	心
23日 09/17	火	己卯	破	城頭土	尾
24日 09/18	水	庚辰	危	白鑞金	箕
25日 09/19	木	辛巳	成	白鑞金	斗
26日 09/20	金	壬午	納	楊柳木	牛
27日 09/21	土	癸未	開	楊柳木	女
28日 09/22	日	甲申	閉	井泉水	虚
29日 09/23	月	乙酉	建	井泉水	危

【九月大 庚戌 室】
節気 寒露 13日・霜降 28日
雑節 土用 25日

西暦	曜	干支	直	納音	宿
1日 09/24	火	丙戌	除	屋上土	室
2日 09/25	水	丁亥	満	屋上土	壁
3日 09/26	木	戊子	平	霹靂火	奎
4日 09/27	金	己丑	定	霹靂火	婁
5日 09/28	土	庚寅	執	松柏木	胃
6日 09/29	日	辛卯	破	松柏木	昴
7日 09/30	月	壬辰	危	長流水	畢
8日 10/01	火	癸巳	成	長流水	觜
9日 10/02	水	甲午	納	沙中金	参
10日 10/03	木	乙未	開	沙中金	井
11日 10/04	金	丙申	閉	山下火	鬼
12日 10/05	土	丁酉	建	山下火	柳
13日 10/06	日	戊戌	除	平地木	星
14日 10/07	月	己亥	満	平地木	張
15日 10/08	火	庚子	平	壁上土	翼
16日 10/09	水	辛丑	定	壁上土	軫
17日 10/10	木	壬寅	執	金箔金	角
18日 10/11	金	癸卯	破	金箔金	亢
19日 10/12	土	甲辰	破	覆燈火	氐
20日 10/13	日	乙巳	危	覆燈火	房
21日 10/14	月	丙午	納	天河水	心
22日 10/15	火	丁未	納	天河水	尾
23日 10/16	水	戊申	開	大駅土	箕
24日 10/17	木	己酉	閉	大駅土	斗
25日 10/18	金	庚戌	建	釵釧金	牛
26日 10/19	土	辛亥	除	釵釧金	女
27日 10/20	日	壬子	満	桑柘木	虚
28日 10/21	月	癸丑	平	桑柘木	危
29日 10/22	火	甲寅	定	大溪水	室
30日 10/23	水	乙卯	執	大溪水	壁

【十月小 辛亥 壁】
節気 立冬 14日・小雪 29日

西暦	曜	干支	直	納音	宿
1日 10/24	木	丙辰	破	沙中土	奎
2日 10/25	金	丁巳	危	沙中土	婁
3日 10/26	土	戊午	危	天上火	胃
4日 10/27	日	己未	納	天上火	昴
5日 10/28	月	庚申	開	柏榴木	畢
6日 10/29	火	辛酉	閉	柏榴木	觜
7日 10/30	水	壬戌	建	大海水	参
8日 10/31	木	癸亥	除	大海水	井
9日 11/01	金	甲子	平	海中金	柳
10日 11/02	土	乙丑	平	海中金	星
11日 11/03	日	丙寅	定	炉中火	張
12日 11/04	月	丁卯	執	炉中火	翼
13日 11/05	火	戊辰	破	大林木	軫
14日 11/06	水	己巳	破	大林木	角
15日 11/07	木	庚午	危	路傍土	亢
16日 11/08	金	辛未	成	路傍土	氐
17日 11/09	土	壬申	納	釵釧金	房
18日 11/10	日	癸酉	開	釵釧金	心
19日 11/11	月	甲戌	閉	山頭火	尾
20日 11/12	火	乙亥	建	山頭火	箕
21日 11/13	水	丙子	除	潤下水	斗
22日 11/14	木	丁丑	満	潤下水	牛
23日 11/15	金	戊寅	平	城頭土	女
24日 11/16	土	己卯	定	城頭土	虚
25日 11/17	日	庚辰	執	白鑞金	危
26日 11/18	月	辛巳	破	白鑞金	室
27日 11/19	火	壬午	危	楊柳木	壁
28日 11/20	水	癸未	成	楊柳木	奎
29日 11/21	木	甲申	納	井泉水	婁

【十一月大 壬子 奎】
節気 大雪 15日・冬至 30日

西暦	曜	干支	直	納音	宿
1日 11/22	金	乙酉	開	井泉水	婁
2日 11/23	土	丙戌	閉	屋上土	胃
3日 11/24	日	丁亥	建	屋上土	昴
4日 11/25	月	戊子	除	霹靂火	畢
5日 11/26	火	己丑	満	霹靂火	觜
6日 11/27	水	庚寅	平	松柏木	参
7日 11/28	木	辛卯	定	松柏木	井
8日 11/29	金	壬辰	執	長流水	鬼
9日 11/30	土	癸巳	破	長流水	柳
10日 12/01	日	甲午	成	沙中金	星
11日 12/02	月	乙未	成	沙中金	張
12日 12/03	火	丙申	納	山下火	翼
13日 12/04	水	丁酉	開	山下火	軫
14日 12/05	木	戊戌	閉	平地木	角
15日 12/06	金	己亥	建	平地木	亢
16日 12/07	土	庚子	除	壁上土	氐
17日 12/08	日	辛丑	満	壁上土	房
18日 12/09	月	壬寅	平	金箔金	心
19日 12/10	火	癸卯	定	金箔金	尾
20日 12/11	水	甲辰	執	覆燈火	箕
21日 12/12	木	乙巳	破	覆燈火	斗
22日 12/13	金	丙午	危	天河水	牛
23日 12/14	土	丁未	成	天河水	女
24日 12/15	日	戊申	納	大駅土	虚
25日 12/16	月	己酉	納	大駅土	危
26日 12/17	火	庚戌	開	釵釧金	室
27日 12/18	水	辛亥	閉	釵釧金	壁
28日 12/19	木	壬子	建	桑柘木	奎
29日 12/20	金	癸丑	満	桑柘木	婁
30日 12/21	土	甲寅	満	大溪水	胃

【閏十一月小 壬子 奎】
節気 小寒 15日
雑節 土用 28日

西暦	曜	干支	直	納音	宿
1日 12/22	日	乙卯	平	大溪水	昴
2日 12/23	月	丙辰	定	沙中土	畢
3日 12/24	火	丁巳	執	沙中土	觜
4日 12/25	水	戊午	破	天上火	参
5日 12/26	木	己未	危	天上火	井
6日 12/27	金	庚申	成	柏榴木	鬼
7日 12/28	土	辛酉	納	柏榴木	柳
8日 12/29	日	壬戌	開	大海水	星
9日 12/30	月	癸亥	閉	大海水	張
10日 12/31	火	甲子	建	海中金	翼

1738年

西暦	曜	干支	直	納音	宿
11日 01/01	水	乙丑	除	海中金	軫
12日 01/02	木	丙寅	満	炉中火	角
13日 01/03	金	丁卯	平	炉中火	亢
14日 01/04	土	戊辰	定	大林木	氐
15日 01/05	日	己巳	定	大林木	房
16日 01/06	月	庚午	執	路傍土	心
17日 01/07	火	辛未	破	路傍土	尾
18日 01/08	水	壬申	危	釵釧金	箕
19日 01/09	木	癸酉	成	釵釧金	斗
20日 01/10	金	甲戌	納	山頭火	牛
21日 01/11	土	乙亥	開	山頭火	女
22日 01/12	日	丙子	閉	潤下水	虚
23日 01/13	月	丁丑	閉	潤下水	危
24日 01/14	火	戊寅	除	城頭土	室
25日 01/15	水	己卯	満	城頭土	壁
26日 01/16	木	庚辰	平	白鑞金	奎
27日 01/17	金	辛巳	定	白鑞金	婁
28日 01/18	土	壬午	執	楊柳木	胃
29日 01/19	日	癸未	破	楊柳木	昴

【十二月大 癸丑 婁】
節気 大寒 2日・立春 17日
雑節 節分 16日

西暦	曜	干支	直	納音	宿
1日 01/20	月	甲申	危	井泉水	畢
2日 01/21	火	乙酉	成	井泉水	觜
3日 01/22	水	丙戌	納	屋上土	参
4日 01/23	木	丁亥	開	屋上土	井
5日 01/24	金	戊子	建	霹靂火	鬼
6日 01/25	土	己丑	除	霹靂火	柳
7日 01/26	日	庚寅	除	松柏木	星
8日 01/27	月	辛卯	満	松柏木	張
9日 01/28	火	壬辰	平	長流水	翼
10日 01/29	水	癸巳	定	長流水	軫
11日 01/30	木	甲午	執	沙中金	角
12日 01/31	金	乙未	破	沙中金	亢
13日 02/01	土	丙申	危	山下火	氐
14日 02/02	日	丁酉	成	山下火	房
15日 02/03	月	戊戌	納	平地木	心
16日 02/04	火	己亥	開	平地木	尾
17日 02/05	水	庚子	閉	壁上土	箕
18日 02/06	木	辛丑	建	壁上土	斗
19日 02/07	金	壬寅	建	金箔金	牛
20日 02/08	土	癸卯	除	金箔金	女
21日 02/09	日	甲辰	満	覆燈火	虚
22日 02/10	月	乙巳	平	覆燈火	危
23日 02/11	火	丙午	定	天河水	室
24日 02/12	水	丁未	執	天河水	壁
25日 02/13	木	戊申	破	大駅土	奎
26日 02/14	金	己酉	危	大駅土	婁
27日 02/15	土	庚戌	成	釵釧金	胃
28日 02/16	日	辛亥	納	釵釧金	昴
29日 02/17	月	壬子	開	桑柘木	畢
30日 02/18	火	癸丑	閉	桑柘木	觜

元文3年
1738〜1739 戊午 胃

【正月小 甲寅 胃】
節気 雨水 2日・啓蟄 17日

1日 02/19 水 甲寅 建 大溪水 参
2日 02/20 木 乙卯 除 大溪水 井
3日 02/21 金 丙辰 満 沙中土 鬼
4日 02/22 土 丁巳 平 沙中土 柳
5日 02/23 日 戊午 定 天上火 星
6日 02/24 月 己未 執 天上火 張
7日 02/25 火 庚申 破 柘榴木 翼
8日 02/26 水 辛酉 危 柘榴木 軫
9日 02/27 木 壬戌 納 大海水 角
10日 02/28 金 癸亥 納 大海水 亢
11日 03/01 土 甲子 開 海中金 氐
12日 03/02 日 乙丑 閉 海中金 房
13日 03/03 月 丙寅 建 爐中火 心
14日 03/04 火 丁卯 除 爐中火 尾
15日 03/05 水 戊辰 満 大林木 箕
16日 03/06 木 己巳 平 大林木 斗
17日 03/07 金 庚午 平 路傍土 牛
18日 03/08 土 辛未 定 路傍土 女
19日 03/09 日 壬申 執 釵釧金 虚
20日 03/10 月 癸酉 破 釵釧金 危
21日 03/11 火 甲戌 危 山頭火 室
22日 03/12 水 乙亥 成 山頭火 壁
23日 03/13 木 丙子 納 澗下水 奎
24日 03/14 金 丁丑 開 澗下水 婁
25日 03/15 土 戊寅 閉 城頭土 胃
26日 03/16 日 己卯 建 城頭土 昴
27日 03/17 月 庚辰 除 白鑞金 畢
28日 03/18 火 辛巳 満 白鑞金 觜
29日 03/19 水 壬午 平 楊柳木 参

【二月大 乙卯 昴】
節気 春分 4日・清明 19日
雑節 彼岸 6日・社日 6日

1日 03/20 木 癸未 執 楊柳木 井
2日 03/21 金 甲申 執 井泉水 鬼
3日 03/22 土 乙酉 破 井泉水 柳
4日 03/23 日 丙戌 危 屋上土 星
5日 03/24 月 丁亥 成 屋上土 張
6日 03/25 火 戊子 納 霹靂火 翼
7日 03/26 水 己丑 開 霹靂火 軫
8日 03/27 木 庚寅 建 松柏木 角
9日 03/28 金 辛卯 建 松柏木 亢
10日 03/29 土 壬辰 除 長流水 氐
11日 03/30 日 癸巳 満 長流水 房
12日 03/31 月 甲午 平 沙中金 心
13日 04/01 火 乙未 定 沙中金 尾
14日 04/02 水 丙申 執 山下火 箕
15日 04/03 木 丁酉 破 山下火 斗
16日 04/04 金 戊戌 危 平地木 牛
17日 04/05 土 己亥 成 平地木 女
18日 04/06 日 庚子 納 壁上土 虚
19日 04/07 月 辛丑 納 壁上土 危
20日 04/08 火 壬寅 開 金箔金 室
21日 04/09 水 癸卯 閉 金箔金 壁
22日 04/10 木 甲辰 建 覆燈火 奎
23日 04/11 金 乙巳 除 覆燈火 婁
24日 04/12 土 丙午 満 天河水 胃
25日 04/13 日 丁未 定 天河水 昴
26日 04/14 月 戊申 定 大駅土 畢
27日 04/15 火 己酉 執 大駅土 觜
28日 04/16 水 庚戌 破 釵釧金 参

【三月大 丙辰 畢】
節気 穀雨 4日・立夏 19日
雑節 土用 1日・八十八夜 15日

1日 04/19 土 癸丑 成 桑柘木 柳
2日 04/20 日 甲寅 納 大溪水 星
3日 04/21 月 乙卯 閉 大溪水 張
4日 04/22 火 丙辰 建 沙中土 翼
5日 04/23 水 丁巳 除 沙中土 軫
6日 04/24 木 戊午 平 天上火 角
7日 04/25 金 己未 平 天上火 亢
8日 04/26 土 庚申 定 柘榴木 氐
9日 04/27 日 辛酉 執 柘榴木 房
10日 04/28 月 壬戌 破 大海水 心
11日 04/29 火 癸亥 危 大海水 尾
12日 04/30 水 甲子 成 海中金 箕
13日 05/01 木 乙丑 納 海中金 斗
14日 05/02 金 丙寅 開 爐中火 牛
15日 05/03 土 丁卯 閉 爐中火 女
16日 05/04 日 戊辰 閉 大林木 虚
17日 05/05 月 己巳 建 大林木 危
18日 05/06 火 庚午 満 路傍土 室
19日 05/07 水 辛未 満 路傍土 壁
20日 05/08 木 壬申 定 釵釧金 奎
21日 05/09 金 癸酉 執 釵釧金 婁
22日 05/10 土 甲戌 破 山頭火 胃
23日 05/11 日 乙亥 破 山頭火 昴
24日 05/12 月 丙子 危 澗下水 畢
25日 05/13 火 丁丑 成 澗下水 觜
26日 05/14 水 戊寅 納 城頭土 参
27日 05/15 木 己卯 開 城頭土 井
28日 05/16 金 庚辰 閉 白鑞金 鬼
29日 05/17 土 辛巳 建 白鑞金 柳
30日 05/18 日 壬午 除 楊柳木 星

【四月小 丁巳 觜】
節気 小満 4日・芒種 20日

1日 05/19 月 癸未 満 楊柳木 張
2日 05/20 火 甲申 平 井泉水 翼
3日 05/21 水 乙酉 定 井泉水 軫
4日 05/22 木 丙戌 執 屋上土 角
5日 05/23 金 丁亥 破 屋上土 亢
6日 05/24 土 戊子 危 霹靂火 氐
7日 05/25 日 己丑 成 霹靂火 房
8日 05/26 月 庚寅 納 松柏木 心
9日 05/27 火 辛卯 開 松柏木 尾
10日 05/28 水 壬辰 建 長流水 箕
11日 05/29 木 癸巳 除 長流水 斗
12日 05/30 金 甲午 満 沙中金 牛
13日 05/31 土 乙未 満 沙中金 女
14日 06/01 日 丙申 平 山下火 虚
15日 06/02 月 丁酉 定 山下火 危
16日 06/03 火 戊戌 執 平地木 室
17日 06/04 水 己亥 破 平地木 壁
18日 06/05 木 庚子 危 壁上土 奎
19日 06/06 金 辛丑 成 壁上土 婁
20日 06/07 土 壬寅 成 金箔金 胃
21日 06/08 日 癸卯 納 金箔金 昴
22日 06/09 月 甲辰 開 覆燈火 畢
23日 06/10 火 乙巳 閉 覆燈火 觜
24日 06/11 水 丙午 建 天河水 参
25日 06/12 木 丁未 除 天河水 井
26日 06/13 金 戊申 満 大駅土 鬼
27日 06/14 土 己酉 平 大駅土 柳
28日 06/15 日 庚戌 定 釵釧金 星
29日 06/16 月 辛亥 執 釵釧金 張

【五月大 戊午 参】
節気 夏至 6日・小暑 21日
雑節 入梅 1日・半夏生 16日

1日 06/17 火 壬子 破 桑柘木 翼
2日 06/18 水 癸丑 危 桑柘木 軫
3日 06/19 木 甲寅 成 大溪水 角
4日 06/20 金 乙卯 納 大溪水 亢
5日 06/21 土 丙辰 開 沙中土 氐
6日 06/22 日 丁巳 閉 沙中土 房
7日 06/23 月 戊午 建 天上火 心
8日 06/24 火 己未 満 天上火 尾
9日 06/25 水 庚申 平 柘榴木 箕
10日 06/26 木 辛酉 平 柘榴木 斗
11日 06/27 金 壬戌 定 大海水 牛
12日 06/28 土 癸亥 執 大海水 女
13日 06/29 日 甲子 破 海中金 虚
14日 06/30 月 乙丑 危 海中金 室
15日 07/01 火 丙寅 成 爐中火 壁
16日 07/02 水 丁卯 納 爐中火 奎
17日 07/03 木 戊辰 開 大林木 婁
18日 07/04 金 己巳 閉 大林木 胃
19日 07/05 土 庚午 建 路傍土 昴
20日 07/06 日 辛未 除 路傍土 畢
21日 07/07 月 壬申 除 釵釧金 觜
22日 07/08 火 癸酉 満 釵釧金 参
23日 07/09 水 甲戌 平 山頭火 井
24日 07/10 木 乙亥 定 山頭火 鬼
25日 07/11 金 丙子 執 澗下水 柳
26日 07/12 土 丁丑 破 澗下水 星
27日 07/13 日 戊寅 危 城頭土 張
28日 07/14 月 己卯 成 城頭土 翼
29日 07/15 火 庚辰 納 白鑞金 軫
30日 07/16 水 辛巳 開 白鑞金

【六月小 己未 井】
節気 大暑 6日・立秋 22日
雑節 土用 3日

1日 07/17 木 壬午 閉 楊柳木 角
2日 07/18 金 癸未 建 楊柳木 亢
3日 07/19 土 甲申 除 井泉水 氐
4日 07/20 日 乙酉 満 井泉水 房
5日 07/21 月 丙戌 平 屋上土 心
6日 07/22 火 丁亥 定 屋上土 尾
7日 07/23 水 戊子 執 霹靂火 箕
8日 07/24 木 己丑 破 霹靂火 斗
9日 07/25 金 庚寅 危 松柏木 牛
10日 07/26 土 辛卯 成 松柏木 女
11日 07/27 日 壬辰 納 長流水 虚
12日 07/28 月 癸巳 開 長流水 室
13日 07/29 火 甲午 閉 沙中金 壁
14日 07/30 水 乙未 建 沙中金 奎
15日 07/31 木 丙申 除 山下火 婁
16日 08/01 金 丁酉 満 山下火 胃
17日 08/02 土 戊戌 平 平地木 昴
18日 08/03 日 己亥 定 平地木 畢
19日 08/04 月 庚子 執 壁上土 觜
20日 08/05 火 辛丑 破 壁上土 参
21日 08/06 水 壬寅 危 金箔金 井
22日 08/07 木 癸卯 成 金箔金 鬼
23日 08/08 金 甲辰 納 覆燈火 柳
24日 08/09 土 乙巳 開 覆燈火 星
25日 08/10 日 丙午 閉 天河水 張
26日 08/11 月 丁未 建 天河水 翼
27日 08/12 火 戊申 除 大駅土 軫
28日 08/13 水 己酉 満 大駅土 角
29日 08/14 木 庚戌 平 釵釧金 亢

【七月大 庚申 鬼】
節気 処暑 8日・白露 23日
雑節 二百十日 19日

1日 08/15 金 辛亥 平 釵釧金 亢
2日 08/16 土 壬子 定 桑柘木 氐
3日 08/17 日 癸丑 執 桑柘木 房

元文3年

	西暦	曜	干支	直	納音	宿
4日	08/18	月	丙寅	破	大溪水	心
5日	08/19	火	乙卯	危	大溪水	尾
6日	08/20	水	丙辰	成	沙中土	箕
7日	08/21	木	丁巳	納	沙中土	斗
8日	08/22	金	戊午	開	天上火	牛
9日	08/23	土	己未	閉	天上火	女
10日	08/24	日	庚申	建	柘榴木	虚
11日	08/25	月	辛酉	除	柘榴木	危
12日	08/26	火	壬戌	満	大海水	室
13日	08/27	水	癸亥	平	大海水	壁
14日	08/28	木	甲子	定	海中金	奎
15日	08/29	金	乙丑	執	海中金	婁
16日	08/30	土	丙寅	危	爐中火	胃
17日	08/31	日	丁卯	成	爐中火	昴
18日	09/01	月	戊辰	納	大林木	畢
19日	09/02	火	己巳	開	大林木	觜
20日	09/03	水	庚午	閉	路傍土	参
21日	09/04	木	辛未	閉	路傍土	井
22日	09/05	金	壬申	建	釼鋒金	鬼
23日	09/06	土	癸酉	除	釼鋒金	柳
24日	09/07	日	甲戌	除	山頭火	星
25日	09/08	月	乙亥	満	山頭火	張
26日	09/09	火	丙子	平	澗下水	翼
27日	09/10	水	丁丑	定	澗下水	軫
28日	09/11	木	戊寅	執	城頭土	角
29日	09/12	金	己卯	破	城頭土	亢
30日	09/13	土	庚辰	危	白鑞金	氐

【八月小 辛酉 柳】
節気 秋分 8日・寒露 23日
雑節 社日 8日・彼岸 10日

	西暦	曜	干支	直	納音	宿
1日	09/14	日	辛酉	成	白鑞金	房
2日	09/15	月	壬午	納	楊柳木	心
3日	09/16	火	癸未	開	楊柳木	尾
4日	09/17	水	甲申	閉	井泉水	箕
5日	09/18	木	乙酉	建	井泉水	斗
6日	09/19	金	丙戌	除	屋上土	牛
7日	09/20	土	丁亥	満	屋上土	女
8日	09/21	日	戊子	平	霹靂火	虚
9日	09/22	月	己丑	定	霹靂火	室
10日	09/23	火	庚寅	執	松柏木	壁
11日	09/24	水	辛卯	破	松柏木	奎
12日	09/25	木	壬辰	危	長流水	婁
13日	09/26	金	癸巳	成	長流水	胃
14日	09/27	土	甲午	納	沙中金	昴
15日	09/28	日	乙未	開	沙中金	畢
16日	09/29	月	丙申	閉	山下火	觜
17日	09/30	火	丁酉	建	山下火	参
18日	10/01	水	戊戌	除	平地木	井
19日	10/02	木	己亥	満	平地木	鬼
20日	10/03	金	庚子	平	壁上土	柳
21日	10/04	土	辛丑	定	壁上土	星
22日	10/05	日	壬寅	執	金箔金	張
23日	10/06	月	癸卯	執	金箔金	翼
24日	10/07	火	甲辰	危	覆燈火	軫
25日	10/08	水	乙巳	危	覆燈火	角
26日	10/09	木	丙午	成	天河水	亢
27日	10/10	金	丁未	納	天河水	氐
28日	10/11	土	戊申	閉	大駅土	房
29日	10/12	日	己酉	閉	大駅土	心

【九月大 壬戌 星】
節気 霜降 10日・立冬 25日
雑節 土用 7日

	西暦	曜	干支	直	納音	宿
1日	10/13	月	庚戌	建	釼釧金	心
2日	10/14	火	辛亥	除	釼釧金	尾
3日	10/15	水	壬子	満	桑柘木	箕
4日	10/16	木	癸丑	平	桑柘木	斗
5日	10/17	金	甲寅	定	大溪水	牛
6日	10/18	土	乙卯	執	大溪水	女
7日	10/19	日	丙辰	破	沙中土	虚
8日	10/20	月	丁巳	危	沙中土	危
9日	10/21	火	戊午	成	天上火	室
10日	10/22	水	己未	納	天上火	壁
11日	10/23	木	庚申	開	柘榴木	奎
12日	10/24	金	辛酉	閉	柘榴木	婁
13日	10/25	土	壬戌	建	大海水	胃
14日	10/26	日	癸亥	除	大海水	昴
15日	10/27	月	甲子	満	海中金	畢
16日	10/28	火	乙丑	定	海中金	觜
17日	10/29	水	丙寅	執	爐中火	参
18日	10/30	木	丁卯	執	爐中火	井
19日	10/31	金	戊辰	破	大林木	鬼
20日	11/01	土	己巳	危	大林木	柳
21日	11/02	日	庚午	成	路傍土	星
22日	11/03	月	辛未	納	路傍土	張
23日	11/04	火	壬申	開	釼鋒金	翼
24日	11/05	水	癸酉	閉	釼鋒金	軫
25日	11/06	木	甲戌	閉	山頭火	角
26日	11/07	金	乙亥	建	山頭火	亢
27日	11/08	土	丙子	除	澗下水	氐
28日	11/09	日	丁丑	満	澗下水	房
29日	11/10	月	戊寅	平	城頭土	心
30日	11/11	火	己卯	定	城頭土	尾

【十月小 癸亥 張】
節気 小雪 10日・大雪 25日

	西暦	曜	干支	直	納音	宿
1日	11/12	水	庚辰	執	白鑞金	箕
2日	11/13	木	辛巳	破	白鑞金	斗
3日	11/14	金	壬午	危	楊柳木	牛
4日	11/15	土	癸未	成	楊柳木	女
5日	11/16	日	甲申	納	井泉水	虚
6日	11/17	月	乙酉	開	井泉水	危
7日	11/18	火	丙戌	閉	屋上土	室
8日	11/19	水	丁亥	閉	屋上土	壁
9日	11/20	木	戊子	除	霹靂火	奎
10日	11/21	金	己丑	満	霹靂火	婁
11日	11/22	土	庚寅	定	松柏木	胃
12日	11/23	日	辛卯	定	松柏木	昴
13日	11/24	月	壬辰	執	長流水	畢
14日	11/25	火	癸巳	破	長流水	觜
15日	11/26	水	甲午	危	沙中金	参
16日	11/27	木	乙未	成	沙中金	井
17日	11/28	金	丙申	納	山下火	鬼
18日	11/29	土	丁酉	開	山下火	柳
19日	11/30	日	戊戌	閉	平地木	星
20日	12/01	月	己亥	建	平地木	張
21日	12/02	火	庚子	除	壁上土	翼
22日	12/03	水	辛丑	平	壁上土	軫
23日	12/04	木	壬寅	平	金箔金	角
24日	12/05	金	癸卯	定	金箔金	亢
25日	12/06	土	甲辰	執	覆燈火	氐
26日	12/07	日	乙巳	破	覆燈火	房
27日	12/08	月	丙午	破	天河水	心
28日	12/09	火	丁未	危	天河水	尾
29日	12/10	水	戊申	成	大駅土	箕

【十一月大 甲子 翼】
節気 冬至 11日・小寒 27日

	西暦	曜	干支	直	納音	宿
1日	12/11	木	己酉	納	大駅土	斗
2日	12/12	金	庚戌	開	釼釧金	牛
3日	12/13	土	辛亥	閉	釼釧金	女
4日	12/14	日	壬子	建	桑柘木	虚
5日	12/15	月	癸丑	除	桑柘木	危
6日	12/16	火	甲寅	満	大溪水	室
7日	12/17	水	乙卯	平	大溪水	壁
8日	12/18	木	丙辰	定	沙中土	奎
9日	12/19	金	丁巳	執	沙中土	婁
10日	12/20	土	戊午	破	天上火	胃
11日	12/21	日	己未	危	天上火	昴
12日	12/22	月	庚申	成	柘榴木	畢
13日	12/23	火	辛酉	納	柘榴木	觜
14日	12/24	水	壬戌	開	大海水	参
15日	12/25	木	癸亥	閉	大海水	井
16日	12/26	金	甲子	閉	海中金	鬼
17日	12/27	土	乙丑	除	海中金	柳
18日	12/28	日	丙寅	満	爐中火	星
19日	12/29	月	丁卯	平	爐中火	張
20日	12/30	火	戊辰	定	大林木	翼
21日	12/31	水	己巳	執	大林木	軫

1739年

	西暦	曜	干支	直	納音	宿
22日	**01/01**	木	庚午	破	路傍土	角
23日	01/02	金	辛未	危	路傍土	亢
24日	01/03	土	壬申	成	釼鋒金	氐
25日	01/04	日	癸酉	納	釼鋒金	房
26日	01/05	月	甲戌	開	山頭火	心
27日	01/06	火	乙亥	閉	山頭火	尾
28日	01/07	水	丙子	閉	澗下水	箕
29日	01/08	木	丁丑	建	澗下水	斗
30日	01/09	金	戊寅	除	城頭土	牛

【十二月小 乙丑 軫】
節気 大寒 12日・立春 27日
雑節 土用 9日・節分 26日

	西暦	曜	干支	直	納音	宿
1日	01/10	土	己卯	満	城頭土	女
2日	01/11	日	庚辰	平	白鑞金	虚
3日	01/12	月	辛巳	平	白鑞金	危
4日	01/13	火	壬午	執	楊柳木	室
5日	01/14	水	癸未	破	楊柳木	壁
6日	01/15	木	甲申	危	井泉水	奎
7日	01/16	金	乙酉	成	井泉水	婁
8日	01/17	土	丙戌	納	屋上土	胃
9日	01/18	日	丁亥	開	屋上土	昴
10日	01/19	月	戊子	閉	霹靂火	觜
11日	01/20	火	己丑	建	霹靂火	参
12日	01/21	水	庚寅	除	松柏木	井
13日	01/22	木	辛卯	満	松柏木	鬼
14日	01/23	金	壬辰	平	長流水	柳
15日☆	01/24	土	癸巳	定	長流水	星
16日	01/25	日	甲午	執	沙中金	張
17日	01/26	月	乙未	破	沙中金	翼
18日	01/27	火	丙申	危	山下火	軫
19日	01/28	水	丁酉	成	山下火	角
20日	01/29	木	戊戌	納	平地木	亢
21日	01/30	金	己亥	開	平地木	氐
22日	01/31	土	庚子	閉	壁上土	房
23日	02/01	日	辛丑	建	壁上土	心
24日	02/02	月	壬寅	除	金箔金	尾
25日	02/03	火	癸卯	満	金箔金	箕
26日	02/04	水	甲辰	平	覆燈火	斗
27日	02/05	木	乙巳	平	覆燈火	牛
28日	02/06	金	丙午	定	天河水	女
29日	02/07	土	丁未	執	天河水	女

– 315 –

元文4年
1739～1740　己未　昴

【正月大　丙寅　角】
節気　雨水 13日・啓蟄 29日

日	新暦	曜	干支	直	納音	宿
1日	02/08	日	戊申	破	大驛土	虚
2日	02/09	月	己酉	危	大驛土	危
3日	02/10	火	庚戌	成	釵釧金	室
4日	02/11	水	辛亥	納	釵釧金	壁
5日	02/12	木	壬子	開	桑柘木	奎
6日	02/13	金	癸丑	閉	桑柘木	婁
7日	02/14	土	甲寅	建	大溪水	胃
8日	02/15	日	乙卯	除	大溪水	昴
9日	02/16	月	丙辰	満	沙中土	畢
10日	02/17	火	丁巳	平	沙中土	觜
11日	02/18	水	戊午	定	天上火	参
12日	02/19	木	己未	執	天上火	井
13日	02/20	金	庚申	破	柘榴木	鬼
14日	02/21	土	辛酉	危	柘榴木	柳
15日	02/22	日	壬戌	成	大海水	星
16日	02/23	月	癸亥	納	大海水	張
17日	02/24	火	甲子	開	海中金	翼
18日	02/25	水	乙丑	閉	海中金	軫
19日	02/26	木	丙寅	建	爐中火	角
20日	02/27	金	丁卯	除	爐中火	亢
21日	02/28	土	戊辰	満	大林木	氐
22日	03/01	日	己巳	平	大林木	房
23日	03/02	月	庚午	定	路傍土	心
24日	03/03	火	辛未	執	路傍土	尾
25日	03/04	水	壬申	破	釵鋒金	箕
26日	03/05	木	癸酉	危	釵鋒金	斗
27日	03/06	金	甲戌	成	山頭火	牛
28日	03/07	土	乙亥	納	山頭火	女
29日	03/08	日	丙子	納	澗下水	虚
30日	03/09	月	丁丑	開	澗下水	危

【二月小　丁卯　亢】
節気　春分 14日・清明 29日
雑節　社日 11日・彼岸 16日

日	新暦	曜	干支	直	納音	宿
1日	03/10	火	戊寅	閉	城頭土	室
2日	03/11	水	己卯	建	城頭土	壁
3日	03/12	木	庚辰	除	白鑞金	奎
4日	03/13	金	辛巳	満	白鑞金	婁
5日	03/14	土	壬午	平	楊柳木	胃
6日	03/15	日	癸未	定	楊柳木	昴
7日	03/16	月	甲申	執	井泉水	畢
8日	03/17	火	乙酉	破	井泉水	觜
9日	03/18	水	丙戌	危	屋上土	参
10日	03/19	木	丁亥	成	屋上土	井
11日	03/20	金	戊子	納	霹靂火	鬼
12日	03/21	土	己丑	開	霹靂火	柳
13日	03/22	日	庚寅	閉	松柏木	星
14日	03/23	月	辛卯	建	松柏木	張
15日	03/24	火	壬辰	除	長流水	翼
16日	03/25	水	癸巳	満	長流水	軫
17日	03/26	木	甲午	平	沙中金	角
18日	03/27	金	乙未	定	沙中金	亢
19日	03/28	土	丙申	執	山下火	氐
20日	03/29	日	丁酉	破	山下火	房
21日	03/30	月	戊戌	危	平地木	心
22日	03/31	火	己亥	成	平地木	尾
23日	04/01	水	庚子	納	壁上土	箕
24日	04/02	木	辛丑	開	壁上土	斗
25日	04/03	金	壬寅	閉	金箔金	牛
26日	04/04	土	癸卯	建	金箔金	女
27日	04/05	日	甲辰	除	覆燈火	虚
28日	04/06	月	乙巳	満	覆燈火	危
29日	04/07	火	丙午	満	天河水	室

【三月大　戊辰　氐】
節気　穀雨 15日・立夏 30日
雑節　土用 12日・八十八夜 26日

日	新暦	曜	干支	直	納音	宿
1日	04/08	水	丁未	平	天河水	壁
2日	04/09	木	戊申	定	大驛土	奎
3日	04/10	金	己酉	執	大驛土	婁
4日	04/11	土	庚戌	破	釵釧金	胃
5日	04/12	日	辛亥	危	釵釧金	昴
6日	04/13	月	壬子	成	桑柘木	畢
7日	04/14	火	癸丑	納	桑柘木	觜
8日	04/15	水	甲寅	開	大溪水	参
9日	04/16	木	乙卯	閉	大溪水	井
10日	04/17	金	丙辰	建	沙中土	鬼
11日	04/18	土	丁巳	除	沙中土	柳
12日	04/19	日	戊午	満	天上火	星
13日	04/20	月	己未	平	天上火	張
14日	04/21	火	庚申	定	柘榴木	翼
15日	04/22	水	辛酉	執	柘榴木	軫
16日	04/23	木	壬戌	破	大海水	角
17日	04/24	金	癸亥	危	大海水	亢
18日	04/25	土	甲子	成	海中金	氐
19日	04/26	日	乙丑	納	海中金	房
20日	04/27	月	丙寅	開	爐中火	心
21日	04/28	火	丁卯	閉	爐中火	尾
22日	04/29	水	戊辰	建	大林木	箕
23日	04/30	木	己巳	除	大林木	斗
24日	05/01	金	庚午	満	路傍土	牛
25日	05/02	土	辛未	平	路傍土	女
26日	05/03	日	壬申	定	釵鋒金	虚
27日	05/04	月	癸酉	執	釵鋒金	危
28日	05/05	火	甲戌	破	山頭火	室
29日	05/06	水	乙亥	危	山頭火	壁
30日	05/07	木	丙子	危	澗下水	奎

【四月小　己巳　房】
節気　小満 16日

日	新暦	曜	干支	直	納音	宿
1日	05/08	金	丁丑	成	澗下水	婁
2日	05/09	土	戊寅	納	城頭土	胃
3日	05/10	日	己卯	開	城頭土	昴
4日	05/11	月	庚辰	閉	白鑞金	畢
5日	05/12	火	辛巳	建	白鑞金	觜
6日	05/13	水	壬午	除	楊柳木	参
7日	05/14	木	癸未	満	楊柳木	井
8日	05/15	金	甲申	平	井泉水	鬼
9日	05/16	土	乙酉	定	井泉水	柳
10日	05/17	日	丙戌	執	屋上土	星
11日	05/18	月	丁亥	破	屋上土	張
12日	05/19	火	戊子	危	霹靂火	翼
13日	05/20	水	己丑	成	霹靂火	軫
14日	05/21	木	庚寅	納	松柏木	角
15日	05/22	金	辛卯	開	松柏木	亢
16日	05/23	土	壬辰	閉	長流水	氐
17日	05/24	日	癸巳	建	長流水	房
18日	05/25	月	甲午	除	沙中金	心
19日	05/26	火	乙未	満	沙中金	尾
20日	05/27	水	丙申	平	山下火	箕
21日	05/28	木	丁酉	定	山下火	斗
22日	05/29	金	戊戌	執	平地木	牛
23日	05/30	土	己亥	破	平地木	女
24日	05/31	日	庚子	危	壁上土	虚
25日	06/01	月	辛丑	成	壁上土	危
26日	06/02	火	壬寅	納	金箔金	室
27日	06/03	水	癸卯	開	金箔金	壁
28日	06/04	木	甲辰	閉	覆燈火	奎
29日	06/05	金	乙巳	建	覆燈火	婁

【五月大　庚午　心】
節気　芒種 2日・夏至 17日
雑節　入梅 7日・半夏生 27日

日	新暦	曜	干支	直	納音	宿
1日	06/06	土	丙午	除	天河水	胃
2日	06/07	日	丁未	除	天河水	昴
3日	06/08	月	戊申	満	大驛土	畢
4日	06/09	火	己酉	平	大驛土	觜
5日	06/10	水	庚戌	定	釵釧金	参
6日	06/11	木	辛亥	執	釵釧金	井
7日	06/12	金	壬子	破	桑柘木	鬼
8日	06/13	土	癸丑	危	桑柘木	柳
9日	06/14	日	甲寅	成	大溪水	星
10日	06/15	月	乙卯	納	大溪水	張
11日	06/16	火	丙辰	開	沙中土	翼
12日	06/17	水	丁巳	閉	沙中土	軫
13日	06/18	木	戊午	建	天上火	角
14日	06/19	金	己未	除	天上火	亢
15日	06/20	土	庚申	満	柘榴木	氐
16日	06/21	日	辛酉	平	柘榴木	房
17日	06/22	月	壬戌	定	大海水	心
18日	06/23	火	癸亥	執	大海水	尾
19日	06/24	水	甲子	破	海中金	箕
20日	06/25	木	乙丑	危	海中金	斗
21日	06/26	金	丙寅	成	爐中火	牛
22日	06/27	土	丁卯	納	爐中火	女
23日	06/28	日	戊辰	開	大林木	虚
24日	06/29	月	己巳	閉	大林木	危
25日	06/30	火	庚午	建	路傍土	室
26日	07/01	水	辛未	除	路傍土	壁
27日	07/02	木	壬申	満	釵鋒金	奎
28日	07/03	金	癸酉	平	釵鋒金	婁
29日	07/04	土	甲戌	定	山頭火	胃
30日	07/05	日	乙亥	執	山頭火	昴

【六月大　辛未　尾】
節気　小暑 2日・大暑 18日
雑節　土用 14日

日	新暦	曜	干支	直	納音	宿
1日	07/06	月	丙子	破	澗下水	畢
2日	07/07	火	丁丑	破	澗下水	觜
3日	07/08	水	戊寅	危	城頭土	参
4日	07/09	木	己卯	成	城頭土	井
5日	07/10	金	庚辰	納	白鑞金	鬼
6日	07/11	土	辛巳	開	白鑞金	柳
7日	07/12	日	壬午	閉	楊柳木	星
8日	07/13	月	癸未	建	楊柳木	張
9日	07/14	火	甲申	除	井泉水	翼
10日	07/15	水	乙酉	満	井泉水	軫
11日	07/16	木	丙戌	平	屋上土	角
12日	07/17	金	丁亥	定	屋上土	亢
13日	07/18	土	戊子	執	霹靂火	氐
14日	07/19	日	己丑	破	霹靂火	房
15日☆	07/20	月	庚寅	危	松柏木	心
16日	07/21	火	辛卯	成	松柏木	尾
17日	07/22	水	壬辰	納	長流水	箕
18日	07/23	木	癸巳	開	長流水	斗
19日	07/24	金	甲午	閉	沙中金	牛
20日	07/25	土	乙未	建	沙中金	女
21日	07/26	日	丙申	除	山下火	虚
22日	07/27	月	丁酉	満	山下火	危
23日	07/28	火	戊戌	平	平地木	室
24日	07/29	水	己亥	定	平地木	壁
25日	07/30	木	庚子	執	壁上土	奎
26日	07/31	金	辛丑	破	壁上土	婁
27日	08/01	土	壬寅	危	金箔金	胃
28日	08/02	日	癸卯	成	金箔金	昴
29日	08/03	月	甲辰	納	覆燈火	畢
30日	08/04	火	乙巳	開	覆燈火	觜

【七月小　壬申　箕】
節気　立秋 3日・処暑 18日
雑節　二百十日 29日

日	新暦	曜	干支	直	納音	宿
1日	08/05	水	丙午	閉	天河水	参
2日	08/06	木	丁未	建	天河水	井

元文4年

八月（承前）

日	西暦	曜	干支	直	納音	宿
3日	08/07	金	戊申	建	大駅土	鬼
4日	08/08	土	己酉	除	大駅土	柳
5日	08/09	日	庚戌	満	釵釧金	星
6日	08/10	月	辛亥	平	釵釧金	張
7日	08/11	火	壬子	定	桑柘木	翼
8日	08/12	水	癸丑	執	桑柘木	軫
9日	08/13	木	甲寅	破	大渓水	角
10日	08/14	金	乙卯	危	大渓水	亢
11日	08/15	土	丙辰	納	沙中土	氏
12日	08/16	日	丁巳	納	沙中土	房
13日	08/17	月	戊午	開	天上火	心
14日	08/18	火	己未	閉	天上火	尾
15日	08/19	水	庚申	建	柘榴木	箕
16日	08/20	木	辛酉	除	大海水	斗
17日	08/21	金	壬戌	満	大海水	牛
18日	08/22	土	癸亥	定	海中金	女
19日	08/23	日	甲子	執	海中金	虚
20日	08/24	月	乙丑	執	海中金	危
21日	08/25	火	丙寅	破	爐中火	室
22日	08/26	水	丁卯	危	爐中火	壁
23日	08/27	木	戊辰	成	大林木	奎
24日	08/28	金	己巳	納	大林木	婁
25日	08/29	土	庚午	開	路傍土	胃
26日	08/30	日	辛未	閉	路傍土	昴
27日	08/31	月	壬申	建	釵鋒金	畢
28日	09/01	火	癸酉	除	釵鋒金	觜
29日	09/02	水	甲戌	満	山頭火	参

【八月大 癸酉 斗】
節気 白露 4日・秋分 19日
雑節 社日 14日・彼岸 21日

日	西暦	曜	干支	直	納音	宿
1日	09/03	木	乙亥	平	山頭火	井
2日	09/04	金	丙子	定	澗下水	鬼
3日	09/05	土	丁丑	執	澗下水	柳
4日	09/06	日	戊寅	執	城頭土	星
5日	09/07	月	己卯	破	城頭土	張
6日	09/08	火	庚辰	危	白鑞金	翼
7日	09/09	水	辛巳	成	白鑞金	軫
8日	09/10	木	壬午	納	楊柳木	角
9日	09/11	金	癸未	開	楊柳木	亢
10日	09/12	土	甲申	閉	井泉水	氏
11日	09/13	日	乙酉	建	井泉水	房
12日	09/14	月	丙戌	除	屋上土	心
13日	09/15	火	丁亥	除	屋上土	尾
14日	09/16	水	戊子	平	霹靂火	箕
15日	09/17	木	己丑	定	霹靂火	斗
16日	09/18	金	庚寅	執	松柏木	牛
17日	09/19	土	辛卯	破	松柏木	女
18日	09/20	日	壬辰	危	長流水	虚
19日	09/21	月	癸巳	成	長流水	危
20日	09/22	火	甲午	納	沙中金	室
21日	09/23	水	乙未	開	沙中金	壁
22日	09/24	木	丙申	閉	山下火	奎
23日	09/25	金	丁酉	建	山下火	婁
24日	09/26	土	戊戌	除	平地木	胃
25日	09/27	日	己亥	満	平地木	昴
26日	09/28	月	庚子	平	壁上土	畢
27日	09/29	火	辛丑	定	金箔金	觜
28日	09/30	水	壬寅	執	金箔金	参
29日	10/01	木	癸卯	破	金箔金	井
30日	10/02	金	甲辰	危	覆燈火	鬼

【九月小 甲戌 牛】
節気 寒露 5日・霜降 20日
雑節 土用 17日

日	西暦	曜	干支	直	納音	宿
1日	10/03	土	乙巳	成	覆燈火	柳
2日	10/04	日	丙午	納	天河水	星
3日	10/05	月	丁未	開	天河水	張
4日	10/06	火	戊申	閉	大駅土	翼
5日	10/07	水	己酉	閉	大駅土	軫
6日	10/08	木	庚戌	建	釵釧金	角
7日	10/09	金	辛亥	除	釵釧金	亢
8日	10/10	土	壬子	満	桑柘木	氏
9日	10/11	日	癸丑	定	桑柘木	房
10日	10/12	月	甲寅	定	大渓水	心
11日	10/13	火	乙卯	執	大渓水	尾
12日	10/14	水	丙辰	破	沙中土	箕
13日	10/15	木	丁巳	危	沙中土	斗
14日	10/16	金	戊午	成	天上火	牛
15日	10/17	土	己未	納	天上火	女
16日	10/18	日	庚申	開	柘榴木	虚
17日	10/19	月	辛酉	閉	柘榴木	危
18日	10/20	火	壬戌	建	大海水	室
19日	10/21	水	癸亥	除	大海水	壁
20日	10/22	木	甲子	満	海中金	奎
21日	10/23	金	乙丑	平	海中金	婁
22日	10/24	土	丙寅	定	爐中火	胃
23日	10/25	日	丁卯	執	爐中火	昴
24日	10/26	月	戊辰	破	大林木	畢
25日	10/27	火	己巳	危	大林木	觜
26日	10/28	水	庚午	成	路傍土	参
27日	10/29	木	辛未	納	路傍土	井
28日	10/30	金	壬申	開	釵鋒金	鬼
29日	10/31	土	癸酉	閉	釵鋒金	柳

【十月大 乙亥 女】
節気 立冬 6日・小雪 21日

日	西暦	曜	干支	直	納音	宿
1日	11/01	日	甲戌	建	山頭火	星
2日	11/02	月	乙亥	除	山頭火	張
3日	11/03	火	丙子	満	澗下水	翼
4日	11/04	水	丁丑	定	澗下水	軫
5日	11/05	木	戊寅	執	城頭土	角
6日	11/06	金	己卯	定	城頭土	亢
7日	11/07	土	庚辰	平	白鑞金	氏
8日	11/08	日	辛巳	定	白鑞金	房
9日	11/09	月	壬午	危	楊柳木	心
10日	11/10	火	癸未	成	楊柳木	尾
11日	11/11	水	甲申	納	井泉水	箕
12日	11/12	木	乙酉	開	井泉水	斗
13日	11/13	金	丙戌	閉	屋上土	牛
14日	11/14	土	丁亥	建	屋上土	女
15日	11/15	日	戊子	除	霹靂火	虚
16日	11/16	月	己丑	満	霹靂火	危
17日	11/17	火	庚寅	平	松柏木	室
18日	11/18	水	辛卯	定	松柏木	壁
19日	11/19	木	壬辰	執	長流水	奎
20日	11/20	金	癸巳	破	長流水	婁
21日	11/21	土	甲午	危	沙中金	胃
22日	11/22	日	乙未	成	沙中金	昴
23日	11/23	月	丙申	納	山下火	畢
24日	11/24	火	丁酉	開	山下火	觜
25日	11/25	水	戊戌	閉	平地木	参
26日	11/26	木	己亥	建	平地木	井
27日	11/27	金	庚子	除	壁上土	鬼
28日	11/28	土	辛丑	満	壁上土	柳
29日	11/29	日	壬寅	平	金箔金	星
30日	11/30	月	癸卯	定	金箔金	張

【十一月小 丙子 虚】
節気 大雪 7日・冬至 22日

日	西暦	曜	干支	直	納音	宿
1日	12/01	火	甲辰	執	覆燈火	翼
2日	12/02	水	乙巳	破	覆燈火	軫
3日	12/03	木	丙午	危	天河水	角
4日	12/04	金	丁未	成	天河水	亢
5日	12/05	土	戊申	納	大駅土	氏
6日	12/06	日	己酉	開	大駅土	房
7日	12/07	月	庚戌	開	釵釧金	心
8日	12/08	火	辛亥	閉	釵釧金	尾
9日	12/09	水	壬子	建	桑柘木	箕
10日	12/10	木	癸丑	除	桑柘木	斗
11日	12/11	金	甲寅	満	大渓水	牛
12日	12/12	土	乙卯	平	大渓水	女
13日	12/13	日	丙辰	定	沙中土	虚
14日	12/14	月	丁巳	執	沙中土	危
15日	12/15	火	戊午	破	天上火	室
16日	12/16	水	己未	危	天上火	壁
17日	12/17	木	庚申	成	柘榴木	奎
18日	12/18	金	辛酉	納	柘榴木	婁
19日	12/19	土	壬戌	開	大海水	胃
20日	12/20	日	癸亥	閉	大海水	昴
21日	12/21	月	甲子	建	海中金	畢
22日	12/22	火	乙丑	除	海中金	觜
23日	12/23	水	丙寅	満	爐中火	参
24日	12/24	木	丁卯	平	爐中火	井
25日	12/25	金	戊辰	定	大林木	鬼
26日	12/26	土	己巳	執	大林木	柳
27日	12/27	日	庚午	破	路傍土	星
28日	12/28	月	辛未	危	路傍土	張
29日	12/29	火	壬申	成	釵鋒金	翼

【十二月大 丁丑 危】
節気 小寒 8日・大寒 23日
雑節 土用 20日

日	西暦	曜	干支	直	納音	宿
1日	12/30	水	癸酉	納	釵鋒金	軫
2日	12/31	木	甲戌	開	山頭火	角

1740年

日	西暦	曜	干支	直	納音	宿
3日	01/01	金	乙亥	閉	山頭火	氏
4日	01/02	土	丙子	建	澗下水	房
5日	01/03	日	丁丑	除	澗下水	心
6日	01/04	月	戊寅	満	城頭土	尾
7日	01/05	火	己卯	平	城頭土	箕
8日	01/06	水	庚辰	定	白鑞金	斗
9日	01/07	木	辛巳	執	白鑞金	牛
10日	01/08	金	壬午	執	楊柳木	女
11日	01/09	土	癸未	破	楊柳木	虚
12日	01/10	日	甲申	危	井泉水	危
13日	01/11	月	乙酉	成	井泉水	室
14日	01/12	火	丙戌	納	屋上土	壁
15日	☆01/13	水	丁亥	開	屋上土	奎
16日	01/14	木	戊子	閉	霹靂火	婁
17日	01/15	金	己丑	建	霹靂火	胃
18日	01/16	土	庚寅	除	松柏木	昴
19日	01/17	日	辛卯	満	松柏木	畢
20日	01/18	月	壬辰	平	長流水	觜
21日	01/19	火	癸巳	定	長流水	参
22日	01/20	水	甲午	執	沙中金	井
23日	01/21	木	乙未	破	沙中金	鬼
24日	01/22	金	丙申	危	山下火	柳
25日	01/23	土	丁酉	成	山下火	星
26日	01/24	日	戊戌	納	平地木	張
27日	01/25	月	己亥	開	平地木	翼
28日	01/26	火	庚子	閉	壁上土	軫
29日	01/27	水	辛丑	建	壁上土	角
30日	01/28	木	壬寅	除	金箔金	角

元文5年
1740～1741　庚申　畢

【正月小 戊寅 室】
節気　立春 8日・雨水 24日
雑節　節分 7日

日	新暦	曜	干支	直	納音	宿
1日	01/29	金	癸卯	満	金箔金	亢
2日	01/30	土	甲辰	平	覆燈火	氐
3日	01/31	日	乙巳	定	覆燈火	房
4日	02/01	月	丙午	執	天河水	心
5日	02/02	火	丁未	破	天河水	尾
6日	02/03	水	戊申	危	大駅土	箕
7日	02/04	木	己酉	成	大駅土	斗
8日	02/05	金	庚戌	成	釵釧金	牛
9日	02/06	土	辛亥	納	釵釧金	女
10日	02/07	日	壬子	開	桑柘木	虚
11日	02/08	月	癸丑	閉	桑柘木	危
12日	02/09	火	甲寅	建	大溪水	室
13日	02/10	水	乙卯	除	大溪水	壁
14日	02/11	木	丙辰	満	沙中土	奎
15日	02/12	金	丁巳	平	沙中土	婁
16日	02/13	土	戊午	定	天上火	胃
17日	02/14	日	己未	執	天上火	昴
18日	02/15	月	庚申	破	柘榴木	畢
19日	02/16	火	辛酉	危	柘榴木	觜
20日	02/17	水	壬戌	成	大海水	参
21日	02/18	木	癸亥	納	大海水	井
22日	02/19	金	甲子	開	海中金	鬼
23日	02/20	土	乙丑	閉	海中金	柳
24日	02/21	日	丙寅	建	炉中火	星
25日	02/22	月	丁卯	除	炉中火	張
26日	02/23	火	戊辰	満	大林木	翼
27日	02/24	水	己巳	平	大林木	軫
28日	02/25	木	庚午	定	路傍土	角
29日	02/26	金	辛未	執	路傍土	亢

【二月大 己卯 壁】
節気　啓蟄 10日・春分 25日
雑節　彼岸 27日・社日 27日

日	新暦	曜	干支	直	納音	宿
1日	02/27	土	壬申	破	剣鋒金	氐
2日	02/28	日	癸酉	危	剣鋒金	房
3日	02/29	月	甲戌	成	山頭火	心
4日	03/01	火	乙亥	納	山頭火	尾
5日	03/02	水	丙子	開	澗下水	箕
6日	03/03	木	丁丑	閉	澗下水	斗
7日	03/04	金	戊寅	建	城頭土	牛
8日	03/05	土	己卯	除	城頭土	女
9日	03/06	日	庚辰	満	白鑞金	虚
10日	03/07	月	辛巳	平	白鑞金	危
11日	03/08	火	壬午	定	楊柳木	室
12日	03/09	水	癸未	執	楊柳木	壁
13日	03/10	木	甲申	破	泉中水	奎
14日	03/11	金	乙酉	危	泉中水	婁
15日	03/12	土	丙戌	成	屋上土	胃
16日	03/13	日	丁亥	納	屋上土	昴
17日	03/14	月	戊子	開	霹靂火	畢
18日	03/15	火	己丑	閉	霹靂火	觜
19日	03/16	水	庚寅	建	松柏木	参
20日	03/17	木	辛卯	除	松柏木	井
21日	03/18	金	壬辰	満	長流水	鬼
22日	03/19	土	癸巳	平	長流水	柳
23日	03/20	日	甲午	定	沙中金	星
24日	03/21	月	乙未	執	沙中金	張
25日	03/22	火	丙申	破	山下火	翼
26日	03/23	水	丁酉	危	山下火	軫
27日	03/24	木	戊戌	成	平地木	角
28日	03/25	金	己亥	納	平地木	亢
29日	03/26	土	庚子	開	壁上土	氐
30日	03/27	日	辛丑	閉	壁上土	房

【三月小 庚辰 奎】
節気　清明 10日・穀雨 25日
雑節　土用 22日

日	新暦	曜	干支	直	納音	宿
1日	03/28	日	壬寅	閉	金箔金	心
2日	03/29	火	癸卯	建	金箔金	尾
3日	03/30	水	甲辰	除	覆燈火	箕
4日	03/31	木	乙巳	満	覆燈火	斗
5日	04/01	金	丙午	平	天河水	牛
6日	04/02	土	丁未	定	天河水	女
7日	04/03	日	戊申	執	大駅土	虚
8日	04/04	月	己酉	破	大駅土	危
9日	04/05	火	庚戌	危	釵釧金	室
10日	04/06	水	辛亥	成	釵釧金	壁
11日	04/07	木	壬子	納	桑柘木	奎
12日	04/08	金	癸丑	開	桑柘木	婁
13日	04/09	土	甲寅	閉	大溪水	胃
14日	04/10	日	乙卯	建	大溪水	昴
15日	04/11	月	丙辰	除	沙中土	畢
16日	04/12	火	丁巳	満	沙中土	觜
17日	04/13	水	戊午	平	天上火	参
18日	04/14	木	己未	定	天上火	井
19日	04/15	金	庚申	執	柘榴木	鬼
20日	04/16	土	辛酉	破	柘榴木	柳
21日	04/17	日	壬戌	危	大海水	星
22日	04/18	月	癸亥	成	大海水	張
23日	04/19	火	甲子	納	海中金	翼
24日	04/20	水	乙丑	開	海中金	軫
25日	04/21	木	丙寅	閉	炉中火	角
26日	04/22	金	丁卯	建	炉中火	亢
27日	04/23	土	戊辰	除	大林木	氐
28日	04/24	日	己巳	満	大林木	房
29日	04/25	月	庚午	平	路傍土	心

【四月小 辛巳 婁】
節気　立夏 12日・小満 27日
雑節　八十八夜 7日

日	新暦	曜	干支	直	納音	宿
1日	04/26	火	辛未	平	路傍土	尾
2日	04/27	水	壬申	定	剣鋒金	箕
3日	04/28	木	癸酉	執	剣鋒金	斗
4日	04/29	金	甲戌	破	山頭火	牛
5日	04/30	土	乙亥	成	山頭火	女
6日	05/01	日	丙子	成	澗下水	虚
7日	05/02	月	丁丑	納	澗下水	危
8日	05/03	火	戊寅	開	城頭土	室
9日	05/04	水	己卯	閉	城頭土	壁
10日	05/05	木	庚辰	建	白鑞金	奎
11日	05/06	金	辛巳	除	白鑞金	婁
12日	05/07	土	壬午	満	楊柳木	胃
13日	05/08	日	癸未	平	楊柳木	昴
14日	05/09	月	甲申	定	泉中水	畢
15日	05/10	火	乙酉	執	泉中水	觜
16日	05/11	水	丙戌	破	屋上土	参
17日	05/12	木	丁亥	危	屋上土	井
18日	05/13	金	戊子	成	霹靂火	鬼
19日	05/14	土	己丑	納	霹靂火	柳
20日	05/15	日	庚寅	開	松柏木	星
21日	05/16	月	辛卯	閉	松柏木	張
22日	05/17	火	壬辰	建	長流水	翼
23日	05/18	水	癸巳	除	長流水	軫
24日	05/19	木	甲午	満	沙中金	角
25日	05/20	金	乙未	平	沙中金	亢
26日	05/21	土	丙申	定	山下火	氐
27日	05/22	日	丁酉	執	山下火	房
28日	05/23	月	戊戌	破	平地木	心
29日	05/24	火	己亥	危	平地木	尾

【五月大 壬午 胃】
節気　芒種 13日・夏至 28日
雑節　入梅 13日

日	新暦	曜	干支	直	納音	宿
1日	05/25	水	庚子	成	壁上土	箕
2日	05/26	木	辛丑	納	壁上土	斗
3日	05/27	金	壬寅	開	金箔金	牛
4日	05/28	土	癸卯	閉	金箔金	女
5日	05/29	日	甲辰	建	覆燈火	虚
6日	05/30	月	乙巳	建	覆燈火	危
7日	05/31	火	丙午	除	天河水	室
8日	06/01	水	丁未	満	天河水	壁
9日	06/02	木	戊申	平	大駅土	奎
10日	06/03	金	己酉	定	大駅土	婁
11日	06/04	土	庚戌	執	釵釧金	胃
12日	06/05	日	辛亥	破	釵釧金	昴
13日	06/06	月	壬子	危	桑柘木	畢
14日	06/07	火	癸丑	成	桑柘木	觜
15日	06/08	水	甲寅	納	大溪水	参
16日	06/09	木	乙卯	開	大溪水	井
17日	06/10	金	丙辰	閉	沙中土	鬼
18日	06/11	土	丁巳	閉	沙中土	柳
19日	06/12	日	戊午	建	天上火	星
20日	06/13	月	己未	除	天上火	張
21日	06/14	火	庚申	満	柘榴木	翼
22日	06/15	水	辛酉	平	柘榴木	軫
23日	06/16	木	壬戌	定	大海水	角
24日	06/17	金	癸亥	執	大海水	亢
25日	06/18	土	甲子	破	海中金	氐
26日	06/19	日	乙丑	危	海中金	房
27日	06/20	月	丙寅	成	炉中火	心
28日	06/21	火	丁卯	納	炉中火	尾
29日	06/22	水	戊辰	開	大林木	箕
30日	06/23	木	己巳	閉	大林木	斗

【六月大 癸未 昴】
節気　小暑 14日・大暑 29日
雑節　半夏生 8日・土用 26日

日	新暦	曜	干支	直	納音	宿
1日	06/24	金	庚午	建	路傍土	牛
2日	06/25	土	辛未	除	路傍土	女
3日	06/26	日	壬申	満	剣鋒金	虚
4日	06/27	月	癸酉	平	剣鋒金	危
5日	06/28	火	甲戌	定	山頭火	室
6日	06/29	水	乙亥	執	山頭火	壁
7日	06/30	木	丙子	破	澗下水	奎
8日	07/01	金	丁丑	危	澗下水	婁
9日	07/02	土	戊寅	成	城頭土	胃
10日	07/03	日	己卯	納	城頭土	昴
11日	07/04	月	庚辰	開	白鑞金	畢
12日	07/05	火	辛巳	閉	白鑞金	觜
13日	07/06	水	壬午	建	楊柳木	参
14日	07/07	木	癸未	建	楊柳木	井
15日	07/08	金	甲申	除	泉中水	鬼
16日☆	07/09	土	乙酉	満	泉中水	柳
17日	07/10	日	丙戌	平	屋上土	星
18日	07/11	月	丁亥	定	屋上土	張
19日	07/12	火	戊子	執	霹靂火	翼
20日	07/13	水	己丑	破	霹靂火	軫
21日	07/14	木	庚寅	危	松柏木	角
22日	07/15	金	辛卯	成	松柏木	亢
23日	07/16	土	壬辰	納	長流水	氐
24日	07/17	日	癸巳	開	長流水	房
25日	07/18	月	甲午	閉	沙中金	心
26日	07/19	火	乙未	建	沙中金	尾
27日	07/20	水	丙申	除	山下火	箕
28日	07/21	木	丁酉	満	山下火	斗
29日	07/22	金	戊戌	平	平地木	牛
30日	07/23	土	己亥	定	平地木	女

【七月小 甲申 畢】
節気　立秋 14日・処暑 29日

日	新暦	曜	干支	直	納音	宿
1日	07/24	日	庚子	執	壁上土	虚
2日	07/25	月	辛丑	破	壁上土	危
3日	07/26	火	壬寅	危	金箔金	室
4日	07/27	水	癸卯	成	金箔金	壁
5日	07/28	木	甲辰	納	覆燈火	奎
6日	07/29	金	乙巳	開	覆燈火	婁
7日	07/30	土	丙午	閉	天河水	胃
8日	07/31	日	丁未	建	天河水	昴
9日	08/01	月	戊申	除	大駅土	畢
10日	08/02	火	己酉	満	大駅土	觜
11日	08/03	水	庚戌	平	釵釧金	参
12日	08/04	木	辛亥	定	釵釧金	井
13日	08/05	金	壬子	執	桑柘木	鬼
14日	08/06	土	癸丑	破	桑柘木	柳
15日	08/07	日	甲寅	危	大溪水	星

西暦　曜　干支　直　納音　宿　　　　　　　　　　　　　　　　　　　　　　　元文5年

16日　08/08　月　乙卯　危　大渓水　張
17日　08/09　火　丙辰　成　沙中土　翼
18日　08/10　水　丁巳　納　沙中土　軫
19日　08/11　木　戊午　開　天上火　角
20日　08/12　金　己未　閉　天上火　亢
21日　08/13　土　庚申　建　柘榴木　氐
22日　08/14　日　辛酉　除　柘榴木　房
23日　08/15　月　壬戌　満　大海水　心
24日　08/16　火　癸亥　平　大海水　尾
25日　08/17　水　甲子　定　海中金　箕
26日　08/18　木　乙丑　執　海中金　斗
27日　08/19　金　丙寅　破　爐中火　牛
28日　08/20　土　丁卯　危　爐中火　女
29日　08/21　日　戊辰　成　大林木　虚

【閏七月大　甲申　畢】
節気　白露 15日
雑節　二百十日 11日・社日 30日
1日　08/22　月　己巳　納　大林木　危
2日　08/23　火　庚午　開　路傍土　室
3日　08/24　水　辛未　閉　路傍土　壁
4日　08/25　木　壬申　建　釼鋒金　奎
5日　08/26　金　癸酉　除　釼鋒金　婁
6日　08/27　土　甲戌　満　山頭火　胃
7日　08/28　日　乙亥　平　山頭火　昴
8日　08/29　月　丙子　定　澗下水　畢
9日　08/30　火　丁丑　執　澗下水　觜
10日　08/31　水　戊寅　破　城頭土　参
11日　09/01　木　己卯　危　城頭土　井
12日　09/02　金　庚辰　成　白鑞金　鬼
13日　09/03　土　辛巳　納　白鑞金　柳
14日　09/04　日　壬午　開　楊柳木　星
15日　09/05　月　癸未　開　楊柳木　張
16日　09/06　火　甲申　閉　井泉水　翼
17日　09/07　水　乙酉　建　井泉水　軫
18日　09/08　木　丙戌　除　屋上土　角
19日　09/09　金　丁亥　満　屋上土　亢
20日　09/10　土　戊子　平　霹靂火　氐
21日　09/11　日　己丑　定　霹靂火　房
22日　09/12　月　庚寅　執　松柏木　心
23日　09/13　火　辛卯　破　松柏木　尾
24日　09/14　水　壬辰　危　長流水　箕
25日　09/15　木　癸巳　成　長流水　斗
26日　09/16　金　甲午　納　沙中金　牛
27日　09/17　土　乙未　開　沙中金　女
28日　09/18　日　丙申　閉　山下火　虚
29日　09/19　月　丁酉　建　山下火　危
30日　09/20　火　戊戌　除　平地木　室

【八月大　乙酉　觜】
節気　秋分 1日・寒露 16日
雑節　彼岸 3日・土用 28日
1日　09/21　水　己亥　満　平地木　壁
2日　09/22　木　庚子　平　壁上土　奎
3日　09/23　金　辛丑　定　壁上土　婁
4日　09/24　土　壬寅　執　金箔金　胃
5日　09/25　日　癸卯　破　金箔金　昴
6日　09/26　月　甲辰　危　覆燈火　畢
7日　09/27　火　乙巳　成　覆燈火　觜
8日　09/28　水　丙午　納　天河水　参
9日　09/29　木　丁未　開　天河水　井
10日　09/30　金　戊申　閉　大駅土　鬼
11日　10/01　土　己酉　建　大駅土　柳
12日　10/02　日　庚戌　除　釵釧金　星
13日　10/03　月　辛亥　満　釵釧金　張
14日　10/04　火　壬子　平　桑柘木　翼
15日　10/05　水　癸丑　定　桑柘木　軫
16日　10/06　木　甲寅　定　大渓水　角
17日　10/07　金　乙卯　執　大渓水　亢
18日　10/08　土　丙辰　破　沙中土　氐
19日　10/09　日　丁巳　危　沙中土　房
20日　10/10　月　戊午　成　天上火　心
21日　10/11　火　己未　納　天上火　尾
22日　10/12　水　庚申　開　柘榴木　箕
23日　10/13　木　辛酉　閉　柘榴木　斗
24日　10/14　金　壬戌　建　大海水　牛
25日　10/15　土　癸亥　除　大海水　女
26日　10/16　日　甲子　満　海中金　虚
27日　10/17　月　乙丑　平　海中金　危
28日　10/18　火　丙寅　定　爐中火　室
29日　10/19　水　丁卯　執　爐中火　壁
30日　10/20　木　戊辰　破　大林木　奎

【九月小　丙戌　参】
節気　霜降 1日・立冬 16日
1日　10/21　金　己巳　危　大林木　婁
2日　10/22　土　庚午　成　路傍土　胃
3日　10/23　日　辛未　納　路傍土　昴
4日　10/24　月　壬申　開　釼鋒金　畢
5日　10/25　火　癸酉　閉　釼鋒金　觜
6日　10/26　水　甲戌　建　山頭火　参
7日　10/27　木　乙亥　除　山頭火　井
8日　10/28　金　丙子　満　澗下水　鬼
9日　10/29　土　丁丑　平　澗下水　柳
10日　10/30　日　戊寅　定　城頭土　星
11日　10/31　月　己卯　執　城頭土　張
12日　11/01　火　庚辰　破　白鑞金　翼
13日　11/02　水　辛巳　危　白鑞金　軫
14日　11/03　木　壬午　成　楊柳木　角
15日　11/04　金　癸未　納　楊柳木　亢
16日　11/05　土　甲申　納　井泉水　氐
17日　11/06　日　乙酉　開　井泉水　房
18日　11/07　月　丙戌　閉　屋上土　心
19日　11/08　火　丁亥　建　屋上土　尾
20日　11/09　水　戊子　除　霹靂火　箕
21日　11/10　木　己丑　満　霹靂火　斗
22日　11/11　金　庚寅　平　松柏木　牛
23日　11/12　土　辛卯　定　松柏木　女
24日　11/13　日　壬辰　執　長流水　虚
25日　11/14　月　癸巳　破　長流水　危
26日　11/15　火　甲午　危　沙中金　室
27日　11/16　水　乙未　成　沙中金　壁
28日　11/17　木　丙申　納　山下火　奎
29日　11/18　金　丁酉　開　山下火　婁

【十月大　丁亥　井】
節気　小雪 3日・大雪 18日
1日　11/19　土　戊戌　閉　平地木　胃
2日　11/20　日　己亥　建　平地木　昴
3日　11/21　月　庚子　除　壁上土　畢
4日　11/22　火　辛丑　満　壁上土　觜
5日　11/23　水　壬寅　平　金箔金　参
6日　11/24　木　癸卯　定　金箔金　井
7日　11/25　金　甲辰　執　覆燈火　鬼
8日　11/26　土　乙巳　破　覆燈火　柳
9日　11/27　日　丙午　危　天河水　星
10日　11/28　月　丁未　成　天河水　張
11日　11/29　火　戊申　納　大駅土　翼
12日　11/30　水　己酉　開　大駅土　軫
13日　12/01　木　庚戌　閉　釵釧金　角
14日　12/02　金　辛亥　建　釵釧金　亢
15日　12/03　土　壬子　除　桑柘木　氐
16日　12/04　日　癸丑　満　桑柘木　房
17日　12/05　月　甲寅　平　大渓水　心
18日　12/06　火　乙卯　平　大渓水　尾
19日　12/07　水　丙辰　定　沙中土　箕
20日　12/08　木　丁巳　執　沙中土　斗
21日　12/09　金　戊午　破　天上火　牛
22日　12/10　土　己未　危　天上火　女
23日　12/11　日　庚申　成　柘榴木　虚
24日　12/12　月　辛酉　納　柘榴木　危
25日　12/13　火　壬戌　開　大海水　室
26日　12/14　水　癸亥　閉　大海水　壁
27日　12/15　木　甲子　建　海中金　奎
28日　12/16　金　乙丑　除　海中金　婁
29日　12/17　土　丙寅　満　爐中火　胃
30日　12/18　日　丁卯　平　爐中火　昴

【十一月小　戊子　鬼】
節気　冬至 3日・小寒 18日
1日　12/19　月　戊辰　定　大林木　畢
2日　12/20　火　己巳　執　大林木　觜
3日　12/21　水　庚午　破　路傍土　参
4日　12/22　木　辛未　危　路傍土　井
5日　12/23　金　壬申　成　釼鋒金　鬼
6日　12/24　土　癸酉　納　釼鋒金　柳
7日　12/25　日　甲戌　開　山頭火　星
8日　12/26　月　乙亥　閉　山頭火　張
9日　12/27　火　丙子　建　澗下水　翼
10日　12/28　水　丁丑　除　澗下水　軫
11日　12/29　木　戊寅　満　城頭土　角
12日　12/30　金　己卯　平　城頭土　亢
13日　12/31　土　庚辰　定　白鑞金　氐

1741年

14日　01/01　日　辛巳　執　白鑞金　房
15日　01/02　月　壬午　破　楊柳木　心
16日　01/03　火　癸未　危　楊柳木　尾
17日　01/04　水　甲申　成　井泉水　箕
18日　01/05　木　乙酉　成　井泉水　斗
19日　01/06　金　丙戌　納　屋上土　牛
20日　01/07　土　丁亥　開　屋上土　女
21日　01/08　日　戊子　閉　霹靂火　虚
22日　01/09　月　己丑　建　霹靂火　危
23日　01/10　火　庚寅　除　松柏木　室
24日　01/11　水　辛卯　満　松柏木　壁
25日　01/12　木　壬辰　平　長流水　奎
26日　01/13　金　癸巳　定　長流水　婁
27日　01/14　土　甲午　執　沙中金　胃
28日　01/15　日　乙未　破　沙中金　昴
29日　01/16　月　丙申　危　山下火　畢

【十二月大　己丑　柳】
節気　大寒 4日・立春 20日
雑節　土用 1日・節分 19日
1日　01/17　火　丁酉　成　山下火　觜
2日　01/18　水　戊戌　納　平地木　参
3日　01/19　木　己亥　開　平地木　井
4日　01/20　金　庚子　閉　壁上土　鬼
5日　01/21　土　辛丑　建　壁上土　柳
6日　01/22　日　壬寅　除　金箔金　星
7日　01/23　月　癸卯　満　金箔金　張
8日　01/24　火　甲辰　平　覆燈火　翼
9日　01/25　水　乙巳　定　覆燈火　軫
10日　01/26　木　丙午　執　天河水　角
11日　01/27　金　丁未　破　天河水　亢
12日　01/28　土　戊申　危　大駅土　氐
13日　01/29　日　己酉　成　大駅土　房
14日　01/30　月　庚戌　納　釵釧金　心
15日　01/31　火　辛亥　開　釵釧金　尾
16日　02/01　水　壬子　閉　桑柘木　箕
17日　02/02　木　癸丑　建　桑柘木　斗
18日　02/03　金　甲寅　除　大渓水　牛
19日　02/04　土　乙卯　満　大渓水　女
20日　02/05　日　丙辰　満　沙中土　虚
21日　02/06　月　丁巳　平　沙中土　危
22日　02/07　火　戊午　定　天上火　室
23日　02/08　水　己未　執　天上火　壁
24日　02/09　木　庚申　破　柘榴木　奎
25日　02/10　金　辛酉　危　柘榴木　婁
26日　02/11　土　壬戌　成　大海水　胃
27日　02/12　日　癸亥　納　大海水　昴
28日　02/13　月　甲子　開　海中金　畢
29日　02/14　火　乙丑　閉　海中金　觜
30日　02/15　水　丙寅　建　爐中火　参

寛保元年〔元文6年〕

1741～1742　辛酉　鶉
※改元＝2月27日

【正月小 庚寅 星】
節気 雨水 5日・啓蟄 20日

日	新暦	曜	干支	直	納音	宿
1日	02/16	木	丁卯	除	爐中火	井
2日	02/17	金	戊辰	満	大林木	鬼
3日	02/18	土	己巳	平	大林木	柳
4日	02/19	日	庚午	定	路傍土	星
5日	02/20	月	辛未	執	路傍土	張
6日	02/21	火	壬申	破	釵釧金	翼
7日	02/22	水	癸酉	危	釵釧金	軫
8日	02/23	木	甲戌	成	山頭火	角
9日	02/24	金	乙亥	納	山頭火	亢
10日	02/25	土	丙子	開	澗下水	氐
11日	02/26	日	丁丑	建	澗下水	房
12日	02/27	月	戊寅	建	城頭土	心
13日	02/28	火	己卯	除	城頭土	尾
14日	03/01	水	庚辰	満	白鑞金	箕
15日	03/02	木	辛巳	定	白鑞金	斗
16日	03/03	金	壬午	定	楊柳木	牛
17日	03/04	土	癸未	執	楊柳木	女
18日	03/05	日	甲申	破	井泉水	虚
19日	03/06	月	乙酉	危	井泉水	危
20日	03/07	火	丙戌	危	屋上土	室
21日	03/08	水	丁亥	成	屋上土	壁
22日	03/09	木	戊子	納	霹靂火	奎
23日	03/10	金	己丑	開	霹靂火	婁
24日	03/11	土	庚寅	建	松柏木	胃
25日	03/12	日	辛卯	閉	松柏木	昴
26日	03/13	月	壬辰	除	長流水	畢
27日	03/14	火	癸巳	満	長流水	觜
28日	03/15	水	甲午	平	沙中金	参
29日	03/16	木	乙未	定	沙中金	井

【二月大 辛卯 張】
節気 春分 6日・清明 21日
雑節 社日 3日・彼岸 8日

日	新暦	曜	干支	直	納音	宿
1日	03/17	金	丙申	執	山下火	鬼
2日	03/18	土	丁酉	破	山下火	柳
3日	03/19	日	戊戌	危	平地木	星
4日	03/20	月	己亥	成	平地木	張
5日	03/21	火	庚子	納	壁上土	翼
6日	03/22	水	辛丑	開	壁上土	軫
7日	03/23	木	壬寅	閉	金箔金	角
8日	03/24	金	癸卯	建	金箔金	亢
9日	03/25	土	甲辰	除	覆燈火	氐
10日	03/26	日	乙巳	満	覆燈火	房
11日	03/27	月	丙午	平	天河水	心
12日	03/28	火	丁未	定	天河水	尾
13日	03/29	水	戊申	執	大駅土	箕
14日	03/30	木	己酉	破	大駅土	斗
15日	03/31	金	庚戌	危	釵釧金	牛
16日	04/01	土	辛亥	成	釵釧金	女
17日	04/02	日	壬子	納	桑柘木	虚
18日	04/03	月	癸丑	開	桑柘木	危
19日	04/04	火	甲寅	閉	大溪水	室
20日	04/05	水	乙卯	建	大溪水	壁
21日	04/06	木	丙辰	除	沙中土	奎
22日	04/07	金	丁巳	除	沙中土	婁
23日	04/08	土	戊午	満	天上火	胃
24日	04/09	日	己未	平	天上火	昴
25日	04/10	月	庚申	定	柘榴木	畢
26日	04/11	火	辛酉	執	柘榴木	觜
27日	04/12	水	壬戌	破	大海水	参

＊改元（元文6年→寛保元年）

日	新暦	曜	干支	直	納音	宿
28日	04/13	木	癸亥	危	大海水	井
29日	04/14	金	甲子	成	海中金	鬼
30日	04/15	土	乙丑	納	海中金	柳

【三月小 壬辰 翼】
節気 穀雨 7日・立夏 22日
雑節 土用 4日・八十八夜 18日

日	新暦	曜	干支	直	納音	宿
1日	04/16	日	丙寅	開	爐中火	星
2日	04/17	月	丁卯	閉	爐中火	張
3日	04/18	火	戊辰	建	大林木	翼
4日	04/19	水	己巳	除	大林木	軫
5日	04/20	木	庚午	満	路傍土	角
6日	04/21	金	辛未	平	路傍土	亢
7日	04/22	土	壬申	定	釵釧金	氐
8日	04/23	日	癸酉	執	釵釧金	房
9日	04/24	月	甲戌	破	山頭火	心
10日	04/25	火	乙亥	危	山頭火	尾
11日	04/26	水	丙子	成	澗下水	箕
12日	04/27	木	丁丑	納	澗下水	斗
13日	04/28	金	戊寅	開	城頭土	牛
14日	04/29	土	己卯	閉	城頭土	女
15日	04/30	日	庚辰	建	白鑞金	虚
16日	05/01	月	辛巳	除	白鑞金	危
17日	05/02	火	壬午	満	楊柳木	室
18日	05/03	水	癸未	平	楊柳木	壁
19日	05/04	木	甲申	定	井泉水	奎
20日	05/05	金	乙酉	執	井泉水	婁
21日	05/06	土	丙戌	破	屋上土	胃
22日	05/07	日	丁亥	危	屋上土	昴
23日	05/08	月	戊子	危	霹靂火	畢
24日	05/09	火	己丑	成	霹靂火	觜
25日	05/10	水	庚寅	納	松柏木	参
26日	05/11	木	辛卯	開	松柏木	井
27日	05/12	金	壬辰	閉	長流水	鬼
28日	05/13	土	癸巳	建	長流水	柳
29日	05/14	日	甲午	除	沙中金	星

【四月小 癸巳 軫】
節気 小満 8日・芒種 23日
雑節 入梅 28日

日	新暦	曜	干支	直	納音	宿
1日	05/15	月	乙未	満	沙中金	張
2日	05/16	火	丙申	平	山下火	翼
3日	05/17	水	丁酉	定	山下火	軫
4日	05/18	木	戊戌	執	平地木	角
5日	05/19	金	己亥	破	平地木	亢
6日	05/20	土	庚子	危	壁上土	氐
7日	05/21	日	辛丑	成	壁上土	房
8日	05/22	月	壬寅	納	金箔金	心
9日	05/23	火	癸卯	開	金箔金	尾
10日	05/24	水	甲辰	建	覆燈火	箕
11日	05/25	木	乙巳	建	覆燈火	斗
12日	05/26	金	丙午	除	天河水	牛
13日	05/27	土	丁未	満	天河水	女
14日	05/28	日	戊申	定	大駅土	虚
15日	05/29	月	己酉	定	大駅土	危
16日	05/30	火	庚戌	執	釵釧金	室
17日	05/31	水	辛亥	破	釵釧金	壁
18日	06/01	木	壬子	危	桑柘木	奎
19日	06/02	金	癸丑	成	桑柘木	婁
20日	06/03	土	甲寅	納	大溪水	胃
21日	06/04	日	乙卯	開	大溪水	昴
22日	06/05	月	丙辰	閉	沙中土	畢
23日	06/06	火	丁巳	閉	沙中土	觜
24日	06/07	水	戊午	除	天上火	参
25日	06/08	木	己未	除	天上火	井
26日	06/09	金	庚申	満	柘榴木	鬼
27日	06/10	土	辛酉	平	柘榴木	柳
28日	06/11	日	壬戌	定	大海水	星

【五月大 甲午 角】
節気 夏至 10日・小暑 25日
雑節 半夏生 20日

日	新暦	曜	干支	直	納音	宿
29日	06/12	月	癸亥	執	大海水	張
1日	06/13	火	甲子	破	海中金	翼
2日	06/14	水	乙丑	危	海中金	軫
3日	06/15	木	丙寅	成	爐中火	角
4日	06/16	金	丁卯	納	爐中火	亢
5日	06/17	土	戊辰	開	大林木	氐
6日	06/18	日	己巳	閉	大林木	房
7日	06/19	月	庚午	建	路傍土	心
8日	06/20	火	辛未	除	路傍土	尾
9日	06/21	水	壬申	満	釵釧金	箕
10日	06/22	木	癸酉	平	釵釧金	斗
11日	06/23	金	甲戌	定	山頭火	牛
12日	06/24	土	乙亥	執	山頭火	女
13日	06/25	日	丙子	破	澗下水	虚
14日	06/26	月	丁丑	危	澗下水	危
15日	06/27	火	戊寅	成	城頭土	室
16日	06/28	水	己卯	納	城頭土	壁
17日	06/29	木	庚辰	開	白鑞金	奎
18日	06/30	金	辛巳	閉	白鑞金	婁
19日	07/01	土	壬午	建	楊柳木	胃
20日	07/02	日	癸未	満	楊柳木	昴
21日	07/03	月	甲申	満	井泉水	畢
22日	07/04	火	乙酉	平	井泉水	觜
23日	07/05	水	丙戌	定	屋上土	参
24日	07/06	木	丁亥	執	屋上土	井
25日	07/07	金	戊子	執	霹靂火	鬼
26日	07/08	土	己丑	破	霹靂火	柳
27日	07/09	日	庚寅	危	松柏木	星
28日	07/10	月	辛卯	成	松柏木	張
29日	07/11	火	壬辰	納	長流水	翼
30日	07/12	水	癸巳	開	長流水	軫

【六月小 乙未 亢】
節気 大暑 10日・立秋 25日
雑節 土用 7日

日	新暦	曜	干支	直	納音	宿
1日	07/13	木	甲午	閉	沙中金	角
2日	07/14	金	乙未	建	沙中金	亢
3日	07/15	土	丙申	除	山下火	氐
4日	07/16	日	丁酉	平	山下火	房
5日	07/17	月	戊戌	定	平地木	心
6日	07/18	火	己亥	定	平地木	尾
7日	07/19	水	庚子	執	壁上土	箕
8日	07/20	木	辛丑	破	壁上土	斗
9日	07/21	金	壬寅	危	金箔金	牛
10日	07/22	土	癸卯	成	金箔金	女
11日	07/23	日	甲辰	納	覆燈火	虚
12日	07/24	月	乙巳	開	覆燈火	危
13日	07/25	火	丙午	閉	天河水	室
14日	07/26	水	丁未	建	天河水	壁
15日	07/27	木	戊申	除	大駅土	奎
16日	07/28	金	己酉	平	大駅土	婁
17日	07/29	土	庚戌	平	釵釧金	胃
18日	07/30	日	辛亥	定	釵釧金	昴
19日	07/31	月	壬子	執	桑柘木	畢
20日	08/01	火	癸丑	破	桑柘木	觜
21日	08/02	水	甲寅	危	大溪水	参
22日	08/03	木	乙卯	成	大溪水	井
23日	08/04	金	丙辰	納	沙中土	鬼
24日	08/05	土	丁巳	開	沙中土	柳
25日	08/06	日	戊午	閉	天上火	星
26日	08/07	月	己未	閉	天上火	張
27日	08/08	火	庚申	建	柘榴木	翼
28日	08/09	水	辛酉	除	柘榴木	軫
29日	08/10	木	壬戌	満	大海水	角

【七月大 丙申 氐】
節気 処暑 11日・白露 27日
雑節 二百十日 23日

日	新暦	曜	干支	直	納音	宿
1日	08/11	金	癸亥	平	大海水	亢

西暦	曜	干支	直	納音	宿

寛保元年〔元文6年〕

第1列

日	西暦	曜	干支	直	納音	宿
2日	08/12	土	甲子	定	海中金	氐
3日	08/13	日	乙丑	執	海中金	房
4日	08/14	月	丙寅	破	爐中火	心
5日	08/15	火	丁卯	危	爐中火	尾
6日	08/16	水	戊辰	成	大林木	箕
7日	08/17	木	己巳	納	大林木	斗
8日	08/18	金	庚午	開	路傍土	牛
9日	08/19	土	辛未	閉	路傍土	女
10日	08/20	日	壬申	建	釵釧金	虚
11日	08/21	月	癸酉	除	釵釧金	危
12日	08/22	火	甲戌	満	山頭火	室
13日	08/23	水	乙亥	定	山頭火	壁
14日	08/24	木	丙子	執	澗下水	奎
15日	08/25	金	丁丑	執	澗下水	婁
16日	08/26	土	戊寅	破	城頭土	胃
17日	08/27	日	己卯	危	城頭土	昴
18日	08/28	月	庚辰	成	白鑞金	畢
19日	08/29	火	辛巳	納	白鑞金	觜
20日	08/30	水	壬午	開	楊柳木	參
21日	08/31	木	癸未	閉	楊柳木	井
22日	09/01	金	甲申	建	井泉水	鬼
23日	09/02	土	乙酉	除	井泉水	柳
24日	09/03	日	丙戌	満	屋上土	星
25日	09/04	月	丁亥	平	屋上土	張
26日	09/05	火	戊子	定	霹靂火	翼
27日	09/06	水	己丑	定	霹靂火	軫
28日	09/07	木	庚寅	執	松柏木	角
29日	09/08	金	辛卯	破	松柏木	亢
30日	09/09	土	壬辰	危	長流水	氐

【八月大 丁酉 房】
節気 秋分 12日・寒露 27日
雑節 彼岸 14日・社日 16日

日	西暦	曜	干支	直	納音	宿
1日	09/10	日	癸巳	成	長流水	房
2日	09/11	月	甲午	納	沙中金	心
3日	09/12	火	乙未	開	沙中金	尾
4日	09/13	水	丙申	閉	山下火	箕
5日	09/14	木	丁酉	建	山下火	斗
6日	09/15	金	戊戌	除	平地木	牛
7日	09/16	土	己亥	満	平地木	女
8日	09/17	日	庚子	平	壁上土	虚
9日	09/18	月	辛丑	定	壁上土	危
10日	09/19	火	壬寅	執	金箔金	室
11日	09/20	水	癸卯	破	金箔金	壁
12日	09/21	木	甲辰	危	覆燈火	奎
13日	09/22	金	乙巳	成	覆燈火	婁
14日	09/23	土	丙午	納	天河水	胃
15日	09/24	日	丁未	開	天河水	昴
16日	09/25	月	戊申	閉	大驛土	畢
17日	09/26	火	己酉	建	大驛土	觜
18日	09/27	水	庚戌	除	釵釧金	參
19日	09/28	木	辛亥	満	釵釧金	井
20日	09/29	金	壬子	平	桑柘木	鬼
21日	09/30	土	癸丑	定	桑柘木	柳
22日	10/01	日	甲寅	執	大溪水	星
23日	10/02	月	乙卯	破	大溪水	張
24日	10/03	火	丙辰	危	沙中土	翼
25日	10/04	水	丁巳	成	沙中土	軫
26日	10/05	木	戊午	納	天上火	角
27日	10/06	金	己未	納	天上火	亢
28日	10/07	土	庚申	開	柘榴木	氐
29日	10/08	日	辛酉	閉	柘榴木	房
30日	10/09	月	壬戌	建	大海水	心

【九月小 戊戌 心】
節気 霜降 12日・立冬 28日
雑節 土用 9日

日	西暦	曜	干支	直	納音	宿
1日	10/10	火	癸亥	除	大海水	尾

第2列

日	西暦	曜	干支	直	納音	宿
2日	10/11	水	甲子	満	海中金	箕
3日	10/12	木	乙丑	平	海中金	斗
4日	10/13	金	丙寅	定	爐中火	牛
5日	10/14	土	丁卯	執	爐中火	女
6日	10/15	日	戊辰	破	大林木	虚
7日	10/16	月	己巳	危	大林木	危
8日	10/17	火	庚午	成	路傍土	室
9日	10/18	水	辛未	納	路傍土	壁
10日	10/19	木	壬申	開	釵釧金	奎
11日	10/20	金	癸酉	閉	釵釧金	婁
12日	10/21	土	甲戌	建	山頭火	胃
13日	10/22	日	乙亥	除	山頭火	昴
14日	10/23	月	丙子	満	澗下水	畢
15日	10/24	火	丁丑	平	澗下水	觜
16日	10/25	水	戊寅	定	城頭土	參
17日	10/26	木	己卯	執	城頭土	井
18日	10/27	金	庚辰	破	白鑞金	鬼
19日	10/28	土	辛巳	危	白鑞金	柳
20日	10/29	日	壬午	成	楊柳木	星
21日	10/30	月	癸未	納	楊柳木	張
22日	10/31	火	甲申	開	井泉水	翼
23日	11/01	水	乙酉	閉	井泉水	軫
24日	11/02	木	丙戌	建	屋上土	角
25日	11/03	金	丁亥	除	屋上土	亢
26日	11/04	土	戊子	満	霹靂火	氐
27日	11/05	日	己丑	平	霹靂火	房
28日	11/06	月	庚寅	定	松柏木	心
29日	11/07	火	辛卯	定	松柏木	尾

【十月大 己亥 尾】
節気 小雪 14日・大雪 29日

日	西暦	曜	干支	直	納音	宿
1日	11/08	水	壬辰	執	長流水	箕
2日	11/09	木	癸巳	破	長流水	斗
3日	11/10	金	甲午	危	沙中金	牛
4日	11/11	土	乙未	成	沙中金	女
5日	11/12	日	丙申	成	山下火	虚
6日	11/13	月	丁酉	納	山下火	危
7日	11/14	火	戊戌	閉	平地木	室
8日	11/15	水	己亥	建	平地木	壁
9日	11/16	木	庚子	除	壁上土	奎
10日	11/17	金	辛丑	満	壁上土	婁
11日	11/18	土	壬寅	平	金箔金	胃
12日	11/19	日	癸卯	定	金箔金	昴
13日	11/20	月	甲辰	執	覆燈火	畢
14日	11/21	火	乙巳	破	覆燈火	觜
15日	11/22	水	丙午	危	天河水	參
16日	11/23	木	丁未	成	天河水	井
17日	11/24	金	戊申	納	大驛土	鬼
18日	11/25	土	己酉	開	大驛土	柳
19日	11/26	日	庚戌	閉	釵釧金	星
20日	11/27	月	辛亥	建	釵釧金	張
21日	11/28	火	壬子	除	桑柘木	翼
22日	11/29	水	癸丑	満	桑柘木	軫
23日	11/30	木	甲寅	平	大溪水	角
24日	12/01	金	乙卯	定	大溪水	亢
25日	12/02	土	丙辰	執	沙中土	氐
26日	12/03	日	丁巳	破	沙中土	房
27日	12/04	月	戊午	危	天上火	心
28日	12/05	火	己未	成	天上火	尾
29日	12/06	水	庚申	納	柘榴木	箕
30日	12/07	木	辛酉	納	柘榴木	斗

【十一月大 庚子 箕】
節気 冬至 14日・小寒 29日

日	西暦	曜	干支	直	納音	宿
1日	12/08	金	壬戌	開	大海水	牛
2日	12/09	土	癸亥	閉	大海水	女
3日	12/10	日	甲子	建	海中金	虚
4日	12/11	月	乙丑	除	海中金	危

第3列

日	西暦	曜	干支	直	納音	宿
5日	12/12	火	丙寅	満	爐中火	室
6日	12/13	水	丁卯	平	爐中火	壁
7日	12/14	木	戊辰	定	大林木	奎
8日	12/15	金	己巳	執	大林木	婁
9日	12/16	土	庚午	破	路傍土	胃
10日	12/17	日	辛未	成	路傍土	昴
11日	12/18	月	壬申	成	釵釧金	畢
12日	12/19	火	癸酉	納	釵釧金	觜
13日	12/20	水	甲戌	開	山頭火	參
14日	12/21	木	乙亥	閉	山頭火	井
15日	12/22	金	丙子	建	澗下水	鬼
16日	12/23	土	丁丑	除	澗下水	柳
17日	12/24	日	戊寅	平	城頭土	星
18日	12/25	月	己卯	定	城頭土	張
19日	12/26	火	庚辰	定	白鑞金	翼
20日	12/27	水	辛巳	執	白鑞金	軫
21日	12/28	木	壬午	破	楊柳木	角
22日	12/29	金	癸未	危	楊柳木	亢
23日	12/30	土	甲申	成	井泉水	氐
24日	12/31	日	乙酉	納	井泉水	房

1742年

日	西暦	曜	干支	直	納音	宿
25日	01/01	月	丙戌	開	屋上土	心
26日	01/02	火	丁亥	閉	屋上土	尾
27日	01/03	水	戊子	建	霹靂火	箕
28日	01/04	木	己丑	除	霹靂火	斗
29日	01/05	金	庚寅	満	松柏木	牛
30日	01/06	土	辛卯	満	松柏木	女

【十二月小 辛丑 斗】
節気 大寒 15日
雑節 土用 12日・節分 29日

日	西暦	曜	干支	直	納音	宿
1日	01/07	日	壬辰	平	長流水	虚
2日	01/08	月	癸巳	定	長流水	危
3日	01/09	火	甲午	執	沙中金	室
4日	01/10	水	乙未	破	沙中金	壁
5日	01/11	木	丙申	危	山下火	奎
6日	01/12	金	丁酉	成	山下火	婁
7日	01/13	土	戊戌	納	平地木	胃
8日	01/14	日	己亥	開	平地木	昴
9日	01/15	月	庚子	閉	壁上土	畢
10日	01/16	火	辛丑	建	壁上土	觜
11日	01/17	水	壬寅	除	金箔金	參
12日	01/18	木	癸卯	満	金箔金	井
13日	01/19	金	甲辰	平	覆燈火	鬼
14日	01/20	土	乙巳	定	覆燈火	柳
15日	01/21	日	丙午	定	天河水	星
16日	01/22	月	丁未	破	天河水	張
17日	01/23	火	戊申	危	大驛土	翼
18日	01/24	水	己酉	成	大驛土	軫
19日	01/25	木	庚戌	納	釵釧金	角
20日	01/26	金	辛亥	開	釵釧金	亢
21日	01/27	土	壬子	閉	桑柘木	氐
22日	01/28	日	癸丑	建	桑柘木	房
23日	01/29	月	甲寅	除	大溪水	心
24日	01/30	火	乙卯	満	大溪水	尾
25日	01/31	水	丙辰	平	沙中土	箕
26日	02/01	木	丁巳	定	沙中土	斗
27日	02/02	金	戊午	執	天上火	牛
28日	02/03	土	己未	破	天上火	女
29日	02/04	日	庚申	危	柘榴木	虚

寛保2年
1742～1743 壬戌 参

【正月大 壬寅 牛】
節気 立春 1日・雨水 16日

日	新暦	曜	干支	直	納音	宿
1日	02/05	月	辛酉	危	柘榴木	危
2日	02/06	火	壬戌	成	大海水	室
3日	02/07	水	癸亥	納	大海水	壁
4日	02/08	木	甲子	開	海中金	奎
5日	02/09	金	乙丑	閉	海中金	婁
6日	02/10	土	丙寅	建	爐中火	胃
7日	02/11	日	丁卯	除	爐中火	昴
8日	02/12	月	戊辰	満	大林木	畢
9日	02/13	火	己巳	平	大林木	参
10日	02/14	水	庚午	定	路傍土	井
11日	02/15	木	辛未	執	路傍土	鬼
12日	02/16	金	壬申	破	釵釧金	柳
13日	02/17	土	癸酉	危	釵釧金	星
14日	02/18	日	甲戌	成	山頭火	張
15日	02/19	月	乙亥	納	山頭火	翼
16日	02/20	火	丙子	開	澗下水	軫
17日	02/21	水	丁丑	閉	澗下水	角
18日	02/22	木	戊寅	建	城頭土	亢
19日	02/23	金	己卯	除	城頭土	氐
20日	02/24	土	庚辰	満	白鑞金	房
21日	02/25	日	辛巳	平	白鑞金	心
22日	02/26	月	壬午	定	楊柳木	尾
23日	02/27	火	癸未	執	楊柳木	箕
24日	02/28	水	甲申	破	井泉水	斗
25日	03/01	木	乙酉	危	井泉水	牛
26日	03/02	金	丙戌	成	屋上土	女
27日	03/03	土	丁亥	納	屋上土	虚
28日	03/04	日	戊子	開	霹靂火	危
29日	03/05	月	己丑	閉	霹靂火	室
30日	03/06	火	庚寅	建	松柏木	壁

【二月小 癸卯 女】
節気 啓蟄 1日・春分 17日
雑節 社日 18日・彼岸 19日

日	新暦	曜	干支	直	納音	宿
1日	03/07	水	辛卯	建	松柏木	壁
2日	03/08	木	壬辰	除	長流水	奎
3日	03/09	金	癸巳	満	長流水	婁
4日	03/10	土	甲午	平	沙中金	胃
5日	03/11	日	乙未	定	沙中金	昴
6日	03/12	月	丙申	執	山下火	畢
7日	03/13	火	丁酉	破	山下火	参
8日	03/14	水	戊戌	危	平地木	井
9日	03/15	木	己亥	成	平地木	鬼
10日	03/16	金	庚子	納	壁上土	柳
11日	03/17	土	辛丑	開	壁上土	星
12日	03/18	日	壬寅	閉	金箔金	張
13日	03/19	月	癸卯	建	金箔金	翼
14日	03/20	火	甲辰	除	覆燈火	軫
15日	03/21	水	乙巳	満	覆燈火	角
16日	03/22	木	丙午	平	天河水	亢
17日	03/23	金	丁未	定	天河水	氐
18日	03/24	土	戊申	執	大駅土	房
19日	03/25	日	己酉	破	大駅土	心
20日	03/26	月	庚戌	危	釵釧金	尾
21日	03/27	火	辛亥	成	釵釧金	箕
22日	03/28	水	壬子	納	桑柘木	斗
23日	03/29	木	癸丑	開	桑柘木	牛
24日	03/30	金	甲寅	閉	大溪水	女
25日	03/31	土	乙卯	建	大溪水	虚
26日	04/01	日	丙辰	除	沙中土	危
27日	04/02	月	丁巳	満	沙中土	室
28日	04/03	火	戊午	平	天上火	室
29日	04/04	水	己未	定	天上火	壁

【三月大 甲辰 虚】
節気 清明 3日・穀雨 18日
雑節 土用 15日・八十八夜 29日

日	新暦	曜	干支	直	納音	宿
1日	04/05	木	庚申	執	柘榴木	奎
2日	04/06	金	辛酉	破	柘榴木	婁
3日	04/07	土	壬戌	危	大海水	胃
4日	04/08	日	癸亥	成	大海水	昴
5日	04/09	月	甲子	納	海中金	畢
6日	04/10	火	乙丑	開	海中金	参
7日	04/11	水	丙寅	閉	爐中火	井
8日	04/12	木	丁卯	建	爐中火	鬼
9日	04/13	金	戊辰	除	大林木	柳
10日	04/14	土	己巳	満	大林木	星
11日	04/15	日	庚午	平	路傍土	張
12日	04/16	月	辛未	定	路傍土	翼
13日	04/17	火	壬申	執	釵釧金	軫
14日	04/18	水	癸酉	破	釵釧金	角
15日	04/19	木	甲戌	危	山頭火	亢
16日	04/20	金	乙亥	成	山頭火	氐
17日	04/21	土	丙子	納	澗下水	房
18日	04/22	日	丁丑	納	澗下水	心
19日	04/23	月	戊寅	開	城頭土	尾
20日	04/24	火	己卯	閉	城頭土	箕
21日	04/25	水	庚辰	建	白鑞金	斗
22日	04/26	木	辛巳	除	白鑞金	牛
23日	04/27	金	壬午	満	楊柳木	女
24日	04/28	土	癸未	平	楊柳木	虚
25日	04/29	日	甲申	定	井泉水	危
26日	04/30	月	乙酉	執	井泉水	室
27日	05/01	火	丙戌	破	屋上土	壁
28日	05/02	水	丁亥	危	屋上土	奎
29日	05/03	木	戊子	成	霹靂火	婁
30日	05/04	金	己丑	納	霹靂火	胃

【四月小 乙巳 危】
節気 立夏 3日・小満 18日

日	新暦	曜	干支	直	納音	宿
1日	05/05	土	庚寅	開	松柏木	胃
2日	05/06	日	辛卯	閉	松柏木	昴
3日	05/07	月	壬辰	建	長流水	畢
4日	05/08	火	癸巳	除	長流水	觜
5日	05/09	水	甲午	除	沙中金	参
6日	05/10	木	乙未	満	沙中金	井
7日	05/11	金	丙申	平	山下火	鬼
8日	05/12	土	丁酉	定	山下火	柳
9日	05/13	日	戊戌	執	平地木	星
10日	05/14	月	己亥	破	平地木	張
11日	05/15	火	庚子	危	壁上土	翼
12日	05/16	水	辛丑	成	壁上土	軫
13日	05/17	木	壬寅	納	金箔金	角
14日	05/18	金	癸卯	納	金箔金	亢
15日	05/19	土	甲辰	建	覆燈火	氐
16日	05/20	日	乙巳	建	覆燈火	房
17日	05/21	月	丙午	除	天河水	心
18日	05/22	火	丁未	満	天河水	尾
19日	05/23	水	戊申	定	大駅土	箕
20日	05/24	木	己酉	定	大駅土	斗
21日	05/25	金	庚戌	執	釵釧金	牛
22日	05/26	土	辛亥	破	釵釧金	女
23日	05/27	日	壬子	危	桑柘木	虚
24日	05/28	月	癸丑	成	桑柘木	危
25日	05/29	火	甲寅	納	大溪水	室
26日	05/30	水	乙卯	開	大溪水	壁
27日	05/31	木	丙辰	閉	沙中土	奎
28日	06/01	金	丁巳	建	沙中土	婁
29日	06/02	土	戊午	除	天上火	胃

【五月小 丙午 室】
節気 芒種 5日・夏至 20日
雑節 入梅 14日

日	新暦	曜	干支	直	納音	宿
1日◎	06/03	日	己未	満	天上火	昴
2日	06/04	月	庚申	平	柘榴木	畢
3日	06/05	火	辛酉	定	柘榴木	觜
4日	06/06	水	壬戌	執	大海水	参
5日	06/07	木	癸亥	破	大海水	井
6日	06/08	金	甲子	危	海中金	鬼
7日	06/09	土	乙丑	成	海中金	柳
8日	06/10	日	丙寅	納	爐中火	星
9日	06/11	月	丁卯	開	爐中火	張
10日	06/12	火	戊辰	閉	大林木	翼
11日	06/13	水	己巳	建	大林木	軫
12日	06/14	木	庚午	除	路傍土	角
13日	06/15	金	辛未	満	路傍土	亢
14日	06/16	土	壬申	平	釵釧金	氐
15日	06/17	日	癸酉	定	釵釧金	房
16日	06/18	月	甲戌	執	山頭火	心
17日	06/19	火	乙亥	破	山頭火	尾
18日	06/20	水	丙子	危	澗下水	箕
19日	06/21	木	丁丑	成	澗下水	斗
20日	06/22	金	戊寅	納	城頭土	女
21日	06/23	土	己卯	開	城頭土	虚
22日	06/24	日	庚辰	閉	白鑞金	室
23日	06/25	月	辛巳	建	白鑞金	壁
24日	06/26	火	壬午	除	楊柳木	奎
25日	06/27	水	癸未	満	楊柳木	婁
26日	06/28	木	甲申	平	井泉水	胃
27日	06/29	金	乙酉	定	井泉水	昴
28日	06/30	土	丙戌	執	屋上土	畢
29日	07/01	日	丁亥	破	屋上土	觜

【六月大 丁未 壁】
節気 小暑 6日・大暑 21日
雑節 半夏生 1日・土用 18日

日	新暦	曜	干支	直	納音	宿
1日	07/02	月	戊子	破	霹靂火	畢
2日	07/03	火	己丑	危	霹靂火	觜
3日	07/04	水	庚寅	成	松柏木	参
4日	07/05	木	辛卯	納	松柏木	井
5日	07/06	金	壬辰	開	長流水	柳
6日	07/07	土	癸巳	閉	長流水	星
7日	07/08	日	甲午	建	沙中金	張
8日	07/09	月	乙未	除	沙中金	翼
9日	07/10	火	丙申	満	山下火	軫
10日	07/11	水	丁酉	平	山下火	角
11日	07/12	木	戊戌	定	平地木	亢
12日	07/13	金	己亥	執	平地木	氐
13日	07/14	土	庚子	破	壁上土	房
14日	07/15	日	辛丑	危	壁上土	心
15日	07/16	月	壬寅	成	金箔金	尾
16日	07/17	火	癸卯	納	金箔金	箕
17日	07/18	水	甲辰	開	覆燈火	斗
18日	07/19	木	乙巳	閉	覆燈火	牛
19日	07/20	金	丙午	建	天河水	女
20日	07/21	土	丁未	除	天河水	虚
21日	07/22	日	戊申	満	大駅土	危
22日	07/23	月	己酉	平	大駅土	室
23日	07/24	火	庚戌	定	釵釧金	壁
24日	07/25	水	辛亥	執	釵釧金	奎
25日	07/26	木	壬子	破	桑柘木	婁
26日	07/27	金	癸丑	危	桑柘木	胃
27日	07/28	土	甲寅	成	大溪水	昴
28日	07/29	日	乙卯	納	大溪水	畢
29日	07/30	月	丙辰	開	沙中土	觜
30日	07/31	火	丁巳	閉	沙中土	参

【七月小 戊申 奎】
節気 立秋 6日・処暑 22日

日	新暦	曜	干支	直	納音	宿
1日	08/01	水	戊午	建	天上火	井
2日	08/02	木	己未	除	天上火	鬼
3日	08/03	金	庚申	除	柘榴木	柳
4日	08/04	土	辛酉	満	柘榴木	星

西暦　曜　干支　直　納音　宿　　　　　　　　　　　　寛保2年

日	西暦	曜	干支	直	納音	宿
5日	08/05	日	壬戌	平	大海水	星
6日	08/06	月	癸亥	定	大海水	張
7日	08/07	火	甲子	執	海中金	翼
8日	08/08	水	乙丑	破	海中金	軫
9日	08/09	木	丙寅	危	爐中火	角
10日	08/10	金	丁卯	成	爐中火	亢
11日	08/11	土	戊辰	納	大林木	氐
12日	08/12	日	己巳	納	大林木	房
13日	08/13	月	庚午	開	路傍土	心
14日	08/14	火	辛未	閉	路傍土	尾
15日	08/15	水	壬申	建	釵釧金	箕
16日	08/16	木	癸酉	除	釵釧金	斗
17日	08/17	金	甲戌	満	山頭火	牛
18日	08/18	土	乙亥	平	山頭火	女
19日	08/19	日	丙子	定	澗下水	虚
20日	08/20	月	丁丑	執	澗下水	危
21日	08/21	火	戊寅	破	城頭土	室
22日	08/22	水	己卯	危	城頭土	壁
23日	08/23	木	庚辰	成	白鑞金	奎
24日	08/24	金	辛巳	納	白鑞金	婁
25日	08/25	土	壬午	開	楊柳木	胃
26日	08/26	日	癸未	閉	楊柳木	昴
27日	08/27	月	甲申	建	井泉水	畢
28日	08/28	火	乙酉	除	井泉水	觜
29日	08/29	水	丙戌	満	屋上土	参

【八月大 己酉 觜】
節気 白露 8日・秋分 23日
雑節 二百十日 4日・社日 22日・彼岸 25日

日	西暦	曜	干支	直	納音	宿
1日	08/30	木	丁亥	平	屋上土	井
2日	08/31	金	戊子	定	霹靂火	鬼
3日	09/01	土	己丑	執	霹靂火	柳
4日	09/02	日	庚寅	破	松柏木	星
5日	09/03	月	辛卯	危	松柏木	張
6日	09/04	火	壬辰	成	長流水	翼
7日	09/05	水	癸巳	納	長流水	軫
8日	09/06	木	甲午	納	沙中金	角
9日	09/07	金	乙未	開	沙中金	亢
10日	09/08	土	丙申	閉	山下火	氐
11日	09/09	日	丁酉	建	平地木	房
12日	09/10	月	戊戌	除	平地木	心
13日	09/11	火	己亥	満	平地木	尾
14日	09/12	水	庚子	定	壁上土	箕
15日	09/13	木	辛丑	定	壁上土	斗
16日	09/14	金	壬寅	執	金箔金	牛
17日	09/15	土	癸卯	破	金箔金	女
18日	09/16	日	甲辰	危	覆燈火	虚
19日	09/17	月	乙巳	成	覆燈火	危
20日	09/18	火	丙午	納	天河水	室
21日	09/19	水	丁未	開	天河水	壁
22日	09/20	木	戊申	閉	大駅土	奎
23日	09/21	金	己酉	建	大駅土	婁
24日	09/22	土	庚戌	除	釵釧金	胃
25日	09/23	日	辛亥	満	釵釧金	昴
26日	09/24	月	壬子	平	桑柘木	畢
27日	09/25	火	癸丑	定	桑柘木	觜
28日	09/26	水	甲寅	執	大溪水	参
29日	09/27	木	乙卯	破	大溪水	井
30日	09/28	金	丙辰	危	沙中金	鬼

【九月小 庚戌 胃】
節気 寒露 8日・霜降 24日
雑節 土用 21日

日	西暦	曜	干支	直	納音	宿
1日	09/29	土	丁巳	成	沙中土	柳
2日	09/30	日	戊午	納	天上火	星
3日	10/01	月	己未	開	天上火	張
4日	10/02	火	庚申	閉	柘榴木	翼
5日	10/03	水	辛酉	建	柘榴木	軫
6日	10/04	木	壬戌	除	大海水	角
7日	10/05	金	癸亥	満	大海水	亢
8日	10/06	土	甲子	満	海中金	氐
9日	10/07	日	乙丑	平	海中金	房
10日	10/08	月	丙寅	定	爐中火	心
11日	10/09	火	丁卯	執	爐中火	尾
12日	10/10	水	戊辰	破	大林木	箕
13日	10/11	木	己巳	危	大林木	斗
14日	10/12	金	庚午	成	路傍土	牛
15日	10/13	土	辛未	納	路傍土	女
16日	10/14	日	壬申	開	釵釧金	虚
17日	10/15	月	癸酉	閉	釵釧金	危
18日	10/16	火	甲戌	建	山頭火	室
19日	10/17	水	乙亥	除	山頭火	壁
20日	10/18	木	丙子	満	澗下水	奎
21日	10/19	金	丁丑	平	澗下水	婁
22日	10/20	土	戊寅	定	城頭土	胃
23日	10/21	日	己卯	執	城頭土	昴
24日	10/22	月	庚辰	破	白鑞金	畢
25日	10/23	火	辛巳	危	白鑞金	觜
26日	10/24	水	壬午	成	楊柳木	参
27日	10/25	木	癸未	納	楊柳木	井
28日	10/26	金	甲申	開	井泉水	鬼
29日	10/27	土	乙酉	閉	井泉水	柳

【十月大 辛亥 昴】
節気 立冬 10日・小雪 25日

日	西暦	曜	干支	直	納音	宿
1日	10/28	日	丙戌	建	屋上土	星
2日	10/29	月	丁亥	除	屋上土	張
3日	10/30	火	戊子	満	霹靂火	翼
4日	10/31	水	己丑	平	霹靂火	軫
5日	11/01	木	庚寅	定	松柏木	角
6日	11/02	金	辛卯	執	松柏木	亢
7日	11/03	土	壬辰	破	長流水	氐
8日	11/04	日	癸巳	危	長流水	房
9日	11/05	月	甲午	成	沙中金	心
10日	11/06	火	乙未	納	沙中金	尾
11日	11/07	水	丙申	納	山下火	箕
12日	11/08	木	丁酉	開	山下火	斗
13日	11/09	金	戊戌	閉	平地木	牛
14日	11/10	土	己亥	建	平地木	女
15日	11/11	日	庚子	除	壁上土	虚
16日	11/12	☆月	辛丑	満	壁上土	危
17日	11/13	火	壬寅	平	金箔金	室
18日	11/14	水	癸卯	定	金箔金	壁
19日	11/15	木	甲辰	執	覆燈火	奎
20日	11/16	金	乙巳	破	覆燈火	婁
21日	11/17	土	丙午	危	天河水	胃
22日	11/18	日	丁未	成	天河水	昴
23日	11/19	月	戊申	納	大駅土	畢
24日	11/20	火	己酉	閉	大駅土	觜
25日	11/21	水	庚戌	開	釵釧金	参
26日	11/22	木	辛亥	閉	釵釧金	井
27日	11/23	金	壬子	建	桑柘木	鬼
28日	11/24	土	癸丑	満	桑柘木	柳
29日	11/25	日	甲寅	平	大溪水	星
30日	11/26	月	乙卯	定	大溪水	張

【十一月大 壬子 畢】
節気 大雪 10日・冬至 25日

日	西暦	曜	干支	直	納音	宿
1日	11/27	火	丙辰	執	沙中土	翼
2日	11/28	水	丁巳	破	沙中土	軫
3日	11/29	木	戊午	危	天上火	角
4日	11/30	金	己未	成	天上火	亢
5日	12/01	土	庚申	納	柘榴木	氐
6日	12/02	日	辛酉	開	柘榴木	房
7日	12/03	月	壬戌	閉	大海水	心
8日	12/04	火	癸亥	建	大海水	尾
9日	12/05	水	甲子	除	海中金	箕
10日	12/06	木	乙丑	除	海中金	斗
11日	12/07	金	丙寅	満	爐中火	牛
12日	12/08	土	丁卯	平	爐中火	女
13日	12/09	日	戊辰	定	大林木	虚
14日	12/10	月	己巳	執	大林木	危
15日	12/11	火	庚午	破	路傍土	室
16日	12/12	水	辛未	危	路傍土	壁
17日	12/13	木	壬申	成	釵釧金	奎
18日	12/14	金	癸酉	納	釵釧金	婁
19日	12/15	土	甲戌	開	山頭火	胃
20日	12/16	日	乙亥	閉	山頭火	昴
21日	12/17	月	丙子	建	澗下水	畢
22日	12/18	火	丁丑	除	澗下水	觜
23日	12/19	水	戊寅	満	城頭土	参
24日	12/20	木	己卯	平	城頭土	井
25日	12/21	金	庚辰	定	白鑞金	鬼
26日	12/22	土	辛巳	執	白鑞金	柳
27日	12/23	日	壬午	危	楊柳木	星
28日	12/24	月	癸未	危	楊柳木	張
29日	12/25	火	甲申	成	井泉水	翼
30日	12/26	水	乙酉	納	井泉水	軫

【十二月大 癸丑 觜】
節気 小寒 11日・大寒 26日
雑節 土用 23日

日	西暦	曜	干支	直	納音	宿
1日	12/27	木	丙戌	開	屋上土	角
2日	12/28	金	丁亥	閉	屋上土	亢
3日	12/29	土	戊子	除	霹靂火	氐
4日	12/30	日	己丑	除	霹靂火	房
5日	12/31	月	庚寅	満	松柏木	心
			1743年			
6日	01/01	火	辛卯	平	松柏木	尾
7日	01/02	水	壬辰	定	長流水	箕
8日	01/03	木	癸巳	執	長流水	斗
9日	01/04	金	甲午	破	沙中金	牛
10日	01/05	土	乙未	危	沙中金	女
11日	01/06	日	丙申	成	山下火	虚
12日	01/07	月	丁酉	納	山下火	危
13日	01/08	火	戊戌	納	平地木	室
14日	01/09	水	己亥	開	平地木	壁
15日	01/10	木	庚子	閉	壁上土	奎
16日	01/11	金	辛丑	建	壁上土	婁
17日	01/12	土	壬寅	除	金箔金	胃
18日	01/13	日	癸卯	満	金箔金	昴
19日	01/14	月	甲辰	平	覆燈火	畢
20日	01/15	火	乙巳	定	覆燈火	觜
21日	01/16	水	丙午	執	天河水	参
22日	01/17	木	丁未	破	天河水	井
23日	01/18	金	戊申	危	大駅土	鬼
24日	01/19	土	己酉	成	大駅土	柳
25日	01/20	日	庚戌	納	釵釧金	星
26日	01/21	月	辛亥	開	釵釧金	張
27日	01/22	火	壬子	閉	桑柘木	翼
28日	01/23	水	癸丑	建	桑柘木	軫
29日	01/24	木	甲寅	除	大溪水	角
30日	01/25	金	乙卯	満	大溪水	亢

寛保3年
1743～1744　癸亥　井

【正月小　甲寅　参】
節気　立春 11日・雨水 26日
雑節　節分 10日

日	日付	曜	干支	十二直	納音	宿
1日	01/26	土	丙辰	平	沙中土	氐
2日	01/27	日	丁巳	定	沙中土	房
3日	01/28	月	戊午	執	天上火	心
4日	01/29	火	己未	破	天上火	尾
5日	01/30	水	庚申	危	柏榴木	箕
6日	01/31	木	辛酉	成	柏榴木	斗
7日	02/01	金	壬戌	納	大海水	牛
8日	02/02	土	癸亥	開	大海水	女
9日	02/03	日	甲子	閉	海中金	虚
10日	02/04	月	乙丑	建	海中金	危
11日	02/05	火	丙寅	建	炉中火	室
12日	02/06	水	丁卯	除	炉中火	壁
13日	02/07	木	戊辰	満	大林木	奎
14日	02/08	金	己巳	平	大林木	婁
15日	02/09	土	庚午	定	路傍土	胃
16日	02/10	日	辛未	執	路傍土	昴
17日	02/11	月	壬申	破	剣鋒金	畢
18日	02/12	火	癸酉	危	剣鋒金	觜
19日	02/13	水	甲戌	成	山頭火	参
20日	02/14	木	乙亥	納	山頭火	井
21日	02/15	金	丙子	開	澗下水	鬼
22日	02/16	土	丁丑	閉	澗下水	柳
23日	02/17	日	戊寅	建	城頭土	星
24日	02/18	月	己卯	除	城頭土	張
25日	02/19	火	庚辰	満	白鑞金	翼
26日	02/20	水	辛巳	平	白鑞金	軫
27日	02/21	木	壬午	定	楊柳木	角
28日	02/22	金	癸未	執	楊柳木	亢
29日	02/23	土	甲申	破	井泉水	氐

【二月大　乙卯　井】
節気　啓蟄 13日・春分 28日
雑節　社日 24日・彼岸 30日

日	日付	曜	干支	十二直	納音	宿
1日	02/24	日	乙酉	危	井泉水	房
2日	02/25	月	丙戌	成	屋上土	心
3日	02/26	火	丁亥	納	屋上土	尾
4日	02/27	水	戊子	開	霹靂火	箕
5日	02/28	木	己丑	閉	霹靂火	斗
6日	02/29	金	庚寅	建	松柏木	牛
7日	03/01	土	辛卯	除	松柏木	女
8日	03/02	日	壬辰	満	長流水	虚
9日	03/03	月	癸巳	平	長流水	危
10日	03/04	火	甲午	定	沙中金	室
11日	03/05	水	乙未	執	沙中金	壁
12日	03/06	木	丙申	破	山下火	奎
13日	03/07	金	丁酉	破	山下火	婁
14日	03/08	土	戊戌	危	平地木	胃
15日	03/09	日	己亥	成	平地木	昴
16日	03/10	月	庚子	納	壁上土	畢
17日	03/11	火	辛丑	開	壁上土	觜
18日	03/12	水	壬寅	閉	金箔金	参
19日	03/13	木	癸卯	建	金箔金	井
20日	03/14	金	甲辰	除	覆燈火	鬼
21日	03/15	土	乙巳	満	覆燈火	柳
22日	03/16	日	丙午	平	天河水	星
23日	03/17	月	丁未	定	天河水	張
24日	03/18	火	戊申	執	大駅土	翼
25日	03/19	水	己酉	破	大駅土	軫
26日	03/20	木	庚戌	危	釵釧金	角
27日	03/21	金	辛亥	成	釵釧金	亢
28日	03/22	土	壬子	納	桑柘木	氐
29日	03/23	日	癸丑	開	桑柘木	房
30日	03/24	月	甲寅	閉	大渓水	心

【三月小　丙辰　鬼】
節気　清明 13日・穀雨 28日
雑節　土用 25日

日	日付	曜	干支	十二直	納音	宿
1日	03/26	火	乙卯	建	大渓水	尾
2日	03/27	水	丙辰	除	沙中土	箕
3日	03/28	木	丁巳	満	沙中土	斗
4日	03/29	金	戊午	平	天上火	牛
5日	03/30	土	己未	定	天上火	女
6日	03/31	日	庚申	執	柏榴木	虚
7日	04/01	月	辛酉	破	柏榴木	危
8日	04/02	火	壬戌	危	大海水	室
9日	04/03	水	癸亥	成	大海水	壁
10日	04/04	木	甲子	納	海中金	奎
11日	04/05	金	乙丑	開	海中金	婁
12日	04/06	土	丙寅	閉	炉中火	胃
13日	04/07	日	丁卯	閉	炉中火	昴
14日	04/08	月	戊辰	建	大林木	畢
15日	04/09	火	己巳	除	大林木	觜
16日	04/10	水	庚午	満	路傍土	参
17日	04/11	木	辛未	平	路傍土	井
18日	04/12	金	壬申	定	剣鋒金	鬼
19日	04/13	土	癸酉	執	剣鋒金	柳
20日	04/14	日	甲戌	破	山頭火	星
21日	04/15	月	乙亥	危	山頭火	張
22日	04/16	火	丙子	成	澗下水	翼
23日	04/17	水	丁丑	納	澗下水	軫
24日	04/18	木	戊寅	開	城頭土	角
25日	04/19	金	己卯	閉	城頭土	亢
26日	04/20	土	庚辰	建	白鑞金	氐
27日	04/21	日	辛巳	除	白鑞金	房
28日	04/22	月	壬午	満	楊柳木	心
29日	04/23	火	癸未	平	楊柳木	尾

【四月大　丁巳　柳】
節気　立夏 14日・小満 30日
雑節　八十八夜 10日

日	日付	曜	干支	十二直	納音	宿
1日	04/24	水	甲申	定	井泉水	箕
2日	04/25	木	乙酉	執	井泉水	斗
3日	04/26	金	丙戌	破	屋上土	牛
4日	04/27	土	丁亥	危	屋上土	女
5日	04/28	日	戊子	成	霹靂火	虚
6日	04/29	月	己丑	納	霹靂火	危
7日	04/30	火	庚寅	開	松柏木	室
8日	05/01	水	辛卯	閉	松柏木	壁
9日	05/02	木	壬辰	建	長流水	奎
10日	05/03	金	癸巳	除	長流水	婁
11日	05/04	土	甲午	満	沙中金	胃
12日	05/05	日	乙未	平	沙中金	昴
13日	05/06	月	丙申	定	山下火	畢
14日	05/07	火	丁酉	定	山下火	觜
15日	☆05/08	水	戊戌	執	平地木	参
16日	05/09	木	己亥	破	平地木	井
17日	05/10	金	庚子	危	壁上土	鬼
18日	05/11	土	辛丑	成	壁上土	柳
19日	05/12	日	壬寅	納	金箔金	星
20日	05/13	月	癸卯	開	金箔金	張
21日	05/14	火	甲辰	閉	覆燈火	翼
22日	05/15	水	乙巳	建	覆燈火	軫
23日	05/16	木	丙午	除	天河水	角
24日	05/17	金	丁未	満	天河水	亢
25日	05/18	土	戊申	平	大駅土	氐
26日	05/19	日	己酉	定	大駅土	房
27日	05/20	月	庚戌	執	釵釧金	心
28日	05/21	火	辛亥	破	釵釧金	尾
29日	05/22	水	壬子	危	桑柘木	箕
30日	05/23	木	癸丑	成	桑柘木	斗

【閏四月小　丁巳　柳】
節気　芒種 15日
雑節　入梅 19日

日	日付	曜	干支	十二直	納音	宿
1日	05/24	金	甲寅	納	大渓水	牛
2日	05/25	土	乙卯	開	大渓水	女
3日	05/26	日	丙辰	閉	沙中土	虚
4日	05/27	月	丁巳	建	沙中土	危
5日	05/28	火	戊午	除	天上火	室
6日	05/29	水	己未	満	天上火	壁
7日	05/30	木	庚申	平	柏榴木	奎
8日	05/31	金	辛酉	定	柏榴木	婁
9日	06/01	土	壬戌	執	大海水	胃
10日	06/02	日	癸亥	破	大海水	昴
11日	06/03	月	甲子	危	海中金	畢
12日	06/04	火	乙丑	成	海中金	觜
13日	06/05	水	丙寅	納	炉中火	参
14日	06/06	木	丁卯	開	炉中火	井
15日	06/07	金	戊辰	開	大林木	鬼
16日	06/08	土	己巳	閉	大林木	柳
17日	06/09	日	庚午	建	路傍土	星
18日	06/10	月	辛未	除	路傍土	張
19日	06/11	火	壬申	満	剣鋒金	翼
20日	06/12	水	癸酉	平	剣鋒金	軫
21日	06/13	木	甲戌	定	山頭火	角
22日	06/14	金	乙亥	執	山頭火	亢
23日	06/15	土	丙子	破	澗下水	氐
24日	06/16	日	丁丑	危	澗下水	房
25日	06/17	月	戊寅	成	城頭土	心
26日	06/18	火	己卯	納	城頭土	尾
27日	06/19	水	庚辰	開	白鑞金	箕
28日	06/20	木	辛巳	閉	白鑞金	斗
29日	06/21	金	壬午	建	楊柳木	牛

【五月小　戊午　星】
節気　夏至 1日・小暑 16日
雑節　半夏生 11日・土用 28日

日	日付	曜	干支	十二直	納音	宿
1日	06/22	土	癸未	除	楊柳木	女
2日	06/23	日	甲申	満	井泉水	虚
3日	06/24	月	乙酉	平	井泉水	危
4日	06/25	火	丙戌	定	屋上土	室
5日	06/26	水	丁亥	執	屋上土	壁
6日	06/27	木	戊子	破	霹靂火	奎
7日	06/28	金	己丑	危	霹靂火	婁
8日	06/29	土	庚寅	成	松柏木	胃
9日	06/30	日	辛卯	納	松柏木	昴
10日	07/01	月	壬辰	開	長流水	畢
11日	07/02	火	癸巳	閉	長流水	觜
12日	07/03	水	甲午	建	沙中金	参
13日	07/04	木	乙未	除	沙中金	井
14日	07/05	金	丙申	満	山下火	鬼
15日	07/06	土	丁酉	平	山下火	柳
16日	07/07	日	戊戌	平	平地木	星
17日	07/08	月	己亥	定	平地木	張
18日	07/09	火	庚子	執	壁上土	翼
19日	07/10	水	辛丑	破	壁上土	軫
20日	07/11	木	壬寅	危	金箔金	角
21日	07/12	金	癸卯	成	金箔金	亢
22日	07/13	土	甲辰	納	覆燈火	氐
23日	07/14	日	乙巳	開	覆燈火	房
24日	07/15	月	丙午	閉	天河水	心
25日	07/16	火	丁未	建	天河水	尾
26日	07/17	水	戊申	除	大駅土	箕
27日	07/18	木	己酉	満	大駅土	斗
28日	07/19	金	庚戌	平	釵釧金	牛
29日	07/20	土	辛亥	定	釵釧金	女

【六月大　己未　張】
節気　大暑 3日・立秋 18日

日	日付	曜	干支	十二直	納音	宿
1日	07/21	日	壬子	執	桑柘木	虚
2日	07/22	月	癸丑	破	桑柘木	危
3日	07/23	火	甲寅	危	大渓水	室
4日	07/24	水	乙卯	成	大渓水	壁
5日	07/25	木	丙辰	納	沙中土	奎
6日	07/26	金	丁巳	開	沙中土	婁
7日	07/27	土	戊午	閉	天上火	胃
8日	07/28	日	己未	建	天上火	昴
9日	07/29	月	庚申	除	柏榴木	畢
10日	07/30	火	辛酉	満	柏榴木	觜
11日	07/31	水	壬戌	平	大海水	参
12日	08/01	木	癸亥	定	大海水	井
13日	08/02	金	甲子	執	海中金	鬼
14日	08/03	土	乙丑	破	海中金	柳
15日	08/04	日	丙寅	危	炉中火	星
16日	08/05	月	丁卯	成	炉中火	張

寛保3年

西暦	曜	干支	直	納音	宿
17日 08/06	火	戊辰	納	大林木	翼
18日 08/07	水	己巳	納	大林木	軫
19日 08/08	木	庚午	開	路傍土	角
20日 08/09	金	辛未	閉	路傍土	亢
21日 08/10	土	壬申	建	釼鋒金	氐
22日 08/11	日	癸酉	除	釼鋒金	房
23日 08/12	月	甲戌	満	山頭火	心
24日 08/13	火	乙亥	平	山頭火	尾
25日 08/14	水	丙子	定	澗下水	箕
26日 08/15	木	丁丑	執	澗下水	斗
27日 08/16	金	戊寅	破	城頭土	女
28日 08/17	土	己卯	危	城頭土	虚
29日 08/18	日	庚辰	成	白鑞金	危
30日 08/19	月	辛巳	納	白鑞金	室

【七月小 庚申 翼】
節気 処暑 3日・白露 18日
雑節 二百十日 14日

西暦	曜	干支	直	納音	宿
1日 08/20	火	壬午	開	楊柳木	室
2日 08/21	水	癸未	閉	楊柳木	壁
3日 08/22	木	甲申	建	井泉水	奎
4日 08/23	金	乙酉	除	井泉水	婁
5日 08/24	土	丙戌	満	屋上土	胃
6日 08/25	日	丁亥	平	屋上土	昴
7日 08/26	月	戊子	定	霹靂火	畢
8日 08/27	火	己丑	執	霹靂火	觜
9日 08/28	水	庚寅	破	松柏木	参
10日 08/29	木	辛卯	危	松柏木	井
11日 08/30	金	壬辰	成	長流水	鬼
12日 08/31	土	癸巳	納	長流水	柳
13日 09/01	日	甲午	開	沙中金	星
14日 09/02	月	乙未	開	沙中金	張
15日 09/03	火	丙申	建	山下火	翼
16日 09/04	水	丁酉	除	山下火	軫
17日 09/05	木	戊戌	満	平地木	角
18日 09/06	金	己亥	満	平地木	亢
19日 09/07	土	庚子	平	壁上土	氐
20日 09/08	日	辛丑	定	壁上土	房
21日 09/09	月	壬寅	執	金箔金	心
22日 09/10	火	癸卯	破	金箔金	尾
23日 09/11	水	甲辰	危	覆燈火	箕
24日 09/12	木	乙巳	成	覆燈火	斗
25日 09/13	金	丙午	納	天河水	牛
26日 09/14	土	丁未	開	天河水	女
27日 09/15	日	戊申	閉	大駅土	虚
28日 09/16	月	己酉	建	大駅土	危
29日 09/17	火	庚戌	除	釼鋒金	室

【八月小 辛酉 軫】
節気 秋分 4日・寒露 20日
雑節 彼岸 6日・社日 8日

西暦	曜	干支	直	納音	宿
1日 09/18	水	辛亥	満	釼鋒金	壁
2日 09/19	木	壬子	平	桑柘木	奎
3日 09/20	金	癸丑	定	桑柘木	婁
4日 09/21	土	甲寅	執	大溪水	胃
5日 09/22	日	乙卯	破	大溪水	昴
6日 09/23	月	丙辰	危	沙中土	畢
7日 09/24	火	丁巳	成	沙中土	觜
8日 09/25	水	戊午	納	天上火	参
9日 09/26	木	己未	開	天上火	井
10日 09/27	金	庚申	閉	柘榴木	鬼
11日 09/28	土	辛酉	建	柘榴木	柳
12日 09/29	日	壬戌	除	大海水	星
13日 09/30	月	癸亥	満	大海水	張
14日 10/01	火	甲子	定	海中金	翼
15日 10/02	水	乙丑	定	海中金	軫
16日 10/03	木	丙寅	執	爐中火	角
17日 10/04	金	丁卯	破	爐中火	亢
18日 10/05	土	戊辰	危	大林木	氐
19日 10/06	日	己巳	成	大林木	房
20日 10/07	月	庚午	成	路傍土	心
21日 10/08	火	辛未	納	路傍土	尾
22日 10/09	水	壬申	開	釼鋒金	箕

西暦	曜	干支	直	納音	宿
23日 10/10	木	癸酉	閉	釼鋒金	斗
24日 10/11	金	甲戌	建	山頭火	牛
25日 10/12	土	乙亥	除	山頭火	女
26日 10/13	日	丙子	満	澗下水	虚
27日 10/14	月	丁丑	平	澗下水	危
28日 10/15	火	戊寅	定	城頭土	室
29日 10/16	水	己卯	執	城頭土	壁

【九月大 壬戌 角】
節気 霜降 6日・立冬 21日
雑節 土用 3日

西暦	曜	干支	直	納音	宿
1日 10/17	木	庚辰	破	白鑞金	奎
2日 10/18	金	辛巳	危	白鑞金	婁
3日 10/19	土	壬午	成	楊柳木	胃
4日 10/20	日	癸未	納	楊柳木	昴
5日 10/21	月	甲申	開	井泉水	畢
6日 10/22	火	乙酉	閉	井泉水	觜
7日 10/23	水	丙戌	建	屋上土	参
8日 10/24	木	丁亥	除	屋上土	井
9日 10/25	金	戊子	満	霹靂火	鬼
10日 10/26	土	己丑	平	霹靂火	柳
11日 10/27	日	庚寅	定	松柏木	星
12日 10/28	月	辛卯	執	松柏木	張
13日 10/29	火	壬辰	破	長流水	翼
14日 10/30	水	癸巳	危	長流水	軫
15日 10/31	木	甲午	成	沙中金	角
16日 11/01	金	乙未	納	沙中金	亢
17日 11/02	土	丙申	開	山下火	氐
18日 11/03	日	丁酉	閉	山下火	房
19日 11/04	月	戊戌	建	平地木	心
20日 11/05	火	己亥	除	平地木	尾
21日 11/06	水	庚子	満	壁上土	箕
22日 11/07	木	辛丑	平	壁上土	斗
23日 11/08	金	壬寅	定	金箔金	牛
24日 11/09	土	癸卯	執	金箔金	女
25日 11/10	日	甲辰	破	覆燈火	虚
26日 11/11	月	乙巳	危	覆燈火	危
27日 11/12	火	丙午	成	天河水	室
28日 11/13	水	丁未	納	天河水	壁
29日 11/14	木	戊申	開	大駅土	奎
30日 11/15	金	己酉	閉	大駅土	婁

【十月大 癸亥 亢】
節気 小雪 6日・大雪 21日

西暦	曜	干支	直	納音	宿
1日 11/16	土	庚戌	閉	釼釧金	胃
2日 11/17	日	辛亥	除	釼釧金	昴
3日 11/18	月	壬子	満	桑柘木	畢
4日 11/19	火	癸丑	満	桑柘木	觜
5日 11/20	水	甲寅	定	大溪水	参
6日 11/21	木	乙卯	執	大溪水	井
7日 11/22	金	丙辰	破	沙中土	鬼
8日 11/23	土	丁巳	危	沙中土	柳
9日 11/24	日	戊午	成	天上火	星
10日 11/25	月	己未	納	天上火	張
11日 11/26	火	庚申	開	柘榴木	翼
12日 11/27	水	辛酉	閉	柘榴木	軫
13日 11/28	木	壬戌	建	大海水	角
14日 11/29	金	癸亥	除	大海水	亢
15日 11/30	土	甲子	満	海中金	氐
16日 12/01	日	乙丑	平	海中金	房
17日 12/02	月	丙寅	定	爐中火	心
18日 12/03	火	丁卯	執	爐中火	尾
19日 12/04	水	戊辰	破	大林木	箕
20日 12/05	木	己巳	危	大林木	斗
21日 12/06	金	庚午	成	路傍土	牛
22日 12/07	土	辛未	納	路傍土	女
23日 12/08	日	壬申	開	釼鋒金	虚
24日 12/09	月	癸酉	閉	釼鋒金	危
25日 12/10	火	甲戌	建	山頭火	室
26日 12/11	水	乙亥	除	山頭火	壁
27日 12/12	木	丙子	満	澗下水	奎
28日 12/13	金	丁丑	平	澗下水	婁
29日 12/14	土	戊寅	満	城頭土	胃

西暦	曜	干支	直	納音	宿
30日 12/15	日	己卯	平	城頭土	昴

【十一月大 甲子 氐】
節気 冬至 7日・小寒 22日

西暦	曜	干支	直	納音	宿
1日 12/16	月	庚辰	定	白鑞金	畢
2日 12/17	火	辛巳	執	白鑞金	觜
3日 12/18	水	壬午	破	楊柳木	参
4日 12/19	木	癸未	危	楊柳木	井
5日 12/20	金	甲申	成	井泉水	鬼
6日 12/21	土	乙酉	納	井泉水	柳
7日 12/22	日	丙戌	開	屋上土	星
8日 12/23	月	丁亥	閉	屋上土	張
9日 12/24	火	戊子	建	霹靂火	翼
10日 12/25	水	己丑	満	霹靂火	軫
11日 12/26	木	庚寅	満	松柏木	角
12日 12/27	金	辛卯	平	松柏木	亢
13日 12/28	土	壬辰	定	長流水	氐
14日 12/29	日	癸巳	執	長流水	房
15日 12/30	月	甲午	破	沙中金	心
16日 12/31	火	乙未	危	沙中金	尾

1744年

西暦	曜	干支	直	納音	宿
17日 01/01	水	丙申	成	山下火	箕
18日 01/02	木	丁酉	納	山下火	斗
19日 01/03	金	戊戌	開	平地木	牛
20日 01/04	土	己亥	閉	平地木	女
21日 01/05	日	庚子	建	壁上土	虚
22日 01/06	月	辛丑	除	壁上土	危
23日 01/07	火	壬寅	除	金箔金	室
24日 01/08	水	癸卯	満	金箔金	壁
25日 01/09	木	甲辰	平	覆燈火	奎
26日 01/10	金	乙巳	定	覆燈火	婁
27日 01/11	土	丙午	執	天河水	胃
28日 01/12	日	丁未	破	天河水	昴
29日 01/13	月	戊申	危	大駅土	畢
30日 01/14	火	己酉	成	大駅土	觜

【十二月大 乙丑 房】
節気 大寒 7日・立春 22日
雑節 土用 4日・節分 21日

西暦	曜	干支	直	納音	宿
1日 01/15	水	庚戌	納	釼釧金	参
2日 01/16	木	辛亥	開	釼釧金	井
3日 01/17	金	壬子	閉	桑柘木	鬼
4日 01/18	土	癸丑	建	桑柘木	柳
5日 01/19	日	甲寅	除	大溪水	星
6日 01/20	月	乙卯	満	大溪水	張
7日 01/21	火	丙辰	平	沙中土	翼
8日 01/22	水	丁巳	定	沙中土	軫
9日 01/23	木	戊午	執	天上火	角
10日 01/24	金	己未	破	天上火	亢
11日 01/25	土	庚申	危	柘榴木	氐
12日 01/26	日	辛酉	成	柘榴木	房
13日 01/27	月	壬戌	納	大海水	心
14日 01/28	火	癸亥	開	大海水	尾
15日 01/29	水	甲子	閉	海中金	箕
16日 01/30	木	乙丑	建	海中金	斗
17日 01/31	金	丙寅	除	爐中火	牛
18日 02/01	土	丁卯	満	爐中火	女
19日 02/02	日	戊辰	平	大林木	虚
20日 02/03	月	己巳	定	大林木	危
21日 02/04	火	庚午	執	路傍土	室
22日 02/05	水	辛未	破	路傍土	壁
23日 02/06	木	壬申	破	釼鋒金	奎
24日 02/07	金	癸酉	危	釼鋒金	婁
25日 02/08	土	甲戌	成	山頭火	胃
26日 02/09	日	乙亥	納	山頭火	昴
27日 02/10	月	丙子	開	澗下水	畢
28日 02/11	火	丁丑	閉	澗下水	觜
29日 02/12	水	戊寅	建	城頭土	参
30日 02/13	木	己卯	除	城頭土	井

延享元年〔寛保4年〕

1744～1745　甲子　鬼
※改元＝2月21日

【正月小　丙寅　心】

節気　雨水 8日・啓蟄 23日

日	月日	曜	干支	直	納音	宿
1日	02/14	金	庚辰	満	白鑞金	鬼
2日	02/15	土	辛巳	平	白鑞金	柳
3日	02/16	日	壬午	定	楊柳木	星
4日	02/17	月	癸未	執	楊柳木	張
5日	02/18	火	甲申	破	井泉水	翼
6日	02/19	水	乙酉	危	井泉水	軫
7日	02/20	木	丙戌	成	屋上土	角
8日	02/21	金	丁亥	納	屋上土	亢
9日	02/22	土	戊子	開	霹靂火	氐
10日	02/23	日	己丑	閉	霹靂火	房
11日	02/24	月	庚寅	建	松柏木	心
12日	02/25	火	辛卯	除	松柏木	尾
13日	02/26	水	壬辰	満	長流水	箕
14日	02/27	木	癸巳	平	長流水	斗
15日	02/28	金	甲午	定	沙中金	牛
16日	02/29	土	乙未	執	沙中金	女
17日	03/01	日	丙申	破	山下火	虚
18日	03/02	月	丁酉	危	山下火	危
19日	03/03	火	戊戌	成	平地木	室
20日	03/04	水	己亥	納	平地木	壁
21日	03/05	木	庚子	開	壁上土	奎
22日	03/06	金	辛丑	閉	壁上土	婁
23日	03/07	土	壬寅	閉	金箔金	胃
24日	03/08	日	癸卯	建	金箔金	昴
25日	03/09	月	甲辰	除	覆燈火	畢
26日	03/10	火	乙巳	満	覆燈火	觜
27日	03/11	水	丙午	平	天河水	参
28日	03/12	木	丁未	定	天河水	井
29日	03/13	金	戊申	執	大駅土	鬼

【二月大　丁卯　尾】

節気　春分 9日・清明 24日
雑節　社日 10日・彼岸 11日

日	月日	曜	干支	直	納音	宿
1日	03/14	土	己酉	破	大駅土	柳
2日	03/15	日	庚戌	危	釵釧金	星
3日	03/16	月	辛亥	成	釵釧金	張
4日	03/17	火	壬子	納	桑柘木	翼
5日	03/18	水	癸丑	開	桑柘木	軫
6日	03/19	木	甲寅	建	大溪水	角
7日	03/20	金	乙卯	建	大溪水	亢
8日	03/21	土	丙辰	除	沙中土	氐
9日	03/22	日	丁巳	平	沙中土	房
10日	03/23	月	戊午	平	天上火	心
11日	03/24	火	己未	定	天上火	尾
12日	03/25	水	庚申	執	柘榴木	箕
13日	03/26	木	辛酉	破	柘榴木	斗
14日	03/27	金	壬戌	危	大海水	牛
15日	03/28	土	癸亥	成	大海水	女
16日	03/29	日	甲子	納	海中金	虚
17日	03/30	月	乙丑	開	海中金	危
18日	03/31	火	丙寅	閉	爐中火	室
19日	04/01	水	丁卯	建	爐中火	壁
20日	04/02	木	戊辰	除	大林木	奎
21日	04/03	金	己巳	満	大林木	婁

＊改元（寛保4年→延享元年）

日	月日	曜	干支	直	納音	宿
22日	04/04	土	庚午	平	路傍土	胃
23日	04/05	日	辛未	定	路傍土	昴
24日	04/06	月	壬申	定	剣鋒金	畢
25日	04/07	火	癸酉	執	剣鋒金	觜
26日	04/08	水	甲戌	破	山頭火	参
27日	04/09	木	乙亥	危	山頭火	井
28日	04/10	金	丙子	成	澗下水	鬼
29日	04/11	土	丁丑	納	澗下水	柳
30日	04/12	日	戊寅	閉	城頭土	星

【三月小　戊辰　箕】

節気　穀雨 9日・立夏 25日
雑節　土用 6日・八十八夜 20日

日	月日	曜	干支	直	納音	宿
1日	04/13	月	己卯	閉	城頭土	張
2日	04/14	火	庚辰	建	白鑞金	翼
3日	04/15	水	辛巳	除	白鑞金	軫
4日	04/16	木	壬午	満	楊柳木	角
5日	04/17	金	癸未	平	楊柳木	亢
6日	04/18	土	甲申	定	井泉水	氐
7日	04/19	日	乙酉	執	井泉水	房
8日	04/20	月	丙戌	破	屋上土	心
9日	04/21	火	丁亥	危	屋上土	尾
10日	04/22	水	戊子	成	霹靂火	箕
11日	04/23	木	己丑	納	霹靂火	斗
12日	04/24	金	庚寅	開	松柏木	牛
13日	04/25	土	辛卯	閉	松柏木	女
14日 ☆	04/26	日	壬辰	建	長流水	虚
15日	04/27	月	癸巳	除	長流水	危
16日	04/28	火	甲午	満	沙中金	室
17日	04/29	水	乙未	平	沙中金	壁
18日	04/30	木	丙申	定	山下火	奎
19日	05/01	金	丁酉	執	山下火	婁
20日	05/02	土	戊戌	破	平地木	胃
21日	05/03	日	己亥	危	平地木	昴
22日	05/04	月	庚子	成	壁上土	畢
23日	05/05	火	辛丑	納	壁上土	觜
24日	05/06	水	壬寅	開	金箔金	参
25日	05/07	木	癸卯	閉	金箔金	井
26日	05/08	金	甲辰	建	覆燈火	鬼
27日	05/09	土	乙巳	除	覆燈火	柳
28日	05/10	日	丙午	満	天河水	星
29日	05/11	月	丁未	平	天河水	張

【四月大　己巳　斗】

節気　小満 11日・芒種 26日

日	月日	曜	干支	直	納音	宿
1日	05/12	火	戊申	平	大駅土	翼
2日	05/13	水	己酉	定	大駅土	軫
3日	05/14	木	庚戌	執	釵釧金	角
4日	05/15	金	辛亥	破	釵釧金	亢
5日	05/16	土	壬子	危	桑柘木	氐
6日	05/17	日	癸丑	成	桑柘木	房
7日	05/18	月	甲寅	納	大溪水	心
8日	05/19	火	乙卯	開	大溪水	尾
9日	05/20	水	丙辰	閉	沙中土	箕
10日	05/21	木	丁巳	建	沙中土	斗
11日	05/22	金	戊午	除	天上火	牛
12日	05/23	土	己未	満	天上火	女
13日	05/24	日	庚申	平	柘榴木	虚
14日	05/25	月	辛酉	定	柘榴木	危
15日	05/26	火	壬戌	執	大海水	室
16日	05/27	水	癸亥	破	大海水	壁
17日	05/28	木	甲子	危	海中金	奎
18日	05/29	金	乙丑	成	海中金	婁
19日	05/30	土	丙寅	納	爐中火	胃
20日	05/31	日	丁卯	開	爐中火	昴
21日	06/01	月	戊辰	閉	大林木	畢
22日	06/02	火	己巳	建	大林木	觜
23日	06/03	水	庚午	除	路傍土	参
24日	06/04	木	辛未	満	路傍土	井
25日	06/05	金	壬申	平	剣鋒金	鬼
26日	06/06	土	癸酉	定	剣鋒金	柳
27日	06/07	日	甲戌	執	山頭火	星
28日	06/08	月	乙亥	執	山頭火	張
29日	06/09	火	丙子	破	澗下水	翼
30日	06/10	水	丁丑	危	澗下水	軫

【五月小　庚午　牛】

節気　夏至 11日・小暑 27日
雑節　入梅 5日・半夏生 21日

日	月日	曜	干支	直	納音	宿
1日	06/11	木	戊寅	成	城頭土	角
2日	06/12	金	己卯	納	城頭土	亢
3日	06/13	土	庚辰	開	白鑞金	氐
4日	06/14	日	辛巳	閉	白鑞金	房
5日	06/15	月	壬午	建	楊柳木	心
6日	06/16	火	癸未	除	楊柳木	尾
7日	06/17	水	甲申	満	井泉水	箕
8日	06/18	木	乙酉	平	井泉水	斗
9日	06/19	金	丙戌	定	屋上土	牛
10日	06/20	土	丁亥	執	屋上土	女
11日	06/21	日	戊子	破	霹靂火	虚
12日	06/22	月	己丑	危	霹靂火	危
13日	06/23	火	庚寅	成	松柏木	室
14日	06/24	水	辛卯	納	松柏木	壁
15日	06/25	木	壬辰	開	長流水	奎
16日	06/26	金	癸巳	閉	長流水	婁
17日	06/27	土	甲午	建	沙中金	胃
18日	06/28	日	乙未	除	沙中金	昴
19日	06/29	月	丙申	満	山下火	畢
20日	06/30	火	丁酉	平	山下火	觜
21日	07/01	水	戊戌	定	平地木	参
22日	07/02	木	己亥	執	平地木	井
23日	07/03	金	庚子	破	壁上土	鬼
24日	07/04	土	辛丑	危	壁上土	柳
25日	07/05	日	壬寅	成	金箔金	星
26日	07/06	月	癸卯	納	金箔金	張
27日	07/07	火	甲辰	開	覆燈火	翼
28日	07/08	水	乙巳	閉	覆燈火	軫
29日	07/09	木	丙午	閉	天河水	角

【六月小　辛未　女】

節気　大暑 13日・立秋 28日
雑節　土用 10日

日	月日	曜	干支	直	納音	宿
1日	07/10	金	丁未	建	天河水	亢
2日	07/11	土	戊申	除	大駅土	氐
3日	07/12	日	己酉	満	大駅土	房
4日	07/13	月	庚戌	定	釵釧金	心
5日	07/14	火	辛亥	定	釵釧金	尾
6日	07/15	水	壬子	執	桑柘木	箕
7日	07/16	木	癸丑	破	桑柘木	斗
8日	07/17	金	甲寅	危	大溪水	牛
9日	07/18	土	乙卯	成	大溪水	女
10日	07/19	日	丙辰	納	沙中土	虚
11日	07/20	月	丁巳	開	沙中土	危
12日	07/21	火	戊午	閉	天上火	室
13日	07/22	水	己未	建	天上火	壁
14日	07/23	木	庚申	除	柘榴木	奎
15日	07/24	金	辛酉	満	柘榴木	婁
16日	07/25	土	壬戌	平	大海水	胃
17日	07/26	日	癸亥	定	大海水	昴
18日	07/27	月	甲子	執	海中金	畢
19日	07/28	火	乙丑	破	海中金	觜
20日	07/29	水	丙寅	危	爐中火	参
21日	07/30	木	丁卯	成	爐中火	井
22日	07/31	金	戊辰	納	大林木	鬼
23日	08/01	土	己巳	開	大林木	柳
24日	08/02	日	庚午	閉	路傍土	星
25日	08/03	月	辛未	建	路傍土	張
26日	08/04	火	壬申	除	剣鋒金	翼
27日	08/05	水	癸酉	満	剣鋒金	軫
28日	08/06	木	甲戌	平	山頭火	角
29日	08/07	金	乙亥	定	山頭火	亢

西暦　曜　干支　直　納音　宿　　　　　　　　　　　　延享元年〔寛保4年〕

【七月大 壬申 虚】
節気 処暑 14日・白露 29日
雑節 二百十日 25日

日	西暦	曜	干支	直	納音	宿
1日	08/08	土	丙子	定	澗下水	氐
2日	08/09	日	丁丑	執	澗下水	房
3日	08/10	月	戊寅	破	城頭土	心
4日	08/11	火	己卯	危	城頭土	尾
5日	08/12	水	庚辰	成	白鑞金	箕
6日	08/13	木	辛巳	納	白鑞金	斗
7日	08/14	金	壬午	開	楊柳木	牛
8日	08/15	土	癸未	閉	楊柳木	女
9日	08/16	日	甲申	建	井泉水	虚
10日	08/17	月	乙酉	除	井泉水	危
11日	08/18	火	丙戌	満	屋上土	室
12日	08/19	水	丁亥	平	屋上土	壁
13日	08/20	木	戊子	定	霹靂火	奎
14日	08/21	金	己丑	執	霹靂火	婁
15日	08/22	土	庚寅	破	松柏木	胃
16日	08/23	日	辛卯	危	松柏木	昴
17日	08/24	月	壬辰	成	長流水	畢
18日	08/25	火	癸巳	納	長流水	觜
19日	08/26	水	甲午	開	沙中金	参
20日	08/27	木	乙未	閉	沙中金	井
21日	08/28	金	丙申	建	山下火	鬼
22日	08/29	土	丁酉	除	山下火	柳
23日	08/30	日	戊戌	満	平地木	星
24日	08/31	月	己亥	平	平地木	張
25日	09/01	火	庚子	定	壁上土	翼
26日	09/02	水	辛丑	執	壁上土	軫
27日	09/03	木	壬寅	破	金箔金	角
28日	09/04	金	癸卯	危	金箔金	亢
29日	09/05	土	甲辰	成	覆燈火	氐
30日	09/06	日	乙巳	成	覆燈火	房

【八月小 癸酉 危】
節気 秋分 15日
雑節 社日 13日・彼岸 17日

日	西暦	曜	干支	直	納音	宿
1日	09/07	月	丙午		天河水	心
2日	09/08	火	丁未	開	天河水	尾
3日	09/09	水	戊申	閉	大駅土	箕
4日	09/10	木	己酉	建	大駅土	斗
5日	09/11	金	庚戌	除	釵釧金	牛
6日	09/12	土	辛亥	満	釵釧金	女
7日	09/13	日	壬子	定	桑柘木	虚
8日	09/14	月	癸丑	定	桑柘木	危
9日	09/15	火	甲寅	執	大溪水	室
10日	09/16	水	乙卯	破	大溪水	壁
11日	09/17	木	丙辰	危	沙中土	奎
12日	09/18	金	丁巳	成	沙中土	婁
13日	09/19	土	戊午	納	天上火	胃
14日	09/20	日	己未	開	天上火	昴
15日	09/21	月	庚申	閉	柘榴木	畢
16日	09/22	火	辛酉	建	柘榴木	觜
17日	09/23	水	壬戌	除	大海水	参
18日	09/24	木	癸亥	満	大海水	井
19日	09/25	金	甲子	平	海中金	鬼
20日	09/26	土	乙丑	定	海中金	柳
21日	09/27	日	丙寅	執	爐中火	星
22日	09/28	月	丁卯	破	爐中火	張
23日	09/29	火	戊辰	危	大林木	翼
24日	09/30	水	己巳	成	大林木	軫
25日	10/01	木	庚午	納	路傍土	角
26日	10/02	金	辛未	開	路傍土	亢
27日	10/03	土	壬申	閉	釼鋒金	氐
28日	10/04	日	癸酉	建	釼鋒金	房
29日	10/05	月	甲戌	除	山頭火	心

【九月小 甲戌 室】
節気 寒露 1日・霜降 16日
雑節 土用 13日

日	西暦	曜	干支	直	納音	宿
1日◎	10/06	火	乙亥	除	山頭火	尾
2日	10/07	水	丙子	満	澗下水	箕
3日	10/08	木	丁丑	平	澗下水	斗
4日	10/09	金	戊寅	定	城頭土	牛
5日	10/10	土	己卯	執	城頭土	女
6日	10/11	日	庚辰	破	白鑞金	虚
7日	10/12	月	辛巳	危	白鑞金	危
8日	10/13	火	壬午	成	楊柳木	室
9日	10/14	水	癸未	納	楊柳木	壁
10日	10/15	木	甲申	開	井泉水	奎
11日	10/16	金	乙酉	閉	井泉水	婁
12日	10/17	土	丙戌	建	屋上土	胃
13日	10/18	日	丁亥	除	屋上土	昴
14日	10/19	月	戊子	満	霹靂火	畢
15日	10/20	火	己丑	平	霹靂火	觜
16日☆	10/21	水	庚寅	定	松柏木	参
17日	10/22	木	辛卯	執	松柏木	井
18日	10/23	金	壬辰	破	長流水	鬼
19日	10/24	土	癸巳	危	長流水	柳
20日	10/25	日	甲午	成	沙中金	星
21日	10/26	月	乙未	納	沙中金	張
22日	10/27	火	丙申	閉	山下火	翼
23日	10/28	水	丁酉	閉	山下火	軫
24日	10/29	木	戊戌	建	平地木	角
25日	10/30	金	己亥	除	平地木	亢
26日	10/31	土	庚子	満	壁上土	氐
27日	11/01	日	辛丑	平	壁上土	房
28日	11/02	月	壬寅	定	金箔金	心
29日	11/03	火	癸卯	執	金箔金	尾

【十月大 乙亥 壁】
節気 立冬 2日・小雪 17日

日	西暦	曜	干支	直	納音	宿
1日	11/04	水	甲辰	破	覆燈火	箕
2日	11/05	木	乙巳	破	覆燈火	斗
3日	11/06	金	丙午	危	天河水	牛
4日	11/07	土	丁未	成	天河水	女
5日	11/08	日	戊申	納	大駅土	虚
6日	11/09	月	己酉	開	大駅土	危
7日	11/10	火	庚戌	閉	釵釧金	室
8日	11/11	水	辛亥	建	釵釧金	壁
9日	11/12	木	壬子	除	桑柘木	奎
10日	11/13	金	癸丑	満	桑柘木	婁
11日	11/14	土	甲寅	定	大溪水	胃
12日	11/15	日	乙卯	定	大溪水	昴
13日	11/16	月	丙辰	執	沙中土	畢
14日	11/17	火	丁巳	破	天上火	觜
15日	11/18	水	戊午	危	天上火	参
16日	11/19	木	己未	成	天上火	井
17日	11/20	金	庚申	納	柘榴木	鬼
18日	11/21	土	辛酉	開	柘榴木	柳
19日	11/22	日	壬戌	閉	大海水	星
20日	11/23	月	癸亥	建	大海水	張
21日	11/24	火	甲子	除	海中金	翼
22日	11/25	水	乙丑	満	海中金	軫
23日	11/26	木	丙寅	平	爐中火	角
24日	11/27	金	丁卯	定	爐中火	亢
25日	11/28	土	戊辰	執	大林木	氐
26日	11/29	日	己巳	破	大林木	房
27日	11/30	月	庚午	危	路傍土	心
28日	12/01	火	辛未	成	路傍土	尾
29日	12/02	水	壬申	納	釼鋒金	箕
30日	12/03	木	癸酉	開	釼鋒金	斗

【十一月大 丙子 奎】
節気 大雪 3日・冬至 18日

日	西暦	曜	干支	直	納音	宿
1日	12/04	金	甲戌	閉	山頭火	牛
2日	12/05	土	乙亥	建	山頭火	女
3日	12/06	日	丙子	除	澗下水	虚
4日	12/07	月	丁丑	満	澗下水	危
5日	12/08	火	戊寅	平	城頭土	室
6日	12/09	水	己卯	定	城頭土	壁
7日	12/10	木	庚辰	執	白鑞金	奎
8日	12/11	金	辛巳	破	白鑞金	婁
9日	12/12	土	壬午	危	楊柳木	胃
10日	12/13	日	癸未	成	楊柳木	昴
11日	12/14	月	甲申	納	井泉水	畢
12日	12/15	火	乙酉	開	井泉水	觜
13日	12/16	水	丙戌	閉	屋上土	参
14日	12/17	木	丁亥	建	屋上土	井
15日	12/18	金	戊子	建	霹靂火	鬼
16日	12/19	土	己丑	除	霹靂火	柳
17日	12/20	日	庚寅	満	松柏木	星
18日	12/21	月	辛卯	平	松柏木	張
19日	12/22	火	壬辰	定	長流水	翼
20日	12/23	水	癸巳	執	長流水	軫
21日	12/24	木	甲午	破	沙中金	角
22日	12/25	金	乙未	危	沙中金	亢
23日	12/26	土	丙申	成	山下火	氐
24日	12/27	日	丁酉	納	山下火	房
25日	12/28	月	戊戌	開	平地木	心
26日	12/29	火	己亥	閉	平地木	尾
27日	12/30	水	庚子	建	壁上土	箕
28日	12/31	木	辛丑	除	壁上土	斗

1745年

日	西暦	曜	干支	直	納音	宿
29日	01/01	金	壬寅	満	金箔金	牛
30日	01/02	土	癸卯	平	金箔金	女

【十二月小 丁丑 婁】
節気 小寒 3日・大寒 18日
雑節 土用 15日

日	西暦	曜	干支	直	納音	宿
1日	01/03	日	甲辰	定	覆燈火	虚
2日	01/04	月	乙巳	執	覆燈火	危
3日	01/05	火	丙午	破	天河水	室
4日	01/06	水	丁未	危	天河水	壁
5日	01/07	木	戊申	成	大駅土	奎
6日	01/08	金	己酉	納	大駅土	婁
7日	01/09	土	庚戌	開	釵釧金	胃
8日	01/10	日	辛亥	閉	釵釧金	昴
9日	01/11	月	壬子	建	桑柘木	觜
10日	01/12	火	癸丑	除	桑柘木	参
11日	01/13	水	甲寅	満	大溪水	井
12日	01/14	木	乙卯	平	大溪水	鬼
13日	01/15	金	丙辰	定	沙中土	柳
14日	01/16	土	丁巳	執	沙中土	星
15日	01/17	日	戊午	執	天上火	張
16日	01/18	月	己未	破	天上火	翼
17日	01/19	火	庚申	危	柘榴木	軫
18日	01/20	水	辛酉	成	柘榴木	角
19日	01/21	木	壬戌	納	大海水	亢
20日	01/22	金	癸亥	開	大海水	氐
21日	01/23	土	甲子	閉	海中金	房
22日	01/24	日	乙丑	建	海中金	心
23日	01/25	月	丙寅	除	爐中火	尾
24日	01/26	火	丁卯	満	爐中火	箕
25日	01/27	水	戊辰	平	大林木	斗
26日	01/28	木	己巳	定	大林木	牛
27日	01/29	金	庚午	執	路傍土	女
28日	01/30	土	辛未	破	路傍土	虚
29日	01/31	日	壬申	危	釼鋒金	虚

延享2年
1745～1746 乙丑 柳

正月大 戊寅 胃
節気 立春 5日・雨水 20日
雑節 節分 4日

日	月日	曜	干支	直	納音	宿
1日	02/01	月	癸酉	成	釼鋒金	危
2日	02/02	火	甲戌	納	山頭火	室
3日	02/03	水	乙亥	開	山頭火	壁
4日	02/04	木	丙子	閉	澗下水	奎
5日	02/05	金	丁丑	閉	澗下水	婁
6日	02/06	土	戊寅	建	城頭土	胃
7日	02/07	日	己卯	除	城頭土	昴
8日	02/08	月	庚辰	満	白鑞金	畢
9日	02/09	火	辛巳	平	白鑞金	觜
10日	02/10	水	壬午	定	楊柳木	参
11日	02/11	木	癸未	執	楊柳木	井
12日	02/12	金	甲申	破	井泉水	鬼
13日	02/13	土	乙酉	危	井泉水	柳
14日	02/14	日	丙戌	成	屋上土	星
15日	02/15	月	丁亥	納	屋上土	張
16日	02/16	火	戊子	開	霹靂火	翼
17日	02/17	水	己丑	閉	霹靂火	軫
18日	02/18	木	庚寅	建	松柏木	角
19日	02/19	金	辛卯	除	松柏木	亢
20日	02/20	土	壬辰	満	長流水	氐
21日	02/21	日	癸巳	平	長流水	房
22日	02/22	月	甲午	定	沙中金	心
23日	02/23	火	乙未	執	沙中金	尾
24日	02/24	水	丙申	破	山下火	箕
25日	02/25	木	丁酉	危	山下火	斗
26日	02/26	金	戊戌	成	平地木	牛
27日	02/27	土	己亥	納	平地木	女
28日	02/28	日	庚子	開	壁上土	虚
29日	03/01	月	辛丑	閉	壁上土	危
30日	03/02	火	壬寅	建	金箔金	室

二月大 己卯 昴
節気 啓蟄 5日・春分 20日
雑節 社日 16日・彼岸 22日

日	月日	曜	干支	直	納音	宿
1日	03/03	水	癸卯	除	金箔金	壁
2日	03/04	木	甲辰	満	覆燈火	奎
3日	03/05	金	乙巳	平	覆燈火	婁
4日	03/06	土	丙午	定	天河水	胃
5日	03/07	日	丁未	定	天河水	昴
6日	03/08	月	戊申	執	大駅土	畢
7日	03/09	火	己酉	破	大駅土	觜
8日	03/10	水	庚戌	危	釼釧金	参
9日	03/11	木	辛亥	成	釼釧金	井
10日	03/12	金	壬子	納	桑柘木	鬼
11日	03/13	土	癸丑	開	桑柘木	柳
12日	03/14	日	甲寅	閉	大溪水	星
13日	03/15	月	乙卯	建	大溪水	張
14日	03/16	火	丙辰	除	沙中土	翼
15日	03/17	水	丁巳	満	沙中土	軫
16日	03/18	木	戊午	平	天上火	角
17日	03/19	金	己未	定	天上火	亢
18日	03/20	土	庚申	執	柘榴木	氐
19日	03/21	日	辛酉	破	柘榴木	房
20日	03/22	月	壬戌	危	大海水	心
21日	03/23	火	癸亥	成	大海水	尾
22日	03/24	水	甲子	納	海中金	箕
23日	03/25	木	乙丑	開	海中金	斗
24日	03/26	金	丙寅	閉	炉中火	牛
25日	03/27	土	丁卯	建	炉中火	女
26日	03/28	日	戊辰	除	大林木	虚
27日	03/29	月	己巳	満	大林木	危
28日	03/30	火	庚午	平	路傍土	室
29日	03/31	水	辛未	定	路傍土	壁
30日	04/01	木	壬申	執	釼鋒金	奎

三月大 庚辰 畢
節気 清明 5日・穀雨 21日
雑節 土用 18日

日	月日	曜	干支	直	納音	宿
1日◎	04/02	金	癸酉	破	釼鋒金	婁
2日	04/03	土	甲戌	危	山頭火	胃
3日	04/04	日	乙亥	成	山頭火	昴
4日	04/05	月	丙子	納	澗下水	畢
5日	04/06	火	丁丑	納	澗下水	觜
6日	04/07	水	戊寅	開	城頭土	参
7日	04/08	木	己卯	閉	城頭土	井
8日	04/09	金	庚辰	建	白鑞金	鬼
9日	04/10	土	辛巳	除	白鑞金	柳
10日	04/11	日	壬午	満	楊柳木	星
11日	04/12	月	癸未	平	楊柳木	張
12日	04/13	火	甲申	定	井泉水	翼
13日	04/14	水	乙酉	執	井泉水	軫
14日	04/15	木	丙戌	破	屋上土	角
15日	04/16	金	丁亥	危	屋上土	亢
16日	04/17	土	戊子	成	霹靂火	氐
17日	04/18	日	己丑	納	霹靂火	房
18日	04/19	月	庚寅	開	松柏木	心
19日	04/20	火	辛卯	閉	松柏木	尾
20日	04/21	水	壬辰	建	長流水	箕
21日	04/22	木	癸巳	除	長流水	斗
22日	04/23	金	甲午	満	沙中金	牛
23日	04/24	土	乙未	平	沙中金	女
24日	04/25	日	丙申	定	山下火	虚
25日	04/26	月	丁酉	執	山下火	危
26日	04/27	火	戊戌	破	平地木	室
27日	04/28	水	己亥	危	平地木	壁
28日	04/29	木	庚子	成	壁上土	奎
29日	04/30	金	辛丑	納	壁上土	胃
30日	05/01	土	壬寅	開	金箔金	昴

四月小 辛巳 觜
節気 立夏 6日・小満 21日
雑節 八十八夜 2日

日	月日	曜	干支	直	納音	宿
1日	05/02	日	癸卯	閉	金箔金	昴
2日	05/03	月	甲辰	除	覆燈火	畢
3日	05/04	火	乙巳	除	覆燈火	觜
4日	05/05	水	丙午	満	天河水	参
5日	05/06	木	丁未	平	天河水	井
6日	05/07	金	戊申	定	大駅土	鬼
7日	05/08	土	己酉	執	大駅土	柳
8日	05/09	日	庚戌	破	釼釧金	星
9日	05/10	月	辛亥	危	釼釧金	張
10日	05/11	火	壬子	成	桑柘木	翼
11日	05/12	水	癸丑	納	桑柘木	軫
12日	05/13	木	甲寅	開	大溪水	角
13日	05/14	金	乙卯	閉	大溪水	亢
14日	05/15	土	丙辰	建	沙中土	氐
15日	05/16	日	丁巳	除	沙中土	房
16日	05/17	月	戊午	満	天上火	心
17日	05/18	火	己未	平	天上火	尾
18日	05/19	水	庚申	定	柘榴木	箕
19日	05/20	木	辛酉	執	柘榴木	斗
20日	05/21	金	壬戌	破	大海水	牛
21日	05/22	土	癸亥	危	大海水	女
22日	05/23	日	甲子	成	海中金	虚
23日	05/24	月	乙丑	納	海中金	室
24日	05/25	火	丙寅	開	炉中火	壁
25日	05/26	水	丁卯	閉	炉中火	奎
26日	05/27	木	戊辰	建	大林木	婁
27日	05/28	金	己巳	除	大林木	胃
28日	05/29	土	庚午	満	路傍土	昴
29日	05/30	日	辛未	平	路傍土	畢

五月大 壬午 参
節気 芒種 7日・夏至 23日
雑節 入梅 11日

日	月日	曜	干支	直	納音	宿
1日	05/31	月	壬申	平	釼鋒金	畢
2日	06/01	火	癸酉	定	釼鋒金	觜
3日	06/02	水	甲戌	執	山頭火	参
4日	06/03	木	乙亥	破	山頭火	井
5日	06/04	金	丙子	危	澗下水	鬼
6日	06/05	土	丁丑	成	澗下水	柳
7日	06/06	日	戊寅	納	城頭土	星
8日	06/07	月	己卯	開	城頭土	張
9日	06/08	火	庚辰	閉	白鑞金	翼
10日	06/09	水	辛巳	閉	白鑞金	軫
11日	06/10	木	壬午	建	楊柳木	角
12日	06/11	金	癸未	除	楊柳木	亢
13日	06/12	土	甲申	満	井泉水	氐
14日	06/13	日	乙酉	平	井泉水	房
15日	06/14	月	丙戌	定	屋上土	心
16日	06/15	火	丁亥	執	屋上土	尾
17日	06/16	水	戊子	破	霹靂火	箕
18日	06/17	木	己丑	危	霹靂火	斗
19日	06/18	金	庚寅	成	松柏木	牛
20日	06/19	土	辛卯	納	松柏木	女
21日	06/20	日	壬辰	開	長流水	虚
22日	06/21	月	癸巳	閉	長流水	危
23日	06/22	火	甲午	建	沙中金	室
24日	06/23	水	乙未	除	沙中金	壁
25日	06/24	木	丙申	満	山下火	奎
26日	06/25	金	丁酉	平	山下火	婁
27日	06/26	土	戊戌	定	平地木	胃
28日	06/27	日	己亥	執	平地木	昴
29日	06/28	月	庚子	破	壁上土	畢

六月小 癸未 井
節気 小暑 8日・大暑 23日
雑節 半夏生 3日・土用 20日

日	月日	曜	干支	直	納音	宿
1日	06/30	水	壬寅	成	金箔金	参
2日	07/01	木	癸卯	納	金箔金	井
3日	07/02	金	甲辰	開	覆燈火	鬼
4日	07/03	土	乙巳	閉	覆燈火	柳
5日	07/04	日	丙午	建	天河水	星
6日	07/05	月	丁未	除	天河水	張
7日	07/06	火	戊申	満	大駅土	翼
8日	07/07	水	己酉	平	大駅土	軫
9日	07/08	木	庚戌	定	釼釧金	角
10日	07/09	金	辛亥	執	釼釧金	亢
11日	07/10	土	壬子	破	桑柘木	氐
12日	07/11	日	癸丑	危	桑柘木	房
13日	07/12	月	甲寅	成	大溪水	心
14日	07/13	火	乙卯	納	大溪水	尾
15日	07/14	水	丙辰	開	沙中土	箕
16日	07/15	木	丁巳	閉	沙中土	斗
17日	07/16	金	戊午	建	天上火	牛
18日	07/17	土	己未	除	天上火	女
19日	07/18	日	庚申	満	柘榴木	虚
20日	07/19	月	辛酉	平	柘榴木	危
21日	07/20	火	壬戌	定	大海水	室
22日	07/21	水	癸亥	執	大海水	壁
23日	07/22	木	甲子	破	海中金	奎
24日	07/23	金	乙丑	危	海中金	婁
25日	07/24	土	丙寅	成	炉中火	胃
26日	07/25	日	丁卯	納	炉中火	昴
27日	07/26	月	戊辰	開	大林木	畢
28日	07/27	火	己巳	閉	大林木	参
29日	07/28	水	庚午	建	路傍土	

七月小 甲申 鬼
節気 立秋 9日・処暑 24日

日	月日	曜	干支	直	納音	宿
1日	07/29	木	辛未	除	釼鋒金	井
2日	07/30	金	壬申	除	釼鋒金	鬼
3日	07/31	土	癸酉	満	山頭火	柳
4日	08/01	日	甲戌	平	山頭火	星
5日	08/02	月	乙亥	定	澗下水	張
6日	08/03	火	丙子	執	澗下水	翼
7日	08/04	水	丁丑	破	城頭土	軫
8日	08/05	木	戊寅	危	城頭土	角
9日	08/06	金	己卯	成	白鑞金	亢
10日	08/07	土	庚辰	納	白鑞金	氐
11日	08/08	日	辛巳	開	楊柳木	房
12日	08/09	月	壬午	閉	楊柳木	心
13日	08/10	火	癸未	建	井泉水	尾
14日	08/11	水	甲申	除	井泉水	箕

西暦　曜　干支　直　納音　宿　　　　　　　延享2年

日	西暦	曜	干支	直	納音	宿
15日	08/12	木	乙酉	除	井泉水	斗
16日	08/13	金	丙戌	満	屋上土	牛
17日	08/14	土	丁亥	平	屋上土	女
18日	08/15	日	戊子	定	霹靂火	虚
19日	08/16	月	己丑	執	霹靂火	室
20日	08/17	火	庚寅	破	松柏木	壁
21日	08/18	水	辛卯	危	松柏木	奎
22日	08/19	木	壬辰	成	長流水	婁
23日	08/20	金	癸巳	納	長流水	胃
24日	08/21	土	甲午	開	沙中金	昴
25日	08/22	日	乙未	閉	沙中金	畢
26日	08/23	月	丙申	建	山下火	觜
27日	08/24	火	丁酉	除	山下火	参
28日	08/25	水	戊戌	満	平地木	井
29日	08/26	木	己亥	平	平地木	井

【八月大 乙酉 柳】
節気 白露 11日・秋分 26日
雑節 二百十日 7日・彼岸 28日・社日 29日

日	西暦	曜	干支	直	納音	宿
1日	08/27	金	庚子	定	壁上土	鬼
2日	08/28	土	辛丑	執	壁上土	柳
3日	08/29	日	壬寅	破	金箔金	星
4日	08/30	月	癸卯	危	金箔金	張
5日	08/31	火	甲辰	成	覆燈火	翼
6日	09/01	水	乙巳	納	覆燈火	軫
7日	09/02	木	丙午	開	天河水	角
8日	09/03	金	丁未	閉	天河水	亢
9日	09/04	土	戊申	建	大駅土	氐
10日	09/05	日	己酉	除	大駅土	房
11日	09/06	月	庚戌	満	釵釧金	心
12日	09/07	火	辛亥	平	釵釧金	尾
13日	09/08	水	壬子	定	桑柘木	箕
14日	09/09	木	癸丑	執	桑柘木	斗
15日	09/10	金	甲寅	破	大溪水	牛
16日	09/11	土	乙卯	危	大溪水	女
17日	09/12	日	丙辰	成	沙中土	虚
18日	09/13	月	丁巳	納	沙中土	危
19日	09/14	火	戊午	開	天上火	室
20日	09/15	水	己未	閉	天上火	壁
21日	09/16	木	庚申	建	柘榴木	奎
22日	09/17	金	辛酉	除	柘榴木	婁
23日	09/18	土	壬戌	満	大海水	胃
24日	09/19	日	癸亥	平	大海水	昴
25日	09/20	月	甲子	定	海中金	畢
26日	09/21	火	乙丑	執	海中金	觜
27日	09/22	水	丙寅	破	爐中火	参
28日	09/23	木	丁卯	危	爐中火	井
29日	09/24	金	戊辰	成	大林木	鬼
30日	09/25	土	己巳	納	大林木	柳

【九月小 丙戌 星】
節気 寒露 11日・霜降 26日
雑節 土用 23日

日	西暦	曜	干支	直	納音	宿
1日	09/26	日	庚午	納	路傍土	星
2日	09/27	月	辛未	開	路傍土	張
3日	09/28	火	壬申	閉	釵鋒金	翼
4日	09/29	水	癸酉	建	釵鋒金	軫
5日	09/30	木	甲戌	除	山頭火	角
6日	10/01	金	乙亥	満	山頭火	亢
7日	10/02	土	丙子	平	澗下水	氐
8日	10/03	日	丁丑	定	澗下水	房
9日	10/04	月	戊寅	執	城頭土	心
10日	10/05	火	己卯	破	城頭土	尾
11日	10/06	水	庚辰	危	白鑞金	箕
12日	10/07	木	辛巳	成	白鑞金	斗
13日	10/08	金	壬午	納	楊柳木	牛
14日	10/09	土	癸未	開	楊柳木	女
15日	10/10	日	甲申	閉	井泉水	虚
16日	10/11	月	乙酉	建	井泉水	危
17日	10/12	火	丙戌	除	屋上土	室
18日	10/13	水	丁亥	満	屋上土	壁
19日	10/14	木	戊子	満	霹靂火	奎
20日	10/15	金	己丑	平	霹靂火	婁
21日	10/16	土	庚寅	定	松柏木	胃
22日	10/17	日	辛卯	執	松柏木	昴
23日	10/18	月	壬辰	破	長流水	畢
24日	10/19	火	癸巳	危	長流水	觜
25日	10/20	水	甲午	成	沙中金	参
26日	10/21	木	乙未	納	沙中金	井
27日	10/22	金	丙申	開	山下火	鬼
28日	10/23	土	丁酉	閉	山下火	柳
29日	10/24	日	戊戌	建	平地木	星

【十月小 丁亥 張】
節気 立冬 13日・小雪 28日

日	西暦	曜	干支	直	納音	宿
1日	10/25	月	己亥	除	平地木	張
2日	10/26	火	庚子	満	壁上土	翼
3日	10/27	水	辛丑	平	壁上土	軫
4日	10/28	木	壬寅	定	金箔金	角
5日	10/29	金	癸卯	破	金箔金	亢
6日	10/30	土	甲辰	危	覆燈火	氐
7日	10/31	日	乙巳	危	覆燈火	房
8日	11/01	月	丙午	納	天河水	心
9日	11/02	火	丁未	開	天河水	尾
10日	11/03	水	戊申	閉	大駅土	箕
11日	11/04	木	己酉	建	大駅土	斗
12日	11/05	金	庚戌	除	釵釧金	牛
13日	11/06	土	辛亥	建	釵釧金	女
14日	11/07	日	壬子	平	桑柘木	虚
15日	11/08	月	癸丑	定	桑柘木	危
16日	11/09	火	甲寅	平	大溪水	室
17日	11/10	水	乙卯	定	大溪水	壁
18日	11/11	木	丙辰	執	沙中土	奎
19日	11/12	金	丁巳	破	沙中土	婁
20日	11/13	土	戊午	危	天上火	胃
21日	11/14	日	己未	成	天上火	昴
22日	11/15	月	庚申	納	柘榴木	畢
23日	11/16	火	辛酉	開	柘榴木	觜
24日	11/17	水	壬戌	閉	大海水	参
25日	11/18	木	癸亥	建	大海水	井
26日	11/19	金	甲子	満	海中金	鬼
27日	11/20	土	乙丑	満	海中金	柳
28日	11/21	日	丙寅	平	爐中火	星
29日	11/22	月	丁卯	定	爐中火	張

【十一月大 戊子 翼】
節気 大雪 14日・冬至 29日

日	西暦	曜	干支	直	納音	宿
1日	11/23	火	戊辰	執	大林木	翼
2日	11/24	水	己巳	破	大林木	軫
3日	11/25	木	庚午	危	路傍土	角
4日	11/26	金	辛未	成	路傍土	亢
5日	11/27	土	壬申	納	釵鋒金	氐
6日	11/28	日	癸酉	開	釵鋒金	房
7日	11/29	月	甲戌	閉	山頭火	心
8日	11/30	火	乙亥	建	山頭火	尾
9日	12/01	水	丙子	満	澗下水	箕
10日	12/02	木	丁丑	満	澗下水	斗
11日	12/03	金	戊寅	平	城頭土	牛
12日	12/04	土	己卯	定	城頭土	女
13日	12/05	日	庚辰	執	白鑞金	虚
14日	12/06	月	辛巳	執	白鑞金	危
15日	12/07	火	壬午	破	楊柳木	室
16日	12/08	水	癸未	危	楊柳木	壁
17日	12/09	木	甲申	成	井泉水	奎
18日	12/10	金	乙酉	納	井泉水	婁
19日	12/11	土	丙戌	開	屋上土	胃
20日	12/12	日	丁亥	閉	屋上土	昴
21日	12/13	月	戊子	建	霹靂火	畢
22日	12/14	火	己丑	除	霹靂火	觜
23日	12/15	水	庚寅	満	松柏木	参
24日	12/16	木	辛卯	平	松柏木	井
25日	12/17	金	壬辰	定	長流水	鬼
26日	12/18	土	癸巳	執	長流水	柳
27日	12/19	日	甲午	破	沙中金	星
28日	12/20	月	乙未	危	沙中金	張
29日	12/21	火	丙申	成	山下火	翼
30日	12/22	水	丁酉	納	山下火	軫

【十二月大 己丑 軫】
節気 小寒 14日・大寒 30日
雑節 土用 27日

日	西暦	曜	干支	直	納音	宿
1日	12/23	木	戊戌	開	平地木	角
2日	12/24	金	己亥	閉	平地木	亢
3日	12/25	土	庚子	建	壁上土	氐
4日	12/26	日	辛丑	除	壁上土	房
5日	12/27	月	壬寅	満	金箔金	心
6日	12/28	火	癸卯	平	金箔金	尾
7日	12/29	水	甲辰	定	覆燈火	箕
8日	12/30	木	乙巳	執	覆燈火	斗
9日	12/31	金	丙午	破	天河水	牛

1746年

日	西暦	曜	干支	直	納音	宿
10日	**01/01**	土	丁未	危	天河水	女
11日	01/02	日	戊申	納	大駅土	虚
12日	01/03	月	己酉	納	大駅土	危
13日	01/04	火	庚戌	開	釵釧金	室
14日	01/05	水	辛亥	閉	釵釧金	壁
15日	01/06	木	壬子	閉	桑柘木	奎
16日	01/07	金	癸丑	建	桑柘木	婁
17日	01/08	土	甲寅	除	大溪水	胃
18日	01/09	日	乙卯	満	大溪水	昴
19日	01/10	月	丙辰	平	沙中土	畢
20日	01/11	火	丁巳	定	沙中土	觜
21日	01/12	水	戊午	執	天上火	参
22日	01/13	木	己未	破	天上火	井
23日	01/14	金	庚申	危	柘榴木	鬼
24日	01/15	土	辛酉	成	柘榴木	柳
25日	01/16	日	壬戌	納	大海水	星
26日	01/17	月	癸亥	開	大海水	張
27日	01/18	火	甲子	閉	海中金	翼
28日	01/19	水	乙丑	建	海中金	軫
29日	01/20	木	丙寅	満	爐中火	角
30日	01/21	金	丁卯	納	爐中火	亢

【閏十二月小 己丑 軫】
節気 立春 15日
雑節 節分 14日

日	西暦	曜	干支	直	納音	宿
1日	01/22	土	戊辰	平	大林木	氐
2日	01/23	日	己巳	定	大林木	房
3日	01/24	月	庚午	執	路傍土	心
4日	01/25	火	辛未	破	路傍土	尾
5日	01/26	水	壬申	危	釵鋒金	箕
6日	01/27	木	癸酉	成	釵鋒金	斗
7日	01/28	金	甲戌	納	山頭火	牛
8日	01/29	土	乙亥	開	山頭火	女
9日	01/30	日	丙子	閉	澗下水	虚
10日	01/31	月	丁丑	建	澗下水	室
11日	02/01	火	戊寅	満	城頭土	壁
12日	02/02	水	己卯	満	城頭土	奎
13日	02/03	木	庚辰	平	白鑞金	婁
14日	02/04	金	辛巳	定	白鑞金	胃
15日	02/05	土	壬午	定	楊柳木	昴
16日	02/06	日	癸未	執	楊柳木	畢
17日	02/07	月	甲申	破	井泉水	觜
18日	02/08	火	乙酉	危	井泉水	参
19日	02/09	水	丙戌	成	屋上土	井
20日	02/10	木	丁亥	納	屋上土	鬼
21日	02/11	金	戊子	開	霹靂火	柳
22日	02/12	土	己丑	閉	霹靂火	星
23日	02/13	日	庚寅	建	松柏木	張
24日	02/14	月	辛卯	除	松柏木	翼
25日	02/15	火	壬辰	満	長流水	軫
26日	02/16	水	癸巳	平	長流水	角
27日	02/17	木	甲午	定	沙中金	亢
28日	02/18	金	乙未	執	沙中金	氐
29日	02/19	土	丙申	破	山下火	房

延享3年
1746～1747 丙寅 星

【正月大 庚寅 角】
節気 雨水 1日・啓蟄 16日

日	新暦	曜	干支	直	納音	宿
1日	02/20	日	丁酉	危	山下火	房
2日	02/21	月	戊戌	成	平地木	心
3日	02/22	火	己亥	納	平地木	尾
4日	02/23	水	庚子	開	壁上土	箕
5日	02/24	木	辛丑	閉	壁上土	斗
6日	02/25	金	壬寅	建	金箔金	牛
7日	02/26	土	癸卯	除	金箔金	女
8日	02/27	日	甲辰	満	覆燈火	虚
9日	02/28	月	乙巳	平	覆燈火	危
10日	03/01	火	丙午	定	天河水	室
11日	03/02	水	丁未	執	天河水	壁
12日	03/03	木	戊申	破	大駅土	奎
13日	03/04	金	己酉	危	大駅土	婁
14日	03/05	土	庚戌	成	釵釧金	胃
15日	03/06	日	辛亥	納	釵釧金	昴
16日☆	03/07	月	壬子	納	桑柘木	畢
17日	03/08	火	癸丑	開	桑柘木	觜
18日	03/09	水	甲寅	閉	大渓水	参
19日	03/10	木	乙卯	建	大渓水	井
20日	03/11	金	丙辰	除	沙中土	鬼
21日	03/12	土	丁巳	満	沙中土	柳
22日	03/13	日	戊午	平	天上火	星
23日	03/14	月	己未	定	天上火	張
24日	03/15	火	庚申	執	柘榴木	翼
25日	03/16	水	辛酉	破	柘榴木	軫
26日	03/17	木	壬戌	危	大海水	角
27日	03/18	金	癸亥	成	大海水	亢
28日	03/19	土	甲子	納	海中金	氐
29日	03/20	日	乙丑	開	海中金	房
30日	03/21	月	丙寅	閉	爐中火	心

【二月大 辛卯 亢】
節気 春分 1日・清明 17日
雑節 社日 2日・彼岸 3日・土用 29日

日	新暦	曜	干支	直	納音	宿
1日◎	03/22	火	丁卯	建	爐中火	尾
2日	03/23	水	戊辰	除	大林木	箕
3日	03/24	木	己巳	満	大林木	斗
4日	03/25	金	庚午	平	路傍土	牛
5日	03/26	土	辛未	定	路傍土	女
6日	03/27	日	壬申	執	釼鋒金	虚
7日	03/28	月	癸酉	破	釼鋒金	危
8日	03/29	火	甲戌	危	山頭火	室
9日	03/30	水	乙亥	成	山頭火	壁
10日	03/31	木	丙子	納	澗下水	奎
11日	04/01	金	丁丑	開	澗下水	婁
12日	04/02	土	戊寅	閉	城頭土	胃
13日	04/03	日	己卯	建	城頭土	昴
14日	04/04	月	庚辰	除	白鑞金	畢
15日	04/05	火	辛巳	満	白鑞金	觜
16日	04/06	水	壬午	平	楊柳木	参
17日	04/07	木	癸未	平	楊柳木	井
18日	04/08	金	甲申	定	井泉水	鬼
19日	04/09	土	乙酉	執	井泉水	柳
20日	04/10	日	丙戌	破	屋上土	星
21日	04/11	月	丁亥	危	屋上土	張
22日	04/12	火	戊子	成	霹靂火	翼
23日	04/13	水	己丑	納	霹靂火	軫
24日	04/14	木	庚寅	開	松柏木	角
25日	04/15	金	辛卯	閉	松柏木	亢
26日	04/16	土	壬辰	建	長流水	氐
27日	04/17	日	癸巳	除	長流水	房
28日	04/18	月	甲午	満	沙中金	心
29日	04/19	火	乙未	平	沙中金	尾
30日	04/20	水	丙申	定	山下火	箕

【三月小 壬辰 氐】
節気 穀雨 2日・立夏 17日
雑節 八十八夜 13日

日	新暦	曜	干支	直	納音	宿
1日	04/21	木	丁酉	執	山下火	斗
2日	04/22	金	戊戌	破	平地木	牛
3日	04/23	土	己亥	危	平地木	女
4日	04/24	日	庚子	成	壁上土	虚
5日	04/25	月	辛丑	納	壁上土	危
6日	04/26	火	壬寅	開	金箔金	室
7日	04/27	水	癸卯	閉	金箔金	壁
8日	04/28	木	甲辰	建	覆燈火	奎
9日	04/29	金	乙巳	除	覆燈火	婁
10日	04/30	土	丙午	満	天河水	胃
11日	05/01	日	丁未	平	天河水	昴
12日	05/02	月	戊申	定	大駅土	畢
13日	05/03	火	己酉	執	大駅土	觜
14日	05/04	水	庚戌	破	釵釧金	参
15日	05/05	木	辛亥	危	釵釧金	井
16日	05/06	金	壬子	成	桑柘木	鬼
17日	05/07	土	癸丑	成	桑柘木	柳
18日	05/08	日	甲寅	納	大渓水	星
19日	05/09	月	乙卯	開	大渓水	張
20日	05/10	火	丙辰	閉	沙中土	翼
21日	05/11	水	丁巳	建	沙中土	軫
22日	05/12	木	戊午	除	天上火	角
23日	05/13	金	己未	満	天上火	亢
24日	05/14	土	庚申	平	柘榴木	氐
25日	05/15	日	辛酉	定	柘榴木	房
26日	05/16	月	壬戌	執	大海水	心
27日	05/17	火	癸亥	破	大海水	尾
28日	05/18	水	甲子	危	海中金	箕
29日	05/19	木	乙丑	成	海中金	斗

【四月大 癸巳 房】
節気 小満 3日・芒種 19日
雑節 入梅 27日

日	新暦	曜	干支	直	納音	宿
1日	05/20	金	丙寅	納	爐中火	牛
2日	05/21	土	丁卯	開	爐中火	女
3日	05/22	日	戊辰	閉	大林木	虚
4日	05/23	月	己巳	建	大林木	危
5日	05/24	火	庚午	除	路傍土	室
6日	05/25	水	辛未	満	路傍土	壁
7日	05/26	木	壬申	平	釼鋒金	奎
8日	05/27	金	癸酉	定	釼鋒金	婁
9日	05/28	土	甲戌	執	山頭火	胃
10日	05/29	日	乙亥	破	山頭火	昴
11日	05/30	月	丙子	危	澗下水	畢
12日	05/31	火	丁丑	成	澗下水	觜
13日	06/01	水	戊寅	納	城頭土	参
14日	06/02	木	己卯	開	城頭土	井
15日	06/03	金	庚辰	閉	白鑞金	鬼
16日	06/04	土	辛巳	建	白鑞金	柳
17日	06/05	日	壬午	除	楊柳木	星
18日	06/06	月	癸未	満	楊柳木	張
19日	06/07	火	甲申	満	井泉水	翼
20日	06/08	水	乙酉	平	井泉水	軫
21日	06/09	木	丙戌	定	屋上土	角
22日	06/10	金	丁亥	執	屋上土	亢
23日	06/11	土	戊子	破	霹靂火	氐
24日	06/12	日	己丑	危	霹靂火	房
25日	06/13	月	庚寅	成	松柏木	心
26日	06/14	火	辛卯	納	松柏木	尾
27日	06/15	水	壬辰	開	長流水	箕
28日	06/16	木	癸巳	閉	長流水	斗
29日	06/17	金	甲午	建	沙中金	牛
30日	06/18	土	乙未	除	沙中金	女

【五月小 甲午 心】
節気 夏至 4日・小暑 19日
雑節 半夏生 14日

日	新暦	曜	干支	直	納音	宿
1日	06/19	日	丙申	満	山下火	虚
2日	06/20	月	丁酉	平	山下火	危
3日	06/21	火	戊戌	定	平地木	室
4日	06/22	水	己亥	執	平地木	壁
5日	06/23	木	庚子	破	壁上土	奎
6日	06/24	金	辛丑	危	壁上土	婁
7日	06/25	土	壬寅	成	金箔金	胃
8日	06/26	日	癸卯	納	金箔金	昴
9日	06/27	月	甲辰	開	覆燈火	畢
10日	06/28	火	乙巳	閉	覆燈火	觜
11日	06/29	水	丙午	建	天河水	参
12日	06/30	木	丁未	除	天河水	井
13日	07/01	金	戊申	満	大駅土	鬼
14日	07/02	土	己酉	平	大駅土	柳
15日	07/03	日	庚戌	定	釵釧金	星
16日	07/04	月	辛亥	執	釵釧金	張
17日	07/05	火	壬子	破	桑柘木	翼
18日	07/06	水	癸丑	危	桑柘木	軫
19日	07/07	木	甲寅	危	大渓水	角
20日	07/08	金	乙卯	成	大渓水	亢
21日	07/09	土	丙辰	納	沙中土	氐
22日	07/10	日	丁巳	開	沙中土	房
23日	07/11	月	戊午	閉	天上火	心
24日	07/12	火	己未	建	天上火	尾
25日	07/13	水	庚申	除	柘榴木	箕
26日	07/14	木	辛酉	満	柘榴木	斗
27日	07/15	金	壬戌	平	大海水	牛
28日	07/16	土	癸亥	定	大海水	女
29日	07/17	日	甲子	執	海中金	虚

【六月大 乙未 尾】
節気 大暑 5日・立秋 20日
雑節 土用 2日

日	新暦	曜	干支	直	納音	宿
1日	07/18	月	乙丑	破	海中金	危
2日	07/19	火	丙寅	危	爐中火	室
3日	07/20	水	丁卯	成	爐中火	壁
4日	07/21	木	戊辰	納	大林木	奎
5日	07/22	金	己巳	開	大林木	婁
6日	07/23	土	庚午	閉	路傍土	胃
7日	07/24	日	辛未	建	路傍土	昴
8日	07/25	月	壬申	除	釼鋒金	畢
9日	07/26	火	癸酉	満	釼鋒金	觜
10日	07/27	水	甲戌	平	山頭火	参
11日	07/28	木	乙亥	定	山頭火	井
12日	07/29	金	丙子	執	澗下水	鬼
13日	07/30	土	丁丑	破	澗下水	柳
14日	07/31	日	戊寅	危	城頭土	星
15日	08/01	月	己卯	成	城頭土	張
16日	08/02	火	庚辰	納	白鑞金	翼
17日	08/03	水	辛巳	開	白鑞金	軫
18日	08/04	木	壬午	閉	楊柳木	角
19日	08/05	金	癸未	建	楊柳木	亢
20日	08/06	土	甲申	建	井泉水	氐
21日	08/07	日	乙酉	除	井泉水	房
22日	08/08	月	丙戌	満	屋上土	心
23日	08/09	火	丁亥	平	屋上土	尾
24日	08/10	水	戊子	定	霹靂火	箕
25日	08/11	木	己丑	執	霹靂火	斗
26日	08/12	金	庚寅	破	松柏木	牛
27日	08/13	土	辛卯	危	松柏木	女
28日	08/14	日	壬辰	成	長流水	虚
29日	08/15	月	癸巳	納	長流水	危

西暦　曜　干支　直　納音　宿　　　　　　　　　　　　延享3年

| 30日 | 08/16 | 火 | 甲午 | 開 | 沙中金 | 室 |

【七月小 丙申 箕】
節気 処暑 6日・白露 21日
雑節 二百十日 17日

日	西暦	曜	干支	直	納音	宿
1日	08/17	水	乙未	閉	沙中金	壁
2日	08/18	木	丙申	建	山下火	奎
3日	08/19	金	丁酉	除	山下火	婁
4日	08/20	土	戊戌	満	平地木	胃
5日	08/21	日	己亥	平	平地木	昴
6日	08/22	月	庚子	定	壁上土	畢
7日	08/23	火	辛丑	執	壁上土	觜
8日	08/24	水	壬寅	破	金箔金	参
9日	08/25	木	癸卯	危	金箔金	井
10日	08/26	金	甲辰	成	覆燈火	鬼
11日	08/27	土	乙巳	納	覆燈火	柳
12日	08/28	日	丙午	開	天河水	星
13日	08/29	月	丁未	閉	天河水	張
14日	08/30	火	戊申	建	大駅土	翼
15日	08/31	水	己酉	除	大駅土	軫
16日	09/01	木	庚戌	満	釵釧金	角
17日	09/02	金	辛亥	平	釵釧金	亢
18日	09/03	土	壬子	定	桑柘木	氐
19日	09/04	日	癸丑	執	桑柘木	房
20日	09/05	月	甲寅	破	大溪水	心
21日	09/06	火	乙卯	危	大溪水	尾
22日	09/07	水	丙辰	成	沙中土	箕
23日	09/08	木	丁巳	納	沙中土	斗
24日	09/09	金	戊午	開	天上火	牛
25日	09/10	土	己未	閉	天上火	女
26日	09/11	日	庚申	建	柘榴木	虚
27日	09/12	月	辛酉	除	柘榴木	危
28日	09/13	火	壬戌	満	大海水	室
29日	09/14	水	癸亥	満	大海水	壁

【八月大 丁酉 斗】
節気 秋分 7日・寒露 22日
雑節 社日 5日・彼岸 9日

日	西暦	曜	干支	直	納音	宿
1日	09/15	木	甲子	平	海中金	奎
2日	09/16	金	乙丑	定	海中金	婁
3日	09/17	土	丙寅	執	爐中火	胃
4日	09/18	日	丁卯	破	爐中火	昴
5日	09/19	月	戊辰	成	大林木	畢
6日	09/20	火	己巳	納	大林木	觜
7日	09/21	水	庚午	納	路傍土	参
8日	09/22	木	辛未	開	路傍土	井
9日	09/23	金	壬申	閉	釵鋒金	鬼
10日	09/24	土	癸酉	建	釵鋒金	柳
11日	09/25	日	甲戌	除	山頭火	星
12日	09/26	月	乙亥	満	山頭火	張
13日	09/27	火	丙子	平	澗下水	翼
14日	09/28	水	丁丑	定	澗下水	軫
15日	09/29	木	戊寅	執	城頭土	角
16日	09/30	金	己卯	破	城頭土	亢
17日	10/01	土	庚辰	危	白鑞金	氐
18日	10/02	日	辛巳	成	白鑞金	房
19日	10/03	月	壬午	納	楊柳木	心
20日	10/04	火	癸未	開	楊柳木	尾
21日	10/05	水	甲申	閉	井泉水	箕
22日	10/06	木	乙酉	閉	井泉水	斗
23日	10/07	金	丙戌	建	屋上土	牛
24日	10/08	土	丁亥	除	屋上土	女
25日	10/09	日	戊子	満	霹靂火	虚
26日	10/10	月	己丑	平	霹靂火	危
27日	10/11	火	庚寅	定	松柏木	室
28日	10/12	水	辛卯	執	松柏木	壁
29日	10/13	木	壬辰	破	長流水	奎
30日	10/14	金	癸巳	危	長流水	婁

【九月小 戊戌 牛】
節気 霜降 8日・立冬 23日
雑節 土用 4日

日	西暦	曜	干支	直	納音	宿
1日	10/15	土	甲午	成	沙中金	胃
2日	10/16	日	乙未	納	沙中金	昴
3日	10/17	月	丙申	閉	山下火	畢
4日	10/18	火	丁酉	閉	山下火	觜
5日	10/19	水	戊戌	建	平地木	参
6日	10/20	木	己亥	除	平地木	井
7日	10/21	金	庚子	満	壁上土	鬼
8日	10/22	土	辛丑	平	壁上土	柳
9日	10/23	日	壬寅	定	金箔金	星
10日	10/24	月	癸卯	執	金箔金	張
11日	10/25	火	甲辰	破	覆燈火	翼
12日	10/26	水	乙巳	危	覆燈火	軫
13日	10/27	木	丙午	成	天河水	角
14日	10/28	金	丁未	納	天河水	亢
15日	10/29	土	戊申	開	大駅土	氐
16日	10/30	日	己酉	閉	大駅土	房
17日	10/31	月	庚戌	除	釵釧金	心
18日	11/01	火	辛亥	除	釵釧金	尾
19日	11/02	水	壬子	満	桑柘木	箕
20日	11/03	木	癸丑	平	桑柘木	斗
21日	11/04	金	甲寅	定	大溪水	牛
22日	11/05	土	乙卯	執	大溪水	女
23日	11/06	日	丙辰	執	沙中土	虚
24日	11/07	月	丁巳	破	沙中土	室
25日	11/08	火	戊午	危	天上火	壁
26日	11/09	水	己未	成	天上火	奎
27日	11/10	木	庚申	納	柘榴木	婁
28日	11/11	金	辛酉	開	柘榴木	胃
29日	11/12	土	壬戌	閉	大海水	昴

【十月小 己亥 女】
節気 小雪 9日・大雪 24日

日	西暦	曜	干支	直	納音	宿
1日	11/13	日	癸亥	建	大海水	昴
2日	11/14	月	甲子	満	海中金	畢
3日	11/15	火	乙丑	平	海中金	觜
4日	11/16	水	丙寅	平	爐中火	参
5日	11/17	木	丁卯	定	爐中火	井
6日	11/18	金	戊辰	執	大林木	鬼
7日	11/19	土	己巳	破	大林木	柳
8日	11/20	日	庚午	危	路傍土	星
9日	11/21	月	辛未	納	路傍土	張
10日	11/22	火	壬申	納	釵鋒金	翼
11日	11/23	水	癸酉	開	釵鋒金	軫
12日	11/24	木	甲戌	閉	山頭火	角
13日	11/25	金	乙亥	建	山頭火	亢
14日	11/26	土	丙子	除	澗下水	氐
15日	11/27	日	丁丑	満	澗下水	房
16日	11/28	月	戊寅	定	城頭土	心
17日	11/29	火	己卯	定	城頭土	尾
18日	11/30	水	庚辰	執	白鑞金	箕
19日	12/01	木	辛巳	破	白鑞金	斗
20日	12/02	金	壬午	危	楊柳木	牛
21日	12/03	土	癸未	成	楊柳木	女
22日	12/04	日	甲申	納	井泉水	虚
23日	12/05	月	乙酉	開	井泉水	危
24日	12/06	火	丙戌	閉	屋上土	室
25日	12/07	水	丁亥	建	屋上土	壁
26日	12/08	木	戊子	除	霹靂火	奎
27日	12/09	金	己丑	満	霹靂火	婁
28日	12/10	土	庚寅	平	松柏木	胃
29日	12/11	日	辛卯	平	松柏木	昴

【十一月大 庚子 虚】
節気 冬至 10日・小寒 26日

日	西暦	曜	干支	直	納音	宿
1日	12/12	月	壬辰	定	長流水	畢
2日	12/13	火	癸巳	執	長流水	觜
3日	12/14	水	甲午	破	沙中金	参
4日	12/15	木	乙未	危	沙中金	井
5日	12/16	金	丙申	成	山下火	鬼
6日	12/17	土	丁酉	納	山下火	柳
7日	12/18	日	戊戌	開	平地木	星
8日	12/19	月	己亥	閉	平地木	張
9日	12/20	火	庚子	建	壁上土	翼
10日	12/21	水	辛丑	除	壁上土	軫
11日	12/22	木	壬寅	満	金箔金	角
12日	12/23	金	癸卯	平	金箔金	亢
13日	12/24	土	甲辰	定	覆燈火	氐
14日	12/25	日	乙巳	執	覆燈火	房
15日	12/26	月	丙午	破	天河水	心
16日	12/27	火	丁未	危	天河水	尾
17日	12/28	水	戊申	成	大駅土	箕
18日	12/29	木	己酉	納	大駅土	斗
19日	12/30	金	庚戌	開	釵釧金	牛
20日	12/31	土	辛亥	閉	釵釧金	女

1747年

日	西暦	曜	干支	直	納音	宿
21日	01/01	日	壬子	建	桑柘木	虚
22日	01/02	月	癸丑	除	桑柘木	危
23日	01/03	火	甲寅	満	大溪水	室
24日	01/04	水	乙卯	平	大溪水	壁
25日	01/05	木	丙辰	定	沙中土	奎
26日	01/06	金	丁巳	執	沙中土	婁
27日	01/07	土	戊午	破	天上火	胃
28日	01/08	日	己未	危	天上火	昴
29日	01/09	月	庚申	成	柘榴木	畢
30日	01/10	火	辛酉	納	柘榴木	觜

【十二月大 辛丑 危】
節気 大寒 11日・立春 26日
雑節 土用 8日・節分 25日

日	西暦	曜	干支	直	納音	宿
1日	01/11	水	壬戌	開	大海水	参
2日	01/12	木	癸亥	納	大海水	井
3日	01/13	金	甲子	閉	海中金	鬼
4日	01/14	土	乙丑	建	海中金	柳
5日	01/15	日	丙寅	除	爐中火	星
6日	01/16	月	丁卯	満	爐中火	張
7日	01/17	火	戊辰	平	大林木	翼
8日	01/18	水	己巳	定	大林木	軫
9日	01/19	木	庚午	執	路傍土	角
10日	01/20	金	辛未	破	路傍土	亢
11日	01/21	土	壬申	危	釵鋒金	氐
12日	01/22	日	癸酉	成	釵鋒金	房
13日	01/23	月	甲戌	納	山頭火	心
14日	01/24	火	乙亥	開	山頭火	尾
15日	01/25	水	丙子	閉	澗下水	箕
16日	01/26	木	丁丑	建	澗下水	斗
17日	01/27	金	戊寅	除	城頭土	牛
18日	01/28	土	己卯	満	城頭土	女
19日	01/29	日	庚辰	平	白鑞金	虚
20日	01/30	月	辛巳	定	白鑞金	危
21日	01/31	火	壬午	執	楊柳木	室
22日	02/01	水	癸未	破	楊柳木	壁
23日	02/02	木	甲申	危	井泉水	奎
24日	02/03	金	乙酉	成	井泉水	婁
25日	02/04	土	丙戌	納	屋上土	胃
26日	02/05	日	丁亥	納	屋上土	昴
27日	02/06	月	戊子	開	霹靂火	畢
28日	02/07	火	己丑	閉	霹靂火	觜
29日	02/08	水	庚寅	建	松柏木	参
30日	02/09	木	辛卯	除	松柏木	井

延享4年

1747〜1748　丁卯　張

【正月小　壬寅　室】

節気 雨水 11日・啓蟄 27日

日	新暦	曜	干支	直	納音	宿
1日	02/10	金	壬辰	満	長流水	鬼
2日	02/11	土	癸巳	平	長流水	柳
3日	02/12	日	甲午	定	沙中金	星
4日	02/13	月	乙未	執	沙中金	張
5日	02/14	火	丙申	破	山下火	翼
6日	02/15	水	丁酉	危	山下火	軫
7日	02/16	木	戊戌	成	平地木	角
8日	02/17	金	己亥	納	平地木	亢
9日	02/18	土	庚子	開	壁上土	房
10日	02/19	日	辛丑	閉	壁上土	心
11日	02/20	月	壬寅	建	金箔金	尾
12日	02/21	火	癸卯	除	金箔金	箕
13日	02/22	水	甲辰	満	覆燈火	斗
14日	02/23	木	乙巳	平	覆燈火	牛
15日	02/24	金	丙午	定	天河水	女
16日	02/25	土	丁未	執	天河水	虚
17日	02/26	日	戊申	破	大駅土	危
18日	02/27	月	己酉	危	大駅土	室
19日	02/28	火	庚戌	納	釵釧金	壁
20日	03/01	水	辛亥	開	釵釧金	奎
21日	03/02	木	壬子	閉	桑柘木	婁
22日	03/03	金	癸丑	閉	桑柘木	胃
23日	03/04	土	甲寅	建	大溪水	昴
24日	03/05	日	乙卯	除	大溪水	畢
25日	03/06	月	丙辰	満	沙中土	觜
26日	03/07	火	丁巳	満	沙中土	参
27日	03/08	水	戊午	平	天上火	井
28日	03/09	木	己未	定	天上火	鬼
29日	03/10	金	庚申	執	柘榴木	鬼

【二月大　癸卯　壁】

節気 春分 13日・清明 28日
雑節 社日 8日・彼岸 15日

日	新暦	曜	干支	直	納音	宿
1日	03/11	土	辛酉	破	柘榴木	柳
2日	03/12	日	壬戌	危	大海水	星
3日	03/13	月	癸亥	成	大海水	張
4日	03/14	火	甲子	納	海中金	翼
5日	03/15	水	乙丑	開	海中金	軫
6日	03/16	木	丙寅	閉	爐中火	角
7日	03/17	金	丁卯	建	爐中火	亢
8日	03/18	土	戊辰	除	大林木	氐
9日	03/19	日	己巳	満	大林木	房
10日	03/20	月	庚午	定	路傍土	心
11日	03/21	火	辛未	定	路傍土	尾
12日	03/22	水	壬申	執	釵鋒金	箕
13日	03/23	木	癸酉	破	釵鋒金	斗
14日	03/24	金	甲戌	危	山頭火	牛
15日	03/25	土	乙亥	成	山頭火	女
16日	03/26	日	丙子	納	潤下水	虚
17日	03/27	月	丁丑	開	潤下水	危
18日	03/28	火	戊寅	閉	城頭土	室
19日	03/29	水	己卯	建	城頭土	壁
20日	03/30	木	庚辰	除	白鑞金	奎
21日	03/31	金	辛巳	平	白鑞金	婁
22日	04/01	土	壬午	平	楊柳木	胃
23日	04/02	日	癸未	定	楊柳木	昴
24日	04/03	月	甲申	執	井泉水	畢
25日	04/04	火	乙酉	破	井泉水	觜
26日	04/05	水	丙戌	危	屋上土	参
27日	04/06	木	丁亥	成	屋上土	井
28日	04/07	金	戊子	成	霹靂火	鬼
29日	04/08	土	己丑	納	霹靂火	柳
30日	04/09	日	庚寅	開	松柏木	星

【三月小　甲辰　奎】

節気 穀雨 13日・立夏 28日
雑節 土用 10日・八十八夜 24日

日	新暦	曜	干支	直	納音	宿
1日	04/10	月	辛卯	閉	松柏木	張
2日	04/11	火	壬辰	建	長流水	翼
3日	04/12	水	癸巳	除	長流水	軫
4日	04/13	木	甲午	満	沙中金	角
5日	04/14	金	乙未	定	沙中金	亢
6日	04/15	土	丙申	定	山下火	氐
7日	04/16	日	丁酉	執	山下火	房
8日	04/17	月	戊戌	破	平地木	心
9日	04/18	火	己亥	危	平地木	尾
10日	04/19	水	庚子	成	壁上土	箕
11日	04/20	木	辛丑	納	壁上土	斗
12日	04/21	金	壬寅	開	金箔金	牛
13日	04/22	土	癸卯	閉	金箔金	女
14日	04/23	日	甲辰	建	覆燈火	虚
15日	04/24	月	乙巳	除	覆燈火	危
16日	04/25	火	丙午	平	天河水	室
17日	04/26	水	丁未	平	天河水	壁
18日	04/27	木	戊申	執	大駅土	奎
19日	04/28	金	己酉	破	大駅土	婁
20日	04/29	土	庚戌	危	釵釧金	胃
21日	04/30	日	辛亥	成	釵釧金	昴
22日	05/01	月	壬子	納	桑柘木	畢
23日	05/02	火	癸丑	開	桑柘木	觜
24日	05/03	水	甲寅	閉	大溪水	参
25日	05/04	木	乙卯	建	大溪水	井
26日	05/05	金	丙辰	除	沙中土	鬼
27日	05/06	土	丁巳	満	沙中土	柳
28日	05/07	日	戊午	除	天上火	星
29日	05/08	月	己未	満	天上火	張

【四月大　乙巳　婁】

節気 小満 15日・芒種 30日

日	新暦	曜	干支	直	納音	宿
1日	05/09	火	庚申	執	柘榴木	翼
2日	05/10	水	辛酉	定	柘榴木	軫
3日	05/11	木	壬戌	執	大海水	角
4日	05/12	金	癸亥	破	大海水	亢
5日	05/13	土	甲子	危	海中金	氐
6日	05/14	日	乙丑	成	海中金	房
7日	05/15	月	丙寅	納	爐中火	心
8日	05/16	火	丁卯	開	爐中火	尾
9日	05/17	水	戊辰	閉	大林木	箕
10日	05/18	木	己巳	建	大林木	斗
11日	05/19	金	庚午	除	路傍土	牛
12日	05/20	土	辛未	平	路傍土	女
13日	05/21	日	壬申	平	釵鋒金	虚
14日	05/22	月	癸酉	定	釵鋒金	危
15日	05/23	火	甲戌	執	山頭火	室
16日	05/24	水	乙亥	破	山頭火	壁
17日	05/25	木	丙子	危	潤下水	奎
18日	05/26	金	丁丑	成	潤下水	婁
19日	05/27	土	戊寅	納	城頭土	胃
20日	05/28	日	己卯	開	城頭土	昴
21日	05/29	月	庚辰	閉	白鑞金	畢
22日	05/30	火	辛巳	建	白鑞金	觜
23日	05/31	水	壬午	除	楊柳木	参
24日	06/01	木	癸未	満	楊柳木	井
25日	06/02	金	甲申	平	井泉水	鬼
26日	06/03	土	乙酉	定	井泉水	柳
27日	06/04	日	丙戌	執	屋上土	星
28日	06/05	月	丁亥	破	屋上土	張
29日	06/06	火	戊子	危	霹靂火	翼
30日	06/07	水	己丑	危	霹靂火	軫

【五月大　丙午　胃】

節気 夏至 15日・小暑 30日
雑節 入梅 3日・半夏生 25日

日	新暦	曜	干支	直	納音	宿
1日	06/08	木	庚寅	成	松柏木	角
2日	06/09	金	辛卯	納	松柏木	亢
3日	06/10	土	壬辰	開	長流水	氐
4日	06/11	日	癸巳	閉	長流水	房
5日	06/12	月	甲午	建	沙中金	心
6日	06/13	火	乙未	除	沙中金	尾
7日	06/14	水	丙申	満	山下火	箕
8日	06/15	木	丁酉	定	山下火	斗
9日	06/16	金	戊戌	執	平地木	牛
10日	06/17	土	己亥	執	平地木	女
11日	06/18	日	庚子	破	壁上土	虚
12日	06/19	月	辛丑	危	壁上土	室
13日	06/20	火	壬寅	成	金箔金	壁
14日	06/21	水	癸卯	納	金箔金	奎
15日	06/22	木	甲辰	開	覆燈火	婁
16日	06/23	金	乙巳	閉	覆燈火	胃
17日	06/24	土	丙午	建	天河水	昴
18日	06/25	日	丁未	除	天河水	畢
19日	06/26	月	戊申	満	大駅土	觜
20日	06/27	火	己酉	定	大駅土	参
21日	06/28	水	庚戌	執	釵釧金	井
22日	06/29	木	辛亥	破	釵釧金	鬼
23日	06/30	金	壬子	危	桑柘木	柳
24日	07/01	土	癸丑	成	桑柘木	星
25日	07/02	日	甲寅	納	大溪水	張
26日	07/03	月	乙卯	開	大溪水	翼
27日	07/04	火	丙辰	閉	沙中土	軫
28日	07/05	水	丁巳	閉	沙中土	角
29日	07/06	木	戊午	建	天上火	亢
30日	07/07	金	己未	建	天上火	氐

【六月小　丁未　昴】

節気 大暑 15日
雑節 土用 12日

日	新暦	曜	干支	直	納音	宿
1日	07/08	土	庚申	除	柘榴木	氐
2日	07/09	日	辛酉	満	柘榴木	房
3日	07/10	月	壬戌	平	大海水	心
4日	07/11	火	癸亥	定	大海水	尾
5日	07/12	水	甲子	執	海中金	箕
6日	07/13	木	乙丑	破	海中金	斗
7日	07/14	金	丙寅	危	爐中火	牛
8日	07/15	土	丁卯	成	爐中火	女
9日	07/16	日	戊辰	納	大林木	虚
10日	07/17	月	己巳	開	大林木	危
11日	07/18	火	庚午	閉	路傍土	室
12日	07/19	水	辛未	除	路傍土	壁
13日	07/20	木	壬申	除	釵鋒金	奎
14日	07/21	金	癸酉	満	釵鋒金	婁
15日	07/22	土	甲戌	平	山頭火	胃
16日	07/23	日	乙亥	定	山頭火	昴
17日	07/24	月	丙子	執	潤下水	畢
18日	07/25	火	丁丑	破	潤下水	觜
19日	07/26	水	戊寅	危	城頭土	参
20日	07/27	木	己卯	成	城頭土	井
21日	07/28	金	庚辰	納	白鑞金	鬼
22日	07/29	土	辛巳	開	白鑞金	柳
23日	07/30	日	壬午	閉	楊柳木	星
24日	07/31	月	癸未	建	楊柳木	張
25日	08/01	火	甲申	除	井泉水	翼
26日	08/02	水	乙酉	満	井泉水	軫
27日	08/03	木	丙戌	平	屋上土	角
28日	08/04	金	丁亥	定	屋上土	亢
29日	08/05	土	戊子	執	霹靂火	氐

【七月大　戊申　畢】

節気 立秋 2日・処暑 17日
雑節 二百十 28日

日	新暦	曜	干支	直	納音	宿
1日◎	08/06	日	己丑	破	霹靂火	房
2日	08/07	月	庚寅	破	松柏木	心
3日	08/08	火	辛卯	危	松柏木	尾

西暦　曜　干支　直　納音　宿　　　　　　延享4年

日	西暦	曜	干支	直	納音	宿
4日	08/09	水	壬辰	納	長流水	箕
5日	08/10	木	癸巳	納	長流水	斗
6日	08/11	金	甲午	開	沙中金	牛
7日	08/12	土	乙未	閉	沙中金	女
8日	08/13	日	丙申	建	山下火	虚
9日	08/14	月	丁酉	除	山下火	危
10日	08/15	火	戊戌	満	平地木	室
11日	08/16	水	己亥	平	平地木	壁
12日	08/17	木	庚子	定	壁上土	奎
13日	08/18	金	辛丑	執	壁上土	婁
14日	08/19	土	壬寅	破	金箔金	胃
15日☆	08/20	日	癸卯	危	覆燈火	昴
16日	08/21	月	甲辰	成	覆燈火	畢
17日	08/22	火	乙巳	納	覆燈火	觜
18日	08/23	水	丙午	開	天河水	参
19日	08/24	木	丁未	閉	天河水	井
20日	08/25	金	戊申	建	大駅土	鬼
21日	08/26	土	己酉	除	大駅土	柳
22日	08/27	日	庚戌	満	釼釧金	星
23日	08/28	月	辛亥	平	釼釧金	張
24日	08/29	火	壬子	定	桑柘木	翼
25日	08/30	水	癸丑	執	桑柘木	軫
26日	08/31	木	甲寅	破	大溪水	角
27日	09/01	金	乙卯	危	大溪水	亢
28日	09/02	土	丙辰	成	沙中土	氐
29日	09/03	日	丁巳	納	沙中土	房
30日	09/04	月	戊午	開	天上火	心

【八月小　己酉　觜】
節気　白露 2日・秋分 17日
雑節　彼岸 19日・社日 20日

日	西暦	曜	干支	直	納音	宿
1日	09/05	火	己未	閉	天上火	尾
2日	09/06	水	庚申	建	柘榴木	箕
3日	09/07	木	辛酉	建	柘榴木	斗
4日	09/08	金	壬戌	除	大海水	牛
5日	09/09	土	癸亥	満	大海水	女
6日	09/10	日	甲子	平	海中金	虚
7日	09/11	月	乙丑	定	海中金	危
8日	09/12	火	丙寅	執	爐中火	室
9日	09/13	水	丁卯	破	爐中火	壁
10日	09/14	木	戊辰	危	大林木	奎
11日	09/15	金	己巳	成	大林木	婁
12日	09/16	土	庚午	納	路傍土	胃
13日	09/17	日	辛未	開	路傍土	昴
14日	09/18	月	壬申	閉	釼鋒金	畢
15日	09/19	火	癸酉	建	釼鋒金	觜
16日	09/20	水	甲戌	除	山頭火	参
17日	09/21	木	乙亥	満	山頭火	井
18日	09/22	金	丙子	平	潤下水	鬼
19日	09/23	土	丁丑	定	潤下水	柳
20日	09/24	日	戊寅	執	城頭土	星
21日	09/25	月	己卯	破	城頭土	張
22日	09/26	火	庚辰	危	白鑞金	翼
23日	09/27	水	辛巳	納	白鑞金	軫
24日	09/28	木	壬午	開	楊柳木	角
25日	09/29	金	癸未	開	楊柳木	亢
26日	09/30	土	甲申	閉	井泉水	氐
27日	10/01	日	乙酉	建	井泉水	房
28日	10/02	月	丙戌	除	屋上土	心
29日	10/03	火	丁亥	満	屋上土	尾

【九月大　庚戌　参】
節気　寒露 4日・霜降 19日
雑節　土用 16日

日	西暦	曜	干支	直	納音	宿
1日	10/04	水	戊子	平	霹靂火	箕
2日	10/05	木	己丑	定	霹靂火	斗
3日	10/06	金	庚寅	執	松柏木	牛
4日	10/07	土	辛卯	執	松柏木	女
5日	10/08	日	壬辰	破	長流水	虚
6日	10/09	月	癸巳	危	長流水	危
7日	10/10	火	甲午	成	沙中金	室
8日	10/11	水	乙未	納	沙中金	壁
9日	10/12	木	丙申	閉	山下火	奎
10日	10/13	金	丁酉	閉	山下火	婁
11日	10/14	土	戊戌	建	平地木	胃
12日	10/15	日	己亥	除	平地木	昴
13日	10/16	月	庚子	満	壁上土	畢
14日	10/17	火	辛丑	平	壁上土	觜
15日	10/18	水	壬寅	定	金箔金	参
16日	10/19	木	癸卯	執	覆燈火	井
17日	10/20	金	甲辰	破	覆燈火	鬼
18日	10/21	土	乙巳	危	覆燈火	柳
19日	10/22	日	丙午	成	天河水	星
20日	10/23	月	丁未	納	天河水	張
21日	10/24	火	戊申	開	大駅土	翼
22日	10/25	水	己酉	閉	大駅土	軫
23日	10/26	木	庚戌	建	釼釧金	角
24日	10/27	金	辛亥	除	釼釧金	亢
25日	10/28	土	壬子	満	桑柘木	氐
26日	10/29	日	癸丑	平	桑柘木	房
27日	10/30	月	甲寅	定	大溪水	心
28日	10/31	火	乙卯	執	大溪水	尾
29日	11/01	水	丙辰	破	沙中土	箕
30日	11/02	木	丁巳	危	沙中土	斗

【十月小　辛亥　井】
節気　立冬 4日・小雪 19日

日	西暦	曜	干支	直	納音	宿
1日	11/03	金	戊午	成	天上火	牛
2日	11/04	土	己未	納	天上火	女
3日	11/05	日	庚申	開	柘榴木	虚
4日	11/06	月	辛酉	閉	柘榴木	危
5日	11/07	火	壬戌	建	大海水	室
6日	11/08	水	癸亥	除	大海水	壁
7日	11/09	木	甲子	満	海中金	奎
8日	11/10	金	乙丑	平	海中金	婁
9日	11/11	土	丙寅	平	爐中火	胃
10日	11/12	日	丁卯	定	爐中火	昴
11日	11/13	月	戊辰	執	大林木	畢
12日	11/14	火	己巳	破	大林木	觜
13日	11/15	水	庚午	危	路傍土	参
14日	11/16	木	辛未	成	路傍土	井
15日	11/17	金	壬申	納	釼鋒金	鬼
16日	11/18	土	癸酉	開	釼鋒金	柳
17日	11/19	日	甲戌	閉	山頭火	星
18日	11/20	月	乙亥	除	山頭火	張
19日	11/21	火	丙子	除	潤下水	翼
20日	11/22	水	丁丑	満	潤下水	軫
21日	11/23	木	戊寅	平	城頭土	角
22日	11/24	金	己卯	定	城頭土	亢
23日	11/25	土	庚辰	執	白鑞金	氐
24日	11/26	日	辛巳	破	白鑞金	房
25日	11/27	月	壬午	危	楊柳木	心
26日	11/28	火	癸未	成	楊柳木	尾
27日	11/29	水	甲申	納	井泉水	箕
28日	11/30	木	乙酉	開	井泉水	斗
29日	12/01	金	丙戌	閉	屋上土	牛

【十一月大　壬子　鬼】
節気　大雪 5日・冬至 21日

日	西暦	曜	干支	直	納音	宿
1日	12/02	土	丁亥	建	屋上土	女
2日	12/03	日	戊子	除	霹靂火	虚
3日	12/04	月	己丑	満	霹靂火	危
4日	12/05	火	庚寅	平	松柏木	室
5日	12/06	水	辛卯	平	松柏木	壁
6日	12/07	木	壬辰	定	長流水	奎
7日	12/08	金	癸巳	執	長流水	婁
8日	12/09	土	甲午	破	沙中金	胃
9日	12/10	日	乙未	危	沙中金	昴
10日	12/11	月	丙申	成	山下火	畢
11日	12/12	火	丁酉	納	山下火	觜
12日	12/13	水	戊戌	開	平地木	参
13日	12/14	木	己亥	閉	平地木	井
14日	12/15	金	庚子	建	壁上土	鬼
15日	12/16	土	辛丑	除	壁上土	柳
16日	12/17	日	壬寅	満	金箔金	星
17日	12/18	月	癸卯	平	金箔金	張
18日	12/19	火	甲辰	定	覆燈火	翼
19日	12/20	水	乙巳	執	覆燈火	軫
20日	12/21	木	丙午	破	天河水	角
21日	12/22	金	丁未	危	天河水	亢
22日	12/23	土	戊申	成	大駅土	氐
23日	12/24	日	己酉	納	大駅土	房
24日	12/25	月	庚戌	閉	釼釧金	心
25日	12/26	火	辛亥	閉	釼釧金	尾
26日	12/27	水	壬子	建	桑柘木	箕
27日	12/28	木	癸丑	除	桑柘木	斗
28日	12/29	金	甲寅	満	大溪水	牛
29日	12/30	土	乙卯	平	大溪水	女
30日	12/31	日	丙辰	定	沙中土	虚

【十二月小　癸丑　柳】
節気　小寒 6日・大寒 21日
雑節　土用 18日

1748年

日	西暦	曜	干支	直	納音	宿
1日	01/01	月	丁巳	執	沙中土	危
2日	01/02	火	戊午	破	天上火	室
3日	01/03	水	己未	危	天上火	壁
4日	01/04	木	庚申	成	柘榴木	奎
5日	01/05	金	辛酉	納	柘榴木	婁
6日	01/06	土	壬戌	納	大海水	胃
7日	01/07	日	癸亥	開	大海水	昴
8日	01/08	月	甲子	閉	海中金	畢
9日	01/09	火	乙丑	建	海中金	觜
10日	01/10	水	丙寅	除	爐中火	参
11日	01/11	木	丁卯	満	爐中火	井
12日	01/12	金	戊辰	平	大林木	鬼
13日	01/13	土	己巳	定	大林木	柳
14日	01/14	日	庚午	執	路傍土	星
15日	01/15	月	辛未	破	路傍土	張
16日	01/16	火	壬申	危	釼鋒金	翼
17日	01/17	水	癸酉	成	釼鋒金	軫
18日	01/18	木	甲戌	納	山頭火	角
19日	01/19	金	乙亥	開	山頭火	亢
20日	01/20	土	丙子	閉	潤下水	氐
21日	01/21	日	丁丑	除	潤下水	房
22日	01/22	月	戊寅	除	城頭土	心
23日	01/23	火	己卯	満	城頭土	尾
24日	01/24	水	庚辰	平	白鑞金	箕
25日	01/25	木	辛巳	定	白鑞金	斗
26日	01/26	金	壬午	執	楊柳木	牛
27日	01/27	土	癸未	破	楊柳木	女
28日	01/28	日	甲申	危	井泉水	虚
29日	01/29	月	乙酉	成	井泉水	危

寛延元年〔延享5年〕

1748～1749　戊辰　翼
※改元＝7月12日

【正月小 甲寅 星】
節気　立春 7日・雨水 23日
雑節　節分 6日

日	月日	曜	干支	十二直	納音	宿
1日	01/30	火	丙戌	納	屋上土	室
2日	01/31	水	丁亥	開	屋上土	壁
3日	02/01	木	戊子	閉	霹靂火	奎
4日	02/02	金	己丑	建	霹靂火	婁
5日	02/03	土	庚寅	除	松柏木	胃
6日	02/04	日	辛卯	満	松柏木	昴
7日	02/05	月	壬辰	平	長流水	畢
8日	02/06	火	癸巳	定	長流水	觜
9日	02/07	水	甲午	定	沙中金	参
10日	02/08	木	乙未	執	沙中金	井
11日	02/09	金	丙申	破	山下火	鬼
12日	02/10	土	丁酉	危	山下火	柳
13日	02/11	日	戊戌	成	平地木	星
14日	02/12	月	己亥	納	平地木	張
15日	02/13	火	庚子	開	壁上土	翼
16日	☆02/14	水	辛丑	閉	壁上土	軫
17日	02/15	木	壬寅	建	金箔金	角
18日	02/16	金	癸卯	除	金箔金	亢
19日	02/17	土	甲辰	満	覆燈火	氐
20日	02/18	日	乙巳	平	覆燈火	房
21日	02/19	月	丙午	定	天河水	心
22日	02/20	火	丁未	執	天河水	尾
23日	02/21	水	戊申	破	大駅土	箕
24日	02/22	木	己酉	危	大駅土	斗
25日	02/23	金	庚戌	成	釵釧金	牛
26日	02/24	土	辛亥	納	釵釧金	女
27日	02/25	日	壬子	開	桑柘木	虚
28日	02/26	月	癸丑	閉	桑柘木	危
29日	02/27	火	甲寅	建	大溪水	室

【二月大 乙卯 張】
節気　啓蟄 9日・春分 24日
雑節　社日 24日・彼岸 26日

日	月日	曜	干支	十二直	納音	宿
1日	02/28	水	乙卯	除	大溪水	壁
2日	02/29	木	丙辰	満	沙中土	奎
3日	03/01	金	丁巳	平	沙中土	婁
4日	03/02	土	戊午	定	天上火	胃
5日	03/03	日	己未	執	天上火	昴
6日	03/04	月	庚申	破	柘榴木	畢
7日	03/05	火	辛酉	危	柘榴木	觜
8日	03/06	水	壬戌	成	大海水	参
9日	03/07	木	癸亥	納	大海水	井
10日	03/08	金	甲子	納	海中金	鬼
11日	03/09	土	乙丑	開	海中金	柳
12日	03/10	日	丙寅	閉	爐中火	星
13日	03/11	月	丁卯	建	爐中火	張
14日	03/12	火	戊辰	除	大林木	翼
15日	03/13	水	己巳	満	大林木	軫
16日	03/14	木	庚午	平	路傍土	角
17日	03/15	金	辛未	定	路傍土	亢
18日	03/16	土	壬申	執	劍鋒金	氐
19日	03/17	日	癸酉	破	劍鋒金	房
20日	03/18	月	甲戌	危	山頭火	心
21日	03/19	火	乙亥	成	山頭火	尾
22日	03/20	水	丙子	納	澗下水	箕
23日	03/21	木	丁丑	開	澗下水	斗
24日	03/22	金	戊寅	閉	城頭土	牛
25日	03/23	土	己卯	建	城頭土	女
26日	03/24	日	庚辰	除	白鑞金	虚
27日	03/25	月	辛巳	満	白鑞金	危
28日	03/26	火	壬午	平	楊柳木	室
29日	03/27	水	癸未	定	楊柳木	壁
30日	03/28	木	甲申	執	井泉水	奎

【三月大 丙辰 翼】
節気　清明 9日・穀雨 24日
雑節　土用 21日

日	月日	曜	干支	十二直	納音	宿
1日	03/29	金	乙酉	破	井泉水	婁
2日	03/30	土	丙戌	危	屋上土	胃
3日	03/31	日	丁亥	成	屋上土	昴
4日	04/01	月	戊子	納	霹靂火	畢
5日	04/02	火	己丑	納	霹靂火	觜
6日	04/03	水	庚寅	開	松柏木	参
7日	04/04	木	辛卯	閉	松柏木	井
8日	04/05	金	壬辰	建	長流水	鬼
9日	04/06	土	癸巳	除	長流水	柳
10日	04/07	日	甲午	満	沙中金	星
11日	04/08	月	乙未	平	沙中金	張
12日	04/09	火	丙申	定	山下火	翼
13日	04/10	水	丁酉	執	山下火	軫
14日	04/11	木	戊戌	破	平地木	角
15日	04/12	金	己亥	危	平地木	亢
16日	04/13	土	庚子	成	壁上土	氐
17日	04/14	日	辛丑	納	壁上土	房
18日	04/15	月	壬寅	開	金箔金	心
19日	04/16	火	癸卯	閉	金箔金	尾
20日	04/17	水	甲辰	建	覆燈火	箕
21日	04/18	木	乙巳	除	覆燈火	斗
22日	04/19	金	丙午	満	天河水	牛
23日	04/20	土	丁未	平	天河水	女
24日	04/21	日	戊申	定	大駅土	虚
25日	04/22	月	己酉	執	大駅土	危
26日	04/23	火	庚戌	破	釵釧金	室
27日	04/24	水	辛亥	危	釵釧金	壁
28日	04/25	木	壬子	成	桑柘木	奎
29日	04/26	金	癸丑	納	桑柘木	婁
30日	04/27	土	甲寅	開	大溪水	胃

【四月小 丁巳 軫】
節気　立夏 10日・小満 25日
雑節　八十八夜 5日

日	月日	曜	干支	十二直	納音	宿
1日	04/28	日	乙卯	閉	大溪水	昴
2日	04/29	月	丙辰	建	沙中土	畢
3日	04/30	火	丁巳	除	沙中土	觜
4日	05/01	水	戊午	満	天上火	参
5日	05/02	木	己未	平	天上火	井
6日	05/03	金	庚申	定	柘榴木	鬼
7日	05/04	土	辛酉	執	柘榴木	柳
8日	05/05	日	壬戌	破	大海水	星
9日	05/06	月	癸亥	危	大海水	張
10日	05/07	火	甲子	成	海中金	翼
11日	05/08	水	乙丑	納	海中金	軫
12日	05/09	木	丙寅	開	爐中火	角
13日	05/10	金	丁卯	閉	爐中火	亢
14日	05/11	土	戊辰	建	大林木	氐
15日	05/12	日	己巳	除	大林木	房
16日	05/13	月	庚午	満	路傍土	心
17日	05/14	火	辛未	平	路傍土	尾
18日	05/15	水	壬申	定	劍鋒金	箕
19日	05/16	木	癸酉	執	劍鋒金	斗
20日	05/17	金	甲戌	破	山頭火	牛
21日	05/18	土	乙亥	危	山頭火	女
22日	05/19	日	丙子	成	澗下水	虚
23日	05/20	月	丁丑	納	澗下水	危
24日	05/21	火	戊寅	開	城頭土	室
25日	05/22	水	己卯	閉	城頭土	壁
26日	05/23	木	庚辰	建	白鑞金	奎
27日	05/24	金	辛巳	除	白鑞金	婁
28日	05/25	土	壬午	満	楊柳木	胃
29日	05/26	日	癸未	平	楊柳木	昴

【五月大 戊午 角】
節気　芒種 11日・夏至 26日
雑節　入梅 19日

日	月日	曜	干支	十二直	納音	宿
1日	05/27	月	甲申	平	井泉水	畢
2日	05/28	火	乙酉	定	井泉水	觜
3日	05/29	水	丙戌	執	屋上土	参
4日	05/30	木	丁亥	破	屋上土	井
5日	05/31	金	戊子	危	霹靂火	鬼
6日	06/01	土	己丑	成	霹靂火	柳
7日	06/02	日	庚寅	納	松柏木	星
8日	06/03	月	辛卯	開	松柏木	張
9日	06/04	火	壬辰	閉	長流水	翼
10日	06/05	水	癸巳	建	長流水	軫
11日	06/06	木	甲午	除	沙中金	角
12日	06/07	金	乙未	満	沙中金	亢
13日	06/08	土	丙申	平	山下火	氐
14日	06/09	日	丁酉	定	山下火	房
15日	06/10	月	戊戌	執	平地木	心
16日	06/11	火	己亥	破	平地木	尾
17日	06/12	水	庚子	危	壁上土	箕
18日	06/13	木	辛丑	成	壁上土	斗
19日	06/14	金	壬寅	納	金箔金	牛
20日	06/15	土	癸卯	開	金箔金	女
21日	06/16	日	甲辰	閉	覆燈火	虚
22日	06/17	月	乙巳	建	覆燈火	危
23日	06/18	火	丙午	除	天河水	室
24日	06/19	水	丁未	満	天河水	壁
25日	06/20	木	戊申	平	大駅土	奎
26日	06/21	金	己酉	定	大駅土	婁
27日	06/22	土	庚戌	執	釵釧金	胃
28日	06/23	日	辛亥	破	釵釧金	昴
29日	06/24	月	壬子	危	桑柘木	畢
30日	06/25	火	癸丑	成	桑柘木	觜

【六月小 己未 亢】
節気　小暑 11日・大暑 27日
雑節　半夏生 6日・土用 24日

日	月日	曜	干支	十二直	納音	宿
1日	06/26	水	甲寅	納	大溪水	参
2日	06/27	木	乙卯	開	大溪水	井
3日	06/28	金	丙辰	閉	沙中土	鬼
4日	06/29	土	丁巳	建	沙中土	柳
5日	06/30	日	戊午	除	天上火	星
6日	07/01	月	己未	満	天上火	張
7日	07/02	火	庚申	平	柘榴木	翼
8日	07/03	水	辛酉	定	柘榴木	軫
9日	07/04	木	壬戌	執	大海水	角
10日	07/05	金	癸亥	破	大海水	亢
11日	07/06	土	甲子	危	海中金	氐
12日	07/07	日	乙丑	成	海中金	房
13日	07/08	月	丙寅	納	爐中火	心
14日	07/09	火	丁卯	開	爐中火	尾
15日	07/10	水	戊辰	閉	大林木	箕
16日	07/11	木	己巳	建	大林木	斗
17日	07/12	金	庚午	除	路傍土	牛
18日	07/13	土	辛未	満	路傍土	女
19日	07/14	日	壬申	平	劍鋒金	虚
20日	07/15	月	癸酉	定	劍鋒金	危
21日	07/16	火	甲戌	執	山頭火	室
22日	07/17	水	乙亥	破	山頭火	壁
23日	07/18	木	丙子	危	澗下水	奎
24日	07/19	金	丁丑	成	澗下水	婁
25日	07/20	土	戊寅	納	城頭土	胃
26日	07/21	日	己卯	開	城頭土	昴
27日	07/22	月	庚辰	閉	白鑞金	畢
28日	07/23	火	辛巳	建	白鑞金	觜
29日	07/24	水	壬午	除	楊柳木	参

【七月大 庚申 氐】
節気　立秋 13日・処暑 28日

日	月日	曜	干支	十二直	納音	宿
1日	07/25	木	癸未	満	楊柳木	井
2日	07/26	金	甲申	平	井泉水	鬼
3日	07/27	土	乙酉	定	井泉水	柳
4日	07/28	日	丙戌	執	屋上土	星
5日	07/29	月	丁亥	破	屋上土	張
6日	07/30	火	戊子	危	霹靂火	翼
7日	07/31	水	己丑	成	霹靂火	軫
8日	08/01	木	庚寅	納	松柏木	角
9日	08/02	金	辛卯	開	松柏木	亢
10日	08/03	土	壬辰	閉	長流水	氐
11日	08/04	日	癸巳	建	長流水	房
12日	08/05	月	甲午	除	沙中金	心

＊改元（延享5年→寛延元年）

日	月日	曜	干支	十二直	納音	宿
13日	08/06	火	乙未	満	沙中金	尾

西暦　曜　干支　直　納音　宿　　　　　　　　　　　寛延元年〔延享5年〕

日	西暦	曜	干支	直	納音	宿
14日	08/07	水	丙申	建	山下火	斗
15日	08/08	木	丁酉	除	山下火	牛
16日	08/09	金	戊戌	満	平地木	女
17日	08/10	土	己亥	平	平地木	虚
18日	08/11	日	庚子	定	壁上土	危
19日	08/12	月	辛丑	執	壁上土	室
20日	08/13	火	壬寅	破	金箔金	壁
21日	08/14	水	癸卯	危	金箔金	奎
22日	08/15	木	甲辰	成	覆燈火	婁
23日	08/16	金	乙巳	収	覆燈火	胃
24日	08/17	土	丙午	開	天河水	昴
25日	08/18	日	丁未	閉	天河水	畢
26日	08/19	月	戊申	建	大駅土	觜
27日	08/20	火	己酉	除	大駅土	参
28日	08/21	水	庚戌	満	釵釧金	井
29日	08/22	木	辛亥	平	釵釧金	鬼
30日	08/23	金	壬子	定	桑柘木	柳

【八月大 辛酉 房】
節気 白露 13日・秋分 29日
雑節 二百十日 9日・社日 26日

日	西暦	曜	干支	直	納音	宿
1日	08/24	土	癸丑	執	桑柘木	星
2日	08/25	日	甲寅	破	大溪水	張
3日	08/26	月	乙卯	危	大溪水	翼
4日	08/27	火	丙辰	成	沙中土	軫
5日	08/28	水	丁巳	納	沙中土	角
6日	08/29	木	戊午	開	天上火	亢
7日	08/30	金	己未	閉	天上火	氐
8日	08/31	土	庚申	建	柘榴木	房
9日	09/01	日	辛酉	除	柘榴木	心
10日	09/02	月	壬戌	満	大海水	尾
11日	09/03	火	癸亥	平	大海水	箕
12日	09/04	水	甲子	定	海中金	斗
13日	09/05	木	乙丑	執	海中金	牛
14日	09/06	金	丙寅	破	爐中火	女
15日	09/07	土	丁卯	危	爐中火	虚
16日	09/08	日	戊辰	成	大林木	危
17日	09/09	月	己巳	納	大林木	室
18日	09/10	火	庚午	納	路傍土	壁
19日	09/11	水	辛未	閉	路傍土	奎
20日	09/12	木	壬申	閉	釵釧金	婁
21日	09/13	金	癸酉	建	釵釧金	胃
22日	09/14	土	甲戌	除	山頭火	昴
23日	09/15	日	乙亥	満	山頭火	畢
24日	09/16	月	丙子	平	澗下水	觜
25日	09/17	火	丁丑	定	澗下水	参
26日	09/18	水	戊寅	執	城頭土	井
27日	09/19	木	己卯	破	城頭土	鬼
28日	09/20	金	庚辰	危	白鑞金	柳
29日	09/21	土	辛巳	成	白鑞金	星
30日	09/22	日	壬午	納	楊柳木	張

【九月小 壬戌 心】
節気 寒露 14日・霜降 29日
雑節 彼岸 1日・土用 26日

日	西暦	曜	干支	直	納音	宿
1日	09/23	月	癸未	納	楊柳木	張
2日	09/24	火	甲申	閉	井泉水	翼
3日	09/25	水	乙酉	除	井泉水	軫
4日	09/26	木	丙戌	除	屋上土	角
5日	09/27	金	丁亥	満	屋上土	亢
6日	09/28	土	戊子	平	霹靂火	氐
7日	09/29	日	己丑	定	霹靂火	房
8日	09/30	月	庚寅	執	松柏木	心
9日	10/01	火	辛卯	破	松柏木	尾
10日	10/02	水	壬辰	危	長流水	箕
11日	10/03	木	癸巳	成	長流水	斗
12日	10/04	金	甲午	納	沙中金	牛
13日	10/05	土	乙未	開	沙中金	女
14日	10/06	日	丙申	閉	山下火	虚
15日	10/07	月	丁酉	建	山下火	危
16日	10/08	火	戊戌	除	平地木	室
17日	10/09	水	己亥	満	平地木	壁
18日	10/10	木	庚子	満	壁上土	奎

日	西暦	曜	干支	直	納音	宿
19日	10/11	金	辛丑	平	壁上土	婁
20日	10/12	土	壬寅	定	金箔金	胃
21日	10/13	日	癸卯	執	金箔金	昴
22日	10/14	火	甲辰	破	覆燈火	畢
23日	10/15	水	乙巳	危	覆燈火	觜
24日	10/16	水	丙午	成	天河水	参
25日	10/17	木	丁未	納	天河水	井
26日	10/18	金	戊申	開	大駅土	鬼
27日	10/19	土	己酉	閉	大駅土	柳
28日	10/20	日	庚戌	建	釵釧金	星
29日	10/21	月	辛亥		釵釧金	張

【十月大 癸亥 尾】
節気 立冬 15日・小雪 30日

日	西暦	曜	干支	直	納音	宿
1日	10/22	火	壬子	満	桑柘木	翼
2日	10/23	水	癸丑	定	大溪水	軫
3日	10/24	木	甲寅	執	大溪水	角
4日	10/25	金	乙卯	破	大溪水	亢
5日	10/26	土	丙辰	危	沙中土	氐
6日	10/27	日	丁巳	成	沙中土	房
7日	10/28	月	戊午	納	天上火	心
8日	10/29	火	己未	開	天上火	尾
9日	10/30	水	庚申	閉	柘榴木	箕
10日	10/31	木	辛酉	閉	柘榴木	斗
11日	11/01	金	壬戌	建	大海水	牛
12日	11/02	土	癸亥	除	大海水	女
13日	11/03	日	甲子	満	海中金	虚
14日	11/04	月	乙丑	平	海中金	危
15日	11/05	火	丙寅	平	爐中火	室
16日	11/06	水	丁卯	定	爐中火	壁
17日	11/07	木	戊辰	執	大林木	奎
18日	11/08	金	己巳	破	大林木	婁
19日	11/09	土	庚午	危	路傍土	胃
20日	11/10	日	辛未	成	路傍土	昴
21日	11/11	月	壬申	納	釵釧金	畢
22日	11/12	火	癸酉	開	釵釧金	觜
23日	11/13	水	甲戌	閉	山頭火	参
24日	11/14	木	乙亥	建	山頭火	井
25日	11/15	金	丙子	除	澗下水	鬼
26日	11/16	土	丁丑	満	澗下水	柳
27日	11/17	日	戊寅	平	城頭土	星
28日	11/18	月	己卯	定	城頭土	張
29日	11/19	火	庚辰	執	白鑞金	翼
30日	11/20	水	辛巳	破	白鑞金	軫

【閏十月小 癸亥 尾】
節気 大雪 16日

日	西暦	曜	干支	直	納音	宿
1日	11/21	木	壬午	危	楊柳木	角
2日	11/22	金	癸未	成	楊柳木	亢
3日	11/23	土	甲申	納	井泉水	氐
4日	11/24	日	乙酉	開	井泉水	房
5日	11/25	月	丙戌	閉	屋上土	心
6日	11/26	火	丁亥	除	屋上土	尾
7日	11/27	水	戊子	満	霹靂火	箕
8日	11/28	木	己丑	平	霹靂火	斗
9日	11/29	金	庚寅	定	松柏木	牛
10日	11/30	土	辛卯	執	松柏木	女
11日	12/01	日	壬辰	破	長流水	虚
12日	12/02	月	癸巳	危	長流水	危
13日	12/03	火	甲午	成	沙中金	室
14日	12/04	水	乙未	納	沙中金	壁
15日	12/05	木	丙申	開	山下火	奎
16日	12/06	金	丁酉	納	山下火	婁
17日	12/07	土	戊戌	閉	平地木	胃
18日	12/08	日	己亥	建	平地木	昴
19日	12/09	月	庚子	除	壁上土	畢
20日	12/10	火	辛丑	満	壁上土	觜
21日	12/11	水	壬寅	平	金箔金	参
22日	12/12	木	癸卯	定	金箔金	井
23日	12/13	金	甲辰	執	覆燈火	鬼
24日	12/14	土	乙巳	破	覆燈火	柳
25日	12/15	日	丙午	危	天河水	星
26日	12/16	月	丁未	成	天河水	張

日	西暦	曜	干支	直	納音	宿
27日	12/17	火	戊申	成	大駅土	翼
28日	12/18	水	己酉	納	大駅土	軫
29日	12/19	木	庚戌	開	釵釧金	角

【十一月大 甲子 箕】
節気 冬至 2日・小寒 17日
雑節 土用 29日

日	西暦	曜	干支	直	納音	宿
1日	12/20	金	辛亥	閉	釵釧金	亢
2日	12/21	土	壬子	建	桑柘木	氐
3日	12/22	日	癸丑	除	桑柘木	房
4日	12/23	月	甲寅	平	大溪水	心
5日	12/24	火	乙卯	平	大溪水	尾
6日	12/25	水	丙辰	定	沙中土	箕
7日	12/26	木	丁巳	執	沙中土	斗
8日	12/27	金	戊午	破	天上火	牛
9日	12/28	土	己未	危	天上火	女
10日	12/29	日	庚申	成	柘榴木	虚
11日	12/30	月	辛酉	納	柘榴木	危
12日	12/31	火	壬戌	開	大海水	室

1749年

日	西暦	曜	干支	直	納音	宿
13日	01/01	水	癸亥	閉	大海水	壁
14日	01/02	木	甲子	建	海中金	奎
15日	01/03	金	乙丑	除	海中金	婁
16日	01/04	土	丙寅	満	爐中火	胃
17日	01/05	日	丁卯	満	爐中火	昴
18日	01/06	月	戊辰	平	大林木	畢
19日	01/07	火	己巳	定	大林木	觜
20日	01/08	水	庚午	執	路傍土	参
21日	01/09	木	辛未	破	路傍土	井
22日	01/10	金	壬申	危	釵釧金	鬼
23日	01/11	土	癸酉	成	釵釧金	柳
24日	01/12	日	甲戌	納	山頭火	星
25日	01/13	月	乙亥	開	山頭火	張
26日	01/14	火	丙子	閉	澗下水	翼
27日	01/15	水	丁丑	建	澗下水	軫
28日	01/16	木	戊寅	除	城頭土	角
29日	01/17	金	己卯	満	城頭土	亢
30日	01/18	土	庚辰	平	白鑞金	氐

【十二月小 乙丑 斗】
節気 大寒 2日・立春 18日
雑節 節分 17日

日	西暦	曜	干支	直	納音	宿
1日	01/19	日	辛巳	定	白鑞金	房
2日	01/20	月	壬午	執	楊柳木	心
3日	01/21	火	癸未	破	楊柳木	尾
4日	01/22	水	甲申	危	井泉水	箕
5日	01/23	木	乙酉	成	井泉水	斗
6日	01/24	金	丙戌	納	屋上土	牛
7日	01/25	土	丁亥	開	屋上土	女
8日	01/26	日	戊子	閉	霹靂火	虚
9日	01/27	月	己丑	建	霹靂火	危
10日	01/28	火	庚寅	除	松柏木	室
11日	01/29	水	辛卯	満	松柏木	壁
12日	01/30	木	壬辰	平	長流水	奎
13日	01/31	金	癸巳	定	長流水	婁
14日	02/01	土	甲午	執	沙中金	胃
15日	02/02	日	乙未	破	沙中金	昴
16日	02/03	月	丙申	危	山下火	畢
17日	02/04	火	丁酉	成	山下火	觜
18日	02/05	水	戊戌	成	平地木	参
19日	02/06	木	己亥	納	平地木	井
20日	02/07	金	庚子	開	壁上土	鬼
21日	02/08	土	辛丑	閉	壁上土	柳
22日	02/09	日	壬寅	建	金箔金	星
23日	02/10	月	癸卯	除	金箔金	張
24日	02/11	火	甲辰	満	覆燈火	翼
25日	02/12	水	乙巳	平	覆燈火	軫
26日	02/13	木	丙午	定	天河水	角
27日	02/14	金	丁未	執	天河水	亢
28日	02/15	土	戊申	破	大駅土	氐
29日	02/16	日	己酉	危	大駅土	房

— 335 —

寛延2年
1749～1750 己巳 軫

【正月大 丙寅 牛】
節気 雨水 4日・啓蟄 19日
雑節 社日 29日

1日	02/17	月	庚戌	成	釵釧金	心
2日	02/18	火	辛亥	納	釵釧金	尾
3日	02/19	水	壬子	開	桑柘木	箕
4日	02/20	木	癸丑	閉	桑柘木	斗
5日	02/21	金	甲寅	建	大溪水	牛
6日	02/22	土	乙卯	除	大溪水	女
7日	02/23	日	丙辰	満	沙中土	虚
8日	02/24	月	丁巳	平	沙中土	危
9日	02/25	火	戊午	定	天上火	室
10日	02/26	水	己未	執	天上火	壁
11日	02/27	木	庚申	破	柘榴木	奎
12日	02/28	金	辛酉	危	柘榴木	婁
13日	03/01	土	壬戌	成	大海水	胃
14日	03/02	日	癸亥	納	大海水	昴
15日	03/03	月	甲子	開	海中金	畢
16日	03/04	火	乙丑	閉	海中金	觜
17日	03/05	水	丙寅	建	爐中火	参
18日	03/06	木	丁卯	除	爐中火	井
19日	03/07	金	戊辰	満	大林木	鬼
20日	03/08	土	己巳	満	大林木	柳
21日	03/09	日	庚午	平	路傍土	星
22日	03/10	月	辛未	定	路傍土	張
23日	03/11	火	壬申	執	釵鋒金	翼
24日	03/12	水	癸酉	破	釵鋒金	軫
25日	03/13	木	甲戌	危	山頭火	角
26日	03/14	金	乙亥	納	潤下水	亢
27日	03/15	土	丙子	納	潤下水	氐
28日	03/16	日	丁丑	開	潤下水	房
29日	03/17	月	戊寅	閉	城頭土	心
30日	03/18	火	己卯	建	城頭土	尾

【二月小 丁卯 女】
節気 春分 4日・清明 19日
雑節 彼岸 6日

1日	03/19	水	庚辰	除	白鑞金	箕
2日	03/20	木	辛巳	満	白鑞金	斗
3日	03/21	金	壬午	平	楊柳木	牛
4日	03/22	土	癸未	定	楊柳木	女
5日	03/23	日	甲申	執	井泉水	虚
6日	03/24	月	乙酉	破	井泉水	危
7日	03/25	火	丙戌	危	屋上土	室
8日	03/26	水	丁亥	成	屋上土	壁
9日	03/27	木	戊子	納	霹靂火	奎
10日	03/28	金	己丑	開	霹靂火	婁
11日	03/29	土	庚寅	閉	松柏木	胃
12日	03/30	日	辛卯	建	松柏木	昴
13日	03/31	月	壬辰	除	長流水	畢
14日	04/01	火	癸巳	満	長流水	觜
15日	04/02	水	甲午	平	沙中金	参
16日	04/03	木	乙未	定	沙中金	井
17日	04/04	金	丙申	執	山下火	鬼
18日	04/05	土	丁酉	破	山下火	柳
19日	04/06	日	戊戌	危	平地木	星
20日	04/07	月	己亥	危	平地木	張
21日	04/08	火	庚子	成	壁上土	翼
22日	04/09	水	辛丑	納	壁上土	軫
23日	04/10	木	壬寅	開	金箔金	角
24日	04/11	金	癸卯	閉	金箔金	亢
25日	04/12	土	甲辰	建	覆燈火	氐
26日	04/13	日	乙巳	除	覆燈火	房
27日	04/14	月	丙午	満	天河水	心
28日	04/15	火	丁未	平	天河水	尾
29日	04/16	水	戊申	定	大駅土	箕

【三月小 戊辰 虚】
節気 穀雨 6日・立夏 21日
雑節 土用 3日・八十八夜 17日

1日	04/17	木	己酉	執	大駅土	斗
2日	04/18	金	庚戌	破	釵釧金	牛
3日	04/19	土	辛亥	危	釵釧金	女
4日	04/20	日	壬子	成	桑柘木	虚
5日	04/21	月	癸丑	納	桑柘木	危
6日	04/22	火	甲寅	開	大溪水	室
7日	04/23	水	乙卯	閉	大溪水	壁
8日	04/24	木	丙辰	建	沙中土	奎
9日	04/25	金	丁巳	除	沙中土	婁
10日	04/26	土	戊午	満	天上火	胃
11日	04/27	日	己未	平	天上火	昴
12日	04/28	月	庚申	定	柘榴木	畢
13日	04/29	火	辛酉	執	柘榴木	觜
14日	04/30	水	壬戌	破	大海水	参
15日	05/01	木	癸亥	危	大海水	井
16日	05/02	金	甲子	成	海中金	鬼
17日	05/03	土	乙丑	納	海中金	柳
18日	05/04	日	丙寅	開	爐中火	星
19日	05/05	月	丁卯	閉	爐中火	張
20日	05/06	火	戊辰	建	大林木	翼
21日	05/07	水	己巳	建	大林木	軫
22日	05/08	木	庚午	除	路傍土	角
23日	05/09	金	辛未	満	路傍土	亢
24日	05/10	土	壬申	平	釵鋒金	氐
25日	05/11	日	癸酉	定	釵鋒金	房
26日	05/12	月	甲戌	執	山頭火	心
27日	05/13	火	乙亥	破	山頭火	尾
28日	05/14	水	丙子	危	潤下水	箕
29日	05/15	木	丁丑	成	潤下水	斗

【四月大 己巳 危】
節気 小満 7日・芒種 22日
雑節 入梅 25日

1日	05/16	金	戊寅	納	城頭土	牛
2日	05/17	土	己卯	開	城頭土	女
3日	05/18	日	庚辰	閉	白鑞金	虚
4日	05/19	月	辛巳	建	白鑞金	危
5日	05/20	火	壬午	除	楊柳木	室
6日	05/21	水	癸未	平	楊柳木	壁
7日	05/22	木	甲申	平	井泉水	奎
8日	05/23	金	乙酉	定	井泉水	婁
9日	05/24	土	丙戌	執	屋上土	胃
10日	05/25	日	丁亥	破	屋上土	昴
11日	05/26	月	戊子	危	霹靂火	畢
12日	05/27	火	己丑	成	霹靂火	觜
13日	05/28	水	庚寅	納	松柏木	参
14日	05/29	木	辛卯	開	松柏木	井
15日	05/30	金	壬辰	閉	長流水	鬼
16日	05/31	土	癸巳	建	長流水	柳
17日	06/01	日	甲午	除	沙中金	星
18日	06/02	月	乙未	満	沙中金	張
19日	06/03	火	丙申	平	山下火	翼
20日	06/04	水	丁酉	定	山下火	軫
21日	06/05	木	戊戌	執	平地木	角
22日	06/06	金	己亥	執	平地木	亢
23日	06/07	土	庚子	破	壁上土	氐
24日	06/08	日	辛丑	危	壁上土	房
25日	06/09	月	壬寅	成	金箔金	心
26日	06/10	火	癸卯	納	金箔金	尾
27日	06/11	水	甲辰	開	覆燈火	箕
28日	06/12	木	乙巳	閉	覆燈火	斗

【五月小 庚午 室】
節気 夏至 8日・小暑 23日
雑節 半夏生 18日

1日	06/15	日	戊申	満	大駅土	虚
2日	06/16	月	己酉	平	大駅土	危
3日	06/17	火	庚戌	定	釵釧金	室
4日	06/18	水	辛亥	執	釵釧金	壁
5日	06/19	木	壬子	破	桑柘木	奎
6日	06/20	金	癸丑	危	桑柘木	婁
7日	06/21	土	甲寅	成	大溪水	胃
8日	06/22	日	乙卯	納	大溪水	昴
9日	06/23	月	丙辰	開	沙中土	畢
10日	06/24	火	丁巳	閉	沙中土	觜
11日	06/25	水	戊午	建	天上火	参
12日	06/26	木	己未	除	天上火	井
13日	06/27	金	庚申	満	柘榴木	鬼
14日	06/28	土	辛酉	平	柘榴木	柳
15日	06/29	日	壬戌	定	大海水	星
16日	06/30	月	癸亥	執	大海水	張
17日	07/01	火	甲子	破	海中金	翼
18日	07/02	水	乙丑	危	海中金	軫
19日	07/03	木	丙寅	成	爐中火	角
20日	07/04	金	丁卯	納	爐中火	亢
21日	07/05	土	戊辰	開	大林木	氐
22日	07/06	日	己巳	閉	大林木	房
23日	07/07	月	庚午	建	路傍土	心
24日	07/08	火	辛未	除	路傍土	尾
25日	07/09	水	壬申	満	釵鋒金	箕
26日	07/10	木	癸酉	満	釵鋒金	斗
27日	07/11	金	甲戌	平	山頭火	牛
28日	07/12	土	乙亥	定	山頭火	女
29日	07/13	日	丙子	執	潤下水	虚

【六月大 辛未 壁】
節気 大暑 9日・立秋 24日
雑節 土用 6日

1日	07/14	月	丁丑	破	潤下水	危
2日	07/15	火	戊寅	危	城頭土	室
3日	07/16	水	己卯	成	城頭土	壁
4日	07/17	木	庚辰	納	白鑞金	奎
5日	07/18	金	辛巳	開	白鑞金	婁
6日	07/19	土	壬午	閉	楊柳木	胃
7日	07/20	日	癸未	建	楊柳木	昴
8日	07/21	月	甲申	除	井泉水	畢
9日	07/22	火	乙酉	満	井泉水	觜
10日	07/23	水	丙戌	平	屋上土	参
11日	07/24	木	丁亥	定	屋上土	井
12日	07/25	金	戊子	執	霹靂火	鬼
13日	07/26	土	己丑	破	霹靂火	柳
14日	07/27	日	庚寅	危	松柏木	星
15日	07/28	月	辛卯	成	松柏木	張
16日	07/29	火	壬辰	納	長流水	翼
17日	07/30	水	癸巳	開	長流水	軫
18日	07/31	木	甲午	建	沙中金	角
19日	08/01	金	乙未	建	沙中金	亢
20日	08/02	土	丙申	除	山下火	氐
21日	08/03	日	丁酉	満	山下火	房
22日	08/04	月	戊戌	平	平地木	心
23日	08/05	火	己亥	定	平地木	尾
24日	08/06	水	庚子	定	壁上土	箕
25日	08/07	木	辛丑	執	壁上土	斗
26日	08/08	金	壬寅	破	金箔金	牛
27日	08/09	土	癸卯	危	金箔金	女
28日	08/10	日	甲辰	成	覆燈火	虚
29日	08/11	月	乙巳	納	覆燈火	危

寛延2年

日	西暦	曜	干支	直	納音	宿
30日	08/12	火	丙午	開	天河水	室

【七月大 壬申 奎】

節気 処暑 9日・白露 25日
雑節 二百十日 21日

日	西暦	曜	干支	直	納音	宿
1日	08/13	水	丁未	閉	天河水	壁
2日	08/14	木	戊申	建	大駅土	奎
3日	08/15	金	己酉	除	大駅土	婁
4日	08/16	土	庚戌	満	釵釧金	胃
5日	08/17	日	辛亥	平	釵釧金	昴
6日	08/18	月	壬子	定	桑柘木	畢
7日	08/19	火	癸丑	執	桑柘木	觜
8日	08/20	水	甲寅	破	大渓水	参
9日	08/21	木	乙卯	危	大渓水	井
10日	08/22	金	丙辰	成	沙中土	鬼
11日	08/23	土	丁巳	納	沙中土	柳
12日	08/24	日	戊午	開	天上火	星
13日	08/25	月	己未	閉	天上火	張
14日	08/26	火	庚申	建	柘榴木	翼
15日	08/27	水	辛酉	除	柘榴木	軫
16日	08/28	木	壬戌	満	大海水	角
17日	08/29	金	癸亥	定	大海水	亢
18日	08/30	土	甲子	執	海中金	氐
19日	08/31	日	乙丑	執	海中金	房
20日	09/01	月	丙寅	破	爐中火	心
21日	09/02	火	丁卯	危	爐中火	尾
22日	09/03	水	戊辰	成	大林木	箕
23日	09/04	木	己巳	納	大林木	斗
24日	09/05	金	庚午	開	路傍土	女
25日	09/06	土	辛未	閉	路傍土	虚
26日	09/07	日	壬申	建	釵鋒金	危
27日	09/08	月	癸酉	除	釵鋒金	室
28日	09/09	火	甲戌	満	山頭火	壁
29日	09/10	水	乙亥	満	山頭火	壁
30日	09/11	木	丙子	平	澗下水	奎

【八月小 癸酉 婁】

節気 秋分 10日・寒露 25日
雑節 彼岸 12日・社日 17日

日	西暦	曜	干支	直	納音	宿
1日	09/12	金	丁丑	定	澗下水	婁
2日	09/13	土	戊寅	執	城頭土	胃
3日	09/14	日	己卯	破	城頭土	昴
4日	09/15	月	庚辰	危	白鑞金	畢
5日	09/16	火	辛巳	成	白鑞金	觜
6日	09/17	水	壬午	納	楊柳木	参
7日	09/18	木	癸未	開	楊柳木	井
8日	09/19	金	甲申	閉	井泉水	鬼
9日	09/20	土	乙酉	建	井泉水	柳
10日	09/21	日	丙戌	除	屋上土	星
11日	09/22	月	丁亥	満	屋上土	張
12日	09/23	火	戊子	平	霹靂火	翼
13日	09/24	水	己丑	定	霹靂火	軫
14日	09/25	木	庚寅	執	松柏木	角
15日	09/26	金	辛卯	破	松柏木	亢
16日	09/27	土	壬辰	危	長流水	氐
17日	09/28	日	癸巳	成	長流水	房
18日	09/29	月	甲午	納	沙中金	心
19日	09/30	火	乙未	開	沙中金	尾
20日	10/01	水	丙申	閉	山下火	箕
21日	10/02	木	丁酉	建	山下火	斗
22日	10/03	金	戊戌	除	平地木	女
23日	10/04	土	己亥	満	平地木	虚
24日	10/05	日	庚子	平	壁上土	危
25日	10/06	月	辛丑	定	金箔金	室
26日	10/07	火	壬寅	執	金箔金	壁
27日	10/08	水	癸卯	執	金箔金	壁
28日	10/09	木	甲辰	破	覆燈火	奎
29日	10/10	金	乙巳	危	覆燈火	婁

【九月大 甲戌 胃】

節気 霜降 11日・立冬 26日
雑節 土用 8日

日	西暦	曜	干支	直	納音	宿
1日	10/11	土	丙午	成	天河水	胃
2日	10/12	日	丁未	納	天河水	昴
3日	10/13	月	戊申	開	大駅土	畢
4日	10/14	火	己酉	閉	大駅土	觜
5日	10/15	水	庚戌	建	釵釧金	参
6日	10/16	木	辛亥	除	釵釧金	井
7日	10/17	金	壬子	満	桑柘木	鬼
8日	10/18	土	癸丑	平	桑柘木	柳
9日	10/19	日	甲寅	定	大渓水	星
10日	10/20	月	乙卯	執	大渓水	張
11日	10/21	火	丙辰	破	沙中土	翼
12日	10/22	水	丁巳	危	沙中土	軫
13日	10/23	木	戊午	成	天上火	角
14日	10/24	金	己未	納	天上火	亢
15日	10/25	土	庚申	開	柘榴木	氐
16日	10/26	日	辛酉	閉	柘榴木	房
17日	10/27	月	壬戌	建	大海水	心
18日	10/28	火	癸亥	除	大海水	尾
19日	10/29	水	甲子	満	海中金	箕
20日	10/30	木	乙丑	平	海中金	斗
21日	10/31	金	丙寅	定	爐中火	牛
22日	11/01	土	丁卯	執	爐中火	女
23日	11/02	日	戊辰	破	大林木	虚
24日	11/03	月	己巳	危	大林木	危
25日	11/04	火	庚午	成	路傍土	室
26日	11/05	水	辛未	納	路傍土	壁
27日	11/06	木	壬申	開	釵鋒金	奎
28日	11/07	金	癸酉	閉	釵鋒金	婁
29日	11/08	土	甲戌	閉	山頭火	胃
30日	11/09	日	乙亥	建	山頭火	昴

【十月大 乙亥 昴】

節気 小雪 12日・大雪 27日

日	西暦	曜	干支	直	納音	宿
1日	11/10	月	丙子	除	澗下水	畢
2日	11/11	火	丁丑	満	澗下水	觜
3日	11/12	水	戊寅	平	城頭土	参
4日	11/13	木	己卯	定	城頭土	井
5日	11/14	金	庚辰	執	白鑞金	鬼
6日	11/15	土	辛巳	破	白鑞金	柳
7日	11/16	日	壬午	危	楊柳木	星
8日	11/17	月	癸未	成	楊柳木	張
9日	11/18	火	甲申	納	井泉水	翼
10日	11/19	水	乙酉	開	井泉水	軫
11日	11/20	木	丙戌	閉	屋上土	角
12日	11/21	金	丁亥	建	屋上土	亢
13日	11/22	土	戊子	除	霹靂火	氐
14日	11/23	日	己丑	満	霹靂火	房
15日	11/24	月	庚寅	平	松柏木	心
16日	11/25	火	辛卯	定	松柏木	尾
17日	11/26	水	壬辰	執	長流水	箕
18日	11/27	木	癸巳	破	長流水	斗
19日	11/28	金	甲午	危	沙中金	牛
20日	11/29	土	乙未	成	沙中金	女
21日	11/30	日	丙申	納	山下火	虚
22日	12/01	月	丁酉	開	山下火	危
23日	12/02	火	戊戌	閉	平地木	室
24日	12/03	水	己亥	建	平地木	壁
25日	12/04	木	庚子	除	壁上土	奎
26日	12/05	金	辛丑	満	壁上土	婁
27日	12/06	土	壬寅	定	金箔金	胃
28日	12/07	日	癸卯	執	金箔金	昴
29日	12/08	月	甲辰	定	覆燈火	畢
30日	12/09	火	乙巳	執	覆燈火	觜

【十一月小 丙子 畢】

節気 冬至 12日・小寒 27日

日	西暦	曜	干支	直	納音	宿
1日	12/10	水	丙午	破	天河水	参
2日	12/11	木	丁未	危	天河水	井
3日	12/12	金	戊申	成	大駅土	鬼
4日	12/13	土	己酉	納	大駅土	柳
5日	12/14	日	庚戌	開	釵釧金	星
6日	12/15	月	辛亥	閉	釵釧金	張
7日	12/16	火	壬子	建	桑柘木	翼
8日	12/17	水	癸丑	除	桑柘木	軫
9日	12/18	木	甲寅	満	大渓水	角
10日	12/19	金	乙卯	平	大渓水	亢
11日	12/20	土	丙辰	定	沙中土	氐
12日	12/21	日	丁巳	執	沙中土	房
13日	12/22	月	戊午	破	天上火	心
14日☆	12/23	火	己未	危	天上火	尾
15日	12/24	水	庚申	成	柘榴木	箕
16日	12/25	木	辛酉	納	柘榴木	斗
17日	12/26	金	壬戌	開	大海水	牛
18日	12/27	土	癸亥	閉	大海水	女
19日	12/28	日	甲子	建	海中金	虚
20日	12/29	月	乙丑	除	海中金	危
21日	12/30	火	丙寅	満	爐中火	室
22日	12/31	水	丁卯	平	爐中火	壁

1750年

日	西暦	曜	干支	直	納音	宿
23日	01/01	木	戊辰	定	大林木	奎
24日	01/02	金	己巳	執	大林木	婁
25日	01/03	土	庚午	破	路傍土	胃
26日	01/04	日	辛未	危	路傍土	昴
27日	01/05	月	壬申	成	釵鋒金	畢
28日	01/06	火	癸酉	納	釵鋒金	觜
29日	01/07	水	甲戌	納	山頭火	参

【十二月大 丁丑 觜】

節気 大寒 14日・立春 29日
雑節 土用 11日・節分 28日

日	西暦	曜	干支	直	納音	宿
1日	01/08	木	乙亥	開	山頭火	井
2日	01/09	金	丙子	閉	澗下水	鬼
3日	01/10	土	丁丑	建	澗下水	柳
4日	01/11	日	戊寅	満	城頭土	星
5日	01/12	月	己卯	満	城頭土	張
6日	01/13	火	庚辰	平	白鑞金	翼
7日	01/14	水	辛巳	定	白鑞金	軫
8日	01/15	木	壬午	執	楊柳木	角
9日	01/16	金	癸未	破	楊柳木	亢
10日	01/17	土	甲申	危	井泉水	氐
11日	01/18	日	乙酉	成	井泉水	房
12日	01/19	月	丙戌	納	屋上土	心
13日	01/20	火	丁亥	開	屋上土	尾
14日	01/21	水	戊子	閉	霹靂火	箕
15日	01/22	木	己丑	建	霹靂火	斗
16日	01/23	金	庚寅	除	松柏木	牛
17日	01/24	土	辛卯	満	松柏木	女
18日	01/25	日	壬辰	平	長流水	虚
19日	01/26	月	癸巳	定	長流水	危
20日	01/27	火	甲午	執	沙中金	室
21日	01/28	水	乙未	破	沙中金	壁
22日	01/29	木	丙申	危	山下火	奎
23日	01/30	金	丁酉	成	山下火	婁
24日	01/31	土	戊戌	納	平地木	胃
25日	02/01	日	己亥	開	平地木	昴
26日	02/02	月	庚子	閉	壁上土	畢
27日	02/03	火	辛丑	建	壁上土	觜
28日	02/04	水	壬寅	除	金箔金	参
29日	02/05	木	癸卯	満	金箔金	井
30日	02/06	金	甲辰	平	覆燈火	鬼

寛延3年

1750～1751　庚午　角

【正月小 戊寅 参】

節気 雨水 14日・啓蟄 29日

日	日付	曜	干支	直	納音	宿
1日	02/07	土	乙巳	平	覆燈火	柳
2日	02/08	日	丙午	定	天河水	星
3日	02/09	月	丁未	執	天河水	張
4日	02/10	火	戊申	破	大駅土	翼
5日	02/11	水	己酉	危	大駅土	軫
6日	02/12	木	庚戌	成	釵釧金	角
7日	02/13	金	辛亥	納	釵釧金	亢
8日	02/14	土	壬子	開	桑柘木	氐
9日	02/15	日	癸丑	閉	桑柘木	房
10日	02/16	月	甲寅	建	大溪水	心
11日	02/17	火	乙卯	除	大溪水	尾
12日	02/18	水	丙辰	満	沙中土	箕
13日	02/19	木	丁巳	平	沙中土	斗
14日	02/20	金	戊午	定	天上火	牛
15日	02/21	土	己未	執	天上火	女
16日	02/22	日	庚申	破	柏榴木	虚
17日	02/23	月	辛酉	危	柏榴木	危
18日	02/24	火	壬戌	成	大海水	室
19日	02/25	水	癸亥	納	大海水	壁
20日	02/26	木	甲子	開	海中金	奎
21日	02/27	金	乙丑	閉	海中金	婁
22日	02/28	土	丙寅	建	炉中火	胃
23日	03/01	日	丁卯	除	炉中火	昴
24日	03/02	月	戊辰	満	大林木	畢
25日	03/03	火	己巳	平	大林木	觜
26日	03/04	水	庚午	定	路傍土	参
27日	03/05	木	辛未	執	路傍土	鬼
28日	03/06	金	壬申	破	釵鋒金	鬼
29日	03/07	土	癸酉	破	釵鋒金	柳

【二月大 己卯 井】

節気 春分 15日

雑節 社日 15日・彼岸 17日

日	日付	曜	干支	直	納音	宿
1日	03/08	日	甲戌	危	山頭火	星
2日	03/09	月	乙亥	成	山頭火	張
3日	03/10	火	丙子	納	潤下水	翼
4日	03/11	水	丁丑	開	潤下水	軫
5日	03/12	木	戊寅	閉	城頭土	角
6日	03/13	金	己卯	建	城頭土	亢
7日	03/14	土	庚辰	除	白鑞金	氐
8日	03/15	日	辛巳	満	白鑞金	房
9日	03/16	月	壬午	平	楊柳木	心
10日	03/17	火	癸未	定	楊柳木	尾
11日	03/18	水	甲申	執	井泉水	箕
12日	03/19	木	乙酉	破	井泉水	斗
13日	03/20	金	丙戌	危	屋上土	牛
14日	03/21	土	丁亥	成	屋上土	女
15日	03/22	日	戊子	納	霹靂火	虚
16日	03/23	月	己丑	開	霹靂火	危
17日	03/24	火	庚寅	閉	松柏木	室
18日	03/25	水	辛卯	建	松柏木	壁
19日	03/26	木	壬辰	除	長流水	奎
20日	03/27	金	癸巳	満	長流水	婁
21日	03/28	土	甲午	定	沙中金	胃
22日	03/29	日	乙未	定	沙中金	昴
23日	03/30	月	丙申	執	山下火	畢
24日	03/31	火	丁酉	破	山下火	觜
25日	04/01	水	戊戌	危	平地木	参
26日	04/02	木	己亥	成	平地木	井
27日	04/03	金	庚子	納	壁上土	鬼
28日	04/04	土	辛丑	開	壁上土	柳
29日	04/05	日	壬寅	閉	金箔金	星
30日	04/06	月	癸卯	建	金箔金	張

【三月小 庚辰 鬼】

節気 清明 1日・穀雨 16日

雑節 土用 13日・八十八夜 27日

日	日付	曜	干支	直	納音	宿
1日	04/07	火	甲辰	除	覆燈火	翼
2日	04/08	水	乙巳	満	覆燈火	軫
3日	04/09	木	丙午	満	天河水	角
4日	04/10	金	丁未	平	天河水	亢
5日	04/11	土	戊申	執	大駅土	氐
6日	04/12	日	己酉	執	大駅土	房
7日	04/13	月	庚戌	破	釵釧金	心
8日	04/14	火	辛亥	危	釵釧金	尾
9日	04/15	水	壬子	成	桑柘木	箕
10日	04/16	木	癸丑	納	桑柘木	斗
11日	04/17	金	甲寅	開	大溪水	牛
12日	04/18	土	乙卯	閉	大溪水	女
13日	04/19	日	丙辰	建	沙中土	虚
14日	04/20	月	丁巳	除	沙中土	危
15日	04/21	火	戊午	満	天上火	室
16日	04/22	水	己未	平	天上火	壁
17日	04/23	木	庚申	定	柏榴木	奎
18日	04/24	金	辛酉	執	柏榴木	婁
19日	04/25	土	壬戌	破	大海水	胃
20日	04/26	日	癸亥	危	大海水	昴
21日	04/27	月	甲子	成	海中金	畢
22日	04/28	火	乙丑	納	海中金	觜
23日	04/29	水	丙寅	開	炉中火	参
24日	04/30	木	丁卯	閉	炉中火	井
25日	05/01	金	戊辰	閉	大林木	鬼
26日	05/02	土	己巳	除	大林木	柳
27日	05/03	日	庚午	満	路傍土	星
28日	05/04	月	辛未	平	路傍土	張
29日	05/05	火	壬申	定	釵鋒金	翼

【四月小 辛巳 柳】

節気 立夏 2日・小満 17日

日	日付	曜	干支	直	納音	宿
1日	05/06	水	癸酉	執	釵鋒金	軫
2日	05/07	木	甲戌	破	山頭火	角
3日	05/08	金	乙亥	危	山頭火	亢
4日	05/09	土	丙子	危	潤下水	氐
5日	05/10	日	丁丑	成	潤下水	房
6日	05/11	月	戊寅	納	城頭土	心
7日	05/12	火	己卯	開	城頭土	尾
8日	05/13	水	庚辰	閉	白鑞金	箕
9日	05/14	木	辛巳	建	白鑞金	斗
10日	05/15	金	壬午	除	楊柳木	牛
11日	05/16	土	癸未	満	楊柳木	女
12日	05/17	日	甲申	平	井泉水	虚
13日	05/18	月	乙酉	定	井泉水	室
14日	05/19	火	丙戌	執	屋上土	壁
15日	05/20	水	丁亥	破	屋上土	奎
16日	05/21	木	戊子	危	霹靂火	婁
17日	05/22	金	己丑	成	霹靂火	胃
18日	05/23	土	庚寅	納	松柏木	昴
19日	05/24	日	辛卯	開	松柏木	畢
20日	05/25	月	壬辰	閉	長流水	觜
21日	05/26	火	癸巳	建	長流水	参
22日	05/27	水	甲午	除	沙中金	井
23日	05/28	木	乙未	満	沙中金	鬼
24日	05/29	金	丙申	平	山下火	柳
25日	05/30	土	丁酉	定	山下火	星
26日	05/31	日	戊戌	執	平地木	張
27日	06/01	月	己亥	破	平地木	翼
28日	06/02	火	庚子	危	壁上土	軫
29日	06/03	水	辛丑	成	壁上土	角

【五月大 壬午 星】

節気 芒種 4日・夏至 19日

雑節 入梅 11日・半夏生 29日

日	日付	曜	干支	直	納音	宿
1日	06/04	木	壬寅	納	金箔金	角
2日	06/05	金	癸卯	開	金箔金	亢
3日	06/06	土	甲辰	閉	覆燈火	氐
4日	06/07	日	乙巳	建	覆燈火	房
5日	06/08	月	丙午	建	天河水	心
6日	06/09	火	丁未	除	天河水	尾
7日	06/10	水	戊申	満	大駅土	箕
8日	06/11	木	己酉	平	大駅土	斗
9日	06/12	金	庚戌	定	釵釧金	牛
10日	06/13	土	辛亥	執	釵釧金	女
11日	06/14	日	壬子	破	桑柘木	虚
12日	06/15	月	癸丑	危	桑柘木	危
13日	06/16	火	甲寅	成	大溪水	室
14日	06/17	水	乙卯	納	大溪水	壁
15日	06/18	木	丙辰	開	沙中土	奎
16日☆	06/19	金	丁巳	閉	沙中土	婁
17日	06/20	土	戊午	建	天上火	胃
18日	06/21	日	己未	除	天上火	昴
19日	06/22	月	庚申	満	柏榴木	畢
20日	06/23	火	辛酉	平	柏榴木	觜
21日	06/24	水	壬戌	定	大海水	参
22日	06/25	木	癸亥	執	大海水	井
23日	06/26	金	甲子	破	海中金	鬼
24日	06/27	土	乙丑	危	海中金	柳
25日	06/28	日	丙寅	成	炉中火	星
26日	06/29	月	丁卯	納	炉中火	張
27日	06/30	火	戊辰	開	大林木	翼
28日	07/01	水	己巳	閉	大林木	軫
29日	07/02	木	庚午	建	路傍土	角
30日	07/03	金	辛未	除	路傍土	亢

【六月小 癸未 張】

節気 小暑 4日・大暑 19日

雑節 土用 16日

日	日付	曜	干支	直	納音	宿
1日	07/04	土	壬申	満	釵鋒金	氐
2日	07/05	日	癸酉	平	釵鋒金	房
3日	07/06	月	甲戌	定	山頭火	心
4日	07/07	火	乙亥	執	山頭火	尾
5日	07/08	水	丙子	破	潤下水	箕
6日	07/09	木	丁丑	危	潤下水	斗
7日	07/10	金	戊寅	成	城頭土	牛
8日	07/11	土	己卯	納	城頭土	女
9日	07/12	日	庚辰	納	白鑞金	虚
10日	07/13	月	辛巳	開	白鑞金	危
11日	07/14	火	壬午	閉	楊柳木	室
12日	07/15	水	癸未	建	楊柳木	壁
13日	07/16	木	甲申	除	井泉水	奎
14日	07/17	金	乙酉	満	井泉水	婁
15日	07/18	土	丙戌	平	屋上土	胃
16日	07/19	日	丁亥	定	屋上土	昴
17日	07/20	月	戊子	執	霹靂火	畢
18日	07/21	火	己丑	破	霹靂火	觜
19日	07/22	水	庚寅	危	松柏木	参
20日	07/23	木	辛卯	成	松柏木	井
21日	07/24	金	壬辰	納	長流水	鬼
22日	07/25	土	癸巳	閉	長流水	星
23日	07/26	日	甲午	閉	沙中金	張
24日	07/27	月	乙未	建	沙中金	翼
25日	07/28	火	丙申	除	山下火	軫
26日	07/29	水	丁酉	満	山下火	角
27日	07/30	木	戊戌	平	平地木	亢
28日	07/31	金	己亥	定	平地木	氐
29日	08/01	土	庚子	執	壁上土	房

【七月大 甲申 翼】

節気 立秋 5日・処暑 21日

日	日付	曜	干支	直	納音	宿
1日	08/02	日	辛丑	破	壁上土	房
2日	08/03	月	壬寅	危	金箔金	心
3日	08/04	火	癸卯	成	金箔金	尾
4日	08/05	水	甲辰	納	覆燈火	箕
5日	08/06	木	乙巳	納	覆燈火	斗

寛延3年

西暦 曜 干支 直 納音 宿

日	西暦	曜	干支	直	納音	宿
6日	08/07	金	丙午	開	天河水	牛
7日	08/08	土	丁未	閉	天河水	女
8日	08/09	日	戊申	建	大駅土	虚
9日	08/10	月	己酉	除	大駅土	危
10日	08/11	火	庚戌	満	釵釧金	室
11日	08/12	水	辛亥	定	釵釧金	壁
12日	08/13	木	壬子	定	桑柘木	奎
13日	08/14	金	癸丑	執	桑柘木	婁
14日	08/15	土	甲寅	破	大溪水	胃
15日	08/16	日	乙卯	危	大溪水	昴
16日	08/17	月	丙辰	成	沙中土	畢
17日	08/18	火	丁巳	納	沙中土	觜
18日	08/19	水	戊午	閉	天上火	参
19日	08/20	木	己未	閉	天上火	井
20日	08/21	金	庚申	建	柘榴木	鬼
21日	08/22	土	辛酉	除	柘榴木	柳
22日	08/23	日	壬戌	満	大海水	星
23日	08/24	月	癸亥	平	大海水	張
24日	08/25	火	甲子	定	海中金	翼
25日	08/26	水	乙丑	執	海中金	軫
26日	08/27	木	丙寅	破	爐中火	角
27日	08/28	金	丁卯	危	爐中火	亢
28日	08/29	土	戊辰	成	大林木	氐
29日	08/30	日	己巳	納	大林木	房
30日	08/31	月	庚午	開	路傍土	心

【八月小 乙酉 軫】
節気 白露 6日・秋分 21日
雑節 二百十日 2日・社日 18日・彼岸 23日

日	西暦	曜	干支	直	納音	宿
1日	09/01	火	辛未	閉	路傍土	尾
2日	09/02	水	壬申	建	釵鋒金	箕
3日	09/03	木	癸酉	除	釵鋒金	斗
4日	09/04	金	甲戌	満	山頭火	牛
5日	09/05	土	乙亥	平	山頭火	女
6日	09/06	日	丙子	平	澗下水	虚
7日	09/07	月	丁丑	定	澗下水	危
8日	09/08	火	戊寅	執	城頭土	室
9日	09/09	水	己卯	破	城頭土	壁
10日	09/10	木	庚辰	危	白鑞金	奎
11日	09/11	金	辛巳	成	白鑞金	婁
12日	09/12	土	壬午	納	楊柳木	胃
13日	09/13	木	癸未	開	楊柳木	昴
14日	09/14	月	甲申	閉	井泉水	觜
15日	09/15	火	乙酉	建	井泉水	觜
16日	09/16	水	丙戌	除	屋上土	参
17日	09/17	木	丁亥	満	屋上土	井
18日	09/18	金	戊子	平	霹靂火	柳
19日	09/19	土	己丑	定	霹靂火	柳
20日	09/20	日	庚寅	執	松柏木	星
21日	09/21	月	辛卯	破	松柏木	張
22日	09/22	火	壬辰	危	長流水	翼
23日	09/23	水	癸巳	成	長流水	軫
24日	09/24	木	甲午	納	沙中金	角
25日	09/25	金	乙未	開	沙中金	亢
26日	09/26	土	丙申	閉	山下火	氐
27日	09/27	日	丁酉	建	山下火	房
28日	09/28	月	戊戌	除	平地木	心
29日	09/29	火	己亥	満	平地木	尾

【九月大 丙戌 角】
節気 寒露 7日・霜降 23日
雑節 土用 19日

日	西暦	曜	干支	直	納音	宿
1日	09/30	水	庚子	平	壁上土	箕
2日	10/01	木	辛丑	定	壁上土	斗
3日	10/02	金	壬寅	執	金箔金	牛
4日	10/03	土	癸卯	破	金箔金	女
5日	10/04	日	甲辰	危	覆燈火	虚
6日	10/05	月	乙巳	成	覆燈火	危
7日	10/06	火	丙午	納	天河水	室
8日	10/07	水	丁未	納	天河水	壁
9日	10/08	木	戊申	開	大駅土	奎
10日	10/09	金	己酉	閉	大駅土	婁
11日	10/10	土	庚戌	建	釵釧金	胃
12日	10/11	日	辛亥	除	釵釧金	昴
13日	10/12	月	壬子	満	桑柘木	畢
14日	10/13	火	癸丑	平	大溪水	觜
15日	10/14	水	甲寅	定	大溪水	参
16日	10/15	木	乙卯	執	大溪水	井
17日	10/16	金	丙辰	破	沙中土	鬼
18日	10/17	土	丁巳	危	沙中土	柳
19日	10/18	日	戊午	成	天上火	星
20日	10/19	月	己未	納	天上火	張
21日	10/20	火	庚申	閉	柘榴木	翼
22日	10/21	水	辛酉	閉	柘榴木	軫
23日	10/22	木	壬戌	建	大海水	角
24日	10/23	金	癸亥	除	大海水	亢
25日	10/24	土	甲子	平	海中金	氐
26日	10/25	日	乙丑	平	海中金	房
27日	10/26	月	丙寅	定	爐中火	心
28日	10/27	火	丁卯	執	爐中火	尾
29日	10/28	水	戊辰	危	大林木	箕
30日	10/29	木	己巳	危	大林木	斗

【十月大 丁亥 亢】
節気 立冬 8日・小雪 23日

日	西暦	曜	干支	直	納音	宿
1日	10/30	金	庚午	成	路傍土	牛
2日	10/31	土	辛未	成	路傍土	女
3日	11/01	日	壬申	開	釵鋒金	虚
4日	11/02	月	癸酉	開	釵鋒金	危
5日	11/03	火	甲戌	除	山頭火	室
6日	11/04	水	乙亥	除	山頭火	壁
7日	11/05	木	丙子	満	澗下水	奎
8日	11/06	金	丁丑	満	澗下水	婁
9日	11/07	土	戊寅	定	城頭土	胃
10日	11/08	日	己卯	定	城頭土	昴
11日	11/09	月	庚辰	執	白鑞金	畢
12日	11/10	火	辛巳	破	白鑞金	觜
13日	11/11	水	壬午	危	楊柳木	参
14日	11/12	木	癸未	成	楊柳木	井
15日	11/13	金	甲申	納	井泉水	鬼
16日	11/14	土	乙酉	閉	井泉水	柳
17日	11/15	日	丙戌	閉	屋上土	星
18日	11/16	月	丁亥	建	屋上土	張
19日	11/17	火	戊子	除	霹靂火	翼
20日	11/18	水	己丑	満	霹靂火	軫
21日	11/19	木	庚寅	平	松柏木	角
22日	11/20	金	辛卯	定	松柏木	亢
23日	11/21	土	壬辰	破	長流水	氐
24日	11/22	日	癸巳	破	長流水	房
25日	11/23	月	甲午	危	沙中金	心
26日	11/24	火	乙未	成	沙中金	尾
27日	11/25	水	丙申	納	山下火	箕
28日	11/26	木	丁酉	開	山下火	斗
29日	11/27	金	戊戌	閉	平地木	牛
30日	11/28	土	己亥	建	平地木	女

【十一月大 戊子 氐】
節気 大雪 8日・冬至 23日

日	西暦	曜	干支	直	納音	宿
1日	11/29	日	庚子	除	壁上土	虚
2日	11/30	月	辛丑	満	壁上土	危
3日	12/01	火	壬寅	平	金箔金	室
4日	12/02	水	癸卯	定	金箔金	壁
5日	12/03	木	甲辰	執	覆燈火	奎
6日	12/04	金	乙巳	破	覆燈火	婁
7日	12/05	土	丙午	危	天河水	胃
8日	12/06	日	丁未	危	天河水	昴
9日	12/07	月	戊申	成	大駅土	畢
10日	12/08	火	己酉	納	大駅土	觜
11日	12/09	水	庚戌	開	釵釧金	参
12日	12/10	木	辛亥	閉	釵釧金	井
13日	12/11	金	壬子	建	桑柘木	鬼
14日	12/12	土	癸丑	除	桑柘木	柳
15日☆	12/13	日	甲寅	満	大溪水	星
16日	12/14	月	乙卯	平	大溪水	張
17日	12/15	火	丙辰	定	沙中土	翼
18日	12/16	水	丁巳	執	沙中土	軫
19日	12/17	木	戊午	破	天上火	角
20日	12/18	金	己未	危	天上火	亢
21日	12/19	土	庚申	成	柘榴木	氐
22日	12/20	日	辛酉	納	柘榴木	房
23日	12/21	月	壬戌	開	大海水	心
24日	12/22	火	癸亥	建	大海水	尾
25日	12/23	水	甲子	建	海中金	箕
26日	12/24	木	乙丑	除	海中金	斗
27日	12/25	金	丙寅	平	爐中火	牛
28日	12/26	土	丁卯	平	爐中火	女
29日	12/27	日	戊辰	定	大林木	虚
30日	12/28	月	己巳	執	大林木	危

【十二月小 己丑 房】
節気 小寒 9日・大寒 24日
雑節 土用 21日

日	西暦	曜	干支	直	納音	宿
1日	12/29	火	庚午	破	路傍土	室
2日	12/30	水	辛未	危	路傍土	壁
3日	12/31	木	壬申	成	釵鋒金	奎

1751年

日	西暦	曜	干支	直	納音	宿
4日	01/01	金	癸酉	納	釵鋒金	婁
5日	01/02	土	甲戌	開	山頭火	胃
6日	01/03	日	乙亥	閉	山頭火	昴
7日	01/04	月	丙子	平	澗下水	畢
8日	01/05	火	丁丑	除	澗下水	觜
9日	01/06	水	戊寅	除	城頭土	参
10日	01/07	木	己卯	満	城頭土	井
11日	01/08	金	庚辰	定	白鑞金	鬼
12日	01/09	土	辛巳	定	白鑞金	柳
13日	01/10	日	壬午	執	楊柳木	星
14日	01/11	月	癸未	破	楊柳木	張
15日	01/12	火	甲申	危	井泉水	翼
16日	01/13	水	乙酉	成	井泉水	軫
17日	01/14	木	丙戌	納	屋上土	角
18日	01/15	金	丁亥	開	屋上土	亢
19日	01/16	土	戊子	閉	霹靂火	氐
20日	01/17	日	己丑	建	霹靂火	房
21日	01/18	月	庚寅	満	松柏木	心
22日	01/19	火	辛卯	満	松柏木	尾
23日	01/20	水	壬辰	平	長流水	箕
24日	01/21	木	癸巳	定	長流水	斗
25日	01/22	金	甲午	執	沙中金	牛
26日	01/23	土	乙未	破	沙中金	女
27日	01/24	日	丙申	危	山下火	虚
28日	01/25	月	丁酉	成	山下火	危
29日	01/26	火	戊戌	納	平地木	室

宝暦元年〔寛延4年〕

1751～1752　辛未　兊

※改元＝10月27日

【正月大 庚寅 心】
節気　立春 10日・雨水 25日
雑節　節分 9日

日	日付	曜	干支	直	納音	宿
1日	01/27	水	己亥	平	平地木	壁
2日	01/28	木	庚子	閉	壁上土	奎
3日	01/29	金	辛丑	建	壁上土	婁
4日	01/30	土	壬寅	除	金箔金	胃
5日	01/31	日	癸卯	満	金箔金	昴
6日	02/01	月	甲辰	平	覆燈火	畢
7日	02/02	火	乙巳	定	覆燈火	觜
8日	02/03	水	丙午	執	天河水	参
9日	02/04	木	丁未	破	天河水	井
10日	02/05	金	戊申	危	大駅土	鬼
11日	02/06	土	己酉	成	大駅土	柳
12日	02/07	日	庚戌	納	釵釧金	星
13日	02/08	月	辛亥	開	釵釧金	張
14日	02/09	火	壬子	閉	桑柘木	翼
15日	02/10	水	癸丑	開	桑柘木	軫
16日	02/11	木	甲寅	閉	大溪水	角
17日	02/12	金	乙卯	除	大溪水	亢
18日	02/13	土	丙辰	満	沙中土	氐
19日	02/14	日	丁巳	平	沙中土	房
20日	02/15	月	戊午	定	天上火	心
21日	02/16	火	己未	執	天上火	尾
22日	02/17	水	庚申	破	柘榴木	箕
23日	02/18	木	辛酉	危	柘榴木	斗
24日	02/19	金	壬戌	成	大海水	牛
25日	02/20	土	癸亥	納	大海水	女
26日	02/21	日	甲子	開	海中金	虚
27日	02/22	月	乙丑	閉	海中金	危
28日	02/23	火	丙寅	建	爐中火	室
29日	02/24	水	丁卯	除	爐中火	壁
30日	02/25	木	戊辰	満	大林木	奎

【二月小 辛卯 尾】
節気　啓蟄 10日・春分 26日
雑節　彼岸 28日

日	日付	曜	干支	直	納音	宿
1日	02/26	金	己巳	平	大林木	婁
2日	02/27	土	庚午	定	路傍土	胃
3日	02/28	日	辛未	執	路傍土	昴
4日	03/01	月	壬申	破	釵鋒金	畢
5日	03/02	火	癸酉	危	釵鋒金	觜
6日	03/03	水	甲戌	成	山頭火	参
7日	03/04	木	乙亥	納	山頭火	井
8日	03/05	金	丙子	開	澗下水	鬼
9日	03/06	土	丁丑	閉	澗下水	柳
10日	03/07	日	戊寅	建	城頭土	星
11日	03/08	月	己卯	除	城頭土	張
12日	03/09	火	庚辰	満	白鑞金	翼
13日	03/10	水	辛巳	平	白鑞金	軫
14日	03/11	木	壬午	平	楊柳木	角
15日	03/12	金	癸未	定	楊柳木	亢
16日	03/13	土	甲申	執	井泉水	氐
17日	03/14	日	乙酉	破	井泉水	房
18日	03/15	月	丙戌	危	屋上土	心
19日	03/16	火	丁亥	成	屋上土	尾
20日	03/17	水	戊子	納	霹靂火	箕
21日	03/18	木	己丑	開	霹靂火	斗
22日	03/19	金	庚寅	閉	松柏木	牛
23日	03/20	土	辛卯	建	松柏木	女
24日	03/21	日	壬辰	除	長流水	虚
25日	03/22	月	癸巳	満	長流水	危
26日	03/23	火	甲午	平	沙中金	室
27日	03/24	水	乙未	定	沙中金	壁
28日	03/25	木	丙申	執	山下火	奎
29日	03/26	金	丁酉	破	山下火	婁

【三月大 壬辰 箕】
節気　清明 12日・穀雨 27日
雑節　社日 1日・土用 24日

日	日付	曜	干支	直	納音	宿
1日	03/27	土	戊戌	危	平地木	胃
2日	03/28	日	己亥	成	平地木	昴
3日	03/29	月	庚子	納	壁上土	畢
4日	03/30	火	辛丑	開	壁上土	觜
5日	03/31	水	壬寅	閉	金箔金	参
6日	04/01	木	癸卯	建	金箔金	井
7日	04/02	金	甲辰	除	覆燈火	鬼
8日	04/03	土	乙巳	満	覆燈火	柳
9日	04/04	日	丙午	平	天河水	星
10日	04/05	月	丁未	定	天河水	張
11日	04/06	火	戊申	執	大駅土	翼
12日	04/07	水	己酉	破	大駅土	軫
13日	04/08	木	庚戌	危	釵釧金	角
14日	04/09	金	辛亥	成	釵釧金	亢
15日	04/10	土	壬子	納	桑柘木	氐
16日	04/11	日	癸丑	開	桑柘木	房
17日	04/12	月	甲寅	閉	大溪水	心
18日	04/13	火	乙卯	建	大溪水	尾
19日	04/14	水	丙辰	除	沙中土	箕
20日	04/15	木	丁巳	満	沙中土	斗
21日	04/16	金	戊午	平	天上火	牛
22日	04/17	土	己未	定	天上火	女
23日	04/18	日	庚申	執	柘榴木	虚
24日	04/19	月	辛酉	破	柘榴木	危
25日	04/20	火	壬戌	危	大海水	室
26日	04/21	水	癸亥	成	大海水	壁
27日	04/22	木	甲子	納	海中金	奎
28日	04/23	金	乙丑	開	海中金	婁
29日	04/24	土	丙寅	閉	爐中火	胃
30日	04/25	日	丁卯	建	爐中火	昴

【四月小 癸巳 斗】
節気　立夏 12日・小満 28日
雑節　八十八夜 8日

日	日付	曜	干支	直	納音	宿
1日	04/26	月	戊辰	満	大林木	畢
2日	04/27	火	己巳	平	大林木	觜
3日	04/28	水	庚午	定	路傍土	参
4日	04/29	木	辛未	執	路傍土	井
5日	04/30	金	壬申	破	釵鋒金	鬼
6日	05/01	土	癸酉	危	釵鋒金	柳
7日	05/02	日	甲戌	成	山頭火	星
8日	05/03	月	乙亥	納	山頭火	張
9日	05/04	火	丙子	開	澗下水	翼
10日	05/05	水	丁丑	閉	澗下水	軫
11日	05/06	木	戊寅	建	城頭土	角
12日	05/07	金	己卯	除	城頭土	亢
13日	05/08	土	庚辰	満	白鑞金	氐
14日	05/09	日	辛巳	平	白鑞金	房
15日	05/10	月	壬午	定	楊柳木	心
16日	05/11	火	癸未	満	楊柳木	尾
17日	05/12	水	甲申	執	井泉水	箕
18日	05/13	木	乙酉	破	井泉水	斗
19日	05/14	金	丙戌	危	屋上土	牛
20日	05/15	土	丁亥	成	屋上土	女
21日	05/16	日	戊子	納	霹靂火	虚
22日	05/17	月	己丑	開	霹靂火	危
23日	05/18	火	庚寅	閉	松柏木	室
24日	05/19	水	辛卯	建	松柏木	壁
25日	05/20	木	壬辰	除	長流水	奎
26日	05/21	金	癸巳	満	長流水	婁
27日	05/22	土	甲午	平	沙中金	胃
28日	05/23	日	乙未	定	沙中金	昴
29日	05/24	月	丙申	執	山下火	畢

【五月小 甲午 牛】
節気　芒種 14日・夏至 29日
雑節　入梅 16日

日	日付	曜	干支	直	納音	宿
1日	05/25	火	丁酉	定	山下火	觜
2日	05/26	水	戊戌	執	平地木	参
3日	05/27	木	己亥	破	平地木	井
4日	05/28	金	庚子	危	壁上土	鬼
5日	05/29	土	辛丑	成	壁上土	柳
6日	05/30	日	壬寅	納	金箔金	星
7日	05/31	月	癸卯	開	金箔金	張
8日	06/01	火	甲辰	閉	覆燈火	翼
9日	06/02	水	乙巳	建	覆燈火	軫
10日	06/03	木	丙午	除	天河水	角
11日	06/04	金	丁未	満	天河水	亢
12日	06/05	土	戊申	平	大駅土	氐
13日	06/06	日	己酉	定	大駅土	房
14日	06/07	月	庚戌	執	釵釧金	心
15日	06/08	火	辛亥	破	釵釧金	尾
16日	06/09	水	壬子	危	桑柘木	箕
17日	06/10	木	癸丑	成	桑柘木	斗
18日	06/11	金	甲寅	納	大溪水	牛
19日	06/12	土	乙卯	開	大溪水	女
20日	06/13	日	丙辰	閉	沙中土	虚
21日	06/14	月	丁巳	建	沙中土	危
22日	06/15	火	戊午	除	天上火	室
23日	06/16	水	己未	満	天上火	壁
24日	06/17	木	庚申	平	柘榴木	奎
25日	06/18	金	辛酉	定	柘榴木	婁
26日	06/19	土	壬戌	執	大海水	胃
27日	06/20	日	癸亥	破	大海水	昴
28日	06/21	月	甲子	危	海中金	畢
29日	06/22	火	乙丑	成	海中金	觜

【六月大 乙未 女】
節気　小暑 15日・大暑 30日
雑節　半夏生 10日・土用 27日

日	日付	曜	干支	直	納音	宿
1日	06/23	水	丙寅	納	爐中火	参
2日	06/24	木	丁卯	開	爐中火	井
3日	06/25	金	戊辰	閉	大林木	鬼
4日	06/26	土	己巳	建	大林木	柳
5日	06/27	日	庚午	除	路傍土	星
6日	06/28	月	辛未	満	路傍土	張
7日	06/29	火	壬申	平	釵鋒金	翼
8日	06/30	水	癸酉	定	釵鋒金	軫
9日	07/01	木	甲戌	執	山頭火	角
10日	07/02	金	乙亥	破	山頭火	亢
11日	07/03	土	丙子	危	澗下水	氐
12日	07/04	日	丁丑	成	澗下水	房
13日	07/05	月	戊寅	納	城頭土	心
14日	07/06	火	己卯	開	城頭土	尾
15日	07/07	水	庚辰	閉	白鑞金	箕
16日	07/08	木	辛巳	建	白鑞金	斗
17日	07/09	金	壬午	除	楊柳木	牛
18日	07/10	土	癸未	満	楊柳木	女
19日	07/11	日	甲申	平	井泉水	虚
20日	07/12	月	乙酉	定	井泉水	危
21日	07/13	火	丙戌	執	屋上土	室
22日	07/14	水	丁亥	破	屋上土	壁
23日	07/15	木	戊子	危	霹靂火	奎
24日	07/16	金	己丑	成	霹靂火	婁
25日	07/17	土	庚寅	納	松柏木	胃
26日	07/18	日	辛卯	開	松柏木	昴
27日	07/19	月	壬辰	閉	長流水	畢
28日	07/20	火	癸巳	建	長流水	觜
29日	07/21	水	甲午	除	沙中金	参
30日	07/22	木	乙未	満	沙中金	井

【閏六月小 乙未 女】
節気　立秋 16日

日	日付	曜	干支	直	納音	宿
1日	07/23	金	丙申	除	山下火	鬼
2日	07/24	土	丁酉	平	山下火	柳
3日	07/25	日	戊戌	定	平地木	星
4日	07/26	月	己亥	執	平地木	張
5日	07/27	火	庚子	破	壁上土	翼
6日	07/28	水	辛丑	危	壁上土	軫
7日	07/29	木	壬寅	成	金箔金	角
8日	07/30	金	癸卯	納	金箔金	亢
9日	07/31	土	甲辰	開	覆燈火	氐
10日	08/01	日	乙巳	閉	覆燈火	房
11日	08/02	月	丙午	建	天河水	心
12日	08/03	火	丁未	除	天河水	尾
13日	08/04	水	戊申	満	大駅土	箕
14日	08/05	木	己酉		大駅土	斗

― 340 ―

宝暦元年〔寛延4年〕

西暦	曜	干支	直	納音	宿
15日 08/06	金	庚戌	平	釵釧金	牛
16日 08/07	土	辛亥	定	釵釧金	女
17日 08/08	日	壬子	執	桑柘木	虚
18日 08/09	月	癸丑	破	桑柘木	危
19日 08/10	火	甲寅	危	大渓水	室
20日 08/11	水	乙卯	成	大渓水	壁
21日 08/12	木	丙辰	納	沙中土	奎
22日 08/13	金	丁巳	開	沙中土	婁
23日 08/14	土	戊午	閉	天上火	胃
24日 08/15	日	己未	建	天上火	昴
25日 08/16	月	庚申	除	柘榴木	畢
26日 08/17	火	辛酉	満	柘榴木	觜
27日 08/18	水	壬戌	平	大渓水	参
28日 08/19	木	癸亥	定	大渓水	井
29日 08/20	金	甲子	定	海中金	鬼

【七月大 丙申 虚】
節気 処暑 2日・白露 17日
雑節 二百十日 13日

西暦	曜	干支	直	納音	宿
1日 08/21	土	乙丑	執	海中金	柳
2日 08/22	日	丙寅	破	爐中火	星
3日 08/23	月	丁卯	危	爐中火	張
4日 08/24	火	戊辰	成	大林木	翼
5日 08/25	水	己巳	納	大林木	軫
6日 08/26	木	庚午	開	路傍土	角
7日 08/27	金	辛未	閉	路傍土	亢
8日 08/28	土	壬申	建	釵鋒金	氐
9日 08/29	日	癸酉	除	釵鋒金	房
10日 08/30	月	甲戌	満	山頭火	心
11日 08/31	火	乙亥	平	山頭火	尾
12日 09/01	水	丙子	定	澗下水	箕
13日 09/02	木	丁丑	執	澗下水	斗
14日 09/03	金	戊寅	破	城頭土	牛
15日 09/04	土	己卯	危	城頭土	女
16日 09/05	日	庚辰	成	白鑞金	虚
17日 09/06	月	辛巳	納	白鑞金	危
18日 09/07	火	壬午	納	楊柳木	室
19日 09/08	水	癸未	開	楊柳木	壁
20日 09/09	木	甲申	閉	井泉水	奎
21日 09/10	金	乙酉	建	井泉水	婁
22日 09/11	土	丙戌	除	屋上土	胃
23日 09/12	日	丁亥	満	屋上土	昴
24日 09/13	月	戊子	平	霹靂火	畢
25日 09/14	火	己丑	執	霹靂火	参
26日 09/15	水	庚寅	執	松柏木	井
27日 09/16	木	辛卯	破	松柏木	鬼
28日 09/17	金	壬辰	危	長流水	柳
29日 09/18	土	癸巳	成	長流水	星
30日 09/19	日	甲午	納	沙中金	張

【八月小 丁酉 危】
節気 秋分 2日・寒露 18日
雑節 彼岸 4日・社日 4日

西暦	曜	干支	直	納音	宿
1日 09/20	月	乙未	開	沙中金	翼
2日 09/21	火	丙申	閉	山下火	軫
3日 09/22	水	丁酉	建	山下火	角
4日 09/23	木	戊戌	除	平地木	亢
5日 09/24	金	己亥	満	平地木	氐
6日 09/25	土	庚子	平	壁上土	房
7日 09/26	日	辛丑	定	壁上土	心
8日 09/27	月	壬寅	執	金箔金	尾
9日 09/28	火	癸卯	破	金箔金	箕
10日 09/29	水	甲辰	危	覆燈火	斗
11日 09/30	木	乙巳	成	覆燈火	牛
12日 10/01	金	丙午	納	天河水	女
13日 10/02	土	丁未	開	天河水	虚
14日 10/03	日	戊申	閉	大駅土	危
15日 10/04	月	己酉	建	大駅土	室
16日 10/05	火	庚戌	除	釵釧金	壁
17日 10/06	水	辛亥	満	釵釧金	奎
18日 10/07	木	壬子	平	桑柘木	婁
19日 10/08	金	癸丑	定	桑柘木	胃
20日 10/09	土	甲寅	定	大渓水	昴
21日 10/10	日	乙卯	執	大渓水	昴
22日 10/11	月	丙辰	破	沙中土	畢
23日 10/12	火	丁巳	危	沙中土	觜
24日 10/13	水	戊午	成	天上火	参
25日 10/14	木	己未	納	天上火	井
26日 10/15	金	庚申	開	柘榴木	鬼
27日 10/16	土	辛酉	閉	柘榴木	柳
28日 10/17	日	壬戌	建	大渓水	星
29日 10/18	月	癸亥	除	大渓水	張

【九月大 戊戌 室】
節気 霜降 4日・立冬 19日
雑節 土用 1日

西暦	曜	干支	直	納音	宿
1日 10/19	火	甲子	満	海中金	翼
2日 10/20	水	乙丑	平	海中金	軫
3日 10/21	木	丙寅	定	爐中火	角
4日 10/22	金	丁卯	執	爐中火	亢
5日 10/23	土	戊辰	破	大林木	氐
6日 10/24	日	己巳	危	大林木	房
7日 10/25	月	庚午	成	路傍土	心
8日 10/26	火	辛未	納	路傍土	尾
9日 10/27	水	壬申	開	釵鋒金	箕
10日 10/28	木	癸酉	閉	釵鋒金	斗
11日 10/29	金	甲戌	建	山頭火	牛
12日 10/30	土	乙亥	除	山頭火	女
13日 10/31	日	丙子	満	澗下水	虚
14日 11/01	月	丁丑	平	澗下水	危
15日 11/02	火	戊寅	定	城頭土	室
16日 11/03	水	己卯	執	城頭土	壁
17日 11/04	木	庚辰	破	白鑞金	奎
18日 11/05	金	辛巳	危	白鑞金	婁
19日 11/06	土	壬午	成	楊柳木	胃
20日 11/07	日	癸未	納	楊柳木	昴
21日 11/08	月	甲申	開	井泉水	畢
22日 11/09	火	乙酉	閉	井泉水	觜
23日 11/10	水	丙戌	建	屋上土	参
24日 11/11	木	丁亥	除	屋上土	井
25日 11/12	金	戊子	満	霹靂火	鬼
26日 11/13	土	己丑	平	霹靂火	柳
27日 11/14	日	庚寅	定	松柏木	星
28日 11/15	月	辛卯	執	松柏木	張
29日 11/16	火	壬辰	破	長流水	翼
30日 11/17	水	癸巳	危	長流水	軫

【十月大 己亥 壁】
節気 小雪 4日・大雪 19日

西暦	曜	干支	直	納音	宿
1日 11/18	木	甲午	危	沙中金	角
2日 11/19	金	乙未	成	沙中金	亢
3日 11/20	土	丙申	納	山下火	氐
4日 11/21	日	丁酉	開	山下火	房
5日 11/22	月	戊戌	閉	平地木	心
6日 11/23	火	己亥	建	平地木	尾
7日 11/24	水	庚子	除	壁上土	箕
8日 11/25	木	辛丑	満	壁上土	斗
9日 11/26	金	壬寅	平	金箔金	牛
10日 11/27	土	癸卯	定	金箔金	女
11日 11/28	日	甲辰	執	覆燈火	虚
12日 11/29	月	乙巳	破	覆燈火	危
13日 11/30	火	丙午	危	天河水	室
14日 12/01	水	丁未	成	天河水	壁
15日☆12/02	木	戊申	納	大駅土	奎
16日 12/03	金	己酉	開	大駅土	婁
17日 12/04	土	庚戌	閉	釵釧金	胃
18日 12/05	日	辛亥	建	釵釧金	昴
19日 12/06	月	壬子	除	桑柘木	畢
20日 12/07	火	癸丑	満	桑柘木	觜
21日 12/08	水	甲寅	平	大渓水	参
22日 12/09	木	乙卯	定	大渓水	井
23日 12/10	金	丙辰	執	沙中土	鬼
24日 12/11	土	丁巳	破	沙中土	柳
25日 12/12	日	戊午	危	天上火	星
26日 12/13	月	己未	成	天上火	張
27日 12/14	火	庚申	納	柘榴木	翼

＊改元（寛延4年→宝暦元年）

西暦	曜	干支	直	納音	宿
28日 12/15	水	辛酉	納	柘榴木	軫
29日 12/16	木	壬戌	開	大渓水	角
30日 12/17	金	癸亥	閉	大渓水	亢

【十一月小 庚子 奎】
節気 冬至 5日・小寒 20日

西暦	曜	干支	直	納音	宿
1日 12/18	土	甲子	建	海中金	氐
2日 12/19	日	乙丑	除	海中金	房
3日 12/20	月	丙寅	満	爐中火	心
4日 12/21	火	丁卯	平	爐中火	尾
5日 12/22	水	戊辰	定	大林木	箕
6日 12/23	木	己巳	執	大林木	斗
7日 12/24	金	庚午	破	路傍土	牛
8日 12/25	土	辛未	危	路傍土	女
9日 12/26	日	壬申	成	釵鋒金	虚
10日 12/27	月	癸酉	納	釵鋒金	危
11日 12/28	火	甲戌	開	山頭火	室
12日 12/29	水	乙亥	閉	山頭火	壁
13日 12/30	木	丙子	建	澗下水	奎
14日 12/31	金	丁丑	除	澗下水	婁

1752年

西暦	曜	干支	直	納音	宿
15日 01/01	土	戊寅	満	城頭土	胃
16日 01/02	日	己卯	平	城頭土	昴
17日 01/03	月	庚辰	定	白鑞金	畢
18日 01/04	火	辛巳	執	白鑞金	觜
19日 01/05	水	壬午	破	楊柳木	参
20日 01/06	木	癸未	危	楊柳木	井
21日 01/07	金	甲申	成	井泉水	鬼
22日 01/08	土	乙酉	納	井泉水	柳
23日 01/09	日	丙戌	開	屋上土	星
24日 01/10	月	丁亥	閉	屋上土	張
25日 01/11	火	戊子	建	霹靂火	翼
26日 01/12	水	己丑	除	霹靂火	軫
27日 01/13	木	庚寅	満	松柏木	角
28日 01/14	金	辛卯	満	松柏木	亢
29日 01/15	土	壬辰	平	長流水	氐

【十二月大 辛丑 婁】
節気 大寒 6日・立春 21日
雑節 土用 3日・節分 20日

西暦	曜	干支	直	納音	宿
1日 01/16	日	癸巳	定	長流水	房
2日 01/17	月	甲午	執	沙中金	心
3日 01/18	火	乙未	破	沙中金	尾
4日 01/19	水	丙申	危	山下火	箕
5日 01/20	木	丁酉	成	山下火	斗
6日 01/21	金	戊戌	納	平地木	牛
7日 01/22	土	己亥	開	平地木	女
8日 01/23	日	庚子	閉	壁上土	虚
9日 01/24	月	辛丑	建	壁上土	危
10日 01/25	火	壬寅	除	金箔金	室
11日 01/26	水	癸卯	満	金箔金	壁
12日 01/27	木	甲辰	定	覆燈火	奎
13日 01/28	金	乙巳	定	覆燈火	婁
14日 01/29	土	丙午	執	天河水	胃
15日 01/30	日	丁未	破	天河水	昴
16日 01/31	月	戊申	危	大駅土	畢
17日 02/01	火	己酉	成	大駅土	觜
18日 02/02	水	庚戌	納	釵釧金	参
19日 02/03	木	辛亥	開	釵釧金	井
20日 02/04	金	壬子	閉	桑柘木	鬼
21日 02/05	土	癸丑	建	桑柘木	柳
22日 02/06	日	甲寅	建	大渓水	星
23日 02/07	月	乙卯	除	大渓水	張
24日 02/08	火	丙辰	満	沙中土	翼
25日 02/09	水	丁巳	平	沙中土	軫
26日 02/10	木	戊午	定	天上火	角
27日 02/11	金	己未	執	天上火	亢
28日 02/12	土	庚申	破	柘榴木	氐
29日 02/13	日	辛酉	危	柘榴木	房
30日 02/14	月	壬戌	成	大渓水	心

宝暦2年
1752～1753　壬申　氏

【正月大 壬寅 胃】
節気 雨水 6日・啓蟄 22日

日	月日	曜	干支	直	納音	宿
1日	02/15	火	癸亥	納	大海水	尾
2日	02/16	水	甲子	開	海中金	箕
3日	02/17	木	乙丑	閉	海中金	斗
4日	02/18	金	丙寅	建	爐中火	牛
5日	02/19	土	丁卯	除	爐中火	女
6日	02/20	日	戊辰	満	大林木	虚
7日	02/21	月	己巳	平	大林木	危
8日	02/22	火	庚午	定	路傍土	室
9日	02/23	水	辛未	執	路傍土	壁
10日	02/24	木	壬申	破	釼鋒金	奎
11日	02/25	金	癸酉	危	釼鋒金	婁
12日	02/26	土	甲戌	成	山頭火	胃
13日	02/27	日	乙亥	納	山頭火	昴
14日	02/28	月	丙子	開	澗下水	畢
15日	02/29	火	丁丑	閉	澗下水	觜
16日	03/01	水	戊寅	建	城頭土	參
17日	03/02	木	己卯	除	城頭土	井
18日	03/03	金	庚辰	満	白鑞金	鬼
19日	03/04	土	辛巳	平	白鑞金	柳
20日	03/05	日	壬午	定	楊柳木	星
21日	03/06	月	癸未	執	楊柳木	張
22日	03/07	火	甲申	執	井泉水	翼
23日	03/08	水	乙酉	破	井泉水	軫
24日	03/09	木	丙戌	危	屋上土	角
25日	03/10	金	丁亥	成	屋上土	亢
26日	03/11	土	戊子	納	霹靂火	氐
27日	03/12	日	己丑	開	霹靂火	房
28日	03/13	月	庚寅	閉	松柏木	心
29日	03/14	火	辛卯	建	松柏木	尾
30日	03/15	水	壬辰	除	長流水	箕

【二月小 癸卯 昴】
節気 春分 7日・清明 22日
雑節 社日 6日・彼岸 9日

日	月日	曜	干支	直	納音	宿
1日	03/16	木	癸巳	満	長流水	斗
2日	03/17	金	甲午	平	沙中金	牛
3日	03/18	土	乙未	定	沙中金	女
4日	03/19	日	丙申	執	山下火	虚
5日	03/20	月	丁酉	破	山下火	危
6日	03/21	火	戊戌	危	平地木	室
7日	03/22	水	己亥	成	平地木	壁
8日	03/23	木	庚子	納	壁上土	奎
9日	03/24	金	辛丑	開	壁上土	婁
10日	03/25	土	壬寅	閉	金箔金	胃
11日	03/26	日	癸卯	建	金箔金	昴
12日	03/27	月	甲辰	除	覆燈火	畢
13日	03/28	火	乙巳	満	覆燈火	觜
14日	03/29	水	丙午	平	天河水	參
15日	03/30	木	丁未	定	天河水	井
16日	03/31	金	戊申	執	大驛土	鬼
17日	04/01	土	己酉	破	大驛土	柳
18日	04/02	日	庚戌	危	釵釧金	星
19日	04/03	月	辛亥	成	釵釧金	張
20日	04/04	火	壬子	納	桑柘木	翼
21日	04/05	水	癸丑	開	桑柘木	軫
22日	04/06	木	甲寅	閉	大溪水	角
23日	04/07	金	乙卯	建	大溪水	亢
24日	04/08	土	丙辰	除	沙中土	氐
25日	04/09	日	丁巳	満	沙中土	房
26日	04/10	月	戊午	満	天上火	心
27日	04/11	火	己未	平	天上火	尾
28日	04/12	水	庚申	定	柘榴木	箕
29日	04/13	木	辛酉	執	柘榴木	斗

【三月大 甲辰 畢】
節気 穀雨 8日・立夏 24日
雑節 土用 5日・八十八夜 19日

日	月日	曜	干支	直	納音	宿
1日	04/14	金	壬戌	破	大海水	牛
2日	04/15	土	癸亥	危	大海水	女
3日	04/16	日	甲子	成	海中金	虚
4日	04/17	月	乙丑	納	海中金	危
5日	04/18	火	丙寅	開	爐中火	室
6日	04/19	水	丁卯	閉	爐中火	壁
7日	04/20	木	戊辰	建	大林木	奎
8日	04/21	金	己巳	除	大林木	婁
9日	04/22	土	庚午	平	路傍土	胃
10日	04/23	日	辛未	定	路傍土	昴
11日	04/24	月	壬申	定	釼鋒金	畢
12日	04/25	火	癸酉	執	釼鋒金	觜
13日	04/26	水	甲戌	破	山頭火	參
14日	04/27	木	乙亥	危	山頭火	井
15日	04/28	金	丙子	成	澗下水	鬼
16日	04/29	土	丁丑	納	澗下水	柳
17日	04/30	日	戊寅	開	城頭土	星
18日	05/01	月	己卯	閉	城頭土	張
19日	05/02	火	庚辰	建	白鑞金	翼
20日	05/03	水	辛巳	除	白鑞金	軫
21日	05/04	木	壬午	満	楊柳木	角
22日	05/05	金	癸未	平	楊柳木	亢
23日	05/06	土	甲申	定	井泉水	氐
24日	05/07	日	乙酉	執	井泉水	房
25日	05/08	月	丙戌	破	屋上土	心
26日	05/09	火	丁亥	危	屋上土	尾
27日	05/10	水	戊子	成	霹靂火	箕
28日	05/11	木	己丑	納	霹靂火	斗
29日	05/12	金	庚寅	開	松柏木	牛
30日	05/13	土	辛卯	閉	松柏木	女

【四月小 乙巳 觜】
節気 小満 9日・芒種 24日

日	月日	曜	干支	直	納音	宿
1日	05/14	日	壬辰	閉	長流水	虚
2日	05/15	月	癸巳	建	長流水	危
3日	05/16	火	甲午	除	沙中金	室
4日	05/17	水	乙未	満	沙中金	壁
5日	05/18	木	丙申	平	山下火	奎
6日	05/19	金	丁酉	定	山下火	婁
7日	05/20	土	戊戌	執	平地木	胃
8日	05/21	日	己亥	破	平地木	昴
9日	05/22	月	庚子	危	壁上土	畢
10日	05/23	火	辛丑	成	壁上土	觜
11日	05/24	水	壬寅	納	金箔金	參
12日	05/25	木	癸卯	開	金箔金	井
13日	05/26	金	甲辰	閉	覆燈火	鬼
14日	05/27	土	乙巳	建	覆燈火	柳
15日	05/28	日	丙午	除	天河水	星
16日	05/29	月	丁未	満	天河水	張
17日	05/30	火	戊申	平	大驛土	翼
18日	05/31	水	己酉	定	大驛土	軫
19日	06/01	木	庚戌	執	釵釧金	角
20日	06/02	金	辛亥	破	釵釧金	亢
21日	06/03	土	壬子	危	桑柘木	氐
22日	06/04	日	癸丑	成	桑柘木	房
23日	06/05	月	甲寅	納	大溪水	心
24日	06/06	火	乙卯	納	大溪水	尾
25日	06/07	水	丙辰	開	沙中土	箕
26日	06/08	木	丁巳	閉	沙中土	斗
27日	06/09	金	戊午	建	天上火	牛
28日	06/10	土	己未	除	天上火	女
29日	06/11	日	庚申	満	柘榴木	虚

【五月小 丙午 參】
節気 夏至 10日・小暑 25日
雑節 入梅 2日・半夏生 20日

日	月日	曜	干支	直	納音	宿
1日	06/12	月	辛酉	平	柘榴木	危
2日	06/13	火	壬戌	定	大海水	室
3日	06/14	水	癸亥	執	大海水	壁
4日	06/15	木	甲子	破	海中金	奎
5日	06/16	金	乙丑	危	海中金	婁
6日	06/17	土	丙寅	成	爐中火	胃
7日	06/18	日	丁卯	納	爐中火	昴
8日	06/19	月	戊辰	開	大林木	畢
9日	06/20	火	己巳	閉	大林木	觜
10日	06/21	水	庚午	建	路傍土	參
11日	06/22	木	辛未	除	路傍土	井
12日	06/23	金	壬申	満	釼鋒金	鬼
13日	06/24	土	癸酉	平	釼鋒金	柳
14日	06/25	日	甲戌	定	山頭火	星
15日	06/26	月	乙亥	執	山頭火	張
16日	06/27	火	丙子	破	澗下水	翼
17日	06/28	水	丁丑	危	澗下水	軫
18日	06/29	木	戊寅	成	城頭土	角
19日	06/30	金	己卯	納	城頭土	亢
20日	07/01	土	庚辰	開	白鑞金	氐
21日	07/02	日	辛巳	閉	白鑞金	房
22日	07/03	月	壬午	建	楊柳木	心
23日	07/04	火	癸未	満	楊柳木	尾
24日	07/05	水	甲申	満	井泉水	箕
25日	07/06	木	乙酉	平	井泉水	斗
26日	07/07	金	丙戌	定	屋上土	牛
27日	07/08	土	丁亥	執	屋上土	女
28日	07/09	日	戊子	破	霹靂火	虚
29日	07/10	月	己丑	危	霹靂火	危

【六月大 丁未 井】
節気 大暑 12日・立秋 27日
雑節 土用 9日

日	月日	曜	干支	直	納音	宿
1日	07/11	火	庚寅	危	松柏木	室
2日	07/12	水	辛卯	納	松柏木	壁
3日	07/13	木	壬辰	納	長流水	奎
4日	07/14	金	癸巳	開	長流水	婁
5日	07/15	土	甲午	閉	沙中金	胃
6日	07/16	日	乙未	建	山下火	昴
7日	07/17	月	丙申	除	山下火	畢
8日	07/18	火	丁酉	満	平地木	觜
9日	07/19	水	戊戌	平	平地木	參
10日	07/20	木	己亥	定	平地木	井
11日	07/21	金	庚子	執	壁上土	柳
12日	07/22	土	辛丑	破	壁上土	星
13日	07/23	日	壬寅	危	金箔金	張
14日	07/24	月	癸卯	成	金箔金	翼
15日	07/25	火	甲辰	納	覆燈火	軫
16日	07/26	水	乙巳	開	覆燈火	角
17日	07/27	木	丙午	閉	天河水	亢
18日	07/28	金	丁未	建	天河水	氐
19日	07/29	土	戊申	除	大驛土	房
20日	07/30	日	己酉	満	大驛土	心
21日	07/31	月	庚戌	平	釵釧金	尾
22日	08/01	火	辛亥	定	釵釧金	箕
23日	08/02	水	壬子	執	桑柘木	斗
24日	08/03	木	癸丑	破	桑柘木	牛
25日	08/04	金	甲寅	危	大溪水	女
26日	08/05	土	乙卯	成	大溪水	虚
27日	08/06	日	丙辰	納	沙中土	危
28日	08/07	月	丁巳	納	沙中土	室
29日	08/08	火	戊午	開	天上火	壁
30日	08/09	水	己未	閉	天上火	奎

【七月小 戊申 鬼】
節気 処暑 12日・白露 27日
雑節 二百十日 23日

日	月日	曜	干支	直	納音	宿
1日	08/10	木	庚申	建	柘榴木	奎
2日	08/11	金	辛酉	除	柘榴木	婁
3日	08/12	土	壬戌	満	大海水	胃

宝暦2年

西暦	曜	干支	直	納音	宿
4日 08/13	日	癸亥	平	大海水	昴
5日 08/14	月	甲子	定	海中金	畢
6日 08/15	火	乙丑	執	海中金	觜
7日 08/16	水	丙寅	破	爐中火	参
8日 08/17	木	丁卯	危	爐中火	井
9日 08/18	金	戊辰	成	大林木	鬼
10日 08/19	土	己巳	納	大林木	柳
11日 08/20	日	庚午	開	路傍土	星
12日 08/21	月	辛未	閉	路傍土	張
13日 08/22	火	壬申	建	釼鋒金	翼
14日 08/23	水	癸酉	除	釼鋒金	軫
15日 08/24	木	甲戌	満	山頭火	角
16日 08/25	金	乙亥	定	山頭火	亢
17日 08/26	土	丙子	定	潤下水	氐
18日 08/27	日	丁丑	執	潤下水	房
19日 08/28	月	戊寅	破	城頭土	心
20日 08/29	火	己卯	危	城頭土	尾
21日 08/30	水	庚辰	成	白鑞金	箕
22日 08/31	木	辛巳	納	白鑞金	斗
23日 09/01	金	壬午	開	楊柳木	女
24日 09/02	土	癸未	閉	楊柳木	女
25日 09/03	日	甲申	建	井泉水	虚
26日 09/04	月	乙酉	除	井泉水	危
27日 09/05	火	丙戌	満	屋上土	室
28日 09/06	水	丁亥	満	屋上土	壁
29日 09/07	木	戊子	平	霹靂火	奎

【八月小 己酉 柳】
節気 秋分 14日・寒露 29日
雑節 社日 10日・彼岸 16日

西暦	曜	干支	直	納音	宿
1日 09/08	金	己丑	定	霹靂火	婁
2日 09/09	土	庚寅	執	松柏木	胃
3日 09/10	日	辛卯	破	松柏木	昴
4日 09/11	月	壬辰	危	長流水	畢
5日 09/12	火	癸巳	成	長流水	觜
6日 09/13	水	甲午	納	沙中金	参
7日 09/14	木	乙未	開	沙中金	井
8日 09/15	金	丙申	閉	山下火	鬼
9日 09/16	土	丁酉	建	山下火	柳
10日 09/17	日	戊戌	除	平地木	星
11日 09/18	月	己亥	満	平地木	張
12日 09/19	火	庚子	平	壁上土	翼
13日 09/20	水	辛丑	定	壁上土	軫
14日 09/21	木	壬寅	執	金箔金	角
15日 09/22	金	癸卯	破	金箔金	亢
16日 09/23	土	甲辰	危	覆燈火	氐
17日 09/24	日	乙巳	成	覆燈火	房
18日 09/25	月	丙午	納	天河水	心
19日 09/26	火	丁未	開	天河水	尾
20日 09/27	水	戊申	閉	大駅土	箕
21日 09/28	木	己酉	建	大駅土	斗
22日 09/29	金	庚戌	除	釼釧金	牛
23日 09/30	土	辛亥	満	釼釧金	女
24日 10/01	日	壬子	平	桑柘木	虚
25日 10/02	月	癸丑	定	桑柘木	危
26日 10/03	火	甲寅	執	大溪水	室
27日 10/04	水	乙卯	破	大溪水	壁
28日 10/05	木	丙辰	危	沙中土	奎
29日 10/06	金	丁巳	危	沙中土	婁

【九月大 庚戌 星】
節気 霜降 15日・立冬 30日
雑節 土用 12日

西暦	曜	干支	直	納音	宿
1日 10/07	土	戊午	成	天上火	胃
2日 10/08	日	己未	納	天上火	昴
3日 10/09	月	庚申	開	柘榴木	畢
4日 10/10	火	辛酉	閉	柘榴木	觜
5日 10/11	水	壬戌	建	大海水	参

西暦	曜	干支	直	納音	宿
6日 10/12	木	癸亥	除	大海水	井
7日 10/13	金	甲子	平	海中金	鬼
8日 10/14	土	乙丑	平	海中金	柳
9日 10/15	日	丙寅	定	爐中火	星
10日 10/16	月	丁卯	執	爐中火	張
11日 10/17	火	戊辰	破	大林木	翼
12日 10/18	水	己巳	危	大林木	軫
13日 10/19	木	庚午	成	路傍土	角
14日 10/20	金	辛未	納	路傍土	亢
15日 10/21	土	壬申	開	釼鋒金	氐
16日 10/22	日	癸酉	閉	釼鋒金	房
17日 10/23	月	甲戌	除	山頭火	心
18日 10/24	火	乙亥	除	山頭火	尾
19日 10/25	水	丙子	満	潤下水	箕
20日 10/26	木	丁丑	平	潤下水	斗
21日 10/27	金	戊寅	定	城頭土	牛
22日 10/28	土	己卯	執	城頭土	女
23日 10/29	日	庚辰	破	白鑞金	虚
24日 10/30	月	辛巳	危	白鑞金	危
25日 10/31	火	壬午	成	楊柳木	室
26日 11/01	水	癸未	納	楊柳木	壁
27日 11/02	木	甲申	開	井泉水	奎
28日 11/03	金	乙酉	閉	井泉水	婁
29日 11/04	土	丙戌	建	屋上土	胃
30日 11/05	日	丁亥	建	屋上土	昴

【十月大 辛亥 張】
節気 小雪 15日

西暦	曜	干支	直	納音	宿
1日 11/06	月	戊子	除	霹靂火	畢
2日 11/07	火	己丑	満	霹靂火	觜
3日 11/08	水	庚寅	平	松柏木	参
4日 11/09	木	辛卯	定	松柏木	井
5日 11/10	金	壬辰	破	長流水	鬼
6日 11/11	土	癸巳	危	長流水	柳
7日 11/12	日	甲午	危	沙中金	星
8日 11/13	月	乙未	成	沙中金	張
9日 11/14	火	丙申	納	山下火	翼
10日 11/15	水	丁酉	開	山下火	軫
11日 11/16	木	戊戌	閉	平地木	角
12日 11/17	金	己亥	閉	平地木	亢
13日 11/18	土	庚子	除	壁上土	氐
14日 11/19	日	辛丑	満	壁上土	房
15日 11/20	月	壬寅	平	金箔金	心
16日 11/21	火	癸卯	定	金箔金	尾
17日 11/22	水	甲辰	執	覆燈火	箕
18日 11/23	木	乙巳	破	覆燈火	斗
19日 11/24	金	丙午	危	天河水	牛
20日 11/25	土	丁未	成	天河水	女
21日 11/26	日	戊申	納	大駅土	虚
22日 11/27	月	己酉	開	大駅土	危
23日 11/28	火	庚戌	建	釼釧金	室
24日 11/29	水	辛亥	建	釼釧金	壁
25日 11/30	木	壬子	除	桑柘木	奎
26日 12/01	金	癸丑	満	桑柘木	婁
27日 12/02	土	甲寅	定	大溪水	胃
28日 12/03	日	乙卯	定	大溪水	昴
29日 12/04	月	丙辰	執	沙中土	畢
30日 12/05	火	丁巳	破	沙中土	觜

【十一月小 壬子 翼】
節気 大雪 1日・冬至 16日

西暦	曜	干支	直	納音	宿
1日 12/06	水	戊午	破	天上火	参
2日 12/07	木	己未	危	天上火	井
3日 12/08	金	庚申	成	柘榴木	鬼
4日 12/09	土	辛酉	納	柘榴木	柳
5日 12/10	日	壬戌	開	大海水	星
6日 12/11	月	癸亥	閉	大海水	張
7日 12/12	火	甲子	建	海中金	翼

西暦	曜	干支	直	納音	宿
8日 12/13	水	乙丑	除	海中金	軫
9日 12/14	木	丙寅	満	爐中火	角
10日 12/15	金	丁卯	平	爐中火	亢
11日 12/16	土	戊辰	定	大林木	氐
12日 12/17	日	己巳	執	大林木	房
13日 12/18	月	庚午	破	路傍土	心
14日 12/19	火	辛未	危	路傍土	尾
15日 12/20	水	壬申	成	釼鋒金	箕
16日 12/21	木	癸酉	納	釼鋒金	斗
17日 12/22	金	甲戌	開	山頭火	牛
18日 12/23	土	乙亥	閉	山頭火	女
19日 12/24	日	丙子	建	潤下水	虚
20日 12/25	月	丁丑	除	潤下水	危
21日 12/26	火	戊寅	満	城頭土	室
22日 12/27	水	己卯	平	城頭土	壁
23日 12/28	木	庚辰	定	白鑞金	奎
24日 12/29	金	辛巳	執	白鑞金	胃
25日 12/30	土	壬午	破	楊柳木	胃
26日 12/31	日	癸未	危	楊柳木	昴

1753年

西暦	曜	干支	直	納音	宿
27日 01/01	月	甲申	成	井泉水	畢
28日 01/02	火	乙酉	納	井泉水	觜
29日 01/03	水	丙戌	開	屋上土	参

【十二月大 癸丑 軫】
節気 小寒 2日・大寒 17日
雑節 土用 14日

西暦	曜	干支	直	納音	宿
1日 01/04	木	丁亥	閉	屋上土	井
2日 01/05	金	戊子	閉	霹靂火	鬼
3日 01/06	土	己丑	建	霹靂火	柳
4日 01/07	日	庚寅	除	松柏木	星
5日 01/08	月	辛卯	満	松柏木	張
6日 01/09	火	壬辰	定	長流水	翼
7日 01/10	水	癸巳	執	長流水	軫
8日 01/11	木	甲午	破	沙中金	角
9日 01/12	金	乙未	危	沙中金	亢
10日 01/13	土	丙申	危	山下火	氐
11日 01/14	日	丁酉	成	山下火	房
12日 01/15	月	戊戌	納	平地木	心
13日 01/16	火	己亥	開	平地木	尾
14日 01/17	水	庚子	閉	壁上土	箕
15日 01/18	木	辛丑	建	壁上土	斗
16日 01/19	金	壬寅	除	金箔金	牛
17日 01/20	土	癸卯	満	金箔金	女
18日 01/21	日	甲辰	平	覆燈火	虚
19日 01/22	月	乙巳	定	覆燈火	危
20日 01/23	火	丙午	執	天河水	室
21日 01/24	水	丁未	破	天河水	壁
22日 01/25	木	戊申	危	大駅土	奎
23日 01/26	金	己酉	成	大駅土	婁
24日 01/27	土	庚戌	納	釼釧金	胃
25日 01/28	日	辛亥	開	釼釧金	昴
26日 01/29	月	壬子	閉	桑柘木	畢
27日 01/30	火	癸丑	建	桑柘木	觜
28日 01/31	水	甲寅	除	大溪水	参
29日 02/01	木	乙卯	満	大溪水	井
30日 02/02	金	丙辰	平	沙中土	鬼

宝暦3年
1753〜1754 癸酉 房

【正月大 甲寅 角】
節気 立春 3日・雨水 18日
雑節 節分 2日

日	月日	曜	干支	直	納音	宿
1日	02/03	土	丁巳	定	沙中土	柳
2日	02/04	日	戊午	執	天上火	星
3日	02/05	月	己未	執	天上火	張
4日	02/06	火	庚申	破	柘榴木	翼
5日	02/07	水	辛酉	危	柘榴木	軫
6日	02/08	木	壬戌	成	大海水	角
7日	02/09	金	癸亥	納	大海水	亢
8日	02/10	土	甲子	開	海中金	氐
9日	02/11	日	乙丑	閉	海中金	房
10日	02/12	月	丙寅	建	爐中火	心
11日	02/13	火	丁卯	除	爐中火	尾
12日	02/14	水	戊辰	満	大林木	箕
13日	02/15	木	己巳	平	大林木	斗
14日	02/16	金	庚午	定	路傍土	牛
15日	02/17	土	辛未	執	路傍土	女
16日	02/18	日	壬申	破	釼鋒金	虚
17日	02/19	月	癸酉	危	釼鋒金	危
18日	02/20	火	甲戌	成	山頭火	室
19日	02/21	水	乙亥	納	山頭火	壁
20日	02/22	木	丙子	開	澗下水	奎
21日	02/23	金	丁丑	閉	澗下水	婁
22日	02/24	土	戊寅	建	城頭土	胃
23日	02/25	日	己卯	除	城頭土	昴
24日	02/26	月	庚辰	満	白鑞金	畢
25日	02/27	火	辛巳	平	白鑞金	觜
26日	02/28	水	壬午	定	楊柳木	參
27日	03/01	木	癸未	執	楊柳木	井
28日	03/02	金	甲申	破	井泉水	鬼
29日	03/03	土	乙酉	危	井泉水	柳
30日	03/04	日	丙戌	成	屋上土	星

【二月大 乙卯 亢】
節気 啓蟄 3日・春分 18日
雑節 彼岸 20日・社日 22日

日	月日	曜	干支	直	納音	宿
1日	03/05	月	丁亥	納	屋上土	張
2日	03/06	火	戊子	開	霹靂火	軫
3日	03/07	水	己丑	開	霹靂火	角
4日	03/08	木	庚寅	閉	松柏木	亢
5日	03/09	金	辛卯	建	松柏木	氐
6日	03/10	土	壬辰	除	長流水	房
7日	03/11	日	癸巳	満	長流水	心
8日	03/12	月	甲午	平	沙中金	尾
9日	03/13	火	乙未	定	沙中金	箕
10日	03/14	水	丙申	執	山下火	斗
11日	03/15	木	丁酉	破	山下火	牛
12日	03/16	金	戊戌	危	平地木	女
13日	03/17	土	己亥	成	平地木	虚
14日	03/18	日	庚子	納	壁上土	危
15日	03/19	月	辛丑	開	壁上土	室
16日	03/20	火	壬寅	閉	金箔金	壁
17日	03/21	水	癸卯	建	金箔金	奎
18日	03/22	木	甲辰	除	覆燈火	婁
19日	03/23	金	乙巳	満	覆燈火	胃
20日	03/24	土	丙午	平	天河水	昴
21日	03/25	日	丁未	定	天河水	畢
22日	03/26	月	戊申	執	大驛土	觜
23日	03/27	火	己酉	破	大驛土	參
24日	03/28	水	庚戌	危	釵釧金	井
25日	03/29	木	辛亥	成	釵釧金	鬼
26日	03/30	金	壬子	納	桑柘木	柳
27日	03/31	土	癸丑	開	桑柘木	柳
28日	04/01	日	甲寅	建	大溪水	星
29日	04/02	月	乙卯	建	大溪水	張
30日	04/03	火	丙辰	除	沙中土	翼

【三月小 丙辰 氐】
節気 清明 4日・穀雨 19日
雑節 土用 16日

日	月日	曜	干支	直	納音	宿
1日	04/04	水	丁巳	満	沙中土	軫
2日	04/05	木	戊午	平	天上火	角
3日	04/06	金	己未	定	天上火	亢
4日	04/07	土	庚申	執	柏榴木	氐
5日	04/08	日	辛酉	執	柏榴木	房
6日	04/09	月	壬戌	破	大海水	心
7日	04/10	火	癸亥	危	大海水	尾
8日	04/11	水	甲子	成	海中金	箕
9日	04/12	木	乙丑	納	海中金	斗
10日	04/13	金	丙寅	開	爐中火	牛
11日	04/14	土	丁卯	閉	爐中火	女
12日	04/15	日	戊辰	建	大林木	虚
13日	04/16	月	己巳	除	大林木	危
14日☆	04/17	火	庚午	満	路傍土	室
15日	04/18	水	辛未	平	路傍土	壁
16日	04/19	木	壬申	定	釼鋒金	奎
17日	04/20	金	癸酉	執	釼鋒金	婁
18日	04/21	土	甲戌	破	山頭火	胃
19日	04/22	日	乙亥	危	山頭火	昴
20日	04/23	月	丙子	成	澗下水	畢
21日	04/24	火	丁丑	納	澗下水	觜
22日	04/25	水	戊寅	開	城頭土	參
23日	04/26	木	己卯	閉	城頭土	井
24日	04/27	金	庚辰	建	白鑞金	鬼
25日	04/28	土	辛巳	除	白鑞金	柳
26日	04/29	日	壬午	満	楊柳木	星
27日	04/30	月	癸未	平	楊柳木	張
28日	05/01	火	甲申	定	井泉水	翼
29日	05/02	水	乙酉	執	井泉水	軫

【四月大 丁巳 房】
節気 立夏 5日・小満 20日
雑節 八十八夜 1日

日	月日	曜	干支	直	納音	宿
1日	05/03	木	丙戌	破	屋上土	角
2日	05/04	金	丁亥	危	屋上土	亢
3日	05/05	土	戊子	成	霹靂火	氐
4日	05/06	日	己丑	納	霹靂火	房
5日	05/07	月	庚寅	納	松柏木	心
6日	05/08	火	辛卯	開	松柏木	尾
7日	05/09	水	壬辰	閉	長流水	箕
8日	05/10	木	癸巳	建	長流水	斗
9日	05/11	金	甲午	除	沙中金	牛
10日	05/12	土	乙未	満	沙中金	女
11日	05/13	日	丙申	平	山下火	虚
12日	05/14	月	丁酉	定	山下火	危
13日	05/15	火	戊戌	執	平地木	室
14日	05/16	水	己亥	破	平地木	壁
15日	05/17	木	庚子	危	壁上土	奎
16日	05/18	金	辛丑	成	壁上土	婁
17日	05/19	土	壬寅	納	金箔金	胃
18日	05/20	日	癸卯	開	金箔金	昴
19日	05/21	月	甲辰	閉	覆燈火	畢
20日	05/22	火	乙巳	建	覆燈火	觜
21日	05/23	水	丙午	除	天河水	參
22日	05/24	木	丁未	満	天河水	井
23日	05/25	金	戊申	平	大驛土	鬼
24日	05/26	土	己酉	定	大驛土	柳
25日	05/27	日	庚戌	執	釵釧金	星
26日	05/28	月	辛亥	破	釵釧金	張
27日	05/29	火	壬子	危	桑柘木	翼
28日	05/30	水	癸丑	成	桑柘木	軫
29日	05/31	木	甲寅	納	大溪水	角
30日	06/01	金	乙卯	開	大溪水	亢

【五月小 戊午 心】
節気 芒種 5日・夏至 21日
雑節 入梅 7日

日	月日	曜	干支	直	納音	宿
1日	06/02	土	丙辰	閉	沙中土	氐
2日	06/03	日	丁巳	建	沙中土	房
3日	06/04	月	戊午	除	天上火	心
4日	06/05	火	己未	満	天上火	尾
5日	06/06	水	庚申	平	柘榴木	箕
6日	06/07	木	辛酉	平	柘榴木	斗
7日	06/08	金	壬戌	定	大海水	牛
8日	06/09	土	癸亥	執	大海水	女
9日	06/10	日	甲子	破	海中金	虚
10日	06/11	月	乙丑	危	海中金	危
11日	06/12	火	丙寅	成	爐中火	室
12日	06/13	水	丁卯	納	爐中火	壁
13日	06/14	木	戊辰	開	大林木	奎
14日	06/15	金	己巳	閉	大林木	婁
15日	06/16	土	庚午	建	路傍土	胃
16日	06/17	日	辛未	除	路傍土	昴
17日	06/18	月	壬申	満	釼鋒金	畢
18日	06/19	火	癸酉	平	釼鋒金	觜
19日	06/20	水	甲戌	定	山頭火	參
20日	06/21	木	乙亥	執	山頭火	井
21日	06/22	金	丙子	破	澗下水	鬼
22日	06/23	土	丁丑	危	澗下水	柳
23日	06/24	日	戊寅	成	城頭土	星
24日	06/25	月	己卯	納	城頭土	張
25日	06/26	火	庚辰	開	白鑞金	翼
26日	06/27	水	辛巳	建	白鑞金	軫
27日	06/28	木	壬午	除	楊柳木	角
28日	06/29	金	癸未	満	楊柳木	亢
29日	06/30	土	甲申	満	井泉水	氐

【六月小 己未 尾】
節気 小暑 7日・大暑 22日
雑節 半夏生 1日・土用 19日

日	月日	曜	干支	直	納音	宿
1日	07/01	日	乙酉	平	井泉水	房
2日	07/02	月	丙戌	定	屋上土	心
3日	07/03	火	丁亥	執	屋上土	尾
4日	07/04	水	戊子	破	霹靂火	箕
5日	07/05	木	己丑	危	霹靂火	斗
6日	07/06	金	庚寅	成	松柏木	牛
7日	07/07	土	辛卯	納	松柏木	女
8日	07/08	日	壬辰	納	長流水	虚
9日	07/09	月	癸巳	開	長流水	危
10日	07/10	火	甲午	閉	沙中金	室
11日	07/11	水	乙未	建	沙中金	壁
12日	07/12	木	丙申	除	山下火	奎
13日	07/13	金	丁酉	満	山下火	婁
14日	07/14	土	戊戌	定	平地木	胃
15日	07/15	日	己亥	執	平地木	昴
16日	07/16	月	庚子	執	壁上土	畢
17日	07/17	火	辛丑	破	壁上土	觜
18日	07/18	水	壬寅	危	金箔金	參
19日	07/19	木	癸卯	成	金箔金	井
20日	07/20	金	甲辰	納	覆燈火	鬼
21日	07/21	土	乙巳	開	覆燈火	柳
22日	07/22	日	丙午	閉	天河水	星
23日	07/23	月	丁未	建	天河水	張
24日	07/24	火	戊申	除	大驛土	翼
25日	07/25	水	己酉	満	大驛土	軫
26日	07/26	木	庚戌	平	釵釧金	角
27日	07/27	金	辛亥	定	釵釧金	亢
28日	07/28	土	壬子	執	桑柘木	氐

宝暦3年

西暦	曜	干支	直	納音	宿
29日 07/29	日	癸丑	破	桑柘木	房

【七月大 庚申 箕】
節気 立秋 8日・処暑 24日

	西暦	曜	干支	直	納音	宿
1日	07/30	月	甲寅	危	大溪水	心
2日	07/31	火	乙卯	成	大溪水	尾
3日	08/01	水	丙辰	納	沙中土	箕
4日	08/02	木	丁巳	開	沙中土	斗
5日	08/03	金	戊午	建	天上火	牛
6日	08/04	土	己未	建	天上火	女
7日	08/05	日	庚申	除	柘榴木	虚
8日	08/06	月	辛酉	除	柘榴木	危
9日	08/07	火	壬戌	満	大海水	室
10日	08/08	水	癸亥	平	大海水	壁
11日	08/09	木	甲子	定	海中金	奎
12日	08/10	金	乙丑	執	海中金	婁
13日	08/11	土	丙寅	破	爐中火	胃
14日	08/12	日	丁卯	危	爐中火	昴
15日	08/13	月	戊辰	成	大林木	畢
16日	08/14	火	己巳	納	大林木	觜
17日	08/15	水	庚午	開	路傍土	参
18日	08/16	木	辛未	閉	路傍土	井
19日	08/17	金	壬申	建	釼鋒金	鬼
20日	08/18	土	癸酉	除	釼鋒金	柳
21日	08/19	日	甲戌	満	山頭火	星
22日	08/20	月	乙亥	平	山頭火	張
23日	08/21	火	丙子	定	澗下水	翼
24日	08/22	水	丁丑	執	澗下水	軫
25日	08/23	木	戊寅	破	城頭土	角
26日	08/24	金	己卯	危	城頭土	亢
27日	08/25	土	庚辰	成	白鑞金	氐
28日	08/26	日	辛巳	納	白鑞金	房
29日	08/27	月	壬午	開	楊柳木	心
30日	08/28	火	癸未	閉	楊柳木	尾

【八月小 辛酉 斗】
節気 白露 9日・秋分 24日
雑節 二百十日 5日・社日 25日・彼岸 26日

	西暦	曜	干支	直	納音	宿
1日	08/29	水	甲申	建	井泉水	箕
2日	08/30	木	乙酉	除	井泉水	斗
3日	08/31	金	丙戌	満	屋上土	牛
4日	09/01	土	丁亥	平	屋上土	女
5日	09/02	日	戊子	定	霹靂火	虚
6日	09/03	月	己丑	執	霹靂火	危
7日	09/04	火	庚寅	破	松柏木	室
8日	09/05	水	辛卯	危	松柏木	壁
9日	09/06	木	壬辰	成	長流水	奎
10日	09/07	金	癸巳	納	長流水	婁
11日	09/08	土	甲午	納	沙中金	胃
12日	09/09	日	乙未	開	沙中金	昴
13日	09/10	月	丙申	閉	山下火	畢
14日	09/11	火	丁酉	建	山下火	觜
15日	09/12	水	戊戌	除	平地木	参
16日	09/13	木	己亥	満	平地木	井
17日	09/14	金	庚子	平	壁上土	鬼
18日	09/15	土	辛丑	定	壁上土	柳
19日	09/16	日	壬寅	執	金箔金	星
20日	09/17	月	癸卯	破	金箔金	張
21日	09/18	火	甲辰	危	覆燈火	翼
22日	09/19	水	乙巳	成	覆燈火	軫
23日	09/20	木	丙午	納	天河水	角
24日	09/21	金	丁未	開	天河水	亢
25日	09/22	土	戊申	閉	大駅土	氐
26日	09/23	日	己酉	建	大駅土	房
27日	09/24	月	庚戌	除	釵釧金	心
28日	09/25	火	辛亥	満	釵釧金	尾
29日	09/26	水	壬子	平	桑柘木	箕

【九月小 壬戌 牛】
節気 寒露 10日・霜降 25日
雑節 土用 22日

	西暦	曜	干支	直	納音	宿
1日	09/27	木	癸丑	定	桑柘木	斗
2日	09/28	金	甲寅	執	大溪水	牛
3日	09/29	土	乙卯	破	大溪水	女
4日	09/30	日	丙辰	危	沙中土	虚
5日	10/01	月	丁巳	成	沙中土	危
6日	10/02	火	戊午	納	天上火	室
7日	10/03	水	己未	開	天上火	壁
8日	10/04	木	庚申	閉	柘榴木	奎
9日	10/05	金	辛酉	建	柘榴木	婁
10日	10/06	土	壬戌	除	大海水	胃
11日	10/07	日	癸亥	除	大海水	昴
12日	10/08	月	甲子	満	海中金	畢
13日	10/09	火	乙丑	平	海中金	觜
14日	10/10	水	丙寅	定	爐中火	参
15日	10/11	木	丁卯	執	爐中火	井
16日☆	10/12	金	戊辰	破	大林木	鬼
17日	10/13	土	己巳	危	大林木	柳
18日	10/14	日	庚午	成	路傍土	星
19日	10/15	月	辛未	納	路傍土	張
20日	10/16	火	壬申	開	釼鋒金	翼
21日	10/17	水	癸酉	閉	釼鋒金	軫
22日	10/18	木	甲戌	建	山頭火	角
23日	10/19	金	乙亥	除	山頭火	亢
24日	10/20	土	丙子	満	澗下水	氐
25日	10/21	日	丁丑	平	澗下水	房
26日	10/22	月	戊寅	定	城頭土	心
27日	10/23	火	己卯	執	城頭土	尾
28日	10/24	水	庚辰	破	白鑞金	箕
29日	10/25	木	辛巳	危	白鑞金	斗

【十月大 癸亥 女】
節気 立冬 12日・小雪 27日

	西暦	曜	干支	直	納音	宿
1日	10/26	金	壬午	成	楊柳木	牛
2日	10/27	土	癸未	納	楊柳木	女
3日	10/28	日	甲申	開	井泉水	虚
4日	10/29	月	乙酉	閉	井泉水	危
5日	10/30	火	丙戌	建	屋上土	室
6日	10/31	水	丁亥	除	屋上土	壁
7日	11/01	木	戊子	満	霹靂火	奎
8日	11/02	金	己丑	平	霹靂火	婁
9日	11/03	土	庚寅	定	松柏木	胃
10日	11/04	日	辛卯	執	松柏木	昴
11日	11/05	月	壬辰	破	長流水	畢
12日	11/06	火	癸巳	破	長流水	觜
13日	11/07	水	甲午	成	沙中金	参
14日	11/08	木	乙未	成	沙中金	井
15日	11/09	金	丙申	納	山下火	鬼
16日	11/10	土	丁酉	開	山下火	柳
17日	11/11	日	戊戌	閉	平地木	星
18日	11/12	月	己亥	建	平地木	張
19日	11/13	火	庚子	除	壁上土	翼
20日	11/14	水	辛丑	満	壁上土	軫
21日	11/15	木	壬寅	平	金箔金	角
22日	11/16	金	癸卯	定	金箔金	亢
23日	11/17	土	甲辰	執	覆燈火	氐
24日	11/18	日	乙巳	危	覆燈火	房
25日	11/19	月	丙午	危	天河水	心
26日	11/20	火	丁未	成	天河水	尾
27日	11/21	水	戊申	納	大駅土	箕
28日	11/22	木	己酉	開	大駅土	斗
29日	11/23	金	庚戌	閉	釵釧金	牛
30日	11/24	土	辛亥	建	釵釧金	女

【十一月大 甲子 虚】
節気 大雪 12日・冬至 27日

	西暦	曜	干支	直	納音	宿
1日	11/25	日	壬子	除	桑柘木	虚
2日	11/26	月	癸丑	満	桑柘木	危
3日	11/27	火	甲寅	平	大溪水	室
4日	11/28	水	乙卯	定	大溪水	壁
5日	11/29	木	丙辰	執	沙中土	奎
6日	11/30	金	丁巳	危	沙中土	婁
7日	12/01	土	戊午	危	天上火	胃
8日	12/02	日	己未	成	天上火	昴
9日	12/03	月	庚申	納	柘榴木	畢
10日	12/04	火	辛酉	開	柘榴木	觜
11日	12/05	水	壬戌	閉	大海水	参
12日	12/06	木	癸亥	閉	大海水	井
13日	12/07	金	甲子	建	海中金	鬼
14日	12/08	土	乙丑	除	海中金	柳
15日	12/09	日	丙寅	満	爐中火	星
16日	12/10	月	丁卯	平	爐中火	張
17日	12/11	火	戊辰	定	大林木	翼
18日	12/12	水	己巳	執	大林木	軫
19日	12/13	木	庚午	破	路傍土	角
20日	12/14	金	辛未	危	路傍土	亢
21日	12/15	土	壬申	成	釼鋒金	氐
22日	12/16	日	癸酉	納	釼鋒金	房
23日	12/17	月	甲戌	開	山頭火	心
24日	12/18	火	乙亥	閉	山頭火	尾
25日	12/19	水	丙子	建	澗下水	箕
26日	12/20	木	丁丑	除	澗下水	斗
27日	12/21	金	戊寅	満	城頭土	牛
28日	12/22	土	己卯	平	城頭土	女
29日	12/23	日	庚辰	定	白鑞金	虚
30日	12/24	月	辛巳	執	白鑞金	危

【十二月小 乙丑 危】
節気 小寒 13日・大寒 28日
雑節 土用 25日

	西暦	曜	干支	直	納音	宿
1日	12/25	火	壬午	破	楊柳木	室
2日	12/26	水	癸未	危	楊柳木	壁
3日	12/27	木	甲申	危	井泉水	奎
4日	12/28	金	乙酉	成	井泉水	婁
5日	12/29	土	丙戌	納	屋上土	胃
6日	12/30	日	丁亥	開	屋上土	昴
7日	12/31	月	戊子	建	霹靂火	畢

1754年

	西暦	曜	干支	直	納音	宿
8日	01/01	火	己丑	除	霹靂火	觜
9日	01/02	水	庚寅	満	松柏木	参
10日	01/03	木	辛卯	平	松柏木	井
11日	01/04	金	壬辰	定	長流水	鬼
12日	01/05	土	癸巳	執	長流水	柳
13日	01/06	日	甲午	破	沙中金	星
14日	01/07	月	乙未	危	沙中金	張
15日	01/08	火	丙申	成	山下火	翼
16日	01/09	水	丁酉	納	山下火	軫
17日	01/10	木	戊戌	納	平地木	角
18日	01/11	金	己亥	開	平地木	亢
19日	01/12	土	庚子	閉	壁上土	氐
20日	01/13	日	辛丑	建	壁上土	房
21日	01/14	月	壬寅	除	金箔金	心
22日	01/15	火	癸卯	満	金箔金	尾
23日	01/16	水	甲辰	平	覆燈火	箕
24日	01/17	木	乙巳	定	覆燈火	斗
25日	01/18	金	丙午	破	天河水	女
26日	01/19	土	丁未	危	天河水	虚
27日	01/20	日	戊申	成	大駅土	危
28日	01/21	月	己酉	成	大駅土	室
29日	01/22	火	庚戌	納	釵釧金	壁

宝暦4年

1754～1755　甲戌　心

【正月大　丙寅　室】

節気　立春 14日・雨水 29日
雑節　節分 13日

1日 01/23 水 辛亥 開 釼釧金 壁
2日 01/24 木 壬子 閉 桑柘木 奎
3日 01/25 金 癸丑 建 桑柘木 婁
4日 01/26 土 甲寅 除 大溪水 胃
5日 01/27 日 乙卯 満 大溪水 昴
6日 01/28 月 丙辰 平 沙中土 畢
7日 01/29 火 丁巳 定 沙中土 觜
8日 01/30 水 戊午 執 天上火 参
9日 01/31 木 己未 破 天上火 井
10日 02/01 金 庚申 危 柘榴木 鬼
11日 02/02 土 辛酉 成 柘榴木 柳
12日 02/03 日 壬戌 納 大海水 星
13日 02/04 月 癸亥 開 大海水 張
14日 02/05 火 甲子 閉 海中金 翼
15日 02/06 水 乙丑 閉 海中金 軫
16日 02/07 木 丙寅 建 爐中火 角
17日 02/08 金 丁卯 除 爐中火 亢
18日 02/09 土 戊辰 満 大林木 氐
19日 02/10 日 己巳 平 大林木 房
20日 02/11 月 庚午 定 路傍土 心
21日 02/12 火 辛未 執 路傍土 尾
22日 02/13 水 壬申 破 釼鋒金 箕
23日 02/14 木 癸酉 危 釼鋒金 斗
24日 02/15 金 甲戌 成 山頭火 牛
25日 02/16 土 乙亥 納 山頭火 女
26日 02/17 日 丙子 開 澗下水 虚
27日 02/18 月 丁丑 閉 澗下水 危
28日 02/19 火 戊寅 除 城頭土 室
29日 02/20 水 己卯 除 城頭土 壁
30日 02/21 木 庚辰 満 白鑞金 奎

【二月大　丁卯　壁】

節気　啓蟄 14日・春分 29日
雑節　社日 28日

1日 02/22 金 辛巳 平 白鑞金 婁
2日 02/23 土 壬午 定 楊柳木 胃
3日 02/24 日 癸未 執 楊柳木 昴
4日 02/25 月 甲申 破 井泉水 畢
5日 02/26 火 乙酉 危 井泉水 觜
6日 02/27 水 丙戌 成 屋上土 参
7日 02/28 木 丁亥 納 屋上土 井
8日 03/01 金 戊子 開 霹靂火 鬼
9日 03/02 土 己丑 閉 霹靂火 柳
10日 03/03 日 庚寅 建 松柏木 星
11日 03/04 月 辛卯 除 松柏木 張
12日 03/05 火 壬辰 満 長流水 翼
13日 03/06 水 癸巳 平 長流水 軫
14日 03/07 木 甲午 定 沙中金 角
15日 03/08 金 乙未 執 沙中金 亢
16日 03/09 土 丙申 破 山下火 氐
17日 03/10 日 丁酉 危 山下火 房
18日 03/11 月 戊戌 成 平地土 心
19日 03/12 火 己亥 納 平地土 尾
20日 03/13 水 庚子 開 壁上土 箕
21日 03/14 木 辛丑 閉 壁上土 斗
22日 03/15 金 壬寅 建 金箔金 牛
23日 03/16 土 癸卯 除 金箔金 女
24日 03/17 日 甲辰 満 覆燈火 虚
25日 03/18 月 乙巳 平 覆燈火 危
26日 03/19 火 丙午 定 天河水 室
27日 03/20 水 丁未 執 天河水 壁
28日 03/21 木 戊申 破 大駅土 奎
29日 03/22 金 己酉 危 大駅土 婁
30日 03/23 土 庚戌 成 釼釧金 胃

【閏二月小　丁卯　壁】

節気　清明 15日
雑節　彼岸 1日・土用 27日

1日 03/24 日 辛亥 成 釼釧金 昴
2日 03/25 月 壬子 納 桑柘木 畢
3日 03/26 火 癸丑 開 桑柘木 觜
4日 03/27 水 甲寅 閉 大溪水 参
5日 03/28 木 乙卯 建 大溪水 井
6日 03/29 金 丙辰 除 沙中土 鬼
7日 03/30 土 丁巳 満 沙中土 柳
8日 03/31 日 戊午 平 天上火 星
9日 04/01 月 己未 定 天上火 張
10日 04/02 火 庚申 執 柘榴木 翼
11日 04/03 水 辛酉 破 柘榴木 軫
12日 04/04 木 壬戌 危 大海水 角
13日 04/05 金 癸亥 成 大海水 亢
14日 04/06 土 甲子 納 海中金 氐
15日☆04/07 日 乙丑 開 海中金 房
16日 04/08 月 丙寅 閉 爐中火 心
17日 04/09 火 丁卯 建 爐中火 尾
18日 04/10 水 戊辰 除 大林木 箕
19日 04/11 木 己巳 満 大林木 斗
20日 04/12 金 庚午 平 路傍土 牛
21日 04/13 土 辛未 定 路傍土 女
22日 04/14 日 壬申 執 釼鋒金 虚
23日 04/15 月 癸酉 破 釼鋒金 危
24日 04/16 火 甲戌 危 山頭火 室
25日 04/17 水 乙亥 成 山頭火 壁
26日 04/18 木 丙子 納 澗下水 奎
27日 04/19 金 丁丑 開 澗下水 婁
28日 04/20 土 戊寅 閉 城頭土 胃
29日 04/21 日 己卯 建 城頭土 昴

【三月大　戊辰　奎】

節気　穀雨 1日・立夏 16日
雑節　八十八夜 12日

1日 04/22 月 庚辰 除 白鑞金 畢
2日 04/23 火 辛巳 満 白鑞金 觜
3日 04/24 水 壬午 平 楊柳木 参
4日 04/25 木 癸未 定 楊柳木 井
5日 04/26 金 甲申 執 井泉水 鬼
6日 04/27 土 乙酉 破 井泉水 柳
7日 04/28 日 丙戌 危 屋上土 星
8日 04/29 月 丁亥 成 屋上土 張
9日 04/30 火 戊子 納 霹靂火 翼
10日 05/01 水 己丑 開 霹靂火 軫
11日 05/02 木 庚寅 閉 松柏木 角
12日 05/03 金 辛卯 建 松柏木 亢
13日 05/04 土 壬辰 除 長流水 氐
14日 05/05 日 癸巳 満 長流水 房
15日 05/06 月 甲午 平 沙中金 心
16日 05/07 火 乙未 定 沙中金 尾
17日 05/08 水 丙申 執 山下火 箕
18日 05/09 木 丁酉 破 山下火 斗
19日 05/10 金 戊戌 危 平地土 牛
20日 05/11 土 己亥 成 平地土 女
21日 05/12 日 庚子 納 壁上土 虚
22日 05/13 月 辛丑 開 壁上土 危
23日 05/14 火 壬寅 閉 金箔金 室
24日 05/15 水 癸卯 建 金箔金 壁
25日 05/16 木 甲辰 除 覆燈火 奎
26日 05/17 金 乙巳 満 覆燈火 婁
27日 05/18 土 丙午 平 天河水 胃
28日 05/19 日 丁未 定 天河水 昴
29日 05/20 月 戊申 執 大駅土 畢

【四月大　己巳　婁】

節気　小満 1日・芒種 16日
雑節　入梅 23日

1日 05/22 水 庚戌 破 釼釧金 参
2日 05/23 木 辛亥 破 釼釧金 井
3日 05/24 金 壬子 危 桑柘木 鬼
4日 05/25 土 癸丑 成 桑柘木 柳
5日 05/26 日 甲寅 納 大溪水 星
6日 05/27 月 乙卯 開 大溪水 張
7日 05/28 火 丙辰 閉 沙中土 翼
8日 05/29 水 丁巳 建 沙中土 軫
9日 05/30 木 戊午 除 天上火 角
10日 05/31 金 己未 満 天上火 亢
11日 06/01 土 庚申 平 柘榴木 氐
12日 06/02 日 辛酉 定 柘榴木 房
13日 06/03 月 壬戌 執 大海水 心
14日 06/04 火 癸亥 破 大海水 尾
15日 06/05 水 甲子 危 海中金 箕
16日 06/06 木 乙丑 成 海中金 斗
17日 06/07 金 丙寅 納 爐中火 牛
18日 06/08 土 丁卯 開 爐中火 女
19日 06/09 日 戊辰 閉 大林木 虚
20日 06/10 月 己巳 建 大林木 危
21日 06/11 火 庚午 除 路傍土 室
22日 06/12 水 辛未 満 路傍土 壁
23日 06/13 木 壬申 平 釼鋒金 奎
24日 06/14 金 癸酉 定 釼鋒金 婁
25日 06/15 土 甲戌 執 山頭火 胃
26日 06/16 日 乙亥 破 山頭火 昴
27日 06/17 月 丙子 危 澗下水 畢
28日 06/18 火 丁丑 成 澗下水 觜
29日 06/19 水 戊寅 納 城頭土 参
30日 06/20 木 己卯 納 城頭土 井

【五月小　庚午　胃】

節気　夏至 2日・小暑 17日
雑節　半夏生 12日・土用 29日

1日 06/21 金 庚辰 開 白鑞金 鬼
2日 06/22 土 辛巳 建 白鑞金 柳
3日 06/23 日 壬午 除 楊柳木 星
4日 06/24 月 癸未 満 楊柳木 張
5日 06/25 火 甲申 平 井泉水 翼
6日 06/26 水 乙酉 定 井泉水 軫
7日 06/27 木 丙戌 執 屋上土 角
8日 06/28 金 丁亥 破 屋上土 亢
9日 06/29 土 戊子 危 霹靂火 氐
10日 06/30 日 己丑 成 霹靂火 房
11日 07/01 月 庚寅 納 松柏木 心
12日 07/02 火 辛卯 開 松柏木 尾
13日 07/03 水 壬辰 閉 長流水 箕
14日 07/04 木 癸巳 建 長流水 斗
15日 07/05 金 甲午 除 沙中金 牛
16日 07/06 土 乙未 満 沙中金 女
17日 07/07 日 丙申 平 山下火 虚
18日 07/08 月 丁酉 定 山下火 危
19日 07/09 火 戊戌 執 平地土 室
20日 07/10 水 己亥 破 平地土 壁
21日 07/11 木 庚子 危 壁上土 奎
22日 07/12 金 辛丑 成 壁上土 婁
23日 07/13 土 壬寅 納 金箔金 胃
24日 07/14 日 癸卯 開 金箔金 昴
25日 07/15 月 甲辰 閉 覆燈火 畢
26日 07/16 火 乙巳 建 覆燈火 觜
27日 07/17 水 丙午 除 天河水 参
28日 07/18 木 丁未 満 天河水 井
29日 07/19 金 戊申 定 大駅土 鬼

【六月小　辛未　昴】

節気　大暑 3日・立秋 18日

1日 07/20 土 己酉 執 大駅土 柳
2日 07/21 日 庚戌 破 釼釧金 星
3日 07/22 月 辛亥 危 釼釧金 張
4日 07/23 火 壬子 成 桑柘木 翼
5日 07/24 水 癸丑 納 桑柘木 軫
6日 07/25 木 甲寅 開 大溪水 角
7日 07/26 金 乙卯 閉 大溪水 亢
8日 07/27 土 丙辰 建 沙中土 氐
9日 07/28 日 丁巳 除 沙中土 房
10日 07/29 月 戊午 満 天上火 心
11日 07/30 火 己未 平 天上火 尾
12日 07/31 水 庚申 定 柘榴木 箕
13日 08/01 木 辛酉 執 柘榴木 斗
14日 08/02 金 壬戌 破 大海水 牛

– 346 –

宝暦4年

日	西暦	曜	干支	直	納音	宿
15日	08/03	土	癸亥	定	大海水	女
16日	08/04	日	甲子	執	海中金	虚
17日	08/05	月	乙丑	破	海中金	危
18日	08/06	火	丙寅	危	爐中火	室
19日	08/07	水	丁卯	危	爐中火	壁
20日	08/08	木	戊辰	成	大林木	奎
21日	08/09	金	己巳	納	大林木	婁
22日	08/10	土	庚午	開	路傍土	胃
23日	08/11	日	辛未	閉	路傍土	昴
24日	08/12	月	壬申	建	釼鋒金	觜
25日	08/13	火	癸酉	除	釼鋒金	參
26日	08/14	水	甲戌	満	山頭火	井
27日	08/15	木	乙亥	平	澗下水	鬼
28日	08/16	金	丙子	定	澗下水	柳
29日	08/17	土	丁丑	執	澗下水	星

【七月大 壬申 畢】
節気 處暑 5日・白露 20日
雑節 二百十日 16日

日	西暦	曜	干支	直	納音	宿
1日	08/18	日	戊寅	破	城頭土	星
2日	08/19	月	己卯	危	城頭土	張
3日	08/20	火	庚辰	成	白鑞金	翼
4日	08/21	水	辛巳	納	白鑞金	軫
5日	08/22	木	壬午	開	楊柳木	角
6日	08/23	金	癸未	閉	楊柳木	亢
7日	08/24	土	甲申	建	井泉水	氐
8日	08/25	日	乙酉	除	井泉水	房
9日	08/26	月	丙戌	満	屋上土	心
10日	08/27	火	丁亥	平	屋上土	尾
11日	08/28	水	戊子	定	霹靂火	箕
12日	08/29	木	己丑	執	霹靂火	斗
13日	08/30	金	庚寅	破	松柏木	牛
14日	08/31	土	辛卯	危	松柏木	女
15日	09/01	日	壬辰	成	長流水	虚
16日	09/02	月	癸巳	納	長流水	危
17日	09/03	火	甲午	開	沙中金	室
18日	09/04	水	乙未	建	山下火	壁
19日	09/05	木	丙申	建	山下火	奎
20日	09/06	金	丁酉	除	山下火	婁
21日	09/07	土	戊戌	満	平地木	胃
22日	09/08	日	己亥	平	平地木	昴
23日	09/09	月	庚子	平	壁上土	畢
24日	09/10	火	辛丑	執	壁上土	觜
25日	09/11	水	壬寅	破	金箔金	參
26日	09/12	木	癸卯	危	金箔金	井
27日	09/13	金	甲辰	成	覆燈火	鬼
28日	09/14	土	乙巳	成	覆燈火	柳
29日	09/15	日	丙午	納	天河水	星
30日	09/16	月	丁未	開	天河水	張

【八月小 癸酉 觜】
節気 秋分 5日・寒露 20日
雑節 社日 1日・彼岸 7日

日	西暦	曜	干支	直	納音	宿
1日	09/17	火	戊申	閉	大驛土	翼
2日	09/18	水	己酉	建	大驛土	軫
3日	09/19	木	庚戌	除	釼釧金	角
4日	09/20	金	辛亥	満	釼釧金	亢
5日	09/21	土	壬子	平	桑柘木	氐
6日	09/22	日	癸丑	定	桑柘木	房
7日	09/23	月	甲寅	執	大溪水	心
8日	09/24	火	乙卯	破	大溪水	尾
9日	09/25	水	丙辰	危	沙中土	箕
10日	09/26	木	丁巳	成	沙中土	斗
11日	09/27	金	戊午	納	天上火	牛
12日	09/28	土	己未	開	天上火	女
13日	09/29	日	庚申	閉	柘榴木	虚
14日	09/30	月	辛酉	建	柘榴木	危
15日	☆10/01	火	壬戌	除	大海水	室
16日	10/02	水	癸亥	満	大海水	壁
17日	10/03	木	甲子	平	海中金	奎
18日	10/04	金	乙丑	定	海中金	婁
19日	10/05	土	丙寅	執	爐中火	胃
20日	10/06	日	丁卯	執	爐中火	昴
21日	10/07	月	戊辰	破	大林木	畢
22日	10/08	火	己巳	危	大林木	觜
23日	10/09	水	庚午	成	路傍土	參
24日	10/10	木	辛未	納	釼鋒金	井
25日	10/11	金	壬申	開	釼鋒金	鬼
26日	10/12	土	癸酉	閉	釼鋒金	柳
27日	10/13	日	甲戌	閉	山頭火	星
28日	10/14	月	乙亥	除	山頭火	張
29日	10/15	火	丙子	満	澗下水	翼

【九月小 甲戌 參】
節気 霜降 6日・立冬 22日
雑節 土用 3日

日	西暦	曜	干支	直	納音	宿
1日	10/16	水	丁丑	平	澗下水	軫
2日	10/17	木	戊寅	定	城頭土	角
3日	10/18	金	己卯	執	城頭土	亢
4日	10/19	土	庚辰	危	白鑞金	氐
5日	10/20	日	辛巳	危	白鑞金	房
6日	10/21	月	壬午	成	楊柳木	心
7日	10/22	火	癸未	納	楊柳木	尾
8日	10/23	水	甲申	開	井泉水	箕
9日	10/24	木	乙酉	閉	井泉水	斗
10日	10/25	金	丙戌	建	屋上土	牛
11日	10/26	土	丁亥	除	屋上土	女
12日	10/27	日	戊子	満	霹靂火	虚
13日	10/28	月	己丑	平	霹靂火	危
14日	10/29	火	庚寅	定	松柏木	室
15日	10/30	水	辛卯	執	松柏木	壁
16日	10/31	木	壬辰	破	長流水	奎
17日	11/01	金	癸巳	危	長流水	婁
18日	11/02	土	甲午	成	沙中金	胃
19日	11/03	日	乙未	納	沙中金	昴
20日	11/04	月	丙申	開	山下火	畢
21日	11/05	火	丁酉	閉	山下火	觜
22日	11/06	水	戊戌	閉	平地木	參
23日	11/07	木	己亥	建	平地木	井
24日	11/08	金	庚子	除	壁上土	鬼
25日	11/09	土	辛丑	満	壁上土	柳
26日	11/10	日	壬寅	平	金箔金	星
27日	11/11	月	癸卯	定	金箔金	張
28日	11/12	火	甲辰	執	覆燈火	翼
29日	11/13	水	乙巳	破	覆燈火	軫

【十月大 乙亥 井】
節気 小雪 8日・大雪 23日

日	西暦	曜	干支	直	納音	宿
1日	11/14	木	丙午	成	天河水	角
2日	11/15	金	丁未	成	天河水	亢
3日	11/16	土	戊申	納	大驛土	氐
4日	11/17	日	己酉	開	大驛土	房
5日	11/18	月	庚戌	閉	釼釧金	心
6日	11/19	火	辛亥	建	釼釧金	尾
7日	11/20	水	壬子	除	桑柘木	箕
8日	11/21	木	癸丑	満	桑柘木	斗
9日	11/22	金	甲寅	平	大溪水	牛
10日	11/23	土	乙卯	定	大溪水	女
11日	11/24	日	丙辰	執	沙中土	虚
12日	11/25	月	丁巳	破	沙中土	危
13日	11/26	火	戊午	危	天上火	室
14日	11/27	水	己未	成	天上火	壁
15日	11/28	木	庚申	納	柘榴木	奎
16日	11/29	金	辛酉	開	柘榴木	婁
17日	11/30	土	壬戌	閉	大海水	胃
18日	12/01	日	癸亥	建	大海水	昴
19日	12/02	月	甲子	除	海中金	畢
20日	12/03	火	乙丑	満	海中金	觜
21日	12/04	水	丙寅	平	爐中火	參
22日	12/05	木	丁卯	定	爐中火	井
23日	12/06	金	戊辰	定	大林木	鬼
24日	12/07	土	己巳	執	大林木	柳
25日	12/08	日	庚午	破	路傍土	星
26日	12/09	月	辛未	危	路傍土	張
27日	12/10	火	壬申	成	釼鋒金	翼
28日	12/11	水	癸酉	納	釼鋒金	軫
29日	12/12	木	甲戌	開	山頭火	角
30日	12/13	金	乙亥	閉	山頭火	亢

【十一月小 丙子 鬼】
節気 冬至 8日・小寒 23日

日	西暦	曜	干支	直	納音	宿
1日	12/14	土	丙子	建	澗下水	氐
2日	12/15	日	丁丑	除	澗下水	房
3日	12/16	月	戊寅	満	城頭土	心
4日	12/17	火	己卯	平	城頭土	尾
5日	12/18	水	庚辰	定	白鑞金	箕
6日	12/19	木	辛巳	執	白鑞金	斗
7日	12/20	金	壬午	破	楊柳木	牛
8日	12/21	土	癸未	危	楊柳木	女
9日	12/22	日	甲申	成	井泉水	虚
10日	12/23	月	乙酉	納	井泉水	危
11日	12/24	火	丙戌	開	屋上土	室
12日	12/25	水	丁亥	閉	屋上土	壁
13日	12/26	木	戊子	建	霹靂火	奎
14日	12/27	金	己丑	除	霹靂火	婁
15日	12/28	土	庚寅	満	松柏木	胃
16日	12/29	日	辛卯	平	松柏木	昴
17日	12/30	月	壬辰	定	長流水	畢
18日	12/31	火	癸巳	執	長流水	觜

1755年

日	西暦	曜	干支	直	納音	宿
19日	01/01	水	甲午	破	沙中金	參
20日	01/02	木	乙未	危	沙中金	井
21日	01/03	金	丙申	成	山下火	鬼
22日	01/04	土	丁酉	納	山下火	柳
23日	01/05	日	戊戌	納	平地木	星
24日	01/06	月	己亥	開	平地木	張
25日	01/07	火	庚子	閉	壁上土	翼
26日	01/08	水	辛丑	建	壁上土	軫
27日	01/09	木	壬寅	満	金箔金	角
28日	01/10	金	癸卯	満	金箔金	亢
29日	01/11	土	甲辰	平	覆燈火	氐

【十二月大 丁丑 柳】
節気 大寒 10日・立春 25日
雑節 土用 7日・節分 24日

日	西暦	曜	干支	直	納音	宿
1日	01/12	日	乙巳	定	覆燈火	房
2日	01/13	月	丙午	執	天河水	心
3日	01/14	火	丁未	破	天河水	尾
4日	01/15	水	戊申	危	大驛土	箕
5日	01/16	木	己酉	成	大驛土	斗
6日	01/17	金	庚戌	納	釼釧金	牛
7日	01/18	土	辛亥	閉	釼釧金	女
8日	01/19	日	壬子	閉	桑柘木	虚
9日	01/20	月	癸丑	建	桑柘木	危
10日	01/21	火	甲寅	除	大溪水	室
11日	01/22	水	乙卯	満	大溪水	壁
12日	01/23	木	丙辰	平	沙中土	奎
13日	01/24	金	丁巳	定	沙中土	婁
14日	01/25	土	戊午	執	天上火	胃
15日	01/26	日	己未	破	天上火	昴
16日	01/27	月	庚申	危	柘榴木	畢
17日	01/28	火	辛酉	成	柘榴木	觜
18日	01/29	水	壬戌	納	大海水	參
19日	01/30	木	癸亥	開	大海水	井
20日	01/31	金	甲子	閉	海中金	鬼
21日	02/01	土	乙丑	建	海中金	柳
22日	02/02	日	丙寅	満	爐中火	星
23日	02/03	月	丁卯	満	爐中火	張
24日	02/04	火	戊辰	平	大林木	翼
25日	02/05	水	己巳	定	大林木	軫
26日	02/06	木	庚午	執	路傍土	角
27日	02/07	金	辛未	執	路傍土	亢
28日	02/08	土	壬申	危	釼鋒金	氐
29日	02/09	日	癸酉	破	釼鋒金	房
30日	02/10	月	甲戌	成	山頭火	心

宝暦5年

1755～1756　乙亥　尾

【正月大 戊寅 星】
節気 雨水 10日・啓蟄 25日

```
 1日 02/11 火 乙亥 納 山頭火 尾
 2日 02/12 水 丙子 開 澗下水 箕
 3日 02/13 木 丁丑 閉 澗下水 斗
 4日 02/14 金 戊寅 建 城頭土 牛
 5日 02/15 土 己卯 除 城頭土 女
 6日 02/16 日 庚辰 満 白鑞金 虚
 7日 02/17 月 辛巳 平 白鑞金 危
 8日 02/18 火 壬午 定 楊柳木 室
 9日 02/19 水 癸未 執 楊柳木 壁
10日 02/20 木 甲申 破 井泉水 奎
11日 02/21 金 乙酉 危 井泉水 婁
12日 02/22 土 丙戌 成 屋上土 胃
13日 02/23 日 丁亥 納 屋上土 昴
14日 02/24 月 戊子 開 霹靂火 畢
15日 02/25 火 己丑 閉 霹靂火 觜
16日 02/26 水 庚寅 建 松柏木 参
17日 02/27 木 辛卯 除 松柏木 井
18日 02/28 金 壬辰 満 長流水 鬼
19日 03/01 土 癸巳 平 長流水 柳
20日 03/02 日 甲午 定 沙中金 星
21日 03/03 月 乙未 執 沙中金 張
22日 03/04 火 丙申 破 山下火 翼
23日 03/05 水 丁酉 危 山下火 軫
24日 03/06 木 戊戌 成 平地木 角
25日 03/07 金 己亥 成 平地木 亢
26日 03/08 土 庚子 納 壁上土 氐
27日 03/09 日 辛丑 開 壁上土 房
28日 03/10 月 壬寅 閉 金箔金 心
29日 03/11 火 癸卯 建 金箔金 尾
30日 03/12 水 甲辰 除 覆燈火 箕
```

【二月大 己卯 張】
節気 春分 11日・清明 26日
雑節 彼岸 6日・社日 14日

```
 1日◎03/13 木 乙巳 満 覆燈火 斗
 2日 03/14 金 丙午 平 天河水 牛
 3日 03/15 土 丁未 定 天河水 女
 4日 03/16 日 戊申 執 大駅土 虚
 5日 03/17 月 己酉 破 大駅土 危
 6日 03/18 火 庚戌 危 釵釧金 室
 7日 03/19 水 辛亥 成 釵釧金 壁
 8日 03/20 木 壬子 納 桑柘木 奎
 9日 03/21 金 癸丑 開 桑柘木 婁
10日 03/22 土 甲寅 閉 大渓水 胃
11日 03/23 日 乙卯 建 大渓水 昴
12日 03/24 月 丙辰 除 沙中土 畢
13日 03/25 火 丁巳 満 沙中土 觜
14日 03/26 水 戊午 平 天上火 参
15日 03/27 木 己未 定 天上火 井
16日 03/28 金 庚申 執 柘榴木 鬼
17日 03/29 土 辛酉 破 柘榴木 柳
18日 03/30 日 壬戌 危 大海水 星
19日 03/31 月 癸亥 成 大海水 張
20日 04/01 火 甲子 納 海中金 翼
21日 04/02 水 乙丑 開 海中金 軫
22日 04/03 木 丙寅 閉 炉中火 角
23日 04/04 金 丁卯 建 炉中火 亢
24日 04/05 土 戊辰 除 大林木 氐
25日 04/06 日 己巳 満 大林木 房
26日 04/07 月 庚午 満 路傍土 心
27日 04/08 火 辛未 平 路傍土 尾
28日 04/09 水 壬申 定 釼鋒金 箕
29日 04/10 木 癸酉 執 釼鋒金 斗
30日 04/11 金 甲戌 破 山頭火 牛
```

【三月小 庚辰 翼】
節気 穀雨 11日・立夏 26日
雑節 土用 8日・八十八夜 22日

```
 1日 04/12 土 乙亥 危 山頭火 女
 2日 04/13 日 丙子 成 澗下水 虚
 3日 04/14 月 丁丑 納 澗下水 危
 4日 04/15 火 戊寅 開 城頭土 室
 5日 04/16 水 己卯 閉 城頭土 壁
 6日 04/17 木 庚辰 建 白鑞金 奎
 7日 04/18 金 辛巳 除 白鑞金 婁
 8日 04/19 土 壬午 満 楊柳木 胃
 9日 04/20 日 癸未 平 楊柳木 昴
10日 04/21 月 甲申 定 井泉水 畢
11日 04/22 火 乙酉 執 井泉水 觜
12日 04/23 水 丙戌 破 屋上土 参
13日 04/24 木 丁亥 危 屋上土 井
14日 04/25 金 戊子 成 霹靂火 鬼
15日 04/26 土 己丑 納 霹靂火 柳
16日 04/27 日 庚寅 開 松柏木 星
17日 04/28 月 辛卯 閉 松柏木 張
18日 04/29 火 壬辰 建 長流水 翼
19日 04/30 水 癸巳 除 長流水 軫
20日 05/01 木 甲午 満 沙中金 角
21日 05/02 金 乙未 平 沙中金 亢
22日 05/03 土 丙申 定 山下火 氐
23日 05/04 日 丁酉 執 山下火 房
24日 05/05 月 戊戌 破 平地木 心
25日 05/06 火 己亥 危 平地木 尾
26日 05/07 水 庚子 危 壁上土 箕
27日 05/08 木 辛丑 成 壁上土 斗
28日 05/09 金 壬寅 納 金箔金 牛
29日 05/10 土 癸卯 開 金箔金 女
```

【四月大 辛巳 軫】
節気 小満 12日・芒種 28日
雑節 入梅 29日

```
 1日 05/11 日 甲辰 閉 覆燈火 虚
 2日 05/12 月 乙巳 建 覆燈火 危
 3日 05/13 火 丙午 除 天河水 室
 4日 05/14 水 丁未 満 天河水 壁
 5日 05/15 木 戊申 平 大駅土 奎
 6日 05/16 金 己酉 定 大駅土 婁
 7日 05/17 土 庚戌 執 釵釧金 胃
 8日 05/18 日 辛亥 破 釵釧金 昴
 9日 05/19 月 壬子 危 桑柘木 畢
10日 05/20 火 癸丑 成 桑柘木 觜
11日 05/21 水 甲寅 納 大渓水 参
12日 05/22 木 乙卯 開 大渓水 井
13日 05/23 金 丙辰 閉 沙中土 鬼
14日 05/24 土 丁巳 建 沙中土 柳
15日 05/25 日 戊午 除 天上火 星
16日 05/26 月 己未 満 天上火 張
17日 05/27 火 庚申 平 柘榴木 翼
18日 05/28 水 辛酉 定 柘榴木 軫
19日 05/29 木 壬戌 執 大海水 角
20日 05/30 金 癸亥 破 大海水 亢
21日 05/31 土 甲子 危 海中金 氐
22日 06/01 日 乙丑 成 海中金 房
23日 06/02 月 丙寅 納 炉中火 心
24日 06/03 火 丁卯 開 炉中火 尾
25日 06/04 水 戊辰 閉 大林木 箕
26日 06/05 木 己巳 建 大林木 斗
27日 06/06 金 庚午 除 路傍土 牛
28日 06/07 土 辛未 除 路傍土 女
29日 06/08 日 壬申 満 釼鋒金 虚
30日 06/09 月 癸酉 平 釼鋒金 危
```

【五月小 壬午 角】
節気 夏至 13日・小暑 28日
雑節 半夏生 23日

```
 1日 06/10 火 甲戌 定 山頭火 室
 2日 06/11 水 乙亥 執 山頭火 壁
 3日 06/12 木 丙子 破 澗下水 奎
 4日 06/13 金 丁丑 危 澗下水 婁
 5日 06/14 土 戊寅 成 城頭土 胃
 6日 06/15 日 己卯 納 城頭土 昴
 7日 06/16 月 庚辰 開 白鑞金 畢
 8日 06/17 火 辛巳 閉 白鑞金 觜
 9日 06/18 水 壬午 建 楊柳木 参
10日 06/19 木 癸未 除 楊柳木 井
11日 06/20 金 甲申 満 井泉水 鬼
12日 06/21 土 乙酉 平 井泉水 柳
13日 06/22 日 丙戌 定 屋上土 星
14日 06/23 月 丁亥 執 屋上土 張
15日 06/24 火 戊子 破 霹靂火 翼
16日 06/25 水 己丑 危 霹靂火 軫
17日 06/26 木 庚寅 成 松柏木 角
18日 06/27 金 辛卯 納 松柏木 亢
19日 06/28 土 壬辰 開 長流水 氐
20日 06/29 日 癸巳 閉 長流水 房
21日 06/30 月 甲午 建 沙中金 心
22日 07/01 火 乙未 除 沙中金 尾
23日 07/02 水 丙申 満 山下火 箕
24日 07/03 木 丁酉 平 山下火 斗
25日 07/04 金 戊戌 定 平地木 牛
26日 07/05 土 己亥 執 平地木 女
27日 07/06 日 庚子 破 壁上土 虚
28日 07/07 月 辛丑 破 壁上土 危
29日 07/08 火 壬寅 危 金箔金 室
```

【六月大 癸未 亢】
節気 大暑 14日・立秋 30日
雑節 土用 11日

```
 1日 07/09 水 癸卯 成 金箔金 壁
 2日 07/10 木 甲辰 納 覆燈火 奎
 3日 07/11 金 乙巳 開 覆燈火 婁
 4日 07/12 土 丙午 閉 天河水 胃
 5日 07/13 日 丁未 建 天河水 昴
 6日 07/14 月 戊申 除 大駅土 畢
 7日 07/15 火 己酉 満 大駅土 觜
 8日 07/16 水 庚戌 平 釵釧金 参
 9日 07/17 木 辛亥 定 釵釧金 井
10日 07/18 金 壬子 執 桑柘木 鬼
11日 07/19 土 癸丑 破 桑柘木 柳
12日 07/20 日 甲寅 危 大渓水 星
13日 07/21 月 乙卯 成 大渓水 張
14日 07/22 火 丙辰 納 沙中土 翼
15日 07/23 水 丁巳 開 沙中土 軫
16日 07/24 木 戊午 閉 天上火 角
17日 07/25 金 己未 建 天上火 亢
18日 07/26 土 庚申 除 柘榴木 氐
19日 07/27 日 辛酉 満 柘榴木 房
20日 07/28 月 壬戌 平 大海水 心
21日 07/29 火 癸亥 定 大海水 尾
22日 07/30 水 甲子 執 海中金 箕
23日 07/31 木 乙丑 破 海中金 斗
24日 08/01 金 丙寅 危 炉中火 牛
25日 08/02 土 丁卯 成 炉中火 女
26日 08/03 日 戊辰 納 大林木 虚
27日 08/04 月 己巳 開 大林木 危
28日 08/05 火 庚午 閉 路傍土 室
29日 08/06 水 辛未 建 路傍土 壁
```

西暦　曜　干支　直　納音　宿　　　　　　　　　　　　宝暦5年

日	西暦	曜	干支	直	納音	宿
30日	08/07	木	壬申	建	釼鋒金	奎

【七月小 甲申 氏】
節気 処暑 15日
雑節 二百十日 26日

日	西暦	曜	干支	直	納音	宿
1日	08/08	金	癸酉	除	釼鋒金	婁
2日	08/09	土	甲戌	満	山頭火	胃
3日	08/10	日	乙亥	平	山頭火	昴
4日	08/11	月	丙子	定	潤下水	畢
5日	08/12	火	丁丑	執	潤下水	觜
6日	08/13	水	戊寅	破	城頭土	参
7日	08/14	木	己卯	危	城頭土	井
8日	08/15	金	庚辰	成	白鑞金	鬼
9日	08/16	土	辛巳	納	白鑞金	柳
10日	08/17	日	壬午	開	楊柳木	星
11日	08/18	月	癸未	閉	楊柳木	張
12日	08/19	火	甲申	建	井泉水	翼
13日	08/20	水	乙酉	除	井泉水	軫
14日	08/21	木	丙戌	満	屋上土	角
15日	08/22	金	丁亥	平	屋上土	亢
16日	08/23	土	戊子	定	霹靂火	氐
17日	08/24	日	己丑	執	霹靂火	房
18日	08/25	月	庚寅	破	松柏木	心
19日	08/26	火	辛卯	危	松柏木	尾
20日	08/27	水	壬辰	成	長流水	箕
21日	08/28	木	癸巳	納	長流水	斗
22日	08/29	金	甲午	開	沙中金	牛
23日	08/30	土	乙未	閉	沙中金	女
24日	08/31	日	丙申	建	山下火	虚
25日	09/01	月	丁酉	除	山下火	危
26日	09/02	火	戊戌	満	平地木	室
27日	09/03	水	己亥	平	平地木	壁
28日	09/04	木	庚子	定	壁上土	奎
29日	09/05	金	辛丑	執	壁上土	婁

【八月大 乙酉 房】
節気 白露 1日・秋分 16日
雑節 彼岸 15日・社日 17日

日	西暦	曜	干支	直	納音	宿
1日	09/06	土	壬寅	執	金箔金	胃
2日	09/07	日	癸卯	破	金箔金	昴
3日	09/08	月	甲辰	危	覆燈火	畢
4日	09/09	火	乙巳	成	覆燈火	觜
5日	09/10	水	丙午	納	天河水	参
6日	09/11	木	丁未	開	天河水	井
7日	09/12	金	戊申	閉	大駅土	鬼
8日	09/13	土	己酉	建	大駅土	柳
9日	09/14	日	庚戌	除	釵釧金	星
10日	09/15	月	辛亥	満	釵釧金	張
11日	09/16	火	壬子	平	桑柘木	翼
12日	09/17	水	癸丑	定	桑柘木	軫
13日	09/18	木	甲寅	執	大渓水	角
14日	09/19	金	乙卯	破	大渓水	亢
15日☆	09/20	土	丙辰	危	沙中土	氐
16日	09/21	日	丁巳	成	沙中土	房
17日	09/22	月	戊午	納	天上火	心
18日	09/23	火	己未	開	天上火	尾
19日	09/24	水	庚申	閉	柘榴木	箕
20日	09/25	木	辛酉	建	柘榴木	斗
21日	09/26	金	壬戌	除	大海水	牛
22日	09/27	土	癸亥	満	大海水	女
23日	09/28	日	甲子	平	海中金	虚
24日	09/29	月	乙丑	定	海中金	危
25日	09/30	火	丙寅	執	炉中火	室
26日	10/01	水	丁卯	破	炉中火	壁
27日	10/02	木	戊辰	危	大林木	奎
28日	10/03	金	己巳	成	大林木	婁
29日	10/04	土	庚午	納	路傍土	胃
30日	10/05	日	辛未	開	路傍土	昴

【九月小 丙戌 心】
節気 寒露 1日・霜降 17日
雑節 土用 14日

日	西暦	曜	干支	直	納音	宿
1日	10/06	月	壬申	開	釼鋒金	畢
2日	10/07	火	癸酉	閉	釼鋒金	觜
3日	10/08	水	甲戌	建	山頭火	参
4日	10/09	木	乙亥	除	山頭火	井
5日	10/10	金	丙子	満	潤下水	鬼
6日	10/11	土	丁丑	平	潤下水	柳
7日	10/12	日	戊寅	定	城頭土	星
8日	10/13	月	己卯	執	城頭土	張
9日	10/14	火	庚辰	破	白鑞金	翼
10日	10/15	水	辛巳	危	白鑞金	軫
11日	10/16	木	壬午	成	楊柳木	角
12日	10/17	金	癸未	納	楊柳木	亢
13日	10/18	土	甲申	開	井泉水	氐
14日	10/19	日	乙酉	閉	井泉水	房
15日	10/20	月	丙戌	建	屋上土	心
16日	10/21	火	丁亥	除	屋上土	尾
17日	10/22	水	戊子	満	霹靂火	箕
18日	10/23	木	己丑	平	霹靂火	斗
19日	10/24	金	庚寅	定	松柏木	牛
20日	10/25	土	辛卯	執	松柏木	女
21日	10/26	日	壬辰	破	長流水	虚
22日	10/27	月	癸巳	危	長流水	危
23日	10/28	火	甲午	成	沙中金	室
24日	10/29	水	乙未	納	沙中金	壁
25日	10/30	木	丙申	開	山下火	奎
26日	10/31	金	丁酉	閉	山下火	婁
27日	11/01	土	戊戌	建	平地木	胃
28日	11/02	日	己亥	除	平地木	昴
29日	11/03	月	庚子	満	壁上土	畢

【十月小 丁亥 尾】
節気 立冬 3日・小雪 18日

日	西暦	曜	干支	直	納音	宿
1日	11/04	火	辛丑	平	壁上土	觜
2日	11/05	水	壬寅	定	金箔金	参
3日	11/06	木	癸卯	定	金箔金	井
4日	11/07	金	甲辰	執	覆燈火	鬼
5日	11/08	土	乙巳	破	覆燈火	柳
6日	11/09	日	丙午	危	天河水	星
7日	11/10	月	丁未	成	天河水	張
8日	11/11	火	戊申	納	大駅土	翼
9日	11/12	水	己酉	開	大駅土	軫
10日	11/13	木	庚戌	閉	釵釧金	角
11日	11/14	金	辛亥	建	釵釧金	亢
12日	11/15	土	壬子	除	桑柘木	氐
13日	11/16	日	癸丑	満	桑柘木	房
14日	11/17	月	甲寅	平	大渓水	心
15日	11/18	火	乙卯	定	大渓水	尾
16日	11/19	水	丙辰	執	沙中土	箕
17日	11/20	木	丁巳	破	沙中土	斗
18日	11/21	金	戊午	危	天上火	牛
19日	11/22	土	己未	成	天上火	女
20日	11/23	日	庚申	納	柘榴木	虚
21日	11/24	月	辛酉	開	柘榴木	危
22日	11/25	火	壬戌	閉	大海水	室
23日	11/26	水	癸亥	建	大海水	壁
24日	11/27	木	甲子	除	海中金	奎
25日	11/28	金	乙丑	満	海中金	婁
26日	11/29	土	丙寅	平	炉中火	胃
27日	11/30	日	丁卯	定	炉中火	昴
28日	12/01	月	戊辰	執	大林木	畢
29日	12/02	火	己巳	破	大林木	觜

【十一月大 戊子 箕】
節気 大雪 4日・冬至 20日

日	西暦	曜	干支	直	納音	宿
1日	12/03	水	庚午	危	路傍土	参
2日	12/04	木	辛未	成	路傍土	井
3日	12/05	金	壬申	納	釼鋒金	鬼
4日	12/06	土	癸酉	納	釼鋒金	柳
5日	12/07	日	甲戌	開	山頭火	星
6日	12/08	月	乙亥	閉	山頭火	張
7日	12/09	火	丙子	建	潤下水	翼
8日	12/10	水	丁丑	除	潤下水	軫
9日	12/11	木	戊寅	満	城頭土	角
10日	12/12	金	己卯	平	城頭土	亢
11日	12/13	土	庚辰	定	白鑞金	氐
12日	12/14	日	辛巳	執	白鑞金	房
13日	12/15	月	壬午	破	楊柳木	心
14日	12/16	火	癸未	危	楊柳木	尾
15日	12/17	水	甲申	成	井泉水	箕
16日	12/18	木	乙酉	納	井泉水	斗
17日	12/19	金	丙戌	開	屋上土	牛
18日	12/20	土	丁亥	閉	屋上土	女
19日	12/21	日	戊子	建	霹靂火	虚
20日	12/22	月	己丑	除	霹靂火	危
21日	12/23	火	庚寅	満	松柏木	室
22日	12/24	水	辛卯	平	松柏木	壁
23日	12/25	木	壬辰	定	長流水	奎
24日	12/26	金	癸巳	執	長流水	婁
25日	12/27	土	甲午	破	沙中金	胃
26日	12/28	日	乙未	危	沙中金	昴
27日	12/29	月	丙申	成	山下火	畢
28日	12/30	火	丁酉	納	山下火	觜
29日	12/31	水	戊戌	開	平地木	参

1756年

日	西暦	曜	干支	直	納音	宿
30日	01/01	木	己亥	閉	平地木	井

【十二月小 己丑 斗】
節気 小寒 5日・大寒 20日
雑節 土用 17日

日	西暦	曜	干支	直	納音	宿
1日	01/02	金	庚子	建	壁上土	鬼
2日	01/03	土	辛丑	除	壁上土	柳
3日	01/04	日	壬寅	満	金箔金	星
4日	01/05	月	癸卯	平	金箔金	張
5日	01/06	火	甲辰	平	覆燈火	翼
6日	01/07	水	乙巳	定	覆燈火	軫
7日	01/08	木	丙午	執	天河水	角
8日	01/09	金	丁未	破	天河水	亢
9日	01/10	土	戊申	危	大駅土	氐
10日	01/11	日	己酉	成	大駅土	房
11日	01/12	月	庚戌	納	釵釧金	心
12日	01/13	火	辛亥	開	釵釧金	尾
13日	01/14	水	壬子	閉	桑柘木	箕
14日	01/15	木	癸丑	建	桑柘木	斗
15日	01/16	金	甲寅	除	大渓水	牛
16日	01/17	土	乙卯	満	大渓水	女
17日	01/18	日	丙辰	平	沙中土	虚
18日	01/19	月	丁巳	定	沙中土	危
19日	01/20	火	戊午	執	天上火	室
20日	01/21	水	己未	破	天上火	壁
21日	01/22	木	庚申	危	柘榴木	奎
22日	01/23	金	辛酉	成	柘榴木	婁
23日	01/24	土	壬戌	納	大海水	胃
24日	01/25	日	癸亥	開	大海水	昴
25日	01/26	月	甲子	閉	海中金	畢
26日	01/27	火	乙丑	建	海中金	觜
27日	01/28	水	丙寅	除	炉中火	参
28日	01/29	木	丁卯	満	炉中火	井
29日	01/30	金	戊辰	平	大林木	鬼

— 349 —

宝暦6年
1756～1757　丙子　箕

【正月大 庚寅 牛】
節気 立春 6日・雨水 21日
雑節 節分 5日

日	新暦	曜	干支	十二直	納音	宿
1日	01/31	土	己巳	定	大林木	柳
2日	02/01	日	庚午	執	路傍土	星
3日	02/02	月	辛未	破	路傍土	張
4日	02/03	火	壬申	危	釼鋒金	翼
5日	02/04	水	癸酉	成	釼鋒金	軫
6日	02/05	木	甲戌	成	山頭火	角
7日	02/06	金	乙亥	納	山頭火	亢
8日	02/07	土	丙子	開	澗下水	氐
9日	02/08	日	丁丑	閉	澗下水	房
10日	02/09	月	戊寅	建	城頭土	心
11日	02/10	火	己卯	除	城頭土	尾
12日	02/11	水	庚辰	満	白鑞金	箕
13日	02/12	木	辛巳	平	白鑞金	斗
14日	02/13	金	壬午	定	楊柳木	牛
15日	02/14	土	癸未	執	楊柳木	女
16日	02/15	日	甲申	破	井泉水	虚
17日	02/16	月	乙酉	危	井泉水	危
18日	02/17	火	丙戌	成	屋上土	室
19日	02/18	水	丁亥	納	屋上土	壁
20日	02/19	木	戊子	開	霹靂火	奎
21日	02/20	金	己丑	閉	霹靂火	婁
22日	02/21	土	庚寅	建	松柏木	胃
23日	02/22	日	辛卯	除	松柏木	昴
24日	02/23	月	壬辰	満	長流水	畢
25日	02/24	火	癸巳	平	長流水	觜
26日	02/25	水	甲午	定	沙中金	參
27日	02/26	木	乙未	執	沙中金	井
28日	02/27	金	丙申	破	山下火	鬼
29日	02/28	土	丁酉	危	山下火	柳
30日	02/29	日	戊戌	成	平地木	星

【二月大 辛卯 女】
節気 啓蟄 7日・春分 22日
雑節 彼岸 17日・社日 20日

日	新暦	曜	干支	十二直	納音	宿
1日	03/01	月	己亥	納	平地木	張
2日	03/02	火	庚子	開	壁上土	翼
3日	03/03	水	辛丑	閉	壁上土	軫
4日	03/04	木	壬寅	建	金箔金	角
5日	03/05	金	癸卯	除	金箔金	亢
6日	03/06	土	甲辰	満	覆燈火	氐
7日	03/07	日	乙巳	満	覆燈火	房
8日	03/08	月	丙午	平	天河水	心
9日	03/09	火	丁未	定	天河水	尾
10日	03/10	水	戊申	執	大駅土	箕
11日	03/11	木	己酉	破	大駅土	斗
12日	03/12	金	庚戌	危	釵釧金	牛
13日	03/13	土	辛亥	成	釵釧金	女
14日	03/14	日	壬子	納	桑柘木	虚
15日	03/15	月	癸丑	開	桑柘木	危
16日	03/16	火	甲寅	閉	大溪水	室
17日	03/17	水	乙卯	建	大溪水	壁
18日	03/18	木	丙辰	除	沙中土	奎
19日	03/19	金	丁巳	満	沙中土	婁
20日	03/20	土	戊午	平	天上火	胃
21日	03/21	日	己未	定	天上火	昴
22日	03/22	月	庚申	執	柘榴木	畢
23日	03/23	火	辛酉	破	柘榴木	觜
24日	03/24	水	壬戌	危	大海水	參
25日	03/25	木	癸亥	成	大海水	井
26日	03/26	金	甲子	納	海中金	鬼
27日	03/27	土	乙丑	開	海中金	柳
28日	03/28	日	丙寅	閉	爐中火	星
29日	03/29	月	丁卯	建	爐中火	張
30日	03/30	火	戊辰	除	大林木	翼

【三月小 壬辰 虚】
節気 清明 7日・穀雨 22日
雑節 土用 19日

日	新暦	曜	干支	十二直	納音	宿
1日	03/31	水	己巳	満	大林木	軫
2日	04/01	木	庚午	平	路傍土	角
3日	04/02	金	辛未	定	路傍土	亢
4日	04/03	土	壬申	執	釼鋒金	氐
5日	04/04	日	癸酉	破	釼鋒金	房
6日	04/05	月	甲戌	危	山頭火	心
7日	04/06	火	乙亥	危	山頭火	尾
8日	04/07	水	丙子	成	澗下水	箕
9日	04/08	木	丁丑	納	澗下水	斗
10日	04/09	金	戊寅	開	城頭土	牛
11日	04/10	土	己卯	閉	城頭土	女
12日	04/11	日	庚辰	建	白鑞金	虚
13日	04/12	月	辛巳	除	白鑞金	危
14日	04/13	火	壬午	満	楊柳木	室
15日	04/14	水	癸未	平	楊柳木	壁
16日	04/15	木	甲申	定	井泉水	奎
17日	04/16	金	乙酉	執	井泉水	婁
18日	04/17	土	丙戌	破	屋上土	胃
19日	04/18	日	丁亥	危	屋上土	昴
20日	04/19	月	戊子	成	霹靂火	畢
21日	04/20	火	己丑	納	霹靂火	觜
22日	04/21	水	庚寅	開	松柏木	參
23日	04/22	木	辛卯	閉	松柏木	井
24日	04/23	金	壬辰	建	長流水	鬼
25日	04/24	土	癸巳	除	長流水	柳
26日	04/25	日	甲午	満	沙中金	星
27日	04/26	月	乙未	平	沙中金	張
28日	04/27	火	丙申	定	山下火	翼
29日	04/28	水	丁酉	執	山下火	軫

【四月大 癸巳 危】
節気 立夏 8日・小満 24日
雑節 八十八夜 4日

日	新暦	曜	干支	十二直	納音	宿
1日	04/29	木	戊戌	破	平地木	角
2日	04/30	金	己亥	危	平地木	亢
3日	05/01	土	庚子	成	壁上土	氐
4日	05/02	日	辛丑	納	壁上土	房
5日	05/03	月	壬寅	開	金箔金	心
6日	05/04	火	癸卯	閉	金箔金	尾
7日	05/05	水	甲辰	建	覆燈火	箕
8日	05/06	木	乙巳	建	覆燈火	斗
9日	05/07	金	丙午	除	天河水	牛
10日	05/08	土	丁未	満	天河水	女
11日	05/09	日	戊申	平	大駅土	虚
12日	05/10	月	己酉	定	大駅土	危
13日	05/11	火	庚戌	執	釵釧金	室
14日	05/12	水	辛亥	破	釵釧金	壁
15日	05/13	木	壬子	危	桑柘木	奎
16日	05/14	金	癸丑	成	桑柘木	婁
17日	05/15	土	甲寅	納	大溪水	胃
18日	05/16	日	乙卯	開	大溪水	昴
19日	05/17	月	丙辰	閉	沙中土	畢
20日	05/18	火	丁巳	建	沙中土	觜
21日	05/19	水	戊午	除	天上火	參
22日	05/20	木	己未	満	天上火	井
23日	05/21	金	庚申	平	柘榴木	鬼
24日	05/22	土	辛酉	定	柘榴木	柳
25日	05/23	日	壬戌	執	大海水	星
26日	05/24	月	癸亥	破	大海水	張
27日	05/25	火	甲子	危	海中金	翼
28日	05/26	水	乙丑	成	海中金	軫
29日	05/27	木	丙寅	納	爐中火	角
30日	05/28	金	丁卯	開	爐中火	亢

【五月小 甲午 室】
節気 芒種 9日・夏至 24日
雑節 入梅 15日

日	新暦	曜	干支	十二直	納音	宿
1日	05/29	土	戊辰	閉	大林木	氐
2日	05/30	日	己巳	建	大林木	房
3日	05/31	月	庚午	除	路傍土	心
4日	06/01	火	辛未	満	路傍土	尾
5日	06/02	水	壬申	平	釼鋒金	箕
6日	06/03	木	癸酉	定	釼鋒金	斗
7日	06/04	金	甲戌	執	山頭火	牛
8日	06/05	土	乙亥	破	山頭火	女
9日	06/06	日	丙子	破	澗下水	虚
10日	06/07	月	丁丑	危	澗下水	危
11日	06/08	火	戊寅	成	城頭土	室
12日	06/09	水	己卯	納	城頭土	壁
13日	06/10	木	庚辰	開	白鑞金	奎
14日	06/11	金	辛巳	閉	白鑞金	婁
15日	06/12	土	壬午	建	楊柳木	胃
16日	06/13	日	癸未	除	楊柳木	昴
17日	06/14	月	甲申	満	井泉水	畢
18日	06/15	火	乙酉	平	井泉水	觜
19日	06/16	水	丙戌	定	屋上土	參
20日	06/17	木	丁亥	執	屋上土	井
21日	06/18	金	戊子	破	霹靂火	鬼
22日	06/19	土	己丑	危	霹靂火	柳
23日	06/20	日	庚寅	成	松柏木	星
24日	06/21	月	辛卯	納	松柏木	張
25日	06/22	火	壬辰	開	長流水	翼
26日	06/23	水	癸巳	閉	長流水	軫
27日	06/24	木	甲午	建	沙中金	角
28日	06/25	金	乙未	除	沙中金	亢
29日	06/26	土	丙申	満	山下火	氐

【六月大 乙未 壁】
節気 小暑 10日・大暑 26日
雑節 半夏生 5日・土用 23日

日	新暦	曜	干支	十二直	納音	宿
1日	06/27	日	丁酉	平	山下火	房
2日	06/28	月	戊戌	定	平地木	心
3日	06/29	火	己亥	執	平地木	尾
4日	06/30	水	庚子	破	壁上土	箕
5日	07/01	木	辛丑	危	壁上土	斗
6日	07/02	金	壬寅	成	金箔金	牛
7日	07/03	土	癸卯	納	金箔金	女
8日	07/04	日	甲辰	開	覆燈火	虚
9日	07/05	月	乙巳	閉	覆燈火	危
10日	07/06	火	丙午	閉	天河水	室
11日	07/07	水	丁未	建	天河水	壁
12日	07/08	木	戊申	除	大駅土	奎
13日	07/09	金	己酉	満	大駅土	婁
14日	07/10	土	庚戌	平	釵釧金	胃
15日	07/11	日	辛亥	定	釵釧金	昴
16日	07/12	月	壬子	執	桑柘木	畢
17日	07/13	火	癸丑	破	桑柘木	觜
18日	07/14	水	甲寅	危	大溪水	參
19日	07/15	木	乙卯	成	大溪水	井
20日	07/16	金	丙辰	納	沙中土	鬼
21日	07/17	土	丁巳	開	沙中土	柳
22日	07/18	日	戊午	閉	天上火	星
23日	07/19	月	己未	建	天上火	張
24日	07/20	火	庚申	除	柘榴木	翼
25日	07/21	水	辛酉	満	柘榴木	軫
26日	07/22	木	壬戌	平	大海水	角
27日	07/23	金	癸亥	定	大海水	亢
28日	07/24	土	甲子	執	海中金	氐
29日	07/25	日	乙丑	破	海中金	房
30日	07/26	月	丙寅	危	爐中火	心

【七月大 丙申 奎】
節気 立秋 11日・処暑 26日

日	新暦	曜	干支	十二直	納音	宿
1日	07/27	火	丁卯	成	爐中火	尾
2日	07/28	水	戊辰	納	大林木	箕
3日	07/29	木	己巳	開	大林木	斗
4日	07/30	金	庚午	閉	路傍土	牛
5日	07/31	土	辛未	建	路傍土	女
6日	08/01	日	壬申	除	釼鋒金	虚
7日	08/02	月	癸酉	満	釼鋒金	危
8日	08/03	火	甲戌	平	山頭火	室
9日	08/04	水	乙亥	定	山頭火	壁
10日	08/05	木	丙子	執	澗下水	奎
11日	08/06	金	丁丑	執	澗下水	婁
12日	08/07	土	戊寅	破	城頭土	胃
13日	08/08	日	己卯	危	城頭土	昴
14日	08/09	月	庚辰	成	白鑞金	畢

西暦 曜 干支 直 納音 宿　　　　　　　　　　　　　　　　　宝暦6年

日	西暦	曜	干支	直	納音	宿
15日	08/10	火	辛巳	納	白鑞金	觜
16日	08/11	水	壬午	開	楊柳木	参
17日	08/12	木	癸未	閉	楊柳木	井
18日	08/13	金	甲申	建	井泉水	鬼
19日	08/14	土	乙酉	除	井泉水	柳
20日	08/15	日	丙戌	満	屋上土	星
21日	08/16	月	丁亥	平	屋上土	張
22日	08/17	火	戊子	定	霹靂火	翼
23日	08/18	水	己丑	執	霹靂火	軫
24日	08/19	木	庚寅	破	松柏木	角
25日	08/20	金	辛卯	危	松柏木	亢
26日	08/21	土	壬辰	成	長流水	氐
27日	08/22	日	癸巳	納	長流水	房
28日	08/23	月	甲午	開	沙中金	心
29日	08/24	火	乙未	閉	沙中金	尾
30日	08/25	水	丙申	建	山下火	箕

【八月小 丁酉 觜】
節気 白露 11日・秋分 26日
雑節 二百十日 7日・社日 22日・彼岸 25日

日	西暦	曜	干支	直	納音	宿
1日	08/26	木	丁酉	除	山下火	斗
2日	08/27	金	戊戌	満	平地木	女
3日	08/28	土	己亥	平	平地木	虚
4日	08/29	日	庚子	定	壁上土	危
5日	08/30	月	辛丑	執	壁上土	室
6日	08/31	火	壬寅	破	金箔金	壁
7日	09/01	水	癸卯	危	金箔金	奎
8日	09/02	木	甲辰	成	覆燈火	婁
9日	09/03	金	乙巳	納	覆燈火	胃
10日	09/04	土	丙午	開	天河水	昴
11日	09/05	日	丁未	閉	天河水	畢
12日	09/06	月	戊申	建	大駅土	觜
13日	09/07	火	己酉	除	大駅土	参
14日	09/08	水	庚戌	満	釵釧金	井
15日	09/09	木	辛亥	平	釵釧金	鬼
16日	09/10	金	壬子	定	桑柘木	柳
17日	09/11	土	癸丑	執	桑柘木	星
18日	09/12	日	甲寅	破	大溪水	張
19日	09/13	月	乙卯	危	大溪水	翼
20日	09/14	火	丙辰	成	沙中土	軫
21日	09/15	水	丁巳	納	沙中土	角
22日	09/16	木	戊午	開	天上火	亢
23日	09/17	金	己未	閉	天上火	氐
24日	09/18	土	庚申	建	柘榴木	房
25日	09/19	日	辛酉	除	柘榴木	心
26日	09/20	月	壬戌	満	大海水	尾
27日	09/21	火	癸亥	平	大海水	箕
28日	09/22	水	甲子	定	海中金	斗
29日	09/23	木	乙丑	執	海中金	女

【九月大 戊戌 胃】
節気 寒露 13日・霜降 28日
雑節 土用 25日

日	西暦	曜	干支	直	納音	宿
1日	09/24	金	丙寅	執	爐中火	牛
2日	09/25	土	丁卯	破	爐中火	女
3日	09/26	日	戊辰	成	大林木	虚
4日	09/27	月	己巳	納	大林木	危
5日	09/28	火	庚午	開	路傍土	室
6日	09/29	水	辛未	閉	路傍土	壁
7日	09/30	木	壬申	建	釼鋒金	奎
8日	10/01	金	癸酉	除	釼鋒金	婁
9日	10/02	土	甲戌	満	山頭火	胃
10日	10/03	日	乙亥	平	山頭火	昴
11日	10/04	月	丙子	定	澗下水	畢
12日	10/05	火	丁丑	執	澗下水	觜
13日	10/06	水	戊寅	破	城頭土	参
14日	10/07	木	己卯	危	城頭土	井
15日	10/08	金	庚辰	成	白鑞金	鬼
16日	10/09	土	辛巳	納	白鑞金	柳
17日	10/10	日	壬午	開	楊柳木	星
18日	10/11	月	癸未	閉	楊柳木	張
19日	10/12	火	甲申	開	井泉水	翼
20日	10/13	水	乙酉	閉	井泉水	軫
21日	10/14	木	丙戌	建	屋上土	角
22日	10/15	金	丁亥	除	屋上土	亢
23日	10/16	土	戊子	満	霹靂火	氐
24日	10/17	日	己丑	平	霹靂火	房
25日	10/18	月	庚寅	定	松柏木	心
26日	10/19	火	辛卯	執	松柏木	尾
27日	10/20	水	壬辰	破	長流水	箕
28日	10/21	木	癸巳	危	長流水	斗
29日	10/22	金	甲午	成	沙中金	牛
30日	10/23	土	乙未	納	沙中金	女

【十月小 己亥 昴】
節気 立冬 13日・小雪 28日

日	西暦	曜	干支	直	納音	宿
1日	10/24	日	丙申	閉	山下火	虚
2日	10/25	月	丁酉	閉	山下火	危
3日	10/26	火	戊戌	建	平地木	室
4日	10/27	水	己亥	除	平地木	壁
5日	10/28	木	庚子	満	壁上土	奎
6日	10/29	金	辛丑	平	壁上土	婁
7日	10/30	土	壬寅	定	金箔金	胃
8日	10/31	日	癸卯	執	金箔金	昴
9日	11/01	月	甲辰	破	覆燈火	畢
10日	11/02	火	乙巳	危	覆燈火	觜
11日	11/03	水	丙午	成	天河水	参
12日	11/04	木	丁未	納	天河水	井
13日	11/05	金	戊申	開	大駅土	柳
14日	11/06	土	己酉	閉	大駅土	星
15日	11/07	日	庚戌	建	釵釧金	張
16日	11/08	月	辛亥	除	釵釧金	翼
17日	11/09	火	壬子	満	桑柘木	軫
18日	11/10	水	癸丑	平	桑柘木	角
19日	11/11	木	甲寅	定	大溪水	亢
20日	11/12	金	乙卯	執	大溪水	氐
21日	11/13	土	丙辰	破	沙中土	房
22日	11/14	日	丁巳	危	沙中土	心
23日	11/15	月	戊午	成	天上火	尾
24日	11/16	火	己未	納	天上火	箕
25日	11/17	水	庚申	開	柘榴木	斗
26日	11/18	木	辛酉	閉	柘榴木	牛
27日	11/19	金	壬戌	建	大海水	女
28日	11/20	土	癸亥	除	大海水	虚
29日	11/21	日	甲子	納	海中金	虚

【十一月大 庚子 畢】
節気 大雪 15日・冬至 30日

日	西暦	曜	干支	直	納音	宿
1日	11/22	月	乙丑	満	海中金	危
2日	11/23	火	丙寅	平	爐中火	室
3日	11/24	水	丁卯	定	爐中火	壁
4日	11/25	木	戊辰	執	大林木	奎
5日	11/26	金	己巳	破	大林木	婁
6日	11/27	土	庚午	危	路傍土	胃
7日	11/28	日	辛未	成	路傍土	昴
8日	11/29	月	壬申	納	釼鋒金	畢
9日	11/30	火	癸酉	開	釼鋒金	觜
10日	12/01	水	甲戌	閉	山頭火	参
11日	12/02	木	乙亥	建	山頭火	井
12日	12/03	金	丙子	除	澗下水	鬼
13日	12/04	土	丁丑	満	澗下水	柳
14日	12/05	日	戊寅	平	城頭土	星
15日	12/06	月	己卯	定	城頭土	張
16日	12/07	火	庚辰	執	白鑞金	翼
17日	12/08	水	辛巳	破	白鑞金	軫
18日	12/09	木	壬午	危	楊柳木	角
19日	12/10	金	癸未	成	楊柳木	亢
20日	12/11	土	甲申	納	井泉水	氐
21日	12/12	日	乙酉	開	井泉水	房
22日	12/13	月	丙戌	閉	屋上土	心
23日	12/14	火	丁亥	建	屋上土	尾
24日	12/15	水	戊子	除	霹靂火	箕
25日	12/16	木	己丑	満	霹靂火	斗
26日	12/17	金	庚寅	平	松柏木	牛
27日	12/18	土	辛卯	平	松柏木	女
28日	12/19	日	壬辰	執	長流水	虚
29日	12/20	月	癸巳	破	長流水	危
30日	12/21	火	甲午	破	沙中金	室

【閏十一月小 庚子 畢】
節気 小寒 15日
雑節 土用 27日

日	西暦	曜	干支	直	納音	宿
1日	12/22	水	乙未	危	沙中金	壁
2日	12/23	木	丙申	成	山下火	奎
3日	12/24	金	丁酉	納	山下火	婁
4日	12/25	土	戊戌	開	平地木	胃
5日	12/26	日	己亥	閉	平地木	昴
6日	12/27	月	庚子	建	壁上土	畢
7日	12/28	火	辛丑	除	壁上土	觜
8日	12/29	水	壬寅	満	金箔金	参
9日	12/30	木	癸卯	平	金箔金	井
10日	12/31	金	甲辰	定	覆燈火	鬼

1757年

日	西暦	曜	干支	直	納音	宿
11日	01/01	土	乙巳	執	覆燈火	柳
12日	01/02	日	丙午	破	天河水	星
13日	01/03	月	丁未	危	天河水	張
14日	01/04	火	戊申	成	大駅土	翼
15日	01/05	水	己酉	納	大駅土	軫
16日	01/06	木	庚戌	開	釵釧金	角
17日	01/07	金	辛亥	閉	釵釧金	亢
18日	01/08	土	壬子	建	桑柘木	氐
19日	01/09	日	癸丑	除	桑柘木	房
20日	01/10	月	甲寅	満	大溪水	心
21日	01/11	火	乙卯	平	大溪水	尾
22日	01/12	水	丙辰	定	沙中土	箕
23日	01/13	木	丁巳	執	沙中土	斗
24日	01/14	金	戊午	破	天上火	牛
25日	01/15	土	己未	危	天上火	女
26日	01/16	日	庚申	成	柘榴木	虚
27日	01/17	月	辛酉	納	柘榴木	危
28日	01/18	火	壬戌	開	大海水	室
29日	01/19	水	癸亥	閉	大海水	壁

【十二月小 辛丑 觜】
節気 大寒 1日・立春 16日
雑節 節分 15日

日	西暦	曜	干支	直	納音	宿
1日	01/20	木	甲子	閉	海中金	奎
2日	01/21	金	乙丑	建	海中金	婁
3日	01/22	土	丙寅	除	爐中火	胃
4日	01/23	日	丁卯	満	爐中火	昴
5日	01/24	月	戊辰	平	大林木	畢
6日	01/25	火	己巳	定	大林木	觜
7日	01/26	水	庚午	執	路傍土	参
8日	01/27	木	辛未	破	路傍土	井
9日	01/28	金	壬申	危	釼鋒金	鬼
10日	01/29	土	癸酉	成	釼鋒金	柳
11日	01/30	日	甲戌	納	山頭火	星
12日	01/31	月	乙亥	開	山頭火	張
13日	02/01	火	丙子	閉	澗下水	翼
14日	02/02	水	丁丑	建	澗下水	軫
15日	02/03	木	戊寅	除	城頭土	角
16日☆	02/04	金	己卯	満	城頭土	亢
17日	02/05	土	庚辰	平	白鑞金	氐
18日	02/06	日	辛巳	定	白鑞金	房
19日	02/07	月	壬午	執	楊柳木	心
20日	02/08	火	癸未	破	楊柳木	尾
21日	02/09	水	甲申	危	井泉水	箕
22日	02/10	木	乙酉	成	井泉水	斗
23日	02/11	金	丙戌	納	屋上土	牛
24日	02/12	土	丁亥	閉	屋上土	女
25日	02/13	日	戊子	開	霹靂火	虚
26日	02/14	月	己丑	閉	霹靂火	室
27日	02/15	火	庚寅	除	松柏木	壁
28日	02/16	水	辛卯	満	松柏木	奎
29日	02/17	木	壬辰	平	長流水	奎

宝暦7年
1757～1758 丁丑 斗

【正月大 壬寅 参】
節気 雨水 3日・啓蟄 18日
雑節 彼岸 28日

1日	02/18	金	癸巳	平	長流水	婁
2日	02/19	土	甲午	定	沙中金	胃
3日	02/20	日	乙未	執	沙中金	昴
4日	02/21	月	丙申	破	山下火	觜
5日	02/22	火	丁酉	危	山下火	觜
6日	02/23	水	戊戌	成	平地木	参
7日	02/24	木	己亥	納	平地木	井
8日	02/25	金	庚子	開	壁上土	鬼
9日	02/26	土	辛丑	閉	壁上土	柳
10日	02/27	日	壬寅	建	金箔金	星
11日	02/28	月	癸卯	除	金箔金	張
12日	03/01	火	甲辰	満	覆燈火	翼
13日	03/02	水	乙巳	平	覆燈火	軫
14日	03/03	木	丙午	定	天河水	角
15日	03/04	金	丁未	執	天河水	亢
16日	03/05	土	戊申	破	大駅土	氐
17日	03/06	日	己酉	危	大駅土	房
18日	03/07	月	庚戌	成	釵釧金	心
19日	03/08	火	辛亥	納	釵釧金	尾
20日	03/09	水	壬子	納	桑柘木	箕
21日	03/10	木	癸丑	開	桑柘木	斗
22日	03/11	金	甲寅	閉	大溪水	牛
23日	03/12	土	乙卯	建	大溪水	女
24日	03/13	日	丙辰	除	沙中土	虚
25日	03/14	月	丁巳	満	沙中土	危
26日	03/15	火	戊午	平	天上火	室
27日	03/16	水	己未	定	天上火	壁
28日	03/17	木	庚申	執	柘榴木	奎
29日	03/18	金	辛酉	破	柘榴木	婁
30日	03/19	土	壬戌	危	大海水	胃

【二月小 癸卯 井】
節気 春分 3日・清明 18日
雑節 社日 6日

1日	03/20	日	癸亥	成	大海水	昴
2日	03/21	月	甲子	納	海中金	畢
3日	03/22	火	乙丑	開	海中金	觜
4日	03/23	水	丙寅	閉	爐中火	参
5日	03/24	木	丁卯	建	爐中火	井
6日	03/25	金	戊辰	除	大林木	鬼
7日	03/26	土	己巳	満	大林木	柳
8日	03/27	日	庚午	平	路傍土	星
9日	03/28	月	辛未	定	路傍土	張
10日	03/29	火	壬申	執	釼鋒金	翼
11日	03/30	水	癸酉	破	釼鋒金	軫
12日	03/31	木	甲戌	成	山頭火	角
13日	04/01	金	乙亥	危	山頭火	亢
14日	04/02	土	丙子	納	澗下水	氐
15日	04/03	日	丁丑	開	澗下水	房
16日	04/04	月	戊寅	閉	城頭土	心
17日	04/05	火	己卯	建	城頭土	尾
18日	04/06	水	庚辰	建	白鑞金	箕
19日	04/07	木	辛巳	除	白鑞金	斗
20日	04/08	金	壬午	満	楊柳木	牛
21日	04/09	土	癸未	平	楊柳木	女
22日	04/10	日	甲申	定	井泉水	虚
23日	04/11	月	乙酉	執	井泉水	危
24日	04/12	火	丙戌	破	屋上土	室
25日	04/13	水	丁亥	危	屋上土	壁
26日	04/14	木	戊子	成	霹靂火	奎
27日	04/15	金	己丑	納	霹靂火	婁
28日	04/16	土	庚寅	開	松柏木	胃
29日	04/17	日	辛卯	閉	松柏木	昴

【三月大 甲辰 鬼】
節気 穀雨 5日・立夏 20日
雑節 土用 1日・八十八夜 15日

1日	04/18	月	壬辰	建	長流水	畢
2日	04/19	火	癸巳	除	長流水	觜
3日	04/20	水	甲午	満	沙中金	参
4日	04/21	木	乙未	平	沙中金	井
5日	04/22	金	丙申	定	山下火	鬼
6日	04/23	土	丁酉	執	山下火	柳
7日	04/24	日	戊戌	破	平地木	星
8日	04/25	月	己亥	危	平地木	張
9日	04/26	火	庚子	成	壁上土	翼
10日	04/27	水	辛丑	納	壁上土	軫
11日	04/28	木	壬寅	開	金箔金	角
12日	04/29	金	癸卯	閉	金箔金	亢
13日	04/30	土	甲辰	建	覆燈火	氐
14日	05/01	日	乙巳	除	覆燈火	房
15日	05/02	月	丙午	満	天河水	心
16日	05/03	火	丁未	平	天河水	尾
17日	05/04	水	戊申	定	大駅土	箕
18日	05/05	木	己酉	執	大駅土	斗
19日	05/06	金	庚戌	破	釵釧金	牛
20日	05/07	土	辛亥	破	釵釧金	女
21日	05/08	日	壬子	危	桑柘木	虚
22日	05/09	月	癸丑	破	桑柘木	危
23日	05/10	火	甲寅	納	大溪水	室
24日	05/11	水	乙卯	開	大溪水	壁
25日	05/12	木	丙辰	閉	沙中土	奎
26日	05/13	金	丁巳	建	沙中土	婁
27日	05/14	土	戊午	除	天上火	胃
28日	05/15	日	己未	満	天上火	昴
29日	05/16	月	庚申	平	柘榴木	觜
30日	05/17	火	辛酉	定	柘榴木	参

【四月大 乙巳 柳】
節気 小満 5日・芒種 20日
雑節 入梅 21日

1日	05/18	水	壬戌	執	大海水	参
2日	05/19	木	癸亥	破	大海水	井
3日	05/20	金	甲子	危	海中金	鬼
4日	05/21	土	乙丑	成	海中金	柳
5日	05/22	日	丙寅	納	爐中火	星
6日	05/23	月	丁卯	開	爐中火	張
7日	05/24	火	戊辰	閉	大林木	翼
8日	05/25	水	己巳	建	大林木	軫
9日	05/26	木	庚午	満	路傍土	角
10日	05/27	金	辛未	満	路傍土	亢
11日	05/28	土	壬申	平	釼鋒金	氐
12日	05/29	日	癸酉	定	釼鋒金	房
13日	05/30	月	甲戌	執	山頭火	心
14日	05/31	火	乙亥	破	山頭火	尾
15日	06/01	水	丙子	危	澗下水	箕
16日	06/02	木	丁丑	成	澗下水	斗
17日	06/03	金	戊寅	納	城頭土	牛
18日	06/04	土	己卯	開	城頭土	女
19日	06/05	日	庚辰	閉	白鑞金	虚
20日	06/06	月	辛巳	建	白鑞金	危
21日	06/07	火	壬午	建	楊柳木	室
22日	06/08	水	癸未	除	楊柳木	壁
23日	06/09	木	甲申	平	井泉水	奎
24日	06/10	金	乙酉	定	井泉水	婁
25日	06/11	土	丙戌	定	屋上土	胃
26日	06/12	日	丁亥	執	屋上土	昴
27日	06/13	月	戊子	破	霹靂火	觜
28日	06/14	火	己丑	危	霹靂火	觜
29日	06/15	水	庚寅	成	松柏木	参
30日	06/16	木	辛卯	納	松柏木	井

【五月小 丙午 星】
節気 夏至 5日・小暑 21日
雑節 半夏生 15日

1日	06/17	金	壬辰	開	長流水	鬼
2日	06/18	土	癸巳	閉	長流水	柳
3日	06/19	日	甲午	建	沙中金	星
4日	06/20	月	乙未	除	沙中金	張
5日	06/21	火	丙申	満	山下火	翼
6日	06/22	水	丁酉	平	山下火	軫
7日	06/23	木	戊戌	定	平地木	角
8日	06/24	金	己亥	執	平地木	亢
9日	06/25	土	庚子	破	壁上土	氐
10日	06/26	日	辛丑	危	壁上土	房
11日	06/27	月	壬寅	成	金箔金	心
12日	06/28	火	癸卯	納	金箔金	尾
13日	06/29	水	甲辰	開	覆燈火	箕
14日	06/30	木	乙巳	閉	覆燈火	斗
15日	07/01	金	丙午	建	天河水	牛
16日	07/02	土	丁未	除	天河水	女
17日	07/03	日	戊申	満	大駅土	虚
18日	07/04	月	己酉	定	大駅土	室
19日	07/05	火	庚戌	定	釵釧金	壁
20日	07/06	水	辛亥	執	釵釧金	奎
21日	07/07	木	壬子	執	桑柘木	婁
22日	07/08	金	癸丑	破	桑柘木	胃
23日	07/09	土	甲寅	危	大溪水	昴
24日	07/10	日	乙卯	成	大溪水	觜
25日	07/11	月	丙辰	納	沙中土	畢
26日	07/12	火	丁巳	開	沙中土	参
27日	07/13	水	戊午	閉	天上火	参
28日	07/14	木	己未	建	天上火	井
29日	07/15	金	庚申	除	柘榴木	鬼

【六月大 丁未 張】
節気 大暑 5日・立秋 22日
雑節 土用 4日

1日	07/16	土	辛酉	満	柘榴木	柳
2日	07/17	日	壬戌	平	大海水	星
3日	07/18	月	癸亥	定	大海水	張
4日	07/19	火	甲子	執	海中金	翼
5日	07/20	水	乙丑	破	海中金	軫
6日	07/21	木	丙寅	危	爐中火	角
7日	07/22	金	丁卯	成	爐中火	亢
8日	07/23	土	戊辰	納	大林木	氐
9日	07/24	日	己巳	開	大林木	房
10日	07/25	月	庚午	閉	路傍土	心
11日	07/26	火	辛未	建	路傍土	尾
12日	07/27	水	壬申	除	釼鋒金	箕
13日	07/28	木	癸酉	満	釼鋒金	斗
14日	07/29	金	甲戌	定	山頭火	牛
15日	07/30	土	乙亥	定	山頭火	女
16日	07/31	日	丙子	執	澗下水	虚
17日	08/01	月	丁丑	破	澗下水	危
18日	08/02	火	戊寅	危	城頭土	室
19日	08/03	水	己卯	成	城頭土	壁
20日	08/04	木	庚辰	納	白鑞金	奎
21日	08/05	金	辛巳	開	白鑞金	婁
22日	08/06	土	壬午	閉	楊柳木	胃
23日	08/07	日	癸未	閉	楊柳木	昴
24日	08/08	月	甲申	建	井泉水	觜
25日	08/09	火	乙酉	除	井泉水	参
26日	08/10	水	丙戌	満	屋上土	参
27日	08/11	木	丁亥	平	屋上土	井
28日	08/12	金	戊子	定	霹靂火	鬼

宝暦7年

日	西暦	曜	干支	直	納音	宿
29日	08/13	土	己丑	執	霹靂火	柳
30日	08/14	日	庚寅	破	松柏木	星

【七月小 戊申 翼】

節気 処暑 7日・白露 22日
雑節 二百十日 18日

日	西暦	曜	干支	直	納音	宿
1日	08/15	月	辛卯	危	松柏木	張
2日	08/16	火	壬辰	成	長流水	翼
3日	08/17	水	癸巳	納	長流水	軫
4日	08/18	木	甲午	開	沙中金	角
5日	08/19	金	乙未	閉	沙中金	亢
6日	08/20	土	丙申	建	山下火	氐
7日	08/21	日	丁酉	除	山下火	房
8日	08/22	月	戊戌	満	平地木	心
9日	08/23	火	己亥	定	平地木	尾
10日	08/24	水	庚子	定	壁上土	箕
11日	08/25	木	辛丑	執	壁上土	斗
12日	08/26	金	壬寅	破	金箔金	牛
13日	08/27	土	癸卯	危	金箔金	女
14日	08/28	日	甲辰	成	覆燈火	虚
15日	08/29	月	乙巳	納	覆燈火	危
16日	08/30	火	丙午	開	天河水	室
17日	08/31	水	丁未	閉	天河水	壁
18日	09/01	木	戊申	建	大駅土	奎
19日	09/02	金	己酉	除	大駅土	婁
20日	09/03	土	庚戌	平	釵釧金	胃
21日	09/04	日	辛亥	平	釵釧金	昴
22日	09/05	月	壬子	平	桑柏木	畢
23日	09/06	火	癸丑	定	桑柏木	觜
24日	09/07	水	甲寅	執	大溪水	参
25日	09/08	木	乙卯	破	大溪水	井
26日	09/09	金	丙辰	危	沙中土	鬼
27日	09/10	土	丁巳	成	沙中土	柳
28日	09/11	日	戊午	納	天上火	星
29日	09/12	月	己未	開	天上火	張

【八月大 己酉 軫】

節気 秋分 9日・寒露 24日
雑節 彼岸 8日・社日 9日

日	西暦	曜	干支	直	納音	宿
1日	09/13	火	庚申	閉	柘榴木	翼
2日	09/14	水	辛酉	建	柘榴木	軫
3日	09/15	木	壬戌	除	大海水	角
4日	09/16	金	癸亥	満	大海水	亢
5日	09/17	土	甲子	平	海中金	氐
6日	09/18	日	乙丑	定	海中金	房
7日	09/19	月	丙寅	執	爐中火	心
8日	09/20	火	丁卯	破	爐中火	尾
9日	09/21	水	戊辰	危	大林木	箕
10日	09/22	木	己巳	成	大林木	斗
11日	09/23	金	庚午	納	路傍土	女
12日	09/24	土	辛未	開	路傍土	虚
13日	09/25	日	壬申	閉	釵鋒金	危
14日	09/26	月	癸酉	建	山頭火	室
15日	09/27	火	甲戌	満	山頭火	壁
16日	09/28	水	乙亥	平	山頭火	奎
17日	09/29	木	丙子	定	澗下水	婁
18日	09/30	金	丁丑	執	澗下水	胃
19日	10/01	土	戊寅	破	城頭土	昴
20日	10/02	日	己卯	危	城頭土	畢
21日	10/03	月	庚辰	成	白鑞金	觜
22日	10/04	火	辛巳	納	白鑞金	参
23日	10/05	水	壬午	納	楊柳木	井
24日	10/06	木	癸未	納	楊柳木	鬼
25日	10/07	金	甲申	開	井泉水	鬼
26日	10/08	土	乙酉	閉	井泉水	星
27日	10/09	日	丙戌	建	屋上土	張
28日	10/10	月	丁亥	除	屋上土	翼
29日	10/11	火	戊子	満	霹靂火	翼
30日	10/12	水	己丑	平	霹靂火	軫

【九月大 庚戌 角】

節気 霜降 9日・立冬 24日
雑節 土用 6日

日	西暦	曜	干支	直	納音	宿
1日	10/13	木	庚寅	定	松柏木	角
2日	10/14	金	辛卯	執	松柏木	亢
3日	10/15	土	壬辰	破	長流水	氐
4日	10/16	日	癸巳	危	長流水	房
5日	10/17	月	甲午	成	沙中金	心
6日	10/18	火	乙未	納	沙中金	尾
7日	10/19	水	丙申	開	山下火	箕
8日	10/20	木	丁酉	閉	山下火	斗
9日	10/21	金	戊戌	建	平地木	牛
10日	10/22	土	己亥	満	平地木	女
11日	10/23	日	庚子	満	壁上土	虚
12日	10/24	月	辛丑	平	壁上土	危
13日	10/25	火	壬寅	定	金箔金	室
14日	10/26	水	癸卯	執	金箔金	壁
15日	10/27	木	甲辰	破	覆燈火	奎
16日	10/28	金	乙巳	危	覆燈火	婁
17日	10/29	土	丙午	成	天河水	胃
18日	10/30	日	丁未	納	天河水	昴
19日	10/31	月	戊申	開	大駅土	畢
20日	11/01	火	己酉	閉	大駅土	觜
21日	11/02	水	庚戌	建	釵釧金	参
22日	11/03	木	辛亥	除	釵釧金	井
23日	11/04	金	壬子	満	桑柏木	鬼
24日	11/05	土	癸丑	満	桑柏木	柳
25日	11/06	日	甲寅	平	大溪水	星
26日	11/07	月	乙卯	定	大溪水	張
27日	11/08	火	丙辰	執	沙中土	翼
28日	11/09	水	丁巳	破	沙中土	軫
29日	11/10	木	戊午	危	天上火	角
30日	11/11	金	己未	成	天上火	亢

【十月小 辛亥 亢】

節気 小雪 10日・大雪 25日

日	西暦	曜	干支	直	納音	宿
1日	11/12	土	庚申	納	柘榴木	氐
2日	11/13	日	辛酉	開	柘榴木	房
3日	11/14	月	壬戌	建	大海水	心
4日	11/15	火	癸亥	建	大海水	尾
5日	11/16	水	甲子	除	海中金	箕
6日	11/17	木	乙丑	満	海中金	斗
7日	11/18	金	丙寅	平	爐中火	牛
8日	11/19	土	丁卯	定	爐中火	女
9日	11/20	日	戊辰	執	大林木	虚
10日	11/21	月	己巳	破	大林木	危
11日	11/22	火	庚午	危	路傍土	室
12日	11/23	水	辛未	成	路傍土	壁
13日	11/24	木	壬申	納	釵鋒金	奎
14日	11/25	金	癸酉	開	釵鋒金	婁
15日	11/26	土	甲戌	閉	山頭火	胃
16日	11/27	日	乙亥	建	山頭火	昴
17日	11/28	月	丙子	除	澗下水	畢
18日	11/29	火	丁丑	満	澗下水	觜
19日	11/30	水	戊寅	平	城頭土	参
20日	12/01	木	己卯	定	城頭土	井
21日	12/02	金	庚辰	執	白鑞金	鬼
22日	12/03	土	辛巳	破	白鑞金	柳
23日	12/04	日	壬午	危	楊柳木	星
24日	12/05	月	癸未	成	楊柳木	張
25日	12/06	火	甲申	納	井泉水	翼
26日	12/07	水	乙酉	開	井泉水	軫
27日	12/08	木	丙戌	閉	屋上土	角
28日	12/09	金	丁亥	建	屋上土	亢
29日	12/10	土	戊子	除	霹靂火	氐

【十一月大 壬子 氐】

節気 冬至 11日・小寒 26日

日	西暦	曜	干支	直	納音	宿
1日	12/11	日	己丑	満	霹靂火	房
2日	12/12	月	庚寅	平	松柏木	心
3日	12/13	火	辛卯	平	松柏木	尾
4日	12/14	水	壬辰	定	長流水	箕
5日	12/15	木	癸巳	執	長流水	斗
6日	12/16	金	甲午	破	沙中金	牛
7日	12/17	土	乙未	危	沙中金	女
8日	12/18	日	丙申	成	山下火	虚
9日	12/19	月	丁酉	納	山下火	危
10日	12/20	火	戊戌	開	平地木	室
11日	12/21	水	己亥	閉	平地木	壁
12日	12/22	木	庚子	建	壁上土	奎
13日	12/23	金	辛丑	除	壁上土	婁
14日	12/24	土	壬寅	満	金箔金	胃
15日	12/25	日	癸卯	平	金箔金	昴
16日	12/26	月	甲辰	定	覆燈火	畢
17日	12/27	火	乙巳	執	覆燈火	觜
18日	12/28	水	丙午	破	天河水	参
19日	12/29	木	丁未	危	天河水	井
20日	12/30	金	戊申	成	大駅土	鬼
21日	12/31	土	己酉	納	大駅土	柳

1758年

日	西暦	曜	干支	直	納音	宿
22日	01/01	日	庚戌	開	釵釧金	星
23日	01/02	月	辛亥	閉	釵釧金	張
24日	01/03	火	壬子	除	桑柏木	翼
25日	01/04	水	癸丑	除	桑柏木	軫
26日	01/05	木	甲寅	除	大溪水	角
27日	01/06	金	乙卯	平	大溪水	亢
28日	01/07	土	丙辰	定	沙中土	氐
29日	01/08	日	丁巳	執	沙中土	房
30日	01/09	月	戊午	執	天上火	心

【十二月小 癸丑 房】

節気 大寒 11日・立春 27日
雑節 土用 8日・節分 26日

日	西暦	曜	干支	直	納音	宿
1日	01/10	火	己未	破	天上火	尾
2日	01/11	水	庚申	危	柘榴木	箕
3日	01/12	木	辛酉	成	柘榴木	斗
4日	01/13	金	壬戌	納	大海水	牛
5日	01/14	土	癸亥	開	大海水	女
6日	01/15	日	甲子	閉	海中金	虚
7日	01/16	月	乙丑	閉	海中金	危
8日	01/17	火	丙寅	除	爐中火	室
9日	01/18	水	丁卯	満	爐中火	壁
10日	01/19	木	戊辰	平	大林木	奎
11日	01/20	金	己巳	定	大林木	婁
12日	01/21	土	庚午	執	路傍土	胃
13日	01/22	日	辛未	破	路傍土	昴
14日	01/23	月	壬申	危	釵鋒金	觜
15日☆	01/24	火	癸酉	成	釵鋒金	参
16日	01/25	水	甲戌	納	山頭火	井
17日	01/26	木	乙亥	開	山頭火	鬼
18日	01/27	金	丙子	建	澗下水	柳
19日	01/28	土	丁丑	建	澗下水	星
20日	01/29	日	戊寅	除	城頭土	張
21日	01/30	月	己卯	満	城頭土	翼
22日	01/31	火	庚辰	平	白鑞金	軫
23日	02/01	水	辛巳	定	白鑞金	角
24日	02/02	木	壬午	執	楊柳木	亢
25日	02/03	金	癸未	破	楊柳木	氐
26日	02/04	土	甲申	危	井泉水	房
27日	02/05	日	乙酉	危	井泉水	心
28日	02/06	月	丙戌	成	屋上土	尾
29日	02/07	火	丁亥	納	屋上土	尾

宝暦8年
1758～1759　戊寅　牛

【正月大 甲寅 心】
節気 雨水 13日・啓蟄 28日

日	日付	曜	干支	直	納音	宿
1日	02/08	水	戊子	開	霹靂火	箕
2日	02/09	木	己丑	閉	霹靂火	斗
3日	02/10	金	庚寅	建	松柏木	牛
4日	02/11	土	辛卯	除	松柏木	女
5日	02/12	日	壬辰	満	長流水	虚
6日	02/13	月	癸巳	平	長流水	危
7日	02/14	火	甲午	定	沙中金	室
8日	02/15	水	乙未	執	沙中金	壁
9日	02/16	木	丙申	破	山下火	奎
10日	02/17	金	丁酉	危	山下火	婁
11日	02/18	土	戊戌	成	平地木	胃
12日	02/19	日	己亥	納	平地木	昴
13日	02/20	月	庚子	開	壁上土	畢
14日	02/21	火	辛丑	閉	壁上土	觜
15日	02/22	水	壬寅	建	金箔金	参
16日	02/23	木	癸卯	除	金箔金	井
17日	02/24	金	甲辰	満	覆燈火	鬼
18日	02/25	土	乙巳	平	覆燈火	柳
19日	02/26	日	丙午	定	天河水	星
20日	02/27	月	丁未	執	天河水	張
21日	02/28	火	戊申	破	大駅土	翼
22日	03/01	水	己酉	危	大駅土	軫
23日	03/02	木	庚戌	成	釵釧金	角
24日	03/03	金	辛亥	納	釵釧金	亢
25日	03/04	土	壬子	開	桑柘木	氐
26日	03/05	日	癸丑	閉	桑柘木	房
27日	03/06	月	甲寅	建	大渓水	心
28日	03/07	火	乙卯	建	大渓水	尾
29日	03/08	水	丙辰	除	沙中土	箕
30日	03/09	木	丁巳	満	沙中土	斗

【二月小 乙卯 尾】
節気 春分 13日・清明 29日
雑節 彼岸 8日・社日 11日

日	日付	曜	干支	直	納音	宿
1日	03/10	金	戊午	平	天上火	牛
2日	03/11	土	己未	定	天上火	女
3日	03/12	日	庚申	執	柏榴木	虚
4日	03/13	月	辛酉	破	柏榴木	危
5日	03/14	火	壬戌	危	大海水	室
6日	03/15	水	癸亥	成	大海水	壁
7日	03/16	木	甲子	納	海中金	奎
8日	03/17	金	乙丑	開	海中金	婁
9日	03/18	土	丙寅	閉	爐中火	胃
10日	03/19	日	丁卯	建	爐中火	昴
11日	03/20	月	戊辰	除	大林木	畢
12日	03/21	火	己巳	満	大林木	觜
13日	03/22	水	庚午	平	路傍土	参
14日	03/23	木	辛未	定	路傍土	井
15日	03/24	金	壬申	執	釼鋒金	鬼
16日	03/25	土	癸酉	破	釼鋒金	柳
17日	03/26	日	甲戌	危	山頭火	星
18日	03/27	月	乙亥	成	山頭火	張
19日	03/28	火	丙子	納	澗下水	翼
20日	03/29	水	丁丑	開	澗下水	軫
21日	03/30	木	戊寅	閉	城頭土	角
22日	03/31	金	己卯	建	城頭土	亢
23日	04/01	土	庚辰	除	白鑞金	氐
24日	04/02	日	辛巳	満	白鑞金	房
25日	04/03	月	壬午	平	楊柳木	心
26日	04/04	火	癸未	定	楊柳木	尾
27日	04/05	水	甲申	執	井泉水	箕
28日	04/06	木	乙酉	破	井泉水	斗
29日	04/07	金	丙戌	破	屋上土	牛

【三月小 丙辰 箕】
節気 穀雨 15日
雑節 土用 12日・八十八夜 26日

日	日付	曜	干支	直	納音	宿
1日	04/08	土	丁亥	危	屋上土	女
2日	04/09	日	戊子	成	霹靂火	虚
3日	04/10	月	己丑	納	霹靂火	危
4日	04/11	火	庚寅	開	松柏木	室
5日	04/12	水	辛卯	閉	松柏木	壁
6日	04/13	木	壬辰	建	長流水	奎
7日	04/14	金	癸巳	除	長流水	婁
8日	04/15	土	甲午	満	沙中金	胃
9日	04/16	日	乙未	平	沙中金	昴
10日	04/17	月	丙申	定	山下火	畢
11日	04/18	火	丁酉	執	山下火	觜
12日	04/19	水	戊戌	破	平地木	参
13日	04/20	木	己亥	危	平地木	井
14日	04/21	金	庚子	成	壁上土	鬼
15日	04/22	土	辛丑	納	壁上土	柳
16日	04/23	日	壬寅	開	金箔金	星
17日	04/24	月	癸卯	閉	金箔金	張
18日	04/25	火	甲辰	建	覆燈火	翼
19日	04/26	水	乙巳	除	覆燈火	軫
20日	04/27	木	丙午	満	天河水	角
21日	04/28	金	丁未	平	天河水	亢
22日	04/29	土	戊申	定	大駅土	氐
23日	04/30	日	己酉	執	大駅土	房
24日	05/01	月	庚戌	破	釵釧金	心
25日	05/02	火	辛亥	危	釵釧金	尾
26日	05/03	水	壬子	成	桑柘木	箕
27日	05/04	木	癸丑	納	桑柘木	斗
28日	05/05	金	甲寅	開	大渓水	牛
29日	05/06	土	乙卯	閉	大渓水	女

【四月大 丁巳 斗】
節気 立夏 1日・小満 16日

日	日付	曜	干支	直	納音	宿
1日	05/07	日	丙辰	閉	沙中土	虚
2日	05/08	月	丁巳	建	沙中土	危
3日	05/09	火	戊午	除	天上火	室
4日	05/10	水	己未	満	天上火	壁
5日	05/11	木	庚申	平	柏榴木	奎
6日	05/12	金	辛酉	定	柏榴木	婁
7日	05/13	土	壬戌	執	大海水	胃
8日	05/14	日	癸亥	破	大海水	昴
9日	05/15	月	甲子	危	海中金	畢
10日	05/16	火	乙丑	成	海中金	觜
11日	05/17	水	丙寅	納	爐中火	参
12日	05/18	木	丁卯	開	爐中火	井
13日	05/19	金	戊辰	閉	大林木	鬼
14日	05/20	土	己巳	建	大林木	柳
15日	05/21	日	庚午	除	路傍土	星
16日	05/22	月	辛未	満	路傍土	張
17日	05/23	火	壬申	平	釼鋒金	翼
18日	05/24	水	癸酉	定	釼鋒金	軫
19日	05/25	木	甲戌	執	山頭火	角
20日	05/26	金	乙亥	破	山頭火	亢
21日	05/27	土	丙子	危	澗下水	氐
22日	05/28	日	丁丑	成	澗下水	房
23日	05/29	月	戊寅	納	城頭土	心
24日	05/30	火	己卯	開	城頭土	尾
25日	05/31	水	庚辰	閉	白鑞金	箕
26日	06/01	木	辛巳	建	白鑞金	斗
27日	06/02	金	壬午	除	楊柳木	牛
28日	06/03	土	癸未	満	楊柳木	女
29日	06/04	日	甲申	平	井泉水	虚
30日	06/05	月	乙酉	定	井泉水	危

【五月小 戊午 牛】
節気 芒種 1日・夏至 17日
雑節 入梅 7日・半夏生 27日

日	日付	曜	干支	直	納音	宿
1日	06/06	火	丙戌	定	屋上土	室
2日	06/07	水	丁亥	執	屋上土	壁
3日	06/08	木	戊子	破	霹靂火	奎
4日	06/09	金	己丑	危	霹靂火	婁
5日	06/10	土	庚寅	成	松柏木	胃
6日	06/11	日	辛卯	納	松柏木	昴
7日	06/12	月	壬辰	開	長流水	畢
8日	06/13	火	癸巳	閉	長流水	觜
9日	06/14	水	甲午	建	沙中金	参
10日	06/15	木	乙未	除	沙中金	井
11日	06/16	金	丙申	満	山下火	鬼
12日	06/17	土	丁酉	平	山下火	柳
13日	06/18	日	戊戌	定	平地木	星
14日	06/19	月	己亥	執	平地木	張
15日	06/20	火	庚子	破	壁上土	翼
16日	06/21	水	辛丑	危	壁上土	軫
17日	06/22	木	壬寅	成	金箔金	角
18日	06/23	金	癸卯	納	金箔金	亢
19日	06/24	土	甲辰	開	覆燈火	氐
20日	06/25	日	乙巳	閉	覆燈火	房
21日	06/26	月	丙午	建	天河水	心
22日	06/27	火	丁未	除	天河水	尾
23日	06/28	水	戊申	満	大駅土	箕
24日	06/29	木	己酉	平	大駅土	斗
25日	06/30	金	庚戌	定	釵釧金	牛
26日	07/01	土	辛亥	執	釵釧金	女
27日	07/02	日	壬子	破	桑柘木	虚
28日	07/03	月	癸丑	危	桑柘木	危
29日	07/04	火	甲寅	成	大渓水	室

【六月大 己未 女】
節気 小暑 3日・大暑 18日
雑節 土用 15日

日	日付	曜	干支	直	納音	宿
1日	07/05	水	乙卯	納	大渓水	壁
2日	07/06	木	丙辰	開	沙中土	奎
3日	07/07	金	丁巳	開	沙中土	婁
4日	07/08	土	戊午	閉	天上火	胃
5日	07/09	日	己未	建	天上火	昴
6日	07/10	月	庚申	除	柏榴木	畢
7日	07/11	火	辛酉	満	柏榴木	觜
8日	07/12	水	壬戌	平	大海水	参
9日	07/13	木	癸亥	定	大海水	井
10日	07/14	金	甲子	執	海中金	鬼
11日	07/15	土	乙丑	破	海中金	柳
12日	07/16	日	丙寅	危	爐中火	星
13日	07/17	月	丁卯	成	爐中火	張
14日	07/18	火	戊辰	納	大林木	翼
15日	07/19	水	己巳	開	大林木	軫
16日 ☆	07/20	月	庚午	閉	路傍土	角
17日	07/21	金	辛未	建	路傍土	亢
18日	07/22	土	壬申	除	釼鋒金	氐
19日	07/23	日	癸酉	満	釼鋒金	房
20日	07/24	月	甲戌	平	山頭火	心
21日	07/25	火	乙亥	定	山頭火	尾
22日	07/26	水	丙子	執	澗下水	箕
23日	07/27	木	丁丑	破	澗下水	斗
24日	07/28	金	戊寅	危	城頭土	牛
25日	07/29	土	己卯	成	城頭土	女
26日	07/30	日	庚辰	納	白鑞金	虚
27日	07/31	月	辛巳	開	白鑞金	危
28日	08/01	火	壬午	閉	楊柳木	室
29日	08/02	水	癸未	建	楊柳木	壁
30日	08/03	木	甲申	除	井泉水	奎

【七月小 庚申 虚】
節気 立秋 3日・処暑 18日

日	日付	曜	干支	直	納音	宿
1日	08/04	金	乙酉	満	井泉水	婁
2日	08/05	土	丙戌	平	屋上土	胃
3日	08/06	日	丁亥	平	屋上土	昴
4日	08/07	月	戊子	定	霹靂火	畢

宝暦8年

西暦　曜　干支　直　納音　宿

日	西暦	曜	干支	直	納音	宿
5日	08/08	火	己丑	執	霹靂火	觜
6日	08/09	水	庚寅	破	松柏木	参
7日	08/10	木	辛卯	危	松柏木	井
8日	08/11	金	壬辰	成	長流水	鬼
9日	08/12	土	癸巳	納	長流水	柳
10日	08/13	日	甲午	開	沙中金	星
11日	08/14	月	乙未	閉	沙中金	張
12日	08/15	火	丙申	建	山下火	翼
13日	08/16	水	丁酉	除	山下火	軫
14日	08/17	木	戊戌	満	平地木	角
15日	08/18	金	己亥	平	平地木	亢
16日	08/19	土	庚子	定	壁上土	氐
17日	08/20	日	辛丑	執	壁上土	房
18日	08/21	月	壬寅	破	金箔金	心
19日	08/22	火	癸卯	危	金箔金	尾
20日	08/23	水	甲辰	成	覆燈火	箕
21日	08/24	木	乙巳	納	覆燈火	斗
22日	08/25	金	丙午	開	天河水	牛
23日	08/26	土	丁未	閉	天河水	女
24日	08/27	日	戊申	建	大駅土	虚
25日	08/28	月	己酉	除	大駅土	危
26日	08/29	火	庚戌	満	釵釧金	室
27日	08/30	水	辛亥	平	釵釧金	壁
28日	08/31	木	壬子	定	桑柘木	奎
29日	09/01	金	癸丑	執	桑柘木	婁

【八月大 辛酉 危】
節気 白露 5日・秋分 20日
雑節 二百十日 1日・社日 15日・彼岸 19日

日	西暦	曜	干支	直	納音	宿
1日	09/02	土	甲寅	破	大渓水	胃
2日	09/03	日	乙卯	危	大渓水	昴
3日	09/04	月	丙辰	成	沙中土	畢
4日	09/05	火	丁巳	納	沙中土	觜
5日	09/06	水	戊午	納	天上火	参
6日	09/07	木	己未	開	天上火	井
7日	09/08	金	庚申	閉	柘榴木	鬼
8日	09/09	土	辛酉	建	柘榴木	柳
9日	09/10	日	壬戌	除	大海水	星
10日	09/11	月	癸亥	満	大海水	張
11日	09/12	火	甲子	平	海中金	翼
12日	09/13	水	乙丑	定	海中金	軫
13日	09/14	木	丙寅	執	炉中火	角
14日	09/15	金	丁卯	破	炉中火	亢
15日	09/16	土	戊辰	危	大林木	氐
16日	09/17	日	己巳	成	大林木	房
17日	09/18	月	庚午	納	路傍土	心
18日	09/19	火	辛未	開	路傍土	尾
19日	09/20	水	壬申	閉	釼鋒金	箕
20日	09/21	木	癸酉	建	釼鋒金	斗
21日	09/22	金	甲戌	除	山頭火	牛
22日	09/23	土	乙亥	満	山頭火	女
23日	09/24	日	丙子	平	澗下水	虚
24日	09/25	月	丁丑	定	澗下水	危
25日	09/26	火	戊寅	執	城頭土	室
26日	09/27	水	己卯	破	城頭土	壁
27日	09/28	木	庚辰	危	白鑞金	奎
28日	09/29	金	辛巳	成	白鑞金	婁
29日	09/30	土	壬午	納	楊柳木	胃
30日	10/01	日	癸未	開	楊柳木	昴

【九月大 壬戌 室】
節気 寒露 5日・霜降 20日
雑節 土用 17日

日	西暦	曜	干支	直	納音	宿
1日	10/02	月	甲申	閉	井泉水	畢
2日	10/03	火	乙酉	建	井泉水	觜
3日	10/04	水	丙戌	除	屋上土	参
4日	10/05	木	丁亥	満	屋上土	井
5日	10/06	金	戊子	満	霹靂火	鬼
6日	10/07	土	己丑	平	霹靂火	柳
7日	10/08	日	庚寅	定	松柏木	星
8日	10/09	月	辛卯	執	松柏木	張
9日	10/10	火	壬辰	破	長流水	翼
10日	10/11	水	癸巳	危	長流水	軫
11日	10/12	木	甲午	成	沙中金	角
12日	10/13	金	乙未	納	沙中金	亢
13日	10/14	土	丙申	開	山下火	氐
14日	10/15	日	丁酉	閉	山下火	房
15日	10/16	月	戊戌	建	平地木	心
16日	10/17	火	己亥	除	平地木	尾
17日	10/18	水	庚子	満	壁上土	箕
18日	10/19	木	辛丑	平	壁上土	斗
19日	10/20	金	壬寅	定	金箔金	牛
20日	10/21	土	癸卯	執	金箔金	女
21日	10/22	日	甲辰	破	覆燈火	虚
22日	10/23	月	乙巳	危	覆燈火	危
23日	10/24	火	丙午	成	天河水	室
24日	10/25	水	丁未	納	天河水	壁
25日	10/26	木	戊申	開	大駅土	奎
26日	10/27	金	己酉	閉	大駅土	婁
27日	10/28	土	庚戌	建	釵釧金	胃
28日	10/29	日	辛亥	除	釵釧金	昴
29日	10/30	月	壬子	満	桑柘木	畢
30日	10/31	火	癸丑	平	桑柘木	觜

【十月大 癸亥 壁】
節気 立冬 6日・小雪 21日

日	西暦	曜	干支	直	納音	宿
1日	11/01	水	甲寅	定	大渓水	参
2日	11/02	木	乙卯	執	大渓水	井
3日	11/03	金	丙辰	破	沙中土	鬼
4日	11/04	土	丁巳	危	沙中土	柳
5日	11/05	日	戊午	成	天上火	星
6日	11/06	月	己未	成	天上火	張
7日	11/07	火	庚申	納	柘榴木	翼
8日	11/08	水	辛酉	開	柘榴木	軫
9日	11/09	木	壬戌	閉	大海水	角
10日	11/10	金	癸亥	建	大海水	亢
11日	11/11	土	甲子	除	海中金	氐
12日	11/12	日	乙丑	満	海中金	房
13日	11/13	月	丙寅	平	炉中火	心
14日	11/14	火	丁卯	定	炉中火	尾
15日	11/15	水	戊辰	執	大林木	箕
16日	11/16	木	己巳	破	大林木	斗
17日	11/17	金	庚午	危	路傍土	牛
18日	11/18	土	辛未	成	路傍土	女
19日	11/19	日	壬申	納	釼鋒金	虚
20日	11/20	月	癸酉	開	釼鋒金	危
21日	11/21	火	甲戌	閉	山頭火	室
22日	11/22	水	乙亥	建	山頭火	壁
23日	11/23	木	丙子	除	澗下水	奎
24日	11/24	金	丁丑	満	澗下水	婁
25日	11/25	土	戊寅	平	城頭土	胃
26日	11/26	日	己卯	定	城頭土	昴
27日	11/27	月	庚辰	執	白鑞金	畢
28日	11/28	火	辛巳	破	白鑞金	觜
29日	11/29	水	壬午	危	楊柳木	参
30日	11/30	木	癸未	成	楊柳木	井

【十一月小 甲子 奎】
節気 大雪 6日・冬至 21日

日	西暦	曜	干支	直	納音	宿
1日	12/01	金	甲申	納	井泉水	鬼
2日	12/02	土	乙酉	開	井泉水	柳
3日	12/03	日	丙戌	閉	屋上土	星
4日	12/04	月	丁亥	建	屋上土	張
5日	12/05	火	戊子	除	霹靂火	翼
6日	12/06	水	己丑	除	霹靂火	軫
7日	12/07	木	庚寅	満	松柏木	角
8日	12/08	金	辛卯	平	松柏木	亢
9日	12/09	土	壬辰	定	長流水	氐
10日	12/10	日	癸巳	執	長流水	房
11日	12/11	月	甲午	破	沙中金	心
12日	12/12	火	乙未	危	沙中金	尾
13日	12/13	水	丙申	成	山下火	箕
14日	12/14	木	丁酉	納	山下火	斗
15日	12/15	金	戊戌	開	平地木	牛
16日	12/16	土	己亥	閉	平地木	女
17日	12/17	日	庚子	建	壁上土	虚
18日	12/18	月	辛丑	除	壁上土	危
19日	12/19	火	壬寅	満	金箔金	室
20日	12/20	水	癸卯	平	金箔金	壁
21日	12/21	木	甲辰	定	覆燈火	奎
22日	12/22	金	乙巳	執	覆燈火	婁
23日	12/23	土	丙午	破	天河水	胃
24日	12/24	日	丁未	危	天河水	昴
25日	12/25	月	戊申	成	大駅土	畢
26日	12/26	火	己酉	納	大駅土	觜
27日	12/27	水	庚戌	開	釵釧金	参
28日	12/28	木	辛亥	閉	釵釧金	井
29日	12/29	金	壬子	建	桑柘木	鬼

【十二月大 乙丑 婁】
節気 小寒 7日・大寒 23日
雑節 土用 20日

日	西暦	曜	干支	直	納音	宿
1日	12/30	土	癸丑	除	桑柘木	柳
2日	12/31	日	甲寅	満	大渓水	星
	1759年					
3日	01/01	月	乙卯	平	大渓水	張
4日	01/02	火	丙辰	定	沙中土	翼
5日	01/03	水	丁巳	執	沙中土	軫
6日	01/04	木	戊午	破	天上火	角
7日	01/05	金	己未	破	天上火	亢
8日	01/06	土	庚申	危	柘榴木	氐
9日	01/07	日	辛酉	成	柘榴木	房
10日	01/08	月	壬戌	納	大海水	心
11日	01/09	火	癸亥	開	大海水	尾
12日	01/10	水	甲子	閉	海中金	箕
13日	01/11	木	乙丑	建	海中金	斗
14日	01/12	金	丙寅	除	炉中火	牛
15日 ☆	01/13	土	丁卯	満	炉中火	女
16日	01/14	日	戊辰	平	大林木	虚
17日	01/15	月	己巳	定	大林木	危
18日	01/16	火	庚午	執	路傍土	室
19日	01/17	水	辛未	破	路傍土	壁
20日	01/18	木	壬申	危	釼鋒金	奎
21日	01/19	金	癸酉	成	釼鋒金	婁
22日	01/20	土	甲戌	納	山頭火	胃
23日	01/21	日	乙亥	開	山頭火	昴
24日	01/22	月	丙子	閉	澗下水	畢
25日	01/23	火	丁丑	建	澗下水	觜
26日	01/24	水	戊寅	除	城頭土	参
27日	01/25	木	己卯	満	城頭土	井
28日	01/26	金	庚辰	平	白鑞金	鬼
29日	01/27	土	辛巳	定	白鑞金	柳
30日	01/28	日	壬午	執	楊柳木	星

宝暦9年
1759〜1760　己卯　女

【正月小 丙寅 胃】
節気　立春 8日・雨水 23日
雑節　節分 7日

日	日付	曜	干支	中段	納音	宿
1日	01/29	月	癸未	破	楊柳木	張
2日	01/30	火	甲申	危	井泉水	翼
3日	01/31	水	乙酉	成	井泉水	軫
4日	02/01	木	丙戌	納	屋上土	角
5日	02/02	金	丁亥	開	屋上土	亢
6日	02/03	土	戊子	閉	霹靂火	氐
7日	02/04	日	己丑	建	霹靂火	房
8日	02/05	月	庚寅	建	松柏木	心
9日	02/06	火	辛卯	除	松柏木	尾
10日	02/07	水	壬辰	満	長流水	箕
11日	02/08	木	癸巳	平	長流水	斗
12日	02/09	金	甲午	定	沙中金	牛
13日	02/10	土	乙未	執	沙中金	女
14日	02/11	日	丙申	破	山下火	虚
15日	02/12	月	丁酉	危	山下火	危
16日	02/13	火	戊戌	成	平地木	室
17日	02/14	水	己亥	納	平地木	壁
18日	02/15	木	庚子	開	壁上土	奎
19日	02/16	金	辛丑	閉	壁上土	婁
20日	02/17	土	壬寅	建	金箔金	胃
21日	02/18	日	癸卯	除	金箔金	昴
22日	02/19	月	甲辰	満	覆燈火	畢
23日	02/20	火	乙巳	平	覆燈火	觜
24日	02/21	水	丙午	定	天河水	参
25日	02/22	木	丁未	執	天河水	井
26日	02/23	金	戊申	破	大駅土	鬼
27日	02/24	土	己酉	危	大駅土	柳
28日	02/25	日	庚戌	成	釵釧金	星
29日	02/26	月	辛亥	納	釵釧金	張

【二月大 丁卯 昴】
節気　啓蟄 9日・春分 25日
雑節　彼岸 20日・社日 27日

日	日付	曜	干支	中段	納音	宿
1日	02/27	火	壬子	開	桑柘木	翼
2日	02/28	水	癸丑	閉	桑柘木	軫
3日	03/01	木	甲寅	建	大溪水	角
4日	03/02	金	乙卯	除	大溪水	亢
5日	03/03	土	丙辰	満	沙中土	氐
6日	03/04	日	丁巳	平	沙中土	房
7日	03/05	月	戊午	定	天上火	心
8日	03/06	火	己未	執	天上火	尾
9日	03/07	水	庚申	執	柘榴木	箕
10日	03/08	木	辛酉	破	柘榴木	斗
11日	03/09	金	壬戌	危	大海水	牛
12日	03/10	土	癸亥	成	大海水	女
13日	03/11	日	甲子	納	海中金	虚
14日	03/12	月	乙丑	開	海中金	危
15日	03/13	火	丙寅	閉	炉中火	室
16日	03/14	水	丁卯	建	炉中火	壁
17日	03/15	木	戊辰	除	大林木	奎
18日	03/16	金	己巳	満	大林木	婁
19日	03/17	土	庚午	平	路傍土	胃
20日	03/18	日	辛未	定	路傍土	昴
21日	03/19	月	壬申	執	剣鋒金	畢
22日	03/20	火	癸酉	破	剣鋒金	觜
23日	03/21	水	甲戌	危	山頭火	参
24日	03/22	木	乙亥	成	山頭火	井
25日	03/23	金	丙子	納	澗下水	鬼
26日	03/24	土	丁丑	開	澗下水	柳
27日	03/25	日	戊寅	閉	城頭土	星
28日	03/26	月	己卯	建	城頭土	張
29日	03/27	火	庚辰	除	白鑞金	翼
30日	03/28	水	辛巳	満	白鑞金	軫

【三月小 戊辰 畢】
節気　清明 10日・穀雨 25日
雑節　土用 22日

日	日付	曜	干支	中段	納音	宿
1日	03/29	木	壬午	平	楊柳木	角
2日	03/30	金	癸未	定	楊柳木	亢
3日	03/31	土	甲申	執	井泉水	氐
4日	04/01	日	乙酉	破	井泉水	房
5日	04/02	月	丙戌	危	屋上土	心
6日	04/03	火	丁亥	成	屋上土	尾
7日	04/04	水	戊子	納	霹靂火	箕
8日	04/05	木	己丑	開	霹靂火	斗
9日	04/06	金	庚寅	閉	松柏木	牛
10日	04/07	土	辛卯	閉	松柏木	女
11日	04/08	日	壬辰	建	長流水	虚
12日	04/09	月	癸巳	除	長流水	危
13日	04/10	火	甲午	満	沙中金	室
14日	04/11	水	乙未	平	沙中金	壁
15日	04/12	木	丙申	定	山下火	奎
16日	04/13	金	丁酉	執	山下火	婁
17日	04/14	土	戊戌	破	平地木	胃
18日	04/15	日	己亥	危	平地木	昴
19日	04/16	月	庚子	成	壁上土	畢
20日	04/17	火	辛丑	納	壁上土	觜
21日	04/18	水	壬寅	開	金箔金	参
22日	04/19	木	癸卯	閉	金箔金	井
23日	04/20	金	甲辰	建	覆燈火	鬼
24日	04/21	土	乙巳	除	覆燈火	柳
25日	04/22	日	丙午	満	天河水	星
26日	04/23	月	丁未	平	天河水	張
27日	04/24	火	戊申	定	大駅土	翼
28日	04/25	水	己酉	執	大駅土	軫
29日	04/26	木	庚戌	破	釵釧金	角

【四月小 己巳 觜】
節気　立夏 11日・小満 26日
雑節　八十八夜 7日

日	日付	曜	干支	中段	納音	宿
1日	04/27	金	辛亥	危	釵釧金	亢
2日	04/28	土	壬子	成	桑柘木	氐
3日	04/29	日	癸丑	納	桑柘木	房
4日	04/30	月	甲寅	開	大溪水	心
5日	05/01	火	乙卯	閉	大溪水	尾
6日	05/02	水	丙辰	建	沙中土	箕
7日	05/03	木	丁巳	除	沙中土	斗
8日	05/04	金	戊午	満	天上火	牛
9日	05/05	土	己未	平	天上火	女
10日	05/06	日	庚申	定	柘榴木	虚
11日	05/07	月	辛酉	定	柘榴木	危
12日	05/08	火	壬戌	執	大海水	室
13日	05/09	水	癸亥	破	大海水	壁
14日	05/10	木	甲子	危	海中金	奎
15日	05/11	金	乙丑	成	海中金	婁
16日	05/12	土	丙寅	納	炉中火	胃
17日	05/13	日	丁卯	開	炉中火	昴
18日	05/14	月	戊辰	閉	大林木	畢
19日	05/15	火	己巳	建	大林木	觜
20日	05/16	水	庚午	除	路傍土	参
21日	05/17	木	辛未	満	路傍土	井
22日	05/18	金	壬申	平	剣鋒金	鬼
23日	05/19	土	癸酉	定	剣鋒金	柳
24日	05/20	日	甲戌	執	山頭火	星
25日	05/21	月	乙亥	破	山頭火	張
26日	05/22	火	丙子	危	澗下水	翼
27日	05/23	水	丁丑	成	澗下水	軫
28日	05/24	木	戊寅	納	城頭土	角
29日	05/25	金	己卯	開	城頭土	亢

【五月大 庚午 参】
節気　芒種 13日・夏至 28日
雑節　入梅 13日

日	日付	曜	干支	中段	納音	宿
1日	05/26	土	庚辰	閉	白鑞金	氐
2日	05/27	日	辛巳	建	白鑞金	房
3日	05/28	月	壬午	除	楊柳木	心
4日	05/29	火	癸未	満	楊柳木	尾
5日	05/30	水	甲申	平	井泉水	箕
6日	05/31	木	乙酉	定	井泉水	斗
7日	06/01	金	丙戌	執	屋上土	牛
8日	06/02	土	丁亥	破	屋上土	女
9日	06/03	日	戊子	危	霹靂火	虚
10日	06/04	月	己丑	成	霹靂火	危
11日	06/05	火	庚寅	納	松柏木	室
12日	06/06	水	辛卯	開	松柏木	壁
13日	06/07	木	壬辰	開	長流水	奎
14日	06/08	金	癸巳	閉	長流水	婁
15日	06/09	土	甲午	建	沙中金	胃
16日	06/10	日	乙未	除	沙中金	昴
17日	06/11	月	丙申	満	山下火	畢
18日	06/12	火	丁酉	平	山下火	觜
19日	06/13	水	戊戌	定	平地木	参
20日	06/14	木	己亥	執	平地木	井
21日	06/15	金	庚子	破	壁上土	鬼
22日	06/16	土	辛丑	危	壁上土	柳
23日	06/17	日	壬寅	成	金箔金	星
24日	06/18	月	癸卯	納	金箔金	張
25日	06/19	火	甲辰	開	覆燈火	翼
26日	06/20	水	乙巳	閉	覆燈火	軫
27日	06/21	木	丙午	建	天河水	角
28日	06/22	金	丁未	除	天河水	亢
29日	06/23	土	戊申	満	大駅土	氐
30日	06/24	日	己酉	平	大駅土	房

【六月小 辛未 井】
節気　小暑 13日・大暑 28日
雑節　半夏生 8日・土用 25日

日	日付	曜	干支	中段	納音	宿
1日	06/25	月	庚戌	定	釵釧金	心
2日	06/26	火	辛亥	執	釵釧金	尾
3日	06/27	水	壬子	破	桑柘木	箕
4日	06/28	木	癸丑	危	桑柘木	斗
5日	06/29	金	甲寅	成	大溪水	牛
6日	06/30	土	乙卯	納	大溪水	女
7日	07/01	日	丙辰	開	沙中土	虚
8日	07/02	月	丁巳	閉	沙中土	危
9日	07/03	火	戊午	建	天上火	室
10日	07/04	水	己未	除	天上火	壁
11日	07/05	木	庚申	満	柘榴木	奎
12日	07/06	金	辛酉	平	柘榴木	婁
13日	07/07	土	壬戌	平	大海水	胃
14日	07/08	日	癸亥	定	大海水	昴
15日	07/09	月	甲子	執	海中金	畢
16日	07/10	火	乙丑	破	海中金	觜
17日	07/11	水	丙寅	危	炉中火	参
18日	07/12	木	丁卯	成	炉中火	井
19日	07/13	金	戊辰	納	大林木	鬼
20日	07/14	土	己巳	開	大林木	柳
21日	07/15	日	庚午	閉	路傍土	星
22日	07/16	月	辛未	建	路傍土	張
23日	07/17	火	壬申	除	剣鋒金	翼
24日	07/18	水	癸酉	満	剣鋒金	軫
25日	07/19	木	甲戌	平	山頭火	角
26日	07/20	金	乙亥	定	山頭火	亢
27日	07/21	土	丙子	執	澗下水	氐
28日	07/22	日	丁丑	破	澗下水	房
29日	07/23	月	戊寅	危	城頭土	心

【七月大 壬申 鬼】
節気　立秋 15日・処暑 30日

日	日付	曜	干支	中段	納音	宿
1日	07/24	火	己卯	成	城頭土	尾
2日	07/25	水	庚辰	納	白鑞金	箕
3日	07/26	木	辛巳	開	白鑞金	斗
4日	07/27	金	壬午	閉	楊柳木	牛
5日	07/28	土	癸未	建	楊柳木	女
6日	07/29	日	甲申	除	井泉水	虚
7日	07/30	月	乙酉	満	井泉水	危
8日	07/31	火	丙戌	平	屋上土	室
9日	08/01	水	丁亥	定	屋上土	壁
10日	08/02	木	戊子	執	霹靂火	奎
11日	08/03	金	己丑	破	霹靂火	婁
12日	08/04	土	庚寅	危	松柏木	胃
13日	08/05	日	辛卯	成	松柏木	昴
14日	08/06	月	壬辰	納	長流水	畢
15日	08/07	火	癸巳	納	長流水	觜
16日	08/08	水	甲午	開	沙中金	参

— 356 —

西暦　曜　干支　直　納音　宿　　　　　　　　　　　　　宝暦9年

日	西暦	曜	干支	直	納音	宿
17日	08/09	木	己未	閉	沙中金	井
18日	08/10	金	庚申	建	山下火	柳
19日	08/11	土	辛酉	除	山下火	柳
20日	08/12	木	壬戌	満	平地木	星
21日	08/13	月	癸亥	平	平地木	張
22日	08/14	火	甲子	定	壁上土	翼
23日	08/15	水	乙丑	執	壁上土	軫
24日	08/16	木	丙寅	破	金箔金	角
25日	08/17	金	丁卯	危	金箔金	亢
26日	08/18	土	戊辰	成	覆燈火	氐
27日	08/19	日	己巳	納	覆燈火	房
28日	08/20	月	丙午	開	天河水	心
29日	08/21	火	丁未	閉	天河水	尾
30日	08/22	水	戊申	建	天河水	箕

【閏七月小 壬申 鬼】
節気 白露 15日
雑節 二百十日 11日・彼岸 29日

日	西暦	曜	干支	直	納音	宿
1日	08/23	木	己酉	除	大駅土	斗牛
2日	08/24	金	庚戌	満	釵釧金	女
3日	08/25	土	辛亥	平	釵釧金	虚
4日	08/26	日	壬子	定	桑柘木	危
5日	08/27	月	癸丑	執	桑柘木	室
6日	08/28	火	甲寅	破	大渓水	壁
7日	08/29	水	乙卯	危	大渓水	奎
8日	08/30	木	丙辰	成	沙中土	婁
9日	08/31	金	丁巳	納	沙中土	胃
10日	09/01	土	戊午	開	天上火	昴
11日	09/02	日	己未	建	柏榴木	畢
12日	09/03	月	庚申	除	柏榴木	觜
13日	09/04	火	辛酉	除	柏榴木	参
14日	09/05	水	壬戌	満	大渓水	井
15日	09/06	木	癸亥	満	大渓水	鬼
16日	09/07	金	甲子	平	海中金	柳
17日	09/08	土	乙丑	定	海中金	星
18日	09/09	日	丙寅	執	爐中火	張
19日	09/10	月	丁卯	破	爐中火	翼
20日	09/11	火	戊辰	危	大林木	軫
21日	09/12	水	己巳	成	大林木	角
22日	09/13	木	庚午	納	路傍土	亢
23日	09/14	金	辛未	開	路傍土	氐房
24日	09/15	土	壬申	閉	釵釧金	心
25日	09/16	日	癸酉	建	釵釧金	尾
26日	09/17	月	甲戌	除	山頭火	箕
27日	09/18	火	乙亥	満	山頭火	斗
28日	09/19	水	丙子	平	澗下水	女
29日	09/20	木	丁丑	定	澗下水	虚

【八月大 癸酉 柳】
節気 秋分 1日・寒露 16日
雑節 社日 1日・土用 29日

日	西暦	曜	干支	直	納音	宿
1日	09/21	金	戊寅	執	城頭土	牛
2日	09/22	土	己卯	破	城頭土	女
3日	09/23	日	庚辰	危	白鑞金	虚
4日	09/24	月	辛巳	成	白鑞金	危
5日	09/25	火	壬午	納	楊柳木	室
6日	09/26	水	癸未	開	楊柳木	壁
7日	09/27	木	甲申	建	井泉水	奎
8日	09/28	金	乙酉	除	井泉水	婁
9日	09/29	土	丙戌	満	屋上土	胃
10日	09/30	日	丁亥	満	屋上土	昴
11日	10/01	月	戊子	定	霹靂火	畢
12日	10/02	火	己丑	執	霹靂火	觜
13日	10/03	水	庚寅	破	松柏木	参
14日	10/04	木	辛卯	危	松柏木	井
16日	10/05	金	壬辰	危	長流水	鬼
16日	10/06	土	癸巳	成	長流水	柳
17日	10/07	日	甲午	納	沙中金	星
18日	10/08	月	乙未	開	沙中金	張
19日	10/09	火	丙申	建	山下火	翼
20日	10/10	水	丁酉	閉	山下火	軫
21日	10/11	木	戊戌	建	平地木	角
22日	10/12	金	己亥	除	平地木	亢
23日	10/13	土	庚子	満	壁上土	氐
24日	10/14	日	辛丑	平	壁上土	房
25日	10/15	月	壬寅	定	金箔金	心
26日	10/16	火	癸卯	執	金箔金	尾
27日	10/17	水	甲辰	破	覆燈火	箕
28日	10/18	木	乙巳	危	覆燈火	斗牛
29日	10/19	金	丙午	成	天河水	女
30日	10/20	土	丁未	納	天河水	

【九月大 甲戌 星】
節気 霜降 2日・立冬 17日

日	西暦	曜	干支	直	納音	宿
1日	10/21	日	戊申	開	大駅土	虚
2日	10/22	月	己酉	納	大駅土	危室
3日	10/23	火	庚戌	建	釵釧金	壁
4日	10/24	水	辛亥	除	釵釧金	奎
5日	10/25	木	壬子	満	桑柘木	婁
6日	10/26	金	癸丑	平	桑柘木	胃
7日	10/27	土	甲寅	定	大渓水	昴
8日	10/28	日	乙卯	執	大渓水	畢
9日	10/29	月	丙辰	破	沙中土	觜
10日	10/30	火	丁巳	危	沙中土	参
11日	10/31	水	戊午	成	天上火	井
12日	11/01	木	己未	納	天上火	鬼
13日	11/02	金	庚申	開	柏榴木	柳
14日	11/03	土	辛酉	閉	柏榴木	星
15日	11/04	日	壬戌	建	大海水	張
16日	11/05	月	癸亥	除	大海水	翼
17日	11/06	火	甲子	満	海中金	軫
18日	11/07	水	乙丑	平	海中金	角
19日	11/08	木	丙寅	定	爐中火	亢
20日	11/09	金	丁卯	定	爐中火	氐
21日	11/10	土	戊辰	破	大林木	房
22日	11/11	日	己巳	破	大林木	心
23日	11/12	月	庚午	危	路傍土	尾
24日	11/13	火	辛未	成	路傍土	箕
25日	11/14	水	壬申	納	釵釧金	斗
26日	11/15	木	癸酉	開	釵釧金	牛女
27日	11/16	金	甲戌	建	山頭火	虚
28日	11/17	土	乙亥	除	山頭火	危
29日	11/18	日	丙子	満	澗下水	室

【十月小 乙亥 張】
節気 小雪 2日・大雪 17日

日	西暦	曜	干支	直	納音	宿
1日	11/19	月	丁丑	平	澗下水	壁
2日	11/20	火	戊寅	平	城頭土	室
3日	11/21	水	己卯	執	城頭土	奎壁
4日	11/22	木	庚辰	執	白鑞金	奎
5日	11/23	金	辛巳	破	白鑞金	婁
6日	11/24	土	壬午	危	楊柳木	胃昴
7日	11/25	日	癸未	成	楊柳木	昴
8日	11/26	月	甲申	納	井泉水	畢
9日	11/27	火	乙酉	開	井泉水	觜
10日	11/28	水	丙戌	閉	屋上土	参井
11日	11/29	木	丁亥	建	屋上土	鬼
12日	11/30	金	戊子	満	霹靂火	柳
13日	12/01	土	己丑	平	霹靂火	星
14日	12/02	日	庚寅	定	松柏木	張
15日	12/03	月	辛卯	執	松柏木	翼
16日	12/04	火	壬辰	執	長流水	軫
17日	12/05	水	癸巳	破	長流水	角
18日	12/06	木	甲午	危	沙中金	亢
19日	12/07	金	乙未	成	沙中金	氐房
20日	12/08	土	丙申	納	山下火	氐
21日	12/09	日	丁酉	開	山下火	房
22日	12/10	月	戊戌	閉	平地木	心尾
23日	12/11	火	己亥	閉	平地木	尾
24日	12/12	水	庚子	建	壁上土	斗
25日	12/13	木	辛丑	除	壁上土	牛女
26日	12/14	金	壬寅	満	金箔金	牛
27日	12/15	土	癸卯	定	金箔金	虚
28日	12/16	日	甲辰	定	覆燈火	危
29日	12/17	月	乙巳	執	覆燈火	室
29日	12/18	火	丙午	破	天河水	室

【十一月大 丙子 翼】
節気 冬至 3日・小寒 19日

日	西暦	曜	干支	直	納音	宿
1日	12/19	水	丁未	危	天河水	壁
2日	12/20	木	戊申	成	大駅土	奎
3日	12/21	金	己酉	納	大駅土	婁
4日	12/22	土	庚戌	開	釵釧金	胃
5日	12/23	日	辛亥	閉	釵釧金	昴
6日	12/24	月	壬子	建	桑柘木	畢
7日	12/25	火	癸丑	除	桑柘木	觜
8日	12/26	水	甲寅	満	大渓水	参
9日	12/27	木	乙卯	平	大渓水	井
10日	12/28	金	丙辰	定	沙中土	鬼
11日	12/29	土	丁巳	執	沙中土	柳
12日	12/30	日	戊午	破	天上火	星
13日	12/31	月	己未	危	天上火	張
	1760年					
14日	01/01	火	庚申	成	柘榴木	翼
15日	01/02	水	辛酉	納	柘榴木	軫
16日	01/03	木	壬戌	開	大海水	角
17日	01/04	金	癸亥	閉	大海水	亢
18日	01/05	土	甲子	建	海中金	氐房
19日	01/06	日	乙丑	除	海中金	房
20日	01/07	月	丙寅	除	爐中火	心
21日	01/08	火	丁卯	満	爐中火	尾
22日	01/09	水	戊辰	定	大林木	箕
23日	01/10	木	己巳	定	大林木	斗牛
24日	01/11	金	庚午	執	路傍土	牛
25日	01/12	土	辛未	破	路傍土	虚
26日	01/13	日	壬申	危	釵釧金	危室
27日	01/14	月	癸酉	成	釵釧金	室
28日	01/15	火	甲戌	納	山頭火	壁
29日	01/16	水	乙亥	開	山頭火	奎
30日	01/17	木	丙子	閉	澗下水	奎

【十二月大 丁丑 軫】
節気 大寒 4日・立春 19日
雑節 土用 1日・節分 18日

日	西暦	曜	干支	直	納音	宿
1日	01/18	金	丁丑	建	澗下水	婁
2日	01/19	土	戊寅	除	城頭土	胃
3日	01/20	日	己卯	満	城頭土	昴
4日	01/21	月	庚辰	平	白鑞金	畢
5日	01/22	火	辛巳	定	白鑞金	觜
6日	01/23	水	壬午	執	楊柳木	参
7日	01/24	木	癸未	破	楊柳木	井
8日	01/25	金	甲申	危	井泉水	鬼
9日	01/26	土	乙酉	成	井泉水	柳
10日	01/27	日	丙戌	納	屋上土	星
11日	01/28	月	丁亥	開	屋上土	張
12日	01/29	火	戊子	閉	霹靂火	翼
13日	01/30	水	己丑	建	霹靂火	軫
14日	01/31	木	庚寅	除	松柏木	角
15日	02/01	金	辛卯	満	松柏木	亢
16日	02/02	土	壬辰	平	長流水	氐房
17日	02/03	日	癸巳	定	長流水	房
18日	02/04	月	甲午	執	沙中金	心尾
19日	02/05	火	乙未	破	沙中金	尾
20日	02/06	水	丙申	危	山下火	箕
21日	02/07	木	丁酉	危	山下火	斗牛
22日	02/08	金	戊戌	成	平地木	女
23日	02/09	土	己亥	納	平地木	虚
24日	02/10	日	庚子	開	壁上土	危室
25日	02/11	月	辛丑	閉	壁上土	室
26日	02/12	火	壬寅	建	金箔金	壁
27日	02/13	水	癸卯	除	金箔金	奎
28日	02/14	木	甲辰	満	覆燈火	婁
29日	02/15	金	乙巳	平	覆燈火	胃
30日	02/16	土	丙午	定	天河水	胃

宝暦10年
1760～1761 庚辰 虚

【正月小 戊寅 角】
節気 雨水 4日・啓蟄 20日

1日	02/17	日	丁未	執	天河水	昴
2日	02/18	月	戊申	破	大駅土	畢
3日	02/19	火	己酉	危	大駅土	觜
4日	02/20	水	庚戌	成	釵釧金	参
5日	02/21	木	辛亥	納	釵釧金	井
6日	02/22	金	壬子	開	桑柘木	鬼
7日	02/23	土	癸丑	閉	桑柘木	柳
8日	02/24	日	甲寅	建	大渓水	星
9日	02/25	月	乙卯	除	大渓水	張
10日	02/26	火	丙辰	満	沙中土	翼
11日	02/27	水	丁巳	平	沙中土	軫
12日	02/28	木	戊午	執	天上火	角
13日	02/29	金	己未	執	天上火	亢
14日	03/01	土	庚申	破	柘榴木	氐
15日	03/02	日	辛酉	危	柘榴木	房
16日	03/03	月	壬戌	成	大海水	心
17日	03/04	火	癸亥	納	大海水	尾
18日	03/05	水	甲子	開	海中金	箕
19日	03/06	木	乙丑	閉	海中金	斗
20日	03/07	金	丙寅	閉	爐中火	牛
21日	03/08	土	丁卯	建	爐中火	女
22日	03/09	日	戊辰	除	大林木	虚
23日	03/10	月	己巳	満	大林木	危
24日	03/11	火	庚午	平	路傍土	室
25日	03/12	水	辛未	定	路傍土	壁
26日	03/13	木	壬申	執	釵鋒金	奎
27日	03/14	金	癸酉	破	釵鋒金	婁
28日	03/15	土	甲戌	危	山頭火	胃
29日	03/16	日	乙亥	成	山頭火	昴

【二月大 己卯 亢】
節気 春分 6日・清明 21日
雑節 彼岸 1日・社日 3日

1日	03/17	月	丙子	納	澗下水	畢
2日	03/18	火	丁丑	開	澗下水	觜
3日	03/19	水	戊寅	破	城頭土	参
4日	03/20	木	己卯	建	城頭土	井
5日	03/21	金	庚辰	除	白鑞金	鬼
6日	03/22	土	辛巳	満	白鑞金	柳
7日	03/23	日	壬午	平	楊柳木	星
8日	03/24	月	癸未	定	楊柳木	張
9日	03/25	火	甲申	執	井泉水	翼
10日	03/26	水	乙酉	破	井泉水	軫
11日	03/27	木	丙戌	危	屋上土	角
12日	03/28	金	丁亥	成	屋上土	亢
13日	03/29	土	戊子	納	霹靂火	氐
14日	03/30	日	己丑	開	霹靂火	房
15日	03/31	月	庚寅	閉	松柏木	心
16日	04/01	火	辛卯	建	松柏木	尾
17日	04/02	水	壬辰	除	長流水	箕
18日	04/03	木	癸巳	満	長流水	斗
19日	04/04	金	甲午	平	沙中金	牛
20日	04/05	土	乙未	定	沙中金	女
21日	04/06	日	丙申	執	山下火	虚
22日	04/07	月	丁酉	執	山下火	危
23日	04/08	火	戊戌	破	平地木	室
24日	04/09	水	己亥	危	平地木	壁
25日	04/10	木	庚子	成	壁上土	奎
26日	04/11	金	辛丑	納	壁上土	婁
27日	04/12	土	壬寅	開	金箔金	胃
28日	04/13	日	癸卯	閉	金箔金	昴
29日	04/14	月	甲辰	建	覆燈火	畢
30日	04/15	火	乙巳	除	覆燈火	觜

【三月小 庚辰 氐】
節気 穀雨 6日・立夏 21日
雑節 土用 3日・八十八夜 17日

1日	04/16	水	丙午	満	天河水	参
2日	04/17	木	丁未	平	天河水	井
3日	04/18	金	戊申	定	大駅土	鬼
4日	04/19	土	己酉	執	大駅土	柳
5日	04/20	日	庚戌	破	釵釧金	星
6日	04/21	月	辛亥	危	釵釧金	張
7日	04/22	火	壬子	成	桑柘木	翼
8日	04/23	水	癸丑	納	桑柘木	軫
9日	04/24	木	甲寅	開	大渓水	角
10日	04/25	金	乙卯	閉	大渓水	亢
11日	04/26	土	丙辰	建	沙中土	氐
12日	04/27	日	丁巳	除	沙中土	房
13日	04/28	月	戊午	満	天上火	心
14日	04/29	火	己未	平	天上火	尾
15日	04/30	水	庚申	定	柘榴木	箕
16日	05/01	木	辛酉	執	柘榴木	斗
17日	05/02	金	壬戌	破	大海水	牛
18日	05/03	土	癸亥	危	大海水	女
19日	05/04	日	甲子	成	海中金	虚
20日	05/05	月	乙丑	納	海中金	危
21日	05/06	火	丙寅	納	爐中火	室
22日	05/07	水	丁卯	開	爐中火	壁
23日	05/08	木	戊辰	閉	大林木	奎
24日	05/09	金	己巳	建	大林木	婁
25日	05/10	土	庚午	除	路傍土	胃
26日	05/11	日	辛未	満	路傍土	昴
27日	05/12	月	壬申	平	釵鋒金	畢
28日	05/13	火	癸酉	定	釵鋒金	觜
29日	05/14	水	甲戌	執	山頭火	参

【四月小 辛巳 房】
節気 小満 8日・芒種 23日
雑節 入梅 28日

1日	05/15	木	乙亥	破	山頭火	井
2日	05/16	金	丙子	危	澗下水	鬼
3日	05/17	土	丁丑	成	澗下水	柳
4日	05/18	日	戊寅	納	城頭土	星
5日	05/19	月	己卯	開	城頭土	張
6日	05/20	火	庚辰	閉	白鑞金	翼
7日	05/21	水	辛巳	建	白鑞金	軫
8日	05/22	木	壬午	除	楊柳木	角
9日	05/23	金	癸未	満	楊柳木	亢
10日	05/24	土	甲申	平	井泉水	氐
11日	05/25	日	乙酉	定	井泉水	房
12日	05/26	月	丙戌	執	屋上土	心
13日	05/27	火	丁亥	破	屋上土	尾
14日	05/28	水	戊子	危	霹靂火	箕
15日	05/29	木	己丑	成	霹靂火	斗
16日	05/30	金	庚寅	納	松柏木	牛
17日	05/31	土	辛卯	開	松柏木	女
18日	06/01	日	壬辰	閉	長流水	虚
19日	06/02	月	癸巳	建	長流水	危
20日	06/03	火	甲午	除	沙中金	室
21日	06/04	水	乙未	満	沙中金	壁
22日	06/05	木	丙申	平	山下火	奎
23日	06/06	金	丁酉	平	山下火	婁
24日	06/07	土	戊戌	定	平地木	胃
25日	06/08	日	己亥	執	平地木	昴
26日	06/09	月	庚子	破	壁上土	畢
27日	06/10	火	辛丑	危	壁上土	觜
28日	06/11	水	壬寅	成	金箔金	参
29日	06/12	木	癸卯	納	金箔金	井

【五月大 壬午 心】
節気 夏至 9日・小暑 24日
雑節 半夏生 19日

1日◎	06/13	金	甲辰	開	覆燈火	鬼
2日	06/14	土	乙巳	閉	覆燈火	柳
3日	06/15	日	丙午	建	天河水	星
4日	06/16	月	丁未	除	天河水	張
5日	06/17	火	戊申	満	大駅土	翼
6日	06/18	水	己酉	平	大駅土	軫
7日	06/19	木	庚戌	定	釵釧金	角
8日	06/20	金	辛亥	執	釵釧金	亢
9日	06/21	土	壬子	破	桑柘木	氐
10日	06/22	日	癸丑	危	桑柘木	房
11日	06/23	月	甲寅	成	大渓水	心
12日	06/24	火	乙卯	納	大渓水	尾
13日	06/25	水	丙辰	開	沙中土	箕
14日	06/26	木	丁巳	閉	沙中土	斗
15日	06/27	金	戊午	建	天上火	牛
16日	06/28	土	己未	除	天上火	女
17日	06/29	日	庚申	満	柘榴木	虚
18日	06/30	月	辛酉	平	柘榴木	危
19日	07/01	火	壬戌	定	大海水	室
20日	07/02	水	癸亥	執	大海水	壁
21日	07/03	木	甲子	破	海中金	奎
22日	07/04	金	乙丑	危	海中金	婁
23日	07/05	土	丙寅	成	爐中火	胃
24日	07/06	日	丁卯	納	爐中火	昴
25日	07/07	月	戊辰	納	大林木	畢
26日	07/08	火	己巳	開	大林木	觜
27日	07/09	水	庚午	閉	路傍土	参
28日	07/10	木	辛未	建	路傍土	井
29日	07/11	金	壬申	除	釵鋒金	鬼
30日	07/12	土	癸酉	満	釵鋒金	柳

【六月小 癸未 尾】
節気 大暑 10日・立秋 25日
雑節 土用 6日

1日	07/13	日	甲戌	平	山頭火	星
2日	07/14	月	乙亥	定	山頭火	張
3日	07/15	火	丙子	執	澗下水	翼
4日	07/16	水	丁丑	破	澗下水	軫
5日	07/17	木	戊寅	危	城頭土	角
6日	07/18	金	己卯	成	城頭土	亢
7日	07/19	土	庚辰	納	白鑞金	氐
8日	07/20	日	辛巳	開	白鑞金	房
9日	07/21	月	壬午	建	楊柳木	心
10日	07/22	火	癸未	建	楊柳木	尾
11日	07/23	水	甲申	除	井泉水	箕
12日	07/24	木	乙酉	満	井泉水	斗
13日	07/25	金	丙戌	平	屋上土	牛
14日	07/26	土	丁亥	定	屋上土	女
15日	07/27	日	戊子	執	霹靂火	虚
16日	07/28	月	己丑	破	霹靂火	危
17日	07/29	火	庚寅	危	松柏木	室
18日	07/30	水	辛卯	成	松柏木	壁
19日	07/31	木	壬辰	納	長流水	奎
20日	08/01	金	癸巳	開	長流水	婁
21日	08/02	土	甲午	閉	沙中金	胃
22日	08/03	日	乙未	建	沙中金	昴
23日	08/04	月	丙申	除	山下火	畢
24日	08/05	火	丁酉	満	山下火	觜
25日	08/06	水	戊戌	平	平地木	参
26日	08/07	木	己亥	定	平地木	井
27日	08/08	金	庚子	執	壁上土	鬼
28日	08/09	土	辛丑	破	壁上土	柳
29日	08/10	日	壬寅	危	金箔金	星

【七月小 甲申 箕】
節気 処暑 11日・白露 26日
雑節 二百十日 22日

1日	08/11	月	癸卯	危	金箔金	張
2日	08/12	火	甲辰	成	覆燈火	翼
3日	08/13	水	乙巳	納	覆燈火	軫

宝暦10年

西暦	曜	干支	直	納音	宿
4日 08/14	木	丙午	開	天河水	角
5日 08/15	金	丁未	閉	大駅土	氐
6日 08/16	土	戊申	建	大駅土	房
7日 08/17	日	己酉	除	大駅土	心
8日 08/18	月	庚戌	満	釵釧金	尾
9日 08/19	火	辛亥	平	釵釧金	箕
10日 08/20	水	壬子	定	桑柘木	斗
11日 08/21	木	癸丑	執	桑柘木	牛
12日 08/22	金	甲寅	破	大溪水	女
13日 08/23	土	乙卯	危	大溪水	虚
14日 08/24	日	丙辰	成	沙中土	虚
15日 08/25	月	丁巳	納	沙中土	危
16日 08/26	火	戊午	開	天上火	室
17日 08/27	水	己未	閉	天上火	壁
18日 08/28	木	庚申	建	柘榴木	奎
19日 08/29	金	辛酉	除	柘榴木	婁
20日 08/30	土	壬戌	満	大海水	胃
21日 08/31	日	癸亥	平	大海水	昴
22日 09/01	月	甲子	定	海中金	畢
23日 09/02	火	乙丑	執	海中金	觜
24日 09/03	水	丙寅	破	爐中火	参
25日 09/04	木	丁卯	危	爐中火	井
26日 09/05	金	戊辰	成	大林木	柳
27日 09/06	土	己巳	納	大林木	星
28日 09/07	日	庚午	開	路傍土	星
29日 09/08	月	辛未	閉	路傍土	張

【八月大 乙酉 斗】
節気 秋分 12日・寒露 28日
雑節 社日 7日・彼岸 11日

西暦	曜	干支	直	納音	宿
1日 09/09	火	壬申	閉	釵鋒金	翼
2日 09/10	水	癸酉	建	釵鋒金	軫
3日 09/11	木	甲戌	除	山頭火	角
4日 09/12	金	乙亥	満	山頭火	亢
5日 09/13	土	丙子	平	潤下水	氐
6日 09/14	日	丁丑	定	潤下水	房
7日 09/15	月	戊寅	執	城頭土	心
8日 09/16	火	己卯	破	城頭土	尾
9日 09/17	水	庚辰	危	白鑞金	箕
10日 09/18	木	辛巳	成	白鑞金	斗
11日 09/19	金	壬午	納	楊柳木	牛
12日 09/20	土	癸未	開	楊柳木	女
13日 09/21	日	甲申	閉	井泉水	虚
14日 09/22	月	乙酉	建	井泉水	危
15日 09/23	火	丙戌	除	屋上土	室
16日 09/24	水	丁亥	満	屋上土	壁
17日 09/25	木	戊子	平	霹靂火	奎
18日 09/26	金	己丑	定	霹靂火	婁
19日 09/27	土	庚寅	執	松柏木	胃
20日 09/28	日	辛卯	破	松柏木	昴
21日 09/29	月	壬辰	危	長流水	觜
22日 09/30	火	癸巳	成	長流水	觜
23日 10/01	水	甲午	納	沙中金	参
24日 10/02	木	乙未	開	沙中金	井
25日 10/03	金	丙申	閉	山下火	鬼
26日 10/04	土	丁酉	建	山下火	柳
27日 10/05	日	戊戌	除	平地木	星
28日 10/06	月	己亥	満	平地木	張
29日 10/07	火	庚子	満	壁上土	翼
30日 10/08	水	辛丑	平	壁上土	軫

【九月大 丙戌 牛】
節気 霜降 13日・立冬 28日
雑節 土用 10日

西暦	曜	干支	直	納音	宿
1日 10/09	木	壬寅	定	金箔金	角
2日 10/10	金	癸卯	執	金箔金	亢
3日 10/11	土	甲辰	破	覆燈火	氐
4日 10/12	日	乙巳	危	覆燈火	房
5日 10/13	月	丙午	成	天河水	心
6日 10/14	火	丁未	納	天河水	尾
7日 10/15	水	戊申	開	大駅土	箕
8日 10/16	木	己酉	閉	大駅土	斗
9日 10/17	金	庚戌	除	釵釧金	牛
10日 10/18	土	辛亥	除	釵釧金	女
11日 10/19	日	壬子	満	桑柘木	虚
12日 10/20	月	癸丑	平	桑柘木	危
13日 10/21	火	甲寅	定	大溪水	室
14日 10/22	水	乙卯	執	大溪水	壁
15日 10/23	木	丙辰	破	沙中土	奎
16日 10/24	金	丁巳	危	沙中土	婁
17日 10/25	土	戊午	成	天上火	胃
18日 10/26	日	己未	納	天上火	昴
19日 10/27	月	庚申	開	柘榴木	畢
20日 10/28	火	辛酉	閉	柘榴木	觜
21日 10/29	水	壬戌	建	大海水	参
22日 10/30	木	癸亥	除	大海水	井
23日 10/31	金	甲子	満	海中金	鬼
24日 11/01	土	乙丑	平	海中金	柳
25日 11/02	日	丙寅	定	爐中火	星
26日 11/03	月	丁卯	執	爐中火	張
27日 11/04	火	戊辰	破	大林木	翼
28日 11/05	水	己巳	破	大林木	軫
29日 11/06	木	庚午	危	路傍土	角
30日 11/07	金	辛未	成	路傍土	亢

【十月小 丁亥 女】
節気 小雪 13日・大雪 29日

西暦	曜	干支	直	納音	宿
1日 11/08	土	壬申	納	釵鋒金	氐
2日 11/09	日	癸酉	開	釵鋒金	房
3日 11/10	月	甲戌	閉	山頭火	心
4日 11/11	火	乙亥	除	山頭火	尾
5日 11/12	水	丙子	除	潤下水	箕
6日 11/13	木	丁丑	満	潤下水	斗
7日 11/14	金	戊寅	定	城頭土	牛
8日 11/15	土	己卯	執	城頭土	女
9日 11/16	日	庚辰	執	白鑞金	虚
10日 11/17	月	辛巳	破	白鑞金	危
11日 11/18	火	壬午	危	楊柳木	室
12日 11/19	水	癸未	成	楊柳木	壁
13日 11/20	木	甲申	納	井泉水	奎
14日 11/21	金	乙酉	開	井泉水	婁
15日☆ 11/22	土	丙戌	閉	屋上土	昴
16日 11/23	日	丁亥	建	屋上土	昴
17日 11/24	月	戊子	除	霹靂火	畢
18日 11/25	火	己丑	満	霹靂火	觜
19日 11/26	水	庚寅	平	松柏木	参
20日 11/27	木	辛卯	定	松柏木	井
21日 11/28	金	壬辰	執	長流水	鬼
22日 11/29	土	癸巳	危	長流水	柳
23日 11/30	日	甲午	危	沙中金	星
24日 12/01	月	乙未	成	沙中金	張
25日 12/02	火	丙申	納	山下火	翼
26日 12/03	水	丁酉	開	山下火	軫
27日 12/04	木	戊戌	閉	平地木	角
28日 12/05	金	己亥	建	平地木	亢
29日 12/06	土	庚子	建	壁上土	氐

【十一月大 戊子 虚】
節気 冬至 15日・小寒 30日

西暦	曜	干支	直	納音	宿
1日 12/07	日	辛丑	除	壁上土	房
2日 12/08	月	壬寅	満	金箔金	心
3日 12/09	火	癸卯	平	金箔金	尾
4日 12/10	水	甲辰	定	覆燈火	箕
5日 12/11	木	乙巳	執	覆燈火	斗
6日 12/12	金	丙午	破	天河水	牛
7日 12/13	土	丁未	危	天河水	女
8日 12/14	日	戊申	成	大駅土	虚
9日 12/15	月	己酉	納	大駅土	危
10日 12/16	火	庚戌	開	釵釧金	室
11日 12/17	水	辛亥	閉	釵釧金	壁
12日 12/18	木	壬子	建	桑柘木	奎
13日 12/19	金	癸丑	除	桑柘木	婁
14日 12/20	土	甲寅	満	大溪水	胃
15日 12/21	日	乙卯	平	大溪水	昴
16日 12/22	月	丙辰	定	沙中土	觜
17日 12/23	火	丁巳	執	沙中土	觜
18日 12/24	水	戊午	破	天上火	参
19日 12/25	木	己未	危	天上火	井
20日 12/26	金	庚申	成	柘榴木	鬼
21日 12/27	土	辛酉	納	柘榴木	柳
22日 12/28	日	壬戌	開	大海水	星
23日 12/29	月	癸亥	閉	大海水	張
24日 12/30	火	甲子	建	海中金	翼
25日 12/31	水	乙丑	除	海中金	軫

1761年

西暦	曜	干支	直	納音	宿
26日 01/01	木	丙寅	満	爐中火	角
27日 01/02	金	丁卯	平	爐中火	亢
28日 01/03	土	戊辰	定	大林木	氐
29日 01/04	日	己巳	執	大林木	房
30日 01/05	月	庚午	執	路傍土	心

【十二月大 己丑 危】
節気 大寒 15日・立春 30日
雑節 土用 12日・節分 29日

西暦	曜	干支	直	納音	宿
1日 01/06	火	辛未	破	路傍土	尾
2日 01/07	水	壬申	危	釵鋒金	箕
3日 01/08	木	癸酉	成	釵鋒金	斗
4日 01/09	金	甲戌	納	山頭火	牛
5日 01/10	土	乙亥	開	山頭火	女
6日 01/11	日	丙子	閉	潤下水	虚
7日 01/12	月	丁丑	建	潤下水	危
8日 01/13	火	戊寅	除	城頭土	室
9日 01/14	水	己卯	満	城頭土	壁
10日 01/15	木	庚辰	平	白鑞金	奎
11日 01/16	金	辛巳	定	白鑞金	婁
12日 01/17	土	壬午	執	楊柳木	胃
13日 01/18	日	癸未	破	楊柳木	昴
14日 01/19	月	甲申	危	井泉水	觜
15日 01/20	火	乙酉	成	井泉水	觜
16日 01/21	水	丙戌	納	屋上土	参
17日 01/22	木	丁亥	開	屋上土	井
18日 01/23	金	戊子	閉	霹靂火	鬼
19日 01/24	土	己丑	建	霹靂火	柳
20日 01/25	日	庚寅	除	松柏木	星
21日 01/26	月	辛卯	満	松柏木	張
22日 01/27	火	壬辰	平	長流水	翼
23日 01/28	水	癸巳	定	長流水	軫
24日 01/29	木	甲午	執	沙中金	角
25日 01/30	金	乙未	破	沙中金	亢
26日 01/31	土	丙申	危	山下火	氐
27日 02/01	日	丁酉	成	山下火	房
28日 02/02	月	戊戌	納	平地木	心
29日 02/03	火	己亥	開	平地木	尾
30日 02/04	水	庚子	開	壁上土	箕

宝暦11年
1761～1762　辛巳　危

【正月大 庚寅 室】
節気 雨水 16日

- 1日 02/05 木 辛丑 閉 壁上土 斗
- 2日 02/06 金 壬寅 建 金箔金 牛
- 3日 02/07 土 癸卯 除 金箔金 女
- 4日 02/08 日 甲辰 満 覆燈火 虚
- 5日 02/09 月 乙巳 平 天河水 危
- 6日 02/10 火 丙午 定 天河水 室
- 7日 02/11 水 丁未 執 天河水 壁
- 8日 02/12 木 戊申 破 大駅土 奎
- 9日 02/13 金 己酉 危 大駅土 婁
- 10日 02/14 土 庚戌 成 釵釧金 胃
- 11日 02/15 日 辛亥 納 釵釧金 昴
- 12日 02/16 月 壬子 開 桑柘木 畢
- 13日 02/17 火 癸丑 閉 桑柘木 觜
- 14日 02/18 水 甲寅 建 大溪水 参
- 15日 02/19 木 乙卯 除 大溪水 井
- 16日 02/20 金 丙辰 満 沙中土 鬼
- 17日 02/21 土 丁巳 平 沙中土 柳
- 18日 02/22 日 戊午 定 天上火 星
- 19日 02/23 月 己未 執 天上火 張
- 20日 02/24 火 庚申 破 柘榴木 翼
- 21日 02/25 水 辛酉 危 柘榴木 軫
- 22日 02/26 木 壬戌 成 大海水 角
- 23日 02/27 金 癸亥 納 大海水 亢
- 24日 02/28 土 甲子 開 海中金 氐
- 25日 03/01 日 乙丑 閉 海中金 房
- 26日 03/02 月 丙寅 建 爐中火 心
- 27日 03/03 火 丁卯 除 爐中火 尾
- 28日 03/04 水 戊辰 満 大林木 箕
- 29日 03/05 木 己巳 平 大林木 斗
- 30日 03/06 金 庚午 定 路傍土 牛

【二月小 辛卯 壁】
節気 啓蟄 1日・春分 16日
雑節 彼岸 11日・社日 18日

- 1日 03/07 土 辛未 定 路傍土 女
- 2日 03/08 日 壬申 執 釵鋒金 虚
- 3日 03/09 月 癸酉 破 釵鋒金 危
- 4日 03/10 火 甲戌 危 山頭火 室
- 5日 03/11 水 乙亥 成 山頭火 壁
- 6日 03/12 木 丙子 納 澗下水 奎
- 7日 03/13 金 丁丑 開 澗下水 婁
- 8日 03/14 土 戊寅 閉 城頭土 胃
- 9日 03/15 日 己卯 建 城頭土 昴
- 10日 03/16 月 庚辰 除 白鑞金 畢
- 11日 03/17 火 辛巳 満 白鑞金 觜
- 12日 03/18 水 壬午 平 楊柳木 参
- 13日 03/19 木 癸未 定 楊柳木 井
- 14日 03/20 金 甲申 執 井泉水 鬼
- 15日 03/21 土 乙酉 破 井泉水 柳
- 16日 03/22 日 丙戌 危 屋上土 星
- 17日 03/23 月 丁亥 成 屋上土 張
- 18日 03/24 火 戊子 納 霹靂火 翼
- 19日 03/25 水 己丑 開 霹靂火 軫
- 20日 03/26 木 庚寅 建 松柏木 角
- 21日 03/27 金 辛卯 除 松柏木 亢
- 22日 03/28 土 壬辰 満 長流水 氐
- 23日 03/29 日 癸巳 平 長流水 房
- 24日 03/30 月 甲午 定 沙中金 心
- 25日 03/31 火 乙未 執 沙中金 尾
- 26日 04/01 水 丙申 破 山下火 箕
- 27日 04/02 木 丁酉 危 山下火 斗
- 28日 04/03 金 戊戌 危 平地木 牛
- 29日 04/04 土 己亥 成 平地木 女

【三月大 壬辰 奎】
節気 清明 2日・穀雨 17日
雑節 土用 14日・八十八夜 28日

- 1日 04/05 日 庚子 納 壁上土 虚
- 2日 04/06 月 辛丑 納 壁上土 危
- 3日 04/07 火 壬寅 開 金箔金 室
- 4日 04/08 水 癸卯 閉 金箔金 壁
- 5日 04/09 木 甲辰 建 覆燈火 奎
- 6日 04/10 金 乙巳 除 覆燈火 婁
- 7日 04/11 土 丙午 満 天河水 胃
- 8日 04/12 日 丁未 平 天河水 昴
- 9日 04/13 月 戊申 定 大駅土 畢
- 10日 04/14 火 己酉 執 大駅土 觜
- 11日 04/15 水 庚戌 破 釵釧金 参
- 12日 04/16 木 辛亥 危 釵釧金 井
- 13日 04/17 金 壬子 成 桑柘木 鬼
- 14日 04/18 土 癸丑 納 桑柘木 柳
- 15日 04/19 日 甲寅 開 大溪水 星
- 16日 04/20 月 乙卯 閉 大溪水 張
- 17日 04/21 火 丙辰 建 沙中土 翼
- 18日 04/22 水 丁巳 除 沙中土 軫
- 19日 04/23 木 戊午 満 天上火 角
- 20日 04/24 金 己未 平 天上火 亢
- 21日 04/25 土 庚申 定 柘榴木 氐
- 22日 04/26 日 辛酉 執 柘榴木 房
- 23日 04/27 月 壬戌 破 大海水 心
- 24日 04/28 火 癸亥 危 大海水 尾
- 25日 04/29 水 甲子 成 海中金 箕
- 26日 04/30 木 乙丑 納 海中金 斗
- 27日 05/01 金 丙寅 開 爐中火 牛
- 28日 05/02 土 丁卯 閉 爐中火 女
- 29日 05/03 日 戊辰 建 大林木 虚
- 30日 05/04 月 己巳 除 大林木 危

【四月小 癸巳 婁】
節気 立夏 3日・小満 18日

- 1日 05/05 火 庚午 満 路傍土 室
- 2日 05/06 水 辛未 平 路傍土 壁
- 3日 05/07 木 壬申 平 釵鋒金 奎
- 4日 05/08 金 癸酉 定 釵鋒金 婁
- 5日 05/09 土 甲戌 執 山頭火 胃
- 6日 05/10 日 乙亥 破 山頭火 昴
- 7日 05/11 月 丙子 危 澗下水 畢
- 8日 05/12 火 丁丑 成 澗下水 觜
- 9日 05/13 水 戊寅 納 城頭土 参
- 10日 05/14 木 己卯 開 城頭土 井
- 11日 05/15 金 庚辰 閉 白鑞金 鬼
- 12日 05/16 土 辛巳 除 白鑞金 柳
- 13日 05/17 日 壬午 定 楊柳木 星
- 14日 05/18 月 癸未 満 楊柳木 張
- 15日 05/19 火 甲申 定 井泉水 翼
- 16日 05/20 水 乙酉 定 井泉水 軫
- 17日 05/21 木 丙戌 執 屋上土 角
- 18日 05/22 金 丁亥 危 屋上土 亢
- 19日 05/23 土 戊子 成 霹靂火 氐
- 20日 05/24 日 己丑 納 霹靂火 房
- 21日 05/25 月 庚寅 納 松柏木 心
- 22日 05/26 火 辛卯 開 松柏木 尾
- 23日 05/27 水 壬辰 閉 長流水 箕
- 24日 05/28 木 癸巳 建 長流水 斗
- 25日 05/29 金 甲午 除 沙中金 牛
- 26日 05/30 土 乙未 満 沙中金 女
- 27日 05/31 日 丙申 平 山下火 虚
- 28日 06/01 月 丁酉 定 山下火 危
- 29日 06/02 火 戊戌 執 平地木 室

【五月小 甲午 胃】
節気 芒種 4日・夏至 19日
雑節 入梅 4日・半夏生 29日

- 1日 06/03 水 己亥 破 平地木 壁
- 2日 06/04 木 庚子 危 壁上土 奎
- 3日 06/05 金 辛丑 成 壁上土 婁
- 4日 06/06 土 壬寅 成 金箔金 胃
- 5日 06/07 日 癸卯 納 金箔金 昴
- 6日 06/08 月 甲辰 開 覆燈火 畢
- 7日 06/09 火 乙巳 閉 覆燈火 觜
- 8日 06/10 水 丙午 建 天河水 参
- 9日 06/11 木 丁未 除 天河水 井
- 10日 06/12 金 戊申 満 大駅土 鬼
- 11日 06/13 土 己酉 平 大駅土 柳
- 12日 06/14 日 庚戌 定 釵釧金 星
- 13日 06/15 月 辛亥 執 釵釧金 張
- 14日 06/16 火 壬子 破 桑柘木 翼
- 15日 06/17 水 癸丑 危 桑柘木 軫
- 16日 06/18 木 甲寅 成 大溪水 角
- 17日 06/19 金 乙卯 納 大溪水 亢
- 18日 06/20 土 丙辰 開 沙中土 氐
- 19日 06/21 日 丁巳 閉 沙中土 房
- 20日 06/22 月 戊午 建 天上火 心
- 21日 06/23 火 己未 除 天上火 尾
- 22日 06/24 水 庚申 満 柘榴木 箕
- 23日 06/25 木 辛酉 平 柘榴木 斗
- 24日 06/26 金 壬戌 定 大海水 牛
- 25日 06/27 土 癸亥 執 大海水 女
- 26日 06/28 日 甲子 破 海中金 虚
- 27日 06/29 月 乙丑 危 海中金 危
- 28日 06/30 火 丙寅 成 爐中火 室
- 29日 07/01 水 丁卯 納 爐中火 壁

【六月大 乙未 昴】
節気 小暑 6日・大暑 21日
雑節 土用 18日

- 1日 07/02 木 戊辰 開 大林木 奎
- 2日 07/03 金 己巳 閉 大林木 婁
- 3日 07/04 土 庚午 建 路傍土 胃
- 4日 07/05 日 辛未 除 路傍土 昴
- 5日 07/06 月 壬申 満 釵鋒金 畢
- 6日 07/07 火 癸酉 平 釵鋒金 觜
- 7日 07/08 水 甲戌 平 山頭火 参
- 8日 07/09 木 乙亥 定 山頭火 井
- 9日 07/10 金 丙子 執 澗下水 鬼
- 10日 07/11 土 丁丑 破 澗下水 柳
- 11日 07/12 日 戊寅 危 城頭土 星
- 12日 07/13 月 己卯 成 城頭土 張
- 13日 07/14 火 庚辰 納 白鑞金 翼
- 14日 07/15 水 辛巳 開 白鑞金 軫
- 15日 07/16 木 壬午 閉 楊柳木 角
- 16日 07/17 金 癸未 建 楊柳木 亢
- 17日 07/18 土 甲申 除 井泉水 氐
- 18日 07/19 日 乙酉 満 井泉水 房
- 19日 07/20 月 丙戌 平 屋上土 心
- 20日 07/21 火 丁亥 定 屋上土 尾
- 21日 07/22 水 戊子 執 霹靂火 箕
- 22日 07/23 木 己丑 破 霹靂火 斗
- 23日 07/24 金 庚寅 危 松柏木 牛
- 24日 07/25 土 辛卯 成 松柏木 女
- 25日 07/26 日 壬辰 納 長流水 虚
- 26日 07/27 月 癸巳 開 長流水 危
- 27日 07/28 火 甲午 閉 沙中金 室
- 28日 07/29 水 乙未 除 沙中金 壁
- 29日 07/30 木 丙申 除 山下火 奎
- 30日 07/31 金 丁酉 満 山下火 婁

【七月小 丙申 畢】
節気 立秋 6日・処暑 21日

- 1日 08/01 土 戊戌 定 平地木 胃
- 2日 08/02 日 己亥 定 平地木 昴
- 3日 08/03 月 庚子 執 壁上土 畢
- 4日 08/04 火 辛丑 破 壁上土 觜

宝暦11年

西暦	曜	干支	直	納音	宿
5日 08/05	水	壬寅	危	金箔金	参
6日 08/06	木	癸卯	成	金箔金	井
7日 08/07	金	甲辰	成	覆燈火	鬼
8日 08/08	土	乙巳	納	覆燈火	柳
9日 08/09	日	丙午	開	天河水	星
10日 08/10	月	丁未	閉	天河水	張
11日 08/11	火	戊申	建	大駅土	翼
12日 08/12	水	己酉	除	大駅土	軫
13日 08/13	木	庚戌	満	釵釧金	角
14日 08/14	金	辛亥	平	釵釧金	亢
15日 08/15	土	壬子	定	桑柘木	氐
16日 08/16	日	癸丑	執	桑柘木	房
17日 08/17	月	甲寅	破	大溪水	心
18日 08/18	火	乙卯	危	大溪水	尾
19日 08/19	水	丙辰	成	沙中土	箕
20日 08/20	木	丁巳	納	沙中土	斗
21日 08/21	金	戊午	開	天上火	牛
22日 08/22	土	己未	閉	天上火	女
23日 08/23	日	庚申	建	柘榴木	虚
24日 08/24	月	辛酉	除	柘榴木	危
25日 08/25	火	壬戌	満	大海水	室
26日 08/26	水	癸亥	平	大海水	壁
27日 08/27	木	甲子	定	海中金	奎
28日 08/28	金	乙丑	執	海中金	婁
29日 08/29	土	丙寅	破	爐中火	胃

【八月小 丁酉 觜】
節気 白露 7日・秋分 23日
雑節 二百十日 3日・彼岸 22日・社日 22日

西暦	曜	干支	直	納音	宿
1日 08/30	日	丁卯	危	爐中火	昴
2日 08/31	月	戊辰	成	大林木	畢
3日 09/01	火	己巳	納	大林木	觜
4日 09/02	水	庚午	閉	路傍土	参
5日 09/03	木	辛未	閉	路傍土	井
6日 09/04	金	壬申	建	釵鋒金	鬼
7日 09/05	土	癸酉	除	釵鋒金	柳
8日 09/06	日	甲戌	満	山頭火	星
9日 09/07	月	乙亥	満	山頭火	張
10日 09/08	火	丙子	平	潤下水	翼
11日 09/09	水	丁丑	定	潤下水	軫
12日 09/10	木	戊寅	執	城頭土	角
13日 09/11	金	己卯	破	城頭土	亢
14日 09/12	土	庚辰	危	白鑞金	氐
15日 09/13	日	辛巳	成	白鑞金	房
16日 09/14	月	壬午	納	楊柳木	心
17日 09/15	火	癸未	開	楊柳木	尾
18日 09/16	水	甲申	閉	井泉水	箕
19日 09/17	木	乙酉	建	井泉水	斗
20日 09/18	金	丙戌	除	屋上土	牛
21日 09/19	土	丁亥	満	屋上土	女
22日 09/20	日	戊子	平	霹靂火	虚
23日 09/21	月	己丑	定	霹靂火	危
24日 09/22	火	庚寅	執	松柏木	室
25日 09/23	水	辛卯	破	松柏木	壁
26日 09/24	木	壬辰	危	長流水	奎
27日 09/25	金	癸巳	成	長流水	婁
28日 09/26	土	甲午	納	沙中金	胃
29日 09/27	日	乙未	開	沙中金	昴

【九月大 戊戌 参】
節気 寒露 9日・霜降 24日
雑節 土用 21日

西暦	曜	干支	直	納音	宿
1日 09/28	月	丙申	閉	山下火	畢
2日 09/29	火	丁酉	閉	山下火	觜
3日 09/30	水	戊戌	除	平地木	参
4日 10/01	木	己亥	満	平地木	井
5日 10/02	金	庚子	平	壁上土	鬼
6日 10/03	土	辛丑	定	壁上土	柳
7日 10/04	日	壬寅	執	金箔金	星
8日 10/05	月	癸卯	破	金箔金	張
9日 10/06	火	甲辰	破	覆燈火	翼
10日 10/07	水	乙巳	危	覆燈火	軫
11日 10/08	木	丙午	成	天河水	角
12日 10/09	金	丁未	納	天河水	亢
13日 10/10	土	戊申	開	大駅土	氐
14日 10/11	日	己酉	閉	大駅土	房
15日 10/12	月	庚戌	建	釵釧金	心
16日 10/13	火	辛亥	除	釵釧金	尾
17日 10/14	水	壬子	満	桑柘木	箕
18日 10/15	木	癸丑	定	桑柘木	斗
19日 10/16	金	甲寅	定	大溪水	牛
20日 10/17	土	乙卯	執	大溪水	女
21日 10/18	日	丙辰	破	沙中土	虚
22日 10/19	月	丁巳	危	沙中土	危
23日 10/20	火	戊午	成	天上火	室
24日 10/21	水	己未	納	天上火	壁
25日 10/22	木	庚申	開	柘榴木	奎
26日 10/23	金	辛酉	閉	柘榴木	婁
27日 10/24	土	壬戌	建	大海水	胃
28日 10/25	日	癸亥	除	大海水	昴
29日 10/26	月	甲子	満	海中金	畢
30日 10/27	火	乙丑	平	海中金	觜

【十月小 己亥 井】
節気 立冬 9日・小雪 25日

西暦	曜	干支	直	納音	宿
1日 10/28	水	丙寅	定	爐中火	参
2日 10/29	木	丁卯	破	爐中火	鬼
3日 10/30	金	戊辰	破	大林木	鬼
4日 10/31	土	己巳	危	大林木	柳
5日 11/01	日	庚午	成	路傍土	星
6日 11/02	月	辛未	納	路傍土	張
7日 11/03	火	壬申	開	釵鋒金	翼
8日 11/04	水	癸酉	閉	釵鋒金	軫
9日 11/05	木	甲戌	建	山頭火	角
10日 11/06	金	乙亥	除	山頭火	亢
11日 11/07	土	丙子	満	潤下水	氐
12日 11/08	日	丁丑	平	潤下水	房
13日 11/09	月	戊寅	定	城頭土	心
14日 11/10	火	己卯	定	城頭土	尾
15日 11/11	水	庚辰	執	白鑞金	箕
16日☆ 11/12	木	辛巳	破	楊柳木	斗
17日 11/13	金	壬午	危	楊柳木	牛
18日 11/14	土	癸未	成	楊柳木	女
19日 11/15	日	甲申	納	井泉水	虚
20日 11/16	月	乙酉	閉	井泉水	危
21日 11/17	火	丙戌	閉	屋上土	室
22日 11/18	水	丁亥	建	屋上土	壁
23日 11/19	木	戊子	除	霹靂火	奎
24日 11/20	金	己丑	満	霹靂火	婁
25日 11/21	土	庚寅	平	松柏木	胃
26日 11/22	日	辛卯	定	松柏木	昴
27日 11/23	月	壬辰	執	長流水	畢
28日 11/24	火	癸巳	破	長流水	觜
29日 11/25	水	甲午	危	沙中金	参

【十一月大 庚子 鬼】
節気 大雪 11日・冬至 26日

西暦	曜	干支	直	納音	宿
1日 11/26	木	乙未	成	沙中金	井
2日 11/27	金	丙申	納	山下火	鬼
3日 11/28	土	丁酉	開	山下火	柳
4日 11/29	日	戊戌	平	平地木	星
5日 11/30	月	己亥	閉	平地木	張
6日 12/01	火	庚子	除	壁上土	翼
7日 12/02	水	辛丑	満	壁上土	軫
8日 12/03	木	壬寅	平	金箔金	角
9日 12/04	金	癸卯	定	金箔金	亢
10日 12/05	土	甲辰	執	覆燈火	氐
11日 12/06	日	乙巳	執	覆燈火	房
12日 12/07	月	丙午	破	天河水	心
13日 12/08	火	丁未	危	天河水	尾
14日 12/09	水	戊申	成	大駅土	箕
15日 12/10	木	己酉	納	大駅土	斗
16日 12/11	金	庚戌	開	釵釧金	牛
17日 12/12	土	辛亥	閉	釵釧金	女
18日 12/13	日	壬子	建	桑柘木	虚
19日 12/14	月	癸丑	除	桑柘木	危
20日 12/15	火	甲寅	満	大溪水	室
21日 12/16	水	乙卯	平	大溪水	壁
22日 12/17	木	丙辰	定	沙中土	奎
23日 12/18	金	丁巳	執	沙中土	婁
24日 12/19	土	戊午	破	天上火	胃
25日 12/20	日	己未	危	天上火	昴
26日 12/21	月	庚申	成	柘榴木	畢
27日 12/22	火	辛酉	納	柘榴木	觜
28日 12/23	水	壬戌	開	大海水	参
29日 12/24	木	癸亥	閉	大海水	井
30日 12/25	金	甲子	建	海中金	鬼

【十二月大 辛丑 柳】
節気 小寒 11日・大寒 26日
雑節 土用 23日

西暦	曜	干支	直	納音	宿
1日 12/26	土	乙丑	平	海中金	柳
2日 12/27	日	丙寅	満	爐中火	星
3日 12/28	月	丁卯	平	爐中火	張
4日 12/29	火	戊辰	定	大林木	翼
5日 12/30	水	己巳	執	大林木	軫
6日 12/31	木	庚午	破	路傍土	角

1762年

西暦	曜	干支	直	納音	宿
7日 01/01	金	辛未	危	路傍土	亢
8日 01/02	土	壬申	成	釵鋒金	氐
9日 01/03	日	癸酉	納	釵鋒金	房
10日 01/04	月	甲戌	開	山頭火	心
11日 01/05	火	乙亥	閉	山頭火	尾
12日 01/06	水	丙子	満	潤下水	箕
13日 01/07	木	丁丑	建	潤下水	斗
14日 01/08	金	戊寅	除	城頭土	牛
15日 01/09	土	己卯	満	城頭土	女
16日 01/10	日	庚辰	平	白鑞金	虚
17日 01/11	月	辛巳	定	白鑞金	危
18日 01/12	火	壬午	執	楊柳木	室
19日 01/13	水	癸未	破	楊柳木	壁
20日 01/14	木	甲申	危	井泉水	奎
21日 01/15	金	乙酉	成	井泉水	婁
22日 01/16	土	丙戌	納	屋上土	胃
23日 01/17	日	丁亥	開	屋上土	昴
24日 01/18	月	戊子	閉	霹靂火	畢
25日 01/19	火	己丑	建	霹靂火	觜
26日 01/20	水	庚寅	満	松柏木	参
27日 01/21	木	辛卯	満	松柏木	井
28日 01/22	金	壬辰	平	長流水	鬼
29日 01/23	土	癸巳	定	長流水	柳
30日 01/24	日	甲午	執	沙中金	星

宝暦12年
1762～1763 壬午 室

【正月大 壬寅 星】
節気 立春 12日・雨水 27日
雑節 節分 11日

日	日付	曜	干支	直	納音	宿
1日	01/25	月	乙未	破	沙中金	張
2日	01/26	火	丙申	危	山下火	翼
3日	01/27	水	丁酉	成	山下火	軫
4日	01/28	木	戊戌	納	平地木	角
5日	01/29	金	己亥	開	平地木	亢
6日	01/30	土	庚子	閉	壁上土	氐
7日	01/31	日	辛丑	建	壁上土	房
8日	02/01	月	壬寅	除	金箔金	心
9日	02/02	火	癸卯	満	金箔金	尾
10日	02/03	水	甲辰	平	覆燈火	箕
11日	02/04	木	乙巳	定	覆燈火	斗
12日	02/05	金	丙午	定	天河水	牛
13日	02/06	土	丁未	執	天河水	女
14日	02/07	日	戊申	破	大駅土	虚
15日	02/08	月	己酉	危	大駅土	危
16日	02/09	火	庚戌	成	釵釧金	室
17日	02/10	水	辛亥	納	釵釧金	壁
18日	02/11	木	壬子	開	桑柘木	奎
19日	02/12	金	癸丑	閉	桑柘木	婁
20日	02/13	土	甲寅	建	大溪水	胃
21日	02/14	日	乙卯	除	大溪水	昴
22日	02/15	月	丙辰	満	沙中土	畢
23日	02/16	火	丁巳	平	沙中土	觜
24日	02/17	水	戊午	定	天上火	参
25日	02/18	木	己未	執	天上火	井
26日	02/19	金	庚申	破	柘榴木	鬼
27日	02/20	土	辛酉	危	柘榴木	柳
28日	02/21	日	壬戌	納	大海水	星
29日	02/22	月	癸亥	納	大海水	張
30日	02/23	火	甲子	開	海中金	翼

【二月大 癸卯 張】
節気 啓蟄 12日・春分 27日
雑節 彼岸 22日・社日 24日

日	日付	曜	干支	直	納音	宿
1日	02/24	水	乙丑	建	海中金	軫
2日	02/25	木	丙寅	建	炉中火	角
3日	02/26	金	丁卯	除	炉中火	亢
4日	02/27	土	戊辰	満	大林木	氐
5日	02/28	日	己巳	平	大林木	房
6日	03/01	月	庚午	執	路傍土	心
7日	03/02	火	辛未	執	路傍土	尾
8日	03/03	水	壬申	破	釵鋒金	箕
9日	03/04	木	癸酉	危	釵鋒金	斗
10日	03/05	金	甲戌	成	山頭火	牛
11日	03/06	土	乙亥	納	山頭火	女
12日	03/07	日	丙子	開	澗下水	虚
13日	03/08	月	丁丑	閉	澗下水	危
14日	03/09	火	戊寅	閉	城頭土	室
15日	03/10	水	己卯	除	城頭土	壁
16日	03/11	木	庚辰	満	白鑞金	奎
17日	03/12	金	辛巳	満	白鑞金	婁
18日	03/13	土	壬午	定	楊柳木	胃
19日	03/14	日	癸未	執	楊柳木	昴
20日	03/15	月	甲申	執	井泉水	畢
21日	03/16	火	乙酉	破	井泉水	觜
22日	03/17	水	丙戌	危	屋上土	参
23日	03/18	木	丁亥	成	屋上土	井
24日	03/19	金	戊子	納	霹靂火	鬼
25日	03/20	土	己丑	開	霹靂火	柳
26日	03/21	日	庚寅	閉	松柏木	星
27日	03/22	月	辛卯	建	松柏木	張
28日	03/23	火	壬辰	除	長流水	翼
29日	03/24	水	癸巳	満	長流水	軫
30日	03/25	木	甲午	平	沙中金	角

【三月小 甲辰 翼】
節気 清明 12日・穀雨 28日
雑節 土用 25日

日	日付	曜	干支	直	納音	宿
1日	03/26	金	乙未	定	沙中金	亢
2日	03/27	土	丙申	執	山下火	氐
3日	03/28	日	丁酉	破	山下火	房
4日	03/29	月	戊戌	危	平地木	心
5日	03/30	火	己亥	成	平地木	尾
6日	03/31	水	庚子	納	壁上土	箕
7日	04/01	木	辛丑	開	壁上土	斗
8日	04/02	金	壬寅	閉	金箔金	牛
9日	04/03	土	癸卯	建	金箔金	女
10日	04/04	日	甲辰	除	覆燈火	虚
11日	04/05	月	乙巳	満	覆燈火	危
12日	04/06	火	丙午	平	天河水	室
13日	04/07	水	丁未	平	天河水	壁
14日	04/08	木	戊申	定	大駅土	奎
15日	04/09	金	己酉	執	大駅土	婁
16日	04/10	土	庚戌	破	釵釧金	胃
17日	04/11	日	辛亥	危	釵釧金	昴
18日	04/12	月	壬子	成	桑柘木	畢
19日	04/13	火	癸丑	納	桑柘木	觜
20日	04/14	水	甲寅	開	大溪水	参
21日	04/15	木	乙卯	閉	大溪水	井
22日	04/16	金	丙辰	建	沙中土	鬼
23日	04/17	土	丁巳	除	沙中土	柳
24日	04/18	日	戊午	平	天上火	星
25日	04/19	月	己未	平	天上火	張
26日	04/20	火	庚申	定	柘榴木	翼
27日	04/21	水	辛酉	執	柘榴木	軫
28日	04/22	木	壬戌	破	大海水	角
29日	04/23	金	癸亥	危	大海水	亢

【四月大 乙巳 軫】
節気 立夏 14日・小満 29日
雑節 八十八夜 10日

日	日付	曜	干支	直	納音	宿
1日	04/24	土	甲子	成	海中金	氐
2日	04/25	日	乙丑	納	海中金	房
3日	04/26	月	丙寅	開	炉中火	心
4日	04/27	火	丁卯	閉	炉中火	尾
5日	04/28	水	戊辰	建	大林木	箕
6日	04/29	木	己巳	除	大林木	斗
7日	04/30	金	庚午	満	路傍土	牛
8日	05/01	土	辛未	平	路傍土	女
9日	05/02	日	壬申	執	釵鋒金	虚
10日	05/03	月	癸酉	執	釵鋒金	危
11日	05/04	火	甲戌	破	山頭火	室
12日	05/05	水	乙亥	危	山頭火	壁
13日	05/06	木	丙子	成	澗下水	奎
14日	05/07	金	丁丑	成	澗下水	婁
15日	05/08	土	戊寅	納	城頭土	胃
16日	05/09	日	己卯	開	城頭土	昴
17日	05/10	月	庚辰	閉	白鑞金	畢
18日	05/11	火	辛巳	除	白鑞金	觜
19日	05/12	水	壬午	満	楊柳木	参
20日	05/13	木	癸未	満	楊柳木	井
21日	05/14	金	甲申	執	井泉水	鬼
22日	05/15	土	乙酉	定	井泉水	柳
23日	05/16	日	丙戌	執	屋上土	星
24日	05/17	月	丁亥	危	屋上土	張
25日	05/18	火	戊子	危	霹靂火	翼
26日	05/19	水	己丑	成	霹靂火	軫
27日	05/20	木	庚寅	納	松柏木	角
28日	05/21	金	辛卯	開	松柏木	亢
29日	05/22	土	壬辰	閉	長流水	氐
30日	05/23	日	癸巳	建	長流水	房

【閏四月小 乙巳 軫】
節気 芒種 14日
雑節 入梅 19日

日	日付	曜	干支	直	納音	宿
1日	05/24	月	甲午	除	沙中金	心
2日	05/25	火	乙未	満	沙中金	尾
3日	05/26	水	丙申	平	山下火	箕
4日	05/27	木	丁酉	定	山下火	斗
5日	05/28	金	戊戌	執	平地木	牛
6日	05/29	土	己亥	破	平地木	女
7日	05/30	日	庚子	危	壁上土	虚
8日	05/31	月	辛丑	成	壁上土	危
9日	06/01	火	壬寅	納	金箔金	室
10日	06/02	水	癸卯	開	金箔金	壁
11日	06/03	木	甲辰	閉	覆燈火	奎
12日	06/04	金	乙巳	建	覆燈火	婁
13日	06/05	土	丙午	除	天河水	胃
14日	06/06	日	丁未	満	天河水	昴
15日	06/07	月	戊申	平	大駅土	畢
16日	06/08	火	己酉	定	大駅土	觜
17日	06/09	水	庚戌	執	釵釧金	参
18日	06/10	木	辛亥	破	釵釧金	井
19日	06/11	金	壬子	危	桑柘木	鬼
20日	06/12	土	癸丑	成	桑柘木	柳
21日	06/13	日	甲寅	納	大溪水	星
22日	06/14	月	乙卯	開	大溪水	張
23日	06/15	火	丙辰	閉	沙中土	翼
24日	06/16	水	丁巳	建	沙中土	軫
25日	06/17	木	戊午	除	天上火	角
26日	06/18	金	己未	満	天上火	亢
27日	06/19	土	庚申	平	柘榴木	氐
28日	06/20	日	辛酉	定	柘榴木	房
29日	06/21	月	壬戌	定	大海水	心

【五月小 丙午 角】
節気 夏至 1日・小暑 16日
雑節 半夏生 11日・土用 28日

日	日付	曜	干支	直	納音	宿
1日	06/22	火	癸亥	執	大海水	尾
2日	06/23	水	甲子	破	海中金	箕
3日	06/24	木	乙丑	危	海中金	斗
4日	06/25	金	丙寅	成	炉中火	牛
5日	06/26	土	丁卯	納	炉中火	女
6日	06/27	日	戊辰	開	大林木	虚
7日	06/28	月	己巳	閉	大林木	危
8日	06/29	火	庚午	建	路傍土	室
9日	06/30	水	辛未	除	路傍土	壁
10日	07/01	木	壬申	満	釵鋒金	奎
11日	07/02	金	癸酉	平	釵鋒金	婁
12日	07/03	土	甲戌	定	山頭火	胃
13日	07/04	日	乙亥	執	山頭火	昴
14日	07/05	月	丙子	破	澗下水	畢
15日	07/06	火	丁丑	危	澗下水	觜
16日	07/07	水	戊寅	成	城頭土	参
17日	07/08	木	己卯	納	城頭土	井
18日	07/09	金	庚辰	開	白鑞金	鬼
19日	07/10	土	辛巳	閉	白鑞金	柳
20日	07/11	日	壬午	建	楊柳木	星
21日	07/12	月	癸未	除	楊柳木	張
22日	07/13	火	甲申	満	井泉水	翼
23日	07/14	水	乙酉	平	井泉水	軫
24日	07/15	木	丙戌	定	屋上土	角
25日	07/16	金	丁亥	執	屋上土	亢
26日	07/17	土	戊子	破	霹靂火	氐
27日	07/18	日	己丑	危	霹靂火	房
28日	07/19	月	庚寅	成	松柏木	心
29日	07/20	火	辛卯	納	松柏木	尾

【六月大 丁未 亢】
節気 大暑 2日・立秋 17日

日	日付	曜	干支	直	納音	宿
1日	07/21	水	壬辰	納	長流水	箕
2日	07/22	木	癸巳	開	長流水	斗
3日	07/23	金	甲午	閉	沙中金	牛
4日	07/24	土	乙未	建	沙中金	女
5日	07/25	日	丙申	除	山下火	虚
6日	07/26	月	丁酉	満	山下火	危
7日	07/27	火	戊戌	平	平地木	室
8日	07/28	水	己亥	定	平地木	壁
9日	07/29	木	庚子	執	壁上土	奎
10日	07/30	金	辛丑	破	壁上土	婁
11日	07/31	土	壬寅	危	金箔金	胃
12日	08/01	日	癸卯	成	金箔金	昴
13日	08/02	月	甲辰	納	覆燈火	畢
14日	08/03	火	乙巳	開	覆燈火	觜
15日	08/04	水	丙午	閉	天河水	参

宝暦12年

日	西暦	曜	干支	直	納音	宿
16日	08/05	木	丁未	建	大河水	井
17日	08/06	金	戊申	建	大駅土	鬼
18日	08/07	土	己酉	除	大駅土	柳
19日	08/08	日	庚戌	満	釵釧金	星
20日	08/09	月	辛亥	平	釵釧金	張
21日	08/10	火	壬子	定	桑柘木	翼
22日	08/11	水	癸丑	執	桑柘木	軫
23日	08/12	木	甲寅	破	大溪水	角
24日	08/13	金	乙卯	危	大溪水	亢
25日	08/14	土	丙辰	成	沙中土	氐
26日	08/15	日	丁巳	納	沙中土	房
27日	08/16	月	戊午	開	天上火	心
28日	08/17	火	己未	閉	天上火	尾
29日	08/18	水	庚申	建	柘榴木	箕
30日	08/19	木	辛酉	除	柘榴木	斗

【七月小 戊申 氐】
節気 処暑 2日・白露 18日
雑節 二百十日 14日

日	西暦	曜	干支	直	納音	宿
1日	08/20	金	壬戌	満	大海水	牛
2日	08/21	土	癸亥	平	大海水	女
3日	08/22	日	甲子	定	海中金	虚
4日	08/23	月	乙丑	執	海中金	危
5日	08/24	火	丙寅	破	炉中火	室
6日	08/25	水	丁卯	危	炉中火	壁
7日	08/26	木	戊辰	成	大林木	奎
8日	08/27	金	己巳	納	大林木	婁
9日	08/28	土	庚午	開	路傍土	胃
10日	08/29	日	辛未	閉	路傍土	昴
11日	08/30	月	壬申	建	釵釧金	畢
12日	08/31	火	癸酉	除	釵釧金	觜
13日	09/01	水	甲戌	満	山頭火	參
14日	09/02	木	乙亥	平	山頭火	井
15日	09/03	金	丙子	定	澗下水	鬼
16日	09/04	土	丁丑	執	澗下水	柳
17日	09/05	日	戊寅	破	城頭土	星
18日	09/06	月	己卯	危	城頭土	張
19日	09/07	火	庚辰	成	白鑞金	翼
20日	09/08	水	辛巳	納	白鑞金	軫
21日	09/09	木	壬午	開	楊柳木	角
22日	09/10	金	癸未	閉	楊柳木	亢
23日	09/11	土	甲申	閉	井泉水	氐
24日	09/12	日	乙酉	建	井泉水	房
25日	09/13	月	丙戌	除	屋上土	心
26日	09/14	火	丁亥	満	屋上土	尾
27日	09/15	水	戊子	平	霹靂火	箕
28日	09/16	木	己丑	定	霹靂火	斗
29日	09/17	金	庚寅	執	松柏木	牛

【八月小 己酉 房】
節気 秋分 4日・寒露 19日
雑節 彼岸 3日・社日 8日

日	西暦	曜	干支	直	納音	宿
1日	09/18	土	辛卯	破	松柏木	女
2日	09/19	日	壬辰	危	長流水	虚
3日	09/20	月	癸巳	成	長流水	危
4日	09/21	火	甲午	納	沙中金	室
5日	09/22	水	乙未	開	沙中金	壁
6日	09/23	木	丙申	閉	山下火	奎
7日	09/24	金	丁酉	建	山下火	婁
8日	09/25	土	戊戌	除	平地木	胃
9日	09/26	日	己亥	満	平地木	昴
10日	09/27	月	庚子	平	壁上土	畢
11日	09/28	火	辛丑	定	壁上土	觜
12日	09/29	水	壬寅	執	金箔金	參
13日	09/30	木	癸卯	破	金箔金	井
14日	10/01	金	甲辰	危	覆燈火	鬼
15日	10/02	土	乙巳	成	覆燈火	柳
16日	10/03	日	丙午	納	天河水	星
17日	10/04	月	丁未	開	天河水	張
18日	10/05	火	戊申	閉	大駅土	翼
19日	10/06	水	己酉	閉	大駅土	軫
20日	10/07	木	庚戌	建	釵釧金	角
21日	10/08	金	辛亥	除	釵釧金	亢
22日	10/09	土	壬子	満	桑柘木	氐
23日	10/10	日	癸丑	平	桑柘木	房
24日	10/11	月	甲寅	定	大溪水	心
25日	10/12	火	乙卯	執	大溪水	尾
26日	10/13	水	丙辰	破	沙中土	箕
27日	10/14	木	丁巳	危	沙中土	斗
28日	10/15	金	戊午	成	天上火	牛
29日	10/16	土	己未	納	天上火	女

【九月大 庚戌 心】
節気 霜降 5日・立冬 21日
雑節 土用 2日

日	西暦	曜	干支	直	納音	宿
1日	10/17	日	庚申	開	柘榴木	虚
2日	10/18	月	辛酉	閉	柘榴木	危
3日	10/19	火	壬戌	建	大海水	室
4日	10/20	水	癸亥	除	大海水	壁
5日	10/21	木	甲子	平	海中金	奎
6日	10/22	金	乙丑	平	海中金	婁
7日	10/23	土	丙寅	定	炉中火	胃
8日	10/24	日	丁卯	執	炉中火	昴
9日	10/25	月	戊辰	破	大林木	畢
10日	10/26	火	己巳	危	大林木	觜
11日	10/27	水	庚午	成	路傍土	參
12日	10/28	木	辛未	納	路傍土	井
13日	10/29	金	壬申	開	釵釧金	鬼
14日	10/30	土	癸酉	閉	釵釧金	柳
15日	10/31	日	甲戌	建	山頭火	星
16日☆	11/01	月	乙亥	満	山頭火	張
17日	11/02	火	丙子	平	澗下水	翼
18日	11/03	水	丁丑	平	澗下水	軫
19日	11/04	木	戊寅	定	城頭土	角
20日	11/05	金	己卯	執	城頭土	亢
21日	11/06	土	庚辰	破	白鑞金	氐
22日	11/07	日	辛巳	危	白鑞金	房
23日	11/08	月	壬午	成	楊柳木	心
24日	11/09	火	癸未	納	楊柳木	尾
25日	11/10	水	甲申	開	井泉水	箕
26日	11/11	木	乙酉	閉	井泉水	斗
27日	11/12	金	丙戌	閉	屋上土	牛
28日	11/13	土	丁亥	除	屋上土	女
29日	11/14	日	戊子	満	霹靂火	虚
30日	11/15	月	己丑	平	霹靂火	危

【十月小 辛亥 尾】
節気 小雪 6日・大雪 21日

日	西暦	曜	干支	直	納音	宿
1日	11/16	火	庚寅	定	松柏木	室
2日	11/17	水	辛卯	執	松柏木	壁
3日	11/18	木	壬辰	破	長流水	奎
4日	11/19	金	癸巳	危	長流水	婁
5日	11/20	土	甲午	成	沙中金	胃
6日	11/21	日	乙未	納	沙中金	昴
7日	11/22	月	丙申	開	山下火	畢
8日	11/23	火	丁酉	閉	山下火	觜
9日	11/24	水	戊戌	閉	平地木	參
10日	11/25	木	己亥	建	平地木	井
11日	11/26	金	庚子	除	壁上土	鬼
12日	11/27	土	辛丑	満	壁上土	柳
13日	11/28	日	壬寅	平	金箔金	星
14日	11/29	月	癸卯	定	金箔金	張
15日	11/30	火	甲辰	執	覆燈火	翼
16日	12/01	水	乙巳	破	覆燈火	軫
17日	12/02	木	丙午	危	天河水	角
18日	12/03	金	丁未	成	天河水	亢
19日	12/04	土	戊申	納	大駅土	氐
20日	12/05	日	己酉	開	大駅土	房
21日	12/06	月	庚戌	閉	釵釧金	心
22日	12/07	火	辛亥	閉	釵釧金	尾
23日	12/08	水	壬子	建	桑柘木	箕
24日	12/09	木	癸丑	除	桑柘木	斗
25日	12/10	金	甲寅	満	大溪水	牛
26日	12/11	土	乙卯	平	大溪水	女
27日	12/12	日	丙辰	定	沙中土	虚
28日	12/13	月	丁巳	執	沙中土	危
29日	12/14	火	戊午	破	天上火	室

【十一月大 壬子 箕】
節気 冬至 7日・小寒 22日

日	西暦	曜	干支	直	納音	宿
1日	12/15	水	己未	危	天上火	壁
2日	12/16	木	庚申	成	柘榴木	奎
3日	12/17	金	辛酉	納	柘榴木	婁
4日	12/18	土	壬戌	開	大海水	胃
5日	12/19	日	癸亥	閉	大海水	昴
6日	12/20	月	甲子	閉	海中金	畢
7日	12/21	火	乙丑	除	海中金	觜
8日	12/22	水	丙寅	満	炉中火	參
9日	12/23	木	丁卯	平	炉中火	井
10日	12/24	金	戊辰	定	大林木	鬼
11日	12/25	土	己巳	執	大林木	柳
12日	12/26	日	庚午	破	路傍土	星
13日	12/27	月	辛未	危	路傍土	張
14日	12/28	火	壬申	成	釵釧金	翼
15日	12/29	水	癸酉	納	釵釧金	軫
16日	12/30	木	甲戌	開	山頭火	角
17日	12/31	金	乙亥	閉	山頭火	亢

1763年

日	西暦	曜	干支	直	納音	宿
18日	01/01	土	丙子	建	澗下水	氐
19日	01/02	日	丁丑	除	澗下水	房
20日	01/03	月	戊寅	満	城頭土	心
21日	01/04	火	己卯	平	城頭土	尾
22日	01/05	水	庚辰	定	白鑞金	箕
23日	01/06	木	辛巳	執	白鑞金	斗
24日	01/07	金	壬午	執	楊柳木	牛
25日	01/08	土	癸未	破	楊柳木	女
26日	01/09	日	甲申	危	井泉水	虚
27日	01/10	月	乙酉	成	井泉水	危
28日	01/11	火	丙戌	納	屋上土	室
29日	01/12	水	丁亥	開	屋上土	壁
30日	01/13	木	戊子	閉	霹靂火	奎

【十二月大 癸丑 斗】
節気 大寒 8日・立春 23日
雑節 土用 5日・節分 22日

日	西暦	曜	干支	直	納音	宿
1日	01/14	金	己丑	建	霹靂火	婁
2日	01/15	土	庚寅	除	松柏木	胃
3日	01/16	日	辛卯	満	松柏木	昴
4日	01/17	月	壬辰	平	長流水	畢
5日	01/18	火	癸巳	定	長流水	觜
6日	01/19	水	甲午	執	沙中金	參
7日	01/20	木	乙未	破	沙中金	井
8日	01/21	金	丙申	危	山下火	鬼
9日	01/22	土	丁酉	成	山下火	柳
10日	01/23	日	戊戌	納	平地木	星
11日	01/24	月	己亥	開	平地木	張
12日	01/25	火	庚子	閉	壁上土	翼
13日	01/26	水	辛丑	閉	壁上土	軫
14日	01/27	木	壬寅	除	金箔金	角
15日	01/28	金	癸卯	満	金箔金	亢
16日	01/29	土	甲辰	平	覆燈火	氐
17日	01/30	日	乙巳	定	覆燈火	房
18日	01/31	月	丙午	執	天河水	心
19日	02/01	火	丁未	破	天河水	尾
20日	02/02	水	戊申	危	大駅土	箕
21日	02/03	木	己酉	成	大駅土	斗
22日	02/04	金	庚戌	納	釵釧金	牛
23日	02/05	土	辛亥	納	釵釧金	女
24日	02/06	日	壬子	開	桑柘木	虚
25日	02/07	月	癸丑	閉	桑柘木	危
26日	02/08	火	甲寅	建	大溪水	室
27日	02/09	水	乙卯	除	大溪水	壁
28日	02/10	木	丙辰	満	沙中土	奎
29日	02/11	金	丁巳	平	沙中土	婁
30日	02/12	土	戊午	定	天上火	胃

宝暦13年

1763〜1764　癸未　壁

【正月大 甲寅 牛】

節気　雨水 8日・啓蟄 23日

日	日付	曜	干支	直	納音	宿
1日	02/13	日	己未	執	天上火	昴
2日	02/14	月	庚申	破	柘榴木	畢
3日	02/15	火	辛酉	危	柘榴木	觜
4日	02/16	水	壬戌	成	大海水	參
5日	02/17	木	癸亥	納	大海水	井
6日	02/18	金	甲子	開	海中金	鬼
7日	02/19	土	乙丑	閉	海中金	柳
8日	02/20	日	丙寅	建	爐中火	星
9日	02/21	月	丁卯	除	爐中火	張
10日	02/22	火	戊辰	満	大林木	翼
11日	02/23	水	己巳	平	大林木	軫
12日	02/24	木	庚午	定	路傍土	角
13日	02/25	金	辛未	執	路傍土	亢
14日	02/26	土	壬申	破	劔鋒金	氐
15日	02/27	日	癸酉	危	劔鋒金	房
16日	02/28	月	甲戌	成	山頭火	心
17日	03/01	火	乙亥	納	山頭火	尾
18日	03/02	水	丙子	開	澗下水	箕
19日	03/03	木	丁丑	閉	澗下水	斗
20日	03/04	金	戊寅	建	城頭土	牛
21日	03/05	土	己卯	除	城頭土	女
22日	03/06	日	庚辰	満	白鑞金	虚
23日	03/07	月	辛巳	満	白鑞金	危
24日	03/08	火	壬午	平	楊柳木	室
25日	03/09	水	癸未	定	楊柳木	壁
26日	03/10	木	甲申	執	井泉水	奎
27日	03/11	金	乙酉	破	井泉水	婁
28日	03/12	土	丙戌	危	屋上土	胃
29日	03/13	日	丁亥	成	屋上土	昴
30日	03/14	月	戊子	納	霹靂火	畢

【二月小 乙卯 女】

節気　春分 9日・清明 24日

雑節　彼岸 4日・社日 10日

日	日付	曜	干支	直	納音	宿
1日	03/15	火	己丑	開	霹靂火	觜
2日	03/16	水	庚寅	閉	松柏木	參
3日	03/17	木	辛卯	建	松柏木	井
4日	03/18	金	壬辰	除	長流水	鬼
5日	03/19	土	癸巳	満	長流水	柳
6日	03/20	日	甲午	平	沙中金	星
7日	03/21	月	乙未	定	沙中金	張
8日	03/22	火	丙申	執	山下火	翼
9日	03/23	水	丁酉	破	山下火	軫
10日	03/24	木	戊戌	危	平地木	角
11日	03/25	金	己亥	成	平地木	亢
12日	03/26	土	庚子	納	壁上土	氐
13日	03/27	日	辛丑	開	壁上土	房
14日	03/28	月	壬寅	閉	金箔金	心
15日	03/29	火	癸卯	建	金箔金	尾
16日	03/30	水	甲辰	除	覆燈火	箕
17日	03/31	木	乙巳	満	覆燈火	斗
18日	04/01	金	丙午	平	天河水	牛
19日	04/02	土	丁未	定	天河水	女
20日	04/03	日	戊申	執	大驛土	虚
21日	04/04	月	己酉	破	大驛土	危
22日	04/05	火	庚戌	危	釵釧金	室
23日	04/06	水	辛亥	成	釵釧金	壁
24日	04/07	木	壬子	成	桑柘木	奎
25日	04/08	金	癸丑	納	桑柘木	婁
26日	04/09	土	甲寅	開	大溪水	胃
27日	04/10	日	乙卯	閉	大溪水	昴
28日	04/11	月	丙辰	建	沙中土	畢
29日	04/12	火	丁巳	除	沙中土	觜

【三月大 丙辰 虚】

節気　穀雨 10日・立夏 25日

雑節　土用 7日・八十八夜 21日

日	日付	曜	干支	直	納音	宿
1日	04/13	水	戊午	満	天上火	參
2日	04/14	木	己未	平	天上火	井
3日	04/15	金	庚申	定	柘榴木	鬼
4日	04/16	土	辛酉	執	柘榴木	柳
5日	04/17	日	壬戌	破	大海水	星
6日	04/18	月	癸亥	危	大海水	張
7日	04/19	火	甲子	成	海中金	翼
8日	04/20	水	乙丑	納	海中金	軫
9日	04/21	木	丙寅	開	爐中火	角
10日	04/22	金	丁卯	閉	爐中火	亢
11日	04/23	土	戊辰	建	大林木	氐
12日	04/24	日	己巳	除	大林木	房
13日	04/25	月	庚午	満	路傍土	心
14日	04/26	火	辛未	平	路傍土	尾
15日	04/27	水	壬申	定	劔鋒金	箕
16日	04/28	木	癸酉	執	劔鋒金	斗
17日	04/29	金	甲戌	破	山頭火	牛
18日	04/30	土	乙亥	危	山頭火	女
19日	05/01	日	丙子	成	澗下水	虚
20日	05/02	月	丁丑	納	澗下水	危
21日	05/03	火	戊寅	開	城頭土	室
22日	05/04	水	己卯	閉	城頭土	壁
23日	05/05	木	庚辰	建	白鑞金	奎
24日	05/06	金	辛巳	除	白鑞金	婁
25日	05/07	土	壬午	除	楊柳木	胃
26日	05/08	日	癸未	満	楊柳木	昴
27日	05/09	月	甲申	平	井泉水	畢
28日	05/10	火	乙酉	定	井泉水	觜
29日	05/11	水	丙戌	執	屋上土	參
30日	05/12	木	丁亥	破	屋上土	井

【四月小 丁巳 危】

節気　小満 9日・芒種 26日

日	日付	曜	干支	直	納音	宿
1日	05/13	金	戊子	危	霹靂火	鬼
2日	05/14	土	己丑	成	霹靂火	柳
3日	05/15	日	庚寅	納	松柏木	星
4日	05/16	月	辛卯	開	松柏木	張
5日	05/17	火	壬辰	閉	長流水	翼
6日	05/18	水	癸巳	建	長流水	軫
7日	05/19	木	甲午	除	沙中金	角
8日	05/20	金	乙未	満	沙中金	亢
9日	05/21	土	丙申	平	山下火	氐
10日	05/22	日	丁酉	定	山下火	房
11日	05/23	月	戊戌	執	平地木	心
12日	05/24	火	己亥	破	平地木	尾
13日	05/25	水	庚子	危	壁上土	箕
14日	05/26	木	辛丑	成	壁上土	斗
15日	05/27	金	壬寅	納	金箔金	牛
16日	05/28	土	癸卯	開	金箔金	女
17日	05/29	日	甲辰	閉	覆燈火	虚
18日	05/30	月	乙巳	建	覆燈火	危
19日	05/31	火	丙午	除	天河水	室
20日	06/01	水	丁未	満	天河水	壁
21日	06/02	木	戊申	平	大驛土	奎
22日	06/03	金	己酉	定	大驛土	婁
23日	06/04	土	庚戌	執	釵釧金	胃
24日	06/05	日	辛亥	破	釵釧金	昴
25日	06/06	月	壬子	危	桑柘木	畢
26日	06/07	火	癸丑	危	桑柘木	觜
27日	06/08	水	甲寅	成	大溪水	參
28日	06/09	木	乙卯	納	大溪水	井
29日	06/10	金	丙辰	開	沙中土	鬼

【五月大 戊午 室】

節気　夏至 12日・小暑 27日

雑節　入梅 6日・半夏生 22日

日	日付	曜	干支	直	納音	宿
1日	06/11	土	丁巳	閉	沙中土	柳
2日	06/12	日	戊午	建	天上火	星
3日	06/13	月	己未	除	天上火	張
4日	06/14	火	庚申	満	柘榴木	翼
5日	06/15	水	辛酉	平	柘榴木	軫
6日	06/16	木	壬戌	定	大海水	角
7日	06/17	金	癸亥	執	大海水	亢
8日	06/18	土	甲子	破	海中金	氐
9日	06/19	日	乙丑	危	海中金	房
10日	06/20	月	丙寅	成	爐中火	心
11日	06/21	火	丁卯	納	爐中火	尾
12日	06/22	水	戊辰	開	大林木	箕
13日	06/23	木	己巳	閉	大林木	斗
14日	06/24	金	庚午	建	路傍土	牛
15日	06/25	土	辛未	除	路傍土	女
16日	06/26	日	壬申	満	劔鋒金	虚
17日	06/27	月	癸酉	平	劔鋒金	危
18日	06/28	火	甲戌	定	山頭火	室
19日	06/29	水	乙亥	執	山頭火	壁
20日	06/30	木	丙子	破	澗下水	奎
21日	07/01	金	丁丑	危	澗下水	婁
22日	07/02	土	戊寅	成	城頭土	胃
23日	07/03	日	己卯	納	城頭土	昴
24日	07/04	月	庚辰	開	白鑞金	畢
25日	07/05	火	辛巳	閉	白鑞金	觜
26日	07/06	水	壬午	建	楊柳木	參
27日	07/07	木	癸未	建	楊柳木	井
28日	07/08	金	甲申	除	井泉水	鬼
29日	07/09	土	乙酉	満	井泉水	柳
30日	07/10	日	丙戌	平	屋上土	星

【六月小 己未 壁】

節気　大暑 12日・立秋 27日

雑節　土用 9日

日	日付	曜	干支	直	納音	宿
1日	07/11	月	丁亥	定	屋上土	張
2日	07/12	火	戊子	執	霹靂火	翼
3日	07/13	水	己丑	破	霹靂火	軫
4日	07/14	木	庚寅	危	松柏木	角
5日	07/15	金	辛卯	成	松柏木	亢
6日	07/16	土	壬辰	納	長流水	氐
7日	07/17	日	癸巳	開	長流水	房
8日	07/18	月	甲午	閉	沙中金	心
9日	07/19	火	乙未	建	沙中金	尾
10日	07/20	水	丙申	除	山下火	箕
11日	07/21	木	丁酉	満	山下火	斗
12日	07/22	金	戊戌	平	平地木	牛
13日	07/23	土	己亥	定	平地木	女
14日	07/24	日	庚子	執	壁上土	虚
15日	07/25	月	辛丑	破	壁上土	危
16日	07/26	火	壬寅	危	金箔金	室
17日	07/27	水	癸卯	成	金箔金	壁
18日	07/28	木	甲辰	納	覆燈火	奎
19日	07/29	金	乙巳	開	覆燈火	婁
20日	07/30	土	丙午	閉	天河水	胃
21日	07/31	日	丁未	建	天河水	昴
22日	08/01	月	戊申	除	大驛土	畢
23日	08/02	火	己酉	満	大驛土	觜
24日	08/03	水	庚戌	平	釵釧金	參
25日	08/04	木	辛亥	定	釵釧金	井
26日	08/05	金	壬子	執	桑柘木	鬼
27日	08/06	土	癸丑	執	桑柘木	柳
28日	08/07	日	甲寅	破	大溪水	星
29日	08/08	月	乙卯	危	大溪水	張

【七月大 庚申 奎】

節気　処暑 14日・白露 29日

雑節　二百十日 25日

日	日付	曜	干支	直	納音	宿
1日	08/09	火	丙辰	成	沙中土	翼
2日	08/10	水	丁巳	納	沙中土	軫
3日	08/11	木	戊午	開	天上火	角

宝暦13年

西暦	曜	干支	直	納音	宿
4日 08/12	金	己未	閉	天上火	亢
5日 08/13	土	庚申	建	柘榴木	氐
6日 08/14	日	辛酉	除	柘榴木	房
7日 08/15	月	壬戌	満	大海水	心
8日 08/16	火	癸亥	平	大海水	尾
9日 08/17	水	甲子	定	海中金	箕
10日 08/18	木	乙丑	執	海中金	斗
11日 08/19	金	丙寅	破	爐中火	女
12日 08/20	土	丁卯	危	爐中火	女
13日 08/21	日	戊辰	成	大林木	虚
14日 08/22	月	己巳	納	大林木	危
15日 08/23	火	庚午	開	路傍土	室
16日 08/24	水	辛未	閉	路傍土	壁
17日 08/25	木	壬申	建	釼鋒金	奎
18日 08/26	金	癸酉	除	釼鋒金	婁
19日 08/27	土	甲戌	満	山頭火	胃
20日 08/28	日	乙亥	平	山頭火	昴
21日 08/29	月	丙子	定	澗下水	畢
22日 08/30	火	丁丑	執	澗下水	觜
23日 08/31	水	戊寅	破	城頭土	参
24日 09/01	木	己卯	危	城頭土	井
25日 09/02	金	庚辰	成	白鑞金	鬼
26日 09/03	土	辛巳	納	白鑞金	柳
27日 09/04	日	壬午	開	楊柳木	星
28日 09/05	月	癸未	閉	楊柳木	張
29日 09/06	火	甲申	開	井泉水	翼
30日 09/07	水	乙酉	建	井泉水	軫

【八月小 辛酉 婁】
節気 秋分 14日・寒露 29日
雑節 彼岸 13日・社日 13日

1日 09/08	木	丙戌	除	屋上土	角
2日 09/09	金	丁亥	満	屋上土	亢
3日 09/10	土	戊子	平	霹靂火	氐
4日 09/11	日	己丑	定	霹靂火	房
5日 09/12	月	庚寅	執	松柏木	心
6日 09/13	火	辛卯	破	松柏木	尾
7日 09/14	水	壬辰	危	長流水	箕
8日 09/15	木	癸巳	成	長流水	斗
9日 09/16	金	甲午	納	沙中金	女
10日 09/17	土	乙未	開	沙中金	女
11日 09/18	日	丙申	閉	山下火	虚
12日 09/19	月	丁酉	建	山下火	危
13日 09/20	火	戊戌	除	平地木	室
14日 09/21	水	己亥	満	平地木	壁
15日 09/22	木	庚子	平	壁上土	奎
16日 09/23	金	辛丑	定	壁上土	婁
17日 09/24	土	壬寅	執	金箔金	胃
18日 09/25	日	癸卯	破	金箔金	昴
19日 09/26	月	甲辰	危	覆燈火	畢
20日 09/27	火	乙巳	成	覆燈火	觜
21日 09/28	水	丙午	納	天河水	参
22日 09/29	木	丁未	開	天河水	井
23日 09/30	金	戊申	閉	大駅土	鬼
24日 10/01	土	己酉	建	大駅土	柳
25日 10/02	日	庚戌	除	釼釧金	星
26日 10/03	月	辛亥	満	釼釧金	張
27日 10/04	火	壬子	定	桑柘木	翼
28日 10/05	水	癸丑	執	桑柘木	軫
29日 10/06	木	甲寅	定	大溪水	角

【九月小 壬戌 胃】
節気 霜降 16日
雑節 土用 13日

1日 10/07	金	乙卯	執	大溪水	亢
2日 10/08	土	丙辰	破	沙中土	氐
3日 10/09	日	丁巳	危	沙中土	房
4日 10/10	月	戊午	成	天上火	心

5日 10/11	火	己未	納	天上火	尾
6日 10/12	水	庚申	開	柘榴木	箕
7日 10/13	木	辛酉	閉	柘榴木	斗
8日 10/14	金	壬戌	開	大海水	牛
9日 10/15	土	癸亥	除	大海水	女
10日 10/16	日	甲子	満	海中金	虚
11日 10/17	月	乙丑	平	海中金	危
12日 10/18	火	丙寅	定	爐中火	室
13日 10/19	水	丁卯	執	爐中火	壁
14日 10/20	木	戊辰	破	大林木	奎
15日 10/21	金	己巳	危	大林木	婁
16日 10/22	土	庚午	成	路傍土	胃
17日 10/23	日	辛未	納	路傍土	昴
18日 10/24	月	壬申	開	釼鋒金	畢
19日 10/25	火	癸酉	閉	釼鋒金	觜
20日 10/26	水	甲戌	建	山頭火	参
21日 10/27	木	乙亥	除	山頭火	井
22日 10/28	金	丙子	満	澗下水	鬼
23日 10/29	土	丁丑	平	澗下水	柳
24日 10/30	日	戊寅	定	城頭土	星
25日 10/31	月	己卯	執	城頭土	張
26日 11/01	火	庚辰	破	白鑞金	翼
27日 11/02	水	辛巳	危	白鑞金	軫
28日 11/03	木	壬午	成	楊柳木	角
29日 11/04	金	癸未	納	楊柳木	亢

【十月大 癸亥 昴】
節気 立冬 2日・小雪 17日

1日 11/05	土	甲申	開	井泉水	氐
2日 11/06	日	乙酉	閉	井泉水	房
3日 11/07	月	丙戌	閉	屋上土	心
4日 11/08	火	丁亥	建	屋上土	尾
5日 11/09	水	戊子	除	霹靂火	箕
6日 11/10	木	己丑	満	霹靂火	斗
7日 11/11	金	庚寅	平	松柏木	牛
8日 11/12	土	辛卯	執	松柏木	女
9日 11/13	日	壬辰	執	長流水	虚
10日 11/14	月	癸巳	破	長流水	危
11日 11/15	火	甲午	危	沙中金	室
12日 11/16	水	乙未	成	沙中金	壁
13日 11/17	木	丙申	納	山下火	奎
14日 11/18	金	丁酉	開	山下火	婁
15日 11/19	土	戊戌	閉	平地木	胃
16日 11/20	日	己亥	建	平地木	昴
17日 11/21	月	庚子	除	壁上土	畢
18日 11/22	火	辛丑	満	壁上土	觜
19日 11/23	水	壬寅	平	金箔金	参
20日 11/24	木	癸卯	定	金箔金	井
21日 11/25	金	甲辰	執	覆燈火	鬼
22日 11/26	土	乙巳	破	覆燈火	柳
23日 11/27	日	丙午	成	天河水	星
24日 11/28	月	丁未	成	天河水	張
25日 11/29	火	戊申	納	大駅土	翼
26日 11/30	水	己酉	閉	大駅土	軫
27日 12/01	木	庚戌	閉	釼釧金	角
28日 12/02	金	辛亥	建	釼釧金	亢
29日 12/03	土	壬子	除	桑柘木	氐
30日 12/04	日	癸丑	満	桑柘木	房

【十一月小 甲子 畢】
節気 大雪 2日・冬至 17日

1日 12/05	月	甲寅	平	大溪水	心
2日 12/06	火	乙卯	定	大溪水	尾
3日 12/07	水	丙辰	執	沙中土	箕
4日 12/08	木	丁巳	執	沙中土	斗
5日 12/09	金	戊午	破	天上火	牛
6日 12/10	土	己未	危	天上火	女
7日 12/11	日	庚申	成	柘榴木	虚

8日 12/12	月	辛酉	納	柘榴木	室
9日 12/13	火	壬戌	開	大海水	壁
10日 12/14	水	癸亥	閉	大海水	奎
11日 12/15	木	甲子	建	海中金	婁
12日 12/16	金	乙丑	除	海中金	胃
13日 12/17	土	丙寅	満	爐中火	昴
14日 12/18	日	丁卯	平	爐中火	畢
15日 12/19	月	戊辰	定	大林木	觜
16日 12/20	火	己巳	執	大林木	参
17日 12/21	水	庚午	破	路傍土	井
18日 12/22	木	辛未	危	路傍土	鬼
19日 12/23	金	壬申	成	釼鋒金	柳
20日 12/24	土	癸酉	納	釼鋒金	星
21日 12/25	日	甲戌	開	山頭火	張
22日 12/26	月	乙亥	閉	山頭火	翼
23日 12/27	火	丙子	建	澗下水	軫
24日 12/28	水	丁丑	除	澗下水	角
25日 12/29	木	戊寅	満	城頭土	亢
26日 12/30	金	己卯	平	城頭土	氐
27日 12/31	土	庚辰	定	白鑞金	房

1764年

28日 01/01	日	辛巳	執	白鑞金	房
29日 01/02	月	壬午	破	楊柳木	心

【十二月大 乙丑 觜】
節気 小寒 4日・大寒 19日
雑節 土用 16日

1日 01/03	火	癸未	危	楊柳木	尾
2日 01/04	水	甲申	成	井泉水	箕
3日 01/05	木	乙酉	納	井泉水	斗
4日 01/06	金	丙戌	開	屋上土	牛
5日 01/07	土	丁亥	開	屋上土	女
6日 01/08	日	戊子	閉	霹靂火	虚
7日 01/09	月	己丑	建	霹靂火	危
8日 01/10	火	庚寅	除	松柏木	室
9日 01/11	水	辛卯	満	松柏木	壁
10日 01/12	木	壬辰	平	長流水	奎
11日 01/13	金	癸巳	定	長流水	婁
12日 01/14	土	甲午	執	沙中金	胃
13日 01/15	日	乙未	破	沙中金	昴
14日 01/16	月	丙申	危	山下火	畢
15日 01/17	火	丁酉	成	山下火	觜
16日 01/18	水	戊戌	納	平地木	参
17日 01/19	木	己亥	開	平地木	井
18日 01/20	金	庚子	閉	壁上土	鬼
19日 01/21	土	辛丑	建	壁上土	柳
20日 01/22	日	壬寅	除	金箔金	星
21日 01/23	月	癸卯	満	金箔金	張
22日 01/24	火	甲辰	定	覆燈火	翼
23日 01/25	水	乙巳	定	覆燈火	軫
24日 01/26	木	丙午	執	天河水	角
25日 01/27	金	丁未	破	天河水	亢
26日 01/28	土	戊申	危	大駅土	氐
27日 01/29	日	己酉	成	大駅土	房
28日 01/30	月	庚戌	納	釼釧金	心
29日 01/31	火	辛亥	開	釼釧金	尾
30日 02/01	水	壬子	閉	桑柘木	箕

明和元年〔宝暦14年〕

1764〜1765　甲申　奎
※改元＝6月2日

【正月大 丙寅 参】

節気 立春 4日・雨水 19日
雑節 節分 3日

日	日付	曜	干支	直	納音	宿
1日	02/02	木	癸丑	建	桑柘木	斗牛
2日	02/03	金	甲寅	除	大溪水	女
3日	02/04	土	乙卯	満	大溪水	虚
4日	02/05	日	丙辰	平	沙中土	危
5日	02/06	月	丁巳	定	沙中土	室
6日	02/07	火	戊午	執	天上火	壁
7日	02/08	水	己未	破	天上火	奎
8日	02/09	木	庚申	危	柘榴木	婁
9日	02/10	金	辛酉	成	柘榴木	胃
10日	02/11	土	壬戌	納	大海水	昴
11日	02/12	日	癸亥	開	大海水	畢
12日	02/13	月	甲子	閉	海中金	觜
13日	02/14	火	乙丑	建	海中金	参
14日	02/15	水	丙寅	建	爐中火	井
15日	02/16	木	丁卯	除	爐中火	鬼
16日	02/17	金	戊辰	満	大林木	柳
17日	02/18	土	己巳	平	大林木	星
18日	02/19	日	庚午	定	路傍土	張
19日	02/20	月	辛未	執	路傍土	翼
20日	02/21	火	壬申	破	劔鋒金	軫
21日	02/22	水	癸酉	危	劔鋒金	角
22日	02/23	木	甲戌	成	山頭火	亢
23日	02/24	金	乙亥	納	山頭火	氐
24日	02/25	土	丙子	開	澗下水	房
25日	02/26	日	丁丑	閉	澗下水	心
26日	02/27	月	戊寅	建	城頭土	尾
27日	02/28	火	己卯	除	城頭土	箕
28日	02/29	水	庚辰	平	白鑞金	斗
29日	03/01	木	辛巳	平	白鑞金	牛
30日	03/02	金	壬午	定	楊柳木	女

【二月小 丁卯 井】

節気 啓蟄 5日・春分 20日
雑節 彼岸 15日・社日 16日

日	日付	曜	干支	直	納音	宿
1日	03/03	土	癸未	執	楊柳木	虚
2日	03/04	日	甲申	破	井泉水	危
3日	03/05	月	乙酉	危	井泉水	室
4日	03/06	火	丙戌	成	屋上土	壁
5日	03/07	水	丁亥	納	屋上土	奎
6日	03/08	木	戊子	納	霹靂火	婁
7日	03/09	金	己丑	開	霹靂火	胃
8日	03/10	土	庚寅	閉	松柏木	昴
9日	03/11	日	辛卯	建	松柏木	畢
10日	03/12	月	壬辰	満	長流水	觜
11日	03/13	火	癸巳	満	長流水	参
12日	03/14	水	甲午	平	沙中金	井
13日	03/15	木	乙未	定	沙中金	鬼
14日	03/16	金	丙申	執	山下火	柳
15日	03/17	土	丁酉	破	山下火	星
16日	03/18	日	戊戌	危	平地木	張
17日	03/19	月	己亥	成	平地木	翼
18日	03/20	火	庚子	納	壁上土	軫
19日	03/21	水	辛丑	開	壁上土	角
20日	03/22	木	壬寅	閉	金箔金	亢
21日	03/23	金	癸卯	建	金箔金	氐
22日	03/24	土	甲辰	満	覆燈火	房
23日	03/25	日	乙巳	満	覆燈火	心
24日	03/26	月	丙午	平	天河水	尾
25日	03/27	火	丁未	定	天河水	箕
26日	03/28	水	戊申	執	大駅土	斗
27日	03/29	木	己酉	破	大駅土	牛
28日	03/30	金	庚戌	危	釵釧金	女
29日	03/31	土	辛亥	成	釵釧金	女

【三月大 戊辰 鬼】

節気 清明 6日・穀雨 21日
雑節 土用 18日

日	日付	曜	干支	直	納音	宿
1日	04/01	日	壬子	納	桑柘木	虚
2日	04/02	月	癸丑	開	桑柘木	室
3日	04/03	火	甲寅	閉	大溪水	壁
4日	04/04	水	乙卯	建	大溪水	奎
5日	04/05	木	丙辰	除	沙中土	婁
6日	04/06	金	丁巳	満	沙中土	胃
7日	04/07	土	戊午	定	天上火	昴
8日	04/08	日	己未	執	天上火	畢
9日	04/09	月	庚申	破	柘榴木	觜
10日	04/10	火	辛酉	危	柘榴木	参
11日	04/11	水	壬戌	成	大海水	井
12日	04/12	木	癸亥	納	大海水	鬼
13日	04/13	金	甲子	開	海中金	柳
14日	04/14	土	乙丑	閉	海中金	星
15日	04/15	日	丙寅	建	爐中火	張
16日	04/16	月	丁卯	除	爐中火	翼
17日	04/17	火	戊辰	満	大林木	軫
18日	04/18	水	己巳	定	大林木	角
19日	04/19	木	庚午	執	路傍土	亢
20日	04/20	金	辛未	破	路傍土	氐
21日	04/21	土	壬申	危	劔鋒金	房
22日	04/22	日	癸酉	成	劔鋒金	心
23日	04/23	月	甲戌	納	山頭火	尾
24日	04/24	火	乙亥	開	山頭火	箕
25日	04/25	水	丙子	閉	澗下水	斗
26日	04/26	木	丁丑	建	澗下水	牛
27日	04/27	金	戊寅	除	城頭土	女
28日	04/28	土	己卯	満	城頭土	虚
29日	04/29	日	庚辰	平	白鑞金	危
30日	04/30	月	辛巳	定	白鑞金	室

【四月大 己巳 柳】

節気 立夏 6日・小満 22日
雑節 八十八夜 2日

日	日付	曜	干支	直	納音	宿
1日	05/01	火	壬午	満	楊柳木	壁
2日	05/02	水	癸未	平	楊柳木	奎
3日	05/03	木	甲申	定	井泉水	婁
4日	05/04	金	乙酉	執	井泉水	胃
5日	05/05	土	丙戌	破	屋上土	昴
6日	05/06	日	丁亥	危	屋上土	畢
7日	05/07	月	戊子	成	霹靂火	觜
8日	05/08	火	己丑	納	霹靂火	参
9日	05/09	水	庚寅	開	松柏木	井
10日	05/10	木	辛卯	閉	松柏木	鬼
11日	05/11	金	壬辰	建	長流水	柳
12日	05/12	土	癸巳	除	長流水	星
13日	05/13	日	甲午	満	沙中金	張
14日	05/14	月	乙未	平	沙中金	翼
15日	05/15	火	丙申	定	山下火	軫
16日	05/16	水	丁酉	執	山下火	角
17日	05/17	木	戊戌	破	平地木	亢
18日	05/18	金	己亥	危	平地木	氐
19日	05/19	土	庚子	成	壁上土	房
20日	05/20	日	辛丑	納	壁上土	心
21日	05/21	月	壬寅	開	金箔金	尾
22日	05/22	火	癸卯	閉	金箔金	箕
23日	05/23	水	甲辰	建	覆燈火	斗
24日	05/24	木	乙巳	除	覆燈火	牛
25日	05/25	金	丙午	満	天河水	女
26日	05/26	土	丁未	平	天河水	虚
27日	05/27	日	戊申	定	大駅土	危
28日	05/28	月	己酉	執	大駅土	室
29日	05/29	火	庚戌	破	釵釧金	壁
30日	05/30	水	辛亥	危	釵釧金	奎

【五月小 庚午 星】

節気 芒種 7日・夏至 22日
雑節 入梅 11日

日	日付	曜	干支	直	納音	宿
1日	05/31	木	壬子	成	桑柘木	奎
2日	06/01	金	癸丑	納	桑柘木	婁
3日	06/02	土	甲寅	開	大溪水	胃
4日	06/03	日	乙卯	閉	大溪水	昴
5日	06/04	月	丙辰	建	沙中土	畢
6日	06/05	火	丁巳	除	沙中土	觜
7日	06/06	水	戊午	満	天上火	参
8日	06/07	木	己未	平	天上火	井
9日	06/08	金	庚申	定	柘榴木	鬼
10日	06/09	土	辛酉	執	柘榴木	柳
11日	06/10	日	壬戌	破	大海水	星
12日	06/11	月	癸亥	危	大海水	張
13日	06/12	火	甲子	成	海中金	翼
14日	06/13	水	乙丑	納	海中金	軫
15日	06/14	木	丙寅	開	爐中火	角
16日	06/15	金	丁卯	閉	爐中火	亢
17日	06/16	土	戊辰	建	大林木	氐
18日	06/17	日	己巳	除	大林木	房
19日	06/18	月	庚午	満	路傍土	心
20日	06/19	火	辛未	平	路傍土	尾
21日	06/20	水	壬申	定	劔鋒金	箕
22日	06/21	木	癸酉	執	劔鋒金	斗
23日	06/22	金	甲戌	破	山頭火	牛
24日	06/23	土	乙亥	危	山頭火	女
25日	06/24	日	丙子	成	澗下水	虚
26日	06/25	月	丁丑	納	澗下水	危
27日	06/26	火	戊寅	開	城頭土	室
28日	06/27	水	己卯	閉	城頭土	壁
29日	06/28	木	庚辰	建	白鑞金	奎

【六月大 辛未 張】

節気 小暑 8日・大暑 24日
雑節 半夏生 3日・土用 20日

日	日付	曜	干支	直	納音	宿
1日	06/29	金	辛巳	閉	白鑞金	婁
2日	06/30	土	壬午	建	楊柳木	胃

　＊改元（宝暦14年→明和元年）

日	日付	曜	干支	直	納音	宿
3日	07/01	日	癸未	除	楊柳木	昴
4日	07/02	月	甲申	満	井泉水	畢
5日	07/03	火	乙酉	平	井泉水	觜
6日	07/04	水	丙戌	定	屋上土	参
7日	07/05	木	丁亥	執	屋上土	井
8日	07/06	金	戊子	破	霹靂火	鬼
9日	07/07	土	己丑	危	霹靂火	柳
10日	07/08	日	庚寅	成	松柏木	星
11日	07/09	月	辛卯	納	松柏木	張
12日	07/10	火	壬辰	開	長流水	翼
13日	07/11	水	癸巳	閉	長流水	軫
14日	07/12	木	甲午	建	沙中金	角
15日	07/13	金	乙未	除	沙中金	亢
16日	07/14	土	丙申	満	山下火	氐
17日	07/15	日	丁酉	平	山下火	房
18日	07/16	月	戊戌	定	平地木	心
19日	07/17	火	己亥	執	平地木	尾
20日	07/18	水	庚子	破	壁上土	箕
21日	07/19	木	辛丑	危	壁上土	斗
22日	07/20	金	壬寅	成	金箔金	牛
23日	07/21	土	癸卯	納	金箔金	女
24日	07/22	日	甲辰	開	覆燈火	虚
25日	07/23	月	乙巳	閉	覆燈火	危
26日	07/24	火	丙午	建	天河水	室
27日	07/25	水	丁未	除	天河水	壁
28日	07/26	木	戊申	満	大駅土	奎
29日	07/27	金	己酉	平	大駅土	婁
30日	07/28	土	庚戌	定	釵釧金	胃

【七月小 壬申 翼】

節気 立秋 9日・処暑 24日

日	日付	曜	干支	直	納音	宿
1日	07/29	日	辛亥	執	釵釧金	昴
2日	07/30	月	壬子	破	桑柘木	畢
3日	07/31	火	癸丑	危	桑柘木	觜
4日	08/01	水	甲寅	成	大溪水	参
5日	08/02	木	乙卯	納	大溪水	井
6日	08/03	金	丙辰	開	沙中土	鬼
7日	08/04	土	丁巳	閉	沙中土	柳
8日	08/05	日	戊午	建	天上火	星
9日	08/06	月	己未	除	天上火	張
10日	08/07	火	庚申	満	柘榴木	翼
11日	08/08	水	辛酉	平	柘榴木	軫
12日	08/09	木	壬戌	定	大海水	角

西暦 曜 干支 直 納音 宿　　　　　　　　　　　明和元年〔宝暦14年〕

日	西暦	曜	干支	直	納音	宿
13日	08/10	金	癸亥	平	大海水	亢
14日	08/11	土	甲子	定	海中金	氐
15日	08/12	日	乙丑	執	海中金	房
16日	08/13	月	丙寅	破	爐中火	心
17日	08/14	火	丁卯	危	爐中火	尾
18日	08/15	水	戊辰	成	大林木	箕
19日	08/16	木	己巳	納	大林木	斗
20日	08/17	金	庚午	開	路傍土	女
21日	08/18	土	辛未	建	路傍土	虚
22日	08/19	日	壬申	建	釼鋒金	危
23日	08/20	月	癸酉	除	釼鋒金	室
24日	08/21	火	甲戌	満	山頭火	壁
25日	08/22	水	乙亥	平	山頭火	奎
26日	08/23	木	丙子	執	澗下水	婁
27日	08/24	金	丁丑	執	澗下水	胃
28日	08/25	土	戊寅	破	城頭土	昴
29日	08/26	日	己卯	危	城頭土	畢

【八月大 癸酉 軫】
節気 白露 10日・秋分 25日
雑節 二百十日 6日・彼岸 24日・社日 29日

日	西暦	曜	干支	直	納音	宿
1日	08/27	月	庚辰	成	白鑞金	觜
2日	08/28	火	辛巳	納	白鑞金	參
3日	08/29	水	壬午	開	楊柳木	井
4日	08/30	木	癸未	建	楊柳木	鬼
5日	08/31	金	甲申	建	井泉水	柳
6日	09/01	土	乙酉	除	井泉水	星
7日	09/02	日	丙戌	満	屋上土	張
8日	09/03	月	丁亥	平	屋上土	翼
9日	09/04	火	戊子	定	霹靂火	軫
10日	09/05	水	己丑	執	松柏木	角
11日	09/06	木	庚寅	破	松柏木	亢
12日	09/07	金	辛卯	危	松柏木	氐
13日	09/08	土	壬辰	成	長流水	房
14日	09/09	日	癸巳	納	長流水	心
15日	09/10	月	甲午	納	沙中金	尾
16日	09/11	火	乙未	開	沙中金	箕
17日	09/12	水	丙申	建	山下火	斗
18日	09/13	木	丁酉	建	山下火	牛
19日	09/14	金	戊戌	除	平地木	女
20日	09/15	土	己亥	満	平地木	虚
21日	09/16	日	庚子	定	壁上土	危
22日	09/17	月	辛丑	定	壁上土	室
23日	09/18	火	壬寅	執	金箔金	壁
24日	09/19	水	癸卯	破	金箔金	奎
25日	09/20	木	甲辰	危	覆燈火	婁
26日	09/21	金	乙巳	成	覆燈火	胃
27日	09/22	土	丙午	納	天河水	昴
28日	09/23	日	丁未	開	天河水	畢
29日	09/24	月	戊申	建	大驛土	觜
30日	09/25	火	己酉	建	大驛土	參

【九月小 甲戌 角】
節気 寒露 11日・霜降 26日
雑節 土用 23日

日	西暦	曜	干支	直	納音	宿
1日	09/26	水	庚戌	除	釼釧金	井
2日	09/27	木	辛亥	満	釼釧金	鬼
3日	09/28	金	壬子	平	桑柘木	柳
4日	09/29	土	癸丑	定	桑柘木	星
5日	09/30	日	甲寅	執	大溪水	張
6日	10/01	月	乙卯	破	大溪水	翼
7日	10/02	火	丙辰	危	沙中土	軫
8日	10/03	水	丁巳	成	沙中土	角
9日	10/04	木	戊午	納	天上火	亢
10日	10/05	金	己未	開	天上火	氐
11日	10/06	土	庚申	開	柘榴木	房
12日	10/07	日	辛酉	建	柘榴木	心
13日	10/08	月	壬戌	除	大海水	尾
14日	10/09	火	癸亥	満	大海水	箕
15日	10/10	水	甲子	平	海中金	斗
16日	10/11	木	乙丑	定	海中金	牛
17日	10/12	金	丙寅	定	爐中火	女
18日	10/13	土	丁卯	執	爐中火	虚
19日	10/14	日	戊辰	破	大林木	危
20日	10/15	月	己巳	危	大林木	室
21日	10/16	火	庚午	成	路傍土	壁
22日	10/17	水	辛未	納	路傍土	奎
23日	10/18	木	壬申	開	釼鋒金	婁
24日	10/19	金	癸酉	建	釼鋒金	胃
25日	10/20	土	甲戌	建	山頭火	昴
26日	10/21	日	乙亥	除	山頭火	畢
27日	10/22	月	丙子	満	澗下水	觜
28日	10/23	火	丁丑	平	澗下水	參
29日	10/24	水	戊寅	定	城頭土	井

【十月小 乙亥 亢】
節気 立冬 12日・小雪 27日

日	西暦	曜	干支	直	納音	宿
1日	10/25	木	己卯	執	城頭土	鬼
2日	10/26	金	庚辰	破	白鑞金	柳
3日	10/27	土	辛巳	危	白鑞金	星
4日	10/28	日	壬午	成	楊柳木	張
5日	10/29	月	癸未	納	楊柳木	翼
6日	10/30	火	甲申	開	井泉水	軫
7日	10/31	水	乙酉	閉	井泉水	角
8日	11/01	木	丙戌	建	屋上土	亢
9日	11/02	金	丁亥	除	屋上土	氐
10日	11/03	土	戊子	満	霹靂火	房
11日	11/04	日	己丑	平	霹靂火	心
12日	11/05	月	庚寅	定	松柏木	尾
13日	11/06	火	辛卯	執	松柏木	箕
14日	11/07	水	壬辰	破	長流水	斗
15日	11/08	木	癸巳	危	長流水	牛
16日	11/09	金	甲午	成	沙中金	女
17日	11/10	土	乙未	納	沙中金	虚
18日	11/11	日	丙申	開	山下火	危
19日	11/12	月	丁酉	閉	山下火	室
20日	11/13	火	戊戌	建	平地木	壁
21日	11/14	水	己亥	除	平地木	奎
22日	11/15	木	庚子	満	壁上土	婁
23日	11/16	金	辛丑	平	壁上土	胃
24日	11/17	土	壬寅	定	金箔金	昴
25日	11/18	日	癸卯	執	金箔金	畢
26日	11/19	月	甲辰	執	覆燈火	觜
27日	11/20	火	乙巳	破	覆燈火	參
28日	11/21	水	丙午	危	天河水	井
29日	11/22	木	丁未	成	天河水	鬼

【十一月大 丙子 氐】
節気 大雪 13日・冬至 29日

日	西暦	曜	干支	直	納音	宿
1日	11/23	金	戊申	納	大驛土	柳
2日	11/24	土	己酉	開	大驛土	星
3日	11/25	日	庚戌	閉	釼釧金	張
4日	11/26	月	辛亥	建	釼釧金	翼
5日	11/27	火	壬子	除	桑柘木	軫
6日	11/28	水	癸丑	満	桑柘木	角
7日	11/29	木	甲寅	平	大溪水	亢
8日	11/30	金	乙卯	定	大溪水	氐
9日	12/01	土	丙辰	執	沙中土	房
10日	12/02	日	丁巳	破	沙中土	心
11日	12/03	月	戊午	危	天上火	尾
12日	12/04	火	己未	成	天上火	箕
13日	12/05	水	庚申	納	柘榴木	斗
14日	12/06	木	辛酉	開	柘榴木	牛
15日	12/07	金	壬戌	閉	大海水	女
16日	12/08	土	癸亥	建	大海水	虚
17日	12/09	日	甲子	除	海中金	危
18日	12/10	月	乙丑	満	海中金	室
19日	12/11	火	丙寅	平	爐中火	壁
20日	12/12	水	丁卯	定	爐中火	奎
21日	12/13	木	戊辰	執	大林木	婁
22日	12/14	金	己巳	破	大林木	胃
23日	12/15	土	庚午	危	路傍土	昴
24日	12/16	日	辛未	成	路傍土	畢
25日	12/17	月	壬申	納	釼鋒金	觜
26日	12/18	火	癸酉	納	釼鋒金	參
27日	12/19	水	甲戌	開	山頭火	井
28日	12/20	木	乙亥	開	山頭火	鬼
29日	12/21	金	丙子	建	澗下水	柳
30日	12/22	土	丁丑	除	澗下水	星

【十二月小 丁丑 房】
節気 小寒 14日・大寒 29日
雑節 土用 26日

日	西暦	曜	干支	直	納音	宿
1日	12/23	日	戊寅	満	城頭土	張
2日	12/24	月	己卯	定	城頭土	翼
3日	12/25	火	庚辰	定	白鑞金	軫
4日	12/26	水	辛巳	執	白鑞金	角
5日	12/27	木	壬午	破	楊柳木	亢
6日	12/28	金	癸未	危	楊柳木	氐
7日	12/29	土	甲申	成	井泉水	房
8日	12/30	日	乙酉	納	井泉水	心
9日	12/31	月	丙戌	開	屋上土	尾

1765年

日	西暦	曜	干支	直	納音	宿
10日	01/01	火	丁亥	閉	屋上土	箕
11日	01/02	水	戊子	建	霹靂火	斗
12日	01/03	木	己丑	除	霹靂火	牛
13日	01/04	金	庚寅	満	松柏木	女
14日	01/05	土	辛卯	平	松柏木	虚
15日	01/06	日	壬辰	定	長流水	危
16日	01/07	月	癸巳	執	長流水	室
17日	01/08	火	甲午	執	沙中金	壁
18日	01/09	水	乙未	破	沙中金	奎
19日	01/10	木	丙申	危	山下火	婁
20日	01/11	金	丁酉	成	山下火	胃
21日	01/12	土	戊戌	納	平地木	昴
22日	01/13	日	己亥	開	平地木	畢
23日	01/14	月	庚子	閉	壁上土	觜
24日	01/15	火	辛丑	建	壁上土	參
25日	01/16	水	壬寅	除	金箔金	井
26日	01/17	木	癸卯	満	金箔金	鬼
27日	01/18	金	甲辰	平	覆燈火	柳
28日	01/19	土	乙巳	定	覆燈火	星
29日	01/20	日	丙午	執	天河水	張

【閏十二月大 丁丑 房】
節気 立春 15日
雑節 節分 14日

日	西暦	曜	干支	直	納音	宿
1日	01/21	月	丁未	破	天河水	翼
2日	01/22	火	戊申	危	大驛土	軫
3日	01/23	水	己酉	成	大驛土	角
4日	01/24	木	庚戌	納	釼釧金	亢
5日	01/25	金	辛亥	開	釼釧金	氐
6日	01/26	土	壬子	閉	桑柘木	房
7日	01/27	日	癸丑	建	桑柘木	心
8日	01/28	月	甲寅	除	大溪水	尾
9日	01/29	火	乙卯	満	大溪水	箕
10日	01/30	水	丙辰	平	沙中土	斗
11日	01/31	木	丁巳	定	沙中土	牛
12日	02/01	金	戊午	執	天上火	女
13日	02/02	土	己未	破	天上火	虚
14日	02/03	日	庚申	危	柘榴木	危
15日	02/04	月	辛酉	成	柘榴木	室
16日	02/05	火	壬戌	納	大海水	壁
17日	02/06	水	癸亥	開	大海水	奎
18日	02/07	木	甲子	閉	海中金	婁
19日	02/08	金	乙丑	建	海中金	胃
20日	02/09	土	丙寅	除	爐中火	昴
21日	02/10	日	丁卯	満	爐中火	畢
22日	02/11	月	戊辰	平	大林木	觜
23日	02/12	火	己巳	定	大林木	參
24日	02/13	水	庚午	執	路傍土	井
25日	02/14	木	辛未	破	路傍土	鬼
26日	02/15	金	壬申	危	釼鋒金	柳
27日	02/16	土	癸酉	成	釼鋒金	星
28日	02/17	日	甲戌	納	山頭火	張
29日	02/18	月	乙亥	開	山頭火	翼
30日	02/19	火	丙子	閉	澗下水	軫

明和2年
1765～1766 乙酉 娶

【正月小 戊寅 心】
節気 雨水 1日・啓蟄 16日
雑節 彼岸 26日

日	日付	曜	干支	直	納音	宿
1日	02/20	水	丁丑	閉	澗下水	軫
2日	02/21	木	戊寅	建	城頭土	角
3日	02/22	金	己卯	除	城頭土	亢
4日	02/23	土	庚辰	満	白鑞金	氐
5日	02/24	日	辛巳	定	白鑞金	房
6日	02/25	月	壬午	執	楊柳木	心
7日	02/26	火	癸未	破	楊柳木	尾
8日	02/27	水	甲申	危	井泉水	箕
9日	02/28	木	乙酉	成	井泉水	斗
10日	03/01	金	丙戌	納	屋上土	牛
11日	03/02	土	丁亥	開	屋上土	女
12日	03/03	日	戊子	閉	霹靂火	虚
13日	03/04	月	己丑	閉	霹靂火	危
14日	03/05	火	庚寅	建	松柏木	室
15日	03/06	水	辛卯	除	松柏木	壁
16日☆	03/07	木	壬辰	除	長流水	奎
17日	03/08	金	癸巳	満	長流水	婁
18日	03/09	土	甲午	定	沙中金	胃
19日	03/10	日	乙未	定	沙中金	昴
20日	03/11	月	丙申	執	山下火	畢
21日	03/12	火	丁酉	破	山下火	觜
22日	03/13	水	戊戌	危	平地木	参
23日	03/14	木	己亥	成	平地木	井
24日	03/15	金	庚子	納	壁上土	鬼
25日	03/16	土	辛丑	開	壁上土	柳
26日	03/17	日	壬寅	閉	金箔金	星
27日	03/18	月	癸卯	建	金箔金	張
28日	03/19	火	甲辰	除	覆燈火	翼
29日	03/20	水	乙巳	満	覆燈火	軫

【二月大 己卯 尾】
節気 春分 2日・清明 17日
雑節 社日 3日・土用 29日

日	日付	曜	干支	直	納音	宿
1日	03/21	木	丙午	平	天河水	角
2日	03/22	金	丁未	定	天河水	亢
3日	03/23	土	戊申	執	大駅土	氐
4日	03/24	日	己酉	破	大駅土	房
5日	03/25	月	庚戌	危	釵釧金	心
6日	03/26	火	辛亥	成	釵釧金	尾
7日	03/27	水	壬子	納	桑柘木	箕
8日	03/28	木	癸丑	開	桑柘木	斗
9日	03/29	金	甲寅	閉	大溪水	牛
10日	03/30	土	乙卯	建	大溪水	女
11日	03/31	日	丙辰	除	沙中土	虚
12日	04/01	月	丁巳	満	沙中土	危
13日	04/02	火	戊午	定	天上火	室
14日	04/03	水	己未	執	天上火	壁
15日	04/04	木	庚申	執	柘榴木	奎
16日	04/05	金	辛酉	破	柘榴木	胃
17日	04/06	土	壬戌	破	大海水	胃
18日	04/07	日	癸亥	危	大海水	昴
19日	04/08	月	甲子	成	海中金	畢
20日	04/09	火	乙丑	納	海中金	觜
21日	04/10	水	丙寅	開	爐中火	参
22日	04/11	木	丁卯	閉	爐中火	井
23日	04/12	金	戊辰	建	大林木	鬼
24日	04/13	土	己巳	除	大林木	柳
25日	04/14	日	庚午	満	路傍土	星
26日	04/15	月	辛未	平	路傍土	張
27日	04/16	火	壬申	定	釵鋒金	翼
28日	04/17	水	癸酉	執	釵鋒金	軫
29日	04/18	木	甲戌	破	山頭火	角
30日	04/19	金	乙亥	危	山頭火	亢

【三月大 庚辰 箕】
節気 穀雨 2日・立夏 18日
雑節 八十八夜 13日

日	日付	曜	干支	直	納音	宿
1日	04/20	土	丙子	成	澗下水	氐
2日	04/21	日	丁丑	納	澗下水	房
3日	04/22	月	戊寅	開	城頭土	心
4日	04/23	火	己卯	閉	城頭土	尾
5日	04/24	水	庚辰	建	白鑞金	箕
6日	04/25	木	辛巳	除	白鑞金	斗
7日	04/26	金	壬午	満	楊柳木	牛
8日	04/27	土	癸未	定	楊柳木	女
9日	04/28	日	甲申	定	井泉水	虚
10日	04/29	月	乙酉	執	井泉水	危
11日	04/30	火	丙戌	破	屋上土	室
12日	05/01	水	丁亥	危	屋上土	壁
13日	05/02	木	戊子	成	霹靂火	奎
14日	05/03	金	己丑	納	霹靂火	婁
15日	05/04	土	庚寅	開	松柏木	胃
16日	05/05	日	辛卯	閉	松柏木	昴
17日	05/06	月	壬辰	建	長流水	畢
18日	05/07	火	癸巳	建	長流水	觜
19日	05/08	水	甲午	除	沙中金	参
20日	05/09	木	乙未	満	沙中金	井
21日	05/10	金	丙申	平	山下火	鬼
22日	05/11	土	丁酉	定	山下火	柳
23日	05/12	日	戊戌	執	平地木	星
24日	05/13	月	己亥	破	平地木	張
25日	05/14	火	庚子	危	壁上土	翼
26日	05/15	水	辛丑	成	壁上土	軫
27日	05/16	木	壬寅	納	金箔金	角
28日	05/17	金	癸卯	開	金箔金	亢
29日	05/18	土	甲辰	閉	覆燈火	氐
30日	05/19	日	乙巳	建	覆燈火	房

【四月小 辛巳 斗】
節気 小満 3日・芒種 18日
雑節 入梅 27日

日	日付	曜	干支	直	納音	宿
1日	05/20	月	丙午	除	天河水	心
2日	05/21	火	丁未	満	天河水	尾
3日	05/22	水	戊申	平	大駅土	箕
4日	05/23	木	己酉	定	大駅土	斗
5日	05/24	金	庚戌	破	釵釧金	女
6日	05/25	土	辛亥	破	釵釧金	虚
7日	05/26	日	壬子	危	桑柘木	危
8日	05/27	月	癸丑	成	桑柘木	室
9日	05/28	火	甲寅	納	大溪水	壁
10日	05/29	水	乙卯	開	大溪水	奎
11日	05/30	木	丙辰	閉	沙中土	婁
12日	05/31	金	丁巳	建	沙中土	胃
13日	06/01	土	戊午	満	天上火	昴
14日	06/02	日	己未	満	天上火	畢
15日	06/03	月	庚申	平	柘榴木	觜
16日	06/04	火	辛酉	定	柘榴木	参
17日	06/05	水	壬戌	執	大海水	井
18日	06/06	木	癸亥	執	大海水	鬼
19日	06/07	金	甲子	破	海中金	柳
20日	06/08	土	乙丑	危	海中金	星
21日	06/09	日	丙寅	成	爐中火	張
22日	06/10	月	丁卯	納	爐中火	翼
23日	06/11	火	戊辰	開	大林木	軫
24日	06/12	水	己巳	閉	大林木	角
25日	06/13	木	庚午	建	路傍土	亢
26日	06/14	金	辛未	除	路傍土	氐
27日	06/15	土	壬申	満	釵鋒金	氐

【五月大 壬午 牛】
節気 夏至 4日・小暑 20日
雑節 半夏生 14日

日	日付	曜	干支	直	納音	宿
28日	06/16	日	癸酉	平	釵鋒金	房
29日	06/17	月	甲戌	定	山頭火	心
1日	06/18	火	乙亥	執	山頭火	尾
2日	06/19	水	丙子	破	澗下水	箕
3日	06/20	木	丁丑	危	澗下水	斗
4日	06/21	金	戊寅	成	城頭土	牛
5日	06/22	土	己卯	納	城頭土	女
6日	06/23	日	庚辰	開	白鑞金	虚
7日	06/24	月	辛巳	閉	白鑞金	危
8日	06/25	火	壬午	建	楊柳木	室
9日	06/26	水	癸未	除	楊柳木	壁
10日	06/27	木	甲申	満	井泉水	奎
11日	06/28	金	乙酉	平	井泉水	婁
12日	06/29	土	丙戌	定	屋上土	胃
13日	06/30	日	丁亥	執	屋上土	昴
14日	07/01	月	戊子	破	霹靂火	畢
15日	07/02	火	己丑	危	霹靂火	觜
16日	07/03	水	庚寅	成	松柏木	参
17日	07/04	木	辛卯	納	松柏木	井
18日	07/05	金	壬辰	開	長流水	鬼
19日	07/06	土	癸巳	閉	長流水	柳
20日	07/07	日	甲午	建	沙中金	星
21日	07/08	月	乙未	建	沙中金	張
22日	07/09	火	丙申	除	山下火	翼
23日	07/10	水	丁酉	満	山下火	軫
24日	07/11	木	戊戌	平	平地木	角
25日	07/12	金	己亥	定	平地木	亢
26日	07/13	土	庚子	執	壁上土	氐
27日	07/14	日	辛丑	破	壁上土	房
28日	07/15	月	壬寅	危	金箔金	心
29日	07/16	火	癸卯	成	金箔金	尾
30日	07/17	水	甲辰	納	覆燈火	箕

【六月大 癸未 女】
節気 大暑 5日・立秋 20日
雑節 土用 2日

日	日付	曜	干支	直	納音	宿
1日	07/18	木	乙巳	開	覆燈火	斗
2日	07/19	金	丙午	閉	天河水	牛
3日	07/20	土	丁未	建	天河水	女
4日	07/21	日	戊申	除	大駅土	虚
5日	07/22	月	己酉	満	大駅土	危
6日	07/23	火	庚戌	平	釵釧金	室
7日	07/24	水	辛亥	執	釵釧金	壁
8日	07/25	木	壬子	執	桑柘木	奎
9日	07/26	金	癸丑	破	桑柘木	婁
10日	07/27	土	甲寅	危	大溪水	胃
11日	07/28	日	乙卯	成	大溪水	昴
12日	07/29	月	丙辰	納	沙中土	畢
13日	07/30	火	丁巳	開	沙中土	觜
14日	07/31	水	戊午	閉	天上火	参
15日	08/01	木	己未	建	天上火	井
16日	08/02	金	庚申	除	柘榴木	鬼
17日	08/03	土	辛酉	満	柘榴木	柳
18日	08/04	日	壬戌	平	大海水	星
19日	08/05	月	癸亥	定	大海水	張
20日	08/06	火	甲子	定	海中金	翼
21日	08/07	水	乙丑	執	海中金	軫
22日	08/08	木	丙寅	破	爐中火	角
23日	08/09	金	丁卯	危	爐中火	亢
24日	08/10	土	戊辰	成	大林木	氐
25日	08/11	日	己巳	納	大林木	房
26日	08/12	月	庚午	開	路傍土	心
27日	08/13	火	辛未	閉	路傍土	尾
28日	08/14	水	壬申	建	釵鋒金	箕

西暦　曜　干支　直　納音　宿　　　　　　　　　　　　　　　　　　　　　　**明和2年**

日	西暦	曜	干支	直	納音	宿
29日	08/15	木	癸酉	除	釼鋒金	斗
30日	08/16	金	甲戌	満	山頭火	牛

【七月小　甲申　虚】
節気　処暑 5日・白露 20日
雑節　二百十日 16日

日	西暦	曜	干支	直	納音	宿
1日	08/17	土	乙亥	平	山頭火	女
2日	08/18	日	丙子	定	潤下水	虚
3日	08/19	月	丁丑	執	潤下水	危
4日	08/20	火	戊寅	破	城頭土	室
5日	08/21	水	己卯	危	城頭土	壁
6日	08/22	木	庚辰	成	白鑞金	奎
7日	08/23	金	辛巳	納	白鑞金	婁
8日	08/24	土	壬午	開	楊柳木	胃
9日	08/25	日	癸未	閉	楊柳木	昴
10日	08/26	月	甲申	建	井泉水	畢
11日	08/27	火	乙酉	除	井泉水	觜
12日	08/28	水	丙戌	満	屋上土	参
13日	08/29	木	丁亥	平	屋上土	井
14日☆	08/30	金	戊子	定	霹靂火	鬼
15日	08/31	土	己丑	執	霹靂火	柳
16日	09/01	日	庚寅	破	松柏木	星
17日	09/02	月	辛卯	危	松柏木	張
18日	09/03	火	壬辰	成	長流水	翼
19日	09/04	水	癸巳	納	長流水	軫
20日	09/05	木	甲午	開	沙中金	角
21日	09/06	金	乙未	閉	沙中金	亢
22日	09/07	土	丙申	建	山下火	氐
23日	09/08	日	丁酉	除	山下火	房
24日	09/09	月	戊戌	満	平地木	心
25日	09/10	火	己亥	平	平地木	尾
26日	09/11	水	庚子	定	壁上土	箕
27日	09/12	木	辛丑	執	壁上土	斗
28日	09/13	金	壬寅	破	金箔金	牛
29日	09/14	土	癸卯	危	金箔金	女

【八月大　乙酉　危】
節気　秋分 7日・寒露 22日
雑節　社日 5日・彼岸 6日

日	西暦	曜	干支	直	納音	宿
1日	09/15	日	甲辰	成	覆燈火	虚
2日	09/16	月	乙巳	納	覆燈火	危
3日	09/17	火	丙午	開	天河水	室
4日	09/18	水	丁未	閉	天河水	壁
5日	09/19	木	戊申	閉	大駅土	奎
6日	09/20	金	己酉	建	大駅土	婁
7日	09/21	土	庚戌	除	釵釧金	胃
8日	09/22	日	辛亥	満	釵釧金	昴
9日	09/23	月	壬子	平	桑柘木	畢
10日	09/24	火	癸丑	定	桑柘木	觜
11日	09/25	水	甲寅	執	大溪水	参
12日	09/26	木	乙卯	破	大溪水	井
13日	09/27	金	丙辰	危	沙中土	鬼
14日	09/28	土	丁巳	成	沙中土	柳
15日	09/29	日	戊午	納	天上火	星
16日	09/30	月	己未	開	天上火	張
17日	10/01	火	庚申	閉	柘榴木	翼
18日	10/02	水	辛酉	建	柘榴木	軫
19日	10/03	木	壬戌	除	大海水	角
20日	10/04	金	癸亥	満	大海水	亢
21日	10/05	土	甲子	平	海中金	氐
22日	10/06	日	乙丑	定	海中金	房
23日	10/07	月	丙寅	執	爐中火	心
24日	10/08	火	丁卯	破	爐中火	尾
25日	10/09	水	戊辰	危	大林木	箕
26日	10/10	木	己巳	成	大林木	斗
27日	10/11	金	庚午	納	路傍土	牛
28日	10/12	土	辛未	開	路傍土	女
29日	10/13	日	壬申	閉	釼鋒金	虚

日	西暦	曜	干支	直	納音	宿
30日	10/14	月	癸酉	閉	釼鋒金	危

【九月小　丙戌　室】
節気　霜降 7日・立冬 22日
雑節　土用 4日

日	西暦	曜	干支	直	納音	宿
1日	10/15	火	甲戌	建	山頭火	室
2日	10/16	水	乙亥	除	山頭火	壁
3日	10/17	木	丙子	満	潤下水	奎
4日	10/18	金	丁丑	平	潤下水	婁
5日	10/19	土	戊寅	定	城頭土	胃
6日	10/20	日	己卯	執	城頭土	昴
7日	10/21	月	庚辰	破	白鑞金	畢
8日	10/22	火	辛巳	危	白鑞金	觜
9日	10/23	水	壬午	成	楊柳木	参
10日	10/24	木	癸未	納	楊柳木	井
11日	10/25	金	甲申	開	井泉水	鬼
12日	10/26	土	乙酉	閉	井泉水	柳
13日	10/27	日	丙戌	建	屋上土	星
14日	10/28	月	丁亥	除	屋上土	張
15日	10/29	火	戊子	満	霹靂火	翼
16日	10/30	水	己丑	平	霹靂火	軫
17日	10/31	木	庚寅	定	松柏木	角
18日	11/01	金	辛卯	執	松柏木	亢
19日	11/02	土	壬辰	破	長流水	氐
20日	11/03	日	癸巳	危	長流水	房
21日	11/04	月	甲午	成	沙中金	心
22日	11/05	火	乙未	納	沙中金	尾
23日	11/06	水	丙申	開	山下火	箕
24日	11/07	木	丁酉	閉	山下火	斗
25日	11/08	金	戊戌	建	平地木	牛
26日	11/09	土	己亥	除	平地木	女
27日	11/10	日	庚子	満	壁上土	虚
28日	11/11	月	辛丑	平	壁上土	危
29日	11/12	火	壬寅	定	金箔金	室

【十月大　丁亥　壁】
節気　小雪 8日・大雪 24日

日	西暦	曜	干支	直	納音	宿
1日	11/13	水	癸卯	執	金箔金	壁
2日	11/14	木	甲辰	破	覆燈火	奎
3日	11/15	金	乙巳	危	覆燈火	婁
4日	11/16	土	丙午	成	天河水	胃
5日	11/17	日	丁未	納	天河水	昴
6日	11/18	月	戊申	開	大駅土	畢
7日	11/19	火	己酉	閉	大駅土	觜
8日	11/20	水	庚戌	建	釵釧金	参
9日	11/21	木	辛亥	除	釵釧金	井
10日	11/22	金	壬子	満	桑柘木	鬼
11日	11/23	土	癸丑	平	桑柘木	柳
12日	11/24	日	甲寅	定	大溪水	星
13日	11/25	月	乙卯	執	大溪水	張
14日	11/26	火	丙辰	破	沙中土	翼
15日	11/27	水	丁巳	危	沙中土	軫
16日	11/28	木	戊午	成	天上火	角
17日	11/29	金	己未	納	天上火	亢
18日	11/30	土	庚申	開	柘榴木	氐
19日	12/01	日	辛酉	閉	柘榴木	房
20日	12/02	月	壬戌	建	大海水	心
21日	12/03	火	癸亥	除	大海水	尾
22日	12/04	水	甲子	満	海中金	箕
23日	12/05	木	乙丑	平	海中金	斗
24日	12/06	金	丙寅	定	爐中火	牛
25日	12/07	土	丁卯	執	爐中火	女
26日	12/08	日	戊辰	破	大林木	虚
27日	12/09	月	己巳	危	大林木	危
28日	12/10	火	庚午	成	路傍土	室
29日	12/11	水	辛未	納	路傍土	壁
30日	12/12	木	壬申	成	釼鋒金	奎

【十一月小　戊子　奎】
節気　冬至 9日・小寒 24日

日	西暦	曜	干支	直	納音	宿
1日	12/13	金	癸酉	納	釼鋒金	婁
2日	12/14	土	甲戌	閉	山頭火	胃
3日	12/15	日	乙亥	閉	山頭火	昴
4日	12/16	月	丙子	建	潤下水	畢
5日	12/17	火	丁丑	除	潤下水	觜
6日	12/18	水	戊寅	満	城頭土	参
7日	12/19	木	己卯	平	城頭土	井
8日	12/20	金	庚辰	定	白鑞金	鬼
9日	12/21	土	辛巳	執	白鑞金	柳
10日	12/22	日	壬午	破	楊柳木	星
11日	12/23	月	癸未	危	楊柳木	張
12日	12/24	火	甲申	成	井泉水	翼
13日	12/25	水	乙酉	納	井泉水	軫
14日	12/26	木	丙戌	開	屋上土	角
15日	12/27	金	丁亥	閉	屋上土	亢
16日	12/28	土	戊子	除	霹靂火	氐
17日	12/29	日	己丑	除	霹靂火	房
18日	12/30	月	庚寅	満	松柏木	心
19日	12/31	火	辛卯	平	松柏木	尾

1766年

日	西暦	曜	干支	直	納音	宿
20日	01/01	水	壬辰	定	長流水	箕
21日	01/02	木	癸巳	執	長流水	斗
22日	01/03	金	甲午	破	沙中金	牛
23日	01/04	土	乙未	危	沙中金	女
24日	01/05	日	丙申	成	山下火	虚
25日	01/06	月	丁酉	納	山下火	危
26日	01/07	火	戊戌	納	平地木	室
27日	01/08	水	己亥	開	平地木	壁
28日	01/09	木	庚子	閉	壁上土	奎
29日	01/10	金	辛丑	建	壁上土	婁

【十二月小　己丑　婁】
節気　大寒 10日・立春 26日
雑節　土用 7日・節分 25日

日	西暦	曜	干支	直	納音	宿
1日	01/11	土	壬寅	満	金箔金	胃
2日	01/12	日	癸卯	満	金箔金	昴
3日	01/13	月	甲辰	平	覆燈火	畢
4日	01/14	火	乙巳	定	覆燈火	觜
5日	01/15	水	丙午	破	天河水	井
6日	01/16	木	丁未	破	天河水	鬼
7日	01/17	金	戊申	危	大駅土	柳
8日	01/18	土	己酉	成	大駅土	星
9日	01/19	日	庚戌	納	釵釧金	張
10日	01/20	月	辛亥	開	釵釧金	翼
11日	01/21	火	壬子	閉	桑柘木	軫
12日	01/22	水	癸丑	建	桑柘木	角
13日	01/23	木	甲寅	除	大溪水	亢
14日	01/24	金	乙卯	満	大溪水	氐
15日	01/25	土	丙辰	平	沙中土	房
16日	01/26	日	丁巳	定	沙中土	心
17日	01/27	月	戊午	執	天上火	尾
18日	01/28	火	己未	破	天上火	箕
19日	01/29	水	庚申	危	柘榴木	斗
20日	01/30	木	辛酉	成	柘榴木	牛
21日	01/31	金	壬戌	納	大海水	女
22日	02/01	土	癸亥	開	大海水	虚
23日	02/02	日	甲子	閉	海中金	危
24日	02/03	月	乙丑	建	海中金	室
25日	02/04	火	丙寅	除	爐中火	壁
26日	02/05	水	丁卯	満	爐中火	奎
27日	02/06	木	戊辰	平	大林木	婁
28日	02/07	金	己巳	平	大林木	胃
29日	02/08	土	庚午	定	路傍土	昴

明和3年
1766～1767　丙戌　胃

【正月大 庚寅 胃】
節気　雨水 12日・啓蟄 27日

1日　02/09　日　辛未　執　路傍土　昴
2日　02/10　月　壬申　破　釼鋒金　畢
3日　02/11　火　癸酉　危　釼鋒金　觜
4日　02/12　水　甲戌　成　山頭火　参
5日　02/13　木　乙亥　納　山頭火　井
6日　02/14　金　丙子　開　澗下水　鬼
7日　02/15　土　丁丑　閉　澗下水　柳
8日　02/16　日　戊寅　建　城頭土　星
9日　02/17　月　己卯　除　城頭土　張
10日　02/18　火　庚辰　満　白鑞金　翼
11日　02/19　水　辛巳　平　白鑞金　軫
12日　02/20　木　壬午　定　楊柳木　角
13日　02/21　金　癸未　執　楊柳木　亢
14日　02/22　土　甲申　破　井泉水　氐
15日　02/23　日　乙酉　危　井泉水　房
16日☆02/24　月　丙戌　成　屋上土　心
17日　02/25　火　丁亥　納　屋上土　尾
18日　02/26　水　戊子　開　霹靂火　箕
19日　02/27　木　己丑　閉　霹靂火　斗
20日　02/28　金　庚寅　建　松柏木　牛
21日　03/01　土　辛卯　除　松柏木　女
22日　03/02　日　壬辰　満　長流水　虚
23日　03/03　月　癸巳　平　長流水　危
24日　03/04　火　甲午　定　沙中金　室
25日　03/05　水　乙未　執　沙中金　壁
26日　03/06　木　丙申　破　山下火　奎
27日　03/07　金　丁酉　破　山下火　婁
28日　03/08　土　戊戌　危　平地木　胃
29日　03/09　日　己亥　成　平地木　昴
30日　03/10　月　庚子　納　壁上土　畢

【二月小 辛卯 昴】
節気　春分 12日・清明 27日
雑節　彼岸 7日・社日 8日

1日　03/11　火　辛丑　開　壁上土　觜
2日　03/12　水　壬寅　閉　金箔金　参
3日　03/13　木　癸卯　建　金箔金　井
4日　03/14　金　甲辰　除　覆燈火　鬼
5日　03/15　土　乙巳　満　覆燈火　柳
6日　03/16　日　丙午　平　天河水　星
7日　03/17　月　丁未　定　天河水　張
8日　03/18　火　戊申　執　大駅土　翼
9日　03/19　水　己酉　破　大駅土　軫
10日　03/20　木　庚戌　危　釵釧金　角
11日　03/21　金　辛亥　成　釵釧金　亢
12日　03/22　土　壬子　納　桑柘木　氐
13日　03/23　日　癸丑　開　桑柘木　房
14日　03/24　月　甲寅　閉　大溪水　心
15日　03/25　火　乙卯　建　大溪水　尾
16日　03/26　水　丙辰　除　沙中土　箕
17日　03/27　木　丁巳　満　沙中土　斗
18日　03/28　金　戊午　平　天上火　牛
19日　03/29　土　己未　定　天上火　女
20日　03/30　日　庚申　執　柘榴木　虚
21日　03/31　月　辛酉　破　柘榴木　危
22日　04/01　火　壬戌　危　大海水　室
23日　04/02　水　癸亥　成　大海水　壁
24日　04/03　木　甲子　納　海中金　奎
25日　04/04　金　乙丑　開　海中金　婁
26日　04/05　土　丙寅　閉　炉中火　胃
27日　04/06　日　丁卯　閉　炉中火　昴
28日　04/07　月　戊辰　建　大林木　畢
29日　04/08　火　己巳　除　大林木　觜

【三月大 壬辰 畢】
節気　穀雨 14日・立夏 29日
雑節　土用 11日・八十八夜 25日

1日　04/09　水　庚午　満　路傍土　参
2日　04/10　木　辛未　平　路傍土　井
3日　04/11　金　壬申　定　釼鋒金　鬼
4日　04/12　土　癸酉　執　釼鋒金　柳
5日　04/13　日　甲戌　破　山頭火　星
6日　04/14　月　乙亥　危　山頭火　張
7日　04/15　火　丙子　成　澗下水　翼
8日　04/16　水　丁丑　納　澗下水　軫
9日　04/17　木　戊寅　開　城頭土　角
10日　04/18　金　己卯　閉　城頭土　亢
11日　04/19　土　庚辰　建　白鑞金　氐
12日　04/20　日　辛巳　除　白鑞金　房
13日　04/21　月　壬午　満　楊柳木　心
14日　04/22　火　癸未　平　楊柳木　尾
15日　04/23　水　甲申　定　井泉水　箕
16日　04/24　木　乙酉　執　井泉水　斗
17日　04/25　金　丙戌　破　屋上土　牛
18日　04/26　土　丁亥　危　屋上土　女
19日　04/27　日　戊子　成　霹靂火　虚
20日　04/28　月　己丑　納　霹靂火　危
21日　04/29　火　庚寅　開　松柏木　室
22日　04/30　水　辛卯　閉　松柏木　壁
23日　05/01　木　壬辰　建　長流水　奎
24日　05/02　金　癸巳　除　長流水　婁
25日　05/03　土　甲午　満　沙中金　胃
26日　05/04　日　乙未　平　沙中金　昴
27日　05/05　月　丙申　定　山下火　畢
28日　05/06　火　丁酉　執　山下火　觜
29日　05/07　水　戊戌　執　平地木　参
30日　05/08　木　己亥　破　平地木　井

【四月小 癸巳 觜】
節気　小満 14日・芒種 29日

1日　05/09　金　庚子　危　壁上土　鬼
2日　05/10　土　辛丑　成　壁上土　柳
3日　05/11　日　壬寅　納　金箔金　星
4日　05/12　月　癸卯　開　金箔金　張
5日　05/13　火　甲辰　閉　覆燈火　翼
6日　05/14　水　乙巳　建　覆燈火　軫
7日　05/15　木　丙午　除　天河水　角
8日　05/16　金　丁未　満　天河水　亢
9日　05/17　土　戊申　平　大駅土　氐
10日　05/18　日　己酉　定　大駅土　房
11日　05/19　月　庚戌　執　釵釧金　心
12日　05/20　火　辛亥　破　釵釧金　尾
13日　05/21　水　壬子　危　桑柘木　箕
14日　05/22　木　癸丑　成　桑柘木　斗
15日　05/23　金　甲寅　納　大溪水　牛
16日　05/24　土　乙卯　開　大溪水　女
17日　05/25　日　丙辰　閉　沙中土　虚
18日　05/26　月　丁巳　建　沙中土　危
19日　05/27　火　戊午　除　天上火　室
20日　05/28　水　己未　満　天上火　壁
21日　05/29　木　庚申　平　柘榴木　奎
22日　05/30　金　辛酉　定　柘榴木　婁
23日　05/31　土　壬戌　執　大海水　胃
24日　06/01　日　癸亥　破　大海水　昴
25日　06/02　月　甲子　危　海中金　畢
26日　06/03　火　乙丑　成　海中金　觜
27日　06/04　水　丙寅　納　炉中火　参
28日　06/05　木　丁卯　開　炉中火　井
29日　06/06　金　戊辰　閉　大林木　鬼

【五月大 甲午 参】
節気　夏至 16日
雑節　入梅 4日・半夏生 26日

1日　06/07　土　己巳　閉　大林木　柳
2日　06/08　日　庚午　建　路傍土　星
3日　06/09　月　辛未　除　路傍土　張
4日　06/10　火　壬申　満　釼鋒金　翼
5日　06/11　水　癸酉　平　釼鋒金　軫
6日　06/12　木　甲戌　定　山頭火　角
7日　06/13　金　乙亥　執　山頭火　亢
8日　06/14　土　丙子　破　澗下水　氐
9日　06/15　日　丁丑　危　澗下水　房
10日　06/16　月　戊寅　成　城頭土　心
11日　06/17　火　己卯　納　城頭土　尾
12日　06/18　水　庚辰　開　白鑞金　箕
13日　06/19　木　辛巳　閉　白鑞金　斗
14日　06/20　金　壬午　建　楊柳木　牛
15日　06/21　土　癸未　除　楊柳木　女
16日　06/22　日　甲申　満　井泉水　虚
17日　06/23　月　乙酉　平　井泉水　危
18日　06/24　火　丙戌　定　屋上土　室
19日　06/25　水　丁亥　執　屋上土　壁
20日　06/26　木　戊子　破　霹靂火　奎
21日　06/27　金　己丑　危　霹靂火　婁
22日　06/28　土　庚寅　成　松柏木　胃
23日　06/29　日　辛卯　納　松柏木　昴
24日　06/30　月　壬辰　開　長流水　畢
25日　07/01　火　癸巳　閉　長流水　觜
26日　07/02　水　甲午　建　沙中金　参
27日　07/03　木　乙未　除　沙中金　井
28日　07/04　金　丙申　満　山下火　鬼
29日　07/05　土　丁酉　平　山下火　柳
30日　07/06　日　戊戌　定　平地木　星

【六月大 乙未 井】
節気　小暑 1日・大暑 16日
雑節　土用 13日

1日　07/07　月　己亥　定　平地木　張
2日　07/08　火　庚子　執　壁上土　翼
3日　07/09　水　辛丑　破　壁上土　軫
4日　07/10　木　壬寅　危　金箔金　角
5日　07/11　金　癸卯　成　金箔金　亢
6日　07/12　土　甲辰　納　覆燈火　氐
7日　07/13　日　乙巳　開　覆燈火　房
8日　07/14　月　丙午　閉　天河水　心
9日　07/15　火　丁未　建　天河水　尾
10日　07/16　水　戊申　除　大駅土　箕
11日　07/17　木　己酉　満　大駅土　斗
12日　07/18　金　庚戌　平　釵釧金　牛
13日　07/19　土　辛亥　定　釵釧金　女
14日　07/20　日　壬子　執　桑柘木　虚
15日　07/21　月　癸丑　破　桑柘木　危
16日　07/22　火　甲寅　危　大溪水　室
17日　07/23　水　乙卯　成　大溪水　壁
18日　07/24　木　丙辰　納　沙中土　奎
19日　07/25　金　丁巳　開　沙中土　婁
20日　07/26　土　戊午　閉　天上火　胃
21日　07/27　日　己未　建　天上火　昴
22日　07/28　月　庚申　除　柘榴木　畢
23日　07/29　火　辛酉　満　柘榴木　觜
24日　07/30　水　壬戌　平　大海水　参
25日　07/31　木　癸亥　定　大海水　井
26日　08/01　金　甲子　執　海中金　鬼
27日　08/02　土　乙丑　破　海中金　柳
28日　08/03　日　丙寅　危　炉中火　星
29日　08/04　月　丁卯　成　炉中火　張
30日　08/05　火　戊辰　納　大林木　翼

【七月小 丙申 鬼】
節気　立秋 1日・処暑 16日
雑節　二百十日 28日

1日　08/06　水　己巳　納　大林木　軫
2日　08/07　木　庚午　開　路傍土　角

西暦 曜 干支 直 納音 宿　　　　　　　　　　　　　明和3年

日	西暦	曜	干支	直	納音	宿
3日	08/08	金	辛未	閉	路傍土	亢
4日	08/09	土	壬申	建	釼鋒金	氐
5日	08/10	日	癸酉	除	釼鋒金	房
6日	08/11	月	甲戌	満	山頭火	心
7日	08/12	火	乙亥	平	山頭火	尾
8日	08/13	水	丙子	定	潤下水	箕
9日	08/14	木	丁丑	執	潤下水	斗
10日	08/15	金	戊寅	破	城頭土	牛
11日	08/16	土	己卯	危	城頭土	女
12日	08/17	日	庚辰	成	白鑞金	虚
13日	08/18	月	辛巳	納	白鑞金	危
14日	08/19	火	壬午	開	楊柳木	室
15日	08/20	水	癸未	閉	楊柳木	壁
16日	08/21	木	甲申	建	井泉水	奎
17日	08/22	金	乙酉	除	井泉水	婁
18日	08/23	土	丙戌	満	屋上土	胃
19日	08/24	日	丁亥	平	屋上土	昴
20日	08/25	月	戊子	定	霹靂火	畢
21日	08/26	火	己丑	執	霹靂火	觜
22日	08/27	水	庚寅	危	松柏木	参
23日	08/28	木	辛卯	危	松柏木	井
24日	08/29	金	壬辰	成	長流水	鬼
25日	08/30	土	癸巳	納	長流水	柳
26日	08/31	日	甲午	閉	沙中金	星
27日	09/01	月	乙未	閉	沙中金	張
28日	09/02	火	丙申	建	山下火	翼
29日	09/03	水	丁酉	除	山下火	軫

【八月大 丁酉 柳】
節気 白露 3日・秋分 18日
雑節 彼岸 17日・社日 21日

日	西暦	曜	干支	直	納音	宿
1日	09/04	木	戊戌	満	平地木	角
2日	09/05	金	己亥	平	平地木	亢
3日	09/06	土	庚子	平	壁上土	氐
4日	09/07	日	辛丑	定	壁上土	房
5日	09/08	月	壬寅	執	金箔金	心
6日	09/09	火	癸卯	破	金箔金	尾
7日	09/10	水	甲辰	危	覆燈火	箕
8日	09/11	木	乙巳	成	覆燈火	斗
9日	09/12	金	丙午	納	天河水	牛
10日	09/13	土	丁未	開	天河水	女
11日	09/14	日	戊申	閉	大駅土	虚
12日	09/15	月	己酉	建	大駅土	危
13日	09/16	火	庚戌	除	釵釧金	室
14日	09/17	水	辛亥	満	釵釧金	壁
15日	09/18	木	壬子	平	桑柘木	奎
16日	09/19	金	癸丑	定	桑柘木	婁
17日	09/20	土	甲寅	執	大溪水	胃
18日	09/21	日	乙卯	破	大溪水	昴
19日	09/22	月	丙辰	危	沙中土	畢
20日	09/23	火	丁巳	成	沙中土	觜
21日	09/24	水	戊午	納	天上火	参
22日	09/25	木	己未	開	天上火	井
23日	09/26	金	庚申	閉	柘榴木	鬼
24日	09/27	土	辛酉	建	柘榴木	柳
25日	09/28	日	壬戌	除	大海水	星
26日	09/29	月	癸亥	満	大海水	張
27日	09/30	火	甲子	平	海中金	翼
28日	10/01	水	乙丑	定	海中金	軫
29日	10/02	木	丙寅	執	爐中火	角
30日	10/03	金	丁卯	破	爐中火	亢

【九月大 戊戌 星】
節気 寒露 3日・霜降 18日
雑節 土用 15日

日	西暦	曜	干支	直	納音	宿
1日	10/04	土	戊辰	危	大林木	氐
2日	10/05	日	己巳	成	大林木	房
3日	10/06	月	庚午	成	路傍土	心
4日	10/07	火	辛未	納	路傍土	尾
5日	10/08	水	壬申	開	釼鋒金	箕
6日	10/09	木	癸酉	閉	釼鋒金	斗
7日	10/10	金	甲戌	建	山頭火	牛
8日	10/11	土	乙亥	除	山頭火	女
9日	10/12	日	丙子	満	潤下水	虚
10日	10/13	月	丁丑	平	潤下水	危
11日	10/14	火	戊寅	定	城頭土	室
12日	10/15	水	己卯	執	城頭土	壁
13日	10/16	木	庚辰	破	白鑞金	奎
14日	10/17	金	辛巳	危	白鑞金	婁
15日	10/18	土	壬午	成	楊柳木	胃
16日	10/19	日	癸未	納	楊柳木	昴
17日	10/20	月	甲申	開	井泉水	畢
18日	10/21	火	乙酉	閉	井泉水	觜
19日	10/22	水	丙戌	除	屋上土	参
20日	10/23	木	丁亥	除	屋上土	井
21日	10/24	金	戊子	満	霹靂火	鬼
22日	10/25	土	己丑	平	霹靂火	柳
23日	10/26	日	庚寅	定	松柏木	星
24日	10/27	月	辛卯	執	松柏木	張
25日	10/28	火	壬辰	破	長流水	翼
26日	10/29	水	癸巳	危	長流水	軫
27日	10/30	木	甲午	成	沙中金	角
28日	10/31	金	乙未	納	沙中金	亢
29日	11/01	土	丙申	開	山下火	氐
30日	11/02	日	丁酉	閉	山下火	房

【十月小 己亥 張】
節気 立冬 4日・小雪 19日

日	西暦	曜	干支	直	納音	宿
1日	11/03	月	戊戌	建	平地木	心
2日	11/04	火	己亥	除	平地木	尾
3日	11/05	水	庚子	満	壁上土	箕
4日	11/06	木	辛丑	満	壁上土	斗
5日	11/07	金	壬寅	平	金箔金	牛
6日	11/08	土	癸卯	定	金箔金	女
7日	11/09	日	甲辰	執	覆燈火	虚
8日	11/10	月	乙巳	破	覆燈火	危
9日	11/11	火	丙午	危	天河水	室
10日	11/12	水	丁未	成	天河水	壁
11日	11/13	木	戊申	納	大駅土	奎
12日	11/14	金	己酉	開	大駅土	婁
13日	11/15	土	庚戌	閉	釵釧金	胃
14日	11/16	日	辛亥	建	釵釧金	昴
15日	11/17	月	壬子	除	桑柘木	畢
16日	11/18	火	癸丑	満	桑柘木	觜
17日	11/19	水	甲寅	定	大溪水	参
18日	11/20	木	乙卯	定	大溪水	井
19日	11/21	金	丙辰	執	沙中土	鬼
20日	11/22	土	丁巳	破	沙中土	柳
21日	11/23	日	戊午	危	天上火	星
22日	11/24	月	己未	成	天上火	張
23日	11/25	火	庚申	納	柘榴木	翼
24日	11/26	水	辛酉	開	柘榴木	軫
25日	11/27	木	壬戌	閉	大海水	角
26日	11/28	金	癸亥	建	大海水	亢
27日	11/29	土	甲子	除	海中金	氐
28日	11/30	日	乙丑	満	海中金	房
29日	12/01	月	丙寅	平	爐中火	心

【十一月大 庚子 翼】
節気 大雪 5日・冬至 20日

日	西暦	曜	干支	直	納音	宿
1日	12/02	火	丁卯	定	爐中火	尾
2日	12/03	水	戊辰	執	大林木	箕
3日	12/04	木	己巳	破	大林木	斗
4日	12/05	金	庚午	危	路傍土	牛
5日	12/06	土	辛未	危	路傍土	女
6日	12/07	日	壬申	成	釼鋒金	虚
7日	12/08	月	癸酉	納	釼鋒金	危
8日	12/09	火	甲戌	開	山頭火	室
9日	12/10	水	乙亥	閉	山頭火	壁
10日	12/11	木	丙子	建	潤下水	奎
11日	12/12	金	丁丑	除	潤下水	婁
12日	12/13	土	戊寅	満	城頭土	胃
13日	12/14	日	己卯	平	城頭土	昴
14日	12/15	月	庚辰	定	白鑞金	畢
15日	12/16	火	辛巳	執	白鑞金	觜
16日	12/17	水	壬午	破	楊柳木	参
17日	12/18	木	癸未	危	楊柳木	井
18日	12/19	金	甲申	納	井泉水	鬼
19日	12/20	土	乙酉	開	井泉水	柳
20日	12/21	日	丙戌	開	屋上土	星
21日	12/22	月	丁亥	閉	屋上土	張
22日	12/23	火	戊子	建	霹靂火	翼
23日	12/24	水	己丑	除	霹靂火	軫
24日	12/25	木	庚寅	満	松柏木	角
25日	12/26	金	辛卯	平	松柏木	亢
26日	12/27	土	壬辰	定	長流水	氐
27日	12/28	日	癸巳	執	長流水	房
28日	12/29	月	甲午	破	沙中金	心
29日	12/30	火	乙未	危	沙中金	尾
30日	12/31	水	丙申	成	山下火	箕

【十二月小 辛丑 軫】
節気 小寒 5日・大寒 21日
雑節 土用 18日

1767年

日	西暦	曜	干支	直	納音	宿
1日	01/01	木	丁酉	納	山下火	斗
2日	01/02	金	戊戌	開	平地木	牛
3日	01/03	土	己亥	閉	平地木	女
4日	01/04	日	庚子	建	壁上土	虚
5日	01/05	月	辛丑	除	壁上土	危
6日	01/06	火	壬寅	満	金箔金	室
7日	01/07	水	癸卯	満	金箔金	壁
8日	01/08	木	甲辰	平	覆燈火	奎
9日	01/09	金	乙巳	定	覆燈火	婁
10日	01/10	土	丙午	執	天河水	胃
11日	01/11	日	丁未	破	天河水	昴
12日	01/12	月	戊申	危	大駅土	畢
13日	01/13	火	己酉	成	大駅土	觜
14日	01/14	水	庚戌	納	釵釧金	参
15日	01/15	木	辛亥	開	釵釧金	井
16日	01/16	金	壬子	閉	桑柘木	鬼
17日	01/17	土	癸丑	建	桑柘木	柳
18日	01/18	日	甲寅	除	大溪水	星
19日	01/19	月	乙卯	満	大溪水	張
20日	01/20	火	丙辰	平	沙中土	翼
21日	01/21	水	丁巳	定	沙中土	軫
22日	01/22	木	戊午	執	天上火	角
23日	01/23	金	己未	破	天上火	亢
24日	01/24	土	庚申	成	柘榴木	氐
25日	01/25	日	辛酉	成	柘榴木	房
26日	01/26	月	壬戌	納	大海水	心
27日	01/27	火	癸亥	開	大海水	尾
28日	01/28	水	甲子	閉	海中金	箕
29日	01/29	木	乙丑	建	海中金	斗

明和4年
1767～1768　丁亥　昴

【正月小　壬寅　角】
節気　立春 7日・雨水 22日
雑節　節分 6日

日	月日	曜	干支	直	納音	宿
1日◎	01/30	金	丙寅	除	爐中火	牛
2日	01/31	土	丁卯	満	爐中火	女
3日	02/01	日	戊辰	平	大林木	虚
4日	02/02	月	己巳	定	大林木	危
5日	02/03	火	庚午	執	路傍土	室
6日	02/04	水	辛未	破	路傍土	壁
7日	02/05	木	壬申	破	釼鋒金	奎
8日	02/06	金	癸酉	危	釼鋒金	婁
9日	02/07	土	甲戌	成	山頭火	胃
10日	02/08	日	乙亥	納	山頭火	昴
11日	02/09	月	丙子	開	澗下水	畢
12日	02/10	火	丁丑	閉	澗下水	觜
13日	02/11	水	戊寅	建	城頭土	参
14日	02/12	木	己卯	除	城頭土	井
15日	02/13	金	庚辰	満	白鑞金	鬼
16日	02/14	土	辛巳	平	白鑞金	柳
17日	02/15	日	壬午	定	楊柳木	星
18日	02/16	月	癸未	執	楊柳木	張
19日	02/17	火	甲申	破	泉中水	翼
20日	02/18	水	乙酉	危	泉中水	軫
21日	02/19	木	丙戌	成	屋上土	角
22日	02/20	金	丁亥	納	屋上土	亢
23日	02/21	土	戊子	開	霹靂火	氐
24日	02/22	日	己丑	閉	霹靂火	房
25日	02/23	月	庚寅	建	松柏木	心
26日	02/24	火	辛卯	除	松柏木	尾
27日	02/25	水	壬辰	満	長流水	箕
28日	02/26	木	癸巳	平	長流水	斗
29日	02/27	金	甲午	定	沙中金	牛

【二月大　癸卯　亢】
節気　啓蟄 8日・春分 23日
雑節　彼岸 18日・社日 24日

日	月日	曜	干支	直	納音	宿
1日	02/28	土	乙未	執	沙中金	女
2日	03/01	日	丙申	破	山下火	虚
3日	03/02	月	丁酉	危	山下火	危
4日	03/03	火	戊戌	成	平地木	室
5日	03/04	水	己亥	納	平地木	壁
6日	03/05	木	庚子	開	壁上土	奎
7日	03/06	金	辛丑	閉	壁上土	婁
8日	03/07	土	壬寅	閉	金箔金	胃
9日	03/08	日	癸卯	建	金箔金	昴
10日	03/09	月	甲辰	除	覆燈火	畢
11日	03/10	火	乙巳	満	覆燈火	觜
12日	03/11	水	丙午	平	天河水	参
13日	03/12	木	丁未	定	天河水	井
14日	03/13	金	戊申	執	大駅土	鬼
15日	03/14	土	己酉	破	大駅土	柳
16日	03/15	日	庚戌	危	釼釧金	星
17日	03/16	月	辛亥	成	釼釧金	張
18日	03/17	火	壬子	納	桑柘木	翼
19日	03/18	水	癸丑	開	桑柘木	軫
20日	03/19	木	甲寅	閉	大溪水	角
21日	03/20	金	乙卯	建	大溪水	亢
22日	03/21	土	丙辰	除	沙中土	氐
23日	03/22	日	丁巳	満	沙中土	房
24日	03/23	月	戊午	平	天上火	心
25日	03/24	火	己未	定	天上火	尾
26日	03/25	水	庚申	執	柘榴木	箕
27日	03/26	木	辛酉	破	柘榴木	斗
28日	03/27	金	壬戌	危	大海水	牛
29日	03/28	土	癸亥	成	大海水	女
30日	03/29	日	甲子	納	海中金	虚

【三月小　甲辰　氐】
節気　清明 9日・穀雨 24日
雑節　土用 21日

日	月日	曜	干支	直	納音	宿
1日	03/30	月	乙丑	開	海中金	危
2日	03/31	火	丙寅	閉	爐中火	室
3日	04/01	水	丁卯	建	爐中火	壁
4日	04/02	木	戊辰	除	大林木	奎
5日	04/03	金	己巳	満	大林木	婁
6日	04/04	土	庚午	平	路傍土	胃
7日	04/05	日	辛未	定	路傍土	昴
8日	04/06	月	壬申	執	釼鋒金	畢
9日	04/07	火	癸酉	執	釼鋒金	觜
10日	04/08	水	甲戌	破	山頭火	参
11日	04/09	木	乙亥	危	山頭火	井
12日	04/10	金	丙子	成	澗下水	鬼
13日	04/11	土	丁丑	納	澗下水	柳
14日	04/12	日	戊寅	開	城頭土	星
15日	04/13	月	己卯	閉	城頭土	張
16日	04/14	火	庚辰	建	白鑞金	翼
17日	04/15	水	辛巳	除	白鑞金	軫
18日	04/16	木	壬午	満	楊柳木	角
19日	04/17	金	癸未	平	楊柳木	亢
20日	04/18	土	甲申	定	泉中水	氐
21日	04/19	日	乙酉	執	泉中水	房
22日	04/20	月	丙戌	破	屋上土	心
23日	04/21	火	丁亥	危	屋上土	尾
24日	04/22	水	戊子	成	霹靂火	箕
25日	04/23	木	己丑	納	霹靂火	斗
26日	04/24	金	庚寅	開	松柏木	牛
27日	04/25	土	辛卯	閉	松柏木	女
28日	04/26	日	壬辰	建	長流水	虚
29日	04/27	月	癸巳	除	長流水	危

【四月大　乙巳　房】
節気　立夏 10日・小満 25日
雑節　八十八夜 6日

日	月日	曜	干支	直	納音	宿
1日	04/28	火	甲午	満	沙中金	室
2日	04/29	水	乙未	平	沙中金	壁
3日	04/30	木	丙申	定	山下火	奎
4日	05/01	金	丁酉	執	山下火	婁
5日	05/02	土	戊戌	破	平地木	胃
6日	05/03	日	己亥	危	平地木	昴
7日	05/04	月	庚子	成	壁上土	畢
8日	05/05	火	辛丑	納	壁上土	觜
9日	05/06	水	壬寅	開	金箔金	参
10日	05/07	木	癸卯	開	金箔金	井
11日	05/08	金	甲辰	閉	覆燈火	鬼
12日	05/09	土	乙巳	建	覆燈火	柳
13日	05/10	日	丙午	除	天河水	星
14日	05/11	月	丁未	満	天河水	張
15日	05/12	火	戊申	平	大駅土	翼
16日	05/13	水	己酉	定	大駅土	軫
17日	05/14	木	庚戌	執	釼釧金	角
18日	05/15	金	辛亥	破	釼釧金	亢
19日	05/16	土	壬子	危	桑柘木	氐
20日	05/17	日	癸丑	成	桑柘木	房
21日	05/18	月	甲寅	納	大溪水	心
22日	05/19	火	乙卯	開	大溪水	尾
23日	05/20	水	丙辰	閉	沙中土	箕
24日	05/21	木	丁巳	建	沙中土	斗
25日	05/22	金	戊午	除	天上火	牛
26日	05/23	土	己未	満	天上火	女
27日	05/24	日	庚申	平	柘榴木	虚
28日	05/25	月	辛酉	定	柘榴木	危
29日	05/26	火	壬戌	執	大海水	室
30日	05/27	水	癸亥	破	大海水	壁

【五月小　丙午　心】
節気　芒種 11日・夏至 26日
雑節　入梅 19日

日	月日	曜	干支	直	納音	宿
1日	05/28	木	甲子	危	海中金	奎
2日	05/29	金	乙丑	成	海中金	婁
3日	05/30	土	丙寅	納	爐中火	胃
4日	05/31	日	丁卯	開	爐中火	昴
5日	06/01	月	戊辰	閉	大林木	畢
6日	06/02	火	己巳	建	大林木	觜
7日	06/03	水	庚午	除	路傍土	参
8日	06/04	木	辛未	満	路傍土	井
9日	06/05	金	壬申	平	釼鋒金	鬼
10日	06/06	土	癸酉	定	釼鋒金	柳
11日	06/07	日	甲戌	定	山頭火	星
12日	06/08	月	乙亥	執	山頭火	張
13日	06/09	火	丙子	破	澗下水	翼
14日	06/10	水	丁丑	危	澗下水	軫
15日	06/11	木	戊寅	成	城頭土	角
16日	06/12	金	己卯	納	城頭土	亢
17日	06/13	土	庚辰	開	白鑞金	氐
18日	06/14	日	辛巳	閉	白鑞金	房
19日	06/15	月	壬午	建	楊柳木	心
20日	06/16	火	癸未	除	楊柳木	尾
21日	06/17	水	甲申	満	泉中水	箕
22日	06/18	木	乙酉	平	泉中水	斗
23日	06/19	金	丙戌	定	屋上土	牛
24日	06/20	土	丁亥	執	屋上土	女
25日	06/21	日	戊子	破	霹靂火	虚
26日	06/22	月	己丑	危	霹靂火	危
27日	06/23	火	庚寅	成	松柏木	室
28日	06/24	水	辛卯	納	松柏木	壁
29日	06/25	木	壬辰	開	長流水	奎

【六月大　丁未　尾】
節気　小暑 12日・大暑 27日
雑節　半夏生 7日・土用 24日

日	月日	曜	干支	直	納音	宿
1日	06/26	金	癸巳	閉	長流水	婁
2日	06/27	土	甲午	建	沙中金	胃
3日	06/28	日	乙未	除	沙中金	昴
4日	06/29	月	丙申	満	山下火	畢
5日	06/30	火	丁酉	平	山下火	觜
6日	07/01	水	戊戌	定	平地木	参
7日	07/02	木	己亥	執	平地木	井
8日	07/03	金	庚子	破	壁上土	鬼
9日	07/04	土	辛丑	危	壁上土	柳
10日	07/05	日	壬寅	成	金箔金	星
11日	07/06	月	癸卯	納	金箔金	張
12日	07/07	火	甲辰	納	覆燈火	翼
13日	07/08	水	乙巳	開	覆燈火	軫
14日	07/09	木	丙午	閉	天河水	角
15日	07/10	金	丁未	建	天河水	亢
16日☆	07/11	土	戊申	除	大駅土	氐
17日	07/12	日	己酉	満	大駅土	房
18日	07/13	月	庚戌	平	釼釧金	心
19日	07/14	火	辛亥	定	釼釧金	尾
20日	07/15	水	壬子	執	桑柘木	箕
21日	07/16	木	癸丑	破	桑柘木	斗
22日	07/17	金	甲寅	危	大溪水	牛
23日	07/18	土	乙卯	成	大溪水	女
24日	07/19	日	丙辰	納	沙中土	虚
25日	07/20	月	丁巳	開	沙中土	危
26日	07/21	火	戊午	閉	天上火	室
27日	07/22	水	己未	建	天上火	壁
28日	07/23	木	庚申	除	柘榴木	奎
29日	07/24	金	辛酉	満	柘榴木	婁
30日	07/25	土	壬戌	平	大海水	胃

【七月小　戊申　箕】
節気　立秋 12日・処暑 28日

日	月日	曜	干支	直	納音	宿
1日	07/26	日	癸亥	定	大海水	昴
2日	07/27	月	甲子	執	海中金	畢
3日	07/28	火	乙丑	破	海中金	觜
4日	07/29	水	丙寅	危	爐中火	参
5日	07/30	木	丁卯	成	爐中火	井
6日	07/31	金	戊辰	納	大林木	鬼
7日	08/01	土	己巳	開	大林木	柳
8日	08/02	日	庚午	閉	路傍土	星
9日	08/03	月	辛未	建	路傍土	張
10日	08/04	火	壬申	除	釼鋒金	翼
11日	08/05	水	癸酉	満	釼鋒金	軫
12日	08/06	木	甲戌	満	山頭火	角
13日	08/07	金	乙亥	平	山頭火	亢
14日	08/08	土	丙子	定	澗下水	氐
15日	08/09	日	丁丑	執	澗下水	房

明和4年

西暦	曜	干支	直	納音	宿

16日 08/10 月 戊寅 破 城頭土 心
17日 08/11 火 己卯 危 城頭土 尾
18日 08/12 水 庚辰 成 白鑞金 箕
19日 08/13 木 辛巳 納 白鑞金 斗
20日 08/14 金 壬午 開 楊柳木 女
21日 08/15 土 癸未 閉 楊柳木 女
22日 08/16 日 甲申 建 井泉水 虚
23日 08/17 月 乙酉 除 井泉水 危
24日 08/18 火 丙戌 満 屋上土 室
25日 08/19 水 丁亥 平 屋上土 壁
26日 08/20 木 戊子 定 霹靂火 奎
27日 08/21 金 己丑 執 霹靂火 婁
28日 08/22 土 庚寅 破 松柏木 胃
29日 08/23 日 辛卯 危 松柏木 昴

【八月大 己酉 斗】
節気 白露 14日・秋分 29日
雑節 二百十日 10日・社日 27日・彼岸 28日

1日 08/24 月 壬辰 成 長流水 畢
2日 08/25 火 癸巳 納 長流水 觜
3日 08/26 水 甲午 開 沙中金 参
4日 08/27 木 乙未 閉 沙中金 井
5日 08/28 金 丙申 建 山下火 鬼
6日 08/29 土 丁酉 除 山下火 柳
7日 08/30 日 戊戌 満 平地木 星
8日 08/31 月 己亥 平 平地木 張
9日 09/01 火 庚子 定 壁上土 翼
10日 09/02 水 辛丑 執 壁上土 軫
11日 09/03 木 壬寅 破 金箔金 角
12日 09/04 金 癸卯 危 金箔金 亢
13日 09/05 土 甲辰 成 覆燈火 氐
14日 09/06 日 乙巳 納 覆燈火 房
15日 09/07 月 丙午 納 天河水 心
16日 09/08 火 丁未 開 天河水 尾
17日 09/09 水 戊申 除 大駅土 箕
18日 09/10 木 己酉 建 大駅土 斗
19日 09/11 金 庚戌 除 釵釧金 牛
20日 09/12 土 辛亥 満 釵釧金 女
21日 09/13 日 壬子 平 桑柘木 虚
22日 09/14 月 癸丑 定 桑柘木 危
23日 09/15 火 甲寅 執 大溪水 室
24日 09/16 水 乙卯 破 大溪水 壁
25日 09/17 木 丙辰 危 沙中土 奎
26日 09/18 金 丁巳 成 沙中土 婁
27日 09/19 土 戊午 納 天上火 胃
28日 09/20 日 己未 開 天上火 昴
29日 09/21 月 庚申 閉 柘榴木 畢
30日 09/22 火 辛酉 建 柘榴木 觜

【九月大 庚戌 牛】
節気 寒露 14日・霜降 30日
雑節 土用 27日

1日 09/23 水 壬戌 除 大海水 参
2日 09/24 木 癸亥 平 大海水 井
3日 09/25 金 甲子 平 海中金 鬼
4日 09/26 土 乙丑 定 海中金 柳
5日 09/27 日 丙寅 執 爐中火 星
6日 09/28 月 丁卯 破 爐中火 張
7日 09/29 火 戊辰 危 大林木 翼
8日 09/30 水 己巳 成 大林木 軫
9日 10/01 木 庚午 納 路傍土 角
10日 10/02 金 辛未 開 路傍土 亢
11日 10/03 土 壬申 閉 釼鋒金 氐
12日 10/04 日 癸酉 建 釼鋒金 房
13日 10/05 月 甲戌 除 山頭火 心
14日 10/06 火 乙亥 満 山頭火 尾
15日 10/07 水 丙子 平 澗下水 箕
16日 10/08 木 丁丑 定 澗下水 斗
17日 10/09 金 戊寅 執 城頭土 牛
18日 10/10 土 己卯 破 城頭土 女
19日 10/11 日 庚辰 破 白鑞金 虚

20日 10/12 月 辛巳 危 白鑞金 危
21日 10/13 火 壬午 成 楊柳木 室
22日 10/14 水 癸未 納 楊柳木 壁
23日 10/15 木 甲申 閉 井泉水 奎
24日 10/16 金 乙酉 閉 井泉水 婁
25日 10/17 土 丙戌 建 屋上土 胃
26日 10/18 日 丁亥 除 屋上土 昴
27日 10/19 月 戊子 満 霹靂火 畢
28日 10/20 火 己丑 平 霹靂火 觜
29日 10/21 水 庚寅 定 松柏木 参
30日 10/22 木 辛卯 執 松柏木 井

【閏九月小 庚子 牛】
節気 立冬 15日

1日 10/23 金 壬辰 破 長流水 鬼
2日 10/24 土 癸巳 危 長流水 星
3日 10/25 日 甲午 成 沙中金 星
4日 10/26 月 乙未 納 沙中金 張
5日 10/27 火 丙申 開 山下火 翼
6日 10/28 水 丁酉 閉 山下火 軫
7日 10/29 木 戊戌 建 平地木 角
8日 10/30 金 己亥 除 平地木 亢
9日 10/31 土 庚子 満 壁上土 氐
10日 11/01 日 辛丑 平 壁上土 房
11日 11/02 月 壬寅 定 金箔金 心
12日 11/03 火 癸卯 執 金箔金 尾
13日 11/04 水 甲辰 破 覆燈火 箕
14日 11/05 木 乙巳 危 覆燈火 斗
15日 11/06 金 丙午 危 天河水 牛
16日 11/07 土 丁未 成 天河水 女
17日 11/08 日 戊申 納 大駅土 虚
18日 11/09 月 己酉 開 大駅土 危
19日 11/10 火 庚戌 閉 釵釧金 室
20日 11/11 水 辛亥 建 釵釧金 壁
21日 11/12 木 壬子 除 桑柘木 奎
22日 11/13 金 癸丑 満 桑柘木 婁
23日 11/14 土 甲寅 定 大溪水 胃
24日 11/15 日 乙卯 執 大溪水 昴
25日 11/16 月 丙辰 破 沙中土 畢
26日 11/17 火 丁巳 危 沙中土 觜
27日 11/18 水 戊午 成 天上火 参
28日 11/19 木 己未 納 天上火 井
29日 11/20 金 庚申 開 柘榴木 鬼

【十月大 辛亥 女】
節気 小雪 1日・大雪 16日

1日 11/21 土 辛酉 閉 柘榴木 柳
2日 11/22 日 壬戌 閉 大海水 星
3日 11/23 月 癸亥 建 大海水 張
4日 11/24 火 甲子 除 海中金 翼
5日 11/25 水 乙丑 満 海中金 軫
6日 11/26 木 丙寅 平 爐中火 角
7日 11/27 金 丁卯 定 爐中火 亢
8日 11/28 土 戊辰 執 大林木 氐
9日 11/29 日 己巳 破 大林木 房
10日 11/30 月 庚午 危 路傍土 心
11日 12/01 火 辛未 成 路傍土 尾
12日 12/02 水 壬申 納 釼鋒金 箕
13日 12/03 木 癸酉 開 釼鋒金 斗
14日 12/04 金 甲戌 閉 山頭火 牛
15日 12/05 土 乙亥 建 山頭火 女
16日 12/06 日 丙子 建 澗下水 虚
17日 12/07 月 丁丑 除 澗下水 危
18日 12/08 火 戊寅 満 城頭土 室
19日 12/09 水 己卯 平 城頭土 壁
20日 12/10 木 庚辰 定 白鑞金 奎
21日 12/11 金 辛巳 執 白鑞金 婁
22日 12/12 土 壬午 破 楊柳木 胃
23日 12/13 日 癸未 危 楊柳木 昴
24日 12/14 月 甲申 成 井泉水 畢
25日 12/15 火 乙酉 納 井泉水 觜
26日 12/16 水 丙戌 開 屋上土 参
27日 12/17 木 丁亥 閉 屋上土 井

28日 12/18 金 戊子 建 霹靂火 鬼
29日 12/19 土 己丑 除 霹靂火 柳
30日 12/20 日 庚寅 満 松柏木 星

【十一月大 壬子 虚】
節気 冬至 1日・小寒 17日
雑節 土用 29日

1日 12/21 月 辛卯 平 松柏木 張
2日 12/22 火 壬辰 定 長流水 翼
3日 12/23 水 癸巳 執 長流水 軫
4日 12/24 木 甲午 破 沙中金 角
5日 12/25 金 乙未 危 沙中金 亢
6日 12/26 土 丙申 成 山下火 氐
7日 12/27 日 丁酉 納 山下火 房
8日 12/28 月 戊戌 開 平地木 心
9日 12/29 火 己亥 閉 平地木 尾
10日 12/30 水 庚子 建 壁上土 箕
11日 12/31 木 辛丑 除 壁上土 斗

1768年

12日 01/01 金 壬寅 満 金箔金 牛
13日 01/02 土 癸卯 平 金箔金 女
14日 01/03 日 甲辰 定 覆燈火 虚
15日 01/04 月 乙巳 執 覆燈火 危
16日 01/05 火 丙午 破 天河水 室
17日 01/06 水 丁未 破 天河水 壁
18日 01/07 木 戊申 危 大駅土 奎
19日 01/08 金 己酉 成 大駅土 婁
20日 01/09 土 庚戌 納 釵釧金 胃
21日 01/10 日 辛亥 開 釵釧金 昴
22日 01/11 月 壬子 閉 桑柘木 畢
23日 01/12 火 癸丑 建 桑柘木 觜
24日 01/13 水 甲寅 除 大溪水 参
25日 01/14 木 乙卯 満 大溪水 井
26日 01/15 金 丙辰 平 沙中土 鬼
27日 01/16 土 丁巳 定 沙中土 柳
29日 01/18 月 己未 破 天上火 張
30日 01/19 火 庚申 危 柘榴木 翼

【十二月小 癸丑 危】
節気 大寒 2日・立春 17日
雑節 節分 16日

1日 01/20 水 辛酉 成 柘榴木 軫
2日 01/21 木 壬戌 納 大海水 角
3日 01/22 金 癸亥 開 大海水 亢
4日 01/23 土 甲子 建 海中金 氐
5日 01/24 日 乙丑 建 海中金 房
6日 01/25 月 丙寅 除 爐中火 心
7日 01/26 火 丁卯 満 爐中火 尾
8日 01/27 水 戊辰 平 大林木 箕
9日 01/28 木 己巳 定 大林木 斗
10日 01/29 金 庚午 執 路傍土 牛
11日 01/30 土 辛未 破 路傍土 女
12日 01/31 日 壬申 危 釼鋒金 虚
13日 02/01 月 癸酉 成 山頭火 危
14日 02/02 火 甲戌 納 山頭火 室
15日 02/03 水 乙亥 開 山頭火 壁
16日 02/04 木 丙子 閉 澗下水 奎
17日 02/05 金 丁丑 建 澗下水 婁
18日 02/06 土 戊寅 建 城頭土 胃
19日 02/07 日 己卯 除 城頭土 昴
20日 02/08 月 庚辰 満 白鑞金 畢
21日 02/09 火 辛巳 平 白鑞金 觜
22日 02/10 水 壬午 定 楊柳木 参
23日 02/11 木 癸未 執 楊柳木 井
24日 02/12 金 甲申 破 井泉水 鬼
25日 02/13 土 乙酉 危 井泉水 柳
26日 02/14 日 丙戌 成 屋上土 星
27日 02/15 月 丁亥 納 屋上土 張
28日 02/16 火 戊子 開 霹靂火 翼
29日 02/17 水 己丑 閉 霹靂火 軫

373

明和5年
1768～1769　戊子　畢

【正月大　甲寅　室】
節気 雨水 3日・啓蟄 19日
雑節 彼岸 29日・社日 29日

日	日付	曜	干支	中段	納音	宿
1日	02/18	木	庚寅	建	松柏木	角
2日	02/19	金	辛卯	除	松柏木	亢
3日	02/20	土	壬辰	満	長流水	氐
4日	02/21	日	癸巳	平	長流水	房
5日	02/22	月	甲午	定	沙中金	心
6日	02/23	火	乙未	執	沙中金	尾
7日	02/24	水	丙申	破	山下火	箕
8日	02/25	木	丁酉	危	山下火	斗
9日	02/26	金	戊戌	成	平地木	牛
10日	02/27	土	己亥	納	平地木	女
11日	02/28	日	庚子	開	壁上土	虚
12日	02/29	月	辛丑	閉	壁上土	危
13日	03/01	火	壬寅	建	金箔金	室
14日	03/02	水	癸卯	除	金箔金	壁
15日	03/03	木	甲辰	満	覆燈火	奎
16日	03/04	金	乙巳	平	覆燈火	婁
17日	03/05	土	丙午	定	天河水	胃
18日	03/06	日	丁未	執	天河水	昴
19日	03/07	月	戊申	執	大駅土	畢
20日	03/08	火	己酉	破	大駅土	觜
21日	03/09	水	庚戌	危	釼釧金	參
22日	03/10	木	辛亥	成	釼釧金	井
23日	03/11	金	壬子	納	桑柘木	鬼
24日	03/12	土	癸丑	開	桑柘木	柳
25日	03/13	日	甲寅	閉	大溪水	星
26日	03/14	月	乙卯	建	大溪水	張
27日	03/15	火	丙辰	除	沙中土	翼
28日	03/16	水	丁巳	満	沙中土	軫
29日	03/17	木	戊午	平	天上火	角
30日	03/18	金	己未	定	天上火	亢

【二月小　乙卯　壁】
節気 春分 4日・清明 19日

日	日付	曜	干支	中段	納音	宿
1日	03/19	土	庚申	執	柘榴木	氐
2日	03/20	日	辛酉	破	柘榴木	房
3日	03/21	月	壬戌	危	大海水	心
4日	03/22	火	癸亥	成	大海水	尾
5日	03/23	水	甲子	納	海中金	箕
6日	03/24	木	乙丑	開	海中金	斗
7日	03/25	金	丙寅	閉	爐中火	牛
8日	03/26	土	丁卯	建	爐中火	女
9日	03/27	日	戊辰	除	大林木	虚
10日	03/28	月	己巳	満	大林木	危
11日	03/29	火	庚午	平	路傍土	室
12日	03/30	水	辛未	定	路傍土	壁
13日	03/31	木	壬申	執	釼鋒金	奎
14日	04/01	金	癸酉	破	釼鋒金	婁
15日	04/02	土	甲戌	危	山頭火	胃
16日	04/03	日	乙亥	成	山頭火	昴
17日	04/04	月	丙子	納	澗下水	畢
18日	04/05	火	丁丑	開	澗下水	觜
19日	04/06	水	戊寅	開	城頭土	參
20日	04/07	木	己卯	閉	城頭土	井
21日	04/08	金	庚辰	建	白鑞金	鬼
22日	04/09	土	辛巳	除	白鑞金	柳
23日	04/10	日	壬午	満	楊柳木	星
24日	04/11	月	癸未	平	楊柳木	張
25日	04/12	火	甲申	定	井泉水	翼
26日	04/13	水	乙酉	執	井泉水	軫
27日	04/14	木	丙戌	破	屋上土	角
28日	04/15	金	丁亥	危	屋上土	亢
29日	04/16	土	戊子	成	霹靂火	氐

【三月小　丙辰　奎】
節気 穀雨 5日・立夏 20日
雑節 土用 2日・八十八夜 16日

日	日付	曜	干支	中段	納音	宿
1日	04/17	日	己丑	納	霹靂火	房
2日	04/18	月	庚寅	開	松柏木	心
3日	04/19	火	辛卯	閉	松柏木	尾
4日	04/20	水	壬辰	建	長流水	箕
5日	04/21	木	癸巳	除	長流水	斗
6日	04/22	金	甲午	満	沙中金	牛
7日	04/23	土	乙未	平	沙中金	女
8日	04/24	日	丙申	定	山下火	虚
9日	04/25	月	丁酉	執	山下火	危
10日	04/26	火	戊戌	破	平地木	室
11日	04/27	水	己亥	危	平地木	壁
12日	04/28	木	庚子	成	壁上土	奎
13日	04/29	金	辛丑	納	壁上土	婁
14日	04/30	土	壬寅	開	金箔金	胃
15日	05/01	日	癸卯	閉	金箔金	昴
16日	05/02	月	甲辰	建	覆燈火	畢
17日	05/03	火	乙巳	除	覆燈火	觜
18日	05/04	水	丙午	満	天河水	參
19日	05/05	木	丁未	平	天河水	井
20日	05/06	金	戊申	平	大駅土	鬼
21日	05/07	土	己酉	定	大駅土	柳
22日	05/08	日	庚戌	執	釼釧金	星
23日	05/09	月	辛亥	破	釼釧金	張
24日	05/10	火	壬子	危	桑柘木	翼
25日	05/11	水	癸丑	成	桑柘木	軫
26日	05/12	木	甲寅	納	大溪水	角
27日	05/13	金	乙卯	開	大溪水	亢
28日	05/14	土	丙辰	閉	沙中土	氐
29日	05/15	日	丁巳	建	沙中土	房

【四月大　丁巳　婁】
節気 小満 7日・芒種 22日
雑節 入梅 25日

日	日付	曜	干支	中段	納音	宿
1日	05/16	月	戊午	除	天上火	心
2日	05/17	火	己未	満	天上火	尾
3日	05/18	水	庚申	平	柘榴木	箕
4日	05/19	木	辛酉	定	柘榴木	斗
5日	05/20	金	壬戌	執	大海水	牛
6日	05/21	土	癸亥	破	大海水	女
7日	05/22	日	甲子	危	海中金	虚
8日	05/23	月	乙丑	成	海中金	危
9日	05/24	火	丙寅	納	爐中火	室
10日	05/25	水	丁卯	開	爐中火	壁
11日	05/26	木	戊辰	閉	大林木	奎
12日	05/27	金	己巳	建	大林木	婁
13日	05/28	土	庚午	除	路傍土	胃
14日	05/29	日	辛未	満	路傍土	昴
15日	05/30	月	壬申	平	釼鋒金	畢
16日	05/31	火	癸酉	定	釼鋒金	觜
17日	06/01	水	甲戌	執	山頭火	參
18日	06/02	木	乙亥	破	山頭火	井
19日	06/03	金	丙子	危	澗下水	鬼
20日	06/04	土	丁丑	成	澗下水	柳
21日	06/05	日	戊寅	納	城頭土	星
22日	06/06	月	己卯	納	城頭土	張
23日	06/07	火	庚辰	開	白鑞金	翼
24日	06/08	水	辛巳	閉	白鑞金	軫
25日	06/09	木	壬午	建	楊柳木	角
26日	06/10	金	癸未	除	楊柳木	亢
27日	06/11	土	甲申	満	井泉水	氐
28日	06/12	日	乙酉	平	井泉水	房
29日	06/13	月	丙戌	定	屋上土	心
30日	06/14	火	丁亥	執	屋上土	尾

【五月小　戊午　胃】
節気 夏至 7日・小暑 22日
雑節 半夏生 17日

日	日付	曜	干支	中段	納音	宿
1日	06/15	水	戊子	破	霹靂火	箕
2日	06/16	木	己丑	危	霹靂火	斗
3日	06/17	金	庚寅	成	松柏木	牛
4日	06/18	土	辛卯	納	松柏木	女
5日	06/19	日	壬辰	開	長流水	虚
6日	06/20	月	癸巳	閉	長流水	危
7日	06/21	火	甲午	建	沙中金	室
8日	06/22	水	乙未	除	沙中金	壁
9日	06/23	木	丙申	満	山下火	奎
10日	06/24	金	丁酉	平	山下火	婁
11日	06/25	土	戊戌	定	平地木	胃
12日	06/26	日	己亥	執	平地木	昴
13日	06/27	月	庚子	破	壁上土	畢
14日	06/28	火	辛丑	危	壁上土	觜
15日	06/29	水	壬寅	成	金箔金	參
16日	06/30	木	癸卯	納	金箔金	井
17日	07/01	金	甲辰	開	覆燈火	鬼
18日	07/02	土	乙巳	閉	覆燈火	柳
19日	07/03	日	丙午	建	天河水	星
20日	07/04	月	丁未	除	天河水	張
21日	07/05	火	戊申	満	大駅土	翼
22日	07/06	水	己酉	満	大駅土	軫
23日	07/07	木	庚戌	平	釼釧金	角
24日	07/08	金	辛亥	定	釼釧金	亢
25日	07/09	土	壬子	執	桑柘木	氐
26日	07/10	日	癸丑	破	桑柘木	房
27日	07/11	月	甲寅	危	大溪水	心
28日	07/12	火	乙卯	成	大溪水	尾
29日	07/13	水	丙辰	納	沙中土	箕

【六月小　己未　昴】
節気 大暑 8日・立秋 24日
雑節 土用 5日

日	日付	曜	干支	中段	納音	宿
1日	07/14	木	丁巳	開	沙中土	斗
2日	07/15	金	戊午	閉	天上火	牛
3日	07/16	土	己未	建	天上火	女
4日	07/17	日	庚申	除	柘榴木	虚
5日	07/18	月	辛酉	満	柘榴木	危
6日	07/19	火	壬戌	平	大海水	室
7日	07/20	水	癸亥	定	大海水	壁
8日	07/21	木	甲子	執	海中金	奎
9日	07/22	金	乙丑	破	海中金	婁
10日	07/23	土	丙寅	危	爐中火	胃
11日	07/24	日	丁卯	成	爐中火	昴
12日	07/25	月	戊辰	納	大林木	畢
13日	07/26	火	己巳	開	大林木	觜
14日	07/27	水	庚午	閉	路傍土	參
15日	07/28	木	辛未	建	路傍土	井
16日	07/29	金	壬申	除	釼鋒金	鬼
17日	07/30	土	癸酉	満	釼鋒金	柳
18日	07/31	日	甲戌	平	山頭火	星
19日	08/01	月	乙亥	定	山頭火	張
20日	08/02	火	丙子	執	澗下水	翼
21日	08/03	水	丁丑	破	澗下水	軫
22日	08/04	木	戊寅	危	城頭土	角
23日	08/05	金	己卯	成	城頭土	亢
24日	08/06	土	庚辰	成	白鑞金	氐
25日	08/07	日	辛巳	納	白鑞金	房
26日	08/08	月	壬午	開	楊柳木	心
27日	08/09	火	癸未	閉	楊柳木	尾
28日	08/10	水	甲申	建	井泉水	箕
29日	08/11	木	乙酉	除	井泉水	斗

【七月大　庚申　畢】
節気 処暑 10日・白露 25日

明和5年

日	西暦	曜	干支	直	納音	宿
雑節 二百十日 21日						
1日	08/12	金	丙戌	満	屋上土	牛
2日	08/13	土	丁亥	平	屋上土	女
3日	08/14	日	戊子	定	霹靂火	虚
4日	08/15	月	己丑	執	霹靂火	危
5日	08/16	火	庚寅	破	松柏木	室
6日	08/17	水	辛卯	危	松柏木	壁
7日	08/18	木	壬辰	成	長流水	奎
8日	08/19	金	癸巳	納	長流水	婁
9日	08/20	土	甲午	開	沙中金	胃
10日	08/21	日	乙未	閉	沙中金	昴
11日	08/22	月	丙申	建	山下火	畢
12日	08/23	火	丁酉	除	山下火	觜
13日	08/24	水	戊戌	満	平地木	参
14日	08/25	木	己亥	平	平地木	井
15日	08/26	金	庚子	定	壁上土	鬼
16日	08/27	土	辛丑	執	壁上土	柳
17日	08/28	日	壬寅	破	金箔金	星
18日	08/29	月	癸卯	危	金箔金	張
19日	08/30	火	甲辰	成	覆燈火	翼
20日	08/31	水	乙巳	納	覆燈火	軫
21日	09/01	木	丙午	開	天河水	角
22日	09/02	金	丁未	閉	天河水	亢
23日	09/03	土	戊申	建	大駅土	氐
24日	09/04	日	己酉	除	大駅土	房
25日	09/05	月	庚戌	満	釵釧金	心
26日	09/06	火	辛亥	平	釵釧金	尾
27日	09/07	水	壬子	定	桑柘木	箕
28日	09/08	木	癸丑	執	桑柘木	斗
29日	09/09	金	甲寅	破	大溪水	牛
30日	09/10	土	乙卯	危	大溪水	女

【八月大 辛酉 觜】
節気 秋分 10日・寒露 26日
雑節 彼岸 9日・社日 13日

日	西暦	曜	干支	直	納音	宿
1日	09/11	日	丙辰	危	沙中土	虚
2日	09/12	月	丁巳	成	沙中土	危
3日	09/13	火	戊午	納	天上火	室
4日	09/14	水	己未	開	天上火	壁
5日	09/15	木	庚申	閉	柘榴木	奎
6日	09/16	金	辛酉	建	柘榴木	婁
7日	09/17	土	壬戌	除	大海水	胃
8日	09/18	日	癸亥	満	大海水	昴
9日	09/19	月	甲子	定	海中金	觜
10日	09/20	火	乙丑	執	海中金	参
11日	09/21	水	丙寅	破	爐中火	井
12日	09/22	木	丁卯	危	爐中火	鬼
13日	09/23	金	戊辰	成	大林木	柳
14日	09/24	土	己巳	納	大林木	星
15日	09/25	日	庚午	開	路傍土	張
16日	09/26	月	辛未	閉	路傍土	翼
17日	09/27	火	壬申	建	釵鋒金	軫
18日	09/28	水	癸酉	除	釵鋒金	角
19日	09/29	木	甲戌	満	山頭火	亢
20日	09/30	金	乙亥	平	山頭火	氐
21日	10/01	土	丙子	定	澗下水	房
22日	10/02	日	丁丑	執	澗下水	心
23日	10/03	月	戊寅	破	城頭土	尾
24日	10/04	火	己卯	危	城頭土	箕
25日	10/05	水	庚辰	成	白鑞金	斗
26日	10/06	木	辛巳	納	白鑞金	牛
27日	10/07	金	壬午	開	楊柳木	女
28日	10/08	土	癸未	閉	楊柳木	虚
29日	10/09	日	甲申	建	井泉水	危
30日	10/10	月	乙酉	除	井泉水	室

【九月小 壬戌 参】
節気 霜降 11日・立冬 26日
雑節 土用 8日

日	西暦	曜	干支	直	納音	宿
1日	10/11	火	丙戌	建	屋上土	室
2日	10/12	水	丁亥	除	屋上土	壁
3日	10/13	木	戊子	満	霹靂火	奎
4日	10/14	金	己丑	平	霹靂火	婁
5日	10/15	土	庚寅	定	松柏木	胃
6日	10/16	日	辛卯	執	松柏木	昴
7日	10/17	月	壬辰	破	長流水	畢
8日	10/18	火	癸巳	危	長流水	觜
9日	10/19	水	甲午	成	沙中金	参
10日	10/20	木	乙未	納	沙中金	井
11日	10/21	金	丙申	開	山下火	鬼
12日	10/22	土	丁酉	閉	山下火	柳
13日	10/23	日	戊戌	建	平地木	星
14日	10/24	月	己亥	除	平地木	張
15日	10/25	火	庚子	満	壁上土	翼
16日	10/26	水	辛丑	平	壁上土	軫
17日	10/27	木	壬寅	定	金箔金	角
18日	10/28	金	癸卯	執	金箔金	亢
19日	10/29	土	甲辰	破	覆燈火	氐
20日	10/30	日	乙巳	危	覆燈火	房
21日	10/31	月	丙午	成	天河水	心
22日	11/01	火	丁未	納	天河水	尾
23日	11/02	水	戊申	開	大駅土	箕
24日	11/03	木	己酉	閉	大駅土	斗
25日	11/04	金	庚戌	建	釵釧金	牛
26日	11/05	土	辛亥	除	釵釧金	女
27日	11/06	日	壬子	満	桑柘木	虚
28日	11/07	月	癸丑	平	桑柘木	危
29日	11/08	火	甲寅	定	大溪水	室

【十月大 癸亥 井】
節気 小雪 12日・大雪 27日

日	西暦	曜	干支	直	納音	宿
1日	11/09	水	乙卯	執	大溪水	壁
2日	11/10	木	丙辰	破	沙中土	奎
3日	11/11	金	丁巳	危	沙中土	婁
4日	11/12	土	戊午	成	天上火	胃
5日	11/13	日	己未	納	天上火	昴
6日	11/14	月	庚申	開	柘榴木	畢
7日	11/15	火	辛酉	閉	柘榴木	觜
8日	11/16	水	壬戌	建	大海水	参
9日	11/17	木	癸亥	除	大海水	井
10日	11/18	金	甲子	満	海中金	鬼
11日	11/19	土	乙丑	平	海中金	柳
12日	11/20	日	丙寅	定	爐中火	星
13日	11/21	月	丁卯	執	爐中火	張
14日	11/22	火	戊辰	破	大林木	翼
15日	11/23	水	己巳	危	大林木	軫
16日	11/24	木	庚午	成	路傍土	角
17日	11/25	金	辛未	納	路傍土	亢
18日	11/26	土	壬申	開	釵鋒金	氐
19日	11/27	日	癸酉	閉	釵鋒金	房
20日	11/28	月	甲戌	建	山頭火	心
21日	11/29	火	乙亥	除	山頭火	尾
22日	12/01	水	丙子	満	澗下水	箕
23日	12/02	木	丁丑	平	澗下水	斗
24日	12/03	金	戊寅	定	城頭土	牛
25日	12/04	土	己卯	執	城頭土	女
26日	12/05	日	庚辰	破	白鑞金	虚
27日	12/06	月	辛巳	危	白鑞金	危
28日	12/07	火	壬午	成	楊柳木	室
29日	12/08	水	癸未	納	楊柳木	壁
30日	12/08	木	甲申	危	井泉水	室

【十一月大 甲子 鬼】
節気 冬至 13日・小寒 28日

日	西暦	曜	干支	直	納音	宿
1日	12/09	金	乙酉	納	井泉水	婁
2日	12/10	土	丙戌	開	屋上土	胃
3日	12/11	日	丁亥	閉	屋上土	昴
4日	12/12	月	戊子	建	霹靂火	畢
5日	12/13	火	己丑	除	霹靂火	觜
6日	12/14	水	庚寅	満	松柏木	参
7日	12/15	木	辛卯	平	松柏木	井
8日	12/16	金	壬辰	定	長流水	鬼
9日	12/17	土	癸巳	執	長流水	柳
10日	12/18	日	甲午	破	沙中金	星
11日	12/19	月	乙未	危	沙中金	張
12日	12/20	火	丙申	成	山下火	翼
13日	12/21	水	丁酉	納	山下火	軫
14日	12/22	木	戊戌	開	平地木	角
15日☆	12/23	金	己亥	閉	平地木	亢
16日	12/24	土	庚子	建	壁上土	氐
17日	12/25	日	辛丑	除	壁上土	房
18日	12/26	月	壬寅	満	金箔金	心
19日	12/27	火	癸卯	平	金箔金	尾
20日	12/28	水	甲辰	定	覆燈火	箕
21日	12/29	木	乙巳	執	覆燈火	斗
22日	12/30	金	丙午	破	天河水	牛
23日	12/31	土	丁未	危	天河水	女

1769年

日	西暦	曜	干支	直	納音	宿
24日	01/01	日	戊申	成	大駅土	虚
25日	01/02	月	己酉	納	大駅土	危
26日	01/03	火	庚戌	開	釵釧金	室
27日	01/04	水	辛亥	閉	釵釧金	壁
28日	01/05	木	壬子	閉	桑柘木	奎
29日	01/06	金	癸丑	建	桑柘木	婁
30日	01/07	土	甲寅	除	大溪水	胃

【十二月大 乙丑 柳】
節気 大寒 13日・立春 28日
雑節 土用 10日・節分 27日

日	西暦	曜	干支	直	納音	宿
1日◎	01/08	日	乙卯	満	大溪水	昴
2日	01/09	月	丙辰	平	沙中土	畢
3日	01/10	火	丁巳	定	沙中土	觜
4日	01/11	水	戊午	執	天上火	参
5日	01/12	木	己未	破	天上火	井
6日	01/13	金	庚申	危	柘榴木	鬼
7日	01/14	土	辛酉	成	柘榴木	柳
8日	01/15	日	壬戌	納	大海水	星
9日	01/16	月	癸亥	開	大海水	張
10日	01/17	火	甲子	閉	海中金	翼
11日	01/18	水	乙丑	建	海中金	軫
12日	01/19	木	丙寅	除	爐中火	角
13日	01/20	金	丁卯	満	爐中火	亢
14日	01/21	土	戊辰	平	大林木	氐
15日	01/22	日	己巳	定	大林木	房
16日	01/23	月	庚午	執	路傍土	心
17日	01/24	火	辛未	破	路傍土	尾
18日	01/25	水	壬申	危	釵鋒金	箕
19日	01/26	木	癸酉	成	釵鋒金	斗
20日	01/27	金	甲戌	納	山頭火	牛
21日	01/28	土	乙亥	閉	山頭火	女
22日	01/29	日	丙子	閉	澗下水	虚
23日	01/30	月	丁丑	建	澗下水	危
24日	01/31	火	戊寅	除	城頭土	室
25日	02/01	水	己卯	満	城頭土	壁
26日	02/02	木	庚辰	平	白鑞金	奎
27日	02/03	金	辛巳	定	白鑞金	婁
28日	02/04	土	壬午	執	楊柳木	胃
29日	02/05	日	癸未	破	楊柳木	昴
30日	02/06	月	甲申	危	井泉水	畢

明和6年
1769〜1770　己丑　牛

【正月小 丙寅 星】
節気 雨水 14日・啓蟄 29日

日	月日	曜	干支	直	納音	宿
1日	02/07	火	乙酉	危	井泉水	觜
2日	02/08	水	丙戌	成	屋上土	参
3日	02/09	木	丁亥	納	屋上土	井
4日	02/10	金	戊子	開	霹靂火	鬼
5日	02/11	土	己丑	閉	霹靂火	柳
6日	02/12	日	庚寅	建	松柏木	星
7日	02/13	月	辛卯	除	松柏木	張
8日	02/14	火	壬辰	満	長流水	翼
9日	02/15	水	癸巳	平	長流水	軫
10日	02/16	木	甲午	定	沙中金	角
11日	02/17	金	乙未	執	沙中金	亢
12日	02/18	土	丙申	破	山下火	氐
13日	02/19	日	丁酉	危	山下火	房
14日	02/20	月	戊戌	成	平地木	心
15日	02/21	火	己亥	納	平地木	尾
16日	02/22	水	庚子	開	壁上土	箕
17日	02/23	木	辛丑	閉	壁上土	斗
18日	02/24	金	壬寅	建	金箔金	牛
19日	02/25	土	癸卯	除	金箔金	女
20日	02/26	日	甲辰	満	覆燈火	虚
21日	02/27	月	乙巳	平	覆燈火	危
22日	02/28	火	丙午	定	天河水	室
23日	03/01	水	丁未	執	天河水	壁
24日	03/02	木	戊申	破	大駅土	奎
25日	03/03	金	己酉	危	大駅土	婁
26日	03/04	土	庚戌	成	釵釧金	胃
27日	03/05	日	辛亥	納	釵釧金	昴
28日	03/06	月	壬子	開	桑柘木	畢
29日	03/07	火	癸丑	開	桑柘木	觜

【二月大 丁卯 張】
節気 春分 15日・清明 30日
雑節 彼岸 10日・社日 15日

日	月日	曜	干支	直	納音	宿
1日	03/08	水	甲寅	閉	大渓水	参
2日	03/09	木	乙卯	建	大渓水	井
3日	03/10	金	丙辰	除	沙中土	鬼
4日	03/11	土	丁巳	満	沙中土	柳
5日	03/12	日	戊午	平	天上火	星
6日	03/13	月	己未	定	天上火	張
7日	03/14	火	庚申	執	柘榴木	翼
8日	03/15	水	辛酉	破	柘榴木	軫
9日	03/16	木	壬戌	危	大海水	角
10日	03/17	金	癸亥	成	大海水	亢
11日	03/18	土	甲子	納	海中金	氐
12日	03/19	日	乙丑	開	海中金	房
13日	03/20	月	丙寅	閉	爐中火	心
14日	03/21	火	丁卯	建	爐中火	尾
15日	03/22	水	戊辰	除	大林木	箕
16日	03/23	木	己巳	満	大林木	斗
17日	03/24	金	庚午	平	路傍土	牛
18日	03/25	土	辛未	定	路傍土	女
19日	03/26	日	壬申	執	釵鋒金	虚
20日	03/27	月	癸酉	破	釵鋒金	危
21日	03/28	火	甲戌	危	山頭火	室
22日	03/29	水	乙亥	成	山頭火	壁
23日	03/30	木	丙子	納	澗下水	奎
24日	03/31	金	丁丑	開	澗下水	婁
25日	04/01	土	戊寅	閉	城頭土	胃
26日	04/02	日	己卯	建	城頭土	昴
27日	04/03	月	庚辰	除	白鑞金	畢
28日	04/04	火	辛巳	満	白鑞金	觜
29日	04/05	水	壬午	平	楊柳木	参
30日	04/06	木	癸未	平	楊柳木	井

【三月小 戊辰 翼】
節気 穀雨 15日
雑節 土用 12日・八十八夜 26日

日	月日	曜	干支	直	納音	宿
1日	04/07	金	甲申	定	井泉水	鬼
2日	04/08	土	乙酉	執	井泉水	柳
3日	04/09	日	丙戌	破	屋上土	星
4日	04/10	月	丁亥	危	屋上土	張
5日	04/11	火	戊子	成	霹靂火	翼
6日	04/12	水	己丑	納	霹靂火	軫
7日	04/13	木	庚寅	開	松柏木	角
8日	04/14	金	辛卯	閉	松柏木	亢
9日	04/15	土	壬辰	建	長流水	氐
10日	04/16	日	癸巳	除	長流水	房
11日	04/17	月	甲午	満	沙中金	心
12日	04/18	火	乙未	平	沙中金	尾
13日	04/19	水	丙申	定	山下火	箕
14日	04/20	木	丁酉	執	山下火	斗
15日	04/21	金	戊戌	破	平地木	牛
16日	04/22	土	己亥	危	平地木	女
17日	04/23	日	庚子	成	壁上土	虚
18日	04/24	月	辛丑	納	壁上土	危
19日	04/25	火	壬寅	開	金箔金	室
20日	04/26	水	癸卯	閉	金箔金	壁
21日	04/27	木	甲辰	建	覆燈火	奎
22日	04/28	金	乙巳	除	覆燈火	婁
23日	04/29	土	丙午	満	天河水	胃
24日	04/30	日	丁未	平	天河水	昴
25日	05/01	月	戊申	定	大駅土	畢
26日	05/02	火	己酉	執	大駅土	觜
27日	05/03	水	庚戌	破	釵釧金	参
28日	05/04	木	辛亥	危	釵釧金	井
29日	05/05	金	壬子	成	桑柘木	鬼

【四月小 己巳 軫】
節気 立夏 2日・小満 17日

日	月日	曜	干支	直	納音	宿
1日	05/06	土	癸丑	納	桑柘木	柳
2日	05/07	日	甲寅	納	大渓水	星
3日	05/08	月	乙卯	開	大渓水	張
4日	05/09	火	丙辰	閉	沙中土	翼
5日	05/10	水	丁巳	建	沙中土	軫
6日	05/11	木	戊午	除	天上火	角
7日	05/12	金	己未	満	天上火	亢
8日	05/13	土	庚申	平	柘榴木	氐
9日	05/14	日	辛酉	定	柘榴木	房
10日	05/15	月	壬戌	執	大海水	心
11日	05/16	火	癸亥	破	大海水	尾
12日	05/17	水	甲子	危	海中金	箕
13日	05/18	木	乙丑	成	海中金	斗
14日	05/19	金	丙寅	納	爐中火	牛
15日	05/20	土	丁卯	開	爐中火	女
16日	05/21	日	戊辰	閉	大林木	虚
17日	05/22	月	己巳	建	大林木	危
18日	05/23	火	庚午	除	路傍土	室
19日	05/24	水	辛未	満	路傍土	壁
20日	05/25	木	壬申	平	釵鋒金	奎
21日	05/26	金	癸酉	定	釵鋒金	婁
22日	05/27	土	甲戌	執	山頭火	胃
23日	05/28	日	乙亥	破	山頭火	昴
24日	05/29	月	丙子	危	澗下水	畢
25日	05/30	火	丁丑	成	澗下水	觜
26日	05/31	水	戊寅	納	城頭土	参
27日	06/01	木	己卯	開	城頭土	井
28日	06/02	金	庚辰	閉	白鑞金	鬼
29日	06/03	土	辛巳	建	白鑞金	柳

【五月大 庚午 角】
節気 芒種 3日・夏至 18日
雑節 入梅 11日・半夏生 28日

日	月日	曜	干支	直	納音	宿
1日	06/04	日	壬午	除	楊柳木	星
2日	06/05	月	癸未	満	楊柳木	張
3日	06/06	火	甲申	満	井泉水	翼
4日	06/07	水	乙酉	平	井泉水	軫
5日	06/08	木	丙戌	定	屋上土	角
6日	06/09	金	丁亥	執	屋上土	亢
7日	06/10	土	戊子	破	霹靂火	氐
8日	06/11	日	己丑	危	霹靂火	房
9日	06/12	月	庚寅	成	松柏木	心
10日	06/13	火	辛卯	納	松柏木	尾
11日	06/14	水	壬辰	開	長流水	箕
12日	06/15	木	癸巳	閉	長流水	斗
13日	06/16	金	甲午	建	沙中金	牛
14日	06/17	土	乙未	除	沙中金	女
15日	06/18	日	丙申	満	山下火	虚
16日	06/19	月	丁酉	平	山下火	室
17日	06/20	火	戊戌	定	平地木	壁
18日	06/21	水	己亥	執	平地木	奎
19日	06/22	木	庚子	破	壁上土	婁
20日	06/23	金	辛丑	危	壁上土	胃
21日	06/24	土	壬寅	成	金箔金	昴
22日	06/25	日	癸卯	納	金箔金	畢
23日	06/26	月	甲辰	開	覆燈火	觜
24日	06/27	火	乙巳	閉	覆燈火	参
25日	06/28	水	丙午	建	天河水	井
26日	06/29	木	丁未	除	天河水	鬼
27日	06/30	金	戊申	満	大駅土	柳
28日	07/01	土	己酉	平	大駅土	星
29日	07/02	日	庚戌	定	釵釧金	張
30日	07/03	月	辛亥	執	釵釧金	張

【六月小 辛未 亢】
節気 小暑 3日・大暑 19日
雑節 土用 16日

日	月日	曜	干支	直	納音	宿
1日	07/04	火	壬子	破	桑柘木	翼
2日	07/05	水	癸丑	危	桑柘木	軫
3日	07/06	木	甲寅	危	大渓水	角
4日	07/07	金	乙卯	成	大渓水	亢
5日	07/08	土	丙辰	納	沙中土	氐
6日	07/09	日	丁巳	開	沙中土	房
7日	07/10	月	戊午	閉	天上火	心
8日	07/11	火	己未	建	天上火	尾
9日	07/12	水	庚申	除	柘榴木	箕
10日	07/13	木	辛酉	満	柘榴木	斗
11日	07/14	金	壬戌	平	大海水	牛
12日	07/15	土	癸亥	定	大海水	女
13日	07/16	日	甲子	執	海中金	虚
14日	07/17	月	乙丑	破	海中金	危
15日	07/18	火	丙寅	危	爐中火	室
16日	07/19	水	丁卯	成	爐中火	壁
17日	07/20	木	戊辰	納	大林木	奎
18日	07/21	金	己巳	開	大林木	婁
19日	07/22	土	庚午	閉	路傍土	胃
20日	07/23	日	辛未	建	路傍土	昴
21日	07/24	月	壬申	除	釵鋒金	畢
22日	07/25	火	癸酉	満	釵鋒金	觜
23日	07/26	水	甲戌	平	山頭火	参
24日	07/27	木	乙亥	定	山頭火	井
25日	07/28	金	丙子	執	澗下水	柳
26日	07/29	土	丁丑	破	澗下水	星
27日	07/30	日	戊寅	危	城頭土	張
28日	07/31	月	己卯	成	城頭土	翼
29日	08/01	火	庚辰	納	白鑞金	翼

【七月小 壬申 氐】
節気 立秋 5日・処暑 20日

日	月日	曜	干支	直	納音	宿
1日	08/02	水	辛巳	開	白鑞金	軫
2日	08/03	木	壬午	閉	楊柳木	角
3日	08/04	金	癸未	建	楊柳木	亢
4日	08/05	土	甲申	除	井泉水	氐
5日	08/06	日	乙酉	除	井泉水	房

西暦 曜 干支 直 納音 宿　　　　　　　　　　　　　　　　明和6年

6日	08/07	月	丙戌	満	屋上土	心
7日	08/08	火	丁亥	平	屋上土	尾
8日	08/09	水	戊子	定	霹靂火	箕
9日	08/10	木	己丑	執	霹靂火	斗
10日	08/11	金	庚寅	破	松柏木	牛
11日	08/12	土	辛卯	危	松柏木	女
12日	08/13	日	壬辰	成	長流水	虚
13日	08/14	月	癸巳	納	長流水	危
14日	08/15	火	甲午	開	沙中金	室
15日	08/16	水	乙未	閉	沙中金	壁
16日	08/17	木	丙申	建	山下火	奎
17日	08/18	金	丁酉	除	山下火	婁
18日	08/19	土	戊戌	平	平地木	胃
19日	08/20	日	己亥	平	平地木	昴
20日	08/21	月	庚子	定	壁上土	畢
21日	08/22	火	辛丑	執	壁上土	觜
22日	08/23	水	壬寅	破	金箔金	参
23日	08/24	木	癸卯	危	金箔金	井
24日	08/25	金	甲辰	成	覆燈火	鬼
25日	08/26	土	乙巳	納	覆燈火	柳
26日	08/27	日	丙午	開	天河水	星
27日	08/28	月	丁未	閉	天河水	張
28日	08/29	火	戊申	建	大駅土	翼
29日	08/30	水	己酉	除	大駅土	軫

【八月大 癸酉 房】
節気 白露 6日・秋分 22日
雑節 二百十日 2日・社日 19日・彼岸 21日

1日	08/31	木	庚戌	満	釵釧金	角
2日	09/01	金	辛亥	平	釵釧金	亢
3日	09/02	土	壬子	定	桑柘木	氐
4日	09/03	日	癸丑	執	桑柘木	房
5日	09/04	月	甲寅	破	大溪水	心
6日	09/05	火	乙卯	危	大溪水	尾
7日	09/06	水	丙辰	成	沙中土	箕
8日	09/07	木	丁巳	納	沙中土	斗
9日	09/08	金	戊午	開	天上火	牛
10日	09/09	土	己未	閉	天上火	女
11日	09/10	日	庚申	建	柘榴木	虚
12日	09/11	月	辛酉	除	柘榴木	危
13日	09/12	火	壬戌	除	大海水	室
14日	09/13	水	癸亥	満	大海水	壁
15日	09/14	木	甲子	定	海中金	奎
16日	09/15	金	乙丑	定	海中金	婁
17日	09/16	土	丙寅	執	爐中火	胃
18日	09/17	日	丁卯	破	爐中火	昴
19日	09/18	月	戊辰	危	大林木	畢
20日	09/19	火	己巳	成	大林木	觜
21日	09/20	水	庚午	納	路傍土	参
22日	09/21	木	辛未	開	路傍土	井
23日	09/22	金	壬申	閉	釼鋒金	鬼
24日	09/23	土	癸酉	建	釼鋒金	柳
25日	09/24	日	甲戌	除	山頭火	星
26日	09/25	月	乙亥	満	山頭火	張
27日	09/26	火	丙子	平	潤下水	翼
28日	09/27	水	丁丑	定	潤下水	軫
29日	09/28	木	戊寅	執	城頭土	角
30日	09/29	金	己卯	破	城頭土	亢

【九月小 甲戌 心】
節気 寒露 7日・霜降 22日
雑節 土用 19日

1日	09/30	土	庚辰	危	白鑞金	氐
2日	10/01	日	辛巳	成	白鑞金	房
3日	10/02	月	壬午	納	楊柳木	心
4日	10/03	火	癸未	開	楊柳木	尾
5日	10/04	水	甲申	閉	井泉水	箕

6日	10/05	木	乙酉	建	井泉水	斗
7日	10/06	金	丙戌	建	屋上土	牛
8日	10/07	土	丁亥	除	屋上土	女
9日	10/08	日	戊子	満	霹靂火	虚
10日	10/09	月	己丑	平	霹靂火	危
11日	10/10	火	庚寅	定	松柏木	室
12日	10/11	水	辛卯	執	松柏木	壁
13日	10/12	木	壬辰	破	長流水	奎
14日	10/13	金	癸巳	危	長流水	婁
15日	10/14	土	甲午	成	沙中金	胃
16日	10/15	日	乙未	納	沙中金	昴
17日	10/16	月	丙申	開	山下火	畢
18日	10/17	火	丁酉	閉	山下火	觜
19日	10/18	水	戊戌	建	平地木	参
20日	10/19	木	己亥	除	平地木	井
21日	10/20	金	庚子	満	壁上土	鬼
22日	10/21	土	辛丑	平	壁上土	柳
23日	10/22	日	壬寅	定	金箔金	星
24日	10/23	月	癸卯	執	金箔金	張
25日	10/24	火	甲辰	破	覆燈火	翼
26日	10/25	水	乙巳	危	覆燈火	軫
27日	10/26	木	丙午	成	天河水	角
28日	10/27	金	丁未	納	天河水	亢
29日	10/28	土	戊申	開	大駅土	氐

【十月大 乙亥 尾】
節気 立冬 8日・小雪 23日

1日	10/29	日	己酉	閉	大駅土	房
2日	10/30	月	庚戌	建	釵釧金	心
3日	10/31	火	辛亥	除	釵釧金	尾
4日	11/01	水	壬子	満	桑柘木	箕
5日	11/02	木	癸丑	平	桑柘木	斗
6日	11/03	金	甲寅	定	大溪水	牛
7日	11/04	土	乙卯	執	大溪水	女
8日	11/05	日	丙辰	執	沙中土	虚
9日	11/06	月	丁巳	破	沙中土	危
10日	11/07	火	戊午	危	天上火	室
11日	11/08	水	己未	成	天上火	壁
12日	11/09	木	庚申	納	柘榴木	奎
13日	11/10	金	辛酉	開	柘榴木	婁
14日	11/11	土	壬戌	建	大海水	胃
15日	11/12	日	癸亥	建	大海水	昴
16日	11/13	月	甲子	除	海中金	畢
17日	11/14	火	乙丑	満	海中金	觜
18日	11/15	水	丙寅	平	爐中火	参
19日	11/16	木	丁卯	定	爐中火	井
20日	11/17	金	戊辰	執	大林木	鬼
21日	11/18	土	己巳	破	大林木	柳
22日	11/19	日	庚午	危	路傍土	星
23日	11/20	月	辛未	成	路傍土	張
24日	11/21	火	壬申	納	釼鋒金	翼
25日	11/22	水	癸酉	開	釼鋒金	軫
26日	11/23	木	甲戌	閉	山頭火	角
27日	11/24	金	乙亥	建	山頭火	亢
28日	11/25	土	丙子	除	潤下水	氐
29日	11/26	日	丁丑	満	潤下水	房
30日	11/27	月	戊寅	平	城頭土	心

【十一月大 丙子 箕】
節気 大雪 9日・冬至 24日

1日	11/28	火	己卯	危	城頭土	尾
2日	11/29	水	庚辰	執	白鑞金	箕
3日	11/30	木	辛巳	破	白鑞金	斗
4日	12/01	金	壬午	危	楊柳木	牛
5日	12/02	土	癸未	納	楊柳木	女
6日	12/03	日	甲申	納	井泉水	虚
7日	12/04	月	乙酉	開	井泉水	危
8日	12/05	火	丙戌	閉	屋上土	室

9日	12/06	水	丁亥	閉	屋上土	壁
10日	12/07	木	戊子	建	霹靂火	奎
11日	12/08	金	己丑	除	霹靂火	婁
12日	12/09	土	庚寅	満	松柏木	胃
13日	12/10	日	辛卯	平	松柏木	昴
14日	12/11	月	壬辰	定	長流水	畢
15日	12/12	火	癸巳	執	長流水	觜
16日☆	12/13	水	甲午	破	沙中金	参
17日	12/14	木	乙未	危	沙中金	井
18日	12/15	金	丙申	成	山下火	鬼
19日	12/16	土	丁酉	納	山下火	柳
20日	12/17	日	戊戌	開	平地木	星
21日	12/18	月	己亥	閉	平地木	張
22日	12/19	火	庚子	建	壁上土	翼
23日	12/20	水	辛丑	除	壁上土	軫
24日	12/21	木	壬寅	満	金箔金	角
25日	12/22	金	癸卯	平	金箔金	亢
26日	12/23	土	甲辰	定	覆燈火	氐
27日	12/24	日	乙巳	執	覆燈火	房
28日	12/25	月	丙午	破	天河水	心
29日	12/26	火	丁未	危	天河水	尾
30日	12/27	水	戊申	成	大駅土	箕

【十二月大 丁丑 斗】
節気 小寒 9日・大寒 24日
雑節 土用 21日

1日	12/28	木	己酉	納	大駅土	斗
2日	12/29	金	庚戌	開	釵釧金	牛
3日	12/30	土	辛亥	閉	釵釧金	女
4日	12/31	日	壬子	建	桑柘木	虚

1770年

5日	01/01	月	癸丑	除	桑柘木	危
6日	01/02	火	甲寅	満	大溪水	室
7日	01/03	水	乙卯	平	大溪水	壁
8日	01/04	木	丙辰	定	沙中土	奎
9日	01/05	金	丁巳	定	沙中土	婁
10日	01/06	土	戊午	執	天上火	胃
11日	01/07	日	己未	破	天上火	昴
12日	01/08	月	庚申	危	柘榴木	畢
13日	01/09	火	辛酉	成	柘榴木	觜
14日	01/10	水	壬戌	納	大海水	参
15日	01/11	木	癸亥	開	大海水	井
16日	01/12	金	甲子	閉	海中金	鬼
17日	01/13	土	乙丑	建	海中金	柳
18日	01/14	日	丙寅	除	爐中火	星
19日	01/15	月	丁卯	満	爐中火	張
20日	01/16	火	戊辰	平	大林木	翼
21日	01/17	水	己巳	定	大林木	軫
22日	01/18	木	庚午	執	路傍土	角
23日	01/19	金	辛未	破	路傍土	亢
24日	01/20	土	壬申	危	釼鋒金	氐
25日	01/21	日	癸酉	成	釼鋒金	房
26日	01/22	月	甲戌	納	山頭火	心
27日	01/23	火	乙亥	開	山頭火	尾
28日	01/24	水	丙子	閉	潤下水	箕
29日	01/25	木	丁丑	建	潤下水	斗
30日	01/26	金	戊寅	除	城頭土	牛

明和7年
1770～1771 庚寅 参

【正月大 戊寅 牛】
節気 立春 10日・雨水 25日
雑節 節分 9日

日	新暦	曜	干支	直	納音	宿
1日	01/27	土	己卯	満	城頭土	女
2日	01/28	日	庚辰	平	白鑞金	虚
3日	01/29	月	辛巳	定	白鑞金	危
4日	01/30	火	壬午	執	楊柳木	室
5日	01/31	水	癸未	破	楊柳木	壁
6日	02/01	木	甲申	危	井泉水	奎
7日	02/02	金	乙酉	成	井泉水	婁
8日	02/03	土	丙戌	納	屋上土	胃
9日	02/04	日	丁亥	開	屋上土	昴
10日	02/05	月	戊子	閉	霹靂火	畢
11日	02/06	火	己丑	建	霹靂火	觜
12日	02/07	水	庚寅	建	松柏木	参
13日	02/08	木	辛卯	除	松柏木	井
14日	02/09	金	壬辰	満	長流水	鬼
15日	02/10	土	癸巳	平	長流水	柳
16日	02/11	日	甲午	定	沙中金	星
17日	02/12	月	乙未	執	沙中金	張
18日	02/13	火	丙申	破	山下火	翼
19日	02/14	水	丁酉	危	山下火	軫
20日	02/15	木	戊戌	成	平地木	角
21日	02/16	金	己亥	納	平地木	亢
22日	02/17	土	庚子	開	壁上土	氐
23日	02/18	日	辛丑	閉	壁上土	房
24日	02/19	月	壬寅	建	金箔金	心
25日	02/20	火	癸卯	満	金箔金	尾
26日	02/21	水	甲辰	平	覆燈火	箕
27日	02/22	木	乙巳	定	覆燈火	斗
28日	02/23	金	丙午	執	天河水	牛
29日	02/24	土	丁未	破	天河水	女
30日	02/25	日	戊申	危	大駅土	虚

【二月小 己卯 女】
節気 啓蟄 10日・春分 25日
雑節 彼岸 20日・社日 20日

日	新暦	曜	干支	直	納音	宿
1日	02/26	月	己酉	危	大駅土	危
2日	02/27	火	庚戌	成	釵釧金	室
3日	02/28	水	辛亥	納	釵釧金	壁
4日	03/01	木	壬子	開	桑柘木	奎
5日	03/02	金	癸丑	閉	桑柘木	婁
6日	03/03	土	甲寅	建	大渓水	胃
7日	03/04	日	乙卯	除	大渓水	昴
8日	03/05	月	丙辰	満	沙中土	畢
9日	03/06	火	丁巳	平	沙中土	觜
10日	03/07	水	戊午	定	天上火	参
11日	03/08	木	己未	執	天上火	井
12日	03/09	金	庚申	破	柘榴木	鬼
13日	03/10	土	辛酉	危	柘榴木	柳
14日	03/11	日	壬戌	成	大海水	星
15日	03/12	月	癸亥	納	大海水	張
16日	03/13	火	甲子	開	海中金	翼
17日	03/14	水	乙丑	閉	海中金	軫
18日	03/15	木	丙寅	建	爐中火	角
19日	03/16	金	丁卯	除	爐中火	亢
20日	03/17	土	戊辰	満	大林木	氐
21日	03/18	日	己巳	平	大林木	房
22日	03/19	月	庚午	定	路傍土	心
23日	03/20	火	辛未	執	路傍土	尾
24日	03/21	水	壬申	破	釵鋒金	箕
25日	03/22	木	癸酉	危	釵鋒金	斗
26日	03/23	金	甲戌	成	山頭火	牛
27日	03/24	土	乙亥	納	山頭火	女
28日	03/25	日	丙子	開	澗下水	虚
29日	03/26	月	丁丑	閉	澗下水	危

【三月大 庚辰 虚】
節気 清明 11日・穀雨 27日
雑節 土用 24日

日	新暦	曜	干支	直	納音	宿
1日	03/27	火	戊寅	建	城頭土	室
2日	03/28	水	己卯	除	城頭土	壁
3日	03/29	木	庚辰	満	白鑞金	奎
4日	03/30	金	辛巳	平	白鑞金	婁
5日	03/31	土	壬午	定	楊柳木	胃
6日	04/01	日	癸未	執	楊柳木	昴
7日	04/02	月	甲申	破	井泉水	畢
8日	04/03	火	乙酉	危	井泉水	觜
9日	04/04	水	丙戌	成	屋上土	参
10日	04/05	木	丁亥	納	屋上土	井
11日	04/06	金	戊子	開	霹靂火	鬼
12日	04/07	土	己丑	閉	霹靂火	柳
13日	04/08	日	庚寅	建	松柏木	星
14日	04/09	月	辛卯	除	松柏木	張
15日	04/10	火	壬辰	満	長流水	翼
16日	04/11	水	癸巳	平	長流水	軫
17日	04/12	木	甲午	定	沙中金	角
18日	04/13	金	乙未	執	沙中金	亢
19日	04/14	土	丙申	破	山下火	氐
20日	04/15	日	丁酉	危	山下火	房
21日	04/16	月	戊戌	成	平地木	心
22日	04/17	火	己亥	納	平地木	尾
23日	04/18	水	庚子	開	壁上土	箕
24日	04/19	木	辛丑	閉	壁上土	斗
25日	04/20	金	壬寅	建	金箔金	牛
26日	04/21	土	癸卯	満	金箔金	女
27日	04/22	日	甲辰	平	覆燈火	虚
28日	04/23	月	乙巳	定	覆燈火	室
29日	04/24	火	丙午	執	天河水	壁
30日	04/25	水	丁未	平	天河水	壁

【四月小 辛巳 危】
節気 立夏 12日・小満 27日
雑節 八十八夜 8日

日	新暦	曜	干支	直	納音	宿
1日	04/26	木	戊申	定	大駅土	奎
2日	04/27	金	己酉	執	大駅土	婁
3日	04/28	土	庚戌	破	釵釧金	胃
4日	04/29	日	辛亥	危	釵釧金	昴
5日	04/30	月	壬子	成	桑柘木	畢
6日	05/01	火	癸丑	納	桑柘木	觜
7日	05/02	水	甲寅	開	大渓水	参
8日	05/03	木	乙卯	閉	大渓水	井
9日	05/04	金	丙辰	建	沙中土	鬼
10日	05/05	土	丁巳	満	沙中土	柳
11日	05/06	日	戊午	平	天上火	星
12日	05/07	月	己未	定	天上火	張
13日	05/08	火	庚申	執	柘榴木	翼
14日	05/09	水	辛酉	破	柘榴木	軫
15日	05/10	木	壬戌	危	大海水	角
16日	05/11	金	癸亥	成	大海水	亢
17日	05/12	土	甲子	納	海中金	氐
18日	05/13	日	乙丑	開	海中金	房
19日	05/14	月	丙寅	閉	爐中火	心
20日	05/15	火	丁卯	建	爐中火	尾
21日	05/16	水	戊辰	除	大林木	箕
22日	05/17	木	己巳	満	大林木	斗
23日	05/18	金	庚午	定	路傍土	牛
24日	05/19	土	辛未	執	路傍土	女
25日	05/20	日	壬申	破	釵鋒金	虚
26日	05/21	月	癸酉	危	釵鋒金	危
27日	05/22	火	甲戌	成	山頭火	室
28日	05/23	水	乙亥	納	山頭火	壁
29日	05/24	木	丙子	開	澗下水	奎

【五月小 壬午 室】
節気 芒種 13日・夏至 29日
雑節 入梅 16日

日	新暦	曜	干支	直	納音	宿
1日◎	05/25	金	丁丑	成	澗下水	婁
2日	05/26	土	戊寅	納	城頭土	胃
3日	05/27	日	己卯	開	城頭土	昴
4日	05/28	月	庚辰	閉	白鑞金	畢
5日	05/29	火	辛巳	建	白鑞金	觜
6日	05/30	水	壬午	除	楊柳木	参
7日	05/31	木	癸未	満	楊柳木	井
8日	06/01	金	甲申	平	井泉水	鬼
9日	06/02	土	乙酉	定	井泉水	柳
10日	06/03	日	丙戌	執	屋上土	星
11日	06/04	月	丁亥	破	屋上土	張
12日	06/05	火	戊子	危	霹靂火	翼
13日	06/06	水	己丑	成	霹靂火	軫
14日	06/07	木	庚寅	納	松柏木	角
15日	06/08	金	辛卯	開	松柏木	亢
16日	06/09	土	壬辰	閉	長流水	氐
17日	06/10	日	癸巳	建	長流水	房
18日	06/11	月	甲午	除	沙中金	心
19日	06/12	火	乙未	満	沙中金	尾
20日	06/13	水	丙申	平	山下火	箕
21日	06/14	木	丁酉	定	山下火	斗
22日	06/15	金	戊戌	執	平地木	牛
23日	06/16	土	己亥	破	平地木	女
24日	06/17	日	庚子	危	壁上土	虚
25日	06/18	月	辛丑	成	壁上土	危
26日	06/19	火	壬寅	納	金箔金	室
27日	06/20	水	癸卯	開	金箔金	壁
28日	06/21	木	甲辰	閉	覆燈火	奎
29日	06/22	金	乙巳	閉	覆燈火	婁

【六月大 癸未 壁】
節気 小暑 15日・大暑 30日
雑節 半夏生 10日・土用 27日

日	新暦	曜	干支	直	納音	宿
1日	06/23	土	丙午	建	天河水	胃
2日	06/24	日	丁未	除	天河水	昴
3日	06/25	月	戊申	満	大駅土	畢
4日	06/26	火	己酉	平	大駅土	觜
5日	06/27	水	庚戌	定	釵釧金	参
6日	06/28	木	辛亥	執	釵釧金	井
7日	06/29	金	壬子	破	桑柘木	鬼
8日	06/30	土	癸丑	危	桑柘木	柳
9日	07/01	日	甲寅	成	大渓水	星
10日	07/02	月	乙卯	納	大渓水	張
11日	07/03	火	丙辰	開	沙中土	翼
12日	07/04	水	丁巳	閉	沙中土	軫
13日	07/05	木	戊午	建	天上火	角
14日	07/06	金	己未	除	天上火	亢
15日	07/07	土	庚申	満	柘榴木	氐
16日	07/08	日	辛酉	平	柘榴木	房
17日	07/09	月	壬戌	定	大海水	心
18日	07/10	火	癸亥	執	大海水	尾
19日	07/11	水	甲子	破	海中金	箕
20日	07/12	木	乙丑	危	海中金	斗
21日	07/13	金	丙寅	成	爐中火	牛
22日	07/14	土	丁卯	納	爐中火	女
23日	07/15	日	戊辰	開	大林木	虚
24日	07/16	月	己巳	閉	大林木	危
25日	07/17	火	庚午	建	路傍土	室
26日	07/18	水	辛未	除	路傍土	壁
27日	07/19	木	壬申	満	釵鋒金	奎
28日	07/20	金	癸酉	平	釵鋒金	婁
29日	07/21	土	甲戌	定	山頭火	胃
30日	07/22	日	乙亥	執	山頭火	昴

【閏六月小 癸未 壁】
節気 立秋 15日

日	新暦	曜	干支	直	納音	宿
1日	07/23	月	丙子	執	澗下水	畢
2日	07/24	火	丁丑	破	澗下水	觜
3日	07/25	水	戊寅	危	城頭土	参
4日	07/26	木	己卯	成	城頭土	井
5日	07/27	金	庚辰	納	白鑞金	鬼
6日	07/28	土	辛巳	開	白鑞金	柳
7日	07/29	日	壬午	閉	楊柳木	星
8日	07/30	月	癸未	建	楊柳木	張
9日	07/31	火	甲申	除	井泉水	翼
10日	08/01	水	乙酉	満	井泉水	軫
11日	08/02	木	丙戌	平	屋上土	角
12日	08/03	金	丁亥	定	屋上土	亢
13日	08/04	土	戊子	執	霹靂火	氐
14日	08/05	日	己丑	破	霹靂火	房
15日	08/06	月	庚寅	危	松柏木	心

西暦　曜　干支　直　納音　宿　　　　　　　　　　　　　　　　　　　　　明和7年

16日	08/07	火 辛卯	危	松柏木	尾
17日	08/08	水 壬辰	成	長流水	斗
18日	08/09	木 癸巳	納	長流水	牛
19日	08/10	金 甲午	開	沙中金	女
20日	08/11	土 乙未	閉	沙中金	虚
21日	08/12	日 丙申	建	山下火	危
22日	08/13	月 丁酉	除	山下火	室
23日	08/14	火 戊戌	平	平地木	壁
24日	08/15	水 己亥	平	平地木	奎
25日	08/16	木 庚子	定	壁上土	婁
26日	08/17	金 辛丑	執	壁上土	胃
27日	08/18	土 壬寅	破	金箔金	昴
28日	08/19	日 癸卯	危	金箔金	畢
29日	08/20	月 甲辰	成	覆燈火	觜

七月小 甲申 奎
節気 処暑 1日・白露 17日
雑節 二百十日 13日

1日	08/21	火 乙巳	納	覆燈火	觜
2日	08/22	水 丙午	開	天河水	参
3日	08/23	木 丁未	閉	天河水	井
4日	08/24	金 戊申	建	大駅土	鬼
5日	08/25	土 己酉	除	大駅土	柳
6日	08/26	日 庚戌	満	釵釧金	星
7日	08/27	月 辛亥	平	釵釧金	張
8日	08/28	火 壬子	定	桑柘木	翼
9日	08/29	水 癸丑	執	桑柘木	軫
10日	08/30	木 甲寅	破	大溪水	角
11日	08/31	金 乙卯	危	大溪水	亢
12日	09/01	土 丙辰	成	沙中土	氐
13日	09/02	日 丁巳	納	沙中土	房
14日	09/03	月 戊午	開	天上火	心
15日	09/04	火 己未	閉	天上火	尾
16日	09/05	水 庚申	建	柘榴木	箕
17日	09/06	木 辛酉	除	柘榴木	斗
18日	09/07	金 壬戌	除	大海水	牛
19日	09/08	土 癸亥	満	大海水	女
20日	09/09	日 甲子	平	海中金	虚
21日	09/10	月 乙丑	定	海中金	危
22日	09/11	火 丙寅	執	爐中火	室
23日	09/12	水 丁卯	破	爐中火	壁
24日	09/13	木 戊辰	危	大林木	奎
25日	09/14	金 己巳	成	大林木	婁
26日	09/15	土 庚午	納	路傍土	胃
27日	09/16	日 辛未	開	路傍土	昴
28日	09/17	月 壬申	閉	釵釧金	畢
29日	09/18	火 癸酉	建	釵釧金	觜

八月大 乙酉 婁
節気 秋分 3日・寒露 18日
雑節 彼岸 2日・社日 5日・土用 30日

1日	09/19	水 甲戌	除	山頭火	参
2日	09/20	木 乙亥	満	山頭火	井
3日	09/21	金 丙子	平	澗下水	鬼
4日	09/22	土 丁丑	定	澗下水	柳
5日	09/23	日 戊寅	執	城頭土	星
6日	09/24	月 己卯	破	城頭土	張
7日	09/25	火 庚辰	危	白鑞金	翼
8日	09/26	水 辛巳	成	白鑞金	軫
9日	09/27	木 壬午	納	楊柳木	角
10日	09/28	金 癸未	開	楊柳木	亢
11日	09/29	土 甲申	閉	井泉水	氐
12日	09/30	日 乙酉	建	井泉水	房
13日	10/01	月 丙戌	除	屋上土	心
14日	10/02	火 丁亥	満	屋上土	尾
15日	10/03	水 戊子	平	霹靂火	箕
16日	10/04	木 己丑	定	霹靂火	斗
17日	10/05	金 庚寅	執	松柏木	牛
18日	10/06	土 辛卯	執	松柏木	女
19日	10/07	日 壬辰	破	長流水	虚
20日	10/08	月 癸巳	危	長流水	危
21日	10/09	火 甲午	成	沙中金	室
22日	10/10	水 乙未	納	沙中金	壁
23日	10/11	木 丙申	開	山下火	奎
24日	10/12	金 丁酉	閉	山下火	婁
25日	10/13	土 戊戌	建	平地木	胃
26日	10/14	日 己亥	除	平地木	昴
27日	10/15	火 庚子	平	壁上土	畢
28日	10/16	水 辛丑	平	壁上土	觜
29日	10/17	水 壬寅	定	金箔金	参
30日	10/18	木 癸卯	執	金箔金	井

九月小 丙戌 胃
節気 霜降 3日・立冬 18日

1日	10/19	金 甲辰	破	覆燈火	鬼
2日	10/20	土 乙巳	危	覆燈火	柳
3日	10/21	日 丙午	納	天河水	星
4日	10/22	月 丁未	納	天河水	張
5日	10/23	火 戊申	開	大駅土	翼
6日	10/24	水 己酉	閉	大駅土	軫
7日	10/25	木 庚戌	建	釵釧金	角
8日	10/26	金 辛亥	除	釵釧金	亢
9日	10/27	土 壬子	満	桑柘木	氐
10日	10/28	日 癸丑	平	桑柘木	房
11日	10/29	月 甲寅	定	大溪水	心
12日	10/30	火 乙卯	執	大溪水	尾
13日	10/31	水 丙辰	破	沙中土	箕
14日	11/01	木 丁巳	危	沙中土	斗
15日	11/02	金 戊午	成	天上火	牛
16日	11/03	土 己未	納	天上火	女
17日	11/04	日 庚申	開	柘榴木	虚
18日	11/05	月 辛酉	閉	柘榴木	危
19日	11/06	火 壬戌	建	大海水	室
20日	11/07	水 癸亥	建	大海水	壁
21日	11/08	金 甲子	満	海中金	奎
22日	11/09	金 乙丑	平	海中金	婁
23日	11/10	土 丙寅	定	爐中火	胃
24日	11/11	日 丁卯	執	爐中火	昴
25日	11/12	月 戊辰	破	大林木	畢
26日	11/13	火 己巳	危	大林木	觜
27日	11/14	水 庚午	成	路傍土	参
28日	11/15	木 辛未	納	路傍土	井
29日	11/16	金 壬申	開	釵釧金	鬼

十月大 丁亥 昴
節気 小雪 5日・大雪 20日

1日	11/17	土 癸酉	開	釵釧金	柳
2日	11/18	日 甲戌	閉	山頭火	星
3日	11/19	月 乙亥	建	山頭火	張
4日	11/20	火 丙子	満	澗下水	翼
5日	11/21	水 丁丑	満	澗下水	軫
6日	11/22	木 戊寅	平	城頭土	角
7日	11/23	金 己卯	定	城頭土	亢
8日	11/24	土 庚辰	執	白鑞金	氐
9日	11/25	日 辛巳	破	白鑞金	房
10日	11/26	月 壬午	危	楊柳木	心
11日	11/27	火 癸未	成	楊柳木	尾
12日	11/28	水 甲申	納	井泉水	箕
13日	11/29	木 乙酉	開	井泉水	斗
14日	11/30	金 丙戌	閉	屋上土	牛
15日	12/01	土 丁亥	建	屋上土	女
16日	12/02	日 戊子	除	霹靂火	虚
17日	12/03	月 己丑	満	霹靂火	危
18日	12/04	火 庚寅	平	松柏木	室
19日	12/05	水 辛卯	定	松柏木	壁
20日	12/06	木 壬辰	執	長流水	奎
21日	12/07	金 癸巳	破	長流水	婁
22日	12/08	土 甲午	危	沙中金	胃
23日	12/09	日 乙未	成	沙中金	昴
24日	12/10	月 丙申	納	山下火	畢
25日	12/11	火 丁酉	開	山下火	觜
26日	12/12	水 戊戌	閉	平地木	参
27日	12/13	木 己亥	建	平地木	井
28日	12/14	金 庚子	除	壁上土	鬼
29日	12/15	土 辛丑	除	壁上土	柳
30日	12/16	日 壬寅	満	金箔金	星

十一月大 戊子 畢
節気 冬至 5日・小寒 20日

1日	12/17	月 癸卯	平	金箔金	張
2日	12/18	火 甲辰	定	覆燈火	翼
3日	12/19	水 乙巳	執	覆燈火	軫
4日	12/20	木 丙午	危	天河水	角
5日	12/21	金 丁未	成	天河水	亢
6日	12/22	土 戊申	納	大駅土	氐
7日	12/23	日 己酉	開	大駅土	房
8日	12/24	月 庚戌	閉	釵釧金	心
9日	12/25	火 辛亥	閉	釵釧金	尾
10日	12/26	水 壬子	建	桑柘木	箕
11日	12/27	木 癸丑	除	桑柘木	斗
12日	12/28	金 甲寅	満	大溪水	牛
13日	12/29	土 乙卯	平	大溪水	女
14日	12/30	日 丙辰	定	沙中土	虚
15日	12/31	月 丁巳	執	沙中土	危

1771年

16日	01/01	火 戊午	破	天上火	室
17日	01/02	水 己未	危	天上火	壁
18日	01/03	木 庚申	成	柘榴木	奎
19日	01/04	金 辛酉	納	柘榴木	婁
20日	01/05	土 壬戌	開	大海水	胃
21日	01/06	日 癸亥	閉	大海水	昴
22日	01/07	月 甲子	建	海中金	畢
23日	01/08	火 乙丑	建	海中金	觜
24日	01/09	水 丙寅	除	爐中火	参
25日	01/10	木 丁卯	満	爐中火	井
26日	01/11	金 戊辰	平	大林木	鬼
27日	01/12	土 己巳	定	大林木	柳
28日	01/13	日 庚午	執	路傍土	星
29日	01/14	月 辛未	破	路傍土	張
30日	01/15	火 壬申	危	釵釧金	翼

十二月大 己丑 觜
節気 大寒 6日・立春 21日
雑節 土用 3日・節分 20日

1日	01/16	水 癸酉	成	釵釧金	軫
2日	01/17	木 甲戌	納	山頭火	角
3日	01/18	金 乙亥	開	山頭火	亢
4日	01/19	土 丙子	閉	澗下水	氐
5日	01/20	日 丁丑	建	澗下水	房
6日	01/21	月 戊寅	除	城頭土	心
7日	01/22	火 己卯	満	城頭土	尾
8日	01/23	水 庚辰	平	白鑞金	箕
9日	01/24	木 辛巳	定	白鑞金	斗
10日	01/25	金 壬午	執	楊柳木	牛
11日	01/26	土 癸未	破	楊柳木	女
12日	01/27	日 甲申	危	井泉水	虚
13日	01/28	月 乙酉	成	井泉水	室
14日	01/29	火 丙戌	納	屋上土	壁
15日	01/30	水 丁亥	開	屋上土	奎
16日	01/31	木 戊子	閉	霹靂火	婁
17日	02/01	金 己丑	建	霹靂火	胃
18日	02/02	土 庚寅	除	松柏木	昴
19日	02/03	日 辛卯	平	松柏木	畢
20日	02/04	月 壬辰	平	長流水	觜
21日	02/05	火 癸巳	定	長流水	参
22日	02/06	水 甲午	執	沙中金	井
23日	02/07	木 乙未	執	沙中金	鬼
24日	02/08	金 丙申	破	山下火	柳
25日	02/09	土 丁酉	危	山下火	星
26日	02/10	日 戊戌	成	平地木	張
27日	02/11	月 己亥	納	平地木	翼
28日	02/12	火 庚子	開	壁上土	軫
29日	02/13	水 辛丑	閉	壁上土	角
30日	02/14	木 壬寅	建	金箔金	亢

明和8年

1771～1772　辛卯　井

【正月小 庚寅 参】

節気 雨水 6日・啓蟄 21日

日	新暦	曜	干支	十二直	納音	宿
1日	02/15	金	癸卯	除	金箔金	亢
2日	02/16	土	甲辰	満	覆燈火	氐
3日	02/17	日	乙巳	平	覆燈火	房
4日	02/18	月	丙午	定	天河水	心
5日	02/19	火	丁未	執	天河水	尾
6日	02/20	水	戊申	破	大駅土	箕
7日	02/21	木	己酉	危	大駅土	斗
8日	02/22	金	庚戌	成	釵釧金	牛
9日	02/23	土	辛亥	納	釵釧金	女
10日	02/24	日	壬子	開	桑柘木	虚
11日	02/25	月	癸丑	閉	桑柘木	危
12日	02/26	火	甲寅	建	大溪水	室
13日	02/27	水	乙卯	除	大溪水	壁
14日	02/28	木	丙辰	満	沙中土	奎
15日	03/01	金	丁巳	平	沙中土	婁
16日	03/02	土	戊午	定	天上火	胃
17日	03/03	日	己未	執	天上火	昴
18日	03/04	月	庚申	破	柘榴木	畢
19日	03/05	火	辛酉	危	柘榴木	觜
20日	03/06	水	壬戌	成	大海水	参
21日	03/07	木	癸亥	成	大海水	井
22日	03/08	金	甲子	納	海中金	鬼
23日	03/09	土	乙丑	開	海中金	柳
24日	03/10	日	丙寅	閉	爐中火	星
25日	03/11	月	丁卯	建	爐中火	張
26日	03/12	火	戊辰	除	大林木	翼
27日	03/13	水	己巳	満	大林木	軫
28日	03/14	木	庚午	平	路傍土	角
29日	03/15	金	辛未	定	路傍土	亢

【二月大 辛卯 井】

節気 春分 8日・清明 23日
雑節 彼岸 3日・社日 7日

日	新暦	曜	干支	十二直	納音	宿
1日	03/16	土	壬申	執	釵鋒金	氐
2日	03/17	日	癸酉	破	釵鋒金	房
3日	03/18	月	甲戌	危	山頭火	心
4日	03/19	火	乙亥	成	山頭火	尾
5日	03/20	水	丙子	納	澗下水	箕
6日	03/21	木	丁丑	開	澗下水	斗
7日	03/22	金	戊寅	閉	城頭土	牛
8日	03/23	土	己卯	建	城頭土	女
9日	03/24	日	庚辰	除	白鑞金	虚
10日	03/25	月	辛巳	満	白鑞金	危
11日	03/26	火	壬午	平	楊柳木	室
12日	03/27	水	癸未	定	楊柳木	壁
13日	03/28	木	甲申	執	井泉水	奎
14日	03/29	金	乙酉	破	井泉水	婁
15日	03/30	土	丙戌	危	屋上土	胃
16日	03/31	日	丁亥	成	屋上土	昴
17日	04/01	月	戊子	納	霹靂火	畢
18日	04/02	火	己丑	開	霹靂火	觜
19日	04/03	水	庚寅	閉	松柏木	参
20日	04/04	木	辛卯	建	松柏木	井
21日	04/05	金	壬辰	除	長流水	鬼
22日	04/06	土	癸巳	満	長流水	柳
23日	04/07	日	甲午	満	沙中金	星
24日	04/08	月	乙未	平	沙中金	張
25日	04/09	火	丙申	定	山下火	翼
26日	04/10	水	丁酉	執	山下火	軫
27日	04/11	木	戊戌	破	平地木	角
28日	04/12	金	己亥	危	平地木	亢
29日	04/13	土	庚子	成	壁上土	氐
30日	04/14	日	辛丑	納	壁上土	房

【三月小 壬辰 鬼】

節気 穀雨 8日・立夏 23日
雑節 土用 5日・八十八夜 19日

日	新暦	曜	干支	十二直	納音	宿
1日	04/15	月	壬寅	開	金箔金	心
2日	04/16	火	癸卯	閉	金箔金	尾
3日	04/17	水	甲辰	建	覆燈火	箕
4日	04/18	木	乙巳	除	覆燈火	斗
5日	04/19	金	丙午	満	天河水	牛
6日	04/20	土	丁未	平	天河水	女
7日	04/21	日	戊申	定	大駅土	虚
8日	04/22	月	己酉	執	大駅土	危
9日	04/23	火	庚戌	破	釵釧金	室
10日	04/24	水	辛亥	危	釵釧金	壁
11日	04/25	木	壬子	成	桑柘木	奎
12日	04/26	金	癸丑	納	桑柘木	婁
13日	04/27	土	甲寅	開	大溪水	胃
14日	04/28	日	乙卯	閉	大溪水	昴
15日	04/29	月	丙辰	建	沙中土	畢
16日	04/30	火	丁巳	除	沙中土	觜
17日	05/01	水	戊午	満	天上火	参
18日	05/02	木	己未	平	天上火	井
19日	05/03	金	庚申	定	柘榴木	鬼
20日	05/04	土	辛酉	執	柘榴木	柳
21日	05/05	日	壬戌	破	大海水	星
22日	05/06	月	癸亥	危	大海水	張
23日	05/07	火	甲子	危	海中金	翼
24日	05/08	水	乙丑	成	海中金	軫
25日	05/09	木	丙寅	納	爐中火	角
26日	05/10	金	丁卯	開	爐中火	亢
27日	05/11	土	戊辰	閉	大林木	氐
28日	05/12	日	己巳	建	大林木	房
29日	05/13	月	庚午	除	路傍土	心

【四月大 癸巳 柳】

節気 小満 9日・芒種 25日

日	新暦	曜	干支	十二直	納音	宿
1日	05/14	火	辛未	満	路傍土	尾
2日	05/15	水	壬申	平	釵鋒金	箕
3日	05/16	木	癸酉	定	釵鋒金	斗
4日	05/17	金	甲戌	執	山頭火	牛
5日	05/18	土	乙亥	破	山頭火	女
6日	05/19	日	丙子	危	澗下水	虚
7日	05/20	月	丁丑	成	澗下水	危
8日	05/21	火	戊寅	納	城頭土	室
9日	05/22	水	己卯	開	城頭土	壁
10日	05/23	木	庚辰	閉	白鑞金	奎
11日	05/24	金	辛巳	建	白鑞金	婁
12日	05/25	土	壬午	除	楊柳木	胃
13日	05/26	日	癸未	満	楊柳木	昴
14日	05/27	月	甲申	平	井泉水	畢
15日	05/28	火	乙酉	定	井泉水	觜
16日	05/29	水	丙戌	執	屋上土	参
17日	05/30	木	丁亥	破	屋上土	井
18日	05/31	金	戊子	危	霹靂火	鬼
19日	06/01	土	己丑	成	霹靂火	柳
20日	06/02	日	庚寅	納	松柏木	星
21日	06/03	月	辛卯	開	松柏木	張
22日	06/04	火	壬辰	閉	長流水	翼
23日	06/05	水	癸巳	建	長流水	軫
24日	06/06	木	甲午	除	沙中金	角
25日	06/07	金	乙未	除	沙中金	亢
26日	06/08	土	丙申	満	山下火	氐
27日	06/09	日	丁酉	平	山下火	房
28日	06/10	月	戊戌	定	平地木	心
29日	06/11	火	己亥	執	平地木	尾
30日	06/12	水	庚子	破	壁上土	箕

【五月小 甲午 星】

節気 夏至 10日・小暑 25日
雑節 入梅 2日・半夏生 20日

日	新暦	曜	干支	十二直	納音	宿
1日	06/13	木	辛丑	危	壁上土	斗
2日	06/14	金	壬寅	成	金箔金	牛
3日	06/15	土	癸卯	納	金箔金	女
4日	06/16	日	甲辰	開	覆燈火	虚
5日	06/17	月	乙巳	閉	覆燈火	危
6日	06/18	火	丙午	建	天河水	室
7日	06/19	水	丁未	除	天河水	壁
8日	06/20	木	戊申	満	大駅土	奎
9日	06/21	金	己酉	平	大駅土	婁
10日	06/22	土	庚戌	定	釵釧金	胃
11日	06/23	日	辛亥	執	釵釧金	昴
12日	06/24	月	壬子	破	桑柘木	畢
13日	06/25	火	癸丑	危	桑柘木	觜
14日	06/26	水	甲寅	成	大溪水	参
15日	06/27	木	乙卯	納	大溪水	井
16日	06/28	金	丙辰	開	沙中土	鬼
17日	06/29	土	丁巳	閉	沙中土	柳
18日	06/30	日	戊午	建	天上火	星
19日	07/01	月	己未	除	天上火	張
20日	07/02	火	庚申	満	柘榴木	翼
21日	07/03	水	辛酉	平	柘榴木	軫
22日	07/04	木	壬戌	定	大海水	角
23日	07/05	金	癸亥	執	大海水	亢
24日	07/06	土	甲子	破	海中金	氐
25日	07/07	日	乙丑	破	海中金	房
26日	07/08	月	丙寅	危	爐中火	心
27日	07/09	火	丁卯	成	爐中火	尾
28日	07/10	水	戊辰	納	大林木	箕
29日	07/11	木	己巳	開	大林木	斗

【六月大 乙未 張】

節気 大暑 11日・立秋 27日
雑節 土用 8日

日	新暦	曜	干支	十二直	納音	宿
1日	07/12	金	庚午	閉	路傍土	牛
2日	07/13	土	辛未	建	路傍土	女
3日	07/14	日	壬申	除	釵鋒金	虚
4日	07/15	月	癸酉	満	釵鋒金	危
5日	07/16	火	甲戌	平	山頭火	室
6日	07/17	水	乙亥	定	山頭火	壁
7日	07/18	木	丙子	執	澗下水	奎
8日	07/19	金	丁丑	破	澗下水	婁
9日	07/20	土	戊寅	危	城頭土	胃
10日	07/21	日	己卯	成	城頭土	昴
11日	07/22	月	庚辰	納	白鑞金	畢
12日	07/23	火	辛巳	開	白鑞金	觜
13日	07/24	水	壬午	閉	楊柳木	参
14日	07/25	木	癸未	建	楊柳木	井
15日	07/26	金	甲申	除	井泉水	鬼
16日	07/27	土	乙酉	満	井泉水	柳
17日	07/28	日	丙戌	平	屋上土	星
18日	07/29	月	丁亥	定	屋上土	張
19日	07/30	火	戊子	執	霹靂火	翼
20日	07/31	水	己丑	破	霹靂火	軫
21日	08/01	木	庚寅	危	松柏木	角
22日	08/02	金	辛卯	成	松柏木	亢
23日	08/03	土	壬辰	納	長流水	氐
24日	08/04	日	癸巳	開	長流水	房
25日	08/05	月	甲午	閉	沙中金	心
26日	08/06	火	乙未	建	沙中金	尾
27日	08/07	水	丙申	建	山下火	箕
28日	08/08	木	丁酉	除	山下火	斗
29日	08/09	金	戊戌	満	平地木	牛
30日	08/10	土	己亥	平	平地木	女

【七月小 丙申 翼】

節気 処暑 12日・白露 27日
雑節 二百十 23日

日	新暦	曜	干支	十二直	納音	宿
1日	08/11	日	庚子	定	壁上土	虚
2日	08/12	月	辛丑	執	壁上土	危
3日	08/13	火	壬寅	破	金箔金	室

西暦 曜 干支 直 納音 宿　　　　　　　　　明和8年

日	西暦	曜	干支	直	納音	宿
4日	08/14	水	癸巳	危	金箔金	壁
5日	08/15	木	甲午	成	覆燈火	奎
6日	08/16	金	乙未	納	覆燈火	婁
7日	08/17	土	丙申	開	天河水	胃
8日	08/18	日	丁未	閉	天河水	昴
9日	08/19	月	戊申	建	大駅土	畢
10日	08/20	火	己酉	除	大駅土	觜
11日	08/21	水	庚戌	満	釵釧金	参
12日	08/22	木	辛亥	定	釵釧金	井
13日	08/23	金	壬子	執	桑柘木	鬼
14日	08/24	土	癸丑	破	桑柘木	柳
15日	08/25	日	甲寅	危	大溪水	星
16日	08/26	月	乙卯	成	大溪水	張
17日	08/27	火	丙辰	納	沙中土	翼
18日	08/28	水	丁巳	納	沙中土	軫
19日	08/29	木	戊午	閉	天上火	角
20日	08/30	金	己未	閉	天上火	亢
21日	08/31	土	庚申	建	柘榴木	氐
22日	09/01	日	辛酉	除	柘榴木	房
23日	09/02	月	壬戌	平	大海水	心
24日	09/03	火	癸亥	平	大海水	尾
25日	09/04	水	甲子	定	海中金	箕
26日	09/05	木	乙丑	執	海中金	斗
27日	09/06	金	丙寅	執	爐中火	牛
28日	09/07	土	丁卯	破	爐中火	女
29日	09/08	日	戊辰	危	大林木	虚

【八月小 丁酉 軫】
節気 秋分 13日・寒露 28日
雑節 社日 10日・彼岸 12日

日	西暦	曜	干支	直	納音	宿
1日	09/09	月	己巳	成	大林木	危
2日	09/10	火	庚午	納	路傍土	室
3日	09/11	水	辛未	開	路傍土	壁
4日	09/12	木	壬申	閉	釵鋒金	奎
5日	09/13	金	癸酉	建	釵鋒金	婁
6日	09/14	土	甲戌	除	山頭火	胃
7日	09/15	日	乙亥	満	山頭火	昴
8日	09/16	月	丙子	平	澗下水	畢
9日	09/17	火	丁丑	定	澗下水	觜
10日	09/18	水	戊寅	執	城頭土	参
11日	09/19	木	己卯	破	城頭土	井
12日	09/20	金	庚辰	危	白鑞金	鬼
13日	09/21	土	辛巳	成	白鑞金	柳
14日	09/22	日	壬午	納	楊柳木	星
15日	09/23	月	癸未	開	楊柳木	張
16日	09/24	火	甲申	閉	井泉水	翼
17日	09/25	水	乙酉	建	井泉水	軫
18日	09/26	木	丙戌	除	屋上土	角
19日	09/27	金	丁亥	満	屋上土	亢
20日	09/28	土	戊子	平	霹靂火	氐
21日	09/29	日	己丑	定	霹靂火	房
22日	09/30	月	庚寅	執	松柏木	心
23日	10/01	火	辛卯	破	松柏木	尾
24日	10/02	水	壬辰	危	長流水	箕
25日	10/03	木	癸巳	危	長流水	斗
26日	10/04	金	甲午	納	沙中金	牛
27日	10/05	土	乙未	開	沙中金	女
28日	10/06	日	丙申	開	山下火	虚
29日	10/07	月	丁酉	閉	山下火	危

【九月大 戊戌 角】
節気 霜降 15日・立冬 30日
雑節 土用 12日

日	西暦	曜	干支	直	納音	宿
1日	10/08	火	戊戌	建	平地木	室
2日	10/09	水	己亥	除	平地木	奎
3日	10/10	木	庚子	満	壁上土	婁
4日	10/11	金	辛丑	平	壁上土	胃
5日	10/12	土	壬寅	定	金箔金	昴
6日	10/13	日	癸卯	執	金箔金	昴
7日	10/14	月	甲辰	成	覆燈火	畢
8日	10/15	火	乙巳	危	覆燈火	觜
9日	10/16	水	丙午	成	天河水	参
10日	10/17	木	丁未	納	天河水	井
11日	10/18	金	戊申	開	大駅土	鬼
12日	10/19	土	己酉	閉	大駅土	柳
13日	10/20	日	庚戌	建	釵釧金	星
14日	10/21	月	辛亥	除	釵釧金	張
15日	10/22	火	壬子	満	桑柘木	翼
16日☆	10/23	水	癸丑	平	桑柘木	軫
17日	10/24	木	甲寅	定	大溪水	角
18日	10/25	金	乙卯	執	大溪水	亢
19日	10/26	土	丙辰	破	沙中土	氐
20日	10/27	日	丁巳	危	沙中土	房
21日	10/28	月	戊午	成	天上火	心
22日	10/29	火	己未	納	天上火	尾
23日	10/30	水	庚申	開	柘榴木	箕
24日	10/31	木	辛酉	閉	柘榴木	斗
25日	11/01	金	壬戌	建	大海水	牛
26日	11/02	土	癸亥	除	大海水	女
27日	11/03	日	甲子	満	海中金	虚
28日	11/04	月	乙丑	平	海中金	危
29日	11/05	火	丙寅	定	爐中火	室
30日	11/06	水	丁卯	定	爐中火	壁

【十月小 己亥 亢】
節気 小雪 15日

日	西暦	曜	干支	直	納音	宿
1日	11/07	木	戊辰	執	大林木	奎
2日	11/08	金	己巳	破	大林木	婁
3日	11/09	土	庚午	危	路傍土	胃
4日	11/10	日	辛未	成	路傍土	昴
5日	11/11	月	壬申	納	釵鋒金	觜
6日	11/12	火	癸酉	開	釵鋒金	参
7日	11/13	水	甲戌	閉	山頭火	井
8日	11/14	木	乙亥	建	山頭火	鬼
9日	11/15	金	丙子	満	澗下水	柳
10日	11/16	土	丁丑	満	澗下水	星
11日	11/17	日	戊寅	平	城頭土	張
12日	11/18	月	己卯	定	城頭土	翼
13日	11/19	火	庚辰	執	白鑞金	軫
14日	11/20	水	辛巳	破	白鑞金	角
15日	11/21	木	壬午	危	楊柳木	亢
16日	11/22	金	癸未	成	楊柳木	氐
17日	11/23	土	甲申	納	井泉水	房
18日	11/24	日	乙酉	開	井泉水	心
19日	11/25	月	丙戌	閉	屋上土	尾
20日	11/26	火	丁亥	建	屋上土	箕
21日	11/27	水	戊子	除	霹靂火	斗
22日	11/28	木	己丑	満	霹靂火	牛
23日	11/29	金	庚寅	平	松柏木	女
24日	11/30	土	辛卯	定	松柏木	虚
25日	12/01	日	壬辰	執	長流水	危
26日	12/02	月	癸巳	破	長流水	室
27日	12/03	火	甲午	危	沙中金	壁
28日	12/04	水	乙未	成	沙中金	奎
29日	12/05	木	丙申	納	山下火	婁

【十一月大 庚子 氐】
節気 大雪 1日・冬至 17日

日	西暦	曜	干支	直	納音	宿
1日	12/06	金	丁酉	納	山下火	婁
2日	12/07	土	戊戌	開	平地木	胃
3日	12/08	日	己亥	閉	平地木	昴
4日	12/09	月	庚子	建	壁上土	畢
5日	12/10	火	辛丑	除	壁上土	觜
6日	12/11	水	壬寅	満	金箔金	参
7日	12/12	木	癸卯	平	金箔金	井
8日	12/13	金	甲辰	定	覆燈火	鬼
9日	12/14	土	乙巳	執	覆燈火	柳
10日	12/15	日	丙午	成	天河水	星
11日	12/16	月	丁未	危	天河水	張
12日	12/17	火	戊申	成	大駅土	翼
13日	12/18	水	己酉	納	大駅土	軫
14日	12/19	木	庚戌	開	釵釧金	角
15日	12/20	金	辛亥	閉	釵釧金	亢
16日	12/21	土	壬子	建	桑柘木	氐
17日	12/22	日	癸丑	除	桑柘木	房
18日	12/23	月	甲寅	満	大溪水	心
19日	12/24	火	乙卯	平	大溪水	尾
20日	12/25	水	丙辰	定	沙中土	箕
21日	12/26	木	丁巳	執	沙中土	斗
22日	12/27	金	戊午	破	天上火	牛
23日	12/28	土	己未	危	天上火	女
24日	12/29	日	庚申	成	柘榴木	虚
25日	12/30	月	辛酉	納	柘榴木	危
26日	12/31	火	壬戌	開	大海水	室

1772年

日	西暦	曜	干支	直	納音	宿
27日	01/01	水	癸亥	閉	大海水	壁
28日	01/02	木	甲子	建	海中金	奎
29日	01/03	金	乙丑	除	海中金	婁
30日	01/04	土	丙寅	満	爐中火	胃

【十二月大 辛丑 房】
節気 小寒 2日・大寒 17日
雑節 土用 14日

日	西暦	曜	干支	直	納音	宿
1日	01/05	日	丁卯	平	爐中火	昴
2日	01/06	月	戊辰	平	大林木	畢
3日	01/07	火	己巳	定	大林木	觜
4日	01/08	水	庚午	執	路傍土	参
5日	01/09	木	辛未	破	路傍土	井
6日	01/10	金	壬申	危	釵鋒金	鬼
7日	01/11	土	癸酉	成	釵鋒金	柳
8日	01/12	日	甲戌	納	山頭火	星
9日	01/13	月	乙亥	開	山頭火	張
10日	01/14	火	丙子	閉	澗下水	翼
11日	01/15	水	丁丑	建	澗下水	軫
12日	01/16	木	戊寅	除	城頭土	角
13日	01/17	金	己卯	満	城頭土	亢
14日	01/18	土	庚辰	平	白鑞金	氐
15日	01/19	日	辛巳	定	白鑞金	房
16日	01/20	月	壬午	執	楊柳木	心
17日	01/21	火	癸未	破	楊柳木	尾
18日	01/22	水	甲申	危	井泉水	箕
19日	01/23	木	乙酉	成	井泉水	斗
20日	01/24	金	丙戌	納	屋上土	牛
21日	01/25	土	丁亥	開	屋上土	女
22日	01/26	日	戊子	閉	霹靂火	虚
23日	01/27	月	己丑	建	霹靂火	危
24日	01/28	火	庚寅	除	松柏木	室
25日	01/29	水	辛卯	満	松柏木	壁
26日	01/30	木	壬辰	平	長流水	奎
27日	01/31	金	癸巳	定	長流水	婁
28日	02/01	土	甲午	執	沙中金	胃
29日	02/02	日	乙未	破	沙中金	昴
30日	02/03	月	丙申	危	山下火	畢

安永元年〔明和9年〕

1772～1773　壬辰　鬼
※改元＝11月16日

【正月小 壬寅 心】

節気 立春 2日・雨水 17日
雑節 節分 1日

1日	02/04	火	丁酉	成	山下火	觜
2日	02/05	水	戊戌	成	平地木	參
3日	02/06	木	己亥	納	平地木	井
4日	02/07	金	庚子	開	壁上土	鬼
5日	02/08	土	辛丑	閉	壁上土	柳
6日	02/09	日	壬寅	建	金箔金	星
7日	02/10	月	癸卯	除	金箔金	張
8日	02/11	火	甲辰	満	覆燈火	翼
9日	02/12	水	乙巳	平	覆燈火	軫
10日	02/13	木	丙午	定	天河水	角
11日	02/14	金	丁未	執	天河水	亢
12日	02/15	土	戊申	危	大駅土	氐
13日	02/16	日	己酉	危	大駅土	房
14日	02/17	月	庚戌	成	釵釧金	心
15日	02/18	火	辛亥	納	釵釧金	尾
16日	02/19	水	壬子	開	桑柘木	箕
17日	02/20	木	癸丑	閉	桑柘木	斗
18日	02/21	金	甲寅	建	大渓水	牛
19日	02/22	土	乙卯	除	大渓水	女
20日	02/23	日	丙辰	満	沙中土	虚
21日	02/24	月	丁巳	平	沙中土	危
22日	02/25	火	戊午	定	天上火	室
23日	02/26	水	己未	執	天上火	壁
24日	02/27	木	庚申	破	柘榴木	奎
25日	02/28	金	辛酉	危	柘榴木	婁
26日	02/29	土	壬戌	成	大海水	胃
27日	03/01	日	癸亥	納	大海水	昴
28日	03/02	月	甲子	開	海中金	畢
29日	03/03	火	乙丑	閉	海中金	觜

【二月大 癸卯 尾】

節気 啓蟄 4日・春分 19日
雑節 彼岸 14日・社日 23日

1日	03/04	水	丙寅	建	爐中火	參
2日	03/05	木	丁卯	除	爐中火	井
3日	03/06	金	戊辰	満	大林木	鬼
4日	03/07	土	己巳	満	大林木	柳
5日	03/08	日	庚午	平	路傍土	星
6日	03/09	月	辛未	定	路傍土	張
7日	03/10	火	壬申	執	釵鋒金	翼
8日	03/11	水	癸酉	破	釵鋒金	軫
9日	03/12	木	甲戌	危	山頭火	角
10日	03/13	金	乙亥	成	山頭火	亢
11日	03/14	土	丙子	納	澗下水	氐
12日	03/15	日	丁丑	開	澗下水	房
13日	03/16	月	戊寅	閉	城頭土	心
14日	03/17	火	己卯	建	城頭土	尾
15日	03/18	水	庚辰	除	白鑞金	箕
16日	03/19	木	辛巳	満	白鑞金	斗
17日	03/20	金	壬午	平	楊柳木	牛
18日	03/21	土	癸未	定	楊柳木	女
19日	03/22	日	甲申	執	井泉水	虚
20日	03/23	月	乙酉	破	井泉水	危
21日	03/24	火	丙戌	危	屋上土	室
22日	03/25	水	丁亥	成	屋上土	壁
23日	03/26	木	戊子	納	霹靂火	奎
24日	03/27	金	己丑	開	霹靂火	婁
25日	03/28	土	庚寅	閉	松柏木	胃
26日	03/29	日	辛卯	建	松柏木	昴
27日	03/30	月	壬辰	除	長流水	畢
28日	03/31	火	癸巳	満	長流水	觜
29日	04/01	水	甲午	平	沙中金	參
30日	04/02	木	乙未	定	沙中金	井

【三月大 甲辰 箕】

節気 清明 4日・穀雨 19日
雑節 土用 16日・八十八夜 30日

1日	04/03	金	丙申	執	山下火	鬼
2日	04/04	土	丁酉	破	山下火	柳
3日	04/05	日	戊戌	危	平地木	星
4日	04/06	月	己亥	危	平地木	張
5日	04/07	火	庚子	成	壁上土	翼
6日	04/08	水	辛丑	納	壁上土	軫
7日	04/09	木	壬寅	開	金箔金	角
8日	04/10	金	癸卯	閉	金箔金	亢
9日	04/11	土	甲辰	建	覆燈火	氐
10日	04/12	日	乙巳	除	覆燈火	房
11日	04/13	月	丙午	満	天河水	心
12日	04/14	火	丁未	平	天河水	尾
13日	04/15	水	戊申	定	大駅土	箕
14日	04/16	木	己酉	執	大駅土	斗
15日☆	04/17	金	庚戌	破	釵釧金	牛
16日	04/18	土	辛亥	危	釵釧金	女
17日	04/19	日	壬子	成	桑柘木	虚
18日	04/20	月	癸丑	納	桑柘木	危
19日	04/21	火	甲寅	開	大渓水	室
20日	04/22	水	乙卯	閉	大渓水	壁
21日	04/23	木	丙辰	建	沙中土	奎
22日	04/24	金	丁巳	除	沙中土	婁
23日	04/25	土	戊午	満	天上火	胃
24日	04/26	日	己未	平	天上火	昴
25日	04/27	月	庚申	定	柘榴木	畢
26日	04/28	火	辛酉	執	柘榴木	觜
27日	04/29	水	壬戌	破	大海水	參
28日	04/30	木	癸亥	危	大海水	井
29日	05/01	金	甲子	成	海中金	鬼
30日	05/02	土	乙丑	納	海中金	柳

【四月小 乙巳 斗】

節気 立夏 4日・小満 20日

1日	05/03	日	丙寅	開	爐中火	星
2日	05/04	月	丁卯	閉	爐中火	張
3日	05/05	火	戊辰	建	大林木	翼
4日	05/06	水	己巳	建	大林木	軫
5日	05/07	木	庚午	除	路傍土	角
6日	05/08	金	辛未	満	路傍土	亢
7日	05/09	土	壬申	平	釵鋒金	氐
8日	05/10	日	癸酉	定	釵鋒金	房
9日	05/11	月	甲戌	執	山頭火	心
10日	05/12	火	乙亥	破	山頭火	尾
11日	05/13	水	丙子	危	澗下水	箕
12日	05/14	木	丁丑	成	澗下水	斗
13日	05/15	金	戊寅	納	城頭土	牛
14日	05/16	土	己卯	開	城頭土	女
15日	05/17	日	庚辰	閉	白鑞金	虚
16日	05/18	月	辛巳	建	白鑞金	危
17日	05/19	火	壬午	除	楊柳木	室
18日	05/20	水	癸未	満	楊柳木	壁
19日	05/21	木	甲申	平	井泉水	奎
20日	05/22	金	乙酉	定	井泉水	婁
21日	05/23	土	丙戌	執	屋上土	胃
22日	05/24	日	丁亥	破	屋上土	昴
23日	05/25	月	戊子	危	霹靂火	畢
24日	05/26	火	己丑	成	霹靂火	觜
25日	05/27	水	庚寅	納	松柏木	參
26日	05/28	木	辛卯	開	松柏木	井
27日	05/29	金	壬辰	閉	長流水	鬼
28日	05/30	土	癸巳	建	長流水	柳
29日	05/31	日	甲午	除	沙中金	星

【五月大 丙午 牛】

節気 芒種 6日・夏至 21日
雑節 入梅 8日

1日	06/01	月	乙未	満	沙中金	張
2日	06/02	火	丙申	平	山下火	翼
3日	06/03	水	丁酉	定	山下火	軫
4日	06/04	木	戊戌	執	平地木	角
5日	06/05	金	己亥	破	平地木	亢
6日	06/06	土	庚子	破	壁上土	氐
7日	06/07	日	辛丑	危	壁上土	房
8日	06/08	月	壬寅	成	金箔金	心
9日	06/09	火	癸卯	納	金箔金	尾
10日	06/10	水	甲辰	開	覆燈火	箕
11日	06/11	木	乙巳	閉	覆燈火	斗
12日	06/12	金	丙午	建	天河水	牛
13日	06/13	土	丁未	除	天河水	女
14日	06/14	日	戊申	満	大駅土	虚
15日	06/15	月	己酉	定	大駅土	室
16日	06/16	火	庚戌	定	釵釧金	壁
17日	06/17	水	辛亥	執	釵釧金	奎
18日	06/18	木	壬子	破	桑柘木	婁
19日	06/19	金	癸丑	危	桑柘木	胃
20日	06/20	土	甲寅	成	大渓水	昴
21日	06/21	日	乙卯	納	大渓水	畢
22日	06/22	月	丙辰	開	沙中土	觜
23日	06/23	火	丁巳	閉	沙中土	參
24日	06/24	水	戊午	建	天上火	井
25日	06/25	木	己未	除	天上火	鬼
26日	06/26	金	庚申	満	柘榴木	柳
27日	06/27	土	辛酉	平	柘榴木	星
28日	06/28	日	壬戌	定	大海水	張
29日	06/29	月	癸亥	執	大海水	翼
30日	06/30	火	甲子	破	海中金	軫

【六月小 丁未 女】

節気 小暑 6日・大暑 22日
雑節 半夏生 1日・土用 19日

1日	07/01	水	乙丑	危	海中金	軫
2日	07/02	木	丙寅	成	爐中火	角
3日	07/03	金	丁卯	納	爐中火	亢
4日	07/04	土	戊辰	開	大林木	氐
5日	07/05	日	己巳	閉	大林木	房
6日	07/06	月	庚午	建	路傍土	心
7日	07/07	火	辛未	除	路傍土	尾
8日	07/08	水	壬申	満	釵鋒金	箕
9日	07/09	木	癸酉	平	釵鋒金	斗
10日	07/10	金	甲戌	定	山頭火	牛
11日	07/11	土	乙亥	執	山頭火	女
12日	07/12	日	丙子	破	澗下水	虚
13日	07/13	月	丁丑	危	澗下水	危
14日	07/14	火	戊寅	成	城頭土	室
15日	07/15	水	己卯	納	城頭土	壁
16日	07/16	木	庚辰	開	白鑞金	奎
17日	07/17	金	辛巳	閉	白鑞金	婁
18日	07/18	土	壬午	建	楊柳木	胃
19日	07/19	日	癸未	除	楊柳木	昴
20日	07/20	月	甲申	満	井泉水	畢
21日	07/21	火	乙酉	平	井泉水	觜
22日	07/22	水	丙戌	定	屋上土	參
23日	07/23	木	丁亥	執	屋上土	井
24日	07/24	金	戊子	破	霹靂火	柳
25日	07/25	土	己丑	危	霹靂火	星
26日	07/26	日	庚寅	危	松柏木	星
27日	07/27	月	辛卯	成	松柏木	張

西暦	曜	干支	直	納音	宿

安永元年〔明和9年〕

日	西暦	曜	干支	直	納音	宿
28日	07/28	火	壬辰	納	長流水	翼
29日	07/29	水	癸巳	開	長流水	軫

【七月大 戊申 虚】
節気 立秋 8日・処暑 23日

日	西暦	曜	干支	直	納音	宿
1日	07/30	木	甲午	閉	沙中金	角
2日	07/31	金	乙未	建	沙中金	亢
3日	08/01	土	丙申	満	山下火	氐
4日	08/02	日	丁酉	満	山下火	房
5日	08/03	月	戊戌	平	平地木	心
6日	08/04	火	己亥	定	平地木	尾
7日	08/05	水	庚子	執	壁上土	斗
8日	08/06	木	辛丑	執	壁上土	斗
9日	08/07	金	壬寅	破	金箔金	牛
10日	08/08	土	癸卯	危	金箔金	女
11日	08/09	日	甲辰	成	覆燈火	虚
12日	08/10	月	乙巳	納	覆燈火	危
13日	08/11	火	丙午	開	天河水	室
14日	08/12	水	丁未	閉	天河水	壁
15日	08/13	木	戊戌	建	大駅土	奎
16日	08/14	金	己酉	除	大駅土	婁
17日	08/15	土	庚戌	満	釵釧金	胃
18日	08/16	日	辛亥	平	釵釧金	昴
19日	08/17	月	壬子	定	桑柘木	畢
20日	08/18	火	癸丑	執	桑柘木	觜
21日	08/19	水	甲寅	破	大溪水	参
22日	08/20	木	乙卯	危	大溪水	井
23日	08/21	金	丙辰	成	沙中土	鬼
24日	08/22	土	丁巳	納	沙中土	柳
25日	08/23	日	戊午	開	天上火	星
26日	08/24	月	己未	閉	天上火	張
27日	08/25	火	庚申	建	柘榴木	翼
28日	08/26	水	辛酉	除	柘榴木	軫
29日	08/27	木	壬戌	満	大海水	角
30日	08/28	金	癸亥	平	大海水	亢

【八月小 己酉 危】
節気 白露 8日・秋分 23日
雑節 二百十日 4日・彼岸 22日・社日 25日

日	西暦	曜	干支	直	納音	宿
1日	08/29	土	甲子	定	海中金	氐
2日	08/30	日	乙丑	執	海中金	房
3日	08/31	月	丙寅	破	爐中火	心
4日	09/01	火	丁卯	危	爐中火	尾
5日	09/02	水	戊辰	成	大林木	箕
6日	09/03	木	己巳	納	大林木	斗
7日	09/04	金	庚午	開	路傍土	女
8日	09/05	土	辛未	閉	路傍土	虚
9日	09/06	日	壬申	建	釵鋒金	危
10日	09/07	月	癸酉	除	釵鋒金	室
11日	09/08	火	甲戌	満	山頭火	壁
12日	09/09	水	乙亥	平	山頭火	奎
13日	09/10	木	丙子	平	澗下水	奎
14日	09/11	金	丁丑	執	澗下水	婁
15日	09/12	土	戊寅	破	城頭土	胃
16日	09/13	日	己卯	危	城頭土	昴
17日	09/14	月	庚辰	成	白鑞金	畢
18日	09/15	火	辛巳	納	白鑞金	觜
19日	09/16	水	壬午	開	楊柳木	参
20日	09/17	木	癸未	閉	楊柳木	井
21日	09/18	金	甲申	建	井泉水	鬼
22日	09/19	土	乙酉	除	井泉水	柳
23日	09/20	日	丙戌	満	屋上土	星
24日	09/21	月	丁亥	平	屋上土	張
25日	09/22	火	戊子	定	霹靂火	翼
26日	09/23	水	己丑	執	霹靂火	軫
27日	09/24	木	庚寅	執	松柏木	角
28日	09/25	金	辛卯	破	松柏木	亢
29日	09/26	土	壬辰	危	長流水	氐

【九月小 庚戌 室】
節気 寒露 10日・霜降 25日
雑節 土用 22日

日	西暦	曜	干支	直	納音	宿
1日	09/27	日	癸巳	成	長流水	房
2日	09/28	月	甲午	納	沙中金	心
3日	09/29	火	乙未	開	沙中金	尾
4日	09/30	水	丙申	閉	山下火	箕
5日	10/01	木	丁酉	建	山下火	斗
6日	10/02	金	戊戌	除	平地木	牛
7日	10/03	土	己亥	平	平地木	女
8日	10/04	日	庚子	平	壁上土	虚
9日	10/05	月	辛丑	定	壁上土	危
10日	10/06	火	壬寅	執	金箔金	室
11日	10/07	水	癸卯	執	金箔金	壁
12日	10/08	木	甲辰	破	覆燈火	奎
13日	10/09	金	乙巳	危	覆燈火	婁
14日	10/10	土	丙午	成	天河水	胃
15日☆	10/11	日	丁未	納	天河水	昴
16日	10/12	月	戊戌	開	大駅土	畢
17日	10/13	火	己酉	閉	大駅土	觜
18日	10/14	水	庚戌	建	釵釧金	参
19日	10/15	木	辛亥	除	釵釧金	井
20日	10/16	金	壬子	満	桑柘木	鬼
21日	10/17	土	癸丑	平	桑柘木	柳
22日	10/18	日	甲寅	定	大溪水	星
23日	10/19	月	乙卯	執	大溪水	張
24日	10/20	火	丙辰	破	沙中土	翼
25日	10/21	水	丁巳	危	沙中土	軫
26日	10/22	木	戊午	成	天上火	角
27日	10/23	金	己未	納	天上火	亢
28日	10/24	土	庚申	開	柘榴木	氐
29日	10/25	日	辛酉	閉	柘榴木	房

【十月大 辛亥 壁】
節気 立冬 11日・小雪 26日

日	西暦	曜	干支	直	納音	宿
1日	10/26	月	壬戌	建	大海水	心
2日	10/27	火	癸亥	除	大海水	尾
3日	10/28	水	甲子	満	海中金	箕
4日	10/29	木	乙丑	平	海中金	斗
5日	10/30	金	丙寅	定	爐中火	牛
6日	10/31	土	丁卯	執	爐中火	女
7日	11/01	日	戊辰	破	大林木	虚
8日	11/02	月	己巳	危	大林木	危
9日	11/03	火	庚午	成	路傍土	室
10日	11/04	水	辛未	納	路傍土	壁
11日	11/05	木	壬申	開	釵鋒金	奎
12日	11/06	金	癸酉	閉	釵鋒金	婁
13日	11/07	土	甲戌	建	山頭火	胃
14日	11/08	日	乙亥	除	山頭火	昴
15日	11/09	月	丙子	満	澗下水	畢
16日	11/10	火	丁丑	平	澗下水	觜
17日	11/11	水	戊寅	定	城頭土	参
18日	11/12	木	己卯	執	城頭土	井
19日	11/13	金	庚辰	破	白鑞金	鬼
20日	11/14	土	辛巳	危	白鑞金	柳
21日	11/15	日	壬午	成	楊柳木	星
22日	11/16	月	癸未	納	楊柳木	張
23日	11/17	火	甲申	開	井泉水	翼
24日	11/18	水	乙酉	閉	井泉水	軫
25日	11/19	木	丙戌	建	屋上土	角
26日	11/20	金	丁亥	建	屋上土	亢
27日	11/21	土	戊子	除	霹靂火	氐
28日	11/22	日	己丑	満	霹靂火	房
29日	11/23	月	庚寅	平	松柏木	心
30日	11/24	火	辛卯	定	松柏木	尾

【十一月小 壬子 奎】
節気 大雪 12日・冬至 27日

日	西暦	曜	干支	直	納音	宿
1日	11/25	水	壬辰	執	長流水	箕
2日	11/26	木	癸巳	破	長流水	斗
3日	11/27	金	甲午	危	沙中金	女
4日	11/28	土	乙未	成	沙中金	虚
5日	11/29	日	丙申	納	山下火	危
6日	11/30	月	丁酉	開	山下火	室
7日	12/01	火	戊戌	閉	平地木	壁
8日	12/02	水	己亥	建	平地木	奎
9日	12/03	木	庚子	除	壁上土	婁
10日	12/04	金	辛丑	平	壁上土	胃
11日	12/05	土	壬寅	平	金箔金	昴
12日	12/06	日	癸卯	定	金箔金	畢
13日	12/07	月	甲辰	定	覆燈火	觜
14日	12/08	火	乙巳	執	覆燈火	参
15日	12/09	水	丙午	破	天河水	井
16日	12/10	木	丁未	危	天河水	井

＊改元（明和9年→安永元年）

日	西暦	曜	干支	直	納音	宿
17日	12/11	金	戊戌	成	大駅土	鬼
18日	12/12	土	己酉	納	大駅土	柳
19日	12/13	日	庚戌	開	釵釧金	星
20日	12/14	月	辛亥	建	釵釧金	張
21日	12/15	火	壬子	建	桑柘木	翼
22日	12/16	水	癸丑	除	桑柘木	軫
23日	12/17	木	甲寅	満	大溪水	角
24日	12/18	金	乙卯	平	大溪水	亢
25日	12/19	土	丙辰	定	沙中土	氐
26日	12/20	日	丁巳	執	沙中土	房
27日	12/21	月	戊午	破	天上火	心
28日	12/22	火	己未	危	天上火	尾
29日	12/23	水	庚申	成	柘榴木	箕

【十二月大 癸丑 妻】
節気 小寒 13日・大寒 28日
雑節 土用 25日

日	西暦	曜	干支	直	納音	宿
1日	12/24	木	辛酉	納	柘榴木	斗
2日	12/25	金	壬戌	開	大海水	牛
3日	12/26	土	癸亥	閉	大海水	女
4日	12/27	日	甲子	閉	海中金	虚
5日	12/28	月	乙丑	除	海中金	危
6日	12/29	火	丙寅	満	爐中火	室
7日	12/30	水	丁卯	平	爐中火	壁
8日	12/31	木	戊辰	定	大林木	奎

1773年

日	西暦	曜	干支	直	納音	宿
9日	01/01	金	己巳	執	大林木	妻
10日	01/02	土	庚午	破	路傍土	胃
11日	01/03	日	辛未	危	路傍土	昴
12日	01/04	月	壬申	成	釵鋒金	畢
13日	01/05	火	癸酉	成	釵鋒金	觜
14日	01/06	水	甲戌	納	山頭火	参
15日	01/07	木	乙亥	開	山頭火	井
16日	01/08	金	丙子	閉	澗下水	鬼
17日	01/09	土	丁丑	建	澗下水	柳
18日	01/10	日	戊寅	除	城頭土	星
19日	01/11	月	己卯	満	城頭土	張
20日	01/12	火	庚辰	平	白鑞金	翼
21日	01/13	水	辛巳	定	白鑞金	軫
22日	01/14	木	壬午	執	楊柳木	角
23日	01/15	金	癸未	破	楊柳木	亢
24日	01/16	土	甲申	危	井泉水	氐
25日	01/17	日	乙酉	成	井泉水	房
26日	01/18	月	丙戌	納	屋上土	心
27日	01/19	火	丁亥	開	屋上土	尾
28日	01/20	水	戊子	閉	霹靂火	箕
29日	01/21	木	己丑	建	霹靂火	斗
30日	01/22	金	庚寅	除	松柏木	牛

安永2年

1773～1774　癸巳　柳

【正月小 甲寅 胃】

節気　立春 13日・雨水 29日
雑節　節分 12日

日	新暦	曜	干支	十二直	納音	宿
1日	01/23	土	辛卯	満	松柏木	女
2日	01/24	日	壬辰	平	長流水	虚
3日	01/25	月	癸巳	定	長流水	危
4日	01/26	火	甲午	執	沙中金	室
5日	01/27	水	乙未	破	沙中金	壁
6日	01/28	木	丙申	危	山下火	奎
7日	01/29	金	丁酉	成	山下火	婁
8日	01/30	土	戊戌	納	平地木	胃
9日	01/31	日	己亥	開	平地木	昴
10日	02/01	月	庚子	閉	壁上土	畢
11日	02/02	火	辛丑	建	壁上土	觜
12日	02/03	水	壬寅	除	金箔金	参
13日	02/04	木	癸卯	満	金箔金	井
14日	02/05	金	甲辰	満	覆燈火	鬼
15日	02/06	土	乙巳	平	覆燈火	柳
16日	02/07	日	丙午	定	天河水	星
17日	02/08	月	丁未	執	天河水	張
18日	02/09	火	戊申	破	大駅土	翼
19日	02/10	水	己酉	危	大駅土	軫
20日	02/11	木	庚戌	成	釵釧金	角
21日	02/12	金	辛亥	納	釵釧金	亢
22日	02/13	土	壬子	開	桑柘木	氐
23日	02/14	日	癸丑	閉	桑柘木	房
24日	02/15	月	甲寅	除	大溪水	心
25日	02/16	火	乙卯	除	大溪水	尾
26日	02/17	水	丙辰	満	沙中土	箕
27日	02/18	木	丁巳	平	沙中土	斗
28日	02/19	金	戊午	定	天上火	牛
29日	02/20	土	己未	執	天上火	女

【二月大 乙卯 昴】

節気　啓蟄 15日・春分 30日
雑節　彼岸 25日・社日 29日

日	新暦	曜	干支	十二直	納音	宿
1日	02/21	日	庚申	破	柘榴木	虚
2日	02/22	月	辛酉	危	柘榴木	危
3日	02/23	火	壬戌	成	大海水	室
4日	02/24	水	癸亥	納	大海水	壁
5日	02/25	木	甲子	開	海中金	奎
6日	02/26	金	乙丑	閉	海中金	婁
7日	02/27	土	丙寅	建	爐中火	胃
8日	02/28	日	丁卯	除	爐中火	昴
9日	03/01	月	戊辰	満	大林木	畢
10日	03/02	火	己巳	平	大林木	觜
11日	03/03	水	庚午	定	路傍土	参
12日	03/04	木	辛未	執	路傍土	井
13日	03/05	金	壬申	破	釵鋒金	鬼
14日	03/06	土	癸酉	危	釵鋒金	柳
15日	03/07	日	甲戌	成	山頭火	星
16日	03/08	月	乙亥	成	山頭火	張
17日	03/09	火	丙子	納	潤下水	翼
18日	03/10	水	丁丑	開	潤下水	軫
19日	03/11	木	戊寅	閉	城頭土	角
20日	03/12	金	己卯	建	城頭土	亢
21日	03/13	土	庚辰	除	白鑞金	氐
22日	03/14	日	辛巳	満	白鑞金	房
23日	03/15	月	壬午	平	楊柳木	心
24日	03/16	火	癸未	定	楊柳木	尾
25日	03/17	水	甲申	執	井泉水	箕
26日	03/18	木	乙酉	破	井泉水	斗
27日	03/19	金	丙戌	危	屋上土	牛
28日	03/20	土	丁亥	成	屋上土	女
29日	03/21	日	戊子	納	霹靂火	虚
30日	03/22	月	己丑	開	霹靂火	危

【三月大 丙辰 畢】

節気　清明 15日
雑節　土用 27日

日	新暦	曜	干支	十二直	納音	宿
1日◎	03/23	火	庚寅	閉	松柏木	室
2日	03/24	水	辛卯	建	松柏木	壁
3日	03/25	木	壬辰	除	長流水	奎
4日	03/26	金	癸巳	平	長流水	婁
5日	03/27	土	甲午	平	沙中金	胃
6日	03/28	日	乙未	定	沙中金	昴
7日	03/29	月	丙申	破	山下火	觜
8日	03/30	火	丁酉	破	山下火	参
9日	03/31	水	戊戌	危	平地木	井
10日	04/01	木	己亥	納	平地木	鬼
11日	04/02	金	庚子	納	壁上土	柳
12日	04/03	土	辛丑	開	壁上土	星
13日	04/04	日	壬寅	建	金箔金	張
14日	04/05	月	癸卯	建	金箔金	翼
15日	04/06	火	甲辰	建	覆燈火	軫
16日☆	04/07	水	乙巳	満	覆燈火	角
17日	04/08	木	丙午	満	天河水	亢
18日	04/09	金	丁未	平	天河水	氐
19日	04/10	土	戊申	定	大駅土	房
20日	04/11	日	己酉	執	大駅土	心
21日	04/12	月	庚戌	破	釵釧金	尾
22日	04/13	火	辛亥	危	釵釧金	箕
23日	04/14	水	壬子	成	桑柘木	斗
24日	04/15	木	癸丑	納	桑柘木	牛
25日	04/16	金	甲寅	開	大溪水	女
26日	04/17	土	乙卯	閉	大溪水	虚
27日	04/18	日	丙辰	建	沙中土	危
28日	04/19	月	丁巳	除	沙中土	室
29日	04/20	火	戊午	満	天上火	壁
30日	04/21	水	己未	平	天上火	奎

【閏三月小 丙辰 畢】

節気　穀雨 1日・立夏 16日
雑節　八十八夜 11日

日	新暦	曜	干支	十二直	納音	宿
1日	04/22	木	庚申	定	柘榴木	奎
2日	04/23	金	辛酉	執	柘榴木	婁
3日	04/24	土	壬戌	破	大海水	胃
4日	04/25	日	癸亥	危	大海水	昴
5日	04/26	月	甲子	成	海中金	畢
6日	04/27	火	乙丑	納	海中金	觜
7日	04/28	水	丙寅	開	爐中火	参
8日	04/29	木	丁卯	閉	爐中火	井
9日	04/30	金	戊辰	建	大林木	鬼
10日	05/01	土	己巳	除	大林木	柳
11日	05/02	日	庚午	満	路傍土	星
12日	05/03	月	辛未	平	路傍土	張
13日	05/04	火	壬申	定	釵鋒金	翼
14日	05/05	水	癸酉	執	釵鋒金	軫
15日	05/06	木	甲戌	破	山頭火	角
16日	05/07	金	乙亥	危	山頭火	亢
17日	05/08	土	丙子	成	潤下水	氐
18日	05/09	日	丁丑	納	潤下水	房
19日	05/10	月	戊寅	開	城頭土	心
20日	05/11	火	己卯	閉	城頭土	尾
21日	05/12	水	庚辰	建	白鑞金	箕
22日	05/13	木	辛巳	除	白鑞金	斗
23日	05/14	金	壬午	満	楊柳木	牛
24日	05/15	土	癸未	平	楊柳木	女
25日	05/16	日	甲申	定	井泉水	虚
26日	05/17	月	乙酉	執	井泉水	危
27日	05/18	火	丙戌	破	屋上土	室
28日	05/19	水	丁亥	危	屋上土	壁
29日	05/20	木	戊子	危	霹靂火	奎

【四月大 丁巳 觜】

節気　小満 2日・芒種 17日
雑節　入梅 24日

日	新暦	曜	干支	十二直	納音	宿
1日	05/21	金	己丑	成	霹靂火	婁
2日	05/22	土	庚寅	納	松柏木	胃
3日	05/23	日	辛卯	開	松柏木	昴
4日	05/24	月	壬辰	閉	長流水	觜
5日	05/25	火	癸巳	建	長流水	参
6日	05/26	水	甲午	除	沙中金	井
7日	05/27	木	乙未	満	沙中金	鬼
8日	05/28	金	丙申	平	山下火	柳
9日	05/29	土	丁酉	定	山下火	星
10日	05/30	日	戊戌	執	平地木	張
11日	05/31	月	己亥	破	平地木	翼
12日	06/01	火	庚子	危	壁上土	軫
13日	06/02	水	辛丑	成	壁上土	角
14日	06/03	木	壬寅	納	金箔金	亢
15日	06/04	金	癸卯	開	金箔金	氐
16日	06/05	土	甲辰	閉	覆燈火	房
17日	06/06	日	乙巳	建	覆燈火	心
18日	06/07	月	丙午	除	天河水	尾
19日	06/08	火	丁未	満	天河水	箕
20日	06/09	水	戊申	平	大駅土	斗
21日	06/10	木	己酉	定	大駅土	牛
22日	06/11	金	庚戌	執	釵釧金	女
23日	06/12	土	辛亥	執	釵釧金	虚
24日	06/13	日	壬子	破	桑柘木	危
25日	06/14	月	癸丑	危	桑柘木	室
26日	06/15	火	甲寅	成	大溪水	壁
27日	06/16	水	乙卯	納	大溪水	奎
28日	06/17	木	丙辰	開	沙中土	婁
29日	06/18	金	丁巳	閉	沙中土	胃
30日	06/19	土	戊午	建	天上火	昴

【五月大 戊午 参】

節気　夏至 2日・小暑 18日
雑節　半夏生 12日・土用 30日

日	新暦	曜	干支	十二直	納音	宿
1日	06/20	日	己未	除	天上火	畢
2日	06/21	月	庚申	満	柘榴木	觜
3日	06/22	火	辛酉	平	柘榴木	参
4日	06/23	水	壬戌	定	大海水	井
5日	06/24	木	癸亥	執	大海水	鬼
6日	06/25	金	甲子	破	海中金	柳
7日	06/26	土	乙丑	危	海中金	星
8日	06/27	日	丙寅	成	爐中火	張
9日	06/28	月	丁卯	納	爐中火	翼
10日	06/29	火	戊辰	開	大林木	軫
11日	06/30	水	己巳	閉	大林木	角
12日	07/01	木	庚午	建	路傍土	亢
13日	07/02	金	辛未	除	路傍土	氐
14日	07/03	土	壬申	満	釵鋒金	房
15日	07/04	日	癸酉	平	釵鋒金	心
16日	07/05	月	甲戌	定	山頭火	尾
17日	07/06	火	乙亥	執	山頭火	箕
18日	07/07	水	丙子	破	潤下水	斗
19日	07/08	木	丁丑	危	潤下水	牛
20日	07/09	金	戊寅	成	城頭土	女
21日	07/10	土	己卯	納	城頭土	虚
22日	07/11	日	庚辰	開	白鑞金	危
23日	07/12	月	辛巳	閉	白鑞金	室
24日	07/13	火	壬午	建	楊柳木	壁
25日	07/14	水	癸未	除	楊柳木	奎
26日	07/15	木	甲申	満	井泉水	婁
27日	07/16	金	乙酉	平	井泉水	胃
28日	07/17	土	丙戌	定	屋上土	昴
29日	07/18	日	丁亥	執	屋上土	畢
30日	07/19	月	戊子	破	霹靂火	觜

【六月小 己未 井】

節気　大暑 3日・立秋 18日

日	新暦	曜	干支	十二直	納音	宿
1日	07/20	火	己丑	危	霹靂火	参
2日	07/21	水	庚寅	成	松柏木	井
3日	07/22	木	辛卯	納	松柏木	鬼
4日	07/23	金	壬辰	開	長流水	柳
5日	07/24	土	癸巳	閉	長流水	星
6日	07/25	日	甲午	建	沙中金	張
7日	07/26	月	乙未	除	沙中金	翼
8日	07/27	火	丙申	満	山下火	軫
9日	07/28	水	丁酉	平	山下火	角
10日	07/29	木	戊戌	定	平地木	亢
11日	07/30	金	己亥	執	平地木	氐
12日	07/31	土	庚子	破	壁上土	房
13日	08/01	日	辛丑	危	壁上土	心
14日	08/02	月	壬寅	成	金箔金	尾

安永2年

西暦	曜	干支	直	納音	宿
15日 08/03	火	癸卯	成	金箔金	尾
16日 08/04	水	甲辰	納	覆燈火	箕
17日 08/05	木	乙巳	開	覆燈火	斗
18日 08/06	金	丙午	開	天河水	牛
19日 08/07	土	丁未	閉	天河水	女
20日 08/08	日	戊申	建	大駅土	虚
21日 08/09	月	己酉	除	大駅土	危
22日 08/10	火	庚戌	満	釵釧金	室
23日 08/11	水	辛亥	平	釵釧金	壁
24日 08/12	木	壬子	定	桑柘木	奎
25日 08/13	金	癸丑	執	桑柘木	婁
26日 08/14	土	甲寅	破	大渓水	胃
27日 08/15	日	乙卯	危	大渓水	昴
28日 08/16	月	丙辰	成	沙中土	畢
29日 08/17	火	丁巳	納	沙中土	觜

【七月大 庚申 鬼】
節気 処暑 4日・白露 19日
雑節 二百十日 15日

西暦	曜	干支	直	納音	宿
1日 08/18	水	戊午	開	天上火	参
2日 08/19	木	己未	閉	天上火	井
3日 08/20	金	庚申	建	柘榴木	鬼
4日 08/21	土	辛酉	除	柘榴木	柳
5日 08/22	日	壬戌	満	大海水	星
6日 08/23	月	癸亥	平	大海水	張
7日 08/24	火	甲子	定	海中金	翼
8日 08/25	水	乙丑	執	海中金	軫
9日 08/26	木	丙寅	破	爐中火	角
10日 08/27	金	丁卯	危	爐中火	亢
11日 08/28	土	戊辰	成	大林木	氏
12日 08/29	日	己巳	納	大林木	房
13日 08/30	月	庚午	開	路傍土	心
14日 08/31	火	辛未	閉	路傍土	尾
15日 09/01	水	壬申	建	釵鋒金	箕
16日 09/02	木	癸酉	除	釵鋒金	斗
17日 09/03	金	甲戌	満	山頭火	牛
18日 09/04	土	乙亥	平	山頭火	女
19日 09/05	日	丙子	定	澗下水	虚
20日 09/06	月	丁丑	執	澗下水	危
21日 09/07	火	戊寅	破	城頭土	室
22日 09/08	水	己卯	危	城頭土	壁
23日 09/09	木	庚辰	成	白鑞金	奎
24日 09/10	金	辛巳	納	白鑞金	婁
25日 09/11	土	壬午	開	楊柳木	胃
26日 09/12	日	癸未	閉	楊柳木	昴
27日 09/13	月	甲申	建	井泉水	畢
28日 09/14	火	乙酉	除	井泉水	觜
29日 09/15	水	丙戌	満	屋上土	参
30日 09/16	木	丁亥	平	屋上土	井

【八月小 辛酉 柳】
節気 秋分 5日・寒露 20日
雑節 社日 1日・彼岸 4日

西暦	曜	干支	直	納音	宿
1日 09/17	金	戊子	平	霹靂火	鬼
2日 09/18	土	己丑	定	霹靂火	柳
3日 09/19	日	庚寅	執	松柏木	星
4日 09/20	月	辛卯	破	松柏木	張
5日 09/21	火	壬辰	危	長流水	翼
6日 09/22	水	癸巳	成	長流水	軫
7日 09/23	木	甲午	納	沙中金	角
8日 09/24	金	乙未	開	沙中金	亢
9日 09/25	土	丙申	閉	山下火	氏
10日 09/26	日	丁酉	建	山下火	房
11日 09/27	月	戊戌	除	平地木	心
12日 09/28	火	己亥	満	平地木	尾
13日 09/29	水	庚子	平	壁上土	箕
14日☆09/30	木	辛丑	定	壁上土	斗
15日 10/01	金	壬寅	執	金箔金	牛
16日 10/02	土	癸卯	破	金箔金	女
17日 10/03	日	甲辰	危	覆燈火	虚
18日 10/04	月	乙巳	成	覆燈火	危
19日 10/05	火	丙午	納	天河水	室
20日 10/06	水	丁未	納	天河水	壁

西暦	曜	干支	直	納音	宿
21日 10/07	木	戊申	開	大駅土	奎
22日 10/08	金	己酉	閉	大駅土	婁
23日 10/09	土	庚戌	建	釵釧金	胃
24日 10/10	日	辛亥	除	釵釧金	昴
25日 10/11	月	壬子	満	桑柘木	畢
26日 10/12	火	癸丑	平	桑柘木	觜
27日 10/13	水	甲寅	定	大渓水	参
28日 10/14	木	乙卯	執	大渓水	井
29日 10/15	金	丙辰	破	沙中土	鬼

【九月小 壬戌 星】
節気 霜降 6日・立冬 21日
雑節 土用 3日

西暦	曜	干支	直	納音	宿
1日 10/16	土	丁巳	危	沙中土	柳
2日 10/17	日	戊午	成	天上火	星
3日 10/18	月	己未	納	天上火	張
4日 10/19	火	庚申	開	柘榴木	翼
5日 10/20	水	辛酉	閉	柘榴木	軫
6日 10/21	木	壬戌	建	大海水	角
7日 10/22	金	癸亥	除	大海水	亢
8日 10/23	土	甲子	満	海中金	氏
9日 10/24	日	乙丑	平	海中金	房
10日 10/25	月	丙寅	定	爐中火	心
11日 10/26	火	丁卯	執	爐中火	尾
12日 10/27	水	戊辰	破	大林木	箕
13日 10/28	木	己巳	危	大林木	斗
14日 10/29	金	庚午	成	路傍土	牛
15日 10/30	土	辛未	納	路傍土	女
16日 10/31	日	壬申	開	釵鋒金	虚
17日 11/01	月	癸酉	閉	釵鋒金	危
18日 11/02	火	甲戌	建	山頭火	室
19日 11/03	水	乙亥	除	山頭火	壁
20日 11/04	木	丙子	満	澗下水	奎
21日 11/05	金	丁丑	満	澗下水	婁
22日 11/06	土	戊寅	平	城頭土	胃
23日 11/07	日	己卯	定	城頭土	昴
24日 11/08	月	庚辰	執	白鑞金	畢
25日 11/09	火	辛巳	破	白鑞金	觜
26日 11/10	水	壬午	危	楊柳木	参
27日 11/11	木	癸未	成	楊柳木	井
28日 11/12	金	甲申	納	井泉水	鬼
29日 11/13	土	乙酉	開	井泉水	柳

【十月大 癸亥 張】
節気 小雪 8日・大雪 23日

西暦	曜	干支	直	納音	宿
1日 11/14	日	丙戌	閉	屋上土	星
2日 11/15	月	丁亥	建	屋上土	張
3日 11/16	火	戊子	除	霹靂火	翼
4日 11/17	水	己丑	満	霹靂火	軫
5日 11/18	木	庚寅	平	松柏木	角
6日 11/19	金	辛卯	定	松柏木	亢
7日 11/20	土	壬辰	執	長流水	氏
8日 11/21	日	癸巳	破	長流水	房
9日 11/22	月	甲午	危	沙中金	心
10日 11/23	火	乙未	成	沙中金	尾
11日 11/24	水	丙申	納	山下火	箕
12日 11/25	木	丁酉	開	山下火	斗
13日 11/26	金	戊戌	閉	平地木	牛
14日 11/27	土	己亥	建	平地木	女
15日 11/28	日	庚子	除	壁上土	虚
16日 11/29	月	辛丑	満	壁上土	危
17日 11/30	火	壬寅	平	金箔金	室
18日 12/01	水	癸卯	定	金箔金	壁
19日 12/02	木	甲辰	執	覆燈火	奎
20日 12/03	金	乙巳	破	覆燈火	婁
21日 12/04	土	丙午	危	天河水	胃
22日 12/05	日	丁未	成	天河水	昴
23日 12/06	月	戊申	納	大駅土	畢
24日 12/07	火	己酉	開	大駅土	觜
25日 12/08	水	庚戌	閉	釵釧金	参
26日 12/09	木	辛亥	建	釵釧金	井
27日 12/10	金	壬子	除	桑柘木	鬼
28日 12/11	土	癸丑	満	桑柘木	柳

西暦	曜	干支	直	納音	宿
29日 12/12	日	甲寅	満	大渓水	星
30日 12/13	月	乙卯	平	大渓水	張

【十一月小 甲子 翼】
節気 冬至 8日・小寒 23日

西暦	曜	干支	直	納音	宿
1日 12/14	火	丙辰	定	沙中土	翼
2日 12/15	水	丁巳	執	沙中土	軫
3日 12/16	木	戊午	破	天上火	角
4日 12/17	金	己未	危	天上火	亢
5日 12/18	土	庚申	成	柘榴木	氏
6日 12/19	日	辛酉	納	柘榴木	房
7日 12/20	月	壬戌	開	大海水	心
8日 12/21	火	癸亥	閉	大海水	尾
9日 12/22	水	甲子	建	海中金	箕
10日 12/23	木	乙丑	除	海中金	斗
11日 12/24	金	丙寅	満	爐中火	牛
12日 12/25	土	丁卯	平	爐中火	女
13日 12/26	日	戊辰	定	大林木	虚
14日 12/27	月	己巳	執	大林木	危
15日 12/28	火	庚午	破	路傍土	室
16日 12/29	水	辛未	危	路傍土	壁
17日 12/30	木	壬申	成	釵鋒金	奎
18日 12/31	金	癸酉	納	釵鋒金	婁

1774年

西暦	曜	干支	直	納音	宿
19日 **01/01**	土	甲戌	開	山頭火	胃
20日 01/02	日	乙亥	閉	山頭火	昴
21日 01/03	月	丙子	建	澗下水	畢
22日 01/04	火	丁丑	除	澗下水	觜
23日 01/05	水	戊寅	除	城頭土	参
24日 01/06	木	己卯	満	城頭土	井
25日 01/07	金	庚辰	平	白鑞金	鬼
26日 01/08	土	辛巳	定	白鑞金	柳
27日 01/09	日	壬午	執	楊柳木	星
28日 01/10	月	癸未	破	楊柳木	張
29日 01/11	火	甲申	危	井泉水	翼

【十二月大 乙丑 軫】
節気 大寒 9日・立春 25日
雑節 土用 6日・節分 24日

西暦	曜	干支	直	納音	宿
1日 01/12	水	乙酉	納	井泉水	軫
2日 01/13	木	丙戌	納	屋上土	角
3日 01/14	金	丁亥	開	屋上土	亢
4日 01/15	土	戊子	閉	霹靂火	氏
5日 01/16	日	己丑	建	霹靂火	房
6日 01/17	月	庚寅	除	松柏木	心
7日 01/18	火	辛卯	満	松柏木	尾
8日 01/19	水	壬辰	平	長流水	箕
9日 01/20	木	癸巳	定	長流水	斗
10日 01/21	金	甲午	執	沙中金	牛
11日 01/22	土	乙未	破	沙中金	女
12日 01/23	日	丙申	危	山下火	虚
13日 01/24	月	丁酉	成	山下火	室
14日 01/25	火	戊戌	納	平地木	壁
15日 01/26	水	己亥	開	平地木	奎
16日 01/27	木	庚子	閉	壁上土	婁
17日 01/28	金	辛丑	建	壁上土	胃
18日 01/29	土	壬寅	除	金箔金	昴
19日 01/30	日	癸卯	満	金箔金	畢
20日 01/31	月	甲辰	平	覆燈火	觜
21日 02/01	火	乙巳	定	覆燈火	参
22日 02/02	水	丙午	執	天河水	井
23日 02/03	木	丁未	破	天河水	鬼
24日 02/04	金	戊申	危	大駅土	柳
25日 02/05	土	己酉	成	大駅土	星
26日 02/06	日	庚戌	納	釵釧金	張
27日 02/07	月	辛亥	開	釵釧金	翼
28日 02/08	火	壬子	閉	桑柘木	軫
29日 02/09	水	癸丑	建	桑柘木	角
30日 02/10	木	甲寅	建	大渓水	亢

安永3年
1774〜1775　甲午　星

【正月小 丙寅 角】
節気 雨水 10日・啓蟄 25日

日	日付	曜	干支	直	納音	宿
1日	02/11	金	乙卯	除	大渓水	亢
2日	02/12	土	丙辰	満	沙中土	氐
3日	02/13	日	丁巳	平	沙中土	房
4日	02/14	月	戊午	定	天上火	心
5日	02/15	火	己未	執	天上火	尾
6日	02/16	水	庚申	破	柘榴木	箕
7日	02/17	木	辛酉	危	柘榴木	斗
8日	02/18	金	壬戌	成	大海水	牛
9日	02/19	土	癸亥	納	大海水	女
10日	02/20	日	甲子	開	海中金	虚
11日	02/21	月	乙丑	閉	海中金	危
12日	02/22	火	丙寅	建	爐中火	室
13日	02/23	水	丁卯	除	爐中火	壁
14日	02/24	木	戊辰	満	大林木	奎
15日	02/25	金	己巳	平	大林木	婁
16日	02/26	土	庚午	定	路傍土	胃
17日	02/27	日	辛未	執	路傍土	昴
18日	02/28	月	壬申	破	釼鋒金	畢
19日	03/01	火	癸酉	危	釼鋒金	觜
20日	03/02	水	甲戌	成	山頭火	参
21日	03/03	木	乙亥	納	山頭火	井
22日	03/04	金	丙子	開	澗下水	鬼
23日	03/05	土	丁丑	閉	澗下水	柳
24日	03/06	日	戊寅	建	城頭土	星
25日	03/07	月	己卯	建	城頭土	張
26日	03/08	火	庚辰	除	白鑞金	翼
27日	03/09	水	辛巳	満	白鑞金	軫
28日	03/10	木	壬午	平	楊柳木	角
29日	03/11	金	癸未	定	楊柳木	亢

【二月大 丁卯 亢】
節気 春分 11日・清明 27日
雑節 彼岸 6日・社日 15日

日	日付	曜	干支	直	納音	宿
1日	03/12	土	甲申	執	井泉水	氐
2日	03/13	日	乙酉	破	井泉水	房
3日	03/14	月	丙戌	危	屋上土	心
4日	03/15	火	丁亥	成	屋上土	尾
5日	03/16	水	戊子	納	霹靂火	箕
6日	03/17	木	己丑	開	霹靂火	斗
7日	03/18	金	庚寅	閉	松柏木	牛
8日	03/19	土	辛卯	建	松柏木	女
9日	03/20	日	壬辰	除	長流水	虚
10日	03/21	月	癸巳	満	長流水	危
11日	03/22	火	甲午	平	沙中金	室
12日	03/23	水	乙未	定	沙中金	壁
13日	03/24	木	丙申	執	山下火	奎
14日	03/25	金	丁酉	破	山下火	婁
15日	03/26	土	戊戌	危	平地木	胃
16日	03/27	日	己亥	成	平地木	昴
17日	03/28	月	庚子	納	壁上土	畢
18日	03/29	火	辛丑	開	壁上土	觜
19日	03/30	水	壬寅	閉	金箔金	参
20日	03/31	木	癸卯	建	金箔金	井
21日	04/01	金	甲辰	除	覆燈火	鬼
22日	04/02	土	乙巳	満	覆燈火	柳
23日	04/03	日	丙午	平	天河水	星
24日	04/04	月	丁未	定	天河水	張
25日	04/05	火	戊申	執	大駅土	翼
26日	04/06	水	己酉	破	大駅土	軫
27日	04/07	木	庚戌	危	釼釧金	角
28日	04/08	金	辛亥	成	釼釧金	亢
29日	04/09	土	壬子	成	桑柘木	氐
30日	04/10	日	癸丑	納	桑柘木	房

【三月大 戊辰 氐】
節気 穀雨 12日・立夏 27日
雑節 土用 9日・八十八夜 23日

日	日付	曜	干支	直	納音	宿
1日	04/11	月	甲寅	開	大渓水	心
2日	04/12	火	乙卯	建	大渓水	尾
3日	04/13	水	丙辰	除	沙中土	箕
4日	04/14	木	丁巳	除	沙中土	斗
5日	04/15	金	戊午	満	天上火	牛
6日	04/16	土	己未	平	天上火	女
7日	04/17	日	庚申	定	柘榴木	虚
8日	04/18	月	辛酉	執	柘榴木	危
9日	04/19	火	壬戌	破	大海水	室
10日	04/20	水	癸亥	危	大海水	壁
11日	04/21	木	甲子	成	海中金	奎
12日	04/22	金	乙丑	納	海中金	婁
13日	04/23	土	丙寅	開	爐中火	昴
14日	04/24	日	丁卯	閉	爐中火	畢
15日	04/25	月	戊辰	建	大林木	觜
16日	04/26	火	己巳	除	大林木	参
17日	04/27	水	庚午	平	路傍土	井
18日	04/28	木	辛未	平	路傍土	鬼
19日	04/29	金	壬申	定	釼鋒金	鬼
20日	04/30	土	癸酉	破	山頭火	星
21日	05/01	日	甲戌	破	山頭火	星
22日	05/02	月	乙亥	危	山頭火	張
23日	05/03	火	丙子	成	澗下水	翼
24日	05/04	水	丁丑	納	澗下水	軫
25日	05/05	木	戊寅	開	城頭土	角
26日	05/06	金	己卯	閉	城頭土	亢
27日	05/07	土	庚辰	建	白鑞金	氐
28日	05/08	日	辛巳	除	白鑞金	房
29日	05/09	月	壬午	除	楊柳木	心
30日	05/10	火	癸未	満	楊柳木	尾

【四月小 己巳 房】
節気 小満 12日・芒種 27日
雑節 入梅 29日

日	日付	曜	干支	直	納音	宿
1日	05/11	水	甲申	平	井泉水	箕
2日	05/12	木	乙酉	定	井泉水	斗
3日	05/13	金	丙戌	執	屋上土	牛
4日	05/14	土	丁亥	破	屋上土	女
5日	05/15	日	戊子	危	霹靂火	虚
6日	05/16	月	己丑	成	霹靂火	危
7日	05/17	火	庚寅	納	松柏木	室
8日	05/18	水	辛卯	開	松柏木	壁
9日	05/19	木	壬辰	閉	長流水	奎
10日	05/20	金	癸巳	建	長流水	婁
11日	05/21	土	甲午	満	沙中金	胃
12日	05/22	日	乙未	満	沙中金	昴
13日	05/23	月	丙申	平	山下火	畢
14日	05/24	火	丁酉	定	山下火	觜
15日	05/25	水	戊戌	執	平地木	参
16日	05/26	木	己亥	破	平地木	井
17日	05/27	金	庚子	危	壁上土	鬼
18日	05/28	土	辛丑	成	壁上土	柳
19日	05/29	日	壬寅	納	金箔金	星
20日	05/30	月	癸卯	開	金箔金	張
21日	05/31	火	甲辰	閉	覆燈火	翼
22日	06/01	水	乙巳	建	覆燈火	軫
23日	06/02	木	丙午	除	天河水	角
24日	06/03	金	丁未	満	天河水	亢
25日	06/04	土	戊申	平	大駅土	氐
26日	06/05	日	己酉	定	大駅土	房
27日	06/06	月	庚戌	定	釼釧金	心
28日	06/07	火	辛亥	執	釼釧金	尾
29日	06/08	水	壬子	破	桑柘木	箕

【五月大 庚午 心】
節気 夏至 14日・小暑 29日
雑節 半夏生 24日

日	日付	曜	干支	直	納音	宿
1日	06/09	木	癸丑	危	桑柘木	斗
2日	06/10	金	甲寅	成	大渓水	牛
3日	06/11	土	乙卯	納	大渓水	女
4日	06/12	日	丙辰	開	沙中土	虚
5日	06/13	月	丁巳	閉	沙中土	危
6日	06/14	火	戊午	建	天上火	室
7日	06/15	水	己未	除	天上火	壁
8日	06/16	木	庚申	満	柘榴木	奎
9日	06/17	金	辛酉	平	柘榴木	婁
10日	06/18	土	壬戌	定	大海水	胃
11日	06/19	日	癸亥	執	大海水	昴
12日	06/20	月	甲子	破	海中金	畢
13日	06/21	火	乙丑	危	海中金	觜
14日	06/22	水	丙寅	成	爐中火	参
15日	06/23	木	丁卯	納	爐中火	井
16日	06/24	金	戊辰	開	大林木	鬼
17日	06/25	土	己巳	閉	大林木	柳
18日	06/26	日	庚午	建	路傍土	星
19日	06/27	月	辛未	除	路傍土	張
20日	06/28	火	壬申	満	釼鋒金	翼
21日	06/29	水	癸酉	平	釼鋒金	軫
22日	06/30	木	甲戌	定	山頭火	角
23日	07/01	金	乙亥	執	山頭火	亢
24日	07/02	土	丙子	破	澗下水	氐
25日	07/03	日	丁丑	危	澗下水	心
26日	07/04	月	戊寅	成	城頭土	尾
27日	07/05	火	己卯	納	城頭土	箕
28日	07/06	水	庚辰	開	白鑞金	斗
29日	07/07	木	辛巳	閉	白鑞金	牛
30日	07/08	金	壬午	閉	楊柳木	牛

【六月小 辛未 尾】
節気 大暑 14日・立秋 29日
雑節 土用 11日

日	日付	曜	干支	直	納音	宿
1日	07/09	土	癸未	建	楊柳木	女
2日	07/10	日	甲申	除	井泉水	虚
3日	07/11	月	乙酉	満	井泉水	危
4日	07/12	火	丙戌	平	屋上土	室
5日	07/13	水	丁亥	定	屋上土	壁
6日	07/14	木	戊子	執	霹靂火	奎
7日	07/15	金	己丑	破	霹靂火	婁
8日	07/16	土	庚寅	危	松柏木	胃
9日	07/17	日	辛卯	成	松柏木	昴
10日	07/18	月	壬辰	納	長流水	畢
11日	07/19	火	癸巳	開	長流水	觜
12日	07/20	水	甲午	閉	沙中金	参
13日	07/21	木	乙未	建	沙中金	井
14日	07/22	金	丙申	除	山下火	鬼
15日	07/23	土	丁酉	満	山下火	柳
16日	07/24	日	戊戌	平	平地木	星
17日	07/25	月	己亥	定	平地木	張
18日	07/26	火	庚子	執	壁上土	翼
19日	07/27	水	辛丑	破	壁上土	軫
20日	07/28	木	壬寅	危	金箔金	角
21日	07/29	金	癸卯	成	金箔金	亢
22日	07/30	土	甲辰	納	覆燈火	氐
23日	07/31	日	乙巳	開	覆燈火	房
24日	08/01	月	丙午	閉	天河水	心
25日	08/02	火	丁未	建	天河水	尾
26日	08/03	水	戊申	除	大駅土	箕
27日	08/04	木	己酉	満	大駅土	斗
28日	08/05	金	庚戌	平	釼釧金	牛
29日	08/06	土	辛亥	平	釼釧金	女

安永3年

西暦　曜　干支　直　納音　宿

【七月大 壬申 箕】
節気　処暑 16日
雑節　二百十日 27日

日	西暦	曜	干支	直	納音	宿
1日	08/07	日	壬子	定	桑柘木	虚
2日	08/08	月	癸丑	執	桑柘木	危
3日	08/09	火	甲寅	破	大渓水	室
4日	08/10	水	乙卯	危	大渓水	壁
5日	08/11	木	丙辰	成	沙中土	奎
6日	08/12	金	丁巳	納	沙中土	婁
7日	08/13	土	戊午	開	天上火	胃
8日	08/14	日	己未	閉	天上火	昴
9日	08/15	月	庚申	建	柘榴木	畢
10日	08/16	火	辛酉	除	柘榴木	觜
11日	08/17	水	壬戌	満	大海水	參
12日	08/18	木	癸亥	平	大海水	井
13日	08/19	金	甲子	定	海中金	鬼
14日	08/20	土	乙丑	執	海中金	柳
15日	08/21	日	丙寅	破	爐中火	星
16日	08/22	月	丁卯	危	爐中火	張
17日	08/23	火	戊辰	成	大林木	翼
18日	08/24	水	己巳	納	大林木	軫
19日	08/25	木	庚午	開	路傍土	角
20日	08/26	金	辛未	閉	路傍土	亢
21日	08/27	土	壬申	建	釼鋒金	氐
22日	08/28	日	癸酉	除	釼鋒金	房
23日	08/29	月	甲戌	満	山頭火	心
24日	08/30	火	乙亥	平	山頭火	尾
25日	08/31	水	丙子	定	澗下水	箕
26日	09/01	木	丁丑	執	澗下水	斗
27日	09/02	金	戊寅	破	城頭土	牛
28日	09/03	土	己卯	危	城頭土	女
29日	09/04	日	庚辰	成	白鑞金	虚
30日	09/05	月	辛巳	納	白鑞金	危

【八月小 癸酉 斗】
節気　白露 1日・秋分 16日
雑節　彼岸 15日・社日 17日

日	西暦	曜	干支	直	納音	宿
1日◎	09/06	火	壬午	納	楊柳木	室
2日	09/07	水	癸未	開	楊柳木	壁
3日	09/08	木	甲申	閉	井泉水	奎
4日	09/09	金	乙酉	建	井泉水	婁
5日	09/10	土	丙戌	除	屋上土	胃
6日	09/11	日	丁亥	満	屋上土	昴
7日	09/12	月	戊子	平	霹靂火	畢
8日	09/13	火	己丑	定	霹靂火	觜
9日	09/14	水	庚寅	執	松柏木	參
10日	09/15	木	辛卯	破	松柏木	井
11日	09/16	金	壬辰	危	長流水	鬼
12日	09/17	土	癸巳	成	長流水	柳
13日	09/18	日	甲午	納	沙中金	星
14日	09/19	月	乙未	開	沙中金	張
15日	09/20	火	丙申	閉	山下火	翼
16日	09/21	水	丁酉	建	山下火	軫
17日	09/22	木	戊戌	除	平地木	角
18日	09/23	金	己亥	満	平地木	亢
19日	09/24	土	庚子	平	壁上土	氐
20日	09/25	日	辛丑	定	壁上土	房
21日	09/26	月	壬寅	執	金箔金	心
22日	09/27	火	癸卯	破	金箔金	尾
23日	09/28	水	甲辰	危	覆燈火	箕
24日	09/29	木	乙巳	成	覆燈火	斗
25日	09/30	金	丙午	納	天河水	牛
26日	10/01	土	丁未	開	天河水	女
27日	10/02	日	戊申	閉	大駅土	虚
28日	10/03	月	己酉	建	大駅土	危
29日	10/04	火	庚戌	除	釵釧金	室

【九月大 甲戌 牛】
節気　寒露 2日・霜降 17日
雑節　土用 14日

日	西暦	曜	干支	直	納音	宿
1日	10/05	水	辛亥	満	釵釧金	壁
2日	10/06	木	壬子	満	桑柘木	奎
3日	10/07	金	癸丑	平	桑柘木	婁
4日	10/08	土	甲寅	定	大渓水	胃
5日	10/09	日	乙卯	執	大渓水	昴
6日	10/10	月	丙辰	破	沙中土	畢
7日	10/11	火	丁巳	危	沙中土	觜
8日	10/12	水	戊午	成	天上火	參
9日	10/13	木	己未	納	天上火	井
10日	10/14	金	庚申	開	柘榴木	鬼
11日	10/15	土	辛酉	閉	柘榴木	柳
12日	10/16	日	壬戌	建	大海水	星
13日	10/17	月	癸亥	除	大海水	張
14日	10/18	火	甲子	満	海中金	翼
15日	10/19	水	乙丑	平	海中金	軫
16日	10/20	木	丙寅	定	爐中火	角
17日	10/21	金	丁卯	執	爐中火	亢
18日	10/22	土	戊辰	破	大林木	氐
19日	10/23	日	己巳	危	大林木	房
20日	10/24	月	庚午	成	路傍土	心
21日	10/25	火	辛未	納	路傍土	尾
22日	10/26	水	壬申	開	釼鋒金	箕
23日	10/27	木	癸酉	閉	釼鋒金	斗
24日	10/28	金	甲戌	建	山頭火	牛
25日	10/29	土	乙亥	除	山頭火	女
26日	10/30	日	丙子	満	澗下水	虚
27日	10/31	月	丁丑	平	澗下水	危
28日	11/01	火	戊寅	定	城頭土	室
29日	11/02	水	己卯	執	城頭土	壁
30日	11/03	木	庚辰	破	白鑞金	奎

【十月小 乙亥 女】
節気　立冬 3日・小雪 18日

日	西暦	曜	干支	直	納音	宿
1日	11/04	金	辛巳	危	白鑞金	婁
2日	11/05	土	壬午	成	楊柳木	胃
3日	11/06	日	癸未	成	楊柳木	昴
4日	11/07	月	甲申	納	井泉水	畢
5日	11/08	火	乙酉	開	井泉水	觜
6日	11/09	水	丙戌	閉	屋上土	參
7日	11/10	木	丁亥	建	屋上土	井
8日	11/11	金	戊子	除	霹靂火	鬼
9日	11/12	土	己丑	満	霹靂火	柳
10日	11/13	日	庚寅	平	松柏木	星
11日	11/14	月	辛卯	定	松柏木	張
12日	11/15	火	壬辰	執	長流水	翼
13日	11/16	水	癸巳	破	長流水	軫
14日	11/17	木	甲午	危	沙中金	角
15日	11/18	金	乙未	成	沙中金	亢
16日	11/19	土	丙申	納	山下火	氐
17日	11/20	日	丁酉	開	山下火	房
18日	11/21	月	戊戌	閉	平地木	心
19日	11/22	火	己亥	建	平地木	尾
20日	11/23	水	庚子	除	壁上土	箕
21日	11/24	木	辛丑	満	壁上土	斗
22日	11/25	金	壬寅	平	金箔金	牛
23日	11/26	土	癸卯	定	金箔金	女
24日	11/27	日	甲辰	執	覆燈火	虚
25日	11/28	月	乙巳	破	覆燈火	危
26日	11/29	火	丙午	危	天河水	室
27日	11/30	水	丁未	成	天河水	壁
28日	12/01	木	戊申	納	大駅土	奎
29日	12/02	金	己酉	開	大駅土	婁

【十一月大 丙子 虚】
節気　大雪 4日・冬至 19日

日	西暦	曜	干支	直	納音	宿
1日	12/03	土	庚戌	閉	釵釧金	胃
2日	12/04	日	辛亥	建	釵釧金	昴
3日	12/05	月	壬子	除	桑柘木	畢
4日	12/06	火	癸丑	除	桑柘木	觜
5日	12/07	水	甲寅	満	大渓水	參
6日	12/08	木	乙卯	平	大渓水	井
7日	12/09	金	丙辰	定	沙中土	鬼
8日	12/10	土	丁巳	執	沙中土	柳
9日	12/11	日	戊午	破	天上火	星
10日	12/12	月	己未	危	天上火	張
11日	12/13	火	庚申	成	柘榴木	翼
12日	12/14	水	辛酉	納	柘榴木	軫
13日	12/15	木	壬戌	開	大海水	角
14日	12/16	金	癸亥	閉	大海水	亢
15日	12/17	土	甲子	建	海中金	氐
16日	12/18	日	乙丑	除	海中金	房
17日	12/19	月	丙寅	満	爐中火	心
18日	12/20	火	丁卯	平	爐中火	尾
19日	12/21	水	戊辰	定	大林木	箕
20日	12/22	木	己巳	執	大林木	斗
21日	12/23	金	庚午	破	路傍土	牛
22日	12/24	土	辛未	危	路傍土	女
23日	12/25	日	壬申	成	釼鋒金	虚
24日	12/26	月	癸酉	納	釼鋒金	危
25日	12/27	火	甲戌	開	山頭火	室
26日	12/28	水	乙亥	閉	山頭火	壁
27日	12/29	木	丙子	建	澗下水	奎
28日	12/30	金	丁丑	除	澗下水	婁
29日	12/31	土	戊寅	満	城頭土	胃

1775年

日	西暦	曜	干支	直	納音	宿
30日	01/01	日	己卯	平	城頭土	昴

【十二月小 丁丑 危】
節気　小寒 4日・大寒 20日
雑節　土用 17日

日	西暦	曜	干支	直	納音	宿
1日	01/02	月	庚辰	定	白鑞金	畢
2日	01/03	火	辛巳	執	白鑞金	觜
3日	01/04	水	壬午	破	楊柳木	參
4日	01/05	木	癸未	破	楊柳木	井
5日	01/06	金	甲申	危	井泉水	鬼
6日	01/07	土	乙酉	成	井泉水	柳
7日	01/08	日	丙戌	納	屋上土	星
8日	01/09	月	丁亥	開	屋上土	張
9日	01/10	火	戊子	閉	霹靂火	翼
10日	01/11	水	己丑	建	霹靂火	軫
11日	01/12	木	庚寅	除	松柏木	角
12日	01/13	金	辛卯	満	松柏木	亢
13日	01/14	土	壬辰	平	長流水	氐
14日	01/15	日	癸巳	定	長流水	房
15日	01/16	月	甲午	執	沙中金	心
16日	01/17	火	乙未	破	沙中金	尾
17日	01/18	水	丙申	危	山下火	箕
18日	01/19	木	丁酉	成	山下火	斗
19日	01/20	金	戊戌	納	平地木	牛
20日	01/21	土	己亥	開	平地木	女
21日	01/22	日	庚子	閉	壁上土	虚
22日	01/23	月	辛丑	建	壁上土	危
23日	01/24	火	壬寅	除	金箔金	室
24日	01/25	水	癸卯	満	金箔金	壁
25日	01/26	木	甲辰	平	覆燈火	奎
26日	01/27	金	乙巳	定	覆燈火	婁
27日	01/28	土	丙午	執	天河水	胃
28日	01/29	日	丁未	破	天河水	昴
29日	01/30	月	戊申	危	大駅土	畢

安永4年
1775〜1776 乙未 張

【正月大 戊寅 室】
節気 立春 6日・雨水 21日
雑節 節分 5日

日	月日	曜	干支		納音	宿
1日	01/31	火	己酉	成	大駅土	觜
2日	02/01	水	庚戌	納	釼釧金	井
3日	02/02	木	辛亥	開	釼釧金	鬼
4日	02/03	金	壬子	閉	桑柘木	柳
5日	02/04	土	癸丑	建	桑柘木	星
6日	02/05	日	甲寅	建	大溪水	張
7日	02/06	月	乙卯	除	大溪水	翼
8日	02/07	火	丙辰	満	沙中土	軫
9日	02/08	水	丁巳	平	沙中土	角
10日	02/09	木	戊午	定	天上火	亢
11日	02/10	金	己未	執	天上火	氐
12日	02/11	土	庚申	破	柘榴木	房
13日	02/12	日	辛酉	危	柘榴木	心
14日	02/13	月	壬戌	成	大海水	尾
15日	02/14	火	癸亥	納	大海水	箕
16日☆	02/15	水	甲子	開	海中金	斗
17日	02/16	木	乙丑	閉	海中金	牛
18日	02/17	金	丙寅	除	爐中火	女
19日	02/18	土	丁卯	満	爐中火	虚
20日	02/19	日	戊辰	満	大林木	危
21日	02/20	月	己巳	定	大林木	室
22日	02/21	火	庚午	平	路傍土	壁
23日	02/22	水	辛未	執	路傍土	奎
24日	02/23	木	壬申	破	釼鋒金	婁
25日	02/24	金	癸酉	危	釼鋒金	胃
26日	02/25	土	甲戌	成	山頭火	昴
27日	02/26	日	乙亥	納	山頭火	畢
28日	02/27	月	丙子	開	澗下水	觜
29日	02/28	火	丁丑	閉	澗下水	参
30日	02/29	水	戊寅	建	城頭土	

【二月小 己卯 壁】
節気 啓蟄 6日・春分 22日
雑節 彼岸 17日・社日 20日

日	月日	曜	干支		納音	宿
1日	03/02	木	己卯	除	城頭土	井
2日	03/03	金	庚辰	満	白鑞金	鬼
3日	03/04	土	辛巳	平	白鑞金	柳
4日	03/05	日	壬午	定	楊柳木	星
5日	03/06	月	癸未	執	楊柳木	張
6日	03/07	火	甲申	破	井泉水	翼
7日	03/08	水	乙酉	危	井泉水	軫
8日	03/09	木	丙戌	成	屋上土	角
9日	03/10	金	丁亥	納	屋上土	亢
10日	03/11	土	戊子	開	霹靂火	氐
11日	03/12	日	己丑	閉	霹靂火	房
12日	03/13	月	庚寅	閉	松柏木	心
13日	03/14	火	辛卯	建	松柏木	尾
14日	03/15	水	壬辰	除	長流水	箕
15日	03/16	木	癸巳	満	長流水	斗
16日	03/17	金	甲午	平	沙中金	女
17日	03/18	土	乙未	定	沙中金	虚
18日	03/19	日	丙申	執	山下火	危
19日	03/20	月	丁酉	破	山下火	室
20日	03/21	火	戊戌	危	平地木	壁
21日	03/22	水	己亥	成	平地木	奎
22日	03/23	木	庚子	納	壁上土	婁
23日	03/24	金	辛丑	開	壁上土	胃
24日	03/25	土	壬寅	閉	金箔金	昴
25日	03/26	日	癸卯	建	金箔金	畢
26日	03/27	月	甲辰	除	覆燈火	觜
27日	03/28	火	乙巳	満	覆燈火	参
28日	03/29	水	丙午	平	天河水	井
29日	03/30	木	丁未	定	天河水	鬼

【三月大 庚辰 奎】
節気 清明 8日・穀雨 23日
雑節 土用 20日

日	月日	曜	干支		納音	宿
1日	03/31	金	戊申	執	大駅土	鬼
2日	04/01	土	己酉	破	大駅土	柳
3日	04/02	日	庚戌	危	釼釧金	星
4日	04/03	月	辛亥	成	釼釧金	張
5日	04/04	火	壬子	納	桑柘木	翼
6日	04/05	水	癸丑	開	桑柘木	軫
7日	04/06	木	甲寅	閉	大溪水	角
8日	04/07	金	乙卯	閉	大溪水	亢
9日	04/08	土	丙辰	建	沙中土	氐
10日	04/09	日	丁巳	除	沙中土	房
11日	04/10	月	戊午	満	天上火	心
12日	04/11	火	己未	平	天上火	尾
13日	04/12	水	庚申	定	柘榴木	箕
14日	04/13	木	辛酉	執	柘榴木	斗
15日	04/14	金	壬戌	破	大海水	牛
16日	04/15	土	癸亥	危	大海水	女
17日	04/16	日	甲子	成	海中金	虚
18日	04/17	月	乙丑	納	海中金	危
19日	04/18	火	丙寅	開	爐中火	室
20日	04/19	水	丁卯	閉	爐中火	壁
21日	04/20	木	戊辰	建	大林木	奎
22日	04/21	金	己巳	除	大林木	婁
23日	04/22	土	庚午	満	路傍土	胃
24日	04/23	日	辛未	平	路傍土	昴
25日	04/24	月	壬申	定	釼鋒金	畢
26日	04/25	火	癸酉	執	釼鋒金	觜
27日	04/26	水	甲戌	破	山頭火	参
28日	04/27	木	乙亥	危	山頭火	井
29日	04/28	金	丙子	成	澗下水	鬼
30日	04/29	土	丁丑	納	澗下水	柳

【四月小 辛巳 婁】
節気 立夏 8日・小満 23日
雑節 八十八夜 4日

日	月日	曜	干支		納音	宿
1日	04/30	日	戊寅	開	城頭土	星
2日	05/01	月	己卯	閉	城頭土	張
3日	05/02	火	庚辰	建	白鑞金	翼
4日	05/03	水	辛巳	除	白鑞金	軫
5日	05/04	木	壬午	満	楊柳木	角
6日	05/05	金	癸未	平	楊柳木	亢
7日	05/06	土	甲申	定	井泉水	氐
8日	05/07	日	乙酉	執	井泉水	房
9日	05/08	月	丙戌	破	屋上土	心
10日	05/09	火	丁亥	危	屋上土	尾
11日	05/10	水	戊子	成	霹靂火	箕
12日	05/11	木	己丑	納	霹靂火	斗
13日	05/12	金	庚寅	開	松柏木	女
14日	05/13	土	辛卯	閉	松柏木	虚
15日	05/14	日	壬辰	建	長流水	危
16日	05/15	月	癸巳	除	長流水	室
17日	05/16	火	甲午	満	沙中金	壁
18日	05/17	水	乙未	満	沙中金	奎
19日	05/18	木	丙申	定	山下火	婁
20日	05/19	金	丁酉	執	山下火	胃
21日	05/20	土	戊戌	破	平地木	昴
22日	05/21	日	己亥	危	平地木	畢
23日	05/22	月	庚子	成	壁上土	觜
24日	05/23	火	辛丑	納	壁上土	参
25日	05/24	水	壬寅	開	金箔金	井
26日	05/25	木	癸卯	閉	金箔金	鬼
27日	05/26	金	甲辰	建	覆燈火	柳
28日	05/27	土	乙巳	除	覆燈火	星
29日	05/28	日	丙午	除	天河水	張

【五月大 壬午 胃】
節気 芒種 10日・夏至 25日
雑節 入梅 16日

日	月日	曜	干支		納音	宿
1日	05/29	月	丁未	満	天河水	翼
2日	05/30	火	戊申	平	大駅土	軫
3日	05/31	水	己酉	定	大駅土	角
4日	06/01	木	庚戌	執	釼釧金	亢
5日	06/02	金	辛亥	破	釼釧金	氐
6日	06/03	土	壬子	危	桑柘木	房
7日	06/04	日	癸丑	成	桑柘木	心
8日	06/05	月	甲寅	納	大溪水	尾
9日	06/06	火	乙卯	開	大溪水	箕
10日	06/07	水	丙辰	開	沙中土	斗
11日	06/08	木	丁巳	閉	沙中土	牛
12日	06/09	金	戊午	建	天上火	女
13日	06/10	土	己未	除	天上火	虚
14日	06/11	日	庚申	満	柘榴木	危
15日	06/12	月	辛酉	平	柘榴木	室
16日	06/13	火	壬戌	定	大海水	壁
17日	06/14	水	癸亥	執	大海水	奎
18日	06/15	木	甲子	破	海中金	婁
19日	06/16	金	乙丑	危	海中金	胃
20日	06/17	土	丙寅	成	爐中火	昴
21日	06/18	日	丁卯	納	爐中火	畢
22日	06/19	月	戊辰	開	大林木	觜
23日	06/20	火	己巳	閉	大林木	参
24日	06/21	水	庚午	建	路傍土	井
25日	06/22	木	辛未	除	路傍土	鬼
26日	06/23	金	壬申	満	釼鋒金	柳
27日	06/24	土	癸酉	平	釼鋒金	星
28日	06/25	日	甲戌	定	山頭火	張
29日	06/26	月	乙亥	執	山頭火	翼
30日	06/27	火	丙子	破	澗下水	軫

【六月小 癸未 昴】
節気 小暑 10日・大暑 25日
雑節 半夏生 5日・土用 22日

日	月日	曜	干支		納音	宿
1日	06/28	水	丁丑	危	澗下水	角
2日	06/29	木	戊寅	成	城頭土	亢
3日	06/30	金	己卯	納	城頭土	氐
4日	07/01	土	庚辰	開	白鑞金	房
5日	07/02	日	辛巳	閉	白鑞金	心
6日	07/03	月	壬午	建	楊柳木	尾
7日	07/04	火	癸未	除	楊柳木	箕
8日	07/05	水	甲申	満	井泉水	斗
9日	07/06	木	乙酉	平	井泉水	女
10日	07/07	金	丙戌	定	屋上土	虚
11日	07/08	土	丁亥	執	屋上土	危
12日	07/09	日	戊子	破	霹靂火	室
13日	07/10	月	己丑	危	霹靂火	壁
14日	07/11	火	庚寅	成	松柏木	奎
15日	07/12	水	辛卯	納	松柏木	婁
16日	07/13	木	壬辰	開	長流水	胃
17日	07/14	金	癸巳	閉	長流水	昴
18日	07/15	土	甲午	建	沙中金	畢
19日	07/16	日	乙未	除	沙中金	觜
20日	07/17	月	丙申	満	山下火	参
21日	07/18	火	丁酉	平	山下火	井
22日	07/19	水	戊戌	定	平地木	鬼
23日	07/20	木	己亥	執	平地木	柳
24日	07/21	金	庚子	破	壁上土	星
25日	07/22	土	辛丑	危	壁上土	張
26日	07/23	日	壬寅	成	金箔金	翼
27日	07/24	月	癸卯	納	金箔金	軫
28日	07/25	火	甲辰	開	覆燈火	角
29日	07/26	水	乙巳	閉	覆燈火	亢

【七月大 甲申 畢】
節気 立秋 12日・処暑 27日

日	月日	曜	干支		納音	宿
1日	07/27	木	丙午	閉	天河水	角
2日	07/28	金	丁未	建	天河水	亢
3日	07/29	土	戊申	除	大駅土	氐
4日	07/30	日	己酉	満	大駅土	房
5日	07/31	月	庚戌	平	釼釧金	心
6日	08/01	火	辛亥	定	釼釧金	尾
7日	08/02	水	壬子	執	桑柘木	箕
8日	08/03	木	癸丑	破	桑柘木	斗
9日	08/04	金	甲寅	危	大溪水	牛
10日	08/05	土	乙卯	成	大溪水	女
11日	08/06	日	丙辰	納	沙中土	虚
12日	08/07	月	丁巳	開	沙中土	危
13日	08/08	火	戊午	閉	天上火	室
14日	08/09	水	己未	建	天上火	壁
15日	08/10	木	庚申	除	柘榴木	奎

安永4年

九月小 丙戌 參（前月からの続き）

日	西暦	曜	干支	直	納音	宿
16日	08/11	金	辛酉	除	柘榴木	婁
17日	08/12	土	壬戌	満	大海水	胃
18日	08/13	日	癸亥	平	大海水	昴
19日	08/14	月	甲子	定	海中金	畢
20日	08/15	火	乙丑	執	海中金	觜
21日	08/16	水	丙寅	破	爐中火	參
22日	08/17	木	丁卯	危	爐中火	井
23日	08/18	金	戊辰	成	大林木	鬼
24日	08/19	土	己巳	納	大林木	柳
25日	08/20	日	庚午	開	路傍土	星
26日	08/21	月	辛未	閉	路傍土	張
27日	08/22	火	壬申	建	釼鋒金	翼
28日	08/23	水	癸酉	除	釼鋒金	軫
29日	08/24	木	甲戌	満	山頭火	角
30日	08/25	金	乙亥	平	山頭火	亢

【八月大 乙酉 觜】
節気 白露 12日・秋分 27日
雑節 二百十 8日・社日 23日・彼岸 26日

日	西暦	曜	干支	直	納音	宿
1日◎	08/26	土	丙子	定	澗下水	氐
2日	08/27	日	丁丑	執	澗下水	房
3日	08/28	月	戊寅	破	城頭土	心
4日	08/29	火	己卯	危	城頭土	尾
5日	08/30	水	庚辰	成	白鑞金	箕
6日	08/31	木	辛巳	納	白鑞金	斗
7日	09/01	金	壬午	開	楊柳木	牛
8日	09/02	土	癸未	閉	楊柳木	女
9日	09/03	日	甲申	建	井泉水	虚
10日	09/04	月	乙酉	除	井泉水	危
11日	09/05	火	丙戌	満	屋上土	室
12日	09/06	水	丁亥	平	屋上土	壁
13日	09/07	木	戊子	定	霹靂火	奎
14日	09/08	金	己丑	執	霹靂火	婁
15日	09/09	土	庚寅	破	松柏木	胃
16日	09/10	日	辛卯	危	松柏木	昴
17日	09/11	月	壬辰	成	長流水	畢
18日	09/12	火	癸巳	納	長流水	觜
19日	09/13	水	甲午	開	沙中金	參
20日	09/14	木	乙未	閉	沙中金	井
21日	09/15	金	丙申	建	山下火	鬼
22日	09/16	土	丁酉	除	山下火	柳
23日	09/17	日	戊戌	満	平地木	星
24日	09/18	月	己亥	平	平地木	張
25日	09/19	火	庚子	定	壁上土	翼
26日	09/20	水	辛丑	執	壁上土	軫
27日	09/21	木	壬寅	破	金箔金	角
28日	09/22	金	癸卯	危	金箔金	亢
29日	09/23	土	甲辰	成	覆燈火	氐
30日	09/24	日	乙巳	納	覆燈火	房

【九月小 丙戌 參】
節気 寒露 12日・霜降 28日
雑節 土用 25日

日	西暦	曜	干支	直	納音	宿
1日	09/25	月	丙午	納	天河水	心
2日	09/26	火	丁未	開	天河水	尾
3日	09/27	水	戊申	閉	大駅土	箕
4日	09/28	木	己酉	建	大駅土	斗
5日	09/29	金	庚戌	除	釼釧金	牛
6日	09/30	土	辛亥	満	釼釧金	女
7日	10/01	日	壬子	平	桑柘木	虚
8日	10/02	月	癸丑	定	桑柘木	危
9日	10/03	火	甲寅	執	大溪水	室
10日	10/04	水	乙卯	破	大溪水	壁
11日	10/05	木	丙辰	危	沙中土	奎
12日	10/06	金	丁巳	成	沙中土	婁
13日	10/07	土	戊午	納	天上火	胃
14日	10/08	日	己未	開	天上火	昴
15日	10/09	月	庚申	閉	柘榴木	畢
16日	10/10	火	辛酉	建	柘榴木	觜
17日	10/11	水	壬戌	除	大海水	參
18日	10/12	木	癸亥	満	大海水	井
19日	10/13	金	甲子	満	海中金	鬼
20日	10/14	土	乙丑	平	海中金	柳
21日	10/15	日	丙寅	定	爐中火	星
22日	10/16	月	丁卯	執	爐中火	張
23日	10/17	火	戊辰	破	大林木	翼
24日	10/18	水	己巳	危	大林木	軫
25日	10/19	木	庚午	成	路傍土	角
26日	10/20	金	辛未	納	路傍土	亢
27日	10/21	土	壬申	開	釼鋒金	氐
28日	10/22	日	癸酉	閉	釼鋒金	房
29日	10/23	月	甲戌	建	山頭火	心

【十月大 丁亥 井】
節気 立冬 14日・小雪 29日

日	西暦	曜	干支	直	納音	宿
1日	10/24	火	乙亥	除	山頭火	尾
2日	10/25	水	丙子	満	澗下水	箕
3日	10/26	木	丁丑	平	澗下水	斗
4日	10/27	金	戊寅	定	城頭土	牛
5日	10/28	土	己卯	執	城頭土	女
6日	10/29	日	庚辰	破	白鑞金	虚
7日	10/30	月	辛巳	危	白鑞金	危
8日	10/31	火	壬午	成	楊柳木	室
9日	11/01	水	癸未	納	楊柳木	壁
10日	11/02	木	甲申	開	井泉水	奎
11日	11/03	金	乙酉	閉	井泉水	婁
12日	11/04	土	丙戌	建	屋上土	胃
13日	11/05	日	丁亥	除	屋上土	昴
14日	11/06	月	戊子	満	霹靂火	畢
15日	11/07	火	己丑	平	霹靂火	觜
16日	11/08	水	庚寅	定	松柏木	參
17日	11/09	木	辛卯	執	松柏木	井
18日	11/10	金	壬辰	破	長流水	鬼
19日	11/11	土	癸巳	危	長流水	柳
20日	11/12	日	甲午	成	沙中金	星
21日	11/13	月	乙未	納	沙中金	張
22日	11/14	火	丙申	開	山下火	翼
23日	11/15	水	丁酉	閉	山下火	軫
24日	11/16	木	戊戌	建	平地木	角
25日	11/17	金	己亥	除	平地木	亢
26日	11/18	土	庚子	満	壁上土	氐
27日	11/19	日	辛丑	平	壁上土	房
28日	11/20	月	壬寅	定	金箔金	心
29日	11/21	火	癸卯	執	金箔金	尾
30日	11/22	水	甲辰	執	覆燈火	箕

【十一月大 戊子 鬼】
節気 大雪 14日・冬至 29日

日	西暦	曜	干支	直	納音	宿
1日	11/23	木	乙巳	破	覆燈火	斗
2日	11/24	金	丙午	成	天河水	牛
3日	11/25	土	丁未	納	天河水	女
4日	11/26	日	戊申	開	大駅土	虚
5日	11/27	月	己酉	閉	大駅土	危
6日	11/28	火	庚戌	建	釼釧金	室
7日	11/29	水	辛亥	除	釼釧金	壁
8日	11/30	木	壬子	満	桑柘木	奎
9日	12/01	金	癸丑	平	桑柘木	婁
10日	12/02	土	甲寅	定	大溪水	胃
11日	12/03	日	乙卯	執	大溪水	昴
12日	12/04	月	丙辰	破	沙中土	畢
13日	12/05	火	丁巳	危	沙中土	觜
14日	12/06	水	戊午	成	天上火	參
15日	12/07	木	己未	納	天上火	井
16日	12/08	金	庚申	開	柘榴木	鬼
17日	12/09	土	辛酉	閉	柘榴木	柳
18日	12/10	日	壬戌	建	大海水	星
19日	12/11	月	癸亥	除	大海水	張
20日	12/12	火	甲子	満	海中金	翼
21日	12/13	水	乙丑	平	海中金	軫
22日	12/14	木	丙寅	定	爐中火	角
23日	12/15	金	丁卯	執	爐中火	亢
24日	12/16	土	戊辰	破	大林木	氐
25日	12/17	日	己巳	危	大林木	房
26日	12/18	月	庚午	成	路傍土	心
27日	12/19	火	辛未	危	路傍土	尾
28日	12/20	水	壬申	納	釼鋒金	箕
29日	12/21	木	癸酉	納	釼鋒金	斗
30日	12/22	金	甲戌	開	山頭火	牛

【十二月小 己丑 柳】
節気 小寒 15日
雑節 土用 27日

日	西暦	曜	干支	直	納音	宿
1日	12/23	土	乙亥	閉	山頭火	女
2日	12/24	日	丙子	建	澗下水	虚
3日	12/25	月	丁丑	除	澗下水	危
4日	12/26	火	戊寅	満	城頭土	室
5日	12/27	水	己卯	平	城頭土	壁
6日	12/28	木	庚辰	定	白鑞金	奎
7日	12/29	金	辛巳	執	白鑞金	婁
8日	12/30	土	壬午	破	楊柳木	胃
9日	12/31	日	癸未	危	楊柳木	昴

1776年

日	西暦	曜	干支	直	納音	宿
10日	01/01	月	甲申	成	井泉水	畢
11日	01/02	火	乙酉	納	井泉水	觜
12日	01/03	水	丙戌	開	屋上土	參
13日	01/04	木	丁亥	閉	屋上土	井
14日	01/05	金	戊子	建	霹靂火	鬼
15日	01/06	土	己丑	除	霹靂火	柳
16日	01/07	日	庚寅	満	松柏木	星
17日	01/08	月	辛卯	満	松柏木	張
18日	01/09	火	壬辰	平	長流水	翼
19日	01/10	水	癸巳	定	長流水	軫
20日	01/11	木	甲午	執	沙中金	角
21日	01/12	金	乙未	破	沙中金	亢
22日	01/13	土	丙申	危	山下火	氐
23日	01/14	日	丁酉	成	山下火	房
24日	01/15	月	戊戌	納	平地木	心
25日	01/16	火	己亥	開	平地木	尾
26日	01/17	水	庚子	閉	壁上土	箕
27日	01/18	木	辛丑	建	壁上土	斗
28日	01/19	金	壬寅	除	金箔金	牛
29日	01/20	土	癸卯	満	金箔金	女

【閏十二月小 己丑 柳】
節気 大寒 1日・立春 16日
雑節 節分 15日

日	西暦	曜	干支	直	納音	宿
1日◎	01/21	日	甲辰	平	覆燈火	虚
2日	01/22	月	乙巳	定	覆燈火	危
3日	01/23	火	丙午	執	天河水	室
4日	01/24	水	丁未	危	天河水	壁
5日	01/25	木	戊申	危	大駅土	奎
6日	01/26	金	己酉	成	大駅土	婁
7日	01/27	土	庚戌	納	釼釧金	胃
8日	01/28	日	辛亥	開	釼釧金	昴
9日	01/29	月	壬子	閉	桑柘木	畢
10日	01/30	火	癸丑	建	桑柘木	觜
11日	01/31	水	甲寅	除	大溪水	參
12日	02/01	木	乙卯	満	大溪水	井
13日	02/02	金	丙辰	平	沙中土	柳
14日	02/03	土	丁巳	定	沙中土	星
15日☆	02/04	日	戊午	執	天上火	張
16日	02/05	月	己未	破	天上火	翼
17日	02/06	火	庚申	危	柘榴木	軫
18日	02/07	水	辛酉	破	柘榴木	角
19日	02/08	木	壬戌	危	大海水	亢
20日	02/09	金	癸亥	成	大海水	氐
21日	02/10	土	甲子	納	海中金	房
22日	02/11	日	乙丑	開	海中金	心
23日	02/12	月	丙寅	閉	爐中火	尾
24日	02/13	火	丁卯	建	爐中火	箕
25日	02/14	水	戊辰	除	大林木	斗
26日	02/15	木	己巳	満	大林木	牛
27日	02/16	金	庚午	平	路傍土	女
28日	02/17	土	辛未	執	路傍土	虚
29日	02/18	日	壬申	破	釼鋒金	虚

安永5年
1776～1777　丙申　翼

【正月大　庚寅　星】
節気　雨水 2日・啓蟄 18日
雑節　彼岸 28日

日	日付	曜	干支	直	納音	宿
1日	02/19	月	癸酉	危	釼鋒金	危
2日	02/20	火	甲戌	成	山頭火	室
3日	02/21	水	乙亥	納	山頭火	壁
4日	02/22	木	丙子	開	澗下水	奎
5日	02/23	金	丁丑	閉	澗下水	婁
6日	02/24	土	戊寅	建	城頭土	胃
7日	02/25	日	己卯	除	城頭土	昴
8日	02/26	月	庚辰	満	白鑞金	畢
9日	02/27	火	辛巳	平	白鑞金	觜
10日	02/28	水	壬午	定	楊柳木	参
11日	02/29	木	癸未	執	楊柳木	井
12日	03/01	金	甲申	破	井泉水	鬼
13日	03/02	土	乙酉	危	井泉水	柳
14日	03/03	日	丙戌	成	屋上土	星
15日	03/04	月	丁亥	納	屋上土	張
16日	03/05	火	戊子	開	霹靂火	翼
17日	03/06	水	己丑	閉	霹靂火	軫
18日	03/07	木	庚寅	建	松柏木	角
19日	03/08	金	辛卯	除	松柏木	亢
20日	03/09	土	壬辰	満	長流水	氐
21日	03/10	日	癸巳	満	長流水	房
22日	03/11	月	甲午	定	沙中金	心
23日	03/12	火	乙未	定	沙中金	尾
24日	03/13	水	丙申	執	山下火	箕
25日	03/14	木	丁酉	破	山下火	斗
26日	03/15	金	戊戌	危	平地木	女
27日	03/16	土	己亥	成	平地木	女
28日	03/17	日	庚子	納	壁上土	虚
29日	03/18	月	辛丑	開	金箔金	危
30日	03/19	火	壬寅	閉	金箔金	室

【二月小　辛卯　張】
節気　春分 3日・清明 18日
雑節　社日 6日

日	日付	曜	干支	直	納音	宿
1日	03/20	水	癸卯	建	金箔金	壁
2日	03/21	木	甲辰	除	覆燈火	奎
3日	03/22	金	乙巳	満	覆燈火	婁
4日	03/23	土	丙午	平	天河水	胃
5日	03/24	日	丁未	定	天河水	昴
6日	03/25	月	戊申	執	大駅土	畢
7日	03/26	火	己酉	破	大駅土	觜
8日	03/27	水	庚戌	危	釵釧金	参
9日	03/28	木	辛亥	成	釵釧金	井
10日	03/29	金	壬子	納	桑柘木	鬼
11日	03/30	土	癸丑	開	桑柘木	柳
12日	03/31	日	甲寅	閉	大溪水	星
13日	04/01	月	乙卯	建	大溪水	張
14日	04/02	火	丙辰	除	沙中土	翼
15日	04/03	水	丁巳	満	沙中土	軫
16日	04/04	木	戊午	平	天上火	亢
17日	04/05	金	己未	定	天上火	亢
18日	04/06	土	庚申	定	柘榴木	氐
19日	04/07	日	辛酉	執	柘榴木	房
20日	04/08	月	壬戌	破	大海水	心
21日	04/09	火	癸亥	危	大海水	尾
22日	04/10	水	甲子	成	海中金	箕
23日	04/11	木	乙丑	納	海中金	斗
24日	04/12	金	丙寅	開	炉中火	牛
25日	04/13	土	丁卯	閉	炉中火	女
26日	04/14	日	戊辰	建	大林木	虚
27日	04/15	月	己巳	除	大林木	危
28日	04/16	火	庚午	満	路傍土	室
29日	04/17	水	辛未	平	路傍土	壁

【三月大　壬辰　翼】
節気　穀雨 4日・立夏 19日
雑節　土用 1日・八十八夜 15日

日	日付	曜	干支	直	納音	宿
1日	04/18	木	壬申	定	釼鋒金	奎
2日	04/19	金	癸酉	執	釼鋒金	婁
3日	04/20	土	甲戌	破	山頭火	胃
4日	04/21	日	乙亥	危	山頭火	昴
5日	04/22	月	丙子	成	澗下水	畢
6日	04/23	火	丁丑	納	澗下水	觜
7日	04/24	水	戊寅	開	城頭土	参
8日	04/25	木	己卯	閉	城頭土	井
9日	04/26	金	庚辰	建	白鑞金	鬼
10日	04/27	土	辛巳	除	白鑞金	柳
11日	04/28	日	壬午	満	楊柳木	星
12日	04/29	月	癸未	平	楊柳木	張
13日	04/30	火	甲申	定	井泉水	翼
14日	05/01	水	乙酉	執	井泉水	軫
15日	05/02	木	丙戌	危	屋上土	角
16日	05/03	金	丁亥	危	屋上土	亢
17日	05/04	土	戊子	成	霹靂火	氐
18日	05/05	日	己丑	納	霹靂火	房
19日	05/06	月	庚寅	開	松柏木	心
20日	05/07	火	辛卯	閉	松柏木	尾
21日	05/08	水	壬辰	建	長流水	箕
22日	05/09	木	癸巳	除	長流水	斗
23日	05/10	金	甲午	除	沙中金	牛
24日	05/11	土	乙未	満	沙中金	女
25日	05/12	日	丙申	平	山下火	虚
26日	05/13	月	丁酉	定	山下火	危
27日	05/14	火	戊戌	執	平地木	室
28日	05/15	水	己亥	破	平地木	壁
29日	05/16	木	庚子	危	壁上土	奎
30日	05/17	金	辛丑	成	壁上土	婁

【四月小　癸巳　軫】
節気　小満 5日・芒種 20日
雑節　入梅 21日

日	日付	曜	干支	直	納音	宿
1日	05/18	土	壬寅	納	金箔金	昴
2日	05/19	日	癸卯	開	金箔金	畢
3日	05/20	月	甲辰	閉	覆燈火	觜
4日	05/21	火	乙巳	建	覆燈火	参
5日	05/22	水	丙午	除	天河水	井
6日	05/23	木	丁未	満	天河水	鬼
7日	05/24	金	戊申	平	大駅土	柳
8日	05/25	土	己酉	定	大駅土	星
9日	05/26	日	庚戌	執	釵釧金	張
10日	05/27	月	辛亥	破	釵釧金	翼
11日	05/28	火	壬子	危	桑柘木	軫
12日	05/29	水	癸丑	成	桑柘木	角
13日	05/30	木	甲寅	納	大溪水	亢
14日	05/31	金	乙卯	開	大溪水	氐
15日	06/01	土	丙辰	閉	沙中土	房
16日	06/02	日	丁巳	建	沙中土	心
17日	06/03	月	戊午	除	天上火	尾
18日	06/04	火	己未	満	天上火	箕
19日	06/05	水	庚申	平	柘榴木	斗
20日	06/06	木	辛酉	定	柘榴木	牛
21日	06/07	金	壬戌	定	大海水	女
22日	06/08	土	癸亥	執	大海水	虚
23日	06/09	日	甲子	破	海中金	危
24日	06/10	月	乙丑	危	海中金	室
25日	06/11	火	丙寅	成	炉中火	壁
26日	06/12	水	丁卯	納	炉中火	奎
27日	06/13	木	戊辰	開	大林木	婁
28日	06/14	金	己巳	閉	大林木	胃
29日	06/15	土	庚午	建	路傍土	胃

【五月大　甲午　角】
節気　夏至 6日・小暑 21日
雑節　半夏生 16日

日	日付	曜	干支	直	納音	宿
1日	06/16	日	辛未	除	路傍土	昴
2日	06/17	月	壬申	満	釼鋒金	畢
3日	06/18	火	癸酉	平	釼鋒金	觜
4日	06/19	水	甲戌	定	山頭火	参
5日	06/20	木	乙亥	執	山頭火	井
6日	06/21	金	丙子	破	澗下水	鬼
7日	06/22	土	丁丑	危	澗下水	柳
8日	06/23	日	戊寅	成	城頭土	星
9日	06/24	月	己卯	納	城頭土	張
10日	06/25	火	庚辰	開	白鑞金	翼
11日	06/26	水	辛巳	閉	白鑞金	軫
12日	06/27	木	壬午	建	楊柳木	角
13日	06/28	金	癸未	除	楊柳木	亢
14日	06/29	土	甲申	満	井泉水	氐
15日	06/30	日	乙酉	平	井泉水	房
16日	07/01	月	丙戌	定	屋上土	心
17日	07/02	火	丁亥	執	屋上土	尾
18日	07/03	水	戊子	破	霹靂火	箕
19日	07/04	木	己丑	危	霹靂火	斗
20日	07/05	金	庚寅	成	松柏木	牛
21日	07/06	土	辛卯	成	松柏木	女
22日	07/07	日	壬辰	納	長流水	虚
23日	07/08	月	癸巳	開	長流水	危
24日	07/09	火	甲午	閉	沙中金	室
25日	07/10	水	乙未	建	沙中金	壁
26日	07/11	木	丙申	除	山下火	奎
27日	07/12	金	丁酉	平	山下火	婁
28日	07/13	土	戊戌	平	平地木	胃
29日	07/14	日	己亥	定	平地木	昴
30日	07/15	月	庚子	執	壁上土	畢

【六月小　乙未　亢】
節気　大暑 7日・立秋 22日
雑節　土用 4日

日	日付	曜	干支	直	納音	宿
1日	07/16	火	辛丑	破	壁上土	觜
2日	07/17	水	壬寅	危	金箔金	参
3日	07/18	木	癸卯	成	金箔金	井
4日	07/19	金	甲辰	納	覆燈火	鬼
5日	07/20	土	乙巳	開	覆燈火	柳
6日	07/21	日	丙午	閉	天河水	星
7日	07/22	月	丁未	建	天河水	張
8日	07/23	火	戊申	除	大駅土	翼
9日	07/24	水	己酉	満	大駅土	軫
10日	07/25	木	庚戌	平	釵釧金	角
11日	07/26	金	辛亥	定	釵釧金	亢
12日	07/27	土	壬子	執	桑柘木	氐
13日	07/28	日	癸丑	破	桑柘木	房
14日	07/29	月	甲寅	危	大溪水	心
15日	07/30	火	乙卯	成	大溪水	尾
16日	07/31	水	丙辰	納	沙中土	箕
17日	08/01	木	丁巳	開	沙中土	斗
18日	08/02	金	戊午	閉	天上火	牛
19日	08/03	土	己未	建	天上火	女
20日	08/04	日	庚申	除	柘榴木	虚
21日	08/05	月	辛酉	満	柘榴木	危
22日	08/06	火	壬戌	平	大海水	室
23日	08/07	水	癸亥	平	大海水	壁
24日	08/08	木	甲子	定	海中金	奎
25日	08/09	金	乙丑	執	海中金	婁
26日	08/10	土	丙寅	破	炉中火	胃
27日	08/11	日	丁卯	危	炉中火	昴
28日	08/12	月	戊辰	成	大林木	畢

安永5年

| 西暦 | 曜 | 干支 | 直 | 納音 | 宿 |

日	西暦	曜	干支	直	納音	宿
29日	08/13	火	己巳	納	大林木	觜

【七月大 丙申 氐】
節気 処暑 8日・白露 23日
雑節 二百十日 19日

日	西暦	曜	干支	直	納音	宿
1日	08/14	水	庚午	開	路傍土	参
2日	08/15	木	辛未	閉	路傍土	井
3日	08/16	金	壬申	建	剣鋒金	鬼
4日	08/17	土	癸酉	除	剣鋒金	柳
5日	08/18	日	甲戌	満	山頭火	星
6日	08/19	月	乙亥	平	山頭火	張
7日	08/20	火	丙子	定	潤下水	翼
8日	08/21	水	丁丑	執	潤下水	軫
9日	08/22	木	戊寅	破	城頭土	角
10日	08/23	金	己卯	危	城頭土	亢
11日	08/24	土	庚辰	成	白鑞金	氐
12日	08/25	日	辛巳	納	白鑞金	房
13日	08/26	月	壬午	開	楊柳木	心
14日	08/27	火	癸未	閉	楊柳木	尾
15日	08/28	水	甲申	建	井泉水	箕
16日	08/29	木	乙酉	除	井泉水	斗
17日	08/30	金	丙戌	満	屋上土	牛
18日	08/31	土	丁亥	平	屋上土	女
19日	09/01	日	戊子	定	霹靂火	虚
20日	09/02	月	己丑	執	霹靂火	危
21日	09/03	火	庚寅	破	松柏木	室
22日	09/04	水	辛卯	危	松柏木	壁
23日	09/05	木	壬辰	危	長流水	奎
24日	09/06	金	癸巳	成	長流水	婁
25日	09/07	土	甲午	納	沙中金	胃
26日	09/08	日	乙未	開	沙中金	昴
27日	09/09	月	丙申	閉	山下火	畢
28日	09/10	火	丁酉	建	山下火	觜
29日	09/11	水	戊戌	除	平地木	参
30日	09/12	木	己亥	満	平地木	井

【八月小 丁酉 房】
節気 秋分 8日・寒露 24日
雑節 彼岸 7日・社日 9日

日	西暦	曜	干支	直	納音	宿
1日	09/13	金	庚子	平	壁上土	鬼
2日	09/14	土	辛丑	定	壁上土	柳
3日	09/15	日	壬寅	執	金箔金	星
4日	09/16	月	癸卯	破	金箔金	張
5日	09/17	火	甲辰	危	覆燈火	翼
6日	09/18	水	乙巳	成	覆燈火	軫
7日	09/19	木	丙午	納	天河水	角
8日	09/20	金	丁未	開	天河水	亢
9日	09/21	土	戊申	閉	大駅土	氐
10日	09/22	日	己酉	建	大駅土	房
11日	09/23	月	庚戌	除	釵釧金	心
12日	09/24	火	辛亥	満	釵釧金	尾
13日	09/25	水	壬子	平	桑柘木	箕
14日	09/26	木	癸丑	定	桑柘木	斗
15日	09/27	金	甲寅	執	大溪水	牛
16日	09/28	土	乙卯	破	大溪水	女
17日	09/29	日	丙辰	危	沙中土	虚
18日	09/30	月	丁巳	成	沙中土	危
19日	10/01	火	戊午	納	天上火	室
20日	10/02	水	己未	開	天上火	壁
21日	10/03	木	庚申	閉	柘榴木	奎
22日	10/04	金	辛酉	建	柘榴木	婁
23日	10/05	土	壬戌	除	大海水	胃
24日	10/06	日	癸亥	除	大海水	昴
25日	10/07	月	甲子	満	海中金	畢
26日	10/08	火	乙丑	平	海中金	觜
27日	10/09	水	丙寅	定	炉中火	参
28日	10/10	木	丁卯	執	炉中火	井
29日	10/11	金	戊辰	破	大林木	鬼

【九月大 戊戌 心】
節気 霜降 10日・立冬 25日
雑節 土用 7日

日	西暦	曜	干支	直	納音	宿
1日	10/12	土	己巳	危	大林木	柳
2日	10/13	日	庚午	成	路傍土	星
3日	10/14	月	辛未	納	路傍土	張
4日	10/15	火	壬申	開	剣鋒金	翼
5日	10/16	水	癸酉	閉	剣鋒金	軫
6日	10/17	木	甲戌	建	山頭火	角
7日	10/18	金	乙亥	除	山頭火	亢
8日	10/19	土	丙子	満	潤下水	氐
9日	10/20	日	丁丑	平	潤下水	房
10日	10/21	月	戊寅	定	城頭土	心
11日	10/22	火	己卯	執	城頭土	尾
12日	10/23	水	庚辰	破	白鑞金	箕
13日	10/24	木	辛巳	危	白鑞金	斗
14日	10/25	金	壬午	成	楊柳木	牛
15日	10/26	土	癸未	納	楊柳木	女
16日	10/27	日	甲申	開	井泉水	虚
17日	10/28	月	乙酉	閉	井泉水	危
18日	10/29	火	丙戌	建	屋上土	室
19日	10/30	水	丁亥	除	屋上土	壁
20日	10/31	木	戊子	満	霹靂火	奎
21日	11/01	金	己丑	平	霹靂火	婁
22日	11/02	土	庚寅	定	松柏木	胃
23日	11/03	日	辛卯	執	松柏木	昴
24日	11/04	月	壬辰	破	長流水	畢
25日	11/05	火	癸巳	破	長流水	觜
26日	11/06	水	甲午	危	沙中金	参
27日	11/07	木	乙未	成	沙中金	井
28日	11/08	金	丙申	納	山下火	鬼
29日	11/09	土	丁酉	開	山下火	柳
30日	11/10	日	戊戌	閉	平地木	星

【十月大 己亥 尾】
節気 小雪 10日・大雪 26日

日	西暦	曜	干支	直	納音	宿
1日	11/11	月	己亥	建	平地木	張
2日	11/12	火	庚子	除	壁上土	翼
3日	11/13	水	辛丑	満	壁上土	軫
4日	11/14	木	壬寅	平	金箔金	角
5日	11/15	金	癸卯	定	金箔金	亢
6日	11/16	土	甲辰	執	覆燈火	氐
7日	11/17	日	乙巳	破	覆燈火	房
8日	11/18	月	丙午	危	天河水	心
9日	11/19	火	丁未	成	天河水	尾
10日	11/20	水	戊申	納	大駅土	箕
11日	11/21	木	己酉	開	大駅土	斗
12日	11/22	金	庚戌	閉	釵釧金	牛
13日	11/23	土	辛亥	建	釵釧金	女
14日	11/24	日	壬子	除	桑柘木	虚
15日	11/25	月	癸丑	満	桑柘木	危
16日	11/26	火	甲寅	平	大溪水	室
17日	11/27	水	乙卯	定	大溪水	壁
18日	11/28	木	丙辰	執	沙中土	奎
19日	11/29	金	丁巳	破	沙中土	婁
20日	11/30	土	戊午	危	天上火	胃
21日	12/01	日	己未	成	天上火	昴
22日	12/02	月	庚申	納	柘榴木	畢
23日	12/03	火	辛酉	開	柘榴木	觜
24日	12/04	水	壬戌	閉	大海水	参
25日	12/05	木	癸亥	建	大海水	井
26日	12/06	金	甲子	建	海中金	鬼
27日	12/07	土	乙丑	除	海中金	柳
28日	12/08	日	丙寅	満	炉中火	星
29日	12/09	月	丁卯	平	炉中火	張
30日	12/10	火	戊辰	定	大林木	翼

【十一月大 庚子 箕】
節気 冬至 11日・小寒 26日

日	西暦	曜	干支	直	納音	宿
1日	12/11	水	己巳	執	大林木	軫
2日	12/12	木	庚午	破	路傍土	角
3日	12/13	金	辛未	危	路傍土	亢
4日	12/14	土	壬申	成	剣鋒金	氐
5日	12/15	日	癸酉	納	剣鋒金	房
6日	12/16	月	甲戌	開	山頭火	心
7日	12/17	火	乙亥	閉	山頭火	尾
8日	12/18	水	丙子	建	潤下水	箕
9日	12/19	木	丁丑	除	潤下水	斗
10日	12/20	金	戊寅	満	城頭土	牛
11日	12/21	土	己卯	平	城頭土	女
12日	12/22	日	庚辰	定	白鑞金	虚
13日	12/23	月	辛巳	執	白鑞金	危
14日	12/24	火	壬午	破	楊柳木	室
15日	12/25	水	癸未	危	楊柳木	壁
16日	12/26	木	甲申	成	井泉水	奎
17日	12/27	金	乙酉	納	井泉水	婁
18日	12/28	土	丙戌	開	屋上土	胃
19日	12/29	日	丁亥	閉	屋上土	昴
20日	12/30	月	戊子	建	霹靂火	畢
21日	12/31	火	己丑	除	霹靂火	觜

1777年

日	西暦	曜	干支	直	納音	宿
22日	01/01	水	庚寅	満	松柏木	参
23日	01/02	木	辛卯	平	松柏木	井
24日	01/03	金	壬辰	定	長流水	鬼
25日	01/04	土	癸巳	執	長流水	柳
26日	01/05	日	甲午	執	沙中金	星
27日	01/06	月	乙未	破	沙中金	張
28日	01/07	火	丙申	危	山下火	翼
29日	01/08	水	丁酉	成	山下火	軫
30日	01/09	木	戊戌	納	平地木	角

【十二月小 辛丑 斗】
節気 大寒 11日・立春 26日
雑節 土用 8日・節分 25日

日	西暦	曜	干支	直	納音	宿
1日	01/10	金	己亥	開	平地木	亢
2日	01/11	土	庚子	閉	壁上土	氐
3日	01/12	日	辛丑	建	壁上土	房
4日	01/13	月	壬寅	除	金箔金	心
5日	01/14	火	癸卯	満	金箔金	尾
6日	01/15	水	甲辰	平	覆燈火	箕
7日	01/16	木	乙巳	定	覆燈火	斗
8日	01/17	金	丙午	執	天河水	牛
9日	01/18	土	丁未	破	天河水	女
10日	01/19	日	戊申	危	大駅土	虚
11日	01/20	月	己酉	成	大駅土	危
12日	01/21	火	庚戌	納	釵釧金	室
13日	01/22	水	辛亥	開	釵釧金	壁
14日 ☆	01/23	木	壬子	閉	桑柘木	奎
15日	01/24	金	癸丑	建	桑柘木	婁
16日	01/25	土	甲寅	除	大溪水	胃
17日	01/26	日	乙卯	満	大溪水	昴
18日	01/27	月	丙辰	平	沙中土	畢
19日	01/28	火	丁巳	定	沙中土	觜
20日	01/29	水	戊午	執	天上火	参
21日	01/30	木	己未	破	天上火	井
22日	01/31	金	庚申	危	柘榴木	鬼
23日	02/01	土	辛酉	成	柘榴木	柳
24日	02/02	日	壬戌	納	大海水	星
25日	02/03	月	癸亥	開	大海水	張
26日	02/04	火	甲子	開	海中金	翼
27日	02/05	水	乙丑	閉	海中金	軫
28日	02/06	木	丙寅	建	炉中火	角
29日	02/07	金	丁卯	除	炉中火	亢

安永6年
1777～1778　丁酉　軫

【正月大 壬寅 牛】
節気　雨水 13日・啓蟄 28日

日	日付	曜	干支	直	納音	宿
1日	02/08	土	戊辰	満	大林木	氏
2日	02/09	日	己巳	平	大林木	房
3日	02/10	月	庚午	定	路傍土	心
4日	02/11	火	辛未	執	路傍土	尾
5日	02/12	水	壬申	破	釵釧金	箕
6日	02/13	木	癸酉	危	釵釧金	斗
7日	02/14	金	甲戌	成	山頭火	牛
8日	02/15	土	乙亥	納	山頭火	女
9日	02/16	日	丙子	開	澗下水	虚
10日	02/17	月	丁丑	閉	澗下水	危
11日	02/18	火	戊寅	建	城頭土	室
12日	02/19	水	己卯	除	城頭土	壁
13日	02/20	木	庚辰	満	白鑞金	奎
14日	02/21	金	辛巳	平	白鑞金	婁
15日	02/22	土	壬午	定	楊柳木	胃
16日	02/23	日	癸未	執	楊柳木	昴
17日	02/24	月	甲申	破	井泉水	畢
18日	02/25	火	乙酉	危	井泉水	觜
19日	02/26	水	丙戌	成	屋上土	参
20日	02/27	木	丁亥	納	屋上土	井
21日	02/28	金	戊子	開	霹靂火	鬼
22日	03/01	土	己丑	閉	霹靂火	柳
23日	03/02	日	庚寅	建	松柏木	星
24日	03/03	月	辛卯	除	松柏木	張
25日	03/04	火	壬辰	満	長流水	翼
26日	03/05	水	癸巳	平	長流水	軫
27日	03/06	木	甲午	定	沙中金	角
28日	03/07	金	乙未	定	沙中金	亢
29日	03/08	土	丙申	執	山下火	氐
30日	03/09	日	丁酉	破	山下火	房

【二月小 癸卯 女】
節気　春分 13日・清明 28日
雑節　彼岸 8日・社日 11日

日	日付	曜	干支	直	納音	宿
1日	03/10	月	戊戌	危	平地木	心
2日	03/11	火	己亥	成	平地木	尾
3日	03/12	水	庚子	納	壁上土	箕
4日	03/13	木	辛丑	開	壁上土	斗
5日	03/14	金	壬寅	閉	金箔金	牛
6日	03/15	土	癸卯	建	金箔金	女
7日	03/16	日	甲辰	除	覆燈火	虚
8日	03/17	月	乙巳	満	覆燈火	危
9日	03/18	火	丙午	平	天河水	室
10日	03/19	水	丁未	定	天河水	壁
11日	03/20	木	戊申	執	大駅土	奎
12日	03/21	金	己酉	破	大駅土	婁
13日	03/22	土	庚戌	危	釵釧金	胃
14日	03/23	日	辛亥	成	釵釧金	昴
15日	03/24	月	壬子	納	桑柘木	畢
16日	03/25	火	癸丑	開	桑柘木	觜
17日	03/26	水	甲寅	閉	大溪水	参
18日	03/27	木	乙卯	建	大溪水	井
19日	03/28	金	丙辰	除	沙中土	鬼
20日	03/29	土	丁巳	平	天上火	柳
21日	03/30	日	戊午	平	天上火	星
22日	03/31	月	己未	定	天上火	張
23日	04/01	火	庚申	執	柘榴木	翼
24日	04/02	水	辛酉	破	柘榴木	軫
25日	04/03	木	壬戌	危	大海水	角
26日	04/04	金	癸亥	成	大海水	亢
27日	04/05	土	甲子	納	海中金	氐
28日	04/06	日	乙丑	納	海中金	房
29日	04/07	月	丙寅	開	爐中火	心

【三月小 甲辰 虚】
節気　穀雨 14日
雑節　土用 11日・八十八夜 25日

日	日付	曜	干支	直	納音	宿
1日	04/08	火	丁卯	閉	爐中火	尾
2日	04/09	水	戊辰	建	大林木	箕
3日	04/10	木	己巳	除	大林木	斗
4日	04/11	金	庚午	平	路傍土	牛
5日	04/12	土	辛未	平	路傍土	女
6日	04/13	日	壬申	定	釵釧金	虚
7日	04/14	月	癸酉	執	釵釧金	危
8日	04/15	火	甲戌	破	山頭火	室
9日	04/16	水	乙亥	危	山頭火	壁
10日	04/17	木	丙子	成	澗下水	奎
11日	04/18	金	丁丑	納	澗下水	婁
12日	04/19	土	戊寅	開	城頭土	胃
13日	04/20	日	己卯	閉	城頭土	昴
14日	04/21	月	庚辰	建	白鑞金	畢
15日	04/22	火	辛巳	除	白鑞金	觜
16日	04/23	水	壬午	平	楊柳木	参
17日	04/24	木	癸未	平	楊柳木	井
18日	04/25	金	甲申	定	井泉水	鬼
19日	04/26	土	乙酉	執	井泉水	柳
20日	04/27	日	丙戌	破	屋上土	星
21日	04/28	月	丁亥	危	屋上土	張
22日	04/29	火	戊子	成	霹靂火	翼
23日	04/30	水	己丑	納	霹靂火	軫
24日	05/01	木	庚寅	開	松柏木	角
25日	05/02	金	辛卯	閉	松柏木	亢
26日	05/03	土	壬辰	建	長流水	氐
27日	05/04	日	癸巳	除	長流水	房
28日	05/05	月	甲午	平	沙中金	心
29日	05/06	火	乙未	平	沙中金	尾

【四月大 乙巳 危】
節気　立夏 1日・小満 16日

日	日付	曜	干支	直	納音	宿
1日	05/07	水	丙申	定	山下火	箕
2日	05/08	木	丁酉	定	山下火	斗
3日	05/09	金	戊戌	破	平地木	牛
4日	05/10	土	己亥	破	平地木	女
5日	05/11	日	庚子	危	壁上土	虚
6日	05/12	月	辛丑	成	壁上土	危
7日	05/13	火	壬寅	納	金箔金	室
8日	05/14	水	癸卯	開	金箔金	壁
9日	05/15	木	甲辰	閉	覆燈火	奎
10日	05/16	金	乙巳	建	覆燈火	婁
11日	05/17	土	丙午	除	天河水	胃
12日	05/18	日	丁未	満	天河水	昴
13日	05/19	月	戊申	平	大駅土	畢
14日	05/20	火	己酉	定	大駅土	觜
15日	05/21	水	庚戌	執	釵釧金	参
16日	05/22	木	辛亥	破	釵釧金	井
17日	05/23	金	壬子	危	桑柘木	鬼
18日	05/24	土	癸丑	成	桑柘木	柳
19日	05/25	日	甲寅	納	大溪水	星
20日	05/26	月	乙卯	開	大溪水	張
21日	05/27	火	丙辰	閉	沙中土	翼
22日	05/28	水	丁巳	建	沙中土	軫
23日	05/29	木	戊午	除	天上火	角
24日	05/30	金	己未	満	天上火	亢
25日	05/31	土	庚申	平	柘榴木	氐
26日	06/01	日	辛酉	定	柘榴木	房
27日	06/02	月	壬戌	執	大海水	心
28日	06/03	火	癸亥	破	大海水	尾
29日	06/04	水	甲子	危	海中金	箕
30日	06/05	木	乙丑	成	海中金	斗

【五月小 丙午 室】
節気　芒種 1日・夏至 16日
雑節　入梅 7日・半夏生 26日

日	日付	曜	干支	直	納音	宿
1日	06/06	金	丙寅	成	爐中火	牛
2日	06/07	土	丁卯	納	爐中火	女
3日	06/08	日	戊辰	開	大林木	虚
4日	06/09	月	己巳	閉	大林木	危
5日	06/10	火	庚午	建	路傍土	室
6日	06/11	水	辛未	除	路傍土	壁
7日	06/12	木	壬申	満	釵釧金	奎
8日	06/13	金	癸酉	平	釵釧金	婁
9日	06/14	土	甲戌	定	山頭火	胃
10日	06/15	日	乙亥	執	山頭火	昴
11日	06/16	月	丙子	破	澗下水	畢
12日	06/17	火	丁丑	危	澗下水	觜
13日	06/18	水	戊寅	成	城頭土	参
14日	06/19	木	己卯	納	城頭土	井
15日	06/20	金	庚辰	開	白鑞金	鬼
16日	06/21	土	辛巳	閉	白鑞金	柳
17日	06/22	日	壬午	建	楊柳木	星
18日	06/23	月	癸未	除	楊柳木	張
19日	06/24	火	甲申	満	井泉水	翼
20日	06/25	水	乙酉	平	井泉水	軫
21日	06/26	木	丙戌	定	屋上土	角
22日	06/27	金	丁亥	執	屋上土	亢
23日	06/28	土	戊子	破	霹靂火	氐
24日	06/29	日	己丑	危	霹靂火	房
25日	06/30	月	庚寅	成	松柏木	心
26日	07/01	火	辛卯	納	松柏木	尾
27日	07/02	水	壬辰	開	長流水	箕
28日	07/03	木	癸巳	閉	長流水	斗
29日	07/04	金	甲午	建	沙中金	牛

【六月小 丁未 壁】
節気　小暑 3日・大暑 18日
雑節　土用 15日

日	日付	曜	干支	直	納音	宿
1日	07/05	土	乙未	除	沙中金	女
2日	07/06	日	丙申	満	山下火	虚
3日	07/07	月	丁酉	満	山下火	危
4日	07/08	火	戊戌	平	平地木	室
5日	07/09	水	己亥	定	平地木	壁
6日	07/10	木	庚子	執	壁上土	奎
7日	07/11	金	辛丑	破	壁上土	婁
8日	07/12	土	壬寅	危	金箔金	胃
9日	07/13	日	癸卯	成	金箔金	昴
10日	07/14	月	甲辰	納	覆燈火	畢
11日	07/15	火	乙巳	開	覆燈火	觜
12日	07/16	水	丙午	閉	天河水	参
13日	07/17	木	丁未	建	天河水	井
14日	07/18	金	戊申	除	大駅土	鬼
15日	07/19	土	己酉	満	大駅土	柳
16日☆	07/20	日	庚戌	定	釵釧金	星
17日	07/21	月	辛亥	定	釵釧金	張
18日	07/22	火	壬子	執	桑柘木	翼
19日	07/23	水	癸丑	破	桑柘木	軫
20日	07/24	木	甲寅	危	大溪水	角
21日	07/25	金	乙卯	成	大溪水	亢
22日	07/26	土	丙辰	納	沙中土	氐
23日	07/27	日	丁巳	開	沙中土	房
24日	07/28	月	戊午	閉	天上火	心
25日	07/29	火	己未	建	天上火	尾
26日	07/30	水	庚申	除	柘榴木	箕
27日	07/31	木	辛酉	満	柘榴木	斗
28日	08/01	金	壬戌	平	大海水	牛
29日	08/02	土	癸亥	定	大海水	女

【七月大 戊申 奎】
節気　立秋 4日・処暑 19日
雑節　二百十日 30日

日	日付	曜	干支	直	納音	宿
1日	08/03	日	甲子	執	海中金	虚
2日	08/04	月	乙丑	破	海中金	危
3日	08/05	火	丙寅	危	爐中火	室
4日	08/06	水	丁卯	危	爐中火	壁

– 392 –

安永6年

西暦　曜　干支　直　納音　宿

日	西暦	曜	干支	直	納音	宿
5日	08/07	木	戊辰	成	大林木	奎
6日	08/08	金	己巳	納	大林木	婁
7日	08/09	土	庚午	開	路傍土	胃
8日	08/10	日	辛未	閉	路傍土	昴
9日	08/11	月	壬申	建	劍鋒金	畢
10日	08/12	火	癸酉	除	劍鋒金	觜
11日	08/13	水	甲戌	満	山頭火	參
12日	08/14	木	乙亥	平	山頭火	井
13日	08/15	金	丙子	定	澗下水	鬼
14日	08/16	土	丁丑	執	澗下水	柳
15日	08/17	日	戊寅	破	城頭土	星
16日	08/18	月	己卯	危	城頭土	張
17日	08/19	火	庚辰	成	白鑞金	翼
18日	08/20	水	辛巳	納	白鑞金	軫
19日	08/21	木	壬午	開	楊柳木	角
20日	08/22	金	癸未	閉	楊柳木	亢
21日	08/23	土	甲申	建	井泉水	氐
22日	08/24	日	乙酉	除	井泉水	房
23日	08/25	月	丙戌	満	屋上土	心
24日	08/26	火	丁亥	平	屋上土	尾
25日	08/27	水	戊子	定	霹靂火	箕
26日	08/28	木	己丑	執	霹靂火	斗
27日	08/29	金	庚寅	破	松柏木	牛
28日	08/30	土	辛卯	危	松柏木	女
29日	08/31	日	壬辰	成	長流水	虚
30日	09/01	月	癸巳	納	長流水	危

【八月小 己酉 婁】
節気 白露 4日・秋分 20日
雑節 社日 15日・彼岸 19日

日	西暦	曜	干支	直	納音	宿
1日	09/02	火	甲午	開	沙中金	室
2日	09/03	水	乙未	閉	沙中金	壁
3日	09/04	木	丙申	建	山下火	奎
4日	09/05	金	丁酉	建	山下火	婁
5日	09/06	土	戊戌	除	平地木	胃
6日	09/07	日	己亥	満	平地木	昴
7日	09/08	月	庚子	平	壁上土	畢
8日	09/09	火	辛丑	定	壁上土	觜
9日	09/10	水	壬寅	執	金箔金	參
10日	09/11	木	癸卯	破	金箔金	井
11日	09/12	金	甲辰	危	覆燈火	鬼
12日	09/13	土	乙巳	成	覆燈火	柳
13日	09/14	日	丙午	納	天河水	星
14日	09/15	月	丁未	開	天河水	張
15日	09/16	火	戊申	閉	大驛土	翼
16日	09/17	水	己酉	建	大驛土	軫
17日	09/18	木	庚戌	除	釵釧金	角
18日	09/19	金	辛亥	満	釵釧金	亢
19日	09/20	土	壬子	平	桑柘木	氐
20日	09/21	日	癸丑	定	桑柘木	房
21日	09/22	月	甲寅	執	大溪水	心
22日	09/23	火	乙卯	破	大溪水	尾
23日	09/24	水	丙辰	危	沙中土	箕
24日	09/25	木	丁巳	成	沙中土	斗
25日	09/26	金	戊午	納	天上火	牛
26日	09/27	土	己未	開	天上火	女
27日	09/28	日	庚申	閉	柘榴木	虚
28日	09/29	月	辛酉	建	柘榴木	危
29日	09/30	火	壬戌	除	大海水	室

【九月大 庚戌 胃】
節気 寒露 6日・霜降 21日
雑節 土用 18日

日	西暦	曜	干支	直	納音	宿
1日	10/01	水	癸亥	満	大海水	壁
2日	10/02	木	甲子	平	海中金	奎
3日	10/03	金	乙丑	定	海中金	婁
4日	10/04	土	丙寅	執	爐中火	胃
5日	10/05	日	丁卯	破	爐中火	昴
6日	10/06	月	戊辰	破	大林木	畢
7日	10/07	火	己巳	危	大林木	觜
8日	10/08	水	庚午	成	路傍土	參
9日	10/09	木	辛未	納	路傍土	井
10日	10/10	金	壬申	開	劍鋒金	鬼
11日	10/11	土	癸酉	閉	劍鋒金	柳
12日	10/12	日	甲戌	建	山頭火	星
13日	10/13	月	乙亥	除	山頭火	張
14日	10/14	火	丙子	満	澗下水	翼
15日	10/15	水	丁丑	平	澗下水	軫
16日	10/16	木	戊寅	定	城頭土	角
17日	10/17	金	己卯	執	城頭土	亢
18日	10/18	土	庚辰	破	白鑞金	氐
19日	10/19	日	辛巳	危	白鑞金	房
20日	10/20	月	壬午	成	楊柳木	心
21日	10/21	火	癸未	納	楊柳木	尾
22日	10/22	水	甲申	開	井泉水	箕
23日	10/23	木	乙酉	閉	井泉水	斗
24日	10/24	金	丙戌	建	屋上土	牛
25日	10/25	土	丁亥	除	屋上土	女
26日	10/26	日	戊子	満	霹靂火	虚
27日	10/27	月	己丑	平	霹靂火	危
28日	10/28	火	庚寅	定	松柏木	室
29日	10/29	水	辛卯	執	松柏木	壁
30日	10/30	木	壬辰	破	長流水	奎

【十月大 辛亥 昴】
節気 立冬 6日・小雪 22日

日	西暦	曜	干支	直	納音	宿
1日	10/31	金	癸巳	危	長流水	婁
2日	11/01	土	甲午	成	沙中金	胃
3日	11/02	日	乙未	納	沙中金	昴
4日	11/03	月	丙申	開	山下火	畢
5日	11/04	火	丁酉	閉	山下火	觜
6日	11/05	水	戊戌	閉	平地木	參
7日	11/06	木	己亥	建	平地木	井
8日	11/07	金	庚子	除	壁上土	鬼
9日	11/08	土	辛丑	満	壁上土	柳
10日	11/09	日	壬寅	平	金箔金	星
11日	11/10	月	癸卯	定	金箔金	張
12日	11/11	火	甲辰	執	覆燈火	翼
13日	11/12	水	乙巳	破	覆燈火	軫
14日	11/13	木	丙午	危	天河水	角
15日	11/14	金	丁未	成	天河水	亢
16日	11/15	土	戊申	納	大驛土	氐
17日	11/16	日	己酉	開	大驛土	房
18日	11/17	月	庚戌	閉	釵釧金	心
19日	11/18	火	辛亥	建	釵釧金	尾
20日	11/19	水	壬子	除	桑柘木	箕
21日	11/20	木	癸丑	満	桑柘木	斗
22日	11/21	金	甲寅	平	大溪水	牛
23日	11/22	土	乙卯	定	大溪水	女
24日	11/23	日	丙辰	執	沙中土	虚
25日	11/24	月	丁巳	破	沙中土	危
26日	11/25	火	戊午	危	天上火	室
27日	11/26	水	己未	成	天上火	壁
28日	11/27	木	庚申	納	柘榴木	奎
29日	11/28	金	辛酉	開	柘榴木	婁
30日	11/29	土	壬戌	閉	大海水	胃

【十一月大 壬子 畢】
節気 大雪 7日・冬至 22日

日	西暦	曜	干支	直	納音	宿
1日	11/30	日	癸亥	建	大海水	昴
2日	12/01	月	甲子	除	海中金	畢
3日	12/02	火	乙丑	満	海中金	觜
4日	12/03	水	丙寅	平	爐中火	參
5日	12/04	木	丁卯	定	爐中火	井
6日	12/05	金	戊辰	執	大林木	鬼
7日	12/06	土	己巳	執	大林木	柳
8日	12/07	日	庚午	破	路傍土	星
9日	12/08	月	辛未	危	路傍土	張
10日	12/09	火	壬申	成	劍鋒金	翼
11日	12/10	水	癸酉	納	劍鋒金	軫
12日	12/11	木	甲戌	開	山頭火	角
13日	12/12	金	乙亥	閉	山頭火	亢
14日	12/13	土	丙子	建	澗下水	氐
15日	12/14	日	丁丑	除	澗下水	房
16日	12/15	月	戊寅	満	城頭土	心
17日	12/16	火	己卯	平	城頭土	尾
18日	12/17	水	庚辰	定	白鑞金	箕
19日	12/18	木	辛巳	執	白鑞金	斗
20日	12/19	金	壬午	破	楊柳木	牛
21日	12/20	土	癸未	危	楊柳木	女
22日	12/21	日	甲申	成	井泉水	虚
23日	12/22	月	乙酉	納	井泉水	危
24日	12/23	火	丙戌	開	屋上土	室
25日	12/24	水	丁亥	閉	屋上土	壁
26日	12/25	木	戊子	建	霹靂火	奎
27日	12/26	金	己丑	除	霹靂火	婁
28日	12/27	土	庚寅	満	松柏木	胃
29日	12/28	日	辛卯	平	松柏木	昴
30日	12/29	月	壬辰	定	長流水	畢

【十二月小 癸丑 觜】
節気 小寒 7日・大寒 22日
雑節 土用 19日

日	西暦	曜	干支	直	納音	宿
1日	12/30	火	癸巳	執	長流水	觜
2日	12/31	水	甲午	破	沙中金	參
	1778年					
3日	01/01	木	乙未	危	沙中金	井
4日	01/02	金	丙申	成	山下火	鬼
5日	01/03	土	丁酉	納	山下火	柳
6日	01/04	日	戊戌	開	平地木	星
7日	01/05	月	己亥	開	平地木	張
8日	01/06	火	庚子	閉	壁上土	翼
9日	01/07	水	辛丑	建	壁上土	軫
10日	01/08	木	壬寅	除	金箔金	角
11日	01/09	金	癸卯	満	金箔金	亢
12日	01/10	土	甲辰	平	覆燈火	氐
13日	01/11	日	乙巳	定	覆燈火	房
14日	01/12	月	丙午	執	天河水	心
15日	01/13	火	丁未	破	天河水	尾
16日	01/14	水	戊申	危	大驛土	箕
17日	01/15	木	己酉	成	大驛土	斗
18日	01/16	金	庚戌	納	釵釧金	牛
19日	01/17	土	辛亥	開	釵釧金	女
20日	01/18	日	壬子	閉	桑柘木	虚
21日	01/19	月	癸丑	建	桑柘木	危
22日	01/20	火	甲寅	除	大溪水	室
23日	01/21	水	乙卯	満	大溪水	壁
24日	01/22	木	丙辰	平	沙中土	奎
25日	01/23	金	丁巳	定	沙中土	婁
26日	01/24	土	戊午	執	天上火	胃
27日	01/25	日	己未	破	天上火	昴
28日	01/26	月	庚申	危	柘榴木	畢
29日	01/27	火	辛酉	成	柘榴木	觜

安永7年
1778〜1779 戊戌 角

【正月大 甲寅 参】
節気 立春 9日・雨水 24日
雑節 節分 8日

日	新暦	曜	干支	直	納音	宿
1日	01/28	水	壬戌	納	大海水	参
2日	01/29	木	癸亥	開	大海水	井
3日	01/30	金	甲子	閉	海中金	鬼
4日	01/31	土	乙丑	建	海中金	柳
5日	02/01	日	丙寅	除	炉中火	星
6日	02/02	月	丁卯	満	炉中火	張
7日	02/03	火	戊辰	定	大林木	翼
8日	02/04	水	己巳	定	大林木	軫
9日	02/05	木	庚午	執	路傍土	角
10日	02/06	金	辛未	破	路傍土	亢
11日	02/07	土	壬申	危	釵釧金	氐
12日	02/08	日	癸酉	成	釵釧金	房
13日	02/09	月	甲戌	納	山頭火	心
14日	02/10	火	乙亥	開	山頭火	尾
15日	02/11	水	丙子	閉	澗下水	箕
16日	02/12	木	丁丑	建	澗下水	斗
17日	02/13	金	戊寅	除	城頭土	牛
18日	02/14	土	己卯	除	城頭土	女
19日	02/15	日	庚辰	満	白鑞金	虚
20日	02/16	月	辛巳	平	白鑞金	危
21日	02/17	火	壬午	定	楊柳木	室
22日	02/18	水	癸未	執	楊柳木	壁
23日	02/19	木	甲申	破	井泉水	奎
24日	02/20	金	乙酉	危	井泉水	婁
25日	02/21	土	丙戌	成	屋上土	胃
26日	02/22	日	丁亥	納	屋上土	昴
27日	02/23	月	戊子	開	霹靂火	畢
28日	02/24	火	己丑	閉	霹靂火	觜
29日	02/25	水	庚寅	建	松柏木	参
30日	02/26	木	辛卯	除	松柏木	井

【二月大 乙卯 井】
節気 啓蟄 9日・春分 24日
雑節 彼岸 19日・社日 27日

日	新暦	曜	干支	直	納音	宿
1日	02/27	金	壬辰	満	長流水	鬼
2日	02/28	土	癸巳	平	長流水	柳
3日	03/01	日	甲午	定	沙中金	星
4日	03/02	月	乙未	執	沙中金	張
5日	03/03	火	丙申	破	山下火	翼
6日	03/04	水	丁酉	危	山下火	軫
7日	03/05	木	戊戌	成	平地木	角
8日	03/06	金	己亥	納	平地木	亢
9日	03/07	土	庚子	開	壁上土	氐
10日	03/08	日	辛丑	閉	壁上土	房
11日	03/09	月	壬寅	建	金箔金	心
12日	03/10	火	癸卯	除	金箔金	尾
13日	03/11	水	甲辰	満	覆燈火	箕
14日	03/12	木	乙巳	平	覆燈火	斗
15日	03/13	金	丙午	定	天河水	牛
16日	03/14	土	丁未	執	天河水	女
17日	03/15	日	戊申	破	大駅土	虚
18日	03/16	月	己酉	危	大駅土	危
19日	03/17	火	庚戌	成	釵釧金	室
20日	03/18	水	辛亥	納	釵釧金	壁
21日	03/19	木	壬子	開	桑柘木	奎
22日	03/20	金	癸丑	閉	桑柘木	婁
23日	03/21	土	甲寅	建	大渓水	胃
24日	03/22	日	乙卯	除	大渓水	昴
25日	03/23	月	丙辰	満	沙中土	畢
26日	03/24	火	丁巳	平	沙中土	觜
27日	03/25	水	戊午	定	天上火	参
28日	03/26	木	己未	執	天上火	井
29日	03/27	金	庚申	破	柘榴木	鬼
30日	03/28	土	辛酉	危	柘榴木	柳

【三月小 丙辰 鬼】
節気 清明 10日・穀雨 25日
雑節 土用 22日

日	新暦	曜	干支	直	納音	宿
1日	03/29	日	壬戌	成	大海水	星
2日	03/30	月	癸亥	納	大海水	張
3日	03/31	火	甲子	開	海中金	翼
4日	04/01	水	乙丑	閉	海中金	軫
5日	04/02	木	丙寅	建	炉中火	角
6日	04/03	金	丁卯	除	炉中火	亢
7日	04/04	土	戊辰	満	大林木	氐
8日	04/05	日	己巳	平	大林木	房
9日	04/06	月	庚午	定	路傍土	心
10日	04/07	火	辛未	執	路傍土	尾
11日	04/08	水	壬申	破	釵釧金	箕
12日	04/09	木	癸酉	危	釵釧金	斗
13日	04/10	金	甲戌	成	山頭火	牛
14日	04/11	土	乙亥	納	山頭火	女
15日	04/12	日	丙子	開	澗下水	虚
16日	04/13	月	丁丑	閉	澗下水	危
17日	04/14	火	戊寅	建	城頭土	室
18日	04/15	水	己卯	除	城頭土	壁
19日	04/16	木	庚辰	満	白鑞金	奎
20日	04/17	金	辛巳	平	白鑞金	婁
21日	04/18	土	壬午	定	楊柳木	胃
22日	04/19	日	癸未	執	楊柳木	昴
23日	04/20	月	甲申	破	井泉水	畢
24日	04/21	火	乙酉	危	井泉水	觜
25日	04/22	水	丙戌	成	屋上土	参
26日	04/23	木	丁亥	納	屋上土	井
27日	04/24	金	戊子	開	霹靂火	鬼
28日	04/25	土	己丑	閉	霹靂火	柳
29日	04/26	日	庚寅	建	松柏木	星

【四月小 丁巳 柳】
節気 立夏 11日・小満 26日
雑節 八十八夜 7日

日	新暦	曜	干支	直	納音	宿
1日	04/27	月	辛卯	閉	松柏木	張
2日	04/28	火	壬辰	建	長流水	翼
3日	04/29	水	癸巳	満	長流水	軫
4日	04/30	木	甲午	満	沙中金	角
5日	05/01	金	乙未	平	沙中金	亢
6日	05/02	土	丙申	定	山下火	氐
7日	05/03	日	丁酉	執	山下火	房
8日	05/04	月	戊戌	破	平地木	心
9日	05/05	火	己亥	危	平地木	尾
10日	05/06	水	庚子	成	壁上土	箕
11日	05/07	木	辛丑	成	壁上土	斗
12日	05/08	金	壬寅	納	金箔金	牛
13日	05/09	土	癸卯	開	金箔金	女
14日	05/10	日	甲辰	閉	覆燈火	虚
15日	05/11	月	乙巳	建	覆燈火	危
16日	05/12	火	丙午	除	天河水	室
17日	05/13	水	丁未	満	天河水	壁
18日	05/14	木	戊申	平	大駅土	奎
19日	05/15	金	己酉	定	大駅土	婁
20日	05/16	土	庚戌	執	釵釧金	胃
21日	05/17	日	辛亥	破	釵釧金	昴
22日	05/18	月	壬子	危	桑柘木	畢
23日	05/19	火	癸丑	成	桑柘木	觜
24日	05/20	水	甲寅	納	大渓水	参
25日	05/21	木	乙卯	開	大渓水	井
26日	05/22	金	丙辰	閉	沙中土	鬼
27日	05/23	土	丁巳	建	沙中土	柳
28日	05/24	日	戊午	除	天上火	星
29日	05/25	月	己未	満	天上火	張

【五月大 戊午 星】
節気 芒種 12日・夏至 28日
雑節 入梅 7日

日	新暦	曜	干支	直	納音	宿
1日	05/26	火	庚申	平	柘榴木	翼
2日	05/27	水	辛酉	定	柘榴木	軫
3日	05/28	木	壬戌	執	大海水	角
4日	05/29	金	癸亥	破	大海水	亢
5日	05/30	土	甲子	危	海中金	氐
6日	05/31	日	乙丑	成	海中金	房
7日	06/01	月	丙寅	納	炉中火	心
8日	06/02	火	丁卯	開	炉中火	尾
9日	06/03	水	戊辰	閉	大林木	箕
10日	06/04	木	己巳	建	大林木	斗
11日	06/05	金	庚午	除	路傍土	牛
12日	06/06	土	辛未	満	路傍土	女
13日	06/07	日	壬申	平	釵釧金	虚
14日	06/08	月	癸酉	定	釵釧金	危
15日	06/09	火	甲戌	執	山頭火	室
16日	06/10	水	乙亥	破	山頭火	壁
17日	06/11	木	丙子	危	澗下水	奎
18日	06/12	金	丁丑	成	澗下水	婁
19日	06/13	土	戊寅	納	城頭土	胃
20日	06/14	日	己卯	開	城頭土	昴
21日	06/15	月	庚辰	閉	白鑞金	畢
22日	06/16	火	辛巳	建	白鑞金	觜
23日	06/17	水	壬午	除	楊柳木	参
24日	06/18	木	癸未	満	楊柳木	井
25日	06/19	金	甲申	平	井泉水	鬼
26日	06/20	土	乙酉	定	井泉水	柳
27日	06/21	日	丙戌	執	屋上土	星
28日	06/22	月	丁亥	破	屋上土	張
29日	06/23	火	戊子	危	霹靂火	翼
30日	06/24	水	己丑	成	霹靂火	軫

【六月小 己未 張】
節気 小暑 13日・大暑 28日
雑節 半夏生 8日・土用 25日

日	新暦	曜	干支	直	納音	宿
1日	06/25	木	庚寅	成	松柏木	角
2日	06/26	金	辛卯	納	松柏木	亢
3日	06/27	土	壬辰	開	長流水	氐
4日	06/28	日	癸巳	閉	長流水	房
5日	06/29	月	甲午	建	沙中金	心
6日	06/30	火	乙未	除	沙中金	尾
7日	07/01	水	丙申	満	山下火	箕
8日	07/02	木	丁酉	平	山下火	斗
9日	07/03	金	戊戌	定	平地木	牛
10日	07/04	土	己亥	執	平地木	女
11日	07/05	日	庚子	破	壁上土	虚
12日	07/06	月	辛丑	危	壁上土	危
13日	07/07	火	壬寅	成	金箔金	室
14日	07/08	水	癸卯	納	金箔金	壁
15日	07/09	木	甲辰	開	覆燈火	奎
16日	07/10	金	乙巳	閉	覆燈火	婁
17日	07/11	土	丙午	建	天河水	胃
18日	07/12	日	丁未	除	天河水	昴
19日	07/13	月	戊申	満	大駅土	畢
20日	07/14	火	己酉	平	大駅土	觜
21日	07/15	水	庚戌	定	釵釧金	参
22日	07/16	木	辛亥	執	釵釧金	井
23日	07/17	金	壬子	破	桑柘木	鬼
24日	07/18	土	癸丑	危	桑柘木	柳
25日	07/19	日	甲寅	成	大渓水	星
26日	07/20	月	乙卯	納	大渓水	張
27日	07/21	火	丙辰	開	沙中土	翼
28日	07/22	水	丁巳	閉	沙中土	軫
29日	07/23	木	戊午	建	天上火	角

【七月小 庚申 翼】
節気 立秋 14日・処暑 29日

日	新暦	曜	干支	直	納音	宿
1日	07/24	金	己未	除	天上火	亢
2日	07/25	土	庚申	満	柘榴木	氐
3日	07/26	日	辛酉	平	柘榴木	房
4日	07/27	月	壬戌	定	大海水	心
5日	07/28	火	癸亥	執	大海水	尾
6日	07/29	水	甲子	破	海中金	箕
7日	07/30	木	乙丑	危	海中金	斗
8日	07/31	金	丙寅	成	炉中火	牛
9日	08/01	土	丁卯	納	炉中火	女
10日	08/02	日	戊辰	開	大林木	虚
11日	08/03	月	己巳	閉	大林木	危
12日	08/04	火	庚午	建	路傍土	室
13日	08/05	水	辛未	除	路傍土	壁
14日	08/06	木	壬申	建	釵釧金	奎
15日	08/07	金	癸酉	除	釵釧金	婁

安永7年

西暦	曜	干支	直	納音	宿
16日 08/08	土	甲戌	満	山頭火	胃
17日 08/09	日	乙亥	破	山頭火	昴
18日 08/10	月	丙子	定	澗下水	畢
19日 08/11	火	丁丑	執	澗下水	觜
20日 08/12	水	戊寅	破	城頭土	参
21日 08/13	木	己卯	危	城頭土	井
22日 08/14	金	庚辰	納	白鑞金	柳
23日 08/15	土	辛巳	納	白鑞金	星
24日 08/16	日	壬午	開	楊柳木	張
25日 08/17	月	癸未	開	楊柳木	翼
26日 08/18	火	甲申	建	井泉水	軫
27日 08/19	水	乙酉	除	井泉水	角
28日 08/20	木	丙戌	満	屋上土	亢
29日 08/21	金	丁亥	平	屋上土	氐

【閏七月大 庚申 翼】
節気 白露 16日
雑節 二百十日 12日・彼岸 30日

1日 08/22	土	戊子	定	霹靂火	氐
2日 08/23	日	己丑	執	霹靂火	房
3日 08/24	月	庚寅	破	松柏木	心
4日 08/25	火	辛卯	危	松柏木	尾
5日 08/26	水	壬辰	成	長流水	箕
6日 08/27	木	癸巳	納	長流水	斗
7日 08/28	金	甲午	開	沙中金	牛
8日 08/29	土	乙未	閉	沙中金	女
9日 08/30	日	丙申	建	山下火	虚
10日 08/31	月	丁酉	除	山下火	危
11日 09/01	火	戊戌	満	平地木	室
12日 09/02	水	己亥	平	平地木	壁
13日 09/03	木	庚子	定	壁上土	奎
14日 09/04	金	辛丑	執	壁上土	婁
15日 09/05	土	壬寅	破	金箔金	胃
16日 09/06	日	癸卯	危	金箔金	昴
17日 09/07	月	甲辰	成	覆燈火	畢
18日 09/08	火	乙巳	成	覆燈火	觜
19日 09/09	水	丙午	納	天河水	参
20日 09/10	木	丁未	開	天河水	井
21日 09/11	金	戊申	閉	大駅土	鬼
22日 09/12	土	己酉	建	大駅土	柳
23日 09/13	日	庚戌	除	釵釧金	星
24日 09/14	月	辛亥	満	釵釧金	張
25日 09/15	火	壬子	平	桑柘木	翼
26日 09/16	水	癸丑	定	桑柘木	軫
27日 09/17	木	甲寅	執	大渓水	角
28日 09/18	金	乙卯	破	大渓水	亢
29日 09/19	土	丙辰	危	沙中土	氐
30日 09/20	日	丁巳	成	沙中土	房

【八月小 辛酉 軫】
節気 秋分 1日・寒露 16日
雑節 社日 1日・土用 28日

1日 09/21	月	戊午	定	天上火	心
2日 09/22	火	己未	執	天上火	尾
3日 09/23	水	庚申	破	柘榴木	箕
4日 09/24	木	辛酉	建	柘榴木	斗
5日 09/25	金	壬戌	除	大海水	牛
6日 09/26	土	癸亥	満	大海水	女
7日 09/27	日	甲子	平	海中金	虚
8日 09/28	月	乙丑	定	海中金	危
9日 09/29	火	丙寅	破	炉中火	室
10日 09/30	水	丁卯	危	炉中火	壁
11日 10/01	木	戊辰	危	大林木	奎
12日 10/02	金	己巳	納	大林木	婁
13日 10/03	土	庚午	開	路傍土	胃
14日 10/04	日	辛未	閉	路傍土	昴
15日 10/05	月	壬申	建	剣鋒金	畢
16日 10/06	火	癸酉	除	剣鋒金	觜
17日 10/07	水	甲戌	満	山頭火	参
18日 10/08	木	乙亥	建	山頭火	井
19日 10/09	金	丙子	満	澗下水	鬼
20日 10/10	土	丁丑	平	澗下水	柳
21日 10/11	日	戊寅	定	城頭土	星
22日 10/12	月	己卯	執	城頭土	張
23日 10/13	火	庚辰	破	白鑞金	翼
24日 10/14	水	辛巳	危	白鑞金	軫
25日 10/15	木	壬午	成	楊柳木	角
26日 10/16	金	癸未	納	楊柳木	亢
27日 10/17	土	甲申	開	井泉水	氐
28日 10/18	日	乙酉	閉	井泉水	房
29日 10/19	月	丙戌	建	屋上土	心

【九月大 壬戌 角】
節気 霜降 2日・立冬 18日

1日 10/20	火	丁亥	除	屋上土	尾
2日 10/21	水	戊子	満	霹靂火	箕
3日 10/22	木	己丑	平	霹靂火	斗
4日 10/23	金	庚寅	定	松柏木	牛
5日 10/24	土	辛卯	執	松柏木	女
6日 10/25	日	壬辰	破	長流水	虚
7日 10/26	月	癸巳	危	長流水	危
8日 10/27	火	甲午	成	沙中金	室
9日 10/28	水	乙未	納	沙中金	壁
10日 10/29	木	丙申	開	山下火	奎
11日 10/30	金	丁酉	閉	山下火	婁
12日 10/31	土	戊戌	建	平地木	胃
13日 11/01	日	己亥	除	平地木	昴
14日 11/02	月	庚子	満	壁上土	畢
15日 11/03	火	辛丑	平	壁上土	觜
16日 11/04	水	壬寅	定	金箔金	参
17日 11/05	木	癸卯	執	金箔金	井
18日 11/06	金	甲辰	執	覆燈火	鬼
19日 11/07	土	乙巳	破	覆燈火	柳
20日 11/08	日	丙午	危	天河水	星
21日 11/09	月	丁未	成	天河水	張
22日 11/10	火	戊申	納	大駅土	翼
23日 11/11	水	己酉	開	大駅土	軫
24日 11/12	木	庚戌	閉	釵釧金	角
25日 11/13	金	辛亥	建	釵釧金	亢
26日 11/14	土	壬子	除	桑柘木	氐
27日 11/15	日	癸丑	満	桑柘木	房
28日 11/16	月	甲寅	平	大渓水	心
29日 11/17	火	乙卯	定	大渓水	尾
30日 11/18	水	丙辰	執	沙中土	箕

【十月大 癸亥 亢】
節気 小雪 3日・大雪 18日

1日 11/19	木	丁巳	破	沙中土	斗
2日 11/20	金	戊午	危	天上火	女
3日 11/21	土	己未	成	天上火	虚
4日 11/22	日	庚申	納	柘榴木	危
5日 11/23	月	辛酉	開	柘榴木	室
6日 11/24	火	壬戌	閉	大海水	壁
7日 11/25	水	癸亥	建	大海水	奎
8日 11/26	木	甲子	除	海中金	婁
9日 11/27	金	乙丑	満	海中金	胃
10日 11/28	土	丙寅	平	炉中火	昴
11日 11/29	日	丁卯	定	炉中火	畢
12日 11/30	月	戊辰	執	大林木	觜
13日 12/01	火	己巳	破	大林木	参
14日 12/02	水	庚午	危	路傍土	井
15日 12/03	木	辛未	成	路傍土	鬼
16日 12/04	金	壬申	納	剣鋒金	柳
17日 12/05	土	癸酉	開	剣鋒金	星
18日 12/06	日	甲戌	閉	山頭火	張
19日 12/07	月	乙亥	建	山頭火	翼
20日 12/08	火	丙子	除	澗下水	軫
21日 12/09	水	丁丑	満	澗下水	角
22日 12/10	木	戊寅	平	城頭土	亢
23日 12/11	金	己卯	定	城頭土	氐
24日 12/12	土	庚辰	執	白鑞金	房
25日 12/13	日	辛巳	破	白鑞金	心
26日 12/14	月	壬午	危	楊柳木	尾
27日 12/15	火	癸未	成	楊柳木	箕
28日 12/16	水	甲申	納	井泉水	斗
29日 12/17	木	乙酉	納	井泉水	斗
30日 12/18	金	丙戌	開	屋上土	牛

【十一月大 甲子 氐】
節気 冬至 3日・小寒 18日

1日 12/19	土	丁亥	閉	屋上土	女
2日 12/20	日	戊子	建	霹靂火	虚
3日 12/21	月	己丑	満	霹靂火	危
4日 12/22	火	庚寅	満	松柏木	室
5日 12/23	水	辛卯	平	松柏木	壁
6日 12/24	木	壬辰	定	長流水	奎
7日 12/25	金	癸巳	執	長流水	婁
8日 12/26	土	甲午	破	沙中金	胃
9日 12/27	日	乙未	危	沙中金	昴
10日 12/28	月	丙申	成	山下火	畢
11日 12/29	火	丁酉	納	山下火	觜
12日 12/30	水	戊戌	開	平地木	参
13日 12/31	木	己亥	閉	平地木	井

1779年

14日 01/01	金	庚子	建	壁上土	鬼
15日 01/02	土	辛丑	満	壁上土	柳
16日 01/03	日	壬寅	満	金箔金	星
17日 01/04	月	癸卯	平	金箔金	張
18日 01/05	火	甲辰	定	覆燈火	翼
19日 01/06	水	乙巳	執	覆燈火	軫
20日 01/07	木	丙午	執	天河水	角
21日 01/08	金	丁未	破	天河水	亢
22日 01/09	土	戊申	危	大駅土	氐
23日 01/10	日	己酉	成	大駅土	房
24日 01/11	月	庚戌	納	釵釧金	心
25日 01/12	火	辛亥	開	釵釧金	尾
26日 01/13	水	壬子	閉	桑柘木	箕
27日 01/14	木	癸丑	建	桑柘木	斗
28日 01/15	金	甲寅	除	大渓水	牛
29日 01/16	土	乙卯	満	大渓水	女
30日 01/17	日	丙辰	平	沙中土	虚

【十二月小 乙丑 房】
節気 大寒 4日・立春 19日
雑節 土用 1日・節分 18日

1日 01/18	月	丁巳	定	沙中土	危
2日 01/19	火	戊午	執	天上火	室
3日 01/20	水	己未	破	天上火	壁
4日 01/21	木	庚申	危	柘榴木	奎
5日 01/22	金	辛酉	成	柘榴木	婁
6日 01/23	土	壬戌	納	大海水	胃
7日 01/24	日	癸亥	開	大海水	昴
8日 01/25	月	甲子	閉	海中金	畢
9日 01/26	火	乙丑	建	海中金	觜
10日 01/27	水	丙寅	除	炉中火	参
11日 01/28	木	丁卯	満	炉中火	井
12日 01/29	金	戊辰	平	大林木	鬼
13日 01/30	土	己巳	定	大林木	柳
14日 01/31	日	庚午	執	路傍土	星
15日 02/01	月	辛未	破	路傍土	張
16日 02/02	火	壬申	危	剣鋒金	翼
17日 02/03	水	癸酉	成	剣鋒金	軫
18日 02/04	木	甲戌	納	山頭火	角
19日 02/05	金	乙亥	開	山頭火	亢
20日 02/06	土	丙子	閉	澗下水	氐
21日 02/07	日	丁丑	建	澗下水	房
22日 02/08	月	戊寅	除	城頭土	心
23日 02/09	火	己卯	満	城頭土	尾
24日 02/10	水	庚辰	平	白鑞金	箕
25日 02/11	木	辛巳	定	白鑞金	斗
26日 02/12	金	壬午	定	楊柳木	牛
27日 02/13	土	癸未	執	楊柳木	女
28日 02/14	日	甲申	破	井泉水	虚
29日 02/15	月	乙酉	危	井泉水	危

安永8年
1779〜1780　己亥　亢

【正月大 丙寅 心】
節気　雨水 5日・啓蟄 20日

日	新暦	曜	干支	直	納音	宿
1日	02/16	火	丙戌	成	屋上土	室
2日	02/17	水	丁亥	納	屋上土	壁
3日	02/18	木	戊子	開	霹靂火	奎
4日	02/19	金	己丑	閉	霹靂火	婁
5日	02/20	土	庚寅	建	松柏木	胃
6日	02/21	日	辛卯	除	松柏木	昴
7日	02/22	月	壬辰	満	長流水	畢
8日	02/23	火	癸巳	平	長流水	觜
9日	02/24	水	甲午	定	沙中金	参
10日	02/25	木	乙未	執	沙中金	井
11日	02/26	金	丙申	破	山下火	鬼
12日	02/27	土	丁酉	危	山下火	柳
13日	02/28	日	戊戌	成	平地木	星
14日	03/01	月	己亥	納	平地木	張
15日	03/02	火	庚子	開	壁上土	翼
16日	03/03	水	辛丑	閉	壁上土	軫
17日	03/04	木	壬寅	建	金箔金	角
18日	03/05	金	癸卯	除	金箔金	亢
19日	03/06	土	甲辰	満	覆燈火	氐
20日	03/07	日	乙巳	平	覆燈火	房
21日	03/08	月	丙午	平	天河水	心
22日	03/09	火	丁未	定	天河水	尾
23日	03/10	水	戊申	執	大駅土	箕
24日	03/11	木	己酉	破	大駅土	斗
25日	03/12	金	庚戌	危	釵釧金	牛
26日	03/13	土	辛亥	成	釵釧金	女
27日	03/14	日	壬子	納	桑柘木	虚
28日	03/15	月	癸丑	開	桑柘木	危
29日	03/16	火	甲寅	閉	大溪水	室
30日	03/17	水	乙卯	建	大溪水	壁

【二月大 丁卯 尾】
節気　春分 6日・清明 21日
雑節　彼岸 1日・社日 3日

日	新暦	曜	干支	直	納音	宿
1日	03/18	木	丙辰	除	沙中土	奎
2日	03/19	金	丁巳	満	沙中土	婁
3日	03/20	土	戊午	平	天上火	胃
4日	03/21	日	己未	定	天上火	昴
5日	03/22	月	庚申	執	柘榴木	畢
6日	03/23	火	辛酉	破	柘榴木	觜
7日	03/24	水	壬戌	危	大海水	参
8日	03/25	木	癸亥	成	大海水	井
9日	03/26	金	甲子	納	海中金	鬼
10日	03/27	土	乙丑	開	海中金	柳
11日	03/28	日	丙寅	閉	爐中火	星
12日	03/29	月	丁卯	建	爐中火	張
13日	03/30	火	戊辰	除	大林木	翼
14日	03/31	水	己巳	満	大林木	軫
15日	04/01	木	庚午	平	路傍土	角
16日	04/02	金	辛未	定	路傍土	亢
17日	04/03	土	壬申	執	釼鋒金	氐
18日	04/04	日	癸酉	破	釼鋒金	房
19日	04/05	月	甲戌	危	山頭火	心
20日	04/06	火	乙亥	成	山頭火	尾
21日	04/07	水	丙子	成	澗下水	箕
22日	04/08	木	丁丑	納	澗下水	斗
23日	04/09	金	戊寅	開	城頭土	牛
24日	04/10	土	己卯	閉	城頭土	女
25日	04/11	日	庚辰	建	白鑞金	虚
26日	04/12	月	辛巳	除	白鑞金	危
27日	04/13	火	壬午	満	楊柳木	室
28日	04/14	水	癸未	平	楊柳木	壁
29日	04/15	木	甲申	定	井泉水	奎
30日	04/16	金	乙酉	執	井泉水	婁

【三月小 戊辰 箕】
節気　穀雨 6日・立夏 21日
雑節　土用 3日・八十八夜 17日

日	新暦	曜	干支	直	納音	宿
1日	04/17	土	丙戌	破	屋上土	胃
2日	04/18	日	丁亥	危	屋上土	昴
3日	04/19	月	戊子	成	霹靂火	畢
4日	04/20	火	己丑	納	霹靂火	觜
5日	04/21	水	庚寅	開	松柏木	参
6日	04/22	木	辛卯	閉	松柏木	井
7日	04/23	金	壬辰	建	長流水	鬼
8日	04/24	土	癸巳	除	長流水	柳
9日	04/25	日	甲午	満	沙中金	星
10日	04/26	月	乙未	平	沙中金	張
11日	04/27	火	丙申	定	山下火	翼
12日	04/28	水	丁酉	執	山下火	軫
13日	04/29	木	戊戌	破	平地木	角
14日	04/30	金	己亥	危	平地木	亢
15日	05/01	土	庚子	成	壁上土	氐
16日	05/02	日	辛丑	納	壁上土	房
17日	05/03	月	壬寅	開	金箔金	心
18日	05/04	火	癸卯	閉	金箔金	尾
19日	05/05	水	甲辰	建	覆燈火	箕
20日	05/06	木	乙巳	除	覆燈火	斗
21日	05/07	金	丙午	満	天河水	牛
22日	05/08	土	丁未	平	天河水	女
23日	05/09	日	戊申	定	大駅土	虚
24日	05/10	月	己酉	執	大駅土	危
25日	05/11	火	庚戌	破	釵釧金	室
26日	05/12	水	辛亥	危	釵釧金	壁
27日	05/13	木	壬子	成	桑柘木	奎
28日	05/14	金	癸丑	納	桑柘木	婁
29日	05/15	土	甲寅	開	大溪水	胃

【四月小 己巳 斗】
節気　小満 7日・芒種 23日
雑節　入梅 28日

日	新暦	曜	干支	直	納音	宿
1日	05/16	日	乙卯	開	大溪水	昴
2日	05/17	月	丙辰	閉	沙中土	畢
3日	05/18	火	丁巳	建	沙中土	觜
4日	05/19	水	戊午	除	天上火	参
5日	05/20	木	己未	満	天上火	井
6日	05/21	金	庚申	平	柘榴木	鬼
7日	05/22	土	辛酉	定	柘榴木	柳
8日	05/23	日	壬戌	執	大海水	星
9日	05/24	月	癸亥	破	大海水	張
10日	05/25	火	甲子	危	海中金	翼
11日	05/26	水	乙丑	成	海中金	軫
12日	05/27	木	丙寅	納	爐中火	角
13日	05/28	金	丁卯	開	爐中火	亢
14日	05/29	土	戊辰	閉	大林木	氐
15日	05/30	日	己巳	建	大林木	房
16日	05/31	月	庚午	除	路傍土	心
17日	06/01	火	辛未	満	路傍土	尾
18日	06/02	水	壬申	平	釼鋒金	箕
19日	06/03	木	癸酉	定	釼鋒金	斗
20日	06/04	金	甲戌	執	山頭火	牛
21日	06/05	土	乙亥	破	山頭火	女
22日	06/06	日	丙子	危	澗下水	虚
23日	06/07	月	丁丑	危	澗下水	危
24日	06/08	火	戊寅	成	城頭土	室
25日	06/09	水	己卯	納	城頭土	壁
26日	06/10	木	庚辰	開	白鑞金	奎
27日	06/11	金	辛巳	閉	白鑞金	婁
28日	06/12	土	壬午	建	楊柳木	胃

【五月大 庚午 牛】
節気　夏至 9日・小暑 24日
雑節　半夏生 19日

日	新暦	曜	干支	直	納音	宿
1日	06/14	月	甲申	満	井泉水	畢
2日	06/15	火	乙酉	平	井泉水	觜
3日	06/16	水	丙戌	定	屋上土	参
4日	06/17	木	丁亥	執	屋上土	井
5日	06/18	金	戊子	破	霹靂火	鬼
6日	06/19	土	己丑	危	霹靂火	柳
7日	06/20	日	庚寅	成	松柏木	星
8日	06/21	月	辛卯	納	松柏木	張
9日	06/22	火	壬辰	開	長流水	翼
10日	06/23	水	癸巳	閉	長流水	軫
11日	06/24	木	甲午	建	沙中金	角
12日	06/25	金	乙未	除	沙中金	亢
13日	06/26	土	丙申	満	山下火	氐
14日	06/27	日	丁酉	平	山下火	房
15日	06/28	月	戊戌	定	平地木	心
16日	06/29	火	己亥	執	平地木	尾
17日	06/30	水	庚子	破	壁上土	箕
18日	07/01	木	辛丑	危	壁上土	斗
19日	07/02	金	壬寅	成	金箔金	牛
20日	07/03	土	癸卯	納	金箔金	女
21日	07/04	日	甲辰	開	覆燈火	虚
22日	07/05	月	乙巳	閉	覆燈火	危
23日	07/06	火	丙午	建	天河水	室
24日	07/07	水	丁未	除	天河水	壁
25日	07/08	木	戊申	満	大駅土	奎
26日	07/09	金	己酉	平	大駅土	婁
27日	07/10	土	庚戌	平	釵釧金	胃
28日	07/11	日	辛亥	定	釵釧金	昴
29日	07/12	月	壬子	執	桑柘木	畢
30日	07/13	火	癸丑	破	桑柘木	觜

【六月小 辛未 女】
節気　大暑 9日・立秋 24日
雑節　土用 6日

日	新暦	曜	干支	直	納音	宿
1日	07/14	水	甲寅	危	大溪水	参
2日	07/15	木	乙卯	成	大溪水	井
3日	07/16	金	丙辰	納	沙中土	鬼
4日	07/17	土	丁巳	開	沙中土	柳
5日	07/18	日	戊午	閉	天上火	星
6日	07/19	月	己未	建	天上火	張
7日	07/20	火	庚申	除	柘榴木	翼
8日	07/21	水	辛酉	満	柘榴木	軫
9日	07/22	木	壬戌	平	大海水	角
10日	07/23	金	癸亥	定	大海水	亢
11日	07/24	土	甲子	執	海中金	氐
12日	07/25	日	乙丑	破	海中金	房
13日	07/26	月	丙寅	危	爐中火	心
14日	07/27	火	丁卯	成	爐中火	尾
15日	07/28	水	戊辰	納	大林木	箕
16日	07/29	木	己巳	開	大林木	斗
17日	07/30	金	庚午	閉	路傍土	牛
18日	07/31	土	辛未	建	路傍土	女
19日	08/01	日	壬申	除	釼鋒金	虚
20日	08/02	月	癸酉	満	釼鋒金	危
21日	08/03	火	甲戌	平	山頭火	室
22日	08/04	水	乙亥	定	山頭火	壁
23日	08/05	木	丙子	執	澗下水	奎
24日	08/06	金	丁丑	破	澗下水	婁
25日	08/07	土	戊寅	破	城頭土	胃
26日	08/08	日	己卯	危	城頭土	昴
27日	08/09	月	庚辰	成	白鑞金	畢
28日	08/10	火	辛巳	納	白鑞金	觜
29日	08/11	水	壬午	開	楊柳木	参

西暦 曜 干支 直 納音 宿 　　　　　　安永8年

【七月小 壬申 虚】
節気 処暑 11日・白露 26日
雑節 二百十日 22日

日	西暦	曜	干支	直	納音	宿
1日	08/12	木	癸未	閉	楊柳木	井
2日	08/13	金	甲申	建	井泉水	鬼
3日	08/14	土	乙酉	除	井泉水	柳
4日	08/15	日	丙戌	満	屋上土	星
5日	08/16	月	丁亥	平	屋上土	張
6日	08/17	火	戊子	定	霹靂火	翼
7日	08/18	水	己丑	執	霹靂火	軫
8日	08/19	木	庚寅	破	松柏木	角
9日	08/20	金	辛卯	危	松柏木	亢
10日	08/21	土	壬辰	成	長流水	氐
11日	08/22	日	癸巳	納	長流水	房
12日	08/23	月	甲午	開	沙中金	心
13日	08/24	火	乙未	閉	沙中金	尾
14日	08/25	水	丙申	建	山下火	箕
15日	08/26	木	丁酉	除	山下火	斗
16日	08/27	金	戊戌	満	平地木	女
17日	08/28	土	己亥	定	平地木	虚
18日	08/29	日	庚子	定	壁上土	危
19日	08/30	月	辛丑	執	壁上土	室
20日	08/31	火	壬寅	破	金箔金	壁
21日	09/01	水	癸卯	危	金箔金	奎
22日	09/02	木	甲辰	成	覆燈火	奎
23日	09/03	金	乙巳	納	覆燈火	婁
24日	09/04	土	丙午	開	天河水	胃
25日	09/05	日	丁未	閉	天河水	昴
26日	09/06	月	戊申	閉	大駅土	畢
27日	09/07	火	己酉	建	大駅土	觜
28日	09/08	水	庚戌	除	釵釧金	参
29日	09/09	木	辛亥	満	釵釧金	井

【八月大 癸酉 危】
節気 秋分 12日・寒露 27日
雑節 社日 7日・彼岸 11日

日	西暦	曜	干支	直	納音	宿
1日	09/10	金	壬子	平	桑柘木	鬼
2日	09/11	土	癸丑	定	桑柘木	柳
3日	09/12	日	甲寅	執	大溪水	星
4日	09/13	月	乙卯	破	大溪水	張
5日	09/14	火	丙辰	危	沙中土	翼
6日	09/15	水	丁巳	成	沙中土	軫
7日	09/16	木	戊午	納	天上火	角
8日	09/17	金	己未	開	天上火	亢
9日	09/18	土	庚申	閉	柘榴木	氐
10日	09/19	日	辛酉	建	柘榴木	房
11日	09/20	月	壬戌	除	大海水	心
12日	09/21	火	癸亥	満	大海水	尾
13日	09/22	水	甲子	平	海中金	箕
14日	09/23	木	乙丑	定	海中金	斗
15日	09/24	金	丙寅	執	爐中火	牛
16日	09/25	土	丁卯	破	爐中火	女
17日	09/26	日	戊辰	危	大林木	虚
18日	09/27	月	己巳	成	大林木	危
19日	09/28	火	庚午	納	路傍土	室
20日	09/29	水	辛未	開	路傍土	壁
21日	09/30	木	壬申	建	釵鋒金	奎
22日	10/01	金	癸酉	除	釵鋒金	婁
23日	10/02	土	甲戌	除	山頭火	胃
24日	10/03	日	乙亥	満	山頭火	昴
25日	10/04	月	丙子	平	澗下水	畢
26日	10/05	火	丁丑	定	澗下水	觜
27日	10/06	水	戊寅	定	城頭土	参
28日	10/07	木	己卯	執	城頭土	井
29日	10/08	金	庚辰	破	白鑞金	鬼
30日	10/09	土	辛巳	危	白鑞金	柳

【九月小 甲戌 室】
節気 霜降 13日・立冬 28日
雑節 土用 10日

日	西暦	曜	干支	直	納音	宿
1日	10/10	日	壬午	成	楊柳木	星
2日	10/11	月	癸未	納	楊柳木	張
3日	10/12	火	甲申	開	井泉水	翼
4日	10/13	水	乙酉	閉	井泉水	軫
5日	10/14	木	丙戌	建	屋上土	角
6日	10/15	金	丁亥	除	屋上土	亢
7日	10/16	土	戊子	満	霹靂火	氐
8日	10/17	日	己丑	平	霹靂火	房
9日	10/18	月	庚寅	定	松柏木	心
10日	10/19	火	辛卯	執	松柏木	尾
11日	10/20	水	壬辰	破	長流水	箕
12日	10/21	木	癸巳	危	長流水	斗
13日	10/22	金	甲午	成	沙中金	牛
14日	10/23	土	乙未	納	沙中金	女
15日	10/24	日	丙申	開	山下火	虚
16日	10/25	月	丁酉	閉	山下火	危
17日	10/26	火	戊戌	建	平地木	室
18日	10/27	水	己亥	除	平地木	壁
19日	10/28	木	庚子	平	壁上土	奎
20日	10/29	金	辛丑	平	壁上土	婁
21日	10/30	土	壬寅	定	金箔金	胃
22日	10/31	日	癸卯	執	金箔金	昴
23日	11/01	月	甲辰	破	覆燈火	畢
24日	11/02	火	乙巳	危	覆燈火	觜
25日	11/03	水	丙午	成	天河水	参
26日	11/04	木	丁未	納	天河水	井
27日	11/05	金	戊申	開	大駅土	鬼
28日	11/06	土	己酉	開	大駅土	柳
29日	11/07	日	庚戌	閉	釵釧金	星

【十月大 乙亥 壁】
節気 小雪 14日・大雪 29日

日	西暦	曜	干支	直	納音	宿
1日	11/08	月	辛亥	建	釵釧金	張
2日	11/09	火	壬子	除	桑柘木	翼
3日	11/10	水	癸丑	満	桑柘木	軫
4日	11/11	木	甲寅	平	大溪水	角
5日	11/12	金	乙卯	定	大溪水	亢
6日	11/13	土	丙辰	執	沙中土	氐
7日	11/14	日	丁巳	破	沙中土	房
8日	11/15	月	戊午	危	天上火	心
9日	11/16	火	己未	成	天上火	尾
10日	11/17	水	庚申	納	柘榴木	箕
11日	11/18	木	辛酉	開	柘榴木	斗
12日	11/19	金	壬戌	閉	大海水	牛
13日	11/20	土	癸亥	建	大海水	女
14日	11/21	日	甲子	除	海中金	虚
15日	11/22	月	乙丑	満	海中金	危
16日☆	11/23	火	丙寅	平	爐中火	室
17日	11/24	水	丁卯	定	爐中火	壁
18日	11/25	木	戊辰	執	大林木	奎
19日	11/26	金	己巳	破	大林木	婁
20日	11/27	土	庚午	危	路傍土	胃
21日	11/28	日	辛未	成	路傍土	昴
22日	11/29	月	壬申	納	釵鋒金	畢
23日	11/30	火	癸酉	開	釵鋒金	觜
24日	12/01	水	甲戌	閉	山頭火	参
25日	12/02	木	乙亥	除	山頭火	井
26日	12/03	金	丙子	除	澗下水	鬼
27日	12/04	土	丁丑	満	澗下水	柳
28日	12/05	日	戊寅	平	城頭土	星
29日	12/06	月	己卯	定	城頭土	張
30日	12/07	火	庚辰	定	白鑞金	翼

【十一月大 丙子 奎】
節気 冬至 14日・小寒 30日

日	西暦	曜	干支	直	納音	宿
1日	12/08	水	辛巳	執	白鑞金	軫
2日	12/09	木	壬午	破	楊柳木	角
3日	12/10	金	癸未	危	楊柳木	亢
4日	12/11	土	甲申	成	井泉水	氐
5日	12/12	日	乙酉	納	井泉水	房
6日	12/13	月	丙戌	開	屋上土	心
7日	12/14	火	丁亥	建	屋上土	尾
8日	12/15	水	戊子	建	霹靂火	箕
9日	12/16	木	己丑	除	霹靂火	斗
10日	12/17	金	庚寅	満	松柏木	牛
11日	12/18	土	辛卯	定	松柏木	女
12日	12/19	日	壬辰	定	長流水	虚
13日	12/20	月	癸巳	執	長流水	危
14日	12/21	火	甲午	破	沙中金	室
15日	12/22	水	乙未	危	沙中金	壁
16日	12/23	木	丙申	成	山下火	奎
17日	12/24	金	丁酉	納	山下火	婁
18日	12/25	土	戊戌	開	平地木	胃
19日	12/26	日	己亥	閉	平地木	昴
20日	12/27	月	庚子	建	壁上土	畢
21日	12/28	火	辛丑	除	壁上土	觜
22日	12/29	水	壬寅	満	金箔金	参
23日	12/30	木	癸卯	平	金箔金	井
24日	12/31	金	甲辰	定	覆燈火	鬼

1780年

日	西暦	曜	干支	直	納音	宿
25日	01/01	土	乙巳	執	覆燈火	柳
26日	01/02	日	丙午	破	天河水	星
27日	01/03	月	丁未	危	天河水	張
28日	01/04	火	戊申	成	大駅土	翼
29日	01/05	水	己酉	納	大駅土	軫
30日	01/06	木	庚戌	納	釵釧金	角

【十二月小 丁丑 婁】
節気 大寒 15日
雑節 土用 12日・節分 29日

日	西暦	曜	干支	直	納音	宿
1日	01/07	金	辛亥	開	釵釧金	亢
2日	01/08	土	壬子	閉	桑柘木	氐
3日	01/09	日	癸丑	建	桑柘木	房
4日	01/10	月	甲寅	除	大溪水	心
5日	01/11	火	乙卯	満	大溪水	尾
6日	01/12	水	丙辰	平	沙中土	箕
7日	01/13	木	丁巳	定	沙中土	斗
8日	01/14	金	戊午	執	天上火	牛
9日	01/15	土	己未	危	天上火	虚
10日	01/16	日	庚申	危	柘榴木	虚
11日	01/17	月	辛酉	成	柘榴木	危
12日	01/18	火	壬戌	納	大海水	室
13日	01/19	水	癸亥	開	大海水	壁
14日	01/20	木	甲子	閉	海中金	奎
15日	01/21	金	乙丑	建	海中金	婁
16日	01/22	土	丙寅	除	爐中火	胃
17日	01/23	日	丁卯	満	爐中火	昴
18日	01/24	月	戊辰	平	大林木	畢
19日	01/25	火	己巳	定	大林木	觜
20日	01/26	水	庚午	執	路傍土	参
21日	01/27	木	辛未	破	路傍土	井
22日	01/28	金	壬申	危	釵鋒金	鬼
23日	01/29	土	癸酉	成	釵鋒金	柳
24日	01/30	日	甲戌	納	山頭火	星
25日	01/31	月	乙亥	開	山頭火	張
26日	02/01	火	丙子	閉	澗下水	翼
27日	02/02	水	丁丑	除	澗下水	軫
28日	02/03	木	戊寅	除	城頭土	角
29日	02/04	金	己卯	満	城頭土	亢

安永9年
1780～1781 庚子 氐

【正月大 戊寅 胃】
節気 立春 1日・雨水 16日

日	月日	曜	干支	直	納音	宿
1日	02/05	土	庚辰	満	白鑞金	氐
2日	02/06	日	辛巳	平	白鑞金	房
3日	02/07	月	壬午	定	楊柳木	心
4日	02/08	火	癸未	執	楊柳木	尾
5日	02/09	水	甲申	破	井泉水	箕
6日	02/10	木	乙酉	危	井泉水	斗
7日	02/11	金	丙戌	成	屋上土	牛
8日	02/12	土	丁亥	納	屋上土	女
9日	02/13	日	戊子	開	霹靂火	虚
10日	02/14	月	己丑	建	霹靂火	危
11日	02/15	火	庚寅	建	松柏木	室
12日	02/16	水	辛卯	除	松柏木	壁
13日	02/17	木	壬辰	満	長流水	奎
14日	02/18	金	癸巳	平	長流水	婁
15日	02/19	土	甲午	定	沙中金	胃
16日	02/20	日	乙未	執	沙中金	昴
17日	02/21	月	丙申	破	山下火	畢
18日	02/22	火	丁酉	危	山下火	觜
19日	02/23	水	戊戌	成	平地木	参
20日	02/24	木	己亥	納	平地木	井
21日	02/25	金	庚子	開	壁上土	鬼
22日	02/26	土	辛丑	閉	壁上土	柳
23日	02/27	日	壬寅	建	金箔金	星
24日	02/28	月	癸卯	除	金箔金	張
25日	02/29	火	甲辰	満	覆燈火	翼
26日	03/01	水	乙巳	平	覆燈火	軫
27日	03/02	木	丙午	定	天河水	角
28日	03/03	金	丁未	執	天河水	亢
29日	03/04	土	戊申	破	大駅土	氐
30日	03/05	日	己酉	危	大駅土	房

【二月大 己卯 昴】
節気 啓蟄 2日・春分 17日
雑節 彼岸 12日・社日 19日

日	月日	曜	干支	直	納音	宿
1日	03/06	月	庚戌	成	釵釧金	心
2日	03/07	火	辛亥	成	釵釧金	尾
3日	03/08	水	壬子	納	桑柘木	箕
4日	03/09	木	癸丑	開	桑柘木	斗
5日	03/10	金	甲寅	閉	大溪水	牛
6日	03/11	土	乙卯	閉	大溪水	女
7日	03/12	日	丙辰	除	沙中土	虚
8日	03/13	月	丁巳	満	沙中土	危
9日	03/14	火	戊午	平	天上火	室
10日	03/15	水	己未	平	天上火	壁
11日	03/16	木	庚申	執	柘榴木	奎
12日	03/17	金	辛酉	破	柘榴木	婁
13日	03/18	土	壬戌	危	大海水	胃
14日	03/19	日	癸亥	成	大海水	昴
15日	03/20	月	甲子	納	海中金	畢
16日	03/21	火	乙丑	開	海中金	觜
17日	03/22	水	丙寅	閉	炉中火	参
18日	03/23	木	丁卯	建	炉中火	井
19日	03/24	金	戊辰	除	大林木	鬼
20日	03/25	土	己巳	満	大林木	柳
21日	03/26	日	庚午	定	路傍土	星
22日	03/27	月	辛未	定	路傍土	張
23日	03/28	火	壬申	執	釵鋒金	翼
24日	03/29	水	癸酉	破	釵鋒金	軫
25日	03/30	木	甲戌	危	山頭火	角
26日	03/31	金	乙亥	成	山頭火	亢
27日	04/01	土	丙子	納	澗下水	氐
28日	04/02	日	丁丑	開	澗下水	房
29日	04/03	月	戊寅	建	城頭土	心
30日	04/04	火	己卯	建	城頭土	尾

【三月小 庚辰 畢】
節気 清明 2日・穀雨 17日
雑節 土用 14日・八十八夜 28日

日	月日	曜	干支	直	納音	宿
1日	04/05	水	庚辰	除	白鑞金	箕
2日	04/06	木	辛巳	除	白鑞金	斗
3日	04/07	金	壬午	満	楊柳木	牛
4日	04/08	土	癸未	平	楊柳木	女
5日	04/09	日	甲申	執	井泉水	虚
6日	04/10	月	乙酉	執	井泉水	危
7日	04/11	火	丙戌	破	屋上土	室
8日	04/12	水	丁亥	危	屋上土	壁
9日	04/13	木	戊子	成	霹靂火	奎
10日	04/14	金	己丑	納	霹靂火	婁
11日	04/15	土	庚寅	開	松柏木	胃
12日	04/16	日	辛卯	閉	松柏木	昴
13日	04/17	月	壬辰	建	長流水	畢
14日	04/18	火	癸巳	除	長流水	觜
15日	04/19	水	甲午	満	沙中金	参
16日	04/20	木	乙未	平	沙中金	井
17日	04/21	金	丙申	定	山下火	鬼
18日	04/22	土	丁酉	執	山下火	柳
19日	04/23	日	戊戌	破	平地木	星
20日	04/24	月	己亥	危	平地木	張
21日	04/25	火	庚子	成	壁上土	翼
22日	04/26	水	辛丑	納	壁上土	軫
23日	04/27	木	壬寅	開	金箔金	角
24日	04/28	金	癸卯	閉	金箔金	亢
25日	04/29	土	甲辰	建	覆燈火	氐
26日	04/30	日	乙巳	除	覆燈火	房
27日	05/01	月	丙午	満	天河水	心
28日	05/02	火	丁未	平	天河水	尾
29日	05/03	水	戊申	定	大駅土	箕

【四月大 辛巳 觜】
節気 立夏 3日・小満 19日

日	月日	曜	干支	直	納音	宿
1日	05/04	木	己酉	執	大駅土	斗
2日	05/05	金	庚戌	破	釵釧金	牛
3日	05/06	土	辛亥	危	釵釧金	女
4日	05/07	日	壬子	成	桑柘木	虚
5日	05/08	月	癸丑	納	桑柘木	危
6日	05/09	火	甲寅	開	大溪水	室
7日	05/10	水	乙卯	閉	大溪水	壁
8日	05/11	木	丙辰	建	沙中土	奎
9日	05/12	金	丁巳	建	沙中土	婁
10日	05/13	土	戊午	除	天上火	胃
11日	05/14	日	己未	満	天上火	昴
12日	05/15	月	庚申	定	柘榴木	畢
13日	05/16	火	辛酉	定	柘榴木	觜
14日	05/17	水	壬戌	執	大海水	参
15日	☆05/18	木	癸亥	危	大海水	井
16日	05/19	金	甲子	危	海中金	鬼
17日	05/20	土	乙丑	成	海中金	柳
18日	05/21	日	丙寅	納	炉中火	星
19日	05/22	月	丁卯	開	炉中火	張
20日	05/23	火	戊辰	閉	大林木	翼
21日	05/24	水	己巳	建	大林木	軫
22日	05/25	木	庚午	満	路傍土	角
23日	05/26	金	辛未	満	路傍土	亢
24日	05/27	土	壬申	平	釵鋒金	氐
25日	05/28	日	癸酉	定	釵鋒金	房
26日	05/29	月	甲戌	執	山頭火	心
27日	05/30	火	乙亥	破	山頭火	尾
28日	05/31	水	丙子	危	澗下水	箕
29日	06/01	木	丁丑	成	澗下水	斗
30日	06/02	金	戊寅	納	城頭土	牛

【五月小 壬午 参】
節気 芒種 4日・夏至 19日
雑節 入梅 4日・半夏生 29日

日	月日	曜	干支	直	納音	宿
1日	06/03	土	己卯	開	城頭土	女
2日	06/04	日	庚辰	閉	白鑞金	虚
3日	06/05	月	辛巳	建	白鑞金	危
4日	06/06	火	壬午	建	楊柳木	室
5日	06/07	水	癸未	除	楊柳木	壁
6日	06/08	木	甲申	満	井泉水	奎
7日	06/09	金	乙酉	平	井泉水	婁
8日	06/10	土	丙戌	定	屋上土	胃
9日	06/11	日	丁亥	執	屋上土	昴
10日	06/12	月	戊子	破	霹靂火	畢
11日	06/13	火	己丑	危	霹靂火	觜
12日	06/14	水	庚寅	成	松柏木	参
13日	06/15	木	辛卯	納	松柏木	井
14日	06/16	金	壬辰	開	長流水	柳
15日	06/17	土	癸巳	閉	長流水	星
16日	06/18	日	甲午	建	沙中金	張
17日	06/19	月	乙未	除	沙中金	翼
18日	06/20	火	丙申	平	山下火	軫
19日	06/21	水	丁酉	平	山下火	角
20日	06/22	木	戊戌	定	平地木	亢
21日	06/23	金	己亥	破	平地木	氐
22日	06/24	土	庚子	破	壁上土	房
23日	06/25	日	辛丑	危	壁上土	心
24日	06/26	月	壬寅	成	金箔金	尾
25日	06/27	火	癸卯	納	金箔金	箕
26日	06/28	水	甲辰	開	覆燈火	斗
27日	06/29	木	乙巳	閉	覆燈火	牛
28日	06/30	金	丙午	建	天河水	女
29日	07/01	土	丁未	除	天河水	虚

【六月大 癸未 井】
節気 小暑 5日・大暑 21日
雑節 土用 17日

日	月日	曜	干支	直	納音	宿
1日	07/02	日	戊申	満	大駅土	虚
2日	07/03	月	己酉	平	大駅土	室
3日	07/04	火	庚戌	定	釵釧金	壁
4日	07/05	水	辛亥	執	釵釧金	奎
5日	07/06	木	壬子	執	桑柘木	婁
6日	07/07	金	癸丑	破	桑柘木	胃
7日	07/08	土	甲寅	危	大溪水	昴
8日	07/09	日	乙卯	成	大溪水	畢
9日	07/10	月	丙辰	納	沙中土	觜
10日	07/11	火	丁巳	開	沙中土	参
11日	07/12	水	戊午	閉	天上火	井
12日	07/13	木	己未	建	天上火	鬼
13日	07/14	金	庚申	満	柘榴木	柳
14日	07/15	土	辛酉	満	柘榴木	星
15日	07/16	日	壬戌	平	大海水	張
16日	07/17	月	癸亥	定	大海水	翼
17日	07/18	火	甲子	執	海中金	軫
18日	07/19	水	乙丑	破	海中金	角
19日	07/20	木	丙寅	危	炉中火	亢
20日	07/21	金	丁卯	成	炉中火	氐
21日	07/22	土	戊辰	納	大林木	房
22日	07/23	日	己巳	開	大林木	心
23日	07/24	月	庚午	閉	路傍土	尾
24日	07/25	火	辛未	建	路傍土	箕
25日	07/26	水	壬申	除	釵鋒金	斗
26日	07/27	木	癸酉	満	釵鋒金	牛
27日	07/28	金	甲戌	定	山頭火	女
28日	07/29	土	乙亥	定	山頭火	虚
29日	07/30	日	丙子	執	澗下水	危
30日	07/31	月	丁丑	破	澗下水	室

西暦　曜　干支　直　納音　宿　　　　　　　　　　　　　安永9年

【七月小 甲申 鬼】
節気 立秋 6日・処暑 21日

```
 1日 08/01 火 戊寅 危 城頭土 室
 2日 08/02 水 己卯 成 城頭土 壁
 3日 08/03 木 庚辰 納 白鑞金 奎
 4日 08/04 金 辛巳 閉 白鑞金 婁
 5日 08/05 土 壬午 閉 楊柳木 胃
 6日 08/06 日 癸未 閉 楊柳木 昴
 7日 08/07 月 甲申 建 井泉水 畢
 8日 08/08 火 乙酉 除 井泉水 觜
 9日 08/09 水 丙戌 満 屋上土 参
10日 08/10 木 丁亥 平 屋上土 井
11日 08/11 金 戊子 平 霹靂火 鬼
12日 08/12 土 己丑 執 霹靂火 柳
13日 08/13 日 庚寅 破 松柏木 星
14日 08/14 月 辛卯 危 松柏木 張
15日 08/15 火 壬辰 成 長流水 翼
16日 08/16 水 癸巳 納 長流水 軫
17日 08/17 木 甲午 開 沙中金 角
18日 08/18 金 乙未 閉 沙中金 亢
19日 08/19 土 丙申 建 山下火 氐
20日 08/20 日 丁酉 除 山下火 房
21日 08/21 月 戊戌 満 平地木 心
22日 08/22 火 己亥 平 平地木 尾
23日 08/23 水 庚子 定 壁上土 箕
24日 08/24 木 辛丑 執 壁上土 斗
25日 08/25 金 壬寅 破 金箔金 牛
26日 08/26 土 癸卯 危 金箔金 女
27日 08/27 日 甲辰 成 覆燈火 虚
28日 08/28 月 乙巳 納 覆燈火 危
29日 08/29 火 丙午 開 天河水 室
```

【八月小 乙酉 柳】
節気 白露 7日・秋分 22日
雑節 二百十日 3日・彼岸 21日・社日 22日

```
 1日 08/30 水 丁未 閉 天河水 壁
 2日 08/31 木 戊申 建 大駅土 奎
 3日 09/01 金 己酉 除 大駅土 婁
 4日 09/02 土 庚戌 満 釵釧金 胃
 5日 09/03 日 辛亥 平 釵釧金 昴
 6日 09/04 月 壬子 定 桑柘木 畢
 7日 09/05 火 癸丑 定 桑柘木 觜
 8日 09/06 水 甲寅 執 大溪水 参
 9日 09/07 木 乙卯 破 大溪水 井
10日 09/08 金 丙辰 危 沙中土 鬼
11日 09/09 土 丁巳 成 沙中土 柳
12日 09/10 日 戊午 納 天上火 星
13日 09/11 月 己未 開 天上火 張
14日 09/12 火 庚申 閉 柘榴木 翼
15日 09/13 水 辛酉 建 柘榴木 軫
16日 09/14 木 壬戌 除 大海水 角
17日 09/15 金 癸亥 満 大海水 亢
18日 09/16 土 甲子 平 海中金 氐
19日 09/17 日 乙丑 定 海中金 房
20日 09/18 月 丙寅 執 爐中火 心
21日 09/19 火 丁卯 破 爐中火 尾
22日 09/20 水 戊辰 危 大林木 箕
23日 09/21 木 己巳 成 大林木 斗
24日 09/22 金 庚午 納 路傍土 牛
25日 09/23 土 辛未 開 路傍土 女
26日 09/24 日 壬申 閉 釵釧金 虚
27日 09/25 月 癸酉 建 釵釧金 危
28日 09/26 火 甲戌 除 山頭火 室
29日 09/27 水 乙亥 満 山頭火 壁
```

【九月大 丙戌 星】
節気 寒露 9日・霜降 24日
雑節 土用 21日

```
 1日 09/28 木 丙子 平 澗下水 奎
 2日 09/29 金 丁丑 定 澗下水 婁
 3日 09/30 土 戊寅 執 城頭土 胃
 4日 10/01 日 己卯 破 城頭土 昴
 5日 10/02 月 庚辰 危 白鑞金 畢
 6日 10/03 火 辛巳 成 白鑞金 觜
 7日 10/04 水 壬午 納 楊柳木 参
 8日 10/05 木 癸未 開 楊柳木 井
 9日 10/06 金 甲申 閉 井泉水 鬼
10日 10/07 土 乙酉 閉 井泉水 柳
11日 10/08 日 丙戌 建 屋上土 星
12日 10/09 月 丁亥 除 屋上土 張
13日 10/10 火 戊子 満 霹靂火 翼
14日 10/11 水 己丑 平 霹靂火 軫
15日 10/12 木 庚寅 定 松柏木 角
16日 10/13 金 辛卯 執 松柏木 亢
17日 10/14 土 壬辰 破 長流水 氐
18日 10/15 日 癸巳 危 長流水 房
19日 10/16 月 甲午 成 沙中金 心
20日 10/17 火 乙未 納 沙中金 尾
21日 10/18 水 丙申 開 山下火 箕
22日 10/19 木 丁酉 閉 山下火 斗
23日 10/20 金 戊戌 閉 平地木 牛
24日 10/21 土 己亥 除 平地木 女
25日 10/22 日 庚子 満 壁上土 虚
26日 10/23 月 辛丑 平 壁上土 危
27日 10/24 火 壬寅 定 金箔金 室
28日 10/25 水 癸卯 執 金箔金 壁
29日 10/26 木 甲辰 破 覆燈火 奎
30日 10/27 金 乙巳 危 覆燈火 婁
```

【十月小 丁亥 張】
節気 立冬 9日・小雪 24日

```
 1日 10/28 土 丙午 成 天河水 胃
 2日 10/29 日 丁未 納 天河水 昴
 3日 10/30 月 戊申 建 大駅土 畢
 4日 10/31 火 己酉 除 大駅土 觜
 5日 11/01 水 庚戌 建 釵釧金 参
 6日 11/02 木 辛亥 平 釵釧金 井
 7日 11/03 金 壬子 定 桑柘木 鬼
 8日 11/04 土 癸丑 平 桑柘木 柳
 9日 11/05 日 甲寅 平 大溪水 星
10日 11/06 月 乙卯 定 大溪水 張
11日 11/07 火 丙辰 執 沙中土 翼
12日 11/08 水 丁巳 破 沙中土 軫
13日 11/09 木 戊午 危 天上火 角
14日 11/10 金 己未 納 天上火 亢
15日 11/11 土 庚申 納 柘榴木 氐
16日 11/12 日 辛酉 開 柘榴木 房
17日 11/13 月 壬戌 閉 大海水 心
18日 11/14 火 癸亥 建 大海水 尾
19日 11/15 水 甲子 除 海中金 箕
20日 11/16 木 乙丑 満 海中金 斗
21日 11/17 金 丙寅 平 爐中火 牛
22日 11/18 土 丁卯 定 爐中火 女
23日 11/19 日 戊辰 執 大林木 虚
24日 11/20 月 己巳 破 大林木 危
25日 11/21 火 庚午 危 路傍土 室
26日 11/22 水 辛未 成 路傍土 壁
27日 11/23 木 壬申 納 釵釧金 奎
28日 11/24 金 癸酉 開 釵釧金 婁
29日 11/25 土 甲戌 閉 山頭火 胃
```

【十一月大 戊子 翼】
節気 大雪 9日・冬至 26日

```
 1日 11/26 日 乙亥 建 山頭火 昴
 2日 11/27 月 丙子 除 澗下水 畢
 3日 11/28 火 丁丑 満 澗下水 觜
 4日 11/29 水 戊寅 平 城頭土 参
 5日 11/30 木 己卯 定 城頭土 井
 6日 12/01 金 庚辰 執 白鑞金 鬼
 7日 12/02 土 辛巳 破 白鑞金 柳
 8日 12/03 日 壬午 危 楊柳木 星
 9日 12/04 月 癸未 成 楊柳木 張
10日 12/05 火 甲申 成 井泉水 翼
11日 12/06 水 乙酉 納 井泉水 軫
12日 12/07 木 丙戌 開 屋上土 角
13日 12/08 金 丁亥 閉 屋上土 亢
14日 12/09 土 戊子 建 霹靂火 氐
15日 12/10 日 己丑 除 霹靂火 房
16日 12/11 月 庚寅 満 松柏木 心
17日 12/12 火 辛卯 平 松柏木 尾
18日 12/13 水 壬辰 定 長流水 箕
19日 12/14 木 癸巳 執 長流水 斗
20日 12/15 金 甲午 破 沙中金 牛
21日 12/16 土 乙未 危 沙中金 女
22日 12/17 日 丙申 成 山下火 虚
23日 12/18 月 丁酉 納 山下火 危
24日 12/19 火 戊戌 開 平地木 室
25日 12/20 水 己亥 閉 平地木 壁
26日 12/21 木 庚子 建 壁上土 奎
27日 12/22 金 辛丑 除 壁上土 婁
28日 12/23 土 壬寅 満 金箔金 胃
29日 12/24 日 癸卯 平 金箔金 昴
30日 12/25 月 甲辰 定 覆燈火 畢
```

【十二月小 己丑 軫】
節気 小寒 11日・大寒 26日
雑節 土用 23日

```
 1日 12/26 火 乙巳 執 覆燈火 觜
 2日 12/27 水 丙午 破 天河水 参
 3日 12/28 木 丁未 危 天河水 井
 4日 12/29 金 戊申 成 大駅土 鬼
 5日 12/30 土 己酉 納 大駅土 柳
 6日 12/31 日 庚戌 開 釵釧金 星
```

1781年

```
 7日 01/01 月 辛亥 閉 釵釧金 張
 8日 01/02 火 壬子 建 桑柘木 翼
 9日 01/03 水 癸丑 除 桑柘木 軫
10日 01/04 木 甲寅 満 大溪水 角
11日 01/05 金 乙卯 平 大溪水 亢
12日 01/06 土 丙辰 平 沙中土 氐
13日 01/07 日 丁巳 定 沙中土 房
14日 01/08 月 戊午 執 天上火 心
15日 01/09 火 己未 破 天上火 尾
16日 01/10 水 庚申 危 柘榴木 箕
17日 01/11 木 辛酉 成 柘榴木 斗
18日 01/12 金 壬戌 納 大海水 牛
19日 01/13 土 癸亥 開 大海水 女
20日 01/14 日 甲子 閉 海中金 虚
21日 01/15 月 乙丑 建 海中金 危
22日 01/16 火 丙寅 除 爐中火 室
23日 01/17 水 丁卯 満 爐中火 壁
24日 01/18 木 戊辰 平 大林木 奎
25日 01/19 金 己巳 定 大林木 婁
26日 01/20 土 庚午 執 路傍土 胃
27日 01/21 日 辛未 破 路傍土 昴
28日 01/22 月 壬申 危 釵釧金 畢
29日 01/23 火 癸酉 成 釵釧金 觜
```

天明元年〔安永10年〕

1781～1782　辛丑　房
※改元＝4月2日

【正月大 庚寅 角】
節気　立春 12日・雨水 28日
雑節　節分 11日

日	日付	曜	干支	直	納音	宿
1日	01/24	水	戊戌	納	山頭火	参 井
2日	01/25	木	己亥	開	山頭火	井 鬼
3日	01/26	金	庚子	閉	潤下水	鬼
4日	01/27	土	辛丑	建	潤下水	柳
5日	01/28	日	戊寅	除	城頭土	星
6日	01/29	月	己卯	満	城頭土	張
7日	01/30	火	庚辰	平	白鑞金	翼
8日	01/31	水	辛巳	定	白鑞金	軫 角
9日	02/01	木	壬午	執	楊柳木	角
10日	02/02	金	癸未	破	楊柳木	亢
11日	02/03	土	甲申	危	井泉水	氐房
12日	02/04	日	乙酉	危	井泉水	氐
13日	02/05	月	丙戌	成	屋上土	心尾
14日	02/06	火	丁亥	納	屋上土	尾
15日	02/07	水	戊子	開	霹靂火	箕
16日	02/08	木	己丑	閉	霹靂火	斗女
17日	02/09	金	庚寅	建	松柏木	女
18日	02/10	土	辛卯	除	松柏木	虚
19日	02/11	日	壬辰	満	長流水	危室
20日	02/12	月	癸巳	平	長流水	室
21日	02/13	火	甲午	定	沙中金	壁
22日	02/14	水	乙未	執	沙中金	奎婁
23日	02/15	木	丙申	破	山下火	婁
24日	02/16	金	丁酉	危	山下火	胃
25日	02/17	土	戊戌	成	平地木	昴畢
26日	02/18	日	己亥	納	平地木	畢
27日	02/19	月	庚子	開	壁上土	觜
28日	02/20	火	辛丑	閉	壁上土	参
29日	02/21	水	壬寅	建	金箔金	井
30日	02/22	木	癸卯	除	金箔金	井

【二月大 辛卯 亢】
節気　啓蟄 13日・春分 28日
雑節　彼岸 23日・社日 25日

日	日付	曜	干支	直	納音	宿
1日	02/23	金	甲辰	満	覆燈火	鬼
2日	02/24	土	乙巳	平	覆燈火	柳
3日	02/25	日	丙午	定	天河水	星
4日	02/26	月	丁未	執	天河水	張
5日	02/27	火	戊申	破	大駅土	翼
6日	02/28	水	己酉	危	大駅土	軫
7日	03/01	木	庚戌	成	釵釧金	角
8日	03/02	金	辛亥	納	釵釧金	亢氐
9日	03/03	土	壬子	開	桑柘木	氐
10日	03/04	日	癸丑	閉	桑柘木	房
11日	03/05	月	甲寅	建	大溪水	心尾
12日	03/06	火	乙卯	除	大溪水	尾
13日	03/07	水	丙辰	満	沙中土	箕
14日	03/08	木	丁巳	満	沙中土	斗
15日	03/09	金	戊午	平	天上火	牛女
16日	03/10	土	己未	定	天上火	女
17日	03/11	日	庚申	執	柘榴木	虚
18日	03/12	月	辛酉	破	柘榴木	危
19日	03/13	火	壬戌	危	大海水	室
20日	03/14	水	癸亥	成	大海水	壁
21日	03/15	木	甲子	納	海中金	奎
22日	03/16	金	乙丑	開	海中金	婁
23日	03/17	土	丙寅	閉	爐中火	胃
24日	03/18	日	丁卯	建	爐中火	昴畢
25日	03/19	月	戊辰	除	大林木	畢
26日	03/20	火	己巳	満	大林木	觜
27日	03/21	水	庚午	平	路傍土	参
28日	03/22	木	辛未	定	路傍土	井
29日	03/23	金	壬申	執	釵鋒金	鬼
30日	03/24	土	癸酉	破	釵鋒金	柳

【三月大 壬辰 氐】
節気　清明 13日・穀雨 28日
雑節　土用 25日

日	日付	曜	干支	直	納音	宿
1日	03/25	日	甲戌	危	山頭火	星
2日	03/26	月	乙亥	成	山頭火	張
3日	03/27	火	丙子	納	潤下水	翼
4日	03/28	水	丁丑	開	潤下水	軫
5日	03/29	木	戊寅	建	城頭土	角
6日	03/30	金	己卯	建	城頭土	亢氐
7日	03/31	土	庚辰	除	白鑞金	氐
8日	04/01	日	辛巳	満	白鑞金	房心
9日	04/02	月	壬午	平	楊柳木	心尾
10日	04/03	火	癸未	定	楊柳木	尾
11日	04/04	水	甲申	執	井泉水	箕
12日	04/05	木	乙酉	破	井泉水	斗牛
13日	04/06	金	丙戌	危	屋上土	牛
14日	04/07	土	丁亥	成	屋上土	女虚
15日	04/08	日	戊子	納	霹靂火	虚
16日	04/09	月	己丑	開	霹靂火	危室
17日	04/10	火	庚寅	閉	松柏木	室
18日	04/11	水	辛卯	建	松柏木	壁
19日	04/12	木	壬辰	除	長流水	奎
20日	04/13	金	癸巳	満	長流水	奎婁
21日	04/14	土	甲午	平	沙中金	胃
22日	04/15	日	乙未	定	沙中金	昴
23日	04/16	月	丙申	執	山下火	畢
24日	04/17	火	丁酉	破	山下火	觜
25日	04/18	水	戊戌	危	平地木	参
26日	04/19	木	己亥	成	平地木	鬼
27日	04/20	金	庚子	納	壁上土	柳
28日	04/21	土	辛丑	開	壁上土	星
29日	04/22	日	壬寅	閉	金箔金	張
30日	04/23	月	癸卯	建	金箔金	翼

【四月小 癸巳 房】
節気　立夏 14日・小満 29日
雑節　八十八夜 9日

日	日付	曜	干支	直	納音	宿
1日	04/24	火	甲辰	除	覆燈火	軫
2日	04/25	水	乙巳	除	覆燈火	軫

＊改元（安永10年→天明元年）

日	日付	曜	干支	直	納音	宿
3日	04/26	木	丙午	満	天河水	角
4日	04/27	金	丁未	平	天河水	亢氐
5日	04/28	土	戊申	定	大駅土	氐
6日	04/29	日	己酉	執	大駅土	心尾
7日	04/30	月	庚戌	破	釵釧金	心尾
8日	05/01	火	辛亥	危	釵釧金	尾
9日	05/02	水	壬子	成	桑柘木	箕
10日	05/03	木	癸丑	納	桑柘木	斗牛
11日	05/04	金	甲寅	開	大溪水	牛
12日	05/05	土	乙卯	閉	大溪水	女虚
13日	05/06	日	丙辰	建	沙中土	虚
14日	05/07	月	丁巳	除	沙中土	危
15日	05/08	火	戊午	満	天上火	室
16日	05/09	水	己未	平	天上火	壁
17日	05/10	木	庚申	定	柘榴木	奎
18日	05/11	金	辛酉	執	柘榴木	婁
19日	05/12	土	壬戌	破	大海水	胃
20日	05/13	日	癸亥	危	大海水	昴
21日	05/14	月	甲子	成	海中金	畢
22日	05/15	火	乙丑	納	海中金	觜
23日	05/16	水	丙寅	開	爐中火	参
24日	05/17	木	丁卯	閉	爐中火	井
25日	05/18	金	戊辰	建	大林木	鬼
26日	05/19	土	己巳	除	大林木	柳
27日	05/20	日	庚午	満	路傍土	星
28日	05/21	月	辛未	平	路傍土	張
29日	05/22	火	壬申	平	釵鋒金	翼

【五月大 甲午 心】
節気　芒種 15日・夏至 30日
雑節　入梅 20日

日	日付	曜	干支	直	納音	宿
1日	05/23	水	癸酉	定	釵鋒金	軫
2日	05/24	木	甲戌	執	山頭火	角
3日	05/25	金	乙亥	破	山頭火	亢氐
4日	05/26	土	丙子	危	潤下水	氐
5日	05/27	日	丁丑	成	潤下水	房
6日	05/28	月	戊寅	納	城頭土	心
7日	05/29	火	己卯	開	城頭土	尾
8日	05/30	水	庚辰	閉	白鑞金	箕
9日	05/31	木	辛巳	建	白鑞金	斗
10日	06/01	金	壬午	除	楊柳木	牛女
11日	06/02	土	癸未	満	楊柳木	女
12日	06/03	日	甲申	平	井泉水	虚
13日	06/04	月	乙酉	定	井泉水	危
14日	06/05	火	丙戌	執	屋上土	室
15日	06/06	水	丁亥	破	屋上土	壁
16日	06/07	木	戊子	危	霹靂火	奎
17日	06/08	金	己丑	成	霹靂火	婁
18日	06/09	土	庚寅	納	松柏木	胃
19日	06/10	日	辛卯	開	松柏木	昴畢
20日	06/11	月	壬辰	閉	長流水	畢
21日	06/12	火	癸巳	建	長流水	觜
22日	06/13	水	甲午	除	沙中金	参井
23日	06/14	木	乙未	満	沙中金	井
24日	06/15	金	丙申	平	山下火	鬼
25日	06/16	土	丁酉	定	山下火	柳
26日	06/17	日	戊戌	執	平地木	星
27日	06/18	月	己亥	破	平地木	張
28日	06/19	火	庚子	危	壁上土	翼
29日	06/20	水	辛丑	成	壁上土	軫
30日	06/21	木	壬寅	納	金箔金	

【閏五月小 甲午 心】
節気　小暑 16日
雑節　半夏生 10日・土用 28日

日	日付	曜	干支	直	納音	宿
1日	06/22	金	癸卯	納	金箔金	角
2日	06/23	土	甲辰	開	覆燈火	亢氐
3日	06/24	日	乙巳	閉	覆燈火	氐
4日	06/25	月	丙午	建	天河水	房心
5日	06/26	火	丁未	除	天河水	尾
6日	06/27	水	戊申	満	大駅土	尾
7日	06/28	木	己酉	平	大駅土	箕
8日	06/29	金	庚戌	定	釵釧金	斗
9日	06/30	土	辛亥	執	釵釧金	女
10日	07/01	日	壬子	破	桑柘木	虚
11日	07/02	月	癸丑	危	桑柘木	危
12日	07/03	火	甲寅	成	大溪水	室
13日	07/04	水	乙卯	納	大溪水	壁
14日	07/05	木	丙辰	開	沙中土	奎婁
15日	07/06	金	丁巳	閉	沙中土	婁
16日	07/07	土	戊午	建	天上火	胃
17日	07/08	日	己未	除	天上火	昴
18日	07/09	月	庚申	満	柘榴木	畢
19日	07/10	火	辛酉	平	柘榴木	觜
20日	07/11	水	壬戌	定	大海水	参
21日	07/12	木	癸亥	執	大海水	井
22日	07/13	金	甲子	破	海中金	鬼
23日	07/14	土	乙丑	危	海中金	柳
24日	07/15	日	丙寅	成	爐中火	星
25日	07/16	月	丁卯	納	爐中火	張
26日	07/17	火	戊辰	開	大林木	翼
27日	07/18	水	己巳	閉	大林木	軫
28日	07/19	木	庚午	建	路傍土	角亢

【六月大 乙未 尾】
節気　大暑 2日・立秋 17日

日	日付	曜	干支	直	納音	宿
1日	07/21	土	壬申	除	釵鋒金	氐
2日	07/22	日	癸酉	満	釵鋒金	房心
3日	07/23	月	甲戌	平	山頭火	尾
4日	07/24	火	乙亥	定	山頭火	尾
5日	07/25	水	丙子	執	潤下水	箕
6日	07/26	木	丁丑	破	潤下水	斗
7日	07/27	金	戊寅	危	城頭土	牛女
8日	07/28	土	己卯	成	城頭土	女
9日	07/29	日	庚辰	納	白鑞金	虚
10日	07/30	月	辛巳	開	白鑞金	危室
11日	07/31	火	壬午	閉	楊柳木	室
12日	08/01	水	癸未	建	楊柳木	壁

－ 400 －

西暦　曜　干支　直　納音　宿　　　　　　　　　　　　天明元年〔安永10年〕

日	西暦	曜	干支	直	納音	宿
13日	08/02	木	甲申	除	井泉水	奎
14日	08/03	金	乙酉	満	井泉水	婁
15日	08/04	土	丙戌	平	屋上土	胃
16日	08/05	日	丁亥	定	屋上土	昴
17日	08/06	月	戊子	執	霹靂火	畢
18日	08/07	火	己丑	破	霹靂火	觜
19日	08/08	水	庚寅	危	松柏木	参
20日	08/09	木	辛卯	成	松柏木	井
21日	08/10	金	壬辰	納	長流水	鬼
22日	08/11	土	癸巳	開	長流水	柳
23日	08/12	日	甲午	閉	沙中金	星
24日	08/13	月	乙未	建	沙中金	張
25日	08/14	火	丙申	建	山下火	翼
26日	08/15	水	丁酉	除	山下火	軫
27日	08/16	木	戊戌	満	平地木	角
28日	08/17	金	己亥	平	平地木	亢
29日	08/18	土	庚子	定	壁上土	氐
30日	08/19	日	辛丑	執	壁上土	房

【七月小　丙申　箕】
節気　処暑 2日・白露 17日
雑節　二百十日 13日

日	西暦	曜	干支	直	納音	宿
1日	08/20	月	壬寅	破	金箔金	心
2日	08/21	火	癸卯	危	金箔金	尾
3日	08/22	水	甲辰	成	覆燈火	箕
4日	08/23	木	乙巳	納	覆燈火	斗
5日	08/24	金	丙午	開	天河水	牛
6日	08/25	土	丁未	閉	天河水	女
7日	08/26	日	戊申	建	大駅土	虚
8日	08/27	月	己酉	除	大駅土	危
9日	08/28	火	庚戌	満	釵釧金	室
10日	08/29	水	辛亥	平	釵釧金	壁
11日	08/30	木	壬子	定	桑柘木	奎
12日	08/31	金	癸丑	執	桑柘木	婁
13日	09/01	土	甲寅	破	大溪水	胃
14日	09/02	日	乙卯	危	大溪水	昴
15日	09/03	月	丙辰	成	沙中土	畢
16日	09/04	火	丁巳	納	沙中土	觜
17日	09/05	水	戊午	開	天上火	参
18日	09/06	木	己未	閉	天上火	井
19日	09/07	金	庚申	建	柘榴木	鬼
20日	09/08	土	辛酉	除	柘榴木	柳
21日	09/09	日	壬戌	満	大海水	星
22日	09/10	月	癸亥	平	大海水	張
23日	09/11	火	甲子	定	海中金	翼
24日	09/12	水	乙丑	執	海中金	軫
25日	09/13	木	丙寅	破	爐中火	角
26日	09/14	金	丁卯	危	爐中火	亢
27日	09/15	土	戊辰	成	大林木	氐
28日	09/16	日	己巳	納	大林木	房
29日	09/17	月	庚午	開	路傍土	心

【八月小　丁酉　斗】
節気　秋分 4日・寒露 19日
雑節　彼岸 3日・社日 8日

日	西暦	曜	干支	直	納音	宿
1日	09/18	火	辛未	開	路傍土	尾
2日	09/19	水	壬申	閉	釵鋒金	箕
3日	09/20	木	癸酉	建	釵鋒金	斗
4日	09/21	金	甲戌	除	山頭火	牛
5日	09/22	土	乙亥	満	山頭火	女
6日	09/23	日	丙子	平	潤下水	虚
7日	09/24	月	丁丑	定	潤下水	危
8日	09/25	火	戊寅	執	城頭土	室
9日	09/26	水	己卯	破	城頭土	壁
10日	09/27	木	庚辰	危	白鑞金	奎
11日	09/28	金	辛巳	成	白鑞金	婁
12日	09/29	土	壬午	納	楊柳木	胃
13日	09/30	日	癸未	開	楊柳木	昴
14日	10/01	月	甲申	閉	井泉水	畢
15日	10/02	火	乙酉	建	井泉水	觜
16日	10/03	水	丙戌	除	屋上土	参
17日	10/04	木	丁亥	満	屋上土	井
18日	10/05	金	戊子	平	霹靂火	鬼

日	西暦	曜	干支	直	納音	宿
19日	10/06	土	己丑	平	霹靂火	柳
20日	10/07	日	庚寅	定	松柏木	星
21日	10/08	月	辛卯	執	松柏木	張
22日	10/09	火	壬辰	破	長流水	翼
23日	10/10	水	癸巳	危	長流水	軫
24日	10/11	木	甲午	成	沙中金	角
25日	10/12	金	乙未	納	沙中金	亢
26日	10/13	土	丙申	開	山下火	氐
27日	10/14	日	丁酉	閉	山下火	房
28日	10/15	月	戊戌	建	平地木	心
29日	10/16	火	己亥	除	平地木	尾

【九月大　戊戌　牛】
節気　霜降 5日・立冬 20日
雑節　土用 2日

日	西暦	曜	干支	直	納音	宿
1日	10/17	水	庚子	満	壁上土	箕
2日	10/18	木	辛丑	定	壁上土	斗
3日	10/19	金	壬寅	執	金箔金	牛
4日	10/20	土	癸卯	破	金箔金	女
5日	10/21	日	甲辰	危	覆燈火	虚
6日	10/22	月	乙巳	成	覆燈火	危
7日	10/23	火	丙午	納	天河水	室
8日	10/24	水	丁未	開	天河水	壁
9日	10/25	木	戊申	閉	大駅土	奎
10日	10/26	金	己酉	閉	大駅土	婁
11日	10/27	土	庚戌	建	釵釧金	胃
12日	10/28	日	辛亥	除	釵釧金	昴
13日	10/29	月	壬子	満	桑柘木	畢
14日	10/30	火	癸丑	平	桑柘木	觜
15日	10/31	水	甲寅	定	大溪水	参
16日	11/01	木	乙卯	執	大溪水	井
17日	11/02	金	丙辰	破	沙中土	鬼
18日	11/03	土	丁巳	危	沙中土	柳
19日	11/04	日	戊午	成	天上火	星
20日	11/05	月	己未	納	天上火	張
21日	11/06	火	庚申	開	柘榴木	翼
22日	11/07	水	辛酉	閉	柘榴木	軫
23日	11/08	木	壬戌	建	大海水	角
24日	11/09	金	癸亥	除	大海水	亢
25日	11/10	土	甲子	満	海中金	氐
26日	11/11	日	乙丑	平	海中金	房
27日	11/12	月	丙寅	定	爐中火	心
28日	11/13	火	丁卯	執	爐中火	尾
29日	11/14	水	戊辰	破	大林木	箕
30日	11/15	木	己巳	危	大林木	斗

【十月小　己亥　女】
節気　小雪 6日・大雪 21日

日	西暦	曜	干支	直	納音	宿
1日	11/16	金	庚午	危	路傍土	牛
2日	11/17	土	辛未	成	路傍土	女
3日	11/18	日	壬申	納	釵鋒金	虚
4日	11/19	月	癸酉	開	釵鋒金	危
5日	11/20	火	甲戌	閉	山頭火	室
6日	11/21	水	乙亥	建	山頭火	壁
7日	11/22	木	丙子	除	潤下水	奎
8日	11/23	金	丁丑	満	潤下水	婁
9日	11/24	土	戊寅	平	城頭土	胃
10日	11/25	日	己卯	定	城頭土	昴
11日	11/26	月	庚辰	執	白鑞金	畢
12日	11/27	火	辛巳	破	白鑞金	觜
13日	11/28	水	壬午	危	楊柳木	参
14日	11/29	木	癸未	成	楊柳木	井
15日	11/30	金	甲申	納	井泉水	鬼
16日	12/01	土	乙酉	開	井泉水	柳
17日	12/02	日	丙戌	閉	屋上土	星
18日	12/03	月	丁亥	建	屋上土	張
19日	12/04	火	戊子	除	霹靂火	翼
20日	12/05	水	己丑	満	霹靂火	軫
21日	12/06	木	庚寅	平	松柏木	角
22日	12/07	金	辛卯	定	松柏木	亢
23日	12/08	土	壬辰	執	長流水	氐
24日	12/09	日	癸巳	破	長流水	房
25日	12/10	月	甲午	破	沙中金	心

日	西暦	曜	干支	直	納音	宿
26日	12/11	火	乙未	危	沙中金	尾
27日	12/12	水	丙申	成	山下火	箕
28日	12/13	木	丁酉	納	山下火	斗
29日	12/14	金	戊戌	開	平地木	牛

【十一月大　庚子　虚】
節気　冬至 7日・小寒 22日

日	西暦	曜	干支	直	納音	宿
1日	12/15	土	己亥	平	平地木	女
2日	12/16	日	庚子	建	壁上土	虚
3日	12/17	月	辛丑	除	壁上土	危
4日	12/18	火	壬寅	満	金箔金	室
5日	12/19	水	癸卯	平	金箔金	壁
6日	12/20	木	甲辰	定	覆燈火	奎
7日	12/21	金	乙巳	執	覆燈火	婁
8日	12/22	土	丙午	破	天河水	胃
9日	12/23	日	丁未	危	天河水	昴
10日	12/24	月	戊申	成	大駅土	畢
11日	12/25	火	己酉	納	大駅土	觜
12日	12/26	水	庚戌	開	釵釧金	参
13日	12/27	木	辛亥	閉	釵釧金	井
14日	12/28	金	壬子	建	桑柘木	鬼
15日	12/29	土	癸丑	除	桑柘木	柳
16日	12/30	日	甲寅	満	大溪水	星
17日	12/31	月	乙卯	平	大溪水	張

1782年

日	西暦	曜	干支	直	納音	宿
18日	01/01	火	丙辰	定	沙中土	翼
19日	01/02	水	丁巳	執	沙中土	軫
20日	01/03	木	戊午	破	天上火	角
21日	01/04	金	己未	危	天上火	亢
22日	01/05	土	庚申	危	柘榴木	氐
23日	01/06	日	辛酉	成	柘榴木	房
24日	01/07	月	壬戌	納	大海水	心
25日	01/08	火	癸亥	開	大海水	尾
26日	01/09	水	甲子	閉	海中金	箕
27日	01/10	木	乙丑	建	海中金	斗
28日	01/11	金	丙寅	除	爐中火	牛
29日	01/12	土	丁卯	満	爐中火	女
30日	01/13	日	戊辰	平	大林木	虚

【十二月小　辛丑　危】
節気　大寒 7日・立春 23日
雑節　土用 4日・節分 22日

日	西暦	曜	干支	直	納音	宿
1日	01/14	月	己巳	執	路傍土	室
2日	01/15	火	庚午	破	路傍土	壁
3日	01/16	水	辛未	破	釵鋒金	奎
4日	01/17	木	壬申	成	釵鋒金	婁
5日	01/18	金	癸酉	成	釵鋒金	胃
6日	01/19	土	甲戌	納	山頭火	昴
7日	01/20	日	乙亥	閉	山頭火	畢
8日	01/21	月	丙子	建	潤下水	觜
9日	01/22	火	丁丑	除	潤下水	参
10日	01/23	水	戊寅	満	城頭土	井
11日	01/24	木	己卯	平	城頭土	鬼
12日	01/25	金	庚辰	定	白鑞金	柳
13日	01/26	土	辛巳	執	白鑞金	星
14日	01/27	日	壬午	破	楊柳木	張
15日	01/28	月	癸未	危	楊柳木	翼
16日	01/29	火	甲申	成	井泉水	軫
17日	01/30	水	乙酉	納	井泉水	角
18日	01/31	木	丙戌	開	屋上土	亢
19日	02/01	金	丁亥	閉	屋上土	氐
20日	02/02	土	戊子	建	霹靂火	房
21日	02/03	日	己丑	除	霹靂火	心
22日	02/04	月	庚寅	満	松柏木	尾
23日	02/05	火	辛卯	平	松柏木	箕
24日	02/06	水	壬辰	満	長流水	斗
25日	02/07	木	癸巳	平	長流水	牛
26日	02/08	金	甲午	定	沙中金	女
27日	02/09	土	乙未	執	沙中金	虚
28日	02/10	日	丙申	破	山下火	危
29日	02/11	月	丁酉	危	山下火	室

天明2年
1782～1783　壬寅　心

【正月大 壬寅 室】
節気 雨水 9日・啓蟄 24日

日	日付	曜	干支	直	納音	宿
1日	02/12	火	戊戌	成	平地木	室
2日	02/13	水	己亥	納	平地木	壁
3日	02/14	木	庚子	開	壁上土	奎
4日	02/15	金	辛丑	閉	壁上土	婁
5日	02/16	土	壬寅	建	金箔金	胃
6日	02/17	日	癸卯	除	金箔金	昴
7日	02/18	月	甲辰	満	覆燈火	畢
8日	02/19	火	乙巳	平	覆燈火	觜
9日	02/20	水	丙午	定	天河水	参
10日	02/21	木	丁未	執	天河水	井
11日	02/22	金	戊申	破	大駅土	鬼
12日	02/23	土	己酉	危	大駅土	柳
13日	02/24	日	庚戌	成	釵釧金	星
14日	02/25	月	辛亥	納	釵釧金	張
15日	02/26	火	壬子	開	桑柘木	翼
16日	02/27	水	癸丑	閉	桑柘木	軫
17日	02/28	木	甲寅	建	大溪水	角
18日	03/01	金	乙卯	除	大溪水	亢
19日	03/02	土	丙辰	満	沙中土	氐
20日	03/03	日	丁巳	平	沙中土	房
21日	03/04	月	戊午	定	天上火	心
22日	03/05	火	己未	執	天上火	尾
23日	03/06	水	庚申	破	柘榴木	箕
24日	03/07	木	辛酉	危	柘榴木	斗
25日	03/08	金	壬戌	危	大海水	牛
26日	03/09	土	癸亥	成	大海水	女
27日	03/10	日	甲子	納	海中金	虚
28日	03/11	月	乙丑	開	海中金	危
29日	03/12	火	丙寅	閉	爐中火	室
30日	03/13	水	丁卯	建	爐中火	壁

【二月大 癸卯 壁】
節気 春分 9日・清明 24日
雑節 彼岸 4日・社日 11日

日	日付	曜	干支	直	納音	宿
1日	03/14	木	戊辰	除	大林木	奎
2日	03/15	金	己巳	満	大林木	婁
3日	03/16	土	庚午	定	路傍土	胃
4日	03/17	日	辛未	定	釵鋒金	昴
5日	03/18	月	壬申	執	釵鋒金	畢
6日	03/19	火	癸酉	破	釵鋒金	觜
7日	03/20	水	甲戌	危	山頭火	参
8日	03/21	木	乙亥	成	山頭火	井
9日	03/22	金	丙子	納	澗下水	鬼
10日	03/23	土	丁丑	開	澗下水	柳
11日	03/24	日	戊寅	閉	城頭土	星
12日	03/25	月	己卯	建	城頭土	張
13日	03/26	火	庚辰	除	白鑞金	翼
14日	03/27	水	辛巳	満	白鑞金	軫
15日	03/28	木	壬午	平	楊柳木	角
16日	☆03/29	金	癸未	定	楊柳木	亢
17日	03/30	土	甲申	執	井泉水	氐
18日	03/31	日	乙酉	破	井泉水	房
19日	04/01	月	丙戌	危	屋上土	心
20日	04/02	火	丁亥	成	屋上土	尾
21日	04/03	水	戊子	納	霹靂火	箕
22日	04/04	木	己丑	開	霹靂火	斗
23日	04/05	金	庚寅	閉	松柏木	牛
24日	04/06	土	辛卯	建	松柏木	女
25日	04/07	日	壬辰	除	長流水	虚
26日	04/08	月	癸巳	満	長流水	危
27日	04/09	火	甲午	満	沙中金	室
28日	04/10	水	乙未	平	沙中金	壁
29日	04/11	木	丙申	定	山下火	奎
30日	04/12	金	丁酉	執	山下火	婁

【三月小 甲辰 奎】
節気 穀雨 10日・立夏 25日
雑節 土用 7日・八十八夜 21日

日	日付	曜	干支	直	納音	宿
1日	04/13	土	戊戌	平	平地木	胃
2日	04/14	日	己亥	定	平地木	昴
3日	04/15	月	庚子	成	壁上土	畢
4日	04/16	火	辛丑	納	壁上土	觜
5日	04/17	水	壬寅	閉	金箔金	井
6日	04/18	木	癸卯	閉	金箔金	柳
7日	04/19	金	甲辰	建	覆燈火	鬼
8日	04/20	土	乙巳	除	覆燈火	柳
9日	04/21	日	丙午	満	天河水	星
10日	04/22	月	丁未	平	天河水	張
11日	04/23	火	戊申	定	大駅土	翼
12日	04/24	水	己酉	執	大駅土	軫
13日	04/25	木	庚戌	破	釵釧金	角
14日	04/26	金	辛亥	危	釵釧金	亢
15日	04/27	土	壬子	成	桑柘木	氐
16日	04/28	日	癸丑	納	桑柘木	房
17日	04/29	月	甲寅	開	大溪水	心
18日	04/30	火	乙卯	閉	大溪水	尾
19日	05/01	水	丙辰	建	沙中土	箕
20日	05/02	木	丁巳	除	沙中土	斗
21日	05/03	金	戊午	満	天上火	牛
22日	05/04	土	己未	平	天上火	女
23日	05/05	日	庚申	執	柘榴木	虚
24日	05/06	月	辛酉	執	柘榴木	危
25日	05/07	火	壬戌	執	大海水	室
26日	05/08	水	癸亥	破	大海水	壁
27日	05/09	木	甲子	危	海中金	奎
28日	05/10	金	乙丑	成	海中金	婁
29日	05/11	土	丙寅	納	爐中火	胃

【四月大 乙巳 婁】
節気 小満 11日・芒種 26日
雑節 入梅 26日

日	日付	曜	干支	直	納音	宿
1日	05/12	日	丁卯	開	爐中火	昴
2日	05/13	月	戊辰	閉	大林木	畢
3日	05/14	火	己巳	建	大林木	觜
4日	05/15	水	庚午	除	路傍土	参
5日	05/16	木	辛未	満	路傍土	井
6日	05/17	金	壬申	平	釵鋒金	鬼
7日	05/18	土	癸酉	定	釵鋒金	柳
8日	05/19	日	甲戌	執	山頭火	星
9日	05/20	月	乙亥	破	山頭火	張
10日	05/21	火	丙子	危	澗下水	翼
11日	05/22	水	丁丑	成	澗下水	軫
12日	05/23	木	戊寅	納	城頭土	角
13日	05/24	金	己卯	開	城頭土	亢
14日	05/25	土	庚辰	閉	白鑞金	氐
15日	05/26	日	辛巳	建	白鑞金	房
16日	05/27	月	壬午	除	楊柳木	心
17日	05/28	火	癸未	満	楊柳木	尾
18日	05/29	水	甲申	平	井泉水	箕
19日	05/30	木	乙酉	定	井泉水	斗
20日	05/31	金	丙戌	執	屋上土	牛
21日	06/01	土	丁亥	破	屋上土	女
22日	06/02	日	戊子	危	霹靂火	虚
23日	06/03	月	己丑	成	霹靂火	危
24日	06/04	火	庚寅	納	松柏木	室
25日	06/05	水	辛卯	開	松柏木	壁
26日	06/06	木	壬辰	閉	長流水	奎
27日	06/07	金	癸巳	建	長流水	婁
28日	06/08	土	甲午	除	沙中金	胃
29日	06/09	日	乙未	除	沙中金	昴
30日	06/10	月	丙申	満	山下火	畢

【五月小 丙午 胃】
節気 夏至 12日・小暑 27日
雑節 半夏生 22日

日	日付	曜	干支	直	納音	宿
1日	06/11	火	丁酉	平	山下火	觜
2日	06/12	水	戊戌	定	平地木	参
3日	06/13	木	己亥	執	平地木	井
4日	06/14	金	庚子	破	壁上土	鬼
5日	06/15	土	辛丑	危	壁上土	柳
6日	06/16	日	壬寅	成	金箔金	星
7日	06/17	月	癸卯	納	金箔金	張
8日	06/18	火	甲辰	開	覆燈火	翼
9日	06/19	水	乙巳	閉	覆燈火	軫
10日	06/20	木	丙午	建	天河水	角
11日	06/21	金	丁未	除	天河水	亢
12日	06/22	土	戊申	満	大駅土	氐
13日	06/23	日	己酉	平	大駅土	房
14日	06/24	月	庚戌	定	釵釧金	心
15日	06/25	火	辛亥	執	釵釧金	尾
16日	06/26	水	壬子	破	桑柘木	箕
17日	06/27	木	癸丑	危	桑柘木	斗
18日	06/28	金	甲寅	成	大溪水	牛
19日	06/29	土	乙卯	納	大溪水	女
20日	06/30	日	丙辰	開	沙中土	虚
21日	07/01	月	丁巳	閉	沙中土	危
22日	07/02	火	戊午	建	天上火	室
23日	07/03	水	己未	除	天上火	壁
24日	07/04	木	庚申	満	柘榴木	奎
25日	07/05	金	辛酉	平	柘榴木	婁
26日	07/06	土	壬戌	定	大海水	胃
27日	07/07	日	癸亥	定	大海水	昴
28日	07/08	月	甲子	執	海中金	畢
29日	07/09	火	乙丑	破	海中金	觜

【六月大 丁未 昴】
節気 大暑 13日・立秋 28日
雑節 土用 10日

日	日付	曜	干支	直	納音	宿
1日	07/10	水	丙寅	危	爐中火	参
2日	07/11	木	丁卯	成	爐中火	井
3日	07/12	金	戊辰	納	大林木	鬼
4日	07/13	土	己巳	開	大林木	柳
5日	07/14	日	庚午	建	路傍土	星
6日	07/15	月	辛未	建	路傍土	張
7日	07/16	火	壬申	除	釵鋒金	翼
8日	07/17	水	癸酉	満	釵鋒金	軫
9日	07/18	木	甲戌	平	山頭火	角
10日	07/19	金	乙亥	定	山頭火	亢
11日	07/20	土	丙子	執	澗下水	氐
12日	07/21	日	丁丑	破	澗下水	房
13日	07/22	月	戊寅	危	城頭土	心
14日	07/23	火	己卯	成	城頭土	尾
15日	07/24	水	庚辰	納	白鑞金	箕
16日	07/25	木	辛巳	開	白鑞金	斗
17日	07/26	金	壬午	閉	楊柳木	牛
18日	07/27	土	癸未	建	楊柳木	女
19日	07/28	日	甲申	満	井泉水	虚
20日	07/29	月	乙酉	満	井泉水	危
21日	07/30	火	丙戌	平	屋上土	室
22日	07/31	水	丁亥	定	屋上土	壁
23日	08/01	木	戊子	執	霹靂火	奎
24日	08/02	金	己丑	破	霹靂火	婁
25日	08/03	土	庚寅	危	松柏木	胃
26日	08/04	日	辛卯	成	松柏木	昴
27日	08/05	月	壬辰	納	長流水	畢
28日	08/06	火	癸巳	納	長流水	觜
29日	08/07	水	甲午	開	沙中金	参

天明2年

日	西暦	曜	干支	直	納音	宿
30日	08/08	木	乙未	閉	沙中金	井

【七月小 戊申 畢】

節気 処暑 13日・白露 29日
雑節 二百十日 25日

日	西暦	曜	干支	直	納音	宿
1日	08/09	金	丙申	建	山下火	鬼
2日	08/10	土	丁酉	除	山下火	柳
3日	08/11	日	戊戌	平	平地木	星
4日	08/12	月	己亥	定	平地木	張
5日	08/13	火	庚子	執	壁上土	翼
6日	08/14	水	辛丑	破	壁上土	軫
7日	08/15	木	壬寅	危	金箔金	角
8日	08/16	金	癸卯	成	金箔金	亢
9日	08/17	土	甲辰	納	覆燈火	氐
10日	08/18	日	乙巳	納	覆燈火	房
11日	08/19	月	丙午	開	天河水	心
12日	08/20	火	丁未	閉	天河水	尾
13日	08/21	水	戊申	建	大駅土	箕
14日	08/22	木	己酉	除	大駅土	斗
15日	08/23	金	庚戌	満	釵釧金	牛
16日	08/24	土	辛亥	平	釵釧金	女
17日	08/25	日	壬子	定	桑柘木	虚
18日	08/26	月	癸丑	執	桑柘木	危
19日	08/27	火	甲寅	破	大渓水	室
20日	08/28	水	乙卯	危	大渓水	壁
21日	08/29	木	丙辰	成	沙中土	奎
22日	08/30	金	丁巳	納	沙中土	婁
23日	08/31	土	戊午	開	天上火	胃
24日	09/01	日	己未	閉	天上火	昴
25日	09/02	月	庚申	建	柘榴木	畢
26日	09/03	火	辛酉	除	柘榴木	觜
27日	09/04	水	壬戌	満	大海水	参
28日	09/05	木	癸亥	平	大海水	井
29日	09/06	金	甲子	平	海中金	鬼

【八月大 己酉 觜】

節気 秋分 15日・寒露 30日
雑節 彼岸 14日・社日 14日

日	西暦	曜	干支	直	納音	宿
1日	09/07	土	乙丑	定	海中金	柳
2日	09/08	日	丙寅	執	爐中火	星
3日	09/09	月	丁卯	破	爐中火	張
4日	09/10	火	戊辰	危	大林木	翼
5日	09/11	水	己巳	成	大林木	軫
6日	09/12	木	庚午	納	路傍土	角
7日	09/13	金	辛未	開	路傍土	亢
8日	09/14	土	壬申	閉	釵鋒金	氐
9日	09/15	日	癸酉	建	釵鋒金	房
10日	09/16	月	甲戌	除	山頭火	心
11日	09/17	火	乙亥	満	山頭火	尾
12日	09/18	水	丙子	平	澗下水	箕
13日	09/19	木	丁丑	定	澗下水	斗
14日	09/20	金	戊寅	執	城頭土	牛
15日☆	09/21	土	己卯	破	城頭土	女
16日	09/22	日	庚辰	危	白鑞金	虚
17日	09/23	月	辛巳	成	白鑞金	危
18日	09/24	火	壬午	納	楊柳木	室
19日	09/25	水	癸未	開	楊柳木	壁
20日	09/26	木	甲申	閉	井泉水	奎
21日	09/27	金	乙酉	建	井泉水	婁
22日	09/28	土	丙戌	除	屋上土	胃
23日	09/29	日	丁亥	平	屋上土	昴
24日	09/30	月	戊子	定	霹靂火	畢
25日	10/01	火	己丑	執	霹靂火	觜
26日	10/02	水	庚寅	破	松柏木	参
27日	10/03	木	辛卯	危	松柏木	井
28日	10/04	金	壬辰	成	長流水	鬼
29日	10/05	土	癸巳	納	長流水	柳
30日	10/06	日	甲午	成	沙中金	星

【九月小 庚戌 参】

節気 霜降 15日
雑節 土用 12日

日	西暦	曜	干支	直	納音	宿
1日	10/07	月	乙未	納	沙中金	張
2日	10/08	火	丙申	開	山下火	翼
3日	10/09	水	丁酉	閉	山下火	軫
4日	10/10	木	戊戌	建	平地木	角
5日	10/11	金	己亥	除	平地木	亢
6日	10/12	土	庚子	満	壁上土	氐
7日	10/13	日	辛丑	平	壁上土	房
8日	10/14	月	壬寅	定	金箔金	心
9日	10/15	火	癸卯	執	金箔金	尾
10日	10/16	水	甲辰	破	覆燈火	箕
11日	10/17	木	乙巳	危	覆燈火	斗
12日	10/18	金	丙午	成	天河水	牛
13日	10/19	土	丁未	納	天河水	女
14日	10/20	日	戊申	開	大駅土	虚
15日	10/21	月	己酉	閉	大駅土	危
16日	10/22	火	庚戌	建	釵釧金	室
17日	10/23	水	辛亥	除	釵釧金	壁
18日	10/24	木	壬子	満	桑柘木	奎
19日	10/25	金	癸丑	平	桑柘木	婁
20日	10/26	土	甲寅	定	大渓水	胃
21日	10/27	日	乙卯	執	大渓水	昴
22日	10/28	月	丙辰	破	沙中土	畢
23日	10/29	火	丁巳	危	沙中土	觜
24日	10/30	水	戊午	成	天上火	参
25日	10/31	木	己未	納	天上火	井
26日	11/01	金	庚申	開	柘榴木	鬼
27日	11/02	土	辛酉	閉	柘榴木	柳
28日	11/03	日	壬戌	建	大海水	星
29日	11/04	月	癸亥	除	大海水	張

【十月大 辛亥 井】

節気 立冬 2日・小雪 17日

日	西暦	曜	干支	直	納音	宿
1日	11/05	火	甲子	満	海中金	翼
2日	11/06	水	乙丑	平	海中金	軫
3日	11/07	木	丙寅	定	爐中火	角
4日	11/08	金	丁卯	執	爐中火	亢
5日	11/09	土	戊辰	破	大林木	氐
6日	11/10	日	己巳	危	大林木	房
7日	11/11	月	庚午	成	路傍土	心
8日	11/12	火	辛未	納	路傍土	尾
9日	11/13	水	壬申	開	釵鋒金	箕
10日	11/14	木	癸酉	閉	釵鋒金	斗
11日	11/15	金	甲戌	建	山頭火	牛
12日	11/16	土	乙亥	除	山頭火	女
13日	11/17	日	丙子	満	澗下水	虚
14日	11/18	月	丁丑	満	澗下水	危
15日	11/19	火	戊寅	平	城頭土	室
16日	11/20	水	己卯	定	城頭土	壁
17日	11/21	木	庚辰	執	白鑞金	奎
18日	11/22	金	辛巳	破	白鑞金	婁
19日	11/23	土	壬午	危	楊柳木	胃
20日	11/24	日	癸未	成	楊柳木	昴
21日	11/25	月	甲申	納	井泉水	畢
22日	11/26	火	乙酉	開	井泉水	觜
23日	11/27	水	丙戌	閉	屋上土	参
24日	11/28	木	丁亥	建	屋上土	井
25日	11/29	金	戊子	除	霹靂火	鬼
26日	11/30	土	己丑	満	霹靂火	柳
27日	12/01	日	庚寅	平	松柏木	星
28日	12/02	月	辛卯	定	松柏木	張
29日	12/03	火	壬辰	執	長流水	翼
30日	12/04	水	癸巳	破	長流水	軫

【十一月小 壬子 鬼】

節気 大雪 2日・冬至 17日

日	西暦	曜	干支	直	納音	宿
1日	12/05	木	甲午	危	沙中金	角
2日	12/06	金	乙未	成	沙中金	亢
3日	12/07	土	丙申	成	山下火	氐
4日	12/08	日	丁酉	納	山下火	房
5日	12/09	月	戊戌	開	平地木	心
6日	12/10	火	己亥	閉	平地木	尾
7日	12/11	水	庚子	建	壁上土	箕
8日	12/12	木	辛丑	除	壁上土	斗
9日	12/13	金	壬寅	満	金箔金	牛
10日	12/14	土	癸卯	平	金箔金	女
11日	12/15	日	甲辰	定	覆燈火	虚
12日	12/16	月	乙巳	執	覆燈火	危
13日	12/17	火	丙午	破	天河水	室
14日	12/18	水	丁未	危	天河水	壁
15日	12/19	木	戊申	成	大駅土	奎
16日	12/20	金	己酉	納	大駅土	婁
17日	12/21	土	庚戌	開	釵釧金	胃
18日	12/22	日	辛亥	閉	釵釧金	昴
19日	12/23	月	壬子	建	桑柘木	畢
20日	12/24	火	癸丑	除	桑柘木	觜
21日	12/25	水	甲寅	満	大渓水	参
22日	12/26	木	乙卯	平	大渓水	井
23日	12/27	金	丙辰	定	沙中土	鬼
24日	12/28	土	丁巳	執	沙中土	柳
25日	12/29	日	戊午	破	天上火	星
26日	12/30	月	己未	危	天上火	張
27日	12/31	火	庚申	成	柘榴木	翼

1783年

日	西暦	曜	干支	直	納音	宿
28日	01/01	水	辛酉	納	柘榴木	軫
29日	01/02	木	壬戌	開	大海水	角

【十二月大 癸丑 柳】

節気 小寒 3日・大寒 19日
雑節 土用 16日

日	西暦	曜	干支	直	納音	宿
1日	01/03	金	癸亥	閉	大海水	亢
2日	01/04	土	甲子	建	海中金	氐
3日	01/05	日	乙丑	建	海中金	房
4日	01/06	月	丙寅	除	爐中火	心
5日	01/07	火	丁卯	平	爐中火	尾
6日	01/08	水	戊辰	平	大林木	箕
7日	01/09	木	己巳	定	大林木	斗
8日	01/10	金	庚午	執	路傍土	牛
9日	01/11	土	辛未	破	路傍土	女
10日	01/12	日	壬申	危	釵鋒金	虚
11日	01/13	月	癸酉	成	釵鋒金	危
12日	01/14	火	甲戌	納	山頭火	室
13日	01/15	水	乙亥	開	山頭火	壁
14日	01/16	木	丙子	閉	澗下水	奎
15日	01/17	金	丁丑	建	澗下水	婁
16日	01/18	土	戊寅	満	城頭土	胃
17日	01/19	日	己卯	満	城頭土	昴
18日	01/20	月	庚辰	平	白鑞金	畢
19日	01/21	火	辛巳	定	白鑞金	觜
20日	01/22	水	壬午	執	楊柳木	参
21日	01/23	木	癸未	破	楊柳木	井
22日	01/24	金	甲申	危	井泉水	鬼
23日	01/25	土	乙酉	成	井泉水	柳
24日	01/26	日	丙戌	納	屋上土	星
25日	01/27	月	丁亥	開	屋上土	張
26日	01/28	火	戊子	閉	霹靂火	翼
27日	01/29	水	己丑	除	霹靂火	軫
28日	01/30	木	庚寅	危	松柏木	角
29日	01/31	金	辛卯	満	松柏木	亢
30日	02/01	土	壬辰	平	長流水	氐

天明3年
1783～1784 癸卯 尾

【正月小 甲寅 星】
節気 立春 4日・雨水 19日
雑節 節分 3日

日	日付	曜	干支	中段	納音	宿
1日	02/02	日	癸巳	定	長流水	房
2日	02/03	月	甲午	執	沙中金	心
3日	02/04	火	乙未	破	沙中金	尾
4日	02/05	水	丙申	破	山下火	箕
5日	02/06	木	丁酉	危	山下火	斗
6日	02/07	金	戊戌	成	平地木	牛
7日	02/08	土	己亥	納	平地木	女
8日	02/09	日	庚子	開	壁上土	虚
9日	02/10	月	辛丑	閉	壁上土	危
10日	02/11	火	壬寅	建	金箔金	室
11日	02/12	水	癸卯	除	金箔金	壁
12日	02/13	木	甲辰	満	覆燈火	奎
13日	02/14	金	乙巳	平	覆燈火	婁
14日	02/15	土	丙午	定	天河水	胃
15日	02/16	日	丁未	執	天河水	昴
16日	02/17	月	戊申	破	大駅土	畢
17日	02/18	火	己酉	危	大駅土	觜
18日	02/19	水	庚戌	成	釵釧金	参
19日	02/20	木	辛亥	納	釵釧金	井
20日	02/21	金	壬子	開	桑柘木	鬼
21日	02/22	土	癸丑	閉	桑柘木	柳
22日	02/23	日	甲寅	建	大溪水	星
23日	02/24	月	乙卯	除	大溪水	張
24日	02/25	火	丙辰	満	沙中土	翼
25日	02/26	水	丁巳	平	沙中土	軫
26日	02/27	木	戊午	定	天上火	角
27日	02/28	金	己未	執	天上火	亢
28日	03/01	土	庚申	破	柘榴木	氐
29日	03/02	日	辛酉	危	柘榴木	房

【二月大 乙卯 張】
節気 啓蟄 5日・春分 20日
雑節 彼岸 15日・社日 17日

日	日付	曜	干支	中段	納音	宿
1日	03/03	月	壬戌	成	大海水	心
2日	03/04	火	癸亥	納	大海水	尾
3日	03/05	水	甲子	開	海中金	箕
4日	03/06	木	乙丑	閉	海中金	斗
5日	03/07	金	丙寅	閉	爐中火	牛
6日	03/08	土	丁卯	除	爐中火	女
7日	03/09	日	戊辰	除	大林木	虚
8日	03/10	月	己巳	満	大林木	危
9日	03/11	火	庚午	平	路傍土	室
10日	03/12	水	辛未	執	路傍土	壁
11日	03/13	木	壬申	執	釵鋒金	奎
12日	03/14	金	癸酉	破	釵鋒金	婁
13日	03/15	土	甲戌	成	山頭火	胃
14日	03/16	日	乙亥	成	山頭火	昴
15日	03/17	月	丙子	納	澗下水	畢
16日	☆03/18	火	丁丑	開	澗下水	觜
17日	03/19	水	戊寅	閉	城頭土	参
18日	03/20	木	己卯	建	城頭土	井
19日	03/21	金	庚辰	除	白鑞金	鬼
20日	03/22	土	辛巳	平	楊柳木	柳
21日	03/23	日	壬午	平	楊柳木	星
22日	03/24	月	癸未	定	楊柳木	張
23日	03/25	火	甲申	執	井泉水	翼
24日	03/26	水	乙酉	破	井泉水	軫
25日	03/27	木	丙戌	危	屋上土	角
26日	03/28	金	丁亥	成	屋上土	亢
27日	03/29	土	戊子	納	霹靂火	氐
28日	03/30	日	己丑	開	霹靂火	房
29日	03/31	月	庚寅	閉	松柏木	心
30日	04/01	火	辛卯	建	松柏木	尾

【三月小 丙辰 翼】
節気 清明 6日・穀雨 21日
雑節 土用 18日

日	日付	曜	干支	中段	納音	宿
1日	04/02	水	壬辰	除	長流水	箕
2日	04/03	木	癸巳	満	長流水	斗
3日	04/04	金	甲午	平	沙中金	牛
4日	04/05	土	乙未	定	沙中金	女
5日	04/06	日	丙申	執	山下火	虚
6日	04/07	月	丁酉	執	山下火	危
7日	04/08	火	戊戌	破	平地木	室
8日	04/09	水	己亥	危	壁上土	奎
9日	04/10	木	庚子	成	壁上土	婁
10日	04/11	金	辛丑	納	壁上土	胃
11日	04/12	土	壬寅	開	金箔金	昴
12日	04/13	日	癸卯	閉	金箔金	畢
13日	04/14	月	甲辰	建	覆燈火	觜
14日	04/15	火	乙巳	除	覆燈火	参
15日	04/16	水	丙午	満	天河水	井
16日	04/17	木	丁未	平	天河水	鬼
17日	04/18	金	戊申	定	大駅土	柳
18日	04/19	土	己酉	執	大駅土	星
19日	04/20	日	庚戌	破	釵釧金	張
20日	04/21	月	辛亥	危	釵釧金	翼
21日	04/22	火	壬子	成	桑柘木	軫
22日	04/23	水	癸丑	納	桑柘木	角
23日	04/24	木	甲寅	開	大溪水	亢
24日	04/25	金	乙卯	閉	大溪水	氐
25日	04/26	土	丙辰	建	沙中土	房
26日	04/27	日	丁巳	除	沙中土	心
27日	04/28	月	戊午	満	天上火	尾
28日	04/29	火	己未	平	天上火	箕
29日	04/30	水	庚申	定	柘榴木	箕

【四月大 丁巳 軫】
節気 立夏 7日・小満 22日
雑節 八十八夜 3日

日	日付	曜	干支	中段	納音	宿
1日	05/01	木	辛酉	執	柘榴木	斗
2日	05/02	金	壬戌	破	大海水	牛
3日	05/03	土	癸亥	危	大海水	女
4日	05/04	日	甲子	成	海中金	虚
5日	05/05	月	乙丑	納	海中金	危
6日	05/06	火	丙寅	開	爐中火	室
7日	05/07	水	丁卯	閉	爐中火	壁
8日	05/08	木	戊辰	閉	大林木	奎
9日	05/09	金	己巳	建	大林木	婁
10日	05/10	土	庚午	除	路傍土	胃
11日	05/11	日	辛未	平	路傍土	昴
12日	05/12	月	壬申	平	釵鋒金	畢
13日	05/13	火	癸酉	定	釵鋒金	觜
14日	05/14	水	甲戌	執	山頭火	参
15日	05/15	木	乙亥	破	山頭火	井
16日	05/16	金	丙子	危	澗下水	鬼
17日	05/17	土	丁丑	成	澗下水	柳
18日	05/18	日	戊寅	納	城頭土	星
19日	05/19	月	己卯	開	城頭土	張
20日	05/20	火	庚辰	閉	白鑞金	翼
21日	05/21	水	辛巳	建	白鑞金	軫
22日	05/22	木	壬午	除	楊柳木	角
23日	05/23	金	癸未	満	楊柳木	亢
24日	05/24	土	甲申	平	井泉水	氐
25日	05/25	日	乙酉	定	井泉水	房
26日	05/26	月	丙戌	執	屋上土	心
27日	05/27	火	丁亥	破	屋上土	尾
28日	05/28	水	戊子	危	霹靂火	箕

【五月大 戊午 角】
節気 芒種 8日・夏至 23日
雑節 入梅 12日

日	日付	曜	干支	中段	納音	宿
1日	05/31	土	辛卯	開	松柏木	女
2日	06/01	日	壬辰	除	長流水	虚
3日	06/02	月	癸巳	建	長流水	危
4日	06/03	火	甲午	除	沙中金	室
5日	06/04	水	乙未	満	沙中金	壁
6日	06/05	木	丙申	平	山下火	奎
7日	06/06	金	丁酉	定	山下火	婁
8日	06/07	土	戊戌	定	平地木	胃
9日	06/08	日	己亥	破	平地木	昴
10日	06/09	月	庚子	危	壁上土	畢
11日	06/10	火	辛丑	危	壁上土	觜
12日	06/11	水	壬寅	成	金箔金	参
13日	06/12	木	癸卯	納	金箔金	井
14日	06/13	金	甲辰	開	覆燈火	鬼
15日	06/14	土	乙巳	閉	覆燈火	柳
16日	06/15	日	丙午	建	天河水	星
17日	06/16	月	丁未	除	天河水	張
18日	06/17	火	戊申	満	大駅土	翼
19日	06/18	水	己酉	平	大駅土	軫
20日	06/19	木	庚戌	定	釵釧金	角
21日	06/20	金	辛亥	執	釵釧金	亢
22日	06/21	土	壬子	破	桑柘木	氐
23日	06/22	日	癸丑	危	桑柘木	房
24日	06/23	月	甲寅	成	大溪水	心
25日	06/24	火	乙卯	納	大溪水	尾
26日	06/25	水	丙辰	開	沙中土	箕
27日	06/26	木	丁巳	閉	沙中土	斗
28日	06/27	金	戊午	建	天上火	女
29日	06/28	土	己未	除	天上火	女
30日	06/29	日	庚申	満	柘榴木	虚

【六月小 己未 亢】
節気 小暑 8日・大暑 23日
雑節 半夏生 3日・土用 20日

日	日付	曜	干支	中段	納音	宿
1日	06/30	月	辛酉	平	柘榴木	危
2日	07/01	火	壬戌	定	大海水	室
3日	07/02	水	癸亥	破	大海水	壁
4日	07/03	木	甲子	危	海中金	奎
5日	07/04	金	乙丑	危	海中金	婁
6日	07/05	土	丙寅	成	爐中火	胃
7日	07/06	日	丁卯	納	爐中火	昴
8日	07/07	月	戊辰	納	大林木	畢
9日	07/08	火	己巳	開	大林木	觜
10日	07/09	水	庚午	閉	路傍土	参
11日	07/10	木	辛未	閉	路傍土	井
12日	07/11	金	壬申	除	釵鋒金	鬼
13日	07/12	土	癸酉	満	釵鋒金	柳
14日	07/13	日	甲戌	平	山頭火	星
15日	07/14	月	乙亥	定	山頭火	張
16日	07/15	火	丙子	執	澗下水	翼
17日	07/16	水	丁丑	破	澗下水	軫
18日	07/17	木	戊寅	危	城頭土	角
19日	07/18	金	己卯	成	城頭土	亢
20日	07/19	土	庚辰	納	白鑞金	氐
21日	07/20	日	辛巳	開	白鑞金	房
22日	07/21	月	壬午	閉	楊柳木	心
23日	07/22	火	癸未	建	楊柳木	尾
24日	07/23	水	甲申	除	井泉水	箕
25日	07/24	木	乙酉	満	井泉水	斗
26日	07/25	金	丙戌	平	屋上土	牛
27日	07/26	土	丁亥	定	屋上土	女
28日	07/27	日	戊子	執	霹靂火	虚

天明3年

西暦	曜	干支	直	納音	宿
29日 07/28	月	己丑	破	霹靂火	危

【七月大 庚申 氐】
節気 立秋 9日・処暑 25日

	西暦	曜	干支	直	納音	宿
1日	07/29	火	庚寅	危	松柏木	室
2日	07/30	水	辛卯	成	松柏木	壁
3日	07/31	木	壬辰	納	長流水	奎
4日	08/01	金	癸巳	閉	長流水	婁
5日	08/02	土	甲午	建	沙中金	胃
6日	08/03	日	乙未	建	沙中金	昴
7日	08/04	月	丙申	除	山下火	畢
8日	08/05	火	丁酉	満	山下火	觜
9日	08/06	水	戊戌	満	平地木	参
10日	08/07	木	己亥	平	平地木	井
11日	08/08	金	庚子	定	壁上土	鬼
12日	08/09	土	辛丑	執	壁上土	柳
13日	08/10	日	壬寅	破	金箔金	星
14日	08/11	月	癸卯	危	金箔金	張
15日	08/12	火	甲辰	納	覆燈火	翼
16日	08/13	水	乙巳	納	覆燈火	軫
17日	08/14	木	丙午	開	天河水	角
18日	08/15	金	丁未	閉	天河水	亢
19日	08/16	土	戊申	建	大駅土	氐
20日	08/17	日	己酉	除	大駅土	房
21日	08/18	月	庚戌	満	釵釧金	心
22日	08/19	火	辛亥	平	釵釧金	尾
23日	08/20	水	壬子	定	桑柘木	箕
24日	08/21	木	癸丑	執	桑柘木	斗
25日	08/22	金	甲寅	危	大渓水	女
26日	08/23	土	乙卯	危	大渓水	虚
27日	08/24	日	丙辰	成	沙中土	虚
28日	08/25	月	丁巳	納	沙中土	危
29日	08/26	火	戊午	開	天上火	室
30日	08/27	水	己未	閉	天上火	壁

【八月小 辛酉 房】
節気 白露 10日・秋分 25日
雑節 二百十日 6日・彼岸 24日・社日 29日

	西暦	曜	干支	直	納音	宿
1日	08/28	木	庚申	建	柘榴木	奎
2日	08/29	金	辛酉	除	柘榴木	婁
3日	08/30	土	壬戌	満	大海水	胃
4日	08/31	日	癸亥	平	大海水	昴
5日	09/01	月	甲子	定	海中金	畢
6日	09/02	火	乙丑	執	海中金	觜
7日	09/03	水	丙寅	破	爐中火	参
8日	09/04	木	丁卯	危	爐中火	井
9日	09/05	金	戊辰	成	大林木	鬼
10日	09/06	土	己巳	成	大林木	柳
11日	09/07	日	庚午	収	路傍土	星
12日	09/08	月	辛未	開	路傍土	張
13日	09/09	火	壬申	閉	釼鋒金	翼
14日	09/10	水	癸酉	建	釼鋒金	軫
15日	09/11	木	甲戌	除	山頭火	角
16日	09/12	金	乙亥	満	山頭火	亢
17日	09/13	土	丙子	平	潤下水	氐
18日	09/14	日	丁丑	定	潤下水	房
19日	09/15	月	戊寅	執	城頭土	心
20日	09/16	火	己卯	破	城頭土	尾
21日	09/17	水	庚辰	危	白鑞金	箕
22日	09/18	木	辛巳	成	白鑞金	斗
23日	09/19	金	壬午	納	楊柳木	牛
24日	09/20	土	癸未	開	楊柳木	女
25日	09/21	日	甲申	閉	井泉水	虚
26日	09/22	月	乙酉	建	井泉水	危
27日	09/23	火	丙戌	除	屋上土	室
28日	09/24	水	丁亥	満	屋上土	壁
29日	09/25	木	戊子	平	霹靂火	奎

【九月大 壬戌 心】
節気 寒露 11日・霜降 27日
雑節 土用 24日

	西暦	曜	干支	直	納音	宿
1日	09/26	金	己丑	定	霹靂火	婁
2日	09/27	土	庚寅	執	松柏木	胃
3日	09/28	日	辛卯	破	松柏木	昴
4日	09/29	月	壬辰	危	長流水	畢
5日	09/30	火	癸巳	成	長流水	觜
6日	10/01	水	甲午	納	沙中金	参
7日	10/02	木	乙未	開	沙中金	井
8日	10/03	金	丙申	閉	山下火	鬼
9日	10/04	土	丁酉	建	山下火	柳
10日	10/05	日	戊戌	除	平地木	星
11日	10/06	月	己亥	除	平地木	張
12日	10/07	火	庚子	満	壁上土	翼
13日	10/08	水	辛丑	定	壁上土	軫
14日	10/09	木	壬寅	定	金箔金	角
15日	10/10	金	癸卯	執	金箔金	亢
16日	10/11	土	甲辰	破	覆燈火	氐
17日	10/12	日	乙巳	危	覆燈火	房
18日	10/13	月	丙午	成	天河水	心
19日	10/14	火	丁未	納	天河水	尾
20日	10/15	水	戊申	開	大駅土	箕
21日	10/16	木	己酉	閉	大駅土	斗
22日	10/17	金	庚戌	建	釵釧金	牛
23日	10/18	土	辛亥	除	釵釧金	女
24日	10/19	日	壬子	平	桑柘木	虚
25日	10/20	月	癸丑	平	桑柘木	危
26日	10/21	火	甲寅	定	大渓水	室
27日	10/22	水	乙卯	執	大渓水	壁
28日	10/23	木	丙辰	破	沙中土	奎
29日	10/24	金	丁巳	危	沙中土	婁
30日	10/25	土	戊午	成	天上火	胃

【十月小 癸亥 尾】
節気 立冬 12日・小雪 27日

	西暦	曜	干支	直	納音	宿
1日	10/26	日	己未	納	天上火	昴
2日	10/27	月	庚申	開	柘榴木	畢
3日	10/28	火	辛酉	閉	柘榴木	觜
4日	10/29	水	壬戌	除	大海水	参
5日	10/30	木	癸亥	除	大海水	井
6日	10/31	金	甲子	満	海中金	鬼
7日	11/01	土	乙丑	平	海中金	柳
8日	11/02	日	丙寅	定	爐中火	星
9日	11/03	月	丁卯	執	爐中火	張
10日	11/04	火	戊辰	破	大林木	翼
11日	11/05	水	己巳	危	大林木	軫
12日	11/06	木	庚午	成	路傍土	角
13日	11/07	金	辛未	収	路傍土	亢
14日	11/08	土	壬申	納	釼鋒金	氐
15日	11/09	日	癸酉	開	釼鋒金	房
16日	11/10	月	甲戌	閉	山頭火	心
17日	11/11	火	乙亥	建	山頭火	尾
18日	11/12	水	丙子	除	潤下水	箕
19日	11/13	木	丁丑	満	潤下水	斗
20日	11/14	金	戊寅	平	城頭土	牛
21日	11/15	土	己卯	定	城頭土	女
22日	11/16	日	庚辰	執	白鑞金	虚
23日	11/17	月	辛巳	破	白鑞金	危
24日	11/18	火	壬午	危	楊柳木	室
25日	11/19	水	癸未	成	楊柳木	壁
26日	11/20	木	甲申	納	井泉水	奎
27日	11/21	金	乙酉	開	井泉水	婁
28日	11/22	土	丙戌	閉	屋上土	胃
29日	11/23	日	丁亥	建	屋上土	昴

【十一月大 甲子 箕】
節気 大雪 13日・冬至 28日

	西暦	曜	干支	直	納音	宿
1日	11/24	月	戊子	除	霹靂火	觜
2日	11/25	火	己丑	満	霹靂火	参
3日	11/26	水	庚寅	平	松柏木	井
4日	11/27	木	辛卯	定	松柏木	鬼
5日	11/28	金	壬辰	執	長流水	柳
6日	11/29	土	癸巳	破	長流水	星
7日	11/30	日	甲午	危	沙中金	張
8日	12/01	月	乙未	成	沙中金	翼
9日	12/02	火	丙申	納	山下火	軫
10日	12/03	水	丁酉	開	山下火	角
11日	12/04	木	戊戌	閉	平地木	亢
12日	12/05	金	己亥	閉	平地木	氐
13日	12/06	土	庚子	建	壁上土	房
14日	12/07	日	辛丑	除	壁上土	心
15日	12/08	月	壬寅	満	金箔金	尾
16日	12/09	火	癸卯	平	金箔金	箕
17日	12/10	水	甲辰	定	覆燈火	斗
18日	12/11	木	乙巳	執	覆燈火	牛
19日	12/12	金	丙午	破	天河水	女
20日	12/13	土	丁未	危	天河水	虚
21日	12/14	日	戊申	成	大駅土	危
22日	12/15	月	己酉	納	大駅土	室
23日	12/16	火	庚戌	開	釵釧金	壁
24日	12/17	水	辛亥	閉	釵釧金	奎
25日	12/18	木	壬子	建	桑柘木	婁
26日	12/19	金	癸丑	除	桑柘木	胃
27日	12/20	土	甲寅	満	大渓水	昴
28日	12/21	日	乙卯	平	大渓水	畢
29日	12/22	月	丙辰	定	沙中土	觜
30日	12/23	火	丁巳	執	沙中土	参

【十二月小 乙丑 斗】
節気 小寒 14日・大寒 29日
雑節 土用 26日

	西暦	曜	干支	直	納音	宿
1日	12/24	水	戊午	破	天上火	井
2日	12/25	木	己未	危	天上火	鬼
3日	12/26	金	庚申	危	柘榴木	柳
4日	12/27	土	辛酉	納	柘榴木	星
5日	12/28	日	壬戌	開	大海水	張
6日	12/29	月	癸亥	開	大海水	翼
7日	12/30	火	甲子	閉	海中金	軫
8日	12/31	水	乙丑	除	海中金	角

1784年

	西暦	曜	干支	直	納音	宿
9日	01/01	木	丙寅	満	爐中火	亢
10日	01/02	金	丁卯	平	爐中火	氐
11日	01/03	土	戊辰	定	大林木	房
12日	01/04	日	己巳	執	大林木	心
13日	01/05	月	庚午	破	路傍土	尾
14日	01/06	火	辛未	危	路傍土	箕
15日	01/07	水	壬申	成	釼鋒金	斗
16日	01/08	木	癸酉	納	釼鋒金	牛
17日	01/09	金	甲戌	納	山頭火	女
18日	01/10	土	乙亥	開	山頭火	虚
19日	01/11	日	丙子	閉	潤下水	危
20日	01/12	月	丁丑	建	潤下水	室
21日	01/13	火	戊寅	除	城頭土	壁
22日	01/14	水	己卯	満	城頭土	奎
23日	01/15	木	庚辰	平	白鑞金	婁
24日	01/16	金	辛巳	定	白鑞金	胃
25日	01/17	土	壬午	執	楊柳木	昴
26日	01/18	日	癸未	破	楊柳木	畢
27日	01/19	月	甲申	危	井泉水	觜
28日	01/20	火	乙酉	成	井泉水	参
29日	01/21	水	丙戌	納	屋上土	参

天明4年
1784〜1785　甲辰　箕

【正月大 丙寅 牛】
節気 立春 15日・雨水 30日
雑節 節分 14日

日	日付	曜	干支	直	納音	宿
1日	01/22	木	丁亥	開	屋上土	井鬼
2日	01/23	金	戊子	閉	霹靂火	柳
3日	01/24	土	己丑	建	霹靂火	星張
4日	01/25	日	庚寅	除	松柏木	軫角
5日	01/26	火	辛卯	満	松柏木	亢氐
6日	01/27	水	壬辰	平	長流水	房心
7日	01/28	木	癸巳	定	長流水	尾箕
8日	01/29	金	甲午	執	沙中金	斗女
9日	01/30	土	乙未	破	沙中金	虚危
10日	01/31	日	丙申	危	山下火	室壁
11日	02/01	月	丁酉	成	山下火	奎婁
12日	02/02	火	戊戌	納	平地木	胃昴
13日	02/03	水	己亥	開	平地木	畢觜
14日	02/04	木	庚子	閉	壁上土	参井
15日	02/05	金	辛丑	建	壁上土	鬼
16日	02/06	土	壬寅	建	金箔金	柳
17日	02/07	日	癸卯	除	金箔金	星張
18日	02/08	月	甲辰	満	覆燈火	軫角
19日	02/09	火	乙巳	平	覆燈火	亢氐
20日	02/10	水	丙午	定	天河水	房心
21日	02/11	木	丁未	執	天河水	尾箕
22日	02/12	金	戊申	破	大駅土	斗女
23日	02/13	土	己酉	危	大駅土	虚危
24日	02/14	日	庚戌	成	釵釧金	室壁
25日	02/15	月	辛亥	納	釵釧金	奎婁
26日	02/16	火	壬子	開	桑柘木	胃昴
27日	02/17	水	癸丑	閉	桑柘木	畢觜
28日	02/18	木	甲寅	建	大溪水	参井
29日	02/19	金	乙卯	除	大溪水	鬼
30日	02/20	土	丙辰	満	沙中土	柳

【閏正月小 丙寅 牛】
節気 啓蟄 16日
雑節 彼岸 26日

日	日付	曜	干支	直	納音	宿
1日	02/21	土	丁巳	平	沙中土	柳
2日	02/22	日	戊午	定	天上火	星張
3日	02/23	月	己未	執	天上火	軫角
4日	02/24	火	庚申	破	柘榴木	亢氐
5日	02/25	水	辛酉	危	柘榴木	房心
6日	02/26	木	壬戌	成	大海水	尾箕
7日	02/27	金	癸亥	納	大海水	斗女
8日	02/28	土	甲子	開	海中金	虚危
9日	02/29	日	乙丑	閉	海中金	室壁
10日	03/01	月	丙寅	建	爐中火	奎婁
11日	03/02	火	丁卯	除	爐中火	胃昴
12日	03/03	水	戊辰	満	大林木	畢觜
13日	03/04	木	己巳	平	大林木	参井
14日	03/05	金	庚午	定	路傍土	鬼
15日	03/06	土	辛未	執	路傍土	柳
16日	03/07	日	壬申	破	釼鋒金	星張
17日	03/08	月	癸酉	危	釼鋒金	軫角
18日	03/09	火	甲戌	成	山頭火	亢氐
19日	03/10	水	乙亥	納	山頭火	房心
20日	03/11	木	丙子	開	澗下水	尾箕
21日	03/12	金	丁丑	閉	澗下水	斗女
22日	03/13	土	戊寅	建	城頭土	虚危
23日	03/14	日	己卯	除	城頭土	室壁
24日	03/15	月	庚辰	満	白鑞金	奎婁
25日	03/16	火	辛巳	平	白鑞金	胃昴
26日	03/17	水	壬午	定	楊柳木	畢觜
27日	03/18	木	癸未	執	楊柳木	参井
28日	03/19	金	甲申	破	井泉水	鬼
29日	03/20	土	乙酉	破	井泉水	柳

【二月大 丁卯 女】
節気 春分 2日・清明 17日
雑節 社日 3日・土用 29日

日	日付	曜	干支	直	納音	宿
1日	03/21	日	丙戌	危	屋上土	星張
2日	03/22	月	丁亥	成	屋上土	軫角
3日	03/23	火	戊子	納	霹靂火	亢氐
4日	03/24	水	己丑	開	霹靂火	房心
5日	03/25	木	庚寅	閉	松柏木	尾箕
6日	03/26	金	辛卯	建	松柏木	亢氐
7日	03/27	土	壬辰	除	長流水	房心
8日	03/28	日	癸巳	満	長流水	尾箕
9日	03/29	月	甲午	平	沙中金	斗女
10日	03/30	火	乙未	定	沙中金	虚危
11日	03/31	水	丙申	執	山下火	室壁
12日	04/01	木	丁酉	破	山下火	奎婁
13日	04/02	金	戊戌	危	平地木	胃昴
14日	04/03	土	己亥	成	平地木	畢觜
15日	04/04	日	庚子	納	壁上土	参井
16日	04/05	月	辛丑	開	壁上土	鬼
17日	04/06	火	壬寅	開	金箔金	柳
18日	04/07	水	癸卯	閉	金箔金	星張
19日	04/08	木	甲辰	建	覆燈火	軫角
20日	04/09	金	乙巳	除	覆燈火	亢氐
21日	04/10	土	丙午	満	天河水	房心
22日	04/11	日	丁未	平	天河水	尾箕
23日	04/12	月	戊申	定	大駅土	斗女
24日	04/13	火	己酉	執	大駅土	虚危
25日	04/14	水	庚戌	破	釵釧金	室壁
26日	04/15	木	辛亥	危	釵釧金	奎婁
27日	04/16	金	壬子	成	桑柘木	胃昴
28日	04/17	土	癸丑	納	桑柘木	畢觜
29日	04/18	日	甲寅	開	大溪水	参井
30日	04/19	月	乙卯	閉	大溪水	星張

【三月小 戊辰 虚】
節気 穀雨 2日・立夏 17日
雑節 八十八夜 13日

日	日付	曜	干支	直	納音	宿
1日	04/20	火	丙辰	建	沙中土	翼軫
2日	04/21	水	丁巳	除	沙中土	角
3日	04/22	木	戊午	満	天上火	亢氐
4日	04/23	金	己未	平	天上火	房心
5日	04/24	土	庚申	定	柘榴木	尾箕
6日	04/25	日	辛酉	執	柘榴木	斗女
7日	04/26	月	壬戌	破	大海水	虚危
8日	04/27	火	癸亥	危	大海水	室壁
9日	04/28	水	甲子	成	海中金	奎婁
10日	04/29	木	乙丑	納	海中金	胃昴
11日	04/30	金	丙寅	開	爐中火	畢觜
12日	05/01	土	丁卯	閉	爐中火	参井
13日	05/02	日	戊辰	建	大林木	鬼
14日	05/03	月	己巳	除	大林木	柳
15日	05/04	火	庚午	満	路傍土	星張
16日	05/05	水	辛未	平	路傍土	軫角
17日	05/06	木	壬申	定	釼鋒金	亢氐
18日	05/07	金	癸酉	執	釼鋒金	房心
19日	05/08	土	甲戌	破	山頭火	尾箕
20日	05/09	日	乙亥	危	山頭火	斗女
21日	05/10	月	丙子	成	澗下水	虚危
22日	05/11	火	丁丑	納	澗下水	室壁
23日	05/12	水	戊寅	開	城頭土	奎婁
24日	05/13	木	己卯	閉	城頭土	胃昴
25日	05/14	金	庚辰	建	白鑞金	畢觜
26日	05/15	土	辛巳	除	白鑞金	参井
27日	05/16	日	壬午	満	楊柳木	柳
28日	05/17	月	癸未	平	楊柳木	星張
29日	05/18	火	甲申	定	井泉水	翼

【四月大 己巳 危】
節気 小満 4日・芒種 19日
雑節 入梅 28日

日	日付	曜	干支	直	納音	宿
1日	05/19	水	乙酉	定	井泉水	軫角
2日	05/20	木	丙戌	執	屋上土	亢氐
3日	05/21	金	丁亥	破	屋上土	氐
4日	05/22	土	戊子	危	霹靂火	氐
5日	05/23	日	己丑	成	霹靂火	房心
6日	05/24	月	庚寅	納	松柏木	尾箕
7日	05/25	火	辛卯	開	松柏木	斗女
8日	05/26	水	壬辰	閉	長流水	虚危
9日	05/27	木	癸巳	建	長流水	室壁
10日	05/28	金	甲午	除	沙中金	奎婁
11日	05/29	土	乙未	満	沙中金	胃昴
12日	05/30	日	丙申	平	山下火	畢觜
13日	05/31	月	丁酉	定	山下火	参井
14日	06/01	火	戊戌	執	平地木	井鬼
15日	06/02	水	己亥	破	平地木	柳
16日	06/03	木	庚子	危	壁上土	星張
17日	06/04	金	辛丑	成	壁上土	軫角
18日	06/05	土	壬寅	納	金箔金	亢氐
19日	06/06	日	癸卯	開	金箔金	房心
20日	06/07	月	甲辰	閉	覆燈火	尾箕
21日	06/08	火	乙巳	建	覆燈火	斗女
22日	06/09	水	丙午	除	天河水	虚危
23日	06/10	木	丁未	満	天河水	室壁
24日	06/11	金	戊申	平	大駅土	奎婁
25日	06/12	土	己酉	定	大駅土	胃昴
26日	06/13	日	庚戌	執	釵釧金	畢觜
27日	06/14	月	辛亥	破	釵釧金	参井
28日	06/15	火	壬子	危	桑柘木	井鬼
29日	06/16	水	癸丑	成	桑柘木	柳
30日	06/17	木	甲寅	納	大溪水	星張

【五月小 庚午 室】
節気 夏至 4日・小暑 19日
雑節 半夏生 14日

日	日付	曜	干支	直	納音	宿
1日	06/18	金	乙卯	納	大溪水	軫角
2日	06/19	土	丙辰	開	沙中土	亢氐
3日	06/20	日	丁巳	閉	沙中土	房心
4日	06/21	月	戊午	建	天上火	尾箕
5日	06/22	火	己未	除	天上火	斗女
6日	06/23	水	庚申	満	柘榴木	虚危
7日	06/24	木	辛酉	平	柘榴木	室壁
8日	06/25	金	壬戌	定	大海水	奎婁
9日	06/26	土	癸亥	執	大海水	胃昴
10日	06/27	日	甲子	破	海中金	畢觜
11日	06/28	月	乙丑	危	海中金	参井
12日	06/29	火	丙寅	成	爐中火	鬼
13日	06/30	水	丁卯	納	爐中火	柳
14日	07/01	木	戊辰	開	大林木	星張
15日	07/02	金	己巳	閉	大林木	軫角
16日	07/03	土	庚午	建	路傍土	亢氐
17日	07/04	日	辛未	除	路傍土	房心
18日	07/05	月	壬申	満	釼鋒金	尾箕
19日	07/06	火	癸酉	平	釼鋒金	斗女
20日	07/07	水	甲戌	定	山頭火	虚危
21日	07/08	木	乙亥	執	山頭火	室壁
22日	07/09	金	丙子	破	澗下水	奎婁
23日	07/10	土	丁丑	危	澗下水	胃昴
24日	07/11	日	戊寅	成	城頭土	畢觜
25日	07/12	月	己卯	納	城頭土	参井
26日	07/13	火	庚辰	開	白鑞金	井鬼
27日	07/14	水	辛巳	閉	白鑞金	柳
28日	07/15	木	壬午	建	楊柳木	星張
29日	07/16	金	癸未	除	楊柳木	軫角

【六月大 辛未 壁】
節気 大暑 5日・立秋 21日
雑節 土用 2日

日	日付	曜	干支	直	納音	宿
1日	07/17	土	甲申	除	井泉水	氐
2日	07/18	日	乙酉	満	井泉水	房心
3日	07/19	月	丙戌	平	屋上土	尾箕
4日	07/20	火	丁亥	定	屋上土	斗女
5日	07/21	水	戊子	執	霹靂火	虚危
6日	07/22	木	己丑	破	霹靂火	室壁
7日	07/23	金	庚寅	危	松柏木	奎婁
8日	07/24	土	辛卯	成	松柏木	胃昴
9日	07/25	日	壬辰	納	長流水	畢觜
10日	07/26	月	癸巳	開	長流水	参井
11日	07/27	火	甲午	閉	沙中金	井鬼
12日	07/28	水	乙未	建	沙中金	柳
13日	07/29	木	丙申	除	山下火	星張
14日	07/30	金	丁酉	満	山下火	軫角

天明4年

西暦 曜 干支 直 納音 宿

日	西暦	曜	干支	直	納音	宿
15日	07/31	土	戊戌	定	平地木	胃
16日	08/01	日	己亥	執	平地木	昴
17日	08/02	月	庚子	破	壁上土	畢
18日	08/03	火	辛丑	危	壁上土	觜
19日	08/04	水	壬寅	成	金箔金	参
20日	08/05	木	癸卯	納	金箔金	井
21日	08/06	金	甲辰	開	覆燈火	鬼
22日	08/07	土	乙巳	納	覆燈火	柳
23日	08/08	日	丙午	開	天河水	星
24日	08/09	月	丁未	閉	天河水	張
25日	08/10	火	戊申	建	大駅土	翼
26日	08/11	水	己酉	除	大駅土	軫
27日	08/12	木	庚戌	平	釵釧金	角
28日	08/13	金	辛亥	定	釵釧金	亢
29日	08/14	土	壬子	定	桑柘木	氐
30日	08/15	日	癸丑	執	桑柘木	房

【七月大 壬申 奎】
節気 処暑 6日・白露 21日
雑節 二百十日 17日

日	西暦	曜	干支	直	納音	宿
1日◎	08/16	月	甲寅	破	大溪水	心
2日	08/17	火	乙卯	危	大溪水	尾
3日	08/18	水	丙辰	成	沙中土	箕
4日	08/19	木	丁巳	納	沙中土	斗
5日	08/20	金	戊午	開	天上火	牛
6日	08/21	土	己未	閉	天上火	女
7日	08/22	日	庚申	建	柘榴木	虚
8日	08/23	月	辛酉	除	柘榴木	危
9日	08/24	火	壬戌	平	大海水	室
10日	08/25	水	癸亥	平	大海水	壁
11日	08/26	木	甲子	定	海中金	奎
12日	08/27	金	乙丑	執	海中金	婁
13日	08/28	土	丙寅	破	爐中火	胃
14日	08/29	日	丁卯	危	爐中火	昴
15日☆	08/30	月	戊辰	成	大林木	畢
16日	08/31	火	己巳	納	大林木	觜
17日	09/01	水	庚午	開	路傍土	参
18日	09/02	木	辛未	閉	路傍土	井
19日	09/03	金	壬申	建	釵釧金	鬼
20日	09/04	土	癸酉	除	釵釧金	柳
21日	09/05	日	甲戌	満	山頭火	星
22日	09/06	月	乙亥	満	山頭火	張
23日	09/07	火	丙子	平	澗下水	翼
24日	09/08	水	丁丑	定	澗下水	軫
25日	09/09	木	戊寅	執	城頭土	角
26日	09/10	金	己卯	破	城頭土	亢
27日	09/11	土	庚辰	危	白鑞金	氐
28日	09/12	日	辛巳	成	白鑞金	房
29日	09/13	月	壬午	納	楊柳木	心
30日	09/14	火	癸未	開	楊柳木	尾

【八月小 癸酉 婁】
節気 秋分 6日・寒露 22日
雑節 彼岸 5日・社日 5日

日	西暦	曜	干支	直	納音	宿
1日	09/15	水	甲申	閉	井泉水	箕
2日	09/16	木	乙酉	建	井泉水	斗
3日	09/17	金	丙戌	除	屋上土	牛
4日	09/18	土	丁亥	満	屋上土	女
5日	09/19	日	戊子	平	霹靂火	虚
6日	09/20	月	己丑	定	霹靂火	危
7日	09/21	火	庚寅	執	松柏木	室
8日	09/22	水	辛卯	破	松柏木	壁
9日	09/23	木	壬辰	危	長流水	奎
10日	09/24	金	癸巳	成	長流水	婁
11日	09/25	土	甲午	納	沙中金	胃
12日	09/26	日	乙未	開	沙中金	昴
13日	09/27	月	丙申	閉	山下火	觜
14日	09/28	火	丁酉	建	山下火	参
15日	09/29	水	戊戌	除	平地木	井
16日	09/30	木	己亥	満	平地木	鬼
17日	10/01	金	庚子	平	壁上土	柳
18日	10/02	土	辛丑	定	壁上土	星
19日	10/03	日	壬寅	執	金箔金	張
20日	10/04	月	癸卯	破	金箔金	張
21日	10/05	火	甲辰	危	覆燈火	翼
22日	10/06	水	乙巳	危	覆燈火	軫
23日	10/07	木	丙午	成	覆燈火	角
24日	10/08	金	丁未	納	天河水	亢
25日	10/09	土	戊申	開	大駅土	氐
26日	10/10	日	己酉	閉	大駅土	房
27日	10/11	月	庚戌	建	釵釧金	心
28日	10/12	火	辛亥	除	釵釧金	尾
29日	10/13	水	壬子	満	桑柘木	箕

【九月大 甲戌 胃】
節気 霜降 8日・立冬 23日
雑節 土用 5日

日	西暦	曜	干支	直	納音	宿
1日	10/14	木	癸丑	平	桑柘木	斗
2日	10/15	金	甲寅	定	大溪水	女
3日	10/16	土	乙卯	執	大溪水	虚
4日	10/17	日	丙辰	破	沙中土	危
5日	10/18	月	丁巳	危	沙中土	室
6日	10/19	火	戊午	成	天上火	壁
7日	10/20	水	己未	納	天上火	奎
8日	10/21	木	庚申	開	柘榴木	婁
9日	10/22	金	辛酉	閉	柘榴木	胃
10日	10/23	土	壬戌	建	大海水	昴
11日	10/24	日	癸亥	除	大海水	畢
12日	10/25	月	甲子	満	海中金	觜
13日	10/26	火	乙丑	平	海中金	参
14日	10/27	水	丙寅	定	爐中火	井
15日	10/28	木	丁卯	執	爐中火	鬼
16日	10/29	金	戊辰	破	大林木	柳
17日	10/30	土	己巳	危	大林木	星
18日	10/31	日	庚午	成	路傍土	張
19日	11/01	月	辛未	納	路傍土	翼
20日	11/02	火	壬申	開	釵釧金	軫
21日	11/03	水	癸酉	閉	釵釧金	角
22日	11/04	木	甲戌	建	山頭火	亢
23日	11/05	金	乙亥	建	山頭火	氐
24日	11/06	土	丙子	除	澗下水	房
25日	11/07	日	丁丑	満	澗下水	心
26日	11/08	月	戊寅	定	城頭土	尾
27日	11/09	火	己卯	執	城頭土	箕
28日	11/10	水	庚辰	破	白鑞金	斗
29日	11/11	木	辛巳	危	白鑞金	牛
30日	11/12	金	壬午	成	楊柳木	女

【十月小 乙亥 昴】
節気 小雪 8日・大雪 23日

日	西暦	曜	干支	直	納音	宿
1日	11/13	土	癸未	成	楊柳木	女
2日	11/14	日	甲申	成	井泉水	虚
3日	11/15	月	乙酉	開	井泉水	危
4日	11/16	火	丙戌	閉	屋上土	室
5日	11/17	水	丁亥	閉	屋上土	壁
6日	11/18	木	戊子	除	霹靂火	奎
7日	11/19	金	己丑	満	霹靂火	婁
8日	11/20	土	庚寅	定	松柏木	胃
9日	11/21	日	辛卯	定	松柏木	昴
10日	11/22	月	壬辰	執	長流水	畢
11日	11/23	火	癸巳	破	長流水	觜
12日	11/24	水	甲午	危	沙中金	参
13日	11/25	木	乙未	成	沙中金	井
14日	11/26	金	丙申	納	山下火	鬼
15日	11/27	土	丁酉	開	山下火	柳
16日	11/28	日	戊戌	閉	平地木	星
17日	11/29	月	己亥	建	平地木	張
18日	11/30	火	庚子	除	壁上土	翼
19日	12/01	水	辛丑	満	壁上土	軫
20日	12/02	木	壬寅	平	金箔金	角
21日	12/03	金	癸卯	定	金箔金	亢
22日	12/04	土	甲辰	執	覆燈火	氐
23日	12/05	日	乙巳	破	覆燈火	房
24日	12/06	月	丙午	危	天河水	心
25日	12/07	火	丁未	成	天河水	尾
26日	12/08	水	戊申	納	大駅土	箕
27日	12/09	木	己酉	開	大駅土	斗
28日	12/10	金	庚戌	閉	釵釧金	牛
29日	12/11	土	辛亥	建	釵釧金	女

【十一月大 丙子 畢】
節気 冬至 10日・小寒 25日

日	西暦	曜	干支	直	納音	宿
1日	12/12	日	壬子	建	桑柘木	虚
2日	12/13	月	癸丑	除	桑柘木	危
3日	12/14	火	甲寅	満	大溪水	室
4日	12/15	水	乙卯	平	大溪水	壁
5日	12/16	木	丙辰	定	沙中土	奎
6日	12/17	金	丁巳	執	沙中土	婁
7日	12/18	土	戊午	破	天上火	胃
8日	12/19	日	己未	危	天上火	昴
9日	12/20	月	庚申	成	柘榴木	畢
10日	12/21	火	辛酉	納	柘榴木	觜
11日	12/22	水	壬戌	開	大海水	参
12日	12/23	木	癸亥	閉	大海水	井
13日	12/24	金	甲子	建	海中金	鬼
14日	12/25	土	乙丑	除	海中金	柳
15日	12/26	日	丙寅	満	爐中火	星
16日	12/27	月	丁卯	平	爐中火	張
17日	12/28	火	戊辰	定	大林木	翼
18日	12/29	水	己巳	執	大林木	軫
19日	12/30	木	庚午	破	路傍土	角
20日	12/31	金	辛未	危	路傍土	亢

1785年

日	西暦	曜	干支	直	納音	宿
21日	01/01	土	壬申	成	釵釧金	氐
22日	01/02	日	癸酉	納	釵釧金	房
23日	01/03	月	甲戌	開	山頭火	心
24日	01/04	火	乙亥	閉	山頭火	尾
25日	01/05	水	丙子	閉	澗下水	箕
26日	01/06	木	丁丑	除	澗下水	斗
27日	01/07	金	戊寅	満	城頭土	牛
28日	01/08	土	己卯	満	城頭土	女
29日	01/09	日	庚辰	定	白鑞金	虚
30日	01/10	月	辛巳	定	白鑞金	危

【十二月小 丁丑 觜】
節気 大寒 10日・立春 25日
雑節 土用 7日・節分 24日

日	西暦	曜	干支	直	納音	宿
1日	01/11	火	壬午	執	楊柳木	室
2日	01/12	水	癸未	破	楊柳木	壁
3日	01/13	木	甲申	危	井泉水	奎
4日	01/14	金	乙酉	成	井泉水	婁
5日	01/15	土	丙戌	納	屋上土	胃
6日	01/16	日	丁亥	開	屋上土	昴
7日	01/17	月	戊子	閉	霹靂火	觜
8日	01/18	火	己丑	建	霹靂火	参
9日	01/19	水	庚寅	除	松柏木	井
10日	01/20	木	辛卯	満	松柏木	鬼
11日	01/21	金	壬辰	平	長流水	柳
12日	01/22	土	癸巳	定	長流水	星
13日	01/23	日	甲午	執	沙中金	張
14日	01/24	月	乙未	破	沙中金	翼
15日	01/25	火	丙申	危	山下火	軫
16日	01/26	水	丁酉	成	山下火	角
17日	01/27	木	戊戌	納	平地木	亢
18日	01/28	金	己亥	開	平地木	氐
19日	01/29	土	庚子	閉	壁上土	房
20日	01/30	日	辛丑	建	壁上土	心
21日	01/31	月	壬寅	除	金箔金	尾
22日	02/01	火	癸卯	満	金箔金	箕
23日	02/02	水	甲辰	平	覆燈火	斗
24日	02/03	木	乙巳	定	覆燈火	牛
25日	02/04	金	丙午	執	天河水	女
26日	02/05	土	丁未	破	天河水	虚
27日	02/06	日	戊申	危	大駅土	危
28日	02/07	月	己酉	危	大駅土	室
29日	02/08	火	庚戌	成	釵釧金	壁

天明5年
1785〜1786　乙巳　斗

【正月大 戊寅 参】
節気 雨水 12日・啓蟄 27日

1日 02/09 水 辛亥 納 釵釧金 壁
2日 02/10 木 壬子 開 桑柘木 奎
3日 02/11 金 癸丑 閉 桑柘木 婁
4日 02/12 土 甲寅 建 大溪水 胃
5日 02/13 日 乙卯 除 大溪水 昴
6日 02/14 月 丙辰 満 沙中土 畢
7日 02/15 火 丁巳 平 沙中土 觜
8日 02/16 水 戊午 定 天上火 参
9日 02/17 木 己未 執 天上火 井
10日 02/18 金 庚申 破 柘榴木 鬼
11日 02/19 土 辛酉 危 柘榴木 柳
12日 02/20 日 壬戌 成 大海水 星
13日 02/21 月 癸亥 納 大海水 張
14日 02/22 火 甲子 開 海中金 翼
15日 02/23 水 乙丑 閉 海中金 軫
16日 02/24 木 丙寅 建 爐中火 角
17日 02/25 金 丁卯 除 爐中火 亢
18日 02/26 土 戊辰 満 大林木 氐
19日 02/27 日 己巳 平 大林木 房
20日 02/28 月 庚午 定 路傍土 心
21日 03/01 火 辛未 執 路傍土 尾
22日 03/02 水 壬申 破 釵釧金 箕
23日 03/03 木 癸酉 危 釵釧金 斗
24日 03/04 金 甲戌 成 山頭火 牛
25日 03/05 土 乙亥 納 山頭火 女
26日 03/06 日 丙子 開 澗下水 虚
27日 03/07 月 丁丑 閉 澗下水 危
28日 03/08 火 戊寅 閉 城頭土 室
29日 03/09 水 己卯 建 城頭土 壁
30日 03/10 木 庚辰 除 白鑞金 奎

【二月小 己卯 井】
節気 春分 12日・清明 27日
雑節 彼岸 7日・社日 8日

1日 03/11 金 辛巳 満 白鑞金 婁
2日 03/12 土 壬午 平 楊柳木 胃
3日 03/13 日 癸未 定 楊柳木 昴
4日 03/14 月 甲申 執 井泉水 畢
5日 03/15 火 乙酉 破 井泉水 参
6日 03/16 水 丙戌 危 屋上土 井
7日 03/17 木 丁亥 成 屋上土 鬼
8日 03/18 金 戊子 納 霹靂火 柳
9日 03/19 土 己丑 開 霹靂火 星
10日 03/20 日 庚寅 閉 松柏木 張
11日 03/21 月 辛卯 建 松柏木 翼
12日 03/22 火 壬辰 除 長流水 翼
13日 03/23 水 癸巳 満 長流水 軫
14日 03/24 木 甲午 平 沙中金 角
15日 03/25 金 乙未 定 沙中金 亢
16日 03/26 土 丙申 執 山下火 氐
17日 03/27 日 丁酉 破 山下火 房
18日 03/28 月 戊戌 危 平地木 心
19日 03/29 火 己亥 成 平地木 尾
20日 03/30 水 庚子 納 壁上土 斗
21日 03/31 木 辛丑 開 壁上土 牛
22日 04/01 金 壬寅 閉 金箔金 女
23日 04/02 土 癸卯 建 金箔金 虚
24日 04/03 日 甲辰 除 覆燈火 危
25日 04/04 月 乙巳 満 覆燈火 室
26日 04/05 火 丙午 平 天河水 壁
27日 04/06 水 丁未 平 天河水 壁
28日 04/07 木 戊申 定 大駅土 奎
29日 04/08 金 己酉 執 大駅土 婁

【三月大 庚辰 鬼】
節気 穀雨 13日・立夏 29日
雑節 土用 10日・八十八夜 24日

1日 04/09 土 庚戌 破 釵釧金 胃
2日 04/10 日 辛亥 危 釵釧金 昴
3日 04/11 月 壬子 成 桑柘木 畢
4日 04/12 火 癸丑 納 桑柘木 觜
5日 04/13 水 甲寅 開 大溪水 参
6日 04/14 木 乙卯 閉 大溪水 井
7日 04/15 金 丙辰 建 沙中土 鬼
8日 04/16 土 丁巳 除 沙中土 柳
9日 04/17 日 戊午 満 天上火 星
10日 04/18 月 己未 平 天上火 張
11日 04/19 火 庚申 定 柘榴木 翼
12日 04/20 水 辛酉 執 柘榴木 軫
13日 04/21 木 壬戌 破 大海水 角
14日 04/22 金 癸亥 危 大海水 亢
15日 04/23 土 甲子 成 海中金 氐
16日 04/24 日 乙丑 納 海中金 房
17日 04/25 月 丙寅 開 爐中火 心
18日 04/26 火 丁卯 閉 爐中火 尾
19日 04/27 水 戊辰 建 大林木 箕
20日 04/28 木 己巳 除 大林木 斗
21日 04/29 金 庚午 満 路傍土 牛
22日 04/30 土 辛未 平 路傍土 女
23日 05/01 日 壬申 定 釵釧金 虚
24日 05/02 月 癸酉 執 釵釧金 危
25日 05/03 火 甲戌 破 山頭火 室
26日 05/04 水 乙亥 危 山頭火 壁
27日 05/05 木 丙子 成 澗下水 奎
28日 05/06 金 丁丑 納 澗下水 婁
29日 05/07 土 戊寅 開 城頭土 胃
30日 05/08 日 己卯 閉 城頭土 昴

【四月小 辛巳 柳】
節気 小満 14日・芒種 29日

1日 05/09 月 庚辰 閉 白鑞金 畢
2日 05/10 火 辛巳 建 白鑞金 觜
3日 05/11 水 壬午 除 楊柳木 参
4日 05/12 木 癸未 満 楊柳木 井
5日 05/13 金 甲申 平 井泉水 鬼
6日 05/14 土 乙酉 定 井泉水 柳
7日 05/15 日 丙戌 執 屋上土 星
8日 05/16 月 丁亥 破 屋上土 張
9日 05/17 火 戊子 危 霹靂火 翼
10日 05/18 水 己丑 成 霹靂火 軫
11日 05/19 木 庚寅 納 松柏木 角
12日 05/20 金 辛卯 開 松柏木 亢
13日 05/21 土 壬辰 閉 長流水 氐
14日 05/22 日 癸巳 建 長流水 房
15日 05/23 月 甲午 除 沙中金 心
16日 05/24 火 乙未 満 沙中金 尾
17日 05/25 水 丙申 平 山下火 箕
18日 05/26 木 丁酉 定 山下火 斗
19日 05/27 金 戊戌 執 平地木 牛
20日 05/28 土 己亥 破 平地木 女
21日 05/29 日 庚子 危 壁上土 虚
22日 05/30 月 辛丑 納 壁上土 危
23日 05/31 火 壬寅 納 金箔金 室
24日 06/01 水 癸卯 閉 金箔金 壁
25日 06/02 木 甲辰 閉 覆燈火 奎
26日 06/03 金 乙巳 建 覆燈火 婁
27日 06/04 土 丙午 除 天河水 胃
28日 06/05 日 丁未 満 天河水 昴
29日 06/06 月 戊申 満 大駅土 畢

【五月小 壬午 星】
節気 夏至 15日
雑節 入梅 4日・半夏生 25日

1日 06/07 火 己酉 平 大駅土 觜
2日 06/08 水 庚戌 定 釵釧金 参
3日 06/09 木 辛亥 納 釵釧金 井
4日 06/10 金 壬子 破 桑柘木 鬼
5日 06/11 土 癸丑 危 桑柘木 柳
6日 06/12 日 甲寅 成 大溪水 星
7日 06/13 月 乙卯 納 大溪水 張
8日 06/14 火 丙辰 開 沙中土 翼
9日 06/15 水 丁巳 閉 沙中土 軫
10日 06/16 木 戊午 建 天上火 角
11日 06/17 金 己未 除 天上火 亢
12日 06/18 土 庚申 満 柘榴木 氐
13日 06/19 日 辛酉 平 柘榴木 房
14日 06/20 月 壬戌 定 大海水 心
15日 06/21 火 癸亥 執 大海水 尾
16日 06/22 水 甲子 破 海中金 箕
17日 06/23 木 乙丑 危 海中金 斗
18日 06/24 金 丙寅 成 爐中火 牛
19日 06/25 土 丁卯 納 爐中火 女
20日 06/26 日 戊辰 開 大林木 虚
21日 06/27 月 己巳 閉 大林木 危
22日 06/28 火 庚午 建 路傍土 室
23日 06/29 水 辛未 満 路傍土 壁
24日 06/30 木 壬申 満 釵釧金 奎
25日 07/01 金 癸酉 平 釵釧金 婁
26日 07/02 土 甲戌 定 山頭火 胃
27日 07/03 日 乙亥 執 山頭火 昴
28日 07/04 月 丙子 破 澗下水 畢
29日 07/05 火 丁丑 危 澗下水 觜

【六月大 癸未 張】
節気 小暑 2日・大暑 17日
雑節 土用 14日

1日 07/06 水 戊寅 成 城頭土 参
2日 07/07 木 己卯 納 城頭土 井
3日 07/08 金 庚辰 開 白鑞金 鬼
4日 07/09 土 辛巳 閉 白鑞金 柳
5日 07/10 日 壬午 建 楊柳木 星
6日 07/11 月 癸未 除 楊柳木 張
7日 07/12 火 甲申 満 井泉水 翼
8日 07/13 水 乙酉 平 井泉水 軫
9日 07/14 木 丙戌 定 屋上土 角
10日 07/15 金 丁亥 執 屋上土 亢
11日 07/16 土 戊子 破 霹靂火 氐
12日 07/17 日 己丑 危 霹靂火 房
13日 07/18 月 庚寅 成 松柏木 心
14日 07/19 火 辛卯 納 松柏木 尾
15日 07/20 水 壬辰 開 長流水 箕
16日 07/21 木 癸巳 閉 長流水 斗
17日 07/22 金 甲午 建 沙中金 牛
18日 07/23 土 乙未 除 沙中金 女
19日 07/24 日 丙申 満 山下火 虚
20日 07/25 月 丁酉 平 山下火 室
21日 07/26 火 戊戌 定 平地木 壁
22日 07/27 水 己亥 執 平地木 奎
23日 07/28 木 庚子 破 壁上土 婁
24日 07/29 金 辛丑 危 壁上土 胃
25日 07/30 土 壬寅 成 金箔金 昴
26日 07/31 日 癸卯 納 金箔金 畢
27日 08/01 月 甲辰 開 覆燈火 觜
28日 08/02 火 乙巳 閉 覆燈火 参
29日 08/03 水 丙午 閉 天河水 井
30日 08/04 木 丁未 建 天河水 井

【七月大 甲申 翼】
節気 立秋 2日・処暑 17日
雑節 二百十日 9日

1日◎08/05 金 戊申 除 大駅土 鬼
2日 08/06 土 己酉 除 大駅土 柳
3日 08/07 日 庚戌 満 釵釧金 星

西暦 曜 干支 直 納音 宿　　天明5年

日	西暦	曜	干支	直	納音	宿
4日	08/08	月	辛亥	平	釵釧金	張
5日	08/09	火	壬子	定	桑柘木	翼
6日	08/10	水	癸丑	執	桑柘木	軫
7日	08/11	木	甲寅	破	大溪水	角
8日	08/12	金	乙卯	危	大溪水	亢
9日	08/13	土	丙辰	成	沙中土	氐
10日	08/14	日	丁巳	納	沙中土	房
11日	08/15	月	戊午	開	天上火	心
12日	08/16	火	己未	閉	天上火	尾
13日	08/17	水	庚申	建	柘榴木	箕
14日	08/18	木	辛酉	除	柘榴木	斗
15日	08/19	金	壬戌	満	大海水	牛
16日	08/20	土	癸亥	定	大海水	女
17日	08/21	日	甲子	定	海中金	虚
18日	08/22	月	乙丑	執	海中金	危
19日	08/23	火	丙寅	破	爐中火	室
20日	08/24	水	丁卯	危	爐中火	壁
21日	08/25	木	戊辰	成	大林木	奎
22日	08/26	金	己巳	納	大林木	婁
23日	08/27	土	庚午	開	路傍土	胃
24日	08/28	日	辛未	閉	路傍土	昴
25日	08/29	月	壬申	建	釵鋒金	畢
26日	08/30	火	癸酉	除	釵鋒金	觜
27日	08/31	水	甲戌	満	山頭火	参
28日	09/01	木	乙亥	平	山頭火	井
29日	09/02	金	丙子	定	澗下水	鬼
30日	09/03	土	丁丑	執	澗下水	柳

【八月小 乙酉 軫】
節気 白露 2日・秋分 18日
雑節 彼岸 17日・社日 21日

日	西暦	曜	干支	直	納音	宿
1日	09/04	日	戊寅	破	城頭土	星
2日	09/05	月	己卯	危	城頭土	張
3日	09/06	火	庚辰	成	白鑞金	翼
4日	09/07	水	辛巳	納	白鑞金	軫
5日	09/08	木	壬午	納	楊柳木	角
6日	09/09	金	癸未	開	楊柳木	亢
7日	09/10	土	甲申	閉	井泉水	氐
8日	09/11	日	乙酉	建	井泉水	房
9日	09/12	月	丙戌	除	屋上土	心
10日	09/13	火	丁亥	満	屋上土	尾
11日	09/14	水	戊子	平	霹靂火	箕
12日	09/15	木	己丑	定	霹靂火	斗
13日	09/16	金	庚寅	執	松柏木	牛
14日	09/17	土	辛卯	破	松柏木	女
15日	09/18	日	壬辰	危	長流水	虚
16日	09/19	月	癸巳	成	長流水	危
17日	09/20	火	甲午	納	沙中金	室
18日	09/21	水	乙未	開	沙中金	壁
19日	09/22	木	丙申	閉	山下火	奎
20日	09/23	金	丁酉	建	山下火	婁
21日	09/24	土	戊戌	除	平地木	胃
22日	09/25	日	己亥	満	平地木	昴
23日	09/26	月	庚子	平	壁上土	畢
24日	09/27	火	辛丑	定	壁上土	觜
25日	09/28	水	壬寅	執	金箔金	参
26日	09/29	木	癸卯	破	金箔金	井
27日	09/30	金	甲辰	危	覆燈火	柳
28日	10/01	土	乙巳	成	覆燈火	柳
29日	10/02	日	丙午	納	天河水	星

【九月大 丙戌 角】
節気 寒露 4日・霜降 19日
雑節 土用 16日

日	西暦	曜	干支	直	納音	宿
1日	10/03	月	丁未	開	天河水	張
2日	10/04	火	戊申	閉	大駅土	翼
3日	10/05	水	己酉	建	大駅土	軫
4日	10/06	木	庚戌	建	釵釧金	角
5日	10/07	金	辛亥	除	釵釧金	亢
6日	10/08	土	壬子	満	桑柘木	氐
7日	10/09	日	癸丑	平	桑柘木	房
8日	10/10	月	甲寅	定	大溪水	心
9日	10/11	火	乙卯	執	大溪水	尾
10日	10/12	水	丙辰	破	沙中土	箕
11日	10/13	木	丁巳	危	沙中土	斗
12日	10/14	金	戊午	成	天上火	牛
13日	10/15	土	己未	納	天上火	女
14日	10/16	日	庚申	開	柘榴木	虚
15日	10/17	月	辛酉	閉	柘榴木	危
16日	10/18	火	壬戌	建	大海水	室
17日	10/19	水	癸亥	除	大海水	壁
18日	10/20	木	甲子	満	海中金	奎
19日	10/21	金	乙丑	平	海中金	婁
20日	10/22	土	丙寅	定	爐中火	胃
21日	10/23	日	丁卯	執	爐中火	昴
22日	10/24	月	戊辰	破	大林木	畢
23日	10/25	火	己巳	危	大林木	觜
24日	10/26	水	庚午	成	路傍土	参
25日	10/27	木	辛未	納	路傍土	井
26日	10/28	金	壬申	開	釵鋒金	鬼
27日	10/29	土	癸酉	閉	釵鋒金	柳
28日	10/30	日	甲戌	建	山頭火	星
29日	10/31	月	乙亥	除	山頭火	張
30日	11/01	火	丙子	満	澗下水	翼

【十月大 丁亥 亢】
節気 立冬 4日・小雪 19日

日	西暦	曜	干支	直	納音	宿
1日	11/02	水	丁丑	平	澗下水	軫
2日	11/03	木	戊寅	定	城頭土	角
3日	11/04	金	己卯	執	城頭土	亢
4日	11/05	土	庚辰	破	白鑞金	氐
5日	11/06	日	辛巳	危	白鑞金	房
6日	11/07	月	壬午	成	楊柳木	心
7日	11/08	火	癸未	納	楊柳木	尾
8日	11/09	水	甲申	開	井泉水	箕
9日	11/10	木	乙酉	閉	井泉水	斗
10日	11/11	金	丙戌	建	屋上土	牛
11日	11/12	土	丁亥	除	屋上土	女
12日	11/13	日	戊子	満	霹靂火	虚
13日	11/14	月	己丑	満	霹靂火	危
14日	11/15	火	庚寅	平	松柏木	室
15日	11/16	水	辛卯	定	松柏木	壁
16日	11/17	木	壬辰	執	長流水	奎
17日	11/18	金	癸巳	破	長流水	婁
18日	11/19	土	甲午	危	沙中金	胃
19日	11/20	日	乙未	成	沙中金	昴
20日	11/21	月	丙申	納	山下火	畢
21日	11/22	火	丁酉	開	山下火	觜
22日	11/23	水	戊戌	閉	平地木	参
23日	11/24	木	己亥	建	平地木	井
24日	11/25	金	庚子	除	壁上土	鬼
25日	11/26	土	辛丑	満	壁上土	柳
26日	11/27	日	壬寅	平	金箔金	星
27日	11/28	月	癸卯	定	金箔金	張
28日	11/29	火	甲辰	執	覆燈火	翼
29日	11/30	水	乙巳	破	覆燈火	軫
30日	12/01	木	丙午	危	天河水	角

【十一月小 戊子 氐】
節気 大雪 5日・冬至 20日

日	西暦	曜	干支	直	納音	宿
1日	12/02	金	丁未	成	天河水	亢
2日	12/03	土	戊申	納	大駅土	氐
3日	12/04	日	己酉	開	大駅土	房
4日	12/05	月	庚戌	閉	釵釧金	心
5日	12/06	火	辛亥	閉	釵釧金	尾
6日	12/07	水	壬子	建	桑柘木	箕
7日	12/08	木	癸丑	除	桑柘木	斗
8日	12/09	金	甲寅	満	大溪水	牛
9日	12/10	土	乙卯	平	大溪水	女
10日	12/11	日	丙辰	定	沙中土	虚
11日	12/12	月	丁巳	執	沙中土	危
12日	12/13	火	戊午	破	天上火	室
13日	12/14	水	己未	危	天上火	壁
14日	12/15	木	庚申	成	柘榴木	奎
15日	12/16	金	辛酉	納	柘榴木	胃
16日	12/17	土	壬戌	開	大海水	胃
17日	12/18	日	癸亥	閉	大海水	昴
18日	12/19	月	甲子	建	海中金	畢
19日	12/20	火	乙丑	除	海中金	觜
20日	12/21	水	丙寅	満	爐中火	参
21日	12/22	木	丁卯	平	爐中火	井
22日	12/23	金	戊辰	定	大林木	柳
23日	12/24	土	己巳	執	大林木	柳
24日	12/25	日	庚午	破	路傍土	星
25日	12/26	月	辛未	危	路傍土	張
26日	12/27	火	壬申	成	釵鋒金	翼
27日	12/28	水	癸酉	納	釵鋒金	軫
28日	12/29	木	甲戌	開	山頭火	角
29日	12/30	金	乙亥	閉	山頭火	亢

【十二月大 己丑 房】
節気 小寒 6日・大寒 21日
雑節 土用 18日

日	西暦	曜	干支	直	納音	宿
1日	12/31	土	丙子	建	澗下水	氐
	1786年					
2日	01/01	日	丁丑	平	澗下水	房
3日	01/02	月	戊寅	満	城頭土	心
4日	01/03	火	己卯	平	城頭土	尾
5日	01/04	水	庚辰	定	白鑞金	箕
6日	01/05	木	辛巳	執	白鑞金	斗
7日	01/06	金	壬午	執	楊柳木	牛
8日	01/07	土	癸未	破	楊柳木	女
9日	01/08	日	甲申	危	井泉水	虚
10日	01/09	月	乙酉	成	井泉水	危
11日	01/10	火	丙戌	納	屋上土	室
12日	01/11	水	丁亥	開	屋上土	壁
13日	01/12	木	戊子	閉	霹靂火	奎
14日	01/13	金	己丑	建	霹靂火	婁
15日	☆01/14	土	庚寅	除	松柏木	胃
16日	01/15	日	辛卯	満	松柏木	昴
17日	01/16	月	壬辰	平	長流水	畢
18日	01/17	火	癸巳	定	長流水	觜
19日	01/18	水	甲午	執	沙中金	参
20日	01/19	木	乙未	破	沙中金	井
21日	01/20	金	丙申	危	山下火	柳
22日	01/21	土	丁酉	成	山下火	星
23日	01/22	日	戊戌	納	平地木	張
24日	01/23	月	己亥	開	平地木	翼
25日	01/24	火	庚子	閉	壁上土	軫
26日	01/25	水	辛丑	建	壁上土	角
27日	01/26	木	壬寅	除	金箔金	亢
28日	01/27	金	癸卯	平	金箔金	氐
29日	01/28	土	甲辰	定	覆燈火	房
30日	01/29	日	乙巳	定	覆燈火	房

天明6年
1786～1787 丙午 牛

【正月小 庚寅 心】
節気 立春 7日・雨水 22日
雑節 節分 6日

```
1日◎ 01/30 月 丙午 執 天河水 心
2日  01/31 火 丁未 破 天河水 尾
3日  02/01 水 戊申 危 大駅土 箕
4日  02/02 木 己酉 成 釼釧金 斗
5日  02/03 金 庚戌 納 釼釧金 女
6日  02/04 土 辛亥 開 壁上土 虚
7日  02/05 日 壬子 閉 壁上土 危
8日  02/06 月 癸丑 建 桑柘木 室
9日  02/07 火 甲寅 除 大溪水 壁
10日 02/08 水 乙卯 満 大溪水 奎
11日 02/09 木 丙辰 平 沙中土 婁
12日 02/10 金 丁巳 定 沙中土 胃
13日 02/11 土 戊午 執 天上火 昴
14日 02/12 日 己未 破 天上火 畢
15日 02/13 月 庚申 危 柘榴木 觜
16日 02/14 火 辛酉 成 柘榴木 参
17日 02/15 水 壬戌 納 大海水 井
18日 02/16 木 癸亥 開 大海水 鬼
19日 02/17 金 甲子 閉 海中金 柳
20日 02/18 土 乙丑 建 海中金 星
21日 02/19 日 丙寅 除 爐中火 張
22日 02/20 月 丁卯 満 爐中火 翼
23日 02/21 火 戊辰 平 大林木 軫
24日 02/22 水 己巳 定 大林木 角
25日 02/23 木 庚午 執 路傍土 亢
26日 02/24 金 辛未 破 路傍土 氐
27日 02/25 土 壬申 危 釼鋒金 房
28日 02/26 日 癸酉 成 釼鋒金 心
29日 02/27 月 甲戌 納 山頭火 尾
```

【二月大 辛卯 尾】
節気 啓蟄 8日・春分 23日
雑節 彼岸 18日・社日 24日

```
1日  02/28 火 乙亥 納 山頭火 尾
2日  03/01 水 丙子 開 澗下水 箕
3日  03/02 木 丁丑 閉 澗下水 斗
4日  03/03 金 戊寅 建 城頭土 女
5日  03/04 土 己卯 除 城頭土 虚
6日  03/05 日 庚辰 満 白鑞金 危
7日  03/06 月 辛巳 平 白鑞金 室
8日  03/07 火 壬午 定 楊柳木 壁
9日  03/08 水 癸未 執 楊柳木 奎
10日 03/09 木 甲申 破 井泉水 婁
11日 03/10 金 乙酉 危 井泉水 胃
12日 03/11 土 丙戌 成 屋上土 昴
13日 03/12 日 丁亥 納 屋上土 畢
14日 03/13 月 戊子 開 霹靂火 觜
15日 03/14 火 己丑 閉 霹靂火 参
16日 03/15 水 庚寅 建 松柏木 井
17日 03/16 木 辛卯 除 松柏木 鬼
18日 03/17 金 壬辰 満 長流水 柳
19日 03/18 土 癸巳 平 長流水 星
20日 03/19 日 甲午 定 沙中金 張
21日 03/20 月 乙未 執 沙中金 翼
22日 03/21 火 丙申 破 山下火 軫
23日 03/22 水 丁酉 危 山下火 角
24日 03/23 木 戊戌 成 平地木 亢
25日 03/24 金 己亥 納 平地木 氐
26日 03/25 土 庚子 開 壁上土 房
27日 03/26 日 辛丑 閉 壁上土 心
28日 03/27 月 壬寅 建 金箔金 尾
29日 03/28 火 癸卯 除 金箔金 箕
30日 03/29 水 甲辰 満 覆燈火 斗
```

【三月小 壬辰 箕】
節気 清明 8日・穀雨 24日
雑節 土用 21日

```
1日  03/30 木 乙巳 満 覆燈火 斗
2日  03/31 金 丙午 平 天河水 牛
3日  04/01 土 丁未 定 天河水 女
4日  04/02 日 戊申 執 大駅土 虚
5日  04/03 月 己酉 破 大駅土 危
6日  04/04 火 庚戌 危 釼釧金 室
7日  04/05 水 辛亥 成 釼釧金 壁
8日  04/06 木 壬子 納 桑柘木 奎
9日  04/07 金 癸丑 開 桑柘木 婁
10日 04/08 土 甲寅 閉 大溪水 胃
11日 04/09 日 乙卯 建 大溪水 昴
12日 04/10 月 丙辰 除 沙中土 畢
13日 04/11 火 丁巳 満 沙中土 觜
14日 04/12 水 戊午 平 天上火 参
15日 04/13 木 己未 定 天上火 井
16日 04/14 金 庚申 執 柘榴木 鬼
17日 04/15 土 辛酉 破 柘榴木 柳
18日 04/16 日 壬戌 危 大海水 星
19日 04/17 月 癸亥 成 大海水 張
20日 04/18 火 甲子 納 海中金 翼
21日 04/19 水 乙丑 開 海中金 軫
22日 04/20 木 丙寅 閉 爐中火 角
23日 04/21 金 丁卯 建 爐中火 亢
24日 04/22 土 戊辰 除 大林木 氐
25日 04/23 日 己巳 満 大林木 房
26日 04/24 月 庚午 平 路傍土 心
27日 04/25 火 辛未 定 路傍土 尾
28日 04/26 水 壬申 執 釼鋒金 箕
29日 04/27 木 癸酉 破 釼鋒金 斗
```

【四月大 癸巳 斗】
節気 立夏 10日・小満 25日
雑節 八十八夜 6日

```
1日  04/28 金 甲戌 破 山頭火 牛
2日  04/29 土 乙亥 危 山頭火 女
3日  04/30 日 丙子 成 澗下水 虚
4日  05/01 月 丁丑 納 澗下水 危
5日  05/02 火 戊寅 開 城頭土 室
6日  05/03 水 己卯 閉 城頭土 壁
7日  05/04 木 庚辰 建 白鑞金 奎
8日  05/05 金 辛巳 除 白鑞金 婁
9日  05/06 土 壬午 満 楊柳木 胃
10日 05/07 日 癸未 平 楊柳木 昴
11日 05/08 月 甲申 定 井泉水 畢
12日 05/09 火 乙酉 執 井泉水 觜
13日 05/10 水 丙戌 破 屋上土 参
14日 05/11 木 丁亥 危 屋上土 井
15日 05/12 金 戊子 成 霹靂火 鬼
16日 05/13 土 己丑 納 霹靂火 柳
17日 05/14 日 庚寅 開 松柏木 星
18日 05/15 月 辛卯 閉 松柏木 張
19日 05/16 火 壬辰 建 長流水 翼
20日 05/17 水 癸巳 除 長流水 軫
21日 05/18 木 甲午 満 沙中金 角
22日 05/19 金 乙未 平 沙中金 亢
23日 05/20 土 丙申 定 山下火 氐
24日 05/21 日 丁酉 執 山下火 房
25日 05/22 月 戊戌 破 平地木 心
26日 05/23 火 己亥 危 平地木 尾
27日 05/24 水 庚子 成 壁上土 箕
28日 05/25 木 辛丑 納 壁上土 斗
29日 05/26 金 壬寅 開 金箔金 牛
30日 05/27 土 癸卯 閉 金箔金 女
```

【五月小 甲午 牛】
節気 芒種 10日・夏至 26日
雑節 入梅 19日

```
1日  05/28 日 甲辰 建 覆燈火 虚
2日  05/29 月 乙巳 危 覆燈火 危
3日  05/30 火 丙午 除 天河水 室
4日  05/31 水 丁未 満 天河水 壁
5日  06/01 木 戊申 平 大駅土 奎
6日  06/02 金 己酉 定 大駅土 婁
7日  06/03 土 庚戌 執 釼釧金 胃
8日  06/04 日 辛亥 破 釼釧金 昴
9日  06/05 月 壬子 危 桑柘木 畢
10日 06/06 火 癸丑 成 桑柘木 觜
11日 06/07 水 甲寅 納 大溪水 参
12日 06/08 木 乙卯 開 大溪水 井
13日 06/09 金 丙辰 閉 沙中土 鬼
14日 06/10 土 丁巳 建 沙中土 柳
15日 06/11 日 戊午 除 天上火 星
16日 06/12 月 己未 満 天上火 張
17日 06/13 火 庚申 平 柘榴木 翼
18日 06/14 水 辛酉 定 柘榴木 軫
19日 06/15 木 壬戌 執 大海水 角
20日 06/16 金 癸亥 破 大海水 亢
21日 06/17 土 甲子 危 海中金 氐
22日 06/18 日 乙丑 成 海中金 房
23日 06/19 月 丙寅 納 爐中火 心
24日 06/20 火 丁卯 開 爐中火 尾
25日 06/21 水 戊辰 閉 大林木 箕
26日 06/22 木 己巳 建 大林木 斗
27日 06/23 金 庚午 除 路傍土 女
28日 06/24 土 辛未 満 路傍土 虚
29日 06/25 日 壬申 平 釼鋒金 危
```

【六月小 乙未 女】
節気 小暑 12日・大暑 27日
雑節 半夏生 7日・土用 24日

```
1日  06/26 月 癸酉 平 釼鋒金 危
2日  06/27 火 甲戌 定 山頭火 室
3日  06/28 水 乙亥 執 山頭火 壁
4日  06/29 木 丙子 破 澗下水 奎
5日  06/30 金 丁丑 危 澗下水 婁
6日  07/01 土 戊寅 成 城頭土 胃
7日  07/02 日 己卯 納 城頭土 昴
8日  07/03 月 庚辰 開 白鑞金 畢
9日  07/04 火 辛巳 閉 白鑞金 觜
10日 07/05 水 壬午 建 楊柳木 参
11日 07/06 木 癸未 除 楊柳木 井
12日 07/07 金 甲申 満 井泉水 鬼
13日 07/08 土 乙酉 平 井泉水 柳
14日 07/09 日 丙戌 定 屋上土 星
15日 07/10 月 丁亥 執 屋上土 張
16日☆07/11 火 戊子 破 霹靂火 翼
17日 07/12 水 己丑 危 霹靂火 軫
18日 07/13 木 庚寅 成 松柏木 角
19日 07/14 金 辛卯 納 松柏木 亢
20日 07/15 土 壬辰 開 長流水 氐
21日 07/16 日 癸巳 閉 長流水 房
22日 07/17 月 甲午 建 沙中金 心
23日 07/18 火 乙未 除 沙中金 尾
24日 07/19 水 丙申 満 山下火 箕
25日 07/20 木 丁酉 平 山下火 斗
26日 07/21 金 戊戌 定 平地木 女
27日 07/22 土 己亥 執 平地木 虚
28日 07/23 日 庚子 破 壁上土 危
29日 07/24 月 辛丑 危 壁上土 室
```

【七月大 丙申 虚】
節気 立秋 13日・処暑 28日

```
1日  07/25 火 壬寅 成 金箔金 壁
2日  07/26 水 癸卯 納 金箔金 奎
3日  07/27 木 甲辰 開 覆燈火 婁
4日  07/28 金 乙巳 閉 覆燈火 胃
5日  07/29 土 丙午 建 天河水 昴
6日  07/30 日 丁未 除 天河水 畢
7日  07/31 月 戊申 満 大駅土 觜
8日  08/01 火 己酉 平 大駅土 参
9日  08/02 水 庚戌 定 釼釧金 井
10日 08/03 木 辛亥 執 釼釧金 鬼
11日 08/04 金 壬子 破 桑柘木 柳
12日 08/05 土 癸丑 危 桑柘木 星
13日 08/06 日 甲寅 成 大溪水 張
14日 08/07 月 乙卯 納 大溪水 翼
15日 08/08 火 丙辰 開 沙中土 軫
16日 08/09 水 丁巳 閉 沙中土 轸
```

天明6年

日	西暦	曜	干支	直	納音	宿
17日	08/10	木	戊午	開	天上火	角
18日	08/11	金	己未	閉	天上火	亢
19日	08/12	土	庚申	建	柘榴木	氐
20日	08/13	日	辛酉	除	柘榴木	房
21日	08/14	月	壬戌	満	大海水	心
22日	08/15	火	癸亥	平	大海水	尾
23日	08/16	水	甲子	定	海中金	箕
24日	08/17	木	乙丑	執	海中金	斗
25日	08/18	金	丙寅	破	爐中火	牛
26日	08/19	土	丁卯	危	爐中火	女
27日	08/20	日	戊辰	成	大林木	虚
28日	08/21	月	己巳	納	大林木	危
29日	08/22	火	庚午	開	路傍土	室
30日	08/23	水	辛未	閉	路傍土	壁

【八月小 丁酉 危】
節気 白露 14日・秋分 29日
雑節 二百十日 10日・社日 27日・彼岸 28日

日	西暦	曜	干支	直	納音	宿
1日	08/24	木	壬申	建	釼鋒金	奎
2日	08/25	金	癸酉	除	釼鋒金	婁
3日	08/26	土	甲戌	満	山頭火	胃
4日	08/27	日	乙亥	平	山頭火	昴
5日	08/28	月	丙子	定	澗下水	畢
6日	08/29	火	丁丑	執	澗下水	觜
7日	08/30	水	戊寅	破	城頭土	参
8日	08/31	木	己卯	危	城頭土	井
9日	09/01	金	庚辰	成	白鑞金	鬼
10日	09/02	土	辛巳	納	白鑞金	柳
11日	09/03	日	壬午	開	楊柳木	星
12日	09/04	月	癸未	閉	楊柳木	張
13日	09/05	火	甲申	建	井泉水	翼
14日	09/06	水	乙酉	除	井泉水	軫
15日	09/07	木	丙戌	除	屋上土	角
16日	09/08	金	丁亥	満	屋上土	亢
17日	09/09	土	戊子	定	霹靂火	氐
18日	09/10	日	己丑	定	霹靂火	房
19日	09/11	月	庚寅	執	松柏木	心
20日	09/12	火	辛卯	破	松柏木	尾
21日	09/13	水	壬辰	危	長流水	箕
22日	09/14	木	癸巳	成	長流水	斗
23日	09/15	金	甲午	納	沙中金	牛
24日	09/16	土	乙未	開	沙中金	女
25日	09/17	日	丙申	閉	山下火	虚
26日	09/18	月	丁酉	建	山下火	危
27日	09/19	火	戊戌	除	平地木	室
28日	09/20	水	己亥	満	平地木	壁
29日	09/21	木	庚子	平	壁上土	奎

【九月大 戊戌 室】
節気 寒露 15日・霜降 30日
雑節 土用 27日

日	西暦	曜	干支	直	納音	宿
1日	09/22	金	辛丑	定	壁上土	婁
2日	09/23	土	壬寅	執	金箔金	胃
3日	09/24	日	癸卯	破	金箔金	昴
4日	09/25	月	甲辰	危	覆燈火	畢
5日	09/26	火	乙巳	成	覆燈火	觜
6日	09/27	水	丙午	納	天河水	参
7日	09/28	木	丁未	開	天河水	井
8日	09/29	金	戊申	建	大駅土	鬼
9日	09/30	土	己酉	建	大駅土	柳
10日	10/01	日	庚戌	除	釼釧金	星
11日	10/02	月	辛亥	満	釼釧金	張
12日	10/03	火	壬子	平	桑柘木	翼
13日	10/04	水	癸丑	定	桑柘木	軫
14日	10/05	木	甲寅	執	大溪水	角
15日	10/06	金	乙卯	破	大溪水	氐
16日	10/07	土	丙辰	危	沙中土	房
17日	10/08	日	丁巳	成	沙中土	心
18日	10/09	月	戊午	納	天上火	尾
19日	10/10	火	己未	開	天上火	箕
20日	10/11	水	庚申	建	柘榴木	斗
21日	10/12	木	辛酉	閉	柘榴木	牛
22日	10/13	金	壬戌	閉	大海水	女
23日	10/14	土	癸亥	除	大海水	虚
24日	10/15	日	甲子	満	海中金	危
25日	10/16	月	乙丑	平	海中金	室
26日	10/17	火	丙寅	定	爐中火	壁
27日	10/18	水	丁卯	執	爐中火	奎
28日	10/19	木	戊辰	破	大林木	婁
29日	10/20	金	己巳	危	大林木	胃
30日	10/21	土	庚午	成	路傍土	昴

【十月大 己亥 壁】
節気 立冬 15日

日	西暦	曜	干支	直	納音	宿
1日	10/22	日	辛未	納	路傍土	昴
2日	10/23	月	壬申	開	釼鋒金	畢
3日	10/24	火	癸酉	閉	釼鋒金	觜
4日	10/25	水	甲戌	建	山頭火	参
5日	10/26	木	乙亥	除	山頭火	井
6日	10/27	金	丙子	満	澗下水	鬼
7日	10/28	土	丁丑	平	澗下水	柳
8日	10/29	日	戊寅	定	城頭土	星
9日	10/30	月	己卯	執	城頭土	張
10日	10/31	火	庚辰	破	白鑞金	翼
11日	11/01	水	辛巳	危	白鑞金	軫
12日	11/02	木	壬午	成	楊柳木	角
13日	11/03	金	癸未	納	楊柳木	亢
14日	11/04	土	甲申	開	井泉水	氐
15日	11/05	日	乙酉	閉	井泉水	房
16日	11/06	月	丙戌	建	屋上土	心
17日	11/07	火	丁亥	建	屋上土	尾
18日	11/08	水	戊子	除	霹靂火	箕
19日	11/09	木	己丑	満	霹靂火	斗
20日	11/10	金	庚寅	平	松柏木	牛
21日	11/11	土	辛卯	定	松柏木	女
22日	11/12	日	壬辰	執	長流水	虚
23日	11/13	月	癸巳	破	長流水	危
24日	11/14	火	甲午	危	沙中金	室
25日	11/15	水	乙未	成	沙中金	壁
26日	11/16	木	丙申	納	山下火	奎
27日	11/17	金	丁酉	開	山下火	婁
28日	11/18	土	戊戌	閉	平地木	胃
29日	11/19	日	己亥	建	平地木	昴
30日	11/20	月	庚子	除	壁上土	畢

【閏十月大 己亥 壁】
節気 小雪 1日・大雪 16日

日	西暦	曜	干支	直	納音	宿
1日	11/21	火	辛丑	満	壁上土	觜
2日	11/22	水	壬寅	平	金箔金	参
3日	11/23	木	癸卯	定	金箔金	井
4日	11/24	金	甲辰	執	覆燈火	鬼
5日	11/25	土	乙巳	破	覆燈火	柳
6日	11/26	日	丙午	危	天河水	星
7日	11/27	月	丁未	成	天河水	張
8日	11/28	火	戊申	納	大駅土	翼
9日	11/29	水	己酉	開	大駅土	軫
10日	11/30	木	庚戌	建	釼釧金	角
11日	12/01	金	辛亥	建	釼釧金	亢
12日	12/02	土	壬子	満	桑柘木	氐
13日	12/03	日	癸丑	平	桑柘木	房
14日	12/04	月	甲寅	定	大溪水	心
15日	12/05	火	乙卯	執	大溪水	尾
16日	12/06	水	丙辰	破	沙中土	箕
17日	12/07	木	丁巳	危	沙中土	斗
18日	12/08	金	戊午	成	天上火	牛
19日	12/09	土	己未	納	天上火	女
20日	12/10	日	庚申	開	柘榴木	虚
21日	12/11	月	辛酉	閉	柘榴木	危
22日	12/12	火	壬戌	建	大海水	室
23日	12/13	水	癸亥	閉	大海水	壁
24日	12/14	木	甲子	除	海中金	奎
25日	12/15	金	乙丑	満	海中金	婁
26日	12/16	土	丙寅	平	爐中火	胃
27日	12/17	日	丁卯	定	爐中火	昴
28日	12/18	月	戊辰	定	大林木	畢
29日	12/19	火	己巳	執	大林木	觜
30日	12/20	水	庚午	破	路傍土	参

【十一月小 庚子 奎】
節気 冬至 1日・小寒 16日
雑節 土用 29日

日	西暦	曜	干支	直	納音	宿
1日	12/21	木	辛未	危	路傍土	井
2日	12/22	金	壬申	成	釼鋒金	鬼
3日	12/23	土	癸酉	納	釼鋒金	柳
4日	12/24	日	甲戌	開	山頭火	星
5日	12/25	月	乙亥	閉	山頭火	張
6日	12/26	火	丙子	建	澗下水	翼
7日	12/27	水	丁丑	除	澗下水	軫
8日	12/28	木	戊寅	満	城頭土	角
9日	12/29	金	己卯	平	城頭土	亢
10日	12/30	土	庚辰	定	白鑞金	氐
11日	12/31	日	辛巳	執	白鑞金	房

1787年

日	西暦	曜	干支	直	納音	宿
12日	01/01	月	壬午	破	楊柳木	心
13日	01/02	火	癸未	危	楊柳木	尾
14日	01/03	水	甲申	成	井泉水	箕
15日☆	01/04	木	乙酉	納	井泉水	斗
16日	01/05	金	丙戌	開	屋上土	牛
17日	01/06	土	丁亥	閉	屋上土	女
18日	01/07	日	戊子	閉	霹靂火	虚
19日	01/08	月	己丑	除	霹靂火	危
20日	01/09	火	庚寅	満	松柏木	室
21日	01/10	水	辛卯	平	松柏木	壁
22日	01/11	木	壬辰	定	長流水	奎
23日	01/12	金	癸巳	執	長流水	婁
24日	01/13	土	甲午	破	沙中金	胃
25日	01/14	日	乙未	危	沙中金	昴
26日	01/15	月	丙申	成	山下火	畢
27日	01/16	火	丁酉	納	山下火	觜
28日	01/17	水	戊戌	開	平地木	参
29日	01/18	木	己亥	開	平地木	井

【十二月大 辛丑 婁】
節気 大寒 3日・立春 18日
雑節 節分 17日

日	西暦	曜	干支	直	納音	宿
1日	01/19	金	庚子	閉	壁上土	鬼
2日	01/20	土	辛丑	閉	壁上土	柳
3日	01/21	日	壬寅	除	金箔金	星
4日	01/22	月	癸卯	満	金箔金	張
5日	01/23	火	甲辰	平	覆燈火	翼
6日	01/24	水	乙巳	定	覆燈火	軫
7日	01/25	木	丙午	執	天河水	角
8日	01/26	金	丁未	危	天河水	亢
9日	01/27	土	戊申	危	大駅土	氐
10日	01/28	日	己酉	成	大駅土	房
11日	01/29	月	庚戌	納	釼釧金	心
12日	01/30	火	辛亥	開	釼釧金	尾
13日	01/31	水	壬子	閉	桑柘木	箕
14日	02/01	木	癸丑	建	桑柘木	斗
15日	02/02	金	甲寅	除	大溪水	牛
16日	02/03	土	乙卯	満	大溪水	女
17日	02/04	日	丙辰	平	沙中土	虚
18日	02/05	月	丁巳	平	沙中土	危
19日	02/06	火	戊午	定	天上火	室
20日	02/07	水	己未	執	天上火	壁
21日	02/08	木	庚申	破	柘榴木	奎
22日	02/09	金	辛酉	危	柘榴木	婁
23日	02/10	土	壬戌	成	大海水	胃
24日	02/11	日	癸亥	納	大海水	昴
25日	02/12	月	甲子	開	海中金	畢
26日	02/13	火	乙丑	閉	海中金	觜
27日	02/14	水	丙寅	建	爐中火	参
28日	02/15	木	丁卯	除	爐中火	井
29日	02/16	金	戊辰	満	大林木	鬼
30日	02/17	土	己巳	平	大林木	柳

411

天明7年
1787～1788 丁未 女

【正月大 壬寅 胃】
節気 雨水 3日・啓蟄 18日
雑節 彼岸 28日・社日 29日

日	日付	曜	干支	直	納音	宿
1日	02/18	日	庚午	定	路傍土	星
2日	02/19	月	辛未	執	路傍土	張
3日	02/20	火	壬申	破	釼鋒金	翼
4日	02/21	水	癸酉	危	釼鋒金	軫
5日	02/22	木	甲戌	成	山頭火	角
6日	02/23	金	乙亥	納	山頭火	亢氏
7日	02/24	土	丙子	開	潤下水	氏房
8日	02/25	日	丁丑	閉	潤下水	心房
9日	02/26	月	戊寅	建	城頭土	尾
10日	02/27	火	己卯	除	城頭土	尾
11日	02/28	水	庚辰	満	白鑞金	箕
12日	03/01	木	辛巳	平	白鑞金	斗
13日	03/02	金	壬午	定	楊柳木	牛
14日	03/03	土	癸未	執	楊柳木	女
15日	03/04	日	甲申	破	井泉水	虚
16日	03/05	月	乙酉	危	井泉水	危
17日	03/06	火	丙戌	成	屋上土	室
18日	03/07	水	丁亥	成	屋上土	壁
19日	03/08	木	戊子	納	霹靂火	奎
20日	03/09	金	己丑	開	霹靂火	婁
21日	03/10	土	庚寅	閉	松柏木	胃
22日	03/11	日	辛卯	建	松柏木	昴
23日	03/12	月	壬辰	除	長流水	畢
24日	03/13	火	癸巳	満	長流水	觜
25日	03/14	水	甲午	平	沙中金	参
26日	03/15	木	乙未	定	沙中金	井
27日	03/16	金	丙申	執	山下火	鬼
28日	03/17	土	丁酉	破	山下火	柳
29日	03/18	日	戊戌	危	平地木	星
30日	03/19	月	己亥	成	平地木	張

【二月小 癸卯 昴】
節気 春分 3日・清明 19日

日	日付	曜	干支	直	納音	宿
1日	03/20	火	庚子	納	壁上土	翼
2日	03/21	水	辛丑	開	壁上土	軫
3日	03/22	木	壬寅	閉	金箔金	角
4日	03/23	金	癸卯	建	金箔金	亢氏
5日	03/24	土	甲辰	除	覆燈火	氏
6日	03/25	日	乙巳	満	覆燈火	房
7日	03/26	月	丙午	平	天河水	心
8日	03/27	火	丁未	定	天河水	尾
9日	03/28	水	戊申	執	大駅土	箕
10日	03/29	木	己酉	破	大駅土	斗
11日	03/30	金	庚戌	危	釵釧金	牛
12日	03/31	土	辛亥	成	釵釧金	女
13日	04/01	日	壬子	納	桑柘木	虚
14日	04/02	月	癸丑	開	桑柘木	危
15日	04/03	火	甲寅	閉	大溪水	室
16日	04/04	水	乙卯	建	大溪水	壁
17日	04/05	木	丙辰	除	沙中土	奎
18日	04/06	金	丁巳	満	沙中土	婁
19日	04/07	土	戊午	満	天上火	胃
20日	04/08	日	己未	定	天上火	昴
21日	04/09	月	庚申	定	柘榴木	畢
22日	04/10	火	辛酉	執	柘榴木	觜
23日	04/11	水	壬戌	破	大海水	参
24日	04/12	木	癸亥	危	大海水	井
25日	04/13	金	甲子	成	海中金	鬼
26日	04/14	土	乙丑	納	海中金	柳
27日	04/15	日	丙寅	開	爐中火	星
28日	04/16	月	丁卯	閉	爐中火	張
29日	04/17	火	戊辰	建	大林木	翼

【三月小 甲辰 畢】
節気 穀雨 5日・立夏 20日
雑節 土用 2日・八十八夜 16日

日	日付	曜	干支	直	納音	宿
1日	04/18	水	己巳	除	大林木	軫
2日	04/19	木	庚午	満	路傍土	角
3日	04/20	金	辛未	平	路傍土	亢
4日	04/21	土	壬申	定	釼鋒金	氏
5日	04/22	日	癸酉	執	釼鋒金	房
6日	04/23	月	甲戌	破	山頭火	心
7日	04/24	火	乙亥	危	山頭火	尾
8日	04/25	水	丙子	成	潤下水	箕
9日	04/26	木	丁丑	納	潤下水	斗
10日	04/27	金	戊寅	開	城頭土	牛
11日	04/28	土	己卯	閉	城頭土	女
12日	04/29	日	庚辰	建	白鑞金	虚
13日	04/30	月	辛巳	除	白鑞金	危
14日	05/01	火	壬午	満	楊柳木	室
15日	05/02	水	癸未	平	楊柳木	壁
16日	05/03	木	甲申	定	井泉水	奎
17日	05/04	金	乙酉	執	井泉水	婁
18日	05/05	土	丙戌	破	屋上土	胃
19日	05/06	日	丁亥	危	屋上土	昴
20日	05/07	月	戊子	成	霹靂火	畢
21日	05/08	火	己丑	納	霹靂火	觜
22日	05/09	水	庚寅	納	松柏木	参
23日	05/10	木	辛卯	開	松柏木	井
24日	05/11	金	壬辰	建	長流水	柳
25日	05/12	土	癸巳	除	長流水	星
26日	05/13	日	甲午	満	沙中金	星
27日	05/14	月	乙未	平	沙中金	張
28日	05/15	火	丙申	平	山下火	翼
29日	05/16	水	丁酉	定	山下火	軫

【四月大 乙巳 觜】
節気 小満 6日・芒種 22日
雑節 入梅 25日

日	日付	曜	干支	直	納音	宿
1日	05/17	木	戊戌	執	平地木	角
2日	05/18	金	己亥	破	平地木	亢
3日	05/19	土	庚子	危	壁上土	氏
4日	05/20	日	辛丑	成	壁上土	房
5日	05/21	月	壬寅	納	金箔金	心
6日	05/22	火	癸卯	開	金箔金	尾
7日	05/23	水	甲辰	閉	覆燈火	箕
8日	05/24	木	乙巳	建	覆燈火	斗
9日	05/25	金	丙午	除	天河水	牛
10日	05/26	土	丁未	満	天河水	女
11日	05/27	日	戊申	平	大駅土	虚
12日	05/28	月	己酉	定	大駅土	危
13日	05/29	火	庚戌	執	釵釧金	室
14日	05/30	水	辛亥	破	釵釧金	壁
15日	05/31	木	壬子	危	桑柘木	奎
16日	06/01	金	癸丑	成	桑柘木	婁
17日	06/02	土	甲寅	納	大溪水	胃
18日	06/03	日	乙卯	開	大溪水	昴
19日	06/04	月	丙辰	閉	沙中土	畢
20日	06/05	火	丁巳	建	沙中土	觜
21日	06/06	水	戊午	除	天上火	参
22日	06/07	木	己未	満	天上火	井
23日	06/08	金	庚申	平	柘榴木	鬼
24日	06/09	土	辛酉	定	柘榴木	柳
25日	06/10	日	壬戌	執	大海水	星
26日	06/11	月	癸亥	破	大海水	張
27日	06/12	火	甲子	危	海中金	翼
28日	06/13	水	乙丑	成	海中金	軫
29日	06/14	木	丙寅	納	爐中火	角
30日	06/15	金	丁卯	納	爐中火	亢

【五月小 丙午 参】
節気 夏至 7日・小暑 22日
雑節 半夏生 17日

日	日付	曜	干支	直	納音	宿
1日	06/16	土	戊辰	開	大林木	氏
2日	06/17	日	己巳	閉	大林木	房
3日	06/18	月	庚午	建	路傍土	心
4日	06/19	火	辛未	除	路傍土	尾
5日	06/20	水	壬申	満	釼鋒金	箕
6日	06/21	木	癸酉	平	釼鋒金	斗
7日	06/22	金	甲戌	定	山頭火	牛
8日	06/23	土	乙亥	執	山頭火	女
9日	06/24	日	丙子	破	潤下水	虚
10日	06/25	月	丁丑	危	潤下水	危
11日	06/26	火	戊寅	成	城頭土	室
12日	06/27	水	己卯	納	城頭土	壁
13日	06/28	木	庚辰	開	白鑞金	奎
14日	06/29	金	辛巳	閉	白鑞金	婁
15日☆	06/30	土	壬午	建	楊柳木	胃
16日	07/01	日	癸未	除	楊柳木	昴
17日	07/02	月	甲申	平	井泉水	畢
18日	07/03	火	乙酉	定	井泉水	觜
19日	07/04	水	丙戌	執	屋上土	参
20日	07/05	木	丁亥	破	屋上土	井
21日	07/06	金	戊子	危	霹靂火	鬼
22日	07/07	土	己丑	成	霹靂火	柳
23日	07/08	日	庚寅	納	松柏木	星
24日	07/09	月	辛卯	開	松柏木	張
25日	07/10	火	壬辰	閉	長流水	翼
26日	07/11	水	癸巳	建	長流水	軫
27日	07/12	木	甲午	除	沙中金	角
28日	07/13	金	乙未	建	沙中金	亢氏
29日	07/14	土	丙申	除	山下火	氏

【六月小 丁未 井】
節気 大暑 8日・立秋 23日
雑節 土用 5日

日	日付	曜	干支	直	納音	宿
1日	07/15	日	丁酉	満	山下火	房
2日	07/16	月	戊戌	平	平地木	心
3日	07/17	火	己亥	定	平地木	尾
4日	07/18	水	庚子	執	壁上土	箕
5日	07/19	木	辛丑	破	壁上土	斗
6日	07/20	金	壬寅	危	金箔金	牛
7日	07/21	土	癸卯	成	金箔金	女
8日	07/22	日	甲辰	納	覆燈火	虚
9日	07/23	月	乙巳	開	覆燈火	危
10日	07/24	火	丙午	閉	天河水	室
11日	07/25	水	丁未	建	天河水	壁
12日	07/26	木	戊申	除	大駅土	奎
13日	07/27	金	己酉	満	大駅土	婁
14日	07/28	土	庚戌	平	釵釧金	胃
15日	07/29	日	辛亥	定	釵釧金	昴
16日	07/30	月	壬子	執	桑柘木	畢
17日	07/31	火	癸丑	破	桑柘木	觜
18日	08/01	水	甲寅	危	大溪水	参
19日	08/02	木	乙卯	成	大溪水	井
20日	08/03	金	丙辰	納	沙中土	鬼
21日	08/04	土	丁巳	開	沙中土	柳
22日	08/05	日	戊午	閉	天上火	星
23日	08/06	月	己未	建	天上火	張
24日	08/07	火	庚申	除	柘榴木	翼
25日	08/08	水	辛酉	満	柘榴木	軫
26日	08/09	木	壬戌	定	大海水	角
27日	08/10	金	癸亥	執	大海水	亢氏
28日	08/11	土	甲子	破	海中金	氏
29日	08/12	日	乙丑	執	海中金	房

【七月大 戊申 鬼】
節気 処暑 10日・白露 25日

西暦 曜 干支 直 納音 宿　　　　　　　　　　　　天明7年

雑節 二百十日 21日

1日	08/13	月 丙寅	破	爐中火	心
2日	08/14	火 丁卯	危	爐中火	尾
3日	08/15	水 戊辰	成	大林木	箕
4日	08/16	木 己巳	納	大林木	斗
5日	08/17	金 庚午	開	路傍土	女
6日	08/18	土 辛未	閉	路傍土	女
7日	08/19	日 壬申	建	釼鋒金	虚
8日	08/20	月 癸酉	除	釼鋒金	危
9日	08/21	火 甲戌	満	山頭火	室
10日	08/22	水 乙亥	平	山頭火	壁
11日	08/23	木 丙子	定	澗下水	奎
12日	08/24	金 丁丑	執	澗下水	婁
13日	08/25	土 戊寅	破	城頭土	胃
14日	08/26	日 己卯	危	城頭土	昴
15日	08/27	月 庚辰	成	白鑞金	畢
16日	08/28	火 辛巳	納	白鑞金	觜
17日	08/29	水 壬午	開	楊柳木	参
18日	08/30	木 癸未	閉	楊柳木	井
19日	08/31	金 甲申	建	井泉水	鬼
20日	09/01	土 乙酉	除	井泉水	柳
21日	09/02	日 丙戌	満	屋上土	星
22日	09/03	月 丁亥	定	屋上土	張
23日	09/04	火 戊子	定	霹靂火	軫
24日	09/05	水 己丑	執	霹靂火	角
25日	09/06	木 庚寅	執	松柏木	角
26日	09/07	金 辛卯	破	松柏木	亢
27日	09/08	土 壬辰	危	長流水	氐
28日	09/09	日 癸巳	成	長流水	房
29日	09/10	月 甲午	納	沙中金	心
30日	09/11	火 乙未	開	沙中金	尾

【八月小 己酉 柳】
節気 秋分 10日・寒露 25日
雑節 彼岸 9日・社日 13日

1日	09/12	水 丙申	閉	山下火	箕
2日	09/13	木 丁酉	建	山下火	斗
3日	09/14	金 戊戌	除	平地木	牛
4日	09/15	土 己亥	満	平地木	女
5日	09/16	日 庚子	平	壁上土	虚
6日	09/17	月 辛丑	定	壁上土	危
7日	09/18	火 壬寅	執	金箔金	室
8日	09/19	水 癸卯	破	金箔金	壁
9日	09/20	木 甲辰	危	覆燈火	奎
10日	09/21	金 乙巳	成	覆燈火	婁
11日	09/22	土 丙午	納	天河水	胃
12日	09/23	日 丁未	開	天河水	昴
13日	09/24	月 戊申	閉	大駅土	觜
14日	09/25	火 己酉	建	大駅土	觜
15日	09/26	水 庚戌	除	釵釧金	参
16日	09/27	木 辛亥	満	釵釧金	井
17日	09/28	金 壬子	定	桑柘木	柳
18日	09/29	土 癸丑	定	桑柘木	柳
19日	09/30	日 甲寅	執	大溪水	星
20日	10/01	月 乙卯	破	大溪水	張
21日	10/02	火 丙辰	危	沙中土	翼
22日	10/03	水 丁巳	成	沙中土	軫
23日	10/04	木 戊午	納	天上火	角
24日	10/05	金 己未	開	天上火	亢
25日	10/06	土 庚申	閉	柘榴木	氐
26日	10/07	日 辛酉	閉	柘榴木	房
27日	10/08	月 壬戌	建	大海水	心
28日	10/09	火 癸亥	除	大海水	尾
29日	10/10	水 甲子	満	海中金	箕

【九月大 庚戌 星】
節気 霜降 12日・立冬 27日
雑節 土用 8日

1日	10/11	木 乙丑	平	海中金	斗
2日	10/12	金 丙寅	破	爐中火	牛
3日	10/13	土 丁卯	執	爐中火	女
4日	10/14	日 戊辰	破	大林木	虚
5日	10/15	月 己巳	危	大林木	危
6日	10/16	火 庚午	成	路傍土	室
7日	10/17	水 辛未	納	路傍土	壁
8日	10/18	木 壬申	開	釼鋒金	奎
9日	10/19	金 癸酉	閉	釼鋒金	婁
10日	10/20	土 甲戌	建	山頭火	胃
11日	10/21	日 乙亥	除	山頭火	昴
12日	10/22	月 丙子	満	澗下水	畢
13日	10/23	火 丁丑	平	澗下水	觜
14日	10/24	水 戊寅	定	城頭土	参
15日	10/25	木 己卯	執	城頭土	井
16日	10/26	金 庚辰	危	白鑞金	鬼
17日	10/27	土 辛巳	危	白鑞金	柳
18日	10/28	日 壬午	成	楊柳木	星
19日	10/29	月 癸未	納	楊柳木	張
20日	10/30	火 甲申	開	井泉水	翼
21日	10/31	水 乙酉	閉	井泉水	軫
22日	11/01	木 丙戌	建	屋上土	角
23日	11/02	金 丁亥	除	屋上土	亢
24日	11/03	土 戊子	満	霹靂火	氐
25日	11/04	日 己丑	平	霹靂火	房
26日	11/05	月 庚寅	定	松柏木	心
27日	11/06	火 辛卯	執	松柏木	尾
28日	11/07	水 壬辰	執	長流水	箕
29日	11/08	木 癸巳	破	長流水	斗
30日	11/09	金 甲午	危	沙中金	牛

【十月大 辛亥 張】
節気 小雪 12日・大雪 27日

1日	11/10	土 乙未	成	沙中金	女
2日	11/11	日 丙申	納	山下火	虚
3日	11/12	月 丁酉	開	山下火	危
4日	11/13	火 戊戌	建	平地木	室
5日	11/14	水 己亥	除	平地木	壁
6日	11/15	木 庚子	満	壁上土	奎
7日	11/16	金 辛丑	平	壁上土	婁
8日	11/17	土 壬寅	定	金箔金	胃
9日	11/18	日 癸卯	定	金箔金	昴
10日	11/19	月 甲辰	執	覆燈火	畢
11日	11/20	火 乙巳	破	覆燈火	觜
12日	11/21	水 丙午	危	天河水	参
13日	11/22	木 丁未	成	天河水	井
14日	11/23	金 戊申	納	大駅土	鬼
15日	11/24	土 己酉	開	大駅土	柳
16日	11/25	日 庚戌	閉	釵釧金	星
17日	11/26	月 辛亥	建	釵釧金	張
18日	11/27	火 壬子	除	桑柘木	翼
19日	11/28	水 癸丑	満	桑柘木	軫
20日	11/29	木 甲寅	平	大溪水	角
21日	11/30	金 乙卯	定	大溪水	亢
22日	12/01	土 丙辰	執	沙中土	氐
23日	12/02	日 丁巳	破	沙中土	房
24日	12/03	月 戊午	危	天上火	心
25日	12/04	火 己未	成	天上火	尾
26日	12/05	水 庚申	納	柘榴木	箕
27日	12/06	木 辛酉	納	柘榴木	斗
28日	12/07	金 壬戌	開	大海水	牛
29日	12/08	土 癸亥	閉	大海水	女
30日	12/09	日 甲子	建	海中金	虚

【十一月小 壬子 翼】
節気 冬至 12日・小寒 28日

1日	12/10	月 乙丑	除	海中金	危
2日	12/11	火 丙寅	満	爐中火	室
3日	12/12	水 丁卯	平	爐中火	壁
4日	12/13	木 戊辰	破	大林木	奎
5日	12/14	金 己巳	執	大林木	婁
6日	12/15	土 庚午	破	路傍土	胃
7日	12/16	日 辛未	危	路傍土	昴
8日	12/17	月 壬申	成	釼鋒金	畢
9日	12/18	火 癸酉	納	釼鋒金	觜
10日	12/19	水 甲戌	開	山頭火	参
11日	12/20	木 乙亥	閉	山頭火	井
12日	12/21	金 丙子	建	澗下水	鬼
13日	12/22	土 丁丑	除	澗下水	柳
14日	12/23	日 戊寅	満	城頭土	星
15日☆	12/24	月 己卯	定	白鑞金	張
16日	12/25	火 庚辰	定	白鑞金	翼
17日	12/26	水 辛巳	執	楊柳木	軫
18日	12/27	木 壬午	破	楊柳木	角
19日	12/28	金 癸未	危	井泉水	亢
20日	12/29	土 甲申	成	井泉水	氐
21日	12/30	日 乙酉	納	井泉水	房
22日	12/31	月 丙戌	開	屋上土	心

1788年

23日	01/01	火 丁亥	閉	屋上土	尾
24日	01/02	水 戊子	建	霹靂火	箕
25日	01/03	木 己丑	除	霹靂火	斗
26日	01/04	金 庚寅	満	松柏木	牛
27日	01/05	土 辛卯	平	松柏木	女
28日	01/06	日 壬辰	平	長流水	虚
29日	01/07	月 癸巳	定	長流水	危

【十二月大 癸丑 軫】
節気 大寒 14日・立春 29日
雑節 土用 11日・節分 28日

1日	01/08	火 甲午	執	沙中金	室
2日	01/09	水 乙未	破	沙中金	壁
3日	01/10	木 丙申	危	山下火	奎
4日	01/11	金 丁酉	成	山下火	婁
5日	01/12	土 戊戌	納	平地木	胃
6日	01/13	日 己亥	開	平地木	昴
7日	01/14	月 庚子	閉	壁上土	畢
8日	01/15	火 辛丑	建	壁上土	觜
9日	01/16	水 壬寅	除	金箔金	参
10日	01/17	木 癸卯	満	金箔金	井
11日	01/18	金 甲辰	平	覆燈火	鬼
12日	01/19	土 乙巳	定	覆燈火	柳
13日	01/20	日 丙午	執	天河水	星
14日	01/21	月 丁未	危	天河水	張
15日	01/22	火 戊申	危	大駅土	翼
16日	01/23	水 己酉	成	大駅土	軫
17日	01/24	木 庚戌	納	釵釧金	角
18日	01/25	金 辛亥	開	釵釧金	亢
19日	01/26	土 壬子	閉	桑柘木	氐
20日	01/27	日 癸丑	建	桑柘木	房
21日	01/28	月 甲寅	除	大溪水	心
22日	01/29	火 乙卯	満	大溪水	尾
23日	01/30	水 丙辰	平	沙中土	箕
24日	01/31	木 丁巳	定	沙中土	斗
25日	02/01	金 戊午	執	天上火	女
26日	02/02	土 己未	破	天上火	虚
27日	02/03	日 庚申	危	柘榴木	危
28日	02/04	月 辛酉	成	柘榴木	室
29日	02/05	火 壬戌	納	大海水	室
30日	02/06	水 癸亥	納	大海水	壁

天明8年
1788～1789 戊申 虚

【正月大 甲寅 角】
節気 雨水 14日・啓蟄 29日

1日	02/07	木	甲子	開	海中金	奎
2日	02/08	金	乙丑	閉	海中金	婁
3日	02/09	土	丙寅	建	爐中火	胃
4日	02/10	日	丁卯	除	爐中火	昴
5日	02/11	月	戊辰	満	大林木	畢
6日	02/12	火	己巳	平	大林木	觜
7日	02/13	水	庚午	定	路傍土	參
8日	02/14	木	辛未	執	路傍土	井
9日	02/15	金	壬申	破	釼鋒金	鬼
10日	02/16	土	癸酉	危	釼鋒金	柳
11日	02/17	日	甲戌	成	山頭火	星
12日	02/18	月	乙亥	納	山頭火	張
13日	02/19	火	丙子	開	澗下水	翼
14日	02/20	水	丁丑	閉	澗下水	軫
15日	02/21	木	戊寅	建	城頭土	角
16日	02/22	金	己卯	除	城頭土	亢
17日	02/23	土	庚辰	満	白鑞金	氐
18日	02/24	日	辛巳	平	白鑞金	房
19日	02/25	月	壬午	定	楊柳木	心
20日	02/26	火	癸未	執	楊柳木	尾
21日	02/27	水	甲申	破	井泉水	箕
22日	02/28	木	乙酉	危	井泉水	斗
23日	02/29	金	丙戌	成	屋上土	牛
24日	03/01	土	丁亥	納	屋上土	女
25日	03/02	日	戊子	開	霹靂火	虚
26日	03/03	月	己丑	閉	霹靂火	危
27日	03/04	火	庚寅	建	松柏木	室
28日	03/05	水	辛卯	除	松柏木	壁
29日	03/06	木	壬辰	満	長流水	奎
30日	03/07	金	癸巳	満	長流水	婁

【二月小 乙卯 亢】
節気 春分 15日
雑節 彼岸 10日・社日 15日

1日	03/08	土	甲午	平	沙中金	胃
2日	03/09	日	乙未	定	沙中金	昴
3日	03/10	月	丙申	執	山下火	畢
4日	03/11	火	丁酉	破	山下火	觜
5日	03/12	水	戊戌	危	平地木	參
6日	03/13	木	己亥	成	平地木	井
7日	03/14	金	庚子	納	壁上土	鬼
8日	03/15	土	辛丑	開	壁上土	柳
9日	03/16	日	壬寅	閉	金箔金	星
10日	03/17	月	癸卯	建	金箔金	張
11日	03/18	火	甲辰	除	覆燈火	翼
12日	03/19	水	乙巳	満	覆燈火	軫
13日	03/20	木	丙午	定	天河水	角
14日	03/21	金	丁未	定	天河水	亢
15日	03/22	土	戊申	執	大駅土	氐
16日	03/23	日	己酉	破	大駅土	房
17日	03/24	月	庚戌	危	釵釧金	心
18日	03/25	火	辛亥	成	釵釧金	尾
19日	03/26	水	壬子	納	桑柘木	箕
20日	03/27	木	癸丑	開	桑柘木	斗
21日	03/28	金	甲寅	閉	大溪水	牛
22日	03/29	土	乙卯	建	大溪水	女
23日	03/30	日	丙辰	除	沙中土	虚
24日	03/31	月	丁巳	満	沙中土	危
25日	04/01	火	戊午	平	天上火	室
26日	04/02	水	己未	定	天上火	壁
27日	04/03	木	庚申	執	柘榴木	奎
28日	04/04	金	辛酉	破	柘榴木	婁
29日	04/05	土	壬戌	危	大海水	胃

【三月大 丙辰 氐】
節気 清明 1日・穀雨 16日
雑節 土用 13日・八十八夜 27日

1日	04/06	日	癸亥	成	大海水	昴
2日	04/07	月	甲子	納	海中金	觜
3日	04/08	火	乙丑	開	海中金	參
4日	04/09	水	丙寅	閉	爐中火	井
5日	04/10	木	丁卯	建	爐中火	鬼
6日	04/11	金	戊辰	除	大林木	柳
7日	04/12	土	己巳	満	大林木	星
8日	04/13	日	庚午	定	路傍土	張
9日	04/14	月	辛未	執	路傍土	翼
10日	04/15	火	壬申	破	釼鋒金	軫
11日	04/16	水	癸酉	危	釼鋒金	角
12日	04/17	木	甲戌	破	山頭火	角
13日	04/18	金	乙亥	危	山頭火	氐
14日	04/19	土	丙子	成	澗下水	房
15日	04/20	日	丁丑	納	澗下水	心
16日	04/21	月	戊寅	開	城頭土	尾
17日	04/22	火	己卯	閉	城頭土	箕
18日	04/23	水	庚辰	建	白鑞金	斗
19日	04/24	木	辛巳	除	白鑞金	牛
20日	04/25	金	壬午	平	楊柳木	女
21日	04/26	土	癸未	平	楊柳木	虚
22日	04/27	日	甲申	定	井泉水	危
23日	04/28	月	乙酉	執	井泉水	室
24日	04/29	火	丙戌	破	屋上土	壁
25日	04/30	水	丁亥	危	屋上土	奎
26日	05/01	木	戊子	成	霹靂火	婁
27日	05/02	金	己丑	納	霹靂火	胃
28日	05/03	土	庚寅	開	松柏木	昴
29日	05/04	日	辛卯	閉	松柏木	畢
30日	05/05	月	壬辰	建	長流水	觜

【四月小 丁巳 房】
節気 立夏 1日・小満 17日

1日	05/06	火	癸巳	建	長流水	觜
2日	05/07	水	甲午	除	沙中金	參
3日	05/08	木	乙未	満	沙中金	井
4日	05/09	金	丙申	平	山下火	鬼
5日	05/10	土	丁酉	定	山下火	柳
6日	05/11	日	戊戌	執	平地木	星
7日	05/12	月	己亥	破	平地木	張
8日	05/13	火	庚子	危	壁上土	翼
9日	05/14	水	辛丑	成	壁上土	軫
10日	05/15	木	壬寅	納	金箔金	角
11日	05/16	金	癸卯	開	金箔金	亢
12日	05/17	土	甲辰	建	覆燈火	氐
13日	05/18	日	乙巳	建	覆燈火	房
14日	05/19	月	丙午	除	天河水	心
15日	05/20	火	丁未	満	天河水	尾
16日	05/21	水	戊申	平	大駅土	箕
17日	05/22	木	己酉	定	大駅土	斗
18日	05/23	金	庚戌	執	釵釧金	牛
19日	05/24	土	辛亥	破	釵釧金	女
20日	05/25	日	壬子	危	桑柘木	虚
21日	05/26	月	癸丑	成	桑柘木	危
22日	05/27	火	甲寅	納	大溪水	室
23日	05/28	水	乙卯	開	大溪水	壁
24日	05/29	木	丙辰	閉	沙中土	奎
25日	05/30	金	丁巳	建	沙中土	婁
26日	05/31	土	戊午	除	天上火	胃
27日	06/01	日	己未	満	天上火	昴
28日	06/02	月	庚申	平	柘榴木	畢
29日	06/03	火	辛酉	定	柘榴木	觜

【五月大 戊午 心】
節気 芒種 3日・夏至 18日
雑節 入梅 11日・半夏生 28日

1日	◎06/04	水	壬戌	執	大海水	參
2日	06/05	木	癸亥	破	大海水	井
3日	06/06	金	甲子	危	海中金	鬼
4日	06/07	土	乙丑	成	海中金	柳
5日	06/08	日	丙寅	成	爐中火	星
6日	06/09	月	丁卯	納	爐中火	張
7日	06/10	火	戊辰	開	大林木	翼
8日	06/11	水	己巳	閉	大林木	軫
9日	06/12	木	庚午	建	路傍土	角
10日	06/13	金	辛未	除	路傍土	亢
11日	06/14	土	壬申	満	釼鋒金	氐
12日	06/15	日	癸酉	平	釼鋒金	房
13日	06/16	月	甲戌	定	山頭火	心
14日	06/17	火	乙亥	執	山頭火	尾
15日	☆06/18	水	丙子	破	澗下水	箕
16日	06/19	木	丁丑	危	澗下水	斗
17日	06/20	金	戊寅	成	城頭土	牛
18日	06/21	土	己卯	納	城頭土	女
19日	06/22	日	庚辰	開	白鑞金	虚
20日	06/23	月	辛巳	閉	白鑞金	室
21日	06/24	火	壬午	建	楊柳木	壁
22日	06/25	水	癸未	除	楊柳木	奎
23日	06/26	木	甲申	満	井泉水	婁
24日	06/27	金	乙酉	平	井泉水	胃
25日	06/28	土	丙戌	定	屋上土	昴
26日	06/29	日	丁亥	執	屋上土	畢
27日	06/30	月	戊子	破	霹靂火	觜
28日	07/01	火	己丑	危	霹靂火	參
29日	07/02	水	庚寅	成	松柏木	井
30日	07/03	木	辛卯	納	松柏木	鬼

【六月小 己未 尾】
節気 小暑 3日・大暑 18日
雑節 土用 15日

1日	07/04	金	壬辰	開	長流水	鬼
2日	07/05	土	癸巳	閉	長流水	柳
3日	07/06	日	甲午	閉	沙中金	星
4日	07/07	月	乙未	建	沙中金	張
5日	07/08	火	丙申	除	山下火	翼
6日	07/09	水	丁酉	満	山下火	軫
7日	07/10	木	戊戌	平	平地木	角
8日	07/11	金	己亥	定	平地木	亢
9日	07/12	土	庚子	執	壁上土	氐
10日	07/13	日	辛丑	破	壁上土	房
11日	07/14	月	壬寅	危	金箔金	心
12日	07/15	火	癸卯	成	金箔金	尾
13日	07/16	水	甲辰	納	覆燈火	箕
14日	07/17	木	乙巳	開	覆燈火	斗
15日	07/18	金	丙午	閉	天河水	牛
16日	07/19	土	丁未	建	天河水	女
17日	07/20	日	戊申	除	大駅土	虚
18日	07/21	月	己酉	満	大駅土	危
19日	07/22	火	庚戌	平	釵釧金	室
20日	07/23	水	辛亥	定	釵釧金	壁
21日	07/24	木	壬子	執	桑柘木	奎
22日	07/25	金	癸丑	破	桑柘木	婁
23日	07/26	土	甲寅	危	大溪水	胃
24日	07/27	日	乙卯	成	大溪水	昴
25日	07/28	月	丙辰	納	沙中土	畢
26日	07/29	火	丁巳	開	沙中土	觜
27日	07/30	水	戊午	閉	天上火	參
28日	07/31	木	己未	建	天上火	井
29日	08/01	金	庚申	除	柘榴木	鬼

【七月小 庚申 箕】
節気 立秋 5日・処暑 20日

1日	08/02	土	辛酉	満	柘榴木	柳
2日	08/03	日	壬戌	平	大海水	星
3日	08/04	月	癸亥	定	大海水	張
4日	08/05	火	甲子	執	海中金	翼

天明8年

西暦　曜　干支　直　納音　宿

日	西暦	曜	干支	直	納音	宿
5日	08/06	水	乙丑	執	海中金	軫
6日	08/07	木	丙寅	破	海中金	角
7日	08/08	金	丁卯	危	爐中火	亢
8日	08/09	土	戊辰	成	大林木	氐
9日	08/10	日	己巳	納	大林木	房
10日	08/11	月	庚午	開	路傍土	心
11日	08/12	火	辛未	閉	路傍土	尾
12日	08/13	水	壬申	建	劍鋒金	箕
13日	08/14	木	癸酉	除	劍鋒金	斗
14日	08/15	金	甲戌	滿	山頭火	牛
15日	08/16	土	乙亥	平	山頭火	女
16日	08/17	日	丙子	定	澗下水	虛
17日	08/18	月	丁丑	執	澗下水	危
18日	08/19	火	戊寅	破	城頭土	室
19日	08/20	水	己卯	危	城頭土	壁
20日	08/21	木	庚辰	成	白鑞金	奎
21日	08/22	金	辛巳	納	白鑞金	婁
22日	08/23	土	壬午	開	楊柳木	胃
23日	08/24	日	癸未	閉	楊柳木	昴
24日	08/25	月	甲申	建	井泉水	畢
25日	08/26	火	乙酉	除	井泉水	觜
26日	08/27	水	丙戌	滿	屋上土	參
27日	08/28	木	丁亥	平	屋上土	井
28日	08/29	金	戊子	定	霹靂火	鬼
29日	08/30	土	己丑	執	霹靂火	柳

【八月大 辛酉 斗】
節気 白露 6日・秋分 21日
雑節 二百十日 2日・社日 19日・彼岸 20日

日	西暦	曜	干支	直	納音	宿
1日	08/31	日	庚寅	破	松柏木	星
2日	09/01	月	辛卯	危	松柏木	張
3日	09/02	火	壬辰	成	長流水	翼
4日	09/03	水	癸巳	納	長流水	軫
5日	09/04	木	甲午	開	沙中金	角
6日	09/05	金	乙未	開	沙中金	亢
7日	09/06	土	丙申	閉	山下火	氐
8日	09/07	日	丁酉	建	山下火	房
9日	09/08	月	戊戌	除	平地木	心
10日	09/09	火	己亥	滿	平地木	尾
11日	09/10	水	庚子	平	壁上土	箕
12日	09/11	木	辛丑	定	壁上土	斗
13日	09/12	金	壬寅	執	金箔金	牛
14日	09/13	土	癸卯	破	金箔金	女
15日	09/14	日	甲辰	危	覆燈火	虛
16日	09/15	月	乙巳	成	覆燈火	危
17日	09/16	火	丙午	納	天河水	室
18日	09/17	水	丁未	開	天河水	壁
19日	09/18	木	戊申	閉	大驛土	奎
20日	09/19	金	己酉	建	大驛土	婁
21日	09/20	土	庚戌	除	釵釧金	胃
22日	09/21	日	辛亥	滿	釵釧金	昴
23日	09/22	月	壬子	平	桑柘木	畢
24日	09/23	火	癸丑	定	桑柘木	觜
25日	09/24	水	甲寅	執	大溪水	參
26日	09/25	木	乙卯	破	大溪水	井
27日	09/26	金	丙辰	危	沙中土	鬼
28日	09/27	土	丁巳	成	沙中土	柳
29日	09/28	日	戊午	納	天上火	星
30日	09/29	月	己未	開	天上火	張

【九月小 壬戌 牛】
節気 寒露 7日・霜降 22日
雑節 土用 19日

日	西暦	曜	干支	直	納音	宿
1日	09/30	火	庚申	閉	柘榴木	翼
2日	10/01	水	辛酉	建	柘榴木	軫
3日	10/02	木	壬戌	除	大海水	角
4日	10/03	金	癸亥	滿	大海水	亢

日	西暦	曜	干支	直	納音	宿
5日	10/04	土	甲子	平	海中金	氐
6日	10/05	日	乙丑	定	海中金	房
7日	10/06	月	丙寅	執	爐中火	心
8日	10/07	火	丁卯	執	爐中火	尾
9日	10/08	水	戊辰	破	大林木	箕
10日	10/09	木	己巳	危	大林木	斗
11日	10/10	金	庚午	成	路傍土	牛
12日	10/11	土	辛未	納	路傍土	女
13日	10/12	日	壬申	開	劍鋒金	虛
14日	10/13	月	癸酉	閉	劍鋒金	危
15日	10/14	火	甲戌	建	山頭火	室
16日	10/15	水	乙亥	除	山頭火	壁
17日	10/16	木	丙子	滿	澗下水	奎
18日	10/17	金	丁丑	平	澗下水	婁
19日	10/18	土	戊寅	定	城頭土	胃
20日	10/19	日	己卯	執	城頭土	昴
21日	10/20	月	庚辰	破	白鑞金	畢
22日	10/21	火	辛巳	危	白鑞金	觜
23日	10/22	水	壬午	成	楊柳木	參
24日	10/23	木	癸未	納	楊柳木	井
25日	10/24	金	甲申	開	井泉水	鬼
26日	10/25	土	乙酉	閉	井泉水	柳
27日	10/26	日	丙戌	建	屋上土	星
28日	10/27	月	丁亥	除	屋上土	張
29日	10/28	火	戊子	滿	霹靂火	翼

【十月大 癸亥 女】
節気 立冬 8日・小雪 23日

日	西暦	曜	干支	直	納音	宿
1日	10/29	水	己丑	平	霹靂火	軫
2日	10/30	木	庚寅	定	松柏木	角
3日	10/31	金	辛卯	執	松柏木	亢
4日	11/01	土	壬辰	破	長流水	氐
5日	11/02	日	癸巳	危	長流水	房
6日	11/03	月	甲午	成	沙中金	心
7日	11/04	火	乙未	納	沙中金	尾
8日	11/05	水	丙申	開	山下火	箕
9日	11/06	木	丁酉	閉	山下火	斗
10日	11/07	金	戊戌	建	平地木	牛
11日	11/08	土	己亥	除	平地木	女
12日	11/09	日	庚子	滿	壁上土	虛
13日	11/10	月	辛丑	平	壁上土	危
14日	11/11	火	壬寅	平	金箔金	室
15日	11/12	水	癸卯	定	金箔金	壁
16日	11/13	木	甲辰	執	覆燈火	奎
17日	11/14	金	乙巳	破	覆燈火	婁
18日	11/15	土	丙午	危	天河水	胃
19日	11/16	日	丁未	成	天河水	昴
20日	11/17	月	戊申	納	大驛土	畢
21日	11/18	火	己酉	開	大驛土	觜
22日	11/19	水	庚戌	閉	釵釧金	參
23日	11/20	木	辛亥	建	釵釧金	井
24日	11/21	金	壬子	除	桑柘木	鬼
25日	11/22	土	癸丑	滿	桑柘木	柳
26日	11/23	日	甲寅	平	大溪水	星
27日	11/24	月	乙卯	定	大溪水	張
28日	11/25	火	丙辰	執	沙中土	翼
29日	11/26	水	丁巳	破	沙中土	軫
30日	11/27	木	戊午	危	天上火	角

【十一月小 甲子 虛】
節気 大雪 8日・冬至 24日

日	西暦	曜	干支	直	納音	宿
1日	11/28	金	己未	成	天上火	亢
2日	11/29	土	庚申	納	柘榴木	氐
3日	11/30	日	辛酉	開	柘榴木	房
4日	12/01	月	壬戌	閉	大海水	心
5日	12/02	火	癸亥	建	大海水	尾
6日	12/03	水	甲子	除	海中金	箕
7日	12/04	木	乙丑	滿	海中金	斗

日	西暦	曜	干支	直	納音	宿
8日	12/05	金	丙寅	滿	爐中火	牛
9日	12/06	土	丁卯	定	爐中火	女
10日	12/07	日	戊辰	定	大林木	虛
11日	12/08	月	己巳	執	大林木	危
12日	12/09	火	庚午	破	路傍土	室
13日	12/10	水	辛未	危	路傍土	壁
14日	12/11	木	壬申	成	劍鋒金	奎
15日	12/12	金	癸酉	納	劍鋒金	婁
16日	12/13	土	甲戌	開	山頭火	胃
17日	12/14	日	乙亥	閉	山頭火	昴
18日	12/15	月	丙子	建	澗下水	畢
19日	12/16	火	丁丑	除	澗下水	觜
20日	12/17	水	戊寅	滿	城頭土	參
21日	12/18	木	己卯	平	城頭土	井
22日	12/19	金	庚辰	定	白鑞金	鬼
23日	12/20	土	辛巳	執	白鑞金	柳
24日	12/21	日	壬午	破	楊柳木	星
25日	12/22	月	癸未	危	楊柳木	張
26日	12/23	火	甲申	成	井泉水	翼
27日	12/24	水	乙酉	納	井泉水	軫
28日	12/25	木	丙戌	開	屋上土	角
29日	12/26	金	丁亥	閉	屋上土	亢

【十二月大 乙丑 危】
節気 小寒 10日・大寒 25日
雑節 土用 22日

日	西暦	曜	干支	直	納音	宿
1日	12/27	土	戊子	建	霹靂火	氐
2日	12/28	日	己丑	除	霹靂火	房
3日	12/29	月	庚寅	滿	松柏木	心
4日	12/30	火	辛卯	平	松柏木	尾
5日	12/31	水	壬辰	定	長流水	箕

1789年

日	西暦	曜	干支	直	納音	宿
6日	01/01	木	癸巳	執	長流水	斗
7日	01/02	金	甲午	破	沙中金	牛
8日	01/03	土	乙未	危	沙中金	女
9日	01/04	日	丙申	成	山下火	虛
10日	01/05	月	丁酉	成	山下火	危
11日	01/06	火	戊戌	納	平地木	室
12日	01/07	水	己亥	開	平地木	壁
13日	01/08	木	庚子	閉	壁上土	奎
14日	01/09	金	辛丑	建	壁上土	婁
15日	01/10	土	壬寅	除	金箔金	胃
16日	01/11	日	癸卯	滿	金箔金	昴
17日	01/12	月	甲辰	平	覆燈火	畢
18日	01/13	火	乙巳	定	覆燈火	觜
19日	01/14	水	丙午	執	天河水	參
20日	01/15	木	丁未	破	天河水	井
21日	01/16	金	戊申	危	大驛土	鬼
22日	01/17	土	己酉	成	大驛土	柳
23日	01/18	日	庚戌	納	釵釧金	星
24日	01/19	月	辛亥	開	釵釧金	張
25日	01/20	火	壬子	閉	桑柘木	翼
26日	01/21	水	癸丑	建	桑柘木	軫
27日	01/22	木	甲寅	除	大溪水	角
28日	01/23	金	乙卯	滿	大溪水	亢
29日	01/24	土	丙辰	平	沙中土	氐
30日	01/25	日	丁巳	定	沙中土	房

寛政元年〔天明9年〕

1789～1790　己酉　危
※改元＝1月25日

【正月大 丙寅 室】

節気 立春 10日・雨水 26日
雑節 節分 9日

日	新暦	曜	干支	直	納音	宿
1日	01/26	月	戊申	執	天上火	心
2日	01/27	火	己未	破	天上火	尾
3日	01/28	水	庚申	危	柘榴木	箕
4日	01/29	木	辛酉	成	柘榴木	斗
5日	01/30	金	壬戌	納	大海水	牛
6日	01/31	土	癸亥	開	大海水	女
7日	02/01	日	甲子	閉	海中金	虚
8日	02/02	月	乙丑	建	海中金	危
9日	02/03	火	丙寅	除	爐中火	室
10日	02/04	水	丁卯	満	爐中火	壁
11日	02/05	木	戊辰	満	大林木	奎
12日	02/06	金	己巳	平	大林木	婁
13日	02/07	土	庚午	定	路傍土	胃
14日	02/08	日	辛未	執	路傍土	昴
15日	02/09	月	壬申	破	釼鋒金	畢
16日	02/10	火	癸酉	危	釼鋒金	觜
17日	02/11	水	甲戌	成	山頭火	参
18日	02/12	木	乙亥	納	山頭火	井
19日	02/13	金	丙子	開	澗下水	鬼
20日	02/14	土	丁丑	閉	澗下水	柳
21日	02/15	日	戊寅	建	城頭土	星
22日	02/16	月	己卯	除	城頭土	張
23日	02/17	火	庚辰	満	白鑞金	翼
24日	02/18	水	辛巳	平	白鑞金	軫
25日	02/19	木	壬午	定	楊柳木	角
＊改元（天明9年→寛政元年）						
26日	02/20	金	癸未	執	楊柳木	亢
27日	02/21	土	甲申	破	井泉水	氐
28日	02/22	日	乙酉	危	井泉水	房
29日	02/23	月	丙戌	成	屋上土	心
30日	02/24	火	丁亥	納	屋上土	尾

【二月大 丁卯 壁】

節気 啓蟄 11日・春分 26日
雑節 彼岸 21日・社日 21日

日	新暦	曜	干支	直	納音	宿
1日	02/25	水	戊子	開	霹靂火	箕
2日	02/26	木	己丑	閉	霹靂火	斗
3日	02/27	金	庚寅	建	松柏木	牛
4日	02/28	土	辛卯	除	松柏木	女
5日	03/01	日	壬辰	満	長流水	虚
6日	03/02	月	癸巳	平	長流水	危
7日	03/03	火	甲午	定	沙中金	室
8日	03/04	水	乙未	執	沙中金	壁
9日	03/05	木	丙申	破	山下火	奎
10日	03/06	金	丁酉	危	山下火	婁
11日	03/07	土	戊戌	成	平地木	胃
12日	03/08	日	己亥	納	平地木	昴
13日	03/09	月	庚子	開	壁上土	畢
14日	03/10	火	辛丑	開	壁上土	觜
15日	03/11	水	壬寅	閉	金箔金	参
16日	03/12	木	癸卯	建	金箔金	井
17日	03/13	金	甲辰	除	覆燈火	鬼
18日	03/14	土	乙巳	満	覆燈火	柳
19日	03/15	日	丙午	平	天河水	星
20日	03/16	月	丁未	定	天河水	張
21日	03/17	火	戊申	執	大駅土	翼
22日	03/18	水	己酉	破	大駅土	軫
23日	03/19	木	庚戌	危	釵釧金	角
24日	03/20	金	辛亥	成	釵釧金	亢
25日	03/21	土	壬子	納	桑柘木	氐
26日	03/22	日	癸丑	開	桑柘木	房
27日	03/23	月	甲寅	閉	大溪水	心
28日	03/24	火	乙卯	建	大溪水	尾
29日	03/25	水	丙辰	除	沙中土	箕
30日	03/26	木	丁巳	満	沙中土	斗

【三月小 戊辰 奎】

節気 清明 11日・穀雨 26日
雑節 土用 23日

日	新暦	曜	干支	直	納音	宿
1日	03/27	金	戊午	平	天上火	牛
2日	03/28	土	己未	定	天上火	女
3日	03/29	日	庚申	執	柘榴木	虚
4日	03/30	月	辛酉	破	柘榴木	危
5日	03/31	火	壬戌	危	大海水	室
6日	04/01	水	癸亥	成	大海水	壁
7日	04/02	木	甲子	納	海中金	奎
8日	04/03	金	乙丑	開	海中金	婁
9日	04/04	土	丙寅	建	爐中火	胃
10日	04/05	日	丁卯	建	爐中火	昴
11日	04/06	月	戊辰	除	大林木	畢
12日	04/07	火	己巳	満	大林木	觜
13日	04/08	水	庚午	平	路傍土	参
14日	04/09	木	辛未	定	路傍土	井
15日	04/10	金	壬申	執	釼鋒金	鬼
16日	04/11	土	癸酉	破	釼鋒金	柳
17日	04/12	日	甲戌	危	山頭火	星
18日	04/13	月	乙亥	成	山頭火	張
19日	04/14	火	丙子	納	澗下水	翼
20日	04/15	水	丁丑	開	澗下水	軫
21日	04/16	木	戊寅	閉	城頭土	角
22日	04/17	金	己卯	閉	城頭土	亢
23日	04/18	土	庚辰	建	白鑞金	氐
24日	04/19	日	辛巳	除	白鑞金	房
25日	04/20	月	壬午	満	楊柳木	心
26日	04/21	火	癸未	平	楊柳木	尾
27日	04/22	水	甲申	定	井泉水	箕
28日	04/23	木	乙酉	執	井泉水	斗
29日	04/24	金	丙戌	破	屋上土	牛

【四月大 己巳 婁】

節気 立夏 13日・小満 28日
雑節 八十八夜 8日

日	新暦	曜	干支	直	納音	宿
1日	04/25	土	丁亥	危	屋上土	女
2日	04/26	日	戊子	成	霹靂火	虚
3日	04/27	月	己丑	納	霹靂火	室
4日	04/28	火	庚寅	開	松柏木	壁
5日	04/29	水	辛卯	閉	松柏木	奎
6日	04/30	木	壬辰	建	長流水	婁
7日	05/01	金	癸巳	除	長流水	胃
8日	05/02	土	甲午	満	沙中金	昴
9日	05/03	日	乙未	平	沙中金	畢
10日	05/04	月	丙申	定	山下火	觜
11日	05/05	火	丁酉	執	山下火	参
12日	05/06	水	戊戌	破	平地木	井
13日	05/07	木	己亥	危	平地木	鬼
14日	05/08	金	庚子	成	壁上土	柳
15日	☆05/09	土	辛丑	納	壁上土	星
16日	05/10	日	壬寅	開	金箔金	張
17日	05/11	月	癸卯	閉	金箔金	翼
18日	05/12	火	甲辰	建	覆燈火	軫
19日	05/13	水	乙巳	除	覆燈火	角
20日	05/14	木	丙午	満	天河水	亢
21日	05/15	金	丁未	定	天河水	氐
22日	05/16	土	戊申	執	大駅土	房
23日	05/17	日	己酉	破	大駅土	心
24日	05/18	月	庚戌	危	釵釧金	尾
25日	05/19	火	辛亥	成	釵釧金	箕
26日	05/20	水	壬子	納	桑柘木	斗
27日	05/21	木	癸丑	開	桑柘木	牛
28日	05/22	金	甲寅	閉	大溪水	女
29日	05/23	土	乙卯	建	大溪水	虚
30日	05/24	日	丙辰	除	沙中土	危

【五月小 庚午 胃】

節気 芒種 13日・夏至 28日
雑節 入梅 16日

日	新暦	曜	干支	直	納音	宿
1日	05/25	月	丁巳	建	沙中土	室
2日	05/26	火	戊午	除	天上火	壁
3日	05/27	水	己未	満	天上火	奎
4日	05/28	木	庚申	平	柘榴木	婁
5日	05/29	金	辛酉	定	柘榴木	胃
6日	05/30	土	壬戌	執	大海水	昴
7日	05/31	日	癸亥	破	大海水	畢
8日	06/01	月	甲子	危	海中金	觜
9日	06/02	火	乙丑	成	海中金	参
10日	06/03	水	丙寅	納	爐中火	井
11日	06/04	木	丁卯	開	爐中火	鬼
12日	06/05	金	戊辰	閉	大林木	柳
13日	06/06	土	己巳	建	大林木	星
14日	06/07	日	庚午	除	路傍土	張
15日	06/08	月	辛未	満	路傍土	翼
16日	06/09	火	壬申	平	釼鋒金	軫
17日	06/10	水	癸酉	定	釼鋒金	角
18日	06/11	木	甲戌	執	山頭火	亢
19日	06/12	金	乙亥	破	山頭火	氐
20日	06/13	土	丙子	危	澗下水	房
21日	06/14	日	丁丑	成	澗下水	心
22日	06/15	月	戊寅	納	城頭土	尾
23日	06/16	火	己卯	開	城頭土	箕
24日	06/17	水	庚辰	閉	白鑞金	斗
25日	06/18	木	辛巳	建	白鑞金	牛
26日	06/19	金	壬午	除	楊柳木	女
27日	06/20	土	癸未	満	楊柳木	虚
28日	06/21	日	甲申	平	井泉水	危
29日	06/22	月	乙酉	定	井泉水	室

【六月大 辛未 昴】

節気 小暑 14日・大暑 30日
雑節 半夏生 9日・土用 27日

日	新暦	曜	干支	直	納音	宿
1日	06/23	火	丙戌	定	屋上土	室
2日	06/24	水	丁亥	執	屋上土	壁
3日	06/25	木	戊子	破	霹靂火	奎
4日	06/26	金	己丑	危	霹靂火	婁
5日	06/27	土	庚寅	成	松柏木	胃
6日	06/28	日	辛卯	納	松柏木	昴
7日	06/29	月	壬辰	開	長流水	畢
8日	06/30	火	癸巳	閉	長流水	觜
9日	07/01	水	甲午	建	沙中金	参
10日	07/02	木	乙未	除	沙中金	井
11日	07/03	金	丙申	満	山下火	鬼
12日	07/04	土	丁酉	平	山下火	柳
13日	07/05	日	戊戌	定	平地木	星
14日	07/06	月	己亥	執	平地木	張
15日	07/07	火	庚子	破	壁上土	翼
16日	07/08	水	辛丑	危	壁上土	軫
17日	07/09	木	壬寅	成	金箔金	角
18日	07/10	金	癸卯	納	金箔金	亢
19日	07/11	土	甲辰	開	覆燈火	氐
20日	07/12	日	乙巳	閉	覆燈火	房
21日	07/13	月	丙午	建	天河水	心
22日	07/14	火	丁未	除	天河水	尾
23日	07/15	水	戊申	満	大駅土	箕
24日	07/16	木	己酉	平	大駅土	斗
25日	07/17	金	庚戌	定	釵釧金	牛
26日	07/18	土	辛亥	執	釵釧金	女
27日	07/19	日	壬子	破	桑柘木	虚
28日	07/20	月	癸丑	危	桑柘木	危
29日	07/21	火	甲寅	成	大溪水	室
30日	07/22	水	乙卯	納	大溪水	壁

【閏六月小 辛未 昴】

節気 立秋 15日

日	新暦	曜	干支	直	納音	宿
1日	07/23	木	丙辰	納	沙中土	奎
2日	07/24	金	丁巳	開	沙中土	婁
3日	07/25	土	戊午	閉	天上火	胃
4日	07/26	日	己未	建	天上火	昴
5日	07/27	月	庚申	除	柘榴木	畢
6日	07/28	火	辛酉	満	柘榴木	觜
7日	07/29	水	壬戌	平	大海水	参
8日	07/30	木	癸亥	定	大海水	井
9日	07/31	金	甲子	執	海中金	鬼
10日	08/01	土	乙丑	破	海中金	柳
11日	08/02	日	丙寅	危	爐中火	星
12日	08/03	月	丁卯	成	爐中火	張

寛政元年〔天明9年〕

西暦	曜	干支	直	納音	宿
13日 08/04	火	戊辰	納	大林木	翼
14日 08/05	水	己巳	開	大林木	軫
15日 08/06	木	庚午	開	路傍土	角
16日 08/07	金	辛未	閉	路傍土	亢
17日 08/08	土	壬申	建	釼鋒金	氐
18日 08/09	日	癸酉	除	釼鋒金	房
19日 08/10	月	甲戌	満	山頭火	心
20日 08/11	火	乙亥	平	山頭火	尾
21日 08/12	水	丙子	定	澗下水	箕
22日 08/13	木	丁丑	執	澗下水	斗
23日 08/14	金	戊寅	破	城頭土	女
24日 08/15	土	己卯	危	城頭土	虚
25日 08/16	日	庚辰	成	白鑞金	危
26日 08/17	月	辛巳	納	白鑞金	室
27日 08/18	火	壬午	開	楊柳木	壁
28日 08/19	水	癸未	閉	楊柳木	奎
29日 08/20	木	甲申	建	井泉水	婁

【七月小 壬申 畢】
節気 処暑 1日・白露 16日
雑節 二百十日 12日

西暦	曜	干支	直	納音	宿
1日 08/21	金	乙酉	除	井泉水	婁
2日 08/22	土	丙戌	満	屋上土	胃
3日 08/23	日	丁亥	平	屋上土	昴
4日 08/24	月	戊子	定	霹靂火	畢
5日 08/25	火	己丑	執	霹靂火	觜
6日 08/26	水	庚寅	破	松柏木	参
7日 08/27	木	辛卯	危	松柏木	井
8日 08/28	金	壬辰	成	長流水	鬼
9日 08/29	土	癸巳	納	長流水	柳
10日 08/30	日	甲午	開	沙中金	星
11日 08/31	月	乙未	閉	沙中金	張
12日 09/01	火	丙申	建	山下火	翼
13日 09/02	水	丁酉	除	山下火	軫
14日 09/03	木	戊戌	満	平地木	角
15日 09/04	金	己亥	平	平地木	亢
16日 09/05	土	庚子	定	壁上土	氐
17日 09/06	日	辛丑	執	壁上土	房
18日 09/07	月	壬寅	破	金箔金	心
19日 09/08	火	癸卯	危	金箔金	尾
20日 09/09	水	甲辰	成	覆燈火	箕
21日 09/10	木	乙巳	納	覆燈火	斗
22日 09/11	金	丙午	開	天河水	女
23日 09/12	土	丁未	閉	天河水	虚
24日 09/13	日	戊申	建	大駅土	室
25日 09/14	月	己酉	除	大駅土	壁
26日 09/15	火	庚戌	満	釵釧金	奎
27日 09/16	水	辛亥	平	釵釧金	婁
28日 09/17	木	壬子	定	桑柘木	胃
29日 09/18	金	癸丑	執	桑柘木	畢

【八月大 癸酉 觜】
節気 秋分 3日・寒露 18日
雑節 彼岸 2日・社日 5日・土用 30日

西暦	曜	干支	直	納音	宿
1日 09/19	土	甲寅	執	大溪水	觜
2日 09/20	日	乙卯	破	大溪水	参
3日 09/21	月	丙辰	危	沙中土	井
4日 09/22	火	丁巳	成	沙中土	鬼
5日 09/23	水	戊午	納	天上火	柳
6日 09/24	木	己未	開	天上火	星
7日 09/25	金	庚申	閉	柘榴木	張
8日 09/26	土	辛酉	建	柘榴木	翼
9日 09/27	日	壬戌	除	大海水	軫
10日 09/28	月	癸亥	満	大海水	角
11日 09/29	火	甲子	平	海中金	亢
12日 09/30	水	乙丑	定	海中金	氐
13日 10/01	木	丙寅	執	炉中火	房
14日 10/02	金	丁卯	破	炉中火	心
15日 10/03	土	戊辰	危	大林木	尾
16日 10/04	日	己巳	成	大林木	箕
17日 10/05	月	庚午	納	路傍土	斗
18日 10/06	火	辛未	開	路傍土	女
19日 10/07	水	壬申	閉	釼鋒金	箕

西暦	曜	干支	直	納音	宿
20日 10/08	木	癸酉	閉	釼鋒金	斗
21日 10/09	金	甲戌	建	山頭火	牛
22日 10/10	土	乙亥	除	山頭火	女
23日 10/11	日	丙子	満	澗下水	虚
24日 10/12	月	丁丑	平	澗下水	危
25日 10/13	火	戊寅	定	城頭土	室
26日 10/14	水	己卯	執	城頭土	壁
27日 10/15	木	庚辰	破	白鑞金	奎
28日 10/16	金	辛巳	危	白鑞金	婁
29日 10/17	土	壬午	成	楊柳木	胃
30日 10/18	日	癸未	納	楊柳木	昴

【九月小 甲戌 参】
節気 霜降 3日・立冬 18日

西暦	曜	干支	直	納音	宿
1日 10/19	月	甲申	開	井泉水	畢
2日 10/20	火	乙酉	閉	井泉水	觜
3日 10/21	水	丙戌	建	屋上土	参
4日 10/22	木	丁亥	除	屋上土	井
5日 10/23	金	戊子	満	霹靂火	鬼
6日 10/24	土	己丑	平	霹靂火	柳
7日 10/25	日	庚寅	定	松柏木	星
8日 10/26	月	辛卯	執	松柏木	張
9日 10/27	火	壬辰	破	長流水	翼
10日 10/28	水	癸巳	危	長流水	軫
11日 10/29	木	甲午	成	沙中金	角
12日 10/30	金	乙未	納	沙中金	亢
13日 10/31	土	丙申	開	山下火	氐
14日 11/01	日	丁酉	閉	山下火	房
15日 11/02	月	戊戌	建	平地木	心
16日 11/03	火	己亥	除	平地木	尾
17日 11/04	水	庚子	満	壁上土	箕
18日 11/05	木	辛丑	平	壁上土	斗
19日 11/06	金	壬寅	定	金箔金	牛
20日 11/07	土	癸卯	執	金箔金	女
21日 11/08	日	甲辰	破	覆燈火	虚
22日 11/09	月	乙巳	危	覆燈火	危
23日 11/10	火	丙午	成	天河水	室
24日 11/11	水	丁未	納	天河水	壁
25日 11/12	木	戊申	開	大駅土	奎
26日 11/13	金	己酉	閉	大駅土	婁
27日 11/14	土	庚戌	建	釵釧金	胃
28日 11/15	日	辛亥	除	釵釧金	昴
29日 11/16	月	壬子	満	桑柘木	畢

【十月大 乙亥 井】
節気 小雪 4日・大雪 20日

西暦	曜	干支	直	納音	宿
1日◎11/17	火	癸丑	満	桑柘木	觜
2日 11/18	水	甲寅	平	大溪水	参
3日 11/19	木	乙卯	定	大溪水	井
4日 11/20	金	丙辰	執	沙中土	鬼
5日 11/21	土	丁巳	破	沙中土	柳
6日 11/22	日	戊午	危	天上火	星
7日 11/23	月	己未	成	天上火	張
8日 11/24	火	庚申	納	柘榴木	翼
9日 11/25	水	辛酉	開	柘榴木	軫
10日 11/26	木	壬戌	閉	大海水	角
11日 11/27	金	癸亥	建	大海水	亢
12日 11/28	土	甲子	除	海中金	氐
13日 11/29	日	乙丑	満	海中金	房
14日 11/30	月	丙寅	平	炉中火	心
15日 12/01	火	丁卯	定	炉中火	尾
16日 12/02	水	戊辰	執	大林木	箕
17日 12/03	木	己巳	破	大林木	斗
18日 12/04	金	庚午	危	路傍土	牛
19日 12/05	土	辛未	成	路傍土	女
20日 12/06	日	壬申	納	釼鋒金	虚
21日 12/07	月	癸酉	開	釼鋒金	危
22日 12/08	火	甲戌	閉	山頭火	室
23日 12/09	水	乙亥	建	山頭火	壁
24日 12/10	木	丙子	除	澗下水	奎
25日 12/11	金	丁丑	満	澗下水	婁
26日 12/12	土	戊寅	平	城頭土	胃
27日 12/13	日	己卯	定	城頭土	昴

西暦	曜	干支	直	納音	宿
28日 12/14	月	庚辰	定	白鑞金	畢
29日 12/15	火	辛巳	執	白鑞金	觜
30日 12/16	水	壬午	破	楊柳木	参

【十一月小 丙子 鬼】
節気 冬至 5日・小寒 20日

西暦	曜	干支	直	納音	宿
1日 12/17	木	癸未	危	楊柳木	井
2日 12/18	金	甲申	成	井泉水	鬼
3日 12/19	土	乙酉	納	井泉水	柳
4日 12/20	日	丙戌	開	屋上土	星
5日 12/21	月	丁亥	建	屋上土	張
6日 12/22	火	戊子	除	霹靂火	翼
7日 12/23	水	己丑	満	霹靂火	軫
8日 12/24	木	庚寅	平	松柏木	角
9日 12/25	金	辛卯	定	松柏木	亢
10日 12/26	土	壬辰	定	長流水	氐
11日 12/27	日	癸巳	執	長流水	房
12日 12/28	月	甲午	破	沙中金	心
13日 12/29	火	乙未	危	沙中金	尾
14日 12/30	水	丙申	成	山下火	箕
15日 12/31	木	丁酉	納	山下火	斗

1790年

西暦	曜	干支	直	納音	宿
16日 **01/01**	金	戊戌	開	平地木	牛
17日 01/02	土	己亥	閉	平地木	女
18日 01/03	日	庚子	建	壁上土	虚
19日 01/04	月	辛丑	除	壁上土	危
20日 01/05	火	壬寅	満	金箔金	室
21日 01/06	水	癸卯	平	金箔金	壁
22日 01/07	木	甲辰	定	覆燈火	奎
23日 01/08	金	乙巳	執	覆燈火	婁
24日 01/09	土	丙午	執	天河水	胃
25日 01/10	日	丁未	破	天河水	昴
26日 01/11	月	戊申	危	大駅土	畢
27日 01/12	火	己酉	成	大駅土	觜
28日 01/13	水	庚戌	納	釵釧金	参
29日 01/14	木	辛亥	開	釵釧金	井

【十二月大 丁丑 柳】
節気 大寒 6日・立春 22日
雑節 土用 3日・節分 21日

西暦	曜	干支	直	納音	宿
1日 01/15	金	壬子	閉	桑柘木	鬼
2日 01/16	土	癸丑	建	桑柘木	柳
3日 01/17	日	甲寅	除	大溪水	星
4日 01/18	月	乙卯	満	大溪水	張
5日 01/19	火	丙辰	平	沙中土	翼
6日 01/20	水	丁巳	定	沙中土	軫
7日 01/21	木	戊午	執	天上火	角
8日 01/22	金	己未	破	天上火	亢
9日 01/23	土	庚申	危	柘榴木	氐
10日 01/24	日	辛酉	成	柘榴木	房
11日 01/25	月	壬戌	納	大海水	心
12日 01/26	火	癸亥	開	大海水	尾
13日 01/27	水	甲子	閉	海中金	箕
14日 01/28	木	乙丑	建	海中金	斗
15日 01/29	金	丙寅	除	炉中火	牛
16日 01/30	土	丁卯	満	炉中火	女
17日 01/31	日	戊辰	平	大林木	虚
18日 02/01	月	己巳	定	大林木	室
19日 02/02	火	庚午	執	路傍土	壁
20日 02/03	水	辛未	破	路傍土	奎
21日 02/04	木	壬申	危	釼鋒金	婁
22日 02/05	金	癸酉	成	釼鋒金	胃
23日 02/06	土	甲戌	納	山頭火	昴
24日 02/07	日	乙亥	開	山頭火	畢
25日 02/08	月	丙子	閉	澗下水	觜
26日 02/09	火	丁丑	建	澗下水	参
27日 02/10	水	戊寅	除	城頭土	井
28日 02/11	木	己卯	満	城頭土	鬼
29日 02/12	金	庚辰	平	白鑞金	柳
30日 02/13	土	辛巳	定	白鑞金	星

寛政2年
1790～1791　庚戌　室

【正月大　戊寅　星】
節気　雨水 7日・啓蟄 22日

日	新暦	曜	干支	直	納音	宿
1日	02/14	水	壬午	定	楊柳木	星
2日	02/15	月	癸未	執	楊柳木	張
3日	02/16	火	甲申	破	井泉水	翼
4日	02/17	水	乙酉	危	井泉水	軫
5日	02/18	木	丙戌	成	屋上土	角
6日	02/19	金	丁亥	納	屋上土	亢
7日	02/20	土	戊子	開	霹靂火	氐
8日	02/21	日	己丑	閉	霹靂火	房
9日	02/22	月	庚寅	建	松柏木	心
10日	02/23	火	辛卯	除	松柏木	尾
11日	02/24	水	壬辰	満	長流水	箕
12日	02/25	木	癸巳	平	長流水	斗
13日	02/26	金	甲午	定	沙中金	牛
14日	02/27	土	乙未	執	沙中金	女
15日	02/28	日	丙申	破	山下火	虚
16日	03/01	月	丁酉	危	山下火	危
17日	03/02	火	戊戌	成	平地木	室
18日	03/03	水	己亥	納	平地木	壁
19日	03/04	木	庚子	開	壁上土	奎
20日	03/05	金	辛丑	閉	壁上土	婁
21日	03/06	土	壬寅	建	金箔金	胃
22日	03/07	日	癸卯	建	金箔金	昴
23日	03/08	月	甲辰	除	覆燈火	畢
24日	03/09	火	乙巳	満	覆燈火	觜
25日	03/10	水	丙午	平	天河水	参
26日	03/11	木	丁未	定	天河水	井
27日	03/12	金	戊申	執	大駅土	鬼
28日	03/13	土	己酉	破	大駅土	柳
29日	03/14	日	庚戌	危	釵釧金	星
30日	03/15	月	辛亥	成	釵釧金	張

【二月小　己卯　張】
節気　春分 7日・清明 22日
雑節　彼岸 2日・社日 7日

日	新暦	曜	干支	直	納音	宿
1日	03/16	火	壬子	納	桑柘木	翼
2日	03/17	水	癸丑	開	桑柘木	軫
3日	03/18	木	甲寅	閉	大溪水	角
4日	03/19	金	乙卯	建	大溪水	亢
5日	03/20	土	丙辰	除	沙中土	氐
6日	03/21	日	丁巳	平	天上火	心
7日	03/22	月	戊午	平	天上火	尾
8日	03/23	火	己未	定	柏榴木	箕
9日	03/24	水	庚申	執	柏榴木	斗
10日	03/25	木	辛酉	破	大海水	牛
11日	03/26	金	壬戌	危	大海水	女
12日	03/27	土	癸亥	成	大海水	虚
13日	03/28	日	甲子	納	海中金	危
14日	03/29	月	乙丑	開	海中金	室
15日	03/30	火	丙寅	閉	爐中火	壁
16日	03/31	水	丁卯	建	爐中火	壁
17日	04/01	木	戊辰	除	大林木	奎
18日	04/02	金	己巳	満	大林木	婁
19日	04/03	土	庚午	平	路傍土	胃
20日	04/04	日	辛未	定	路傍土	昴
21日	04/05	月	壬申	執	釵鋒金	畢
22日	04/06	火	癸酉	執	釵鋒金	觜
23日	04/07	水	甲戌	破	山頭火	参
24日	04/08	木	乙亥	危	山頭火	井
25日	04/09	金	丙子	成	澗下水	鬼
26日	04/10	土	丁丑	納	澗下水	柳
27日	04/11	日	戊寅	開	城頭土	星
28日	04/12	月	己卯	閉	城頭土	張
29日	04/13	火	庚辰	建	白鑞金	翼

【三月大　庚辰　翼】
節気　穀雨 9日・立夏 24日
雑節　土用 6日・八十八夜 20日

日	新暦	曜	干支	直	納音	宿
1日	04/14	水	辛巳	除	白鑞金	軫
2日	04/15	木	壬午	満	楊柳木	角
3日	04/16	金	癸未	平	楊柳木	亢
4日	04/17	土	甲申	定	井泉水	氐
5日	04/18	日	乙酉	執	井泉水	房
6日	04/19	月	丙戌	破	屋上土	心
7日	04/20	火	丁亥	危	屋上土	尾
8日	04/21	水	戊子	成	霹靂火	箕
9日	04/22	木	己丑	納	霹靂火	斗
10日	04/23	金	庚寅	開	松柏木	牛
11日	04/24	土	辛卯	閉	松柏木	女
12日	04/25	日	壬辰	建	長流水	虚
13日	04/26	月	癸巳	除	長流水	危
14日	04/27	火	甲午	満	沙中金	室
15日	04/28	水	乙未	平	沙中金	壁
16日	04/29	木	丙申	定	山下火	奎
17日	04/30	金	丁酉	執	山下火	婁
18日	05/01	土	戊戌	破	平地木	胃
19日	05/02	日	己亥	危	平地木	昴
20日	05/03	月	庚子	成	壁上土	畢
21日	05/04	火	辛丑	納	壁上土	觜
22日	05/05	水	壬寅	開	金箔金	参
23日	05/06	木	癸卯	閉	金箔金	井
24日	05/07	金	甲辰	建	覆燈火	柳
25日	05/08	土	乙巳	除	覆燈火	柳
26日	05/09	日	丙午	満	天河水	星
27日	05/10	月	丁未	平	天河水	張
28日	05/11	火	戊申	平	大駅土	翼
29日	05/12	水	己酉	定	大駅土	軫
30日	05/13	木	庚戌	執	釵釧金	角

【四月大　辛巳　軫】
節気　小満 9日・芒種 24日

日	新暦	曜	干支	直	納音	宿
1日	05/14	金	辛亥	破	釵釧金	亢
2日	05/15	土	壬子	危	桑柘木	氐
3日	05/16	日	癸丑	成	桑柘木	房
4日	05/17	月	甲寅	納	大溪水	心
5日	05/18	火	乙卯	開	大溪水	尾
6日	05/19	水	丙辰	閉	沙中土	箕
7日	05/20	木	丁巳	建	沙中土	斗
8日	05/21	金	戊午	除	天上火	牛
9日	05/22	土	己未	満	天上火	女
10日	05/23	日	庚申	平	柏榴木	虚
11日	05/24	月	辛酉	定	柏榴木	危
12日	05/25	火	壬戌	執	大海水	室
13日	05/26	水	癸亥	破	大海水	壁
14日	05/27	木	甲子	危	海中金	奎
15日	05/28	金	乙丑	成	海中金	婁
16日	05/29	土	丙寅	納	爐中火	胃
17日	05/30	日	丁卯	開	爐中火	昴
18日	05/31	月	戊辰	閉	大林木	畢
19日	06/01	火	己巳	建	大林木	觜
20日	06/02	水	庚午	除	路傍土	参
21日	06/03	木	辛未	満	路傍土	井
22日	06/04	金	壬申	定	釵鋒金	鬼
23日	06/05	土	癸酉	定	釵鋒金	柳
24日	06/06	日	甲戌	執	山頭火	星
25日	06/07	月	乙亥	破	山頭火	張
26日	06/08	火	丙子	危	澗下水	翼
27日	06/09	水	丁丑	成	澗下水	軫
28日	06/10	木	戊寅	納	城頭土	角
29日	06/11	金	己卯	開	城頭土	亢

【五月小　壬午　角】
節気　夏至 9日・小暑 25日
雑節　入梅 2日・半夏生 20日

日	新暦	曜	干支	直	納音	宿
30日	06/12	土	庚辰	開	白鑞金	氐
1日	06/13	日	辛巳	閉	白鑞金	房
2日	06/14	月	壬午	建	楊柳木	心
3日	06/15	火	癸未	除	楊柳木	尾
4日	06/16	水	甲申	満	井泉水	箕
5日	06/17	木	乙酉	平	井泉水	斗
6日	06/18	金	丙戌	定	屋上土	牛
7日	06/19	土	丁亥	執	屋上土	女
8日	06/20	日	戊子	破	霹靂火	虚
9日	06/21	月	己丑	危	霹靂火	危
10日	06/22	火	庚寅	成	松柏木	室
11日	06/23	水	辛卯	納	松柏木	壁
12日	06/24	木	壬辰	開	長流水	奎
13日	06/25	金	癸巳	閉	長流水	婁
14日	06/26	土	甲午	除	沙中金	胃
15日	06/27	日	乙未	満	沙中金	昴
16日	06/28	月	丙申	満	山下火	畢
17日	06/29	火	丁酉	定	山下火	觜
18日	06/30	水	戊戌	定	平地木	参
19日	07/01	木	己亥	執	平地木	井
20日	07/02	金	庚子	破	壁上土	鬼
21日	07/03	土	辛丑	危	壁上土	柳
22日	07/04	日	壬寅	成	金箔金	星
23日	07/05	月	癸卯	納	金箔金	張
24日	07/06	火	甲辰	開	覆燈火	翼
25日	07/07	水	乙巳	閉	覆燈火	軫
26日	07/08	木	丙午	閉	天河水	角
27日	07/09	金	丁未	建	天河水	亢
28日	07/10	土	戊申	除	大駅土	氐
29日	07/11	日	己酉	満	大駅土	房

【六月大　癸未　亢】
節気　大暑 11日・立秋 26日
雑節　土用 8日

日	新暦	曜	干支	直	納音	宿
1日	07/12	月	庚戌	平	釵釧金	心
2日	07/13	火	辛亥	平	釵釧金	尾
3日	07/14	水	壬子	執	桑柘木	箕
4日	07/15	木	癸丑	破	桑柘木	斗
5日	07/16	金	甲寅	危	大溪水	牛
6日	07/17	土	乙卯	成	大溪水	女
7日	07/18	日	丙辰	納	沙中土	虚
8日	07/19	月	丁巳	開	沙中土	危
9日	07/20	火	戊午	閉	天上火	室
10日	07/21	水	己未	建	天上火	壁
11日	07/22	木	庚申	除	柏榴木	奎
12日	07/23	金	辛酉	満	柏榴木	婁
13日	07/24	土	壬戌	平	大海水	胃
14日	07/25	日	癸亥	定	大海水	昴
15日	07/26	月	甲子	執	海中金	畢
16日	07/27	火	乙丑	破	海中金	觜
17日	07/28	水	丙寅	危	爐中火	参
18日	07/29	木	丁卯	成	爐中火	井
19日	07/30	金	戊辰	納	大林木	鬼
20日	07/31	土	己巳	開	大林木	柳
21日	08/01	日	庚午	閉	路傍土	星
22日	08/02	月	辛未	建	路傍土	張
23日	08/03	火	壬申	除	釵鋒金	翼
24日	08/04	水	癸酉	満	釵鋒金	軫
25日	08/05	木	甲戌	平	山頭火	角
26日	08/06	金	乙亥	平	山頭火	亢
27日	08/07	土	丙子	定	澗下水	氐
28日	08/08	日	丁丑	執	澗下水	房
29日	08/09	月	戊寅	破	城頭土	心
30日	08/10	火	己卯	危	城頭土	尾

西暦　曜　干支　直　納音　宿　　　　　　　　　　　　　　寛政2年

【七月小 甲申 氐】

節気 処暑 11日・白露 27日
雑節 二百十日 23日

日	西暦	曜	干支	直	納音	宿
1日	08/11	水	庚辰	成	白鑞金	箕
2日	08/12	木	辛巳	納	白鑞金	斗
3日	08/13	金	壬午	開	楊柳木	牛
4日	08/14	土	癸未	閉	楊柳木	女
5日	08/15	日	甲申	建	井泉水	虚
6日	08/16	月	乙酉	除	井泉水	危
7日	08/17	火	丙戌	満	屋上土	室
8日	08/18	水	丁亥	平	屋上土	壁
9日	08/19	木	戊子	定	霹靂火	奎
10日	08/20	金	己丑	執	霹靂火	婁
11日	08/21	土	庚寅	破	松柏木	胃
12日	08/22	日	辛卯	危	松柏木	昴
13日	08/23	月	壬辰	成	長流水	畢
14日	08/24	火	癸巳	納	長流水	觜
15日	08/25	水	甲午	開	沙中金	参
16日	08/26	木	乙未	閉	沙中金	井
17日	08/27	金	丙申	建	山下火	鬼
18日	08/28	土	丁酉	除	山下火	柳
19日	08/29	日	戊戌	満	平地木	星
20日	08/30	月	己亥	平	平地木	張
21日	08/31	火	庚子	定	壁上土	翼
22日	09/01	水	辛丑	執	壁上土	軫
23日	09/02	木	壬寅	破	金箔金	角
24日	09/03	金	癸卯	危	金箔金	亢
25日	09/04	土	甲辰	成	覆燈火	氐
26日	09/05	日	乙巳	納	覆燈火	房
27日	09/06	月	丙午	納	天河水	心
28日	09/07	火	丁未	開	天河水	尾
29日	09/08	水	戊申	閉	大駅土	箕

【八月小 乙酉 房】

節気 秋分 13日・寒露 28日
雑節 社日 10日・彼岸 12日

日	西暦	曜	干支	直	納音	宿
1日	09/09	木	己酉	建	大駅土	斗
2日	09/10	金	庚戌	除	釵釧金	牛
3日	09/11	土	辛亥	満	釵釧金	女
4日	09/12	日	壬子	平	桑柘木	虚
5日	09/13	月	癸丑	定	桑柘木	危
6日	09/14	火	甲寅	執	大溪水	室
7日	09/15	水	乙卯	破	大溪水	壁
8日	09/16	木	丙辰	危	沙中土	奎
9日	09/17	金	丁巳	成	沙中土	婁
10日	09/18	土	戊午	納	天上火	胃
11日	09/19	日	己未	開	天上火	昴
12日	09/20	月	庚申	閉	柘榴木	畢
13日	09/21	火	辛酉	建	柘榴木	觜
14日	09/22	水	壬戌	除	大海水	参
15日	09/23	木	癸亥	満	大海水	井
16日	09/24	金	甲子	定	海中金	鬼
17日	09/25	土	乙丑	執	海中金	柳
18日	09/26	日	丙寅	破	爐中火	星
19日	09/27	月	丁卯	危	爐中火	張
20日	09/28	火	戊辰	成	大林木	翼
21日	09/29	水	己巳	納	大林木	軫
22日	09/30	木	庚午	開	路傍土	角
23日	10/01	金	辛未	閉	路傍土	亢
24日	10/02	土	壬申	建	劍鋒金	氐
25日	10/03	日	癸酉	除	劍鋒金	房
26日	10/04	月	甲戌	満	山頭火	心
27日	10/05	火	乙亥	平	山頭火	尾
28日	10/06	水	丙子	満	澗下水	箕
29日	10/07	木	丁丑	平	澗下水	斗

【九月大 丙戌 心】

節気 霜降 14日・立冬 29日
雑節 土用 11日

日	西暦	曜	干支	直	納音	宿
1日	10/08	金	戊寅	定	城頭土	牛
2日	10/09	土	己卯	執	城頭土	女
3日	10/10	日	庚辰	破	白鑞金	虚
4日	10/11	月	辛巳	危	白鑞金	危
5日	10/12	火	壬午	成	楊柳木	室
6日	10/13	水	癸未	納	楊柳木	壁
7日	10/14	木	甲申	開	井泉水	奎
8日	10/15	金	乙酉	閉	井泉水	婁
9日	10/16	土	丙戌	建	屋上土	胃
10日	10/17	日	丁亥	除	屋上土	昴
11日	10/18	月	戊子	満	霹靂火	畢
12日	10/19	火	己丑	平	霹靂火	觜
13日	10/20	水	庚寅	定	松柏木	参
14日	10/21	木	辛卯	執	松柏木	井
15日	10/22	金	壬辰	破	長流水	鬼
16日	10/23	土	癸巳	危	長流水	柳
17日	10/24	日	甲午	成	沙中金	星
18日	10/25	月	乙未	納	沙中金	張
19日	10/26	火	丙申	開	山下火	翼
20日	10/27	水	丁酉	閉	山下火	軫
21日	10/28	木	戊戌	建	平地木	角
22日	10/29	金	己亥	除	平地木	亢
23日	10/30	土	庚子	満	壁上土	氐
24日	10/31	日	辛丑	平	壁上土	房
25日	11/01	月	壬寅	定	金箔金	心
26日	11/02	火	癸卯	執	金箔金	尾
27日	11/03	水	甲辰	破	覆燈火	箕
28日	11/04	木	乙巳	危	覆燈火	斗
29日	11/05	金	丙午	危	天河水	牛
30日	11/06	土	丁未	成	天河水	女

【十月小 丁亥 尾】

節気 小雪 15日

日	西暦	曜	干支	直	納音	宿
1日	11/07	日	戊申	納	大駅土	虚
2日	11/08	月	己酉	開	大駅土	危
3日	11/09	火	庚戌	閉	釵釧金	室
4日	11/10	水	辛亥	建	釵釧金	壁
5日	11/11	木	壬子	除	桑柘木	奎
6日	11/12	金	癸丑	満	桑柘木	婁
7日	11/13	土	甲寅	平	大溪水	胃
8日	11/14	日	乙卯	定	大溪水	昴
9日	11/15	月	丙辰	執	沙中土	畢
10日	11/16	火	丁巳	破	沙中土	觜
11日	11/17	水	戊午	危	天上火	参
12日	11/18	木	己未	成	天上火	井
13日	11/19	金	庚申	納	柘榴木	鬼
14日	11/20	土	辛酉	開	柘榴木	柳
15日	11/21	日	壬戌	閉	大海水	星
16日	11/22	月	癸亥	建	大海水	張
17日	11/23	火	甲子	除	海中金	翼
18日	11/24	水	乙丑	満	海中金	軫
19日	11/25	木	丙寅	平	爐中火	角
20日	11/26	金	丁卯	定	爐中火	亢
21日	11/27	土	戊辰	執	大林木	氐
22日	11/28	日	己巳	破	大林木	房
23日	11/29	月	庚午	危	路傍土	心
24日	11/30	火	辛未	成	路傍土	尾
25日	12/01	水	壬申	納	劍鋒金	箕
26日	12/02	木	癸酉	開	劍鋒金	斗
27日	12/03	金	甲戌	閉	山頭火	牛
28日	12/04	土	乙亥	建	山頭火	女
29日	12/05	日	丙子	除	澗下水	虚

【十一月大 戊子 箕】

節気 大雪 1日・冬至 16日

日	西暦	曜	干支	直	納音	宿
1日	12/06	月	丁丑	除	澗下水	危
2日	12/07	火	戊寅	満	城頭土	室
3日	12/08	水	己卯	平	城頭土	壁
4日	12/09	木	庚辰	定	白鑞金	奎
5日	12/10	金	辛巳	執	白鑞金	婁
6日	12/11	土	壬午	破	楊柳木	胃
7日	12/12	日	癸未	危	楊柳木	昴
8日	12/13	月	甲申	成	井泉水	畢
9日	12/14	火	乙酉	納	井泉水	觜
10日	12/15	水	丙戌	開	屋上土	参
11日	12/16	木	丁亥	閉	屋上土	井
12日	12/17	金	戊子	建	霹靂火	鬼
13日	12/18	土	己丑	除	霹靂火	柳
14日	12/19	日	庚寅	満	松柏木	星
15日	12/20	月	辛卯	平	松柏木	張
16日	12/21	火	壬辰	定	長流水	翼
17日	12/22	水	癸巳	執	長流水	軫
18日	12/23	木	甲午	破	沙中金	角
19日	12/24	金	乙未	危	沙中金	亢
20日	12/25	土	丙申	成	山下火	氐
21日	12/26	日	丁酉	納	山下火	房
22日	12/27	月	戊戌	開	平地木	心
23日	12/28	火	己亥	閉	平地木	尾
24日	12/29	水	庚子	建	壁上土	箕
25日	12/30	木	辛丑	除	壁上土	斗
26日	12/31	金	壬寅	満	金箔金	牛
27日	01/01	土	癸卯	平	金箔金	女
28日	01/02	日	甲辰	定	覆燈火	虚
29日	01/03	月	乙巳	執	覆燈火	危
30日	01/04	火	丙午	破	天河水	室

1791年（27日 01/01 より）

【十二月小 己丑 斗】

節気 小寒 1日・大寒 17日
雑節 土用 14日

日	西暦	曜	干支	直	納音	宿
1日	01/05	水	丁未	破	天河水	壁
2日	01/06	木	戊申	危	大駅土	奎
3日	01/07	金	己酉	成	大駅土	婁
4日	01/08	土	庚戌	納	釵釧金	胃
5日	01/09	日	辛亥	開	釵釧金	昴
6日	01/10	月	壬子	閉	桑柘木	畢
7日	01/11	火	癸丑	建	桑柘木	觜
8日	01/12	水	甲寅	除	大溪水	参
9日	01/13	木	乙卯	満	大溪水	井
10日	01/14	金	丙辰	平	沙中土	鬼
11日	01/15	土	丁巳	定	沙中土	柳
12日	01/16	日	戊午	執	天上火	星
13日	01/17	月	己未	破	天上火	張
14日	01/18	火	庚申	危	柘榴木	翼
15日	01/19	水	辛酉	成	柘榴木	軫
16日	01/20	木	壬戌	納	大海水	角
17日	01/21	金	癸亥	開	大海水	亢
18日	01/22	土	甲子	閉	海中金	氐
19日	01/23	日	乙丑	建	海中金	房
20日	01/24	月	丙寅	除	爐中火	心
21日	01/25	火	丁卯	満	爐中火	尾
22日	01/26	水	戊辰	平	大林木	箕
23日	01/27	木	己巳	定	大林木	斗
24日	01/28	金	庚午	執	路傍土	牛
25日	01/29	土	辛未	破	路傍土	女
26日	01/30	日	壬申	危	劍鋒金	虚
27日	01/31	月	癸酉	成	劍鋒金	危
28日	02/01	火	甲戌	納	山頭火	室
29日	02/02	水	乙亥	開	山頭火	壁

寛政3年

1791～1792　辛亥　壁

【正月大 庚寅 牛】

節気　立春 3日・雨水 18日
雑節　節分 2日

日	日付	曜	干支	中段	納音	宿
1日	02/03	木	丙子	閉	澗下水	奎
2日	02/04	金	丁丑	建	澗下水	婁
3日	02/05	土	戊寅	建	城頭土	胃
4日	02/06	日	己卯	除	城頭土	昴
5日	02/07	月	庚辰	満	白鑞金	畢
6日	02/08	火	辛巳	平	白鑞金	觜
7日	02/09	水	壬午	定	楊柳木	参
8日	02/10	木	癸未	執	楊柳木	井
9日	02/11	金	甲申	破	井泉水	鬼
10日	02/12	土	乙酉	危	井泉水	柳
11日	02/13	日	丙戌	成	屋上土	星
12日	02/14	月	丁亥	納	屋上土	張
13日	02/15	火	戊子	開	霹靂火	翼
14日	02/16	水	己丑	閉	霹靂火	軫
15日	02/17	木	庚寅	建	松柏木	角
16日	02/18	金	辛卯	除	松柏木	亢
17日	02/19	土	壬辰	満	長流水	氐
18日	02/20	日	癸巳	平	長流水	房
19日	02/21	月	甲午	定	沙中金	心
20日	02/22	火	乙未	執	沙中金	尾
21日	02/23	水	丙申	破	山下火	箕
22日	02/24	木	丁酉	危	山下火	斗
23日	02/25	金	戊戌	成	平地木	牛
24日	02/26	土	己亥	納	平地木	女
25日	02/27	日	庚子	開	壁上土	虚
26日	02/28	月	辛丑	閉	壁上土	危
27日	03/01	火	壬寅	建	金箔金	室
28日	03/02	水	癸卯	除	金箔金	壁
29日	03/03	木	甲辰	満	覆燈火	奎
30日	03/04	金	乙巳	平	覆燈火	婁

【二月小 辛卯 女】

節気　啓蟄 3日・春分 18日
雑節　彼岸 13日・社日 13日

日	日付	曜	干支	中段	納音	宿
1日	03/05	土	丙午	定	天河水	胃
2日	03/06	日	丁未	執	天河水	昴
3日	03/07	月	戊申	執	大駅土	畢
4日	03/08	火	己酉	破	大駅土	觜
5日	03/09	水	庚戌	危	釵釧金	参
6日	03/10	木	辛亥	成	釵釧金	井
7日	03/11	金	壬子	納	桑柘木	鬼
8日	03/12	土	癸丑	開	桑柘木	柳
9日	03/13	日	甲寅	閉	大溪水	星
10日	03/14	月	乙卯	建	大溪水	張
11日	03/15	火	丙辰	除	沙中土	翼
12日	03/16	水	丁巳	満	沙中土	軫
13日	03/17	木	戊午	平	天上火	角
14日	03/18	金	己未	定	天上火	亢
15日	03/19	土	庚申	執	柘榴木	氐
16日	03/20	日	辛酉	破	柘榴木	房
17日	03/21	月	壬戌	危	大海水	心
18日	03/22	火	癸亥	成	大海水	尾
19日	03/23	水	甲子	納	海中金	箕
20日	03/24	木	乙丑	開	海中金	斗
21日	03/25	金	丙寅	閉	爐中火	牛
22日	03/26	土	丁卯	建	爐中火	女
23日	03/27	日	戊辰	除	大林木	虚
24日	03/28	月	己巳	満	大林木	危
25日	03/29	火	庚午	平	路傍土	室
26日	03/30	水	辛未	定	路傍土	壁
27日	03/31	木	壬申	執	釵鋒金	奎
28日	04/01	金	癸酉	破	釵鋒金	婁
29日	04/02	土	甲戌	危	山頭火	胃

【三月大 壬辰 虚】

節気　清明 5日・穀雨 20日
雑節　土用 17日

日	日付	曜	干支	中段	納音	宿
1日	04/03	日	乙亥	成	山頭火	昴
2日	04/04	月	丙子	納	澗下水	畢
3日	04/05	火	丁丑	開	澗下水	觜
4日	04/06	水	戊寅	閉	城頭土	参
5日	04/07	木	己卯	閉	城頭土	井
6日	04/08	金	庚辰	建	白鑞金	鬼
7日	04/09	土	辛巳	除	白鑞金	柳
8日	04/10	日	壬午	満	楊柳木	星
9日	04/11	月	癸未	平	楊柳木	張
10日	04/12	火	甲申	定	井泉水	翼
11日	04/13	水	乙酉	執	井泉水	軫
12日	04/14	木	丙戌	破	屋上土	角
13日	04/15	金	丁亥	危	屋上土	亢
14日	04/16	土	戊子	成	霹靂火	氐
15日	04/17	日	己丑	納	霹靂火	房
16日☆	04/18	月	庚寅	開	松柏木	心
17日	04/19	火	辛卯	閉	松柏木	尾
18日	04/20	水	壬辰	建	長流水	箕
19日	04/21	木	癸巳	除	長流水	斗
20日	04/22	金	甲午	満	沙中金	牛
21日	04/23	土	乙未	平	沙中金	女
22日	04/24	日	丙申	定	山下火	虚
23日	04/25	月	丁酉	執	山下火	危
24日	04/26	火	戊戌	破	平地木	室
25日	04/27	水	己亥	危	平地木	壁
26日	04/28	木	庚子	成	壁上土	奎
27日	04/29	金	辛丑	納	壁上土	婁
28日	04/30	土	壬寅	開	金箔金	胃
29日	05/01	日	癸卯	閉	金箔金	昴
30日	05/02	月	甲辰	建	覆燈火	畢

【四月大 癸巳 危】

節気　立夏 5日・小満 20日
雑節　八十八夜 1日

日	日付	曜	干支	中段	納音	宿
1日	05/03	火	乙巳	除	覆燈火	觜
2日	05/04	水	丙午	満	天河水	参
3日	05/05	木	丁未	平	天河水	井
4日	05/06	金	戊申	定	大駅土	鬼
5日	05/07	土	己酉	定	大駅土	柳
6日	05/08	日	庚戌	執	釵釧金	星
7日	05/09	月	辛亥	破	釵釧金	張
8日	05/10	火	壬子	危	桑柘木	翼
9日	05/11	水	癸丑	成	桑柘木	軫
10日	05/12	木	甲寅	納	大溪水	角
11日	05/13	金	乙卯	開	大溪水	亢
12日	05/14	土	丙辰	閉	沙中土	氐
13日	05/15	日	丁巳	建	沙中土	房
14日	05/16	月	戊午	除	天上火	心
15日	05/17	火	己未	満	天上火	尾
16日	05/18	水	庚申	平	柘榴木	箕
17日	05/19	木	辛酉	定	柘榴木	斗
18日	05/20	金	壬戌	執	大海水	牛
19日	05/21	土	癸亥	破	大海水	女
20日	05/22	日	甲子	危	海中金	虚
21日	05/23	月	乙丑	成	海中金	危
22日	05/24	火	丙寅	納	爐中火	室
23日	05/25	水	丁卯	開	爐中火	壁
24日	05/26	木	戊辰	閉	大林木	奎
25日	05/27	金	己巳	建	大林木	婁
26日	05/28	土	庚午	除	路傍土	胃
27日	05/29	日	辛未	満	路傍土	昴
28日	05/30	月	壬申	平	釵鋒金	畢
29日	05/31	火	癸酉	定	釵鋒金	觜
30日	06/01	水	甲戌	執	山頭火	参

【五月小 甲午 室】

節気　芒種 6日・夏至 21日
雑節　入梅 8日

日	日付	曜	干支	中段	納音	宿
1日	06/02	木	乙亥	破	山頭火	井
2日	06/03	金	丙子	危	澗下水	鬼
3日	06/04	土	丁丑	成	澗下水	柳
4日	06/05	日	戊寅	納	城頭土	星
5日	06/06	月	己卯	開	城頭土	張
6日	06/07	火	庚辰	開	白鑞金	翼
7日	06/08	水	辛巳	閉	白鑞金	軫
8日	06/09	木	壬午	建	楊柳木	角
9日	06/10	金	癸未	除	楊柳木	亢
10日	06/11	土	甲申	満	井泉水	氐
11日	06/12	日	乙酉	平	井泉水	房
12日	06/13	月	丙戌	定	屋上土	心
13日	06/14	火	丁亥	執	屋上土	尾
14日	06/15	水	戊子	破	霹靂火	箕
15日	06/16	木	己丑	危	霹靂火	斗
16日	06/17	金	庚寅	成	松柏木	牛
17日	06/18	土	辛卯	納	松柏木	女
18日	06/19	日	壬辰	開	長流水	虚
19日	06/20	月	癸巳	閉	長流水	危
20日	06/21	火	甲午	建	沙中金	室
21日	06/22	水	乙未	除	沙中金	壁
22日	06/23	木	丙申	満	山下火	奎
23日	06/24	金	丁酉	平	山下火	婁
24日	06/25	土	戊戌	定	平地木	胃
25日	06/26	日	己亥	執	平地木	昴
26日	06/27	月	庚子	破	壁上土	畢
27日	06/28	火	辛丑	危	壁上土	觜
28日	06/29	水	壬寅	成	金箔金	参
29日	06/30	木	癸卯	納	金箔金	井

【六月大 乙未 壁】

節気　小暑 7日・大暑 22日
雑節　半夏生 2日・土用 19日

日	日付	曜	干支	中段	納音	宿
1日	07/01	金	甲辰	開	覆燈火	鬼
2日	07/02	土	乙巳	閉	覆燈火	柳
3日	07/03	日	丙午	建	天河水	星
4日	07/04	月	丁未	除	天河水	張
5日	07/05	火	戊申	満	大駅土	翼
6日	07/06	水	己酉	平	大駅土	軫
7日	07/07	木	庚戌	平	釵釧金	角
8日	07/08	金	辛亥	定	釵釧金	亢
9日	07/09	土	壬子	執	桑柘木	氐
10日	07/10	日	癸丑	破	桑柘木	房
11日	07/11	月	甲寅	危	大溪水	心
12日	07/12	火	乙卯	成	大溪水	尾
13日	07/13	水	丙辰	納	沙中土	箕
14日	07/14	木	丁巳	開	沙中土	斗
15日	07/15	金	戊午	閉	天上火	牛
16日	07/16	土	己未	建	天上火	女
17日	07/17	日	庚申	除	柘榴木	虚
18日	07/18	月	辛酉	満	柘榴木	危
19日	07/19	火	壬戌	平	大海水	室
20日	07/20	水	癸亥	定	大海水	壁
21日	07/21	木	甲子	執	海中金	奎
22日	07/22	金	乙丑	破	海中金	婁
23日	07/23	土	丙寅	危	爐中火	胃
24日	07/24	日	丁卯	成	爐中火	昴
25日	07/25	月	戊辰	納	大林木	畢
26日	07/26	火	己巳	開	大林木	觜
27日	07/27	水	庚午	閉	路傍土	参
28日	07/28	木	辛未	建	路傍土	井

寛政3年

西暦	曜	干支	直	納音	宿

第1欄

日	西暦	曜	干支	直	納音	宿
29日	07/29	金	壬申	除	釼鋒金	鬼
30日	07/30	土	癸酉	満	釼鋒金	柳

【七月小 丙申 奎】

節気 立秋 7日・処暑 23日

日	西暦	曜	干支	直	納音	宿
1日	07/31	日	甲戌	平	山頭火	星
2日	08/01	月	乙亥	定	山頭火	張
3日	08/02	火	丙子	執	澗下水	翼
4日	08/03	水	丁丑	破	澗下水	軫
5日	08/04	木	戊寅	危	城頭土	角
6日	08/05	金	己卯	成	城頭土	亢
7日	08/06	土	庚辰	納	白鑞金	氐
8日	08/07	日	辛巳	納	白鑞金	房
9日	08/08	月	壬午	開	楊柳木	心
10日	08/09	火	癸未	閉	楊柳木	尾
11日	08/10	水	甲申	建	井泉水	箕
12日	08/11	木	乙酉	除	井泉水	斗
13日	08/12	金	丙戌	満	屋上土	牛
14日	08/13	土	丁亥	定	屋上土	女
15日	08/14	日	戊子	執	霹靂火	虚
16日	08/15	月	己丑	執	霹靂火	危
17日	08/16	火	庚寅	破	松柏木	室
18日	08/17	水	辛卯	危	松柏木	壁
19日	08/18	木	壬辰	納	長流水	奎
20日	08/19	金	癸巳	納	長流水	婁
21日	08/20	土	甲午	開	沙中金	胃
22日	08/21	日	乙未	閉	沙中金	昴
23日	08/22	月	丙申	建	山下火	畢
24日	08/23	火	丁酉	除	山下火	觜
25日	08/24	水	戊戌	満	平地木	参
26日	08/25	木	己亥	定	平地木	井
27日	08/26	金	庚子	定	壁上土	鬼
28日	08/27	土	辛丑	執	壁上土	柳
29日	08/28	日	壬寅	破	金箔金	星

【八月大 丁酉 婁】

節気 白露 9日・秋分 24日
雑節 二百十日 5日・彼岸 23日・社日 26日

日	西暦	曜	干支	直	納音	宿
1日	08/29	月	癸卯	危	金箔金	張
2日	08/30	火	甲辰	成	覆燈火	翼
3日	08/31	水	乙巳	納	覆燈火	軫
4日	09/01	木	丙午	開	天河水	角
5日	09/02	金	丁未	閉	天河水	亢
6日	09/03	土	戊申	建	大駅土	氐
7日	09/04	日	己酉	除	大駅土	房
8日	09/05	月	庚戌	満	釼釧金	心
9日	09/06	火	辛亥	定	釼釧金	尾
10日	09/07	水	壬子	執	桑柘木	箕
11日	09/08	木	癸丑	定	桑柘木	斗
12日	09/09	金	甲寅	破	大溪水	牛
13日	09/10	土	乙卯	危	大溪水	女
14日	09/11	日	丙辰	成	沙中土	虚
15日	09/12	月	丁巳	納	沙中土	危
16日	09/13	火	戊午	開	天上火	室
17日	09/14	水	己未	閉	天上火	壁
18日	09/15	木	庚申	閉	柘榴木	奎
19日	09/16	金	辛酉	建	柘榴木	婁
20日	09/17	土	壬戌	除	大海水	胃
21日	09/18	日	癸亥	満	大海水	昴
22日	09/19	月	甲子	定	海中金	畢
23日	09/20	火	乙丑	執	海中金	觜
24日	09/21	水	丙寅	執	炉中火	参
25日	09/22	木	丁卯	破	炉中火	井
26日	09/23	金	戊辰	危	大林木	鬼
27日	09/24	土	己巳	成	大林木	柳
28日	09/25	日	庚午	納	路傍土	星
29日	09/26	月	辛未	開	路傍土	張

第2欄

日	西暦	曜	干支	直	納音	宿
30日	09/27	火	壬申	閉	釼鋒金	翼

【九月小 戊戌 胃】

節気 寒露 9日・霜降 24日
雑節 土用 21日

日	西暦	曜	干支	直	納音	宿
1日	09/28	水	癸酉	建	釼鋒金	軫
2日	09/29	木	甲戌	除	山頭火	角
3日	09/30	金	乙亥	満	山頭火	亢
4日	10/01	土	丙子	平	澗下水	氐
5日	10/02	日	丁丑	定	澗下水	房
6日	10/03	月	戊寅	執	城頭土	心
7日	10/04	火	己卯	破	城頭土	尾
8日	10/05	水	庚辰	危	白鑞金	箕
9日	10/06	木	辛巳	危	白鑞金	斗
10日	10/07	金	壬午	納	楊柳木	女
11日	10/08	土	癸未	納	楊柳木	虚
12日	10/09	日	甲申	開	井泉水	危
13日	10/10	月	乙酉	閉	井泉水	室
14日	10/11	火	丙戌	建	屋上土	壁
15日	10/12	水	丁亥	除	屋上土	奎
16日	10/13	木	戊子	満	霹靂火	婁
17日	10/14	金	己丑	定	霹靂火	胃
18日	10/15	土	庚寅	定	松柏木	昴
19日	10/16	日	辛卯	執	松柏木	畢
20日	10/17	月	壬辰	破	長流水	觜
21日	10/18	火	癸巳	危	長流水	参
22日	10/19	水	甲午	成	沙中金	井
23日	10/20	木	乙未	納	沙中金	鬼
24日	10/21	金	丙申	開	山下火	柳
25日	10/22	土	丁酉	閉	山下火	星
26日	10/23	日	戊戌	建	平地木	張
27日	10/24	月	己亥	除	平地木	翼
28日	10/25	火	庚子	満	壁上土	軫
29日	10/26	水	辛丑	平	壁上土	角

【十月大 己亥 昴】

節気 立冬 11日・小雪 26日

日	西暦	曜	干支	直	納音	宿
1日	10/27	木	壬寅	定	金箔金	角
2日	10/28	金	癸卯	執	金箔金	亢
3日	10/29	土	甲辰	破	覆燈火	氐
4日	10/30	日	乙巳	危	覆燈火	房
5日	10/31	月	丙午	成	天河水	心
6日	11/01	火	丁未	納	天河水	尾
7日	11/02	水	戊申	開	大駅土	箕
8日	11/03	木	己酉	閉	大駅土	斗
9日	11/04	金	庚戌	建	釼釧金	牛
10日	11/05	土	辛亥	除	釼釧金	女
11日	11/06	日	壬子	満	桑柘木	虚
12日	11/07	月	癸丑	平	桑柘木	危
13日	11/08	火	甲寅	平	大溪水	室
14日	11/09	水	乙卯	定	大溪水	壁
15日	11/10	木	丙辰	執	沙中土	奎
16日	11/11	金	丁巳	破	沙中土	婁
17日	11/12	土	戊午	危	天上火	胃
18日	11/13	日	己未	成	天上火	昴
19日	11/14	月	庚申	納	柘榴木	畢
20日	11/15	火	辛酉	開	柘榴木	觜
21日	11/16	水	壬戌	閉	大海水	参
22日	11/17	木	癸亥	建	大海水	井
23日	11/18	金	甲子	除	海中金	鬼
24日	11/19	土	乙丑	満	海中金	柳
25日	11/20	日	丙寅	平	炉中火	星
26日	11/21	月	丁卯	定	炉中火	張
27日	11/22	火	戊辰	執	大林木	翼
28日	11/23	水	己巳	破	大林木	軫
29日	11/24	木	庚午	危	路傍土	角
30日	11/25	金	辛未	成	路傍土	亢

【十一月小 庚子 畢】

節気 大雪 11日・冬至 26日

第3欄

日	西暦	曜	干支	直	納音	宿
1日	11/26	土	壬申	納	釼鋒金	氐
2日	11/27	日	癸酉	閉	釼鋒金	房
3日	11/28	月	甲戌	閉	山頭火	心
4日	11/29	火	乙亥	建	山頭火	尾
5日	11/30	水	丙子	満	澗下水	箕
6日	12/01	木	丁丑	満	澗下水	斗
7日	12/02	金	戊寅	平	城頭土	牛
8日	12/03	土	己卯	定	城頭土	女
9日	12/04	日	庚辰	破	白鑞金	虚
10日	12/05	月	辛巳	破	白鑞金	危
11日	12/06	火	壬午	破	楊柳木	室
12日	12/07	水	癸未	危	楊柳木	壁
13日	12/08	木	甲申	納	井泉水	奎
14日	12/09	金	乙酉	納	井泉水	婁
15日	12/10	土	丙戌	開	屋上土	胃
16日	12/11	日	丁亥	閉	屋上土	昴
17日	12/12	月	戊子	建	霹靂火	畢
18日	12/13	火	己丑	除	霹靂火	觜
19日	12/14	水	庚寅	満	松柏木	参
20日	12/15	木	辛卯	定	松柏木	井
21日	12/16	金	壬辰	執	長流水	鬼
22日	12/17	土	癸巳	破	長流水	柳
23日	12/18	日	甲午	破	沙中金	星
24日	12/19	月	乙未	危	沙中金	張
25日	12/20	火	丙申	成	山下火	翼
26日	12/21	水	丁酉	納	山下火	軫
27日	12/22	木	戊戌	開	平地木	角
28日	12/23	金	己亥	閉	平地木	亢
29日	12/24	土	庚子	建	壁上土	氐

【十二月大 辛丑 觜】

節気 小寒 13日・大寒 28日
雑節 土用 25日

日	西暦	曜	干支	直	納音	宿
1日	12/25	日	辛丑	平	壁上土	房
2日	12/26	月	壬寅	満	金箔金	心
3日	12/27	火	癸卯	定	金箔金	尾
4日	12/28	水	甲辰	定	覆燈火	箕
5日	12/29	木	乙巳	執	覆燈火	斗
6日	12/30	金	丙午	破	天河水	牛
7日	12/31	土	丁未	危	天河水	女

1792年

日	西暦	曜	干支	直	納音	宿
8日	01/01	日	戊申	成	大駅土	虚
9日	01/02	月	己酉	納	大駅土	危
10日	01/03	火	庚戌	開	釼釧金	室
11日	01/04	水	辛亥	閉	釼釧金	壁
12日	01/05	木	壬子	建	桑柘木	奎
13日	01/06	金	癸丑	建	桑柘木	婁
14日	01/07	土	甲寅	除	大溪水	胃
15日	01/08	日	乙卯	満	大溪水	昴
16日	01/09	月	丙辰	平	沙中土	畢
17日	01/10	火	丁巳	定	沙中土	觜
18日	01/11	水	戊午	執	天上火	参
19日	01/12	木	己未	破	天上火	井
20日	01/13	金	庚申	危	柘榴木	鬼
21日	01/14	土	辛酉	成	柘榴木	柳
22日	01/15	日	壬戌	納	大海水	星
23日	01/16	月	癸亥	開	大海水	張
24日	01/17	火	甲子	閉	海中金	翼
25日	01/18	水	乙丑	建	海中金	軫
26日	01/19	木	丙寅	除	炉中火	角
27日	01/20	金	丁卯	満	炉中火	亢
28日	01/21	土	戊辰	平	大林木	氐
29日	01/22	日	己巳	定	大林木	房
30日	01/23	月	庚午	執	路傍土	心

寛政4年
1792〜1793　壬子　奎

【正月小 壬寅 参】
節気 立春 13日・雨水 28日
雑節 節分 12日

日	新暦	曜	干支	十二直	納音	二十八宿
1日	01/24	火	辛未	破	路傍土	尾
2日	01/25	水	壬申	危	釵釧金	箕
3日	01/26	木	癸酉	成	釵釧金	斗
4日	01/27	金	甲戌	納	山頭火	牛
5日	01/28	土	乙亥	開	山頭火	女
6日	01/29	日	丙子	閉	澗下水	虚
7日	01/30	月	丁丑	建	澗下水	危
8日	01/31	火	戊寅	除	城頭土	室
9日	02/01	水	己卯	満	城頭土	壁
10日	02/02	木	庚辰	平	白鑞金	奎
11日	02/03	金	辛巳	定	白鑞金	婁
12日	02/04	土	壬午	執	楊柳木	胃
13日	02/05	日	癸未	執	楊柳木	昴
14日	02/06	月	甲申	破	井泉水	畢
15日	02/07	火	乙酉	危	井泉水	觜
16日	02/08	水	丙戌	成	屋上土	参
17日	02/09	木	丁亥	納	屋上土	井
18日	02/10	金	戊子	開	霹靂火	鬼
19日	02/11	土	己丑	閉	霹靂火	柳
20日	02/12	日	庚寅	建	松柏木	星
21日	02/13	月	辛卯	除	松柏木	張
22日	02/14	火	壬辰	満	長流水	翼
23日	02/15	水	癸巳	平	長流水	軫
24日	02/16	木	甲午	定	沙中金	角
25日	02/17	金	乙未	執	沙中金	亢
26日	02/18	土	丙申	破	山下火	氐
27日	02/19	日	丁酉	危	山下火	房
28日	02/20	月	戊戌	成	平地木	心
29日	02/21	火	己亥	納	平地木	尾

【二月大 癸卯 井】
節気 啓蟄 14日・春分 30日
雑節 彼岸 25日・社日 29日

日	新暦	曜	干支	十二直	納音	二十八宿
1日	02/22	水	庚子	開	壁上土	箕
2日	02/23	木	辛丑	閉	壁上土	斗
3日	02/24	金	壬寅	建	金箔金	牛
4日	02/25	土	癸卯	除	金箔金	女
5日	02/26	日	甲辰	満	覆燈火	虚
6日	02/27	月	乙巳	平	覆燈火	危
7日	02/28	火	丙午	定	天河水	室
8日	02/29	水	丁未	執	天河水	壁
9日	03/01	木	戊申	破	大駅土	奎
10日	03/02	金	己酉	危	大駅土	婁
11日	03/03	土	庚戌	成	釵釧金	胃
12日	03/04	日	辛亥	納	釵釧金	昴
13日	03/05	月	壬子	開	桑柘木	畢
14日	03/06	火	癸丑	閉	桑柘木	觜
15日	03/07	水	甲寅	建	大溪水	参
16日	03/08	木	乙卯	除	大溪水	井
17日	03/09	金	丙辰	満	沙中土	鬼
18日	03/10	土	丁巳	満	沙中土	柳
19日	03/11	日	戊午	定	天上火	星
20日	03/12	月	己未	執	天上火	張
21日	03/13	火	庚申	執	柘榴木	翼
22日	03/14	水	辛酉	破	柘榴木	軫
23日	03/15	木	壬戌	危	大海水	角
24日	03/16	金	癸亥	成	大海水	亢
25日	03/17	土	甲子	納	海中金	氐
26日	03/18	日	乙丑	開	海中金	房
27日	03/19	月	丙寅	閉	炉中火	心
28日	03/20	火	丁卯	建	炉中火	尾
29日	03/21	水	戊辰	除	大林木	箕
30日	03/22	木	己巳	満	大林木	斗

【閏二月小 癸卯 井】
節気 清明 15日
雑節 土用 27日

日	新暦	曜	干支	十二直	納音	二十八宿
1日	03/23	金	庚午	平	路傍土	牛
2日	03/24	土	辛未	平	路傍土	女
3日	03/25	日	壬申	執	釵釧金	虚
4日	03/26	月	癸酉	破	釵釧金	危
5日	03/27	火	甲戌	危	山頭火	室
6日	03/28	水	乙亥	成	山頭火	壁
7日	03/29	木	丙子	納	澗下水	奎
8日	03/30	金	丁丑	開	澗下水	婁
9日	03/31	土	戊寅	閉	城頭土	胃
10日	04/01	日	己卯	建	城頭土	昴
11日	04/02	月	庚辰	除	白鑞金	畢
12日	04/03	火	辛巳	満	白鑞金	觜
13日	04/04	水	壬午	定	楊柳木	参
14日	04/05	木	癸未	定	楊柳木	井
15日	04/06	金	甲申	執	井泉水	鬼
16日	04/07	土	乙酉	破	井泉水	柳
17日	04/08	日	丙戌	危	屋上土	星
18日	04/09	月	丁亥	成	屋上土	張
19日	04/10	火	戊子	納	霹靂火	翼
20日	04/11	水	己丑	開	霹靂火	軫
21日	04/12	木	庚寅	閉	松柏木	角
22日	04/13	金	辛卯	建	松柏木	亢
23日	04/14	土	壬辰	除	長流水	氐
24日	04/15	日	癸巳	満	長流水	房
25日	04/16	月	甲午	平	沙中金	心
26日	04/17	火	乙未	定	沙中金	尾
27日	04/18	水	丙申	執	山下火	箕
28日	04/19	木	丁酉	執	山下火	斗
29日	04/20	金	戊戌	破	平地木	牛

【三月大 甲辰 鬼】
節気 穀雨 1日・立夏 16日
雑節 八十八夜 12日

日	新暦	曜	干支	十二直	納音	二十八宿
1日	04/21	土	己亥	危	平地木	女
2日	04/22	日	庚子	成	壁上土	虚
3日	04/23	月	辛丑	納	壁上土	危
4日	04/24	火	壬寅	開	金箔金	室
5日	04/25	水	癸卯	閉	金箔金	壁
6日	04/26	木	甲辰	建	覆燈火	奎
7日	04/27	金	乙巳	除	覆燈火	婁
8日	04/28	土	丙午	満	天河水	胃
9日	04/29	日	丁未	平	天河水	昴
10日	04/30	月	戊申	定	大駅土	畢
11日	05/01	火	己酉	執	大駅土	觜
12日	05/02	水	庚戌	破	釵釧金	参
13日	05/03	木	辛亥	危	釵釧金	井
14日	05/04	金	壬子	成	桑柘木	鬼
15日	05/05	土	癸丑	納	桑柘木	柳
16日	05/06	日	甲寅	開	大溪水	星
17日	05/07	月	乙卯	閉	大溪水	張
18日	05/08	火	丙辰	建	沙中土	翼
19日	05/09	水	丁巳	除	沙中土	軫
20日	05/10	木	戊午	満	天上火	角
21日	05/11	金	己未	平	天上火	亢
22日	05/12	土	庚申	定	柘榴木	氐
23日	05/13	日	辛酉	執	柘榴木	房
24日	05/14	月	壬戌	破	大海水	心
25日	05/15	火	癸亥	危	大海水	尾
26日	05/16	水	甲子	成	海中金	箕
27日	05/17	木	乙丑	納	海中金	斗
28日	05/18	金	丙寅	開	炉中火	牛
29日	05/19	土	丁卯	閉	炉中火	女
30日	05/20	日	戊辰	建	大林木	虚

【四月小 乙巳 柳】
節気 小満 2日・芒種 17日
雑節 入梅 24日

日	新暦	曜	干支	十二直	納音	二十八宿
1日	05/21	月	己巳	建	大林木	危
2日	05/22	火	庚午	除	路傍土	室
3日	05/23	水	辛未	満	路傍土	壁
4日	05/24	木	壬申	平	釵釧金	奎
5日	05/25	金	癸酉	定	釵釧金	婁
6日	05/26	土	甲戌	執	山頭火	胃
7日	05/27	日	乙亥	破	山頭火	昴
8日	05/28	月	丙子	危	澗下水	畢
9日	05/29	火	丁丑	成	澗下水	觜
10日	05/30	水	戊寅	納	城頭土	参
11日	05/31	木	己卯	開	城頭土	井
12日	06/01	金	庚辰	閉	白鑞金	鬼
13日	06/02	土	辛巳	建	白鑞金	柳
14日	06/03	日	壬午	除	楊柳木	星
15日	06/04	月	癸未	満	楊柳木	張
16日	06/05	火	甲申	平	井泉水	翼
17日	06/06	水	乙酉	定	井泉水	軫
18日	06/07	木	丙戌	執	屋上土	角
19日	06/08	金	丁亥	破	屋上土	亢
20日	06/09	土	戊子	危	霹靂火	氐
21日	06/10	日	己丑	成	霹靂火	房
22日	06/11	月	庚寅	納	松柏木	心
23日	06/12	火	辛卯	開	松柏木	尾
24日	06/13	水	壬辰	閉	長流水	箕
25日	06/14	木	癸巳	建	長流水	斗
26日	06/15	金	甲午	除	沙中金	牛
27日	06/16	土	乙未	満	沙中金	女
28日	06/17	日	丙申	平	山下火	虚
29日	06/18	月	丁酉	定	山下火	危

【五月大 丙午 星】
節気 夏至 3日・小暑 18日
雑節 半夏生 13日・土用 30日

日	新暦	曜	干支	十二直	納音	二十八宿
1日	06/19	火	戊戌	執	平地木	室
2日	06/20	水	己亥	破	平地木	壁
3日	06/21	木	庚子	危	壁上土	奎
4日	06/22	金	辛丑	成	壁上土	婁
5日	06/23	土	壬寅	納	金箔金	胃
6日	06/24	日	癸卯	開	金箔金	昴
7日	06/25	月	甲辰	閉	覆燈火	畢
8日	06/26	火	乙巳	建	覆燈火	觜
9日	06/27	水	丙午	除	天河水	参
10日	06/28	木	丁未	満	天河水	井
11日	06/29	金	戊申	平	大駅土	鬼
12日	06/30	土	己酉	定	大駅土	柳
13日	07/01	日	庚戌	執	釵釧金	星
14日	07/02	月	辛亥	破	釵釧金	張
15日	07/03	火	壬子	危	桑柘木	翼
16日	07/04	水	癸丑	成	桑柘木	軫
17日	07/05	木	甲寅	納	大溪水	角
18日	07/06	金	乙卯	開	大溪水	亢
19日	07/07	土	丙辰	閉	沙中土	氐
20日	07/08	日	丁巳	建	沙中土	房
21日	07/09	月	戊午	除	天上火	心
22日	07/10	火	己未	満	天上火	尾
23日	07/11	水	庚申	平	柘榴木	箕
24日	07/12	木	辛酉	定	柘榴木	斗
25日	07/13	金	壬戌	執	大海水	牛
26日	07/14	土	癸亥	破	大海水	女
27日	07/15	日	甲子	危	海中金	虚
28日	07/16	月	乙丑	成	海中金	危
29日	07/17	火	丙寅	納	炉中火	室
30日	07/18	水	丁卯	開	炉中火	壁

【六月大 丁未 張】
節気 大暑 3日・立秋 19日

日	新暦	曜	干支	十二直	納音	二十八宿
1日	07/19	木	戊辰	納	大林木	奎
2日	07/20	金	己巳	開	大林木	婁
3日	07/21	土	庚午	閉	路傍土	胃
4日	07/22	日	辛未	建	路傍土	昴
5日	07/23	月	壬申	除	釵釧金	畢
6日	07/24	火	癸酉	満	釵釧金	觜
7日	07/25	水	甲戌	平	山頭火	参
8日	07/26	木	乙亥	定	山頭火	井
9日	07/27	金	丙子	執	澗下水	鬼
10日	07/28	土	丁丑	破	澗下水	柳
11日	07/29	日	戊寅	危	城頭土	星
12日	07/30	月	己卯	成	城頭土	張
13日	07/31	火	庚辰	納	白鑞金	翼
14日	08/01	水	辛巳	開	白鑞金	軫
15日	08/02	木	壬午	閉	楊柳木	角

— 422 —

寛政4年

西暦	曜	干支	直	納音	宿
16日 08/03	金	癸未	建	楊柳木	亢
17日 08/04	土	甲申	除	井泉水	氐
18日 08/05	金	乙酉	満	井泉水	房
19日 08/06	水	丙戌	満	屋上土	心
20日 08/07	火	丁亥	平	屋上土	尾
21日 08/08	水	戊子	定	霹靂火	箕
22日 08/09	木	己丑	執	霹靂火	斗
23日 08/10	金	庚寅	破	松柏木	牛
24日 08/11	土	辛卯	危	松柏木	女
25日 08/12	日	壬辰	成	長流水	虚
26日 08/13	月	癸巳	納	長流水	危
27日 08/14	火	甲午	開	沙中金	室
28日 08/15	水	乙未	閉	沙中金	壁
29日 08/16	木	丙申	建	山下火	奎
30日 08/17	金	丁酉	除	山下火	婁

【七月小 戊申 翼】
節気 処暑 4日・白露 19日
雑節 二百十日 15日

西暦	曜	干支	直	納音	宿
1日 08/18	土	戊戌	満	平地木	胃
2日 08/19	日	己亥	平	平地木	昴
3日 08/20	月	庚子	定	壁上土	畢
4日 08/21	火	辛丑	執	壁上土	觜
5日 08/22	水	壬寅	破	金箔金	参
6日 08/23	木	癸卯	危	金箔金	井
7日 08/24	金	甲辰	成	覆燈火	鬼
8日 08/25	土	乙巳	納	覆燈火	柳
9日 08/26	日	丙午	開	天河水	星
10日 08/27	月	丁未	閉	天河水	張
11日 08/28	火	戊申	建	大駅土	翼
12日 08/29	水	己酉	除	大駅土	軫
13日 08/30	木	庚戌	平	釵釧金	角
14日 08/31	金	辛亥	平	釵釧金	亢
15日 09/01	土	壬子	定	桑柘木	氐
16日 09/02	日	癸丑	執	桑柘木	房
17日 09/03	月	甲寅	破	大溪水	心
18日 09/04	火	乙卯	危	大溪水	尾
19日 09/05	水	丙辰	成	沙中土	箕
20日 09/06	木	丁巳	納	沙中土	斗
21日 09/07	金	戊午	開	天上火	牛
22日 09/08	土	己未	閉	天上火	女
23日 09/09	日	庚申	建	柘榴木	虚
24日 09/10	月	辛酉	除	柘榴木	室
25日 09/11	火	壬戌	満	大海水	壁
26日 09/12	水	癸亥	満	大海水	奎
27日 09/13	木	甲子	平	海中金	婁
28日 09/14	金	乙丑	定	海中金	胃
29日 09/15	土	丙寅	執	爐中火	昴

【八月大 己酉 軫】
節気 秋分 5日・寒露 21日
雑節 社日 2日・彼岸 4日

西暦	曜	干支	直	納音	宿
1日 09/16	日	丁卯	破	爐中火	昴
2日 09/17	月	戊辰	危	大林木	畢
3日 09/18	火	己巳	成	大林木	觜
4日 09/19	水	庚午	納	路傍土	参
5日 09/20	木	辛未	開	路傍土	井
6日 09/21	金	壬申	閉	釵鋒金	鬼
7日 09/22	土	癸酉	建	釵鋒金	柳
8日 09/23	日	甲戌	除	山頭火	星
9日 09/24	月	乙亥	満	山頭火	張
10日 09/25	火	丙子	平	澗下水	翼
11日 09/26	水	丁丑	定	澗下水	軫
12日 09/27	木	戊寅	執	城頭土	角
13日 09/28	金	己卯	破	城頭土	亢
14日 09/29	土	庚辰	危	白鑞金	氐
15日 09/30	日	辛巳	成	白鑞金	房
16日 10/01	月	壬午	納	楊柳木	心
17日 10/02	火	癸未	開	楊柳木	尾
18日 10/03	水	甲申	閉	井泉水	箕
19日 10/04	木	乙酉	除	屋上土	牛
20日 10/05	金	丙戌	除	屋上土	女
21日 10/06	土	丁亥	建	屋上土	虚

西暦	曜	干支	直	納音	宿
22日 10/07	日	戊子	満	霹靂火	虚
23日 10/08	月	己丑	平	霹靂火	危
24日 10/09	火	庚寅	定	松柏木	室
25日 10/10	水	辛卯	執	松柏木	壁
26日 10/11	木	壬辰	破	長流水	奎
27日 10/12	金	癸巳	危	長流水	婁
28日 10/13	土	甲午	成	沙中金	胃
29日 10/14	日	乙未	納	沙中金	昴
30日 10/15	月	丙申	開	山下火	畢

【九月小 庚戌 角】
節気 霜降 6日・立冬 21日
雑節 土用 3日

西暦	曜	干支	直	納音	宿
1日 10/16	火	丁酉	閉	山下火	觜
2日 10/17	水	戊戌	建	平地木	参
3日 10/18	木	己亥	除	平地木	井
4日 10/19	金	庚子	満	壁上土	柳
5日 10/20	土	辛丑	平	壁上土	星
6日 10/21	日	壬寅	定	金箔金	星
7日 10/22	月	癸卯	執	金箔金	張
8日 10/23	火	甲辰	破	覆燈火	翼
9日 10/24	水	乙巳	危	覆燈火	軫
10日 10/25	木	丙午	成	天河水	角
11日 10/26	金	丁未	納	天河水	亢
12日 10/27	土	戊申	開	大駅土	氐
13日 10/28	日	己酉	閉	大駅土	房
14日 10/29	月	庚戌	建	釵釧金	心
15日 10/30	火	辛亥	除	釵釧金	尾
16日 10/31	水	壬子	満	桑柘木	箕
17日 11/01	木	癸丑	平	桑柘木	斗
18日 11/02	金	甲寅	定	大溪水	牛
19日 11/03	土	乙卯	執	大溪水	女
20日 11/04	日	丙辰	破	沙中土	虚
21日 11/05	月	丁巳	破	沙中土	危
22日 11/06	火	戊午	危	天上火	室
23日 11/07	水	己未	成	天上火	壁
24日 11/08	木	庚申	納	柘榴木	奎
25日 11/09	金	辛酉	開	柘榴木	婁
26日 11/10	土	壬戌	閉	大海水	胃
27日 11/11	日	癸亥	建	大海水	昴
28日 11/12	月	甲子	除	海中金	觜
29日 11/13	火	乙丑	満	海中金	参

【十月大 辛亥 亢】
節気 小雪 7日・大雪 22日

西暦	曜	干支	直	納音	宿
1日 11/14	水	丙寅	平	爐中火	参
2日 11/15	木	丁卯	執	爐中火	井
3日 11/16	金	戊辰	破	大林木	鬼
4日 11/17	土	己巳	危	大林木	柳
5日 11/18	日	庚午	成	路傍土	星
6日 11/19	月	辛未	納	路傍土	張
7日 11/20	火	壬申	開	釵鋒金	翼
8日 11/21	水	癸酉	閉	釵鋒金	軫
9日 11/22	木	甲戌	建	山頭火	角
10日 11/23	金	乙亥	除	山頭火	亢
11日 11/24	土	丙子	満	澗下水	氐
12日 11/25	日	丁丑	平	澗下水	房
13日 11/26	月	戊寅	定	城頭土	心
14日 11/27	火	己卯	執	城頭土	尾
15日 11/28	水	庚辰	破	白鑞金	箕
16日 11/29	木	辛巳	危	白鑞金	斗
17日 11/30	金	壬午	成	楊柳木	牛
18日 12/01	土	癸未	納	楊柳木	女
19日 12/02	日	甲申	開	井泉水	虚
20日 12/03	月	乙酉	閉	井泉水	危
21日 12/04	火	丙戌	建	屋上土	室
22日 12/05	水	丁亥	閉	屋上土	壁
23日 12/06	木	戊子	除	霹靂火	奎
24日 12/07	金	己丑	満	霹靂火	婁
25日 12/08	土	庚寅	平	松柏木	胃
26日 12/09	日	辛卯	定	松柏木	昴
27日 12/10	月	壬辰	執	長流水	觜
28日 12/11	火	癸巳	破	長流水	参

西暦	曜	干支	直	納音	宿
29日 12/12	水	甲午	破	沙中金	参
30日 12/13	木	乙未	危	沙中金	井

【十一月小 壬子 氐】
節気 冬至 8日・小寒 23日

西暦	曜	干支	直	納音	宿
1日 12/14	金	丙申	成	山下火	鬼
2日 12/15	土	丁酉	納	山下火	柳
3日 12/16	日	戊戌	閉	平地木	星
4日 12/17	月	己亥	閉	平地木	張
5日 12/18	火	庚子	建	壁上土	翼
6日 12/19	水	辛丑	除	壁上土	軫
7日 12/20	木	壬寅	満	金箔金	角
8日 12/21	金	癸卯	平	金箔金	亢
9日 12/22	土	甲辰	定	覆燈火	氐
10日 12/23	日	乙巳	執	覆燈火	房
11日 12/24	月	丙午	破	天河水	心
12日 12/25	火	丁未	危	天河水	尾
13日 12/26	水	戊申	成	大駅土	箕
14日 12/27	木	己酉	納	大駅土	斗
15日 12/28	金	庚戌	開	釵釧金	牛
16日 12/29	土	辛亥	閉	釵釧金	女
17日 12/30	日	壬子	建	桑柘木	虚
18日 12/31	月	癸丑	除	桑柘木	危

1793年

西暦	曜	干支	直	納音	宿
19日 01/01	火	甲寅	満	大溪水	室
20日 01/02	水	乙卯	平	大溪水	壁
21日 01/03	木	丙辰	定	沙中土	奎
22日 01/04	金	丁巳	執	沙中土	婁
23日 01/05	土	戊午	執	天上火	胃
24日 01/06	日	己未	破	天上火	昴
25日 01/07	月	庚申	危	柘榴木	畢
26日 01/08	火	辛酉	成	柘榴木	觜
27日 01/09	水	壬戌	納	大海水	参
28日 01/10	木	癸亥	開	大海水	井
29日 01/11	金	甲子	閉	海中金	鬼

【十二月大 癸丑 房】
節気 大寒 9日・立春 24日
雑節 土用 6日・節分 23日

西暦	曜	干支	直	納音	宿
1日 01/12	土	乙丑	建	海中金	柳
2日 01/13	日	丙寅	除	爐中火	星
3日 01/14	月	丁卯	満	爐中火	張
4日 01/15	火	戊辰	平	大林木	翼
5日 01/16	水	己巳	定	大林木	軫
6日 01/17	木	庚午	執	路傍土	角
7日 01/18	金	辛未	破	路傍土	亢
8日 01/19	土	壬申	危	釵鋒金	氐
9日 01/20	日	癸酉	成	釵鋒金	房
10日 01/21	月	甲戌	納	山頭火	心
11日 01/22	火	乙亥	開	山頭火	尾
12日 01/23	水	丙子	閉	澗下水	箕
13日 01/24	木	丁丑	建	澗下水	斗
14日 01/25	金	戊寅	除	城頭土	牛
15日 01/26	土	己卯	満	城頭土	女
16日 01/27	日	庚辰	平	白鑞金	虚
17日 01/28	月	辛巳	定	白鑞金	危
18日 01/29	火	壬午	執	楊柳木	室
19日 01/30	水	癸未	破	楊柳木	壁
20日 01/31	木	甲申	危	井泉水	奎
21日 02/01	金	乙酉	成	井泉水	婁
22日 02/02	土	丙戌	納	屋上土	胃
23日 02/03	日	丁亥	納	屋上土	昴
24日 02/04	月	戊子	開	霹靂火	畢
25日 02/05	火	己丑	閉	霹靂火	觜
26日 02/06	水	庚寅	建	松柏木	参
27日 02/07	木	辛卯	除	松柏木	井
28日 02/08	金	壬辰	満	長流水	鬼
29日 02/09	土	癸巳	平	長流水	柳
30日 02/10	日	甲午	定	沙中金	星

寛政5年

1793〜1794　癸丑　婁

【正月小 甲寅 心】
節気 雨水 9日・啓蟄 25日

1日	02/11	月	乙未	執	沙中金	張
2日	02/12	火	丙申	破	山下火	翼
3日	02/13	水	丁酉	危	山下火	軫
4日	02/14	木	戊戌	成	平地木	角
5日	02/15	金	己亥	納	平地木	亢
6日	02/16	土	庚子	開	壁上土	氐
7日	02/17	日	辛丑	閉	壁上土	房
8日	02/18	月	壬寅	建	金箔金	心
9日	02/19	火	癸卯	除	金箔金	尾
10日	02/20	水	甲辰	満	覆燈火	箕
11日	02/21	木	乙巳	平	覆燈火	斗
12日	02/22	金	丙午	定	天河水	牛
13日	02/23	土	丁未	執	天河水	女
14日	02/24	日	戊申	破	大駅土	虚
15日	02/25	月	己酉	危	大駅土	危
16日☆	02/26	火	庚戌	成	釵釧金	室
17日	02/27	水	辛亥	納	釵釧金	壁
18日	02/28	木	壬子	開	桑柘木	奎
19日	03/01	金	癸丑	閉	桑柘木	婁
20日	03/02	土	甲寅	建	大溪水	胃
21日	03/03	日	乙卯	除	大溪水	昴
22日	03/04	月	丙辰	満	沙中土	畢
23日	03/05	火	丁巳	平	沙中土	觜
24日	03/06	水	戊午	定	天上火	参
25日	03/07	木	己未	定	天上火	井
26日	03/08	金	庚申	執	柘榴木	鬼
27日	03/09	土	辛酉	破	柘榴木	柳
28日	03/10	日	壬戌	危	大海水	星
29日	03/11	月	癸亥	成	大海水	張

【二月大 乙卯 尾】
節気 春分 11日・清明 26日
雑節 彼岸 6日・社日 15日

1日	03/12	火	甲子	納	海中金	翼
2日	03/13	水	乙丑	開	海中金	軫
3日	03/14	木	丙寅	閉	爐中火	角
4日	03/15	金	丁卯	建	爐中火	亢
5日	03/16	土	戊辰	除	大林木	氐
6日	03/17	日	己巳	満	大林木	房
7日	03/18	月	庚午	平	路傍土	心
8日	03/19	火	辛未	定	路傍土	尾
9日	03/20	水	壬申	執	釵鋒金	箕
10日	03/21	木	癸酉	破	釵鋒金	斗
11日	03/22	金	甲戌	危	山頭火	牛
12日	03/23	土	乙亥	成	山頭火	女
13日	03/24	日	丙子	納	澗下水	虚
14日	03/25	月	丁丑	開	澗下水	危
15日	03/26	火	戊寅	閉	城頭土	室
16日	03/27	水	己卯	建	城頭土	壁
17日	03/28	木	庚辰	除	白鑞金	奎
18日	03/29	金	辛巳	満	白鑞金	婁
19日	03/30	土	壬午	平	楊柳木	胃
20日	03/31	日	癸未	定	楊柳木	昴
21日	04/01	月	甲申	執	井泉水	畢
22日	04/02	火	乙酉	破	井泉水	觜
23日	04/03	水	丙戌	危	屋上土	参
24日	04/04	木	丁亥	成	屋上土	井
25日	04/05	金	戊子	納	霹靂火	鬼
26日	04/06	土	己丑	納	霹靂火	柳
27日	04/07	日	庚寅	開	松柏木	星
28日	04/08	月	辛卯	閉	松柏木	張
29日	04/09	火	壬辰	建	長流水	翼
30日	04/10	水	癸巳	除	長流水	軫

【三月小 丙辰 箕】
節気 穀雨 11日・立夏 27日
雑節 土用 8日・八十八夜 22日

1日	04/11	木	甲午	満	沙中金	角
2日	04/12	金	乙未	平	沙中金	亢
3日	04/13	土	丙申	定	山下火	氐
4日	04/14	日	丁酉	執	山下火	房
5日	04/15	月	戊戌	破	平地木	心
6日	04/16	火	己亥	危	平地木	尾
7日	04/17	水	庚子	成	壁上土	箕
8日	04/18	木	辛丑	納	壁上土	斗
9日	04/19	金	壬寅	開	金箔金	牛
10日	04/20	土	癸卯	閉	金箔金	女
11日	04/21	日	甲辰	建	覆燈火	虚
12日	04/22	月	乙巳	除	覆燈火	危
13日	04/23	火	丙午	満	天河水	室
14日	04/24	水	丁未	平	天河水	壁
15日	04/25	木	戊申	定	大駅土	奎
16日	04/26	金	己酉	執	大駅土	婁
17日	04/27	土	庚戌	破	釵釧金	胃
18日	04/28	日	辛亥	危	釵釧金	昴
19日	04/29	月	壬子	成	桑柘木	畢
20日	04/30	火	癸丑	納	桑柘木	觜
21日	05/01	水	甲寅	開	大溪水	参
22日	05/02	木	乙卯	閉	大溪水	井
23日	05/03	金	丙辰	建	沙中土	鬼
24日	05/04	土	丁巳	除	沙中土	柳
25日	05/05	日	戊午	満	天上火	星
26日	05/06	月	己未	平	天上火	張
27日	05/07	火	庚申	平	柘榴木	翼
28日	05/08	水	辛酉	定	柘榴木	軫
29日	05/09	木	壬戌	執	大海水	角

【四月大 丁巳 斗】
節気 小満 13日・芒種 28日
雑節 入梅 30日

1日	05/10	金	癸亥	破	大海水	亢
2日	05/11	土	甲子	危	海中金	氐
3日	05/12	日	乙丑	成	海中金	房
4日	05/13	月	丙寅	納	爐中火	心
5日	05/14	火	丁卯	開	爐中火	尾
6日	05/15	水	戊辰	閉	大林木	箕
7日	05/16	木	己巳	建	大林木	斗
8日	05/17	金	庚午	除	路傍土	牛
9日	05/18	土	辛未	満	路傍土	女
10日	05/19	日	壬申	平	釵鋒金	虚
11日	05/20	月	癸酉	定	釵鋒金	危
12日	05/21	火	甲戌	執	山頭火	室
13日	05/22	水	乙亥	破	山頭火	壁
14日	05/23	木	丙子	危	澗下水	奎
15日	05/24	金	丁丑	成	澗下水	婁
16日	05/25	土	戊寅	納	城頭土	胃
17日	05/26	日	己卯	開	城頭土	昴
18日	05/27	月	庚辰	閉	白鑞金	畢
19日	05/28	火	辛巳	建	白鑞金	觜
20日	05/29	水	壬午	除	楊柳木	参
21日	05/30	木	癸未	満	楊柳木	井
22日	05/31	金	甲申	平	井泉水	鬼
23日	06/01	土	乙酉	定	井泉水	柳
24日	06/02	日	丙戌	執	屋上土	星
25日	06/03	月	丁亥	破	屋上土	張
26日	06/04	火	戊子	危	霹靂火	翼
27日	06/05	水	己丑	成	霹靂火	軫
28日	06/06	木	庚寅	成	松柏木	角
29日	06/07	金	辛卯	納	松柏木	亢
30日	06/08	土	壬辰	開	長流水	氐

【五月小 戊午 牛】
節気 夏至 13日・小暑 28日
雑節 半夏生 23日

1日	06/09	日	癸巳	閉	長流水	房
2日	06/10	月	甲午	建	沙中金	心
3日	06/11	火	乙未	除	沙中金	尾
4日	06/12	水	丙申	満	山下火	箕
5日	06/13	木	丁酉	平	山下火	斗
6日	06/14	金	戊戌	定	平地木	牛
7日	06/15	土	己亥	執	平地木	女
8日	06/16	日	庚子	破	壁上土	虚
9日	06/17	月	辛丑	危	壁上土	危
10日	06/18	火	壬寅	成	金箔金	室
11日	06/19	水	癸卯	納	金箔金	壁
12日	06/20	木	甲辰	開	覆燈火	奎
13日	06/21	金	乙巳	閉	覆燈火	婁
14日	06/22	土	丙午	建	天河水	胃
15日	06/23	日	丁未	除	天河水	昴
16日	06/24	月	戊申	満	大駅土	畢
17日	06/25	火	己酉	平	大駅土	觜
18日	06/26	水	庚戌	定	釵釧金	参
19日	06/27	木	辛亥	執	釵釧金	井
20日	06/28	金	壬子	破	桑柘木	鬼
21日	06/29	土	癸丑	危	桑柘木	柳
22日	06/30	日	甲寅	成	大溪水	星
23日	07/01	月	乙卯	納	大溪水	張
24日	07/02	火	丙辰	開	沙中土	翼
25日	07/03	水	丁巳	閉	沙中土	軫
26日	07/04	木	戊午	建	天上火	角
27日	07/05	金	己未	除	天上火	亢
28日	07/06	土	庚申	除	柘榴木	氐
29日	07/07	日	辛酉	満	柘榴木	房

【六月大 己未 女】
節気 大暑 15日・立秋 30日
雑節 土用 12日

1日	07/08	月	壬戌	平	大海水	心
2日	07/09	火	癸亥	定	大海水	尾
3日	07/10	水	甲子	執	海中金	箕
4日	07/11	木	乙丑	破	海中金	斗
5日	07/12	金	丙寅	危	爐中火	牛
6日	07/13	土	丁卯	成	爐中火	女
7日	07/14	日	戊辰	納	大林木	虚
8日	07/15	月	己巳	開	大林木	危
9日	07/16	火	庚午	閉	路傍土	室
10日	07/17	水	辛未	建	路傍土	壁
11日	07/18	木	壬申	除	釵鋒金	奎
12日	07/19	金	癸酉	満	釵鋒金	婁
13日	07/20	土	甲戌	平	山頭火	胃
14日	07/21	日	乙亥	定	山頭火	昴
15日	07/22	月	丙子	執	澗下水	畢
16日	07/23	火	丁丑	破	澗下水	觜
17日	07/24	水	戊寅	危	城頭土	参
18日	07/25	木	己卯	成	城頭土	井
19日	07/26	金	庚辰	納	白鑞金	鬼
20日	07/27	土	辛巳	開	白鑞金	柳
21日	07/28	日	壬午	閉	楊柳木	星
22日	07/29	月	癸未	建	楊柳木	張
23日	07/30	火	甲申	除	井泉水	翼
24日	07/31	水	乙酉	満	井泉水	軫
25日	08/01	木	丙戌	平	屋上土	角
26日	08/02	金	丁亥	定	屋上土	亢
27日	08/03	土	戊子	執	霹靂火	氐
28日	08/04	日	己丑	破	霹靂火	房
29日	08/05	月	庚寅	危	松柏木	心
30日	08/06	火	辛卯	危	松柏木	尾

西暦　曜　干支　直　納音　宿　　　　　　　　　　寛政5年

【七月小 庚申 虚】

節気 処暑 15日
雑節 二百十日 26日

日	西暦	曜	干支	直	納音	宿
1日	08/07	水	壬辰	成	長流水	箕
2日	08/08	木	癸巳	納	長流水	斗
3日	08/09	金	甲午	開	沙中金	牛
4日	08/10	土	乙未	閉	沙中金	女
5日	08/11	日	丙申	建	山下火	虚
6日	08/12	月	丁酉	除	山下火	危
7日	08/13	火	戊戌	満	平地木	室
8日	08/14	水	己亥	平	平地木	壁
9日	08/15	木	庚子	定	壁上土	奎
10日	08/16	金	辛丑	執	壁上土	婁
11日	08/17	土	壬寅	破	金箔金	胃
12日	08/18	日	癸卯	危	金箔金	昴
13日	08/19	月	甲辰	成	覆燈火	畢
14日	08/20	火	乙巳	納	覆燈火	觜
15日 ☆	08/21	水	丙午	開	天河水	参
16日	08/22	木	丁未	閉	天河水	井
17日	08/23	金	戊申	建	大駅土	鬼
18日	08/24	土	己酉	除	大駅土	柳
19日	08/25	日	庚戌	満	釵釧金	星
20日	08/26	月	辛亥	平	釵釧金	張
21日	08/27	火	壬子	定	桑柘木	翼
22日	08/28	水	癸丑	執	桑柘木	軫
23日	08/29	木	甲寅	破	大溪水	角
24日	08/30	金	乙卯	危	大溪水	亢
25日	08/31	土	丙辰	成	沙中土	氐
26日	09/01	日	丁巳	納	沙中土	房
27日	09/02	月	戊午	開	天上火	心
28日	09/03	火	己未	閉	天上火	尾
29日	09/04	水	庚申	建	柏榴木	箕

【八月大 辛酉 危】

節気 白露 1日・秋分 17日
雑節 彼岸 16日・社日 18日

日	西暦	曜	干支	直	納音	宿
1日	09/05	木	辛酉	建	柏榴木	斗
2日	09/06	金	壬戌	除	大海水	牛
3日	09/07	土	癸亥	満	大海水	女
4日	09/08	日	甲子	平	海中金	虚
5日	09/09	月	乙丑	定	海中金	危
6日	09/10	火	丙寅	執	爐中火	室
7日	09/11	水	丁卯	破	爐中火	壁
8日	09/12	木	戊辰	危	大林木	奎
9日	09/13	金	己巳	成	大林木	婁
10日	09/14	土	庚午	納	路傍土	胃
11日	09/15	日	辛未	開	路傍土	昴
12日	09/16	月	壬申	閉	剣鋒金	畢
13日	09/17	火	癸酉	建	剣鋒金	觜
14日	09/18	水	甲戌	除	山頭火	参
15日	09/19	木	乙亥	満	山頭火	井
16日	09/20	金	丙子	平	澗下水	鬼
17日	09/21	土	丁丑	定	澗下水	柳
18日	09/22	日	戊寅	執	城頭土	星
19日	09/23	月	己卯	破	城頭土	張
20日	09/24	火	庚辰	危	白鑞金	翼
21日	09/25	水	辛巳	成	白鑞金	軫
22日	09/26	木	壬午	納	楊柳木	角
23日	09/27	金	癸未	開	楊柳木	亢
24日	09/28	土	甲申	閉	井泉水	氐
25日	09/29	日	乙酉	建	井泉水	房
26日	09/30	月	丙戌	除	屋上土	心
27日	10/01	火	丁亥	満	屋上土	尾
28日	10/02	水	戊子	平	霹靂火	箕
29日	10/03	木	己丑	定	霹靂火	斗
30日	10/04	金	庚寅	執	松柏木	牛

【九月大 壬戌 室】

節気 寒露 2日・霜降 17日
雑節 土用 14日

日	西暦	曜	干支	直	納音	宿
1日	10/05	土	辛卯	破	松柏木	女
2日	10/06	日	壬辰	破	長流水	虚
3日	10/07	月	癸巳	危	長流水	危
4日	10/08	火	甲午	成	沙中金	室
5日	10/09	水	乙未	納	沙中金	壁
6日	10/10	木	丙申	開	山下火	奎
7日	10/11	金	丁酉	閉	山下火	婁
8日	10/12	土	戊戌	建	平地木	胃
9日	10/13	日	己亥	除	平地木	昴
10日	10/14	月	庚子	満	壁上土	畢
11日	10/15	火	辛丑	平	壁上土	觜
12日	10/16	水	壬寅	定	金箔金	参
13日	10/17	木	癸卯	執	金箔金	井
14日	10/18	金	甲辰	破	覆燈火	鬼
15日	10/19	土	乙巳	危	覆燈火	柳
16日	10/20	日	丙午	成	天河水	星
17日	10/21	月	丁未	納	天河水	張
18日	10/22	火	戊申	開	大駅土	翼
19日	10/23	水	己酉	閉	大駅土	軫
20日	10/24	木	庚戌	建	釵釧金	角
21日	10/25	金	辛亥	除	釵釧金	亢
22日	10/26	土	壬子	満	桑柘木	氐
23日	10/27	日	癸丑	平	桑柘木	房
24日	10/28	月	甲寅	定	大溪水	心
25日	10/29	火	乙卯	執	大溪水	尾
26日	10/30	水	丙辰	破	沙中土	箕
27日	10/31	木	丁巳	危	沙中土	斗
28日	11/01	金	戊午	成	天上火	牛
29日	11/02	土	己未	納	天上火	女
30日	11/03	日	庚申	開	柏榴木	虚

【十月小 癸亥 壁】

節気 立冬 2日・小雪 17日

日	西暦	曜	干支	直	納音	宿
1日	11/04	月	辛酉	閉	柏榴木	危
2日	11/05	火	壬戌	閉	大海水	室
3日	11/06	水	癸亥	建	大海水	壁
4日	11/07	木	甲子	除	海中金	奎
5日	11/08	金	乙丑	満	海中金	婁
6日	11/09	土	丙寅	平	爐中火	胃
7日	11/10	日	丁卯	定	爐中火	昴
8日	11/11	月	戊辰	執	大林木	畢
9日	11/12	火	己巳	破	大林木	觜
10日	11/13	水	庚午	危	路傍土	参
11日	11/14	木	辛未	成	路傍土	井
12日	11/15	金	壬申	納	剣鋒金	鬼
13日	11/16	土	癸酉	開	剣鋒金	柳
14日	11/17	日	甲戌	閉	山頭火	星
15日	11/18	月	乙亥	建	山頭火	張
16日	11/19	火	丙子	除	澗下水	翼
17日	11/20	水	丁丑	満	澗下水	軫
18日	11/21	木	戊寅	平	城頭土	角
19日	11/22	金	己卯	定	城頭土	亢
20日	11/23	土	庚辰	執	白鑞金	氐
21日	11/24	日	辛巳	破	白鑞金	房
22日	11/25	月	壬午	危	楊柳木	心
23日	11/26	火	癸未	成	楊柳木	尾
24日	11/27	水	甲申	納	井泉水	箕
25日	11/28	木	乙酉	開	井泉水	斗
26日	11/29	金	丙戌	閉	屋上土	牛
27日	11/30	土	丁亥	建	屋上土	女
28日	12/01	日	戊子	除	霹靂火	虚
29日	12/02	月	己丑	満	霹靂火	危

【十一月大 甲子 奎】

節気 大雪 1日・冬至 19日

日	西暦	曜	干支	直	納音	宿
1日	12/03	火	庚寅	満	松柏木	室
2日	12/04	水	辛卯	平	松柏木	壁
3日	12/05	木	壬辰	定	長流水	奎
4日	12/06	金	癸巳	執	長流水	婁
5日	12/07	土	甲午	破	沙中金	胃
6日	12/08	日	乙未	危	沙中金	昴
7日	12/09	月	丙申	成	山下火	畢
8日	12/10	火	丁酉	納	山下火	觜
9日	12/11	水	戊戌	開	平地木	参
10日	12/12	木	己亥	閉	平地木	井
11日	12/13	金	庚子	建	壁上土	鬼
12日	12/14	土	辛丑	除	壁上土	柳
13日	12/15	日	壬寅	満	金箔金	星
14日	12/16	月	癸卯	平	金箔金	張
15日	12/17	火	甲辰	定	覆燈火	翼
16日	12/18	水	乙巳	執	覆燈火	軫
17日	12/19	木	丙午	破	天河水	角
18日	12/20	金	丁未	危	天河水	亢
19日	12/21	土	戊申	成	大駅土	氐
20日	12/22	日	己酉	納	大駅土	房
21日	12/23	月	庚戌	開	釵釧金	心
22日	12/24	火	辛亥	閉	釵釧金	尾
23日	12/25	水	壬子	建	桑柘木	箕
24日	12/26	木	癸丑	除	桑柘木	斗
25日	12/27	金	甲寅	満	大溪水	牛
26日	12/28	土	乙卯	平	大溪水	女
27日	12/29	日	丙辰	定	沙中土	虚
28日	12/30	月	丁巳	執	沙中土	危
29日	12/31	火	戊午	破	天上火	室
30日	01/01	水	己未	危	天上火	壁

1794年

【十二月小 乙丑 婁】

節気 小寒 4日・大寒 19日
雑節 土用 16日

日	西暦	曜	干支	直	納音	宿
1日	01/02	木	庚申	成	柏榴木	奎
2日	01/03	金	辛酉	納	柏榴木	婁
3日	01/04	土	壬戌	開	大海水	胃
4日	01/05	日	癸亥	開	大海水	昴
5日	01/06	月	甲子	閉	海中金	畢
6日	01/07	火	乙丑	建	海中金	觜
7日	01/08	水	丙寅	除	爐中火	参
8日	01/09	木	丁卯	満	爐中火	井
9日	01/10	金	戊辰	平	大林木	鬼
10日	01/11	土	己巳	定	大林木	柳
11日	01/12	日	庚午	執	路傍土	星
12日	01/13	月	辛未	破	路傍土	張
13日	01/14	火	壬申	危	剣鋒金	翼
14日	01/15	水	癸酉	成	剣鋒金	軫
15日	01/16	木	甲戌	納	山頭火	角
16日	01/17	金	乙亥	開	山頭火	亢
17日	01/18	土	丙子	閉	澗下水	氐
18日	01/19	日	丁丑	建	澗下水	房
19日	01/20	月	戊寅	除	城頭土	心
20日	01/21	火	己卯	満	城頭土	尾
21日	01/22	水	庚辰	平	白鑞金	箕
22日	01/23	木	辛巳	定	白鑞金	斗
23日	01/24	金	壬午	執	楊柳木	牛
24日	01/25	土	癸未	破	楊柳木	女
25日	01/26	日	甲申	危	井泉水	虚
26日	01/27	月	乙酉	成	井泉水	危
27日	01/28	火	丙戌	納	屋上土	室
28日	01/29	水	丁亥	開	屋上土	壁
29日	01/30	木	戊子	閉	霹靂火	奎

寛政6年
1794〜1795 甲寅 胃

【正月大 丙寅 胃】
節気 立春 5日・雨水 21日
雑節 節分 4日

日	新暦	曜	干支	十二直	納音	宿
1日	01/31	金	己丑	建	霹靂火	婁
2日	02/01	土	庚寅	除	松柏木	胃
3日	02/02	日	辛卯	満	松柏木	昴
4日	02/03	月	壬辰	平	長流水	畢
5日	02/04	火	癸巳	平	長流水	觜
6日	02/05	水	甲午	定	沙中金	参
7日	02/06	木	乙未	執	沙中金	井
8日	02/07	金	丙申	破	山下火	鬼
9日	02/08	土	丁酉	危	山下火	柳
10日	02/09	日	戊戌	成	平地木	星
11日	02/10	月	己亥	納	平地木	張
12日	02/11	火	庚子	開	壁上土	翼
13日	02/12	水	辛丑	閉	壁上土	軫
14日	02/13	木	壬寅	建	金箔金	角
15日	02/14	金	癸卯	除	金箔金	亢
16日 ☆	02/15	土	甲辰	満	覆燈火	氐
17日	02/16	日	乙巳	平	覆燈火	房
18日	02/17	月	丙午	定	天河水	心
19日	02/18	火	丁未	執	天河水	尾
20日	02/19	水	戊申	破	大駅土	箕
21日	02/20	木	己酉	危	大駅土	斗
22日	02/21	金	庚戌	成	釵釧金	牛
23日	02/22	土	辛亥	納	釵釧金	女
24日	02/23	日	壬子	開	桑柘木	虚
25日	02/24	月	癸丑	閉	桑柘木	危
26日	02/25	火	甲寅	建	大渓水	室
27日	02/26	水	乙卯	除	大渓水	壁
28日	02/27	木	丙辰	満	沙中土	奎
29日	02/28	金	丁巳	平	沙中土	婁
30日	03/01	土	戊午	定	天上火	胃

【二月小 丁卯 昴】
節気 啓蟄 6日・春分 21日
雑節 彼岸 16日・社日 20日

日	新暦	曜	干支	十二直	納音	宿
1日	03/02	日	己未	執	天上火	昴
2日	03/03	月	庚申	破	石榴木	畢
3日	03/04	火	辛酉	危	石榴木	觜
4日	03/05	水	壬戌	成	大海水	参
5日	03/06	木	癸亥	納	大海水	井
6日	03/07	金	甲子	納	海中金	鬼
7日	03/08	土	乙丑	開	海中金	柳
8日	03/09	日	丙寅	閉	爐中火	星
9日	03/10	月	丁卯	建	爐中火	張
10日	03/11	火	戊辰	除	大林木	翼
11日	03/12	水	己巳	満	大林木	軫
12日	03/13	木	庚午	平	路傍土	角
13日	03/14	金	辛未	定	路傍土	亢
14日	03/15	土	壬申	執	釵鋒金	氐
15日	03/16	日	癸酉	破	釵鋒金	房
16日	03/17	月	甲戌	危	山頭火	心
17日	03/18	火	乙亥	成	山頭火	尾
18日	03/19	水	丙子	納	澗下水	箕
19日	03/20	木	丁丑	開	澗下水	斗
20日	03/21	金	戊寅	閉	城頭土	牛
21日	03/22	土	己卯	建	城頭土	女
22日	03/23	日	庚辰	除	白鑞金	虚
23日	03/24	月	辛巳	満	白鑞金	危
24日	03/25	火	壬午	平	楊柳木	室
25日	03/26	水	癸未	定	楊柳木	壁
26日	03/27	木	甲申	執	井泉水	奎
27日	03/28	金	乙酉	破	井泉水	婁
28日	03/29	土	丙戌	危	屋上土	胃
29日	03/30	日	丁亥	成	屋上土	昴

【三月大 戊辰 畢】
節気 清明 7日・穀雨 23日
雑節 土用 20日

日	新暦	曜	干支	十二直	納音	宿
1日	03/31	月	戊子	納	霹靂火	畢
2日	04/01	火	己丑	開	霹靂火	觜
3日	04/02	水	庚寅	閉	松柏木	参
4日	04/03	木	辛卯	建	松柏木	井
5日	04/04	金	壬辰	除	長流水	鬼
6日	04/05	土	癸巳	満	長流水	柳
7日	04/06	日	甲午	満	沙中金	星
8日	04/07	月	乙未	平	沙中金	張
9日	04/08	火	丙申	定	山下火	翼
10日	04/09	水	丁酉	執	山下火	軫
11日	04/10	木	戊戌	破	平地木	角
12日	04/11	金	己亥	危	平地木	亢
13日	04/12	土	庚子	成	壁上土	氐
14日	04/13	日	辛丑	納	壁上土	房
15日	04/14	月	壬寅	開	金箔金	心
16日	04/15	火	癸卯	閉	金箔金	尾
17日	04/16	水	甲辰	建	覆燈火	箕
18日	04/17	木	乙巳	除	覆燈火	斗
19日	04/18	金	丙午	満	天河水	牛
20日	04/19	土	丁未	平	天河水	女
21日	04/20	日	戊申	定	大駅土	虚
22日	04/21	月	己酉	執	大駅土	危
23日	04/22	火	庚戌	破	釵釧金	室
24日	04/23	水	辛亥	危	釵釧金	壁
25日	04/24	木	壬子	成	桑柘木	奎
26日	04/25	金	癸丑	納	桑柘木	婁
27日	04/26	土	甲寅	開	大渓水	胃
28日	04/27	日	乙卯	閉	大渓水	昴
29日	04/28	月	丙辰	建	沙中土	畢
30日	04/29	火	丁巳	除	沙中土	觜

【四月小 己巳 觜】
節気 立夏 8日・小満 23日
雑節 八十八夜 3日

日	新暦	曜	干支	十二直	納音	宿
1日	04/30	水	戊午	平	天上火	参
2日	05/01	木	己未	定	天上火	井
3日	05/02	金	庚申	執	石榴木	鬼
4日	05/03	土	辛酉	破	石榴木	柳
5日	05/04	日	壬戌	危	大海水	星
6日	05/05	月	癸亥	成	大海水	張
7日	05/06	火	甲子	納	海中金	翼
8日	05/07	水	乙丑	納	海中金	軫
9日	05/08	木	丙寅	開	爐中火	角
10日	05/09	金	丁卯	閉	爐中火	亢
11日	05/10	土	戊辰	建	大林木	氐
12日	05/11	日	己巳	除	大林木	房
13日	05/12	月	庚午	満	路傍土	心
14日	05/13	火	辛未	平	路傍土	尾
15日	05/14	水	壬申	定	釵鋒金	箕
16日	05/15	木	癸酉	執	釵鋒金	斗
17日	05/16	金	甲戌	破	山頭火	牛
18日	05/17	土	乙亥	危	山頭火	女
19日	05/18	日	丙子	成	澗下水	虚
20日	05/19	月	丁丑	納	澗下水	危
21日	05/20	火	戊寅	開	城頭土	室
22日	05/21	水	己卯	閉	城頭土	壁
23日	05/22	木	庚辰	建	白鑞金	奎
24日	05/23	金	辛巳	除	白鑞金	婁
25日	05/24	土	壬午	満	楊柳木	胃
26日	05/25	日	癸未	平	楊柳木	昴
27日	05/26	月	甲申	定	井泉水	畢
28日	05/27	火	乙酉	執	井泉水	觜
29日	05/28	水	丙戌	破	屋上土	参

【五月小 庚午 参】
節気 芒種 9日・夏至 24日
雑節 入梅 16日

日	新暦	曜	干支	十二直	納音	宿
1日	05/29	木	丁亥	破	屋上土	井
2日	05/30	金	戊子	危	霹靂火	鬼
3日	05/31	土	己丑	成	霹靂火	柳
4日	06/01	日	庚寅	納	松柏木	星
5日	06/02	月	辛卯	開	松柏木	張
6日	06/03	火	壬辰	閉	長流水	翼
7日	06/04	水	癸巳	建	長流水	軫
8日	06/05	木	甲午	除	沙中金	角
9日	06/06	金	乙未	除	沙中金	亢
10日	06/07	土	丙申	満	山下火	氐
11日	06/08	日	丁酉	平	山下火	房
12日	06/09	月	戊戌	定	平地木	心
13日	06/10	火	己亥	執	平地木	尾
14日	06/11	水	庚子	破	壁上土	箕
15日	06/12	木	辛丑	危	壁上土	斗
16日	06/13	金	壬寅	成	金箔金	牛
17日	06/14	土	癸卯	納	金箔金	女
18日	06/15	日	甲辰	開	覆燈火	虚
19日	06/16	月	乙巳	閉	覆燈火	危
20日	06/17	火	丙午	建	天河水	室
21日	06/18	水	丁未	除	天河水	壁
22日	06/19	木	戊申	満	大駅土	奎
23日	06/20	金	己酉	平	大駅土	婁
24日	06/21	土	庚戌	定	釵釧金	胃
25日	06/22	日	辛亥	執	釵釧金	昴
26日	06/23	月	壬子	破	桑柘木	畢
27日	06/24	火	癸丑	危	桑柘木	觜
28日	06/25	水	甲寅	成	大渓水	参
29日	06/26	木	乙卯	納	大渓水	井

【六月大 辛未 井】
節気 小暑 11日・大暑 26日
雑節 半夏生 6日・土用 23日

日	新暦	曜	干支	十二直	納音	宿
1日	06/27	金	丙辰	開	沙中土	鬼
2日	06/28	土	丁巳	閉	沙中土	柳
3日	06/29	日	戊午	建	天上火	星
4日	06/30	月	己未	除	天上火	張
5日	07/01	火	庚申	満	石榴木	翼
6日	07/02	水	辛酉	平	石榴木	軫
7日	07/03	木	壬戌	定	大海水	角
8日	07/04	金	癸亥	執	大海水	亢
9日	07/05	土	甲子	破	海中金	氐
10日	07/06	日	乙丑	危	海中金	房
11日	07/07	月	丙寅	危	爐中火	心
12日	07/08	火	丁卯	成	爐中火	尾
13日	07/09	水	戊辰	納	大林木	箕
14日	07/10	木	己巳	開	大林木	斗
15日	07/11	金	庚午	閉	路傍土	牛
16日	07/12	土	辛未	建	路傍土	女
17日	07/13	日	壬申	除	釵鋒金	虚
18日	07/14	月	癸酉	満	釵鋒金	危
19日	07/15	火	甲戌	平	山頭火	室
20日	07/16	水	乙亥	定	山頭火	壁
21日	07/17	木	丙子	執	澗下水	奎
22日	07/18	金	丁丑	破	澗下水	婁
23日	07/19	土	戊寅	危	城頭土	胃
24日	07/20	日	己卯	成	城頭土	昴
25日	07/21	月	庚辰	納	白鑞金	畢
26日	07/22	火	辛巳	開	白鑞金	觜
27日	07/23	水	壬午	閉	楊柳木	参
28日	07/24	木	癸未	建	楊柳木	井
29日	07/25	金	甲申	除	井泉水	鬼
30日	07/26	土	乙酉	満	井泉水	柳

【七月小 壬申 鬼】
節気 立秋 11日・処暑 26日

日	新暦	曜	干支	十二直	納音	宿
1日	07/27	日	丙戌	平	屋上土	星
2日	07/28	月	丁亥	定	屋上土	張
3日	07/29	火	戊子	執	霹靂火	翼
4日	07/30	水	己丑	破	霹靂火	軫
5日	07/31	木	庚寅	危	松柏木	角
6日	08/01	金	辛卯	成	松柏木	亢
7日	08/02	土	壬辰	納	長流水	氐
8日	08/03	日	癸巳	開	長流水	房
9日	08/04	月	甲午	閉	沙中金	心
10日	08/05	火	乙未	建	沙中金	尾
11日	08/06	水	丙申	建	山下火	箕
12日	08/07	木	丁酉	除	山下火	斗
13日	08/08	金	戊戌	満	平地木	女
14日	08/09	土	己亥	平	平地木	虚
15日	08/10	日	庚子	定	壁上土	危

西暦　曜　干支　直　納音　宿　　　　　　　　　　　　　　　　　　　　　　　　寛政6年

	西暦	曜	干支	直	納音	宿
16日	08/11	月	辛丑	執	壁上土	危
17日	08/12	火	壬寅	破	金箔金	室
18日	08/13	水	癸卯	危	金箔金	壁
19日	08/14	木	甲辰	成	覆燈火	奎
20日	08/15	金	乙巳	納	覆燈火	婁
21日	08/16	土	丙午	開	天河水	胃
22日	08/17	日	丁未	閉	天河水	昴
23日	08/18	月	戊申	建	大駅土	觜
24日	08/19	火	己酉	除	大駅土	参
25日	08/20	水	庚戌	満	釵釧金	井
26日	08/21	木	辛亥	平	釵釧金	鬼
27日	08/22	金	壬子	定	桑柘木	柳
28日	08/23	土	癸丑	執	桑柘木	星
29日	08/24	日	甲寅	破	大渓水	張

【八月大 癸酉 柳】
節気 白露 13日・秋分 28日
雑節 二百十日 8日・社日 24日・彼岸 27日

	西暦	曜	干支	直	納音	宿
1日	08/25	月	乙卯	危	大渓水	張
2日	08/26	火	丙辰	成	沙中土	翼
3日	08/27	水	丁巳	納	沙中土	軫
4日	08/28	木	戊午	開	天上火	角
5日	08/29	金	己未	閉	天上火	亢
6日	08/30	土	庚申	建	柘榴木	氐
7日	08/31	日	辛酉	除	柘榴木	房
8日	09/01	月	壬戌	満	大海水	心
9日	09/02	火	癸亥	平	大海水	尾
10日	09/03	水	甲子	定	海中金	箕
11日	09/04	木	乙丑	執	海中金	斗
12日	09/05	金	丙寅	破	爐中火	牛
13日	09/06	土	丁卯	破	爐中火	女
14日	09/07	日	戊辰	成	大林木	虚
15日	09/08	月	己巳	納	大林木	危
16日	09/09	火	庚午	納	路傍土	室
17日	09/10	水	辛未	開	路傍土	壁
18日	09/11	木	壬申	閉	釵鋒金	奎
19日	09/12	金	癸酉	建	釵鋒金	婁
20日	09/13	土	甲戌	除	山頭火	胃
21日	09/14	日	乙亥	満	山頭火	昴
22日	09/15	月	丙子	平	潤下水	畢
23日	09/16	火	丁丑	定	潤下水	觜
24日	09/17	水	戊寅	執	城頭土	参
25日	09/18	木	己卯	破	城頭土	井
26日	09/19	金	庚辰	危	白鑞金	鬼
27日	09/20	土	辛巳	成	白鑞金	柳
28日	09/21	日	壬午	納	楊柳木	星
29日	09/22	月	癸未	開	楊柳木	張
30日	09/23	火	甲申	閉	井泉水	翼

【九月大 甲戌 星】
節気 寒露 13日・霜降 28日
雑節 土用 25日

	西暦	曜	干支	直	納音	宿
1日	09/24	水	乙酉	建	井泉水	軫
2日	09/25	木	丙戌	除	屋上土	角
3日	09/26	金	丁亥	満	屋上土	亢氐
4日	09/27	土	戊子	定	霹靂火	房
5日	09/28	日	己丑	執	霹靂火	心
6日	09/29	月	庚寅	執	松柏木	尾
7日	09/30	火	辛卯	破	松柏木	箕
8日	10/01	水	壬辰	危	長流水	斗
9日	10/02	木	癸巳	成	長流水	牛
10日	10/03	金	甲午	納	沙中金	女
11日	10/04	土	乙未	開	沙中金	虚
12日	10/05	日	丙申	閉	山下火	危
13日	10/06	月	丁酉	建	山下火	室
14日	10/07	火	戊戌	除	平地木	壁
15日	10/08	水	己亥	満	平地木	奎
16日	10/09	木	庚子	平	壁上土	婁
17日	10/10	金	辛丑	定	壁上土	胃
18日	10/11	土	壬寅	執	金箔金	昴
19日	10/12	日	癸卯	執	金箔金	畢
20日	10/13	月	甲辰	破	覆燈火	觜
21日	10/14	火	乙巳	危	覆燈火	参
22日	10/15	水	丙午	成	天河水	井
23日	10/16	木	丁未	納	天河水	鬼
24日	10/17	金	戊申	開	大駅土	柳
25日	10/18	土	己酉	閉	大駅土	星
26日	10/19	日	庚戌	建	釵釧金	張
27日	10/20	月	辛亥	除	釵釧金	翼
28日	10/21	火	壬子	満	桑柘木	軫
29日	10/22	水	癸丑	平	桑柘木	角
30日	10/23	木	甲寅	定	大渓水	亢

【十月大 乙亥 張】
節気 立冬 13日・小雪 29日

	西暦	曜	干支	直	納音	宿
1日	10/24	金	乙卯	執	大渓水	氐
2日	10/25	土	丙辰	破	沙中土	房
3日	10/26	日	丁巳	危	沙中土	心
4日	10/27	月	戊午	成	天上火	尾
5日	10/28	火	己未	納	天上火	箕
6日	10/29	水	庚申	開	柘榴木	斗
7日	10/30	木	辛酉	閉	柘榴木	牛
8日	10/31	金	壬戌	除	大海水	女
9日	11/01	土	癸亥	満	大海水	虚
10日	11/02	日	甲子	平	海中金	危
11日	11/03	月	乙丑	定	海中金	室
12日	11/04	火	丙寅	定	爐中火	壁
13日	11/05	水	丁卯	定	爐中火	壁
14日	11/06	木	戊辰	執	大林木	奎
15日	11/07	金	己巳	破	大林木	婁
16日	11/08	土	庚午	危	路傍土	胃
17日	11/09	日	辛未	成	路傍土	昴
18日	11/10	月	壬申	納	釵鋒金	畢
19日	11/11	火	癸酉	開	釵鋒金	觜
20日	11/12	水	甲戌	建	山頭火	参
21日	11/13	木	乙亥	除	山頭火	井
22日	11/14	金	丙子	満	潤下水	鬼
23日	11/15	土	丁丑	平	潤下水	柳
24日	11/16	日	戊寅	定	城頭土	星
25日	11/17	月	己卯	執	城頭土	張
26日	11/18	火	庚辰	破	白鑞金	翼
27日	11/19	水	辛巳	危	白鑞金	軫
28日	11/20	木	壬午	成	楊柳木	角
29日	11/21	金	癸未	納	楊柳木	亢
30日	11/22	土	甲申	開	井泉水	氐

【十一月小 丙子 翼】
節気 大雪 14日・冬至 29日

	西暦	曜	干支	直	納音	宿
1日	11/23	日	乙酉	開	井泉水	房
2日	11/24	月	丙戌	建	屋上土	心
3日	11/25	火	丁亥	建	屋上土	尾
4日	11/26	水	戊子	除	霹靂火	箕
5日	11/27	木	己丑	満	霹靂火	斗
6日	11/28	金	庚寅	平	松柏木	牛
7日	11/29	土	辛卯	定	松柏木	女
8日	11/30	日	壬辰	執	長流水	虚
9日	12/01	月	癸巳	破	長流水	危
10日	12/02	火	甲午	危	沙中金	室
11日	12/03	水	乙未	成	沙中金	壁
12日	12/04	木	丙申	納	山下火	奎
13日	12/05	金	丁酉	開	山下火	婁
14日	12/06	土	戊戌	閉	平地木	胃
15日	12/07	日	己亥	建	平地木	昴
16日	12/08	月	庚子	除	壁上土	畢
17日	12/09	火	辛丑	満	壁上土	觜
18日	12/10	水	壬寅	平	金箔金	参
19日	12/11	木	癸卯	定	金箔金	井
20日	12/12	金	甲辰	執	覆燈火	鬼
21日	12/13	土	乙巳	破	覆燈火	柳
22日	12/14	日	丙午	危	天河水	星
23日	12/15	月	丁未	成	天河水	張
24日	12/16	火	戊申	納	大駅土	翼
25日	12/17	水	己酉	開	大駅土	軫
26日	12/18	木	庚戌	閉	釵釧金	角
27日	12/19	金	辛亥	閉	釵釧金	亢
28日	12/20	土	壬子	除	桑柘木	氐
29日	12/21	日	癸丑	除	桑柘木	房

【閏十一月大 丙子 翼】
節気 小寒 15日
雑節 土用 27日

	西暦	曜	干支	直	納音	宿
1日	12/22	月	甲寅	満	大渓水	心
2日	12/23	火	乙卯	平	大渓水	尾
3日	12/24	水	丙辰	定	沙中土	箕
4日	12/25	木	丁巳	執	沙中土	斗
5日	12/26	金	戊午	破	天上火	牛
6日	12/27	土	己未	危	天上火	女
7日	12/28	日	庚申	成	柘榴木	虚
8日	12/29	月	辛酉	納	柘榴木	危
9日	12/30	火	壬戌	開	大海水	室
10日	12/31	水	癸亥	閉	大海水	壁

1795年

	西暦	曜	干支	直	納音	宿
11日	**01/01**	木	甲子	建	海中金	奎
12日	01/02	金	乙丑	除	海中金	婁
13日	01/03	土	丙寅	平	爐中火	胃
14日	01/04	日	丁卯	平	爐中火	昴
15日	01/05	月	戊辰	平	大林木	畢
16日	01/06	火	己巳	執	大林木	觜
17日	01/07	水	庚午	執	路傍土	参
18日	01/08	木	辛未	破	路傍土	井
19日	01/09	金	壬申	成	釵鋒金	鬼
20日	01/10	土	癸酉	成	釵鋒金	柳
21日	01/11	日	甲戌	納	山頭火	星
22日	01/12	月	乙亥	開	山頭火	張
23日	01/13	火	丙子	閉	潤下水	翼
24日	01/14	水	丁丑	建	潤下水	軫
25日	01/15	木	戊寅	除	城頭土	角
26日	01/16	金	己卯	満	城頭土	亢
27日	01/17	土	庚辰	平	白鑞金	氐
28日	01/18	日	辛巳	定	白鑞金	房
29日	01/19	月	壬午	執	楊柳木	心
30日	01/20	火	癸未	破	楊柳木	尾

【十二月小 丁丑 軫】
節気 大寒 1日・立春 16日
雑節 節分 15日

	西暦	曜	干支	直	納音	宿
1日◎	01/21	水	甲申	危	井泉水	箕
2日	01/22	木	乙酉	成	井泉水	斗
3日	01/23	金	丙戌	納	屋上土	牛
4日	01/24	土	丁亥	開	屋上土	女
5日	01/25	日	戊子	閉	霹靂火	虚
6日	01/26	月	己丑	建	霹靂火	危
7日	01/27	火	庚寅	除	松柏木	室
8日	01/28	水	辛卯	満	松柏木	壁
9日	01/29	木	壬辰	平	長流水	奎
10日	01/30	金	癸巳	定	長流水	婁
11日	01/31	土	甲午	執	沙中金	胃
12日	02/01	日	乙未	破	沙中金	昴
13日	02/02	月	丙申	危	山下火	畢
14日	02/03	火	丁酉	成	山下火	觜
15日	02/04	水	戊戌	納	平地木	参
16日	02/05	木	己亥	開	平地木	井
17日	02/06	金	庚子	開	壁上土	鬼
18日	02/07	土	辛丑	閉	壁上土	柳
19日	02/08	日	壬寅	除	金箔金	星
20日	02/09	月	癸卯	満	金箔金	張
21日	02/10	火	甲辰	満	覆燈火	翼
22日	02/11	水	乙巳	平	覆燈火	軫
23日	02/12	木	丙午	定	天河水	角
24日	02/13	金	丁未	執	天河水	亢氐
25日	02/14	土	戊申	破	大駅土	氐
26日	02/15	日	己酉	危	大駅土	房
27日	02/16	月	庚戌	成	釵釧金	心
28日	02/17	火	辛亥	納	釵釧金	尾
29日	02/18	水	壬子	開	桑柘木	箕

– 427 –

寛政7年

1795～1796 乙卯 昴

【正月大 戊寅 角】
節気 雨水 2日・啓蟄 17日
雑節 彼岸 27日

日	日付	曜	干支	直	納音	宿
1日	02/19	日	癸丑	閉	桑柘木	斗牛
2日	02/20	金	甲寅	建	大渓水	女
3日	02/21	土	乙卯	除	大渓水	虚
4日	02/22	日	丙辰	満	沙中土	危
5日	02/23	月	丁巳	平	天上火	室
6日	02/24	火	戊午	定	天上火	壁
7日	02/25	水	己未	執	天上火	奎
8日	02/26	木	庚申	破	柘榴木	奎
9日	02/27	金	辛酉	危	柘榴木	婁
10日	02/28	土	壬戌	成	大海水	胃昴
11日	03/01	日	癸亥	納	大海水	昴
12日	03/02	月	甲子	開	海中金	畢
13日	03/03	火	乙丑	閉	海中金	觜
14日	03/04	水	丙寅	建	爐中火	参井
15日	03/05	木	丁卯	除	爐中火	井
16日	03/06	金	戊辰	満	大林木	鬼
17日	03/07	土	己巳	満	大林木	柳
18日	03/08	日	庚午	平	路傍土	星
19日	03/09	月	辛未	定	路傍土	張
20日	03/10	火	壬申	執	釼鋒金	翼
21日	03/11	水	癸酉	破	釼鋒金	軫
22日	03/12	木	甲戌	危	山頭火	角
23日	03/13	金	乙亥	納	山頭火	亢
24日	03/14	土	丙子	納	澗下水	氐房
25日	03/15	日	丁丑	開	澗下水	房
26日	03/16	月	戊寅	閉	城頭土	心
27日	03/17	火	己卯	建	城頭土	尾
28日	03/18	水	庚辰	除	白鑞金	箕
29日	03/19	木	辛巳	満	白鑞金	斗
30日	03/20	金	壬午	平	楊柳木	牛

【二月小 己卯 亢】
節気 春分 2日・清明 18日
雑節 社日 6日

日	日付	曜	干支	直	納音	宿
1日	03/21	土	癸未	定	楊柳木	女
2日	03/22	日	甲申	執	井泉水	虚
3日	03/23	月	乙酉	破	井泉水	危
4日	03/24	火	丙戌	危	屋上土	室
5日	03/25	水	丁亥	成	屋上土	壁
6日	03/26	木	戊子	納	霹靂火	奎
7日	03/27	金	己丑	開	霹靂火	婁
8日	03/28	土	庚寅	閉	松柏木	胃
9日	03/29	日	辛卯	建	松柏木	昴
10日	03/30	月	壬辰	除	長流水	畢
11日	03/31	火	癸巳	満	長流水	觜
12日	04/01	水	甲午	定	沙中金	参
13日	04/02	木	乙未	定	沙中金	井
14日	04/03	金	丙申	執	山下火	鬼
15日	04/04	土	丁酉	破	山下火	柳
16日	04/05	日	戊戌	危	平地木	星
17日	04/06	月	己亥	成	平地木	張
18日	04/07	火	庚子	成	壁上土	翼
19日	04/08	水	辛丑	納	壁上土	軫
20日	04/09	木	壬寅	開	金箔金	角
21日	04/10	金	癸卯	閉	金箔金	亢
22日	04/11	土	甲辰	建	覆燈火	氐
23日	04/12	日	乙巳	除	覆燈火	房
24日	04/13	月	丙午	満	天河水	心
25日	04/14	火	丁未	平	天河水	尾
26日	04/15	水	戊申	定	大駅土	箕
27日	04/16	木	己酉	執	大駅土	斗
28日	04/17	金	庚戌	破	釼釧金	牛
29日	04/18	土	辛亥	危	釼釧金	女

【三月大 庚辰 氐】
節気 穀雨 4日・立夏 19日
雑節 土用 1日・八十八夜 15日

日	日付	曜	干支	直	納音	宿
1日	04/19	日	壬子	成	桑柘木	虚
2日	04/20	月	癸丑	納	桑柘木	危
3日	04/21	火	甲寅	開	大渓水	室
4日	04/22	水	乙卯	閉	大渓水	壁
5日	04/23	木	丙辰	建	沙中土	奎
6日	04/24	金	丁巳	除	沙中土	婁
7日	04/25	土	戊午	満	天上火	胃
8日	04/26	日	己未	平	天上火	昴
9日	04/27	月	庚申	定	柘榴木	畢
10日	04/28	火	辛酉	執	柘榴木	觜
11日	04/29	水	壬戌	破	大海水	参
12日	04/30	木	癸亥	危	大海水	井
13日	05/01	金	甲子	成	海中金	鬼
14日	05/02	土	乙丑	納	海中金	柳
15日	05/03	日	丙寅	開	爐中火	星
16日	05/04	月	丁卯	閉	爐中火	張
17日	05/05	火	戊辰	建	大林木	翼
18日	05/06	水	己巳	除	大林木	軫
19日	05/07	木	庚午	満	路傍土	角
20日	05/08	金	辛未	満	路傍土	亢
21日	05/09	土	壬申	平	釼鋒金	氐
22日	05/10	日	癸酉	定	釼鋒金	房
23日	05/11	月	甲戌	執	山頭火	心
24日	05/12	火	乙亥	破	山頭火	尾
25日	05/13	水	丙子	危	澗下水	箕
26日	05/14	木	丁丑	成	澗下水	斗
27日	05/15	金	戊寅	納	城頭土	牛
28日	05/16	土	己卯	開	城頭土	女
29日	05/17	日	庚辰	閉	白鑞金	虚
30日	05/18	月	辛巳	建	白鑞金	危

【四月小 辛巳 房】
節気 小満 4日・芒種 19日
雑節 入梅 21日

日	日付	曜	干支	直	納音	宿
1日	05/19	火	壬午	除	楊柳木	室
2日	05/20	水	癸未	満	楊柳木	壁
3日	05/21	木	甲申	平	井泉水	奎
4日	05/22	金	乙酉	定	井泉水	婁
5日	05/23	土	丙戌	執	屋上土	胃
6日	05/24	日	丁亥	破	屋上土	昴
7日	05/25	月	戊子	危	霹靂火	畢
8日	05/26	火	己丑	成	霹靂火	觜
9日	05/27	水	庚寅	納	松柏木	参
10日	05/28	木	辛卯	開	松柏木	井
11日	05/29	金	壬辰	閉	長流水	鬼
12日	05/30	土	癸巳	建	長流水	柳
13日	05/31	日	甲午	満	沙中金	星
14日	06/01	月	乙未	満	沙中金	張
15日	06/02	火	丙申	平	山下火	翼
16日	06/03	水	丁酉	定	山下火	軫
17日	06/04	木	戊戌	執	平地木	角
18日	06/05	金	己亥	破	平地木	亢
19日	06/06	土	庚子	危	壁上土	氐
20日	06/07	日	辛丑	成	壁上土	房
21日	06/08	月	壬寅	納	金箔金	心
22日	06/09	火	癸卯	納	金箔金	尾
23日	06/10	水	甲辰	開	覆燈火	箕
24日	06/11	木	乙巳	閉	覆燈火	斗
25日	06/12	金	丙午	建	天河水	牛
26日	06/13	土	丁未	除	天河水	女
27日	06/14	日	戊申	満	大駅土	虚
28日	06/15	月	己酉	平	大駅土	危
29日	06/16	火	庚戌	定	釼釧金	室

【五月小 壬午 心】
節気 夏至 6日・小暑 21日
雑節 半夏生 16日

日	日付	曜	干支	直	納音	宿
1日	06/17	水	辛亥	執	釼釧金	壁
2日	06/18	木	壬子	破	桑柘木	奎
3日	06/19	金	癸丑	危	桑柘木	婁
4日	06/20	土	甲寅	成	大渓水	胃
5日	06/21	日	乙卯	納	大渓水	昴
6日	06/22	月	丙辰	開	沙中土	畢
7日	06/23	火	丁巳	閉	沙中土	觜
8日	06/24	水	戊午	建	天上火	参
9日	06/25	木	己未	満	天上火	井
10日	06/26	金	庚申	満	柘榴木	鬼
11日	06/27	土	辛酉	平	柘榴木	柳
12日	06/28	日	壬戌	定	大海水	星
13日	06/29	月	癸亥	執	大海水	張
14日	06/30	火	甲子	破	海中金	翼
15日	07/01	水	乙丑	危	海中金	軫
16日	07/02	木	丙寅	成	爐中火	角
17日	07/03	金	丁卯	納	爐中火	亢
18日	07/04	土	戊辰	開	大林木	氐
19日	07/05	日	己巳	閉	大林木	房
20日	07/06	月	庚午	建	路傍土	心
21日	07/07	火	辛未	建	路傍土	尾
22日	07/08	水	壬申	除	釼鋒金	箕
23日	07/09	木	癸酉	満	釼鋒金	斗
24日	07/10	金	甲戌	平	山頭火	女
25日	07/11	土	乙亥	定	山頭火	虚
26日	07/12	日	丙子	執	澗下水	危
27日	07/13	月	丁丑	破	澗下水	室
28日	07/14	火	戊寅	危	城頭土	壁
29日	07/15	水	己卯	成	城頭土	奎

【六月大 癸未 尾】
節気 大暑 7日・立秋 22日
雑節 土用 4日

日	日付	曜	干支	直	納音	宿
1日	07/16	木	庚辰	納	白鑞金	婁
2日	07/17	金	辛巳	開	白鑞金	胃
3日	07/18	土	壬午	閉	楊柳木	昴
4日	07/19	日	癸未	建	楊柳木	畢
5日	07/20	月	甲申	除	井泉水	觜
6日	07/21	火	乙酉	満	井泉水	参
7日	07/22	水	丙戌	平	屋上土	井
8日	07/23	木	丁亥	定	屋上土	鬼
9日	07/24	金	戊子	執	霹靂火	柳
10日	07/25	土	己丑	破	霹靂火	星
11日	07/26	日	庚寅	危	松柏木	張
12日	07/27	月	辛卯	成	松柏木	翼
13日	07/28	火	壬辰	納	長流水	軫
14日	07/29	水	癸巳	開	長流水	角
15日	07/30	木	甲午	建	沙中金	亢
16日	☆07/31	金	乙未	建	沙中金	氐
17日	08/01	土	丙申	除	山下火	房
18日	08/02	日	丁酉	満	山下火	心
19日	08/03	月	戊戌	平	平地木	尾
20日	08/04	火	己亥	定	平地木	箕
21日	08/05	水	庚子	執	壁上土	斗
22日	08/06	木	辛丑	破	壁上土	牛
23日	08/07	金	壬寅	危	金箔金	女
24日	08/08	土	癸卯	成	金箔金	虚
25日	08/09	日	甲辰	納	覆燈火	危
26日	08/10	月	乙巳	開	覆燈火	室
27日	08/11	火	丙午	閉	天河水	壁
28日	08/12	水	丁未	建	天河水	奎
29日	08/13	木	戊申	建	大駅土	婁

西暦 曜 干支 直 納音 宿　　　　　　　　　　　寛政7年

日	西暦	曜	干支	直	納音	宿
30日	08/14	金	己酉	除	大驛土	妻

【七月小 甲申 箕】
節気 処暑 8日・白露 23日
雑節 二百十日 19日

日	西暦	曜	干支	直	納音	宿
1日	08/15	土	庚戌	満	釵釧金	胃
2日	08/16	日	辛亥	平	釵釧金	昴
3日	08/17	月	壬子	定	桑柘木	畢
4日	08/18	火	癸丑	執	桑柘木	觜
5日	08/19	水	甲寅	破	大溪水	参
6日	08/20	木	乙卯	危	大溪水	井
7日	08/21	金	丙辰	成	沙中土	鬼
8日	08/22	土	丁巳	納	沙中土	柳
9日	08/23	日	戊午	開	天上火	星
10日	08/24	月	己未	建	天上火	張
11日	08/25	火	庚申	除	柘榴木	翼
12日	08/26	水	辛酉	満	柘榴木	軫
13日	08/27	木	壬戌	満	大海水	角
14日	08/28	金	癸亥	平	大海水	亢
15日	08/29	土	甲子	定	海中金	氐
16日	08/30	日	乙丑	執	海中金	房
17日	08/31	月	丙寅	破	爐中火	心
18日	09/01	火	丁卯	危	爐中火	尾
19日	09/02	水	戊辰	成	大林木	箕
20日	09/03	木	己巳	納	大林木	斗
21日	09/04	金	庚午	開	路傍土	女
22日	09/05	土	辛未	閉	路傍土	虛
23日	09/06	日	壬申	閉	釵鋒金	危
24日	09/07	月	癸酉	建	釵鋒金	室
25日	09/08	火	甲戌	除	山頭火	壁
26日	09/09	水	乙亥	満	山頭火	奎
27日	09/10	木	丙子	平	澗下水	婁
28日	09/11	金	丁丑	定	澗下水	胃
29日	09/12	土	戊寅	執	城頭土	昴

【八月大 乙酉 斗】
節気 秋分 9日・寒露 24日
雑節 彼岸 8日・社日 10日

日	西暦	曜	干支	直	納音	宿
1日	09/13	日	己卯	破	城頭土	昴
2日	09/14	月	庚辰	危	白鑞金	畢
3日	09/15	火	辛巳	成	白鑞金	觜
4日	09/16	水	壬午	納	楊柳木	参
5日	09/17	木	癸未	開	楊柳木	井
6日	09/18	金	甲申	閉	井泉水	鬼
7日	09/19	土	乙酉	建	井泉水	柳
8日	09/20	日	丙戌	除	屋上土	星
9日	09/21	月	丁亥	満	屋上土	張
10日	09/22	火	戊子	平	霹靂火	翼
11日	09/23	水	己丑	定	霹靂火	軫
12日	09/24	木	庚寅	執	松柏木	角
13日	09/25	金	辛卯	破	松柏木	亢
14日	09/26	土	壬辰	危	長流水	氐
15日	09/27	日	癸巳	成	長流水	房
16日	09/28	月	甲午	納	沙中金	心
17日	09/29	火	乙未	開	沙中金	尾
18日	09/30	水	丙申	閉	山下火	箕
19日	10/01	木	丁酉	建	山下火	斗
20日	10/02	金	戊戌	除	平地木	女
21日	10/03	土	己亥	満	平地木	虛
22日	10/04	日	庚子	平	壁上土	危
23日	10/05	月	辛丑	定	壁上土	室
24日	10/06	火	壬寅	定	金箔金	壁
25日	10/07	水	癸卯	執	金箔金	奎
26日	10/08	木	甲辰	破	覆燈火	婁
27日	10/09	金	乙巳	危	覆燈火	胃
28日	10/10	土	丙午	成	天河水	昴
29日	10/11	日	丁未	納	天河水	畢
30日	10/12	月	戊申	開	大驛土	觜

【九月大 丙戌 牛】
節気 霜降 9日・立冬 25日
雑節 土用 6日

日	西暦	曜	干支	直	納音	宿
1日	10/13	火	己酉	閉	大驛土	觜
2日	10/14	水	庚戌	建	釵釧金	参
3日	10/15	木	辛亥	除	釵釧金	井
4日	10/16	金	壬子	満	桑柘木	鬼
5日	10/17	土	癸丑	平	桑柘木	柳
6日	10/18	日	甲寅	定	大溪水	星
7日	10/19	月	乙卯	執	大溪水	張
8日	10/20	火	丙辰	破	沙中土	翼
9日	10/21	水	丁巳	危	沙中土	軫
10日	10/22	木	戊午	納	天上火	角
11日	10/23	金	己未	納	天上火	亢
12日	10/24	土	庚申	開	柘榴木	氐
13日	10/25	日	辛酉	閉	柘榴木	房
14日	10/26	月	壬戌	建	大海水	心
15日	10/27	火	癸亥	除	大海水	尾
16日	10/28	水	甲子	満	海中金	箕
17日	10/29	木	乙丑	平	海中金	斗
18日	10/30	金	丙寅	定	爐中火	牛
19日	10/31	土	丁卯	執	爐中火	女
20日	11/01	日	戊辰	破	大林木	虛
21日	11/02	月	己巳	危	大林木	危
22日	11/03	火	庚午	成	路傍土	室
23日	11/04	水	辛未	納	路傍土	壁
24日	11/05	木	壬申	開	釵鋒金	奎
25日	11/06	金	癸酉	閉	釵鋒金	婁
26日	11/07	土	甲戌	建	山頭火	胃
27日	11/08	日	乙亥	除	山頭火	昴
28日	11/09	月	丙子	満	澗下水	觜
29日	11/10	火	丁丑	定	澗下水	参
30日	11/11	水	戊寅	執	城頭土	井

【十月小 丁亥 女】
節気 小雪 10日・大雪 25日

日	西暦	曜	干支	直	納音	宿
1日	11/12	木	己卯	破	城頭土	鬼
2日	11/13	金	庚辰	執	白鑞金	柳
3日	11/14	土	辛巳	危	白鑞金	星
4日	11/15	日	壬午	成	楊柳木	張
5日	11/16	月	癸未	納	楊柳木	翼
6日	11/17	火	甲申	納	井泉水	軫
7日	11/18	水	乙酉	開	井泉水	角
8日	11/19	木	丙戌	閉	屋上土	亢
9日	11/20	金	丁亥	建	屋上土	氐
10日	11/21	土	戊子	満	霹靂火	房
11日	11/22	日	己丑	平	霹靂火	心
12日	11/23	月	庚寅	定	松柏木	尾
13日	11/24	火	辛卯	執	松柏木	箕
14日	11/25	水	壬辰	執	長流水	斗
15日	11/26	木	癸巳	破	長流水	牛
16日	11/27	金	甲午	危	沙中金	女
17日	11/28	土	乙未	成	沙中金	虛
18日	11/29	日	丙申	納	山下火	危
19日	11/30	月	丁酉	開	山下火	室
20日	12/01	火	戊戌	閉	平地木	壁
21日	12/02	水	己亥	建	平地木	奎
22日	12/03	木	庚子	除	壁上土	婁
23日	12/04	金	辛丑	満	壁上土	胃
24日	12/05	土	壬寅	平	金箔金	昴
25日	12/06	日	癸卯	定	金箔金	畢
26日	12/07	月	甲辰	執	覆燈火	觜
27日	12/08	火	乙巳	破	覆燈火	参
28日	12/09	水	丙午	危	天河水	井
29日	12/10	木	丁未	成	天河水	井

【十一月大 戊子 虛】
節気 冬至 11日・小寒 27日

日	西暦	曜	干支	直	納音	宿
1日	12/11	金	戊申	成	大驛土	鬼
2日	12/12	土	己酉	納	大驛土	柳
3日	12/13	日	庚戌	開	釵釧金	星
4日	12/14	月	辛亥	閉	釵釧金	張
5日	12/15	火	壬子	建	桑柘木	翼
6日	12/16	水	癸丑	除	桑柘木	軫
7日	12/17	木	甲寅	満	大溪水	角
8日	12/18	金	乙卯	平	大溪水	亢
9日	12/19	土	丙辰	定	沙中土	氐
10日	12/20	日	丁巳	執	沙中土	房
11日	12/21	月	戊午	破	天上火	心
12日	12/22	火	己未	危	天上火	尾
13日	12/23	水	庚申	納	柘榴木	箕
14日	12/24	木	辛酉	納	柘榴木	斗
15日	12/25	金	壬戌	開	大海水	牛
16日	12/26	土	癸亥	閉	大海水	女
17日	12/27	日	甲子	建	海中金	虛
18日	12/28	月	乙丑	除	海中金	危
19日	12/29	火	丙寅	満	爐中火	室
20日	12/30	水	丁卯	平	爐中火	壁
21日	12/31	木	戊辰	定	大林木	奎

1796年

日	西暦	曜	干支	直	納音	宿
22日	01/01	金	己巳	執	大林木	妻
23日	01/02	土	庚午	破	路傍土	胃
24日	01/03	日	辛未	危	路傍土	昴
25日	01/04	月	壬申	成	釵鋒金	畢
26日	01/05	火	癸酉	納	釵鋒金	觜
27日	01/06	水	甲戌	納	山頭火	参
28日	01/07	木	乙亥	開	山頭火	井
29日	01/08	金	丙子	閉	澗下水	鬼
30日	01/09	土	丁丑	建	澗下水	柳

【十二月大 己丑 危】
節気 大寒 12日・立春 27日
雑節 土用 9日・節分 26日

日	西暦	曜	干支	直	納音	宿
1日◎	01/10	日	戊寅	除	城頭土	星
2日	01/11	月	己卯	満	城頭土	張
3日	01/12	火	庚辰	平	白鑞金	翼
4日	01/13	水	辛巳	定	白鑞金	軫
5日	01/14	木	壬午	執	楊柳木	角
6日	01/15	金	癸未	破	楊柳木	亢
7日	01/16	土	甲申	危	井泉水	氐
8日	01/17	日	乙酉	成	井泉水	房
9日	01/18	月	丙戌	納	屋上土	心
10日	01/19	火	丁亥	開	屋上土	尾
11日	01/20	水	戊子	閉	霹靂火	箕
12日	01/21	木	己丑	建	霹靂火	斗
13日	01/22	金	庚寅	除	松柏木	牛
14日	01/23	土	辛卯	満	松柏木	女
15日	01/24	日	壬辰	平	長流水	虛
16日	01/25	月	癸巳	定	長流水	危
17日	01/26	火	甲午	執	沙中金	室
18日	01/27	水	乙未	危	沙中金	壁
19日	01/28	木	丙申	危	山下火	奎
20日	01/29	金	丁酉	成	山下火	妻
21日	01/30	土	戊戌	納	平地木	胃
22日	01/31	日	己亥	開	平地木	昴
23日	02/01	月	庚子	閉	壁上土	畢
24日	02/02	火	辛丑	建	壁上土	觜
25日	02/03	水	壬寅	除	金箔金	参
26日	02/04	木	癸卯	満	金箔金	井
27日	02/05	金	甲辰	満	覆燈火	鬼
28日	02/06	土	乙巳	平	覆燈火	柳
29日	02/07	日	丙午	定	天河水	星
30日	02/08	月	丁未	執	天河水	張

寛政8年
1796～1797　丙辰　畢

【正月小 庚寅 室】
節気 雨水 12日・啓蟄 27日

日	日付	曜	干支	直	納音	宿
1日	02/09	火	戊申	破	大駅土	翼
2日	02/10	水	己酉	危	大駅土	軫
3日	02/11	木	庚戌	成	釼釧金	角
4日	02/12	金	辛亥	納	釼釧金	亢
5日	02/13	土	壬子	開	桑柘木	氐
6日	02/14	日	癸丑	閉	桑柘木	房
7日	02/15	月	甲寅	建	大渓水	心
8日	02/16	火	乙卯	除	大渓水	尾
9日	02/17	水	丙辰	満	沙中土	箕
10日	02/18	木	丁巳	平	沙中土	斗
11日	02/19	金	戊午	定	天上火	牛
12日	02/20	土	己未	執	天上火	女
13日	02/21	日	庚申	破	柘榴木	虚
14日	02/22	月	辛酉	危	柘榴木	危
15日	02/23	火	壬戌	成	大海水	室
16日	02/24	水	癸亥	納	大海水	壁
17日	02/25	木	甲子	開	海中金	奎
18日	02/26	金	乙丑	閉	海中金	婁
19日	02/27	土	丙寅	建	爐中火	胃
20日	02/28	日	丁卯	除	爐中火	昴
21日	02/29	月	戊辰	満	大林木	畢
22日	03/01	火	己巳	平	大林木	觜
23日	03/02	水	庚午	定	路傍土	参
24日	03/03	木	辛未	執	路傍土	井
25日	03/04	金	壬申	破	釼鋒金	鬼
26日	03/05	土	癸酉	危	釼鋒金	柳
27日	03/06	日	甲戌	成	山頭火	星
28日	03/07	月	乙亥	納	山頭火	張
29日	03/08	火	丙子	納	澗下水	翼

【二月大 辛卯 壁】
節気 春分 14日・清明 29日
雑節 彼岸 9日・社日 12日

日	日付	曜	干支	直	納音	宿
1日	03/09	水	丁丑	開	澗下水	軫
2日	03/10	木	戊寅	閉	城頭土	角
3日	03/11	金	己卯	建	城頭土	亢
4日	03/12	土	庚辰	除	白鑞金	氐
5日	03/13	日	辛巳	満	白鑞金	房
6日	03/14	月	壬午	平	楊柳木	心
7日	03/15	火	癸未	定	楊柳木	尾
8日	03/16	水	甲申	執	井泉水	箕
9日	03/17	木	乙酉	破	井泉水	斗
10日	03/18	金	丙戌	危	屋上土	牛
11日	03/19	土	丁亥	成	屋上土	女
12日	03/20	日	戊子	納	霹靂火	虚
13日	03/21	月	己丑	開	霹靂火	危
14日	03/22	火	庚寅	閉	松柏木	室
15日	03/23	水	辛卯	建	松柏木	壁
16日	03/24	木	壬辰	除	長流水	奎
17日	03/25	金	癸巳	満	長流水	婁
18日	03/26	土	甲午	定	沙中金	胃
19日	03/27	日	乙未	定	沙中金	昴
20日	03/28	月	丙申	執	山下火	畢
21日	03/29	火	丁酉	破	山下火	觜
22日	03/30	水	戊戌	危	平地木	参
23日	03/31	木	己亥	成	平地木	井
24日	04/01	金	庚子	納	壁上土	鬼
25日	04/02	土	辛丑	開	壁上土	柳
26日	04/03	日	壬寅	閉	金箔金	星
27日	04/04	月	癸卯	建	金箔金	張
28日	04/05	火	甲辰	除	覆燈火	翼
29日	04/06	水	乙巳	除	覆燈火	軫
30日	04/07	木	丙午	満	天河水	角

【三月小 壬辰 奎】
節気 穀雨 14日・立夏 29日
雑節 土用 11日・八十八夜 25日

日	日付	曜	干支	直	納音	宿
1日	04/08	金	丁未	平	天河水	亢
2日	04/09	土	戊申	除	大駅土	氐
3日	04/10	日	己酉	執	大駅土	房
4日	04/11	月	庚戌	破	釼釧金	心
5日	04/12	火	辛亥	危	釼釧金	尾
6日	04/13	水	壬子	成	桑柘木	箕
7日	04/14	木	癸丑	納	桑柘木	斗
8日	04/15	金	甲寅	開	大渓水	牛
9日	04/16	土	乙卯	閉	大渓水	女
10日	04/17	日	丙辰	建	沙中土	虚
11日	04/18	月	丁巳	除	沙中土	危
12日	04/19	火	戊午	満	天上火	室
13日	04/20	水	己未	平	天上火	壁
14日	04/21	木	庚申	定	柘榴木	奎
15日	04/22	金	辛酉	執	柘榴木	婁
16日	04/23	土	壬戌	破	大海水	胃
17日	04/24	日	癸亥	危	大海水	昴
18日	04/25	月	甲子	成	海中金	畢
19日	04/26	火	乙丑	納	海中金	觜
20日	04/27	水	丙寅	開	爐中火	参
21日	04/28	木	丁卯	閉	爐中火	井
22日	04/29	金	戊辰	建	大林木	鬼
23日	04/30	土	己巳	除	大林木	柳
24日	05/01	日	庚午	平	路傍土	星
25日	05/02	月	辛未	平	路傍土	張
26日	05/03	火	壬申	定	釼鋒金	翼
27日	05/04	水	癸酉	執	釼鋒金	軫
28日	05/05	木	甲戌	破	山頭火	角
29日	05/06	金	乙亥	破	山頭火	亢

【四月大 癸巳 婁】
節気 小満 16日

日	日付	曜	干支	直	納音	宿
1日	05/07	土	丙子	危	澗下水	氐
2日	05/08	日	丁丑	成	澗下水	房
3日	05/09	月	戊寅	納	城頭土	心
4日	05/10	火	己卯	開	城頭土	尾
5日	05/11	水	庚辰	建	白鑞金	箕
6日	05/12	木	辛巳	建	白鑞金	斗
7日	05/13	金	壬午	除	楊柳木	牛
8日	05/14	土	癸未	満	楊柳木	女
9日	05/15	日	甲申	定	井泉水	虚
10日	05/16	月	乙酉	定	井泉水	危
11日	05/17	火	丙戌	執	屋上土	室
12日	05/18	水	丁亥	破	屋上土	壁
13日	05/19	木	戊子	危	霹靂火	奎
14日	05/20	金	己丑	成	霹靂火	婁
15日	05/21	土	庚寅	納	松柏木	胃
16日	05/22	日	辛卯	開	松柏木	昴
17日	05/23	月	壬辰	閉	長流水	畢
18日	05/24	火	癸巳	建	長流水	觜
19日	05/25	水	甲午	除	沙中金	参
20日	05/26	木	乙未	満	沙中金	井
21日	05/27	金	丙申	平	山下火	鬼
22日	05/28	土	丁酉	定	山下火	柳
23日	05/29	日	戊戌	破	平地木	星
24日	05/30	月	己亥	破	平地木	張
25日	05/31	火	庚子	危	壁上土	翼
26日	06/01	水	辛丑	成	壁上土	軫
27日	06/02	木	壬寅	納	金箔金	角
28日	06/03	金	癸卯	開	金箔金	亢
29日	06/04	土	甲辰	閉	覆燈火	氐
30日	06/05	日	乙巳	建	覆燈火	房

【五月小 甲午 胃】
節気 芒種 1日・夏至 16日
雑節 入梅 7日・半夏生 26日

日	日付	曜	干支	直	納音	宿
1日	06/06	月	丙午	建	天河水	心
2日	06/07	火	丁未	除	天河水	尾
3日	06/08	水	戊申	満	大駅土	箕
4日	06/09	木	己酉	平	大駅土	斗
5日	06/10	金	庚戌	定	釼釧金	牛
6日	06/11	土	辛亥	執	釼釧金	女
7日	06/12	日	壬子	破	桑柘木	虚
8日	06/13	月	癸丑	危	桑柘木	危
9日	06/14	火	甲寅	成	大渓水	室
10日	06/15	水	乙卯	納	大渓水	壁
11日	06/16	木	丙辰	開	沙中土	奎
12日	06/17	金	丁巳	閉	沙中土	婁
13日	06/18	土	戊午	建	天上火	胃
14日	06/19	日	己未	除	天上火	昴
15日☆	06/20	月	庚申	満	柘榴木	畢
16日	06/21	火	辛酉	平	柘榴木	觜
17日	06/22	水	壬戌	定	大海水	参
18日	06/23	木	癸亥	執	大海水	井
19日	06/24	金	甲子	破	海中金	鬼
20日	06/25	土	乙丑	危	海中金	柳
21日	06/26	日	丙寅	成	爐中火	星
22日	06/27	月	丁卯	納	爐中火	張
23日	06/28	火	戊辰	開	大林木	翼
24日	06/29	水	己巳	閉	大林木	軫
25日	06/30	木	庚午	建	路傍土	角
26日	07/01	金	辛未	除	路傍土	亢
27日	07/02	土	壬申	満	釼鋒金	氐
28日	07/03	日	癸酉	平	釼鋒金	房
29日	07/04	月	甲戌	定	山頭火	心

【六月小 乙未 昴】
節気 小暑 2日・大暑 17日
雑節 土用 14日

日	日付	曜	干支	直	納音	宿
1日◎	07/05	火	乙亥	執	山頭火	尾
2日	07/06	水	丙子	破	澗下水	箕
3日	07/07	木	丁丑	破	澗下水	斗
4日	07/08	金	戊寅	危	城頭土	牛
5日	07/09	土	己卯	成	城頭土	女
6日	07/10	日	庚辰	納	白鑞金	虚
7日	07/11	月	辛巳	開	白鑞金	危
8日	07/12	火	壬午	閉	楊柳木	室
9日	07/13	水	癸未	建	楊柳木	壁
10日	07/14	木	甲申	除	井泉水	奎
11日	07/15	金	乙酉	満	井泉水	婁
12日	07/16	土	丙戌	平	屋上土	胃
13日	07/17	日	丁亥	定	屋上土	昴
14日	07/18	月	戊子	執	霹靂火	畢
15日	07/19	火	己丑	破	霹靂火	觜
16日	07/20	水	庚寅	危	松柏木	参
17日	07/21	木	辛卯	成	松柏木	井
18日	07/22	金	壬辰	納	長流水	鬼
19日	07/23	土	癸巳	開	長流水	柳
20日	07/24	日	甲午	建	沙中金	星
21日	07/25	月	乙未	除	沙中金	張
22日	07/26	火	丙申	満	山下火	翼
23日	07/27	水	丁酉	平	山下火	軫
24日	07/28	木	戊戌	定	平地木	角
25日	07/29	金	己亥	執	平地木	亢
26日	07/30	土	庚子	破	壁上土	氐
27日	07/31	日	辛丑	危	壁上土	房
28日	08/01	月	壬寅	成	金箔金	心
29日	08/02	火	癸卯	納	金箔金	尾

【七月大 丙申 畢】
節気 立秋 4日・処暑 19日
雑節 二百十日 30日

日	日付	曜	干支	直	納音	宿
1日	08/03	水	甲辰	納	覆燈火	箕
2日	08/04	木	乙巳	開	覆燈火	斗
3日	08/05	金	丙午	閉	天河水	牛
4日	08/06	土	丁未	閉	天河水	女

西暦 曜 干支 直 納音 宿　　　　　　　　　　　　　　寛政8年

日	西暦	曜	干支	直	納音	宿
5日	08/07	日	戊申	建	大駅土	虚
6日	08/08	月	己酉	除	大駅土	危
7日	08/09	火	庚戌	満	釵釧金	室
8日	08/10	水	辛亥	平	釵釧金	壁
9日	08/11	木	壬子	定	桑柘木	奎
10日	08/12	金	癸丑	執	桑柘木	婁
11日	08/13	土	甲寅	破	大溪水	胃
12日	08/14	日	乙卯	危	大溪水	昴
13日	08/15	月	丙辰	成	沙中土	畢
14日	08/16	火	丁巳	納	沙中土	觜
15日	08/17	水	戊午	開	天上火	参
16日	08/18	木	己未	閉	天上火	井
17日	08/19	金	庚申	建	柘榴木	鬼
18日	08/20	土	辛酉	除	柘榴木	柳
19日	08/21	日	壬戌	満	大海水	星
20日	08/22	月	癸亥	平	大海水	張
21日	08/23	火	甲子	定	海中金	翼
22日	08/24	水	乙丑	執	海中金	軫
23日	08/25	木	丙寅	破	爐中火	角
24日	08/26	金	丁卯	危	爐中火	亢
25日	08/27	土	戊辰	成	大林木	氐
26日	08/28	日	己巳	納	大林木	房
27日	08/29	月	庚午	開	路傍土	心
28日	08/30	火	辛未	閉	路傍土	尾
29日	08/31	水	壬申	建	釵鋒金	箕
30日	09/01	木	癸酉	除	釵鋒金	斗

【八月小 丁酉 觜】
節気 白露 4日・秋分 19日
雑節 社日 15日・彼岸 18日

日	西暦	曜	干支	直	納音	宿
1日	09/02	金	甲戌	満	山頭火	牛
2日	09/03	土	乙亥	平	山頭火	女
3日	09/04	日	丙子	定	澗下水	虚
4日	09/05	月	丁丑	定	澗下水	危
5日	09/06	火	戊寅	執	城頭土	室
6日	09/07	水	己卯	破	城頭土	壁
7日	09/08	木	庚辰	危	白鑞金	奎
8日	09/09	金	辛巳	成	白鑞金	婁
9日	09/10	土	壬午	納	楊柳木	胃
10日	09/11	日	癸未	開	楊柳木	昴
11日	09/12	月	甲申	閉	井泉水	畢
12日	09/13	火	乙酉	建	井泉水	觜
13日	09/14	水	丙戌	除	屋上土	参
14日	09/15	木	丁亥	満	屋上土	井
15日	09/16	金	戊子	平	霹靂火	鬼
16日	09/17	土	己丑	定	霹靂火	柳
17日	09/18	日	庚寅	執	松柏木	星
18日	09/19	月	辛卯	破	松柏木	張
19日	09/20	火	壬辰	危	長流水	翼
20日	09/21	水	癸巳	成	長流水	軫
21日	09/22	木	甲午	納	沙中金	角
22日	09/23	金	乙未	開	沙中金	亢
23日	09/24	土	丙申	閉	山下火	氐
24日	09/25	日	丁酉	建	山下火	房
25日	09/26	月	戊戌	除	平地木	心
26日	09/27	火	己亥	満	平地木	尾
27日	09/28	水	庚子	平	壁上土	箕
28日	09/29	木	辛丑	定	壁上土	斗
29日	09/30	金	壬寅	執	金箔金	牛

【九月大 戊戌 参】
節気 寒露 5日・霜降 21日
雑節 土用 18日

日	西暦	曜	干支	直	納音	宿
1日	10/01	土	癸卯	破	金箔金	女
2日	10/02	日	甲辰	危	覆燈火	虚
3日	10/03	月	乙巳	成	覆燈火	危
4日	10/04	火	丙午	納	天河水	室
5日	10/05	水	丁未	納	天河水	壁
6日	10/06	木	戊申	開	大駅土	奎
7日	10/07	金	己酉	閉	大駅土	婁
8日	10/08	土	庚戌	建	釵釧金	胃
9日	10/09	日	辛亥	除	釵釧金	昴
10日	10/10	月	壬子	満	桑柘木	畢
11日	10/11	火	癸丑	平	桑柘木	觜
12日	10/12	水	甲寅	定	大溪水	参
13日	10/13	木	乙卯	執	大溪水	井
14日	10/14	金	丙辰	破	沙中土	柳
15日	10/15	土	丁巳	危	沙中土	星
16日	10/16	日	戊午	成	天上火	張
17日	10/17	月	己未	納	天上火	翼
18日	10/18	火	庚申	開	柘榴木	軫
19日	10/19	水	辛酉	閉	柘榴木	角
20日	10/20	木	壬戌	建	大海水	亢
21日	10/21	金	癸亥	除	大海水	氐
22日	10/22	土	甲子	満	海中金	房
23日	10/23	日	乙丑	平	海中金	心
24日	10/24	月	丙寅	定	爐中火	尾
25日	10/25	火	丁卯	執	爐中火	箕
26日	10/26	水	戊辰	破	大林木	斗
27日	10/27	木	己巳	危	大林木	牛
28日	10/28	金	庚午	成	路傍土	女
29日	10/29	土	辛未	納	路傍土	虚
30日	10/30	日	壬申	開	釵鋒金	危

【十月小 己亥 井】
節気 立冬 6日・小雪 21日

日	西暦	曜	干支	直	納音	宿
1日	10/31	月	癸酉	閉	釵鋒金	危
2日	11/01	火	甲戌	建	山頭火	室
3日	11/02	水	乙亥	除	山頭火	壁
4日	11/03	木	丙子	満	澗下水	奎
5日	11/04	金	丁丑	平	澗下水	婁
6日	11/05	土	戊寅	平	城頭土	胃
7日	11/06	日	己卯	定	城頭土	昴
8日	11/07	月	庚辰	執	白鑞金	畢
9日	11/08	火	辛巳	破	白鑞金	觜
10日	11/09	水	壬午	危	楊柳木	参
11日	11/10	木	癸未	成	楊柳木	井
12日	11/11	金	甲申	納	井泉水	鬼
13日	11/12	土	乙酉	開	井泉水	柳
14日	11/13	日	丙戌	閉	屋上土	星
15日	11/14	月	丁亥	建	屋上土	張
16日	11/15	火	戊子	除	霹靂火	翼
17日	11/16	水	己丑	満	霹靂火	軫
18日	11/17	木	庚寅	平	松柏木	角
19日	11/18	金	辛卯	定	松柏木	亢
20日	11/19	土	壬辰	執	長流水	氐
21日	11/20	日	癸巳	破	長流水	房
22日	11/21	月	甲午	危	沙中金	心
23日	11/22	火	乙未	成	沙中金	尾
24日	11/23	水	丙申	納	山下火	箕
25日	11/24	木	丁酉	開	山下火	斗
26日	11/25	金	戊戌	閉	平地木	牛
27日	11/26	土	己亥	建	平地木	女
28日	11/27	日	庚子	除	壁上土	虚
29日	11/28	月	辛丑	満	壁上土	危

【十一月大 庚子 鬼】
節気 大雪 7日・冬至 23日

日	西暦	曜	干支	直	納音	宿
1日	11/29	火	壬寅	平	金箔金	室
2日	11/30	水	癸卯	定	金箔金	壁
3日	12/01	木	甲辰	執	覆燈火	奎
4日	12/02	金	乙巳	破	覆燈火	婁
5日	12/03	土	丙午	危	天河水	胃
6日	12/04	日	丁未	成	天河水	昴
7日	12/05	月	戊申	成	大駅土	畢
8日	12/06	火	己酉	納	大駅土	觜
9日	12/07	水	庚戌	開	釵釧金	参
10日	12/08	木	辛亥	閉	釵釧金	井
11日	12/09	金	壬子	建	桑柘木	鬼
12日	12/10	土	癸丑	除	桑柘木	柳
13日	12/11	日	甲寅	満	大溪水	星
14日	12/12	月	乙卯	平	大溪水	張
15日	12/13	火	丙辰	定	沙中土	翼
16日☆	12/14	水	丁巳	執	沙中土	軫
17日	12/15	木	戊午	破	天上火	角
18日	12/16	金	己未	危	天上火	亢
19日	12/17	土	庚申	成	柘榴木	氐
20日	12/18	日	辛酉	納	柘榴木	房
21日	12/19	月	壬戌	開	大海水	心
22日	12/20	火	癸亥	閉	大海水	尾
23日	12/21	水	甲子	建	海中金	箕
24日	12/22	木	乙丑	除	海中金	斗
25日	12/23	金	丙寅	満	爐中火	牛
26日	12/24	土	丁卯	平	爐中火	女
27日	12/25	日	戊辰	定	大林木	虚
28日	12/26	月	己巳	執	大林木	危
29日	12/27	火	庚午	破	路傍土	室
30日	12/28	水	辛未	危	路傍土	壁

【十二月大 辛丑 柳】
節気 小寒 8日・大寒 23日
雑節 土用 20日

日	西暦	曜	干支	直	納音	宿
1日	12/29	木	壬申	成	釵鋒金	奎
2日	12/30	金	癸酉	納	釵鋒金	婁
3日	12/31	土	甲戌	開	山頭火	胃

1797年

日	西暦	曜	干支	直	納音	宿
4日	01/01	日	乙亥	閉	山頭火	昴
5日	01/02	月	丙子	建	澗下水	畢
6日	01/03	火	丁丑	除	澗下水	觜
7日	01/04	水	戊寅	満	城頭土	参
8日	01/05	木	己卯	満	城頭土	井
9日	01/06	金	庚辰	平	白鑞金	鬼
10日	01/07	土	辛巳	定	白鑞金	柳
11日	01/08	日	壬午	執	楊柳木	星
12日	01/09	月	癸未	破	楊柳木	張
13日	01/10	火	甲申	危	井泉水	翼
14日	01/11	水	乙酉	成	井泉水	軫
15日	01/12	木	丙戌	納	屋上土	角
16日	01/13	金	丁亥	開	屋上土	亢
17日	01/14	土	戊子	閉	霹靂火	氐
18日	01/15	日	己丑	建	霹靂火	房
19日	01/16	月	庚寅	除	松柏木	心
20日	01/17	火	辛卯	満	松柏木	尾
21日	01/18	水	壬辰	平	長流水	箕
22日	01/19	木	癸巳	定	長流水	斗
23日	01/20	金	甲午	執	沙中金	牛
24日	01/21	土	乙未	破	沙中金	女
25日	01/22	日	丙申	危	山下火	虚
26日	01/23	月	丁酉	成	山下火	室
27日	01/24	火	戊戌	納	平地木	壁
28日	01/25	水	己亥	開	平地木	奎
29日	01/26	木	庚子	閉	壁上土	婁
30日	01/27	金	辛丑	建	壁上土	胃

寛政9年
1797～1798　丁巳　蛇

【正月大　壬寅　星】
節気　立春 8日・雨水 23日
雑節　節分 7日

日	月日	曜	干支	直	納音	宿
1日	01/28	土	壬寅	除	金箔金	胃
2日	01/29	日	癸卯	満	金箔金	昴
3日	01/30	月	甲辰	平	覆燈火	畢
4日	01/31	火	乙巳	定	覆燈火	觜
5日	02/01	水	丙午	執	天河水	参
6日	02/02	木	丁未	破	天河水	井
7日	02/03	金	戊申	危	大駅土	鬼
8日	02/04	土	己酉	成	大駅土	柳
9日	02/05	日	庚戌	納	釵釧金	星
10日	02/06	月	辛亥	開	釵釧金	張
11日	02/07	火	壬子	閉	桑柘木	翼
12日	02/08	水	癸丑	建	桑柘木	軫
13日	02/09	木	甲寅	除	大渓水	角
14日	02/10	金	乙卯	満	大渓水	亢
15日	02/11	土	丙辰	平	沙中土	氐
16日	02/12	日	丁巳	定	沙中土	房
17日	02/13	月	戊午	執	天上火	心
18日	02/14	火	己未	破	天上火	尾
19日	02/15	水	庚申	危	柘榴木	箕
20日	02/16	木	辛酉	成	柘榴木	斗
21日	02/17	金	壬戌	納	大海水	女
22日	02/18	土	癸亥	開	大海水	虚
23日	02/19	日	甲子	建	海中金	危
24日	02/20	月	乙丑	除	海中金	室
25日	02/21	火	丙寅	満	爐中火	壁
26日	02/22	水	丁卯	平	爐中火	奎
27日	02/23	木	戊辰	定	大林木	婁
28日	02/24	金	己巳	執	大林木	胃
29日	02/25	土	庚午	破	路傍土	昴
30日	02/26	日	辛未	危	路傍土	觜

【二月小　癸卯　張】
節気　啓蟄 9日・春分 24日
雑節　彼岸 19日・社日 27日

日	月日	曜	干支	直	納音	宿
1日	02/27	月	壬申	破	釼鋒金	畢
2日	02/28	火	癸酉	危	釼鋒金	参
3日	03/01	水	甲戌	成	山頭火	井
4日	03/02	木	乙亥	納	山頭火	鬼
5日	03/03	金	丙子	開	澗下水	柳
6日	03/04	土	丁丑	閉	澗下水	星
7日	03/05	日	戊寅	建	城頭土	張
8日	03/06	月	己卯	除	城頭土	翼
9日	03/07	火	庚辰	除	白鑞金	軫
10日	03/08	水	辛巳	満	白鑞金	角
11日	03/09	木	壬午	平	楊柳木	亢
12日	03/10	金	癸未	定	楊柳木	氐
13日	03/11	土	甲申	執	井泉水	房
14日	03/12	日	乙酉	破	井泉水	心
15日	03/13	月	丙戌	危	屋上土	尾
16日	03/14	火	丁亥	成	屋上土	箕
17日	03/15	水	戊子	納	霹靂火	斗
18日	03/16	木	己丑	開	霹靂火	女
19日	03/17	金	庚寅	建	松柏木	虚
20日	03/18	土	辛卯	除	松柏木	危
21日	03/19	日	壬辰	満	長流水	室
22日	03/20	月	癸巳	平	長流水	壁
23日	03/21	火	甲午	定	沙中金	奎
24日	03/22	水	乙未	執	沙中金	婁
25日	03/23	木	丙申	破	山下火	胃
26日	03/24	金	丁酉	危	山下火	昴
27日	03/25	土	戊戌	成	平地木	觜
28日	03/26	日	己亥	納	平地木	畢
29日	03/27	月	庚子	開	壁上土	参

【三月大　甲辰　翼】
節気　清明 10日・穀雨 25日
雑節　土用 22日

日	月日	曜	干支	直	納音	宿
1日	03/28	火	辛丑	開	壁上土	觜
2日	03/29	水	壬寅	閉	金箔金	参
3日	03/30	木	癸卯	建	金箔金	井
4日	03/31	金	甲辰	除	覆燈火	鬼
5日	04/01	土	乙巳	満	覆燈火	柳
6日	04/02	日	丙午	平	天河水	星
7日	04/03	月	丁未	定	天河水	張
8日	04/04	火	戊申	執	大駅土	翼
9日	04/05	水	己酉	破	大駅土	軫
10日	04/06	木	庚戌	危	釵釧金	角
11日	04/07	金	辛亥	成	釵釧金	亢
12日	04/08	土	壬子	納	桑柘木	氐
13日	04/09	日	癸丑	開	桑柘木	房
14日	04/10	月	甲寅	閉	大渓水	心
15日	04/11	火	乙卯	建	大渓水	尾
16日	04/12	水	丙辰	除	沙中土	箕
17日	04/13	木	丁巳	満	沙中土	斗
18日	04/14	金	戊午	平	天上火	牛
19日	04/15	土	己未	定	天上火	女
20日	04/16	日	庚申	執	柘榴木	虚
21日	04/17	月	辛酉	破	柘榴木	危
22日	04/18	火	壬戌	危	大海水	室
23日	04/19	水	癸亥	成	大海水	壁
24日	04/20	木	甲子	納	海中金	奎
25日	04/21	金	乙丑	開	海中金	婁
26日	04/22	土	丙寅	閉	爐中火	胃
27日	04/23	日	丁卯	建	爐中火	昴
28日	04/24	月	戊辰	除	大林木	畢
29日	04/25	火	己巳	満	大林木	觜
30日	04/26	水	庚午	平	路傍土	参

【四月小　乙巳　軫】
節気　立夏 11日・小満 26日
雑節　八十八夜 6日

日	月日	曜	干支	直	納音	宿
1日	04/27	木	辛未	平	路傍土	井
2日	04/28	金	壬申	定	釼鋒金	鬼
3日	04/29	土	癸酉	執	釼鋒金	柳
4日	04/30	日	甲戌	破	山頭火	星
5日	05/01	月	乙亥	危	山頭火	張
6日	05/02	火	丙子	成	澗下水	翼
7日	05/03	水	丁丑	納	澗下水	軫
8日	05/04	木	戊寅	開	城頭土	角
9日	05/05	金	己卯	閉	城頭土	亢
10日	05/06	土	庚辰	建	白鑞金	氐
11日	05/07	日	辛巳	除	白鑞金	房
12日	05/08	月	壬午	満	楊柳木	心
13日	05/09	火	癸未	平	楊柳木	尾
14日	05/10	水	甲申	定	井泉水	箕
15日	05/11	木	乙酉	執	井泉水	斗
16日	05/12	金	丙戌	破	屋上土	牛
17日	05/13	土	丁亥	危	屋上土	女
18日	05/14	日	戊子	成	霹靂火	虚
19日	05/15	月	己丑	納	霹靂火	危
20日	05/16	火	庚寅	開	松柏木	室
21日	05/17	水	辛卯	閉	松柏木	壁
22日	05/18	木	壬辰	建	長流水	奎
23日	05/19	金	癸巳	除	長流水	婁
24日	05/20	土	甲午	満	沙中金	胃
25日	05/21	日	乙未	平	沙中金	昴
26日	05/22	月	丙申	定	山下火	畢
27日	05/23	火	丁酉	執	山下火	觜
28日	05/24	水	戊戌	破	平地木	参
29日	05/25	木	己亥	危	平地木	井

【五月大　丙午　角】
節気　芒種 12日・夏至 27日
雑節　入梅 13日

日	月日	曜	干支	直	納音	宿
1日	05/26	金	庚子	危	壁上土	鬼
2日	05/27	土	辛丑	成	壁上土	柳
3日	05/28	日	壬寅	納	金箔金	星
4日	05/29	月	癸卯	開	金箔金	張
5日	05/30	火	甲辰	閉	覆燈火	翼
6日	05/31	水	乙巳	建	覆燈火	軫
7日	06/01	木	丙午	除	天河水	角
8日	06/02	金	丁未	満	天河水	亢
9日	06/03	土	戊申	平	大駅土	氐
10日	06/04	日	己酉	定	大駅土	房
11日	06/05	月	庚戌	執	釵釧金	心
12日	06/06	火	辛亥	破	釵釧金	尾
13日	06/07	水	壬子	危	桑柘木	箕
14日	06/08	木	癸丑	成	桑柘木	斗
15日	06/09	金	甲寅	納	大渓水	牛
16日	06/10	土	乙卯	開	大渓水	女
17日	06/11	日	丙辰	閉	沙中土	虚
18日	06/12	月	丁巳	建	沙中土	危
19日	06/13	火	戊午	除	天上火	室
20日	06/14	水	己未	満	天上火	壁
21日	06/15	木	庚申	平	柘榴木	奎
22日	06/16	金	辛酉	定	柘榴木	婁
23日	06/17	土	壬戌	執	大海水	胃
24日	06/18	日	癸亥	破	大海水	昴
25日	06/19	月	甲子	危	海中金	畢
26日	06/20	火	乙丑	成	海中金	觜
27日	06/21	水	丙寅	納	爐中火	参
28日	06/22	木	丁卯	開	爐中火	井
29日	06/23	金	戊辰	閉	大林木	鬼
30日	06/24	土	己巳	建	大林木	柳

【六月小　丁未　亢】
節気　小暑 12日・大暑 28日
雑節　半夏生 7日・土用 25日

日	月日	曜	干支	直	納音	宿
1日	06/25	日	庚午	除	路傍土	星
2日	06/26	月	辛未	満	路傍土	張
3日	06/27	火	壬申	平	釼鋒金	翼
4日	06/28	水	癸酉	定	釼鋒金	軫
5日	06/29	木	甲戌	執	山頭火	角
6日	06/30	金	乙亥	破	山頭火	亢
7日	07/01	土	丙子	危	澗下水	氐
8日	07/02	日	丁丑	成	澗下水	房
9日	07/03	月	戊寅	納	城頭土	心
10日	07/04	火	己卯	開	城頭土	尾
11日	07/05	水	庚辰	閉	白鑞金	箕
12日	07/06	木	辛巳	建	白鑞金	斗
13日	07/07	金	壬午	除	楊柳木	牛
14日	07/08	土	癸未	満	楊柳木	女
15日	07/09	日	甲申	平	井泉水	虚
16日	07/10	月	乙酉	定	井泉水	危
17日	07/11	火	丙戌	執	屋上土	室
18日	07/12	水	丁亥	破	屋上土	壁
19日	07/13	木	戊子	危	霹靂火	奎
20日	07/14	金	己丑	成	霹靂火	婁
21日	07/15	土	庚寅	納	松柏木	胃
22日	07/16	日	辛卯	開	松柏木	昴
23日	07/17	月	壬辰	閉	長流水	畢
24日	07/18	火	癸巳	建	長流水	觜
25日	07/19	水	甲午	除	沙中金	参
26日	07/20	木	乙未	満	沙中金	井
27日	07/21	金	丙申	平	山下火	鬼
28日	07/22	土	丁酉	定	山下火	柳
29日	07/23	日	戊戌	執	平地木	星

【七月小　戊申　氐】
節気　立秋 14日・処暑 29日

日	月日	曜	干支	直	納音	宿
1日	07/24	月	己亥	破	平地木	張
2日	07/25	火	庚子	危	壁上土	翼
3日	07/26	水	辛丑	成	壁上土	軫
4日	07/27	木	壬寅	納	金箔金	角
5日	07/28	金	癸卯	開	金箔金	亢
6日	07/29	土	甲辰	閉	覆燈火	氐
7日	07/30	日	乙巳	建	覆燈火	房
8日	07/31	月	丙午	除	天河水	心
9日	08/01	火	丁未	満	天河水	尾
10日	08/02	水	戊申	平	大駅土	箕
11日	08/03	木	己酉	定	大駅土	斗
12日	08/04	金	庚戌	執	釵釧金	牛
13日	08/05	土	辛亥	破	釵釧金	女
14日	08/06	日	壬子	危	桑柘木	虚
15日	08/07	月	癸丑	成	桑柘木	危

西暦	曜	干支	直	納音	宿		寛政9年

日	西暦	曜	干支	直	納音	宿
16日	08/08	火	甲寅	破	大溪水	室
17日	08/09	水	乙卯	危	大溪水	壁
18日	08/10	木	丙辰	成	沙中土	奎
19日	08/11	金	丁巳	納	沙中土	婁
20日	08/12	土	戊午	開	天上火	胃
21日	08/13	日	己未	閉	天上火	昴
22日	08/14	月	庚申	建	柘榴木	畢
23日	08/15	火	辛酉	建	柘榴木	觜
24日	08/16	水	壬戌	除	大海水	参
25日	08/17	木	癸亥	満	大海水	井
26日	08/18	金	甲子	平	海中金	鬼
27日	08/19	土	乙丑	定	海中金	柳
28日	08/20	日	丙寅	執	爐中火	星
29日	08/21	月	丁卯	破	爐中火	張

【閏七月小 戊申 氐】
節気 白露 15日
雑節 二百十日 11日

日	西暦	曜	干支	直	納音	宿
1日	08/22	火	戊辰	成	大林木	翼
2日	08/23	水	己巳	納	大林木	軫
3日	08/24	木	庚午	開	路傍土	角
4日	08/25	金	辛未	閉	路傍土	亢
5日	08/26	土	壬申	建	釵釧金	氐
6日	08/27	日	癸酉	除	釵釧金	房
7日	08/28	月	甲戌	満	山頭火	心
8日	08/29	火	乙亥	平	山頭火	尾
9日	08/30	水	丙子	定	澗下水	箕
10日	08/31	木	丁丑	執	澗下水	斗
11日	09/01	金	戊寅	破	城頭土	女
12日	09/02	土	己卯	危	城頭土	虚
13日	09/03	日	庚辰	成	白鑞金	危
14日	09/04	月	辛巳	納	白鑞金	室
15日	09/05	火	壬午	開	楊柳木	壁
16日	09/06	水	癸未	閉	楊柳木	奎
17日	09/07	木	甲申	建	井泉水	婁
18日	09/08	金	乙酉	除	井泉水	胃
19日	09/09	土	丙戌	満	屋上土	昴
20日	09/10	日	丁亥	平	屋上土	畢
21日	09/11	月	戊子	定	霹靂火	觜
22日	09/12	火	己丑	執	霹靂火	参
23日	09/13	水	庚寅	破	松柏木	井
24日	09/14	木	辛卯	危	松柏木	鬼
25日	09/15	金	壬辰	成	長流水	柳
26日	09/16	土	癸巳	納	長流水	星
27日	09/17	日	甲午	開	沙中金	張
28日	09/18	月	乙未	閉	沙中金	翼
29日	09/19	火	丙申	建	山下火	翼

【八月大 己酉 房】
節気 秋分 2日・寒露 17日
雑節 彼岸 1日・社日 2日・土用 29日

日	西暦	曜	干支	直	納音	宿
1日	09/20	水	丁酉	建	山下火	軫
2日	09/21	木	戊戌	平	平地木	角
3日	09/22	金	己亥	満	平地木	亢
4日	09/23	土	庚子	平	壁上土	氐
5日	09/24	日	辛丑	執	壁上土	房
6日	09/25	月	壬寅	執	金箔金	心
7日	09/26	火	癸卯	破	金箔金	尾
8日	09/27	水	甲辰	危	覆燈火	箕
9日	09/28	木	乙巳	成	覆燈火	斗
10日	09/29	金	丙午	納	天河水	牛
11日	09/30	土	丁未	開	天河水	女
12日	10/01	日	戊申	閉	大駅土	虚
13日	10/02	月	己酉	建	大駅土	危
14日	10/03	火	庚戌	除	釵釧金	室
15日	10/04	水	辛亥	満	釵釧金	壁
16日	10/05	木	壬子	平	桑柘木	奎
17日	10/06	金	癸丑	定	桑柘木	婁
18日	10/07	土	甲寅	執	大溪水	胃
19日	10/08	日	乙卯	破	大溪水	昴
20日	10/09	月	丙辰	危	沙中土	畢
21日	10/10	火	丁巳	成	沙中土	觜
22日	10/11	水	戊午	納	天上火	参
23日	10/12	木	己未	納	天上火	井
24日	10/13	金	庚申	開	柘榴木	鬼
25日	10/14	土	辛酉	閉	柘榴木	柳
26日	10/15	日	壬戌	建	大海水	星
27日	10/16	月	癸亥	除	大海水	張
28日	10/17	火	甲子	満	海中金	翼
29日	10/18	水	乙丑	定	海中金	軫

【九月小 庚戌 心】
節気 霜降 2日・立冬 17日

日	西暦	曜	干支	直	納音	宿
1日	10/20	金	丁卯	執	爐中火	亢
2日	10/21	土	戊辰	破	大林木	氐
3日	10/22	日	己巳	危	大林木	房
4日	10/23	月	庚午	成	路傍土	心
5日	10/24	火	辛未	納	路傍土	尾
6日	10/25	水	壬申	開	釵釧金	箕
7日	10/26	木	癸酉	閉	釵釧金	斗
8日	10/27	金	甲戌	建	山頭火	女
9日	10/28	土	乙亥	除	山頭火	虚
10日	10/29	日	丙子	満	澗下水	危
11日	10/30	月	丁丑	平	澗下水	室
12日	10/31	火	戊寅	定	城頭土	壁
13日	11/01	水	己卯	執	城頭土	奎
14日	11/02	木	庚辰	破	白鑞金	婁
15日	11/03	金	辛巳	危	白鑞金	胃
16日	11/04	土	壬午	成	楊柳木	昴
17日	11/05	日	癸未	納	楊柳木	畢
18日	11/06	月	甲申	開	井泉水	觜
19日	11/07	火	乙酉	閉	井泉水	参
20日	11/08	水	丙戌	建	屋上土	井
21日	11/09	木	丁亥	除	屋上土	鬼
22日	11/10	金	戊子	満	霹靂火	柳
23日	11/11	土	己丑	平	霹靂火	星
24日	11/12	日	庚寅	定	松柏木	張
25日	11/13	月	辛卯	執	松柏木	翼
26日	11/14	火	壬辰	破	長流水	軫
27日	11/15	水	癸巳	危	長流水	角
28日	11/16	木	甲午	成	沙中金	亢
29日	11/17	金	乙未	成	沙中金	氐

【十月大 辛亥 尾】
節気 小雪 3日・大雪 19日

日	西暦	曜	干支	直	納音	宿
1日	11/18	土	丙申	納	山下火	房
2日	11/19	日	丁酉	開	山下火	心
3日	11/20	月	戊戌	閉	平地木	尾
4日	11/21	火	己亥	建	平地木	箕
5日	11/22	水	庚子	除	壁上土	斗
6日	11/23	木	辛丑	満	壁上土	牛
7日	11/24	金	壬寅	平	金箔金	女
8日	11/25	土	癸卯	定	金箔金	虚
9日	11/26	日	甲辰	執	覆燈火	危
10日	11/27	月	乙巳	破	覆燈火	室
11日	11/28	火	丙午	危	天河水	壁
12日	11/29	水	丁未	成	天河水	奎
13日	11/30	木	戊申	納	大駅土	婁
14日	12/01	金	己酉	開	大駅土	胃
15日	12/02	土	庚戌	閉	釵釧金	昴
16日	12/03	日	辛亥	建	釵釧金	畢
17日	12/04	月	壬子	除	桑柘木	觜
18日	12/05	火	癸丑	満	桑柘木	参
19日	12/06	水	甲寅	満	大溪水	井
20日	12/07	木	乙卯	平	大溪水	鬼
21日	12/08	金	丙辰	定	沙中土	柳
22日	12/09	土	丁巳	執	沙中土	星
23日	12/10	日	戊午	破	天上火	張
24日	12/11	月	己未	危	天上火	翼
25日	12/12	火	庚申	成	柘榴木	軫
26日	12/13	水	辛酉	納	柘榴木	角
27日	12/14	木	壬戌	開	大海水	亢
28日	12/15	金	癸亥	閉	大海水	氐
29日	12/16	土	甲子	建	海中金	房
30日	12/17	日	乙丑	除	海中金	心

【十一月大 壬子 箕】
節気 冬至 4日・小寒 19日

日	西暦	曜	干支	直	納音	宿
1日	12/18	月	丙寅	満	爐中火	心
2日	12/19	火	丁卯	平	爐中火	尾
3日	12/20	水	戊辰	定	大林木	箕
4日	12/21	木	己巳	執	大林木	斗
5日	12/22	金	庚午	破	路傍土	牛
6日	12/23	土	辛未	危	路傍土	女
7日	12/24	日	壬申	成	釵釧金	虚
8日	12/25	月	癸酉	納	釵釧金	危
9日	12/26	火	甲戌	開	山頭火	室
10日	12/27	水	乙亥	閉	山頭火	壁
11日	12/28	木	丙子	建	澗下水	奎
12日	12/29	金	丁丑	除	澗下水	婁
13日	12/30	土	戊寅	平	城頭土	胃
14日	12/31	日	己卯	平	城頭土	昴

1798年

日	西暦	曜	干支	直	納音	宿
15日	01/01	月	庚辰	定	白鑞金	畢
16日	01/02	火	辛巳	執	白鑞金	觜
17日	01/03	水	壬午	破	楊柳木	参
18日	01/04	木	癸未	危	楊柳木	井
19日	01/05	金	甲申	成	井泉水	鬼
20日	01/06	土	乙酉	納	井泉水	柳
21日	01/07	日	丙戌	納	屋上土	星
22日	01/08	月	丁亥	開	屋上土	張
23日	01/09	火	戊子	閉	霹靂火	翼
24日	01/10	水	己丑	建	霹靂火	軫
25日	01/11	木	庚寅	満	松柏木	角
26日	01/12	金	辛卯	平	松柏木	亢
27日	01/13	土	壬辰	平	長流水	氐
28日	01/14	日	癸巳	定	長流水	房
29日	01/15	月	甲午	執	沙中金	心
30日	01/16	火	乙未	破	沙中金	尾

【十二月大 癸丑 斗】
節気 大寒 4日・立春 19日
雑節 土用 1日・節分 18日

日	西暦	曜	干支	直	納音	宿
1日	01/17	水	丙申	危	山下火	箕
2日	01/18	木	丁酉	成	山下火	斗
3日	01/19	金	戊戌	納	平地木	女
4日	01/20	土	己亥	開	平地木	虚
5日	01/21	日	庚子	閉	壁上土	危
6日	01/22	月	辛丑	建	壁上土	室
7日	01/23	火	壬寅	除	金箔金	壁
8日	01/24	水	癸卯	満	金箔金	奎
9日	01/25	木	甲辰	平	覆燈火	婁
10日	01/26	金	乙巳	定	覆燈火	胃
11日	01/27	土	丙午	執	天河水	昴
12日	01/28	日	丁未	破	天河水	畢
13日	01/29	月	戊申	危	大駅土	觜
14日	01/30	火	己酉	成	大駅土	参
15日	01/31	水	庚戌	納	釵釧金	井
16日	02/01	木	辛亥	開	釵釧金	鬼
17日	02/02	金	壬子	閉	桑柘木	柳
18日	02/03	土	癸丑	建	桑柘木	星
19日	02/04	日	甲寅	除	大溪水	張
20日	02/05	月	乙卯	満	大溪水	翼
21日	02/06	火	丙辰	満	沙中土	軫
22日	02/07	水	丁巳	平	沙中土	角
23日	02/08	木	戊午	定	天上火	亢
24日	02/09	金	己未	執	天上火	氐
25日	02/10	土	庚申	破	柘榴木	房
26日	02/11	日	辛酉	危	柘榴木	心
27日	02/12	月	壬戌	成	大海水	尾
28日	02/13	火	癸亥	納	大海水	箕
29日	02/14	水	甲子	開	海中金	斗
30日	02/15	木	乙丑	閉	海中金	斗

寛政10年
1798～1799　戊午　参

【正月小 甲寅 牛】
節気 雨水 5日・啓蟄 20日

日	西暦	曜	干支	直	納音	宿
1日	02/16	金	丙寅	建	爐中火	牛
2日	02/17	土	丁卯	除	爐中火	女
3日	02/18	日	戊辰	満	大林木	虚
4日	02/19	月	己巳	平	大林木	危
5日	02/20	火	庚午	定	路傍土	室
6日	02/21	水	辛未	執	路傍土	壁
7日	02/22	木	壬申	破	釼鋒金	奎
8日	02/23	金	癸酉	危	釼鋒金	妻
9日	02/24	土	甲戌	成	山頭火	胃
10日	02/25	日	乙亥	納	山頭火	昴
11日	02/26	月	丙子	開	澗下水	畢
12日	02/27	火	丁丑	閉	澗下水	觜
13日	02/28	水	戊寅	建	城頭土	参
14日	03/01	木	己卯	除	城頭土	井
15日	03/02	金	庚辰	満	白鑞金	鬼
16日	03/03	土	辛巳	定	白鑞金	柳
17日	03/04	日	壬午	定	楊柳木	星
18日	03/05	月	癸未	執	楊柳木	張
19日	03/06	火	甲申	破	井泉水	翼
20日	03/07	水	乙酉	危	井泉水	軫
21日	03/08	木	丙戌	成	屋上土	角
22日	03/09	金	丁亥	納	屋上土	亢
23日	03/10	土	戊子	開	霹靂火	房
24日	03/11	日	己丑	閉	霹靂火	心
25日	03/12	月	庚寅	閉	松柏木	尾
26日	03/13	火	辛卯	建	松柏木	箕
27日	03/14	水	壬辰	除	長流水	斗
28日	03/15	木	癸巳	満	長流水	牛
29日	03/16	金	甲午	平	沙中金	女

【二月大 乙卯 女】
節気 春分 6日・清明 21日
雑節 彼岸 1日・社日 4日

日	西暦	曜	干支	直	納音	宿
1日	03/17	土	乙未	定	沙中金	女
2日	03/18	日	丙申	執	山下火	虚
3日	03/19	月	丁酉	破	山下火	危
4日	03/20	火	戊戌	成	平地木	室
5日	03/21	水	己亥	成	平地木	壁
6日	03/22	木	庚子	納	壁上土	奎
7日	03/23	金	辛丑	開	壁上土	妻
8日	03/24	土	壬寅	閉	金箔金	胃
9日	03/25	日	癸卯	建	金箔金	昴
10日	03/26	月	甲辰	除	覆燈火	畢
11日	03/27	火	乙巳	満	覆燈火	觜
12日	03/28	水	丙午	平	天河水	参
13日	03/29	木	丁未	定	天河水	井
14日	03/30	金	戊申	執	大駅土	柳
15日	03/31	土	己酉	破	大駅土	星
16日	04/01	日	庚戌	危	釵釧金	張
17日	04/02	月	辛亥	成	釵釧金	翼
18日	04/03	火	壬子	納	桑柘木	軫
19日	04/04	水	癸丑	開	桑柘木	角
20日	04/05	木	甲寅	閉	大溪水	亢
21日	04/06	金	乙卯	建	大溪水	氐
22日	04/07	土	丙辰	建	沙中土	房
23日	04/08	日	丁巳	除	沙中土	心
24日	04/09	月	戊午	満	天上火	尾
25日	04/10	火	己未	定	天上火	箕
26日	04/11	水	庚申	執	柘榴木	斗
27日	04/12	木	辛酉	破	柘榴木	牛
28日	04/13	金	壬戌	破	大海水	女
29日	04/14	土	癸亥	危	大海水	女
30日	04/15	日	甲子	成	海中金	虚

【三月大 丙辰 虚】
節気 穀雨 7日・立夏 22日
雑節 土用 4日・八十八夜 17日

日	西暦	曜	干支	直	納音	宿
1日	04/16	月	乙丑	納	海中金	危
2日	04/17	火	丙寅	開	爐中火	室
3日	04/18	水	丁卯	閉	爐中火	壁
4日	04/19	木	戊辰	建	大林木	奎
5日	04/20	金	己巳	除	大林木	妻
6日	04/21	土	庚午	満	路傍土	胃
7日	04/22	日	辛未	平	路傍土	昴
8日	04/23	月	壬申	定	釼鋒金	畢
9日	04/24	火	癸酉	執	釼鋒金	觜
10日	04/25	水	甲戌	破	山頭火	参
11日	04/26	木	乙亥	危	山頭火	井
12日	04/27	金	丙子	成	澗下水	鬼
13日	04/28	土	丁丑	納	澗下水	柳
14日	04/29	日	戊寅	開	城頭土	星
15日	04/30	月	己卯	閉	城頭土	張
16日	05/01	火	庚辰	建	白鑞金	翼
17日	05/02	水	辛巳	除	白鑞金	軫
18日	05/03	木	壬午	満	楊柳木	角
19日	05/04	金	癸未	平	楊柳木	亢
20日	05/05	土	甲申	執	井泉水	氐
21日	05/06	日	乙酉	執	井泉水	房
22日	05/07	月	丙戌	執	屋上土	心
23日	05/08	火	丁亥	定	屋上土	尾
24日	05/09	水	戊子	破	霹靂火	箕
25日	05/10	木	己丑	成	霹靂火	斗
26日	05/11	金	庚寅	納	松柏木	牛
27日	05/12	土	辛卯	開	松柏木	女
28日	05/13	日	壬辰	閉	長流水	虚
29日	05/14	月	癸巳	建	長流水	危
30日	05/15	火	甲午	除	沙中金	室

【四月小 丁巳 危】
節気 小満 7日・芒種 22日
雑節 入梅 28日

日	西暦	曜	干支	直	納音	宿
1日	05/16	水	乙未	満	沙中金	壁
2日	05/17	木	丙申	平	山下火	奎
3日	05/18	金	丁酉	定	山下火	妻
4日	05/19	土	戊戌	執	平地木	胃
5日	05/20	日	己亥	破	平地木	昴
6日	05/21	月	庚子	危	壁上土	畢
7日	05/22	火	辛丑	成	壁上土	觜
8日	05/23	水	壬寅	納	金箔金	参
9日	05/24	木	癸卯	開	金箔金	井
10日	05/25	金	甲辰	閉	覆燈火	鬼
11日	05/26	土	乙巳	建	覆燈火	柳
12日	05/27	日	丙午	除	天河水	星
13日	05/28	月	丁未	満	天河水	張
14日☆	05/29	火	戊申	平	大駅土	翼
15日	05/30	水	己酉	定	大駅土	軫
16日	05/31	木	庚戌	執	釵釧金	角
17日	06/01	金	辛亥	破	釵釧金	亢
18日	06/02	土	壬子	危	桑柘木	氐
19日	06/03	日	癸丑	成	桑柘木	房
20日	06/04	月	甲寅	納	大溪水	心
21日	06/05	火	乙卯	開	大溪水	尾
22日	06/06	水	丙辰	閉	沙中土	箕
23日	06/07	木	丁巳	閉	沙中土	斗
24日	06/08	金	戊午	建	天上火	牛
25日	06/09	土	己未	除	天上火	女
26日	06/10	日	庚申	満	柘榴木	虚
27日	06/11	月	辛酉	平	柘榴木	危
28日	06/12	火	壬戌	定	大海水	室

【五月大 戊午 室】
節気 夏至 8日・小暑 24日
雑節 半夏生 19日

日	西暦	曜	干支	直	納音	宿
1日	06/14	木	甲子	破	海中金	奎
2日	06/15	金	乙丑	危	海中金	妻
3日	06/16	土	丙寅	成	爐中火	胃
4日	06/17	日	丁卯	納	爐中火	昴
5日	06/18	月	戊辰	開	大林木	畢
6日	06/19	火	己巳	建	大林木	觜
7日	06/20	水	庚午	除	路傍土	参
8日	06/21	木	辛未	除	路傍土	井
9日	06/22	金	壬申	満	釼鋒金	鬼
10日	06/23	土	癸酉	定	釼鋒金	柳
11日	06/24	日	甲戌	定	山頭火	星
12日	06/25	月	乙亥	執	山頭火	張
13日	06/26	火	丙子	破	澗下水	翼
14日	06/27	水	丁丑	危	澗下水	軫
15日	06/28	木	戊寅	成	城頭土	角
16日	06/29	金	己卯	納	城頭土	亢
17日	06/30	土	庚辰	閉	白鑞金	氐
18日	07/01	日	辛巳	閉	白鑞金	房
19日	07/02	月	壬午	建	楊柳木	心
20日	07/03	火	癸未	除	楊柳木	尾
21日	07/04	水	甲申	満	井泉水	箕
22日	07/05	木	乙酉	平	井泉水	斗
23日	07/06	金	丙戌	定	屋上土	牛
24日	07/07	土	丁亥	定	屋上土	女
25日	07/08	日	戊子	執	霹靂火	虚
26日	07/09	月	己丑	破	霹靂火	危
27日	07/10	火	庚寅	危	松柏木	室
28日	07/11	水	辛卯	成	松柏木	壁
29日	07/12	木	壬辰	納	長流水	奎
30日	07/13	金	癸巳	開	長流水	妻

【六月小 己未 壁】
節気 大暑 9日・立秋 24日
雑節 土用 6日

日	西暦	曜	干支	直	納音	宿
1日	07/14	土	甲午	閉	沙中金	胃
2日	07/15	日	乙未	建	沙中金	昴
3日	07/16	月	丙申	除	山下火	畢
4日	07/17	火	丁酉	満	山下火	觜
5日	07/18	水	戊戌	平	平地木	参
6日	07/19	木	己亥	定	平地木	井
7日	07/20	金	庚子	執	壁上土	鬼
8日	07/21	土	辛丑	破	壁上土	柳
9日	07/22	日	壬寅	危	金箔金	星
10日	07/23	月	癸卯	成	金箔金	張
11日	07/24	火	甲辰	納	覆燈火	翼
12日	07/25	水	乙巳	開	覆燈火	軫
13日	07/26	木	丙午	閉	天河水	角
14日	07/27	金	丁未	建	天河水	亢
15日	07/28	土	戊申	除	大駅土	氐
16日	07/29	日	己酉	満	大駅土	房
17日	07/30	月	庚戌	平	釵釧金	心
18日	07/31	火	辛亥	定	釵釧金	尾
19日	08/01	水	壬子	執	桑柘木	箕
20日	08/02	木	癸丑	破	桑柘木	斗
21日	08/03	金	甲寅	危	大溪水	牛
22日	08/04	土	乙卯	成	大溪水	女
23日	08/05	日	丙辰	納	沙中土	虚
24日	08/06	月	丁巳	納	沙中土	危
25日	08/07	火	戊午	開	天上火	室
26日	08/08	水	己未	閉	天上火	壁
27日	08/09	木	庚申	建	柘榴木	奎
28日	08/10	金	辛酉	除	柘榴木	妻
29日	08/11	土	壬戌	満	大海水	胃

寛政10年

西暦　曜　干支　直　納音　宿

【七月小 庚申 奎】
節気 処暑 10日・白露 26日
雑節 二百十日 21日

日	西暦	曜	干支	直	納音	宿
1日	08/12	日	癸亥	平	大海水	昴
2日	08/13	月	甲子	定	海中金	畢
3日	08/14	火	乙丑	執	海中金	觜
4日	08/15	水	丙寅	破	爐中火	参
5日	08/16	木	丁卯	危	爐中火	井
6日	08/17	金	戊辰	成	大林木	鬼
7日	08/18	土	己巳	納	大林木	柳
8日	08/19	日	庚午	開	路傍土	星
9日	08/20	月	辛未	閉	路傍土	張
10日	08/21	火	壬申	建	釼鋒金	翼
11日	08/22	水	癸酉	除	釼鋒金	軫
12日	08/23	木	甲戌	満	山頭火	角
13日	08/24	金	乙亥	平	山頭火	亢
14日	08/25	土	丙子	定	澗下水	氐
15日	08/26	日	丁丑	執	澗下水	房
16日	08/27	月	戊寅	破	城頭土	心
17日	08/28	火	己卯	危	城頭土	尾
18日	08/29	水	庚辰	成	白鑞金	箕
19日	08/30	木	辛巳	納	白鑞金	斗
20日	08/31	金	壬午	開	楊柳木	牛
21日	09/01	土	癸未	閉	楊柳木	女
22日	09/02	日	甲申	建	井泉水	虚
23日	09/03	月	乙酉	除	井泉水	危
24日	09/04	火	丙戌	満	屋上土	室
25日	09/05	水	丁亥	平	屋上土	壁
26日	09/06	木	戊子	定	霹靂火	奎
27日	09/07	金	己丑	定	霹靂火	婁
28日	09/08	土	庚寅	執	松柏木	胃
29日	09/09	日	辛卯	破	松柏木	昴

【八月大 辛酉 婁】
節気 秋分 12日・寒露 27日
雑節 社日 7日・彼岸 11日

日	西暦	曜	干支	直	納音	宿
1日	09/10	月	壬辰	危	長流水	畢
2日	09/11	火	癸巳	成	長流水	觜
3日	09/12	水	甲午	納	沙中金	参
4日	09/13	木	乙未	開	沙中金	井
5日	09/14	金	丙申	閉	山下火	鬼
6日	09/15	土	丁酉	建	山下火	柳
7日	09/16	日	戊戌	除	平地木	星
8日	09/17	月	己亥	満	平地木	張
9日	09/18	火	庚子	平	壁上土	翼
10日	09/19	水	辛丑	定	壁上土	軫
11日	09/20	木	壬寅	執	金箔金	角
12日	09/21	金	癸卯	破	金箔金	亢
13日	09/22	土	甲辰	危	覆燈火	氐
14日	09/23	日	乙巳	成	覆燈火	房
15日	09/24	月	丙午	納	天河水	心
16日	09/25	火	丁未	開	天河水	尾
17日	09/26	水	戊申	閉	大駅土	箕
18日	09/27	木	己酉	建	大駅土	斗
19日	09/28	金	庚戌	除	釵釧金	牛
20日	09/29	土	辛亥	満	釵釧金	女
21日	09/30	日	壬子	平	桑柘木	虚
22日	10/01	月	癸丑	定	桑柘木	危
23日	10/02	火	甲寅	執	大溪水	室
24日	10/03	水	乙卯	破	大溪水	壁
25日	10/04	木	丙辰	危	沙中土	奎
26日	10/05	金	丁巳	成	沙中土	婁
27日	10/06	土	戊午	成	天上火	胃
28日	10/07	日	己未	納	天上火	昴
29日	10/08	月	庚申	開	石榴木	畢
30日	10/09	火	辛酉	閉	石榴木	觜

【九月小 壬戌 胃】
節気 霜降 12日・立冬 27日
雑節 土用 9日

日	西暦	曜	干支	直	納音	宿
1日	10/10	水	壬戌	建	大海水	参
2日	10/11	木	癸亥	除	大海水	井
3日	10/12	金	甲子	満	海中金	鬼
4日	10/13	土	乙丑	平	海中金	柳
5日	10/14	日	丙寅	定	爐中火	星
6日	10/15	月	丁卯	執	爐中火	張
7日	10/16	火	戊辰	破	大林木	翼
8日	10/17	水	己巳	危	大林木	軫
9日	10/18	木	庚午	成	路傍土	角
10日	10/19	金	辛未	納	路傍土	亢
11日	10/20	土	壬申	開	釼鋒金	氐
12日	10/21	日	癸酉	閉	釼鋒金	房
13日	10/22	月	甲戌	建	山頭火	心
14日	10/23	火	乙亥	除	山頭火	尾
15日	10/24	水	丙子	満	澗下水	箕
16日	10/25	木	丁丑	平	澗下水	斗
17日	10/26	金	戊寅	定	城頭土	牛
18日	10/27	土	己卯	執	城頭土	女
19日	10/28	日	庚辰	破	白鑞金	虚
20日	10/29	月	辛巳	危	白鑞金	危
21日	10/30	火	壬午	成	楊柳木	室
22日	10/31	水	癸未	納	楊柳木	壁
23日	11/01	木	甲申	開	井泉水	奎
24日	11/02	金	乙酉	閉	井泉水	婁
25日	11/03	土	丙戌	建	屋上土	胃
26日	11/04	日	丁亥	除	屋上土	昴
27日	11/05	月	戊子	除	霹靂火	畢
28日	11/06	火	己丑	満	霹靂火	觜
29日	11/07	水	庚寅	平	松柏木	参

【十月小 癸亥 昴】
節気 小雪 14日・大雪 29日

日	西暦	曜	干支	直	納音	宿
1日◎	11/08	木	辛卯	定	松柏木	井
2日	11/09	金	壬辰	執	長流水	鬼
3日	11/10	土	癸巳	破	長流水	柳
4日	11/11	日	甲午	危	沙中金	星
5日	11/12	月	乙未	成	沙中金	張
6日	11/13	火	丙申	納	山下火	翼
7日	11/14	水	丁酉	開	山下火	軫
8日	11/15	木	戊戌	閉	平地木	角
9日	11/16	金	己亥	建	平地木	亢
10日	11/17	土	庚子	除	壁上土	氐
11日	11/18	日	辛丑	満	壁上土	房
12日	11/19	月	壬寅	平	金箔金	心
13日	11/20	火	癸卯	定	金箔金	尾
14日	11/21	水	甲辰	執	覆燈火	箕
15日	11/22	木	乙巳	破	覆燈火	斗
16日☆	11/23	金	丙午	危	天河水	牛
17日	11/24	土	丁未	成	天河水	女
18日	11/25	日	戊申	納	大駅土	虚
19日	11/26	月	己酉	開	大駅土	危
20日	11/27	火	庚戌	閉	釵釧金	室
21日	11/28	水	辛亥	建	釵釧金	壁
22日	11/29	木	壬子	除	桑柘木	奎
23日	11/30	金	癸丑	満	桑柘木	婁
24日	12/01	土	甲寅	平	大溪水	胃
25日	12/02	日	乙卯	定	大溪水	昴
26日	12/03	月	丙辰	執	沙中土	畢
27日	12/04	火	丁巳	破	沙中土	觜
28日	12/05	水	戊午	危	天上火	参
29日	12/06	木	己未	危	天上火	井

【十一月大 甲子 畢】
節気 冬至 15日・小寒 30日

日	西暦	曜	干支	直	納音	宿
1日	12/07	金	庚申	成	石榴木	鬼
2日	12/08	土	辛酉	納	石榴木	柳
3日	12/09	日	壬戌	開	大海水	星
4日	12/10	月	癸亥	閉	大海水	張
5日	12/11	火	甲子	建	海中金	翼
6日	12/12	水	乙丑	除	海中金	軫
7日	12/13	木	丙寅	満	爐中火	角
8日	12/14	金	丁卯	平	爐中火	亢
9日	12/15	土	戊辰	定	大林木	氐
10日	12/16	日	己巳	執	大林木	房
11日	12/17	月	庚午	破	路傍土	心
12日	12/18	火	辛未	危	路傍土	尾
13日	12/19	水	壬申	成	釼鋒金	箕
14日	12/20	木	癸酉	納	釼鋒金	斗
15日	12/21	金	甲戌	開	山頭火	牛
16日	12/22	土	乙亥	閉	山頭火	女
17日	12/23	日	丙子	建	澗下水	虚
18日	12/24	月	丁丑	除	澗下水	危
19日	12/25	火	戊寅	満	城頭土	室
20日	12/26	水	己卯	平	城頭土	壁
21日	12/27	木	庚辰	定	白鑞金	奎
22日	12/28	金	辛巳	執	白鑞金	婁
23日	12/29	土	壬午	破	楊柳木	胃
24日	12/30	日	癸未	危	楊柳木	昴
25日	12/31	月	甲申	成	井泉水	畢
1799年						
26日	01/01	火	乙酉	納	井泉水	觜
27日	01/02	水	丙戌	開	屋上土	参
28日	01/03	木	丁亥	閉	屋上土	井
29日	01/04	金	戊子	建	霹靂火	鬼
30日	01/05	土	己丑	建	霹靂火	柳

【十二月大 乙丑 觜】
節気 大寒 16日
雑節 土用 12日・節分 30日

日	西暦	曜	干支	直	納音	宿
1日	01/06	日	庚寅	除	松柏木	星
2日	01/07	月	辛卯	満	松柏木	張
3日	01/08	火	壬辰	平	長流水	翼
4日	01/09	水	癸巳	定	長流水	軫
5日	01/10	木	甲午	執	沙中金	角
6日	01/11	金	乙未	破	沙中金	亢
7日	01/12	土	丙申	危	山下火	氐
8日	01/13	日	丁酉	成	山下火	房
9日	01/14	月	戊戌	納	平地木	心
10日	01/15	火	己亥	開	平地木	尾
11日	01/16	水	庚子	閉	壁上土	箕
12日	01/17	木	辛丑	建	壁上土	斗
13日	01/18	金	壬寅	除	金箔金	牛
14日	01/19	土	癸卯	満	金箔金	女
15日	01/20	日	甲辰	平	覆燈火	虚
16日	01/21	月	乙巳	定	覆燈火	危
17日	01/22	火	丙午	執	天河水	室
18日	01/23	水	丁未	破	天河水	壁
19日	01/24	木	戊申	危	大駅土	奎
20日	01/25	金	己酉	成	大駅土	婁
21日	01/26	土	庚戌	納	釵釧金	胃
22日	01/27	日	辛亥	開	釵釧金	昴
23日	01/28	月	壬子	閉	桑柘木	畢
24日	01/29	火	癸丑	建	桑柘木	觜
25日	01/30	水	甲寅	除	大溪水	参
26日	01/31	木	乙卯	満	大溪水	井
27日	02/01	金	丙辰	平	沙中土	鬼
28日	02/02	土	丁巳	定	沙中土	柳
29日	02/03	日	戊午	執	天上火	星
30日	02/04	月	己未	破	天上火	張

寛政11年
1799～1800 己未 井

【正月小 丙寅 参】
節気 立春 1日・雨水 16日

1日 02/05 火 庚申 破 柘榴木 翼
2日 02/06 水 辛酉 危 柘榴木 軫
3日 02/07 木 壬戌 成 大海水 角
4日 02/08 金 癸亥 納 大海水 亢
5日 02/09 土 甲子 開 海中金 氐
6日 02/10 日 乙丑 閉 海中金 房
7日 02/11 月 丙寅 建 爐中火 心
8日 02/12 火 丁卯 除 爐中火 尾
9日 02/13 水 戊辰 満 大林木 箕
10日 02/14 木 己巳 平 大林木 斗
11日 02/15 金 庚午 定 路傍土 牛
12日 02/16 土 辛未 執 路傍土 女
13日 02/17 日 壬申 破 釵釧金 虚
14日 02/18 月 癸酉 危 釵釧金 危
15日 02/19 火 甲戌 成 山頭火 室
16日 02/20 水 乙亥 納 山頭火 壁
17日 02/21 木 丙子 開 澗下水 奎
18日 02/22 金 丁丑 閉 澗下水 婁
19日 02/23 土 戊寅 建 城頭土 胃
20日 02/24 日 己卯 除 城頭土 昴
21日 02/25 月 庚辰 満 白鑞金 畢
22日 02/26 火 辛巳 平 白鑞金 觜
23日 02/27 水 壬午 定 楊柳木 参
24日 02/28 木 癸未 執 楊柳木 井
25日 03/01 金 甲申 破 井泉水 鬼
26日 03/02 土 乙酉 危 井泉水 柳
27日 03/03 日 丙戌 成 屋上土 星
28日 03/04 月 丁亥 納 屋上土 張
29日 03/05 火 戊子 開 霹靂火 翼

【二月大 丁卯 井】
節気 啓蟄 2日・春分 17日
雑節 彼岸 12日・社日 20日

1日 03/06 水 己丑 閉 霹靂火 軫
2日 03/07 木 庚寅 閉 松柏木 角
3日 03/08 金 辛卯 建 松柏木 亢
4日 03/09 土 壬辰 閉 長流水 氐
5日 03/10 日 癸巳 満 長流水 房
6日 03/11 月 甲午 平 沙中金 心
7日 03/12 火 乙未 定 沙中金 尾
8日 03/13 水 丙申 執 山下火 箕
9日 03/14 木 丁酉 破 山下火 斗
10日 03/15 金 戊戌 危 平地木 牛
11日 03/16 土 己亥 成 平地木 女
12日 03/17 日 庚子 納 壁上土 虚
13日 03/18 月 辛丑 開 壁上土 危
14日 03/19 火 壬寅 閉 金箔金 室
15日 03/20 水 癸卯 建 金箔金 壁
16日 03/21 木 甲辰 除 覆燈火 奎
17日 03/22 金 乙巳 満 覆燈火 婁
18日 03/23 土 丙午 平 天河水 胃
19日 03/24 日 丁未 定 天河水 昴
20日 03/25 月 戊申 執 大駅土 畢
21日 03/26 火 己酉 破 大駅土 觜
22日 03/27 水 庚戌 危 釵釧金 参
23日 03/28 木 辛亥 成 釵釧金 井
24日 03/29 金 壬子 納 桑柘木 鬼
25日 03/30 土 癸丑 開 桑柘木 柳
26日 03/31 日 甲寅 閉 大溪水 星
27日 04/01 月 乙卯 建 大溪水 張
28日 04/02 火 丙辰 除 沙中土 翼
29日 04/03 水 丁巳 満 沙中土 軫
30日 04/04 木 戊午 平 天上火 角

【三月大 戊辰 鬼】
節気 清明 3日・穀雨 18日
雑節 土用 15日・八十八夜 29日

1日 04/05 金 己未 定 天上火 亢
2日 04/06 土 庚申 執 柘榴木 氐
3日 04/07 日 辛酉 破 柘榴木 房
4日 04/08 月 壬戌 破 大海水 心
5日 04/09 火 癸亥 危 大海水 尾
6日 04/10 水 甲子 成 海中金 箕
7日 04/11 木 乙丑 納 海中金 斗
8日 04/12 金 丙寅 開 爐中火 牛
9日 04/13 土 丁卯 閉 爐中火 女
10日 04/14 日 戊辰 建 大林木 虚
11日 04/15 月 己巳 除 大林木 危
12日 04/16 火 庚午 満 路傍土 室
13日 04/17 水 辛未 平 路傍土 壁
14日 04/18 木 壬申 定 釵釧金 奎
15日 04/19 金 癸酉 執 釵釧金 婁
16日 04/20 土 甲戌 破 山頭火 胃
17日 04/21 日 乙亥 危 山頭火 昴
18日 04/22 月 丙子 成 澗下水 畢
19日 04/23 火 丁丑 納 澗下水 觜
20日 04/24 水 戊寅 開 城頭土 参
21日 04/25 木 己卯 閉 城頭土 井
22日 04/26 金 庚辰 建 白鑞金 鬼
23日 04/27 土 辛巳 除 白鑞金 柳
24日 04/28 日 壬午 平 楊柳木 星
25日 04/29 月 癸未 平 楊柳木 張
26日 04/30 火 甲申 定 井泉水 翼
27日 05/01 水 乙酉 執 井泉水 軫
28日 05/02 木 丙戌 破 屋上土 角
29日 05/03 金 丁亥 危 屋上土 亢
30日 05/04 土 戊子 成 霹靂火 氐

【四月大 己巳 柳】
節気 立夏 3日・小満 18日

1日 05/05 日 己丑 納 霹靂火 房
2日 05/06 月 庚寅 開 松柏木 心
3日 05/07 火 辛卯 閉 松柏木 尾
4日 05/08 水 壬辰 閉 長流水 箕
5日 05/09 木 癸巳 建 長流水 斗
6日 05/10 金 甲午 除 沙中金 牛
7日 05/11 土 乙未 満 沙中金 女
8日 05/12 日 丙申 定 山下火 虚
9日 05/13 月 丁酉 定 山下火 危
10日 05/14 火 戊戌 執 平地木 室
11日 05/15 水 己亥 破 平地木 壁
12日 05/16 木 庚子 危 壁上土 奎
13日 05/17 金 辛丑 成 壁上土 婁
14日 05/18 土 壬寅 納 金箔金 胃
15日 05/19 日 癸卯 開 金箔金 昴
16日 05/20 月 甲辰 閉 覆燈火 畢
17日 05/21 火 乙巳 建 覆燈火 觜
18日 05/22 水 丙午 除 天河水 参
19日 05/23 木 丁未 満 天河水 井
20日 05/24 金 戊申 平 大駅土 鬼
21日 05/25 土 己酉 定 大駅土 柳
22日 05/26 日 庚戌 執 釵釧金 星
23日 05/27 月 辛亥 破 釵釧金 張
24日 05/28 火 壬子 危 桑柘木 翼
25日 05/29 水 癸丑 成 桑柘木 軫
26日 05/30 木 甲寅 納 大溪水 角
27日 05/31 金 乙卯 開 大溪水 亢
28日 06/01 土 丙辰 閉 沙中土 氐
29日 06/02 日 丁巳 建 沙中土 房
30日 06/03 月 戊午 除 天上火 心

【五月小 庚午 星】
節気 芒種 3日・夏至 19日
雑節 入梅 4日・半夏生 29日

1日 06/04 火 己未 満 天上火 尾
2日 06/05 水 庚申 平 柘榴木 箕
3日 06/06 木 辛酉 定 柘榴木 斗
4日 06/07 金 壬戌 定 大海水 牛
5日 06/08 土 癸亥 執 大海水 女
6日 06/09 日 甲子 破 海中金 虚
7日 06/10 月 乙丑 危 海中金 室
8日 06/11 火 丙寅 成 爐中火 壁
9日 06/12 水 丁卯 納 爐中火 奎
10日 06/13 木 戊辰 開 大林木 婁
11日 06/14 金 己巳 閉 大林木 胃
12日 06/15 土 庚午 建 路傍土 昴
13日 06/16 日 辛未 除 路傍土 畢
14日 06/17 月 壬申 満 釵釧金 觜
15日 06/18 火 癸酉 平 釵釧金 参
16日 06/19 水 甲戌 定 山頭火 井
17日 06/20 木 乙亥 執 山頭火 鬼
18日 06/21 金 丙子 破 澗下水 柳
19日 06/22 土 丁丑 危 澗下水 星
20日 06/23 日 戊寅 成 城頭土 張
21日 06/24 月 己卯 納 城頭土 翼
22日 06/25 火 庚辰 開 白鑞金 軫
23日 06/26 水 辛巳 閉 白鑞金 角
24日 06/27 木 壬午 建 楊柳木 亢
25日 06/28 金 癸未 除 楊柳木 氐
26日 06/29 土 甲申 満 井泉水 房
27日 06/30 日 乙酉 平 井泉水 心
28日 07/01 月 丙戌 定 屋上土 尾
29日 07/02 火 丁亥 執 屋上土 箕

【六月小 辛未 張】
節気 小暑 5日・大暑 20日
雑節 土用 17日

1日 07/03 水 戊子 破 霹靂火 斗
2日 07/04 木 己丑 危 霹靂火 牛
3日 07/05 金 庚寅 納 松柏木 女
4日 07/06 土 辛卯 納 松柏木 虚
5日 07/07 日 壬辰 納 長流水 危
6日 07/08 月 癸巳 開 長流水 室
7日 07/09 火 甲午 閉 沙中金 壁
8日 07/10 水 乙未 建 沙中金 奎
9日 07/11 木 丙申 除 山下火 婁
10日 07/12 金 丁酉 平 山下火 胃
11日 07/13 土 戊戌 平 平地木 昴
12日 07/14 日 己亥 定 平地木 畢
13日 07/15 月 庚子 執 壁上土 觜
14日 07/16 火 辛丑 破 壁上土 参
15日 07/17 水 壬寅 危 金箔金 井
16日 07/18 木 癸卯 成 金箔金 鬼
17日 07/19 金 甲辰 納 覆燈火 柳
18日 07/20 土 乙巳 開 覆燈火 星
19日 07/21 日 丙午 閉 天河水 張
20日 07/22 月 丁未 建 天河水 翼
21日 07/23 火 戊申 除 大駅土 軫
22日 07/24 水 己酉 満 大駅土 角
23日 07/25 木 庚戌 平 釵釧金 亢
24日 07/26 金 辛亥 定 釵釧金 氐
25日 07/27 土 壬子 執 桑柘木 房
26日 07/28 日 癸丑 破 桑柘木 心
27日 07/29 月 甲寅 危 大溪水 尾
28日 07/30 火 乙卯 成 大溪水 箕
29日 07/31 水 丙辰 納 沙中土 斗

【七月大 壬申 翼】
節気 立秋 6日・処暑 22日

寛政11年

日	西暦	曜	干支	直	納音	宿
1日	08/01	木	丁巳	開	沙中土	斗
2日	08/02	金	戊午	閉	天上火	女
3日	08/03	土	己未	建	天上火	虚
4日	08/04	日	庚申	除	柘榴木	危
5日	08/05	月	辛酉	満	柘榴木	室
6日	08/06	火	壬戌	平	大海水	壁
7日	08/07	水	癸亥	定	大海水	奎
8日	08/08	木	甲子	定	海中金	奎
9日	08/09	金	乙丑	執	海中金	婁
10日	08/10	土	丙寅	破	爐中火	胃
11日	08/11	日	丁卯	危	爐中火	昴
12日	08/12	月	戊辰	成	大林木	畢
13日	08/13	火	己巳	納	大林木	觜
14日	08/14	水	庚午	開	路傍土	参
15日	08/15	木	辛未	閉	路傍土	井
16日	08/16	金	壬申	建	釵釧金	鬼
17日	08/17	土	癸酉	除	釵釧金	柳
18日	08/18	日	甲戌	満	山頭火	星
19日	08/19	月	乙亥	平	山頭火	張
20日	08/20	火	丙子	定	澗下水	翼
21日	08/21	水	丁丑	執	澗下水	軫
22日	08/22	木	戊寅	破	城頭土	角
23日	08/23	金	己卯	危	城頭土	亢
24日	08/24	土	庚辰	成	白鑞金	氐
25日	08/25	日	辛巳	納	白鑞金	房
26日	08/26	月	壬午	開	楊柳木	心
27日	08/27	火	癸未	閉	楊柳木	尾
28日	08/28	水	甲申	建	井泉水	箕
29日	08/29	木	乙酉	除	井泉水	斗
30日	08/30	金	丙戌	満	屋上土	牛

【八月小 癸酉 軫】
節気 白露 7日・秋分 22日
雑節 二百十日 3日・彼岸 21日・社日 22日

日	西暦	曜	干支	直	納音	宿
1日	08/31	土	丁亥	平	屋上土	女
2日	09/01	日	戊子	定	霹靂火	虚
3日	09/02	月	己丑	執	霹靂火	危
4日	09/03	火	庚寅	破	松柏木	室
5日	09/04	水	辛卯	危	松柏木	壁
6日	09/05	木	壬辰	成	長流水	奎
7日	09/06	金	癸巳	納	長流水	婁
8日	09/07	土	甲午	開	沙中金	胃
9日	09/08	日	乙未	閉	沙中金	昴
10日	09/09	月	丙申	閉	山下火	畢
11日	09/10	火	丁酉	建	山下火	觜
12日	09/11	水	戊戌	除	平地木	参
13日	09/12	木	己亥	満	平地木	井
14日	09/13	金	庚子	平	壁上土	鬼
15日	09/14	土	辛丑	定	壁上土	柳
16日	09/15	日	壬寅	執	金箔金	星
17日	09/16	月	癸卯	破	金箔金	張
18日	09/17	火	甲辰	危	覆燈火	翼
19日	09/18	水	乙巳	成	覆燈火	軫
20日	09/19	木	丙午	納	天河水	角
21日	09/20	金	丁未	開	天河水	亢
22日	09/21	土	戊申	閉	大駅土	氐
23日	09/22	日	己酉	建	大駅土	房
24日	09/23	月	庚戌	除	釵釧金	心
25日	09/24	火	辛亥	満	釵釧金	尾
26日	09/25	水	壬子	平	桑柘木	箕
27日	09/26	木	癸丑	定	桑柘木	斗
28日	09/27	金	甲寅	執	大溪水	牛
29日	09/28	土	乙卯	破	大溪水	女

【九月大 甲戌 角】
節気 寒露 8日・霜降 23日
雑節 土用 20日

日	西暦	曜	干支	直	納音	宿
1日	09/29	日	丙辰	危	沙中土	虚
2日	09/30	月	丁巳	成	沙中土	危
3日	10/01	火	戊午	納	天上火	室
4日	10/02	水	己未	開	天上火	壁
5日	10/03	木	庚申	建	柘榴木	奎
6日	10/04	金	辛酉	建	柘榴木	婁
7日	10/05	土	壬戌	除	大海水	胃
8日	10/06	日	癸亥	満	大海水	昴
9日	10/07	月	甲子	平	海中金	畢
10日	10/08	火	乙丑	平	海中金	觜
11日	10/09	水	丙寅	定	爐中火	参
12日	10/10	木	丁卯	執	爐中火	井
13日	10/11	金	戊辰	破	大林木	鬼
14日	10/12	土	己巳	危	大林木	柳
15日	10/13	日	庚午	成	路傍土	星
16日	10/14	月	辛未	納	路傍土	張
17日	10/15	火	壬申	開	釵釧金	翼
18日	10/16	水	癸酉	閉	釵釧金	軫
19日	10/17	木	甲戌	閉	山頭火	角
20日	10/18	金	乙亥	建	山頭火	亢
21日	10/19	土	丙子	除	澗下水	氐
22日	10/20	日	丁丑	満	澗下水	房
23日	10/21	月	戊寅	平	城頭土	心
24日	10/22	火	己卯	執	城頭土	尾
25日	10/23	水	庚辰	破	白鑞金	箕
26日	10/24	木	辛巳	危	白鑞金	斗
27日	10/25	金	壬午	成	楊柳木	牛
28日	10/26	土	癸未	納	楊柳木	女
29日	10/27	日	甲申	開	井泉水	虚
30日	10/28	月	乙酉	閉	井泉水	危

【十月小 乙亥 亢】
節気 立冬 9日・小雪 24日

日	西暦	曜	干支	直	納音	宿
1日	10/29	火	丙戌	建	屋上土	室
2日	10/30	水	丁亥	除	屋上土	壁
3日	10/31	木	戊子	満	霹靂火	奎
4日	11/01	金	己丑	平	霹靂火	婁
5日	11/02	土	庚寅	定	松柏木	胃
6日	11/03	日	辛卯	執	松柏木	昴
7日	11/04	月	壬辰	破	長流水	畢
8日	11/05	火	癸巳	危	長流水	觜
9日	11/06	水	甲午	成	沙中金	参
10日	11/07	木	乙未	納	沙中金	井
11日	11/08	金	丙申	開	山下火	鬼
12日	11/09	土	丁酉	閉	山下火	柳
13日	11/10	日	戊戌	閉	平地木	星
14日	11/11	月	己亥	建	平地木	張
15日	11/12	火	庚子	除	壁上土	翼
16日	11/13	水	辛丑	満	壁上土	軫
17日	11/14	木	壬寅	平	金箔金	角
18日	11/15	金	癸卯	執	金箔金	亢
19日	11/16	土	甲辰	執	覆燈火	氐
20日	11/17	日	乙巳	破	覆燈火	房
21日	11/18	月	丙午	危	天河水	心
22日	11/19	火	丁未	成	天河水	尾
23日	11/20	水	戊申	納	大駅土	箕
24日	11/21	木	己酉	開	大駅土	斗
25日	11/22	金	庚戌	閉	釵釧金	牛
26日	11/23	土	辛亥	建	釵釧金	女
27日	11/24	日	壬子	除	桑柘木	虚
28日	11/25	月	癸丑	満	桑柘木	危
29日	11/26	火	甲寅	平	大溪水	室

【十一月小 丙子 氐】
節気 大雪 10日・冬至 25日

日	西暦	曜	干支	直	納音	宿
1日	11/27	水	乙卯	定	大溪水	壁
2日	11/28	木	丙辰	執	沙中土	奎
3日	11/29	金	丁巳	破	沙中土	婁
4日	11/30	土	戊午	危	天上火	胃
5日	12/01	日	己未	成	天上火	昴
6日	12/02	月	庚申	納	柘榴木	畢
7日	12/03	火	辛酉	開	柘榴木	觜
8日	12/04	水	壬戌	建	大海水	参
9日	12/05	木	癸亥	建	大海水	井
10日	12/06	金	甲子	建	海中金	鬼
11日	12/07	土	乙丑	除	海中金	柳
12日	12/08	日	丙寅	満	爐中火	星
13日	12/09	月	丁卯	平	爐中火	張
14日	12/10	火	戊辰	定	大林木	翼
15日	12/11	水	己巳	執	大林木	軫
16日	12/12	木	庚午	破	路傍土	角
17日	12/13	金	辛未	危	路傍土	亢
18日	12/14	土	壬申	成	釵釧金	氐
19日	12/15	日	癸酉	納	釵釧金	房
20日	12/16	月	甲戌	開	山頭火	心
21日	12/17	火	乙亥	建	山頭火	尾
22日	12/18	水	丙子	建	澗下水	箕
23日	12/19	木	丁丑	除	澗下水	斗
24日	12/20	金	戊寅	満	城頭土	牛
25日	12/21	土	己卯	平	城頭土	女
26日	12/22	日	庚辰	定	白鑞金	虚
27日	12/23	月	辛巳	執	白鑞金	危
28日	12/24	火	壬午	破	楊柳木	室
29日	12/25	水	癸未	危	楊柳木	壁

【十二月大 丁丑 房】
節気 小寒 12日・大寒 27日
雑節 土用 24日

日	西暦	曜	干支	直	納音	宿
1日	12/26	木	甲申	成	井泉水	奎
2日	12/27	金	乙酉	納	井泉水	婁
3日	12/28	土	丙戌	開	屋上土	胃
4日	12/29	日	丁亥	閉	屋上土	昴
5日	12/30	月	戊子	建	霹靂火	畢
6日	12/31	火	己丑	除	霹靂火	觜

1800年

日	西暦	曜	干支	直	納音	宿
7日	01/01	水	庚寅	満	松柏木	参
8日	01/02	木	辛卯	平	松柏木	井
9日	01/03	金	壬辰	定	長流水	鬼
10日	01/04	土	癸巳	執	長流水	柳
11日	01/05	日	甲午	破	沙中金	星
12日	01/06	月	乙未	破	沙中金	張
13日	01/07	火	丙申	危	山下火	翼
14日	01/08	水	丁酉	成	山下火	軫
15日	01/09	木	戊戌	納	平地木	角
16日	01/10	金	己亥	開	平地木	亢
17日	01/11	土	庚子	閉	壁上土	氐
18日	01/12	日	辛丑	建	壁上土	房
19日	01/13	月	壬寅	除	金箔金	心
20日	01/14	火	癸卯	満	金箔金	尾
21日	01/15	水	甲辰	平	覆燈火	箕
22日	01/16	木	乙巳	定	覆燈火	斗
23日	01/17	金	丙午	執	天河水	牛
24日	01/18	土	丁未	破	天河水	女
25日	01/19	日	戊申	危	大駅土	虚
26日	01/20	月	己酉	成	大駅土	危
27日	01/21	火	庚戌	納	釵釧金	室
28日	01/22	水	辛亥	開	釵釧金	壁
29日	01/23	木	壬子	閉	桑柘木	奎
30日	01/24	金	癸丑	建	桑柘木	婁

寛政12年
1800～1801　庚申　鬼

【正月大　戊寅　心】
節気　立春 12日・雨水 27日
雑節　節分 11日

1日	01/25	土	甲寅	除	大溪水	胃
2日	01/26	日	乙卯	満	大溪水	昴
3日	01/27	月	丙辰	平	沙中土	畢
4日	01/28	火	丁巳	定	沙中土	觜
5日	01/29	水	戊午	執	天上火	参
6日	01/30	木	己未	破	天上火	井
7日	01/31	金	庚申	成	柘榴木	鬼
8日	02/01	土	辛酉	納	柘榴木	柳
9日	02/02	日	壬戌	開	大海水	星
10日	02/03	月	癸亥	閉	大海水	張
11日	02/04	火	甲子	建	海中金	翼
12日	02/05	水	乙丑	除	海中金	軫
13日	02/06	木	丙寅	満	爐中火	角
14日	02/07	金	丁卯	平	爐中火	亢
15日	02/08	土	戊辰	定	大林木	氐
16日	02/09	日	己巳	執	大林木	房
17日	02/10	月	庚午	破	路傍土	心
18日	02/11	火	辛未	危	路傍土	尾
19日	02/12	水	壬申	成	釼鋒金	箕
20日	02/13	木	癸酉	納	釼鋒金	斗
21日	02/14	金	甲戌	開	山頭火	女
22日	02/15	土	乙亥	閉	山頭火	虚
23日	02/16	日	丙子	建	澗下水	危
24日	02/17	月	丁丑	除	澗下水	室
25日	02/18	火	戊寅	建	城頭土	壁
26日	02/19	水	己卯	満	城頭土	奎
27日	02/20	木	庚辰	平	白鑞金	婁
28日	02/21	金	辛巳	平	白鑞金	胃
29日	02/22	土	壬午	定	楊柳木	昴
30日	02/23	日	癸未	執	楊柳木	昴

【二月小　己卯　尾】
節気　啓蟄 12日・春分 28日
雑節　彼岸 23日・社日 25日

1日	02/24	月	甲申	破	井泉水	畢
2日	02/25	火	乙酉	危	井泉水	觜
3日	02/26	水	丙戌	成	屋上土	参
4日	02/27	木	丁亥	納	屋上土	井
5日	02/28	金	戊子	開	霹靂火	鬼
6日	03/01	土	己丑	閉	霹靂火	柳
7日	03/02	日	庚寅	建	松柏木	星
8日	03/03	月	辛卯	除	松柏木	張
9日	03/04	火	壬辰	満	長流水	翼
10日	03/05	水	癸巳	平	長流水	軫
11日	03/06	木	甲午	定	沙中金	角
12日	03/07	金	乙未	執	沙中金	亢
13日	03/08	土	丙申	破	山下火	氐
14日	03/09	日	丁酉	危	山下火	房
15日	03/10	月	戊戌	成	平地木	心
16日	03/11	火	己亥	納	平地木	尾
17日	03/12	水	庚子	開	壁上土	箕
18日	03/13	木	辛丑	閉	壁上土	斗
19日	03/14	金	壬寅	建	金箔金	女
20日	03/15	土	癸卯	除	金箔金	虚
21日	03/16	日	甲辰	満	覆燈火	危
22日	03/17	月	乙巳	平	覆燈火	室
23日	03/18	火	丙午	定	天河水	壁
24日	03/19	水	丁未	執	天河水	奎
25日	03/20	木	戊申	破	大駅土	婁
26日	03/21	金	己酉	危	大駅土	胃
27日	03/22	土	庚戌	成	釼釧金	昴
28日	03/23	日	辛亥	納	釼釧金	畢
29日	03/24	月	壬子	開	桑柘木	觜

【三月大　庚辰　箕】
節気　清明 14日・穀雨 29日
雑節　土用 26日

1日	03/25	火	癸丑	閉	桑柘木	参
2日	03/26	水	甲寅	建	大溪水	井
3日	03/27	木	乙卯	除	大溪水	鬼
4日	03/28	金	丙辰	満	沙中土	柳
5日	03/29	土	丁巳	平	沙中土	星
6日	03/30	日	戊午	定	天上火	張
7日	03/31	月	己未	執	天上火	翼
8日	04/01	火	庚申	破	柘榴木	軫
9日	04/02	水	辛酉	危	柘榴木	角
10日	04/03	木	壬戌	成	大海水	亢
11日	04/04	金	癸亥	納	大海水	氐
12日	04/05	土	甲子	開	海中金	房
13日	04/06	日	乙丑	閉	海中金	心
14日	04/07	月	丙寅	閉	爐中火	尾
15日	04/08	火	丁卯	建	爐中火	箕
16日☆	04/09	水	戊辰	除	大林木	斗
17日	04/10	木	己巳	満	大林木	女
18日	04/11	金	庚午	平	路傍土	虚
19日	04/12	土	辛未	定	路傍土	危
20日	04/13	日	壬申	執	釼鋒金	室
21日	04/14	月	癸酉	破	釼鋒金	壁
22日	04/15	火	甲戌	危	山頭火	奎
23日	04/16	水	乙亥	成	山頭火	婁
24日	04/17	木	丙子	納	澗下水	胃
25日	04/18	金	丁丑	開	澗下水	昴
26日	04/19	土	戊寅	閉	城頭土	畢
27日	04/20	日	己卯	建	城頭土	觜
28日	04/21	月	庚辰	除	白鑞金	参
29日	04/22	火	辛巳	除	白鑞金	井
30日	04/23	水	壬午	満	楊柳木	参

【四月大　辛巳　斗】
節気　立夏 14日・小満 30日
雑節　八十八夜 10日

1日◎	04/24	木	癸未	平	楊柳木	井
2日	04/25	金	甲申	定	井泉水	鬼
3日	04/26	土	乙酉	執	井泉水	柳
4日	04/27	日	丙戌	破	屋上土	星
5日	04/28	月	丁亥	危	屋上土	張
6日	04/29	火	戊子	成	霹靂火	翼
7日	04/30	水	己丑	納	霹靂火	軫
8日	05/01	木	庚寅	開	松柏木	角
9日	05/02	金	辛卯	閉	松柏木	亢
10日	05/03	土	壬辰	建	長流水	氐
11日	05/04	日	癸巳	除	長流水	房
12日	05/05	月	甲午	満	沙中金	心
13日	05/06	火	乙未	平	沙中金	尾
14日	05/07	水	丙申	定	山下火	箕
15日	05/08	木	丁酉	執	山下火	斗
16日	05/09	金	戊戌	破	平地木	女
17日	05/10	土	己亥	危	平地木	虚
18日	05/11	日	庚子	成	壁上土	危
19日	05/12	月	辛丑	納	壁上土	室
20日	05/13	火	壬寅	開	金箔金	壁
21日	05/14	水	癸卯	閉	金箔金	奎
22日	05/15	木	甲辰	建	覆燈火	婁
23日	05/16	金	乙巳	除	覆燈火	胃
24日	05/17	土	丙午	満	天河水	昴
25日	05/18	日	丁未	平	天河水	畢
26日	05/19	月	戊申	定	大駅土	觜
27日	05/20	火	己酉	執	大駅土	参
28日	05/21	水	庚戌	破	釼釧金	井
29日	05/22	木	辛亥	危	釼釧金	鬼
30日	05/23	金	壬子	成	桑柘木	鬼

【閏四月小　辛巳　斗】
節気　芒種 15日
雑節　入梅 20日

1日	05/24	土	癸丑	成	桑柘木	柳
2日	05/25	日	甲寅	納	大溪水	星
3日	05/26	月	乙卯	開	大溪水	張
4日	05/27	火	丙辰	閉	沙中土	翼
5日	05/28	水	丁巳	建	沙中土	軫
6日	05/29	木	戊午	除	天上火	角
7日	05/30	金	己未	満	天上火	亢
8日	05/31	土	庚申	平	柘榴木	氐
9日	06/01	日	辛酉	定	柘榴木	房
10日	06/02	月	壬戌	執	大海水	心
11日	06/03	火	癸亥	破	大海水	尾
12日	06/04	水	甲子	危	海中金	箕
13日	06/05	木	乙丑	成	海中金	斗
14日	06/06	金	丙寅	納	爐中火	女
15日	06/07	土	丁卯	開	爐中火	虚
16日	06/08	日	戊辰	閉	大林木	危
17日	06/09	月	己巳	建	大林木	室
18日	06/10	火	庚午	除	路傍土	壁
19日	06/11	水	辛未	満	路傍土	奎
20日	06/12	木	壬申	平	釼鋒金	婁
21日	06/13	金	癸酉	定	釼鋒金	胃
22日	06/14	土	甲戌	執	山頭火	昴
23日	06/15	日	乙亥	破	山頭火	畢
24日	06/16	月	丙子	危	澗下水	觜
25日	06/17	火	丁丑	成	澗下水	参
26日	06/18	水	戊寅	納	城頭土	井
27日	06/19	木	己卯	開	城頭土	鬼
28日	06/20	金	庚辰	閉	白鑞金	柳
29日	06/21	土	辛巳	建	白鑞金	星

【五月大　壬午　牛】
節気　夏至 1日・小暑 16日
雑節　半夏生 11日・土用 28日

1日	06/22	日	壬午	建	楊柳木	張
2日	06/23	月	癸未	満	楊柳木	翼
3日	06/24	火	甲申	平	井泉水	軫
4日	06/25	水	乙酉	定	井泉水	角
5日	06/26	木	丙戌	執	屋上土	亢
6日	06/27	金	丁亥	破	屋上土	氐
7日	06/28	土	戊子	危	霹靂火	房
8日	06/29	日	己丑	成	霹靂火	心
9日	06/30	月	庚寅	納	松柏木	尾
10日	07/01	火	辛卯	開	松柏木	箕
11日	07/02	水	壬辰	閉	長流水	斗
12日	07/03	木	癸巳	建	長流水	女
13日	07/04	金	甲午	除	沙中金	虚
14日	07/05	土	乙未	満	沙中金	危
15日	07/06	日	丙申	平	山下火	室
16日	07/07	月	丁酉	定	山下火	壁
17日	07/08	火	戊戌	執	平地木	奎
18日	07/09	水	己亥	破	平地木	婁
19日	07/10	木	庚子	危	壁上土	胃
20日	07/11	金	辛丑	成	壁上土	昴
21日	07/12	土	壬寅	納	金箔金	畢
22日	07/13	日	癸卯	開	金箔金	觜
23日	07/14	月	甲辰	閉	覆燈火	参
24日	07/15	火	乙巳	建	覆燈火	井
25日	07/16	水	丙午	除	天河水	鬼
26日	07/17	木	丁未	満	天河水	柳
27日	07/18	金	戊申	平	大駅土	星
28日	07/19	土	己酉	定	大駅土	張
29日	07/20	日	庚戌	執	釼釧金	翼
30日	07/21	月	辛亥	定	釼釧金	軫

【六月小　癸未　女】
節気　大暑 1日・立秋 17日

1日	07/22	火	壬子	執	桑柘木	翼
2日	07/23	水	癸丑	破	桑柘木	軫
3日	07/24	木	甲寅	危	大溪水	角
4日	07/25	金	乙卯	成	大溪水	亢
5日	07/26	土	丙辰	納	沙中土	氐
6日	07/27	日	丁巳	開	沙中土	房
7日	07/28	月	戊午	閉	天上火	心
8日	07/29	火	己未	建	天上火	尾
9日	07/30	水	庚申	除	柘榴木	箕
10日	07/31	木	辛酉	満	柘榴木	斗
11日	08/01	金	壬戌	平	大海水	女
12日	08/02	土	癸亥	定	大海水	虚
13日	08/03	日	甲子	執	海中金	危
14日	08/04	月	乙丑	破	海中金	危

寛政12年

日	西暦	曜	干支	直	納音	宿
15日	08/05	火	丙寅	危	爐中火	室
16日	08/06	水	丁卯	成	爐中火	壁
17日	08/07	木	戊辰	納	大林木	奎
18日	08/08	金	己巳	開	大林木	婁
19日	08/09	土	庚午	閉	路傍土	胃
20日	08/10	日	辛未	閉	路傍土	昴
21日	08/11	月	壬申	建	釼鋒金	畢
22日	08/12	火	癸酉	除	釼鋒金	觜
23日	08/13	水	甲戌	満	山頭火	参
24日	08/14	木	乙亥	平	山頭火	井
25日	08/15	金	丙子	執	澗下水	鬼
26日	08/16	土	丁丑	執	澗下水	柳
27日	08/17	日	戊寅	破	城頭土	星
28日	08/18	月	己卯	危	城頭土	張
29日	08/19	火	庚辰	成	白鑞金	翼

【七月大 甲申 虚】
節気 処暑 3日・白露 18日
雑節 二百十日 14日・社日 28日

日	西暦	曜	干支	直	納音	宿
1日	08/20	水	辛巳	納	白鑞金	軫
2日	08/21	木	壬午	開	楊柳木	角
3日	08/22	金	癸未	閉	楊柳木	亢
4日	08/23	土	甲申	建	井泉水	氐
5日	08/24	日	乙酉	除	井泉水	房
6日	08/25	月	丙戌	満	屋上土	心
7日	08/26	火	丁亥	定	屋上土	尾
8日	08/27	水	戊子	定	霹靂火	箕
9日	08/28	木	己丑	執	霹靂火	斗
10日	08/29	金	庚寅	破	松柏木	女
11日	08/30	土	辛卯	危	松柏木	虚
12日	08/31	日	壬辰	成	長流水	危
13日	09/01	月	癸巳	納	長流水	室
14日	09/02	火	甲午	開	沙中金	壁
15日	09/03	水	乙未	閉	沙中金	奎
16日	09/04	木	丙申	建	山下火	婁
17日	09/05	金	丁酉	除	山下火	胃
18日	09/06	土	戊戌	除	平地木	昴
19日	09/07	日	己亥	満	平地木	畢
20日	09/08	月	庚子	平	壁上土	觜
21日	09/09	火	辛丑	定	壁上土	参
22日	09/10	水	壬寅	執	金箔金	井
23日	09/11	木	癸卯	破	金箔金	鬼
24日	09/12	金	甲辰	危	覆燈火	柳
25日	09/13	土	乙巳	成	覆燈火	星
26日	09/14	日	丙午	納	天河水	張
27日	09/15	月	丁未	開	天河水	翼
28日	09/16	火	戊申	閉	大駅土	軫
29日	09/17	水	己酉	建	大駅土	角
30日	09/18	木	庚戌	除	釼釧金	亢

【八月小 乙酉 危】
節気 秋分 3日・寒露 18日
雑節 彼岸 2日

日	西暦	曜	干支	直	納音	宿
1日	09/19	金	辛亥	満	釼釧金	氐
2日	09/20	土	壬子	平	桑柘木	房
3日	09/21	日	癸丑	定	桑柘木	心
4日	09/22	月	甲寅	執	大溪水	尾
5日	09/23	火	乙卯	破	大溪水	箕
6日	09/24	水	丙辰	危	沙中土	斗
7日	09/25	木	丁巳	成	沙中土	女
8日	09/26	金	戊午	納	天上火	虚
9日	09/27	土	己未	開	天上火	危
10日	09/28	日	庚申	閉	柘榴木	室
11日	09/29	月	辛酉	建	柘榴木	壁
12日	09/30	火	壬戌	除	大海水	奎
13日	10/01	水	癸亥	満	大海水	婁
14日	10/02	木	甲子	平	海中金	胃
15日☆	10/03	金	乙丑	定	海中金	昴
16日	10/04	土	丙寅	執	爐中火	畢
17日	10/05	日	丁卯	破	爐中火	觜
18日	10/06	月	戊辰	危	大林木	参
19日	10/07	火	己巳	成	大林木	井
20日	10/08	水	庚午	成	路傍土	参
21日	10/09	木	辛未	納	路傍土	井
22日	10/10	金	壬申	閉	釼鋒金	鬼
23日	10/11	土	癸酉	閉	釼鋒金	柳
24日	10/12	日	甲戌	建	山頭火	星
25日	10/13	月	乙亥	除	山頭火	張
26日	10/14	火	丙子	満	澗下水	翼
27日	10/15	水	丁丑	平	澗下水	軫
28日	10/16	木	戊寅	定	城頭土	角
29日	10/17	金	己卯	執	城頭土	亢

【九月大 丙戌 室】
節気 霜降 5日・立冬 20日
雑節 土用 2日

日	西暦	曜	干支	直	納音	宿
1日	10/18	土	庚辰	破	白鑞金	氐
2日	10/19	日	辛巳	危	白鑞金	房
3日	10/20	月	壬午	成	楊柳木	心
4日	10/21	火	癸未	納	楊柳木	尾
5日	10/22	水	甲申	開	井泉水	箕
6日	10/23	木	乙酉	閉	井泉水	斗
7日	10/24	金	丙戌	閉	屋上土	女
8日	10/25	土	丁亥	除	屋上土	虚
9日	10/26	日	戊子	満	霹靂火	危
10日	10/27	月	己丑	平	霹靂火	室
11日	10/28	火	庚寅	定	松柏木	壁
12日	10/29	水	辛卯	執	松柏木	奎
13日	10/30	木	壬辰	破	長流水	婁
14日	10/31	金	癸巳	危	長流水	胃
15日	11/01	土	甲午	成	沙中金	昴
16日	11/02	日	乙未	納	沙中金	畢
17日	11/03	月	丙申	開	山下火	觜
18日	11/04	火	丁酉	閉	山下火	参
19日	11/05	水	戊戌	建	平地木	井
20日	11/06	木	己亥	建	平地木	鬼
21日	11/07	金	庚子	除	壁上土	柳
22日	11/08	土	辛丑	満	壁上土	星
23日	11/09	日	壬寅	平	金箔金	張
24日	11/10	月	癸卯	定	金箔金	翼
25日	11/11	火	甲辰	執	覆燈火	軫
26日	11/12	水	乙巳	破	覆燈火	角
27日	11/13	木	丙午	危	天河水	亢
28日	11/14	金	丁未	成	天河水	氐
29日	11/15	土	戊申	納	大駅土	房
30日	11/16	日	己酉	開	大駅土	心

【十月小 丁亥 壁】
節気 小雪 5日・大雪 20日

日	西暦	曜	干支	直	納音	宿
1日	11/17	月	庚戌	建	釼釧金	尾
2日	11/18	火	辛亥	建	釼釧金	箕
3日	11/19	水	壬子	除	桑柘木	斗
4日	11/20	木	癸丑	満	桑柘木	女
5日	11/21	金	甲寅	平	大溪水	虚
6日	11/22	土	乙卯	定	大溪水	危
7日	11/23	日	丙辰	執	沙中土	室
8日	11/24	月	丁巳	破	沙中土	壁
9日	11/25	火	戊午	危	天上火	奎
10日	11/26	水	己未	成	天上火	婁
11日	11/27	木	庚申	納	柘榴木	胃
12日	11/28	金	辛酉	開	柘榴木	昴
13日	11/29	土	壬戌	閉	大海水	畢
14日	11/30	日	癸亥	建	大海水	觜
15日	12/01	月	甲子	除	海中金	参
16日	12/02	火	乙丑	満	海中金	井
17日	12/03	水	丙寅	平	爐中火	鬼
18日	12/04	木	丁卯	定	爐中火	柳
19日	12/05	金	戊辰	執	大林木	星
20日	12/06	土	己巳	執	大林木	張
21日	12/07	日	庚午	破	路傍土	翼
22日	12/08	月	辛未	危	路傍土	軫
23日	12/09	火	壬申	成	釼鋒金	角
24日	12/10	水	癸酉	納	釼鋒金	亢
25日	12/11	木	甲戌	開	山頭火	氐
26日	12/12	金	乙亥	閉	山頭火	房
27日	12/13	土	丙子	閉	澗下水	心
28日	12/14	日	丁丑	除	澗下水	房
29日	12/15	月	戊寅	満	城頭土	心

【十一月大 戊子 奎】
節気 冬至 7日・小寒 22日

日	西暦	曜	干支	直	納音	宿
1日	12/16	火	己卯	平	城頭土	尾
2日	12/17	水	庚辰	定	白鑞金	箕
3日	12/18	木	辛巳	定	白鑞金	斗
4日	12/19	金	壬午	破	楊柳木	牛
5日	12/20	土	癸未	危	楊柳木	女
6日	12/21	日	甲申	納	井泉水	虚
7日	12/22	月	乙酉	納	井泉水	危
8日	12/23	火	丙戌	開	屋上土	室
9日	12/24	水	丁亥	閉	屋上土	壁
10日	12/25	木	戊子	建	霹靂火	奎
11日	12/26	金	己丑	除	霹靂火	婁
12日	12/27	土	庚寅	満	松柏木	胃
13日	12/28	日	辛卯	平	松柏木	昴
14日	12/29	月	壬辰	定	長流水	畢
15日	12/30	火	癸巳	執	長流水	觜
16日	12/31	水	甲午	破	沙中金	参

1801年

日	西暦	曜	干支	直	納音	宿
17日	01/01	木	乙未	危	沙中金	井
18日	01/02	金	丙申	危	山下火	鬼
19日	01/03	土	丁酉	納	山下火	柳
20日	01/04	日	戊戌	開	平地木	星
21日	01/05	月	己亥	閉	平地木	張
22日	01/06	火	庚子	閉	壁上土	翼
23日	01/07	水	辛丑	建	壁上土	軫
24日	01/08	木	壬寅	除	金箔金	角
25日	01/09	金	癸卯	満	金箔金	亢
26日	01/10	土	甲辰	平	覆燈火	氐
27日	01/11	日	乙巳	定	覆燈火	房
28日	01/12	月	丙午	執	天河水	心
29日	01/13	火	丁未	破	天河水	尾
30日	01/14	水	戊申	危	大駅土	箕

【十二月小 己丑 婁】
節気 大寒 7日・立春 22日
雑節 土用 4日・節分 21日

日	西暦	曜	干支	直	納音	宿
1日	01/15	木	己酉	成	大駅土	斗
2日	01/16	金	庚戌	納	釼釧金	牛
3日	01/17	土	辛亥	閉	釼釧金	女
4日	01/18	日	壬子	閉	桑柘木	虚
5日	01/19	月	癸丑	建	桑柘木	危
6日	01/20	火	甲寅	除	大溪水	室
7日	01/21	水	乙卯	満	大溪水	壁
8日	01/22	木	丙辰	平	沙中土	奎
9日	01/23	金	丁巳	定	沙中土	婁
10日	01/24	土	戊午	執	天上火	胃
11日	01/25	日	己未	破	天上火	昴
12日	01/26	月	庚申	危	柘榴木	畢
13日	01/27	火	辛酉	成	柘榴木	觜
14日	01/28	水	壬戌	納	大海水	参
15日	01/29	木	癸亥	開	大海水	井
16日	01/30	金	甲子	閉	海中金	鬼
17日	01/31	土	乙丑	建	海中金	柳
18日	02/01	日	丙寅	除	爐中火	星
19日	02/02	月	丁卯	満	爐中火	張
20日	02/03	火	戊辰	平	大林木	翼
21日	02/04	水	己巳	定	大林木	軫
22日	02/05	木	庚午	執	路傍土	角
23日	02/06	金	辛未	破	路傍土	亢
24日	02/07	土	壬申	危	釼鋒金	氐
25日	02/08	日	癸酉	成	釼鋒金	房
26日	02/09	月	甲戌	納	山頭火	心
27日	02/10	火	乙亥	開	山頭火	尾
28日	02/11	水	丙子	閉	澗下水	箕
29日	02/12	木	丁丑	閉	澗下水	斗

享和元年〔寛政13年〕

1801～1802 辛酉 柳
※改元＝2月5日

【正月大 庚寅 胃】

節気 雨水 8日・啓蟄 24日

日	月日	曜	干支	直	納音	宿
1日	02/13	金	戊寅	建	城頭土	牛
2日	02/14	土	己卯	除	城頭土	女
3日	02/15	日	庚辰	満	白鑞金	虚
4日	02/16	月	辛巳	平	白鑞金	危
5日	02/17	火	壬午	定	楊柳木	室
6日	02/18	水	癸未	執	楊柳木	壁
7日	02/19	木	甲申	破	井泉水	奎
8日	02/20	金	乙酉	危	井泉水	婁
9日	02/21	土	丙戌	成	屋上土	胃
10日	02/22	日	丁亥	納	屋上土	昴
11日	02/23	月	戊子	開	霹靂火	畢
12日	02/24	火	己丑	閉	霹靂火	觜
13日	02/25	水	庚寅	建	松柏木	参
14日	02/26	木	辛卯	除	松柏木	井
15日	02/27	金	壬辰	満	長流水	鬼
16日	02/28	土	癸巳	平	長流水	柳
17日	03/01	日	甲午	定	沙中金	星
18日	03/02	月	乙未	執	沙中金	張
19日	03/03	火	丙申	破	山下火	翼
20日	03/04	水	丁酉	危	山下火	軫
21日	03/05	木	戊戌	成	平地木	角
22日	03/06	金	己亥	納	平地木	亢
23日	03/07	土	庚子	開	壁上土	氐
24日	03/08	日	辛丑	閉	壁上土	房
25日	03/09	月	壬寅	閉	金箔金	心
26日	03/10	火	癸卯	建	金箔金	尾
27日	03/11	水	甲辰	除	覆燈火	箕
28日	03/12	木	乙巳	満	覆燈火	斗
29日	03/13	金	丙午	平	天河水	牛
30日	03/14	土	丁未	定	天河水	女

【二月小 辛卯 昴】

節気 春分 9日・清明 24日
雑節 彼岸 4日・社日 11日

日	月日	曜	干支	直	納音	宿
1日	03/15	日	戊申	執	大駅土	虚
2日	03/16	月	己酉	破	大駅土	危
3日	03/17	火	庚戌	危	釵釧金	室
4日	03/18	水	辛亥	成	釵釧金	壁
5日	03/19	木	壬子	納	桑柘木	奎
＊改元(寛政13年→享和元年)						
6日	03/20	金	癸丑	開	桑柘木	婁
7日	03/21	土	甲寅	閉	大溪水	胃
8日	03/22	日	乙卯	閉	大溪水	昴
9日	03/23	月	丙辰	除	沙中土	畢
10日	03/24	火	丁巳	満	沙中土	觜
11日	03/25	水	戊午	平	天上火	参
12日	03/26	木	己未	定	天上火	井
13日	03/27	金	庚申	執	柘榴木	鬼
14日	03/28	土	辛酉	破	柘榴木	柳
15日	03/29	日	壬戌	危	大海水	星
16日	03/30	月	癸亥	成	大海水	張
17日	03/31	火	甲子	納	海中金	翼
18日	04/01	水	乙丑	開	海中金	軫
19日	04/02	木	丙寅	閉	爐中火	角
20日	04/03	金	丁卯	建	爐中火	亢
21日	04/04	土	戊辰	除	大林木	氐
22日	04/05	日	己巳	満	大林木	房
23日	04/06	月	庚午	平	路傍土	心
24日	04/07	火	辛未	定	路傍土	尾
25日	04/08	水	壬申	定	釵鋒金	箕

【三月大 壬辰 畢】

節気 穀雨 10日・立夏 26日
雑節 土用 7日・八十八夜 21日

日	月日	曜	干支	直	納音	宿
26日	04/09	木	癸酉	執	釵鋒金	斗
27日	04/10	金	甲戌	破	山頭火	牛
28日	04/11	土	乙亥	危	山頭火	女
29日	04/12	日	丙子	成	澗下水	虚
1日	04/13	月	丁丑	納	澗下水	危
2日	04/14	火	戊寅	開	城頭土	室
3日	04/15	水	己卯	閉	城頭土	壁
4日	04/16	木	庚辰	建	白鑞金	奎
5日	04/17	金	辛巳	除	白鑞金	婁
6日	04/18	土	壬午	満	楊柳木	胃
7日	04/19	日	癸未	平	楊柳木	昴
8日	04/20	月	甲申	定	井泉水	畢
9日	04/21	火	乙酉	執	井泉水	觜
10日	04/22	水	丙戌	破	屋上土	参
11日	04/23	木	丁亥	危	屋上土	井
12日	04/24	金	戊子	成	霹靂火	柳
13日	04/25	土	己丑	納	霹靂火	星
14日	04/26	日	庚寅	開	松柏木	張
15日	04/27	月	辛卯	閉	松柏木	翼
16日	04/28	火	壬辰	建	長流水	軫
17日	04/29	水	癸巳	除	長流水	角
18日	04/30	木	甲午	満	沙中金	亢
19日	05/01	金	乙未	平	沙中金	氐
20日	05/02	土	丙申	定	山下火	房
21日	05/03	日	丁酉	執	山下火	心
22日	05/04	月	戊戌	破	平地木	尾
23日	05/05	火	己亥	危	平地木	箕
24日	05/06	水	庚子	成	壁上土	斗
25日	05/07	木	辛丑	納	壁上土	牛
26日	05/08	金	壬寅	開	金箔金	女
27日	05/09	土	癸卯	閉	金箔金	虚
28日	05/10	日	甲辰	建	覆燈火	危
29日	05/11	月	乙巳	除	覆燈火	室
30日	05/12	火	丙午	除	天河水	壁

【四月小 癸巳 觜】

節気 小満 11日・芒種 26日
雑節 入梅 26日

日	月日	曜	干支	直	納音	宿
1日	05/13	水	丁未	満	天河水	壁
2日	05/14	木	戊申	定	大駅土	奎
3日	05/15	金	己酉	定	大駅土	婁
4日	05/16	土	庚戌	執	釵釧金	胃
5日	05/17	日	辛亥	破	釵釧金	昴
6日	05/18	月	壬子	危	桑柘木	畢
7日	05/19	火	癸丑	成	桑柘木	觜
8日	05/20	水	甲寅	納	大溪水	参
9日	05/21	木	乙卯	開	大溪水	井
10日	05/22	金	丙辰	閉	沙中土	鬼
11日	05/23	土	丁巳	建	沙中土	柳
12日	05/24	日	戊午	除	天上火	星
13日	05/25	月	己未	満	天上火	張
14日	05/26	火	庚申	平	柘榴木	翼
15日	05/27	水	辛酉	定	柘榴木	軫
16日	05/28	木	壬戌	執	大海水	角
17日	05/29	金	癸亥	破	大海水	亢
18日	05/30	土	甲子	危	海中金	氐
19日	05/31	日	乙丑	成	海中金	房
20日	06/01	月	丙寅	納	爐中火	心
21日	06/02	火	丁卯	開	爐中火	尾
22日	06/03	水	戊辰	閉	大林木	箕
23日	06/04	木	己巳	建	大林木	斗
24日	06/05	金	庚午	除	路傍土	牛
25日	06/06	土	辛未	満	路傍土	女
26日	06/07	日	壬申	平	釵鋒金	虚

【五月大 甲午 参】

節気 夏至 12日・小暑 27日
雑節 半夏生 22日

日	月日	曜	干支	直	納音	宿
27日	06/08	月	癸酉	平	釵鋒金	危
28日	06/09	火	甲戌	定	山頭火	室
29日	06/10	水	乙亥	執	山頭火	壁
1日	06/11	木	丙子	破	澗下水	奎
2日	06/12	金	丁丑	危	澗下水	婁
3日	06/13	土	戊寅	成	城頭土	胃
4日	06/14	日	己卯	納	城頭土	昴
5日	06/15	月	庚辰	開	白鑞金	畢
6日	06/16	火	辛巳	閉	白鑞金	觜
7日	06/17	水	壬午	建	楊柳木	参
8日	06/18	木	癸未	除	楊柳木	井
9日	06/19	金	甲申	満	井泉水	鬼
10日	06/20	土	乙酉	平	井泉水	柳
11日	06/21	日	丙戌	定	屋上土	星
12日	06/22	月	丁亥	執	屋上土	張
13日	06/23	火	戊子	破	霹靂火	翼
14日	06/24	水	己丑	危	霹靂火	軫
15日	06/25	木	庚寅	成	松柏木	角
16日	06/26	金	辛卯	納	松柏木	亢
17日	06/27	土	壬辰	開	長流水	氐
18日	06/28	日	癸巳	閉	長流水	房
19日	06/29	月	甲午	建	沙中金	心
20日	06/30	火	乙未	除	沙中金	尾
21日	07/01	水	丙申	満	山下火	箕
22日	07/02	木	丁酉	平	山下火	斗
23日	07/03	金	戊戌	定	平地木	牛
24日	07/04	土	己亥	執	平地木	女
25日	07/05	日	庚子	破	壁上土	虚
26日	07/06	月	辛丑	危	壁上土	室
27日	07/07	火	壬寅	成	金箔金	壁
28日	07/08	水	癸卯	納	金箔金	奎
29日	07/09	木	甲辰	開	覆燈火	婁
30日	07/10	金	乙巳	閉	覆燈火	胃

【六月小 乙未 井】

節気 大暑 13日・立秋 28日
雑節 土用 10日

日	月日	曜	干支	直	納音	宿
1日	07/11	土	丙午	閉	天河水	胃
2日	07/12	日	丁未	建	天河水	昴
3日	07/13	月	戊申	満	大駅土	畢
4日	07/14	火	己酉	満	大駅土	觜
5日	07/15	水	庚戌	平	釵釧金	参
6日	07/16	木	辛亥	定	釵釧金	井
7日	07/17	金	壬子	執	桑柘木	鬼
8日	07/18	土	癸丑	破	桑柘木	柳
9日	07/19	日	甲寅	危	大溪水	星
10日	07/20	月	乙卯	成	大溪水	張
11日	07/21	火	丙辰	納	沙中土	翼
12日	07/22	水	丁巳	開	沙中土	軫
13日	07/23	木	戊午	建	天上火	角
14日	07/24	金	己未	除	天上火	亢
15日	07/25	土	庚申	満	柘榴木	氐
16日	07/26	日	辛酉	平	柘榴木	房
17日	07/27	月	壬戌	定	大海水	心
18日	07/28	火	癸亥	執	大海水	尾
19日	07/29	水	甲子	破	海中金	箕
20日	07/30	木	乙丑	危	海中金	斗
21日	07/31	金	丙寅	成	爐中火	牛
22日	08/01	土	丁卯	納	爐中火	女
23日	08/02	日	戊辰	開	大林木	虚
24日	08/03	月	己巳	閉	大林木	危
25日	08/04	火	庚午	閉	路傍土	室
26日	08/05	水	辛未	建	路傍土	壁
27日	08/06	木	壬申	除	釵鋒金	奎

享和元年〔寛政13年〕

西暦	曜	干支	直	納音	宿

28日 08/07 金 癸酉 除 釼鋒金 婁
29日 08/08 土 甲戌 満 山頭火 胃

【七月大 丙申 鬼】
節気 処暑 14日・白露 29日
雑節 二百十日 25日

1日 08/09 日 乙亥 平 山頭火 昴
2日 08/10 月 丙子 定 潤下水 畢
3日 08/11 火 丁丑 執 潤下水 觜
4日 08/12 水 戊寅 破 城頭土 參
5日 08/13 木 己卯 危 城頭土 井
6日 08/14 金 庚辰 成 白鑞金 鬼
7日 08/15 土 辛巳 納 白鑞金 柳
8日 08/16 日 壬午 開 楊柳木 星
9日 08/17 月 癸未 閉 楊柳木 張
10日 08/18 火 甲申 建 井泉水 翼
11日 08/19 水 乙酉 除 井泉水 軫
12日 08/20 木 丙戌 満 屋上土 角
13日 08/21 金 丁亥 平 屋上土 亢
14日 08/22 土 戊子 定 霹靂火 氐
15日 08/23 日 己丑 執 霹靂火 房
16日 08/24 月 庚寅 破 松柏木 心
17日 08/25 火 辛卯 危 松柏木 尾
18日 08/26 水 壬辰 成 長流水 箕
19日 08/27 木 癸巳 納 長流水 斗
20日 08/28 金 甲午 開 沙中金 牛
21日 08/29 土 乙未 閉 沙中金 女
22日 08/30 日 丙申 建 山下火 虚
23日 08/31 月 丁酉 除 山下火 危
24日 09/01 火 戊戌 満 平地木 室
25日 09/02 水 己亥 平 平地木 壁
26日 09/03 木 庚子 定 壁上土 奎
27日 09/04 金 辛丑 執 壁上土 婁
28日 09/05 土 壬寅 破 金箔金 胃
29日 09/06 日 癸卯 危 金箔金 昴
30日 09/07 月 甲辰 成 覆燈火 畢

【八月大 丁酉 柳】
節気 秋分 15日・寒露 30日
雑節 彼岸 14日・社日 13日

1日 09/08 火 乙巳 成 覆燈火 觜
2日 09/09 水 丙午 納 天河水 參
3日 09/10 木 丁未 開 天河水 井
4日 09/11 金 戊申 閉 大駅土 鬼
5日 09/12 土 己酉 建 大駅土 柳
6日 09/13 日 庚戌 除 釼釧金 星
7日 09/14 月 辛亥 満 釼釧金 張
8日 09/15 火 壬子 平 桑柘木 翼
9日 09/16 水 癸丑 定 桑柘木 軫
10日 09/17 木 甲寅 執 大溪水 角
11日 09/18 金 乙卯 破 大溪水 亢
12日 09/19 土 丙辰 危 沙中土 氐
13日 09/20 日 丁巳 成 沙中土 房
14日 09/21 月 戊午 納 天上火 心
15日☆ 09/22 火 己未 開 天上火 尾
16日 09/23 水 庚申 閉 柘榴木 箕
17日 09/24 木 辛酉 建 柘榴木 斗
18日 09/25 金 壬戌 除 大海水 牛
19日 09/26 土 癸亥 満 大海水 女
20日 09/27 日 甲子 平 海中金 虚
21日 09/28 月 乙丑 定 海中金 危
22日 09/29 火 丙寅 執 爐中火 室
23日 09/30 水 丁卯 破 爐中火 壁
24日 10/01 木 戊辰 危 大林木 奎
25日 10/02 金 己巳 成 大林木 婁
26日 10/03 土 庚午 納 路傍土 胃
27日 10/04 日 辛未 開 路傍土 昴
28日 10/05 月 壬申 閉 釼鋒金 畢
29日 10/06 火 癸酉 建 釼鋒金 觜
30日 10/07 水 甲戌 建 山頭火 參

【九月小 戊戌 星】
節気 霜降 15日
雑節 土用 12日

1日 10/08 木 乙亥 除 山頭火 井
2日 10/09 金 丙子 満 潤下水 柳
3日 10/10 土 丁丑 平 潤下水 星
4日 10/11 日 戊寅 定 城頭土 張
5日 10/12 月 己卯 執 城頭土 翼
6日 10/13 火 庚辰 破 白鑞金 軫
7日 10/14 水 辛巳 危 白鑞金 角
8日 10/15 木 壬午 成 楊柳木 亢
9日 10/16 金 癸未 納 楊柳木 氐
10日 10/17 土 甲申 開 井泉水 房
11日 10/18 日 乙酉 閉 井泉水 心
12日 10/19 月 丙戌 建 屋上土 尾
13日 10/20 火 丁亥 除 屋上土 箕
14日 10/21 水 戊子 満 霹靂火 斗
15日 10/22 木 己丑 平 霹靂火 牛
16日 10/23 金 庚寅 定 松柏木 女
17日 10/24 土 辛卯 執 松柏木 虚
18日 10/25 日 壬辰 破 長流水 危
19日 10/26 月 癸巳 危 長流水 室
20日 10/27 火 甲午 成 沙中金 壁
21日 10/28 水 乙未 納 沙中金 奎
22日 10/29 木 丙申 開 山下火 婁
23日 10/30 金 丁酉 閉 山下火 胃
24日 10/31 土 戊戌 建 平地木 昴
25日 11/01 日 己亥 除 平地木 畢
26日 11/02 月 庚子 満 壁上土 觜
27日 11/03 火 辛丑 平 壁上土 參
28日 11/04 水 壬寅 定 金箔金 井
29日 11/05 木 癸卯 執 金箔金 柳

【十月大 己亥 張】
節気 立冬 1日・小雪 16日

1日 11/06 金 甲辰 執 覆燈火 鬼
2日 11/07 土 乙巳 破 覆燈火 柳
3日 11/08 日 丙午 危 天河水 星
4日 11/09 月 丁未 成 天河水 張
5日 11/10 火 戊申 納 大駅土 翼
6日 11/11 水 己酉 開 大駅土 軫
7日 11/12 木 庚戌 閉 釼釧金 角
8日 11/13 金 辛亥 建 釼釧金 亢
9日 11/14 土 壬子 満 桑柘木 氐
10日 11/15 日 癸丑 満 桑柘木 房
11日 11/16 月 甲寅 平 大溪水 心
12日 11/17 火 乙卯 定 大溪水 尾
13日 11/18 水 丙辰 執 沙中土 箕
14日 11/19 木 丁巳 破 沙中土 斗
15日 11/20 金 戊午 危 天上火 牛
16日 11/21 土 己未 成 天上火 女
17日 11/22 日 庚申 納 柘榴木 虚
18日 11/23 月 辛酉 開 柘榴木 危
19日 11/24 火 壬戌 閉 大海水 室
20日 11/25 水 癸亥 建 大海水 壁
21日 11/26 木 甲子 除 海中金 奎
22日 11/27 金 乙丑 満 海中金 婁
23日 11/28 土 丙寅 平 爐中火 胃
24日 11/29 日 丁卯 定 爐中火 昴
25日 11/30 月 戊辰 執 大林木 畢
26日 12/01 火 己巳 破 大林木 觜
27日 12/02 水 庚午 危 路傍土 參
28日 12/03 木 辛未 成 路傍土 井
29日 12/04 金 壬申 納 釼鋒金 鬼
30日 12/05 土 癸酉 開 釼鋒金 柳

【十一月小 庚子 翼】
節気 大雪 2日・冬至 17日

1日 12/06 日 甲戌 閉 山頭火 星
2日 12/07 月 乙亥 閉 山頭火 張
3日 12/08 火 丙子 建 潤下水 翼
4日 12/09 水 丁丑 除 潤下水 軫
5日 12/10 木 戊寅 満 城頭土 角
6日 12/11 金 己卯 平 城頭土 亢
7日 12/12 土 庚辰 定 白鑞金 氐
8日 12/13 日 辛巳 執 白鑞金 房
9日 12/14 月 壬午 破 楊柳木 心
10日 12/15 火 癸未 危 楊柳木 尾
11日 12/16 水 甲申 成 井泉水 箕
12日 12/17 木 乙酉 納 井泉水 斗
13日 12/18 金 丙戌 開 屋上土 牛
14日 12/19 土 丁亥 閉 屋上土 女
15日 12/20 日 戊子 建 霹靂火 虚
16日 12/21 月 己丑 除 霹靂火 危
17日 12/22 火 庚寅 満 松柏木 室
18日 12/23 水 辛卯 平 松柏木 壁
19日 12/24 木 壬辰 定 長流水 奎
20日 12/25 金 癸巳 執 長流水 婁
21日 12/26 土 甲午 破 沙中金 胃
22日 12/27 日 乙未 危 沙中金 昴
23日 12/28 月 丙申 成 山下火 畢
24日 12/29 火 丁酉 納 山下火 觜
25日 12/30 水 戊戌 開 平地木 參
26日 12/31 木 己亥 閉 平地木 井

1802年
27日 01/01 金 庚子 建 壁上土 鬼
28日 01/02 土 辛丑 除 壁上土 柳
29日 01/03 日 壬寅 満 金箔金 星

【十二月大 辛丑 軫】
節気 小寒 3日・大寒 18日
雑節 土用 15日

1日 01/04 月 癸卯 平 金箔金 張
2日 01/05 火 甲辰 定 覆燈火 翼
3日 01/06 水 乙巳 定 覆燈火 軫
4日 01/07 木 丙午 執 天河水 角
5日 01/08 金 丁未 破 天河水 亢
6日 01/09 土 戊申 危 大駅土 氐
7日 01/10 日 己酉 成 大駅土 房
8日 01/11 月 庚戌 納 釼釧金 心
9日 01/12 火 辛亥 開 釼釧金 尾
10日 01/13 水 壬子 閉 桑柘木 箕
11日 01/14 木 癸丑 建 桑柘木 斗
12日 01/15 金 甲寅 除 大溪水 牛
13日 01/16 土 乙卯 満 大溪水 女
14日 01/17 日 丙辰 平 沙中土 虚
15日 01/18 月 丁巳 定 沙中土 危
16日 01/19 火 戊午 執 天上火 室
17日 01/20 水 己未 破 天上火 壁
18日 01/21 木 庚申 危 柘榴木 奎
19日 01/22 金 辛酉 成 柘榴木 婁
20日 01/23 土 壬戌 納 大海水 胃
21日 01/24 日 癸亥 開 大海水 昴
22日 01/25 月 甲子 閉 海中金 畢
23日 01/26 火 乙丑 建 海中金 觜
24日 01/27 水 丙寅 除 爐中火 參
25日 01/28 木 丁卯 満 爐中火 井
26日 01/29 金 戊辰 平 大林木 鬼
27日 01/30 土 己巳 定 大林木 柳
28日 01/31 日 庚午 執 路傍土 星
29日 02/01 月 辛未 破 路傍土 張
30日 02/02 火 壬申 危 釼鋒金 翼

享和2年
1802～1803　壬戌　星

【正月小 壬寅 角】
節気 立春3日・雨水19日
雑節 節分2日

日	新暦	曜	干支		納音	宿
1日	02/03	水	癸酉	成	釵釧金	軫
2日	02/04	木	甲戌	納	山頭火	亢
3日	02/05	金	乙亥	納	山頭火	氐
4日	02/06	土	丙子	開	澗下水	房
5日	02/07	日	丁丑	閉	澗下水	心
6日	02/08	月	戊寅	建	城頭土	尾
7日	02/09	火	己卯	除	城頭土	箕
8日	02/10	水	庚辰	満	白鑞金	斗
9日	02/11	木	辛巳	平	白鑞金	牛
10日	02/12	金	壬午	定	楊柳木	女
11日	02/13	土	癸未	執	楊柳木	虚
12日	02/14	日	甲申	破	井泉水	危
13日	02/15	月	乙酉	危	井泉水	室
14日	02/16	火	丙戌	成	屋上土	壁
15日	02/17	水	丁亥	納	屋上土	奎
16日	02/18	木	戊子	開	霹靂火	婁
17日	02/19	金	己丑	閉	霹靂火	胃
18日	02/20	土	庚寅	建	松柏木	昴
19日	02/21	日	辛卯	除	松柏木	畢
20日	02/22	月	壬辰	満	長流水	觜
21日	02/23	火	癸巳	平	長流水	参
22日	02/24	水	甲午	定	沙中金	井
23日	02/25	木	乙未	執	沙中金	鬼
24日	02/26	金	丙申	破	山下火	柳
25日	02/27	土	丁酉	危	山下火	星
26日	02/28	日	戊戌	成	平地木	張
27日	03/01	月	己亥	納	平地木	翼
28日	03/02	火	庚子	開	壁上土	軫
29日	03/03	水	辛丑	閉	壁上土	軫

【二月大 癸卯 亢】
節気 啓蟄5日・春分20日
雑節 彼岸15日・社日17日

日	新暦	曜	干支		納音	宿
1日	03/04	木	壬寅	建	金箔金	角
2日	03/05	金	癸卯	除	金箔金	亢
3日	03/06	土	甲辰	満	覆燈火	氐
4日	03/07	日	乙巳	平	覆燈火	房
5日	03/08	月	丙午	平	天河水	心
6日	03/09	火	丁未	定	天河水	尾
7日	03/10	水	戊申	執	大駅土	箕
8日	03/11	木	己酉	破	大駅土	斗
9日	03/12	金	庚戌	危	釵釧金	牛
10日	03/13	土	辛亥	納	釵釧金	女
11日	03/14	日	壬子	納	桑柘木	虚
12日	03/15	月	癸丑	開	桑柘木	危
13日	03/16	火	甲寅	閉	大溪水	室
14日	03/17	水	乙卯	閉	大溪水	壁
15日	03/18	木	丙辰	除	沙中土	奎
16日☆	03/19	金	丁巳	満	沙中土	婁
17日	03/20	土	戊午	定	天上火	胃
18日	03/21	日	己未	定	天上火	昴
19日	03/22	月	庚申	執	柘榴木	畢
20日	03/23	火	辛酉	破	柘榴木	觜
21日	03/24	水	壬戌	成	大海水	井
22日	03/25	木	癸亥	成	大海水	鬼
23日	03/26	金	甲子	納	海中金	柳
24日	03/27	土	乙丑	開	海中金	星
25日	03/28	日	丙寅	閉	爐中火	張
26日	03/29	月	丁卯	建	爐中火	翼
27日	03/30	火	戊辰	除	大林木	翼
28日	03/31	水	己巳	満	大林木	軫
29日	04/01	木	庚午	平	路傍土	角
30日	04/02	金	辛未	定	路傍土	亢

【三月小 甲辰 氐】
節気 清明5日・穀雨21日
雑節 土用18日

日	新暦	曜	干支		納音	宿
1日	04/03	土	壬申	執	釵釧金	氐
2日	04/04	日	癸酉	破	釵釧金	房
3日	04/05	月	甲戌	危	山頭火	心
4日	04/06	火	乙亥	成	山頭火	尾
5日	04/07	水	丙子	納	澗下水	箕
6日	04/08	木	丁丑	納	澗下水	斗
7日	04/09	金	戊寅	開	城頭土	牛
8日	04/10	土	己卯	閉	城頭土	女
9日	04/11	日	庚辰	建	白鑞金	虚
10日	04/12	月	辛巳	除	白鑞金	危
11日	04/13	火	壬午	満	楊柳木	室
12日	04/14	水	癸未	平	楊柳木	壁
13日	04/15	木	甲申	定	井泉水	奎
14日	04/16	金	乙酉	執	井泉水	婁
15日	04/17	土	丙戌	破	屋上土	胃
16日	04/18	日	丁亥	危	屋上土	昴
17日	04/19	月	戊子	成	霹靂火	畢
18日	04/20	火	己丑	納	霹靂火	觜
19日	04/21	水	庚寅	開	松柏木	参
20日	04/22	木	辛卯	閉	松柏木	井
21日	04/23	金	壬辰	建	長流水	鬼
22日	04/24	土	癸巳	除	長流水	柳
23日	04/25	日	甲午	平	沙中金	星
24日	04/26	月	乙未	平	沙中金	張
25日	04/27	火	丙申	定	山下火	翼
26日	04/28	水	丁酉	執	山下火	軫
27日	04/29	木	戊戌	危	平地木	角
28日	04/30	金	己亥	危	平地木	亢
29日	05/01	土	庚子	成	壁上土	氐

【四月小 乙巳 房】
節気 立夏7日・小満22日
雑節 八十八夜2日

日	新暦	曜	干支		納音	宿
1日	05/02	日	辛丑	納	壁上土	房
2日	05/03	月	壬寅	開	金箔金	心
3日	05/04	火	癸卯	閉	金箔金	尾
4日	05/05	水	甲辰	建	覆燈火	箕
5日	05/06	木	乙巳	除	覆燈火	斗
6日	05/07	金	丙午	満	天河水	牛
7日	05/08	土	丁未	平	天河水	女
8日	05/09	日	戊申	平	大駅土	虚
9日	05/10	月	己酉	定	大駅土	危
10日	05/11	火	庚戌	執	釵釧金	室
11日	05/12	水	辛亥	破	釵釧金	壁
12日	05/13	木	壬子	危	桑柘木	奎
13日	05/14	金	癸丑	成	桑柘木	婁
14日	05/15	土	甲寅	納	大溪水	胃
15日	05/16	日	乙卯	開	大溪水	昴
16日	05/17	月	丙辰	閉	沙中土	畢
17日	05/18	火	丁巳	建	沙中土	觜
18日	05/19	水	戊午	除	天上火	参
19日	05/20	木	己未	満	天上火	井
20日	05/21	金	庚申	平	柘榴木	鬼
21日	05/22	土	辛酉	定	柘榴木	柳
22日	05/23	日	壬戌	執	大海水	星
23日	05/24	月	癸亥	破	大海水	張
24日	05/25	火	甲子	危	海中金	翼
25日	05/26	水	乙丑	成	海中金	軫
26日	05/27	木	丙寅	納	爐中火	角
27日	05/28	金	丁卯	開	爐中火	亢
28日	05/29	土	戊辰	納	大林木	氐

【五月大 丙午 心】
節気 芒種8日・夏至23日
雑節 入梅13日

日	新暦	曜	干支		納音	宿
1日	05/31	日	己巳	建	大林木	房
2日	06/01	月	庚午	除	路傍土	心
3日	06/02	火	辛未	満	路傍土	尾
4日	06/03	水	壬申	平	釵釧金	箕
5日	06/04	木	癸酉	定	釵釧金	斗
6日	06/05	金	甲戌	執	山頭火	牛
7日	06/06	土	乙亥	破	山頭火	女
8日	06/07	日	丙子	危	澗下水	虚
9日	06/08	月	丁丑	危	澗下水	危
10日	06/09	火	戊寅	成	城頭土	室
11日	06/10	水	己卯	納	城頭土	壁
12日	06/11	木	庚辰	開	白鑞金	奎
13日	06/12	金	辛巳	閉	白鑞金	婁
14日	06/13	土	壬午	建	楊柳木	胃
15日	06/14	日	癸未	除	楊柳木	昴
16日	06/15	月	甲申	満	井泉水	畢
17日	06/16	火	乙酉	平	井泉水	觜
18日	06/17	水	丙戌	定	屋上土	参
19日	06/18	木	丁亥	執	屋上土	井
20日	06/19	金	戊子	破	霹靂火	鬼
21日	06/20	土	己丑	危	霹靂火	柳
22日	06/21	日	庚寅	成	松柏木	星
23日	06/22	月	辛卯	納	松柏木	張
24日	06/23	火	壬辰	開	長流水	翼
25日	06/24	水	癸巳	閉	長流水	軫
26日	06/25	木	甲午	建	沙中金	角
27日	06/26	金	乙未	除	沙中金	亢
28日	06/27	土	丙申	満	山下火	氐
29日	06/28	日	丁酉	平	山下火	房
30日	06/29	月	戊戌	定	平地木	尾

【六月小 丁未 尾】
節気 小暑9日・大暑24日
雑節 半夏生4日・土用21日

日	新暦	曜	干支		納音	宿
1日	06/30	火	己亥	執	平地木	箕
2日	07/01	水	庚子	危	壁上土	斗
3日	07/02	木	辛丑	成	壁上土	牛
4日	07/03	金	壬寅	納	金箔金	女
5日	07/04	土	癸卯	開	金箔金	虚
6日	07/05	日	甲辰	閉	覆燈火	危
7日	07/06	月	乙巳	建	覆燈火	室
8日	07/07	火	丙午	除	天河水	壁
9日	07/08	水	丁未	除	天河水	奎
10日	07/09	木	戊申	満	大駅土	婁
11日	07/10	金	己酉	平	大駅土	胃
12日	07/11	土	庚戌	定	釵釧金	昴
13日	07/12	日	辛亥	執	釵釧金	畢
14日	07/13	月	壬子	破	桑柘木	觜
15日	07/14	火	癸丑	危	桑柘木	参
16日	07/15	水	甲寅	成	大溪水	井
17日	07/16	木	乙卯	納	大溪水	鬼
18日	07/17	金	丙辰	開	沙中土	柳
19日	07/18	土	丁巳	閉	沙中土	星
20日	07/19	日	戊午	建	天上火	張
21日	07/20	月	己未	除	天上火	翼
22日	07/21	火	庚申	満	柘榴木	軫
23日	07/22	水	辛酉	平	柘榴木	角
24日	07/23	木	壬戌	定	大海水	亢
25日	07/24	金	癸亥	執	大海水	氐
26日	07/25	土	甲子	破	海中金	房
27日	07/26	日	乙丑	危	海中金	心
28日	07/27	月	丙寅	成	爐中火	尾
29日	07/28	火	丁卯	納	爐中火	箕

西暦 曜 干支 直 納音 宿　　　　享和2年

【七月大 戊申 箕】
節気 立秋 10日・処暑 25日

日	西暦	曜	干支	直	納音	宿
1日	07/29	木	己巳	開	大林木	斗
2日	07/30	金	庚午	閉	路傍土	牛
3日	07/31	土	辛未	建	路傍土	女
4日	08/01	日	壬申	除	釼鋒金	虚
5日	08/02	月	癸酉	満	釼鋒金	危
6日	08/03	火	甲戌	平	山頭火	室
7日	08/04	水	乙亥	定	山頭火	壁
8日	08/05	木	丙子	執	澗下水	奎
9日	08/06	金	丁丑	破	澗下水	婁
10日	08/07	土	戊寅	破	城頭土	胃
11日	08/08	日	己卯	危	城頭土	昴
12日	08/09	月	庚辰	成	白鑞金	畢
13日	08/10	火	辛巳	納	白鑞金	觜
14日	08/11	水	壬午	開	楊柳木	参
15日	08/12	木	癸未	閉	楊柳木	井
16日	08/13	金	甲申	建	井泉水	鬼
17日	08/14	土	乙酉	除	井泉水	柳
18日	08/15	日	丙戌	満	屋上土	星
19日	08/16	月	丁亥	平	屋上土	張
20日	08/17	火	戊子	定	霹靂火	翼
21日	08/18	水	己丑	執	霹靂火	軫
22日	08/19	木	庚寅	破	松柏木	角
23日	08/20	金	辛卯	危	松柏木	亢
24日	08/21	土	壬辰	成	長流水	氐
25日	08/22	日	癸巳	納	長流水	房
26日	08/23	月	甲午	開	沙中金	心
27日	08/24	火	乙未	閉	沙中金	尾
28日	08/25	水	丙申	建	山下火	箕
29日	08/26	木	丁酉	除	山下火	斗
30日	08/27	金	戊戌	満	平地木	牛

【八月大 己酉 斗】
節気 白露 11日・秋分 26日
雑節 二百十日 6日・彼岸 25日・社日 30日

日	西暦	曜	干支	直	納音	宿
1日◎	08/28	土	己亥	平	平地木	女
2日	08/29	日	庚子	定	壁上土	虚
3日	08/30	月	辛丑	執	壁上土	危
4日	08/31	火	壬寅	破	金箔金	室
5日	09/01	水	癸卯	危	金箔金	壁
6日	09/02	木	甲辰	成	覆燈火	奎
7日	09/03	金	乙巳	納	覆燈火	婁
8日	09/04	土	丙午	開	天河水	胃
9日	09/05	日	丁未	閉	天河水	昴
10日	09/06	月	戊申	建	大駅土	畢
11日	09/07	火	己酉	建	大駅土	觜
12日	09/08	水	庚戌	除	釵釧金	参
13日	09/09	木	辛亥	満	釵釧金	井
14日	09/10	金	壬子	平	桑柘木	鬼
15日	09/11	土	癸丑	定	桑柘木	柳
16日	09/12	日	甲寅	執	大溪水	星
17日	09/13	月	乙卯	破	大溪水	張
18日	09/14	火	丙辰	危	沙中土	翼
19日	09/15	水	丁巳	成	沙中土	軫
20日	09/16	木	戊午	納	天上火	角
21日	09/17	金	己未	開	天上火	亢
22日	09/18	土	庚申	閉	柘榴木	氐
23日	09/19	日	辛酉	建	柘榴木	房
24日	09/20	月	壬戌	除	大海水	心
25日	09/21	火	癸亥	満	大海水	尾
26日	09/22	水	甲子	平	海中金	箕
27日	09/23	木	乙丑	定	海中金	斗
28日	09/24	金	丙寅	執	爐中火	牛
29日	09/25	土	丁卯	破	爐中火	女
30日	09/26	日	戊辰	危	大林木	虚

【九月大 庚戌 牛】
節気 寒露 11日・霜降 26日
雑節 土用 23日

日	西暦	曜	干支	直	納音	宿
1日	09/27	月	己巳	成	大林木	危
2日	09/28	火	庚午	納	路傍土	室
3日	09/29	水	辛未	開	路傍土	壁
4日	09/30	木	壬申	閉	釼鋒金	奎
5日	10/01	金	癸酉	建	釼鋒金	婁
6日	10/02	土	甲戌	除	山頭火	胃
7日	10/03	日	乙亥	満	山頭火	昴
8日	10/04	月	丙子	平	澗下水	畢
9日	10/05	火	丁丑	定	澗下水	觜
10日	10/06	水	戊寅	執	城頭土	参
11日	10/07	木	己卯	執	城頭土	井
12日	10/08	金	庚辰	破	白鑞金	鬼
13日	10/09	土	辛巳	危	白鑞金	柳
14日	10/10	日	壬午	成	楊柳木	星
15日	10/11	月	癸未	納	楊柳木	張
16日	10/12	火	甲申	開	井泉水	翼
17日	10/13	水	乙酉	閉	井泉水	軫
18日	10/14	木	丙戌	建	屋上土	角
19日	10/15	金	丁亥	除	屋上土	亢
20日	10/16	土	戊子	満	霹靂火	氐
21日	10/17	日	己丑	平	霹靂火	房
22日	10/18	月	庚寅	定	松柏木	心
23日	10/19	火	辛卯	執	松柏木	尾
24日	10/20	水	壬辰	破	長流水	箕
25日	10/21	木	癸巳	危	長流水	斗
26日	10/22	金	甲午	成	沙中金	牛
27日	10/23	土	乙未	納	沙中金	女
28日	10/24	日	丙申	開	山下火	虚
29日	10/25	月	丁酉	閉	山下火	危
30日	10/26	火	戊戌	建	平地木	室

【十月小 辛亥 女】
節気 立冬 11日・小雪 27日

日	西暦	曜	干支	直	納音	宿
1日	10/27	水	己亥	除	平地木	壁
2日	10/28	木	庚子	満	壁上土	奎
3日	10/29	金	辛丑	平	壁上土	婁
4日	10/30	土	壬寅	定	金箔金	胃
5日	10/31	日	癸卯	執	金箔金	昴
6日	11/01	月	甲辰	破	覆燈火	畢
7日	11/02	火	乙巳	危	覆燈火	觜
8日	11/03	水	丙午	成	天河水	参
9日	11/04	木	丁未	納	天河水	井
10日	11/05	金	戊申	開	大駅土	鬼
11日	11/06	土	己酉	開	大駅土	柳
12日	11/07	日	庚戌	閉	釵釧金	星
13日	11/08	月	辛亥	建	釵釧金	張
14日	11/09	火	壬子	除	桑柘木	翼
15日	11/10	水	癸丑	満	桑柘木	軫
16日	11/11	木	甲寅	平	大溪水	角
17日	11/12	金	乙卯	定	大溪水	亢
18日	11/13	土	丙辰	執	沙中土	氐
19日	11/14	日	丁巳	破	沙中土	房
20日	11/15	月	戊午	危	天上火	心
21日	11/16	火	己未	成	天上火	尾
22日	11/17	水	庚申	納	柘榴木	箕
23日	11/18	木	辛酉	開	柘榴木	斗
24日	11/19	金	壬戌	閉	大海水	牛
25日	11/20	土	癸亥	建	大海水	女
26日	11/21	日	甲子	除	海中金	虚
27日	11/22	月	乙丑	満	海中金	危
28日	11/23	火	丙寅	平	爐中火	室
29日	11/24	水	丁卯	定	爐中火	壁

【十一月大 壬子 虚】
節気 大雪 13日・冬至 28日

日	西暦	曜	干支	直	納音	宿
1日	11/25	木	戊辰	執	大林木	奎
2日	11/26	金	己巳	破	大林木	婁
3日	11/27	土	庚午	危	路傍土	胃
4日	11/28	日	辛未	成	路傍土	昴
5日	11/29	月	壬申	納	釼鋒金	畢
6日	11/30	火	癸酉	開	釼鋒金	觜
7日	12/01	水	甲戌	閉	山頭火	参
8日	12/02	木	乙亥	建	山頭火	井
9日	12/03	金	丙子	除	澗下水	鬼
10日	12/04	土	丁丑	満	澗下水	柳
11日	12/05	日	戊寅	平	城頭土	星
12日	12/06	月	己卯	定	城頭土	張
13日	12/07	火	庚辰	定	白鑞金	翼
14日	12/08	水	辛巳	執	白鑞金	軫
15日	12/09	木	壬午	破	楊柳木	角
16日	12/10	金	癸未	危	楊柳木	亢
17日	12/11	土	甲申	成	井泉水	氐
18日	12/12	日	乙酉	納	井泉水	房
19日	12/13	月	丙戌	開	屋上土	心
20日	12/14	火	丁亥	閉	屋上土	尾
21日	12/15	水	戊子	建	霹靂火	箕
22日	12/16	木	己丑	除	霹靂火	斗
23日	12/17	金	庚寅	満	松柏木	牛
24日	12/18	土	辛卯	平	松柏木	女
25日	12/19	日	壬辰	定	長流水	虚
26日	12/20	月	癸巳	執	長流水	危
27日	12/21	火	甲午	破	沙中金	室
28日	12/22	水	乙未	危	沙中金	壁
29日	12/23	木	丙申	成	山下火	奎
30日	12/24	金	丁酉	納	山下火	婁

【十二月小 癸丑 危】
節気 小寒 13日・大寒 28日
雑節 土用 25日

日	西暦	曜	干支	直	納音	宿
1日	12/25	土	戊戌	開	平地木	胃
2日	12/26	日	己亥	閉	平地木	昴
3日	12/27	月	庚子	建	壁上土	畢
4日	12/28	火	辛丑	除	壁上土	觜
5日	12/29	水	壬寅	満	金箔金	参
6日	12/30	木	癸卯	平	金箔金	井
7日	12/31	金	甲辰	定	覆燈火	鬼
1803年						
8日	01/01	土	乙巳	執	覆燈火	柳
9日	01/02	日	丙午	破	天河水	星
10日	01/03	月	丁未	危	天河水	張
11日	01/04	火	戊申	成	大駅土	翼
12日	01/05	水	己酉	納	大駅土	軫
13日	01/06	木	庚戌	納	釵釧金	角
14日	01/07	金	辛亥	開	釵釧金	亢
15日	01/08	土	壬子	閉	桑柘木	氐
16日	01/09	日	癸丑	建	桑柘木	房
17日	01/10	月	甲寅	除	大溪水	心
18日	01/11	火	乙卯	満	大溪水	尾
19日	01/12	水	丙辰	平	沙中土	箕
20日	01/13	木	丁巳	定	沙中土	斗
21日	01/14	金	戊午	執	天上火	牛
22日	01/15	土	己未	破	天上火	女
23日	01/16	日	庚申	危	柘榴木	虚
24日	01/17	月	辛酉	成	柘榴木	危
25日	01/18	火	壬戌	納	大海水	室
26日	01/19	水	癸亥	開	大海水	壁
27日	01/20	木	甲子	閉	海中金	奎
28日	01/21	金	乙丑	建	海中金	婁
29日	01/22	土	丙寅	除	爐中火	胃

享和3年
1803〜1804　癸亥　張

【正月大　甲寅　室】
節気　立春 15日・雨水 30日
雑節　節分 14日

日	月日	曜	干支	直	納音	宿
1日	01/23	日	丁卯	満	爐中火	昴
2日	01/24	月	戊辰	平	大林木	畢
3日	01/25	火	己巳	定	大林木	觜
4日	01/26	水	庚午	執	路傍土	参
5日	01/27	木	辛未	破	路傍土	井
6日	01/28	金	壬申	危	釼鋒金	鬼
7日	01/29	土	癸酉	成	釼鋒金	柳
8日	01/30	日	甲戌	納	山頭火	星
9日	01/31	月	乙亥	開	山頭火	張
10日	02/01	火	丙子	閉	澗下水	翼
11日	02/02	水	丁丑	建	澗下水	軫
12日	02/03	木	戊寅	除	城頭土	角
13日	02/04	金	己卯	満	城頭土	亢
14日	02/05	土	庚辰	平	白鑞金	氐
15日	02/06	日	辛巳	定	白鑞金	房
16日	02/07	月	壬午	執	楊柳木	心
17日	02/08	火	癸未	破	楊柳木	尾
18日	02/09	水	甲申	危	井泉水	箕
19日	02/10	木	乙酉	成	井泉水	斗
20日	02/11	金	丙戌	納	屋上土	牛
21日	02/12	土	丁亥	開	屋上土	女
22日	02/13	日	戊子	閉	霹靂火	虚
23日	02/14	月	己丑	建	霹靂火	危
24日	02/15	火	庚寅	除	松柏木	室
25日	02/16	水	辛卯	満	松柏木	壁
26日	02/17	木	壬辰	平	長流水	奎
27日	02/18	金	癸巳	定	長流水	婁
28日	02/19	土	甲午	執	沙中金	胃
29日	02/20	日	乙未	破	沙中金	昴
30日	02/21	月	丙申	危	山下火	畢

【閏正月小　甲寅　室】
節気　啓蟄 15日
雑節　彼岸 25日

日	月日	曜	干支	直	納音	宿
1日	02/22	火	丁酉	成	山下火	觜
2日	02/23	水	戊戌	納	平地木	参
3日	02/24	木	己亥	開	平地木	井
4日	02/25	金	庚子	閉	壁上土	鬼
5日	02/26	土	辛丑	建	壁上土	柳
6日	02/27	日	壬寅	除	金箔金	星
7日	02/28	月	癸卯	満	金箔金	張
8日	03/01	火	甲辰	平	覆燈火	翼
9日	03/02	水	乙巳	定	覆燈火	軫
10日	03/03	木	丙午	執	天河水	角
11日	03/04	金	丁未	破	天河水	亢
12日	03/05	土	戊申	危	大駅土	氐
13日	03/06	日	己酉	成	大駅土	房
14日	03/07	月	庚戌	納	釼釧金	心
15日	03/08	火	辛亥	開	釼釧金	尾
16日	03/09	水	壬子	閉	桑柘木	箕
17日	03/10	木	癸丑	建	桑柘木	斗
18日	03/11	金	甲寅	除	大溪水	牛
19日	03/12	土	乙卯	満	大溪水	女
20日	03/13	日	丙辰	定	沙中土	虚
21日	03/14	月	丁巳	平	沙中土	危
22日	03/15	火	戊午	定	天上火	室
23日	03/16	水	己未	執	天上火	壁
24日	03/17	木	庚申	破	柘榴木	奎
25日	03/18	金	辛酉	危	柘榴木	婁
26日	03/19	土	壬戌	成	大海水	胃
27日	03/20	日	癸亥	納	大海水	昴
28日	03/21	月	甲子	開	海中金	畢
29日	03/22	火	乙丑	閉	海中金	觜

【二月大　乙卯　壁】
節気　春分 1日・清明 17日
雑節　社日 3日・土用 29日

日	月日	曜	干支	直	納音	宿
1日	03/23	水	丙寅	閉	爐中火	参
2日	03/24	木	丁卯	建	爐中火	井
3日	03/25	金	戊辰	除	大林木	鬼
4日	03/26	土	己巳	満	大林木	柳
5日	03/27	日	庚午	平	路傍土	星
6日	03/28	月	辛未	定	路傍土	張
7日	03/29	火	壬申	執	釼鋒金	翼
8日	03/30	水	癸酉	破	釼鋒金	軫
9日	03/31	木	甲戌	危	山頭火	角
10日	04/01	金	乙亥	成	山頭火	亢
11日	04/02	土	丙子	納	澗下水	氐
12日	04/03	日	丁丑	開	澗下水	房
13日	04/04	月	戊寅	閉	城頭土	心
14日	04/05	火	己卯	建	城頭土	尾
15日	04/06	水	庚辰	除	白鑞金	箕
16日	04/07	木	辛巳	満	白鑞金	斗
17日	04/08	金	壬午	平	楊柳木	牛
18日	04/09	土	癸未	定	楊柳木	女
19日	04/10	日	甲申	執	井泉水	虚
20日	04/11	月	乙酉	破	井泉水	危
21日	04/12	火	丙戌	危	屋上土	室
22日	04/13	水	丁亥	成	屋上土	壁
23日	04/14	木	戊子	納	霹靂火	奎
24日	04/15	金	己丑	開	霹靂火	婁
25日	04/16	土	庚寅	閉	松柏木	胃
26日	04/17	日	辛卯	建	松柏木	昴
27日	04/18	月	壬辰	除	長流水	畢
28日	04/19	火	癸巳	満	長流水	觜
29日	04/20	水	甲午	平	沙中金	参
30日	04/21	木	乙未	定	沙中金	井

【三月小　丙辰　奎】
節気　穀雨 2日・立夏 17日
雑節　八十八夜 13日

日	月日	曜	干支	直	納音	宿
1日	04/22	金	丙申	定	山下火	鬼
2日	04/23	土	丁酉	執	山下火	柳
3日	04/24	日	戊戌	破	平地木	星
4日	04/25	月	己亥	危	平地木	張
5日	04/26	火	庚子	成	壁上土	翼
6日	04/27	水	辛丑	納	壁上土	軫
7日	04/28	木	壬寅	開	金箔金	角
8日	04/29	金	癸卯	閉	金箔金	亢
9日	04/30	土	甲辰	建	覆燈火	氐
10日	05/01	日	乙巳	除	覆燈火	房
11日	05/02	月	丙午	満	天河水	心
12日	05/03	火	丁未	平	天河水	尾
13日	05/04	水	戊申	定	大駅土	箕
14日	05/05	木	己酉	執	大駅土	斗
15日	05/06	金	庚戌	破	釼釧金	牛
16日	05/07	土	辛亥	危	釼釧金	女
17日	05/08	日	壬子	成	桑柘木	虚
18日	05/09	月	癸丑	納	桑柘木	危
19日	05/10	火	甲寅	開	大溪水	室
20日	05/11	水	乙卯	閉	大溪水	壁
21日	05/12	木	丙辰	建	沙中土	奎
22日	05/13	金	丁巳	除	沙中土	婁
23日	05/14	土	戊午	満	天上火	胃
24日	05/15	日	己未	平	天上火	昴
25日	05/16	月	庚申	定	柘榴木	畢
26日	05/17	火	辛酉	執	柘榴木	觜
27日	05/18	水	壬戌	破	大海水	参
28日	05/19	木	癸亥	危	大海水	井
29日	05/20	金	甲子	成	海中金	鬼

【四月小　丁巳　婁】
節気　小満 3日・芒種 18日
雑節　入梅 18日

日	月日	曜	干支	直	納音	宿
1日	05/21	土	乙丑	成	海中金	柳
2日	05/22	日	丙寅	納	爐中火	星
3日	05/23	月	丁卯	開	爐中火	張
4日	05/24	火	戊辰	閉	大林木	翼
5日	05/25	水	己巳	建	大林木	軫
6日	05/26	木	庚午	除	路傍土	角
7日	05/27	金	辛未	満	路傍土	亢
8日	05/28	土	壬申	平	釼鋒金	氐
9日	05/29	日	癸酉	定	釼鋒金	房
10日	05/30	月	甲戌	執	山頭火	心
11日	05/31	火	乙亥	破	山頭火	尾
12日	06/01	水	丙子	危	澗下水	箕
13日	06/02	木	丁丑	成	澗下水	斗
14日	06/03	金	戊寅	納	城頭土	牛
15日	06/04	土	己卯	開	城頭土	女
16日	06/05	日	庚辰	閉	白鑞金	虚
17日	06/06	月	辛巳	建	白鑞金	危
18日	06/07	火	壬午	建	楊柳木	室
19日	06/08	水	癸未	除	楊柳木	壁
20日	06/09	木	甲申	満	井泉水	奎
21日	06/10	金	乙酉	平	井泉水	婁
22日	06/11	土	丙戌	定	屋上土	胃
23日	06/12	日	丁亥	執	屋上土	昴
24日	06/13	月	戊子	破	霹靂火	畢
25日	06/14	火	己丑	危	霹靂火	觜
26日	06/15	水	庚寅	成	松柏木	参
27日	06/16	木	辛卯	納	松柏木	井
28日	06/17	金	壬辰	開	長流水	鬼
29日	06/18	土	癸巳	閉	長流水	柳

【五月大　戊午　胃】
節気　夏至 5日・小暑 20日
雑節　半夏生 15日

日	月日	曜	干支	直	納音	宿
1日	06/19	日	甲午	建	沙中金	星
2日	06/20	月	乙未	除	沙中金	張
3日	06/21	火	丙申	満	山下火	翼
4日	06/22	水	丁酉	平	山下火	軫
5日	06/23	木	戊戌	定	平地木	角
6日	06/24	金	己亥	執	平地木	亢
7日	06/25	土	庚子	破	壁上土	氐
8日	06/26	日	辛丑	危	壁上土	房
9日	06/27	月	壬寅	成	金箔金	心
10日	06/28	火	癸卯	納	金箔金	尾
11日	06/29	水	甲辰	開	覆燈火	箕
12日	06/30	木	乙巳	閉	覆燈火	斗
13日	07/01	金	丙午	建	天河水	牛
14日	07/02	土	丁未	除	天河水	女
15日	07/03	日	戊申	満	大駅土	虚
16日	07/04	月	己酉	平	大駅土	危
17日	07/05	火	庚戌	定	釼釧金	室
18日	07/06	水	辛亥	執	釼釧金	壁
19日	07/07	木	壬子	破	桑柘木	奎
20日	07/08	金	癸丑	危	桑柘木	婁
21日	07/09	土	甲寅	成	大溪水	胃
22日	07/10	日	乙卯	納	大溪水	昴
23日	07/11	月	丙辰	開	沙中土	畢
24日	07/12	火	丁巳	閉	沙中土	觜
25日	07/13	水	戊午	建	天上火	参
26日	07/14	木	己未	除	天上火	井
27日	07/15	金	庚申	満	柘榴木	鬼
28日	07/16	土	辛酉	平	柘榴木	柳
29日	07/17	日	壬戌	定	大海水	星
30日	07/18	月	癸亥	執	大海水	張

【六月小　己未　昴】
節気　大暑 5日・立秋 20日
雑節　土用 2日

日	月日	曜	干支	直	納音	宿
1日	07/19	火	甲子	執	海中金	翼
2日	07/20	水	乙丑	破	海中金	軫
3日	07/21	木	丙寅	危	爐中火	角
4日	07/22	金	丁卯	成	爐中火	亢
5日	07/23	土	戊辰	納	大林木	氐
6日	07/24	日	己巳	開	大林木	房
7日	07/25	月	庚午	閉	路傍土	心
8日	07/26	火	辛未	建	路傍土	尾
9日	07/27	水	壬申	除	釼鋒金	箕
10日	07/28	木	癸酉	満	釼鋒金	斗
11日	07/29	金	甲戌	平	山頭火	牛
12日	07/30	土	乙亥	定	山頭火	女
13日	07/31	日	丙子	執	澗下水	虚
14日	08/01	月	丁丑	破	澗下水	危

| 西暦 | 曜 | 干支 | 直 | 納音 | 宿 | | | | | | | | | | | | | | | 享和3年 |

西暦 曜 干支 直 納音 宿　　　　　　　　　　　　　　　　　　　　　　　　享和3年

日	西暦	曜	干支	直	納音	宿
15日	08/02	火	戊寅	危	城頭土	室
16日	08/03	水	己卯	成	城頭土	壁
17日	08/04	木	庚辰	納	白鑞金	奎
18日	08/05	金	辛巳	開	白鑞金	婁
19日	08/06	土	壬午	閉	楊柳木	胃
20日	08/07	日	癸未	建	楊柳木	昴
21日	08/08	月	甲申	除	井泉水	畢
22日	08/09	火	乙酉	満	井泉水	觜
23日	08/10	水	丙戌	満	屋上土	参
24日	08/11	木	丁亥	定	屋上土	井
25日	08/12	金	戊子	定	霹靂火	鬼
26日	08/13	土	己丑	執	霹靂火	柳
27日	08/14	日	庚寅	破	松柏木	星
28日	08/15	月	辛卯	危	松柏木	張
29日	08/16	火	壬辰	成	長流水	翼

【七月大 庚申 畢】
節気 処暑 7日・白露 22日
雑節 二百十日 18日

日	西暦	曜	干支	直	納音	宿
1日	08/17	水	癸巳	納	長流水	軫
2日	08/18	木	甲午	開	沙中金	角
3日	08/19	金	乙未	閉	沙中金	亢
4日	08/20	土	丙申	建	山下火	氐
5日	08/21	日	丁酉	除	山下火	房
6日	08/22	月	戊戌	満	平地木	心
7日	08/23	火	己亥	定	平地木	尾
8日	08/24	水	庚子	定	壁上土	箕
9日	08/25	木	辛丑	執	壁上土	斗
10日	08/26	金	壬寅	破	金箔金	牛
11日	08/27	土	癸卯	危	金箔金	女
12日	08/28	日	甲辰	成	覆燈火	虚
13日	08/29	月	乙巳	納	覆燈火	危
14日	08/30	火	丙午	開	天河水	室
15日	08/31	水	丁未	閉	天河水	壁
16日	09/01	木	戊申	建	大駅土	奎
17日	09/02	金	己酉	除	大駅土	婁
18日	09/03	土	庚戌	満	釵釧金	胃
19日	09/04	日	辛亥	定	釵釧金	昴
20日	09/05	月	壬子	定	桑柘木	畢
21日	09/06	火	癸丑	執	桑柘木	觜
22日	09/07	水	甲寅	破	大溪水	参
23日	09/08	木	乙卯	危	大溪水	井
24日	09/09	金	丙辰	成	沙中土	鬼
25日	09/10	土	丁巳	納	沙中土	柳
26日	09/11	日	戊午	開	天上火	星
27日	09/12	月	己未	閉	天上火	張
28日	09/13	火	庚申	建	柘榴木	翼
29日	09/14	水	辛酉	除	柘榴木	軫
30日	09/15	木	壬戌	除	大海水	角

【八月大 辛酉 觜】
節気 秋分 7日・寒露 22日
雑節 彼岸 6日・社日 6日

日	西暦	曜	干支	直	納音	宿
1日	09/16	金	癸亥	満	大海水	亢
2日	09/17	土	甲子	平	海中金	氐
3日	09/18	日	乙丑	定	海中金	房
4日	09/19	月	丙寅	執	爐中火	心
5日	09/20	火	丁卯	破	爐中火	尾
6日	09/21	水	戊辰	危	大林木	箕
7日	09/22	木	己巳	成	大林木	斗
8日	09/23	金	庚午	納	路傍土	牛
9日	09/24	土	辛未	開	路傍土	女
10日	09/25	日	壬申	閉	釵鋒金	虚
11日	09/26	月	癸酉	建	釵鋒金	危
12日	09/27	火	甲戌	除	山頭火	室
13日	09/28	水	乙亥	満	山頭火	壁
14日	09/29	木	丙子	定	澗下水	奎
15日	09/30	金	丁丑	定	澗下水	婁
16日	10/01	土	戊寅	執	城頭土	胃
17日	10/02	日	己卯	破	城頭土	昴
18日	10/03	月	庚辰	危	白鑞金	畢
19日	10/04	火	辛巳	成	白鑞金	觜
20日	10/05	水	壬午	納	楊柳木	参

日	西暦	曜	干支	直	納音	宿
21日	10/06	木	癸未	開	楊柳木	井
22日	10/07	金	甲申	閉	井泉水	鬼
23日	10/08	土	乙酉	閉	井泉水	柳
24日	10/09	日	丙戌	建	屋上土	星
25日	10/10	月	丁亥	除	屋上土	張
26日	10/11	火	戊子	満	霹靂火	翼
27日	10/12	水	己丑	平	霹靂火	軫
28日	10/13	木	庚寅	定	松柏木	角
29日	10/14	金	辛卯	執	松柏木	亢
30日	10/15	土	壬辰	破	長流水	氐

【九月小 壬戌 参】
節気 霜降 7日・立冬 23日
雑節 土用 4日

日	西暦	曜	干支	直	納音	宿
1日	10/16	日	癸巳	危	長流水	房
2日	10/17	月	甲午	成	沙中金	心
3日	10/18	火	乙未	納	沙中金	尾
4日	10/19	水	丙申	開	山下火	箕
5日	10/20	木	丁酉	閉	山下火	斗
6日	10/21	金	戊戌	建	平地木	牛
7日	10/22	土	己亥	除	平地木	女
8日	10/23	日	庚子	満	壁上土	虚
9日	10/24	月	辛丑	定	壁上土	危
10日	10/25	火	壬寅	定	金箔金	室
11日	10/26	水	癸卯	執	金箔金	壁
12日	10/27	木	甲辰	破	覆燈火	奎
13日	10/28	金	乙巳	危	覆燈火	婁
14日	10/29	土	丙午	成	天河水	胃
15日	10/30	日	丁未	納	天河水	昴
16日	10/31	月	戊申	開	大駅土	畢
17日	11/01	火	己酉	閉	大駅土	觜
18日	11/02	水	庚戌	建	釵釧金	参
19日	11/03	木	辛亥	除	釵釧金	井
20日	11/04	金	壬子	満	桑柘木	鬼
21日	11/05	土	癸丑	定	桑柘木	柳
22日	11/06	日	甲寅	定	大溪水	星
23日	11/07	月	乙卯	執	大溪水	張
24日	11/08	火	丙辰	破	沙中土	翼
25日	11/09	水	丁巳	危	沙中土	軫
26日	11/10	木	戊午	成	天上火	角
27日	11/11	金	己未	納	天上火	亢
28日	11/12	土	庚申	開	柘榴木	氐
29日	11/13	日	辛酉	閉	柘榴木	房

【十月大 癸亥 井】
節気 小雪 9日・大雪 24日

日	西暦	曜	干支	直	納音	宿
1日	11/14	月	壬戌	閉	大海水	心
2日	11/15	火	癸亥	建	大海水	尾
3日	11/16	水	甲子	除	海中金	箕
4日	11/17	木	乙丑	満	海中金	斗
5日	11/18	金	丙寅	平	爐中火	牛
6日	11/19	土	丁卯	定	爐中火	女
7日	11/20	日	戊辰	執	大林木	虚
8日	11/21	月	己巳	破	大林木	危
9日	11/22	火	庚午	危	路傍土	室
10日	11/23	水	辛未	成	路傍土	壁
11日	11/24	木	壬申	納	釵鋒金	奎
12日	11/25	金	癸酉	開	釵鋒金	婁
13日	11/26	土	甲戌	閉	山頭火	胃
14日	11/27	日	乙亥	建	山頭火	昴
15日	11/28	月	丙子	満	澗下水	畢
16日	11/29	火	丁丑	平	澗下水	觜
17日	11/30	水	戊寅	定	城頭土	参
18日	12/01	木	己卯	執	城頭土	井
19日	12/02	金	庚辰	破	白鑞金	鬼
20日	12/03	土	辛巳	危	白鑞金	柳
21日	12/04	日	壬午	成	楊柳木	星
22日	12/05	月	癸未	納	楊柳木	張
23日	12/06	火	甲申	開	井泉水	翼
24日	12/07	水	乙酉	閉	井泉水	軫
25日	12/08	木	丙戌	建	屋上土	角
26日	12/09	金	丁亥	除	屋上土	亢
27日	12/10	土	戊子	満	霹靂火	氐

日	西暦	曜	干支	直	納音	宿
28日	12/11	日	己丑	除	霹靂火	房
29日	12/12	月	庚寅	平	松柏木	心
30日	12/13	火	辛卯	平	松柏木	尾

【十一月大 甲子 鬼】
節気 冬至 9日・小寒 25日

日	西暦	曜	干支	直	納音	宿
1日	12/14	水	壬辰	定	長流水	箕
2日	12/15	木	癸巳	定	長流水	斗
3日	12/16	金	甲午	破	沙中金	牛
4日	12/17	土	乙未	危	沙中金	女
5日	12/18	日	丙申	納	山下火	虚
6日	12/19	月	丁酉	納	山下火	危
7日	12/20	火	戊戌	開	平地木	室
8日	12/21	水	己亥	閉	平地木	壁
9日	12/22	木	庚子	建	壁上土	奎
10日	12/23	金	辛丑	除	壁上土	婁
11日	12/24	土	壬寅	満	金箔金	胃
12日	12/25	日	癸卯	平	金箔金	昴
13日	12/26	月	甲辰	定	覆燈火	畢
14日	12/27	火	乙巳	執	覆燈火	觜
15日	12/28	水	丙午	破	天河水	参
16日	12/29	木	丁未	危	天河水	井
17日	12/30	金	戊申	成	大駅土	鬼
18日	12/31	土	己酉	納	大駅土	柳

1804年

日	西暦	曜	干支	直	納音	宿
19日	01/01	日	庚戌	開	釵釧金	星
20日	01/02	月	辛亥	閉	釵釧金	張
21日	01/03	火	壬子	建	桑柘木	翼
22日	01/04	水	癸丑	除	桑柘木	軫
23日	01/05	木	甲寅	平	大溪水	角
24日	01/06	金	乙卯	平	大溪水	亢
25日	01/07	土	丙辰	平	沙中土	氐
26日	01/08	日	丁巳	定	沙中土	房
27日	01/09	月	戊午	執	天上火	心
28日	01/10	火	己未	破	天上火	尾
29日	01/11	水	庚申	危	柘榴木	箕
30日	01/12	木	辛酉	成	柘榴木	斗

【十二月小 乙丑 柳】
節気 大寒 10日・立春 25日
雑節 土用 7日・節分 24日

日	西暦	曜	干支	直	納音	宿
1日	01/13	金	壬戌	納	大海水	牛
2日	01/14	土	癸亥	開	大海水	女
3日	01/15	日	甲子	閉	海中金	虚
4日	01/16	月	乙丑	建	海中金	危
5日	01/17	火	丙寅	除	爐中火	室
6日	01/18	水	丁卯	満	爐中火	壁
7日	01/19	木	戊辰	定	大林木	奎
8日	01/20	金	己巳	定	大林木	婁
9日	01/21	土	庚午	執	路傍土	胃
10日	01/22	日	辛未	破	路傍土	昴
11日	01/23	月	壬申	危	釵鋒金	畢
12日	01/24	火	癸酉	成	釵鋒金	觜
13日	01/25	水	甲戌	納	山頭火	参
14日☆	01/26	木	乙亥	閉	澗下水	鬼
15日	01/27	金	丙子	閉	澗下水	柳
16日	01/28	土	丁丑	建	城頭土	星
17日	01/29	日	戊寅	除	城頭土	張
18日	01/30	月	己卯	満	城頭土	翼
19日	01/31	火	庚辰	平	白鑞金	軫
20日	02/01	水	辛巳	定	白鑞金	角
21日	02/02	木	壬午	執	楊柳木	亢
22日	02/03	金	癸未	破	楊柳木	氐
23日	02/04	土	甲申	危	井泉水	房
24日	02/05	日	乙酉	成	井泉水	心
25日	02/06	月	丙戌	納	屋上土	尾
26日	02/07	火	丁亥	開	屋上土	箕
27日	02/08	水	戊子	閉	霹靂火	斗
28日	02/09	木	己丑	閉	霹靂火	牛
29日	02/10	金	庚寅	建	松柏木	女

文化元年〔享和4年〕

1804～1805　甲子　翼

※改元＝2月11日

【正月大 丙寅 星】

節気　雨水 11日・啓蟄 26日

日	新暦	曜	干支	直	納音	宿
1日	02/11	土	辛卯	除	松柏木	女
2日	02/12	日	壬辰	満	長流水	虚
3日	02/13	月	癸巳	平	長流水	危
4日	02/14	火	甲午	定	沙中金	室
5日	02/15	水	乙未	執	沙中金	壁
6日	02/16	木	丙申	破	山下火	奎
7日	02/17	金	丁酉	危	山下火	婁
8日	02/18	土	戊戌	成	平地木	胃
9日	02/19	日	己亥	納	平地木	昴
10日	02/20	月	庚子	開	壁上土	畢
11日	02/21	火	辛丑	閉	壁上土	觜
12日	02/22	水	壬寅	建	金箔金	参
13日	02/23	木	癸卯	除	金箔金	鬼
14日	02/24	金	甲辰	満	覆燈火	柳
15日	02/25	土	乙巳	平	覆燈火	星
16日	02/26	日	丙午	定	天河水	張
17日	02/27	月	丁未	執	天河水	翼
18日	02/28	火	戊申	破	大駅土	軫
19日	02/29	水	己酉	危	大駅土	角
20日	03/01	木	庚戌	成	釵釧金	亢
21日	03/02	金	辛亥	納	釵釧金	氐
22日	03/03	土	壬子	開	桑柘木	房
23日	03/04	日	癸丑	閉	桑柘木	心
24日	03/05	月	甲寅	建	大溪水	尾
25日	03/06	火	乙卯	除	大溪水	箕
26日	03/07	水	丙辰	満	沙中土	斗
27日	03/08	木	丁巳	満	沙中土	牛
28日	03/09	金	戊午	平	天上火	女
29日	03/10	土	己未	定	天上火	虚
30日	03/11	日	庚申	執	柘榴木	虚

【二月小 丁卯 張】

節気　春分 12日・清明 27日

雑節　彼岸 7日・社日 8日

日	新暦	曜	干支	直	納音	宿
1日	03/12	月	辛酉	破	柘榴木	危
2日	03/13	火	壬戌	危	大海水	室
3日	03/14	水	癸亥	成	大海水	壁
4日	03/15	木	甲子	納	海中金	奎
5日	03/16	金	乙丑	開	海中金	婁
6日	03/17	土	丙寅	閉	爐中火	胃
7日	03/18	日	丁卯	建	爐中火	昴
8日	03/19	月	戊辰	除	大林木	畢
9日	03/20	火	己巳	満	大林木	觜
10日	03/21	水	庚午	平	路傍土	参
11日	03/22	木	辛未	定	路傍土	井
	＊改元（享和4年→文化元年）					
12日	03/23	金	壬申	執	釵鋒金	鬼
13日	03/24	土	癸酉	破	釵鋒金	柳
14日	03/25	日	甲戌	危	山頭火	星
15日	03/26	月	乙亥	成	山頭火	張
16日	03/27	火	丙子	納	澗下水	翼
17日	03/28	水	丁丑	開	澗下水	軫
18日	03/29	木	戊寅	閉	城頭土	角
19日	03/30	金	己卯	建	城頭土	亢
20日	03/31	土	庚辰	除	白鑞金	氐
21日	04/01	日	辛巳	満	白鑞金	房
22日	04/02	月	壬午	平	楊柳木	心
23日	04/03	火	癸未	定	楊柳木	尾
24日	04/04	水	甲申	執	井泉水	箕
25日	04/05	木	乙酉	破	井泉水	斗
26日	04/06	金	丙戌	危	屋上土	牛
27日	04/07	土	丁亥	成	屋上土	女
28日	04/08	日	戊子	納	霹靂火	虚
29日	04/09	月	己丑	納	霹靂火	危

【三月大 戊辰 翼】

節気　穀雨 13日・立夏 28日

雑節　土用 10日・八十八夜 24日

日	新暦	曜	干支	直	納音	宿
1日	04/10	火	庚寅	開	松柏木	室
2日	04/11	水	辛卯	閉	松柏木	壁
3日	04/12	木	壬辰	建	長流水	奎
4日	04/13	金	癸巳	除	長流水	婁
5日	04/14	土	甲午	満	沙中金	胃
6日	04/15	日	乙未	平	沙中金	昴
7日	04/16	月	丙申	定	山下火	畢
8日	04/17	火	丁酉	執	山下火	觜
9日	04/18	水	戊戌	破	平地木	参
10日	04/19	木	己亥	危	平地木	井
11日	04/20	金	庚子	成	壁上土	鬼
12日	04/21	土	辛丑	納	壁上土	柳
13日	04/22	日	壬寅	開	金箔金	星
14日	04/23	月	癸卯	閉	金箔金	張
15日	04/24	火	甲辰	建	覆燈火	翼
16日	04/25	水	乙巳	除	覆燈火	軫
17日	04/26	木	丙午	満	天河水	角
18日	04/27	金	丁未	平	天河水	亢
19日	04/28	土	戊申	定	大駅土	氐
20日	04/29	日	己酉	執	大駅土	房
21日	04/30	月	庚戌	破	釵釧金	心
22日	05/01	火	辛亥	危	釵釧金	尾
23日	05/02	水	壬子	成	桑柘木	箕
24日	05/03	木	癸丑	納	桑柘木	斗
25日	05/04	金	甲寅	開	大溪水	牛
26日	05/05	土	乙卯	閉	大溪水	女
27日	05/06	日	丙辰	建	沙中土	虚
28日	05/07	月	丁巳	除	沙中土	危
29日	05/08	火	戊午	満	天上火	室
30日	05/09	水	己未	平	天上火	壁

【四月小 己巳 軫】

節気　小満 13日・芒種 29日

日	新暦	曜	干支	直	納音	宿
1日	05/10	木	庚申	定	柘榴木	奎
2日	05/11	金	辛酉	執	柘榴木	婁
3日	05/12	土	壬戌	破	大海水	胃
4日	05/13	日	癸亥	危	大海水	昴
5日	05/14	月	甲子	成	海中金	畢
6日	05/15	火	乙丑	納	海中金	觜
7日	05/16	水	丙寅	開	爐中火	参
8日	05/17	木	丁卯	閉	爐中火	井
9日	05/18	金	戊辰	建	大林木	鬼
10日	05/19	土	己巳	除	大林木	柳
11日	05/20	日	庚午	満	路傍土	星
12日	05/21	月	辛未	平	路傍土	張
13日	05/22	火	壬申	定	釵鋒金	翼
14日	05/23	水	癸酉	執	釵鋒金	軫
15日	05/24	木	甲戌	破	山頭火	角
16日	05/25	金	乙亥	危	山頭火	亢
17日	05/26	土	丙子	成	澗下水	氐
18日	05/27	日	丁丑	納	澗下水	房
19日	05/28	月	戊寅	開	城頭土	心
20日	05/29	火	己卯	閉	城頭土	尾
21日	05/30	水	庚辰	建	白鑞金	箕
22日	05/31	木	辛巳	除	白鑞金	斗
23日	06/01	金	壬午	満	楊柳木	牛
24日	06/02	土	癸未	平	楊柳木	女
25日	06/03	日	甲申	定	井泉水	虚
26日	06/04	月	乙酉	執	井泉水	危
27日	06/05	火	丙戌	破	屋上土	室
28日	06/06	水	丁亥	危	屋上土	壁
29日	06/07	木	戊子	破	霹靂火	奎

【五月小 庚午 角】

節気　夏至 15日

雑節　入梅 4日・半夏生 25日

日	新暦	曜	干支	直	納音	宿
1日	06/08	金	己丑	危	霹靂火	婁
2日	06/09	土	庚寅	成	松柏木	胃
3日	06/10	日	辛卯	納	松柏木	昴
4日	06/11	月	壬辰	開	長流水	畢
5日	06/12	火	癸巳	閉	長流水	觜
6日	06/13	水	甲午	除	沙中金	井
7日	06/14	木	乙未	除	沙中金	井
8日	06/15	金	丙申	満	山下火	鬼
9日	06/16	土	丁酉	定	山下火	星
10日	06/17	日	戊戌	定	平地木	星
11日	06/18	月	己亥	執	平地木	張
12日	06/19	火	庚子	破	壁上土	翼
13日	06/20	水	辛丑	危	壁上土	軫
14日	06/21	木	壬寅	成	金箔金	角
15日	06/22	金	癸卯	納	金箔金	亢
16日	06/23	土	甲辰	開	覆燈火	氐
17日	06/24	日	乙巳	閉	覆燈火	房
18日	06/25	月	丙午	建	天河水	心
19日	06/26	火	丁未	除	天河水	尾
20日	06/27	水	戊申	満	大駅土	箕
21日	06/28	木	己酉	平	大駅土	斗
22日	06/29	金	庚戌	定	釵釧金	牛
23日	06/30	土	辛亥	執	釵釧金	女
24日	07/01	日	壬子	破	桑柘木	虚
25日	07/02	月	癸丑	危	桑柘木	危
26日	07/03	火	甲寅	成	大溪水	室
27日	07/04	水	乙卯	納	大溪水	壁
28日	07/05	木	丙辰	開	沙中土	奎
29日	07/06	金	丁巳	閉	沙中土	婁

【六月大 辛未 亢】

節気　小暑 1日・大暑 16日

雑節　土用 13日

日	新暦	曜	干支	直	納音	宿
1日	07/07	土	戊午	閉	天上火	胃
2日	07/08	日	己未	建	天上火	昴
3日	07/09	月	庚申	除	柘榴木	畢
4日	07/10	火	辛酉	満	柘榴木	觜
5日	07/11	水	壬戌	平	大海水	参
6日	07/12	木	癸亥	定	大海水	井
7日	07/13	金	甲子	執	海中金	鬼
8日	07/14	土	乙丑	破	海中金	柳
9日	07/15	日	丙寅	危	爐中火	星
10日	07/16	月	丁卯	成	爐中火	張
11日	07/17	火	戊辰	納	大林木	翼
12日	07/18	水	己巳	開	大林木	軫
13日	07/19	木	庚午	閉	路傍土	角
14日	07/20	金	辛未	建	路傍土	亢
15日	07/21	土	壬申	満	釵鋒金	氐
16日☆	07/22	日	癸酉	満	釵鋒金	房
17日	07/23	月	甲戌	平	山頭火	心
18日	07/24	火	乙亥	定	山頭火	尾
19日	07/25	水	丙子	執	澗下水	箕
20日	07/26	木	丁丑	破	澗下水	斗
21日	07/27	金	戊寅	危	城頭土	牛
22日	07/28	土	己卯	成	城頭土	女
23日	07/29	日	庚辰	納	白鑞金	虚
24日	07/30	月	辛巳	開	白鑞金	危
25日	07/31	火	壬午	閉	楊柳木	室
26日	08/01	水	癸未	建	楊柳木	壁
27日	08/02	木	甲申	除	井泉水	奎
28日	08/03	金	乙酉	満	井泉水	婁
29日	08/04	土	丙戌	平	屋上土	胃

文化元年〔享和4年〕

日	西暦	曜	干支	直	納音	宿
30日	08/05	日	丁亥	定	屋上土	昴

【七月小 壬申 氐】

節気 立秋 2日・処暑 17日
雑節 二百十日 28日

日	西暦	曜	干支	直	納音	宿
1日	08/06	月	戊子	執	霹靂火	畢
2日	08/07	火	己丑	執	霹靂火	觜
3日	08/08	水	庚寅	破	松柏木	参
4日	08/09	木	辛卯	危	松柏木	井
5日	08/10	金	壬辰	成	長流水	鬼
6日	08/11	土	癸巳	納	長流水	柳
7日	08/12	日	甲午	開	沙中金	星
8日	08/13	月	乙未	閉	沙中金	張
9日	08/14	火	丙申	建	山下火	翼
10日	08/15	水	丁酉	除	山下火	軫
11日	08/16	木	戊戌	満	平地木	角
12日	08/17	金	己亥	平	平地木	亢
13日	08/18	土	庚子	定	壁上土	氐
14日	08/19	日	辛丑	執	壁上土	房
15日	08/20	月	壬寅	破	金箔金	心
16日	08/21	火	癸卯	危	金箔金	尾
17日	08/22	水	甲辰	成	覆燈火	箕
18日	08/23	木	乙巳	納	覆燈火	斗
19日	08/24	金	丙午	開	天河水	牛
20日	08/25	土	丁未	閉	天河水	女
21日	08/26	日	戊申	建	大駅土	虚
22日	08/27	月	己酉	除	大駅土	危
23日	08/28	火	庚戌	満	釵釧金	室
24日	08/29	水	辛亥	平	釵釧金	壁
25日	08/30	木	壬子	定	桑柘木	奎
26日	08/31	金	癸丑	執	桑柘木	婁
27日	09/01	土	甲寅	破	大溪水	胃
28日	09/02	日	乙卯	危	大溪水	昴
29日	09/03	月	丙辰	成	沙中土	畢

【八月大 癸酉 房】

節気 白露 3日・秋分 18日
雑節 彼岸 17日・社日 22日

日	西暦	曜	干支	直	納音	宿
1日	09/04	火	丁巳	納	沙中土	觜
2日	09/05	水	戊午	開	天上火	参
3日	09/06	木	己未	開	天上火	井
4日	09/07	金	庚申	閉	柘榴木	鬼
5日	09/08	土	辛酉	建	柘榴木	柳
6日	09/09	日	壬戌	除	大海水	星
7日	09/10	月	癸亥	満	大海水	張
8日	09/11	火	甲子	平	海中金	翼
9日	09/12	水	乙丑	定	海中金	軫
10日	09/13	木	丙寅	執	爐中火	角
11日	09/14	金	丁卯	破	爐中火	亢
12日	09/15	土	戊辰	危	大林木	氐
13日	09/16	日	己巳	成	大林木	房
14日	09/17	月	庚午	納	路傍土	心
15日	09/18	火	辛未	開	路傍土	尾
16日	09/19	水	壬申	閉	釼鋒金	箕
17日	09/20	木	癸酉	建	釼鋒金	斗
18日	09/21	金	甲戌	除	山頭火	牛
19日	09/22	土	乙亥	満	山頭火	女
20日	09/23	日	丙子	平	澗下水	虚
21日	09/24	月	丁丑	定	澗下水	危
22日	09/25	火	戊寅	執	城頭土	室
23日	09/26	水	己卯	破	城頭土	壁
24日	09/27	木	庚辰	危	白鑞金	奎
25日	09/28	金	辛巳	成	白鑞金	婁
26日	09/29	土	壬午	納	楊柳木	胃
27日	09/30	日	癸未	開	楊柳木	昴
28日	10/01	月	甲申	閉	井泉水	畢
29日	10/02	火	乙酉	建	井泉水	觜
30日	10/03	水	丙戌	除	屋上土	参

【九月小 甲戌 心】

節気 寒露 3日・霜降 19日
雑節 土用 16日

日	西暦	曜	干支	直	納音	宿
1日	10/04	木	丁亥	満	屋上土	井
2日	10/05	金	戊子	平	霹靂火	鬼
3日	10/06	土	己丑	平	霹靂火	柳
4日	10/07	日	庚寅	定	松柏木	星
5日	10/08	月	辛卯	執	松柏木	張
6日	10/09	火	壬辰	破	長流水	翼
7日	10/10	水	癸巳	危	長流水	軫
8日	10/11	木	甲午	成	沙中金	角
9日	10/12	金	乙未	納	沙中金	亢
10日	10/13	土	丙申	開	山下火	氐
11日	10/14	日	丁酉	閉	山下火	房
12日	10/15	月	戊戌	建	平地木	心
13日	10/16	火	己亥	除	平地木	尾
14日	10/17	水	庚子	満	壁上土	箕
15日	10/18	木	辛丑	平	壁上土	斗
16日	10/19	金	壬寅	定	金箔金	牛
17日	10/20	土	癸卯	執	金箔金	女
18日	10/21	日	甲辰	破	覆燈火	虚
19日	10/22	月	乙巳	危	覆燈火	危
20日	10/23	火	丙午	成	天河水	室
21日	10/24	水	丁未	納	天河水	壁
22日	10/25	木	戊申	開	大駅土	奎
23日	10/26	金	己酉	閉	大駅土	婁
24日	10/27	土	庚戌	建	釵釧金	胃
25日	10/28	日	辛亥	除	釵釧金	昴
26日	10/29	月	壬子	満	桑柘木	畢
27日	10/30	火	癸丑	平	桑柘木	觜
28日	10/31	水	甲寅	定	大溪水	参
29日	11/01	木	乙卯	執	大溪水	井

【十月大 乙亥 尾】

節気 立冬 5日・小雪 20日

日	西暦	曜	干支	直	納音	宿
1日	11/02	金	丙辰	破	沙中土	鬼
2日	11/03	土	丁巳	危	沙中土	柳
3日	11/04	日	戊午	成	天上火	星
4日	11/05	月	己未	納	天上火	張
5日	11/06	火	庚申	納	柘榴木	翼
6日	11/07	水	辛酉	開	柘榴木	軫
7日	11/08	木	壬戌	閉	大海水	角
8日	11/09	金	癸亥	建	大海水	亢
9日	11/10	土	甲子	除	海中金	氐
10日	11/11	日	乙丑	満	海中金	房
11日	11/12	月	丙寅	平	爐中火	心
12日	11/13	火	丁卯	定	爐中火	尾
13日	11/14	水	戊辰	執	大林木	箕
14日	11/15	木	己巳	破	大林木	斗
15日	11/16	金	庚午	危	路傍土	牛
16日	11/17	土	辛未	成	路傍土	女
17日	11/18	日	壬申	納	釼鋒金	虚
18日	11/19	月	癸酉	開	釼鋒金	危
19日	11/20	火	甲戌	閉	山頭火	室
20日	11/21	水	乙亥	建	山頭火	壁
21日	11/22	木	丙子	除	澗下水	奎
22日	11/23	金	丁丑	満	澗下水	婁
23日	11/24	土	戊寅	平	城頭土	胃
24日	11/25	日	己卯	定	城頭土	昴
25日	11/26	月	庚辰	執	白鑞金	畢
26日	11/27	火	辛巳	破	白鑞金	觜
27日	11/28	水	壬午	危	楊柳木	参
28日	11/29	木	癸未	成	楊柳木	井
29日	11/30	金	甲申	納	井泉水	鬼
30日	12/01	土	乙酉	開	井泉水	柳

【十一月大 丙子 箕】

節気 大雪 5日・冬至 21日

日	西暦	曜	干支	直	納音	宿
1日	12/02	日	丙戌	閉	屋上土	星
2日	12/03	月	丁亥	建	屋上土	張
3日	12/04	火	戊子	除	霹靂火	翼
4日	12/05	水	己丑	満	霹靂火	軫
5日	12/06	木	庚寅	満	松柏木	角
6日	12/07	金	辛卯	平	松柏木	亢
7日	12/08	土	壬辰	定	長流水	氐
8日	12/09	日	癸巳	執	長流水	房
9日	12/10	月	甲午	破	沙中金	心
10日	12/11	火	乙未	危	沙中金	尾
11日	12/12	水	丙申	成	山下火	箕
12日	12/13	木	丁酉	納	山下火	斗
13日	12/14	金	戊戌	開	平地木	牛
14日	12/15	土	己亥	閉	平地木	女
15日	12/16	日	庚子	建	壁上土	虚
16日	12/17	月	辛丑	除	壁上土	危
17日	12/18	火	壬寅	満	金箔金	室
18日	12/19	水	癸卯	平	金箔金	壁
19日	12/20	木	甲辰	定	覆燈火	奎
20日	12/21	金	乙巳	執	覆燈火	婁
21日	12/22	土	丙午	破	天河水	胃
22日	12/23	日	丁未	危	天河水	昴
23日	12/24	月	戊申	成	大駅土	畢
24日	12/25	火	己酉	納	大駅土	觜
25日	12/26	水	庚戌	開	釵釧金	参
26日	12/27	木	辛亥	閉	釵釧金	井
27日	12/28	金	壬子	建	桑柘木	鬼
28日	12/29	土	癸丑	除	桑柘木	柳
29日	12/30	日	甲寅	満	大溪水	星
30日	12/31	月	乙卯	平	大溪水	張

【十二月大 丁丑 斗】

節気 小寒 6日・大寒 21日
雑節 土用 11日

1805年

日	西暦	曜	干支	直	納音	宿
1日	01/01	火	丙辰	定	沙中土	翼
2日	01/02	水	丁巳	執	沙中土	軫
3日	01/03	木	戊午	破	天上火	角
4日	01/04	金	己未	危	天上火	亢
5日	01/05	土	庚申	成	柘榴木	氐
6日	01/06	日	辛酉	成	柘榴木	房
7日	01/07	月	壬戌	納	大海水	心
8日	01/08	火	癸亥	開	大海水	尾
9日	01/09	水	甲子	閉	海中金	箕
10日	01/10	木	乙丑	建	海中金	斗
11日	01/11	金	丙寅	除	爐中火	牛
12日	01/12	土	丁卯	満	爐中火	女
13日	01/13	日	戊辰	平	大林木	虚
14日	01/14	月	己巳	定	大林木	危
15日☆	01/15	火	庚午	執	路傍土	室
16日	01/16	水	辛未	破	路傍土	壁
17日	01/17	木	壬申	危	釼鋒金	奎
18日	01/18	金	癸酉	成	釼鋒金	婁
19日	01/19	土	甲戌	納	山頭火	胃
20日	01/20	日	乙亥	開	山頭火	昴
21日	01/21	月	丙子	閉	澗下水	畢
22日	01/22	火	丁丑	建	澗下水	觜
23日	01/23	水	戊寅	除	城頭土	参
24日	01/24	木	己卯	満	城頭土	井
25日	01/25	金	庚辰	平	白鑞金	鬼
26日	01/26	土	辛巳	定	白鑞金	柳
27日	01/27	日	壬午	執	楊柳木	星
28日	01/28	月	癸未	破	楊柳木	張
29日	01/29	火	甲申	危	井泉水	翼
30日	01/30	水	乙酉	成	井泉水	軫

文化2年

1805～1806　乙丑　軫

【正月小 戊寅 牛】

節気 立春 6日・雨水 21日
雑節 節分 5日

日	新暦	曜	干支	直	納音	宿
1日	01/31	木	丙戌	納	屋上土	角
2日	02/01	金	丁亥	開	屋上土	亢
3日	02/02	土	戊子	閉	霹靂火	氐
4日	02/03	日	己丑	建	霹靂火	房
5日	02/04	月	庚寅	除	松柏木	心
6日	02/05	火	辛卯	除	松柏木	尾
7日	02/06	水	壬辰	満	長流水	箕
8日	02/07	木	癸巳	平	長流水	斗
9日	02/08	金	甲午	定	沙中金	牛
10日	02/09	土	乙未	執	沙中金	女
11日	02/10	日	丙申	破	山下火	虚
12日	02/11	月	丁酉	危	山下火	危
13日	02/12	火	戊戌	成	平地木	室
14日	02/13	水	己亥	納	平地木	壁
15日	02/14	木	庚子	開	壁上土	奎
16日	02/15	金	辛丑	閉	壁上土	婁
17日	02/16	土	壬寅	建	金箔金	胃
18日	02/17	日	癸卯	除	金箔金	昴
19日	02/18	月	甲辰	満	覆燈火	畢
20日	02/19	火	乙巳	平	覆燈火	觜
21日	02/20	水	丙午	定	天河水	参
22日	02/21	木	丁未	執	天河水	井
23日	02/22	金	戊申	破	大駅土	鬼
24日	02/23	土	己酉	危	大駅土	柳
25日	02/24	日	庚戌	成	釼釧金	星
26日	02/25	月	辛亥	納	釼釧金	張
27日	02/26	火	壬子	開	桑柘木	翼
28日	02/27	水	癸丑	閉	桑柘木	軫
29日	02/28	木	甲寅	建	大渓水	角

【二月大 己卯 女】

節気 啓蟄 8日・春分 23日
雑節 彼岸 18日・社日 24日

日	新暦	曜	干支	直	納音	宿
1日	03/01	金	乙卯	除	大渓水	亢
2日	03/02	土	丙辰	満	沙中土	氐
3日	03/03	日	丁巳	平	沙中土	房
4日	03/04	月	戊午	定	天上火	心
5日	03/05	火	己未	執	天上火	尾
6日	03/06	水	庚申	破	柘榴木	箕
7日	03/07	木	辛酉	危	柘榴木	斗
8日	03/08	金	壬戌	危	大海水	牛
9日	03/09	土	癸亥	成	大海水	女
10日	03/10	日	甲子	納	海中金	虚
11日	03/11	月	乙丑	開	海中金	危
12日	03/12	火	丙寅	閉	爐中火	室
13日	03/13	水	丁卯	建	爐中火	壁
14日	03/14	木	戊辰	除	大林木	奎
15日	03/15	金	己巳	満	大林木	婁
16日	03/16	土	庚午	平	路傍土	胃
17日	03/17	日	辛未	定	路傍土	昴
18日	03/18	月	壬申	執	釼鋒金	畢
19日	03/19	火	癸酉	破	釼鋒金	觜
20日	03/20	水	甲戌	危	山頭火	参
21日	03/21	木	乙亥	成	山頭火	井
22日	03/22	金	丙子	納	潤下水	鬼
23日	03/23	土	丁丑	開	潤下水	柳
24日	03/24	日	戊寅	閉	城頭土	星
25日	03/25	月	己卯	建	城頭土	張
26日	03/26	火	庚辰	除	白鑞金	翼
27日	03/27	水	辛巳	満	白鑞金	軫
28日	03/28	木	壬午	平	楊柳木	角
29日	03/29	金	癸未	定	楊柳木	亢
30日	03/30	土	甲申	執	井泉水	氐

【三月小 庚辰 虚】

節気 清明 8日・穀雨 23日
雑節 土用 20日

日	新暦	曜	干支	直	納音	宿
1日	03/31	日	乙酉	破	井泉水	房
2日	04/01	月	丙戌	危	屋上土	心
3日	04/02	火	丁亥	成	屋上土	尾
4日	04/03	水	戊子	納	霹靂火	箕
5日	04/04	木	己丑	開	霹靂火	斗
6日	04/05	金	庚寅	閉	松柏木	牛
7日	04/06	土	辛卯	建	松柏木	女
8日	04/07	日	壬辰	建	長流水	虚
9日	04/08	月	癸巳	除	長流水	危
10日	04/09	火	甲午	満	沙中金	室
11日	04/10	水	乙未	平	沙中金	壁
12日	04/11	木	丙申	定	山下火	奎
13日	04/12	金	丁酉	執	山下火	婁
14日	04/13	土	戊戌	破	平地木	胃
15日	04/14	日	己亥	危	平地木	昴
16日	04/15	月	庚子	成	壁上土	畢
17日	04/16	火	辛丑	納	壁上土	觜
18日	04/17	水	壬寅	開	金箔金	参
19日	04/18	木	癸卯	閉	金箔金	井
20日	04/19	金	甲辰	建	覆燈火	鬼
21日	04/20	土	乙巳	除	覆燈火	柳
22日	04/21	日	丙午	満	天河水	星
23日	04/22	月	丁未	平	天河水	張
24日	04/23	火	戊申	定	大駅土	翼
25日	04/24	水	己酉	執	大駅土	軫
26日	04/25	木	庚戌	破	釼釧金	角
27日	04/26	金	辛亥	危	釼釧金	亢
28日	04/27	土	壬子	成	桑柘木	氐
29日	04/28	日	癸丑	納	桑柘木	房

【四月大 辛巳 危】

節気 立夏 10日・小満 25日
雑節 八十八夜 5日

日	新暦	曜	干支	直	納音	宿
1日	04/29	月	甲寅	開	大渓水	心
2日	04/30	火	乙卯	閉	大渓水	尾
3日	05/01	水	丙辰	建	沙中土	箕
4日	05/02	木	丁巳	除	沙中土	斗
5日	05/03	金	戊午	満	天上火	牛
6日	05/04	土	己未	平	天上火	女
7日	05/05	日	庚申	定	柘榴木	虚
8日	05/06	月	辛酉	執	柘榴木	危
9日	05/07	火	壬戌	破	大海水	室
10日	05/08	水	癸亥	破	大海水	壁
11日	05/09	木	甲子	危	海中金	奎
12日	05/10	金	乙丑	成	海中金	婁
13日	05/11	土	丙寅	納	爐中火	胃
14日	05/12	日	丁卯	開	爐中火	昴
15日	05/13	月	戊辰	閉	大林木	畢
16日	05/14	火	己巳	建	大林木	觜
17日	05/15	水	庚午	除	路傍土	参
18日	05/16	木	辛未	満	路傍土	井
19日	05/17	金	壬申	平	釼鋒金	鬼
20日	05/18	土	癸酉	定	釼鋒金	柳
21日	05/19	日	甲戌	執	山頭火	星
22日	05/20	月	乙亥	破	山頭火	張
23日	05/21	火	丙子	危	潤下水	翼
24日	05/22	水	丁丑	成	潤下水	軫
25日	05/23	木	戊寅	納	城頭土	角
26日	05/24	金	己卯	開	城頭土	亢
27日	05/25	土	庚辰	閉	白鑞金	氐
28日	05/26	日	辛巳	建	白鑞金	房
29日	05/27	月	壬午	除	楊柳木	心
30日	05/28	火	癸未	満	楊柳木	尾

【五月小 壬午 室】

節気 芒種 10日・夏至 25日
雑節 入梅 19日

日	新暦	曜	干支	直	納音	宿
1日	05/29	水	甲申	平	井泉水	箕
2日	05/30	木	乙酉	定	井泉水	斗
3日	05/31	金	丙戌	執	屋上土	牛
4日	06/01	土	丁亥	破	屋上土	女
5日	06/02	日	戊子	危	霹靂火	虚
6日	06/03	月	己丑	成	霹靂火	危
7日	06/04	火	庚寅	納	松柏木	室
8日	06/05	水	辛卯	開	松柏木	壁
9日	06/06	木	壬辰	閉	長流水	奎
10日	06/07	金	癸巳	閉	長流水	婁
11日	06/08	土	甲午	建	沙中金	胃
12日	06/09	日	乙未	除	沙中金	昴
13日	06/10	月	丙申	満	山下火	畢
14日	06/11	火	丁酉	平	山下火	觜
15日	06/12	水	戊戌	定	平地木	参
16日	06/13	木	己亥	執	平地木	井
17日	06/14	金	庚子	破	壁上土	鬼
18日	06/15	土	辛丑	危	壁上土	柳
19日	06/16	日	壬寅	成	金箔金	星
20日	06/17	月	癸卯	納	金箔金	張
21日	06/18	火	甲辰	開	覆燈火	翼
22日	06/19	水	乙巳	閉	覆燈火	軫
23日	06/20	木	丙午	建	天河水	角
24日	06/21	金	丁未	除	天河水	亢
25日	06/22	土	戊申	満	大駅土	氐
26日	06/23	日	己酉	平	大駅土	房
27日	06/24	月	庚戌	定	釼釧金	心
28日	06/25	火	辛亥	執	釼釧金	尾
29日	06/26	水	壬子	破	桑柘木	箕

【六月小 癸未 壁】

節気 小暑 11日・大暑 27日
雑節 半夏生 6日・土用 24日

日	新暦	曜	干支	直	納音	宿
1日	06/27	木	癸丑	危	桑柘木	斗
2日	06/28	金	甲寅	成	大渓水	牛
3日	06/29	土	乙卯	納	大渓水	女
4日	06/30	日	丙辰	開	沙中土	虚
5日	07/01	月	丁巳	閉	沙中土	危
6日	07/02	火	戊午	建	天上火	室
7日	07/03	水	己未	除	天上火	壁
8日	07/04	木	庚申	満	柘榴木	奎
9日	07/05	金	辛酉	平	柘榴木	婁
10日	07/06	土	壬戌	定	大海水	胃
11日	07/07	日	癸亥	定	大海水	昴
12日	07/08	月	甲子	執	海中金	畢
13日	07/09	火	乙丑	破	海中金	觜
14日	07/10	水	丙寅	危	爐中火	参
15日	07/11	木	丁卯	成	爐中火	井
16日 ☆	07/12	金	戊辰	納	大林木	鬼
17日	07/13	土	己巳	開	大林木	柳
18日	07/14	日	庚午	閉	路傍土	星
19日	07/15	月	辛未	建	路傍土	張
20日	07/16	火	壬申	除	釼鋒金	翼
21日	07/17	水	癸酉	満	釼鋒金	軫
22日	07/18	木	甲戌	平	山頭火	角
23日	07/19	金	乙亥	定	山頭火	亢
24日	07/20	土	丙子	執	潤下水	氐
25日	07/21	日	丁丑	破	潤下水	房
26日	07/22	月	戊寅	危	城頭土	心
27日	07/23	火	己卯	成	城頭土	尾
28日	07/24	水	庚辰	納	白鑞金	箕
29日	07/25	木	辛巳	開	白鑞金	斗

【七月小 甲申 奎】

節気 立秋 13日・処暑 28日

日	新暦	曜	干支	直	納音	宿
1日	07/26	金	壬午	閉	楊柳木	牛
2日	07/27	土	癸未	建	楊柳木	女
3日	07/28	日	甲申	除	井泉水	虚
4日	07/29	月	乙酉	満	井泉水	危
5日	07/30	火	丙戌	平	屋上土	室
6日	07/31	水	丁亥	定	屋上土	壁
7日	08/01	木	戊子	執	霹靂火	奎
8日	08/02	金	己丑	破	霹靂火	婁
9日	08/03	土	庚寅	危	松柏木	胃
10日	08/04	日	辛卯	成	松柏木	昴
11日	08/05	月	壬辰	納	長流水	畢
12日	08/06	火	癸巳	開	長流水	觜
13日	08/07	水	甲午	開	沙中金	参
14日	08/08	木	乙未	閉	沙中金	井
15日	08/09	金	丙申	建	山下火	鬼
16日	08/10	土	丁酉	除	山下火	柳

文化2年

西暦	曜	干支	直	納音	宿
17日 08/11	日	戊戌	満	平地木	星
18日 08/12	月	己亥	平	平地木	張
19日 08/13	火	庚子	定	壁上土	翼
20日 08/14	水	辛丑	執	壁上土	軫
21日 08/15	木	壬寅	破	金箔金	角
22日 08/16	金	癸卯	危	金箔金	亢
23日 08/17	土	甲辰	成	覆燈火	氐
24日 08/18	日	乙巳	納	覆燈火	房
25日 08/19	月	丙午	開	天河水	心
26日 08/20	火	丁未	閉	天河水	尾
27日 08/21	水	戊申	建	大駅土	箕
28日 08/22	木	己酉	除	大駅土	斗
29日 08/23	金	庚戌	満	釵釧金	牛

【八月大 乙酉 婁】
節気 白露 14日・秋分 29日
雑節 二百十日 10日・彼岸 28日・社 28日

西暦	曜	干支	直	納音	宿
1日 08/24	土	辛亥	平	釵釧金	女
2日 08/25	日	壬子	定	桑柘木	虚
3日 08/26	月	癸丑	執	桑柘木	危
4日 08/27	火	甲寅	破	大溪水	室
5日 08/28	水	乙卯	危	大溪水	壁
6日 08/29	木	丙辰	成	沙中土	奎
7日 08/30	金	丁巳	納	沙中土	婁
8日 08/31	土	戊午	開	天上火	胃
9日 09/01	日	己未	閉	天上火	昴
10日 09/02	月	庚申	建	柘榴木	畢
11日 09/03	火	辛酉	除	柘榴木	觜
12日 09/04	水	壬戌	満	大海水	参
13日 09/05	木	癸亥	平	大海水	井
14日 09/06	金	甲子	平	海中金	鬼
15日 09/07	土	乙丑	定	海中金	柳
16日 09/08	日	丙寅	執	爐中火	星
17日 09/09	月	丁卯	破	爐中火	張
18日 09/10	火	戊辰	危	大林木	翼
19日 09/11	水	己巳	成	大林木	軫
20日 09/12	木	庚午	納	路傍土	角
21日 09/13	金	辛未	開	路傍土	亢
22日 09/14	土	壬申	閉	劍鋒金	氐
23日 09/15	日	癸酉	建	劍鋒金	房
24日 09/16	月	甲戌	除	山頭火	心
25日 09/17	火	乙亥	満	山頭火	尾
26日 09/18	水	丙子	平	澗下水	箕
27日 09/19	木	丁丑	定	澗下水	斗
28日 09/20	金	戊寅	執	城頭土	牛
29日 09/21	土	己卯	破	城頭土	女
30日 09/22	日	庚辰	危	白鑞金	虚

【閏八月小 乙酉 婁】
節気 寒露 15日
雑節 土用 27日

西暦	曜	干支	直	納音	宿
1日 09/23	月	辛巳	成	白鑞金	危
2日 09/24	火	壬午	納	楊柳木	室
3日 09/25	水	癸未	開	楊柳木	壁
4日 09/26	木	甲申	閉	井泉水	奎
5日 09/27	金	乙酉	建	井泉水	婁
6日 09/28	土	丙戌	除	屋上土	胃
7日 09/29	日	丁亥	満	屋上土	昴
8日 09/30	月	戊子	平	霹靂火	畢
9日 10/01	火	己丑	定	霹靂火	觜
10日 10/02	水	庚寅	執	松柏木	参
11日 10/03	木	辛卯	破	松柏木	井
12日 10/04	金	壬辰	危	長流水	鬼
13日 10/05	土	癸巳	成	長流水	柳
14日 10/06	日	甲午	納	沙中金	星
15日 10/07	月	乙未	納	沙中金	張
16日 10/08	火	丙申	開	山下火	翼
17日 10/09	水	丁酉	閉	山下火	軫
18日 10/10	木	戊戌	建	平地木	角
19日 10/11	金	己亥	除	平地木	亢
20日 10/12	土	庚子	満	壁上土	氐
21日 10/13	日	辛丑	平	壁上土	房
22日 10/14	月	壬寅	定	金箔金	心
23日 10/15	火	癸卯	執	金箔金	尾
24日 10/16	水	甲辰	破	覆燈火	箕
25日 10/17	木	乙巳	危	覆燈火	斗
26日 10/18	金	丙午	成	天河水	牛
27日 10/19	土	丁未	納	天河水	女
28日 10/20	日	戊申	開	大駅土	虚
29日 10/21	月	己酉	閉	大駅土	危

【九月大 丙戌 胃】
節気 霜降 1日・立冬 16日

西暦	曜	干支	直	納音	宿
1日 10/22	火	庚戌	建	釵釧金	室
2日 10/23	水	辛亥	除	釵釧金	壁
3日 10/24	木	壬子	満	桑柘木	奎
4日 10/25	金	癸丑	平	桑柘木	婁
5日 10/26	土	甲寅	定	大溪水	胃
6日 10/27	日	乙卯	執	大溪水	昴
7日 10/28	月	丙辰	破	沙中土	畢
8日 10/29	火	丁巳	危	沙中土	觜
9日 10/30	水	戊午	成	天上火	参
10日 10/31	木	己未	納	天上火	井
11日 11/01	金	庚申	開	柘榴木	鬼
12日 11/02	土	辛酉	閉	柘榴木	柳
13日 11/03	日	壬戌	建	大海水	星
14日 11/04	月	癸亥	除	大海水	張
15日 11/05	火	甲子	満	海中金	翼
16日 11/06	水	乙丑	満	海中金	軫
17日 11/07	木	丙寅	平	爐中火	角
18日 11/08	金	丁卯	定	爐中火	亢
19日 11/09	土	戊辰	執	大林木	氐
20日 11/10	日	己巳	破	大林木	房
21日 11/11	月	庚午	危	路傍土	心
22日 11/12	火	辛未	成	路傍土	尾
23日 11/13	水	壬申	納	劍鋒金	箕
24日 11/14	木	癸酉	開	劍鋒金	斗
25日 11/15	金	甲戌	閉	山頭火	牛
26日 11/16	土	乙亥	建	山頭火	女
27日 11/17	日	丙子	除	澗下水	虚
28日 11/18	月	丁丑	満	澗下水	危
29日 11/19	火	戊寅	平	城頭土	室
30日 11/20	水	己卯	定	城頭土	壁

【十月大 丁亥 昴】
節気 小雪 1日・大雪 17日

西暦	曜	干支	直	納音	宿
1日 11/21	木	庚辰	執	白鑞金	奎
2日 11/22	金	辛巳	破	白鑞金	婁
3日 11/23	土	壬午	危	楊柳木	胃
4日 11/24	日	癸未	成	楊柳木	昴
5日 11/25	月	甲申	納	井泉水	畢
6日 11/26	火	乙酉	開	井泉水	觜
7日 11/27	水	丙戌	閉	屋上土	参
8日 11/28	木	丁亥	建	屋上土	井
9日 11/29	金	戊子	除	霹靂火	鬼
10日 11/30	土	己丑	満	霹靂火	柳
11日 12/01	日	庚寅	平	松柏木	星
12日 12/02	月	辛卯	定	松柏木	張
13日 12/03	火	壬辰	執	長流水	翼
14日 12/04	水	癸巳	破	長流水	軫
15日 12/05	木	甲午	危	沙中金	角
16日 12/06	金	乙未	成	沙中金	亢
17日 12/07	土	丙申	成	山下火	氐
18日 12/08	日	丁酉	納	山下火	房
19日 12/09	月	戊戌	開	平地木	心
20日 12/10	火	己亥	閉	平地木	尾
21日 12/11	水	庚子	建	壁上土	箕
22日 12/12	木	辛丑	除	壁上土	斗
23日 12/13	金	壬寅	満	金箔金	牛
24日 12/14	土	癸卯	平	金箔金	女
25日 12/15	日	甲辰	定	覆燈火	虚
26日 12/16	月	乙巳	執	覆燈火	危
27日 12/17	火	丙午	破	天河水	室
28日 12/18	水	丁未	危	天河水	壁
29日 12/19	木	戊申	成	大駅土	奎
30日 12/20	金	己酉	納	大駅土	婁

【十一月大 戊子 畢】
節気 冬至 2日・小寒 17日
雑節 土用 29日

西暦	曜	干支	直	納音	宿
1日 12/21	土	庚戌	開	釵釧金	胃
2日 12/22	日	辛亥	閉	釵釧金	昴
3日 12/23	月	壬子	建	桑柘木	畢
4日 12/24	火	癸丑	除	桑柘木	觜
5日 12/25	水	甲寅	満	大溪水	参
6日 12/26	木	乙卯	平	大溪水	井
7日 12/27	金	丙辰	定	沙中土	鬼
8日 12/28	土	丁巳	執	沙中土	柳
9日 12/29	日	戊午	破	天上火	星
10日 12/30	月	己未	危	天上火	張
11日 12/31	火	庚申	成	柘榴木	翼
1806年					
12日 01/01	水	辛酉	納	柘榴木	軫
13日 01/02	木	壬戌	開	大海水	角
14日 01/03	金	癸亥	閉	大海水	亢
15日 01/04	土	甲子	建	海中金	氐
16日 01/05	日	乙丑	除	海中金	房
17日 01/06	月	丙寅	除	爐中火	心
18日 01/07	火	丁卯	満	爐中火	尾
19日 01/08	水	戊辰	平	大林木	箕
20日 01/09	木	己巳	定	大林木	斗
21日 01/10	金	庚午	執	路傍土	牛
22日 01/11	土	辛未	破	路傍土	女
23日 01/12	日	壬申	危	劍鋒金	虚
24日 01/13	月	癸酉	成	劍鋒金	室
25日 01/14	火	甲戌	納	山頭火	壁
26日 01/15	水	乙亥	開	山頭火	奎
27日 01/16	木	丙子	閉	澗下水	婁
28日 01/17	金	丁丑	建	澗下水	胃
29日 01/18	土	戊寅	除	城頭土	昴
30日 01/19	日	己卯	満	城頭土	畢

【十二月小 己丑 觜】
節気 大寒 2日・立春 17日
雑節 節分 16日

西暦	曜	干支	直	納音	宿
1日 01/20	月	庚辰	平	白鑞金	觜
2日 01/21	火	辛巳	定	白鑞金	参
3日 01/22	水	壬午	執	楊柳木	井
4日 01/23	木	癸未	破	楊柳木	鬼
5日 01/24	金	甲申	危	井泉水	柳
6日 01/25	土	乙酉	成	井泉水	星
7日 01/26	日	丙戌	納	屋上土	張
8日 01/27	月	丁亥	開	屋上土	翼
9日 01/28	火	戊子	閉	霹靂火	軫
10日 01/29	水	己丑	建	霹靂火	角
11日 01/30	木	庚寅	除	松柏木	亢
12日 01/31	金	辛卯	満	松柏木	氐
13日 02/01	土	壬辰	平	長流水	房
14日 02/02	日	癸巳	定	長流水	心
15日 02/03	月	甲午	執	沙中金	尾
16日 02/04	火	乙未	破	沙中金	箕
17日 02/05	水	丙申	破	山下火	斗
18日 02/06	木	丁酉	危	山下火	牛
19日 02/07	金	戊戌	成	平地木	女
20日 02/08	土	己亥	納	平地木	虚
21日 02/09	日	庚子	開	壁上土	危
22日 02/10	月	辛丑	閉	壁上土	室
23日 02/11	火	壬寅	建	金箔金	壁
24日 02/12	水	癸卯	除	金箔金	奎
25日 02/13	木	甲辰	満	覆燈火	婁
26日 02/14	金	乙巳	平	覆燈火	胃
27日 02/15	土	丙午	定	天河水	昴
28日 02/16	日	丁未	執	天河水	畢
29日 02/17	月	戊申	破	大駅土	觜

文化3年
1806～1807　丙寅　角

【正月大 戊寅 參】
節気　雨水 4日・啓蟄 19日
雑節　彼岸 29日・社日 30日

日	新暦	曜	干支	中段	納音	宿
1日	02/18	火	己酉	危	大駅土	觜
2日	02/19	水	庚戌	成	釵釧金	參
3日	02/20	木	辛亥	納	釵釧金	井
4日	02/21	金	壬子	開	桑柘木	鬼
5日	02/22	土	癸丑	閉	桑柘木	柳
6日	02/23	日	甲寅	建	大溪水	星
7日	02/24	月	乙卯	除	大溪水	張
8日	02/25	火	丙辰	滿	沙中土	翼
9日	02/26	水	丁巳	平	沙中土	軫
10日	02/27	木	戊午	定	天上火	角
11日	02/28	金	己未	執	天上火	亢
12日	03/01	土	庚申	破	柘榴木	氐
13日	03/02	日	辛酉	危	柘榴木	房
14日	03/03	月	壬戌	成	大海水	心
15日	03/04	火	癸亥	納	大海水	尾
16日	03/05	水	甲子	開	海中金	箕
17日	03/06	木	乙丑	閉	海中金	斗
18日	03/07	金	丙寅	建	爐中火	牛
19日	03/08	土	丁卯	建	爐中火	女
20日	03/09	日	戊辰	除	大林木	虛
21日	03/10	月	己巳	滿	大林木	危
22日	03/11	火	庚午	平	路傍土	室
23日	03/12	水	辛未	定	路傍土	壁
24日	03/13	木	壬申	執	釵鋒金	奎
25日	03/14	金	癸酉	破	釵鋒金	婁
26日	03/15	土	甲戌	危	山頭火	胃
27日	03/16	日	乙亥	成	山頭火	昴
28日	03/17	月	丙子	納	潤下水	畢
29日	03/18	火	丁丑	開	潤下水	觜
30日	03/19	水	戊寅	閉	城頭土	參

【二月大 辛卯 井】
節気　春分 4日・清明 19日

日	新暦	曜	干支	中段	納音	宿
1日	03/20	木	己卯	建	城頭土	井
2日	03/21	金	庚辰	除	白鑞金	鬼
3日	03/22	土	辛巳	滿	白鑞金	柳
4日	03/23	日	壬午	平	楊柳木	星
5日	03/24	月	癸未	定	楊柳木	張
6日	03/25	火	甲申	執	井泉水	翼
7日	03/26	水	乙酉	破	井泉水	軫
8日	03/27	木	丙戌	危	屋上土	角
9日	03/28	金	丁亥	成	屋上土	亢
10日	03/29	土	戊子	納	霹靂火	氐
11日	03/30	日	己丑	開	霹靂火	房
12日	03/31	月	庚寅	閉	松柏木	心
13日	04/01	火	辛卯	建	松柏木	尾
14日	04/02	水	壬辰	除	長流水	箕
15日	04/03	木	癸巳	滿	長流水	斗
16日	04/04	金	甲午	平	沙中金	牛
17日	04/05	土	乙未	定	沙中金	女
18日	04/06	日	丙申	執	山下火	虛
19日	04/07	月	丁酉	執	山下火	危
20日	04/08	火	戊戌	破	平地木	室
21日	04/09	水	己亥	危	平地木	壁
22日	04/10	木	庚子	成	壁上土	奎
23日	04/11	金	辛丑	納	壁上土	婁
24日	04/12	土	壬寅	開	金箔金	胃
25日	04/13	日	癸卯	閉	金箔金	昴
26日	04/14	月	甲辰	建	覆燈火	畢
27日	04/15	火	乙巳	除	覆燈火	觜
28日	04/16	水	丙午	滿	天河水	參
29日	04/17	木	丁未	平	天河水	井
30日	04/18	金	戊申	定	大駅土	鬼

【三月小 壬辰 鬼】
節気　穀雨 5日・立夏 20日
雑節　土用 1日・八十八夜 15日

日	新暦	曜	干支	中段	納音	宿
1日	04/19	土	己酉	執	大駅土	柳
2日	04/20	日	庚戌	破	釵釧金	星
3日	04/21	月	辛亥	危	釵釧金	張
4日	04/22	火	壬子	成	桑柘木	翼
5日	04/23	水	癸丑	納	桑柘木	軫
6日	04/24	木	甲寅	開	大溪水	角
7日	04/25	金	乙卯	閉	大溪水	亢
8日	04/26	土	丙辰	建	沙中土	氐
9日	04/27	日	丁巳	除	沙中土	房
10日	04/28	月	戊午	滿	天上火	心
11日	04/29	火	己未	平	天上火	尾
12日	04/30	水	庚申	定	柘榴木	箕
13日	05/01	木	辛酉	執	柘榴木	斗
14日	05/02	金	壬戌	破	大海水	牛
15日	05/03	土	癸亥	危	大海水	女
16日	05/04	日	甲子	成	海中金	虛
17日	05/05	月	乙丑	納	海中金	危
18日	05/06	火	丙寅	開	爐中火	室
19日	05/07	水	丁卯	閉	爐中火	壁
20日	05/08	木	戊辰	閉	大林木	奎
21日	05/09	金	己巳	建	大林木	婁
22日	05/10	土	庚午	除	路傍土	胃
23日	05/11	日	辛未	滿	路傍土	昴
24日	05/12	月	壬申	平	釵鋒金	畢
25日	05/13	火	癸酉	定	釵鋒金	觜
26日	05/14	水	甲戌	執	山頭火	參
27日	05/15	木	乙亥	破	山頭火	井
28日	05/16	金	丙子	危	潤下水	鬼
29日	05/17	土	丁丑	成	潤下水	柳

【四月大 癸巳 柳】
節気　小滿 6日・芒種 21日
雑節　入梅 25日

日	新暦	曜	干支	中段	納音	宿
1日	05/18	日	戊寅	納	城頭土	星
2日	05/19	月	己卯	開	城頭土	張
3日	05/20	火	庚辰	閉	白鑞金	翼
4日	05/21	水	辛巳	建	白鑞金	軫
5日	05/22	木	壬午	除	楊柳木	角
6日	05/23	金	癸未	滿	楊柳木	亢
7日	05/24	土	甲申	平	井泉水	氐
8日	05/25	日	乙酉	定	井泉水	房
9日	05/26	月	丙戌	執	屋上土	心
10日	05/27	火	丁亥	破	屋上土	尾
11日	05/28	水	戊子	危	霹靂火	箕
12日	05/29	木	己丑	成	霹靂火	斗
13日	05/30	金	庚寅	納	松柏木	牛
14日	05/31	土	辛卯	開	松柏木	女
15日	06/01	日	壬辰	閉	長流水	虛
16日	06/02	月	癸巳	建	長流水	危
17日	06/03	火	甲午	除	沙中金	室
18日	06/04	水	乙未	滿	沙中金	壁
19日	06/05	木	丙申	平	山下火	奎
20日	06/06	金	丁酉	定	山下火	婁
21日	06/07	土	戊戌	定	平地木	胃
22日	06/08	日	己亥	執	平地木	昴
23日	06/09	月	庚子	破	壁上土	畢
24日	06/10	火	辛丑	危	壁上土	觜
25日	06/11	水	壬寅	成	金箔金	參
26日	06/12	木	癸卯	納	金箔金	井
27日	06/13	金	甲辰	開	覆燈火	鬼
28日	06/14	土	乙巳	閉	覆燈火	柳
29日	06/15	日	丙午	建	天河水	星
30日	06/16	月	丁未	除	天河水	張

【五月小 甲午 星】
節気　夏至 6日・小暑 22日
雑節　半夏生 17日

日	新暦	曜	干支	中段	納音	宿
1日	06/17	火	戊申	滿	大駅土	翼
2日	06/18	水	己酉	平	大駅土	軫
3日	06/19	木	庚戌	定	釵釧金	角
4日	06/20	金	辛亥	執	釵釧金	亢
5日	06/21	土	壬子	破	桑柘木	氐
6日	06/22	日	癸丑	危	桑柘木	房
7日	06/23	月	甲寅	成	大溪水	心
8日	06/24	火	乙卯	納	大溪水	尾
9日	06/25	水	丙辰	開	沙中土	箕
10日	06/26	木	丁巳	閉	沙中土	斗
11日	06/27	金	戊午	建	天上火	牛
12日	06/28	土	己未	除	天上火	女
13日	06/29	日	庚申	滿	柘榴木	虛
14日	06/30	月	辛酉	平	柘榴木	危
15日	07/01	火	壬戌	定	大海水	室
16日	07/02	水	癸亥	執	大海水	壁
17日	07/03	木	甲子	破	海中金	奎
18日	07/04	金	乙丑	危	海中金	婁
19日	07/05	土	丙寅	成	爐中火	胃
20日	07/06	日	丁卯	納	爐中火	昴
21日	07/07	月	戊辰	開	大林木	畢
22日	07/08	火	己巳	開	大林木	觜
23日	07/09	水	庚午	閉	路傍土	參
24日	07/10	木	辛未	建	路傍土	井
25日	07/11	金	壬申	除	釵鋒金	鬼
26日	07/12	土	癸酉	滿	釵鋒金	柳
27日	07/13	日	甲戌	平	山頭火	星
28日	07/14	月	乙亥	定	山頭火	張
29日	07/15	火	丙子	執	潤下水	翼

【六月小 乙未 張】
節気　大暑 8日・立秋 23日
雑節　土用 5日

日	新暦	曜	干支	中段	納音	宿
1日	07/16	水	丁丑	破	潤下水	軫
2日	07/17	木	戊寅	危	城頭土	角
3日	07/18	金	己卯	成	城頭土	亢
4日	07/19	土	庚辰	納	白鑞金	氐
5日	07/20	日	辛巳	開	白鑞金	房
6日	07/21	月	壬午	閉	楊柳木	心
7日	07/22	火	癸未	建	楊柳木	尾
8日	07/23	水	甲申	除	井泉水	箕
9日	07/24	木	乙酉	滿	井泉水	斗
10日	07/25	金	丙戌	平	屋上土	牛
11日	07/26	土	丁亥	定	屋上土	女
12日	07/27	日	戊子	執	霹靂火	虛
13日	07/28	月	己丑	破	霹靂火	危
14日	07/29	火	庚寅	危	松柏木	室
15日	07/30	水	辛卯	成	松柏木	壁
16日	07/31	木	壬辰	納	長流水	奎
17日	08/01	金	癸巳	開	長流水	婁
18日	08/02	土	甲午	閉	沙中金	胃
19日	08/03	日	乙未	建	沙中金	昴
20日	08/04	月	丙申	除	山下火	畢
21日	08/05	火	丁酉	滿	山下火	觜
22日	08/06	水	戊戌	平	平地木	參
23日	08/07	木	己亥	平	平地木	井
24日	08/08	金	庚子	定	壁上土	鬼
25日	08/09	土	辛丑	執	壁上土	柳
26日	08/10	日	壬寅	破	金箔金	星
27日	08/11	月	癸卯	危	金箔金	張
28日	08/12	火	甲辰	成	覆燈火	翼
29日	08/13	水	乙巳	納	覆燈火	軫

西暦　曜　干支　直　納音　宿　　　　　　　　　　　　　　　　　　　　文化3年

【七月小 丙申 翼】
節気 処暑 9日・白露 25日
雑節 二百十日 20日

日	西暦	曜	干支	直	納音	宿
1日	08/14	木	丙午	開	天河水	角
2日	08/15	金	丁未	閉	天河水	亢
3日	08/16	土	戊申	建	大駅土	氐
4日	08/17	日	己酉	除	大駅土	房
5日	08/18	月	庚戌	満	釵釧金	心
6日	08/19	火	辛亥	平	釵釧金	尾
7日	08/20	水	壬子	定	桑柘木	箕
8日	08/21	木	癸丑	執	桑柘木	斗
9日	08/22	金	甲寅	破	大溪水	牛
10日	08/23	土	乙卯	危	大溪水	女
11日	08/24	日	丙辰	成	沙中土	虚
12日	08/25	月	丁巳	納	沙中土	危
13日	08/26	火	戊午	開	天上火	室
14日	08/27	水	己未	閉	天上火	壁
15日	08/28	木	庚申	建	柘榴木	奎
16日	08/29	金	辛酉	除	柘榴木	婁
17日	08/30	土	壬戌	満	大海水	胃
18日	08/31	日	癸亥	平	大海水	昴
19日	09/01	月	甲子	定	海中金	畢
20日	09/02	火	乙丑	執	海中金	觜
21日	09/03	水	丙寅	破	爐中火	参
22日	09/04	木	丁卯	危	爐中火	井
23日	09/05	金	戊辰	成	大林木	鬼
24日	09/06	土	己巳	納	大林木	柳
25日	09/07	日	庚午	納	路傍土	星
26日	09/08	月	辛未	開	路傍土	張
27日	09/09	火	壬申	建	釵鋒金	翼
28日	09/10	水	癸酉	建	釵鋒金	軫
29日	09/11	木	甲戌	除	山頭火	角

【八月大 丁酉 軫】
節気 秋分 11日・寒露 26日
雑節 彼岸 10日・社日 14日

日	西暦	曜	干支	直	納音	宿
1日	09/12	金	乙亥	満	山頭火	亢
2日	09/13	土	丙子	平	澗下水	氐
3日	09/14	日	丁丑	定	澗下水	房
4日	09/15	月	戊寅	執	城頭土	心
5日	09/16	火	己卯	破	城頭土	尾
6日	09/17	水	庚辰	危	白鑞金	箕
7日	09/18	木	辛巳	成	白鑞金	斗
8日	09/19	金	壬午	納	楊柳木	牛
9日	09/20	土	癸未	開	楊柳木	女
10日	09/21	日	甲申	閉	井泉水	虚
11日	09/22	月	乙酉	建	井泉水	危
12日	09/23	火	丙戌	除	屋上土	室
13日	09/24	水	丁亥	満	屋上土	壁
14日	09/25	木	戊子	定	霹靂火	奎
15日	09/26	金	己丑	執	霹靂火	婁
16日	09/27	土	庚寅	破	松柏木	胃
17日	09/28	日	辛卯	危	松柏木	昴
18日	09/29	月	壬辰	成	長流水	畢
19日	09/30	火	癸巳	納	長流水	觜
20日	10/01	水	甲午	納	沙中金	参
21日	10/02	木	乙未	開	沙中金	井
22日	10/03	金	丙申	閉	山下火	鬼
23日	10/04	土	丁酉	建	山下火	柳
24日	10/05	日	戊戌	除	平地木	星
25日	10/06	月	己亥	満	平地木	張
26日	10/07	火	庚子	満	壁上土	翼
27日	10/08	水	辛丑	平	壁上土	軫
28日	10/09	木	壬寅	定	金箔金	角
29日	10/10	金	癸卯	執	金箔金	亢
30日	10/11	土	甲辰	破	覆燈火	氐

【九月小 戊戌 角】
節気 霜降 11日・立冬 26日
雑節 土用 8日

日	西暦	曜	干支	直	納音	宿
1日	10/12	日	乙巳	危	覆燈火	房
2日	10/13	月	丙午	成	天河水	心
3日	10/14	火	丁未	納	天河水	尾
4日	10/15	水	戊申	開	大駅土	箕
5日	10/16	木	己酉	閉	大駅土	斗
6日	10/17	金	庚戌	建	釵釧金	牛
7日	10/18	土	辛亥	除	釵釧金	女
8日	10/19	日	壬子	満	桑柘木	虚
9日	10/20	月	癸丑	平	桑柘木	危
10日	10/21	火	甲寅	定	大溪水	室
11日	10/22	水	乙卯	執	大溪水	壁
12日	10/23	木	丙辰	破	沙中土	奎
13日	10/24	金	丁巳	危	沙中土	婁
14日	10/25	土	戊午	成	天上火	胃
15日	10/26	日	己未	納	天上火	昴
16日	10/27	月	庚申	開	柘榴木	畢
17日	10/28	火	辛酉	閉	柘榴木	觜
18日	10/29	水	壬戌	建	大海水	参
19日	10/30	木	癸亥	除	大海水	井
20日	10/31	金	甲子	満	海中金	鬼
21日	11/01	土	乙丑	平	海中金	柳
22日	11/02	日	丙寅	定	爐中火	星
23日	11/03	月	丁卯	執	爐中火	張
24日	11/04	火	戊辰	破	大林木	翼
25日	11/05	水	己巳	危	大林木	軫
26日	11/06	木	庚午	成	路傍土	角
27日	11/07	金	辛未	納	路傍土	亢
28日	11/08	土	壬申	納	釵鋒金	氐
29日	11/09	日	癸酉	開	釵鋒金	房

【十月大 己亥 亢】
節気 小雪 13日・大雪 28日

日	西暦	曜	干支	直	納音	宿
1日	11/10	月	甲戌	閉	山頭火	心
2日	11/11	火	乙亥	建	山頭火	尾
3日	11/12	水	丙子	除	澗下水	箕
4日	11/13	木	丁丑	満	澗下水	斗
5日	11/14	金	戊寅	平	城頭土	牛
6日	11/15	土	己卯	定	城頭土	女
7日	11/16	日	庚辰	執	白鑞金	虚
8日	11/17	月	辛巳	破	白鑞金	危
9日	11/18	火	壬午	危	楊柳木	室
10日	11/19	水	癸未	成	楊柳木	壁
11日	11/20	木	甲申	納	井泉水	奎
12日	11/21	金	乙酉	開	井泉水	婁
13日	11/22	土	丙戌	閉	屋上土	胃
14日	11/23	日	丁亥	建	屋上土	昴
15日	11/24	月	戊子	除	霹靂火	畢
16日	11/25	火	己丑	満	霹靂火	觜
17日	11/26	水	庚寅	平	松柏木	参
18日	11/27	木	辛卯	定	松柏木	井
19日	11/28	金	壬辰	執	長流水	鬼
20日	11/29	土	癸巳	破	長流水	柳
21日	11/30	日	甲午	危	沙中金	星
22日	12/01	月	乙未	成	沙中金	張
23日	12/02	火	丙申	納	山下火	翼
24日	12/03	水	丁酉	開	山下火	軫
25日	12/04	木	戊戌	建	平地木	角
26日	12/05	金	己亥	除	平地木	亢
27日	12/06	土	庚子	満	壁上土	氐
28日	12/07	日	辛丑	定	壁上土	房
29日	12/08	月	壬寅	平	金箔金	心
30日	12/09	火	癸卯	平	金箔金	尾

【十一月大 庚子 氐】
節気 冬至 13日・小寒 28日

日	西暦	曜	干支	直	納音	宿
1日	12/10	水	甲辰	定	覆燈火	箕
2日	12/11	木	乙巳	執	覆燈火	斗
3日	12/12	金	丙午	破	天河水	牛
4日	12/13	土	丁未	危	天河水	女
5日	12/14	日	戊申	成	大駅土	虚
6日	12/15	月	己酉	納	大駅土	危
7日	12/16	火	庚戌	開	釵釧金	室
8日	12/17	水	辛亥	閉	釵釧金	壁
9日	12/18	木	壬子	建	桑柘木	奎
10日	12/19	金	癸丑	除	桑柘木	婁
11日	12/20	土	甲寅	満	大溪水	胃
12日	12/21	日	乙卯	平	大溪水	昴
13日	12/22	月	丙辰	定	沙中土	畢
14日	12/23	火	丁巳	執	沙中土	觜
15日	12/24	水	戊午	破	天上火	参
16日	12/25	木	己未	危	天上火	井
17日	12/26	金	庚申	成	柘榴木	鬼
18日	12/27	土	辛酉	納	柘榴木	星
19日	12/28	日	壬戌	開	大海水	張
20日	12/29	月	癸亥	閉	大海水	翼
21日	12/30	火	甲子	建	海中金	軫
22日	12/31	水	乙丑	除	海中金	角

1807年

日	西暦	曜	干支	直	納音	宿
23日	01/01	木	丙寅	満	爐中火	角
24日	01/02	金	丁卯	平	爐中火	亢
25日	01/03	土	戊辰	定	大林木	氐
26日	01/04	日	己巳	執	大林木	房
27日	01/05	月	庚午	破	路傍土	心
28日	01/06	火	辛未	危	路傍土	尾
29日	01/07	水	壬申	危	釵鋒金	箕
30日	01/08	木	癸酉	成	釵鋒金	斗

【十二月小 辛丑 房】
節気 大寒 13日・立春 29日
雑節 土用 10日・節分 28日

日	西暦	曜	干支	直	納音	宿
1日	01/09	金	甲戌	納	山頭火	牛
2日	01/10	土	乙亥	開	山頭火	女
3日	01/11	日	丙子	閉	澗下水	虚
4日	01/12	月	丁丑	建	澗下水	危
5日	01/13	火	戊寅	満	城頭土	室
6日	01/14	水	己卯	平	城頭土	壁
7日	01/15	木	庚辰	定	白鑞金	奎
8日	01/16	金	辛巳	定	白鑞金	婁
9日	01/17	土	壬午	執	楊柳木	胃
10日	01/18	日	癸未	破	楊柳木	昴
11日	01/19	月	甲申	危	井泉水	畢
12日	01/20	火	乙酉	成	井泉水	觜
13日	01/21	水	丙戌	納	屋上土	参
14日	01/22	木	丁亥	開	屋上土	井
15日	01/23	金	戊子	閉	霹靂火	鬼
16日	01/24	土	己丑	建	霹靂火	柳
17日	01/25	日	庚寅	除	松柏木	星
18日	01/26	月	辛卯	満	松柏木	張
19日	01/27	火	壬辰	平	長流水	翼
20日	01/28	水	癸巳	定	長流水	軫
21日	01/29	木	甲午	執	沙中金	角
22日	01/30	金	乙未	破	沙中金	亢
23日	01/31	土	丙申	危	山下火	氐
24日	02/01	日	丁酉	成	山下火	房
25日	02/02	月	戊戌	納	平地木	心
26日	02/03	火	己亥	開	平地木	尾
27日	02/04	水	庚子	閉	壁上土	箕
28日	02/05	木	辛丑	建	壁上土	斗
29日	02/06	金	壬寅	建	金箔金	牛

– 451 –

文化4年
1807~1808 丁卯 亢

【正月大 壬寅 心】
節気 雨水 15日・啓蟄 30日

```
 1日 02/07 土 癸卯 除 金箔金 女
 2日 02/08 日 甲辰 満 覆燈火 虚
 3日 02/09 月 乙巳 平 覆燈火 危
 4日 02/10 火 丙午 定 天河水 室
 5日 02/11 水 丁未 執 天河水 壁
 6日 02/12 木 戊申 破 大駅土 奎
 7日 02/13 金 己酉 危 大駅土 婁
 8日 02/14 土 庚戌 成 釵釧金 胃
 9日 02/15 日 辛亥 納 釵釧金 昴
10日 02/16 月 壬子 開 桑柘木 畢
11日 02/17 火 癸丑 閉 桑柘木 觜
12日 02/18 水 甲寅 建 大溪水 參
13日 02/19 木 乙卯 除 大溪水 井
14日 02/20 金 丙辰 満 沙中土 鬼
15日 02/21 土 丁巳 平 沙中土 柳
16日 02/22 日 戊午 定 天上火 星
17日 02/23 月 己未 執 天上火 張
18日 02/24 火 庚申 破 柘榴木 翼
19日 02/25 水 辛酉 危 柘榴木 軫
20日 02/26 木 壬戌 成 大海水 角
21日 02/27 金 癸亥 納 大海水 亢
22日 02/28 土 甲子 開 海中金 氐
23日 03/01 日 乙丑 閉 海中金 房
24日 03/02 月 丙寅 建 爐中火 心
25日 03/03 火 丁卯 除 爐中火 尾
26日 03/04 水 戊辰 満 大林木 箕
27日 03/05 木 己巳 平 大林木 斗
28日 03/06 金 庚午 定 路傍土 牛
29日 03/07 土 辛未 執 路傍土 女
30日 03/08 日 壬申 執 釼鋒金 虚
```

【二月大 癸卯 尾】
節気 春分 15日
雑節 彼岸 10日・社日 16日

```
 1日 03/09 月 癸酉 破 釼鋒金 危
 2日 03/10 火 甲戌 危 山頭火 室
 3日 03/11 水 乙亥 成 山頭火 壁
 4日 03/12 木 丙子 納 澗下水 奎
 5日 03/13 金 丁丑 開 澗下水 婁
 6日 03/14 土 戊寅 閉 城頭土 胃
 7日 03/15 日 己卯 建 城頭土 昴
 8日 03/16 月 庚辰 除 白鑞金 畢
 9日 03/17 火 辛巳 満 白鑞金 觜
10日 03/18 水 壬午 平 楊柳木 參
11日 03/19 木 癸未 定 楊柳木 井
12日 03/20 金 甲申 執 井泉水 鬼
13日 03/21 土 乙酉 破 井泉水 柳
14日 03/22 日 丙戌 危 屋上土 星
15日 03/23 月 丁亥 成 屋上土 張
16日 03/24 火 戊子 納 霹靂火 翼
17日 03/25 水 己丑 開 霹靂火 軫
18日 03/26 木 庚寅 閉 松柏木 角
19日 03/27 金 辛卯 建 松柏木 亢
20日 03/28 土 壬辰 除 長流水 氐
21日 03/29 日 癸巳 満 長流水 房
22日 03/30 月 甲午 平 沙中金 心
23日 03/31 火 乙未 定 沙中金 尾
24日 04/01 水 丙申 執 山下火 箕
25日 04/02 木 丁酉 破 山下火 斗
26日 04/03 金 戊戌 危 平地木 牛
27日 04/04 土 己亥 成 平地木 女
28日 04/05 日 庚子 納 壁上土 虚
29日 04/06 月 辛丑 開 壁上土 危
30日 04/07 火 壬寅 閉 金箔金 室
```

【三月大 甲辰 箕】
節気 清明 1日・穀雨 16日
雑節 土用 13日・八十八夜 27日

```
 1日 04/08 水 癸卯 閉 金箔金 壁
 2日 04/09 木 甲辰 建 覆燈火 奎
 3日 04/10 金 乙巳 除 覆燈火 婁
 4日 04/11 土 丙午 満 天河水 胃
 5日 04/12 日 丁未 平 天河水 昴
 6日 04/13 月 戊申 定 大駅土 畢
 7日 04/14 火 己酉 執 大駅土 觜
 8日 04/15 水 庚戌 破 釵釧金 參
 9日 04/16 木 辛亥 危 釵釧金 井
10日 04/17 金 壬子 成 桑柘木 鬼
11日 04/18 土 癸丑 納 桑柘木 柳
12日 04/19 日 甲寅 開 大溪水 星
13日 04/20 月 乙卯 閉 大溪水 張
14日 04/21 火 丙辰 建 沙中土 翼
15日 04/22 水 丁巳 除 沙中土 軫
16日 04/23 木 戊午 満 天上火 角
17日 04/24 金 己未 平 天上火 亢
18日 04/25 土 庚申 定 柘榴木 氐
19日 04/26 日 辛酉 執 柘榴木 房
20日 04/27 月 壬戌 破 大海水 心
21日 04/28 火 癸亥 危 大海水 尾
22日 04/29 水 甲子 成 海中金 箕
23日 04/30 木 乙丑 納 海中金 斗
24日 05/01 金 丙寅 開 爐中火 牛
25日 05/02 土 丁卯 閉 爐中火 女
26日 05/03 日 戊辰 建 大林木 虚
27日 05/04 月 己巳 除 大林木 危
28日 05/05 火 庚午 満 路傍土 室
29日 05/06 水 辛未 平 路傍土 壁
30日 05/07 木 壬申 定 釼鋒金 奎
```

【四月小 乙巳 斗】
節気 立夏 1日・小満 16日

```
 1日 05/08 金 癸酉 定 釼鋒金 婁
 2日 05/09 土 甲戌 執 山頭火 胃
 3日 05/10 日 乙亥 破 山頭火 昴
 4日 05/11 月 丙子 危 澗下水 畢
 5日 05/12 火 丁丑 成 澗下水 觜
 6日 05/13 水 戊寅 納 城頭土 參
 7日 05/14 木 己卯 開 城頭土 井
 8日 05/15 金 庚辰 閉 白鑞金 鬼
 9日 05/16 土 辛巳 建 白鑞金 柳
10日 05/17 日 壬午 除 楊柳木 星
11日 05/18 月 癸未 満 楊柳木 張
12日 05/19 火 甲申 平 井泉水 翼
13日 05/20 水 乙酉 定 井泉水 軫
14日☆ 05/21 木 丙戌 執 屋上土 角
15日 05/22 金 丁亥 破 屋上土 亢
16日 05/23 土 戊子 危 霹靂火 氐
17日 05/24 日 己丑 成 霹靂火 房
18日 05/25 月 庚寅 納 松柏木 心
19日 05/26 火 辛卯 開 松柏木 尾
20日 05/27 水 壬辰 閉 長流水 箕
21日 05/28 木 癸巳 建 長流水 斗
22日 05/29 金 甲午 除 沙中金 牛
23日 05/30 土 乙未 満 沙中金 女
24日 05/31 日 丙申 平 山下火 虚
25日 06/01 月 丁酉 定 山下火 危
26日 06/02 火 戊戌 執 平地木 室
27日 06/03 水 己亥 破 平地木 壁
28日 06/04 木 庚子 危 壁上土 奎
29日 06/05 金 辛丑 成 壁上土 婁
```

【五月大 丙午 牛】
節気 芒種 2日・夏至 18日
雑節 入梅 11日・半夏生 28日

```
 1日 06/06 土 壬寅 納 金箔金 胃
 2日 06/07 日 癸卯 納 金箔金 昴
 3日 06/08 月 甲辰 開 覆燈火 畢
 4日 06/09 火 乙巳 閉 覆燈火 觜
 5日 06/10 水 丙午 建 天河水 參
 6日 06/11 木 丁未 除 天河水 井
 7日 06/12 金 戊申 満 大駅土 鬼
 8日 06/13 土 己酉 平 大駅土 柳
 9日 06/14 日 庚戌 定 釵釧金 星
10日 06/15 月 辛亥 執 釵釧金 張
11日 06/16 火 壬子 破 桑柘木 翼
12日 06/17 水 癸丑 危 桑柘木 軫
13日 06/18 木 甲寅 成 大溪水 角
14日 06/19 金 乙卯 納 大溪水 亢
15日 06/20 土 丙辰 開 沙中土 氐
16日 06/21 日 丁巳 閉 沙中土 房
17日 06/22 月 戊午 建 天上火 心
18日 06/23 火 己未 除 天上火 尾
19日 06/24 水 庚申 満 柘榴木 箕
20日 06/25 木 辛酉 平 柘榴木 斗
21日 06/26 金 壬戌 定 大海水 牛
22日 06/27 土 癸亥 執 大海水 女
23日 06/28 日 甲子 破 海中金 虚
24日 06/29 月 乙丑 危 海中金 危
25日 06/30 火 丙寅 成 爐中火 室
26日 07/01 水 丁卯 納 爐中火 壁
27日 07/02 木 戊辰 開 大林木 奎
28日 07/03 金 己巳 閉 大林木 婁
29日 07/04 土 庚午 建 路傍土 胃
30日 07/05 日 辛未 除 路傍土 昴
```

【六月小 丁未 女】
節気 小暑 3日・大暑 18日
雑節 土用 15日

```
 1日 07/06 月 壬申 満 釼鋒金 畢
 2日 07/07 火 癸酉 平 釼鋒金 觜
 3日 07/08 水 甲戌 平 山頭火 參
 4日 07/09 木 乙亥 定 山頭火 井
 5日 07/10 金 丙子 執 澗下水 鬼
 6日 07/11 土 丁丑 破 澗下水 柳
 7日 07/12 日 戊寅 危 城頭土 星
 8日 07/13 月 己卯 成 城頭土 張
 9日 07/14 火 庚辰 納 白鑞金 翼
10日 07/15 水 辛巳 開 白鑞金 軫
11日 07/16 木 壬午 閉 楊柳木 角
12日 07/17 金 癸未 建 楊柳木 亢
13日 07/18 土 甲申 除 井泉水 氐
14日 07/19 日 乙酉 満 井泉水 房
15日 07/20 月 丙戌 平 屋上土 心
16日 07/21 火 丁亥 定 屋上土 尾
17日 07/22 水 戊子 執 霹靂火 箕
18日 07/23 木 己丑 破 霹靂火 斗
19日 07/24 金 庚寅 危 松柏木 牛
20日 07/25 土 辛卯 成 松柏木 女
21日 07/26 日 壬辰 納 長流水 虚
22日 07/27 月 癸巳 開 長流水 危
23日 07/28 火 甲午 閉 沙中金 室
24日 07/29 水 乙未 建 沙中金 壁
25日 07/30 木 丙申 除 山下火 奎
26日 07/31 金 丁酉 満 山下火 婁
27日 08/01 土 戊戌 平 平地木 胃
28日 08/02 日 己亥 定 平地木 昴
29日 08/03 月 庚子 執 壁上土 畢
```

文化4年

	西暦	曜	干支	直	納音	宿

【七月小 戊申 虚】
節気 立秋 4日・処暑 20日

	西暦	曜	干支	直	納音	宿
1日	08/04	火	辛丑	破	壁上土	觜
2日	08/05	水	壬寅	危	金箔金	参
3日	08/06	木	癸卯	成	金箔金	井
4日	08/07	金	甲辰	納	覆燈火	鬼
5日	08/08	土	乙巳	納	覆燈火	柳
6日	08/09	日	丙午	開	天河水	星
7日	08/10	月	丁未	閉	天河水	張
8日	08/11	火	戊申	建	大駅土	翼
9日	08/12	水	己酉	除	大駅土	軫
10日	08/13	木	庚戌	平	釵釧金	角
11日	08/14	金	辛亥	定	釵釧金	亢
12日	08/15	土	壬子	定	桑柘木	氐
13日	08/16	日	癸丑	執	桑柘木	房
14日	08/17	月	甲寅	破	大溪水	心
15日	08/18	火	乙卯	危	大溪水	尾
16日	08/19	水	丙辰	成	沙中土	箕
17日	08/20	木	丁巳	納	沙中土	斗
18日	08/21	金	戊午	開	天上火	牛
19日	08/22	土	己未	閉	天上火	女
20日	08/23	日	庚申	建	柘榴木	虚
21日	08/24	月	辛酉	除	柘榴木	危
22日	08/25	火	壬戌	満	大海水	室
23日	08/26	水	癸亥	平	大海水	壁
24日	08/27	木	甲子	定	海中金	奎
25日	08/28	金	乙丑	執	海中金	婁
26日	08/29	土	丙寅	破	爐中火	胃
27日	08/30	日	丁卯	危	爐中火	昴
28日	08/31	月	戊辰	成	大林木	畢
29日	09/01	火	己巳	納	大林木	觜

【八月大 己酉 危】
節気 白露 6日・秋分 21日
雑節 二百十日 2日・社日 19日・彼岸 20日

	西暦	曜	干支	直	納音	宿
1日	09/02	水	庚午	開	路傍土	参
2日	09/03	木	辛未	閉	路傍土	井
3日	09/04	金	壬申	建	釵釧金	鬼
4日	09/05	土	癸酉	除	釵釧金	柳
5日	09/06	日	甲戌	満	山頭火	星
6日	09/07	月	乙亥	満	山頭火	張
7日	09/08	火	丙子	平	潤下水	軫
8日	09/09	水	丁丑	定	潤下水	角
9日	09/10	木	戊寅	執	城頭土	亢
10日	09/11	金	己卯	破	城頭土	氐
11日	09/12	土	庚辰	危	白鑞金	房
12日	09/13	日	辛巳	成	白鑞金	心
13日	09/14	月	壬午	納	楊柳木	尾
14日	09/15	火	癸未	開	楊柳木	箕
15日	09/16	水	甲申	閉	井泉水	斗
16日	09/17	木	乙酉	建	井泉水	牛
17日	09/18	金	丙戌	除	屋上土	女
18日	09/19	土	丁亥	満	屋上土	虚
19日	09/20	日	戊子	平	霹靂火	危
20日	09/21	月	己丑	定	霹靂火	室
21日	09/22	火	庚寅	執	松柏木	壁
22日	09/23	水	辛卯	破	松柏木	奎
23日	09/24	木	壬辰	危	長流水	婁
24日	09/25	金	癸巳	成	長流水	胃
25日	09/26	土	甲午	納	沙中金	昴
26日	09/27	日	乙未	開	沙中金	畢
27日	09/28	月	丙申	建	山下火	觜
28日	09/29	火	丁酉	除	山下火	参
29日	09/30	水	戊戌	満	平地木	井
30日	10/01	木	己亥	平	平地木	鬼

【九月小 庚戌 室】
節気 寒露 6日・霜降 21日
雑節 土用 18日

	西暦	曜	干支	直	納音	宿
1日	10/02	金	庚子	平	壁上土	鬼
2日	10/03	土	辛丑	定	壁上土	柳
3日	10/04	日	壬寅	執	金箔金	星
4日	10/05	月	癸卯	破	金箔金	張
5日	10/06	火	甲辰	危	覆燈火	翼
6日	10/07	水	乙巳	成	覆燈火	軫
7日	10/08	木	丙午	成	天河水	角
8日	10/09	金	丁未	納	天河水	亢
9日	10/10	土	戊申	開	大駅土	氐
10日	10/11	日	己酉	閉	大駅土	房
11日	10/12	月	庚戌	建	釵釧金	心
12日	10/13	火	辛亥	除	釵釧金	尾
13日	10/14	水	壬子	満	桑柘木	箕
14日	10/15	木	癸丑	平	桑柘木	斗
15日	10/16	金	甲寅	定	大溪水	牛
16日	10/17	土	乙卯	執	大溪水	女
17日	10/18	日	丙辰	破	沙中土	虚
18日	10/19	月	丁巳	危	沙中土	危
19日	10/20	火	戊午	成	天上火	室
20日	10/21	水	己未	納	天上火	壁
21日	10/22	木	庚申	開	柘榴木	奎
22日	10/23	金	辛酉	閉	柘榴木	婁
23日	10/24	土	壬戌	建	大海水	胃
24日	10/25	日	癸亥	除	大海水	昴
25日	10/26	月	甲子	満	海中金	畢
26日	10/27	火	乙丑	平	海中金	觜
27日	10/28	水	丙寅	定	爐中火	参
28日	10/29	木	丁卯	執	爐中火	井
29日	10/30	金	戊辰	破	大林木	鬼

【十月小 辛亥 壁】
節気 立冬 8日・小雪 23日

	西暦	曜	干支	直	納音	宿
1日	10/31	土	己巳	危	大林木	柳
2日	11/01	日	庚午	成	路傍土	星
3日	11/02	月	辛未	納	路傍土	張
4日	11/03	火	壬申	開	釵釧金	翼
5日	11/04	水	癸酉	閉	釵釧金	軫
6日	11/05	木	甲戌	建	山頭火	角
7日	11/06	金	乙亥	除	山頭火	亢
8日	11/07	土	丙子	除	潤下水	氐
9日	11/08	日	丁丑	満	潤下水	房
10日	11/09	月	戊寅	平	城頭土	心
11日	11/10	火	己卯	定	城頭土	尾
12日	11/11	水	庚辰	執	白鑞金	箕
13日	11/12	木	辛巳	破	白鑞金	斗
14日	11/13	金	壬午	危	楊柳木	牛
15日	11/14	土	癸未	成	楊柳木	女
16日☆	11/15	日	甲申	納	井泉水	虚
17日	11/16	月	乙酉	開	井泉水	危
18日	11/17	火	丙戌	閉	屋上土	室
19日	11/18	水	丁亥	建	屋上土	壁
20日	11/19	木	戊子	除	霹靂火	奎
21日	11/20	金	己丑	満	霹靂火	婁
22日	11/21	土	庚寅	平	松柏木	胃
23日	11/22	日	辛卯	定	松柏木	昴
24日	11/23	月	壬辰	執	長流水	畢
25日	11/24	火	癸巳	破	長流水	觜
26日	11/25	水	甲午	危	沙中金	参
27日	11/26	木	乙未	成	沙中金	井
28日	11/27	金	丙申	納	山下火	鬼
29日	11/28	土	丁酉	開	山下火	柳

【十一月大 壬子 奎】
節気 大雪 9日・冬至 24日

	西暦	曜	干支	直	納音	宿
1日	11/29	日	戊戌	閉	平地木	星
2日	11/30	月	己亥	建	平地木	張
3日	12/01	火	庚子	除	壁上土	翼
4日	12/02	水	辛丑	満	壁上土	軫
5日	12/03	木	壬寅	平	金箔金	角
6日	12/04	金	癸卯	定	金箔金	亢
7日	12/05	土	甲辰	執	覆燈火	氐
8日	12/06	日	乙巳	破	覆燈火	房
9日	12/07	月	丙午	破	天河水	心
10日	12/08	火	丁未	危	天河水	尾
11日	12/09	水	戊申	成	大駅土	箕
12日	12/10	木	己酉	納	大駅土	斗
13日	12/11	金	庚戌	開	釵釧金	牛
14日	12/12	土	辛亥	閉	釵釧金	女
15日	12/13	日	壬子	建	桑柘木	虚
16日	12/14	月	癸丑	除	桑柘木	危
17日	12/15	火	甲寅	満	大溪水	室
18日	12/16	水	乙卯	平	大溪水	壁
19日	12/17	木	丙辰	定	沙中土	奎
20日	12/18	金	丁巳	執	沙中土	婁
21日	12/19	土	戊午	破	天上火	胃
22日	12/20	日	己未	危	天上火	昴
23日	12/21	月	庚申	成	柘榴木	畢
24日	12/22	火	辛酉	納	柘榴木	觜
25日	12/23	水	壬戌	開	大海水	参
26日	12/24	木	癸亥	建	大海水	井
27日	12/25	金	甲子	建	海中金	鬼
28日	12/26	土	乙丑	除	海中金	柳
29日	12/27	日	丙寅	満	爐中火	星
30日	12/28	月	丁卯	平	爐中火	張

【十二月大 癸丑 婁】
節気 小寒 9日・大寒 25日
雑節 土用 22日

	西暦	曜	干支	直	納音	宿
1日	12/29	火	戊辰	定	大林木	翼
2日	12/30	水	己巳	定	大林木	軫
3日	12/31	木	庚午	破	路傍土	角
	1808年					
4日	01/01	金	辛未	危	路傍土	亢
5日	01/02	土	壬申	成	釵鋒金	氐
6日	01/03	日	癸酉	納	釵鋒金	房
7日	01/04	月	甲戌	開	山頭火	心
8日	01/05	火	乙亥	閉	山頭火	尾
9日	01/06	水	丙子	建	潤下水	箕
10日	01/07	木	丁丑	建	潤下水	斗
11日	01/08	金	戊寅	除	城頭土	牛
12日	01/09	土	己卯	満	城頭土	女
13日	01/10	日	庚辰	平	白鑞金	虚
14日	01/11	月	辛巳	定	白鑞金	危
15日	01/12	火	壬午	執	楊柳木	室
16日	01/13	水	癸未	破	楊柳木	壁
17日	01/14	木	甲申	危	井泉水	奎
18日	01/15	金	乙酉	成	井泉水	婁
19日	01/16	土	丙戌	納	屋上土	胃
20日	01/17	日	丁亥	開	屋上土	昴
21日	01/18	月	戊子	閉	霹靂火	畢
22日	01/19	火	己丑	建	霹靂火	觜
23日	01/20	水	庚寅	除	松柏木	参
24日	01/21	木	辛卯	満	松柏木	井
25日	01/22	金	壬辰	平	長流水	鬼
26日	01/23	土	癸巳	定	長流水	柳
27日	01/24	日	甲午	執	沙中金	星
28日	01/25	月	乙未	破	沙中金	張
29日	01/26	火	丙申	危	山下火	翼
30日	01/27	水	丁酉	成	山下火	軫

文化5年

1808～1809　戊辰　氏

【正月小　甲寅　胃】
節気　立春 10日・雨水 25日
雑節　節分 9日

日	月日	曜	干支	直	納音	宿
1日	01/28	木	戊戌	納	平地木	角
2日	01/29	金	己亥	開	平地木	元
3日	01/30	土	庚子	閉	壁上土	氐
4日	01/31	日	辛丑	建	壁上土	房
5日	02/01	月	壬寅	除	金箔金	心
6日	02/02	火	癸卯	満	金箔金	尾
7日	02/03	水	甲辰	平	覆燈火	箕
8日	02/04	木	乙巳	定	覆燈火	斗
9日	02/05	金	丙午	執	天河水	女
10日	02/06	土	丁未	破	天河水	虚
11日	02/07	日	戊申	危	大駅土	危
12日	02/08	月	己酉	成	大駅土	室
13日	02/09	火	庚戌	納	釵釧金	壁
14日	02/10	水	辛亥	開	釵釧金	奎
15日	02/11	木	壬子	閉	桑柘木	婁
16日	02/12	金	癸丑	建	桑柘木	胃
17日	02/13	土	甲寅	建	大溪水	昴
18日	02/14	日	乙卯	除	大溪水	畢
19日	02/15	月	丙辰	満	沙中土	觜
20日	02/16	火	丁巳	平	沙中土	参
21日	02/17	水	戊午	定	天上火	井
22日	02/18	木	己未	執	天上火	鬼
23日	02/19	金	庚申	破	柘榴木	柳
24日	02/20	土	辛酉	危	柘榴木	星
25日	02/21	日	壬戌	成	大海水	張
26日	02/22	月	癸亥	納	大海水	翼
27日	02/23	火	甲子	開	海中金	軫
28日	02/24	水	乙丑	閉	海中金	角
29日	02/25	木	丙寅	建	爐中火	元

【二月大　乙卯　昴】
節気　啓蟄 11日・春分 27日
雑節　彼岸 22日・社日 22日

日	月日	曜	干支	直	納音	宿
1日	02/26	金	丁卯	除	爐中火	元
2日	02/27	土	戊辰	満	大林木	氐
3日	02/28	日	己巳	平	大林木	房
4日	02/29	月	庚午	定	路傍土	心
5日	03/01	火	辛未	執	路傍土	尾
6日	03/02	水	壬申	破	釵鋒金	箕
7日	03/03	木	癸酉	危	釵鋒金	斗
8日	03/04	金	甲戌	成	山頭火	女
9日	03/05	土	乙亥	納	山頭火	虚
10日	03/06	日	丙子	開	澗下水	危
11日	03/07	月	丁丑	閉	澗下水	室
12日	03/08	火	戊寅	閉	城頭土	壁
13日	03/09	水	己卯	建	城頭土	奎
14日	03/10	木	庚辰	除	白鑞金	婁
15日	03/11	金	辛巳	満	白鑞金	胃
16日	03/12	土	壬午	平	楊柳木	昴
17日	03/13	日	癸未	定	楊柳木	畢
18日	03/14	月	甲申	執	泉中水	觜
19日	03/15	火	乙酉	破	泉中水	参
20日	03/16	水	丙戌	危	屋上土	井
21日	03/17	木	丁亥	成	屋上土	鬼
22日	03/18	金	戊子	納	霹靂火	柳
23日	03/19	土	己丑	開	霹靂火	星
24日	03/20	日	庚寅	閉	松柏木	張
25日	03/21	月	辛卯	建	松柏木	翼
26日	03/22	火	壬辰	除	長流水	軫
27日	03/23	水	癸巳	満	長流水	角
28日	03/24	木	甲午	平	沙中金	元
29日	03/25	金	乙未	定	沙中金	氐
30日	03/26	土	丙申	執	山下火	房

【三月大　丙辰　畢】
節気　清明 12日・穀雨 27日
雑節　土用 24日

日	月日	曜	干支	直	納音	宿
1日	03/27	日	丁酉	破	山下火	心
2日	03/28	月	戊戌	危	平地木	尾
3日	03/29	火	己亥	成	平地木	箕
4日	03/30	水	庚子	納	壁上土	斗
5日	03/31	木	辛丑	開	壁上土	女
6日	04/01	金	壬寅	閉	金箔金	虚
7日	04/02	土	癸卯	建	金箔金	危
8日	04/03	日	甲辰	除	覆燈火	室
9日	04/04	月	乙巳	満	覆燈火	壁
10日	04/05	火	丙午	平	天河水	奎
11日	04/06	水	丁未	定	天河水	婁
12日	04/07	木	戊申	執	大駅土	胃
13日	04/08	金	己酉	破	大駅土	昴
14日	04/09	土	庚戌	危	釵釧金	畢
15日	04/10	日	辛亥	成	釵釧金	觜
16日	04/11	月	壬子	納	桑柘木	参
17日	04/12	火	癸丑	開	桑柘木	井
18日	04/13	水	甲寅	閉	大溪水	鬼
19日	04/14	木	乙卯	建	大溪水	柳
20日	04/15	金	丙辰	除	沙中土	星
21日	04/16	土	丁巳	満	沙中土	張
22日	04/17	日	戊午	平	天上火	翼
23日	04/18	月	己未	定	天上火	軫
24日	04/19	火	庚申	執	柘榴木	角
25日	04/20	水	辛酉	破	柘榴木	元
26日	04/21	木	壬戌	危	大海水	氐
27日	04/22	金	癸亥	成	大海水	房
28日	04/23	土	甲子	納	海中金	心
29日	04/24	日	乙丑	開	海中金	尾
30日	04/25	月	丙寅	閉	爐中火	箕

【四月小　丁巳　觜】
節気　立夏 12日・小満 27日
雑節　八十八夜 8日

日	月日	曜	干支	直	納音	宿
1日	04/26	火	丁卯	建	爐中火	尾
2日	04/27	水	戊辰	除	大林木	箕
3日	04/28	木	己巳	満	大林木	斗
4日	04/29	金	庚午	平	路傍土	女
5日	04/30	土	辛未	定	路傍土	虚
6日	05/01	日	壬申	執	釵鋒金	危
7日	05/02	月	癸酉	破	釵鋒金	室
8日	05/03	火	甲戌	危	山頭火	壁
9日	05/04	水	乙亥	成	山頭火	奎
10日	05/05	木	丙子	納	澗下水	婁
11日	05/06	金	丁丑	開	澗下水	胃
12日	05/07	土	戊寅	閉	城頭土	昴
13日	05/08	日	己卯	建	城頭土	畢
14日	05/09	月	庚辰	除	白鑞金	觜
15日	05/10	火	辛巳	満	白鑞金	参
16日	05/11	水	壬午	平	楊柳木	井
17日	05/12	木	癸未	定	楊柳木	鬼
18日	05/13	金	甲申	執	泉中水	柳
19日	05/14	土	乙酉	破	泉中水	星
20日	05/15	日	丙戌	危	屋上土	張
21日	05/16	月	丁亥	成	屋上土	翼
22日	05/17	火	戊子	納	霹靂火	軫
23日	05/18	水	己丑	開	霹靂火	角
24日	05/19	木	庚寅	閉	松柏木	元
25日	05/20	金	辛卯	建	松柏木	氐
26日	05/21	土	壬辰	除	長流水	房
27日	05/22	日	癸巳	満	長流水	心
28日	05/23	月	甲午	平	沙中金	尾
29日	05/24	火	乙未	定	沙中金	箕

【五月大　戊午　参】
節気　芒種 14日・夏至 29日
雑節　入梅 17日

日	月日	曜	干支	直	納音	宿
1日	05/25	水	丙申	執	山下火	斗
2日	05/26	木	丁酉	破	山下火	女
3日	05/27	金	戊戌	危	平地木	虚
4日	05/28	土	己亥	成	平地木	危
5日	05/29	日	庚子	納	壁上土	室
6日	05/30	月	辛丑	開	壁上土	壁
7日	05/31	火	壬寅	閉	金箔金	奎
8日	06/01	水	癸卯	建	金箔金	婁
9日	06/02	木	甲辰	除	覆燈火	胃
10日	06/03	金	乙巳	満	覆燈火	昴
11日	06/04	土	丙午	平	天河水	畢
12日	06/05	日	丁未	定	天河水	觜
13日	06/06	月	戊申	執	大駅土	参
14日	06/07	火	己酉	破	大駅土	井
15日	06/08	水	庚戌	危	釵釧金	鬼
16日	06/09	木	辛亥	成	釵釧金	柳
17日	06/10	金	壬子	納	桑柘木	星
18日	06/11	土	癸丑	開	桑柘木	張
19日	06/12	日	甲寅	閉	大溪水	翼
20日	06/13	月	乙卯	建	大溪水	軫
21日	06/14	火	丙辰	除	沙中土	角
22日	06/15	水	丁巳	満	沙中土	元
23日	06/16	木	戊午	平	天上火	氐
24日	06/17	金	己未	定	天上火	房
25日	06/18	土	庚申	執	柘榴木	心
26日	06/19	日	辛酉	破	柘榴木	尾
27日	06/20	月	壬戌	危	大海水	箕
28日	06/21	火	癸亥	成	大海水	斗
29日	06/22	水	甲子	納	海中金	女
30日	06/23	木	乙丑	開	海中金	虚

【六月小　己未　井】
節気　小暑 14日・大暑 29日
雑節　半夏生 9日・土用 26日

日	月日	曜	干支	直	納音	宿
1日	06/24	金	丙寅	納	爐中火	牛
2日	06/25	土	丁卯	開	爐中火	女
3日	06/26	日	戊辰	閉	大林木	虚
4日	06/27	月	己巳	建	大林木	危
5日	06/28	火	庚午	除	路傍土	室
6日	06/29	水	辛未	満	路傍土	壁
7日	06/30	木	壬申	平	釵鋒金	奎
8日	07/01	金	癸酉	定	釵鋒金	婁
9日	07/02	土	甲戌	執	山頭火	胃
10日	07/03	日	乙亥	破	山頭火	昴
11日	07/04	月	丙子	危	澗下水	畢
12日	07/05	火	丁丑	成	澗下水	觜
13日	07/06	水	戊寅	納	城頭土	参
14日	07/07	木	己卯	開	城頭土	井
15日	07/08	金	庚辰	閉	白鑞金	鬼
16日	07/09	土	辛巳	建	白鑞金	柳
17日	07/10	日	壬午	除	楊柳木	星
18日	07/11	月	癸未	満	楊柳木	張
19日	07/12	火	甲申	平	泉中水	翼
20日	07/13	水	乙酉	定	泉中水	軫
21日	07/14	木	丙戌	執	屋上土	角
22日	07/15	金	丁亥	破	屋上土	元
23日	07/16	土	戊子	危	霹靂火	氐
24日	07/17	日	己丑	成	霹靂火	房
25日	07/18	月	庚寅	納	松柏木	心
26日	07/19	火	辛卯	開	松柏木	尾
27日	07/20	水	壬辰	閉	長流水	箕
28日	07/21	木	癸巳	建	長流水	斗
29日	07/22	金	甲午	除	沙中金	牛

【閏六月大　己未　井】
節気　立秋 16日

日	月日	曜	干支	直	納音	宿
1日	07/23	土	乙未	建	沙中金	女
2日	07/24	日	丙申	除	山下火	虚
3日	07/25	月	丁酉	満	山下火	危
4日	07/26	火	戊戌	平	平地木	室
5日	07/27	水	己亥	定	平地木	壁
6日	07/28	木	庚子	執	壁上土	奎
7日	07/29	金	辛丑	破	壁上土	婁
8日	07/30	土	壬寅	危	金箔金	胃
9日	07/31	日	癸卯	成	金箔金	昴
10日	08/01	月	甲辰	納	覆燈火	畢
11日	08/02	火	乙巳	開	覆燈火	觜
12日	08/03	水	丙午	閉	天河水	参
13日	08/04	木	丁未	建	天河水	井
14日	08/05	金	戊申	除	大駅土	鬼
15日	08/06	土	己酉	満	大駅土	柳

西暦	曜	干支	直	納音	宿

文化5年

日	西暦	曜	干支	直	納音	宿
16日	08/07	日	庚戌	満	釵釧金	星
17日	08/08	月	辛亥	平	釵釧金	張
18日	08/09	火	壬子	定	桑柘木	翼
19日	08/10	水	癸丑	執	桑柘木	軫
20日	08/11	木	甲寅	破	大溪水	角
21日	08/12	金	乙卯	危	大溪水	亢
22日	08/13	土	丙辰	成	沙中土	氐
23日	08/14	日	丁巳	納	沙中土	房
24日	08/15	月	戊午	開	天上火	心
25日	08/16	火	己未	閉	天上火	尾
26日	08/17	水	庚申	建	柘榴木	箕
27日	08/18	木	辛酉	除	柘榴木	斗
28日	08/19	金	壬戌	満	大海水	女
29日	08/20	土	癸亥	平	大海水	虚
30日	08/21	日	甲子	定	海中金	危

【七月小 庚申 鬼】
節気 処暑 1日・白露 16日
雑節 二百十 12日

日	西暦	曜	干支	直	納音	宿
1日	08/22	月	乙丑	執	海中金	危
2日	08/23	火	丙寅	破	炉中火	室
3日	08/24	水	丁卯	危	炉中火	壁
4日	08/25	木	戊辰	成	大林木	奎
5日	08/26	金	己巳	納	大林木	婁
6日	08/27	土	庚午	開	路傍土	胃
7日	08/28	日	辛未	閉	路傍土	昴
8日	08/29	月	壬申	建	釵鋒金	畢
9日	08/30	火	癸酉	除	釵鋒金	觜
10日	08/31	水	甲戌	満	山頭火	参
11日	09/01	木	乙亥	平	山頭火	井
12日	09/02	金	丙子	定	潤下水	鬼
13日	09/03	土	丁丑	執	潤下水	柳
14日	09/04	日	戊寅	破	城頭土	星
15日	09/05	月	己卯	危	城頭土	張
16日	09/06	火	庚辰	成	白鑞金	翼
17日	09/07	水	辛巳	納	白鑞金	軫
18日	09/08	木	壬午	開	楊柳木	角
19日	09/09	金	癸未	閉	楊柳木	亢
20日	09/10	土	甲申	建	井泉水	氐
21日	09/11	日	乙酉	除	井泉水	房
22日	09/12	月	丙戌	満	屋上土	心
23日	09/13	火	丁亥	平	屋上土	尾
24日	09/14	水	戊子	定	霹靂火	箕
25日	09/15	木	己丑	執	霹靂火	斗
26日	09/16	金	庚寅	破	松柏木	牛
27日	09/17	土	辛卯	危	松柏木	女
28日	09/18	日	壬辰	成	長流水	虚
29日	09/19	月	癸巳	納	長流水	危

【八月大 辛酉 柳】
節気 秋分 2日・寒露 17日
雑節 彼岸 1日・社日 5日・土用 30日

日	西暦	曜	干支	直	納音	宿
1日	09/20	火	甲午	納	沙中金	室
2日	09/21	水	乙未	開	沙中金	壁
3日	09/22	木	丙申	閉	山下火	奎
4日	09/23	金	丁酉	建	山下火	婁
5日	09/24	土	戊戌	除	平地木	胃
6日	09/25	日	己亥	満	平地木	昴
7日	09/26	月	庚子	平	壁上土	畢
8日	09/27	火	辛丑	定	壁上土	觜
9日	09/28	水	壬寅	執	金箔金	参
10日	09/29	木	癸卯	破	金箔金	井
11日	09/30	金	甲辰	危	覆燈火	鬼
12日	10/01	土	乙巳	成	覆燈火	柳
13日	10/02	日	丙午	納	天河水	星
14日	10/03	月	丁未	開	天河水	張
15日	10/04	火	戊申	閉	大駅土	翼
16日	10/05	水	己酉	建	大駅土	軫
17日	10/06	木	庚戌	除	釵釧金	角
18日	10/07	金	辛亥	満	釵釧金	亢
19日	10/08	土	壬子	平	桑柘木	氐
20日	10/09	日	癸丑	定	桑柘木	房
21日	10/10	月	甲寅	執	大溪水	心
22日	10/11	火	乙卯	執	大溪水	尾
23日	10/12	水	丙辰	破	沙中土	箕
24日	10/13	木	丁巳	危	沙中土	斗
25日	10/14	金	戊午	成	天上火	牛
26日	10/15	土	己未	納	天上火	女
27日	10/16	日	庚申	開	柘榴木	虚
28日	10/17	月	辛酉	閉	柘榴木	危
29日	10/18	火	壬戌	建	大海水	室
30日	10/19	水	癸亥	除	大海水	壁

【九月小 壬戌 星】
節気 霜降 3日・立冬 18日

日	西暦	曜	干支	直	納音	宿
1日	10/20	木	甲子	満	海中金	奎
2日	10/21	金	乙丑	平	海中金	婁
3日	10/22	土	丙寅	定	炉中火	胃
4日	10/23	日	丁卯	執	炉中火	昴
5日	10/24	月	戊辰	破	大林木	畢
6日	10/25	火	己巳	危	大林木	觜
7日	10/26	水	庚午	成	路傍土	参
8日	10/27	木	辛未	納	路傍土	井
9日	10/28	金	壬申	開	釵鋒金	鬼
10日	10/29	土	癸酉	閉	釵鋒金	柳
11日	10/30	日	甲戌	建	山頭火	星
12日	10/31	月	乙亥	除	山頭火	張
13日	11/01	火	丙子	満	潤下水	翼
14日	11/02	水	丁丑	平	潤下水	軫
15日☆	11/03	木	戊寅	定	城頭土	角
16日	11/04	金	己卯	破	城頭土	亢
17日	11/05	土	庚辰	破	白鑞金	氐
18日	11/06	日	辛巳	破	白鑞金	房
19日	11/07	月	壬午	成	楊柳木	心
20日	11/08	火	癸未	成	楊柳木	尾
21日	11/09	水	甲申	納	井泉水	箕
22日	11/10	木	乙酉	開	井泉水	牛
23日	11/11	金	丙戌	閉	屋上土	女
24日	11/12	土	丁亥	建	屋上土	虚
25日	11/13	日	戊子	満	霹靂火	危
26日	11/14	月	己丑	満	霹靂火	室
27日	11/15	火	庚寅	平	松柏木	壁
28日	11/16	水	辛卯	定	松柏木	奎
29日	11/17	木	壬辰	執	長流水	婁

【十月小 癸亥 張】
節気 小雪 4日・大雪 19日

日	西暦	曜	干支	直	納音	宿
1日◎	11/18	金	癸巳	破	長流水	婁
2日	11/19	土	甲午	成	沙中金	昴
3日	11/20	日	乙未	納	沙中金	畢
4日	11/21	月	丙申	開	山下火	觜
5日	11/22	火	丁酉	閉	山下火	参
6日	11/23	水	戊戌	建	平地木	井
7日	11/24	木	己亥	除	平地木	鬼
8日	11/25	金	庚子	満	壁上土	柳
9日	11/26	土	辛丑	平	壁上土	星
10日	11/27	日	壬寅	定	金箔金	張
11日	11/28	月	癸卯	執	金箔金	翼
12日	11/29	火	甲辰	破	覆燈火	軫
13日	11/30	水	乙巳	危	覆燈火	角
14日	12/01	木	丙午	成	天河水	亢
15日	12/02	金	丁未	納	天河水	氐
16日	12/03	土	戊申	開	大駅土	房
17日	12/04	日	己酉	閉	大駅土	心
18日	12/05	月	庚戌	建	釵釧金	尾
19日	12/06	火	辛亥	除	釵釧金	箕
20日	12/07	水	壬子	満	桑柘木	斗
21日	12/08	木	癸丑	平	桑柘木	牛
22日	12/09	金	甲寅	定	大溪水	女
23日	12/10	土	乙卯	執	大溪水	虚
24日	12/11	日	丙辰	破	沙中土	危
25日	12/12	月	丁巳	危	沙中土	室
26日	12/13	火	戊午	成	天上火	壁
27日	12/14	水	己未	納	天上火	奎
28日	12/15	木	庚申	開	柘榴木	婁
29日	12/16	金	辛酉	納	柘榴木	胃

【十一月大 甲子 翼】
節気 冬至 6日・小寒 21日

日	西暦	曜	干支	直	納音	宿
1日	12/17	土	壬戌	開	大海水	胃
2日	12/18	日	癸亥	閉	大海水	昴
3日	12/19	月	甲子	建	海中金	畢
4日	12/20	火	乙丑	除	海中金	觜
5日	12/21	水	丙寅	満	炉中火	参
6日	12/22	木	丁卯	定	炉中火	井
7日	12/23	金	戊辰	定	大林木	鬼
8日	12/24	土	己巳	執	大林木	柳
9日	12/25	日	庚午	破	路傍土	星
10日	12/26	月	辛未	危	路傍土	張
11日	12/27	火	壬申	成	釵鋒金	翼
12日	12/28	水	癸酉	納	釵鋒金	軫
13日	12/29	木	甲戌	開	山頭火	角
14日	12/30	金	乙亥	閉	山頭火	亢
15日	12/31	土	丙子	建	潤下水	氐

1809年

日	西暦	曜	干支	直	納音	宿
16日	01/01	日	丁丑	除	潤下水	房
17日	01/02	月	戊寅	満	城頭土	心
18日	01/03	火	己卯	定	城頭土	尾
19日	01/04	水	庚辰	定	白鑞金	箕
20日	01/05	木	辛巳	執	白鑞金	斗
21日	01/06	金	壬午	破	楊柳木	牛
22日	01/07	土	癸未	危	楊柳木	女
23日	01/08	日	甲申	成	井泉水	虚
24日	01/09	月	乙酉	納	井泉水	危
25日	01/10	火	丙戌	開	屋上土	室
26日	01/11	水	丁亥	閉	屋上土	壁
27日	01/12	木	戊子	閉	霹靂火	奎
28日	01/13	金	己丑	満	霹靂火	婁
29日	01/14	土	庚寅	除	松柏木	胃
30日	01/15	日	辛卯	満	松柏木	昴

【十二月小 乙丑 軫】
節気 大寒 6日・立春 21日
雑節 土用 3日・節分 20日

日	西暦	曜	干支	直	納音	宿
1日	01/16	月	壬辰	平	長流水	畢
2日	01/17	火	癸巳	定	長流水	觜
3日	01/18	水	甲午	破	沙中金	参
4日	01/19	木	乙未	破	沙中金	井
5日	01/20	金	丙申	危	山下火	鬼
6日	01/21	土	丁酉	成	山下火	柳
7日	01/22	日	戊戌	納	平地木	星
8日	01/23	月	己亥	開	平地木	張
9日	01/24	火	庚子	閉	壁上土	翼
10日	01/25	水	辛丑	建	壁上土	軫
11日	01/26	木	壬寅	除	金箔金	角
12日	01/27	金	癸卯	満	金箔金	亢
13日	01/28	土	甲辰	平	覆燈火	氐
14日	01/29	日	乙巳	定	覆燈火	房
15日	01/30	月	丙午	執	天河水	心
16日	01/31	火	丁未	破	天河水	尾
17日	02/01	水	戊申	危	大駅土	箕
18日	02/02	木	己酉	成	大駅土	斗
19日	02/03	金	庚戌	納	釵釧金	牛
20日	02/04	土	辛亥	開	釵釧金	女
21日	02/05	日	壬子	閉	桑柘木	虚
22日	02/06	月	癸丑	建	桑柘木	危
23日	02/07	火	甲寅	除	大溪水	室
24日	02/08	水	乙卯	満	大溪水	壁
25日	02/09	木	丙辰	平	沙中土	奎
26日	02/10	金	丁巳	定	沙中土	婁
27日	02/11	土	戊午	執	天上火	胃
28日	02/12	日	己未	破	天上火	昴
29日	02/13	月	庚申	危	柘榴木	畢

文化6年

1809～1810　己巳　房

【正月大 丙寅 角】

節気 雨水 7日・啓蟄 23日

1日	02/14	火	辛酉	危	柘榴木	觜
2日	02/15	水	壬戌	成	大海水	参
3日	02/16	木	癸亥	納	大海水	井
4日	02/17	金	甲子	開	海中金	鬼
5日	02/18	土	乙丑	閉	海中金	柳
6日	02/19	日	丙寅	建	爐中火	星
7日	02/20	月	丁卯	除	爐中火	張
8日	02/21	火	戊辰	満	大林木	翼
9日	02/22	水	己巳	平	大林木	軫
10日	02/23	木	庚午	定	路傍土	角
11日	02/24	金	辛未	執	路傍土	亢
12日	02/25	土	壬申	破	釼鋒金	氐
13日	02/26	日	癸酉	危	釼鋒金	房
14日	02/27	月	甲戌	成	山頭火	心
15日	02/28	火	乙亥	納	山頭火	尾
16日	03/01	水	丙子	開	潤下水	箕
17日	03/02	木	丁丑	閉	潤下水	斗
18日	03/03	金	戊寅	建	城頭土	牛
19日	03/04	土	己卯	除	城頭土	女
20日	03/05	日	庚辰	満	白鑞金	虚
21日	03/06	月	辛巳	平	白鑞金	危
22日	03/07	火	壬午	定	楊柳木	室
23日	03/08	水	癸未	執	楊柳木	壁
24日	03/09	木	甲申	破	井泉水	奎
25日	03/10	金	乙酉	危	井泉水	婁
26日	03/11	土	丙戌	成	屋上土	胃
27日	03/12	日	丁亥	納	屋上土	昴
28日	03/13	月	戊子	開	霹靂火	畢
29日	03/14	火	己丑	閉	霹靂火	觜
30日	03/15	水	庚寅	建	松柏木	参

【二月大 丁卯 亢】

節気 春分 8日・清明 23日

雑節 彼岸 3日・社日 8日

1日	03/16	木	辛卯	除	松柏木	井
2日	03/17	金	壬辰	満	長流水	鬼
3日	03/18	土	癸巳	平	長流水	柳
4日	03/19	日	甲午	定	沙中金	星
5日	03/20	月	乙未	執	沙中金	張
6日	03/21	火	丙申	破	山下火	軫
7日	03/22	水	丁酉	危	山下火	角
8日	03/23	木	戊戌	成	平地木	亢
9日	03/24	金	己亥	納	平地木	氐
10日	03/25	土	庚子	開	壁上土	房
11日	03/26	日	辛丑	閉	壁上土	心
12日	03/27	月	壬寅	建	金箔金	尾
13日	03/28	火	癸卯	除	金箔金	箕
14日	03/29	水	甲辰	満	覆燈火	斗
15日	03/30	木	乙巳	平	覆燈火	牛
16日	03/31	金	丙午	定	天河水	女
17日	04/01	土	丁未	執	天河水	虚
18日	04/02	日	戊申	破	大駅土	危
19日	04/03	月	己酉	危	大駅土	室
20日	04/04	火	庚戌	成	釼釧金	壁
21日	04/05	水	辛亥	納	釼釧金	奎
22日	04/06	木	壬子	開	桑柘木	婁
23日	04/07	金	癸丑	閉	桑柘木	胃
24日	04/08	土	甲寅	建	大溪水	昴
25日	04/09	日	乙卯	除	大溪水	畢
26日	04/10	月	丙辰	満	沙中土	觜
27日	04/11	火	丁巳	平	沙中土	参
28日	04/12	水	戊午	満	天上火	参
29日	04/13	木	己未	平	天上火	井
30日	04/14	金	庚申	定	柘榴木	鬼

【三月小 戊辰 氐】

節気 穀雨 8日・立夏 23日

雑節 土用 5日・八十八夜 19日

1日	04/15	土	辛酉	執	柘榴木	柳
2日	04/16	日	壬戌	破	大海水	星
3日	04/17	月	癸亥	危	大海水	張
4日	04/18	火	甲子	成	海中金	翼
5日	04/19	水	乙丑	納	海中金	軫
6日	04/20	木	丙寅	開	爐中火	角
7日	04/21	金	丁卯	閉	爐中火	亢
8日	04/22	土	戊辰	建	大林木	氐
9日	04/23	日	己巳	除	大林木	房
10日	04/24	月	庚午	満	路傍土	心
11日	04/25	火	辛未	平	路傍土	尾
12日	04/26	水	壬申	定	釼鋒金	箕
13日	04/27	木	癸酉	執	釼鋒金	斗
14日	04/28	金	甲戌	破	山頭火	牛
15日	04/29	土	乙亥	危	山頭火	女
16日	04/30	日	丙子	成	潤下水	虚
17日	05/01	月	丁丑	納	潤下水	危
18日	05/02	火	戊寅	開	城頭土	室
19日	05/03	水	己卯	閉	城頭土	壁
20日	05/04	木	庚辰	建	白鑞金	奎
21日	05/05	金	辛巳	除	白鑞金	婁
22日	05/06	土	壬午	満	楊柳木	胃
23日	05/07	日	癸未	平	楊柳木	昴
24日	05/08	月	甲申	定	井泉水	畢
25日	05/09	火	乙酉	執	井泉水	觜
26日	05/10	水	丙戌	破	屋上土	参
27日	05/11	木	丁亥	危	屋上土	井
28日	05/12	金	戊子	成	霹靂火	鬼
29日	05/13	土	己丑	納	霹靂火	柳

【四月大 己巳 房】

節気 小満 10日・芒種 25日

1日	05/14	日	庚寅	納	松柏木	星
2日	05/15	月	辛卯	開	松柏木	張
3日	05/16	火	壬辰	閉	長流水	翼
4日	05/17	水	癸巳	建	長流水	軫
5日	05/18	木	甲午	除	沙中金	角
6日	05/19	金	乙未	満	沙中金	亢
7日	05/20	土	丙申	平	山下火	氐
8日	05/21	日	丁酉	定	山下火	房
9日	05/22	月	戊戌	執	平地木	心
10日	05/23	火	己亥	破	平地木	尾
11日	05/24	水	庚子	危	壁上土	箕
12日	05/25	木	辛丑	成	壁上土	斗
13日	05/26	金	壬寅	納	金箔金	牛
14日	05/27	土	癸卯	開	金箔金	女
15日	05/28	日	甲辰	閉	覆燈火	虚
16日	05/29	月	乙巳	建	覆燈火	危
17日	05/30	火	丙午	除	天河水	室
18日	05/31	水	丁未	満	天河水	壁
19日	06/01	木	戊申	平	大駅土	奎
20日	06/02	金	己酉	定	大駅土	婁
21日	06/03	土	庚戌	執	釼釧金	胃
22日	06/04	日	辛亥	破	釼釧金	昴
23日	06/05	月	壬子	危	桑柘木	畢
24日	06/06	火	癸丑	成	桑柘木	觜
25日	06/07	水	甲寅	納	大溪水	参
26日	06/08	木	乙卯	開	大溪水	井
27日	06/09	金	丙辰	閉	沙中土	鬼
28日	06/10	土	丁巳	閉	沙中土	柳
29日	06/11	日	戊午	建	天上火	星
30日	06/12	月	己未	除	天上火	張

【五月大 庚午 心】

節気 夏至 10日・小暑 25日

雑節 入梅 3日・半夏生 20日

1日	06/13	火	庚申	満	柘榴木	翼
2日	06/14	水	辛酉	平	柘榴木	軫
3日	06/15	木	壬戌	定	大海水	角
4日	06/16	金	癸亥	執	大海水	亢
5日	06/17	土	甲子	破	海中金	氐
6日	06/18	日	乙丑	危	海中金	房
7日	06/19	月	丙寅	成	爐中火	心
8日	06/20	火	丁卯	納	爐中火	尾
9日	06/21	水	戊辰	開	大林木	箕
10日	06/22	木	己巳	閉	大林木	斗
11日	06/23	金	庚午	建	路傍土	牛
12日	06/24	土	辛未	除	路傍土	女
13日	06/25	日	壬申	満	釼鋒金	虚
14日	06/26	月	癸酉	平	釼鋒金	危
15日	06/27	火	甲戌	定	山頭火	室
16日	06/28	水	乙亥	執	山頭火	壁
17日	06/29	木	丙子	破	潤下水	奎
18日	06/30	金	丁丑	危	潤下水	婁
19日	07/01	土	戊寅	成	城頭土	胃
20日	07/02	日	己卯	納	城頭土	昴
21日	07/03	月	庚辰	開	白鑞金	畢
22日	07/04	火	辛巳	閉	白鑞金	觜
23日	07/05	水	壬午	建	楊柳木	参
24日	07/06	木	癸未	除	楊柳木	井
25日	07/07	金	甲申	満	井泉水	鬼
26日	07/08	土	乙酉	満	井泉水	柳
27日	07/09	日	丙戌	平	屋上土	星
28日	07/10	月	丁亥	定	屋上土	張
29日	07/11	火	戊子	執	霹靂火	翼
30日	07/12	水	己丑	破	霹靂火	軫

【六月小 辛未 尾】

節気 大暑 11日・立秋 26日

雑節 土用 8日

1日	07/13	木	庚寅	危	松柏木	角
2日	07/14	金	辛卯	成	松柏木	亢
3日	07/15	土	壬辰	納	長流水	氐
4日	07/16	日	癸巳	開	長流水	房
5日	07/17	月	甲午	閉	沙中金	心
6日	07/18	火	乙未	建	沙中金	尾
7日	07/19	水	丙申	除	山下火	箕
8日	07/20	木	丁酉	満	山下火	斗
9日	07/21	金	戊戌	平	平地木	牛
10日	07/22	土	己亥	定	平地木	女
11日	07/23	日	庚子	執	壁上土	虚
12日	07/24	月	辛丑	破	壁上土	危
13日	07/25	火	壬寅	危	金箔金	室
14日	07/26	水	癸卯	成	金箔金	壁
15日	07/27	木	甲辰	納	覆燈火	奎
16日	07/28	金	乙巳	開	覆燈火	婁
17日	07/29	土	丙午	閉	天河水	胃
18日	07/30	日	丁未	建	天河水	昴
19日	07/31	月	戊申	除	大駅土	畢
20日	08/01	火	己酉	満	大駅土	觜
21日	08/02	水	庚戌	平	釼釧金	参
22日	08/03	木	辛亥	定	釼釧金	井
23日	08/04	金	壬子	執	桑柘木	鬼
24日	08/05	土	癸丑	破	桑柘木	柳
25日	08/06	日	甲寅	危	大溪水	星
26日	08/07	月	乙卯	成	大溪水	張
27日	08/08	火	丙辰	納	沙中土	翼
28日	08/09	水	丁巳	納	沙中土	軫
29日	08/10	木	戊午	開	天上火	角

456 —

西暦 曜 干支 直 納音 宿　　　　　　　　　　文化6年

【七月大 壬申 箕】

節気 処暑 12日・白露 27日
雑節 二百十日 23日

日	西暦	曜	干支	直	納音	宿
1日	08/11	金	己未	閉	天上火	亢
2日	08/12	土	庚申	建	柘榴木	氐
3日	08/13	日	辛酉	除	柘榴木	房
4日	08/14	月	壬戌	満	大海水	心
5日	08/15	火	癸亥	平	大海水	尾
6日	08/16	水	甲子	定	海中金	箕
7日	08/17	木	乙丑	執	海中金	斗
8日	08/18	金	丙寅	破	爐中火	牛
9日	08/19	土	丁卯	危	爐中火	女
10日	08/20	日	戊辰	成	大林木	虚
11日	08/21	月	己巳	納	大林木	危
12日	08/22	火	庚午	開	路傍土	室
13日	08/23	水	辛未	閉	路傍土	壁
14日	08/24	木	壬申	建	釼鋒金	奎
15日	08/25	金	癸酉	除	釼鋒金	婁
16日	08/26	土	甲戌	満	山頭火	胃
17日	08/27	日	乙亥	平	山頭火	昴
18日	08/28	月	丙子	定	澗下水	畢
19日	08/29	火	丁丑	執	澗下水	觜
20日	08/30	水	戊寅	破	城頭土	参
21日	08/31	木	己卯	危	城頭土	井
22日	09/01	金	庚辰	成	白鑞金	鬼
23日	09/02	土	辛巳	納	白鑞金	柳
24日	09/03	日	壬午	開	楊柳木	星
25日	09/04	月	癸未	閉	楊柳木	張
26日	09/05	火	甲申	建	井泉水	翼
27日	09/06	水	乙酉	除	屋上土	軫
28日	09/07	木	丙戌	満	屋上土	角
29日	09/08	金	丁亥	満	屋上土	亢
30日	09/09	土	戊子	平	霹靂火	氐

【八月小 癸酉 斗】

節気 秋分 12日・寒露 28日
雑節 社日 10日・彼岸 11日

日	西暦	曜	干支	直	納音	宿
1日	09/10	日	己丑	定	霹靂火	房
2日	09/11	月	庚寅	執	松柏木	心
3日	09/12	火	辛卯	破	松柏木	尾
4日	09/13	水	壬辰	危	長流水	箕
5日	09/14	木	癸巳	成	長流水	斗
6日	09/15	金	甲午	納	沙中金	牛
7日	09/16	土	乙未	開	沙中金	女
8日	09/17	日	丙申	閉	山下火	虚
9日	09/18	月	丁酉	建	山下火	危
10日	09/19	火	戊戌	除	平地木	室
11日	09/20	水	己亥	満	平地木	壁
12日	09/21	木	庚子	平	壁上土	奎
13日	09/22	金	辛丑	定	壁上土	婁
14日	09/23	土	壬寅	執	金箔金	胃
15日	09/24	日	癸卯	破	金箔金	昴
16日	09/25	月	甲辰	危	覆燈火	畢
17日	09/26	火	乙巳	成	覆燈火	觜
18日	09/27	水	丙午	納	天河水	参
19日	09/28	木	丁未	開	天河水	井
20日	09/29	金	戊申	閉	大駅土	鬼
21日	09/30	土	己酉	建	大駅土	柳
22日	10/01	日	庚戌	除	釵釧金	星
23日	10/02	月	辛亥	満	釵釧金	張
24日	10/03	火	壬子	平	桑柘木	翼
25日	10/04	水	癸丑	定	桑柘木	軫
26日	10/05	木	甲寅	執	大溪水	角
27日	10/06	金	乙卯	破	大溪水	亢
28日	10/07	土	丙辰	破	沙中土	氐
29日	10/08	日	丁巳	危	沙中土	房

【九月大 甲戌 牛】

節気 霜降 14日・立冬 29日
雑節 土用 11日

日	西暦	曜	干支	直	納音	宿
1日	10/09	月	戊午	成	天上火	心
2日	10/10	火	己未	納	天上火	尾
3日	10/11	水	庚申	開	柘榴木	箕
4日	10/12	木	辛酉	閉	柘榴木	斗
5日	10/13	金	壬戌	建	大海水	牛
6日	10/14	土	癸亥	除	大海水	女
7日	10/15	日	甲子	満	海中金	虚
8日	10/16	月	乙丑	定	海中金	危
9日	10/17	火	丙寅	執	爐中火	室
10日	10/18	水	丁卯	破	爐中火	壁
11日	10/19	木	戊辰	危	大林木	奎
12日	10/20	金	己巳	成	大林木	婁
13日	10/21	土	庚午	納	路傍土	胃
14日	10/22	日	辛未	開	路傍土	昴
15日 ☆	10/23	月	壬申	閉	釼鋒金	畢
16日	10/24	火	癸酉	建	釼鋒金	觜
17日	10/25	水	甲戌	除	山頭火	参
18日	10/26	木	乙亥	満	山頭火	井
19日	10/27	金	丙子	平	澗下水	鬼
20日	10/28	土	丁丑	定	澗下水	柳
21日	10/29	日	戊寅	執	城頭土	星
22日	10/30	月	己卯	破	城頭土	張
23日	10/31	火	庚辰	危	白鑞金	翼
24日	11/01	水	辛巳	成	白鑞金	軫
25日	11/02	木	壬午	納	楊柳木	角
26日	11/03	金	癸未	開	楊柳木	亢
27日	11/04	土	甲申	閉	井泉水	氐
28日	11/05	日	乙酉	建	井泉水	房
29日	11/06	月	丙戌	除	屋上土	心
30日	11/07	火	丁亥	建	屋上土	尾

【十月小 乙亥 女】

節気 小雪 14日

日	西暦	曜	干支	直	納音	宿
1日	11/08	水	戊子	満	霹靂火	箕
2日	11/09	木	己丑	満	霹靂火	斗
3日	11/10	金	庚寅	納	松柏木	牛
4日	11/11	土	辛卯	開	松柏木	女
5日	11/12	日	壬辰	閉	長流水	虚
6日	11/13	月	癸巳	建	長流水	危
7日	11/14	火	甲午	危	沙中金	室
8日	11/15	水	乙未	成	沙中金	壁
9日	11/16	木	丙申	納	山下火	奎
10日	11/17	金	丁酉	開	山下火	婁
11日	11/18	土	戊戌	閉	平地木	胃
12日	11/19	日	己亥	建	平地木	昴
13日	11/20	月	庚子	除	壁上土	畢
14日	11/21	火	辛丑	満	壁上土	觜
15日	11/22	水	壬寅	平	金箔金	参
16日	11/23	木	癸卯	定	金箔金	井
17日	11/24	金	甲辰	執	覆燈火	鬼
18日	11/25	土	乙巳	破	覆燈火	柳
19日	11/26	日	丙午	危	天河水	星
20日	11/27	月	丁未	成	天河水	張
21日	11/28	火	戊申	納	大駅土	翼
22日	11/29	水	己酉	開	大駅土	軫
23日	11/30	木	庚戌	閉	釵釧金	角
24日	12/01	金	辛亥	建	釵釧金	亢
25日	12/02	土	壬子	除	桑柘木	氐
26日	12/03	日	癸丑	満	桑柘木	房
27日	12/04	月	甲寅	平	大溪水	心
28日	12/05	火	乙卯	定	大溪水	尾
29日	12/06	水	丙辰	執	沙中土	箕

【十一月大 丙子 虚】

節気 大雪 1日・冬至 16日

日	西暦	曜	干支	直	納音	宿
1日	12/07	木	丁巳	執	沙中土	斗
2日	12/08	金	戊午	破	天上火	牛
3日	12/09	土	己未	危	天上火	女
4日	12/10	日	庚申	成	柘榴木	虚
5日	12/11	月	辛酉	納	柘榴木	危
6日	12/12	火	壬戌	開	大海水	室
7日	12/13	水	癸亥	閉	大海水	壁
8日	12/14	木	甲子	建	海中金	奎
9日	12/15	金	乙丑	除	海中金	婁
10日	12/16	土	丙寅	満	爐中火	胃
11日	12/17	日	丁卯	平	爐中火	昴
12日	12/18	月	戊辰	定	大林木	畢
13日	12/19	火	己巳	執	大林木	觜
14日	12/20	水	庚午	破	路傍土	参
15日	12/21	木	辛未	危	路傍土	井
16日	12/22	金	壬申	成	釼鋒金	鬼
17日	12/23	土	癸酉	納	釼鋒金	柳
18日	12/24	日	甲戌	開	山頭火	星
19日	12/25	月	乙亥	閉	山頭火	張
20日	12/26	火	丙子	建	澗下水	翼
21日	12/27	水	丁丑	除	澗下水	軫
22日	12/28	木	戊寅	平	城頭土	角
23日	12/29	金	己卯	平	城頭土	亢
24日	12/30	土	庚辰	定	白鑞金	氐
25日	12/31	日	辛巳	執	白鑞金	房

1810年

日	西暦	曜	干支	直	納音	宿
26日	01/01	月	壬午	破	楊柳木	心
27日	01/02	火	癸未	危	楊柳木	尾
28日	01/03	水	甲申	成	井泉水	箕
29日	01/04	木	乙酉	納	井泉水	斗
30日	01/05	金	丙戌	開	屋上土	牛

【十二月小 丁丑 危】

節気 小寒 1日・大寒 16日
雑節 土用 13日

日	西暦	曜	干支	直	納音	宿
1日	01/06	土	丁亥	閉	屋上土	女
2日	01/07	日	戊子	閉	霹靂火	虚
3日	01/08	月	己丑	建	霹靂火	危
4日	01/09	火	庚寅	除	松柏木	室
5日	01/10	水	辛卯	満	松柏木	壁
6日	01/11	木	壬辰	平	長流水	奎
7日	01/12	金	癸巳	定	長流水	婁
8日	01/13	土	甲午	執	沙中金	胃
9日	01/14	日	乙未	破	沙中金	昴
10日	01/15	月	丙申	危	山下火	畢
11日	01/16	火	丁酉	成	山下火	觜
12日	01/17	水	戊戌	納	平地木	参
13日	01/18	木	己亥	開	平地木	井
14日	01/19	金	庚子	閉	壁上土	鬼
15日	01/20	土	辛丑	建	壁上土	柳
16日	01/21	日	壬寅	除	金箔金	星
17日	01/22	月	癸卯	満	金箔金	張
18日	01/23	火	甲辰	平	覆燈火	翼
19日	01/24	水	乙巳	定	覆燈火	軫
20日	01/25	木	丙午	執	天河水	角
21日	01/26	金	丁未	破	天河水	亢
22日	01/27	土	戊申	危	大駅土	氐
23日	01/28	日	己酉	納	大駅土	心
24日	01/29	月	庚戌	納	釵釧金	尾
25日	01/30	火	辛亥	開	釵釧金	箕
26日	01/31	水	壬子	閉	桑柘木	斗
27日	02/01	木	癸丑	建	桑柘木	牛
28日	02/02	金	甲寅	除	大溪水	女
29日	02/03	土	乙卯	満	大溪水	虚

文化7年
1810～1811　庚午　心

【正月小　戊寅　室】
節気　立春 2日・雨水 18日
雑節　節分 1日

```
 1日 02/04 日 丙辰 平 沙中土 虚
 2日 02/05 月 丁巳 平 沙中土 危
 3日 02/06 火 戊午 定 天上火 室
 4日 02/07 水 己未 執 天上火 壁
 5日 02/08 木 庚申 破 柘榴木 奎
 6日 02/09 金 辛酉 危 柘榴木 妻
 7日 02/10 土 壬戌 成 大海水 胃
 8日 02/11 日 癸亥 納 大海水 昴
 9日 02/12 月 甲子 開 海中金 畢
10日 02/13 火 乙丑 閉 海中金 觜
11日 02/14 水 丙寅 建 爐中火 参
12日 02/15 木 丁卯 除 爐中火 井
13日 02/16 金 戊辰 満 大林木 鬼
14日 02/17 土 己巳 平 大林木 柳
15日 02/18 日 庚午 定 路傍土 星
16日 02/19 月 辛未 執 路傍土 張
17日 02/20 火 壬申 破 釼鋒金 翼
18日 02/21 水 癸酉 危 釼鋒金 軫
19日 02/22 木 甲戌 成 山頭火 角
20日 02/23 金 乙亥 納 山頭火 亢
21日 02/24 土 丙子 開 澗下水 氐
22日 02/25 日 丁丑 閉 澗下水 房
23日 02/26 月 戊寅 建 城頭土 心
24日 02/27 火 己卯 除 城頭土 尾
25日 02/28 水 庚辰 満 白鑞金 箕
26日 03/01 木 辛巳 平 白鑞金 斗
27日 03/02 金 壬午 定 楊柳木 牛
28日 03/03 土 癸未 執 楊柳木 女
29日 03/04 日 甲申 破 井泉水 虚
```

【二月大　己卯　壁】
節気　啓蟄 4日・春分 19日
雑節　彼岸 14日・社日 14日

```
 1日 03/05 月 乙酉 危 井泉水 危
 2日 03/06 火 丙戌 成 屋上土 室
 3日 03/07 水 丁亥 納 屋上土 壁
 4日 03/08 木 戊子 納 霹靂火 奎
 5日 03/09 金 己丑 開 霹靂火 妻
 6日 03/10 土 庚寅 閉 松柏木 胃
 7日 03/11 日 辛卯 建 松柏木 昴
 8日 03/12 月 壬辰 除 長流水 畢
 9日 03/13 火 癸巳 満 長流水 觜
10日 03/14 水 甲午 平 沙中金 参
11日 03/15 木 乙未 定 沙中金 井
12日 03/16 金 丙申 執 山下火 鬼
13日 03/17 土 丁酉 破 山下火 柳
14日 03/18 日 戊戌 危 平地木 星
15日 03/19 月 己亥 成 平地木 張
16日 03/20 火 庚子 納 壁上土 翼
17日 03/21 水 辛丑 開 壁上土 軫
18日 03/22 木 壬寅 閉 金箔金 角
19日 03/23 金 癸卯 建 金箔金 亢
20日 03/24 土 甲辰 除 覆燈火 氐
21日 03/25 日 乙巳 満 覆燈火 房
22日 03/26 月 丙午 平 天河水 心
23日 03/27 火 丁未 定 天河水 尾
24日 03/28 水 戊申 執 大駅土 箕
25日 03/29 木 己酉 破 大駅土 斗
26日 03/30 金 庚戌 危 釵釧金 牛
27日 03/31 土 辛亥 成 釵釧金 女
28日 04/01 日 壬子 納 桑柘木 虚
29日 04/02 月 癸丑 開 桑柘木 危
30日 04/03 火 甲寅 閉 大溪水 室
```

【三月小　庚辰　奎】
節気　清明 4日・穀雨 20日
雑節　土用 16日

```
 1日 ◎04/04 水 乙卯 建 大溪水 壁
 2日 04/05 木 丙辰 除 沙中土 奎
 3日 04/06 金 丁巳 満 沙中土 妻
 4日 04/07 土 戊午 満 天上火 胃
 5日 04/08 日 己未 平 天上火 昴
 6日 04/09 月 庚申 定 柘榴木 畢
 7日 04/10 火 辛酉 執 柘榴木 觜
 8日 04/11 水 壬戌 破 大海水 参
 9日 04/12 木 癸亥 危 大海水 井
10日 04/13 金 甲子 成 海中金 鬼
11日 04/14 土 乙丑 納 海中金 柳
12日 04/15 日 丙寅 開 爐中火 星
13日 04/16 月 丁卯 閉 爐中火 張
14日 04/17 火 戊辰 建 大林木 翼
15日 04/18 水 己巳 除 大林木 軫
16日 04/19 木 庚午 満 路傍土 角
17日 04/20 金 辛未 平 路傍土 亢
18日 04/21 土 壬申 定 釼鋒金 氐
19日 04/22 日 癸酉 執 釼鋒金 房
20日 04/23 月 甲戌 破 山頭火 心
21日 04/24 火 乙亥 危 山頭火 尾
22日 04/25 水 丙子 成 澗下水 箕
23日 04/26 木 丁丑 納 澗下水 斗
24日 04/27 金 戊寅 開 城頭土 牛
25日 04/28 土 己卯 閉 城頭土 女
26日 04/29 日 庚辰 建 白鑞金 虚
27日 04/30 月 辛巳 除 白鑞金 危
28日 05/01 火 壬午 満 楊柳木 室
29日 05/02 水 癸未 平 楊柳木 壁
```

【四月大　辛巳　婁】
節気　立夏 6日・小満 21日
雑節　八十八夜 1日

```
 1日 05/03 木 甲申 定 井泉水 奎
 2日 05/04 金 乙酉 執 井泉水 妻
 3日 05/05 土 丙戌 破 屋上土 胃
 4日 05/06 日 丁亥 危 屋上土 昴
 5日 05/07 月 戊子 成 霹靂火 畢
 6日 05/08 火 己丑 成 霹靂火 觜
 7日 05/09 水 庚寅 納 松柏木 参
 8日 05/10 木 辛卯 開 松柏木 井
 9日 05/11 金 壬辰 閉 長流水 鬼
10日 05/12 土 癸巳 建 長流水 柳
11日 05/13 日 甲午 除 沙中金 星
12日 05/14 月 乙未 満 沙中金 張
13日 05/15 火 丙申 平 山下火 翼
14日 05/16 水 丁酉 定 山下火 軫
15日 05/17 木 戊戌 執 平地木 角
16日 05/18 金 己亥 破 平地木 亢
17日 05/19 土 庚子 危 壁上土 氐
18日 05/20 日 辛丑 成 壁上土 房
19日 05/21 月 壬寅 納 金箔金 心
20日 05/22 火 癸卯 開 金箔金 尾
21日 05/23 水 甲辰 閉 覆燈火 箕
22日 05/24 木 乙巳 建 覆燈火 斗
23日 05/25 金 丙午 除 天河水 牛
24日 05/26 土 丁未 満 天河水 女
25日 05/27 日 戊申 平 大駅土 虚
26日 05/28 月 己酉 定 大駅土 危
27日 05/29 火 庚戌 執 釵釧金 室
28日 05/30 水 辛亥 破 釵釧金 壁
29日 05/31 木 壬子 危 桑柘木 奎
30日 06/01 金 癸丑 成 桑柘木 妻
```

【五月大　壬午　胃】
節気　芒種 6日・夏至 21日
雑節　入梅 9日

```
 1日 06/02 土 甲寅 納 大溪水 胃
 2日 06/03 日 乙卯 開 大溪水 昴
 3日 06/04 月 丙辰 閉 沙中土 畢
 4日 06/05 火 丁巳 建 沙中土 觜
 5日 06/06 水 戊午 除 天上火 参
 6日 06/07 木 己未 除 天上火 井
 7日 06/08 金 庚申 満 柘榴木 鬼
 8日 06/09 土 辛酉 平 柘榴木 柳
 9日 06/10 日 壬戌 定 大海水 星
10日 06/11 月 癸亥 執 大海水 張
11日 06/12 火 甲子 破 海中金 翼
12日 06/13 水 乙丑 危 海中金 軫
13日 06/14 木 丙寅 成 爐中火 角
14日 06/15 金 丁卯 納 爐中火 亢
15日 06/16 土 戊辰 開 大林木 氐
16日 06/17 日 己巳 閉 大林木 房
17日 06/18 月 庚午 建 路傍土 心
18日 06/19 火 辛未 除 路傍土 尾
19日 06/20 水 壬申 満 釼鋒金 箕
20日 06/21 木 癸酉 平 釼鋒金 斗
21日 06/22 金 甲戌 定 山頭火 牛
22日 06/23 土 乙亥 執 山頭火 女
23日 06/24 日 丙子 破 澗下水 虚
24日 06/25 月 丁丑 危 澗下水 危
25日 06/26 火 戊寅 成 城頭土 室
26日 06/27 水 己卯 納 城頭土 壁
27日 06/28 木 庚辰 開 白鑞金 奎
28日 06/29 金 辛巳 閉 白鑞金 妻
29日 06/30 土 壬午 建 楊柳木 胃
30日 07/01 日 癸未 除 楊柳木 昴
```

【六月小　癸未　昴】
節気　小暑 7日・大暑 22日
雑節　半夏生 1日・土用 19日

```
 1日 07/02 月 甲申 満 井泉水 畢
 2日 07/03 火 乙酉 平 井泉水 觜
 3日 07/04 水 丙戌 定 屋上土 参
 4日 07/05 木 丁亥 執 屋上土 井
 5日 07/06 金 戊子 破 霹靂火 鬼
 6日 07/07 土 己丑 危 霹靂火 柳
 7日 07/08 日 庚寅 危 松柏木 星
 8日 07/09 月 辛卯 成 松柏木 張
 9日 07/10 火 壬辰 納 長流水 翼
10日 07/11 水 癸巳 開 長流水 軫
11日 07/12 木 甲午 閉 沙中金 角
12日 07/13 金 乙未 建 沙中金 亢
13日 07/14 土 丙申 除 山下火 氐
14日 07/15 日 丁酉 満 山下火 房
15日 07/16 月 戊戌 平 平地木 心
16日 07/17 火 己亥 定 平地木 尾
17日 07/18 水 庚子 執 壁上土 箕
18日 07/19 木 辛丑 破 壁上土 斗
19日 07/20 金 壬寅 危 金箔金 牛
20日 07/21 土 癸卯 成 金箔金 女
21日 07/22 日 甲辰 納 覆燈火 虚
22日 07/23 月 乙巳 開 覆燈火 危
23日 07/24 火 丙午 閉 天河水 室
24日 07/25 水 丁未 建 天河水 壁
25日 07/26 木 戊申 除 大駅土 奎
26日 07/27 金 己酉 満 大駅土 妻
27日 07/28 土 庚戌 平 釵釧金 胃
28日 07/29 日 辛亥 定 釵釧金 昴
```

西暦　曜　干支　直　納音　宿　　　　　　　　　　　　文化7年

29日 07/30 月 壬子 執 桑柘木 畢

【七月大 甲申 畢】
節気 立秋 8日・処暑 23日
1日 07/31 火 癸丑 破 桑柘木 觜
2日 08/01 水 甲寅 危 大溪水 参
3日 08/02 木 乙卯 成 大溪水 井
4日 08/03 金 丙辰 納 沙中土 鬼
5日 08/04 土 丁巳 開 沙中土 柳
6日 08/05 日 戊午 閉 天上火 星
7日 08/06 月 己未 建 柏榴木 張
8日 08/07 火 庚申 建 柏榴木 翼
9日 08/08 水 辛酉 除 柏榴木 軫
10日 08/09 木 壬戌 満 大海水 角
11日 08/10 金 癸亥 平 大海水 亢
12日 08/11 土 甲子 定 海中金 氐
13日 08/12 日 乙丑 執 海中金 房
14日 08/13 月 丙寅 破 爐中火 心
15日 08/14 火 丁卯 危 爐中火 尾
16日 08/15 水 戊辰 成 大林木 箕
17日 08/16 木 己巳 納 大林木 斗
18日 08/17 金 庚午 開 路傍土 牛
19日 08/18 土 辛未 閉 路傍土 女
20日 08/19 日 壬申 建 釵釧金 虚
21日 08/20 月 癸酉 除 釵釧金 危
22日 08/21 火 乙戌 満 山頭火 室
23日 08/22 水 乙亥 平 山頭火 壁
24日 08/23 木 丙子 定 澗下水 奎
25日 08/24 金 丁丑 執 澗下水 婁
26日 08/25 土 戊寅 危 城頭土 胃
27日 08/26 日 己卯 成 城頭土 昴
28日 08/27 月 庚辰 成 白鑞金 畢
29日 08/28 火 辛巳 納 白鑞金 觜
30日 08/29 水 壬午 開 楊柳木 参

【八月大 乙酉 觜】
節気 白露 8日・秋分 24日
雑節 二百十日 4日・彼岸 23日・社日 26日
1日 08/30 木 癸未 閉 楊柳木 井
2日 08/31 金 甲申 建 井泉水 鬼
3日 09/01 土 乙酉 除 井泉水 柳
4日 09/02 日 丙戌 満 屋上土 星
5日 09/03 月 丁亥 平 屋上土 張
6日 09/04 火 戊子 定 霹靂火 翼
7日 09/05 水 己丑 執 霹靂火 軫
8日 09/06 木 庚寅 執 松柏木 角
9日 09/07 金 辛卯 破 松柏木 亢
10日 09/08 土 壬辰 危 長流水 氐
11日 09/09 日 癸巳 成 長流水 房
12日 09/10 月 甲午 納 沙中金 心
13日 09/11 火 乙未 開 沙中金 尾
14日 09/12 水 丙申 閉 山下火 箕
15日 09/13 木 丁酉 建 山下火 斗
16日 09/14 金 戊戌 除 平地木 牛
17日 09/15 土 己亥 満 平地木 女
18日 09/16 日 庚子 平 壁上土 虚
19日 09/17 月 辛丑 定 壁上土 危
20日 09/18 火 壬寅 執 金箔金 室
21日 09/19 水 癸卯 破 金箔金 壁
22日 09/20 木 甲辰 危 覆燈火 奎
23日 09/21 金 乙巳 成 覆燈火 婁
24日 09/22 土 丙午 納 天河水 胃
25日 09/23 日 丁未 開 天河水 昴
26日 09/24 月 戊申 閉 大駅土 畢
27日 09/25 火 己酉 建 大駅土 觜
28日 09/26 水 庚戌 除 釵釧金 参
29日 09/27 木 辛亥 満 釵釧金 井

30日 09/28 金 壬子 平 桑柘木 鬼

【九月小 丙戌 参】
節気 寒露 9日・霜降 24日
雑節 土用 21日
1日 09/29 土 癸丑 定 桑柘木 柳
2日 09/30 日 甲寅 執 大溪水 星
3日 10/01 月 乙卯 破 大溪水 張
4日 10/02 火 丙辰 危 沙中土 翼
5日 10/03 水 丁巳 成 沙中土 軫
6日 10/04 木 戊午 納 天上火 角
7日 10/05 金 己未 開 天上火 亢
8日 10/06 土 庚申 閉 柏榴木 氐
9日 10/07 日 辛酉 閉 柏榴木 房
10日 10/08 月 壬戌 建 大海水 心
11日 10/09 火 癸亥 除 大海水 尾
12日 10/10 水 甲子 満 海中金 箕
13日 10/11 木 乙丑 平 海中金 斗
14日 10/12 金 丙寅 定 爐中火 牛
15日 10/13 土 丁卯 執 爐中火 女
16日 10/14 日 戊辰 破 大林木 虚
17日 10/15 月 己巳 危 大林木 危
18日 10/16 火 庚午 成 路傍土 室
19日 10/17 水 辛未 納 路傍土 壁
20日 10/18 木 壬申 閉 釵釧金 奎
21日 10/19 金 癸酉 閉 釵釧金 婁
22日 10/20 土 甲戌 建 山頭火 胃
23日 10/21 日 乙亥 除 山頭火 昴
24日 10/22 月 丙子 満 澗下水 畢
25日 10/23 火 丁丑 平 澗下水 觜
26日 10/24 水 戊寅 執 城頭土 参
27日 10/25 木 己卯 執 城頭土 井
28日 10/26 金 庚辰 破 白鑞金 鬼
29日 10/27 土 辛巳 危 白鑞金 柳

【十月大 丁亥 井】
節気 立冬 10日・小雪 26日
1日 10/28 日 壬午 成 楊柳木 星
2日 10/29 月 癸未 納 楊柳木 張
3日 10/30 火 甲申 開 井泉水 翼
4日 10/31 水 乙酉 閉 井泉水 軫
5日 11/01 木 丙戌 建 屋上土 角
6日 11/02 金 丁亥 除 屋上土 亢
7日 11/03 土 戊子 平 霹靂火 氐
8日 11/04 日 己丑 平 霹靂火 房
9日 11/05 月 庚寅 定 松柏木 心
10日 11/06 火 辛卯 執 松柏木 尾
11日 11/07 水 壬辰 破 長流水 箕
12日 11/08 木 癸巳 危 長流水 斗
13日 11/09 金 甲午 成 沙中金 牛
14日 11/10 土 乙未 納 沙中金 女
15日 11/11 日 丙申 開 山下火 虚
16日 11/12 月 丁酉 閉 山下火 危
17日 11/13 火 戊戌 建 平地木 室
18日 11/14 水 己亥 建 平地木 壁
19日 11/15 木 庚子 除 壁上土 奎
20日 11/16 金 辛丑 満 壁上土 婁
21日 11/17 土 壬寅 平 金箔金 胃
22日 11/18 日 癸卯 定 金箔金 昴
23日 11/19 月 甲辰 執 覆燈火 畢
24日 11/20 火 乙巳 破 覆燈火 觜
25日 11/21 水 丙午 危 天河水 参
26日 11/22 木 丁未 成 天河水 井
27日 11/23 金 戊申 納 大駅土 鬼
28日 11/24 土 己酉 開 大駅土 柳
29日 11/25 日 庚戌 閉 釵釧金 星
30日 11/26 月 辛亥 建 釵釧金 張

【十一月小 戊子 鬼】
節気 大雪 11日・冬至 26日

1日 11/27 火 壬子 除 桑柘木 翼
2日 11/28 水 癸丑 満 桑柘木 軫
3日 11/29 木 甲寅 平 大溪水 角
4日 11/30 金 乙卯 定 大溪水 亢
5日 12/01 土 丙辰 執 沙中土 氐
6日 12/02 日 丁巳 破 沙中土 房
7日 12/03 月 戊午 危 天上火 心
8日 12/04 火 己未 成 天上火 尾
9日 12/05 水 庚申 開 柏榴木 箕
10日 12/06 木 辛酉 閉 柏榴木 斗
11日 12/07 金 壬戌 開 大海水 牛
12日 12/08 土 癸亥 建 大海水 女
13日 12/09 日 甲子 建 海中金 虚
14日 12/10 月 乙丑 除 海中金 危
15日 12/11 火 丙寅 満 爐中火 室
16日 12/12 水 丁卯 平 爐中火 壁
17日 12/13 木 戊辰 定 大林木 奎
18日 12/14 金 己巳 執 大林木 婁
19日 12/15 土 庚午 破 路傍土 胃
20日 12/16 日 辛未 危 路傍土 昴
21日 12/17 月 壬申 成 釵釧金 畢
22日 12/18 火 癸酉 納 釵釧金 觜
23日 12/19 水 甲戌 開 山頭火 参
24日 12/20 木 乙亥 閉 山頭火 井
25日 12/21 金 丙子 建 澗下水 鬼
26日 12/22 土 丁丑 除 澗下水 柳
27日 12/23 日 戊寅 満 城頭土 星
28日 12/24 月 己卯 平 城頭土 張
29日 12/25 火 庚辰 定 白鑞金 翼

【十二月大 己丑 柳】
節気 小寒 12日・大寒 27日
雑節 土用 24日
1日 12/26 水 辛巳 執 白鑞金 軫
2日 12/27 木 壬午 破 楊柳木 角
3日 12/28 金 癸未 危 楊柳木 亢
4日 12/29 土 甲申 成 井泉水 氐
5日 12/30 日 乙酉 納 井泉水 房
6日 12/31 月 丙戌 開 屋上土 心

1811年
7日 01/01 火 丁亥 閉 屋上土 尾
8日 01/02 水 戊子 建 霹靂火 箕
9日 01/03 木 己丑 除 霹靂火 斗
10日 01/04 金 庚寅 満 松柏木 牛
11日 01/05 土 辛卯 平 松柏木 女
12日 01/06 日 壬辰 定 長流水 虚
13日 01/07 月 癸巳 定 長流水 危
14日 01/08 火 甲午 執 沙中金 室
15日 01/09 水 乙未 破 沙中金 壁
16日 01/10 木 丙申 危 山下火 奎
17日 01/11 金 丁酉 成 山下火 婁
18日 01/12 土 戊戌 納 平地木 胃
19日 01/13 日 己亥 開 平地木 昴
20日 01/14 月 庚子 閉 壁上土 畢
21日 01/15 火 辛丑 建 壁上土 觜
22日 01/16 水 壬寅 除 金箔金 参
23日 01/17 木 癸卯 満 金箔金 井
24日 01/18 金 甲辰 平 覆燈火 鬼
25日 01/19 土 乙巳 定 覆燈火 柳
26日 01/20 日 丙午 執 天河水 星
27日 01/21 月 丁未 破 天河水 張
28日 01/22 火 戊申 危 大駅土 翼
29日 01/23 水 己酉 成 大駅土 軫
30日 01/24 木 庚戌 納 釵釧金 角

文化8年
1811～1812　辛未　尾

【正月小　庚寅　星】
節気　立春 13日・雨水 28日
雑節　節分 12日

1日 01/25 金 辛亥 開 釵釧金 亢
2日 01/26 土 壬子 閉 桑柘木 氏
3日 01/27 日 癸丑 建 桑柘木 房
4日 01/28 月 甲寅 除 大溪水 心
5日 01/29 火 乙卯 満 大溪水 尾
6日 01/30 水 丙辰 平 沙中土 箕
7日 01/31 木 丁巳 定 沙中土 斗
8日 02/01 金 戊午 執 天上火 牛
9日 02/02 土 己未 破 天上火 女
10日 02/03 日 庚申 危 柘榴木 虚
11日 02/04 月 辛酉 成 柘榴木 危
12日 02/05 火 壬戌 納 大海水 室
13日 02/06 水 癸亥 開 大海水 壁
14日 02/07 木 甲子 閉 海中金 奎
15日 02/08 金 乙丑 建 海中金 婁
16日 02/09 土 丙寅 除 爐中火 胃
17日 02/10 日 丁卯 満 爐中火 昴
18日 02/11 月 戊辰 満 大林木 畢
19日 02/12 火 己巳 定 大林木 觜
20日 02/13 水 庚午 執 路傍土 参井
21日 02/14 木 辛未 執 路傍土 鬼
22日 02/15 金 壬申 破 釵鋒金 柳
23日 02/16 土 癸酉 危 釵鋒金 星
24日 02/17 日 甲戌 成 山頭火 張
25日 02/18 月 乙亥 納 山頭火 翼
26日 02/19 火 丙子 開 澗下水 軫
27日 02/20 水 丁丑 閉 澗下水 角亢
28日 02/21 木 戊寅 建 城頭土 氏
29日 02/22 金 己卯 除 城頭土

【二月小　辛卯　張】
節気　啓蟄 14日・春分 29日
雑節　彼岸 24日・社日 29日

1日 02/23 土 庚辰 満 白鑞金 氏
2日 02/24 日 辛巳 平 白鑞金 房
3日 02/25 月 壬午 定 楊柳木 心
4日 02/26 火 癸未 執 楊柳木 尾
5日 02/27 水 甲申 破 井泉水 箕
6日 02/28 木 乙酉 危 井泉水 斗
7日 03/01 金 丙戌 成 屋上土 牛女
8日 03/02 土 丁亥 納 屋上土 虚
9日 03/03 日 戊子 開 霹靂火 危
10日 03/04 月 己丑 閉 霹靂火 室
11日 03/05 火 庚寅 建 松柏木 壁
12日 03/06 水 辛卯 除 松柏木 奎
13日 03/07 木 壬辰 満 長流水 婁
14日 03/08 金 癸巳 満 長流水 胃
15日 03/09 土 甲午 平 沙中金 昴
16日 03/10 日 乙未 定 沙中金 畢
17日 03/11 月 丙申 執 山下火 觜
18日 03/12 火 丁酉 破 山下火 参井
19日 03/13 水 戊戌 危 平地木 鬼
20日 03/14 木 己亥 成 平地木 柳
21日 03/15 金 庚子 納 壁上土 星
22日 03/16 土 辛丑 開 壁上土 張
23日 03/17 日 壬寅 閉 金箔金 翼
24日 03/18 月 癸卯 建 金箔金 軫
25日 03/19 火 甲辰 除 覆燈火 角亢
26日 03/20 水 乙巳 満 覆燈火 氏
27日 03/21 木 丙午 定 天河水 房
28日 03/22 金 丁未 定 天河水 心
29日 03/23 土 戊申 執 大駅土 氏

【閏二月大　辛卯　張】
節気　清明 16日

雑節　土用 28日

1日 03/24 日 己酉 破 大駅土 房
2日 03/25 月 庚戌 危 釵釧金 心
3日 03/26 火 辛亥 成 釵釧金 尾
4日 03/27 水 壬子 納 桑柘木 箕
5日 03/28 木 癸丑 開 桑柘木 斗
6日 03/29 金 甲寅 平 大溪水 牛
7日 03/30 土 乙卯 定 大溪水 女
8日 03/31 日 丙辰 執 沙中土 虚危
9日 04/01 月 丁巳 破 沙中土 室
10日 04/02 火 戊午 危 天上火 壁
11日 04/03 水 己未 成 天上火 奎
12日 04/04 木 庚申 納 柘榴木 婁
13日 04/05 金 辛酉 開 柘榴木 胃
14日 04/06 土 壬戌 閉 大海水 昴
15日 04/07 日 癸亥 建 大海水 畢
16日 04/08 月 甲子 除 海中金 觜
17日 04/09 火 乙丑 満 海中金 参
18日 04/10 水 丙寅 平 爐中火 井
19日 04/11 木 丁卯 定 爐中火 鬼
20日 04/12 金 戊辰 執 大林木 柳
21日 04/13 土 己巳 除 大林木 星
22日 04/14 日 庚午 平 路傍土 張
23日 04/15 月 辛未 定 路傍土 翼
24日 04/16 火 壬申 執 釵鋒金 軫
25日 04/17 水 癸酉 破 釵鋒金 角亢
26日 04/18 木 甲戌 危 山頭火 氏
27日 04/19 金 乙亥 成 山頭火 房
28日 04/20 土 丙子 納 澗下水 心尾
29日 04/21 日 丁丑 開 澗下水 箕
30日 04/22 月 戊寅 開 城頭土

【三月小　壬辰　翼】
節気　穀雨 1日・立夏 16日
雑節　八十八夜 12日

1日 04/23 火 己卯 閉 城頭土 尾
2日 04/24 水 庚辰 建 白鑞金 箕
3日 04/25 木 辛巳 除 白鑞金 斗
4日 04/26 金 壬午 満 楊柳木 牛女
5日 04/27 土 癸未 平 楊柳木 虚
6日 04/28 日 甲申 定 井泉水 危
7日 04/29 月 乙酉 執 井泉水 室
8日 04/30 火 丙戌 破 屋上土 壁
9日 05/01 水 丁亥 危 屋上土 奎
10日 05/02 木 戊子 成 霹靂火 婁
11日 05/03 金 己丑 納 霹靂火 胃
12日 05/04 土 庚寅 開 松柏木 昴
13日 05/05 日 辛卯 閉 松柏木 畢
14日 05/06 月 壬辰 建 長流水 觜
15日 05/07 火 癸巳 除 長流水 参
16日 05/08 水 甲午 満 沙中金 井鬼
17日 05/09 木 乙未 平 沙中金 柳
18日 05/10 金 丙申 定 山下火 星
19日 05/11 土 丁酉 執 山下火 張
20日 05/12 日 戊戌 破 平地木 翼
21日 05/13 月 己亥 危 平地木 軫
22日 05/14 火 庚子 成 壁上土 角
23日 05/15 水 辛丑 納 壁上土 亢
24日 05/16 木 壬寅 開 金箔金 氏
25日 05/17 金 癸卯 閉 金箔金 房
26日 05/18 土 甲辰 建 覆燈火 心
27日 05/19 日 乙巳 除 覆燈火 尾
28日 05/20 月 丙午 満 天河水 箕
29日 05/21 火 丁未 平 天河水 斗

【四月大　癸巳　軫】
節気　小満 2日・芒種 17日
雑節　入梅 25日

1日 05/22 水 戊申 平 大駅土 斗
2日 05/23 木 己酉 定 大駅土 牛女
3日 05/24 金 庚戌 執 釵釧金 虚
4日 05/25 土 辛亥 破 釵釧金 女
5日 05/26 日 壬子 危 桑柘木 虚
6日 05/27 月 癸丑 成 桑柘木 危
7日 05/28 火 甲寅 納 大溪水 室
8日 05/29 水 乙卯 開 大溪水 壁
9日 05/30 木 丙辰 閉 沙中土 奎
10日 05/31 金 丁巳 建 沙中土 婁
11日 06/01 土 戊午 除 天上火 胃
12日 06/02 日 己未 満 天上火 昴
13日 06/03 月 庚申 平 柘榴木 畢
14日 06/04 火 辛酉 定 柘榴木 觜
15日 06/05 水 壬戌 執 大海水 参
16日 06/06 木 癸亥 破 大海水 井
17日 06/07 金 甲子 危 海中金 鬼
18日 06/08 土 乙丑 成 海中金 柳
19日 06/09 日 丙寅 納 爐中火 星
20日 06/10 月 丁卯 開 爐中火 張
21日 06/11 火 戊辰 閉 大林木 翼
22日 06/12 水 己巳 建 大林木 軫
23日 06/13 木 庚午 除 路傍土 角亢
24日 06/14 金 辛未 満 路傍土 氏
25日 06/15 土 壬申 平 釵鋒金 房
26日 06/16 日 癸酉 定 釵鋒金 心
27日 06/17 月 甲戌 執 山頭火 尾
28日 06/18 火 乙亥 破 山頭火 箕
29日 06/19 水 丙子 危 澗下水 斗
30日 06/20 木 丁丑 成 澗下水

【五月小　甲午　角】
節気　夏至 3日・小暑 18日
雑節　半夏生 13日

1日 06/21 金 戊寅 成 城頭土 牛女
2日 06/22 土 己卯 納 城頭土 虚危
3日 06/23 日 庚辰 開 白鑞金 室
4日 06/24 月 辛巳 閉 白鑞金 壁
5日 06/25 火 壬午 建 楊柳木 奎
6日 06/26 水 癸未 除 楊柳木 婁
7日 06/27 木 甲申 満 井泉水 胃
8日 06/28 金 乙酉 平 井泉水 昴
9日 06/29 土 丙戌 定 屋上土 畢
10日 06/30 日 丁亥 執 屋上土 觜
11日 07/01 月 戊子 破 霹靂火 参
12日 07/02 火 己丑 危 霹靂火 井
13日 07/03 水 庚寅 成 松柏木 鬼
14日 07/04 木 辛卯 納 松柏木 柳
15日 07/05 金 壬辰 開 長流水 星
16日 07/06 土 癸巳 閉 長流水 張
17日 07/07 日 甲午 建 沙中金 翼
18日 07/08 月 乙未 除 沙中金 軫
19日 07/09 火 丙申 満 山下火 角
20日 07/10 水 丁酉 平 山下火 亢
21日 07/11 木 戊戌 定 平地木 氏
22日 07/12 金 己亥 執 平地木 房
23日 07/13 土 庚子 破 壁上土 心
24日 07/14 日 辛丑 危 壁上土 尾
25日 07/15 月 壬寅 成 金箔金 箕
26日 07/16 火 癸卯 納 金箔金 斗
27日 07/17 水 甲辰 開 覆燈火 牛
28日 07/18 木 乙巳 閉 覆燈火 女
29日 07/19 金 丙午 天河水

【六月大　乙未　亢】
節気　大暑 4日・立秋 19日
雑節　土用 1日

1日 07/20 土 丁未 建 天河水 女
2日 07/21 日 戊申 除 大駅土 虚
3日 07/22 月 己酉 満 大駅土 危
4日 07/23 火 庚戌 平 釵釧金 室
5日 07/24 水 辛亥 定 釵釧金 壁
6日 07/25 木 壬子 執 桑柘木 奎
7日 07/26 金 癸丑 破 桑柘木 婁
8日 07/27 土 甲寅 危 大溪水 胃
9日 07/28 日 乙卯 成 大溪水 昴
10日 07/29 月 丙辰 納 沙中土 畢
11日 07/30 火 丁巳 開 沙中土 觜
12日 07/31 水 戊午 閉 天上火 参
13日 08/01 木 己未 建 天上火 井
14日 08/02 金 庚申 除 柘榴木 鬼
15日 08/03 土 辛酉 満 柘榴木 柳

― 460 ―

文化8年

（六月 続き）

西暦	曜	干支	直	納音	宿
16日 08/04	日	壬戌	平	大海水	星
17日 08/05	月	癸亥	定	大海水	張
18日 08/06	火	甲子	執	海中金	翼
19日 08/07	水	乙丑	破	海中金	軫
20日 08/08	木	丙寅	危	爐中火	角
21日 08/09	金	丁卯	成	爐中火	亢
22日 08/10	土	戊辰	収	大林木	氐
23日 08/11	日	己巳	納	大林木	房
24日 08/12	月	庚午	開	路傍土	心
25日 08/13	火	辛未	閉	路傍土	尾
26日 08/14	水	壬申	建	釼鋒金	箕
27日 08/15	木	癸酉	除	釼鋒金	斗
28日 08/16	金	甲戌	満	山頭火	牛
29日 08/17	土	乙亥	平	山頭火	女
30日 08/18	日	丙子	定	潤下水	虚

【七月大 丙申 氐】
節気 処暑 4日・白露 20日
雑節 二百十日 16日

西暦	曜	干支	直	納音	宿
1日 08/19	月	丁丑	執	潤下水	危
2日 08/20	火	戊寅	破	城頭土	室
3日 08/21	水	己卯	危	城頭土	壁
4日 08/22	木	庚辰	成	白鑞金	奎
5日 08/23	金	辛巳	納	白鑞金	婁
6日 08/24	土	壬午	開	楊柳木	胃
7日 08/25	日	癸未	閉	楊柳木	昴
8日 08/26	月	甲申	建	井泉水	畢
9日 08/27	火	乙酉	除	井泉水	觜
10日 08/28	水	丙戌	満	屋上土	參
11日 08/29	木	丁亥	平	屋上土	井
12日 08/30	金	戊子	定	霹靂火	鬼
13日 08/31	土	己丑	執	霹靂火	柳
14日 09/01	日	庚寅	破	松柏木	星
15日 09/02	月	辛卯	危	松柏木	張
16日 09/03	火	壬辰	成	長流水	翼
17日 09/04	水	癸巳	納	長流水	軫
18日 09/05	木	甲午	開	沙中金	角
19日 09/06	金	乙未	閉	沙中金	亢
20日 09/07	土	丙申	閉	山下火	氐
21日 09/08	日	丁酉	建	山下火	房
22日 09/09	月	戊戌	除	平地木	心
23日 09/10	火	己亥	満	平地木	尾
24日 09/11	水	庚子	平	壁上土	箕
25日 09/12	木	辛丑	定	壁上土	斗
26日 09/13	金	壬寅	執	金箔金	牛
27日 09/14	土	癸卯	危	金箔金	女
28日 09/15	日	甲辰	危	覆燈火	虚
29日 09/16	月	乙巳	成	覆燈火	危
30日 09/17	火	丙午	納	天河水	室

【八月小 丁酉 房】
節気 秋分 5日・寒露 20日
雑節 社日 2日・彼岸 4日

西暦	曜	干支	直	納音	宿
1日 09/18	水	丁未	開	天河水	壁
2日 09/19	木	戊申	閉	大駅土	奎
3日 09/20	金	己酉	建	大駅土	婁
4日 09/21	土	庚戌	除	釼釧金	胃
5日 09/22	日	辛亥	平	釼釧金	昴
6日 09/23	月	壬子	平	桑柘木	畢
7日 09/24	火	癸丑	定	桑柘木	觜
8日 09/25	水	甲寅	執	大渓水	參
9日 09/26	木	乙卯	破	大渓水	井
10日 09/27	金	丙辰	危	沙中土	鬼
11日 09/28	土	丁巳	成	沙中土	柳
12日 09/29	日	戊午	納	天上火	星
13日 09/30	月	己未	開	天上火	張
14日 10/01	火	庚申	閉	柘榴木	翼
15日 10/02	水	辛酉	建	柘榴木	軫
16日 10/03	木	壬戌	除	大海水	角
17日 10/04	金	癸亥	満	大海水	亢
18日 10/05	土	甲子	平	海中金	氐
19日 10/06	日	乙丑	定	海中金	房
20日 10/07	月	丙寅	定	爐中火	心

西暦	曜	干支	直	納音	宿
21日 10/08	火	丁卯	執	爐中火	尾
22日 10/09	水	戊辰	破	大林木	箕
23日 10/10	木	己巳	危	大林木	斗
24日 10/11	金	庚午	成	路傍土	牛
25日 10/12	土	辛未	納	路傍土	女
26日 10/13	日	壬申	開	釼鋒金	虚
27日 10/14	月	癸酉	成	釼鋒金	危
28日 10/15	火	甲戌	建	山頭火	室
29日 10/16	水	乙亥	除	山頭火	壁

【九月大 戊戌 心】
節気 霜降 6日・立冬 22日
雑節 土用 3日

西暦	曜	干支	直	納音	宿
1日 10/17	木	丙子	満	潤下水	奎
2日 10/18	金	丁丑	平	潤下水	婁
3日 10/19	土	戊寅	定	城頭土	胃
4日 10/20	日	己卯	執	城頭土	昴
5日 10/21	月	庚辰	破	白鑞金	畢
6日 10/22	火	辛巳	危	白鑞金	觜
7日 10/23	水	壬午	成	楊柳木	參
8日 10/24	木	癸未	納	楊柳木	井
9日 10/25	金	甲申	開	井泉水	鬼
10日 10/26	土	乙酉	閉	井泉水	柳
11日 10/27	日	丙戌	建	屋上土	星
12日 10/28	月	丁亥	除	屋上土	張
13日 10/29	火	戊子	満	霹靂火	翼
14日 10/30	水	己丑	平	霹靂火	軫
15日 10/31	木	庚寅	定	松柏木	角
16日 11/01	金	辛卯	執	松柏木	亢
17日 11/02	土	壬辰	破	長流水	氐
18日 11/03	日	癸巳	危	長流水	房
19日 11/04	月	甲午	成	沙中金	心
20日 11/05	火	乙未	納	沙中金	尾
21日 11/06	水	丙申	開	山下火	箕
22日 11/07	木	丁酉	閉	山下火	斗
23日 11/08	金	戊戌	建	平地木	牛
24日 11/09	土	己亥	除	平地木	女
25日 11/10	日	庚子	満	壁上土	虚
26日 11/11	月	辛丑	平	壁上土	危
27日 11/12	火	壬寅	定	金箔金	室
28日 11/13	水	癸卯	執	金箔金	壁
29日 11/14	木	甲辰	破	覆燈火	奎
30日 11/15	金	乙巳	破	覆燈火	婁

【十月大 己亥 尾】
節気 小雪 7日・大雪 22日

西暦	曜	干支	直	納音	宿
1日 11/16	土	丙午	危	天河水	胃
2日 11/17	日	丁未	成	天河水	昴
3日 11/18	月	戊申	納	大駅土	畢
4日 11/19	火	己酉	開	大駅土	觜
5日 11/20	水	庚戌	閉	釼釧金	參
6日 11/21	木	辛亥	建	釼釧金	井
7日 11/22	金	壬子	除	桑柘木	鬼
8日 11/23	土	癸丑	満	桑柘木	柳
9日 11/24	日	甲寅	定	大渓水	星
10日 11/25	月	乙卯	平	大渓水	張
11日 11/26	火	丙辰	執	沙中土	翼
12日 11/27	水	丁巳	破	沙中土	軫
13日 11/28	木	戊午	危	天上火	角
14日 11/29	金	己未	成	天上火	亢
15日 11/30	土	庚申	納	柘榴木	氐
16日 12/01	日	辛酉	開	柘榴木	房
17日 12/02	月	壬戌	閉	大海水	心
18日 12/03	火	癸亥	建	大海水	尾
19日 12/04	水	甲子	除	海中金	箕
20日 12/05	木	乙丑	満	海中金	斗
21日 12/06	金	丙寅	平	爐中火	牛
22日 12/07	土	丁卯	定	爐中火	女
23日 12/08	日	戊辰	定	大林木	虚
24日 12/09	月	己巳	執	大林木	危
25日 12/10	火	庚午	破	路傍土	室
26日 12/11	水	辛未	危	路傍土	壁
27日 12/12	木	壬申	成	釼鋒金	奎

西暦	曜	干支	直	納音	宿
28日 12/13	金	癸酉	納	釼鋒金	婁
29日 12/14	土	甲戌	開	山頭火	胃
30日 12/15	日	乙亥	閉	山頭火	昴

【十一月小 庚子 箕】
節気 冬至 7日・小寒 22日

西暦	曜	干支	直	納音	宿
1日 12/16	月	丙子	除	潤下水	畢
2日 12/17	火	丁丑	除	潤下水	觜
3日 12/18	水	戊寅	満	城頭土	參
4日 12/19	木	己卯	平	城頭土	井
5日 12/20	金	庚辰	定	白鑞金	鬼
6日 12/21	土	辛巳	執	白鑞金	柳
7日 12/22	日	壬午	破	楊柳木	星
8日 12/23	月	癸未	危	楊柳木	張
9日 12/24	火	甲申	成	井泉水	翼
10日 12/25	水	乙酉	納	井泉水	軫
11日 12/26	木	丙戌	開	屋上土	角
12日 12/27	金	丁亥	閉	屋上土	亢
13日 12/28	土	戊子	建	霹靂火	氐
14日 12/29	日	己丑	除	霹靂火	房
15日 12/30	月	庚寅	満	松柏木	心
16日 12/31	火	辛卯	平	松柏木	尾

1812年

西暦	曜	干支	直	納音	宿
17日 01/01	水	壬辰	定	長流水	箕
18日 01/02	木	癸巳	執	長流水	斗
19日 01/03	金	甲午	破	沙中金	牛
20日 01/04	土	乙未	危	沙中金	女
21日 01/05	日	丙申	成	山下火	虚
22日 01/06	月	丁酉	納	山下火	室
23日 01/07	火	戊戌	開	平地木	壁
24日 01/08	水	己亥	閉	平地木	奎
25日 01/09	木	庚子	閉	壁上土	婁
26日 01/10	金	辛丑	除	壁上土	胃
27日 01/11	土	壬寅	除	金箔金	昴
28日 01/12	日	癸卯	満	金箔金	畢
29日 01/13	月	甲辰	平	覆燈火	觜

【十二月大 辛丑 斗】
節気 大寒 9日・立春 24日
雑節 土用 6日・節分 23日

西暦	曜	干支	直	納音	宿
1日 01/14	火	乙巳	定	覆燈火	參
2日 01/15	水	丙午	破	天河水	井
3日 01/16	木	丁未	破	天河水	鬼
4日 01/17	金	戊申	危	大駅土	柳
5日 01/18	土	己酉	成	大駅土	星
6日 01/19	日	庚戌	納	釼釧金	張
7日 01/20	月	辛亥	開	釼釧金	翼
8日 01/21	火	壬子	閉	桑柘木	軫
9日 01/22	水	癸丑	建	桑柘木	角
10日 01/23	木	甲寅	除	大渓水	亢
11日 01/24	金	乙卯	満	大渓水	氐
12日 01/25	土	丙辰	平	沙中土	房
13日 01/26	日	丁巳	定	沙中土	心
14日 01/27	月	戊午	執	天上火	尾
15日 01/28	火	己未	破	天上火	箕
16日 01/29	水	庚申	危	柘榴木	斗
17日 01/30	木	辛酉	成	柘榴木	牛
18日 01/31	金	壬戌	納	大海水	女
19日 02/01	土	癸亥	開	大海水	虚
20日 02/02	日	甲子	閉	海中金	危
21日 02/03	月	乙丑	建	海中金	室
22日 02/04	火	丙寅	除	爐中火	壁
23日 02/05	水	丁卯	満	爐中火	奎
24日 02/06	木	戊辰	平	大林木	婁
25日 02/07	金	己巳	定	大林木	胃
26日 02/08	土	庚午	執	路傍土	昴
27日 02/09	日	辛未	破	路傍土	畢
28日 02/10	月	壬申	危	釼鋒金	觜
29日 02/11	火	癸酉	危	釼鋒金	參
30日 02/12	水	甲戌	成	山頭火	井

文化9年
1812～1813　壬申　箕

【正月小　壬寅　牛】
節気　雨水 9日・啓蟄 24日

日	月日	曜	干支	直	納音	宿
1日	02/13	木	乙亥	納	山頭火	井
2日	02/14	金	丙子	開	澗下水	鬼
3日	02/15	土	丁丑	閉	澗下水	柳
4日	02/16	日	戊寅	建	城頭土	星
5日	02/17	月	己卯	除	城頭土	張
6日	02/18	火	庚辰	満	白鑞金	翼
7日	02/19	水	辛巳	平	白鑞金	軫
8日	02/20	木	壬午	定	楊柳木	角
9日	02/21	金	癸未	執	楊柳木	亢
10日	02/22	土	甲申	破	井泉水	氏
11日	02/23	日	乙酉	危	井泉水	房
12日	02/24	月	丙戌	成	屋上土	心
13日	02/25	火	丁亥	納	屋上土	尾
14日	02/26	水	戊子	開	霹靂火	箕
15日	02/27	木	己丑	閉	霹靂火	斗
16日	02/28	金	庚寅	建	松柏木	牛
17日	02/29	土	辛卯	除	松柏木	女
18日	03/01	日	壬辰	満	長流水	虚
19日	03/02	月	癸巳	平	長流水	室
20日	03/03	火	甲午	定	沙中金	壁
21日	03/04	水	乙未	執	沙中金	奎
22日	03/05	木	丙申	破	山下火	婁
23日	03/06	金	丁酉	危	山下火	胃
24日	03/07	土	戊戌	成	平地木	昴
25日	03/08	日	己亥	成	平地木	昴
26日	03/09	月	庚子	納	壁上土	畢
27日	03/10	火	辛丑	開	壁上土	觜
28日	03/11	水	壬寅	閉	金箔金	参
29日	03/12	木	癸卯	建	金箔金	井

【二月大　癸卯　女】
節気　春分 11日・清明 26日
雑節　彼岸 6日・社日 15日

日	月日	曜	干支	直	納音	宿
1日	03/13	金	甲辰	除	覆燈火	鬼
2日	03/14	土	乙巳	満	覆燈火	柳
3日	03/15	日	丙午	平	天河水	星
4日	03/16	月	丁未	定	天河水	張
5日	03/17	火	戊申	執	大駅土	翼
6日	03/18	水	己酉	破	大駅土	軫
7日	03/19	木	庚戌	危	釵釧金	角
8日	03/20	金	辛亥	成	釵釧金	亢
9日	03/21	土	壬子	納	桑柘木	氏
10日	03/22	日	癸丑	開	桑柘木	房
11日	03/23	月	甲寅	閉	大溪水	心
12日	03/24	火	乙卯	建	大溪水	尾
13日	03/25	水	丙辰	除	沙中土	箕
14日	03/26	木	丁巳	満	沙中土	斗
15日	03/27	金	戊午	平	天上火	牛
16日	03/28	土	己未	定	天上火	女
17日	03/29	日	庚申	執	柘榴木	虚
18日	03/30	月	辛酉	破	柘榴木	危
19日	03/31	火	壬戌	危	大海水	室
20日	04/01	水	癸亥	成	大海水	壁
21日	04/02	木	甲子	納	海中金	奎
22日	04/03	金	乙丑	開	海中金	婁
23日	04/04	土	丙寅	閉	爐中火	胃
24日	04/05	日	丁卯	建	爐中火	昴
25日	04/06	月	戊辰	除	大林木	畢
26日	04/07	火	己巳	満	大林木	觜
27日	04/08	水	庚午	平	路傍土	参
28日	04/09	木	辛未	定	路傍土	井
29日	04/10	金	壬申	執	釼鋒金	鬼
30日	04/11	土	癸酉	破	釼鋒金	柳

【三月小　甲辰　虚】
節気　穀雨 11日・立夏 26日
雑節　土用 8日・八十八夜 22日

日	月日	曜	干支	直	納音	宿
1日	04/12	日	甲戌	破	山頭火	星
2日	04/13	月	乙亥	危	山頭火	張
3日	04/14	火	丙子	成	澗下水	翼
4日	04/15	水	丁丑	納	澗下水	軫
5日	04/16	木	戊寅	開	城頭土	角
6日	04/17	金	己卯	閉	城頭土	亢
7日	04/18	土	庚辰	建	白鑞金	氏
8日	04/19	日	辛巳	除	白鑞金	房
9日	04/20	月	壬午	満	楊柳木	心
10日	04/21	火	癸未	平	楊柳木	尾
11日	04/22	水	甲申	定	井泉水	箕
12日	04/23	木	乙酉	執	井泉水	斗
13日	04/24	金	丙戌	破	屋上土	牛
14日	04/25	土	丁亥	危	屋上土	女
15日	04/26	日	戊子	成	霹靂火	虚
16日	04/27	月	己丑	納	霹靂火	危
17日	04/28	火	庚寅	開	松柏木	室
18日	04/29	水	辛卯	閉	松柏木	壁
19日	04/30	木	壬辰	建	長流水	奎
20日	05/01	金	癸巳	除	長流水	婁
21日	05/02	土	甲午	満	沙中金	胃
22日	05/03	日	乙未	平	沙中金	昴
23日	05/04	月	丙申	定	山下火	畢
24日	05/05	火	丁酉	執	山下火	觜
25日	05/06	水	戊戌	破	平地木	参
26日	05/07	木	己亥	破	平地木	井
27日	05/08	金	庚子	成	壁上土	鬼
28日	05/09	土	辛丑	成	壁上土	柳
29日	05/10	日	壬寅	納	金箔金	星

【四月小　乙巳　危】
節気　小満 12日・芒種 28日

日	月日	曜	干支	直	納音	宿
1日	05/11	月	癸卯	開	金箔金	張
2日	05/12	火	甲辰	閉	覆燈火	翼
3日	05/13	水	乙巳	建	覆燈火	軫
4日	05/14	木	丙午	除	天河水	角
5日	05/15	金	丁未	満	天河水	亢
6日	05/16	土	戊申	平	大駅土	氏
7日	05/17	日	己酉	定	大駅土	房
8日	05/18	月	庚戌	執	釵釧金	心
9日	05/19	火	辛亥	破	釵釧金	尾
10日	05/20	水	壬子	危	桑柘木	箕
11日	05/21	木	癸丑	成	桑柘木	斗
12日	05/22	金	甲寅	納	大溪水	牛
13日	05/23	土	乙卯	開	大溪水	女
14日	05/24	日	丙辰	閉	沙中土	虚
15日	05/25	月	丁巳	建	沙中土	危
16日	05/26	火	戊午	除	天上火	室
17日	05/27	水	己未	満	天上火	壁
18日	05/28	木	庚申	平	柘榴木	奎
19日	05/29	金	辛酉	定	柘榴木	婁
20日	05/30	土	壬戌	執	大海水	胃
21日	05/31	日	癸亥	破	大海水	昴
22日	06/01	月	甲子	危	海中金	畢
23日	06/02	火	乙丑	成	海中金	觜
24日	06/03	水	丙寅	納	爐中火	参
25日	06/04	木	丁卯	開	爐中火	井
26日	06/05	金	戊辰	閉	大林木	鬼
27日	06/06	土	己巳	建	大林木	柳
28日	06/07	日	庚午	除	路傍土	星
29日	06/08	月	辛未	満	路傍土	張

【五月大　丙午　室】
節気　夏至 14日・小暑 29日
雑節　入梅 1日・半夏生 24日

日	月日	曜	干支	直	納音	宿
1日	06/09	火	壬申	平	釼鋒金	翼
2日	06/10	水	癸酉	定	釼鋒金	軫
3日	06/11	木	甲戌	定	山頭火	角
4日	06/12	金	乙亥	執	山頭火	氏
5日	06/13	土	丙子	破	澗下水	房
6日	06/14	日	丁丑	危	澗下水	心
7日	06/15	月	戊寅	成	城頭土	尾
8日	06/16	火	己卯	納	城頭土	箕
9日	06/17	水	庚辰	開	白鑞金	斗
10日	06/18	木	辛巳	閉	白鑞金	牛
11日	06/19	金	壬午	建	楊柳木	女
12日	06/20	土	癸未	除	楊柳木	虚
13日	06/21	日	甲申	平	井泉水	危
14日	06/22	月	乙酉	平	井泉水	室
15日	06/23	火	丙戌	定	屋上土	壁
16日	06/24	水	丁亥	執	屋上土	奎
17日	06/25	木	戊子	破	霹靂火	婁
18日	06/26	金	己丑	危	霹靂火	胃
19日	06/27	土	庚寅	成	松柏木	昴
20日	06/28	日	辛卯	納	松柏木	畢
21日	06/29	月	壬辰	開	長流水	觜
22日	06/30	火	癸巳	閉	長流水	参
23日	07/01	水	甲午	建	沙中金	井
24日	07/02	木	乙未	除	沙中金	鬼
25日	07/03	金	丙申	平	山下火	柳
26日	07/04	土	丁酉	定	山下火	星
27日	07/05	日	戊戌	執	平地木	張
28日	07/06	月	己亥	破	平地木	翼
29日	07/07	火	庚子	危	壁上土	軫
30日	07/08	水	辛丑	破	壁上土	角

【六月小　丁未　壁】
節気　大暑 14日
雑節　土用 11日

日	月日	曜	干支	直	納音	宿
1日	07/09	木	壬寅	危	金箔金	角
2日	07/10	金	癸卯	成	金箔金	亢
3日	07/11	土	甲辰	納	覆燈火	氏
4日	07/12	日	乙巳	開	覆燈火	房
5日	07/13	月	丙午	閉	天河水	心
6日	07/14	火	丁未	建	天河水	尾
7日	07/15	水	戊申	除	大駅土	箕
8日	07/16	木	己酉	満	大駅土	斗
9日	07/17	金	庚戌	平	釵釧金	牛
10日	07/18	土	辛亥	定	釵釧金	女
11日	07/19	日	壬子	執	桑柘木	虚
12日	07/20	月	癸丑	破	桑柘木	危
13日	07/21	火	甲寅	危	大溪水	室
14日	07/22	水	乙卯	成	大溪水	壁
15日	07/23	木	丙辰	納	沙中土	奎
16日	07/24	金	丁巳	開	沙中土	婁
17日	07/25	土	戊午	閉	天上火	胃
18日	07/26	日	己未	建	天上火	昴
19日	07/27	月	庚申	除	柘榴木	畢
20日	07/28	火	辛酉	満	柘榴木	觜
21日	07/29	水	壬戌	平	大海水	参
22日	07/30	木	癸亥	定	大海水	井
23日	07/31	金	甲子	執	海中金	鬼
24日	08/01	土	乙丑	破	海中金	柳
25日	08/02	日	丙寅	危	爐中火	星
26日	08/03	月	丁卯	成	爐中火	張
27日	08/04	火	戊辰	納	大林木	翼
28日	08/05	水	己巳	開	大林木	軫
29日	08/06	木	庚午	閉	路傍土	角

【七月大　戊申　奎】
節気　立秋 1日・処暑 16日
雑節　二百十 27日

日	月日	曜	干支	直	納音	宿
1日	08/07	金	辛未	閉	路傍土	亢
2日	08/08	土	壬申	建	釼鋒金	氏
3日	08/09	日	癸酉	除	釼鋒金	房
4日	08/10	月	甲戌	満	山頭火	心

－ 462 －

西暦　曜　干支　直　納音　宿　　　　　　　　　　　　　　　　　　　　　文化9年

日	西暦	曜	干支	直	納音	宿
5日	08/11	火	乙亥	平	山頭火	尾
6日	08/12	水	丙子	定	澗下水	箕
7日	08/13	木	丁丑	執	澗下水	斗
8日	08/14	金	戊寅	破	城頭土	牛
9日	08/15	土	己卯	納	城頭土	女
10日	08/16	日	庚辰	成	白鑞金	虚
11日	08/17	月	辛巳	納	白鑞金	危
12日	08/18	火	壬午	開	楊柳木	室
13日	08/19	水	癸未	閉	楊柳木	壁
14日	08/20	木	甲申	建	井泉水	奎
15日	08/21	金	乙酉	除	井泉水	婁
16日☆	08/22	土	丙戌	満	屋上土	昂
17日	08/23	日	丁亥	定	屋上土	昂
18日	08/24	月	戊子	定	霹靂火	畢
19日	08/25	火	己丑	執	霹靂火	觜
20日	08/26	水	庚寅	破	松柏木	参
21日	08/27	木	辛卯	危	松柏木	井
22日	08/28	金	壬辰	成	長流水	鬼
23日	08/29	土	癸巳	納	長流水	柳
24日	08/30	日	甲午	開	沙中金	星
25日	08/31	月	乙未	閉	沙中金	張
26日	09/01	火	丙申	建	山下火	翼
27日	09/02	水	丁酉	除	山下火	軫
28日	09/03	木	戊戌	満	平地木	角
29日	09/04	金	己亥	平	平地木	亢
30日	09/05	土	庚子	定	壁上土	氐

【八月小 己酉 婁】
節気 白露 1日・秋分 16日
雑節 彼岸 15日・社日 18日

日	西暦	曜	干支	直	納音	宿
1日	09/06	日	辛丑	定	壁上土	房
2日	09/07	月	壬寅	執	金箔金	心
3日	09/08	火	癸卯	破	金箔金	尾
4日	09/09	水	甲辰	危	覆燈火	箕
5日	09/10	木	乙巳	成	覆燈火	斗
6日	09/11	金	丙午	納	天河水	牛
7日	09/12	土	丁未	開	天河水	女
8日	09/13	日	戊申	閉	大駅土	虚
9日	09/14	月	己酉	建	大駅土	危
10日	09/15	火	庚戌	除	釵釧金	室
11日	09/16	水	辛亥	満	釵釧金	壁
12日	09/17	木	壬子	平	桑柘木	奎
13日	09/18	金	癸丑	定	桑柘木	婁
14日	09/19	土	甲寅	執	大溪水	昂
15日	09/20	日	乙卯	破	大溪水	昂
16日	09/21	月	丙辰	危	沙中土	畢
17日	09/22	火	丁巳	成	沙中土	觜
18日	09/23	水	戊午	納	天上火	参
19日	09/24	木	己未	開	天上火	井
20日	09/25	金	庚申	閉	柘榴木	鬼
21日	09/26	土	辛酉	建	柘榴木	星
22日	09/27	日	壬戌	除	大海水	張
23日	09/28	月	癸亥	満	大海水	翼
24日	09/29	火	甲子	平	海中金	軫
25日	09/30	水	乙丑	定	海中金	角
26日	10/01	木	丙寅	執	爐中火	亢
27日	10/02	金	丁卯	破	爐中火	氐
28日	10/03	土	戊辰	危	大林木	房
29日	10/04	日	己巳	成	大林木	心

【九月大 庚戌 胃】
節気 寒露 2日・霜降 18日
雑節 土用 15日

日	西暦	曜	干支	直	納音	宿
1日	10/05	月	庚午	納	路傍土	心
2日	10/06	火	辛未	開	路傍土	尾
3日	10/07	水	壬申	閉	釼鋒金	箕
4日	10/08	木	癸酉	建	釼鋒金	斗
5日	10/09	金	甲戌	除	山頭火	牛
6日	10/10	土	乙亥	除	山頭火	女
7日	10/11	日	丙子	満	澗下水	虚
8日	10/12	月	丁丑	平	澗下水	危
9日	10/13	火	戊寅	定	城頭土	室
10日	10/14	水	己卯	執	城頭土	壁
11日	10/15	木	庚辰	破	白鑞金	奎
12日	10/16	金	辛巳	危	白鑞金	婁
13日	10/17	土	壬午	成	楊柳木	胃
14日	10/18	日	癸未	納	楊柳木	昂
15日	10/19	月	甲申	開	井泉水	畢
16日	10/20	火	乙酉	閉	井泉水	觜
17日	10/21	水	丙戌	建	屋上土	参
18日	10/22	木	丁亥	除	屋上土	井
19日	10/23	金	戊子	満	霹靂火	鬼
20日	10/24	土	己丑	平	霹靂火	柳
21日	10/25	日	庚寅	定	松柏木	星
22日	10/26	月	辛卯	執	松柏木	張
23日	10/27	火	壬辰	破	長流水	翼
24日	10/28	水	癸巳	危	長流水	軫
25日	10/29	木	甲午	成	沙中金	角
26日	10/30	金	乙未	納	沙中金	亢
27日	10/31	土	丙申	開	山下火	氐
28日	11/01	日	丁酉	閉	山下火	房
29日	11/02	月	戊戌	建	平地木	心
30日	11/03	火	己亥	除	平地木	尾

【十月大 辛亥 昂】
節気 立冬 3日・小雪 18日

日	西暦	曜	干支	直	納音	宿
1日	11/04	水	庚子	満	壁上土	箕
2日	11/05	木	辛丑	平	壁上土	斗
3日	11/06	金	壬寅	平	金箔金	牛
4日	11/07	土	癸卯	定	金箔金	女
5日	11/08	日	甲辰	執	覆燈火	虚
6日	11/09	月	乙巳	破	覆燈火	危
7日	11/10	火	丙午	危	天河水	室
8日	11/11	水	丁未	成	天河水	壁
9日	11/12	木	戊申	納	大駅土	奎
10日	11/13	金	己酉	開	大駅土	婁
11日	11/14	土	庚戌	閉	釵釧金	胃
12日	11/15	日	辛亥	建	釵釧金	昂
13日	11/16	月	壬子	除	桑柘木	畢
14日	11/17	火	癸丑	満	桑柘木	觜
15日	11/18	水	甲寅	平	大溪水	参
16日	11/19	木	乙卯	定	大溪水	井
17日	11/20	金	丙辰	執	沙中土	鬼
18日	11/21	土	丁巳	破	沙中土	柳
19日	11/22	日	戊午	危	天上火	星
20日	11/23	月	己未	納	天上火	張
21日	11/24	火	庚申	納	柘榴木	翼
22日	11/25	水	辛酉	開	柘榴木	軫
23日	11/26	木	壬戌	閉	大海水	角
24日	11/27	金	癸亥	建	大海水	亢
25日	11/28	土	甲子	除	海中金	氐
26日	11/29	日	乙丑	満	海中金	房
27日	11/30	月	丙寅	平	爐中火	心
28日	12/01	火	丁卯	定	爐中火	尾
29日	12/02	水	戊辰	執	大林木	箕
30日	12/03	木	己巳	除	大林木	斗

【十一月大 壬子 畢】
節気 大雪 3日・冬至 18日

日	西暦	曜	干支	直	納音	宿
1日	12/04	金	庚午	危	路傍土	牛
2日	12/05	土	辛未	成	路傍土	女
3日	12/06	日	壬申	納	釼鋒金	虚
4日	12/07	月	癸酉	開	釼鋒金	危
5日	12/08	火	甲戌	閉	山頭火	室
6日	12/09	水	乙亥	建	山頭火	壁
7日	12/10	木	丙子	除	澗下水	奎
8日	12/11	金	丁丑	満	澗下水	婁
9日	12/12	土	戊寅	満	城頭土	胃
10日	12/13	日	己卯	平	城頭土	昂
11日	12/14	月	庚辰	定	白鑞金	畢
12日	12/15	火	辛巳	執	白鑞金	觜
13日	12/16	水	壬午	破	楊柳木	参
14日	12/17	木	癸未	危	楊柳木	井
15日	12/18	金	甲申	成	井泉水	鬼
16日	12/19	土	乙酉	納	井泉水	星
17日	12/20	日	丙戌	開	屋上土	星
18日	12/21	月	丁亥	閉	屋上土	張
19日	12/22	火	戊子	建	霹靂火	翼
20日	12/23	水	己丑	除	霹靂火	軫
21日	12/24	木	庚寅	満	松柏木	角
22日	12/25	金	辛卯	平	松柏木	亢
23日	12/26	土	壬辰	定	長流水	氐
24日	12/27	日	癸巳	執	長流水	房
25日	12/28	月	甲午	破	沙中金	心
26日	12/29	火	乙未	危	沙中金	尾
27日	12/30	水	丙申	成	山下火	箕
28日	12/31	木	丁酉	納	山下火	斗

1813年

日	西暦	曜	干支	直	納音	宿
29日	01/01	金	戊戌	開	平地木	牛
30日	01/02	土	己亥	閉	平地木	女

【十二月小 癸丑 觜】
節気 小寒 4日・大寒 19日
雑節 土用 16日

日	西暦	曜	干支	直	納音	宿
1日	01/03	日	庚子	建	壁上土	虚
2日	01/04	月	辛丑	除	壁上土	危
3日	01/05	火	壬寅	満	金箔金	室
4日	01/06	水	癸卯	満	金箔金	壁
5日	01/07	木	甲辰	平	覆燈火	奎
6日	01/08	金	乙巳	定	覆燈火	婁
7日	01/09	土	丙午	執	天河水	胃
8日	01/10	日	丁未	破	天河水	昂
9日	01/11	月	戊申	危	大駅土	畢
10日	01/12	火	己酉	成	大駅土	觜
11日	01/13	水	庚戌	納	釵釧金	参
12日	01/14	木	辛亥	開	釵釧金	井
13日	01/15	金	壬子	閉	桑柘木	鬼
14日	01/16	土	癸丑	建	桑柘木	星
15日	01/17	日	甲寅	除	大溪水	星
16日	01/18	月	乙卯	満	大溪水	張
17日	01/19	火	丙辰	平	沙中土	翼
18日	01/20	水	丁巳	定	沙中土	軫
19日	01/21	木	戊午	執	天上火	角
20日	01/22	金	己未	破	天上火	亢
21日	01/23	土	庚申	成	柘榴木	氐
22日	01/24	日	辛酉	納	柘榴木	房
23日	01/25	月	壬戌	開	大海水	心
24日	01/26	火	癸亥	閉	大海水	尾
25日	01/27	水	甲子	建	海中金	箕
26日	01/28	木	乙丑	建	海中金	斗
27日	01/29	金	丙寅	除	爐中火	牛
28日	01/30	土	丁卯	満	爐中火	女
29日	01/31	日	戊辰	平	大林木	虚

文化10年
1813～1814　癸酉　斗

【正月大 甲寅 参】
節気 立春 5日・雨水 20日
雑節 節分 4日

日	月日	曜	干支	直	納音	宿
1日	02/01	月	己巳	定	大林木	危
2日	02/02	火	庚午	執	路傍土	室
3日	02/03	水	辛未	破	路傍土	壁
4日	02/04	木	壬申	危	釼鋒金	奎
5日	02/05	金	癸酉	成	釼鋒金	婁
6日	02/06	土	甲戌	納	山頭火	胃
7日	02/07	日	乙亥	開	山頭火	昴
8日	02/08	月	丙子	閉	澗下水	畢
9日	02/09	火	丁丑	建	澗下水	觜
10日	02/10	水	戊寅	除	城頭土	参
11日	02/11	木	己卯	満	城頭土	井
12日	02/12	金	庚辰	平	白鑞金	鬼
13日	02/13	土	辛巳	定	白鑞金	柳
14日	02/14	日	壬午	執	楊柳木	星
15日☆	02/15	月	癸未	破	楊柳木	張
16日	02/16	火	甲申	危	井泉水	翼
17日	02/17	水	乙酉	成	井泉水	軫
18日	02/18	木	丙戌	納	屋上土	角
19日	02/19	金	丁亥	開	屋上土	亢
20日	02/20	土	戊子	閉	霹靂火	氐
21日	02/21	日	己丑	建	霹靂火	房
22日	02/22	月	庚寅	除	松柏木	心
23日	02/23	火	辛卯	満	松柏木	尾
24日	02/24	水	壬辰	平	長流水	箕
25日	02/25	木	癸巳	定	長流水	斗
26日	02/26	金	甲午	執	沙中金	女
27日	02/27	土	乙未	破	沙中金	虚
28日	02/28	日	丙申	危	山下火	危
29日	03/01	月	丁酉	成	山下火	室
30日	03/02	火	戊戌	納	平地木	壁

【二月小 乙卯 井】
節気 啓蟄 6日・春分 21日
雑節 彼岸 16日・社日 20日

日	月日	曜	干支	直	納音	宿
1日	03/03	水	己亥	納	平地木	奎
2日	03/04	木	庚子	開	壁上土	婁
3日	03/05	金	辛丑	閉	壁上土	胃
4日	03/06	土	壬寅	建	金箔金	昴
5日	03/07	日	癸卯	除	金箔金	畢
6日	03/08	月	甲辰	満	覆燈火	觜
7日	03/09	火	乙巳	平	覆燈火	参
8日	03/10	水	丙午	定	天河水	井
9日	03/11	木	丁未	執	天河水	鬼
10日	03/12	金	戊申	破	大駅土	柳
11日	03/13	土	己酉	危	大駅土	星
12日	03/14	日	庚戌	成	釼釧金	張
13日	03/15	月	辛亥	納	釼釧金	翼
14日	03/16	火	壬子	開	桑柘木	軫
15日	03/17	水	癸丑	閉	桑柘木	角
16日	03/18	木	甲寅	建	大溪水	亢
17日	03/19	金	乙卯	除	大溪水	氐
18日	03/20	土	丙辰	満	沙中土	房
19日	03/21	日	丁巳	平	沙中土	心
20日	03/22	月	戊午	定	天上火	尾
21日	03/23	火	己未	執	天上火	箕
22日	03/24	水	庚申	破	柘榴木	斗
23日	03/25	木	辛酉	危	柘榴木	女
24日	03/26	金	壬戌	成	大海水	虚
25日	03/27	土	癸亥	納	大海水	危
26日	03/28	日	甲子	納	海中金	室
27日	03/29	月	乙丑	開	海中金	壁
28日	03/30	火	丙寅	閉	爐中火	奎
29日	03/31	水	丁卯	建	爐中火	婁

【三月大 丙辰 鬼】
節気 清明 7日・穀雨 22日
雑節 土用 19日

日	月日	曜	干支	直	納音	宿
1日	04/01	木	戊辰	除	大林木	奎
2日	04/02	金	己巳	満	大林木	婁
3日	04/03	土	庚午	平	路傍土	昴
4日	04/04	日	辛未	定	路傍土	畢
5日	04/05	月	壬申	執	釼鋒金	觜
6日	04/06	火	癸酉	破	釼鋒金	参
7日	04/07	水	甲戌	危	山頭火	井
8日	04/08	木	乙亥	成	山頭火	鬼
9日	04/09	金	丙子	納	澗下水	柳
10日	04/10	土	丁丑	開	澗下水	星
11日	04/11	日	戊寅	閉	城頭土	張
12日	04/12	月	己卯	建	城頭土	翼
13日	04/13	火	庚辰	除	白鑞金	軫
14日	04/14	水	辛巳	除	白鑞金	角
15日	04/15	木	壬午	満	楊柳木	亢
16日	04/16	金	癸未	平	楊柳木	氐
17日	04/17	土	甲申	定	井泉水	房
18日	04/18	日	乙酉	執	井泉水	心
19日	04/19	月	丙戌	破	屋上土	尾
20日	04/20	火	丁亥	危	屋上土	箕
21日	04/21	水	戊子	成	霹靂火	斗
22日	04/22	木	己丑	納	霹靂火	女
23日	04/23	金	庚寅	開	松柏木	虚
24日	04/24	土	辛卯	閉	松柏木	危
25日	04/25	日	壬辰	建	長流水	室
26日	04/26	月	癸巳	除	長流水	壁
27日	04/27	火	甲午	満	沙中金	奎
28日	04/28	水	乙未	平	沙中金	婁
29日	04/29	木	丙申	定	山下火	胃
30日	04/30	金	丁酉	執	山下火	昴

【四月小 丁巳 柳】
節気 立夏 7日・小満 23日
雑節 八十八夜 3日

日	月日	曜	干支	直	納音	宿
1日	05/01	土	戊戌	破	平地木	胃
2日	05/02	日	己亥	危	平地木	昴
3日	05/03	月	庚子	成	壁上土	畢
4日	05/04	火	辛丑	納	壁上土	觜
5日	05/05	水	壬寅	開	金箔金	参
6日	05/06	木	癸卯	閉	金箔金	井
7日	05/07	金	甲辰	建	覆燈火	鬼
8日	05/08	土	乙巳	建	覆燈火	柳
9日	05/09	日	丙午	除	天河水	星
10日	05/10	月	丁未	満	天河水	張
11日	05/11	火	戊申	平	大駅土	翼
12日	05/12	水	己酉	定	大駅土	軫
13日	05/13	木	庚戌	執	釼釧金	角
14日	05/14	金	辛亥	破	釼釧金	亢
15日	05/15	土	壬子	危	桑柘木	氐
16日	05/16	日	癸丑	成	桑柘木	房
17日	05/17	月	甲寅	納	大溪水	心
18日	05/18	火	乙卯	開	大溪水	尾
19日	05/19	水	丙辰	閉	沙中土	箕
20日	05/20	木	丁巳	建	沙中土	斗
21日	05/21	金	戊午	除	天上火	牛
22日	05/22	土	己未	満	天上火	女
23日	05/23	日	庚申	平	柘榴木	虚
24日	05/24	月	辛酉	定	柘榴木	危
25日	05/25	火	壬戌	執	大海水	室
26日	05/26	水	癸亥	破	大海水	壁
27日	05/27	木	甲子	危	海中金	奎
28日	05/28	金	乙丑	成	海中金	婁
29日	05/29	土	丙寅	納	爐中火	胃

【五月小 戊午 星】
節気 芒種 9日・夏至 24日
雑節 入梅 16日

日	月日	曜	干支	直	納音	宿
1日	05/30	日	丁卯	開	爐中火	昴
2日	05/31	月	戊辰	閉	大林木	畢
3日	06/01	火	己巳	建	大林木	觜
4日	06/02	水	庚午	除	路傍土	参
5日	06/03	木	辛未	満	路傍土	井
6日	06/04	金	壬申	平	釼鋒金	鬼
7日	06/05	土	癸酉	定	釼鋒金	柳
8日	06/06	日	甲戌	執	山頭火	星
9日	06/07	月	乙亥	破	山頭火	張
10日	06/08	火	丙子	危	澗下水	翼
11日	06/09	水	丁丑	成	澗下水	軫
12日	06/10	木	戊寅	納	城頭土	角
13日	06/11	金	己卯	開	城頭土	亢
14日	06/12	土	庚辰	閉	白鑞金	氐
15日	06/13	日	辛巳	建	白鑞金	房
16日	06/14	月	壬午	除	楊柳木	心
17日	06/15	火	癸未	満	楊柳木	尾
18日	06/16	水	甲申	平	井泉水	箕
19日	06/17	木	乙酉	定	井泉水	斗
20日	06/18	金	丙戌	執	屋上土	女
21日	06/19	土	丁亥	破	屋上土	虚
22日	06/20	日	戊子	危	霹靂火	危
23日	06/21	月	己丑	成	霹靂火	室
24日	06/22	火	庚寅	納	松柏木	壁
25日	06/23	水	辛卯	開	松柏木	奎
26日	06/24	木	壬辰	閉	長流水	婁
27日	06/25	金	癸巳	建	長流水	胃
28日	06/26	土	甲午	除	沙中金	昴
29日	06/27	日	乙未	満	沙中金	畢

【六月小 己未 張】
節気 小暑 10日・大暑 26日
雑節 半夏生 5日・土用 22日

日	月日	曜	干支	直	納音	宿
1日	06/28	月	丙申	満	山下火	畢
2日	06/29	火	丁酉	平	山下火	觜
3日	06/30	水	戊戌	定	平地木	参
4日	07/01	木	己亥	執	平地木	井
5日	07/02	金	庚子	破	壁上土	鬼
6日	07/03	土	辛丑	危	壁上土	柳
7日	07/04	日	壬寅	成	金箔金	星
8日	07/05	月	癸卯	納	金箔金	張
9日	07/06	火	甲辰	開	覆燈火	翼
10日	07/07	水	乙巳	閉	覆燈火	軫
11日	07/08	木	丙午	建	天河水	角
12日	07/09	金	丁未	除	天河水	亢
13日	07/10	土	戊申	満	大駅土	氐
14日	07/11	日	己酉	平	大駅土	房
15日	07/12	月	庚戌	定	釼釧金	心
16日	07/13	火	辛亥	執	釼釧金	尾
17日	07/14	水	壬子	破	桑柘木	箕
18日	07/15	木	癸丑	危	桑柘木	斗
19日	07/16	金	甲寅	成	大溪水	女
20日	07/17	土	乙卯	納	大溪水	虚
21日	07/18	日	丙辰	開	沙中土	危
22日	07/19	月	丁巳	閉	沙中土	室
23日	07/20	火	戊午	建	天上火	壁
24日	07/21	水	己未	除	天上火	奎
25日	07/22	木	庚申	満	柘榴木	婁
26日	07/23	金	辛酉	平	柘榴木	胃
27日	07/24	土	壬戌	定	大海水	昴
28日	07/25	日	癸亥	執	大海水	畢
29日	07/26	月	甲子	破	海中金	觜

【七月大 庚申 翼】
節気 立秋 12日・処暑 27日

日	月日	曜	干支	直	納音	宿
1日	07/27	火	乙丑	破	海中金	觜
2日	07/28	水	丙寅	危	爐中火	参
3日	07/29	木	丁卯	成	爐中火	井
4日	07/30	金	戊辰	納	大林木	鬼
5日	07/31	土	己巳	開	大林木	柳
6日	08/01	日	庚午	閉	路傍土	星
7日	08/02	月	辛未	建	路傍土	張
8日	08/03	火	壬申	除	釼鋒金	翼
9日	08/04	水	癸酉	満	釼鋒金	軫
10日	08/05	木	甲戌	平	山頭火	角
11日	08/06	金	乙亥	定	山頭火	亢
12日	08/07	土	丙子	執	澗下水	氐
13日	08/08	日	丁丑	破	澗下水	房
14日	08/09	月	戊寅	危	城頭土	心
15日	08/10	火	己卯	成	城頭土	尾
16日	08/11	水	庚辰	納	白鑞金	箕

文化10年

西暦	曜	干支	直	納音	宿
17日 08/12	木	辛巳	納	白鑞金	斗
18日 08/13	金	壬午	開	楊柳木	牛
19日 08/14	土	癸未	閉	楊柳木	女
20日 08/15	日	甲申	建	井泉水	虚
21日 08/16	月	乙酉	除	井泉水	危
22日 08/17	火	丙戌	満	屋上土	室
23日 08/18	水	丁亥	平	屋上土	壁
24日 08/19	木	戊子	定	霹靂火	奎
25日 08/20	金	己丑	執	霹靂火	婁
26日 08/21	土	庚寅	破	松柏木	胃
27日 08/22	日	辛卯	危	松柏木	昴
28日 08/23	月	壬辰	成	長流水	畢
29日 08/24	火	癸巳	納	長流水	觜
30日 08/25	水	甲午	開	沙中金	参

【八月小 辛酉 軫】
節気 白露 12日・秋分 27日
雑節 二百十日 8日・社日 24日・彼岸 26日

西暦	曜	干支	直	納音	宿
1日 08/26	木	乙未	納	沙中金	井
2日 08/27	金	丙申	建	山下火	鬼
3日 08/28	土	丁酉	除	山下火	柳
4日 08/29	日	戊戌	満	平地木	星
5日 08/30	月	己亥	平	平地木	張
6日 08/31	火	庚子	定	壁上土	翼
7日 09/01	水	辛丑	執	壁上土	軫
8日 09/02	木	壬寅	破	金箔金	角
9日 09/03	金	癸卯	危	金箔金	亢
10日 09/04	土	甲辰	成	覆燈火	氐
11日 09/05	日	乙巳	納	覆燈火	房
12日 09/06	月	丙午	納	天河水	心
13日 09/07	火	丁未	開	天河水	尾
14日 09/08	水	戊申	建	大駅土	箕
15日 09/09	木	己酉	建	大駅土	斗
16日 09/10	金	庚戌	除	釵釧金	牛
17日 09/11	土	辛亥	満	釵釧金	女
18日 09/12	日	壬子	平	桑柘木	虚
19日 09/13	月	癸丑	定	桑柘木	危
20日 09/14	火	甲寅	執	大溪水	室
21日 09/15	水	乙卯	破	大溪水	壁
22日 09/16	木	丙辰	危	沙中土	奎
23日 09/17	金	丁巳	成	沙中土	婁
24日 09/18	土	戊午	納	天上火	胃
25日 09/19	日	己未	開	天上火	昴
26日 09/20	月	庚申	納	柘榴木	畢
27日 09/21	火	辛酉	建	柘榴木	觜
28日 09/22	水	壬戌	除	大海水	参
29日 09/23	木	癸亥	満	大海水	井

【九月大 壬戌 角】
節気 寒露 14日・霜降 29日
雑節 土用 26日

西暦	曜	干支	直	納音	宿
1日 09/24	金	甲子	平	海中金	鬼
2日 09/25	土	乙丑	定	海中金	柳
3日 09/26	日	丙寅	執	爐中火	星
4日 09/27	月	丁卯	破	爐中火	張
5日 09/28	火	戊辰	危	大林木	翼
6日 09/29	水	己巳	成	大林木	軫
7日 09/30	木	庚午	納	路傍土	角
8日 10/01	金	辛未	開	路傍土	亢
9日 10/02	土	壬申	閉	釵鋒金	氐
10日 10/03	日	癸酉	建	釵鋒金	房
11日 10/04	月	甲戌	除	山頭火	心
12日 10/05	火	乙亥	満	山頭火	尾
13日 10/06	水	丙子	平	澗下水	箕
14日 10/07	木	丁丑	定	澗下水	斗
15日 10/08	金	戊寅	執	城頭土	牛
16日 10/09	土	己卯	破	城頭土	女
17日 10/10	日	庚辰	危	白鑞金	虚
18日 10/11	月	辛巳	成	白鑞金	危
19日 10/12	火	壬午	納	楊柳木	室
20日 10/13	水	癸未	納	楊柳木	壁
21日 10/14	木	甲申	開	井泉水	奎
22日 10/15	金	乙酉	閉	井泉水	婁
23日 10/16	土	丙戌	建	屋上土	胃
24日 10/17	日	丁亥	除	屋上土	昴
25日 10/18	月	戊子	満	霹靂火	觜
26日 10/19	火	己丑	平	霹靂火	参
27日 10/20	水	庚寅	定	松柏木	井
28日 10/21	木	辛卯	執	松柏木	鬼
29日 10/22	金	壬辰	破	長流水	柳
30日 10/23	土	癸巳	危	長流水	星

【十月大 癸亥 亢】
節気 立冬 14日・小雪 29日

西暦	曜	干支	直	納音	宿
1日 10/24	日	甲午	成	沙中金	星
2日 10/25	月	乙未	納	沙中金	張
3日 10/26	火	丙申	閉	山下火	翼
4日 10/27	水	丁酉	閉	山下火	軫
5日 10/28	木	戊戌	建	平地木	角
6日 10/29	金	己亥	除	平地木	亢
7日 10/30	土	庚子	満	壁上土	氐
8日 10/31	日	辛丑	平	壁上土	房
9日 11/01	月	壬寅	定	金箔金	心
10日 11/02	火	癸卯	執	金箔金	尾
11日 11/03	水	甲辰	破	覆燈火	箕
12日 11/04	木	乙巳	危	覆燈火	斗
13日 11/05	金	丙午	成	天河水	牛
14日 11/06	土	丁未	成	天河水	女
15日 11/07	日	戊申	開	大駅土	虚
16日 11/08	月	己酉	閉	大駅土	危
17日 11/09	火	庚戌	閉	釵釧金	室
18日 11/10	水	辛亥	除	釵釧金	壁
19日 11/11	木	壬子	除	桑柘木	奎
20日 11/12	金	癸丑	満	桑柘木	婁
21日 11/13	土	甲寅	定	大溪水	胃
22日 11/14	日	乙卯	定	大溪水	昴
23日 11/15	月	丙辰	執	沙中土	畢
24日 11/16	火	丁巳	破	沙中土	觜
25日 11/17	水	戊午	危	天上火	参
26日 11/18	木	己未	成	天上火	井
27日 11/19	金	庚申	納	柘榴木	鬼
28日 11/20	土	辛酉	開	柘榴木	柳
29日 11/21	日	壬戌	閉	大海水	星
30日 11/22	月	癸亥	建	大海水	張

【十一月大 甲子 氐】
節気 大雪 15日・冬至 30日

西暦	曜	干支	直	納音	宿
1日 11/23	火	甲子	除	海中金	翼
2日 11/24	水	乙丑	満	海中金	軫
3日 11/25	木	丙寅	定	爐中火	角
4日 11/26	金	丁卯	定	爐中火	亢
5日 11/27	土	戊辰	執	大林木	氐
6日 11/28	日	己巳	破	大林木	房
7日 11/29	月	庚午	危	路傍土	心
8日 11/30	火	辛未	成	路傍土	尾
9日 12/01	水	壬申	納	釵鋒金	箕
10日 12/02	木	癸酉	開	釵鋒金	斗
11日 12/03	金	甲戌	閉	山頭火	牛
12日 12/04	土	乙亥	建	山頭火	女
13日 12/05	日	丙子	除	澗下水	虚
14日 12/06	月	丁丑	満	澗下水	危
15日 12/07	火	戊寅	平	城頭土	室
16日 12/08	水	己卯	定	城頭土	壁
17日 12/09	木	庚辰	執	白鑞金	奎
18日 12/10	金	辛巳	破	白鑞金	婁
19日 12/11	土	壬午	危	楊柳木	胃
20日 12/12	日	癸未	成	楊柳木	昴
21日 12/13	月	甲申	納	井泉水	觜
22日 12/14	火	乙酉	開	井泉水	参
23日 12/15	水	丙戌	閉	屋上土	井
24日 12/16	木	丁亥	建	屋上土	鬼
25日 12/17	金	戊子	除	霹靂火	柳
26日 12/18	土	己丑	満	霹靂火	星
27日 12/19	日	庚寅	平	松柏木	張
28日 12/20	月	辛卯	定	松柏木	翼
29日 12/21	火	壬辰	執	長流水	軫
30日 12/22	水	癸巳	執	長流水	角

【閏十一月小 甲子 氐】
節気 小寒 15日
雑節 土用 27日

西暦	曜	干支	直	納音	宿
1日 12/23	木	甲午	危	沙中金	角
2日 12/24	金	乙未	危	沙中金	亢
3日 12/25	土	丙申	成	山下火	氐
4日 12/26	日	丁酉	納	山下火	房
5日 12/27	月	戊戌	開	平地木	心
6日 12/28	火	己亥	閉	平地木	尾
7日 12/29	水	庚子	建	壁上土	箕
8日 12/30	木	辛丑	除	壁上土	斗
9日 12/31	金	壬寅	満	金箔金	牛

1814年

西暦	曜	干支	直	納音	宿
10日 01/01	土	癸卯	平	金箔金	女
11日 01/02	日	甲辰	定	覆燈火	虚
12日 01/03	月	乙巳	執	覆燈火	危
13日 01/04	火	丙午	破	天河水	室
14日 01/05	水	丁未	危	天河水	壁
15日 01/06	木	戊申	危	大駅土	奎
16日 01/07	金	己酉	成	大駅土	婁
17日 01/08	土	庚戌	納	釵釧金	胃
18日 01/09	日	辛亥	開	釵釧金	昴
19日 01/10	月	壬子	閉	桑柘木	觜
20日 01/11	火	癸丑	建	桑柘木	参
21日 01/12	水	甲寅	除	大溪水	井
22日 01/13	木	乙卯	満	大溪水	鬼
23日 01/14	金	丙辰	平	沙中土	柳
24日 01/15	土	丁巳	定	沙中土	星
25日 01/16	日	戊午	執	天上火	張
26日 01/17	月	己未	破	天上火	翼
27日 01/18	火	庚申	危	柘榴木	軫
28日 01/19	水	辛酉	成	柘榴木	角
29日 01/20	木	壬戌	納	大海水	角

【十二月大 乙丑 房】
節気 大寒 1日・立春 16日
雑節 節分 15日

西暦	曜	干支	直	納音	宿
1日 01/21	金	癸亥	開	大海水	亢
2日 01/22	土	甲子	閉	海中金	氐
3日 01/23	日	乙丑	建	海中金	房
4日 01/24	月	丙寅	除	爐中火	心
5日 01/25	火	丁卯	平	爐中火	尾
6日 01/26	水	戊辰	平	大林木	箕
7日 01/27	木	己巳	定	大林木	斗
8日 01/28	金	庚午	執	路傍土	牛
9日 01/29	土	辛未	破	路傍土	女
10日 01/30	日	壬申	危	釵鋒金	虚
11日 01/31	月	癸酉	成	釵鋒金	室
12日 02/01	火	甲戌	納	山頭火	壁
13日 02/02	水	乙亥	開	山頭火	奎
14日 02/03	木	丙子	閉	澗下水	婁
15日 02/04	金	丁丑	建	澗下水	胃
16日 02/05	土	戊寅	建	城頭土	昴
17日 02/06	日	己卯	除	城頭土	畢
18日 02/07	月	庚辰	満	白鑞金	觜
19日 02/08	火	辛巳	平	白鑞金	参
20日 02/09	水	壬午	定	楊柳木	井
21日 02/10	木	癸未	執	楊柳木	鬼
22日 02/11	金	甲申	破	井泉水	柳
23日 02/12	土	乙酉	危	井泉水	星
24日 02/13	日	丙戌	成	屋上土	張
25日 02/14	月	丁亥	納	屋上土	翼
26日 02/15	火	戊子	閉	霹靂火	軫
27日 02/16	水	己丑	閉	霹靂火	角
28日 02/17	木	庚寅	建	松柏木	亢
29日 02/18	金	辛卯	除	松柏木	氐
30日 02/19	土	壬辰	満	長流水	房

文化11年
1814～1815 甲戌 牛

【正月大 丙寅 心】
節気 雨水 2日・啓蟄 17日
雑節 彼岸 27日

日	新暦	曜	干支	直	納音	宿
1日	02/20	日	癸巳	平	長流水	房
2日	02/21	月	甲午	定	沙中金	心
3日	02/22	火	乙未	執	沙中金	尾
4日	02/23	水	丙申	破	山下火	箕
5日	02/24	木	丁酉	危	山下火	斗
6日	02/25	金	戊戌	成	平地木	牛
7日	02/26	土	己亥	納	平地木	女
8日	02/27	日	庚子	開	壁上土	虚
9日	02/28	月	辛丑	閉	壁上土	危
10日	03/01	火	壬寅	建	金箔金	室
11日	03/02	水	癸卯	除	金箔金	壁
12日	03/03	木	甲辰	満	覆燈火	奎
13日	03/04	金	乙巳	平	覆燈火	婁
14日	03/05	土	丙午	定	天河水	胃
15日	03/06	日	丁未	執	天河水	昴
16日	03/07	月	戊申	破	大駅土	畢
17日	03/08	火	己酉	破	大駅土	觜
18日	03/09	水	庚戌	危	釵釧金	参
19日	03/10	木	辛亥	成	釵釧金	井
20日	03/11	金	壬子	納	桑柘木	鬼
21日	03/12	土	癸丑	開	桑柘木	柳
22日	03/13	日	甲寅	閉	大溪水	星
23日	03/14	月	乙卯	建	大溪水	張
24日	03/15	火	丙辰	除	沙中土	翼
25日	03/16	水	丁巳	満	沙中土	軫
26日	03/17	木	戊午	平	天上火	角
27日	03/18	金	己未	定	天上火	亢
28日	03/19	土	庚申	執	柘榴木	氐
29日	03/20	日	辛酉	破	柘榴木	房
30日	03/21	月	壬戌	危	大海水	心

【二月小 丁卯 尾】
節気 春分 2日・清明 17日
雑節 社日 6日・土用 29日

日	新暦	曜	干支	直	納音	宿
1日	03/22	火	癸亥	成	大海水	尾
2日	03/23	水	甲子	納	海中金	箕
3日	03/24	木	乙丑	開	海中金	斗
4日	03/25	金	丙寅	閉	爐中火	牛
5日	03/26	土	丁卯	建	爐中火	女
6日	03/27	日	戊辰	除	大林木	虚
7日	03/28	月	己巳	満	大林木	危
8日	03/29	火	庚午	平	路傍土	室
9日	03/30	水	辛未	定	路傍土	壁
10日	03/31	木	壬申	執	釵鋒金	奎
11日	04/01	金	癸酉	破	釵鋒金	婁
12日	04/02	土	甲戌	危	山頭火	胃
13日	04/03	日	乙亥	成	山頭火	昴
14日	04/04	月	丙子	納	澗下水	畢
15日	04/05	火	丁丑	開	澗下水	觜
16日	04/06	水	戊寅	閉	城頭土	参
17日	04/07	木	己卯	閉	城頭土	井
18日	04/08	金	庚辰	建	白鑞金	鬼
19日	04/09	土	辛巳	除	白鑞金	柳
20日	04/10	日	壬午	満	楊柳木	星
21日	04/11	月	癸未	平	楊柳木	張
22日	04/12	火	甲申	定	井泉水	翼
23日	04/13	水	乙酉	執	井泉水	軫
24日	04/14	木	丙戌	破	屋上土	角
25日	04/15	金	丁亥	危	屋上土	亢
26日	04/16	土	戊子	成	霹靂火	氐
27日	04/17	日	己丑	納	霹靂火	房
28日	04/18	月	庚寅	開	松柏木	心
29日	04/19	火	辛卯	閉	松柏木	尾

【三月大 戊辰 箕】
節気 穀雨 3日・立夏 19日
雑節 八十八夜 14日

日	新暦	曜	干支	直	納音	宿
1日	04/20	水	壬辰	建	長流水	箕
2日	04/21	木	癸巳	除	長流水	斗
3日	04/22	金	甲午	満	沙中金	牛
4日	04/23	土	乙未	平	沙中金	女
5日	04/24	日	丙申	定	山下火	虚
6日	04/25	月	丁酉	執	山下火	危
7日	04/26	火	戊戌	破	平地木	室
8日	04/27	水	己亥	危	平地木	壁
9日	04/28	木	庚子	成	壁上土	奎
10日	04/29	金	辛丑	納	壁上土	婁
11日	04/30	土	壬寅	開	金箔金	胃
12日	05/01	日	癸卯	閉	金箔金	昴
13日	05/02	月	甲辰	建	覆燈火	畢
14日	05/03	火	乙巳	除	覆燈火	觜
15日	05/04	水	丙午	満	天河水	参
16日	05/05	木	丁未	平	天河水	井
17日	05/06	金	戊申	定	大駅土	鬼
18日	05/07	土	己酉	執	大駅土	柳
19日	05/08	日	庚戌	執	釵釧金	星
20日	05/09	月	辛亥	破	釵釧金	張
21日	05/10	火	壬子	危	桑柘木	翼
22日	05/11	水	癸丑	成	桑柘木	軫
23日	05/12	木	甲寅	納	大溪水	角
24日	05/13	金	乙卯	開	大溪水	亢
25日	05/14	土	丙辰	閉	沙中土	氐
26日	05/15	日	丁巳	建	沙中土	房
27日	05/16	月	戊午	除	天上火	心
28日	05/17	火	己未	満	天上火	尾
29日	05/18	水	庚申	平	柘榴木	箕
30日	05/19	木	辛酉	定	柘榴木	斗

【四月小 己巳 斗】
節気 小満 4日・芒種 19日
雑節 入梅 21日

日	新暦	曜	干支	直	納音	宿
1日	05/20	金	壬戌	執	大海水	牛
2日	05/21	土	癸亥	破	大海水	女
3日	05/22	日	甲子	危	海中金	虚
4日	05/23	月	乙丑	成	海中金	危
5日	05/24	火	丙寅	納	爐中火	室
6日	05/25	水	丁卯	開	爐中火	壁
7日	05/26	木	戊辰	閉	大林木	奎
8日	05/27	金	己巳	建	大林木	婁
9日	05/28	土	庚午	除	路傍土	胃
10日	05/29	日	辛未	満	路傍土	昴
11日	05/30	月	壬申	平	釵鋒金	畢
12日	05/31	火	癸酉	定	釵鋒金	觜
13日	06/01	水	甲戌	執	山頭火	参
14日	06/02	木	乙亥	破	山頭火	井
15日	06/03	金	丙子	危	澗下水	鬼
16日	06/04	土	丁丑	成	澗下水	柳
17日	06/05	日	戊寅	納	城頭土	星
18日	06/06	月	己卯	開	城頭土	張
19日	06/07	火	庚辰	開	白鑞金	翼
20日	06/08	水	辛巳	閉	白鑞金	軫
21日	06/09	木	壬午	建	楊柳木	角
22日	06/10	金	癸未	除	楊柳木	亢
23日	06/11	土	甲申	満	井泉水	氐
24日	06/12	日	乙酉	平	井泉水	房
25日	06/13	月	丙戌	定	屋上土	心
26日	06/14	火	丁亥	執	屋上土	尾
27日	06/15	水	戊子	破	霹靂火	箕
28日	06/16	木	己丑	危	霹靂火	斗
29日	06/17	金	庚寅	成	松柏木	牛

【五月小 庚午 牛】
節気 夏至 5日・小暑 21日
雑節 半夏生 15日

日	新暦	曜	干支	直	納音	宿
1日	06/18	土	辛卯	納	松柏木	女
2日	06/19	日	壬辰	開	長流水	虚
3日	06/20	月	癸巳	閉	長流水	危
4日	06/21	火	甲午	建	沙中金	室
5日	06/22	水	乙未	除	沙中金	壁
6日	06/23	木	丙申	満	山下火	奎
7日	06/24	金	丁酉	平	山下火	婁
8日	06/25	土	戊戌	定	平地木	胃
9日	06/26	日	己亥	執	平地木	昴
10日	06/27	月	庚子	破	壁上土	畢
11日	06/28	火	辛丑	危	壁上土	觜
12日	06/29	水	壬寅	成	金箔金	参
13日	06/30	木	癸卯	納	金箔金	井
14日	07/01	金	甲辰	開	覆燈火	鬼
15日	07/02	土	乙巳	閉	覆燈火	柳
16日	07/03	日	丙午	建	天河水	星
17日	07/04	月	丁未	除	天河水	張
18日	07/05	火	戊申	満	大駅土	翼
19日	07/06	水	己酉	平	大駅土	軫
20日	07/07	木	庚戌	定	釵釧金	角
21日	07/08	金	辛亥	定	釵釧金	亢
22日	07/09	土	壬子	執	桑柘木	氐
23日	07/10	日	癸丑	破	桑柘木	房
24日	07/11	月	甲寅	危	大溪水	心
25日	07/12	火	乙卯	成	大溪水	尾
26日	07/13	水	丙辰	納	沙中土	箕
27日	07/14	木	丁巳	開	沙中土	斗
28日	07/15	金	戊午	閉	天上火	牛
29日	07/16	土	己未	建	天上火	女

【六月小 辛未 女】
節気 大暑 7日・立秋 22日
雑節 土用 4日

日	新暦	曜	干支	直	納音	宿
1日 ◎	07/17	日	庚申	除	柘榴木	虚
2日	07/18	月	辛酉	満	柘榴木	危
3日	07/19	火	壬戌	平	大海水	室
4日	07/20	水	癸亥	定	大海水	壁
5日	07/21	木	甲子	執	海中金	奎
6日	07/22	金	乙丑	破	海中金	婁
7日	07/23	土	丙寅	危	爐中火	胃
8日	07/24	日	丁卯	成	爐中火	昴
9日	07/25	月	戊辰	納	大林木	畢
10日	07/26	火	己巳	開	大林木	觜
11日	07/27	水	庚午	閉	路傍土	参
12日	07/28	木	辛未	建	路傍土	井
13日	07/29	金	壬申	除	釵鋒金	鬼
14日	07/30	土	癸酉	満	釵鋒金	柳
15日	07/31	日	甲戌	平	山頭火	星
16日	08/01	月	乙亥	定	山頭火	張
17日	08/02	火	丙子	執	澗下水	翼
18日	08/03	水	丁丑	破	澗下水	軫
19日	08/04	木	戊寅	危	城頭土	角
20日	08/05	金	己卯	成	城頭土	亢
21日	08/06	土	庚辰	納	白鑞金	氐
22日	08/07	日	辛巳	納	白鑞金	房
23日	08/08	月	壬午	開	楊柳木	心
24日	08/09	火	癸未	閉	楊柳木	尾
25日	08/10	水	甲申	建	井泉水	箕
26日	08/11	木	乙酉	除	井泉水	斗
27日	08/12	金	丙戌	満	屋上土	牛
28日	08/13	土	丁亥	平	屋上土	女
29日	08/14	日	戊子	定	霹靂火	虚

文化11年

表の列: 日 ／ 西暦 ／ 曜 ／ 干支 ／ 直 ／ 納音 ／ 宿

【七月大 壬申 虚】

節気 処暑 8日・白露 23日
雑節 二百十日 19日

日	西暦	曜	干支	直	納音	宿
1日	08/15	月	己丑	執	霹靂火	危
2日	08/16	火	庚寅	破	松柏木	室
3日	08/17	水	辛卯	危	松柏木	壁
4日	08/18	木	壬辰	成	長流水	奎
5日	08/19	金	癸巳	納	長流水	婁
6日	08/20	土	甲午	開	沙中金	胃
7日	08/21	日	乙未	閉	沙中金	昴
8日	08/22	月	丙申	建	山下火	畢
9日	08/23	火	丁酉	除	山下火	觜
10日	08/24	水	戊戌	満	平地木	参
11日	08/25	木	己亥	平	平地木	井
12日	08/26	金	庚子	定	壁上土	鬼
13日	08/27	土	辛丑	執	壁上土	柳
14日	08/28	日	壬寅	破	金箔金	星
15日	08/29	月	癸卯	危	金箔金	張
16日	08/30	火	甲辰	成	覆燈火	翼
17日	08/31	水	乙巳	納	覆燈火	軫
18日	09/01	木	丙午	開	天河水	角
19日	09/02	金	丁未	閉	天河水	亢
20日	09/03	土	戊申	建	大駅土	氐
21日	09/04	日	己酉	除	大駅土	房
22日	09/05	月	庚戌	満	釵釧金	心
23日	09/06	火	辛亥	満	釵釧金	尾
24日	09/07	水	壬子	平	桑柘木	箕
25日	09/08	木	癸丑	定	桑柘木	斗
26日	09/09	金	甲寅	執	大溪水	牛
27日	09/10	土	乙卯	破	大溪水	女
28日	09/11	日	丙辰	危	沙中土	虚
29日	09/12	月	丁巳	成	沙中土	危
30日	09/13	火	戊午	納	天上火	室

【八月小 癸酉 危】

節気 秋分 9日・寒露 24日
雑節 彼岸 8日・社日 10日

日	西暦	曜	干支	直	納音	宿
1日	09/14	水	己未	開	天上火	壁
2日	09/15	木	庚申	閉	柘榴木	奎
3日	09/16	金	辛酉	建	柘榴木	婁
4日	09/17	土	壬戌	除	大海水	胃
5日	09/18	日	癸亥	満	大海水	昴
6日	09/19	月	甲子	平	海中金	畢
7日	09/20	火	乙丑	定	海中金	觜
8日	09/21	水	丙寅	執	爐中火	参
9日	09/22	木	丁卯	破	爐中火	井
10日	09/23	金	戊辰	危	大林木	鬼
11日	09/24	土	己巳	成	大林木	柳
12日	09/25	日	庚午	納	路傍土	星
13日	09/26	月	辛未	開	路傍土	張
14日	09/27	火	壬申	閉	釵鋒金	翼
15日	09/28	水	癸酉	建	釵鋒金	軫
16日	09/29	木	甲戌	除	山頭火	角
17日	09/30	金	乙亥	満	山頭火	亢
18日	10/01	土	丙子	平	澗下水	氐
19日	10/02	日	丁丑	定	澗下水	房
20日	10/03	月	戊寅	執	城頭土	心
21日	10/04	火	己卯	破	城頭土	尾
22日	10/05	水	庚辰	危	白鑞金	箕
23日	10/06	木	辛巳	成	白鑞金	斗
24日	10/07	金	壬午	成	楊柳木	牛
25日	10/08	土	癸未	納	楊柳木	女
26日	10/09	日	甲申	開	井泉水	虚
27日	10/10	月	乙酉	閉	井泉水	危
28日	10/11	火	丙戌	建	屋上土	室
29日	10/12	水	丁亥	除	屋上土	壁

【九月大 甲戌 室】

節気 霜降 10日・立冬 25日
雑節 土用 7日

日	西暦	曜	干支	直	納音	宿
1日	10/13	木	戊子	満	霹靂火	奎
2日	10/14	金	己丑	平	霹靂火	婁
3日	10/15	土	庚寅	定	松柏木	胃
4日	10/16	日	辛卯	執	松柏木	昴
5日	10/17	月	壬辰	破	長流水	畢
6日	10/18	火	癸巳	危	長流水	觜
7日	10/19	水	甲午	成	沙中金	参
8日	10/20	木	乙未	納	沙中金	井
9日	10/21	金	丙申	開	山下火	鬼
10日	10/22	土	丁酉	閉	山下火	柳
11日	10/23	日	戊戌	建	平地木	星
12日	10/24	月	己亥	除	平地木	張
13日	10/25	火	庚子	満	壁上土	翼
14日	10/26	水	辛丑	平	壁上土	軫
15日	10/27	木	壬寅	定	金箔金	角
16日	10/28	金	癸卯	執	金箔金	亢
17日	10/29	土	甲辰	破	覆燈火	氐
18日	10/30	日	乙巳	危	覆燈火	房
19日	10/31	月	丙午	成	天河水	心
20日	11/01	火	丁未	納	天河水	尾
21日	11/02	水	戊申	開	大駅土	箕
22日	11/03	木	己酉	閉	大駅土	斗
23日	11/04	金	庚戌	建	釵釧金	牛
24日	11/05	土	辛亥	除	釵釧金	女
25日	11/06	日	壬子	除	桑柘木	虚
26日	11/07	月	癸丑	満	桑柘木	危
27日	11/08	火	甲寅	平	大溪水	室
28日	11/09	水	乙卯	定	大溪水	壁
29日	11/10	木	丙辰	執	沙中土	奎
30日	11/11	金	丁巳	破	沙中土	婁

【十月大 乙亥 壁】

節気 小雪 11日・大雪 26日

日	西暦	曜	干支	直	納音	宿
1日	11/12	土	戊午	危	天上火	胃
2日	11/13	日	己未	成	天上火	昴
3日	11/14	月	庚申	納	柘榴木	畢
4日	11/15	火	辛酉	開	柘榴木	觜
5日	11/16	水	壬戌	閉	大海水	参
6日	11/17	木	癸亥	建	大海水	井
7日	11/18	金	甲子	除	海中金	鬼
8日	11/19	土	乙丑	満	海中金	柳
9日	11/20	日	丙寅	平	爐中火	星
10日	11/21	月	丁卯	定	爐中火	張
11日	11/22	火	戊辰	執	大林木	翼
12日	11/23	水	己巳	破	大林木	軫
13日	11/24	木	庚午	危	路傍土	角
14日	11/25	金	辛未	成	路傍土	亢
15日	11/26	土	壬申	納	釵鋒金	氐
16日	11/27	日	癸酉	開	釵鋒金	房
17日	11/28	月	甲戌	閉	山頭火	心
18日	11/29	火	乙亥	建	山頭火	尾
19日	11/30	水	丙子	除	澗下水	箕
20日	12/01	木	丁丑	満	澗下水	斗
21日	12/02	金	戊寅	平	城頭土	牛
22日	12/03	土	己卯	定	城頭土	女
23日	12/04	日	庚辰	執	白鑞金	虚
24日	12/05	月	辛巳	破	白鑞金	危
25日	12/06	火	壬午	危	楊柳木	室
26日	12/07	水	癸未	危	楊柳木	壁
27日	12/08	木	甲申	成	井泉水	奎
28日	12/09	金	乙酉	納	井泉水	婁
29日	12/10	土	丙戌	開	屋上土	胃
30日	12/11	日	丁亥	閉	屋上土	昴

【十一月小 丙子 奎】

節気 冬至 11日・小寒 26日

日	西暦	曜	干支	直	納音	宿
1日	12/12	月	戊子	建	霹靂火	畢
2日	12/13	火	己丑	除	霹靂火	觜
3日	12/14	水	庚寅	満	松柏木	参
4日	12/15	木	辛卯	平	松柏木	井
5日	12/16	金	壬辰	定	長流水	鬼
6日	12/17	土	癸巳	執	長流水	柳
7日	12/18	日	甲午	破	沙中金	星
8日	12/19	月	乙未	危	沙中金	張
9日	12/20	火	丙申	成	山下火	翼
10日	12/21	水	丁酉	納	山下火	軫
11日	12/22	木	戊戌	開	平地木	角
12日	12/23	金	己亥	閉	平地木	亢
13日	12/24	土	庚子	建	壁上土	氐
14日	12/25	日	辛丑	除	壁上土	房
15日	12/26	月	壬寅	満	金箔金	心
16日☆	12/27	火	癸卯	平	金箔金	尾
17日	12/28	水	甲辰	定	覆燈火	箕
18日	12/29	木	乙巳	執	覆燈火	斗
19日	12/30	金	丙午	破	天河水	牛
20日	12/31	土	丁未	危	天河水	女
	1815年					
21日	01/01	日	戊申	成	大駅土	虚
22日	01/02	月	己酉	納	大駅土	危
23日	01/03	火	庚戌	開	釵釧金	室
24日	01/04	水	辛亥	閉	釵釧金	壁
25日	01/05	木	壬子	建	桑柘木	奎
26日	01/06	金	癸丑	建	桑柘木	婁
27日	01/07	土	甲寅	除	大溪水	胃
28日	01/08	日	乙卯	満	大溪水	昴
29日	01/09	月	丙辰	平	沙中土	畢

【十二月大 丁丑 婁】

節気 大寒 12日・立春 28日
雑節 土用 9日・節分 27日

日	西暦	曜	干支	直	納音	宿
1日	01/10	火	丁巳	定	沙中土	觜
2日	01/11	水	戊午	執	天上火	参
3日	01/12	木	己未	破	天上火	井
4日	01/13	金	庚申	危	柘榴木	鬼
5日	01/14	土	辛酉	成	柘榴木	柳
6日	01/15	日	壬戌	納	大海水	星
7日	01/16	月	癸亥	開	大海水	張
8日	01/17	火	甲子	閉	海中金	翼
9日	01/18	水	乙丑	建	海中金	軫
10日	01/19	木	丙寅	除	爐中火	角
11日	01/20	金	丁卯	満	爐中火	亢
12日	01/21	土	戊辰	平	大林木	氐
13日	01/22	日	己巳	定	大林木	房
14日	01/23	月	庚午	執	路傍土	心
15日	01/24	火	辛未	破	路傍土	尾
16日	01/25	水	壬申	危	釵鋒金	箕
17日	01/26	木	癸酉	成	釵鋒金	斗
18日	01/27	金	甲戌	納	山頭火	牛
19日	01/28	土	乙亥	開	山頭火	女
20日	01/29	日	丙子	閉	澗下水	虚
21日	01/30	月	丁丑	建	澗下水	危
22日	01/31	火	戊寅	除	城頭土	室
23日	02/01	水	己卯	満	城頭土	壁
24日	02/02	木	庚辰	平	白鑞金	奎
25日	02/03	金	辛巳	定	白鑞金	婁
26日	02/04	土	壬午	執	楊柳木	胃
27日	02/05	日	癸未	破	楊柳木	昴
28日	02/06	月	甲申	破	井泉水	畢
29日	02/07	火	乙酉	危	井泉水	觜
30日	02/08	水	丙戌	成	屋上土	参

467

文化12年
1815～1816　乙亥　女

【正月大 戊寅 胃】
節気　雨水 13日・啓蟄 28日

日	新暦	曜	干支	直	納音	宿
1日	02/09	木	丁亥	納	屋上土	井
2日	02/10	金	戊子	開	霹靂火	鬼
3日	02/11	土	己丑	閉	霹靂火	柳
4日	02/12	日	庚寅	建	松柏木	星
5日	02/13	月	辛卯	除	松柏木	張
6日	02/14	火	壬辰	満	長流水	翼
7日	02/15	水	癸巳	平	長流水	軫
8日	02/16	木	甲午	定	沙中金	角
9日	02/17	金	乙未	執	沙中金	亢
10日	02/18	土	丙申	破	山下火	氐
11日	02/19	日	丁酉	危	山下火	房
12日	02/20	月	戊戌	成	平地木	心
13日	02/21	火	己亥	納	平地木	尾
14日	02/22	水	庚子	開	壁上土	箕
15日	02/23	木	辛丑	閉	壁上土	斗
16日	02/24	金	壬寅	建	金箔金	牛
17日	02/25	土	癸卯	除	金箔金	女
18日	02/26	日	甲辰	満	覆燈火	虚
19日	02/27	月	乙巳	平	覆燈火	危
20日	02/28	火	丙午	定	天河水	室
21日	03/01	水	丁未	執	天河水	壁
22日	03/02	木	戊申	破	大駅土	奎
23日	03/03	金	己酉	危	大駅土	婁
24日	03/04	土	庚戌	成	釵釧金	胃
25日	03/05	日	辛亥	納	釵釧金	昴
26日	03/06	月	壬子	開	桑柘木	畢
27日	03/07	火	癸丑	閉	桑柘木	觜
28日	03/08	水	甲寅	閉	大溪水	参
29日	03/09	木	乙卯	建	大溪水	井
30日	03/10	金	丙辰	除	沙中土	鬼

【二月大 己卯 昴】
節気　春分 13日・清明 28日
雑節　彼岸 8日・社日 12日

日	新暦	曜	干支	直	納音	宿
1日	03/11	土	丁巳	満	沙中土	柳
2日	03/12	日	戊午	平	天上火	星
3日	03/13	月	己未	定	天上火	張
4日	03/14	火	庚申	執	柘榴木	翼
5日	03/15	水	辛酉	破	柘榴木	軫
6日	03/16	木	壬戌	危	大海水	角
7日	03/17	金	癸亥	成	大海水	亢
8日	03/18	土	甲子	納	海中金	氐
9日	03/19	日	乙丑	開	海中金	房
10日	03/20	月	丙寅	閉	爐中火	心
11日	03/21	火	丁卯	建	爐中火	尾
12日	03/22	水	戊辰	除	大林木	箕
13日	03/23	木	己巳	満	大林木	斗
14日	03/24	金	庚午	平	路傍土	牛
15日	03/25	土	辛未	定	路傍土	女
16日	03/26	日	壬申	執	釵鋒金	虚
17日	03/27	月	癸酉	破	釵鋒金	危
18日	03/28	火	甲戌	危	山頭火	室
19日	03/29	水	乙亥	成	山頭火	壁
20日	03/30	木	丙子	納	澗下水	奎
21日	03/31	金	丁丑	開	澗下水	婁
22日	04/01	土	戊寅	閉	城頭土	胃
23日	04/02	日	己卯	建	城頭土	昴
24日	04/03	月	庚辰	除	白鑞金	畢
25日	04/04	火	辛巳	満	白鑞金	觜
26日	04/05	水	壬午	平	楊柳木	参
27日	04/06	木	癸未	定	楊柳木	井
28日	04/07	金	甲申	定	井泉水	鬼
29日	04/08	土	乙酉	執	井泉水	柳
30日	04/09	日	丙戌	破	屋上土	星

【三月小 庚辰 畢】
節気　穀雨 14日・立夏 29日
雑節　土用 11日・八十八夜 25日

日	新暦	曜	干支	直	納音	宿
1日	04/10	月	丁亥	危	屋上土	張
2日	04/11	火	戊子	成	霹靂火	翼
3日	04/12	水	己丑	納	霹靂火	軫
4日	04/13	木	庚寅	開	松柏木	角
5日	04/14	金	辛卯	閉	松柏木	亢
6日	04/15	土	壬辰	建	長流水	氐
7日	04/16	日	癸巳	除	長流水	房
8日	04/17	月	甲午	満	沙中金	心
9日	04/18	火	乙未	平	沙中金	尾
10日	04/19	水	丙申	定	山下火	箕
11日	04/20	木	丁酉	執	山下火	斗
12日	04/21	金	戊戌	破	平地木	牛
13日	04/22	土	己亥	危	平地木	女
14日	04/23	日	庚子	成	壁上土	虚
15日	04/24	月	辛丑	納	壁上土	危
16日	04/25	火	壬寅	開	金箔金	室
17日	04/26	水	癸卯	閉	金箔金	壁
18日	04/27	木	甲辰	建	覆燈火	奎
19日	04/28	金	乙巳	除	覆燈火	婁
20日	04/29	土	丙午	満	天河水	胃
21日	04/30	日	丁未	平	天河水	昴
22日	05/01	月	戊申	定	大駅土	畢
23日	05/02	火	己酉	執	大駅土	觜
24日	05/03	水	庚戌	破	釵釧金	参
25日	05/04	木	辛亥	危	釵釧金	井
26日	05/05	金	壬子	成	桑柘木	鬼
27日	05/06	土	癸丑	納	桑柘木	柳
28日	05/07	日	甲寅	開	大溪水	星
29日	05/08	月	乙卯	開	大溪水	張

【四月大 辛巳 觜】
節気　小満 15日・芒種 30日

日	新暦	曜	干支	直	納音	宿
1日	05/09	火	丙辰	閉	沙中土	翼
2日	05/10	水	丁巳	建	沙中土	軫
3日	05/11	木	戊午	除	天上火	角
4日	05/12	金	己未	満	天上火	亢
5日	05/13	土	庚申	平	柘榴木	氐
6日	05/14	日	辛酉	定	柘榴木	房
7日	05/15	月	壬戌	執	大海水	心
8日	05/16	火	癸亥	破	大海水	尾
9日	05/17	水	甲子	危	海中金	箕
10日	05/18	木	乙丑	成	海中金	斗
11日	05/19	金	丙寅	納	爐中火	牛
12日	05/20	土	丁卯	開	爐中火	女
13日	05/21	日	戊辰	閉	大林木	虚
14日	05/22	月	己巳	建	大林木	危
15日	05/23	火	庚午	除	路傍土	室
16日	05/24	水	辛未	満	路傍土	壁
17日	05/25	木	壬申	平	釵鋒金	奎
18日	05/26	金	癸酉	定	釵鋒金	婁
19日	05/27	土	甲戌	執	山頭火	胃
20日	05/28	日	乙亥	破	山頭火	昴
21日	05/29	月	丙子	危	澗下水	畢
22日	05/30	火	丁丑	成	澗下水	觜
23日	05/31	水	戊寅	納	城頭土	参
24日	06/01	木	己卯	開	城頭土	井
25日	06/02	金	庚辰	閉	白鑞金	鬼
26日	06/03	土	辛巳	建	白鑞金	柳
27日	06/04	日	壬午	除	楊柳木	星
28日	06/05	月	癸未	満	楊柳木	張
29日	06/06	火	甲申	平	井泉水	翼
30日	06/07	水	乙酉	平	井泉水	軫

【五月小 壬午 参】
節気　夏至 16日
雑節　入梅 7日・半夏生 26日

日	新暦	曜	干支	直	納音	宿
1日	06/08	木	丙戌	定	屋上土	角
2日	06/09	金	丁亥	執	屋上土	亢
3日	06/10	土	戊子	破	霹靂火	氐
4日	06/11	日	己丑	危	霹靂火	房
5日	06/12	月	庚寅	成	松柏木	心
6日	06/13	火	辛卯	納	松柏木	尾
7日	06/14	水	壬辰	開	長流水	箕
8日	06/15	木	癸巳	閉	長流水	斗
9日	06/16	金	甲午	建	沙中金	牛
10日	06/17	土	乙未	除	沙中金	女
11日	06/18	日	丙申	満	山下火	虚
12日	06/19	月	丁酉	平	山下火	危
13日	06/20	火	戊戌	定	平地木	室
14日 ☆	06/21	水	己亥	執	平地木	壁
15日	06/22	木	庚子	破	壁上土	奎
16日	06/23	金	辛丑	危	壁上土	婁
17日	06/24	土	壬寅	成	金箔金	胃
18日	06/25	日	癸卯	納	金箔金	昴
19日	06/26	月	甲辰	開	覆燈火	畢
20日	06/27	火	乙巳	閉	覆燈火	觜
21日	06/28	水	丙午	建	天河水	参
22日	06/29	木	丁未	除	天河水	井
23日	06/30	金	戊申	満	大駅土	鬼
24日	07/01	土	己酉	平	大駅土	柳
25日	07/02	日	庚戌	定	釵釧金	星
26日	07/03	月	辛亥	執	釵釧金	張
27日	07/04	火	壬子	破	桑柘木	翼
28日	07/05	水	癸丑	危	桑柘木	軫
29日	07/06	木	甲寅	成	大溪水	角

【六月小 癸未 井】
節気　小暑 2日・大暑 17日
雑節　土用 14日

日	新暦	曜	干支	直	納音	宿
1日 ◎	07/07	金	乙卯	納	大溪水	亢
2日	07/08	土	丙辰	納	沙中土	氐
3日	07/09	日	丁巳	開	沙中土	房
4日	07/10	月	戊午	閉	天上火	心
5日	07/11	火	己未	建	天上火	尾
6日	07/12	水	庚申	除	柘榴木	箕
7日	07/13	木	辛酉	満	柘榴木	斗
8日	07/14	金	壬戌	平	大海水	牛
9日	07/15	土	癸亥	定	大海水	女
10日	07/16	日	甲子	執	海中金	虚
11日	07/17	月	乙丑	破	海中金	危
12日	07/18	火	丙寅	危	爐中火	室
13日	07/19	水	丁卯	成	爐中火	壁
14日	07/20	木	戊辰	納	大林木	奎
15日	07/21	金	己巳	開	大林木	婁
16日	07/22	土	庚午	閉	路傍土	胃
17日	07/23	日	辛未	建	路傍土	昴
18日	07/24	月	壬申	除	釵鋒金	畢
19日	07/25	火	癸酉	満	釵鋒金	觜
20日	07/26	水	甲戌	平	山頭火	参
21日	07/27	木	乙亥	定	山頭火	井
22日	07/28	金	丙子	執	澗下水	鬼
23日	07/29	土	丁丑	破	澗下水	柳
24日	07/30	日	戊寅	危	城頭土	星
25日	07/31	月	己卯	成	城頭土	張
26日	08/01	火	庚辰	納	白鑞金	翼
27日	08/02	水	辛巳	開	白鑞金	軫
28日	08/03	木	壬午	閉	楊柳木	角
29日	08/04	金	癸未	建	楊柳木	亢

【七月小 甲申 鬼】
節気　立秋 3日・処暑 18日

文化12年

日	西暦	曜	干支	直	納音	宿
1日	08/05	土	甲申	除	井泉水	氏
2日	08/06	日	乙酉	満	井泉水	房
3日	08/07	月	丙戌	満	屋上土	心
4日	08/08	火	丁亥	平	屋上土	尾
5日	08/09	水	戊子	定	霹靂火	箕
6日	08/10	木	己丑	執	霹靂火	斗
7日	08/11	金	庚寅	破	松柏木	牛
8日	08/12	土	辛卯	危	松柏木	女
9日	08/13	日	壬辰	成	長流水	虚
10日	08/14	月	癸巳	納	長流水	危
11日	08/15	火	甲午	開	沙中金	室
12日	08/16	水	乙未	閉	沙中金	壁
13日	08/17	木	丙申	建	山下火	奎
14日	08/18	金	丁酉	除	山下火	婁
15日	08/19	土	戊戌	満	平地木	胃
16日	08/20	日	己亥	定	平地木	昴
17日	08/21	月	庚子	執	壁上土	畢
18日	08/22	火	辛丑	破	壁上土	觜
19日	08/23	水	壬寅	危	金箔金	参
20日	08/24	木	癸卯	危	金箔金	井
21日	08/25	金	甲辰	成	覆燈火	鬼
22日	08/26	土	乙巳	納	覆燈火	柳
23日	08/27	日	丙午	開	天河水	星
24日	08/28	月	丁未	閉	天河水	張
25日	08/29	火	戊申	建	大駅土	翼
26日	08/30	水	己酉	除	大駅土	軫
27日	08/31	木	庚戌	満	釵釧金	角
28日	09/01	金	辛亥	平	釵釧金	亢
29日	09/02	土	壬子	定	桑柘木	氏

【八月大 乙酉 柳】
節気 白露 5日・秋分 20日
雑節 二百十日 1日・社日 16日・彼岸 19日

日	西暦	曜	干支	直	納音	宿
1日	09/03	日	癸丑	執	桑柘木	房
2日	09/04	月	甲寅	破	大渓水	心
3日	09/05	火	乙卯	危	大渓水	尾
4日	09/06	水	丙辰	成	沙中土	箕
5日	09/07	木	丁巳	成	沙中土	斗
6日	09/08	金	戊午	納	天上火	女
7日	09/09	土	己未	開	天上火	虚
8日	09/10	日	庚申	閉	柘榴木	危
9日	09/11	月	辛酉	建	柘榴木	室
10日	09/12	火	壬戌	除	大海水	壁
11日	09/13	水	癸亥	満	大海水	壁
12日	09/14	木	甲子	平	海中金	奎
13日	09/15	金	乙丑	定	海中金	婁
14日	09/16	土	丙寅	執	爐中火	胃
15日	09/17	日	丁卯	破	爐中火	昴
16日	09/18	月	戊辰	危	大林木	畢
17日	09/19	火	己巳	成	大林木	觜
18日	09/20	水	庚午	納	路傍土	参
19日	09/21	木	辛未	開	路傍土	井
20日	09/22	金	壬申	閉	釵鋒金	鬼
21日	09/23	土	癸酉	除	山頭火	柳
22日	09/24	日	甲戌	満	山頭火	星
23日	09/25	月	乙亥	満	山頭火	張
24日	09/26	火	丙子	定	潤下水	軫
25日	09/27	水	丁丑	定	潤下水	軫
26日	09/28	木	戊寅	執	城頭土	角
27日	09/29	金	己卯	破	城頭土	亢
28日	09/30	土	庚辰	危	白鑞金	氐
29日	10/01	日	辛巳	成	白鑞金	房
30日	10/02	月	壬午	納	楊柳木	心

【九月小 丙戌 星】
節気 寒露 5日・霜降 20日
雑節 土用 17日

日	西暦	曜	干支	直	納音	宿
1日	10/03	火	癸未	開	楊柳木	尾
2日	10/04	水	甲申	閉	井泉水	箕
3日	10/05	木	乙酉	建	井泉水	斗
4日	10/06	金	丙戌	除	屋上土	牛
5日	10/07	土	丁亥	満	屋上土	女
6日	10/08	日	戊子	満	霹靂火	虚
7日	10/09	月	己丑	平	霹靂火	危
8日	10/10	火	庚寅	定	松柏木	室
9日	10/11	水	辛卯	執	松柏木	壁
10日	10/12	木	壬辰	破	長流水	奎
11日	10/13	金	癸巳	危	長流水	婁
12日	10/14	土	甲午	成	沙中金	胃
13日	10/15	日	乙未	納	沙中金	昴
14日	10/16	月	丙申	開	山下火	畢
15日	10/17	火	丁酉	閉	山下火	觜
16日	10/18	水	戊戌	建	平地木	参
17日	10/19	木	己亥	除	平地木	井
18日	10/20	金	庚子	満	壁上土	鬼
19日	10/21	土	辛丑	平	壁上土	柳
20日	10/22	日	壬寅	定	金箔金	星
21日	10/23	月	癸卯	執	金箔金	張
22日	10/24	火	甲辰	破	覆燈火	翼
23日	10/25	水	乙巳	危	覆燈火	軫
24日	10/26	木	丙午	成	天河水	角
25日	10/27	金	丁未	納	天河水	亢
26日	10/28	土	戊申	開	大駅土	氐
27日	10/29	日	己酉	閉	大駅土	房
28日	10/30	月	庚戌	建	釵釧金	心
29日	10/31	火	辛亥	除	釵釧金	尾

【十月大 丁亥 張】
節気 立冬 7日・小雪 22日

日	西暦	曜	干支	直	納音	宿
1日	11/01	水	壬子	満	桑柘木	箕
2日	11/02	木	癸丑	平	桑柘木	斗
3日	11/03	金	甲寅	定	大渓水	牛
4日	11/04	土	乙卯	執	大渓水	女
5日	11/05	日	丙辰	破	沙中土	虚
6日	11/06	月	丁巳	危	沙中土	危
7日	11/07	火	戊午	危	天上火	室
8日	11/08	水	己未	成	天上火	壁
9日	11/09	木	庚申	納	柘榴木	奎
10日	11/10	金	辛酉	開	柘榴木	婁
11日	11/11	土	壬戌	閉	大海水	胃
12日	11/12	日	癸亥	建	大海水	昴
13日	11/13	月	甲子	除	海中金	畢
14日	11/14	火	乙丑	満	海中金	觜
15日	11/15	水	丙寅	定	爐中火	参
16日	11/16	木	丁卯	定	爐中火	井
17日	11/17	金	戊辰	執	大林木	鬼
18日	11/18	土	己巳	破	大林木	柳
19日	11/19	日	庚午	成	路傍土	星
20日	11/20	月	辛未	成	路傍土	張
21日	11/21	火	壬申	納	釵鋒金	翼
22日	11/22	水	癸酉	閉	山頭火	角
23日	11/23	木	甲戌	閉	山頭火	亢
24日	11/24	金	乙亥	建	山頭火	氐
25日	11/25	土	丙子	除	潤下水	房
26日	11/26	日	丁丑	満	潤下水	心
27日	11/27	月	戊寅	平	城頭土	尾
28日	11/28	火	己卯	定	城頭土	箕
29日	11/29	水	庚辰	執	白鑞金	斗
30日	11/30	木	辛巳	危	白鑞金	牛

【十一月小 戊子 翼】
節気 大雪 7日・冬至 22日

日	西暦	曜	干支	直	納音	宿
1日	12/01	金	壬午	危	楊柳木	牛
2日	12/02	土	癸未	成	楊柳木	女
3日	12/03	日	甲申	納	井泉水	虚
4日	12/04	月	乙酉	開	井泉水	危
5日	12/05	火	丙戌	閉	屋上土	室
6日	12/06	水	丁亥	建	屋上土	壁
7日	12/07	木	戊子	建	霹靂火	奎
8日	12/08	金	己丑	除	霹靂火	婁
9日	12/09	土	庚寅	満	松柏木	胃
10日	12/10	日	辛卯	平	松柏木	昴
11日	12/11	月	壬辰	定	長流水	畢
12日	12/12	火	癸巳	執	長流水	觜
13日	12/13	水	甲午	破	沙中金	参
14日	12/14	木	乙未	危	沙中金	井
15日	12/15	金	丙申	成	山下火	鬼
16日☆	12/16	土	丁酉	納	山下火	柳
17日	12/17	日	戊戌	開	平地木	星
18日	12/18	月	己亥	閉	平地木	張
19日	12/19	火	庚子	閉	壁上土	翼
20日	12/20	水	辛丑	除	壁上土	軫
21日	12/21	木	壬寅	満	金箔金	角
22日	12/22	金	癸卯	定	金箔金	亢
23日	12/23	土	甲辰	定	覆燈火	氐
24日	12/24	日	乙巳	執	覆燈火	房
25日	12/25	月	丙午	破	天河水	心
26日	12/26	火	丁未	危	天河水	尾
27日	12/27	水	戊申	成	大駅土	箕
28日	12/28	木	己酉	納	大駅土	斗
29日	12/29	金	庚戌	開	釵釧金	牛

【十二月大 己丑 軫】
節気 小寒 8日・大寒 24日
雑節 土用 21日

日	西暦	曜	干支	直	納音	宿
1日	12/30	土	辛亥	閉	釵釧金	女
2日	12/31	日	壬子	建	桑柘木	虚

1816年

日	西暦	曜	干支	直	納音	宿
3日	01/01	月	癸丑	除	桑柘木	室
4日	01/02	火	甲寅	満	大渓水	壁
5日	01/03	水	乙卯	平	大渓水	奎
6日	01/04	木	丙辰	定	沙中土	婁
7日	01/05	金	丁巳	定	沙中土	胃
8日	01/06	土	戊午	執	天上火	昴
9日	01/07	日	己未	破	天上火	畢
10日	01/08	月	庚申	危	柘榴木	觜
11日	01/09	火	辛酉	成	柘榴木	参
12日	01/10	水	壬戌	納	大海水	井
13日	01/11	木	癸亥	開	大海水	柳
14日	01/12	金	甲子	閉	海中金	柳
15日	01/13	土	乙丑	建	海中金	星
16日	01/14	日	丙寅	除	爐中火	張
17日	01/15	月	丁卯	満	爐中火	翼
18日	01/16	火	戊辰	定	大林木	軫
19日	01/17	水	己巳	定	大林木	角
20日	01/18	木	庚午	執	路傍土	亢
21日	01/19	金	辛未	危	釵鋒金	氐
22日	01/20	土	壬申	危	釵鋒金	房
23日	01/21	日	癸酉	成	山頭火	心
24日	01/22	月	甲戌	納	山頭火	尾
25日	01/23	火	乙亥	開	山頭火	箕
26日	01/24	水	丙子	閉	潤下水	斗
27日	01/25	木	丁丑	建	潤下水	牛
28日	01/26	金	戊寅	除	城頭土	女
29日	01/27	土	己卯	満	城頭土	虚
30日	01/28	日	庚辰	平	白鑞金	虚

文化13年
1816～1817　丙子　虚

【正月大 庚寅 角】
節気 立春 9日・雨水 24日
雑節 節分 8日

日	新暦	曜	干支	直	納音	宿
1日	01/29	月	辛巳	定	白鑞金	危
2日	01/30	火	壬午	執	楊柳木	室
3日	01/31	水	癸未	破	楊柳木	壁
4日	02/01	木	甲申	危	井泉水	奎
5日	02/02	金	乙酉	成	井泉水	婁
6日	02/03	土	丙戌	納	屋上土	胃
7日	02/04	日	丁亥	開	屋上土	昴
8日	02/05	月	戊子	閉	霹靂火	畢
9日	02/06	火	己丑	閉	霹靂火	觜
10日	02/07	水	庚寅	建	松柏木	參
11日	02/08	木	辛卯	除	松柏木	井
12日	02/09	金	壬辰	満	長流水	鬼
13日	02/10	土	癸巳	平	長流水	柳
14日	02/11	日	甲午	定	沙中金	星
15日	02/12	月	乙未	執	沙中金	張
16日	02/13	火	丙申	破	山下火	翼
17日	02/14	水	丁酉	危	山下火	軫
18日	02/15	木	戊戌	成	平地木	角
19日	02/16	金	己亥	納	平地木	亢
20日	02/17	土	庚子	開	壁上土	氐
21日	02/18	日	辛丑	閉	金箔金	房
22日	02/19	月	壬寅	建	金箔金	心
23日	02/20	火	癸卯	除	金箔金	尾
24日	02/21	水	甲辰	満	覆燈火	箕
25日	02/22	木	乙巳	平	覆燈火	斗
26日	02/23	金	丙午	定	天河水	女
27日	02/24	土	丁未	執	天河水	虚
28日	02/25	日	戊申	破	大駅土	危
29日	02/26	月	己酉	危	大駅土	室
30日	02/27	火	庚戌	成	釵釧金	壁

【二月大 辛卯 亢】
節気 啓蟄 9日・春分 25日
雑節 彼岸 20日・社日 28日

日	新暦	曜	干支	直	納音	宿
1日	02/28	水	辛亥	納	釵釧金	壁
2日	02/29	木	壬子	開	桑柘木	奎
3日	03/01	金	癸丑	閉	桑柘木	婁
4日	03/02	土	甲寅	建	大渓水	胃
5日	03/03	日	乙卯	除	大渓水	昴
6日	03/04	月	丙辰	満	沙中土	畢
7日	03/05	火	丁巳	平	沙中土	觜
8日	03/06	水	戊午	定	天上火	參
9日	03/07	木	己未	定	天上火	井
10日	03/08	金	庚申	執	柘榴木	鬼
11日	03/09	土	辛酉	破	柘榴木	柳
12日	03/10	日	壬戌	危	大海水	星
13日	03/11	月	癸亥	成	大海水	張
14日	03/12	火	甲子	納	海中金	翼
15日	03/13	水	乙丑	開	海中金	軫
16日	03/14	木	丙寅	閉	炉中火	角
17日	03/15	金	丁卯	建	炉中火	亢
18日	03/16	土	戊辰	除	大林木	氐
19日	03/17	日	己巳	満	大林木	房
20日	03/18	月	庚午	平	路傍土	心
21日	03/19	火	辛未	定	路傍土	尾
22日	03/20	水	壬申	執	剣鋒金	箕
23日	03/21	木	癸酉	破	剣鋒金	斗
24日	03/22	金	甲戌	危	山頭火	女
25日	03/23	土	乙亥	成	山頭火	虚
26日	03/24	日	丙子	納	澗下水	危
27日	03/25	月	丁丑	開	澗下水	室
28日	03/26	火	戊寅	閉	城頭土	壁
29日	03/27	水	己卯	建	城頭土	奎
30日	03/28	木	庚辰	除	白鑞金	婁

【三月小 壬辰 氐】
節気 清明 10日・穀雨 25日
雑節 土用 22日

日	新暦	曜	干支	直	納音	宿
1日	03/29	金	辛巳	満	白鑞金	婁
2日	03/30	土	壬午	平	楊柳木	胃
3日	03/31	日	癸未	定	楊柳木	昴
4日	04/01	月	甲申	執	井泉水	畢
5日	04/02	火	乙酉	破	井泉水	觜
6日	04/03	水	丙戌	危	屋上土	參
7日	04/04	木	丁亥	成	屋上土	井
8日	04/05	金	戊子	納	霹靂火	鬼
9日	04/06	土	己丑	開	霹靂火	柳
10日	04/07	日	庚寅	開	松柏木	星
11日	04/08	月	辛卯	閉	松柏木	張
12日	04/09	火	壬辰	建	長流水	翼
13日	04/10	水	癸巳	除	長流水	軫
14日	04/11	木	甲午	満	沙中金	角
15日	04/12	金	乙未	平	沙中金	亢
16日	04/13	土	丙申	定	山下火	氐
17日	04/14	日	丁酉	執	山下火	房
18日	04/15	月	戊戌	破	平地木	心
19日	04/16	火	己亥	危	平地木	尾
20日	04/17	水	庚子	成	壁上土	箕
21日	04/18	木	辛丑	納	壁上土	斗
22日	04/19	金	壬寅	開	金箔金	牛
23日	04/20	土	癸卯	閉	金箔金	女
24日	04/21	日	甲辰	建	覆燈火	虚
25日	04/22	月	乙巳	除	覆燈火	危
26日	04/23	火	丙午	満	天河水	室
27日	04/24	水	丁未	平	天河水	壁
28日	04/25	木	戊申	定	大駅土	奎
29日	04/26	金	己酉	執	大駅土	婁

【四月大 癸巳 房】
節気 立夏 11日・小満 26日
雑節 八十八夜 7日

日	新暦	曜	干支	直	納音	宿
1日	04/27	土	庚戌	破	釵釧金	胃
2日	04/28	日	辛亥	危	釵釧金	昴
3日	04/29	月	壬子	成	桑柘木	畢
4日	04/30	火	癸丑	納	桑柘木	觜
5日	05/01	水	甲寅	開	大渓水	參
6日	05/02	木	乙卯	閉	大渓水	井
7日	05/03	金	丙辰	建	沙中土	鬼
8日	05/04	土	丁巳	除	沙中土	柳
9日	05/05	日	戊午	満	天上火	星
10日	05/06	月	己未	平	天上火	張
11日	05/07	火	庚申	平	柘榴木	翼
12日	05/08	水	辛酉	定	柘榴木	軫
13日	05/09	木	壬戌	執	大海水	角
14日	05/10	金	癸亥	破	大海水	亢
15日	05/11	土	甲子	危	海中金	氐
16日	05/12	日	乙丑	成	海中金	房
17日	05/13	月	丙寅	納	炉中火	心
18日	05/14	火	丁卯	開	炉中火	尾
19日	05/15	水	戊辰	閉	大林木	箕
20日	05/16	木	己巳	建	大林木	斗
21日	05/17	金	庚午	除	路傍土	牛
22日	05/18	土	辛未	満	路傍土	女
23日	05/19	日	壬申	平	剣鋒金	虚
24日	05/20	月	癸酉	定	剣鋒金	危
25日	05/21	火	甲戌	執	山頭火	室
26日	05/22	水	乙亥	破	山頭火	壁
27日	05/23	木	丙子	危	澗下水	奎
28日	05/24	金	丁丑	成	澗下水	婁
29日	05/25	土	戊寅	納	城頭土	胃
30日	05/26	日	己卯	開	城頭土	昴

【五月小 甲午 心】
節気 芒種 12日・夏至 27日
雑節 入梅 13日

日	新暦	曜	干支	直	納音	宿
1日	05/27	月	庚辰	閉	白鑞金	畢
2日	05/28	火	辛巳	建	白鑞金	觜
3日	05/29	水	壬午	除	楊柳木	參
4日	05/30	木	癸未	満	楊柳木	井
5日	05/31	金	甲申	平	井泉水	鬼
6日	06/01	土	乙酉	定	井泉水	柳
7日	06/02	日	丙戌	執	屋上土	星
8日	06/03	月	丁亥	破	屋上土	張
9日	06/04	火	戊子	危	霹靂火	翼
10日	06/05	水	己丑	成	霹靂火	軫
11日	06/06	木	庚寅	納	松柏木	角
12日	06/07	金	辛卯	納	松柏木	亢
13日	06/08	土	壬辰	開	長流水	氐
14日	06/09	日	癸巳	閉	長流水	房
15日	06/10	月	甲午	建	沙中金	心
16日	06/11	火	乙未	除	沙中金	尾
17日	06/12	水	丙申	満	山下火	箕
18日	06/13	木	丁酉	平	山下火	斗
19日	06/14	金	戊戌	定	平地木	牛
20日	06/15	土	己亥	執	平地木	女
21日	06/16	日	庚子	破	壁上土	虚
22日	06/17	月	辛丑	危	壁上土	危
23日	06/18	火	壬寅	成	金箔金	室
24日	06/19	水	癸卯	納	金箔金	壁
25日	06/20	木	甲辰	開	覆燈火	奎
26日	06/21	金	乙巳	閉	覆燈火	婁
27日	06/22	土	丙午	建	天河水	胃
28日	06/23	日	丁未	除	天河水	昴
29日	06/24	月	戊申	満	大駅土	畢

【六月大 乙未 尾】
節気 小暑 13日・大暑 28日
雑節 半夏生 8日・土用 25日

日	新暦	曜	干支	直	納音	宿
1日	06/25	火	己酉	平	大駅土	觜
2日	06/26	水	庚戌	定	釵釧金	參
3日	06/27	木	辛亥	執	釵釧金	井
4日	06/28	金	壬子	破	桑柘木	鬼
5日	06/29	土	癸丑	危	桑柘木	柳
6日	06/30	日	甲寅	成	大渓水	星
7日	07/01	月	乙卯	納	大渓水	張
8日	07/02	火	丙辰	開	沙中土	翼
9日	07/03	水	丁巳	閉	沙中土	軫
10日	07/04	木	戊午	建	天上火	角
11日	07/05	金	己未	除	天上火	亢
12日	07/06	土	庚申	満	柘榴木	氐
13日	07/07	日	辛酉	満	柘榴木	房
14日	07/08	月	壬戌	平	大海水	心
15日	07/09	火	癸亥	定	大海水	尾
16日	07/10	水	甲子	執	海中金	箕
17日	07/11	木	乙丑	破	海中金	斗
18日	07/12	金	丙寅	危	炉中火	牛
19日	07/13	土	丁卯	成	炉中火	女
20日	07/14	日	戊辰	納	大林木	虚
21日	07/15	月	己巳	開	大林木	危
22日	07/16	火	庚午	閉	路傍土	室
23日	07/17	水	辛未	建	路傍土	壁
24日	07/18	木	壬申	除	剣鋒金	奎
25日	07/19	金	癸酉	満	剣鋒金	婁
26日	07/20	土	甲戌	平	山頭火	胃
27日	07/21	日	乙亥	定	山頭火	昴
28日	07/22	月	丙子	執	澗下水	畢
29日	07/23	火	丁丑	破	澗下水	觜
30日	07/24	水	戊寅	危	城頭土	參

【七月小 丙申 箕】
節気 立秋 13日・処暑 29日

日	新暦	曜	干支	直	納音	宿
1日	07/25	木	己卯	成	城頭土	井
2日	07/26	金	庚辰	納	白鑞金	鬼
3日	07/27	土	辛巳	開	白鑞金	柳
4日	07/28	日	壬午	閉	楊柳木	星
5日	07/29	月	癸未	建	楊柳木	張
6日	07/30	火	甲申	除	井泉水	翼
7日	07/31	水	乙酉	満	井泉水	軫
8日	08/01	木	丙戌	平	屋上土	角
9日	08/02	金	丁亥	定	屋上土	亢
10日	08/03	土	戊子	執	霹靂火	氐
11日	08/04	日	己丑	破	霹靂火	房
12日	08/05	月	庚寅	危	松柏木	心
13日	08/06	火	辛卯	危	松柏木	尾
14日	08/07	水	壬辰	成	長流水	箕

西暦 曜 干支 直 納音 宿　　　　文化13年

日	西暦	曜	干支	直	納音	宿
15日	08/08	木	癸巳	納	長流水	斗
16日	08/09	金	甲午	開	沙中金	牛
17日	08/10	土	乙未	閉	沙中金	女
18日	08/11	日	丙申	建	山下火	虚
19日	08/12	月	丁酉	除	山下火	危
20日	08/13	火	戊戌	満	平地木	室
21日	08/14	水	己亥	平	平地木	壁
22日	08/15	木	庚子	定	壁上土	奎
23日	08/16	金	辛丑	執	壁上土	婁
24日	08/17	土	壬寅	破	金箔金	胃
25日	08/18	日	癸卯	危	金箔金	昴
26日	08/19	月	甲辰	成	覆燈火	畢
27日	08/20	火	乙巳	納	覆燈火	觜
28日	08/21	水	丙午	開	天河水	参
29日	08/22	木	丁未	閉	天河水	井

【八月大 丁酉 斗】
節気 白露 15日・秋分 30日
雑節 二百十日 11日・彼岸 29日

日	西暦	曜	干支	直	納音	宿
1日	08/23	金	戊申	建	大駅土	鬼
2日	08/24	土	己酉	除	大駅土	柳
3日	08/25	日	庚戌	満	釵釧金	星
4日	08/26	月	辛亥	平	釵釧金	張
5日	08/27	火	壬子	定	桑柘木	翼
6日	08/28	水	癸丑	執	桑柘木	軫
7日	08/29	木	甲寅	破	大溪水	角
8日	08/30	金	乙卯	危	大溪水	亢
9日	08/31	土	丙辰	成	沙中土	氐
10日	09/01	日	丁巳	納	沙中土	房
11日	09/02	月	戊午	開	天上火	心
12日	09/03	火	己未	閉	天上火	尾
13日	09/04	水	庚申	建	柘榴木	箕
14日	09/05	木	辛酉	除	柘榴木	斗
15日	09/06	金	壬戌	満	大海水	牛
16日	09/07	土	癸亥	満	大海水	女
17日	09/08	日	甲子	平	海中金	虚
18日	09/09	月	乙丑	定	海中金	危
19日	09/10	火	丙寅	執	爐中火	室
20日	09/11	水	丁卯	破	爐中火	壁
21日	09/12	木	戊辰	危	大林木	奎
22日	09/13	金	己巳	成	大林木	婁
23日	09/14	土	庚午	納	路傍土	胃
24日	09/15	日	辛未	開	路傍土	昴
25日	09/16	月	壬申	閉	釵鋒金	畢
26日	09/17	火	癸酉	建	釵鋒金	觜
27日	09/18	水	甲戌	除	山頭火	参
28日	09/19	木	乙亥	満	山頭火	井
29日	09/20	金	丙子	平	澗下水	鬼
30日	09/21	土	丁丑	定	澗下水	柳

【閏八月小 丁酉 斗】
節気 寒露 15日
雑節 社日 1日・土用 28日

日	西暦	曜	干支	直	納音	宿
1日	09/22	日	戊寅	執	城頭土	星
2日	09/23	月	己卯	破	城頭土	張
3日	09/24	火	庚辰	危	白鑞金	翼
4日	09/25	水	辛巳	成	白鑞金	軫
5日	09/26	木	壬午	納	楊柳木	角
6日	09/27	金	癸未	開	楊柳木	亢
7日	09/28	土	甲申	閉	井泉水	氐
8日	09/29	日	乙酉	建	井泉水	房
9日	09/30	月	丙戌	除	屋上土	心
10日	10/01	火	丁亥	満	屋上土	尾
11日	10/02	水	戊子	平	霹靂火	箕
12日	10/03	木	己丑	定	霹靂火	斗
13日	10/04	金	庚寅	執	松柏木	牛
14日	10/05	土	辛卯	破	松柏木	女
15日	10/06	日	壬辰	危	長流水	虚
16日	10/07	月	癸巳	成	長流水	危
17日	10/08	火	甲午	納	沙中金	室
18日	10/09	水	乙未	開	沙中金	壁
19日	10/10	木	丙申	閉	山下火	奎
20日	10/11	金	丁酉	閉	山下火	婁

日	西暦	曜	干支	直	納音	宿
21日	10/12	土	戊戌	建	平地木	胃
22日	10/13	日	己亥	除	平地木	昴
23日	10/14	月	庚子	満	壁上土	畢
24日	10/15	火	辛丑	平	壁上土	觜
25日	10/16	水	壬寅	定	金箔金	参
26日	10/17	木	癸卯	執	金箔金	井
27日	10/18	金	甲辰	破	覆燈火	鬼
28日	10/19	土	乙巳	危	覆燈火	柳
29日	10/20	日	丙午	成	天河水	星

【九月小 戊戌 牛】
節気 霜降 2日・立冬 17日

日	西暦	曜	干支	直	納音	宿
1日	10/21	月	丁未	納	天河水	張
2日	10/22	火	戊申	開	大駅土	翼
3日	10/23	水	己酉	閉	大駅土	軫
4日	10/24	木	庚戌	建	釵釧金	角
5日	10/25	金	辛亥	除	釵釧金	亢
6日	10/26	土	壬子	満	桑柘木	氐
7日	10/27	日	癸丑	平	桑柘木	房
8日	10/28	月	甲寅	定	大溪水	心
9日	10/29	火	乙卯	執	大溪水	尾
10日	10/30	水	丙辰	破	沙中土	箕
11日	10/31	木	丁巳	危	沙中土	斗
12日	11/01	金	戊午	成	天上火	牛
13日	11/02	土	己未	納	天上火	女
14日	11/03	日	庚申	開	柘榴木	虚
15日	11/04	月	辛酉	閉	柘榴木	危
16日	11/05	火	壬戌	建	大海水	室
17日	11/06	水	癸亥	建	大海水	壁
18日	11/07	木	甲子	除	海中金	奎
19日	11/08	金	乙丑	満	海中金	婁
20日	11/09	土	丙寅	平	爐中火	胃
21日	11/10	日	丁卯	定	爐中火	昴
22日	11/11	月	戊辰	執	大林木	畢
23日	11/12	火	己巳	破	大林木	觜
24日	11/13	水	庚午	危	路傍土	参
25日	11/14	木	辛未	成	路傍土	井
26日	11/15	金	壬申	納	釵鋒金	鬼
27日	11/16	土	癸酉	開	釵鋒金	柳
28日	11/17	日	甲戌	閉	山頭火	星
29日	11/18	月	乙亥	建	山頭火	張

【十月大 己亥 女】
節気 小雪 3日・大雪 18日

日	西暦	曜	干支	直	納音	宿
1日	11/19	火	丙子	除	澗下水	翼
2日	11/20	水	丁丑	満	澗下水	軫
3日	11/21	木	戊寅	平	城頭土	角
4日	11/22	金	己卯	定	城頭土	亢
5日	11/23	土	庚辰	執	白鑞金	氐
6日	11/24	日	辛巳	破	白鑞金	房
7日	11/25	月	壬午	危	楊柳木	心
8日	11/26	火	癸未	成	楊柳木	尾
9日	11/27	水	甲申	納	井泉水	箕
10日	11/28	木	乙酉	開	井泉水	斗
11日	11/29	金	丙戌	閉	屋上土	牛
12日	11/30	土	丁亥	建	屋上土	女
13日	12/01	日	戊子	除	霹靂火	虚
14日	12/02	月	己丑	満	霹靂火	危
15日	12/03	火	庚寅	平	松柏木	室
16日☆	12/04	水	辛卯	定	松柏木	壁
17日	12/05	木	壬辰	執	長流水	奎
18日	12/06	金	癸巳	破	長流水	婁
19日	12/07	土	甲午	危	沙中金	胃
20日	12/08	日	乙未	成	沙中金	昴
21日	12/09	月	丙申	納	山下火	畢
22日	12/10	火	丁酉	開	山下火	觜
23日	12/11	水	戊戌	閉	平地木	参
24日	12/12	木	己亥	建	平地木	井
25日	12/13	金	庚子	除	壁上土	鬼
26日	12/14	土	辛丑	満	壁上土	柳
27日	12/15	日	壬寅	平	金箔金	星
28日	12/16	月	癸卯	定	金箔金	張
29日	12/17	火	甲辰	執	覆燈火	翼

日	西暦	曜	干支	直	納音	宿
30日	12/18	水	乙巳	執	覆燈火	軫

【十一月小 庚子 虚】
節気 冬至 3日・小寒 19日

日	西暦	曜	干支	直	納音	宿
1日	12/19	木	丙午	破	天河水	角
2日	12/20	金	丁未	危	天河水	亢
3日	12/21	土	戊申	成	大駅土	氐
4日	12/22	日	己酉	納	大駅土	房
5日	12/23	月	庚戌	開	釵釧金	心
6日	12/24	火	辛亥	閉	釵釧金	尾
7日	12/25	水	壬子	建	桑柘木	箕
8日	12/26	木	癸丑	除	桑柘木	斗
9日	12/27	金	甲寅	平	大溪水	牛
10日	12/28	土	乙卯	平	大溪水	女
11日	12/29	日	丙辰	定	沙中土	虚
12日	12/30	月	丁巳	執	沙中土	危
13日	12/31	火	戊午	破	天上火	室

1817年

日	西暦	曜	干支	直	納音	宿
14日	01/01	水	己未	危	天上火	壁
15日	01/02	木	庚申	成	柘榴木	奎
16日	01/03	金	辛酉	納	柘榴木	婁
17日	01/04	土	壬戌	開	大海水	胃
18日	01/05	日	癸亥	閉	大海水	昴
19日	01/06	月	甲子	閉	海中金	畢
20日	01/07	火	乙丑	建	海中金	觜
21日	01/08	水	丙寅	除	爐中火	参
22日	01/09	木	丁卯	満	爐中火	井
23日	01/10	金	戊辰	平	大林木	鬼
24日	01/11	土	己巳	定	大林木	柳
25日	01/12	日	庚午	執	路傍土	星
26日	01/13	月	辛未	破	路傍土	張
27日	01/14	火	壬申	危	釵鋒金	翼
28日	01/15	水	癸酉	成	釵鋒金	軫
29日	01/16	木	甲戌	納	山頭火	角

【十二月大 辛丑 危】
節気 大寒 5日・立春 20日
雑節 土用 2日・節分 19日

日	西暦	曜	干支	直	納音	宿
1日	01/17	金	乙亥	開	山頭火	亢
2日	01/18	土	丙子	閉	澗下水	氐
3日	01/19	日	丁丑	建	澗下水	房
4日	01/20	月	戊寅	除	城頭土	心
5日	01/21	火	己卯	満	城頭土	尾
6日	01/22	水	庚辰	平	白鑞金	箕
7日	01/23	木	辛巳	定	白鑞金	斗
8日	01/24	金	壬午	執	楊柳木	牛
9日	01/25	土	癸未	破	楊柳木	女
10日	01/26	日	甲申	危	井泉水	虚
11日	01/27	月	乙酉	成	井泉水	危
12日	01/28	火	丙戌	納	屋上土	室
13日	01/29	水	丁亥	開	屋上土	壁
14日	01/30	木	戊子	閉	霹靂火	奎
15日	01/31	金	己丑	建	霹靂火	婁
16日	02/01	土	庚寅	除	松柏木	胃
17日	02/02	日	辛卯	満	松柏木	昴
18日	02/03	月	壬辰	平	長流水	畢
19日	02/04	火	癸巳	定	長流水	觜
20日	02/05	水	甲午	定	沙中金	参
21日	02/06	木	乙未	執	沙中金	井
22日	02/07	金	丙申	破	山下火	鬼
23日	02/08	土	丁酉	危	山下火	柳
24日	02/09	日	戊戌	成	平地木	星
25日	02/10	月	己亥	納	平地木	張
26日	02/11	火	庚子	開	壁上土	翼
27日	02/12	水	辛丑	閉	壁上土	軫
28日	02/13	木	壬寅	建	金箔金	角
29日	02/14	金	癸卯	除	金箔金	亢
30日	02/15	土	甲辰	満	覆燈火	氐

文化14年

1817〜1818　丁丑　危

【正月大 壬寅 室】

節気 雨水 5日・啓蟄 21日

1日	02/16	日	乙巳	平	覆燈火	房
2日	02/17	月	丙午	定	天河水	心
3日	02/18	火	丁未	執	天河水	尾
4日	02/19	水	戊申	破	大駅土	箕
5日	02/20	木	己酉	危	大駅土	斗
6日	02/21	金	庚戌	成	釵釧金	牛
7日	02/22	土	辛亥	納	釵釧金	女
8日	02/23	日	壬子	開	桑柘木	虚
9日	02/24	月	癸丑	閉	桑柘木	危
10日	02/25	火	甲寅	建	大溪水	室
11日	02/26	水	乙卯	除	大溪水	壁
12日	02/27	木	丙辰	満	沙中土	奎
13日	02/28	金	丁巳	平	沙中土	婁
14日	03/01	土	戊午	定	天上火	胃
15日	03/02	日	己未	執	天上火	昴
16日	03/03	月	庚申	破	柘榴木	畢
17日	03/04	火	辛酉	危	柘榴木	觜
18日	03/05	水	壬戌	成	大海水	参
19日	03/06	木	癸亥	納	大海水	井
20日	03/07	金	甲子	開	海中金	鬼
21日	03/08	土	乙丑	開	海中金	柳
22日	03/09	日	丙寅	閉	爐中火	星
23日	03/10	月	丁卯	閉	爐中火	張
24日	03/11	火	戊辰	除	大林木	翼
25日	03/12	水	己巳	満	大林木	軫
26日	03/13	木	庚午	平	路傍土	角
27日	03/14	金	辛未	定	路傍土	亢
28日	03/15	土	壬申	執	釵鋒金	氐
29日	03/16	日	癸酉	破	釵鋒金	房
30日	03/17	月	甲戌	危	山頭火	心

【二月小 癸卯 壁】

節気 春分 6日・清明 21日

雑節 彼岸 1日・社日 4日

1日	03/18	火	乙亥	成	山頭火	尾
2日	03/19	水	丙子	納	澗下水	箕
3日	03/20	木	丁丑	開	澗下水	斗
4日	03/21	金	戊寅	閉	城頭土	牛
5日	03/22	土	己卯	建	城頭土	女
6日	03/23	日	庚辰	除	白鑞金	虚
7日	03/24	月	辛巳	満	白鑞金	危
8日	03/25	火	壬午	平	楊柳木	室
9日	03/26	水	癸未	定	楊柳木	壁
10日	03/27	木	甲申	執	井泉水	奎
11日	03/28	金	乙酉	破	井泉水	婁
12日	03/29	土	丙戌	危	屋上土	胃
13日	03/30	日	丁亥	成	屋上土	昴
14日	03/31	月	戊子	納	霹靂火	畢
15日	04/01	火	己丑	開	霹靂火	觜
16日	04/02	水	庚寅	閉	松柏木	参
17日	04/03	木	辛卯	建	松柏木	井
18日	04/04	金	壬辰	除	長流水	鬼
19日	04/05	土	癸巳	満	長流水	柳
20日	04/06	日	甲午	平	沙中金	星
21日	04/07	月	乙未	平	沙中金	張
22日	04/08	火	丙申	定	山下火	翼
23日	04/09	水	丁酉	執	山下火	軫
24日	04/10	木	戊戌	破	平地木	角
25日	04/11	金	己亥	危	平地木	亢
26日	04/12	土	庚子	成	壁上土	氐
27日	04/13	日	辛丑	納	壁上土	房
28日	04/14	月	壬寅	開	金箔金	心
29日	04/15	火	癸卯	閉	金箔金	尾

【三月大 甲辰 奎】

節気 穀雨 7日・立夏 22日

雑節 土用 4日・八十八夜 18日

1日	04/16	水	甲辰	建	覆燈火	箕
2日	04/17	木	乙巳	除	覆燈火	斗
3日	04/18	金	丙午	満	天河水	牛
4日	04/19	土	丁未	平	天河水	女
5日	04/20	日	戊申	定	大駅土	虚
6日	04/21	月	己酉	執	大駅土	危
7日	04/22	火	庚戌	破	釵釧金	室
8日	04/23	水	辛亥	危	釵釧金	壁
9日	04/24	木	壬子	成	桑柘木	奎
10日	04/25	金	癸丑	納	桑柘木	婁
11日	04/26	土	甲寅	開	大溪水	胃
12日	04/27	日	乙卯	閉	大溪水	昴
13日	04/28	月	丙辰	建	沙中土	畢
14日	04/29	火	丁巳	除	沙中土	觜
15日	04/30	水	戊午	満	天上火	参
16日	05/01	木	己未	平	天上火	井
17日	05/02	金	庚申	定	柘榴木	鬼
18日	05/03	土	辛酉	執	柘榴木	柳
19日	05/04	日	壬戌	破	大海水	星
20日	05/05	月	癸亥	危	大海水	張
21日	05/06	火	甲子	成	海中金	翼
22日	05/07	水	乙丑	納	海中金	軫
23日	05/08	木	丙寅	開	爐中火	角
24日	05/09	金	丁卯	閉	爐中火	亢
25日	05/10	土	戊辰	閉	大林木	氐
26日	05/11	日	己巳	建	大林木	房
27日	05/12	月	庚午	除	路傍土	心
28日	05/13	火	辛未	満	路傍土	尾
29日	05/14	水	壬申	平	釵鋒金	箕
30日	05/15	木	癸酉	定	釵鋒金	斗

【四月大 乙巳 婁】

節気 小満 8日・芒種 23日

雑節 入梅 29日

1日	◎05/16	金	甲戌	執	山頭火	牛
2日	05/17	土	乙亥	破	山頭火	女
3日	05/18	日	丙子	危	澗下水	虚
4日	05/19	月	丁丑	成	澗下水	危
5日	05/20	火	戊寅	納	城頭土	室
6日	05/21	水	己卯	開	城頭土	壁
7日	05/22	木	庚辰	閉	白鑞金	奎
8日	05/23	金	辛巳	建	白鑞金	婁
9日	05/24	土	壬午	除	楊柳木	胃
10日	05/25	日	癸未	満	楊柳木	昴
11日	05/26	月	甲申	平	井泉水	畢
12日	05/27	火	乙酉	定	井泉水	觜
13日	05/28	水	丙戌	執	屋上土	参
14日	05/29	木	丁亥	破	屋上土	井
15日	05/30	金	戊子	危	霹靂火	鬼
16日	05/31	土	己丑	成	霹靂火	柳
17日	06/01	日	庚寅	納	松柏木	星
18日	06/02	月	辛卯	開	松柏木	張
19日	06/03	火	壬辰	閉	長流水	翼
20日	06/04	水	癸巳	建	長流水	軫
21日	06/05	木	甲午	除	沙中金	角
22日	06/06	金	乙未	満	沙中金	亢
23日	06/07	土	丙申	平	山下火	氐
24日	06/08	日	丁酉	定	山下火	房
25日	06/09	月	戊戌	執	平地木	心
26日	06/10	火	己亥	破	平地木	尾
27日	06/11	水	庚子	危	壁上土	箕
28日	06/12	木	辛丑	成	壁上土	斗
29日	06/13	金	壬寅	成	金箔金	牛
30日	06/14	土	癸卯	納	金箔金	女

【五月小 丙午 胃】

節気 夏至 8日・小暑 23日

雑節 半夏生 18日

1日	06/15	日	甲辰	開	覆燈火	虚
2日	06/16	月	乙巳	閉	覆燈火	危
3日	06/17	火	丙午	建	天河水	室
4日	06/18	水	丁未	除	天河水	壁
5日	06/19	木	戊申	満	大駅土	奎
6日	06/20	金	己酉	平	大駅土	婁
7日	06/21	土	庚戌	定	釵釧金	胃
8日	06/22	日	辛亥	執	釵釧金	昴
9日	06/23	月	壬子	破	桑柘木	畢
10日	06/24	火	癸丑	危	桑柘木	觜
11日	06/25	水	甲寅	成	大溪水	参
12日	06/26	木	乙卯	納	大溪水	井
13日	06/27	金	丙辰	開	沙中土	鬼
14日	06/28	土	丁巳	閉	沙中土	柳
15日	06/29	日	戊午	建	天上火	星
16日	06/30	月	己未	除	天上火	張
17日	07/01	火	庚申	満	柘榴木	翼
18日	07/02	水	辛酉	平	柘榴木	軫
19日	07/03	木	壬戌	定	大海水	角
20日	07/04	金	癸亥	執	大海水	亢
21日	07/05	土	甲子	破	海中金	氐
22日	07/06	日	乙丑	危	海中金	房
23日	07/07	月	丙寅	危	爐中火	心
24日	07/08	火	丁卯	成	爐中火	尾
25日	07/09	水	戊辰	納	大林木	箕
26日	07/10	木	己巳	開	大林木	斗
27日	07/11	金	庚午	閉	路傍土	牛
28日	07/12	土	辛未	建	路傍土	女
29日	07/13	日	壬申	除	釵鋒金	虚

【六月大 丁未 昴】

節気 大暑 10日・立秋 25日

雑節 土用 6日

1日	07/14	月	癸酉	満	釵鋒金	危
2日	07/15	火	甲戌	平	山頭火	室
3日	07/16	水	乙亥	定	山頭火	壁
4日	07/17	木	丙子	執	澗下水	奎
5日	07/18	金	丁丑	破	澗下水	婁
6日	07/19	土	戊寅	危	城頭土	胃
7日	07/20	日	己卯	成	城頭土	昴
8日	07/21	月	庚辰	納	白鑞金	畢
9日	07/22	火	辛巳	開	白鑞金	觜
10日	07/23	水	壬午	閉	楊柳木	参
11日	07/24	木	癸未	建	楊柳木	井
12日	07/25	金	甲申	除	井泉水	鬼
13日	07/26	土	乙酉	満	井泉水	柳
14日	07/27	日	丙戌	平	屋上土	星
15日	07/28	月	丁亥	定	屋上土	張
16日	07/29	火	戊子	執	霹靂火	翼
17日	07/30	水	己丑	破	霹靂火	軫
18日	07/31	木	庚寅	危	松柏木	角
19日	08/01	金	辛卯	成	松柏木	亢
20日	08/02	土	壬辰	納	長流水	氐
21日	08/03	日	癸巳	開	長流水	房
22日	08/04	月	甲午	閉	沙中金	心
23日	08/05	火	乙未	建	沙中金	尾
24日	08/06	水	丙申	除	山下火	箕
25日	08/07	木	丁酉	除	山下火	斗
26日	08/08	金	戊戌	満	平地木	牛
27日	08/09	土	己亥	平	平地木	女
28日	08/10	日	庚子	定	壁上土	虚
29日	08/11	月	辛丑	執	壁上土	危

472

西暦　曜　干支　直　納音　宿　　　　　　　　　　　　　　　　　文化14年

日	西暦	曜	干支	直	納音	宿
30日	08/12	火	壬寅	破	金箔金	室

【七月小 戊申 畢】
節気 処暑 10日・白露 25日
雑節 二百十日 21日

日	西暦	曜	干支	直	納音	宿
1日	08/13	水	癸卯	危	金箔金	壁
2日	08/14	木	甲辰	成	覆燈火	奎
3日	08/15	金	乙巳	納	覆燈火	婁
4日	08/16	土	丙午	開	天河水	胃
5日	08/17	日	丁未	閉	天河水	昴
6日	08/18	月	戊申	建	大駅土	畢
7日	08/19	火	己酉	除	大駅土	觜
8日	08/20	水	庚戌	満	釵釧金	参
9日	08/21	金	辛亥	平	釵釧金	井
10日	08/22	金	壬子	定	桑柘木	柳
11日	08/23	土	癸丑	執	桑柘木	柳
12日	08/24	日	甲寅	破	大溪水	星
13日	08/25	月	乙卯	危	大溪水	張
14日	08/26	火	丙辰	成	沙中土	翼
15日	08/27	水	丁巳	納	沙中土	軫
16日	08/28	木	戊午	開	天上火	角
17日	08/29	金	己未	閉	天上火	亢
18日	08/30	土	庚申	建	柘榴木	氏
19日	08/31	日	辛酉	除	柘榴木	房
20日	09/01	月	壬戌	満	大海水	心
21日	09/02	火	癸亥	平	大海水	尾
22日	09/03	水	甲子	定	海中金	箕
23日	09/04	木	乙丑	執	海中金	斗
24日	09/05	金	丙寅	破	爐中火	牛
25日	09/06	土	丁卯	危	爐中火	女
26日	09/07	日	戊辰	成	大林木	虚
27日	09/08	月	己巳	納	大林木	危
28日	09/09	火	庚午	納	路傍土	室
29日	09/10	水	辛未	開	路傍土	壁

【八月大 己酉 觜】
節気 秋分 11日・寒露 27日
雑節 社日 7日・彼岸 10日

日	西暦	曜	干支	直	納音	宿
1日	09/11	木	壬申	閉	釵鋒金	奎
2日	09/12	金	癸酉	建	釵鋒金	婁
3日	09/13	土	甲戌	除	山頭火	胃
4日	09/14	日	乙亥	満	山頭火	昴
5日	09/15	月	丙子	定	澗下水	畢
6日	09/16	火	丁丑	定	澗下水	觜
7日	09/17	水	戊寅	執	城頭土	参
8日	09/18	木	己卯	破	城頭土	井
9日	09/19	金	庚辰	危	白鑞金	鬼
10日	09/20	土	辛巳	成	白鑞金	柳
11日	09/21	日	壬午	納	楊柳木	星
12日	09/22	月	癸未	開	楊柳木	張
13日	09/23	火	甲申	建	井泉水	翼
14日	09/24	水	乙酉	除	井泉水	軫
15日	09/25	木	丙戌	除	屋上土	角
16日	09/26	金	丁亥	平	屋上土	亢
17日	09/27	土	戊子	平	霹靂火	氏
18日	09/28	日	己丑	定	霹靂火	房
19日	09/29	月	庚寅	執	松柏木	心
20日	09/30	火	辛卯	破	松柏木	尾
21日	10/01	水	壬辰	危	長流水	箕
22日	10/02	木	癸巳	成	長流水	斗
23日	10/03	金	甲午	納	沙中金	女
24日	10/04	土	乙未	開	沙中金	虚
25日	10/05	日	丙申	閉	山下火	危
26日	10/06	月	丁酉	建	山下火	室
27日	10/07	火	戊戌	除	平地木	壁
28日	10/08	水	己亥	除	平地木	奎
29日	10/09	木	庚子	満	壁上土	婁
30日	10/10	金	辛丑	平	壁上土	胃

【九月小 庚戌 参】
節気 霜降 12日・立冬 27日
雑節 土用 9日

日	西暦	曜	干支	直	納音	宿
1日	10/11	土	壬寅	定	金箔金	胃
2日	10/12	日	癸卯	執	金箔金	昴
3日	10/13	月	甲辰	破	覆燈火	畢
4日	10/14	火	乙巳	危	覆燈火	觜
5日	10/15	水	丙午	成	天河水	参
6日	10/16	木	丁未	納	天河水	井
7日	10/17	金	戊申	破	大駅土	鬼
8日	10/18	土	己酉	危	大駅土	柳
9日	10/19	日	庚戌	建	釵釧金	星
10日	10/20	月	辛亥	満	釵釧金	張
11日	10/21	火	壬子	満	桑柘木	翼
12日	10/22	水	癸丑	平	桑柘木	軫
13日	10/23	木	甲寅	執	大溪水	角
14日	10/24	金	乙卯	破	大溪水	亢
15日	10/25	土	丙辰	破	沙中土	氏
16日	10/26	日	丁巳	危	沙中土	房
17日	10/27	火	戊午	納	天上火	尾
18日	10/28	水	己未	納	天上火	箕
19日	10/29	木	庚申	開	柘榴木	斗
20日	10/30	金	辛酉	閉	柘榴木	牛
21日	10/31	土	壬戌	除	大海水	女
22日	11/01	日	癸亥	満	大海水	虚
23日	11/02	月	甲子	定	海中金	危
24日	11/03	火	乙丑	執	海中金	室
25日	11/04	水	丙寅	定	爐中火	壁
26日	11/05	木	丁卯	執	爐中火	奎
27日	11/06	金	戊辰	納	大林木	婁
28日	11/07	土	己巳	開	大林木	胃
29日	11/08	日	庚午	危	路傍土	昴

【十月小 辛亥 井】
節気 小雪 13日・大雪 28日

日	西暦	曜	干支	直	納音	宿
1日◎	11/09	日	辛未	納	路傍土	畢
2日	11/10	月	壬申	納	釵鋒金	觜
3日	11/11	火	癸酉	開	釵鋒金	参
4日	11/12	水	甲戌	閉	山頭火	井
5日	11/13	木	乙亥	建	山頭火	鬼
6日	11/14	金	丙子	除	澗下水	柳
7日	11/15	土	丁丑	満	澗下水	星
8日	11/16	日	戊寅	定	城頭土	張
9日	11/17	月	己卯	執	城頭土	翼
10日	11/18	火	庚辰	執	白鑞金	軫
11日	11/19	水	辛巳	破	白鑞金	角
12日	11/20	木	壬午	危	楊柳木	亢
13日	11/21	金	癸未	成	楊柳木	氏
14日	11/22	土	甲申	納	井泉水	房
15日	11/23	日	乙酉	開	井泉水	心
16日	11/24	月	丙戌	閉	屋上土	尾
17日	11/25	火	丁亥	建	屋上土	箕
18日	11/26	水	戊子	除	霹靂火	斗
19日	11/27	木	己丑	満	霹靂火	牛
20日	11/28	金	庚寅	定	松柏木	女
21日	11/29	土	辛卯	執	松柏木	虚
22日	11/30	日	壬辰	執	長流水	危
23日	12/01	月	癸巳	破	長流水	室
24日	12/02	火	甲午	危	沙中金	壁
25日	12/03	水	乙未	成	沙中金	奎
26日	12/04	木	丙申	納	山下火	婁
27日	12/05	金	丁酉	開	山下火	胃
28日	12/06	土	戊戌	閉	平地木	昴
29日	12/07	日	己亥	閉	平地木	畢

【十一月大 壬子 鬼】
節気 冬至 15日・小寒 30日

日	西暦	曜	干支	直	納音	宿
1日	12/08	月	庚子	建	壁上土	畢
2日	12/09	火	辛丑	除	壁上土	觜
3日	12/10	水	壬寅	満	金箔金	参
4日	12/11	木	癸卯	平	金箔金	井
5日	12/12	金	甲辰	定	覆燈火	鬼
6日	12/13	土	乙巳	執	覆燈火	柳
7日	12/14	日	丙午	破	天河水	星
8日	12/15	月	丁未	危	天河水	張
9日	12/16	火	戊申	成	大駅土	翼
10日	12/17	水	己酉	納	大駅土	軫
11日	12/18	木	庚戌	開	釵釧金	角
12日	12/19	金	辛亥	閉	釵釧金	亢
13日	12/20	土	壬子	除	桑柘木	氏
14日	12/21	日	癸丑	除	桑柘木	房
15日	12/22	月	甲寅	満	大溪水	心
16日	12/23	火	乙卯	平	大溪水	尾
17日	12/24	水	丙辰	定	沙中土	箕
18日	12/25	木	丁巳	執	沙中土	斗
19日	12/26	金	戊午	破	天上火	牛
20日	12/27	土	己未	危	天上火	女
21日	12/28	日	庚申	成	柘榴木	虚
22日	12/29	月	辛酉	納	柘榴木	危
23日	12/30	火	壬戌	開	大海水	室
24日	12/31	水	癸亥	閉	大海水	壁

1818年

日	西暦	曜	干支	直	納音	宿
25日	01/01	木	甲子	建	海中金	奎
26日	01/02	金	乙丑	除	海中金	婁
27日	01/03	土	丙寅	満	爐中火	胃
28日	01/04	日	丁卯	平	爐中火	昴
29日	01/05	月	戊辰	定	大林木	畢
30日	01/06	火	己巳	定	大林木	觜

【十二月小 癸丑 柳】
節気 大寒 15日・節分 29日
雑節 土用 12日・節分 29日

日	西暦	曜	干支	直	納音	宿
1日	01/07	水	庚午	執	路傍土	参
2日	01/08	木	辛未	破	路傍土	井
3日	01/09	金	壬申	危	釵鋒金	鬼
4日	01/10	土	癸酉	成	釵鋒金	柳
5日	01/11	日	甲戌	納	山頭火	星
6日	01/12	月	乙亥	開	山頭火	張
7日	01/13	火	丙子	閉	澗下水	翼
8日	01/14	水	丁丑	除	澗下水	軫
9日	01/15	木	戊寅	除	城頭土	角
10日	01/16	金	己卯	満	城頭土	亢
11日	01/17	土	庚辰	定	白鑞金	氏
12日	01/18	日	辛巳	定	白鑞金	房
13日	01/19	月	壬午	執	楊柳木	心
14日	01/20	火	癸未	破	楊柳木	尾
15日	01/21	水	甲申	危	井泉水	箕
16日	01/22	木	乙酉	成	井泉水	斗
17日	01/23	金	丙戌	納	屋上土	牛
18日	01/24	土	丁亥	開	屋上土	女
19日	01/25	日	戊子	閉	霹靂火	虚
20日	01/26	月	己丑	建	霹靂火	危
21日	01/27	火	庚寅	除	松柏木	室
22日	01/28	水	辛卯	満	松柏木	壁
23日	01/29	木	壬辰	平	長流水	奎
24日	01/30	金	癸巳	定	長流水	婁
25日	01/31	土	甲午	執	沙中金	胃
26日	02/01	日	乙未	破	沙中金	昴
27日	02/02	月	丙申	危	山下火	畢
28日	02/03	火	丁酉	成	山下火	觜
29日	02/04	水	戊戌	納	平地木	参

— 473 —

文政元年〔文化15年〕

1818〜1819　戊寅　室
※改元＝4月22日

【正月大 甲寅 星】

節気 立春 1日・雨水 17日

日	日付	曜	干支	十二直	納音	宿
1日	02/05	木	己亥	納	平地木	井
2日	02/06	金	庚子	開	壁上土	鬼
3日	02/07	土	辛丑	閉	壁上土	柳
4日	02/08	日	壬寅	建	金箔金	星
5日	02/09	月	癸卯	除	金箔金	張
6日	02/10	火	甲辰	満	覆燈火	翼
7日	02/11	水	乙巳	平	覆燈火	軫
8日	02/12	木	丙午	定	天河水	角
9日	02/13	金	丁未	執	天河水	亢
10日	02/14	土	戊申	破	大駅土	氐
11日	02/15	日	己酉	危	大駅土	房
12日	02/16	月	庚戌	成	釵釧金	心
13日	02/17	火	辛亥	納	釵釧金	尾
14日	02/18	水	壬子	開	桑柘木	箕
15日	02/19	木	癸丑	閉	桑柘木	斗
16日	02/20	金	甲寅	建	大溪水	牛
17日	02/21	土	乙卯	除	大溪水	女
18日	02/22	日	丙辰	満	沙中土	虚
19日	02/23	月	丁巳	平	沙中土	危
20日	02/24	火	戊午	定	天上火	室
21日	02/25	水	己未	執	天上火	壁
22日	02/26	木	庚申	破	柘榴木	奎
23日	02/27	金	辛酉	危	柘榴木	婁
24日	02/28	土	壬戌	成	大海水	胃
25日	03/01	日	癸亥	納	大海水	昴
26日	03/02	月	甲子	開	海中金	畢
27日	03/03	火	乙丑	閉	海中金	觜
28日	03/04	水	丙寅	建	爐中火	参
29日	03/05	木	丁卯	除	爐中火	井
30日	03/06	金	戊辰	満	大林木	鬼

【二月大 乙卯 張】

節気 啓蟄 2日・春分 17日
雑節 彼岸 12日・社日 20日

日	日付	曜	干支	十二直	納音	宿
1日	03/07	土	己巳	平	大林木	柳
2日	03/08	日	庚午	平	路傍土	星
3日	03/09	月	辛未	定	路傍土	張
4日	03/10	火	壬申	執	剣鋒金	翼
5日	03/11	水	癸酉	破	剣鋒金	軫
6日	03/12	木	甲戌	危	山頭火	角
7日	03/13	金	乙亥	成	山頭火	亢
8日	03/14	土	丙子	納	澗下水	氐
9日	03/15	日	丁丑	開	澗下水	房
10日	03/16	月	戊寅	閉	城頭土	心
11日	03/17	火	己卯	建	城頭土	尾
12日	03/18	水	庚辰	除	白鑞金	箕
13日	03/19	木	辛巳	満	白鑞金	斗
14日	03/20	金	壬午	平	楊柳木	牛
15日	03/21	土	癸未	定	楊柳木	女
16日	03/22	日	甲申	執	井泉水	虚
17日	03/23	月	乙酉	破	井泉水	危
18日	03/24	火	丙戌	危	屋上土	室
19日	03/25	水	丁亥	成	屋上土	壁
20日	03/26	木	戊子	納	霹靂火	奎
21日	03/27	金	己丑	開	霹靂火	婁
22日	03/28	土	庚寅	閉	松柏木	胃
23日	03/29	日	辛卯	建	松柏木	昴
24日	03/30	月	壬辰	除	長流水	畢
25日	03/31	火	癸巳	満	長流水	觜
26日	04/01	水	甲午	平	沙中金	参
27日	04/02	木	乙未	定	沙中金	井
28日	04/03	金	丙申	執	山下火	鬼
29日	04/04	土	丁酉	破	山下火	柳
30日	04/05	日	戊戌	危	平地木	星

【三月小 丙辰 翼】

節気 清明 2日・穀雨 17日
雑節 土用 14日・八十八夜 28日

日	日付	曜	干支	十二直	納音	宿
1日	04/06	月	己亥	成	平地木	張
2日	04/07	火	庚子	成	壁上土	翼
3日	04/08	水	辛丑	納	壁上土	軫
4日	04/09	木	壬寅	開	金箔金	角
5日	04/10	金	癸卯	閉	金箔金	亢
6日	04/11	土	甲辰	建	覆燈火	氐
7日	04/12	日	乙巳	除	覆燈火	房
8日	04/13	月	丙午	満	天河水	心
9日	04/14	火	丁未	平	天河水	尾
10日	04/15	水	戊申	定	大駅土	箕
11日	04/16	木	己酉	執	大駅土	斗
12日	04/17	金	庚戌	破	釵釧金	牛
13日	04/18	土	辛亥	危	釵釧金	女
14日	04/19	日	壬子	成	桑柘木	虚
15日	04/20	月	癸丑	納	桑柘木	危
16日	04/21	火	甲寅	開	大溪水	室
17日	04/22	水	乙卯	閉	大溪水	壁
18日	04/23	木	丙辰	建	沙中土	奎
19日	04/24	金	丁巳	除	沙中土	婁
20日	04/25	土	戊午	満	天上火	胃
21日	04/26	日	己未	平	天上火	昴
22日	04/27	月	庚申	定	柘榴木	畢
23日	04/28	火	辛酉	執	柘榴木	觜
24日	04/29	水	壬戌	破	大海水	参
25日	04/30	木	癸亥	危	大海水	井
26日	05/01	金	甲子	成	海中金	鬼
27日	05/02	土	乙丑	納	海中金	柳
28日	05/03	日	丙寅	開	爐中火	星
29日	05/04	月	丁卯	閉	爐中火	張

【四月大 丁巳 軫】

節気 立夏 4日・小満 19日

日	日付	曜	干支	十二直	納音	宿
1日◎	05/05	火	戊辰	建	大林木	翼
2日	05/06	水	己巳	除	大林木	軫
3日	05/07	木	庚午	満	路傍土	角
4日	05/08	金	辛未	満	路傍土	亢
5日	05/09	土	壬申	平	剣鋒金	氐
6日	05/10	日	癸酉	定	剣鋒金	房
7日	05/11	月	甲戌	執	山頭火	心
8日	05/12	火	乙亥	破	山頭火	尾
9日	05/13	水	丙子	危	澗下水	箕
10日	05/14	木	丁丑	成	澗下水	斗
11日	05/15	金	戊寅	納	城頭土	牛
12日	05/16	土	己卯	開	城頭土	女
13日	05/17	日	庚辰	閉	白鑞金	虚
14日	05/18	月	辛巳	建	白鑞金	危
15日	05/19	火	壬午	除	楊柳木	室
16日	05/20	水	癸未	満	楊柳木	壁
17日	05/21	木	甲申	平	井泉水	奎
18日	05/22	金	乙酉	定	井泉水	婁
19日	05/23	土	丙戌	執	屋上土	胃
20日	05/24	日	丁亥	破	屋上土	昴
21日	05/25	月	戊子	危	霹靂火	畢
22日	05/26	火	己丑	成	霹靂火	觜
＊改元（文化15年→文政元年）						
23日	05/27	水	庚寅	納	松柏木	参
24日	05/28	木	辛卯	開	松柏木	井
25日	05/29	金	壬辰	閉	長流水	鬼
26日	05/30	土	癸巳	建	長流水	柳
27日	05/31	日	甲午	除	沙中金	星
28日	06/01	月	乙未	満	沙中金	張
29日	06/02	火	丙申	平	山下火	翼
30日	06/03	水	丁酉	定	山下火	軫

【五月小 戊午 角】

節気 芒種 4日・夏至 19日
雑節 入梅 5日・半夏生 29日

日	日付	曜	干支	十二直	納音	宿
1日	06/04	木	戊戌	執	平地木	角
2日	06/05	金	己亥	破	平地木	亢
3日	06/06	土	庚子	危	壁上土	氐
4日	06/07	日	辛丑	危	壁上土	房
5日	06/08	月	壬寅	成	金箔金	心
6日	06/09	火	癸卯	納	金箔金	尾
7日	06/10	水	甲辰	開	覆燈火	箕
8日	06/11	木	乙巳	閉	覆燈火	斗
9日	06/12	金	丙午	建	天河水	牛
10日	06/13	土	丁未	除	天河水	女
11日	06/14	日	戊申	満	大駅土	虚
12日	06/15	月	己酉	平	大駅土	危
13日	06/16	火	庚戌	定	釵釧金	室
14日	06/17	水	辛亥	執	釵釧金	壁
15日	06/18	木	壬子	破	桑柘木	奎
16日	06/19	金	癸丑	危	桑柘木	婁
17日	06/20	土	甲寅	成	大溪水	胃
18日	06/21	日	乙卯	納	大溪水	昴
19日	06/22	月	丙辰	開	沙中土	畢
20日	06/23	火	丁巳	閉	沙中土	觜
21日	06/24	水	戊午	建	天上火	参
22日	06/25	木	己未	除	天上火	井
23日	06/26	金	庚申	満	柘榴木	鬼
24日	06/27	土	辛酉	平	柘榴木	柳
25日	06/28	日	壬戌	定	大海水	星
26日	06/29	月	癸亥	執	大海水	張
27日	06/30	火	甲子	破	海中金	翼
28日	07/01	水	乙丑	危	海中金	軫
29日	07/02	木	丙寅	成	爐中火	角

【六月大 己未 亢】

節気 小暑 6日・大暑 21日
雑節 土用 18日

日	日付	曜	干支	十二直	納音	宿
1日	07/03	金	丁卯	納	爐中火	亢
2日	07/04	土	戊辰	開	大林木	氐
3日	07/05	日	己巳	閉	大林木	房
4日	07/06	月	庚午	建	路傍土	心
5日	07/07	火	辛未	除	路傍土	尾
6日	07/08	水	壬申	除	剣鋒金	箕
7日	07/09	木	癸酉	満	剣鋒金	斗
8日	07/10	金	甲戌	平	山頭火	牛
9日	07/11	土	乙亥	定	山頭火	女
10日	07/12	日	丙子	執	澗下水	虚
11日	07/13	月	丁丑	破	澗下水	危
12日	07/14	火	戊寅	危	城頭土	室
13日	07/15	水	己卯	成	城頭土	壁
14日	07/16	木	庚辰	納	白鑞金	奎
15日	07/17	金	辛巳	開	白鑞金	婁
16日	07/18	土	壬午	閉	楊柳木	胃
17日	07/19	日	癸未	建	楊柳木	昴
18日	07/20	月	甲申	除	井泉水	畢
19日	07/21	火	乙酉	満	井泉水	觜
20日	07/22	水	丙戌	平	屋上土	参
21日	07/23	木	丁亥	定	屋上土	井
22日	07/24	金	戊子	執	霹靂火	鬼
23日	07/25	土	己丑	破	霹靂火	柳
24日	07/26	日	庚寅	危	松柏木	星
25日	07/27	月	辛卯	成	松柏木	張
26日	07/28	火	壬辰	納	長流水	翼
27日	07/29	水	癸巳	開	長流水	軫
28日	07/30	木	甲午	閉	沙中金	角

西暦 曜 干支 直 納音 宿　　　　　文政元年〔文化15年〕

日	西暦	曜	干支	直	納音	宿
29日	07/31	金	乙未	建	沙中金	亢
30日	08/01	土	丙申	除	山下火	氐

【七月大 庚申 氏】
節気 立秋 6日・処暑 21日

日	西暦	曜	干支	直	納音	宿
1日	08/02	日	丁酉	満	山下火	房
2日	08/03	月	戊戌	平	平地木	心
3日	08/04	火	己亥	定	平地木	尾
4日	08/05	水	庚子	執	壁上土	箕
5日	08/06	木	辛丑	破	壁上土	斗
6日	08/07	金	壬寅	破	金箔金	牛
7日	08/08	土	癸卯	危	金箔金	女
8日	08/09	日	甲辰	成	覆燈火	虚
9日	08/10	月	乙巳	納	覆燈火	危
10日	08/11	火	丙午	閉	天河水	室
11日	08/12	水	丁未	閉	天河水	壁
12日	08/13	木	戊申	建	大駅土	奎
13日	08/14	金	己酉	除	大駅土	婁
14日	08/15	土	庚戌	満	釵釧金	胃
15日	08/16	日	辛亥	平	釵釧金	昴
16日	08/17	月	壬子	定	桑柘木	畢
17日	08/18	火	癸丑	執	桑柘木	觜
18日	08/19	水	甲寅	破	大溪水	参
19日	08/20	木	乙卯	危	大溪水	井
20日	08/21	金	丙辰	成	沙中土	鬼
21日	08/22	土	丁巳	納	沙中土	柳
22日	08/23	日	戊午	開	天上火	星
23日	08/24	月	己未	閉	天上火	張
24日	08/25	火	庚申	建	柘榴木	翼
25日	08/26	水	辛酉	除	柘榴木	軫
26日	08/27	木	壬戌	満	大海水	角
27日	08/28	金	癸亥	平	大海水	亢
28日	08/29	土	甲子	定	海中金	氐
29日	08/30	日	乙丑	執	海中金	房
30日	08/31	月	丙寅	破	爐中火	心

【八月小 辛酉 房】
節気 白露 6日・秋分 22日
雑節 二百十日 2日・彼岸 21日・社日 22日

日	西暦	曜	干支	直	納音	宿
1日	09/01	火	丁卯	危	爐中火	尾
2日	09/02	水	戊辰	成	大林木	箕
3日	09/03	木	己巳	納	大林木	斗
4日	09/04	金	庚午	開	路傍土	牛
5日	09/05	土	辛未	閉	路傍土	女
6日	09/06	日	壬申	閉	釵鋒金	虚
7日	09/07	月	癸酉	建	釵鋒金	危
8日	09/08	火	甲戌	除	山頭火	室
9日	09/09	水	乙亥	満	山頭火	壁
10日	09/10	木	丙子	定	澗下水	奎
11日	09/11	金	丁丑	執	澗下水	婁
12日	09/12	土	戊寅	破	城頭土	胃
13日	09/13	日	己卯	破	城頭土	昴
14日	09/14	月	庚辰	危	白鑞金	畢
15日	09/15	火	辛巳	成	白鑞金	觜
16日	09/16	水	壬午	納	楊柳木	参
17日	09/17	木	癸未	開	楊柳木	井
18日	09/18	金	甲申	閉	井泉水	柳
19日	09/19	土	乙酉	建	井泉水	柳
20日	09/20	日	丙戌	除	屋上土	星
21日	09/21	月	丁亥	満	屋上土	張
22日	09/22	火	戊子	平	霹靂火	翼
23日	09/23	水	己丑	定	霹靂火	軫
24日	09/24	木	庚寅	執	松柏木	角
25日	09/25	金	辛卯	破	松柏木	亢
26日	09/26	土	壬辰	危	長流水	氐
27日	09/27	日	癸巳	成	長流水	房
28日	09/28	月	甲午	納	沙中金	心
29日	09/29	火	乙未	開	沙中金	尾

【九月大 壬戌 心】
節気 寒露 8日・霜降 23日
雑節 土用 20日

日	西暦	曜	干支	直	納音	宿
1日	09/30	水	丙申	閉	山下火	箕
2日	10/01	木	丁酉	建	山下火	斗
3日	10/02	金	戊戌	除	平地木	牛
4日	10/03	土	己亥	満	平地木	女
5日	10/04	日	庚子	平	壁上土	虚
6日	10/05	月	辛丑	定	壁上土	危
7日	10/06	火	壬寅	執	金箔金	室
8日	10/07	水	癸卯	執	金箔金	壁
9日	10/08	木	甲辰	破	覆燈火	奎
10日	10/09	金	乙巳	危	覆燈火	婁
11日	10/10	土	丙午	成	天河水	胃
12日	10/11	日	丁未	納	天河水	昴
13日	10/12	月	戊申	開	大駅土	畢
14日	10/13	火	己酉	閉	大駅土	觜
15日	10/14	水	庚戌	建	釵釧金	参
16日	10/15	木	辛亥	除	釵釧金	井
17日	10/16	金	壬子	満	桑柘木	鬼
18日	10/17	土	癸丑	平	桑柘木	柳
19日	10/18	日	甲寅	定	大溪水	星
20日	10/19	月	乙卯	執	大溪水	張
21日	10/20	火	丙辰	破	沙中土	翼
22日	10/21	水	丁巳	危	沙中土	軫
23日	10/22	木	戊午	成	天上火	角
24日	10/23	金	己未	納	天上火	亢
25日	10/24	土	庚申	開	柘榴木	氐
26日	10/25	日	辛酉	閉	柘榴木	房
27日	10/26	月	壬戌	建	大海水	心
28日	10/27	火	癸亥	除	大海水	尾
29日	10/28	水	甲子	満	海中金	箕
30日	10/29	木	乙丑	平	海中金	斗

【十月小 癸亥 尾】
節気 立冬 8日・小雪 24日

日	西暦	曜	干支	直	納音	宿
1日	10/30	金	丙寅	定	爐中火	牛
2日	10/31	土	丁卯	執	爐中火	女
3日	11/01	日	戊辰	危	大林木	虚
4日	11/02	月	己巳	危	大林木	危
5日	11/03	火	庚午	成	路傍土	室
6日	11/04	水	辛未	納	路傍土	壁
7日	11/05	木	壬申	開	釵鋒金	奎
8日	11/06	金	癸酉	閉	釵鋒金	婁
9日	11/07	土	甲戌	閉	山頭火	胃
10日	11/08	日	乙亥	建	山頭火	昴
11日	11/09	月	丙子	除	澗下水	畢
12日	11/10	火	丁丑	満	澗下水	觜
13日	11/11	水	戊寅	平	城頭土	参
14日	11/12	木	己卯	定	城頭土	井
15日	11/13	金	庚辰	執	白鑞金	鬼
16日	11/14	土	辛巳	破	白鑞金	柳
17日	11/15	日	壬午	危	楊柳木	星
18日	11/16	月	癸未	成	楊柳木	張
19日	11/17	火	甲申	納	井泉水	翼
20日	11/18	水	乙酉	開	井泉水	軫
21日	11/19	木	丙戌	閉	屋上土	角
22日	11/20	金	丁亥	建	屋上土	亢
23日	11/21	土	戊子	除	霹靂火	氐
24日	11/22	日	己丑	満	霹靂火	心
25日	11/23	月	庚寅	平	松柏木	尾
26日	11/24	火	辛卯	定	松柏木	箕
27日	11/25	水	壬辰	執	長流水	斗
28日	11/26	木	癸巳	破	長流水	牛
29日	11/27	金	甲午	危	沙中金	女

【十一月小 甲子 箕】
節気 大雪 10日・冬至 25日

日	西暦	曜	干支	直	納音	宿
1日	11/28	土	乙未	成	沙中金	女
2日	11/29	日	丙申	納	山下火	虚
3日	11/30	月	丁酉	開	山下火	危
4日	12/01	火	戊戌	閉	平地木	室
5日	12/02	水	己亥	閉	平地木	壁
6日	12/03	木	庚子	除	壁上土	奎
7日	12/04	金	辛丑	満	壁上土	婁
8日	12/05	土	壬寅	平	金箔金	胃
9日	12/06	日	癸卯	定	金箔金	昴
10日	12/07	月	甲辰	定	覆燈火	畢
11日	12/08	火	乙巳	執	覆燈火	觜
12日	12/09	水	丙午	破	天河水	参
13日	12/10	木	丁未	危	天河水	井
14日	12/11	金	戊申	成	大駅土	鬼
15日	12/12	土	己酉	納	大駅土	柳
16日	12/13	日	庚戌	開	釵釧金	星
17日	12/14	月	辛亥	閉	釵釧金	張
18日	12/15	火	壬子	建	桑柘木	翼
19日	12/16	水	癸丑	除	桑柘木	軫
20日	12/17	木	甲寅	満	大溪水	角
21日	12/18	金	乙卯	平	大溪水	亢
22日	12/19	土	丙辰	定	沙中土	氐
23日	12/20	日	丁巳	執	沙中土	房
24日	12/21	月	戊午	破	天上火	心
25日	12/22	火	己未	危	天上火	尾
26日	12/23	水	庚申	成	柘榴木	箕
27日	12/24	木	辛酉	納	柘榴木	斗
28日	12/25	金	壬戌	開	大海水	牛
29日	12/26	土	癸亥	閉	大海水	女

【十二月大 乙丑 斗】
節気 小寒 11日・大寒 26日
雑節 土用 23日

日	西暦	曜	干支	直	納音	宿
1日	12/27	日	甲子	建	海中金	虚
2日	12/28	月	乙丑	除	海中金	危
3日	12/29	火	丙寅	満	爐中火	室
4日	12/30	水	丁卯	平	爐中火	壁
5日	12/31	木	戊辰	定	大林木	奎
	1819年					
6日	**01/01**	金	己巳	執	大林木	婁
7日	01/02	土	庚午	破	路傍土	胃
8日	01/03	日	辛未	危	路傍土	昴
9日	01/04	月	壬申	成	釵鋒金	畢
10日	01/05	火	癸酉	納	釵鋒金	觜
11日	01/06	水	甲戌	納	山頭火	参
12日	01/07	木	乙亥	閉	山頭火	井
13日	01/08	金	丙子	閉	澗下水	鬼
14日	01/09	土	丁丑	建	澗下水	柳
15日	01/10	日	戊寅	除	城頭土	星
16日	01/11	月	己卯	満	城頭土	張
17日	01/12	火	庚辰	平	白鑞金	翼
18日	01/13	水	辛巳	定	白鑞金	軫
19日	01/14	木	壬午	執	楊柳木	角
20日	01/15	金	癸未	破	楊柳木	亢
21日	01/16	土	甲申	危	井泉水	氐
22日	01/17	日	乙酉	成	井泉水	房
23日	01/18	月	丙戌	納	屋上土	心
24日	01/19	火	丁亥	開	屋上土	尾
25日	01/20	水	戊子	閉	霹靂火	箕
26日	01/21	木	己丑	建	霹靂火	斗
27日	01/22	金	庚寅	除	松柏木	牛
28日	01/23	土	辛卯	満	松柏木	女
29日	01/24	日	壬辰	平	長流水	虚
30日	01/25	月	癸巳	定	長流水	危

文政2年

1819～1820　己卯　壁

【正月小 丙寅 牛】
節気 立春 12日・雨水 27日
雑節 節分 11日

日	新暦	曜	干支	直	納音	宿
1日	01/26	火	甲午	執	沙中金	室
2日	01/27	水	乙未	破	沙中金	壁
3日	01/28	木	丙申	危	山下火	奎
4日	01/29	金	丁酉	成	山下火	婁
5日	01/30	土	戊戌	納	平地木	胃
6日	01/31	日	己亥	開	平地木	昴
7日	02/01	月	庚子	閉	壁上土	畢
8日	02/02	火	辛丑	建	壁上土	觜
9日	02/03	水	壬寅	除	金箔金	参
10日	02/04	木	癸卯	満	金箔金	井
11日	02/05	金	甲辰	平	覆燈火	鬼
12日	02/06	土	乙巳	定	覆燈火	柳
13日	02/07	日	丙午	執	天河水	星
14日	02/08	月	丁未	破	天河水	張
15日	02/09	火	戊申	危	大驛土	翼
16日	02/10	水	己酉	成	大驛土	軫
17日	02/11	木	庚戌	納	釵釧金	角
18日	02/12	金	辛亥	開	釵釧金	亢
19日	02/13	土	壬子	閉	桑柘木	房
20日	02/14	日	癸丑	建	桑柘木	心
21日	02/15	月	甲寅	除	大溪水	尾
22日	02/16	火	乙卯	満	大溪水	箕
23日	02/17	水	丙辰	平	沙中土	斗
24日	02/18	木	丁巳	定	沙中土	牛
25日	02/19	金	戊午	執	天上火	女
26日	02/20	土	己未	破	天上火	虚
27日	02/21	日	庚申	危	柘榴木	危
28日	02/22	月	辛酉	成	柘榴木	室
29日	02/23	火	壬戌	成	大海水	壁

【二月大 丁卯 女】
節気 啓蟄 13日・春分 28日
雑節 彼岸 23日・社日 26日

日	新暦	曜	干支	直	納音	宿
1日	02/24	水	癸亥	納	大海水	奎
2日	02/25	木	甲子	開	海中金	婁
3日	02/26	金	乙丑	閉	海中金	胃
4日	02/27	土	丙寅	建	爐中火	昴
5日	02/28	日	丁卯	除	爐中火	畢
6日	03/01	月	戊辰	満	大林木	觜
7日	03/02	火	己巳	平	大林木	参
8日	03/03	水	庚午	定	路傍土	井
9日	03/04	木	辛未	執	路傍土	鬼
10日	03/05	金	壬申	破	釵鋒金	柳
11日	03/06	土	癸酉	危	釵鋒金	星
12日	03/07	日	甲戌	成	山頭火	張
13日	03/08	月	乙亥	納	山頭火	翼
14日	03/09	火	丙子	開	澗下水	軫
15日	03/10	水	丁丑	閉	澗下水	角
16日	03/11	木	戊寅	建	城頭土	亢
17日	03/12	金	己卯	除	城頭土	氐
18日	03/13	土	庚辰	満	白鑞金	房
19日	03/14	日	辛巳	平	白鑞金	心
20日	03/15	月	壬午	定	楊柳木	尾
21日	03/16	火	癸未	執	楊柳木	箕
22日	03/17	水	甲申	破	井泉水	斗
23日	03/18	木	乙酉	危	井泉水	牛
24日	03/19	金	丙戌	成	屋上土	女
25日	03/20	土	丁亥	納	屋上土	虚
26日	03/21	日	戊子	開	霹靂火	危
27日	03/22	月	己丑	閉	霹靂火	室
28日	03/23	火	庚寅	建	松柏木	壁
29日	03/24	水	辛卯	除	松柏木	奎
30日	03/25	木	壬辰	満	長流水	婁

【三月小 戊辰 虚】
節気 清明 13日・穀雨 29日
雑節 土用 26日

日	新暦	曜	干支	直	納音	宿
1日	03/26	金	癸巳	満	長流水	胃
2日	03/27	土	甲午	平	沙中金	昴
3日	03/28	日	乙未	定	沙中金	畢
4日	03/29	月	丙申	破	山下火	觜
5日	03/30	火	丁酉	破	山下火	参
6日	03/31	水	戊戌	危	平地木	井
7日	04/01	木	己亥	成	平地木	鬼
8日	04/02	金	庚子	納	壁上土	柳
9日	04/03	土	辛丑	開	壁上土	星
10日	04/04	日	壬寅	閉	金箔金	張
11日	04/05	月	癸卯	建	金箔金	翼
12日	04/06	火	甲辰	除	覆燈火	軫
13日	04/07	水	乙巳	満	覆燈火	角
14日	04/08	木	丙午	満	天河水	亢
15日	04/09	金	丁未	平	天河水	氐
16日☆	04/10	土	戊申	定	大驛土	房
17日	04/11	日	己酉	執	大驛土	心
18日	04/12	月	庚戌	破	釵釧金	尾
19日	04/13	火	辛亥	危	釵釧金	箕
20日	04/14	水	壬子	成	桑柘木	斗
21日	04/15	木	癸丑	納	桑柘木	牛
22日	04/16	金	甲寅	開	大溪水	女
23日	04/17	土	乙卯	閉	大溪水	虚
24日	04/18	日	丙辰	建	沙中土	危
25日	04/19	月	丁巳	除	沙中土	室
26日	04/20	火	戊午	満	天上火	壁
27日	04/21	水	己未	平	天上火	奎
28日	04/22	木	庚申	定	柘榴木	婁
29日	04/23	金	辛酉	執	柘榴木	胃

【四月大 己巳 危】
節気 立夏 15日・小満 30日
雑節 八十八夜 11日

日	新暦	曜	干支	直	納音	宿
1日	04/24	土	壬戌	破	大海水	昴
2日	04/25	日	癸亥	危	大海水	畢
3日	04/26	月	甲子	成	海中金	觜
4日	04/27	火	乙丑	納	海中金	参
5日	04/28	水	丙寅	開	爐中火	井
6日	04/29	木	丁卯	閉	爐中火	鬼
7日	04/30	金	戊辰	建	大林木	柳
8日	05/01	土	己巳	除	大林木	星
9日	05/02	日	庚午	満	路傍土	張
10日	05/03	月	辛未	定	路傍土	翼
11日	05/04	火	壬申	執	釵鋒金	軫
12日	05/05	水	癸酉	破	釵鋒金	角
13日	05/06	木	甲戌	危	山頭火	亢
14日	05/07	金	乙亥	成	山頭火	氐
15日	05/08	土	丙子	納	澗下水	房
16日	05/09	日	丁丑	開	澗下水	心
17日	05/10	月	戊寅	閉	城頭土	尾
18日	05/11	火	己卯	建	城頭土	箕
19日	05/12	水	庚辰	除	白鑞金	斗
20日	05/13	木	辛巳	満	白鑞金	牛
21日	05/14	金	壬午	除	楊柳木	女
22日	05/15	土	癸未	満	楊柳木	虚
23日	05/16	日	甲申	定	井泉水	危
24日	05/17	月	乙酉	執	井泉水	室
25日	05/18	火	丙戌	執	屋上土	壁
26日	05/19	水	丁亥	破	屋上土	奎
27日	05/20	木	戊子	危	霹靂火	婁
28日	05/21	金	己丑	成	霹靂火	胃
29日	05/22	土	庚寅	納	松柏木	昴
30日	05/23	日	辛卯	開	松柏木	畢

【閏四月小 己巳 危】
節気 芒種 15日
雑節 入梅 21日

日	新暦	曜	干支	直	納音	宿
1日	05/24	月	壬辰	閉	長流水	觜
2日	05/25	火	癸巳	建	長流水	参
3日	05/26	水	甲午	除	沙中金	井
4日	05/27	木	乙未	満	沙中金	鬼
5日	05/28	金	丙申	定	山下火	鬼
6日	05/29	土	丁酉	定	山下火	柳
7日	05/30	日	戊戌	執	平地木	星
8日	05/31	月	己亥	破	平地木	張
9日	06/01	火	庚子	危	壁上土	翼
10日	06/02	水	辛丑	成	壁上土	軫
11日	06/03	木	壬寅	納	金箔金	角
12日	06/04	金	癸卯	開	金箔金	亢
13日	06/05	土	甲辰	閉	覆燈火	氐
14日	06/06	日	乙巳	建	覆燈火	房
15日	06/07	月	丙午	建	天河水	心
16日	06/08	火	丁未	除	天河水	尾
17日	06/09	水	戊申	満	大驛土	箕
18日	06/10	木	己酉	平	大驛土	斗
19日	06/11	金	庚戌	定	釵釧金	牛
20日	06/12	土	辛亥	執	釵釧金	女
21日	06/13	日	壬子	破	桑柘木	虚
22日	06/14	月	癸丑	危	桑柘木	室
23日	06/15	火	甲寅	成	大溪水	壁
24日	06/16	水	乙卯	納	大溪水	奎
25日	06/17	木	丙辰	開	沙中土	婁
26日	06/18	金	丁巳	閉	沙中土	胃
27日	06/19	土	戊午	建	天上火	昴
28日	06/20	日	己未	除	天上火	畢
29日	06/21	月	庚申	満	柘榴木	觜

【五月大 庚午 室】
節気 夏至 2日・小暑 17日
雑節 半夏生 12日・土用 29日

日	新暦	曜	干支	直	納音	宿
1日	06/22	火	辛酉	定	柘榴木	参
2日	06/23	水	壬戌	定	大海水	井
3日	06/24	木	癸亥	執	大海水	鬼
4日	06/25	金	甲子	破	海中金	柳
5日	06/26	土	乙丑	危	海中金	星
6日	06/27	日	丙寅	成	爐中火	張
7日	06/28	月	丁卯	納	爐中火	翼
8日	06/29	火	戊辰	開	大林木	軫
9日	06/30	水	己巳	閉	大林木	角
10日	07/01	木	庚午	建	路傍土	亢
11日	07/02	金	辛未	除	路傍土	氐
12日	07/03	土	壬申	満	釵鋒金	房
13日	07/04	日	癸酉	平	釵鋒金	心
14日	07/05	月	甲戌	定	山頭火	尾
15日	07/06	火	乙亥	執	山頭火	箕
16日	07/07	水	丙子	破	澗下水	斗
17日	07/08	木	丁丑	危	澗下水	牛
18日	07/09	金	戊寅	成	城頭土	女
19日	07/10	土	己卯	納	城頭土	虚
20日	07/11	日	庚辰	開	白鑞金	危
21日	07/12	月	辛巳	閉	白鑞金	室
22日	07/13	火	壬午	建	楊柳木	壁
23日	07/14	水	癸未	除	楊柳木	奎
24日	07/15	木	甲申	満	井泉水	婁
25日	07/16	金	乙酉	平	井泉水	胃
26日	07/17	土	丙戌	定	屋上土	昴
27日	07/18	日	丁亥	執	屋上土	畢
28日	07/19	月	戊子	破	霹靂火	觜
29日	07/20	火	己丑	危	霹靂火	参
30日	07/21	水	庚寅	成	松柏木	参

【六月大 辛未 壁】
節気 大暑 2日・立秋 17日

日	新暦	曜	干支	直	納音	宿
1日	07/22	木	辛卯	成	松柏木	井
2日	07/23	金	壬辰	納	長流水	柳
3日	07/24	土	癸巳	開	長流水	星
4日	07/25	日	甲午	閉	沙中金	張
5日	07/26	月	乙未	建	沙中金	翼
6日	07/27	火	丙申	除	山下火	軫
7日	07/28	水	丁酉	満	山下火	角
8日	07/29	木	戊戌	平	平地木	亢
9日	07/30	金	己亥	定	平地木	氐
10日	07/31	土	庚子	執	壁上土	房
11日	08/01	日	辛丑	破	壁上土	心
12日	08/02	月	壬寅	危	金箔金	尾
13日	08/03	火	癸卯	成	金箔金	箕
14日	08/04	水	甲辰	納	覆燈火	斗
15日	08/05	木	乙巳	開	覆燈火	牛

– 476 –

西暦 曜 干支 直 納音 宿　　　　　　　　　　　　　　　　　　　　文政2年

日	西暦	曜	干支	直	納音	宿
16日	08/06	金	丙午	閉	天河水	牛
17日	08/07	土	丁未	建	天河水	女
18日	08/08	日	戊申	除	大駅土	虚
19日	08/09	月	己酉	満	大駅土	危
20日	08/10	火	庚戌	平	釵釧金	室
21日	08/11	水	辛亥	定	釵釧金	壁
22日	08/12	木	壬子	執	桑柘木	奎
23日	08/13	金	癸丑	破	桑柘木	婁
24日	08/14	土	甲寅	危	大渓水	胃
25日	08/15	日	乙卯	成	大渓水	昴
26日	08/16	月	丙辰	納	沙中土	畢
27日	08/17	火	丁巳	開	沙中土	觜
28日	08/18	水	戊午	閉	天上火	参
29日	08/19	木	己未	建	天上火	井
30日	08/20	金	庚申	除	柘榴木	鬼

【七月小 壬申 奎】
節気 処暑 2日・白露 18日
雑節 二百十日 14日・社日 28日

日	西暦	曜	干支	直	納音	宿
1日	08/21	土	辛酉	満	柘榴木	柳
2日	08/22	日	壬戌	満	大海水	星
3日	08/23	月	癸亥	平	大海水	張
4日	08/24	火	甲子	執	海中金	翼
5日	08/25	水	乙丑	執	海中金	軫
6日	08/26	木	丙寅	破	爐中火	角
7日	08/27	金	丁卯	破	爐中火	亢
8日	08/28	土	戊辰	成	大林木	氐
9日	08/29	日	己巳	納	大林木	房
10日	08/30	月	庚午	閉	路傍土	心
11日	08/31	火	辛未	閉	路傍土	尾
12日	09/01	水	壬申	除	釵釧金	箕
13日	09/02	木	癸酉	満	釵釧金	斗
14日	09/03	金	甲戌	満	山頭火	牛
15日	09/04	土	乙亥	平	山頭火	女
16日	09/05	日	丙子	定	澗下水	虚
17日	09/06	月	丁丑	執	澗下水	危
18日	09/07	火	戊寅	執	城頭土	室
19日	09/08	水	己卯	破	城頭土	壁
20日	09/09	木	庚辰	危	白鑞金	奎
21日	09/10	金	辛巳	成	白鑞金	婁
22日	09/11	土	壬午	納	楊柳木	胃
23日	09/12	日	癸未	開	楊柳木	昴
24日	09/13	月	甲申	建	井泉水	畢
25日	09/14	火	乙酉	除	井泉水	觜
26日	09/15	水	丙戌	除	屋上土	参
27日	09/16	木	丁亥	満	屋上土	井
28日	09/17	金	戊子	平	霹靂火	鬼
29日	09/18	土	己丑	定	霹靂火	柳

【八月大 癸酉 婁】
節気 秋分 4日・寒露 19日
雑節 彼岸 3日

日	西暦	曜	干支	直	納音	宿
1日	09/19	日	庚寅	執	松柏木	星
2日	09/20	月	辛卯	破	松柏木	張
3日	09/21	火	壬辰	危	長流水	翼
4日	09/22	水	癸巳	成	長流水	軫
5日	09/23	木	甲午	納	沙中金	角
6日	09/24	金	乙未	開	沙中金	亢
7日	09/25	土	丙申	建	山下火	氐
8日	09/26	日	丁酉	閉	山下火	房
9日	09/27	月	戊戌	閉	平地木	心
10日	09/28	火	己亥	満	平地木	尾
11日	09/29	水	庚子	平	壁上土	箕
12日	09/30	木	辛丑	定	壁上土	斗
13日	10/01	金	壬寅	執	金箔金	牛
14日	10/02	土	癸卯	破	金箔金	女
15日☆	10/03	日	甲辰	危	覆燈火	虚
16日	10/04	月	乙巳	成	覆燈火	危
17日	10/05	火	丙午	納	天河水	室
18日	10/06	水	丁未	開	天河水	壁
19日	10/07	木	戊申	閉	大駅土	奎
20日	10/08	金	己酉	閉	大駅土	婁
21日	10/09	土	庚戌	建	釵釧金	胃

日	西暦	曜	干支	直	納音	宿
22日	10/10	日	辛亥	除	釵釧金	昴
23日	10/11	月	壬子	満	桑柘木	畢
24日	10/12	火	癸丑	平	桑柘木	觜
25日	10/13	水	甲寅	定	大渓水	参
26日	10/14	木	乙卯	執	大渓水	井
27日	10/15	金	丙辰	破	沙中土	鬼
28日	10/16	土	丁巳	危	沙中土	柳
29日	10/17	日	戊午	成	天上火	星
30日	10/18	月	己未	納	天上火	張

【九月大 甲戌 胃】
節気 霜降 4日・立冬 20日
雑節 土用 1日

日	西暦	曜	干支	直	納音	宿
1日	10/19	火	庚申	開	柘榴木	翼
2日	10/20	水	辛酉	開	柘榴木	軫
3日	10/21	木	壬戌	閉	大海水	角
4日	10/22	金	癸亥	建	大海水	亢
5日	10/23	土	甲子	満	海中金	氐
6日	10/24	日	乙丑	平	海中金	房
7日	10/25	月	丙寅	定	爐中火	心
8日	10/26	火	丁卯	執	爐中火	尾
9日	10/27	水	戊辰	破	大林木	箕
10日	10/28	木	己巳	危	大林木	斗
11日	10/29	金	庚午	成	路傍土	牛
12日	10/30	土	辛未	納	路傍土	女
13日	10/31	日	壬申	開	釵釧金	虚
14日	11/01	月	癸酉	閉	釵釧金	危
15日	11/02	火	甲戌	建	山頭火	室
16日	11/03	水	乙亥	除	山頭火	壁
17日	11/04	木	丙子	満	澗下水	奎
18日	11/05	金	丁丑	平	澗下水	婁
19日	11/06	土	戊寅	定	城頭土	胃
20日	11/07	日	己卯	定	城頭土	昴
21日	11/08	月	庚辰	執	白鑞金	畢
22日	11/09	火	辛巳	破	白鑞金	觜
23日	11/10	水	壬午	危	楊柳木	参
24日	11/11	木	癸未	成	楊柳木	井
25日	11/12	金	甲申	納	井泉水	鬼
26日	11/13	土	乙酉	開	井泉水	柳
27日	11/14	日	丙戌	閉	屋上土	星
28日	11/15	月	丁亥	建	屋上土	張
29日	11/16	火	戊子	除	霹靂火	翼
30日	11/17	水	己丑	満	霹靂火	軫

【十月小 乙亥 昴】
節気 小雪 5日・大雪 20日

日	西暦	曜	干支	直	納音	宿
1日	11/18	木	庚寅	平	松柏木	角
2日	11/19	金	辛卯	定	松柏木	亢
3日	11/20	土	壬辰	破	長流水	氐
4日	11/21	日	癸巳	破	長流水	房
5日	11/22	月	甲午	危	沙中金	心
6日	11/23	火	乙未	成	沙中金	尾
7日	11/24	水	丙申	納	山下火	箕
8日	11/25	木	丁酉	開	山下火	斗
9日	11/26	金	戊戌	建	平地木	牛
10日	11/27	土	己亥	除	平地木	女
11日	11/28	日	庚子	除	壁上土	虚
12日	11/29	月	辛丑	満	壁上土	危
13日	11/30	火	壬寅	平	金箔金	室
14日	12/01	水	癸卯	定	金箔金	壁
15日	12/02	木	甲辰	執	覆燈火	奎
16日	12/03	金	乙巳	破	覆燈火	婁
17日	12/04	土	丙午	危	天河水	胃
18日	12/05	日	丁未	成	天河水	昴
19日	12/06	月	戊申	納	大駅土	畢
20日	12/07	火	己酉	納	大駅土	觜
21日	12/08	水	庚戌	開	釵釧金	参
22日	12/09	木	辛亥	閉	釵釧金	井
23日	12/10	金	壬子	建	桑柘木	鬼
24日	12/11	土	癸丑	除	桑柘木	柳
25日	12/12	日	甲寅	満	大渓水	星
26日	12/13	月	乙卯	平	大渓水	張
27日	12/14	火	丙辰	定	沙中土	翼

日	西暦	曜	干支	直	納音	宿
28日	12/15	水	丁巳	執	沙中土	軫
29日	12/16	木	戊午	破	天上火	角

【十一月大 丙子 觜】
節気 冬至 6日・小寒 21日

日	西暦	曜	干支	直	納音	宿
1日	12/17	金	己未	危	天上火	亢
2日	12/18	土	庚申	納	柘榴木	氐
3日	12/19	日	辛酉	納	柘榴木	房
4日	12/20	月	壬戌	開	大海水	心
5日	12/21	火	癸亥	閉	大海水	尾
6日	12/22	水	甲子	建	海中金	箕
7日	12/23	木	乙丑	除	海中金	斗
8日	12/24	金	丙寅	満	爐中火	牛
9日	12/25	土	丁卯	定	爐中火	女
10日	12/26	日	戊辰	執	大林木	虚
11日	12/27	月	己巳	執	大林木	危
12日	12/28	火	庚午	破	路傍土	室
13日	12/29	水	辛未	危	路傍土	壁
14日	12/30	木	壬申	成	釵釧金	奎
15日	12/31	金	癸酉	納	釵釧金	婁

1820年

日	西暦	曜	干支	直	納音	宿
16日	01/01	土	甲戌	開	山頭火	胃
17日	01/02	日	乙亥	閉	山頭火	昴
18日	01/03	月	丙子	閉	澗下水	畢
19日	01/04	火	丁丑	除	澗下水	觜
20日	01/05	水	戊寅	満	城頭土	参
21日	01/06	木	己卯	平	城頭土	井
22日	01/07	金	庚辰	定	白鑞金	鬼
23日	01/08	土	辛巳	執	白鑞金	柳
24日	01/09	日	壬午	破	楊柳木	星
25日	01/10	月	癸未	危	楊柳木	張
26日	01/11	火	甲申	成	井泉水	翼
27日	01/12	水	乙酉	納	井泉水	軫
28日	01/13	木	丙戌	開	屋上土	角
29日	01/14	金	丁亥	閉	屋上土	亢
30日	01/15	土	戊子	建	霹靂火	氐

【十二月小 丁丑 觜】
節気 大寒 7日・立春 22日
雑節 土用 4日・節分 21日

日	西暦	曜	干支	直	納音	宿
1日	01/16	日	己丑	建	霹靂火	房
2日	01/17	月	庚寅	満	松柏木	心
3日	01/18	火	辛卯	満	松柏木	尾
4日	01/19	水	壬辰	平	長流水	箕
5日	01/20	木	癸巳	定	長流水	斗
6日	01/21	金	甲午	執	沙中金	牛
7日	01/22	土	乙未	破	沙中金	女
8日	01/23	日	丙申	危	山下火	虚
9日	01/24	月	丁酉	成	山下火	危
10日	01/25	火	戊戌	納	平地木	室
11日	01/26	水	己亥	開	平地木	壁
12日	01/27	木	庚子	閉	壁上土	奎
13日	01/28	金	辛丑	建	壁上土	婁
14日	01/29	土	壬寅	除	金箔金	胃
15日	01/30	日	癸卯	満	金箔金	昴
16日	01/31	月	甲辰	平	覆燈火	畢
17日	02/01	火	乙巳	定	覆燈火	觜
18日	02/02	水	丙午	執	天河水	参
19日	02/03	木	丁未	破	天河水	井
20日	02/04	金	戊申	危	大駅土	鬼
21日	02/05	土	己酉	成	大駅土	柳
22日	02/06	日	庚戌	納	釵釧金	星
23日	02/07	月	辛亥	納	釵釧金	張
24日	02/08	火	壬子	開	桑柘木	翼
25日	02/09	水	癸丑	閉	桑柘木	軫
26日	02/10	木	甲寅	建	大渓水	角
27日	02/11	金	乙卯	除	大渓水	亢
28日	02/12	土	丙辰	満	沙中土	氐
29日	02/13	日	丁巳	平	沙中土	房

文政3年
1820～1821　庚辰　奎

正月小　戊寅　参
節気　雨水 8日・啓蟄 23日

日	日付	曜	干支	十二直	納音	宿
1日	02/14	月	戊午	定	天上火	心
2日	02/15	火	己未	執	天上火	尾
3日	02/16	水	庚申	破	柘榴木	箕
4日	02/17	木	辛酉	危	柘榴木	斗
5日	02/18	金	壬戌	成	大海水	牛
6日	02/19	土	癸亥	納	大海水	女
7日	02/20	日	甲子	開	海中金	虚
8日	02/21	月	乙丑	閉	海中金	危
9日	02/22	火	丙寅	建	炉中火	室
10日	02/23	水	丁卯	除	炉中火	壁
11日	02/24	木	戊辰	満	大林木	奎
12日	02/25	金	己巳	平	大林木	婁
13日	02/26	土	庚午	定	路傍土	胃
14日	02/27	日	辛未	執	路傍土	昴
15日	02/28	月	壬申	破	釼鋒金	畢
16日	02/29	火	癸酉	危	釼鋒金	觜
17日	03/01	水	甲戌	成	山頭火	参
18日	03/02	木	乙亥	納	山頭火	井
19日	03/03	金	丙子	開	澗下水	鬼
20日	03/04	土	丁丑	閉	澗下水	柳
21日	03/05	日	戊寅	建	城頭土	星
22日	03/06	月	己卯	除	城頭土	張
23日	03/07	火	庚辰	満	白鑞金	翼
24日	03/08	水	辛巳	平	白鑞金	軫
25日	03/09	木	壬午	平	楊柳木	角
26日	03/10	金	癸未	定	楊柳木	亢
27日	03/11	土	甲申	執	井泉水	氐
28日	03/12	日	乙酉	破	井泉水	房
29日	03/13	月	丙戌	危	屋上土	心

二月大　己卯　井
節気　春分 9日・清明 25日
雑節　彼岸 4日・社日 12日

日	日付	曜	干支	十二直	納音	宿
1日	03/14	火	丁亥	成	屋上土	尾
2日	03/15	水	戊子	納	霹靂火	箕
3日	03/16	木	己丑	開	霹靂火	斗
4日	03/17	金	庚寅	閉	松柏木	牛
5日	03/18	土	辛卯	建	松柏木	女
6日	03/19	日	壬辰	除	長流水	虚
7日	03/20	月	癸巳	満	長流水	危
8日	03/21	火	甲午	平	沙中金	室
9日	03/22	水	乙未	定	沙中金	壁
10日	03/23	木	丙申	執	山下火	奎
11日	03/24	金	丁酉	破	山下火	婁
12日	03/25	土	戊戌	危	平地木	胃
13日	03/26	日	己亥	成	平地木	昴
14日	03/27	月	庚子	納	壁上土	畢
15日	03/28	火	辛丑	開	壁上土	觜
16日☆	03/29	水	壬寅	閉	金箔金	参
17日	03/30	木	癸卯	建	金箔金	井
18日	03/31	金	甲辰	除	覆燈火	鬼
19日	04/01	土	乙巳	満	覆燈火	柳
20日	04/02	日	丙午	平	天河水	星
21日	04/03	月	丁未	定	天河水	張
22日	04/04	火	戊申	執	大駅土	翼
23日	04/05	水	己酉	破	大駅土	軫
24日	04/06	木	庚戌	危	釼釧金	角
25日	04/07	金	辛亥	成	釼釧金	亢
26日	04/08	土	壬子	成	桑柘木	氐
27日	04/09	日	癸丑	納	桑柘木	房
28日	04/10	月	甲寅	開	大渓水	心
29日	04/11	火	乙卯	閉	大渓水	尾
30日	04/12	水	丙辰	建	沙中土	箕

三月小　庚辰　鬼
節気　穀雨 10日・立夏 25日
雑節　土用 7日・八十八夜 21日

日	日付	曜	干支	十二直	納音	宿
1日	04/13	木	丁巳	除	沙中土	斗
2日	04/14	金	戊午	満	天上火	牛
3日	04/15	土	己未	平	天上火	女
4日	04/16	日	庚申	定	柘榴木	虚
5日	04/17	月	辛酉	執	柘榴木	危
6日	04/18	火	壬戌	破	大海水	室
7日	04/19	水	癸亥	危	大海水	壁
8日	04/20	木	甲子	成	海中金	奎
9日	04/21	金	乙丑	納	海中金	婁
10日	04/22	土	丙寅	開	炉中火	胃
11日	04/23	日	丁卯	閉	炉中火	昴
12日	04/24	月	戊辰	建	大林木	畢
13日	04/25	火	己巳	除	大林木	觜
14日	04/26	水	庚午	満	路傍土	参
15日	04/27	木	辛未	平	路傍土	井
16日	04/28	金	壬申	定	釼鋒金	柳
17日	04/29	土	癸酉	執	釼鋒金	柳
18日	04/30	日	甲戌	破	山頭火	星
19日	05/01	月	乙亥	危	山頭火	張
20日	05/02	火	丙子	納	澗下水	翼
21日	05/03	水	丁丑	納	澗下水	軫
22日	05/04	木	戊寅	開	城頭土	角
23日	05/05	金	己卯	閉	城頭土	亢
24日	05/06	土	庚辰	除	白鑞金	氐
25日	05/07	日	辛巳	建	白鑞金	房
26日	05/08	月	壬午	除	楊柳木	心
27日	05/09	火	癸未	満	楊柳木	尾
28日	05/10	水	甲申	平	井泉水	箕
29日	05/11	木	乙酉	定	井泉水	斗

四月大　辛巳　柳
節気　小満 11日・芒種 27日
雑節　入梅 27日

日	日付	曜	干支	十二直	納音	宿
1日	05/12	金	丙戌	執	屋上土	牛
2日	05/13	土	丁亥	破	屋上土	女
3日	05/14	日	戊子	危	霹靂火	虚
4日	05/15	月	己丑	成	霹靂火	室
5日	05/16	火	庚寅	納	松柏木	壁
6日	05/17	水	辛卯	開	松柏木	奎
7日	05/18	木	壬辰	閉	長流水	婁
8日	05/19	金	癸巳	建	長流水	胃
9日	05/20	土	甲午	除	沙中金	昴
10日	05/21	日	乙未	満	沙中金	畢
11日	05/22	月	丙申	平	山下火	觜
12日	05/23	火	丁酉	定	山下火	参
13日	05/24	水	戊戌	執	平地木	井
14日	05/25	木	己亥	破	平地木	鬼
15日	05/26	金	庚子	危	壁上土	柳
16日	05/27	土	辛丑	成	壁上土	星
17日	05/28	日	壬寅	納	金箔金	張
18日	05/29	月	癸卯	開	金箔金	翼
19日	05/30	火	甲辰	閉	覆燈火	軫
20日	05/31	水	乙巳	建	覆燈火	角
21日	06/01	木	丙午	除	天河水	亢
22日	06/02	金	丁未	満	天河水	氐
23日	06/03	土	戊申	平	大駅土	房
24日	06/04	日	己酉	定	大駅土	心
25日	06/05	月	庚戌	執	釼釧金	尾
26日	06/06	火	辛亥	破	釼釧金	箕
27日	06/07	水	壬子	危	桑柘木	斗
28日	06/08	木	癸丑	成	桑柘木	牛
29日	06/09	金	甲寅	納	大渓水	女
30日	06/10	土	乙卯	納	大渓水	女

五月小　壬午　星
節気　夏至 12日・小暑 27日
雑節　半夏生 22日

日	日付	曜	干支	十二直	納音	宿
1日	06/11	日	丙辰	開	沙中土	虚
2日	06/12	月	丁巳	閉	沙中土	危
3日	06/13	火	戊午	建	天上火	室
4日	06/14	水	己未	除	天上火	壁
5日	06/15	木	庚申	満	柘榴木	奎
6日	06/16	金	辛酉	平	柘榴木	婁
7日	06/17	土	壬戌	定	大海水	胃
8日	06/18	日	癸亥	執	大海水	昴
9日	06/19	月	甲子	破	海中金	畢
10日	06/20	火	乙丑	危	海中金	觜
11日	06/21	水	丙寅	成	炉中火	参
12日	06/22	木	丁卯	納	炉中火	井
13日	06/23	金	戊辰	開	大林木	鬼
14日	06/24	土	己巳	閉	大林木	柳
15日	06/25	日	庚午	建	路傍土	星
16日	06/26	月	辛未	除	路傍土	張
17日	06/27	火	壬申	満	釼鋒金	翼
18日	06/28	水	癸酉	平	釼鋒金	軫
19日	06/29	木	甲戌	定	山頭火	角
20日	06/30	金	乙亥	執	山頭火	亢
21日	07/01	土	丙子	破	澗下水	氐
22日	07/02	日	丁丑	危	澗下水	房
23日	07/03	月	戊寅	成	城頭土	心
24日	07/04	火	己卯	納	城頭土	尾
25日	07/05	水	庚辰	開	白鑞金	箕
26日	07/06	木	辛巳	閉	白鑞金	斗
27日	07/07	金	壬午	閉	楊柳木	牛
28日	07/08	土	癸未	建	楊柳木	女
29日	07/09	日	甲申	除	井泉水	虚

六月大　癸未　張
節気　大暑 13日・立秋 28日
雑節　土用 10日

日	日付	曜	干支	十二直	納音	宿
1日	07/10	月	乙酉	満	井泉水	危
2日	07/11	火	丙戌	定	屋上土	室
3日	07/12	水	丁亥	定	屋上土	壁
4日	07/13	木	戊子	執	霹靂火	奎
5日	07/14	金	己丑	破	霹靂火	婁
6日	07/15	土	庚寅	危	松柏木	胃
7日	07/16	日	辛卯	成	松柏木	昴
8日	07/17	月	壬辰	納	長流水	畢
9日	07/18	火	癸巳	破	長流水	觜
10日	07/19	水	甲午	閉	沙中金	参
11日	07/20	木	乙未	建	沙中金	井
12日	07/21	金	丙申	除	山下火	鬼
13日	07/22	土	丁酉	満	山下火	柳
14日	07/23	日	戊戌	平	平地木	星
15日	07/24	月	己亥	定	平地木	張
16日	07/25	火	庚子	執	壁上土	翼
17日	07/26	水	辛丑	破	壁上土	軫
18日	07/27	木	壬寅	危	金箔金	角
19日	07/28	金	癸卯	成	金箔金	亢
20日	07/29	土	甲辰	納	覆燈火	氐
21日	07/30	日	乙巳	開	覆燈火	房
22日	07/31	月	丙午	閉	天河水	心
23日	08/01	火	丁未	建	天河水	尾
24日	08/02	水	戊申	除	大駅土	箕
25日	08/03	木	己酉	満	大駅土	斗
26日	08/04	金	庚戌	平	釼釧金	牛
27日	08/05	土	辛亥	定	釼釧金	女
28日	08/06	日	壬子	定	桑柘木	虚
29日	08/07	月	癸丑	執	桑柘木	危
30日	08/08	火	甲寅	破	大渓水	室

西暦　曜　干支　直　納音　宿　　　　　　　　　　　　　　　　　　　　　　文政3年

【七月小 甲申 翼】

節気 処暑 14日・白露 29日
雑節 二百十日 25日

	西暦	曜	干支	直	納音	宿
1日	08/09	水	乙卯	危	大溪水	壁
2日	08/10	木	丙辰	成	沙中土	奎
3日	08/11	金	丁巳	納	沙中土	婁
4日	08/12	土	戊午	開	天上火	胃
5日	08/13	日	己未	閉	天上火	昴
6日	08/14	月	庚申	除	柘榴木	畢
7日	08/15	火	辛酉	除	柘榴木	觜
8日	08/16	水	壬戌	満	大海水	參
9日	08/17	木	癸亥	定	大海水	井
10日	08/18	金	甲子	定	海中金	鬼
11日	08/19	土	乙丑	執	海中金	柳
12日	08/20	日	丙寅	破	爐中火	星
13日	08/21	月	丁卯	危	爐中火	張
14日	08/22	火	戊辰	成	大林木	翼
15日	08/23	水	己巳	納	大林木	軫
16日	08/24	木	庚午	開	路傍土	角
17日	08/25	金	辛未	閉	路傍土	亢
18日	08/26	土	壬申	建	釵釧金	氐
19日	08/27	日	癸酉	除	釵釧金	房
20日	08/28	月	甲戌	満	山頭火	心
21日	08/29	火	乙亥	平	山頭火	尾
22日	08/30	水	丙子	定	澗下水	箕
23日	08/31	木	丁丑	執	澗下水	斗
24日	09/01	金	戊寅	破	城頭土	牛
25日	09/02	土	己卯	危	城頭土	女
26日	09/03	日	庚辰	成	白鑞金	虛
27日	09/04	月	辛巳	納	白鑞金	危
28日	09/05	火	壬午	開	楊柳木	室
29日	09/06	水	癸未	開	楊柳木	壁

【八月大 乙酉 軫】

節気 秋分 15日・寒露 30日
雑節 彼岸 14日・社日 15日

	西暦	曜	干支	直	納音	宿
1日	09/07	木	甲申	閉	井泉水	奎
2日	09/08	金	乙酉	建	井泉水	婁
3日	09/09	土	丙戌	除	屋上土	胃
4日	09/10	日	丁亥	満	屋上土	昴
5日	09/11	月	戊子	平	霹靂火	畢
6日	09/12	火	己丑	定	霹靂火	觜
7日	09/13	水	庚寅	執	松柏木	參
8日	09/14	木	辛卯	破	松柏木	井
9日	09/15	金	壬辰	危	長流水	鬼
10日	09/16	土	癸巳	成	長流水	柳
11日	09/17	日	甲午	納	沙中金	星
12日	09/18	月	乙未	開	沙中金	張
13日	09/19	火	丙申	閉	山下火	翼
14日	09/20	水	丁酉	建	山下火	軫
15日	09/21	木	戊戌	除	平地木	角
16日	09/22	金	己亥	満	平地木	亢
17日	09/23	土	庚子	平	壁上土	氐
18日	09/24	日	辛丑	定	壁上土	房
19日	09/25	月	壬寅	執	金箔金	心
20日	09/26	火	癸卯	危	金箔金	尾
21日	09/27	水	甲辰	危	覆燈火	箕
22日	09/28	木	乙巳	成	覆燈火	斗
23日	09/29	金	丙午	納	天河水	牛
24日	09/30	土	丁未	開	天河水	女
25日	10/01	日	戊申	閉	大驛土	虛
26日	10/02	月	己酉	建	大驛土	危
27日	10/03	火	庚戌	除	釵釧金	室
28日	10/04	水	辛亥	満	釵釧金	壁
29日	10/05	木	壬子	平	桑柘木	奎
30日	10/06	金	癸丑	平	桑柘木	婁

【九月大 丙戌 角】

節気 霜降 16日
雑節 土用 13日

	西暦	曜	干支	直	納音	宿
1日	10/07	土	甲寅	定	大溪水	胃
2日	10/08	日	乙卯	執	大溪水	昴
3日	10/09	月	丙辰	破	沙中土	畢
4日	10/10	火	丁巳	納	沙中土	觜
5日	10/11	水	戊午	成	天上火	參
6日	10/12	木	己未	納	天上火	井
7日	10/13	金	庚申	開	柘榴木	鬼
8日	10/14	土	辛酉	閉	柘榴木	星
9日	10/15	日	壬戌	建	大海水	星
10日	10/16	月	癸亥	除	大海水	張
11日	10/17	火	甲子	平	海中金	翼
12日	10/18	水	乙丑	平	海中金	軫
13日	10/19	木	丙寅	定	爐中火	角
14日	10/20	金	丁卯	執	爐中火	亢
15日	10/21	土	戊辰	破	大林木	氐
16日	10/22	日	己巳	危	大林木	房
17日	10/23	月	庚午	成	路傍土	心
18日	10/24	火	辛未	納	路傍土	尾
19日	10/25	水	壬申	閉	釵釧金	箕
20日	10/26	木	癸酉	閉	釵釧金	斗
21日	10/27	金	甲戌	建	山頭火	牛
22日	10/28	土	乙亥	除	山頭火	女
23日	10/29	日	丙子	満	澗下水	虛
24日	10/30	月	丁丑	平	澗下水	危
25日	10/31	火	戊寅	定	城頭土	室
26日	11/01	水	己卯	執	城頭土	奎
27日	11/02	木	庚辰	破	白鑞金	婁
28日	11/03	金	辛巳	危	白鑞金	胃
29日	11/04	土	壬午	成	楊柳木	昴
30日	11/05	日	癸未	納	楊柳木	畢

【十月大 丁亥 亢】

節気 立冬 1日・小雪 16日

	西暦	曜	干支	直	納音	宿
1日	11/06	月	甲申	納	井泉水	畢
2日	11/07	火	乙酉	開	井泉水	觜
3日	11/08	水	丙戌	閉	屋上土	參
4日	11/09	木	丁亥	建	屋上土	井
5日	11/10	金	戊子	除	霹靂火	鬼
6日	11/11	土	己丑	平	霹靂火	柳
7日	11/12	日	庚寅	平	松柏木	星
8日	11/13	月	辛卯	定	松柏木	張
9日	11/14	火	壬辰	執	長流水	翼
10日	11/15	水	癸巳	破	長流水	軫
11日	11/16	木	甲午	危	沙中金	角
12日	11/17	金	乙未	成	沙中金	亢
13日	11/18	土	丙申	納	山下火	氐
14日	11/19	日	丁酉	開	山下火	房
15日	11/20	月	戊戌	閉	平地木	心
16日	11/21	火	己亥	建	平地木	尾
17日	11/22	水	庚子	除	壁上土	箕
18日	11/23	木	辛丑	満	壁上土	斗
19日	11/24	金	壬寅	平	金箔金	牛
20日	11/25	土	癸卯	定	金箔金	女
21日	11/26	日	甲辰	執	覆燈火	虛
22日	11/27	月	乙巳	破	覆燈火	危
23日	11/28	火	丙午	危	天河水	室
24日	11/29	水	丁未	成	天河水	奎
25日	11/30	木	戊申	納	大驛土	婁
26日	12/01	金	己酉	開	大驛土	胃
27日	12/02	土	庚戌	閉	釵釧金	昴
28日	12/03	日	辛亥	建	釵釧金	畢
29日	12/04	月	壬子	除	桑柘木	觜
30日	12/05	火	癸丑	満	桑柘木	參

【十一月小 戊子 氐】

節気 大雪 1日・冬至 16日

	西暦	曜	干支	直	納音	宿
1日	12/06	水	甲寅	満	大溪水	參
2日	12/07	木	乙卯	平	大溪水	井
3日	12/08	金	丙辰	定	沙中土	鬼
4日	12/09	土	丁巳	執	沙中土	柳
5日	12/10	日	戊午	破	天上火	星
6日	12/11	月	己未	危	天上火	張
7日	12/12	火	庚申	成	柘榴木	翼
8日	12/13	水	辛酉	納	柘榴木	軫
9日	12/14	木	壬戌	開	大海水	角
10日	12/15	金	癸亥	閉	大海水	亢
11日	12/16	土	甲子	建	海中金	氐
12日	12/17	日	乙丑	除	海中金	房
13日	12/18	月	丙寅	平	爐中火	心
14日	12/19	火	丁卯	平	爐中火	尾
15日	12/20	水	戊辰	定	大林木	箕
16日	12/21	木	己巳	執	大林木	斗
17日	12/22	金	庚午	破	路傍土	牛
18日	12/23	土	辛未	危	路傍土	女
19日	12/24	日	壬申	成	釵釧金	虛
20日	12/25	月	癸酉	納	釵釧金	危
21日	12/26	火	甲戌	開	山頭火	室
22日	12/27	水	乙亥	閉	山頭火	壁
23日	12/28	木	丙子	建	澗下水	奎
24日	12/29	金	丁丑	除	澗下水	婁
25日	12/30	土	戊寅	満	城頭土	胃
26日	12/31	日	己卯	平	城頭土	昴

1821年

	西暦	曜	干支	直	納音	宿
27日	01/01	月	庚辰	定	白鑞金	畢
28日	01/02	火	辛巳	執	白鑞金	觜
29日	01/03	水	壬午	破	楊柳木	參

【十二月大 己丑 房】

節気 小寒 3日・大寒 18日
雑節 土用 15日

	西暦	曜	干支	直	納音	宿
1日	01/04	木	癸未	危	楊柳木	井
2日	01/05	金	甲申	成	井泉水	鬼
3日	01/06	土	乙酉	成	井泉水	柳
4日	01/07	日	丙戌	納	屋上土	星
5日	01/08	月	丁亥	閉	屋上土	張
6日	01/09	火	戊子	閉	霹靂火	翼
7日	01/10	水	己丑	建	霹靂火	軫
8日	01/11	木	庚寅	除	松柏木	角
9日	01/12	金	辛卯	満	松柏木	亢
10日	01/13	土	壬辰	平	長流水	氐
11日	01/14	日	癸巳	定	長流水	房
12日	01/15	月	甲午	破	沙中金	心
13日	01/16	火	乙未	破	沙中金	尾
14日	01/17	水	丙申	危	山下火	箕
15日	01/18	木	丁酉	成	山下火	斗
16日	01/19	金	戊戌	納	平地木	牛
17日	01/20	土	己亥	開	平地木	女
18日	01/21	日	庚子	閉	壁上土	虛
19日	01/22	月	辛丑	除	壁上土	危
20日	01/23	火	壬寅	満	金箔金	室
21日	01/24	水	癸卯	満	金箔金	壁
22日	01/25	木	甲辰	平	覆燈火	奎
23日	01/26	金	乙巳	定	覆燈火	婁
24日	01/27	土	丙午	執	天河水	胃
25日	01/28	日	丁未	破	天河水	昴
26日	01/29	月	戊申	危	大驛土	畢
27日	01/30	火	己酉	成	大驛土	觜
28日	01/31	水	庚戌	納	釵釧金	參
29日	02/01	木	辛亥	開	釵釧金	井
30日	02/02	金	壬子	閉	桑柘木	鬼

文政4年
1821～1822 辛巳 蟇

【正月小 庚寅 心】
節気 立春 3日・雨水 18日
雑節 節分 2日

日	日付	曜	干支	直	納音	宿
1日	02/03	土	癸丑	建	桑柘木	柳
2日	02/04	日	甲寅	除	大溪水	星
3日	02/05	月	乙卯	除	大溪水	張
4日	02/06	火	丙辰	満	沙中土	翼
5日	02/07	水	丁巳	平	沙中土	軫
6日	02/08	木	戊午	定	天上火	角
7日	02/09	金	己未	執	天上火	亢
8日	02/10	土	庚申	破	柘榴木	氐
9日	02/11	日	辛酉	危	柘榴木	房
10日	02/12	月	壬戌	成	大海水	心
11日	02/13	火	癸亥	納	大海水	尾
12日	02/14	水	甲子	開	海中金	箕
13日	02/15	木	乙丑	閉	海中金	斗
14日	02/16	金	丙寅	建	爐中火	牛
15日	02/17	土	丁卯	除	爐中火	女
16日	02/18	日	戊辰	満	大林木	虚
17日	02/19	月	己巳	平	大林木	危
18日	02/20	火	庚午	定	路傍土	室
19日	02/21	水	辛未	執	路傍土	壁
20日	02/22	木	壬申	破	釼鋒金	奎
21日	02/23	金	癸酉	危	釼鋒金	婁
22日	02/24	土	甲戌	成	山頭火	胃
23日	02/25	日	乙亥	納	山頭火	昴
24日	02/26	月	丙子	開	澗下水	畢
25日	02/27	火	丁丑	閉	澗下水	觜
26日	02/28	水	戊寅	建	城頭土	參
27日	03/01	木	己卯	除	城頭土	井
28日	03/02	金	庚辰	満	白鑞金	鬼
29日	03/03	土	辛巳	平	白鑞金	柳

【二月大 辛卯 尾】
節気 啓蟄 5日・春分 20日
雑節 彼岸 15日・社日 17日

日	日付	曜	干支	直	納音	宿
1日◎	03/04	日	壬午	定	楊柳木	星
2日	03/05	月	癸未	執	楊柳木	翼
3日	03/06	火	甲申	破	井泉水	軫
4日	03/07	水	乙酉	危	井泉水	角
5日	03/08	木	丙戌	危	屋上土	亢
6日	03/09	金	丁亥	成	屋上土	氐
7日	03/10	土	戊子	納	霹靂火	房
8日	03/11	日	己丑	開	霹靂火	心
9日	03/12	月	庚寅	閉	松柏木	尾
10日	03/13	火	辛卯	建	松柏木	箕
11日	03/14	水	壬辰	除	長流水	斗
12日	03/15	木	癸巳	満	長流水	牛
13日	03/16	金	甲午	平	沙中金	女
14日	03/17	土	乙未	定	沙中金	虚
15日	03/18	日	丙申	執	山下火	危
16日	03/19	月	丁酉	破	山下火	室
17日	03/20	火	戊戌	危	平地木	壁
18日	03/21	水	己亥	成	平地木	奎
19日	03/22	木	庚子	納	壁上土	婁
20日	03/23	金	辛丑	開	壁上土	胃
21日	03/24	土	壬寅	閉	金箔金	昴
22日	03/25	日	癸卯	建	金箔金	畢
23日	03/26	月	甲辰	除	覆燈火	觜
24日	03/27	火	乙巳	満	覆燈火	參
25日	03/28	水	丙午	平	天河水	井
26日	03/29	木	丁未	定	天河水	鬼
27日	03/30	金	戊申	執	大駅土	柳
28日	03/31	土	己酉	破	大駅土	柳
29日	04/01	日	庚戌	危	釼釧金	星
30日	04/02	月	辛亥	成	釼釧金	張

【三月小 壬辰 箕】
節気 清明 5日・穀雨 20日
雑節 土用 17日

日	日付	曜	干支	直	納音	宿
1日	04/03	火	壬子	納	桑柘木	翼
2日	04/04	水	癸丑	開	桑柘木	軫
3日	04/05	木	甲寅	開	大溪水	角
4日	04/06	金	乙卯	建	大溪水	亢
5日	04/07	土	丙辰	建	沙中土	氐
6日	04/08	日	丁巳	除	沙中土	房
7日	04/09	月	戊午	満	天上火	心
8日	04/10	火	己未	平	天上火	尾
9日	04/11	水	庚申	定	柘榴木	箕
10日	04/12	木	辛酉	執	柘榴木	斗
11日	04/13	金	壬戌	危	大海水	女
12日	04/14	土	癸亥	危	大海水	女
13日	04/15	日	甲子	成	海中金	虚
14日	04/16	月	乙丑	納	海中金	危
15日	04/17	火	丙寅	開	爐中火	室
16日	04/18	水	丁卯	閉	爐中火	壁
17日	04/19	木	戊辰	建	大林木	奎
18日	04/20	金	己巳	除	大林木	婁
19日	04/21	土	庚午	満	路傍土	胃
20日	04/22	日	辛未	平	路傍土	昴
21日	04/23	月	壬申	定	釼鋒金	畢
22日	04/24	火	癸酉	執	釼鋒金	觜
23日	04/25	水	甲戌	破	山頭火	參
24日	04/26	木	乙亥	危	山頭火	井
25日	04/27	金	丙子	成	澗下水	鬼
26日	04/28	土	丁丑	納	澗下水	柳
27日	04/29	日	戊寅	開	城頭土	星
28日	04/30	月	己卯	閉	城頭土	張
29日	05/01	火	庚辰	建	白鑞金	翼

【四月小 癸巳 斗】
節気 立夏 6日・小満 22日
雑節 八十八夜 2日

日	日付	曜	干支	直	納音	宿
1日	05/02	水	辛巳	除	白鑞金	軫
2日	05/03	木	壬午	満	楊柳木	角
3日	05/04	金	癸未	定	楊柳木	亢
4日	05/05	土	甲申	定	井泉水	氐
5日	05/06	日	乙酉	執	井泉水	房
6日	05/07	月	丙戌	破	屋上土	心
7日	05/08	火	丁亥	破	屋上土	尾
8日	05/09	水	戊子	危	霹靂火	箕
9日	05/10	木	己丑	成	霹靂火	斗
10日	05/11	金	庚寅	納	松柏木	女
11日	05/12	土	辛卯	開	松柏木	虚
12日	05/13	日	壬辰	閉	長流水	危
13日	05/14	月	癸巳	建	長流水	室
14日	05/15	火	甲午	除	沙中金	壁
15日	05/16	水	乙未	満	沙中金	奎
16日	05/17	木	丙申	平	山下火	婁
17日	05/18	金	丁酉	定	山下火	胃
18日	05/19	土	戊戌	執	平地木	昴
19日	05/20	日	己亥	破	平地木	畢
20日	05/21	月	庚子	危	壁上土	觜
21日	05/22	火	辛丑	成	壁上土	參
22日	05/23	水	壬寅	納	金箔金	井
23日	05/24	木	癸卯	開	金箔金	鬼
24日	05/25	金	甲辰	閉	覆燈火	柳
25日	05/26	土	乙巳	建	覆燈火	星
26日	05/27	日	丙午	除	天河水	張
27日	05/28	月	丁未	満	天河水	翼
28日	05/29	火	戊申	平	大駅土	軫
29日	05/30	水	己酉	定	大駅土	角

【五月大 甲午 牛】
節気 芒種 8日・夏至 23日
雑節 入梅 13日

日	日付	曜	干支	直	納音	宿
1日	05/31	木	庚戌	執	釼釧金	亢
2日	06/01	金	辛亥	破	釼釧金	氐
3日	06/02	土	壬子	危	桑柘木	房
4日	06/03	日	癸丑	成	桑柘木	心
5日	06/04	月	甲寅	納	大溪水	尾
6日	06/05	火	乙卯	開	大溪水	箕
7日	06/06	水	丙辰	閉	沙中土	斗
8日	06/07	木	丁巳	閉	沙中土	牛
9日	06/08	金	戊午	建	天上火	女
10日	06/09	土	己未	除	天上火	虚
11日	06/10	日	庚申	満	柘榴木	危
12日	06/11	月	辛酉	平	柘榴木	室
13日	06/12	火	壬戌	定	大海水	壁
14日	06/13	水	癸亥	執	大海水	奎
15日	06/14	木	甲子	破	海中金	婁
16日	06/15	金	乙丑	危	海中金	胃
17日	06/16	土	丙寅	成	爐中火	昴
18日	06/17	日	丁卯	納	爐中火	畢
19日	06/18	月	戊辰	開	大林木	觜
20日	06/19	火	己巳	閉	大林木	參
21日	06/20	水	庚午	閉	路傍土	井
22日	06/21	木	辛未	除	路傍土	鬼
23日	06/22	金	壬申	満	釼鋒金	柳
24日	06/23	土	癸酉	定	釼鋒金	星
25日	06/24	日	甲戌	定	山頭火	張
26日	06/25	月	乙亥	執	山頭火	翼
27日	06/26	火	丙子	破	澗下水	軫
28日	06/27	水	丁丑	危	澗下水	角
29日	06/28	木	戊寅	成	城頭土	亢
30日	06/29	金	己卯	納	城頭土	氐

【六月小 乙未 女】
節気 小暑 8日・大暑 23日
雑節 半夏生 3日・土用 20日

日	日付	曜	干支	直	納音	宿
1日	06/30	土	庚辰	開	白鑞金	氐
2日	07/01	日	辛巳	閉	白鑞金	房
3日	07/02	月	壬午	建	楊柳木	心
4日	07/03	火	癸未	満	楊柳木	尾
5日	07/04	水	甲申	満	井泉水	箕
6日	07/05	木	乙酉	平	井泉水	斗
7日	07/06	金	丙戌	定	屋上土	牛
8日	07/07	土	丁亥	執	屋上土	女
9日	07/08	日	戊子	執	霹靂火	虚
10日	07/09	月	己丑	破	霹靂火	危
11日	07/10	火	庚寅	危	松柏木	室
12日	07/11	水	辛卯	成	松柏木	壁
13日	07/12	木	壬辰	納	長流水	奎
14日	07/13	金	癸巳	開	長流水	婁
15日	07/14	土	甲午	閉	沙中金	胃
16日	07/15	日	乙未	建	沙中金	昴
17日	07/16	月	丙申	除	山下火	畢
18日	07/17	火	丁酉	満	山下火	觜
19日	07/18	水	戊戌	平	平地木	參
20日	07/19	木	己亥	定	平地木	井
21日	07/20	金	庚子	執	壁上土	鬼
22日	07/21	土	辛丑	破	壁上土	柳
23日	07/22	日	壬寅	危	金箔金	星
24日	07/23	月	癸卯	成	金箔金	張
25日	07/24	火	甲辰	納	覆燈火	翼
26日	07/25	水	乙巳	開	覆燈火	軫
27日	07/26	木	丙午	閉	天河水	角
28日	07/27	金	丁未	建	天河水	亢
29日	07/28	土	戊申	除	大駅土	氐

西暦　曜　干支　直　納音　宿　　　　　　　　　　　　　　　　　　　　　　文政4年

【七月大 丙申 虚】
節気 立秋 10日・処暑 25日

	西暦	曜	干支	直	納音	宿
1日	07/29	日	己酉	満	大駅土	房
2日	07/30	月	庚戌	平	釵釧金	心
3日	07/31	火	辛亥	定	釵釧金	尾
4日	08/01	水	壬子	執	桑柘木	箕
5日	08/02	金	癸丑	破	桑柘木	斗
6日	08/03	金	甲寅	危	大渓水	牛
7日	08/04	土	乙卯	成	大渓水	女
8日	08/05	日	丙辰	納	沙中土	虚
9日	08/06	月	丁巳	開	沙中土	危
10日	08/07	火	戊午	閉	天上火	室
11日	08/08	水	己未	閉	天上火	壁
12日	08/09	木	庚申	建	柘榴木	奎
13日	08/10	金	辛酉	除	柘榴木	婁
14日	08/11	土	壬戌	満	大海水	胃
15日	08/12	日	癸亥	平	大海水	昴
16日	08/13	月	甲子	定	海中金	畢
17日	08/14	火	乙丑	執	海中金	觜
18日	08/15	水	丙寅	破	爐中火	参
19日	08/16	木	丁卯	危	爐中火	井
20日	08/17	金	戊辰	成	大林木	鬼
21日	08/18	土	己巳	納	大林木	柳
22日	08/19	日	庚午	開	路傍土	星
23日	08/20	月	辛未	閉	路傍土	張
24日	08/21	火	壬申	建	釵鋒金	翼
25日	08/22	水	癸酉	除	釵鋒金	軫
26日	08/23	木	甲戌	満	山頭火	角
27日	08/24	金	乙亥	平	山頭火	亢
28日	08/25	土	丙子	定	澗下水	氐
29日	08/26	日	丁丑	執	澗下水	房
30日	08/27	月	戊寅	破	城頭土	心

【八月小 丁酉 危】
節気 白露 10日・秋分 25日
雑節 二百十 6日・社日 20日・彼岸 24日

	西暦	曜	干支	直	納音	宿
1日	08/28	火	己卯	危	城頭土	尾
2日	08/29	水	庚辰	成	白鑞金	箕
3日	08/30	木	辛巳	納	白鑞金	斗
4日	08/31	金	壬午	開	楊柳木	牛
5日	09/01	土	癸未	閉	楊柳木	女
6日	09/02	日	甲申	建	井泉水	虚
7日	09/03	月	乙酉	除	井泉水	危
8日	09/04	火	丙戌	満	屋上土	室
9日	09/05	水	丁亥	平	屋上土	壁
10日	09/06	木	戊子	平	霹靂火	奎
11日	09/07	金	己丑	定	霹靂火	婁
12日	09/08	土	庚寅	執	松柏木	胃
13日	09/09	日	辛卯	破	松柏木	昴
14日	09/10	月	壬辰	危	長流水	畢
15日	09/11	火	癸巳	成	長流水	觜
16日	09/12	水	甲午	納	沙中金	参
17日	09/13	木	乙未	開	沙中金	井
18日	09/14	金	丙申	閉	山下火	鬼
19日	09/15	土	丁酉	閉	山下火	柳
20日	09/16	日	戊戌	建	平地木	星
21日	09/17	月	己亥	満	平地木	張
22日	09/18	火	庚子	平	壁上土	翼
23日	09/19	水	辛丑	定	壁上土	軫
24日	09/20	木	壬寅	執	金箔金	角
25日	09/21	金	癸卯	破	金箔金	亢
26日	09/22	土	甲辰	危	覆燈火	氐
27日	09/23	日	乙巳	成	覆燈火	房
28日	09/24	月	丙午	納	天河水	心
29日	09/25	火	丁未	開	天河水	尾

【九月大 戊戌 室】
節気 寒露 12日・霜降 27日
雑節 土用 24日

	西暦	曜	干支	直	納音	宿
1日	09/26	水	戊申	閉	大駅土	箕
2日	09/27	木	己酉	建	大駅土	斗
3日	09/28	金	庚戌	除	釵釧金	牛
4日	09/29	土	辛亥	満	釵釧金	女
5日	09/30	日	壬子	平	桑柘木	虚
6日	10/01	月	癸丑	定	桑柘木	危
7日	10/02	火	甲寅	執	大渓水	室
8日	10/03	水	乙卯	破	大渓水	壁
9日	10/04	木	丙辰	危	沙中土	奎
10日	10/05	金	丁巳	成	沙中土	婁
11日	10/06	土	戊午	納	天上火	胃
12日	10/07	日	己未	開	天上火	昴
13日	10/08	月	庚申	閉	柘榴木	畢
14日	10/09	火	辛酉	閉	柘榴木	觜
15日	10/10	水	壬戌	除	大海水	参
16日	10/11	木	癸亥	除	大海水	井
17日	10/12	金	甲子	満	海中金	鬼
18日	10/13	土	乙丑	平	海中金	柳
19日	10/14	日	丙寅	定	爐中火	星
20日	10/15	月	丁卯	執	爐中火	張
21日	10/16	火	戊辰	破	大林木	翼
22日	10/17	水	己巳	危	大林木	軫
23日	10/18	木	庚午	成	路傍土	角
24日	10/19	金	辛未	納	路傍土	亢
25日	10/20	土	壬申	開	釵鋒金	氐
26日	10/21	日	癸酉	閉	釵鋒金	房
27日	10/22	月	甲戌	建	山頭火	心
28日	10/23	火	乙亥	除	山頭火	尾
29日	10/24	水	丙子	満	澗下水	箕
30日	10/25	木	丁丑	平	澗下水	斗

【十月大 己亥 壁】
節気 立冬 12日・小雪 27日

	西暦	曜	干支	直	納音	宿
1日	10/26	金	戊寅	定	城頭土	牛
2日	10/27	土	己卯	執	城頭土	女
3日	10/28	日	庚辰	破	白鑞金	虚
4日	10/29	月	辛巳	危	白鑞金	危
5日	10/30	火	壬午	成	楊柳木	室
6日	10/31	水	癸未	納	楊柳木	壁
7日	11/01	木	甲申	開	井泉水	奎
8日	11/02	金	乙酉	閉	井泉水	婁
9日	11/03	土	丙戌	建	屋上土	胃
10日	11/04	日	丁亥	除	屋上土	昴
11日	11/05	月	戊子	満	霹靂火	畢
12日	11/06	火	己丑	平	霹靂火	觜
13日	11/07	水	庚寅	定	松柏木	参
14日	11/08	木	辛卯	執	松柏木	井
15日	11/09	金	壬辰	破	長流水	鬼
16日	11/10	土	癸巳	危	長流水	柳
17日	11/11	日	甲午	成	沙中金	星
18日	11/12	月	乙未	納	沙中金	張
19日	11/13	火	丙申	開	山下火	翼
20日	11/14	水	丁酉	閉	山下火	軫
21日	11/15	木	戊戌	建	平地木	角
22日	11/16	金	己亥	除	平地木	亢
23日	11/17	土	庚子	満	壁上土	氐
24日	11/18	日	辛丑	平	壁上土	房
25日	11/19	月	壬寅	定	金箔金	心
26日	11/20	火	癸卯	執	金箔金	尾
27日	11/21	水	甲辰	破	覆燈火	箕
28日	11/22	木	乙巳	危	覆燈火	斗
29日	11/23	金	丙午	成	天河水	牛
30日	11/24	土	丁未	納	天河水	女

【十一月小 庚子 奎】
節気 大雪 12日・冬至 28日

	西暦	曜	干支	直	納音	宿
1日	11/25	日	戊申	納	大駅土	虚
2日	11/26	月	己酉	開	大駅土	室
3日	11/27	火	庚戌	閉	釵釧金	壁
4日	11/28	水	辛亥	建	釵釧金	奎
5日	11/29	木	壬子	除	桑柘木	婁
6日	11/30	金	癸丑	満	桑柘木	胃
7日	12/01	土	甲寅	平	大渓水	昴
8日	12/02	日	乙卯	定	大渓水	畢
9日	12/03	月	丙辰	執	沙中土	觜
10日	12/04	火	丁巳	破	沙中土	参
11日	12/05	水	戊午	危	天上火	井
12日	12/06	木	己未	危	天上火	鬼
13日	12/07	金	庚申	納	柘榴木	柳
14日	12/08	土	辛酉	納	柘榴木	星
15日	12/09	日	壬戌	開	大海水	張
16日	12/10	月	癸亥	閉	大海水	翼
17日	12/11	火	甲子	建	海中金	軫
18日	12/12	水	乙丑	除	海中金	角
19日	12/13	木	丙寅	満	爐中火	亢
20日	12/14	金	丁卯	平	爐中火	氐
21日	12/15	土	戊辰	定	大林木	房
22日	12/16	日	己巳	執	大林木	心
23日	12/17	月	庚午	破	路傍土	尾
24日	12/18	火	辛未	危	釵鋒金	箕
25日	12/19	水	壬申	成	釵鋒金	斗
26日	12/20	木	癸酉	納	山頭火	牛
27日	12/21	金	甲戌	開	山頭火	女
28日	12/22	土	乙亥	閉	澗下水	虚
29日	12/23	日	丙子	建	澗下水	虚

【十二月大 辛丑 婁】
節気 小寒 14日・大寒 29日
雑節 土用 26日

	西暦	曜	干支	直	納音	宿
1日	12/24	月	丁丑	除	澗下水	危
2日	12/25	火	戊寅	満	城頭土	室
3日	12/26	水	己卯	平	城頭土	壁
4日	12/27	木	庚辰	定	白鑞金	奎
5日	12/28	金	辛巳	破	楊柳木	胃
6日	12/29	土	壬午	破	楊柳木	胃
7日	12/30	日	癸未	危	楊柳木	昴
8日	12/31	月	甲申	成	井泉水	畢

1822年

	西暦	曜	干支	直	納音	宿
9日	01/01	火	乙酉	納	井泉水	觜
10日	01/02	水	丙戌	開	屋上土	参
11日	01/03	木	丁亥	閉	屋上土	井
12日	01/04	金	戊子	建	霹靂火	柳
13日	01/05	土	己丑	除	霹靂火	星
14日	01/06	日	庚寅	除	松柏木	星
15日	01/07	月	辛卯	満	松柏木	張
16日	01/08	火	壬辰	平	長流水	軫
17日	01/09	水	癸巳	定	長流水	角
18日	01/10	木	甲午	執	沙中金	角
19日	01/11	金	乙未	破	沙中金	亢
20日	01/12	土	丙申	危	山下火	氐
21日	01/13	日	丁酉	成	山下火	房
22日	01/14	月	戊戌	納	平地木	心
23日	01/15	火	己亥	開	平地木	尾
24日	01/16	水	庚子	閉	壁上土	箕
25日	01/17	木	辛丑	建	壁上土	斗
26日	01/18	金	壬寅	除	金箔金	牛
27日	01/19	土	癸卯	満	金箔金	女
28日	01/20	日	甲辰	平	覆燈火	虚
29日	01/21	月	乙巳	定	覆燈火	危
30日	01/22	火	丙午	執	天河水	室

文政5年
1822～1823　壬午　胃

【正月大 壬寅 胃】
節気　立春 14日・雨水 30日
雑節　節分 13日

日	月日	曜	干支	直	納音	宿
1日	01/23	水	丁未	破	天河水	壁
2日	01/24	木	戊申	危	大駅土	奎
3日	01/25	金	己酉	成	大駅土	婁
4日	01/26	土	庚戌	納	釵釧金	胃
5日	01/27	日	辛亥	開	釵釧金	昴
6日	01/28	月	壬子	閉	桑柘木	畢
7日	01/29	火	癸丑	建	桑柘木	觜
8日	01/30	水	甲寅	除	大溪水	参
9日	01/31	木	乙卯	満	大溪水	井
10日	02/01	金	丙辰	平	沙中土	鬼
11日	02/02	土	丁巳	定	沙中土	柳
12日	02/03	日	戊午	執	天上火	星
13日	02/04	月	己未	破	天上火	張
14日	02/05	火	庚申	破	柘榴木	翼
15日	02/06	水	辛酉	危	柘榴木	軫
16日	02/07	木	壬戌	成	大海水	角
17日	02/08	金	癸亥	納	大海水	亢
18日	02/09	土	甲子	開	海中金	氐
19日	02/10	日	乙丑	閉	海中金	房
20日	02/11	月	丙寅	建	爐中火	心
21日	02/12	火	丁卯	除	爐中火	尾
22日	02/13	水	戊辰	満	大林木	箕
23日	02/14	木	己巳	平	大林木	斗
24日	02/15	金	庚午	定	路傍土	牛
25日	02/16	土	辛未	執	路傍土	女
26日	02/17	日	壬申	破	釵鋒金	虚
27日	02/18	月	癸酉	危	釵鋒金	危
28日	02/19	火	甲戌	成	山頭火	室
29日	02/20	水	乙亥	納	山頭火	壁
30日	02/21	木	丙子	開	潤下水	奎

【閏正月小 壬寅 胃】
節気　啓蟄 15日
雑節　彼岸 25日

日	月日	曜	干支	直	納音	宿
1日	02/22	金	丁丑	閉	潤下水	婁
2日	02/23	土	戊寅	建	城頭土	胃
3日	02/24	日	己卯	除	城頭土	昴
4日	02/25	月	庚辰	満	白鑞金	畢
5日	02/26	火	辛巳	平	白鑞金	觜
6日	02/27	水	壬午	定	楊柳木	参
7日	02/28	木	癸未	執	楊柳木	井
8日	03/01	金	甲申	破	井泉水	鬼
9日	03/02	土	乙酉	危	井泉水	柳
10日	03/03	日	丙戌	成	屋上土	星
11日	03/04	月	丁亥	納	屋上土	張
12日	03/05	火	戊子	開	霹靂火	翼
13日	03/06	水	己丑	閉	霹靂火	軫
14日	03/07	木	庚寅	建	松柏木	角
15日	03/08	金	辛卯	除	松柏木	亢
16日	03/09	土	壬辰	満	長流水	氐
17日	03/10	日	癸巳	平	長流水	房
18日	03/11	月	甲午	定	沙中金	心
19日	03/12	火	乙未	執	沙中金	尾
20日	03/13	水	丙申	破	山下火	箕
21日	03/14	木	丁酉	危	山下火	斗
22日	03/15	金	戊戌	成	平地木	牛
23日	03/16	土	己亥	納	平地木	女
24日	03/17	日	庚子	開	壁上土	虚
25日	03/18	月	辛丑	閉	壁上土	危
26日	03/19	火	壬寅	建	金箔金	室
27日	03/20	水	癸卯	除	金箔金	壁
28日	03/21	木	甲辰	満	覆燈火	奎
29日	03/22	金	乙巳	平	覆燈火	婁

【二月大 癸卯 昴】
節気　春分 1日・清明 16日
雑節　社日 3日・土用 28日

日	月日	曜	干支	直	納音	宿
1日	03/23	土	丙午	平	天河水	胃
2日	03/24	日	丁未	定	天河水	昴
3日	03/25	月	戊申	執	大駅土	畢
4日	03/26	火	己酉	破	大駅土	觜
5日	03/27	水	庚戌	危	釵釧金	参
6日	03/28	木	辛亥	成	釵釧金	井
7日	03/29	金	壬子	納	桑柘木	鬼
8日	03/30	土	癸丑	開	桑柘木	柳
9日	03/31	日	甲寅	閉	大溪水	星
10日	04/01	月	乙卯	建	大溪水	張
11日	04/02	火	丙辰	除	沙中土	翼
12日	04/03	水	丁巳	満	沙中土	軫
13日	04/04	木	戊午	平	天上火	角
14日	04/05	金	己未	定	天上火	亢
15日	04/06	土	庚申	執	柘榴木	氐
16日	04/07	日	辛酉	破	柘榴木	房
17日	04/08	月	壬戌	危	大海水	心
18日	04/09	火	癸亥	成	大海水	尾
19日	04/10	水	甲子	納	海中金	箕
20日	04/11	木	乙丑	開	海中金	斗
21日	04/12	金	丙寅	閉	爐中火	牛
22日	04/13	土	丁卯	建	爐中火	女
23日	04/14	日	戊辰	除	大林木	虚
24日	04/15	月	己巳	満	大林木	危
25日	04/16	火	庚午	平	路傍土	室
26日	04/17	水	辛未	定	路傍土	壁
27日	04/18	木	壬申	執	釵鋒金	奎
28日	04/19	金	癸酉	破	釵鋒金	婁
29日	04/20	土	甲戌	危	山頭火	胃
30日	04/21	日	乙亥	成	山頭火	昴

【三月小 甲辰 畢】
節気　穀雨 1日・立夏 17日
雑節　八十八夜 12日

日	月日	曜	干支	直	納音	宿
1日	04/22	月	丙子	成	潤下水	畢
2日	04/23	火	丁丑	納	潤下水	觜
3日	04/24	水	戊寅	開	城頭土	参
4日	04/25	木	己卯	閉	城頭土	井
5日	04/26	金	庚辰	建	白鑞金	鬼
6日	04/27	土	辛巳	除	白鑞金	柳
7日	04/28	日	壬午	満	楊柳木	星
8日	04/29	月	癸未	平	楊柳木	張
9日	04/30	火	甲申	定	井泉水	翼
10日	05/01	水	乙酉	執	井泉水	軫
11日	05/02	木	丙戌	破	屋上土	角
12日	05/03	金	丁亥	危	屋上土	亢
13日	05/04	土	戊子	成	霹靂火	氐
14日	05/05	日	己丑	納	霹靂火	房
15日	05/06	月	庚寅	開	松柏木	心
16日	05/07	火	辛卯	閉	松柏木	尾
17日	05/08	水	壬辰	建	長流水	箕
18日	05/09	木	癸巳	除	長流水	斗
19日	05/10	金	甲午	満	沙中金	牛
20日	05/11	土	乙未	平	沙中金	女
21日	05/12	日	丙申	定	山下火	虚
22日	05/13	月	丁酉	執	山下火	危
23日	05/14	火	戊戌	破	平地木	室
24日	05/15	水	己亥	危	平地木	壁
25日	05/16	木	庚子	成	壁上土	奎
26日	05/17	金	辛丑	納	壁上土	婁
27日	05/18	土	壬寅	開	金箔金	胃
28日	05/19	日	癸卯	閉	金箔金	昴
29日	05/20	月	甲辰	建	覆燈火	畢

【四月小 乙巳 觜】
節気　小満 3日・芒種 18日
雑節　入梅

日	月日	曜	干支	直	納音	宿
1日	05/21	火	乙巳	建	覆燈火	觜
2日	05/22	水	丙午	除	天河水	参
3日	05/23	木	丁未	満	天河水	井
4日	05/24	金	戊申	平	大駅土	鬼
5日	05/25	土	己酉	定	大駅土	柳
6日	05/26	日	庚戌	執	釵釧金	星
7日	05/27	月	辛亥	破	釵釧金	張
8日	05/28	火	壬子	危	桑柘木	翼
9日	05/29	水	癸丑	成	桑柘木	軫
10日	05/30	木	甲寅	納	大溪水	角
11日	05/31	金	乙卯	開	大溪水	亢
12日	06/01	土	丙辰	閉	沙中土	氐
13日	06/02	日	丁巳	建	沙中土	房
14日	06/03	月	戊午	除	天上火	心
15日	06/04	火	己未	満	天上火	尾
16日	06/05	水	庚申	平	柘榴木	箕
17日	06/06	木	辛酉	定	柘榴木	斗
18日	06/07	金	壬戌	執	大海水	牛
19日	06/08	土	癸亥	破	大海水	女
20日	06/09	日	甲子	危	海中金	虚
21日	06/10	月	乙丑	成	海中金	危
22日	06/11	火	丙寅	納	爐中火	室
23日	06/12	水	丁卯	開	爐中火	壁
24日	06/13	木	戊辰	閉	大林木	奎
25日	06/14	金	己巳	建	大林木	婁
26日	06/15	土	庚午	除	路傍土	胃
27日	06/16	日	辛未	満	路傍土	昴
28日	06/17	月	壬申	平	釵鋒金	畢
29日	06/18	火	癸酉	定	釵鋒金	觜

【五月小 丙午 参】
節気　夏至 4日・小暑 20日
雑節　半夏生 14日

日	月日	曜	干支	直	納音	宿
1日	06/19	水	甲戌	定	山頭火	参
2日	06/20	木	乙亥	破	山頭火	井
3日	06/21	金	丙子	危	潤下水	鬼
4日	06/22	土	丁丑	成	潤下水	柳
5日	06/23	日	戊寅	納	城頭土	星
6日	06/24	月	己卯	開	城頭土	張
7日	06/25	火	庚辰	閉	白鑞金	翼
8日	06/26	水	辛巳	建	白鑞金	軫
9日	06/27	木	壬午	除	楊柳木	角
10日	06/28	金	癸未	満	楊柳木	亢
11日	06/29	土	甲申	平	井泉水	氐
12日	06/30	日	乙酉	定	井泉水	房
13日	07/01	月	丙戌	執	屋上土	心
14日	07/02	火	丁亥	破	屋上土	尾
15日	07/03	水	戊子	危	霹靂火	箕
16日	07/04	木	己丑	成	霹靂火	斗
17日	07/05	金	庚寅	納	松柏木	牛
18日	07/06	土	辛卯	開	松柏木	女
19日	07/07	日	壬辰	閉	長流水	虚
20日	07/08	月	癸巳	建	長流水	危
21日	07/09	火	甲午	除	沙中金	室
22日	07/10	水	乙未	満	沙中金	壁
23日	07/11	木	丙申	平	山下火	奎
24日	07/12	金	丁酉	定	山下火	婁
25日	07/13	土	戊戌	執	平地木	胃
26日	07/14	日	己亥	破	平地木	昴
27日	07/15	月	庚子	危	壁上土	畢
28日	07/16	火	辛丑	成	壁上土	觜
29日	07/17	水	壬寅	納	金箔金	参

【六月大 丁未 井】
節気　大暑 6日・立秋 21日
雑節　土用 3日

日	月日	曜	干支	直	納音	宿
1日	07/18	木	癸卯	成	金箔金	井
2日	07/19	金	甲辰	納	覆燈火	鬼
3日	07/20	土	乙巳	開	覆燈火	柳
4日	07/21	日	丙午	閉	天河水	星
5日	07/22	月	丁未	建	天河水	張
6日	07/23	火	戊申	除	大駅土	翼
7日	07/24	水	己酉	満	大駅土	軫
8日	07/25	木	庚戌	平	釵釧金	角
9日	07/26	金	辛亥	定	釵釧金	亢
10日	07/27	土	壬子	執	桑柘木	氐
11日	07/28	日	癸丑	破	桑柘木	房
12日	07/29	月	甲寅	危	大溪水	心
13日	07/30	火	乙卯	成	大溪水	尾
14日	07/31	水	丙辰	納	沙中土	箕
15日	08/01	木	丁巳	開	沙中土	斗

西暦　曜　干支　直　納音　宿　　　　　　　　　文政5年

日	西暦	曜	干支	直	納音	宿
16日	08/02	金	戊午	閉	天上火	牛
17日	08/03	土	己未	建	天上火	女
18日	08/04	日	庚申	除	柘榴木	虚
19日	08/05	月	辛酉	満	柘榴木	危
20日	08/06	火	壬戌	平	大海水	室
21日	08/07	水	癸亥	定	大海水	壁
22日	08/08	木	甲子	執	海中金	奎
23日	08/09	金	乙丑	破	海中金	婁
24日	08/10	土	丙寅	危	炉中火	胃
25日	08/11	日	丁卯	成	炉中火	昴
26日	08/12	月	戊辰	納	大林木	畢
27日	08/13	火	己巳	開	大林木	觜
28日	08/14	水	庚午	閉	路傍土	参
29日	08/15	木	辛未	建	路傍土	井
30日	08/16	金	壬申	除	剣鋒金	鬼

【七月小 戊申 鬼】
節気 処暑 6日・白露 21日
雑節 二百十日 17日

日	西暦	曜	干支	直	納音	宿
1日	08/17	土	癸酉	除	剣鋒金	柳
2日	08/18	日	甲戌	満	山頭火	星
3日	08/19	月	乙亥	平	山頭火	張
4日	08/20	火	丙子	定	澗下水	翼
5日	08/21	水	丁丑	執	澗下水	軫
6日	08/22	木	戊寅	破	城頭土	角
7日	08/23	金	己卯	危	城頭土	亢
8日	08/24	土	庚辰	成	白鑞金	氐
9日	08/25	日	辛巳	納	白鑞金	房
10日	08/26	月	壬午	開	楊柳木	心
11日	08/27	火	癸未	閉	楊柳木	尾
12日	08/28	水	甲申	建	井泉水	箕
13日	08/29	木	乙酉	除	井泉水	斗
14日	08/30	金	丙戌	満	屋上土	牛
15日	08/31	土	丁亥	平	屋上土	女
16日	09/01	日	戊子	定	霹靂火	虚
17日	09/02	月	己丑	執	霹靂火	危
18日	09/03	火	庚寅	破	松柏木	室
19日	09/04	水	辛卯	危	松柏木	壁
20日	09/05	木	壬辰	成	長流水	奎
21日	09/06	金	癸巳	納	長流水	婁
22日	09/07	土	甲午	開	沙中金	胃
23日	09/08	日	乙未	閉	沙中金	昴
24日	09/09	月	丙申	建	山下火	畢
25日	09/10	火	丁酉	除	山下火	觜
26日	09/11	水	戊戌	満	平地木	参
27日	09/12	木	己亥	平	平地木	井
28日	09/13	金	庚子	定	壁上土	鬼
29日	09/14	土	辛丑	定	壁上土	柳

【八月大 己酉 柳】
節気 秋分 8日・寒露 23日
雑節 彼岸 7日・社日 7日

日	西暦	曜	干支	直	納音	宿
1日	09/15	日	壬寅	執	金箔金	星
2日	09/16	月	癸卯	破	金箔金	張
3日	09/17	火	甲辰	危	覆燈火	翼
4日	09/18	水	乙巳	成	覆燈火	軫
5日	09/19	木	丙午	納	天河水	角
6日	09/20	金	丁未	開	天河水	亢
7日	09/21	土	戊申	閉	大駅土	氐
8日	09/22	日	己酉	建	大駅土	房
9日	09/23	月	庚戌	除	釵釧金	心
10日	09/24	火	辛亥	満	釵釧金	尾
11日	09/25	水	壬子	平	桑柘木	箕
12日	09/26	木	癸丑	定	桑柘木	斗
13日	09/27	金	甲寅	執	大溪水	牛
14日	09/28	土	乙卯	破	大溪水	女
15日	09/29	日	丙辰	危	沙中土	虚
16日	09/30	月	丁巳	成	沙中土	危
17日	10/01	火	戊午	納	天上火	室
18日	10/02	水	己未	開	天上火	壁
19日	10/03	木	庚申	閉	柘榴木	奎
20日	10/04	金	辛酉	建	柘榴木	婁
21日	10/05	土	壬戌	除	大海水	胃
22日	10/06	日	癸亥	満	大海水	昴
23日	10/07	月	甲子	平	海中金	畢
24日	10/08	火	乙丑	定	海中金	觜
25日	10/09	水	丙寅	執	炉中火	参
26日	10/10	木	丁卯	破	炉中火	井
27日	10/11	金	戊辰	危	大林木	鬼
28日	10/12	土	己巳	成	大林木	柳
29日	10/13	日	庚午	納	路傍土	星
30日	10/14	月	辛未	納	路傍土	張

【九月大 庚戌 星】
節気 霜降 8日・立冬 23日
雑節 土用 5日

日	西暦	曜	干支	直	納音	宿
1日	10/15	火	壬申	開	剣鋒金	翼
2日	10/16	水	癸酉	閉	剣鋒金	軫
3日	10/17	木	甲戌	建	山頭火	角
4日	10/18	金	乙亥	除	山頭火	亢
5日	10/19	土	丙子	満	澗下水	氐
6日	10/20	日	丁丑	平	澗下水	房
7日	10/21	月	戊寅	定	城頭土	心
8日	10/22	火	己卯	執	城頭土	尾
9日	10/23	水	庚辰	破	白鑞金	箕
10日	10/24	木	辛巳	危	白鑞金	斗
11日	10/25	金	壬午	成	楊柳木	牛
12日	10/26	土	癸未	納	楊柳木	女
13日	10/27	日	甲申	開	井泉水	虚
14日	10/28	月	乙酉	閉	井泉水	危
15日	10/29	火	丙戌	建	屋上土	室
16日	10/30	水	丁亥	除	屋上土	壁
17日	10/31	木	戊子	満	霹靂火	奎
18日	11/01	金	己丑	平	霹靂火	婁
19日	11/02	土	庚寅	定	松柏木	胃
20日	11/03	日	辛卯	執	松柏木	昴
21日	11/04	月	壬辰	破	長流水	畢
22日	11/05	火	癸巳	危	長流水	觜
23日	11/06	水	甲午	成	沙中金	参
24日	11/07	木	乙未	納	沙中金	井
25日	11/08	金	丙申	開	山下火	鬼
26日	11/09	土	丁酉	閉	山下火	柳
27日	11/10	日	戊戌	建	平地木	星
28日	11/11	月	己亥	除	平地木	張
29日	11/12	火	庚子	満	壁上土	翼
30日	11/13	水	辛丑	平	壁上土	軫

【十月小 辛亥 張】
節気 小雪 8日・大雪 24日

日	西暦	曜	干支	直	納音	宿
1日	11/14	木	壬寅	定	金箔金	角
2日	11/15	金	癸卯	執	金箔金	亢
3日	11/16	土	甲辰	破	覆燈火	氐
4日	11/17	日	乙巳	危	覆燈火	房
5日	11/18	月	丙午	成	天河水	心
6日	11/19	火	丁未	納	天河水	尾
7日	11/20	水	戊申	開	大駅土	箕
8日	11/21	木	己酉	閉	大駅土	斗
9日	11/22	金	庚戌	建	釵釧金	牛
10日	11/23	土	辛亥	除	釵釧金	女
11日	11/24	日	壬子	満	桑柘木	虚
12日	11/25	月	癸丑	平	桑柘木	危
13日	11/26	火	甲寅	定	大溪水	室
14日	11/27	水	乙卯	執	大溪水	壁
15日	11/28	木	丙辰	破	沙中土	奎
16日	11/29	金	丁巳	危	沙中土	婁
17日	11/30	土	戊午	成	天上火	胃
18日	12/01	日	己未	納	天上火	昴
19日	12/02	月	庚申	開	柘榴木	畢
20日	12/03	火	辛酉	閉	柘榴木	觜
21日	12/04	水	壬戌	建	大海水	参
22日	12/05	木	癸亥	除	大海水	井
23日	12/06	金	甲子	満	海中金	鬼
24日	12/07	土	乙丑	平	海中金	柳
25日	12/08	日	丙寅	定	炉中火	星
26日	12/09	月	丁卯	執	炉中火	張
27日	12/10	火	戊辰	破	大林木	翼
28日	12/11	水	己巳	執	大林木	軫
29日	12/12	木	庚午	破	路傍土	角

【十一月大 壬子 翼】
節気 冬至 10日・小寒 25日

日	西暦	曜	干支	直	納音	宿
1日	12/13	金	辛未	危	路傍土	亢
2日	12/14	土	壬申	成	剣鋒金	氐
3日	12/15	日	癸酉	納	剣鋒金	房
4日	12/16	月	甲戌	開	山頭火	心
5日	12/17	火	乙亥	閉	山頭火	尾
6日	12/18	水	丙子	建	澗下水	箕
7日	12/19	木	丁丑	除	澗下水	斗
8日	12/20	金	戊寅	満	城頭土	牛
9日	12/21	土	己卯	平	城頭土	女
10日	12/22	日	庚辰	定	白鑞金	虚
11日	12/23	月	辛巳	執	白鑞金	危
12日	12/24	火	壬午	破	楊柳木	室
13日	12/25	水	癸未	危	楊柳木	壁
14日	12/26	木	甲申	成	井泉水	奎
15日	12/27	金	乙酉	納	井泉水	婁
16日	12/28	土	丙戌	開	屋上土	胃
17日	12/29	日	丁亥	閉	屋上土	昴
18日	12/30	月	戊子	建	霹靂火	畢
19日	12/31	火	己丑	除	霹靂火	觜

1823年

日	西暦	曜	干支	直	納音	宿
20日	**01/01**	水	庚寅	満	松柏木	参
21日	01/02	木	辛卯	平	松柏木	井
22日	01/03	金	壬辰	定	長流水	鬼
23日	01/04	土	癸巳	執	長流水	柳
24日	01/05	日	甲午	破	沙中金	星
25日	01/06	月	乙未	危	沙中金	張
26日	01/07	火	丙申	成	山下火	翼
27日	01/08	水	丁酉	納	山下火	軫
28日	01/09	木	戊戌	開	平地木	角
29日	01/10	金	己亥	閉	平地木	亢
30日	01/11	土	庚子	閉	壁上土	氐

【十二月大 癸丑 軫】
節気 大寒 10日・立春 26日
雑節 土用 7日・節分 25日

日	西暦	曜	干支	直	納音	宿
1日	01/12	日	辛丑	建	壁上土	房
2日	01/13	月	壬寅	除	金箔金	心
3日	01/14	火	癸卯	満	金箔金	尾
4日	01/15	水	甲辰	平	覆燈火	箕
5日	01/16	木	乙巳	定	覆燈火	斗
6日	01/17	金	丙午	執	天河水	牛
7日	01/18	土	丁未	破	天河水	女
8日	01/19	日	戊申	危	大駅土	虚
9日	01/20	月	己酉	成	大駅土	危
10日	01/21	火	庚戌	納	釵釧金	室
11日	01/22	水	辛亥	開	釵釧金	壁
12日	01/23	木	壬子	閉	桑柘木	奎
13日	01/24	金	癸丑	建	桑柘木	婁
14日	01/25	土	甲寅	除	大溪水	胃
15日 ☆	01/26	日	乙卯	満	大溪水	昴
16日	01/27	月	丙辰	平	沙中土	畢
17日	01/28	火	丁巳	定	沙中土	觜
18日	01/29	水	戊午	執	天上火	参
19日	01/30	木	己未	破	天上火	井
20日	01/31	金	庚申	危	柘榴木	鬼
21日	02/01	土	辛酉	成	柘榴木	柳
22日	02/02	日	壬戌	納	大海水	星
23日	02/03	月	癸亥	開	大海水	張
24日	02/04	火	甲子	建	海中金	翼
25日	02/05	水	乙丑	除	海中金	軫
26日	02/06	木	丙寅	満	炉中火	角
27日	02/07	金	丁卯	平	炉中火	亢
28日	02/08	土	戊辰	定	大林木	氐
29日	02/09	日	己巳	執	大林木	房
30日	02/10	月	庚午	破	路傍土	心

文政6年

1823～1824 癸未 昴

【正月大 甲寅 角】
節気 雨水 11日・啓蟄 26日

日	新暦	曜	干支	十二直	納音	宿
1日	02/11	火	辛未	執	路傍土	尾
2日	02/12	水	壬申	破	釼鋒金	箕
3日	02/13	木	癸酉	危	釼鋒金	斗
4日	02/14	金	甲戌	成	山頭火	牛
5日	02/15	土	乙亥	納	山頭火	女
6日	02/16	日	丙子	開	潤下水	虚
7日	02/17	月	丁丑	閉	潤下水	危
8日	02/18	火	戊寅	建	城頭土	室
9日	02/19	水	己卯	除	城頭土	壁
10日	02/20	木	庚辰	満	白鑞金	奎
11日	02/21	金	辛巳	平	白鑞金	婁
12日	02/22	土	壬午	定	楊柳木	胃
13日	02/23	日	癸未	執	楊柳木	昴
14日	02/24	月	甲申	破	井泉水	畢
15日	02/25	火	乙酉	危	井泉水	觜
16日	02/26	水	丙戌	成	屋上土	参
17日	02/27	木	丁亥	納	屋上土	井
18日	02/28	金	戊子	開	霹靂火	鬼
19日	03/01	土	己丑	閉	霹靂火	柳
20日	03/02	日	庚寅	建	松柏木	星
21日	03/03	月	辛卯	除	松柏木	張
22日	03/04	火	壬辰	満	長流水	翼
23日	03/05	水	癸巳	平	長流水	軫
24日	03/06	木	甲午	定	沙中金	角
25日	03/07	金	乙未	執	沙中金	亢
26日	03/08	土	丙申	執	山下火	氐
27日	03/09	日	丁酉	破	山下火	房
28日	03/10	月	戊戌	危	平地木	心
29日	03/11	火	己亥	成	平地木	尾
30日	03/12	水	庚子	納	壁上土	箕

【二月小 乙卯 亢】
節気 春分 11日・清明 26日
雑節 彼岸 6日・社日 8日

日	新暦	曜	干支	十二直	納音	宿
1日	03/13	木	辛丑	開	壁上土	斗
2日	03/14	金	壬寅	閉	金箔金	牛
3日	03/15	土	癸卯	建	金箔金	女
4日	03/16	日	甲辰	除	覆燈火	虚
5日	03/17	月	乙巳	満	覆燈火	危
6日	03/18	火	丙午	平	天河水	室
7日	03/19	水	丁未	定	天河水	壁
8日	03/20	木	戊申	執	大駅土	奎
9日	03/21	金	己酉	破	大駅土	婁
10日	03/22	土	庚戌	危	釵釧金	胃
11日	03/23	日	辛亥	成	釵釧金	昴
12日	03/24	月	壬子	納	桑柘木	畢
13日	03/25	火	癸丑	開	桑柘木	觜
14日	03/26	水	甲寅	閉	大溪水	参
15日	03/27	木	乙卯	建	大溪水	井
16日	03/28	金	丙辰	除	沙中土	鬼
17日	03/29	土	丁巳	満	沙中土	柳
18日	03/30	日	戊午	平	天上火	星
19日	03/31	月	己未	定	天上火	張
20日	04/01	火	庚申	執	柘榴木	翼
21日	04/02	水	辛酉	破	柘榴木	軫
22日	04/03	木	壬戌	危	大海水	角
23日	04/04	金	癸亥	成	大海水	亢
24日	04/05	土	甲子	納	海中金	氐
25日	04/06	日	乙丑	開	海中金	房
26日	04/07	月	丙寅	開	爐中火	心
27日	04/08	火	丁卯	閉	爐中火	尾
28日	04/09	水	戊辰	建	大林木	箕
29日	04/10	木	己巳	除	大林木	斗

【三月大 丙辰 氐】
節気 穀雨 13日・立夏 28日
雑節 土用 10日・八十八夜 24日

日	新暦	曜	干支	十二直	納音	宿
1日	04/11	金	庚午	満	路傍土	牛
2日	04/12	土	辛未	平	路傍土	女
3日	04/13	日	壬申	定	釼鋒金	虚
4日	04/14	月	癸酉	執	釼鋒金	危
5日	04/15	火	甲戌	破	山頭火	室
6日	04/16	水	乙亥	危	山頭火	壁
7日	04/17	木	丙子	成	潤下水	奎
8日	04/18	金	丁丑	納	潤下水	婁
9日	04/19	土	戊寅	開	城頭土	胃
10日	04/20	日	己卯	閉	城頭土	昴
11日	04/21	月	庚辰	建	白鑞金	畢
12日	04/22	火	辛巳	除	白鑞金	觜
13日	04/23	水	壬午	満	楊柳木	参
14日	04/24	木	癸未	平	楊柳木	井
15日	04/25	金	甲申	定	井泉水	鬼
16日	04/26	土	乙酉	執	井泉水	柳
17日	04/27	日	丙戌	破	屋上土	星
18日	04/28	月	丁亥	危	屋上土	張
19日	04/29	火	戊子	成	霹靂火	翼
20日	04/30	水	己丑	納	霹靂火	軫
21日	05/01	木	庚寅	開	松柏木	角
22日	05/02	金	辛卯	閉	松柏木	亢
23日	05/03	土	壬辰	建	長流水	氐
24日	05/04	日	癸巳	除	長流水	房
25日	05/05	月	甲午	満	沙中金	心
26日	05/06	火	乙未	平	沙中金	尾
27日	05/07	水	丙申	定	山下火	箕
28日	05/08	木	丁酉	定	山下火	斗
29日	05/09	金	戊戌	執	平地木	牛
30日	05/10	土	己亥	破	平地木	女

【四月小 丁巳 房】
節気 小満 13日・芒種 28日

日	新暦	曜	干支	十二直	納音	宿
1日	05/11	日	庚子	危	壁上土	虚
2日	05/12	月	辛丑	成	壁上土	危
3日	05/13	火	壬寅	納	金箔金	室
4日	05/14	水	癸卯	開	金箔金	壁
5日	05/15	木	甲辰	閉	覆燈火	奎
6日	05/16	金	乙巳	建	覆燈火	婁
7日	05/17	土	丙午	除	天河水	胃
8日	05/18	日	丁未	満	天河水	昴
9日	05/19	月	戊申	平	大駅土	畢
10日	05/20	火	己酉	定	大駅土	觜
11日	05/21	水	庚戌	執	釵釧金	参
12日	05/22	木	辛亥	破	釵釧金	井
13日	05/23	金	壬子	危	桑柘木	鬼
14日	05/24	土	癸丑	成	桑柘木	柳
15日	05/25	日	甲寅	納	大溪水	星
16日	05/26	月	乙卯	開	大溪水	張
17日	05/27	火	丙辰	閉	沙中土	翼
18日	05/28	水	丁巳	建	沙中土	軫
19日	05/29	木	戊午	除	天上火	角
20日	05/30	金	己未	満	天上火	亢
21日	05/31	土	庚申	平	柘榴木	氐
22日	06/01	日	辛酉	定	柘榴木	房
23日	06/02	月	壬戌	執	大海水	心
24日	06/03	火	癸亥	破	大海水	尾
25日	06/04	水	甲子	危	海中金	箕
26日	06/05	木	乙丑	成	海中金	斗
27日	06/06	金	丙寅	納	爐中火	牛
28日	06/07	土	丁卯	納	爐中火	女
29日	06/08	日	戊辰	開	大林木	虚

【五月小 戊午 心】
節気 夏至 15日
雑節 入梅 4日・半夏生 25日

日	新暦	曜	干支	十二直	納音	宿
1日	06/09	月	己巳	閉	大林木	危
2日	06/10	火	庚午	建	路傍土	室
3日	06/11	水	辛未	除	路傍土	壁
4日	06/12	木	壬申	満	釼鋒金	奎
5日	06/13	金	癸酉	平	釼鋒金	婁
6日	06/14	土	甲戌	定	山頭火	胃
7日	06/15	日	乙亥	執	山頭火	昴
8日	06/16	月	丙子	破	潤下水	畢
9日	06/17	火	丁丑	危	潤下水	觜
10日	06/18	水	戊寅	成	城頭土	参
11日	06/19	木	己卯	納	城頭土	井
12日	06/20	金	庚辰	開	白鑞金	鬼
13日	06/21	土	辛巳	閉	白鑞金	柳
14日	06/22	日	壬午	建	楊柳木	星
15日	06/23	月	癸未	除	楊柳木	張
16日	06/24	火	甲申	満	井泉水	翼
17日	06/25	水	乙酉	平	井泉水	軫
18日	06/26	木	丙戌	定	屋上土	角
19日	06/27	金	丁亥	執	屋上土	亢
20日	06/28	土	戊子	破	霹靂火	氐
21日	06/29	日	己丑	危	霹靂火	房
22日	06/30	月	庚寅	成	松柏木	心
23日	07/01	火	辛卯	納	松柏木	尾
24日	07/02	水	壬辰	開	長流水	箕
25日	07/03	木	癸巳	閉	長流水	斗
26日	07/04	金	甲午	建	沙中金	牛
27日	07/05	土	乙未	除	沙中金	女
28日	07/06	日	丙申	満	山下火	虚
29日	07/07	月	丁酉	平	山下火	危

【六月小 己未 尾】
節気 小暑 1日・大暑 16日
雑節 土用 13日

日	新暦	曜	干支	十二直	納音	宿
1日◎	07/08	火	戊戌	平	平地木	室
2日	07/09	水	己亥	定	平地木	壁
3日	07/10	木	庚子	執	壁上土	奎
4日	07/11	金	辛丑	破	壁上土	婁
5日	07/12	土	壬寅	危	金箔金	胃
6日	07/13	日	癸卯	成	金箔金	昴
7日	07/14	月	甲辰	納	覆燈火	畢
8日	07/15	火	乙巳	開	覆燈火	觜
9日	07/16	水	丙午	閉	天河水	参
10日	07/17	木	丁未	建	天河水	井
11日	07/18	金	戊申	除	大駅土	鬼
12日	07/19	土	己酉	満	大駅土	柳
13日	07/20	日	庚戌	平	釵釧金	星
14日	07/21	月	辛亥	定	釵釧金	張
15日	07/22	火	壬子	執	桑柘木	翼
16日	07/23	水	癸丑	破	桑柘木	軫
17日	07/24	木	甲寅	危	大溪水	角
18日	07/25	金	乙卯	成	大溪水	亢
19日	07/26	土	丙辰	納	沙中土	氐
20日	07/27	日	丁巳	開	沙中土	房
21日	07/28	月	戊午	閉	天上火	心
22日	07/29	火	己未	建	天上火	尾
23日	07/30	水	庚申	除	柘榴木	箕
24日	07/31	木	辛酉	満	柘榴木	斗
25日	08/01	金	壬戌	平	大海水	牛
26日	08/02	土	癸亥	定	大海水	女
27日	08/03	日	甲子	執	海中金	虚
28日	08/04	月	乙丑	破	海中金	危
29日	08/05	火	丙寅	危	爐中火	室

【七月大 庚申 箕】
節気 立秋 2日・処暑 17日
雑節 二百十日 29日

日	新暦	曜	干支	十二直	納音	宿
1日	08/06	水	丁卯	成	爐中火	壁
2日	08/07	木	戊辰	成	大林木	奎
3日	08/08	金	己巳	納	大林木	婁
4日	08/09	土	庚午	開	路傍土	胃

文政6年

西暦	曜	干支	直	納音	宿
5日 08/10	日	辛未	閉	路傍土	昴
6日 08/11	月	壬申	建	釼鋒金	畢
7日 08/12	火	癸酉	除	釼鋒金	觜
8日 08/13	水	甲戌	満	山頭火	参
9日 08/14	木	乙亥	平	山頭火	井
10日 08/15	金	丙子	定	潤下水	鬼
11日 08/16	土	丁丑	執	潤下水	柳
12日 08/17	日	戊寅	破	城頭土	星
13日 08/18	月	己卯	危	城頭土	張
14日 08/19	火	庚辰	成	白鑞金	翼
15日 08/20	水	辛巳	納	白鑞金	軫
16日 08/21	木	壬午	開	楊柳木	角
17日 08/22	金	癸未	閉	楊柳木	亢
18日 08/23	土	甲申	建	井泉水	氐
19日 08/24	日	乙酉	除	井泉水	房
20日 08/25	月	丙戌	満	屋上土	心
21日 08/26	火	丁亥	平	屋上土	尾
22日 08/27	水	戊子	定	霹靂火	箕
23日 08/28	木	己丑	執	霹靂火	斗
24日 08/29	金	庚寅	破	松柏木	女
25日 08/30	土	辛卯	危	松柏木	女
26日 08/31	日	壬辰	成	長流水	虚
27日 09/01	月	癸巳	納	長流水	室
28日 09/02	火	甲午	開	沙中金	室
29日 09/03	水	乙未	閉	沙中金	壁
30日 09/04	木	丙申	建	山下火	奎

【八月小 辛酉 斗】
節気 白露 3日・秋分 18日
雑節 彼岸 17日・社日 22日

西暦	曜	干支	直	納音	宿
1日 09/05	金	丁酉	除	山下火	婁
2日 09/06	土	戊戌	満	平地木	胃
3日 09/07	日	己亥	満	平地木	昴
4日 09/08	月	庚子	平	壁上土	畢
5日 09/09	火	辛丑	定	壁上土	觜
6日 09/10	水	壬寅	執	金箔金	参
7日 09/11	木	癸卯	破	金箔金	井
8日 09/12	金	甲辰	危	覆燈火	鬼
9日 09/13	土	乙巳	成	覆燈火	柳
10日 09/14	日	丙午	納	天河水	星
11日 09/15	月	丁未	開	天河水	張
12日 09/16	火	戊申	建	大駅土	翼
13日 09/17	水	己酉	除	大駅土	軫
14日 09/18	木	庚戌	満	釵釧金	角
15日 09/19	金	辛亥	定	釵釧金	亢
16日 09/20	土	壬子	平	桑柘木	氐
17日 09/21	日	癸丑	定	桑柘木	房
18日 09/22	月	甲寅	執	大溪水	心
19日 09/23	火	乙卯	破	大溪水	尾
20日 09/24	水	丙辰	危	沙中土	箕
21日 09/25	木	丁巳	成	沙中土	斗
22日 09/26	金	戊午	納	天上火	牛
23日 09/27	土	己未	開	天上火	女
24日 09/28	日	庚申	閉	柘榴木	虚
25日 09/29	月	辛酉	建	柘榴木	危
26日 09/30	火	壬戌	除	大海水	室
27日 10/01	水	癸亥	満	大海水	壁
28日 10/02	木	甲子	平	海中金	奎
29日 10/03	金	乙丑	定	海中金	婁

【九月大 壬戌 牛】
節気 寒露 4日・霜降 19日
雑節 土用 16日

西暦	曜	干支	直	納音	宿
1日 10/04	土	丙寅	執	爐中火	胃
2日 10/05	日	丁卯	破	爐中火	昴
3日 10/06	月	戊辰	危	大林木	畢
4日 10/07	火	己巳	危	大林木	觜
5日 10/08	水	庚午	成	路傍土	参
6日 10/09	木	辛未	納	路傍土	井
7日 10/10	金	壬申	開	釼鋒金	鬼
8日 10/11	土	癸酉	閉	釼鋒金	柳
9日 10/12	日	甲戌	建	山頭火	星
10日 10/13	月	乙亥	除	山頭火	張
11日 10/14	火	丙子	満	潤下水	翼
12日 10/15	水	丁丑	平	潤下水	軫
13日 10/16	木	戊寅	定	城頭土	角
14日 10/17	金	己卯	執	城頭土	亢
15日 10/18	土	庚辰	破	白鑞金	氐
16日 10/19	日	辛巳	危	白鑞金	房
17日 10/20	月	壬午	成	楊柳木	心
18日 10/21	火	癸未	納	楊柳木	尾
19日 10/22	水	甲申	開	井泉水	箕
20日 10/23	木	乙酉	閉	井泉水	斗
21日 10/24	金	丙戌	建	屋上土	女
22日 10/25	土	丁亥	除	屋上土	虚
23日 10/26	日	戊子	満	霹靂火	危
24日 10/27	月	己丑	平	霹靂火	室
25日 10/28	火	庚寅	定	松柏木	壁
26日 10/29	水	辛卯	執	松柏木	壁
27日 10/30	木	壬辰	破	長流水	奎
28日 10/31	金	癸巳	危	長流水	婁
29日 11/01	土	甲午	成	沙中金	胃
30日 11/02	日	乙未	納	沙中金	昴

【十月小 癸亥 女】
節気 立冬 4日・小雪 20日

西暦	曜	干支	直	納音	宿
1日 11/03	月	丙申		山下火	觜
2日 11/04	火	丁酉	開	山下火	参
3日 11/05	水	戊戌	建	平地木	井
4日 11/06	木	己亥	建	平地木	鬼
5日 11/07	金	庚子	除	壁上土	柳
6日 11/08	土	辛丑	満	壁上土	星
7日 11/09	日	壬寅	平	金箔金	張
8日 11/10	月	癸卯	定	金箔金	翼
9日 11/11	火	甲辰	執	覆燈火	軫
10日 11/12	水	乙巳	破	覆燈火	角
11日 11/13	木	丙午	危	天河水	亢
12日 11/14	金	丁未	成	天河水	氐
13日 11/15	土	戊申	納	大駅土	房
14日 11/16	日	己酉	開	大駅土	心
15日 11/17	月	庚戌	閉	釵釧金	尾
16日 11/18	火	辛亥	建	釵釧金	箕
17日 11/19	水	壬子	除	桑柘木	斗
18日 11/20	木	癸丑	満	桑柘木	牛
19日 11/21	金	甲寅	定	大溪水	女
20日 11/22	土	乙卯	執	大溪水	虚
21日 11/23	日	丙辰	破	沙中土	危
22日 11/24	月	丁巳	危	沙中土	室
23日 11/25	火	戊午	成	天上火	壁
24日 11/26	水	己未	納	天上火	奎
25日 11/27	木	庚申	開	柘榴木	婁
26日 11/28	金	辛酉	閉	柘榴木	胃
27日 11/29	土	壬戌	建	大海水	昴
28日 11/30	日	癸亥	建	大海水	畢
29日 12/01	月	甲子	除	海中金	觜

【十一月大 甲子 虚】
節気 大雪 6日・冬至 21日

西暦	曜	干支	直	納音	宿
1日 12/02	火	乙丑		海中金	觜
2日 12/03	水	丙寅	平	爐中火	参
3日 12/04	木	丁卯	定	爐中火	井
4日 12/05	金	戊辰	執	大林木	鬼
5日 12/06	土	己巳	破	大林木	柳
6日 12/07	日	庚午	危	路傍土	星
7日 12/08	月	辛未	危	路傍土	張
8日 12/09	火	壬申	成	釼鋒金	翼
9日 12/10	水	癸酉	納	釼鋒金	軫
10日 12/11	木	甲戌	開	山頭火	角
11日 12/12	金	乙亥	閉	山頭火	亢
12日 12/13	土	丙子	建	潤下水	氐
13日 12/14	日	丁丑	除	潤下水	房
14日 12/15	月	戊寅	満	城頭土	心
15日 12/16	火	己卯	平	城頭土	尾
16日 12/17	水	庚辰	定	白鑞金	箕
17日 12/18	木	辛巳	執	白鑞金	斗
18日 12/19	金	壬午	破	楊柳木	牛
19日 12/20	土	癸未	危	楊柳木	女
20日 12/21	日	甲申	成	井泉水	虚
21日 12/22	月	乙酉	納	井泉水	危
22日 12/23	火	丙戌	開	屋上土	室
23日 12/24	水	丁亥	閉	屋上土	壁
24日 12/25	木	戊子	除	霹靂火	奎
25日 12/26	金	己丑	除	霹靂火	婁
26日 12/27	土	庚寅	満	松柏木	胃
27日 12/28	日	辛卯	平	松柏木	昴
28日 12/29	月	壬辰	定	長流水	畢
29日 12/30	火	癸巳	執	長流水	觜
30日 12/31	水	甲午	破	沙中金	参

【十二月大 乙丑 危】
節気 小寒 6日・大寒 22日
雑節 土用 19日

1824年

西暦	曜	干支	直	納音	宿
1日 01/01	木	乙未	危	沙中金	井
2日 01/02	金	丙申	成	山下火	鬼
3日 01/03	土	丁酉	納	山下火	柳
4日 01/04	日	戊戌	開	平地木	星
5日 01/05	月	己亥	閉	平地木	張
6日 01/06	火	庚子	閉	壁上土	翼
7日 01/07	水	辛丑	除	壁上土	軫
8日 01/08	木	壬寅	満	金箔金	角
9日 01/09	金	癸卯	満	金箔金	亢
10日 01/10	土	甲辰	平	覆燈火	氐
11日 01/11	日	乙巳	定	覆燈火	房
12日 01/12	月	丙午	執	天河水	心
13日 01/13	火	丁未	破	天河水	尾
14日 01/14	水	戊申	危	大駅土	箕
15日 01/15	木	己酉	成	大駅土	斗
16日☆01/16	金	庚戌	納	釵釧金	牛
17日 01/17	土	辛亥	開	釵釧金	女
18日 01/18	日	壬子	閉	桑柘木	虚
19日 01/19	月	癸丑	建	桑柘木	危
20日 01/20	火	甲寅	除	大溪水	室
21日 01/21	水	乙卯	満	大溪水	壁
22日 01/22	木	丙辰	定	沙中土	奎
23日 01/23	金	丁巳	定	沙中土	婁
24日 01/24	土	戊午	執	天上火	胃
25日 01/25	日	己未	破	天上火	昴
26日 01/26	月	庚申	危	柘榴木	畢
27日 01/27	火	辛酉	成	柘榴木	觜
28日 01/28	水	壬戌	納	大海水	参
29日 01/29	木	癸亥	開	大海水	井
30日 01/30	金	甲子	閉	海中金	鬼

– 485 –

文政7年
1824～1825 甲申 畢

正月大 丙寅 室
節気 立春 7日・雨水 22日
雑節 節分 6日

1日 01/31 土 乙丑 建 海中金 柳
2日 02/01 日 丙寅 除 爐中火 星
3日 02/02 月 丁卯 満 爐中火 張
4日 02/03 火 戊辰 平 大林木 翼
5日 02/04 水 己巳 定 大林木 軫
6日 02/05 木 庚午 執 路傍土 角
7日 02/06 金 辛未 破 路傍土 亢
8日 02/07 土 壬申 危 釼鋒金 氐
9日 02/08 日 癸酉 成 釼鋒金 房
10日 02/09 月 甲戌 納 山頭火 心
11日 02/10 火 乙亥 開 山頭火 尾
12日 02/11 水 丙子 閉 澗下水 箕
13日 02/12 木 丁丑 建 澗下水 斗
14日 02/13 金 戊寅 建 城頭土 牛
15日 02/14 土 己卯 除 城頭土 女
16日 02/15 日 庚辰 満 白鑞金 虚
17日 02/16 月 辛巳 平 白鑞金 危
18日 02/17 火 壬午 定 楊柳木 室
19日 02/18 水 癸未 執 楊柳木 壁
20日 02/19 木 甲申 破 井泉水 奎
21日 02/20 金 乙酉 危 井泉水 婁
22日 02/21 土 丙戌 成 屋上土 胃
23日 02/22 日 丁亥 納 屋上土 昴
24日 02/23 月 戊子 開 霹靂火 畢
25日 02/24 火 己丑 閉 霹靂火 觜
26日 02/25 水 庚寅 建 松柏木 參
27日 02/26 木 辛卯 除 松柏木 井
28日 02/27 金 壬辰 満 長流水 鬼
29日 02/28 土 癸巳 平 長流水 柳
30日 02/29 日 甲午 定 沙中金 星

二月大 丁卯 壁
節気 啓蟄 7日・春分 22日
雑節 彼岸 17日・社日 24日

1日 03/01 月 乙未 執 沙中金 張
2日 03/02 火 丙申 破 山下火 翼
3日 03/03 水 丁酉 危 山下火 軫
4日 03/04 木 戊戌 成 平地木 角
5日 03/05 金 己亥 納 平地木 亢
6日 03/06 土 庚子 開 壁上土 氐
7日 03/07 日 辛丑 閉 壁上土 房
8日 03/08 月 壬寅 建 金箔金 心
9日 03/09 火 癸卯 建 金箔金 尾
10日 03/10 水 甲辰 除 覆燈火 箕
11日 03/11 木 乙巳 満 覆燈火 斗
12日 03/12 金 丙午 平 天河水 牛
13日 03/13 土 丁未 定 天河水 女
14日 03/14 日 戊申 執 大驛土 虚
15日 03/15 月 己酉 破 大驛土 危
16日 03/16 火 庚戌 危 釼釧金 室
17日 03/17 水 辛亥 成 釼釧金 壁
18日 03/18 木 壬子 納 桑柘木 奎
19日 03/19 金 癸丑 開 桑柘木 婁
20日 03/20 土 甲寅 閉 大溪水 胃
21日 03/21 日 乙卯 建 大溪水 昴
22日 03/22 月 丙辰 除 沙中土 畢
23日 03/23 火 丁巳 満 沙中土 觜
24日 03/24 水 戊午 平 天上火 參
25日 03/25 木 己未 定 天上火 井
26日 03/26 金 庚申 執 柘榴木 鬼
27日 03/27 土 辛酉 破 柘榴木 柳
28日 03/28 日 壬戌 危 大海水 星
29日 03/29 月 癸亥 成 大海水 張
30日 03/30 火 甲子 納 海中金 翼

三月小 戊辰 奎
節気 清明 8日・穀雨 23日
雑節 土用 20日

1日 03/31 水 乙丑 開 海中金 軫
2日 04/01 木 丙寅 閉 爐中火 角
3日 04/02 金 丁卯 建 爐中火 亢
4日 04/03 土 戊辰 除 大林木 氐
5日 04/04 日 己巳 満 大林木 房
6日 04/05 月 庚午 平 路傍土 心
7日 04/06 火 辛未 定 路傍土 尾
8日 04/07 水 壬申 執 釼鋒金 箕
9日 04/08 木 癸酉 破 釼鋒金 斗
10日 04/09 金 甲戌 危 山頭火 牛
11日 04/10 土 乙亥 成 山頭火 女
12日 04/11 日 丙子 納 澗下水 虚
13日 04/12 月 丁丑 開 澗下水 危
14日 04/13 火 戊寅 閉 城頭土 室
15日 04/14 水 己卯 建 城頭土 壁
16日 04/15 木 庚辰 除 白鑞金 奎
17日 04/16 金 辛巳 除 白鑞金 婁
18日 04/17 土 壬午 満 楊柳木 胃
19日 04/18 日 癸未 平 楊柳木 昴
20日 04/19 月 甲申 定 井泉水 畢
21日 04/20 火 乙酉 執 井泉水 觜
22日 04/21 水 丙戌 破 屋上土 參
23日 04/22 木 丁亥 危 屋上土 井
24日 04/23 金 戊子 成 霹靂火 鬼
25日 04/24 土 己丑 納 霹靂火 柳
26日 04/25 日 庚寅 開 松柏木 星
27日 04/26 月 辛卯 閉 松柏木 張
28日 04/27 火 壬辰 建 長流水 翼
29日 04/28 水 癸巳 除 長流水 軫

四月小 己巳 婁
節気 立夏 9日・小満 24日
雑節 八十八夜 5日

1日 04/29 木 甲午 満 沙中金 角
2日 04/30 金 乙未 平 沙中金 亢
3日 05/01 土 丙申 定 山下火 氐
4日 05/02 日 丁酉 執 山下火 房
5日 05/03 月 戊戌 破 平地木 心
6日 05/04 火 己亥 危 平地木 尾
7日 05/05 水 庚子 成 壁上土 箕
8日 05/06 木 辛丑 納 壁上土 斗
9日 05/07 金 壬寅 開 金箔金 牛
10日 05/08 土 癸卯 閉 金箔金 女
11日 05/09 日 甲辰 建 覆燈火 虚
12日 05/10 月 乙巳 除 覆燈火 危
13日 05/11 火 丙午 満 天河水 室
14日 05/12 水 丁未 平 天河水 壁
15日 05/13 木 戊申 定 大驛土 奎
16日 05/14 金 己酉 執 大驛土 胃
17日 05/15 土 庚戌 破 釼釧金 昴
18日 05/16 日 辛亥 危 釼釧金 畢
19日 05/17 月 壬子 成 桑柘木 觜
20日 05/18 火 癸丑 納 桑柘木 參
21日 05/19 水 甲寅 開 大溪水 井
22日 05/20 木 乙卯 閉 大溪水 鬼
23日 05/21 金 丙辰 閉 沙中土 柳
24日 05/22 土 丁巳 建 沙中土 星
25日 05/23 日 戊午 除 天上火 張
26日 05/24 月 己未 満 天上火 翼
27日 05/25 火 庚申 定 柘榴木 軫
28日 05/26 水 辛酉 定 柘榴木 角
29日 05/27 木 壬戌 執 大海水 亢

五月大 庚午 胃
節気 芒種 11日・夏至 26日
雑節 入梅 20日

1日 05/28 金 癸亥 破 大海水 氐
2日 05/29 土 甲子 危 海中金 房
3日 05/30 日 乙丑 成 海中金 心
4日 05/31 月 丙寅 納 爐中火 尾
5日 06/01 火 丁卯 開 爐中火 箕
6日 06/02 水 戊辰 閉 大林木 斗
7日 06/03 木 己巳 建 大林木 牛
8日 06/04 金 庚午 除 路傍土 女
9日 06/05 土 辛未 満 路傍土 虚
10日 06/06 日 壬申 平 釼鋒金 危
11日 06/07 月 癸酉 定 釼鋒金 室
12日 06/08 火 甲戌 執 山頭火 壁
13日 06/09 水 乙亥 破 山頭火 奎
14日 06/10 木 丙子 危 澗下水 婁
15日 06/11 金 丁丑 成 澗下水 胃
16日 06/12 土 戊寅 納 城頭土 昴
17日 06/13 日 己卯 納 城頭土 畢
18日 06/14 月 庚辰 開 白鑞金 觜
19日 06/15 火 辛巳 閉 白鑞金 參
20日 06/16 水 壬午 建 楊柳木 井
21日 06/17 木 癸未 除 楊柳木 鬼
22日 06/18 金 甲申 満 井泉水 柳
23日 06/19 土 乙酉 平 井泉水 星
24日 06/20 日 丙戌 定 屋上土 張
25日 06/21 月 丁亥 執 屋上土 翼
26日 06/22 火 戊子 破 霹靂火 軫
27日 06/23 水 己丑 危 霹靂火 角
28日 06/24 木 庚寅 成 松柏木 亢
29日 06/25 金 辛卯 納 松柏木 氐
30日 06/26 土 壬辰 開 長流水 房

六月小 辛未 昴
節気 小暑 11日・大暑 26日
雑節 半夏生 6日・土用 23日

1日◎ 06/27 日 癸巳 閉 長流水 心
2日 06/28 月 甲午 建 沙中金 尾
3日 06/29 火 乙未 除 沙中金 箕
4日 06/30 水 丙申 満 山下火 斗
5日 07/01 木 丁酉 平 山下火 牛
6日 07/02 金 戊戌 定 平地木 女
7日 07/03 土 己亥 執 平地木 虚
8日 07/04 日 庚子 破 壁上土 危
9日 07/05 月 辛丑 危 壁上土 室
10日 07/06 火 壬寅 成 金箔金 壁
11日 07/07 水 癸卯 納 金箔金 奎
12日 07/08 木 甲辰 開 覆燈火 婁
13日 07/09 金 乙巳 閉 覆燈火 胃
14日 07/10 土 丙午 建 天河水 昴
15日 07/11 日 丁未 建 天河水 畢
16日 07/12 月 戊申 除 大驛土 觜
17日 07/13 火 己酉 満 大驛土 參
18日 07/14 水 庚戌 平 釼釧金 井
19日 07/15 木 辛亥 定 釼釧金 鬼
20日 07/16 金 壬子 執 桑柘木 柳
21日 07/17 土 癸丑 破 桑柘木 星
22日 07/18 日 甲寅 危 大溪水 張
23日 07/19 月 乙卯 成 大溪水 翼
24日 07/20 火 丙辰 納 沙中土 軫
25日 07/21 水 丁巳 開 沙中土 角
26日 07/22 木 戊午 閉 天上火 亢
27日 07/23 金 己未 建 天上火 氐
28日 07/24 土 庚申 除 柘榴木 房
29日 07/25 日 辛酉 満 柘榴木 心

七月小 壬申 畢
節気 立秋 12日・処暑 28日

1日 07/26 月 壬戌 平 大海水 尾
2日 07/27 火 癸亥 定 大海水 箕
3日 07/28 水 甲子 執 海中金 斗
4日 07/29 木 乙丑 破 海中金 牛
5日 07/30 金 丙寅 危 爐中火 女
6日 07/31 土 丁卯 成 爐中火 虚
7日 08/01 日 戊辰 納 大林木 危
8日 08/02 月 己巳 開 大林木 室
9日 08/03 火 庚午 閉 路傍土 壁
10日 08/04 水 辛未 建 路傍土 奎
11日 08/05 木 壬申 除 釼鋒金 婁
12日 08/06 金 癸酉 除 釼鋒金 胃
13日 08/07 土 甲戌 満 山頭火 昴
14日 08/08 日 乙亥 平 山頭火 畢
15日 08/09 月 丙子 定 澗下水 觜

西暦　曜　干支　直　納音　宿　　　　　　　　　　　　　　　文政7年

	西暦	曜	干支	直	納音	宿
16日	08/10	火	丁丑	執	澗下水	觜
17日	08/11	水	戊寅	破	城頭土	参
18日	08/12	木	己卯	危	城頭土	井
19日	08/13	金	庚辰	成	白鑞金	鬼
20日	08/14	土	辛巳	納	白鑞金	柳
21日	08/15	日	壬午	開	楊柳木	星
22日	08/16	月	癸未	閉	楊柳木	張
23日	08/17	火	甲申	建	井泉水	翼
24日	08/18	水	乙酉	除	井泉水	軫
25日	08/19	木	丙戌	満	屋上土	角
26日	08/20	金	丁亥	平	屋上土	亢
27日	08/21	土	戊子	定	霹靂火	氐
28日	08/22	日	己丑	執	霹靂火	房
29日	08/23	月	庚寅	破	松柏木	心

【八月大 癸酉 觜】
節気 白露 14日・秋分 29日
雑節 二百十日 10日・彼岸 28日・社 28日

	西暦	曜	干支	直	納音	宿
1日	08/24	火	辛卯	危	松柏木	尾
2日	08/25	水	壬辰	成	長流水	箕
3日	08/26	木	癸巳	納	長流水	斗
4日	08/27	金	甲午	開	沙中金	牛
5日	08/28	土	乙未	建	沙中金	女
6日	08/29	日	丙申	建	山下火	虚
7日	08/30	月	丁酉	除	山下火	危
8日	08/31	火	戊戌	満	平地木	室
9日	09/01	水	己亥	平	平地木	壁
10日	09/02	木	庚子	定	壁上土	奎
11日	09/03	金	辛丑	執	壁上土	婁
12日	09/04	土	壬寅	破	金箔金	胃
13日	09/05	日	癸卯	危	金箔金	昴
14日	09/06	月	甲辰	成	覆燈火	畢
15日	09/07	火	乙巳	納	覆燈火	觜
16日	09/08	水	丙午	納	天河水	参
17日	09/09	木	丁未	開	天河水	井
18日	09/10	金	戊申	閉	大駅土	鬼
19日	09/11	土	己酉	建	大駅土	柳
20日	09/12	日	庚戌	除	釵釧金	星
21日	09/13	月	辛亥	満	釵釧金	張
22日	09/14	火	壬子	平	桑柘木	翼
23日	09/15	水	癸丑	定	桑柘木	軫
24日	09/16	木	甲寅	執	大溪水	角
25日	09/17	金	乙卯	破	大溪水	亢
26日	09/18	土	丙辰	危	沙中土	氐
27日	09/19	日	丁巳	成	沙中土	房
28日	09/20	月	戊午	納	天上火	心
29日	09/21	火	己未	開	天上火	尾
30日	09/22	水	庚申	閉	柏榴木	箕

【閏八月小 癸酉 觜】
節気 寒露 14日
雑節 土用 26日

	西暦	曜	干支	直	納音	宿
1日	09/23	木	辛酉	建	柏榴木	斗
2日	09/24	金	壬戌	除	大海水	牛
3日	09/25	土	癸亥	満	大海水	女
4日	09/26	日	甲子	平	海中金	虚
5日	09/27	月	乙丑	定	海中金	危
6日	09/28	火	丙寅	執	爐中火	室
7日	09/29	水	丁卯	破	爐中火	壁
8日	09/30	木	戊辰	危	大林木	奎
9日	10/01	金	己巳	成	大林木	婁
10日	10/02	土	庚午	納	路傍土	胃
11日	10/03	日	辛未	開	路傍土	昴
12日	10/04	月	壬申	閉	釵鋒金	畢
13日	10/05	火	癸酉	建	釵鋒金	觜
14日	10/06	水	甲戌	建	山頭火	参
15日	10/07	木	乙亥	除	山頭火	井
16日	10/08	金	丙子	満	澗下水	鬼
17日	10/09	土	丁丑	平	澗下水	柳
18日	10/10	日	戊寅	定	城頭土	星
19日	10/11	月	己卯	執	城頭土	張
20日	10/12	火	庚辰	破	白鑞金	翼
21日	10/13	水	辛巳	危	白鑞金	軫
22日	10/14	木	壬午	成	楊柳木	角
23日	10/15	金	癸未	納	楊柳木	亢
24日	10/16	土	甲申	開	井泉水	氐
25日	10/17	日	乙酉	閉	井泉水	房
26日	10/18	月	丙戌	建	屋上土	心
27日	10/19	火	丁亥	除	屋上土	尾
28日	10/20	水	戊子	満	霹靂火	箕
29日	10/21	木	己丑	平	霹靂火	斗

【九月大 甲戌 参】
節気 霜降 1日・立冬 16日

	西暦	曜	干支	直	納音	宿
1日	10/22	金	庚寅	定	松柏木	牛
2日	10/23	土	辛卯	執	松柏木	女
3日	10/24	日	壬辰	破	長流水	虚
4日	10/25	月	癸巳	危	長流水	危
5日	10/26	火	甲午	成	沙中金	室
6日	10/27	水	乙未	納	沙中金	壁
7日	10/28	木	丙申	開	山下火	奎
8日	10/29	金	丁酉	閉	山下火	婁
9日	10/30	土	戊戌	建	平地木	胃
10日	10/31	日	己亥	除	平地木	昴
11日	11/01	月	庚子	満	壁上土	畢
12日	11/02	火	辛丑	平	壁上土	觜
13日	11/03	水	壬寅	定	金箔金	参
14日	11/04	木	癸卯	執	金箔金	井
15日	11/05	金	甲辰	破	覆燈火	鬼
16日	11/06	土	乙巳	危	覆燈火	柳
17日	11/07	日	丙午	成	天河水	星
18日	11/08	月	丁未	納	天河水	張
19日	11/09	火	戊申	開	大駅土	翼
20日	11/10	水	己酉	閉	大駅土	軫
21日	11/11	木	庚戌	建	釵釧金	角
22日	11/12	金	辛亥	除	釵釧金	亢
23日	11/13	土	壬子	満	桑柘木	氐
24日	11/14	日	癸丑	平	桑柘木	房
25日	11/15	月	甲寅	定	大溪水	心
26日	11/16	火	乙卯	執	大溪水	尾
27日	11/17	水	丙辰	破	沙中土	箕
28日	11/18	木	丁巳	危	沙中土	斗
29日	11/19	金	戊午	成	天上火	牛
30日	11/20	土	己未	成	天上火	女

【十月小 乙亥 井】
節気 小雪 1日・大雪 16日

	西暦	曜	干支	直	納音	宿
1日	11/21	日	庚申	納	柏榴木	虚
2日	11/22	月	辛酉	開	柏榴木	危
3日	11/23	火	壬戌	閉	大海水	室
4日	11/24	水	癸亥	建	大海水	壁
5日	11/25	木	甲子	除	海中金	奎
6日	11/26	金	乙丑	満	海中金	婁
7日	11/27	土	丙寅	平	爐中火	胃
8日	11/28	日	丁卯	定	爐中火	昴
9日	11/29	月	戊辰	執	大林木	畢
10日	11/30	火	己巳	破	大林木	觜
11日	12/01	水	庚午	危	路傍土	参
12日	12/02	木	辛未	成	路傍土	井
13日	12/03	金	壬申	納	釵鋒金	鬼
14日	12/04	土	癸酉	開	釵鋒金	柳
15日	12/05	日	甲戌	閉	山頭火	星
16日	12/06	月	乙亥	建	山頭火	張
17日	12/07	火	丙子	除	澗下水	翼
18日	12/08	水	丁丑	満	澗下水	軫
19日	12/09	木	戊寅	平	城頭土	角
20日	12/10	金	己卯	定	城頭土	亢
21日	12/11	土	庚辰	執	白鑞金	氐
22日	12/12	日	辛巳	破	白鑞金	房
23日	12/13	月	壬午	危	楊柳木	心
24日	12/14	火	癸未	成	楊柳木	尾
25日	12/15	水	甲申	納	井泉水	箕
26日	12/16	木	乙酉	開	井泉水	斗
27日	12/17	金	丙戌		屋上土	牛
28日	12/18	土	丁亥	閉	屋上土	女
29日	12/19	日	戊子	建	霹靂火	虚

【十一月大 丙子 鬼】
節気 冬至 2日・小寒 18日
雑節 土用 30日

	西暦	曜	干支	直	納音	宿
1日	12/20	月	己丑	除	霹靂火	危
2日	12/21	火	庚寅	満	松柏木	室
3日	12/22	水	辛卯	平	松柏木	壁
4日	12/23	木	壬辰	定	長流水	奎
5日	12/24	金	癸巳	破	長流水	婁
6日	12/25	土	甲午	破	沙中金	胃
7日	12/26	日	乙未	危	沙中金	昴
8日	12/27	月	丙申	成	山下火	畢
9日	12/28	火	丁酉	納	山下火	觜
10日	12/29	水	戊戌	開	平地木	参
11日	12/30	木	己亥	閉	平地木	井
12日	12/31	金	庚子	建	壁上土	鬼

1825年

	西暦	曜	干支	直	納音	宿
13日	01/01	土	辛丑	除	壁上土	柳
14日	01/02	日	壬寅	満	金箔金	星
15日	01/03	月	癸卯	平	金箔金	張
16日	01/04	火	甲辰	定	覆燈火	翼
17日	01/05	水	乙巳	執	覆燈火	軫
18日	01/06	木	丙午	破	天河水	角
19日	01/07	金	丁未	危	天河水	亢
20日	01/08	土	戊申	成	大駅土	氐
21日	01/09	日	己酉	納	大駅土	房
22日	01/10	月	庚戌	開	釵釧金	心
23日	01/11	火	辛亥	閉	釵釧金	尾
24日	01/12	水	壬子	建	桑柏木	箕
25日	01/13	木	癸丑	除	桑柏木	斗
26日	01/14	金	甲寅	満	大溪水	牛
27日	01/15	土	乙卯	平	大溪水	女
28日	01/16	日	丙辰	定	沙中土	虚
29日	01/17	月	丁巳	定	沙中土	危
30日	01/18	火	戊午	執	天上火	室

【十二月大 丁丑 柳】
節気 大寒 3日・立春 18日
雑節 節分 17日

	西暦	曜	干支	直	納音	宿
1日	01/19	水	己未	破	天上火	壁
2日	01/20	木	庚申	成	柏榴木	奎
3日	01/21	金	辛酉	成	柏榴木	婁
4日	01/22	土	壬戌	納	大海水	胃
5日	01/23	日	癸亥	開	大海水	昴
6日	01/24	月	甲子	閉	海中金	畢
7日	01/25	火	乙丑	建	海中金	觜
8日	01/26	水	丙寅	除	爐中火	参
9日	01/27	木	丁卯	満	爐中火	井
10日	01/28	金	戊辰	平	大林木	鬼
11日	01/29	土	己巳	執	大林木	柳
12日	01/30	日	庚午	執	路傍土	星
13日	01/31	月	辛未	破	路傍土	張
14日	02/01	火	壬申	危	釵鋒金	翼
15日	02/02	水	癸酉	成	釵鋒金	軫
16日	02/03	木	甲戌	納	山頭火	角
17日	02/04	金	乙亥	開	山頭火	亢
18日	02/05	土	丙子	閉	澗下水	氐
19日	02/06	日	丁丑	建	澗下水	房
20日	02/07	月	戊寅	除	城頭土	心
21日	02/08	火	己卯	満	城頭土	尾
22日	02/09	水	庚辰	平	白鑞金	箕
23日	02/10	木	辛巳	定	白鑞金	斗
24日	02/11	金	壬午	執	楊柳木	牛
25日	02/12	土	癸未	執	楊柳木	女
26日	02/13	日	甲申	破	井泉水	虚
27日	02/14	月	乙酉	危	井泉水	危
28日	02/15	火	丙戌	成	屋上土	室
29日	02/16	水	丁亥	納	屋上土	壁
30日	02/17	木	戊子	開	霹靂火	奎

文政8年
1825～1826　乙酉　觜

【正月大 戊寅 星】
節 雨水 3日・啓蟄 18日
雑節 彼岸 29日・社日 30日

日	新暦	曜	干支	直	納音	宿
1日	02/18	金	己丑	閉	霹靂火	婁
2日	02/19	土	庚寅	建	松柏木	胃
3日	02/20	日	辛卯	除	松柏木	昴
4日	02/21	月	壬辰	満	長流水	畢
5日	02/22	火	癸巳	平	長流水	觜
6日	02/23	水	甲午	定	沙中金	参
7日	02/24	木	乙未	執	沙中金	井
8日	02/25	金	丙申	破	山下火	鬼
9日	02/26	土	丁酉	危	山下火	柳
10日	02/27	日	戊戌	成	平地木	星
11日	02/28	月	己亥	納	平地木	張
12日	03/01	火	庚子	開	壁上土	翼
13日	03/02	水	辛丑	閉	壁上土	軫
14日	03/03	木	壬寅	建	金箔金	角
15日	03/04	金	癸卯	除	金箔金	亢
16日	03/05	土	甲辰	満	覆燈火	氐
17日	03/06	日	乙巳	平	覆燈火	房
18日	03/07	月	丙午	平	天河水	心
19日	03/08	火	丁未	定	天河水	尾
20日	03/09	水	戊申	執	大駅土	箕
21日	03/10	木	己酉	破	大駅土	斗
22日	03/11	金	庚戌	危	釵釧金	牛
23日	03/12	土	辛亥	成	釵釧金	女
24日	03/13	日	壬子	納	桑柘木	虚
25日	03/14	月	癸丑	開	桑柘木	危
26日	03/15	火	甲寅	閉	大溪水	室
27日	03/16	水	乙卯	建	大溪水	壁
28日	03/17	木	丙辰	除	沙中土	奎
29日	03/18	金	丁巳	満	沙中土	婁
30日	03/19	土	戊午	平	天上火	胃

【二月小 己卯 張】
節 春分 4日・清明 19日

日	新暦	曜	干支	直	納音	宿
1日	03/20	日	己未	定	天上火	昴
2日	03/21	月	庚申	執	柘榴木	畢
3日	03/22	火	辛酉	破	柘榴木	觜
4日	03/23	水	壬戌	危	大海水	参
5日	03/24	木	癸亥	成	大海水	井
6日	03/25	金	甲子	納	海中金	鬼
7日	03/26	土	乙丑	開	海中金	柳
8日	03/27	日	丙寅	閉	爐中火	星
9日	03/28	月	丁卯	建	爐中火	張
10日	03/29	火	戊辰	除	大林木	翼
11日	03/30	水	己巳	満	大林木	軫
12日	03/31	木	庚午	平	路傍土	角
13日	04/01	金	辛未	定	路傍土	亢
14日	04/02	土	壬申	執	釵鋒金	氐
15日	04/03	日	癸酉	破	釵鋒金	房
16日	04/04	月	甲戌	危	山頭火	心
17日	04/05	火	乙亥	成	山頭火	尾
18日	04/06	水	丙子	納	潤下水	箕
19日	04/07	木	丁丑	納	潤下水	斗
20日	04/08	金	戊寅	開	城頭土	牛
21日	04/09	土	己卯	閉	城頭土	女
22日	04/10	日	庚辰	建	白鑞金	虚
23日	04/11	月	辛巳	除	白鑞金	危
24日	04/12	火	壬午	満	楊柳木	室
25日	04/13	水	癸未	平	楊柳木	壁
26日	04/14	木	甲申	定	井泉水	奎
27日	04/15	金	乙酉	執	井泉水	婁
28日	04/16	土	丙戌	破	屋上土	胃
29日	04/17	日	丁亥	危	屋上土	昴

【三月大 庚辰 翼】
節 穀雨 5日・立夏 20日
雑 土用 2日・八十八夜 16日

日	新暦	曜	干支	直	納音	宿
1日	04/18	月	戊子	成	霹靂火	畢
2日	04/19	火	己丑	納	霹靂火	觜
3日	04/20	水	庚寅	開	松柏木	参
4日	04/21	木	辛卯	閉	松柏木	井
5日	04/22	金	壬辰	建	長流水	鬼
6日	04/23	土	癸巳	除	長流水	柳
7日	04/24	日	甲午	満	沙中金	星
8日	04/25	月	乙未	平	沙中金	張
9日	04/26	火	丙申	定	山下火	翼
10日	04/27	水	丁酉	執	山下火	軫
11日	04/28	木	戊戌	破	平地木	角
12日	04/29	金	己亥	危	平地木	亢
13日	04/30	土	庚子	成	壁上土	氐
14日	05/01	日	辛丑	納	壁上土	房
15日	05/02	月	壬寅	開	金箔金	心
16日	05/03	火	癸卯	閉	金箔金	尾
17日	05/04	水	甲辰	建	覆燈火	箕
18日	05/05	木	乙巳	除	覆燈火	斗
19日	05/06	金	丙午	満	天河水	牛
20日	05/07	土	丁未	平	天河水	女
21日	05/08	日	戊申	平	大駅土	虚
22日	05/09	月	己酉	定	大駅土	危
23日	05/10	火	庚戌	執	釵釧金	室
24日	05/11	水	辛亥	破	釵釧金	壁
25日	05/12	木	壬子	危	桑柘木	奎
26日	05/13	金	癸丑	成	桑柘木	婁
27日	05/14	土	甲寅	納	大溪水	胃
28日	05/15	日	乙卯	開	大溪水	昴
29日	05/16	月	丙辰	閉	沙中土	畢
30日	05/17	火	丁巳	建	沙中土	觜

【四月小 辛巳 軫】
節 小満 6日・芒種 21日
雑 入梅 25日

日	新暦	曜	干支	直	納音	宿
1日	05/18	水	戊午	除	天上火	参
2日	05/19	木	己未	満	天上火	井
3日	05/20	金	庚申	平	柘榴木	鬼
4日	05/21	土	辛酉	定	柘榴木	柳
5日	05/22	日	壬戌	執	大海水	星
6日	05/23	月	癸亥	破	大海水	張
7日	05/24	火	甲子	危	海中金	翼
8日	05/25	水	乙丑	成	海中金	軫
9日	05/26	木	丙寅	納	爐中火	角
10日	05/27	金	丁卯	開	爐中火	亢
11日	05/28	土	戊辰	閉	大林木	氐
12日	05/29	日	己巳	建	大林木	房
13日	05/30	月	庚午	除	路傍土	心
14日	05/31	火	辛未	満	路傍土	尾
15日	06/01	水	壬申	平	釵鋒金	箕
16日	06/02	木	癸酉	定	釵鋒金	斗
17日	06/03	金	甲戌	執	山頭火	牛
18日	06/04	土	乙亥	破	山頭火	女
19日	06/05	日	丙子	危	潤下水	虚
20日	06/06	月	丁丑	成	潤下水	危
21日	06/07	火	戊寅	成	城頭土	室
22日	06/08	水	己卯	納	城頭土	壁
23日	06/09	木	庚辰	開	白鑞金	奎
24日	06/10	金	辛巳	閉	白鑞金	婁
25日	06/11	土	壬午	建	楊柳木	胃
26日	06/12	日	癸未	除	楊柳木	昴
27日	06/13	月	甲申	満	井泉水	畢
28日	06/14	火	乙酉	平	井泉水	觜
29日	06/15	水	丙戌	定	屋上土	参

【五月大 壬午 角】
節 夏至 7日・小暑 22日
雑 半夏生 17日

日	新暦	曜	干支	直	納音	宿
1日	06/16	木	丁亥	執	屋上土	井
2日	06/17	金	戊子	破	霹靂火	鬼
3日	06/18	土	己丑	危	霹靂火	柳
4日	06/19	日	庚寅	成	松柏木	星
5日	06/20	月	辛卯	納	松柏木	張
6日	06/21	火	壬辰	開	長流水	翼
7日	06/22	水	癸巳	閉	長流水	軫
8日	06/23	木	甲午	建	沙中金	角
9日	06/24	金	乙未	除	沙中金	亢
10日	06/25	土	丙申	満	山下火	氐
11日	06/26	日	丁酉	平	山下火	房
12日	06/27	月	戊戌	定	平地木	心
13日	06/28	火	己亥	執	平地木	尾
14日	06/29	水	庚子	破	壁上土	箕
15日	06/30	木	辛丑	危	壁上土	斗
16日	07/01	金	壬寅	成	金箔金	牛
17日	07/02	土	癸卯	納	金箔金	女
18日	07/03	日	甲辰	開	覆燈火	虚
19日	07/04	月	乙巳	閉	覆燈火	危
20日	07/05	火	丙午	建	天河水	室
21日	07/06	水	丁未	除	天河水	壁
22日	07/07	木	戊申	除	大駅土	奎
23日	07/08	金	己酉	満	大駅土	婁
24日	07/09	土	庚戌	平	釵釧金	胃
25日	07/10	日	辛亥	定	釵釧金	昴
26日	07/11	月	壬子	執	桑柘木	畢
27日	07/12	火	癸丑	破	桑柘木	觜
28日	07/13	水	甲寅	危	大溪水	参
29日	07/14	木	乙卯	成	大溪水	井
30日	07/15	金	丙辰	納	沙中土	鬼

【六月小 癸未 亢】
節 大暑 7日・立秋 23日
雑 土用 4日

日	新暦	曜	干支	直	納音	宿
1日	07/16	土	丁巳	開	沙中土	柳
2日	07/17	日	戊午	閉	天上火	星
3日	07/18	月	己未	建	天上火	張
4日	07/19	火	庚申	除	柘榴木	翼
5日	07/20	水	辛酉	満	柘榴木	軫
6日	07/21	木	壬戌	平	大海水	角
7日	07/22	金	癸亥	定	大海水	亢
8日	07/23	土	甲子	執	海中金	氐
9日	07/24	日	乙丑	破	海中金	房
10日	07/25	月	丙寅	危	爐中火	心
11日	07/26	火	丁卯	成	爐中火	尾
12日	07/27	水	戊辰	納	大林木	箕
13日	07/28	木	己巳	開	大林木	斗
14日	07/29	金	庚午	閉	路傍土	牛
15日	07/30	土	辛未	建	路傍土	女
16日	07/31	日	壬申	除	釵鋒金	虚
17日	08/01	月	癸酉	満	釵鋒金	危
18日	08/02	火	甲戌	平	山頭火	室
19日	08/03	水	乙亥	定	山頭火	壁
20日	08/04	木	丙子	執	潤下水	奎
21日	08/05	金	丁丑	破	潤下水	婁
22日	08/06	土	戊寅	危	城頭土	胃
23日	08/07	日	己卯	危	城頭土	昴
24日	08/08	月	庚辰	成	白鑞金	畢
25日	08/09	火	辛巳	納	白鑞金	觜
26日	08/10	水	壬午	開	楊柳木	参
27日	08/11	木	癸未	閉	楊柳木	井
28日	08/12	金	甲申	建	井泉水	鬼
29日	08/13	土	乙酉	除	井泉水	柳

文政8年

【七月大 甲申 氐】
節気 処暑 9日・白露 24日
雑節 二百十日 20日

日	西暦	曜	干支	直	納音	宿
1日	08/14	日	丙戌	満	屋上土	星
2日	08/15	月	丁亥	平	屋上土	張
3日	08/16	火	戊子	定	霹靂火	翼
4日	08/17	水	己丑	執	霹靂火	軫
5日	08/18	木	庚寅	破	松柏木	角
6日	08/19	金	辛卯	危	松柏木	亢
7日	08/20	土	壬辰	成	長流水	氐
8日	08/21	日	癸巳	納	長流水	房
9日	08/22	月	甲午	開	沙中金	心
10日	08/23	火	乙未	閉	沙中金	尾
11日	08/24	水	丙申	建	山下火	箕
12日	08/25	木	丁酉	除	山下火	斗
13日	08/26	金	戊戌	満	平地木	牛
14日	08/27	土	己亥	平	平地木	女
15日	08/28	日	庚子	定	壁上土	虚
16日	08/29	月	辛丑	執	壁上土	危
17日	08/30	火	壬寅	破	金箔金	室
18日	08/31	水	癸卯	危	金箔金	壁
19日	09/01	木	甲辰	成	覆燈火	奎
20日	09/02	金	乙巳	納	覆燈火	婁
21日	09/03	土	丙午	開	天河水	胃
22日	09/04	日	丁未	閉	天河水	昴
23日	09/05	月	戊申	建	大駅土	畢
24日	09/06	火	己酉	除	大駅土	觜
25日	09/07	水	庚戌	満	釵釧金	参
26日	09/08	木	辛亥	平	釵釧金	井
27日	09/09	金	壬子	定	桑柘木	鬼
28日	09/10	土	癸丑	執	桑柘木	柳
29日	09/11	日	甲寅	執	大溪水	星
30日	09/12	月	乙卯	破	大溪水	張

【八月小 乙酉 房】
節気 秋分 9日・寒露 25日
雑節 彼岸 8日・社日 13日

日	西暦	曜	干支	直	納音	宿
1日	09/13	火	丙辰	危	沙中土	翼
2日	09/14	水	丁巳	成	沙中土	軫
3日	09/15	木	戊午	納	天上火	角
4日	09/16	金	己未	開	天上火	亢
5日	09/17	土	庚申	閉	柘榴木	氐
6日	09/18	日	辛酉	建	柘榴木	房
7日	09/19	月	壬戌	除	大海水	心
8日	09/20	火	癸亥	満	大海水	尾
9日	09/21	水	甲子	平	海中金	箕
10日	09/22	木	乙丑	定	海中金	斗
11日	09/23	金	丙寅	執	爐中火	牛
12日	09/24	土	丁卯	破	爐中火	女
13日	09/25	日	戊辰	危	大林木	虚
14日	09/26	月	己巳	成	大林木	危
15日	09/27	火	庚午	納	路傍土	室
16日	09/28	水	辛未	開	路傍土	壁
17日	09/29	木	壬申	閉	釵鋒金	奎
18日	09/30	金	癸酉	建	釵鋒金	婁
19日	10/01	土	甲戌	除	山頭火	胃
20日	10/02	日	乙亥	満	山頭火	昴
21日	10/03	月	丙子	平	澗下水	畢
22日	10/04	火	丁丑	定	澗下水	觜
23日	10/05	水	戊寅	執	城頭土	参
24日	10/06	木	己卯	破	城頭土	井
25日	10/07	金	庚辰	危	白鑞金	鬼
26日	10/08	土	辛巳	成	白鑞金	柳
27日	10/09	日	壬午	納	楊柳木	星
28日	10/10	月	癸未	納	楊柳木	張
29日	10/11	火	甲申	開	井泉水	翼

【九月小 丙戌 心】
節気 霜降 11日・立冬 26日
雑節 土用 8日

日	西暦	曜	干支	直	納音	宿
1日	10/12	水	乙酉	閉	井泉水	軫
2日	10/13	木	丙戌	建	屋上土	角
3日	10/14	金	丁亥	除	屋上土	亢
4日	10/15	土	戊子	満	霹靂火	氐
5日	10/16	日	己丑	平	霹靂火	房
6日	10/17	月	庚寅	定	松柏木	心
7日	10/18	火	辛卯	執	松柏木	尾
8日	10/19	水	壬辰	破	長流水	箕
9日	10/20	木	癸巳	危	長流水	斗
10日	10/21	金	甲午	成	沙中金	牛
11日	10/22	土	乙未	納	沙中金	女
12日	10/23	日	丙申	開	山下火	虚
13日	10/24	月	丁酉	閉	山下火	危
14日	10/25	火	戊戌	建	平地木	室
15日	10/26	水	己亥	除	平地木	壁
16日	10/27	木	庚子	平	壁上土	奎
17日	10/28	金	辛丑	平	壁上土	婁
18日	10/29	土	壬寅	定	金箔金	胃
19日	10/30	日	癸卯	執	金箔金	昴
20日	10/31	月	甲辰	危	覆燈火	畢
21日	11/01	火	乙巳	危	覆燈火	觜
22日	11/02	水	丙午	成	天河水	参
23日	11/03	木	丁未	納	天河水	井
24日	11/04	金	戊申	開	大駅土	鬼
25日	11/05	土	己酉	閉	大駅土	柳
26日	11/06	日	庚戌	建	釵釧金	星
27日	11/07	月	辛亥	除	釵釧金	張
28日	11/08	火	壬子	除	桑柘木	翼
29日	11/09	水	癸丑	満	桑柘木	軫

【十月大 丁亥 尾】
節気 小雪 12日・大雪 27日

日	西暦	曜	干支	直	納音	宿
1日	11/10	木	甲寅	定	大溪水	角
2日	11/11	金	乙卯	定	大溪水	亢
3日	11/12	土	丙辰	執	沙中土	氐
4日	11/13	日	丁巳	破	沙中土	房
5日	11/14	月	戊午	危	天上火	心
6日	11/15	火	己未	成	天上火	尾
7日	11/16	水	庚申	納	柘榴木	箕
8日	11/17	木	辛酉	開	柘榴木	斗
9日	11/18	金	壬戌	閉	大海水	牛
10日	11/19	土	癸亥	建	大海水	女
11日	11/20	日	甲子	除	海中金	虚
12日	11/21	月	乙丑	満	海中金	危
13日	11/22	火	丙寅	平	爐中火	室
14日	11/23	水	丁卯	定	爐中火	壁
15日	11/24	木	戊辰	執	大林木	奎
16日	11/25	金	己巳	破	大林木	婁 ☆
17日	11/26	土	庚午	危	路傍土	胃
18日	11/27	日	辛未	成	路傍土	昴
19日	11/28	月	壬申	納	釵鋒金	畢
20日	11/29	火	癸酉	開	釵鋒金	觜
21日	11/30	水	甲戌	閉	山頭火	参
22日	12/01	木	乙亥	建	山頭火	井
23日	12/02	金	丙子	除	澗下水	鬼
24日	12/03	土	丁丑	満	澗下水	柳
25日	12/04	日	戊寅	平	城頭土	星
26日	12/05	月	己卯	定	城頭土	張
27日	12/06	火	庚辰	執	白鑞金	翼
28日	12/07	水	辛巳	破	白鑞金	軫
29日	12/08	木	壬午	危	楊柳木	角
30日	12/09	金	癸未	成	楊柳木	亢

【十一月小 戊子 箕】
節気 冬至 13日・小寒 28日

日	西暦	曜	干支	直	納音	宿
1日	12/10	土	甲申	成	井泉水	氐
2日	12/11	日	乙酉	納	井泉水	房
3日	12/12	月	丙戌	開	屋上土	心
4日	12/13	火	丁亥	閉	屋上土	尾
5日	12/14	水	戊子	建	霹靂火	箕
6日	12/15	木	己丑	除	霹靂火	斗
7日	12/16	金	庚寅	満	松柏木	牛
8日	12/17	土	辛卯	平	松柏木	女
9日	12/18	日	壬辰	定	長流水	虚
10日	12/19	月	癸巳	執	長流水	危
11日	12/20	火	甲午	破	沙中金	室
12日	12/21	水	乙未	危	沙中金	壁
13日	12/22	木	丙申	成	山下火	奎
14日	12/23	金	丁酉	納	山下火	婁
15日	12/24	土	戊戌	開	平地木	胃
16日	12/25	日	己亥	閉	平地木	昴
17日	12/26	月	庚子	建	壁上土	畢
18日	12/27	火	辛丑	除	壁上土	觜
19日	12/28	水	壬寅	満	金箔金	参
20日	12/29	木	癸卯	定	金箔金	井
21日	12/30	金	甲辰	定	覆燈火	鬼
22日	12/31	土	乙巳	執	覆燈火	柳

1826年

日	西暦	曜	干支	直	納音	宿
23日	01/01	日	丙午	破	天河水	星
24日	01/02	月	丁未	危	天河水	張
25日	01/03	火	戊申	成	大駅土	翼
26日	01/04	水	己酉	納	大駅土	軫
27日	01/05	木	庚戌	開	釵釧金	角
28日	01/06	金	辛亥	閉	釵釧金	亢
29日	01/07	土	壬子	閉	桑柘木	氐

【十二月大 己丑 斗】
節気 大寒 14日・立春 29日
雑節 土用 11日・節分 28日

日	西暦	曜	干支	直	納音	宿
1日	01/08	日	癸丑	建	桑柘木	房
2日	01/09	月	甲寅	除	大溪水	心
3日	01/10	火	乙卯	満	大溪水	尾
4日	01/11	水	丙辰	平	沙中土	箕
5日	01/12	木	丁巳	定	沙中土	斗
6日	01/13	金	戊午	執	天上火	牛
7日	01/14	土	己未	破	天上火	女
8日	01/15	日	庚申	危	柘榴木	虚
9日	01/16	月	辛酉	成	柘榴木	危
10日	01/17	火	壬戌	納	大海水	室
11日	01/18	水	癸亥	納	大海水	壁
12日	01/19	木	甲子	閉	海中金	奎
13日	01/20	金	乙丑	建	海中金	婁
14日	01/21	土	丙寅	除	爐中火	胃
15日	01/22	日	丁卯	満	爐中火	昴
16日	01/23	月	戊辰	平	大林木	畢
17日	01/24	火	己巳	定	大林木	觜
18日	01/25	水	庚午	執	路傍土	参
19日	01/26	木	辛未	破	路傍土	井
20日	01/27	金	壬申	危	釵鋒金	鬼
21日	01/28	土	癸酉	成	釵鋒金	柳
22日	01/29	日	甲戌	納	山頭火	星
23日	01/30	月	乙亥	開	山頭火	張
24日	01/31	火	丙子	閉	澗下水	翼
25日	02/01	水	丁丑	建	澗下水	軫
26日	02/02	木	戊寅	除	城頭土	角
27日	02/03	金	己卯	満	城頭土	亢
28日	02/04	土	庚辰	平	白鑞金	氐
29日	02/05	日	辛巳	平	白鑞金	房
30日	02/06	月	壬午	定	楊柳木	心

文政9年

1826〜1827　丙戌　参

【正月大　庚寅　牛】
節気　雨水 15日・啓蟄 30日

日	新暦	曜	干支	直	納音	宿
1日	02/07	火	癸未	執	楊柳木	尾
2日	02/08	水	甲申	破	井泉水	箕
3日	02/09	木	乙酉	危	井泉水	斗
4日	02/10	金	丙戌	成	屋上土	牛
5日	02/11	土	丁亥	納	屋上土	女
6日	02/12	日	戊子	開	霹靂火	虚
7日	02/13	月	己丑	閉	霹靂火	危
8日	02/14	火	庚寅	建	松柏木	室
9日	02/15	水	辛卯	除	松柏木	壁
10日	02/16	木	壬辰	満	長流水	奎
11日	02/17	金	癸巳	平	長流水	婁
12日	02/18	土	甲午	定	沙中金	胃
13日	02/19	日	乙未	執	沙中金	昴
14日	02/20	月	丙申	破	山下火	畢
15日	02/21	火	丁酉	危	山下火	觜
16日	02/22	水	戊戌	成	平地木	参
17日	02/23	木	己亥	納	平地木	井
18日	02/24	金	庚子	開	壁上土	鬼
19日	02/25	土	辛丑	閉	壁上土	柳
20日	02/26	日	壬寅	建	金箔金	星
21日	02/27	月	癸卯	除	金箔金	張
22日	02/28	火	甲辰	満	覆燈火	翼
23日	03/01	水	乙巳	平	覆燈火	軫
24日	03/02	木	丙午	定	天河水	角
25日	03/03	金	丁未	執	天河水	亢
26日	03/04	土	戊申	破	大駅土	氐
27日	03/05	日	己酉	危	大駅土	房
28日	03/06	月	庚戌	成	釵釧金	心
29日	03/07	火	辛亥	納	釵釧金	尾
30日	03/08	水	壬子	納	桑柘木	箕

【二月小　辛卯　女】
節気　春分 15日
雑節　彼岸 10日・社日 16日

日	新暦	曜	干支	直	納音	宿
1日	03/09	木	癸丑	開	桑柘木	斗
2日	03/10	金	甲寅	閉	大溪水	牛
3日	03/11	土	乙卯	建	大溪水	女
4日	03/12	日	丙辰	除	沙中土	虚
5日	03/13	月	丁巳	満	沙中土	危
6日	03/14	火	戊午	平	天上火	室
7日	03/15	水	己未	定	天上火	壁
8日	03/16	木	庚申	執	柘榴木	奎
9日	03/17	金	辛酉	破	柘榴木	婁
10日	03/18	土	壬戌	危	大海水	胃
11日	03/19	日	癸亥	成	大海水	昴
12日	03/20	月	甲子	納	海中金	畢
13日	03/21	火	乙丑	開	海中金	觜
14日	03/22	水	丙寅	閉	爐中火	参
15日	03/23	木	丁卯	建	爐中火	井
16日	03/24	金	戊辰	除	大林木	鬼
17日	03/25	土	己巳	満	大林木	柳
18日	03/26	日	庚午	平	路傍土	星
19日	03/27	月	辛未	定	路傍土	張
20日	03/28	火	壬申	執	釵鋒金	翼
21日	03/29	水	癸酉	破	釵鋒金	軫
22日	03/30	木	甲戌	危	山頭火	角
23日	03/31	金	乙亥	成	山頭火	亢
24日	04/01	土	丙子	納	澗下水	氐
25日	04/02	日	丁丑	開	澗下水	房
26日	04/03	月	戊寅	閉	城頭土	心
27日	04/04	火	己卯	建	城頭土	尾
28日	04/05	水	庚辰	除	白鑞金	箕
29日	04/06	木	辛巳	満	白鑞金	斗

【三月大　壬辰　虚】
節気　清明 1日・穀雨 16日
雑節　土用 13日・八十八夜 27日

日	新暦	曜	干支	直	納音	宿
1日	04/07	金	壬午	満	楊柳木	牛
2日	04/08	土	癸未	平	楊柳木	女
3日	04/09	日	甲申	定	井泉水	虚
4日	04/10	月	乙酉	執	井泉水	危
5日	04/11	火	丙戌	破	屋上土	室
6日	04/12	水	丁亥	危	屋上土	壁
7日	04/13	木	戊子	成	霹靂火	奎
8日	04/14	金	己丑	納	霹靂火	婁
9日	04/15	土	庚寅	開	松柏木	胃
10日	04/16	日	辛卯	閉	松柏木	昴
11日	04/17	月	壬辰	建	長流水	畢
12日	04/18	火	癸巳	除	長流水	觜
13日	04/19	水	甲午	満	沙中金	参
14日	04/20	木	乙未	平	沙中金	井
15日	04/21	金	丙申	定	山下火	鬼
16日	04/22	土	丁酉	執	山下火	柳
17日	04/23	日	戊戌	破	平地木	星
18日	04/24	月	己亥	危	平地木	張
19日	04/25	火	庚子	成	壁上土	翼
20日	04/26	水	辛丑	納	壁上土	軫
21日	04/27	木	壬寅	開	金箔金	角
22日	04/28	金	癸卯	閉	金箔金	亢
23日	04/29	土	甲辰	建	覆燈火	氐
24日	04/30	日	乙巳	除	覆燈火	房
25日	05/01	月	丙午	満	天河水	心
26日	05/02	火	丁未	平	天河水	尾
27日	05/03	水	戊申	定	大駅土	箕
28日	05/04	木	己酉	執	大駅土	斗
29日	05/05	金	庚戌	破	釵釧金	牛
30日	05/06	土	辛亥	危	釵釧金	女

【四月大　癸巳　危】
節気　立夏 2日・小満 17日

日	新暦	曜	干支	直	納音	宿
1日	05/07	日	壬子	成	桑柘木	虚
2日	05/08	月	癸丑	成	桑柘木	危
3日	05/09	火	甲寅	納	大溪水	室
4日	05/10	水	乙卯	開	大溪水	壁
5日	05/11	木	丙辰	閉	沙中土	奎
6日	05/12	金	丁巳	建	沙中土	婁
7日	05/13	土	戊午	除	天上火	胃
8日	05/14	日	己未	満	天上火	昴
9日	05/15	月	庚申	平	柘榴木	畢
10日	05/16	火	辛酉	定	柘榴木	觜
11日	05/17	水	壬戌	執	大海水	参
12日	05/18	木	癸亥	破	大海水	井
13日	05/19	金	甲子	危	海中金	鬼
14日	05/20	土	乙丑	成	海中金	柳
15日☆	05/21	日	丙寅	納	爐中火	星
16日	05/22	月	丁卯	開	爐中火	張
17日	05/23	火	戊辰	閉	大林木	翼
18日	05/24	水	己巳	建	大林木	軫
19日	05/25	木	庚午	除	路傍土	角
20日	05/26	金	辛未	満	路傍土	亢
21日	05/27	土	壬申	平	釵鋒金	氐
22日	05/28	日	癸酉	定	釵鋒金	房
23日	05/29	月	甲戌	執	山頭火	心
24日	05/30	火	乙亥	破	山頭火	尾
25日	05/31	水	丙子	危	澗下水	箕
26日	06/01	木	丁丑	成	澗下水	斗
27日	06/02	金	戊寅	納	城頭土	牛
28日	06/03	土	己卯	開	城頭土	女
29日	06/04	日	庚辰	閉	白鑞金	虚
30日	06/05	月	辛巳	建	白鑞金	危

【五月小　甲午　室】
節気　芒種 2日・夏至 17日
雑節　入梅 11日・半夏生 27日

日	新暦	曜	干支	直	納音	宿
1日	06/06	火	壬午	除	楊柳木	室
2日	06/07	水	癸未	除	楊柳木	壁
3日	06/08	木	甲申	満	井泉水	奎
4日	06/09	金	乙酉	平	井泉水	婁
5日	06/10	土	丙戌	定	屋上土	胃
6日	06/11	日	丁亥	執	屋上土	昴
7日	06/12	月	戊子	破	霹靂火	畢
8日	06/13	火	己丑	危	霹靂火	觜
9日	06/14	水	庚寅	成	松柏木	参
10日	06/15	木	辛卯	納	松柏木	井
11日	06/16	金	壬辰	開	長流水	鬼
12日	06/17	土	癸巳	閉	長流水	柳
13日	06/18	日	甲午	建	沙中金	星
14日	06/19	月	乙未	除	沙中金	張
15日	06/20	火	丙申	満	山下火	翼
16日	06/21	水	丁酉	平	山下火	軫
17日	06/22	木	戊戌	定	平地木	角
18日	06/23	金	己亥	執	平地木	亢
19日	06/24	土	庚子	破	壁上土	氐
20日	06/25	日	辛丑	危	壁上土	房
21日	06/26	月	壬寅	成	金箔金	心
22日	06/27	火	癸卯	納	金箔金	尾
23日	06/28	水	甲辰	開	覆燈火	箕
24日	06/29	木	乙巳	閉	覆燈火	斗
25日	06/30	金	丙午	建	天河水	牛
26日	07/01	土	丁未	除	天河水	女
27日	07/02	日	戊申	満	大駅土	虚
28日	07/03	月	己酉	平	大駅土	危
29日	07/04	火	庚戌	定	釵釧金	室

【六月大　乙未　壁】
節気　小暑 3日・大暑 19日
雑節　土用 16日

日	新暦	曜	干支	直	納音	宿
1日	07/05	水	辛亥	執	釵釧金	壁
2日	07/06	木	壬子	破	桑柘木	奎
3日	07/07	金	癸丑	破	桑柘木	婁
4日	07/08	土	甲寅	危	大溪水	胃
5日	07/09	日	乙卯	成	大溪水	昴
6日	07/10	月	丙辰	納	沙中土	畢
7日	07/11	火	丁巳	開	沙中土	觜
8日	07/12	水	戊午	閉	天上火	参
9日	07/13	木	己未	建	天上火	井
10日	07/14	金	庚申	除	柘榴木	鬼
11日	07/15	土	辛酉	満	柘榴木	柳
12日	07/16	日	壬戌	平	大海水	星
13日	07/17	月	癸亥	定	大海水	張
14日	07/18	火	甲子	執	海中金	翼
15日	07/19	水	乙丑	破	海中金	軫
16日	07/20	木	丙寅	危	爐中火	角
17日	07/21	金	丁卯	成	爐中火	亢
18日	07/22	土	戊辰	納	大林木	氐
19日	07/23	日	己巳	開	大林木	房
20日	07/24	月	庚午	閉	路傍土	心
21日	07/25	火	辛未	建	路傍土	尾
22日	07/26	水	壬申	除	釵鋒金	箕
23日	07/27	木	癸酉	満	釵鋒金	斗
24日	07/28	金	甲戌	平	山頭火	牛
25日	07/29	土	乙亥	定	山頭火	女
26日	07/30	日	丙子	執	澗下水	虚
27日	07/31	月	丁丑	破	澗下水	危
28日	08/01	火	戊寅	危	城頭土	室
29日	08/02	水	己卯	成	城頭土	壁
30日	08/03	木	庚辰	納	白鑞金	奎

文政9年

| 西暦 | 曜 | 干支 | 直 | 納音 | 宿 |

【七月小 丙申 奎】
節気 立秋 4日・処暑 19日

日	西暦	曜	干支	直	納音	宿
1日	08/04	金	辛巳	開	白鑞金	婁
2日	08/05	土	壬午	閉	楊柳木	胃
3日	08/06	日	癸未	建	楊柳木	昴
4日	08/07	月	甲申	除	井泉水	畢
5日	08/08	火	乙酉	除	井泉水	觜
6日	08/09	水	丙戌	満	屋上土	参
7日	08/10	木	丁亥	平	屋上土	井
8日	08/11	金	戊子	定	霹靂火	鬼
9日	08/12	土	己丑	執	霹靂火	柳
10日	08/13	日	庚寅	破	松柏木	星
11日	08/14	月	辛卯	危	松柏木	張
12日	08/15	火	壬辰	成	長流水	翼
13日	08/16	水	癸巳	納	長流水	軫
14日	08/17	木	甲午	開	沙中金	角
15日	08/18	金	乙未	閉	沙中金	亢
16日	08/19	土	丙申	建	山下火	氐
17日	08/20	日	丁酉	除	山下火	房
18日	08/21	月	戊戌	満	平地木	心
19日	08/22	火	己亥	平	平地木	尾
20日	08/23	水	庚子	定	壁上土	箕
21日	08/24	木	辛丑	執	壁上土	斗
22日	08/25	金	壬寅	破	金箔金	牛
23日	08/26	土	癸卯	危	金箔金	女
24日	08/27	日	甲辰	成	覆燈火	虚
25日	08/28	月	乙巳	納	覆燈火	危
26日	08/29	火	丙午	開	天河水	室
27日	08/30	水	丁未	閉	天河水	壁
28日	08/31	木	戊申	建	大駅土	奎
29日	09/01	金	己酉	除	大駅土	婁

【八月大 丁酉 婁】
節気 白露 5日・秋分 21日
雑節 二百十日 1日・社日 19日・彼岸 20日

日	西暦	曜	干支	直	納音	宿
1日	09/02	土	庚戌	満	釵釧金	胃
2日	09/03	日	辛亥	平	釵釧金	昴
3日	09/04	月	壬子	定	桑柘木	畢
4日	09/05	火	癸丑	執	桑柘木	觜
5日	09/06	水	甲寅	執	大溪水	参
6日	09/07	木	乙卯	破	大溪水	井
7日	09/08	金	丙辰	危	沙中土	鬼
8日	09/09	土	丁巳	成	沙中土	柳
9日	09/10	日	戊午	納	天上火	星
10日	09/11	月	己未	開	天上火	張
11日	09/12	火	庚申	閉	柘榴木	翼
12日	09/13	水	辛酉	建	柘榴木	軫
13日	09/14	木	壬戌	除	大海水	角
14日	09/15	金	癸亥	満	大海水	亢
15日	09/16	土	甲子	平	海中金	氐
16日	09/17	日	乙丑	定	海中金	房
17日	09/18	月	丙寅	執	爐中火	心
18日	09/19	火	丁卯	破	爐中火	尾
19日	09/20	水	戊辰	危	大林木	箕
20日	09/21	木	己巳	成	大林木	斗
21日	09/22	金	庚午	納	路傍土	牛
22日	09/23	土	辛未	開	路傍土	女
23日	09/24	日	壬申	閉	釵鋒金	虚
24日	09/25	月	癸酉	建	釵鋒金	危
25日	09/26	火	甲戌	除	山頭火	室
26日	09/27	水	乙亥	満	山頭火	壁
27日	09/28	木	丙子	平	澗下水	奎
28日	09/29	金	丁丑	定	澗下水	婁
29日	09/30	土	戊寅	執	城頭土	胃
30日	10/01	日	己卯	破	城頭土	昴

【九月小 戊戌 胃】
節気 寒露 6日・霜降 21日
雑節 土用 18日

日	西暦	曜	干支	直	納音	宿
1日	10/02	月	庚辰	危	白鑞金	畢
2日	10/03	火	辛巳	成	白鑞金	觜
3日	10/04	水	壬午	納	楊柳木	参
4日	10/05	木	癸未	開	楊柳木	井
5日	10/06	金	甲申	閉	井泉水	鬼
6日	10/07	土	乙酉	閉	井泉水	柳
7日	10/08	日	丙戌	建	屋上土	星
8日	10/09	月	丁亥	除	屋上土	張
9日	10/10	火	戊子	満	霹靂火	翼
10日	10/11	水	己丑	平	霹靂火	軫
11日	10/12	木	庚寅	定	松柏木	角
12日	10/13	金	辛卯	執	松柏木	亢
13日	10/14	土	壬辰	破	長流水	氐
14日	10/15	日	癸巳	危	長流水	房
15日	10/16	月	甲午	成	沙中金	心
16日	10/17	火	乙未	納	沙中金	尾
17日	10/18	水	丙申	開	山下火	箕
18日	10/19	木	丁酉	閉	山下火	斗
19日	10/20	金	戊戌	建	平地木	牛
20日	10/21	土	己亥	除	平地木	女
21日	10/22	日	庚子	満	壁上土	虚
22日	10/23	月	辛丑	平	壁上土	危
23日	10/24	火	壬寅	定	金箔金	室
24日	10/25	水	癸卯	執	金箔金	壁
25日	10/26	木	甲辰	破	覆燈火	奎
26日	10/27	金	乙巳	危	覆燈火	婁
27日	10/28	土	丙午	成	天河水	胃
28日	10/29	日	丁未	納	天河水	昴
29日	10/30	月	戊申	開	大駅土	畢

【十月小 己亥 昴】
節気 立冬 7日・小雪 22日

日	西暦	曜	干支	直	納音	宿
1日	10/31	火	己酉	閉	大駅土	觜
2日	11/01	水	庚戌	建	釵釧金	参
3日	11/02	木	辛亥	除	釵釧金	井
4日	11/03	金	壬子	満	桑柘木	鬼
5日	11/04	土	癸丑	平	桑柘木	柳
6日	11/05	日	甲寅	定	大溪水	星
7日	11/06	月	乙卯	定	大溪水	張
8日	11/07	火	丙辰	執	沙中土	翼
9日	11/08	水	丁巳	破	沙中土	軫
10日	11/09	木	戊午	危	天上火	角
11日	11/10	金	己未	成	天上火	亢
12日	11/11	土	庚申	納	柘榴木	氐
13日	11/12	日	辛酉	開	柘榴木	房
14日	11/13	月	壬戌	閉	大海水	心
15日	☆11/14	火	癸亥	除	海中金	尾
16日	11/15	水	甲子	除	海中金	箕
17日	11/16	木	乙丑	満	海中金	斗
18日	11/17	金	丙寅	定	爐中火	牛
19日	11/18	土	丁卯	執	爐中火	女
20日	11/19	日	戊辰	破	大林木	虚
21日	11/20	月	己巳	危	大林木	危
22日	11/21	火	庚午	成	路傍土	室
23日	11/22	水	辛未	納	路傍土	壁
24日	11/23	木	壬申	開	釵鋒金	奎
25日	11/24	金	癸酉	閉	釵鋒金	婁
26日	11/25	土	甲戌	建	山頭火	胃
27日	11/26	日	乙亥	除	山頭火	昴
28日	11/27	月	丙子	満	澗下水	畢
29日	11/28	火	丁丑	満	澗下水	觜

【十一月大 庚子 畢】
節気 大雪 9日・冬至 24日

日	西暦	曜	干支	直	納音	宿
1日	11/29	水	戊寅	平	城頭土	参
2日	11/30	木	己卯	定	城頭土	井
3日	12/01	金	庚辰	執	白鑞金	鬼
4日	12/02	土	辛巳	破	白鑞金	柳
5日	12/03	日	壬午	危	楊柳木	星
6日	12/04	月	癸未	成	楊柳木	張
7日	12/05	火	甲申	納	井泉水	翼
8日	12/06	水	乙酉	開	井泉水	軫
9日	12/07	木	丙戌	閉	屋上土	角
10日	12/08	金	丁亥	閉	屋上土	亢
11日	12/09	土	戊子	建	霹靂火	氐
12日	12/10	日	己丑	除	霹靂火	房
13日	12/11	月	庚寅	満	松柏木	心
14日	12/12	火	辛卯	平	松柏木	尾
15日	12/13	水	壬辰	定	長流水	箕
16日	12/14	木	癸巳	執	長流水	斗
17日	12/15	金	甲午	破	沙中金	牛
18日	12/16	土	乙未	危	沙中金	女
19日	12/17	日	丙申	成	山下火	虚
20日	12/18	月	丁酉	納	山下火	危
21日	12/19	火	戊戌	開	平地木	室
22日	12/20	水	己亥	閉	平地木	壁
23日	12/21	木	庚子	建	壁上土	奎
24日	12/22	金	辛丑	除	壁上土	婁
25日	12/23	土	壬寅	満	金箔金	胃
26日	12/24	日	癸卯	平	金箔金	昴
27日	12/25	月	甲辰	定	覆燈火	畢
28日	12/26	火	乙巳	執	覆燈火	觜
29日	12/27	水	丙午	破	天河水	参
30日	12/28	木	丁未	危	天河水	井

【十二月小 辛丑 觜】
節気 小寒 9日・大寒 24日
雑節 土用 21日

日	西暦	曜	干支	直	納音	宿
1日	12/29	金	戊申	成	大駅土	鬼
2日	12/30	土	己酉	納	大駅土	柳
3日	12/31	日	庚戌	開	釵釧金	星

1827年

日	西暦	曜	干支	直	納音	宿
4日	01/01	月	辛亥	閉	釵釧金	張
5日	01/02	火	壬子	建	桑柘木	翼
6日	01/03	水	癸丑	除	桑柘木	軫
7日	01/04	木	甲寅	平	大溪水	角
8日	01/05	金	乙卯	平	大溪水	亢
9日	01/06	土	丙辰	定	沙中土	氐
10日	01/07	日	丁巳	定	沙中土	房
11日	01/08	月	戊午	執	天上火	心
12日	01/09	火	己未	破	天上火	尾
13日	01/10	水	庚申	危	柘榴木	箕
14日	01/11	木	辛酉	成	柘榴木	牛
15日	01/12	金	壬戌	納	大海水	女
16日	01/13	土	癸亥	開	大海水	虚
17日	01/14	日	甲子	閉	海中金	危
18日	01/15	月	乙丑	建	海中金	室
19日	01/16	火	丙寅	除	爐中火	壁
20日	01/17	水	丁卯	満	爐中火	奎
21日	01/18	木	戊辰	平	大林木	婁
22日	01/19	金	己巳	定	大林木	胃
23日	01/20	土	庚午	執	路傍土	昴
24日	01/21	日	辛未	破	路傍土	畢
25日	01/22	月	壬申	危	釵鋒金	觜
26日	01/23	火	癸酉	成	釵鋒金	参
27日	01/24	水	甲戌	納	山頭火	井
28日	01/25	木	乙亥	開	山頭火	鬼
29日	01/26	金	丙子	閉	澗下水	柳

文政10年
1827～1828　丁亥　井

【正月大 壬寅 参】
節気　立春 11日・雨水 26日
雑節　節分 10日

日	新暦	曜	干支	十二直	納音	二十八宿
1	01/27	土	丁丑	建	澗下水	柳
2	01/28	日	戊寅	除	城頭土	星
3	01/29	月	己卯	満	城頭土	張
4	01/30	火	庚辰	平	白鑞金	翼
5	01/31	水	辛巳	定	白鑞金	軫
6	02/01	木	壬午	執	楊柳木	角
7	02/02	金	癸未	破	楊柳木	亢
8	02/03	土	甲申	危	井泉水	氐
9	02/04	日	乙酉	成	井泉水	房
10	02/05	月	丙戌	納	屋上土	心
11	02/06	火	丁亥	納	屋上土	尾
12	02/07	水	戊子	開	霹靂火	箕
13	02/08	木	己丑	閉	霹靂火	斗
14	02/09	金	庚寅	建	松柏木	牛
15	02/10	土	辛卯	除	松柏木	女
16	02/11	日	壬辰	満	長流水	虚
17	02/12	月	癸巳	平	長流水	危
18	02/13	火	甲午	定	沙中金	室
19	02/14	水	乙未	執	沙中金	壁
20	02/15	木	丙申	破	山下火	奎
21	02/16	金	丁酉	危	山下火	婁
22	02/17	土	戊戌	成	平地木	胃
23	02/18	日	己亥	納	平地木	昴
24	02/19	月	庚子	開	壁上土	畢
25	02/20	火	辛丑	閉	壁上土	觜
26	02/21	水	壬寅	建	金箔金	参
27	02/22	木	癸卯	除	金箔金	井
28	02/23	金	甲辰	満	覆燈火	鬼
29	02/24	土	乙巳	平	覆燈火	柳
30	02/25	日	丙午	定	天河水	星

【二月小 癸卯 井】
節気　啓蟄 11日・春分 26日
雑節　彼岸 21日・社日 22日

日	新暦	曜	干支	十二直	納音	二十八宿
1	02/26	月	丁未	執	天河水	張
2	02/27	火	戊申	破	大駅土	翼
3	02/28	水	己酉	危	大駅土	軫
4	03/01	木	庚戌	成	釵釧金	角
5	03/02	金	辛亥	納	釵釧金	亢
6	03/03	土	壬子	開	桑柘木	氐
7	03/04	日	癸丑	閉	桑柘木	房
8	03/05	月	甲寅	建	大渓水	心
9	03/06	火	乙卯	除	大渓水	尾
10	03/07	水	丙辰	満	沙中土	箕
11	03/08	木	丁巳	満	沙中土	斗
12	03/09	金	戊午	平	天上火	牛
13	03/10	土	己未	定	天上火	女
14	03/11	日	庚申	執	石榴木	虚
15	03/12	月	辛酉	破	石榴木	危
16	03/13	火	壬戌	危	大海水	室
17	03/14	水	癸亥	成	大海水	壁
18	03/15	木	甲子	納	海中金	奎
19	03/16	金	乙丑	開	海中金	婁
20	03/17	土	丙寅	閉	炉中火	胃
21	03/18	日	丁卯	建	炉中火	昴
22	03/19	月	戊辰	除	大林木	畢
23	03/20	火	己巳	満	大林木	觜
24	03/21	水	庚午	平	路傍土	参
25	03/22	木	辛未	定	路傍土	井
26	03/23	金	壬申	執	剣鋒金	鬼
27	03/24	土	癸酉	破	剣鋒金	柳
28	03/25	日	甲戌	危	山頭火	星
29	03/26	月	乙亥	成	山頭火	張

【三月大 甲辰 鬼】
節気　清明 12日・穀雨 28日
雑節　土用 25日

日	新暦	曜	干支	十二直	納音	二十八宿
1	03/27	火	丙子	納	澗下水	翼
2	03/28	水	丁丑	開	澗下水	軫
3	03/29	木	戊寅	閉	城頭土	角
4	03/30	金	己卯	建	城頭土	亢
5	03/31	土	庚辰	除	白鑞金	氐
6	04/01	日	辛巳	満	白鑞金	房
7	04/02	月	壬午	平	楊柳木	心
8	04/03	火	癸未	定	楊柳木	尾
9	04/04	水	甲申	執	井泉水	箕
10	04/05	木	乙酉	破	井泉水	斗
11	04/06	金	丙戌	危	屋上土	牛
12	04/07	土	丁亥	危	屋上土	女
13	04/08	日	戊子	成	霹靂火	虚
14	04/09	月	己丑	納	霹靂火	危
15	04/10	火	庚寅	開	松柏木	室
16	04/11	水	辛卯	閉	松柏木	壁
17	04/12	木	壬辰	建	長流水	奎
18	04/13	金	癸巳	除	長流水	婁
19	04/14	土	甲午	満	沙中金	胃
20	04/15	日	乙未	平	沙中金	昴
21	04/16	月	丙申	定	山下火	畢
22	04/17	火	丁酉	執	山下火	觜
23	04/18	水	戊戌	破	平地木	参
24	04/19	木	己亥	危	平地木	井
25	04/20	金	庚子	成	壁上土	鬼
26	04/21	土	辛丑	納	壁上土	柳
27	04/22	日	壬寅	開	金箔金	星
28	04/23	月	癸卯	閉	金箔金	張
29	04/24	火	甲辰	建	覆燈火	翼
30	04/25	水	乙巳	除	覆燈火	軫

【四月大 乙巳 柳】
節気　立夏 13日・小満 28日
雑節　八十八夜 9日

日	新暦	曜	干支	十二直	納音	二十八宿
1	04/26	木	丙午	満	天河水	角
2	04/27	金	丁未	平	天河水	亢
3	04/28	土	戊申	定	大駅土	氐
4	04/29	日	己酉	執	大駅土	房
5	04/30	月	庚戌	破	釵釧金	心
6	05/01	火	辛亥	危	釵釧金	尾
7	05/02	水	壬子	成	桑柘木	箕
8	05/03	木	癸丑	納	桑柘木	斗
9	05/04	金	甲寅	開	大渓水	牛
10	05/05	土	乙卯	閉	大渓水	女
11	05/06	日	丙辰	建	沙中土	虚
12	05/07	月	丁巳	除	沙中土	危
13	05/08	火	戊午	除	天上火	室
14	05/09	水	己未	満	天上火	壁
15	05/10	木	庚申	平	石榴木	奎
16	☆05/11	金	辛酉	定	石榴木	婁
17	05/12	土	壬戌	執	大海水	胃
18	05/13	日	癸亥	破	大海水	昴
19	05/14	月	甲子	危	海中金	畢
20	05/15	火	乙丑	成	海中金	觜
21	05/16	水	丙寅	納	炉中火	参
22	05/17	木	丁卯	開	炉中火	井
23	05/18	金	戊辰	閉	大林木	鬼
24	05/19	土	己巳	建	大林木	柳
25	05/20	日	庚午	除	路傍土	星
26	05/21	月	辛未	満	路傍土	張
27	05/22	火	壬申	平	剣鋒金	翼
28	05/23	水	癸酉	定	剣鋒金	軫
29	05/24	木	甲戌	執	山頭火	角
30	05/25	金	乙亥	破	山頭火	亢

【五月小 丙午 星】
節気　芒種 13日・夏至 28日
雑節　入梅 17日

日	新暦	曜	干支	十二直	納音	二十八宿
1	05/26	土	丙子	危	澗下水	氐
2	05/27	日	丁丑	成	澗下水	房
3	05/28	月	戊寅	納	城頭土	心
4	05/29	火	己卯	開	城頭土	尾
5	05/30	水	庚辰	閉	白鑞金	箕
6	05/31	木	辛巳	建	白鑞金	斗
7	06/01	金	壬午	除	楊柳木	牛
8	06/02	土	癸未	満	楊柳木	女
9	06/03	日	甲申	平	井泉水	虚
10	06/04	月	乙酉	定	井泉水	危
11	06/05	火	丙戌	執	屋上土	室
12	06/06	水	丁亥	破	屋上土	壁
13	06/07	木	戊子	破	霹靂火	奎
14	06/08	金	己丑	危	霹靂火	婁
15	06/09	土	庚寅	成	松柏木	胃
16	06/10	日	辛卯	納	松柏木	昴
17	06/11	月	壬辰	開	長流水	畢
18	06/12	火	癸巳	閉	長流水	觜
19	06/13	水	甲午	建	沙中金	参
20	06/14	木	乙未	除	沙中金	井
21	06/15	金	丙申	満	山下火	鬼
22	06/16	土	丁酉	平	山下火	柳
23	06/17	日	戊戌	定	平地木	星
24	06/18	月	己亥	執	平地木	張
25	06/19	火	庚子	破	壁上土	翼
26	06/20	水	辛丑	危	壁上土	軫
27	06/21	木	壬寅	成	金箔金	角
28	06/22	金	癸卯	納	金箔金	亢
29	06/23	土	甲辰	開	覆燈火	氐

【六月大 丁未 張】
節気　小暑 15日・大暑 30日
雑節　半夏生 10日・土用 27日

日	新暦	曜	干支	十二直	納音	二十八宿
1	06/24	日	乙巳	閉	覆燈火	房
2	06/25	月	丙午	建	天河水	心
3	06/26	火	丁未	除	天河水	尾
4	06/27	水	戊申	満	大駅土	箕
5	06/28	木	己酉	平	大駅土	斗
6	06/29	金	庚戌	定	釵釧金	牛
7	06/30	土	辛亥	執	釵釧金	女
8	07/01	日	壬子	破	桑柘木	虚
9	07/02	月	癸丑	危	桑柘木	危
10	07/03	火	甲寅	成	大渓水	室
11	07/04	水	乙卯	納	大渓水	壁
12	07/05	木	丙辰	開	沙中土	奎
13	07/06	金	丁巳	閉	沙中土	婁
14	07/07	土	戊午	建	天上火	胃
15	07/08	日	己未	建	天上火	昴
16	07/09	月	庚申	除	石榴木	畢
17	07/10	火	辛酉	満	石榴木	觜
18	07/11	水	壬戌	平	大海水	参
19	07/12	木	癸亥	定	大海水	井
20	07/13	金	甲子	執	海中金	鬼
21	07/14	土	乙丑	破	海中金	柳
22	07/15	日	丙寅	危	炉中火	星
23	07/16	月	丁卯	成	炉中火	張
24	07/17	火	戊辰	納	大林木	翼
25	07/18	水	己巳	開	大林木	軫
26	07/19	木	庚午	閉	路傍土	角
27	07/20	金	辛未	建	路傍土	亢
28	07/21	土	壬申	除	剣鋒金	氐
29	07/22	日	癸酉	満	剣鋒金	房
30	07/23	月	甲戌	平	山頭火	心

【閏六月小 丁未 張】
節気　立秋 15日

日	新暦	曜	干支	十二直	納音	二十八宿
1	07/24	火	乙亥	定	山頭火	尾
2	07/25	水	丙子	執	澗下水	箕
3	07/26	木	丁丑	破	澗下水	斗
4	07/27	金	戊寅	危	城頭土	牛
5	07/28	土	己卯	成	城頭土	女
6	07/29	日	庚辰	納	白鑞金	虚
7	07/30	月	辛巳	開	白鑞金	危
8	07/31	火	壬午	閉	楊柳木	室
9	08/01	水	癸未	建	楊柳木	壁
10	08/02	木	甲申	除	井泉水	奎
11	08/03	金	乙酉	満	井泉水	婁
12	08/04	土	丙戌	平	屋上土	胃
13	08/05	日	丁亥	定	屋上土	昴
14	08/06	月	戊子	執	霹靂火	畢

文政10年

日	西暦	曜	干支	直	納音	宿
15日	08/07	火	己丑	執	霹靂火	觜
16日	08/08	水	庚寅	破	松柏木	参
17日	08/09	木	辛卯	危	松柏木	井
18日	08/10	金	壬辰	成	長流水	鬼
19日	08/11	土	癸巳	納	長流水	柳
20日	08/12	日	甲午	開	沙中金	星
21日	08/13	月	乙未	建	沙中金	張
22日	08/14	火	丙申	建	山下火	翼
23日	08/15	水	丁酉	除	山下火	軫
24日	08/16	木	戊戌	満	平地木	角
25日	08/17	金	己亥	平	平地木	亢
26日	08/18	土	庚子	定	壁上土	氐
27日	08/19	日	辛丑	執	壁上土	房
28日	08/20	月	壬寅	破	金箔金	心
29日	08/21	火	癸卯	危	金箔金	尾

【七月大 戊申 翼】
節気 処暑 1日・白露 17日
雑節 二百十日 13日

日	西暦	曜	干支	直	納音	宿
1日	08/22	水	甲辰	成	覆燈火	箕
2日	08/23	木	乙巳	納	覆燈火	斗
3日	08/24	金	丙午	開	天河水	牛
4日	08/25	土	丁未	建	天河水	女
5日	08/26	日	戊申	建	大駅土	虚
6日	08/27	月	己酉	除	大駅土	室
7日	08/28	火	庚戌	満	釵釧金	壁
8日	08/29	水	辛亥	平	釵釧金	奎
9日	08/30	木	壬子	定	桑柘木	婁
10日	08/31	金	癸丑	執	桑柘木	胃
11日	09/01	土	甲寅	破	大溪水	昴
12日	09/02	日	乙卯	危	大溪水	畢
13日	09/03	月	丙辰	成	沙中土	觜
14日	09/04	火	丁巳	納	沙中土	参
15日	09/05	水	戊午	開	天上火	井
16日	09/06	木	己未	閉	天上火	鬼
17日	09/07	金	庚申	閉	柘榴木	柳
18日	09/08	土	辛酉	除	柘榴木	星
19日	09/09	日	壬戌	満	大海水	張
20日	09/10	月	癸亥	満	大海水	翼
21日	09/11	火	甲子	定	海中金	軫
22日	09/12	水	乙丑	執	海中金	角
23日	09/13	木	丙寅	破	爐中火	亢
24日	09/14	金	丁卯	危	爐中火	氐
25日	09/15	土	戊辰	成	大林木	房
26日	09/16	日	己巳	成	大林木	心
27日	09/17	月	庚午	納	路傍土	尾
28日	09/18	火	辛未	開	路傍土	箕
29日	09/19	水	壬申	閉	釵鋒金	斗
30日	09/20	木	癸酉	建	釵鋒金	女

【八月大 己酉 軫】
節気 秋分 2日・寒露 17日
雑節 彼岸 1日・社日 5日・土用 29日

日	西暦	曜	干支	直	納音	宿
1日	09/21	金	甲戌	除	山頭火	牛
2日	09/22	土	乙亥	平	山頭火	女
3日	09/23	日	丙子	平	澗下水	虚
4日	09/24	月	丁丑	定	澗下水	危
5日	09/25	火	戊寅	執	城頭土	室
6日	09/26	水	己卯	破	城頭土	壁
7日	09/27	木	庚辰	危	白鑞金	奎
8日	09/28	金	辛巳	成	白鑞金	婁
9日	09/29	土	壬午	納	楊柳木	胃
10日	09/30	日	癸未	開	楊柳木	昴
11日	10/01	月	甲申	建	井泉水	畢
12日	10/02	火	乙酉	除	井泉水	觜
13日	10/03	水	丙戌	満	屋上土	参
14日	10/04	木	丁亥	平	屋上土	井
15日	10/05	金	戊子	平	霹靂火	鬼
16日	10/06	土	己丑	定	霹靂火	柳
17日	10/07	日	庚寅	執	松柏木	星
18日	10/08	月	辛卯	破	松柏木	張
19日	10/09	火	壬辰	危	長流水	翼
20日	10/10	水	癸巳	成	長流水	軫
21日	10/11	木	甲午	成	沙中金	角
22日	10/12	金	乙未	納	沙中金	亢
23日	10/13	土	丙申	開	山下火	氐
24日	10/14	日	丁酉	建	山下火	房
25日	10/15	月	戊戌	建	平地木	心
26日	10/16	火	己亥	除	平地木	尾
27日	10/17	水	庚子	満	壁上土	箕
28日	10/18	木	辛丑	平	壁上土	斗
29日	10/19	金	壬寅	定	金箔金	牛
30日	10/20	土	癸卯	執	金箔金	女

【九月小 庚戌 角】
節気 霜降 2日・立冬 17日

日	西暦	曜	干支	直	納音	宿
1日	10/21	日	甲辰	破	覆燈火	虚
2日	10/22	月	乙巳	危	覆燈火	危
3日	10/23	火	丙午	納	天河水	室
4日	10/24	水	丁未	開	天河水	壁
5日	10/25	木	戊申	開	大駅土	奎
6日	10/26	金	己酉	除	大駅土	婁
7日	10/27	土	庚戌	建	釵釧金	胃
8日	10/28	日	辛亥	除	釵釧金	昴
9日	10/29	月	壬子	満	桑柘木	畢
10日	10/30	火	癸丑	平	桑柘木	觜
11日	10/31	水	甲寅	定	大溪水	参
12日	11/01	木	乙卯	執	大溪水	井
13日	11/02	金	丙辰	破	沙中土	鬼
14日☆	11/03	土	丁巳	危	沙中土	柳
15日	11/04	日	戊午	成	天上火	星
16日	11/05	月	己未	納	天上火	張
17日	11/06	火	庚申	納	柘榴木	翼
18日	11/07	水	辛酉	除	柘榴木	軫
19日	11/08	木	壬戌	閉	大海水	角
20日	11/09	金	癸亥	建	大海水	亢
21日	11/10	土	甲子	満	海中金	氐
22日	11/11	日	乙丑	平	海中金	房
23日	11/12	月	丙寅	定	爐中火	心
24日	11/13	火	丁卯	執	爐中火	尾
25日	11/14	水	戊辰	執	大林木	箕
26日	11/15	木	己巳	破	大林木	斗
27日	11/16	金	庚午	危	路傍土	牛
28日	11/17	土	辛未	成	路傍土	女
29日	11/18	日	壬申	納	釵鋒金	虚

【十月小 辛亥 亢】
節気 小雪 4日・大雪 19日

日	西暦	曜	干支	直	納音	宿
1日	11/19	月	癸酉	閉	釵鋒金	危
2日	11/20	火	甲戌	閉	山頭火	室
3日	11/21	水	乙亥	除	山頭火	壁
4日	11/22	木	丙子	満	澗下水	奎
5日	11/23	金	丁丑	平	澗下水	婁
6日	11/24	土	戊寅	定	城頭土	胃
7日	11/25	日	己卯	執	城頭土	昴
8日	11/26	月	庚辰	破	白鑞金	畢
9日	11/27	火	辛巳	危	白鑞金	觜
10日	11/28	水	壬午	成	楊柳木	参
11日	11/29	木	癸未	納	楊柳木	井
12日	11/30	金	甲申	開	井泉水	鬼
13日	12/01	土	乙酉	建	井泉水	柳
14日	12/02	日	丙戌	閉	屋上土	星
15日	12/03	月	丁亥	建	屋上土	張
16日	12/04	火	戊子	除	霹靂火	翼
17日	12/05	水	己丑	満	霹靂火	軫
18日	12/06	木	庚寅	平	松柏木	角
19日	12/07	金	辛卯	定	松柏木	亢
20日	12/08	土	壬辰	執	長流水	氐
21日	12/09	日	癸巳	破	長流水	房
22日	12/10	月	甲午	危	沙中金	心
23日	12/11	火	乙未	成	沙中金	尾
24日	12/12	水	丙申	納	山下火	箕
25日	12/13	木	丁酉	開	山下火	斗
26日	12/14	金	戊戌	閉	平地木	牛
27日	12/15	土	己亥	閉	平地木	女
28日	12/16	日	庚子	建	壁上土	虚
29日	12/17	月	辛丑	除	壁上土	危

【十一月大 壬子 氐】
節気 冬至 5日・小寒 20日

日	西暦	曜	干支	直	納音	宿
1日	12/18	火	壬寅	満	金箔金	室
2日	12/19	水	癸卯	平	金箔金	壁
3日	12/20	木	甲辰	定	覆燈火	奎
4日	12/21	金	乙巳	執	覆燈火	婁
5日	12/22	土	丙午	破	天河水	胃
6日	12/23	日	丁未	危	天河水	昴
7日	12/24	月	戊申	成	大駅土	畢
8日	12/25	火	己酉	納	大駅土	觜
9日	12/26	水	庚戌	開	釵釧金	参
10日	12/27	木	辛亥	建	釵釧金	井
11日	12/28	金	壬子	建	桑柘木	鬼
12日	12/29	土	癸丑	除	桑柘木	柳
13日	12/30	日	甲寅	満	大溪水	星
14日	12/31	月	乙卯	平	大溪水	張

1828年

日	西暦	曜	干支	直	納音	宿
15日	01/01	火	丙辰	定	沙中土	翼
16日	01/02	水	丁巳	執	沙中土	軫
17日	01/03	木	戊午	破	天上火	角
18日	01/04	金	己未	危	天上火	亢
19日	01/05	土	庚申	成	柘榴木	氐
20日	01/06	日	辛酉	納	柘榴木	房
21日	01/07	月	壬戌	開	大海水	心
22日	01/08	火	癸亥	閉	大海水	尾
23日	01/09	水	甲子	閉	海中金	箕
24日	01/10	木	乙丑	建	海中金	斗
25日	01/11	金	丙寅	除	爐中火	牛
26日	01/12	土	丁卯	満	爐中火	女
27日	01/13	日	戊辰	平	大林木	虚
28日	01/14	月	己巳	定	大林木	危
29日	01/15	火	庚午	執	路傍土	室
30日	01/16	水	辛未	破	路傍土	壁

【十二月小 癸丑 房】
節気 大寒 6日・立春 21日
雑節 土用 3日・節分 20日

日	西暦	曜	干支	直	納音	宿
1日	01/17	木	壬申	納	釵鋒金	奎
2日	01/18	金	癸酉	成	釵鋒金	婁
3日	01/19	土	甲戌	開	山頭火	胃
4日	01/20	日	乙亥	閉	山頭火	昴
5日	01/21	月	丙子	閉	澗下水	畢
6日	01/22	火	丁丑	建	澗下水	觜
7日	01/23	水	戊寅	除	城頭土	参
8日	01/24	木	己卯	満	城頭土	井
9日	01/25	金	庚辰	平	白鑞金	鬼
10日	01/26	土	辛巳	定	白鑞金	柳
11日	01/27	日	壬午	執	楊柳木	星
12日	01/28	月	癸未	破	楊柳木	張
13日	01/29	火	甲申	危	井泉水	翼
14日	01/30	水	乙酉	成	井泉水	軫
15日	01/31	木	丙戌	納	屋上土	角
16日	02/01	金	丁亥	開	屋上土	亢
17日	02/02	土	戊子	閉	霹靂火	氐
18日	02/03	日	己丑	建	霹靂火	房
19日	02/04	月	庚寅	除	松柏木	心
20日	02/05	火	辛卯	満	松柏木	尾
21日	02/06	水	壬辰	満	長流水	箕
22日	02/07	木	癸巳	定	長流水	斗
23日	02/08	金	甲午	執	沙中金	牛
24日	02/09	土	乙未	破	沙中金	女
25日	02/10	日	丙申	危	山下火	虚
26日	02/11	月	丁酉	成	山下火	危
27日	02/12	火	戊戌	納	平地木	室
28日	02/13	水	己亥	納	平地木	壁
29日	02/14	木	庚子	開	壁上土	奎

文政11年

1828〜1829　戊子　鬼

【正月大 甲寅 心】

節気　雨水 7日・啓蟄 22日

日	新暦	曜	干支	直	納音	宿
1日	02/15	金	辛丑	閉	壁上土	婁
2日	02/16	土	壬寅	建	金箔金	胃
3日	02/17	日	癸卯	除	金箔金	昴
4日	02/18	月	甲辰	満	覆燈火	畢
5日	02/19	火	乙巳	平	覆燈火	觜
6日	02/20	水	丙午	定	天河水	参
7日	02/21	木	丁未	執	天河水	井
8日	02/22	金	戊申	破	大駅土	鬼
9日	02/23	土	己酉	危	大駅土	柳
10日	02/24	日	庚戌	成	釵釧金	星
11日	02/25	月	辛亥	納	釵釧金	張
12日	02/26	火	壬子	開	桑柘木	翼
13日	02/27	水	癸丑	閉	桑柘木	軫
14日	02/28	木	甲寅	建	大渓水	角
15日	02/29	金	乙卯	除	大渓水	亢
16日	03/01	土	丙辰	満	沙中土	氐
17日	03/02	日	丁巳	平	沙中土	房
18日	03/03	月	戊午	定	天上火	心
19日	03/04	火	己未	執	天上火	尾
20日	03/05	水	庚申	破	柘榴木	箕
21日	03/06	木	辛酉	危	柘榴木	斗
22日	03/07	金	壬戌	危	大海水	牛
23日	03/08	土	癸亥	成	大海水	女
24日	03/09	日	甲子	納	海中金	虚
25日	03/10	月	乙丑	開	海中金	危
26日	03/11	火	丙寅	閉	爐中火	室
27日	03/12	水	丁卯	建	爐中火	壁
28日	03/13	木	戊辰	除	大林木	奎
29日	03/14	金	己巳	満	大林木	婁
30日	03/15	土	庚午	平	路傍土	胃

【二月小 乙卯 尾】

節気　春分 7日・清明 23日
雑節　彼岸 2日・社日 8日

日	新暦	曜	干支	直	納音	宿
1日	03/16	日	辛未	定	路傍土	昴
2日	03/17	月	壬申	執	釼鋒金	畢
3日	03/18	火	癸酉	破	釼鋒金	觜
4日	03/19	水	甲戌	危	山頭火	参
5日	03/20	木	乙亥	成	山頭火	井
6日	03/21	金	丙子	納	澗下水	鬼
7日	03/22	土	丁丑	開	澗下水	柳
8日	03/23	日	戊寅	閉	城頭土	星
9日	03/24	月	己卯	建	城頭土	張
10日	03/25	火	庚辰	除	白鑞金	翼
11日	03/26	水	辛巳	満	白鑞金	軫
12日	03/27	木	壬午	平	楊柳木	角
13日	03/28	金	癸未	定	楊柳木	亢
14日	03/29	土	甲申	執	井泉水	氐
15日	03/30	日	乙酉	破	井泉水	房
16日	03/31	月	丙戌	危	屋上土	心
17日	04/01	火	丁亥	成	屋上土	尾
18日	04/02	水	戊子	納	霹靂火	箕
19日	04/03	木	己丑	開	霹靂火	斗
20日	04/04	金	庚寅	閉	松柏木	牛
21日	04/05	土	辛卯	建	松柏木	女
22日	04/06	日	壬辰	除	長流水	虚
23日	04/07	月	癸巳	除	長流水	危
24日	04/08	火	甲午	満	沙中金	室
25日	04/09	水	乙未	平	沙中金	壁
26日	04/10	木	丙申	定	山下火	奎
27日	04/11	金	丁酉	執	山下火	婁
28日	04/12	土	戊戌	破	平地木	胃
29日	04/13	日	己亥	危	平地木	昴

【三月大 丙辰 箕】

節気　穀雨 9日・立夏 24日
雑節　土用 6日・八十八夜 20日

日	新暦	曜	干支	直	納音	宿
1日	04/14	月	庚子	成	壁上土	畢
2日	04/15	火	辛丑	納	壁上土	觜
3日	04/16	水	壬寅	開	金箔金	参
4日	04/17	木	癸卯	閉	金箔金	井
5日	04/18	金	甲辰	建	覆燈火	鬼
6日	04/19	土	乙巳	除	覆燈火	柳
7日	04/20	日	丙午	満	天河水	星
8日	04/21	月	丁未	平	天河水	張
9日	04/22	火	戊申	定	大駅土	翼
10日	04/23	水	己酉	執	大駅土	軫
11日	04/24	木	庚戌	破	釵釧金	角
12日	04/25	金	辛亥	危	釵釧金	亢
13日	04/26	土	壬子	成	桑柘木	氐
14日	04/27	日	癸丑	納	桑柘木	房
15日	04/28	月	甲寅	開	大渓水	心
16日	04/29	火	乙卯	閉	大渓水	尾
17日	04/30	水	丙辰	建	沙中土	箕
18日	05/01	木	丁巳	除	沙中土	斗
19日	05/02	金	戊午	満	天上火	牛
20日	05/03	土	己未	平	天上火	女
21日	05/04	日	庚申	定	柘榴木	虚
22日	05/05	月	辛酉	執	柘榴木	危
23日	05/06	火	壬戌	破	大海水	室
24日	05/07	水	癸亥	破	大海水	壁
25日	05/08	木	甲子	危	海中金	奎
26日	05/09	金	乙丑	成	海中金	婁
27日	05/10	土	丙寅	納	爐中火	胃
28日	05/11	日	丁卯	開	爐中火	昴
29日	05/12	月	戊辰	閉	大林木	畢
30日	05/13	火	己巳	建	大林木	觜

【四月小 丁巳 斗】

節気　小満 9日・芒種 25日

日	新暦	曜	干支	直	納音	宿
1日	05/14	水	庚午	除	路傍土	参
2日	05/15	木	辛未	満	路傍土	井
3日	05/16	金	壬申	平	釼鋒金	鬼
4日	05/17	土	癸酉	定	釼鋒金	柳
5日	05/18	日	甲戌	執	山頭火	星
6日	05/19	月	乙亥	破	山頭火	張
7日	05/20	火	丙子	危	澗下水	翼
8日	05/21	水	丁丑	成	澗下水	軫
9日	05/22	木	戊寅	納	城頭土	角
10日	05/23	金	己卯	開	城頭土	亢
11日	05/24	土	庚辰	閉	白鑞金	氐
12日	05/25	日	辛巳	建	白鑞金	房
13日	05/26	月	壬午	除	楊柳木	心
14日	05/27	火	癸未	満	楊柳木	尾
15日	05/28	水	甲申	平	井泉水	箕
16日	05/29	木	乙酉	定	井泉水	斗
17日	05/30	金	丙戌	執	屋上土	牛
18日	05/31	土	丁亥	破	屋上土	女
19日	06/01	日	戊子	危	霹靂火	虚
20日	06/02	月	己丑	成	霹靂火	危
21日	06/03	火	庚寅	納	松柏木	室
22日	06/04	水	辛卯	開	松柏木	壁
23日	06/05	木	壬辰	閉	長流水	奎
24日	06/06	金	癸巳	建	長流水	婁
25日	06/07	土	甲午	建	沙中金	胃
26日	06/08	日	乙未	除	沙中金	昴
27日	06/09	月	丙申	満	山下火	畢
28日	06/10	火	丁酉	平	山下火	觜
29日	06/11	水	戊戌	定	平地木	参

【五月大 戊午 牛】

節気　夏至 11日・小暑 26日
雑節　入梅 4日・半夏生 21日

日	新暦	曜	干支	直	納音	宿
1日	06/12	木	己亥	執	平地木	井
2日	06/13	金	庚子	破	壁上土	鬼
3日	06/14	土	辛丑	危	壁上土	柳
4日	06/15	日	壬寅	成	金箔金	星
5日	06/16	月	癸卯	納	金箔金	張
6日	06/17	火	甲辰	開	覆燈火	翼
7日	06/18	水	乙巳	閉	覆燈火	軫
8日	06/19	木	丙午	建	天河水	角
9日	06/20	金	丁未	除	天河水	亢
10日	06/21	土	戊申	満	大駅土	氐
11日	06/22	日	己酉	平	大駅土	房
12日	06/23	月	庚戌	定	釵釧金	心
13日	06/24	火	辛亥	執	釵釧金	尾
14日	06/25	水	壬子	破	桑柘木	箕
15日	06/26	木	癸丑	危	桑柘木	斗
16日	06/27	金	甲寅	成	大渓水	牛
17日	06/28	土	乙卯	納	大渓水	女
18日	06/29	日	丙辰	開	沙中土	虚
19日	06/30	月	丁巳	閉	沙中土	危
20日	07/01	火	戊午	建	天上火	室
21日	07/02	水	己未	除	天上火	壁
22日	07/03	木	庚申	満	柘榴木	奎
23日	07/04	金	辛酉	平	柘榴木	婁
24日	07/05	土	壬戌	定	大海水	胃
25日	07/06	日	癸亥	執	大海水	昴
26日	07/07	月	甲子	執	海中金	畢
27日	07/08	火	乙丑	破	海中金	觜
28日	07/09	水	丙寅	危	爐中火	参
29日	07/10	木	丁卯	成	爐中火	井
30日	07/11	金	戊辰	納	大林木	鬼

【六月大 己未 女】

節気　大暑 11日・立秋 26日
雑節　土用 8日

日	新暦	曜	干支	直	納音	宿
1日	07/12	土	己巳	開	大林木	柳
2日	07/13	日	庚午	閉	路傍土	星
3日	07/14	月	辛未	建	路傍土	張
4日	07/15	火	壬申	除	釼鋒金	翼
5日	07/16	水	癸酉	満	釼鋒金	軫
6日	07/17	木	甲戌	平	山頭火	角
7日	07/18	金	乙亥	定	山頭火	亢
8日	07/19	土	丙子	執	澗下水	氐
9日	07/20	日	丁丑	破	澗下水	房
10日	07/21	月	戊寅	危	城頭土	心
11日	07/22	火	己卯	成	城頭土	尾
12日	07/23	水	庚辰	納	白鑞金	箕
13日	07/24	木	辛巳	開	白鑞金	斗
14日	07/25	金	壬午	閉	楊柳木	牛
15日	07/26	土	癸未	建	楊柳木	女
16日	07/27	日	甲申	除	井泉水	虚
17日	07/28	月	乙酉	満	井泉水	危
18日	07/29	火	丙戌	平	屋上土	室
19日	07/30	水	丁亥	定	屋上土	壁
20日	07/31	木	戊子	執	霹靂火	奎
21日	08/01	金	己丑	破	霹靂火	婁
22日	08/02	土	庚寅	危	松柏木	胃
23日	08/03	日	辛卯	成	松柏木	昴
24日	08/04	月	壬辰	納	長流水	畢
25日	08/05	火	癸巳	開	長流水	觜
26日	08/06	水	甲午	開	沙中金	参
27日	08/07	木	乙未	閉	沙中金	井
28日	08/08	金	丙申	建	山下火	鬼
29日	08/09	土	丁酉	除	山下火	柳
30日	08/10	日	戊戌	満	平地木	星

【七月小 庚申 虚】

節気　処暑 12日・白露 27日
雑節　二百十日 23日

日	新暦	曜	干支	直	納音	宿
1日	08/11	月	己亥	平	平地木	張
2日	08/12	火	庚子	定	壁上土	翼

文政11年

日	西暦	曜	干支	直	納音	宿
3日	08/13	水	辛丑	執	壁上土	軫
4日	08/14	木	壬寅	破	金箔金	角
5日	08/15	金	癸卯	危	金箔金	亢
6日	08/16	土	甲辰	成	覆燈火	氐
7日	08/17	日	乙巳	納	覆燈火	房
8日	08/18	月	丙午	開	天河水	心
9日	08/19	火	丁未	閉	天河水	尾
10日	08/20	水	戊申	建	大駅土	箕
11日	08/21	木	己酉	除	大駅土	斗
12日	08/22	金	庚戌	満	釵釧金	牛
13日	08/23	土	辛亥	平	釵釧金	女
14日	08/24	日	壬子	定	桑柘木	虚
15日	08/25	月	癸丑	執	桑柘木	危
16日	08/26	火	甲寅	破	大溪水	室
17日	08/27	水	乙卯	危	大溪水	壁
18日	08/28	木	丙辰	成	沙中土	奎
19日	08/29	金	丁巳	納	沙中土	婁
20日	08/30	土	戊午	開	天上火	胃
21日	08/31	日	己未	閉	天上火	昴
22日	09/01	月	庚申	建	柘榴木	畢
23日	09/02	火	辛酉	除	柘榴木	觜
24日	09/03	水	壬戌	満	大海水	参
25日	09/04	木	癸亥	平	大海水	井
26日	09/05	金	甲子	定	海中金	鬼
27日	09/06	土	乙丑	定	海中金	柳
28日	09/07	日	丙寅	執	爐中火	星
29日	09/08	月	丁卯	破	爐中火	張

【八月大 辛酉 危】
節気 秋分 13日・寒露 28日
雑節 社日 11日・彼岸 12日

日	西暦	曜	干支	直	納音	宿
1日	09/09	火	戊辰	危	大林木	翼
2日	09/10	水	己巳	成	大林木	軫
3日	09/11	木	庚午	納	路傍土	角
4日	09/12	金	辛未	開	路傍土	亢
5日	09/13	土	壬申	閉	釵釧金	氐
6日	09/14	日	癸酉	建	釵釧金	房
7日	09/15	月	甲戌	除	山頭火	心
8日	09/16	火	乙亥	満	山頭火	尾
9日	09/17	水	丙子	平	澗下水	箕
10日	09/18	木	丁丑	定	澗下水	斗
11日	09/19	金	戊寅	執	城頭土	牛
12日	09/20	土	己卯	破	城頭土	女
13日	09/21	日	庚辰	危	白鑞金	虚
14日	09/22	月	辛巳	成	白鑞金	危
15日	09/23	火	壬午	納	楊柳木	室
16日	09/24	水	癸未	開	楊柳木	壁
17日	09/25	木	甲申	閉	井泉水	奎
18日	09/26	金	乙酉	建	井泉水	婁
19日	09/27	土	丙戌	除	屋上土	胃
20日	09/28	日	丁亥	満	屋上土	昴
21日	09/29	月	戊子	平	霹靂火	畢
22日	09/30	火	己丑	定	霹靂火	觜
23日	10/01	水	庚寅	執	松柏木	参
24日	10/02	木	辛卯	破	松柏木	井
25日	10/03	金	壬辰	危	長流水	鬼
26日	10/04	土	癸巳	成	長流水	柳
27日	10/05	日	甲午	納	沙中金	星
28日	10/06	月	乙未	開	沙中金	張
29日	10/07	火	丙申	開	山下火	翼
30日	10/08	水	丁酉	閉	山下火	軫

【九月小 壬戌 室】
節気 霜降 13日・立冬 29日
雑節 土用 10日

日	西暦	曜	干支	直	納音	宿
1日◎	10/09	木	戊戌	建	平地木	角
2日	10/10	金	己亥	除	平地木	亢
3日	10/11	土	庚子	満	壁上土	氐
4日	10/12	日	辛丑	平	壁上土	房
5日	10/13	月	壬寅	定	金箔金	心
6日	10/14	火	癸卯	執	金箔金	尾
7日	10/15	水	甲辰	破	覆燈火	箕
8日	10/16	木	乙巳	危	覆燈火	斗
9日	10/17	金	丙午	成	天河水	牛
10日	10/18	土	丁未	納	天河水	女
11日	10/19	日	戊申	開	大駅土	虚
12日	10/20	月	己酉	閉	大駅土	危
13日	10/21	火	庚戌	建	釵釧金	室
14日	10/22	水	辛亥	除	釵釧金	壁
15日	10/23	木	壬子	満	桑柘木	奎
16日	10/24	金	癸丑	定	桑柘木	婁
17日	10/25	土	甲寅	定	大溪水	胃
18日	10/26	日	乙卯	執	大溪水	昴
19日	10/27	月	丙辰	破	沙中土	畢
20日	10/28	火	丁巳	危	沙中土	觜
21日	10/29	水	戊午	成	天上火	参
22日	10/30	木	己未	納	天上火	井
23日	10/31	金	庚申	閉	柘榴木	鬼
24日	11/01	土	辛酉	閉	柘榴木	柳
25日	11/02	日	壬戌	建	大海水	星
26日	11/03	月	癸亥	除	大海水	張
27日	11/04	火	甲子	満	海中金	翼
28日	11/05	水	乙丑	平	海中金	軫
29日	11/06	木	丙寅	平	爐中火	角

【十月大 癸亥 壁】
節気 小雪 15日・大雪 30日

日	西暦	曜	干支	直	納音	宿
1日	11/07	金	丁卯	定	爐中火	亢
2日	11/08	土	戊辰	執	大林木	氐
3日	11/09	日	己巳	破	大林木	房
4日	11/10	月	庚午	危	路傍土	心
5日	11/11	火	辛未	成	路傍土	尾
6日	11/12	水	壬申	納	釵釧金	箕
7日	11/13	木	癸酉	開	釵釧金	斗
8日	11/14	金	甲戌	閉	山頭火	牛
9日	11/15	土	乙亥	建	山頭火	女
10日	11/16	日	丙子	除	澗下水	虚
11日	11/17	月	丁丑	満	澗下水	危
12日	11/18	火	戊寅	平	城頭土	室
13日	11/19	水	己卯	定	城頭土	壁
14日	11/20	木	庚辰	執	白鑞金	奎
15日	11/21	金	辛巳	破	白鑞金	婁
16日	11/22	土	壬午	危	楊柳木	胃
17日	11/23	日	癸未	成	楊柳木	昴
18日	11/24	月	甲申	納	井泉水	畢
19日	11/25	火	乙酉	開	井泉水	觜
20日	11/26	水	丙戌	閉	屋上土	参
21日	11/27	木	丁亥	建	屋上土	井
22日	11/28	金	戊子	除	霹靂火	鬼
23日	11/29	土	己丑	満	霹靂火	柳
24日	11/30	日	庚寅	平	松柏木	星
25日	12/01	月	辛卯	定	松柏木	張
26日	12/02	火	壬辰	執	長流水	翼
27日	12/03	水	癸巳	破	長流水	軫
28日	12/04	木	甲午	危	沙中金	角
29日	12/05	金	乙未	成	沙中金	亢
30日	12/06	土	丙申	納	山下火	氐

【十一月大 甲子 奎】
節気 冬至 15日

日	西暦	曜	干支	直	納音	宿
1日	12/07	日	丁酉	納	山下火	房
2日	12/08	月	戊戌	開	平地木	心
3日	12/09	火	己亥	閉	平地木	尾
4日	12/10	水	庚子	建	壁上土	箕
5日	12/11	木	辛丑	除	壁上土	斗
6日	12/12	金	壬寅	満	金箔金	牛
7日	12/13	土	癸卯	平	金箔金	女
8日	12/14	日	甲辰	定	覆燈火	虚
9日	12/15	月	乙巳	執	覆燈火	危
10日	12/16	火	丙午	破	天河水	室
11日	12/17	水	丁未	危	天河水	壁
12日	12/18	木	戊申	成	大駅土	奎
13日	12/19	金	己酉	納	大駅土	婁
14日	12/20	土	庚戌	開	釵釧金	胃
15日	12/21	日	辛亥	閉	釵釧金	昴
16日	12/22	月	壬子	建	桑柘木	畢
17日	12/23	火	癸丑	除	桑柘木	觜
18日	12/24	水	甲寅	満	大溪水	参
19日	12/25	木	乙卯	定	大溪水	井
20日	12/26	金	丙辰	定	沙中土	鬼
21日	12/27	土	丁巳	執	沙中土	柳
22日	12/28	日	戊午	破	天上火	星
23日	12/29	月	己未	危	天上火	張
24日	12/30	火	庚申	成	柘榴木	翼
25日	12/31	水	辛酉	納	柘榴木	軫
1829年						
26日	01/01	木	壬戌	開	大海水	角
27日	01/02	金	癸亥	閉	大海水	亢
28日	01/03	土	甲子	建	海中金	氐
29日	01/04	日	乙丑	除	海中金	房
30日	01/05	月	丙寅	満	爐中火	心

【十二月小 乙丑 婁】
節気 小寒 1日・大寒 16日
雑節 土用 13日

日	西暦	曜	干支	直	納音	宿
1日	01/06	火	丁卯	満	爐中火	尾
2日	01/07	水	戊辰	平	大林木	箕
3日	01/08	木	己巳	定	大林木	斗
4日	01/09	金	庚午	執	路傍土	牛
5日	01/10	土	辛未	破	路傍土	女
6日	01/11	日	壬申	危	釵釧金	虚
7日	01/12	月	癸酉	成	釵釧金	危
8日	01/13	火	甲戌	納	山頭火	室
9日	01/14	水	乙亥	開	山頭火	壁
10日	01/15	木	丙子	閉	澗下水	奎
11日	01/16	金	丁丑	建	澗下水	婁
12日	01/17	土	戊寅	除	城頭土	胃
13日	01/18	日	己卯	満	城頭土	昴
14日	01/19	月	庚辰	定	白鑞金	畢
15日	01/20	火	辛巳	定	白鑞金	觜
16日	01/21	水	壬午	執	楊柳木	参
17日	01/22	木	癸未	破	楊柳木	井
18日	01/23	金	甲申	危	井泉水	鬼
19日	01/24	土	乙酉	成	井泉水	柳
20日	01/25	日	丙戌	納	屋上土	星
21日	01/26	月	丁亥	開	屋上土	張
22日	01/27	火	戊子	閉	霹靂火	翼
23日	01/28	水	己丑	建	霹靂火	軫
24日	01/29	木	庚寅	除	松柏木	角
25日	01/30	金	辛卯	満	松柏木	亢
26日	01/31	土	壬辰	平	長流水	氐
27日	02/01	日	癸巳	定	長流水	房
28日	02/02	月	甲午	執	沙中金	心
29日	02/03	火	乙未	破	沙中金	尾

文政12年
1829～1830　己丑　柳

【正月小 丙寅 胃】
節気　立春 2日・雨水 17日
雑節　節分 1日

日	新暦	曜	干支	直	納音	宿
1日	02/04	水	丙申	危	山下火	箕
2日	02/05	木	丁酉	成	山下火	斗
3日	02/06	金	戊戌	納	平地木	牛
4日	02/07	土	己亥	納	平地木	女
5日	02/08	日	庚子	開	壁上土	虚
6日	02/09	月	辛丑	閉	壁上土	危
7日	02/10	火	壬寅	建	金箔金	室
8日	02/11	水	癸卯	除	金箔金	壁
9日	02/12	木	甲辰	満	覆燈火	奎
10日	02/13	金	乙巳	平	覆燈火	婁
11日	02/14	土	丙午	定	天河水	胃
12日	02/15	日	丁未	執	天河水	昴
13日	02/16	月	戊申	破	大駅土	畢
14日	02/17	火	己酉	危	大駅土	觜
15日	02/18	水	庚戌	成	釵釧金	参
16日	02/19	木	辛亥	納	釵釧金	井
17日	02/20	金	壬子	開	桑柘木	鬼
18日	02/21	土	癸丑	閉	桑柘木	柳
19日	02/22	日	甲寅	建	大溪水	星
20日	02/23	月	乙卯	除	大溪水	張
21日	02/24	火	丙辰	満	沙中土	翼
22日	02/25	水	丁巳	平	沙中土	軫
23日	02/26	木	戊午	定	天上火	角
24日	02/27	金	己未	執	天上火	亢
25日	02/28	土	庚申	破	柘榴木	氐
26日	03/01	日	辛酉	危	柘榴木	房
27日	03/02	月	壬戌	成	大海水	心
28日	03/03	火	癸亥	納	大海水	尾
29日	03/04	水	甲子	開	海中金	箕

【二月大 丁卯 昴】
節気　啓蟄 3日・春分 19日
雑節　彼岸 14日・社日 14日

日	新暦	曜	干支	直	納音	宿
1日	03/05	木	乙丑	閉	海中金	斗
2日	03/06	金	丙寅	建	爐中火	牛
3日	03/07	土	丁卯	除	爐中火	女
4日	03/08	日	戊辰	満	大林木	虚
5日	03/09	月	己巳	平	大林木	危
6日	03/10	火	庚午	定	路傍土	室
7日	03/11	水	辛未	執	路傍土	壁
8日	03/12	木	壬申	破	釵鋒金	奎
9日	03/13	金	癸酉	危	釵鋒金	婁
10日	03/14	土	甲戌	成	山頭火	胃
11日	03/15	日	乙亥	納	山頭火	昴
12日	03/16	月	丙子	納	澗下水	畢
13日	03/17	火	丁丑	開	澗下水	觜
14日	03/18	水	戊寅	閉	城頭土	参
15日	03/19	木	己卯	建	城頭土	井
16日☆	03/20	金	庚辰	除	白鑞金	鬼
17日	03/21	土	辛巳	満	白鑞金	柳
18日	03/22	日	壬午	平	楊柳木	星
19日	03/23	月	癸未	定	楊柳木	張
20日	03/24	火	甲申	執	井泉水	翼
21日	03/25	水	乙酉	破	井泉水	軫
22日	03/26	木	丙戌	危	屋上土	角
23日	03/27	金	丁亥	成	屋上土	亢
24日	03/28	土	戊子	納	霹靂火	氐
25日	03/29	日	己丑	納	霹靂火	房
26日	03/30	月	庚寅	開	松柏木	心
27日	03/31	火	辛卯	建	松柏木	尾
28日	04/01	水	壬辰	除	長流水	箕
29日	04/02	木	癸巳	建	長流水	斗
30日	04/03	金	甲午	平	沙中金	牛

【三月小 戊辰 畢】
節気　清明 4日・穀雨 19日
雑節　土用 16日

日	新暦	曜	干支	直	納音	宿
1日	04/04	土	乙未	定	沙中金	女
2日	04/05	日	丙申	執	山下火	虚
3日	04/06	月	丁酉	破	山下火	危
4日	04/07	火	戊戌	破	平地木	室
5日	04/08	水	己亥	成	平地木	壁
6日	04/09	木	庚子	納	壁上土	奎
7日	04/10	金	辛丑	納	壁上土	婁
8日	04/11	土	壬寅	開	金箔金	胃
9日	04/12	日	癸卯	閉	金箔金	昴
10日	04/13	月	甲辰	建	覆燈火	畢
11日	04/14	火	乙巳	除	覆燈火	觜
12日	04/15	水	丙午	満	天河水	参
13日	04/16	木	丁未	平	天河水	井
14日	04/17	金	戊申	定	大駅土	鬼
15日	04/18	土	己酉	執	大駅土	柳
16日	04/19	日	庚戌	破	釵釧金	星
17日	04/20	月	辛亥	危	釵釧金	張
18日	04/21	火	壬子	成	桑柘木	翼
19日	04/22	水	癸丑	納	桑柘木	軫
20日	04/23	木	甲寅	開	大溪水	角
21日	04/24	金	乙卯	閉	大溪水	亢
22日	04/25	土	丙辰	建	沙中土	氐
23日	04/26	日	丁巳	除	沙中土	房
24日	04/27	月	戊午	満	天上火	心
25日	04/28	火	己未	平	天上火	尾
26日	04/29	水	庚申	定	柘榴木	箕
27日	04/30	木	辛酉	執	柘榴木	斗
28日	05/01	金	壬戌	破	大海水	牛
29日	05/02	土	癸亥	危	大海水	女

【四月大 己巳 觜】
節気　立夏 5日・小満 21日
雑節　八十八夜 1日

日	新暦	曜	干支	直	納音	宿
1日	05/03	日	甲子	成	海中金	虚
2日	05/04	月	乙丑	納	海中金	危
3日	05/05	火	丙寅	開	爐中火	室
4日	05/06	水	丁卯	閉	爐中火	壁
5日	05/07	木	戊辰	閉	大林木	奎
6日	05/08	金	己巳	建	大林木	婁
7日	05/09	土	庚午	除	路傍土	胃
8日	05/10	日	辛未	満	路傍土	昴
9日	05/11	月	壬申	平	釵鋒金	畢
10日	05/12	火	癸酉	定	釵鋒金	觜
11日	05/13	水	甲戌	破	山頭火	参
12日	05/14	木	乙亥	危	山頭火	井
13日	05/15	金	丙子	危	澗下水	鬼
14日	05/16	土	丁丑	納	澗下水	柳
15日	05/17	日	戊寅	納	城頭土	星
16日	05/18	月	己卯	開	城頭土	張
17日	05/19	火	庚辰	閉	白鑞金	翼
18日	05/20	水	辛巳	建	白鑞金	軫
19日	05/21	木	壬午	除	楊柳木	角
20日	05/22	金	癸未	満	楊柳木	亢
21日	05/23	土	甲申	平	井泉水	氐
22日	05/24	日	乙酉	定	井泉水	房
23日	05/25	月	丙戌	執	屋上土	心
24日	05/26	火	丁亥	破	屋上土	尾
25日	05/27	水	戊子	危	霹靂火	箕
26日	05/28	木	己丑	成	霹靂火	斗
27日	05/29	金	庚寅	納	松柏木	牛
28日	05/30	土	辛卯	納	松柏木	女
29日	05/31	日	壬辰	閉	長流水	虚
30日	06/01	月	癸巳	建	長流水	危

【五月小 庚午 参】
節気　芒種 6日・夏至 21日
雑節　入梅 9日

日	新暦	曜	干支	直	納音	宿
1日	06/02	火	甲午	除	沙中金	室
2日	06/03	水	乙未	満	沙中金	壁
3日	06/04	木	丙申	平	山下火	奎
4日	06/05	金	丁酉	定	山下火	婁
5日	06/06	土	戊戌	執	平地木	胃
6日	06/07	日	己亥	破	平地木	昴
7日	06/08	月	庚子	破	壁上土	畢
8日	06/09	火	辛丑	危	壁上土	觜
9日	06/10	水	壬寅	成	金箔金	参
10日	06/11	木	癸卯	納	金箔金	井
11日	06/12	金	甲辰	開	覆燈火	鬼
12日	06/13	土	乙巳	閉	覆燈火	柳
13日	06/14	日	丙午	建	天河水	星
14日	06/15	月	丁未	除	天河水	張
15日	06/16	火	戊申	満	大駅土	翼
16日	06/17	水	己酉	平	大駅土	軫
17日	06/18	木	庚戌	定	釵釧金	角
18日	06/19	金	辛亥	執	釵釧金	亢
19日	06/20	土	壬子	破	桑柘木	氐
20日	06/21	日	癸丑	危	桑柘木	房
21日	06/22	月	甲寅	成	大溪水	心
22日	06/23	火	乙卯	納	大溪水	尾
23日	06/24	水	丙辰	開	沙中土	箕
24日	06/25	木	丁巳	建	沙中土	斗
25日	06/26	金	戊午	建	天上火	牛
26日	06/27	土	己未	除	天上火	女
27日	06/28	日	庚申	満	柘榴木	虚
28日	06/29	月	辛酉	平	柘榴木	危
29日	06/30	火	壬戌	定	大海水	室

【六月大 辛未 井】
節気　小暑 7日・大暑 22日
雑節　半夏生 2日・土用 19日

日	新暦	曜	干支	直	納音	宿
1日	07/01	水	癸亥	破	大海水	壁
2日	07/02	木	甲子	破	海中金	奎
3日	07/03	金	乙丑	危	海中金	婁
4日	07/04	土	丙寅	成	爐中火	胃
5日	07/05	日	丁卯	納	爐中火	昴
6日	07/06	月	戊辰	開	大林木	畢
7日	07/07	火	己巳	開	大林木	觜
8日	07/08	水	庚午	建	路傍土	参
9日	07/09	木	辛未	建	路傍土	井
10日	07/10	金	壬申	除	釵鋒金	鬼
11日	07/11	土	癸酉	満	釵鋒金	柳
12日	07/12	日	甲戌	定	山頭火	星
13日	07/13	月	乙亥	定	山頭火	張
14日	07/14	火	丙子	執	澗下水	翼
15日	07/15	水	丁丑	破	澗下水	軫
16日	07/16	木	戊寅	危	城頭土	角
17日	07/17	金	己卯	成	城頭土	亢
18日	07/18	土	庚辰	納	白鑞金	氐
19日	07/19	日	辛巳	閉	白鑞金	房
20日	07/20	月	壬午	閉	楊柳木	心
21日	07/21	火	癸未	建	楊柳木	尾
22日	07/22	水	甲申	除	井泉水	箕
23日	07/23	木	乙酉	満	井泉水	斗
24日	07/24	金	丙戌	平	屋上土	牛
25日	07/25	土	丁亥	定	屋上土	女
26日	07/26	日	戊子	執	霹靂火	虚
27日	07/27	月	己丑	破	霹靂火	危
28日	07/28	火	庚寅	危	松柏木	室
29日	07/29	水	辛卯	成	松柏木	壁

文政12年

西暦 曜 干支 直 納音 宿

30日 07/30 木 壬辰 納 長流水 奎

【七月小 壬申 鬼】
節気 立秋 8日・処暑 23日

	西暦	曜	干支	直	納音	宿
1日	07/31	金	癸巳	開	長流水	婁
2日	08/01	土	甲午	閉	沙中金	胃
3日	08/02	日	乙未	建	沙中金	昴
4日	08/03	月	丙申	除	山下火	觜
5日	08/04	火	丁酉	満	山下火	参
6日	08/05	水	戊戌	平	平地木	井
7日	08/06	木	己亥	定	平地木	鬼
8日	08/07	金	庚子	執	壁上土	柳
9日	08/08	土	辛丑	破	壁上土	星
10日	08/09	日	壬寅	危	金箔金	張
11日	08/10	月	癸卯	成	金箔金	翼
12日	08/11	火	甲辰	納	覆燈火	軫
13日	08/12	水	乙巳	納	覆燈火	軫
14日	08/13	木	丙午	開	天河水	角
15日	08/14	金	丁未	建	天河水	亢
16日	08/15	土	戊申	建	大駅土	氐
17日	08/16	日	己酉	除	大駅土	房
18日	08/17	月	庚戌	満	釵釧金	心
19日	08/18	火	辛亥	平	釵釧金	尾
20日	08/19	水	壬子	定	桑柘木	箕
21日	08/20	木	癸丑	執	桑柘木	斗
22日	08/21	金	甲寅	破	大溪水	女
23日	08/22	土	乙卯	危	大溪水	虚
24日	08/23	日	丙辰	成	沙中土	危
25日	08/24	月	丁巳	納	沙中土	室
26日	08/25	火	戊午	開	天上火	壁
27日	08/26	水	己未	閉	天上火	壁
28日	08/27	木	庚申	建	柘榴木	奎
29日	08/28	金	辛酉	除	柘榴木	婁

【八月大 癸酉 柳】
節気 白露 9日・秋分 24日
雑節 二百十日 5日・彼岸 23日・社日 27日

	西暦	曜	干支	直	納音	宿
1日	08/29	土	壬戌	満	大海水	胃
2日	08/30	日	癸亥	平	大海水	昴
3日	08/31	月	甲子	定	海中金	畢
4日	09/01	火	乙丑	執	海中金	觜
5日	09/02	水	丙寅	破	炉中火	参
6日	09/03	木	丁卯	危	炉中火	井
7日	09/04	金	戊辰	成	大林木	鬼
8日	09/05	土	己巳	納	大林木	柳
9日	09/06	日	庚午	開	路傍土	星
10日	09/07	月	辛未	開	路傍土	張
11日	09/08	火	壬申	閉	釵鋒金	翼
12日	09/09	水	癸酉	建	釵鋒金	軫
13日	09/10	木	甲戌	除	山頭火	角
14日	09/11	金	乙亥	満	山頭火	亢
15日	09/12	土	丙子	平	澗下水	氐
16日	09/13	日	丁丑	定	澗下水	房
17日	09/14	月	戊寅	執	城頭土	心
18日	09/15	火	己卯	破	城頭土	尾
19日	09/16	水	庚辰	危	白鑞金	箕
20日	09/17	木	辛巳	成	白鑞金	斗
21日	09/18	金	壬午	納	楊柳木	牛
22日	09/19	土	癸未	開	楊柳木	女
23日	09/20	日	甲申	閉	井泉水	虚
24日	09/21	月	乙酉	建	井泉水	危
25日	09/22	火	丙戌	除	屋上土	室
26日	09/23	水	丁亥	満	屋上土	壁
27日	09/24	木	戊子	平	霹靂火	奎
28日	09/25	金	己丑	定	霹靂火	婁
29日	09/26	土	庚寅	執	松柏木	胃
30日	09/27	日	辛卯	破	松柏木	昴

【九月大 甲戌 星】
節気 寒露 10日・霜降 25日
雑節 土用 22日

	西暦	曜	干支	直	納音	宿
1日	◎09/28	月	壬辰	危	長流水	畢
2日	09/29	火	癸巳	成	長流水	觜
3日	09/30	水	甲午	納	沙中金	参
4日	10/01	木	乙未	開	沙中金	井
5日	10/02	金	丙申	建	山下火	鬼
6日	10/03	土	丁酉	除	山下火	柳
7日	10/04	日	戊戌	満	平地木	星
8日	10/05	月	己亥	平	平地木	張
9日	10/06	火	庚子	定	壁上土	翼
10日	10/07	水	辛丑	執	壁上土	軫
11日	10/08	木	壬寅	定	金箔金	角
12日	10/09	金	癸卯	成	金箔金	亢
13日	10/10	土	甲辰	破	覆燈火	氐
14日	10/11	日	乙巳	危	覆燈火	房
15日	10/12	月	丙午	成	天河水	心
16日	10/13	火	丁未	納	天河水	尾
17日	10/14	水	戊申	開	大駅土	箕
18日	10/15	木	己酉	閉	大駅土	斗
19日	10/16	金	庚戌	除	釵釧金	牛
20日	10/17	土	辛亥	除	釵釧金	女
21日	10/18	日	壬子	満	桑柘木	危
22日	10/19	月	癸丑	平	桑柘木	室
23日	10/20	火	甲寅	定	大溪水	壁
24日	10/21	水	乙卯	執	大溪水	奎
25日	10/22	木	丙辰	破	沙中土	婁
26日	10/23	金	丁巳	危	沙中土	胃
27日	10/24	土	戊午	成	天上火	昴
28日	10/25	日	己未	納	天上火	觜
29日	10/26	月	庚申	開	柘榴木	参
30日	10/27	火	辛酉	閉	柘榴木	参

【十月小 乙亥 張】
節気 立冬 10日・小雪 25日

	西暦	曜	干支	直	納音	宿
1日	10/28	水	壬戌	建	大海水	参
2日	10/29	木	癸亥	除	大海水	井
3日	10/30	金	甲子	満	海中金	鬼
4日	10/31	土	乙丑	平	海中金	柳
5日	11/01	日	丙寅	定	炉中火	星
6日	11/02	月	丁卯	執	炉中火	張
7日	11/03	火	戊辰	破	大林木	翼
8日	11/04	水	己巳	成	大林木	軫
9日	11/05	木	庚午	成	路傍土	角
10日	11/06	金	辛未	納	路傍土	亢
11日	11/07	土	壬申	納	釵鋒金	氐
12日	11/08	日	癸酉	開	釵鋒金	房
13日	11/09	月	甲戌	閉	山頭火	心
14日	11/10	火	乙亥	建	山頭火	尾
15日	11/11	水	丙子	除	澗下水	箕
16日	11/12	木	丁丑	満	澗下水	斗
17日	11/13	金	戊寅	平	城頭土	牛
18日	11/14	土	己卯	定	城頭土	女
19日	11/15	日	庚辰	執	白鑞金	虚
20日	11/16	月	辛巳	破	白鑞金	危
21日	11/17	火	壬午	危	楊柳木	室
22日	11/18	水	癸未	成	楊柳木	壁
23日	11/19	木	甲申	納	井泉水	奎
24日	11/20	金	乙酉	開	井泉水	婁
25日	11/21	土	丙戌	閉	屋上土	胃
26日	11/22	日	丁亥	建	屋上土	昴
27日	11/23	月	戊子	除	霹靂火	畢
28日	11/24	火	己丑	満	霹靂火	觜
29日	11/25	水	庚寅	平	松柏木	参

【十一月大 丙子 翼】
節気 大雪 11日・冬至 27日

	西暦	曜	干支	直	納音	宿
1日	11/26	木	辛卯	定	松柏木	井
2日	11/27	金	壬辰	執	長流水	柳
3日	11/28	土	癸巳	破	長流水	星
4日	11/29	日	甲午	危	沙中金	星
5日	11/30	月	乙未	成	沙中金	張
6日	12/01	火	丙申	納	山下火	翼
7日	12/02	水	丁酉	開	山下火	軫
8日	12/03	木	戊戌	閉	平地木	角
9日	12/04	金	己亥	閉	平地木	亢
10日	12/05	土	庚子	除	壁上土	氐
11日	12/06	日	辛丑	除	壁上土	房
12日	12/07	月	壬寅	満	金箔金	心
13日	12/08	火	癸卯	定	金箔金	尾
14日	12/09	水	甲辰	定	覆燈火	箕
15日	12/10	木	乙巳	執	覆燈火	斗
16日	12/11	金	丙午	破	天河水	女
17日	12/12	土	丁未	危	天河水	女
18日	12/13	日	戊申	成	大駅土	虚
19日	12/14	月	己酉	納	大駅土	危
20日	12/15	火	庚戌	開	釵釧金	室
21日	12/16	水	辛亥	閉	釵釧金	壁
22日	12/17	木	壬子	建	桑柘木	奎
23日	12/18	金	癸丑	除	桑柘木	婁
24日	12/19	土	甲寅	平	大溪水	胃
25日	12/20	日	乙卯	平	大溪水	昴
26日	12/21	月	丙辰	定	沙中土	畢
27日	12/22	火	丁巳	執	沙中土	觜
28日	12/23	水	戊午	破	天上火	参
29日	12/24	木	己未	危	天上火	井
30日	12/25	金	庚申	成	柘榴木	鬼

【十二月大 丁丑 軫】
節気 小寒 12日・大寒 27日
雑節 土用 24日

	西暦	曜	干支	直	納音	宿
1日	12/26	土	辛酉	納	柘榴木	柳
2日	12/27	日	壬戌	開	大海水	星
3日	12/28	月	癸亥	閉	大海水	張
4日	12/29	火	甲子	建	海中金	翼
5日	12/30	水	乙丑	除	海中金	軫
6日	12/31	木	丙寅	満	炉中火	角

1830年

	西暦	曜	干支	直	納音	宿
7日	01/01	金	丁卯	平	炉中火	亢
8日	01/02	土	戊辰	定	大林木	氐
9日	01/03	日	己巳	執	大林木	房
10日	01/04	月	庚午	破	路傍土	心
11日	01/05	火	辛未	危	路傍土	尾
12日	01/06	水	壬申	成	釵鋒金	箕
13日	01/07	木	癸酉	納	釵鋒金	斗
14日	01/08	金	甲戌	開	山頭火	牛
15日	01/09	土	乙亥	閉	山頭火	女
16日	01/10	日	丙子	閉	澗下水	虚
17日	01/11	月	丁丑	建	澗下水	危
18日	01/12	火	戊寅	除	城頭土	室
19日	01/13	水	己卯	満	城頭土	壁
20日	01/14	木	庚辰	平	白鑞金	奎
21日	01/15	金	辛巳	定	白鑞金	婁
22日	01/16	土	壬午	執	楊柳木	胃
23日	01/17	日	癸未	破	楊柳木	昴
24日	01/18	月	甲申	危	井泉水	畢
25日	01/19	火	乙酉	成	井泉水	觜
26日	01/20	水	丙戌	納	屋上土	参
27日	01/21	木	丁亥	開	屋上土	井
28日	01/22	金	戊子	閉	霹靂火	鬼
29日	01/23	土	己丑	建	霹靂火	柳
30日	01/24	日	庚寅	除	松柏木	星

天保元年〔文政13年〕

1830～1831　庚寅　星
※改元＝12月10日

【正月小 戊寅 角】
節気 立春 12日・雨水 27日
雑節 節分 11日

日	月日	曜	干支	直	納音	宿
1日	01/25	月	辛卯	満	松柏木	張
2日	01/26	火	壬辰	平	長流水	翼
3日	01/27	水	癸巳	定	長流水	軫
4日	01/28	木	甲午	執	沙中金	角
5日	01/29	金	乙未	破	沙中金	亢
6日	01/30	土	丙申	危	山下火	氐
7日	01/31	日	丁酉	成	山下火	房
8日	02/01	月	戊戌	納	平地木	心
9日	02/02	火	己亥	開	平地木	尾
10日	02/03	水	庚子	閉	壁上土	箕
11日	02/04	木	辛丑	建	壁上土	斗
12日	02/05	金	壬寅	建	金箔金	牛
13日	02/06	土	癸卯	除	金箔金	女
14日	02/07	日	甲辰	満	覆燈火	虚
15日	02/08	月	乙巳	平	覆燈火	危
16日	02/09	火	丙午	定	天河水	室
17日	02/10	水	丁未	執	天河水	壁
18日	02/11	木	戊申	破	大駅土	奎
19日	02/12	金	己酉	危	大駅土	婁
20日	02/13	土	庚戌	成	釵釧金	胃
21日	02/14	日	辛亥	納	釵釧金	昴
22日	02/15	月	壬子	開	桑柘木	畢
23日	02/16	火	癸丑	閉	桑柘木	觜
24日	02/17	水	甲寅	建	大溪水	参
25日	02/18	木	乙卯	除	大溪水	鬼
26日	02/19	金	丙辰	満	沙中土	柳
27日	02/20	土	丁巳	平	沙中土	星
28日	02/21	日	戊午	定	天上火	張
29日	02/22	月	己未	執	天上火	張

【二月小 己卯 亢】
節気 啓蟄 14日・春分 29日
雑節 彼岸 24日・社日 29日

日	月日	曜	干支	直	納音	宿
1日	02/23	火	庚申	破	柘榴木	翼
2日	02/24	水	辛酉	危	柘榴木	軫
3日	02/25	木	壬戌	成	大海水	角
4日	02/26	金	癸亥	納	大海水	亢
5日	02/27	土	甲子	開	海中金	氐
6日	02/28	日	乙丑	閉	海中金	房
7日	03/01	月	丙寅	建	爐中火	心
8日	03/02	火	丁卯	除	爐中火	尾
9日	03/03	水	戊辰	満	大林木	箕
10日	03/04	木	己巳	平	大林木	斗
11日	03/05	金	庚午	定	路傍土	牛
12日	03/06	土	辛未	執	路傍土	女
13日	03/07	日	壬申	破	釵鋒金	虚
14日	03/08	月	癸酉	危	釵鋒金	室
15日	☆03/09	火	甲戌	成	山頭火	壁
16日	03/10	水	乙亥	納	山頭火	奎
17日	03/11	木	丙子	開	澗下水	婁
18日	03/12	金	丁丑	閉	澗下水	胃
19日	03/13	土	戊寅	建	城頭土	昴
20日	03/14	日	己卯	除	城頭土	畢
21日	03/15	月	庚辰	満	白鑞金	觜
22日	03/16	火	辛巳	平	白鑞金	参
23日	03/17	水	壬午	定	楊柳木	井
24日	03/18	木	癸未	執	楊柳木	鬼
25日	03/19	金	甲申	破	井泉水	柳
26日	03/20	土	乙酉	危	井泉水	星
27日	03/21	日	丙戌	成	屋上土	張
28日	03/22	月	丁亥	成	屋上土	翼
29日	03/23	火	戊子	納	霹靂火	翼

【三月大 庚辰 氐】
節気 清明 15日・穀雨 30日
雑節 土用 27日

日	月日	曜	干支	直	納音	宿
1日	03/24	水	己丑	開	霹靂火	軫
2日	03/25	木	庚寅	建	松柏木	角
3日	03/26	金	辛卯	建	松柏木	亢
4日	03/27	土	壬辰	除	長流水	氐
5日	03/28	日	癸巳	満	長流水	房
6日	03/29	月	甲午	平	沙中金	心
7日	03/30	火	乙未	定	沙中金	尾
8日	03/31	水	丙申	執	山下火	箕
9日	04/01	木	丁酉	破	山下火	斗
10日	04/02	金	戊戌	危	平地木	牛
11日	04/03	土	己亥	成	平地木	女
12日	04/04	日	庚子	納	壁上土	虚
13日	04/05	月	辛丑	開	壁上土	危
14日	04/06	火	壬寅	閉	金箔金	室
15日	04/07	水	癸卯	建	金箔金	壁
16日	04/08	木	甲辰	建	覆燈火	奎
17日	04/09	金	乙巳	除	覆燈火	婁
18日	04/10	土	丙午	満	天河水	胃
19日	04/11	日	丁未	平	天河水	昴
20日	04/12	月	戊申	定	大駅土	畢
21日	04/13	火	己酉	執	大駅土	觜
22日	04/14	水	庚戌	破	釵釧金	参
23日	04/15	木	辛亥	危	釵釧金	井
24日	04/16	金	壬子	成	桑柘木	鬼
25日	04/17	土	癸丑	納	桑柘木	柳
26日	04/18	日	甲寅	開	大溪水	星
27日	04/19	月	乙卯	閉	大溪水	張
28日	04/20	火	丙辰	建	沙中土	翼
29日	04/21	水	丁巳	除	沙中土	軫
30日	04/22	木	戊午	満	天上火	角

【閏三月小 庚辰 氐】
節気 立夏 16日
雑節 八十八夜 11日

日	月日	曜	干支	直	納音	宿
1日	04/23	金	己未	平	天上火	亢
2日	04/24	土	庚申	定	柘榴木	氐
3日	04/25	日	辛酉	執	柘榴木	房
4日	04/26	月	壬戌	破	大海水	心
5日	04/27	火	癸亥	危	大海水	尾
6日	04/28	水	甲子	成	海中金	箕
7日	04/29	木	乙丑	納	海中金	斗
8日	04/30	金	丙寅	開	爐中火	牛
9日	05/01	土	丁卯	閉	爐中火	女
10日	05/02	日	戊辰	建	大林木	虚
11日	05/03	月	己巳	除	大林木	危
12日	05/04	火	庚午	満	路傍土	室
13日	05/05	水	辛未	平	路傍土	壁
14日	05/06	木	壬申	定	釵鋒金	奎
15日	05/07	金	癸酉	執	釵鋒金	婁
16日	05/08	土	甲戌	破	山頭火	胃
17日	05/09	日	乙亥	危	山頭火	昴
18日	05/10	月	丙子	成	澗下水	畢
19日	05/11	火	丁丑	納	澗下水	觜
20日	05/12	水	戊寅	開	城頭土	参
21日	05/13	木	己卯	閉	城頭土	井
22日	05/14	金	庚辰	建	白鑞金	鬼
23日	05/15	土	辛巳	除	白鑞金	柳
24日	05/16	日	壬午	満	楊柳木	星
25日	05/17	月	癸未	平	楊柳木	張
26日	05/18	火	甲申	定	井泉水	翼
27日	05/19	水	乙酉	執	井泉水	軫
28日	05/20	木	丙戌	破	屋上土	角
29日	05/21	金	丁亥	危	屋上土	亢

【四月大 辛巳 房】
節気 小満 2日・芒種 17日
雑節 入梅 25日

日	月日	曜	干支	直	納音	宿
1日	05/22	土	戊子	成	霹靂火	氐
2日	05/23	日	己丑	納	霹靂火	房
3日	05/24	月	庚寅	納	松柏木	心
4日	05/25	火	辛卯	開	松柏木	尾
5日	05/26	水	壬辰	閉	長流水	箕
6日	05/27	木	癸巳	建	長流水	斗
7日	05/28	金	甲午	除	沙中金	牛
8日	05/29	土	乙未	満	沙中金	女
9日	05/30	日	丙申	平	山下火	虚
10日	05/31	月	丁酉	定	山下火	危
11日	06/01	火	戊戌	執	平地木	室
12日	06/02	水	己亥	破	平地木	壁
13日	06/03	木	庚子	危	壁上土	奎
14日	06/04	金	辛丑	成	壁上土	婁
15日	06/05	土	壬寅	納	金箔金	胃
16日	06/06	日	癸卯	開	金箔金	昴
17日	06/07	月	甲辰	閉	覆燈火	畢
18日	06/08	火	乙巳	建	覆燈火	觜
19日	06/09	水	丙午	除	天河水	参
20日	06/10	木	丁未	満	天河水	井
21日	06/11	金	戊申	平	大駅土	鬼
22日	06/12	土	己酉	定	大駅土	柳
23日	06/13	日	庚戌	執	釵釧金	星
24日	06/14	月	辛亥	破	釵釧金	張
25日	06/15	火	壬子	危	桑柘木	翼
26日	06/16	水	癸丑	成	桑柘木	軫
27日	06/17	木	甲寅	納	大溪水	角
28日	06/18	金	乙卯	開	大溪水	亢
29日	06/19	土	丙辰	閉	沙中土	氐
30日	06/20	日	丁巳		沙中土	房

【五月小 壬午 心】
節気 夏至 2日・小暑 17日
雑節 半夏生 12日

日	月日	曜	干支	直	納音	宿
1日	06/21	月	戊午	建	天上火	心
2日	06/22	火	己未	除	天上火	尾
3日	06/23	水	庚申	満	柘榴木	箕
4日	06/24	木	辛酉	平	柘榴木	斗
5日	06/25	金	壬戌	定	大海水	牛
6日	06/26	土	癸亥	執	大海水	女
7日	06/27	日	甲子	破	海中金	虚
8日	06/28	月	乙丑	危	海中金	危
9日	06/29	火	丙寅	成	爐中火	室
10日	06/30	水	丁卯	納	爐中火	壁
11日	07/01	木	戊辰	開	大林木	奎
12日	07/02	金	己巳	閉	大林木	婁
13日	07/03	土	庚午	建	路傍土	胃
14日	07/04	日	辛未	除	路傍土	昴
15日	07/05	月	壬申	満	釵鋒金	畢
16日	07/06	火	癸酉	平	釵鋒金	觜
17日	07/07	水	甲戌	定	山頭火	参
18日	07/08	木	乙亥	執	山頭火	井
19日	07/09	金	丙子	破	澗下水	鬼
20日	07/10	土	丁丑	危	澗下水	柳
21日	07/11	日	戊寅	成	城頭土	星
22日	07/12	月	己卯	納	城頭土	張
23日	07/13	火	庚辰	開	白鑞金	翼
24日	07/14	水	辛巳	閉	白鑞金	軫
25日	07/15	木	壬午	建	楊柳木	角
26日	07/16	金	癸未	除	楊柳木	亢
27日	07/17	土	甲申	満	井泉水	氐
28日	07/18	日	乙酉	平	井泉水	房
29日	07/19	月	丙戌	定	屋上土	心

【六月小 癸未 尾】
節気 大暑 4日・立秋 19日
雑節 土用 1日

日	月日	曜	干支	直	納音	宿
1日	07/20	火	丁亥	執	屋上土	尾
2日	07/21	水	戊子	破	霹靂火	箕
3日	07/22	木	己丑	危	霹靂火	斗
4日	07/23	金	庚寅	成	松柏木	牛
5日	07/24	土	辛卯	納	松柏木	女
6日	07/25	日	壬辰	開	長流水	虚
7日	07/26	月	癸巳	閉	長流水	危
8日	07/27	火	甲午	建	沙中金	室
9日	07/28	水	乙未	除	沙中金	壁
10日	07/29	木	丙申	満	山下火	奎
11日	07/30	金	丁酉	平	山下火	婁
12日	07/31	土	戊戌	定	平地木	胃
13日	08/01	日	己亥	執	平地木	昴

天保元年〔文政13年〕

日	西暦	曜	干支	直	納音	宿
14日	08/02	月	庚子	執	壁上土	畢
15日	08/03	火	辛丑	破	壁上土	觜
16日	08/04	水	壬寅	危	金箔金	参
17日	08/05	木	癸卯	成	金箔金	井
18日	08/06	金	甲辰	納	覆燈火	鬼
19日	08/07	土	乙巳	開	覆燈火	柳
20日	08/08	日	丙午	閉	天河水	星
21日	08/09	月	丁未	建	天河水	張
22日	08/10	火	戊申	建	大駅土	翼
23日	08/11	水	己酉	除	大駅土	軫
24日	08/12	木	庚戌	満	釵釧金	角
25日	08/13	金	辛亥	平	釵釧金	亢
26日	08/14	土	壬子	定	桑柘木	氐
27日	08/15	日	癸丑	執	桑柘木	房
28日	08/16	月	甲寅	破	大溪水	心
29日	08/17	火	乙卯	危	大溪水	尾

七月大 甲申 箕

節気 処暑 5日・白露 20日
雑節 二百十日 16日

日	西暦	曜	干支	直	納音	宿
1日	08/18	水	丙辰	成	沙中土	箕
2日	08/19	木	丁巳	納	沙中土	斗
3日	08/20	金	戊午	開	天上火	牛
4日	08/21	土	己未	閉	天上火	女
5日	08/22	日	庚申	建	柘榴木	虚
6日	08/23	月	辛酉	除	柘榴木	危
7日	08/24	火	壬戌	満	大海水	室
8日	08/25	水	癸亥	平	大海水	壁
9日	08/26	木	甲子	定	海中金	奎
10日	08/27	金	乙丑	執	海中金	婁
11日	08/28	土	丙寅	破	爐中火	胃
12日	08/29	日	丁卯	危	爐中火	昴
13日	08/30	月	戊辰	成	大林木	畢
14日	08/31	火	己巳	納	大林木	觜
15日	09/01	水	庚午	開	路傍土	参
16日	09/02	木	辛未	閉	路傍土	井
17日☆	09/03	金	壬申	建	釵鋒金	鬼
18日	09/04	土	癸酉	除	釵鋒金	柳
19日	09/05	日	甲戌	満	山頭火	星
20日	09/06	月	乙亥	満	山頭火	張
21日	09/07	火	丙子	平	澗下水	翼
22日	09/08	水	丁丑	定	澗下水	軫
23日	09/09	木	戊寅	執	城頭土	角
24日	09/10	金	己卯	破	城頭土	亢
25日	09/11	土	庚辰	危	白鑞金	氐
26日	09/12	日	辛巳	成	白鑞金	房
27日	09/13	月	壬午	納	楊柳木	心
28日	09/14	火	癸未	開	楊柳木	尾
29日	09/15	水	甲申	閉	井泉水	箕
30日	09/16	木	乙酉	建	井泉水	斗

八月大 乙酉 斗

節気 秋分 6日・寒露 21日
雑節 社日 3日・彼岸 5日

日	西暦	曜	干支	直	納音	宿
1日	09/17	金	丙戌	除	屋上土	牛
2日	09/18	土	丁亥	満	屋上土	女
3日	09/19	日	戊子	平	霹靂火	虚
4日	09/20	月	己丑	定	霹靂火	危
5日	09/21	火	庚寅	執	松柏木	室
6日	09/22	水	辛卯	破	松柏木	壁
7日	09/23	木	壬辰	危	長流水	奎
8日	09/24	金	癸巳	成	長流水	婁
9日	09/25	土	甲午	納	沙中金	胃
10日	09/26	日	乙未	開	沙中金	昴
11日	09/27	月	丙申	閉	山下火	畢
12日	09/28	火	丁酉	建	山下火	觜
13日	09/29	水	戊戌	除	平地木	参
14日	09/30	木	己亥	満	平地木	井
15日	10/01	金	庚子	平	壁上土	鬼
16日	10/02	土	辛丑	定	壁上土	柳
17日	10/03	日	壬寅	執	金箔金	星
18日	10/04	月	癸卯	破	金箔金	張
19日	10/05	火	甲辰	危	覆燈火	翼
20日	10/06	水	乙巳	成	覆燈火	軫
21日	10/07	木	丙午	成	天河水	角
22日	10/08	金	丁未	納	天河水	亢
23日	10/09	土	戊申	開	大駅土	氐
24日	10/10	日	己酉	閉	大駅土	房
25日	10/11	月	庚戌	建	釵釧金	心
26日	10/12	火	辛亥	除	釵釧金	尾
27日	10/13	水	壬子	満	桑柘木	箕
28日	10/14	木	癸丑	平	桑柘木	斗
29日	10/15	金	甲寅	定	大溪水	牛
30日	10/16	土	乙卯	執	大溪水	女

九月小 丙戌 牛

節気 霜降 6日・立冬 21日
雑節 土用 3日

日	西暦	曜	干支	直	納音	宿
1日	10/17	日	丙辰	破	沙中土	虚
2日	10/18	月	丁巳	危	沙中土	危
3日	10/19	火	戊午	成	天上火	室
4日	10/20	水	己未	納	天上火	壁
5日	10/21	木	庚申	開	柘榴木	奎
6日	10/22	金	辛酉	閉	柘榴木	婁
7日	10/23	土	壬戌	建	大海水	胃
8日	10/24	日	癸亥	除	大海水	昴
9日	10/25	月	甲子	満	海中金	畢
10日	10/26	火	乙丑	平	海中金	觜
11日	10/27	水	丙寅	定	爐中火	参
12日	10/28	木	丁卯	執	爐中火	井
13日	10/29	金	戊辰	破	大林木	鬼
14日	10/30	土	己巳	危	大林木	柳
15日	10/31	日	庚午	成	路傍土	星
16日	11/01	月	辛未	納	路傍土	張
17日	11/02	火	壬申	開	釵鋒金	翼
18日	11/03	水	癸酉	閉	釵鋒金	軫
19日	11/04	木	甲戌	建	山頭火	角
20日	11/05	金	乙亥	除	山頭火	亢
21日	11/06	土	丙子	除	澗下水	氐
22日	11/07	日	丁丑	満	澗下水	房
23日	11/08	月	戊寅	平	城頭土	心
24日	11/09	火	己卯	定	城頭土	尾
25日	11/10	水	庚辰	執	白鑞金	箕
26日	11/11	木	辛巳	破	白鑞金	斗
27日	11/12	金	壬午	危	楊柳木	牛
28日	11/13	土	癸未	成	楊柳木	女
29日	11/14	日	甲申	納	井泉水	虚

十月大 丁亥 女

節気 小雪 6日・大雪 23日

日	西暦	曜	干支	直	納音	宿
1日	11/15	月	乙酉	開	井泉水	危
2日	11/16	火	丙戌	閉	屋上土	室
3日	11/17	水	丁亥	建	屋上土	壁
4日	11/18	木	戊子	除	霹靂火	奎
5日	11/19	金	己丑	満	霹靂火	婁
6日	11/20	土	庚寅	平	松柏木	胃
7日	11/21	日	辛卯	定	松柏木	昴
8日	11/22	月	壬辰	執	長流水	畢
9日	11/23	火	癸巳	破	長流水	觜
10日	11/24	水	甲午	危	沙中金	参
11日	11/25	木	乙未	成	沙中金	井
12日	11/26	金	丙申	納	山下火	鬼
13日	11/27	土	丁酉	開	山下火	柳
14日	11/28	日	戊戌	閉	平地木	星
15日	11/29	月	己亥	建	平地木	張
16日	11/30	火	庚子	除	壁上土	翼
17日	12/01	水	辛丑	満	壁上土	軫
18日	12/02	木	壬寅	平	金箔金	角
19日	12/03	金	癸卯	定	金箔金	亢
20日	12/04	土	甲辰	執	覆燈火	氐
21日	12/05	日	乙巳	破	覆燈火	房
22日	12/06	月	丙午	危	天河水	心
23日	12/07	火	丁未	危	天河水	尾
24日	12/08	水	戊申	成	大駅土	箕
25日	12/09	木	己酉	納	大駅土	斗
26日	12/10	金	庚戌	開	釵釧金	牛
27日	12/11	土	辛亥	閉	釵釧金	女
28日	12/12	日	壬子	建	桑柘木	虚
29日	12/13	月	癸丑	除	桑柘木	危
30日	12/14	火	甲寅	満	大溪水	室

十一月大 戊子 虚

節気 冬至 8日・小寒 23日

日	西暦	曜	干支	直	納音	宿
1日	12/15	水	乙卯	平	大溪水	壁
2日	12/16	木	丙辰	定	沙中土	奎
3日	12/17	金	丁巳	執	沙中土	婁
4日	12/18	土	戊午	破	天上火	胃
5日	12/19	日	己未	危	天上火	昴
6日	12/20	月	庚申	成	柘榴木	畢
7日	12/21	火	辛酉	納	柘榴木	觜
8日	12/22	水	壬戌	開	大海水	参
9日	12/23	木	癸亥	閉	大海水	井
10日	12/24	金	甲子	建	海中金	鬼
11日	12/25	土	乙丑	除	海中金	柳
12日	12/26	日	丙寅	満	爐中火	星
13日	12/27	月	丁卯	平	爐中火	張
14日	12/28	火	戊辰	定	大林木	翼
15日	12/29	水	己巳	執	大林木	軫
16日	12/30	木	庚午	破	路傍土	角
17日	12/31	金	辛未	危	路傍土	亢

1831年

日	西暦	曜	干支	直	納音	宿
18日	01/01	土	壬申	成	釵鋒金	氐
19日	01/02	日	癸酉	納	釵鋒金	房
20日	01/03	月	甲戌	開	山頭火	心
21日	01/04	火	乙亥	閉	山頭火	尾
22日	01/05	水	丙子	建	澗下水	箕
23日	01/06	木	丁丑	建	澗下水	斗
24日	01/07	金	戊寅	除	城頭土	牛
25日	01/08	土	己卯	満	城頭土	女
26日	01/09	日	庚辰	平	白鑞金	虚
27日	01/10	月	辛巳	定	白鑞金	危
28日	01/11	火	壬午	執	楊柳木	室
29日	01/12	水	癸未	破	楊柳木	壁
30日	01/13	木	甲申	危	井泉水	奎

十二月大 己丑 危

節気 大寒 8日・立春 24日
雑節 土用 5日・節分 23日

日	西暦	曜	干支	直	納音	宿
1日	01/14	金	乙酉	成	井泉水	婁
2日	01/15	土	丙戌	納	屋上土	胃
3日	01/16	日	丁亥	開	屋上土	昴
4日	01/17	月	戊子	閉	霹靂火	畢
5日	01/18	火	己丑	建	霹靂火	觜
6日	01/19	水	庚寅	除	松柏木	参
7日	01/20	木	辛卯	満	松柏木	井
8日	01/21	金	壬辰	平	長流水	鬼
9日	01/22	土	癸巳	定	長流水	柳
10日	01/23	日	甲午	執	沙中金	星

*改元(文政13年→天保元年)

日	西暦	曜	干支	直	納音	宿
11日	01/24	月	乙未	破	沙中金	張
12日	01/25	火	丙申	危	山下火	翼
13日	01/26	水	丁酉	成	山下火	軫
14日	01/27	木	戊戌	納	平地木	角
15日	01/28	金	己亥	開	平地木	亢
16日	01/29	土	庚子	閉	壁上土	氐
17日	01/30	日	辛丑	建	壁上土	房
18日	01/31	月	壬寅	除	金箔金	心
19日	02/01	火	癸卯	満	金箔金	尾
20日	02/02	水	甲辰	平	覆燈火	箕
21日	02/03	木	乙巳	定	覆燈火	斗
22日	02/04	金	丙午	執	天河水	牛
23日	02/05	土	丁未	破	天河水	女
24日	02/06	日	戊申	破	大駅土	虚
25日	02/07	月	己酉	危	大駅土	危
26日	02/08	火	庚戌	成	釵釧金	室
27日	02/09	水	辛亥	納	釵釧金	壁
28日	02/10	木	壬子	開	桑柘木	奎
29日	02/11	金	癸丑	閉	桑柘木	婁
30日	02/12	土	甲寅	建	大溪水	胃

天保2年
1831〜1832　辛卯　張

【正月小 庚寅 室】
節気 雨水 9日・啓蟄 24日

```
 1日 02/13 日 乙卯 除 大溪水 昴
 2日 02/14 月 丙辰 満 沙中土 觜
 3日 02/15 火 丁巳 平 沙中土 参
 4日 02/16 水 戊午 定 天上火 井
 5日 02/17 木 己未 執 天上火 鬼
 6日 02/18 金 庚申 破 柘榴木 柳
 7日 02/19 土 辛酉 危 柘榴木 星
 8日 02/20 日 壬戌 成 大海水 張
 9日 02/21 月 癸亥 納 大海水 翼
10日 02/22 火 甲子 開 海中金 軫
11日 02/23 水 乙丑 閉 海中金 角
12日 02/24 木 丙寅 建 爐中火 亢
13日 02/25 金 丁卯 除 爐中火 氐
14日☆02/26 土 戊辰 満 大林木 房
15日 02/27 日 己巳 平 大林木 心
16日 02/28 月 庚午 定 路傍土 尾
17日 03/01 火 辛未 執 路傍土 箕
18日 03/02 水 壬申 破 釼鋒金 斗
19日 03/03 木 癸酉 危 釼鋒金 女
20日 03/04 金 甲戌 成 山頭火 虚
21日 03/05 土 乙亥 納 山頭火 危
22日 03/06 日 丙子 開 澗下水 室
23日 03/07 月 丁丑 閉 澗下水 壁
24日 03/08 火 戊寅 建 城頭土 奎
25日 03/09 水 己卯 建 城頭土 婁
26日 03/10 木 庚辰 除 白鑞金 胃
27日 03/11 金 辛巳 満 楊柳木 昴
28日 03/12 土 壬午 平 楊柳木 觜
29日 03/13 日 癸未 定 楊柳木 参
```

【二月大 辛卯 壁】
節気 春分 10日・清明 25日
雑節 彼岸 5日・社日 5日

```
 1日 03/14 月 甲申 執 井泉水 畢
 2日 03/15 火 乙酉 破 井泉水 觜
 3日 03/16 水 丙戌 危 屋上土 参
 4日 03/17 木 丁亥 成 屋上土 井
 5日 03/18 金 戊子 納 霹靂火 鬼
 6日 03/19 土 己丑 開 霹靂火 柳
 7日 03/20 日 庚寅 閉 松柏木 星
 8日 03/21 月 辛卯 建 松柏木 張
 9日 03/22 火 壬辰 除 長流水 翼
10日 03/23 水 癸巳 満 長流水 軫
11日 03/24 木 甲午 平 沙中金 角
12日 03/25 金 乙未 定 沙中金 亢
13日 03/26 土 丙申 執 山下火 氐
14日 03/27 日 丁酉 破 山下火 房
15日 03/28 月 戊戌 危 平地木 心
16日 03/29 火 己亥 成 平地木 尾
17日 03/30 水 庚子 納 壁上土 箕
18日 03/31 木 辛丑 開 壁上土 斗
19日 04/01 金 壬寅 閉 金箔金 牛
20日 04/02 土 癸卯 建 金箔金 女
21日 04/03 日 甲辰 満 覆燈火 虚
22日 04/04 月 乙巳 満 覆燈火 危
23日 04/05 火 丙午 平 天河水 室
24日 04/06 水 丁未 定 天河水 壁
25日 04/07 木 戊申 執 大駅土 奎
26日 04/08 金 己酉 執 大駅土 婁
27日 04/09 土 庚戌 破 釼釧金 胃
28日 04/10 日 辛亥 危 釼釧金 昴
29日 04/11 月 壬子 成 桑柘木 畢
30日 04/12 火 癸丑 納 桑柘木 觜
```

【三月小 壬辰 奎】
節気 穀雨 11日・立夏 26日
雑節 土用 8日・八十八夜 22日

```
 1日 04/13 水 甲寅 開 大溪水 参
 2日 04/14 木 乙卯 閉 大溪水 鬼
 3日 04/15 金 丙辰 建 沙中土 柳
 4日 04/16 土 丁巳 除 沙中土 星
 5日 04/17 日 戊午 満 天上火 張
 6日 04/18 月 己未 平 天上火 翼
 7日 04/19 火 庚申 定 柘榴木 軫
 8日 04/20 水 辛酉 執 柘榴木 角
 9日 04/21 木 壬戌 破 大海水 亢
10日 04/22 金 癸亥 危 大海水 氐
11日 04/23 土 甲子 成 海中金 房
12日 04/24 日 乙丑 納 海中金 心
13日 04/25 月 丙寅 開 爐中火 尾
14日 04/26 火 丁卯 閉 爐中火 箕
15日 04/27 水 戊辰 建 大林木 斗
16日 04/28 木 己巳 除 大林木 牛
17日 04/29 金 庚午 満 路傍土 女
18日 04/30 土 辛未 平 路傍土 虚
19日 05/01 日 壬申 定 釼鋒金 危
20日 05/02 月 癸酉 執 釼鋒金 室
21日 05/03 火 甲戌 破 山頭火 壁
22日 05/04 水 乙亥 危 山頭火 奎
23日 05/05 木 丙子 成 澗下水 婁
24日 05/06 金 丁丑 納 澗下水 胃
25日 05/07 土 戊寅 開 城頭土 昴
26日 05/08 日 己卯 閉 城頭土 畢
27日 05/09 月 庚辰 建 白鑞金 觜
28日 05/10 火 辛巳 建 白鑞金 参
29日 05/11 水 壬午 除 楊柳木 参
```

【四月小 癸巳 婁】
節気 小満 12日・芒種 27日

```
 1日 05/12 木 癸未 満 楊柳木 井
 2日 05/13 金 甲申 平 井泉水 鬼
 3日 05/14 土 乙酉 定 井泉水 柳
 4日 05/15 日 丙戌 執 屋上土 星
 5日 05/16 月 丁亥 破 屋上土 張
 6日 05/17 火 戊子 危 霹靂火 翼
 7日 05/18 水 己丑 成 霹靂火 軫
 8日 05/19 木 庚寅 納 松柏木 角
 9日 05/20 金 辛卯 開 松柏木 亢
10日 05/21 土 壬辰 閉 長流水 氐
11日 05/22 日 癸巳 建 長流水 房
12日 05/23 月 甲午 除 沙中金 心
13日 05/24 火 乙未 満 沙中金 尾
14日 05/25 水 丙申 平 山下火 箕
15日 05/26 木 丁酉 定 山下火 斗
16日 05/27 金 戊戌 執 平地木 牛
17日 05/28 土 己亥 破 平地木 女
18日 05/29 日 庚子 危 壁上土 虚
19日 05/30 月 辛丑 成 壁上土 危
20日 05/31 火 壬寅 納 金箔金 室
21日 06/01 水 癸卯 開 金箔金 壁
22日 06/02 木 甲辰 閉 覆燈火 奎
23日 06/03 金 乙巳 建 覆燈火 婁
24日 06/04 土 丙午 除 天河水 胃
25日 06/05 日 丁未 満 天河水 昴
26日 06/06 月 戊申 平 大駅土 畢
27日 06/07 火 己酉 定 大駅土 觜
28日 06/08 水 庚戌 執 釼釧金 参
29日 06/09 木 辛亥 破 釼釧金 井
```

【五月小 甲午 胃】
節気 夏至 13日・小暑 29日
雑節 入梅 1日・半夏生 24日

```
 1日 06/10 金 壬子 危 桑柘木 鬼
 2日 06/11 土 癸丑 危 桑柘木 柳
 3日 06/12 日 甲寅 成 大溪水 星
 4日 06/13 月 乙卯 納 大溪水 張
 5日 06/14 火 丙辰 開 沙中土 翼
 6日 06/15 水 丁巳 閉 沙中土 軫
 7日 06/16 木 戊午 建 天上火 角
 8日 06/17 金 己未 除 天上火 亢
 9日 06/18 土 庚申 満 柘榴木 氐
10日 06/19 日 辛酉 平 柘榴木 房
11日 06/20 月 壬戌 定 大海水 心
12日 06/21 火 癸亥 執 大海水 尾
13日 06/22 水 甲子 破 海中金 箕
14日 06/23 木 乙丑 危 海中金 斗
15日 06/24 金 丙寅 成 爐中火 牛
16日 06/25 土 丁卯 納 爐中火 女
17日 06/26 日 戊辰 開 大林木 虚
18日 06/27 月 己巳 閉 大林木 危
19日 06/28 火 庚午 建 路傍土 室
20日 06/29 水 辛未 除 路傍土 壁
21日 06/30 木 壬申 満 釼鋒金 奎
22日 07/01 金 癸酉 平 釼鋒金 婁
23日 07/02 土 甲戌 定 山頭火 胃
24日 07/03 日 乙亥 執 山頭火 昴
25日 07/04 月 丙子 破 澗下水 畢
26日 07/05 火 丁丑 危 澗下水 觜
27日 07/06 水 戊寅 成 城頭土 参
28日 07/07 木 己卯 納 城頭土 井
29日 07/08 金 庚辰 納 白鑞金 鬼
```

【六月大 乙未 昴】
節気 大暑 15日・立秋 30日
雑節 土用 12日

```
 1日 07/09 土 辛巳 開 白鑞金 柳
 2日 07/10 日 壬午 閉 楊柳木 星
 3日 07/11 月 癸未 建 楊柳木 張
 4日 07/12 火 甲申 除 井泉水 翼
 5日 07/13 水 乙酉 満 井泉水 軫
 6日 07/14 木 丙戌 平 屋上土 角
 7日 07/15 金 丁亥 定 屋上土 亢
 8日 07/16 土 戊子 執 霹靂火 氐
 9日 07/17 日 己丑 破 霹靂火 房
10日 07/18 月 庚寅 危 松柏木 心
11日 07/19 火 辛卯 成 松柏木 尾
12日 07/20 水 壬辰 納 長流水 箕
13日 07/21 木 癸巳 開 長流水 斗
14日 07/22 金 甲午 閉 沙中金 牛
15日 07/23 土 乙未 建 沙中金 女
16日 07/24 日 丙申 除 山下火 虚
17日 07/25 月 丁酉 満 山下火 危
18日 07/26 火 戊戌 平 平地木 室
19日 07/27 水 己亥 定 平地木 壁
20日 07/28 木 庚子 執 壁上土 奎
21日 07/29 金 辛丑 破 壁上土 婁
22日 07/30 土 壬寅 危 金箔金 胃
23日 07/31 日 癸卯 成 金箔金 昴
24日 08/01 月 甲辰 納 覆燈火 畢
25日 08/02 火 乙巳 開 覆燈火 觜
26日 08/03 水 丙午 閉 天河水 参
27日 08/04 木 丁未 建 天河水 井
28日 08/05 金 戊申 除 大駅土 鬼
29日 08/06 土 己酉 満 大駅土 柳
30日 08/07 日 庚戌 平 釼釧金 星
```

【七月小 丙申 畢】
節気 処暑 15日
雑節 二百十日 27日

```
 1日 08/08 月 辛亥 平 桑柘木 張
 2日 08/09 火 壬子 定 桑柘木 翼
 3日 08/10 水 癸丑 執 桑柘木 軫
 4日 08/11 木 甲寅 破 大溪水 角
```

天保2年

西暦　曜　干支　直　納音　宿

【七月】（承前）

日	西暦	曜	干支	直	納音	宿
5日	08/12	金	乙卯	危	大溪水	亢
6日	08/13	土	丙辰	成	沙中土	氐
7日	08/14	日	丁巳	納	沙中土	房
8日	08/15	月	戊午	開	天上火	心
9日	08/16	火	己未	閉	天上火	尾
10日	08/17	水	庚申	建	柘榴木	箕
11日	08/18	木	辛酉	除	柘榴木	斗
12日	08/19	金	壬戌	満	大海水	牛
13日	08/20	土	癸亥	平	大海水	女
14日	08/21	日	甲子	定	海中金	虚
15日	08/22	月	乙丑	執	海中金	危
16日☆	08/23	火	丙寅	破	爐中火	室
17日	08/24	水	丁卯	危	爐中火	壁
18日	08/25	木	戊辰	成	大林木	奎
19日	08/26	金	己巳	納	大林木	婁
20日	08/27	土	庚午	開	路傍土	胃
21日	08/28	日	辛未	閉	路傍土	昴
22日	08/29	月	壬申	建	釼鋒金	畢
23日	08/30	火	癸酉	除	釼鋒金	觜
24日	08/31	水	甲戌	満	山頭火	参
25日	09/01	木	乙亥	平	山頭火	井
26日	09/02	金	丙子	定	澗下水	鬼
27日	09/03	土	丁丑	執	澗下水	柳
28日	09/04	日	戊寅	破	城頭土	星
29日	09/05	月	己卯	危	城頭土	張

【八月大 丁酉 觜】

節気 白露 2日・秋分 17日
雑節 彼岸 16日・社日 19日

日	西暦	曜	干支	直	納音	宿
1日	09/06	火	庚辰	成	白鑞金	翼
2日	09/07	水	辛巳	成	白鑞金	軫
3日	09/08	木	壬午	納	楊柳木	角
4日	09/09	金	癸未	開	楊柳木	亢
5日	09/10	土	甲申	閉	井泉水	氐
6日	09/11	日	乙酉	建	井泉水	房
7日	09/12	月	丙戌	除	屋上土	心
8日	09/13	火	丁亥	満	屋上土	尾
9日	09/14	水	戊子	平	霹靂火	箕
10日	09/15	木	己丑	定	霹靂火	斗
11日	09/16	金	庚寅	執	松柏木	牛
12日	09/17	土	辛卯	破	松柏木	女
13日	09/18	日	壬辰	危	長流水	虚
14日	09/19	月	癸巳	成	長流水	危
15日	09/20	火	甲午	納	沙中金	室
16日	09/21	水	乙未	開	沙中金	壁
17日	09/22	木	丙申	閉	山下火	奎
18日	09/23	金	丁酉	建	山下火	婁
19日	09/24	土	戊戌	除	平地木	胃
20日	09/25	日	己亥	満	平地木	昴
21日	09/26	月	庚子	平	壁上土	畢
22日	09/27	火	辛丑	定	壁上土	觜
23日	09/28	水	壬寅	執	金箔金	参
24日	09/29	木	癸卯	破	金箔金	井
25日	09/30	金	甲辰	危	覆燈火	鬼
26日	10/01	土	乙巳	成	覆燈火	柳
27日	10/02	日	丙午	納	天河水	星
28日	10/03	月	丁未	開	天河水	張
29日	10/04	火	戊申	閉	大駅土	翼
30日	10/05	水	己酉	建	大駅土	軫

【九月小 戊戌 参】

節気 寒露 2日・霜降 17日
雑節 土用 14日

日	西暦	曜	干支	直	納音	宿
1日	10/06	木	庚戌	除	釼釧金	角
2日	10/07	金	辛亥	除	釼釧金	亢
3日	10/08	土	壬子	満	桑柘木	氐
4日	10/09	日	癸丑	平	桑柘木	房
5日	10/10	月	甲寅	定	大溪水	心
6日	10/11	火	乙卯	執	大溪水	尾
7日	10/12	水	丙辰	破	沙中土	箕
8日	10/13	木	丁巳	危	沙中土	斗
9日	10/14	金	戊午	成	天上火	牛
10日	10/15	土	己未	納	天上火	女
11日	10/16	日	庚申	開	柘榴木	虚
12日	10/17	月	辛酉	閉	柘榴木	危
13日	10/18	火	壬戌	建	大海水	室
14日	10/19	水	癸亥	除	大海水	壁
15日	10/20	木	甲子	満	海中金	奎
16日	10/21	金	乙丑	平	海中金	婁
17日	10/22	土	丙寅	定	爐中火	胃
18日	10/23	日	丁卯	執	爐中火	昴
19日	10/24	月	戊辰	破	大林木	畢
20日	10/25	火	己巳	危	大林木	觜
21日	10/26	水	庚午	成	路傍土	参
22日	10/27	木	辛未	納	路傍土	井
23日	10/28	金	壬申	開	釼鋒金	鬼
24日	10/29	土	癸酉	閉	釼鋒金	柳
25日	10/30	日	甲戌	建	山頭火	星
26日	10/31	月	乙亥	除	山頭火	張
27日	11/01	火	丙子	満	澗下水	翼
28日	11/02	水	丁丑	平	澗下水	軫
29日	11/03	木	戊寅	定	城頭土	角

【十月大 己亥 井】

節気 立冬 3日・小雪 19日

日	西暦	曜	干支	直	納音	宿
1日	11/04	金	己卯	執	城頭土	亢
2日	11/05	土	庚辰	破	白鑞金	氐
3日	11/06	日	辛巳	破	白鑞金	房
4日	11/07	月	壬午	危	楊柳木	心
5日	11/08	火	癸未	成	楊柳木	尾
6日	11/09	水	甲申	納	井泉水	箕
7日	11/10	木	乙酉	開	井泉水	斗
8日	11/11	金	丙戌	閉	屋上土	牛
9日	11/12	土	丁亥	建	屋上土	女
10日	11/13	日	戊子	除	霹靂火	虚
11日	11/14	月	己丑	満	霹靂火	危
12日	11/15	火	庚寅	平	松柏木	室
13日	11/16	水	辛卯	定	松柏木	壁
14日	11/17	木	壬辰	執	長流水	奎
15日	11/18	金	癸巳	破	長流水	婁
16日	11/19	土	甲午	危	沙中金	胃
17日	11/20	日	乙未	成	沙中金	昴
18日	11/21	月	丙申	納	山下火	畢
19日	11/22	火	丁酉	開	山下火	觜
20日	11/23	水	戊戌	閉	平地木	参
21日	11/24	木	己亥	建	平地木	井
22日	11/25	金	庚子	除	壁上土	鬼
23日	11/26	土	辛丑	満	壁上土	柳
24日	11/27	日	壬寅	平	金箔金	星
25日	11/28	月	癸卯	定	金箔金	張
26日	11/29	火	甲辰	執	覆燈火	翼
27日	11/30	水	乙巳	破	覆燈火	軫
28日	12/01	木	丙午	危	天河水	角
29日	12/02	金	丁未	成	天河水	亢
30日	12/03	土	戊申	納	大駅土	氐

【十一月大 庚子 鬼】

節気 大雪 4日・冬至 19日

日	西暦	曜	干支	直	納音	宿
1日	12/04	日	己酉	開	大駅土	房
2日	12/05	月	庚戌	閉	釼釧金	心
3日	12/06	火	辛亥	建	釼釧金	尾
4日	12/07	水	壬子	建	桑柘木	箕
5日	12/08	木	癸丑	除	桑柘木	斗
6日	12/09	金	甲寅	満	大溪水	牛
7日	12/10	土	乙卯	平	大溪水	女
8日	12/11	日	丙辰	定	沙中土	虚
9日	12/12	月	丁巳	執	沙中土	危
10日	12/13	火	戊午	破	天上火	室
11日	12/14	水	己未	危	天上火	壁
12日	12/15	木	庚申	成	柘榴木	奎
13日	12/16	金	辛酉	納	柘榴木	婁
14日	12/17	土	壬戌	開	大海水	胃
15日	12/18	日	癸亥	閉	大海水	昴
16日	12/19	月	甲子	建	海中金	畢
17日	12/20	火	乙丑	除	海中金	觜
18日	12/21	水	丙寅	満	爐中火	参
19日	12/22	木	丁卯	平	爐中火	井
20日	12/23	金	戊辰	定	大林木	鬼
21日	12/24	土	己巳	執	大林木	柳
22日	12/25	日	庚午	破	路傍土	星
23日	12/26	月	辛未	危	路傍土	張
24日	12/27	火	壬申	成	釼鋒金	翼
25日	12/28	水	癸酉	納	釼鋒金	軫
26日	12/29	木	甲戌	開	山頭火	角
27日	12/30	金	乙亥	閉	山頭火	亢
28日	12/31	土	丙子	建	澗下水	氐
	1832年					
29日	01/01	日	丁丑	除	澗下水	房
30日	01/02	月	戊寅	満	城頭土	心

【十二月大 辛丑 柳】

節気 小寒 4日・大寒 20日
雑節 土用 16日

日	西暦	曜	干支	直	納音	宿
1日	01/03	火	己卯	平	城頭土	尾
2日	01/04	水	庚辰	定	白鑞金	箕
3日	01/05	木	辛巳	執	白鑞金	斗
4日	01/06	金	壬午	執	楊柳木	牛
5日	01/07	土	癸未	破	楊柳木	女
6日	01/08	日	甲申	危	井泉水	虚
7日	01/09	月	乙酉	成	井泉水	室
8日	01/10	火	丙戌	納	屋上土	壁
9日	01/11	水	丁亥	開	屋上土	奎
10日	01/12	木	戊子	閉	霹靂火	婁
11日	01/13	金	己丑	建	霹靂火	胃
12日	01/14	土	庚寅	除	松柏木	昴
13日	01/15	日	辛卯	満	松柏木	畢
14日	01/16	月	壬辰	平	長流水	觜
15日	01/17	火	癸巳	定	長流水	参
16日	01/18	水	甲午	執	沙中金	井
17日	01/19	木	乙未	破	沙中金	鬼
18日	01/20	金	丙申	危	山下火	柳
19日	01/21	土	丁酉	成	山下火	星
20日	01/22	日	戊戌	納	平地木	張
21日	01/23	月	己亥	開	平地木	翼
22日	01/24	火	庚子	閉	壁上土	軫
23日	01/25	水	辛丑	建	壁上土	角
24日	01/26	木	壬寅	除	金箔金	亢
25日	01/27	金	癸卯	満	金箔金	氐
26日	01/28	土	甲辰	平	覆燈火	房
27日	01/29	日	乙巳	定	覆燈火	心
28日	01/30	月	丙午	執	天河水	尾
29日	01/31	火	丁未	破	天河水	尾
30日	02/01	水	戊申	危	大駅土	箕

天保3年
1832～1833　壬辰　翼

【正月大 壬寅 星】
節気 立春 5日・雨水 20日
雑節 節分 4日

日	日付	曜	干支	直	納音	宿
1日	02/02	木	己酉	成	大駅土	斗
2日	02/03	金	庚戌	納	釵釧金	牛
3日	02/04	土	辛亥	開	釵釧金	女
4日	02/05	日	壬子	閉	桑柘木	虚
5日	02/06	月	癸丑	建	桑柘木	危
6日	02/07	火	甲寅	除	大溪水	室
7日	02/08	水	乙卯	満	大溪水	壁
8日	02/09	木	丙辰	平	沙中土	奎
9日	02/10	金	丁巳	定	沙中土	婁
10日	02/11	土	戊午	執	天上火	胃
11日	02/12	日	己未	破	天上火	昴
12日	02/13	月	庚申	危	柘榴木	畢
13日	02/14	火	辛酉	成	柘榴木	觜
14日	02/15	水	壬戌	納	大海水	参
15日	02/16	木	癸亥	開	大海水	井
16日	02/17	金	甲子	閉	海中金	鬼
17日	02/18	土	乙丑	建	海中金	柳
18日	02/19	日	丙寅	除	爐中火	星
19日	02/20	月	丁卯	満	爐中火	張
20日	02/21	火	戊辰	定	大林木	翼
21日	02/22	水	己巳	執	大林木	軫
22日	02/23	木	庚午	平	路傍土	角
23日	02/24	金	辛未	定	路傍土	亢
24日	02/25	土	壬申	破	釵鋒金	氐
25日	02/26	日	癸酉	危	釵鋒金	房
26日	02/27	月	甲戌	成	山頭火	心
27日	02/28	火	乙亥	納	山頭火	尾
28日	02/29	水	丙子	開	澗下水	箕
29日	03/01	木	丁丑	閉	澗下水	斗
30日	03/02	金	戊寅	建	城頭土	牛

【二月小 癸卯 張】
節気 啓蟄 5日・春分 20日
雑節 彼岸 15日・社日 20日

日	日付	曜	干支	直	納音	宿
1日	03/03	土	己卯	除	城頭土	女
2日	03/04	日	庚辰	満	白鑞金	虚
3日	03/05	月	辛巳	平	白鑞金	危
4日	03/06	火	壬午	定	楊柳木	室
5日	03/07	水	癸未	執	楊柳木	壁
6日	03/08	木	甲申	破	井泉水	奎
7日	03/09	金	乙酉	危	井泉水	婁
8日	03/10	土	丙戌	成	屋上土	胃
9日	03/11	日	丁亥	納	屋上土	昴
10日	03/12	月	戊子	開	霹靂火	畢
11日	03/13	火	己丑	閉	霹靂火	觜
12日	03/14	水	庚寅	建	松柏木	参
13日	03/15	木	辛卯	除	松柏木	井
14日	03/16	金	壬辰	満	長流水	鬼
15日	03/17	土	癸巳	平	長流水	柳
16日	03/18	日	甲午	定	沙中金	星
17日	03/19	月	乙未	執	沙中金	張
18日	03/20	火	丙申	破	山下火	翼
19日	03/21	水	丁酉	危	山下火	軫
20日	03/22	木	戊戌	成	平地木	角
21日	03/23	金	己亥	納	平地木	亢
22日	03/24	土	庚子	開	壁上土	氐
23日	03/25	日	辛丑	閉	壁上土	房
24日	03/26	月	壬寅	建	金箔金	心
25日	03/27	火	癸卯	除	金箔金	尾
26日	03/28	水	甲辰	満	覆燈火	箕
27日	03/29	木	乙巳	定	覆燈火	斗
28日	03/30	金	丙午	平	天河水	牛
29日	03/31	土	丁未	定	天河水	女

【三月大 甲辰 翼】
節気 清明 7日・穀雨 22日
雑節 土用 19日

日	日付	曜	干支	直	納音	宿
1日	04/01	日	戊申	執	大駅土	虚
2日	04/02	月	己酉	破	大駅土	危
3日	04/03	火	庚戌	危	釵釧金	室
4日	04/04	水	辛亥	成	釵釧金	壁
5日	04/05	木	壬子	納	桑柘木	奎
6日	04/06	金	癸丑	開	桑柘木	婁
7日	04/07	土	甲寅	閉	大溪水	胃
8日	04/08	日	乙卯	建	大溪水	昴
9日	04/09	月	丙辰	除	沙中土	畢
10日	04/10	火	丁巳	満	沙中土	觜
11日	04/11	水	戊午	平	天上火	参
12日	04/12	木	己未	定	天上火	井
13日	04/13	金	庚申	執	柘榴木	鬼
14日	04/14	土	辛酉	破	柘榴木	柳
15日	04/15	日	壬戌	危	大海水	星
16日	04/16	月	癸亥	成	大海水	張
17日	04/17	火	甲子	納	海中金	翼
18日	04/18	水	乙丑	納	海中金	軫
19日	04/19	木	丙寅	開	爐中火	角
20日	04/20	金	丁卯	建	爐中火	亢
21日	04/21	土	戊辰	除	大林木	氐
22日	04/22	日	己巳	満	大林木	房
23日	04/23	月	庚午	平	路傍土	心
24日	04/24	火	辛未	定	路傍土	尾
25日	04/25	水	壬申	執	釵鋒金	箕
26日	04/26	木	癸酉	破	釵鋒金	斗
27日	04/27	金	甲戌	危	山頭火	牛
28日	04/28	土	乙亥	成	山頭火	女
29日	04/29	日	丙子	納	澗下水	虚
30日	04/30	月	丁丑	開	澗下水	危

【四月小 乙巳 軫】
節気 立夏 7日・小満 22日
雑節 八十八夜 3日

日	日付	曜	干支	直	納音	宿
1日	05/01	火	戊寅	開	城頭土	室
2日	05/02	水	己卯	閉	城頭土	壁
3日	05/03	木	庚辰	建	白鑞金	奎
4日	05/04	金	辛巳	除	白鑞金	婁
5日	05/05	土	壬午	満	楊柳木	胃
6日	05/06	日	癸未	平	楊柳木	昴
7日	05/07	月	甲申	定	井泉水	畢
8日	05/08	火	乙酉	定	井泉水	觜
9日	05/09	水	丙戌	執	屋上土	参
10日	05/10	木	丁亥	破	屋上土	井
11日	05/11	金	戊子	危	霹靂火	鬼
12日	05/12	土	己丑	成	霹靂火	柳
13日	05/13	日	庚寅	納	松柏木	星
14日	05/14	月	辛卯	開	松柏木	張
15日	05/15	火	壬辰	閉	長流水	翼
16日	05/16	水	癸巳	建	長流水	軫
17日	05/17	木	甲午	除	沙中金	角
18日	05/18	金	乙未	満	沙中金	亢
19日	05/19	土	丙申	平	山下火	氐
20日	05/20	日	丁酉	定	山下火	房
21日	05/21	月	戊戌	執	平地木	心
22日	05/22	火	己亥	破	平地木	尾
23日	05/23	水	庚子	危	壁上土	箕
24日	05/24	木	辛丑	成	壁上土	斗
25日	05/25	金	壬寅	納	金箔金	牛
26日	05/26	土	癸卯	開	金箔金	女
27日	05/27	日	甲辰	閉	覆燈火	虚
28日	05/28	月	乙巳	建	覆燈火	危
29日	05/29	火	丙午	除	天河水	室

【五月小 丙午 角】
節気 芒種 8日・夏至 24日
雑節 入梅 16日

日	日付	曜	干支	直	納音	宿
1日	05/30	水	丁未	満	天河水	壁
2日	05/31	木	戊申	平	大駅土	奎
3日	06/01	金	己酉	定	大駅土	婁
4日	06/02	土	庚戌	執	釵釧金	胃
5日	06/03	日	辛亥	破	釵釧金	昴
6日	06/04	月	壬子	危	桑柘木	畢
7日	06/05	火	癸丑	成	桑柘木	觜
8日	06/06	水	甲寅	納	大溪水	参
9日	06/07	木	乙卯	開	大溪水	井
10日	06/08	金	丙辰	閉	沙中土	鬼
11日	06/09	土	丁巳	建	沙中土	柳
12日	06/10	日	戊午	除	天上火	星
13日	06/11	月	己未	満	天上火	張
14日	06/12	火	庚申	平	柘榴木	翼
15日	06/13	水	辛酉	定	柘榴木	軫
16日	06/14	木	壬戌	執	大海水	角
17日	06/15	金	癸亥	破	大海水	亢
18日	06/16	土	甲子	危	海中金	氐
19日	06/17	日	乙丑	成	海中金	房
20日	06/18	月	丙寅	納	爐中火	心
21日	06/19	火	丁卯	開	爐中火	尾
22日	06/20	水	戊辰	閉	大林木	箕
23日	06/21	木	己巳	建	大林木	斗
24日	06/22	金	庚午	除	路傍土	牛
25日	06/23	土	辛未	満	路傍土	女
26日	06/24	日	壬申	平	釵鋒金	虚
27日	06/25	月	癸酉	定	釵鋒金	危
28日	06/26	火	甲戌	執	山頭火	室
29日	06/27	水	乙亥	破	山頭火	壁

【六月小 丁未 亢】
節気 小暑 10日・大暑 25日
雑節 半夏生 5日・土用 22日

日	日付	曜	干支	直	納音	宿
1日	06/28	木	丙子	破	澗下水	奎
2日	06/29	金	丁丑	危	澗下水	婁
3日	06/30	土	戊寅	成	城頭土	胃
4日	07/01	日	己卯	納	城頭土	昴
5日	07/02	月	庚辰	開	白鑞金	畢
6日	07/03	火	辛巳	閉	白鑞金	觜
7日	07/04	水	壬午	建	楊柳木	参
8日	07/05	木	癸未	除	楊柳木	井
9日	07/06	金	甲申	満	井泉水	鬼
10日	07/07	土	乙酉	平	井泉水	柳
11日	07/08	日	丙戌	定	屋上土	星
12日	07/09	月	丁亥	執	屋上土	張
13日	07/10	火	戊子	破	霹靂火	翼
14日	07/11	水	己丑	危	霹靂火	軫
15日	07/12	木	庚寅	成	松柏木	角
16日	07/13	金	辛卯	納	松柏木	亢
17日	07/14	土	壬辰	開	長流水	氐
18日	07/15	日	癸巳	閉	長流水	房
19日	07/16	月	甲午	建	沙中金	心
20日	07/17	火	乙未	除	沙中金	尾
21日	07/18	水	丙申	満	山下火	箕
22日	07/19	木	丁酉	平	山下火	斗
23日	07/20	金	戊戌	定	平地木	牛
24日	07/21	土	己亥	執	平地木	女
25日	07/22	日	庚子	破	壁上土	虚
26日	07/23	月	辛丑	危	壁上土	危
27日	07/24	火	壬寅	成	金箔金	室
28日	07/25	水	癸卯	納	金箔金	壁
29日	07/26	木	甲辰	開	覆燈火	奎

【七月大 戊申 氐】
節気 立秋 11日・処暑 27日

日	日付	曜	干支	直	納音	宿
1日	07/27	土	乙巳	閉	覆燈火	婁
2日	07/28	日	丙午	建	天河水	胃
3日	07/29	月	丁未	除	天河水	昴
4日	07/30	火	戊申	満	大駅土	畢
5日	07/31	水	己酉	平	大駅土	觜
6日	08/01	木	庚戌	定	釵釧金	参
7日	08/02	金	辛亥	執	釵釧金	井
8日	08/03	土	壬子	破	桑柘木	鬼
9日	08/04	日	癸丑	危	桑柘木	柳
10日	08/05	月	甲寅	成	大溪水	星
11日	08/06	火	乙卯	納	大溪水	張
12日	08/07	水	丙辰	開	沙中土	翼
13日	08/08	木	丁巳	閉	沙中土	軫
14日	08/09	金	戊午	建	天上火	角
15日	08/10	土	己未	除	天上火	亢
16日	08/11	日	庚申	満	柘榴木	氐

天保3年

日	西暦	曜	干支	直	納音	宿
17日	08/12	日	辛酉	除	柘榴木	房
18日	08/13	月	壬戌	満	大海水	心
19日	08/14	火	癸亥	平	大海水	尾
20日	08/15	水	甲子	定	海中金	箕
21日	08/16	木	乙丑	執	海中金	斗
22日	08/17	金	丙寅	破	炉中火	牛
23日	08/18	土	丁卯	危	炉中火	女
24日	08/19	日	戊辰	成	大林木	虚
25日	08/20	月	己巳	納	大林木	危
26日	08/21	火	庚午	開	路傍土	室
27日	08/22	水	辛未	閉	路傍土	壁
28日	08/23	木	壬申	建	釵釧金	奎
29日	08/24	金	癸酉	除	釵釧金	婁
30日	08/25	土	甲戌	満	山頭火	胃

【八月小 己酉 房】
節気 白露 12日・秋分 27日
雑節 二百十日 8日・社日 24日・彼岸 26日

日	西暦	曜	干支	直	納音	宿
1日	08/26	日	乙亥	平	山頭火	昴
2日	08/27	月	丙子	定	澗下水	畢
3日	08/28	火	丁丑	執	澗下水	觜
4日	08/29	水	戊寅	破	城頭土	参
5日	08/30	木	己卯	危	城頭土	井
6日	08/31	金	庚辰	成	白鑞金	鬼
7日	09/01	土	辛巳	納	白鑞金	柳
8日	09/02	日	壬午	開	楊柳木	星
9日	09/03	月	癸未	閉	楊柳木	張
10日	09/04	火	甲申	建	井泉水	翼
11日	09/05	水	乙酉	除	井泉水	軫
12日	09/06	木	丙戌	除	屋上土	角
13日	09/07	金	丁亥	平	屋上土	亢
14日	09/08	土	戊子	定	霹靂火	氐
15日	09/09	日	己丑	執	霹靂火	房
16日	09/10	月	庚寅	破	松柏木	心
17日	09/11	火	辛卯	危	松柏木	尾
18日	09/12	水	壬辰	成	長流水	箕
19日	09/13	木	癸巳	納	長流水	斗
20日	09/14	金	甲午	開	沙中金	牛
21日	09/15	土	乙未	閉	沙中金	女
22日	09/16	日	丙申	建	山下火	虚
23日	09/17	月	丁酉	除	山下火	危
24日	09/18	火	戊戌	満	平地木	室
25日	09/19	水	己亥	平	平地木	壁
26日	09/20	木	庚子	定	壁上土	奎
27日	09/21	金	辛丑	執	壁上土	婁
28日	09/22	土	壬寅	破	金箔金	胃
29日	09/23	日	癸卯	危	金箔金	昴

【九月大 庚戌 心】
節気 寒露 13日・霜降 28日
雑節 土用 25日

日	西暦	曜	干支	直	納音	宿
1日	09/24	月	甲辰	成	覆燈火	畢
2日	09/25	火	乙巳	納	覆燈火	觜
3日	09/26	水	丙午	開	天河水	参
4日	09/27	木	丁未	閉	天河水	井
5日	09/28	金	戊申	建	大駅土	鬼
6日	09/29	土	己酉	除	大駅土	柳
7日	09/30	日	庚戌	満	釵釧金	星
8日	10/01	月	辛亥	平	釵釧金	張
9日	10/02	火	壬子	定	桑柘木	翼
10日	10/03	水	癸丑	執	桑柘木	軫
11日	10/04	木	甲寅	破	大溪水	角
12日	10/05	金	乙卯	危	大溪水	亢
13日	10/06	土	丙辰	危	沙中土	氐
14日	10/07	日	丁巳	成	沙中土	房
15日	10/08	月	戊午	納	天上火	心
16日	10/09	火	己未	開	天上火	尾
17日	10/10	水	庚申	閉	柘榴木	箕
18日	10/11	木	辛酉	建	柘榴木	斗
19日	10/12	金	壬戌	除	大海水	牛
20日	10/13	土	癸亥	満	大海水	女
21日	10/14	日	甲子	平	海中金	虚
22日	10/15	月	乙丑	定	海中金	危
23日	10/16	火	丙寅	執	炉中火	室
24日	10/17	水	丁卯	破	炉中火	壁
25日	10/18	木	戊辰	危	大林木	奎
26日	10/19	金	己巳	成	大林木	婁
27日	10/20	土	庚午	納	路傍土	胃
28日	10/21	日	辛未	開	路傍土	昴
29日	10/22	月	壬申	閉	釵釧金	畢
30日	10/23	火	癸酉	閉	釵釧金	觜

【十月小 辛亥 尾】
節気 立冬 14日・小雪 29日

日	西暦	曜	干支	直	納音	宿
1日	10/24	水	甲戌	建	山頭火	参
2日	10/25	木	乙亥	除	山頭火	井
3日	10/26	金	丙子	満	澗下水	鬼
4日	10/27	土	丁丑	平	澗下水	柳
5日	10/28	日	戊寅	定	城頭土	星
6日	10/29	月	己卯	執	城頭土	張
7日	10/30	火	庚辰	破	白鑞金	翼
8日	10/31	水	辛巳	危	白鑞金	軫
9日	11/01	木	壬午	成	楊柳木	角
10日	11/02	金	癸未	納	楊柳木	亢
11日	11/03	土	甲申	開	井泉水	氐
12日	11/04	日	乙酉	閉	井泉水	房
13日	11/05	月	丙戌	建	屋上土	心
14日	11/06	火	丁亥	建	屋上土	尾
15日	11/07	水	戊子	除	霹靂火	箕
16日	11/08	木	己丑	満	霹靂火	斗
17日	11/09	金	庚寅	平	松柏木	牛
18日	11/10	土	辛卯	定	松柏木	女
19日	11/11	日	壬辰	執	長流水	虚
20日	11/12	月	癸巳	破	長流水	危
21日	11/13	火	甲午	危	沙中金	室
22日	11/14	水	乙未	成	沙中金	壁
23日	11/15	木	丙申	納	山下火	奎
24日	11/16	金	丁酉	開	山下火	婁
25日	11/17	土	戊戌	閉	平地木	胃
26日	11/18	日	己亥	建	平地木	昴
27日	11/19	月	庚子	満	壁上土	畢
28日	11/20	火	辛丑	満	壁上土	觜
29日	11/21	水	壬寅	平	金箔金	参

【十一月大 壬子 箕】
節気 大雪 15日・冬至 30日

日	西暦	曜	干支	直	納音	宿
1日	11/22	木	癸卯	定	金箔金	井
2日	11/23	金	甲辰	執	覆燈火	鬼
3日	11/24	土	乙巳	破	覆燈火	柳
4日	11/25	日	丙午	危	天河水	星
5日	11/26	月	丁未	成	天河水	張
6日	11/27	火	戊申	納	大駅土	翼
7日	11/28	水	己酉	閉	大駅土	軫
8日	11/29	木	庚戌	閉	釵釧金	角
9日	11/30	金	辛亥	建	釵釧金	亢
10日	12/01	土	壬子	除	桑柘木	氐
11日	12/02	日	癸丑	満	桑柘木	房
12日	12/03	月	甲寅	平	大溪水	心
13日	12/04	火	乙卯	定	大溪水	尾
14日	12/05	水	丙辰	執	沙中土	箕
15日	12/06	木	丁巳	破	沙中土	斗
16日	12/07	金	戊午	危	天上火	牛
17日	12/08	土	己未	成	天上火	女
18日	12/09	日	庚申	納	柘榴木	虚
19日	12/10	月	辛酉	開	柘榴木	危
20日	12/11	火	壬戌	閉	大海水	室
21日	12/12	水	癸亥	建	大海水	壁
22日	12/13	木	甲子	除	海中金	奎
23日	12/14	金	乙丑	満	海中金	婁
24日	12/15	土	丙寅	満	炉中火	胃
25日	12/16	日	丁卯	定	炉中火	昴
26日	12/17	月	戊辰	執	大林木	畢
27日	12/18	火	己巳	破	大林木	觜
28日	12/19	水	庚午	危	路傍土	参

【閏十一月大 壬子 箕】
節気 小寒 16日
雑節 土用 28日

日	西暦	曜	干支	直	納音	宿
29日	12/20	木	辛未	危	路傍土	井
30日	12/21	金	壬申	成	釵釧金	鬼
1日	12/22	土	癸酉	納	釵釧金	柳
2日	12/23	日	甲戌	開	山頭火	星
3日	12/24	月	乙亥	閉	山頭火	張
4日	12/25	火	丙子	閉	澗下水	翼
5日	12/26	水	丁丑	建	澗下水	軫
6日	12/27	木	戊寅	満	城頭土	角
7日	12/28	金	己卯	平	城頭土	亢
8日	12/29	土	庚辰	執	白鑞金	氐
9日	12/30	日	辛巳	執	白鑞金	房
10日	12/31	月	壬午	破	楊柳木	心

1833年

日	西暦	曜	干支	直	納音	宿
11日	01/01	火	癸未	危	楊柳木	尾
12日	01/02	水	甲申	成	井泉水	箕
13日	01/03	木	乙酉	納	井泉水	斗
14日	01/04	金	丙戌	開	屋上土	牛
15日	01/05	土	丁亥	閉	屋上土	女
16日☆	01/06	日	戊子	閉	霹靂火	虚
17日	01/07	月	己丑	建	霹靂火	危
18日	01/08	火	庚寅	除	松柏木	室
19日	01/09	水	辛卯	満	松柏木	壁
20日	01/10	木	壬辰	平	長流水	奎
21日	01/11	金	癸巳	定	長流水	婁
22日	01/12	土	甲午	執	沙中金	胃
23日	01/13	日	乙未	破	沙中金	昴
24日	01/14	月	丙申	危	山下火	畢
25日	01/15	火	丁酉	成	山下火	觜
26日	01/16	水	戊戌	納	平地木	参
27日	01/17	木	己亥	開	平地木	井
28日	01/18	金	庚子	閉	壁上土	鬼
29日	01/19	土	辛丑	建	壁上土	柳
30日	01/20	日	壬寅	除	金箔金	星

【十二月大 癸丑 斗】
節気 大寒 1日・立春 16日
雑節 節分 15日

日	西暦	曜	干支	直	納音	宿
1日	01/21	月	癸卯	満	金箔金	張
2日	01/22	火	甲辰	平	覆燈火	翼
3日	01/23	水	乙巳	定	覆燈火	軫
4日	01/24	木	丙午	執	天河水	角
5日	01/25	金	丁未	破	天河水	亢
6日	01/26	土	戊申	危	大駅土	氐
7日	01/27	日	己酉	成	大駅土	房
8日	01/28	月	庚戌	納	釵釧金	心
9日	01/29	火	辛亥	開	釵釧金	尾
10日	01/30	水	壬子	閉	桑柘木	箕
11日	01/31	木	癸丑	建	桑柘木	斗
12日	02/01	金	甲寅	除	大溪水	牛
13日	02/02	土	乙卯	満	大溪水	女
14日	02/03	日	丙辰	平	沙中土	虚
15日	02/04	月	丁巳	定	沙中土	危
16日	02/05	火	戊午	定	天上火	室
17日	02/06	水	己未	執	天上火	壁
18日	02/07	木	庚申	破	柘榴木	奎
19日	02/08	金	辛酉	危	柘榴木	婁
20日	02/09	土	壬戌	成	大海水	胃
21日	02/10	日	癸亥	納	大海水	昴
22日	02/11	月	甲子	開	海中金	畢
23日	02/12	火	乙丑	閉	海中金	觜
24日	02/13	水	丙寅	建	炉中火	参
25日	02/14	木	丁卯	除	炉中火	井
26日	02/15	金	戊辰	満	大林木	鬼
27日	02/16	土	己巳	平	大林木	柳
28日	02/17	日	庚午	定	路傍土	星
29日	02/18	月	辛未	執	路傍土	張
30日	02/19	火	壬申	破	釵釧金	翼

天保4年
1833～1834 癸巳 軫

【正月小 甲寅 牛】
節気 雨水 1日・啓蟄 16日
雑節 彼岸 27日

日	月日	曜	干支	十二直	納音	宿
1日	02/20	水	癸酉	危	釼鋒金	軫
2日	02/21	木	甲戌	成	山頭火	角
3日	02/22	金	乙亥	納	山頭火	亢
4日	02/23	土	丙子	開	澗下水	氐
5日	02/24	日	丁丑	閉	澗下水	房
6日	02/25	月	戊寅	建	城頭土	心
7日	02/26	火	己卯	除	城頭土	尾
8日	02/27	水	庚辰	満	白鑞金	箕
9日	02/28	木	辛巳	平	白鑞金	斗
10日	03/01	金	壬午	定	楊柳木	牛
11日	03/02	土	癸未	執	楊柳木	女
12日	03/03	日	甲申	破	井泉水	虚
13日	03/04	月	乙酉	危	井泉水	危
14日	03/05	火	丙戌	成	屋上土	室
15日	03/06	水	丁亥	納	屋上土	壁
16日	03/07	木	戊子	納	霹靂火	奎
17日	03/08	金	己丑	開	霹靂火	婁
18日	03/09	土	庚寅	閉	松柏木	胃
19日	03/10	日	辛卯	建	松柏木	昴
20日	03/11	月	壬辰	除	長流水	畢
21日	03/12	火	癸巳	満	長流水	觜
22日	03/13	水	甲午	平	沙中金	参
23日	03/14	木	乙未	定	沙中金	井
24日	03/15	金	丙申	執	山下火	鬼
25日	03/16	土	丁酉	破	山下火	柳
26日	03/17	日	戊戌	危	平地木	星
27日	03/18	月	己亥	成	平地木	張
28日	03/19	火	庚子	納	壁上土	翼
29日	03/20	水	辛丑	開	壁上土	軫

【二月大 乙卯 女】
節気 春分 3日・清明 18日
雑節 社日 7日・土用 30日

日	月日	曜	干支	十二直	納音	宿
1日	03/21	木	壬寅	閉	金箔金	角
2日	03/22	金	癸卯	建	金箔金	亢
3日	03/23	土	甲辰	除	覆燈火	氐
4日	03/24	日	乙巳	満	覆燈火	房
5日	03/25	月	丙午	平	天河水	心
6日	03/26	火	丁未	定	天河水	尾
7日	03/27	水	戊申	執	大駅土	箕
8日	03/28	木	己酉	破	大駅土	斗
9日	03/29	金	庚戌	危	釵釧金	牛
10日	03/30	土	辛亥	成	釵釧金	女
11日	03/31	日	壬子	納	桑柘木	虚
12日	04/01	月	癸丑	開	桑柘木	危
13日	04/02	火	甲寅	閉	大溪水	室
14日	04/03	水	乙卯	建	大溪水	壁
15日	04/04	木	丙辰	除	沙中土	奎
16日	04/05	金	丁巳	満	沙中土	婁
17日	04/06	土	戊午	平	天上火	胃
18日	04/07	日	己未	平	天上火	昴
19日	04/08	月	庚申	定	柘榴木	畢
20日	04/09	火	辛酉	執	柘榴木	觜
21日	04/10	水	壬戌	破	大海水	参
22日	04/11	木	癸亥	危	大海水	井
23日	04/12	金	甲子	成	海中金	鬼
24日	04/13	土	乙丑	納	海中金	柳
25日	04/14	日	丙寅	開	爐中火	星
26日	04/15	月	丁卯	閉	爐中火	張
27日	04/16	火	戊辰	建	大林木	翼
28日	04/17	水	己巳	除	大林木	軫
29日	04/18	木	庚午	満	路傍土	角
30日	04/19	金	辛未	平	路傍土	亢

【三月小 丙辰 虚】
節気 穀雨 3日・立夏 18日
雑節 八十八夜 14日

日	月日	曜	干支	十二直	納音	宿
1日	04/20	土	壬申	定	釼鋒金	氐
2日	04/21	日	癸酉	執	釼鋒金	房
3日	04/22	月	甲戌	破	山頭火	心
4日	04/23	火	乙亥	危	山頭火	尾
5日	04/24	水	丙子	成	澗下水	箕
6日	04/25	木	丁丑	納	澗下水	斗
7日	04/26	金	戊寅	開	城頭土	牛
8日	04/27	土	己卯	閉	城頭土	女
9日	04/28	日	庚辰	建	白鑞金	虚
10日	04/29	月	辛巳	除	白鑞金	危
11日	04/30	火	壬午	満	楊柳木	室
12日	05/01	水	癸未	平	楊柳木	壁
13日	05/02	木	甲申	定	井泉水	奎
14日	05/03	金	乙酉	執	井泉水	婁
15日	05/04	土	丙戌	破	屋上土	胃
16日	05/05	日	丁亥	危	屋上土	昴
17日	05/06	月	戊子	成	霹靂火	畢
18日	05/07	火	己丑	成	霹靂火	觜
19日	05/08	水	庚寅	納	松柏木	参
20日	05/09	木	辛卯	開	松柏木	井
21日	05/10	金	壬辰	閉	長流水	鬼
22日	05/11	土	癸巳	建	長流水	柳
23日	05/12	日	甲午	除	沙中金	星
24日	05/13	月	乙未	満	沙中金	張
25日	05/14	火	丙申	平	山下火	翼
26日	05/15	水	丁酉	定	山下火	軫
27日	05/16	木	戊戌	執	平地木	角
28日	05/17	金	己亥	破	平地木	亢
29日	05/18	土	庚子	危	壁上土	氐

【四月大 丁巳 危】
節気 小満 5日・芒種 20日
雑節 入梅 22日

日	月日	曜	干支	十二直	納音	宿
1日	05/19	日	辛丑	成	壁上土	房
2日	05/20	月	壬寅	納	金箔金	心
3日	05/21	火	癸卯	開	金箔金	尾
4日	05/22	水	甲辰	閉	覆燈火	箕
5日	05/23	木	乙巳	建	覆燈火	斗
6日	05/24	金	丙午	除	天河水	牛
7日	05/25	土	丁未	満	天河水	女
8日	05/26	日	戊申	平	大駅土	虚
9日	05/27	月	己酉	定	大駅土	危
10日	05/28	火	庚戌	執	釵釧金	室
11日	05/29	水	辛亥	破	釵釧金	壁
12日	05/30	木	壬子	危	桑柘木	奎
13日	05/31	金	癸丑	成	桑柘木	婁
14日	06/01	土	甲寅	納	大溪水	胃
15日	06/02	日	乙卯	開	大溪水	昴
16日	06/03	月	丙辰	閉	沙中土	畢
17日	06/04	火	丁巳	建	沙中土	觜
18日	06/05	水	戊午	除	天上火	参
19日	06/06	木	己未	満	天上火	井
20日	06/07	金	庚申	満	柘榴木	鬼
21日	06/08	土	辛酉	平	柘榴木	柳
22日	06/09	日	壬戌	定	大海水	星
23日	06/10	月	癸亥	執	大海水	張
24日	06/11	火	甲子	破	海中金	翼
25日	06/12	水	乙丑	危	海中金	軫
26日	06/13	木	丙寅	成	爐中火	角
27日	06/14	金	丁卯	納	爐中火	亢
28日	06/15	土	戊辰	開	大林木	氐
29日	06/16	日	己巳	閉	大林木	房
30日	06/17	月	庚午	建	路傍土	心

【五月小 戊午 室】
節気 夏至 5日・小暑 20日
雑節 半夏生 15日

日	月日	曜	干支	十二直	納音	宿
1日	06/18	火	辛未	除	路傍土	尾
2日	06/19	水	壬申	満	釼鋒金	箕
3日	06/20	木	癸酉	平	釼鋒金	斗
4日	06/21	金	甲戌	定	山頭火	牛
5日	06/22	土	乙亥	執	山頭火	女
6日	06/23	日	丙子	破	澗下水	虚
7日	06/24	月	丁丑	危	澗下水	危
8日	06/25	火	戊寅	成	城頭土	室
9日	06/26	水	己卯	納	城頭土	壁
10日	06/27	木	庚辰	開	白鑞金	奎
11日	06/28	金	辛巳	閉	白鑞金	婁
12日	06/29	土	壬午	建	楊柳木	胃
13日	06/30	日	癸未	除	楊柳木	昴
14日	07/01	月	甲申	満	井泉水	畢
15日	07/02	火	乙酉	平	井泉水	觜
16日	07/03	水	丙戌	定	屋上土	参
17日	07/04	木	丁亥	執	屋上土	井
18日	07/05	金	戊子	破	霹靂火	鬼
19日	07/06	土	己丑	危	霹靂火	柳
20日	07/07	日	庚寅	危	松柏木	星
21日	07/08	月	辛卯	成	松柏木	張
22日	07/09	火	壬辰	納	長流水	翼
23日	07/10	水	癸巳	開	長流水	軫
24日	07/11	木	甲午	閉	沙中金	角
25日	07/12	金	乙未	建	沙中金	亢
26日	07/13	土	丙申	除	山下火	氐
27日	07/14	日	丁酉	満	山下火	房
28日	07/15	月	戊戌	平	平地木	心
29日	07/16	火	己亥	定	平地木	尾

【六月小 己未 壁】
節気 大暑 6日・立秋 22日
雑節 土用 3日

日	月日	曜	干支	十二直	納音	宿
1日◎	07/17	水	庚子	執	壁上土	箕
2日	07/18	木	辛丑	破	壁上土	斗
3日	07/19	金	壬寅	危	金箔金	牛
4日	07/20	土	癸卯	成	金箔金	女
5日	07/21	日	甲辰	納	覆燈火	虚
6日	07/22	月	乙巳	開	覆燈火	危
7日	07/23	火	丙午	閉	天河水	室
8日	07/24	水	丁未	建	天河水	壁
9日	07/25	木	戊申	除	大駅土	奎
10日	07/26	金	己酉	満	大駅土	婁
11日	07/27	土	庚戌	平	釵釧金	胃
12日	07/28	日	辛亥	定	釵釧金	昴
13日	07/29	月	壬子	執	桑柘木	畢
14日	07/30	火	癸丑	破	桑柘木	觜
15日	07/31	水	甲寅	危	大溪水	参
16日	08/01	木	乙卯	成	大溪水	井
17日	08/02	金	丙辰	納	沙中土	鬼
18日	08/03	土	丁巳	開	沙中土	柳
19日	08/04	日	戊午	閉	天上火	星
20日	08/05	月	己未	建	天上火	張
21日	08/06	火	庚申	除	柘榴木	翼
22日	08/07	水	辛酉	除	柘榴木	軫
23日	08/08	木	壬戌	満	大海水	角
24日	08/09	金	癸亥	平	大海水	亢
25日	08/10	土	甲子	定	海中金	氐
26日	08/11	日	乙丑	執	海中金	房
27日	08/12	月	丙寅	破	爐中火	心
28日	08/13	火	丁卯	危	爐中火	尾
29日	08/14	水	戊辰	成	大林木	箕

天保4年

| 西暦 | 曜 | 干支 | 直 | 納音 | 宿 |

【七月大 庚申 奎】
節気 処暑 8日・白露 23日
雑節 二百十日 19日

日	西暦	曜	干支	直	納音	宿
1日	08/15	木	己巳	納	大林木	斗
2日	08/16	金	庚午	開	路傍土	牛
3日	08/17	土	辛未	建	路傍土	女
4日	08/18	日	壬申	建	釼鋒金	虚
5日	08/19	月	癸酉	除	釼鋒金	危
6日	08/20	火	甲戌	満	山頭火	室
7日	08/21	水	乙亥	平	山頭火	壁
8日	08/22	木	丙子	定	澗下水	奎
9日	08/23	金	丁丑	執	澗下水	婁
10日	08/24	土	戊寅	破	城頭土	胃
11日	08/25	日	己卯	危	城頭土	昴
12日	08/26	月	庚辰	成	白鑞金	畢
13日	08/27	火	辛巳	納	白鑞金	觜
14日	08/28	水	壬午	開	楊柳木	参
15日	08/29	木	癸未	閉	楊柳木	井
16日	08/30	金	甲申	建	井泉水	鬼
17日	08/31	土	乙酉	除	井泉水	柳
18日	09/01	日	丙戌	満	屋上土	星
19日	09/02	月	丁亥	平	屋上土	張
20日	09/03	火	戊子	定	霹靂火	翼
21日	09/04	水	己丑	執	霹靂火	軫
22日	09/05	木	庚寅	破	松柏木	角
23日	09/06	金	辛卯	危	松柏木	亢
24日	09/07	土	壬辰	成	長流水	氐
25日	09/08	日	癸巳	納	長流水	房
26日	09/09	月	甲午	納	沙中金	心
27日	09/10	火	乙未	開	沙中金	尾
28日	09/11	水	丙申	閉	山下火	箕
29日	09/12	木	丁酉	建	山下火	斗
30日	09/13	金	戊戌	除	平地木	牛

【八月小 辛酉 婁】
節気 秋分 8日・寒露 23日
雑節 彼岸 7日・社日 10日

日	西暦	曜	干支	直	納音	宿
1日	09/14	土	己亥	満	平地木	女
2日	09/15	日	庚子	定	壁上土	虚
3日	09/16	月	辛丑	定	壁上土	危
4日	09/17	火	壬寅	執	金箔金	室
5日	09/18	水	癸卯	破	金箔金	壁
6日	09/19	木	甲辰	危	覆燈火	奎
7日	09/20	金	乙巳	成	覆燈火	婁
8日	09/21	土	丙午	納	天河水	胃
9日	09/22	日	丁未	開	天河水	昴
10日	09/23	月	戊申	開	大駅土	畢
11日	09/24	火	己酉	建	大駅土	觜
12日	09/25	水	庚戌	除	釵釧金	参
13日	09/26	木	辛亥	満	釵釧金	井
14日	09/27	金	壬子	平	桑柘木	鬼
15日	09/28	土	癸丑	定	桑柘木	柳
16日	09/29	日	甲寅	執	大溪水	星
17日	09/30	月	乙卯	破	大溪水	張
18日	10/01	火	丙辰	危	沙中土	翼
19日	10/02	水	丁巳	成	沙中土	軫
20日	10/03	木	戊午	納	天上火	角
21日	10/04	金	己未	開	天上火	亢
22日	10/05	土	庚申	閉	柘榴木	氐
23日	10/06	日	辛酉	建	柘榴木	房
24日	10/07	月	壬戌	建	大海水	心
25日	10/08	火	癸亥	除	大海水	尾
26日	10/09	水	甲子	満	海中金	箕
27日	10/10	木	乙丑	平	海中金	斗
28日	10/11	金	丙寅	定	爐中火	女
29日	10/12	土	丁卯	執	爐中火	虚

【九月大 壬戌 胃】
節気 霜降 10日・立冬 25日
雑節 土用 7日

日	西暦	曜	干支	直	納音	宿
1日	10/13	日	戊辰	破	大林木	虚
2日	10/14	月	己巳	危	大林木	危
3日	10/15	火	庚午	成	路傍土	室
4日	10/16	水	辛未	納	路傍土	壁
5日	10/17	木	壬申	開	釼鋒金	奎
6日	10/18	金	癸酉	閉	釼鋒金	婁
7日	10/19	土	甲戌	建	山頭火	胃
8日	10/20	日	乙亥	除	山頭火	昴
9日	10/21	月	丙子	満	澗下水	畢
10日	10/22	火	丁丑	平	澗下水	觜
11日	10/23	水	戊寅	定	城頭土	参
12日	10/24	木	己卯	執	城頭土	井
13日	10/25	金	庚辰	破	白鑞金	鬼
14日	10/26	土	辛巳	危	白鑞金	柳
15日	10/27	日	壬午	成	楊柳木	星
16日	10/28	月	癸未	納	楊柳木	張
17日	10/29	火	甲申	開	井泉水	翼
18日	10/30	水	乙酉	閉	井泉水	軫
19日	10/31	木	丙戌	納	屋上土	角
20日	11/01	金	丁亥	除	屋上土	亢
21日	11/02	土	戊子	満	霹靂火	氐
22日	11/03	日	己丑	定	霹靂火	房
23日	11/04	月	庚寅	定	松柏木	心
24日	11/05	火	辛卯	執	松柏木	尾
25日	11/06	水	壬辰	破	長流水	箕
26日	11/07	木	癸巳	危	長流水	斗
27日	11/08	金	甲午	成	沙中金	牛
28日	11/09	土	乙未	納	沙中金	女
29日	11/10	日	丙申	納	山下火	虚
30日	11/11	月	丁酉	開	山下火	危

【十月小 癸亥 昴】
節気 小雪 10日・大雪 25日

日	西暦	曜	干支	直	納音	宿
1日	11/12	火	戊戌	閉	平地木	室
2日	11/13	水	己亥	建	平地木	壁
3日	11/14	木	庚子	除	壁上土	奎
4日	11/15	金	辛丑	満	壁上土	婁
5日	11/16	土	壬寅	平	金箔金	胃
6日	11/17	日	癸卯	定	金箔金	昴
7日	11/18	月	甲辰	執	覆燈火	觜
8日	11/19	火	乙巳	破	覆燈火	参
9日	11/20	水	丙午	危	天河水	参
10日	11/21	木	丁未	納	天河水	鬼
11日	11/22	金	戊申	納	大駅土	柳
12日	11/23	土	己酉	開	大駅土	星
13日	11/24	日	庚戌	閉	釵釧金	張
14日	11/25	月	辛亥	除	釵釧金	翼
15日	11/26	火	壬子	満	桑柘木	軫
16日	11/27	水	癸丑	平	桑柘木	角
17日	11/28	木	甲寅	定	大溪水	亢
18日	11/29	金	乙卯	執	大溪水	氐
19日	11/30	土	丙辰	破	沙中土	房
20日	12/01	日	丁巳	危	沙中土	心
21日	12/02	月	戊午	成	天上火	尾
22日	12/03	火	己未	納	天上火	箕
23日	12/04	水	庚申	納	柘榴木	斗
24日	12/05	木	辛酉	開	柘榴木	牛
25日	12/06	金	壬戌	閉	大海水	女
26日	12/07	土	癸亥	建	大海水	虚
27日	12/08	日	甲子	除	海中金	危
28日	12/09	月	乙丑	満	海中金	室
29日	12/10	火	丙寅	平	爐中火	壁

【十一月大 甲子 畢】
節気 冬至 12日・小寒 27日

日	西暦	曜	干支	直	納音	宿
1日	12/11	水	丁卯	平	爐中火	壁
2日	12/12	木	戊辰	定	大林木	奎
3日	12/13	金	己巳	執	大林木	婁
4日	12/14	土	庚午	破	路傍土	胃
5日	12/15	日	辛未	危	路傍土	昴
6日	12/16	月	壬申	成	釼鋒金	畢
7日	12/17	火	癸酉	納	釼鋒金	觜
8日	12/18	水	甲戌	閉	山頭火	参
9日	12/19	木	乙亥	閉	山頭火	井
10日	12/20	金	丙子	建	澗下水	鬼
11日	12/21	土	丁丑	除	澗下水	柳
12日	12/22	日	戊寅	満	城頭土	星
13日	12/23	月	己卯	平	城頭土	張
14日	12/24	火	庚辰	定	白鑞金	翼
15日	12/25	水	辛巳	執	白鑞金	軫
16日☆	12/26	木	壬午	破	楊柳木	角
17日	12/27	金	癸未	危	楊柳木	亢
18日	12/28	土	甲申	成	井泉水	氐
19日	12/29	日	乙酉	納	井泉水	房
20日	12/30	月	丙戌	開	屋上土	心
21日	12/31	火	丁亥	閉	屋上土	尾

1834年

日	西暦	曜	干支	直	納音	宿
22日	01/01	水	戊子	建	霹靂火	箕
23日	01/02	木	己丑	除	霹靂火	斗
24日	01/03	金	庚寅	満	松柏木	牛
25日	01/04	土	辛卯	平	松柏木	女
26日	01/05	日	壬辰	定	長流水	虚
27日	01/06	月	癸巳	定	長流水	危
28日	01/07	火	甲午	執	沙中金	室
29日	01/08	水	乙未	破	沙中金	壁
30日	01/09	木	丙申	危	山下火	奎

【十二月大 乙丑 觜】
節気 大寒 12日・立春 27日
雑節 土用 9日・節分 26日

日	西暦	曜	干支	直	納音	宿
1日	01/10	金	丁酉	成	山下火	婁
2日	01/11	土	戊戌	納	平地木	胃
3日	01/12	日	己亥	開	平地木	昴
4日	01/13	月	庚子	閉	壁上土	畢
5日	01/14	火	辛丑	建	壁上土	觜
6日	01/15	水	壬寅	除	金箔金	井
7日	01/16	木	癸卯	満	金箔金	鬼
8日	01/17	金	甲辰	平	覆燈火	柳
9日	01/18	土	乙巳	定	覆燈火	星
10日	01/19	日	丙午	執	天河水	張
11日	01/20	月	丁未	破	天河水	翼
12日	01/21	火	戊申	危	大駅土	軫
13日	01/22	水	己酉	成	大駅土	角
14日	01/23	木	庚戌	納	釵釧金	亢
15日	01/24	金	辛亥	開	釵釧金	氐
16日	01/25	土	壬子	閉	桑柘木	房
17日	01/26	日	癸丑	建	桑柘木	心
18日	01/27	月	甲寅	除	大溪水	尾
19日	01/28	火	乙卯	満	大溪水	箕
20日	01/29	水	丙辰	平	沙中土	斗
21日	01/30	木	丁巳	定	沙中土	牛
22日	01/31	金	戊午	執	天上火	女
23日	02/01	土	己未	破	天上火	虚
24日	02/02	日	庚申	危	柘榴木	危
25日	02/03	月	辛酉	成	柘榴木	室
26日	02/04	火	壬戌	納	大海水	壁
27日	02/05	水	癸亥	開	大海水	奎
28日	02/06	木	甲子	閉	海中金	婁
29日	02/07	金	乙丑	建	海中金	胃
30日	02/08	土	丙寅	建	爐中火	昴

天保5年
1834～1835 甲午 角

【正月小 丙寅 参】
節気 雨水 12日・啓蟄 28日

日	新暦	曜	干支		納音	宿
1日	02/09	土	丁卯	除	爐中火	昴
2日	02/10	日	戊辰	満	大林木	畢
3日	02/11	火	己巳	平	大林木	觜
4日	02/12	水	庚午	定	路傍土	参
5日	02/13	木	辛未	執	路傍土	井
6日	02/14	金	壬申	破	釼鋒金	鬼
7日	02/15	土	癸酉	危	釼鋒金	柳
8日	02/16	日	甲戌	成	山頭火	星
9日	02/17	月	乙亥	納	山頭火	張
10日	02/18	火	丙子	開	澗下水	翼
11日	02/19	水	丁丑	閉	澗下水	軫
12日	02/20	木	戊寅	建	城頭土	角
13日	02/21	金	己卯	除	城頭土	亢
14日	02/22	土	庚辰	満	白鑞金	氐
15日	02/23	日	辛巳	平	白鑞金	房
16日	02/24	月	壬午	執	楊柳木	心
17日	02/25	火	癸未	執	楊柳木	尾
18日	02/26	水	甲申	破	井泉水	箕
19日	02/27	木	乙酉	危	井泉水	斗
20日	02/28	金	丙戌	成	屋上土	牛
21日	03/01	土	丁亥	納	屋上土	女
22日	03/02	日	戊子	開	霹靂火	虚
23日	03/03	月	己丑	閉	霹靂火	危
24日	03/04	火	庚寅	建	松柏木	室
25日	03/05	水	辛卯	除	松柏木	壁
26日	03/06	木	壬辰	満	長流水	奎
27日	03/07	金	癸巳	平	長流水	婁
28日	03/08	土	甲午	平	沙中金	胃
29日	03/09	日	乙未	定	沙中金	昴

【二月大 丁卯 井】
節気 春分 14日・清明 29日
雑節 彼岸 9日・社日 13日

日	新暦	曜	干支		納音	宿
1日	03/10	月	丙申	執	山下火	畢
2日	03/11	火	丁酉	破	山下火	觜
3日	03/12	水	戊戌	危	平地木	参
4日	03/13	木	己亥	成	平地木	井
5日	03/14	金	庚子	納	壁上土	鬼
6日	03/15	土	辛丑	開	壁上土	柳
7日	03/16	日	壬寅	閉	金箔金	星
8日	03/17	月	癸卯	建	金箔金	張
9日	03/18	火	甲辰	除	覆燈火	翼
10日	03/19	水	乙巳	満	覆燈火	軫
11日	03/20	木	丙午	平	天河水	角
12日	03/21	金	丁未	定	天河水	亢
13日	03/22	土	戊申	執	大駅土	氐
14日	03/23	日	己酉	破	大駅土	房
15日	03/24	月	庚戌	危	釼釧金	心
16日	03/25	火	辛亥	成	釼釧金	尾
17日	03/26	水	壬子	納	桑柘木	箕
18日	03/27	木	癸丑	開	桑柘木	斗
19日	03/28	金	甲寅	閉	大溪水	牛
20日	03/29	土	乙卯	建	大溪水	女
21日	03/30	日	丙辰	除	沙中土	虚
22日	03/31	月	丁巳	満	沙中土	危
23日	04/01	火	戊午	平	天上火	室
24日	04/02	水	己未	定	天上火	壁
25日	04/03	木	庚申	執	柘榴木	奎
26日	04/04	金	辛酉	破	柘榴木	婁
27日	04/05	土	壬戌	危	大海水	胃
28日	04/06	日	癸亥	成	大海水	昴
29日	04/07	月	甲子	成	海中金	畢
30日	04/08	火	乙丑	納	海中金	觜

【三月大 戊辰 鬼】
節気 穀雨 14日・立夏 30日
雑節 土用 11日・八十八夜 25日

日	新暦	曜	干支		納音	宿
1日	04/09	水	丙寅	開	爐中火	参
2日	04/10	木	丁卯	閉	爐中火	井
3日	04/11	金	戊辰	建	大林木	鬼
4日	04/12	土	己巳	除	大林木	柳
5日	04/13	日	庚午	満	路傍土	星
6日	04/14	月	辛未	平	路傍土	張
7日	04/15	火	壬申	定	釼鋒金	翼
8日	04/16	水	癸酉	執	釼鋒金	軫
9日	04/17	木	甲戌	破	山頭火	角
10日	04/18	金	乙亥	危	山頭火	亢
11日	04/19	土	丙子	成	澗下水	氐
12日	04/20	日	丁丑	納	澗下水	房
13日	04/21	月	戊寅	開	城頭土	心
14日	04/22	火	己卯	閉	城頭土	尾
15日	04/23	水	庚辰	建	白鑞金	箕
16日	04/24	木	辛巳	除	白鑞金	斗
17日	04/25	金	壬午	平	楊柳木	牛
18日	04/26	土	癸未	平	楊柳木	女
19日	04/27	日	甲申	定	井泉水	虚
20日	04/28	月	乙酉	破	井泉水	室
21日	04/29	火	丙戌	破	屋上土	壁
22日	04/30	水	丁亥	危	屋上土	奎
23日	05/01	木	戊子	成	霹靂火	婁
24日	05/02	金	己丑	納	霹靂火	胃
25日	05/03	土	庚寅	開	松柏木	昴
26日	05/04	日	辛卯	閉	松柏木	畢
27日	05/05	月	壬辰	建	長流水	觜
28日	05/06	火	癸巳	除	長流水	参
29日	05/07	水	甲午	満	沙中金	井
30日	05/08	木	乙未	満	沙中金	鬼

【四月小 己巳 柳】
節気 小満 15日

日	新暦	曜	干支		納音	宿
1日	05/09	金	丙申	平	山下火	鬼
2日	05/10	土	丁酉	定	山下火	柳
3日	05/11	日	戊戌	執	平地木	星
4日	05/12	月	己亥	破	平地木	張
5日	05/13	火	庚子	危	壁上土	翼
6日	05/14	水	辛丑	成	壁上土	軫
7日	05/15	木	壬寅	納	金箔金	角
8日	05/16	金	癸卯	開	金箔金	亢
9日	05/17	土	甲辰	閉	覆燈火	氐
10日	05/18	日	乙巳	建	覆燈火	房
11日	05/19	月	丙午	除	天河水	心
12日	05/20	火	丁未	満	天河水	尾
13日	05/21	水	戊申	平	大駅土	箕
14日	05/22	木	己酉	定	大駅土	斗
15日	05/23	金	庚戌	破	釼釧金	牛
16日	05/24	土	辛亥	破	釼釧金	女
17日	05/25	日	壬子	危	桑柘木	虚
18日	05/26	月	癸丑	成	桑柘木	危
19日	05/27	火	甲寅	納	大溪水	室
20日	05/28	水	乙卯	開	大溪水	壁
21日	05/29	木	丙辰	閉	沙中土	奎
22日	05/30	金	丁巳	建	沙中土	婁
23日	05/31	土	戊午	除	天上火	胃
24日	06/01	日	己未	満	天上火	昴
25日	06/02	月	庚申	平	柘榴木	畢
26日	06/03	火	辛酉	定	柘榴木	觜
27日	06/04	水	壬戌	執	大海水	参
28日	06/05	木	癸亥	破	大海水	井
29日	06/06	金	甲子	危	海中金	鬼

【五月大 庚午 星】
節気 芒種 1日・夏至 16日
雑節 入梅 8日・半夏生 26日

日	新暦	曜	干支		納音	宿
1日	06/07	土	乙丑	危	海中金	柳
2日	06/08	日	丙寅	成	爐中火	星
3日	06/09	月	丁卯	納	爐中火	張
4日	06/10	火	戊辰	開	大林木	翼
5日	06/11	水	己巳	閉	大林木	軫
6日	06/12	木	庚午	建	路傍土	角
7日	06/13	金	辛未	除	路傍土	亢
8日	06/14	土	壬申	満	釼鋒金	氐
9日	06/15	日	癸酉	定	釼鋒金	房
10日	06/16	月	甲戌	定	山頭火	心
11日	06/17	火	乙亥	執	山頭火	尾
12日	06/18	水	丙子	破	澗下水	箕
13日	06/19	木	丁丑	危	澗下水	斗
14日	06/20	金	戊寅	成	城頭土	牛
15日☆	06/21	土	己卯	納	城頭土	女
16日	06/22	日	庚辰	開	白鑞金	虚
17日	06/23	月	辛巳	閉	白鑞金	危
18日	06/24	火	壬午	建	楊柳木	室
19日	06/25	水	癸未	除	楊柳木	壁
20日	06/26	木	甲申	満	井泉水	奎
21日	06/27	金	乙酉	平	井泉水	婁
22日	06/28	土	丙戌	定	屋上土	胃
23日	06/29	日	丁亥	執	屋上土	昴
24日	06/30	月	戊子	破	霹靂火	畢
25日	07/01	火	己丑	危	霹靂火	觜
26日	07/02	水	庚寅	成	松柏木	参
27日	07/03	木	辛卯	納	松柏木	井
28日	07/04	金	壬辰	開	長流水	鬼
29日	07/05	土	癸巳	閉	長流水	柳
30日	07/06	日	甲午	建	沙中金	星

【六月小 辛未 張】
節気 小暑 1日・大暑 17日
雑節 土用 14日

日	新暦	曜	干支		納音	宿
1日	07/07	月	乙未	建	沙中金	張
2日	07/08	火	丙申	除	山下火	翼
3日	07/09	水	丁酉	満	山下火	軫
4日	07/10	木	戊戌	平	平地木	角
5日	07/11	金	己亥	定	平地木	亢
6日	07/12	土	庚子	執	壁上土	氐
7日	07/13	日	辛丑	破	壁上土	房
8日	07/14	月	壬寅	危	金箔金	心
9日	07/15	火	癸卯	成	金箔金	尾
10日	07/16	水	甲辰	納	覆燈火	箕
11日	07/17	木	乙巳	開	覆燈火	斗
12日	07/18	金	丙午	閉	天河水	牛
13日	07/19	土	丁未	建	天河水	女
14日	07/20	日	戊申	除	大駅土	虚
15日	07/21	月	己酉	満	大駅土	危
16日	07/22	火	庚戌	平	釼釧金	室
17日	07/23	水	辛亥	定	釼釧金	壁
18日	07/24	木	壬子	執	桑柘木	奎
19日	07/25	金	癸丑	破	桑柘木	婁
20日	07/26	土	甲寅	危	大溪水	胃
21日	07/27	日	乙卯	成	大溪水	昴
22日	07/28	月	丙辰	納	沙中土	畢
23日	07/29	火	丁巳	開	沙中土	觜
24日	07/30	水	戊午	閉	天上火	参
25日	07/31	木	己未	建	天上火	井
26日	08/01	金	庚申	除	柘榴木	鬼
27日	08/02	土	辛酉	満	柘榴木	柳
28日	08/03	日	壬戌	平	大海水	星
29日	08/04	月	癸亥	定	大海水	張

【七月小 壬申 翼】
節気 立秋 3日・処暑 18日
雑節 二百十日 29日

日	新暦	曜	干支		納音	宿
1日	08/05	火	甲子	執	海中金	翼
2日	08/06	水	乙丑	破	海中金	軫
3日	08/07	木	丙寅	破	爐中火	角

天保5年

	西暦	曜	干支	直	納音	宿
4日	08/08	金	丁卯	危	爐中火	亢
5日	08/09	土	戊辰	成	大林木	氐
6日	08/10	日	己巳	納	大林木	房
7日	08/11	月	庚午	開	路傍土	心
8日	08/12	火	辛未	閉	路傍土	尾
9日	08/13	水	壬申	建	釵鋒金	箕
10日	08/14	木	癸酉	除	釵鋒金	斗
11日	08/15	金	甲戌	満	山頭火	牛
12日	08/16	土	乙亥	平	山頭火	女
13日	08/17	日	丙子	定	澗下水	虚
14日	08/18	月	丁丑	執	澗下水	危
15日	08/19	火	戊寅	破	城頭土	室
16日	08/20	水	己卯	危	城頭土	壁
17日	08/21	木	庚辰	成	白鑞金	奎
18日	08/22	金	辛巳	納	白鑞金	婁
19日	08/23	土	壬午	開	楊柳木	胃
20日	08/24	日	癸未	閉	楊柳木	昴
21日	08/25	月	甲申	建	井泉水	畢
22日	08/26	火	乙酉	除	井泉水	觜
23日	08/27	水	丙戌	満	屋上土	参
24日	08/28	木	丁亥	平	屋上土	井
25日	08/29	金	戊子	定	霹靂火	鬼
26日	08/30	土	己丑	執	霹靂火	柳
27日	08/31	日	庚寅	破	松柏木	星
28日	09/01	月	辛卯	危	松柏木	張
29日	09/02	火	壬辰	成	長流水	翼

【八月大 癸酉 軫】
節気 白露 4日・秋分 20日
雑節 社日 16日・彼岸 19日

	西暦	曜	干支	直	納音	宿
1日	09/03	水	癸巳	納	長流水	軫
2日	09/04	木	甲午	開	沙中金	角
3日	09/05	金	乙未	閉	沙中金	亢
4日	09/06	土	丙申	閉	山下火	氐
5日	09/07	日	丁酉	建	山下火	房
6日	09/08	月	戊戌	除	平地木	心
7日	09/09	火	己亥	満	平地木	尾
8日	09/10	水	庚子	平	壁上土	箕
9日	09/11	木	辛丑	定	壁上土	斗
10日	09/12	金	壬寅	執	金箔金	牛
11日	09/13	土	癸卯	破	金箔金	女
12日	09/14	日	甲辰	危	覆燈火	虚
13日	09/15	月	乙巳	成	覆燈火	危
14日	09/16	火	丙午	納	天河水	室
15日	09/17	水	丁未	開	天河水	壁
16日	09/18	木	戊申	閉	大駅土	奎
17日	09/19	金	己酉	建	大駅土	婁
18日	09/20	土	庚戌	除	釵釧金	胃
19日	09/21	日	辛亥	満	釵釧金	昴
20日	09/22	月	壬子	平	桑柘木	畢
21日	09/23	火	癸丑	定	桑柘木	觜
22日	09/24	水	甲寅	執	大溪水	参
23日	09/25	木	乙卯	破	大溪水	井
24日	09/26	金	丙辰	危	沙中土	鬼
25日	09/27	土	丁巳	成	沙中土	柳
26日	09/28	日	戊午	納	天上火	星
27日	09/29	月	己未	開	天上火	張
28日	09/30	火	庚申	閉	柘榴木	翼
29日	10/01	水	辛酉	建	柘榴木	軫
30日	10/02	木	壬戌	除	大海水	角

【九月小 甲戌 角】
節気 寒露 5日・霜降 20日
雑節 土用 17日

	西暦	曜	干支	直	納音	宿
1日	10/03	金	癸亥	満	大海水	亢
2日	10/04	土	甲子	平	海中金	氐
3日	10/05	日	乙丑	定	海中金	房
4日	10/06	月	丙寅	執	爐中火	心
5日	10/07	火	丁卯	執	爐中火	尾
6日	10/08	水	戊辰	破	大林木	箕
7日	10/09	木	己巳	危	大林木	斗
8日	10/10	金	庚午	成	路傍土	牛
9日	10/11	土	辛未	納	路傍土	女
10日	10/12	日	壬申	開	釵鋒金	虚
11日	10/13	月	癸酉	閉	釵鋒金	危
12日	10/14	火	甲戌	建	山頭火	室
13日	10/15	水	乙亥	除	山頭火	壁
14日	10/16	木	丙子	満	澗下水	奎
15日	10/17	金	丁丑	平	澗下水	婁
16日	10/18	土	戊寅	定	城頭土	胃
17日	10/19	日	己卯	執	城頭土	昴
18日	10/20	月	庚辰	破	白鑞金	畢
19日	10/21	火	辛巳	危	白鑞金	觜
20日	10/22	水	壬午	成	楊柳木	参
21日	10/23	木	癸未	納	楊柳木	井
22日	10/24	金	甲申	開	井泉水	鬼
23日	10/25	土	乙酉	閉	井泉水	柳
24日	10/26	日	丙戌	建	屋上土	星
25日	10/27	月	丁亥	除	屋上土	張
26日	10/28	火	戊子	満	霹靂火	翼
27日	10/29	水	己丑	平	霹靂火	軫
28日	10/30	木	庚寅	定	松柏木	角
29日	10/31	金	辛卯	執	松柏木	亢

【十月大 乙亥 亢】
節気 立冬 6日・小雪 21日

	西暦	曜	干支	直	納音	宿
1日	11/01	土	壬辰	破	長流水	氐
2日	11/02	日	癸巳	危	長流水	房
3日	11/03	月	甲午	成	沙中金	心
4日	11/04	火	乙未	納	沙中金	尾
5日	11/05	水	丙申	開	山下火	箕
6日	11/06	木	丁酉	開	山下火	斗
7日	11/07	金	戊戌	閉	平地木	牛
8日	11/08	土	己亥	建	平地木	女
9日	11/09	日	庚子	除	壁上土	虚
10日	11/10	月	辛丑	満	壁上土	危
11日	11/11	火	壬寅	平	金箔金	室
12日	11/12	水	癸卯	定	金箔金	壁
13日	11/13	木	甲辰	執	覆燈火	奎
14日	11/14	金	乙巳	破	覆燈火	婁
15日	11/15	土	丙午	危	天河水	胃
16日	11/16	日	丁未	成	天河水	昴
17日	11/17	月	戊申	納	大駅土	畢
18日	11/18	火	己酉	開	大駅土	觜
19日	11/19	水	庚戌	閉	釵釧金	参
20日	11/20	木	辛亥	建	釵釧金	井
21日	11/21	金	壬子	除	桑柘木	鬼
22日	11/22	土	癸丑	満	桑柘木	柳
23日	11/23	日	甲寅	平	大溪水	星
24日	11/24	月	乙卯	定	大溪水	張
25日	11/25	火	丙辰	執	沙中土	翼
26日	11/26	水	丁巳	破	沙中土	軫
27日	11/27	木	戊午	危	天上火	角
28日	11/28	金	己未	成	天上火	亢
29日	11/29	土	庚申	納	柘榴木	氐
30日	11/30	日	辛酉	開	柘榴木	房

【十一月小 丙子 氐】
節気 大雪 7日・冬至 22日

	西暦	曜	干支	直	納音	宿
1日	12/01	月	壬戌	閉	大海水	心
2日	12/02	火	癸亥	建	大海水	尾
3日	12/03	水	甲子	除	海中金	箕
4日	12/04	木	乙丑	満	海中金	斗
5日	12/05	金	丙寅	平	爐中火	牛
6日	12/06	土	丁卯	定	爐中火	女
7日	12/07	日	戊辰	定	大林木	虚
8日	12/08	月	己巳	執	大林木	危
9日	12/09	火	庚午	破	路傍土	室
10日	12/10	水	辛未	危	路傍土	壁
11日	12/11	木	壬申	成	釵鋒金	奎
12日	12/12	金	癸酉	納	釵鋒金	婁
13日	12/13	土	甲戌	開	山頭火	胃
14日	12/14	日	乙亥	閉	山頭火	昴
15日	12/15	月	丙子	建	澗下水	畢
16日	12/16	火	丁丑	除	澗下水	觜
17日	12/17	水	戊寅	満	城頭土	参
18日	12/18	木	己卯	平	城頭土	井
19日	12/19	金	庚辰	定	白鑞金	鬼
20日	12/20	土	辛巳	執	白鑞金	柳
21日	12/21	日	壬午	破	楊柳木	星
22日	12/22	月	癸未	危	楊柳木	張
23日	12/23	火	甲申	成	井泉水	翼
24日	12/24	水	乙酉	納	井泉水	軫
25日	12/25	木	丙戌	開	屋上土	角
26日	12/26	金	丁亥	閉	屋上土	亢
27日	12/27	土	戊子	建	霹靂火	氐
28日	12/28	日	己丑	除	霹靂火	房
29日	12/29	月	庚寅	満	松柏木	心

【十二月大 丁丑 房】
節気 小寒 8日・大寒 23日
雑節 土用 20日

	西暦	曜	干支	直	納音	宿
1日	12/30	火	辛卯	平	松柏木	尾
2日	12/31	水	壬辰	定	長流水	箕

1835年

	西暦	曜	干支	直	納音	宿
3日	01/01	木	癸巳	執	長流水	斗
4日	01/02	金	甲午	破	沙中金	牛
5日	01/03	土	乙未	危	沙中金	女
6日	01/04	日	丙申	成	山下火	虚
7日	01/05	月	丁酉	納	山下火	危
8日	01/06	火	戊戌	納	平地木	室
9日	01/07	水	己亥	開	平地木	壁
10日	01/08	木	庚子	閉	壁上土	奎
11日	01/09	金	辛丑	建	壁上土	婁
12日	01/10	土	壬寅	除	金箔金	胃
13日	01/11	日	癸卯	満	金箔金	昴
14日	01/12	月	甲辰	平	覆燈火	畢
15日	01/13	火	乙巳	定	覆燈火	觜
16日	01/14	水	丙午	執	天河水	参
17日	01/15	木	丁未	破	天河水	井
18日	01/16	金	戊申	危	大駅土	鬼
19日	01/17	土	己酉	成	大駅土	柳
20日	01/18	日	庚戌	納	釵釧金	星
21日	01/19	月	辛亥	開	釵釧金	張
22日	01/20	火	壬子	閉	桑柘木	翼
23日	01/21	水	癸丑	建	桑柘木	軫
24日	01/22	木	甲寅	除	大溪水	角
25日	01/23	金	乙卯	満	大溪水	亢
26日	01/24	土	丙辰	平	沙中土	氐
27日	01/25	日	丁巳	定	沙中土	房
28日	01/26	月	戊午	執	天上火	心
29日	01/27	火	己未	破	天上火	尾
30日	01/28	水	庚申	危	柘榴木	箕

天保6年
1835〜1836 乙未 亢

【正月小 戊寅 心】
節気 立春 8日・雨水 24日
雑節 節分 7日

日	月日	曜	干支	直	納音	宿
1日	01/29	木	辛酉	成	柘榴木	斗
2日	01/30	金	壬戌	納	大海水	牛
3日	01/31	土	癸亥	開	大海水	女
4日	02/01	日	甲子	閉	海中金	虚
5日	02/02	月	乙丑	建	海中金	危
6日	02/03	火	丙寅	除	爐中火	室
7日	02/04	水	丁卯	満	爐中火	壁
8日	02/05	木	戊辰	満	大林木	奎
9日	02/06	金	己巳	平	大林木	婁
10日	02/07	土	庚午	定	路傍土	胃
11日	02/08	日	辛未	執	路傍土	昴
12日	02/09	月	壬申	破	劍鋒金	畢
13日	02/10	火	癸酉	危	劍鋒金	觜
14日	02/11	水	甲戌	成	山頭火	参
15日	02/12	木	乙亥	納	山頭火	井
16日	02/13	金	丙子	開	澗下水	鬼
17日	02/14	土	丁丑	閉	澗下水	柳
18日	02/15	日	戊寅	建	城頭土	星
19日	02/16	月	己卯	除	城頭土	張
20日	02/17	火	庚辰	満	白鑞金	翼
21日	02/18	水	辛巳	平	白鑞金	軫
22日	02/19	木	壬午	定	楊柳木	角
23日	02/20	金	癸未	執	楊柳木	亢
24日	02/21	土	甲申	破	井泉水	氐
25日	02/22	日	乙酉	危	井泉水	房
26日	02/23	月	丙戌	成	屋上土	心
27日	02/24	火	丁亥	納	屋上土	尾
28日	02/25	水	戊子	開	霹靂火	箕
29日	02/26	木	己丑	閉	霹靂火	斗

【二月大 己卯 尾】
節気 啓蟄 10日・春分 25日
雑節 彼岸 20日・社日 29日

日	月日	曜	干支	直	納音	宿
1日	02/27	金	庚寅	建	松柏木	牛
2日	02/28	土	辛卯	除	松柏木	女
3日	03/01	日	壬辰	満	長流水	虚
4日	03/02	月	癸巳	平	長流水	危
5日	03/03	火	甲午	定	沙中金	室
6日	03/04	水	乙未	執	沙中金	壁
7日	03/05	木	丙申	破	山下火	奎
8日	03/06	金	丁酉	危	山下火	婁
9日	03/07	土	戊戌	成	平地木	胃
10日	03/08	日	己亥	成	平地木	昴
11日	03/09	月	庚子	納	壁上土	畢
12日	03/10	火	辛丑	開	壁上土	觜
13日	03/11	水	壬寅	閉	金箔金	参
14日	03/12	木	癸卯	建	金箔金	井
15日	03/13	金	甲辰	除	覆燈火	鬼
16日	03/14	土	乙巳	満	覆燈火	柳
17日	03/15	日	丙午	平	天河水	星
18日	03/16	月	丁未	定	天河水	張
19日	03/17	火	戊申	執	大駅土	翼
20日	03/18	水	己酉	破	大駅土	軫
21日	03/19	木	庚戌	危	釵釧金	角
22日	03/20	金	辛亥	成	釵釧金	亢
23日	03/21	土	壬子	納	桑柘木	氐
24日	03/22	日	癸丑	開	桑柘木	房
25日	03/23	月	甲寅	閉	大溪水	心
26日	03/24	火	乙卯	建	大溪水	尾
27日	03/25	水	丙辰	除	沙中土	箕
28日	03/26	木	丁巳	満	沙中土	斗
29日	03/27	金	戊午	平	天上火	牛
30日	03/28	土	己未	定	天上火	女

【三月大 庚辰 箕】
節気 清明 10日・穀雨 26日
雑節 土用 23日

日	月日	曜	干支	直	納音	宿
1日	03/29	日	庚申	執	柘榴木	虚
2日	03/30	月	辛酉	破	柘榴木	危
3日	03/31	火	壬戌	危	大海水	室
4日	04/01	水	癸亥	成	大海水	壁
5日	04/02	木	甲子	納	海中金	奎
6日	04/03	金	乙丑	開	海中金	婁
7日	04/04	土	丙寅	閉	爐中火	胃
8日	04/05	日	丁卯	建	爐中火	昴
9日	04/06	月	戊辰	除	大林木	畢
10日	04/07	火	己巳	除	大林木	觜
11日	04/08	水	庚午	満	路傍土	参
12日	04/09	木	辛未	平	路傍土	井
13日	04/10	金	壬申	定	劍鋒金	鬼
14日	04/11	土	癸酉	執	劍鋒金	柳
15日	04/12	日	甲戌	破	山頭火	星
16日	04/13	月	乙亥	危	山頭火	張
17日	04/14	火	丙子	成	澗下水	翼
18日	04/15	水	丁丑	納	澗下水	軫
19日	04/16	木	戊寅	開	城頭土	角
20日	04/17	金	己卯	閉	城頭土	亢
21日	04/18	土	庚辰	建	白鑞金	氐
22日	04/19	日	辛巳	除	白鑞金	房
23日	04/20	月	壬午	満	楊柳木	心
24日	04/21	火	癸未	平	楊柳木	尾
25日	04/22	水	甲申	定	井泉水	箕
26日	04/23	木	乙酉	執	井泉水	斗
27日	04/24	金	丙戌	破	屋上土	牛
28日	04/25	土	丁亥	危	屋上土	女
29日	04/26	日	戊子	成	霹靂火	虚
30日	04/27	月	己丑	納	霹靂火	危

【四月小 辛巳 斗】
節気 立夏 11日・小満 26日
雑節 八十八夜 6日

日	月日	曜	干支	直	納音	宿
1日	04/28	火	庚寅	開	松柏木	室
2日	04/29	水	辛卯	閉	松柏木	壁
3日	04/30	木	壬辰	建	長流水	奎
4日	05/01	金	癸巳	除	長流水	婁
5日	05/02	土	甲午	満	沙中金	胃
6日	05/03	日	乙未	平	沙中金	昴
7日	05/04	月	丙申	定	山下火	畢
8日	05/05	火	丁酉	執	山下火	觜
9日	05/06	水	戊戌	破	平地木	参
10日	05/07	木	己亥	危	平地木	井
11日	05/08	金	庚子	危	壁上土	鬼
12日	05/09	土	辛丑	成	壁上土	柳
13日	05/10	日	壬寅	納	金箔金	星
14日	05/11	月	癸卯	開	金箔金	張
15日	05/12	火	甲辰	閉	覆燈火	翼
16日	05/13	水	乙巳	建	覆燈火	軫
17日	05/14	木	丙午	除	天河水	角
18日	05/15	金	丁未	満	天河水	亢
19日	05/16	土	戊申	平	大駅土	氐
20日	05/17	日	己酉	定	大駅土	房
21日	05/18	月	庚戌	執	釵釧金	心
22日	05/19	火	辛亥	破	釵釧金	尾
23日	05/20	水	壬子	危	桑柘木	箕
24日	05/21	木	癸丑	成	桑柘木	斗
25日	05/22	金	甲寅	納	大溪水	牛
26日	05/23	土	乙卯	開	大溪水	女
27日	05/24	日	丙辰	閉	沙中土	虚
28日	05/25	月	丁巳	建	沙中土	危
29日	05/26	火	戊午	除	天上火	室

【五月大 壬午 牛】
節気 芒種 12日・夏至 27日
雑節 入梅 14日

日	月日	曜	干支	直	納音	宿
1日	05/27	水	己未	満	天上火	壁
2日	05/28	木	庚申	平	柘榴木	奎
3日	05/29	金	辛酉	定	柘榴木	婁
4日	05/30	土	壬戌	執	大海水	胃
5日	05/31	日	癸亥	破	大海水	昴
6日	06/01	月	甲子	危	海中金	畢
7日	06/02	火	乙丑	成	海中金	觜
8日	06/03	水	丙寅	納	爐中火	参
9日	06/04	木	丁卯	開	爐中火	井
10日	06/05	金	戊辰	閉	大林木	鬼
11日	06/06	土	己巳	建	大林木	柳
12日	06/07	日	庚午	建	路傍土	星
13日	06/08	月	辛未	除	路傍土	張
14日	06/09	火	壬申	満	劍鋒金	翼
15日	06/10	水	癸酉	平	劍鋒金	軫
16日	06/11	木	甲戌	定	山頭火	角
17日	06/12	金	乙亥	執	山頭火	亢
18日	06/13	土	丙子	破	澗下水	氐
19日	06/14	日	丁丑	危	澗下水	房
20日	06/15	月	戊寅	成	城頭土	心
21日	06/16	火	己卯	納	城頭土	尾
22日	06/17	水	庚辰	開	白鑞金	箕
23日	06/18	木	辛巳	閉	白鑞金	斗
24日	06/19	金	壬午	建	楊柳木	牛
25日	06/20	土	癸未	除	楊柳木	女
26日	06/21	日	甲申	満	井泉水	虚
27日	06/22	月	乙酉	平	井泉水	危
28日	06/23	火	丙戌	定	屋上土	室
29日	06/24	水	丁亥	執	屋上土	壁
30日	06/25	木	戊子	破	霹靂火	奎

【六月大 癸未 女】
節気 小暑 13日・大暑 28日
雑節 半夏生 8日・土用 25日

日	月日	曜	干支	直	納音	宿
1日	06/26	金	己丑	危	霹靂火	婁
2日	06/27	土	庚寅	成	松柏木	胃
3日	06/28	日	辛卯	納	松柏木	昴
4日	06/29	月	壬辰	開	長流水	畢
5日	06/30	火	癸巳	閉	長流水	觜
6日	07/01	水	甲午	建	沙中金	参
7日	07/02	木	乙未	除	沙中金	井
8日	07/03	金	丙申	満	山下火	鬼
9日	07/04	土	丁酉	平	山下火	柳
10日	07/05	日	戊戌	定	平地木	星
11日	07/06	月	己亥	執	平地木	張
12日	07/07	火	庚子	破	壁上土	翼
13日	07/08	水	辛丑	破	壁上土	軫
14日	07/09	木	壬寅	危	金箔金	角
15日	07/10	金	癸卯	成	金箔金	亢
16日	07/11	土	甲辰	納	覆燈火	氐
17日	07/12	日	乙巳	開	覆燈火	房
18日	07/13	月	丙午	閉	天河水	心
19日	07/14	火	丁未	建	天河水	尾
20日	07/15	水	戊申	除	大駅土	箕
21日	07/16	木	己酉	満	大駅土	斗
22日	07/17	金	庚戌	平	釵釧金	牛
23日	07/18	土	辛亥	定	釵釧金	女
24日	07/19	日	壬子	執	桑柘木	虚
25日	07/20	月	癸丑	破	桑柘木	危
26日	07/21	火	甲寅	危	大溪水	室
27日	07/22	水	乙卯	成	大溪水	壁
28日	07/23	木	丙辰	納	沙中土	奎
29日	07/24	金	丁巳	開	沙中土	婁
30日	07/25	土	戊午	閉	天上火	胃

【七月小 甲申 虚】
節気 立秋 13日・処暑 28日

日	月日	曜	干支	直	納音	宿
1日	07/26	日	己未	建	天上火	昴
2日	07/27	月	庚申	除	柘榴木	畢
3日	07/28	火	辛酉	満	柘榴木	觜
4日	07/29	水	壬戌	平	大海水	参
5日	07/30	木	癸亥	定	大海水	井
6日	07/31	金	甲子	執	海中金	鬼
7日	08/01	土	乙丑	破	海中金	柳
8日	08/02	日	丙寅	危	爐中火	星
9日	08/03	月	丁卯	成	爐中火	張
10日	08/04	火	戊辰	納	大林木	翼
11日	08/05	水	己巳	開	大林木	軫
12日	08/06	木	庚午	閉	路傍土	角
13日	08/07	金	辛未	閉	路傍土	亢
14日	08/08	土	壬申	建	劍鋒金	氐

天保6年

	西暦	曜	干支	直	納音	宿
15日	08/09	日	癸酉	除	釼鋒金	房
16日	08/10	月	甲戌	満	山頭火	心
17日	08/11	火	乙亥	平	山頭火	尾
18日	08/12	水	丙子	定	澗下水	箕
19日	08/13	木	丁丑	執	澗下水	斗
20日	08/14	金	戊寅	破	城頭土	牛
21日	08/15	土	己卯	危	城頭土	女
22日	08/16	日	庚辰	成	白鑞金	虚
23日	08/17	月	辛巳	納	白鑞金	危
24日	08/18	火	壬午	開	楊柳木	室
25日	08/19	水	癸未	閉	楊柳木	壁
26日	08/20	木	甲申	建	井泉水	奎
27日	08/21	金	乙酉	除	井泉水	婁
28日	08/22	土	丙戌	満	屋上土	胃
29日	08/23	日	丁亥	平	屋上土	昴

【閏七月小 甲申 虚】
節気 白露 15日
雑節 二百十日 10日・彼岸 29日

	西暦	曜	干支	直	納音	宿
1日	08/24	月	戊子	定	霹靂火	畢
2日	08/25	火	己丑	執	霹靂火	觜
3日	08/26	水	庚寅	破	松柏木	参
4日	08/27	木	辛卯	危	松柏木	井
5日	08/28	金	壬辰	成	長流水	鬼
6日	08/29	土	癸巳	納	長流水	柳
7日	08/30	日	甲午	開	沙中金	星
8日	08/31	月	乙未	閉	沙中金	張
9日	09/01	火	丙申	建	山下火	翼
10日	09/02	水	丁酉	除	山下火	軫
11日	09/03	木	戊戌	満	平地木	角
12日	09/04	金	己亥	平	平地木	亢
13日	09/05	土	庚子	定	壁上土	氐
14日	09/06	日	辛丑	執	壁上土	房
15日	09/07	月	壬寅	破	金箔金	心
16日	09/08	火	癸卯	危	金箔金	尾
17日	09/09	水	甲辰	成	覆燈火	箕
18日	09/10	木	乙巳	納	覆燈火	斗
19日	09/11	金	丙午	開	天河水	牛
20日	09/12	土	丁未	閉	天河水	女
21日	09/13	日	戊申	建	大駅土	虚
22日	09/14	月	己酉	除	大駅土	危
23日	09/15	火	庚戌	満	釼釧金	室
24日	09/16	水	辛亥	定	釼釧金	壁
25日	09/17	木	壬子	執	桑柘木	奎
26日	09/18	金	癸丑	定	桑柘木	婁
27日	09/19	土	甲寅	執	大溪水	胃
28日	09/20	日	乙卯	破	大溪水	昴
29日	09/21	月	丙辰	危	沙中土	畢

【八月大 乙酉 危】
節気 秋分 1日・寒露 16日
雑節 社日 2日・土用 28日

	西暦	曜	干支	直	納音	宿
1日	09/22	火	丁巳	成	沙中土	觜
2日	09/23	水	戊午	納	天上火	参
3日	09/24	木	己未	開	天上火	井
4日	09/25	金	庚申	閉	柘榴木	鬼
5日	09/26	土	辛酉	建	柘榴木	柳
6日	09/27	日	壬戌	除	大海水	星
7日	09/28	月	癸亥	満	大海水	張
8日	09/29	火	甲子	平	海中金	翼
9日	09/30	水	乙丑	定	海中金	軫
10日	10/01	木	丙寅	執	炉中火	角
11日	10/02	金	丁卯	破	炉中火	亢
12日	10/03	土	戊辰	危	大林木	氐
13日	10/04	日	己巳	成	大林木	房
14日	10/05	月	庚午	納	路傍土	心
15日	10/06	火	辛未	開	路傍土	尾
16日	10/07	水	壬申	閉	釼鋒金	箕
17日	10/08	木	癸酉	建	釼鋒金	斗
18日	10/09	金	甲戌	除	山頭火	牛
19日	10/10	土	乙亥	満	山頭火	女
20日	10/11	日	丙子	平	澗下水	虚
21日	10/12	月	丁丑	平	澗下水	危
22日	10/13	火	戊寅	定	城頭土	室
23日	10/14	水	己卯	執	城頭土	壁
24日	10/15	木	庚辰	破	白鑞金	奎
25日	10/16	金	辛巳	成	白鑞金	婁
26日	10/17	土	壬午	納	楊柳木	胃
27日	10/18	日	癸未	開	楊柳木	昴
28日	10/19	月	甲申	閉	井泉水	畢
29日	10/20	火	乙酉	閉	井泉水	觜
30日	10/21	水	丙戌	建	屋上土	参

【九月小 丙戌 室】
節気 霜降 1日・立冬 16日

	西暦	曜	干支	直	納音	宿
1日	10/22	木	丁亥	除	屋上土	井
2日	10/23	金	戊子	満	霹靂火	鬼
3日	10/24	土	己丑	平	霹靂火	柳
4日	10/25	日	庚寅	執	松柏木	星
5日	10/26	月	辛卯	執	松柏木	張
6日	10/27	火	壬辰	破	長流水	翼
7日	10/28	水	癸巳	危	長流水	軫
8日	10/29	木	甲午	成	沙中金	角
9日	10/30	金	乙未	納	沙中金	亢
10日	10/31	土	丙申	開	山下火	氐
11日	11/01	日	丁酉	閉	山下火	房
12日	11/02	月	戊戌	建	平地木	心
13日	11/03	火	己亥	除	平地木	尾
14日	11/04	水	庚子	満	壁上土	箕
15日	11/05	木	辛丑	平	壁上土	斗
16日	11/06	金	壬寅	定	金箔金	牛
17日	11/07	土	癸卯	執	金箔金	女
18日	11/08	日	甲辰	破	覆燈火	虚
19日	11/09	月	乙巳	危	覆燈火	危
20日	11/10	火	丙午	成	天河水	室
21日	11/11	水	丁未	納	天河水	壁
22日	11/12	木	戊申	開	大駅土	奎
23日	11/13	金	己酉	閉	大駅土	婁
24日	11/14	土	庚戌	建	釼釧金	胃
25日	11/15	日	辛亥	除	釼釧金	昴
26日	11/16	月	壬子	満	桑柘木	畢
27日	11/17	火	癸丑	平	桑柘木	觜
28日	11/18	水	甲寅	定	大溪水	参
29日	11/19	木	乙卯	執	大溪水	井

【十月大 丁亥 壁】
節気 小雪 3日・大雪 18日

	西暦	曜	干支	直	納音	宿
1日	11/20	金	丙辰	執	沙中土	鬼
2日	11/21	土	丁巳	破	沙中土	柳
3日	11/22	日	戊午	危	天上火	星
4日	11/23	月	己未	成	天上火	張
5日	11/24	火	庚申	納	柘榴木	翼
6日	11/25	水	辛酉	開	柘榴木	軫
7日	11/26	木	壬戌	閉	大海水	角
8日	11/27	金	癸亥	建	大海水	亢
9日	11/28	土	甲子	除	海中金	氐
10日	11/29	日	乙丑	満	海中金	房
11日	11/30	月	丙寅	平	炉中火	心
12日	12/01	火	丁卯	定	炉中火	尾
13日	12/02	水	戊辰	執	大林木	箕
14日	12/03	木	己巳	破	大林木	斗
15日	12/04	金	庚午	危	路傍土	牛
16日	12/05	土	辛未	成	路傍土	女
17日	12/06	日	壬申	納	釼鋒金	虚
18日	12/07	月	癸酉	開	釼鋒金	危
19日	12/08	火	甲戌	閉	山頭火	室
20日	12/09	水	乙亥	建	山頭火	壁
21日	12/10	木	丙子	除	澗下水	奎
22日	12/11	金	丁丑	満	澗下水	婁
23日	12/12	土	戊寅	平	城頭土	胃
24日	12/13	日	己卯	定	城頭土	昴
25日	12/14	月	庚辰	執	白鑞金	畢
26日	12/15	火	辛巳	破	白鑞金	觜
27日	12/16	水	壬午	危	楊柳木	参
28日	12/17	木	癸未	成	楊柳木	井
29日	12/18	金	甲申	納	井泉水	鬼
30日	12/19	土	乙酉	納	井泉水	柳

【十一月小 戊子 奎】
節気 冬至 3日・小寒 18日

	西暦	曜	干支	直	納音	宿
1日	12/20	日	丙戌	開	屋上土	星
2日	12/21	月	丁亥	閉	屋上土	張
3日	12/22	火	戊子	建	霹靂火	翼
4日	12/23	水	己丑	除	霹靂火	軫
5日	12/24	木	庚寅	満	松柏木	角
6日	12/25	金	辛卯	定	松柏木	亢
7日	12/26	土	壬辰	定	長流水	氐
8日	12/27	日	癸巳	執	長流水	房
9日	12/28	月	甲午	破	沙中金	心
10日	12/29	火	乙未	危	沙中金	尾
11日	12/30	水	丙申	成	山下火	箕
12日	12/31	木	丁酉	納	山下火	斗

1836年

	西暦	曜	干支	直	納音	宿
13日	01/01	金	戊戌	開	平地木	牛
14日	01/02	土	己亥	閉	平地木	女
15日	01/03	日	庚子	除	壁上土	虚
16日	01/04	月	辛丑	除	壁上土	危
17日	01/05	火	壬寅	満	金箔金	室
18日	01/06	水	癸卯	満	金箔金	壁
19日	01/07	木	甲辰	定	覆燈火	奎
20日	01/08	金	乙巳	執	覆燈火	婁
21日	01/09	土	丙午	執	天河水	胃
22日	01/10	日	丁未	破	天河水	昴
23日	01/11	月	戊申	危	大駅土	畢
24日	01/12	火	己酉	成	大駅土	觜
25日	01/13	水	庚戌	納	釼釧金	参
26日	01/14	木	辛亥	開	釼釧金	井
27日	01/15	金	壬子	閉	桑柘木	鬼
28日	01/16	土	癸丑	建	桑柘木	柳
29日	01/17	日	甲寅	除	大溪水	星

【十二月大 己丑 婁】
節気 大寒 4日・立春 20日
雑節 土用 1日・節分 19日

	西暦	曜	干支	直	納音	宿
1日	01/18	月	乙卯	満	大溪水	張
2日	01/19	火	丙辰	平	沙中土	翼
3日	01/20	水	丁巳	定	沙中土	軫
4日	01/21	木	戊午	執	天上火	角
5日	01/22	金	己未	破	天上火	亢
6日	01/23	土	庚申	危	柘榴木	氐
7日	01/24	日	辛酉	成	柘榴木	房
8日	01/25	月	壬戌	納	大海水	心
9日	01/26	火	癸亥	開	大海水	尾
10日	01/27	水	甲子	閉	海中金	箕
11日	01/28	木	乙丑	建	海中金	斗
12日	01/29	金	丙寅	除	炉中火	牛
13日	01/30	土	丁卯	満	炉中火	女
14日	01/31	日	戊辰	平	大林木	虚
15日	02/01	月	己巳	定	大林木	危
16日	02/02	火	庚午	執	路傍土	室
17日	02/03	水	辛未	破	路傍土	壁
18日	02/04	木	壬申	危	釼鋒金	奎
19日	02/05	金	癸酉	成	釼鋒金	婁
20日	02/06	土	甲戌	納	山頭火	胃
21日	02/07	日	乙亥	納	山頭火	昴
22日	02/08	月	丙子	開	澗下水	畢
23日	02/09	火	丁丑	閉	澗下水	觜
24日	02/10	水	戊寅	建	城頭土	参
25日	02/11	木	己卯	除	城頭土	井
26日	02/12	金	庚辰	満	白鑞金	鬼
27日	02/13	土	辛巳	平	白鑞金	柳
28日	02/14	日	壬午	定	楊柳木	星
29日	02/15	月	癸未	執	楊柳木	張
30日	02/16	火	甲申	破	井泉水	翼

天保7年
1836～1837　丙申　氏

正月小　庚寅　胃
節気　雨水 5日・啓蟄 20日

日	日付	曜	干支	直	納音	宿
1日	02/17	水	乙酉	危	井泉水	軫
2日	02/18	木	丙戌	成	屋上土	角
3日	02/19	金	丁亥	納	屋上土	亢
4日	02/20	土	戊子	開	霹靂火	氐
5日	02/21	日	己丑	閉	霹靂火	房
6日	02/22	月	庚寅	建	松柏木	心
7日	02/23	火	辛卯	除	松柏木	尾
8日	02/24	水	壬辰	満	長流水	箕
9日	02/25	木	癸巳	平	長流水	斗
10日	02/26	金	甲午	定	沙中金	牛
11日	02/27	土	乙未	執	沙中金	女
12日	02/28	日	丙申	破	山下火	虚
13日	02/29	月	丁酉	危	山下火	危
14日	03/01	火	戊戌	成	平地木	室
15日	03/02	水	己亥	納	平地木	壁
16日	03/03	木	庚子	開	壁上土	奎
17日	03/04	金	辛丑	閉	壁上土	婁
18日	03/05	土	壬寅	建	金箔金	胃
19日	03/06	日	癸卯	除	金箔金	昴
20日	03/07	月	甲辰	除	覆燈火	畢
21日	03/08	火	乙巳	満	覆燈火	觜
22日	03/09	水	丙午	平	天河水	参
23日	03/10	木	丁未	定	天河水	井
24日	03/11	金	戊申	執	大駅土	鬼
25日	03/12	土	己酉	破	大駅土	柳
26日	03/13	日	庚戌	危	釵釧金	星
27日	03/14	月	辛亥	成	釵釧金	張
28日	03/15	火	壬子	納	桑柘木	翼
29日	03/16	水	癸丑	開	桑柘木	軫

二月大　辛卯　昴
節気　春分 6日・清明 22日
雑節　彼岸 1日・社日 5日

日	日付	曜	干支	直	納音	宿
1日	03/17	木	甲寅	閉	大溪水	角
2日	03/18	金	乙卯	建	大溪水	亢
3日	03/19	土	丙辰	除	沙中土	氐
4日	03/20	日	丁巳	満	沙中土	房
5日	03/21	月	戊午	平	天上火	心
6日	03/22	火	己未	定	天上火	尾
7日	03/23	水	庚申	執	柘榴木	箕
8日	03/24	木	辛酉	破	柘榴木	斗
9日	03/25	金	壬戌	危	大海水	牛
10日	03/26	土	癸亥	成	大海水	女
11日	03/27	日	甲子	納	海中金	虚
12日	03/28	月	乙丑	開	海中金	危
13日	03/29	火	丙寅	閉	爐中火	室
14日	03/30	水	丁卯	建	爐中火	壁
15日	03/31	木	戊辰	除	大林木	奎
16日	04/01	金	己巳	満	大林木	婁
17日	04/02	土	庚午	平	路傍土	胃
18日	04/03	日	辛未	定	路傍土	昴
19日	04/04	月	壬申	執	釵鋒金	畢
20日	04/05	火	癸酉	破	釵鋒金	觜
21日	04/06	水	甲戌	危	山頭火	参
22日	04/07	木	乙亥	危	山頭火	井
23日	04/08	金	丙子	成	澗下水	鬼
24日	04/09	土	丁丑	納	澗下水	柳
25日	04/10	日	戊寅	開	城頭土	星
26日	04/11	月	己卯	閉	城頭土	張
27日	04/12	火	庚辰	建	白鑞金	翼
28日	04/13	水	辛巳	除	白鑞金	軫
29日	04/14	木	壬午	満	楊柳木	角
30日	04/15	金	癸未	平	楊柳木	亢

三月小　壬辰　畢
節気　穀雨 7日・立夏 22日
雑節　土用 4日・八十八夜 18日

日	日付	曜	干支	直	納音	宿
1日	04/16	土	甲申	定	井泉水	氐
2日	04/17	日	乙酉	執	井泉水	房
3日	04/18	月	丙戌	破	屋上土	心
4日	04/19	火	丁亥	危	屋上土	尾
5日	04/20	水	戊子	成	霹靂火	箕
6日	04/21	木	己丑	納	霹靂火	斗
7日	04/22	金	庚寅	開	松柏木	牛
8日	04/23	土	辛卯	閉	松柏木	女
9日	04/24	日	壬辰	建	長流水	虚
10日	04/25	月	癸巳	除	長流水	危
11日	04/26	火	甲午	満	沙中金	室
12日	04/27	水	乙未	平	沙中金	壁
13日	04/28	木	丙申	定	山下火	奎
14日	04/29	金	丁酉	執	山下火	婁
15日	04/30	土	戊戌	破	平地木	胃
16日	05/01	日	己亥	危	平地木	昴
17日	05/02	月	庚子	成	壁上土	畢
18日	05/03	火	辛丑	納	壁上土	觜
19日	05/04	水	壬寅	開	金箔金	参
20日	05/05	木	癸卯	閉	金箔金	井
21日	05/06	金	甲辰	建	覆燈火	鬼
22日	05/07	土	乙巳	建	覆燈火	柳
23日	05/08	日	丙午	除	天河水	星
24日	05/09	月	丁未	満	天河水	張
25日	05/10	火	戊申	平	大駅土	翼
26日	05/11	水	己酉	定	大駅土	軫
27日	05/12	木	庚戌	執	釵釧金	角
28日	05/13	金	辛亥	破	釵釧金	亢
29日	05/14	土	壬子	危	桑柘木	氐

四月大　癸巳　觜
節気　小満 8日・芒種 23日
雑節　入梅 30日

日	日付	曜	干支	直	納音	宿
1日	05/15	日	癸丑	成	桑柘木	房
2日	05/16	月	甲寅	納	大溪水	心
3日	05/17	火	乙卯	開	大溪水	尾
4日	05/18	水	丙辰	閉	沙中土	箕
5日	05/19	木	丁巳	建	沙中土	斗
6日	05/20	金	戊午	除	天上火	牛
7日	05/21	土	己未	満	天上火	女
8日	05/22	日	庚申	平	柘榴木	危
9日	05/23	月	辛酉	定	柘榴木	室
10日	05/24	火	壬戌	執	大海水	壁
11日	05/25	水	癸亥	破	大海水	奎
12日	05/26	木	甲子	危	海中金	婁
13日	05/27	金	乙丑	成	海中金	胃
14日	05/28	土	丙寅	納	爐中火	昴
15日	05/29	日	丁卯	開	爐中火	畢
16日	05/30	月	戊辰	閉	大林木	觜
17日	05/31	火	己巳	建	大林木	参
18日	06/01	水	庚午	除	路傍土	井
19日	06/02	木	辛未	満	路傍土	鬼
20日	06/03	金	壬申	平	釵鋒金	柳
21日	06/04	土	癸酉	定	釵鋒金	星
22日	06/05	日	甲戌	執	山頭火	張
23日	06/06	月	乙亥	執	山頭火	翼
24日	06/07	火	丙子	破	澗下水	軫
25日	06/08	水	丁丑	危	澗下水	角
26日	06/09	木	戊寅	成	城頭土	亢
27日	06/10	金	己卯	納	城頭土	氐
28日	06/11	土	庚辰	開	白鑞金	房
29日	06/12	日	辛巳	閉	白鑞金	心
30日	06/13	月	壬午	建	楊柳木	心

五月大　甲午　参
節気　夏至 9日・小暑 24日
雑節　半夏生 19日

日	日付	曜	干支	直	納音	宿
1日	06/14	火	癸未	除	楊柳木	尾
2日	06/15	水	甲申	満	井泉水	箕
3日	06/16	木	乙酉	平	井泉水	斗
4日	06/17	金	丙戌	定	屋上土	牛
5日	06/18	土	丁亥	執	屋上土	女
6日	06/19	日	戊子	破	霹靂火	虚
7日	06/20	月	己丑	危	霹靂火	危
8日	06/21	火	庚寅	成	松柏木	室
9日	06/22	水	辛卯	納	松柏木	壁
10日	06/23	木	壬辰	開	長流水	奎
11日	06/24	金	癸巳	閉	長流水	婁
12日	06/25	土	甲午	建	沙中金	胃
13日	06/26	日	乙未	除	沙中金	昴
14日	06/27	月	丙申	満	山下火	畢
15日	06/28	火	丁酉	平	山下火	觜
16日	06/29	水	戊戌	定	平地木	参
17日	06/30	木	己亥	執	平地木	井
18日	07/01	金	庚子	破	壁上土	鬼
19日	07/02	土	辛丑	危	壁上土	柳
20日	07/03	日	壬寅	成	金箔金	星
21日	07/04	月	癸卯	納	金箔金	張
22日	07/05	火	甲辰	開	覆燈火	翼
23日	07/06	水	乙巳	閉	覆燈火	軫
24日	07/07	木	丙午	閉	天河水	角
25日	07/08	金	丁未	建	天河水	亢
26日	07/09	土	戊申	除	大駅土	氐
27日	07/10	日	己酉	満	大駅土	房
28日	07/11	月	庚戌	平	釵釧金	心
29日	07/12	火	辛亥	定	釵釧金	尾
30日	07/13	水	壬子	執	桑柘木	箕

六月小　乙未　井
節気　大暑 9日・立秋 24日
雑節　土用 6日

日	日付	曜	干支	直	納音	宿
1日	07/14	木	癸丑	破	桑柘木	斗
2日	07/15	金	甲寅	危	大溪水	牛
3日	07/16	土	乙卯	成	大溪水	女
4日	07/17	日	丙辰	納	沙中土	虚
5日	07/18	月	丁巳	開	沙中土	危
6日	07/19	火	戊午	閉	天上火	室
7日	07/20	水	己未	建	天上火	壁
8日	07/21	木	庚申	除	柘榴木	奎
9日	07/22	金	辛酉	満	柘榴木	婁
10日	07/23	土	壬戌	平	大海水	胃
11日	07/24	日	癸亥	定	大海水	昴
12日	07/25	月	甲子	執	海中金	畢
13日	07/26	火	乙丑	破	海中金	觜
14日	07/27	水	丙寅	危	爐中火	参
15日	07/28	木	丁卯	成	爐中火	井
16日	07/29	金	戊辰	納	大林木	鬼
17日	07/30	土	己巳	開	大林木	柳
18日	07/31	日	庚午	閉	路傍土	星
19日	08/01	月	辛未	建	路傍土	張
20日	08/02	火	壬申	除	釵鋒金	翼
21日	08/03	水	癸酉	満	釵鋒金	軫
22日	08/04	木	甲戌	平	山頭火	角
23日	08/05	金	乙亥	定	山頭火	亢
24日	08/06	土	丙子	定	澗下水	氐
25日	08/07	日	丁丑	執	澗下水	房
26日	08/08	月	戊寅	破	城頭土	心
27日	08/09	火	己卯	危	城頭土	尾
28日	08/10	水	庚辰	成	白鑞金	箕
29日	08/11	木	辛巳	納	白鑞金	斗

天保7年

西暦 曜 干支 直 納音 宿

【七月大 丙申 鬼】
節気 処暑 11日・白露 26日
雑節 二百十日 22日

日	西暦	曜	干支	直	納音	宿
1日	08/12	金	壬午	開	楊柳木	牛
2日	08/13	土	癸未	閉	楊柳木	女
3日	08/14	日	甲申	建	井泉水	虚
4日	08/15	月	乙酉	除	井泉水	危
5日	08/16	火	丙戌	満	屋上土	室
6日	08/17	水	丁亥	平	屋上土	壁
7日	08/18	木	戊子	定	霹靂火	奎
8日	08/19	金	己丑	執	霹靂火	婁
9日	08/20	土	庚寅	破	松柏木	胃
10日	08/21	日	辛卯	危	松柏木	昴
11日	08/22	月	壬辰	成	長流水	畢
12日	08/23	火	癸巳	納	長流水	觜
13日	08/24	水	甲午	開	沙中金	参
14日	08/25	木	乙未	閉	沙中金	井
15日	08/26	金	丙申	建	山下火	鬼
16日	08/27	土	丁酉	除	山下火	柳
17日	08/28	日	戊戌	満	平地木	星
18日	08/29	月	己亥	平	平地木	張
19日	08/30	火	庚子	定	壁上土	翼
20日	08/31	水	辛丑	執	壁上土	軫
21日	09/01	木	壬寅	破	金箔金	角
22日	09/02	金	癸卯	危	金箔金	亢
23日	09/03	土	甲辰	成	覆燈火	氐
24日	09/04	日	乙巳	納	覆燈火	房
25日	09/05	月	丙午	開	天河水	心
26日	09/06	火	丁未	開	天河水	尾
27日	09/07	水	戊申	閉	大駅土	箕
28日	09/08	木	己酉	建	大駅土	斗
29日	09/09	金	庚戌	除	釵釧金	牛
30日	09/10	土	辛亥	満	釵釧金	女

【八月小 丁酉 柳】
節気 秋分 11日・寒露 26日
雑節 社日 7日・彼岸 10日

日	西暦	曜	干支	直	納音	宿
1日	09/11	日	壬子	平	桑柘木	虚
2日	09/12	月	癸丑	定	桑柘木	危
3日	09/13	火	甲寅	執	大溪水	室
4日	09/14	水	乙卯	破	大溪水	壁
5日	09/15	木	丙辰	危	沙中土	奎
6日	09/16	金	丁巳	成	沙中土	婁
7日	09/17	土	戊午	納	天上火	胃
8日	09/18	日	己未	開	天上火	昴
9日	09/19	月	庚申	閉	柘榴木	畢
10日	09/20	火	辛酉	建	柘榴木	觜
11日	09/21	水	壬戌	除	大海水	参
12日	09/22	木	癸亥	満	大海水	井
13日	09/23	金	甲子	平	海中金	鬼
14日	09/24	土	乙丑	定	海中金	柳
15日	09/25	日	丙寅	執	炉中火	星
16日	09/26	月	丁卯	破	炉中火	張
17日	09/27	火	戊辰	危	大林木	翼
18日	09/28	水	己巳	成	大林木	軫
19日	09/29	木	庚午	納	路傍土	角
20日	09/30	金	辛未	開	路傍土	亢
21日	10/01	土	壬申	閉	釼鋒金	氐
22日	10/02	日	癸酉	建	釼鋒金	房
23日	10/03	月	甲戌	除	山頭火	心
24日	10/04	火	乙亥	満	山頭火	尾
25日	10/05	水	丙子	平	澗下水	箕
26日	10/06	木	丁丑	平	澗下水	斗
27日	10/07	金	戊寅	定	城頭土	牛
28日	10/08	土	己卯	執	城頭土	女
29日	10/09	日	庚辰	破	白鑞金	虚

【九月大 戊戌 星】
節気 霜降 12日・立冬 28日
雑節 土用 9日

日	西暦	曜	干支	直	納音	宿
1日	10/10	月	辛巳	危	白鑞金	危
2日	10/11	火	壬午	成	楊柳木	室
3日	10/12	水	癸未	納	楊柳木	壁
4日	10/13	木	甲申	開	井泉水	奎
5日	10/14	金	乙酉	閉	井泉水	婁
6日	10/15	土	丙戌	建	屋上土	胃
7日	10/16	日	丁亥	除	屋上土	昴
8日	10/17	月	戊子	満	霹靂火	畢
9日	10/18	火	己丑	平	霹靂火	觜
10日	10/19	水	庚寅	定	松柏木	参
11日	10/20	木	辛卯	執	松柏木	井
12日	10/21	金	壬辰	破	長流水	鬼
13日	10/22	土	癸巳	危	長流水	柳
14日	10/23	日	甲午	成	沙中金	星
15日 ☆	10/24	月	乙未	納	沙中金	張
16日	10/25	火	丙申	開	山下火	翼
17日	10/26	水	丁酉	閉	山下火	軫
18日	10/27	木	戊戌	建	平地木	角
19日	10/28	金	己亥	除	平地木	亢
20日	10/29	土	庚子	満	壁上土	氐
21日	10/30	日	辛丑	平	壁上土	房
22日	10/31	月	壬寅	定	金箔金	心
23日	11/01	火	癸卯	執	金箔金	尾
24日	11/02	水	甲辰	破	覆燈火	箕
25日	11/03	木	乙巳	危	覆燈火	斗
26日	11/04	金	丙午	成	天河水	牛
27日	11/05	土	丁未	納	天河水	女
28日	11/06	日	戊申	納	大駅土	虚
29日	11/07	月	己酉	開	大駅土	危
30日	11/08	火	庚戌	閉	釵釧金	室

【十月小 己亥 張】
節気 小雪 13日・大雪 28日

日	西暦	曜	干支	直	納音	宿
1日	11/09	水	辛亥	建	釵釧金	壁
2日	11/10	木	壬子	除	桑柘木	奎
3日	11/11	金	癸丑	満	桑柘木	婁
4日	11/12	土	甲寅	平	大溪水	胃
5日	11/13	日	乙卯	定	大溪水	昴
6日	11/14	月	丙辰	執	沙中土	畢
7日	11/15	火	丁巳	破	沙中土	觜
8日	11/16	水	戊午	危	天上火	参
9日	11/17	木	己未	成	天上火	井
10日	11/18	金	庚申	納	柘榴木	鬼
11日	11/19	土	辛酉	開	柘榴木	柳
12日	11/20	日	壬戌	閉	大海水	星
13日	11/21	月	癸亥	建	大海水	張
14日	11/22	火	甲子	除	海中金	翼
15日	11/23	水	乙丑	満	海中金	軫
16日	11/24	木	丙寅	平	炉中火	角
17日	11/25	金	丁卯	定	炉中火	亢
18日	11/26	土	戊辰	執	大林木	氐
19日	11/27	日	己巳	破	大林木	房
20日	11/28	月	庚午	危	路傍土	心
21日	11/29	火	辛未	成	路傍土	尾
22日	11/30	水	壬申	納	釼鋒金	箕
23日	12/01	木	癸酉	開	釼鋒金	斗
24日	12/02	金	甲戌	閉	山頭火	牛
25日	12/03	土	乙亥	建	山頭火	女
26日	12/04	日	丙子	除	澗下水	虚
27日	12/05	月	丁丑	満	澗下水	危
28日	12/06	火	戊寅	満	城頭土	室
29日	12/07	水	己卯	平	城頭土	壁

【十一月大 庚子 翼】
節気 冬至 14日・小寒 30日

日	西暦	曜	干支	直	納音	宿
1日	12/08	木	庚辰	定	白鑞金	奎
2日	12/09	金	辛巳	執	白鑞金	婁
3日	12/10	土	壬午	破	楊柳木	胃
4日	12/11	日	癸未	危	楊柳木	昴
5日	12/12	月	甲申	成	井泉水	畢
6日	12/13	火	乙酉	納	井泉水	觜
7日	12/14	水	丙戌	開	屋上土	参
8日	12/15	木	丁亥	閉	屋上土	井
9日	12/16	金	戊子	建	霹靂火	鬼
10日	12/17	土	己丑	除	霹靂火	柳
11日	12/18	日	庚寅	満	松柏木	星
12日	12/19	月	辛卯	平	松柏木	張
13日	12/20	火	壬辰	定	長流水	翼
14日	12/21	水	癸巳	執	長流水	軫
15日	12/22	木	甲午	破	沙中金	角
16日	12/23	金	乙未	危	沙中金	亢
17日	12/24	土	丙申	成	山下火	氐
18日	12/25	日	丁酉	納	山下火	房
19日	12/26	月	戊戌	開	平地木	心
20日	12/27	火	己亥	閉	平地木	尾
21日	12/28	水	庚子	建	壁上土	箕
22日	12/29	木	辛丑	除	壁上土	斗
23日	12/30	金	壬寅	満	金箔金	牛
24日	12/31	土	癸卯	平	金箔金	女

1837年

日	西暦	曜	干支	直	納音	宿
25日	01/01	日	甲辰	定	覆燈火	虚
26日	01/02	月	乙巳	執	覆燈火	危
27日	01/03	火	丙午	破	天河水	室
28日	01/04	水	丁未	危	天河水	壁
29日	01/05	木	戊申	成	大駅土	奎
30日	01/06	金	己酉	成	大駅土	婁

【十二月小 辛丑 軫】
節気 大寒 15日
雑節 土用 12日・節分 29日

日	西暦	曜	干支	直	納音	宿
1日	01/07	土	庚戌	納	釵釧金	胃
2日	01/08	日	辛亥	開	釵釧金	昴
3日	01/09	月	壬子	閉	桑柘木	畢
4日	01/10	火	癸丑	建	桑柘木	觜
5日	01/11	水	甲寅	除	大溪水	参
6日	01/12	木	乙卯	満	大溪水	井
7日	01/13	金	丙辰	平	沙中土	鬼
8日	01/14	土	丁巳	定	沙中土	柳
9日	01/15	日	戊午	執	天上火	星
10日	01/16	月	己未	破	天上火	張
11日	01/17	火	庚申	危	柘榴木	翼
12日	01/18	水	辛酉	成	柘榴木	軫
13日	01/19	木	壬戌	納	大海水	角
14日	01/20	金	癸亥	開	大海水	亢
15日	01/21	土	甲子	閉	海中金	氐
16日	01/22	日	乙丑	建	海中金	房
17日	01/23	月	丙寅	除	炉中火	心
18日	01/24	火	丁卯	満	炉中火	尾
19日	01/25	水	戊辰	平	大林木	箕
20日	01/26	木	己巳	定	大林木	斗
21日	01/27	金	庚午	執	路傍土	牛
22日	01/28	土	辛未	破	路傍土	女
23日	01/29	日	壬申	危	釼鋒金	虚
24日	01/30	月	癸酉	成	釼鋒金	危
25日	01/31	火	甲戌	納	山頭火	室
26日	02/01	水	乙亥	開	山頭火	壁
27日	02/02	木	丙子	閉	澗下水	奎
28日	02/03	金	丁丑	建	澗下水	婁
29日	02/04	土	戊寅	除	城頭土	胃

天保8年
1837～1838　丁酉　房

【正月大 壬寅 角】
節気 立春 1日・雨水 16日

日	日付	曜	干支		納音	宿
1日	02/05	日	己巳	除	城頭土	昴
2日	02/06	月	庚午	満	白鑞金	畢
3日	02/07	火	辛未	平	白鑞金	觜
4日	02/08	水	壬申	定	楊柳木	参
5日	02/09	木	癸酉	執	楊柳木	井
6日	02/10	金	甲戌	破	井泉水	鬼
7日	02/11	土	乙酉	危	井泉水	柳
8日	02/12	日	丙戌	納	屋上土	星
9日	02/13	月	丁亥	納	屋上土	張
10日	02/14	火	戊子	開	霹靂火	翼
11日	02/15	水	己丑	閉	霹靂火	軫
12日	02/16	木	庚寅	建	松柏木	角
13日	02/17	金	辛卯	除	松柏木	亢
14日	02/18	土	壬辰	満	長流水	氐
15日	02/19	日	癸巳	平	長流水	房
16日	02/20	月	甲午	定	沙中金	心
17日	02/21	火	乙未	執	沙中金	尾
18日	02/22	水	丙申	破	山下火	箕
19日	02/23	木	丁酉	建	山下火	角
20日	02/24	金	戊戌	成	平地木	牛
21日	02/25	土	己亥	納	平地木	女
22日	02/26	日	庚子	開	壁上土	虚
23日	02/27	月	辛丑	閉	壁上土	危
24日	02/28	火	壬寅	建	金箔金	室
25日	03/01	水	癸卯	除	金箔金	壁
26日	03/02	木	甲辰	満	覆燈火	奎
27日	03/03	金	乙巳	平	覆燈火	婁
28日	03/04	土	丙午	定	天河水	胃
29日	03/05	日	丁未	執	天河水	昴
30日	03/06	月	戊申	破	大駅土	畢

【二月小 癸卯 亢】
節気 啓蟄 1日・春分 17日
雑節 彼岸 12日・社日 20日

日	日付	曜	干支		納音	宿
1日	03/07	火	己酉	破	大駅土	觜
2日	03/08	水	庚戌	危	釵釧金	参
3日	03/09	木	辛亥	成	釵釧金	井
4日	03/10	金	壬子	納	桑柘木	鬼
5日	03/11	土	癸丑	開	桑柘木	柳
6日	03/12	日	甲寅	閉	大渓水	星
7日	03/13	月	乙卯	建	大渓水	張
8日	03/14	火	丙辰	除	沙中土	翼
9日	03/15	水	丁巳	平	天上火	軫
10日	03/16	木	戊午	平	天上火	角
11日	03/17	金	己未	定	天上火	亢
12日	03/18	土	庚申	執	柘榴木	氐
13日	03/19	日	辛酉	破	柘榴木	房
14日	03/20	月	壬戌	危	大海水	心
15日	03/21	火	癸亥	成	大海水	尾
16日	03/22	水	甲子	納	海中金	箕
17日	03/23	木	乙丑	開	海中金	斗
18日	03/24	金	丙寅	閉	爐中火	牛
19日	03/25	土	丁卯	建	爐中火	女
20日	03/26	日	戊辰	除	大林木	虚
21日	03/27	月	己巳	満	大林木	危
22日	03/28	火	庚午	平	路傍土	室
23日	03/29	水	辛未	定	路傍土	壁
24日	03/30	木	壬申	執	釵鋒金	奎
25日	03/31	金	癸酉	破	釵鋒金	婁
26日	04/01	土	甲戌	危	山頭火	胃
27日	04/02	日	乙亥	成	山頭火	昴
28日	04/03	月	丙子	納	潤下水	畢
29日	04/04	火	丁丑	開	潤下水	觜

【三月大 甲辰 氐】
節気 清明 3日・穀雨 18日
雑節 土用 15日・八十八夜 29日

日	日付	曜	干支		納音	宿
1日	04/05	水	戊寅	閉	城頭土	参
2日	04/06	木	己卯	建	城頭土	井
3日	04/07	金	庚辰	除	白鑞金	鬼
4日	04/08	土	辛巳	満	白鑞金	柳
5日	04/09	日	壬午	平	楊柳木	星
6日	04/10	月	癸未	平	楊柳木	張
7日	04/11	火	甲申	定	井泉水	翼
8日	04/12	水	乙酉	執	井泉水	軫
9日	04/13	木	丙戌	破	屋上土	角
10日	04/14	金	丁亥	危	屋上土	亢
11日	04/15	土	戊子	成	霹靂火	氐
12日	04/16	日	己丑	納	霹靂火	房
13日	04/17	月	庚寅	開	松柏木	心
14日	04/18	火	辛卯	閉	松柏木	尾
15日	04/19	水	壬辰	建	長流水	箕
16日	04/20	木	癸巳	除	長流水	斗
17日☆	04/21	金	甲午	満	沙中金	牛
18日	04/22	土	乙未	平	沙中金	女
19日	04/23	日	丙申	定	山下火	虚
20日	04/24	月	丁酉	執	山下火	危
21日	04/25	火	戊戌	破	平地木	室
22日	04/26	水	己亥	危	平地木	壁
23日	04/27	木	庚子	危	壁上土	奎
24日	04/28	金	辛丑	納	壁上土	婁
25日	04/29	土	壬寅	開	金箔金	胃
26日	04/30	日	癸卯	閉	金箔金	昴
27日	05/01	月	甲辰	建	覆燈火	畢
28日	05/02	火	乙巳	除	覆燈火	觜
29日	05/03	水	丙午	満	天河水	参
30日	05/04	木	丁未	平	天河水	井

【四月小 乙巳 房】
節気 立夏 3日・小満 18日

日	日付	曜	干支		納音	宿
1日	05/05	金	戊申	定	大駅土	鬼
2日	05/06	土	己酉	執	大駅土	柳
3日	05/07	日	庚戌	破	釵釧金	星
4日	05/08	月	辛亥	破	釵釧金	張
5日	05/09	火	壬子	危	桑柘木	翼
6日	05/10	水	癸丑	成	桑柘木	軫
7日	05/11	木	甲寅	納	大渓水	角
8日	05/12	金	乙卯	開	大渓水	亢
9日	05/13	土	丙辰	閉	沙中土	氐
10日	05/14	日	丁巳	建	天上火	房
11日	05/15	月	戊午	除	天上火	心
12日	05/16	火	己未	満	天上火	尾
13日	05/17	水	庚申	平	柘榴木	箕
14日	05/18	木	辛酉	執	柘榴木	斗
15日	05/19	金	壬戌	執	大海水	牛
16日	05/20	土	癸亥	破	大海水	女
17日	05/21	日	甲子	危	海中金	虚
18日	05/22	月	乙丑	成	海中金	危
19日	05/23	火	丙寅	納	爐中火	室
20日	05/24	水	丁卯	開	爐中火	壁
21日	05/25	木	戊辰	閉	大林木	奎
22日	05/26	金	己巳	建	大林木	婁
23日	05/27	土	庚午	除	路傍土	胃
24日	05/28	日	辛未	満	路傍土	昴
25日	05/29	月	壬申	平	釵鋒金	畢
26日	05/30	火	癸酉	定	釵鋒金	觜
27日	05/31	水	甲戌	執	山頭火	参
28日	06/01	木	乙亥	破	山頭火	井
29日	06/02	金	丙子	危	潤下水	鬼

【五月大 丙午 心】
節気 芒種 5日・夏至 20日
雑節 入梅 6日・半夏生 30日

日	日付	曜	干支		納音	宿
1日	06/03	土	丁丑	成	潤下水	柳
2日	06/04	日	戊寅	納	城頭土	星
3日	06/05	月	己卯	開	城頭土	張
4日	06/06	火	庚辰	閉	白鑞金	翼
5日	06/07	水	辛巳	建	白鑞金	軫
6日	06/08	木	壬午	建	楊柳木	角
7日	06/09	金	癸未	除	楊柳木	亢
8日	06/10	土	甲申	満	井泉水	房
9日	06/11	日	乙酉	平	井泉水	心
10日	06/12	月	丙戌	定	屋上土	尾
11日	06/13	火	丁亥	執	屋上土	箕
12日	06/14	水	戊子	破	霹靂火	斗
13日	06/15	木	己丑	危	霹靂火	牛
14日	06/16	金	庚寅	成	松柏木	女
15日	06/17	土	辛卯	納	松柏木	虚
16日	06/18	日	壬辰	開	長流水	危
17日	06/19	月	癸巳	閉	長流水	室
18日	06/20	火	甲午	建	沙中金	壁
19日	06/21	水	乙未	除	沙中金	奎
20日	06/22	木	丙申	満	山下火	婁
21日	06/23	金	丁酉	平	山下火	胃
22日	06/24	土	戊戌	定	平地木	昴
23日	06/25	日	己亥	執	平地木	畢
24日	06/26	月	庚子	破	壁上土	觜
25日	06/27	火	辛丑	危	壁上土	参
26日	06/28	水	壬寅	成	金箔金	井
27日	06/29	木	癸卯	納	金箔金	鬼
28日	06/30	金	甲辰	開	覆燈火	柳
29日	07/01	土	乙巳	閉	覆燈火	星
30日	07/02	日	丙午	建	天河水	張

【六月小 丁未 尾】
節気 小暑 5日・大暑 20日
雑節 土用 17日

日	日付	曜	干支		納音	宿
1日	07/03	月	丁未	除	天河水	翼
2日	07/04	火	戊申	満	大駅土	軫
3日	07/05	水	己酉	平	大駅土	角
4日	07/06	木	庚戌	定	釵釧金	亢
5日	07/07	金	辛亥	執	釵釧金	氐
6日	07/08	土	壬子	破	桑柘木	房
7日	07/09	日	癸丑	危	桑柘木	心
8日	07/10	月	甲寅	成	大渓水	尾
9日	07/11	火	乙卯	納	大渓水	箕
10日	07/12	水	丙辰	開	沙中土	斗
11日	07/13	木	丁巳	閉	沙中土	牛
12日	07/14	金	戊午	建	天上火	女
13日	07/15	土	己未	建	天上火	虚
14日	07/16	日	庚申	除	柘榴木	危
15日	07/17	月	辛酉	満	柘榴木	室
16日	07/18	火	壬戌	平	大海水	壁
17日	07/19	水	癸亥	定	大海水	奎
18日	07/20	木	甲子	執	海中金	婁
19日	07/21	金	乙丑	破	海中金	胃
20日	07/22	土	丙寅	危	爐中火	昴
21日	07/23	日	丁卯	成	爐中火	畢
22日	07/24	月	戊辰	納	大林木	觜
23日	07/25	火	己巳	開	大林木	参
24日	07/26	水	庚午	閉	路傍土	井
25日	07/27	木	辛未	建	路傍土	鬼
26日	07/28	金	壬申	除	釵鋒金	柳
27日	07/29	土	癸酉	満	釵鋒金	星
28日	07/30	日	甲戌	平	山頭火	張
29日	07/31	月	乙亥	定	山頭火	翼

【七月大 戊申 箕】
節気 立秋 7日・処暑 22日

日	日付	曜	干支		納音	宿
1日	08/01	火	丙子	執	潤下水	軫
2日	08/02	水	丁丑	破	潤下水	角
3日	08/03	木	戊寅	危	城頭土	亢
4日	08/04	金	己卯	成	城頭土	氐

天保8年

日	西暦	曜	干支	直	納音	宿
5日	08/05	土	庚辰	納	白鑞金	氐
6日	08/06	日	辛巳	開	白鑞金	房
7日	08/07	月	壬午	開	楊柳木	心
8日	08/08	火	癸未	閉	楊柳木	尾
9日	08/09	水	甲申	建	井泉水	箕
10日	08/10	木	乙酉	除	井泉水	斗
11日	08/11	金	丙戌	満	屋上土	牛
12日	08/12	土	丁亥	平	屋上土	女
13日	08/13	日	戊子	定	霹靂火	虚
14日	08/14	月	己丑	執	霹靂火	危
15日	08/15	火	庚寅	破	松柏木	室
16日	08/16	水	辛卯	危	松柏木	壁
17日	08/17	木	壬辰	成	長流水	奎
18日	08/18	金	癸巳	納	長流水	婁
19日	08/19	土	甲午	開	沙中金	胃
20日	08/20	日	乙未	閉	沙中金	昴
21日	08/21	月	丙申	建	山下火	畢
22日	08/22	火	丁酉	除	山下火	觜
23日	08/23	水	戊戌	満	平地木	参
24日	08/24	木	己亥	定	平地木	井
25日	08/25	金	庚子	定	壁上土	鬼
26日	08/26	土	辛丑	執	壁上土	柳
27日	08/27	日	壬寅	破	金箔金	星
28日	08/28	月	癸卯	危	金箔金	張
29日	08/29	火	甲辰	成	覆燈火	翼
30日	08/30	水	乙巳	納	覆燈火	軫

【八月大 己酉 斗】
節気 白露 7日・秋分 22日
雑節 二百十日 3日・彼岸 21日・社日 23日

日	西暦	曜	干支	直	納音	宿
1日	08/31	木	丙午	開	天河水	角
2日	09/01	金	丁未	閉	天河水	亢
3日	09/02	土	戊申	建	大駅土	氐
4日	09/03	日	己酉	除	大駅土	房
5日	09/04	月	庚戌	満	釵釧金	心
6日	09/05	火	辛亥	平	釵釧金	尾
7日	09/06	水	壬子	平	桑柘木	箕
8日	09/07	木	癸丑	定	桑柘木	斗
9日	09/08	金	甲寅	執	大渓水	牛
10日	09/09	土	乙卯	破	大渓水	女
11日	09/10	日	丙辰	危	沙中土	虚
12日	09/11	月	丁巳	成	沙中土	危
13日	09/12	火	戊午	納	天上火	室
14日	09/13	水	己未	開	天上火	壁
15日	09/14	木	庚申	閉	柏榴木	奎
16日	09/15	金	辛酉	建	柏榴木	婁
17日	09/16	土	壬戌	除	大海水	胃
18日	09/17	日	癸亥	満	大海水	昴
19日	09/18	月	甲子	平	海中金	畢
20日	09/19	火	乙丑	執	海中金	觜
21日	09/20	水	丙寅	執	爐中火	参
22日	09/21	木	丁卯	破	爐中火	井
23日	09/22	金	戊辰	危	大林木	鬼
24日	09/23	土	己巳	成	大林木	柳
25日	09/24	日	庚午	納	路傍土	星
26日	09/25	月	辛未	開	路傍土	張
27日	09/26	火	壬申	閉	釼鋒金	翼
28日	09/27	水	癸酉	建	釼鋒金	軫
29日	09/28	木	甲戌	除	山頭火	角
30日	09/29	金	乙亥	満	山頭火	亢

【九月小 庚戌 牛】
節気 寒露 7日・霜降 23日
雑節 土用 20日

日	西暦	曜	干支	直	納音	宿
1日	09/30	土	丙子	平	潤下水	氐
2日	10/01	日	丁丑	定	潤下水	房
3日	10/02	月	戊寅	執	城頭土	心
4日	10/03	火	己卯	破	城頭土	尾
5日	10/04	水	庚辰	危	白鑞金	箕
6日	10/05	木	辛巳	成	白鑞金	斗
7日	10/06	金	壬午	納	楊柳木	牛
8日	10/07	土	癸未	開	楊柳木	女
9日	10/08	日	甲申	開	井泉水	虚
10日	10/09	月	乙酉	閉	井泉水	危
11日	10/10	火	丙戌	建	屋上土	室
12日	10/11	水	丁亥	除	屋上土	壁
13日	10/12	木	戊子	満	霹靂火	奎
14日	10/13	金	己丑	平	霹靂火	婁
15日☆	10/14	土	庚寅	定	松柏木	胃
16日	10/15	日	辛卯	執	松柏木	昴
17日	10/16	月	壬辰	破	長流水	畢
18日	10/17	火	癸巳	危	長流水	觜
19日	10/18	水	甲午	成	沙中金	参
20日	10/19	木	乙未	納	沙中金	井
21日	10/20	金	丙申	閉	山下火	鬼
22日	10/21	土	丁酉	閉	山下火	柳
23日	10/22	日	戊戌	建	平地木	星
24日	10/23	月	己亥	除	平地木	張
25日	10/24	火	庚子	満	壁上土	翼
26日	10/25	水	辛丑	平	壁上土	軫
27日	10/26	木	壬寅	定	金箔金	角
28日	10/27	金	癸卯	執	金箔金	亢
29日	10/28	土	甲辰	破	覆燈火	氐

【十月大 辛亥 女】
節気 立冬 9日・小雪 24日

日	西暦	曜	干支	直	納音	宿
1日	10/29	日	乙巳	危	覆燈火	房
2日	10/30	月	丙午	成	天河水	心
3日	10/31	火	丁未	納	天河水	尾
4日	11/01	水	戊申	開	大駅土	箕
5日	11/02	木	己酉	閉	大駅土	斗
6日	11/03	金	庚戌	成	釵釧金	牛
7日	11/04	土	辛亥	除	釵釧金	女
8日	11/05	日	壬子	満	桑柘木	虚
9日	11/06	月	癸丑	平	桑柘木	危
10日	11/07	火	甲寅	定	大渓水	室
11日	11/08	水	乙卯	執	大渓水	壁
12日	11/09	木	丙辰	破	沙中土	奎
13日	11/10	金	丁巳	危	沙中土	婁
14日	11/11	土	戊午	危	天上火	胃
15日	11/12	日	己未	成	天上火	昴
16日	11/13	月	庚申	納	柏榴木	畢
17日	11/14	火	辛酉	開	柏榴木	觜
18日	11/15	水	壬戌	閉	大海水	参
19日	11/16	木	癸亥	建	大海水	井
20日	11/17	金	甲子	除	海中金	鬼
21日	11/18	土	乙丑	満	海中金	柳
22日	11/19	日	丙寅	平	爐中火	星
23日	11/20	月	丁卯	定	爐中火	張
24日	11/21	火	戊辰	執	大林木	翼
25日	11/22	水	己巳	破	大林木	軫
26日	11/23	木	庚午	危	路傍土	角
27日	11/24	金	辛未	成	路傍土	亢
28日	11/25	土	壬申	納	釼鋒金	氐
29日	11/26	日	癸酉	開	釼鋒金	房
30日	11/27	月	甲戌	閉	山頭火	心

【十一月小 壬子 虚】
節気 大雪 9日・冬至 25日

日	西暦	曜	干支	直	納音	宿
1日	11/28	火	乙亥	建	山頭火	尾
2日	11/29	水	丙子	除	潤下水	箕
3日	11/30	木	丁丑	満	潤下水	斗
4日	12/01	金	戊寅	平	城頭土	牛
5日	12/02	土	己卯	定	城頭土	女
6日	12/03	日	庚辰	執	白鑞金	虚
7日	12/04	月	辛巳	破	白鑞金	危
8日	12/05	火	壬午	危	楊柳木	室
9日	12/06	水	癸未	危	楊柳木	壁
10日	12/07	木	甲申	成	井泉水	奎
11日	12/08	金	乙酉	納	井泉水	婁
12日	12/09	土	丙戌	開	屋上土	胃
13日	12/10	日	丁亥	閉	屋上土	昴
14日	12/11	月	戊子	建	霹靂火	畢
15日	12/12	火	己丑	除	霹靂火	觜
16日	12/13	水	庚寅	満	松柏木	参
17日	12/14	木	辛卯	平	松柏木	井
18日	12/15	金	壬辰	定	長流水	鬼
19日	12/16	土	癸巳	執	長流水	柳
20日	12/17	日	甲午	破	沙中金	星
21日	12/18	月	乙未	危	沙中金	張
22日	12/19	火	丙申	成	山下火	翼
23日	12/20	水	丁酉	納	山下火	軫
24日	12/21	木	戊戌	開	平地木	角
25日	12/22	金	己亥	閉	平地木	亢
26日	12/23	土	庚子	建	壁上土	氐
27日	12/24	日	辛丑	除	壁上土	房
28日	12/25	月	壬寅	満	金箔金	心
29日	12/26	火	癸卯	平	金箔金	尾

【十二月大 癸丑 危】
節気 小寒 11日・大寒 26日
雑節 土用 23日

日	西暦	曜	干支	直	納音	宿
1日	12/27	水	甲辰	定	覆燈火	箕
2日	12/28	木	乙巳	執	覆燈火	斗
3日	12/29	金	丙午	破	天河水	女
4日	12/30	土	丁未	危	天河水	虚
5日	12/31	日	戊申	成	大駅土	危

1838年

日	西暦	曜	干支	直	納音	宿
6日	01/01	月	己酉	納	大駅土	室
7日	01/02	火	庚戌	開	釵釧金	壁
8日	01/03	水	辛亥	閉	釵釧金	奎
9日	01/04	木	壬子	建	桑柘木	婁
10日	01/05	金	癸丑	除	桑柘木	胃
11日	01/06	土	甲寅	満	大渓水	昴
12日	01/07	日	乙卯	平	大渓水	畢
13日	01/08	月	丙辰	平	沙中土	觜
14日	01/09	火	丁巳	定	沙中土	参
15日	01/10	水	戊午	執	天上火	井
16日	01/11	木	己未	破	天上火	鬼
17日	01/12	金	庚申	危	柏榴木	柳
18日	01/13	土	辛酉	成	柏榴木	星
19日	01/14	日	壬戌	納	大海水	張
20日	01/15	月	癸亥	開	大海水	翼
21日	01/16	火	甲子	閉	海中金	軫
22日	01/17	水	乙丑	建	海中金	角
23日	01/18	木	丙寅	除	爐中火	亢
24日	01/19	金	丁卯	満	爐中火	氐
25日	01/20	土	戊辰	平	大林木	房
26日	01/21	日	己巳	定	大林木	心
27日	01/22	月	庚午	執	路傍土	尾
28日	01/23	火	辛未	破	路傍土	箕
29日	01/24	水	壬申	危	釼鋒金	斗
30日	01/25	木	癸酉	成	釼鋒金	斗

— 513 —

天保9年
1838～1839 戊戌 心

【正月小 甲寅 室】
節気 立春 11日・雨水 26日
雑節 節分 10日

日	月日	曜	干支	直	納音	宿
1日	01/26	金	甲戌	納	山頭火	牛
2日	01/27	土	乙亥	開	山頭火	女
3日	01/28	日	丙子	閉	澗下水	虚
4日	01/29	月	丁丑	建	澗下水	危
5日	01/30	火	戊寅	除	城頭土	室
6日	01/31	水	己卯	満	城頭土	壁
7日	02/01	木	庚辰	平	白鑞金	奎
8日	02/02	金	辛巳	定	白鑞金	婁
9日	02/03	土	壬午	執	楊柳木	胃
10日	02/04	日	癸未	破	楊柳木	昴
11日	02/05	月	甲申	破	井泉水	畢
12日	02/06	火	乙酉	危	井泉水	觜
13日	02/07	水	丙戌	成	屋上土	参
14日	02/08	木	丁亥	納	屋上土	井
15日	02/09	金	戊子	開	霹靂火	鬼
16日	02/10	土	己丑	閉	霹靂火	柳
17日	02/11	日	庚寅	建	松柏木	星
18日	02/12	月	辛卯	除	松柏木	張
19日	02/13	火	壬辰	満	長流水	翼
20日	02/14	水	癸巳	平	長流水	軫
21日	02/15	木	甲午	定	沙中金	角
22日	02/16	金	乙未	執	沙中金	亢
23日	02/17	土	丙申	破	山下火	氐
24日	02/18	日	丁酉	危	山下火	房
25日	02/19	月	戊戌	成	平地木	心
26日	02/20	火	己亥	納	平地木	尾
27日	02/21	水	庚子	開	壁上土	箕
28日	02/22	木	辛丑	閉	壁上土	斗
29日	02/23	金	壬寅	建	金箔金	牛

【二月大 乙卯 壁】
節気 啓蟄 13日・春分 28日
雑節 彼岸 23日・社日 26日

日	月日	曜	干支	直	納音	宿
1日	02/24	土	癸卯	除	金箔金	女
2日	02/25	日	甲辰	満	覆燈火	虚
3日	02/26	月	乙巳	平	覆燈火	危
4日	02/27	火	丙午	定	天河水	室
5日	02/28	水	丁未	執	天河水	壁
6日	03/01	木	戊申	破	大駅土	奎
7日	03/02	金	己酉	危	大駅土	婁
8日	03/03	土	庚戌	成	釵釧金	胃
9日	03/04	日	辛亥	納	釵釧金	昴
10日	03/05	月	壬子	開	桑柘木	畢
11日	03/06	火	癸丑	閉	桑柘木	觜
12日	03/07	水	甲寅	建	大渓水	参
13日	03/08	木	乙卯	建	大渓水	井
14日	03/09	金	丙辰	除	沙中土	鬼
15日	03/10	土	丁巳	満	沙中土	柳
16日	03/11	日	戊午	平	天上火	星
17日	03/12	月	己未	定	天上火	張
18日	03/13	火	庚申	執	柘榴木	翼
19日	03/14	水	辛酉	破	柘榴木	軫
20日	03/15	木	壬戌	危	大海水	角
21日	03/16	金	癸亥	成	大海水	亢
22日	03/17	土	甲子	納	海中金	氐
23日	03/18	日	乙丑	開	海中金	房
24日	03/19	月	丙寅	閉	炉中火	心
25日	03/20	火	丁卯	建	炉中火	尾
26日	03/21	水	戊辰	除	大林木	箕
27日	03/22	木	己巳	満	大林木	斗
28日	03/23	金	庚午	平	路傍土	牛
29日	03/24	土	辛未	定	路傍土	女
30日	03/25	日	壬申	執	剣鋒金	虚

【三月小 丙辰 奎】
節気 清明 13日・穀雨 28日
雑節 土用 25日

日	月日	曜	干支	直	納音	宿
1日	03/26	月	癸酉	破	剣鋒金	危
2日	03/27	火	甲戌	危	山頭火	室
3日	03/28	水	乙亥	成	山頭火	壁
4日	03/29	木	丙子	納	澗下水	奎
5日	03/30	金	丁丑	開	澗下水	婁
6日	03/31	土	戊寅	閉	城頭土	胃
7日	04/01	日	己卯	建	城頭土	昴
8日	04/02	月	庚辰	除	白鑞金	畢
9日	04/03	火	辛巳	満	白鑞金	觜
10日	04/04	水	壬午	平	楊柳木	参
11日	04/05	木	癸未	定	楊柳木	井
12日	04/06	金	甲申	執	井泉水	鬼
13日	04/07	土	乙酉	執	井泉水	柳
14日	04/08	日	丙戌	破	屋上土	星
15日	04/09	月	丁亥	危	屋上土	張
16日	04/10	火	戊子	成	霹靂火	翼
17日	04/11	水	己丑	納	霹靂火	軫
18日	04/12	木	庚寅	開	松柏木	角
19日	04/13	金	辛卯	閉	松柏木	亢
20日	04/14	土	壬辰	建	長流水	氐
21日	04/15	日	癸巳	除	長流水	房
22日	04/16	月	甲午	満	沙中金	心
23日	04/17	火	乙未	平	沙中金	尾
24日	04/18	水	丙申	定	山下火	箕
25日	04/19	木	丁酉	執	山下火	斗
26日	04/20	金	戊戌	破	平地木	牛
27日	04/21	土	己亥	危	平地木	女
28日	04/22	日	庚子	成	壁上土	虚
29日	04/23	月	辛丑	納	壁上土	危

【四月大 丁巳 婁】
節気 立夏 15日・小満 30日
雑節 八十八夜 10日

日	月日	曜	干支	直	納音	宿
1日	04/24	火	壬寅	開	金箔金	室
2日	04/25	水	癸卯	閉	金箔金	壁
3日	04/26	木	甲辰	建	覆燈火	奎
4日	04/27	金	乙巳	除	覆燈火	婁
5日	04/28	土	丙午	満	天河水	胃
6日	04/29	日	丁未	平	天河水	昴
7日	04/30	月	戊申	定	大駅土	畢
8日	05/01	火	己酉	執	大駅土	觜
9日	05/02	水	庚戌	破	釵釧金	参
10日	05/03	木	辛亥	危	釵釧金	井
11日	05/04	金	壬子	成	桑柘木	鬼
12日	05/05	土	癸丑	納	桑柘木	柳
13日	05/06	日	甲寅	開	大渓水	星
14日	05/07	月	乙卯	閉	大渓水	張
15日	05/08	火	丙辰	閉	沙中土	翼
16日	05/09	水	丁巳	建	沙中土	軫
17日	05/10	木	戊午	除	天上火	角
18日	05/11	金	己未	満	天上火	亢
19日	05/12	土	庚申	平	柘榴木	氐
20日	05/13	日	辛酉	定	柘榴木	房
21日	05/14	月	壬戌	執	大海水	心
22日	05/15	火	癸亥	破	大海水	尾
23日	05/16	水	甲子	危	海中金	箕
24日	05/17	木	乙丑	成	海中金	斗
25日	05/18	金	丙寅	納	炉中火	牛
26日	05/19	土	丁卯	開	炉中火	女
27日	05/20	日	戊辰	閉	大林木	虚
28日	05/21	月	己巳	建	大林木	危
29日	05/22	火	庚午	除	路傍土	室
30日	05/23	水	辛未	満	路傍土	壁

【閏四月小 丁巳 婁】
節気 芒種 15日
雑節 入梅 21日

日	月日	曜	干支	直	納音	宿
1日	05/24	木	壬申	平	剣鋒金	奎
2日	05/25	金	癸酉	定	剣鋒金	婁
3日	05/26	土	甲戌	執	山頭火	胃
4日	05/27	日	乙亥	破	山頭火	昴
5日	05/28	月	丙子	危	澗下水	畢
6日	05/29	火	丁丑	成	澗下水	觜
7日	05/30	水	戊寅	納	城頭土	参
8日	05/31	木	己卯	開	城頭土	井
9日	06/01	金	庚辰	閉	白鑞金	鬼
10日	06/02	土	辛巳	建	白鑞金	柳
11日	06/03	日	壬午	除	楊柳木	星
12日	06/04	月	癸未	満	楊柳木	張
13日	06/05	火	甲申	平	井泉水	翼
14日	06/06	水	乙酉	定	井泉水	軫
15日	06/07	木	丙戌	定	屋上土	角
16日	06/08	金	丁亥	執	屋上土	亢
17日	06/09	土	戊子	破	霹靂火	氐
18日	06/10	日	己丑	危	霹靂火	房
19日	06/11	月	庚寅	成	松柏木	心
20日	06/12	火	辛卯	納	松柏木	尾
21日	06/13	水	壬辰	開	長流水	箕
22日	06/14	木	癸巳	閉	長流水	斗
23日	06/15	金	甲午	建	沙中金	牛
24日	06/16	土	乙未	除	沙中金	女
25日	06/17	日	丙申	満	山下火	虚
26日	06/18	月	丁酉	平	山下火	危
27日	06/19	火	戊戌	定	平地木	室
28日	06/20	水	己亥	執	平地木	壁
29日	06/21	木	庚子	破	壁上土	奎

【五月小 戊午 胃】
節気 夏至 1日・小暑 16日
雑節 半夏生 11日・土用 29日

日	月日	曜	干支	直	納音	宿
1日	06/22	金	辛丑	危	壁上土	婁
2日	06/23	土	壬寅	成	金箔金	胃
3日	06/24	日	癸卯	納	金箔金	昴
4日	06/25	月	甲辰	開	覆燈火	畢
5日	06/26	火	乙巳	閉	覆燈火	觜
6日	06/27	水	丙午	建	天河水	参
7日	06/28	木	丁未	除	天河水	井
8日	06/29	金	戊申	満	大駅土	鬼
9日	06/30	土	己酉	平	大駅土	柳
10日	07/01	日	庚戌	定	釵釧金	星
11日	07/02	月	辛亥	執	釵釧金	張
12日	07/03	火	壬子	破	桑柘木	翼
13日	07/04	水	癸丑	危	桑柘木	軫
14日	07/05	木	甲寅	成	大渓水	角
15日	07/06	金	乙卯	納	大渓水	亢
16日	07/07	土	丙辰	納	沙中土	氐
17日	07/08	日	丁巳	開	沙中土	房
18日	07/09	月	戊午	閉	天上火	心
19日	07/10	火	己未	建	天上火	尾
20日	07/11	水	庚申	除	柘榴木	箕
21日	07/12	木	辛酉	満	柘榴木	斗
22日	07/13	金	壬戌	平	大海水	牛
23日	07/14	土	癸亥	定	大海水	女
24日	07/15	日	甲子	執	海中金	虚
25日	07/16	月	乙丑	破	海中金	危
26日	07/17	火	丙寅	危	炉中火	室
27日	07/18	水	丁卯	成	炉中火	壁
28日	07/19	木	戊辰	納	大林木	奎
29日	07/20	金	己巳	開	大林木	婁

【六月大 己未 昴】
節気 大暑 3日・立秋 18日

日	月日	曜	干支	直	納音	宿
1日	07/21	土	庚午	閉	路傍土	胃
2日	07/22	日	辛未	建	路傍土	昴
3日	07/23	月	壬申	除	剣鋒金	畢
4日	07/24	火	癸酉	満	剣鋒金	觜
5日	07/25	水	甲戌	平	山頭火	参
6日	07/26	木	乙亥	定	山頭火	井
7日	07/27	金	丙子	執	澗下水	鬼
8日	07/28	土	丁丑	破	澗下水	柳
9日	07/29	日	戊寅	危	城頭土	星
10日	07/30	月	己卯	成	城頭土	張
11日	07/31	火	庚辰	納	白鑞金	翼
12日	08/01	水	辛巳	開	白鑞金	軫
13日	08/02	木	壬午	閉	楊柳木	角
14日	08/03	金	癸未	建	楊柳木	亢
15日	08/04	土	甲申	除	井泉水	氐
16日	08/05	日	乙酉	満	井泉水	房

西暦	曜	干支	直	納音	宿

天保9年

日	西暦	曜	干支	直	納音	宿
17日	08/06	月	丙戌	平	屋上土	心
18日	08/07	火	丁亥	平	屋上土	尾
19日	08/08	水	戊子	定	霹靂火	箕
20日	08/09	木	己丑	執	霹靂火	斗
21日	08/10	金	庚寅	破	松柏木	女
22日	08/11	土	辛卯	危	松柏木	虚
23日	08/12	日	壬辰	成	長流水	危
24日	08/13	月	癸巳	納	長流水	室
25日	08/14	火	甲午	開	沙中金	壁
26日	08/15	水	乙未	閉	沙中金	奎
27日	08/16	木	丙申	建	山下火	婁
28日	08/17	金	丁酉	除	山下火	胃
29日	08/18	土	戊戌	満	平地木	昴
30日	08/19	日	己亥	平	平地木	畢

【七月大 庚申 畢】
節気 処暑 3日・白露 18日
雑節 二百十日 14日・社日 29日

日	西暦	曜	干支	直	納音	宿
1日	08/20	月	庚子	定	壁上土	畢
2日	08/21	火	辛丑	執	壁上土	觜
3日	08/22	水	壬寅	破	金箔金	参
4日	08/23	木	癸卯	危	金箔金	井
5日	08/24	金	甲辰	成	覆燈火	鬼
6日	08/25	土	乙巳	納	覆燈火	柳
7日	08/26	日	丙午	開	天河水	星
8日	08/27	月	丁未	閉	天河水	張
9日	08/28	火	戊申	建	大駅土	翼
10日	08/29	水	己酉	除	大駅土	軫
11日	08/30	木	庚戌	満	釵釧金	角
12日	08/31	金	辛亥	平	釵釧金	亢
13日	09/01	土	壬子	定	桑柘木	氐
14日	09/02	日	癸丑	執	桑柘木	房
15日	09/03	月	甲寅	破	大渓水	心
16日	09/04	火	乙卯	危	大渓水	尾
17日	09/05	水	丙辰	成	沙中土	箕
18日	09/06	木	丁巳	納	沙中土	斗
19日	09/07	金	戊午	開	天上火	牛
20日	09/08	土	己未	閉	天上火	女
21日	09/09	日	庚申	建	柘榴木	虚
22日	09/10	月	辛酉	除	柘榴木	危
23日	09/11	火	壬戌	満	大海水	室
24日	09/12	水	癸亥	平	大海水	壁
25日	09/13	木	甲子	定	海中金	奎
26日	09/14	金	乙丑	執	海中金	婁
27日	09/15	土	丙寅	破	爐中火	胃
28日	09/16	日	丁卯	危	爐中火	昴
29日	09/17	月	戊辰	成	大林木	畢
30日	09/18	火	己巳	納	大林木	觜

【八月小 辛酉 觜】
節気 秋分 3日・寒露 19日
雑節 彼岸 2日

日	西暦	曜	干支	直	納音	宿
1日	09/19	水	庚午	納	路傍土	参
2日	09/20	木	辛未	開	路傍土	井
3日	09/21	金	壬申	閉	釵鋒金	鬼
4日	09/22	土	癸酉	建	釵鋒金	柳
5日	09/23	日	甲戌	除	山頭火	星
6日	09/24	月	乙亥	満	山頭火	張
7日	09/25	火	丙子	平	澗下水	翼
8日	09/26	水	丁丑	定	澗下水	軫
9日	09/27	木	戊寅	執	城頭土	角
10日	09/28	金	己卯	破	城頭土	亢
11日	09/29	土	庚辰	危	白鑞金	氐
12日	09/30	日	辛巳	成	白鑞金	房
13日	10/01	月	壬午	納	楊柳木	心
14日	10/02	火	癸未	開	楊柳木	尾
15日	☆10/03	水	甲申	閉	井泉水	箕
16日	10/04	木	乙酉	建	井泉水	斗
17日	10/05	金	丙戌	除	屋上土	牛
18日	10/06	土	丁亥	満	屋上土	女
19日	10/07	日	戊子	平	霹靂火	虚
20日	10/08	月	己丑	平	霹靂火	危
21日	10/09	火	庚寅	定	松柏木	室
22日	10/10	水	辛卯	執	松柏木	壁
23日	10/11	木	壬辰	破	長流水	奎
24日	10/12	金	癸巳	危	長流水	婁
25日	10/13	土	甲午	成	沙中金	胃
26日	10/14	日	乙未	納	沙中金	昴
27日	10/15	月	丙申	開	山下火	畢
28日	10/16	火	丁酉	閉	山下火	觜
29日	10/17	水	戊戌	平	平地木	参

【九月大 壬戌 参】
節気 霜降 5日・立冬 20日
雑節 土用 2日

日	西暦	曜	干支	直	納音	宿
1日	10/18	木	己亥	除	平地木	井
2日	10/19	金	庚子	満	壁上土	鬼
3日	10/20	土	辛丑	平	壁上土	柳
4日	10/21	日	壬寅	定	金箔金	星
5日	10/22	月	癸卯	執	金箔金	張
6日	10/23	火	甲辰	破	覆燈火	翼
7日	10/24	水	乙巳	危	覆燈火	軫
8日	10/25	木	丙午	成	天河水	角
9日	10/26	金	丁未	納	天河水	亢
10日	10/27	土	戊申	開	大駅土	氐
11日	10/28	日	己酉	閉	大駅土	房
12日	10/29	月	庚戌	建	釵釧金	心
13日	10/30	火	辛亥	除	釵釧金	尾
14日	10/31	水	壬子	満	桑柏木	箕
15日	11/01	木	癸丑	平	桑柏木	斗
16日	11/02	金	甲寅	定	大渓水	牛
17日	11/03	土	乙卯	執	大渓水	女
18日	11/04	日	丙辰	破	沙中土	虚
19日	11/05	月	丁巳	危	沙中土	危
20日	11/06	火	戊午	成	天上火	室
21日	11/07	水	己未	納	天上火	壁
22日	11/08	木	庚申	開	柘榴木	奎
23日	11/09	金	辛酉	閉	柘榴木	婁
24日	11/10	土	壬戌	建	大海水	胃
25日	11/11	日	癸亥	除	大海水	昴
26日	11/12	月	甲子	満	海中金	畢
27日	11/13	火	乙丑	平	海中金	觜
28日	11/14	水	丙寅	定	爐中火	参
29日	11/15	木	丁卯	執	爐中火	井
30日	11/16	金	戊辰	破	大林木	鬼

【十月大 癸亥 井】
節気 小雪 5日・大雪 21日

日	西暦	曜	干支	直	納音	宿
1日	11/17	土	己巳	破	大林木	柳
2日	11/18	日	庚午	危	路傍土	星
3日	11/19	月	辛未	成	路傍土	張
4日	11/20	火	壬申	納	釵鋒金	翼
5日	11/21	水	癸酉	開	釵鋒金	軫
6日	11/22	木	甲戌	閉	山頭火	角
7日	11/23	金	乙亥	建	山頭火	亢
8日	11/24	土	丙子	除	澗下水	氐
9日	11/25	日	丁丑	満	澗下水	房
10日	11/26	月	戊寅	平	城頭土	心
11日	11/27	火	己卯	定	城頭土	尾
12日	11/28	水	庚辰	執	白鑞金	箕
13日	11/29	木	辛巳	破	白鑞金	斗
14日	11/30	金	壬午	危	楊柳木	牛
15日	12/01	土	癸未	成	楊柳木	女
16日	12/02	日	甲申	納	井泉水	虚
17日	12/03	月	乙酉	開	井泉水	危
18日	12/04	火	丙戌	閉	屋上土	室
19日	12/05	水	丁亥	建	屋上土	壁
20日	12/06	木	戊子	除	霹靂火	奎
21日	12/07	金	己丑	除	霹靂火	婁
22日	12/08	土	庚寅	満	松柏木	胃
23日	12/09	日	辛卯	平	松柏木	昴
24日	12/10	月	壬辰	定	長流水	畢
25日	12/11	火	癸巳	執	長流水	觜
26日	12/12	水	甲午	破	沙中金	参
27日	12/13	木	乙未	危	沙中金	井
28日	12/14	金	丙申	成	山下火	鬼
29日	12/15	土	丁酉	納	山下火	柳
30日	12/16	日	戊戌	開	平地木	星

【十一月小 甲子 鬼】
節気 冬至 6日・小寒 21日

日	西暦	曜	干支	直	納音	宿
1日	12/17	月	己亥	閉	平地木	張
2日	12/18	火	庚子	建	壁上土	翼
3日	12/19	水	辛丑	除	壁上土	軫
4日	12/20	木	壬寅	満	金箔金	角
5日	12/21	金	癸卯	平	金箔金	亢
6日	12/22	土	甲辰	定	覆燈火	氐
7日	12/23	日	乙巳	執	覆燈火	房
8日	12/24	月	丙午	破	天河水	心
9日	12/25	火	丁未	危	天河水	尾
10日	12/26	水	戊申	成	大駅土	箕
11日	12/27	木	己酉	納	大駅土	斗
12日	12/28	金	庚戌	開	釵釧金	女
13日	12/29	土	辛亥	閉	釵釧金	虚
14日	12/30	日	壬子	建	桑柏木	危
15日	12/31	月	癸丑	除	桑柏木	室

1839年

日	西暦	曜	干支	直	納音	宿
16日	01/01	火	甲寅	満	大渓水	室
17日	01/02	水	乙卯	平	大渓水	壁
18日	01/03	木	丙辰	定	沙中土	奎
19日	01/04	金	丁巳	執	沙中土	婁
20日	01/05	土	戊午	破	天上火	胃
21日	01/06	日	己未	危	天上火	昴
22日	01/07	月	庚申	成	柘榴木	畢
23日	01/08	火	辛酉	納	柘榴木	觜
24日	01/09	水	壬戌	開	大海水	参
25日	01/10	木	癸亥	閉	大海水	井
26日	01/11	金	甲子	建	海中金	鬼
27日	01/12	土	乙丑	除	海中金	柳
28日	01/13	日	丙寅	除	爐中火	星
29日	01/14	月	丁卯	満	爐中火	張

【十二月大 乙丑 柳】
節気 大寒 7日・立春 22日
雑節 土用 4日・節分 21日

日	西暦	曜	干支	直	納音	宿
1日	01/15	火	戊辰	定	大林木	翼
2日	01/16	水	己巳	執	大林木	軫
3日	01/17	木	庚午	破	路傍土	角
4日	01/18	金	辛未	危	路傍土	亢
5日	01/19	土	壬申	成	釵鋒金	氐
6日	01/20	日	癸酉	納	釵鋒金	房
7日	01/21	月	甲戌	開	山頭火	心
8日	01/22	火	乙亥	閉	山頭火	尾
9日	01/23	水	丙子	建	澗下水	箕
10日	01/24	木	丁丑	除	澗下水	斗
11日	01/25	金	戊寅	満	城頭土	牛
12日	01/26	土	己卯	平	城頭土	女
13日	01/27	日	庚辰	定	白鑞金	虚
14日	01/28	月	辛巳	執	白鑞金	危
15日	01/29	火	壬午	破	楊柳木	室
16日	01/30	水	癸未	危	楊柳木	壁
17日	01/31	木	甲申	成	井泉水	奎
18日	02/01	金	乙酉	納	井泉水	婁
19日	02/02	土	丙戌	開	屋上土	胃
20日	02/03	日	丁亥	閉	屋上土	昴
21日	02/04	月	戊子	建	霹靂火	畢
22日	02/05	火	己丑	除	霹靂火	觜
23日	02/06	水	庚寅	満	松柏木	参
24日	02/07	木	辛卯	平	松柏木	井
25日	02/08	金	壬辰	定	長流水	鬼
26日	02/09	土	癸巳	執	長流水	柳
27日	02/10	日	甲午	破	沙中金	星
28日	02/11	月	乙未	危	沙中金	張
29日	02/12	火	丙申	成	山下火	翼
30日	02/13	水	丁酉	納	山下火	軫

天保10年
1839～1840 己亥 尾

【正月小 丙寅 星】
節気 雨水 8日・啓蟄 23日

日	日付	曜	干支	直	納音	宿
1日	02/14	木	戊戌	成	平地木	角
2日	02/15	金	己亥	納	平地木	亢
3日	02/16	土	庚子	開	壁上土	氐
4日	02/17	日	辛丑	閉	壁上土	房
5日	02/18	月	壬寅	建	金箔金	心
6日	02/19	火	癸卯	除	金箔金	尾
7日	02/20	水	甲辰	満	覆燈火	箕
8日	02/21	木	乙巳	平	覆燈火	斗
9日	02/22	金	丙午	定	天河水	牛
10日	02/23	土	丁未	執	天河水	女
11日	02/24	日	戊申	破	大駅土	虚
12日	02/25	月	己酉	危	大駅土	危
13日	02/26	火	庚戌	納	釵釧金	室
14日	02/27	水	辛亥	納	釵釧金	壁
15日	02/28	木	壬子	開	桑柘木	奎
16日	03/01	金	癸丑	閉	桑柘木	婁
17日	03/02	土	甲寅	建	大溪水	胃
18日	03/03	日	乙卯	除	大溪水	昴
19日	03/04	月	丙辰	満	沙中土	畢
20日	03/05	火	丁巳	平	沙中土	觜
21日	03/06	水	戊午	定	天上火	参
22日	03/07	木	己未	執	天上火	井
23日	03/08	金	庚申	破	柘榴木	鬼
24日	03/09	土	辛酉	危	柘榴木	柳
25日	03/10	日	壬戌	成	大海水	星
26日	03/11	月	癸亥	成	大海水	張
27日	03/12	火	甲子	納	海中金	翼
28日	03/13	水	乙丑	開	海中金	軫
29日	03/14	木	丙寅	閉	爐中火	角

【二月大 丁卯 張】
節気 春分 9日・清明 24日
雑節 彼岸 4日・社日 12日

日	日付	曜	干支	直	納音	宿
1日	03/15	金	丁卯	建	爐中火	亢
2日	03/16	土	戊辰	除	大林木	氐
3日	03/17	日	己巳	満	大林木	房
4日	03/18	月	庚午	平	路傍土	心
5日	03/19	火	辛未	定	路傍土	尾
6日	03/20	水	壬申	執	釵鋒金	箕
7日	03/21	木	癸酉	破	釵鋒金	斗
8日	03/22	金	甲戌	危	山頭火	牛
9日	03/23	土	乙亥	成	山頭火	女
10日	03/24	日	丙子	納	潤下水	虚
11日	03/25	月	丁丑	開	潤下水	危
12日	03/26	火	戊寅	閉	城頭土	室
13日	03/27	水	己卯	建	城頭土	壁
14日	03/28	木	庚辰	除	白鑞金	奎
15日	03/29	金	辛巳	満	白鑞金	婁
16日	03/30	土	壬午	平	楊柳木	胃
17日	03/31	日	癸未	定	楊柳木	昴
18日	04/01	月	甲申	執	井泉水	畢
19日	04/02	火	乙酉	破	井泉水	觜
20日	04/03	水	丙戌	危	屋上土	参
21日	04/04	木	丁亥	成	屋上土	井
22日	04/05	金	戊子	納	霹靂火	鬼
23日	04/06	土	己丑	開	霹靂火	柳
24日	04/07	日	庚寅	開	松柏木	星
25日	04/08	月	辛卯	建	松柏木	張
26日	04/09	火	壬辰	除	長流水	翼
27日	04/10	水	癸巳	満	長流水	軫
28日	04/11	木	甲午	満	沙中金	角
29日	04/12	金	乙未	平	沙中金	亢
30日	04/13	土	丙申	定	山下火	氐

【三月小 戊辰 翼】
節気 穀雨 10日・立夏 25日
雑節 土用 6日・八十八夜 20日

日	日付	曜	干支	直	納音	宿
1日	04/14	日	丁酉	執	山下火	房
2日	04/15	月	戊戌	破	平地木	心
3日	04/16	火	己亥	危	平地木	尾
4日	04/17	水	庚子	成	壁上土	箕
5日	04/18	木	辛丑	納	壁上土	斗
6日	04/19	金	壬寅	閉	金箔金	牛
7日	04/20	土	癸卯	閉	金箔金	女
8日	04/21	日	甲辰	建	覆燈火	虚
9日	04/22	月	乙巳	除	覆燈火	危
10日	04/23	火	丙午	平	天河水	室
11日	04/24	水	丁未	平	天河水	壁
12日	04/25	木	戊申	定	大駅土	奎
13日	04/26	金	己酉	執	大駅土	婁
14日	04/27	土	庚戌	破	釵釧金	胃
15日	04/28	日	辛亥	危	釵釧金	昴
16日	04/29	月	壬子	成	桑柘木	畢
17日	04/30	火	癸丑	納	桑柘木	觜
18日	05/01	水	甲寅	開	大溪水	参
19日	05/02	木	乙卯	閉	大溪水	井
20日	05/03	金	丙辰	建	沙中土	鬼
21日	05/04	土	丁巳	除	沙中土	柳
22日	05/05	日	戊午	満	天上火	星
23日	05/06	月	己未	平	天上火	張
24日	05/07	火	庚申	定	柘榴木	翼
25日	05/08	水	辛酉	定	柘榴木	軫
26日	05/09	木	壬戌	執	大海水	角
27日	05/10	金	癸亥	破	大海水	亢
28日	05/11	土	甲子	危	海中金	氐
29日	05/12	日	乙丑	成	海中金	房

【四月小 己巳 軫】
節気 小満 11日・芒種 26日
雑節 入梅 27日

日	日付	曜	干支	直	納音	宿
1日	05/13	月	丙寅	納	爐中火	心
2日	05/14	火	丁卯	開	爐中火	尾
3日	05/15	水	戊辰	閉	大林木	箕
4日	05/16	木	己巳	建	大林木	斗
5日	05/17	金	庚午	除	路傍土	牛
6日	05/18	土	辛未	満	路傍土	女
7日	05/19	日	壬申	平	釵鋒金	虚
8日	05/20	月	癸酉	定	釵鋒金	危
9日	05/21	火	甲戌	執	山頭火	室
10日	05/22	水	乙亥	破	山頭火	壁
11日	05/23	木	丙子	危	潤下水	奎
12日	05/24	金	丁丑	成	潤下水	婁
13日	05/25	土	戊寅	納	城頭土	胃
14日	05/26	日	己卯	開	城頭土	昴
15日	05/27	月	庚辰	閉	白鑞金	畢
16日	05/28	火	辛巳	建	白鑞金	觜
17日	05/29	水	壬午	除	楊柳木	参
18日	05/30	木	癸未	満	楊柳木	井
19日	05/31	金	甲申	平	井泉水	鬼
20日	06/01	土	乙酉	定	井泉水	柳
21日	06/02	日	丙戌	執	屋上土	星
22日	06/03	月	丁亥	破	屋上土	張
23日	06/04	火	戊子	危	霹靂火	翼
24日	06/05	水	己丑	成	霹靂火	軫
25日	06/06	木	庚寅	納	松柏木	角
26日	06/07	金	辛卯	開	松柏木	亢
27日	06/08	土	壬辰	閉	長流水	氐
28日	06/09	日	癸巳	建	長流水	房
29日	06/10	月	甲午	建	沙中金	心

【五月大 庚午 角】
節気 夏至 12日・小暑 28日
雑節 半夏生 23日

日	日付	曜	干支	直	納音	宿
1日	06/11	火	乙未	除	沙中金	尾
2日	06/12	水	丙申	満	山下火	箕
3日	06/13	木	丁酉	平	山下火	斗
4日	06/14	金	戊戌	定	平地木	牛
5日	06/15	土	己亥	執	平地木	女
6日	06/16	日	庚子	破	壁上土	虚
7日	06/17	月	辛丑	危	壁上土	危
8日	06/18	火	壬寅	成	金箔金	室
9日	06/19	水	癸卯	納	金箔金	壁
10日	06/20	木	甲辰	開	覆燈火	奎
11日	06/21	金	乙巳	閉	覆燈火	婁
12日	06/22	土	丙午	建	天河水	胃
13日	06/23	日	丁未	除	天河水	昴
14日	06/24	月	戊申	満	大駅土	畢
15日	06/25	火	己酉	平	大駅土	觜
16日	06/26	水	庚戌	定	釵釧金	参
17日	06/27	木	辛亥	執	釵釧金	井
18日	06/28	金	壬子	破	桑柘木	鬼
19日	06/29	土	癸丑	危	桑柘木	柳
20日	06/30	日	甲寅	成	大溪水	星
21日	07/01	月	乙卯	納	大溪水	張
22日	07/02	火	丙辰	開	沙中土	翼
23日	07/03	水	丁巳	建	沙中土	軫
24日	07/04	木	戊午	建	天上火	角
25日	07/05	金	己未	除	天上火	亢
26日	07/06	土	庚申	平	柘榴木	氐
27日	07/07	日	辛酉	平	柘榴木	房
28日	07/08	月	壬戌	定	大海水	心
29日	07/09	火	癸亥	執	大海水	尾
30日	07/10	水	甲子	執	海中金	箕

【六月小 辛未 亢】
節気 大暑 13日・立秋 28日
雑節 土用 10日

日	日付	曜	干支	直	納音	宿
1日	07/11	木	乙丑	破	海中金	斗
2日	07/12	金	丙寅	危	爐中火	牛
3日	07/13	土	丁卯	成	爐中火	女
4日	07/14	日	戊辰	納	大林木	虚
5日	07/15	月	己巳	開	大林木	危
6日	07/16	火	庚午	閉	路傍土	室
7日	07/17	水	辛未	建	路傍土	壁
8日	07/18	木	壬申	除	釵鋒金	奎
9日	07/19	金	癸酉	満	釵鋒金	婁
10日	07/20	土	甲戌	定	山頭火	胃
11日	07/21	日	乙亥	定	山頭火	昴
12日	07/22	月	丙子	執	潤下水	畢
13日	07/23	火	丁丑	破	潤下水	觜
14日	07/24	水	戊寅	危	城頭土	参
15日	07/25	木	己卯	成	城頭土	井
16日	07/26	金	庚辰	納	白鑞金	鬼
17日	07/27	土	辛巳	開	白鑞金	柳
18日	07/28	日	壬午	閉	楊柳木	星
19日	07/29	月	癸未	建	楊柳木	張
20日	07/30	火	甲申	除	井泉水	翼
21日	07/31	水	乙酉	満	井泉水	軫
22日	08/01	木	丙戌	平	屋上土	角
23日	08/02	金	丁亥	定	屋上土	亢
24日	08/03	土	戊子	執	霹靂火	氐
25日	08/04	日	己丑	破	霹靂火	房
26日	08/05	月	庚寅	危	松柏木	心
27日	08/06	火	辛卯	成	松柏木	尾
28日	08/07	水	壬辰	納	長流水	箕
29日	08/08	木	癸巳	納	長流水	斗

【七月大 壬申 氐】
節気 処暑 14日・白露 29日
雑節 二百十日 25日

日	日付	曜	干支	直	納音	宿
1日	08/09	金	甲午	開	沙中金	牛
2日	08/10	土	乙未	閉	沙中金	女
3日	08/11	日	丙申	建	山下火	虚

天保10年

西暦	曜	干支	直	納音	宿

第一列

日	西暦	曜	干支	直	納音	宿
4日	08/12	月	丁酉	除	山下火	危
5日	08/13	火	戊戌	満	平地木	室
6日	08/14	水	己亥	平	平地木	壁
7日	08/15	木	庚子	定	壁上土	奎
8日	08/16	金	辛丑	執	壁上土	婁
9日	08/17	土	壬寅	破	金箔金	胃
10日	08/18	日	癸卯	危	金箔金	昴
11日	08/19	月	甲辰	成	覆燈火	畢
12日	08/20	火	乙巳	納	覆燈火	觜
13日	08/21	水	丙午	開	天河水	参
14日	08/22	木	丁未	閉	天河水	井
15日	08/23	金	戊申	建	大駅土	鬼
16日	08/24	土	己酉	除	大駅土	柳
17日	08/25	日	庚戌	満	釵釧金	星
18日	08/26	月	辛亥	平	釵釧金	張
19日	08/27	火	壬子	定	桑柘木	翼
20日	08/28	水	癸丑	執	桑柘木	軫
21日	08/29	木	甲寅	破	大溪水	角
22日	08/30	金	乙卯	危	大溪水	亢
23日	08/31	土	丙辰	成	沙中土	氐
24日	09/01	日	丁巳	納	沙中土	房
25日	09/02	月	戊午	開	天上火	心
26日	09/03	火	己未	閉	天上火	尾
27日	09/04	水	庚申	建	柘榴木	箕
28日	09/05	木	辛酉	除	柘榴木	斗
29日	09/06	金	壬戌	除	大海水	牛
30日	09/07	土	癸亥	満	大海水	女

【八月小 癸酉 房】
節気 秋分 15日
雑節 彼岸 14日・社日 15日

日	西暦	曜	干支	直	納音	宿
1日◎	09/08	日	甲子	平	海中金	虚
2日	09/09	月	乙丑	定	海中金	危
3日	09/10	火	丙寅	執	海中金	室
4日	09/11	水	丁卯	破	爐中火	壁
5日	09/12	木	戊辰	危	大林木	奎
6日	09/13	金	己巳	成	大林木	婁
7日	09/14	土	庚午	納	路傍土	胃
8日	09/15	日	辛未	開	路傍土	昴
9日	09/16	月	壬申	閉	釵鋒金	畢
10日	09/17	火	癸酉	建	釵鋒金	觜
11日	09/18	水	甲戌	除	山頭火	参
12日	09/19	木	乙亥	満	山頭火	井
13日	09/20	金	丙子	平	澗下水	鬼
14日	09/21	土	丁丑	定	澗下水	柳
15日	09/22	日	戊寅	執	城頭土	星
16日	09/23	月	己卯	破	城頭土	張
17日	09/24	火	庚辰	危	白鑞金	翼
18日	09/25	水	辛巳	成	白鑞金	軫
19日	09/26	木	壬午	納	楊柳木	角
20日	09/27	金	癸未	開	楊柳木	亢
21日	09/28	土	甲申	閉	井泉水	氐
22日	09/29	日	乙酉	建	井泉水	房
23日	09/30	月	丙戌	除	屋上土	心
24日	10/01	火	丁亥	満	屋上土	尾
25日	10/02	水	戊子	平	霹靂火	箕
26日	10/03	木	己丑	定	霹靂火	斗
27日	10/04	金	庚寅	執	松柏木	牛
28日	10/05	土	辛卯	破	松柏木	女
29日	10/06	日	壬辰	危	長流水	虚

【九月大 甲戌 心】
節気 寒露 1日・霜降 16日
雑節 土用 13日

日	西暦	曜	干支	直	納音	宿
1日	10/07	月	癸巳	危	長流水	危
2日	10/08	火	甲午	成	沙中金	室
3日	10/09	水	乙未	納	沙中金	壁
4日	10/10	木	丙申	開	山下火	奎
5日	10/11	金	丁酉	閉	山下火	婁
6日	10/12	土	戊戌	建	平地木	胃
7日	10/13	日	己亥	除	平地木	昴
8日	10/14	月	庚子	満	壁上土	畢
9日	10/15	火	辛丑	平	壁上土	觜
10日	10/16	水	壬寅	定	金箔金	参
11日	10/17	木	癸卯	執	金箔金	井
12日	10/18	金	甲辰	破	覆燈火	鬼
13日	10/19	土	乙巳	危	覆燈火	柳
14日	10/20	日	丙午	成	天河水	星
15日	10/21	月	丁未	納	天河水	張
16日	10/22	火	戊申	開	大駅土	翼
17日	10/23	水	己酉	建	大駅土	軫
18日	10/24	木	庚戌	除	釵釧金	角
19日	10/25	金	辛亥	満	釵釧金	亢
20日	10/26	土	壬子	平	桑柘木	氐
21日	10/27	日	癸丑	定	桑柘木	房
22日	10/28	月	甲寅	執	大溪水	心
23日	10/29	火	乙卯	破	大溪水	尾
24日	10/30	水	丙辰	危	沙中土	箕
25日	10/31	木	丁巳	成	沙中土	斗
26日	11/01	金	戊午	納	天上火	牛
27日	11/02	土	己未	開	天上火	女
28日	11/03	日	庚申	閉	柘榴木	虚
29日	11/04	月	辛酉	閉	柘榴木	危
30日	11/05	火	壬戌	建	大海水	室

【十月大 乙亥 尾】
節気 立冬 1日・小雪 17日

日	西暦	曜	干支	直	納音	宿
1日	11/06	水	癸亥	満	大海水	壁
2日	11/07	木	甲子	除	海中金	奎
3日	11/08	金	乙丑	満	海中金	婁
4日	11/09	土	丙寅	定	爐中火	胃
5日	11/10	日	丁卯	定	爐中火	昴
6日	11/11	月	戊辰	執	大林木	畢
7日	11/12	火	己巳	破	大林木	觜
8日	11/13	水	庚午	危	路傍土	参
9日	11/14	木	辛未	納	路傍土	井
10日	11/15	金	壬申	納	釵鋒金	鬼
11日	11/16	土	癸酉	開	釵鋒金	柳
12日	11/17	日	甲戌	閉	山頭火	星
13日	11/18	月	乙亥	建	山頭火	張
14日	11/19	火	丙子	除	澗下水	翼
15日	11/20	水	丁丑	満	澗下水	軫
16日	11/21	木	戊寅	平	城頭土	角
17日	11/22	金	己卯	定	城頭土	亢
18日	11/23	土	庚辰	執	白鑞金	氐
19日	11/24	日	辛巳	破	白鑞金	房
20日	11/25	月	壬午	危	楊柳木	心
21日	11/26	火	癸未	成	楊柳木	尾
22日	11/27	水	甲申	納	井泉水	箕
23日	11/28	木	乙酉	開	井泉水	斗
24日	11/29	金	丙戌	閉	屋上土	牛
25日	11/30	土	丁亥	建	屋上土	女
26日	12/01	日	戊子	除	霹靂火	虚
27日	12/02	月	己丑	満	霹靂火	危
28日	12/03	火	庚寅	平	松柏木	室
29日	12/04	水	辛卯	定	松柏木	壁
30日	12/05	木	壬辰	執	長流水	奎

【十一月大 丙子 箕】
節気 大雪 2日・冬至 17日

日	西暦	曜	干支	直	納音	宿
1日	12/06	金	癸巳	破	長流水	婁
2日	12/07	土	甲午	破	沙中金	胃
3日	12/08	日	乙未	危	沙中金	昴
4日	12/09	月	丙申	成	山下火	畢
5日	12/10	火	丁酉	納	山下火	觜
6日	12/11	水	戊戌	開	平地木	参
7日	12/12	木	己亥	閉	平地木	井
8日	12/13	金	庚子	建	壁上土	鬼
9日	12/14	土	辛丑	除	壁上土	柳
10日	12/15	日	壬寅	満	金箔金	星
11日	12/16	月	癸卯	平	金箔金	張
12日	12/17	火	甲辰	定	覆燈火	翼
13日	12/18	水	乙巳	執	覆燈火	軫
14日	12/19	木	丙午	破	天河水	角
15日	12/20	金	丁未	危	天河水	亢
16日	12/21	土	戊申	成	大駅土	氐
17日	12/22	日	己酉	納	大駅土	房
18日	12/23	月	庚戌	開	釵釧金	心
19日	12/24	火	辛亥	閉	釵釧金	尾
20日	12/25	水	壬子	建	桑柘木	箕
21日	12/26	木	癸丑	除	桑柘木	斗
22日	12/27	金	甲寅	満	大溪水	牛
23日	12/28	土	乙卯	平	大溪水	女
24日	12/29	日	丙辰	定	沙中土	虚
25日	12/30	月	丁巳	執	沙中土	危
26日	12/31	火	戊午	破	天上火	室

1840年

日	西暦	曜	干支	直	納音	宿
27日	01/01	水	己未	危	天上火	壁
28日	01/02	木	庚申	成	柘榴木	奎
29日	01/03	金	辛酉	納	柘榴木	婁
30日	01/04	土	壬戌	開	大海水	胃

【十二月小 丁丑 斗】
節気 小寒 2日・大寒 17日
雑節 土用 14日

日	西暦	曜	干支	直	納音	宿
1日	01/05	日	癸亥	閉	大海水	昴
2日	01/06	月	甲子	閉	海中金	畢
3日	01/07	火	乙丑	建	海中金	觜
4日	01/08	水	丙寅	除	爐中火	参
5日	01/09	木	丁卯	満	爐中火	井
6日	01/10	金	戊辰	平	大林木	鬼
7日	01/11	土	己巳	定	大林木	柳
8日	01/12	日	庚午	執	路傍土	星
9日	01/13	月	辛未	破	路傍土	張
10日	01/14	火	壬申	危	釵鋒金	翼
11日	01/15	水	癸酉	成	釵鋒金	軫
12日	01/16	木	甲戌	納	山頭火	角
13日	01/17	金	乙亥	開	山頭火	亢
14日	01/18	土	丙子	閉	澗下水	氐
15日	01/19	日	丁丑	建	澗下水	房
16日	01/20	月	戊寅	除	城頭土	心
17日	01/21	火	己卯	満	城頭土	尾
18日	01/22	水	庚辰	平	白鑞金	箕
19日	01/23	木	辛巳	定	白鑞金	斗
20日	01/24	金	壬午	執	楊柳木	牛
21日	01/25	土	癸未	破	楊柳木	女
22日	01/26	日	甲申	危	井泉水	虚
23日	01/27	月	乙酉	成	井泉水	危
24日	01/28	火	丙戌	納	屋上土	室
25日	01/29	水	丁亥	開	屋上土	壁
26日	01/30	木	戊子	閉	霹靂火	奎
27日	01/31	金	己丑	建	霹靂火	婁
28日	02/01	土	庚寅	除	松柏木	胃
29日	02/02	日	辛卯	満	松柏木	昴

天保11年
1840～1841　庚子　箕

【正月大　戊寅　牛】
節気　立春 4日・雨水 19日
雑節　節分 3日

日	月日	曜	干支	直	納音	宿
1	02/03	月	壬辰	平	長流水	畢
2	02/04	火	癸巳	定	長流水	觜
3	02/05	水	甲午	執	沙中金	參
4	02/06	木	乙未	執	沙中金	井
5	02/07	金	丙申	破	山下火	鬼
6	02/08	土	丁酉	危	山下火	柳
7	02/09	日	戊戌	成	平地木	星
8	02/10	月	己亥	納	平地木	張
9	02/11	火	庚子	開	壁上土	翼
10	02/12	水	辛丑	閉	壁上土	軫
11	02/13	木	壬寅	建	金箔金	角
12	02/14	金	癸卯	除	金箔金	亢
13	02/15	土	甲辰	満	覆燈火	氐
14	02/16	日	乙巳	平	覆燈火	房
15	☆02/17	月	丙午	定	天河水	心
16	02/18	火	丁未	執	天河水	尾
17	02/19	水	戊申	破	大駅土	箕
18	02/20	木	己酉	危	大駅土	斗
19	02/21	金	庚戌	成	釵釧金	牛
20	02/22	土	辛亥	納	釵釧金	女
21	02/23	日	壬子	開	桑柘木	虚
22	02/24	月	癸丑	閉	桑柘木	危
23	02/25	火	甲寅	建	大溪水	室
24	02/26	水	乙卯	除	大溪水	壁
25	02/27	木	丙辰	満	沙中土	奎
26	02/28	金	丁巳	平	沙中土	婁
27	02/29	土	戊午	定	天上火	胃
28	03/01	日	己未	執	天上火	昴
29	03/02	月	庚申	破	柘榴木	畢
30	03/03	火	辛酉	危	柘榴木	觜

【二月大　己卯　女】
節気　啓蟄 4日・春分 19日
雑節　彼岸 14日・社日 17日

日	月日	曜	干支	直	納音	宿
1	◎03/04	水	壬戌	成	大海水	參
2	03/05	木	癸亥	納	大海水	井
3	03/06	金	甲子	開	海中金	鬼
4	03/07	土	乙丑	開	海中金	柳
5	03/08	日	丙寅	閉	爐中火	星
6	03/09	月	丁卯	建	爐中火	張
7	03/10	火	戊辰	除	大林木	翼
8	03/11	水	己巳	満	大林木	軫
9	03/12	木	庚午	平	路傍土	角
10	03/13	金	辛未	定	路傍土	亢
11	03/14	土	壬申	執	釵鋒金	氐
12	03/15	日	癸酉	破	釵鋒金	房
13	03/16	月	甲戌	危	山頭火	心
14	03/17	火	乙亥	成	山頭火	尾
15	03/18	水	丙子	納	澗下水	箕
16	03/19	木	丁丑	開	澗下水	斗
17	03/20	金	戊寅	閉	城頭土	牛
18	03/21	土	己卯	建	城頭土	女
19	03/22	日	庚辰	除	白鑞金	虚
20	03/23	月	辛巳	満	白鑞金	危
21	03/24	火	壬午	平	楊柳木	室
22	03/25	水	癸未	定	楊柳木	壁
23	03/26	木	甲申	執	井泉水	奎
24	03/27	金	乙酉	破	井泉水	婁
25	03/28	土	丙戌	危	屋上土	胃
26	03/29	日	丁亥	成	屋上土	昴
27	03/30	月	戊子	納	霹靂火	畢
28	03/31	火	己丑	開	霹靂火	觜
29	04/01	水	庚寅	閉	松柏木	參
30	04/02	木	辛卯	建	松柏木	井

【三月小　庚辰　虚】
節気　清明 5日・穀雨 20日
雑節　土用 17日

日	月日	曜	干支	直	納音	宿
1	04/03	金	壬辰	除	長流水	鬼
2	04/04	土	癸巳	満	長流水	柳
3	04/05	日	甲午	平	沙中金	星
4	04/06	月	乙未	定	沙中金	張
5	04/07	火	丙申	定	山下火	翼
6	04/08	水	丁酉	執	山下火	軫
7	04/09	木	戊戌	破	平地木	角
8	04/10	金	己亥	危	平地木	亢
9	04/11	土	庚子	成	壁上土	氐
10	04/12	日	辛丑	納	壁上土	房
11	04/13	月	壬寅	開	金箔金	心
12	04/14	火	癸卯	閉	金箔金	尾
13	04/15	水	甲辰	建	覆燈火	箕
14	04/16	木	乙巳	除	覆燈火	斗
15	04/17	金	丙午	満	天河水	牛
16	04/18	土	丁未	平	天河水	女
17	04/19	日	戊申	定	大駅土	虚
18	04/20	月	己酉	執	大駅土	危
19	04/21	火	庚戌	破	釵釧金	室
20	04/22	水	辛亥	危	釵釧金	壁
21	04/23	木	壬子	成	桑柘木	奎
22	04/24	金	癸丑	納	桑柘木	婁
23	04/25	土	甲寅	開	大溪水	胃
24	04/26	日	乙卯	閉	大溪水	昴
25	04/27	月	丙辰	建	沙中土	畢
26	04/28	火	丁巳	除	沙中土	觜
27	04/29	水	戊午	満	天上火	參
28	04/30	木	己未	平	天上火	井
29	05/01	金	庚申	定	柘榴木	鬼

【四月小　辛巳　危】
節気　立夏 6日・小満 21日
雑節　八十八夜 2日

日	月日	曜	干支	直	納音	宿
1	05/02	土	辛酉	執	柘榴木	柳
2	05/03	日	壬戌	破	大海水	星
3	05/04	月	癸亥	危	大海水	張
4	05/05	火	甲子	成	海中金	翼
5	05/06	水	乙丑	納	海中金	軫
6	05/07	木	丙寅	納	爐中火	角
7	05/08	金	丁卯	開	爐中火	亢
8	05/09	土	戊辰	閉	大林木	氐
9	05/10	日	己巳	建	大林木	房
10	05/11	月	庚午	除	路傍土	心
11	05/12	火	辛未	満	路傍土	尾
12	05/13	水	壬申	平	釵鋒金	箕
13	05/14	木	癸酉	定	釵鋒金	斗
14	05/15	金	甲戌	執	山頭火	牛
15	05/16	土	乙亥	破	山頭火	女
16	05/17	日	丙子	危	澗下水	虚
17	05/18	月	丁丑	成	澗下水	危
18	05/19	火	戊寅	納	城頭土	室
19	05/20	水	己卯	開	城頭土	壁
20	05/21	木	庚辰	閉	白鑞金	奎
21	05/22	金	辛巳	建	白鑞金	婁
22	05/23	土	壬午	除	楊柳木	胃
23	05/24	日	癸未	満	楊柳木	昴
24	05/25	月	甲申	平	井泉水	畢
25	05/26	火	乙酉	定	井泉水	觜
26	05/27	水	丙戌	執	屋上土	參
27	05/28	木	丁亥	破	屋上土	井
28	05/29	金	戊子	危	霹靂火	鬼
29	05/30	土	己丑	成	霹靂火	柳

【五月小　壬午　室】
節気　芒種 7日・夏至 23日
雑節　入梅 13日

日	月日	曜	干支	直	納音	宿
1	05/31	日	庚寅	納	松柏木	星
2	06/01	月	辛卯	開	松柏木	張
3	06/02	火	壬辰	閉	長流水	翼
4	06/03	水	癸巳	建	長流水	軫
5	06/04	木	甲午	除	沙中金	角
6	06/05	金	乙未	満	沙中金	亢
7	06/06	土	丙申	満	山下火	氐
8	06/07	日	丁酉	平	山下火	房
9	06/08	月	戊戌	定	平地木	心
10	06/09	火	己亥	執	平地木	尾
11	06/10	水	庚子	破	壁上土	箕
12	06/11	木	辛丑	危	壁上土	斗
13	06/12	金	壬寅	成	金箔金	牛
14	06/13	土	癸卯	納	金箔金	女
15	06/14	日	甲辰	開	覆燈火	虚
16	06/15	月	乙巳	閉	覆燈火	危
17	06/16	火	丙午	建	天河水	室
18	06/17	水	丁未	除	天河水	壁
19	06/18	木	戊申	満	大駅土	奎
20	06/19	金	己酉	平	大駅土	婁
21	06/20	土	庚戌	定	釵釧金	胃
22	06/21	日	辛亥	執	釵釧金	昴
23	06/22	月	壬子	破	桑柘木	畢
24	06/23	火	癸丑	危	桑柘木	觜
25	06/24	水	甲寅	成	大溪水	參
26	06/25	木	乙卯	納	大溪水	井
27	06/26	金	丙辰	開	沙中土	鬼
28	06/27	土	丁巳	閉	沙中土	柳
29	06/28	日	戊午	建	天上火	星

【六月大　癸未　壁】
節気　小暑 9日・大暑 24日
雑節　半夏生 4日・土用 21日

日	月日	曜	干支	直	納音	宿
1	06/29	月	己未	除	天上火	張
2	06/30	火	庚申	満	柘榴木	翼
3	07/01	水	辛酉	平	柘榴木	軫
4	07/02	木	壬戌	定	大海水	角
5	07/03	金	癸亥	執	大海水	亢
6	07/04	土	甲子	破	海中金	氐
7	07/05	日	乙丑	危	海中金	房
8	07/06	月	丙寅	成	爐中火	心
9	07/07	火	丁卯	成	爐中火	尾
10	07/08	水	戊辰	納	大林木	箕
11	07/09	木	己巳	開	大林木	斗
12	07/10	金	庚午	閉	路傍土	牛
13	07/11	土	辛未	建	路傍土	女
14	07/12	日	壬申	除	釵鋒金	虚
15	07/13	月	癸酉	満	釵鋒金	危
16	07/14	火	甲戌	平	山頭火	室
17	07/15	水	乙亥	定	山頭火	壁
18	07/16	木	丙子	執	澗下水	奎
19	07/17	金	丁丑	破	澗下水	婁
20	07/18	土	戊寅	危	城頭土	胃
21	07/19	日	己卯	成	城頭土	昴
22	07/20	月	庚辰	納	白鑞金	畢
23	07/21	火	辛巳	開	白鑞金	觜
24	07/22	水	壬午	閉	楊柳木	參
25	07/23	木	癸未	建	楊柳木	井
26	07/24	金	甲申	除	井泉水	鬼
27	07/25	土	乙酉	満	井泉水	柳
28	07/26	日	丙戌	平	屋上土	星
29	07/27	月	丁亥	定	屋上土	張

天保11年

西暦	曜	干支	直	納音	宿
30日 07/28	火	戊子	執	霹靂火	翼

【七月小 甲申 奎】
節気 立秋 9日・処暑 25日

日	西暦	曜	干支	直	納音	宿
1日	07/29	水	己丑	破	霹靂火	軫
2日	07/30	木	庚寅	危	松柏木	角
3日	07/31	金	辛卯	成	松柏木	亢
4日	08/01	土	壬辰	納	長流水	氐
5日	08/02	日	癸巳	開	長流水	房
6日	08/03	月	甲午	閉	沙中金	心
7日	08/04	火	乙未	建	沙中金	尾
8日	08/05	水	丙申	除	山下火	箕
9日	08/06	木	丁酉	除	山下火	斗
10日	08/07	金	戊戌	満	平地木	牛
11日	08/08	土	己亥	平	平地木	女
12日	08/09	日	庚子	定	壁上土	虚
13日	08/10	月	辛丑	執	壁上土	危
14日	08/11	火	壬寅	破	金箔金	室
15日	08/12	水	癸卯	危	金箔金	壁
16日	08/13	木	甲辰	成	覆燈火	奎
17日	08/14	金	乙巳	納	覆燈火	婁
18日	08/15	土	丙午	開	天河水	胃
19日	08/16	日	丁未	閉	天河水	昴
20日	08/17	月	戊申	建	大駅土	畢
21日	08/18	火	己酉	除	大駅土	觜
22日	08/19	水	庚戌	満	釵釧金	参
23日	08/20	木	辛亥	平	釵釧金	井
24日	08/21	金	壬子	定	桑柘木	鬼
25日	08/22	土	癸丑	執	桑柘木	柳
26日	08/23	日	甲寅	危	大溪水	星
27日	08/24	月	乙卯	成	大溪水	張
28日	08/25	火	丙辰	成	沙中土	翼
29日	08/26	水	丁巳	納	沙中土	軫

【八月大 乙酉 婁】
節気 白露 11日・秋分 26日
雑節 二百十日 7日・社日 21日・彼岸 25日

日	西暦	曜	干支	直	納音	宿
1日	08/27	木	戊午	開	天上火	角
2日	08/28	金	己未	閉	天上火	亢
3日	08/29	土	庚申	建	柘榴木	氐
4日	08/30	日	辛酉	除	柘榴木	房
5日	08/31	月	壬戌	満	大海水	心
6日	09/01	火	癸亥	平	大海水	尾
7日	09/02	水	甲子	定	海中金	箕
8日	09/03	木	乙丑	執	海中金	斗
9日	09/04	金	丙寅	破	爐中火	牛
10日	09/05	土	丁卯	危	爐中火	女
11日	09/06	日	戊辰	成	大林木	虚
12日	09/07	月	己巳	納	大林木	危
13日	09/08	火	庚午	開	路傍土	室
14日	09/09	水	辛未	閉	路傍土	壁
15日	09/10	木	壬申	建	釵鋒金	奎
16日	09/11	金	癸酉	除	釵鋒金	婁
17日	09/12	土	甲戌	満	山頭火	胃
18日	09/13	日	乙亥	平	山頭火	昴
19日	09/14	月	丙子	平	澗下水	畢
20日	09/15	火	丁丑	執	澗下水	觜
21日	09/16	水	戊寅	執	城頭土	参
22日	09/17	木	己卯	破	城頭土	井
23日	09/18	金	庚辰	危	白鑞金	鬼
24日	09/19	土	辛巳	成	白鑞金	柳
25日	09/20	日	壬午	納	楊柳木	星
26日	09/21	月	癸未	開	楊柳木	張
27日	09/22	火	甲申	閉	井泉水	翼
28日	09/23	水	乙酉	建	井泉水	軫
29日	09/24	木	丙戌	除	屋上土	角
30日	09/25	金	丁亥	満	屋上土	亢

【九月小 丙戌 胃】
節気 寒露 11日・霜降 26日
雑節 土用 23日

日	西暦	曜	干支	直	納音	宿
1日	09/26	土	戊子	平	霹靂火	氐
2日	09/27	日	己丑	定	霹靂火	房
3日	09/28	月	庚寅	執	松柏木	心
4日	09/29	火	辛卯	破	松柏木	尾
5日	09/30	水	壬辰	危	長流水	箕
6日	10/01	木	癸巳	成	長流水	斗
7日	10/02	金	甲午	納	沙中金	牛
8日	10/03	土	乙未	開	沙中金	女
9日	10/04	日	丙申	閉	山下火	虚
10日	10/05	月	丁酉	建	山下火	危
11日	10/06	火	戊戌	除	平地木	室
12日	10/07	水	己亥	除	平地木	壁
13日	10/08	木	庚子	満	壁上土	奎
14日	10/09	金	辛丑	定	壁上土	婁
15日	10/10	土	壬寅	定	金箔金	胃
16日	10/11	日	癸卯	執	金箔金	昴
17日	10/12	月	甲辰	破	覆燈火	觜
18日	10/13	火	乙巳	危	覆燈火	参
19日	10/14	水	丙午	成	天河水	井
20日	10/15	木	丁未	納	天河水	鬼
21日	10/16	金	戊申	開	大駅土	柳
22日	10/17	土	己酉	閉	大駅土	星
23日	10/18	日	庚戌	建	釵釧金	張
24日	10/19	月	辛亥	除	釵釧金	翼
25日	10/20	火	壬子	満	桑柘木	軫
26日	10/21	水	癸丑	平	桑柘木	角
27日	10/22	木	甲寅	定	大溪水	亢
28日	10/23	金	乙卯	執	大溪水	氐
29日	10/24	土	丙辰	破	沙中土	房

【十月大 丁亥 昴】
節気 立冬 13日・小雪 28日

日	西暦	曜	干支	直	納音	宿
1日	10/25	日	丁巳	危	沙中土	心
2日	10/26	月	戊午	成	天上火	尾
3日	10/27	火	己未	納	天上火	箕
4日	10/28	水	庚申	開	柘榴木	斗
5日	10/29	木	辛酉	閉	柘榴木	牛
6日	10/30	金	壬戌	建	大海水	女
7日	10/31	土	癸亥	除	大海水	虚
8日	11/01	日	甲子	満	海中金	危
9日	11/02	月	乙丑	平	海中金	室
10日	11/03	火	丙寅	定	爐中火	壁
11日	11/04	水	丁卯	執	爐中火	奎
12日	11/05	木	戊辰	破	大林木	婁
13日	11/06	金	己巳	危	大林木	胃
14日	11/07	土	庚午	成	路傍土	昴
15日	11/08	日	辛未	納	路傍土	畢
16日	11/09	月	壬申	開	釵鋒金	觜
17日	11/10	火	癸酉	閉	釵鋒金	参
18日	11/11	水	甲戌	建	山頭火	井
19日	11/12	木	乙亥	除	山頭火	鬼
20日	11/13	金	丙子	満	澗下水	柳
21日	11/14	土	丁丑	平	澗下水	星
22日	11/15	日	戊寅	定	城頭土	張
23日	11/16	月	己卯	執	城頭土	翼
24日	11/17	火	庚辰	破	白鑞金	軫
25日	11/18	水	辛巳	危	白鑞金	角
26日	11/19	木	壬午	成	楊柳木	亢
27日	11/20	金	癸未	納	楊柳木	氐
28日	11/21	土	甲申	開	井泉水	房
29日	11/22	日	乙酉	閉	井泉水	心
30日	11/23	月	丙戌	閉	屋上土	尾

【十一月大 戊子 畢】
節気 大雪 13日・冬至 28日

日	西暦	曜	干支	直	納音	宿
1日	11/24	火	丁亥	建	屋上土	尾
2日	11/25	水	戊子	除	霹靂火	箕
3日	11/26	木	己丑	満	霹靂火	斗
4日	11/27	金	庚寅	平	松柏木	牛
5日	11/28	土	辛卯	定	松柏木	女
6日	11/29	日	壬辰	執	長流水	虚
7日	11/30	月	癸巳	破	長流水	危
8日	12/01	火	甲午	危	沙中金	室
9日	12/02	水	乙未	成	沙中金	壁
10日	12/03	木	丙申	納	山下火	奎
11日	12/04	金	丁酉	開	山下火	婁
12日	12/05	土	戊戌	開	平地木	胃
13日	12/06	日	己亥	建	平地木	昴
14日	12/07	月	庚子	建	壁上土	畢
15日	12/08	火	辛丑	除	壁上土	觜
16日	12/09	水	壬寅	満	金箔金	参
17日	12/10	木	癸卯	平	金箔金	井
18日	12/11	金	甲辰	定	覆燈火	鬼
19日	12/12	土	乙巳	執	覆燈火	柳
20日	12/13	日	丙午	破	天河水	星
21日	12/14	月	丁未	危	天河水	張
22日	12/15	火	戊申	成	大駅土	翼
23日	12/16	水	己酉	納	大駅土	軫
24日	12/17	木	庚戌	開	釵釧金	角
25日	12/18	金	辛亥	閉	釵釧金	亢
26日	12/19	土	壬子	建	桑柘木	氐
27日	12/20	日	癸丑	除	桑柘木	房
28日	12/21	月	甲寅	満	大溪水	心
29日	12/22	火	乙卯	平	大溪水	尾
30日	12/23	水	丙辰	定	沙中土	箕

【十二月大 己丑 觜】
節気 小寒 13日・大寒 29日
雑節 土用 26日

日	西暦	曜	干支	直	納音	宿
1日	12/24	木	丁巳	執	沙中土	斗
2日	12/25	金	戊午	破	天上火	牛
3日	12/26	土	己未	危	天上火	女
4日	12/27	日	庚申	成	柘榴木	虚
5日	12/28	月	辛酉	納	柘榴木	危
6日	12/29	火	壬戌	開	大海水	室
7日	12/30	水	癸亥	閉	大海水	壁
8日	12/31	木	甲子	建	海中金	奎

1841年

日	西暦	曜	干支	直	納音	宿
9日	01/01	金	乙丑	除	海中金	婁
10日	01/02	土	丙寅	満	爐中火	胃
11日	01/03	日	丁卯	平	爐中火	昴
12日	01/04	月	戊辰	定	大林木	畢
13日	01/05	火	己巳	定	大林木	觜
14日	01/06	水	庚午	執	路傍土	参
15日	01/07	木	辛未	破	路傍土	井
16日	01/08	金	壬申	危	釵鋒金	鬼
17日	01/09	土	癸酉	成	釵鋒金	柳
18日	01/10	日	甲戌	納	山頭火	星
19日	01/11	月	乙亥	開	山頭火	張
20日	01/12	火	丙子	閉	澗下水	翼
21日	01/13	水	丁丑	建	澗下水	軫
22日	01/14	木	戊寅	除	城頭土	角
23日	01/15	金	己卯	満	城頭土	亢
24日	01/16	土	庚辰	平	白鑞金	氐
25日	01/17	日	辛巳	定	白鑞金	房
26日	01/18	月	壬午	執	楊柳木	心
27日	01/19	火	癸未	破	楊柳木	尾
28日	01/20	水	甲申	危	井泉水	箕
29日	01/21	木	乙酉	成	井泉水	斗
30日	01/22	金	丙戌	納	屋上土	牛

天保12年
1841〜1842　辛丑　斗

【正月小 庚寅 參】
節気　立春 14日・雨水 29日
雑節　節分 13日

日	月日	曜	干支	直	納音	宿
1日	01/23	土	丁亥	開	屋上土	女
2日	01/24	日	戊子	閉	霹靂火	虚
3日	01/25	月	己丑	建	霹靂火	危
4日	01/26	火	庚寅	除	松柏木	室
5日	01/27	水	辛卯	満	松柏木	壁
6日	01/28	木	壬辰	平	長流水	奎
7日	01/29	金	癸巳	定	長流水	婁
8日	01/30	土	甲午	執	沙中金	胃
9日	01/31	日	乙未	破	沙中金	昴
10日	02/01	月	丙申	危	山下火	畢
11日	02/02	火	丁酉	成	山下火	觜
12日	02/03	水	戊戌	納	平地木	參
13日	02/04	木	己亥	開	平地木	井
14日	02/05	金	庚子	開	壁上土	鬼
15日	02/06	土	辛丑	閉	壁上土	柳
16日	02/07	日	壬寅	建	金箔金	星
17日	02/08	月	癸卯	除	金箔金	張
18日	02/09	火	甲辰	満	覆燈火	翼
19日	02/10	水	乙巳	平	覆燈火	軫
20日	02/11	木	丙午	定	天河水	角
21日	02/12	金	丁未	執	天河水	亢
22日	02/13	土	戊申	破	大駅土	氐
23日	02/14	日	己酉	危	大駅土	房
24日	02/15	月	庚戌	成	釵釧金	心
25日	02/16	火	辛亥	納	釵釧金	尾
26日	02/17	水	壬子	開	桑柏木	箕
27日	02/18	木	癸丑	閉	桑柏木	斗
28日	02/19	金	甲寅	建	大溪水	牛
29日	02/20	土	乙卯	除	大溪水	女

【閏正月大 庚寅 參】
節気　啓蟄 15日
雑節　彼岸 26日

日	月日	曜	干支	直	納音	宿
1日	02/21	日	丙辰	満	沙中土	虚
2日	02/22	月	丁巳	平	沙中土	危
3日	02/23	火	戊午	定	天上火	室
4日	02/24	水	己未	執	天上火	壁
5日	02/25	木	庚申	破	柏榴木	奎
6日	02/26	金	辛酉	危	柏榴木	婁
7日	02/27	土	壬戌	成	大海水	胃
8日	02/28	日	癸亥	納	大海水	昴
9日	03/01	月	甲子	開	海中金	畢
10日	03/02	火	乙丑	閉	海中金	觜
11日	03/03	水	丙寅	建	爐中火	參
12日	03/04	木	丁卯	除	爐中火	井
13日	03/05	金	戊辰	満	大林木	鬼
14日	03/06	土	己巳	平	大林木	柳
15日	03/07	日	庚午	平	路傍土	星
16日	03/08	月	辛未	定	路傍土	張
17日	03/09	火	壬申	執	釼鋒金	翼
18日	03/10	水	癸酉	破	釼鋒金	軫
19日	03/11	木	甲戌	危	山頭火	角
20日	03/12	金	乙亥	成	山頭火	亢
21日	03/13	土	丙子	納	潤下水	氐
22日	03/14	日	丁丑	開	潤下水	房
23日	03/15	月	戊寅	閉	城頭土	心
24日	03/16	火	己卯	建	城頭土	尾
25日	03/17	水	庚辰	除	白鑞金	箕
26日	03/18	木	辛巳	満	白鑞金	斗
27日	03/19	金	壬午	平	楊柳木	牛
28日	03/20	土	癸未	定	楊柳木	女
29日	03/21	日	甲申	執	井泉水	虚
30日	03/22	月	乙酉	破	井泉水	危

【二月小 辛卯 井】
節気　春分 1日・清明 16日
雑節　社日 3日・土用 28日

日	月日	曜	干支	直	納音	宿
1日	03/23	火	丙戌	危	屋上土	室
2日	03/24	水	丁亥	成	屋上土	壁
3日	03/25	木	戊子	納	霹靂火	奎
4日	03/26	金	己丑	開	霹靂火	婁
5日	03/27	土	庚寅	閉	松柏木	胃
6日	03/28	日	辛卯	建	松柏木	昴
7日	03/29	月	壬辰	除	長流水	畢
8日	03/30	火	癸巳	満	長流水	觜
9日	03/31	水	甲午	平	沙中金	參
10日	04/01	木	乙未	定	沙中金	井
11日	04/02	金	丙申	執	山下火	鬼
12日	04/03	土	丁酉	破	山下火	柳
13日	04/04	日	戊戌	危	平地木	星
14日	04/05	月	己亥	成	平地木	張
15日	04/06	火	庚子	納	壁上土	翼
16日	04/07	水	辛丑	納	壁上土	軫
17日	04/08	木	壬寅	開	金箔金	角
18日	04/09	金	癸卯	閉	金箔金	亢
19日	04/10	土	甲辰	建	覆燈火	氐
20日	04/11	日	乙巳	除	覆燈火	房
21日	04/12	月	丙午	満	天河水	心
22日	04/13	火	丁未	平	天河水	尾
23日	04/14	水	戊申	定	大駅土	箕
24日	04/15	木	己酉	執	大駅土	斗
25日	04/16	金	庚戌	破	釵釧金	牛
26日	04/17	土	辛亥	危	釵釧金	女
27日	04/18	日	壬子	成	桑柏木	虚
28日	04/19	月	癸丑	納	桑柏木	危
29日	04/20	火	甲寅	開	大溪水	室

【三月大 壬辰 鬼】
節気　穀雨 2日・立夏 17日
雑節　八十八夜 13日

日	月日	曜	干支	直	納音	宿
1日	04/21	水	乙卯	閉	大溪水	壁
2日	04/22	木	丙辰	建	沙中土	奎
3日	04/23	金	丁巳	除	沙中土	婁
4日	04/24	土	戊午	満	天上火	胃
5日	04/25	日	己未	平	天上火	昴
6日	04/26	月	庚申	定	柏榴木	畢
7日	04/27	火	辛酉	執	柏榴木	觜
8日	04/28	水	壬戌	破	大海水	參
9日	04/29	木	癸亥	危	大海水	井
10日	04/30	金	甲子	成	海中金	鬼
11日	05/01	土	乙丑	納	海中金	柳
12日	05/02	日	丙寅	開	爐中火	星
13日	05/03	月	丁卯	閉	爐中火	張
14日	05/04	火	戊辰	建	大林木	翼
15日	05/05	水	己巳	除	大林木	軫
16日	05/06	木	庚午	満	路傍土	角
17日	05/07	金	辛未	満	路傍土	亢
18日	05/08	土	壬申	平	釼鋒金	氐
19日	05/09	日	癸酉	定	釼鋒金	房
20日	05/10	月	甲戌	執	山頭火	心
21日	05/11	火	乙亥	破	山頭火	尾
22日	05/12	水	丙子	危	潤下水	箕
23日	05/13	木	丁丑	成	潤下水	斗
24日	05/14	金	戊寅	納	城頭土	牛
25日	05/15	土	己卯	開	城頭土	女
26日	05/16	日	庚辰	閉	白鑞金	虚
27日	05/17	月	辛巳	建	白鑞金	室
28日	05/18	火	壬午	除	楊柳木	壁
29日	05/19	水	癸未	満	楊柳木	壁
30日	05/20	木	甲申	平	井泉水	奎

【四月小 癸巳 柳】
節気　小満 2日・芒種 18日
雑節　入梅 18日

日	月日	曜	干支	直	納音	宿
1日	05/21	金	乙酉	定	井泉水	婁
2日	05/22	土	丙戌	執	屋上土	胃
3日	05/23	日	丁亥	破	屋上土	昴
4日	05/24	月	戊子	危	霹靂火	畢
5日	05/25	火	己丑	成	霹靂火	觜
6日	05/26	水	庚寅	納	松柏木	參
7日	05/27	木	辛卯	開	松柏木	井
8日	05/28	金	壬辰	閉	長流水	鬼
9日	05/29	土	癸巳	建	長流水	柳
10日	05/30	日	甲午	除	沙中金	星
11日	05/31	月	乙未	満	沙中金	張
12日	06/01	火	丙申	平	山下火	翼
13日	06/02	水	丁酉	定	山下火	軫
14日	06/03	木	戊戌	執	平地木	角
15日	06/04	金	己亥	破	平地木	亢
16日	06/05	土	庚子	危	壁上土	氐
17日	06/06	日	辛丑	成	壁上土	房
18日	06/07	月	壬寅	成	金箔金	心
19日	06/08	火	癸卯	納	金箔金	尾
20日	06/09	水	甲辰	開	覆燈火	箕
21日	06/10	木	乙巳	閉	覆燈火	斗
22日	06/11	金	丙午	建	天河水	牛
23日	06/12	土	丁未	除	天河水	女
24日	06/13	日	戊申	満	大駅土	虚
25日	06/14	月	己酉	平	大駅土	危
26日	06/15	火	庚戌	定	釵釧金	室
27日	06/16	水	辛亥	執	釵釧金	壁
28日	06/17	木	壬子	破	桑柏木	奎
29日	06/18	金	癸丑	危	桑柏木	婁

【五月小 甲午 星】
節気　夏至 4日・小暑 19日
雑節　半夏生 14日

日	月日	曜	干支	直	納音	宿
1日	06/19	土	甲寅	成	大溪水	胃
2日	06/20	日	乙卯	納	大溪水	昴
3日	06/21	月	丙辰	開	沙中土	畢
4日	06/22	火	丁巳	閉	沙中土	觜
5日	06/23	水	戊午	建	天上火	參
6日	06/24	木	己未	除	天上火	井
7日	06/25	金	庚申	満	柏榴木	鬼
8日	06/26	土	辛酉	平	柏榴木	柳
9日	06/27	日	壬戌	定	大海水	星
10日	06/28	月	癸亥	執	大海水	張
11日	06/29	火	甲子	破	海中金	翼
12日	06/30	水	乙丑	危	海中金	軫
13日	07/01	木	丙寅	成	爐中火	角
14日	07/02	金	丁卯	納	爐中火	亢
15日	07/03	土	戊辰	開	大林木	氐
16日	07/04	日	己巳	閉	大林木	房
17日	07/05	月	庚午	建	路傍土	心
18日	07/06	火	辛未	除	路傍土	尾
19日	07/07	水	壬申	除	釼鋒金	箕
20日	07/08	木	癸酉	満	釼鋒金	斗
21日	07/09	金	甲戌	平	山頭火	牛
22日	07/10	土	乙亥	定	山頭火	女
23日	07/11	日	丙子	執	潤下水	虚
24日	07/12	月	丁丑	破	潤下水	危
25日	07/13	火	戊寅	危	城頭土	室
26日	07/14	水	己卯	成	城頭土	壁
27日	07/15	木	庚辰	納	白鑞金	奎
28日	07/16	金	辛巳	開	白鑞金	婁
29日	07/17	土	壬午	閉	楊柳木	胃

【六月大 乙未 張】
節気　大暑 5日・立秋 21日
雑節　土用 2日

日	月日	曜	干支	直	納音	宿
1日	07/18	日	癸未	建	楊柳木	昴
2日	07/19	月	甲申	除	井泉水	畢
3日	07/20	火	乙酉	満	井泉水	觜
4日	07/21	水	丙戌	平	屋上土	參
5日	07/22	木	丁亥	定	屋上土	井
6日	07/23	金	戊子	執	霹靂火	鬼
7日	07/24	土	己丑	破	霹靂火	柳
8日	07/25	日	庚寅	危	松柏木	星
9日	07/26	月	辛卯	成	松柏木	張
10日	07/27	火	壬辰	納	長流水	翼
11日	07/28	水	癸巳	開	長流水	軫
12日	07/29	木	甲午	閉	沙中金	角
13日	07/30	金	乙未	建	沙中金	亢
14日	07/31	土	丙申	除	山下火	氐
15日	08/01	日	丁酉	満	山下火	房

天保12年

日	西暦	曜	干支	直	納音	宿
16日☆	08/02	月	戊戌	平	平地木	心
17日	08/03	火	己亥	定	平地木	尾
18日	08/04	水	庚子	執	壁上土	箕
19日	08/05	木	辛丑	破	壁上土	斗
20日	08/06	金	壬寅	危	金箔金	女
21日	08/07	土	癸卯	成	金箔金	女
22日	08/08	日	甲辰	成	覆燈火	虚
23日	08/09	月	乙巳	開	覆燈火	危
24日	08/10	火	丙午	開	天河水	室
25日	08/11	水	丁未	閉	天河水	壁
26日	08/12	木	戊申	建	大駅土	奎
27日	08/13	金	己酉	除	大駅土	婁
28日	08/14	土	庚戌	満	釵釧金	胃
29日	08/15	日	辛亥	定	釵釧金	昴
30日	08/16	月	壬子	定	桑柘木	畢

【七月小 丙申 翼】
節気 処暑 6日・白露 21日
雑節 二百十日 17日

日	西暦	曜	干支	直	納音	宿
1日	08/17	火	癸丑	執	桑柘木	觜
2日	08/18	水	甲寅	破	大渓水	参
3日	08/19	木	乙卯	危	大渓水	井
4日	08/20	金	丙辰	成	沙中土	鬼
5日	08/21	土	丁巳	納	沙中土	柳
6日	08/22	日	戊午	開	天上火	星
7日	08/23	月	己未	閉	天上火	張
8日	08/24	火	庚申	建	柘榴木	翼
9日	08/25	水	辛酉	除	柘榴木	軫
10日	08/26	木	壬戌	平	大海水	角
11日	08/27	金	癸亥	平	大海水	亢
12日	08/28	土	甲子	定	海中金	氐
13日	08/29	日	乙丑	執	海中金	房
14日	08/30	月	丙寅	破	爐中火	心
15日	08/31	火	丁卯	危	爐中火	尾
16日	09/01	水	戊辰	成	大林木	箕
17日	09/02	木	己巳	納	大林木	斗
18日	09/03	金	庚午	開	路傍土	牛
19日	09/04	土	辛未	閉	路傍土	女
20日	09/05	日	壬申	建	釵鋒金	虚
21日	09/06	月	癸酉	建	釵鋒金	危
22日	09/07	火	甲戌	除	山頭火	室
23日	09/08	水	乙亥	満	山頭火	壁
24日	09/09	木	丙子	平	潤下水	奎
25日	09/10	金	丁丑	定	潤下水	婁
26日	09/11	土	戊寅	執	城頭土	胃
27日	09/12	日	己卯	破	城頭土	昴
28日	09/13	月	庚辰	危	白鑞金	畢
29日	09/14	火	辛巳	成	白鑞金	觜

【八月大 丁酉 軫】
節気 秋分 7日・寒露 22日
雑節 彼岸 6日・社日 7日

日	西暦	曜	干支	直	納音	宿
1日	09/15	水	壬午	納	楊柳木	参
2日	09/16	木	癸未	開	楊柳木	井
3日	09/17	金	甲申	閉	井泉水	鬼
4日	09/18	土	乙酉	建	井泉水	柳
5日	09/19	日	丙戌	除	屋上土	星
6日	09/20	月	丁亥	満	屋上土	張
7日	09/21	火	戊子	平	霹靂火	翼
8日	09/22	水	己丑	定	霹靂火	軫
9日	09/23	木	庚寅	執	松柏木	角
10日	09/24	金	辛卯	破	松柏木	亢
11日	09/25	土	壬辰	危	長流水	氐
12日	09/26	日	癸巳	成	長流水	房
13日	09/27	月	甲午	納	沙中金	心
14日	09/28	火	乙未	開	沙中金	尾
15日	09/29	水	丙申	閉	山下火	箕
16日	09/30	木	丁酉	建	山下火	斗
17日	10/01	金	戊戌	除	平地木	牛
18日	10/02	土	己亥	満	平地木	女
19日	10/03	日	庚子	平	壁上土	虚
20日	10/04	月	辛丑	定	壁上土	危
21日	10/05	火	壬寅	執	金箔金	室
22日	10/06	水	癸卯	執	金箔金	壁
23日	10/07	木	甲辰	破	覆燈火	奎
24日	10/08	金	乙巳	危	覆燈火	婁
25日	10/09	土	丙午	成	天河水	胃
26日	10/10	日	丁未	納	天河水	昴
27日	10/11	月	戊申	開	大駅土	畢
28日	10/12	火	己酉	閉	大駅土	觜
29日	10/13	水	庚戌	閉	釵釧金	参
30日	10/14	木	辛亥	除	釵釧金	井

【九月小 戊戌 角】
節気 霜降 8日・立冬 23日
雑節 土用 5日

日	西暦	曜	干支	直	納音	宿
1日	10/15	金	壬子	満	桑柘木	鬼
2日	10/16	土	癸丑	平	桑柘木	柳
3日	10/17	日	甲寅	定	大渓水	星
4日	10/18	月	乙卯	定	大渓水	張
5日	10/19	火	丙辰	破	沙中土	翼
6日	10/20	水	丁巳	危	沙中土	軫
7日	10/21	木	戊午	成	天上火	角
8日	10/22	金	己未	納	天上火	亢
9日	10/23	土	庚申	開	柘榴木	氐
10日	10/24	日	辛酉	閉	柘榴木	房
11日	10/25	月	壬戌	建	大海水	心
12日	10/26	火	癸亥	除	大海水	尾
13日	10/27	水	甲子	満	海中金	箕
14日	10/28	木	乙丑	平	海中金	斗
15日	10/29	金	丙寅	定	爐中火	牛
16日	10/30	土	丁卯	破	爐中火	女
17日	10/31	日	戊辰	破	大林木	虚
18日	11/01	月	己巳	危	大林木	危
19日	11/02	火	庚午	成	路傍土	室
20日	11/03	水	辛未	納	路傍土	壁
21日	11/04	木	壬申	開	釵鋒金	奎
22日	11/05	金	癸酉	閉	釵鋒金	婁
23日	11/06	土	甲戌	建	山頭火	胃
24日	11/07	日	乙亥	除	山頭火	昴
25日	11/08	月	丙子	満	潤下水	畢
26日	11/09	火	丁丑	平	潤下水	觜
27日	11/10	水	戊寅	定	城頭土	参
28日	11/11	木	己卯	執	城頭土	井
29日	11/12	金	庚辰	執	白鑞金	鬼

【十月大 己亥 亢】
節気 小雪 9日・大雪 24日

日	西暦	曜	干支	直	納音	宿
1日	11/13	土	辛巳	破	白鑞金	柳
2日	11/14	日	壬午	危	楊柳木	星
3日	11/15	月	癸未	成	楊柳木	張
4日	11/16	火	甲申	納	井泉水	翼
5日	11/17	水	乙酉	開	井泉水	軫
6日	11/18	木	丙戌	閉	屋上土	角
7日	11/19	金	丁亥	建	屋上土	亢
8日	11/20	土	戊子	除	霹靂火	氐
9日	11/21	日	己丑	満	霹靂火	房
10日	11/22	月	庚寅	平	松柏木	心
11日	11/23	火	辛卯	定	松柏木	尾
12日	11/24	水	壬辰	執	長流水	箕
13日	11/25	木	癸巳	破	長流水	斗
14日	11/26	金	甲午	危	沙中金	牛
15日	11/27	土	乙未	成	沙中金	女
16日	11/28	日	丙申	納	山下火	虚
17日	11/29	月	丁酉	開	山下火	危
18日	11/30	火	戊戌	閉	平地木	室
19日	12/01	水	己亥	建	平地木	壁
20日	12/02	木	庚子	除	壁上土	奎
21日	12/03	金	辛丑	満	壁上土	婁
22日	12/04	土	壬寅	平	金箔金	胃
23日	12/05	日	癸卯	定	金箔金	昴
24日	12/06	月	甲辰	定	覆燈火	畢
25日	12/07	火	乙巳	執	覆燈火	觜
26日	12/08	水	丙午	破	天河水	参
27日	12/09	木	丁未	危	天河水	井
28日	12/10	金	戊申	成	大駅土	鬼
29日	12/11	土	己酉	納	大駅土	柳
30日	12/12	日	庚戌	開	釵釧金	星

【十一月大 庚子 氐】
節気 冬至 10日・小寒 25日

日	西暦	曜	干支	直	納音	宿
1日	12/13	月	辛亥	閉	釵釧金	張
2日	12/14	火	壬子	建	桑柘木	翼
3日	12/15	水	癸丑	除	桑柘木	軫
4日	12/16	木	甲寅	満	大渓水	角
5日	12/17	金	乙卯	平	大渓水	亢
6日	12/18	土	丙辰	定	沙中土	氐
7日	12/19	日	丁巳	執	沙中土	房
8日	12/20	月	戊午	破	天上火	心
9日	12/21	火	己未	危	天上火	尾
10日	12/22	水	庚申	成	柘榴木	箕
11日	12/23	木	辛酉	納	柘榴木	斗
12日	12/24	金	壬戌	開	大海水	牛
13日	12/25	土	癸亥	閉	大海水	女
14日	12/26	日	甲子	建	海中金	虚
15日	12/27	月	乙丑	除	海中金	危
16日	12/28	火	丙寅	満	爐中火	室
17日	12/29	水	丁卯	平	爐中火	壁
18日	12/30	木	戊辰	定	大林木	奎
19日	12/31	金	己巳	執	大林木	婁

1842年

日	西暦	曜	干支	直	納音	宿
20日	01/01	土	庚午	破	路傍土	胃
21日	01/02	日	辛未	危	路傍土	昴
22日	01/03	月	壬申	成	釵鋒金	畢
23日	01/04	火	癸酉	納	釵鋒金	觜
24日	01/05	水	甲戌	開	山頭火	参
25日	01/06	木	乙亥	閉	山頭火	井
26日	01/07	金	丙子	閉	潤下水	鬼
27日	01/08	土	丁丑	除	潤下水	柳
28日	01/09	日	戊寅	除	城頭土	星
29日	01/10	月	己卯	満	城頭土	張
30日	01/11	火	庚辰	平	白鑞金	翼

【十二月小 辛丑 房】
節気 大寒 10日・立春 25日
雑節 土用 7日・節分 24日

日	西暦	曜	干支	直	納音	宿
1日	01/12	水	辛巳	定	白鑞金	軫
2日	01/13	木	壬午	執	楊柳木	角
3日	01/14	金	癸未	破	楊柳木	亢
4日	01/15	土	甲申	危	井泉水	氐
5日	01/16	日	乙酉	成	井泉水	房
6日	01/17	月	丙戌	納	屋上土	心
7日	01/18	火	丁亥	開	屋上土	尾
8日	01/19	水	戊子	閉	霹靂火	箕
9日	01/20	木	己丑	建	霹靂火	斗
10日	01/21	金	庚寅	除	松柏木	牛
11日	01/22	土	辛卯	満	松柏木	女
12日	01/23	日	壬辰	平	長流水	虚
13日	01/24	月	癸巳	定	長流水	危
14日	01/25	火	甲午	執	沙中金	室
15日☆	01/26	水	乙未	危	山下火	壁
16日	01/27	木	丙申	危	山下火	奎
17日	01/28	金	丁酉	成	山下火	婁
18日	01/29	土	戊戌	納	平地木	胃
19日	01/30	日	己亥	開	平地木	昴
20日	01/31	月	庚子	閉	壁上土	畢
21日	02/01	火	辛丑	建	壁上土	觜
22日	02/02	水	壬寅	除	金箔金	参
23日	02/03	木	癸卯	満	金箔金	井
24日	02/04	金	甲辰	平	覆燈火	鬼
25日	02/05	土	乙巳	平	覆燈火	柳
26日	02/06	日	丙午	定	天河水	星
27日	02/07	月	丁未	執	天河水	張
28日	02/08	火	戊申	破	大駅土	翼
29日	02/09	水	己酉	危	大駅土	軫

天保13年
1842～1843　壬寅　牛

【正月大　壬寅　心】
節気　雨水 11日・啓蟄 27日

日	日付	曜	干支		納音	宿
1日	02/10	木	己戌	成	釵釧金	角
2日	02/11	金	辛亥	納	釵釧金	亢
3日	02/12	土	壬子	開	桑柘木	氐
4日	02/13	日	癸丑	閉	桑柘木	房
5日	02/14	月	甲寅	建	大渓水	心
6日	02/15	火	乙卯	除	大渓水	尾
7日	02/16	水	丙辰	満	沙中土	箕
8日	02/17	木	丁巳	平	沙中土	斗
9日	02/18	金	戊午	定	天上火	牛
10日	02/19	土	己未	執	天上火	女
11日	02/20	日	庚申	破	柘榴木	虚
12日	02/21	月	辛酉	危	柘榴木	危
13日	02/22	火	壬戌	成	大海水	室
14日	02/23	水	癸亥	納	大海水	壁
15日	02/24	木	甲子	開	海中金	奎
16日	02/25	金	乙丑	閉	海中金	婁
17日	02/26	土	丙寅	建	爐中火	胃
18日	02/27	日	丁卯	除	爐中火	昴
19日	02/28	月	戊辰	満	大林木	畢
20日	03/01	火	己巳	定	路傍土	觜
21日	03/02	水	庚午	定	路傍土	参
22日	03/03	木	辛未	執	路傍土	井
23日	03/04	金	壬申	破	釵鋒金	鬼
24日	03/05	土	癸酉	危	釵鋒金	柳
25日	03/06	日	甲戌	成	山頭火	星
26日	03/07	月	乙亥	納	山頭火	張
27日	03/08	火	丙子	開	澗下水	軫
28日	03/09	水	丁丑	閉	澗下水	角
29日	03/10	木	戊寅	閉	城頭土	角
30日	03/11	金	己卯	建	城頭土	亢

【二月大　癸卯　尾】
節気　春分 12日・清明 27日
雑節　彼岸 7日・社日 9日

日	日付	曜	干支		納音	宿
1日	03/12	土	庚辰	除	白鑞金	氐
2日	03/13	日	辛巳	満	白鑞金	房
3日	03/14	月	壬午	平	楊柳木	心
4日	03/15	火	癸未	定	楊柳木	尾
5日	03/16	水	甲申	執	井泉水	箕
6日	03/17	木	乙酉	破	井泉水	斗
7日	03/18	金	丙戌	成	屋上土	牛
8日	03/19	土	丁亥	成	屋上土	女
9日	03/20	日	戊子	納	霹靂火	虚
10日	03/21	月	己丑	開	霹靂火	危
11日	03/22	火	庚寅	閉	松柏木	室
12日	03/23	水	辛卯	建	松柏木	壁
13日	03/24	木	壬辰	除	長流水	奎
14日	03/25	金	癸巳	満	長流水	婁
15日	03/26	土	甲午	平	沙中金	胃
16日	03/27	日	乙未	定	沙中金	昴
17日	03/28	月	丙申	執	山下火	畢
18日	03/29	火	丁酉	破	山下火	觜
19日	03/30	水	戊戌	危	平地木	参
20日	03/31	木	己亥	納	平地木	井
21日	04/01	金	庚子	納	壁上土	鬼
22日	04/02	土	辛丑	開	壁上土	柳
23日	04/03	日	壬寅	閉	金箔金	星
24日	04/04	月	癸卯	閉	覆燈火	張
25日	04/05	火	甲辰	除	覆燈火	翼
26日	04/06	水	乙巳	満	覆燈火	軫
27日	04/07	木	丙午	満	天河水	角

【三月小　甲辰　箕】
節気　穀雨 12日・立夏 27日
雑節　土用 9日・八十八夜 23日

日	日付	曜	干支		納音	宿
28日	04/08	金	丁未	平	天河水	亢
29日	04/09	土	戊申	定	大駅土	氐
30日	04/10	日	己酉	執	大駅土	房
1日	04/11	月	戊戌	破	釵釧金	心
2日	04/12	火	辛亥	危	釵釧金	尾
3日	04/13	水	壬子	成	桑柘木	箕
4日	04/14	木	癸丑	納	桑柘木	斗
5日	04/15	金	甲寅	開	大渓水	牛
6日	04/16	土	乙卯	閉	大渓水	女
7日	04/17	日	丙辰	建	沙中土	虚
8日	04/18	月	丁巳	除	沙中土	危
9日	04/19	火	戊午	満	天上火	室
10日	04/20	水	己未	平	天上火	壁
11日	04/21	木	庚申	定	柘榴木	奎
12日	04/22	金	辛酉	執	柘榴木	婁
13日	04/23	土	壬戌	破	大海水	胃
14日	04/24	日	癸亥	危	大海水	昴
15日	04/25	月	甲子	成	海中金	畢
16日	04/26	火	乙丑	納	海中金	觜
17日	04/27	水	丙寅	開	爐中火	参
18日	04/28	木	丁卯	閉	爐中火	井
19日	04/29	金	戊辰	除	大林木	鬼
20日	04/30	土	己巳	除	大林木	柳
21日	05/01	日	庚午	平	路傍土	星
22日	05/02	月	辛未	平	路傍土	張
23日	05/03	火	壬申	執	釵鋒金	翼
24日	05/04	水	癸酉	執	釵鋒金	軫
25日	05/05	木	甲戌	危	山頭火	角
26日	05/06	金	乙亥	危	山頭火	亢
27日	05/07	土	丙子	成	澗下水	氐
28日	05/08	日	丁丑	成	澗下水	心
29日	05/09	月	戊寅	納	城頭土	心

【四月大　乙巳　斗】
節気　小満 14日・芒種 29日

日	日付	曜	干支		納音	宿
1日	05/10	火	己卯	開	城頭土	尾
2日	05/11	水	庚辰	閉	白鑞金	箕
3日	05/12	木	辛巳	建	白鑞金	斗
4日	05/13	金	壬午	除	楊柳木	牛
5日	05/14	土	癸未	満	楊柳木	女
6日	05/15	日	甲申	平	井泉水	虚
7日	05/16	月	乙酉	定	井泉水	危
8日	05/17	火	丙戌	執	屋上土	室
9日	05/18	水	丁亥	破	屋上土	壁
10日	05/19	木	戊子	危	霹靂火	奎
11日	05/20	金	己丑	成	霹靂火	婁
12日	05/21	土	庚寅	納	松柏木	胃
13日	05/22	日	辛卯	開	松柏木	昴
14日	05/23	月	壬辰	閉	長流水	畢
15日	05/24	火	癸巳	建	長流水	觜
16日	05/25	水	甲午	除	沙中金	参
17日	05/26	木	乙未	満	沙中金	井
18日	05/27	金	丙申	平	山下火	鬼
19日	05/28	土	丁酉	定	山下火	柳
20日	05/29	日	戊戌	執	平地木	星
21日	05/30	月	己亥	破	平地木	張
22日	05/31	火	庚子	危	壁上土	翼
23日	06/01	水	辛丑	成	壁上土	軫
24日	06/02	木	壬寅	納	金箔金	角
25日	06/03	金	癸卯	開	金箔金	亢
26日	06/04	土	甲辰	閉	覆燈火	氐
27日	06/05	日	乙巳	建	覆燈火	房
28日	06/06	月	丙午	除	天河水	心
29日	06/07	火	丁未	除	天河水	尾

【五月小　丙午　牛】
節気　夏至 14日・小暑 29日
雑節　入梅 4日・半夏生 24日

日	日付	曜	干支		納音	宿
30日	06/08	水	戊申	満	大駅土	箕
1日	06/09	木	己酉	平	大駅土	斗
2日	06/10	金	庚戌	定	釵釧金	牛
3日	06/11	土	辛亥	執	釵釧金	女
4日	06/12	日	壬子	危	桑柘木	虚
5日	06/13	月	癸丑	危	桑柘木	危
6日	06/14	火	甲寅	成	大渓水	室
7日	06/15	水	乙卯	納	大渓水	壁
8日	06/16	木	丙辰	開	沙中土	奎
9日	06/17	金	丁巳	閉	沙中土	婁
10日	06/18	土	戊午	建	天上火	胃
11日	06/19	日	己未	除	天上火	昴
12日	06/20	月	庚申	満	柘榴木	畢
13日	06/21	火	辛酉	平	柘榴木	觜
14日	06/22	水	壬戌	執	大海水	井
15日	06/23	木	癸亥	執	大海水	鬼
16日	06/24	金	甲子	破	海中金	柳
17日	06/25	土	乙丑	危	海中金	星
18日	06/26	日	丙寅	成	爐中火	張
19日	06/27	月	丁卯	納	爐中火	翼
20日	06/28	火	戊辰	開	大林木	軫
21日	06/29	水	己巳	閉	大林木	角
22日	06/30	木	庚午	建	路傍土	亢
23日	07/01	金	辛未	除	釵鋒金	氐
24日	07/02	土	壬申	平	釵鋒金	房
25日	07/03	日	癸酉	平	釵鋒金	心
26日	07/04	月	甲戌	定	山頭火	心
27日	07/05	火	乙亥	執	山頭火	箕
28日	07/06	水	丙子	破	澗下水	箕
29日	07/07	木	丁丑	破	澗下水	斗

【六月小　丁未　女】
節気　大暑 16日
雑節　土用 13日

日	日付	曜	干支		納音	宿
1日◎	07/08	金	戊寅	危	城頭土	牛
2日	07/09	土	己卯	成	城頭土	女
3日	07/10	日	庚辰	納	白鑞金	虚
4日	07/11	月	辛巳	開	白鑞金	危
5日	07/12	火	壬午	閉	楊柳木	室
6日	07/13	水	癸未	建	楊柳木	壁
7日	07/14	木	甲申	除	井泉水	奎
8日	07/15	金	乙酉	満	井泉水	婁
9日	07/16	土	丙戌	平	屋上土	胃
10日	07/17	日	丁亥	定	屋上土	昴
11日	07/18	月	戊子	執	霹靂火	畢
12日	07/19	火	己丑	破	霹靂火	觜
13日	07/20	水	庚寅	危	松柏木	参
14日	07/21	木	辛卯	納	松柏木	鬼
15日☆	07/22	金	壬辰	納	長流水	柳
16日	07/23	土	癸巳	開	長流水	星
17日	07/24	日	甲午	閉	沙中金	張
18日	07/25	月	乙未	建	沙中金	翼
19日	07/26	火	丙申	除	山下火	軫
20日	07/27	水	丁酉	満	山下火	角
21日	07/28	木	戊戌	平	平地木	亢
22日	07/29	金	己亥	定	平地木	氐
23日	07/30	土	庚子	執	壁上土	房
24日	07/31	日	辛丑	危	壁上土	心
25日	08/01	月	壬寅	危	金箔金	尾
26日	08/02	火	癸卯	成	金箔金	箕
27日	08/03	水	甲辰	納	覆燈火	斗
28日	08/04	木	乙巳	開	覆燈火	牛
29日	08/05	金	丙午	閉	天河水	女

【七月大　戊申　虚】
節気　立秋 2日・処暑 17日

天保13年

日	西暦	曜	干支	直	納音	宿
雑節 二百十日 28日

日	西暦	曜	干支	直	納音	宿
1日	08/06	土	丁未	建	天河水	女
2日	08/07	日	戊申	建	大駅土	虚
3日	08/08	月	己酉	除	大駅土	危
4日	08/09	火	庚戌	満	釵釧金	室
5日	08/10	水	辛亥	平	釵釧金	壁
6日	08/11	木	壬子	定	桑柘木	奎
7日	08/12	金	癸丑	執	桑柘木	婁
8日	08/13	土	甲寅	破	大渓水	胃
9日	08/14	日	乙卯	危	大渓水	昴
10日	08/15	月	丙辰	成	沙中土	畢
11日	08/16	火	丁巳	納	沙中土	觜
12日	08/17	水	戊午	開	天上火	参
13日	08/18	木	己未	閉	天上火	井
14日	08/19	金	庚申	建	柘榴木	鬼
15日	08/20	土	辛酉	除	柘榴木	柳
16日	08/21	日	壬戌	満	大海水	星
17日	08/22	月	癸亥	平	大海水	張
18日	08/23	火	甲子	定	海中金	翼
19日	08/24	水	乙丑	執	海中金	軫
20日	08/25	木	丙寅	破	爐中火	角
21日	08/26	金	丁卯	危	爐中火	亢
22日	08/27	土	戊辰	成	大林木	氐
23日	08/28	日	己巳	納	大林木	房
24日	08/29	月	庚午	開	路傍土	心
25日	08/30	火	辛未	閉	路傍土	尾
26日	08/31	水	壬申	建	釵鋒金	箕
27日	09/01	木	癸酉	除	釵鋒金	斗
28日	09/02	金	甲戌	満	山頭火	牛
29日	09/03	土	乙亥	平	山頭火	女
30日	09/04	日	丙子	定	澗下水	虚

【八月小 己酉 危】
節気 白露 2日・秋分 17日
雑節 社日 12日・彼岸 16日

日	西暦	曜	干支	直	納音	宿
1日	09/05	月	丁丑	執	澗下水	危
2日	09/06	火	戊寅	執	城頭土	室
3日	09/07	水	己卯	破	城頭土	壁
4日	09/08	木	庚辰	危	白鑞金	奎
5日	09/09	金	辛巳	成	白鑞金	婁
6日	09/10	土	壬午	納	楊柳木	胃
7日	09/11	日	癸未	開	楊柳木	昴
8日	09/12	月	甲申	閉	井泉水	畢
9日	09/13	火	乙酉	建	井泉水	觜
10日	09/14	水	丙戌	除	屋上土	参
11日	09/15	木	丁亥	満	屋上土	井
12日	09/16	金	戊子	平	霹靂火	鬼
13日	09/17	土	己丑	定	霹靂火	柳
14日	09/18	日	庚寅	執	松柏木	星
15日	09/19	月	辛卯	破	松柏木	張
16日	09/20	火	壬辰	危	長流水	翼
17日	09/21	水	癸巳	成	長流水	軫
18日	09/22	木	甲午	納	沙中金	角
19日	09/23	金	乙未	開	沙中金	亢
20日	09/24	土	丙申	閉	山下火	氐
21日	09/25	日	丁酉	建	山下火	房
22日	09/26	月	戊戌	除	平地木	心
23日	09/27	火	己亥	満	平地木	尾
24日	09/28	水	庚子	平	壁上土	箕
25日	09/29	木	辛丑	定	壁上土	斗
26日	09/30	金	壬寅	執	金箔金	牛
27日	10/01	土	癸卯	破	金箔金	女
28日	10/02	日	甲辰	危	覆燈火	虚
29日	10/03	月	乙巳	成	覆燈火	危

【九月大 庚戌 室】
節気 寒露 4日・霜降 19日
雑節 土用 16日

日	西暦	曜	干支	直	納音	宿
1日	10/04	火	丙午	納	天河水	室
2日	10/05	水	丁未	開	天河水	壁
3日	10/06	木	戊申	閉	大駅土	奎
4日	10/07	金	己酉	閉	大駅土	婁
5日	10/08	土	庚戌	建	釵釧金	胃
6日	10/09	日	辛亥	除	釵釧金	昴
7日	10/10	月	壬子	満	桑柘木	畢
8日	10/11	火	癸丑	平	桑柘木	觜
9日	10/12	水	甲寅	定	大渓水	参
10日	10/13	木	乙卯	執	大渓水	井
11日	10/14	金	丙辰	破	沙中土	鬼
12日	10/15	土	丁巳	危	沙中土	柳
13日	10/16	日	戊午	成	天上火	星
14日	10/17	月	己未	納	天上火	張
15日	10/18	火	庚申	開	柘榴木	翼
16日	10/19	水	辛酉	閉	柘榴木	軫
17日	10/20	木	壬戌	建	大海水	角
18日	10/21	金	癸亥	除	大海水	亢
19日	10/22	土	甲子	満	海中金	氐
20日	10/23	日	乙丑	平	海中金	房
21日	10/24	月	丙寅	定	爐中火	心
22日	10/25	火	丁卯	執	爐中火	尾
23日	10/26	水	戊辰	破	大林木	箕
24日	10/27	木	己巳	危	大林木	斗
25日	10/28	金	庚午	成	路傍土	牛
26日	10/29	土	辛未	納	路傍土	女
27日	10/30	日	壬申	開	釵鋒金	虚
28日	10/31	月	癸酉	閉	釵鋒金	危
29日	11/01	火	甲戌	建	山頭火	室
30日	11/02	水	乙亥	除	山頭火	壁

【十月小 辛亥 壁】
節気 立冬 4日・小雪 19日

日	西暦	曜	干支	直	納音	宿
1日	11/03	木	丙子	満	澗下水	奎
2日	11/04	金	丁丑	平	澗下水	婁
3日	11/05	土	戊寅	定	城頭土	胃
4日	11/06	日	己卯	定	城頭土	昴
5日	11/07	月	庚辰	執	白鑞金	畢
6日	11/08	火	辛巳	破	白鑞金	觜
7日	11/09	水	壬午	危	楊柳木	参
8日	11/10	木	癸未	成	楊柳木	井
9日	11/11	金	甲申	納	井泉水	鬼
10日	11/12	土	乙酉	開	井泉水	柳
11日	11/13	日	丙戌	閉	屋上土	星
12日	11/14	月	丁亥	建	屋上土	張
13日	11/15	火	戊子	除	霹靂火	翼
14日	11/16	水	己丑	満	霹靂火	軫
15日	11/17	木	庚寅	平	松柏木	角
16日	11/18	金	辛卯	定	松柏木	亢
17日	11/19	土	壬辰	執	長流水	氐
18日	11/20	日	癸巳	破	長流水	房
19日	11/21	月	甲午	危	沙中金	心
20日	11/22	火	乙未	成	沙中金	尾
21日	11/23	水	丙申	納	山下火	箕
22日	11/24	木	丁酉	開	山下火	斗
23日	11/25	金	戊戌	閉	平地木	牛
24日	11/26	土	己亥	建	平地木	女
25日	11/27	日	庚子	除	壁上土	虚
26日	11/28	月	辛丑	満	壁上土	危
27日	11/29	火	壬寅	平	金箔金	室
28日	11/30	水	癸卯	定	金箔金	壁
29日	12/01	木	甲辰	執	覆燈火	奎

【十一月大 壬子 奎】
節気 大雪 6日・冬至 21日

日	西暦	曜	干支	直	納音	宿
1日	12/02	金	乙巳	破	覆燈火	婁
2日	12/03	土	丙午	危	天河水	胃
3日	12/04	日	丁未	成	天河水	昴
4日	12/05	月	戊申	納	大駅土	畢
5日	12/06	火	己酉	開	大駅土	觜
6日	12/07	水	庚戌	開	釵釧金	参
7日	12/08	木	辛亥	閉	釵釧金	井
8日	12/09	金	壬子	建	桑柘木	鬼
9日	12/10	土	癸丑	除	桑柘木	柳
10日	12/11	日	甲寅	満	大渓水	星
11日	12/12	月	乙卯	平	大渓水	張
12日	12/13	火	丙辰	定	沙中土	翼
13日	12/14	水	丁巳	執	沙中土	軫
14日	12/15	木	戊午	破	天上火	角
15日	12/16	金	己未	危	天上火	亢
16日	12/17	土	庚申	成	柘榴木	氐
17日	12/18	日	辛酉	納	柘榴木	房
18日	12/19	月	壬戌	開	大海水	心
19日	12/20	火	癸亥	閉	大海水	尾
20日	12/21	水	甲子	建	海中金	箕
21日	12/22	木	乙丑	除	海中金	斗
22日	12/23	金	丙寅	満	爐中火	牛
23日	12/24	土	丁卯	平	爐中火	女
24日	12/25	日	戊辰	定	大林木	虚
25日	12/26	月	己巳	執	大林木	危
26日	12/27	火	庚午	破	路傍土	室
27日	12/28	水	辛未	危	路傍土	壁
28日	12/29	木	壬申	成	釵鋒金	奎
29日	12/30	金	癸酉	納	釵鋒金	婁
30日	12/31	土	甲戌	開	山頭火	胃

【十二月小 癸丑 婁】
節気 小寒 6日・大寒 21日
雑節 土用 18日

1843年

日	西暦	曜	干支	直	納音	宿
1日	01/01	日	乙亥	閉	山頭火	昴
2日	01/02	月	丙子	建	澗下水	畢
3日	01/03	火	丁丑	除	澗下水	觜
4日	01/04	水	戊寅	満	城頭土	参
5日	01/05	木	己卯	平	城頭土	井
6日	01/06	金	庚辰	平	白鑞金	鬼
7日	01/07	土	辛巳	定	白鑞金	柳
8日	01/08	日	壬午	執	楊柳木	星
9日	01/09	月	癸未	破	楊柳木	張
10日	01/10	火	甲申	危	井泉水	翼
11日	01/11	水	乙酉	成	井泉水	軫
12日	01/12	木	丙戌	納	屋上土	角
13日	01/13	金	丁亥	開	屋上土	亢
14日	01/14	土	戊子	閉	霹靂火	氐
15日	01/15	日	己丑	建	霹靂火	房
16日	01/16	月	庚寅	除	松柏木	心
17日	01/17	火	辛卯	満	松柏木	尾
18日	01/18	水	壬辰	平	長流水	箕
19日	01/19	木	癸巳	定	長流水	斗
20日	01/20	金	甲午	執	沙中金	牛
21日	01/21	土	乙未	破	沙中金	女
22日	01/22	日	丙申	危	山下火	虚
23日	01/23	月	丁酉	成	山下火	危
24日	01/24	火	戊戌	納	平地木	室
25日	01/25	水	己亥	開	平地木	壁
26日	01/26	木	庚子	閉	壁上土	奎
27日	01/27	金	辛丑	建	壁上土	婁
28日	01/28	土	壬寅	除	金箔金	胃
29日	01/29	日	癸卯	満	金箔金	昴

天保14年
1843～1844 癸卯 女

【正月大 甲寅 胃】
節気 立春 7日・雨水 23日
雑節 節分 6日

1日	01/30	月	甲辰	平	覆燈火	胃
2日	01/31	火	乙巳	定	覆燈火	昴
3日	02/01	水	丙午	執	天河水	畢
4日	02/02	木	丁未	破	天河水	觜
5日	02/03	金	戊申	危	大駅土	参
6日	02/04	土	己酉	成	大駅土	井
7日	02/05	日	庚戌	納	釵釧金	鬼
8日	02/06	月	辛亥	納	釵釧金	柳
9日	02/07	火	壬子	開	桑柘木	星
10日	02/08	水	癸丑	閉	桑柘木	張
11日	02/09	木	甲寅	建	大溪水	翼
12日	02/10	金	乙卯	除	大溪水	軫
13日	02/11	土	丙辰	満	沙中土	角
14日	02/12	日	丁巳	平	沙中土	亢
15日	02/13	月	戊午	定	天上火	氐
16日	02/14	火	己未	執	天上火	房
17日	02/15	水	庚申	破	柘榴木	心
18日	02/16	木	辛酉	危	柘榴木	尾
19日	02/17	金	壬戌	成	大海水	箕
20日	02/18	土	癸亥	納	大海水	斗
21日	02/19	日	甲子	開	海中金	女
22日	02/20	月	乙丑	閉	海中金	虚
23日	02/21	火	丙寅	建	爐中火	危
24日	02/22	水	丁卯	除	爐中火	室
25日	02/23	木	戊辰	満	大林木	壁
26日	02/24	金	己巳	平	大林木	奎
27日	02/25	土	庚午	定	路傍土	婁
28日	02/26	日	辛未	執	路傍土	胃
29日	02/27	月	壬申	破	釵鋒金	昴
30日	02/28	火	癸酉	危	釵鋒金	畢

【二月大 乙卯 昴】
節気 啓蟄 8日・春分 23日
雑節 彼岸 18日・社日 25日

1日	03/01	水	甲戌	成	山頭火	参
2日	03/02	木	乙亥	納	山頭火	井
3日	03/03	金	丙子	開	潤下水	鬼
4日	03/04	土	丁丑	閉	潤下水	柳
5日	03/05	日	戊寅	建	城頭土	星
6日	03/06	月	己卯	除	城頭土	張
7日	03/07	火	庚辰	満	白鑞金	翼
8日	03/08	水	辛巳	平	白鑞金	軫
9日	03/09	木	壬午	定	楊柳木	角
10日	03/10	金	癸未	執	楊柳木	亢
11日	03/11	土	甲申	破	井泉水	氐
12日	03/12	日	乙酉	危	井泉水	房
13日	03/13	月	丙戌	成	屋上土	心
14日	03/14	火	丁亥	納	屋上土	尾
15日	03/15	水	戊子	開	霹靂火	箕
16日	03/16	木	己丑	閉	霹靂火	斗
17日	03/17	金	庚寅	建	松柏木	牛
18日	03/18	土	辛卯	除	松柏木	女
19日	03/19	日	壬辰	満	長流水	虚
20日	03/20	月	癸巳	平	長流水	危
21日	03/21	火	甲午	定	沙中金	室
22日	03/22	水	乙未	執	沙中金	壁
23日	03/23	木	丙申	破	山下火	奎
24日	03/24	金	丁酉	危	山下火	婁
25日	03/25	土	戊戌	成	平地木	胃
26日	03/26	日	己亥	納	平地木	昴
27日	03/27	月	庚子	開	壁上土	畢
28日	03/28	火	辛丑	閉	壁上土	觜
29日	03/29	水	壬寅	建	金箔金	参
30日	03/30	木	癸卯	建	金箔金	井

【三月大 丙辰 畢】
節気 清明 8日・穀雨 24日
雑節 土用 20日

1日	03/31	金	甲辰	除	覆燈火	鬼
2日	04/01	土	乙巳	満	覆燈火	柳
3日	04/02	日	丙午	平	天河水	星
4日	04/03	月	丁未	定	天河水	張
5日	04/04	火	戊申	執	大駅土	翼
6日	04/05	水	己酉	破	大駅土	軫
7日	04/06	木	庚戌	危	釵釧金	角
8日	04/07	金	辛亥	成	釵釧金	亢
9日	04/08	土	壬子	納	桑柘木	氐
10日	04/09	日	癸丑	開	桑柘木	房
11日	04/10	月	甲寅	閉	大溪水	心
12日	04/11	火	乙卯	建	大溪水	尾
13日	04/12	水	丙辰	除	沙中土	箕
14日	04/13	木	丁巳	満	沙中土	斗
15日	04/14	金	戊午	平	天上火	牛
16日	04/15	土	己未	定	天上火	女
17日	04/16	日	庚申	執	柘榴木	虚
18日	04/17	月	辛酉	破	柘榴木	危
19日	04/18	火	壬戌	危	大海水	室
20日	04/19	水	癸亥	成	大海水	壁
21日	04/20	木	甲子	納	海中金	奎
22日	04/21	金	乙丑	開	海中金	婁
23日	04/22	土	丙寅	閉	爐中火	胃
24日	04/23	日	丁卯	建	爐中火	昴
25日	04/24	月	戊辰	除	大林木	畢
26日	04/25	火	己巳	満	大林木	觜
27日	04/26	水	庚午	平	路傍土	参
28日	04/27	木	辛未	定	路傍土	井
29日	04/28	金	壬申	執	釵鋒金	鬼
30日	04/29	土	癸酉	執	釵鋒金	柳

【四月小 丁巳 觜】
節気 立夏 9日・小満 24日
雑節 八十八夜 4日

1日	04/30	日	甲戌	破	山頭火	星
2日	05/01	月	乙亥	危	山頭火	張
3日	05/02	火	丙子	成	潤下水	翼
4日	05/03	水	丁丑	納	潤下水	軫
5日	05/04	木	戊寅	開	城頭土	角
6日	05/05	金	己卯	閉	城頭土	亢
7日	05/06	土	庚辰	建	白鑞金	氐
8日	05/07	日	辛巳	除	白鑞金	房
9日	05/08	月	壬午	満	楊柳木	心
10日	05/09	火	癸未	平	楊柳木	尾
11日	05/10	水	甲申	定	井泉水	箕
12日	05/11	木	乙酉	執	井泉水	斗
13日	05/12	金	丙戌	破	屋上土	牛
14日	05/13	土	丁亥	危	屋上土	女
15日	05/14	日	戊子	成	霹靂火	虚
16日	05/15	月	己丑	納	霹靂火	危
17日	05/16	火	庚寅	開	松柏木	室
18日	05/17	水	辛卯	閉	松柏木	壁
19日	05/18	木	壬辰	建	長流水	奎
20日	05/19	金	癸巳	除	長流水	婁
21日	05/20	土	甲午	満	沙中金	胃
22日	05/21	日	乙未	平	沙中金	昴
23日	05/22	月	丙申	定	山下火	畢
24日	05/23	火	丁酉	執	山下火	觜
25日	05/24	水	戊戌	破	平地木	参
26日	05/25	木	己亥	危	平地木	井
27日	05/26	金	庚子	成	壁上土	鬼
28日	05/27	土	辛丑	納	壁上土	柳
29日	05/28	日	壬寅	成	金箔金	星

【五月大 戊午 参】
節気 芒種 10日・夏至 25日
雑節 入梅 10日

1日	05/29	月	癸卯	開	金箔金	張
2日	05/30	火	甲辰	閉	覆燈火	翼
3日	05/31	水	乙巳	建	覆燈火	軫
4日	06/01	木	丙午	除	天河水	角
5日	06/02	金	丁未	満	天河水	亢
6日	06/03	土	戊申	平	大駅土	氐
7日	06/04	日	己酉	定	大駅土	房
8日	06/05	月	庚戌	執	釵釧金	心
9日	06/06	火	辛亥	破	釵釧金	尾
10日	06/07	水	壬子	危	桑柘木	箕
11日	06/08	木	癸丑	成	桑柘木	斗
12日	06/09	金	甲寅	納	大溪水	牛
13日	06/10	土	乙卯	開	大溪水	女
14日	06/11	日	丙辰	閉	沙中土	虚
15日	06/12	月	丁巳	建	沙中土	危
16日	06/13	火	戊午	除	天上火	室
17日	06/14	水	己未	満	天上火	壁
18日	06/15	木	庚申	平	柘榴木	奎
19日	06/16	金	辛酉	定	柘榴木	婁
20日	06/17	土	壬戌	執	大海水	胃
21日	06/18	日	癸亥	破	大海水	昴
22日	06/19	月	甲子	危	海中金	畢
23日	06/20	火	乙丑	成	海中金	觜
24日	06/21	水	丙寅	納	爐中火	参
25日	06/22	木	丁卯	開	爐中火	井
26日	06/23	金	戊辰	閉	大林木	鬼
27日	06/24	土	己巳	建	大林木	柳
28日	06/25	日	庚午	除	路傍土	星
29日	06/26	月	辛未	満	路傍土	張
30日	06/27	火	壬申	定	釵鋒金	翼

【六月小 己未 井】
節気 小暑 11日・大暑 26日
雑節 半夏生 6日・土用 23日

1日	06/28	水	癸酉	執	釵鋒金	軫
2日	06/29	木	甲戌	破	山頭火	角
3日	06/30	金	乙亥	危	山頭火	亢
4日	07/01	土	丙子	成	潤下水	氐
5日	07/02	日	丁丑	納	潤下水	房
6日	07/03	月	戊寅	開	城頭土	心
7日	07/04	火	己卯	閉	城頭土	尾
8日	07/05	水	庚辰	建	白鑞金	箕
9日	07/06	木	辛巳	除	白鑞金	斗
10日	07/07	金	壬午	満	楊柳木	牛
11日	07/08	土	癸未	平	楊柳木	女
12日	07/09	日	甲申	定	井泉水	虚
13日	07/10	月	乙酉	執	井泉水	危
14日	07/11	火	丙戌	破	屋上土	室
15日	07/12	水	丁亥	危	屋上土	壁
16日	07/13	木	戊子	成	霹靂火	奎
17日	07/14	金	己丑	納	霹靂火	婁
18日	07/15	土	庚寅	開	松柏木	胃
19日	07/16	日	辛卯	閉	松柏木	昴
20日	07/17	月	壬辰	建	長流水	畢
21日	07/18	火	癸巳	除	長流水	觜
22日	07/19	水	甲午	満	沙中金	参
23日	07/20	木	乙未	平	沙中金	井
24日	07/21	金	丙申	定	山下火	鬼
25日	07/22	土	丁酉	執	山下火	柳
26日	07/23	日	戊戌	破	平地木	星
27日	07/24	月	己亥	危	平地木	張
28日	07/25	火	庚子	成	壁上土	翼
29日	07/26	水	辛丑	納	壁上土	軫

【七月小 庚申 鬼】
節気 立秋 12日・処暑 27日

1日	07/27	木	壬寅	開	金箔金	角
2日	07/28	金	癸卯	閉	金箔金	亢
3日	07/29	土	甲辰	建	覆燈火	氐
4日	07/30	日	乙巳	除	覆燈火	房
5日	07/31	月	丙午	満	天河水	心
6日	08/01	火	丁未	平	天河水	尾
7日	08/02	水	戊申	定	大駅土	箕
8日	08/03	木	己酉	執	大駅土	斗
9日	08/04	金	庚戌	破	釵釧金	牛
10日	08/05	土	辛亥	危	釵釧金	女
11日	08/06	日	壬子	成	桑柘木	虚
12日	08/07	月	癸丑	納	桑柘木	危
13日	08/08	火	甲寅	開	大溪水	室
14日	08/09	水	乙卯	閉	大溪水	壁

— 524 —

天保14年

西暦	曜	干支	直	納音	宿
15日 08/10	木	丙辰	成	沙中土	奎
16日 08/11	金	丁巳	納	沙中土	婁
17日 08/12	土	戊午	開	天上火	胃
18日 08/13	日	己未	閉	天上火	昴
19日 08/14	月	庚申	建	柘榴木	畢
20日 08/15	火	辛酉	除	柘榴木	觜
21日 08/16	水	壬戌	満	大海水	参
22日 08/17	木	癸亥	平	大海水	井
23日 08/18	金	甲子	定	海中金	鬼
24日 08/19	土	乙丑	執	海中金	柳
25日 08/20	日	丙寅	破	爐中火	星
26日 08/21	月	丁卯	危	爐中火	張
27日 08/22	火	戊辰	成	大林木	翼
28日 08/23	水	己巳	納	大林木	軫
29日 08/24	木	庚午	開	路傍土	角

【八月大 辛酉 柳】
節気 白露 13日・秋分 29日
雑節 二百十日 9日・彼岸 28日・社日 28日

西暦	曜	干支	直	納音	宿
1日 08/25	金	辛未	閉	路傍土	亢
2日 08/26	土	壬申	建	釼鋒金	氐房
3日 08/27	日	癸酉	除	釼鋒金	房
4日 08/28	月	甲戌	満	山頭火	心
5日 08/29	火	乙亥	平	山頭火	尾
6日 08/30	水	丙子	定	澗下水	箕
7日 08/31	木	丁丑	執	澗下水	斗牛
8日 09/01	金	戊寅	破	城頭土	牛
9日 09/02	土	己卯	危	城頭土	女
10日 09/03	日	庚辰	成	白鑞金	虚危
11日 09/04	月	辛巳	納	白鑞金	危
12日 09/05	火	壬午	開	楊柳木	室
13日 09/06	水	癸未	閉	楊柳木	壁
14日 09/07	木	甲申	建	井泉水	奎
15日 09/08	金	乙酉	除	井泉水	婁
16日 09/09	土	丙戌	満	屋上土	胃
17日 09/10	日	丁亥	満	屋上土	昴
18日 09/11	月	戊子	定	霹靂火	畢
19日 09/12	火	己丑	執	霹靂火	参
20日 09/13	水	庚寅	破	松柏木	井
21日 09/14	木	辛卯	危	松柏木	鬼
22日 09/15	金	壬辰	成	長流水	柳
23日 09/16	土	癸巳	成	長流水	星
24日 09/17	日	甲午	納	沙中金	張
25日 09/18	月	乙未	開	沙中金	翼
26日 09/19	火	丙申	閉	山下火	軫
27日 09/20	水	丁酉	建	山下火	角
28日 09/21	木	戊戌	除	平地木	亢
29日 09/22	金	己亥	満	平地木	氐
30日 09/23	土	庚子	平	壁上土	

【九月小 壬戌 星】
節気 寒露 14日・霜降 29日
雑節 上用 26日

西暦	曜	干支	直	納音	宿
1日 09/24	日	辛丑	定	壁上土	房
2日 09/25	月	壬寅	執	金箔金	心
3日 09/26	火	癸卯	破	金箔金	尾
4日 09/27	水	甲辰	危	覆燈火	箕
5日 09/28	木	乙巳	成	覆燈火	斗
6日 09/29	金	丙午	納	天河水	女
7日 09/30	土	丁未	開	天河水	虚
8日 10/01	日	戊申	閉	大駅土	危
9日 10/02	月	己酉	開	大駅土	室
10日 10/03	火	庚戌	除	釼釧金	壁
11日 10/04	水	辛亥	満	釼釧金	奎
12日 10/05	木	壬子	平	桑柘木	婁
13日 10/06	金	癸丑	定	桑柘木	胃
14日 10/07	土	甲寅	執	大溪水	昴
15日 10/08	日	乙卯	破	大溪水	畢
16日 10/09	月	丙辰	危	沙中土	觜
17日 10/10	火	丁巳	成	沙中土	参
18日 10/11	水	戊午	成	天上火	参
19日 10/12	木	己未	納	天上火	井
20日 10/13	金	庚申	開	柘榴木	鬼
21日 10/14	土	辛酉	閉	柘榴木	柳
22日 10/15	日	壬戌	建	大海水	星
23日 10/16	月	癸亥	除	大海水	張
24日 10/17	火	甲子	満	海中金	翼
25日 10/18	水	乙丑	平	海中金	軫
26日 10/19	木	丙寅	定	爐中火	角
27日 10/20	金	丁卯	執	爐中火	亢
28日 10/21	土	戊辰	破	大林木	氐
29日 10/22	日	己巳	危	大林木	

【閏九月大 壬戌 星】
節気 立冬 15日

西暦	曜	干支	直	納音	宿
1日 10/23	月	庚午	成	路傍土	心
2日 10/24	火	辛未	納	路傍土	尾
3日 10/25	水	壬申	開	釼鋒金	箕
4日 10/26	木	癸酉	閉	釼鋒金	斗牛
5日 10/27	金	甲戌	除	山頭火	女
6日 10/28	土	乙亥	除	山頭火	虚
7日 10/29	日	丙子	満	澗下水	危
8日 10/30	月	丁丑	平	澗下水	室
9日 10/31	火	戊寅	定	城頭土	壁
10日 11/01	水	己卯	執	城頭土	奎
11日 11/02	木	庚辰	破	白鑞金	婁
12日 11/03	金	辛巳	危	白鑞金	胃
13日 11/04	土	壬午	成	楊柳木	昴
14日 11/05	日	癸未	納	楊柳木	畢
15日 11/06	月	甲申	納	井泉水	觜
16日 11/07	火	乙酉	開	井泉水	参
17日 11/08	水	丙戌	閉	屋上土	井
18日 11/09	木	丁亥	建	屋上土	鬼
19日 11/10	金	戊子	除	霹靂火	柳
20日 11/11	土	己丑	平	霹靂火	星
21日 11/12	日	庚寅	平	松柏木	張
22日 11/13	月	辛卯	定	松柏木	翼
23日 11/14	火	壬辰	執	長流水	軫
24日 11/15	水	癸巳	破	長流水	角
25日 11/16	木	甲午	危	沙中金	亢
26日 11/17	金	乙未	成	沙中金	氐
27日 11/18	土	丙申	納	山下火	房
28日 11/19	日	丁酉	開	山下火	心
29日 11/20	月	戊戌	閉	平地木	尾
30日 11/21	火	己亥	建	平地木	

【十月小 癸亥 張】
節気 小雪 1日・大雪 16日

西暦	曜	干支	直	納音	宿
1日 11/22	水	庚子	除	壁上土	箕
2日 11/23	木	辛丑	平	壁上土	斗牛
3日 11/24	金	壬寅	定	金箔金	牛
4日 11/25	土	癸卯	定	金箔金	女
5日 11/26	日	甲辰	執	覆燈火	虚
6日 11/27	月	乙巳	破	覆燈火	危
7日 11/28	火	丙午	危	天河水	室
8日 11/29	水	丁未	成	天河水	壁
9日 11/30	木	戊申	納	大駅土	奎
10日 12/01	金	己酉	開	大駅土	婁
11日 12/02	土	庚戌	閉	釼釧金	胃
12日 12/03	日	辛亥	建	釼釧金	昴
13日 12/04	月	壬子	除	桑柘木	畢
14日 12/05	火	癸丑	満	桑柘木	觜
15日 12/06	水	甲寅	平	大溪水	参
16日 12/07	木	乙卯	定	大溪水	井
17日 12/08	金	丙辰	執	沙中土	鬼
18日 12/09	土	丁巳	執	沙中土	柳
19日 12/10	日	戊午	破	天上火	星
20日 12/11	月	己未	危	天上火	張
21日 12/12	火	庚申	成	柘榴木	翼
22日 12/13	水	辛酉	納	柘榴木	軫
23日 12/14	木	壬戌	開	大海水	角
24日 12/15	金	癸亥	閉	大海水	亢
25日 12/16	土	甲子	建	海中金	氐房
26日 12/17	日	乙丑	除	海中金	

西暦	曜	干支	直	納音	宿
27日 12/18	月	丙寅	満	爐中火	尾
28日 12/19	火	丁卯	平	爐中火	箕
29日 12/20	水	戊辰	定	大林木	斗

【十一月大 甲子 翼】
節気 冬至 2日・小寒 17日
雑節 上用 29日

西暦	曜	干支	直	納音	宿
1日◎ 12/21	木	己巳	執	大林木	牛
2日 12/22	金	庚午	破	路傍土	女
3日 12/23	土	辛未	成	路傍土	虚
4日 12/24	日	壬申	納	釼鋒金	危
5日 12/25	月	癸酉	開	釼鋒金	室
6日 12/26	火	甲戌	閉	山頭火	壁
7日 12/27	水	乙亥	建	山頭火	奎
8日 12/28	木	丙子	建	澗下水	婁
9日 12/29	金	丁丑	除	澗下水	胃
10日 12/30	土	戊寅	満	城頭土	昴
11日 12/31	日	己卯	平	城頭土	畢

1844年

西暦	曜	干支	直	納音	宿
12日 01/01	月	庚辰	定	白鑞金	觜
13日 01/02	火	辛巳	執	白鑞金	参
14日 01/03	水	壬午	破	楊柳木	井
15日 01/04	木	癸未	危	楊柳木	鬼
16日 01/05	金	甲申	成	井泉水	柳
17日 01/06	土	乙酉	納	井泉水	星
18日 01/07	日	丙戌	納	屋上土	張
19日 01/08	月	丁亥	開	屋上土	翼
20日 01/09	火	戊子	閉	霹靂火	軫
21日 01/10	水	己丑	建	霹靂火	角
22日 01/11	木	庚寅	除	松柏木	亢
23日 01/12	金	辛卯	満	松柏木	氐
24日 01/13	土	壬辰	平	長流水	房
25日 01/14	日	癸巳	定	長流水	心
26日 01/15	月	甲午	執	沙中金	尾
27日 01/16	火	乙未	破	沙中金	箕
28日 01/17	水	丙申	危	山下火	斗
29日 01/18	木	丁酉	成	山下火	斗牛
30日 01/19	金	戊戌	納	平地木	牛

【十二月小 乙丑 軫】
節気 大寒 2日・立春 18日
雑節 節分 17日

西暦	曜	干支	直	納音	宿
1日 01/20	土	己亥	開	平地木	女
2日 01/21	日	庚子	閉	壁上土	虚
3日 01/22	月	辛丑	除	壁上土	危
4日 01/23	火	壬寅	除	金箔金	室
5日 01/24	水	癸卯	満	金箔金	壁
6日 01/25	木	甲辰	平	覆燈火	奎
7日 01/26	金	乙巳	定	覆燈火	婁
8日 01/27	土	丙午	執	天河水	胃
9日 01/28	日	丁未	破	天河水	昴
10日 01/29	月	戊申	危	大駅土	畢
11日 01/30	火	己酉	成	大駅土	觜
12日 01/31	水	庚戌	納	釼釧金	参
13日 02/01	木	辛亥	開	釼釧金	井
14日 02/02	金	壬子	閉	桑柘木	鬼
15日 02/03	土	癸丑	建	桑柘木	柳
16日 02/04	日	甲寅	除	大溪水	星
17日 02/05	月	乙卯	満	大溪水	張
18日 02/06	火	丙辰	満	沙中土	翼
19日 02/07	水	丁巳	定	沙中土	軫
20日 02/08	木	戊午	執	天上火	角
21日 02/09	金	己未	破	天上火	亢
22日 02/10	土	庚申	危	柘榴木	氐房
23日 02/11	日	辛酉	成	柘榴木	房
24日 02/12	月	壬戌	納	大海水	心
25日 02/13	火	癸亥	開	大海水	尾
26日 02/14	水	甲子	閉	海中金	箕
27日 02/15	木	乙丑	建	海中金	斗牛
28日 02/16	金	丙寅	除	爐中火	牛
29日 02/17	土	丁卯	満	爐中火	女

弘化元年〔天保15年〕

1844〜1845　甲辰　虚

※改元＝12月2日

【正月大 丙寅 角】

節気 雨水 2日・啓蟄 17日
雑節 彼岸 29日

1日	02/18	日	戊辰	満	大林木 虚
2日	02/19	月	己巳	平	大林木 危
3日	02/20	火	庚午	定	路傍土 室
4日	02/21	水	辛未	執	路傍土 壁
5日	02/22	木	壬申	破	釼鋒金 奎
6日	02/23	金	癸酉	危	釼鋒金 婁
7日	02/24	土	甲戌	成	山頭火 胃
8日	02/25	日	乙亥	納	山頭火 昴
9日	02/26	月	丙子	開	澗下水 畢
10日	02/27	火	丁丑	閉	澗下水 觜
11日	02/28	水	戊寅	建	城頭土 参
12日	02/29	木	己卯	除	城頭土 井
13日	03/01	金	庚辰	満	白鑞金 鬼
14日	03/02	土	辛巳	平	白鑞金 柳
15日	03/03	日	壬午	定	楊柳木 星
16日	03/04	月	癸未	執	楊柳木 張
17日	03/05	火	甲申	執	井泉水 翼
18日	03/06	水	乙酉	破	井泉水 軫
19日	03/07	木	丙戌	危	屋上土 角
20日	03/08	金	丁亥	成	屋上土 亢
21日	03/09	土	戊子	納	霹靂火 氐
22日	03/10	日	己丑	開	霹靂火 房
23日	03/11	月	庚寅	閉	松柏木 心
24日	03/12	火	辛卯	建	松柏木 尾
25日	03/13	水	壬辰	除	長流水 箕
26日	03/14	木	癸巳	満	長流水 斗
27日	03/15	金	甲午	平	沙中金 牛
28日	03/16	土	乙未	定	沙中金 女
29日	03/17	日	丙申	執	山下火 虚
30日	03/18	月	丁酉	破	山下火 危

【二月小 丁卯 亢】

節気 春分 2日・清明 18日
雑節 社日 1日・土用 30日

1日	03/19	火	戊戌	危	平地木 室
2日	03/20	水	己亥	成	平地木 壁
3日	03/21	木	庚子	納	壁上土 奎
4日	03/22	金	辛丑	開	壁上土 婁
5日	03/23	土	壬寅	閉	金箔金 胃
6日	03/24	日	癸卯	建	金箔金 昴
7日	03/25	月	甲辰	除	覆燈火 畢
8日	03/26	火	乙巳	満	覆燈火 觜
9日	03/27	水	丙午	平	天河水 参
10日	03/28	木	丁未	定	天河水 井
11日	03/29	金	戊申	執	大駅土 鬼
12日	03/30	土	己酉	破	大駅土 柳
13日	03/31	日	庚戌	危	釵釧金 星
14日	04/01	月	辛亥	成	釵釧金 張
15日	04/02	火	壬子	納	桑柘木 翼
16日	04/03	水	癸丑	開	桑柘木 軫
17日	04/04	木	甲寅	閉	大溪水 角
18日	04/05	金	乙卯	閉	大溪水 亢
19日	04/06	土	丙辰	建	沙中土 氐
20日	04/07	日	丁巳	除	沙中土 房
21日	04/08	月	戊午	満	天上火 心
22日	04/09	火	己未	平	天上火 尾
23日	04/10	水	庚申	定	柘榴木 箕
24日	04/11	木	辛酉	執	柘榴木 斗
25日	04/12	金	壬戌	破	大海水 牛
26日	04/13	土	癸亥	危	大海水 女
27日	04/14	日	甲子	成	海中金 虚
28日	04/15	月	乙丑	納	海中金 危
29日	04/16	火	丙寅	開	爐中火 室
30日	04/17	水	丁卯	閉	爐中火 壁

【三月小 戊辰 氐】

節気 穀雨 3日・立夏 18日
雑節 八十八夜 16日

1日	04/18	木	戊辰	建	大林木 奎
2日	04/19	金	己巳	除	大林木 婁
3日	04/20	土	庚午	満	路傍土 胃
4日	04/21	日	辛未	定	路傍土 昴
5日	04/22	月	壬申	執	釼鋒金 畢
6日	04/23	火	癸酉	執	釼鋒金 觜
7日	04/24	水	甲戌	成	山頭火 参
8日	04/25	木	乙亥	破	山頭火 井
9日	04/26	金	丙子	成	澗下水 鬼
10日	04/27	土	丁丑	納	澗下水 柳
11日	04/28	日	戊寅	開	城頭土 星
12日	04/29	月	己卯	閉	城頭土 張
13日	04/30	火	庚辰	建	白鑞金 翼
14日	05/01	水	辛巳	除	白鑞金 軫
15日	05/02	木	壬午	満	楊柳木 角
16日	05/03	金	癸未	平	楊柳木 亢
17日	05/04	土	甲申	定	井泉水 氐
18日	05/05	日	乙酉	執	井泉水 房
19日	05/06	月	丙戌	破	屋上土 心
20日	05/07	火	丁亥	危	屋上土 尾
21日	05/08	水	戊子	成	霹靂火 箕
22日	05/09	木	己丑	納	霹靂火 斗
23日	05/10	金	庚寅	開	松柏木 女
24日	05/11	土	辛卯	閉	松柏木 虚
25日	05/12	日	壬辰	建	長流水 危
26日	05/13	月	癸巳	除	長流水 室
27日	05/14	火	甲午	満	沙中金 壁
28日	05/15	水	乙未	平	沙中金 奎
29日	05/16	木	丙申	平	山下火 奎

【四月大 己巳 房】

節気 小満 5日・芒種 21日
雑節 入梅 26日

1日	05/17	金	丁酉	定	山下火 婁
2日	05/18	土	戊戌	平	平地木 胃
3日	05/19	日	己亥	破	平地木 昴
4日	05/20	月	庚子	危	壁上土 畢
5日	05/21	火	辛丑	成	壁上土 觜
6日	05/22	水	壬寅	納	金箔金 参
7日	05/23	木	癸卯	開	金箔金 井
8日	05/24	金	甲辰	閉	覆燈火 鬼
9日	05/25	土	乙巳	建	覆燈火 柳
10日	05/26	日	丙午	除	天河水 星
11日	05/27	月	丁未	満	天河水 張
12日	05/28	火	戊申	平	大駅土 翼
13日	05/29	水	己酉	定	大駅土 軫
14日	05/30	木	庚戌	執	釵釧金 角
15日	05/31	金	辛亥	破	釵釧金 亢
16日	06/01	土	壬子	危	桑柘木 氐
17日	06/02	日	癸丑	成	桑柘木 房
18日	06/03	月	甲寅	納	大溪水 心
19日	06/04	火	乙卯	開	大溪水 尾
20日	06/05	水	丙辰	閉	沙中土 箕
21日	06/06	木	丁巳	建	天上火 斗
22日	06/07	金	戊午	除	天上火 牛
23日	06/08	土	己未	除	天上火 女
24日	06/09	日	庚申	満	柘榴木 虚
25日	06/10	月	辛酉	平	柘榴木 危
26日	06/11	火	壬戌	定	大海水 室
27日	06/12	水	癸亥	執	大海水 壁
28日	06/13	木	甲子	破	海中金 奎
29日	06/14	金	乙丑	危	海中金 婁
30日	06/15	土	丙寅	成	爐中火 胃

【五月小 庚午 心】

節気 夏至 6日・小暑 22日
雑節 半夏生 16日

1日	06/16	日	丁卯	納	爐中火 昴
2日	06/17	月	戊辰	開	大林木 畢
3日	06/18	火	己巳	閉	大林木 觜
4日	06/19	水	庚午	建	路傍土 参
5日	06/20	木	辛未	除	路傍土 井
6日	06/21	金	壬申	平	釼鋒金 鬼
7日	06/22	土	癸酉	平	釼鋒金 柳
8日	06/23	日	甲戌	定	山頭火 星
9日	06/24	月	乙亥	執	山頭火 張
10日	06/25	火	丙子	破	澗下水 翼
11日	06/26	水	丁丑	危	澗下水 軫
12日	06/27	木	戊寅	成	城頭土 角
13日	06/28	金	己卯	納	城頭土 亢
14日	06/29	土	庚辰	開	白鑞金 氐
15日	06/30	日	辛巳	閉	白鑞金 房
16日	07/01	月	壬午	建	楊柳木 心
17日	07/02	火	癸未	除	楊柳木 尾
18日	07/03	水	甲申	満	井泉水 箕
19日	07/04	木	乙酉	平	井泉水 斗
20日	07/05	金	丙戌	定	屋上土 牛
21日	07/06	土	丁亥	執	屋上土 女
22日	07/07	日	戊子	破	霹靂火 虚
23日	07/08	月	己丑	危	霹靂火 危
24日	07/09	火	庚寅	成	松柏木 室
25日	07/10	水	辛卯	納	松柏木 壁
26日	07/11	木	壬辰	開	長流水 奎
27日	07/12	金	癸巳	閉	長流水 婁
28日	07/13	土	甲午	閉	沙中金 胃
29日	07/14	日	乙未	建	沙中金 昴

【六月大 辛未 尾】

節気 大暑 9日・立秋 24日
雑節 土用 5日

1日	07/15	月	丙申	除	山下火 畢
2日	07/16	火	丁酉	満	山下火 觜
3日	07/17	水	戊戌	平	平地木 参
4日	07/18	木	己亥	定	平地木 井
5日	07/19	金	庚子	執	壁上土 鬼
6日	07/20	土	辛丑	破	壁上土 柳
7日	07/21	日	壬寅	危	金箔金 星
8日	07/22	月	癸卯	成	金箔金 張
9日	07/23	火	甲辰	納	覆燈火 翼
10日	07/24	水	乙巳	開	覆燈火 軫
11日	07/25	木	丙午	閉	天河水 角
12日	07/26	金	丁未	建	天河水 亢
13日	07/27	土	戊申	除	大駅土 氐
14日	07/28	日	己酉	満	大駅土 房
15日	07/29	月	庚戌	定	釵釧金 心
16日	07/30	火	辛亥	定	釵釧金 尾
17日	07/31	水	壬子	執	桑柘木 箕
18日	08/01	木	癸丑	破	桑柘木 斗
19日	08/02	金	甲寅	危	大溪水 牛
20日	08/03	土	乙卯	成	大溪水 女
21日	08/04	日	丙辰	納	沙中土 虚
22日	08/05	月	丁巳	開	沙中土 危
23日	08/06	火	戊午	閉	天上火 室
24日	08/07	水	己未	建	天上火 壁
25日	08/08	木	庚申	除	柘榴木 奎
26日	08/09	金	辛酉	満	柘榴木 婁

西暦　曜　干支　直　納音　宿　　　　　　　　　　　　　　　　弘化元年〔天保15年〕

27日　08/10　土　壬戌　満　大海水　胃
28日　08/11　日　癸亥　平　大海水　昴
29日　08/12　月　甲子　定　海中金　畢
30日　08/13　火　乙丑　執　海中金　觜

【七月小　壬申　箕】
節気　処暑 10日・白露 25日
雑節　二百十日 20日

1日　08/14　水　丙寅　破　爐中火　參
2日　08/15　木　丁卯　危　爐中火　井
3日　08/16　金　戊辰　成　大林木　鬼
4日　08/17　土　己巳　納　大林木　柳
5日　08/18　日　庚午　開　路傍土　星
6日　08/19　月　辛未　閉　路傍土　張
7日　08/20　火　壬申　建　釼鋒金　翼
8日　08/21　水　癸酉　除　釼鋒金　軫
9日　08/22　木　甲戌　満　山頭火　角
10日　08/23　金　乙亥　平　山頭火　亢
11日　08/24　土　丙子　定　澗下水　氐
12日　08/25　日　丁丑　執　澗下水　房
13日　08/26　月　戊寅　破　城頭土　心
14日　08/27　火　己卯　危　城頭土　尾
15日　08/28　水　庚辰　成　白鑞金　箕
16日　08/29　木　辛巳　納　白鑞金　斗
17日　08/30　金　壬午　開　楊柳木　牛
18日　08/31　土　癸未　閉　楊柳木　女
19日　09/01　日　甲申　建　井泉水　虚
20日　09/02　月　乙酉　除　井泉水　危
21日　09/03　火　丙戌　満　屋上土　室
22日　09/04　水　丁亥　定　屋上土　壁
23日　09/05　木　戊子　定　霹靂火　奎
24日　09/06　金　己丑　執　霹靂火　婁
25日　09/07　土　庚寅　破　松柏木　胃
26日　09/08　日　辛卯　危　松柏木　昴
27日　09/09　月　壬辰　成　長流水　畢
28日　09/10　火　癸巳　成　長流水　觜
29日　09/11　水　甲午　納　沙中金　參

【八月大　癸酉　斗】
節気　秋分 12日・寒露 27日
雑節　彼岸 9日・社日 14日

1日　09/12　木　乙未　開　沙中金　井
2日　09/13　金　丙申　閉　山下火　柳
3日　09/14　土　丁酉　建　山下火　柳
4日　09/15　日　戊戌　除　平地木　星
5日　09/16　月　己亥　満　平地木　張
6日　09/17　火　庚子　平　壁上土　翼
7日　09/18　水　辛丑　定　壁上土　軫
8日　09/19　木　壬寅　執　金箔金　角
9日　09/20　金　癸卯　危　金箔金　亢
10日　09/21　土　甲辰　危　覆燈火　氐
11日　09/22　日　乙巳　成　覆燈火　房
12日　09/23　月　丙午　納　天河水　心
13日　09/24　火　丁未　開　天河水　尾
14日　09/25　水　戊申　閉　大駅土　箕
15日　09/26　木　己酉　建　大駅土　斗
16日　09/27　金　庚戌　除　釵釧金　牛
17日　09/28　土　辛亥　満　釵釧金　女
18日　09/29　日　壬子　平　桑柘木　虚
19日　09/30　月　癸丑　定　桑柘木　危
20日　10/01　火　甲寅　執　大溪水　室
21日　10/02　水　乙卯　破　大溪水　壁
22日　10/03　木　丙辰　危　沙中土　奎
23日　10/04　金　丁巳　成　沙中土　婁
24日　10/05　土　戊午　納　天上火　胃
25日　10/06　日　己未　開　天上火　昴
26日　10/07　月　庚申　閉　柘榴木　畢
27日　10/08　火　辛酉　閉　柘榴木　觜

28日　10/09　水　壬戌　建　大海水　參
29日　10/10　木　癸亥　除　大海水　井
30日　10/11　金　甲子　満　海中金　鬼

【九月小　甲戌　牛】
節気　霜降 12日・立冬 27日
雑節　土用 9日

1日　10/12　土　乙丑　平　海中金　柳
2日　10/13　日　丙寅　定　爐中火　星
3日　10/14　月　丁卯　執　爐中火　張
4日　10/15　火　戊辰　破　大林木　翼
5日　10/16　水　己巳　危　大林木　軫
6日　10/17　木　庚午　成　路傍土　角
7日　10/18　金　辛未　納　路傍土　亢
8日　10/19　土　壬申　開　釼鋒金　氐
9日　10/20　日　癸酉　閉　釼鋒金　房
10日　10/21　月　甲戌　建　山頭火　心
11日　10/22　火　乙亥　除　山頭火　尾
12日　10/23　水　丙子　平　澗下水　箕
13日　10/24　木　丁丑　平　澗下水　斗
15日　10/25　金　戊寅　定　城頭土　牛
15日　10/26　土　己卯　執　城頭土　女
16日　10/27　日　庚辰　破　白鑞金　虚
17日　10/28　月　辛巳　危　白鑞金　危
18日　10/29　火　壬午　成　楊柳木　室
19日　10/30　水　癸未　納　楊柳木　壁
20日　10/31　木　甲申　開　井泉水　奎
21日　11/01　金　乙酉　閉　井泉水　婁
22日　11/02　土　丙戌　建　屋上土　胃
23日　11/03　日　丁亥　除　屋上土　昴
24日　11/04　月　戊子　満　霹靂火　畢
25日　11/05　火　己丑　平　霹靂火　觜
26日　11/06　水　庚寅　定　松柏木　參
27日　11/07　木　辛卯　定　松柏木　井
28日　11/08　金　壬辰　執　長流水　鬼
29日　11/09　土　癸巳　破　長流水　柳

【十月大　乙亥　女】
節気　小雪 13日・大雪 28日

1日　11/10　日　甲午　危　沙中金　星
2日　11/11　月　乙未　成　沙中金　張
3日　11/12　火　丙申　納　山下火　翼
4日　11/13　水　丁酉　開　山下火　軫
5日　11/14　木　戊戌　閉　平地木　角
6日　11/15　金　己亥　建　平地木　亢
7日　11/16　土　庚子　除　壁上土　氐
8日　11/17　日　辛丑　満　壁上土　房
9日　11/18　月　壬寅　平　金箔金　心
10日　11/19　火　癸卯　定　金箔金　尾
11日　11/20　水　甲辰　執　覆燈火　箕
12日　11/21　木　乙巳　破　覆燈火　斗
13日　11/22　金　丙午　危　天河水　牛
14日　11/23　土　丁未　成　天河水　女
15日　11/24　日　戊申　納　大駅土　虚
16日☆11/25　月　己酉　開　大駅土　危
17日　11/26　火　庚戌　閉　釵釧金　室
18日　11/27　水　辛亥　建　釵釧金　壁
19日　11/28　木　壬子　除　桑柘木　奎
20日　11/29　金　癸丑　満　桑柘木　婁
21日　11/30　土　甲寅　平　大溪水　胃
22日　12/01　日　乙卯　定　大溪水　昴
23日　12/02　月　丙辰　執　沙中土　畢
24日　12/03　火　丁巳　破　沙中土　觜
25日　12/04　水　戊午　危　天上火　參
26日　12/05　木　己未　成　天上火　井
27日　12/06　金　庚申　納　柘榴木　鬼
28日　12/07　土　辛酉　納　柘榴木　柳
29日　12/08　日　壬戌　開　大海水　星

30日　12/09　水　癸亥　閉　大海水　張

【十一月小　丙子　虚】
節気　冬至 13日・小寒 27日

1日　12/10　火　甲子　建　海中金　翼
2日　12/11　水　乙丑　除　海中金　軫
3日　12/12　木　丙寅　満　爐中火　角
4日　12/13　金　丁卯　定　爐中火　亢
5日　12/14　土　戊辰　定　大林木　氐
6日　12/15　日　己巳　執　大林木　房
7日　12/16　月　庚午　破　路傍土　心
8日　12/17　火　辛未　危　路傍土　尾
9日　12/18　水　壬申　成　釼鋒金　箕
10日　12/19　木　癸酉　納　釼鋒金　斗
11日　12/20　金　甲戌　開　山頭火　牛
12日　12/21　土　乙亥　閉　山頭火　女
13日　12/22　日　丙子　建　澗下水　虚
14日　12/23　月　丁丑　除　澗下水　危
15日　12/24　火　戊寅　満　城頭土　室
16日　12/25　水　己卯　平　城頭土　壁
17日　12/26　木　庚辰　定　白鑞金　奎
18日　12/27　金　辛巳　執　白鑞金　婁
19日　12/28　土　壬午　破　楊柳木　胃
20日　12/29　日　癸未　危　楊柳木　昴
21日　12/30　月　甲申　成　井泉水　畢
22日　12/31　火　乙酉　納　井泉水　觜

1845年
23日　01/01　水　丙戌　開　屋上土　參
24日　01/02　木　丁亥　閉　屋上土　井
25日　01/03　金　戊子　建　霹靂火　鬼
26日　01/04　土　己丑　除　霹靂火　柳
27日　01/05　日　庚寅　満　松柏木　星
28日　01/06　月　辛卯　平　松柏木　張
29日　01/07　火　壬辰　平　長流水　翼

【十二月大　丁丑　危】
節気　大寒 13日・立春 28日
雑節　土用 10日・節分 27日

1日　01/08　水　癸巳　定　長流水　軫
2日　01/09　木　甲午　執　沙中金　角
　　　　＊改元（天保15年→弘化元年）
3日　01/10　金　乙未　破　沙中金　亢
4日　01/11　土　丙申　危　山下火　氐
5日　01/12　日　丁酉　成　山下火　房
6日　01/13　月　戊戌　納　平地木　心
7日　01/14　火　己亥　開　平地木　尾
8日　01/15　水　庚子　閉　壁上土　箕
9日　01/16　木　辛丑　建　壁上土　斗
10日　01/17　金　壬寅　除　金箔金　牛
11日　01/18　土　癸卯　満　金箔金　女
12日　01/19　日　甲辰　平　覆燈火　虚
13日　01/20　月　乙巳　定　覆燈火　危
14日　01/21　火　丙午　執　天河水　室
15日　01/22　水　丁未　破　天河水　壁
16日　01/23　木　戊申　危　大駅土　奎
17日　01/24　金　己酉　成　大駅土　婁
18日　01/25　土　庚戌　納　釵釧金　胃
19日　01/26　日　辛亥　開　釵釧金　昴
20日　01/27　月　壬子　閉　桑柘木　畢
21日　01/28　火　癸丑　建　桑柘木　觜
22日　01/29　水　甲寅　除　大溪水　參
23日　01/30　木　乙卯　満　大溪水　井
24日　01/31　金　丙辰　平　沙中土　鬼
25日　02/01　土　丁巳　定　沙中土　柳
26日　02/02　日　戊午　執　天上火　星
27日　02/03　月　己未　破　天上火　張
28日　02/04　火　庚申　危　柘榴木　翼
29日　02/05　水　辛酉　危　柘榴木　軫
30日　02/06　木　壬戌　成　大海水　角

弘化2年
1845～1846　乙巳　危

【正月小 戊寅 室】
節気 雨水 13日・啓蟄 28日

1日	02/07	金	癸亥	納	大海水 亢
2日	02/08	土	甲子	開	海中金 氐
3日	02/09	日	乙丑	閉	海中金 房
4日	02/10	月	丙寅	建	爐中火 心
5日	02/11	火	丁卯	除	爐中火 尾
6日	02/12	水	戊辰	満	大林木 箕
7日	02/13	木	己巳	平	大林木 斗
8日	02/14	金	庚午	定	路傍土 牛
9日	02/15	土	辛未	執	路傍土 女
10日	02/16	日	壬申	破	釼鋒金 虚
11日	02/17	月	癸酉	危	釼鋒金 危
12日	02/18	火	甲戌	成	山頭火 室
13日	02/19	水	乙亥	納	山頭火 壁
14日	02/20	木	丙子	開	澗下水 奎
15日	02/21	金	丁丑	閉	澗下水 婁
16日	02/22	土	戊寅	除	城頭土 胃
17日	02/23	日	己卯	除	城頭土 昴
18日	02/24	月	庚辰	満	白鑞金 畢
19日	02/25	火	辛巳	定	楊柳木 參
20日	02/26	水	壬午	定	楊柳木 井
21日	02/27	木	癸未	執	楊柳木 鬼
22日	02/28	金	甲申	破	井泉水 鬼
23日	03/01	土	乙酉	危	井泉水 星
24日	03/02	日	丙戌	成	屋上土 星
25日	03/03	月	丁亥	納	屋上土 張
26日	03/04	火	戊子	開	霹靂火 翼
27日	03/05	水	己丑	閉	霹靂火 軫
28日	03/06	木	庚寅	閉	松柏木 角
29日	03/07	金	辛卯	建	松柏木 亢

【二月大 己卯 壁】
節気 春分 14日・清明 29日
雑節 彼岸 11日・社日 17日

1日	03/08	土	壬辰	除	長流水 氐
2日	03/09	日	癸巳	満	長流水 房
3日	03/10	月	甲午	平	沙中金 心
4日	03/11	火	乙未	定	沙中金 尾
5日	03/12	水	丙申	執	山下火 箕
6日	03/13	木	丁酉	破	山下火 斗
7日	03/14	金	戊戌	成	平地木 女
8日	03/15	土	己亥	成	平地木 女
9日	03/16	日	庚子	納	壁上土 虚
10日	03/17	月	辛丑	開	壁上土 室
11日	03/18	火	壬寅	閉	金箔金 室
12日	03/19	水	癸卯	建	金箔金 壁
13日	03/20	木	甲辰	除	覆燈火 奎
14日	03/21	金	乙巳	平	天河水 胃
15日	03/22	土	丙午	平	天河水 胃
16日	03/23	日	丁未	定	天河水 昴
17日	03/24	月	戊申	執	大駅土 畢
18日	03/25	火	己酉	破	大駅土 觜
19日	03/26	水	庚戌	危	釵釧金 參
20日	03/27	木	辛亥	成	釵釧金 井
21日	03/28	金	壬子	納	桑柘木 鬼
22日	03/29	土	癸丑	開	桑柘木 柳
23日	03/30	日	甲寅	閉	大溪水 星
24日	03/31	月	乙卯	閉	大溪水 張
25日	04/01	火	丙辰	除	沙中土 翼
26日	04/02	水	丁巳	満	沙中土 軫
27日	04/03	木	戊午	平	天上火 角
28日	04/04	金	己未	定	天上火 亢
29日	04/05	土	庚申	定	柏榴木 氐
30日	04/06	日	辛酉	執	柏榴木 房

【三月小 庚辰 奎】
節気 穀雨 14日
雑節 土用 11日・八十八夜 26日

1日	04/07	月	壬戌	破	大海水 心
2日	04/08	火	癸亥	危	大海水 尾
3日	04/09	水	甲子	成	海中金 箕
4日	04/10	木	乙丑	納	海中金 斗
5日	04/11	金	丙寅	開	爐中火 牛
6日	04/12	土	丁卯	閉	爐中火 女
7日	04/13	日	戊辰	建	大林木 虚
8日	04/14	月	己巳	除	大林木 危
9日	04/15	火	庚午	満	路傍土 室
10日	04/16	水	辛未	平	路傍土 壁
11日	04/17	木	壬申	定	釼鋒金 奎
12日	04/18	金	癸酉	執	釼鋒金 婁
13日	04/19	土	甲戌	破	山頭火 胃
14日	04/20	日	乙亥	危	山頭火 昴
15日	04/21	月	丙子	成	澗下水 畢
16日	04/22	火	丁丑	納	澗下水 觜
17日	04/23	水	戊寅	開	城頭土 參
18日	04/24	木	己卯	閉	城頭土 井
19日	04/25	金	庚辰	建	白鑞金 鬼
20日	04/26	土	辛巳	除	楊柳木 柳
21日	04/27	日	壬午	満	楊柳木 星
22日	04/28	月	癸未	平	楊柳木 張
23日	04/29	火	甲申	定	井泉水 翼
24日	04/30	水	乙酉	執	井泉水 軫
25日	05/01	木	丙戌	破	屋上土 角
26日	05/02	金	丁亥	危	屋上土 亢
27日	05/03	土	戊子	成	霹靂火 氐
28日	05/04	日	己丑	納	霹靂火 房
29日	05/05	月	庚寅	開	松柏木 心

【四月大 辛巳 婁】
節気 立夏 1日・小満 16日

1日	05/06	火	辛卯	閉	松柏木 尾
2日	05/07	水	壬辰	閉	長流水 箕
3日	05/08	木	癸巳	建	長流水 斗
4日	05/09	金	甲午	除	沙中金 女
5日	05/10	土	乙未	満	沙中金 虚
6日	05/11	日	丙申	平	山下火 虚
7日	05/12	月	丁酉	定	山下火 危
8日	05/13	火	戊戌	執	平地木 室
9日	05/14	水	己亥	破	平地木 壁
10日	05/15	木	庚子	危	壁上土 奎
11日	05/16	金	辛丑	成	壁上土 婁
12日	05/17	土	壬寅	納	金箔金 胃
13日	05/18	日	癸卯	開	金箔金 昴
14日	05/19	月	甲辰	閉	覆燈火 畢
15日	05/20	火	乙巳	建	覆燈火 觜
16日☆	05/21	水	丙午	除	天河水 參
17日	05/22	木	丁未	満	天河水 井
18日	05/23	金	戊申	平	大駅土 柳
19日	05/24	土	己酉	定	大駅土 星
20日	05/25	日	庚戌	執	釵釧金 張
21日	05/26	月	辛亥	破	釵釧金 翼
22日	05/27	火	壬子	危	桑柘木 軫
23日	05/28	水	癸丑	成	桑柘木 角
24日	05/29	木	甲寅	納	大溪水 亢
25日	05/30	金	乙卯	開	大溪水 氐
26日	05/31	土	丙辰	閉	沙中土 房
27日	06/01	日	丁巳	建	沙中土 心
28日	06/02	月	戊午	除	天上火 尾
29日	06/03	火	己未	満	天上火 箕
30日	06/04	水	庚申	平	柏榴木 箕

【五月大 壬午 胃】
節気 芒種 2日・夏至 17日
雑節 入梅 2日・半夏生 28日

1日	06/05	木	辛酉	定	柏榴木 斗
2日	06/06	金	壬戌	執	大海水 牛
3日	06/07	土	癸亥	破	大海水 女
4日	06/08	日	甲子	危	海中金 虚
5日	06/09	月	乙丑	成	海中金 室
6日	06/10	火	丙寅	納	爐中火 壁
7日	06/11	水	丁卯	開	爐中火 奎
8日	06/12	木	戊辰	閉	大林木 婁
9日	06/13	金	己巳	閉	大林木 胃
10日	06/14	土	庚午	建	路傍土 昴
11日	06/15	日	辛未	除	路傍土 畢
12日	06/16	月	壬申	満	釼鋒金 觜
13日	06/17	火	癸酉	平	釼鋒金 參
14日	06/18	水	甲戌	定	山頭火 井
15日	06/19	木	乙亥	執	山頭火 鬼
16日	06/20	金	丙子	破	澗下水 鬼
17日	06/21	土	丁丑	危	澗下水 柳
18日	06/22	日	戊寅	成	城頭土 星
19日	06/23	月	己卯	納	城頭土 張
20日	06/24	火	庚辰	開	白鑞金 翼
21日	06/25	水	辛巳	閉	白鑞金 軫
22日	06/26	木	壬午	建	楊柳木 角
23日	06/27	金	癸未	除	楊柳木 亢
24日	06/28	土	甲申	満	井泉水 氐
25日	06/29	日	乙酉	平	井泉水 房
26日	06/30	月	丙戌	定	屋上土 心
27日	07/01	火	丁亥	執	屋上土 尾
28日	07/02	水	戊子	破	霹靂火 箕
29日	07/03	木	己丑	危	霹靂火 斗
30日	07/04	金	庚寅	成	松柏木 牛

【六月小 癸未 昴】
節気 小暑 3日・大暑 19日
雑節 土用 15日

1日	07/05	土	辛卯	納	松柏木 女
2日	07/06	日	壬辰	開	長流水 虚
3日	07/07	月	癸巳	開	長流水 危
4日	07/08	火	甲午	建	沙中金 室
5日	07/09	水	乙未	除	沙中金 壁
6日	07/10	木	丙申	満	山下火 奎
7日	07/11	金	丁酉	平	山下火 婁
8日	07/12	土	戊戌	平	平地木 胃
9日	07/13	日	己亥	定	平地木 昴
10日	07/14	月	庚子	執	壁上土 畢
11日	07/15	火	辛丑	破	壁上土 觜
12日	07/16	水	壬寅	危	金箔金 參
13日	07/17	木	癸卯	成	金箔金 井
14日	07/18	金	甲辰	納	覆燈火 鬼
15日	07/19	土	乙巳	開	覆燈火 柳
16日	07/20	日	丙午	閉	天河水 星
17日	07/21	月	丁未	建	天河水 張
18日	07/22	火	戊申	除	大駅土 翼
19日	07/23	水	己酉	満	大駅土 軫
20日	07/24	木	庚戌	平	釵釧金 角
21日	07/25	金	辛亥	定	釵釧金 亢
22日	07/26	土	壬子	執	桑柘木 氐
23日	07/27	日	癸丑	破	桑柘木 房
24日	07/28	月	甲寅	危	大溪水 心
25日	07/29	火	乙卯	成	大溪水 尾
26日	07/30	水	丙辰	納	沙中土 箕
27日	07/31	木	丁巳	開	天上火 斗
28日	08/01	金	戊午	閉	天上火 牛
29日	08/02	土	己未	建	天上火 女

【七月大 甲申 畢】
節気 立秋 6日・処暑 21日
雑節 二百十日 30日

1日	08/03	日	庚申	除	柏榴木 虚
2日	08/04	月	辛酉	満	柏榴木 危
3日	08/05	火	壬戌	平	大海水 室

弘化2年

| 西暦 | 曜 | 干支 | 直 | 納音 | 宿 |

左段

4日	08/06	水	癸亥	定	大海水	壁
5日	08/07	木	甲子	執	海中金	奎
6日	08/08	金	乙丑	破	海中金	婁
7日	08/09	土	丙寅	危	爐中火	胃
8日	08/10	日	丁卯	成	爐中火	昴
9日	08/11	月	戊辰	納	大林木	畢
10日	08/12	火	己巳	納	大林木	觜
11日	08/13	水	庚午	開	路傍土	參
12日	08/14	木	辛未	建	路傍土	井
13日	08/15	金	壬申	建	釼鋒金	鬼
14日	08/16	土	癸酉	除	釼鋒金	柳
15日	08/17	日	甲戌	平	山頭火	星
16日	08/18	月	乙亥	平	山頭火	張
17日	08/19	火	丙子	定	澗下水	翼
18日	08/20	水	丁丑	執	澗下水	軫
19日	08/21	木	戊寅	破	城頭土	角
20日	08/22	金	己卯	危	城頭土	亢
21日	08/23	土	庚辰	成	白鑞金	氏
22日	08/24	日	辛巳	納	白鑞金	房
23日	08/25	月	壬午	開	楊柳木	心
24日	08/26	火	癸未	閉	楊柳木	尾
25日	08/27	水	甲申	建	井泉水	箕
26日	08/28	木	乙酉	除	井泉水	斗
27日	08/29	金	丙戌	滿	屋上土	牛
28日	08/30	土	丁亥	平	屋上土	女
29日	08/31	日	戊子	定	霹靂火	虛
30日	09/01	月	己丑	執	霹靂火	危

【八月小 乙酉 觜】
節気 白露 7日・秋分 22日
雑節 彼岸 19日・社日 19日

1日	09/02	火	庚寅	破	松柏木	室
2日	09/03	水	辛卯	危	松柏木	壁
3日	09/04	木	壬辰	成	長流水	奎
4日	09/05	金	癸巳	納	長流水	婁
5日	09/06	土	甲午	開	沙中金	胃
6日	09/07	日	乙未	閉	沙中金	昴
7日	09/08	月	丙申	閉	山下火	畢
8日	09/09	火	丁酉	建	山下火	觜
9日	09/10	水	戊戌	除	平地木	參
10日	09/11	木	己亥	滿	平地木	井
11日	09/12	金	庚子	平	壁上土	鬼
12日	09/13	土	辛丑	定	壁上土	柳
13日	09/14	日	壬寅	執	金箔金	星
14日	09/15	月	癸卯	破	金箔金	張
15日	09/16	火	甲辰	危	覆燈火	翼
16日	09/17	水	乙巳	成	覆燈火	軫
17日	09/18	木	丙午	納	天河水	角
18日	09/19	金	丁未	開	天河水	亢
19日	09/20	土	戊申	閉	大驛土	氏
20日	09/21	日	己酉	建	大驛土	房
21日	09/22	月	庚戌	除	釵釧金	心
22日	09/23	火	辛亥	滿	釵釧金	尾
23日	09/24	水	壬子	平	桑柘木	箕
24日	09/25	木	癸丑	定	桑柘木	斗
25日	09/26	金	甲寅	執	大溪水	牛
26日	09/27	土	乙卯	破	大溪水	女
27日	09/28	日	丙辰	危	沙中土	虛
28日	09/29	月	丁巳	成	沙中土	危
29日	09/30	火	戊午	納	天上火	室

【九月大 丙戌 參】
節気 寒露 8日・霜降 23日
雑節 土用 21日

1日	10/01	水	己未	開	天上火	壁
2日	10/02	木	庚申	閉	柘榴木	奎
3日	10/03	金	辛酉	建	柘榴木	婁
4日	10/04	土	壬戌	除	大海水	胃

5日	10/05	日	癸亥	滿	大海水	昴
6日	10/06	月	甲子	平	海中金	畢
7日	10/07	火	乙丑	定	海中金	觜
8日	10/08	水	丙寅	執	爐中火	參
9日	10/09	木	丁卯	破	爐中火	井
10日	10/10	金	戊辰	危	大林木	鬼
11日	10/11	土	己巳	成	大林木	柳
12日	10/12	日	庚午	納	路傍土	星
13日	10/13	月	辛未	開	路傍土	張
14日	10/14	火	壬申	閉	釼鋒金	翼
15日	10/15	水	癸酉	建	釼鋒金	軫
16日	10/16	木	甲戌	除	山頭火	角
17日	10/17	金	乙亥	滿	山頭火	亢
18日	10/18	土	丙子	滿	澗下水	氏
19日	10/19	日	丁丑	平	澗下水	房
20日	10/20	月	戊寅	定	城頭土	心
21日	10/21	火	己卯	執	城頭土	尾
22日	10/22	水	庚辰	破	白鑞金	箕
23日	10/23	木	辛巳	危	白鑞金	斗
24日	10/24	金	壬午	成	楊柳木	牛
25日	10/25	土	癸未	納	楊柳木	女
26日	10/26	日	甲申	開	井泉水	虛
27日	10/27	月	乙酉	閉	井泉水	危
28日	10/28	火	丙戌	建	屋上土	室
29日	10/29	水	丁亥	除	屋上土	壁
30日	10/30	木	戊子	滿	霹靂火	奎

【十月小 丁亥 井】
節気 立冬 8日・小雪 23日

1日	10/31	金	己丑	平	霹靂火	婁
2日	11/01	土	庚寅	定	松柏木	胃
3日	11/02	日	辛卯	執	松柏木	昴
4日	11/03	月	壬辰	破	長流水	畢
5日	11/04	火	癸巳	危	長流水	觜
6日	11/05	水	甲午	成	沙中金	參
7日	11/06	木	乙未	納	沙中金	井
8日	11/07	金	丙申	開	山下火	鬼
9日	11/08	土	丁酉	閉	山下火	柳
10日	11/09	日	戊戌	閉	平地木	星
11日	11/10	月	己亥	除	平地木	張
12日	11/11	火	庚子	滿	壁上土	翼
13日	11/12	水	辛丑	滿	壁上土	軫
14日	11/13	木	壬寅	定	金箔金	角
15日	11/14	金	癸卯	執	金箔金	亢
16日	11/15	土	甲辰	破	覆燈火	氏
17日	11/16	日	乙巳	危	覆燈火	房
18日	11/17	月	丙午	危	天河水	心
19日	11/18	火	丁未	納	天河水	尾
20日	11/19	水	戊申	開	大驛土	箕
21日	11/20	木	己酉	閉	大驛土	斗
22日	11/21	金	庚戌	建	釵釧金	牛
23日	11/22	土	辛亥	除	釵釧金	女
24日	11/23	日	壬子	滿	桑柘木	虛
25日	11/24	月	癸丑	平	桑柘木	危
26日	11/25	火	甲寅	定	大溪水	室
27日	11/26	水	乙卯	定	大溪水	壁
28日	11/27	木	丙辰	執	沙中土	奎
29日	11/28	金	丁巳	破	沙中土	婁

【十一月大 戊子 鬼】
節気 大雪 9日・冬至 24日

1日	11/29	土	戊午	危	天上火	胃
2日	11/30	日	己未	成	天上火	昴
3日	12/01	月	庚申	納	柘榴木	畢
4日	12/02	火	辛酉	開	柘榴木	觜
5日	12/03	水	壬戌	閉	大海水	參
6日	12/04	木	癸亥	建	大海水	井
7日	12/05	金	甲子	除	海中金	鬼

右段

8日	12/06	土	乙丑	滿	海中金	柳
9日	12/07	日	丙寅	平	爐中火	星
10日	12/08	月	丁卯	平	爐中火	張
11日	12/09	火	戊辰	定	大林木	翼
12日	12/10	水	己巳	執	大林木	軫
13日	12/11	木	庚午	破	路傍土	角
14日	12/12	金	辛未	危	路傍土	亢
15日	12/13	土	壬申	成	釼鋒金	氏
16日	12/14	日	癸酉	納	釼鋒金	房
17日	12/15	月	甲戌	開	山頭火	心
18日	12/16	火	乙亥	閉	山頭火	尾
19日	12/17	水	丙子	建	澗下水	箕
20日	12/18	木	丁丑	除	澗下水	斗
21日	12/19	金	戊寅	滿	城頭土	牛
22日	12/20	土	己卯	平	城頭土	女
23日	12/21	日	庚辰	定	白鑞金	虛
24日	12/22	月	辛巳	執	白鑞金	危
25日	12/23	火	壬午	破	楊柳木	室
26日	12/24	水	癸未	危	楊柳木	壁
27日	12/25	木	甲申	成	井泉水	奎
28日	12/26	金	乙酉	納	井泉水	婁
29日	12/27	土	丙戌	開	屋上土	胃
30日	12/28	日	丁亥	閉	屋上土	昴

【十二月小 己丑 柳】
節気 小寒 9日・大寒 23日
雑節 土用 21日

1日	12/29	月	戊子	建	霹靂火	畢
2日	12/30	火	己丑	除	霹靂火	觜
3日	12/31	水	庚寅	滿	松柏木	參

1846年

4日	01/01	木	辛卯	平	松柏木	井
5日	01/02	金	壬辰	定	長流水	鬼
6日	01/03	土	癸巳	執	長流水	柳
7日	01/04	日	甲午	破	沙中金	星
8日	01/05	月	乙未	危	沙中金	張
9日	01/06	火	丙申	成	山下火	翼
10日	01/07	水	丁酉	納	山下火	軫
11日	01/08	木	戊戌	納	平地木	角
12日	01/09	金	己亥	開	平地木	亢
13日	01/10	土	庚子	閉	壁上土	氏
14日	01/11	日	辛丑	建	壁上土	房
15日	01/12	月	壬寅	除	金箔金	心
16日	01/13	火	癸卯	滿	金箔金	尾
17日	01/14	水	甲辰	平	覆燈火	箕
18日	01/15	木	乙巳	定	覆燈火	斗
19日	01/16	金	丙午	執	天河水	牛
20日	01/17	土	丁未	破	天河水	女
21日	01/18	日	戊申	危	大驛土	虛
22日	01/19	月	己酉	成	大驛土	危
23日	01/20	火	庚戌	納	釵釧金	室
24日	01/21	水	辛亥	開	釵釧金	壁
25日	01/22	木	壬子	閉	桑柘木	奎
26日	01/23	金	癸丑	建	桑柘木	婁
27日	01/24	土	甲寅	除	大溪水	胃
28日	01/25	日	乙卯	滿	大溪水	昴
29日	01/26	月	丙辰	平	沙中土	畢

弘化3年
1846～1847　丙午　室

【正月大 庚寅 星】
節気 立春 9日・雨水 24日
雑節 節分 8日

1日 01/27 火 丁巳 定 沙中土 觜
2日 01/28 水 戊午 執 天上火 参
3日 01/29 木 己未 破 天上火 井
4日 01/30 金 庚申 危 柘榴木 鬼
5日 01/31 土 辛酉 成 柘榴木 柳
6日 02/01 日 壬戌 納 大海水 星
7日 02/02 月 癸亥 開 大海水 張
8日 02/03 火 甲子 閉 海中金 翼
9日 02/04 水 乙丑 閉 海中金 軫
10日 02/05 木 丙寅 建 炉中火 角
11日 02/06 金 丁卯 除 炉中火 亢
12日 02/07 土 戊辰 満 大林木 氐
13日 02/08 日 己巳 平 大林木 房
14日 02/09 月 庚午 定 路傍土 心
15日 02/10 火 辛未 執 路傍土 尾
16日 02/11 水 壬申 破 剣鋒金 箕
17日 02/12 木 癸酉 危 剣鋒金 斗
18日 02/13 金 甲戌 成 山頭火 牛
19日 02/14 土 乙亥 納 山頭火 女
20日 02/15 日 丙子 開 澗下水 虚
21日 02/16 月 丁丑 閉 澗下水 危
22日 02/17 火 戊寅 建 城頭土 室
23日 02/18 水 己卯 除 城頭土 壁
24日 02/19 木 庚辰 満 白鑞金 奎
25日 02/20 金 辛巳 平 白鑞金 婁
26日 02/21 土 壬午 定 楊柳木 胃
27日 02/22 日 癸未 執 楊柳木 昴
28日 02/23 月 甲申 破 井泉水 畢
29日 02/24 火 乙酉 危 井泉水 觜
30日 02/25 水 丙戌 成 屋上土 参

【二月小 辛卯 張】
節気 啓蟄 9日・春分 24日
雑節 彼岸 21日・社日 22日

1日 02/26 木 丁亥 納 屋上土 井
2日 02/27 金 戊子 開 霹靂火 鬼
3日 02/28 土 己丑 閉 霹靂火 柳
4日 03/01 日 庚寅 建 松柏木 星
5日 03/02 月 辛卯 除 松柏木 張
6日 03/03 火 壬辰 満 長流水 翼
7日 03/04 水 癸巳 平 長流水 軫
8日 03/05 木 甲午 定 沙中金 角
9日 03/06 金 乙未 執 沙中金 亢
10日 03/07 土 丙申 破 山下火 氐
11日 03/08 日 丁酉 危 山下火 房
12日 03/09 月 戊戌 成 平地木 心
13日 03/10 火 己亥 納 平地木 尾
14日 03/11 水 庚子 開 壁上土 箕
15日 03/12 木 辛丑 閉 壁上土 斗
16日 03/13 金 壬寅 建 金箔金 牛
17日 03/14 土 癸卯 除 金箔金 女
18日 03/15 日 甲辰 満 覆燈火 虚
19日 03/16 月 乙巳 平 覆燈火 危
20日 03/17 火 丙午 定 天河水 室
21日 03/18 水 丁未 執 天河水 壁
22日 03/19 木 戊申 破 大駅土 奎
23日 03/20 金 己酉 危 大駅土 婁
24日 03/21 土 庚戌 成 釵釧金 胃
25日 03/22 日 辛亥 納 釵釧金 昴
26日 03/23 月 壬子 開 桑柘木 畢
27日 03/24 火 癸丑 閉 桑柘木 觜
28日 03/25 水 甲寅 建 大溪水 参
29日 03/26 木 乙卯 建 大溪水 井

【三月大 壬辰 翼】
節気 清明 10日・穀雨 25日
雑節 土用 22日

1日 03/27 金 丙辰 除 沙中土 鬼
2日 03/28 土 丁巳 満 沙中土 柳
3日 03/29 日 戊午 平 天上火 星
4日 03/30 月 己未 定 天上火 張
5日 03/31 火 庚申 執 柘榴木 翼
6日 04/01 水 辛酉 破 柘榴木 軫
7日 04/02 木 壬戌 危 大海水 角
8日 04/03 金 癸亥 成 大海水 亢
9日 04/04 土 甲子 納 海中金 氐
10日 04/05 日 乙丑 開 海中金 房
11日 04/06 月 丙寅 閉 炉中火 心
12日 04/07 火 丁卯 建 炉中火 尾
13日 04/08 水 戊辰 除 大林木 箕
14日 04/09 木 己巳 満 大林木 斗
15日 04/10 金 庚午 平 路傍土 牛
16日 04/11 土 辛未 定 路傍土 女
17日 04/12 日 壬申 執 剣鋒金 虚
18日 04/13 月 癸酉 破 剣鋒金 危
19日 04/14 火 甲戌 危 山頭火 室
20日 04/15 水 乙亥 成 山頭火 壁
21日 04/16 木 丙子 納 澗下水 奎
22日 04/17 金 丁丑 開 澗下水 婁
23日 04/18 土 戊寅 閉 城頭土 胃
24日 04/19 日 己卯 閉 城頭土 昴
25日 04/20 月 庚辰 建 白鑞金 畢
26日 04/21 火 辛巳 除 白鑞金 觜
27日 04/22 水 壬午 満 楊柳木 参
28日 04/23 木 癸未 平 楊柳木 井
29日 04/24 金 甲申 定 井泉水 鬼
30日 04/25 土 乙酉 執 井泉水 柳

【四月小 癸巳 軫】
節気 立夏 11日・小満 26日
雑節 八十八夜 7日

1日 04/26 日 丙戌 破 屋上土 星
2日 04/27 月 丁亥 危 屋上土 張
3日 04/28 火 戊子 成 霹靂火 軫
4日 04/29 水 己丑 納 霹靂火 角
5日 04/30 木 庚寅 開 松柏木 亢
6日 05/01 金 辛卯 閉 松柏木 氐
7日 05/02 土 壬辰 建 長流水 房
8日 05/03 日 癸巳 除 長流水 心
9日 05/04 月 甲午 満 沙中金 尾
10日 05/05 火 乙未 平 沙中金 箕
11日 05/06 水 丙申 定 山下火 斗
12日 05/07 木 丁酉 執 山下火 牛
13日 05/08 金 戊戌 破 平地木 女
14日 05/09 土 己亥 危 平地木 虚
15日 05/10 日 庚子 成 壁上土 危
16日 05/11 月 辛丑 納 壁上土 室
17日 05/12 火 壬寅 開 金箔金 壁
18日 05/13 水 癸卯 閉 金箔金 奎
19日 05/14 木 甲辰 建 覆燈火 婁
20日 05/15 金 乙巳 除 覆燈火 胃
21日 05/16 土 丙午 満 天河水 昴
22日 05/17 日 丁未 平 天河水 畢
23日 05/18 月 戊申 定 大駅土 觜
24日 05/19 火 己酉 執 大駅土 参
25日 05/20 水 庚戌 破 釵釧金 井
26日 05/21 木 辛亥 危 釵釧金 鬼
27日 05/22 金 壬子 成 桑柘木 柳
28日 05/23 土 癸丑 納 桑柘木 星
29日 05/24 日 甲寅 開 大溪水 張

【五月大 甲午 角】
節気 芒種 13日・夏至 29日
雑節 入梅 18日

1日 05/25 月 乙卯 閉 大溪水 翼
2日 05/26 火 丙辰 閉 沙中土 軫
3日 05/27 水 丁巳 建 沙中土 角
4日 05/28 木 戊午 除 天上火 亢
5日 05/29 金 己未 満 天上火 氐
6日 05/30 土 庚申 平 柘榴木 房
7日 05/31 日 辛酉 定 柘榴木 心
8日 06/01 月 壬戌 執 大海水 尾
9日 06/02 火 癸亥 破 大海水 箕
10日 06/03 水 甲子 危 海中金 斗
11日 06/04 木 乙丑 成 海中金 牛
12日 06/05 金 丙寅 納 炉中火 女
13日 06/06 土 丁卯 開 炉中火 虚
14日 06/07 日 戊辰 閉 大林木 危
15日 06/08 月 己巳 建 大林木 室
16日 06/09 火 庚午 除 路傍土 壁
17日 06/10 水 辛未 満 路傍土 奎
18日 06/11 木 壬申 平 剣鋒金 婁
19日 06/12 金 癸酉 定 剣鋒金 胃
20日 06/13 土 甲戌 執 山頭火 昴
21日 06/14 日 乙亥 破 山頭火 畢
22日 06/15 月 丙子 危 澗下水 觜
23日 06/16 火 丁丑 成 澗下水 参
24日 06/17 水 戊寅 納 城頭土 井
25日 06/18 木 己卯 開 城頭土 鬼
26日 06/19 金 庚辰 閉 白鑞金 柳
27日 06/20 土 辛巳 建 白鑞金 星
28日 06/21 日 壬午 除 楊柳木 張
29日 06/22 月 癸未 満 楊柳木 翼

【閏五月小 甲午 角】
節気 小暑 14日
雑節 半夏生 9日・土用 27日

1日 06/24 水 乙酉 平 井泉水 軫
2日 06/25 木 丙戌 定 屋上土 角
3日 06/26 金 丁亥 執 屋上土 亢
4日 06/27 土 戊子 破 霹靂火 氐
5日 06/28 日 己丑 危 霹靂火 房
6日 06/29 月 庚寅 成 松柏木 心
7日 06/30 火 辛卯 納 松柏木 尾
8日 07/01 水 壬辰 開 長流水 箕
9日 07/02 木 癸巳 閉 長流水 斗
10日 07/03 金 甲午 建 沙中金 牛
11日 07/04 土 乙未 除 沙中金 女
12日 07/05 日 丙申 満 山下火 虚
13日 07/06 月 丁酉 平 山下火 危
14日 07/07 火 戊戌 定 平地木 室
15日 07/08 水 己亥 執 平地木 壁
16日 07/09 木 庚子 破 壁上土 奎
17日 07/10 金 辛丑 危 壁上土 婁
18日 07/11 土 壬寅 成 金箔金 胃
19日 07/12 日 癸卯 納 金箔金 昴
20日 07/13 月 甲辰 開 覆燈火 畢
21日 07/14 火 乙巳 閉 覆燈火 觜
22日 07/15 水 丙午 建 天河水 参
23日 07/16 木 丁未 除 天河水 井
24日 07/17 金 戊申 満 大駅土 鬼
25日 07/18 土 己酉 平 大駅土 柳
26日 07/19 日 庚戌 定 釵釧金 星
27日 07/20 月 辛亥 執 釵釧金 張
28日 07/21 火 壬子 破 桑柘木 翼
29日 07/22 水 癸丑 危 桑柘木 軫

【六月大 乙未 亢】
節気 大暑 1日・立秋 17日

1日 07/23 木 甲寅 危 大溪水 角
2日 07/24 金 乙卯 成 大溪水 亢
3日 07/25 土 丙辰 納 沙中土 氐
4日 07/26 日 丁巳 開 沙中土 房
5日 07/27 月 戊午 閉 天上火 心
6日 07/28 火 己未 建 天上火 尾
7日 07/29 水 庚申 除 柘榴木 箕
8日 07/30 木 辛酉 満 柘榴木 斗
9日 07/31 金 壬戌 平 大海水 牛
10日 08/01 土 癸亥 定 大海水 女
11日 08/02 日 甲子 執 海中金 虚
12日 08/03 月 乙丑 破 海中金 危
13日 08/04 火 丙寅 危 炉中火 室
14日 08/05 水 丁卯 成 炉中火 壁
15日 08/06 木 戊辰 納 大林木 奎

弘化3年

西暦 曜 干支 直 納音 宿

日	西暦	曜	干支	直	納音	宿
16日	08/07	金	己巳	開	大林木	婁
17日	08/08	土	庚午	閉	路傍土	胃
18日	08/09	日	辛未	建	路傍土	昴
19日	08/10	月	壬申	除	釼鋒金	畢
20日	08/11	火	癸酉	満	釼鋒金	觜
21日	08/12	水	甲戌	平	山頭火	参
22日	08/13	木	乙亥	平	山頭火	井
23日	08/14	金	丙子	執	澗下水	鬼
24日	08/15	土	丁丑	破	澗下水	柳
25日	08/16	日	戊寅	危	城頭土	星
26日	08/17	月	己卯	成	城頭土	張
27日	08/18	火	庚辰	納	白鑞金	翼
28日	08/19	水	辛巳	納	白鑞金	軫
29日	08/20	木	壬午	開	楊柳木	角
30日	08/21	金	癸未	閉	楊柳木	亢

【七月大 丙申 氏】
節気 処暑 2日・白露 18日
雑節 二百十日 11日・彼岸 30日

日	西暦	曜	干支	直	納音	宿
1日	08/22	土	甲申	建	井泉水	氏
2日	08/23	日	乙酉	除	井泉水	房
3日	08/24	月	丙戌	満	屋上土	心
4日	08/25	火	丁亥	平	屋上土	尾
5日	08/26	水	戊子	定	霹靂火	箕
6日	08/27	木	己丑	執	霹靂火	斗
7日	08/28	金	庚寅	破	松柏木	女
8日	08/29	土	辛卯	危	松柏木	虚
9日	08/30	日	壬辰	成	長流水	危
10日	08/31	月	癸巳	納	長流水	室
11日	09/01	火	甲午	開	沙中金	壁
12日	09/02	水	乙未	閉	沙中金	奎
13日	09/03	木	丙申	建	山下火	婁
14日	09/04	金	丁酉	除	山下火	胃
15日	09/05	土	戊戌	満	平地木	昴
16日	09/06	日	己亥	平	平地木	畢
17日	09/07	月	庚子	定	壁上土	觜
18日	09/08	火	辛丑	定	壁上土	参
19日	09/09	水	壬寅	破	金箔金	井
20日	09/10	木	癸卯	破	金箔金	鬼
21日	09/11	金	甲辰	危	覆燈火	柳
22日	09/12	土	乙巳	成	覆燈火	星
23日	09/13	日	丙午	納	天河水	張
24日	09/14	月	丁未	開	天河水	翼
25日	09/15	火	戊申	閉	大駅土	軫
26日	09/16	水	己酉	建	大駅土	角
27日	09/17	木	庚戌	除	釼釧金	亢
28日	09/18	金	辛亥	平	釼釧金	氏
29日	09/19	土	壬子	平	桑柘木	房
30日	09/20	日	癸丑	定	桑柘木	心

【八月小 丁酉 房】
節気 秋分 3日・寒露 19日
雑節 社日 5日

日	西暦	曜	干支	直	納音	宿
1日	09/21	月	甲寅	執	大溪水	心
2日	09/22	火	乙卯	破	大溪水	尾
3日	09/23	水	丙辰	危	沙中土	箕
4日	09/24	木	丁巳	成	沙中土	斗
5日	09/25	金	戊午	納	天上火	牛
6日	09/26	土	己未	開	天上火	女
7日	09/27	日	庚申	閉	柘榴木	虚
8日	09/28	月	辛酉	建	柘榴木	危
9日	09/29	火	壬戌	除	大海水	室
10日	09/30	水	癸亥	満	大海水	壁
11日	10/01	木	甲子	平	海中金	奎
12日	10/02	金	乙丑	定	海中金	婁
13日	10/03	土	丙寅	執	爐中火	胃
14日	10/04	日	丁卯	破	爐中火	昴
15日	10/05	月	戊辰	危	大林木	畢
16日	10/06	火	己巳	成	大林木	觜
17日	10/07	水	庚午	納	路傍土	参
18日	10/08	木	辛未	開	路傍土	井
19日	10/09	金	壬申	閉	釼鋒金	鬼
20日	10/10	土	癸酉	閉	釼鋒金	柳
21日	10/11	日	甲戌	建	山頭火	星
22日	10/12	月	乙亥	除	山頭火	張
23日	10/13	火	丙子	満	澗下水	翼
24日	10/14	水	丁丑	定	澗下水	軫
25日	10/15	木	戊寅	執	城頭土	角
26日	10/16	金	己卯	執	城頭土	亢
27日	10/17	土	庚辰	破	白鑞金	氏
28日	10/18	日	辛巳	危	白鑞金	房
29日	10/19	月	壬午	成	楊柳木	心

【九月大 戊戌 心】
節気 霜降 5日・立冬 20日
雑節 土用 2日

日	西暦	曜	干支	直	納音	宿
1日	10/20	火	癸未	納	楊柳木	尾
2日	10/21	水	甲申	開	井泉水	箕
3日	10/22	木	乙酉	閉	井泉水	斗
4日	10/23	金	丙戌	建	屋上土	牛
5日	10/24	土	丁亥	除	屋上土	女
6日	10/25	日	戊子	満	霹靂火	虚
7日	10/26	月	己丑	平	霹靂火	危
8日	10/27	火	庚寅	定	松柏木	室
9日	10/28	水	辛卯	執	松柏木	壁
10日	10/29	木	壬辰	破	長流水	奎
11日	10/30	金	癸巳	危	長流水	婁
12日	10/31	土	甲午	成	沙中金	胃
13日	11/01	日	乙未	納	沙中金	昴
14日	11/02	月	丙申	開	山下火	畢
15日	11/03	火	丁酉	閉	山下火	觜
16日	11/04	水	戊戌	建	平地木	参
17日	11/05	木	己亥	除	平地木	井
18日	11/06	金	庚子	満	壁上土	鬼
19日	11/07	土	辛丑	平	壁上土	柳
20日	11/08	日	壬寅	平	金箔金	星
21日	11/09	月	癸卯	定	金箔金	張
22日	11/10	火	甲辰	執	覆燈火	翼
23日	11/11	水	乙巳	破	覆燈火	軫
24日	11/12	木	丙午	危	天河水	角
25日	11/13	金	丁未	成	天河水	亢
26日	11/14	土	戊申	納	大駅土	氏
27日	11/15	日	己酉	開	大駅土	房
28日	11/16	月	庚戌	閉	釼釧金	心
29日	11/17	火	辛亥	建	釼釧金	尾
30日	11/18	水	壬子	除	桑柘木	箕

【十月小 己亥 尾】
節気 小雪 5日・大雪 19日

日	西暦	曜	干支	直	納音	宿
1日	11/19	木	癸丑	満	桑柘木	斗
2日	11/20	金	甲寅	平	大溪水	牛
3日	11/21	土	乙卯	定	大溪水	女
4日	11/22	日	丙辰	執	沙中土	虚
5日	11/23	月	丁巳	破	沙中土	危
6日	11/24	火	戊午	危	天上火	室
7日	11/25	水	己未	成	天上火	壁
8日	11/26	木	庚申	納	柘榴木	奎
9日	11/27	金	辛酉	開	柘榴木	婁
10日	11/28	土	壬戌	閉	大海水	胃
11日	11/29	日	癸亥	建	大海水	昴
12日	11/30	月	甲子	除	海中金	畢
13日	12/01	火	乙丑	満	海中金	觜
14日	12/02	水	丙寅	平	爐中火	参
15日	12/03	木	丁卯	定	爐中火	井
16日	12/04	金	戊辰	執	大林木	鬼
17日	12/05	土	己巳	破	大林木	柳
18日	12/06	日	庚午	危	路傍土	星
19日	12/07	月	辛未	成	路傍土	張
20日	12/08	火	壬申	納	釼鋒金	翼
21日	12/09	水	癸酉	開	釼鋒金	軫
22日	12/10	木	甲戌	閉	山頭火	角
23日	12/11	金	乙亥	建	山頭火	亢
24日	12/12	土	丙子	除	澗下水	氏
25日	12/13	日	丁丑	満	澗下水	房
26日	12/14	月	戊寅	平	城頭土	心
27日	12/15	火	己卯	定	城頭土	尾
28日	12/16	水	庚辰	定	白鑞金	箕
29日	12/17	木	辛巳	執	白鑞金	斗

【十一月大 庚子 箕】
節気 冬至 5日・小寒 20日

日	西暦	曜	干支	直	納音	宿
1日	12/18	金	壬午	破	楊柳木	牛
2日	12/19	土	癸未	危	楊柳木	女
3日	12/20	日	甲申	成	井泉水	虚
4日	12/21	月	乙酉	納	井泉水	危
5日	12/22	火	丙戌	開	屋上土	室
6日	12/23	水	丁亥	閉	屋上土	壁
7日	12/24	木	戊子	建	霹靂火	奎
8日	12/25	金	己丑	除	霹靂火	婁
9日	12/26	土	庚寅	平	松柏木	胃
10日	12/27	日	辛卯	平	松柏木	昴
11日	12/28	月	壬辰	定	長流水	畢
12日	12/29	火	癸巳	執	長流水	觜
13日	12/30	水	甲午	破	沙中金	参
14日	12/31	木	乙未	危	沙中金	井

1847年

日	西暦	曜	干支	直	納音	宿
15日	01/01	金	丙申	成	山下火	鬼
16日	01/02	土	丁酉	納	山下火	柳
17日	01/03	日	戊戌	開	平地木	星
18日	01/04	月	己亥	閉	平地木	張
19日	01/05	火	庚子	建	壁上土	翼
20日	01/06	水	辛丑	建	壁上土	軫
21日	01/07	木	壬寅	除	金箔金	角
22日	01/08	金	癸卯	満	金箔金	亢
23日	01/09	土	甲辰	平	覆燈火	氏
24日	01/10	日	乙巳	定	覆燈火	房
25日	01/11	月	丙午	執	天河水	心
26日	01/12	火	丁未	破	天河水	尾
27日	01/13	水	戊申	危	大駅土	箕
28日	01/14	木	己酉	成	大駅土	斗
29日	01/15	金	庚戌	納	釼釧金	牛
30日	01/16	土	辛亥	開	釼釧金	女

【十二月小 辛丑 斗】
節気 大寒 4日・立春 19日
雑節 土用 2日・節分 18日

日	西暦	曜	干支	直	納音	宿
1日	01/17	日	壬子	閉	桑柘木	虚
2日	01/18	月	癸丑	除	桑柘木	室
3日	01/19	火	甲寅	満	大溪水	壁
4日	01/20	水	乙卯	満	大溪水	奎
5日	01/21	木	丙辰	平	沙中土	婁
6日	01/22	金	丁巳	定	沙中土	胃
7日	01/23	土	戊午	執	天上火	昴
8日	01/24	日	己未	破	天上火	畢
9日	01/25	月	庚申	危	柘榴木	觜
10日	01/26	火	辛酉	成	柘榴木	参
11日	01/27	水	壬戌	納	大海水	井
12日	01/28	木	癸亥	開	大海水	鬼
13日	01/29	金	甲子	閉	海中金	柳
14日	01/30	土	乙丑	建	海中金	星
15日	01/31	日	丙寅	除	爐中火	張
16日	02/01	月	丁卯	満	爐中火	翼
17日	02/02	火	戊辰	平	大林木	軫
18日	02/03	水	己巳	定	大林木	角
19日	02/04	木	庚午	定	路傍土	亢
20日	02/05	金	辛未	執	路傍土	氏
21日	02/06	土	壬申	破	釼鋒金	房
22日	02/07	日	癸酉	危	釼鋒金	心
23日	02/08	月	甲戌	成	山頭火	尾
24日	02/09	火	乙亥	納	山頭火	箕
25日	02/10	水	丙子	開	澗下水	斗
26日	02/11	木	丁丑	閉	澗下水	牛
27日	02/12	金	戊寅	建	城頭土	女
28日	02/13	土	己卯	除	城頭土	虚
29日	02/14	日	庚辰	満	白鑞金	虚

弘化4年
1847～1848　丁未　壁

【正月大　壬寅　牛】
節気　雨水 5日・啓蟄 20日

日	月日	曜	干支	直	納音	宿
1日	02/15	月	辛巳	平	白鑞金	危
2日	02/16	火	壬午	定	楊柳木	室
3日	02/17	水	癸未	執	楊柳木	壁
4日	02/18	木	甲申	破	井泉水	奎
5日	02/19	金	乙酉	危	井泉水	婁
6日	02/20	土	丙戌	成	屋上土	胃
7日	02/21	日	丁亥	納	屋上土	昴
8日	02/22	月	戊子	開	霹靂火	畢
9日	02/23	火	己丑	閉	霹靂火	觜
10日	02/24	水	庚寅	建	松柏木	参
11日	02/25	木	辛卯	除	松柏木	井
12日	02/26	金	壬辰	満	長流水	鬼
13日	02/27	土	癸巳	平	長流水	柳
14日	02/28	日	甲午	定	沙中金	星
15日	03/01	月	乙未	執	沙中金	張
16日	03/02	火	丙申	破	山下火	翼
17日	03/03	水	丁酉	危	山下火	軫
18日	03/04	木	戊戌	成	平地木	角
19日	03/05	金	己亥	納	平地木	亢
20日	03/06	土	庚子	納	壁上土	氐
21日	03/07	日	辛丑	開	壁上土	房
22日	03/08	月	壬寅	閉	金箔金	心
23日	03/09	火	癸卯	建	金箔金	尾
24日	03/10	水	甲辰	除	覆燈火	箕
25日	03/11	木	乙巳	満	覆燈火	斗
26日	03/12	金	丙午	平	天河水	牛
27日	03/13	土	丁未	定	天河水	女
28日	03/14	日	戊申	執	大駅土	虚
29日	03/15	月	己酉	破	大駅土	危
30日	03/16	火	庚戌	危	釵釧金	室

【二月小　癸卯　女】
節気　春分 5日・清明 20日
雑節　彼岸 2日・社日 8日

日	月日	曜	干支	直	納音	宿
1日	03/17	水	辛亥	成	釵釧金	壁
2日	03/18	木	壬子	納	桑柘木	奎
3日	03/19	金	癸丑	開	桑柘木	婁
4日	03/20	土	甲寅	閉	大渓水	胃
5日	03/21	日	乙卯	建	大渓水	昴
6日	03/22	月	丙辰	除	沙中土	畢
7日	03/23	火	丁巳	満	沙中土	觜
8日	03/24	水	戊午	平	天上火	参
9日	03/25	木	己未	定	天上火	井
10日	03/26	金	庚申	執	柘榴木	鬼
11日	03/27	土	辛酉	破	柘榴木	柳
12日	03/28	日	壬戌	危	大海水	星
13日	03/29	月	癸亥	成	大海水	張
14日	03/30	火	甲子	納	海中金	翼
15日	03/31	水	乙丑	開	海中金	軫
16日	☆04/01	木	丙寅	閉	爐中火	角
17日	04/02	金	丁卯	建	爐中火	亢
18日	04/03	土	戊辰	除	大林木	氐
19日	04/04	日	己巳	満	大林木	房
20日	04/05	月	庚午	満	路傍土	心
21日	04/06	火	辛未	平	路傍土	尾
22日	04/07	水	壬申	定	釼鋒金	箕
23日	04/08	木	癸酉	執	釼鋒金	斗
24日	04/09	金	甲戌	破	山頭火	牛
25日	04/10	土	乙亥	危	山頭火	女
26日	04/11	日	丙子	成	潤下水	虚
27日	04/12	月	丁丑	納	潤下水	危
28日	04/13	火	戊寅	開	城頭土	室
29日	04/14	水	己卯	閉	城頭土	壁

【三月大　甲辰　虚】
節気　穀雨 7日・立夏 22日
雑節　土用 3日・八十八夜 18日

日	月日	曜	干支	直	納音	宿
1日	04/15	木	庚辰	建	白鑞金	奎
2日	04/16	金	辛巳	除	白鑞金	婁
3日	04/17	土	壬午	満	楊柳木	胃
4日	04/18	日	癸未	平	楊柳木	昴
5日	04/19	月	甲申	定	井泉水	畢
6日	04/20	火	乙酉	執	井泉水	觜
7日	04/21	水	丙戌	破	屋上土	参
8日	04/22	木	丁亥	危	屋上土	井
9日	04/23	金	戊子	成	霹靂火	鬼
10日	04/24	土	己丑	納	霹靂火	柳
11日	04/25	日	庚寅	開	松柏木	星
12日	04/26	月	辛卯	閉	松柏木	張
13日	04/27	火	壬辰	建	長流水	翼
14日	04/28	水	癸巳	除	長流水	軫
15日	04/29	木	甲午	満	沙中金	角
16日	04/30	金	乙未	平	沙中金	亢
17日	05/01	土	丙申	定	山下火	氐
18日	05/02	日	丁酉	執	山下火	房
19日	05/03	月	戊戌	破	平地木	心
20日	05/04	火	己亥	危	平地木	尾
21日	05/05	水	庚子	成	壁上土	箕
22日	05/06	木	辛丑	成	壁上土	斗
23日	05/07	金	壬寅	納	金箔金	牛
24日	05/08	土	癸卯	開	金箔金	女
25日	05/09	日	甲辰	閉	覆燈火	虚
26日	05/10	月	乙巳	建	覆燈火	危
27日	05/11	火	丙午	除	天河水	室
28日	05/12	水	丁未	満	天河水	壁
29日	05/13	木	戊申	平	大駅土	奎
30日	05/14	金	己酉	定	大駅土	婁

【四月小　乙巳　危】
節気　小満 8日・芒種 23日
雑節　入梅 23日

日	月日	曜	干支	直	納音	宿
1日	05/15	土	庚戌	執	釵釧金	胃
2日	05/16	日	辛亥	破	釵釧金	昴
3日	05/17	月	壬子	危	桑柘木	畢
4日	05/18	火	癸丑	成	桑柘木	觜
5日	05/19	水	甲寅	納	大渓水	参
6日	05/20	木	乙卯	開	大渓水	井
7日	05/21	金	丙辰	閉	沙中土	鬼
8日	05/22	土	丁巳	建	沙中土	柳
9日	05/23	日	戊午	除	天上火	星
10日	05/24	月	己未	満	天上火	張
11日	05/25	火	庚申	平	柘榴木	翼
12日	05/26	水	辛酉	定	柘榴木	軫
13日	05/27	木	壬戌	執	大海水	角
14日	05/28	金	癸亥	破	大海水	亢
15日	05/29	土	甲子	危	海中金	氐
16日	05/30	日	乙丑	成	海中金	房
17日	05/31	月	丙寅	納	爐中火	心
18日	06/01	火	丁卯	開	爐中火	尾
19日	06/02	水	戊辰	閉	大林木	箕
20日	06/03	木	己巳	建	大林木	斗
21日	06/04	金	庚午	除	路傍土	牛
22日	06/05	土	辛未	満	路傍土	女
23日	06/06	日	壬申	満	釼鋒金	虚
24日	06/07	月	癸酉	平	釼鋒金	危
25日	06/08	火	甲戌	定	山頭火	室
26日	06/09	水	乙亥	執	山頭火	壁
27日	06/10	木	丙子	破	潤下水	奎
28日	06/11	金	丁丑	危	潤下水	婁
29日	06/12	土	戊寅	成	城頭土	胃

【五月小　丙午　室】
節気　夏至 10日・小暑 26日
雑節　半夏生 20日

日	月日	曜	干支	直	納音	宿
1日	06/13	日	己卯	納	城頭土	昴
2日	06/14	月	庚辰	開	白鑞金	畢
3日	06/15	火	辛巳	閉	白鑞金	觜
4日	06/16	水	壬午	建	楊柳木	参
5日	06/17	木	癸未	除	楊柳木	井
6日	06/18	金	甲申	満	井泉水	鬼
7日	06/19	土	乙酉	平	井泉水	柳
8日	06/20	日	丙戌	定	屋上土	星
9日	06/21	月	丁亥	執	屋上土	張
10日	06/22	火	戊子	破	霹靂火	翼
11日	06/23	水	己丑	危	霹靂火	軫
12日	06/24	木	庚寅	成	松柏木	角
13日	06/25	金	辛卯	納	松柏木	亢
14日	06/26	土	壬辰	開	長流水	氐
15日	06/27	日	癸巳	閉	長流水	房
16日	06/28	月	甲午	建	沙中金	心
17日	06/29	火	乙未	除	沙中金	尾
18日	06/30	水	丙申	満	山下火	箕
19日	07/01	木	丁酉	平	山下火	斗
20日	07/02	金	戊戌	定	平地木	牛
21日	07/03	土	己亥	執	平地木	女
22日	07/04	日	庚子	破	壁上土	虚
23日	07/05	月	辛丑	危	壁上土	危
24日	07/06	火	壬寅	成	金箔金	室
25日	07/07	水	癸卯	納	金箔金	壁
26日	07/08	木	甲辰	納	覆燈火	奎
27日	07/09	金	乙巳	開	覆燈火	婁
28日	07/10	土	丙午	閉	天河水	胃
29日	07/11	日	丁未	建	天河水	昴

【六月大　丁未　壁】
節気　大暑 12日・立秋 28日
雑節　土用 9日

日	月日	曜	干支	直	納音	宿
1日	07/12	月	戊申	除	大駅土	畢
2日	07/13	火	己酉	満	大駅土	觜
3日	07/14	水	庚戌	平	釵釧金	参
4日	07/15	木	辛亥	定	釵釧金	井
5日	07/16	金	壬子	執	桑柘木	鬼
6日	07/17	土	癸丑	破	桑柘木	柳
7日	07/18	日	甲寅	危	大渓水	星
8日	07/19	月	乙卯	成	大渓水	張
9日	07/20	火	丙辰	納	沙中土	翼
10日	07/21	水	丁巳	開	沙中土	軫
11日	07/22	木	戊午	閉	天上火	角
12日	07/23	金	己未	建	天上火	亢
13日	07/24	土	庚申	除	柘榴木	氐
14日	07/25	日	辛酉	満	柘榴木	房
15日	07/26	月	壬戌	平	大海水	心
16日	07/27	火	癸亥	定	大海水	尾
17日	07/28	水	甲子	執	海中金	箕
18日	07/29	木	乙丑	破	海中金	斗
19日	07/30	金	丙寅	危	爐中火	牛
20日	07/31	土	丁卯	成	爐中火	女
21日	08/01	日	戊辰	納	大林木	虚
22日	08/02	月	己巳	開	大林木	危
23日	08/03	火	庚午	閉	路傍土	室
24日	08/04	水	辛未	建	路傍土	壁
25日	08/05	木	壬申	除	釼鋒金	奎
26日	08/06	金	癸酉	満	釼鋒金	婁
27日	08/07	土	甲戌	平	山頭火	胃
28日	08/08	日	乙亥	平	山頭火	昴
29日	08/09	月	丙子	定	潤下水	畢
30日	08/10	火	丁丑	執	潤下水	觜

弘化4年

【七月大 戊申 奎】
節気 処暑 14日・白露 29日
雑節 二百十日 22日

日	西暦	曜	干支	直	納音	宿
1日	08/11	水	戊寅	破	城頭土	参
2日	08/12	木	己卯	危	城頭土	井
3日	08/13	金	庚辰	成	白鑞金	鬼
4日	08/14	土	辛巳	納	白鑞金	柳
5日	08/15	日	壬午	開	楊柳木	星
6日	08/16	月	癸未	閉	楊柳木	張
7日	08/17	火	甲申	建	井泉水	翼
8日	08/18	水	乙酉	除	井泉水	軫
9日	08/19	木	丙戌	満	屋上土	角
10日	08/20	金	丁亥	平	屋上土	亢
11日	08/21	土	戊子	定	霹靂火	氐
12日	08/22	日	己丑	執	霹靂火	房
13日	08/23	月	庚寅	破	松柏木	心
14日	08/24	火	辛卯	危	松柏木	尾
15日	08/25	水	壬辰	成	長流水	箕
16日	08/26	木	癸巳	納	長流水	斗
17日	08/27	金	甲午	開	沙中金	牛
18日	08/28	土	乙未	閉	沙中金	女
19日	08/29	日	丙申	建	山下火	虚
20日	08/30	月	丁酉	除	山下火	危
21日	08/31	火	戊戌	満	平地木	室
22日	09/01	水	己亥	平	平地木	壁
23日	09/02	木	庚子	定	壁上土	奎
24日	09/03	金	辛丑	執	壁上土	婁
25日	09/04	土	壬寅	破	金箔金	胃
26日	09/05	日	癸卯	危	金箔金	昴
27日	09/06	月	甲辰	成	覆燈火	畢
28日	09/07	火	乙巳	納	覆燈火	觜
29日	09/08	水	丙午	納	天河水	参
30日	09/09	木	丁未	開	天河水	井

【八月小 己酉 婁】
節気 秋分 15日
雑節 社日 11日・彼岸 12日

日	西暦	曜	干支	直	納音	宿
1日	09/10	金	戊申	建	大駅土	鬼
2日	09/11	土	己酉	建	大駅土	柳
3日	09/12	日	庚戌	除	釵釧金	星
4日	09/13	月	辛亥	満	釵釧金	張
5日	09/14	火	壬子	平	桑柘木	翼
6日	09/15	水	癸丑	定	桑柘木	軫
7日	09/16	木	甲寅	執	大渓水	角
8日	09/17	金	乙卯	破	大渓水	亢
9日	09/18	土	丙辰	危	沙中土	氐
10日	09/19	日	丁巳	成	沙中土	房
11日	09/20	月	戊午	納	天上火	心
12日	09/21	火	己未	開	天上火	尾
13日	09/22	水	庚申	閉	柘榴木	箕
14日	09/23	木	辛酉	建	柘榴木	斗
15日☆	09/24	金	壬戌	除	大海水	牛
16日	09/25	土	癸亥	満	大海水	女
17日	09/26	日	甲子	平	海中金	虚
18日	09/27	月	乙丑	定	海中金	危
19日	09/28	火	丙寅	執	炉中火	室
20日	09/29	水	丁卯	破	炉中火	壁
21日	09/30	木	戊辰	危	大林木	奎
22日	10/01	金	己巳	成	大林木	婁
23日	10/02	土	庚午	納	路傍土	胃
24日	10/03	日	辛未	開	路傍土	昴
25日	10/04	月	壬申	閉	釵鋒金	畢
26日	10/05	火	癸酉	建	釵鋒金	觜
27日	10/06	水	甲戌	除	山頭火	参
28日	10/07	木	乙亥	満	山頭火	井
29日	10/08	金	丙子	平	澗下水	鬼

【九月大 庚戌 胃】
節気 寒露 1日・霜降 16日
雑節 土用 13日

日	西暦	曜	干支	直	納音	宿
1日	10/09	土	丁丑	平	澗下水	柳
2日	10/10	日	戊寅	定	城頭土	星
3日	10/11	月	己卯	執	城頭土	張
4日	10/12	火	庚辰	破	白鑞金	翼
5日	10/13	水	辛巳	危	白鑞金	軫
6日	10/14	木	壬午	成	楊柳木	角
7日	10/15	金	癸未	納	楊柳木	亢
8日	10/16	土	甲申	開	井泉水	氐
9日	10/17	日	乙酉	閉	井泉水	房
10日	10/18	月	丙戌	建	屋上土	心
11日	10/19	火	丁亥	除	屋上土	尾
12日	10/20	水	戊子	満	霹靂火	箕
13日	10/21	木	己丑	平	霹靂火	斗
14日	10/22	金	庚寅	定	松柏木	牛
15日	10/23	土	辛卯	執	松柏木	女
16日	10/24	日	壬辰	破	長流水	虚
17日	10/25	月	癸巳	危	長流水	危
18日	10/26	火	甲午	成	沙中金	室
19日	10/27	水	乙未	納	沙中金	壁
20日	10/28	木	丙申	開	山下火	奎
21日	10/29	金	丁酉	閉	山下火	婁
22日	10/30	土	戊戌	建	平地木	胃
23日	10/31	日	己亥	除	平地木	昴
24日	11/01	月	庚子	満	壁上土	畢
25日	11/02	火	辛丑	平	壁上土	觜
26日	11/03	水	壬寅	定	金箔金	参
27日	11/04	木	癸卯	執	金箔金	井
28日	11/05	金	甲辰	破	覆燈火	鬼
29日	11/06	土	乙巳	危	覆燈火	柳
30日	11/07	日	丙午	成	天河水	星

【十月大 辛亥 昴】
節気 立冬 1日・小雪 16日

日	西暦	曜	干支	直	納音	宿
1日	11/08	月	丁未	成	天河水	張
2日	11/09	火	戊申	納	大駅土	翼
3日	11/10	水	己酉	開	大駅土	軫
4日	11/11	木	庚戌	閉	釵釧金	角
5日	11/12	金	辛亥	建	釵釧金	亢
6日	11/13	土	壬子	平	桑柘木	氐
7日	11/14	日	癸丑	平	桑柘木	房
8日	11/15	月	甲寅	定	大渓水	心
9日	11/16	火	乙卯	執	大渓水	尾
10日	11/17	水	丙辰	破	沙中土	箕
11日	11/18	木	丁巳	危	沙中土	斗
12日	11/19	金	戊午	成	天上火	牛
13日	11/20	土	己未	納	天上火	女
14日	11/21	日	庚申	開	柘榴木	虚
15日	11/22	月	辛酉	閉	柘榴木	危
16日	11/23	火	壬戌	建	大海水	室
17日	11/24	水	癸亥	除	大海水	壁
18日	11/25	木	甲子	満	海中金	奎
19日	11/26	金	乙丑	平	海中金	婁
20日	11/27	土	丙寅	平	炉中火	胃
21日	11/28	日	丁卯	定	炉中火	昴
22日	11/29	月	戊辰	執	大林木	畢
23日	11/30	火	己巳	破	大林木	觜
24日	12/01	水	庚午	危	路傍土	参
25日	12/02	木	辛未	成	路傍土	井
26日	12/03	金	壬申	納	釵鋒金	鬼
27日	12/04	土	癸酉	開	釵鋒金	柳
28日	12/05	日	甲戌	閉	山頭火	星
29日	12/06	月	乙亥	建	山頭火	張
30日	12/07	火	丙子	除	澗下水	翼

【十一月小 壬子 畢】
節気 大雪 1日・冬至 15日

日	西暦	曜	干支	直	納音	宿
1日	12/08	水	丁丑	除	澗下水	軫
2日	12/09	木	戊寅	満	城頭土	角
3日	12/10	金	己卯	平	城頭土	亢
4日	12/11	土	庚辰	定	白鑞金	氐
5日	12/12	日	辛巳	執	白鑞金	房
6日	12/13	月	壬午	破	楊柳木	心
7日	12/14	火	癸未	危	楊柳木	尾
8日	12/15	水	甲申	成	井泉水	箕
9日	12/16	木	乙酉	納	井泉水	斗
10日	12/17	金	丙戌	開	屋上土	牛
11日	12/18	土	丁亥	閉	屋上土	女
12日	12/19	日	戊子	建	霹靂火	虚
13日	12/20	月	己丑	除	霹靂火	危
14日	12/21	火	庚寅	満	松柏木	室
15日	12/22	水	辛卯	平	松柏木	壁
16日	12/23	木	壬辰	定	長流水	奎
17日	12/24	金	癸巳	執	長流水	婁
18日	12/25	土	甲午	破	沙中金	胃
19日	12/26	日	乙未	危	沙中金	昴
20日	12/27	月	丙申	成	山下火	畢
21日	12/28	火	丁酉	納	山下火	觜
22日	12/29	水	戊戌	開	平地木	参
23日	12/30	木	己亥	閉	平地木	井
24日	12/31	金	庚子	建	壁上土	鬼

1848年

日	西暦	曜	干支	直	納音	宿
25日	01/01	土	辛丑	除	壁上土	柳
26日	01/02	日	壬寅	満	金箔金	星
27日	01/03	月	癸卯	平	金箔金	張
28日	01/04	火	甲辰	定	覆燈火	翼
29日	01/05	水	乙巳	執	覆燈火	軫

【十二月大 癸丑 觜】
節気 小寒 1日・大寒 16日
雑節 土用 13日・節分 30日

日	西暦	曜	干支	直	納音	宿
1日	01/06	木	丙午	執	天河水	角
2日	01/07	金	丁未	破	天河水	亢
3日	01/08	土	戊申	危	大駅土	氐
4日	01/09	日	己酉	成	大駅土	房
5日	01/10	月	庚戌	納	釵釧金	心
6日	01/11	火	辛亥	開	釵釧金	尾
7日	01/12	水	壬子	閉	桑柘木	箕
8日	01/13	木	癸丑	建	桑柘木	斗
9日	01/14	金	甲寅	除	大渓水	牛
10日	01/15	土	乙卯	満	大渓水	女
11日	01/16	日	丙辰	平	沙中土	虚
12日	01/17	月	丁巳	定	沙中土	危
13日	01/18	火	戊午	執	天上火	室
14日	01/19	水	己未	破	天上火	壁
15日	01/20	木	庚申	危	柘榴木	奎
16日	01/21	金	辛酉	成	柘榴木	婁
17日	01/22	土	壬戌	納	大海水	胃
18日	01/23	日	癸亥	開	大海水	昴
19日	01/24	月	甲子	閉	海中金	畢
20日	01/25	火	乙丑	建	海中金	觜
21日	01/26	水	丙寅	除	炉中火	参
22日	01/27	木	丁卯	満	炉中火	井
23日	01/28	金	戊辰	平	大林木	鬼
24日	01/29	土	己巳	定	大林木	柳
25日	01/30	日	庚午	執	路傍土	星
26日	01/31	月	辛未	破	路傍土	張
27日	02/01	火	壬申	危	釵鋒金	翼
28日	02/02	水	癸酉	成	釵鋒金	軫
29日	02/03	木	甲戌	納	山頭火	角
30日	02/04	金	乙亥	開	山頭火	亢

嘉永元年〔弘化5年〕

1848〜1849　戊申　奎
※改元＝2月28日

【正月小 甲寅 參】
節気 立春 1日・雨水 15日

1日 02/05 土 丙子 開 澗下水 氐
2日 02/06 日 丁丑 閉 澗下水 房
3日 02/07 月 戊寅 建 城頭土 心
4日 02/08 火 己卯 除 城頭土 尾
5日 02/09 水 庚辰 満 白鑞金 箕
6日 02/10 木 辛巳 平 白鑞金 斗
7日 02/11 金 壬午 定 楊柳木 牛
8日 02/12 土 癸未 執 楊柳木 女
9日 02/13 日 甲申 破 井泉水 虚
10日 02/14 月 乙酉 危 井泉水 危
11日 02/15 火 丙戌 成 屋上土 室
12日 02/16 水 丁亥 納 屋上土 壁
13日 02/17 木 戊子 開 霹靂火 奎
14日 02/18 金 己丑 閉 霹靂火 婁
15日 02/19 土 庚寅 建 松柏木 胃
16日 02/20 日 辛卯 除 松柏木 昴
17日 02/21 月 壬辰 満 長流水 畢
18日 02/22 火 癸巳 平 長流水 觜
19日 02/23 水 甲午 定 沙中金 参
20日 02/24 木 乙未 執 沙中金 井
21日 02/25 金 丙申 破 山下火 鬼
22日 02/26 土 丁酉 危 山下火 柳
23日 02/27 日 戊戌 成 平地木 星
24日 02/28 月 己亥 納 平地木 張
25日 02/29 火 庚子 開 壁上土 翼
26日 03/01 水 辛丑 閉 壁上土 軫
27日 03/02 木 壬寅 建 金箔金 角
28日 03/03 金 癸卯 除 金箔金 亢
29日 03/04 土 甲辰 満 覆燈火 氐

【二月大 乙卯 井】
節気 啓蟄 1日・春分 16日
雑節 彼岸 13日・社日 14日

1日 03/05 日 乙巳 満 覆燈火 房
2日 03/06 月 丙午 平 天河水 心
3日 03/07 火 丁未 定 天河水 尾
4日 03/08 水 戊申 執 大駅土 箕
5日 03/09 木 己酉 破 大駅土 斗
6日 03/10 金 庚戌 危 釵釧金 牛
7日 03/11 土 辛亥 成 釵釧金 女
8日 03/12 日 壬子 納 桑柘木 虚
9日 03/13 月 癸丑 開 桑柘木 危
10日 03/14 火 甲寅 閉 大渓水 室
11日 03/15 水 乙卯 建 大渓水 壁
12日 03/16 木 丙辰 除 沙中土 奎
13日 03/17 金 丁巳 満 沙中土 婁
14日 03/18 土 戊午 平 天上火 胃
15日 03/19 日 己未 定 天上火 昴
16日☆ 03/20 月 庚申 執 柘榴木 畢
17日 03/21 火 辛酉 破 柘榴木 觜
18日 03/22 水 壬戌 危 大海水 参
19日 03/23 木 癸亥 成 大海水 井
20日 03/24 金 甲子 納 海中金 鬼
21日 03/25 土 乙丑 開 海中金 柳
22日 03/26 日 丙寅 閉 爐中火 星
23日 03/27 月 丁卯 建 爐中火 張
24日 03/28 火 戊辰 除 大林木 翼
25日 03/29 水 己巳 満 大林木 軫
26日 03/30 木 庚午 平 路傍土 角
27日 03/31 金 辛未 定 路傍土 亢
28日 04/01 土 壬申 執 釵鋒金 氐
＊改元（弘化5年→嘉永元年）
29日 04/02 日 癸酉 破 釵鋒金 房
30日 04/03 月 甲戌 危 山頭火 心

【三月小 丙辰 鬼】
節気 清明 2日・穀雨 17日
雑節 土用 14日・八十八夜 29日

1日 04/04 火 乙亥 成 山頭火 尾
2日 04/05 水 丙子 成 澗下水 箕
3日 04/06 木 丁丑 納 澗下水 斗
4日 04/07 金 戊寅 開 城頭土 牛
5日 04/08 土 己卯 閉 城頭土 女
6日 04/09 日 庚辰 建 白鑞金 虚
7日 04/10 月 辛巳 除 白鑞金 危
8日 04/11 火 壬午 満 楊柳木 室
9日 04/12 水 癸未 平 楊柳木 壁
10日 04/13 木 甲申 定 井泉水 奎
11日 04/14 金 乙酉 執 井泉水 婁
12日 04/15 土 丙戌 破 屋上土 胃
13日 04/16 日 丁亥 危 屋上土 昴
14日 04/17 月 戊子 成 霹靂火 畢
15日 04/18 火 己丑 納 霹靂火 觜
16日 04/19 水 庚寅 開 松柏木 参
17日 04/20 木 辛卯 閉 松柏木 井
18日 04/21 金 壬辰 建 長流水 鬼
19日 04/22 土 癸巳 除 長流水 柳
20日 04/23 日 甲午 満 沙中金 星
21日 04/24 月 乙未 平 沙中金 張
22日 04/25 火 丙申 定 山下火 翼
23日 04/26 水 丁酉 執 山下火 軫
24日 04/27 木 戊戌 破 平地木 角
25日 04/28 金 己亥 危 平地木 亢
26日 04/29 土 庚子 成 壁上土 氐
27日 04/30 日 辛丑 納 壁上土 房
28日 05/01 月 壬寅 開 金箔金 心
29日 05/02 火 癸卯 閉 金箔金 尾

【四月小 丁巳 柳】
節気 立夏 3日・小満 19日

1日 05/03 水 甲辰 建 覆燈火 箕
2日 05/04 木 乙巳 除 覆燈火 斗
3日 05/05 金 丙午 除 天河水 牛
4日 05/06 土 丁未 満 天河水 女
5日 05/07 日 戊申 平 大駅土 虚
6日 05/08 月 己酉 定 大駅土 危
7日 05/09 火 庚戌 執 釵釧金 室
8日 05/10 水 辛亥 破 釵釧金 壁
9日 05/11 木 壬子 危 桑柘木 奎
10日 05/12 金 癸丑 成 桑柘木 婁
11日 05/13 土 甲寅 納 大渓水 胃
12日 05/14 日 乙卯 開 大渓水 昴
13日 05/15 月 丙辰 閉 沙中土 畢
14日 05/16 火 丁巳 建 沙中土 觜
15日 05/17 水 戊午 除 天上火 参
16日 05/18 木 己未 満 天上火 井
17日 05/19 金 庚申 平 柘榴木 鬼
18日 05/20 土 辛酉 定 柘榴木 柳
19日 05/21 日 壬戌 執 大海水 星
20日 05/22 月 癸亥 破 大海水 張
21日 05/23 火 甲子 危 海中金 翼
22日 05/24 水 乙丑 成 海中金 軫
23日 05/25 木 丙寅 納 爐中火 角
24日 05/26 金 丁卯 開 爐中火 亢
25日 05/27 土 戊辰 閉 大林木 氐
26日 05/28 日 己巳 建 大林木 房
27日 05/29 月 庚午 除 路傍土 心
28日 05/30 火 辛未 満 路傍土 尾
29日 05/31 水 壬申 平 釵鋒金 箕

【五月大 戊午 星】
節気 芒種 6日・夏至 21日
雑節 入梅 10日

1日 06/01 木 癸酉 定 釵鋒金 斗
2日 06/02 金 甲戌 執 山頭火 牛
3日 06/03 土 乙亥 破 山頭火 女
4日 06/04 日 丙子 危 澗下水 虚
5日 06/05 月 丁丑 成 澗下水 危
6日 06/06 火 戊寅 成 城頭土 室
7日 06/07 水 己卯 納 城頭土 壁
8日 06/08 木 庚辰 開 白鑞金 奎
9日 06/09 金 辛巳 閉 白鑞金 婁
10日 06/10 土 壬午 建 楊柳木 胃
11日 06/11 日 癸未 除 楊柳木 昴
12日 06/12 月 甲申 満 井泉水 畢
13日 06/13 火 乙酉 平 井泉水 觜
14日 06/14 水 丙戌 定 屋上土 参
15日 06/15 木 丁亥 執 屋上土 井
16日 06/16 金 戊子 破 霹靂火 鬼
17日 06/17 土 己丑 危 霹靂火 柳
18日 06/18 日 庚寅 成 松柏木 星
19日 06/19 月 辛卯 納 松柏木 張
20日 06/20 火 壬辰 開 長流水 翼
21日 06/21 水 癸巳 閉 長流水 軫
22日 06/22 木 甲午 建 沙中金 角
23日 06/23 金 乙未 除 沙中金 亢
24日 06/24 土 丙申 満 山下火 氐
25日 06/25 日 丁酉 平 山下火 房
26日 06/26 月 戊戌 定 平地木 心
27日 06/27 火 己亥 執 平地木 尾
28日 06/28 水 庚子 破 壁上土 箕
29日 06/29 木 辛丑 危 壁上土 斗
30日 06/30 金 壬寅 成 金箔金 牛

【六月小 己未 張】
節気 小暑 7日・大暑 23日
雑節 半夏生 2日・土用 19日

1日 07/01 土 癸卯 納 金箔金 女
2日 07/02 日 甲辰 開 覆燈火 虚
3日 07/03 月 乙巳 閉 覆燈火 危
4日 07/04 火 丙午 建 天河水 室
5日 07/05 水 丁未 除 天河水 壁
6日 07/06 木 戊申 満 大駅土 奎
7日 07/07 金 己酉 満 大駅土 婁
8日 07/08 土 庚戌 平 釵釧金 胃
9日 07/09 日 辛亥 定 釵釧金 昴
10日 07/10 月 壬子 執 桑柘木 畢
11日 07/11 火 癸丑 破 桑柘木 觜
12日 07/12 水 甲寅 危 大渓水 参
13日 07/13 木 乙卯 成 大渓水 井
14日 07/14 金 丙辰 納 沙中土 鬼
15日 07/15 土 丁巳 開 沙中土 柳
16日 07/16 日 戊午 閉 天上火 星
17日 07/17 月 己未 建 天上火 張
18日 07/18 火 庚申 除 柘榴木 翼
19日 07/19 水 辛酉 満 柘榴木 軫
20日 07/20 木 壬戌 平 大海水 角
21日 07/21 金 癸亥 定 大海水 亢
22日 07/22 土 甲子 執 海中金 氐
23日 07/23 日 乙丑 破 海中金 房
24日 07/24 月 丙寅 危 爐中火 心
25日 07/25 火 丁卯 成 爐中火 尾
26日 07/26 水 戊辰 納 大林木 箕
27日 07/27 木 己巳 開 大林木 斗
28日 07/28 金 庚午 閉 路傍土 牛
29日 07/29 土 辛未 建 路傍土 女

西暦 曜 干支 直 納音 宿 　　　　　　　　嘉永元年〔弘化5年〕

【七月大 庚申 翼】
節気 立秋 9日・処暑 25日

日	西暦	曜	干支	直	納音	宿
1日	07/30	土	壬申	除	釼鋒金	虚
2日	07/31	月	癸酉	満	釼鋒金	危
3日	08/01	火	甲戌	平	山頭火	室
4日	08/02	水	乙亥	定	山頭火	壁
5日	08/03	木	丙子	執	澗下水	奎
6日	08/04	金	丁丑	破	澗下水	婁
7日	08/05	土	戊寅	危	城頭土	胃
8日	08/06	日	己卯	成	城頭土	昴
9日	08/07	月	庚辰	成	白鑞金	畢
10日	08/08	火	辛巳	納	白鑞金	觜
11日	08/09	水	壬午	開	楊柳木	参
12日	08/10	木	癸未	閉	楊柳木	井
13日	08/11	金	甲申	建	井泉水	鬼
14日	08/12	土	乙酉	除	井泉水	柳
15日	08/13	日	丙戌	満	屋上土	星
16日	08/14	月	丁亥	平	屋上土	張
17日	08/15	火	戊子	定	霹靂火	翼
18日	08/16	水	己丑	執	霹靂火	軫
19日	08/17	木	庚寅	破	松柏木	角
20日	08/18	金	辛卯	危	松柏木	亢
21日	08/19	土	壬辰	成	長流水	氐
22日	08/20	日	癸巳	納	長流水	房
23日	08/21	月	甲午	開	沙中金	心
24日	08/22	火	乙未	閉	沙中金	尾
25日	08/23	水	丙申	建	山下火	箕
26日	08/24	木	丁酉	除	山下火	斗
27日	08/25	金	戊戌	満	平地木	牛
28日	08/26	土	己亥	定	平地木	女
29日	08/27	日	庚子	定	壁上土	虚
30日	08/28	月	辛丑	執	壁上土	危

【八月小 辛酉 軫】
節気 白露 10日・秋分 26日
雑節 二百十日 4日・彼岸 23日・社日 27日

日	西暦	曜	干支	直	納音	宿
1日	08/29	火	壬寅	破	金箔金	室
2日	08/30	水	癸卯	危	金箔金	壁
3日	08/31	木	甲辰	成	覆燈火	奎
4日	09/01	金	乙巳	納	覆燈火	婁
5日	09/02	土	丙午	開	天河水	胃
6日	09/03	日	丁未	閉	天河水	昴
7日	09/04	月	戊申	建	大驛土	畢
8日	09/05	火	己酉	除	大驛土	觜
9日	09/06	水	庚戌	満	釵釧金	参
10日	09/07	木	辛亥	平	釵釧金	井
11日	09/08	金	壬子	定	桑柘木	鬼
12日	09/09	土	癸丑	定	桑柘木	柳
13日	09/10	日	甲寅	破	大溪水	星
14日	09/11	月	乙卯	危	大溪水	張
15日	09/12	火	丙辰	成	沙中土	翼
16日	09/13	水	丁巳	納	沙中土	軫
17日	09/14	木	戊午	開	天上火	角
18日	09/15	金	己未	閉	天上火	亢
19日	09/16	土	庚申	閉	柘榴木	氐
20日	09/17	日	辛酉	建	柘榴木	房
21日	09/18	月	壬戌	除	大海水	心
22日	09/19	火	癸亥	満	大海水	尾
23日	09/20	水	甲子	平	海中金	箕
24日	09/21	木	乙丑	定	海中金	斗
25日	09/22	金	丙寅	執	爐中火	牛
26日	09/23	土	丁卯	破	爐中火	女
27日	09/24	日	戊辰	危	大林木	虚
28日	09/25	月	己巳	成	大林木	危
29日	09/26	火	庚午	納	路傍土	室

【九月大 壬戌 角】
節気 寒露 12日・霜降 27日
雑節 土用 24日

日	西暦	曜	干支	直	納音	宿
1日	09/27	水	辛未	開	路傍土	壁
2日	09/28	木	壬申	閉	釼鋒金	奎
3日	09/29	金	癸酉	建	釼鋒金	婁
4日	09/30	土	甲戌	除	山頭火	胃
5日	10/01	日	乙亥	満	山頭火	昴
6日	10/02	月	丙子	平	澗下水	畢
7日	10/03	火	丁丑	定	澗下水	觜
8日	10/04	水	戊寅	執	城頭土	参
9日	10/05	木	己卯	破	城頭土	井
10日	10/06	金	庚辰	危	白鑞金	鬼
11日	10/07	土	辛巳	成	白鑞金	柳
12日	10/08	日	壬午	納	楊柳木	星
13日	10/09	月	癸未	納	楊柳木	張
14日	10/10	火	甲申	開	井泉水	翼
15日	10/11	水	乙酉	閉	井泉水	軫
16日	10/12	木	丙戌	建	屋上土	角
17日	10/13	金	丁亥	除	屋上土	亢
18日	10/14	土	戊子	満	霹靂火	氐
19日	10/15	日	己丑	平	霹靂火	房
20日	10/16	月	庚寅	定	松柏木	心
21日	10/17	火	辛卯	執	松柏木	尾
22日	10/18	水	壬辰	破	長流水	箕
23日	10/19	木	癸巳	危	長流水	斗
24日	10/20	金	甲午	成	沙中金	牛
25日	10/21	土	乙未	納	沙中金	女
26日	10/22	日	丙申	建	山下火	虚
27日	10/23	月	丁酉	定	山下火	危
28日	10/24	火	戊戌	建	平地木	室
29日	10/25	水	己亥	除	平地木	壁
30日	10/26	木	庚子	満	壁上土	奎

【十月大 癸亥 亢】
節気 立冬 12日・小雪 27日

日	西暦	曜	干支	直	納音	宿
1日	10/27	金	辛丑	平	壁上土	婁
2日	10/28	土	壬寅	定	金箔金	胃
3日	10/29	日	癸卯	平	金箔金	昴
4日	10/30	月	甲辰	破	覆燈火	畢
5日	10/31	火	乙巳	危	覆燈火	觜
6日	11/01	水	丙午	成	天河水	参
7日	11/02	木	丁未	納	天河水	井
8日	11/03	金	戊申	開	大驛土	鬼
9日	11/04	土	己酉	閉	大驛土	柳
10日	11/05	日	庚戌	建	釵釧金	星
11日	11/06	月	辛亥	除	釵釧金	張
12日	11/07	火	壬子	除	桑柘木	翼
13日	11/08	水	癸丑	満	桑柘木	軫
14日	11/09	木	甲寅	平	大溪水	角
15日	11/10	金	乙卯	定	大溪水	亢
16日	11/11	土	丙辰	執	沙中土	氐
17日	11/12	日	丁巳	破	沙中土	房
18日	11/13	月	戊午	危	天上火	心
19日	11/14	火	己未	成	天上火	尾
20日	11/15	水	庚申	納	柘榴木	箕
21日	11/16	木	辛酉	閉	柘榴木	斗
22日	11/17	金	壬戌	閉	大海水	牛
23日	11/18	土	癸亥	建	大海水	女
24日	11/19	日	甲子	除	海中金	虚
25日	11/20	月	乙丑	満	海中金	危
26日	11/21	火	丙寅	平	爐中火	室
27日	11/22	水	丁卯	定	爐中火	壁
28日	11/23	木	戊辰	執	大林木	奎
29日	11/24	金	己巳	破	大林木	婁
30日	11/25	土	庚午	危	路傍土	胃

【十一月大 甲子 氐】
節気 大雪 12日・冬至 27日

日	西暦	曜	干支	直	納音	宿
1日	11/26	日	辛未	成	路傍土	昴
2日	11/27	月	壬申	納	釼鋒金	畢
3日	11/28	火	癸酉	開	釼鋒金	觜
4日	11/29	水	甲戌	閉	山頭火	参
5日	11/30	木	乙亥	建	山頭火	井
6日	12/01	金	丙子	除	澗下水	鬼
7日	12/02	土	丁丑	満	澗下水	柳
8日	12/03	日	戊寅	平	城頭土	星
9日	12/04	月	己卯	定	城頭土	張
10日	12/05	火	庚辰	執	白鑞金	翼
11日	12/06	水	辛巳	破	白鑞金	軫
12日	12/07	木	壬午	破	楊柳木	角
13日	12/08	金	癸未	危	楊柳木	亢
14日	12/09	土	甲申	成	井泉水	氐
15日	12/10	日	乙酉	納	井泉水	房
16日	12/11	月	丙戌	開	屋上土	心
17日	12/12	火	丁亥	閉	屋上土	尾
18日	12/13	水	戊子	建	霹靂火	箕
19日	12/14	木	己丑	除	霹靂火	斗
20日	12/15	金	庚寅	満	松柏木	牛
21日	12/16	土	辛卯	平	松柏木	女
22日	12/17	日	壬辰	定	長流水	虚
23日	12/18	月	癸巳	執	長流水	危
24日	12/19	火	甲午	破	沙中金	室
25日	12/20	水	乙未	危	沙中金	壁
26日	12/21	木	丙申	成	山下火	奎
27日	12/22	金	丁酉	納	山下火	婁
28日	12/23	土	戊戌	開	平地木	胃
29日	12/24	日	己亥	閉	平地木	昴
30日	12/25	月	庚子	建	壁上土	畢

【十二月小 乙丑 房】
節気 小寒 11日・大寒 26日
雑節 土用 23日

日	西暦	曜	干支	直	納音	宿
1日	12/26	火	辛丑	除	壁上土	觜
2日	12/27	水	壬寅	満	金箔金	参
3日	12/28	木	癸卯	平	金箔金	井
4日	12/29	金	甲辰	定	覆燈火	鬼
5日	12/30	土	乙巳	執	覆燈火	柳
6日	12/31	日	丙午	破	天河水	星

1849年

日	西暦	曜	干支	直	納音	宿
7日	01/01	月	丁未	危	天河水	張
8日	01/02	火	戊申	成	大驛土	翼
9日	01/03	水	己酉	納	大驛土	軫
10日	01/04	木	庚戌	開	釵釧金	角
11日	01/05	金	辛亥	開	釵釧金	亢
12日	01/06	土	壬子	建	桑柘木	氐
13日	01/07	日	癸丑	建	桑柘木	房
14日	01/08	月	甲寅	除	大溪水	心
15日	01/09	火	乙卯	満	大溪水	尾
16日	01/10	水	丙辰	平	沙中土	箕
17日	01/11	木	丁巳	定	沙中土	斗
18日	01/12	金	戊午	執	天上火	牛
19日	01/13	土	己未	破	天上火	女
20日	01/14	日	庚申	危	柘榴木	虚
21日	01/15	月	辛酉	成	柘榴木	危
22日	01/16	火	壬戌	納	大海水	室
23日	01/17	水	癸亥	開	大海水	壁
24日	01/18	木	甲子	閉	海中金	奎
25日	01/19	金	乙丑	建	海中金	婁
26日	01/20	土	丙寅	除	爐中火	胃
27日	01/21	日	丁卯	満	爐中火	昴
28日	01/22	月	戊辰	平	大林木	畢
29日	01/23	火	己巳	定	大林木	觜

嘉永2年
1849～1850　己酉　婁

【正月大　丙寅　心】
節気　立春 12日・雨水 27日
雑節　節分 11日

日	日付	曜	干支	十二直	納音	宿
1日	01/24	水	庚午	執	路傍土	参
2日	01/25	木	辛未	破	路傍土	井
3日	01/26	金	壬申	危	釼鋒金	鬼
4日	01/27	土	癸酉	成	釼鋒金	柳
5日	01/28	日	甲戌	納	山頭火	星
6日	01/29	月	乙亥	開	山頭火	張
7日	01/30	火	丙子	閉	潤下水	翼
8日	01/31	水	丁丑	建	潤下水	軫
9日	02/01	木	戊寅	除	城頭土	角
10日	02/02	金	己卯	満	城頭土	亢
11日	02/03	土	庚辰	平	白鑞金	氐
12日	02/04	日	辛巳	平	白鑞金	房
13日	02/05	月	壬午	定	楊柳木	心
14日	02/06	火	癸未	執	楊柳木	尾
15日	02/07	水	甲申	破	井泉水	箕
16日	02/08	木	乙酉	危	井泉水	斗
17日	02/09	金	丙戌	成	屋上土	牛
18日	02/10	土	丁亥	納	屋上土	女
19日	02/11	日	戊子	開	霹靂火	虚
20日	02/12	月	己丑	閉	霹靂火	危
21日	02/13	火	庚寅	建	松柏木	室
22日	02/14	水	辛卯	除	松柏木	壁
23日	02/15	木	壬辰	満	長流水	奎
24日	02/16	金	癸巳	平	長流水	婁
25日	02/17	土	甲午	定	沙中金	胃
26日	02/18	日	乙未	執	沙中金	昴
27日	02/19	月	丙申	破	山下火	畢
28日	02/20	火	丁酉	危	山下火	觜
29日	02/21	水	戊戌	成	平地木	参
30日	02/22	木	己亥	納	平地木	井

【二月小　丁卯　尾】
節気　啓蟄 12日・春分 27日
雑節　彼岸 24日・社日 29日

日	日付	曜	干支	十二直	納音	宿
1日◎	02/23	金	庚子	開	壁上土	鬼
2日	02/24	土	辛丑	閉	壁上土	柳
3日	02/25	日	壬寅	建	金箔金	星
4日	02/26	月	癸卯	除	金箔金	張
5日	02/27	火	甲辰	満	覆燈火	翼
6日	02/28	水	乙巳	平	覆燈火	軫
7日	03/01	木	丙午	定	天河水	角
8日	03/02	金	丁未	執	天河水	亢
9日	03/03	土	戊申	破	大駅土	氐
10日	03/04	日	己酉	危	大駅土	房
11日	03/05	月	庚戌	成	釵釧金	心
12日	03/06	火	辛亥	成	釵釧金	尾
13日	03/07	水	壬子	納	桑柘木	箕
14日	03/08	木	癸丑	開	桑柘木	斗
15日	03/09	金	甲寅	閉	大渓水	牛
16日	03/10	土	乙卯	建	大渓水	女
17日	03/11	日	丙辰	除	沙中土	虚
18日	03/12	月	丁巳	満	沙中土	危
19日	03/13	火	戊午	平	天上火	室
20日	03/14	水	己未	定	天上火	壁
21日	03/15	木	庚申	執	柘榴木	奎
22日	03/16	金	辛酉	破	柘榴木	婁
23日	03/17	土	壬戌	危	大海水	胃
24日	03/18	日	癸亥	成	大海水	昴
25日	03/19	月	甲子	納	海中金	畢
26日	03/20	火	乙丑	開	海中金	觜
27日	03/21	水	丙寅	閉	爐中火	参
28日	03/22	木	丁卯	建	爐中火	井
29日	03/23	金	戊辰	除	大林木	鬼

【三月大　戊辰　箕】
節気　清明 13日・穀雨 28日
雑節　土用 25日

日	日付	曜	干支	十二直	納音	宿
1日	03/24	土	己巳	満	大林木	柳
2日	03/25	日	庚午	平	路傍土	星
3日	03/26	月	辛未	定	路傍土	張
4日	03/27	火	壬申	執	釼鋒金	翼
5日	03/28	水	癸酉	破	釼鋒金	軫
6日	03/29	木	甲戌	危	山頭火	角
7日	03/30	金	乙亥	成	山頭火	亢
8日	03/31	土	丙子	納	潤下水	氐
9日	04/01	日	丁丑	開	潤下水	房
10日	04/02	月	戊寅	閉	城頭土	心
11日	04/03	火	己卯	建	城頭土	尾
12日	04/04	水	庚辰	除	白鑞金	箕
13日	04/05	木	辛巳	除	白鑞金	斗
14日	04/06	金	壬午	満	楊柳木	牛
15日	04/07	土	癸未	平	楊柳木	女
16日	04/08	日	甲申	定	井泉水	虚
17日	04/09	月	乙酉	執	井泉水	危
18日	04/10	火	丙戌	破	屋上土	室
19日	04/11	水	丁亥	危	屋上土	壁
20日	04/12	木	戊子	成	霹靂火	奎
21日	04/13	金	己丑	納	霹靂火	婁
22日	04/14	土	庚寅	開	松柏木	胃
23日	04/15	日	辛卯	閉	松柏木	昴
24日	04/16	月	壬辰	建	長流水	畢
25日	04/17	火	癸巳	除	長流水	觜
26日	04/18	水	甲午	満	沙中金	参
27日	04/19	木	乙未	平	沙中金	井
28日	04/20	金	丙申	定	山下火	鬼
29日	04/21	土	丁酉	執	山下火	柳
30日	04/22	日	戊戌	破	平地木	星

【四月小　己巳　斗】
節気　立夏 14日・小満 29日
雑節　八十八夜 10日

日	日付	曜	干支	十二直	納音	宿
1日	04/23	月	己亥	危	平地木	張
2日	04/24	火	庚子	成	壁上土	翼
3日	04/25	水	辛丑	納	壁上土	軫
4日	04/26	木	壬寅	開	金箔金	角
5日	04/27	金	癸卯	閉	金箔金	亢
6日	04/28	土	甲辰	建	覆燈火	氐
7日	04/29	日	乙巳	除	覆燈火	房
8日	04/30	月	丙午	満	天河水	心
9日	05/01	火	丁未	平	天河水	尾
10日	05/02	水	戊申	定	大駅土	箕
11日	05/03	木	己酉	執	大駅土	斗
12日	05/04	金	庚戌	破	釵釧金	牛
13日	05/05	土	辛亥	危	釵釧金	女
14日	05/06	日	壬子	危	桑柘木	虚
15日	05/07	月	癸丑	成	桑柘木	危
16日	05/08	火	甲寅	納	大渓水	室
17日	05/09	水	乙卯	開	大渓水	壁
18日	05/10	木	丙辰	閉	沙中土	奎
19日	05/11	金	丁巳	建	沙中土	婁
20日	05/12	土	戊午	除	天上火	胃
21日	05/13	日	己未	満	天上火	昴
22日	05/14	月	庚申	平	柘榴木	畢
23日	05/15	火	辛酉	定	柘榴木	觜
24日	05/16	水	壬戌	執	大海水	参
25日	05/17	木	癸亥	破	大海水	井
26日	05/18	金	甲子	危	海中金	鬼
27日	05/19	土	乙丑	成	海中金	柳
28日	05/20	日	丙寅	納	爐中火	星
29日	05/21	月	丁卯	開	爐中火	張

【閏四月小　己巳　斗】
節気　芒種 16日
雑節　入梅 25日

日	日付	曜	干支	十二直	納音	宿
1日	05/22	火	戊辰	閉	大林木	翼
2日	05/23	水	己巳	建	大林木	軫
3日	05/24	木	庚午	除	路傍土	角
4日	05/25	金	辛未	満	路傍土	亢
5日	05/26	土	壬申	平	釼鋒金	氐
6日	05/27	日	癸酉	定	釼鋒金	房
7日	05/28	月	甲戌	執	山頭火	心
8日	05/29	火	乙亥	破	山頭火	尾
9日	05/30	水	丙子	危	潤下水	箕
10日	05/31	木	丁丑	成	潤下水	斗
11日	06/01	金	戊寅	納	城頭土	牛
12日	06/02	土	己卯	開	城頭土	女
13日	06/03	日	庚辰	閉	白鑞金	虚
14日	06/04	月	辛巳	建	白鑞金	危
15日	06/05	火	壬午	除	楊柳木	室
16日	06/06	水	癸未	除	楊柳木	壁
17日	06/07	木	甲申	満	井泉水	奎
18日	06/08	金	乙酉	平	井泉水	婁
19日	06/09	土	丙戌	定	屋上土	胃
20日	06/10	日	丁亥	執	屋上土	昴
21日	06/11	月	戊子	破	霹靂火	畢
22日	06/12	火	己丑	危	霹靂火	觜
23日	06/13	水	庚寅	成	松柏木	参
24日	06/14	木	辛卯	納	松柏木	井
25日	06/15	金	壬辰	開	長流水	鬼
26日	06/16	土	癸巳	閉	長流水	柳
27日	06/17	日	甲午	建	沙中金	星
28日	06/18	月	乙未	除	沙中金	張
29日	06/19	火	丙申	満	山下火	翼

【五月大　庚午　牛】
節気　夏至 2日・小暑 18日
雑節　半夏生 13日・土用 30日

日	日付	曜	干支	十二直	納音	宿
1日	06/20	水	丁酉	平	山下火	軫
2日	06/21	木	戊戌	定	平地木	角
3日	06/22	金	己亥	執	平地木	亢
4日	06/23	土	庚子	破	壁上土	氐
5日	06/24	日	辛丑	危	壁上土	房
6日	06/25	月	壬寅	成	金箔金	心
7日	06/26	火	癸卯	納	金箔金	尾
8日	06/27	水	甲辰	開	覆燈火	箕
9日	06/28	木	乙巳	閉	覆燈火	斗
10日	06/29	金	丙午	建	天河水	牛
11日	06/30	土	丁未	除	天河水	女
12日	07/01	日	戊申	満	大駅土	虚
13日	07/02	月	己酉	平	大駅土	危
14日	07/03	火	庚戌	定	釵釧金	室
15日	07/04	水	辛亥	執	釵釧金	壁
16日	07/05	木	壬子	破	桑柘木	奎
17日	07/06	金	癸丑	危	桑柘木	婁
18日	07/07	土	甲寅	危	大渓水	胃
19日	07/08	日	乙卯	成	大渓水	昴
20日	07/09	月	丙辰	納	沙中土	畢
21日	07/10	火	丁巳	開	沙中土	觜
22日	07/11	水	戊午	閉	天上火	参
23日	07/12	木	己未	建	天上火	井
24日	07/13	金	庚申	除	柘榴木	鬼
25日	07/14	土	辛酉	満	柘榴木	柳
26日	07/15	日	壬戌	平	大海水	星
27日	07/16	月	癸亥	定	大海水	張
28日	07/17	火	甲子	執	海中金	翼
29日	07/18	水	乙丑	破	海中金	軫
30日	07/19	木	丙寅	危	爐中火	角

【六月小　辛未　女】
節気　大暑 4日・立秋 20日

日	日付	曜	干支	十二直	納音	宿
1日	07/20	金	丁卯	成	爐中火	亢
2日	07/21	土	戊辰	納	大林木	氐
3日	07/22	日	己巳	開	大林木	房
4日	07/23	月	庚午	閉	路傍土	心
5日	07/24	火	辛未	建	路傍土	尾
6日	07/25	水	壬申	除	釼鋒金	箕
7日	07/26	木	癸酉	満	釼鋒金	斗
8日	07/27	金	甲戌	平	山頭火	牛
9日	07/28	土	乙亥	定	山頭火	女
10日	07/29	日	丙子	執	潤下水	虚
11日	07/30	月	丁丑	破	潤下水	危
12日	07/31	火	戊寅	危	城頭土	室
13日	08/01	水	己卯	成	城頭土	壁
14日	08/02	木	庚辰	納	白鑞金	奎
15日	08/03	金	辛巳	開	白鑞金	婁

| 西暦 | 曜 | 干支 | 直 | 納音 | 宿 |

嘉永2年

日	西暦	曜	干支	直	納音	宿
16日	08/04	土	壬午	閉	楊柳木	胃
17日	08/05	日	癸未	建	楊柳木	昴
18日	08/06	月	甲申	除	井泉水	畢
19日	08/07	火	乙酉	満	井泉水	觜
20日	08/08	水	丙戌	平	屋上土	参
21日	08/09	木	丁亥	定	屋上土	井
22日	08/10	金	戊子	執	霹靂火	鬼
23日	08/11	土	己丑	執	霹靂火	柳
24日	08/12	日	庚寅	破	松柏木	星
25日	08/13	月	辛卯	危	松柏木	張
26日	08/14	火	壬辰	成	長流水	翼
27日	08/15	水	癸巳	納	長流水	軫
28日	08/16	木	甲午	開	沙中金	角
29日	08/17	金	乙未	閉	沙中金	亢

【七月大 壬申 虚】
節気 処暑 6日・白露 22日
雑節 二百十日 15日

日	西暦	曜	干支	直	納音	宿
1日	08/18	土	丙申	建	山下火	氐
2日	08/19	日	丁酉	除	山下火	房
3日	08/20	月	戊戌	満	平地木	心
4日	08/21	火	己亥	平	平地木	尾
5日	08/22	水	庚子	定	壁上土	箕
6日	08/23	木	辛丑	執	壁上土	斗
7日	08/24	金	壬寅	破	金箔金	牛
8日	08/25	土	癸卯	危	金箔金	女
9日	08/26	日	甲辰	成	覆燈火	虚
10日	08/27	月	乙巳	納	覆燈火	危
11日	08/28	火	丙午	開	天河水	室
12日	08/29	水	丁未	閉	天河水	壁
13日	08/30	木	戊申	建	大駅土	奎
14日	08/31	金	己酉	除	大駅土	婁
15日	09/01	土	庚戌	満	釵釧金	胃
16日☆	09/02	日	辛亥	平	釵釧金	昴
17日	09/03	月	壬子	定	桑柘木	畢
18日	09/04	火	癸丑	執	桑柘木	觜
19日	09/05	水	甲寅	破	大溪水	参
20日	09/06	木	乙卯	危	大溪水	井
21日	09/07	金	丙辰	成	沙中土	鬼
22日	09/08	土	丁巳	成	沙中土	柳
23日	09/09	日	戊午	納	天上火	星
24日	09/10	月	己未	開	天上火	張
25日	09/11	火	庚申	閉	柘榴木	翼
26日	09/12	水	辛酉	建	柘榴木	軫
27日	09/13	木	壬戌	除	大海水	角
28日	09/14	金	癸亥	満	大海水	亢
29日	09/15	土	甲子	平	海中金	氐
30日	09/16	日	乙丑	定	海中金	

【八月小 癸酉 危】
節気 秋分 7日・寒露 22日
雑節 社日 3日・彼岸 4日

日	西暦	曜	干支	直	納音	宿
1日	09/17	月	丙寅	執	爐中火	心
2日	09/18	火	丁卯	破	爐中火	尾
3日	09/19	水	戊辰	危	大林木	箕
4日	09/20	木	己巳	成	大林木	斗
5日	09/21	金	庚午	納	路傍土	牛
6日	09/22	土	辛未	開	路傍土	女
7日	09/23	日	壬申	閉	釵鋒金	虚
8日	09/24	月	癸酉	建	釵鋒金	危
9日	09/25	火	甲戌	除	山頭火	室
10日	09/26	水	乙亥	満	山頭火	壁
11日	09/27	木	丙子	平	潤下水	奎
12日	09/28	金	丁丑	定	潤下水	婁
13日	09/29	土	戊寅	執	城頭土	胃
14日	09/30	日	己卯	破	城頭土	昴
15日	10/01	月	庚辰	危	白鑞金	畢
16日	10/02	火	辛巳	成	白鑞金	觜
17日	10/03	水	壬午	納	楊柳木	参
18日	10/04	木	癸未	開	楊柳木	井
19日	10/05	金	甲申	閉	井泉水	鬼
20日	10/06	土	乙酉	建	井泉水	柳
21日	10/07	日	丙戌	除	屋上土	星
22日	10/08	月	丁亥	除	屋上土	張
23日	10/09	火	戊子	平	霹靂火	翼
24日	10/10	水	己丑	定	霹靂火	軫
25日	10/11	木	庚寅	定	松柏木	角
26日	10/12	金	辛卯	執	松柏木	亢
27日	10/13	土	壬辰	破	長流水	氐
28日	10/14	日	癸巳	危	長流水	房
29日	10/15	月	甲午	成	沙中金	心

【九月大 甲戌 室】
節気 霜降 8日・立冬 23日
雑節 土用 5日

日	西暦	曜	干支	直	納音	宿
1日	10/16	火	乙未	納	沙中金	尾
2日	10/17	水	丙申	閉	山下火	箕
3日	10/18	木	丁酉	閉	山下火	斗
4日	10/19	金	戊戌	建	平地木	牛
5日	10/20	土	己亥	満	平地木	女
6日	10/21	日	庚子	満	壁上土	虚
7日	10/22	月	辛丑	平	壁上土	危
8日	10/23	火	壬寅	定	金箔金	室
9日	10/24	水	癸卯	執	金箔金	壁
10日	10/25	木	甲辰	破	覆燈火	奎
11日	10/26	金	乙巳	危	覆燈火	婁
12日	10/27	土	丙午	成	天河水	胃
13日	10/28	日	丁未	納	天河水	昴
14日	10/29	月	戊申	閉	大駅土	畢
15日	10/30	火	己酉	閉	大駅土	觜
16日	10/31	水	庚戌	建	釵釧金	参
17日	11/01	木	辛亥	除	釵釧金	井
18日	11/02	金	壬子	満	桑柘木	鬼
19日	11/03	土	癸丑	平	桑柘木	柳
20日	11/04	日	甲寅	執	大溪水	星
21日	11/05	月	乙卯	執	大溪水	張
22日	11/06	火	丙辰	破	沙中土	翼
23日	11/07	水	丁巳	危	沙中土	軫
24日	11/08	木	戊午	成	天上火	角
25日	11/09	金	己未	納	天上火	亢
26日	11/10	土	庚申	開	柘榴木	氐
27日	11/11	日	辛酉	閉	柘榴木	房
28日	11/12	月	壬戌	閉	大海水	心
29日	11/13	火	癸亥	除	大海水	尾
30日	11/14	水	甲子	除	海中金	箕

【十月大 乙亥 壁】
節気 小雪 8日・大雪 23日

日	西暦	曜	干支	直	納音	宿
1日	11/15	木	乙丑	満	海中金	斗
2日	11/16	金	丙寅	平	爐中火	牛
3日	11/17	土	丁卯	定	爐中火	女
4日	11/18	日	戊辰	執	大林木	虚
5日	11/19	月	己巳	破	大林木	危
6日	11/20	火	庚午	危	路傍土	室
7日	11/21	水	辛未	成	路傍土	壁
8日	11/22	木	壬申	納	釵鋒金	奎
9日	11/23	金	癸酉	開	釵鋒金	婁
10日	11/24	土	甲戌	閉	山頭火	胃
11日	11/25	日	乙亥	建	山頭火	昴
12日	11/26	月	丙子	除	潤下水	畢
13日	11/27	火	丁丑	満	潤下水	觜
14日	11/28	水	戊寅	平	城頭土	参
15日	11/29	木	己卯	定	城頭土	井
16日	11/30	金	庚辰	執	白鑞金	鬼
17日	12/01	土	辛巳	破	白鑞金	柳
18日	12/02	日	壬午	危	楊柳木	星
19日	12/03	月	癸未	成	楊柳木	張
20日	12/04	火	甲申	納	井泉水	翼
21日	12/05	水	乙酉	開	井泉水	軫
22日	12/06	木	丙戌	閉	屋上土	角
23日	12/07	金	丁亥	建	屋上土	亢
24日	12/08	土	戊子	除	霹靂火	氐
25日	12/09	日	己丑	満	霹靂火	房
26日	12/10	月	庚寅	平	松柏木	心
27日	12/11	火	辛卯	定	松柏木	尾
28日	12/12	水	壬辰	定	長流水	箕
29日	12/13	木	癸巳	執	長流水	斗
30日	12/14	金	甲午	破	沙中金	牛

【十一月小 丙子 奎】
節気 冬至 8日・小寒 22日

日	西暦	曜	干支	直	納音	宿
1日	12/15	土	乙未	危	沙中金	女
2日	12/16	日	丙申	成	山下火	虚
3日	12/17	月	丁酉	納	山下火	室
4日	12/18	火	戊戌	開	平地木	壁
5日	12/19	水	己亥	閉	平地木	奎
6日	12/20	木	庚子	閉	壁上土	婁
7日	12/21	金	辛丑	建	壁上土	胃
8日	12/22	土	壬寅	満	金箔金	昴
9日	12/23	日	癸卯	平	金箔金	畢
10日	12/24	月	甲辰	定	覆燈火	觜
11日	12/25	火	乙巳	執	覆燈火	参
12日	12/26	水	丙午	破	天河水	井
13日	12/27	木	丁未	危	天河水	鬼
14日	12/28	金	戊申	成	大駅土	柳
15日	12/29	土	己酉	納	大駅土	星
16日	12/30	日	庚戌	開	釵釧金	張
17日	12/31	月	辛亥	閉	釵釧金	翼

1850年

日	西暦	曜	干支	直	納音	宿
18日	01/01	火	壬子	建	桑柘木	翼
19日	01/02	水	癸丑	除	桑柘木	軫
20日	01/03	木	甲寅	満	大溪水	角
21日	01/04	金	乙卯	平	大溪水	亢
22日	01/05	土	丙辰	平	沙中土	氐
23日	01/06	日	丁巳	定	沙中土	房
24日	01/07	月	戊午	執	天上火	心
25日	01/08	火	己未	破	天上火	尾
26日	01/09	水	庚申	危	柘榴木	箕
27日	01/10	木	辛酉	成	柘榴木	斗
28日	01/11	金	壬戌	納	大海水	牛
29日	01/12	土	癸亥	開	大海水	女

【十二月大 丁丑 婁】
節気 大寒 8日・立春 23日
雑節 土用 6日・節分 22日

日	西暦	曜	干支	直	納音	宿
1日	01/13	日	甲子	閉	海中金	虚
2日	01/14	月	乙丑	建	海中金	危
3日	01/15	火	丙寅	除	爐中火	室
4日	01/16	水	丁卯	満	爐中火	壁
5日	01/17	木	戊辰	平	大林木	奎
6日	01/18	金	己巳	定	大林木	婁
7日	01/19	土	庚午	執	路傍土	胃
8日	01/20	日	辛未	破	路傍土	昴
9日	01/21	月	壬申	危	釵鋒金	畢
10日	01/22	火	癸酉	成	釵鋒金	觜
11日	01/23	水	甲戌	納	山頭火	参
12日	01/24	木	乙亥	開	山頭火	井
13日	01/25	金	丙子	閉	潤下水	鬼
14日	01/26	土	丁丑	建	潤下水	柳
15日	01/27	日	戊寅	除	城頭土	星
16日	01/28	月	己卯	満	城頭土	張
17日	01/29	火	庚辰	定	白鑞金	翼
18日	01/30	水	辛巳	執	白鑞金	軫
19日	01/31	木	壬午	納	楊柳木	角
20日	02/01	金	癸未	開	楊柳木	亢
21日	02/02	土	甲申	危	井泉水	氐
22日	02/03	日	乙酉	成	井泉水	房
23日	02/04	月	丙戌	納	屋上土	心
24日	02/05	火	丁亥	成	屋上土	尾
25日	02/06	水	戊子	納	霹靂火	箕
26日	02/07	木	己丑	開	霹靂火	斗
27日	02/08	金	庚寅	建	松柏木	牛
28日	02/09	土	辛卯	除	松柏木	女
29日	02/10	日	壬辰	満	長流水	虚
30日	02/11	月	癸巳	平	長流水	危

嘉永3年
1850〜1851 庚戌 胃

【正月大 戊寅 胃】
節気 雨水 8日・啓蟄 23日

- 1日◎02/12 火 甲午 定 沙中金 室
- 2日 02/13 水 乙未 執 沙中金 壁
- 3日 02/14 木 丙申 破 山下火 奎
- 4日 02/15 金 丁酉 危 山下火 婁
- 5日 02/16 土 戊戌 成 平地木 胃
- 6日 02/17 日 己亥 納 平地木 昴
- 7日 02/18 月 庚子 開 壁上土 畢
- **8日** 02/19 火 辛丑 閉 壁上土 觜
- 9日 02/20 水 壬寅 建 金箔金 参
- 10日 02/21 木 癸卯 除 金箔金 井
- 11日 02/22 金 甲辰 満 覆燈火 鬼
- 12日 02/23 土 乙巳 平 覆燈火 柳
- 13日 02/24 日 丙午 定 天河水 星
- 14日 02/25 月 丁未 執 天河水 張
- 15日 02/26 火 戊申 破 大駅土 翼
- 16日 02/27 水 己酉 危 大駅土 軫
- 17日 02/28 木 庚戌 成 釵釧金 角
- 18日 03/01 金 辛亥 納 釵釧金 亢
- 19日 03/02 土 壬子 開 桑柘木 氏
- 20日 03/03 日 癸丑 閉 桑柘木 房
- 21日 03/04 月 甲寅 建 大渓水 心
- 22日 03/05 火 乙卯 除 大渓水 尾
- **23日** 03/06 水 丙辰 除 沙中土 箕
- 24日 03/07 木 丁巳 満 沙中土 斗
- 25日 03/08 金 戊午 平 天上火 牛
- 26日 03/09 土 己未 定 天上火 女
- 27日 03/10 日 庚申 執 柘榴木 虚
- 28日 03/11 月 辛酉 破 柘榴木 危
- 29日 03/12 火 壬戌 危 大海水 室
- 30日 03/13 水 癸亥 成 大海水 壁

【二月小 己卯 昴】
節気 春分 8日・清明 23日
雑節 彼岸 5日・社日 5日

- 1日 03/14 木 甲子 納 海中金 奎
- 2日 03/15 金 乙丑 開 海中金 婁
- 3日 03/16 土 丙寅 閉 爐中火 胃
- 4日 03/17 日 丁卯 建 爐中火 昴
- **5日** 03/18 月 戊辰 除 大林木 畢
- 6日 03/19 火 己巳 満 大林木 觜
- 7日 03/20 水 庚午 平 路傍土 参
- **8日** 03/21 木 辛未 定 路傍土 井
- 9日 03/22 金 壬申 執 釵鋒金 鬼
- 10日 03/23 土 癸酉 破 山頭火 柳
- 11日 03/24 日 甲戌 危 山頭火 星
- 12日 03/25 月 乙亥 成 山頭火 張
- 13日 03/26 火 丙子 納 潤下水 翼
- 14日 03/27 水 丁丑 開 潤下水 軫
- 15日 03/28 木 戊寅 閉 城頭土 角
- 16日 03/29 金 己卯 建 城頭土 亢
- 17日 03/30 土 庚辰 除 白鑞金 氏
- 18日 03/31 日 辛巳 満 白鑞金 房
- 19日 04/01 月 壬午 平 楊柳木 心
- 20日 04/02 火 癸未 定 楊柳木 尾
- 21日 04/03 水 甲申 執 井泉水 箕
- 22日 04/04 木 乙酉 破 井泉水 斗
- **23日** 04/05 金 丙戌 破 屋上土 牛
- 24日 04/06 土 丁亥 成 屋上土 女
- 25日 04/07 日 戊子 成 霹靂火 虚
- **26日** 04/08 月 己丑 納 霹靂火 危
- 27日 04/09 火 庚寅 開 松柏木 室
- 28日 04/10 水 辛卯 閉 松柏木 壁
- 29日 04/11 木 壬辰 建 長流水 奎

【三月大 庚辰 畢】
節気 穀雨 9日・立夏 25日
雑節 土用 6日・八十八夜 21日

- 1日 04/12 金 癸巳 除 長流水 婁
- 2日 04/13 土 甲午 満 沙中金 胃
- 3日 04/14 日 乙未 平 沙中金 昴
- 4日 04/15 月 丙申 定 山下火 畢
- 5日 04/16 火 丁酉 執 山下火 觜
- **6日** 04/17 水 戊戌 破 平地木 参
- 7日 04/18 木 己亥 危 平地木 井
- 8日 04/19 金 庚子 成 壁上土 鬼
- **9日** 04/20 土 辛丑 納 壁上土 柳
- 10日 04/21 日 壬寅 開 金箔金 星
- 11日 04/22 月 癸卯 閉 金箔金 張
- 12日 04/23 火 甲辰 建 覆燈火 翼
- 13日 04/24 水 乙巳 除 覆燈火 軫
- 14日 04/25 木 丙午 満 天河水 角
- 15日 04/26 金 丁未 平 天河水 亢
- 16日 04/27 土 戊申 定 大駅土 氏
- 17日 04/28 日 己酉 執 大駅土 房
- 18日 04/29 月 庚戌 破 釵釧金 心
- 19日 04/30 火 辛亥 危 釵釧金 尾
- 20日 05/01 水 壬子 成 桑柘木 箕
- **21日** 05/02 木 癸丑 納 桑柘木 斗
- 22日 05/03 金 甲寅 開 大渓水 牛
- 23日 05/04 土 乙卯 閉 大渓水 女
- 24日 05/05 日 丙辰 建 沙中土 虚
- **25日** 05/06 月 丁巳 除 沙中土 危
- 26日 05/07 火 戊午 満 天上火 室
- 27日 05/08 水 己未 平 天上火 壁
- 28日 05/09 木 庚申 定 柘榴木 奎
- 29日 05/10 金 辛酉 執 柘榴木 婁
- 30日 05/11 土 壬戌 破 大海水 胃

【四月小 辛巳 觜】
節気 小満 10日・芒種 26日

- 1日 05/12 日 癸亥 破 大海水 昴
- 2日 05/13 月 甲子 危 海中金 畢
- 3日 05/14 火 乙丑 成 海中金 觜
- 4日 05/15 水 丙寅 納 爐中火 参
- 5日 05/16 木 丁卯 開 爐中火 井
- **6日** 05/17 金 戊辰 閉 大林木 鬼
- 7日 05/18 土 己巳 建 大林木 柳
- 8日 05/19 日 庚午 除 路傍土 星
- 9日 05/20 月 辛未 平 路傍土 張
- **10日** 05/21 火 壬申 平 釵鋒金 翼
- 11日 05/22 水 癸酉 定 釵鋒金 軫
- 12日 05/23 木 甲戌 破 山頭火 角
- 13日 05/24 金 乙亥 破 山頭火 亢
- 14日 05/25 土 丙子 危 潤下水 氏
- 15日 05/26 日 丁丑 成 潤下水 房
- 16日 05/27 月 戊寅 納 城頭土 心
- 17日 05/28 火 己卯 開 城頭土 尾
- 18日 05/29 水 庚辰 閉 白鑞金 箕
- 19日 05/30 木 辛巳 建 白鑞金 斗
- 20日 05/31 金 壬午 除 楊柳木 牛
- 21日 06/01 土 癸未 満 楊柳木 女
- 22日 06/02 日 甲申 定 井泉水 虚
- 23日 06/03 月 乙酉 執 井泉水 危
- 24日 06/04 火 丙戌 執 屋上土 室
- 25日 06/05 水 丁亥 破 屋上土 壁
- **26日** 06/06 木 戊子 危 霹靂火 奎
- 27日 06/07 金 己丑 成 霹靂火 婁
- 28日 06/08 土 庚寅 納 松柏木 胃
- 29日 06/09 日 辛卯 納 松柏木 昴

【五月小 壬午 参】
節気 夏至 13日・小暑 28日
雑節 入梅 1日・半夏生 23日

- 1日 06/10 月 壬辰 開 長流水 畢
- 2日 06/11 火 癸巳 閉 長流水 觜
- 3日 06/12 水 甲午 建 沙中金 参
- 4日 06/13 木 乙未 除 沙中金 井
- 5日 06/14 金 丙申 満 山下火 鬼
- 6日 06/15 土 丁酉 平 山下火 柳
- 7日 06/16 日 戊戌 定 平地木 星
- 8日 06/17 月 己亥 執 平地木 張
- 9日 06/18 火 庚子 破 壁上土 翼
- 10日 06/19 水 辛丑 危 壁上土 軫
- 11日 06/20 木 壬寅 成 金箔金 角
- 12日 06/21 金 癸卯 納 金箔金 亢
- **13日** 06/22 土 甲辰 開 覆燈火 氏
- 14日 06/23 日 乙巳 閉 覆燈火 房
- 15日 06/24 月 丙午 建 天河水 心
- 16日 06/25 火 丁未 除 天河水 尾
- 17日 06/26 水 戊申 満 大駅土 箕
- 18日 06/27 木 己酉 平 大駅土 斗
- 19日 06/28 金 庚戌 定 釵釧金 牛
- 20日 06/29 土 辛亥 執 釵釧金 女
- 21日 06/30 日 壬子 破 桑柘木 虚
- 22日 07/01 月 癸丑 危 桑柘木 危
- **23日** 07/02 火 甲寅 納 大渓水 室
- 24日 07/03 水 乙卯 開 大渓水 壁
- 25日 07/04 木 丙辰 開 沙中土 奎
- 26日 07/05 金 丁巳 閉 沙中土 婁
- 27日 07/06 土 戊午 建 天上火 胃
- **28日** 07/07 日 己未 建 天上火 昴
- 29日 07/08 月 庚申 除 柘榴木 畢

【六月大 癸未 井】
節気 大暑 15日
雑節 土用 12日

- 1日 07/09 火 辛酉 満 柘榴木 觜
- 2日 07/10 水 壬戌 平 大海水 参
- 3日 07/11 木 癸亥 定 大海水 井
- 4日 07/12 金 甲子 執 海中金 鬼
- 5日 07/13 土 乙丑 危 海中金 柳
- 6日 07/14 日 丙寅 危 爐中火 星
- 7日 07/15 月 丁卯 成 爐中火 張
- 8日 07/16 火 戊辰 納 大林木 翼
- 9日 07/17 水 己巳 開 大林木 軫
- 10日 07/18 木 庚午 閉 路傍土 角
- 11日 07/19 金 辛未 建 路傍土 亢
- **12日** 07/20 土 壬申 除 釵鋒金 氏
- 13日 07/21 日 癸酉 満 釵鋒金 房
- 14日 07/22 月 甲戌 平 山頭火 心
- **15日** 07/23 火 乙亥 定 山頭火 尾
- 16日 07/24 水 丙子 執 潤下水 箕
- 17日 07/25 木 丁丑 破 潤下水 斗
- 18日 07/26 金 戊寅 危 城頭土 牛
- 19日 07/27 土 己卯 成 城頭土 女
- 20日 07/28 日 庚辰 納 白鑞金 虚
- 21日 07/29 月 辛巳 開 白鑞金 危
- 22日 07/30 火 壬午 閉 楊柳木 室
- 23日 07/31 水 癸未 建 楊柳木 壁
- 24日 08/01 木 甲申 除 井泉水 奎
- 25日 08/02 金 乙酉 満 井泉水 婁
- 26日 08/03 土 丙戌 平 屋上土 胃
- 27日 08/04 日 丁亥 定 屋上土 昴
- 28日 08/05 月 戊子 執 霹靂火 畢
- 29日 08/06 火 己丑 破 霹靂火 觜
- 30日 08/07 水 庚寅 危 松柏木 参

【七月小 甲申 鬼】
節気 立秋 1日・処暑 16日
雑節 二百十日 25日

- 1日◎08/08 木 辛卯 危 松柏木 井
- 2日 08/09 金 壬辰 成 長流水 鬼
- 3日 08/10 土 癸巳 納 長流水 柳

嘉永3年

西暦	曜	干支	直	納音	宿
4日 08/11	日	甲午	開	沙中金	星
5日 08/12	月	乙未	閉	沙中金	張
6日 08/13	火	丙申	建	山下火	翼
7日 08/14	水	丁酉	除	山下火	軫
8日 08/15	木	戊戌	平	平地木	角
9日 08/16	金	己亥	平	平地木	亢
10日 08/17	土	庚子	定	壁上土	氐
11日 08/18	日	辛丑	執	壁上土	房
12日 08/19	月	壬寅	破	金箔金	心
13日 08/20	火	癸卯	危	金箔金	尾
14日 08/21	水	甲辰	成	覆燈火	箕
15日 08/22	木	乙巳	納	覆燈火	斗
16日 08/23	金	丙午	開	天河水	牛
17日 08/24	土	丁未	閉	天河水	女
18日 08/25	日	戊申	建	大驛土	虚
19日 08/26	月	己酉	除	大驛土	危
20日 08/27	火	庚戌	満	釵釧金	室
21日 08/28	水	辛亥	平	釵釧金	壁
22日 08/29	木	壬子	定	桑柘木	奎
23日 08/30	金	癸丑	執	桑柘木	婁
24日 08/31	土	甲寅	破	大溪水	胃
25日 09/01	日	乙卯	危	大溪水	昴
26日 09/02	月	丙辰	成	沙中土	畢
27日 09/03	火	丁巳	納	沙中土	觜
28日 09/04	水	戊午	開	天上火	参
29日 09/05	木	己未	閉	天上火	井

【八月大 乙酉 柳】
節気 白露 3日・秋分 18日
雑節 彼岸 15日・社日 19日

西暦	曜	干支	直	納音	宿
1日 09/06	金	庚申	建	柘榴木	鬼
2日 09/07	土	辛酉	除	柘榴木	柳
3日 09/08	日	壬戌	除	大海水	星
4日 09/09	月	癸亥	満	大海水	張
5日 09/10	火	甲子	平	海中金	翼
6日 09/11	水	乙丑	定	海中金	軫
7日 09/12	木	丙寅	執	爐中火	角
8日 09/13	金	丁卯	破	爐中火	亢
9日 09/14	土	戊辰	危	大林木	氐
10日 09/15	日	己巳	成	大林木	房
11日 09/16	月	庚午	納	路傍土	心
12日 09/17	火	辛未	開	路傍土	尾
13日 09/18	水	壬申	閉	釵鋒金	箕
14日 09/19	木	癸酉	建	釵鋒金	斗
15日 09/20	金	甲戌	除	山頭火	牛
16日 09/21	土	乙亥	満	山頭火	女
17日 09/22	日	丙子	平	潤下水	虚
18日 09/23	月	丁丑	定	潤下水	危
19日 09/24	火	戊寅	執	城頭土	室
20日 09/25	水	己卯	破	城頭土	壁
21日 09/26	木	庚辰	危	白鑞金	奎
22日 09/27	金	辛巳	成	白鑞金	婁
23日 09/28	土	壬午	納	楊柳木	胃
24日 09/29	日	癸未	開	楊柳木	昴
25日 09/30	月	甲申	閉	井泉水	畢
26日 10/01	火	乙酉	建	井泉水	觜
27日 10/02	水	丙戌	除	屋上土	参
28日 10/03	木	丁亥	平	屋上土	井
29日 10/04	金	戊子	平	霹靂火	鬼
30日 10/05	土	己丑	定	霹靂火	柳

【九月小 丙戌 星】
節気 寒露 4日・霜降 19日
雑節 土用 16日

西暦	曜	干支	直	納音	宿
1日 10/06	日	庚寅	執	松柏木	星
2日 10/07	月	辛卯	破	松柏木	張
3日 10/08	火	壬辰	危	長流水	翼
4日 10/09	水	癸巳	危	長流水	軫

西暦	曜	干支	直	納音	宿
5日 10/10	木	甲午	成	沙中金	角
6日 10/11	金	乙未	納	沙中金	亢
7日 10/12	土	丙申	開	山下火	氐
8日 10/13	日	丁酉	閉	山下火	房
9日 10/14	月	戊戌	除	平地木	心
10日 10/15	火	己亥	除	平地木	尾
11日 10/16	水	庚子	満	壁上土	箕
12日 10/17	木	辛丑	平	壁上土	斗
13日 10/18	金	壬寅	定	金箔金	牛
14日 10/19	土	癸卯	執	金箔金	女
15日 10/20	日	甲辰	破	覆燈火	虚
16日 10/21	月	乙巳	危	覆燈火	危
17日 10/22	火	丙午	成	天河水	室
18日 10/23	水	丁未	納	天河水	壁
19日 10/24	木	戊申	開	大驛土	奎
20日 10/25	金	己酉	閉	大驛土	婁
21日 10/26	土	庚戌	建	釵釧金	胃
22日 10/27	日	辛亥	除	釵釧金	昴
23日 10/28	月	壬子	満	桑柘木	畢
24日 10/29	火	癸丑	定	桑柘木	觜
25日 10/30	水	甲寅	定	大溪水	参
26日 10/31	木	乙卯	執	大溪水	井
27日 11/01	金	丙辰	破	沙中土	鬼
28日 11/02	土	丁巳	危	沙中土	柳
29日 11/03	日	戊午	成	天上火	星

【十月大 丁亥 張】
節気 立冬 5日・小雪 20日

西暦	曜	干支	直	納音	宿
1日 11/04	月	己未	納	天上火	張
2日 11/05	火	庚申	開	柘榴木	翼
3日 11/06	水	辛酉	閉	柘榴木	軫
4日 11/07	木	壬戌	建	大海水	角
5日 11/08	金	癸亥	除	大海水	亢
6日 11/09	土	甲子	除	海中金	氐
7日 11/10	日	乙丑	満	海中金	房
8日 11/11	月	丙寅	平	爐中火	心
9日 11/12	火	丁卯	定	爐中火	尾
10日 11/13	水	戊辰	執	大林木	箕
11日 11/14	木	己巳	破	大林木	斗
12日 11/15	金	庚午	危	路傍土	牛
13日 11/16	土	辛未	成	路傍土	女
14日 11/17	日	壬申	納	釵鋒金	虚
15日 11/18	月	癸酉	開	釵鋒金	危
16日 11/19	火	甲戌	閉	山頭火	室
17日 11/20	水	乙亥	建	山頭火	壁
18日 11/21	木	丙子	除	潤下水	奎
19日 11/22	金	丁丑	満	潤下水	婁
20日 11/23	土	戊寅	定	城頭土	胃
21日 11/24	日	己卯	定	城頭土	昴
22日 11/25	月	庚辰	執	白鑞金	畢
23日 11/26	火	辛巳	破	白鑞金	觜
24日 11/27	水	壬午	危	楊柳木	参
25日 11/28	木	癸未	成	楊柳木	井
26日 11/29	金	甲申	納	井泉水	鬼
27日 11/30	土	乙酉	開	井泉水	柳
28日 12/01	日	丙戌	閉	屋上土	星
29日 12/02	月	丁亥	建	屋上土	張
30日 12/03	火	戊子	除	霹靂火	翼

【十一月小 戊子 翼】
節気 大雪 4日・冬至 19日

西暦	曜	干支	直	納音	宿
1日 12/04	水	己丑	満	霹靂火	軫
2日 12/05	木	庚寅	平	松柏木	角
3日 12/06	金	辛卯	定	松柏木	亢
4日 12/07	土	壬辰	執	長流水	氐
5日 12/08	日	癸巳	執	長流水	房
6日 12/09	月	甲午	破	沙中金	心
7日 12/10	火	乙未	危	沙中金	尾

西暦	曜	干支	直	納音	宿
8日 12/11	水	丙申	成	山下火	箕
9日 12/12	木	丁酉	納	山下火	斗
10日 12/13	金	戊戌	開	平地木	牛
11日 12/14	土	己亥	閉	平地木	女
12日 12/15	日	庚子	建	壁上土	虚
13日 12/16	月	辛丑	除	壁上土	危
14日 12/17	火	壬寅	満	金箔金	室
15日 12/18	水	癸卯	平	金箔金	壁
16日 12/19	木	甲辰	定	覆燈火	奎
17日 12/20	金	乙巳	執	覆燈火	婁
18日 12/21	土	丙午	破	天河水	胃
19日 12/22	日	丁未	危	天河水	昴
20日 12/23	月	戊申	成	大驛土	畢
21日 12/24	火	己酉	納	大驛土	觜
22日 12/25	水	庚戌	開	釵釧金	参
23日 12/26	木	辛亥	建	釵釧金	井
24日 12/27	金	壬子	建	桑柘木	柳
25日 12/28	土	癸丑	除	桑柘木	星
26日 12/29	日	甲寅	満	大溪水	張
27日 12/30	月	乙卯	平	大溪水	翼
28日 12/31	火	丙辰	定	沙中土	翼

1851年

西暦	曜	干支	直	納音	宿
29日 <u>01/01</u>	水	丁巳	執	沙中土	軫

【十二月大 己丑 軫】
節気 小寒 5日・大寒 19日
雑節 土用 17日

西暦	曜	干支	直	納音	宿
1日 01/02	木	戊午	破	天上火	角
2日 01/03	金	己未	危	天上火	亢
3日 01/04	土	庚申	成	柘榴木	氐
4日 01/05	日	辛酉	納	柘榴木	房
5日 01/06	月	壬戌	開	大海水	心
6日 01/07	火	癸亥	閉	大海水	尾
7日 01/08	水	甲子	閉	海中金	箕
8日 01/09	木	乙丑	除	海中金	斗
9日 01/10	金	丙寅	満	爐中火	牛
10日 01/11	土	丁卯	満	爐中火	女
11日 01/12	日	戊辰	平	大林木	虚
12日 01/13	月	己巳	定	大林木	危
13日 01/14	火	庚午	執	路傍土	室
14日 01/15	水	辛未	破	路傍土	壁
15日 01/16	木	壬申	危	釵鋒金	奎
16日☆01/17	金	癸酉	成	釵鋒金	婁
17日 01/18	土	甲戌	納	山頭火	胃
18日 01/19	日	乙亥	開	山頭火	昴
19日 01/20	月	丙子	閉	潤下水	畢
20日 01/21	火	丁丑	建	潤下水	觜
21日 01/22	水	戊寅	除	城頭土	参
22日 01/23	木	己卯	満	城頭土	井
23日 01/24	金	庚辰	平	白鑞金	柳
24日 01/25	土	辛巳	定	白鑞金	星
25日 01/26	日	壬午	執	楊柳木	張
26日 01/27	月	癸未	破	楊柳木	翼
27日 01/28	火	甲申	危	井泉水	軫
28日 01/29	水	乙酉	成	井泉水	角
29日 01/30	木	丙戌	納	屋上土	角
30日 01/31	金	丁亥	開	屋上土	亢

嘉永4年

1851～1852　辛亥　昴

【正月大 庚寅 角】
節気 立春 4日・雨水 19日
雑節 節分 3日

日	新暦	曜	干支	直	納音	宿
1日	02/01	土	戊子	閉	霹靂火	氐
2日	02/02	日	己丑	建	霹靂火	房
3日	02/03	月	庚寅	除	松柏木	心
4日	02/04	火	辛卯	除	松柏木	尾
5日	02/05	水	壬辰	満	長流水	箕
6日	02/06	木	癸巳	平	長流水	斗
7日	02/07	金	甲午	定	沙中金	牛
8日	02/08	土	乙未	執	沙中金	女
9日	02/09	日	丙申	破	山下火	虚
10日	02/10	月	丁酉	危	山下火	危
11日	02/11	火	戊戌	成	平地木	室
12日	02/12	水	己亥	納	平地木	壁
13日	02/13	木	庚子	開	壁上土	奎
14日	02/14	金	辛丑	閉	壁上土	婁
15日	02/15	土	壬寅	建	金箔金	胃
16日	02/16	日	癸卯	除	金箔金	昴
17日	02/17	月	甲辰	満	覆燈火	畢
18日	02/18	火	乙巳	平	覆燈火	觜
19日	02/19	水	丙午	定	天河水	参
20日	02/20	木	丁未	執	天河水	井
21日	02/21	金	戊申	破	大駅土	鬼
22日	02/22	土	己酉	危	大駅土	柳
23日	02/23	日	庚戌	成	釵釧金	星
24日	02/24	月	辛亥	納	釵釧金	張
25日	02/25	火	壬子	開	桑柘木	翼
26日	02/26	水	癸丑	閉	桑柘木	軫
27日	02/27	木	甲寅	建	大溪水	角
28日	02/28	金	乙卯	除	大溪水	亢
29日	03/01	土	丙辰	満	沙中土	氐
30日	03/02	日	丁巳	平	沙中土	房

【二月大 辛卯 亢】
節気 啓蟄 4日・春分 19日
雑節 彼岸 16日・社日 21日

日	新暦	曜	干支	直	納音	宿
1日	03/03	月	戊午	定	天上火	心
2日	03/04	火	己未	執	天上火	尾
3日	03/05	水	庚申	破	柘榴木	箕
4日	03/06	木	辛酉	破	柘榴木	斗
5日	03/07	金	壬戌	危	大海水	牛
6日	03/08	土	癸亥	成	大海水	女
7日	03/09	日	甲子	納	海中金	虚
8日	03/10	月	乙丑	開	海中金	危
9日	03/11	火	丙寅	閉	炉中火	室
10日	03/12	水	丁卯	建	炉中火	壁
11日	03/13	木	戊辰	除	大林木	奎
12日	03/14	金	己巳	満	大林木	婁
13日	03/15	土	庚午	平	路傍土	胃
14日	03/16	日	辛未	定	路傍土	昴
15日	03/17	月	壬申	執	釵鋒金	畢
16日	03/18	火	癸酉	破	釵鋒金	觜
17日	03/19	水	甲戌	危	山頭火	参
18日	03/20	木	乙亥	成	山頭火	井
19日	03/21	金	丙子	納	澗下水	鬼
20日	03/22	土	丁丑	開	澗下水	柳
21日	03/23	日	戊寅	閉	城頭土	星
22日	03/24	月	己卯	建	城頭土	張
23日	03/25	火	庚辰	除	白鑞金	翼
24日	03/26	水	辛巳	満	白鑞金	軫
25日	03/27	木	壬午	平	楊柳木	角
26日	03/28	金	癸未	定	楊柳木	亢
27日	03/29	土	甲申	執	井泉水	氐
28日	03/30	日	乙酉	破	井泉水	房
29日	03/31	月	丙戌	危	屋上土	心
30日	04/01	火	丁亥	成	屋上土	尾

【三月小 壬辰 氐】
節気 清明 4日・穀雨 20日
雑節 土用 16日

日	新暦	曜	干支	直	納音	宿
1日	04/02	水	戊子	納	霹靂火	箕
2日	04/03	木	己丑	開	霹靂火	斗
3日	04/04	金	庚寅	閉	松柏木	牛
4日	04/05	土	辛卯	閉	松柏木	女
5日	04/06	日	壬辰	建	長流水	虚
6日	04/07	月	癸巳	除	長流水	危
7日	04/08	火	甲午	満	沙中金	室
8日	04/09	水	乙未	平	沙中金	壁
9日	04/10	木	丙申	定	山下火	奎
10日	04/11	金	丁酉	執	山下火	婁
11日	04/12	土	戊戌	破	平地木	胃
12日	04/13	日	己亥	危	平地木	昴
13日	04/14	月	庚子	成	壁上土	畢
14日	04/15	火	辛丑	納	壁上土	觜
15日	04/16	水	壬寅	開	金箔金	参
16日	04/17	木	癸卯	閉	金箔金	井
17日	04/18	金	甲辰	建	覆燈火	鬼
18日	04/19	土	乙巳	除	覆燈火	柳
19日	04/20	日	丙午	満	天河水	星
20日	04/21	月	丁未	平	天河水	張
21日	04/22	火	戊申	定	大駅土	翼
22日	04/23	水	己酉	執	大駅土	軫
23日	04/24	木	庚戌	破	釵釧金	角
24日	04/25	金	辛亥	危	釵釧金	亢
25日	04/26	土	壬子	成	桑柘木	氐
26日	04/27	日	癸丑	納	桑柘木	房
27日	04/28	月	甲寅	開	大溪水	心
28日	04/29	火	乙卯	閉	大溪水	尾
29日	04/30	水	丙辰	建	沙中土	箕

【四月大 癸巳 房】
節気 立夏 6日・小満 22日
雑節 八十八夜 2日

日	新暦	曜	干支	直	納音	宿
1日	05/01	木	丁巳	除	沙中土	斗
2日	05/02	金	戊午	満	天上火	牛
3日	05/03	土	己未	平	天上火	女
4日	05/04	日	庚申	定	柘榴木	虚
5日	05/05	月	辛酉	執	柘榴木	危
6日	05/06	火	壬戌	執	大海水	室
7日	05/07	水	癸亥	破	大海水	壁
8日	05/08	木	甲子	危	海中金	奎
9日	05/09	金	乙丑	成	海中金	婁
10日	05/10	土	丙寅	納	炉中火	胃
11日	05/11	日	丁卯	開	炉中火	昴
12日	05/12	月	戊辰	閉	大林木	畢
13日	05/13	火	己巳	建	大林木	觜
14日	05/14	水	庚午	除	路傍土	参
15日	05/15	木	辛未	満	路傍土	井
16日	05/16	金	壬申	平	釵鋒金	鬼
17日	05/17	土	癸酉	定	釵鋒金	柳
18日	05/18	日	甲戌	執	山頭火	星
19日	05/19	月	乙亥	破	山頭火	張
20日	05/20	火	丙子	危	澗下水	翼
21日	05/21	水	丁丑	成	澗下水	軫
22日	05/22	木	戊寅	納	城頭土	角
23日	05/23	金	己卯	開	城頭土	亢
24日	05/24	土	庚辰	閉	白鑞金	氐
25日	05/25	日	辛巳	建	白鑞金	房
26日	05/26	月	壬午	除	楊柳木	心
27日	05/27	火	癸未	満	楊柳木	尾
28日	05/28	水	甲申	平	井泉水	箕
29日	05/29	木	乙酉	定	井泉水	斗
30日	05/30	金	丙戌	執	屋上土	牛

【五月小 甲午 心】
節気 芒種 7日・夏至 23日
雑節 入梅 16日

日	新暦	曜	干支	直	納音	宿
1日	05/31	土	丁亥	破	屋上土	女
2日	06/01	日	戊子	危	霹靂火	虚
3日	06/02	月	己丑	成	霹靂火	危
4日	06/03	火	庚寅	納	松柏木	室
5日	06/04	水	辛卯	開	松柏木	壁
6日	06/05	木	壬辰	閉	長流水	奎
7日	06/06	金	癸巳	閉	長流水	婁
8日	06/07	土	甲午	建	沙中金	胃
9日	06/08	日	乙未	除	沙中金	昴
10日	06/09	月	丙申	満	山下火	畢
11日	06/10	火	丁酉	平	山下火	觜
12日	06/11	水	戊戌	定	平地木	参
13日	06/12	木	己亥	執	平地木	井
14日	06/13	金	庚子	破	壁上土	鬼
15日	06/14	土	辛丑	危	壁上土	柳
16日	06/15	日	壬寅	成	金箔金	星
17日	06/16	月	癸卯	納	金箔金	張
18日	06/17	火	甲辰	開	覆燈火	翼
19日	06/18	水	乙巳	閉	覆燈火	軫
20日	06/19	木	丙午	建	天河水	角
21日	06/20	金	丁未	除	天河水	亢
22日	06/21	土	戊申	満	大駅土	氐
23日	06/22	日	己酉	平	大駅土	房
24日	06/23	月	庚戌	定	釵釧金	心
25日	06/24	火	辛亥	執	釵釧金	尾
26日	06/25	水	壬子	破	桑柘木	箕
27日	06/26	木	癸丑	危	桑柘木	斗
28日	06/27	金	甲寅	成	大溪水	牛
29日	06/28	土	乙卯	納	大溪水	女

【六月小 乙未 尾】
節気 小暑 7日・大暑 25日
雑節 半夏生 4日・土用 22日

日	新暦	曜	干支	直	納音	宿
1日	06/29	日	丙辰	開	沙中土	虚
2日	06/30	月	丁巳	閉	沙中土	危
3日	07/01	火	戊午	建	天上火	室
4日	07/02	水	己未	除	天上火	壁
5日	07/03	木	庚申	満	柘榴木	奎
6日	07/04	金	辛酉	平	柘榴木	婁
7日	07/05	土	壬戌	平	大海水	胃
8日	07/06	日	癸亥	定	大海水	昴
9日	07/07	月	甲子	執	海中金	畢
10日	07/08	火	乙丑	破	海中金	觜
11日	07/09	水	丙寅	危	炉中火	参
12日	07/10	木	丁卯	成	炉中火	井
13日	07/11	金	戊辰	納	大林木	鬼
14日	07/12	土	己巳	開	大林木	柳
15日	07/13	日	庚午	閉	路傍土	星
16日	07/14	月	辛未	建	路傍土	張
17日	07/15	火	壬申	除	釵鋒金	翼
18日	07/16	水	癸酉	満	山頭火	軫
19日	07/17	木	甲戌	平	山頭火	角
20日	07/18	金	乙亥	定	山頭火	亢
21日	07/19	土	丙子	執	澗下水	氐
22日	07/20	日	丁丑	破	澗下水	房
23日	07/21	月	戊寅	危	城頭土	心
24日	07/22	火	己卯	成	城頭土	尾
25日	07/23	水	庚辰	納	白鑞金	箕
26日	07/24	木	辛巳	開	白鑞金	斗
27日	07/25	金	壬午	閉	楊柳木	牛
28日	07/26	土	癸未	建	楊柳木	女

	西暦	曜	干支	直	納音	宿	嘉永4年

左段

	西暦	曜	干支	直	納音	宿
29日	07/27	日	甲申	除	井泉水	虚

【七月大 丙申 箕】
節気 立秋 12日・処暑 28日

	西暦	曜	干支	直	納音	宿
1日	07/28	月	乙酉	満	井泉水	危
2日	07/29	火	丙戌	平	屋上土	室
3日	07/30	水	丁亥	定	屋上土	壁
4日	07/31	木	戊子	執	霹靂火	奎
5日	08/01	金	己丑	破	霹靂火	婁
6日	08/02	土	庚寅	危	松柏木	胃
7日	08/03	日	辛卯	成	松柏木	昴
8日	08/04	月	壬辰	納	長流水	畢
9日	08/05	火	癸巳	開	長流水	觜
10日	08/06	水	甲午	閉	沙中金	参
11日	08/07	木	乙未	建	沙中金	井
12日	08/08	金	丙申	建	山下火	鬼
13日	08/09	土	丁酉	除	山下火	柳
14日	08/10	月	戊戌	満	平地木	星
15日	08/11	火	己亥	平	平地木	張
16日	08/12	火	庚子	定	壁上土	翼
17日	08/13	水	辛丑	執	壁上土	軫
18日	08/14	木	壬寅	破	金箔金	角
19日	08/15	火	癸卯	危	金箔金	亢
20日	08/16	土	甲辰	成	覆燈火	氐
21日	08/17	日	乙巳	納	覆燈火	房
22日	08/18	月	丙午	開	天河水	心
23日	08/19	火	丁未	閉	天河水	尾
24日	08/20	水	戊申	建	大駅土	箕
25日	08/21	木	己酉	除	大駅土	斗
26日	08/22	金	庚戌	満	釵釧金	牛
27日	08/23	土	辛亥	平	釵釧金	女
28日	08/24	日	壬子	定	桑柘木	虚
29日	08/25	月	癸丑	執	桑柘木	危
30日	08/26	火	甲寅	破	大溪水	室

【八月小 丁酉 斗】
節気 白露 13日・秋分 29日
雑節 二百十 6日・社日 24日・彼岸 26日

	西暦	曜	干支	直	納音	宿
1日	08/27	水	乙卯	危	大溪水	壁
2日	08/28	木	丙辰	成	沙中土	奎
3日	08/29	金	丁巳	納	沙中土	婁
4日	08/30	土	戊午	開	天上火	胃
5日	08/31	日	己未	閉	天上火	昴
6日	09/01	月	庚申	建	柘榴木	畢
7日	09/02	火	辛酉	除	柘榴木	觜
8日	09/03	水	壬戌	平	大海水	参
9日	09/04	木	癸亥	平	大海水	井
10日	09/05	金	甲子	定	海中金	鬼
11日	09/06	土	乙丑	執	海中金	柳
12日	09/07	日	丙寅	破	爐中火	星
13日	09/08	月	丁卯	破	爐中火	張
14日	09/09	火	戊辰	危	大林木	翼
15日	09/10	水	己巳	成	大林木	軫
16日	09/11	木	庚午	納	路傍土	角
17日	09/12	金	辛未	開	路傍土	亢
18日	09/13	土	壬申	閉	釼鋒金	氐
19日	09/14	日	癸酉	建	釼鋒金	房
20日	09/15	月	甲戌	除	山頭火	心
21日	09/16	火	乙亥	満	山頭火	尾
22日	09/17	水	丙子	平	潤下水	箕
23日	09/18	木	丁丑	定	潤下水	斗
24日	09/19	金	戊寅	執	城頭土	牛
25日	09/20	土	己卯	執	城頭土	女
26日	09/21	日	庚辰	破	白鑞金	虚
27日	09/22	月	辛巳	成	白鑞金	危
28日	09/23	火	壬午	納	楊柳木	室
29日	09/24	水	癸未	開	楊柳木	壁

【九月大 戊戌 牛】
節気 寒露 15日・霜降 30日
雑節 土用 27日

	西暦	曜	干支	直	納音	宿
1日	09/25	木	甲申	閉	井泉水	奎
2日	09/26	金	乙酉	建	井泉水	婁
3日	09/27	土	丙戌	除	屋上土	胃
4日	09/28	日	丁亥	満	屋上土	昴
5日	09/29	月	戊子	平	霹靂火	畢
6日	09/30	火	己丑	定	霹靂火	觜
7日	10/01	水	庚寅	執	松柏木	参
8日	10/02	木	辛卯	破	松柏木	井
9日	10/03	金	壬辰	危	長流水	鬼
10日	10/04	土	癸巳	成	長流水	柳
11日	10/05	日	甲午	納	沙中金	星
12日	10/06	月	乙未	開	沙中金	張
13日	10/07	火	丙申	閉	山下火	翼
14日	10/08	水	丁酉	建	山下火	軫
15日	10/09	木	戊戌	建	平地木	角
16日	10/10	金	己亥	除	平地木	亢
17日	10/11	土	庚子	満	壁上土	氐
18日	10/12	日	辛丑	平	壁上土	房
19日	10/13	月	壬寅	定	金箔金	心
20日	10/14	火	癸卯	執	金箔金	尾
21日	10/15	水	甲辰	破	覆燈火	箕
22日	10/16	木	乙巳	危	覆燈火	斗
23日	10/17	金	丙午	成	天河水	牛
24日	10/18	土	丁未	納	天河水	女
25日	10/19	日	戊申	開	大駅土	虚
26日	10/20	月	己酉	閉	大駅土	危
27日	10/21	火	庚戌	建	釵釧金	室
28日	10/22	水	辛亥	除	釵釧金	壁
29日	10/23	木	壬子	満	桑柘木	奎
30日	10/24	金	癸丑	平	桑柘木	婁

【十月小 己亥 女】
節気 立冬 15日

	西暦	曜	干支	直	納音	宿
1日	10/25	土	甲寅	定	大溪水	胃
2日	10/26	日	乙卯	執	大溪水	昴
3日	10/27	月	丙辰	破	沙中土	畢
4日	10/28	火	丁巳	危	沙中土	觜
5日	10/29	水	戊午	成	天上火	参
6日	10/30	木	己未	納	天上火	井
7日	10/31	金	庚申	開	柘榴木	鬼
8日	11/01	土	辛酉	閉	柘榴木	柳
9日	11/02	日	壬戌	建	大海水	星
10日	11/03	月	癸亥	除	大海水	張
11日	11/04	火	甲子	満	海中金	翼
12日	11/05	水	乙丑	平	海中金	軫
13日	11/06	木	丙寅	定	爐中火	角
14日	11/07	金	丁卯	執	爐中火	亢
15日	11/08	土	戊辰	執	大林木	氐
16日	11/09	日	己巳	危	大林木	房
17日	11/10	月	庚午	危	路傍土	心
18日	11/11	火	辛未	成	路傍土	尾
19日	11/12	水	壬申	納	釼鋒金	箕
20日	11/13	木	癸酉	閉	釼鋒金	斗
21日	11/14	金	甲戌	閉	山頭火	牛
22日	11/15	土	乙亥	建	山頭火	女
23日	11/16	日	丙子	除	潤下水	虚
24日	11/17	月	丁丑	満	潤下水	危
25日	11/18	火	戊寅	平	城頭土	室
26日	11/19	水	己卯	定	城頭土	壁
27日	11/20	木	庚辰	執	白鑞金	奎
28日	11/21	金	辛巳	破	白鑞金	婁
29日	11/22	土	壬午	危	楊柳木	胃

【十一月大 庚子 虚】
節気 小雪 1日・大雪 16日・冬至 30日

右段

	西暦	曜	干支	直	納音	宿
1日	11/23	日	癸未	成	楊柳木	昴
2日	11/24	月	甲申	納	井泉水	畢
3日	11/25	火	乙酉	開	井泉水	觜
4日	11/26	水	丙戌	閉	屋上土	参
5日	11/27	木	丁亥	建	屋上土	井
6日	11/28	金	戊子	満	霹靂火	柳
7日	11/29	土	己丑	満	霹靂火	星
8日	11/30	日	庚寅	平	松柏木	張
9日	12/01	月	辛卯	定	松柏木	翼
10日	12/02	火	壬辰	執	長流水	軫
11日	12/03	水	癸巳	破	長流水	角
12日	12/04	木	甲午	危	沙中金	亢
13日	12/05	金	乙未	成	沙中金	氐
14日	12/06	土	丙申	納	山下火	房
15日	12/07	日	丁酉	開	山下火	心
16日	12/08	月	戊戌	開	平地木	尾
17日	12/09	火	己亥	閉	平地木	箕
18日	12/10	水	庚子	建	壁上土	斗
19日	12/11	木	辛丑	除	壁上土	牛
20日	12/12	金	壬寅	平	金箔金	女
21日	12/13	土	癸卯	平	金箔金	虚
22日	12/14	日	甲辰	定	覆燈火	危
23日	12/15	月	乙巳	執	覆燈火	室
24日	12/16	火	丙午	破	天河水	壁
25日	12/17	水	丁未	危	天河水	奎
26日	12/18	木	戊申	成	大駅土	婁
27日	12/19	金	己酉	納	大駅土	胃
28日	12/20	土	庚戌	開	釵釧金	昴
29日	12/21	日	辛亥	閉	釵釧金	畢
30日	12/22	月	壬子	建	桑柘木	觜

【十二月小 辛丑 危】
節気 小寒 15日
雑節 土用 27日

	西暦	曜	干支	直	納音	宿
1日	12/23	火	癸丑	除	桑柘木	觜
2日	12/24	水	甲寅	満	大溪水	参
3日	12/25	木	乙卯	平	大溪水	井
4日	12/26	金	丙辰	定	沙中土	柳
5日	12/27	土	丁巳	執	沙中土	星
6日	12/28	日	戊午	破	天上火	張
7日	12/29	月	己未	危	天上火	翼
8日	12/30	火	庚申	成	柘榴木	軫
9日	12/31	水	辛酉	納	柘榴木	軫

1852年

	西暦	曜	干支	直	納音	宿
10日	**01/01**	木	壬戌	開	大海水	角
11日	01/02	金	癸亥	成	大海水	亢
12日	01/03	土	甲子	建	海中金	氐
13日	01/04	日	乙丑	除	海中金	房
14日	01/05	月	丙寅	満	爐中火	心
15日	01/06	火	丁卯	平	爐中火	尾
16日	☆01/07	水	戊辰	平	大林木	箕
17日	01/08	木	己巳	定	大林木	斗
18日	01/09	金	庚午	執	路傍土	牛
19日	01/10	土	辛未	破	路傍土	女
20日	01/11	日	壬申	危	釼鋒金	虚
21日	01/12	月	癸酉	成	釼鋒金	危
22日	01/13	火	甲戌	納	山頭火	室
23日	01/14	水	乙亥	開	山頭火	壁
24日	01/15	木	丙子	閉	潤下水	奎
25日	01/16	金	丁丑	建	潤下水	婁
26日	01/17	土	戊寅	満	城頭土	胃
27日	01/18	日	己卯	満	城頭土	昴
28日	01/19	月	庚辰	平	白鑞金	畢
29日	01/20	火	辛巳	定	白鑞金	觜

嘉永5年
1852〜1853　壬子　畢

正月大　壬寅　室
節気　大寒 1日・立春 15日・雨水 30日
雑節　節分 14日

日	新暦	曜	干支	直	納音	宿
1日	01/21	水	壬午	執	楊柳木	參
2日	01/22	木	癸未	破	楊柳木	井
3日	01/23	金	甲申	危	井泉水	鬼
4日	01/24	土	乙酉	成	井泉水	柳
5日	01/25	日	丙戌	納	屋上土	星
6日	01/26	月	丁亥	開	屋上土	張
7日	01/27	火	戊子	閉	霹靂火	翼
8日	01/28	水	己丑	建	霹靂火	軫
9日	01/29	木	庚寅	除	松柏木	角
10日	01/30	金	辛卯	満	松柏木	亢
11日	01/31	土	壬辰	平	長流水	氐
12日	02/01	日	癸巳	定	長流水	房
13日	02/02	月	甲午	執	沙中金	心
14日	02/03	火	乙未	破	沙中金	尾
15日	02/04	水	丙申	危	山下火	箕
16日	02/05	木	丁酉	成	山下火	斗
17日	02/06	金	戊戌	納	平地木	牛
18日	02/07	土	己亥	開	平地木	女
19日	02/08	日	庚子	閉	壁上土	虚
20日	02/09	月	辛丑	建	壁上土	危
21日	02/10	火	壬寅	除	金箔金	室
22日	02/11	水	癸卯	満	金箔金	壁
23日	02/12	木	甲辰	平	覆燈火	奎
24日	02/13	金	乙巳	定	覆燈火	婁
25日	02/14	土	丙午	執	天河水	胃
26日	02/15	日	丁未	破	天河水	昴
27日	02/16	月	戊申	危	大駅土	畢
28日	02/17	火	己酉	成	大駅土	觜
29日	02/18	水	庚戌	納	釵釧金	參
30日	02/19	木	辛亥	納	釵釧金	井

二月大　癸卯　壁
節気　啓蟄 15日・春分 30日
雑節　彼岸 27日・社日 27日

日	新暦	曜	干支	直	納音	宿
1日	02/20	金	壬子	開	桑柘木	鬼
2日	02/21	土	癸丑	閉	桑柘木	柳
3日	02/22	日	甲寅	建	大溪水	星
4日	02/23	月	乙卯	除	大溪水	張
5日	02/24	火	丙辰	満	沙中土	翼
6日	02/25	水	丁巳	平	沙中土	軫
7日	02/26	木	戊午	定	天上火	角
8日	02/27	金	己未	執	天上火	亢
9日	02/28	土	庚申	破	柘榴木	氐
10日	02/29	日	辛酉	危	柘榴木	房
11日	03/01	月	壬戌	成	大海水	心
12日	03/02	火	癸亥	納	大海水	尾
13日	03/03	水	甲子	開	海中金	箕
14日	03/04	木	乙丑	閉	海中金	斗
15日	03/05	金	丙寅	建	爐中火	牛
16日	03/06	土	丁卯	除	爐中火	女
17日	03/07	日	戊辰	満	大林木	虚
18日	03/08	月	己巳	平	大林木	危
19日	03/09	火	庚午	定	路傍土	室
20日	03/10	水	辛未	執	路傍土	壁
21日	03/11	木	壬申	破	劒鋒金	奎
22日	03/12	金	癸酉	危	劒鋒金	婁
23日	03/13	土	甲戌	成	山頭火	胃
24日	03/14	日	乙亥	納	山頭火	昴
25日	03/15	月	丙子	開	潤下水	畢
26日	03/16	火	丁丑	閉	潤下水	觜
27日	03/17	水	戊寅	建	城頭土	參
28日	03/18	木	己卯	除	城頭土	井
29日	03/19	金	庚辰	満	白鑞金	鬼
30日	03/20	土	辛巳	平	白鑞金	柳

閏二月小　癸卯　壁
節気　清明 15日
雑節　土用 28日

日	新暦	曜	干支	直	納音	宿
1日	03/21	日	壬午	平	楊柳木	星
2日	03/22	月	癸未	定	楊柳木	張
3日	03/23	火	甲申	執	井泉水	翼
4日	03/24	水	乙酉	破	井泉水	軫
5日	03/25	木	丙戌	危	屋上土	角
6日	03/26	金	丁亥	成	屋上土	亢
7日	03/27	土	戊子	納	霹靂火	氐
8日	03/28	日	己丑	開	霹靂火	房
9日	03/29	月	庚寅	閉	松柏木	心
10日	03/30	火	辛卯	建	松柏木	尾
11日	03/31	水	壬辰	除	長流水	箕
12日	04/01	木	癸巳	満	長流水	斗
13日	04/02	金	甲午	平	沙中金	牛
14日	04/03	土	乙未	定	沙中金	女
15日	04/04	日	丙申	執	山下火	虚
16日	04/05	月	丁酉	破	山下火	危
17日	04/06	火	戊戌	危	平地木	室
18日	04/07	水	己亥	成	平地木	壁
19日	04/08	木	庚子	納	壁上土	奎
20日	04/09	金	辛丑	開	壁上土	婁
21日	04/10	土	壬寅	閉	金箔金	胃
22日	04/11	日	癸卯	建	金箔金	昴
23日	04/12	月	甲辰	除	覆燈火	畢
24日	04/13	火	乙巳	満	覆燈火	觜
25日	04/14	水	丙午	平	天河水	參
26日	04/15	木	丁未	定	天河水	井
27日	04/16	金	戊申	執	大駅土	鬼
28日	04/17	土	己酉	執	大駅土	柳
29日	04/18	日	庚戌	破	釵釧金	星

三月大　甲辰　奎
節気　穀雨 2日・立夏 17日
雑節　八十八夜 13日

日	新暦	曜	干支	直	納音	宿
1日	04/19	月	辛亥	危	釵釧金	張
2日	04/20	火	壬子	成	桑柘木	翼
3日	04/21	水	癸丑	納	桑柘木	軫
4日	04/22	木	甲寅	開	大溪水	角
5日	04/23	金	乙卯	閉	大溪水	亢
6日	04/24	土	丙辰	建	沙中土	氐
7日	04/25	日	丁巳	除	沙中土	房
8日	04/26	月	戊午	満	天上火	心
9日	04/27	火	己未	平	天上火	尾
10日	04/28	水	庚申	定	柘榴木	箕
11日	04/29	木	辛酉	執	柘榴木	斗
12日	04/30	金	壬戌	破	大海水	牛
13日	05/01	土	癸亥	危	大海水	女
14日	05/02	日	甲子	成	海中金	虚
15日	05/03	月	乙丑	納	海中金	危
16日	05/04	火	丙寅	開	爐中火	室
17日	05/05	水	丁卯	閉	爐中火	壁
18日	05/06	木	戊辰	建	大林木	奎
19日	05/07	金	己巳	除	大林木	婁
20日	05/08	土	庚午	満	路傍土	胃
21日	05/09	日	辛未	平	路傍土	昴
22日	05/10	月	壬申	定	劒鋒金	畢
23日	05/11	火	癸酉	執	劒鋒金	觜
24日	05/12	水	甲戌	破	山頭火	參
25日	05/13	木	乙亥	危	山頭火	井
26日	05/14	金	丙子	成	潤下水	鬼
27日	05/15	土	丁丑	納	潤下水	柳
28日	05/16	日	戊寅	開	城頭土	星
29日	05/17	月	己卯	閉	城頭土	張
30日	05/18	火	庚辰	建	白鑞金	翼

四月大　乙巳　婁
節気　小満 3日・芒種 18日
雑節　入梅 22日

日	新暦	曜	干支	直	納音	宿
1日	05/19	水	辛巳	建	白鑞金	軫
2日	05/20	木	壬午	除	楊柳木	角
3日	05/21	金	癸未	満	楊柳木	亢
4日	05/22	土	甲申	平	井泉水	氐
5日	05/23	日	乙酉	定	井泉水	房
6日	05/24	月	丙戌	執	屋上土	心
7日	05/25	火	丁亥	破	屋上土	尾
8日	05/26	水	戊子	危	霹靂火	箕
9日	05/27	木	己丑	成	霹靂火	斗
10日	05/28	金	庚寅	納	松柏木	牛
11日	05/29	土	辛卯	開	松柏木	女
12日	05/30	日	壬辰	閉	長流水	虚
13日	05/31	月	癸巳	建	長流水	危
14日	06/01	火	甲午	除	沙中金	室
15日	06/02	水	乙未	満	沙中金	壁
16日	06/03	木	丙申	平	山下火	奎
17日	06/04	金	丁酉	定	山下火	婁
18日	06/05	土	戊戌	執	平地木	胃
19日	06/06	日	己亥	破	平地木	昴
20日	06/07	月	庚子	危	壁上土	畢
21日	06/08	火	辛丑	成	壁上土	觜
22日	06/09	水	壬寅	納	金箔金	參
23日	06/10	木	癸卯	開	金箔金	井
24日	06/11	金	甲辰	閉	覆燈火	鬼
25日	06/12	土	乙巳	建	覆燈火	柳
26日	06/13	日	丙午	除	天河水	星
27日	06/14	月	丁未	満	天河水	張
28日	06/15	火	戊申	平	大駅土	翼
29日	06/16	水	己酉	定	大駅土	軫
30日	06/17	木	庚戌	執	釵釧金	角

五月小　丙午　胃
節気　夏至 4日・小暑 20日
雑節　半夏生 15日

日	新暦	曜	干支	直	納音	宿
1日	06/18	金	辛亥	破	釵釧金	亢
2日	06/19	土	壬子	危	桑柘木	氐
3日	06/20	日	癸丑	成	桑柘木	房
4日	06/21	月	甲寅	納	大溪水	心
5日	06/22	火	乙卯	開	大溪水	尾
6日	06/23	水	丙辰	閉	沙中土	箕
7日	06/24	木	丁巳	建	沙中土	斗
8日	06/25	金	戊午	除	天上火	牛
9日	06/26	土	己未	満	天上火	女
10日	06/27	日	庚申	平	柘榴木	虚
11日	06/28	月	辛酉	定	柘榴木	危
12日	06/29	火	壬戌	執	大海水	室
13日	06/30	水	癸亥	破	大海水	壁
14日	07/01	木	甲子	危	海中金	奎
15日☆	07/02	金	乙丑	成	海中金	婁
16日	07/03	土	丙寅	納	爐中火	胃
17日	07/04	日	丁卯	開	爐中火	昴
18日	07/05	月	戊辰	閉	大林木	畢
19日	07/06	火	己巳	建	大林木	觜
20日	07/07	水	庚午	除	路傍土	參
21日	07/08	木	辛未	満	路傍土	井
22日	07/09	金	壬申	平	劒鋒金	鬼
23日	07/10	土	癸酉	定	劒鋒金	柳
24日	07/11	日	甲戌	執	山頭火	星
25日	07/12	月	乙亥	破	山頭火	張
26日	07/13	火	丙子	危	潤下水	翼
27日	07/14	水	丁丑	成	潤下水	軫
28日	07/15	木	戊寅	納	城頭土	角
29日	07/16	金	己卯	開	城頭土	亢

六月小　丁未　昴
節気　大暑 7日・立秋 22日
雑節　土用 3日

日	新暦	曜	干支	直	納音	宿
1日	07/17	土	庚辰	納	白鑞金	氐
2日	07/18	日	辛巳	開	白鑞金	房
3日	07/19	月	壬午	閉	楊柳木	心
4日	07/20	火	癸未	建	楊柳木	尾
5日	07/21	水	甲申	除	井泉水	箕
6日	07/22	木	乙酉	満	井泉水	斗
7日	07/23	金	丙戌	平	屋上土	牛
8日	07/24	土	丁亥	定	屋上土	女
9日	07/25	日	戊子	執	霹靂火	虚
10日	07/26	月	己丑	破	霹靂火	危
11日	07/27	火	庚寅	危	松柏木	室
12日	07/28	水	辛卯	成	松柏木	壁
13日	07/29	木	壬辰	納	長流水	奎

– 542 –

嘉永5年

西暦	曜	干支	直	納音	宿
14日 07/30	金	癸巳	開	長流水	婁
15日 07/31	土	甲午	閉	沙中金	胃
16日 08/01	日	乙未	建	沙中金	昴
17日 08/02	月	丙申	除	山下火	畢
18日 08/03	火	丁酉	満	山下火	觜
19日 08/04	水	戊戌	平	平地木	参
20日 08/05	木	己亥	定	平地木	井
21日 08/06	金	庚子	執	壁上土	鬼
22日 08/07	土	辛丑	破	壁上土	柳
23日 08/08	日	壬寅	危	金箔金	星
24日 08/09	月	癸卯	成	金箔金	張
25日 08/10	火	甲辰	納	覆燈火	翼
26日 08/11	水	乙巳	開	覆燈火	軫
27日 08/12	木	丙午	閉	天河水	角
28日 08/13	金	丁未	閉	天河水	亢
29日 08/14	土	戊申	建	大駅土	氐

【七月大 戊申 畢】
節気 処暑 9日・白露 24日
雑節 二百十日 17日

西暦	曜	干支	直	納音	宿
1日 08/15	日	己酉	除	大駅土	房
2日 08/16	月	庚戌	満	釵釧金	心
3日 08/17	火	辛亥	平	釵釧金	尾
4日 08/18	水	壬子	定	桑柘木	箕
5日 08/19	木	癸丑	執	桑柘木	斗
6日 08/20	金	甲寅	破	大溪水	牛
7日 08/21	土	乙卯	危	大溪水	女
8日 08/22	日	丙辰	成	沙中土	虚
9日 08/23	月	丁巳	納	沙中土	危
10日 08/24	火	戊午	開	天上火	室
11日 08/25	水	己未	閉	天上火	壁
12日 08/26	木	庚申	建	柘榴木	奎
13日 08/27	金	辛酉	除	柘榴木	婁
14日 08/28	土	壬戌	満	大海水	胃
15日 08/29	日	癸亥	平	大海水	昴
16日 08/30	月	甲子	定	海中金	畢
17日 08/31	火	乙丑	執	海中金	觜
18日 09/01	水	丙寅	破	爐中火	参
19日 09/02	木	丁卯	危	爐中火	井
20日 09/03	金	戊辰	成	大林木	鬼
21日 09/04	土	己巳	納	大林木	柳
22日 09/05	日	庚午	開	路傍土	星
23日 09/06	月	辛未	閉	路傍土	張
24日 09/07	火	壬申	建	釵鋒金	翼
25日 09/08	水	癸酉	除	釵鋒金	軫
26日 09/09	木	甲戌	満	山頭火	角
27日 09/10	金	乙亥	平	山頭火	亢
28日 09/11	土	丙子	定	澗下水	氐
29日 09/12	日	丁丑	執	澗下水	房
30日 09/13	月	戊寅	建	城頭土	心

【八月小 己酉 觜】
節気 秋分 10日・寒露 25日
雑節 彼岸 7日・社日 10日

西暦	曜	干支	直	納音	宿
1日 09/14	火	己卯	破	城頭土	尾
2日 09/15	水	庚辰	成	白鑞金	箕
3日 09/16	木	辛巳	納	白鑞金	斗
4日 09/17	金	壬午	納	楊柳木	牛
5日 09/18	土	癸未	開	楊柳木	女
6日 09/19	日	甲申	閉	井泉水	虚
7日 09/20	月	乙酉	建	井泉水	危
8日 09/21	火	丙戌	除	屋上土	室
9日 09/22	水	丁亥	満	屋上土	壁
10日 09/23	木	戊子	平	霹靂火	奎
11日 09/24	金	己丑	定	霹靂火	婁
12日 09/25	土	庚寅	執	松柏木	胃
13日 09/26	日	辛卯	破	松柏木	昴
14日 09/27	月	壬辰	危	長流水	畢
15日 09/28	火	癸巳	成	長流水	觜
16日 09/29	水	甲午	納	沙中金	参
17日 09/30	木	乙未	開	沙中金	井
18日 10/01	金	丙申	閉	山下火	鬼
19日 10/02	土	丁酉	建	山下火	柳
20日 10/03	日	戊戌	除	平地木	星
21日 10/04	月	己亥	閉	平地木	張
22日 10/05	火	庚子	平	壁上土	翼
23日 10/06	水	辛丑	定	壁上土	軫
24日 10/07	木	壬寅	執	金箔金	角
25日 10/08	金	癸卯	執	金箔金	亢
26日 10/09	土	甲辰	破	覆燈火	氐
27日 10/10	日	乙巳	危	覆燈火	房
28日 10/11	月	丙午	成	天河水	心
29日 10/12	火	丁未	納	天河水	尾

【九月大 庚戌 参】
節気 霜降 11日・立冬 26日
雑節 土用 8日

西暦	曜	干支	直	納音	宿
1日 10/13	水	戊申	開	大駅土	箕
2日 10/14	木	己酉	閉	大駅土	斗
3日 10/15	金	庚戌	建	釵釧金	牛
4日 10/16	土	辛亥	除	釵釧金	女
5日 10/17	日	壬子	満	桑柘木	虚
6日 10/18	月	癸丑	平	桑柘木	危
7日 10/19	火	甲寅	定	大溪水	室
8日 10/20	水	乙卯	執	大溪水	壁
9日 10/21	木	丙辰	破	沙中土	奎
10日 10/22	金	丁巳	危	沙中土	婁
11日 10/23	土	戊午	成	天上火	胃
12日 10/24	日	己未	納	天上火	昴
13日 10/25	月	庚申	開	柘榴木	畢
14日 10/26	火	辛酉	閉	柘榴木	觜
15日 10/27	水	壬戌	建	大海水	参
16日 10/28	木	癸亥	除	大海水	井
17日 10/29	金	甲子	満	海中金	鬼
18日 10/30	土	乙丑	平	海中金	柳
19日 10/31	日	丙寅	定	爐中火	星
20日 11/01	月	丁卯	執	爐中火	張
21日 11/02	火	戊辰	破	大林木	翼
22日 11/03	水	己巳	危	大林木	軫
23日 11/04	木	庚午	成	路傍土	角
24日 11/05	金	辛未	納	路傍土	亢
25日 11/06	土	壬申	開	釵鋒金	氐
26日 11/07	日	癸酉	閉	釵鋒金	房
27日 11/08	月	甲戌	建	山頭火	心
28日 11/09	火	乙亥	除	山頭火	尾
29日 11/10	水	丙子	除	澗下水	箕
30日 11/11	木	丁丑	満	澗下水	斗

【十月小 辛亥 井】
節気 小雪 11日・大雪 26日

西暦	曜	干支	直	納音	宿
1日 11/12	金	戊寅	定	城頭土	牛
2日 11/13	土	己卯	定	城頭土	女
3日 11/14	日	庚辰	執	白鑞金	虚
4日 11/15	月	辛巳	破	白鑞金	危
5日 11/16	火	壬午	危	楊柳木	室
6日 11/17	水	癸未	成	楊柳木	壁
7日 11/18	木	甲申	納	井泉水	奎
8日 11/19	金	乙酉	開	井泉水	婁
9日 11/20	土	丙戌	閉	屋上土	胃
10日 11/21	日	丁亥	建	屋上土	昴
11日 11/22	月	戊子	除	霹靂火	畢
12日 11/23	火	己丑	満	霹靂火	觜
13日 11/24	水	庚寅	平	松柏木	参
14日 11/25	木	辛卯	定	松柏木	井
15日 11/26	金	壬辰	執	長流水	鬼
16日 11/27	土	癸巳	破	長流水	柳
17日 11/28	日	甲午	危	沙中金	星
18日 11/29	月	乙未	成	沙中金	張
19日 11/30	火	丙申	納	山下火	翼
20日 12/01	水	丁酉	開	山下火	軫
21日 12/02	木	戊戌	閉	平地木	角
22日 12/03	金	己亥	建	平地木	亢
23日 12/04	土	庚子	除	壁上土	氐
24日 12/05	日	辛丑	満	壁上土	房
25日 12/06	月	壬寅	平	金箔金	心
26日 12/07	火	癸卯	平	金箔金	尾
27日 12/08	水	甲辰	定	覆燈火	箕
28日 12/09	木	乙巳	執	覆燈火	斗
29日 12/10	金	丙午	破	天河水	牛

【十一月大 壬子 鬼】
節気 冬至 12日・小寒 26日

西暦	曜	干支	直	納音	宿
1日◎ 12/11	土	丁未	危	天河水	女
2日 12/12	日	戊申	成	大駅土	虚
3日 12/13	月	己酉	納	大駅土	危
4日 12/14	火	庚戌	開	釵釧金	室
5日 12/15	水	辛亥	閉	釵釧金	壁
6日 12/16	木	壬子	建	桑柘木	奎
7日 12/17	金	癸丑	除	桑柘木	婁
8日 12/18	土	甲寅	平	大溪水	胃
9日 12/19	日	乙卯	平	大溪水	昴
10日 12/20	月	丙辰	定	沙中土	畢
11日 12/21	火	丁巳	執	沙中土	觜
12日 12/22	水	戊午	破	天上火	参
13日 12/23	木	己未	危	天上火	井
14日 12/24	金	庚申	成	柘榴木	鬼
15日 12/25	土	辛酉	納	柘榴木	柳
16日☆ 12/26	日	壬戌	開	大海水	星
17日 12/27	月	癸亥	閉	大海水	張
18日 12/28	火	甲子	建	海中金	翼
19日 12/29	水	乙丑	除	海中金	軫
20日 12/30	木	丙寅	平	爐中火	角
21日 12/31	金	丁卯	平	爐中火	亢

1853年

西暦	曜	干支	直	納音	宿
22日 01/01	土	戊辰	定	大林木	氐
23日 01/02	日	己巳	執	大林木	房
24日 01/03	月	庚午	破	路傍土	心
25日 01/04	火	辛未	危	路傍土	尾
26日 01/05	水	壬申	成	釵鋒金	箕
27日 01/06	木	癸酉	納	釵鋒金	斗
28日 01/07	金	甲戌	開	山頭火	牛
29日 01/08	土	乙亥	閉	山頭火	女
30日 01/09	日	丙子	閉	澗下水	虚

【十二月小 癸丑 柳】
節気 大寒 11日・立春 26日
雑節 土用 8日・節分 25日

西暦	曜	干支	直	納音	宿
1日 01/10	月	丁丑	建	澗下水	室
2日 01/11	火	戊寅	除	城頭土	壁
3日 01/12	水	己卯	満	城頭土	奎
4日 01/13	木	庚辰	平	白鑞金	婁
5日 01/14	金	辛巳	定	白鑞金	胃
6日 01/15	土	壬午	執	楊柳木	昴
7日 01/16	日	癸未	破	楊柳木	畢
8日 01/17	月	甲申	危	井泉水	觜
9日 01/18	火	乙酉	成	井泉水	参
10日 01/19	水	丙戌	納	屋上土	井
11日 01/20	木	丁亥	開	屋上土	鬼
12日 01/21	金	戊子	閉	霹靂火	柳
13日 01/22	土	己丑	建	霹靂火	星
14日 01/23	日	庚寅	除	松柏木	張
15日 01/24	月	辛卯	満	松柏木	翼
16日 01/25	火	壬辰	平	長流水	軫
17日 01/26	水	癸巳	定	長流水	角
18日 01/27	木	甲午	執	沙中金	亢
19日 01/28	金	乙未	破	沙中金	氐
20日 01/29	土	丙申	危	山下火	房
21日 01/30	日	丁酉	成	山下火	心
22日 01/31	月	戊戌	納	平地木	尾
23日 02/01	火	己亥	閉	平地木	箕
24日 02/02	水	庚子	開	壁上土	斗
25日 02/03	木	辛丑	建	壁上土	牛
26日 02/04	金	壬寅	除	金箔金	女
27日 02/05	土	癸卯	満	金箔金	虚
28日 02/06	日	甲辰	平	覆燈火	危
29日 02/07	月	乙巳	平	覆燈火	室

嘉永6年

1853～1854 癸丑 牛

【正月大 甲寅 星】

節気 雨水 12日・啓蟄 26日

日	月日	曜	干支	中段	納音	宿
1日	02/08	火	丙午	定	天河水	室
2日	02/09	水	丁未	執	天河水	壁
3日	02/10	木	戊申	破	大駅土	奎
4日	02/11	金	己酉	危	大駅土	婁
5日	02/12	土	庚戌	成	釵釧金	胃
6日	02/13	日	辛亥	納	釵釧金	昂
7日	02/14	月	壬子	開	桑柘木	畢
8日	02/15	火	癸丑	閉	桑柘木	觜
9日	02/16	水	甲寅	建	大溪水	参
10日	02/17	木	乙卯	除	大溪水	井
11日	02/18	金	丙辰	満	沙中土	鬼
12日	02/19	土	丁巳	平	沙中土	柳
13日	02/20	日	戊午	定	天上火	星
14日	02/21	月	己未	執	天上火	張
15日	02/22	火	庚申	破	柘榴木	翼
16日	02/23	水	辛酉	危	柘榴木	軫
17日	02/24	木	壬戌	成	大海水	角
18日	02/25	金	癸亥	納	大海水	亢
19日	02/26	土	甲子	開	海中金	氐
20日	02/27	日	乙丑	閉	海中金	房
21日	02/28	月	丙寅	建	爐中火	心
22日	03/01	火	丁卯	除	爐中火	尾
23日	03/02	水	戊辰	満	大林木	箕
24日	03/03	木	己巳	平	大林木	斗
25日	03/04	金	庚午	定	路傍土	牛
26日	03/05	土	辛未	定	路傍土	女
27日	03/06	日	壬申	執	釵鋒金	虚
28日	03/07	月	癸酉	破	釵鋒金	危
29日	03/08	火	甲戌	危	山頭火	室
30日	03/09	水	乙亥	成	山頭火	壁

【二月小 乙卯 張】

節気 春分 12日・清明 27日
雑節 彼岸 9日・社日 13日

日	月日	曜	干支	中段	納音	宿
1日	03/10	木	丙子	納	澗下水	奎
2日	03/11	金	丁丑	開	澗下水	婁
3日	03/12	土	戊寅	閉	城頭土	胃
4日	03/13	日	己卯	建	城頭土	昂
5日	03/14	月	庚辰	除	白鑞金	畢
6日	03/15	火	辛巳	満	白鑞金	觜
7日	03/16	水	壬午	平	楊柳木	参
8日	03/17	木	癸未	定	楊柳木	井
9日	03/18	金	甲申	執	井泉水	鬼
10日	03/19	土	乙酉	破	井泉水	柳
11日	03/20	日	丙戌	危	屋上土	星
12日	03/21	月	丁亥	成	屋上土	張
13日	03/22	火	戊子	納	霹靂火	翼
14日	03/23	水	己丑	開	霹靂火	軫
15日	03/24	木	庚寅	閉	松柏木	角
16日	03/25	金	辛卯	建	松柏木	亢
17日	03/26	土	壬辰	除	長流水	氐
18日	03/27	日	癸巳	満	長流水	房
19日	03/28	月	甲午	平	沙中金	心
20日	03/29	火	乙未	定	沙中金	尾
21日	03/30	水	丙申	執	山下火	箕
22日	03/31	木	丁酉	破	山下火	斗
23日	04/01	金	戊戌	危	平地木	牛
24日	04/02	土	己亥	成	平地木	女
25日	04/03	日	庚子	納	壁上土	虚
26日	04/04	月	辛丑	開	壁上土	危
27日	04/05	火	壬寅	開	金箔金	室
28日	04/06	水	癸卯	閉	金箔金	壁
29日	04/07	木	甲辰	建	覆燈火	奎

【三月大 丙辰 翼】

節気 穀雨 13日・立夏 29日
雑節 土用 10日・八十八夜 25日

日	月日	曜	干支	中段	納音	宿
1日	04/08	金	乙巳	除	覆燈火	婁
2日	04/09	土	丙午	満	天河水	胃
3日	04/10	日	丁未	平	天河水	昂
4日	04/11	月	戊申	定	大駅土	畢
5日	04/12	火	己酉	執	大駅土	觜
6日	04/13	水	庚戌	破	釵釧金	参
7日	04/14	木	辛亥	危	釵釧金	井
8日	04/15	金	壬子	成	桑柘木	鬼
9日	04/16	土	癸丑	納	桑柘木	柳
10日	04/17	日	甲寅	開	大溪水	星
11日	04/18	月	乙卯	閉	大溪水	張
12日	04/19	火	丙辰	建	沙中土	翼
13日	04/20	水	丁巳	除	沙中土	軫
14日	04/21	木	戊午	満	天上火	角
15日	04/22	金	己未	平	天上火	亢
16日	04/23	土	庚申	定	柘榴木	氐
17日	04/24	日	辛酉	執	柘榴木	房
18日	04/25	月	壬戌	破	大海水	心
19日	04/26	火	癸亥	危	大海水	尾
20日	04/27	水	甲子	成	海中金	箕
21日	04/28	木	乙丑	納	海中金	斗
22日	04/29	金	丙寅	開	爐中火	牛
23日	04/30	土	丁卯	閉	爐中火	女
24日	05/01	日	戊辰	建	大林木	虚
25日	05/02	月	己巳	除	大林木	危
26日	05/03	火	庚午	満	路傍土	室
27日	05/04	水	辛未	平	路傍土	壁
28日	05/05	木	壬申	定	釵鋒金	奎
29日	05/06	金	癸酉	定	釵鋒金	婁
30日	05/07	土	甲戌	執	山頭火	胃

【四月大 丁巳 軫】

節気 小満 14日・芒種 30日

日	月日	曜	干支	中段	納音	宿
1日	05/08	日	乙亥	破	山頭火	昂
2日	05/09	月	丙子	危	澗下水	畢
3日	05/10	火	丁丑	成	澗下水	觜
4日	05/11	水	戊寅	納	城頭土	参
5日	05/12	木	己卯	開	城頭土	井
6日	05/13	金	庚辰	閉	白鑞金	鬼
7日	05/14	土	辛巳	建	白鑞金	柳
8日	05/15	日	壬午	除	楊柳木	星
9日	05/16	月	癸未	満	楊柳木	張
10日	05/17	火	甲申	平	井泉水	翼
11日	05/18	水	乙酉	定	井泉水	軫
12日	05/19	木	丙戌	執	屋上土	角
13日	05/20	金	丁亥	破	屋上土	亢
14日	05/21	土	戊子	危	霹靂火	氐
15日	05/22	日	己丑	成	霹靂火	房
16日	05/23	月	庚寅	納	松柏木	心
17日	05/24	火	辛卯	開	松柏木	尾
18日	05/25	水	壬辰	閉	長流水	箕
19日	05/26	木	癸巳	建	長流水	斗
20日	05/27	金	甲午	除	沙中金	牛
21日	05/28	土	乙未	満	沙中金	女
22日	05/29	日	丙申	平	山下火	虚
23日	05/30	月	丁酉	定	山下火	危
24日	05/31	火	戊戌	執	平地木	室
25日	06/01	水	己亥	破	平地木	壁
26日	06/02	木	庚子	危	壁上土	奎
27日	06/03	金	辛丑	成	壁上土	婁
28日	06/04	土	壬寅	納	金箔金	胃
29日	06/05	日	癸卯	開	金箔金	昂
30日	06/06	月	甲辰	開	覆燈火	畢

【五月小 戊午 角】

節気 夏至 15日
雑節 入梅 8日・半夏生 26日

日	月日	曜	干支	中段	納音	宿
1日	06/07	火	乙巳	閉	覆燈火	觜
2日	06/08	水	丙午	建	天河水	参
3日	06/09	木	丁未	除	天河水	井
4日	06/10	金	戊申	満	大駅土	鬼
5日	06/11	土	己酉	平	大駅土	柳
6日	06/12	日	庚戌	定	釵釧金	星
7日	06/13	月	辛亥	執	釵釧金	張
8日	06/14	火	壬子	破	桑柘木	翼
9日	06/15	水	癸丑	危	桑柘木	軫
10日	06/16	木	甲寅	成	大溪水	角
11日	06/17	金	乙卯	納	大溪水	亢
12日	06/18	土	丙辰	開	沙中土	氐
13日	06/19	日	丁巳	閉	沙中土	房
14日	06/20	月	戊午	建	天上火	心
15日	06/21	火	己未	除	天上火	尾
16日	06/22	水	庚申	満	柘榴木	箕
17日	06/23	木	辛酉	平	柘榴木	斗
18日	06/24	金	壬戌	定	大海水	牛
19日	06/25	土	癸亥	執	大海水	女
20日	06/26	日	甲子	破	海中金	虚
21日	06/27	月	乙丑	危	海中金	室
22日	06/28	火	丙寅	成	爐中火	壁
23日	06/29	水	丁卯	納	爐中火	奎
24日	06/30	木	戊辰	開	大林木	婁
25日	07/01	金	己巳	閉	大林木	胃
26日	07/02	土	庚午	建	路傍土	昂
27日	07/03	日	辛未	除	路傍土	畢
28日	07/04	月	壬申	満	釵鋒金	觜
29日	07/05	火	癸酉	平	釵鋒金	参

【六月大 己未 亢】

節気 小暑 2日・大暑 18日
雑節 土用 14日

日	月日	曜	干支	中段	納音	宿
1日	07/06	水	甲戌	定	山頭火	井
2日	07/07	木	乙亥	定	山頭火	鬼
3日	07/08	金	丙子	執	澗下水	柳
4日	07/09	土	丁丑	破	澗下水	星
5日	07/10	日	戊寅	危	城頭土	張
6日	07/11	月	己卯	成	城頭土	翼
7日	07/12	火	庚辰	納	白鑞金	軫
8日	07/13	水	辛巳	開	白鑞金	角
9日	07/14	木	壬午	閉	楊柳木	亢
10日	07/15	金	癸未	建	楊柳木	氐
11日	07/16	土	甲申	除	井泉水	房
12日	07/17	日	乙酉	満	井泉水	心
13日	07/18	月	丙戌	平	屋上土	尾
14日	07/19	火	丁亥	定	屋上土	箕
15日	07/20	水	戊子	執	霹靂火	斗
16日	07/21	木	己丑	破	霹靂火	牛
17日	07/22	金	庚寅	危	松柏木	女
18日	07/23	土	辛卯	成	松柏木	虚
19日	07/24	日	壬辰	納	長流水	危
20日	07/25	月	癸巳	開	長流水	室
21日	07/26	火	甲午	閉	沙中金	壁
22日	07/27	水	乙未	建	沙中金	奎
23日	07/28	木	丙申	除	山下火	婁
24日	07/29	金	丁酉	満	山下火	胃
25日	07/30	土	戊戌	平	平地木	昂
26日	07/31	日	己亥	定	平地木	畢
27日	08/01	月	庚子	執	壁上土	觜
28日	08/02	火	辛丑	破	壁上土	参
29日	08/03	水	壬寅	危	金箔金	井
30日	08/04	木	癸卯	成	金箔金	鬼

嘉永6年

西暦	曜	干支	直	納音	宿

【七月小 庚申 氐】
節気 立秋 4日・処暑 19日
雑節 二百十日 28日

日	西暦	曜	干支	直	納音	宿
1日	08/05	金	甲辰	納	覆燈火	鬼
2日	08/06	土	乙巳	開	覆燈火	柳
3日	08/07	日	丙午	閉	天河水	星
4日	08/08	月	丁未	建	天河水	張
5日	08/09	火	戊申	建	大駅土	翼
6日	08/10	水	己酉	除	大駅土	軫
7日	08/11	木	庚戌	満	釵釧金	角
8日	08/12	金	辛亥	平	釵釧金	亢
9日	08/13	土	壬子	定	桑柘木	氐
10日	08/14	日	癸丑	執	桑柘木	房
11日	08/15	月	甲寅	破	大溪水	心
12日	08/16	火	乙卯	危	大溪水	尾
13日	08/17	水	丙辰	成	沙中土	箕
14日	08/18	木	丁巳	納	沙中土	斗
15日	08/19	金	戊午	開	天上火	牛
16日	08/20	土	己未	閉	天上火	女
17日	08/21	日	庚申	建	柏榴木	虚
18日	08/22	月	辛酉	除	柏榴木	危
19日	08/23	火	壬戌	満	大海水	室
20日	08/24	水	癸亥	平	大海水	壁
21日	08/25	木	甲子	定	海中金	奎
22日	08/26	金	乙丑	執	海中金	婁
23日	08/27	土	丙寅	破	爐中火	胃
24日	08/28	日	丁卯	危	爐中火	昴
25日	08/29	月	戊辰	成	大林木	畢
26日	08/30	火	己巳	納	大林木	觜
27日	08/31	水	庚午	開	路傍土	参
28日	09/01	木	辛未	閉	路傍土	井
29日	09/02	金	壬申	建	釵鋒金	鬼

【八月大 辛酉 房】
節気 白露 6日・秋分 21日
雑節 社日 16日・彼岸 18日

日	西暦	曜	干支	直	納音	宿
1日	09/03	土	癸酉	除	釵鋒金	柳
2日	09/04	日	甲戌	満	山頭火	星
3日	09/05	月	乙亥	平	山頭火	張
4日	09/06	火	丙子	定	潤下水	翼
5日	09/07	水	丁丑	執	潤下水	軫
6日	09/08	木	戊寅	執	城頭土	角
7日	09/09	金	己卯	破	城頭土	亢
8日	09/10	土	庚辰	危	白鑞金	氐
9日	09/11	日	辛巳	成	白鑞金	房
10日	09/12	月	壬午	納	楊柳木	心
11日	09/13	火	癸未	開	楊柳木	尾
12日	09/14	水	甲申	閉	井泉水	箕
13日	09/15	木	乙酉	建	井泉水	斗
14日	09/16	金	丙戌	除	屋上土	牛
15日	09/17	土	丁亥	満	屋上土	女
16日	09/18	日	戊子	平	霹靂火	虚
17日	09/19	月	己丑	定	霹靂火	危
18日	09/20	火	庚寅	執	松柏木	室
19日	09/21	水	辛卯	破	松柏木	壁
20日	09/22	木	壬辰	危	長流水	奎
21日	09/23	金	癸巳	成	長流水	婁
22日	09/24	土	甲午	納	沙中金	胃
23日	09/25	日	乙未	開	沙中金	昴
24日	09/26	月	丙申	閉	山下火	畢
25日	09/27	火	丁酉	建	山下火	觜
26日	09/28	水	戊戌	除	平地木	参
27日	09/29	木	己亥	満	平地木	井
28日	09/30	金	庚子	平	壁上土	鬼
29日	10/01	土	辛丑	定	壁上土	柳
30日	10/02	日	壬寅	執	金箔金	星

【九月小 壬戌 心】
節気 寒露 6日・霜降 21日
雑節 土用 18日

日	西暦	曜	干支	直	納音	宿
1日	10/03	月	癸卯	破	金箔金	張
2日	10/04	火	甲辰	危	覆燈火	翼
3日	10/05	水	乙巳	成	覆燈火	軫
4日	10/06	木	丙午	納	天河水	角
5日	10/07	金	丁未	開	天河水	亢
6日	10/08	土	戊申	開	大駅土	氐
7日	10/09	日	己酉	閉	大駅土	房
8日	10/10	月	庚戌	建	釵釧金	心
9日	10/11	火	辛亥	除	釵釧金	尾
10日	10/12	水	壬子	満	桑柘木	箕
11日	10/13	木	癸丑	平	桑柘木	斗
12日	10/14	金	甲寅	定	大溪水	牛
13日	10/15	土	乙卯	執	大溪水	女
14日	10/16	日	丙辰	破	沙中土	虚
15日	10/17	月	丁巳	危	沙中土	危
16日	10/18	火	戊午	成	天上火	室
17日	10/19	水	己未	納	天上火	壁
18日	10/20	木	庚申	開	柏榴木	奎
19日	10/21	金	辛酉	閉	柏榴木	婁
20日	10/22	土	壬戌	建	大海水	胃
21日	10/23	日	癸亥	除	大海水	昴
22日	10/24	月	甲子	満	海中金	畢
23日	10/25	火	乙丑	平	海中金	觜
24日	10/26	水	丙寅	定	爐中火	参
25日	10/27	木	丁卯	執	爐中火	井
26日	10/28	金	戊辰	破	大林木	鬼
27日	10/29	土	己巳	危	大林木	柳
28日	10/30	日	庚午	成	路傍土	星
29日	10/31	月	辛未	納	路傍土	張

【十月大 癸亥 尾】
節気 立冬 7日・小雪 22日

日	西暦	曜	干支	直	納音	宿
1日	11/01	火	壬申	開	釵鋒金	翼
2日	11/02	水	癸酉	閉	釵鋒金	軫
3日	11/03	木	甲戌	建	山頭火	角
4日	11/04	金	乙亥	除	山頭火	亢
5日	11/05	土	丙子	満	潤下水	氐
6日	11/06	日	丁丑	平	潤下水	房
7日	11/07	月	戊寅	平	城頭土	心
8日	11/08	火	己卯	定	城頭土	尾
9日	11/09	水	庚辰	執	白鑞金	箕
10日	11/10	木	辛巳	破	白鑞金	斗
11日	11/11	金	壬午	危	楊柳木	牛
12日	11/12	土	癸未	成	楊柳木	女
13日	11/13	日	甲申	納	井泉水	虚
14日	11/14	月	乙酉	開	井泉水	危
15日	11/15	火	丙戌	閉	屋上土	室
16日	11/16	水	丁亥	建	屋上土	壁
17日	11/17	木	戊子	除	霹靂火	奎
18日	11/18	金	己丑	満	霹靂火	婁
19日	11/19	土	庚寅	平	松柏木	胃
20日	11/20	日	辛卯	定	松柏木	昴
21日	11/21	月	壬辰	執	長流水	畢
22日	11/22	火	癸巳	破	長流水	觜
23日	11/23	水	甲午	危	沙中金	参
24日	11/24	木	乙未	成	沙中金	井
25日	11/25	金	丙申	納	山下火	鬼
26日	11/26	土	丁酉	開	山下火	柳
27日	11/27	日	戊戌	閉	平地木	星
28日	11/28	月	己亥	建	平地木	張
29日	11/29	火	庚子	除	壁上土	翼
30日	11/30	水	辛丑	満	壁上土	軫

【十一月小 甲子 箕】
節気 大雪 7日・冬至 22日

日	西暦	曜	干支	直	納音	宿
1日	12/01	木	壬寅	平	金箔金	角
2日	12/02	金	癸卯	定	金箔金	亢
3日	12/03	土	甲辰	執	覆燈火	氐
4日	12/04	日	乙巳	破	覆燈火	房
5日	12/05	月	丙午	危	天河水	心
6日	12/06	火	丁未	成	天河水	尾
7日	12/07	水	戊申	成	大駅土	箕
8日	12/08	木	己酉	納	大駅土	斗
9日	12/09	金	庚戌	開	釵釧金	牛
10日	12/10	土	辛亥	閉	釵釧金	女
11日	12/11	日	壬子	建	桑柘木	虚
12日	12/12	月	癸丑	除	桑柘木	危
13日	12/13	火	甲寅	満	大溪水	室
14日	12/14	水	乙卯	平	大溪水	壁
15日	12/15	木	丙辰	定	沙中土	奎
16日	12/16	金	丁巳	執	沙中土	婁
17日	12/17	土	戊午	破	天上火	胃
18日	12/18	日	己未	危	天上火	昴
19日	12/19	月	庚申	成	柏榴木	畢
20日	12/20	火	辛酉	納	柏榴木	觜
21日	12/21	水	壬戌	開	大海水	参
22日	12/22	木	癸亥	閉	大海水	井
23日	12/23	金	甲子	建	海中金	鬼
24日	12/24	土	乙丑	除	海中金	柳
25日	12/25	日	丙寅	満	爐中火	星
26日	12/26	月	丁卯	平	爐中火	張
27日	12/27	火	戊辰	定	大林木	翼
28日	12/28	水	己巳	執	大林木	軫
29日	12/29	木	庚午	破	路傍土	角

【十二月大 乙丑 斗】
節気 小寒 7日・大寒 22日
雑節 土用 20日

日	西暦	曜	干支	直	納音	宿
1日	12/30	金	辛未	危	路傍土	亢
2日	12/31	土	壬申	成	釵鋒金	氐

1854年

日	西暦	曜	干支	直	納音	宿
3日	01/01	日	癸酉	納	釵鋒金	房
4日	01/02	月	甲戌	開	山頭火	心
5日	01/03	火	乙亥	閉	山頭火	尾
6日	01/04	水	丙子	建	潤下水	箕
7日	01/05	木	丁丑	建	潤下水	斗
8日	01/06	金	戊寅	除	城頭土	牛
9日	01/07	土	己卯	満	城頭土	女
10日	01/08	日	庚辰	平	白鑞金	虚
11日	01/09	月	辛巳	定	白鑞金	危
12日	01/10	火	壬午	執	楊柳木	室
13日	01/11	水	癸未	破	楊柳木	壁
14日	01/12	木	甲申	危	井泉水	奎
15日	01/13	金	乙酉	成	井泉水	婁
16日	01/14	土	丙戌	納	屋上土	胃
17日	01/15	日	丁亥	開	屋上土	昴
18日	01/16	月	戊子	閉	霹靂火	畢
19日	01/17	火	己丑	建	霹靂火	觜
20日	01/18	水	庚寅	除	松柏木	参
21日	01/19	木	辛卯	満	松柏木	井
22日	01/20	金	壬辰	平	長流水	鬼
23日	01/21	土	癸巳	定	長流水	柳
24日	01/22	日	甲午	執	沙中金	星
25日	01/23	月	乙未	破	沙中金	張
26日	01/24	火	丙申	危	山下火	翼
27日	01/25	水	丁酉	成	山下火	軫
28日	01/26	木	戊戌	納	平地木	角
29日	01/27	金	己亥	開	平地木	亢
30日	01/28	土	庚子	閉	壁上土	氐

安政元年〔嘉永7年〕

1854～1855　甲寅　参
※改元＝11月27日

【正月小 丙寅 牛】

節気 立春 7日・雨水 22日
雑節 節分 6日

日	新暦	曜	干支	中段	納音	宿
1日	01/29	日	辛丑	建	壁上土	房
2日	01/30	月	壬寅	除	金箔金	心
3日	01/31	火	癸卯	満	金箔金	尾
4日	02/01	水	甲辰	平	覆燈火	箕
5日	02/02	木	乙巳	定	覆燈火	斗
6日	02/03	金	丙午	執	天河水	牛
7日	02/04	土	丁未	執	天河水	女
8日	02/05	日	戊申	破	大駅土	虚
9日	02/06	月	己酉	危	大駅土	危
10日	02/07	火	庚戌	成	釵釧金	室
11日	02/08	水	辛亥	納	釵釧金	壁
12日	02/09	木	壬子	開	桑柘木	奎
13日	02/10	金	癸丑	閉	桑柘木	婁
14日	02/11	土	甲寅	建	大溪水	胃
15日	02/12	日	乙卯	除	大溪水	昴
16日	02/13	月	丙辰	満	沙中土	畢
17日	02/14	火	丁巳	平	沙中土	觜
18日	02/15	水	戊午	定	天上火	参
19日	02/16	木	己未	執	天上火	井
20日	02/17	金	庚申	破	柘榴木	鬼
21日	02/18	土	辛酉	危	柘榴木	柳
22日	02/19	日	壬戌	成	大海水	星
23日	02/20	月	癸亥	納	大海水	張
24日	02/21	火	甲子	開	海中金	翼
25日	02/22	水	乙丑	閉	海中金	軫
26日	02/23	木	丙寅	建	爐中火	角
27日	02/24	金	丁卯	除	爐中火	亢
28日	02/25	土	戊辰	満	大林木	氐
29日	02/26	日	己巳	平	大林木	房

【二月大 丁卯 女】

節気 啓蟄 8日・春分 23日
雑節 社日 19日・彼岸 20日

日	新暦	曜	干支	中段	納音	宿
1日	02/27	月	庚午	定	路傍土	心
2日	02/28	火	辛未	執	路傍土	尾
3日	03/01	水	壬申	破	釼鋒金	箕
4日	03/02	木	癸酉	危	釼鋒金	斗
5日	03/03	金	甲戌	成	山頭火	牛
6日	03/04	土	乙亥	納	山頭火	女
7日	03/05	日	丙子	開	澗下水	虚
8日	03/06	月	丁丑	開	澗下水	危
9日	03/07	火	戊寅	閉	城頭土	室
10日	03/08	水	己卯	建	城頭土	壁
11日	03/09	木	庚辰	除	白鑞金	奎
12日	03/10	金	辛巳	満	白鑞金	婁
13日	03/11	土	壬午	平	楊柳木	胃
14日	03/12	日	癸未	定	楊柳木	昴
15日	03/13	月	甲申	執	井泉水	畢
16日	03/14	火	乙酉	破	井泉水	觜
17日	03/15	水	丙戌	危	屋上土	参
18日	03/16	木	丁亥	成	屋上土	井
19日	03/17	金	戊子	納	霹靂火	鬼
20日	03/18	土	己丑	開	霹靂火	柳
21日	03/19	日	庚寅	閉	松柏木	星
22日	03/20	月	辛卯	建	松柏木	張
23日	03/21	火	壬辰	除	長流水	翼
24日	03/22	水	癸巳	満	長流水	軫
25日	03/23	木	甲午	平	沙中金	角
26日	03/24	金	乙未	定	沙中金	亢
27日	03/25	土	丙申	執	山下火	氐
28日	03/26	日	丁酉	破	山下火	房
29日	03/27	月	戊戌	危	平地木	心
30日	03/28	火	己亥	成	平地木	尾

【三月小 戊辰 虚】

節気 清明 8日・穀雨 23日
雑節 土用 20日

日	新暦	曜	干支	中段	納音	宿
1日	03/29	水	庚子	納	壁上土	箕
2日	03/30	木	辛丑	開	壁上土	斗
3日	03/31	金	壬寅	閉	金箔金	牛
4日	04/01	土	癸卯	建	金箔金	女
5日	04/02	日	甲辰	除	覆燈火	虚
6日	04/03	月	乙巳	満	覆燈火	危
7日	04/04	火	丙午	平	天河水	室
8日	04/05	水	丁未	平	天河水	壁
9日	04/06	木	戊申	定	大駅土	奎
10日	04/07	金	己酉	執	大駅土	婁
11日	04/08	土	庚戌	破	釵釧金	胃
12日	04/09	日	辛亥	危	釵釧金	昴
13日	04/10	月	壬子	成	桑柘木	畢
14日	04/11	火	癸丑	納	桑柘木	觜
15日	04/12	水	甲寅	開	大溪水	参
16日	04/13	木	乙卯	閉	大溪水	井
17日	04/14	金	丙辰	建	沙中土	鬼
18日	04/15	土	丁巳	除	沙中土	柳
19日	04/16	日	戊午	満	天上火	星
20日	04/17	月	己未	平	天上火	張
21日	04/18	火	庚申	定	柘榴木	翼
22日	04/19	水	辛酉	執	柘榴木	軫
23日	04/20	木	壬戌	破	大海水	角
24日	04/21	金	癸亥	危	大海水	亢
25日	04/22	土	甲子	成	海中金	氐
26日	04/23	日	乙丑	納	海中金	房
27日	04/24	月	丙寅	開	爐中火	心
28日	04/25	火	丁卯	閉	爐中火	尾
29日	04/26	水	戊辰	建	大林木	箕

【四月大 己巳 危】

節気 立夏 10日・小満 25日
雑節 八十八夜 6日

日	新暦	曜	干支	中段	納音	宿
1日	04/27	木	己巳	除	大林木	斗
2日	04/28	金	庚午	満	路傍土	牛
3日	04/29	土	辛未	平	路傍土	女
4日	04/30	日	壬申	定	釼鋒金	虚
5日	05/01	月	癸酉	執	釼鋒金	危
6日	05/02	火	甲戌	破	山頭火	室
7日	05/03	水	乙亥	危	山頭火	壁
8日	05/04	木	丙子	成	澗下水	奎
9日	05/05	金	丁丑	納	澗下水	婁
10日	05/06	土	戊寅	納	城頭土	胃
11日	05/07	日	己卯	開	城頭土	昴
12日	05/08	月	庚辰	閉	白鑞金	畢
13日	05/09	火	辛巳	建	白鑞金	觜
14日	05/10	水	壬午	除	楊柳木	参
15日	05/11	木	癸未	満	楊柳木	井
16日☆	05/12	金	甲申	平	井泉水	鬼
17日	05/13	土	乙酉	定	井泉水	柳
18日	05/14	日	丙戌	執	屋上土	星
19日	05/15	月	丁亥	破	屋上土	張
20日	05/16	火	戊子	危	霹靂火	翼
21日	05/17	水	己丑	成	霹靂火	軫
22日	05/18	木	庚寅	納	松柏木	角
23日	05/19	金	辛卯	開	松柏木	亢
24日	05/20	土	壬辰	閉	長流水	氐
25日	05/21	日	癸巳	建	長流水	房
26日	05/22	月	甲午	除	沙中金	心
27日	05/23	火	乙未	満	沙中金	尾
28日	05/24	水	丙申	平	山下火	箕
29日	05/25	木	丁酉	定	山下火	斗
30日	05/26	金	戊戌	執	平地木	牛

【五月小 庚午 室】

節気 芒種 11日・夏至 27日
雑節 入梅 14日

日	新暦	曜	干支	中段	納音	宿
1日◎	05/27	土	己亥	破	平地木	女
2日	05/28	日	庚子	危	壁上土	虚
3日	05/29	月	辛丑	成	壁上土	危
4日	05/30	火	壬寅	納	金箔金	室
5日	05/31	水	癸卯	開	金箔金	壁
6日	06/01	木	甲辰	閉	覆燈火	奎
7日	06/02	金	乙巳	建	覆燈火	婁
8日	06/03	土	丙午	除	天河水	胃
9日	06/04	日	丁未	満	天河水	昴
10日	06/05	月	戊申	平	大駅土	畢
11日	06/06	火	己酉	平	大駅土	觜
12日	06/07	水	庚戌	定	釵釧金	参
13日	06/08	木	辛亥	執	釵釧金	井
14日	06/09	金	壬子	破	桑柘木	鬼
15日	06/10	土	癸丑	危	桑柘木	柳
16日	06/11	日	甲寅	成	大溪水	星
17日	06/12	月	乙卯	納	大溪水	張
18日	06/13	火	丙辰	開	沙中土	翼
19日	06/14	水	丁巳	閉	沙中土	軫
20日	06/15	木	戊午	建	天上火	角
21日	06/16	金	己未	除	天上火	亢
22日	06/17	土	庚申	満	柘榴木	氐
23日	06/18	日	辛酉	平	柘榴木	房
24日	06/19	月	壬戌	定	大海水	心
25日	06/20	火	癸亥	執	大海水	尾
26日	06/21	水	甲子	破	海中金	箕
27日	06/22	木	乙丑	危	海中金	斗
28日	06/23	金	丙寅	成	爐中火	牛
29日	06/24	土	丁卯	納	爐中火	女

【六月大 辛未 壁】

節気 小暑 13日・大暑 29日
雑節 半夏生 8日・土用 26日

日	新暦	曜	干支	中段	納音	宿
1日	06/25	日	戊辰	開	大林木	虚
2日	06/26	月	己巳	閉	大林木	危
3日	06/27	火	庚午	建	路傍土	室
4日	06/28	水	辛未	除	路傍土	壁
5日	06/29	木	壬申	満	釼鋒金	奎
6日	06/30	金	癸酉	平	釼鋒金	婁
7日	07/01	土	甲戌	定	山頭火	胃
8日	07/02	日	乙亥	執	山頭火	昴
9日	07/03	月	丙子	破	澗下水	畢
10日	07/04	火	丁丑	危	澗下水	觜
11日	07/05	水	戊寅	成	城頭土	参
12日	07/06	木	己卯	納	城頭土	井
13日	07/07	金	庚辰	納	白鑞金	鬼
14日	07/08	土	辛巳	開	白鑞金	柳
15日	07/09	日	壬午	閉	楊柳木	星
16日	07/10	月	癸未	建	楊柳木	張
17日	07/11	火	甲申	除	井泉水	翼
18日	07/12	水	乙酉	満	井泉水	軫
19日	07/13	木	丙戌	平	屋上土	角
20日	07/14	金	丁亥	定	屋上土	亢
21日	07/15	土	戊子	執	霹靂火	氐
22日	07/16	日	己丑	破	霹靂火	房
23日	07/17	月	庚寅	危	松柏木	心
24日	07/18	火	辛卯	成	松柏木	尾
25日	07/19	水	壬辰	納	長流水	箕
26日	07/20	木	癸巳	開	長流水	斗
27日	07/21	金	甲午	閉	沙中金	牛
28日	07/22	土	乙未	建	沙中金	女
29日	07/23	日	丙申	除	山下火	虚
30日	07/24	月	丁酉	満	山下火	危

【七月大 壬申 奎】

節気 立秋 15日・処暑 30日

日	新暦	曜	干支	中段	納音	宿
1日	07/25	火	戊戌	平	平地木	室
2日	07/26	水	己亥	定	平地木	壁
3日	07/27	木	庚子	執	壁上土	奎
4日	07/28	金	辛丑	破	壁上土	婁
5日	07/29	土	壬寅	危	金箔金	胃
6日	07/30	日	癸卯	成	金箔金	昴
7日	07/31	月	甲辰	納	覆燈火	畢
8日	08/01	火	乙巳	開	覆燈火	觜
9日	08/02	水	丙午	閉	天河水	参
10日	08/03	木	丁未	建	天河水	井
11日	08/04	金	戊申	除	大駅土	鬼
12日	08/05	土	己酉	満	大駅土	柳
13日	08/06	日	庚戌	平	釵釧金	星
14日	08/07	月	辛亥	定	釵釧金	張

安政元年〔嘉永7年〕

西暦	曜	干支	直	納音	宿

	西暦	曜	干支	直	納音	宿
15日	08/08	火	壬子	定	桑柘木	翼
16日	08/09	水	癸丑	執	桑柘木	軫
17日	08/10	木	甲寅	破	大溪水	角
18日	08/11	金	乙卯	危	大溪水	亢
19日	08/12	土	丙辰	成	沙中土	氐
20日	08/13	日	丁巳	納	沙中土	房
21日	08/14	月	戊午	開	天上火	心
22日	08/15	火	己未	閉	天上火	尾
23日	08/16	水	庚申	建	柘榴木	箕
24日	08/17	木	辛酉	除	柘榴木	斗
25日	08/18	金	壬戌	満	大海水	女
26日	08/19	土	癸亥	平	大海水	虚
27日	08/20	日	甲子	定	海中金	危
28日	08/21	月	乙丑	執	海中金	室
29日	08/22	火	丙寅	破	爐中火	壁
30日	08/23	水	丁卯	危	爐中火	奎

【閏七月小 壬申 奎】
節気 白露 16日
雑節 二百十日 9日・彼岸 28日

	西暦	曜	干支	直	納音	宿
1日	08/24	木	戊辰	成	大林木	奎
2日	08/25	金	己巳	納	大林木	婁
3日	08/26	土	庚午	開	路傍土	胃
4日	08/27	日	辛未	閉	路傍土	昴
5日	08/28	月	壬申	建	釼鋒金	畢
6日	08/29	火	癸酉	除	釼鋒金	觜
7日	08/30	水	甲戌	満	山頭火	參
8日	08/31	木	乙亥	平	山頭火	井
9日	09/01	金	丙子	定	澗下水	鬼
10日	09/02	土	丁丑	執	澗下水	柳
11日	09/03	日	戊寅	破	城頭土	星
12日	09/04	月	己卯	危	城頭土	張
13日	09/05	火	庚辰	成	白鑞金	翼
14日	09/06	水	辛巳	納	白鑞金	軫
15日	09/07	木	壬午	開	楊柳木	角
16日	09/08	金	癸未	開	楊柳木	亢
17日	09/09	土	甲申	閉	井泉水	氐
18日	09/10	日	乙酉	建	井泉水	房
19日	09/11	月	丙戌	除	屋上土	心
20日	09/12	火	丁亥	満	屋上土	尾
21日	09/13	水	戊子	平	霹靂火	箕
22日	09/14	木	己丑	定	霹靂火	斗
23日	09/15	金	庚寅	執	松柏木	牛
24日	09/16	土	辛卯	破	松柏木	女
25日	09/17	日	壬辰	危	長流水	虚
26日	09/18	月	癸巳	成	長流水	危
27日	09/19	火	甲午	納	沙中金	室
28日	09/20	水	乙未	開	沙中金	壁
29日	09/21	木	丙申	閉	山下火	奎

【八月大 癸酉 婁】
節気 秋分 2日・寒露 18日
雑節 社日 2日・土用 30日

	西暦	曜	干支	直	納音	宿
1日	09/22	金	丁酉	建	山下火	婁
2日	09/23	土	戊戌	除	平地木	胃
3日	09/24	日	己亥	満	平地木	昴
4日	09/25	月	庚子	平	壁上土	畢
5日	09/26	火	辛丑	定	壁上土	觜
6日	09/27	水	壬寅	執	金箔金	參
7日	09/28	木	癸卯	破	金箔金	井
8日	09/29	金	甲辰	危	覆燈火	鬼
9日	09/30	土	乙巳	成	覆燈火	柳
10日	10/01	日	丙午	納	天河水	星
11日	10/02	月	丁未	開	天河水	張
12日	10/03	火	戊申	閉	大駅土	翼
13日	10/04	水	己酉	建	大駅土	軫
14日	10/05	木	庚戌	除	釵釧金	角
15日	10/06	金	辛亥	満	釵釧金	亢
16日	10/07	土	壬子	平	桑柘木	氐
17日	10/08	日	癸丑	定	桑柘木	房
18日	10/09	月	甲寅	執	大溪水	心
19日	10/10	火	乙卯	破	大溪水	尾
20日	10/11	水	丙辰	危	沙中土	箕
21日	10/12	木	丁巳	危	沙中土	斗
22日	10/13	金	戊午	納	天上火	牛
23日	10/14	土	己未	納	天上火	女
24日	10/15	日	庚申	開	柘榴木	虚
25日	10/16	月	辛酉	閉	柘榴木	危
26日	10/17	火	壬戌	建	大海水	室
27日	10/18	水	癸亥	除	大海水	壁
28日	10/19	木	甲子	満	海中金	奎
29日	10/20	金	乙丑	平	海中金	婁
30日	10/21	土	丙寅	定	海中金	胃

【九月小 甲戌 胃】
節気 霜降 3日・立冬 18日

	西暦	曜	干支	直	納音	宿
1日	10/22	日	丁卯	執	爐中火	昴
2日	10/23	月	戊辰	破	大林木	畢
3日	10/24	火	己巳	危	大林木	觜
4日	10/25	水	庚午	成	路傍土	參
5日	10/26	木	辛未	納	路傍土	井
6日	10/27	金	壬申	開	釼鋒金	鬼
7日	10/28	土	癸酉	閉	釼鋒金	柳
8日	10/29	日	甲戌	建	山頭火	星
9日	10/30	月	乙亥	除	山頭火	張
10日	10/31	火	丙子	満	澗下水	翼
11日	11/01	水	丁丑	平	澗下水	軫
12日	11/02	木	戊寅	定	城頭土	角
13日	11/03	金	己卯	執	城頭土	氐
14日	☆11/04	土	庚辰	破	白鑞金	房
15日	11/05	日	辛巳	危	白鑞金	心
16日	11/06	月	壬午	成	楊柳木	尾
17日	11/07	火	癸未	納	楊柳木	箕
18日	11/08	水	甲申	開	井泉水	斗
19日	11/09	木	乙酉	閉	井泉水	牛
20日	11/10	金	丙戌	建	屋上土	女
21日	11/11	土	丁亥	建	屋上土	虚
22日	11/12	日	戊子	満	霹靂火	危
23日	11/13	月	己丑	定	霹靂火	室
24日	11/14	火	庚寅	平	松柏木	壁
25日	11/15	水	辛卯	執	松柏木	奎
26日	11/16	木	壬辰	破	長流水	婁
27日	11/17	金	癸巳	危	長流水	胃
28日	11/18	土	甲午	成	沙中金	昴
29日	11/19	日	乙未	納	沙中金	畢

【十月大 乙亥 昴】
節気 小雪 3日・大雪 18日

	西暦	曜	干支	直	納音	宿
1日	11/20	月	丙申	納	山下火	畢
2日	11/21	火	丁酉	閉	山下火	觜
3日	11/22	水	戊戌	開	平地木	參
4日	11/23	木	己亥	建	平地木	井
5日	11/24	金	庚子	除	壁上土	鬼
6日	11/25	土	辛丑	満	壁上土	柳
7日	11/26	日	壬寅	平	金箔金	星
8日	11/27	月	癸卯	定	金箔金	張
9日	11/28	火	甲辰	執	覆燈火	翼
10日	11/29	水	乙巳	破	覆燈火	軫
11日	11/30	木	丙午	危	天河水	角
12日	12/01	金	丁未	成	天河水	亢
13日	12/02	土	戊申	納	大駅土	氐
14日	12/03	日	己酉	開	大駅土	房
15日	12/04	月	庚戌	閉	釵釧金	心
16日	12/05	火	辛亥	建	釵釧金	尾
17日	12/06	水	壬子	除	桑柘木	箕
18日	12/07	木	癸丑	除	桑柘木	斗
19日	12/08	金	甲寅	満	大溪水	牛
20日	12/09	土	乙卯	平	大溪水	女
21日	12/10	日	丙辰	定	沙中土	虚
22日	12/11	月	丁巳	執	沙中土	危
23日	12/12	火	戊午	破	天上火	室
24日	12/13	水	己未	危	天上火	壁
25日	12/14	木	庚申	成	柘榴木	奎
26日	12/15	金	辛酉	納	柘榴木	婁
27日	12/16	土	壬戌	開	大海水	胃
28日	12/17	日	癸亥	閉	大海水	昴
29日	12/18	月	甲子	建	海中金	畢
30日	12/19	火	乙丑	除	海中金	觜

【十一月小 丙子 觜】
節気 冬至 3日・小寒 18日

	西暦	曜	干支	直	納音	宿
1日	12/20	水	丙寅	満	爐中火	參
2日	12/21	木	丁卯	平	爐中火	井
3日	12/22	金	戊辰	定	大林木	柳
4日	12/23	土	己巳	執	大林木	星
5日	12/24	日	庚午	破	路傍土	張
6日	12/25	月	辛未	危	路傍土	翼
7日	12/26	火	壬申	成	釼鋒金	軫
8日	12/27	水	癸酉	納	釼鋒金	角
9日	12/28	木	甲戌	開	山頭火	亢
10日	12/29	金	乙亥	閉	山頭火	氐
11日	12/30	土	丙子	建	澗下水	房
12日	12/31	日	丁丑	除	澗下水	心

1855年

	西暦	曜	干支	直	納音	宿
13日	01/01	月	戊寅	満	城頭土	尾
14日	01/02	火	己卯	平	城頭土	箕
15日	01/03	水	庚辰	定	白鑞金	斗
16日	01/04	木	辛巳	執	白鑞金	牛
17日	01/05	金	壬午	破	楊柳木	女
18日	01/06	土	癸未	危	楊柳木	虚
19日	01/07	日	甲申	成	井泉水	危
20日	01/08	月	乙酉	納	井泉水	室
21日	01/09	火	丙戌	開	屋上土	壁
22日	01/10	水	丁亥	閉	屋上土	奎
23日	01/11	木	戊子	建	霹靂火	婁
24日	01/12	金	己丑	除	霹靂火	胃
25日	01/13	土	庚寅	満	松柏木	昴
26日	01/14	日	辛卯	平	松柏木	畢
27日	01/15	月	壬辰	定	長流水	觜

＊改元(嘉永7年→安政元年)

	西暦	曜	干支	直	納音	宿
28日	01/16	火	癸巳	定	長流水	參
29日	01/17	水	甲午	執	沙中金	井

【十二月大 丁丑 鬼】
節気 大寒 3日・立春 18日
雑節 土用 1日・節分 17日

	西暦	曜	干支	直	納音	宿
1日	01/18	木	乙未	破	沙中金	井
2日	01/19	金	丙申	危	山下火	鬼
3日	01/20	土	丁酉	成	山下火	柳
4日	01/21	日	戊戌	納	平地木	星
5日	01/22	月	己亥	開	平地木	張
6日	01/23	火	庚子	閉	壁上土	翼
7日	01/24	水	辛丑	建	壁上土	軫
8日	01/25	木	壬寅	除	金箔金	角
9日	01/26	金	癸卯	満	金箔金	氐
10日	01/27	土	甲辰	平	覆燈火	房
11日	01/28	日	乙巳	定	覆燈火	心
12日	01/29	月	丙午	執	天河水	尾
13日	01/30	火	丁未	破	天河水	箕
14日	01/31	水	戊申	危	大駅土	斗
15日	02/01	木	己酉	成	大駅土	牛
16日	02/02	金	庚戌	納	釵釧金	女
17日	02/03	土	辛亥	開	釵釧金	虚
18日	02/04	日	壬子	閉	桑柘木	危
19日	02/05	月	癸丑	建	桑柘木	室
20日	02/06	火	甲寅	満	大溪水	壁
21日	02/07	水	乙卯	満	大溪水	奎
22日	02/08	木	丙辰	平	沙中土	婁
23日	02/09	金	丁巳	定	沙中土	胃
24日	02/10	土	戊午	執	天上火	昴
25日	02/11	日	己未	破	天上火	畢
26日	02/12	月	庚申	危	柘榴木	觜
27日	02/13	火	辛酉	成	柘榴木	參
28日	02/14	水	壬戌	納	大海水	井
29日	02/15	木	癸亥	開	大海水	鬼
30日	02/16	金	甲子	閉	海中金	鬼

－ 547 －

安政2年
1855～1856　乙卯　井

【正月小 戊寅 参】
節気 雨水 3日・啓蟄 18日

```
 1日 02/17 土 乙丑 閉 海中金 柳
 2日 02/18 日 丙寅 建 海中金 星
 3日 02/19 月 丁卯 除 爐中火 張
 4日 02/20 火 戊辰 満 大林木 翼
 5日 02/21 水 己巳 平 大林木 軫
 6日 02/22 木 庚午 定 路傍土 角
 7日 02/23 金 辛未 執 路傍土 亢
 8日 02/24 土 壬申 破 釵釧金 氐
 9日 02/25 日 癸酉 危 釵釧金 房
10日 02/26 月 甲戌 成 山頭火 心
11日 02/27 火 乙亥 納 山頭火 尾
12日 02/28 水 丙子 開 澗下水 箕
13日 03/01 木 丁丑 閉 澗下水 斗
14日 03/02 金 戊寅 建 城頭土 牛
15日 03/03 土 己卯 除 城頭土 女
16日 03/04 日 庚辰 満 白鑞金 虚
17日 03/05 月 辛巳 平 白鑞金 危
18日 03/06 火 壬午 平 楊柳木 室
19日 03/07 水 癸未 定 楊柳木 壁
20日 03/08 木 甲申 執 井泉水 奎
21日 03/09 金 乙酉 破 井泉水 婁
22日 03/10 土 丙戌 危 屋上土 胃
23日 03/11 日 丁亥 成 屋上土 昴
24日 03/12 月 戊子 納 霹靂火 畢
25日 03/13 火 己丑 開 霹靂火 觜
26日 03/14 水 庚寅 閉 松柏木 参
27日 03/15 木 辛卯 除 松柏木 井
28日 03/16 金 壬辰 除 長流水 鬼
29日 03/17 土 癸巳 満 長流水 柳
```

【二月大 己卯 井】
節気 春分 4日・清明 19日
雑節 彼岸 1日・社日 5日

```
 1日 03/18 日 甲午 平 沙中金 星
 2日 03/19 月 乙未 定 沙中金 張
 3日 03/20 火 丙申 執 山下火 翼
 4日 03/21 水 丁酉 破 山下火 軫
 5日 03/22 木 戊戌 危 平地木 角
 6日 03/23 金 己亥 成 平地木 亢
 7日 03/24 土 庚子 納 壁上土 氐
 8日 03/25 日 辛丑 開 壁上土 房
 9日 03/26 月 壬寅 閉 金箔金 心
10日 03/27 火 癸卯 建 金箔金 尾
11日 03/28 水 甲辰 満 覆燈火 箕
12日 03/29 木 乙巳 満 覆燈火 斗
13日 03/30 金 丙午 平 天河水 牛
14日 03/31 土 丁未 定 天河水 女
15日 04/01 日 戊申 執 大驛土 虚
16日 04/02 月 己酉 破 大驛土 危
17日 04/03 火 庚戌 危 釵釧金 室
18日 04/04 水 辛亥 成 釵釧金 壁
19日 04/05 木 壬子 成 桑柘木 奎
20日 04/06 金 癸丑 納 桑柘木 婁
21日 04/07 土 甲寅 開 大溪水 胃
22日 04/08 日 乙卯 閉 大溪水 昴
23日 04/09 月 丙辰 建 沙中土 畢
24日 04/10 火 丁巳 除 沙中土 觜
25日 04/11 水 戊午 平 天上火 参
26日 04/12 木 己未 平 天上火 井
27日 04/13 金 庚申 定 柘榴木 鬼
28日 04/14 土 辛酉 執 柘榴木 柳
29日 04/15 日 壬戌 破 大海水 星
30日 04/16 月 癸亥 破 大海水 張
```

【三月小 庚辰 鬼】
節気 穀雨 5日・立夏 20日
雑節 土用 1日・八十八夜 16日

```
 1日 04/17 火 甲子 成 海中金 翼
 2日 04/18 水 乙丑 納 海中金 軫
 3日 04/19 木 丙寅 開 爐中火 角
 4日 04/20 金 丁卯 閉 爐中火 亢
 5日 04/21 土 戊辰 除 大林木 氐
 6日 04/22 日 己巳 除 大林木 房
 7日 04/23 月 庚午 満 路傍土 心
 8日 04/24 火 辛未 平 路傍土 尾
 9日 04/25 水 壬申 執 釵釧金 箕
10日 04/26 木 癸酉 執 釵釧金 斗
11日 04/27 金 甲戌 破 山頭火 牛
12日 04/28 土 乙亥 危 山頭火 女
13日 04/29 日 丙子 成 澗下水 虚
14日 04/30 月 丁丑 納 澗下水 危
15日 05/01 火 戊寅 開 城頭土 室
16日 05/02 水 己卯 閉 城頭土 壁
17日 05/03 木 庚辰 建 白鑞金 奎
18日 05/04 金 辛巳 除 白鑞金 婁
19日 05/05 土 壬午 満 楊柳木 胃
20日 05/06 日 癸未 満 楊柳木 昴
21日 05/07 月 甲申 平 井泉水 畢
22日 05/08 火 乙酉 定 井泉水 觜
23日 05/09 水 丙戌 執 屋上土 参
24日 05/10 木 丁亥 破 屋上土 井
25日 05/11 金 戊子 危 霹靂火 鬼
26日 05/12 土 己丑 成 霹靂火 柳
27日 05/13 日 庚寅 納 松柏木 星
28日 05/14 月 辛卯 開 松柏木 張
29日 05/15 火 壬辰 閉 長流水 翼
```

【四月小 辛巳 柳】
節気 小満 7日・芒種 22日

```
 1日 05/16 水 癸巳 建 長流水 軫
 2日 05/17 木 甲午 除 沙中金 角
 3日 05/18 金 乙未 満 沙中金 亢
 4日 05/19 土 丙申 平 山下火 氐
 5日 05/20 日 丁酉 定 山下火 房
 6日 05/21 月 戊戌 執 平地木 心
 7日 05/22 火 己亥 危 平地木 尾
 8日 05/23 水 庚子 危 壁上土 箕
 9日 05/24 木 辛丑 成 壁上土 斗
10日 05/25 金 壬寅 納 金箔金 女
11日 05/26 土 癸卯 開 金箔金 虚
12日 05/27 日 甲辰 閉 覆燈火 危
13日 05/28 月 乙巳 建 覆燈火 室
14日 05/29 火 丙午 除 天河水 壁
15日 05/30 水 丁未 満 天河水 奎
16日 05/31 木 戊申 平 大驛土 婁
17日 06/01 金 己酉 定 大驛土 胃
18日 06/02 土 庚戌 執 釵釧金 昴
19日 06/03 日 辛亥 破 釵釧金 畢
20日 06/04 月 壬子 危 桑柘木 觜
21日 06/05 火 癸丑 成 桑柘木 参
22日 06/06 水 甲寅 納 大溪水 井
23日 06/07 木 乙卯 開 大溪水 鬼
24日 06/08 金 丙辰 閉 沙中土 柳
25日 06/09 土 丁巳 建 沙中土 星
26日 06/10 日 戊午 除 天上火 張
27日 06/11 月 己未 満 天上火 翼
28日 06/12 火 庚申 平 柘榴木 軫
29日 06/13 水 辛酉 定 柘榴木 角
```

【五月大 壬午 星】
節気 夏至 9日・小暑 25日
雑節 入梅 1日・半夏生 19日

```
 1日 06/14 木 壬戌 満 大海水 亢
 2日 06/15 金 癸亥 執 大海水 氐
 3日 06/16 土 甲子 破 海中金 房
 4日 06/17 日 乙丑 危 海中金 心
 5日 06/18 月 丙寅 成 爐中火 尾
 6日 06/19 火 丁卯 納 爐中火 箕
 7日 06/20 水 戊辰 開 大林木 斗
 8日 06/21 木 己巳 閉 大林木 牛
 9日 06/22 金 庚午 建 路傍土 女
10日 06/23 土 辛未 満 路傍土 虚
11日 06/24 日 壬申 満 釵釧金 危
12日 06/25 月 癸酉 平 釵釧金 室
13日 06/26 火 甲戌 定 山頭火 壁
14日 06/27 水 乙亥 執 山頭火 奎
15日 06/28 木 丙子 破 澗下水 婁
16日 06/29 金 丁丑 危 澗下水 胃
17日 06/30 土 戊寅 成 城頭土 昴
18日 07/01 日 己卯 納 城頭土 畢
19日 07/02 月 庚辰 開 白鑞金 觜
20日 07/03 火 辛巳 閉 白鑞金 参
21日 07/04 水 壬午 建 楊柳木 井
22日 07/05 木 癸未 満 楊柳木 鬼
23日 07/06 金 甲申 満 井泉水 柳
24日 07/07 土 乙酉 平 井泉水 星
25日 07/08 日 丙戌 定 屋上土 張
26日 07/09 月 丁亥 執 屋上土 翼
27日 07/10 火 戊子 破 霹靂火 軫
28日 07/11 水 己丑 破 霹靂火 角
29日 07/12 木 庚寅 危 松柏木 亢
30日 07/13 金 辛卯 成 松柏木 氐
```

【六月大 癸未 張】
節気 大暑 10日・立秋 26日
雑節 土用 7日

```
 1日 07/14 土 壬辰 納 長流水 氐
 2日 07/15 日 癸巳 開 長流水 房
 3日 07/16 月 甲午 閉 沙中金 心
 4日 07/17 火 乙未 除 沙中金 尾
 5日 07/18 水 丙申 除 山下火 箕
 6日 07/19 木 丁酉 満 山下火 斗
 7日 07/20 金 戊戌 定 平地木 女
 8日 07/21 土 己亥 定 平地木 虚
 9日 07/22 日 庚子 執 壁上土 危
10日 07/23 月 辛丑 破 壁上土 室
11日 07/24 火 壬寅 危 金箔金 壁
12日 07/25 水 癸卯 成 金箔金 奎
13日 07/26 木 甲辰 納 覆燈火 婁
14日 07/27 金 乙巳 開 覆燈火 胃
15日 07/28 土 丙午 閉 天河水 昴
16日 07/29 日 丁未 建 天河水 畢
17日 07/30 月 戊申 除 大驛土 觜
18日 07/31 火 己酉 満 大驛土 参
19日 08/01 水 庚戌 定 釵釧金 井
20日 08/02 木 辛亥 定 釵釧金 鬼
21日 08/03 金 壬子 執 桑柘木 柳
22日 08/04 土 癸丑 破 桑柘木 星
23日 08/05 日 甲寅 危 大溪水 張
24日 08/06 月 乙卯 成 大溪水 翼
25日 08/07 火 丙辰 納 沙中土 軫
26日 08/08 水 丁巳 納 沙中土 角
27日 08/09 木 戊午 開 天上火 亢
28日 08/10 金 己未 建 天上火 氐
29日 08/11 土 庚申 建 柘榴木 房
30日 08/12 日 辛酉 除 柘榴木 心
```

【七月小 甲申 翼】
節気 処暑 12日・白露 27日
雑節 二百十日 20日

```
 1日 08/13 月 壬戌 満 大海水 心
 2日 08/14 火 癸亥 平 大海水 尾
 3日 08/15 水 甲子 定 海中金 箕
```

西暦 曜 干支 直 納音 宿 　　　　　　　　　　　安政2年

	西暦	曜	干支	直	納音	宿
4日	08/16	木	乙丑	執	海中金	斗
5日	08/17	金	丙寅	破	爐中火	女
6日	08/18	土	丁卯	危	爐中火	虚
7日	08/19	日	戊辰	成	大林木	危
8日	08/20	月	己巳	納	大林木	室
9日	08/21	火	庚午	開	路傍土	壁
10日	08/22	水	辛未	閉	路傍土	奎
11日	08/23	木	壬申	建	釵釧金	奎
12日	08/24	金	癸酉	除	釵釧金	婁
13日	08/25	土	甲戌	満	山頭火	胃
14日	08/26	日	乙亥	平	山頭火	昴
15日	08/27	月	丙子	定	澗下水	畢
16日	08/28	火	丁丑	執	澗下水	觜
17日	08/29	水	戊寅	破	城頭土	參
18日	08/30	木	己卯	危	城頭土	井
19日	08/31	金	庚辰	成	白鑞金	鬼
20日	09/01	土	辛巳	開	楊柳木	柳
21日	09/02	日	壬午	閉	楊柳木	星
22日	09/03	月	癸未	建	楊柳木	張
23日	09/04	火	甲申	除	井泉水	翼
24日	09/05	水	乙酉	満	井泉水	軫
25日	09/06	木	丙戌	平	屋上土	角
26日	09/07	金	丁亥	定	屋上土	亢
27日	09/08	土	戊子	執	霹靂火	氐
28日	09/09	日	己丑	定	霹靂火	房
29日	09/10	月	庚寅	執	松柏木	心

【八月大 乙酉 軫】
節気 秋分 14日・寒露 29日
雑節 彼岸 11日・社日 18日

1日	09/11	火	辛卯	破	松柏木	尾
2日	09/12	水	壬辰	危	長流水	箕
3日	09/13	木	癸巳	成	長流水	斗
4日	09/14	金	甲午	納	沙中金	牛
5日	09/15	土	乙未	開	沙中金	女
6日	09/16	日	丙申	閉	山下火	虚
7日	09/17	月	丁酉	建	山下火	危
8日	09/18	火	戊戌	除	平地木	室
9日	09/19	水	己亥	満	平地木	壁
10日	09/20	木	庚子	平	壁上土	奎
11日	09/21	金	辛丑	定	壁上土	婁
12日	09/22	土	壬寅	執	金箔金	胃
13日	09/23	日	癸卯	破	金箔金	昴
14日	09/24	月	甲辰	危	覆燈火	畢
15日	09/25	火	乙巳	成	覆燈火	觜
16日	09/26	水	丙午	納	天河水	參
17日	09/27	木	丁未	開	天河水	井
18日	09/28	金	戊申	閉	大驛土	鬼
19日	09/29	土	己酉	建	大驛土	柳
20日	09/30	日	庚戌	除	釵釧金	星
21日	10/01	月	辛亥	満	釵釧金	張
22日	10/02	火	壬子	平	桑柘木	翼
23日	10/03	水	癸丑	定	桑柘木	軫
24日	10/04	木	甲寅	執	大溪水	角
25日	10/05	金	乙卯	破	大溪水	亢
26日	10/06	土	丙辰	危	沙中土	氐
27日	10/07	日	丁巳	成	沙中土	房
28日	10/08	月	戊午	納	天上火	心
29日	10/09	火	己未	開	天上火	尾
30日	10/10	水	庚申	閉	柘榴木	箕

【九月大 丙戌 角】
節気 霜降 14日・立冬 29日
雑節 土用 11日

1日	10/11	木	辛酉	建	柘榴木	斗
2日	10/12	金	壬戌	除	大海水	牛
3日	10/13	土	癸亥	除	大海水	女
4日	10/14	日	甲子	満	海中金	虚
5日	10/15	月	乙丑	平	海中金	危
6日	10/16	火	丙寅	定	爐中火	室
7日	10/17	水	丁卯	執	爐中火	壁
8日	10/18	木	戊辰	破	大林木	奎
9日	10/19	金	己巳	危	路傍土	婁
10日	10/20	土	庚午	成	路傍土	胃
11日	10/21	日	辛未	納	路傍土	昴
12日	10/22	月	壬申	開	釵釧金	畢
13日	10/23	火	癸酉	閉	釵釧金	觜
14日	10/24	水	甲戌	建	山頭火	參
15日☆	10/25	木	乙亥	除	山頭火	井
16日	10/26	金	丙子	満	澗下水	鬼
17日	10/27	土	丁丑	平	澗下水	柳
18日	10/28	日	戊寅	定	城頭土	星
19日	10/29	月	己卯	執	城頭土	張
20日	10/30	火	庚辰	破	白鑞金	翼
21日	10/31	水	辛巳	危	白鑞金	軫
22日	11/01	木	壬午	成	楊柳木	角
23日	11/02	金	癸未	納	楊柳木	亢
24日	11/03	土	甲申	開	井泉水	氐
25日	11/04	日	乙酉	閉	井泉水	房
26日	11/05	月	丙戌	建	屋上土	心
27日	11/06	火	丁亥	除	屋上土	尾
28日	11/07	水	戊子	満	霹靂火	箕
29日	11/08	木	己丑	満	霹靂火	斗
30日	11/09	金	庚寅	平	松柏木	牛

【十月小 丁亥 亢】
節気 小雪 14日・大雪 29日

1日	11/10	土	辛卯	定	松柏木	女
2日	11/11	日	壬辰	執	長流水	虚
3日	11/12	月	癸巳	破	長流水	危
4日	11/13	火	甲午	危	沙中金	室
5日	11/14	水	乙未	成	沙中金	壁
6日	11/15	木	丙申	納	山下火	奎
7日	11/16	金	丁酉	開	山下火	婁
8日	11/17	土	戊戌	閉	平地木	胃
9日	11/18	日	己亥	建	平地木	昴
10日	11/19	月	庚子	除	壁上土	畢
11日	11/20	火	辛丑	満	壁上土	觜
12日	11/21	水	壬寅	平	金箔金	參
13日	11/22	木	癸卯	定	金箔金	井
14日	11/23	金	甲辰	執	覆燈火	鬼
15日	11/24	土	乙巳	破	覆燈火	柳
16日	11/25	日	丙午	危	天河水	星
17日	11/26	月	丁未	成	天河水	張
18日	11/27	火	戊申	納	大驛土	翼
19日	11/28	水	己酉	開	大驛土	軫
20日	11/29	木	庚戌	閉	釵釧金	角
21日	11/30	金	辛亥	建	釵釧金	亢
22日	12/01	土	壬子	除	桑柘木	氐
23日	12/02	日	癸丑	満	桑柘木	房
24日	12/03	月	甲寅	平	大溪水	心
25日	12/04	火	乙卯	定	大溪水	尾
26日	12/05	水	丙辰	執	沙中土	箕
27日	12/06	木	丁巳	破	沙中土	斗
28日	12/07	金	戊午	危	天上火	牛
29日	12/08	土	己未	危	天上火	女

【十一月大 戊子 氐】
節気 冬至 14日・小寒 29日

1日	12/09	日	庚申	成	柘榴木	虚
2日	12/10	月	辛酉	納	柘榴木	危
3日	12/11	火	壬戌	開	大海水	室
4日	12/12	水	癸亥	閉	大海水	壁
5日	12/13	木	甲子	建	海中金	奎
6日	12/14	金	乙丑	除	海中金	婁
7日	12/15	土	丙寅	満	爐中火	胃
8日	12/16	日	丁卯	平	爐中火	昴
9日	12/17	月	戊辰	定	大林木	畢
10日	12/18	火	己巳	執	大林木	觜
11日	12/19	水	庚午	破	路傍土	參
12日	12/20	木	辛未	危	路傍土	井
13日	12/21	金	壬申	成	釵釧金	鬼
14日	12/22	土	癸酉	納	釵釧金	柳
15日	12/23	日	甲戌	開	山頭火	星
16日	12/24	月	乙亥	閉	山頭火	張
17日	12/25	火	丙子	建	澗下水	翼
18日	12/26	水	丁丑	除	澗下水	軫
19日	12/27	木	戊寅	満	城頭土	角
20日	12/28	金	己卯	平	城頭土	亢
21日	12/29	土	庚辰	定	白鑞金	氐
22日	12/30	日	辛巳	執	白鑞金	房
23日	12/31	月	壬午	破	楊柳木	心

1856年

24日	**01/01**	火	癸未	危	楊柳木	尾
25日	01/02	水	甲申	成	井泉水	箕
26日	01/03	木	乙酉	納	井泉水	斗
27日	01/04	金	丙戌	開	屋上土	牛
28日	01/05	土	丁亥	閉	屋上土	女
29日	01/06	日	戊子	閉	霹靂火	虚
30日	01/07	月	己丑	建	霹靂火	危

【十二月小 己丑 房】
節気 大寒 14日・立春 28日
雑節 土用 11日・節分 27日

1日	01/08	火	庚寅	除	松柏木	室
2日	01/09	水	辛卯	満	松柏木	壁
3日	01/10	木	壬辰	平	長流水	奎
4日	01/11	金	癸巳	定	長流水	婁
5日	01/12	土	甲午	執	沙中金	胃
6日	01/13	日	乙未	破	沙中金	昴
7日	01/14	月	丙申	危	山下火	畢
8日	01/15	火	丁酉	成	山下火	觜
9日	01/16	水	戊戌	納	平地木	參
10日	01/17	木	己亥	開	平地木	井
11日	01/18	金	庚子	閉	壁上土	鬼
12日	01/19	土	辛丑	建	壁上土	柳
13日	01/20	日	壬寅	除	金箔金	星
14日	01/21	月	癸卯	満	金箔金	張
15日	01/22	火	甲辰	平	覆燈火	翼
16日	01/23	水	乙巳	定	覆燈火	軫
17日	01/24	木	丙午	執	天河水	角
18日	01/25	金	丁未	破	天河水	亢
19日	01/26	土	戊申	危	大驛土	氐
20日	01/27	日	己酉	成	大驛土	房
21日	01/28	月	庚戌	納	釵釧金	心
22日	01/29	火	辛亥	閉	釵釧金	尾
23日	01/30	水	壬子	閉	桑柘木	箕
24日	01/31	木	癸丑	建	桑柘木	斗
25日	02/01	金	甲寅	除	大溪水	牛
26日	02/02	土	乙卯	満	大溪水	女
27日	02/03	日	丙辰	平	沙中土	虚
28日	02/04	月	丁巳	平	沙中土	危
29日	02/05	火	戊午	定	天上火	室

－ 549 －

安政3年
1856～1857　丙辰　鬼

【正月大　庚寅　心】
節気　雨水 14日・啓蟄 29日

日	新暦	曜	干支	十二直	納音	宿
1日	02/06	水	己未	執	天上火	壁
2日	02/07	木	庚申	破	柘榴木	奎
3日	02/08	金	辛酉	危	柘榴木	婁
4日	02/09	土	壬戌	成	大海水	胃
5日	02/10	日	癸亥	納	大海水	昴
6日	02/11	月	甲子	開	海中金	畢
7日	02/12	火	乙丑	閉	海中金	觜
8日	02/13	水	丙寅	建	爐中火	参
9日	02/14	木	丁卯	除	爐中火	井
10日	02/15	金	戊辰	満	大林木	鬼
11日	02/16	土	己巳	平	大林木	柳
12日	02/17	日	庚午	定	路傍土	星
13日	02/18	月	辛未	執	路傍土	張
14日	02/19	火	壬申	破	釼鋒金	翼
15日	02/20	水	癸酉	危	釼鋒金	軫
16日	02/21	木	甲戌	成	山頭火	角
17日	02/22	金	乙亥	納	山頭火	亢
18日	02/23	土	丙子	開	澗下水	氐
19日	02/24	日	丁丑	閉	澗下水	房
20日	02/25	月	戊寅	建	城頭土	心
21日	02/26	火	己卯	除	城頭土	尾
22日	02/27	水	庚辰	満	白鑞金	箕
23日	02/28	木	辛巳	平	白鑞金	斗
24日	02/29	金	壬午	定	楊柳木	牛
25日	03/01	土	癸未	執	楊柳木	女
26日	03/02	日	甲申	破	井泉水	虚
27日	03/03	月	乙酉	危	井泉水	危
28日	03/04	火	丙戌	成	屋上土	室
29日	03/05	水	丁亥	成	屋上土	壁
30日	03/06	木	戊子	納	霹靂火	奎

【二月小　辛卯　尾】
節気　春分 14日・清明 29日
雑節　社日 10日・彼岸 11日

日	新暦	曜	干支	十二直	納音	宿
1日	03/07	金	己丑	開	霹靂火	婁
2日	03/08	土	庚寅	閉	松柏木	胃
3日	03/09	日	辛卯	建	松柏木	昴
4日	03/10	月	壬辰	除	長流水	畢
5日	03/11	火	癸巳	満	長流水	觜
6日	03/12	水	甲午	平	沙中金	参
7日	03/13	木	乙未	定	沙中金	井
8日	03/14	金	丙申	執	山下火	鬼
9日	03/15	土	丁酉	破	山下火	柳
10日	03/16	日	戊戌	危	平地木	星
11日	03/17	月	己亥	成	平地木	張
12日	03/18	火	庚子	納	壁上土	翼
13日	03/19	水	辛丑	開	壁上土	軫
14日	03/20	木	壬寅	閉	金箔金	角
15日	03/21	金	癸卯	建	金箔金	亢
16日	03/22	土	甲辰	除	覆燈火	氐
17日	03/23	日	乙巳	満	覆燈火	房
18日	03/24	月	丙午	平	天河水	心
19日	03/25	火	丁未	定	天河水	尾
20日	03/26	水	戊申	執	大驛土	箕
21日	03/27	木	己酉	破	大驛土	斗
22日	03/28	金	庚戌	危	釼釧金	牛
23日	03/29	土	辛亥	成	釼釧金	女
24日	03/30	日	壬子	納	桑柘木	虚
25日	03/31	月	癸丑	開	桑柘木	危
26日	04/01	火	甲寅	閉	大溪水	室
27日	04/02	水	乙卯	建	大溪水	壁
28日	04/03	木	丙辰	除	沙中土	奎
29日	04/04	金	丁巳	除	沙中土	婁

【三月小　壬辰　箕】
節気　穀雨 16日
雑節　土用 13日・八十八夜 27日

日	新暦	曜	干支	十二直	納音	宿
1日	04/05	土	戊午	満	天上火	胃
2日	04/06	日	己未	平	天上火	昴
3日	04/07	月	庚申	定	柘榴木	畢
4日	04/08	火	辛酉	執	柘榴木	觜
5日	04/09	水	壬戌	破	大海水	参
6日	04/10	木	癸亥	危	大海水	井
7日	04/11	金	甲子	成	海中金	鬼
8日	04/12	土	乙丑	納	海中金	柳
9日	04/13	日	丙寅	開	爐中火	星
10日	04/14	月	丁卯	閉	爐中火	張
11日	04/15	火	戊辰	建	大林木	翼
12日	04/16	水	己巳	除	大林木	軫
13日	04/17	木	庚午	満	路傍土	角
14日	04/18	金	辛未	平	路傍土	亢
15日	04/19	土	壬申	定	釼鋒金	氐
16日 ☆	04/20	日	癸酉	執	釼鋒金	房
17日	04/21	月	甲戌	破	山頭火	心
18日	04/22	火	乙亥	危	山頭火	尾
19日	04/23	水	丙子	成	澗下水	箕
20日	04/24	木	丁丑	納	澗下水	斗
21日	04/25	金	戊寅	開	城頭土	牛
22日	04/26	土	己卯	閉	城頭土	女
23日	04/27	日	庚辰	建	白鑞金	虚
24日	04/28	月	辛巳	除	白鑞金	危
25日	04/29	火	壬午	満	楊柳木	室
26日	04/30	水	癸未	平	楊柳木	壁
27日	05/01	木	甲申	定	井泉水	奎
28日	05/02	金	乙酉	執	井泉水	婁
29日	05/03	土	丙戌	破	屋上土	胃

【四月大　癸巳　斗】
節気　立夏 2日・小満 18日

日	新暦	曜	干支	十二直	納音	宿
1日	05/04	日	丁亥	危	屋上土	昴
2日	05/05	月	戊子	危	霹靂火	畢
3日	05/06	火	己丑	成	霹靂火	觜
4日	05/07	水	庚寅	納	松柏木	参
5日	05/08	木	辛卯	開	松柏木	井
6日	05/09	金	壬辰	閉	長流水	鬼
7日	05/10	土	癸巳	建	長流水	柳
8日	05/11	日	甲午	除	沙中金	星
9日	05/12	月	乙未	満	沙中金	張
10日	05/13	火	丙申	平	山下火	翼
11日	05/14	水	丁酉	定	山下火	軫
12日	05/15	木	戊戌	執	平地木	角
13日	05/16	金	己亥	破	平地木	亢
14日	05/17	土	庚子	危	壁上土	氐
15日	05/18	日	辛丑	成	壁上土	房
16日	05/19	月	壬寅	納	金箔金	心
17日	05/20	火	癸卯	開	金箔金	尾
18日	05/21	水	甲辰	閉	覆燈火	箕
19日	05/22	木	乙巳	建	覆燈火	斗
20日	05/23	金	丙午	除	天河水	牛
21日	05/24	土	丁未	満	天河水	女
22日	05/25	日	戊申	平	大驛土	虚
23日	05/26	月	己酉	定	大驛土	危
24日	05/27	火	庚戌	執	釼釧金	室
25日	05/28	水	辛亥	破	釼釧金	壁
26日	05/29	木	壬子	危	桑柘木	奎
27日	05/30	金	癸丑	成	桑柘木	婁
28日	05/31	土	甲寅	納	大溪水	胃
29日	06/01	日	乙卯	開	大溪水	昴
30日	06/02	月	丙辰	閉	沙中土	畢

【五月小　甲午　牛】
節気　芒種 3日・夏至 19日
雑節　入梅 6日

日	新暦	曜	干支	十二直	納音	宿
1日	06/03	火	丁巳	建	沙中土	觜
2日	06/04	水	戊午	除	天上火	参
3日	06/05	木	己未	除	天上火	井
4日	06/06	金	庚申	満	柘榴木	鬼
5日	06/07	土	辛酉	平	柘榴木	柳
6日	06/08	日	壬戌	定	大海水	星
7日	06/09	月	癸亥	執	大海水	張
8日	06/10	火	甲子	破	海中金	翼
9日	06/11	水	乙丑	危	海中金	軫
10日	06/12	木	丙寅	成	爐中火	角
11日	06/13	金	丁卯	納	爐中火	亢
12日	06/14	土	戊辰	開	大林木	氐
13日	06/15	日	己巳	閉	大林木	房
14日	06/16	月	庚午	建	路傍土	心
15日	06/17	火	辛未	除	路傍土	尾
16日	06/18	水	壬申	満	釼鋒金	箕
17日	06/19	木	癸酉	平	釼鋒金	斗
18日	06/20	金	甲戌	定	山頭火	牛
19日	06/21	土	乙亥	執	山頭火	女
20日	06/22	日	丙子	破	澗下水	虚
21日	06/23	月	丁丑	危	澗下水	危
22日	06/24	火	戊寅	成	城頭土	室
23日	06/25	水	己卯	納	城頭土	壁
24日	06/26	木	庚辰	開	白鑞金	奎
25日	06/27	金	辛巳	閉	白鑞金	婁
26日	06/28	土	壬午	建	楊柳木	胃
27日	06/29	日	癸未	除	楊柳木	昴
28日	06/30	月	甲申	満	井泉水	畢
29日	07/01	火	乙酉	平	井泉水	觜

【六月大　乙未　女】
節気　小暑 6日・大暑 22日
雑節　半夏生 1日・土用 18日

日	新暦	曜	干支	十二直	納音	宿
1日	07/02	水	丙戌	定	屋上土	参
2日	07/03	木	丁亥	執	屋上土	井
3日	07/04	金	戊子	破	霹靂火	鬼
4日	07/05	土	己丑	危	霹靂火	柳
5日	07/06	日	庚寅	成	松柏木	星
6日	07/07	月	辛卯	成	松柏木	張
7日	07/08	火	壬辰	納	長流水	翼
8日	07/09	水	癸巳	開	長流水	軫
9日	07/10	木	甲午	閉	沙中金	角
10日	07/11	金	乙未	建	沙中金	亢
11日	07/12	土	丙申	除	山下火	氐
12日	07/13	日	丁酉	満	山下火	房
13日	07/14	月	戊戌	平	平地木	心
14日	07/15	火	己亥	定	平地木	尾
15日	07/16	水	庚子	執	壁上土	箕
16日	07/17	木	辛丑	破	壁上土	斗
17日	07/18	金	壬寅	危	金箔金	牛
18日	07/19	土	癸卯	成	金箔金	女
19日	07/20	日	甲辰	納	覆燈火	虚
20日	07/21	月	乙巳	開	覆燈火	危
21日	07/22	火	丙午	閉	天河水	室
22日	07/23	水	丁未	建	天河水	壁
23日	07/24	木	戊申	除	大驛土	奎
24日	07/25	金	己酉	満	大驛土	婁
25日	07/26	土	庚戌	平	釼釧金	胃
26日	07/27	日	辛亥	定	釼釧金	昴
27日	07/28	月	壬子	執	桑柘木	畢
28日	07/29	火	癸丑	破	桑柘木	觜
29日	07/30	水	甲寅	危	大溪水	参
30日	07/31	木	乙卯	成	大溪水	井

【七月小　丙申　虚】
節気　立秋 7日・処暑 23日

日	新暦	曜	干支	十二直	納音	宿
1日	08/01	金	丙辰	納	沙中土	鬼
2日	08/02	土	丁巳	開	沙中土	柳
3日	08/03	日	戊午	閉	天上火	星
4日	08/04	月	己未	建	天上火	張

	西暦	曜	干支	直	納音	宿
5日	08/05	火	庚申	除	柘榴木	翼
6日	08/06	水	辛酉	満	柘榴木	軫
7日	08/07	木	壬戌	満	大海水	角
8日	08/08	金	癸亥	平	大海水	亢
9日	08/09	土	甲子	定	海中金	氐
10日	08/10	日	乙丑	執	海中金	房
11日	08/11	月	丙寅	破	爐中火	心
12日	08/12	火	丁卯	危	爐中火	尾
13日	08/13	水	戊辰	成	大林木	箕
14日	08/14	木	己巳	納	大林木	斗
15日	08/15	金	庚午	開	路傍土	牛
16日	08/16	土	辛未	閉	路傍土	女
17日	08/17	日	壬申	建	釵釧金	虚
18日	08/18	月	癸酉	除	釵釧金	危
19日	08/19	火	甲戌	満	山頭火	室
20日	08/20	水	乙亥	平	山頭火	壁
21日	08/21	木	丙子	定	潤下水	奎
22日	08/22	金	丁丑	執	潤下水	婁
23日	08/23	土	戊寅	破	城頭土	胃
24日	08/24	日	己卯	危	城頭土	昴
25日	08/25	月	庚辰	成	白鑞金	畢
26日	08/26	火	辛巳	納	白鑞金	觜
27日	08/27	水	壬午	開	楊柳木	参
28日	08/28	木	癸未	閉	楊柳木	井
29日	08/29	金	甲申	建	井泉水	鬼

【八月大 丁酉 危】
節気 白露 9日・秋分 25日
雑節 二百十日 2日・彼岸 22日・社日 24日

	西暦	曜	干支	直	納音	宿
1日	08/30	土	乙酉	除	井泉水	柳
2日	08/31	日	丙戌	満	屋上土	星
3日	09/01	月	丁亥	平	屋上土	張
4日	09/02	火	戊子	定	霹靂火	翼
5日	09/03	水	己丑	執	霹靂火	軫
6日	09/04	木	庚寅	破	松柏木	角
7日	09/05	金	辛卯	危	松柏木	亢
8日	09/06	土	壬辰	成	長流水	氐
9日	09/07	日	癸巳	納	長流水	房
10日	09/08	月	甲午	開	沙中金	心
11日	09/09	火	乙未	閉	沙中金	尾
12日	09/10	水	丙申	建	山下火	箕
13日	09/11	木	丁酉	建	山下火	斗
14日	09/12	金	戊戌	除	平地木	牛
15日	09/13	土	己亥	満	平地木	女
16日	09/14	日	庚子	平	壁上土	虚
17日	09/15	月	辛丑	定	壁上土	危
18日	09/16	火	壬寅	執	金箔金	室
19日	09/17	水	癸卯	破	金箔金	壁
20日	09/18	木	甲辰	危	覆燈火	奎
21日	09/19	金	乙巳	成	覆燈火	婁
22日	09/20	土	丙午	納	天河水	胃
23日	09/21	日	丁未	開	天河水	昴
24日	09/22	月	戊申	閉	大駅土	畢
25日	09/23	火	己酉	建	大駅土	觜
26日	09/24	水	庚戌	除	釵釧金	参
27日	09/25	木	辛亥	満	釵釧金	井
28日	09/26	金	壬子	平	桑柘木	鬼
29日	09/27	土	癸丑	定	桑柘木	柳
30日	09/28	日	甲寅	執	大溪水	星

【九月大 戊戌 室】
節気 寒露 10日・霜降 25日
雑節 土用 22日

	西暦	曜	干支	直	納音	宿
1日◎	09/29	月	乙卯	破	大溪水	張
2日	09/30	火	丙辰	危	沙中土	翼
3日	10/01	水	丁巳	成	沙中土	軫
4日	10/02	木	戊午	納	天上火	角
5日	10/03	金	己未	開	天上火	亢
6日	10/04	土	庚申	閉	柘榴木	氐
7日	10/05	日	辛酉	建	柘榴木	房
8日	10/06	月	壬戌	除	大海水	心
9日	10/07	火	癸亥	満	海中金	尾
10日	10/08	水	甲子	満	海中金	箕
11日	10/09	木	乙丑	平	海中金	斗
12日	10/10	金	丙寅	定	爐中火	牛
13日	10/11	土	丁卯	執	爐中火	女
14日	10/12	日	戊辰	破	大林木	虚
15日	10/13	月	己巳	危	大林木	危
16日	10/14	火	庚午	成	路傍土	室
17日	10/15	水	辛未	納	路傍土	壁
18日	10/16	木	壬申	開	釵釧金	奎
19日	10/17	金	癸酉	閉	釵釧金	婁
20日	10/18	土	甲戌	建	山頭火	胃
21日	10/19	日	乙亥	除	山頭火	昴
22日	10/20	月	丙子	満	潤下水	畢
23日	10/21	火	丁丑	平	潤下水	觜
24日	10/22	水	戊寅	定	城頭土	参
25日	10/23	木	己卯	執	城頭土	井
26日	10/24	金	庚辰	破	白鑞金	鬼
27日	10/25	土	辛巳	危	白鑞金	柳
28日	10/26	日	壬午	成	楊柳木	星
29日	10/27	月	癸未	納	楊柳木	張
30日	10/28	火	甲申	開	井泉水	翼

【十月大 己亥 壁】
節気 立冬 10日・小雪 25日

	西暦	曜	干支	直	納音	宿
1日	10/29	水	乙酉	閉	井泉水	軫
2日	10/30	木	丙戌	建	屋上土	角
3日	10/31	金	丁亥	除	屋上土	亢
4日	11/01	土	戊子	満	霹靂火	氐
5日	11/02	日	己丑	平	霹靂火	房
6日	11/03	月	庚寅	定	松柏木	心
7日	11/04	火	辛卯	執	松柏木	尾
8日	11/05	水	壬辰	破	長流水	箕
9日	11/06	木	癸巳	危	長流水	斗
10日	11/07	金	甲午	危	沙中金	牛
11日	11/08	土	乙未	成	沙中金	女
12日	11/09	日	丙申	納	山下火	虚
13日	11/10	月	丁酉	開	山下火	危
14日	11/11	火	戊戌	閉	平地木	室
15日	11/12	水	己亥	建	平地木	壁
16日	11/13	木	庚子	除	壁上土	奎
17日	11/14	金	辛丑	満	壁上土	婁
18日	11/15	土	壬寅	平	金箔金	胃
19日	11/16	日	癸卯	定	金箔金	昴
20日	11/17	月	甲辰	執	覆燈火	畢
21日	11/18	火	乙巳	破	覆燈火	觜
22日	11/19	水	丙午	危	天河水	参
23日	11/20	木	丁未	成	天河水	井
24日	11/21	金	戊申	納	大駅土	鬼
25日	11/22	土	己酉	開	大駅土	柳
26日	11/23	日	庚戌	閉	釵釧金	星
27日	11/24	月	辛亥	建	釵釧金	張
28日	11/25	火	壬子	除	桑柘木	翼
29日	11/26	水	癸丑	満	桑柘木	軫
30日	11/27	木	甲寅	平	大溪水	角

【十一月小 庚子 奎】
節気 大雪 10日・冬至 24日

	西暦	曜	干支	直	納音	宿
1日	11/28	金	乙卯	定	大溪水	亢
2日	11/29	土	丙辰	執	沙中土	氐
3日	11/30	日	丁巳	破	沙中土	房
4日	12/01	月	戊午	危	天上火	心
5日	12/02	火	己未	成	天上火	尾
6日	12/03	水	庚申	納	柘榴木	箕
7日	12/04	木	辛酉	開	柘榴木	斗
8日	12/05	金	壬戌	建	大海水	女
9日	12/06	土	癸亥	建	大海水	女
10日	12/07	日	甲子	建	海中金	虚
11日	12/08	月	乙丑	満	海中金	危
12日	12/09	火	丙寅	平	爐中火	室
13日	12/10	水	丁卯	平	爐中火	壁
14日	12/11	木	戊辰	定	大林木	奎
15日	12/12	金	己巳	執	大林木	婁
16日	12/13	土	庚午	破	路傍土	胃
17日	12/14	日	辛未	危	路傍土	昴
18日	12/15	月	壬申	成	釵釧金	畢
20日	12/17	水	甲戌	開	山頭火	参
21日	12/18	木	乙亥	閉	山頭火	井
22日	12/19	金	丙子	除	潤下水	柳
23日	12/20	土	丁丑	除	潤下水	星
24日	12/21	日	戊寅	満	城頭土	張
25日	12/22	月	己卯	平	城頭土	翼
26日	12/23	火	庚辰	定	白鑞金	軫
27日	12/24	水	辛巳	執	白鑞金	角
28日	12/25	木	壬午	破	楊柳木	亢
29日	12/26	金	癸未	危	楊柳木	氐

【十二月大 辛丑 婁】
節気 小寒 10日・大寒 25日
雑節 土用 22日

	西暦	曜	干支	直	納音	宿
1日	12/27	土	甲申	成	井泉水	氐
2日	12/28	日	乙酉	納	井泉水	房
3日	12/29	月	丙戌	開	屋上土	心
4日	12/30	火	丁亥	閉	屋上土	尾
5日	12/31	水	戊子	建	霹靂火	箕

1857年

	西暦	曜	干支	直	納音	宿
6日	01/01	木	己丑	除	霹靂火	斗
7日	01/02	金	庚寅	満	松柏木	牛
8日	01/03	土	辛卯	平	松柏木	女
9日	01/04	日	壬辰	定	長流水	虚
10日	01/05	月	癸巳	定	長流水	危
11日	01/06	火	甲午	納	沙中金	室
12日	01/07	水	乙未	破	沙中金	壁
13日	01/08	木	丙申	危	山下火	奎
14日	01/09	金	丁酉	成	山下火	婁
15日	01/10	土	戊戌	納	平地木	胃
16日	01/11	日	己亥	開	平地木	昴
17日	01/12	月	庚子	閉	壁上土	畢
18日	01/13	火	辛丑	除	壁上土	觜
19日	01/14	水	壬寅	除	金箔金	参
20日	01/15	木	癸卯	満	金箔金	井
21日	01/16	金	甲辰	平	覆燈火	鬼
22日	01/17	土	乙巳	定	覆燈火	柳
23日	01/18	日	丙午	執	天河水	星
24日	01/19	月	丁未	破	天河水	張
25日	01/20	火	戊申	危	大駅土	翼
26日	01/21	水	己酉	成	大駅土	軫
27日	01/22	木	庚戌	納	釵釧金	角
28日	01/23	金	辛亥	開	釵釧金	亢
29日	01/24	土	壬子	閉	桑柘木	氐
30日	01/25	日	癸丑	建	桑柘木	房

安政4年
1857～1858 丁巳 柳

【正月小 壬寅 胃】
節気 立春 10日・雨水 25日
雑節 節分 9日

日	新暦	曜	干支	中段	納音	宿
1日	01/26	月	甲寅	除	大溪水	心
2日	01/27	火	乙卯	満	大溪水	尾
3日	01/28	水	丙辰	平	沙中土	箕
4日	01/29	木	丁巳	定	沙中土	斗
5日	01/30	金	戊午	執	天上火	牛
6日	01/31	土	己未	破	天上火	女
7日	02/01	日	庚申	危	柘榴木	虚
8日	02/02	月	辛酉	成	柘榴木	危
9日	02/03	火	壬戌	納	大海水	室
10日	02/04	水	癸亥	納	大海水	壁
11日	02/05	木	甲子	開	海中金	奎
12日	02/06	金	乙丑	閉	海中金	婁
13日	02/07	土	丙寅	建	爐中火	胃
14日	02/08	日	丁卯	除	爐中火	昴
15日	02/09	月	戊辰	満	大林木	畢
16日	02/10	火	己巳	平	大林木	觜
17日	02/11	水	庚午	定	路傍土	参
18日	02/12	木	辛未	執	路傍土	井
19日	02/13	金	壬申	破	釼鋒金	鬼
20日	02/14	土	癸酉	危	釼鋒金	柳
21日	02/15	日	甲戌	成	山頭火	星
22日	02/16	月	乙亥	納	山頭火	張
23日	02/17	火	丙子	開	澗下水	翼
24日	02/18	水	丁丑	閉	澗下水	軫
25日	02/19	木	戊寅	建	城頭土	角
26日	02/20	金	己卯	除	城頭土	亢
27日	02/21	土	庚辰	満	白鑞金	氐
28日	02/22	日	辛巳	平	白鑞金	房
29日	02/23	月	壬午	定	楊柳木	心

【二月大 癸卯 昴】
節気 啓蟄 10日・春分 26日
雑節 彼岸 23日・社日 26日

日	新暦	曜	干支	中段	納音	宿
1日	02/24	火	癸未	執	楊柳木	尾
2日	02/25	水	甲申	破	井泉水	箕
3日	02/26	木	乙酉	危	井泉水	斗
4日	02/27	金	丙戌	成	屋上土	牛
5日	02/28	土	丁亥	納	屋上土	女
6日	03/01	日	戊子	開	霹靂火	虚
7日	03/02	月	己丑	閉	霹靂火	危
8日	03/03	火	庚寅	建	松柏木	室
9日	03/04	水	辛卯	除	松柏木	壁
10日	03/05	木	壬辰	除	長流水	奎
11日	03/06	金	癸巳	満	長流水	婁
12日	03/07	土	甲午	平	沙中金	胃
13日	03/08	日	乙未	定	沙中金	昴
14日	03/09	月	丙申	執	山下火	畢
15日	03/10	火	丁酉	破	山下火	觜
16日	03/11	水	戊戌	危	平地木	参
17日	03/12	木	己亥	成	平地木	井
18日	03/13	金	庚子	納	壁上土	鬼
19日	03/14	土	辛丑	開	壁上土	柳
20日	03/15	日	壬寅	閉	金箔金	星
21日	03/16	月	癸卯	建	金箔金	張
22日	03/17	火	甲辰	除	覆燈火	翼
23日	03/18	水	乙巳	満	覆燈火	軫
24日	03/19	木	丙午	平	天河水	角
25日	03/20	金	丁未	定	天河水	亢
26日	03/21	土	戊申	執	大驛土	氐
27日	03/22	日	己酉	破	大驛土	房
28日	03/23	月	庚戌	危	釼釧金	心
29日	03/24	火	辛亥	成	釼釧金	尾
30日	03/25	水	壬子	納	桑柘木	箕

【三月小 甲辰 畢】
節気 清明 11日・穀雨 26日
雑節 土用 23日

日	新暦	曜	干支	中段	納音	宿
1日	03/26	木	癸丑	開	桑柘木	斗
2日	03/27	金	甲寅	閉	大溪水	牛
3日	03/28	土	乙卯	建	大溪水	女
4日	03/29	日	丙辰	除	沙中土	虚
5日	03/30	月	丁巳	満	沙中土	危
6日	03/31	火	戊午	平	天上火	室
7日	04/01	水	己未	定	天上火	壁
8日	04/02	木	庚申	執	柘榴木	奎
9日	04/03	金	辛酉	破	柘榴木	婁
10日	04/04	土	壬戌	危	大海水	胃
11日	04/05	日	癸亥	危	大海水	昴
12日	04/06	月	甲子	成	海中金	畢
13日	04/07	火	乙丑	納	海中金	觜
14日	04/08	水	丙寅	開	爐中火	参
15日	04/09	木	丁卯	閉	爐中火	井
16日	04/10	金	戊辰	建	大林木	鬼
17日	04/11	土	己巳	除	大林木	柳
18日	04/12	日	庚午	満	路傍土	星
19日	04/13	月	辛未	平	路傍土	張
20日	04/14	火	壬申	定	釼鋒金	翼
21日	04/15	水	癸酉	執	釼鋒金	軫
22日	04/16	木	甲戌	破	山頭火	角
23日	04/17	金	乙亥	危	山頭火	亢
24日	04/18	土	丙子	成	澗下水	氐
25日	04/19	日	丁丑	納	澗下水	房
26日	04/20	月	戊寅	開	城頭土	心
27日	04/21	火	己卯	閉	城頭土	尾
28日	04/22	水	庚辰	建	白鑞金	箕
29日	04/23	木	辛巳	除	白鑞金	斗

【四月小 乙巳 觜】
節気 立夏 12日・小満 28日
雑節 八十八夜 9日

日	新暦	曜	干支	中段	納音	宿
1日	04/24	金	壬午	満	楊柳木	牛
2日	04/25	土	癸未	平	楊柳木	女
3日	04/26	日	甲申	定	井泉水	虚
4日	04/27	月	乙酉	執	井泉水	危
5日	04/28	火	丙戌	破	屋上土	室
6日	04/29	水	丁亥	危	屋上土	壁
7日	04/30	木	戊子	成	霹靂火	奎
8日	05/01	金	己丑	納	霹靂火	婁
9日	05/02	土	庚寅	開	松柏木	胃
10日	05/03	日	辛卯	閉	松柏木	昴
11日	05/04	月	壬辰	建	長流水	畢
12日	05/05	火	癸巳	建	長流水	觜
13日	05/06	水	甲午	除	沙中金	参
14日	05/07	木	乙未	満	沙中金	井
15日	05/08	金	丙申	平	山下火	鬼
16日	05/09	土	丁酉	定	山下火	柳
17日	05/10	日	戊戌	執	平地木	星
18日	05/11	月	己亥	破	平地木	張
19日	05/12	火	庚子	危	壁上土	翼
20日	05/13	水	辛丑	成	壁上土	軫
21日	05/14	木	壬寅	納	金箔金	角
22日	05/15	金	癸卯	開	金箔金	亢
23日	05/16	土	甲辰	閉	覆燈火	氐
24日	05/17	日	乙巳	建	覆燈火	房
25日	05/18	月	丙午	除	天河水	心
26日	05/19	火	丁未	満	天河水	尾
27日	05/20	水	戊申	平	大驛土	箕
28日	05/21	木	己酉	定	大驛土	斗
29日	05/22	金	庚戌	執	釼釧金	牛

【五月大 丙午 参】
節気 芒種 15日・夏至 30日
雑節 入梅 22日

日	新暦	曜	干支	中段	納音	宿
1日	05/23	土	辛亥	破	釼釧金	女
2日	05/24	日	壬子	危	桑柘木	虚
3日	05/25	月	癸丑	成	桑柘木	危
4日	05/26	火	甲寅	納	大溪水	室
5日	05/27	水	乙卯	開	大溪水	壁
6日	05/28	木	丙辰	閉	沙中土	奎
7日	05/29	金	丁巳	建	沙中土	婁
8日	05/30	土	戊午	除	天上火	胃
9日	05/31	日	己未	満	天上火	昴
10日	06/01	月	庚申	平	柘榴木	畢
11日	06/02	火	辛酉	定	柘榴木	觜
12日	06/03	水	壬戌	執	大海水	参
13日	06/04	木	癸亥	破	大海水	井
14日	06/05	金	甲子	危	海中金	鬼
15日	06/06	土	乙丑	危	海中金	柳
16日	06/07	日	丙寅	成	爐中火	星
17日	06/08	月	丁卯	納	爐中火	張
18日	06/09	火	戊辰	開	大林木	翼
19日	06/10	水	己巳	閉	大林木	軫
20日	06/11	木	庚午	建	路傍土	角
21日	06/12	金	辛未	除	路傍土	亢
22日	06/13	土	壬申	満	釼鋒金	氐
23日	06/14	日	癸酉	平	釼鋒金	房
24日	06/15	月	甲戌	定	山頭火	心
25日	06/16	火	乙亥	執	山頭火	尾
26日	06/17	水	丙子	破	澗下水	箕
27日	06/18	木	丁丑	危	澗下水	斗
28日	06/19	金	戊寅	成	城頭土	牛
29日	06/20	土	己卯	納	城頭土	女
30日	06/21	日	庚辰	開	白鑞金	虚

【閏五月小 丙午 参】
節気 小暑 16日
雑節 半夏生 11日・土用 28日

日	新暦	曜	干支	中段	納音	宿
1日	06/22	月	辛巳	閉	白鑞金	危
2日	06/23	火	壬午	建	楊柳木	室
3日	06/24	水	癸未	除	楊柳木	壁
4日	06/25	木	甲申	満	井泉水	奎
5日	06/26	金	乙酉	平	井泉水	婁
6日	06/27	土	丙戌	定	屋上土	胃
7日	06/28	日	丁亥	執	屋上土	昴
8日	06/29	月	戊子	破	霹靂火	畢
9日	06/30	火	己丑	危	霹靂火	觜
10日	07/01	水	庚寅	成	松柏木	参
11日	07/02	木	辛卯	納	松柏木	井
12日	07/03	金	壬辰	開	長流水	鬼
13日	07/04	土	癸巳	閉	長流水	柳
14日	07/05	日	甲午	建	沙中金	星
15日	07/06	月	乙未	除	沙中金	張
16日	07/07	火	丙申	除	山下火	翼
17日	07/08	水	丁酉	満	山下火	軫
18日	07/09	木	戊戌	平	平地木	角
19日	07/10	金	己亥	定	平地木	亢
20日	07/11	土	庚子	執	壁上土	氐
21日	07/12	日	辛丑	破	壁上土	房
22日	07/13	月	壬寅	危	金箔金	心
23日	07/14	火	癸卯	成	金箔金	尾
24日	07/15	水	甲辰	納	覆燈火	箕
25日	07/16	木	乙巳	開	覆燈火	斗
26日	07/17	金	丙午	閉	天河水	牛
27日	07/18	土	丁未	建	天河水	女
28日	07/19	日	戊申	除	大驛土	虚
29日	07/20	月	己酉	満	大驛土	危

【六月大 丁未 井】
節気 大暑 3日・立秋 19日

日	新暦	曜	干支	中段	納音	宿
1日	07/21	火	庚戌	平	釼釧金	室
2日	07/22	水	辛亥	定	釼釧金	壁
3日	07/23	木	壬子	執	桑柘木	奎
4日	07/24	金	癸丑	破	桑柘木	婁
5日	07/25	土	甲寅	危	大溪水	胃
6日	07/26	日	乙卯	成	大溪水	昴
7日	07/27	月	丙辰	納	沙中土	畢
8日	07/28	火	丁巳	開	沙中土	觜
9日	07/29	水	戊午	閉	天上火	参
10日	07/30	木	己未	建	天上火	井
11日	07/31	金	庚申	除	柘榴木	鬼
12日	08/01	土	辛酉	満	柘榴木	柳
13日	08/02	日	壬戌	平	大海水	星
14日	08/03	月	癸亥	定	大海水	張
15日	08/04	火	甲子	執	海中金	翼
16日	08/05	水	乙丑	破	海中金	軫

西暦　曜　干支　直　納音　宿　　　　安政4年

日	西暦	曜	干支	直	納音	宿
17日	08/06	木	丙寅	危	爐中火	角
18日	08/07	金	丁卯	成	爐中火	亢
19日	08/08	土	戊辰	納	大林木	氐
20日	08/09	日	己巳	開	大林木	房
21日	08/10	月	庚午	閉	路傍土	心
22日	08/11	火	辛未	建	路傍土	尾
23日	08/12	水	壬申	建	釼鋒金	箕
24日	08/13	木	癸酉	除	釼鋒金	斗
25日	08/14	金	甲戌	満	山頭火	牛
26日	08/15	土	乙亥	平	山頭火	女
27日	08/16	日	丙子	定	澗下水	虚
28日	08/17	月	丁丑	執	澗下水	危
29日	08/18	火	戊寅	破	城頭土	室
30日	08/19	水	己卯	危	城頭土	壁

七月小 戊申 鬼
節気 処暑 4日・白露 20日
雑節 二百十日 13日

日	西暦	曜	干支	直	納音	宿
1日	08/20	木	庚辰	成	白鑞金	奎
2日	08/21	金	辛巳	納	白鑞金	婁
3日	08/22	土	壬午	開	楊柳木	胃
4日	08/23	日	癸未	閉	楊柳木	昴
5日	08/24	月	甲申	建	井泉水	畢
6日	08/25	火	乙酉	除	井泉水	觜
7日	08/26	水	丙戌	満	屋上土	参
8日	08/27	木	丁亥	平	屋上土	井
9日	08/28	金	戊子	定	霹靂火	鬼
10日	08/29	土	己丑	執	霹靂火	柳
11日	08/30	日	庚寅	破	松柏木	星
12日	08/31	月	辛卯	危	松柏木	張
13日	09/01	火	壬辰	成	長流水	翼
14日	09/02	水	癸巳	納	長流水	軫
15日	09/03	木	甲午	開	沙中金	角
16日	09/04	金	乙未	閉	沙中金	亢
17日	09/05	土	丙申	建	山頭火	氐
18日	09/06	日	丁酉	除	山頭火	房
19日	09/07	月	戊戌	満	平地木	心
20日	09/08	火	己亥	平	平地木	尾
21日	09/09	水	庚子	平	壁上土	箕
22日	09/10	木	辛丑	定	壁上土	斗
23日	09/11	金	壬寅	執	金箔金	牛
24日	09/12	土	癸卯	破	金箔金	女
25日	09/13	日	甲辰	危	覆燈火	虚
26日	09/14	月	乙巳	成	覆燈火	危
27日	09/15	火	丙午	納	天河水	室
28日	09/16	水	丁未	開	天河水	壁
29日	09/17	木	戊申	閉	天河水	奎

八月大 己酉 柳
節気 秋分 6日・寒露 21日
雑節 彼岸 3日・社日 10日

日	西暦	曜	干支	直	納音	宿
1日◎	09/18	金	己酉	建	大駅土	婁
2日	09/19	土	庚戌	除	釼釧金	胃
3日	09/20	日	辛亥	満	釼釧金	昴
4日	09/21	月	壬子	平	桑柘木	畢
5日	09/22	火	癸丑	定	桑柘木	觜
6日	09/23	水	甲寅	執	大溪水	参
7日	09/24	木	乙卯	破	大溪水	井
8日	09/25	金	丙辰	危	沙中土	鬼
9日	09/26	土	丁巳	成	沙中土	柳
10日	09/27	日	戊午	納	天上火	星
11日	09/28	月	己未	開	天上火	張
12日	09/29	火	庚申	閉	柘榴木	翼
13日	09/30	水	辛酉	建	柘榴木	軫
14日	10/01	木	壬戌	除	大海水	角
15日	10/02	金	癸亥	満	大海水	亢
16日	10/03	土	甲子	平	海中金	氐
17日	10/04	日	乙丑	定	海中金	房
18日	10/05	月	丙寅	執	爐中火	心
19日	10/06	火	丁卯	破	爐中火	尾
20日	10/07	水	戊辰	危	大林木	箕
21日	10/08	木	己巳	成	大林木	斗
22日	10/09	金	庚午	成	路傍土	牛

日	西暦	曜	干支	直	納音	宿
23日	10/10	土	辛未	納	路傍土	女
24日	10/11	日	壬申	開	釼鋒金	虚
25日	10/12	月	癸酉	閉	釼鋒金	危
26日	10/13	火	甲戌	建	山頭火	室
27日	10/14	水	乙亥	除	山頭火	壁
28日	10/15	木	丙子	満	澗下水	奎
29日	10/16	金	丁丑	平	澗下水	婁
30日	10/17	土	戊寅	定	城頭土	胃

九月大 庚戌 昴
節気 霜降 6日・立冬 21日
雑節 土用 3日

日	西暦	曜	干支	直	納音	宿
1日	10/18	日	己卯	執	城頭土	昴
2日	10/19	月	庚辰	危	白鑞金	觜
3日	10/20	火	辛巳	危	白鑞金	参
4日	10/21	水	壬午	成	楊柳木	井
5日	10/22	木	癸未	納	楊柳木	鬼
6日	10/23	金	甲申	開	井泉水	柳
7日	10/24	土	乙酉	閉	井泉水	星
8日	10/25	日	丙戌	建	屋上土	張
9日	10/26	月	丁亥	除	屋上土	翼
10日	10/27	火	戊子	満	霹靂火	軫
11日	10/28	水	己丑	平	霹靂火	角
12日	10/29	木	庚寅	定	松柏木	亢
13日	10/30	金	辛卯	執	松柏木	氐
14日	10/31	土	壬辰	破	長流水	房
15日	11/01	日	癸巳	危	長流水	心
16日	11/02	月	甲午	成	沙中金	尾
17日	11/03	火	乙未	納	沙中金	箕
18日	11/04	水	丙申	開	山頭火	斗
19日	11/05	木	丁酉	閉	山頭火	牛
20日	11/06	金	戊戌	建	平地木	女
21日	11/07	土	己亥	建	平地木	虚
22日	11/08	日	庚子	除	壁上土	危
23日	11/09	月	辛丑	満	壁上土	室
24日	11/10	火	壬寅	平	金箔金	壁
25日	11/11	水	癸卯	定	金箔金	奎
26日	11/12	木	甲辰	執	覆燈火	婁
27日	11/13	金	乙巳	破	覆燈火	胃
28日	11/14	土	丙午	危	天河水	昴
29日	11/15	日	丁未	成	天河水	畢
30日	11/16	月	戊申	納	大駅土	觜

十月小 辛亥 張
節気 小雪 6日・大雪 21日

日	西暦	曜	干支	直	納音	宿
1日	11/17	火	己酉	開	大駅土	参
2日	11/18	水	庚戌	閉	釼釧金	井
3日	11/19	木	辛亥	建	釼釧金	鬼
4日	11/20	金	壬子	除	桑柘木	柳
5日	11/21	土	癸丑	満	桑柘木	星
6日	11/22	日	甲寅	平	大溪水	張
7日	11/23	月	乙卯	定	大溪水	翼
8日	11/24	火	丙辰	執	沙中土	軫
9日	11/25	水	丁巳	破	沙中土	角
10日	11/26	木	戊午	危	天上火	亢
11日	11/27	金	己未	成	天上火	氐
12日	11/28	土	庚申	納	柘榴木	房
13日	11/29	日	辛酉	開	柘榴木	心
14日	11/30	月	壬戌	閉	大海水	尾
15日	12/01	火	癸亥	建	大海水	箕
16日	12/02	水	甲子	除	海中金	斗
17日	12/03	木	乙丑	満	海中金	牛
18日	12/04	金	丙寅	平	爐中火	女
19日	12/05	土	丁卯	定	爐中火	虚
20日	12/06	日	戊辰	執	大林木	危
21日	12/07	月	己巳	破	大林木	室
22日	12/08	火	庚午	危	路傍土	壁
23日	12/09	水	辛未	成	路傍土	奎
24日	12/10	木	壬申	納	釼鋒金	婁
25日	12/11	金	癸酉	開	釼鋒金	胃
26日	12/12	土	甲戌	閉	山頭火	昴
27日	12/13	日	乙亥	建	山頭火	畢
28日	12/14	月	丙子	建	澗下水	觜

日	西暦	曜	干支	直	納音	宿
29日	12/15	火	丁丑	除	澗下水	参

【十一月大 壬子 翼】
節気 冬至 7日・小寒 21日

日	西暦	曜	干支	直	納音	宿
1日	12/16	水	戊寅	平	城頭土	井
2日	12/17	木	己卯	平	城頭土	鬼
3日	12/18	金	庚辰	定	白鑞金	柳
4日	12/19	土	辛巳	執	白鑞金	星
5日	12/20	日	壬午	破	楊柳木	張
6日	12/21	月	癸未	危	楊柳木	翼
7日	12/22	火	甲申	成	井泉水	軫
8日	12/23	水	乙酉	納	井泉水	角
9日	12/24	木	丙戌	開	屋上土	亢
10日	12/25	金	丁亥	閉	屋上土	氐
11日	12/26	土	戊子	建	霹靂火	房
12日	12/27	日	己丑	除	霹靂火	心
13日	12/28	月	庚寅	平	松柏木	尾
14日	12/29	火	辛卯	平	松柏木	箕
15日	12/30	水	壬辰	定	長流水	斗
16日	12/31	木	癸巳	執	長流水	牛

1858年

日	西暦	曜	干支	直	納音	宿
17日	01/01	金	甲午	破	沙中金	女
18日	01/02	土	乙未	危	沙中金	虚
19日	01/03	日	丙申	成	山頭火	危
20日	01/04	月	丁酉	納	山頭火	室
21日	01/05	火	戊戌	納	平地木	壁
22日	01/06	水	己亥	開	平地木	奎
23日	01/07	木	庚子	閉	壁上土	婁
24日	01/08	金	辛丑	建	壁上土	胃
25日	01/09	土	壬寅	満	金箔金	昴
26日	01/10	日	癸卯	平	金箔金	畢
27日	01/11	月	甲辰	平	覆燈火	觜
28日	01/12	火	乙巳	定	覆燈火	参
29日	01/13	水	丙午	執	天河水	井
30日	01/14	木	丁未	破	天河水	鬼

【十二月大 癸丑 軫】
節気 大寒 6日・立春 21日
雑節 土用 4日・節分 20日

日	西暦	曜	干支	直	納音	宿
1日	01/15	金	戊申	成	大駅土	柳
2日	01/16	土	己酉	危	大駅土	星
3日	01/17	日	庚戌	納	釼釧金	張
4日	01/18	月	辛亥	開	釼釧金	翼
5日	01/19	火	壬子	閉	桑柘木	軫
6日	01/20	水	癸丑	建	桑柘木	角
7日	01/21	木	甲寅	満	大溪水	亢
8日	01/22	金	乙卯	平	大溪水	氐
9日	01/23	土	丙辰	定	沙中土	房
10日	01/24	日	丁巳	執	沙中土	心
11日	01/25	月	戊午	破	天上火	尾
12日	01/26	火	己未	危	天上火	箕
13日	01/27	水	庚申	成	柘榴木	斗
14日	01/28	木	辛酉	納	柘榴木	牛
15日	01/29	金	壬戌	納	大海水	牛
16日	01/30	土	癸亥	開	大海水	女
17日	01/31	日	甲子	閉	海中金	虚
18日	02/01	月	乙丑	建	海中金	危
19日	02/02	火	丙寅	除	爐中火	室
20日	02/03	水	丁卯	満	爐中火	壁
21日	02/04	木	戊辰	平	大林木	奎
22日	02/05	金	己巳	定	大林木	婁
23日	02/06	土	庚午	執	路傍土	胃
24日	02/07	日	辛未	破	路傍土	昴
25日	02/08	月	壬申	危	釼鋒金	畢
26日	02/09	火	癸酉	成	釼鋒金	觜
27日	02/10	水	甲戌	納	山頭火	参
28日	02/11	木	乙亥	開	山頭火	井
29日	02/12	金	丙子	閉	澗下水	鬼
30日	02/13	土	丁丑	建	澗下水	柳

安政5年
1858～1859 戊午 星

【正月小 甲寅 角】
節気 雨水 6日・啓蟄 21日

日	新暦	曜	干支	直	納音	宿
1日	02/14	日	戊寅	建	城頭土	星
2日	02/15	月	己卯	除	城頭土	張
3日	02/16	火	庚辰	満	白鑞金	翼
4日	02/17	水	辛巳	平	楊柳木	軫
5日	02/18	木	壬午	定	楊柳木	角
6日	02/19	金	癸未	執	楊柳木	亢
7日	02/20	土	甲申	破	井泉水	氐
8日	02/21	日	乙酉	危	井泉水	房
9日	02/22	月	丙戌	成	屋上土	心
10日	02/23	火	丁亥	納	屋上土	尾
11日	02/24	水	戊子	開	霹靂火	箕
12日	02/25	木	己丑	閉	霹靂火	斗
13日	02/26	金	庚寅	建	松柏木	牛
14日	02/27	土	辛卯	除	松柏木	女
15日☆	02/28	日	壬辰	満	長流水	虚
16日	03/01	月	癸巳	平	長流水	危
17日	03/02	火	甲午	定	沙中金	室
18日	03/03	水	乙未	執	沙中金	壁
19日	03/04	木	丙申	破	山下火	奎
20日	03/05	金	丁酉	危	山下火	婁
21日	03/06	土	戊戌	危	平地木	胃
22日	03/07	日	己亥	成	平地木	昴
23日	03/08	月	庚子	納	壁上土	畢
24日	03/09	火	辛丑	開	壁上土	觜
25日	03/10	水	壬寅	閉	金箔金	参
26日	03/11	木	癸卯	建	金箔金	井
27日	03/12	金	甲辰	除	覆燈火	鬼
28日	03/13	土	乙巳	満	覆燈火	柳
29日	03/14	日	丙午	平	天河水	星

【二月大 乙卯 亢】
節気 春分 7日・清明 22日
雑節 社日 2日・彼岸 4日

日	新暦	曜	干支	直	納音	宿
1日	03/15	月	丁未	定	天河水	張
2日	03/16	火	戊申	執	大駅土	翼
3日	03/17	水	己酉	破	大駅土	軫
4日	03/18	木	庚戌	危	釵釧金	角
5日	03/19	金	辛亥	成	釵釧金	亢
6日	03/20	土	壬子	納	桑柘木	氐
7日	03/21	日	癸丑	開	桑柘木	房
8日	03/22	月	甲寅	閉	大溪水	心
9日	03/23	火	乙卯	建	大溪水	尾
10日	03/24	水	丙辰	除	沙中土	箕
11日	03/25	木	丁巳	満	沙中土	斗
12日	03/26	金	戊午	平	天上火	牛
13日	03/27	土	己未	定	天上火	女
14日	03/28	日	庚申	執	柘榴木	虚
15日	03/29	月	辛酉	破	柘榴木	危
16日	03/30	火	壬戌	危	大海水	室
17日	03/31	水	癸亥	成	大海水	壁
18日	04/01	木	甲子	納	海中金	奎
19日	04/02	金	乙丑	開	海中金	婁
20日	04/03	土	丙寅	閉	炉中火	胃
21日	04/04	日	丁卯	建	炉中火	昴
22日	04/05	月	戊辰	建	大林木	畢
23日	04/06	火	己巳	除	大林木	觜
24日	04/07	水	庚午	満	路傍土	参
25日	04/08	木	辛未	平	路傍土	井
26日	04/09	金	壬申	定	剣鋒金	鬼
27日	04/10	土	癸酉	執	剣鋒金	柳
28日	04/11	日	甲戌	破	山頭火	星
29日	04/12	月	乙亥	危	山頭火	張
30日	04/13	火	丙子	成	澗下水	翼

【三月小 丙辰 氐】
節気 穀雨 7日・立夏 23日
雑節 土用 4日・八十八夜 19日

日	新暦	曜	干支	直	納音	宿
1日	04/14	水	丁丑	納	澗下水	軫
2日	04/15	木	戊寅	開	城頭土	角
3日	04/16	金	己卯	閉	城頭土	亢
4日	04/17	土	庚辰	建	白鑞金	氐
5日	04/18	日	辛巳	除	白鑞金	房
6日	04/19	月	壬午	満	楊柳木	心
7日	04/20	火	癸未	平	楊柳木	尾
8日	04/21	水	甲申	定	井泉水	箕
9日	04/22	木	乙酉	執	井泉水	斗
10日	04/23	金	丙戌	破	屋上土	牛
11日	04/24	土	丁亥	危	屋上土	女
12日	04/25	日	戊子	成	霹靂火	虚
13日	04/26	月	己丑	納	霹靂火	危
14日	04/27	火	庚寅	開	松柏木	室
15日	04/28	水	辛卯	閉	松柏木	壁
16日	04/29	木	壬辰	建	長流水	奎
17日	04/30	金	癸巳	除	長流水	婁
18日	05/01	土	甲午	満	沙中金	胃
19日	05/02	日	乙未	平	沙中金	昴
20日	05/03	月	丙申	定	山下火	畢
21日	05/04	火	丁酉	執	山下火	觜
22日	05/05	水	戊戌	破	平地木	参
23日	05/06	木	己亥	破	平地木	井
24日	05/07	金	庚子	危	壁上土	鬼
25日	05/08	土	辛丑	成	壁上土	柳
26日	05/09	日	壬寅	納	金箔金	星
27日	05/10	月	癸卯	開	金箔金	張
28日	05/11	火	甲辰	閉	覆燈火	翼
29日	05/12	水	乙巳	建	覆燈火	軫

【四月小 丁巳 房】
節気 小満 9日・芒種 25日
雑節 入梅 27日

日	新暦	曜	干支	直	納音	宿
1日	05/13	木	丙午	除	天河水	角
2日	05/14	金	丁未	満	天河水	亢
3日	05/15	土	戊申	平	大駅土	氐
4日	05/16	日	己酉	定	大駅土	房
5日	05/17	月	庚戌	執	釵釧金	心
6日	05/18	火	辛亥	破	釵釧金	尾
7日	05/19	水	壬子	危	桑柘木	箕
8日	05/20	木	癸丑	成	桑柘木	斗
9日	05/21	金	甲寅	納	大溪水	牛
10日	05/22	土	乙卯	開	大溪水	女
11日	05/23	日	丙辰	閉	沙中土	虚
12日	05/24	月	丁巳	建	沙中土	危
13日	05/25	火	戊午	除	天上火	室
14日	05/26	水	己未	満	天上火	壁
15日	05/27	木	庚申	平	柘榴木	奎
16日	05/28	金	辛酉	定	柘榴木	婁
17日	05/29	土	壬戌	執	大海水	胃
18日	05/30	日	癸亥	破	大海水	昴
19日	05/31	月	甲子	危	海中金	畢
20日	06/01	火	乙丑	成	海中金	觜
21日	06/02	水	丙寅	納	炉中火	参
22日	06/03	木	丁卯	開	炉中火	井
23日	06/04	金	戊辰	閉	大林木	鬼
24日	06/05	土	己巳	建	大林木	柳
25日	06/06	日	庚午	建	路傍土	星
26日	06/07	月	辛未	除	路傍土	張
27日	06/08	火	壬申	満	剣鋒金	翼
28日	06/09	水	癸酉	平	剣鋒金	軫
29日	06/10	木	甲戌	定	山頭火	角

【五月大 戊午 心】
節気 夏至 12日・小暑 27日
雑節 半夏生 22日

日	新暦	曜	干支	直	納音	宿
1日	06/11	金	乙亥	執	山頭火	亢
2日	06/12	土	丙子	破	澗下水	氐
3日	06/13	日	丁丑	危	澗下水	房
4日	06/14	月	戊寅	成	城頭土	心
5日	06/15	火	己卯	納	城頭土	尾
6日	06/16	水	庚辰	開	白鑞金	箕
7日	06/17	木	辛巳	閉	白鑞金	斗
8日	06/18	金	壬午	建	楊柳木	牛
9日	06/19	土	癸未	除	楊柳木	女
10日	06/20	日	甲申	満	井泉水	虚
11日	06/21	月	乙酉	平	井泉水	危
12日	06/22	火	丙戌	定	屋上土	室
13日	06/23	水	丁亥	執	屋上土	壁
14日	06/24	木	戊子	破	霹靂火	奎
15日	06/25	金	己丑	危	霹靂火	婁
16日	06/26	土	庚寅	成	松柏木	胃
17日	06/27	日	辛卯	納	松柏木	昴
18日	06/28	月	壬辰	開	長流水	畢
19日	06/29	火	癸巳	閉	長流水	觜
20日	06/30	水	甲午	建	沙中金	参
21日	07/01	木	乙未	除	沙中金	井
22日	07/02	金	丙申	満	山下火	鬼
23日	07/03	土	丁酉	定	山下火	柳
24日	07/04	日	戊戌	定	平地木	星
25日	07/05	月	己亥	執	平地木	張
26日	07/06	火	庚子	破	壁上土	翼
27日	07/07	水	辛丑	破	壁上土	軫
28日	07/08	木	壬寅	危	金箔金	角
29日	07/09	金	癸卯	成	金箔金	亢
30日	07/10	土	甲辰	納	覆燈火	氐

【六月小 己未 尾】
節気 大暑 13日・立秋 29日
雑節 土用 10日

日	新暦	曜	干支	直	納音	宿
1日	07/11	日	乙巳	開	覆燈火	房
2日	07/12	月	丙午	閉	天河水	心
3日	07/13	火	丁未	建	天河水	尾
4日	07/14	水	戊申	除	大駅土	箕
5日	07/15	木	己酉	満	大駅土	斗
6日	07/16	金	庚戌	平	釵釧金	牛
7日	07/17	土	辛亥	定	釵釧金	女
8日	07/18	日	壬子	執	桑柘木	虚
9日	07/19	月	癸丑	破	桑柘木	危
10日	07/20	火	甲寅	危	大溪水	室
11日	07/21	水	乙卯	成	大溪水	壁
12日	07/22	木	丙辰	納	沙中土	奎
13日	07/23	金	丁巳	開	沙中土	婁
14日	07/24	土	戊午	閉	天上火	胃
15日	07/25	日	己未	建	天上火	昴
16日	07/26	月	庚申	除	柘榴木	畢
17日	07/27	火	辛酉	満	柘榴木	觜
18日	07/28	水	壬戌	平	大海水	参
19日	07/29	木	癸亥	定	大海水	井
20日	07/30	金	甲子	執	海中金	鬼
21日	07/31	土	乙丑	破	海中金	柳
22日	08/01	日	丙寅	危	炉中火	星
23日	08/02	月	丁卯	成	炉中火	張
24日	08/03	火	戊辰	納	大林木	翼
25日	08/04	水	己巳	開	大林木	軫
26日	08/05	木	庚午	閉	路傍土	角
27日	08/06	金	辛未	建	路傍土	亢
28日	08/07	土	壬申	除	剣鋒金	氐
29日	08/08	日	癸酉	除	剣鋒金	房

【七月小 庚申 箕】
節気 処暑 15日
雑節 二百十日 24日

日	新暦	曜	干支	直	納音	宿
1日	08/09	月	甲戌	満	山頭火	心
2日	08/10	火	乙亥	平	山頭火	尾
3日	08/11	水	丙子	定	澗下水	箕

安政5年

西暦	曜	干支	直	納音	宿

最初の区分

日	西暦	曜	干支	直	納音	宿
4日	08/12	木	丁丑	執	澗下水	斗
5日	08/13	金	戊寅	危	城頭土	牛
6日	08/14	土	己卯	成	城頭土	女
7日	08/15	日	庚辰	成	白鑞金	虚
8日	08/16	月	辛巳	開	白鑞金	危
9日	08/17	火	壬午	閉	楊柳木	室
10日	08/18	水	癸未	閉	楊柳木	壁
11日	08/19	木	甲申	建	井泉水	奎
12日	08/20	金	乙酉	除	井泉水	婁
13日	08/21	土	丙戌	満	屋上土	胃
14日	08/22	日	丁亥	平	屋上土	昴
15日	08/23	月	戊子	定	霹靂火	畢
16日☆	08/24	火	己丑	執	霹靂火	觜
17日	08/25	水	庚寅	破	松柏木	参
18日	08/26	木	辛卯	危	松柏木	井
19日	08/27	金	壬辰	成	長流水	柳
20日	08/28	土	癸巳	納	長流水	柳
21日	08/29	日	甲午	開	沙中金	星
22日	08/30	月	乙未	閉	沙中金	張
23日	08/31	火	丙申	建	山下火	翼
24日	09/01	水	丁酉	除	山下火	軫
25日	09/02	木	戊戌	満	平地木	角
26日	09/03	金	己亥	平	平地木	亢
27日	09/04	土	庚子	定	壁上土	氐
28日	09/05	日	辛丑	執	壁上土	房
29日	09/06	月	壬寅	破	金箔金	心

【八月大 辛酉 斗】
節気 白露 2日・秋分 17日
雑節 彼岸 14日・社日 16日

日	西暦	曜	干支	直	納音	宿
1日	09/07	火	癸卯	危	金箔金	尾
2日	09/08	水	甲辰	危	覆燈火	箕
3日	09/09	木	乙巳	成	覆燈火	斗
4日	09/10	金	丙午	成	天河水	牛
5日	09/11	土	丁未	開	天河水	女
6日	09/12	日	戊申	閉	大駅土	虚
7日	09/13	月	己酉	建	大駅土	危
8日	09/14	火	庚戌	除	釵釧金	室
9日	09/15	水	辛亥	満	釵釧金	壁
10日	09/16	木	壬子	平	桑柘木	奎
11日	09/17	金	癸丑	定	桑柘木	婁
12日	09/18	土	甲寅	執	大渓水	胃
13日	09/19	日	乙卯	破	大渓水	昴
14日	09/20	月	丙辰	危	沙中土	畢
15日	09/21	火	丁巳	成	沙中土	觜
16日	09/22	水	戊午	納	天上火	参
17日	09/23	木	己未	開	天上火	井
18日	09/24	金	庚申	閉	柘榴木	鬼
19日	09/25	土	辛酉	建	柘榴木	柳
20日	09/26	日	壬戌	除	大海水	星
21日	09/27	月	癸亥	満	大海水	張
22日	09/28	火	甲子	平	海中金	翼
23日	09/29	水	乙丑	定	海中金	軫
24日	09/30	木	丙寅	執	炉中火	角
25日	10/01	金	丁卯	破	炉中火	亢
26日	10/02	土	戊辰	危	大林木	氐
27日	10/03	日	己巳	成	大林木	房
28日	10/04	月	庚午	納	路傍土	尾
29日	10/05	火	辛未	開	路傍土	尾
30日	10/06	水	壬申	閉	釵鋒金	箕

【九月大 壬戌 牛】
節気 寒露 2日・霜降 18日
雑節 土用 15日

日	西暦	曜	干支	直	納音	宿
1日	10/07	木	癸酉	建	釵鋒金	斗
2日	10/08	金	甲戌	除	山頭火	牛
3日	10/09	土	乙亥	満	山頭火	女
4日	10/10	日	丙子	満	潤下水	虚
5日	10/11	月	丁丑	平	潤下水	危
6日	10/12	火	戊寅	定	城頭土	室
7日	10/13	水	己卯	執	城頭土	壁
8日	10/14	木	庚辰	破	白鑞金	奎
9日	10/15	金	辛巳	危	白鑞金	婁
10日	10/16	土	壬午	成	楊柳木	胃
11日	10/17	日	癸未	納	楊柳木	昴
12日	10/18	月	甲申	開	井泉水	畢
13日	10/19	火	乙酉	閉	井泉水	觜
14日	10/20	水	丙戌	建	屋上土	参
15日	10/21	木	丁亥	除	屋上土	井
16日	10/22	金	戊子	満	霹靂火	鬼
17日	10/23	土	己丑	平	霹靂火	柳
18日	10/24	日	庚寅	定	松柏木	星
19日	10/25	月	辛卯	執	松柏木	張
20日	10/26	火	壬辰	破	長流水	翼
21日	10/27	水	癸巳	危	長流水	軫
22日	10/28	木	甲午	成	沙中金	角
23日	10/29	金	乙未	納	沙中金	亢
24日	10/30	土	丙申	開	山下火	氐
25日	10/31	日	丁酉	閉	山下火	房
26日	11/01	月	戊戌	建	平地木	心
27日	11/02	火	己亥	除	平地木	尾
28日	11/03	水	庚子	満	壁上土	箕
29日	11/04	木	辛丑	平	壁上土	斗
30日	11/05	金	壬寅	定	金箔金	牛

【十月小 癸亥 女】
節気 立冬 3日・小雪 17日

日	西暦	曜	干支	直	納音	宿
1日	11/06	土	癸卯	執	金箔金	女
2日	11/07	日	甲辰	破	覆燈火	虚
3日	11/08	月	乙巳	破	覆燈火	危
4日	11/09	火	丙午	危	天河水	室
5日	11/10	水	丁未	成	天河水	壁
6日	11/11	木	戊申	納	大駅土	奎
7日	11/12	金	己酉	開	大駅土	婁
8日	11/13	土	庚戌	閉	釵釧金	胃
9日	11/14	日	辛亥	建	釵釧金	昴
10日	11/15	月	壬子	除	桑柘木	畢
11日	11/16	火	癸丑	満	桑柘木	觜
12日	11/17	水	甲寅	平	大渓水	参
13日	11/18	木	乙卯	定	大渓水	井
14日	11/19	金	丙辰	執	沙中土	鬼
15日	11/20	土	丁巳	危	沙中土	星
16日	11/21	日	戊午	危	天上火	星
17日	11/22	月	己未	成	天上火	張
18日	11/23	火	庚申	開	柘榴木	翼
19日	11/24	水	辛酉	閉	柘榴木	軫
20日	11/25	木	壬戌	閉	大海水	角
21日	11/26	金	癸亥	建	大海水	亢
22日	11/27	土	甲子	満	海中金	氐
23日	11/28	日	乙丑	満	海中金	房
24日	11/29	月	丙寅	平	炉中火	心
25日	11/30	火	丁卯	定	炉中火	尾
26日	12/01	水	戊辰	破	大林木	箕
27日	12/02	木	己巳	危	大林木	斗
28日	12/03	金	庚午	危	路傍土	牛
29日	12/04	土	辛未	成	路傍土	女

【十一月大 甲子 虚】
節気 大雪 3日・冬至 18日

日	西暦	曜	干支	直	納音	宿
1日	12/05	日	壬申	納	釵鋒金	虚
2日	12/06	月	癸酉	開	釵鋒金	危
3日	12/07	火	甲戌	閉	山頭火	室
4日	12/08	水	乙亥	建	山頭火	壁
5日	12/09	木	丙子	建	潤下水	奎
6日	12/10	金	丁丑	除	潤下水	婁
7日	12/11	土	戊寅	満	城頭土	胃
8日	12/12	日	己卯	平	城頭土	昴
9日	12/13	月	庚辰	定	白鑞金	畢
10日	12/14	火	辛巳	執	白鑞金	觜
11日	12/15	水	壬午	破	楊柳木	参
12日	12/16	木	癸未	危	楊柳木	井
13日	12/17	金	甲申	成	井泉水	鬼
14日	12/18	土	乙酉	納	井泉水	柳
15日	12/19	日	丙戌	開	屋上土	星
16日	12/20	月	丁亥	閉	屋上土	張
17日	12/21	火	戊子	建	霹靂火	翼
18日	12/22	水	己丑	除	霹靂火	軫
19日	12/23	木	庚寅	満	松柏木	角
20日	12/24	金	辛卯	平	松柏木	亢
21日	12/25	土	壬辰	定	長流水	氐
22日	12/26	日	癸巳	執	長流水	房
23日	12/27	月	甲午	破	沙中金	心
24日	12/28	火	乙未	危	沙中金	尾
25日	12/29	水	丙申	成	山下火	箕
26日	12/30	木	丁酉	納	山下火	斗
27日	12/31	金	戊戌	開	平地木	牛

1859年

日	西暦	曜	干支	直	納音	宿
28日	01/01	土	己亥	閉	平地木	女
29日	01/02	日	庚子	建	壁上土	虚
30日	01/03	月	辛丑	除	壁上土	危

【十二月大 乙丑 危】
節気 小寒 3日・大寒 17日
雑節 土用 15日

日	西暦	曜	干支	直	納音	宿
1日	01/04	火	壬寅	満	金箔金	室
2日	01/05	水	癸卯	平	金箔金	壁
3日	01/06	木	甲辰	定	覆燈火	奎
4日	01/07	金	乙巳	定	覆燈火	婁
5日	01/08	土	丙午	執	天河水	胃
6日	01/09	日	丁未	破	天河水	昴
7日	01/10	月	戊申	危	大駅土	畢
8日	01/11	火	己酉	成	大駅土	觜
9日	01/12	水	庚戌	納	釵釧金	参
10日	01/13	木	辛亥	開	釵釧金	井
11日	01/14	金	壬子	閉	桑柘木	鬼
12日	01/15	土	癸丑	建	桑柘木	柳
13日	01/16	日	甲寅	除	大渓水	星
14日	01/17	月	乙卯	満	大渓水	張
15日	01/18	火	丙辰	平	沙中土	翼
16日	01/19	水	丁巳	定	沙中土	軫
17日	01/20	木	戊午	執	天上火	角
18日	01/21	金	己未	危	天上火	亢
19日	01/22	土	庚申	成	柘榴木	氐
20日	01/23	日	辛酉	危	柘榴木	房
21日	01/24	月	壬戌	成	大海水	心
22日	01/25	火	癸亥	納	大海水	尾
23日	01/26	水	甲子	開	海中金	箕
24日	01/27	木	乙丑	閉	海中金	斗
25日	01/28	金	丙寅	建	炉中火	牛
26日	01/29	土	丁卯	除	炉中火	女
27日	01/30	日	戊辰	平	大林木	虚
28日	01/31	月	己巳	定	路傍土	室
29日	02/01	火	庚午	執	路傍土	室
30日	02/02	水	辛未	破	路傍土	壁

安政6年
1859〜1860　己未　張

【正月大　丙寅　室】
節気　立春2日・雨水17日
雑節　節分1日

日	新暦	曜	干支	十二直	納音	宿
1日	02/03	木	壬申	危	釼鋒金	奎
2日	02/04	金	癸酉	危	釼鋒金	婁
3日	02/05	土	甲戌	成	山頭火	胃
4日	02/06	日	乙亥	納	山頭火	昴
5日	02/07	月	丙子	開	澗下水	畢
6日	02/08	火	丁丑	閉	澗下水	觜
7日	02/09	水	戊寅	建	城頭土	参
8日	02/10	木	己卯	除	城頭土	井
9日	02/11	金	庚辰	満	白鑞金	鬼
10日	02/12	土	辛巳	平	白鑞金	柳
11日	02/13	日	壬午	定	楊柳木	星
12日	02/14	月	癸未	執	楊柳木	張
13日	02/15	火	甲申	破	井泉水	翼
14日	02/16	水	乙酉	危	井泉水	軫
15日 ☆	02/17	木	丙戌	成	屋上土	角
16日	02/18	金	丁亥	納	屋上土	亢
17日	02/19	土	戊子	開	霹靂火	氐
18日	02/20	日	己丑	閉	霹靂火	房
19日	02/21	月	庚寅	建	松柏木	心
20日	02/22	火	辛卯	除	松柏木	尾
21日	02/23	水	壬辰	満	長流水	箕
22日	02/24	木	癸巳	平	長流水	斗
23日	02/25	金	甲午	定	沙中金	牛
24日	02/26	土	乙未	執	沙中金	女
25日	02/27	日	丙申	破	山下火	虚
26日	02/28	月	丁酉	危	山下火	危
27日	03/01	火	戊戌	成	平地木	室
28日	03/02	水	己亥	納	平地木	壁
29日	03/03	木	庚子	開	壁上土	奎
30日	03/04	金	辛丑	閉	壁上土	婁

【二月小　丁卯　壁】
節気　啓蟄2日・春分17日
雑節　彼岸14日・社日17日

日	新暦	曜	干支	十二直	納音	宿
1日	03/05	土	壬寅	建	金箔金	胃
2日	03/06	日	癸卯	建	金箔金	昴
3日	03/07	月	甲辰	除	覆燈火	畢
4日	03/08	火	乙巳	満	覆燈火	觜
5日	03/09	水	丙午	平	天河水	参
6日	03/10	木	丁未	定	天河水	井
7日	03/11	金	戊申	執	大駅土	鬼
8日	03/12	土	己酉	破	大駅土	柳
9日	03/13	日	庚戌	危	釵釧金	星
10日	03/14	月	辛亥	成	釵釧金	張
11日	03/15	火	壬子	納	桑柘木	翼
12日	03/16	水	癸丑	開	桑柘木	軫
13日	03/17	木	甲寅	閉	大渓水	角
14日	03/18	金	乙卯	建	大渓水	亢
15日	03/19	土	丙辰	除	沙中土	氐
16日	03/20	日	丁巳	満	沙中土	房
17日	03/21	月	戊午	平	天上火	心
18日	03/22	火	己未	定	天上火	尾
19日	03/23	水	庚申	執	柘榴木	箕
20日	03/24	木	辛酉	破	柘榴木	斗
21日	03/25	金	壬戌	危	大海水	牛
22日	03/26	土	癸亥	成	大海水	女
23日	03/27	日	甲子	納	海中金	虚
24日	03/28	月	乙丑	開	海中金	危
25日	03/29	火	丙寅	閉	爐中火	室
26日	03/30	水	丁卯	建	爐中火	壁
27日	03/31	木	戊辰	除	大林木	奎
28日	04/01	金	己巳	満	大林木	婁
29日	04/02	土	庚午	平	路傍土	胃

【三月大　戊辰　奎】
節気　清明3日・穀雨19日
雑節　上巳15日・八十八夜30日

日	新暦	曜	干支	十二直	納音	宿
1日	04/03	日	辛未	定	路傍土	昴
2日	04/04	月	壬申	執	釼鋒金	畢
3日	04/05	火	癸酉	執	釼鋒金	觜
4日	04/06	水	甲戌	破	山頭火	参
5日	04/07	木	乙亥	危	山頭火	井
6日	04/08	金	丙子	成	澗下水	鬼
7日	04/09	土	丁丑	納	澗下水	柳
8日	04/10	日	戊寅	開	城頭土	星
9日	04/11	月	己卯	閉	城頭土	張
10日	04/12	火	庚辰	建	白鑞金	翼
11日	04/13	水	辛巳	除	白鑞金	軫
12日	04/14	木	壬午	満	楊柳木	角
13日	04/15	金	癸未	平	楊柳木	亢
14日	04/16	土	甲申	定	井泉水	氐
15日	04/17	日	乙酉	執	井泉水	房
16日	04/18	月	丙戌	破	屋上土	心
17日	04/19	火	丁亥	危	屋上土	尾
18日	04/20	水	戊子	成	霹靂火	箕
19日	04/21	木	己丑	納	霹靂火	斗
20日	04/22	金	庚寅	開	松柏木	牛
21日	04/23	土	辛卯	閉	松柏木	女
22日	04/24	日	壬辰	建	長流水	虚
23日	04/25	月	癸巳	除	長流水	危
24日	04/26	火	甲午	満	沙中金	室
25日	04/27	水	乙未	平	沙中金	壁
26日	04/28	木	丙申	定	山下火	奎
27日	04/29	金	丁酉	執	山下火	婁
28日	04/30	土	戊戌	破	平地木	胃
29日	05/01	日	己亥	危	平地木	昴
30日	05/02	月	庚子	成	壁上土	畢

【四月小　己巳　婁】
節気　立夏4日・小満20日

日	新暦	曜	干支	十二直	納音	宿
1日	05/03	火	辛丑	納	壁上土	觜
2日	05/04	水	壬寅	開	金箔金	参
3日	05/05	木	癸卯	閉	金箔金	井
4日	05/06	金	甲辰	閉	覆燈火	鬼
5日	05/07	土	乙巳	建	覆燈火	柳
6日	05/08	日	丙午	除	天河水	星
7日	05/09	月	丁未	満	天河水	張
8日	05/10	火	戊申	平	大駅土	翼
9日	05/11	水	己酉	定	大駅土	軫
10日	05/12	木	庚戌	執	釵釧金	角
11日	05/13	金	辛亥	破	釵釧金	亢
12日	05/14	土	壬子	危	桑柘木	氐
13日	05/15	日	癸丑	成	桑柘木	房
14日	05/16	月	甲寅	納	大渓水	心
15日	05/17	火	乙卯	開	大渓水	尾
16日	05/18	水	丙辰	閉	沙中土	箕
17日	05/19	木	丁巳	建	沙中土	斗
18日	05/20	金	戊午	除	天上火	牛
19日	05/21	土	己未	満	天上火	女
20日	05/22	日	庚申	平	柘榴木	虚
21日	05/23	月	辛酉	定	柘榴木	危
22日	05/24	火	壬戌	執	大海水	室
23日	05/25	水	癸亥	破	大海水	壁
24日	05/26	木	甲子	危	海中金	奎
25日	05/27	金	乙丑	成	海中金	婁
26日	05/28	土	丙寅	納	爐中火	胃
27日	05/29	日	丁卯	開	爐中火	昴
28日	05/30	月	戊辰	閉	大林木	畢
29日	05/31	火	己巳	建	大林木	觜

【五月小　庚午　胃】
節気　芒種6日・夏至22日
雑節　入梅13日

日	新暦	曜	干支	十二直	納音	宿
1日	06/01	水	庚午	除	路傍土	参
2日	06/02	木	辛未	満	路傍土	井
3日	06/03	金	壬申	平	釼鋒金	鬼
4日	06/04	土	癸酉	定	釼鋒金	柳
5日	06/05	日	甲戌	執	山頭火	星
6日	06/06	月	乙亥	執	山頭火	張
7日	06/07	火	丙子	破	澗下水	翼
8日	06/08	水	丁丑	危	澗下水	軫
9日	06/09	木	戊寅	成	城頭土	角
10日	06/10	金	己卯	納	城頭土	亢
11日	06/11	土	庚辰	開	白鑞金	氐
12日	06/12	日	辛巳	閉	白鑞金	房
13日	06/13	月	壬午	建	楊柳木	心
14日	06/14	火	癸未	除	楊柳木	尾
15日	06/15	水	甲申	満	井泉水	箕
16日	06/16	木	乙酉	平	井泉水	斗
17日	06/17	金	丙戌	定	屋上土	牛
18日	06/18	土	丁亥	執	屋上土	女
19日	06/19	日	戊子	破	霹靂火	虚
20日	06/20	月	己丑	危	霹靂火	危
21日	06/21	火	庚寅	成	松柏木	室
22日	06/22	水	辛卯	納	松柏木	壁
23日	06/23	木	壬辰	開	長流水	奎
24日	06/24	金	癸巳	閉	長流水	婁
25日	06/25	土	甲午	建	沙中金	胃
26日	06/26	日	乙未	除	沙中金	昴
27日	06/27	月	丙申	満	山下火	畢
28日	06/28	火	丁酉	平	山下火	觜
29日	06/29	水	戊戌	定	平地木	参

【六月大　辛未　昴】
節気　小暑9日・大暑24日
雑節　半夏生3日・土用21日

日	新暦	曜	干支	十二直	納音	宿
1日	06/30	木	己亥	執	平地木	井
2日	07/01	金	庚子	破	壁上土	鬼
3日	07/02	土	辛丑	危	壁上土	柳
4日	07/03	日	壬寅	成	金箔金	星
5日	07/04	月	癸卯	納	金箔金	張
6日	07/05	火	甲辰	開	覆燈火	翼
7日	07/06	水	乙巳	閉	覆燈火	軫
8日	07/07	木	丙午	建	天河水	角
9日	07/08	金	丁未	建	天河水	亢
10日	07/09	土	戊申	除	大駅土	氐
11日	07/10	日	己酉	満	大駅土	房
12日	07/11	月	庚戌	平	釵釧金	心
13日	07/12	火	辛亥	定	釵釧金	尾
14日	07/13	水	壬子	執	桑柘木	箕
15日	07/14	木	癸丑	破	桑柘木	斗
16日	07/15	金	甲寅	危	大渓水	牛
17日	07/16	土	乙卯	成	大渓水	女
18日	07/17	日	丙辰	納	沙中土	虚
19日	07/18	月	丁巳	開	沙中土	危
20日	07/19	火	戊午	閉	天上火	室
21日	07/20	水	己未	建	天上火	壁
22日	07/21	木	庚申	除	柘榴木	奎
23日	07/22	金	辛酉	満	柘榴木	婁
24日	07/23	土	壬戌	平	大海水	胃
25日	07/24	日	癸亥	定	大海水	昴
26日	07/25	月	甲子	執	海中金	畢
27日	07/26	火	乙丑	破	海中金	觜
28日	07/27	水	丙寅	危	爐中火	参
29日	07/28	木	丁卯	成	爐中火	井
30日	07/29	金	戊辰	納	大林木	鬼

西暦 曜 干支 直 納音 宿　　　　　　　　　　　　　　　　　　安政6年

【七月小 壬申 畢】
節気 立秋 10日・処暑 26日

日	西暦	曜	干支	直	納音	宿
1日	07/30	土	己巳	開	大林木	柳
2日	07/31	日	庚午	閉	路傍土	星
3日	08/01	月	辛未	建	路傍土	張
4日	08/02	火	壬申	除	釵釧金	翼
5日	08/03	水	癸酉	満	釵釧金	軫
6日	08/04	木	甲戌	平	山頭火	角
7日	08/05	金	乙亥	定	山頭火	亢
8日	08/06	土	丙子	執	澗下水	氐
9日	08/07	日	丁丑	破	澗下水	房
10日	08/08	月	戊寅	危	城頭土	心
11日	08/09	火	己卯	成	城頭土	尾
12日	08/10	水	庚辰	納	白鑞金	箕
13日	08/11	木	辛巳	開	白鑞金	斗
14日	08/12	金	壬午	閉	楊柳木	牛
15日☆	08/13	土	癸未	閉	楊柳木	女
16日	08/14	日	甲申	建	井泉水	虚
17日	08/15	月	乙酉	除	井泉水	危
18日	08/16	火	丙戌	満	屋上土	室
19日	08/17	水	丁亥	平	屋上土	壁
20日	08/18	木	戊子	定	霹靂火	奎
21日	08/19	金	己丑	執	霹靂火	婁
22日	08/20	土	庚寅	破	松柏木	胃
23日	08/21	日	辛卯	危	松柏木	昴
24日	08/22	月	壬辰	成	長流水	畢
25日	08/23	火	癸巳	納	長流水	觜
26日	08/24	水	甲午	開	沙中金	参
27日	08/25	木	乙未	閉	沙中金	井
28日	08/26	金	丙申	建	山下火	鬼
29日	08/27	土	丁酉	除	山下火	柳

【八月小 癸酉 觜】
節気 白露 12日・秋分 27日
雑節 二百十日 5日・彼岸 24日

日	西暦	曜	干支	直	納音	宿
1日	08/28	日	戊戌	満	平地木	星
2日	08/29	月	己亥	平	平地木	張
3日	08/30	火	庚子	定	壁上土	翼
4日	08/31	水	辛丑	執	壁上土	軫
5日	09/01	木	壬寅	破	金箔金	角
6日	09/02	金	癸卯	危	金箔金	亢
7日	09/03	土	甲辰	成	覆燈火	氐
8日	09/04	日	乙巳	納	覆燈火	房
9日	09/05	月	丙午	開	天河水	心
10日	09/06	火	丁未	閉	天河水	尾
11日	09/07	水	戊申	建	大駅土	箕
12日	09/08	木	己酉	除	大駅土	斗
13日	09/09	金	庚戌	満	釵釧金	牛
14日	09/10	土	辛亥	平	釵釧金	女
15日	09/11	日	壬子	平	桑柘木	虚
16日	09/12	月	癸丑	定	桑柘木	危
17日	09/13	火	甲寅	執	大溪水	室
18日	09/14	水	乙卯	破	大溪水	壁
19日	09/15	木	丙辰	危	沙中土	奎
20日	09/16	金	丁巳	成	沙中土	婁
21日	09/17	土	戊午	納	天上火	胃
22日	09/18	日	己未	開	天上火	昴
23日	09/19	月	庚申	閉	柘榴木	觜
24日	09/20	火	辛酉	建	柘榴木	参
25日	09/21	水	壬戌	除	大海水	井
26日	09/22	木	癸亥	満	大海水	鬼
27日	09/23	金	甲子	定	海中金	柳
28日	09/24	土	乙丑	執	海中金	星
29日	09/25	日	丙寅	破	爐中火	張

【九月大 甲戌 参】
節気 寒露 14日・霜降 29日
雑節 社日 2日・土用 26日

日	西暦	曜	干支	直	納音	宿
1日	09/26	月	丁卯	破	爐中火	翼
2日	09/27	火	戊辰	危	大林木	翼
3日	09/28	水	己巳	成	大林木	軫
4日	09/29	木	庚午	納	路傍土	角
5日	09/30	金	辛未	開	路傍土	亢
6日	10/01	土	壬申	閉	釵釧金	氐
7日	10/02	日	癸酉	建	釵釧金	房
8日	10/03	月	甲戌	満	山頭火	心
9日	10/04	火	乙亥	平	山頭火	尾
10日	10/05	水	丙子	平	澗下水	箕
11日	10/06	木	丁丑	定	澗下水	斗
12日	10/07	金	戊寅	執	城頭土	牛
13日	10/08	土	己卯	破	城頭土	女
14日	10/09	日	庚辰	破	白鑞金	虚
15日	10/10	月	辛巳	危	白鑞金	危
16日	10/11	火	壬午	成	楊柳木	室
17日	10/12	水	癸未	納	楊柳木	壁
18日	10/13	木	甲申	開	井泉水	奎
19日	10/14	金	乙酉	閉	井泉水	婁
20日	10/15	土	丙戌	建	屋上土	胃
21日	10/16	日	丁亥	除	屋上土	昴
22日	10/17	月	戊子	満	霹靂火	畢
23日	10/18	火	己丑	平	霹靂火	觜
24日	10/19	水	庚寅	定	松柏木	参
25日	10/20	木	辛卯	執	松柏木	井
26日	10/21	金	壬辰	破	長流水	鬼
27日	10/22	土	癸巳	危	長流水	柳
28日	10/23	日	甲午	成	沙中金	星
29日	10/24	月	乙未	納	沙中金	張
30日	10/25	火	丙申	開	山下火	翼

【十月小 乙亥 井】
節気 立冬 14日・小雪 29日

日	西暦	曜	干支	直	納音	宿
1日	10/26	水	丁酉	閉	山下火	軫
2日	10/27	木	戊戌	建	平地木	角
3日	10/28	金	己亥	除	平地木	亢
4日	10/29	土	庚子	満	壁上土	氐
5日	10/30	日	辛丑	平	壁上土	房
6日	10/31	月	壬寅	定	金箔金	心
7日	11/01	火	癸卯	執	金箔金	尾
8日	11/02	水	甲辰	破	覆燈火	箕
9日	11/03	木	乙巳	危	覆燈火	斗
10日	11/04	金	丙午	成	天河水	牛
11日	11/05	土	丁未	納	天河水	女
12日	11/06	日	戊申	開	大駅土	虚
13日	11/07	月	己酉	閉	大駅土	危
14日	11/08	火	庚戌	建	釵釧金	室
15日	11/09	水	辛亥	除	釵釧金	壁
16日	11/10	木	壬子	除	桑柘木	奎
17日	11/11	金	癸丑	満	桑柘木	婁
18日	11/12	土	甲寅	平	大溪水	胃
19日	11/13	日	乙卯	定	大溪水	昴
20日	11/14	月	丙辰	執	沙中土	畢
21日	11/15	火	丁巳	破	沙中土	觜
22日	11/16	水	戊午	危	天上火	参
23日	11/17	木	己未	成	天上火	井
24日	11/18	金	庚申	納	柘榴木	鬼
25日	11/19	土	辛酉	開	柘榴木	柳
26日	11/20	日	壬戌	閉	大海水	星
27日	11/21	月	癸亥	建	大海水	張
28日	11/22	火	甲子	除	海中金	翼
29日	11/23	水	乙丑	満	海中金	軫

【十一月大 丙子 鬼】
節気 大雪 14日・冬至 29日

日	西暦	曜	干支	直	納音	宿
1日	11/24	木	丙寅	平	爐中火	角
2日	11/25	金	丁卯	定	爐中火	亢
3日	11/26	土	戊辰	執	大林木	氐
4日	11/27	日	己巳	破	大林木	房
5日	11/28	月	庚午	危	路傍土	心
6日	11/29	火	辛未	成	路傍土	尾
7日	11/30	水	壬申	納	釵釧金	箕
8日	12/01	木	癸酉	閉	山頭火	斗
9日	12/02	金	甲戌	閉	山頭火	牛
10日	12/03	土	乙亥	建	山頭火	女
11日	12/04	日	丙子	満	澗下水	虚
12日	12/05	月	丁丑	平	澗下水	室
13日	12/06	火	戊寅	平	城頭土	壁
14日	12/07	水	己卯	定	城頭土	奎
15日	12/08	木	庚辰	執	白鑞金	婁
16日	12/09	金	辛巳	破	白鑞金	胃
17日	12/10	土	壬午	危	楊柳木	昴
18日	12/11	日	癸未	成	楊柳木	畢
19日	12/12	月	甲申	納	井泉水	觜
20日	12/13	火	乙酉	開	井泉水	参
21日	12/14	水	丙戌	閉	屋上土	井
22日	12/15	木	丁亥	建	屋上土	鬼
23日	12/16	金	戊子	除	霹靂火	柳
24日	12/17	土	己丑	満	霹靂火	星
25日	12/18	日	庚寅	平	松柏木	張
26日	12/19	月	辛卯	定	松柏木	翼
27日	12/20	火	壬辰	執	長流水	軫
28日	12/21	水	癸巳	破	長流水	角
29日	12/22	木	甲午	危	沙中金	亢
30日	12/23	金	乙未	危	沙中金	氐

【十二月大 丁丑 柳】
節気 小寒 14日・大寒 29日
雑節 土用 26日

日	西暦	曜	干支	直	納音	宿
1日	12/24	土	丙申	成	山下火	氐
2日	12/25	日	丁酉	納	山下火	房
3日	12/26	月	戊戌	開	平地木	心
4日	12/27	火	己亥	閉	平地木	尾
5日	12/28	水	庚子	建	壁上土	箕
6日	12/29	木	辛丑	除	壁上土	斗
7日	12/30	金	壬寅	満	金箔金	牛
8日	12/31	土	癸卯	平	金箔金	女

1860年

日	西暦	曜	干支	直	納音	宿
9日	01/01	日	甲辰	定	覆燈火	虚
10日	01/02	月	乙巳	執	覆燈火	危
11日	01/03	火	丙午	破	天河水	室
12日	01/04	水	丁未	危	天河水	壁
13日	01/05	木	戊申	成	大駅土	奎
14日	01/06	金	己酉	納	大駅土	婁
15日	01/07	土	庚戌	開	釵釧金	胃
16日	01/08	日	辛亥	閉	釵釧金	昴
17日	01/09	月	壬子	建	桑柘木	畢
18日	01/10	火	癸丑	除	桑柘木	觜
19日	01/11	水	甲寅	満	大溪水	参
20日	01/12	木	乙卯	平	大溪水	井
21日	01/13	金	丙辰	定	沙中土	鬼
22日	01/14	土	丁巳	執	沙中土	柳
23日	01/15	日	戊午	破	天上火	星
24日	01/16	月	己未	危	天上火	張
25日	01/17	火	庚申	成	柘榴木	翼
26日	01/18	水	辛酉	納	柘榴木	軫
27日	01/19	木	壬戌	開	大海水	角
28日	01/20	金	癸亥	閉	大海水	亢
29日	01/21	土	甲子	建	海中金	氐
30日	01/22	日	乙丑	除	海中金	房

万延元年〔安政7年〕

1860～1861　庚申　翼
※改元＝3月18日

【正月大　戊寅　星】

節気　立春 13日・雨水 28日
雑節　節分 12日

日	日付	曜	干支	直	納音	宿
1日	01/23	月	丙寅	除	炉中火	心
2日	01/24	火	丁卯	満	炉中火	尾
3日	01/25	水	戊辰	平	大林木	箕
4日	01/26	木	己巳	定	大林木	斗
5日	01/27	金	庚午	執	路傍土	牛
6日	01/28	土	辛未	破	路傍土	女
7日	01/29	日	壬申	危	釼鋒金	虚
8日	01/30	月	癸酉	成	釼鋒金	危
9日	01/31	火	甲戌	納	山頭火	室
10日	02/01	水	乙亥	開	山頭火	壁
11日	02/02	木	丙子	閉	澗下水	奎
12日	02/03	金	丁丑	建	澗下水	婁
13日	02/04	土	戊寅	除	城頭土	胃
14日	02/05	日	己卯	除	城頭土	昴
15日	02/06	月	庚辰	満	白鑞金	畢
16日	02/07	火	辛巳	平	白鑞金	觜
17日	02/08	水	壬午	定	楊柳木	参
18日	02/09	木	癸未	執	楊柳木	井
19日	02/10	金	甲申	破	井泉水	鬼
20日	02/11	土	乙酉	危	井泉水	柳
21日	02/12	日	丙戌	成	屋上土	星
22日	02/13	月	丁亥	納	屋上土	張
23日	02/14	火	戊子	開	霹靂火	翼
24日	02/15	水	己丑	閉	霹靂火	軫
25日	02/16	木	庚寅	建	松柏木	角
26日	02/17	金	辛卯	除	松柏木	亢
27日	02/18	土	壬辰	満	長流水	氐
28日	02/19	日	癸巳	平	長流水	房
29日	02/20	月	甲午	定	沙中金	心
30日	02/21	火	乙未	執	沙中金	尾

【二月小　己卯　張】

節気　啓蟄 13日・春分 28日
雑節　社日 23日・彼岸 25日

日	日付	曜	干支	直	納音	宿
1日	02/22	水	丙申	破	山下火	箕
2日	02/23	木	丁酉	危	山下火	斗
3日	02/24	金	戊戌	成	平地木	牛
4日	02/25	土	己亥	納	平地木	女
5日	02/26	日	庚子	開	壁上土	虚
6日	02/27	月	辛丑	閉	壁上土	危
7日	02/28	火	壬寅	建	金箔金	室
8日	02/29	水	癸卯	除	金箔金	壁
9日	03/01	木	甲辰	満	覆燈火	奎
10日	03/02	金	乙巳	平	覆燈火	婁
11日	03/03	土	丙午	定	天河水	胃
12日	03/04	日	丁未	執	天河水	昴
13日	03/05	月	戊申	破	大駅土	畢
14日	03/06	火	己酉	危	大駅土	觜
15日	03/07	水	庚戌	成	釼釧金	参
16日	03/08	木	辛亥	納	釼釧金	井
17日	03/09	金	壬子	開	桑柘木	鬼
18日	03/10	土	癸丑	閉	桑柘木	柳
19日	03/11	日	甲寅	建	大渓水	星
20日	03/12	月	乙卯	除	大渓水	張
21日	03/13	火	丙辰	満	沙中土	翼
22日	03/14	水	丁巳	平	沙中土	軫
23日	03/15	木	戊午	定	天上火	角
24日	03/16	金	己未	執	天上火	亢
25日	03/17	土	庚申	破	柘榴木	氐
26日	03/18	日	辛酉	危	柘榴木	房
27日	03/19	月	壬戌	成	大海水	心
28日	03/20	火	癸亥	納	大海水	尾

【三月大　庚辰　翼】

節気　清明 14日・穀雨 30日
雑節　土用 27日

日	日付	曜	干支	直	納音	宿
29日	03/21	水	甲子	納	海中金	箕
1日	03/22	木	乙丑	開	海中金	斗
2日	03/23	金	丙寅	閉	炉中火	牛
3日	03/24	土	丁卯	建	炉中火	女
4日	03/25	日	戊辰	除	大林木	虚
5日	03/26	月	己巳	満	大林木	危
6日	03/27	火	庚午	平	路傍土	室
7日	03/28	水	辛未	定	路傍土	壁
8日	03/29	木	壬申	執	釼鋒金	奎
9日	03/30	金	癸酉	破	釼鋒金	婁
10日	03/31	土	甲戌	危	山頭火	胃
11日	04/01	日	乙亥	成	山頭火	昴
12日	04/02	月	丙子	納	澗下水	畢
13日	04/03	火	丁丑	開	澗下水	觜
14日	04/04	水	戊寅	閉	城頭土	参
15日	04/05	木	己卯	閉	城頭土	井
16日	04/06	金	庚辰	除	白鑞金	鬼
17日	04/07	土	辛巳	満	白鑞金	柳
18日	04/08	日	壬午	満	楊柳木	星

＊改元(安政7年→万延元年)

日	日付	曜	干支	直	納音	宿
19日	04/09	月	癸未	平	楊柳木	張
20日	04/10	火	甲申	執	井泉水	翼
21日	04/11	水	乙酉	執	井泉水	軫
22日	04/12	木	丙戌	成	屋上土	角
23日	04/13	金	丁亥	成	屋上土	亢
24日	04/14	土	戊子	破	霹靂火	氐
25日	04/15	日	己丑	危	霹靂火	房
26日	04/16	月	庚寅	成	松柏木	心
27日	04/17	火	辛卯	納	松柏木	尾
28日	04/18	水	壬辰	開	長流水	箕
29日	04/19	木	癸巳	閉	長流水	斗
30日	04/20	金	甲午	建	沙中金	牛

【閏三月大　庚辰　翼】

節気　立夏 15日
雑節　八十八夜 11日

日	日付	曜	干支	直	納音	宿
1日	04/21	土	乙未	除	沙中金	女
2日	04/22	日	丙申	満	山下火	虚
3日	04/23	月	丁酉	平	山下火	危
4日	04/24	火	戊戌	定	平地木	室
5日	04/25	水	己亥	執	平地木	壁
6日	04/26	木	庚子	破	壁上土	奎
7日	04/27	金	辛丑	危	壁上土	婁
8日	04/28	土	壬寅	成	金箔金	胃
9日	04/29	日	癸卯	納	金箔金	昴
10日	04/30	月	甲辰	開	覆燈火	畢
11日	05/01	火	乙巳	除	覆燈火	觜
12日	05/02	水	丙午	満	天河水	参
13日	05/03	木	丁未	平	天河水	井
14日	05/04	金	戊申	定	大駅土	鬼
15日	05/05	土	己酉	執	大駅土	柳
16日	05/06	日	庚戌	破	釼釧金	星
17日	05/07	月	辛亥	危	釼釧金	張
18日	05/08	火	壬子	成	桑柘木	翼
19日	05/09	水	癸丑	納	桑柘木	軫
20日	05/10	木	甲寅	開	大渓水	角
21日	05/11	金	乙卯	閉	大渓水	亢
22日	05/12	土	丙辰	建	沙中土	氐
23日	05/13	日	丁巳	建	沙中土	房
24日	05/14	月	戊午	除	天上火	心
25日	05/15	火	己未	満	天上火	尾
26日	05/16	水	庚申	平	柘榴木	箕
27日	05/17	木	辛酉	定	柘榴木	斗
28日	05/18	金	壬戌	執	大海水	牛
29日	05/19	土	癸亥	破	大海水	女
30日	05/20	日	甲子	危	海中金	虚

【四月小　辛巳　軫】

節気　小満 1日・芒種 16日
雑節　入梅 18日

日	日付	曜	干支	直	納音	宿
1日	05/21	月	乙丑	成	海中金	危
2日	05/22	火	丙寅	納	炉中火	室
3日	05/23	水	丁卯	開	炉中火	壁
4日	05/24	木	戊辰	閉	大林木	奎
5日	05/25	金	己巳	建	大林木	婁
6日	05/26	土	庚午	除	路傍土	胃
7日	05/27	日	辛未	満	路傍土	昴
8日	05/28	月	壬申	平	釼鋒金	畢
9日	05/29	火	癸酉	定	釼鋒金	觜
10日	05/30	水	甲戌	執	山頭火	参
11日	05/31	木	乙亥	破	山頭火	井
12日	06/01	金	丙子	危	澗下水	鬼
13日	06/02	土	丁丑	成	澗下水	柳
14日	06/03	日	戊寅	納	城頭土	星
15日	06/04	月	己卯	開	城頭土	張
16日	06/05	火	庚辰	閉	白鑞金	翼
17日	06/06	水	辛巳	建	白鑞金	軫
18日	06/07	木	壬午	除	楊柳木	角
19日	06/08	金	癸未	満	楊柳木	亢
20日	06/09	土	甲申	平	井泉水	氐
21日	06/10	日	乙酉	定	井泉水	房
22日	06/11	月	丙戌	執	屋上土	心
23日	06/12	火	丁亥	破	屋上土	尾
24日	06/13	水	戊子	危	霹靂火	箕
25日	06/14	木	己丑	成	霹靂火	斗
26日	06/15	金	庚寅	納	松柏木	牛
27日	06/16	土	辛卯	開	松柏木	女
28日	06/17	日	壬辰	閉	長流水	虚
29日	06/18	月	癸巳	閉	長流水	危

【五月小　壬午　角】

節気　夏至 3日・小暑 19日
雑節　半夏生 14日

日	日付	曜	干支	直	納音	宿
1日	06/19	火	甲午	建	沙中金	室
2日	06/20	水	乙未	除	沙中金	壁
3日	06/21	木	丙申	満	山下火	奎
4日	06/22	金	丁酉	平	山下火	婁
5日	06/23	土	戊戌	定	平地木	胃
6日	06/24	日	己亥	執	平地木	昴
7日	06/25	月	庚子	破	壁上土	畢
8日	06/26	火	辛丑	危	壁上土	觜
9日	06/27	水	壬寅	成	金箔金	参
10日	06/28	木	癸卯	納	金箔金	井
11日	06/29	金	甲辰	開	覆燈火	鬼
12日	06/30	土	乙巳	閉	覆燈火	柳
13日	07/01	日	丙午	建	天河水	星
14日	07/02	月	丁未	除	天河水	張
15日	07/03	火	戊申	満	大駅土	翼
16日	07/04	水	己酉	平	大駅土	軫
17日	07/05	木	庚戌	定	釼釧金	角
18日	07/06	金	辛亥	執	釼釧金	亢
19日	07/07	土	壬子	破	桑柘木	氐
20日	07/08	日	癸丑	危	桑柘木	房
21日	07/09	月	甲寅	成	大渓水	心
22日	07/10	火	乙卯	納	大渓水	尾
23日	07/11	水	丙辰	開	沙中土	箕
24日	07/12	木	丁巳	閉	沙中土	斗
25日	07/13	金	戊午	建	天上火	牛
26日	07/14	土	己未	除	天上火	女
27日	07/15	日	庚申	満	柘榴木	虚
28日	07/16	月	辛酉	平	柘榴木	危
29日	07/17	火	壬戌	定	大海水	室

【六月大　癸未　亢】

節気　大暑 6日・立秋 21日
雑節　土用 2日

日	日付	曜	干支	直	納音	宿
1日	07/18	水	癸亥	定	大海水	壁
2日	07/19	木	甲子	執	海中金	奎
3日	07/20	金	乙丑	破	海中金	婁
4日	07/21	土	丙寅	危	炉中火	胃
5日	07/22	日	丁卯	成	炉中火	昴
6日	07/23	月	戊辰	納	大林木	畢
7日	07/24	火	己巳	開	大林木	觜
8日	07/25	水	庚午	閉	路傍土	参
9日	07/26	木	辛未	建	路傍土	井
10日	07/27	金	壬申	除	釼鋒金	鬼
11日	07/28	土	癸酉	満	釼鋒金	柳

万延元年〔安政7年〕

日	西暦	曜	干支	直	納音	宿
12日	07/29	日	甲戌	平	山頭火	星
13日	07/30	月	乙亥	定	山頭火	張
14日	07/31	火	丙子	執	澗下水	翼
15日☆	08/01	水	丁丑	破	澗下水	軫
16日	08/02	木	戊寅	危	城頭土	角
17日	08/03	金	己卯	成	城頭土	亢
18日	08/04	土	庚辰	納	白鑞金	氐
19日	08/05	日	辛巳	開	白鑞金	房
20日	08/06	月	壬午	閉	楊柳木	心
21日	08/07	火	癸未	閉	楊柳木	尾
22日	08/08	水	甲申	建	井泉水	箕
23日	08/09	木	乙酉	除	井泉水	斗
24日	08/10	金	丙戌	満	屋上土	牛
25日	08/11	土	丁亥	平	屋上土	女
26日	08/12	日	戊子	定	霹靂火	虚
27日	08/13	月	己丑	執	霹靂火	危
28日	08/14	火	庚寅	破	松柏木	室
29日	08/15	水	辛卯	危	松柏木	壁
30日	08/16	木	壬辰	成	長流水	奎

【七月小 甲申 氐】
節気 処暑 7日・白露 22日
雑節 二百十日 15日

日	西暦	曜	干支	直	納音	宿
1日	08/17	金	癸巳	納	長流水	婁
2日	08/18	土	甲午	開	沙中金	胃
3日	08/19	日	乙未	閉	沙中金	昴
4日	08/20	月	丙申	建	山下火	畢
5日	08/21	火	丁酉	除	山下火	觜
6日	08/22	水	戊戌	満	平地木	参
7日	08/23	木	己亥	平	平地木	井
8日	08/24	金	庚子	定	壁上土	鬼
9日	08/25	土	辛丑	執	壁上土	柳
10日	08/26	日	壬寅	破	金箔金	星
11日	08/27	月	癸卯	危	金箔金	張
12日	08/28	火	甲辰	成	覆燈火	翼
13日	08/29	水	乙巳	納	覆燈火	軫
14日	08/30	木	丙午	開	天河水	角
15日	08/31	金	丁未	建	天河水	亢
16日	09/01	土	戊申	建	大駅土	氐
17日	09/02	日	己酉	除	大駅土	房
18日	09/03	月	庚戌	満	釵釧金	心
19日	09/04	火	辛亥	平	釵釧金	尾
20日	09/05	水	壬子	定	桑柘木	箕
21日	09/06	木	癸丑	執	桑柘木	斗
22日	09/07	金	甲寅	執	大渓水	牛
23日	09/08	土	乙卯	破	大渓水	女
24日	09/09	日	丙辰	危	沙中土	虚
25日	09/10	月	丁巳	成	沙中土	危
26日	09/11	火	戊午	納	天上火	室
27日	09/12	水	己未	開	天上火	壁
28日	09/13	木	庚申	閉	柘榴木	奎
29日	09/14	金	辛酉	建	柘榴木	婁

【八月小 乙酉 房】
節気 秋分 9日・寒露 24日
雑節 彼岸 6日・社日 7日

日	西暦	曜	干支	直	納音	宿
1日	09/15	土	壬戌	除	大海水	胃
2日	09/16	日	癸亥	満	大海水	昴
3日	09/17	月	甲子	平	海中金	畢
4日	09/18	火	乙丑	定	海中金	觜
5日	09/19	水	丙寅	執	爐中火	参
6日	09/20	木	丁卯	破	爐中火	井
7日	09/21	金	戊辰	危	大林木	鬼
8日	09/22	土	己巳	成	大林木	柳
9日	09/23	日	庚午	納	路傍土	星
10日	09/24	月	辛未	開	路傍土	張
11日	09/25	火	壬申	閉	釵鋒金	翼
12日	09/26	水	癸酉	建	釵鋒金	軫
13日	09/27	木	甲戌	除	山頭火	角
14日	09/28	金	乙亥	満	山頭火	亢
15日	09/29	土	丙子	平	澗下水	氐
16日	09/30	日	丁丑	定	澗下水	房
17日	10/01	月	戊寅	執	城頭土	心

日	西暦	曜	干支	直	納音	宿
18日	10/02	火	己卯	破	城頭土	尾
19日	10/03	水	庚辰	危	白鑞金	箕
20日	10/04	木	辛巳	成	白鑞金	斗
21日	10/05	金	壬午	納	楊柳木	牛
22日	10/06	土	癸未	閉	楊柳木	女
23日	10/07	日	甲申	開	井泉水	虚
24日	10/08	月	乙酉	閉	井泉水	危
25日	10/09	火	丙戌	建	屋上土	室
26日	10/10	水	丁亥	除	屋上土	壁
27日	10/11	木	戊子	満	霹靂火	奎
28日	10/12	金	己丑	平	霹靂火	婁
29日	10/13	土	庚寅	定	松柏木	胃

【九月大 丙戌 心】
節気 霜降 10日・立冬 25日
雑節 土用 7日

日	西暦	曜	干支	直	納音	宿
1日	10/14	日	辛卯	執	松柏木	昴
2日	10/15	月	壬辰	執	長流水	畢
3日	10/16	火	癸巳	破	長流水	觜
4日	10/17	水	甲午	危	沙中金	参
5日	10/18	木	乙未	成	沙中金	井
6日	10/19	金	丙申	納	山下火	鬼
7日	10/20	土	丁酉	開	山下火	柳
8日	10/21	日	戊戌	閉	平地木	星
9日	10/22	月	己亥	除	平地木	張
10日	10/23	火	庚子	満	壁上土	翼
11日	10/24	水	辛丑	平	壁上土	軫
12日	10/25	木	壬寅	定	金箔金	角
13日	10/26	金	癸卯	執	金箔金	亢
14日	10/27	土	甲辰	破	覆燈火	氐
15日	10/28	日	乙巳	危	覆燈火	房
16日	10/29	月	丙午	成	天河水	心
17日	10/30	火	丁未	納	天河水	尾
18日	10/31	水	戊申	開	大駅土	箕
19日	11/01	木	己酉	閉	大駅土	斗
20日	11/02	金	庚戌	建	釵釧金	牛
21日	11/03	土	辛亥	除	釵釧金	女
22日	11/04	日	壬子	満	桑柘木	虚
23日	11/05	月	癸丑	平	桑柘木	危
24日	11/06	火	甲寅	定	大渓水	室
25日	11/07	水	乙卯	執	大渓水	壁
26日	11/08	木	丙辰	納	沙中土	奎
27日	11/09	金	丁巳	破	沙中土	婁
28日	11/10	土	戊午	危	天上火	胃
29日	11/11	日	己未	成	天上火	昴
30日	11/12	月	庚申	納	柘榴木	畢

【十月小 丁亥 尾】
節気 小雪 10日・大雪 25日

日	西暦	曜	干支	直	納音	宿
1日	11/13	火	辛酉	開	柘榴木	觜
2日	11/14	水	壬戌	閉	大海水	参
3日	11/15	木	癸亥	建	大海水	井
4日	11/16	金	甲子	除	海中金	鬼
5日	11/17	土	乙丑	満	海中金	柳
6日	11/18	日	丙寅	平	爐中火	星
7日	11/19	月	丁卯	定	爐中火	張
8日	11/20	火	戊辰	執	大林木	翼
9日	11/21	水	己巳	破	大林木	軫
10日	11/22	木	庚午	危	路傍土	角
11日	11/23	金	辛未	成	路傍土	亢
12日	11/24	土	壬申	納	釵鋒金	氐
13日	11/25	日	癸酉	開	釵鋒金	房
14日	11/26	月	甲戌	閉	山頭火	心
15日	11/27	火	乙亥	建	山頭火	尾
16日	11/28	水	丙子	除	澗下水	箕
17日	11/29	木	丁丑	満	澗下水	斗
18日	11/30	金	戊寅	平	城頭土	牛
19日	12/01	土	己卯	定	城頭土	女
20日	12/02	日	庚辰	執	白鑞金	虚
21日	12/03	月	辛巳	破	白鑞金	危
22日	12/04	火	壬午	危	楊柳木	室
23日	12/05	水	癸未	成	楊柳木	壁
24日	12/06	木	甲申	納	井泉水	奎

日	西暦	曜	干支	直	納音	宿
25日	12/07	金	乙酉	納	井泉水	婁
26日	12/08	土	丙戌	開	屋上土	胃
27日	12/09	日	丁亥	閉	屋上土	昴
28日	12/10	月	戊子	建	霹靂火	畢
29日	12/11	火	己丑	除	霹靂火	觜

【十一月大 戊子 箕】
節気 冬至 10日・小寒 25日

日	西暦	曜	干支	直	納音	宿
1日	12/12	水	庚寅	満	松柏木	参
2日	12/13	木	辛卯	定	松柏木	井
3日	12/14	金	壬辰	定	長流水	鬼
4日	12/15	土	癸巳	執	長流水	柳
5日	12/16	日	甲午	破	沙中金	星
6日	12/17	月	乙未	危	沙中金	張
7日	12/18	火	丙申	成	山下火	翼
8日	12/19	水	丁酉	納	山下火	軫
9日	12/20	木	戊戌	開	平地木	角
10日	12/21	金	己亥	閉	平地木	亢
11日	12/22	土	庚子	建	壁上土	氐
12日	12/23	日	辛丑	除	壁上土	房
13日	12/24	月	壬寅	満	金箔金	心
14日	12/25	火	癸卯	平	金箔金	尾
15日	12/26	水	甲辰	定	覆燈火	箕
16日	12/27	木	乙巳	執	覆燈火	斗
17日	12/28	金	丙午	破	天河水	牛
18日	12/29	土	丁未	危	天河水	女
19日	12/30	日	戊申	成	大駅土	虚
20日	12/31	月	己酉	納	大駅土	危

1861年

日	西暦	曜	干支	直	納音	宿
21日	01/01	火	庚戌	開	釵釧金	室
22日	01/02	水	辛亥	閉	釵釧金	壁
23日	01/03	木	壬子	除	桑柘木	奎
24日	01/04	金	癸丑	除	桑柘木	婁
25日	01/05	土	甲寅	満	大渓水	胃
26日	01/06	日	乙卯	平	大渓水	昴
27日	01/07	月	丙辰	定	沙中土	畢
28日	01/08	火	丁巳	執	沙中土	觜
29日	01/09	水	戊午	破	天上火	参
30日	01/10	木	己未	危	天上火	井

【十二月大 己丑 斗】
節気 大寒 10日・立春 25日
雑節 土用 7日・節分 24日

日	西暦	曜	干支	直	納音	宿
1日	01/11	金	庚申	成	柘榴木	鬼
2日	01/12	土	辛酉	成	柘榴木	柳
3日	01/13	日	壬戌	納	大海水	星
4日	01/14	月	癸亥	開	大海水	張
5日	01/15	火	甲子	閉	海中金	翼
6日	01/16	水	乙丑	建	海中金	軫
7日	01/17	木	丙寅	除	爐中火	角
8日	01/18	金	丁卯	満	爐中火	亢
9日	01/19	土	戊辰	平	大林木	氐
10日	01/20	日	己巳	定	大林木	房
11日	01/21	月	庚午	執	路傍土	心
12日	01/22	火	辛未	破	路傍土	尾
13日	01/23	水	壬申	危	釵鋒金	箕
14日	01/24	木	癸酉	成	釵鋒金	斗
15日	01/25	金	甲戌	納	山頭火	牛
16日	01/26	土	乙亥	開	山頭火	女
17日	01/27	日	丙子	閉	澗下水	虚
18日	01/28	月	丁丑	建	澗下水	危
19日	01/29	火	戊寅	除	城頭土	室
20日	01/30	水	己卯	満	城頭土	壁
21日	01/31	木	庚辰	平	白鑞金	奎
22日	02/01	金	辛巳	定	白鑞金	婁
23日	02/02	土	壬午	執	楊柳木	胃
24日	02/03	日	癸未	破	楊柳木	昴
25日	02/04	月	甲申	危	井泉水	畢
26日	02/05	火	乙酉	成	井泉水	觜
27日	02/06	水	丙戌	納	屋上土	参
28日	02/07	木	丁亥	開	屋上土	鬼
29日	02/08	金	戊子	閉	霹靂火	柳
30日	02/09	土	己丑	閉	霹靂火	柳

文久元年〔万延2年〕

1861～1862　辛酉　軫
※改元＝2月19日

【正月小 庚寅 牛】

節気　雨水 9日・啓蟄 24日

日	月日	曜	干支	直	納音	宿
1日	02/10	日	庚寅	建	松柏木	星
2日	02/11	月	辛卯	除	松柏木	張
3日	02/12	火	壬辰	満	長流水	翼
4日	02/13	水	癸巳	平	長流水	軫
5日	02/14	木	甲午	定	沙中金	角
6日	02/15	金	乙未	執	沙中金	亢
7日	02/16	土	丙申	破	山下火	氐
8日	02/17	日	丁酉	危	山下火	房
9日	02/18	月	戊戌	成	平地木	心
10日	02/19	火	己亥	納	平地木	尾
11日	02/20	水	庚子	開	壁上土	箕
12日	02/21	木	辛丑	閉	壁上土	斗
13日	02/22	金	壬寅	建	金箔金	牛
14日	02/23	土	癸卯	除	金箔金	女
15日	02/24	日	甲辰	満	覆燈火	虚
16日	02/25	月	乙巳	平	覆燈火	危
17日	02/26	火	丙午	定	天河水	室
18日	02/27	水	丁未	執	天河水	壁
19日	02/28	木	戊申	破	大駅土	奎
20日	03/01	金	己酉	危	大駅土	婁
21日	03/02	土	庚戌	成	釵釧金	胃
22日	03/03	日	辛亥	納	釵釧金	昴
23日	03/04	月	壬子	開	桑柘木	畢
24日	03/05	火	癸丑	閉	桑柘木	觜
25日	03/06	水	甲寅	閉	大溪水	参
26日	03/07	木	乙卯	建	大溪水	井
27日	03/08	金	丙辰	除	沙中土	鬼
28日	03/09	土	丁巳	満	沙中土	柳
29日	03/10	日	戊午	平	天上火	星

【二月大 辛卯 女】

節気　春分 10日・清明 26日
雑節　彼岸 7日・社日 10日

日	月日	曜	干支	直	納音	宿
1日	03/11	月	己未	定	天上火	張
2日	03/12	火	庚申	執	柘榴木	翼
3日	03/13	水	辛酉	破	柘榴木	軫
4日	03/14	木	壬戌	危	大海水	角
5日	03/15	金	癸亥	成	大海水	亢
6日	03/16	土	甲子	納	海中金	氐
7日	03/17	日	乙丑	開	海中金	房
8日	03/18	月	丙寅	閉	爐中火	心
9日	03/19	火	丁卯	建	爐中火	尾
10日	03/20	水	戊辰	除	大林木	箕
11日	03/21	木	己巳	満	大林木	斗
12日	03/22	金	庚午	平	路傍土	牛
13日	03/23	土	辛未	定	路傍土	女
14日	03/24	日	壬申	執	釵鋒金	虚
15日	03/25	月	癸酉	破	釵鋒金	危
16日	03/26	火	甲戌	危	山頭火	室
17日	03/27	水	乙亥	成	山頭火	壁
18日	03/28	木	丙子	納	澗下水	奎
19日	03/29	金	丁丑	開	澗下水	婁

＊改元（万延2年→文久元年）

日	月日	曜	干支	直	納音	宿
20日	03/30	土	戊寅	閉	城頭土	胃
21日	03/31	日	己卯	建	城頭土	昴
22日	04/01	月	庚辰	除	白鑞金	畢
23日	04/02	火	辛巳	満	白鑞金	觜
24日	04/03	水	壬午	平	楊柳木	参
25日	04/04	木	癸未	定	楊柳木	井
26日	04/05	金	甲申	執	井泉水	鬼
27日	04/06	土	乙酉	執	井泉水	柳
28日	04/07	日	丙戌	破	屋上土	星
29日	04/08	月	丁亥	危	屋上土	張
30日	04/09	火	戊子	成	霹靂火	翼

【三月大 壬辰 虚】

節気　穀雨 11日・立夏 26日
雑節　土用 8日・八十八夜 23日

日	月日	曜	干支	直	納音	宿
1日	04/10	水	己丑	納	霹靂火	軫
2日	04/11	木	庚寅	開	松柏木	角
3日	04/12	金	辛卯	閉	松柏木	亢
4日	04/13	土	壬辰	建	長流水	氐
5日	04/14	日	癸巳	除	長流水	房
6日	04/15	月	甲午	満	沙中金	心
7日	04/16	火	乙未	平	沙中金	尾
8日	04/17	水	丙申	定	山下火	箕
9日	04/18	木	丁酉	執	山下火	斗
10日	04/19	金	戊戌	破	平地木	牛
11日	04/20	土	己亥	危	平地木	女
12日	04/21	日	庚子	成	壁上土	虚
13日	04/22	月	辛丑	納	壁上土	危
14日	04/23	火	壬寅	開	金箔金	室
15日	04/24	水	癸卯	閉	金箔金	壁
16日	04/25	木	甲辰	建	覆燈火	奎
17日	04/26	金	乙巳	除	覆燈火	婁
18日	04/27	土	丙午	満	天河水	胃
19日	04/28	日	丁未	平	天河水	昴
20日	04/29	月	戊申	定	大駅土	畢
21日	04/30	火	己酉	執	大駅土	觜
22日	05/01	水	庚戌	破	釵釧金	参
23日	05/02	木	辛亥	危	釵釧金	井
24日	05/03	金	壬子	成	桑柘木	鬼
25日	05/04	土	癸丑	納	桑柘木	柳
26日	05/05	日	甲寅	開	大溪水	星
27日	05/06	月	乙卯	開	大溪水	張
28日	05/07	火	丙辰	閉	沙中土	翼
29日	05/08	水	丁巳	建	沙中土	軫
30日	05/09	木	戊午	除	天上火	角

【四月小 癸巳 危】

節気　小満 12日・芒種 28日

日	月日	曜	干支	直	納音	宿
1日	05/10	金	己未	満	天上火	亢
2日	05/11	土	庚申	平	柘榴木	氐
3日	05/12	日	辛酉	定	柘榴木	房
4日	05/13	月	壬戌	執	大海水	心
5日	05/14	火	癸亥	破	大海水	尾
6日	05/15	水	甲子	危	海中金	箕
7日	05/16	木	乙丑	成	海中金	斗
8日	05/17	金	丙寅	納	爐中火	牛
9日	05/18	土	丁卯	開	爐中火	女
10日	05/19	日	戊辰	閉	大林木	虚
11日	05/20	月	己巳	建	大林木	危
12日	05/21	火	庚午	除	路傍土	室
13日	05/22	水	辛未	満	路傍土	壁
14日	05/23	木	壬申	平	釵鋒金	奎
15日	05/24	金	癸酉	定	釵鋒金	婁
16日	05/25	土	甲戌	執	山頭火	胃
17日	05/26	日	乙亥	破	山頭火	昴
18日	05/27	月	丙子	危	澗下水	畢
19日	05/28	火	丁丑	成	澗下水	觜
20日	05/29	水	戊寅	納	城頭土	参
21日	05/30	木	己卯	開	城頭土	井
22日	05/31	金	庚辰	閉	白鑞金	鬼
23日	06/01	土	辛巳	建	白鑞金	柳
24日	06/02	日	壬午	除	楊柳木	星
25日	06/03	月	癸未	満	楊柳木	張
26日	06/04	火	甲申	平	井泉水	翼
27日	06/05	水	乙酉	定	井泉水	軫
28日	06/06	木	丙戌	執	屋上土	角
29日	06/07	金	丁亥	執	屋上土	亢

【五月大 甲午 室】

節気　夏至 14日・小暑 30日
雑節　入梅 5日・半夏生 25日

日	月日	曜	干支	直	納音	宿
1日	06/08	土	戊子	破	霹靂火	氐
2日	06/09	日	己丑	危	霹靂火	心
3日	06/10	月	庚寅	成	松柏木	尾
4日	06/11	火	辛卯	納	松柏木	箕
5日	06/12	水	壬辰	開	長流水	斗
6日	06/13	木	癸巳	閉	長流水	牛
7日	06/14	金	甲午	建	沙中金	女
8日	06/15	土	乙未	除	沙中金	虚
9日	06/16	日	丙申	満	山下火	危
10日	06/17	月	丁酉	平	山下火	室
11日	06/18	火	戊戌	定	平地木	壁
12日	06/19	水	己亥	執	平地木	奎
13日	06/20	木	庚子	破	壁上土	婁
14日	06/21	金	辛丑	危	壁上土	胃
15日	06/22	土	壬寅	成	金箔金	昴
16日	06/23	日	癸卯	納	金箔金	畢
17日	06/24	月	甲辰	開	覆燈火	觜
18日	06/25	火	乙巳	閉	覆燈火	参
19日	06/26	水	丙午	建	天河水	井
20日	06/27	木	丁未	除	天河水	鬼
21日	06/28	金	戊申	満	大駅土	柳
22日	06/29	土	己酉	平	大駅土	星
23日	06/30	日	庚戌	定	釵釧金	張
24日	07/01	月	辛亥	執	釵釧金	翼
25日	07/02	火	壬子	破	桑柘木	軫
26日	07/03	水	癸丑	危	桑柘木	角
27日	07/04	木	甲寅	成	大溪水	亢
28日	07/05	金	乙卯	納	大溪水	氐
29日	07/06	土	丙辰	開	沙中土	房
30日	07/07	日	丁巳	閉	沙中土	心

【六月小 乙未 壁】

節気　大暑 16日
雑節　土用 12日

日	月日	曜	干支	直	納音	宿
1日◎	07/08	月	戊午	閉	天上火	心
2日	07/09	火	己未	建	天上火	尾
3日	07/10	水	庚申	除	柘榴木	箕
4日	07/11	木	辛酉	満	柘榴木	斗
5日	07/12	金	壬戌	平	大海水	牛
6日	07/13	土	癸亥	定	大海水	女
7日	07/14	日	甲子	執	海中金	虚
8日	07/15	月	乙丑	破	海中金	危
9日	07/16	火	丙寅	危	爐中火	室
10日	07/17	水	丁卯	成	爐中火	壁
11日	07/18	木	戊辰	納	大林木	奎
12日	07/19	金	己巳	開	大林木	婁
13日	07/20	土	庚午	閉	路傍土	胃
14日	07/21	日	辛未	建	路傍土	昴
15日	07/22	月	壬申	除	釵鋒金	畢
16日	07/23	火	癸酉	満	釵鋒金	觜
17日	07/24	水	甲戌	平	山頭火	参
18日	07/25	木	乙亥	定	山頭火	井
19日	07/26	金	丙子	執	澗下水	鬼
20日	07/27	土	丁丑	破	澗下水	柳
21日	07/28	日	戊寅	危	城頭土	星
22日	07/29	月	己卯	成	城頭土	張
23日	07/30	火	庚辰	納	白鑞金	翼
24日	07/31	水	辛巳	開	白鑞金	軫
25日	08/01	木	壬午	閉	楊柳木	角
26日	08/02	金	癸未	建	楊柳木	亢
27日	08/03	土	甲申	除	井泉水	氐
28日	08/04	日	乙酉	満	井泉水	房

西暦	曜	干支	直	納音	宿		文久元年〔万延2年〕

29日 08/05 月 丙戌 平 屋上土 心

【七月大 丙申 奎】
節気 立秋 2日・処暑 18日
雑節 二百十日 27日

1日	08/06	火	丁亥	定	屋上土	尾
2日	08/07	水	戊子	定	霹靂火	箕
3日	08/08	木	己丑	執	霹靂火	斗
4日	08/09	金	庚寅	破	松柏木	牛
5日	08/10	土	辛卯	危	松柏木	女
6日	08/11	日	壬辰	成	長流水	虚
7日	08/12	月	癸巳	納	長流水	危
8日	08/13	火	甲午	開	沙中金	室
9日	08/14	水	乙未	閉	沙中金	壁
10日	08/15	木	丙申	建	山下火	奎
11日	08/16	金	丁酉	除	山下火	婁
12日	08/17	土	戊戌	満	平地木	胃
13日	08/18	日	己亥	平	平地木	昴
14日	08/19	月	庚子	定	壁上土	畢
15日	08/20	火	辛丑	執	壁上土	觜
16日	08/21	水	壬寅	破	金箔金	参
17日	08/22	木	癸卯	危	金箔金	井
18日	08/23	金	甲辰	納	覆燈火	鬼
19日	08/24	土	乙巳	納	覆燈火	柳
20日	08/25	日	丙午	開	天河水	星
21日	08/26	月	丁未	閉	天河水	張
22日	08/27	火	戊申	建	大駅土	翼
23日	08/28	水	己酉	除	大駅土	軫
24日	08/29	木	庚戌	満	釵釧金	角
25日	08/30	金	辛亥	平	釵釧金	亢
26日	08/31	土	壬子	定	桑柘木	氐
27日	09/01	日	癸丑	執	桑柘木	房
28日	09/02	月	甲寅	破	大溪水	心
29日	09/03	火	乙卯	危	大溪水	尾
30日	09/04	水	丙辰	成	沙中土	箕

【八月小 丁酉 婁】
節気 白露 4日・秋分 19日
雑節 彼岸 16日・社日 22日

1日	09/05	木	丁巳	納	沙中土	斗
2日	09/06	金	戊午	開	天上火	牛
3日	09/07	土	己未	閉	天上火	女
4日	09/08	日	庚申	閉	柘榴木	虚
5日	09/09	月	辛酉	建	柘榴木	危
6日	09/10	火	壬戌	除	大海水	室
7日	09/11	水	癸亥	満	大海水	壁
8日	09/12	木	甲子	平	海中金	奎
9日	09/13	金	乙丑	定	海中金	婁
10日	09/14	土	丙寅	執	爐中火	胃
11日	09/15	日	丁卯	破	爐中火	昴
12日	09/16	月	戊辰	危	大林木	畢
13日	09/17	火	己巳	成	大林木	觜
14日	09/18	水	庚午	納	路傍土	参
15日	09/19	木	辛未	開	路傍土	井
16日	09/20	金	壬申	閉	釼鋒金	鬼
17日	09/21	土	癸酉	建	釼鋒金	柳
18日	09/22	日	甲戌	除	山頭火	星
19日	09/23	月	乙亥	満	山頭火	張
20日	09/24	火	丙子	平	潤下水	翼
21日	09/25	水	丁丑	定	潤下水	軫
22日	09/26	木	戊寅	執	城頭土	角
23日	09/27	金	己卯	破	城頭土	亢
24日	09/28	土	庚辰	危	白鑞金	氐
25日	09/29	日	辛巳	成	白鑞金	房
26日	09/30	月	壬午	納	楊柳木	心
27日	10/01	火	癸未	開	楊柳木	尾
28日	10/02	水	甲申	閉	井泉水	箕
29日	10/03	木	乙酉	建	井泉水	斗

【九月大 戊戌 胃】
節気 寒露 5日・霜降 20日
雑節 土用 17日

1日	10/04	金	丙戌	除	屋上土	牛
2日	10/05	土	丁亥	満	屋上土	女
3日	10/06	日	戊子	平	霹靂火	虚
4日	10/07	月	己丑	定	霹靂火	危
5日	10/08	火	庚寅	定	松柏木	室
6日	10/09	水	辛卯	執	松柏木	壁
7日	10/10	木	壬辰	破	長流水	奎
8日	10/11	金	癸巳	危	長流水	婁
9日	10/12	土	甲午	成	沙中金	胃
10日	10/13	日	乙未	納	沙中金	昴
11日	10/14	月	丙申	開	山下火	畢
12日	10/15	火	丁酉	閉	山下火	觜
13日	10/16	水	戊戌	建	平地木	参
14日	10/17	木	己亥	除	平地木	井
15日	10/18	金	庚子	満	壁上土	鬼
16日	10/19	土	辛丑	平	壁上土	柳
17日	10/20	日	壬寅	定	金箔金	星
18日	10/21	月	癸卯	執	金箔金	張
19日	10/22	火	甲辰	破	覆燈火	翼
20日	10/23	水	乙巳	危	覆燈火	軫
21日	10/24	木	丙午	成	天河水	角
22日	10/25	金	丁未	納	天河水	亢
23日	10/26	土	戊申	開	大駅土	氐
24日	10/27	日	己酉	閉	大駅土	房
25日	10/28	月	庚戌	建	釵釧金	心
26日	10/29	火	辛亥	除	釵釧金	尾
27日	10/30	水	壬子	満	桑柘木	箕
28日	10/31	木	癸丑	平	桑柘木	斗
29日	11/01	金	甲寅	定	大溪水	牛
30日	11/02	土	乙卯	執	大溪水	女

【十月小 己亥 昴】
節気 立冬 5日・小雪 20日

1日	11/03	日	丙辰	破	沙中土	虚
2日	11/04	月	丁巳	危	沙中土	危
3日	11/05	火	戊午	成	天上火	室
4日	11/06	水	己未	納	天上火	壁
5日	11/07	木	庚申	開	柘榴木	奎
6日	11/08	金	辛酉	閉	柘榴木	婁
7日	11/09	土	壬戌	閉	大海水	胃
8日	11/10	日	癸亥	除	大海水	昴
9日	11/11	月	甲子	満	海中金	畢
10日	11/12	火	乙丑	平	海中金	觜
11日	11/13	水	丙寅	定	爐中火	参
12日	11/14	木	丁卯	執	爐中火	井
13日	11/15	金	戊辰	破	大林木	鬼
14日	11/16	土	己巳	危	大林木	柳
15日	11/17	日	庚午	成	路傍土	星
16日	11/18	月	辛未	納	路傍土	張
17日	11/19	火	壬申	開	釼鋒金	翼
18日	11/20	水	癸酉	閉	釼鋒金	軫
19日	11/21	木	甲戌	閉	山頭火	角
20日	11/22	金	乙亥	建	山頭火	亢
21日	11/23	土	丙子	除	潤下水	氐
22日	11/24	日	丁丑	満	潤下水	房
23日	11/25	月	戊寅	平	城頭土	心
24日	11/26	火	己卯	定	城頭土	尾
25日	11/27	水	庚辰	執	白鑞金	箕
26日	11/28	木	辛巳	破	白鑞金	斗
27日	11/29	金	壬午	危	楊柳木	牛
28日	11/30	土	癸未	成	楊柳木	女
29日	12/01	日	甲申	納	井泉水	虚

【十一月小 庚子 畢】
節気 大雪 6日・冬至 21日

1日	12/02	月	乙酉	開	井泉水	危
2日	12/03	火	丙戌	閉	屋上土	室
3日	12/04	水	丁亥	建	屋上土	壁
4日	12/05	木	戊子	除	霹靂火	奎
5日	12/06	金	己丑	満	霹靂火	婁
6日	12/07	土	庚寅	平	松柏木	胃
7日	12/08	日	辛卯	定	松柏木	昴
8日	12/09	月	壬辰	定	長流水	畢
9日	12/10	火	癸巳	執	長流水	觜
10日	12/11	水	甲午	破	沙中金	参
11日	12/12	木	乙未	危	沙中金	井
12日	12/13	金	丙申	成	山下火	鬼
13日	12/14	土	丁酉	納	山下火	柳
14日	12/15	日	戊戌	開	平地木	星
15日	12/16	月	己亥	閉	平地木	張
16日☆	12/17	火	庚子	建	壁上土	翼
17日	12/18	水	辛丑	除	壁上土	軫
18日	12/19	木	壬寅	満	金箔金	角
19日	12/20	金	癸卯	平	金箔金	亢
20日	12/21	土	甲辰	定	覆燈火	氐
21日	12/22	日	乙巳	執	覆燈火	房
22日	12/23	月	丙午	破	天河水	心
23日	12/24	火	丁未	危	天河水	尾
24日	12/25	水	戊申	成	大駅土	箕
25日	12/26	木	己酉	納	大駅土	斗
26日	12/27	金	庚戌	開	釵釧金	牛
27日	12/28	土	辛亥	閉	釵釧金	女
28日	12/29	日	壬子	建	桑柘木	虚
29日	12/30	月	癸丑	除	桑柘木	危

【十二月大 辛丑 觜】
節気 小寒 6日・大寒 21日
雑節 土用 19日

1日	12/31	火	甲寅	満	大溪水	室

1862年

2日	01/01	水	乙卯	平	大溪水	壁
3日	01/02	木	丙辰	定	沙中土	奎
4日	01/03	金	丁巳	執	沙中土	婁
5日	01/04	土	戊午	破	天上火	胃
6日	01/05	日	己未	危	天上火	昴
7日	01/06	月	庚申	成	柘榴木	畢
8日	01/07	火	辛酉	納	柘榴木	觜
9日	01/08	水	壬戌	開	大海水	参
10日	01/09	木	癸亥	閉	大海水	井
11日	01/10	金	甲子	閉	海中金	鬼
12日	01/11	土	乙丑	建	海中金	柳
13日	01/12	日	丙寅	除	爐中火	星
14日	01/13	月	丁卯	満	爐中火	張
15日	01/14	火	戊辰	平	大林木	翼
16日	01/15	水	己巳	執	大林木	軫
17日	01/16	木	庚午	執	路傍土	角
18日	01/17	金	辛未	破	路傍土	亢
19日	01/18	土	壬申	危	釼鋒金	氐
20日	01/19	日	癸酉	納	釼鋒金	房
21日	01/20	月	甲戌	納	山頭火	心
22日	01/21	火	乙亥	開	山頭火	尾
23日	01/22	水	丙子	閉	潤下水	箕
24日	01/23	木	丁丑	建	潤下水	斗
25日	01/24	金	戊寅	除	城頭土	牛
26日	01/25	土	己卯	満	城頭土	女
27日	01/26	日	庚辰	平	白鑞金	虚
28日	01/27	月	辛巳	定	白鑞金	危
29日	01/28	火	壬午	執	楊柳木	室
30日	01/29	水	癸未	破	楊柳木	壁

文久2年
1862～1863　壬戌　角

【正月大 壬寅 参】
節気　立春 6日・雨水 21日
雑節　節分 5日

日	新暦	曜	干支	十二直	納音	宿
1日	01/30	木	甲申	危	井泉水	奎
2日	01/31	金	乙酉	成	井泉水	婁
3日	02/01	土	丙戌	納	屋上土	胃
4日	02/02	日	丁亥	開	屋上土	昴
5日	02/03	月	戊子	閉	霹靂火	畢
6日	02/04	火	己丑	閉	霹靂火	觜
7日	02/05	水	庚寅	建	松柏木	参
8日	02/06	木	辛卯	除	松柏木	井
9日	02/07	金	壬辰	満	長流水	鬼
10日	02/08	土	癸巳	平	長流水	柳
11日	02/09	日	甲午	定	沙中金	星
12日	02/10	月	乙未	執	沙中金	張
13日	02/11	火	丙申	破	山下火	翼
14日	02/12	水	丁酉	危	山下火	軫
15日	02/13	木	戊戌	成	平地木	角
16日	02/14	金	己亥	納	平地木	亢
17日	02/15	土	庚子	開	壁上土	氐
18日	02/16	日	辛丑	閉	壁上土	房
19日	02/17	月	壬寅	建	金箔金	心
20日	02/18	火	癸卯	除	金箔金	尾
21日	02/19	水	甲辰	満	覆燈火	箕
22日	02/20	木	乙巳	平	覆燈火	斗
23日	02/21	金	丙午	定	天河水	牛
24日	02/22	土	丁未	執	天河水	女
25日	02/23	日	戊申	破	大駅土	虚
26日	02/24	月	己酉	危	大駅土	危
27日	02/25	火	庚戌	成	釵釧金	室
28日	02/26	水	辛亥	納	釵釧金	壁
29日	02/27	木	壬子	開	桑柘木	奎
30日	02/28	金	癸丑	閉	桑柘木	婁

【二月小 癸卯 井】
節気　啓蟄 6日・春分 21日
雑節　彼岸 18日・社日 25日

日	新暦	曜	干支	十二直	納音	宿
1日	03/01	土	甲寅	建	大渓水	胃
2日	03/02	日	乙卯	除	大渓水	昴
3日	03/03	月	丙辰	満	沙中土	畢
4日	03/04	火	丁巳	平	沙中土	觜
5日	03/05	水	戊午	定	天上火	参
6日	03/06	木	己未	定	天上火	井
7日	03/07	金	庚申	執	柘榴木	鬼
8日	03/08	土	辛酉	破	柘榴木	柳
9日	03/09	日	壬戌	危	大海水	星
10日	03/10	月	癸亥	成	大海水	張
11日	03/11	火	甲子	納	海中金	翼
12日	03/12	水	乙丑	開	海中金	軫
13日	03/13	木	丙寅	閉	炉中火	角
14日	03/14	金	丁卯	建	炉中火	亢
15日	03/15	土	戊辰	除	大林木	氐
16日	03/16	日	己巳	満	大林木	房
17日	03/17	月	庚午	平	路傍土	心
18日	03/18	火	辛未	定	路傍土	尾
19日	03/19	水	壬申	執	剣鋒金	箕
20日	03/20	木	癸酉	破	剣鋒金	斗
21日	03/21	金	甲戌	危	山頭火	牛
22日	03/22	土	乙亥	成	山頭火	女
23日	03/23	日	丙子	納	澗下水	虚
24日	03/24	月	丁丑	開	澗下水	危
25日	03/25	火	戊寅	閉	城頭土	室
26日	03/26	水	己卯	建	城頭土	壁
27日	03/27	木	庚辰	除	白鑞金	奎
28日	03/28	金	辛巳	満	白鑞金	婁
29日	03/29	土	壬午	平	楊柳木	胃

【三月大 甲辰 鬼】
節気　清明 7日・穀雨 22日
雑節　土用 19日

日	新暦	曜	干支	十二直	納音	宿
1日	03/30	日	癸未	定	楊柳木	昴
2日	03/31	月	甲申	執	井泉水	畢
3日	04/01	火	乙酉	破	井泉水	觜
4日	04/02	水	丙戌	危	屋上土	参
5日	04/03	木	丁亥	成	屋上土	井
6日	04/04	金	戊子	納	霹靂火	鬼
7日	04/05	土	己丑	納	霹靂火	柳
8日	04/06	日	庚寅	開	松柏木	星
9日	04/07	月	辛卯	閉	松柏木	張
10日	04/08	火	壬辰	建	長流水	翼
11日	04/09	水	癸巳	除	長流水	軫
12日	04/10	木	甲午	満	沙中金	角
13日	04/11	金	乙未	平	沙中金	亢
14日	04/12	土	丙申	定	山下火	氐
15日	04/13	日	丁酉	執	山下火	房
16日	04/14	月	戊戌	破	平地木	心
17日	04/15	火	己亥	危	平地木	尾
18日	04/16	水	庚子	成	壁上土	箕
19日	04/17	木	辛丑	納	壁上土	斗
20日	04/18	金	壬寅	開	金箔金	牛
21日	04/19	土	癸卯	閉	金箔金	女
22日	04/20	日	甲辰	建	覆燈火	虚
23日	04/21	月	乙巳	除	覆燈火	危
24日	04/22	火	丙午	満	天河水	室
25日	04/23	水	丁未	平	天河水	壁
26日	04/24	木	戊申	定	大駅土	奎
27日	04/25	金	己酉	執	大駅土	婁
28日	04/26	土	庚戌	破	釵釧金	胃
29日	04/27	日	辛亥	危	釵釧金	昴
30日	04/28	月	壬子	成	桑柘木	畢

【四月大 乙巳 柳】
節気　立夏 8日・小満 23日
雑節　八十八夜 4日

日	新暦	曜	干支	十二直	納音	宿
1日	04/29	火	癸丑	納	桑柘木	觜
2日	04/30	水	甲寅	開	大渓水	参
3日	05/01	木	乙卯	閉	大渓水	井
4日	05/02	金	丙辰	建	沙中土	鬼
5日	05/03	土	丁巳	除	沙中土	柳
6日	05/04	日	戊午	満	天上火	星
7日	05/05	月	己未	平	天上火	張
8日	05/06	火	庚申	定	柘榴木	翼
9日	05/07	水	辛酉	定	柘榴木	軫
10日	05/08	木	壬戌	執	大海水	角
11日	05/09	金	癸亥	破	大海水	亢
12日	05/10	土	甲子	危	海中金	氐
13日	05/11	日	乙丑	成	海中金	房
14日	05/12	月	丙寅	納	炉中火	心
15日	05/13	火	丁卯	開	炉中火	尾
16日	05/14	水	戊辰	閉	大林木	箕
17日	05/15	木	己巳	建	大林木	斗
18日	05/16	金	庚午	除	路傍土	牛
19日	05/17	土	辛未	満	路傍土	女
20日	05/18	日	壬申	平	剣鋒金	虚
21日	05/19	月	癸酉	定	剣鋒金	危
22日	05/20	火	甲戌	執	山頭火	室
23日	05/21	水	乙亥	破	山頭火	壁
24日	05/22	木	丙子	危	澗下水	奎
25日	05/23	金	丁丑	成	澗下水	婁
26日	05/24	土	戊寅	納	城頭土	胃
27日	05/25	日	己卯	開	城頭土	昴
28日	05/26	月	庚辰	閉	白鑞金	畢
29日	05/27	火	辛巳	建	白鑞金	觜
30日	05/28	水	壬午	除	楊柳木	参

【五月小 丙午 星】
節気　芒種 9日・夏至 25日
雑節　入梅 10日

日	新暦	曜	干支	十二直	納音	宿
1日	05/29	木	癸未	満	楊柳木	井
2日	05/30	金	甲申	平	井泉水	鬼
3日	05/31	土	乙酉	定	井泉水	柳
4日	06/01	日	丙戌	執	屋上土	星
5日	06/02	月	丁亥	破	屋上土	張
6日	06/03	火	戊子	危	霹靂火	翼
7日	06/04	水	己丑	成	霹靂火	軫
8日	06/05	木	庚寅	納	松柏木	角
9日	06/06	金	辛卯	納	松柏木	亢
10日	06/07	土	壬辰	開	長流水	氐
11日	06/08	日	癸巳	閉	長流水	房
12日	06/09	月	甲午	建	沙中金	心
13日	06/10	火	乙未	除	沙中金	尾
14日	06/11	水	丙申	満	山下火	箕
15日	06/12	木	丁酉	平	山下火	斗
16日	06/13	金	戊戌	定	平地木	牛
17日	06/14	土	己亥	執	平地木	女
18日	06/15	日	庚子	破	壁上土	虚
19日	06/16	月	辛丑	危	壁上土	危
20日	06/17	火	壬寅	成	金箔金	室
21日	06/18	水	癸卯	納	金箔金	壁
22日	06/19	木	甲辰	開	覆燈火	奎
23日	06/20	金	乙巳	閉	覆燈火	婁
24日	06/21	土	丙午	建	天河水	胃
25日	06/22	日	丁未	除	天河水	昴
26日	06/23	月	戊申	満	大駅土	畢
27日	06/24	火	己酉	平	大駅土	觜
28日	06/25	水	庚戌	定	釵釧金	参
29日	06/26	木	辛亥	執	釵釧金	井

【六月大 丁未 張】
節気　小暑 11日・大暑 27日
雑節　半夏生 6日・土用 24日

日	新暦	曜	干支	十二直	納音	宿
1日	06/27	金	壬子	破	桑柘木	鬼
2日	06/28	土	癸丑	危	桑柘木	柳
3日	06/29	日	甲寅	成	大渓水	星
4日	06/30	月	乙卯	納	大渓水	張
5日	07/01	火	丙辰	開	沙中土	翼
6日	07/02	水	丁巳	閉	沙中土	軫
7日	07/03	木	戊午	建	天上火	角
8日	07/04	金	己未	除	天上火	亢
9日	07/05	土	庚申	満	柘榴木	氐
10日	07/06	日	辛酉	平	柘榴木	房
11日	07/07	月	壬戌	平	大海水	心
12日	07/08	火	癸亥	定	大海水	尾
13日	07/09	水	甲子	執	海中金	箕
14日	07/10	木	乙丑	破	海中金	斗
15日	07/11	金	丙寅	危	炉中火	牛
16日	07/12	土	丁卯	成	炉中火	女
17日	07/13	日	戊辰	納	大林木	虚
18日	07/14	月	己巳	開	大林木	危
19日	07/15	火	庚午	閉	路傍土	室
20日	07/16	水	辛未	建	路傍土	壁
21日	07/17	木	壬申	除	剣鋒金	奎
22日	07/18	金	癸酉	満	剣鋒金	婁
23日	07/19	土	甲戌	平	山頭火	胃
24日	07/20	日	乙亥	定	山頭火	昴
25日	07/21	月	丙子	執	澗下水	畢
26日	07/22	火	丁丑	破	澗下水	觜
27日	07/23	水	戊寅	危	城頭土	参
28日	07/24	木	己卯	成	城頭土	井
29日	07/25	金	庚辰	納	白鑞金	鬼
30日	07/26	土	辛巳	開	白鑞金	柳

【七月小 戊申 翼】
節気　立秋 13日・処暑 28日

日	新暦	曜	干支	十二直	納音	宿
1日	07/27	日	壬午	閉	楊柳木	星
2日	07/28	月	癸未	建	楊柳木	張
3日	07/29	火	甲申	除	井泉水	翼
4日	07/30	水	乙酉	満	井泉水	軫
5日	07/31	木	丙戌	平	屋上土	角
6日	08/01	金	丁亥	定	屋上土	亢
7日	08/02	土	戊子	執	霹靂火	氐
8日	08/03	日	己丑	破	霹靂火	房
9日	08/04	月	庚寅	危	松柏木	心
10日	08/05	火	辛卯	成	松柏木	尾
11日	08/06	水	壬辰	納	長流水	箕
12日	08/07	木	癸巳	開	長流水	斗
13日	08/08	金	甲午	開	沙中金	牛
14日	08/09	土	乙未	閉	沙中金	女

文久2年

日	西暦	曜	干支	直	納音	宿
15日	08/10	日	丙申	建	山下火	虚
16日	08/11	月	丁酉	除	山下火	危
17日	08/12	火	戊戌	満	平地木	室
18日	08/13	水	己亥	平	平地木	壁
19日	08/14	木	庚子	定	壁上土	奎
20日	08/15	金	辛丑	執	壁上土	婁
21日	08/16	土	壬寅	破	金箔金	胃
22日	08/17	日	癸卯	危	金箔金	昴
23日	08/18	月	甲辰	成	覆燈火	畢
24日	08/19	火	乙巳	納	覆燈火	觜
25日	08/20	水	丙午	開	天河水	参
26日	08/21	木	丁未	閉	天河水	井
27日	08/22	金	戊申	建	大驛土	鬼
28日	08/23	土	己酉	除	大驛土	柳
29日	08/24	日	庚戌	満	釵釧金	星

【八月大 己酉 軫】
節気 白露 15日・秋分 30日
雑節 二百十日 8日・彼岸 27日・社日 28日

日	西暦	曜	干支	直	納音	宿
1日	08/25	月	辛亥	平	釵釧金	張
2日	08/26	火	壬子	定	桑柘木	翼
3日	08/27	水	癸丑	執	桑柘木	軫
4日	08/28	木	甲寅	破	大溪水	角
5日	08/29	金	乙卯	危	大溪水	亢
6日	08/30	土	丙辰	成	沙中土	氐
7日	08/31	日	丁巳	納	沙中土	房
8日	09/01	月	戊午	開	天上火	心
9日	09/02	火	己未	閉	天上火	尾
10日	09/03	水	庚申	建	柘榴木	箕
11日	09/04	木	辛酉	除	柘榴木	斗
12日	09/05	金	壬戌	満	大海水	牛
13日	09/06	土	癸亥	平	大海水	女
14日	09/07	日	甲子	定	海中金	虚
15日	09/08	月	乙丑	定	海中金	危
16日	09/09	火	丙寅	執	爐中火	室
17日	09/10	水	丁卯	破	爐中火	壁
18日	09/11	木	戊辰	危	大林木	奎
19日	09/12	金	己巳	成	大林木	婁
20日	09/13	土	庚午	納	路傍土	胃
21日	09/14	日	辛未	開	路傍土	昴
22日	09/15	月	壬申	閉	釵鋒金	畢
23日	09/16	火	癸酉	建	釵鋒金	觜
24日	09/17	水	甲戌	除	山頭火	参
25日	09/18	木	乙亥	満	山頭火	井
26日	09/19	金	丙子	平	澗下水	鬼
27日	09/20	土	丁丑	定	澗下水	柳
28日	09/21	日	戊寅	執	城頭土	星
29日	09/22	月	己卯	破	城頭土	張
30日	09/23	火	庚辰	危	白鑞金	翼

【閏八月小 己卯 軫】
節気 寒露 15日
雑節 土用 28日

日	西暦	曜	干支	直	納音	宿
1日	09/24	水	辛巳	成	白鑞金	軫
2日	09/25	木	壬午	納	楊柳木	角
3日	09/26	金	癸未	開	楊柳木	亢
4日	09/27	土	甲申	閉	井泉水	氐
5日	09/28	日	乙酉	建	井泉水	房
6日	09/29	月	丙戌	除	屋上土	心
7日	09/30	火	丁亥	満	屋上土	尾
8日	10/01	水	戊子	平	霹靂火	箕
9日	10/02	木	己丑	定	霹靂火	斗
10日	10/03	金	庚寅	執	松柏木	牛
11日	10/04	土	辛卯	破	松柏木	女
12日	10/05	日	壬辰	危	長流水	虚
13日	10/06	月	癸巳	成	長流水	危
14日	10/07	火	甲午	納	沙中金	室
15日	10/08	水	乙未	納	沙中金	壁
16日	10/09	木	丙申	開	山下火	奎
17日	10/10	金	丁酉	閉	山下火	婁
18日	10/11	土	戊戌	建	平地木	胃
19日	10/12	日	己亥	除	平地木	昴
20日	10/13	月	庚子	満	壁上土	畢
21日	10/14	火	辛丑	平	壁上土	觜
22日	10/15	水	壬寅	定	金箔金	参
23日	10/16	木	癸卯	執	金箔金	井
24日	10/17	金	甲辰	破	覆燈火	鬼
25日	10/18	土	乙巳	危	覆燈火	柳
26日	10/19	日	丙午	成	天河水	星
27日	10/20	月	丁未	納	天河水	張
28日	10/21	火	戊申	開	大驛土	翼
29日	10/22	水	己酉	閉	大驛土	軫

【九月大 庚戌 角】
節気 霜降 2日・立冬 17日

日	西暦	曜	干支	直	納音	宿
1日	10/23	木	庚戌	建	釵釧金	角
2日	10/24	金	辛亥	除	釵釧金	亢
3日	10/25	土	壬子	満	桑柘木	氐
4日	10/26	日	癸丑	平	桑柘木	房
5日	10/27	月	甲寅	定	大溪水	心
6日	10/28	火	乙卯	執	大溪水	尾
7日	10/29	水	丙辰	破	沙中土	箕
8日	10/30	木	丁巳	危	沙中土	斗
9日	10/31	金	戊午	成	天上火	牛
10日	11/01	土	己未	納	天上火	女
11日	11/02	日	庚申	開	柘榴木	虚
12日	11/03	月	辛酉	閉	柘榴木	危
13日	11/04	火	壬戌	建	大海水	室
14日	11/05	水	癸亥	除	大海水	壁
15日	11/06	木	甲子	満	海中金	奎
16日	11/07	金	乙丑	平	海中金	婁
17日	11/08	土	丙寅	平	爐中火	胃
18日	11/09	日	丁卯	定	爐中火	昴
19日	11/10	月	戊辰	執	大林木	畢
20日	11/11	火	己巳	破	大林木	觜
21日	11/12	水	庚午	危	路傍土	参
22日	11/13	木	辛未	成	路傍土	井
23日	11/14	金	壬申	納	釵鋒金	鬼
24日	11/15	土	癸酉	開	釵鋒金	柳
25日	11/16	日	甲戌	閉	山頭火	星
26日	11/17	月	乙亥	建	山頭火	張
27日	11/18	火	丙子	除	澗下水	翼
28日	11/19	水	丁丑	満	澗下水	軫
29日	11/20	木	戊寅	平	城頭土	角
30日	11/21	金	己卯	定	城頭土	亢

【十月小 辛亥 亢】
節気 小雪 1日・大雪 16日

日	西暦	曜	干支	直	納音	宿
1日	11/22	土	庚辰	執	白鑞金	氐
2日	11/23	日	辛巳	破	白鑞金	房
3日	11/24	月	壬午	危	楊柳木	心
4日	11/25	火	癸未	成	楊柳木	尾
5日	11/26	水	甲申	納	井泉水	箕
6日	11/27	木	乙酉	開	井泉水	斗
7日	11/28	金	丙戌	閉	屋上土	牛
8日	11/29	土	丁亥	建	屋上土	女
9日	11/30	日	戊子	除	霹靂火	虚
10日	12/01	月	己丑	満	霹靂火	危
11日	12/02	火	庚寅	平	松柏木	室
12日	12/03	水	辛卯	定	松柏木	壁
13日	12/04	木	壬辰	執	長流水	奎
14日	12/05	金	癸巳	破	長流水	婁
15日☆	12/06	土	甲午	危	沙中金	胃
16日	12/07	日	乙未	危	沙中金	昴
17日	12/08	月	丙申	成	山下火	畢
18日	12/09	火	丁酉	納	山下火	觜
19日	12/10	水	戊戌	開	平地木	参
20日	12/11	木	己亥	閉	平地木	井
21日	12/12	金	庚子	建	壁上土	鬼
22日	12/13	土	辛丑	除	壁上土	柳
23日	12/14	日	壬寅	満	金箔金	星
24日	12/15	月	癸卯	平	金箔金	張
25日	12/16	火	甲辰	定	覆燈火	翼
26日	12/17	水	乙巳	執	覆燈火	軫
27日	12/18	木	丙午	破	天河水	角
28日	12/19	金	丁未	危	天河水	亢
29日	12/20	土	戊申	成	大驛土	氐

【十一月大 壬子 氐】
節気 冬至 2日・小寒 17日
雑節 土用 29日

日	西暦	曜	干支	直	納音	宿
1日◎	12/21	日	己酉	納	大驛土	房
2日	12/22	月	庚戌	開	釵釧金	心
3日	12/23	火	辛亥	閉	釵釧金	尾
4日	12/24	水	壬子	建	桑柘木	箕
5日	12/25	木	癸丑	除	桑柘木	斗
6日	12/26	金	甲寅	満	大溪水	牛
7日	12/27	土	乙卯	平	大溪水	女
8日	12/28	日	丙辰	定	沙中土	虚
9日	12/29	月	丁巳	執	沙中土	危
10日	12/30	火	戊午	破	天上火	室
11日	12/31	水	己未	危	天上火	壁
1863年						
12日	01/01	木	庚申	成	柘榴木	奎
13日	01/02	金	辛酉	納	柘榴木	婁
14日	01/03	土	壬戌	開	大海水	胃
15日	01/04	日	癸亥	閉	大海水	昴
16日	01/05	月	甲子	建	海中金	畢
17日	01/06	火	乙丑	建	海中金	觜
18日	01/07	水	丙寅	除	爐中火	参
19日	01/08	木	丁卯	満	爐中火	井
20日	01/09	金	戊辰	平	大林木	鬼
21日	01/10	土	己巳	定	大林木	柳
22日	01/11	日	庚午	執	路傍土	星
23日	01/12	月	辛未	破	路傍土	張
24日	01/13	火	壬申	危	釵鋒金	翼
25日	01/14	水	癸酉	成	釵鋒金	軫
26日	01/15	木	甲戌	納	山頭火	角
27日	01/16	金	乙亥	開	山頭火	亢
28日	01/17	土	丙子	閉	澗下水	氐
29日	01/18	日	丁丑	建	澗下水	房
30日	01/19	月	戊寅	除	城頭土	心

【十二月小 癸丑 房】
節気 大寒 1日・立春 16日
雑節 節分 15日

日	西暦	曜	干支	直	納音	宿
1日	01/20	火	己卯	満	城頭土	尾
2日	01/21	水	庚辰	平	白鑞金	箕
3日	01/22	木	辛巳	定	白鑞金	斗
4日	01/23	金	壬午	執	楊柳木	牛
5日	01/24	土	癸未	破	楊柳木	女
6日	01/25	日	甲申	危	井泉水	虚
7日	01/26	月	乙酉	成	井泉水	危
8日	01/27	火	丙戌	納	屋上土	室
9日	01/28	水	丁亥	開	屋上土	壁
10日	01/29	木	戊子	閉	霹靂火	奎
11日	01/30	金	己丑	建	霹靂火	婁
12日	01/31	土	庚寅	除	松柏木	胃
13日	02/01	日	辛卯	満	松柏木	昴
14日	02/02	月	壬辰	平	長流水	畢
15日	02/03	火	癸巳	定	長流水	觜
16日	02/04	水	甲午	定	沙中金	参
17日	02/05	木	乙未	執	沙中金	井
18日	02/06	金	丙申	破	山下火	鬼
19日	02/07	土	丁酉	危	山下火	柳
20日	02/08	日	戊戌	成	平地木	星
21日	02/09	月	己亥	納	平地木	張
22日	02/10	火	庚子	開	壁上土	翼
23日	02/11	水	辛丑	閉	壁上土	軫
24日	02/12	木	壬寅	建	金箔金	角
25日	02/13	金	癸卯	除	金箔金	亢
26日	02/14	土	甲辰	満	覆燈火	氐
27日	02/15	日	乙巳	平	覆燈火	房
28日	02/16	月	丙午	定	天河水	心
29日	02/17	火	丁未	執	天河水	尾

文久3年
1863～1864 癸亥 亢

【正月小 甲寅 心】
節気 雨水 2日・啓蟄 17日
雑節 彼岸 29日

日	日付	曜	干支	直	納音	宿
1日	02/18	水	戊申	破	大駅土	箕
2日	02/19	木	己酉	危	大駅土	斗
3日	02/20	金	庚戌	成	釵釧金	牛
4日	02/21	土	辛亥	納	釵釧金	女
5日	02/22	日	壬子	開	桑柘木	虚
6日	02/23	月	癸丑	閉	桑柘木	危
7日	02/24	火	甲寅	建	大渓水	室
8日	02/25	水	乙卯	除	大渓水	壁
9日	02/26	木	丙辰	満	沙中土	奎
10日	02/27	金	丁巳	平	沙中土	婁
11日	02/28	土	戊午	定	天上火	胃
12日	03/01	日	己未	執	天上火	昴
13日	03/02	月	庚申	破	柘榴木	畢
14日	03/03	火	辛酉	危	柘榴木	觜
15日	03/04	水	壬戌	成	大海水	参
16日	03/05	木	癸亥	納	大海水	井
17日	03/06	金	甲子	納	海中金	鬼
18日	03/07	土	乙丑	開	海中金	柳
19日	03/08	日	丙寅	閉	爐中火	星
20日	03/09	月	丁卯	建	爐中火	張
21日	03/10	火	戊辰	除	大林木	翼
22日	03/11	水	己巳	満	大林木	軫
23日	03/12	木	庚午	平	路傍土	角
24日	03/13	金	辛未	定	路傍土	亢
25日	03/14	土	壬申	執	釵釧金	氐
26日	03/15	日	癸酉	破	釵釧金	房
27日	03/16	月	甲戌	危	山頭火	心
28日	03/17	火	乙亥	成	山頭火	尾
29日	03/18	水	丙子	納	澗下水	箕

【二月大 乙卯 尾】
節気 春分 3日・清明 18日
雑節 社日 2日・土用 30日

日	日付	曜	干支	直	納音	宿
1日	03/19	木	丁丑	開	澗下水	斗
2日	03/20	金	戊寅	閉	城頭土	牛
3日	03/21	土	己卯	建	城頭土	女
4日	03/22	日	庚辰	除	白鑞金	虚
5日	03/23	月	辛巳	満	白鑞金	危
6日	03/24	火	壬午	平	楊柳木	室
7日	03/25	水	癸未	定	楊柳木	壁
8日	03/26	木	甲申	執	井泉水	奎
9日	03/27	金	乙酉	破	井泉水	婁
10日	03/28	土	丙戌	成	屋上土	胃
11日	03/29	日	丁亥	納	屋上土	昴
12日	03/30	月	戊子	納	霹靂火	畢
13日	03/31	火	己丑	開	霹靂火	觜
14日	04/01	水	庚寅	閉	松柏木	参
15日	04/02	木	辛卯	建	松柏木	井
16日	04/03	金	壬辰	除	長流水	鬼
17日	04/04	土	癸巳	満	長流水	柳
18日	04/05	日	甲午	平	沙中金	星
19日	04/06	月	乙未	定	沙中金	張
20日	04/07	火	丙申	執	山下火	翼
21日	04/08	水	丁酉	破	山下火	軫
22日	04/09	木	戊戌	危	平地木	角
23日	04/10	金	己亥	成	平地木	亢
24日	04/11	土	庚子	納	壁上土	氐
25日	04/12	日	辛丑	開	壁上土	房
26日	04/13	月	壬寅	閉	金箔金	心
27日	04/14	火	癸卯	建	金箔金	尾
28日	04/15	水	甲辰	建	覆燈火	箕
29日	04/16	木	乙巳	除	覆燈火	斗
30日	04/17	金	丙午	満	天河水	牛

【三月大 丙辰 箕】
節気 穀雨 3日・立夏 19日
雑節 八十八夜 15日

日	日付	曜	干支	直	納音	宿
1日	04/18	土	丁未	平	天河水	女
2日	04/19	日	戊申	定	大駅土	虚
3日	04/20	月	己酉	執	大駅土	危
4日	04/21	火	庚戌	破	釵釧金	室
5日	04/22	水	辛亥	危	釵釧金	壁
6日	04/23	木	壬子	成	桑柘木	奎
7日	04/24	金	癸丑	納	桑柘木	婁
8日	04/25	土	甲寅	開	大渓水	胃
9日	04/26	日	乙卯	閉	大渓水	昴
10日	04/27	月	丙辰	建	沙中土	畢
11日	04/28	火	丁巳	除	沙中土	觜
12日	04/29	水	戊午	満	天上火	参
13日	04/30	木	己未	平	天上火	井
14日	05/01	金	庚申	定	柘榴木	鬼
15日	05/02	土	辛酉	執	柘榴木	柳
16日	05/03	日	壬戌	破	大海水	星
17日	05/04	月	癸亥	危	大海水	張
18日	05/05	火	甲子	成	海中金	翼
19日	05/06	水	乙丑	納	海中金	軫
20日	05/07	木	丙寅	納	爐中火	角
21日	05/08	金	丁卯	開	爐中火	亢
22日	05/09	土	戊辰	閉	大林木	氐
23日	05/10	日	己巳	建	大林木	房
24日	05/11	月	庚午	除	路傍土	心
25日	05/12	火	辛未	満	路傍土	尾
26日	05/13	水	壬申	平	釵釧金	箕
27日	05/14	木	癸酉	定	釵釧金	斗
28日	05/15	金	甲戌	執	山頭火	牛
29日	05/16	土	乙亥	破	山頭火	女
30日	05/17	日	丙子	危	澗下水	虚

【四月小 丁巳 斗】
節気 小満 4日・芒種 20日
雑節 入梅 26日

日	日付	曜	干支	直	納音	宿
1日	05/18	月	丁丑	成	澗下水	危
2日	05/19	火	戊寅	納	城頭土	室
3日	05/20	水	己卯	開	城頭土	壁
4日	05/21	木	庚辰	閉	白鑞金	奎
5日	05/22	金	辛巳	建	白鑞金	婁
6日	05/23	土	壬午	除	楊柳木	胃
7日	05/24	日	癸未	満	楊柳木	昴
8日	05/25	月	甲申	平	井泉水	畢
9日	05/26	火	乙酉	定	井泉水	觜
10日	05/27	水	丙戌	執	屋上土	参
11日	05/28	木	丁亥	破	屋上土	井
12日	05/29	金	戊子	危	霹靂火	鬼
13日	05/30	土	己丑	成	霹靂火	柳
14日	05/31	日	庚寅	納	松柏木	星
15日	06/01	月	辛卯	開	松柏木	張
16日	06/02	火	壬辰	閉	長流水	翼
17日	06/03	水	癸巳	建	長流水	軫
18日	06/04	木	甲午	除	沙中金	角
19日	06/05	金	乙未	満	沙中金	亢
20日	06/06	土	丙申	平	山下火	氐
21日	06/07	日	丁酉	定	山下火	房
22日	06/08	月	戊戌	執	平地木	心
23日	06/09	火	己亥	破	平地木	尾
24日	06/10	水	庚子	危	壁上土	箕
25日	06/11	木	辛丑	成	壁上土	斗
26日	06/12	金	壬寅	納	金箔金	牛
27日	06/13	土	癸卯	開	金箔金	女
28日	06/14	日	甲辰	開	覆燈火	虚
29日	06/15	月	乙巳	閉	覆燈火	危

【五月大 戊午 牛】
節気 夏至 7日・小暑 23日
雑節 半夏生 17日

日	日付	曜	干支	直	納音	宿
1日	06/16	火	丙午	建	天河水	室
2日	06/17	水	丁未	除	天河水	壁
3日	06/18	木	戊申	満	大駅土	奎
4日	06/19	金	己酉	平	大駅土	婁
5日	06/20	土	庚戌	定	釵釧金	胃
6日	06/21	日	辛亥	執	釵釧金	昴
7日	06/22	月	壬子	破	桑柘木	畢
8日	06/23	火	癸丑	危	桑柘木	觜
9日	06/24	水	甲寅	成	大渓水	参
10日	06/25	木	乙卯	納	大渓水	井
11日	06/26	金	丙辰	開	沙中土	鬼
12日	06/27	土	丁巳	閉	沙中土	柳
13日	06/28	日	戊午	建	天上火	星
14日	06/29	月	己未	除	天上火	張
15日	06/30	火	庚申	満	柘榴木	翼
16日	07/01	水	辛酉	平	柘榴木	軫
17日	07/02	木	壬戌	執	大海水	角
18日	07/03	金	癸亥	執	大海水	亢
19日	07/04	土	甲子	破	海中金	氐
20日	07/05	日	乙丑	危	海中金	房
21日	07/06	月	丙寅	成	爐中火	心
22日	07/07	火	丁卯	納	爐中火	尾
23日	07/08	水	戊辰	納	大林木	箕
24日	07/09	木	己巳	開	大林木	斗
25日	07/10	金	庚午	閉	路傍土	牛
26日	07/11	土	辛未	建	路傍土	女
27日	07/12	日	壬申	除	釵釧金	虚
28日	07/13	月	癸酉	満	釵釧金	危
29日	07/14	火	甲戌	平	山頭火	室
30日	07/15	水	乙亥	定	山頭火	壁

【六月小 己未 女】
節気 大暑 8日・立秋 24日
雑節 土用 5日

日	日付	曜	干支	直	納音	宿
1日	07/16	木	丙子	執	澗下水	奎
2日	07/17	金	丁丑	破	澗下水	婁
3日	07/18	土	戊寅	危	城頭土	胃
4日	07/19	日	己卯	成	城頭土	昴
5日	07/20	月	庚辰	納	白鑞金	畢
6日	07/21	火	辛巳	開	白鑞金	觜
7日	07/22	水	壬午	閉	楊柳木	参
8日	07/23	木	癸未	建	楊柳木	井
9日	07/24	金	甲申	除	井泉水	鬼
10日	07/25	土	乙酉	満	井泉水	柳
11日	07/26	日	丙戌	平	屋上土	星
12日	07/27	月	丁亥	定	屋上土	張
13日	07/28	火	戊子	執	霹靂火	翼
14日	07/29	水	己丑	破	霹靂火	軫
15日	07/30	木	庚寅	危	松柏木	角
16日	07/31	金	辛卯	成	松柏木	亢
17日	08/01	土	壬辰	納	長流水	氐
18日	08/02	日	癸巳	開	長流水	房
19日	08/03	月	甲午	閉	沙中金	心
20日	08/04	火	乙未	建	沙中金	尾
21日	08/05	水	丙申	除	山下火	箕
22日	08/06	木	丁酉	満	山下火	斗
23日	08/07	金	戊戌	平	平地木	牛
24日	08/08	土	己亥	定	平地木	女
25日	08/09	日	庚子	執	壁上土	虚
26日	08/10	月	辛丑	破	壁上土	危
27日	08/11	火	壬寅	危	金箔金	室
28日	08/12	水	癸卯	成	金箔金	壁

文久3年

日	西暦	曜	干支	直	納音	宿
29日	08/13	木	甲辰	成	覆燈火	奎

【七月大 庚申 虚】
節気 処暑 11日・白露 26日
雑節 二百十日 19日

日	西暦	曜	干支	直	納音	宿
1日	08/14	金	乙巳	納	覆燈火	婁
2日	08/15	土	丙午	開	天河水	胃
3日	08/16	日	丁未	閉	天河水	昴
4日	08/17	月	戊申	建	大駅土	畢
5日	08/18	火	己酉	除	大駅土	觜
6日	08/19	水	庚戌	満	釼釧金	参
7日	08/20	木	辛亥	平	釼釧金	井
8日	08/21	金	壬子	定	桑柘木	鬼
9日	08/22	土	癸丑	執	桑柘木	柳
10日	08/23	日	甲寅	破	大溪水	星
11日	08/24	月	乙卯	危	大溪水	張
12日	08/25	火	丙辰	成	沙中土	翼
13日	08/26	水	丁巳	納	沙中土	軫
14日	08/27	木	戊午	開	天上火	角
15日	08/28	金	己未	閉	天上火	亢
16日	08/29	土	庚申	建	柘榴木	氐
17日	08/30	日	辛酉	除	柘榴木	房
18日	08/31	月	壬戌	満	大海水	心
19日	09/01	火	癸亥	平	大海水	尾
20日	09/02	水	甲子	定	海中金	箕
21日	09/03	木	乙丑	執	海中金	斗
22日	09/04	金	丙寅	破	爐中火	牛
23日	09/05	土	丁卯	危	爐中火	女
24日	09/06	日	戊辰	成	大林木	虚
25日	09/07	月	己巳	納	大林木	危
26日	09/08	火	庚午	納	路傍土	室
27日	09/09	水	辛未	開	路傍土	壁
28日	09/10	木	壬申	閉	釼鋒金	奎
29日	09/11	金	癸酉	建	釼鋒金	婁
30日	09/12	土	甲戌	除	山頭火	胃

【八月大 辛酉 危】
節気 秋分 11日・寒露 27日
雑節 彼岸 8日・社日 14日

日	西暦	曜	干支	直	納音	宿
1日	09/13	日	乙亥	満	山頭火	昴
2日	09/14	月	丙子	平	澗下水	畢
3日	09/15	火	丁丑	定	澗下水	觜
4日	09/16	水	戊寅	執	城頭土	参
5日	09/17	木	己卯	破	城頭土	井
6日	09/18	金	庚辰	危	白鑞金	鬼
7日	09/19	土	辛巳	成	白鑞金	柳
8日	09/20	日	壬午	納	楊柳木	星
9日	09/21	月	癸未	開	楊柳木	張
10日	09/22	火	甲申	閉	井泉水	翼
11日	09/23	水	乙酉	建	井泉水	軫
12日	09/24	木	丙戌	除	屋上土	角
13日	09/25	金	丁亥	満	屋上土	亢
14日	09/26	土	戊子	平	霹靂火	氐
15日	09/27	日	己丑	定	霹靂火	房
16日	09/28	月	庚寅	執	松柏木	心
17日	09/29	火	辛卯	破	松柏木	尾
18日	09/30	水	壬辰	危	長流水	箕
19日	10/01	木	癸巳	成	長流水	斗
20日	10/02	金	甲午	納	沙中金	牛
21日	10/03	土	乙未	開	沙中金	女
22日	10/04	日	丙申	閉	山下火	虚
23日	10/05	月	丁酉	建	山下火	危
24日	10/06	火	戊戌	除	平地木	室
25日	10/07	水	己亥	満	平地木	壁
26日	10/08	木	庚子	平	壁上土	奎
27日	10/09	金	辛丑	平	壁上土	婁
28日	10/10	土	壬寅	定	金箔金	胃
29日	10/11	日	癸卯	執	金箔金	昴
30日	10/12	月	甲辰	破	覆燈火	畢

【九月小 壬戌 室】
節気 霜降 12日・立冬 27日
雑節 土用 9日

日	西暦	曜	干支	直	納音	宿
1日	10/13	火	乙巳	危	覆燈火	觜
2日	10/14	水	丙午	成	天河水	参
3日	10/15	木	丁未	納	天河水	井
4日	10/16	金	戊申	開	大駅土	鬼
5日	10/17	土	己酉	閉	大駅土	柳
6日	10/18	日	庚戌	建	釼釧金	星
7日	10/19	月	辛亥	除	釼釧金	張
8日	10/20	火	壬子	満	桑柘木	翼
9日	10/21	水	癸丑	平	桑柘木	軫
10日	10/22	木	甲寅	定	大溪水	角
11日	10/23	金	乙卯	執	大溪水	亢
12日	10/24	土	丙辰	破	沙中土	氐
13日	10/25	日	丁巳	危	沙中土	房
14日	10/26	月	戊午	成	天上火	心
15日	10/27	火	己未	納	天上火	尾
16日	10/28	水	庚申	開	柘榴木	箕
17日	10/29	木	辛酉	閉	柘榴木	斗
18日	10/30	金	壬戌	建	大海水	牛
19日	10/31	土	癸亥	除	大海水	女
20日	11/01	日	甲子	満	海中金	虚
21日	11/02	月	乙丑	平	海中金	危
22日	11/03	火	丙寅	定	爐中火	室
23日	11/04	水	丁卯	執	爐中火	壁
24日	11/05	木	戊辰	破	大林木	奎
25日	11/06	金	己巳	危	大林木	婁
26日	11/07	土	庚午	成	路傍土	胃
27日	11/08	日	辛未	成	路傍土	昴
28日	11/09	月	壬申	納	釼鋒金	畢
29日	11/10	火	癸酉	開	釼鋒金	觜

【十月大 癸亥 壁】
節気 小雪 13日・大雪 27日

日	西暦	曜	干支	直	納音	宿
1日	11/11	水	甲戌	閉	山頭火	参
2日	11/12	木	乙亥	建	山頭火	井
3日	11/13	金	丙子	除	澗下水	鬼
4日	11/14	土	丁丑	満	澗下水	柳
5日	11/15	日	戊寅	平	城頭土	星
6日	11/16	月	己卯	定	城頭土	張
7日	11/17	火	庚辰	執	白鑞金	翼
8日	11/18	水	辛巳	破	白鑞金	軫
9日	11/19	木	壬午	危	楊柳木	角
10日	11/20	金	癸未	成	楊柳木	亢
11日	11/21	土	甲申	納	井泉水	氐
12日	11/22	日	乙酉	開	井泉水	房
13日	11/23	月	丙戌	閉	屋上土	心
14日	11/24	火	丁亥	建	屋上土	尾
15日 ☆	11/25	水	戊子	除	霹靂火	箕
16日	11/26	木	己丑	満	霹靂火	斗
17日	11/27	金	庚寅	平	松柏木	牛
18日	11/28	土	辛卯	定	松柏木	女
19日	11/29	日	壬辰	執	長流水	虚
20日	11/30	月	癸巳	破	長流水	危
21日	12/01	火	甲午	危	沙中金	室
22日	12/02	水	乙未	成	沙中金	壁
23日	12/03	木	丙申	納	山下火	奎
24日	12/04	金	丁酉	開	山下火	婁
25日	12/05	土	戊戌	閉	平地木	胃
26日	12/06	日	己亥	建	平地木	昴
27日	12/07	月	庚子	建	壁上土	畢
28日	12/08	火	辛丑	除	壁上土	觜
29日	12/09	水	壬寅	満	金箔金	参
30日	12/10	木	癸卯	平	金箔金	井

【十一月小 甲子 奎】
節気 冬至 12日・小寒 27日

日	西暦	曜	干支	直	納音	宿
1日	12/11	金	甲辰	定	覆燈火	鬼
2日	12/12	土	乙巳	執	覆燈火	柳
3日	12/13	日	丙午	破	天河水	星
4日	12/14	月	丁未	危	天河水	張
5日	12/15	火	戊申	成	大駅土	翼
6日	12/16	水	己酉	納	大駅土	軫
7日	12/17	木	庚戌	開	釼釧金	角
8日	12/18	金	辛亥	閉	釼釧金	亢
9日	12/19	土	壬子	建	桑柘木	氐
10日	12/20	日	癸丑	除	桑柘木	房
11日	12/21	月	甲寅	満	大溪水	心
12日	12/22	火	乙卯	平	大溪水	尾
13日	12/23	水	丙辰	定	沙中土	箕
14日	12/24	木	丁巳	執	沙中土	斗
15日	12/25	金	戊午	破	天上火	牛
16日	12/26	土	己未	危	天上火	女
17日	12/27	日	庚申	成	柘榴木	虚
18日	12/28	月	辛酉	納	柘榴木	危
19日	12/29	火	壬戌	開	大海水	室
20日	12/30	水	癸亥	閉	大海水	壁
21日	12/31	木	甲子	建	海中金	奎

1864年

日	西暦	曜	干支	直	納音	宿
22日	01/01	金	乙丑	除	海中金	婁
23日	01/02	土	丙寅	満	爐中火	胃
24日	01/03	日	丁卯	平	爐中火	昴
25日	01/04	月	戊辰	定	大林木	畢
26日	01/05	火	己巳	執	大林木	觜
27日	01/06	水	庚午	執	路傍土	参
28日	01/07	木	辛未	破	路傍土	井
29日	01/08	金	壬申	危	釼鋒金	鬼

【十二月大 乙丑 婁】
節気 大寒 13日・立春 27日
雑節 土用 10日・節分 26日

日	西暦	曜	干支	直	納音	宿
1日	01/09	土	癸酉	成	釼鋒金	柳
2日	01/10	日	甲戌	納	山頭火	星
3日	01/11	月	乙亥	開	山頭火	張
4日	01/12	火	丙子	閉	澗下水	翼
5日	01/13	水	丁丑	建	澗下水	軫
6日	01/14	木	戊寅	除	城頭土	角
7日	01/15	金	己卯	満	城頭土	亢
8日	01/16	土	庚辰	平	白鑞金	氐
9日	01/17	日	辛巳	定	白鑞金	房
10日	01/18	月	壬午	執	楊柳木	心
11日	01/19	火	癸未	破	楊柳木	尾
12日	01/20	水	甲申	危	井泉水	箕
13日	01/21	木	乙酉	成	井泉水	斗
14日	01/22	金	丙戌	納	屋上土	牛
15日	01/23	土	丁亥	開	屋上土	女
16日	01/24	日	戊子	閉	霹靂火	虚
17日	01/25	月	己丑	建	霹靂火	危
18日	01/26	火	庚寅	除	松柏木	室
19日	01/27	水	辛卯	満	松柏木	壁
20日	01/28	木	壬辰	平	長流水	奎
21日	01/29	金	癸巳	定	長流水	婁
22日	01/30	土	甲午	執	沙中金	胃
23日	01/31	日	乙未	破	沙中金	昴
24日	02/01	月	丙申	危	山下火	畢
25日	02/02	火	丁酉	成	山下火	觜
26日	02/03	水	戊戌	納	平地木	参
27日	02/04	木	己亥	納	平地木	井
28日	02/05	金	庚子	開	壁上土	鬼
29日	02/06	土	辛丑	閉	壁上土	柳
30日	02/07	日	壬寅	建	金箔金	星

元治元年〔文久4年〕

1864〜1865　甲子　氐

※改元＝2月20日

【正月小 丙寅 胃】

節気 雨水 12日・啓蟄 27日

1日 02/08 月 癸卯 除 金箔金 張
2日 02/09 火 甲辰 満 覆燈火 翼
3日 02/10 水 乙巳 平 覆燈火 軫
4日 02/11 木 丙午 定 天河水 角
5日 02/12 金 丁未 執 天河水 亢
6日 02/13 土 戊申 破 大駅土 氐
7日 02/14 日 己酉 危 大駅土 房
8日 02/15 月 庚戌 成 釵釧金 心
9日 02/16 火 辛亥 納 釵釧金 尾
10日 02/17 水 壬子 開 桑柘木 箕
11日 02/18 木 癸丑 閉 桑柘木 斗
12日 02/19 金 甲寅 建 大溪水 牛
13日 02/20 土 乙卯 除 大溪水 女
14日 02/21 日 丙辰 満 沙中土 虚
15日 02/22 月 丁巳 平 沙中土 危
16日 02/23 火 戊午 定 天上火 室
17日 02/24 水 己未 執 天上火 壁
18日 02/25 木 庚申 破 柘榴木 奎
19日 02/26 金 辛酉 危 柘榴木 婁
20日 02/27 土 壬戌 成 大海水 胃
21日 02/28 日 癸亥 納 大海水 昴
22日 02/29 月 甲子 開 海中金 畢
23日 03/01 火 乙丑 閉 海中金 觜
24日 03/02 水 丙寅 建 爐中火 参
25日 03/03 木 丁卯 除 爐中火 井
26日 03/04 金 戊辰 満 大林木 鬼
27日 03/05 土 己巳 満 大林木 柳
28日 03/06 日 庚午 平 路傍土 星
29日 03/07 月 辛未 定 路傍土 張

【二月小 丁卯 昴】

節気 春分 13日・清明 28日
雑節 彼岸 10日・社日 17日

1日 03/08 火 壬申 執 釵鋒金 翼
2日 03/09 水 癸酉 破 釵鋒金 軫
3日 03/10 木 甲戌 危 山頭火 角
4日 03/11 金 乙亥 成 山頭火 亢
5日 03/12 土 丙子 納 澗下水 氐
6日 03/13 日 丁丑 開 澗下水 房
7日 03/14 月 戊寅 閉 城頭土 心
8日 03/15 火 己卯 建 城頭土 尾
9日 03/16 水 庚辰 除 白鑞金 箕
10日 03/17 木 辛巳 満 白鑞金 斗
11日 03/18 金 壬午 平 楊柳木 牛
12日 03/19 土 癸未 定 楊柳木 女
13日 03/20 日 甲申 執 井泉水 虚
14日 03/21 月 乙酉 破 井泉水 危
15日 03/22 火 丙戌 危 屋上土 室
16日 03/23 水 丁亥 成 屋上土 壁
17日 03/24 木 戊子 納 霹靂火 奎
18日 03/25 金 己丑 開 霹靂火 婁
19日 03/26 土 庚寅 閉 松柏木 胃
20日 03/27 日 辛卯 建 松柏木 昴
＊改元（文久4年→元治元年）
21日 03/28 月 壬辰 除 長流水 畢
22日 03/29 火 癸巳 満 長流水 觜
23日 03/30 水 甲午 平 沙中金 参
24日 03/31 木 乙未 定 沙中金 井
25日 04/01 金 丙申 執 山下火 鬼
26日 04/02 土 丁酉 破 山下火 柳
27日 04/03 日 戊戌 危 平地木 星
28日 04/04 月 己亥 危 平地木 張
29日 04/05 火 庚子 成 壁上土 翼

【三月大 戊辰 畢】

節気 穀雨 15日・立夏 30日
雑節 土用 12日・八十八夜 26日

1日 04/06 水 辛丑 納 壁上土 軫
2日 04/07 木 壬寅 開 金箔金 角
3日 04/08 金 癸卯 閉 金箔金 亢
4日 04/09 土 甲辰 建 覆燈火 氐
5日 04/10 日 乙巳 除 覆燈火 房
6日 04/11 月 丙午 満 天河水 心
7日 04/12 火 丁未 平 天河水 尾
8日 04/13 水 戊申 定 大駅土 箕
9日 04/14 木 己酉 執 大駅土 斗
10日 04/15 金 庚戌 破 釵釧金 牛
11日 04/16 土 辛亥 危 釵釧金 女
12日 04/17 日 壬子 成 桑柘木 虚
13日 04/18 月 癸丑 納 桑柘木 危
14日 04/19 火 甲寅 開 大溪水 室
15日 04/20 水 乙卯 閉 大溪水 壁
16日 04/21 木 丙辰 建 沙中土 奎
17日 04/22 金 丁巳 除 沙中土 婁
18日 04/23 土 戊午 満 天上火 胃
19日 04/24 日 己未 平 天上火 昴
20日 04/25 月 庚申 定 柘榴木 畢
21日 04/26 火 辛酉 執 柘榴木 觜
22日 04/27 水 壬戌 破 大海水 参
23日 04/28 木 癸亥 危 大海水 井
24日 04/29 金 甲子 成 海中金 鬼
25日 04/30 土 乙丑 納 海中金 柳
26日 05/01 日 丙寅 開 爐中火 星
27日 05/02 月 丁卯 閉 爐中火 張
28日 05/03 火 戊辰 建 大林木 翼
29日 05/04 水 己巳 除 大林木 軫
30日 05/05 木 庚午 除 路傍土 角

【四月小 己巳 觜】

節気 小満 16日

1日◎05/06 金 辛未 満 路傍土 亢
2日 05/07 土 壬申 平 釵鋒金 氐
3日 05/08 日 癸酉 定 釵鋒金 房
4日 05/09 月 甲戌 執 山頭火 心
5日 05/10 火 乙亥 破 山頭火 尾
6日 05/11 水 丙子 危 澗下水 箕
7日 05/12 木 丁丑 成 澗下水 斗
8日 05/13 金 戊寅 納 城頭土 牛
9日 05/14 土 己卯 開 城頭土 女
10日 05/15 日 庚辰 閉 白鑞金 虚
11日 05/16 月 辛巳 建 白鑞金 危
12日 05/17 火 壬午 除 楊柳木 室
13日 05/18 水 癸未 満 楊柳木 壁
14日 05/19 木 甲申 平 井泉水 奎
15日 05/20 金 乙酉 定 井泉水 婁
16日 05/21 土 丙戌 執 屋上土 胃
17日 05/22 日 丁亥 破 屋上土 昴
18日 05/23 月 戊子 危 霹靂火 畢
19日 05/24 火 己丑 成 霹靂火 觜
20日 05/25 水 庚寅 納 松柏木 参
21日 05/26 木 辛卯 開 松柏木 井
22日 05/27 金 壬辰 閉 長流水 鬼
23日 05/28 土 癸巳 建 長流水 柳
24日 05/29 日 甲午 除 沙中金 星
25日 05/30 月 乙未 満 沙中金 張
26日 05/31 火 丙申 平 山下火 翼
27日 06/01 水 丁酉 定 山下火 軫
28日 06/02 木 戊戌 執 平地木 角
29日 06/03 金 己亥 破 平地木 亢

【五月大 庚午 参】

節気 芒種 2日・夏至 18日
雑節 入梅 3日・半夏生 29日

1日 06/04 土 庚子 危 壁上土 氐
2日 06/05 日 辛丑 危 壁上土 房
3日 06/06 月 壬寅 成 金箔金 心
4日 06/07 火 癸卯 納 金箔金 尾
5日 06/08 水 甲辰 開 覆燈火 箕
6日 06/09 木 乙巳 閉 覆燈火 斗
7日 06/10 金 丙午 建 天河水 牛
8日 06/11 土 丁未 除 天河水 女
9日 06/12 日 戊申 満 大駅土 虚
10日 06/13 月 己酉 平 大駅土 危
11日 06/14 火 庚戌 定 釵釧金 室
12日 06/15 水 辛亥 執 釵釧金 壁
13日 06/16 木 壬子 破 桑柘木 奎
14日 06/17 金 癸丑 危 桑柘木 婁
15日 06/18 土 甲寅 成 大溪水 胃
16日 06/19 日 乙卯 納 大溪水 昴
17日 06/20 月 丙辰 開 沙中土 畢
18日 06/21 火 丁巳 閉 沙中土 觜
19日 06/22 水 戊午 建 天上火 参
20日 06/23 木 己未 除 天上火 井
21日 06/24 金 庚申 満 柘榴木 鬼
22日 06/25 土 辛酉 平 柘榴木 柳
23日 06/26 日 壬戌 定 大海水 星
24日 06/27 月 癸亥 執 大海水 張
25日 06/28 火 甲子 破 海中金 翼
26日 06/29 水 乙丑 危 海中金 軫
27日 06/30 木 丙寅 成 爐中火 角
28日 07/01 金 丁卯 納 爐中火 亢
29日 07/02 土 戊辰 開 大林木 氐
30日 07/03 日 己巳 閉 大林木 房

【六月小 辛未 井】

節気 小暑 4日・大暑 20日
雑節 土用 16日

1日 07/04 月 庚午 建 路傍土 心
2日 07/05 火 辛未 除 路傍土 尾
3日 07/06 水 壬申 満 釵鋒金 箕
4日 07/07 木 癸酉 満 釵鋒金 斗
5日 07/08 金 甲戌 平 山頭火 牛
6日 07/09 土 乙亥 定 山頭火 女
7日 07/10 日 丙子 執 澗下水 虚
8日 07/11 月 丁丑 破 澗下水 危
9日 07/12 火 戊寅 危 城頭土 室
10日 07/13 水 己卯 成 城頭土 壁
11日 07/14 木 庚辰 納 白鑞金 奎
12日 07/15 金 辛巳 開 白鑞金 婁
13日 07/16 土 壬午 閉 楊柳木 胃
14日 07/17 日 癸未 建 楊柳木 昴
15日 07/18 月 甲申 除 井泉水 畢
16日 07/19 火 乙酉 満 井泉水 觜
17日 07/20 水 丙戌 平 屋上土 参
18日 07/21 木 丁亥 定 屋上土 井
19日 07/22 金 戊子 執 霹靂火 鬼
20日 07/23 土 己丑 破 霹靂火 柳
21日 07/24 日 庚寅 危 松柏木 星
22日 07/25 月 辛卯 成 松柏木 張
23日 07/26 火 壬辰 納 長流水 翼
24日 07/27 水 癸巳 開 長流水 軫
25日 07/28 木 甲午 閉 沙中金 角
26日 07/29 金 乙未 建 沙中金 亢
27日 07/30 土 丙申 除 山下火 氐
28日 07/31 日 丁酉 満 山下火 房
29日 08/01 月 戊戌 平 平地木 心

西暦 曜 干支 直 納音 宿　　　　　　　　　　　　元治元年〔文久4年〕

【七月大 壬申 鬼】
節気 立秋 6日・処暑 22日
雑節 二百十日 30日

1日	08/02	火	己亥	定	平地木	尾
2日	08/03	水	庚子	執	壁上土	箕
3日	08/04	木	辛丑	破	壁上土	斗
4日	08/05	金	壬寅	危	金箔金	牛
5日	08/06	土	癸卯	成	金箔金	女
6日	08/07	日	甲辰	納	覆燈火	虚
7日	08/08	月	乙巳	納	覆燈火	危
8日	08/09	火	丙午	開	天河水	室
9日	08/10	水	丁未	建	天河水	壁
10日	08/11	木	戊申	建	大駅土	奎
11日	08/12	金	己酉	除	大駅土	婁
12日	08/13	土	庚戌	満	釵釧金	胃
13日	08/14	日	辛亥	定	釵釧金	昴
14日	08/15	月	壬子	定	桑柘木	畢
15日	08/16	火	癸丑	執	桑柘木	觜
16日	08/17	水	甲寅	破	大溪水	参
17日	08/18	木	乙卯	危	大溪水	井
18日	08/19	金	丙辰	成	沙中土	鬼
19日	08/20	土	丁巳	納	沙中土	柳
20日	08/21	日	戊午	開	天上火	星
21日	08/22	月	己未	閉	天上火	張
22日	08/23	火	庚申	建	柘榴木	翼
23日	08/24	水	辛酉	除	柘榴木	軫
24日	08/25	木	壬戌	満	大海水	角
25日	08/26	金	癸亥	平	大海水	亢
26日	08/27	土	甲子	定	海中金	氏
27日	08/28	日	乙丑	執	海中金	房
28日	08/29	月	丙寅	破	爐中火	心
29日	08/30	火	丁卯	危	爐中火	尾
30日	08/31	水	戊辰	成	大林木	箕

【八月大 癸酉 柳】
節気 白露 7日・秋分 23日
雑節 彼岸 20日・社日 20日

1日	09/01	木	己巳	納	大林木	斗
2日	09/02	金	庚午	開	路傍土	牛
3日	09/03	土	辛未	閉	路傍土	女
4日	09/04	日	壬申	建	釵鋒金	虚
5日	09/05	月	癸酉	除	釵鋒金	危
6日	09/06	火	甲戌	満	山頭火	室
7日	09/07	水	乙亥	満	山頭火	壁
8日	09/08	木	丙子	平	澗下水	奎
9日	09/09	金	丁丑	定	澗下水	婁
10日	09/10	土	戊寅	執	城頭土	胃
11日	09/11	日	己卯	破	城頭土	昴
12日	09/12	月	庚辰	危	白鑞金	畢
13日	09/13	火	辛巳	成	白鑞金	觜
14日	09/14	水	壬午	納	楊柳木	参
15日	09/15	木	癸未	開	楊柳木	井
16日	09/16	金	甲申	閉	井泉水	鬼
17日	09/17	土	乙酉	建	井泉水	柳
18日	09/18	日	丙戌	除	屋上土	星
19日	09/19	月	丁亥	満	屋上土	張
20日	09/20	火	戊子	平	霹靂火	翼
21日	09/21	水	己丑	定	霹靂火	軫
22日	09/22	木	庚寅	執	松柏木	角
23日	09/23	金	辛卯	破	松柏木	亢
24日	09/24	土	壬辰	危	長流水	氏
25日	09/25	日	癸巳	成	長流水	房
26日	09/26	月	甲午	納	沙中金	心
27日	09/27	火	乙未	開	沙中金	尾
28日	09/28	水	丙申	閉	山下火	箕
29日	09/29	木	丁酉	建	山下火	斗
30日	09/30	金	戊戌	除	平地木	牛

【九月大 甲戌 星】
節気 寒露 8日・霜降 23日
雑節 土用 20日

1日	10/01	土	己亥	満	平地木	女
2日	10/02	日	庚子	平	壁上土	虚
3日	10/03	月	辛丑	定	壁上土	危
4日	10/04	火	壬寅	破	金箔金	室
5日	10/05	水	癸卯	危	金箔金	壁
6日	10/06	木	甲辰	危	覆燈火	奎
7日	10/07	金	乙巳	成	覆燈火	婁
8日	10/08	土	丙午	納	天河水	胃
9日	10/09	日	丁未	納	天河水	昴
10日	10/10	月	戊申	開	大駅土	畢
11日	10/11	火	己酉	閉	大駅土	觜
12日	10/12	水	庚戌	閉	釵釧金	参
13日	10/13	木	辛亥	除	釵釧金	井
14日	10/14	金	壬子	満	桑柘木	鬼
15日	10/15	土	癸丑	平	桑柘木	星
16日	10/16	日	甲寅	定	大溪水	張
17日	10/17	月	乙卯	執	大溪水	翼
18日	10/18	火	丙辰	破	沙中土	軫
19日	10/19	水	丁巳	危	沙中土	角
20日	10/20	木	戊午	成	天上火	亢
21日	10/21	金	己未	納	天上火	氐
22日	10/22	土	庚申	開	柘榴木	房
23日	10/23	日	辛酉	閉	柘榴木	心
24日	10/24	月	壬戌	建	大海水	尾
25日	10/25	火	癸亥	除	大海水	箕
26日	10/26	水	甲子	満	海中金	斗
27日	10/27	木	乙丑	平	海中金	牛
28日	10/28	金	丙寅	定	爐中火	女
29日	10/29	土	丁卯	執	爐中火	虚
30日	10/30	日	戊辰	破	大林木	危

【十月小 乙亥 張】
節気 立冬 8日・小雪 23日

1日	10/31	月	己巳	危	大林木	室
2日	11/01	火	庚午	成	路傍土	壁
3日	11/02	水	辛未	納	路傍土	奎
4日	11/03	木	壬申	開	釵鋒金	婁
5日	11/04	金	癸酉	閉	釵鋒金	胃
6日	11/05	土	甲戌	建	山頭火	昴
7日	11/06	日	乙亥	除	山頭火	畢
8日	11/07	月	丙子	除	澗下水	觜
9日	11/08	火	丁丑	満	澗下水	参
10日	11/09	水	戊寅	平	城頭土	井
11日	11/10	木	己卯	定	城頭土	鬼
12日	11/11	金	庚辰	執	白鑞金	柳
13日	11/12	土	辛巳	破	白鑞金	星
14日	11/13	日	壬午	危	楊柳木	張
15日	11/14	月	癸未	成	楊柳木	翼
16日	11/15	火	甲申	納	井泉水	軫
17日	11/16	水	乙酉	閉	井泉水	角
18日	11/17	木	丙戌	閉	屋上土	亢
19日	11/18	金	丁亥	建	屋上土	氐
20日	11/19	土	戊子	除	霹靂火	房
21日	11/20	日	己丑	満	霹靂火	心
22日	11/21	月	庚寅	平	松柏木	尾
23日	11/22	火	辛卯	定	松柏木	箕
24日	11/23	水	壬辰	執	長流水	斗
25日	11/24	木	癸巳	破	長流水	牛
26日	11/25	金	甲午	危	沙中金	女
27日	11/26	土	乙未	成	沙中金	虚
28日	11/27	日	丙申	納	山下火	危
29日	11/28	月	丁酉	開	山下火	室

【十一月大 丙子 翼】
節気 大雪 9日・冬至 23日

1日	11/29	火	戊戌	閉	平地木	室
2日	11/30	水	己亥	建	平地木	壁
3日	12/01	木	庚子	除	壁上土	奎
4日	12/02	金	辛丑	満	壁上土	婁
5日	12/03	土	壬寅	平	金箔金	胃
6日	12/04	日	癸卯	定	金箔金	昴
7日	12/05	月	甲辰	執	覆燈火	畢
8日	12/06	火	乙巳	破	覆燈火	觜
9日	12/07	水	丙午	破	天河水	参
10日	12/08	木	丁未	危	天河水	井
11日	12/09	金	戊申	成	大駅土	鬼
12日	12/10	土	己酉	納	大駅土	柳
13日	12/11	日	庚戌	開	釵釧金	星
14日	12/12	月	辛亥	閉	釵釧金	張
15日	12/13	火	壬子	建	桑柘木	翼
16日	12/14	水	癸丑	除	桑柘木	軫
17日	12/15	木	甲寅	満	大溪水	角
18日	12/16	金	乙卯	平	大溪水	亢
19日	12/17	土	丙辰	定	沙中土	氐
20日	12/18	日	丁巳	執	沙中土	房
21日	12/19	月	戊午	破	天上火	心
22日	12/20	火	己未	危	天上火	尾
23日	12/21	水	庚申	成	柘榴木	箕
24日	12/22	木	辛酉	納	柘榴木	斗
25日	12/23	金	壬戌	開	大海水	牛
26日	12/24	土	癸亥	閉	大海水	虚
27日	12/25	日	甲子	建	海中金	虚
28日	12/26	月	乙丑	除	海中金	危
29日	12/27	火	丙寅	満	爐中火	室
30日	12/28	水	丁卯	平	爐中火	壁

【十二月小 丁丑 軫】
節気 小寒 8日・大寒 23日
雑節 土用 20日

1日	12/29	木	戊辰	定	大林木	奎
2日	12/30	金	己巳	執	大林木	婁
3日	12/31	土	庚午	破	路傍土	胃

1865年

4日	01/01	日	辛未	危	路傍土	昴
5日	01/02	月	壬申	成	釵鋒金	畢
6日	01/03	火	癸酉	納	釵鋒金	觜
7日	01/04	水	甲戌	開	山頭火	参
8日	01/05	木	乙亥	開	山頭火	井
9日	01/06	金	丙子	閉	澗下水	鬼
10日	01/07	土	丁丑	建	澗下水	柳
11日	01/08	日	戊寅	除	城頭土	星
12日	01/09	月	己卯	満	城頭土	張
13日	01/10	火	庚辰	平	白鑞金	翼
14日	01/11	水	辛巳	定	白鑞金	軫
15日	01/12	木	壬午	執	楊柳木	角
16日	01/13	金	癸未	破	楊柳木	亢
17日	01/14	土	甲申	危	井泉水	氐
18日	01/15	日	乙酉	成	井泉水	房
19日	01/16	月	丙戌	納	屋上土	心
20日	01/17	火	丁亥	閉	霹靂火	尾
21日	01/18	水	戊子	閉	霹靂火	箕
22日	01/19	木	己丑	建	霹靂火	斗
23日	01/20	金	庚寅	除	松柏木	牛
24日	01/21	土	辛卯	満	松柏木	女
25日	01/22	日	壬辰	平	長流水	虚
26日	01/23	月	癸巳	定	長流水	危
27日	01/24	火	甲午	執	沙中金	室
28日	01/25	水	乙未	破	沙中金	壁
29日	01/26	木	丙申	危	山下火	奎

慶応元年〔元治2年〕

1865〜1866　乙丑　房
※改元＝4月7日

【正月大 戊寅 角】
節気　立春 9日・雨水 23日
雑節　節分 8日

```
1日  01/27 金 丁酉 成 山下火 婁
2日  01/28 土 戊戌 納 平地木 胃
3日  01/29 日 己亥 開 平地木 昴
4日  01/30 月 庚子 閉 壁上土 畢
5日  01/31 火 辛丑 建 壁上土 觜
6日  02/01 水 壬寅 除 金箔金 参
7日  02/02 木 癸卯 満 金箔金 参
8日  02/03 金 甲辰 平 覆燈火 鬼
9日  02/04 土 乙巳 平 覆燈火 柳
10日 02/05 日 丙午 執 天河水 星
11日 02/06 月 丁未 破 天河水 張
12日 02/07 火 戊申 破 大駅土 翼
13日 02/08 水 己酉 成 大駅土 軫
14日 02/09 木 庚戌 納 釵釧金 角
15日 02/10 金 辛亥 納 釵釧金 亢
16日 02/11 土 壬子 開 桑柘木 氐
17日 02/12 日 癸丑 閉 桑柘木 房
18日 02/13 月 甲寅 建 大渓水 心
19日 02/14 火 乙卯 除 沙中土 尾
20日 02/15 水 丙辰 満 沙中土 箕
21日 02/16 木 丁巳 平 沙中土 斗
22日 02/17 金 戊午 定 天上火 女
23日 02/18 土 己未 執 天上火 虚
24日 02/19 日 庚申 破 柘榴木 危
25日 02/20 月 辛酉 危 柘榴木 室
26日 02/21 火 壬戌 成 大海水 壁
27日 02/22 水 癸亥 納 大海水 奎
28日 02/23 木 甲子 開 海中金 婁
29日 02/24 金 乙丑 閉 海中金 胃
30日 02/25 土 丙寅 建 爐中火 昴
```

【二月小 己卯 亢】
節気　啓蟄 8日・春分 23日
雑節　彼岸 20日・社日 22日

```
1日  02/26 日 丁卯 除 爐中火 昴
2日  02/27 月 戊辰 満 大林木 畢
3日  02/28 火 己巳 平 大林木 觜
4日  03/01 水 庚午 定 路傍土 参
5日  03/02 木 辛未 執 路傍土 井
6日  03/03 金 壬申 破 釼鋒金 鬼
7日  03/04 土 癸酉 危 釼鋒金 柳
8日  03/05 日 甲戌 成 山頭火 星
9日  03/06 月 乙亥 納 山頭火 張
10日 03/07 火 丙子 開 澗下水 翼
11日 03/08 水 丁丑 閉 澗下水 軫
12日 03/09 木 戊寅 閉 城頭土 角
13日 03/10 金 己卯 建 城頭土 亢
14日 03/11 土 庚辰 除 白鑞金 氐
15日 03/12 日 辛巳 満 白鑞金 房
16日 03/13 月 壬午 平 楊柳木 心
17日 03/14 火 癸未 定 楊柳木 尾
18日 03/15 水 甲申 執 井泉水 箕
19日 03/16 木 乙酉 破 井泉水 斗
20日 03/17 金 丙戌 危 屋上土 牛
21日 03/18 土 丁亥 成 屋上土 女
22日 03/19 日 戊子 納 霹靂火 虚
23日 03/20 月 己丑 開 霹靂火 危
24日 03/21 火 庚寅 閉 松柏木 室
25日 03/22 水 辛卯 建 松柏木 壁
26日 03/23 木 壬辰 除 長流水 奎
27日 03/24 金 癸巳 満 長流水 婁
28日 03/25 土 甲午 平 沙中金 胃
29日 03/26 日 乙未 定 沙中金 昴
```

【三月小 庚辰 氐】
節気　清明 10日・穀雨 25日
雑節　土用 22日

```
1日  03/27 月 丙申 執 山下火 畢
2日  03/28 火 丁酉 破 山下火 觜
3日  03/29 水 戊戌 危 平地木 参
4日  03/30 木 己亥 成 平地木 井
5日  03/31 金 庚子 納 壁上土 鬼
6日  04/01 土 辛丑 開 壁上土 柳
7日  04/02 日 壬寅 閉 金箔金 星
8日  04/03 月 癸卯 建 金箔金 張
9日  04/04 火 甲辰 除 覆燈火 翼
10日 04/05 水 乙巳 除 覆燈火 軫
11日 04/06 木 丙午 満 天河水 角
12日 04/07 金 丁未 平 天河水 亢
13日 04/08 土 戊申 定 大駅土 氐
14日 04/09 日 己酉 執 大駅土 房
15日 04/10 月 庚戌 破 釵釧金 心
16日 04/11 火 辛亥 危 釵釧金 尾
17日 04/12 水 壬子 成 桑柘木 箕
18日 04/13 木 癸丑 納 桑柘木 斗
19日 04/14 金 甲寅 開 大渓水 牛
20日 04/15 土 乙卯 閉 沙中土 女
21日 04/16 日 丙辰 建 沙中土 虚
22日 04/17 月 丁巳 除 沙中土 危
23日 04/18 火 戊午 満 天上火 室
24日 04/19 水 己未 平 天上火 壁
25日 04/20 木 庚申 定 柘榴木 奎
26日 04/21 金 辛酉 執 柘榴木 婁
27日 04/22 土 壬戌 破 大海水 胃
28日 04/23 日 癸亥 危 大海水 昴
29日 04/24 月 甲子 成 海中金 畢
```

【四月大 辛巳 房】
節気　立夏 11日・小満 27日
雑節　八十八夜 8日

```
1日  04/25 火 乙丑 納 海中金 觜
2日  04/26 水 丙寅 開 爐中火 参
3日  04/27 木 丁卯 閉 爐中火 井
4日  04/28 金 戊辰 建 大林木 鬼
5日  04/29 土 己巳 除 大林木 柳
6日  04/30 日 庚午 平 路傍土 星
7日  05/01 月 辛未 平 路傍土 張
```
　　　　＊改元〔元治2年→慶応元年〕
```
8日  05/02 火 壬申 定 釼鋒金 翼
9日  05/03 水 癸酉 執 釼鋒金 軫
10日 05/04 木 甲戌 破 山頭火 角
11日 05/05 金 乙亥 危 山頭火 亢
12日 05/06 土 丙子 危 澗下水 氐
13日 05/07 日 丁丑 成 澗下水 房
14日 05/08 月 戊寅 納 城頭土 心
15日 05/09 火 己卯 開 城頭土 尾
16日 05/10 水 庚辰 閉 白鑞金 箕
17日 05/11 木 辛巳 建 白鑞金 斗
18日 05/12 金 壬午 除 楊柳木 牛
19日 05/13 土 癸未 満 楊柳木 女
20日 05/14 日 甲申 平 井泉水 虚
21日 05/15 月 乙酉 定 井泉水 危
22日 05/16 火 丙戌 執 屋上土 室
23日 05/17 水 丁亥 破 屋上土 壁
24日 05/18 木 戊子 危 霹靂火 奎
25日 05/19 金 己丑 成 霹靂火 婁
26日 05/20 土 庚寅 納 松柏木 胃
27日 05/21 日 辛卯 開 松柏木 昴
28日 05/22 月 壬辰 閉 長流水 畢
29日 05/23 火 癸巳 建 長流水 觜
30日 05/24 水 甲午 除 沙中金 参
```

【五月小 壬午 心】
節気　芒種 13日・夏至 28日
雑節　入梅 18日

```
1日  05/25 木 乙未 満 沙中金 井
2日  05/26 金 丙申 平 山下火 鬼
3日  05/27 土 丁酉 定 山下火 柳
4日  05/28 日 戊戌 執 平地木 星
5日  05/29 月 己亥 破 平地木 張
6日  05/30 火 庚子 危 壁上土 翼
7日  05/31 水 辛丑 成 壁上土 軫
8日  06/01 木 壬寅 納 金箔金 角
9日  06/02 金 癸卯 開 金箔金 亢
10日 06/03 土 甲辰 閉 覆燈火 氐
11日 06/04 日 乙巳 建 覆燈火 房
12日 06/05 月 丙午 除 天河水 心
13日 06/06 火 丁未 満 天河水 尾
14日 06/07 水 戊申 平 大駅土 箕
15日 06/08 木 己酉 定 大駅土 斗
16日 06/09 金 庚戌 執 釵釧金 牛
17日 06/10 土 辛亥 破 釵釧金 女
18日 06/11 日 壬子 危 桑柘木 虚
19日 06/12 月 癸丑 成 桑柘木 危
20日 06/13 火 甲寅 納 大渓水 室
21日 06/14 水 乙卯 開 大渓水 壁
22日 06/15 木 丙辰 閉 沙中土 奎
23日 06/16 金 丁巳 建 沙中土 婁
24日 06/17 土 戊午 除 天上火 胃
25日 06/18 日 己未 満 天上火 昴
26日 06/19 月 庚申 平 柘榴木 畢
27日 06/20 火 辛酉 定 柘榴木 觜
28日 06/21 水 壬戌 執 大海水 参
29日 06/22 木 癸亥 破 大海水 井
```

【閏五月大 壬午 心】
節気　小暑 15日
雑節　半夏生 10日・土用 27日

```
1日  06/23 金 甲子 破 海中金 鬼
2日  06/24 土 乙丑 危 海中金 柳
3日  06/25 日 丙寅 成 爐中火 星
4日  06/26 月 丁卯 納 爐中火 張
5日  06/27 火 戊辰 開 大林木 翼
6日  06/28 水 己巳 閉 大林木 軫
7日  06/29 木 庚午 建 路傍土 角
8日  06/30 金 辛未 除 路傍土 亢
9日  07/01 土 壬申 満 釼鋒金 氐
10日 07/02 日 癸酉 平 釼鋒金 房
11日 07/03 月 甲戌 定 山頭火 心
12日 07/04 火 乙亥 執 山頭火 尾
13日 07/05 水 丙子 破 澗下水 箕
14日 07/06 木 丁丑 危 澗下水 斗
15日 07/07 金 戊寅 成 城頭土 牛
16日 07/08 土 己卯 納 城頭土 女
17日 07/09 日 庚辰 開 白鑞金 虚
18日 07/10 月 辛巳 閉 白鑞金 危
19日 07/11 火 壬午 建 楊柳木 室
20日 07/12 水 癸未 除 楊柳木 壁
21日 07/13 木 甲申 満 井泉水 奎
22日 07/14 金 乙酉 平 井泉水 婁
23日 07/15 土 丙戌 定 屋上土 胃
24日 07/16 日 丁亥 執 屋上土 昴
25日 07/17 月 戊子 破 霹靂火 畢
26日 07/18 火 己丑 危 霹靂火 觜
27日 07/19 水 庚寅 成 松柏木 参
28日 07/20 木 辛卯 納 松柏木 井
29日 07/21 金 壬辰 開 長流水 鬼
30日 07/22 土 癸巳 閉 長流水 柳
```

【六月小 癸未 尾】
節気　大暑 1日・立秋 16日

```
1日  07/23 日 甲午 建 沙中金 星
2日  07/24 月 乙未 除 沙中金 張
3日  07/25 火 丙申 満 山下火 翼
4日  07/26 水 丁酉 平 山下火 軫
5日  07/27 木 戊戌 定 平地木 角
6日  07/28 金 己亥 執 平地木 亢
7日  07/29 土 庚子 破 壁上土 氐
8日  07/30 日 辛丑 危 壁上土 房
9日  07/31 月 壬寅 成 金箔金 心
10日 08/01 火 癸卯 納 金箔金 尾
11日 08/02 水 甲辰 開 覆燈火 箕
12日 08/03 木 乙巳 閉 覆燈火 斗
13日 08/04 金 丙午   天河水
```

慶応元年〔元治2年〕

西暦	曜	干支	直	納音	宿
14日 08/05	土	丁未	建	天河水	女
15日 08/06	日	戊申	除	大駅土	虚
16日 08/07	月	己酉	満	大駅土	危
17日 08/08	火	庚戌	満	釵釧金	室
18日 08/09	水	辛亥	平	釵釧金	壁
19日 08/10	木	壬子	定	桑柘木	奎
20日 08/11	金	癸丑	執	桑柘木	婁
21日 08/12	土	甲寅	破	大渓水	胃
22日 08/13	日	乙卯	危	大渓水	昴
23日 08/14	月	丙辰	成	沙中土	畢
24日 08/15	火	丁巳	納	沙中土	觜
25日 08/16	水	戊午	開	天上火	参
26日 08/17	木	己未	閉	天上火	井
27日 08/18	金	庚申	建	柘榴木	鬼
28日 08/19	土	辛酉	除	柘榴木	柳
29日 08/20	日	壬戌	満	大海水	星

【七月大 甲申 箕】
節気 処暑 3日・白露 19日
雑節 二百十日 12日

西暦	曜	干支	直	納音	宿
1日 08/21	月	癸亥	平	大海水	張
2日 08/22	火	甲子	定	海中金	翼
3日 08/23	水	乙丑	執	海中金	軫
4日 08/24	木	丙寅	破	炉中火	角
5日 08/25	金	丁卯	危	炉中火	亢
6日 08/26	土	戊辰	成	大林木	氐
7日 08/27	日	己巳	納	大林木	房
8日 08/28	月	庚午	開	路傍土	心
9日 08/29	火	辛未	閉	路傍土	尾
10日 08/30	水	壬申	建	釵鋒金	箕
11日 08/31	木	癸酉	除	釵鋒金	斗
12日 09/01	金	甲戌	満	山頭火	女
13日 09/02	土	乙亥	平	山頭火	虚
14日 09/03	日	丙子	定	澗下水	危
15日 09/04	月	丁丑	執	澗下水	室
16日 09/05	火	戊寅	破	城頭土	壁
17日 09/06	水	己卯	危	城頭土	奎
18日 09/07	木	庚辰	成	白鑞金	婁
19日 09/08	金	辛巳	納	白鑞金	胃
20日 09/09	土	壬午	開	楊柳木	昴
21日 09/10	日	癸未	閉	楊柳木	畢
22日 09/11	月	甲申	建	井泉水	觜
23日 09/12	火	乙酉	除	井泉水	参
24日 09/13	水	丙戌	満	屋上土	井
25日 09/14	木	丁亥	平	屋上土	鬼
26日 09/15	金	戊子	定	霹靂火	柳
27日 09/16	土	己丑	執	霹靂火	星
28日 09/17	日	庚寅	破	松柏木	張
29日 09/18	月	辛卯	危	松柏木	翼
30日 09/19	火	壬辰	成	長流水	軫

【八月大 乙酉 斗】
節気 秋分 4日・寒露 19日
雑節 彼岸 1日・社日 6日

西暦	曜	干支	直	納音	宿
1日 09/20	水	癸巳	納	長流水	角
2日 09/21	木	甲午	開	沙中金	亢
3日 09/22	金	乙未	閉	沙中金	氐
4日 09/23	土	丙申	建	山下火	房
5日 09/24	日	丁酉	除	山下火	心
6日 09/25	月	戊戌	満	平地木	尾
7日 09/26	火	己亥	平	平地木	箕
8日 09/27	水	庚子	定	壁上土	斗
9日 09/28	木	辛丑	執	壁上土	女
10日 09/29	金	壬寅	破	金箔金	虚
11日 09/30	土	癸卯	危	金箔金	危
12日 10/01	日	甲辰	成	覆燈火	室
13日 10/02	月	乙巳	納	覆燈火	壁
14日 10/03	火	丙午	開	天河水	奎
15日 10/04	水	丁未	閉	天河水	婁
16日 10/05	木	戊申	建	大駅土	胃
17日 10/06	金	己酉	除	大駅土	昴
18日 10/07	土	庚戌	満	釵釧金	畢
19日 10/08	日	辛亥	除	釵釧金	觜

西暦	曜	干支	直	納音	宿
20日 10/09	月	壬子	満	桑柘木	畢
21日 10/10	火	癸丑	平	桑柘木	觜
22日 10/11	水	甲寅	定	大渓水	参
23日 10/12	木	乙卯	執	大渓水	井
24日 10/13	金	丙辰	破	沙中土	鬼
25日 10/14	土	丁巳	危	沙中土	柳
26日 10/15	日	戊午	成	天上火	星
27日 10/16	月	己未	納	天上火	張
28日 10/17	火	庚申	開	柘榴木	翼
29日 10/18	水	辛酉	閉	柘榴木	軫
30日 10/19	木	壬戌	建	大海水	角

【九月小 丙戌 牛】
節気 霜降 4日・立冬 19日
雑節 土用 1日

西暦	曜	干支	直	納音	宿
1日 10/20	金	癸亥	除	大海水	亢
2日 10/21	土	甲子	平	海中金	氐
3日 10/22	日	乙丑	平	海中金	房
4日 10/23	月	丙寅	定	炉中火	心
5日 10/24	火	丁卯	執	炉中火	尾
6日 10/25	水	戊辰	破	大林木	箕
7日 10/26	木	己巳	危	大林木	斗
8日 10/27	金	庚午	成	路傍土	牛
9日 10/28	土	辛未	納	路傍土	女
10日 10/29	日	壬申	開	釵鋒金	虚
11日 10/30	月	癸酉	閉	釵鋒金	危
12日 10/31	火	甲戌	建	山頭火	室
13日 11/01	水	乙亥	除	山頭火	壁
14日 11/02	木	丙子	満	澗下水	奎
15日 11/03	金	丁丑	平	澗下水	婁
16日 11/04	土	戊寅	定	城頭土	胃
17日 11/05	日	己卯	執	城頭土	昴
18日 11/06	月	庚辰	破	白鑞金	畢
19日 11/07	火	辛巳	危	白鑞金	觜
20日 11/08	水	壬午	成	楊柳木	参
21日 11/09	木	癸未	納	楊柳木	井
22日 11/10	金	甲申	開	井泉水	鬼
23日 11/11	土	乙酉	閉	井泉水	柳
24日 11/12	日	丙戌	建	屋上土	星
25日 11/13	月	丁亥	除	屋上土	張
26日 11/14	火	戊子	満	霹靂火	翼
27日 11/15	水	己丑	満	霹靂火	軫
28日 11/16	木	庚寅	平	松柏木	角
29日 11/17	金	辛卯	定	松柏木	亢

【十月大 丁亥 女】
節気 小雪 5日・大雪 20日

西暦	曜	干支	直	納音	宿
1日 11/18	土	壬辰	執	長流水	氐
2日 11/19	日	癸巳	破	長流水	房
3日 11/20	月	甲午	成	沙中金	心
4日 11/21	火	乙未	成	沙中金	尾
5日 11/22	水	丙申	納	山下火	箕
6日 11/23	木	丁酉	開	山下火	斗
7日 11/24	金	戊戌	閉	平地木	牛
8日 11/25	土	己亥	建	平地木	女
9日 11/26	日	庚子	除	壁上土	虚
10日 11/27	月	辛丑	満	壁上土	危
11日 11/28	火	壬寅	平	金箔金	室
12日 11/29	水	癸卯	定	金箔金	壁
13日 11/30	木	甲辰	執	覆燈火	奎
14日 12/01	金	乙巳	破	覆燈火	婁
15日 12/02	土	丙午	危	天河水	胃
16日 12/03	日	丁未	成	天河水	昴
17日 12/04	月	戊申	納	大駅土	畢
18日 12/05	火	己酉	開	大駅土	觜
19日 12/06	水	庚戌	閉	釵釧金	参
20日 12/07	木	辛亥	建	釵釧金	井
21日 12/08	金	壬子	除	桑柘木	鬼
22日 12/09	土	癸丑	満	桑柘木	柳
23日 12/10	日	甲寅	平	大渓水	星
24日 12/11	月	乙卯	定	大渓水	張
25日 12/12	火	丙辰	執	沙中土	翼
26日 12/13	水	丁巳	破	沙中土	軫

西暦	曜	干支	直	納音	宿
27日 12/14	木	戊午	危	天上火	角
28日 12/15	金	己未	成	天上火	亢
29日 12/16	土	庚申	納	柘榴木	氐
30日 12/17	日	辛酉	開	柘榴木	房

【十一月大 戊子 虚】
節気 冬至 5日・小寒 19日

西暦	曜	干支	直	納音	宿
1日 12/18	月	壬戌	閉	大海水	心
2日 12/19	火	癸亥	閉	大海水	尾
3日 12/20	水	甲子	除	海中金	箕
4日 12/21	木	乙丑	除	海中金	斗
5日 12/22	金	丙寅	満	炉中火	牛
6日 12/23	土	丁卯	定	炉中火	女
7日 12/24	日	戊辰	執	大林木	虚
8日 12/25	月	己巳	執	大林木	危
9日 12/26	火	庚午	破	路傍土	室
10日 12/27	水	辛未	危	路傍土	壁
11日 12/28	木	壬申	成	釵鋒金	奎
12日 12/29	金	癸酉	納	釵鋒金	婁
13日 12/30	土	甲戌	開	山頭火	胃
14日 12/31	日	乙亥	閉	山頭火	昴

1866年

西暦	曜	干支	直	納音	宿
15日 01/01	月	丙子	建	澗下水	畢
16日 01/02	火	丁丑	除	澗下水	觜
17日 01/03	水	戊寅	満	城頭土	参
18日 01/04	木	己卯	平	城頭土	井
19日 01/05	金	庚辰	定	白鑞金	鬼
20日 01/06	土	辛巳	定	白鑞金	柳
21日 01/07	日	壬午	執	楊柳木	星
22日 01/08	月	癸未	破	楊柳木	張
23日 01/09	火	甲申	危	井泉水	翼
24日 01/10	水	乙酉	成	井泉水	軫
25日 01/11	木	丙戌	納	屋上土	角
26日 01/12	金	丁亥	開	屋上土	亢
27日 01/13	土	戊子	閉	霹靂火	氐
28日 01/14	日	己丑	建	霹靂火	房
29日 01/15	月	庚寅	除	松柏木	心
30日 01/16	火	辛卯	満	松柏木	尾

【十二月小 己丑 危】
節気 大寒 4日・立春 19日
雑節 土用 2日・節分 18日

西暦	曜	干支	直	納音	宿
1日 01/17	水	壬辰	平	長流水	箕
2日 01/18	木	癸巳	定	長流水	斗
3日 01/19	金	甲午	執	沙中金	牛
4日 01/20	土	乙未	破	沙中金	女
5日 01/21	日	丙申	危	山下火	虚
6日 01/22	月	丁酉	成	山下火	危
7日 01/23	火	戊戌	納	平地木	室
8日 01/24	水	己亥	開	平地木	壁
9日 01/25	木	庚子	閉	壁上土	奎
10日 01/26	金	辛丑	建	壁上土	婁
11日 01/27	土	壬寅	除	金箔金	胃
12日 01/28	日	癸卯	平	金箔金	昴
13日 01/29	月	甲辰	定	覆燈火	畢
14日 01/30	火	乙巳	執	覆燈火	觜
15日 01/31	水	丙午	破	天河水	参
16日 02/01	木	丁未	危	天河水	井
17日 02/02	金	戊申	成	大駅土	鬼
18日 02/03	土	己酉	納	大駅土	柳
19日 02/04	日	庚戌	開	釵釧金	星
20日 02/05	月	辛亥	閉	釵釧金	張
21日 02/06	火	壬子	建	桑柘木	翼
22日 02/07	水	癸丑	除	桑柘木	軫
23日 02/08	木	甲寅	満	大渓水	角
24日 02/09	金	乙卯	平	大渓水	亢
25日 02/10	土	丙辰	定	沙中土	氐
26日 02/11	日	丁巳	執	沙中土	房
27日 02/12	月	戊午	破	天上火	心
28日 02/13	火	己未	危	天上火	尾
29日 02/14	水	庚申	成	柘榴木	箕

慶応2年
1866～1867　丙寅　心

【正月大 庚寅 室】
節気 雨水 5日・啓蟄 20日

1日	02/15	木	辛酉	危	柘榴木	斗	
2日	02/16	金	壬戌	成	大海水	牛	
3日	02/17	土	癸亥	納	大海水	女	
4日	02/18	日	甲子	開	海中金	虚	
5日	02/19	月	乙丑	閉	海中金	危	
6日	02/20	火	丙寅	建	爐中火	室	
7日	02/21	水	丁卯	除	爐中火	壁	
8日	02/22	木	戊辰	満	大林木	奎	
9日	02/23	金	己巳	平	大林木	婁	
10日	02/24	土	庚午	定	路傍土	胃	
11日	02/25	日	辛未	執	路傍土	昴	
12日	02/26	月	壬申	破	釼鋒金	畢	
13日	02/27	火	癸酉	危	釼鋒金	觜	
14日	02/28	水	甲戌	成	山頭火	参	
15日	03/01	木	乙亥	納	山頭火	井	
16日	03/02	金	丙子	開	澗下水	鬼	
17日	03/03	土	丁丑	閉	澗下水	柳	
18日	03/04	日	戊寅	建	城頭土	星	
19日	03/05	月	己卯	除	城頭土	張	
20日	03/06	火	庚辰	除	白鑞金	翼	
21日	03/07	水	辛巳	満	白鑞金	軫	
22日	03/08	木	壬午	平	楊柳木	角	
23日	03/09	金	癸未	定	楊柳木	亢	
24日	03/10	土	甲申	執	井泉水	氐	
25日	03/11	日	乙酉	破	井泉水	房	
26日	03/12	月	丙戌	危	屋上土	心	
27日	03/13	火	丁亥	成	屋上土	尾	
28日	03/14	水	戊子	納	霹靂火	箕	
29日	03/15	木	己丑	開	霹靂火	斗	
30日	03/16	金	庚寅	閉	松柏木	牛	

【二月小 辛卯 壁】
節気 春分 5日・清明 20日
雑節 彼岸 2日・社日 8日

1日	03/17	土	辛卯	建	松柏木	女	
2日	03/18	日	壬辰	除	長流水	虚	
3日	03/19	月	癸巳	満	長流水	危	
4日	03/20	火	甲午	平	沙中金	室	
5日	03/21	水	乙未	定	沙中金	壁	
6日	03/22	木	丙申	執	山下火	奎	
7日	03/23	金	丁酉	破	山下火	婁	
8日	03/24	土	戊戌	危	平地木	胃	
9日	03/25	日	己亥	成	平地木	昴	
10日	03/26	月	庚子	納	壁上土	畢	
11日	03/27	火	辛丑	開	壁上土	觜	
12日	03/28	水	壬寅	閉	金箔金	参	
13日	03/29	木	癸卯	建	金箔金	井	
14日	03/30	金	甲辰	除	覆燈火	鬼	
15日	03/31	土	乙巳	満	覆燈火	柳	
16日	04/01	日	丙午	平	天河水	星	
17日	04/02	月	丁未	定	天河水	張	
18日	04/03	火	戊申	執	大駅土	翼	
19日	04/04	水	己酉	破	大駅土	軫	
20日	04/05	木	庚戌	危	釼釧金	角	
21日	04/06	金	辛亥	成	釼釧金	亢	
22日	04/07	土	壬子	納	桑柘木	氐	
23日	04/08	日	癸丑	開	桑柘木	房	
24日	04/09	月	甲寅	閉	大溪水	心	
25日	04/10	火	乙卯	閉	大溪水	尾	
26日	04/11	水	丙辰	建	沙中土	箕	
27日	04/12	木	丁巳	除	沙中土	斗	
28日	04/13	金	戊午	満	天上火	牛	
29日	04/14	土	己未	平	天上火	女	

【三月大 壬辰 奎】
節気 穀雨 6日・立夏 22日
雑節 土用 3日・八十八夜 18日

1日	04/15	日	庚申	定	柘榴木	虚	
2日	04/16	月	辛酉	執	柘榴木	危	
3日	04/17	火	壬戌	破	大海水	室	
4日	04/18	水	癸亥	危	大海水	壁	
5日	04/19	木	甲子	成	海中金	奎	
6日	04/20	金	乙丑	納	海中金	婁	
7日	04/21	土	丙寅	開	爐中火	胃	
8日	04/22	日	丁卯	閉	爐中火	昴	
9日	04/23	月	戊辰	建	大林木	畢	
10日	04/24	火	己巳	除	大林木	觜	
11日	04/25	水	庚午	満	路傍土	参	
12日	04/26	木	辛未	平	路傍土	井	
13日	04/27	金	壬申	定	釼鋒金	鬼	
14日	04/28	土	癸酉	執	釼鋒金	柳	
15日	04/29	日	甲戌	破	山頭火	星	
16日	04/30	月	乙亥	危	山頭火	張	
17日	05/01	火	丙子	成	澗下水	翼	
18日	05/02	水	丁丑	納	澗下水	軫	
19日	05/03	木	戊寅	開	城頭土	角	
20日	05/04	金	己卯	閉	城頭土	亢	
21日	05/05	土	庚辰	建	白鑞金	氐	
22日	05/06	日	辛巳	除	白鑞金	房	
23日	05/07	月	壬午	満	楊柳木	心	
24日	05/08	火	癸未	平	楊柳木	尾	
25日	05/09	水	甲申	定	井泉水	箕	
26日	05/10	木	乙酉	執	井泉水	斗	
27日	05/11	金	丙戌	破	屋上土	牛	
28日	05/12	土	丁亥	危	屋上土	女	
29日	05/13	日	戊子	成	霹靂火	虚	
30日	05/14	月	己丑	成	霹靂火	危	

【四月小 癸巳 婁】
節気 小満 7日・芒種 23日
雑節 入梅 23日

1日	05/15	火	庚寅	納	松柏木	室	
2日	05/16	水	辛卯	開	松柏木	壁	
3日	05/17	木	壬辰	閉	長流水	奎	
4日	05/18	金	癸巳	建	長流水	婁	
5日	05/19	土	甲午	除	沙中金	胃	
6日	05/20	日	乙未	満	沙中金	昴	
7日	05/21	月	丙申	平	山下火	畢	
8日	05/22	火	丁酉	定	山下火	觜	
9日	05/23	水	戊戌	執	平地木	参	
10日	05/24	木	己亥	破	平地木	井	
11日	05/25	金	庚子	危	壁上土	鬼	
12日	05/26	土	辛丑	成	壁上土	柳	
13日	05/27	日	壬寅	納	金箔金	星	
14日	05/28	月	癸卯	開	金箔金	張	
15日	05/29	火	甲辰	閉	覆燈火	翼	
16日	05/30	水	乙巳	建	覆燈火	軫	
17日	05/31	木	丙午	除	天河水	角	
18日	06/01	金	丁未	満	天河水	亢	
19日	06/02	土	戊申	平	大駅土	氐	
20日	06/03	日	己酉	定	大駅土	房	
21日	06/04	月	庚戌	執	釼釧金	心	
22日	06/05	火	辛亥	破	釼釧金	尾	
23日	06/06	水	壬子	破	桑柘木	箕	
24日	06/07	木	癸丑	危	桑柘木	斗	
25日	06/08	金	甲寅	成	大溪水	牛	
26日	06/09	土	乙卯	納	大溪水	女	
27日	06/10	日	丙辰	開	沙中土	虚	
28日	06/11	月	丁巳	閉	沙中土	危	

【五月小 甲午 胃】
節気 夏至 10日・小暑 25日
雑節 半夏生 20日

29日	06/12	火	戊午	建	天上火	室	
1日	06/13	水	己未	除	天上火	壁	
2日	06/14	木	庚申	満	柘榴木	奎	
3日	06/15	金	辛酉	平	柘榴木	婁	
4日	06/16	土	壬戌	定	大海水	胃	
5日	06/17	日	癸亥	執	大海水	昴	
6日	06/18	月	甲子	破	海中金	畢	
7日	06/19	火	乙丑	危	海中金	觜	
8日	06/20	水	丙寅	成	爐中火	参	
9日	06/21	木	丁卯	納	爐中火	井	
10日	06/22	金	戊辰	開	大林木	鬼	
11日	06/23	土	己巳	閉	大林木	柳	
12日	06/24	日	庚午	建	路傍土	星	
13日	06/25	月	辛未	除	路傍土	張	
14日	06/26	火	壬申	満	釼鋒金	翼	
15日	06/27	水	癸酉	平	釼鋒金	軫	
16日	06/28	木	甲戌	定	山頭火	角	
17日	06/29	金	乙亥	執	山頭火	亢	
18日	06/30	土	丙子	破	澗下水	氐	
19日	07/01	日	丁丑	危	澗下水	房	
20日	07/02	月	戊寅	納	城頭土	心	
21日	07/03	火	己卯	納	城頭土	尾	
22日	07/04	水	庚辰	開	白鑞金	箕	
23日	07/05	木	辛巳	閉	白鑞金	斗	
24日	07/06	金	壬午	建	楊柳木	牛	
25日	07/07	土	癸未	建	楊柳木	女	
26日	07/08	日	甲申	除	井泉水	虚	
27日	07/09	月	乙酉	満	井泉水	危	
28日	07/10	火	丙戌	平	屋上土	室	
29日	07/11	水	丁亥	定	屋上土	壁	

【六月小 乙未 昴】
節気 大暑 12日・立秋 28日
雑節 土用 8日

1日	07/12	木	戊子	執	霹靂火	奎	
2日	07/13	金	己丑	破	霹靂火	婁	
3日	07/14	土	庚寅	危	松柏木	胃	
4日	07/15	日	辛卯	成	松柏木	昴	
5日	07/16	月	壬辰	納	長流水	畢	
6日	07/17	火	癸巳	開	長流水	觜	
7日	07/18	水	甲午	閉	沙中金	参	
8日	07/19	木	乙未	建	沙中金	井	
9日	07/20	金	丙申	除	山下火	鬼	
10日	07/21	土	丁酉	満	山下火	柳	
11日	07/22	日	戊戌	平	平地木	星	
12日	07/23	月	己亥	定	平地木	張	
13日	07/24	火	庚子	執	壁上土	翼	
14日	07/25	水	辛丑	破	壁上土	軫	
15日	07/26	木	壬寅	危	金箔金	角	
16日	07/27	金	癸卯	成	金箔金	亢	
17日	07/28	土	甲辰	納	覆燈火	氐	
18日	07/29	日	乙巳	開	覆燈火	房	
19日	07/30	月	丙午	閉	天河水	心	
20日	07/31	火	丁未	建	天河水	尾	
21日	08/01	水	戊申	除	大駅土	箕	
22日	08/02	木	己酉	満	大駅土	斗	
23日	08/03	金	庚戌	平	釼釧金	牛	
24日	08/04	土	辛亥	定	釼釧金	女	
25日	08/05	日	壬子	執	桑柘木	虚	
26日	08/06	月	癸丑	破	桑柘木	危	
27日	08/07	火	甲寅	危	大溪水	室	
28日	08/08	水	乙卯	危	大溪水	壁	
29日	08/09	木	丙辰	成	沙中土	奎	

【七月大 丙申 畢】
節気 処暑 14日・白露 30日

日	西暦	曜	干支	直	納音	宿

雑節 二百十日 23日

1日	08/10	金	丁巳	納	沙中土	婁
2日	08/11	土	戊午	開	天上火	胃
3日	08/12	日	己未	閉	天上火	昴
4日	08/13	月	庚申	建	柏榴木	觜
5日	08/14	火	辛酉	除	柏榴木	觜
6日	08/15	水	壬戌	満	大海水	参
7日	08/16	木	癸亥	平	大海水	井
8日	08/17	金	甲子	定	海中金	鬼
9日	08/18	土	乙丑	執	海中金	柳
10日	08/19	日	丙寅	破	爐中火	星
11日	08/20	月	丁卯	危	爐中火	張
12日	08/21	火	戊辰	納	大林木	翼
13日	08/22	水	己巳	納	大林木	軫
14日	08/23	木	庚午	開	路傍土	角
15日	08/24	金	辛未	閉	路傍土	亢
16日	08/25	土	壬申	建	釵鋒金	氏
17日	08/26	日	癸酉	除	釵鋒金	房
18日	08/27	月	甲戌	満	山頭火	心
19日	08/28	火	乙亥	平	山頭火	尾
20日	08/29	水	丙子	定	澗下水	箕
21日	08/30	木	丁丑	執	澗下水	斗
22日	08/31	金	戊寅	破	城頭土	女
23日	09/01	土	己卯	危	城頭土	女
24日	09/02	日	庚辰	成	白鑞金	虚
25日	09/03	月	辛巳	納	白鑞金	危
26日	09/04	火	壬午	開	楊柳木	室
27日	09/05	水	癸未	閉	楊柳木	壁
28日	09/06	木	甲申	建	井泉水	奎
29日	09/07	金	乙酉	除	井泉水	婁
30日	09/08	土	丙戌	満	屋上土	胃

【八月大 丁酉 觜】
節気 秋分 15日・寒露 30日
雑節 彼岸 12日・社日 12日

1日	09/09	日	丁亥	満	屋上土	昴
2日	09/10	月	戊子	平	霹靂火	畢
3日	09/11	火	己丑	定	霹靂火	觜
4日	09/12	水	庚寅	執	松柏木	参
5日	09/13	木	辛卯	破	松柏木	井
6日	09/14	金	壬辰	危	長流水	鬼
7日	09/15	土	癸巳	成	長流水	柳
8日	09/16	日	甲午	納	沙中金	星
9日	09/17	月	乙未	開	沙中金	張
10日	09/18	火	丙申	閉	山下火	翼
11日	09/19	水	丁酉	建	山下火	軫
12日	09/20	木	戊戌	除	平地木	角
13日	09/21	金	己亥	満	平地木	亢
14日	09/22	土	庚子	平	壁上土	氏
15日	09/23	日	辛丑	定	壁上土	房
16日☆	09/24	月	壬寅	執	金箔金	心
17日	09/25	火	癸卯	破	金箔金	尾
18日	09/26	水	甲辰	危	覆燈火	箕
19日	09/27	木	乙巳	成	覆燈火	斗
20日	09/28	金	丙午	納	天河水	女
21日	09/29	土	丁未	開	天河水	女
22日	09/30	日	戊申	閉	大駅土	虚
23日	10/01	月	己酉	建	大駅土	危
24日	10/02	火	庚戌	除	釵釧金	室
25日	10/03	水	辛亥	満	釵釧金	壁
26日	10/04	木	壬子	平	桑柘木	奎
27日	10/05	金	癸丑	定	桑柘木	婁
28日	10/06	土	甲寅	執	大溪水	胃
29日	10/07	日	乙卯	破	大溪水	昴
30日	10/08	月	丙辰	危	沙中土	畢

【九月小 戊戌 参】
節気 霜降 16日

雑節 土用 13日

1日	10/09	火	丁巳	危	沙中土	觜
2日	10/10	水	戊午	成	天上火	参
3日	10/11	木	己未	納	天上火	井
4日	10/12	金	庚申	開	柏榴木	鬼
5日	10/13	土	辛酉	閉	柏榴木	柳
6日	10/14	日	壬戌	建	大海水	星
7日	10/15	月	癸亥	除	大海水	張
8日	10/16	火	甲子	満	海中金	翼
9日	10/17	水	乙丑	平	海中金	軫
10日	10/18	木	丙寅	定	爐中火	角
11日	10/19	金	丁卯	執	爐中火	亢
12日	10/20	土	戊辰	破	大林木	氏
13日	10/21	日	己巳	危	大林木	房
14日	10/22	月	庚午	成	路傍土	心
15日	10/23	火	辛未	納	路傍土	尾
16日	10/24	水	壬申	開	釵鋒金	箕
17日	10/25	木	癸酉	閉	釵鋒金	斗
18日	10/26	金	甲戌	建	山頭火	牛
19日	10/27	土	乙亥	除	山頭火	女
20日	10/28	日	丙子	満	澗下水	虚
21日	10/29	月	丁丑	平	澗下水	危
22日	10/30	火	戊寅	定	城頭土	室
23日	10/31	水	己卯	執	城頭土	壁
24日	11/01	木	庚辰	破	白鑞金	奎
25日	11/02	金	辛巳	危	白鑞金	婁
26日	11/03	土	壬午	成	楊柳木	胃
27日	11/04	日	癸未	納	楊柳木	昴
28日	11/05	月	甲申	開	井泉水	畢
29日	11/06	火	乙酉	閉	井泉水	觜

【十月大 己亥 井】
節気 立冬 2日・小雪 16日

1日	11/07	水	丙戌	建	屋上土	参
2日	11/08	木	丁亥	建	屋上土	井
3日	11/09	金	戊子	除	霹靂火	鬼
4日	11/10	土	己丑	満	霹靂火	柳
5日	11/11	日	庚寅	平	松柏木	星
6日	11/12	月	辛卯	定	松柏木	張
7日	11/13	火	壬辰	執	長流水	翼
8日	11/14	水	癸巳	破	長流水	軫
9日	11/15	木	甲午	危	沙中金	角
10日	11/16	金	乙未	成	沙中金	亢
11日	11/17	土	丙申	納	山下火	氏
12日	11/18	日	丁酉	開	山下火	房
13日	11/19	月	戊戌	閉	平地木	心
14日	11/20	火	己亥	除	平地木	尾
15日	11/21	水	庚子	除	壁上土	箕
16日	11/22	木	辛丑	満	壁上土	斗
17日	11/23	金	壬寅	平	金箔金	牛
18日	11/24	土	癸卯	定	金箔金	女
19日	11/25	日	甲辰	執	覆燈火	虚
20日	11/26	月	乙巳	破	覆燈火	危
21日	11/27	火	丙午	危	天河水	室
22日	11/28	水	丁未	成	天河水	壁
23日	11/29	木	戊申	納	大駅土	奎
24日	11/30	金	己酉	開	大駅土	婁
25日	12/01	土	庚戌	建	釵釧金	胃
26日	12/02	日	辛亥	除	釵釧金	昴
27日	12/03	月	壬子	満	桑柘木	畢
28日	12/04	火	癸丑	平	桑柘木	觜
29日	12/05	水	甲寅	定	大溪水	参
30日	12/06	木	乙卯	定	大溪水	井

【十一月大 庚子 鬼】
節気 大雪 1日・冬至 16日

1日	12/07	金	丙辰	定	沙中土	鬼
2日	12/08	土	丁巳	執	沙中土	柳
3日	12/09	日	戊午	破	天上火	星
4日	12/10	月	己未	危	天上火	張
5日	12/11	火	庚申	成	柏榴木	翼
6日	12/12	水	辛酉	納	柏榴木	軫
7日	12/13	木	壬戌	開	大海水	角
8日	12/14	金	癸亥	閉	大海水	亢
9日	12/15	土	甲子	建	海中金	氏
10日	12/16	日	乙丑	除	海中金	房
11日	12/17	月	丙寅	満	爐中火	心
12日	12/18	火	丁卯	平	爐中火	尾
13日	12/19	水	戊辰	定	大林木	箕
14日	12/20	木	己巳	執	大林木	斗
15日	12/21	金	庚午	破	路傍土	牛
16日	12/22	土	辛未	危	路傍土	女
17日	12/23	日	壬申	成	釵鋒金	虚
18日	12/24	月	癸酉	納	釵鋒金	危
19日	12/25	火	甲戌	開	山頭火	室
20日	12/26	水	乙亥	閉	山頭火	壁
21日	12/27	木	丙子	建	澗下水	奎
22日	12/28	金	丁丑	除	澗下水	婁
23日	12/29	土	戊寅	満	城頭土	胃
24日	12/30	日	己卯	平	城頭土	昴
25日	12/31	月	庚辰	定	白鑞金	畢

1867年

26日	01/01	火	辛巳	執	白鑞金	觜
27日	01/02	水	壬午	破	楊柳木	参
28日	01/03	木	癸未	危	楊柳木	井
29日	01/04	金	甲申	成	井泉水	鬼
30日	01/05	土	乙酉	納	井泉水	柳

【十二月大 辛丑 柳】
節気 小寒 1日・大寒 15日・立春 30日
雑節 土用 13日・節分 29日

1日	01/06	日	丙戌	納	屋上土	星
2日	01/07	月	丁亥	閉	屋上土	張
3日	01/08	火	戊子	閉	霹靂火	翼
4日	01/09	水	己丑	建	霹靂火	軫
5日	01/10	木	庚寅	除	松柏木	角
6日	01/11	金	辛卯	満	松柏木	亢
7日	01/12	土	壬辰	平	長流水	氏
8日	01/13	日	癸巳	定	長流水	房
9日	01/14	月	甲午	執	沙中金	心
10日	01/15	火	乙未	破	沙中金	尾
11日	01/16	水	丙申	危	山下火	箕
12日	01/17	木	丁酉	成	山下火	斗
13日	01/18	金	戊戌	納	平地木	牛
14日	01/19	土	己亥	開	平地木	女
15日	01/20	日	庚子	閉	壁上土	虚
16日	01/21	月	辛丑	建	壁上土	危
17日	01/22	火	壬寅	除	金箔金	室
18日	01/23	水	癸卯	満	金箔金	壁
19日	01/24	木	甲辰	平	覆燈火	奎
20日	01/25	金	乙巳	定	覆燈火	婁
21日	01/26	土	丙午	執	天河水	胃
22日	01/27	日	丁未	破	天河水	昴
23日	01/28	月	戊申	危	大駅土	畢
24日	01/29	火	己酉	成	大駅土	觜
25日	01/30	水	庚戌	納	釵釧金	参
26日	01/31	木	辛亥	開	釵釧金	井
27日	02/01	金	壬子	閉	桑柘木	鬼
28日	02/02	土	癸丑	建	桑柘木	柳
29日	02/03	日	甲寅	除	大溪水	星
30日	02/04	月	乙卯	閉	大溪水	張

慶応3年
1867～1868 丁卯 尾

【正月小 壬寅 星】
節気 雨水 15日

1日 02/05 火 丙辰 満 沙中土 翼
2日 02/06 水 丁巳 平 沙中土 軫
3日 02/07 木 戊午 定 天上火 角
4日 02/08 金 己未 執 天上火 亢
5日 02/09 土 庚申 破 柘榴木 氐
6日 02/10 日 辛酉 危 柘榴木 房
7日 02/11 月 壬戌 成 大海水 心
8日 02/12 火 癸亥 納 大海水 尾
9日 02/13 水 甲子 成 海中金 箕
10日 02/14 木 乙丑 閉 海中金 斗
11日 02/15 金 丙寅 建 爐中火 牛
12日 02/16 土 丁卯 除 爐中火 女
13日 02/17 日 戊辰 満 大林木 虚
14日 02/18 月 己巳 平 大林木 危
15日 02/19 火 庚午 定 路傍土 室
16日 02/20 水 辛未 執 路傍土 壁
17日 02/21 木 壬申 破 釼鋒金 奎
18日 02/22 金 癸酉 危 釼鋒金 婁
19日 02/23 土 甲戌 成 山頭火 胃
20日 02/24 日 乙亥 納 山頭火 昴
21日 02/25 月 丙子 開 澗下水 畢
22日 02/26 火 丁丑 閉 澗下水 觜
23日 02/27 水 戊寅 建 城頭土 参
24日 02/28 木 己卯 除 城頭土 井
25日 03/01 金 庚辰 満 白鑞金 鬼
26日 03/02 土 辛巳 平 白鑞金 柳
27日 03/03 日 壬午 定 楊柳木 星
28日 03/04 月 癸未 執 楊柳木 張
29日 03/05 火 甲申 破 井泉水 翼

【二月大 癸卯 張】
節気 啓蟄 1日・春分 16日
雑節 彼岸 13日・社日 14日

1日 03/06 水 乙酉 破 井泉水 軫
2日 03/07 木 丙戌 危 屋上土 角
3日 03/08 金 丁亥 成 屋上土 亢
4日 03/09 土 戊子 納 霹靂火 氐
5日 03/10 日 己丑 開 霹靂火 房
6日 03/11 月 庚寅 閉 松柏木 心
7日 03/12 火 辛卯 建 松柏木 尾
8日 03/13 水 壬辰 除 長流水 箕
9日 03/14 木 癸巳 満 長流水 斗
10日 03/15 金 甲午 平 沙中金 牛
11日 03/16 土 乙未 定 沙中金 女
12日 03/17 日 丙申 執 山下火 虚
13日 03/18 月 丁酉 破 山下火 危
14日 03/19 火 戊戌 危 平地木 室
15日☆03/20 水 己亥 成 平地木 壁
16日 03/21 木 庚子 納 壁上土 奎
17日 03/22 金 辛丑 開 壁上土 婁
18日 03/23 土 壬寅 閉 金箔金 胃
19日 03/24 日 癸卯 建 金箔金 昴
20日 03/25 月 甲辰 除 覆燈火 畢
21日 03/26 火 乙巳 満 覆燈火 觜
22日 03/27 水 丙午 平 天河水 参
23日 03/28 木 丁未 定 天河水 井
24日 03/29 金 戊申 執 大駅土 鬼
25日 03/30 土 己酉 破 大駅土 柳
26日 03/31 日 庚戌 危 釵釧金 星
27日 04/01 月 辛亥 成 釵釧金 張
28日 04/02 火 壬子 納 桑柘木 翼
29日 04/03 水 癸丑 開 桑柘木 軫
30日 04/04 木 甲寅 閉 大溪水 角

【三月小 甲辰 翼】
節気 清明 1日・穀雨 16日
雑節 土用 13日・八十八夜 28日

1日 04/05 金 乙卯 建 大溪水 亢
2日 04/06 土 丙辰 除 沙中土 氐
3日 04/07 日 丁巳 満 沙中土 房
4日 04/08 月 戊午 満 天上火 心
5日 04/09 火 己未 平 柘榴木 尾
6日 04/10 水 庚申 定 柘榴木 箕
7日 04/11 木 辛酉 執 柘榴木 斗
8日 04/12 金 壬戌 破 大海水 牛
9日 04/13 土 癸亥 危 大海水 女
10日 04/14 日 甲子 成 海中金 虚
11日 04/15 月 乙丑 納 海中金 危
12日 04/16 火 丙寅 開 爐中火 室
13日 04/17 水 丁卯 閉 爐中火 壁
14日 04/18 木 戊辰 建 大林木 奎
15日 04/19 金 己巳 除 大林木 婁
16日 04/20 土 庚午 平 路傍土 胃
17日 04/21 日 辛未 平 路傍土 昴
18日 04/22 月 壬申 定 釼鋒金 畢
19日 04/23 火 癸酉 執 釼鋒金 觜
20日 04/24 水 甲戌 破 山頭火 参
21日 04/25 木 乙亥 危 山頭火 井
22日 04/26 金 丙子 成 澗下水 鬼
23日 04/27 土 丁丑 納 澗下水 柳
24日 04/28 日 戊寅 開 城頭土 星
25日 04/29 月 己卯 閉 城頭土 張
26日 04/30 火 庚辰 満 白鑞金 翼
27日 05/01 水 辛巳 平 白鑞金 軫
28日 05/02 木 壬午 満 楊柳木 角
29日 05/03 金 癸未 平 楊柳木 亢

【四月大 乙巳 軫】
節気 立夏 3日・小満 18日

1日 05/04 土 甲申 定 井泉水 氐
2日 05/05 日 乙酉 執 井泉水 房
3日 05/06 月 丙戌 執 屋上土 心
4日 05/07 火 丁亥 破 屋上土 尾
5日 05/08 水 戊子 危 霹靂火 箕
6日 05/09 木 己丑 成 霹靂火 斗
7日 05/10 金 庚寅 納 松柏木 牛
8日 05/11 土 辛卯 開 松柏木 女
9日 05/12 日 壬辰 閉 長流水 虚
10日 05/13 月 癸巳 建 長流水 危
11日 05/14 火 甲午 除 沙中金 室
12日 05/15 水 乙未 満 沙中金 壁
13日 05/16 木 丙申 定 山下火 奎
14日 05/17 金 丁酉 定 山下火 婁
15日 05/18 土 戊戌 執 平地木 胃
16日 05/19 日 己亥 破 平地木 昴
17日 05/20 月 庚子 危 壁上土 畢
18日 05/21 火 辛丑 成 壁上土 觜
19日 05/22 水 壬寅 納 金箔金 参
20日 05/23 木 癸卯 開 金箔金 井
21日 05/24 金 甲辰 閉 覆燈火 鬼
22日 05/25 土 乙巳 建 覆燈火 柳
23日 05/26 日 丙午 除 天河水 星
24日 05/27 月 丁未 満 天河水 張
25日 05/28 火 戊申 平 大駅土 翼
26日 05/29 水 己酉 定 大駅土 軫
27日 05/30 木 庚戌 執 釵釧金 角
28日 05/31 金 辛亥 破 釵釧金 亢
29日 06/01 土 壬子 危 桑柘木 氐
30日 06/02 日 癸丑 成 桑柘木 房

【五月小 丙午 角】
節気 芒種 4日・夏至 20日
雑節 入梅 9日

1日 06/03 月 甲寅 納 大溪水 心
2日 06/04 火 乙卯 開 大溪水 尾
3日 06/05 水 丙辰 閉 沙中土 箕
4日 06/06 木 丁巳 建 天上火 斗
5日 06/07 金 戊午 建 天上火 牛
6日 06/08 土 己未 除 柘榴木 女
7日 06/09 日 庚申 満 柘榴木 虚
8日 06/10 月 辛酉 平 柘榴木 危
9日 06/11 火 壬戌 定 大海水 室
10日 06/12 水 癸亥 執 大海水 壁
11日 06/13 木 甲子 破 海中金 奎
12日 06/14 金 乙丑 危 海中金 婁
13日 06/15 土 丙寅 成 爐中火 胃
14日 06/16 日 丁卯 納 爐中火 昴
15日 06/17 月 戊辰 開 大林木 畢
16日 06/18 火 己巳 閉 大林木 觜
17日 06/19 水 庚午 建 路傍土 参
18日 06/20 木 辛未 除 路傍土 井
19日 06/21 金 壬申 満 釼鋒金 鬼
20日 06/22 土 癸酉 定 釼鋒金 柳
21日 06/23 日 甲戌 定 山頭火 星
22日 06/24 月 乙亥 執 山頭火 張
23日 06/25 火 丙子 破 澗下水 翼
24日 06/26 水 丁丑 危 澗下水 軫
25日 06/27 木 戊寅 成 城頭土 角
26日 06/28 金 己卯 納 城頭土 亢
27日 06/29 土 庚辰 開 白鑞金 氐
28日 06/30 日 辛巳 閉 白鑞金 房
29日 07/01 月 壬午 建 楊柳木 心

【六月小 丁未 亢】
節気 小暑 7日・大暑 22日
雑節 半夏生 1日・土用 19日

1日 07/02 火 癸未 除 楊柳木 尾
2日 07/03 水 甲申 平 井泉水 箕
3日 07/04 木 乙酉 平 井泉水 斗
4日 07/05 金 丙戌 定 屋上土 牛
5日 07/06 土 丁亥 執 屋上土 女
6日 07/07 日 戊子 破 霹靂火 虚
7日 07/08 月 己丑 危 霹靂火 危
8日 07/09 火 庚寅 成 松柏木 室
9日 07/10 水 辛卯 納 松柏木 壁
10日 07/11 木 壬辰 開 長流水 奎
11日 07/12 金 癸巳 閉 長流水 婁
12日 07/13 土 甲午 建 沙中金 胃
13日 07/14 日 乙未 除 沙中金 昴
14日 07/15 月 丙申 満 山下火 畢
15日 07/16 火 丁酉 平 山下火 觜
16日 07/17 水 戊戌 平 平地木 参
17日 07/18 木 己亥 定 平地木 井
18日 07/19 金 庚子 執 壁上土 鬼
19日 07/20 土 辛丑 破 壁上土 柳
20日 07/21 日 壬寅 危 金箔金 星
21日 07/22 月 癸卯 成 金箔金 張
22日 07/23 火 甲辰 納 覆燈火 翼
23日 07/24 水 乙巳 開 覆燈火 軫
24日 07/25 木 丙午 閉 天河水 角
25日 07/26 金 丁未 建 天河水 亢
26日 07/27 土 戊申 除 大駅土 氐
27日 07/28 日 己酉 満 大駅土 房
28日 07/29 月 庚戌 平 釵釧金 心
29日 07/30 火 辛亥 定 釵釧金 尾

【七月小 戊申 氐】
節気 立秋 9日・処暑 25日

1日 07/31 水 壬子 執 桑柘木 箕
2日 08/01 木 癸丑 危 桑柘木 斗
3日 08/02 金 甲寅 危 大溪水 牛
4日 08/03 土 乙卯 成 大溪水 女
5日 08/04 日 丙辰 納 沙中土 虚

| 西暦 | 曜 | 干支 | 直 | 納音 | 宿 | | | | | | | | | | | | | | 慶応3年 |

慶応3年

	西暦	曜	干支	直	納音	宿
6日	08/05	月	丁巳	開	沙中土	危
7日	08/06	火	戊午	閉	天上火	室
8日	08/07	水	己未	建	天上火	壁
9日	08/08	木	庚申	建	柘榴木	奎
10日	08/09	金	辛酉	除	柘榴木	婁
11日	08/10	土	壬戌	満	大海水	胃
12日	08/11	日	癸亥	平	大海水	昴
13日	08/12	月	甲子	定	海中金	畢
14日	08/13	火	乙丑	執	海中金	觜
15日	08/14	水	丙寅	破	爐中火	参
16日	08/15	木	丁卯	危	爐中火	井
17日	08/16	金	戊辰	成	大林木	鬼
18日	08/17	土	己巳	納	大林木	柳
19日	08/18	日	庚午	開	路傍土	星
20日	08/19	月	辛未	閉	路傍土	張
21日	08/20	火	壬申	建	釵釧金	翼
22日	08/21	水	癸酉	除	釵釧金	軫
23日	08/22	木	甲戌	満	山頭火	角
24日	08/23	金	乙亥	平	山頭火	亢
25日	08/24	土	丙子	定	澗下水	氐
26日	08/25	日	丁丑	執	澗下水	房
27日	08/26	月	戊寅	破	城頭土	心
28日	08/27	火	己卯	危	城頭土	尾
29日	08/28	水	庚辰	成	白鑞金	箕

【八月大 己酉 房】
節気 白露 11日・秋分 26日
雑節 二百十日 4日・彼岸 23日・社日 28日

	西暦	曜	干支	直	納音	宿
1日	08/29	木	辛巳	納	白鑞金	斗
2日	08/30	金	壬午	開	楊柳木	牛
3日	08/31	土	癸未	閉	楊柳木	女
4日	09/01	日	甲申	建	井泉水	虚
5日	09/02	月	乙酉	除	井泉水	危
6日	09/03	火	丙戌	満	屋上土	室
7日	09/04	水	丁亥	平	屋上土	壁
8日	09/05	木	戊子	定	霹靂火	奎
9日	09/06	金	己丑	執	霹靂火	婁
10日	09/07	土	庚寅	破	松柏木	胃
11日	09/08	日	辛卯	危	松柏木	昴
12日	09/09	月	壬辰	成	長流水	畢
13日	09/10	火	癸巳	納	長流水	觜
14日	09/11	水	甲午	納	沙中金	参
15日	09/12	木	乙未	開	沙中金	井
16日	09/13	金	丙申	閉	山下火	鬼
17日	09/14	土	丁酉	建	山下火	柳
18日	09/15	日	戊戌	除	平地木	星
19日	09/16	月	己亥	満	平地木	張
20日	09/17	火	庚子	平	壁上土	翼
21日	09/18	水	辛丑	定	壁上土	軫
22日	09/19	木	壬寅	執	金箔金	角
23日	09/20	金	癸卯	破	金箔金	亢
24日	09/21	土	甲辰	危	覆燈火	氐
25日	09/22	日	乙巳	成	覆燈火	房
26日	09/23	月	丙午	納	天河水	心
27日	09/24	火	丁未	開	天河水	尾
28日	09/25	水	戊申	閉	大駅土	箕
29日	09/26	木	己酉	建	大駅土	斗
30日	09/27	金	庚戌	除	釵釧金	牛

【九月小 庚戌 心】
節気 寒露 12日・霜降 27日
雑節 土用 24日

	西暦	曜	干支	直	納音	宿
1日	09/28	土	辛亥	満	釵釧金	女
2日	09/29	日	壬子	平	桑柘木	虚
3日	09/30	月	癸丑	定	桑柘木	危
4日	10/01	火	甲寅	執	大溪水	室
5日	10/02	水	乙卯	破	大溪水	壁

	西暦	曜	干支	直	納音	宿
6日	10/03	木	丙辰	危	沙中土	奎
7日	10/04	金	丁巳	成	沙中土	婁
8日	10/05	土	戊午	納	天上火	胃
9日	10/06	日	己未	開	天上火	昴
10日	10/07	月	庚申	閉	柘榴木	畢
11日	10/08	火	辛酉	建	柘榴木	觜
12日	10/09	水	壬戌	建	大海水	参
13日	10/10	木	癸亥	除	大海水	井
14日	10/11	金	甲子	満	海中金	鬼
15日	10/12	土	乙丑	平	海中金	柳
16日	10/13	日	丙寅	定	爐中火	星
17日	10/14	月	丁卯	執	爐中火	張
18日	10/15	火	戊辰	破	大林木	翼
19日	10/16	水	己巳	危	大林木	軫
20日	10/17	木	庚午	成	路傍土	角
21日	10/18	金	辛未	納	路傍土	亢
22日	10/19	土	壬申	開	釵釧金	氐
23日	10/20	日	癸酉	閉	釵釧金	房
24日	10/21	月	甲戌	建	山頭火	心
25日	10/22	火	乙亥	除	山頭火	尾
26日	10/23	水	丙子	満	澗下水	箕
27日	10/24	木	丁丑	平	澗下水	斗
28日	10/25	金	戊寅	定	城頭土	牛
29日	10/26	土	己卯	執	城頭土	女

【十月大 辛亥 尾】
節気 立冬 13日・小雪 28日

	西暦	曜	干支	直	納音	宿
1日	10/27	日	庚辰	破	白鑞金	虚
2日	10/28	月	辛巳	危	白鑞金	危
3日	10/29	火	壬午	成	楊柳木	室
4日	10/30	水	癸未	納	楊柳木	壁
5日	10/31	木	甲申	開	井泉水	奎
6日	11/01	金	乙酉	閉	屋上土	婁
7日	11/02	土	丙戌	建	屋上土	胃
8日	11/03	日	丁亥	除	屋上土	昴
9日	11/04	月	戊子	満	霹靂火	畢
10日	11/05	火	己丑	平	霹靂火	觜
11日	11/06	水	庚寅	定	松柏木	参
12日	11/07	木	辛卯	執	松柏木	井
13日	11/08	金	壬辰	破	長流水	鬼
14日	11/09	土	癸巳	危	長流水	柳
15日	11/10	日	甲午	危	沙中金	星
16日	11/11	月	乙未	成	沙中金	張
17日	11/12	火	丙申	納	山下火	翼
18日	11/13	水	丁酉	開	山下火	軫
19日	11/14	木	戊戌	閉	平地木	角
20日	11/15	金	己亥	建	平地木	亢
21日	11/16	土	庚子	除	壁上土	氐
22日	11/17	日	辛丑	満	壁上土	房
23日	11/18	月	壬寅	平	金箔金	心
24日	11/19	火	癸卯	定	金箔金	尾
25日	11/20	水	甲辰	執	覆燈火	箕
26日	11/21	木	乙巳	破	覆燈火	斗
27日	11/22	金	丙午	危	天河水	牛
28日	11/23	土	丁未	成	天河水	女
29日	11/24	日	戊申	納	大駅土	虚
30日	11/25	月	己酉	開	大駅土	危

【十一月大 壬子 箕】
節気 大雪 12日・冬至 27日

	西暦	曜	干支	直	納音	宿
1日	11/26	火	庚戌	閉	釵釧金	室
2日	11/27	水	辛亥	建	釵釧金	壁
3日	11/28	木	壬子	除	桑柘木	奎
4日	11/29	金	癸丑	満	桑柘木	婁
5日	11/30	土	甲寅	平	大溪水	胃
6日	12/01	日	乙卯	定	大溪水	昴
7日	12/02	月	丙辰	執	沙中土	畢
8日	12/03	火	丁巳	破	沙中土	觜

	西暦	曜	干支	直	納音	宿
9日	12/04	水	戊午	危	天上火	参
10日	12/05	木	己未	成	天上火	井
11日	12/06	金	庚申	納	柘榴木	鬼
12日	12/07	土	辛酉	納	柘榴木	柳
13日	12/08	日	壬戌	開	大海水	星
14日	12/09	月	癸亥	閉	大海水	張
15日	12/10	火	甲子	建	海中金	翼
16日	12/11	水	乙丑	除	海中金	軫
17日	12/12	木	丙寅	満	爐中火	角
18日	12/13	金	丁卯	平	爐中火	亢
19日	12/14	土	戊辰	定	大林木	氐
20日	12/15	日	己巳	執	大林木	房
21日	12/16	月	庚午	破	路傍土	心
22日	12/17	火	辛未	危	路傍土	尾
23日	12/18	水	壬申	成	釵釧金	箕
24日	12/19	木	癸酉	納	釵釧金	斗
25日	12/20	金	甲戌	開	山頭火	牛
26日	12/21	土	乙亥	閉	山頭火	女
27日	12/22	日	丙子	建	澗下水	虚
28日	12/23	月	丁丑	除	澗下水	危
29日	12/24	火	戊寅	満	城頭土	室
30日	12/25	水	己卯	平	城頭土	壁

【十二月大 癸丑 斗】
節気 小寒 12日・大寒 27日
雑節 土用 24日

	西暦	曜	干支	直	納音	宿
1日	12/26	木	庚辰	定	白鑞金	奎
2日	12/27	金	辛巳	執	白鑞金	婁
3日	12/28	土	壬午	破	楊柳木	胃
4日	12/29	日	癸未	危	楊柳木	昴
5日	12/30	月	甲申	成	井泉水	畢
6日	12/31	火	乙酉	納	井泉水	觜

1868年

	西暦	曜	干支	直	納音	宿
7日	01/01	水	丙戌	開	屋上土	参
8日	01/02	木	丁亥	閉	屋上土	井
9日	01/03	金	戊子	建	霹靂火	鬼
10日	01/04	土	己丑	除	霹靂火	柳
11日	01/05	日	庚寅	満	松柏木	星
12日	01/06	月	辛卯	満	松柏木	張
13日	01/07	火	壬辰	平	長流水	翼
14日	01/08	水	癸巳	定	長流水	軫
15日	01/09	木	甲午	執	沙中金	角
16日	01/10	金	乙未	破	沙中金	亢
17日	01/11	土	丙申	危	山下火	氐
18日	01/12	日	丁酉	成	山下火	房
19日	01/13	月	戊戌	納	平地木	心
20日	01/14	火	己亥	開	平地木	尾
21日	01/15	水	庚子	閉	壁上土	箕
22日	01/16	木	辛丑	建	壁上土	斗
23日	01/17	金	壬寅	除	金箔金	牛
24日	01/18	土	癸卯	満	金箔金	女
25日	01/19	日	甲辰	平	覆燈火	虚
26日	01/20	月	乙巳	定	覆燈火	危
27日	01/21	火	丙午	執	天河水	室
28日	01/22	水	丁未	破	天河水	壁
29日	01/23	木	戊申	危	大駅土	奎
30日	01/24	金	己酉	成	大駅土	婁

明治元年〔慶応4年〕

1868〜1869 戊辰 箕
※改元＝9月8日

【正月小 甲寅 牛】
節気 立春 11日・雨水 26日
雑節 節分 10日

日	新暦	曜	干支	中段	納音	宿
1日	01/25	土	庚戌	納	釵釧金	胃
2日	01/26	日	辛亥	開	釵釧金	昴
3日	01/27	月	壬子	閉	桑柘木	畢
4日	01/28	火	癸丑	建	桑柘木	觜
5日	01/29	水	甲寅	除	大溪水	參
6日	01/30	木	乙卯	満	大溪水	井
7日	01/31	金	丙辰	平	沙中土	鬼
8日	02/01	土	丁巳	定	沙中土	柳
9日	02/02	日	戊午	執	天上火	星
10日	02/03	月	己未	破	天上火	張
11日	02/04	火	庚申	破	柘榴木	翼
12日	02/05	水	辛酉	危	柘榴木	軫
13日	02/06	木	壬戌	成	大海水	角
14日	02/07	金	癸亥	納	大海水	亢
15日	02/08	土	甲子	開	海中金	氐
16日	02/09	日	乙丑	閉	海中金	房
17日	02/10	月	丙寅	建	爐中火	心
18日	02/11	火	丁卯	除	爐中火	尾
19日	02/12	水	戊辰	満	大林木	箕
20日	02/13	木	己巳	平	大林木	斗
21日	02/14	金	庚午	定	路傍土	牛
22日	02/15	土	辛未	執	路傍土	女
23日	02/16	日	壬申	破	劔鋒金	虚
24日	02/17	月	癸酉	危	劔鋒金	危
25日	02/18	火	甲戌	成	山頭火	室
26日	02/19	水	乙亥	納	山頭火	壁
27日	02/20	木	丙子	開	澗下水	奎
28日	02/21	金	丁丑	閉	澗下水	婁
29日	02/22	土	戊寅	建	城頭土	胃

【二月大 乙卯 女】
節気 啓蟄 12日・春分 27日
雑節 彼岸 24日・社日 30日

日	新暦	曜	干支	中段	納音	宿
1日	02/23	日	己卯	除	城頭土	昴
2日	02/24	月	庚辰	満	白鑞金	畢
3日	02/25	火	辛巳	平	白鑞金	觜
4日	02/26	水	壬午	定	楊柳木	參
5日	02/27	木	癸未	執	楊柳木	井
6日	02/28	金	甲申	破	井泉水	鬼
7日	02/29	土	乙酉	危	井泉水	柳
8日	03/01	日	丙戌	成	屋上土	星
9日	03/02	月	丁亥	納	屋上土	張
10日	03/03	火	戊子	開	霹靂火	翼
11日	03/04	水	己丑	閉	霹靂火	軫
12日	03/05	木	庚寅	閉	松柏木	角
13日	03/06	金	辛卯	建	松柏木	亢
14日	03/07	土	壬辰	除	長流水	氐
15日	03/08	日	癸巳	満	長流水	房
16日	03/09	月	甲午	平	沙中金	心
17日	03/10	火	乙未	定	沙中金	尾
18日	03/11	水	丙申	執	山下火	箕
19日	03/12	木	丁酉	破	山下火	斗
20日	03/13	金	戊戌	危	平地木	牛
21日	03/14	土	己亥	成	平地木	女
22日	03/15	日	庚子	納	壁上土	虚
23日	03/16	月	辛丑	開	壁上土	危
24日	03/17	火	壬寅	閉	金箔金	室
25日	03/18	水	癸卯	建	金箔金	壁
26日	03/19	木	甲辰	除	覆燈火	奎
27日	03/20	金	乙巳	満	覆燈火	婁
28日	03/21	土	丙午	平	天河水	胃
29日	03/22	日	丁未	定	天河水	昴
30日	03/23	月	戊申	執	大駅土	畢

【三月大 丙辰 虚】
節気 清明 12日・穀雨 28日
雑節 土用 25日

日	新暦	曜	干支	中段	納音	宿
1日	03/24	火	己酉	破	大駅土	觜
2日	03/25	水	庚戌	危	釵釧金	參
3日	03/26	木	辛亥	成	釵釧金	井
4日	03/27	金	壬子	納	桑柘木	鬼
5日	03/28	土	癸丑	開	桑柘木	柳
6日	03/29	日	甲寅	閉	大溪水	星
7日	03/30	月	乙卯	建	大溪水	張
8日	03/31	火	丙辰	除	沙中土	翼
9日	04/01	水	丁巳	満	沙中土	軫
10日	04/02	木	戊午	平	天上火	角
11日	04/03	金	己未	定	天上火	亢
12日	04/04	土	庚申	定	柘榴木	氐
13日	04/05	日	辛酉	執	柘榴木	房
14日	04/06	月	壬戌	破	大海水	心
15日	04/07	火	癸亥	危	大海水	尾
16日	04/08	水	甲子	成	海中金	箕
17日	04/09	木	乙丑	納	海中金	斗
18日	04/10	金	丙寅	開	爐中火	牛
19日	04/11	土	丁卯	閉	爐中火	女
20日	04/12	日	戊辰	建	大林木	虚
21日	04/13	月	己巳	除	大林木	危
22日	04/14	火	庚午	満	路傍土	室
23日	04/15	水	辛未	平	路傍土	壁
24日	04/16	木	壬申	定	劔鋒金	奎
25日	04/17	金	癸酉	執	劔鋒金	婁
26日	04/18	土	甲戌	破	山頭火	胃
27日	04/19	日	乙亥	危	山頭火	昴
28日	04/20	月	丙子	成	澗下水	畢
29日	04/21	火	丁丑	納	澗下水	觜
30日	04/22	水	戊寅	開	城頭土	參

【四月小 丁巳 危】
節気 立夏 13日・小満 29日
雑節 八十八夜 9日

日	新暦	曜	干支	中段	納音	宿
1日	04/23	木	己卯	閉	城頭土	井
2日	04/24	金	庚辰	建	白鑞金	鬼
3日	04/25	土	辛巳	除	白鑞金	柳
4日	04/26	日	壬午	満	楊柳木	星
5日	04/27	月	癸未	平	楊柳木	張
6日	04/28	火	甲申	定	井泉水	翼
7日	04/29	水	乙酉	執	井泉水	軫
8日	04/30	木	丙戌	破	屋上土	角
9日	05/01	金	丁亥	危	屋上土	亢
10日	05/02	土	戊子	成	霹靂火	氐
11日	05/03	日	己丑	納	霹靂火	房
12日	05/04	月	庚寅	開	松柏木	心
13日	05/05	火	辛卯	開	松柏木	尾
14日	05/06	水	壬辰	閉	長流水	箕
15日	05/07	木	癸巳	建	長流水	斗
16日	05/08	金	甲午	除	沙中金	牛
17日	05/09	土	乙未	満	沙中金	女
18日	05/10	日	丙申	平	山下火	虚
19日	05/11	月	丁酉	定	山下火	危
20日	05/12	火	戊戌	執	平地木	室
21日	05/13	水	己亥	破	平地木	壁
22日	05/14	木	庚子	危	壁上土	奎
23日	05/15	金	辛丑	成	壁上土	婁
24日	05/16	土	壬寅	納	金箔金	胃
25日	05/17	日	癸卯	開	金箔金	昴
26日	05/18	月	甲辰	閉	覆燈火	畢
27日	05/19	火	乙巳	建	覆燈火	觜
28日	05/20	水	丙午	除	天河水	參
29日	05/21	木	丁未	満	天河水	井

【閏四月小 丁巳 危】
節気 芒種 15日
雑節 入梅 15日

日	新暦	曜	干支	中段	納音	宿
1日	05/22	金	戊申	平	大駅土	鬼
2日	05/23	土	己酉	定	大駅土	柳
3日	05/24	日	庚戌	執	釵釧金	星
4日	05/25	月	辛亥	破	釵釧金	張
5日	05/26	火	壬子	危	桑柘木	翼
6日	05/27	水	癸丑	成	桑柘木	軫
7日	05/28	木	甲寅	納	大溪水	角
8日	05/29	金	乙卯	開	大溪水	亢
9日	05/30	土	丙辰	閉	沙中土	氐
10日	05/31	日	丁巳	建	沙中土	房
11日	06/01	月	戊午	除	天上火	心
12日	06/02	火	己未	満	天上火	尾
13日	06/03	水	庚申	平	柘榴木	箕
14日	06/04	木	辛酉	定	柘榴木	斗
15日	06/05	金	壬戌	定	大海水	牛
16日	06/06	土	癸亥	執	大海水	女
17日	06/07	日	甲子	破	海中金	虚
18日	06/08	月	乙丑	危	海中金	危
19日	06/09	火	丙寅	成	爐中火	室
20日	06/10	水	丁卯	納	爐中火	壁
21日	06/11	木	戊辰	開	大林木	奎
22日	06/12	金	己巳	閉	大林木	婁
23日	06/13	土	庚午	建	路傍土	胃
24日	06/14	日	辛未	除	路傍土	昴
25日	06/15	月	壬申	満	劔鋒金	畢
26日	06/16	火	癸酉	平	劔鋒金	觜
27日	06/17	水	甲戌	定	山頭火	參
28日	06/18	木	乙亥	執	山頭火	井
29日	06/19	金	丙子	破	澗下水	鬼

【五月大 戊午 室】
節気 夏至 2日・小暑 18日
雑節 半夏生 13日・土用 30日

日	新暦	曜	干支	中段	納音	宿
1日	06/20	土	丁丑	危	澗下水	柳
2日	06/21	日	戊寅	成	城頭土	星
3日	06/22	月	己卯	納	城頭土	張
4日	06/23	火	庚辰	開	白鑞金	翼
5日	06/24	水	辛巳	閉	白鑞金	軫
6日	06/25	木	壬午	建	楊柳木	角
7日	06/26	金	癸未	除	楊柳木	亢
8日	06/27	土	甲申	満	井泉水	氐
9日	06/28	日	乙酉	平	井泉水	房
10日	06/29	月	丙戌	定	屋上土	心
11日	06/30	火	丁亥	執	屋上土	尾
12日	07/01	水	戊子	破	霹靂火	箕
13日	07/02	木	己丑	危	霹靂火	斗
14日	07/03	金	庚寅	成	松柏木	牛
15日	07/04	土	辛卯	納	松柏木	女
16日	07/05	日	壬辰	開	長流水	虚
17日	07/06	月	癸巳	閉	長流水	危
18日	07/07	火	甲午	閉	沙中金	室
19日	07/08	水	乙未	建	沙中金	壁
20日	07/09	木	丙申	除	山下火	奎
21日	07/10	金	丁酉	満	山下火	婁
22日	07/11	土	戊戌	平	平地木	胃
23日	07/12	日	己亥	定	平地木	昴
24日	07/13	月	庚子	執	壁上土	畢
25日	07/14	火	辛丑	破	壁上土	觜
26日	07/15	水	壬寅	危	金箔金	參
27日	07/16	木	癸卯	成	金箔金	井
28日	07/17	金	甲辰	納	覆燈火	鬼
29日	07/18	土	乙巳	開	覆燈火	柳
30日	07/19	日	丙午	閉	天河水	星

【六月小 己未 壁】
節気 大暑 4日・立秋 19日

日	新暦	曜	干支	中段	納音	宿
1日	07/20	月	丁未	建	天河水	張
2日	07/21	火	戊申	除	大駅土	翼
3日	07/22	水	己酉	満	大駅土	軫
4日	07/23	木	庚戌	平	釵釧金	角
5日	07/24	金	辛亥	定	釵釧金	亢
6日	07/25	土	壬子	執	桑柘木	氐
7日	07/26	日	癸丑	破	桑柘木	房
8日	07/27	月	甲寅	危	大溪水	心
9日	07/28	火	乙卯	成	大溪水	尾
10日	07/29	水	丙辰	納	沙中土	箕
11日	07/30	木	丁巳	開	沙中土	斗
12日	07/31	金	戊午	閉	天上火	牛
13日	08/01	土	己未	建	天上火	女
14日	08/02	日	庚申	除	柘榴木	虚

日	西暦	曜	干支	直	納音	宿
15日	08/03	月	辛酉	満	柘榴木	危
16日	08/04	火	壬戌	平	大海水	室
17日	08/05	水	癸亥	定	大海水	壁
18日	08/06	木	甲子	執	海中金	奎
19日	08/07	金	乙丑	執	海中金	婁
20日	08/08	土	丙寅	破	爐中火	胃
21日	08/09	日	丁卯	危	爐中火	昴
22日	08/10	月	戊辰	成	大林木	畢
23日	08/11	火	己巳	納	大林木	觜
24日	08/12	水	庚午	開	路傍土	参
25日	08/13	木	辛未	閉	路傍土	井
26日	08/14	金	壬申	建	釼鋒金	鬼
27日	08/15	土	癸酉	除	釼鋒金	柳
28日	08/16	日	甲戌	満	山頭火	星
29日	08/17	月	乙亥	平	山頭火	張

【七月小 庚申 奎】

節気 処暑 6日・白露 21日

雑節 二百十日 14日

日	西暦	曜	干支	直	納音	宿
1日◎	08/18	火	丙子	定	澗下水	翼
2日	08/19	水	丁丑	執	澗下水	軫
3日	08/20	木	戊寅	破	城頭土	角
4日	08/21	金	己卯	危	城頭土	亢
5日	08/22	土	庚辰	成	白鑞金	氐
6日	08/23	日	辛巳	納	白鑞金	房
7日	08/24	月	壬午	開	楊柳木	心
8日	08/25	火	癸未	閉	楊柳木	尾
9日	08/26	水	甲申	建	井泉水	箕
10日	08/27	木	乙酉	除	井泉水	斗
11日	08/28	金	丙戌	満	屋上土	牛
12日	08/29	土	丁亥	平	屋上土	女
13日	08/30	日	戊子	定	霹靂火	虚
14日	08/31	月	己丑	執	霹靂火	危
15日	09/01	火	庚寅	破	松柏木	室
16日	09/02	水	辛卯	危	松柏木	壁
17日	09/03	木	壬辰	成	長流水	奎
18日	09/04	金	癸巳	納	長流水	婁
19日	09/05	土	甲午	開	沙中金	胃
20日	09/06	日	乙未	閉	沙中金	昴
21日	09/07	月	丙申	閉	山下火	畢
22日	09/08	火	丁酉	建	山下火	觜
23日	09/09	水	戊戌	除	平地木	参
24日	09/10	木	己亥	満	平地木	井
25日	09/11	金	庚子	平	壁上土	鬼
26日	09/12	土	辛丑	定	壁上土	柳
27日	09/13	日	壬寅	執	金箔金	星
28日	09/14	月	癸卯	破	金箔金	張
29日	09/15	火	甲辰	危	覆燈火	翼

【八月大 辛酉 婁】

節気 秋分 8日・寒露 23日

雑節 社日 4日・彼岸 5日

日	西暦	曜	干支	直	納音	宿
1日	09/16	水	乙巳	成	覆燈火	軫
2日	09/17	木	丙午	納	天河水	角
3日	09/18	金	丁未	開	天河水	亢
4日	09/19	土	戊申	閉	大駅土	氐
5日	09/20	日	己酉	建	大駅土	房
6日	09/21	月	庚戌	除	釵釧金	心
7日	09/22	火	辛亥	満	釵釧金	尾
8日	09/23	水	壬子	平	桑柘木	箕
9日	09/24	木	癸丑	定	桑柘木	斗
10日	09/25	金	甲寅	執	大溪水	牛
11日	09/26	土	乙卯	破	大溪水	女
12日	09/27	日	丙辰	危	沙中土	虚
13日	09/28	月	丁巳	成	沙中土	危
14日	09/29	火	戊午	納	天上火	室
15日	09/30	水	己未	開	天上火	壁
16日	10/01	木	庚申	閉	柘榴木	奎
17日	10/02	金	辛酉	建	柘榴木	婁
18日	10/03	土	壬戌	除	大海水	胃
19日	10/04	日	癸亥	満	大海水	昴
20日	10/05	月	甲子	平	海中金	畢
21日	10/06	火	乙丑	定	海中金	觜
22日	10/07	水	丙寅	執	爐中火	参
23日	10/08	木	丁卯	執	爐中火	井
24日	10/09	金	戊辰	破	大林木	鬼
25日	10/10	土	己巳	危	大林木	柳
26日	10/11	日	庚午	成	路傍土	星
27日	10/12	月	辛未	納	路傍土	張
28日	10/13	火	壬申	開	釼鋒金	翼
29日	10/14	水	癸酉	閉	釼鋒金	軫
30日	10/15	木	甲戌	建	山頭火	角

【九月小 壬戌 胃】

節気 霜降 8日・立冬 23日

雑節 土用 5日

日	西暦	曜	干支	直	納音	宿
1日	10/16	金	乙亥	除	山頭火	亢
2日	10/17	土	丙子	満	澗下水	氐
3日	10/18	日	丁丑	平	澗下水	房
4日	10/19	月	戊寅	定	城頭土	心
5日	10/20	火	己卯	執	城頭土	尾
6日	10/21	水	庚辰	破	白鑞金	箕
7日	10/22	木	辛巳	危	白鑞金	斗
8日	10/23	金	壬午	成	楊柳木	牛

＊改元（慶応4年→明治元年）

日	西暦	曜	干支	直	納音	宿
9日	10/24	土	癸未	納	楊柳木	女
10日	10/25	日	甲申	開	井泉水	虚
11日	10/26	月	乙酉	閉	井泉水	危
12日	10/27	火	丙戌	建	屋上土	室
13日	10/28	水	丁亥	除	屋上土	壁
14日	10/29	木	戊子	満	霹靂火	奎
15日	10/30	金	己丑	平	霹靂火	婁
16日	10/31	土	庚寅	定	松柏木	胃
17日	11/01	日	辛卯	執	松柏木	昴
18日	11/02	月	壬辰	破	長流水	畢
19日	11/03	火	癸巳	危	長流水	觜
20日	11/04	水	甲午	成	沙中金	参
21日	11/05	木	乙未	納	沙中金	井
22日	11/06	金	丙申	開	山下火	鬼
23日	11/07	土	丁酉	開	山下火	柳
24日	11/08	日	戊戌	閉	平地木	星
25日	11/09	月	己亥	建	平地木	張
26日	11/10	火	庚子	除	壁上土	翼
27日	11/11	水	辛丑	満	壁上土	軫
28日	11/12	木	壬寅	平	金箔金	角
29日	11/13	金	癸卯	定	金箔金	亢

【十月大 癸亥 昴】

節気 小雪 9日・大雪 24日

日	西暦	曜	干支	直	納音	宿
1日	11/14	土	甲辰	執	覆燈火	氐
2日	11/15	日	乙巳	破	覆燈火	房
3日	11/16	月	丙午	危	天河水	心
4日	11/17	火	丁未	成	天河水	尾
5日	11/18	水	戊申	納	大駅土	箕
6日	11/19	木	己酉	開	大駅土	斗
7日	11/20	金	庚戌	閉	釵釧金	牛
8日	11/21	土	辛亥	建	釵釧金	女
9日	11/22	日	壬子	除	桑柘木	虚
10日	11/23	月	癸丑	満	桑柘木	危
11日	11/24	火	甲寅	平	大溪水	室
12日	11/25	水	乙卯	定	大溪水	壁
13日	11/26	木	丙辰	執	沙中土	奎
14日	11/27	金	丁巳	破	沙中土	婁
15日	11/28	土	戊午	危	天上火	胃
16日	11/29	日	己未	成	天上火	昴
17日	11/30	月	庚申	納	柘榴木	畢
18日	12/01	火	辛酉	開	柘榴木	觜
19日	12/02	水	壬戌	閉	大海水	参
20日	12/03	木	癸亥	建	大海水	井
21日	12/04	金	甲子	除	海中金	鬼
22日	12/05	土	乙丑	満	海中金	柳
23日	12/06	日	丙寅	平	爐中火	星
24日	12/07	月	丁卯	平	爐中火	張
25日	12/08	火	戊辰	定	大林木	翼
26日	12/09	水	己巳	執	大林木	軫
27日	12/10	木	庚午	破	路傍土	角
28日	12/11	金	辛未	危	路傍土	亢
29日	12/12	土	壬申	成	釼鋒金	氐
30日	12/13	日	癸酉	納	釼鋒金	房

【十一月大 甲子 畢】

節気 冬至 8日・小寒 23日

日	西暦	曜	干支	直	納音	宿
1日	12/14	月	甲戌	開	山頭火	心
2日	12/15	火	乙亥	閉	山頭火	尾
3日	12/16	水	丙子	建	澗下水	箕
4日	12/17	木	丁丑	除	澗下水	斗
5日	12/18	金	戊寅	満	城頭土	牛
6日	12/19	土	己卯	平	城頭土	女
7日	12/20	日	庚辰	定	白鑞金	虚
8日	12/21	月	辛巳	執	白鑞金	危
9日	12/22	火	壬午	破	楊柳木	室
10日	12/23	水	癸未	危	楊柳木	壁
11日	12/24	木	甲申	成	井泉水	奎
12日	12/25	金	乙酉	納	井泉水	婁
13日	12/26	土	丙戌	開	屋上土	胃
14日	12/27	日	丁亥	閉	屋上土	昴
15日	12/28	月	戊子	建	霹靂火	畢
16日	12/29	火	己丑	除	霹靂火	觜
17日	12/30	水	庚寅	満	松柏木	参
18日	12/31	木	辛卯	平	松柏木	井

1869年

日	西暦	曜	干支	直	納音	宿
19日	**01/01**	金	壬辰	定	長流水	鬼
20日	01/02	土	癸巳	執	長流水	柳
21日	01/03	日	甲午	破	沙中金	星
22日	01/04	月	乙未	危	沙中金	張
23日	01/05	火	丙申	危	山下火	翼
24日	01/06	水	丁酉	成	山下火	軫
25日	01/07	木	戊戌	納	平地木	角
26日	01/08	金	己亥	開	平地木	亢
27日	01/09	土	庚子	閉	壁上土	氐
28日	01/10	日	辛丑	建	壁上土	房
29日	01/11	月	壬寅	除	金箔金	心
30日	01/12	火	癸卯	満	金箔金	尾

【十二月小 乙丑 觜】

節気 大寒 8日・立春 23日

雑節 土用 5日・節分 22日

日	西暦	曜	干支	直	納音	宿
1日	01/13	水	甲辰	平	覆燈火	箕
2日	01/14	木	乙巳	定	覆燈火	斗
3日	01/15	金	丙午	執	天河水	牛
4日	01/16	土	丁未	破	天河水	女
5日	01/17	日	戊申	危	大駅土	虚
6日	01/18	月	己酉	成	大駅土	危
7日	01/19	火	庚戌	納	釵釧金	室
8日	01/20	水	辛亥	開	釵釧金	壁
9日	01/21	木	壬子	閉	桑柘木	奎
10日	01/22	金	癸丑	建	桑柘木	婁
11日	01/23	土	甲寅	除	大溪水	胃
12日	01/24	日	乙卯	満	大溪水	昴
13日	01/25	月	丙辰	平	沙中土	畢
14日	01/26	火	丁巳	定	沙中土	觜
15日	01/27	水	戊午	執	天上火	参
16日	01/28	木	己未	破	天上火	井
17日	01/29	金	庚申	危	柘榴木	鬼
18日	01/30	土	辛酉	成	柘榴木	柳
19日	01/31	日	壬戌	納	大海水	星
20日	02/01	月	癸亥	開	大海水	張
21日	02/02	火	甲子	閉	海中金	翼
22日	02/03	水	乙丑	建	海中金	軫
23日	02/04	木	丙寅	建	爐中火	角
24日	02/05	金	丁卯	除	爐中火	亢
25日	02/06	土	戊辰	満	大林木	氐
26日	02/07	日	己巳	平	大林木	房
27日	02/08	月	庚午	定	路傍土	心
28日	02/09	火	辛未	執	路傍土	尾
29日	02/10	水	壬申	破	釼鋒金	箕

明治2年
1869～1870 己巳 斗

【正月大 丙寅 参】
節気 雨水 8日・啓蟄 23日

日	新暦	曜	干支	中段	納音	宿
1日	02/11	木	癸酉	危	釼鋒金	斗
2日	02/12	金	甲戌	成	山頭火	牛
3日	02/13	土	乙亥	納	山頭火	女
4日	02/14	日	丙子	開	澗下水	虚
5日	02/15	月	丁丑	閉	澗下水	危
6日	02/16	火	戊寅	建	城頭土	室
7日	02/17	水	己卯	除	城頭土	壁
8日	02/18	木	庚辰	満	白鑞金	奎
9日	02/19	金	辛巳	平	白鑞金	婁
10日	02/20	土	壬午	定	楊柳木	胃
11日	02/21	日	癸未	執	楊柳木	昴
12日	02/22	月	甲申	破	井泉水	畢
13日	02/23	火	乙酉	危	井泉水	觜
14日	02/24	水	丙戌	成	屋上土	参
15日	02/25	木	丁亥	納	屋上土	井
16日	02/26	金	戊子	開	霹靂火	鬼
17日	02/27	土	己丑	閉	霹靂火	柳
18日	02/28	日	庚寅	建	松柏木	星
19日	03/01	月	辛卯	除	松柏木	張
20日	03/02	火	壬辰	満	長流水	翼
21日	03/03	水	癸巳	平	長流水	軫
22日	03/04	木	甲午	定	沙中金	角
23日	03/05	金	乙未	執	沙中金	亢
24日	03/06	土	丙申	破	山下火	氐
25日	03/07	日	丁酉	危	山下火	房
26日	03/08	月	戊戌	成	平地木	心
27日	03/09	火	己亥	納	平地木	尾
28日	03/10	水	庚子	開	壁上土	箕
29日	03/11	木	辛丑	閉	壁上土	斗
30日	03/12	金	壬寅	建	金箔金	牛

【二月大 丁卯 井】
節気 春分 8日・清明 24日
雑節 彼岸 5日・社日 6日

日	新暦	曜	干支	中段	納音	宿
1日	03/13	土	癸卯	建	金箔金	女
2日	03/14	日	甲辰	除	覆燈火	虚
3日	03/15	月	乙巳	満	覆燈火	危
4日	03/16	火	丙午	平	天河水	室
5日	03/17	水	丁未	定	天河水	壁
6日	03/18	木	戊申	執	大駅土	奎
7日	03/19	金	己酉	破	大駅土	婁
8日	03/20	土	庚戌	危	釵釧金	胃
9日	03/21	日	辛亥	成	釵釧金	昴
10日	03/22	月	壬子	納	桑柘木	畢
11日	03/23	火	癸丑	開	桑柘木	觜
12日	03/24	水	甲寅	閉	大溪水	参
13日	03/25	木	乙卯	建	大溪水	井
14日	03/26	金	丙辰	除	沙中土	鬼
15日	03/27	土	丁巳	満	沙中土	柳
16日	03/28	日	戊午	平	天上火	星
17日	03/29	月	己未	定	天上火	張
18日	03/30	火	庚申	執	柘榴木	翼
19日	03/31	水	辛酉	破	柘榴木	軫
20日	04/01	木	壬戌	危	大海水	角
21日	04/02	金	癸亥	成	大海水	亢
22日	04/03	土	甲子	納	海中金	氐
23日	04/04	日	乙丑	開	海中金	房
24日	04/05	月	丙寅	閉	爐中火	心
25日	04/06	火	丁卯	閉	爐中火	尾
26日	04/07	水	戊辰	建	大林木	箕
27日	04/08	木	己巳	除	大林木	斗
28日	04/09	金	庚午	満	路傍土	牛
29日	04/10	土	辛未	平	路傍土	女
30日	04/11	日	壬申	定	釼鋒金	虚

【三月大 戊辰 鬼】
節気 穀雨 9日・立夏 24日
雑節 土用 6日・八十八夜 21日

日	新暦	曜	干支	中段	納音	宿
1日	04/12	月	癸酉	執	釼鋒金	危
2日	04/13	火	甲戌	破	山頭火	室
3日	04/14	水	乙亥	危	山頭火	壁
4日	04/15	木	丙子	成	澗下水	奎
5日	04/16	金	丁丑	納	澗下水	婁
6日	04/17	土	戊寅	開	城頭土	胃
7日	04/18	日	己卯	閉	城頭土	昴
8日	04/19	月	庚辰	建	白鑞金	畢
9日	04/20	火	辛巳	除	白鑞金	觜
10日	04/21	水	壬午	満	楊柳木	参
11日	04/22	木	癸未	平	楊柳木	井
12日	04/23	金	甲申	定	井泉水	鬼
13日	04/24	土	乙酉	執	井泉水	柳
14日	04/25	日	丙戌	破	屋上土	星
15日	04/26	月	丁亥	危	屋上土	張
16日	04/27	火	戊子	成	霹靂火	翼
17日	04/28	水	己丑	納	霹靂火	軫
18日	04/29	木	庚寅	開	松柏木	角
19日	04/30	金	辛卯	閉	松柏木	亢
20日	05/01	土	壬辰	建	長流水	氐
21日	05/02	日	癸巳	除	長流水	房
22日	05/03	月	甲午	平	沙中金	心
23日	05/04	火	乙未	平	沙中金	尾
24日	05/05	水	丙申	平	山下火	箕
25日	05/06	木	丁酉	定	山下火	斗
26日	05/07	金	戊戌	破	平地木	牛
27日	05/08	土	己亥	破	平地木	女
28日	05/09	日	庚子	危	壁上土	虚
29日	05/10	月	辛丑	成	壁上土	危
30日	05/11	火	壬寅	納	金箔金	室

【四月小 己巳 柳】
節気 小満 10日・芒種 26日

日	新暦	曜	干支	中段	納音	宿
1日	05/12	水	癸卯	開	金箔金	壁
2日	05/13	木	甲辰		覆燈火	奎
3日	05/14	金	乙巳		覆燈火	婁
4日	05/15	土	丙午	平	天河水	胃
5日	05/16	日	丁未	満	天河水	昴
6日	05/17	月	戊申	定	大駅土	畢
7日	05/18	火	己酉	定	大駅土	觜
8日	05/19	水	庚戌	執	釵釧金	参
9日	05/20	木	辛亥	破	釵釧金	井
10日	05/21	金	壬子	危	桑柘木	鬼
11日	05/22	土	癸丑	納	桑柘木	柳
12日	05/23	日	甲寅	納	大溪水	星
13日	05/24	月	乙卯	開	大溪水	張
14日	05/25	火	丙辰	閉	沙中土	翼
15日	05/26	水	丁巳	建	沙中土	軫
16日	05/27	木	戊午	除	天上火	角
17日	05/28	金	己未	満	天上火	亢
18日	05/29	土	庚申	平	柘榴木	氐
19日	05/30	日	辛酉	定	柘榴木	房
20日	05/31	月	壬戌	執	大海水	心
21日	06/01	火	癸亥	破	大海水	尾
22日	06/02	水	甲子	危	海中金	箕
23日	06/03	木	乙丑	成	海中金	斗
24日	06/04	金	丙寅	納	爐中火	牛
25日	06/05	土	丁卯	開	爐中火	女
26日	06/06	日	戊辰	閉	大林木	虚
27日	06/07	月	己巳	建	大林木	危
28日	06/08	火	庚午	除	路傍土	室
29日	06/09	水	辛未	満	路傍土	壁

【五月小 庚午 星】
節気 夏至 12日・小暑 28日
雑節 入梅 1日・半夏生 23日

日	新暦	曜	干支	中段	納音	宿
1日	06/10	木	壬申	満	釼鋒金	奎
2日	06/11	金	癸酉	平	釼鋒金	婁
3日	06/12	土	甲戌	定	山頭火	胃
4日	06/13	日	乙亥	執	山頭火	昴
5日	06/14	月	丙子	破	澗下水	畢
6日	06/15	火	丁丑	危	澗下水	觜
7日	06/16	水	戊寅	成	城頭土	参
8日	06/17	木	己卯	納	城頭土	井
9日	06/18	金	庚辰	開	白鑞金	鬼
10日	06/19	土	辛巳	閉	白鑞金	柳
11日	06/20	日	壬午	建	楊柳木	星
12日	06/21	月	癸未	除	楊柳木	張
13日	06/22	火	甲申	満	井泉水	翼
14日	06/23	水	乙酉	平	井泉水	軫
15日	06/24	木	丙戌	定	屋上土	角
16日	06/25	金	丁亥	執	屋上土	亢
17日	06/26	土	戊子	破	霹靂火	氐
18日	06/27	日	己丑	危	霹靂火	房
19日	06/28	月	庚寅	成	松柏木	心
20日	06/29	火	辛卯	納	松柏木	尾
21日	06/30	水	壬辰	閉	長流水	箕
22日	07/01	木	癸巳	閉	長流水	斗
23日	07/02	金	甲午	建	沙中金	牛
24日	07/03	土	乙未	除	沙中金	女
25日	07/04	日	丙申	満	山下火	虚
26日	07/05	月	丁酉	平	山下火	危
27日	07/06	火	戊戌	定	平地木	室
28日	07/07	水	己亥	執	平地木	壁
29日	07/08	木	庚子	執	壁上土	奎

【六月大 辛未 張】
節気 大暑 15日・立秋 30日
雑節 土用 12日

日	新暦	曜	干支	中段	納音	宿
1日	07/09	金	辛丑	破	壁上土	婁
2日	07/10	土	壬寅	危	金箔金	胃
3日	07/11	日	癸卯	成	金箔金	昴
4日	07/12	月	甲辰	納	覆燈火	畢
5日	07/13	火	乙巳	閉	覆燈火	觜
6日	07/14	水	丙午	閉	天河水	参
7日	07/15	木	丁未	建	天河水	井
8日	07/16	金	戊申	除	大駅土	鬼
9日	07/17	土	己酉	満	大駅土	柳
10日	07/18	日	庚戌	平	釵釧金	星
11日	07/19	月	辛亥	定	釵釧金	張
12日	07/20	火	壬子	破	桑柘木	翼
13日	07/21	水	癸丑	破	桑柘木	軫
14日	07/22	木	甲寅	危	大溪水	角
15日	☆07/23	金	乙卯	成	大溪水	亢
16日	07/24	土	丙辰	納	沙中土	氐
17日	07/25	日	丁巳	開	沙中土	房
18日	07/26	月	戊午	閉	天上火	心
19日	07/27	火	己未	建	天上火	尾
20日	07/28	水	庚申	除	柘榴木	箕
21日	07/29	木	辛酉	満	柘榴木	斗
22日	07/30	金	壬戌	平	大海水	牛
23日	07/31	土	癸亥	定	大海水	女
24日	08/01	日	甲子	執	海中金	虚
25日	08/02	月	乙丑	破	海中金	危
26日	08/03	火	丙寅	危	爐中火	室
27日	08/04	水	丁卯	成	爐中火	壁
28日	08/05	木	戊辰	納	大林木	奎
29日	08/06	金	己巳	開	大林木	婁
30日	08/07	土	庚午	閉	路傍土	胃

明治2年

西暦	曜	干支	直	納音	宿

【七月小 壬申 翼】
節気 処暑 16日
雑節 二百十日 25日

日	西暦	曜	干支	直	納音	宿
1日	◎08/08	日	辛未	閉	路傍土	昴
2日	08/09	月	壬申	建	釼鋒金	畢
3日	08/10	火	癸酉	除	釼鋒金	觜
4日	08/11	水	甲戌	満	山頭火	参
5日	08/12	木	乙亥	平	山頭火	井
6日	08/13	金	丙子	定	澗下水	鬼
7日	08/14	土	丁丑	執	澗下水	柳
8日	08/15	日	戊寅	破	城頭土	星
9日	08/16	月	己卯	危	城頭土	張
10日	08/17	火	庚辰	成	白鑞金	翼
11日	08/18	水	辛巳	納	白鑞金	軫
12日	08/19	木	壬午	開	楊柳木	角
13日	08/20	金	癸未	閉	楊柳木	亢
14日	08/21	土	甲申	建	井泉水	氏
15日	08/22	日	乙酉	除	井泉水	房
16日	08/23	月	丙戌	満	屋上土	心
17日	08/24	火	丁亥	平	屋上土	尾
18日	08/25	水	戊子	定	霹靂火	箕
19日	08/26	木	己丑	執	霹靂火	斗
20日	08/27	金	庚寅	破	松柏木	女
21日	08/28	土	辛卯	危	松柏木	女
22日	08/29	日	壬辰	成	長流水	虚
23日	08/30	月	癸巳	納	長流水	危
24日	08/31	火	甲午	開	沙中金	室
25日	09/01	水	乙未	閉	沙中金	壁
26日	09/02	木	丙申	建	山下火	奎
27日	09/03	金	丁酉	除	山下火	婁
28日	09/04	土	戊戌	満	平地木	胃
29日	09/05	日	己亥	平	平地木	昴

【八月小 癸酉 軫】
節気 白露 3日・秋分 18日
雑節 彼岸 15日・社日 19日

日	西暦	曜	干支	直	納音	宿
1日	09/06	月	庚子	定	壁上土	畢
2日	09/07	火	辛丑	執	壁上土	觜
3日	09/08	水	壬寅	執	金箔金	参
4日	09/09	木	癸卯	破	金箔金	井
5日	09/10	金	甲辰	危	覆燈火	鬼
6日	09/11	土	乙巳	成	覆燈火	柳
7日	09/12	日	丙午	納	天河水	星
8日	09/13	月	丁未	開	天河水	張
9日	09/14	火	戊申	閉	大駅土	翼
10日	09/15	水	己酉	建	大駅土	軫
11日	09/16	木	庚戌	除	釵釧金	角
12日	09/17	金	辛亥	満	釵釧金	亢
13日	09/18	土	壬子	平	桑柘木	氏
14日	09/19	日	癸丑	定	桑柘木	房
15日	09/20	月	甲寅	執	大溪水	心
16日	09/21	火	乙卯	破	大溪水	尾
17日	09/22	水	丙辰	危	沙中土	箕
18日	09/23	木	丁巳	成	沙中土	斗
19日	09/24	金	戊午	納	天上火	牛
20日	09/25	土	己未	開	天上火	女
21日	09/26	日	庚申	閉	柘榴木	虚
22日	09/27	月	辛酉	建	柘榴木	危
23日	09/28	火	壬戌	除	大海水	室
24日	09/29	水	癸亥	満	大海水	壁
25日	09/30	木	甲子	平	海中金	奎
26日	10/01	金	乙丑	定	海中金	婁
27日	10/02	土	丙寅	執	爐中火	胃
28日	10/03	日	丁卯	破	爐中火	昴
29日	10/04	月	戊辰	危	大林木	畢

【九月大 甲戌 角】
節気 寒露 4日・霜降 19日
雑節 土用 16日

日	西暦	曜	干支	直	納音	宿
1日	10/05	火	己巳	成	大林木	觜
2日	10/06	水	庚午	納	路傍土	参
3日	10/07	木	辛未	成	路傍土	井
4日	10/08	金	壬申	開	釼鋒金	鬼
5日	10/09	土	癸酉	閉	釼鋒金	柳
6日	10/10	日	甲戌	建	山頭火	星
7日	10/11	月	乙亥	除	山頭火	張
8日	10/12	火	丙子	満	澗下水	翼
9日	10/13	水	丁丑	平	澗下水	軫
10日	10/14	木	戊寅	定	城頭土	角
11日	10/15	金	己卯	執	城頭土	亢
12日	10/16	土	庚辰	破	白鑞金	氏
13日	10/17	日	辛巳	危	白鑞金	房
14日	10/18	月	壬午	成	楊柳木	心
15日	10/19	火	癸未	納	楊柳木	尾
16日	10/20	水	甲申	開	井泉水	箕
17日	10/21	木	乙酉	閉	井泉水	斗
18日	10/22	金	丙戌	建	屋上土	牛
19日	10/23	土	丁亥	除	屋上土	女
20日	10/24	日	戊子	満	霹靂火	虚
21日	10/25	月	己丑	平	霹靂火	危
22日	10/26	火	庚寅	定	松柏木	室
23日	10/27	水	辛卯	執	松柏木	壁
24日	10/28	木	壬辰	破	長流水	奎
25日	10/29	金	癸巳	危	長流水	婁
26日	10/30	土	甲午	成	沙中金	胃
27日	10/31	日	乙未	納	沙中金	昴
28日	11/01	月	丙申	開	山下火	畢
29日	11/02	火	丁酉	閉	山下火	觜
30日	11/03	水	戊戌	建	平地木	参

【十月小 乙亥 亢】
節気 立冬 4日・小雪 19日

日	西暦	曜	干支	直	納音	宿
1日	11/04	木	己亥	除	平地木	井
2日	11/05	金	庚子	平	壁上土	柳
3日	11/06	土	辛丑	平	壁上土	星
4日	11/07	日	壬寅	定	金箔金	張
5日	11/08	月	癸卯	執	金箔金	翼
6日	11/09	火	甲辰	破	覆燈火	軫
7日	11/10	水	乙巳	危	覆燈火	角
8日	11/11	木	丙午	成	天河水	亢
9日	11/12	金	丁未	納	天河水	氏
10日	11/13	土	戊申	開	大駅土	房
11日	11/14	日	己酉	閉	大駅土	心
12日	11/15	月	庚戌	建	釵釧金	尾
13日	11/16	火	辛亥	除	釵釧金	箕
14日	11/17	水	壬子	満	桑柘木	斗
15日	11/18	木	癸丑	平	桑柘木	牛
16日	11/19	金	甲寅	定	大溪水	女
17日	11/20	土	乙卯	執	大溪水	虚
18日	11/21	日	丙辰	破	沙中土	危
19日	11/22	月	丁巳	危	沙中土	室
20日	11/23	火	戊午	成	天上火	壁
21日	11/24	水	己未	納	天上火	奎
22日	11/25	木	庚申	納	柘榴木	婁
23日	11/26	金	辛酉	開	柘榴木	胃
24日	11/27	土	壬戌	閉	大海水	昴
25日	11/28	日	癸亥	建	大海水	畢
26日	11/29	月	甲子	除	海中金	觜
27日	11/30	火	乙丑	満	海中金	参
28日	12/01	水	丙寅	平	爐中火	井
29日	12/02	木	丁卯	定	爐中火	鬼

【十一月大 丙子 氏】
節気 大雪 5日・冬至 20日

日	西暦	曜	干支	直	納音	宿
1日	12/03	金	戊辰	執	大林木	鬼
2日	12/04	土	己巳	破	大林木	柳
3日	12/05	日	庚午	危	路傍土	星
4日	12/06	月	辛未	成	路傍土	張
5日	12/07	火	壬申	成	釼鋒金	翼
6日	12/08	水	癸酉	納	釼鋒金	軫
7日	12/09	木	甲戌	開	山頭火	角
8日	12/10	金	乙亥	閉	山頭火	亢
9日	12/11	土	丙子	建	澗下水	氏
10日	12/12	日	丁丑	除	澗下水	房
11日	12/13	月	戊寅	満	城頭土	心
12日	12/14	火	己卯	平	城頭土	尾
13日	12/15	水	庚辰	定	白鑞金	箕
14日	12/16	木	辛巳	執	白鑞金	斗
15日	12/17	金	壬午	破	楊柳木	牛
16日	12/18	土	癸未	危	楊柳木	女
17日	12/19	日	甲申	成	井泉水	虚
18日	12/20	月	乙酉	納	井泉水	危
19日	12/21	火	丙戌	開	屋上土	室
20日	12/22	水	丁亥	閉	屋上土	壁
21日	12/23	木	戊子	建	霹靂火	奎
22日	12/24	金	己丑	除	霹靂火	婁
23日	12/25	土	庚寅	満	松柏木	胃
24日	12/26	日	辛卯	平	松柏木	昴
25日	12/27	月	壬辰	定	長流水	畢
26日	12/28	火	癸巳	執	長流水	觜
27日	12/29	水	甲午	破	沙中金	参
28日	12/30	木	乙未	危	沙中金	井
29日	12/31	金	丙申	成	山下火	鬼

1870年

日	西暦	曜	干支	直	納音	宿
30日	01/01	土	丁酉	納	山下火	柳

【十二月大 丁丑 房】
節気 小寒 4日・大寒 19日
雑節 土用 16日

日	西暦	曜	干支	直	納音	宿
1日	01/02	日	戊戌	開	平地木	星
2日	01/03	月	己亥	閉	平地木	張
3日	01/04	火	庚子	建	壁上土	翼
4日	01/05	水	辛丑	除	壁上土	軫
5日	01/06	木	壬寅	満	金箔金	角
6日	01/07	金	癸卯	平	金箔金	亢
7日	01/08	土	甲辰	定	覆燈火	氏
8日	01/09	日	乙巳	執	覆燈火	房
9日	01/10	月	丙午	破	天河水	心
10日	01/11	火	丁未	危	天河水	尾
11日	01/12	水	戊申	成	大駅土	箕
12日	01/13	木	己酉	納	大駅土	斗
13日	01/14	金	庚戌	開	釵釧金	牛
14日	01/15	土	辛亥	閉	釵釧金	女
15日	01/16	日	壬子	建	桑柘木	虚
16日	☆01/17	月	癸丑	除	桑柘木	危
17日	01/18	火	甲寅	除	大溪水	室
18日	01/19	水	乙卯	満	大溪水	壁
19日	01/20	木	丙辰	平	沙中土	奎
20日	01/21	金	丁巳	定	沙中土	婁
21日	01/22	土	戊午	執	天上火	胃
22日	01/23	日	己未	破	天上火	昴
23日	01/24	月	庚申	危	柘榴木	畢
24日	01/25	火	辛酉	成	柘榴木	觜
25日	01/26	水	壬戌	納	大海水	参
26日	01/27	木	癸亥	開	大海水	井
27日	01/28	金	甲子	閉	海中金	鬼
28日	01/29	土	乙丑	建	海中金	柳
29日	01/30	日	丙寅	除	爐中火	星
30日	01/31	月	丁卯	満	爐中火	張

明治3年

1870～1871　庚午　牛

【正月小 戊寅 心】

節気 立春 4日・雨水 19日
雑節 節分 3日

日	新暦	曜	干支	直	納音	宿
1日	02/01	火	戊辰	平	大林木	翼
2日	02/02	水	己巳	定	大林木	軫
3日	02/03	木	庚午	執	路傍土	角
4日	02/04	金	辛未	執	路傍土	亢
5日	02/05	土	壬申	破	釼鋒金	氐
6日	02/06	日	癸酉	危	釼鋒金	房
7日	02/07	月	甲戌	成	山頭火	心
8日	02/08	火	乙亥	納	山頭火	尾
9日	02/09	水	丙子	開	澗下水	箕
10日	02/10	木	丁丑	閉	澗下水	斗
11日	02/11	金	戊寅	建	城頭土	牛
12日	02/12	土	己卯	除	城頭土	女
13日	02/13	日	庚辰	満	白鑞金	虚
14日	02/14	月	辛巳	平	白鑞金	危
15日	02/15	火	壬午	定	楊柳木	室
16日	02/16	水	癸未	執	楊柳木	壁
17日	02/17	木	甲申	破	井泉水	奎
18日	02/18	金	乙酉	危	井泉水	婁
19日	02/19	土	丙戌	成	屋上土	胃
20日	02/20	日	丁亥	納	屋上土	昴
21日	02/21	月	戊子	開	霹靂火	畢
22日	02/22	火	己丑	閉	霹靂火	觜
23日	02/23	水	庚寅	建	松柏木	参
24日	02/24	木	辛卯	除	松柏木	井
25日	02/25	金	壬辰	満	長流水	鬼
26日	02/26	土	癸巳	平	長流水	柳
27日	02/27	日	甲午	定	沙中金	星
28日	02/28	月	乙未	執	沙中金	張
29日	03/01	火	丙申	破	山下火	翼

【二月大 己卯 尾】

節気 啓蟄 5日・春分 20日
雑節 彼岸 17日・社日 22日

日	新暦	曜	干支	直	納音	宿
1日	03/02	水	丁酉	危	山下火	軫
2日	03/03	木	戊戌	成	平地木	角
3日	03/04	金	己亥	納	平地木	亢
4日	03/05	土	庚子	開	壁上土	氐
5日	03/06	日	辛丑	開	壁上土	房
6日	03/07	月	壬寅	閉	金箔金	心
7日	03/08	火	癸卯	建	金箔金	尾
8日	03/09	水	甲辰	除	覆燈火	箕
9日	03/10	木	乙巳	満	覆燈火	斗
10日	03/11	金	丙午	平	天河水	牛
11日	03/12	土	丁未	定	天河水	女
12日	03/13	日	戊申	執	大駅土	虚
13日	03/14	月	己酉	破	大駅土	危
14日	03/15	火	庚戌	危	釵釧金	室
15日	03/16	水	辛亥	成	釵釧金	壁
16日	03/17	木	壬子	納	桑柘木	奎
17日	03/18	金	癸丑	開	桑柘木	婁
18日	03/19	土	甲寅	閉	大溪水	胃
19日	03/20	日	乙卯	建	大溪水	昴
20日	03/21	月	丙辰	除	沙中土	畢
21日	03/22	火	丁巳	満	沙中土	觜
22日	03/23	水	戊午	平	天上火	参
23日	03/24	木	己未	定	天上火	井
24日	03/25	金	庚申	執	柘榴木	鬼
25日	03/26	土	辛酉	破	柘榴木	柳
26日	03/27	日	壬戌	危	大海水	星
27日	03/28	月	癸亥	成	大海水	張
28日	03/29	火	甲子	納	海中金	翼
29日	03/30	水	乙丑	開	海中金	軫
30日	03/31	木	丙寅	閉	爐中火	角

【三月大 庚辰 箕】

節気 清明 5日・穀雨 20日
雑節 土用 17日

日	新暦	曜	干支	直	納音	宿
1日	04/01	金	丁卯	建	爐中火	亢
2日	04/02	土	戊辰	除	大林木	氐
3日	04/03	日	己巳	満	大林木	房
4日	04/04	月	庚午	平	路傍土	心
5日	04/05	火	辛未	平	路傍土	尾
6日	04/06	水	壬申	定	釼鋒金	箕
7日	04/07	木	癸酉	執	釼鋒金	斗
8日	04/08	金	甲戌	破	山頭火	牛
9日	04/09	土	乙亥	危	山頭火	女
10日	04/10	日	丙子	成	澗下水	虚
11日	04/11	月	丁丑	納	澗下水	危
12日	04/12	火	戊寅	開	城頭土	室
13日	04/13	水	己卯	閉	城頭土	壁
14日	04/14	木	庚辰	建	白鑞金	奎
15日	04/15	金	辛巳	除	白鑞金	婁
16日	04/16	土	壬午	満	楊柳木	胃
17日	04/17	日	癸未	平	楊柳木	昴
18日	04/18	月	甲申	定	井泉水	畢
19日	04/19	火	乙酉	執	井泉水	觜
20日	04/20	水	丙戌	破	屋上土	参
21日	04/21	木	丁亥	危	屋上土	井
22日	04/22	金	戊子	成	霹靂火	鬼
23日	04/23	土	己丑	納	霹靂火	柳
24日	04/24	日	庚寅	開	松柏木	星
25日	04/25	月	辛卯	閉	松柏木	張
26日	04/26	火	壬辰	建	長流水	翼
27日	04/27	水	癸巳	除	長流水	軫
28日	04/28	木	甲午	満	沙中金	角
29日	04/29	金	乙未	平	沙中金	亢
30日	04/30	土	丙申	定	山下火	氐

【四月小 辛巳 斗】

節気 立夏 6日・小満 21日
雑節 八十八夜 2日

日	新暦	曜	干支	直	納音	宿
1日	05/01	日	丁酉	執	山下火	房
2日	05/02	月	戊戌	破	平地木	心
3日	05/03	火	己亥	危	平地木	尾
4日	05/04	水	庚子	成	壁上土	箕
5日	05/05	木	辛丑	納	壁上土	斗
6日	05/06	金	壬寅	納	金箔金	牛
7日	05/07	土	癸卯	開	金箔金	女
8日	05/08	日	甲辰	閉	覆燈火	虚
9日	05/09	月	乙巳	建	覆燈火	危
10日	05/10	火	丙午	除	天河水	室
11日	05/11	水	丁未	満	天河水	壁
12日	05/12	木	戊申	平	大駅土	奎
13日	05/13	金	己酉	定	大駅土	婁
14日	05/14	土	庚戌	執	釵釧金	胃
15日	05/15	日	辛亥	破	釵釧金	昴
16日	05/16	月	壬子	危	桑柘木	畢
17日	05/17	火	癸丑	成	桑柘木	觜
18日	05/18	水	甲寅	納	大溪水	参
19日	05/19	木	乙卯	開	大溪水	井
20日	05/20	金	丙辰	閉	沙中土	鬼
21日	05/21	土	丁巳	建	沙中土	柳
22日	05/22	日	戊午	除	天上火	星
23日	05/23	月	己未	満	天上火	張
24日	05/24	火	庚申	平	柘榴木	翼
25日	05/25	水	辛酉	定	柘榴木	軫
26日	05/26	木	壬戌	執	大海水	角
27日	05/27	金	癸亥	破	大海水	亢
28日	05/28	土	甲子	危	海中金	氐
29日	05/29	日	乙丑	成	海中金	房

【五月大 壬午 牛】

節気 芒種 8日・夏至 24日
雑節 入梅 17日

日	新暦	曜	干支	直	納音	宿
1日	05/30	月	丙寅	納	爐中火	心
2日	05/31	火	丁卯	開	爐中火	尾
3日	06/01	水	戊辰	閉	大林木	箕
4日	06/02	木	己巳	建	大林木	斗
5日	06/03	金	庚午	除	路傍土	牛
6日	06/04	土	辛未	満	路傍土	女
7日	06/05	日	壬申	平	釼鋒金	虚
8日	06/06	月	癸酉	平	釼鋒金	危
9日	06/07	火	甲戌	定	山頭火	室
10日	06/08	水	乙亥	執	山頭火	壁
11日	06/09	木	丙子	破	澗下水	奎
12日	06/10	金	丁丑	危	澗下水	婁
13日	06/11	土	戊寅	成	城頭土	胃
14日	06/12	日	己卯	納	城頭土	昴
15日	06/13	月	庚辰	開	白鑞金	畢
16日	06/14	火	辛巳	閉	白鑞金	觜
17日	06/15	水	壬午	建	楊柳木	参
18日	06/16	木	癸未	除	楊柳木	井
19日	06/17	金	甲申	満	井泉水	鬼
20日	06/18	土	乙酉	平	井泉水	柳
21日	06/19	日	丙戌	定	屋上土	星
22日	06/20	月	丁亥	執	屋上土	張
23日	06/21	火	戊子	破	霹靂火	翼
24日	06/22	水	己丑	危	霹靂火	軫
25日	06/23	木	庚寅	成	松柏木	角
26日	06/24	金	辛卯	納	松柏木	亢
27日	06/25	土	壬辰	開	長流水	氐
28日	06/26	日	癸巳	閉	長流水	房
29日	06/27	月	甲午	建	沙中金	心
30日	06/28	火	乙未	除	沙中金	尾

【六月小 癸未 女】

節気 小暑 9日・大暑 25日
雑節 半夏生 4日・土用 22日

日	新暦	曜	干支	直	納音	宿
1日	06/29	水	丙申	満	山下火	箕
2日	06/30	木	丁酉	平	山下火	斗
3日	07/01	金	戊戌	定	平地木	牛
4日	07/02	土	己亥	執	平地木	女
5日	07/03	日	庚子	破	壁上土	虚
6日	07/04	月	辛丑	危	壁上土	危
7日	07/05	火	壬寅	成	金箔金	室
8日	07/06	水	癸卯	納	金箔金	壁
9日	07/07	木	甲辰	納	覆燈火	奎
10日	07/08	金	乙巳	開	覆燈火	婁
11日	07/09	土	丙午	閉	天河水	胃
12日	07/10	日	丁未	建	天河水	昴
13日	07/11	月	戊申	除	大駅土	畢
14日	07/12	火	己酉	満	大駅土	觜
15日	07/13	水	庚戌	平	釵釧金	参
16日	07/14	木	辛亥	定	釵釧金	井
17日	07/15	金	壬子	執	桑柘木	鬼
18日	07/16	土	癸丑	破	桑柘木	柳
19日	07/17	日	甲寅	危	大溪水	星
20日	07/18	月	乙卯	成	大溪水	張
21日	07/19	火	丙辰	納	沙中土	翼
22日	07/20	水	丁巳	開	沙中土	軫
23日	07/21	木	戊午	閉	天上火	角
24日	07/22	金	己未	建	天上火	亢
25日	07/23	土	庚申	除	柘榴木	氐
26日	07/24	日	辛酉	満	柘榴木	房
27日	07/25	月	壬戌	平	大海水	心
28日	07/26	火	癸亥	定	大海水	尾
29日	07/27	水	甲子	執	海中金	箕

【七月大 甲申 虚】

節気 立秋 12日・処暑 27日

日	新暦	曜	干支	直	納音	宿
1日	07/28	木	乙丑	破	海中金	斗
2日	07/29	金	丙寅	危	爐中火	牛
3日	07/30	土	丁卯	成	爐中火	女
4日	07/31	日	戊辰	納	大林木	虚
5日	08/01	月	己巳	開	大林木	危
6日	08/02	火	庚午	閉	路傍土	室
7日	08/03	水	辛未	建	路傍土	壁
8日	08/04	木	壬申	除	釼鋒金	奎
9日	08/05	金	癸酉	満	釼鋒金	婁
10日	08/06	土	甲戌	平	山頭火	胃
11日	08/07	日	乙亥	定	山頭火	昴
12日	08/08	月	丙子	定	澗下水	畢
13日	08/09	火	丁丑	執	澗下水	觜
14日	08/10	水	戊寅	破	城頭土	参
15日	08/11	木	己卯	危	城頭土	井

明治3年

日	西暦	曜	干支	直	納音	宿
16日	08/12	金	庚辰	成	白鑞金	鬼
17日	08/13	土	辛巳	納	白鑞金	柳
18日	08/14	日	壬午	開	楊柳木	星
19日	08/15	月	癸未	閉	楊柳木	張
20日	08/16	火	甲申	建	井泉水	翼
21日	08/17	水	乙酉	除	井泉水	軫
22日	08/18	木	丙戌	満	屋上土	角
23日	08/19	金	丁亥	平	屋上土	亢
24日	08/20	土	戊子	定	霹靂火	氐
25日	08/21	日	己丑	執	霹靂火	房
26日	08/22	月	庚寅	破	松柏木	心
27日	08/23	火	辛卯	危	松柏木	尾
28日	08/24	水	壬辰	成	長流水	箕
29日	08/25	木	癸巳	納	長流水	斗
30日	08/26	金	甲午	開	沙中金	牛

【八月小 乙酉 危】
節気 白露 13日・秋分 28日
雑節 二百十日 6日・社日 24日・彼岸 25日

日	西暦	曜	干支	直	納音	宿
1日	08/27	土	乙未	閉	沙中金	女
2日	08/28	日	丙申	建	山下火	虚
3日	08/29	月	丁酉	除	山下火	危
4日	08/30	火	戊戌	満	平地木	室
5日	08/31	水	己亥	平	平地木	壁
6日	09/01	木	庚子	定	壁上土	奎
7日	09/02	金	辛丑	執	壁上土	婁
8日	09/03	土	壬寅	破	金箔金	胃
9日	09/04	日	癸卯	危	金箔金	昴
10日	09/05	月	甲辰	成	覆燈火	畢
11日	09/06	火	乙巳	納	覆燈火	觜
12日	09/07	水	丙午	開	天河水	參
13日	09/08	木	丁未	開	天河水	井
14日	09/09	金	戊申	閉	大駅土	鬼
15日	09/10	土	己酉	建	大駅土	柳
16日	09/11	日	庚戌	除	釵釧金	星
17日	09/12	月	辛亥	満	釵釧金	張
18日	09/13	火	壬子	平	桑柘木	翼
19日	09/14	水	癸丑	定	桑柘木	軫
20日	09/15	木	甲寅	執	大溪水	角
21日	09/16	金	乙卯	破	大溪水	亢
22日	09/17	土	丙辰	危	沙中土	氐
23日	09/18	日	丁巳	成	沙中土	房
24日	09/19	月	戊午	納	天上火	心
25日	09/20	火	己未	開	天上火	尾
26日	09/21	水	庚申	閉	柘榴木	箕
27日	09/22	木	辛酉	建	柘榴木	斗
28日	09/23	金	壬戌	除	大海水	牛
29日	09/24	土	癸亥	満	大海水	女

【九月大 丙戌 室】
節気 寒露 14日・霜降 29日
雑節 土用 26日

日	西暦	曜	干支	直	納音	宿
1日	09/25	日	甲子	平	海中金	虚
2日	09/26	月	乙丑	定	海中金	危
3日	09/27	火	丙寅	執	爐中火	室
4日	09/28	水	丁卯	破	爐中火	壁
5日	09/29	木	戊辰	危	大林木	奎
6日	09/30	金	己巳	成	大林木	婁
7日	10/01	土	庚午	納	路傍土	胃
8日	10/02	日	辛未	開	路傍土	昴
9日	10/03	月	壬申	閉	釵鋒金	畢
10日	10/04	火	癸酉	建	釵鋒金	觜
11日	10/05	水	甲戌	除	山頭火	參
12日	10/06	木	乙亥	満	山頭火	井
13日	10/07	金	丙子	平	澗下水	鬼
14日	10/08	土	丁丑	平	澗下水	柳
15日	10/09	日	戊寅	定	城頭土	星
16日	10/10	月	己卯	執	城頭土	張
17日	10/11	火	庚辰	破	白鑞金	翼
18日	10/12	水	辛巳	危	白鑞金	軫
19日	10/13	木	壬午	成	楊柳木	角
20日	10/14	金	癸未	納	楊柳木	亢
21日	10/15	土	甲申	開	井泉水	氐
22日	10/16	日	乙酉	閉	井泉水	房
23日	10/17	月	丙戌	建	屋上土	心
24日	10/18	火	丁亥	除	屋上土	尾
25日	10/19	水	戊子	満	霹靂火	箕
26日	10/20	木	己丑	平	霹靂火	斗
27日	10/21	金	庚寅	定	松柏木	牛
28日	10/22	土	辛卯	執	松柏木	女
29日	10/23	日	壬辰	破	長流水	虚
30日	10/24	月	癸巳	危	長流水	危

【十月小 丁亥 壁】
節気 立冬 14日・小雪 29日

日	西暦	曜	干支	直	納音	宿
1日	10/25	火	甲午	成	沙中金	室
2日	10/26	水	乙未	納	沙中金	壁
3日	10/27	木	丙申	開	山下火	奎
4日	10/28	金	丁酉	閉	山下火	婁
5日	10/29	土	戊戌	建	平地木	胃
6日	10/30	日	己亥	除	平地木	昴
7日	10/31	月	庚子	満	壁上土	畢
8日	11/01	火	辛丑	平	壁上土	觜
9日	11/02	水	壬寅	定	金箔金	參
10日	11/03	木	癸卯	執	金箔金	井
11日	11/04	金	甲辰	破	覆燈火	鬼
12日	11/05	土	乙巳	危	覆燈火	柳
13日	11/06	日	丙午	成	天河水	星
14日	11/07	月	丁未	成	天河水	張
15日	11/08	火	戊申	納	大駅土	翼
16日	11/09	水	己酉	開	大駅土	軫
17日	11/10	木	庚戌	閉	釵釧金	角
18日	11/11	金	辛亥	建	釵釧金	亢
19日	11/12	土	壬子	除	桑柘木	氐
20日	11/13	日	癸丑	満	桑柘木	房
21日	11/14	月	甲寅	平	大溪水	心
22日	11/15	火	乙卯	定	大溪水	尾
23日	11/16	水	丙辰	執	沙中土	箕
24日	11/17	木	丁巳	破	沙中土	斗
25日	11/18	金	戊午	危	天上火	牛
26日	11/19	土	己未	成	天上火	女
27日	11/20	日	庚申	納	柘榴木	虚
28日	11/21	月	辛酉	開	柘榴木	危
29日	11/22	火	壬戌	閉	大海水	室

【閏十月小 丁亥 壁】
節気 大雪 15日

日	西暦	曜	干支	直	納音	宿
1日	11/23	水	癸亥	建	大海水	壁
2日	11/24	木	甲子	除	海中金	奎
3日	11/25	金	乙丑	満	海中金	婁
4日	11/26	土	丙寅	平	爐中火	胃
5日	11/27	日	丁卯	定	爐中火	昴
6日	11/28	月	戊辰	執	大林木	畢
7日	11/29	火	己巳	破	大林木	觜
8日	11/30	水	庚午	危	路傍土	參
9日	12/01	木	辛未	成	路傍土	井
10日	12/02	金	壬申	納	釵鋒金	鬼
11日	12/03	土	癸酉	開	釵鋒金	柳
12日	12/04	日	甲戌	閉	山頭火	星
13日	12/05	月	乙亥	建	山頭火	張
14日	12/06	火	丙子	除	澗下水	翼
15日	12/07	水	丁丑	除	澗下水	軫
16日	12/08	木	戊寅	満	城頭土	角
17日	12/09	金	己卯	平	城頭土	亢
18日	12/10	土	庚辰	定	白鑞金	氐
19日	12/11	日	辛巳	執	白鑞金	房
20日	12/12	月	壬午	破	楊柳木	心
21日	12/13	火	癸未	危	楊柳木	尾
22日	12/14	水	甲申	成	井泉水	箕
23日	12/15	木	乙酉	納	井泉水	斗
24日	12/16	金	丙戌	開	屋上土	牛
25日	12/17	土	丁亥	閉	屋上土	女
26日	12/18	日	戊子	建	霹靂火	虚
27日	12/19	月	己丑	除	霹靂火	危
28日	12/20	火	庚寅	満	松柏木	室
29日	12/21	水	辛卯	平	松柏木	壁

【十一月大 戊子 奎】
節気 冬至 1日・小寒 16日・大寒 30日
雑節 土用 27日

日	西暦	曜	干支	直	納音	宿
1日	12/22	木	壬辰	定	長流水	奎
2日	12/23	金	癸巳	執	長流水	婁
3日	12/24	土	甲午	破	沙中金	胃
4日	12/25	日	乙未	危	沙中金	昴
5日	12/26	月	丙申	成	山下火	畢
6日	12/27	火	丁酉	納	山下火	觜
7日	12/28	水	戊戌	開	平地木	參
8日	12/29	木	己亥	閉	平地木	井
9日	12/30	金	庚子	建	壁上土	鬼
10日	12/31	土	辛丑	除	壁上土	柳
11日	01/01	日	壬寅	満	金箔金	星
12日	01/02	月	癸卯	平	金箔金	張
13日	01/03	火	甲辰	定	覆燈火	翼
14日	01/04	水	乙巳	執	覆燈火	軫
15日	01/05	木	丙午	破	天河水	角
16日☆	01/06	金	丁未	破	天河水	亢
17日	01/07	土	戊申	危	大駅土	氐
18日	01/08	日	己酉	成	大駅土	房
19日	01/09	月	庚戌	納	釵釧金	心
20日	01/10	火	辛亥	開	釵釧金	尾
21日	01/11	水	壬子	閉	桑柘木	箕
22日	01/12	木	癸丑	建	桑柘木	斗
23日	01/13	金	甲寅	除	大溪水	牛
24日	01/14	土	乙卯	満	大溪水	女
25日	01/15	日	丙辰	平	沙中土	虚
26日	01/16	月	丁巳	定	沙中土	危
27日	01/17	火	戊午	執	天上火	室
28日	01/18	水	己未	破	天上火	壁
29日	01/19	木	庚申	危	柘榴木	奎
30日	01/20	金	辛酉	成	柘榴木	婁

【十二月小 己丑 婁】
節気 立春 15日
雑節 節分 14日

日	西暦	曜	干支	直	納音	宿
1日	01/21	土	壬戌	納	大海水	胃
2日	01/22	日	癸亥	開	大海水	昴
3日	01/23	月	甲子	閉	海中金	畢
4日	01/24	火	乙丑	建	海中金	觜
5日	01/25	水	丙寅	除	爐中火	參
6日	01/26	木	丁卯	満	爐中火	井
7日	01/27	金	戊辰	平	大林木	鬼
8日	01/28	土	己巳	定	大林木	柳
9日	01/29	日	庚午	執	路傍土	星
10日	01/30	月	辛未	破	路傍土	張
11日	01/31	火	壬申	危	釵鋒金	翼
12日	02/01	水	癸酉	成	釵鋒金	軫
13日	02/02	木	甲戌	納	山頭火	角
14日	02/03	金	乙亥	開	山頭火	亢
15日	02/04	土	丙子	開	澗下水	氐
16日	02/05	日	丁丑	閉	澗下水	房
17日	02/06	月	戊寅	建	城頭土	心
18日	02/07	火	己卯	除	城頭土	尾
19日	02/08	水	庚辰	満	白鑞金	箕
20日	02/09	木	辛巳	平	白鑞金	斗
21日	02/10	金	壬午	定	楊柳木	牛
22日	02/11	土	癸未	執	楊柳木	女
23日	02/12	日	甲申	破	井泉水	虚
24日	02/13	月	乙酉	危	井泉水	危
25日	02/14	火	丙戌	成	屋上土	室
26日	02/15	水	丁亥	納	屋上土	壁
27日	02/16	木	戊子	開	霹靂火	奎
28日	02/17	金	己丑	閉	霹靂火	婁
29日	02/18	土	庚寅	建	松柏木	胃

明治4年
1871～1872　辛未　女

【正月大 庚寅 胃】
節気 雨水 1日・啓蟄 16日
雑節 彼岸 28日・社日 28日

1日	02/19	日	辛卯	除	松柏木	昴
2日	02/20	月	壬辰	満	長流水	畢
3日	02/21	火	癸巳	平	長流水	觜
4日	02/22	水	甲午	定	沙中金	参
5日	02/23	木	乙未	執	沙中金	井
6日	02/24	金	丙申	破	山下火	鬼
7日	02/25	土	丁酉	危	山下火	柳
8日	02/26	日	戊戌	納	平地木	星
9日	02/27	月	己亥	開	平地木	張
10日	02/28	火	庚子	開	壁上土	翼
11日	03/01	水	辛丑	閉	壁上土	軫
12日	03/02	木	壬寅	建	金箔金	角
13日	03/03	金	癸卯	除	金箔金	亢
14日	03/04	土	甲辰	満	覆燈火	氐
15日	03/05	日	乙巳	平	覆燈火	房
16日	03/06	月	丙午	平	天河水	心
17日	03/07	火	丁未	定	天河水	尾
18日	03/08	水	戊申	執	大駅土	箕
19日	03/09	木	己酉	破	大駅土	斗
20日	03/10	金	庚戌	危	釵釧金	牛
21日	03/11	土	辛亥	成	釵釧金	女
22日	03/12	日	壬子	納	桑柘木	虚
23日	03/13	月	癸丑	開	桑柘木	危
24日	03/14	火	甲寅	閉	大溪水	室
25日	03/15	水	乙卯	建	大溪水	壁
26日	03/16	木	丙辰	除	沙中土	奎
27日	03/17	金	丁巳	満	沙中土	婁
28日	03/18	土	戊午	平	天上火	胃
29日	03/19	日	己未	定	天上火	昴
30日	03/20	月	庚申	執	柏榴木	畢

【二月大 辛卯 昴】
節気 春分 1日・清明 16日
雑節 土用 28日

1日	03/21	火	辛酉	破	柏榴木	觜
2日	03/22	水	壬戌	危	大海水	参
3日	03/23	木	癸亥	成	大海水	井
4日	03/24	金	甲子	納	海中金	鬼
5日	03/25	土	乙丑	開	海中金	柳
6日	03/26	日	丙寅	閉	爐中火	星
7日	03/27	月	丁卯	建	爐中火	張
8日	03/28	火	戊辰	除	大林木	軫
9日	03/29	水	己巳	満	大林木	軫
10日	03/30	木	庚午	平	路傍土	角
11日	03/31	金	辛未	定	路傍土	亢
12日	04/01	土	壬申	執	釼鋒金	氐
13日	04/02	日	癸酉	破	釼鋒金	房
14日	04/03	月	甲戌	危	山頭火	心
15日	04/04	火	乙亥	成	山頭火	尾
16日	04/05	水	丙子	成	潤下水	箕
17日	04/06	木	丁丑	納	潤下水	斗
18日	04/07	金	戊寅	開	城頭土	牛
19日	04/08	土	己卯	閉	城頭土	女
20日	04/09	日	庚辰	建	白鑞金	虚
21日	04/10	月	辛巳	除	白鑞金	危
22日	04/11	火	壬午	満	楊柳木	室
23日	04/12	水	癸未	平	楊柳木	壁
24日	04/13	木	甲申	定	井泉水	奎
25日	04/14	金	乙酉	執	井泉水	婁
26日	04/15	土	丙戌	破	屋上土	胃

【三月小 壬辰 畢】
節気 穀雨 1日・立夏 17日
雑節 八十八夜 13日

27日	04/16	日	丁亥	危	屋上土	昴
28日	04/17	月	戊子	成	霹靂火	畢
29日	04/18	火	己丑	納	霹靂火	觜
30日	04/19	水	庚寅	開	松柏木	参
1日	04/20	木	辛卯	閉	松柏木	井
2日	04/21	金	壬辰	建	長流水	鬼
3日	04/22	土	癸巳	除	長流水	柳
4日	04/23	日	甲午	満	沙中金	星
5日	04/24	月	乙未	平	沙中金	張
6日	04/25	火	丙申	定	山下火	翼
7日	04/26	水	丁酉	執	山下火	軫
8日	04/27	木	戊戌	破	平地木	角
9日	04/28	金	己亥	危	平地木	亢
10日	04/29	土	庚子	成	壁上土	氐
11日	04/30	日	辛丑	納	壁上土	房
12日	05/01	月	壬寅	開	金箔金	心
13日	05/02	火	癸卯	閉	金箔金	尾
14日	05/03	水	甲辰	建	覆燈火	箕
15日	05/04	木	乙巳	除	覆燈火	斗
16日	05/05	金	丙午	満	天河水	牛
17日	05/06	土	丁未	平	天河水	女
18日	05/07	日	戊申	定	大駅土	虚
19日	05/08	月	己酉	定	大駅土	危
20日	05/09	火	庚戌	執	釵釧金	室
21日	05/10	水	辛亥	危	釵釧金	壁
22日	05/11	木	壬子	危	桑柘木	奎
23日	05/12	金	癸丑	成	桑柘木	婁
24日	05/13	土	甲寅	納	大溪水	胃
25日	05/14	日	乙卯	開	大溪水	昴
26日	05/15	月	丙辰	閉	沙中土	畢
27日	05/16	火	丁巳	建	沙中土	觜
28日	05/17	水	戊午	除	天上火	参
29日	05/18	木	己未	満	天上火	井

【四月大 癸巳 觜】
節気 小満 3日・芒種 19日
雑節 入梅 23日

1日	05/19	金	庚申	平	柏榴木	鬼
2日	05/20	土	辛酉	定	柏榴木	柳
3日	05/21	日	壬戌	執	大海水	星
4日	05/22	月	癸亥	破	大海水	張
5日	05/23	火	甲子	危	海中金	翼
6日	05/24	水	乙丑	成	海中金	軫
7日	05/25	木	丙寅	納	爐中火	角
8日	05/26	金	丁卯	開	爐中火	亢
9日	05/27	土	戊辰	開	大林木	氐
10日	05/28	日	己巳	建	大林木	房
11日	05/29	月	庚午	除	路傍土	心
12日	05/30	火	辛未	満	路傍土	尾
13日	05/31	水	壬申	平	釼鋒金	箕
14日	06/01	木	癸酉	定	釼鋒金	斗
15日	06/02	金	甲戌	執	山頭火	牛
16日	06/03	土	乙亥	破	山頭火	女
17日	06/04	日	丙子	危	潤下水	虚
18日	06/05	月	丁丑	成	潤下水	危
19日	06/06	火	戊寅	納	城頭土	室
20日	06/07	水	己卯	開	城頭土	壁
21日	06/08	木	庚辰	閉	白鑞金	奎
22日	06/09	金	辛巳	閉	白鑞金	婁
23日	06/10	土	壬午	建	楊柳木	胃
24日	06/11	日	癸未	除	楊柳木	昴
25日	06/12	月	甲申	満	井泉水	畢
26日	06/13	火	乙酉	平	井泉水	觜
27日	06/14	水	丙戌	定	屋上土	参

【五月大 甲午 参】
節気 夏至 5日・小暑 21日
雑節 半夏生 15日

28日	06/15	木	丁亥	執	屋上土	井
29日	06/16	金	戊子	破	霹靂火	鬼
30日	06/17	土	己丑	危	霹靂火	柳
1日	06/18	日	庚寅	成	松柏木	星
2日	06/19	月	辛卯	納	松柏木	張
3日	06/20	火	壬辰	開	長流水	翼
4日	06/21	水	癸巳	閉	長流水	軫
5日	06/22	木	甲午	建	沙中金	角
6日	06/23	金	乙未	除	沙中金	亢
7日	06/24	土	丙申	満	山下火	氐
8日	06/25	日	丁酉	平	山下火	房
9日	06/26	月	戊戌	定	平地木	心
10日	06/27	火	己亥	執	平地木	尾
11日	06/28	水	庚子	破	壁上土	箕
12日	06/29	木	辛丑	危	壁上土	斗
13日	06/30	金	壬寅	成	金箔金	牛
14日	07/01	土	癸卯	納	金箔金	女
15日☆	07/02	日	甲辰	開	覆燈火	虚
16日	07/03	月	乙巳	閉	覆燈火	危
17日	07/04	火	丙午	建	天河水	室
18日	07/05	水	丁未	除	天河水	壁
19日	07/06	木	戊申	満	大駅土	奎
20日	07/07	金	己酉	平	大駅土	婁
21日	07/08	土	庚戌	平	釵釧金	胃
22日	07/09	日	辛亥	定	釵釧金	昴
23日	07/10	月	壬子	執	桑柘木	畢
24日	07/11	火	癸丑	破	桑柘木	觜
25日	07/12	水	甲寅	危	大溪水	参
26日	07/13	木	乙卯	成	大溪水	井
27日	07/14	金	丙辰	納	沙中土	鬼
28日	07/15	土	丁巳	開	沙中土	柳
29日	07/16	日	戊午	閉	天上火	星
30日	07/17	月	己未	建	天上火	張

【六月小 乙未 井】
節気 大暑 6日・立秋 22日
雑節 土用 3日

1日	07/18	火	庚申	除	柏榴木	翼
2日	07/19	水	辛酉	満	柏榴木	軫
3日	07/20	木	壬戌	平	大海水	角
4日	07/21	金	癸亥	定	大海水	亢
5日	07/22	土	甲子	執	海中金	氐
6日	07/23	日	乙丑	破	海中金	房
7日	07/24	月	丙寅	危	爐中火	心
8日	07/25	火	丁卯	成	爐中火	尾
9日	07/26	水	戊辰	納	大林木	箕
10日	07/27	木	己巳	開	大林木	斗
11日	07/28	金	庚午	閉	路傍土	牛
12日	07/29	土	辛未	建	路傍土	女
13日	07/30	日	壬申	除	釼鋒金	虚
14日	07/31	月	癸酉	満	釼鋒金	危
15日	08/01	火	甲戌	平	山頭火	室
16日	08/02	水	乙亥	定	山頭火	壁
17日	08/03	木	丙子	執	潤下水	奎
18日	08/04	金	丁丑	破	潤下水	婁
19日	08/05	土	戊寅	危	城頭土	胃
20日	08/06	日	己卯	成	城頭土	昴
21日	08/07	月	庚辰	納	白鑞金	畢
22日	08/08	火	辛巳	納	白鑞金	觜
23日	08/09	水	壬午	開	楊柳木	参
24日	08/10	木	癸未	閉	楊柳木	井
25日	08/11	金	甲申	建	井泉水	鬼
26日	08/12	土	乙酉	除	井泉水	柳
27日	08/13	日	丙戌	満	屋上土	星

西暦 曜 干支 直 納音 宿　　　　　明治4年

日	西暦	曜	干支	直	納音	宿
28日	08/14	月	丁亥	平	屋上土	張
29日	08/15	火	戊子	定	霹靂火	翼

【七月大　丙申　鬼】
節気　処暑 9日・白露 24日
雑節　二百十日 17日

日	西暦	曜	干支	直	納音	宿
1日	08/16	水	己丑	執	霹靂火	軫
2日	08/17	木	庚寅	破	松柏木	角
3日	08/18	金	辛卯	危	松柏木	亢
4日	08/19	土	壬辰	成	長流水	氏
5日	08/20	日	癸巳	納	長流水	房
6日	08/21	月	甲午	開	沙中金	心
7日	08/22	火	乙未	閉	沙中金	尾
8日	08/23	水	丙申	建	山下火	箕
9日	08/24	木	丁酉	除	山下火	斗
10日	08/25	金	戊戌	満	平地木	牛
11日	08/26	土	己亥	平	平地木	女
12日	08/27	日	庚子	定	壁上土	虚
13日	08/28	月	辛丑	執	壁上土	危
14日	08/29	火	壬寅	破	金箔金	室
15日	08/30	水	癸卯	危	金箔金	壁
16日	08/31	木	甲辰	成	覆燈火	奎
17日	09/01	金	乙巳	納	覆燈火	婁
18日	09/02	土	丙午	開	天河水	胃
19日	09/03	日	丁未	閉	天河水	昴
20日	09/04	月	戊申	建	大駅土	畢
21日	09/05	火	己酉	除	大駅土	觜
22日	09/06	水	庚戌	満	釵釧金	参
23日	09/07	木	辛亥	平	釵釧金	井
24日	09/08	金	壬子	定	桑柘木	鬼
25日	09/09	土	癸丑	執	桑柘木	柳
26日	09/10	日	甲寅	破	大溪水	星
27日	09/11	月	乙卯	危	大溪水	張
28日	09/12	火	丙辰	成	沙中土	翼
29日	09/13	水	丁巳	納	沙中土	軫
30日	09/14	木	戊午	開	天上火	角

【八月小　丁酉　柳】
節気　秋分 9日・寒露 25日
雑節　彼岸 6日・社日 10日

日	西暦	曜	干支	直	納音	宿
1日	09/15	金	己未	閉	天上火	亢
2日	09/16	土	庚申	建	柘榴木	氏
3日	09/17	日	辛酉	除	柘榴木	房
4日	09/18	月	壬戌	満	大海水	心
5日	09/19	火	癸亥	満	大海水	尾
6日	09/20	水	甲子	平	海中金	箕
7日	09/21	木	乙丑	定	海中金	斗
8日	09/22	金	丙寅	執	爐中火	牛
9日	09/23	土	丁卯	破	爐中火	女
10日	09/24	日	戊辰	危	大林木	虚
11日	09/25	月	己巳	成	大林木	危
12日	09/26	火	庚午	納	路傍土	室
13日	09/27	水	辛未	開	路傍土	壁
14日	09/28	木	壬申	閉	釵鋒金	奎
15日	09/29	金	癸酉	建	釵鋒金	婁
16日	09/30	土	甲戌	除	山頭火	胃
17日	10/01	日	乙亥	満	山頭火	昴
18日	10/02	月	丙子	平	澗下水	畢
19日	10/03	火	丁丑	定	澗下水	觜
20日	10/04	水	戊寅	執	城頭土	参
21日	10/05	木	己卯	破	城頭土	井
22日	10/06	金	庚辰	危	白鑞金	鬼
23日	10/07	土	辛巳	成	白鑞金	柳
24日	10/08	日	壬午	納	楊柳木	星
25日	10/09	月	癸未	開	楊柳木	張
26日	10/10	火	甲申	閉	井泉水	翼
27日	10/11	水	乙酉	建	井泉水	軫
28日	10/12	木	丙戌	除	屋上土	角
29日	10/13	金	丁亥	除	屋上土	亢

【九月大　戊戌　星】
節気　霜降 11日・立冬 26日
雑節　土用 8日

日	西暦	曜	干支	直	納音	宿
1日	10/14	土	戊子	満	霹靂火	氏
2日	10/15	日	己丑	平	霹靂火	房
3日	10/16	月	庚寅	定	松柏木	心
4日	10/17	火	辛卯	執	松柏木	尾
5日	10/18	水	壬辰	破	長流水	箕
6日	10/19	木	癸巳	危	長流水	斗
7日	10/20	金	甲午	成	沙中金	牛
8日	10/21	土	乙未	納	沙中金	女
9日	10/22	日	丙申	開	山下火	虚
10日	10/23	月	丁酉	閉	山下火	危
11日	10/24	火	戊戌	建	平地木	室
12日	10/25	水	己亥	除	平地木	壁
13日	10/26	木	庚子	満	壁上土	奎
14日	10/27	金	辛丑	平	壁上土	婁
15日	10/28	土	壬寅	定	金箔金	胃
16日	10/29	日	癸卯	執	金箔金	昴
17日	10/30	月	甲辰	破	覆燈火	畢
18日	10/31	火	乙巳	危	覆燈火	觜
19日	11/01	水	丙午	成	天河水	参
20日	11/02	木	丁未	納	天河水	井
21日	11/03	金	戊申	開	大駅土	鬼
22日	11/04	土	己酉	閉	大駅土	柳
23日	11/05	日	庚戌	建	釵釧金	星
24日	11/06	月	辛亥	除	釵釧金	張
25日	11/07	火	壬子	満	桑柘木	翼
26日	11/08	水	癸丑	平	桑柘木	軫
27日	11/09	木	甲寅	平	大溪水	角
28日	11/10	金	乙卯	定	大溪水	亢
29日	11/11	土	丙辰	執	沙中土	氏
30日	11/12	日	丁巳	破	沙中土	房

【十月小　己亥　張】
節気　小雪 11日・大雪 25日

日	西暦	曜	干支	直	納音	宿
1日	11/13	月	戊午	危	天上火	心
2日	11/14	火	己未	成	天上火	尾
3日	11/15	水	庚申	納	柘榴木	箕
4日	11/16	木	辛酉	開	柘榴木	斗
5日	11/17	金	壬戌	閉	大海水	牛
6日	11/18	土	癸亥	閉	大海水	女
7日	11/19	日	甲子	除	海中金	虚
8日	11/20	月	乙丑	満	海中金	危
9日	11/21	火	丙寅	平	爐中火	室
10日	11/22	水	丁卯	定	爐中火	壁
11日	11/23	木	戊辰	執	大林木	奎
12日	11/24	金	己巳	破	大林木	婁
13日	11/25	土	庚午	危	路傍土	胃
14日	11/26	日	辛未	成	路傍土	昴
15日	11/27	月	壬申	納	釵鋒金	畢
16日	11/28	火	癸酉	開	釵鋒金	觜
17日	11/29	水	甲戌	閉	山頭火	参
18日	11/30	木	乙亥	建	山頭火	井
19日	12/01	金	丙子	除	澗下水	鬼
20日	12/02	土	丁丑	満	澗下水	柳
21日	12/03	日	戊寅	平	城頭土	星
22日	12/04	月	己卯	定	城頭土	張
23日	12/05	火	庚辰	執	白鑞金	翼
24日	12/06	水	辛巳	破	白鑞金	軫
25日	12/07	木	壬午	危	楊柳木	角
26日	12/08	金	癸未	成	楊柳木	亢
27日	12/09	土	甲申	納	井泉水	氏
28日	12/10	日	乙酉	開	井泉水	房
29日	12/11	月	丙戌	閉	屋上土	心

【十一月小　庚子　翼】
節気　冬至 11日・小寒 26日

日	西暦	曜	干支	直	納音	宿
1日	12/12	火	丁亥	平	屋上土	尾
2日	12/13	水	戊子	建	霹靂火	箕
3日	12/14	木	己丑	除	霹靂火	斗
4日	12/15	金	庚寅	満	松柏木	牛
5日	12/16	土	辛卯	平	松柏木	女
6日	12/17	日	壬辰	定	長流水	虚
7日	12/18	月	癸巳	執	長流水	危
8日	12/19	火	甲午	破	沙中金	室
9日	12/20	水	乙未	危	沙中金	壁
10日	12/21	木	丙申	成	山下火	奎
11日	12/22	金	丁酉	納	山下火	婁
12日	12/23	土	戊戌	開	平地木	胃
13日	12/24	日	己亥	閉	平地木	昴
14日	12/25	月	庚子	建	壁上土	畢
15日	12/26	火	辛丑	除	壁上土	觜
16日	12/27	水	壬寅	満	金箔金	参
17日	12/28	木	癸卯	定	金箔金	井
18日	12/29	金	甲辰	定	覆燈火	鬼
19日	12/30	土	乙巳	執	覆燈火	柳
20日	12/31	日	丙午	破	天河水	星

1872年

日	西暦	曜	干支	直	納音	宿
21日	01/01	月	丁未	危	天河水	張
22日	01/02	火	戊申	成	大駅土	翼
23日	01/03	水	己酉	納	大駅土	軫
24日	01/04	木	庚戌	開	釵釧金	角
25日	01/05	金	辛亥	閉	釵釧金	亢
26日	01/06	土	壬子	閉	桑柘木	氏
27日	01/07	日	癸丑	建	桑柘木	房
28日	01/08	月	甲寅	除	大溪水	心
29日	01/09	火	乙卯	満	大溪水	尾

【十二月大　辛丑　軫】
節気　大寒 12日・立春 26日
雑節　土用 9日・節分 25日

日	西暦	曜	干支	直	納音	宿
1日	01/10	水	丙辰	平	沙中土	箕
2日	01/11	木	丁巳	定	沙中土	斗
3日	01/12	金	戊午	執	天上火	牛
4日	01/13	土	己未	破	天上火	女
5日	01/14	日	庚申	危	柘榴木	虚
6日	01/15	月	辛酉	成	柘榴木	危
7日	01/16	火	壬戌	納	大海水	室
8日	01/17	水	癸亥	開	大海水	壁
9日	01/18	木	甲子	閉	海中金	奎
10日	01/19	金	乙丑	建	海中金	婁
11日	01/20	土	丙寅	除	爐中火	胃
12日	01/21	日	丁卯	満	爐中火	昴
13日	01/22	月	戊辰	平	大林木	畢
14日	01/23	火	己巳	定	大林木	觜
15日	01/24	水	庚午	執	路傍土	参
16日	01/25	木	辛未	破	路傍土	井
17日	01/26	金	壬申	危	釵鋒金	鬼
18日	01/27	土	癸酉	成	釵鋒金	柳
19日	01/28	日	甲戌	納	山頭火	星
20日	01/29	月	乙亥	開	山頭火	張
21日	01/30	火	丙子	閉	澗下水	翼
22日	01/31	水	丁丑	建	澗下水	軫
23日	02/01	木	戊寅	除	城頭土	角
24日	02/02	金	己卯	満	城頭土	亢
25日	02/03	土	庚辰	平	白鑞金	氏
26日	02/04	日	辛巳	定	白鑞金	房
27日	02/05	月	壬午	定	楊柳木	心
28日	02/06	火	癸未	執	楊柳木	尾
29日	02/07	水	甲申	破	井泉水	箕
30日	02/08	木	乙酉	危	井泉水	斗

明治5年
1872　壬申　虚

【正月小 壬寅 角】
節気 雨水 11日・啓蟄 26日

日	月日	曜	干支	直	納音	宿
1日	02/09	金	丙戌	成	屋上土	牛
2日	02/10	土	丁亥	納	屋上土	女
3日	02/11	日	戊子	開	霹靂火	虚
4日	02/12	月	己丑	閉	霹靂火	危
5日	02/13	火	庚寅	建	松柏木	室
6日	02/14	水	辛卯	除	松柏木	壁
7日	02/15	木	壬辰	満	長流水	奎
8日	02/16	金	癸巳	平	長流水	婁
9日	02/17	土	甲午	定	沙中金	胃
10日	02/18	日	乙未	執	沙中金	昴
11日	02/19	月	丙申	破	山下火	畢
12日	02/20	火	丁酉	危	山下火	觜
13日	02/21	水	戊戌	成	平地木	参
14日	02/22	木	己亥	納	平地木	井
15日	02/23	金	庚子	開	壁上土	鬼
16日	02/24	土	辛丑	閉	壁上土	柳
17日	02/25	日	壬寅	建	金箔金	星
18日	02/26	月	癸卯	除	金箔金	張
19日	02/27	火	甲辰	満	覆燈火	翼
20日	02/28	水	乙巳	平	覆燈火	軫
21日	02/29	木	丙午	定	天河水	角
22日	03/01	金	丁未	執	天河水	亢
23日	03/02	土	戊申	破	大駅土	氐
24日	03/03	日	己酉	危	大駅土	房
25日	03/04	月	庚戌	成	釵釧金	心
26日	03/05	火	辛亥	納	釵釧金	尾
27日	03/06	水	壬子	納	桑柘木	箕
28日	03/07	木	癸丑	開	桑柘木	斗
29日	03/08	金	甲寅	閉	大溪水	牛

【二月大 癸卯 亢】
節気 春分 12日・清明 27日
雑節 彼岸 9日・社日 14日

日	月日	曜	干支	直	納音	宿
1日	03/09	土	乙卯	建	大溪水	女
2日	03/10	日	丙辰	除	沙中土	虚
3日	03/11	月	丁巳	満	沙中土	危
4日	03/12	火	戊午	平	天上火	室
5日	03/13	水	己未	定	天上火	壁
6日	03/14	木	庚申	執	柘榴木	奎
7日	03/15	金	辛酉	破	柘榴木	婁
8日	03/16	土	壬戌	危	大海水	胃
9日	03/17	日	癸亥	成	大海水	昴
10日	03/18	月	甲子	納	海中金	畢
11日	03/19	火	乙丑	開	海中金	觜
12日	03/20	水	丙寅	閉	爐中火	参
13日	03/21	木	丁卯	建	爐中火	井
14日	03/22	金	戊辰	除	大林木	鬼
15日	03/23	土	己巳	満	大林木	柳
16日	03/24	日	庚午	平	路傍土	星
17日	03/25	月	辛未	定	路傍土	張
18日	03/26	火	壬申	執	釼鋒金	翼
19日	03/27	水	癸酉	破	釼鋒金	軫
20日	03/28	木	甲戌	危	山頭火	角
21日	03/29	金	乙亥	成	山頭火	亢
22日	03/30	土	丙子	納	澗下水	氐
23日	03/31	日	丁丑	開	澗下水	房
24日	04/01	月	戊寅	閉	城頭土	心
25日	04/02	火	己卯	建	城頭土	尾
26日	04/03	水	庚辰	除	白鑞金	箕
27日	04/04	木	辛巳	満	白鑞金	斗
28日	04/05	金	壬午	満	楊柳木	牛
29日	04/06	土	癸未	平	楊柳木	女
30日	04/07	日	甲申	定	井泉水	虚

【三月小 甲辰 氏】
節気 穀雨 13日・立夏 28日
雑節 土用 10日・八十八夜 24日

日	月日	曜	干支	直	納音	宿
1日	04/08	月	乙酉	執	井泉水	危
2日	04/09	火	丙戌	破	屋上土	室
3日	04/10	水	丁亥	危	屋上土	壁
4日	04/11	木	戊子	成	霹靂火	奎
5日	04/12	金	己丑	納	霹靂火	婁
6日	04/13	土	庚寅	開	松柏木	胃
7日	04/14	日	辛卯	閉	松柏木	昴
8日	04/15	月	壬辰	建	長流水	畢
9日	04/16	火	癸巳	除	長流水	觜
10日	04/17	水	甲午	満	沙中金	参
11日	04/18	木	乙未	平	沙中金	井
12日	04/19	金	丙申	定	山下火	鬼
13日	04/20	土	丁酉	執	山下火	柳
14日	04/21	日	戊戌	破	平地木	星
15日	04/22	月	己亥	危	平地木	張
16日	04/23	火	庚子	成	壁上土	翼
17日	04/24	水	辛丑	納	壁上土	軫
18日	04/25	木	壬寅	開	金箔金	角
19日	04/26	金	癸卯	閉	金箔金	亢
20日	04/27	土	甲辰	建	覆燈火	氐
21日	04/28	日	乙巳	除	覆燈火	房
22日	04/29	月	丙午	満	天河水	心
23日	04/30	火	丁未	平	天河水	尾
24日	05/01	水	戊申	定	大駅土	箕
25日	05/02	木	己酉	執	大駅土	斗
26日	05/03	金	庚戌	破	釵釧金	牛
27日	05/04	土	辛亥	危	釵釧金	女
28日	05/05	日	壬子	成	桑柘木	虚
29日	05/06	月	癸丑	成	桑柘木	危

【四月大 乙巳 房】
節気 小満 15日・芒種 30日

日	月日	曜	干支	直	納音	宿
1日	05/07	火	甲寅	納	大溪水	室
2日	05/08	水	乙卯	開	大溪水	壁
3日	05/09	木	丙辰	閉	沙中土	奎
4日	05/10	金	丁巳	建	沙中土	婁
5日	05/11	土	戊午	除	天上火	胃
6日	05/12	日	己未	満	天上火	昴
7日	05/13	月	庚申	平	柘榴木	畢
8日	05/14	火	辛酉	定	柘榴木	觜
9日	05/15	水	壬戌	執	大海水	参
10日	05/16	木	癸亥	破	大海水	井
11日	05/17	金	甲子	危	海中金	鬼
12日	05/18	土	乙丑	成	海中金	柳
13日	05/19	日	丙寅	納	爐中火	星
14日	05/20	月	丁卯	開	爐中火	張
15日	05/21	火	戊辰	閉	大林木	翼
16日	05/22	水	己巳	建	大林木	軫
17日	05/23	木	庚午	除	路傍土	角
18日	05/24	金	辛未	満	路傍土	亢
19日	05/25	土	壬申	平	釼鋒金	氐
20日	05/26	日	癸酉	定	釼鋒金	房
21日	05/27	月	甲戌	執	山頭火	心
22日	05/28	火	乙亥	破	山頭火	尾
23日	05/29	水	丙子	危	澗下水	箕
24日	05/30	木	丁丑	成	澗下水	斗
25日	05/31	金	戊寅	納	城頭土	牛
26日	06/01	土	己卯	開	城頭土	女
27日	06/02	日	庚辰	閉	白鑞金	虚
28日	06/03	月	辛巳	建	白鑞金	危
29日	06/04	火	壬午	除	楊柳木	室
30日	06/05	水	癸未	満	楊柳木	壁

【五月大 丙午 心】
節気 夏至 16日
雑節 入梅 9日・半夏生 27日

日	月日	曜	干支	直	納音	宿
1日	◎06/06	木	甲申	満	井泉水	奎
2日	06/07	金	乙酉	平	井泉水	婁
3日	06/08	土	丙戌	定	屋上土	胃
4日	06/09	日	丁亥	執	屋上土	昴
5日	06/10	月	戊子	破	霹靂火	畢
6日	06/11	火	己丑	危	霹靂火	觜
7日	06/12	水	庚寅	成	松柏木	参
8日	06/13	木	辛卯	納	松柏木	井
9日	06/14	金	壬辰	開	長流水	鬼
10日	06/15	土	癸巳	閉	長流水	柳
11日	06/16	日	甲午	建	沙中金	星
12日	06/17	月	乙未	除	沙中金	張
13日	06/18	火	丙申	満	山下火	翼
14日	06/19	水	丁酉	平	山下火	軫
15日	06/20	木	戊戌	定	平地木	角
16日	06/21	金	己亥	執	平地木	亢
17日	06/22	土	庚子	破	壁上土	氐
18日	06/23	日	辛丑	危	壁上土	房
19日	06/24	月	壬寅	成	金箔金	心
20日	06/25	火	癸卯	納	金箔金	尾
21日	06/26	水	甲辰	開	覆燈火	箕
22日	06/27	木	乙巳	閉	覆燈火	斗
23日	06/28	金	丙午	建	天河水	牛
24日	06/29	土	丁未	除	天河水	女
25日	06/30	日	戊申	満	大駅土	虚
26日	07/01	月	己酉	平	大駅土	危
27日	07/02	火	庚戌	定	釵釧金	室
28日	07/03	水	辛亥	執	釵釧金	壁
29日	07/04	木	壬子	破	桑柘木	奎
30日	07/05	金	癸丑	危	桑柘木	婁

【六月小 丁未 尾】
節気 小暑 2日・大暑 17日
雑節 土用 14日

日	月日	曜	干支	直	納音	宿
1日	07/06	土	甲寅	成	大溪水	胃
2日	07/07	日	乙卯	納	大溪水	昴
3日	07/08	月	丙辰	納	沙中土	畢
4日	07/09	火	丁巳	開	沙中土	觜
5日	07/10	水	戊午	閉	天上火	参
6日	07/11	木	己未	建	天上火	井
7日	07/12	金	庚申	除	柘榴木	鬼
8日	07/13	土	辛酉	満	柘榴木	柳
9日	07/14	日	壬戌	平	大海水	星
10日	07/15	月	癸亥	定	大海水	張
11日	07/16	火	甲子	執	海中金	翼
12日	07/17	水	乙丑	破	海中金	軫
13日	07/18	木	丙寅	危	爐中火	角
14日	07/19	金	丁卯	成	爐中火	亢
15日	07/20	土	戊辰	納	大林木	氐
16日	07/21	日	己巳	開	大林木	房
17日	07/22	月	庚午	閉	路傍土	心
18日	07/23	火	辛未	建	路傍土	尾
19日	07/24	水	壬申	除	釼鋒金	箕
20日	07/25	木	癸酉	満	釼鋒金	斗
21日	07/26	金	甲戌	平	山頭火	牛
22日	07/27	土	乙亥	定	山頭火	女
23日	07/28	日	丙子	執	澗下水	虚
24日	07/29	月	丁丑	破	澗下水	危
25日	07/30	火	戊寅	危	城頭土	室
26日	07/31	水	己卯	成	城頭土	壁
27日	08/01	木	庚辰	納	白鑞金	奎
28日	08/02	金	辛巳	開	白鑞金	婁
29日	08/03	土	壬午	閉	楊柳木	胃

【七月大 戊申 箕】
節気 立秋 4日・処暑 20日
雑節 二百十日

日	月日	曜	干支	直	納音	宿
1日	08/04	日	癸未	建	楊柳木	昴
2日	08/05	月	甲申	除	井泉水	畢
3日	08/06	火	乙酉	満	井泉水	觜

	西暦	曜	干支	直	納音	宿
4日	08/07	水	丙戌	満	屋上土	参
5日	08/08	木	丁亥	平	屋上土	井
6日	08/09	金	戊子	定	霹靂火	鬼
7日	08/10	土	己丑	執	霹靂火	柳
8日	08/11	日	庚寅	破	松柏木	星
9日	08/12	月	辛卯	危	松柏木	張
10日	08/13	火	壬辰	成	長流水	翼
11日	08/14	水	癸巳	納	長流水	軫
12日	08/15	木	甲午	開	沙中金	角
13日	08/16	金	乙未	閉	沙中金	亢
14日	08/17	土	丙申	建	山下火	氐
15日	08/18	日	丁酉	除	山下火	房
16日	08/19	月	戊戌	満	平地木	心
17日	08/20	火	己亥	平	平地木	尾
18日	08/21	水	庚子	定	壁上土	箕
19日	08/22	木	辛丑	執	壁上土	斗
20日	08/23	金	壬寅	破	金箔金	牛
21日	08/24	土	癸卯	危	金箔金	女
22日	08/25	日	甲辰	成	覆燈火	虚
23日	08/26	月	乙巳	納	覆燈火	危
24日	08/27	火	丙午	開	天河水	室
25日	08/28	水	丁未	閉	天河水	壁
26日	08/29	木	戊申	建	大駅土	奎
27日	08/30	金	己酉	除	大駅土	婁
28日	08/31	土	庚戌	満	釵釧金	胃
29日	09/01	日	辛亥	平	釵釧金	昴
30日	09/02	月	壬子	定	桑柘木	畢

【八月大 己酉 斗】
節気 白露 5日・秋分 21日
雑節 社日 16日・彼岸 18日

	西暦	曜	干支	直	納音	宿
1日	09/03	火	癸丑	執	桑柘木	觜
2日	09/04	水	甲寅	破	大溪水	参
3日	09/05	木	乙卯	危	大溪水	井
4日	09/06	金	丙辰	成	沙中土	鬼
5日	09/07	土	丁巳	成	沙中土	柳
6日	09/08	日	戊午	納	天上火	星
7日	09/09	月	己未	開	天上火	張
8日	09/10	火	庚申	閉	柘榴木	翼
9日	09/11	水	辛酉	建	柘榴木	軫
10日	09/12	木	壬戌	除	大海水	角
11日	09/13	金	癸亥	満	大海水	亢
12日	09/14	土	甲子	平	海中金	氐
13日	09/15	日	乙丑	定	海中金	房
14日	09/16	月	丙寅	執	爐中火	心
15日	09/17	火	丁卯	破	爐中火	尾
16日	09/18	水	戊辰	危	大林木	箕
17日	09/19	木	己巳	成	大林木	斗
18日	09/20	金	庚午	納	路傍土	牛
19日	09/21	土	辛未	開	路傍土	女
20日	09/22	日	壬申	閉	釵鋒金	虚
21日	09/23	月	癸酉	建	釵鋒金	危
22日	09/24	火	甲戌	除	山頭火	室
23日	09/25	水	乙亥	満	山頭火	壁
24日	09/26	木	丙子	平	澗下水	奎
25日	09/27	金	丁丑	定	澗下水	婁
26日	09/28	土	戊寅	執	城頭土	胃
27日	09/29	日	己卯	破	城頭土	昴
28日	09/30	月	庚辰	危	白鑞金	畢
29日	10/01	火	辛巳	成	白鑞金	觜
30日	10/02	水	壬午	納	楊柳木	参

【九月小 庚戌 牛】
節気 寒露 6日・霜降 21日
雑節 土用 18日

	西暦	曜	干支	直	納音	宿
1日	10/03	木	癸未	開	楊柳木	井
2日	10/04	金	甲申	閉	井泉水	鬼
3日	10/05	土	乙酉	建	井泉水	柳
4日	10/06	日	丙戌	除	屋上土	星
5日	10/07	月	丁亥	満	屋上土	張
6日	10/08	火	戊子	満	霹靂火	翼
7日	10/09	水	己丑	平	霹靂火	軫
8日	10/10	木	庚寅	定	松柏木	角
9日	10/11	金	辛卯	執	松柏木	亢
10日	10/12	土	壬辰	破	長流水	氐
11日	10/13	日	癸巳	危	長流水	房
12日	10/14	月	甲午	成	沙中金	心
13日	10/15	火	乙未	納	沙中金	尾
14日	10/16	水	丙申	開	山下火	箕
15日	10/17	木	丁酉	閉	山下火	斗
16日	10/18	金	戊戌	建	平地木	牛
17日	10/19	土	己亥	除	平地木	女
18日	10/20	日	庚子	満	壁上土	虚
19日	10/21	月	辛丑	平	壁上土	危
20日	10/22	火	壬寅	定	金箔金	室
21日	10/23	水	癸卯	執	金箔金	壁
22日	10/24	木	甲辰	破	覆燈火	奎
23日	10/25	金	乙巳	危	覆燈火	婁
24日	10/26	土	丙午	成	天河水	胃
25日	10/27	日	丁未	納	天河水	昴
26日	10/28	月	戊申	開	大駅土	畢
27日	10/29	火	己酉	閉	大駅土	觜
28日	10/30	水	庚戌	建	釵釧金	参
29日	10/31	木	辛亥	除	釵釧金	井

【十月大 辛亥 女】
節気 立冬 7日・小雪 22日

	西暦	曜	干支	直	納音	宿
1日	11/01	金	壬子	満	桑柘木	鬼
2日	11/02	土	癸丑	平	桑柘木	柳
3日	11/03	日	甲寅	定	大溪水	星
4日	11/04	月	乙卯	執	大溪水	張
5日	11/05	火	丙辰	破	沙中土	翼
6日	11/06	水	丁巳	危	沙中土	軫
7日	11/07	木	戊午	成	天上火	角
8日	11/08	金	己未	納	天上火	亢
9日	11/09	土	庚申	納	柘榴木	氐
10日	11/10	日	辛酉	開	柘榴木	房
11日	11/11	月	壬戌	閉	大海水	心
12日	11/12	火	癸亥	建	大海水	尾
13日	11/13	水	甲子	除	海中金	箕
14日	11/14	木	乙丑	満	海中金	斗
15日	11/15	金	丙寅	定	爐中火	牛
16日	11/16	土	丁卯	定	爐中火	女
17日	11/17	日	戊辰	執	大林木	虚
18日	11/18	月	己巳	破	大林木	危
19日	11/19	火	庚午	危	路傍土	室
20日	11/20	水	辛未	成	路傍土	壁
21日	11/21	木	壬申	納	釵鋒金	奎
22日	11/22	金	癸酉	開	釵鋒金	婁
23日	11/23	土	甲戌	閉	山頭火	胃
24日	11/24	日	乙亥	建	山頭火	昴
25日	11/25	月	丙子	除	澗下水	畢
26日	11/26	火	丁丑	満	澗下水	觜
27日	11/27	水	戊寅	平	城頭土	参
28日	11/28	木	己卯	定	城頭土	井
29日	11/29	金	庚辰	執	白鑞金	鬼
30日	11/30	土	辛巳	破	白鑞金	柳

【十一月小 壬子 虚】
節気 大雪 7日・冬至 21日

	西暦	曜	干支	直	納音	宿
1日	12/01	日	壬午	危	楊柳木	星
2日	12/02	月	癸未	成	楊柳木	張
3日	12/03	火	甲申	納	井泉水	翼
4日	12/04	水	乙酉	開	井泉水	軫
5日	12/05	木	丙戌	閉	屋上土	角
6日	12/06	金	丁亥	建	屋上土	亢
7日	12/07	土	戊子	建	霹靂火	氐
8日	12/08	日	己丑	除	霹靂火	房
9日	12/09	月	庚寅	満	松柏木	心
10日	12/10	火	辛卯	平	松柏木	尾
11日	12/11	水	壬辰	定	長流水	箕
12日	12/12	木	癸巳	執	長流水	斗
13日	12/13	金	甲午	破	沙中金	牛
14日	12/14	土	乙未	危	沙中金	女
15日	12/15	日	丙申	成	山下火	虚
16日	12/16	月	丁酉	納	山下火	危
17日	12/17	火	戊戌	開	平地木	室
18日	12/18	水	己亥	閉	平地木	壁
19日	12/19	木	庚子	建	壁上土	奎
20日	12/20	金	辛丑	除	壁上土	婁
21日	12/21	土	壬寅	満	金箔金	胃
22日	12/22	日	癸卯	平	金箔金	昴
23日	12/23	月	甲辰	定	覆燈火	畢
24日	12/24	火	乙巳	執	覆燈火	觜
25日	12/25	水	丙午	破	天河水	参
26日	12/26	木	丁未	危	天河水	井
27日	12/27	金	戊申	成	大駅土	鬼
28日	12/28	土	己酉	納	大駅土	柳
29日	12/29	日	庚戌	開	釵釧金	星

【十二月大 癸丑 危】

	西暦	曜	干支	直	納音	宿
1日	12/30	月	辛亥	閉	釵釧金	張
2日	12/31	火	壬子	建	桑柘木	翼

＊日本で太陽暦採用。明治5年
12月2日の翌日が、明治6年1月
1日（1873年1月1日）となった。

解　説

編集部

　江戸時代（およびその前後）の暦については、大きく三つの留意点がある。一つめは、比較的短い期間に暦法の変遷、しかもその中には定数を変えるだけではすまない大きな変化もあったこと。二つめは、当時の頒暦が途中からは連続して現存していること。そして三つめは、頒暦が現存しているにも関わらず、計算方法が不分明な点が残り、計算による頒暦の再現が困難だったり、時には複数の頒暦で内容に食い違いがあったりすること、である。また本書では江戸時代を通じて庶民に流通した仮名暦をベースに、その主要記載事項（ただし細々とした暦注は除く）を再現することを目的としたため、現在ではあまり聞き馴れない項目も含まれている。本稿では、項目ごとに説明を加えながら、上記の留意点にも具体的に触れつつ、解説していきたい。なおこの解説における西暦年補記は、月日にまで厳密に対応させたものではなく、年に対応した大まかなものであることを、あらかじめお断りしておく。また太陰太陽暦の月名は、本文では漢字表記としたが、本解説では正月以外はアラビア数字で表記した。

1. 日本の「太陰太陽暦」

　明治 6 年（1873）以降、日本では「太陽暦」（具体的には「グレゴリオ暦」）が採用されている。「太陽暦」は地球と太陽との位置関係のみによって年月日を決める暦法で、西欧世界では紀元前 46 年から 1582 年まで「ユリウス暦」、1582 年以降「グレゴリオ暦」が採用されており、その後徐々に全世界の主流となってきたものである。日本も明治維新に続く近代化の過程でこれを取り入れた。

　ところで明治 5 年以前の日本は中国暦法の影響下にあり、地球と太陽の関係、地球と月の関係を混合した「太陰太陽暦」を長く採用してきた。大まかには、太陽の運行から日の区切りと二十四節気を算出し、それと月の運行から朔（地球から見て太陽と月の方向が一致する瞬間。平たく言うと新月の瞬間）を算出して月の区切りが決まり、朔日と二十四節気の配置から月の名前（中気を含まない月を閏とするなど）と年の区切りが決まる、という暦法である。ただ本来的に太陽の運行と月の運行との関係は、正確な規則性を持たない。したがって現実の天体運行と暦法計算との間にはどうしても〝ズレ〟が生じ、そのため

もあって改暦が繰り返されてきた。

　日本で正式に採用された太陰太陽暦法は以下の通りである。

・元嘉暦〔持統天皇 6 年（692）〜文武天皇元年（697）7 月。5 年 7 ヵ月間実施。"儀鳳暦と併用"とされるが、現実には元嘉暦の朔が史書と一致〕

・儀鳳暦〔文武天皇元年（697）8 月〜天平宝宇 7 年（763）。66 年 5 か月間実施。文武天皇は 8 月朔日に即位。その前後で両暦と史書との一致度が変わり、その後は儀鳳暦が採用されたと推定される〕

・大衍暦〔天平宝宇 8 年（764）〜天安元年（857）。94 年間実施。ただし天安 2 年（858）以降の 4 年間は五紀暦と併用されたといわれる〕

・五紀暦〔天安 2 年（858）〜貞観 3 年（861）。4 年間実施。大衍暦と併用といわれる。基本的には儀鳳暦の焼き直し〕

・宣明暦〔貞観 4 年（862）〜貞享元年（1684）。823 年間実施。ユリウス暦に次ぐ世界史上 2 番目の長期採用暦。但し暦法の優劣とは別の理由による〕

・貞享暦〔貞享 2 年（1685）〜宝暦 4 年（1754）。70 年間実施。渋川春海撰。初の国産暦法〕

・宝暦暦〔宝暦 5 年（1755）〜寛政 9 年（1797）。43 年間実施。土御門泰邦等撰。非常に評判が悪かったといわれる〕

・寛政暦〔寛政 10 年（1798）〜天保 14 年（1843）。46 年間実施。高橋至時等撰。日本の太陰太陽暦の頂点という評価もある〕

・天保暦〔弘化元年（1844）〜明治 5 年（1872）。29 年間実施。渋川景佑等撰。現在日本でのいわゆる"旧暦"はこれを指す〕

　本書が対象としたのは上記のうち、西欧で「グレゴリオ暦」が採用された天正 10 年（1582）以降、日本で「グレゴリオ暦」が採用される直前の明治 5 年（1872）までであり、暦法で言うと宣明暦・貞享暦・宝暦暦・寛政暦・天保暦の行用期間である。本書記載事項のうち、グレゴリオ暦の暦法は単純明快であり、疑問の余地はない。また毎日の干支も古来から規則的な循環配列なので、これも確実である。問題となるのは、和暦の日付（朔日や二十四節気）をこれらの確実な部分にどう結び付けるかであり、具体的には朔と干支を結びつける方法論が、各暦法の本来の骨子なのである。

　＊ただ現実には、当時の一般庶民は時計や観測器具を持っていたわけではなく、例えば夏至が 1 日ズレていても誰も気づかず、朔日が 2 日ズレていても大問題にはならなかった。ところが頒暦には日食・月食の"予報"が併載されており、この当たり外れは庶民にもわかりやすく、そのため暦法の評判・評価は本来の骨子部分から乖離したところで上下していたともいえる。

2. 各暦法の概要

　上記各暦法のうち、本書に関係のある5暦法についてさらに説明を加える。

・宣明暦

　宣明暦は、当時の唐王朝で現用されていた暦法を輸入したもので、貞観4年 (862) 採用当初は最先端の暦法であった。しかしその後遣唐使が廃止されて中国から暦法を輸入することも絶え、江戸時代前期に至るまで823年間という異常ともいうべき長期にわたって行用され続けた。そのため江戸時代前期になると暦日が2日ほどズレる事態になった。なお古代中世期には暦日を人為的に移動させることが頻繁に行われていたが、本書対象期間においては進朔（朔の瞬間がある時刻以降ならば、朔日を翌日に変更する）以外には確認されていない。また当時の頒暦の一つ「大経師暦」の元和6年 (1620) 以降が連続して現存しており、国立公文書館で公開されている。

・貞享暦

　貞享暦は渋川春海作成で、劣化した宣明暦に代わる暦法として中国・元の授時暦を日本向けにアレンジしたもの。当初「大和暦」と称していた。主な改変点は中国（北京）と日本（京都）の経度差を、計算定数に反映させることだった。しかし暦に関する独占的な権益を握っていた朝廷・公家（陰陽寮や土御門家など）の抵抗は大きかったという。それでも朝廷と幕府の政治的綱引きを経て、大和暦は貞享暦と改称されて採用、貞享2年 (1685) から行用された。これに伴い幕府は天体観測や編暦を担う天文方を新設し、渋川春海が初代天文方に就任。編暦の実務は朝廷から幕府に移行された。貞享暦以降の頒暦は国立国会図書館にも様々な版のものが現存している。

・宝暦暦

　宝暦暦への改暦は、そもそもは将軍徳川吉宗が、清の暦法に倣って西洋天文学を取り入れた暦法を作りたい、と企図したところから始まったといわれる。ところが吉宗の死後、朝廷・土御門家が改暦を契機に編暦の主導権の奪回を図り、幕府天文方の人材も払底していたところから、結果として骨子は貞享暦とさほど変わりばえのない、運用実務者の技量は貞享暦時代より遥かに劣る暦となってしまった（宝暦暦の暦法自体も劣っていたといわれる）。宝暦13年 (1763) に食分の大きな日食を予報しそこなったことで悪評が決定的となり、明和8年 (1771) からは暦法の定数が修正された（いわゆる「明和の修暦」）。しかしその後も中気のある閏月を3回も作ってしまうなど、司暦の能力の問題も露見し、結局幕府は新たな改暦に舵を切ることになった。

・寛政暦

　宝暦暦の悪評に対し、幕府は当時評判の高かった天文学者高橋至時や間重富

らを召し出して、ケプラーの法則（惑星の楕円軌道）や麻田剛立の消長法を取り入れた新たな暦法を作らせた。但し消長法（天体運行の定数は連続微変動するという理論）自体は貞享暦や宝暦暦でも授時暦の消長法を取り入れていたが、寛政暦においては消長法を取り入れることでかえって精度が落ちたとされる。ただ寛政暦は全体として非常に安定した暦法であり、かつすぐれた人材により運用されたため、評価は高い。日食予報にしても大きな誤りはなく、ある意味日本の太陰太陽暦の完成形といえる。

・天保暦

　寛政暦の運用に関しては何ら支障はなかったが、さらに西洋天文学の知見をとりいれて高橋至時の次男である渋川景佑が中心となって作成した日本最後の太陰太陽暦。その精度はグレゴリオ暦を凌駕する面もあったが、その反面、暦法として必要以上に複雑な観測と計算を要するようになったという評価もある。従来二十四節気は1年を時間で24分割（平気法）していたが、天保暦では1年を太陽軌道の角度で24分割（定気法）するようになり、そのせいで、閏月の配置規則も面倒な但し書きを要するようになった。また時刻表示において不定時法（その日の昼間の時間を等分割して時刻とする方法で、夏と冬とで単位時間の長さが異なる）を採用したことについても批判が大きい。

3. 本書の基本方針

　本書編集にあたっては、各記載項目について一応計算による推定値を出すことを試みたが、結局頒暦が連続して現存している元和6年（1620）以降は頒暦の記載を原則優先したため、算出はほとんど意味をなさなかった。ただ、頒暦に記載のない項目（貞享元年（1684）以前）については算出結果をそのまま表示したものがある。元和5年（1619）以前については『日本暦日原典』（内田正男編著 1975 雄山閣出版）の記載を再優先した。同書に記載のない項目については算出結果を表示した。以下記載項目ごとに具体的に記述していく。

4. 和 暦

　一般に「太陰太陽暦」時代の和暦表示で最も違和感を覚えるのは「閏月」と「月の大小」だろう。

　閏月の配置原則は以下の通りである。「冬至を原点として1年を24分割して二十四節気の日付を最初に決定する。次に月と太陽の運行から朔日の日付を決定する。両者を見比べて1ヵ月（朔日から次の朔日の前日まで）の間に二十四節気のうち中気（後述）を含まない月を閏月とする」。二十四節気が時間分割（平気法）ではこれだけでよかったが、天保暦では角度分割（定気法）になっ

— 588 —

たため、規則が複雑になる。「二十四節気と朔日を見比べて、冬至を含む月を11月、春分を含む月を2月、夏至は5月、秋分は8月とする。これらの間が2ヵ月の場合は中気があろうとなかろうと閏とはしない。間に3ヵ月ある場合は中気を含まない月を閏月とする」。

また1ヵ月は30日か29日かのいずれかであり、30日の月が「大の月」で、29日の月が「小の月」であり、同じ月名でも年によって大小が異なる。

頒暦では、安永2年(1773)は「2月（中気あり）→3月（中気なし）→閏3月（中気あり）→4月（中気あり）」となっており、「太陰太陽暦」の閏月の原則から外れている。正しくは「2月（中気あり）→閏2月（中気なし）→3月（中気あり）→4月（中気あり）」とすべきだったが、宝暦暦の行用時代で司暦の能力の問題だったと考えられる。同様に安永4年(1775)についても、頒暦の「11月（中気あり）→12月（中気なし）→閏12月（中気あり）→翌年正月（中気あり）」は、正しくは「11月（中気あり）→閏11月（中気なし）→12月（中気あり）→翌年正月（中気あり）」であるべきだったし、天明6年(1786)についても、頒暦の「9月（中気あり）→10月（中気なし）→閏10月（中気あり）→11月（中気あり）」は、正しくは「9月（中気あり）→閏9月（中気なし）→10月（中気あり）→11月（中気あり）」であるべきだった。本書ではここで指摘するだけにとどめ、本文中の記載は頒暦の通りとした。

＊なお天正10年(1582)から翌年にかけての閏月については有名なエピソードがある。京暦では「12月→正月→閏正月→2月」、東国の三嶋暦では「12月→閏12月→正月→2月」と食い違う暦が作られた。これは実際には三嶋暦側が進朔を考慮していなかったために起きたもので、いったんは京暦が正しいと裁定された。しかしこの年6月1日に京暦の日食予報が外れたことから、当時の最高権力者であった織田信長が京暦の正しさに疑問を持ち、この日上洛祝賀の勅使として信長と面会した勧修寺晴豊という公家に「三嶋暦の閏月の採用を再検討せよ」と命じたという。ところが翌日本能寺の変が起きてこの件はうやむやになり、京暦はそのまま施行され続け、一方関東の北条氏などは三嶋暦に従ったといわれている。本書では京暦の記載に従った。

5. 西 暦

紀元前46年にユリウス・カエサル（ジュリアス・シーザー）によってユリウス暦が導入されてから1600年の間に春分点が10日もずれてしまい、1582年ローマ教皇グレゴリオ13世によりグレゴリオ暦法が新たに発布された。両暦法の違いは閏年の置き方に尽きる。ユリウス暦では4で割り切れる年を閏年として2月29日が置かれたが、グレゴリオ暦ではこのルールに加えて、100の倍数年のうち400の倍数年以外（例えば1700、1800、1900、2100、2200…）

は閏とはしない、という条件が加わっただけだった。そしてそれまでのユリウス暦で蓄積された10日のズレは、ユリウス暦1582年10月4日の翌日をグレゴリオ暦1582年10月15日とすることで解決した。これに対して本書では、天正10年9月19日（甲戌）をグレゴリオ暦1582年10月15日と記載、その前日以前も仮想のグレゴリオ暦と対照させている。この年の和暦とユリウス暦との対照表を御覧になりたい場合は、小社刊『古代中世暦──和暦・ユリウス暦月日対照表』（2006）を御参照いただきたい。

6. 七曜

現代でも生活の中心になっている「日月火水木金土」の曜日のこと。日本の一般庶民には明治以降に広まったが、実は平安時代前期に弘法大師空海が唐から持ち帰ったといわれる占星術の一種。インド発祥ともユダヤ教発祥ともいわれ、古代に西洋・東洋に広く伝播した。ただし洋の東西を問わず、同じ日には同じ曜日があてられてきている。日本の多くの具注暦にも朱書されていた。江戸時代の仮名暦の場合は、月項目欄の下部に朔日の情報として記載されている。原点がどの日になるのかは不明だが、とにかく単純に「日月火水木金土」が各日繰り返される。

7. 干支

現代では年賀状にしか登場（しかも十二支のみ）しないが、干支は東洋の「太陰太陽暦」では年月日を連続して貫く基本線に位置づけられる。「甲乙丙丁戊己庚辛壬癸」の十干と「子丑寅卯辰巳午未申酉戌亥」の十二支の組み合わせ60通りは、暦法が変わろうと途切れることなく循環して続いてきた。年の干支、月の干支、日の干支が各々独立して循環している。江戸時代の仮名暦では、年干支と日干支はひらがなで、月干支は漢字で記載されていた。また閏月の場合の月干支は、仮名暦では多くの場合「随節用之」と一律表記されて個別記載されていなかった。本書では閏月の月干支は、前月（本月）の月干支を繰り返して記載した。

8. 十二直

北斗七星の柄杓の柄にあたる3つの星の方向により、日の吉凶を表した暦注といわれる（吉凶の内容は略する）。「建除満平定執破危成納開閉」の12種類。節月（1年を節気によって12分割した月概念）ごとに配当が決められている。まず正月節の最初の寅の日は「建」、二月節の最初の卯の日は「建」、以下十二月節の最初の丑の日まで「建」を配置。次に「建」の後ろを節月の終わりまで

― 590 ―

上記の順に循環配当させ、次の節日は前日と同じ十二直を配して、最後まで配
当していく。

9. 納音

　「なっちん」と読む。陰陽五行説と中国古代の音韻論を用いて、六十干支を「木
火土金水」と「2字の形容句」で30に分類したもの。実際の仮名暦の暦注と
しては「木火土金水」が2日分ずつ循環されており、形容句は記載されていない。
本来は年の納音もあるというが、本書では各日の納音をフル表記（3文字）で
記載した。

　＊なお、荻原井泉水・種田山頭火の俳号はこの納音に由来している。

10. 二十八（七）宿

　東洋天文学から発生した天球区分で、後に占星術となって吉凶判断に用いら
れるようになったもの。中国では元々二十八宿（角亢氐房心尾箕斗牛女虚危
室壁奎婁胃昴畢觜参井鬼柳星張翼軫）だったが、インドに渡って二十七宿（牛
宿がなく、始まりは昴宿）となって迷信と結びつき中国に逆輸入されたとも、
二十七宿は元来インド発祥だったともいわれる。日本の暦では古来二十七宿が
採用されていたが、貞享暦採用以降は中国流の二十八宿が採用された。

　①二十七宿……月と日に配当する。正月は室宿、2月は奎、3月は胃、4月は畢、
　　5月は参、6月は鬼、7月は張、8月は角、9月は氐、10月は心、11月は斗、
　　12月は虚宿。各月の朔日は月宿と同じになり、2日以降は上記の順に循環
　　配当される。なお閏月の配当については3つの方法があり、どれを採用す
　　るかは暦師により異なっていた。そのため同じ年の暦でも暦本によって相
　　違がある。方法a）は本月と同じく、閏正月から「室奎胃畢参鬼張角氐心斗虚」
　　とするもの。方法b）は閏正月から「婁昴觜星柳張角房尾斗女壁」とするもの。
　　方法c）は閏正月から「壁婁昴觜参鬼張角氐尾女危」とするもの。本書では
　　方法a）で記載したが、例えば延宝3年（1675）の閏4月は、実際には暦本に
　　より「畢」だったり「星」だったり「觜」だったりしている。さらに詳し
　　くは『日本の暦』（渡邊敏夫著1976雄山閣）を御参照いただきたい。

　②二十八宿……年と月と日に各々配当する。二十七宿に牛宿が追加されたも
　　の。本当の原点は年月日各々別にあると考えられているが、見かけの原点
　　としては貞享2年（1685）は「觜宿」、その正月は「星宿」、その朔日は「星宿」
　　で、以下年ごと、月ごと、日ごとに単純に循環配当される。また閏月の場
　　合の月宿は、仮名暦では多くの場合「随節用之」と一律表記されて個別記
　　載されていなかった。本書では閏月の月宿は、前月（本月）の月宿を繰り
　　返して記載した。

11. 二十四節気

　太陽と地球の位置関係による 1 年の分割名。既述の通り、寛政暦までは時間分割、天保暦では角度分割。二十四節気は、節気（立春 啓蟄 清明 立夏 芒種 小暑 立秋 白露 寒露 立冬 大雪 小寒）とその間にある中気（雨水 春分 穀雨 小満 夏至 大暑 処暑 秋分 霜降 小雪 冬至 大寒）に分類できる。本書では基本的には頒暦の記載を優先しているが、元文 5 年（1740）から宝暦暦採用までの間は頒暦の記載方法（時刻表示）が変更され、二十四節気（や土用）の一部は前日の欄に「翌」の字を付けて記載された。本書はその期間だけは頒暦の記載欄に拠らず、本来の日付としている。

12. 雑 節

　江戸時代には「雑節」という言い方はなかったと思われるが、本書では現代の「雑節」に通じる暦注を頒暦の記載・無記載に関わらず、遡及して記載した。

①彼岸……日本独自の年中行事。暦には春と秋の「彼岸の入り」が記載される。宝暦 4 年（1754）まで（＝宣明暦と貞享暦）は、春分・秋分の翌々日だった（但し宣明暦時代は、没日（後述）を勘定から除く）。宝暦 5 年（1755）から天保 14 年（1843）までの間（＝宝暦暦と寛政暦）は、春分の 5 日前と秋分の前日。弘化元年（1844）以降（＝天保暦）は、現代と同様春分・秋分の 3 日前になった。

②社日……おそらく五行説由来の雑節。宣明暦時代は具注暦には記載されていたようだが、仮名暦には記載されないことが多かった。貞享暦以降は仮名暦にも記載された。原則春分・秋分に最も近い戊（つちのえ）日である。前後同日の場合、すなわち春分・秋分が癸日の場合は前を採るのが原則とされた（明治 14 年（1881）年以降は、春分・秋分が午前なら前を、午後なら後を採るようになった）。ただ宣明暦時代には後の戊日を採用した例もあったらしい。例えば延宝 6 年（1678）の春の社日は、「大経師暦」では 2 月 7 日だが、「伊勢度会暦」では正月 27 日で食い違っている。本書は原則に従い、正月 27 日とした。

③土用……現在では夏の土用だけが知られているが、本来は四季それぞれに土用はある。現代の定義では太陽黄経が 297°、27°、117°、207° となる日だが、太陽太陰暦では「小寒、清明、小暑、寒露の時刻に 1 年の分数の30 分の 1 を加えた日」が土用の入りとして暦に記載され、四立（立春、立夏、立秋、立冬）の前日までの約 18 日間が土用の期間とされた。なお宣明暦時代に関しては「四立の 18 日前が土用の入り。但し没日は勘定に入れない」という単純な算出方法でも結果は同じである。なお元和 8 年（1622）3 月の土用は、「大経師暦」には 3 月 12 日と記載されており、本書もそれに従ったが、計算上は 3 月 11 日となる。また正徳 4 年（1714）3 月の土用は、頒暦には 3

－ 592 －

月5日と記載されており、本書もそれに従ったが、計算上は3月6日となる。

④八十八夜……宣明暦時代の仮名暦にはあまり記載されず、貞享暦以降は記載されるようになった。立春を第1日として88日めを指す。この場合は没日も数えた。なお元禄3年（1690）の八十八夜は、複数の頒暦に3月25日と記載されており、本書もそれに従ったが、計算上は3月24日となる。

⑤入梅……宣明暦時代の仮名暦にはあまり記載されず、貞享暦以降は記載されるようになった。現代では太陽黄経80°となる日だが、江戸時代以前は五月節（＝芒種から小暑の前日まで）の最初の壬日。芒種が壬日だった場合、元文5年（1740）以降は芒種当日を入梅とし、元文3年（1738）以前はその次の壬日を入梅とした。本書では宣明暦時代も次の壬日を入梅としている。なお天和2年（1682）の入梅は「大経師暦」では5月16日の欄に記入されているが、この日はそもそも「壬日」ではなく、芒種から二度目の「壬日」の翌日であり、ここだけは原則を曲げて頒暦の記述を採用しなかった。

⑥半夏生……本来は七十二候の一つで、現代では太陽黄経100°の日とされる。何故半夏生だけが雑節として特記されることになったのかはわからない。宣明暦時代から頒暦に記載されていたが、時刻の記載はなく、正確な算出方法もはっきりとはわからない。おそらくは土用の算出方法に類似した「(a) 夏至の時刻に1年の分数の72分の2を加えた日が半夏生」という規則ではないかと推測されるのだが、宣明暦時代はすべて頒暦と一致するものの、貞享2年（1685）から安永6年（1777）までの間で夏至の時刻が戌七刻以降であった11回だけがすべて頒暦と一致しなくなる。試しに「(b) 夏至の10日後が半夏生。但し没日は勘定に入れない」という単純な方法で算出してみると、宣明暦時代は (a) の結果と一致（すなわち頒暦とも一致）し、貞享2年（1685）から安永6年（1777）までの間も頒暦と一致する（ただし今度は寛政2年（1790）以降天保14年（1843）までで頒暦と一致しないところが11回出てくる）。

　また、天保暦時代に関しても半夏生の算出方法はよくわかっていない。国立天文台の暦計算室webページ「暦wiki」において、「太陽黄経100°」「夏至の時刻＋1年の長さ÷72×2」「夏至と小暑の間を3等分した2つ目」という3つの仮説について頒暦との照合結果を示して、天保暦における「七十二候」の決め方が考察されている。いずれにせよ、本書では元和5年（1619）以前は上記 (a)(b) の結果を表示し、元和6年（1620）以降は頒暦の記載に従った。

⑦二百十日……宣明暦時代の仮名暦にはあまり記載されず、貞享暦以降は記載されるようになった。立春を第1日として210日めを指す。この場合は没日も数えた。

⑧節分……立春の前日。通常は単純な算出なのだが、暦法の変わりめは注意

が必要。貞享元年（1684）は宣明暦最後の年だが、宣明暦では立春は翌貞享
2 年（1685）正月 3 日、節分は正月 2 日となる予定だったため、天和 3 年に
頒布された貞享元年〔天和 4 年〕の暦には年末に節分が記載されていない。
ところが貞享暦が採用されて上述の通り 2 日のズレが解消されたため、立
春が貞享 2 年（1685）正月朔日で、節分が貞享元年の大晦日になった。その
ため貞享元年に頒布された貞享 2 年暦の冒頭に前年に遡って節分が記載さ
れることになった。

13. 没日と滅日

　宣明暦時代のいわば数字遊びの産物であり、天文現象とは無関係。ただし上
に述べたように暦注が「○○から◇日後」という時に勘定から除外することが
あるため、本書本文では記号（△▽）を付してある。
　没日は、理想の 1 年（＝ 360 日）と現実の 1 年（≒ 365.2466 日）との差を 1
日あたりに割りふり（≒ 0.0144 日）、その累積が 1 日に達する日を「没日（も
つにち）」として大凶日としたもの（69 〜 70 日周期）。彼岸などの暦注で、日
数計算の際に除外されるので注意が必要である。本書では△印を付けた。
　滅日は、理想の 1 ヵ月（＝ 30 日）と現実の 1 朔望月（≒ 29.53 日）との差
を 1 日あたりに割りふり（≒ 0.0159 日）、その累積が 1 日に達する日を「滅日（め
つにち）」として大凶日としたもの（62 〜 63 日周期）。ただし没日と違って具
体的にどの日数計算で除外されたかは不明。本書では▽印を付けた。
　なお没日と滅日が同日になった日が本書中に 7 日あった。また本書収録対象
の天正 10 年（1582）以降で、没日と二十四節気が重なっている日が 1 日だけあ
る（元和 3 年（1617）3 月 19 日）。
　没日と滅日は貞享暦への改暦に伴い廃止された。没日・滅日については『日
本暦日便覧』（湯浅吉美篇 1988 汲古書院）に解説と一覧表が掲載されている。

14. 日食予報・月食予報

　頒暦には暦日・暦注とともに日食予報・月食予報が大きく記載されていた。
本書では、実見することが出来た元和 6 年（1620）以降の頒暦に日食予報・月
食予報が記載されていた場合（日食 108 件、月食 277 件）、日食の場合◎印を、
月食の場合☆印を付した。なお上述「滅日」と月食予報が重なった日が本書中
に 2 日あった（元和 8 年（1622）9 月 15 日と正保 3 年（1646）6 月 15 日）。
　ただし、これはあくまでも頒暦に予報が記載された日であって、必ずしも
実際に日食・月食が起きた日ではない。「予報外れ」には大きく 3 種類ある。
(1) 予報通りの日に日本で日食・月食が起きたが、時刻がずれた。(2) 予報され

— 594 —

た日に日本で日食・月食が起きなかった。(3) 予報されていなかったのに日食・月食が起きた。このうち (1) は当時ままあったこと。(2) については、ごく小さな食分、地平線すれすれの食、辺地でのみ食が見えた、など（また気象条件も加わる）があり、不食の厳密な確認は相当に難しい。見解の相違もあろうが、日食 12 件、月食 20 件ほどが不食に該当すると指摘されている。本書では一番問題になる (3) のみ具体的なケースを指摘するにとどめる。過去の日食・月食については『日本・朝鮮・中国—日食月食宝典』（渡邊敏夫著 1979 雄山閣出版）や『日本天文史料』（神田茂著 1935）、『近世日本天文史料』（大崎正次編 1994 原書房）などが詳しいので、御参照いただきたい。

①元和 6 年（1620）以降、日食予報がなかったのに、日本で日食が起きた日

延宝 5 年（1677）11 月 1 日

寛延 4 年（1751）5 月 1 日

宝暦 13 年（1763）9 月 1 日

②元和 6 年（1620）以降、月食予報がなかったのに、日本で月食が起きた日

寛永 20 年（1643）2 月 16 日

＊『日本・朝鮮・中国—日食月食宝典』になし。『近世日本天文史料』のみ記載。

天明 3 年（1783）8 月 15 日

15. 太陽暦への改暦

明治 5 年（1872）11 月 9 日に改暦の布告が発布され、太陽暦の採用と明治 5 年（1872）12 月 2 日の翌日を明治 6 年（1873）1 月 1 日とすること、時刻の名称を干支から数字に切り替えることが公示された。布告から施行まで 20 日しか猶予のないドタバタぶりであった。大義名分としては、海外と同じ日付を使うことで外交や貿易における齟齬を防ぐ、などが挙げられようが、実際のところは明治政府の財政難が大きな要因だったといわれている。天保暦では明治 6 年には閏月があり、13 ヵ月分の月給を官吏に支払わなければならなかったが、太陽暦採用で 1 ヵ月分の人件費を節約できること、さらに明治 5 年 12 月は 2 日間しかなくなるために不支給として、1 ヵ月分の人件費節約になること、などが指摘されている。また直接の効果ではないが、江戸時代から明治 9 年までは「一六日」（日付の下 1 ケタが 1 と 6 の日）を休日としていたが、明治 9 年以降は官公庁は日曜休みに変更された（実質的な人件費削減）。明治 6 年からの太陽暦採用は結果としてこの伏線にもなったと考えていいだろう。

江戸近世暦
―和暦・西暦・七曜・干支・十二直・納音・二十八(七)宿・二十四節気・雑節

2018 年 7 月 25 日　第 1 刷発行

発 行 者／大高利夫
編集•発行／日外アソシエーツ株式会社
　　　　　〒140-0013 東京都品川区南大井6-16-16 鈴中ビル大森アネックス
　　　　　電話 (03)3763-5241（代表）FAX(03)3764-0845
　　　　　URL http://www.nichigai.co.jp/
発 売 元／株式会社紀伊國屋書店
　　　　　〒163-8636 東京都新宿区新宿 3-17-7
　　　　　電話 (03)3354-0131（代表）
　　　　　ホールセール部（営業）電話 (03)6910-0519

　　　　　電算漢字処理／日外アソシエーツ株式会社
　　　　　印刷・製本／株式会社平河工業社

　　　　　不許複製・禁無断転載　　　　　　　《中性紙 三菱クリームエレガ使用》
　　　　　<落丁・乱丁本はお取り替えいたします>
　　　　　ISBN978-4-8169-2732-4　　**Printed in Japan,2018**

本書はディジタルデータでご利用いただくことが
できます。詳細はお問い合わせください。

古代中世暦
—和暦・ユリウス暦 月日対照表

A5・510頁　定価（本体5,000円+税）　2006.9刊

推古天皇元年（593年）から、西洋でグレゴリオ暦が採用された天正10年（1582年）まで、990年間361,573日について、和暦とユリウス暦の日付を対照させた暦表。年干支・日干支、七曜のほか、二十四節気や改元日わかる。

20世紀暦
—曜日・干支・九星・旧暦・六曜

A5・390頁　定価（本体2,800円+税）　1998.11刊

1873年の太陽暦採用以降2000年まで128年間のすべての日を網羅した暦。それぞれの年月日の曜日、干支、九星、旧暦月日、六曜を知ることができ、各年の末尾には、その年の祝祭日、二十四節気、主な雑節・出来事、著名人の没月日を年表形式で収載。

21世紀暦
—曜日・干支・九星・旧暦・六曜

A5・410頁　定価（本体3,800円+税）　2000.10刊

2001年から2100年まで、21世紀の100年間36,524日の暦表。一日ごとに曜日・干支・九星・旧暦月日・六曜がわかる。二十四節気・雑節、各年・月の干支・九星も明示。また各年ごとに主な生誕・年忌情報も掲載。

日本全国 歴史博物館事典

A5・630頁　定価（本体13,500円+税）　2018.1刊

日本全国の歴史博物館・資料館・記念館など275館を収録した事典。全館にアンケート調査を行い、沿革・概要、展示・収蔵、事業、出版物・グッズ、館のイチ押しなどの最新情報のほか、外観・館内写真、展示品写真を掲載。

データベースカンパニー
日外アソシエーツ　〒140-0013　東京都品川区南大井6-16-16
TEL.(03)3763-5241 FAX.(03)3764-0845 http://www.nichigai.co.jp/